中国人口普查
CHINA POPULATION CENSUS

中国2010年
人口普查分县资料

TABULATION ON THE 2010 POPULATION CENSUS OF THE PEOPLE'S REPUBLIC OF CHINA BY COUNTY

国务院人口普查办公室
国家统计局人口和就业统计司 编

Compiled by
Population Census Office under the State Council
Department of Population and Employment Statistics
National Bureau of Statistics

中国统计出版社
China Statistics Press

(京)新登字 041 号

图书在版编目（CIP）数据

中国 2010 年人口普查分县资料 / 国务院人口普查办公室, 国家统计局人口和就业统计司编. -- 北京 : 中国统计出版社, 2012.11
ISBN 978-7-5037-6659-6

Ⅰ. ①中… Ⅱ. ①国… ②国… Ⅲ. ①县－人口普查－统计资料－中国－2010 Ⅳ. ①C924.25

中国版本图书馆 CIP 数据核字(2012)第 200454 号

中国 2010 年人口普查分县资料

作　　者 / 国务院人口普查办公室　国家统计局人口和就业统计司
责任编辑 / 叶礼奇　徐　涛　郭　栋
装帧设计 / 杨　超　李雪燕
出版发行 / 中国统计出版社
通信地址 / 北京市西城区月坛南街 57 号
邮政编码 / 100826
办公地址 / 北京市丰台区西三环南路甲 6 号
电　　话 / 邮购（010）63376907　书店（010）68783172
印　　刷 / 河北天普润印刷厂
经　　销 / 新华书店
开　　本 / 880×1230 毫米　1/16
字　　数 / 1848 千字
印　　张 / 57.75
版　　别 / 2012 年 12 月第 1 版
版　　次 / 2012 年 12 月第 1 次印刷
书　　号 / ISBN 978-7-5037-6659-6
定　　价 / 490.00 元

《中国2010年人口普查分县资料》编委会和编辑工作人员

编 辑 说 明

《中国2010年人口普查分县资料》作为2010年人口普查专题数据集之一，它涵盖了2010年全国各县级单位的人口分布、结构以及家庭居住状况等多项指标，是继2000年人口普查之后又一系统、翔实的县级大型人口数据资料。为便于读者使用本资料，现将有关情况说明如下：

1. 本资料的数据为人口普查直接登记的汇总结果，未做任何误差校正。2010年人口普查人口漏登率为0.12%，总体质量较高。但有些指标（如出生人口、死亡人口等）现场登记难度较大，漏登率要相对高一些。在使用相关数据时，应考虑不同指标登记误差因素的影响。

2. 本资料不包括人口普查漏登的人口；不包括230万现役军人；不包括465万难以确定常住地的人口。

3. 2010年人口普查采用了长、短两种普查表，有关婚姻、生育、行职业和家庭居住条件等指标取自普查表长表，未推算总体。数据范围各表中均有注明。

4. 本资料按省级、地级和县级三级开列，各省级和地级均列出了其合计。对直辖市，分别给出了其市辖区、县合计。使用时请勿重复计算。

5. 本资料县级单位的名称和数量以2010年11月1日普查时点的实际情况为准，读者在进行历史比较时请注意。

6. 本资料中空项表示无数字或数字很小。

编　　者

二〇一二年十一月五日

目　录

全部数据

表1 总人口、户籍人口、少数民族人口比重、非农业户口人口比重、城乡人口、家庭户人口、家庭户类别

表1　总人口、户籍人口、少数民族人口比重、非农业户口人口比重、

地　区	合　计				户籍人口	少数民族人口比重	非农业户口人口比重
	合　计（人）	男（人）	女（人）	性别比（女=100）	（人）	（%）	（%）
北京市	**19612368**	**10126430**	**9485938**	**106.75**	**12554049**	**4.09**	**61.79**
市辖区	**18827262**	**9727900**	**9099362**	**106.91**	**11845658**	**4.01**	**62.84**
东城区	573180	284906	288274	98.83	619886	5.18	84.10
西城区	674531	338835	335696	100.94	801675	5.36	81.98
崇文区	346073	169572	176501	96.07	333063	4.23	87.19
宣武区	568784	283735	285049	99.54	535825	7.49	84.44
朝阳区	3545137	1824922	1720215	106.09	1886554	3.96	69.46
丰台区	2112162	1078178	1033984	104.27	1054136	3.40	67.86
石景山区	616083	316238	299845	105.47	360326	3.42	79.96
海淀区	3280670	1694525	1586145	106.83	2178283	4.10	71.83
门头沟区	290476	147785	142691	103.57	243302	1.67	67.86
房山区	944832	485713	459119	105.79	774080	2.96	47.07
通州区	1184256	610533	573723	106.42	661846	4.07	47.47
顺义区	876620	455205	421415	108.02	582184	3.60	39.95
昌平区	1660501	889306	771195	115.32	535402	3.99	53.28
大兴区	1365112	738570	626542	117.88	602909	3.58	38.33
怀柔区	372887	196954	175933	111.95	279486	8.46	34.54
平谷区	415958	212923	203035	104.87	396701	1.04	42.14
县	**785106**	**398530**	**386576**	**103.09**	**708391**	**5.95**	**36.78**
密云县	467680	236488	231192	102.29	429342	7.52	34.44
延庆县	317426	162042	155384	104.28	279049	3.65	40.22
天津市	**12938693**	**6907091**	**6031602**	**114.52**	**9919579**	**2.56**	**50.24**
市辖区	**11090783**	**5948246**	**5142537**	**115.67**	**8156160**	**2.59**	**55.68**
和平区	273477	138195	135282	102.15	390989	3.28	84.63
河东区	860852	433031	427821	101.22	748741	2.20	94.39
河西区	870632	428075	442557	96.73	785179	2.73	90.71
南开区	1018196	517193	501003	103.23	839053	3.15	85.53
河北区	788451	420238	368213	114.13	627547	2.45	83.97
红桥区	531526	274061	257465	106.45	543140	7.16	87.65
东丽区	598966	335320	263646	127.19	351047	2.58	35.21
西青区	713060	367537	345523	106.37	374509	1.80	36.20
津南区	593063	336006	257057	130.71	406760	2.23	24.78
北辰区	669121	348526	320595	108.71	368679	4.93	52.69
武清区	951078	504396	446682	112.92	845308	1.80	16.11
宝坻区	799157	427643	371514	115.11	677401	1.01	17.23
滨海新区	2423204	1418025	1005179	141.07	1197807	1.93	44.56
县	**1847910**	**958845**	**889065**	**107.85**	**1763419**	**2.36**	**17.65**
宁河县	416143	222153	193990	114.52	381818	0.96	22.52
静海县	646978	336287	310691	108.24	559704	1.04	17.44
蓟县	784789	400405	384384	104.17	821897	4.20	15.24
河北省	**71854210**	**36430286**	**35423924**	**102.84**	**71910486**	**4.17**	**21.26**
石家庄市	**10163788**	**5087913**	**5075875**	**100.24**	**9810454**	**0.90**	**30.23**
长安区	479801	237380	242421	97.92	426854	1.88	86.78
桥东区	410116	213329	196787	108.41	381875	1.49	87.75
桥西区	596164	282651	313513	90.16	512378	2.01	83.00
新华区	625119	304252	320867	94.82	489118	1.99	74.22
井陉矿区	95170	48408	46762	103.52	95404	0.18	91.12
裕华区	628572	306409	322163	95.11	525291	1.66	86.41
井陉县	309882	158588	151294	104.82	324889	0.08	12.16
正定县	466807	229267	237540	96.52	466898	0.82	11.45
栾城县	355775	178211	177564	100.36	351517	0.18	9.24
行唐县	406353	203863	202490	100.68	430122	0.20	8.27
灵寿县	333558	168818	164740	102.48	329244	0.09	10.78
高邑县	186478	95635	90843	105.28	185459	0.05	9.94
深泽县	250264	129676	120588	107.54	253992	0.10	11.51
赞皇县	244799	126233	118566	106.47	254365	0.02	9.45
无极县	502662	253533	249129	101.77	505937	2.77	8.95
平山县	433429	220805	212624	103.85	470120	0.13	8.26
元氏县	418466	212801	205665	103.47	416842	0.06	5.55
赵县	571077	294492	276585	106.47	577596	0.05	9.03
辛集市	615919	306944	308975	99.34	613336	0.23	12.28
藁城市	775110	386589	388521	99.50	784331	1.08	6.99
晋州市	537679	271218	266461	101.79	538043	0.06	8.48
新乐市	487652	244242	243410	100.34	489781	1.63	8.78
鹿泉市	432936	214569	218367	98.26	387062	0.56	15.64

城乡人口、家庭户人口、家庭户类别（全部数据）

城乡人口		家庭户				家庭户类别			
城镇人口（人）	乡村人口（人）	户数（户）	人口数（人）	户规模（人/户）	其中：一人户（户）	一代户（户）	二代户（户）	三代户（户）	四代以上户（户）
16858692	**2753676**	**6680552**	**16389723**	**2.45**	**1657806**	**3366014**	**2632470**	**671881**	**10187**
16446857	**2380405**	**6394889**	**15647716**	**2.45**	**1607481**	**3238586**	**2500993**	**645569**	**9741**
573180		190192	486043	2.56	46085	79556	84856	25552	228
674531		228304	572542	2.51	50653	99553	102070	26470	211
346073		124210	315654	2.54	29104	53808	54121	16097	184
568784		212781	513124	2.41	51939	100922	90205	21516	138
3532257	12880	1317845	2981747	2.26	409108	767205	445369	104235	1036
2098632	13530	795168	1908529	2.40	200350	411089	314602	68802	675
616083		219907	546157	2.48	45127	102113	96403	21216	175
3208563	72107	976376	2329230	2.39	274455	495939	381325	98155	957
248547	41929	107009	279456	2.61	19404	44807	51195	10888	119
635282	309550	314012	859790	2.74	49080	129082	144524	39677	729
724228	460028	419109	1037538	2.48	101479	215081	159361	43795	872
471459	405161	294614	785052	2.66	60581	137431	116002	39976	1205
1310617	349884	496867	1208293	2.43	122804	265330	182658	48196	683
965683	399429	425156	1084891	2.55	101509	216467	161099	46317	1273
253088	119799	135644	342912	2.53	27154	66160	56149	13048	287
219850	196108	137695	396758	2.88	18649	54043	61054	21629	969
411835	**373271**	**285663**	**742007**	**2.60**	**50325**	**127428**	**131477**	**26312**	**446**
257449	210231	179493	446684	2.49	34802	88234	76006	14965	288
154386	163040	106170	295323	2.78	15523	39194	55471	11347	158
10277893	**2660800**	**3661992**	**10262186**	**2.80**	**460072**	**1337976**	**1850782**	**460844**	**12390**
9562255	**1528528**	**3108605**	**8486345**	**2.73**	**413083**	**1167213**	**1572313**	**361196**	**7883**
273477		90152	225565	2.50	17755	36940	43500	9639	73
860852		310544	812131	2.62	43980	113342	165129	31688	385
870632		293578	753300	2.57	46485	114685	149719	28906	268
1018196		312388	811622	2.60	45453	119075	162783	30235	295
788451		250192	660653	2.64	37327	90804	130832	28250	306
531526		173507	450431	2.60	24517	65318	91639	16390	160
591040	7926	180448	480715	2.66	27084	79256	83466	17411	315
524894	188166	187212	494845	2.64	26883	81873	89536	15574	229
590072	2991	150048	443346	2.95	14871	49737	78097	21809	405
575103	94018	199916	549259	2.75	24215	74770	102084	22684	378
352659	598419	252847	836917	3.31	19093	65990	120725	63081	3051
271992	527165	212266	658867	3.10	17646	69021	106039	35649	1557
2313361	109843	495507	1308694	2.64	67774	206402	248764	39880	461
715638	**1132272**	**553387**	**1775841**	**3.21**	**46989**	**170763**	**278469**	**99648**	**4507**
152388	263755	115808	377437	3.26	9847	34122	58627	22258	801
293014	353964	203142	620748	3.06	17184	67501	110013	25000	628
270236	514553	234437	777656	3.32	19958	69140	109829	52390	3078
31575328	**40278882**	**20395116**	**68538709**	**3.36**	**1886200**	**5633257**	**10494814**	**4086217**	**180828**
5145133	**5018655**	**2720331**	**9443736**	**3.47**	**264490**	**699919**	**1332796**	**656444**	**31172**
479801		146881	432639	2.95	19134	49776	72541	23980	584
410116		124846	350034	2.80	21004	47113	61206	16341	186
596164		170458	478486	2.81	22658	60402	88310	21344	402
591611	33508	181298	513844	2.83	24052	63988	94288	22487	535
64080	31090	30383	88174	2.90	3781	11690	13614	4969	110
628572		161849	507021	3.13	14018	45184	87559	28107	999
91804	218078	87786	297375	3.39	9439	23134	43079	20886	687
208276	258531	116113	442864	3.81	8512	22396	54393	37290	2034
149273	206502	83475	343337	4.11	5256	12355	39425	29805	1890
82946	323407	115177	397306	3.45	11454	30477	59668	24089	943
89340	244218	84405	318266	3.77	7453	18653	43226	21511	1015
47020	139458	46959	181529	3.87	3233	9850	21776	14489	844
72203	178061	67264	234383	3.48	6349	19583	29857	16930	894
50242	194557	65677	235282	3.58	6063	15911	36660	12626	480
122816	379846	129011	491683	3.81	9995	27863	58215	40630	2303
131550	301879	122297	422031	3.45	14642	34755	56499	29798	1245
100639	317827	95829	411050	4.29	5317	13594	47565	32869	1801
175520	395557	148326	556808	3.75	13178	31027	71878	43284	2137
236658	379261	176891	585056	3.31	17905	51676	79559	43414	2242
286136	488974	197063	764535	3.88	14044	34372	95426	63431	3834
160284	377395	144670	527080	3.64	11363	33610	70296	38892	1872
194480	293172	117416	471502	4.02	7550	20568	56669	37837	2342
175602	257334	106257	393451	3.70	8090	21942	51087	31435	1793

表1 续表 1

地　区	合　　计				户籍人口	少数民族人口比重	非农业户口人口比重
	合　计（人）	男（人）	女（人）	性别比（女=100）	（人）	（%）	（%）
唐山市	**7577289**	**3871292**	**3705997**	**104.46**	**7335290**	**3.31**	**27.90**
路南区	311076	160363	150713	106.40	320317	1.77	65.11
路北区	743504	371162	372342	99.68	673207	1.81	84.68
古冶区	358461	179907	178554	100.76	358351	1.31	73.78
开平区	262571	133779	128792	103.87	238097	3.50	48.97
丰南区	595467	307368	288099	106.69	575553	2.77	18.93
丰润区	916092	469030	447062	104.91	916441	2.34	23.90
滦县	554315	283066	271249	104.36	550873	1.66	12.10
滦南县	584518	295444	289074	102.20	580233	2.43	10.01
乐亭县	526222	268491	257731	104.17	501304	1.24	16.94
迁西县	390128	201178	188950	106.47	380255	2.04	12.77
玉田县	684833	348804	336029	103.80	672336	4.36	11.09
唐海县	184931	105915	79016	134.04	142706	1.18	19.22
遵化市	737011	372554	364457	102.22	729808	12.49	9.79
迁安市	728160	374231	353929	105.74	695809	2.44	14.41
秦皇岛市	**2987605**	**1516194**	**1471411**	**103.04**	**2879710**	**15.85**	**32.40**
海港区	765254	380458	384796	98.87	633317	6.54	74.64
山海关区	178769	94499	84270	112.14	141201	8.30	55.89
北戴河区	85647	40116	45531	88.11	64808	4.14	48.49
青龙满族自治县	496726	260581	236145	110.35	542992	77.35	7.70
昌黎县	559697	282925	276772	102.22	555192	1.22	21.59
抚宁县	517073	262457	254616	103.08	521159	1.62	11.95
卢龙县	384439	195158	189281	103.10	421041	1.43	8.67
邯郸市	**9174683**	**4617598**	**4557085**	**101.33**	**9376651**	**0.51**	**18.57**
邯山区	385626	193820	191806	101.05	351167	1.94	80.45
丛台区	363778	180833	182945	98.85	324540	1.32	91.96
复兴区	192023	100846	91177	110.60	177251	1.36	83.90
峰峰矿区	503911	262577	241334	108.80	504887	0.23	61.18
邯郸县	462012	233020	228992	101.76	413653	0.20	16.86
临漳县	600600	293925	306675	95.84	674768	0.01	3.69
成安县	377398	182261	195137	93.40	413154	0.08	6.70
大名县	767035	382886	384149	99.67	841419	2.25	3.53
涉县	413057	213403	199654	106.89	402583	0.04	9.99
磁县	677884	342468	335416	102.10	683647	0.11	7.46
肥乡县	351690	176526	175164	100.78	358384	0.00	3.89
永年县	943935	478209	465726	102.68	957422	0.02	3.72
邱县	227578	114609	112969	101.45	238872	4.50	5.34
鸡泽县	274328	138569	135759	102.07	286857	0.02	3.45
广平县	268993	131277	137716	95.32	281751	0.01	4.87
馆陶县	309032	153922	155110	99.23	326516	0.03	6.03
魏县	809193	401542	407651	98.50	918549	0.01	12.07
曲周县	427610	215528	212082	101.62	461252	0.03	4.38
武安市	819000	421377	397623	105.97	759979	0.06	13.94
邢台市	**7104103**	**3606588**	**3497515**	**103.12**	**7222603**	**0.28**	**13.23**
桥东区	269603	135486	134117	101.02	247677	1.78	73.48
桥西区	400551	206685	193866	106.61	349154	1.14	75.50
邢台县	466323	236302	230021	102.73	473387	0.15	6.82
临城县	204086	104021	100065	103.95	206806	0.09	10.42
内邱县	266620	134857	131763	102.35	268309	0.01	8.96
柏乡县	190225	96748	93477	103.50	191664	0.01	6.32
隆尧县	506552	256960	249592	102.95	515313	0.05	2.66
任县	327926	166750	161176	103.46	336990	0.02	3.65
南和县	325332	165451	159881	103.48	348378	0.02	3.50
宁晋县	764828	387650	377178	102.78	779871	0.02	5.73
巨鹿县	374634	188768	185866	101.56	393607	0.02	7.64
新河县	169858	84598	85260	99.22	175852	0.01	8.39
广宗县	283851	141871	141980	99.92	308133	0.16	5.59
平乡县	300029	153399	146630	104.62	314851	0.02	7.36
威县	556624	282452	274172	103.02	578078	0.83	5.68
清河县	386231	198443	187788	105.67	385717	0.10	7.72
临西县	343384	176228	167156	105.43	367456	0.97	7.61
南宫市	469030	237148	231882	102.27	475376	0.03	8.12
沙河市	498416	252771	245645	102.90	505984	0.06	12.39

城乡人口		家庭户				家庭户类别			
城镇人口 (人)	乡村人口 (人)	户数 (户)	人口数 (人)	户规模 (人/户)	其中：一人户 (户)	一代户 (户)	二代户 (户)	三代户 (户)	四代以上户 (户)
3850975	**3726314**	**2375634**	**7218922**	**3.04**	**227282**	**775762**	**1220632**	**367234**	**12006**
281164	29912	95975	277903	2.90	10194	34567	45690	15385	333
724564	18940	229744	659884	2.87	25268	73980	121015	34215	534
291069	67392	126504	351970	2.78	15239	47324	60109	18829	242
153413	109158	89942	254364	2.83	9542	33469	44689	11593	191
326502	268965	189128	566358	2.99	16197	63668	98521	26041	898
351479	564613	307903	882775	2.87	33042	118299	151132	37294	1178
208212	346103	174418	541849	3.11	14319	51971	97452	24204	791
198167	386351	184264	569939	3.09	14169	58509	94748	29616	1391
154632	371590	175202	495318	2.83	16961	67468	86728	20384	622
160113	230015	112491	380622	3.38	9921	29068	58618	23978	827
283926	400907	210772	666275	3.16	18714	64346	108018	36805	1603
109126	75805	53466	145275	2.72	6112	22395	27098	3870	103
299759	437252	212087	722135	3.40	18894	53604	109330	47172	1981
308849	419311	213738	704255	3.29	18710	57094	117484	37848	1312
1419487	**1568118**	**957621**	**2811972**	**2.94**	**100369**	**338442**	**484340**	**130593**	**4246**
720910	44344	247093	669679	2.71	30838	95397	127360	24046	290
164201	14568	59789	162673	2.72	6993	23220	29998	6469	102
82766	2881	26729	69269	2.59	3590	11960	12416	2308	45
114643	382083	142295	487326	3.42	12319	37555	68633	34342	1765
150886	408811	184921	533597	2.89	19029	69862	91130	23126	803
120710	396363	165945	508096	3.06	14035	51797	88779	24650	719
65371	319068	130849	381332	2.91	13565	48651	66024	15652	522
3985686	**5188997**	**2359454**	**8902368**	**3.77**	**192973**	**499902**	**1265970**	**567657**	**25925**
363494	22132	112677	343719	3.05	11660	34218	60912	17258	289
363778		111469	344625	3.09	11489	32551	58427	20205	286
192023		58032	177852	3.06	5249	16511	32505	8901	115
397379	106532	137060	462552	3.37	12819	33502	72752	30239	567
253892	208120	118489	449160	3.79	9066	24290	65663	27489	1047
194110	406490	148696	593162	3.99	11146	25179	75644	44650	3223
138137	239261	97755	370872	3.79	7169	20481	49098	26354	1822
219453	547582	183536	763883	4.16	13184	32728	94357	53300	3151
176855	236202	122001	399366	3.27	14745	30095	74519	17095	292
254276	423608	168158	666334	3.96	12003	28523	86895	50305	2435
82244	269446	85056	349239	4.11	6057	16262	44056	23240	1498
291733	652202	231986	926912	4.00	16523	46136	131192	52403	2255
82214	145364	62902	221749	3.53	5833	17443	35466	9596	397
76598	197730	69422	269778	3.89	5155	15350	39721	13751	600
74967	194026	63560	267474	4.21	3738	9739	33367	19230	1224
114624	194408	85455	305171	3.57	8272	22803	45955	16015	682
303449	505744	184480	786672	4.26	11655	28837	94103	58054	3486
113309	314301	109357	426077	3.90	7828	22859	59273	25785	1440
293151	525849	209363	777771	3.71	19382	42395	112065	53787	1116
2842785	**4261318**	**1916890**	**6849264**	**3.57**	**164482**	**445035**	**1044359**	**411018**	**16478**
269603		80650	244530	3.03	8132	24184	45457	10817	192
399162	1389	113827	348868	3.06	9362	32366	65312	15982	167
180825	285498	131094	442964	3.38	13655	33162	69608	27345	979
63400	140686	55073	189928	3.45	4412	14788	27794	11990	501
84416	182204	70240	257485	3.67	4912	13218	36241	19885	896
53467	136758	48063	188375	3.92	3721	9328	23399	14540	796
172669	333883	120083	481020	4.01	7468	18609	61894	37636	1944
105729	222197	80019	323651	4.04	5309	13647	40977	24171	1224
105430	219902	85892	324062	3.77	6132	16435	49029	19743	685
258301	506527	193646	743250	3.84	14096	33036	103224	54730	2656
127344	247290	103684	368409	3.55	9373	23252	58945	20663	824
52202	117656	51303	166585	3.25	5598	13606	28785	8657	255
59009	224842	82776	281011	3.39	7334	22552	48129	11628	467
93711	206318	80347	296626	3.69	7022	19374	45718	14635	620
122503	434121	161699	552059	3.41	14372	42356	93937	24529	877
168740	217491	105896	376208	3.55	9720	26732	57554	20718	892
119056	224328	89496	332249	3.71	7480	20669	47210	20683	934
188260	280770	138331	452163	3.27	15520	41247	70981	25106	997
218958	279458	124771	479821	3.85	10864	26474	70165	27560	572

表1 续表 2

地 区	合计				户籍人口	少数民族人口比重	非农业户口人口比重
	合 计 (人)	男 (人)	女 (人)	性别比 (女=100)	(人)	(%)	(%)
保定市	**11194382**	**5650947**	**5543435**	**101.94**	**11280217**	**1.72**	**15.68**
新市区	463398	228947	234451	97.65	449510	2.26	67.04
北市区	387339	192393	194946	98.69	303425	3.87	70.22
南市区	287784	141420	146364	96.62	269199	3.48	57.50
满城县	406677	209560	197117	106.31	395580	1.08	11.45
清苑县	631659	320880	310779	103.25	625588	0.56	6.54
涞水县	339063	172582	166481	103.66	343758	5.82	8.86
阜平县	205299	103815	101484	102.30	218139	0.07	12.27
徐水县	563030	283898	279132	101.71	576070	1.82	10.76
定兴县	517874	257422	260452	98.84	565747	2.83	8.11
唐县	529067	260900	268167	97.29	568860	0.07	7.01
高阳县	345160	173932	171228	101.58	328373	0.36	9.93
容城县	258179	131354	126825	103.57	256818	0.66	8.21
涞源县	260678	137399	123279	111.45	267032	0.11	13.93
望都县	250014	126774	123240	102.87	260566	0.16	9.66
安新县	437378	224555	212823	105.51	430788	0.16	5.81
易县	537564	272911	264653	103.12	565946	5.69	8.83
曲阳县	588559	296755	291804	101.70	599352	0.02	6.30
蠡县	505572	259012	246560	105.05	520384	0.14	5.74
顺平县	295764	149704	146060	102.49	302705	0.14	7.03
博野县	245504	123946	121558	101.96	264824	0.04	4.89
雄县	359506	183290	176216	104.01	363573	2.42	8.34
涿州市	603535	303125	300410	100.90	635396	1.92	25.47
定州市	1165182	587316	577866	101.64	1189257	2.48	10.85
安国市	370317	185386	184931	100.25	387024	0.92	11.87
高碑店市	640280	323671	316609	102.23	592303	2.36	12.97
张家口市	**4345485**	**2225425**	**2120060**	**104.97**	**4637341**	**1.47**	**27.58**
桥东区	339372	172795	166577	103.73	276441	3.43	71.29
桥西区	287900	142284	145616	97.71	235040	3.19	68.99
宣化区	370569	185891	184678	100.66	310904	2.14	69.78
下花园区	62764	32288	30476	105.95	67353	0.89	55.81
宣化县	273506	141702	131804	107.51	298907	0.23	6.61
张北县	318669	162009	156660	103.41	384321	1.22	17.43
康保县	204975	103811	101164	102.62	279448	1.01	11.91
沽源县	174619	90011	84608	106.39	228268	2.95	12.49
尚义县	151639	76685	74954	102.31	195029	0.70	16.45
蔚县	450236	235171	215065	109.35	495233	0.18	10.79
阳原县	258086	131517	126569	103.91	282826	0.11	11.44
怀安县	210914	107146	103768	103.26	242038	0.22	14.06
万全县	211706	107737	103969	103.62	228548	0.23	14.46
怀来县	352307	181121	171186	105.80	350759	2.26	24.11
涿鹿县	333932	175944	157988	111.37	344987	1.23	14.56
赤城县	238169	124243	113926	109.06	290185	1.28	11.76
崇礼县	106122	55070	51052	107.87	127054	4.30	14.22
承德市	**3473201**	**1782914**	**1690287**	**105.48**	**3716445**	**43.16**	**21.08**
双桥区	424897	212796	212101	100.33	375810	19.03	60.47
双滦区	146878	75640	71238	106.18	143261	25.22	44.23
鹰手营子矿区	62454	31951	30503	104.75	67221	9.25	64.37
承德县	388554	203187	185367	109.61	414095	12.82	10.94
兴隆县	314730	161297	153433	105.13	322321	8.61	14.20
平泉县	446939	229622	217317	105.66	470366	36.66	13.70
滦平县	287986	147635	140351	105.19	309296	62.93	12.01
隆化县	372030	191904	180126	106.54	436786	58.53	12.08
丰宁满族自治县	357029	183768	173261	106.06	394095	72.43	14.15
宽城满族自治县	250304	131854	118450	111.32	247492	77.62	14.44
围场满族蒙古族自治县	421400	213260	208140	102.46	535702	67.10	13.38
沧州市	**7134062**	**3647202**	**3486860**	**104.60**	**7161336**	**3.33**	**17.06**
新华区	228341	115203	113138	101.83	199414	14.16	73.32
运河区	308454	153920	154534	99.60	280428	5.91	66.90
沧县	669019	343798	325221	105.71	686026	3.42	3.30
青县	402137	204920	197217	103.91	408467	6.32	14.35
东光县	356502	180638	175864	102.71	360725	0.28	9.03
海兴县	201538	103259	98279	105.07	225631	1.80	12.67
盐山县	436812	225823	210989	107.03	450567	0.71	6.84
肃宁县	334639	171392	163247	104.99	338846	1.07	11.05
南皮县	366232	188309	177923	105.84	374883	0.55	9.13

城乡人口		家庭户				家庭户类别			
城镇人口(人)	乡村人口(人)	户数(户)	人口数(人)	户规模(人/户)	其中：一人户(户)	一代户(户)	二代户(户)	三代户(户)	四代以上户(户)
4340339	**6854043**	**3039158**	**10719345**	**3.53**	**248116**	**723109**	**1525655**	**750889**	**39505**
410239	53159	149147	442692	2.97	15639	48404	75829	24247	667
357972	29367	99772	292135	2.93	11216	31912	53014	14444	402
269984	17800	73610	229539	3.12	7387	21985	37071	14079	475
139507	267170	108017	393954	3.65	8228	24718	52655	28937	1707
219648	412011	169242	624616	3.69	11529	35922	85250	45349	2721
99998	239065	96562	330878	3.43	8853	22210	51535	21866	951
40330	164969	61404	201203	3.28	7818	18562	31626	10923	293
193770	369260	155050	548409	3.54	10649	34797	76735	41489	2029
121080	396794	136860	506135	3.70	9396	26714	65400	42318	2428
123192	405875	140291	519223	3.70	10577	29152	69564	39361	2214
100486	244674	93488	330102	3.53	7503	23987	45987	22222	1292
99048	159131	63986	243129	3.80	3799	13399	29785	19570	1232
77610	183068	81197	253133	3.12	11307	25602	44594	10785	216
74483	175531	68642	245740	3.58	4519	14437	32442	20747	1016
167433	269945	119584	401873	3.36	9393	32810	63290	22379	1105
126242	411322	148668	526845	3.54	13022	32608	75108	39176	1776
124237	464322	153570	578243	3.77	12733	30937	87368	33941	1324
164230	341342	130192	498101	3.83	8449	28753	61234	37153	3052
64145	231619	81232	292815	3.60	6163	17622	39506	23097	1007
74534	170970	68307	243527	3.57	5112	16798	33835	16623	1051
139180	220326	94953	356438	3.75	6184	19422	50252	23983	1296
260493	343042	176029	579920	3.29	15532	45953	87237	41120	1719
482121	683061	300607	1120961	3.73	21380	61277	144026	89922	5382
135524	234793	108016	363824	3.37	10135	28857	50797	26728	1634
274853	365427	160732	595910	3.71	11593	36271	81515	40430	2516
1962450	**2383035**	**1481690**	**4164494**	**2.81**	**194239**	**571530**	**770458**	**137233**	**2469**
304471	34901	115991	299637	2.58	14381	48790	59916	7198	87
264759	23141	100044	263367	2.63	12470	40051	53233	6698	62
318223	52346	135710	352091	2.59	16237	55862	72507	7275	66
37175	25589	24253	60598	2.50	4298	11182	11694	1364	13
81741	191765	94185	263343	2.80	12697	38076	48542	7456	111
103186	215483	110037	303441	2.76	14249	45352	55602	8907	176
52012	152963	69030	202382	2.93	6999	24546	36409	7929	146
38575	136044	60792	170263	2.80	7070	22757	33231	4737	67
37197	114442	55596	148138	2.66	8025	24125	27737	3671	63
146274	303962	145376	440550	3.03	23761	51279	74464	19294	339
82997	175089	84856	255690	3.01	11006	28853	47849	8037	117
75489	135425	71247	205985	2.89	8947	28282	35086	7712	167
92557	119149	71695	207822	2.90	8250	26984	37702	6850	159
136843	215464	117033	341050	2.91	15306	41675	61484	13613	261
93219	240713	105710	316951	3.00	13104	34978	54719	15643	370
62616	175553	82641	231089	2.80	12325	33347	40836	8231	227
35116	71006	37494	102097	2.72	5114	15391	19447	2618	38
1343103	**2130098**	**1024783**	**3310423**	**3.23**	**99259**	**296872**	**512874**	**207793**	**7244**
383772	41125	121817	355602	2.92	14184	42263	61425	17758	371
100255	46623	46584	138038	2.96	5120	15683	24063	6677	161
56363	6091	22720	60324	2.66	3276	10048	10020	2607	45
101121	287433	111146	377452	3.40	8899	26538	56345	27277	986
95762	218968	90363	307960	3.41	8344	23776	42125	23268	1194
136401	310538	129228	437700	3.39	10882	32129	65859	30142	1098
79856	208130	83476	279436	3.35	7274	21352	43359	18140	625
96253	275777	109424	360010	3.29	11055	30920	54406	23322	776
99355	257674	105945	339739	3.21	9803	30657	57394	17403	491
86762	163542	70737	242849	3.43	5821	18321	36068	15697	651
107203	314197	133343	411313	3.08	14601	45185	61810	25502	846
2912542	**4221520**	**2056649**	**6924685**	**3.37**	**159254**	**567170**	**1099545**	**373249**	**16685**
211772	16569	73154	218791	2.99	5875	22325	42378	8292	159
287639	20815	91690	275723	3.01	6652	28287	51504	11671	228
107692	561327	200188	661916	3.31	15712	58333	109559	31021	1275
176612	225525	125279	396595	3.17	10354	37946	69434	17340	559
147857	208645	108615	351620	3.24	9398	31249	60523	16273	570
61234	140304	59986	199558	3.33	5004	17813	32980	8866	327
154138	282674	113690	418131	3.68	8374	26236	62386	23982	1086
126167	208472	90820	324576	3.57	6395	22230	42599	24589	1402
94508	271724	104236	361000	3.46	7312	27136	54619	21491	990

表1 续表 3

地 区	合计 合 计 (人)	男 (人)	女 (人)	性别比 (女=100)	户籍人口 (人)	少数民族人口比重 (%)	非农业户口人口比重 (%)
吴桥县	282410	141700	140710	100.70	283655	0.25	15.32
献县	579831	294951	284880	103.54	595147	0.99	7.03
孟村回族自治县	202571	105057	97514	107.74	201809	26.07	8.75
泊头市	584308	296563	287745	103.06	599372	2.79	20.75
任丘市	822455	418945	403510	103.83	799758	0.82	23.17
黄骅市	548507	288402	260105	110.88	530963	4.63	20.96
河间市	810306	414322	395984	104.63	825645	2.15	9.27
廊坊市	**4358839**	**2233100**	**2125739**	**105.05**	**4132357**	**2.58**	**21.30**
安次区	367670	187390	180280	103.94	350456	1.00	25.41
广阳区	500396	251212	249184	100.81	433880	3.63	57.35
固安县	418689	213077	205612	103.63	421134	1.79	9.64
永清县	356481	181675	174806	103.93	375777	2.06	8.30
香河县	343372	178957	164415	108.84	318348	1.66	12.53
大城县	477773	245797	231976	105.96	489109	0.18	10.64
文安县	500967	259291	241676	107.29	491781	2.30	7.95
大厂回族自治县	118474	60083	58391	102.90	116889	22.51	21.03
霸州市	622975	320113	302862	105.70	594999	1.16	11.86
三河市	652042	335505	316537	105.99	539984	3.68	37.43
衡水市	**4340773**	**2191113**	**2149660**	**101.93**	**4358082**	**0.11**	**14.68**
桃城区	522147	259945	262202	99.14	482064	0.32	55.24
枣强县	394469	198790	195679	101.59	399787	0.05	9.29
武邑县	315693	159102	156591	101.60	325896	0.05	8.26
武强县	214549	108300	106249	101.93	218376	0.02	9.23
饶阳县	280498	141867	138631	102.33	285799	0.04	7.49
安平县	328512	167943	160569	104.59	327613	0.06	10.12
故城县	487025	246440	240585	102.43	500302	0.12	9.79
景县	528693	266845	261848	101.91	531609	0.11	7.33
阜城县	341087	172258	168829	102.03	349560	0.10	8.01
冀州市	362013	181208	180805	100.22	361516	0.06	12.35
深州市	566087	288415	277672	103.87	575560	0.11	9.44
山西省	**35712101**	**18338760**	**17373341**	**105.56**	**34728732**	**0.26**	**30.72**
太原市	**4201592**	**2151719**	**2049873**	**104.97**	**3650340**	**0.57**	**61.80**
小店区	804537	410370	394167	104.11	614067	0.56	59.87
迎泽区	592007	288623	303384	95.13	531316	0.98	80.96
杏花岭区	643584	325299	318285	102.20	584078	0.74	82.82
尖草坪区	415705	215952	199753	108.11	360257	0.70	63.05
万柏林区	749255	393481	355774	110.60	556571	0.57	69.22
晋源区	221431	113394	108037	104.96	201684	0.32	38.15
清徐县	343861	177070	166791	106.16	311403	0.11	17.47
阳曲县	120228	63457	56771	111.78	144580	0.08	22.44
娄烦县	105841	55810	50031	111.55	123871	0.10	19.47
古交市	205143	108263	96880	111.75	222513	0.25	63.26
大同市	**3318054**	**1689841**	**1628213**	**103.79**	**3200040**	**0.26**	**46.02**
城区	723013	360634	362379	99.52	670824	0.83	91.55
矿区	500155	257013	243142	105.70	495377	0.16	90.37
南郊区	405864	207718	198146	104.83	294627	0.20	27.87
新荣区	108482	56303	52179	107.90	107657	0.17	12.41
阳高县	272488	138206	134282	102.92	288611	0.00	15.03
天镇县	206009	103102	102907	100.19	219971	0.08	16.44
广灵县	182613	94333	88280	106.86	181944	0.06	12.10
灵丘县	234004	122459	111545	109.78	242089		18.95
浑源县	343486	173495	169991	102.06	360070	0.05	14.61
左云县	156163	78998	77165	102.38	150271	0.01	28.25
大同县	185777	97580	88197	110.64	188599	0.28	26.65
阳泉市	**1368502**	**710304**	**658198**	**107.92**	**1312234**	**0.25**	**48.81**
城区	193106	97079	96027	101.10	206045	0.83	87.58
矿区	242994	124792	118202	105.58	253133	0.18	90.65
郊区	286055	153486	132569	115.78	230018	0.21	45.94
平定县	335265	172940	162325	106.54	319633	0.06	23.69
盂县	311082	162007	149075	108.67	303405	0.18	21.71
长治市	**3334565**	**1710681**	**1623884**	**105.35**	**3336682**	**0.71**	**29.09**
城区	483628	239887	243741	98.42	448176	4.31	88.05
郊区	281213	144199	137014	105.24	287746	0.18	43.41
长治县	340963	171172	169791	100.81	335382	0.19	13.49
襄垣县	270216	141621	128595	110.13	265900	0.09	31.82

城乡人口		家庭户				家庭户类别			
城镇人口(人)	乡村人口(人)	户数(户)	人口数(人)	户规模(人/户)	其中：一人户(户)	一代户(户)	二代户(户)	三代户(户)	四代以上户(户)
88175	194235	84274	264231	3.14	8202	26280	43620	13962	412
141328	438503	158888	566317	3.56	11889	39057	84790	33416	1625
85885	116686	56416	199131	3.53	3633	14482	31651	9861	422
258203	326105	172378	569621	3.30	16261	48649	90689	31973	1067
430896	391559	236492	803121	3.40	17144	66877	120057	47065	2493
296978	251529	160879	521201	3.24	11679	47961	91955	20208	755
243458	566848	219664	793153	3.61	15370	52309	110801	53239	3315
2115141	**2243698**	**1204601**	**4057714**	**3.37**	**109581**	**338964**	**605348**	**247295**	**12994**
171294	196376	95083	315975	3.32	8564	25475	48216	20586	806
359546	140850	144762	446405	3.08	15430	47169	72886	23716	991
171558	247131	105326	396858	3.77	6724	19695	51265	32047	2319
116883	239598	95471	350863	3.68	5698	18282	48874	26860	1455
177960	165412	95063	316643	3.33	8099	26974	43417	23142	1530
171399	306374	137393	470813	3.43	11454	37957	78419	20236	781
217167	283800	140655	477437	3.39	10616	41014	77445	21375	821
50722	67752	37958	111296	2.93	6249	13875	17242	6532	309
291710	331265	168009	603766	3.59	12787	42239	85131	38867	1772
386902	265140	184881	567658	3.07	23960	66284	82453	33934	2210
1657687	**2683086**	**1258305**	**4135786**	**3.29**	**126155**	**376552**	**632837**	**236812**	**12104**
389447	132700	154407	465160	3.01	16481	54132	77718	21868	689
131183	263286	120348	377599	3.14	13165	41195	61016	17420	717
80270	235423	91936	305350	3.32	9553	27663	47426	16120	727
51212	163337	56148	209934	3.74	4165	12105	26522	16559	962
82407	198091	80355	275466	3.43	7360	21410	38252	19477	1216
114678	213834	93142	315897	3.39	9945	27533	42295	21812	1502
158697	328328	136141	470877	3.46	10879	36631	72845	25600	1065
182813	345880	147807	511068	3.46	12633	37491	80207	28858	1251
93672	247415	102326	332547	3.25	10168	29514	56987	15315	510
165363	196650	116821	330024	2.83	16958	46322	54536	15390	573
207945	358142	158874	541864	3.41	14848	42556	75033	38393	2892
17160539	**18551562**	**10330207**	**33484131**	**3.24**	**1110999**	**2963877**	**5637015**	**1668277**	**61038**
3467987	**733605**	**1296291**	**3670953**	**2.83**	**199112**	**473725**	**679781**	**140778**	**2007**
725879	78658	231500	609762	2.63	50616	101580	108006	21541	373
568482	23525	194429	531391	2.73	27761	72380	101235	20596	218
612291	31293	215005	606106	2.82	25986	72115	117365	25284	241
384840	30865	119630	348645	2.91	13777	38493	65539	15374	224
722682	26573	247395	651094	2.63	50759	102689	122892	21616	198
139983	81448	59315	190957	3.22	5407	17049	33046	9023	197
94519	249342	94680	319693	3.38	8985	26741	52464	15133	342
35849	84379	39068	114476	2.93	5435	14747	19639	4565	117
37301	68540	31230	101786	3.26	3626	9433	18555	3191	51
146161	58982	64039	197043	3.08	6760	18498	41040	4455	46
1822112	**1495942**	**1086073**	**3198011**	**2.94**	**134739**	**355642**	**648186**	**81439**	**806**
723013		250629	685315	2.73	26704	86184	149758	14603	84
500155		169227	487205	2.88	16156	50046	105707	13389	85
113901	291963	128398	380429	2.96	13972	43675	77874	6804	45
25245	83237	36333	106524	2.93	5865	12604	20699	2987	43
85730	186758	88012	266144	3.02	12217	29464	51019	7431	98
63952	142057	68158	203734	2.99	11840	24156	38393	5547	62
33067	149546	56225	179113	3.19	7720	17017	33063	6077	68
49492	184512	75712	226448	2.99	12270	25169	44781	5711	51
105870	237616	101065	329965	3.26	12518	28559	61323	11023	160
63534	92629	55608	155212	2.79	9950	20162	33101	2326	19
58153	127624	56706	177922	3.14	5527	18606	32468	5541	91
821209	**547293**	**428541**	**1304442**	**3.04**	**44238**	**126301**	**239942**	**61190**	**1108**
193106		66626	183616	2.76	7071	24012	35474	7073	67
242994		78871	236130	2.99	6124	21453	46208	11129	81
187571	98484	87674	265710	3.03	8242	25899	48356	13202	217
104003	231262	101226	321754	3.18	11575	27306	56850	16718	352
93535	217547	94144	297232	3.16	11226	27631	53054	13068	391
1395030	**1939535**	**923466**	**3149726**	**3.41**	**90674**	**228940**	**485041**	**202855**	**6630**
483628		139805	427268	3.06	15451	41898	75289	22221	397
169497	111716	76092	269711	3.54	5542	15931	40926	18734	501
89025	251938	91303	327760	3.59	7099	20266	41980	27850	1207
102623	167593	74233	259528	3.50	6816	18352	38368	16988	525

表1 续表 4

地区	合计 合计 (人)	合计 男 (人)	合计 女 (人)	合计 性别比 (女=100)	户籍人口 (人)	少数民族人口比重 (%)	非农业户口人口比重 (%)
屯留县	263844	136501	127343	107.19	266537	0.04	15.22
平顺县	150955	77759	73196	106.23	155720	0.03	10.19
黎城县	158541	82177	76364	107.61	163295	0.02	19.05
壶关县	291609	146375	145234	100.79	292612	0.17	9.36
长子县	353266	181124	172142	105.22	355668	0.14	12.13
武乡县	182549	97012	85537	113.42	208888	0.02	13.55
沁县	172205	89893	82312	109.21	175830	0.03	22.54
沁源县	158702	86129	72573	118.68	156899	0.09	15.62
潞城市	226874	116832	110042	106.17	224029	0.07	20.34
晋城市	**2279146**	**1153981**	**1125165**	**102.56**	**2169173**	**0.27**	**24.44**
城区	476945	240291	236654	101.54	351279	0.75	59.70
沁水县	213016	112630	100386	112.20	206961	0.09	22.14
阳城县	388789	194815	193974	100.43	384858	0.21	18.24
陵川县	231360	118089	113271	104.25	255837	0.31	11.35
泽州县	484174	248125	236049	105.12	493333	0.08	10.44
高平市	484862	240031	244831	98.04	476905	0.10	15.99
朔州市	**1714857**	**895412**	**819445**	**109.27**	**1594336**	**0.09**	**26.99**
朔城区	505294	261976	243318	107.67	430124	0.13	37.82
平鲁区	203793	107223	96570	111.03	228020	0.09	15.12
山阴县	238885	124647	114238	109.11	239918	0.08	25.76
应县	327973	170234	157739	107.92	300479	0.02	11.02
右玉县	112063	60185	51878	116.01	113288	0.19	17.37
怀仁县	326849	171147	155702	109.92	282507	0.07	37.89
晋中市	**3249425**	**1694946**	**1554479**	**109.04**	**3172151**	**0.18**	**27.98**
榆次区	635651	320345	315306	101.60	567052	0.49	49.51
榆社县	134648	71372	63276	112.79	141778	0.04	18.74
左权县	161314	86727	74587	116.28	163763	0.05	19.35
和顺县	144178	76430	67748	112.82	142976	0.04	20.51
昔阳县	227896	120535	107361	112.27	238918	0.04	15.53
寿阳县	211014	115739	95275	121.48	210310	0.11	22.58
太谷县	298783	153413	145370	105.53	280047	0.18	27.31
祁县	265310	138336	126974	108.95	262957	0.06	22.81
平遥县	502712	261291	241421	108.23	507150	0.11	17.05
灵石县	261402	141438	119964	117.90	257997	0.17	30.38
介休市	406517	209320	197197	106.15	399203	0.11	29.30
运城市	**5134779**	**2615684**	**2519095**	**103.83**	**5037695**	**0.17**	**15.79**
盐湖区	680036	337444	342592	98.50	663544	0.19	31.77
临猗县	572508	290798	281710	103.23	552323	0.05	7.97
万荣县	439364	223480	215884	103.52	429420	0.01	7.91
闻喜县	404150	207043	197107	105.04	395520	0.08	12.95
稷山县	347425	176586	170839	103.36	349978	0.06	8.38
新绛县	332473	169663	162810	104.21	323901	0.33	13.04
绛县	281643	142723	138920	102.74	283718	0.41	20.39
垣曲县	231018	119918	111100	107.94	227125	0.46	25.71
夏县	352821	182761	170060	107.47	355302	0.09	7.89
平陆县	258241	132147	126094	104.80	249034	0.56	12.34
芮城县	394849	200637	194212	103.31	380160	0.08	8.00
永济市	444724	225614	219110	102.97	434096	0.08	20.61
河津市	395527	206870	188657	109.65	393574	0.18	22.75
忻州市	**3067503**	**1581660**	**1485843**	**106.45**	**3069742**	**0.10**	**21.78**
忻府区	544683	270071	274612	98.35	528802	0.18	36.51
定襄县	217468	109439	108029	101.31	215745	0.11	16.62
五台县	299391	153426	145965	105.11	313912	0.12	14.67
代县	214091	111142	102949	107.96	207727	0.14	19.21
繁峙县	266800	138247	128553	107.54	272812	0.03	10.35
宁武县	161164	86206	74958	115.01	160844	0.06	25.56
静乐县	156846	83179	73667	112.91	160792	0.04	15.12
神池县	106538	56992	49546	115.03	104499	0.02	15.79
五寨县	107632	54886	52746	104.06	115356	0.01	17.55
岢岚县	84395	44797	39598	113.13	83804	0.03	14.95
河曲县	145136	77090	68046	113.29	144899	0.14	21.84
保德县	160035	85298	74737	114.13	164293	0.12	14.15
偏关县	112111	57902	54209	106.81	109215	0.05	17.87
原平市	491213	252985	238228	106.19	487042	0.11	27.03

城乡人口		家庭户				家庭户类别			
城镇人口 (人)	乡村人口 (人)	户数 (户)	人口数 (人)	户规模 (人/户)	其中：一人户 (户)	一代户 (户)	二代户 (户)	三代户 (户)	四代以上户 (户)
74535	189309	70331	252949	3.60	5538	15282	37210	17243	596
31200	119755	45474	145634	3.20	6515	12724	24300	8202	248
50803	107738	48043	153727	3.20	5462	13422	25960	8446	215
58971	232638	77295	283362	3.67	7120	16185	39969	20314	827
76214	277052	87667	324985	3.71	6740	17855	42433	26254	1125
46215	136334	55549	176625	3.18	7264	16540	31373	7505	131
53233	118972	49355	165663	3.36	6145	12378	29269	7554	154
53009	105693	45874	145686	3.18	5787	13306	26018	6413	137
106077	120797	62445	216828	3.47	5195	14801	31946	15131	567
1163315	**1115831**	**662706**	**2113115**	**3.19**	**74062**	**195947**	**329392**	**132986**	**4381**
476945		139871	417282	2.98	16778	41593	81568	16525	185
70350	142666	66935	192407	2.87	9572	25092	32802	8778	263
147978	240811	116294	361417	3.11	12349	36673	56009	22880	732
73709	157651	68424	225360	3.29	7637	19611	32005	16170	638
180873	303301	136056	457518	3.36	15767	37603	66268	31193	992
213460	271402	135126	459131	3.40	11959	35375	60740	37440	1571
793560	**921297**	**485730**	**1595254**	**3.28**	**49003**	**136723**	**292711**	**54875**	**1421**
288052	217242	143869	460330	3.20	16012	40848	90285	12450	286
93514	110279	53194	191449	3.60	4640	12588	34514	5965	127
103523	135362	69156	225740	3.26	7242	20064	40096	8690	306
91041	236932	92102	311961	3.39	9269	24579	52769	14362	392
51199	60864	34235	103925	3.04	4299	11825	19481	2885	44
166231	160618	93174	301849	3.24	7541	26819	55566	10523	266
1433792	**1815633**	**1002346**	**3021876**	**3.01**	**113617**	**327346**	**551116**	**121196**	**2688**
444002	191649	194449	570171	2.93	19984	65559	103024	25366	500
39853	94795	42231	130586	3.09	5482	12328	26448	3409	46
58612	102702	48307	146872	3.04	5728	15071	26673	6454	109
55990	88188	44496	137560	3.09	4824	13127	25102	6125	142
59753	168143	78404	216763	2.76	11598	30118	41239	6926	121
62432	148582	69811	193996	2.78	10817	27880	34004	7720	207
115996	182787	87805	266422	3.03	7937	28804	45381	13300	320
81115	184195	81233	254141	3.13	8096	25039	43902	11977	315
172055	330657	144866	478367	3.30	15209	38372	84081	21860	553
111715	149687	79074	234621	2.97	9687	27640	44814	6466	154
232269	174248	131670	392377	2.98	14255	43408	76448	11593	221
1928843	**3205936**	**1336278**	**4910098**	**3.67**	**102490**	**288346**	**645382**	**379526**	**23024**
432554	247482	189187	619049	3.27	21052	55725	93240	38217	2005
183386	389122	143813	546036	3.80	9200	27193	64247	49403	2970
87103	352261	110566	430553	3.89	6850	19200	52732	36254	2380
155955	248195	102652	396114	3.86	7224	20208	45118	35128	2198
100240	247185	82856	333416	4.02	4701	14943	37081	29042	1790
110041	222432	79338	311506	3.93	4604	14656	33660	29036	1986
124584	157059	74984	270549	3.61	6609	17251	34954	21532	1247
91920	139098	67872	224264	3.30	7427	17242	39045	11297	288
78735	274086	81594	340441	4.17	3728	9773	37027	32461	2333
57908	200333	70616	249721	3.54	5519	14611	39126	16100	779
151565	243284	106780	380550	3.56	7757	23827	55202	26320	1431
179028	265696	118869	426508	3.59	8425	26406	56607	33357	2499
175824	219703	107151	381391	3.56	9394	27311	57343	21379	1118
1161317	**1906186**	**921407**	**2902007**	**3.15**	**107756**	**280825**	**520873**	**116869**	**2840**
279875	264808	162405	493255	3.04	18360	50167	90788	21035	415
64662	152806	65371	212665	3.25	7243	19058	33585	12392	336
76046	223345	87665	284033	3.24	10216	25400	49597	12333	335
75518	138573	62698	201013	3.21	7621	18538	33753	10142	265
95246	171554	76977	260629	3.39	8194	19976	46240	10510	251
65673	95491	49242	153107	3.11	7095	15827	28620	4706	89
45234	111612	43101	151151	3.51	4853	10921	25657	6338	185
30747	75791	32013	103239	3.22	3581	9186	18828	3898	101
39650	67982	33540	101864	3.04	3450	11182	18925	3359	74
33042	51353	24861	82447	3.32	2494	6659	14817	3280	105
58614	86522	47457	136204	2.87	5480	17976	26244	3149	88
50524	109511	46673	150273	3.22	4825	14350	29538	2706	79
43924	68187	36274	110284	3.04	4427	12172	21561	2467	74
202562	288651	153130	461843	3.02	19917	49413	82720	20554	443

表1 续表 5

地区	合计 合计(人)	合计 男(人)	合计 女(人)	合计 性别比(女=100)	户籍人口(人)	少数民族人口比重(%)	非农业户口人口比重(%)
临汾市	**4316610**	**2200819**	**2115791**	**104.02**	**4366211**	**0.17**	**23.77**
尧都区	944050	471813	472237	99.91	838252	0.20	43.74
曲沃县	237033	120616	116417	103.61	233559	0.29	13.35
翼城县	311471	156710	154761	101.26	319468	0.72	17.10
襄汾县	442614	222169	220445	100.78	494633	0.07	9.52
洪洞县	733420	371532	361888	102.66	760967	0.03	9.37
古县	91798	48771	43027	113.35	91899	0.08	20.93
安泽县	82012	43936	38076	115.39	83605	0.25	19.96
浮山县	127831	66119	61712	107.14	133833	0.09	24.44
吉县	106407	54736	51671	105.93	110272	0.20	14.61
乡宁县	233167	123313	109854	112.25	242017	0.02	16.34
大宁县	64501	33365	31136	107.16	68405	0.01	28.32
隰县	103617	54000	49617	108.83	113135	0.02	21.03
永和县	63649	32968	30681	107.45	66882	0.00	12.59
蒲县	107339	59257	48082	123.24	108878	0.03	22.26
汾西县	144791	74857	69934	107.04	148754	0.04	13.10
侯马市	240005	121413	118592	102.38	242305	0.41	49.15
霍州市	282905	145244	137661	105.51	309347	0.08	31.27
吕梁市	**3727068**	**1933713**	**1793355**	**107.83**	**3820128**	**0.03**	**20.82**
离石区	320142	162118	158024	102.59	273950	0.02	47.11
文水县	421199	214566	206633	103.84	440666	0.01	12.56
交城县	230521	118050	112471	104.96	221330	0.05	25.20
兴县	279373	146216	133157	109.81	308286	0.02	10.21
临县	579077	300447	278630	107.83	629621	0.00	6.55
柳林县	320676	172883	147793	116.98	330604	0.02	13.89
石楼县	111815	58414	53401	109.39	120170	0.05	11.54
岚县	174182	90118	84064	107.20	187655	0.02	9.55
方山县	143809	76778	67031	114.54	147913	0.03	17.48
中阳县	141374	75444	65930	114.43	147850	0.02	31.77
交口县	119918	63123	56795	111.14	121767	0.02	13.17
孝义市	468770	243456	225314	108.05	467091	0.08	42.57
汾阳市	416212	212100	204112	103.91	423225	0.07	21.23
内蒙古自治区	**24706291**	**12838243**	**11868048**	**108.17**	**24408230**	**20.46**	**37.97**
呼和浩特市	**2866615**	**1462776**	**1403839**	**104.20**	**2236913**	**12.84**	**42.68**
新城区	567255	287064	280191	102.45	355494	15.51	59.27
回民区	394555	195547	199008	98.26	236091	16.23	58.64
玉泉区	383365	197369	185996	106.11	194579	11.48	42.79
赛罕区	635599	323741	311858	103.81	372816	16.57	53.35
土默特左旗	312532	162482	150050	108.29	357156	12.01	15.19
托克托县	200840	104839	96001	109.21	204945	4.93	18.83
和林格尔县	169856	86236	83620	103.13	200747	8.98	17.97
清水河县	93887	48981	44906	109.07	134966	0.88	17.43
武川县	108726	56517	52209	108.25	180119	2.83	18.63
包头市	**2650364**	**1368885**	**1281479**	**106.82**	**2191816**	**5.69**	**51.93**
东河区	512045	259157	252888	102.48	431167	6.37	68.17
昆都仑区	726838	376043	350795	107.20	490773	6.01	62.43
青山区	600284	307959	292325	105.35	393740	5.94	64.24
石拐区	35803	18990	16813	112.95	63612	4.28	66.28
白云鄂博矿区	26050	13496	12554	107.50	19168	8.17	69.07
九原区	195831	102662	93169	110.19	112242	3.18	24.51
土默特右旗	276453	145791	130662	111.58	354352	4.19	17.30
固阳县	175574	91795	83779	109.57	211775	1.46	13.33
达尔罕茂明安联合旗	101486	52992	48494	109.28	114987	14.65	26.61
乌海市	**532902**	**282386**	**250516**	**112.72**	**453968**	**6.79**	**71.56**
海勃湾区	296177	155757	140420	110.92	225560	6.59	74.48
海南区	103355	56876	46479	122.37	96686	7.43	53.95
乌达区	133370	69753	63617	109.65	131722	6.72	78.66
赤峰市	**4341245**	**2234825**	**2106420**	**106.10**	**4583636**	**22.70**	**24.21**
红山区	434785	218985	215800	101.48	354949	23.65	63.32
元宝山区	325170	165562	159608	103.73	327043	15.94	50.23
松山区	573571	299399	274172	109.20	535998	26.79	23.48
阿鲁科尔沁旗	272205	141553	130652	108.34	301632	39.98	16.72
巴林左旗	327765	165778	161987	102.34	355487	37.98	14.85
巴林右旗	175543	91185	84358	108.09	185311	44.98	30.25
林西县	200619	100784	99835	100.95	237076	6.00	26.60
克什克腾旗	211155	115298	95857	120.28	252896	14.76	22.91

城乡人口		家庭户				家庭户类别			
城镇人口(人)	乡村人口(人)	户数(户)	人口数(人)	户规模(人/户)	其中：一人户(户)	一代户(户)	二代户(户)	三代户(户)	四代以上户(户)
1760260	**2556350**	**1148571**	**4072262**	**3.55**	**92274**	**269924**	**611602**	**254741**	**12304**
571237	372813	244180	812798	3.33	23523	65023	128932	48207	2018
71794	165239	59032	228908	3.88	2824	9807	27500	20400	1325
89856	221615	81815	305514	3.73	5861	16264	38594	25422	1535
136327	306287	117929	425499	3.61	9367	29123	52467	34077	2262
240740	492680	190388	721995	3.79	13831	36663	101170	50192	2363
29327	62471	24872	84971	3.42	2364	6334	13995	4390	153
26145	55867	25157	75361	3.00	3109	8471	13434	3176	76
37450	90381	39850	124357	3.12	5420	12635	19601	7287	327
27111	79296	30362	103425	3.41	2175	7588	18658	3986	130
62659	170508	58912	217739	3.70	3770	12956	34905	10616	435
23522	40979	18008	63778	3.54	1620	4515	11070	2335	88
37223	66394	29403	102704	3.49	2034	6509	18589	4183	122
21007	42642	17727	63491	3.58	1073	3839	11349	2457	82
40851	66488	27341	95192	3.48	2282	7158	16454	3626	103
51138	93653	37635	143006	3.80	2328	7567	23764	6116	188
137020	102985	69786	230147	3.30	5619	18884	35705	14539	658
156853	126052	76174	273377	3.59	5074	16588	45415	13732	439
1413114	**2313954**	**1038798**	**3546387**	**3.41**	**103034**	**280158**	**632989**	**121822**	**3829**
250080	70062	90748	286236	3.15	9541	27486	58590	4590	82
109819	311380	110756	405810	3.66	8865	24779	60501	24567	909
103223	127298	65104	222170	3.41	6105	16282	39170	9399	253
79723	199650	77057	269793	3.50	9081	21593	46924	8239	301
119358	459719	158218	569449	3.60	15191	38239	99022	20310	647
97422	223254	87442	296173	3.39	10137	25735	54727	6789	191
38859	72956	31214	110336	3.53	2122	7686	20907	2557	64
43168	131014	46323	171285	3.70	3526	10595	27862	7642	224
36113	107696	41213	139280	3.38	5059	11471	25439	4201	102
79157	62217	39100	134319	3.44	3443	10502	24859	3618	121
38717	81201	32683	115196	3.52	3097	8371	19878	4239	195
268253	200517	139021	434942	3.13	16012	43765	84576	10432	248
149222	266990	119919	391398	3.26	10855	33654	70534	15239	492
13720174	**10986117**	**8205498**	**23071690**	**2.81**	**956608**	**3065851**	**4312379**	**807610**	**19658**
1790682	**1075933**	**952872**	**2573825**	**2.70**	**117267**	**368835**	**527900**	**55300**	**837**
429999	137256	192500	510292	2.65	24546	70616	113061	8742	81
337403	57152	132298	345172	2.61	17617	51471	75015	5771	41
295869	87496	132375	356585	2.69	16122	46393	81204	4732	46
433839	201760	198301	526053	2.65	24506	77770	108822	11594	115
88477	224055	103816	290568	2.80	11750	42905	51300	9424	187
72484	128356	65747	191984	2.92	7039	23862	36018	5724	143
51106	118750	53063	155418	2.93	6426	19988	27287	5644	144
34503	59384	33487	90499	2.70	4185	16023	16225	1220	19
47002	61724	41285	107254	2.60	5076	19807	18968	2449	61
2106757	**543607**	**939459**	**2482932**	**2.64**	**115371**	**370578**	**517459**	**50846**	**576**
400926	111119	187204	493980	2.64	22171	69887	107704	9540	73
718256	8582	256018	677693	2.65	30263	97274	144863	13771	110
597324	2960	209475	541968	2.59	25996	85646	113754	10004	71
27667	8136	15039	34655	2.30	3380	8060	6397	580	2
26050		9605	24798	2.58	1116	3862	5224	517	2
130150	65681	69806	184666	2.65	7347	27642	39847	2292	25
108200	168253	97275	253795	2.61	13489	44950	47414	4818	93
54019	121555	58908	172704	2.93	6714	19411	33003	6343	151
44165	57321	36129	98673	2.73	4895	13846	19253	2981	49
502704	**30198**	**187773**	**495700**	**2.64**	**24765**	**74646**	**102597**	**10395**	**135**
276329	19848	103673	278286	2.68	13253	39295	58015	6269	94
93005	10350	35072	92209	2.63	4500	15097	18121	1827	27
133370		49028	125205	2.55	7012	20254	26461	2299	14
1786902	**2554343**	**1373247**	**4170007**	**3.04**	**132004**	**445982**	**700122**	**219527**	**7616**
411233	23552	143197	399590	2.79	16581	51169	76384	15356	288
224095	101075	105657	317758	3.01	8672	34284	54269	16601	503
266957	306614	169485	544655	3.21	12197	47526	88575	32228	1156
79430	192775	94559	261219	2.76	12979	36180	47652	10456	271
90259	237506	105380	320428	3.04	10277	33642	55228	15960	550
84779	90764	59420	166424	2.80	6545	21458	31499	6298	165
99301	101318	72555	197513	2.72	10090	30072	34200	8030	253
78295	132860	69972	188845	2.70	7940	30111	33560	6159	142

表1 续表 6

地区	合计				户籍人口	少数民族人口比重	非农业户口人口比重
	合计（人）	男（人）	女（人）	性别比（女=100）	（人）	（%）	（%）
翁牛特旗	433298	221982	211316	105.05	485134	15.60	15.55
喀喇沁旗	293246	150861	142385	105.95	343881	50.86	13.43
宁城县	546845	282510	264335	106.88	605238	12.90	12.14
敖汉旗	547043	280928	266115	105.57	598991	6.31	10.04
通辽市	**3139153**	**1597918**	**1541235**	**103.68**	**3191254**	**49.28**	**28.69**
科尔沁区	898895	454853	444042	102.43	834283	41.72	50.29
科尔沁左翼中旗	514741	261945	252796	103.62	534748	74.88	16.14
科尔沁左翼后旗	379237	194766	184471	105.58	405596	74.25	22.11
开鲁县	396166	200521	195645	102.49	398814	16.08	14.20
库伦旗	167020	86332	80688	106.99	178415	60.84	23.14
奈曼旗	401509	202805	198704	102.06	444077	38.70	14.61
扎鲁特旗	279371	142730	136641	104.46	314102	51.42	21.66
霍林郭勒市	102214	53966	48248	111.85	81219	39.59	66.26
鄂尔多斯市	**1940653**	**1106242**	**834411**	**132.58**	**1510861**	**9.90**	**27.32**
东胜区	582544	338255	244289	138.47	259787	6.65	36.30
达拉特旗	322101	172294	149807	115.01	358054	4.44	18.36
准格尔旗	356501	203975	152526	133.73	302636	7.96	24.01
鄂托克前旗	68282	37896	30386	124.72	75919	26.96	26.42
鄂托克旗	148844	85066	63778	133.38	99128	17.95	34.34
杭锦旗	111102	59212	51890	114.11	144167	21.03	21.74
乌审旗	124527	70962	53565	132.48	107798	22.56	23.45
伊金霍洛旗	226752	138582	88170	157.18	163372	6.22	22.77
呼伦贝尔市	**2549252**	**1311859**	**1237393**	**106.02**	**2718249**	**17.69**	**65.20**
海拉尔区	344934	175840	169094	103.99	275859	20.47	85.68
阿荣旗	278744	143310	135434	105.82	328075	9.45	31.80
莫力达瓦达斡尔族自治旗	276912	142497	134415	106.01	339328	20.15	23.64
鄂伦春自治旗	223752	113726	110026	103.36	284776	10.35	69.66
鄂温克族自治旗	134979	70330	64649	108.79	145151	39.49	81.16
陈巴尔虎旗	58244	30658	27586	111.14	59052	50.13	72.62
新巴尔虎左旗	40258	21024	19234	109.31	41345	75.36	49.33
新巴尔虎右旗	36356	19845	16511	120.19	32828	75.31	51.50
满洲里市	249472	128853	120619	106.83	169362	9.11	81.00
牙克石市	352173	183206	168967	108.43	374197	9.29	93.66
扎兰屯市	366323	187603	178720	104.97	424890	13.10	43.18
额尔古纳市	76667	39126	37541	104.22	85143	24.37	86.69
根河市	110438	55841	54597	102.28	158243	11.42	98.61
巴彦淖尔市	**1669915**	**887011**	**782904**	**113.30**	**1827679**	**6.07**	**30.88**
临河区	541721	279075	262646	106.26	544506	4.98	39.09
五原县	260480	132969	127511	104.28	297953	3.20	20.16
磴口县	117091	60153	56938	105.65	118751	9.20	44.78
乌拉特前旗	293269	160280	132989	120.52	341629	4.28	25.23
乌拉特中旗	134204	80360	53844	149.25	140002	17.17	26.59
乌拉特后旗	65207	39137	26070	150.12	63669	22.27	44.06
杭锦后旗	257943	135037	122906	109.87	321169	2.02	23.48
乌兰察布市	**2143590**	**1094705**	**1048885**	**104.37**	**2866361**	**3.73**	**28.78**
集宁区	356135	174988	181147	96.60	300038	6.09	67.69
卓资县	136965	73272	63693	115.04	219983	2.00	22.84
化德县	123535	62378	61157	102.00	177630	2.03	23.05
商都县	234417	118873	115544	102.88	341171	1.44	18.82
兴和县	220067	112606	107461	104.79	332117	3.84	15.92
凉城县	185954	97012	88942	109.07	248057	2.81	15.99
察哈尔右翼前旗	164434	84803	79631	106.49	258260	2.93	22.29
察哈尔右翼中旗	149483	77605	71878	107.97	220751	2.74	15.82
察哈尔右翼后旗	150174	76383	73791	103.51	222174	6.04	21.23
四子王旗	176818	90749	86069	105.44	207452	8.73	16.69
丰镇市	245608	126036	119572	105.41	338728	1.04	34.93
兴安盟	**1613246**	**828637**	**784609**	**105.61**	**1672928**	**45.80**	**35.04**
乌兰浩特市	327081	164064	163017	100.64	319634	34.43	74.39
阿尔山市	68311	38267	30044	127.37	48682	17.47	82.74
科尔沁右翼前旗	299834	154946	144888	106.94	335354	52.43	15.51
科尔沁右翼中旗	251461	128098	123363	103.84	258073	84.88	33.81
扎赉特旗	392346	203752	188594	108.04	398020	42.57	19.95
突泉县	274213	139510	134703	103.57	313165	27.95	20.41

城乡人口		家庭户				家庭户类别			
城镇人口(人)	乡村人口(人)	户数(户)	人口数(人)	户规模(人/户)	其中：一人户(户)	一代户(户)	二代户(户)	三代户(户)	四代以上户(户)
123532	309766	132851	422649	3.18	11121	39589	66791	25367	1104
92372	200874	93773	286323	3.05	10561	32383	44241	16547	602
117976	428869	160864	529326	3.29	12371	42819	81853	34886	1306
118673	428370	165534	535277	3.23	12670	46749	85870	31639	1276
1267782	**1871371**	**948038**	**3034664**	**3.20**	**79870**	**254788**	**516055**	**172216**	**4979**
540338	358557	278703	847481	3.04	27368	86134	144378	46929	1262
148310	366431	146676	506831	3.46	10506	31148	84904	29779	845
107530	271707	116319	373817	3.21	11036	30212	62825	22616	666
111502	284664	113971	383443	3.36	7454	26599	62412	24131	829
55778	111242	50769	164498	3.24	3429	12826	27868	9818	257
110318	291191	116762	390545	3.34	7314	28536	61786	25572	868
92510	186861	90314	271758	3.01	9277	27726	51262	11097	229
101496	718	34524	96291	2.79	3486	11607	20620	2274	23
1349254	**591399**	**604414**	**1561789**	**2.58**	**87005**	**273813**	**308301**	**21930**	**370**
510242	72302	158909	426768	2.69	20112	63285	89495	6048	81
204300	117801	114580	292202	2.55	14383	54439	56531	3540	70
211331	145170	115312	295648	2.56	18168	53970	58691	2618	33
38296	29986	22618	59333	2.62	3401	10128	10656	1787	47
119423	29421	44858	118939	2.65	6222	17954	24752	2126	26
59005	52097	41625	101879	2.45	6959	21049	18814	1735	27
62522	62005	38463	101878	2.65	5709	17079	18905	2418	61
144135	82617	68049	165142	2.43	12051	35909	30457	1658	25
1722795	**826457**	**896713**	**2440236**	**2.72**	**109393**	**360872**	**448583**	**85635**	**1623**
327384	17550	117313	312823	2.67	14570	45349	62697	9205	62
83098	195646	90690	273410	3.01	8230	28404	48617	13272	397
72821	204091	89495	270132	3.02	9351	29215	47678	12241	361
151156	72596	79828	219339	2.75	8981	33535	38014	8148	131
109665	25314	49869	129815	2.60	6253	21442	25154	3235	38
38194	20050	20375	55529	2.73	1636	8286	10454	1614	21
19681	20577	14501	38683	2.67	1903	6058	7334	1100	9
22338	14018	12638	32441	2.57	2279	5993	5686	945	14
248420	1052	95277	240457	2.52	13926	40933	50076	4232	36
338275	13898	131194	331532	2.53	19420	60942	60460	9685	107
167493	198830	122175	353694	2.89	13354	43957	60634	17194	390
55076	21591	29536	74608	2.53	3324	13902	13716	1890	28
89194	21244	43822	107773	2.46	6166	22856	18063	2874	29
808343	**861572**	**555161**	**1517068**	**2.73**	**55919**	**230655**	**273643**	**50087**	**776**
354507	187214	181249	493308	2.72	17304	72114	94365	14565	205
119330	141150	87739	249011	2.84	6582	35247	42447	9898	147
53326	63765	43355	114834	2.65	5471	18507	21181	3619	48
106495	186774	100418	259177	2.58	11219	48983	44609	6734	92
55724	78480	41521	104508	2.52	6010	20998	17758	2727	38
36736	28471	20580	50950	2.48	4294	9880	9460	1229	11
82225	175718	80299	245280	3.05	5039	24926	43823	11315	235
905935	**1237655**	**794267**	**2089652**	**2.63**	**120970**	**340423**	**414439**	**39022**	**383**
319723	36412	128436	331097	2.58	15043	52985	71673	3757	21
42501	94464	50396	132206	2.62	9114	21610	25759	2998	29
55951	67584	49128	120768	2.46	8146	23537	24399	1183	9
80200	154217	90466	230272	2.55	14508	42740	43973	3721	32
53395	166672	79802	217149	2.72	11463	32996	43306	3469	31
48056	137898	61835	183592	2.97	8216	21481	33772	6503	79
36301	128133	64024	162283	2.53	11879	29796	31432	2776	20
32180	117303	55003	147376	2.68	7779	22580	29786	2612	25
52464	97710	56738	147615	2.60	8663	24455	29877	2379	27
61353	115465	67555	174807	2.59	9400	29322	34670	3530	33
123811	121797	90884	242487	2.67	16759	38921	45792	6094	77
678362	**934884**	**519990**	**1546640**	**2.97**	**54439**	**168988**	**276378**	**72712**	**1912**
276406	50675	109988	307268	2.79	12558	38631	59306	11832	219
55770	12541	20916	58024	2.77	2412	7587	10795	2512	22
52520	247314	92893	291900	3.14	9064	27021	49884	15552	436
97796	153665	80723	243052	3.01	8293	25062	43619	11746	296
122741	269605	124967	377063	3.02	13239	40200	67018	17243	506
73129	201084	90503	269333	2.98	8873	30487	45756	13827	433

表1 续表 7

地区	合计 合计(人)	合计 男(人)	合计 女(人)	合计 性别比(女=100)	户籍人口(人)	少数民族人口比重(%)	非农业户口人口比重(%)
锡林郭勒盟	**1028022**	**536795**	**491227**	**109.28**	**983378**	**33.67**	**43.44**
二连浩特市	74179	38151	36028	105.89	27177	20.23	41.75
锡林浩特市	245886	126599	119287	106.13	166594	26.64	63.90
阿巴嘎旗	43574	23575	19999	117.88	44616	52.12	41.64
苏尼特左旗	33652	17878	15774	113.34	33926	58.61	38.34
苏尼特右旗	71063	36808	34255	107.45	69110	31.50	48.66
东乌珠穆沁旗	93962	50801	43161	117.70	77381	55.70	39.76
西乌珠穆沁旗	87614	47790	39824	120.00	77591	60.59	44.18
太仆寺旗	112339	56971	55368	102.90	204407	7.10	26.70
镶黄旗	28450	14762	13688	107.85	30622	56.78	46.74
正镶白旗	54443	27734	26709	103.84	69375	33.52	24.09
正蓝旗	81967	42812	39155	109.34	80541	43.43	38.74
多伦县	100893	52914	47979	110.29	102038	17.26	28.45
阿拉善盟	**231334**	**126204**	**105130**	**120.05**	**171187**	**25.45**	**49.93**
阿拉善左旗	173494	94537	78957	119.73	128763	26.77	49.95
阿拉善右旗	25430	13919	11511	120.92	24218	25.76	49.21
额济纳旗	32410	17748	14662	121.05	18206	18.11	50.37
辽宁省	**43746323**	**22147745**	**21598578**	**102.54**	**42533831**	**15.19**	**50.81**
沈阳市	**8106171**	**4095172**	**4010999**	**102.10**	**7183908**	**9.45**	**63.50**
和平区	700992	351519	349473	100.59	634799	8.34	86.27
沈河区	849267	419282	429985	97.51	737157	7.97	90.18
大东区	782867	389874	392993	99.21	695123	6.78	90.71
皇姑区	925176	461173	464003	99.39	816268	8.05	90.50
铁西区	1017564	509923	507641	100.45	911207	6.05	86.90
苏家屯区	474779	242224	232555	104.16	429575	11.55	50.73
东陵区	411110	214991	196119	109.62	289305	18.07	40.08
沈北新区	423323	216726	206597	104.90	313928	18.83	43.73
于洪区	670843	347820	323023	107.68	346377	11.28	59.92
辽中县	476081	242186	233895	103.54	532708	6.27	17.23
康平县	316819	160877	155942	103.16	351521	16.84	20.35
法库县	399587	204966	194621	105.32	445043	9.29	17.14
新民市	657763	333611	324152	102.92	680897	6.95	20.22
大连市	**6690432**	**3375745**	**3314687**	**101.84**	**5852317**	**5.85**	**56.44**
中山区	339527	162460	177067	91.75	356051	3.60	91.45
西岗区	305742	154909	150833	102.70	302209	3.10	86.33
沙河口区	693140	336695	356445	94.46	652775	4.20	92.85
甘井子区	1321778	685984	635794	107.89	758489	4.68	78.32
旅顺口区	324773	163509	161264	101.39	215122	4.23	59.11
金州区	1102773	543984	558789	97.35	746666	10.00	50.42
长海县	77951	40300	37651	107.04	73111	1.89	71.59
瓦房店市	942197	489013	453184	107.91	1030095	8.34	33.51
普兰店市	741230	375226	366004	102.52	814744	2.55	27.73
庄河市	841321	423665	417656	101.44	903055	6.61	23.50
鞍山市	**3645884**	**1850084**	**1795800**	**103.02**	**3533679**	**14.93**	**50.18**
铁东区	549284	273279	276005	99.01	501923	3.15	96.90
铁西区	282014	141412	140602	100.58	294556	3.57	96.33
立山区	437339	220658	216681	101.84	435031	2.52	93.98
千山区	275447	139732	135715	102.96	247450	5.00	41.70
台安县	332542	169338	163204	103.76	378190	1.56	17.24
岫岩满族自治县	475381	243456	231925	104.97	523386	93.76	20.05
海城市	1293877	662209	631668	104.83	1153143	3.19	26.61
抚顺市	**2138090**	**1080753**	**1057337**	**102.21**	**2220545**	**27.07**	**67.85**
新抚区	252631	124039	128592	96.46	274692	7.05	97.71
东洲区	320949	162401	158548	102.43	327229	6.80	89.31
望花区	384514	197341	187173	105.43	368380	10.80	83.54
顺城区	472920	235886	237034	99.52	425869	12.02	85.75
抚顺县	162588	83924	78664	106.69	184522	20.71	13.04
新宾满族自治县	254118	129292	124826	103.58	303684	83.04	28.75
清原满族自治县	290370	147870	142500	103.77	336169	67.49	32.77
本溪市	**1709538**	**873808**	**835730**	**104.56**	**1560115**	**31.03**	**66.92**
平山区	349130	175994	173136	101.65	334163	10.34	91.86
溪湖区	252671	132180	120491	109.70	211667	14.25	81.71
明山区	409576	205390	204186	100.59	335671	14.73	88.61
南芬区	82917	41931	40986	102.31	81413	25.80	61.74
本溪满族自治县	296218	152083	144135	105.51	292707	67.20	40.28
桓仁满族自治县	319026	166230	152796	108.79	304494	55.67	26.17

城乡人口		家庭户				家庭户类别			
城镇人口(人)	乡村人口(人)	户数(户)	人口数(人)	户规模(人/户)	其中：一人户(户)	一代户(户)	二代户(户)	三代户(户)	四代以上户(户)
628458	**399564**	**355655**	**960729**	**2.70**	**46380**	**142055**	**188805**	**24430**	**365**
71455	2724	25597	70513	2.75	2635	8708	16231	657	1
214382	31504	84718	223930	2.64	10989	34327	45429	4911	51
19755	23819	14194	38714	2.73	1976	5692	7215	1266	21
16487	17165	11519	31740	2.76	1636	4480	5939	1085	15
50791	20272	26103	67362	2.58	3541	11336	13267	1472	28
53988	39974	29742	86081	2.89	3343	10384	16305	3008	45
44202	43412	26275	77915	2.97	2730	8406	14946	2889	34
38416	73923	47547	111602	2.35	8140	26762	19384	1387	14
18261	10189	9978	27040	2.71	1175	3641	5542	789	6
21000	33443	19349	53547	2.77	2419	6739	10956	1624	30
40717	41250	28038	77179	2.75	4416	10549	15204	2245	40
39004	61889	32595	95106	2.92	3380	11031	18387	3097	80
172200	**59134**	**77909**	**198448**	**2.55**	**13225**	**34216**	**38097**	**5510**	**86**
129242	44252	58577	150841	2.58	9373	25906	28391	4207	73
17077	8353	8882	22312	2.51	1543	4112	4139	625	6
25881	6529	10450	25295	2.42	2309	4198	5567	678	7
27187963	**16558360**	**14994046**	**41755874**	**2.78**	**2016010**	**5625124**	**7250189**	**2069614**	**49119**
6247700	**1858471**	**2839413**	**7536299**	**2.65**	**467825**	**1145575**	**1329464**	**358035**	**6339**
700992		240469	628234	2.61	48964	96304	112760	31055	350
849267		306306	789031	2.58	57657	124098	146585	35282	341
782867		292653	748442	2.56	54799	116426	142414	33505	308
925176		319816	847035	2.65	54731	122105	156747	40565	399
990017	27547	391412	991132	2.53	75030	162820	185104	43178	310
324103	150676	172984	447882	2.59	27192	73720	80823	18186	255
284237	126873	132409	343291	2.59	23522	60125	57877	14173	234
286100	137223	119590	315225	2.64	17461	52182	53449	13743	216
575473	95370	243061	602295	2.48	47874	115029	106864	20938	230
172439	303642	169534	471190	2.78	18829	68695	77977	22252	610
91316	225503	100192	309818	3.09	8548	32761	46046	20507	878
92237	307350	126791	395532	3.12	10163	39823	56987	28807	1174
173476	484287	224196	647192	2.89	23055	81487	105831	35844	1034
4979140	**1711292**	**2324622**	**6114178**	**2.63**	**350333**	**957204**	**1128819**	**234782**	**3817**
339527		124612	321255	2.58	22589	48200	61669	14651	92
305742		115267	282247	2.45	23117	48359	57234	9598	76
693053	87	255883	634967	2.48	49397	109316	125507	20922	138
1321778		449946	1148485	2.55	73439	186579	227273	35825	269
313187	11586	108004	272821	2.53	15722	50664	49269	7986	85
929180	173593	372797	926131	2.48	63460	173693	175976	22941	187
38577	39374	28043	74914	2.67	3518	12208	13166	2596	73
413921	528276	331327	899378	2.71	42662	137121	155452	37977	777
319942	421288	262184	727496	2.77	31248	102121	125822	33633	608
304233	537088	276559	826484	2.99	25181	88943	137451	48653	1512
2449061	**1196823**	**1232076**	**3553004**	**2.88**	**161707**	**423506**	**609073**	**195102**	**4395**
549284		186179	508091	2.73	25990	63096	97676	25193	214
282014		112289	280471	2.50	19992	44148	57337	10743	61
433904	3435	168373	433284	2.57	27433	64691	84479	19083	120
239794	35653	98102	266334	2.71	13879	39215	46360	12347	180
101079	231463	109402	330470	3.02	11360	37155	51547	19959	741
155763	319618	138954	463848	3.34	12156	37775	67428	32503	1248
687223	606654	418777	1270506	3.03	50897	137426	204246	75274	1831
1531774	**606316**	**789563**	**2082135**	**2.64**	**122096**	**312365**	**383381**	**92202**	**1615**
243700	8931	94839	251086	2.65	14541	33904	49134	11694	107
298088	22861	130020	315835	2.43	25873	56284	63401	10197	138
348792	35722	139133	353736	2.54	23610	55356	69463	14138	176
428228	44692	178916	461404	2.58	27801	72343	86996	19362	215
14188	148400	56233	160501	2.85	6142	21515	25575	8878	265
84352	169766	87880	250856	2.85	10867	33793	40006	13715	366
114426	175944	102542	288717	2.82	13262	39170	48806	14218	348
1271246	**438292**	**584175**	**1633053**	**2.80**	**77239**	**205696**	**297480**	**79404**	**1595**
338827	10303	127665	340407	2.67	18290	46973	65492	15004	196
219190	33481	90022	226645	2.52	17065	37926	42342	9624	130
389078	20498	144598	392619	2.72	17643	54365	72317	17655	261
53033	29884	30234	80113	2.65	4886	12167	14772	3237	58
158689	137529	97161	288629	2.97	10519	32332	48728	15668	433
112429	206597	94495	304640	3.22	8836	21933	53829	18216	517

表1 续表 8

地 区	合 计				户籍人口	少数民族人口比重	非农业户口人口比重
	合 计(人)	男(人)	女(人)	性别比(女=100)	(人)	(%)	(%)
丹东市	**2444697**	**1239795**	**1204902**	**102.90**	**2429211**	**34.34**	**43.01**
元宝区	215905	105992	109913	96.43	187615	10.34	86.95
振兴区	466343	233940	232403	100.66	430984	10.11	81.03
振安区	183328	91539	91789	99.73	178182	18.28	45.36
宽甸满族自治县	407713	213982	193731	110.45	440828	58.13	22.43
东港市	627475	319561	307914	103.78	608283	10.40	20.79
凤城市	543933	274781	269152	102.09	583319	79.82	33.15
锦州市	**3126463**	**1566255**	**1560208**	**100.39**	**3086773**	**27.15**	**40.78**
古塔区	287599	142383	145216	98.05	254810	10.75	92.19
凌河区	409606	198848	210758	94.35	379330	10.12	94.46
太和区	394594	195016	199578	97.71	338563	11.46	44.00
黑山县	615085	307716	307369	100.11	625216	21.08	27.82
义县	396602	202359	194243	104.18	434354	41.16	17.13
凌海市	508079	258731	249348	103.76	532073	14.84	22.38
北镇市	514898	261202	253696	102.96	522427	70.48	18.61
营口市	**2428534**	**1243569**	**1184965**	**104.95**	**2365657**	**6.33**	**48.52**
站前区	310634	155687	154947	100.48	275156	4.19	93.51
西市区	164873	82912	81961	101.16	158283	4.55	96.27
鲅鱼圈区	431087	222788	208299	106.96	350324	13.88	66.97
老边区	125454	64621	60833	106.23	127607	2.78	38.31
盖州市	691595	355463	336132	105.75	729498	8.06	25.00
大石桥市	704891	362098	342793	105.63	724789	2.03	30.94
阜新市	**1819339**	**913619**	**905720**	**100.87**	**1920010**	**14.66**	**45.50**
海州区	270757	132013	138744	95.15	277735	6.09	91.88
新邱区	81816	40312	41504	97.13	87523	8.60	78.12
太平区	166044	82432	83612	98.59	171189	5.42	92.50
清河门区	60751	30268	30483	99.29	70174	8.83	65.98
细河区	211288	107244	104044	103.08	176926	9.33	83.86
阜新蒙古族自治县	664971	337646	327325	103.15	725058	21.29	11.81
彰武县	363712	183704	180008	102.05	411405	18.57	17.78
辽阳市	**1858768**	**945546**	**913222**	**103.54**	**1828891**	**6.92**	**42.64**
白塔区	224352	109516	114836	95.37	210120	5.50	88.32
文圣区	193414	94953	98461	96.44	191275	5.08	93.09
宏伟区	142734	72570	70164	103.43	138031	6.69	67.41
弓长岭区	90785	46426	44359	104.66	88030	2.99	69.59
太子河区	137852	72266	65586	110.19	131320	6.97	50.30
辽阳县	573509	295096	278413	105.99	570486	9.04	16.59
灯塔市	496122	254719	241403	105.52	499629	6.61	17.99
盘锦市	**1392493**	**703258**	**689235**	**102.03**	**1305678**	**3.82**	**80.30**
双台子区	208384	104132	104252	99.88	194960	2.88	79.59
兴隆台区	468080	237798	230282	103.26	412511	4.96	87.22
大洼县	430913	217569	213344	101.98	401811	3.37	90.84
盘山县	285116	143759	141357	101.70	296396	3.32	53.49
铁岭市	**2717732**	**1378537**	**1339195**	**102.94**	**3037127**	**22.28**	**35.01**
银州区	363076	180940	182136	99.34	350514	8.39	88.87
清河区	89997	45994	44003	104.52	97569	52.22	39.00
铁岭县	339045	174555	164490	106.12	384896	9.17	7.64
西丰县	290635	147906	142729	103.63	345735	51.46	19.52
昌图县	847924	427858	420066	101.85	1034717	2.12	19.44
调兵山市	241431	122029	119402	102.20	238822	3.58	76.42
开原市	545624	279255	266369	104.84	584874	58.82	29.64
朝阳市	**3044641**	**1547066**	**1497575**	**103.30**	**3399665**	**7.10**	**27.53**
双塔区	414085	204686	209399	97.75	394703	5.31	71.18
龙城区	211102	108860	102242	106.47	200970	3.24	27.64
朝阳县	486774	247419	239355	103.37	566350	5.11	5.16
建平县	505437	256468	248969	103.01	583657	3.39	21.81
喀喇沁左翼蒙古族自治县	360419	181637	178782	101.60	424407	20.89	19.63
北票市	496164	249906	246258	101.48	585933	5.69	31.82
凌源市	570660	298090	272570	109.36	643645	7.31	20.89
葫芦岛市	**2623541**	**1334538**	**1289003**	**103.53**	**2810255**	**27.45**	**31.94**
连山区	605186	301724	303462	99.43	619622	9.48	48.10
龙港区	244053	126468	117585	107.55	219903	12.05	74.57
南票区	120969	60718	60251	100.78	140751	7.47	42.76
绥中县	586620	301289	285331	105.59	637084	48.79	18.94
建昌县	520537	266423	254114	104.84	635607	4.22	12.31
兴城市	546176	277916	268260	103.60	557288	57.90	25.17

城乡人口		家庭户				家庭户类别			
城镇人口 (人)	乡村人口 (人)	户数 (户)	人口数 (人)	户规模 (人/户)	其中：一人户 (户)	一代户 (户)	二代户 (户)	三代户 (户)	四代以上户 (户)
1475118	**969579**	**815728**	**2337786**	**2.87**	**91612**	**295359**	**389739**	**127494**	**3136**
207318	8587	79202	206251	2.60	12208	31430	39131	8543	98
452212	14131	162462	436076	2.68	21923	64193	77799	20201	269
116257	67071	65608	173834	2.65	9524	27774	29688	8001	145
161155	246558	123204	387411	3.14	10491	37212	58925	26232	835
290957	336518	205160	604657	2.95	20108	69853	99892	34472	943
247219	296714	180092	529557	2.94	17358	64897	84304	30045	846
1496433	**1630030**	**1038641**	**3013951**	**2.90**	**117337**	**365265**	**493574**	**174809**	**4993**
287599		103466	266625	2.58	16913	42030	50704	10620	112
407351	2255	149945	389931	2.60	23430	60754	73423	15625	143
251148	143446	129177	355639	2.75	15624	49899	62515	16414	349
194836	420249	202177	609260	3.01	19682	67125	92829	40621	1602
93682	302920	124019	390048	3.15	10995	37378	59918	25988	735
134716	373363	169383	497335	2.94	16792	59398	79700	29361	924
127101	387797	160474	505113	3.15	13901	48681	74485	36180	1128
1429218	**999316**	**822535**	**2362698**	**2.87**	**108271**	**290546**	**404730**	**123549**	**3710**
305747	4887	116818	293121	2.51	21136	47937	57473	11288	120
164873		64404	160247	2.49	10858	26798	32247	5313	46
328009	103078	144205	407222	2.82	18698	51623	74541	17618	423
81783	43671	42572	121781	2.86	4946	15046	21138	6272	116
218478	473117	219568	684732	3.12	25826	69603	103350	44799	1816
330328	374563	234968	695595	2.96	26807	79539	115981	38259	1189
954714	**864625**	**635206**	**1774190**	**2.79**	**75652**	**237502**	**299118**	**95960**	**2626**
270757		107942	264997	2.45	18591	47894	50850	9094	104
74168	7648	33778	81198	2.40	6319	15275	15982	2497	24
160950	5094	68366	164059	2.40	13271	29920	33629	4773	44
40220	20531	23772	60591	2.55	3760	10380	11117	2238	37
204188	7100	71567	189283	2.64	8645	27562	35992	7888	125
117183	547788	206904	654775	3.16	14494	60465	96640	48244	1555
87248	276464	122877	359287	2.92	10572	46006	54908	21226	737
1039033	**819735**	**639500**	**1804725**	**2.82**	**79226**	**236891**	**313667**	**87023**	**1919**
224352		83790	211780	2.53	14012	35080	40285	8332	93
186379	7035	72578	191466	2.64	9708	27677	36132	8654	115
130656	12078	53803	135935	2.53	7780	23974	25380	4392	57
70360	20425	35199	88979	2.53	5793	15242	16378	3526	53
123300	14552	46257	126760	2.74	6069	17513	22361	6303	80
140922	432587	185791	563892	3.04	20457	63690	90708	30542	851
163064	333058	162082	485913	3.00	15407	53715	82423	25274	670
918461	**474032**	**479397**	**1351974**	**2.82**	**53242**	**166472**	**255603**	**56136**	**1186**
203063	5321	72655	202427	2.79	7213	23652	41352	7537	114
460382	7698	169941	439065	2.58	19681	68470	91053	10299	119
194548	236365	144857	427217	2.95	18119	46192	76176	22016	473
60468	224648	91944	283265	3.08	8229	28158	47022	16284	480
1145784	**1571948**	**924161**	**2678838**	**2.90**	**108090**	**329238**	**434953**	**155179**	**4791**
345381	17695	132625	354459	2.67	16187	50646	68103	13705	171
51124	38873	30578	87738	2.87	2940	11091	14817	4559	111
61408	277637	110021	326384	2.97	12070	37469	52021	19912	619
70947	219688	94897	289058	3.05	10973	29839	47157	17351	550
178839	669085	273610	840461	3.07	26113	93538	116769	60852	2451
195673	45758	89293	240200	2.69	10779	33200	46849	9124	120
242412	303212	193137	540538	2.80	29028	73455	89237	29676	769
1160438	**1884203**	**1013043**	**2959448**	**2.92**	**107951**	**368697**	**488658**	**151376**	**4312**
364108	49977	141510	393646	2.78	13878	49795	76549	14964	202
113502	97600	66944	202807	3.03	6193	21302	34899	10475	268
46378	440396	151846	483084	3.18	14648	48133	75371	27466	876
160891	344546	168424	493794	2.93	17687	62709	77705	27270	740
106585	253834	122826	350537	2.85	13271	47088	55573	19382	783
168620	327544	181997	488724	2.69	23994	79215	81631	20591	560
200354	370306	179496	546856	3.05	18280	60455	86930	31228	883
1089843	**1533698**	**855986**	**2553595**	**2.98**	**95429**	**290808**	**421930**	**138563**	**4685**
373974	231212	220569	601051	2.73	30818	84549	108889	26523	608
220645	23408	88538	226731	2.56	10553	37412	45447	5599	80
51863	69106	43812	120263	2.74	6312	18717	19236	5698	161
169943	416677	181687	564158	3.11	17493	56541	90704	33304	1138
95127	425410	151529	513295	3.39	13548	41888	72151	35853	1637
178291	367885	169851	528097	3.11	16705	51701	85503	31586	1061

表1 续表 9

地 区	合计 合 计 (人)	合计 男 (人)	合计 女 (人)	合计 性别比 (女=100)	户籍人口 (人)	少数民族人口比重 (%)	非农业户口人口比重 (%)
吉林省	**27452815**	**13907218**	**13545597**	**102.67**	**27148228**	**7.96**	**45.45**
长春市	**7674439**	**3877174**	**3797265**	**102.10**	**7548923**	**3.56**	**45.16**
南关区	876959	427158	449801	94.97	701762	4.67	80.88
宽城区	680631	350623	330008	106.25	603807	2.48	54.21
朝阳区	827189	423349	403840	104.83	731752	4.95	85.10
二道区	619940	308473	311467	99.04	561080	4.73	59.29
绿园区	810551	410785	399766	102.76	625280	3.13	76.75
双阳区	377803	189775	188028	100.93	387355	10.88	24.95
农安县	960759	490234	470525	104.19	1097676	0.54	16.55
九台市	611670	309776	301894	102.61	710973	7.89	23.31
榆树市	1160568	586900	573668	102.31	1298319	1.49	14.87
德惠市	748369	380101	368268	103.21	830919	1.04	16.30
吉林市	**4413157**	**2233750**	**2179407**	**102.49**	**4346767**	**8.55**	**49.96**
昌邑区	658960	330383	328577	100.55	630018	10.70	75.12
龙潭区	527350	269229	258121	104.30	479902	14.61	61.83
船营区	491989	247995	243994	101.64	461069	9.71	75.35
丰满区	296822	145770	151052	96.50	257208	7.91	64.61
永吉县	394486	201156	193330	104.05	397571	11.83	23.25
蛟河市	447226	226997	220229	103.07	454307	6.65	37.96
桦甸市	444843	226250	218593	103.50	460786	2.37	40.86
舒兰市	645702	328088	317614	103.30	669860	5.71	30.87
磐石市	505779	257882	247897	104.03	536046	6.87	35.14
四平市	**3385156**	**1715479**	**1669677**	**102.74**	**3380732**	**7.00**	**34.17**
铁西区	278741	134597	144144	93.38	278185	3.09	91.19
铁东区	334884	170112	164772	103.24	328389	6.99	71.24
梨树县	782630	402162	380468	105.70	786949	0.93	22.47
伊通满族自治县	475245	241615	233630	103.42	477250	35.34	17.82
公主岭市	1092936	552907	540029	102.38	1092304	2.07	24.41
双辽市	420720	214086	206634	103.61	417655	1.67	32.45
辽源市	**1176239**	**598230**	**578009**	**103.50**	**1231270**	**6.84**	**46.06**
龙山区	294278	146089	148189	98.58	301390	4.90	80.13
西安区	177978	91454	86524	105.70	182804	2.28	84.38
东丰县	355078	181476	173602	104.54	400221	9.64	24.65
东辽县	348905	179211	169694	105.61	346855	7.97	19.49
通化市	**2324439**	**1183624**	**1140815**	**103.75**	**2257789**	**8.55**	**49.14**
东昌区	360071	179200	180871	99.08	302582	5.00	86.90
二道江区	146631	74105	72526	102.18	132373	4.78	82.50
通化县	247140	129412	117728	109.92	244007	15.18	36.68
辉南县	359329	182547	176782	103.26	360266	6.75	38.58
柳河县	363836	185828	178008	104.39	373439	9.16	26.64
梅河口市	615154	314208	300946	104.41	622129	8.66	48.17
集安市	232278	118324	113954	103.83	222993	10.91	36.91
白山市	**1296127**	**660809**	**635318**	**104.01**	**1268316**	**3.02**	**72.09**
浑江区	364723	184321	180402	102.17	313098	2.70	83.80
江源区	254293	130462	123831	105.35	250316	1.67	81.77
抚松县	297960	152585	145375	104.96	309071	1.80	64.07
靖宇县	131631	68266	63365	107.73	141491	3.77	50.73
长白朝鲜族自治县	72550	36964	35586	103.87	82284	14.64	55.57
临江市	174970	88211	86759	101.67	172056	2.32	70.11
松原市	**2880086**	**1455739**	**1424347**	**102.20**	**2888567**	**3.08**	**25.92**
宁江区	612816	306564	306252	100.10	562153	4.31	56.95
前郭尔罗斯蒙古族自治县	607640	306723	300917	101.93	609955	8.29	23.28
长岭县	639205	325029	314176	103.45	635762	0.75	16.97
乾安县	301438	151633	149805	101.22	306962	0.79	27.72
扶余县	718987	365790	353197	103.57	773735	0.68	8.96
白城市	**2032356**	**1032194**	**1000162**	**103.20**	**2037013**	**4.24**	**41.47**
洮北区	517434	257962	259472	99.42	514632	3.16	57.43
镇赉县	298301	155265	143036	108.55	295747	4.95	37.88
通榆县	353482	179588	173894	103.27	363343	7.66	31.55
洮南市	432122	219011	213111	102.77	433655	5.37	34.69
大安市	431017	220368	210649	104.61	429636	1.12	39.75
延边朝鲜族自治州	**2270816**	**1150219**	**1120597**	**102.64**	**2188851**	**35.45**	**63.54**
延吉市	562959	280099	282860	99.02	510143	51.13	76.96
图们市	134452	67768	66684	101.63	130348	54.50	78.53
敦化市	483464	244758	238706	102.54	483905	6.15	55.17

城乡人口		家庭户				家庭户类别			
城镇人口 (人)	乡村人口 (人)	户数 (户)	人口数 (人)	户规模 (人/户)	其中：一人户 (户)	一代户 (户)	二代户 (户)	三代户 (户)	四代以上户 (户)
14648199	**12804616**	**8998492**	**26457769**	**2.94**	**1118338**	**3114899**	**4446681**	**1394023**	**42889**
4258161	**3416278**	**2328933**	**7170902**	**3.08**	**248310**	**734638**	**1162059**	**417793**	**14443**
827923	49036	267289	725272	2.71	34575	99194	137566	30139	390
470896	209735	224297	645944	2.88	29200	77564	114489	31605	639
773647	53542	238269	658773	2.76	32523	92504	115425	30032	308
462661	157279	203569	579313	2.85	25723	69853	105483	27608	625
746383	64168	282666	762182	2.70	35677	106994	145899	29447	326
129699	248104	111380	356898	3.20	10068	31987	55120	23323	950
179184	781575	267134	953100	3.57	19229	66095	132286	65747	3006
198851	412819	180638	603094	3.34	14787	47589	87807	43389	1853
280961	879607	338619	1145401	3.38	30442	87849	160391	86387	3992
187956	560413	215072	740925	3.45	16086	55009	107593	50116	2354
2486066	**1927091**	**1478120**	**4244287**	**2.87**	**191908**	**528569**	**716086**	**228283**	**5182**
491640	167320	227588	628421	2.76	28313	83654	111740	31686	508
374884	152466	180359	498106	2.76	25655	66555	87521	25791	492
393468	98521	167964	466240	2.78	23362	59798	83740	24064	362
209730	87092	96020	264880	2.76	11388	36869	46071	12923	157
138241	256245	122105	384345	3.15	12693	36343	60882	24127	753
201712	245514	151642	443440	2.92	18625	54597	74388	22273	384
193537	251306	142272	417487	2.93	18368	50872	70601	20375	424
254850	390852	217125	642817	2.96	30706	74126	102271	39335	1393
228004	277775	173045	498551	2.88	22798	65755	78872	27709	709
1407104	**1978052**	**1036741**	**3297045**	**3.18**	**102571**	**308447**	**511088**	**208622**	**8584**
246537	32204	95633	255816	2.67	13693	37458	47470	10581	124
262570	72314	121718	326243	2.68	17069	47731	60062	13666	259
254842	527788	224751	748056	3.33	17764	62482	106992	52708	2569
124604	350641	140673	471865	3.35	10874	33950	72673	32771	1279
337851	755085	318194	1077031	3.38	28622	83667	157370	73803	3354
180700	240020	135772	418034	3.08	14549	43159	66521	25093	999
596028	**580211**	**398828**	**1158449**	**2.90**	**50941**	**136689**	**193594**	**66677**	**1868**
238905	55373	104773	291160	2.78	13162	38727	51556	14278	212
146144	31834	69795	172865	2.48	14643	29733	33805	6164	93
129020	226058	111943	350041	3.13	9304	34384	53211	23575	773
81959	266946	112317	344383	3.07	13832	33845	55022	22660	790
1238104	**1086335**	**771490**	**2276807**	**2.95**	**90352**	**258808**	**390500**	**119481**	**2701**
344765	15306	124849	347858	2.79	13989	45458	64135	15109	147
132027	14604	55559	144626	2.60	8770	23189	26834	5472	64
110167	136973	82062	232008	2.83	11325	30447	40655	10733	227
172792	186537	118856	353449	2.97	14954	39849	58794	19680	533
114123	249713	108415	360666	3.33	9660	27862	56895	23037	621
268259	346895	196869	609422	3.10	18253	58512	102195	35270	892
95971	136307	84880	228778	2.70	13401	33491	40992	10180	217
969899	**326228**	**513009**	**1274500**	**2.48**	**97737**	**234336**	**241129**	**37033**	**511**
324008	40715	140777	356870	2.54	25665	60041	68386	12212	138
179279	75014	106669	251950	2.36	24992	53827	45722	7026	94
218680	79280	114722	292013	2.55	19312	50346	56584	7681	111
73122	58509	49102	128396	2.61	8147	20856	24254	3906	86
41375	31175	30045	71834	2.39	5590	14846	13792	1395	12
133435	41535	71694	173437	2.42	14031	34420	32391	4813	70
1111883	**1768203**	**878395**	**2844752**	**3.24**	**69039**	**236839**	**464116**	**170573**	**6867**
464999	147817	203250	597040	2.94	18667	63790	111119	27500	841
171908	435732	186223	601680	3.23	14835	50944	98923	35142	1214
198717	440488	182446	632330	3.47	11329	42873	97975	39806	1792
111586	189852	100849	300096	2.98	10350	30667	56174	13558	450
164673	554314	205627	713606	3.47	13858	48565	99925	54567	2570
983502	**1048854**	**744888**	**1996917**	**2.68**	**106702**	**305330**	**360094**	**77637**	**1827**
359492	157942	184616	497650	2.70	22383	73626	89678	20873	439
125088	173213	112904	288918	2.56	16771	50727	53008	8992	177
131624	221858	126056	351458	2.79	17250	47140	64975	13573	368
164976	267146	167110	429373	2.57	31252	74222	77895	14619	374
202322	228695	154202	429518	2.79	19046	59615	74538	19580	469
1597452	**673364**	**848088**	**2194110**	**2.59**	**160778**	**371243**	**408015**	**67924**	**906**
505516	57443	208590	518678	2.49	45661	95984	97422	15038	146
109342	25110	48839	132649	2.72	7973	20231	24134	4441	33
293396	190068	178329	476493	2.67	25543	74104	87300	16637	288

表1 续表 10

地 区	合计				户籍人口	少数民族人口比重	非农业户口人口比重
	合 计（人）	男（人）	女（人）	性别比（女=100）	（人）	（%）	（%）
珲春市	241777	124304	117473	105.81	227097	40.31	63.87
龙井市	177234	89893	87341	102.92	182230	62.44	61.77
和龙市	189532	97300	92232	105.49	198886	48.39	59.87
汪清县	255411	129934	125477	103.55	246348	28.12	56.92
安图县	225987	116163	109824	105.77	209894	18.81	50.63
黑龙江省	**38313991**	**19426106**	**18887885**	**102.85**	**38237903**	**3.59**	**49.40**
哈尔滨市	**10635971**	**5402739**	**5233232**	**103.24**	**9964761**	**4.86**	**50.92**
道里区	923762	469114	454648	103.18	717291	2.31	77.73
南岗区	1343857	684292	659565	103.75	1006629	3.39	88.12
道外区	906421	459594	446827	102.86	696455	2.73	77.14
平房区	190253	96997	93256	104.01	166496	4.12	79.06
松北区	236848	123119	113729	108.26	193951	2.85	39.44
香坊区	916408	457799	458609	99.82	776468	3.84	79.45
呼兰区	764534	378543	385991	98.07	628730	2.31	34.31
阿城区	596856	302132	294724	102.51	584518	11.68	43.61
依兰县	388319	197866	190453	103.89	408649	3.59	34.12
方正县	203853	103541	100312	103.22	228424	1.81	40.95
宾县	551271	280897	270374	103.89	609450	0.98	17.15
巴彦县	590555	299435	291120	102.86	710945	0.93	17.20
木兰县	277685	142215	135470	104.98	281146	1.63	22.83
通河县	210650	107392	103258	104.00	252434	1.47	48.35
延寿县	242455	125193	117262	106.76	263972	3.94	28.25
双城市	825634	424808	400826	105.98	832759	15.70	24.37
尚志市	585386	301595	283791	106.27	609156	3.89	39.94
五常市	881224	448207	433017	103.51	997288	10.17	26.51
齐齐哈尔市	**5367003**	**2710067**	**2656936**	**102.00**	**5692710**	**2.67**	**39.15**
龙沙区	354987	177582	177405	100.10	300733	3.17	90.18
建华区	292579	144428	148151	97.49	251511	4.35	90.23
铁锋区	331951	171856	160095	107.35	299031	2.58	90.29
昂昂溪区	80109	40991	39118	104.79	82340	7.64	54.30
富拉尔基区	256159	129359	126800	102.02	255886	4.69	84.05
碾子山区	72151	36059	36092	99.91	80166	2.56	75.40
梅里斯达斡尔族区	165852	84165	81687	103.03	166350	11.64	16.90
龙江县	572764	292703	280061	104.51	618354	2.99	18.91
依安县	480035	244546	235489	103.85	502317	0.52	18.54
泰来县	302027	155162	146865	105.65	324516	4.46	26.55
甘南县	368734	186999	181735	102.90	395564	0.78	34.18
富裕县	276537	140916	135621	103.90	296335	5.17	36.15
克山县	403175	201602	201573	100.01	501087	0.99	23.56
克东县	264285	130085	134200	96.93	297020	0.97	19.20
拜泉县	519766	263105	256661	102.51	596418	0.85	14.22
讷河市	625892	310509	315383	98.45	725082	1.59	24.09
鸡西市	**1862165**	**950892**	**911273**	**104.35**	**1892636**	**3.40**	**62.00**
鸡冠区	365385	185461	179924	103.08	339119	2.86	89.27
恒山区	160180	81697	78483	104.10	167085	1.96	76.93
滴道区	103646	53303	50343	105.88	114932	2.58	72.58
梨树区	76361	39162	37199	105.28	87066	1.15	84.93
城子河区	127290	65005	62285	104.37	139350	3.09	80.43
麻山区	30097	15310	14787	103.54	32813	5.58	50.08
鸡东县	273871	140452	133419	105.27	292380	5.82	35.28
虎林市	317884	162631	155253	104.75	292636	1.94	59.56
密山市	407451	207871	199580	104.15	427255	4.53	39.68
鹤岗市	**1058665**	**536776**	**521889**	**102.85**	**1073585**	**2.29**	**78.59**
向阳区	110916	55493	55423	100.13	100348	1.04	98.19
工农区	140070	70274	69796	100.68	133437	1.74	97.81
南山区	119047	60418	58629	103.05	121123	1.64	95.12
兴安区	74396	38040	36356	104.63	84732	1.70	91.91
东山区	175239	89891	85348	105.32	175744	1.65	69.66
兴山区	44803	22834	21969	103.94	42613	2.29	91.13
萝北县	220131	111230	108901	102.14	226330	3.24	70.88
绥滨县	174063	88596	85467	103.66	189258	3.64	49.12
双鸭山市	**1462626**	**741730**	**720896**	**102.89**	**1476353**	**2.70**	**62.10**
尖山区	251368	126088	125280	100.64	235824	1.77	91.79
岭东区	58012	30276	27736	109.16	75218	2.41	86.78
四方台区	62633	32375	30258	107.00	64933	2.08	72.57

城乡人口		家庭户				家庭户类别			
城镇人口(人)	乡村人口(人)	户数(户)	人口数(人)	户规模(人/户)	其中：一人户(户)	一代户(户)	二代户(户)	三代户(户)	四代以上户(户)
174355	67422	87209	233984	2.68	14580	36841	42396	7857	115
122065	55169	72196	173653	2.41	17935	36285	31291	4564	56
112337	77195	75197	187027	2.49	17262	34973	35003	5174	47
155514	99897	101677	252687	2.49	22368	47027	48337	6239	74
124927	101060	76051	218939	2.88	9456	25798	42132	7974	147
21323715	**16990276**	**13000088**	**36884039**	**2.84**	**1675024**	**4705169**	**6550201**	**1697316**	**47402**
6501848	**4134123**	**3408940**	**9852508**	**2.89**	**455754**	**1177113**	**1713633**	**504886**	**13308**
821505	102257	306429	839905	2.74	47607	112113	157236	36707	373
1311927	31930	401519	1063635	2.65	66503	151128	205281	44754	356
805555	100866	325455	863876	2.65	53166	123320	166015	35684	436
179150	11103	73198	182397	2.49	12452	31436	34919	6813	30
140789	96059	65176	178866	2.74	10073	26545	29747	8611	273
882925	33483	307058	805276	2.62	46772	120312	153742	32702	302
454462	310072	222304	647296	2.91	35825	79879	106097	35023	1305
336741	260115	198481	569944	2.87	29382	71614	95548	30554	765
145666	242653	135480	386936	2.86	18001	48327	68735	17820	598
92102	111751	71161	202169	2.84	10603	25721	36175	9009	256
146031	405240	177495	544800	3.07	18747	55444	88080	33012	959
143909	446646	176668	585613	3.31	14660	47423	89499	38083	1663
74977	202708	88827	276721	3.12	10495	27813	45146	15228	640
102009	108641	72497	209910	2.90	6334	25774	36124	10430	169
89667	152788	80077	240624	3.00	8700	25802	41914	12033	328
244898	580736	250077	795461	3.18	25180	73160	123370	51569	1978
269699	315687	191608	580971	3.03	19382	61190	101222	28649	547
259836	621388	265430	878108	3.31	21872	70112	134783	58205	2330
2366355	**3000648**	**1810534**	**5251386**	**2.90**	**225129**	**619365**	**922975**	**260327**	**7867**
341686	13301	129875	339950	2.62	21193	49988	66001	13752	134
286118	6461	97426	257323	2.64	13561	35956	51524	9855	91
312330	19621	114738	310853	2.71	16249	42608	58741	13249	140
51846	28263	30724	78520	2.56	4759	13568	14207	2905	44
220172	35987	100583	252920	2.51	15970	42251	50174	8075	83
61374	10777	31264	71893	2.30	6653	15944	13743	1559	18
41194	124658	58611	165259	2.82	6940	21128	29452	7830	201
133204	439560	190378	570828	3.00	20302	62320	96738	30309	1011
108962	371073	145655	471441	3.24	13978	38499	78261	27926	969
95257	206770	99545	294488	2.96	10853	32953	50568	15489	535
102716	266018	125526	366570	2.92	13471	42794	66248	15914	570
108929	167608	97692	272175	2.79	12306	36772	49093	11522	305
89510	313665	131337	401093	3.05	14259	41223	67484	21789	841
78507	185778	89544	262295	2.93	10892	28681	45958	14478	427
100826	418940	153712	517378	3.37	14869	39444	81261	31838	1169
233724	392168	213924	618400	2.89	28874	75236	103522	33837	1329
1223140	**639025**	**713808**	**1830131**	**2.56**	**120170**	**308051**	**342190**	**62344**	**1223**
362048	3337	131669	347242	2.64	18619	50672	69096	11768	133
126356	33824	66377	160014	2.41	14182	29182	32874	4280	41
75141	28505	42354	102613	2.42	9001	19163	20336	2818	37
65557	10804	34234	76086	2.22	8701	18374	14545	1301	14
104160	23130	51664	125607	2.43	10027	23023	25396	3202	43
13627	16470	12167	29935	2.46	3021	5740	5334	1062	31
106611	167260	99918	270695	2.71	13764	40512	48034	11119	253
193028	124856	129037	315530	2.45	22818	63442	56995	8475	125
176612	230839	146388	402409	2.75	20037	57943	69580	18319	546
810873	**247792**	**397954**	**1040057**	**2.61**	**53184**	**166132**	**199517**	**31741**	**564**
110916		40422	110579	2.74	4939	14874	20884	4616	48
140070		56212	139361	2.48	9617	23012	29975	3211	14
119047		46841	118653	2.53	7498	19136	24687	3006	12
74396		28912	74285	2.57	3892	11515	15600	1782	15
111709	63530	60791	173619	2.86	6622	22410	31039	7109	233
44803		18356	44784	2.44	3172	7903	9496	954	3
137050	83081	85437	214305	2.51	11760	41472	38006	5855	104
72882	101181	60983	164471	2.70	5684	25810	29830	5208	135
890815	**571811**	**550098**	**1445986**	**2.63**	**74612**	**231186**	**270421**	**47395**	**1096**
251094	274	100574	248099	2.47	16418	42877	52163	5500	34
53800	4212	24263	56671	2.34	5352	11780	11351	1109	23
53538	9095	25990	62437	2.40	4790	12629	11948	1394	19

表1 续表 11

地区	合计				户籍人口	少数民族人口比重	非农业户口人口比重
	合计(人)	男(人)	女(人)	性别比(女=100)	(人)	(%)	(%)
宝山区	129814	66319	63495	104.45	133486	1.61	93.69
集贤县	299890	151797	148093	102.50	307785	1.92	38.90
友谊县	110790	55549	55241	100.56	105153	2.98	84.65
宝清县	400487	202967	197520	102.76	411254	4.40	41.55
饶河县	149632	76359	73273	104.21	142700	2.42	55.54
大庆市	**2904532**	**1464252**	**1440280**	**101.66**	**2803822**	**3.48**	**49.91**
萨尔图区	328808	166414	162394	102.48	245765	2.56	78.42
龙凤区	352404	178142	174262	102.23	262860	2.80	74.08
让胡路区	564534	281851	282683	99.71	454262	2.36	81.02
红岗区	169522	86343	83179	103.80	135889	1.91	66.53
大同区	234557	117559	116998	100.48	247446	1.35	29.81
肇州县	387463	196556	190907	102.96	456225	0.40	19.55
肇源县	388828	195625	193203	101.25	469791	3.93	24.27
林甸县	244578	123578	121000	102.13	277419	0.55	20.39
杜尔伯特蒙古族自治县	233838	118184	115654	102.19	254165	19.23	29.14
伊春市	**1148126**	**574363**	**573763**	**100.10**	**1288574**	**2.16**	**86.23**
伊春区	145954	71583	74371	96.25	164152	2.59	96.60
南岔区	118593	59336	59257	100.13	136708	1.32	87.78
友好区	53493	26701	26792	99.66	64597	2.17	96.73
西林区	52741	27047	25694	105.27	53998	1.31	97.32
翠峦区	44960	22426	22534	99.52	51017	0.51	98.56
新青区	43061	21521	21540	99.91	48075	1.75	98.55
美溪区	41028	21350	19678	108.50	45635	0.74	98.46
金山屯区	39218	19931	19287	103.34	45338	3.69	97.82
五营区	33988	17174	16814	102.14	38377	4.08	98.01
乌马河区	31416	15859	15557	101.94	34405	1.39	94.90
汤旺河区	30979	15664	15315	102.28	34789	1.71	96.41
带岭区	32259	15992	16267	98.31	35934	1.58	94.97
乌伊岭区	21147	10678	10469	102.00	23786	2.14	94.20
红星区	21845	10887	10958	99.35	25112	2.24	99.02
上甘岭区	19496	9602	9894	97.05	22395	2.77	99.40
嘉荫县	68579	34961	33618	103.99	76209	2.58	48.91
铁力市	349369	173651	175718	98.82	388047	2.52	73.87
佳木斯市	**2552097**	**1306592**	**1245505**	**104.90**	**2494497**	**2.63**	**51.00**
向阳区	233855	115732	118123	97.98	221220	2.50	91.31
前进区	171530	86047	85483	100.66	161746	1.44	93.68
东风区	161740	82429	79311	103.93	150771	1.60	73.94
郊区	314586	162420	152166	106.74	279306	2.50	47.21
桦南县	468698	239691	229007	104.67	466039	3.28	32.53
桦川县	202827	103628	99199	104.46	223738	2.65	31.15
汤原县	255211	130321	124890	104.35	262153	6.00	43.06
抚远县	126694	68565	58129	117.95	85343	1.32	44.34
同江市	179791	92690	87101	106.42	173569	2.93	51.66
富锦市	437165	225069	212096	106.12	470612	1.25	42.14
七台河市	**920471**	**471513**	**448958**	**105.02**	**861838**	**3.61**	**56.72**
新兴区	236768	122067	114701	106.42	219901	2.73	71.24
桃山区	230293	116994	113299	103.26	191045	2.68	86.70
茄子河区	153926	80399	73527	109.35	136617	2.96	42.68
勃利县	299484	152053	147431	103.14	314275	5.35	29.41
牡丹江市	**2798723**	**1413360**	**1385363**	**102.02**	**2716098**	**6.52**	**53.48**
东安区	200160	101481	98679	102.84	190597	4.47	83.39
阳明区	240214	121487	118727	102.32	237371	5.16	52.69
爱民区	275289	132903	142386	93.34	235339	3.24	84.10
西安区	249491	122853	126638	97.01	237201	11.77	79.57
东宁县	200716	103138	97578	105.70	213864	4.36	44.04
林口县	368956	188876	180080	104.88	384107	3.22	29.49
绥芬河市	132315	67985	64330	105.68	65884	1.34	57.43
海林市	400859	203175	197684	102.78	412630	8.33	57.61
宁安市	437452	219763	217689	100.95	441839	12.79	32.73
穆棱市	293271	151699	141572	107.15	297266	3.73	42.80
黑河市	**1673899**	**847863**	**826036**	**102.64**	**1716359**	**2.96**	**54.67**
爱辉区	211313	108005	103308	104.55	191966	7.88	64.66
嫩江县	495519	251070	244449	102.71	496202	2.05	54.03
逊克县	101411	51217	50194	102.04	101879	6.27	42.93
孙吴县	102821	52296	50525	103.51	97973	5.62	39.87

城乡人口		家庭户				家庭户类别			
城镇人口(人)	乡村人口(人)	户数(户)	人口数(人)	户规模(人/户)	其中：一人户(户)	一代户(户)	二代户(户)	三代户(户)	四代以上户(户)
122678	7136	53463	129068	2.41	9326	26006	24974	2458	25
114428	185462	106205	296894	2.80	11254	40816	51627	13378	384
65916	44874	44366	108254	2.44	6490	22185	19286	2850	45
149147	251340	140627	396430	2.82	15437	53389	70712	16055	471
80214	69418	54610	148133	2.71	5545	21504	28360	4651	95
1846892	**1057640**	**967070**	**2768027**	**2.86**	**96508**	**336086**	**508960**	**118625**	**3399**
328808		108119	299572	2.77	12564	40902	56400	10703	114
318919	33485	115923	308507	2.66	13149	45706	60157	9946	114
519915	44619	198752	528357	2.66	21726	75042	108735	14830	145
160265	9257	58439	157691	2.70	6138	22109	31331	4925	74
105791	128766	74998	229418	3.06	5542	23247	39232	12136	383
116806	270657	119562	384416	3.22	9099	33424	61077	23908	1153
137173	251655	124116	386023	3.11	11229	35895	65526	21776	919
73558	171020	86349	243377	2.82	8583	30986	46296	8867	200
85657	148181	80812	230666	2.85	8478	28775	40206	11534	297
964391	**183735**	**462944**	**1132289**	**2.45**	**79784**	**217456**	**212113**	**32879**	**496**
145735	219	55720	137706	2.47	9438	24824	26194	4661	41
105302	13291	48315	117237	2.43	7530	22838	22260	3191	26
52141	1352	22180	51777	2.33	3704	11385	9750	1037	8
44459	8282	21947	52066	2.37	4066	10742	10180	1020	5
42066	2894	18041	44612	2.47	3130	7965	8709	1348	19
43061		17406	42662	2.45	2683	7693	8712	989	12
40910	118	16482	41023	2.49	3157	8121	6664	1684	13
37824	1394	15731	39060	2.48	2323	6782	7875	1064	10
33449	539	15193	33803	2.22	3240	8489	6089	609	6
30478	938	13212	31256	2.37	2281	6672	5851	680	9
25086	5893	12840	30879	2.40	2280	6281	5639	909	11
31649	610	14493	32178	2.22	3243	7744	6335	413	1
20836	311	9176	21139	2.30	1788	4580	4147	448	1
21845		11062	21830	1.97	3470	7393	3540	127	2
19178	318	7440	19344	2.60	1053	3556	3167	704	13
35224	33355	25792	67704	2.62	3094	11411	11899	2439	43
235148	114221	137914	348013	2.52	23304	60980	65102	11556	276
1355497	**1196600**	**885958**	**2481424**	**2.80**	**109998**	**327873**	**451879**	**103862**	**2344**
231781	2074	81895	214648	2.62	10198	30937	43163	7742	53
171530		61849	163686	2.65	8245	23294	32346	6149	60
109141	52599	59349	161620	2.72	8071	21387	31926	5976	60
118905	195681	110465	300270	2.72	20200	42189	56004	12022	250
134270	334428	151072	464563	3.08	15874	48366	78285	23712	709
85706	117121	64992	198884	3.06	5208	21919	29980	12824	269
114663	140548	97056	251326	2.59	16524	42427	44734	9633	262
74435	52259	41022	119701	2.92	3064	13957	22955	4024	86
99829	79962	65003	176675	2.72	6489	25628	34670	4636	69
215237	221928	153255	430051	2.81	16125	57769	77816	17144	526
623337	**297134**	**342089**	**908050**	**2.65**	**51904**	**133147**	**177274**	**30990**	**678**
185398	51370	88309	234064	2.65	12575	34052	47728	6428	101
225828	4465	85792	223595	2.61	11241	32027	47789	5896	80
92452	61474	57665	152680	2.65	10151	23010	29803	4767	85
119659	179825	110323	297711	2.70	17937	44058	51954	13899	412
1610348	**1188375**	**955603**	**2690169**	**2.82**	**120942**	**342081**	**500347**	**110902**	**2273**
165963	34197	68771	190500	2.77	7721	23351	36956	8373	91
154587	85627	82298	234427	2.85	9730	27347	44206	10592	153
263783	11506	88786	235619	2.65	11542	35830	44220	8663	73
206290	43201	90274	241776	2.68	12347	34334	45713	10084	143
112425	88291	74143	195699	2.64	9308	30500	38271	5299	73
120953	248003	121401	365206	3.01	15201	38273	64085	18498	545
128363	3952	46119	127883	2.77	4603	16216	26276	3596	31
216633	184226	143645	387929	2.70	22244	57484	71174	14600	387
128469	308983	147112	425792	2.89	17930	49420	77291	19882	519
112882	180389	93054	285338	3.07	10316	29326	52155	11315	258
880066	**793833**	**622642**	**1615162**	**2.59**	**97510**	**267475**	**299734**	**54285**	**1148**
147042	64271	76256	196445	2.58	11564	32002	37872	6308	74
251492	244027	180142	472203	2.62	25079	77497	87136	15181	328
35675	65736	37679	100209	2.66	5025	15342	18886	3380	71
48921	53900	38893	101165	2.60	5752	16088	20173	2588	44

表1 续表 12

地 区	合计 合 计（人）	合计 男（人）	合计 女（人）	合计 性别比（女=100）	户籍人口（人）	少数民族人口比重（%）	非农业户口人口比重（%）
北安市	436444	218050	218394	99.84	466950	1.52	56.66
五大连池市	326391	167225	159166	105.06	361389	1.22	54.85
绥化市	**5418153**	**2741591**	**2676562**	**102.43**	**5744698**	**2.09**	**25.96**
北林区	877114	440529	436585	100.90	882576	6.33	31.68
望奎县	458525	229766	228759	100.44	485578	4.71	16.92
兰西县	424562	206829	217733	94.99	510392	0.51	16.08
青冈县	474422	243406	231016	105.36	484489	0.25	19.81
庆安县	386162	197107	189055	104.26	408594	0.90	22.38
明水县	320695	164563	156132	105.40	347764	2.06	20.73
绥棱县	331343	168476	162867	103.44	335047	0.81	36.40
安达市	472826	240541	232285	103.55	513294	0.64	36.06
肇东市	903067	460521	442546	104.06	936223	0.58	32.10
海伦市	769437	389853	379584	102.71	840741	1.55	20.13
大兴安岭地区	**511560**	**264368**	**247192**	**106.95**	**511972**	**3.22**	**84.95**
加格达奇	154359	77684	76675	101.32	155048	4.18	84.72
松岭区	33555	19287	14268	135.18	34066	5.35	82.83
新林区	50859	25962	24897	104.28	51779	1.87	97.47
呼中区	45039	23436	21603	108.48	45962	1.48	96.40
呼玛县	51861	26848	25013	107.34	50632	4.22	48.97
塔河县	92473	47676	44797	106.43	90473	2.01	87.46
漠河县	83414	43475	39939	108.85	84012	3.06	91.98
上海市	**23019196**	**11854916**	**11164280**	**106.19**	**14185160**	**1.20**	**61.89**
市辖区	**22315474**	**11495595**	**10819879**	**106.25**	**13493127**	**1.22**	**62.84**
黄浦区	429891	213415	216476	98.59	603714	1.20	75.90
卢湾区	248779	120762	128017	94.33	305144	1.12	84.76
徐汇区	1085130	539751	545379	98.97	909294	1.20	84.41
长宁区	690571	334570	356001	93.98	623041	1.48	86.14
静安区	246788	118817	127971	92.85	305766	1.34	84.14
普陀区	1288881	650774	638107	101.99	879213	1.15	81.28
闸北区	830496	419209	411287	101.93	693412	0.91	83.25
虹口区	852476	422514	429962	98.27	793647	1.03	84.49
杨浦区	1313222	664774	648448	102.52	1090745	1.11	85.72
闵行区	2429372	1259640	1169732	107.69	971800	1.63	58.41
宝山区	1904886	1016282	888604	114.37	886282	0.92	62.46
嘉定区	1471231	789508	681723	115.81	559654	1.36	43.39
浦东新区	5044430	2606153	2438277	106.89	2773854	1.16	62.18
金山区	732438	372691	359747	103.60	518624	0.95	50.33
松江区	1582398	826408	755990	109.31	581191	1.60	41.38
青浦区	1081022	575044	505978	113.65	465488	1.32	33.53
奉贤区	1083463	565283	518180	109.09	532258	0.95	37.55
县	**703722**	**359321**	**344401**	**104.33**	**692033**	**0.47**	**31.85**
崇明县	703722	359321	344401	104.33	692033	0.47	31.85
江苏省	**78660941**	**39626707**	**39034234**	**101.52**	**74963132**	**0.49**	**33.47**
南京市	**8003744**	**4142501**	**3861243**	**107.28**	**6364200**	**1.24**	**60.16**
玄武区	651957	342821	309136	110.90	521394	1.25	84.69
白下区	601961	305412	296549	102.99	463998	2.71	85.18
秦淮区	405955	213350	192605	110.77	254865	1.59	70.01
建邺区	427089	225556	201533	111.92	243404	2.34	73.41
鼓楼区	826074	414115	411959	100.52	677162	1.64	87.86
下关区	445117	236811	208306	113.68	311442	1.06	76.78
浦口区	710298	372290	338008	110.14	565261	1.09	57.47
栖霞区	644295	330694	313601	105.45	429577	0.94	70.80
雨花台区	391293	212594	178699	118.97	226643	1.09	67.40
江宁区	1145628	591017	554611	106.56	931097	0.71	42.23
六合区	915625	466469	449156	103.85	891342	1.29	34.21
溧水县	421323	217519	203804	106.73	417967	0.25	21.53
高淳县	417129	213853	203276	105.20	430048	0.27	15.74
无锡市	**6374399**	**3306295**	**3068104**	**107.76**	**4673509**	**0.80**	**37.06**
崇安区	229003	117156	111847	104.75	186452	0.32	75.87
南长区	378491	191538	186953	102.45	333557	0.26	80.58
北塘区	336894	173983	162911	106.80	254097	0.41	74.23
锡山区	681413	355840	325573	109.30	413603	1.41	19.94
惠山区	691077	368299	322778	114.10	417828	0.99	16.60
滨湖区	1226841	642198	584643	109.84	778124	0.74	56.49
江阴市	1595138	822326	772812	106.41	1208971	0.76	23.24
宜兴市	1235542	634955	600587	105.72	1080877	0.81	25.81

城乡人口		家庭户				家庭户类别			
城镇人口(人)	乡村人口(人)	户数(户)	人口数(人)	户规模(人/户)	其中：一人户(户)	一代户(户)	二代户(户)	三代户(户)	四代以上户(户)
248471	187973	166418	425528	2.56	31170	71672	78374	15990	382
148465	177926	123254	319612	2.59	18920	54874	57293	10838	249
1799806	**3618347**	**1688388**	**5375106**	**3.18**	**157625**	**491657**	**860523**	**323380**	**12828**
364225	512889	279567	865596	3.10	26430	87487	138800	51180	2100
111616	346909	135429	456936	3.37	10392	33408	69705	30682	1634
97960	326602	130461	421414	3.23	11668	34946	64621	29517	1377
127431	346991	144346	468651	3.25	12462	41552	76868	24869	1057
115205	270957	119842	384924	3.21	9319	33760	61339	23829	914
91015	229680	101506	318409	3.14	8529	31578	54020	15339	569
121801	209542	114771	330171	2.88	18012	41988	55584	16619	580
223486	249340	164420	470601	2.86	17602	57975	86478	19456	511
358606	544461	262712	893309	3.40	18784	62649	136929	61360	1774
188461	580976	235334	765095	3.25	24427	66314	116179	50529	2312
450347	**61213**	**194060**	**493744**	**2.54**	**31904**	**87547**	**90635**	**15700**	**178**
142465	11894	58420	145791	2.50	9660	26984	26794	4594	48
30205	3350	10875	28894	2.66	1391	4560	5292	1007	16
50859		20082	50328	2.51	3482	8840	9775	1451	16
45039		18840	44104	2.34	3819	9480	8598	753	9
28992	22869	20195	51351	2.54	3331	9047	9631	1502	15
81480	10993	34910	91484	2.62	6389	15199	15745	3926	40
71307	12107	30738	81792	2.66	3832	13437	14800	2467	34
20555098	**2464098**	**8253257**	**20593430**	**2.50**	**1641920**	**4119972**	**3265718**	**843621**	**23946**
20217748	**2097726**	**7960089**	**19942478**	**2.51**	**1575046**	**3936626**	**3173571**	**826408**	**23484**
429891		155657	398665	2.56	30762	68241	70325	16900	191
248779		91078	231382	2.54	18703	39714	40587	10671	106
1085130		383017	964158	2.52	72379	168969	172196	41341	511
690571		242972	604490	2.49	51149	108610	107719	26322	321
246788		91250	225612	2.47	20538	41496	39702	9922	130
1288881		463541	1174897	2.53	85367	204878	208317	49559	787
830496		295819	762362	2.58	51321	121518	141226	32621	454
852476		325044	802896	2.47	66197	146837	146580	31287	340
1313222		457767	1165525	2.55	79165	191301	217872	48059	535
2429372		875243	2154139	2.46	190029	467881	315419	89266	2677
1844435	60451	673997	1719286	2.55	113605	320997	287173	64513	1314
1223354	247877	542806	1288782	2.37	126635	325267	163869	51000	2670
4487147	557283	1815251	4555874	2.51	357816	896146	730485	184417	4203
452360	280078	245017	680867	2.78	38687	106515	91234	43947	3321
1342889	239509	503027	1280921	2.55	98111	274139	168384	57660	2844
815411	265611	390639	950069	2.43	85948	225955	124556	37960	2168
636546	446917	407964	982553	2.41	88634	228162	147927	30963	912
337350	**366372**	**293168**	**650952**	**2.22**	**66874**	**183346**	**92147**	**17213**	**462**
337350	366372	293168	650952	2.22	66874	183346	92147	17213	462
47371488	**31289453**	**24381782**	**71685839**	**2.94**	**3432818**	**9177854**	**10256678**	**4685111**	**262139**
6238186	**1765558**	**2369147**	**6553738**	**2.77**	**365919**	**907979**	**1096690**	**352230**	**12248**
651957		170117	448355	2.64	29377	66404	81780	21702	231
601961		189311	498810	2.63	33162	75495	90068	23499	249
405955		123721	318748	2.58	23081	53669	55938	13948	166
427089		138543	366226	2.64	24278	58105	63912	16300	226
826074		223195	611707	2.74	34386	77962	112684	32229	320
445117		149836	371956	2.48	31104	68424	68054	13252	106
453781	256517	200623	578216	2.88	27491	72232	96565	30719	1107
482091	162204	172388	452760	2.63	32142	75737	76063	20111	477
346797	44496	119848	316826	2.64	19796	52482	53576	13528	262
734677	410951	326927	925164	2.83	47242	121116	151244	52184	2383
452389	463236	280731	870280	3.10	30074	87080	126087	63231	4333
206419	214904	133974	387336	2.89	16581	49611	60073	23171	1119
203879	213250	139933	407354	2.91	17205	49662	60646	28356	1269
4481903	**1892496**	**2050680**	**5712793**	**2.79**	**297007**	**881816**	**813308**	**341410**	**14146**
229003		78954	208445	2.64	12850	33120	35997	9645	192
378491		133180	349536	2.62	21567	56003	59922	16939	316
336894		117974	312339	2.65	19028	50155	51899	15592	328
435732	245681	211091	601844	2.85	32088	94596	72690	41083	2722
444006	247071	222999	616047	2.76	33880	101929	84249	35427	1394
933610	293231	360807	1000202	2.77	54252	156854	146367	55441	2145
1013670	581468	495922	1461798	2.95	63336	195645	189393	106077	4807
710497	525045	429753	1162582	2.71	60006	193514	172791	61206	2242

表1 续表 13

地　区	合　计				户籍人口	少数民族人口比重	非农业户口人口比重
	合　计（人）	男（人）	女（人）	性别比（女=100）	（人）	(%)	(%)
徐州市	**8577225**	**4313811**	**4263414**	**101.18**	**9759913**	**0.14**	**27.96**
鼓楼区	490855	247096	243759	101.37	442073	0.34	75.34
云龙区	345393	174042	171351	101.57	307310	0.27	86.77
九里区	160561	84522	76039	111.16	185477	0.14	63.50
贾汪区	430712	220088	210624	104.49	506236	0.10	28.68
泉山区	539693	277824	261869	106.09	459167	0.62	90.67
丰县	963531	486511	477020	101.99	1168596	0.25	11.34
沛县	1141935	574727	567208	101.33	1268614	0.06	21.50
铜山县	1086564	532783	553781	96.21	1264551	0.06	13.08
睢宁县	1039315	512262	527053	97.19	1337388	0.05	12.73
新沂市	920628	464345	456283	101.77	1052560	0.06	17.55
邳州市	1458038	739611	718427	102.95	1767941	0.06	14.74
常州市	**4592431**	**2341100**	**2251331**	**103.99**	**3605655**	**0.85**	**33.04**
天宁区	513794	259306	254488	101.89	375014	0.35	70.71
钟楼区	505762	256442	249320	102.86	355991	0.43	71.47
戚墅堰区	105184	55158	50026	110.26	79944	2.07	57.86
新北区	597144	311543	285601	109.08	451119	0.72	27.36
武进区	1569034	813258	755776	107.61	1015779	1.35	15.56
溧阳市	749522	375696	373826	100.50	778935	0.42	23.52
金坛市	551991	269697	282294	95.54	548873	0.78	26.65
苏州市	**10459890**	**5334473**	**5125417**	**104.08**	**6377730**	**0.70**	**36.12**
沧浪区	395046	196517	198529	98.99	321119	0.54	83.80
平江区	964067	490422	473645	103.54	580934	0.86	64.91
金阊区	290830	146003	144827	100.81	204984	0.47	68.32
虎丘区	572071	290350	281721	103.06	336531	0.76	56.15
吴中区	1157120	586619	570501	102.83	599615	0.72	27.78
相城区	692947	362388	330559	109.63	375584	1.21	14.89
常熟市	1510453	758458	751995	100.86	1069363	0.52	31.26
张家港市	1246762	631019	615743	102.48	905114	0.50	30.14
昆山市	1644860	866440	778420	111.31	713029	0.72	32.69
吴江市	1273880	641493	632387	101.44	801523	0.78	21.27
太仓市	711854	364764	347090	105.09	469934	0.60	30.80
南通市	**7283622**	**3443092**	**3840530**	**89.65**	**7659001**	**0.30**	**24.84**
崇川区	869049	435088	433961	100.26	691808	0.47	68.49
港闸区	266326	135452	130874	103.50	188436	0.35	34.04
通州区	1138738	526279	612459	85.93	1253102	0.38	15.02
海安县	866337	404695	461642	87.66	937517	0.29	25.22
如东县	995983	478054	517929	92.30	1050794	0.35	16.52
启东市	972525	447908	524617	85.38	1126926	0.14	21.42
如皋市	1267066	604253	662813	91.16	1408852	0.23	13.68
海门市	907598	411363	496235	82.90	1001566	0.28	20.94
连云港市	**4393482**	**2225490**	**2167992**	**102.65**	**4982954**	**0.15**	**33.97**
连云区	232097	121740	110357	110.31	208506	0.27	77.54
新浦区	587380	308138	279242	110.35	460205	0.25	64.06
海州区	231046	117586	113460	103.64	236283	0.14	44.78
赣榆县	950486	469403	481083	97.57	1121000	0.04	44.84
东海县	952668	474186	478482	99.10	1141664	0.19	17.43
灌云县	817509	417608	399901	104.43	1046624	0.16	15.84
灌南县	622296	316829	305467	103.72	768672	0.11	17.66
淮安市	**4801662**	**2387443**	**2414219**	**98.89**	**5424286**	**0.19**	**27.77**
清河区	530012	275522	254490	108.26	373738	0.37	61.61
楚州区	984983	491843	493140	99.74	1186567	0.09	19.42
淮阴区	789747	389339	400408	97.24	908883	0.28	21.01
清浦区	330664	166007	164657	100.82	325566	0.28	52.44
涟水县	859787	420602	439185	95.77	1113229	0.19	13.27
洪泽县	326459	159748	166711	95.82	390869	0.08	24.36
盱眙县	658759	327149	331610	98.65	770350	0.10	30.18
金湖县	321251	157233	164018	95.86	355084	0.15	25.08
盐城市	**7262200**	**3650872**	**3611328**	**101.09**	**8203733**	**0.21**	**29.01**
亭湖区	904514	460855	443659	103.88	877811	0.21	49.58
盐都区	711322	359985	351337	102.46	760044	0.12	28.32
响水县	509880	262329	247551	105.97	618017	0.21	21.25
滨海县	957215	485584	471631	102.96	1202236	0.19	20.79
阜宁县	843464	425714	417750	101.91	1103067	0.18	22.59

城乡人口		家庭户				家庭户类别			
城镇人口(人)	乡村人口(人)	户数(户)	人口数(人)	户规模(人/户)	其中：一人户(户)	一代户(户)	二代户(户)	三代户(户)	四代以上户(户)
4561500	**4015725**	**2610420**	**8251525**	**3.16**	**329871**	**821585**	**1309733**	**458719**	**20383**
483927	6928	157222	469108	2.98	18626	49020	83744	23917	541
345393		107582	317482	2.95	13788	33906	57381	15945	350
160561		45005	145105	3.22	5295	13151	24192	7445	217
205592	225120	133309	424663	3.19	18898	43324	63979	25256	750
539693		169346	466979	2.76	20795	59145	91638	18343	220
390717	572814	310039	943604	3.04	42636	112068	149734	46107	2130
495950	645985	334143	1092464	3.27	35657	94181	180108	57053	2801
479629	606935	340329	1034032	3.04	49749	117457	160728	59688	2456
426297	613018	330971	1015206	3.07	47113	110758	152373	64127	3713
402169	518459	275934	911065	3.30	33595	79605	140466	52983	2880
631572	826466	406540	1431817	3.52	43719	108970	205390	87855	4325
2900970	**1691461**	**1553508**	**4211091**	**2.71**	**240163**	**687449**	**628594**	**228437**	**9028**
513794		180089	474851	2.64	28753	77810	80775	21067	437
505762		165492	442384	2.67	26058	69134	74282	21598	478
105184		36586	96586	2.64	5685	16632	15454	4405	95
316454	280690	184747	526953	2.85	26720	77152	71519	34363	1713
816182	752852	517786	1427371	2.76	77438	237055	198309	78446	3976
368409	381113	258028	714741	2.77	36974	102705	110735	43020	1568
275185	276806	210780	528205	2.51	38535	106961	77520	25538	761
7329514	**3130376**	**2922797**	**8300878**	**2.84**	**418081**	**1280070**	**1054899**	**539570**	**48258**
395046		135927	357014	2.63	21247	54699	65071	15930	227
928750	35317	266360	720003	2.70	43530	117846	105577	40710	2227
290830		103054	263260	2.55	18135	47376	44843	10615	220
470470	101601	150476	439723	2.92	20683	61324	55674	30949	2529
766204	390916	292407	851610	2.91	37762	123385	105162	58737	5123
450852	242095	200318	575495	2.87	25860	91334	68545	37202	3237
929124	581329	438123	1289476	2.94	68415	186642	136758	101805	12918
762625	484137	342450	1024651	2.99	35127	126978	141361	70543	3568
1118617	526243	430509	1147104	2.66	67241	221628	145221	59544	4116
781771	492109	352265	1010224	2.87	51375	156731	116744	72404	6386
435225	276629	210908	622318	2.95	28706	92127	69943	41131	7707
4064388	**3219234**	**2588400**	**6850823**	**2.65**	**468643**	**1169504**	**920870**	**465098**	**32928**
842412	26637	276769	739586	2.67	45529	115458	123144	36933	1234
201577	64749	80317	229880	2.86	13056	33307	29701	16328	981
568396	570342	413644	1086049	2.63	78224	191236	140623	76274	5511
424900	441437	302839	841576	2.78	47635	124873	102714	69643	5609
479170	516813	341107	963027	2.82	48290	142910	115618	76102	6477
479243	493282	420406	911300	2.17	104437	250540	141495	27730	641
614909	652157	394838	1235178	3.13	49371	125201	138889	119876	10872
453781	453817	358480	844227	2.36	82101	185979	128686	42212	1603
2273872	**2119610**	**1286515**	**4207272**	**3.27**	**165382**	**393413**	**625620**	**257609**	**9873**
201589	30508	73320	216430	2.95	9710	26281	35353	11339	347
506495	80885	160503	492370	3.07	18531	49844	85030	25072	557
189309	41737	66463	225008	3.39	6184	18020	34211	13691	541
413809	536677	308240	924991	3.00	45822	107010	155560	44435	1235
398794	553874	267850	933931	3.49	31595	73957	123043	67549	3301
320405	497104	227066	804423	3.54	25802	62496	109689	52790	2091
243471	378825	183073	610119	3.33	27738	55805	82734	42733	1801
2438667	**2362995**	**1390682**	**4562776**	**3.28**	**155291**	**385510**	**626168**	**356989**	**22015**
530012		133855	419887	3.14	15838	40180	66119	26468	1088
419542	565441	288633	952971	3.30	35672	76413	122466	84116	5638
332861	456886	223378	761514	3.41	23930	57491	102918	59650	3319
241240	89424	96932	323309	3.34	9372	23089	47404	24986	1453
336643	523144	245378	841683	3.43	27239	62813	113918	64915	3732
146359	180100	105484	321872	3.05	11876	32413	46241	25175	1655
288664	370095	182496	629387	3.45	15562	45794	81287	51727	3688
143346	177905	114526	312153	2.73	15802	47317	45815	19952	1442
3772779	**3489421**	**2400777**	**6978793**	**2.91**	**339449**	**924975**	**996627**	**458159**	**21016**
755022	149492	277283	839367	3.03	33872	89070	129782	55992	2439
381804	329518	222716	658239	2.96	33751	82578	90356	47625	2157
225319	284561	145315	492944	3.39	14565	40213	68399	34944	1759
415187	542028	288953	944659	3.27	39988	90238	128890	67093	2732
378267	465197	263494	818283	3.11	33358	81054	116285	63447	2708

表1 续表 14

地区	合计				户籍人口	少数民族人口比重	非农业户口人口比重
	合计（人）	男（人）	女（人）	性别比（女=100）	（人）	（%）	（%）
射阳县	897073	449659	447414	100.50	986700	0.17	23.98
建湖县	741764	375789	365975	102.68	804242	0.11	36.41
东台市	990306	478906	511400	93.65	1123484	0.31	28.74
大丰市	706662	352051	354611	99.28	728132	0.37	26.39
扬州市	**4460066**	**2196448**	**2263618**	**97.03**	**4631225**	**0.40**	**30.47**
广陵区	341043	173511	167532	103.57	322768	0.66	68.74
邗江区	576909	290554	286355	101.47	504622	0.32	25.93
维扬区	474611	237196	237415	99.91	408184	0.47	53.40
宝应县	752425	362946	389479	93.19	923564	0.13	23.67
仪征市	564021	286409	277612	103.17	569056	0.37	29.96
高邮市	744685	359914	384771	93.54	827502	0.83	19.64
江都市	1006372	485918	520454	93.36	1075529	0.23	22.60
镇江市	**3114105**	**1595880**	**1518225**	**105.11**	**2719759**	**0.59**	**34.42**
京口区	601876	317558	284318	111.69	511442	0.92	64.59
润州区	296539	154821	141718	109.25	246187	1.05	74.02
丹徒区	302345	152400	149945	101.64	285467	0.35	10.82
丹阳市	960662	486281	474381	102.51	815873	0.58	23.15
扬中市	334977	170801	164176	104.04	281642	0.19	20.95
句容市	617706	314019	303687	103.40	579148	0.41	22.27
泰州市	**4618937**	**2308945**	**2309992**	**99.95**	**5011125**	**0.22**	**26.64**
海陵区	594656	295837	298819	99.00	528506	0.25	48.71
高港区	283807	142484	141323	100.82	300591	0.48	23.84
兴化市	1253548	641297	612251	104.74	1549803	0.14	17.68
靖江市	684360	348823	335537	103.96	667351	0.31	28.28
泰兴市	1073921	525763	548158	95.91	1170644	0.21	27.32
姜堰市	728645	354741	373904	94.87	794230	0.17	22.46
宿迁市	**4719178**	**2380357**	**2338821**	**101.78**	**5550042**	**0.24**	**21.99**
宿城区	796626	403513	393113	102.65	911318	0.24	35.02
宿豫区	641059	321444	319615	100.57	726098	0.10	23.45
沭阳县	1541083	773142	767941	100.68	1846074	0.11	20.39
泗阳县	831112	423219	407893	103.76	1030944	0.76	16.41
泗洪县	909298	459039	450259	101.95	1035608	0.08	17.37
浙江省	**54426891**	**27965641**	**26461250**	**105.69**	**47331520**	**2.23**	**25.02**
杭州市	**8700373**	**4457154**	**4243219**	**105.04**	**6876483**	**1.55**	**42.50**
上城区	344594	170617	173977	98.07	324036	0.65	83.25
下城区	526096	266656	259440	102.78	395268	0.59	73.29
江干区	998783	529106	469677	112.65	442442	0.99	50.28
拱墅区	551874	286478	265396	107.94	311374	0.56	66.19
西湖区	820017	421010	399007	105.51	619757	1.06	67.78
滨江区	319027	167580	151447	110.65	149990	1.62	57.86
萧山区	1511290	765573	745717	102.66	1223558	2.27	29.41
余杭区	1170290	601883	568407	105.89	863274	1.19	38.99
桐庐县	406450	206647	199803	103.43	403550	3.20	27.18
淳安县	336843	166055	170788	97.23	454078	0.36	19.35
建德市	430750	217344	213406	101.85	513149	1.14	25.92
富阳市	717694	369483	348211	106.11	651438	3.40	18.19
临安市	566665	288722	277943	103.88	524569	1.96	17.13
宁波市	**7605689**	**3883564**	**3722125**	**104.34**	**5747621**	**2.03**	**26.13**
海曙区	373742	186890	186852	100.02	304196	0.72	75.57
江东区	366648	179365	187283	95.77	277767	0.67	75.47
江北区	361242	185058	176184	105.04	236707	1.13	44.90
北仑区	612267	321489	290778	110.56	376378	2.29	32.08
镇海区	418500	220364	198136	111.22	225582	1.77	37.77
鄞州区	1359198	697036	662162	105.27	812303	2.59	22.52
象山县	503279	253374	249905	101.39	541713	0.69	16.44
宁海县	646074	331001	315073	105.06	613263	1.78	12.81
余姚市	1010659	512316	498343	102.80	837224	2.79	17.07
慈溪市	1462383	746733	715650	104.34	1038934	2.68	11.96
奉化市	491697	249938	241759	103.38	483554	1.32	18.61
温州市	**9122102**	**4797359**	**4324743**	**110.93**	**7852774**	**3.31**	**16.50**
鹿城区	1293266	677507	615759	110.03	712385	2.76	40.78
龙湾区	749303	406678	342625	118.69	343946	5.28	9.24
瓯海区	996870	537574	459296	117.04	406811	3.91	10.05
洞头县	87683	43635	44048	99.06	126869	2.49	14.93
永嘉县	789154	417513	371641	112.34	936972	3.61	11.12

城乡人口		家庭户				家庭户类别			
城镇人口(人)	乡村人口(人)	户数(户)	人口数(人)	户规模(人/户)	其中：一人户(户)	一代户(户)	二代户(户)	三代户(户)	四代以上户(户)
424955	472118	313489	870285	2.78	43924	125741	134805	50833	2110
355021	386743	253133	707153	2.79	37000	100213	110442	40912	1566
489815	500491	368437	963705	2.62	62125	179588	122463	62523	3863
347389	359273	267957	684158	2.55	40866	136280	95205	34790	1682
2530918	**1929148**	**1402301**	**4207165**	**3.00**	**177799**	**468162**	**564224**	**346482**	**23433**
341043		110157	316274	2.87	16181	38453	50424	20621	659
308030	268879	156785	513197	3.27	15307	44289	61789	47278	3429
428458	46153	134166	405183	3.02	16173	42350	60665	29602	1549
333643	418782	258012	736763	2.86	37975	93516	103759	56936	3801
271969	292052	174342	538129	3.09	19269	53570	74515	43350	2907
341069	403616	241113	724126	3.00	28007	84219	90273	61617	5004
506706	499666	327726	973493	2.97	44887	111765	122799	87078	6084
1929892	**1184213**	**974874**	**2848322**	**2.92**	**125645**	**358077**	**406217**	**201369**	**9211**
524970	76906	180496	506071	2.80	24546	68138	82479	29180	699
279054	17485	98110	270940	2.76	15151	36066	46765	14943	336
146492	155853	90067	288014	3.20	8707	26984	36164	25415	1504
500572	460090	311798	913701	2.93	40215	122824	119666	66207	3101
179771	155206	100018	306487	3.06	11953	34492	38191	25945	1390
299033	318673	194385	563109	2.90	25073	69573	82952	39679	2181
2570087	**2048850**	**1527619**	**4421006**	**2.89**	**222414**	**589048**	**580225**	**337994**	**20352**
509100	85556	179147	539625	3.01	22858	61379	72256	42797	2715
167777	116030	90613	268828	2.97	13200	32868	32378	23532	1835
575288	678260	428790	1202425	2.80	70367	186749	158242	79289	4510
388119	296241	209660	645247	3.08	23896	70565	80459	55063	3573
553079	520842	365218	1051085	2.88	54112	132707	145463	82701	4347
376724	351921	254191	713796	2.81	37981	104780	91427	54612	3372
2278812	**2440366**	**1304062**	**4579657**	**3.51**	**127154**	**310266**	**633503**	**341045**	**19248**
447448	349178	228655	767278	3.36	24863	60066	113047	52918	2624
335928	305131	172358	612600	3.55	16518	38876	81407	49177	2898
730810	810273	416656	1497253	3.59	36429	96180	201095	112595	6786
387900	443212	225418	811621	3.60	24399	51371	104736	65822	3489
376726	532572	260975	890905	3.41	24945	63773	133218	60533	3451
33550209	**20876682**	**18854021**	**49425543**	**2.62**	**3839614**	**9094203**	**7415809**	**2245579**	**98430**
6372650	**2327723**	**2970849**	**7680970**	**2.59**	**683789**	**1467355**	**1057042**	**424295**	**22157**
344594		132660	327526	2.47	28343	61064	58762	12685	149
526096		201735	478348	2.37	53166	106581	76166	18553	435
953007	45776	302743	717754	2.37	87030	179842	88355	32550	1996
551874		215345	493744	2.29	65471	122089	73560	19037	659
752588	67429	251516	645908	2.57	65603	120429	92378	36674	2035
319027		105285	246672	2.34	36666	63240	29343	12183	519
1002153	509137	489436	1390293	2.84	86155	212108	180226	92738	4364
712754	457536	391655	1080693	2.76	93408	180908	117392	85019	8336
228918	177532	147246	382050	2.59	28129	71016	57705	18039	486
110677	226166	132152	319929	2.42	29485	68469	48927	14401	355
183518	247232	156151	411959	2.64	28592	73328	59608	22499	716
416195	301499	239196	665675	2.78	38827	101995	99620	36234	1347
271249	295416	205729	520419	2.53	42914	106286	75000	23683	760
5195162	**2410527**	**2855142**	**7044406**	**2.47**	**575035**	**1456511**	**1185525**	**209223**	**3883**
373742		137979	334557	2.42	27378	66506	62445	8951	77
366648		136373	335234	2.46	27934	63270	63089	9919	95
244663	116579	131210	317922	2.42	27538	66283	56912	7920	95
437541	174726	222322	539290	2.43	47779	120480	83991	17480	371
239036	179464	165724	394693	2.38	34596	89099	68793	7749	83
921443	437755	497417	1209543	2.43	94501	259719	213636	23811	251
276125	227154	187639	481138	2.56	36719	89152	78561	19592	334
363121	282953	237555	620806	2.61	46060	107678	107133	22349	395
672909	337750	358963	945221	2.63	65213	166749	145417	45412	1385
1059942	402441	589126	1391908	2.36	131703	333767	223136	31578	645
239992	251705	190834	474094	2.48	35614	93808	82412	14462	152
6022031	**3100071**	**2910274**	**8040274**	**2.76**	**562593**	**1357320**	**1206208**	**334249**	**12497**
1151476	141790	431361	1075331	2.49	93452	230319	166789	33600	653
672392	76911	229198	617643	2.69	43162	120404	83766	23788	1240
862957	133913	268250	723861	2.70	52923	141179	95769	29764	1538
39193	48490	34286	83332	2.43	8076	17674	13388	3158	66
441744	347410	260528	703693	2.70	58185	127759	105538	26381	850

表1 续表 15

地　区	合计 合计(人)	合计 男(人)	合计 女(人)	合计 性别比(女=100)	户籍人口(人)	少数民族人口比重(%)	非农业户口人口比重(%)
平阳县	761664	393942	367722	107.13	864226	3.13	16.85
苍南县	1184643	619630	565013	109.67	1315444	2.62	20.01
文成县	212077	110682	101395	109.16	363171	3.56	11.86
泰顺县	233443	122949	110494	111.27	362196	5.74	11.27
瑞安市	1424667	743814	680853	109.25	1179835	3.06	12.62
乐清市	1389332	723435	665897	108.64	1240919	2.69	7.92
嘉兴市	**4501657**	**2269227**	**2232430**	**101.65**	**3432862**	**1.33**	**26.62**
南湖区	612663	309970	302693	102.40	475633	0.86	49.87
秀洲区	589219	302089	287130	105.21	367007	2.43	19.86
嘉善县	574187	294425	279762	105.24	385741	1.68	22.90
海盐县	430940	216181	214759	100.66	374175	0.54	27.87
海宁市	806966	405366	401600	100.94	663202	1.10	21.09
平湖市	671834	332806	339028	98.16	488959	1.15	26.79
桐乡市	815848	408390	407458	100.23	678145	1.41	21.31
湖州市	**2893542**	**1470472**	**1423070**	**103.33**	**2598712**	**1.57**	**26.65**
吴兴区	757165	381456	375709	101.53	601684	0.80	40.92
南浔区	536054	272095	263959	103.08	489278	1.88	19.89
德清县	491789	250741	241048	104.02	431028	2.10	24.00
长兴县	641982	328240	313742	104.62	623347	1.07	23.18
安吉县	466552	237940	228612	104.08	453375	2.62	18.79
绍兴市	**4912239**	**2469399**	**2442840**	**101.09**	**4391870**	**1.85**	**27.95**
越城区	883836	438052	445784	98.27	650532	1.69	54.66
绍兴县	1030847	526407	504440	104.35	722437	2.81	27.68
新昌县	380444	194372	186072	104.46	437645	0.69	20.15
诸暨市	1157938	580569	577369	100.55	1070549	2.07	12.78
上虞市	779412	383307	396105	96.77	777591	1.95	29.57
嵊州市	679762	346692	333070	104.09	733116	0.76	22.06
金华市	**5361572**	**2777642**	**2583930**	**107.50**	**4645488**	**3.40**	**18.39**
婺城区	761662	394561	367101	107.48	620954	2.74	37.83
金东区	315583	164146	151437	108.39	311055	2.74	11.15
武义县	349899	182627	167272	109.18	331044	5.48	13.63
浦江县	437346	230214	207132	111.14	389487	5.00	13.68
磐安县	174665	87826	86839	101.14	209008	0.58	13.72
兰溪市	560514	284960	275554	103.41	655176	1.03	18.95
义乌市	1234015	647079	586936	110.25	741352	3.61	17.75
东阳市	804398	402282	402116	100.04	812094	2.22	14.40
永康市	723490	383947	339543	113.08	575318	5.91	12.35
衢州市	**2122661**	**1082602**	**1040059**	**104.09**	**2491780**	**1.28**	**20.76**
柯城区	464527	235553	228974	102.87	408937	1.19	41.26
衢江区	341436	182148	159288	114.35	397299	1.20	6.58
常山县	241368	122243	119125	102.62	332038	0.53	15.30
开化县	245088	119580	125508	95.28	351578	0.58	15.25
龙游县	362380	188570	173810	108.49	402337	2.94	18.88
江山市	467862	234508	233354	100.49	599591	0.89	17.84
舟山市	**1121261**	**588414**	**532847**	**110.43**	**969734**	**1.02**	**31.18**
定海区	464184	241134	223050	108.11	376872	0.83	34.97
普陀区	378805	198417	180388	109.99	322226	1.35	30.72
岱山县	202164	110084	92080	119.55	191086	1.00	21.29
嵊泗县	76108	38779	37329	103.88	79550	0.62	36.63
台州市	**5968838**	**3081620**	**2887218**	**106.73**	**5825930**	**1.94**	**15.46**
椒江区	653765	338445	315320	107.33	510025	1.19	22.62
黄岩区	632123	321453	310670	103.47	595424	1.56	15.39
路桥区	616622	325663	290959	111.93	444554	2.30	8.73
玉环县	616346	325511	290835	111.92	422297	4.18	27.72
三门县	328887	169665	159222	106.56	427638	0.61	11.28
天台县	382812	191920	190892	100.54	576473	0.25	19.18
仙居县	342676	173458	169218	102.51	494825	0.56	11.36
温岭市	1366794	710722	656072	108.33	1191601	3.12	11.91
临海市	1028813	524783	504030	104.12	1163093	1.01	13.68
丽水市	**2116957**	**1088188**	**1028769**	**105.78**	**2498266**	**4.28**	**17.57**
莲都区	451418	233100	218318	106.77	386437	5.52	26.27
青田县	336542	174912	161630	108.22	426495	1.55	17.48
缙云县	358917	182500	176417	103.45	454388	1.13	11.02
遂昌县	190165	97241	92924	104.65	231356	7.36	17.22
松阳县	185051	94581	90470	104.54	235987	3.04	13.42

城乡人口		家庭户				家庭户类别			
城镇人口（人）	乡村人口（人）	户数（户）	人口数（人）	户规模（人/户）	其中：一人户（户）	一代户（户）	二代户（户）	三代户（户）	四代以上户（户）
375144	386520	248763	716679	2.88	40570	100088	114677	32917	1081
648219	536424	362698	1126652	3.11	51339	126277	179458	54871	2092
83892	128185	81131	206284	2.54	22582	40357	30746	9771	257
93659	139784	83457	225292	2.70	19652	35132	34837	12915	573
927383	497284	451243	1291620	2.86	78585	201929	190366	56687	2261
725972	663360	459359	1269887	2.76	94067	216202	190874	50397	1886
2400663	**2100994**	**1449492**	**4176804**	**2.88**	**240281**	**619056**	**499062**	**305097**	**26277**
471554	141109	205253	547129	2.67	36517	94012	79974	29736	1531
291089	298130	198641	552156	2.78	33896	93314	68474	34099	2754
288588	285599	206919	546762	2.64	41248	104093	70133	30779	1914
204433	226507	132923	402823	3.03	17018	49627	48417	32222	2657
397690	409276	245750	757315	3.08	36734	93577	79609	65361	7203
346892	324942	207689	597489	2.88	36195	89469	67129	47083	4008
400417	415431	252317	773130	3.06	38673	94964	85326	65817	6210
1530418	**1363124**	**903467**	**2649255**	**2.93**	**132223**	**355288**	**348645**	**184684**	**14850**
504572	252593	207496	624215	3.01	26697	75838	83902	44269	3487
243899	292155	169491	509358	3.01	25130	67019	57501	40008	4963
246022	245767	160049	464294	2.90	26266	65897	56094	34686	3372
314372	327610	207631	608127	2.93	27738	77637	89990	38017	1987
221553	244999	158800	443261	2.79	26392	68897	61158	27704	1041
2877624	**2034615**	**1739568**	**4489079**	**2.58**	**339517**	**836277**	**701020**	**197786**	**4485**
643199	240637	300851	793189	2.64	49854	135246	133842	31174	589
690969	339878	365123	946630	2.59	71501	189307	133664	41005	1147
199541	180903	154734	369372	2.39	35577	83039	60167	11413	115
606683	551255	389539	1018821	2.62	77129	182214	160660	45739	926
391558	387854	274674	716491	2.61	52215	128583	105251	39503	1337
345674	334088	254647	644576	2.53	53241	117888	107436	28952	371
3161801	**2199771**	**1942210**	**4749267**	**2.45**	**473728**	**1032889**	**763781**	**142881**	**2659**
563005	198657	287407	682824	2.38	73255	152040	115865	19203	299
147592	167991	120228	283807	2.36	29074	69238	44580	6338	72
216434	133465	141852	337270	2.38	36108	79508	53396	8793	155
245741	191605	145135	382585	2.64	28317	69770	62205	12947	213
69696	104969	67117	167147	2.49	14131	32171	29493	5363	90
208272	352242	201372	539789	2.68	37531	88672	83352	28795	553
878903	355112	419193	983403	2.35	115329	248485	150708	19553	447
455912	348486	288030	704926	2.45	72665	147888	112608	26918	616
376246	347244	271876	667516	2.46	67318	145117	111574	14971	214
936833	**1185828**	**767535**	**1991669**	**2.59**	**142797**	**352537**	**314749**	**97589**	**2660**
322046	142481	163401	429536	2.63	28104	71563	71932	19450	456
100642	240794	117467	316967	2.70	21783	51054	46871	18926	616
91070	150298	89635	231548	2.58	16339	41086	36677	11572	300
93045	152043	92742	236141	2.55	17532	44076	36402	11955	309
129689	232691	128679	327885	2.55	23320	62236	51602	14427	414
200341	267521	175611	449592	2.56	35719	82522	71265	21259	565
713057	**408204**	**430011**	**1028706**	**2.39**	**89462**	**229774**	**164453**	**34926**	**858**
305761	158423	176513	424046	2.40	38473	91467	69744	14968	334
236429	142376	145992	352048	2.41	29512	77175	56144	12336	337
123391	78773	76031	179402	2.36	14596	43052	27671	5176	132
47476	28632	31475	73210	2.33	6881	18080	10894	2446	55
3315319	**2653519**	**2115870**	**5582153**	**2.64**	**437491**	**1013025**	**858336**	**238799**	**5710**
403659	250106	220583	592406	2.69	43836	99168	95610	25126	679
406878	225245	220973	594892	2.69	44076	102621	88544	29108	700
378739	237883	200316	551606	2.75	40130	95274	75204	28858	980
362135	254211	228771	594287	2.60	47508	116284	90318	21507	662
140032	188855	116535	313416	2.69	22013	51527	50923	13839	246
193896	188916	144586	367560	2.54	35394	70730	59502	14151	203
177590	165086	123657	336422	2.72	25079	54667	54631	14175	184
749013	617781	505042	1256320	2.49	113108	270919	190011	43303	809
503377	525436	355407	975244	2.74	66347	151835	153593	48732	1247
1024651	**1092306**	**769603**	**1992960**	**2.59**	**162698**	**374171**	**316988**	**76050**	**2394**
293968	157450	164241	404836	2.46	40318	88809	64019	11169	244
145077	191465	115546	310735	2.69	26393	56157	46568	12505	316
153793	205124	144359	342725	2.37	36911	78102	57625	8464	168
75311	114854	70191	183806	2.62	12673	32698	28008	9150	335
66183	118868	71319	179652	2.52	13630	34829	30200	6149	141

表1　续表 16

地　　区	合　　计				户籍人口	少数民族人口比重	非农业户口人口比重
	合　计（人）	男（人）	女（人）	性别比（女=100）	（人）	（%）	（%）
云和县	111591	58012	53579	108.27	112271	9.68	15.94
庆元县	141541	71948	69593	103.38	197705	1.03	16.59
景宁畲族自治县	107106	55642	51464	108.12	168534	14.18	20.36
龙泉市	234626	120252	114374	105.14	285093	3.99	14.64
安徽省	**59500468**	**30245513**	**29254955**	**103.39**	**68620208**	**0.66**	**25.02**
合肥市	**5702466**	**2982490**	**2719976**	**109.65**	**5019461**	**0.78**	**44.79**
瑶海区	861022	446436	414586	107.68	533549	0.71	62.35
庐阳区	609239	314197	295042	106.49	480565	0.82	75.47
蜀山区	1022321	547663	474658	115.38	649930	1.13	68.18
包河区	817686	450249	367437	122.54	497468	0.77	54.22
长丰县	671343	342814	328529	104.35	816752	0.22	15.66
肥东县	861960	439900	422060	104.23	1095400	0.87	17.16
肥西县	858895	441231	417664	105.64	945797	0.76	18.16
芜湖市	**2263123**	**1165745**	**1097378**	**106.23**	**2307630**	**0.47**	**45.55**
镜湖区	533330	273561	259769	105.31	486757	0.72	85.82
弋江区	309514	158269	151245	104.64	227706	0.58	62.12
鸠江区	319820	177298	142522	124.40	224694	0.47	46.26
三山区	144378	74833	69545	107.60	183937	0.32	8.43
芜湖县	294039	149384	144655	103.27	345543	0.42	19.35
繁昌县	257764	131900	125864	104.80	280169	0.32	27.57
南陵县	404278	200500	203778	98.39	558824	0.23	22.58
蚌埠市	**3164467**	**1612771**	**1551696**	**103.94**	**3656418**	**1.06**	**31.29**
龙子湖区	243123	123067	120056	102.51	225714	3.00	69.39
蚌山区	334426	167490	166936	100.33	277833	2.63	79.96
禹会区	249361	127195	122166	104.12	237904	1.85	75.46
淮上区	145874	73831	72043	102.48	177787	0.13	25.36
怀远县	1028066	523605	504461	103.79	1370870	0.11	16.35
五河县	621973	319949	302024	105.93	737717	1.55	12.17
固镇县	541644	277634	264010	105.16	628593	0.37	14.37
淮南市	**2333896**	**1212024**	**1121872**	**108.04**	**2462734**	**1.38**	**50.33**
大通区	180917	91874	89043	103.18	192982	0.22	45.14
田家庵区	593981	307001	286980	106.98	543973	0.83	75.88
谢家集区	320251	163401	156850	104.18	341100	2.46	70.68
八公山区	175993	89853	86140	104.31	170415	2.19	81.79
潘集区	395684	208623	187061	111.53	449104	1.64	25.28
凤台县	667070	351272	315798	111.23	765160	1.28	25.00
马鞍山市	**1366302**	**704432**	**661870**	**106.43**	**1294752**	**0.66**	**49.59**
金家庄区	128004	65979	62025	106.37	106352	0.89	73.34
花山区	303855	154896	148959	103.99	265384	1.02	83.13
雨山区	309672	162362	147310	110.22	267482	0.79	69.53
当涂县	624771	321195	303576	105.80	655534	0.37	18.32
淮北市	**2114276**	**1070553**	**1043723**	**102.57**	**2203038**	**0.14**	**45.41**
杜集区	324398	164804	159594	103.26	343069	0.14	82.74
相山区	467358	234027	233331	100.30	407429	0.34	77.40
烈山区	321565	165685	155880	106.29	348579	0.21	54.42
濉溪县	1000955	506037	494918	102.25	1103961	0.03	15.24
铜陵市	**723958**	**369663**	**354295**	**104.34**	**741823**	**0.41**	**59.41**
铜官山区	287765	145725	142040	102.59	274838	0.59	93.75
狮子山区	114297	60509	53788	112.50	98957	0.37	61.30
郊区	72301	37222	35079	106.11	75915	0.26	58.77
铜陵县	249595	126207	123388	102.28	292113	0.26	18.97
安庆市	**5311379**	**2685349**	**2626030**	**102.26**	**6187361**	**0.30**	**20.06**
迎江区	251080	126363	124717	101.32	242842	1.53	67.67
大观区	275003	137295	137708	99.70	276652	2.20	73.63
宜秀区	254431	126045	128386	98.18	224877	0.39	41.78
怀宁县	592750	302983	289767	104.56	692677	0.07	14.15
枞阳县	838712	423191	415521	101.85	980249	0.14	12.29
潜山县	500292	252543	247749	101.94	582634	0.06	9.97
太湖县	515283	266073	249210	106.77	566498	0.08	10.68
宿松县	571025	292465	278560	104.99	844051	0.08	16.29
望江县	526712	265415	261297	101.58	621747	0.27	11.79
岳西县	321636	161967	159669	101.44	400502	0.05	12.16
桐城市	664455	331009	333446	99.27	754632	0.09	14.77

城乡人口		家庭户				家庭户类别			
城镇人口 (人)	乡村人口 (人)	户数 (户)	人口数 (人)	户规模 (人/户)	其中：一人户 (户)	一代户 (户)	二代户 (户)	三代户 (户)	四代以上户 (户)
64798	46793	36405	106899	2.94	5308	13580	16740	5827	258
65056	76485	49777	135191	2.72	7951	21936	21963	5701	177
43226	63880	38355	102193	2.66	7321	16927	16367	4841	220
117239	117387	79410	226923	2.86	12193	31133	35498	12244	535
25577117	**33923351**	**18861956**	**56493891**	**3.00**	**3007548**	**6710988**	**8868394**	**3143634**	**138940**
3887273	**1815193**	**1832390**	**4891226**	**2.67**	**372742**	**794734**	**837184**	**195049**	**5423**
815307	45715	301023	787663	2.62	62213	129227	144128	27259	409
582475	26764	200926	528996	2.63	32769	78772	103998	17914	242
957403	64918	270755	693426	2.56	63121	120723	125473	24177	382
743542	74144	263526	670263	2.54	56761	125863	114494	22793	376
188225	483118	232783	632448	2.72	47720	109297	97426	25025	1035
303171	558789	285800	812389	2.84	51427	109906	133981	40329	1584
297150	561745	277577	766041	2.76	58731	120946	117684	37552	1395
1475022	**788101**	**781367**	**2025125**	**2.59**	**170806**	**342349**	**337548**	**98916**	**2554**
505864	27466	195986	492963	2.52	45896	88115	83268	24203	400
259707	49807	92065	245821	2.67	19723	38335	41611	11863	256
295232	24588	93775	242337	2.58	21755	43087	39905	10551	232
47284	97094	51190	139974	2.73	9867	21410	22565	6975	240
112093	181946	107970	281370	2.61	23039	47246	46114	14115	495
113011	144753	93904	246057	2.62	20640	40820	40948	11839	297
141831	262447	146477	376603	2.57	29886	63336	63137	19370	634
1373554	**1790913**	**972791**	**3061428**	**3.15**	**140619**	**319950**	**466480**	**177434**	**8927**
205723	37400	87584	236527	2.70	17825	35725	40978	10648	233
310916	23510	110307	288379	2.61	22889	46891	51832	11371	213
205780	43581	85605	242527	2.83	11831	28868	45537	10987	213
71447	74427	44813	143195	3.20	5258	13346	22799	8314	354
251452	776614	317872	1015327	3.19	46609	108676	148180	57783	3233
193933	428040	179562	611494	3.41	20060	49514	87050	40610	2388
134303	407341	147048	523979	3.56	16147	36930	70104	37721	2293
1442117	**891779**	**760678**	**2223040**	**2.92**	**108174**	**268252**	**386560**	**102264**	**3602**
125978	54939	61690	178231	2.89	9337	23954	29855	7644	237
529648	64333	193722	534798	2.76	31900	74786	97126	21318	492
248433	71818	109338	313755	2.87	14239	36342	58141	14559	296
160326	15667	63929	173078	2.71	10033	26294	29364	8139	132
174103	221581	122476	379080	3.10	15288	36339	67063	18202	872
203629	463441	209523	644098	3.07	27377	70537	105011	32402	1573
939447	**426855**	**452888**	**1285350**	**2.84**	**78094**	**171832**	**208737**	**69624**	**2695**
108567	19437	48853	123424	2.53	10487	22867	21020	4894	72
282409	21446	113276	292204	2.58	22252	47901	53958	11220	197
266871	42801	93898	261498	2.78	12042	34585	47732	11315	266
281600	343171	196861	608224	3.09	33313	66479	86027	42195	2160
1119551	**994725**	**625431**	**2009449**	**3.21**	**72762**	**177015**	**344025**	**99350**	**5041**
253667	70731	95421	307149	3.22	9185	24593	56453	13862	513
408827	58531	157407	434389	2.76	29046	58667	83688	14722	330
192202	129363	97375	303777	3.12	10962	26799	55652	14350	574
264855	736100	275228	964134	3.50	23569	66956	148232	56416	3624
526261	**197697**	**260252**	**686028**	**2.64**	**42421**	**109926**	**122869**	**26992**	**465**
283712	4053	104033	276116	2.65	15723	40676	52528	10723	106
101870	12427	38927	100999	2.59	7372	16951	18427	3498	51
53399	18902	25378	67995	2.68	4390	10652	11911	2748	67
87280	162315	91914	240918	2.62	14936	41647	40003	10023	241
1953494	**3357885**	**1593746**	**5056495**	**3.17**	**208647**	**479888**	**725465**	**372855**	**15538**
179446	71634	88620	232863	2.63	17565	37356	41417	9694	153
197645	77358	98922	260366	2.63	16734	41560	45690	11409	263
193447	60984	82835	221527	2.67	15317	34489	38965	9139	242
221545	371205	163668	566379	3.46	17539	39849	72362	48897	2560
189973	648739	235077	804529	3.42	29066	61425	109080	62743	1829
165779	334513	144742	484499	3.35	14606	35555	64155	42776	2256
117512	397771	143831	493512	3.43	15792	33243	66680	41973	1935
169766	401259	197913	538231	2.72	35483	85439	87156	24555	763
173554	353158	143119	497602	3.48	11625	31152	65709	43668	2590
75481	246155	106960	313594	2.93	16421	36339	48102	21735	784
269346	395109	188059	643393	3.42	18499	43481	86149	56266	2163

表1　续表 17

地　区	合　计				户籍人口	少数民族人口比重	非农业户口人口比重
	合　计（人）	男（人）	女（人）	性别比（女=100）	（人）	（%）	（%）
黄山市	**1358980**	**690085**	**668895**	**103.17**	**1477219**	**0.24**	**26.31**
屯溪区	217637	108527	109110	99.47	174829	0.38	67.08
黄山区	147620	76491	71129	107.54	162215	0.30	25.85
徽州区	95529	49265	46264	106.49	100129	0.22	24.86
歙县	409247	207799	201448	103.15	484782	0.20	15.18
休宁县	250457	128289	122168	105.01	273796	0.18	12.74
黟县	80722	40417	40305	100.28	94667	0.18	23.14
祁门县	157768	79297	78471	101.05	186801	0.20	23.47
滁州市	**3937868**	**1999579**	**1938289**	**103.16**	**4533540**	**0.99**	**23.19**
琅琊区	310427	154876	155551	99.57	265220	0.92	66.53
南谯区	251894	129794	122100	106.30	273551	0.81	24.09
来安县	432021	216021	216000	100.01	499606	0.32	15.87
全椒县	383885	194102	189783	102.28	466226	1.24	27.75
定远县	779174	405278	373896	108.39	981554	2.23	15.10
凤阳县	644895	331937	312958	106.06	770541	0.80	17.12
天长市	602840	300772	302068	99.57	628032	0.37	21.17
明光市	532732	266799	265933	100.33	648810	0.61	21.33
阜阳市	**7599913**	**3762319**	**3837594**	**98.04**	**10142914**	**0.94**	**12.94**
颍州区	691698	343952	347746	98.91	730960	1.52	38.58
颍东区	519562	262476	257086	102.10	631225	1.19	4.77
颍泉区	557687	274118	283569	96.67	705176	0.76	17.05
临泉县	1543218	749979	793239	94.55	2188465	0.29	7.22
太和县	1361145	683983	677162	101.01	1723741	0.95	9.10
阜南县	1168112	567532	600580	94.50	1677063	0.71	7.62
颍上县	1196535	602139	594396	101.30	1700867	1.73	13.05
界首市	561956	278140	283816	98.00	785417	0.76	20.43
宿州市	**5352924**	**2698929**	**2653995**	**101.69**	**6389236**	**0.24**	**15.34**
埇桥区	1647642	832594	815048	102.15	1848767	0.15	26.12
砀山县	800408	405678	394730	102.77	985159	1.08	14.73
萧县	1130916	565488	565428	100.01	1418936	0.05	10.84
灵璧县	975308	491900	483408	101.76	1223776	0.04	8.99
泗县	798650	403269	395381	102.00	912598	0.08	7.87
巢湖市	**3873102**	**1967100**	**1906002**	**103.21**	**4608039**	**0.29**	**18.31**
居巢区	780711	394213	386498	102.00	888047	0.16	31.77
庐江县	973850	491156	482694	101.75	1184211	0.18	14.46
无为县	1180069	599655	580414	103.32	1425333	0.20	13.67
含山县	376436	191498	184938	103.55	444460	0.14	20.17
和县	562036	290578	271458	107.04	665988	0.95	14.83
六安市	**5611701**	**2861086**	**2750615**	**104.02**	**7118445**	**0.70**	**16.68**
金安区	789699	405402	384297	105.49	867819	0.17	25.52
裕安区	854645	443207	411438	107.72	990290	0.15	19.85
寿县	1008116	503392	504724	99.74	1395271	2.63	14.48
霍邱县	1380368	719777	660591	108.96	1826520	0.61	11.78
舒城县	749273	365049	384224	95.01	991883	0.11	17.33
金寨县	514456	263935	250521	105.35	681530	0.09	15.25
霍山县	315144	160324	154820	103.56	365132	0.08	14.85
亳州市	**4850657**	**2459168**	**2391489**	**102.83**	**6102805**	**1.05**	**9.24**
谯城区	1409436	717269	692167	103.63	1568467	2.83	12.19
涡阳县	1212054	619265	592789	104.47	1551794	0.72	8.49
蒙城县	1062080	537029	525051	102.28	1365905	0.06	10.53
利辛县	1167087	585605	581482	100.71	1616639	0.14	5.21
池州市	**1402518**	**706180**	**696338**	**101.41**	**1596790**	**0.28**	**19.63**
贵池区	595268	298506	296762	100.59	656144	0.18	24.40
东至县	468280	236259	232021	101.83	542296	0.44	14.07
石台县	92238	46518	45720	101.75	109232	0.24	20.30
青阳县	246732	124897	121835	102.51	289118	0.24	18.38
宣城市	**2532938**	**1298040**	**1234898**	**105.11**	**2778003**	**0.48**	**21.08**
宣州区	772490	390693	381797	102.33	851837	0.46	24.65
郎溪县	320627	164468	156159	105.32	341114	0.46	17.68
广德县	487243	251311	235932	106.52	515080	0.72	15.88
泾县	299555	155332	144223	107.70	356738	0.28	20.20
绩溪县	156127	79841	76286	104.66	178504	0.20	26.60
旌德县	120039	61655	58384	105.60	150913	0.22	16.99
宁国市	376857	194740	182117	106.93	383817	0.61	23.08

城乡人口		家庭户				家庭户类别			
城镇人口 (人)	乡村人口 (人)	户数 (户)	人口数 (人)	户规模 (人/户)	其中：一人户 (户)	一代户 (户)	二代户 (户)	三代户 (户)	四代以上户 (户)
555163	**803817**	**454386**	**1288281**	**2.84**	**81536**	**171030**	**195047**	**84818**	**3491**
175094	42543	70005	191717	2.74	12234	27533	32079	10092	301
70289	77331	56175	139034	2.48	14056	27417	21496	7006	256
42193	53336	30684	92199	3.00	4563	10188	13791	6455	250
117510	291737	134338	392433	2.92	22795	47269	58388	27559	1122
70803	179654	75044	242585	3.23	9173	20053	33109	20807	1075
28411	52311	32612	79323	2.43	8397	16405	12117	3945	145
50863	106905	55528	150990	2.72	10318	22165	24067	8954	342
1634370	**2303498**	**1235697**	**3783551**	**3.06**	**171177**	**423464**	**576137**	**223814**	**12282**
275557	34870	108381	290679	2.68	22912	44516	50672	12852	341
116904	134990	90916	241712	2.66	16210	42913	37557	10020	426
144675	287346	138180	425816	3.08	20086	47627	60421	28386	1746
173905	209980	128161	366103	2.86	17472	48450	59949	18996	766
214062	565112	228454	753710	3.30	29975	69525	111317	45211	2401
180319	464576	187853	617060	3.28	21403	55248	95311	35511	1783
324625	278215	180784	564852	3.12	18507	56810	79940	40830	3204
204323	328409	172968	523619	3.03	24612	58375	80970	32008	1615
2393124	**5206789**	**2507792**	**7497873**	**2.99**	**451598**	**941297**	**1194044**	**357073**	**15378**
375947	315751	231434	672158	2.90	42316	84182	119242	27047	963
172662	346900	162323	505223	3.11	22464	51704	81955	27396	1268
231913	325774	192340	549063	2.85	33638	75427	93672	22484	757
306687	1236531	485412	1523515	3.14	74670	173552	233471	75109	3280
463837	897308	446058	1342360	3.01	71617	164298	219793	59576	2391
267769	900343	381599	1159671	3.04	86813	139711	175039	63970	2879
359533	837002	408376	1188346	2.91	81695	169996	177954	57487	2939
214776	347180	200250	557537	2.78	38385	82427	92918	24004	901
1670862	**3682062**	**1608582**	**5149730**	**3.20**	**193131**	**498348**	**830526**	**264383**	**15325**
742685	904957	514960	1573982	3.06	74532	170610	265166	75657	3527
286981	513427	251487	773277	3.07	31105	87190	132523	29887	1887
247117	883799	341072	1080521	3.17	39172	113876	176698	47815	2683
246395	728913	278428	944882	3.39	26476	71897	143978	58454	4099
147684	650966	222635	777068	3.49	21846	54775	112161	52570	3129
1574316	**2298786**	**1212100**	**3692658**	**3.05**	**206713**	**421032**	**527192**	**253355**	**10521**
404789	375922	245876	693694	2.82	38539	94866	111897	37627	1486
387895	585955	309322	934497	3.02	50843	103305	138036	65811	2170
424165	755904	357834	1149274	3.21	57871	113250	158548	82730	3306
125647	250789	123732	368991	2.98	25255	45976	51310	25320	1126
231820	330216	175336	546202	3.12	34205	63635	67401	41867	2433
1954534	**3657167**	**1807765**	**5364766**	**2.97**	**318905**	**674106**	**782633**	**336065**	**14961**
346239	443460	225076	721983	3.21	32100	67069	104725	50883	2399
314978	539667	265424	807765	3.04	45600	88153	123761	51312	2198
352612	655504	379721	982797	2.59	85496	189790	143999	43964	1968
296081	1084287	417578	1353717	3.24	66504	138480	188755	85856	4487
299470	449803	254275	711525	2.80	46462	98227	106575	47771	1702
157811	356645	169540	485751	2.87	32320	64474	71108	32835	1123
187343	127801	96151	301228	3.13	10423	27913	43710	23444	1084
1358721	**3491936**	**1495949**	**4792478**	**3.20**	**213455**	**486984**	**750507**	**244900**	**13558**
474318	935118	434587	1380953	3.18	55042	139273	225466	66408	3440
319949	892105	374500	1204432	3.22	55750	122717	186672	61595	3516
272836	789244	323877	1045962	3.23	44743	100473	161463	58480	3461
291618	875469	362985	1161131	3.20	57920	124521	176906	58417	3141
622834	**779684**	**425181**	**1317980**	**3.10**	**48155**	**122149**	**206055**	**93207**	**3770**
289122	306146	180176	548592	3.04	19792	53111	90945	34991	1129
204663	263617	133741	445482	3.33	12112	32049	64774	35153	1765
29508	62730	31330	90285	2.88	4610	10954	13951	6227	198
99541	147191	79934	233621	2.92	11641	26035	36385	16836	678
1096474	**1436464**	**834961**	**2368433**	**2.84**	**128613**	**308632**	**377385**	**143535**	**5409**
315058	457432	257410	716519	2.78	40656	99905	117391	38724	1390
104038	216589	103700	309473	2.98	14954	34397	49151	19438	714
224940	262303	144384	446512	3.09	15166	42907	67759	32371	1347
112479	187076	105608	290039	2.75	18005	39822	47142	17993	651
64230	91897	49910	137368	2.75	8346	19657	21219	8727	307
44639	75400	38892	116204	2.99	5612	13202	16338	8954	398
231090	145767	135057	352318	2.61	25874	58742	58385	17328	602

表1 续表 18

地区	合计 合计(人)	合计 男(人)	合计 女(人)	合计 性别比(女=100)	户籍人口(人)	少数民族人口比重(%)	非农业户口人口比重(%)
福建省	**36894217**	**18981054**	**17913163**	**105.96**	**35371581**	**2.16**	**22.14**
福州市	**7115369**	**3630096**	**3485273**	**104.16**	**6462516**	**1.33**	**31.93**
鼓楼区	687705	339021	348684	97.23	586211	0.75	83.76
台江区	446891	224281	222610	100.75	332633	0.25	80.34
仓山区	762746	396776	365970	108.42	458945	0.85	45.70
马尾区	231929	117596	114333	102.85	164182	0.77	28.40
晋安区	792491	408549	383942	106.41	357404	1.24	43.91
闽侯县	662118	343796	318322	108.00	645297	0.68	13.77
连江县	561490	284416	277074	102.65	632064	2.89	11.77
罗源县	207677	110107	97570	112.85	256006	8.63	20.24
闽清县	237643	122003	115640	105.50	313039	0.53	17.65
永泰县	249455	129462	119993	107.89	360246	1.30	14.60
平潭县	357760	177499	180261	98.47	400429	1.61	11.83
福清市	1234838	627553	607285	103.34	1276441	1.31	13.53
长乐市	682626	349037	333589	104.63	679619	0.74	11.36
厦门市	**3531347**	**1832194**	**1699153**	**107.83**	**1778591**	**2.34**	**35.70**
思明区	929998	456490	473508	96.41	631459	1.71	68.74
海沧区	288739	155656	133083	116.96	123567	2.60	23.96
湖里区	931291	491222	440069	111.62	214839	2.86	31.84
集美区	580857	309941	270916	114.40	202029	2.71	28.79
同安区	496129	260670	235459	110.71	316961	2.40	13.07
翔安区	304333	158215	146118	108.28	289736	1.57	7.83
莆田市	**2778508**	**1379116**	**1399392**	**98.55**	**3237428**	**1.32**	**12.78**
城厢区	413853	206017	207836	99.12	379713	0.84	25.66
涵江区	470097	236702	233395	101.42	433087	2.34	16.98
荔城区	499110	249897	249213	100.27	503701	1.46	14.48
秀屿区	570741	273517	297224	92.02	832033	0.58	3.95
仙游县	824707	412983	411724	100.31	1088894	1.42	8.82
三明市	**2503388**	**1308101**	**1195287**	**109.44**	**2738183**	**1.31**	**25.57**
梅列区	176539	90408	86131	104.97	139024	1.36	65.30
三元区	198958	102848	96110	107.01	143065	0.93	48.45
明溪县	102667	53116	49551	107.19	116789	0.72	23.25
清流县	136248	72451	63797	113.56	146444	1.63	16.59
宁化县	272443	138170	134273	102.90	355041	2.10	13.99
大田县	311631	165011	146620	112.54	367694	0.53	12.91
尤溪县	352067	186141	165926	112.18	426240	0.63	15.94
沙县	226669	118547	108122	109.64	258272	1.23	26.54
将乐县	148867	77710	71157	109.21	176985	0.66	18.76
泰宁县	110278	57645	52633	109.52	132619	0.60	17.68
建宁县	119979	60743	59236	102.54	148642	0.54	15.86
永安市	347042	185311	161731	114.58	327368	3.11	34.38
泉州市	**8128533**	**4207539**	**3920994**	**107.31**	**6913198**	**2.82**	**13.63**
鲤城区	404817	207614	197203	105.28	254192	2.72	50.79
丰泽区	529640	275978	253662	108.80	221661	2.60	42.60
洛江区	187189	94723	92466	102.44	174751	4.45	14.25
泉港区	313539	153631	159908	96.07	381944	5.75	9.58
惠安县	944231	457643	486588	94.05	956998	2.82	7.96
安溪县	977435	505585	471850	107.15	1127507	1.18	8.42
永春县	452217	232206	220011	105.54	568205	0.63	10.81
德化县	277867	143100	134767	106.18	317654	0.54	14.43
石狮市	636700	341333	295367	115.56	318891	2.83	18.47
晋江市	1986447	1065855	920592	115.78	1072688	4.64	7.40
南安市	1418451	729871	688580	106.00	1518707	1.78	7.45
漳州市	**4809983**	**2468870**	**2341113**	**105.46**	**4808524**	**1.57**	**17.45**
芗城区	538186	269556	268630	100.34	434463	1.94	50.30
龙文区	167463	87048	80415	108.25	126568	2.91	9.66
云霄县	415835	215664	200171	107.74	442892	0.31	15.32
漳浦县	802971	408970	394001	103.80	859081	2.61	10.52
诏安县	597798	307810	289988	106.15	615938	1.93	10.90
长泰县	206809	107520	99289	108.29	195023	1.48	11.68
东山县	211505	107630	103875	103.61	208945	0.12	32.47
南靖县	333969	170338	163631	104.10	352438	0.37	13.50
平和县	498533	260089	238444	109.08	585223	0.42	10.15
华安县	159152	82206	76946	106.84	164771	1.33	12.98
龙海市	877762	452039	425723	106.18	823182	2.04	14.61

城乡人口		家庭户				家庭户类别			
城镇人口(人)	乡村人口(人)	户数(户)	人口数(人)	户规模(人/户)	其中：一人户(户)	一代户(户)	二代户(户)	三代户(户)	四代以上户(户)
21061940	**15832277**	**11206317**	**33397663**	**2.98**	**2056571**	**4174948**	**5041406**	**1913031**	**76932**
4408076	**2707293**	**2177300**	**6353258**	**2.92**	**423370**	**805649**	**1023316**	**338514**	**9821**
687705		203722	560957	2.75	39147	74212	98458	30611	441
446891		149032	408666	2.74	28934	54304	72838	21578	312
762746		208078	608329	2.92	36351	76466	99603	31444	565
155036	76893	69116	194333	2.81	14139	27515	32281	9159	161
772036	20455	277914	716440	2.58	67940	129106	119216	29111	481
294677	367441	173436	535245	3.09	31176	59273	76354	36240	1569
197677	363813	177958	542092	3.05	31584	58323	82995	35481	1159
76358	131319	70028	194195	2.77	14060	27945	32151	9587	345
72619	165024	79234	226480	2.86	17798	32295	32498	13958	483
79573	169882	83601	237702	2.84	18217	32357	37690	13158	396
113927	243833	108219	353853	3.27	15972	30720	63607	13589	303
470824	764014	354867	1141147	3.22	60706	114700	169936	67314	2917
278007	404619	222095	633819	2.85	47346	88433	105689	27284	689
3119110	**412237**	**1239957**	**2998994**	**2.42**	**358584**	**668858**	**462314**	**106594**	**2191**
929998		314704	800256	2.54	77062	141577	137902	34853	372
261000	27739	108514	253062	2.33	36148	64943	33777	9491	303
931291		374040	816055	2.18	132499	239593	114952	19245	250
494103	86754	202111	455534	2.25	71681	123540	64564	13642	365
333933	162196	145311	415227	2.86	23614	58949	66326	19447	589
168785	135548	95277	258860	2.72	17580	40256	44793	9916	312
1411015	**1367493**	**761131**	**2541250**	**3.34**	**118556**	**233590**	**317717**	**196023**	**13801**
276513	137340	114533	360383	3.15	20261	38228	47117	27263	1925
367380	102717	123270	409092	3.32	18982	37790	47355	35545	2580
328206	170904	123729	433957	3.51	17640	35660	46614	38011	3444
135100	435641	153236	548345	3.58	21612	41218	63179	45234	3605
303816	520891	246363	789473	3.20	40061	80694	113452	49970	2247
1279742	**1223646**	**778028**	**2365429**	**3.04**	**120896**	**270233**	**351728**	**149090**	**6977**
165837	10702	61554	162833	2.65	11336	25996	29062	6415	81
162929	36029	62411	179139	2.87	9740	22786	30813	8597	215
46856	55811	33850	98582	2.91	6133	12371	15012	6181	286
54650	81598	37948	126877	3.34	4709	10700	17714	9029	505
82807	189636	81373	264506	3.25	11735	25424	33990	20815	1144
133659	177972	92096	296657	3.22	11345	27965	45933	17388	810
129610	222457	108681	337788	3.11	16498	36675	48420	22337	1249
129762	96907	74618	215062	2.88	15271	28892	32354	12829	543
70302	78565	44419	141591	3.19	6514	14399	18665	10802	553
47636	62642	32637	103759	3.18	4543	9910	14452	7919	356
41962	78017	37573	116467	3.10	4962	13076	15249	8741	507
213732	133310	110868	322168	2.91	18110	42039	50064	18037	728
4749504	**3379029**	**2267868**	**6948688**	**3.06**	**378946**	**833591**	**1032309**	**386995**	**14973**
404817		128876	329049	2.55	33202	65029	47566	15711	570
529640		158089	419824	2.66	37756	73347	64151	19862	729
92297	94892	54843	153559	2.80	11114	23921	21689	8908	325
127977	185562	99118	297691	3.00	14928	32175	51149	15213	581
465638	478593	270677	867419	3.20	34684	76152	133904	58282	2339
336073	641362	268543	944364	3.52	32928	68868	140658	56819	2198
238630	213587	140047	433857	3.10	20165	47236	63981	27830	1000
193120	84747	100721	269163	2.67	20879	43161	49461	7931	168
469969	166731	175135	484918	2.77	41246	84279	69084	21230	542
1172827	813620	506391	1506317	2.97	88017	216070	218128	70094	2099
718516	699935	365428	1242527	3.40	44027	103353	172538	85115	4422
2247564	**2562419**	**1338117**	**4569674**	**3.42**	**142857**	**334674**	**669491**	**320811**	**13141**
476360	61826	164151	470519	2.87	26335	58739	79986	24747	679
138340	29123	48293	151100	3.13	8224	16970	20736	10121	466
166051	249784	111190	408434	3.67	9250	20931	60812	28501	946
302634	500337	217841	780069	3.58	15529	41753	116637	56993	2458
196355	401443	152329	592901	3.89	10525	23363	85836	41536	1594
84667	122142	56959	189107	3.32	5931	15887	25605	14679	788
102791	108714	56940	204286	3.59	4217	9985	30089	15920	946
135639	198330	94341	321071	3.40	9062	23452	44290	25393	1206
162472	336061	141301	491925	3.48	15346	33945	72228	33850	1278
59262	99890	47272	154711	3.27	4698	12092	24863	9961	356
422993	454769	247500	805551	3.25	33740	77557	108409	59110	2424

表1 续表 19

地 区	合计 合 计 (人)	合计 男 (人)	合计 女 (人)	合计 性别比 (女=100)	户籍人口 (人)	少数民族人口比重 (%)	非农业户口人口比重 (%)
南平市	**2645548**	**1358661**	**1286887**	**105.58**	**3142176**	**1.34**	**26.56**
延平区	467875	239648	228227	105.00	497768	0.93	42.29
顺昌县	191588	97382	94206	103.37	240552	3.32	26.69
浦城县	304583	153947	150636	102.20	431068	0.87	21.09
光泽县	134113	68568	65545	104.61	163095	2.68	21.79
松溪县	125472	64179	61293	104.71	166088	1.05	16.92
政和县	171715	91115	80600	113.05	226588	0.59	16.26
邵武市	275112	140818	134294	104.86	305966	1.98	33.15
武夷山市	233554	121317	112237	108.09	233431	0.83	28.13
建瓯市	452174	231583	220591	104.98	533993	0.68	18.77
建阳市	289362	150104	139258	107.79	343627	1.92	23.68
龙岩市	**2559545**	**1320167**	**1239378**	**106.52**	**2958045**	**1.63**	**19.00**
新罗区	662429	353119	309310	114.16	487093	1.17	30.78
长汀县	393390	198069	195321	101.41	511938	0.44	18.51
永定县	362658	188933	173725	108.75	481769	0.57	11.35
上杭县	374047	187410	186637	100.41	493019	7.09	13.70
武平县	278182	139334	138848	100.35	374596	0.19	12.49
连城县	248645	126691	121954	103.88	329601	0.07	14.20
漳平市	240194	126611	113583	111.47	280029	1.20	19.48
宁德市	**2821996**	**1476310**	**1345686**	**109.71**	**3332920**	**5.98**	**17.58**
蕉城区	429260	221304	207956	106.42	441114	5.13	26.85
霞浦县	461176	242303	218873	110.70	520909	8.15	14.01
古田县	323700	168518	155182	108.59	422803	2.42	17.13
屏南县	137724	71794	65930	108.89	183405	0.49	13.62
寿宁县	175874	92611	83263	111.23	259316	1.09	11.64
周宁县	112701	59260	53441	110.89	196174	1.37	10.36
柘荣县	88387	46095	42292	108.99	102797	2.02	12.08
福安市	563640	297685	265955	111.93	630375	11.06	17.87
福鼎市	529534	276740	252794	109.47	576027	6.24	18.55
江西省	**44567797**	**23003521**	**21564276**	**106.67**	**47134135**	**0.34**	**26.64**
南昌市	**5042566**	**2633846**	**2408720**	**109.35**	**4986832**	**0.40**	**48.90**
东湖区	575489	286584	288905	99.20	532762	0.37	86.78
西湖区	503821	252887	250934	100.78	439539	0.38	90.34
青云谱区	316723	164103	152620	107.52	260358	0.25	75.18
湾里区	63963	33236	30727	108.17	84646	1.29	40.61
青山湖区	897843	485643	412200	117.82	612375	0.48	55.67
南昌县	1018675	532770	485905	109.64	1139833	0.29	26.03
新建县	795412	427313	368099	116.09	822383	0.81	34.69
安义县	180194	93031	87163	106.73	283048	0.30	37.83
进贤县	690446	358279	332167	107.86	811888	0.01	18.73
景德镇市	**1587477**	**826128**	**761349**	**108.51**	**1569721**	**0.10**	**37.35**
昌江区	192203	100481	91722	109.55	155593	0.05	45.33
珠山区	281358	141818	139540	101.63	256730	0.30	91.42
浮梁县	303563	159495	144068	110.71	284923	0.12	22.58
乐平市	810353	424334	386019	109.93	872475	0.03	22.19
萍乡市	**1854515**	**938753**	**915762**	**102.51**	**1909089**	**0.19**	**33.73**
安源区	534560	267394	267166	100.09	429960	0.22	74.77
湘东区	358990	183166	175824	104.18	403698	0.12	23.79
莲花县	236328	118370	117958	100.35	269201	0.39	18.38
上栗县	467214	238500	228714	104.28	510364	0.08	11.42
芦溪县	257423	131323	126100	104.14	295866	0.23	15.12
九江市	**4728778**	**2402409**	**2326369**	**103.27**	**4987247**	**0.22**	**26.08**
庐山区	302228	157881	144347	109.38	260889	0.66	50.69
浔阳区	402758	199530	203228	98.18	359591	0.62	88.09
九江县	315219	159909	155310	102.96	351080	0.08	21.51
武宁县	360269	183476	176793	103.78	384287	0.74	14.12
修水县	739986	369511	370475	99.74	825247	0.03	11.46
永修县	376107	194191	181916	106.75	402205	0.14	25.43
德安县	222322	114516	107806	106.22	222855	0.33	35.00
星子县	245526	127640	117886	108.27	264436	0.04	15.56
都昌县	716370	360295	356075	101.19	801780	0.11	13.73
湖口县	275797	141741	134056	105.73	288269	0.04	21.64
彭泽县	353149	179332	173817	103.17	375753	0.06	14.55
瑞昌市	419047	214387	204660	104.75	450855	0.11	23.41
新余市	**1138874**	**598003**	**540871**	**110.56**	**1162584**	**0.34**	**34.71**
渝水区	839488	440125	399363	110.21	833881	0.42	36.98
分宜县	299386	157878	141508	111.57	328703	0.14	28.35

城乡人口		家庭户				家庭户类别			
城镇人口 (人)	乡村人口 (人)	户数 (户)	人口数 (人)	户规模 (人/户)	其中：一人户 (户)	一代户 (户)	二代户 (户)	三代户 (户)	四代以上户 (户)
1342334	**1303214**	**893150**	**2525896**	**2.83**	**163709**	**361039**	**386739**	**140533**	**4839**
301370	166505	162763	445446	2.74	32792	67397	70477	24220	669
87489	104099	67480	186030	2.76	12365	29007	26846	11103	524
129391	175192	105571	295420	2.80	20029	44681	44592	15835	463
55976	78137	44442	129198	2.91	7969	17666	18704	7741	331
51438	74034	42800	121965	2.85	7405	17371	19423	5835	171
67099	104616	55402	164369	2.97	9881	20433	26722	8061	186
183457	91655	100077	266830	2.67	19695	44359	42610	12726	382
122801	110753	69827	205605	2.94	13140	25907	31665	11864	391
192557	259617	149121	438324	2.94	23819	55789	64932	27399	1001
150756	138606	95667	272709	2.85	16614	38429	40768	15749	721
1152257	**1407288**	**845533**	**2386638**	**2.82**	**163051**	**342391**	**364221**	**132883**	**6038**
460086	202343	216670	580073	2.68	44960	95623	96125	24256	666
161833	231557	121498	377556	3.11	21028	40219	54811	25316	1152
136496	226162	122199	339553	2.78	26496	52566	48983	19718	932
114849	259198	122887	355635	2.89	23982	47587	47712	25919	1669
82280	195902	90906	266072	2.93	15290	34719	38648	16652	887
82974	165671	86805	240403	2.77	16267	34497	40201	11711	396
113739	126455	84568	227346	2.69	15028	37180	37741	9311	336
1352338	**1469658**	**905233**	**2707836**	**2.99**	**186602**	**324923**	**433571**	**141588**	**5151**
252497	176763	134761	400507	2.97	28996	47467	67004	19528	762
175159	286017	147799	451096	3.05	26022	48434	75402	23091	872
110224	213476	110102	314798	2.86	23416	42791	48480	18212	619
50319	87405	43388	133799	3.08	8306	14322	20470	8252	344
72244	103630	55238	164413	2.98	11025	21539	25565	7847	287
49128	63573	39758	108241	2.72	10341	17713	16482	5375	188
49969	38418	27060	85508	3.16	5705	9074	12694	5051	241
326019	237621	176919	545442	3.08	37600	60771	88372	26910	866
266779	262755	170208	504032	2.96	35191	62812	79102	27322	972
19499960	**25067837**	**11542527**	**42181417**	**3.65**	**1030368**	**2602585**	**6029441**	**2794134**	**116367**
3313235	**1729331**	**1299903**	**4409241**	**3.39**	**142653**	**372955**	**660307**	**257417**	**9224**
575489		172253	530750	3.08	20447	53046	90097	28738	372
503821		154108	484207	3.14	17491	43460	82650	27596	402
316723		97479	300714	3.08	10873	30218	50476	16574	211
37407	26556	15542	47238	3.04	2603	6337	7088	2066	51
790221	107622	204505	661456	3.23	23944	64091	103475	35980	959
428785	589890	250564	895949	3.58	25057	68585	118131	60757	3091
390719	404693	168816	645183	3.82	16700	43648	91830	32087	1251
87202	92992	56499	165471	2.93	10108	23405	26036	6786	272
182868	507578	180137	678273	3.77	15430	40165	90524	46833	2615
893938	**693539**	**431567**	**1523329**	**3.53**	**38198**	**99658**	**231417**	**97354**	**3138**
148726	43477	55039	177758	3.23	5956	16444	28743	9576	276
281358		94324	266151	2.82	11913	31346	51740	11126	112
177503	126060	77175	279022	3.62	7866	16917	41075	18619	564
286351	524002	205029	800398	3.90	12463	34951	109859	58033	2186
1097352	**757163**	**481518**	**1777794**	**3.69**	**35107**	**98142**	**242212**	**135169**	**5995**
521640	12920	143971	492546	3.42	11085	33425	77325	32436	785
194589	164401	92808	353359	3.81	6067	16753	44992	29590	1473
84374	151954	60609	219631	3.62	4915	13484	29829	16620	676
188532	278682	112870	460193	4.08	6727	17787	55054	37740	2289
108217	149206	71260	252065	3.54	6313	16693	35012	18783	772
2011155	**2717623**	**1228705**	**4504241**	**3.67**	**106025**	**257562**	**636396**	**319734**	**15013**
215322	86906	77034	249353	3.24	8524	23202	39348	14094	390
395999	6759	124063	365040	2.94	13833	38281	69441	16168	173
93035	222184	83843	300848	3.59	7430	17678	45236	20120	809
139172	221097	98787	353564	3.58	11324	22762	48686	25941	1398
206335	533651	187024	720796	3.85	16815	34620	89404	59270	3730
178889	197218	100599	365429	3.63	8761	22595	54668	22379	957
133786	88536	59225	204974	3.46	5933	14529	31692	12478	526
101630	143896	60085	242335	4.03	3428	9773	31522	17978	812
154850	561520	166948	689079	4.13	10003	24988	85646	53609	2705
90454	185343	72731	264380	3.64	5732	14584	35550	21544	1053
151152	201997	87773	341300	3.89	5656	14805	45750	26078	1140
150531	268516	110593	407143	3.68	8586	19745	59453	30075	1320
701198	**437676**	**344441**	**1042122**	**3.03**	**39150**	**111074**	**185223**	**47105**	**1039**
567820	271668	257409	763832	2.97	29419	85984	137583	33141	701
133378	166008	87032	278290	3.20	9731	25090	47640	13964	338

表1 续表 20

地区	合计 合计(人)	合计 男(人)	合计 女(人)	合计 性别比(女=100)	户籍人口(人)	少数民族人口比重(%)	非农业户口人口比重(%)
鹰潭市	**1125156**	**590971**	**534185**	**110.63**	**1176925**	**0.41**	**27.50**
月湖区	214229	109533	104696	104.62	207098	0.41	62.28
余江县	352476	184849	167627	110.27	379455	0.30	21.16
贵溪市	558451	296589	261862	113.26	590372	0.49	18.10
赣州市	**8368447**	**4257863**	**4110584**	**103.58**	**9132828**	**0.68**	**20.43**
章贡区	642653	325821	316832	102.84	558488	0.66	59.48
赣县	546964	281321	265643	105.90	615791	0.16	17.47
信丰县	664047	335239	328808	101.96	696367	1.08	12.04
大余县	289378	148018	141360	104.71	304427	2.07	28.05
上犹县	257464	131821	125643	104.92	303348	1.17	14.14
崇义县	187234	95302	91932	103.67	204586	1.04	15.71
安远县	340740	174756	165984	105.28	374098	0.42	18.27
龙南县	300301	147761	152540	96.87	317549	0.32	17.30
定南县	172771	86723	86048	100.78	202857	0.15	21.94
全南县	180691	91097	89594	101.68	193467	0.50	27.53
宁都县	794806	414902	379904	109.21	816324	0.22	13.52
于都县	853457	420062	433395	96.92	1045764	0.44	19.57
兴国县	719830	371466	348364	106.63	798114	0.77	14.01
会昌县	445137	228413	216724	105.39	499247	0.77	15.95
寻乌县	288207	148225	139982	105.89	316121	1.17	18.97
石城县	278246	143821	134425	106.99	310367	0.38	12.97
瑞金市	618885	314406	304479	103.26	672997	0.23	21.33
南康市	787636	398709	388927	102.52	902916	1.30	16.63
吉安市	**4810339**	**2498021**	**2312318**	**108.03**	**4984078**	**0.52**	**20.64**
吉州区	338523	171278	167245	102.41	337964	0.17	63.16
青原区	200176	104292	95884	108.77	204964	1.30	17.11
吉安县	464295	242144	222151	109.00	466895	0.15	19.08
吉水县	501337	266647	234690	113.62	518853	0.26	21.57
峡江县	184483	97918	86565	113.12	182608	0.46	24.33
新干县	329830	174655	155175	112.55	335010	0.19	18.64
永丰县	428276	225799	202477	111.52	448130	1.45	15.70
泰和县	512225	261865	250360	104.60	555389	0.90	17.42
遂川县	535974	279545	256429	109.01	562147	0.38	10.79
万安县	301699	153695	148004	103.85	309638	0.96	16.82
安福县	385631	198628	187003	106.22	393588	0.17	20.28
永新县	475580	244342	231238	105.67	507275	0.22	12.33
井冈山市	152310	77213	75097	102.82	161617	0.50	24.51
宜春市	**5419591**	**2824148**	**2595443**	**108.81**	**5630085**	**0.10**	**24.05**
袁州区	1045952	536732	509220	105.40	1067890	0.11	26.21
奉新县	312956	162478	150478	107.97	319628	0.14	24.70
万载县	476856	244647	232209	105.36	529915	0.05	17.94
上高县	326697	168897	157800	107.03	353630	0.18	25.86
宜丰县	274046	142240	131806	107.92	283970	0.36	29.69
靖安县	144800	75786	69014	109.81	146135	0.33	28.43
铜鼓县	135139	70151	64988	107.94	138788	0.14	24.90
丰城市	1336392	708100	628292	112.70	1397376	0.02	19.36
樟树市	555120	285682	269438	106.03	560570	0.04	26.19
高安市	811633	429435	382198	112.36	832183	0.07	27.14
抚州市	**3912307**	**2037160**	**1875147**	**108.64**	**4112200**	**0.20**	**23.63**
临川区	1089888	569861	520027	109.58	1160307	0.06	33.20
南城县	306236	156809	149427	104.94	321806	0.04	20.73
黎川县	230086	119420	110666	107.91	243875	0.07	21.78
南丰县	287932	148732	139200	106.85	297099	0.15	19.52
崇仁县	347837	181262	166575	108.82	367281	0.04	15.92
乐安县	345766	182893	162873	112.29	367898	1.40	16.72
宜黄县	224039	115135	108904	105.72	230007	0.11	16.45
金溪县	294826	153446	141380	108.53	300408	0.13	17.35
资溪县	111983	56571	55412	102.09	113987	0.38	23.86
东乡县	438319	230994	207325	111.42	466053	0.03	24.30
广昌县	235395	122037	113358	107.66	243479	0.12	24.53
上饶市	**6579747**	**3396219**	**3183528**	**106.68**	**7482546**	**0.20**	**20.02**
信州区	416219	205170	211049	97.21	407047	0.33	53.58
上饶县	700267	360520	339747	106.11	812519	0.39	14.75
广丰县	752953	383314	369639	103.70	915256	0.04	19.54
玉山县	574369	295527	278842	105.98	623583	0.20	19.02

城乡人口		家庭户				家庭户类别			
城镇人口(人)	乡村人口(人)	户数(户)	人口数(人)	户规模(人/户)	其中：一人户(户)	一代户(户)	二代户(户)	三代户(户)	四代以上户(户)
533682	**591474**	**296472**	**1086035**	**3.66**	**26524**	**69830**	**146537**	**76649**	**3456**
191893	22336	66525	201369	3.03	8363	22959	33844	9530	192
131470	221006	84726	339544	4.01	6812	17627	39465	26293	1341
210319	348132	145221	545122	3.75	11349	29244	73228	40826	1923
3141592	**5226855**	**2079574**	**7925820**	**3.81**	**176292**	**432120**	**1077534**	**547120**	**22800**
605231	37422	169596	556733	3.28	17619	43883	88362	36600	751
156711	390253	135542	513757	3.79	12157	27700	70179	36226	1437
231982	432065	165673	629758	3.80	12260	30209	84633	48834	1997
135480	153898	76781	271083	3.53	7392	17306	39705	19089	681
70126	187338	69788	251488	3.60	7253	14608	34268	20197	715
56089	131145	51584	180329	3.50	4773	11422	26283	13397	482
108044	232696	77769	331424	4.26	5524	12967	39955	23819	1028
152051	148250	78694	284979	3.62	7742	17724	39550	20566	854
96598	76173	47535	165497	3.48	5584	12088	22897	11991	559
74766	105925	47156	173365	3.68	4703	10822	23051	12746	537
200779	594027	197232	770975	3.91	13372	37489	114107	44115	1521
223395	630062	199972	816579	4.08	15849	44534	102644	50398	2396
169184	550646	170543	678234	3.98	13176	31006	84721	51809	3007
185768	259369	98115	428054	4.36	5907	15278	51040	30336	1461
99498	188709	72203	275821	3.82	5229	13898	39086	18309	910
85692	192554	69875	273962	3.92	5061	12667	38339	18120	749
216229	402656	146212	592694	4.05	11543	28921	76598	39009	1684
273969	513667	205304	731088	3.56	21148	49598	102116	51559	2031
1808990	**3001349**	**1257623**	**4614435**	**3.67**	**106525**	**250486**	**691418**	**303913**	**11806**
256959	81564	97002	320221	3.30	9723	26172	52013	18432	385
71359	128817	49134	180667	3.68	4852	10448	25731	12486	469
165722	298573	122028	439246	3.60	11266	25905	67824	27246	1053
198368	302969	141571	484527	3.42	16097	35678	77805	27138	950
62502	121981	48954	176448	3.60	3797	10294	29457	8919	284
99883	229947	91889	320733	3.49	7687	20221	53409	17753	506
137502	290774	104288	416920	4.00	5360	16027	59388	27724	1149
184065	328160	137910	480209	3.48	15019	31448	74219	30990	1253
144031	391943	132450	523536	3.95	8901	18665	74378	37984	1423
93121	208578	72832	284469	3.91	4895	11669	40120	20015	1028
126509	259122	102025	376565	3.69	7729	17886	54807	27988	1344
182296	293284	116914	465237	3.98	6732	16221	61912	37182	1599
86673	65637	40626	145657	3.59	4467	9852	20355	10056	363
1928705	**3490886**	**1423419**	**5145506**	**3.61**	**130001**	**329339**	**749061**	**329775**	**15244**
461817	584135	263838	984413	3.73	21226	57089	141233	62908	2608
124386	188570	85519	291163	3.40	10698	23848	44502	16386	783
131478	345378	128997	470616	3.65	14410	29380	71149	27565	903
131805	194892	95929	314145	3.27	9788	27055	51612	16684	578
108740	165306	81369	262794	3.23	9359	22744	45509	12754	362
54943	89857	42211	140617	3.33	5367	11353	22146	8316	396
51529	83610	37612	131481	3.50	4438	8748	20438	8079	347
379914	956478	315961	1300557	4.12	19598	47959	156420	105037	6545
188586	366534	151882	543043	3.58	11743	31934	81635	36884	1429
295507	516126	220101	706677	3.21	23374	69229	114417	35162	1293
1456007	**2456300**	**1041056**	**3794501**	**3.64**	**92482**	**231690**	**552540**	**246503**	**10323**
482940	606948	294730	1025391	3.48	31252	79367	148631	64007	2725
131245	174991	81059	301223	3.72	5063	15332	41782	22881	1064
91041	139045	64636	226430	3.50	6642	14594	33707	15729	606
91079	196853	79022	283267	3.58	5054	14989	43943	19440	650
111769	236068	82958	340567	4.11	5617	14613	45531	21686	1128
106225	239541	95813	340216	3.55	10677	23444	55065	16806	498
57617	166422	57963	218082	3.76	4148	9866	32550	14954	593
84333	210493	77432	291035	3.76	5122	13714	43204	19631	883
50623	61360	30780	108415	3.52	3150	7212	15788	7449	331
169404	268915	113952	426458	3.74	9417	24552	58640	29411	1349
79731	155664	62711	233417	3.72	6340	14007	33699	14509	496
2614106	**3965641**	**1658249**	**6358393**	**3.83**	**137411**	**349729**	**856796**	**433395**	**18329**
298975	117244	114030	390667	3.43	10244	29198	61005	23209	618
194463	505804	169513	679571	4.01	12518	30855	87996	48734	1928
392302	360651	178147	737995	4.14	16238	37713	94437	44541	1456
231491	342878	147148	522489	3.55	15372	37537	74349	34185	1077

表1 续表 21

地 区	合 计				户籍人口	少数民族人口比重	非农业户口人口比重
	合 计(人)	男(人)	女(人)	性别比(女=100)	(人)	(%)	(%)
铅山县	426998	221267	205731	107.55	459059	0.64	17.69
横峰县	184870	95793	89077	107.54	218219	0.80	21.66
弋阳县	353379	185981	167398	111.10	402495	0.26	24.26
余干县	887616	463696	423920	109.38	973133	0.08	11.66
鄱阳县	1296757	675772	620985	108.82	1580486	0.03	14.78
万年县	359098	187599	171499	109.39	400903	0.02	19.05
婺源县	334020	169724	164296	103.30	360922	0.06	16.34
德兴市	293201	151856	141345	107.44	328924	0.30	39.15
山东省	**95792719**	**48446944**	**47345775**	**102.33**	**95479481**	**0.76**	**23.43**
济南市	**6813984**	**3423904**	**3390080**	**101.00**	**6064821**	**1.86**	**39.12**
历下区	754136	386087	368049	104.90	543134	1.43	75.79
市中区	713581	362397	351184	103.19	573930	4.20	65.53
槐荫区	476811	243771	233040	104.60	381594	3.03	61.89
天桥区	688415	347853	340562	102.14	509211	2.89	67.61
历城区	1124306	571050	553256	103.22	926493	0.96	35.67
长清区	578740	285406	293334	97.30	560696	1.21	15.65
平阴县	331712	162972	168740	96.58	372175	0.11	20.13
济阳县	517948	256802	261146	98.34	557984	2.40	11.41
商河县	564125	281313	282812	99.47	620568	2.04	11.60
章丘市	1064210	526253	537957	97.82	1019036	0.88	16.94
青岛市	**8715087**	**4391744**	**4323343**	**101.58**	**7651797**	**0.88**	**35.52**
市南区	544847	269325	275522	97.75	553268	0.95	89.74
市北区	558218	273007	285211	95.72	489808	0.75	88.10
四方区	462497	234305	228192	102.68	376266	0.71	84.31
黄岛区	524206	288425	235781	122.33	311624	1.45	37.91
崂山区	379469	193084	186385	103.59	240505	1.22	41.26
李沧区	512389	256496	255893	100.24	305711	1.46	74.68
城阳区	737209	362904	374305	96.95	488130	3.07	16.99
胶州市	843054	420446	422608	99.49	799866	0.78	19.83
即墨市	1177201	591648	585553	101.04	1132528	0.60	15.20
平度市	1357424	682778	674646	101.21	1373956	0.14	16.58
胶南市	868348	441681	426667	103.52	842183	0.40	20.45
莱西市	750225	377645	372580	101.36	737952	0.35	14.74
淄博市	**4530597**	**2272512**	**2258085**	**100.64**	**4231819**	**0.54**	**34.63**
淄川区	731848	365867	365981	99.97	673063	0.17	28.07
张店区	929242	477681	451561	105.78	731542	0.51	61.07
博山区	463013	229264	233749	98.08	460925	0.22	44.87
临淄区	642831	322798	320033	100.86	610392	1.87	35.78
周村区	362294	176161	186133	94.64	322753	0.56	40.37
桓台县	504011	250470	253541	98.79	499807	0.07	15.47
高青县	347867	173440	174427	99.43	367618	0.16	11.52
沂源县	549491	276831	272660	101.53	565719	0.47	17.08
枣庄市	**3729140**	**1943932**	**1785208**	**108.89**	**3919007**	**0.38**	**25.89**
市中区	535515	270113	265402	101.78	536127	1.41	54.00
薛城区	481450	250086	231364	108.09	500022	0.19	38.51
峄城区	364238	189599	174639	108.57	385277	0.06	14.81
台儿庄区	279474	145608	133866	108.77	308654	0.86	14.65
山亭区	464804	244428	220376	110.91	518806	0.19	5.51
滕州市	1603659	844098	759561	111.13	1670121	0.14	23.00
东营市	**2035338**	**1030852**	**1004486**	**102.62**	**1868136**	**0.34**	**38.59**
东营区	756676	384153	372523	103.12	630378	0.56	62.45
河口区	247595	125934	121661	103.51	217814	0.51	57.10
垦利县	242292	122443	119849	102.16	222722	0.17	26.93
利津县	281252	139999	141253	99.11	299437	0.07	14.53
广饶县	507523	258323	249200	103.66	497785	0.15	12.95
烟台市	**6968202**	**3522519**	**3445683**	**102.23**	**6517820**	**0.34**	**27.11**
芝罘区	830054	416636	413418	100.78	684561	0.55	77.01
福山区	600468	311704	288764	107.94	433353	1.16	43.18
牟平区	467907	235622	232285	101.44	455412	0.28	22.36
莱山区	329304	162293	167011	97.18	215085	1.34	34.37
长岛县	44025	22290	21735	102.55	43085	0.17	34.50
龙口市	688255	347992	340263	102.27	634174	0.18	22.42
莱阳市	878591	444069	434522	102.20	878725	0.09	13.62
莱州市	883896	448574	435322	103.04	860351	0.18	16.64
蓬莱市	451109	225888	225221	100.30	450293	0.10	17.16
招远市	566244	284990	281254	101.33	573237	0.13	19.92

城乡人口		家庭户				家庭户类别			
城镇人口（人）	乡村人口（人）	户数（户）	人口数（人）	户规模（人/户）	其中：一人户（户）	一代户（户）	二代户（户）	三代户（户）	四代以上户（户）
226611	200387	109006	421870	3.87	7856	19768	55984	31917	1337
100956	83914	55298	181290	3.28	6514	16338	28145	10453	362
144142	209237	93475	346174	3.70	7466	19732	47081	25619	1043
234210	653406	208358	877515	4.21	11403	31644	112164	61081	3469
366169	930588	314836	1258306	4.00	23178	60351	160181	89611	4693
142013	217085	91625	340744	3.72	8308	21029	44664	24820	1112
134209	199811	93152	324555	3.48	9856	21543	48698	22198	713
148565	144636	83661	277217	3.31	8458	24021	42092	17027	521
47620727	**48171992**	**30105454**	**89855501**	**2.98**	**3432035**	**10280473**	**15417846**	**4258232**	**148903**
4392922	**2421062**	**2012581**	**5993647**	**2.98**	**250096**	**672479**	**967119**	**360180**	**12803**
754136		196603	528887	2.69	32187	74214	97632	24482	275
672671	40910	225709	618772	2.74	36777	83086	113436	28771	416
476811		154002	423101	2.75	23763	56555	77205	20009	233
611671	76744	226889	611748	2.70	38523	88558	110292	27604	435
740969	383337	312945	937303	3.00	35751	102542	153153	55535	1715
271308	307432	159300	497844	3.13	15661	49685	74735	33568	1312
151185	180527	110212	326484	2.96	11315	39180	51782	18245	1005
113996	403952	149671	505262	3.38	13708	41465	66993	39096	2117
121936	442189	159230	554676	3.48	12449	39029	72146	45338	2717
478239	585971	318020	989570	3.11	29962	98165	149745	67532	2578
5735439	**2979648**	**2824283**	**7869302**	**2.79**	**399161**	**1085558**	**1374960**	**355212**	**8553**
544847		181559	473071	2.61	32000	70921	88185	22212	241
558218		210951	530701	2.52	37903	87803	104048	18944	156
462497		160630	417105	2.60	25868	63969	80498	16021	142
500674	23532	153233	396728	2.59	29711	73095	66338	13487	313
291693	87776	113878	296843	2.61	17778	51134	52937	9670	137
512389		165070	434613	2.63	24698	65661	83686	15560	163
649601	87608	210870	561210	2.66	33182	92573	100932	17061	304
404216	438838	266666	799602	3.00	30140	90187	131290	43905	1284
565135	612066	386372	1116947	2.89	46497	139807	191710	53521	1334
427694	929730	432728	1304419	3.01	51571	139747	220083	70610	2288
471023	397325	294391	823109	2.80	38135	119907	133996	39288	1200
347452	402773	247935	714954	2.88	31678	90754	121257	34933	991
2859540	**1671057**	**1524413**	**4276423**	**2.81**	**181033**	**565971**	**774486**	**179639**	**4317**
468826	263022	247844	680684	2.75	31040	96421	127133	23943	347
832898	96344	310169	834802	2.69	40679	116978	164045	28665	481
344431	118582	170620	443872	2.60	23923	74846	81277	14355	142
370791	272040	218946	622820	2.84	23804	81254	108269	28629	794
244771	117523	112320	323867	2.88	11689	38150	58021	15790	359
263011	241000	156048	488297	3.13	13813	45869	76804	32125	1250
120011	227856	115857	342604	2.96	11913	42561	53955	18574	767
214801	334690	192609	539477	2.80	24172	69892	104982	17558	177
1764366	**1964774**	**1099307**	**3552800**	**3.23**	**109972**	**298008**	**619985**	**176237**	**5077**
395577	139938	164923	523084	3.17	15370	44591	97741	22138	453
271919	209531	140707	448158	3.19	13927	40119	79522	20596	470
114266	249972	110782	355824	3.21	11289	30880	66341	13205	356
90017	189457	86940	275253	3.17	9138	24878	50438	11319	305
109114	355690	126220	440837	3.49	13429	31899	68461	25126	734
783473	820186	469735	1509644	3.21	46819	125641	257482	83853	2759
1221644	**813694**	**679068**	**1892477**	**2.79**	**74216**	**264830**	**344481**	**67867**	**1890**
659470	97206	257413	684034	2.66	29537	104226	137249	15626	312
189488	58107	90092	233091	2.59	9875	39562	46182	4268	80
114073	128219	79285	226449	2.86	8981	30756	39143	9105	281
71603	209649	87763	271672	3.10	8065	28370	42400	16429	564
187010	320513	164515	477231	2.90	17758	61916	79507	22439	653
3851425	**3116777**	**2456755**	**6424739**	**2.62**	**336372**	**1071980**	**1187981**	**193122**	**3672**
830054		287618	744830	2.59	44129	114342	151800	21292	184
511019	89449	184290	466587	2.53	27288	86074	86234	11832	150
217807	250100	174971	447306	2.56	21701	81043	82062	11721	145
238981	90323	92293	235377	2.55	13250	41886	44569	5745	93
10006	34019	16501	41718	2.53	2418	7692	7826	972	11
388770	299485	241513	638664	2.64	29441	102001	119954	19181	377
358092	520499	289560	843066	2.91	31988	99069	152364	37091	1036
379789	504107	315149	842212	2.67	42214	137954	144307	32026	862
185894	265215	172442	433712	2.52	25301	78208	83518	10606	110
281780	284464	211921	546122	2.58	30968	97409	98069	16166	277

表1 续表 22

地　区	合计 合计(人)	合计 男(人)	合计 女(人)	合计 性别比(女=100)	户籍人口(人)	少数民族人口比重(%)	非农业户口人口比重(%)
栖霞市	589620	299686	289934	103.36	625933	0.07	11.63
海阳市	638729	322775	315954	102.16	663611	0.16	12.16
潍坊市	**9086241**	**4600438**	**4485803**	**102.56**	**8775623**	**0.38**	**20.11**
潍城区	415118	208841	206277	101.24	358075	0.26	42.50
寒亭区	424106	217295	206811	105.07	408624	0.19	20.62
坊子区	512161	259032	253129	102.33	535198	0.12	13.35
奎文区	692643	356416	336227	106.00	521878	0.32	63.80
临朐县	834314	424816	409498	103.74	875771	0.06	16.98
昌乐县	615910	312326	303584	102.88	612203	0.06	12.96
青州市	940355	471061	469294	100.38	912905	2.56	18.01
诸城市	1086222	549076	537146	102.22	1095064	0.11	15.35
寿光市	1139454	580569	558885	103.88	1044030	0.19	12.93
安丘市	926894	470776	456118	103.21	953439	0.05	12.22
高密市	895582	447238	448344	99.75	873086	0.09	15.99
昌邑市	603482	302992	300490	100.83	585350	0.05	14.91
济宁市	**8081905**	**4118415**	**3963490**	**103.91**	**8459305**	**0.63**	**19.88**
市中区	588861	295582	293279	100.79	572340	2.79	53.14
任城区	652151	334147	318004	105.08	557987	0.76	31.33
微山县	633357	335764	297593	112.83	731998	0.12	11.27
鱼台县	437146	224623	212523	105.69	474759	0.63	15.16
金乡县	625262	320797	304465	105.36	638931	0.48	10.95
嘉祥县	818188	422056	396132	106.54	874696	0.23	7.64
汶上县	684617	341934	342683	99.78	780664	0.18	9.92
泗水县	536087	270705	265382	102.01	627202	0.47	9.70
梁山县	730652	371772	358880	103.59	785261	0.08	10.99
曲阜市	640498	314778	325720	96.64	639291	0.54	24.48
兖州市	618394	311091	307303	101.23	628638	1.01	26.15
邹城市	1116692	575166	541526	106.21	1147538	0.65	26.52
泰安市	**5494207**	**2742039**	**2752168**	**99.63**	**5571627**	**1.30**	**24.73**
泰山区	760045	382102	377943	101.10	626837	2.47	60.80
岱岳区	975380	484209	491171	98.58	963725	2.08	12.08
宁阳县	754647	373907	380740	98.21	824985	0.89	18.43
东平县	741566	370468	371098	99.83	792403	0.41	10.22
新泰市	1315942	664875	651067	102.12	1387341	1.04	22.82
肥城市	946627	466478	480149	97.15	976336	0.93	27.90
威海市	**2804771**	**1413199**	**1391572**	**101.55**	**2543939**	**0.87**	**34.68**
环翠区	844310	425997	418313	101.84	653675	1.88	55.02
文登市	673625	338374	335251	100.93	646544	0.41	26.56
荣成市	714355	360716	353639	102.00	669438	0.47	27.95
乳山市	572481	288112	284369	101.32	574282	0.43	22.62
日照市	**2801013**	**1415966**	**1385047**	**102.23**	**2883629**	**0.16**	**17.84**
东港区	920511	463238	457273	101.30	812854	0.26	28.85
岚山区	400067	205177	194890	105.28	421602	0.10	12.98
五莲县	484883	245926	238957	102.92	513745	0.09	19.56
莒县	995552	501625	493927	101.56	1135428	0.12	8.70
莱芜市	**1298529**	**653394**	**645135**	**101.28**	**1267581**	**0.36**	**31.33**
莱城区	989535	495881	493654	100.45	968333	0.40	28.91
钢城区	308994	157513	151481	103.98	299248	0.23	39.06
临沂市	**10039440**	**5103107**	**4936333**	**103.38**	**10690066**	**0.46**	**12.44**
兰山区	1159181	595572	563609	105.67	946086	0.69	33.00
罗庄区	510945	264599	246346	107.41	497604	1.22	18.36
河东区	633522	324444	309078	104.97	660850	0.06	3.68
沂南县	822727	412693	410034	100.65	942638	0.25	10.81
郯城县	936166	474158	462008	102.63	1032067	0.49	8.78
沂水县	998331	497657	500674	99.40	1126947	0.54	10.70
苍山县	1161932	598415	563517	106.19	1298492	0.49	6.77
费县	923475	474254	449221	105.57	974815	0.32	8.36
平邑县	900167	456774	443393	103.02	1005810	0.60	9.82
莒南县	886376	445908	440468	101.24	1007482	0.17	10.30
蒙阴县	489537	245613	243924	100.69	545216	0.14	12.00
临沭县	617081	313020	304061	102.95	652059	0.60	12.18
德州市	**5568235**	**2818739**	**2749496**	**102.52**	**5760572**	**1.33**	**17.76**
德城区	679535	346814	332721	104.24	612808	1.55	55.71
陵县	569007	286735	282272	101.58	589566	3.88	13.84
宁津县	449891	227473	222418	102.27	477079	0.86	9.42

城乡人口		家庭户				家庭户类别			
城镇人口 (人)	乡村人口 (人)	户数 (户)	人口数 (人)	户规模 (人/户)	其中：一人户 (户)	一代户 (户)	二代户 (户)	三代户 (户)	四代以上户 (户)
204633	384987	226416	571001	2.52	31600	109331	104544	12353	188
244600	394129	244081	614144	2.52	36074	116971	112734	14137	239
4266496	**4819745**	**2693924**	**8497418**	**3.15**	**249028**	**802199**	**1351410**	**521719**	**18596**
288491	126627	125215	373816	2.99	12644	40498	64036	20130	551
218271	205835	134916	399785	2.96	13818	46145	68097	19927	747
146329	365832	157449	496251	3.15	14906	49359	77635	29344	1111
608491	84152	200127	575060	2.87	22060	66631	107684	25288	524
246962	587352	241449	763315	3.16	21053	76281	117288	46439	1441
256002	359908	184240	587871	3.19	16992	51362	95891	35877	1110
384358	555997	274644	890356	3.24	22455	72140	140439	60149	1916
586652	499570	316179	1041881	3.30	24022	87235	151845	74546	2553
476274	663180	341539	1061448	3.11	38589	108686	162704	67589	2560
300160	626734	274405	895549	3.26	22832	73641	146266	52709	1789
466786	428796	262670	850897	3.24	21655	73012	133451	53552	2655
287720	315762	181091	561189	3.10	18002	57209	86074	36169	1639
3472780	**4609125**	**2374970**	**7733590**	**3.26**	**223920**	**643666**	**1238720**	**472296**	**20288**
428202	160659	187652	563555	3.00	19805	56879	100376	29459	938
510832	141319	190848	580560	3.04	19620	57611	103138	29027	1072
243993	389364	184354	607030	3.29	18570	50421	98961	33887	1085
117368	319778	113373	403975	3.56	8372	24055	56667	30915	1736
211815	413447	189650	604428	3.19	18077	55823	101690	30709	1428
175793	642395	233797	798100	3.41	22002	62599	128766	40725	1707
206304	478313	191712	667786	3.48	15079	41633	94435	52526	3118
163794	372293	173596	522322	3.01	21132	57726	86828	28148	894
210007	520645	213043	709602	3.33	19189	57658	115773	37896	1716
302805	337693	180279	608416	3.37	14739	41891	85514	50382	2492
388449	229945	189792	600088	3.16	17297	54761	91571	41650	1810
513418	603274	326874	1067728	3.27	30038	82609	175001	66972	2292
2766209	**2727998**	**1700362**	**5160645**	**3.04**	**180698**	**529677**	**864834**	**294061**	**11790**
629665	130380	222920	637615	2.86	23951	77903	112817	31263	937
493876	481504	289439	910229	3.14	28887	83397	142320	61375	2347
251834	502813	229670	710233	3.09	25948	69110	109107	49178	2275
245852	495714	210030	716640	3.41	17331	49763	105700	51570	2997
672207	643735	444715	1255861	2.82	54583	158500	240531	44688	996
472775	473852	303588	930067	3.06	29998	91004	154359	55987	2238
1632787	**1171984**	**1021912**	**2548972**	**2.49**	**148133**	**493040**	**477256**	**51078**	**538**
698863	145447	268907	703573	2.62	34767	112511	138338	17882	176
310628	362997	251863	633513	2.52	38817	118593	118650	14482	138
363420	350935	278609	666200	2.39	42363	149661	120973	7898	77
259876	312605	222533	545686	2.45	32186	112275	99295	10816	147
1318689	**1482324**	**988566**	**2664785**	**2.70**	**130726**	**407294**	**517222**	**62852**	**1198**
693566	226945	303403	832016	2.74	36714	118242	160759	23905	497
208706	191361	137485	386737	2.81	17227	53313	70263	13568	341
166067	318816	177787	473347	2.66	22553	77500	86270	13762	255
250350	745202	369891	972685	2.63	54232	158239	199930	11617	105
668805	**629724**	**446455**	**1203952**	**2.70**	**52883**	**183060**	**226245**	**36282**	**868**
488673	500862	340090	918413	2.70	40313	139746	170371	29233	740
180132	128862	106365	285539	2.68	12570	43314	55874	7049	128
4522930	**5516510**	**3303932**	**9714990**	**2.94**	**390652**	**1163838**	**1817254**	**315122**	**7718**
871287	287894	344847	1030848	2.99	36560	103274	212571	28480	522
299223	211722	156335	489342	3.13	15310	43352	96096	16580	307
351978	281544	209023	618279	2.96	23908	70172	123935	14618	298
363801	458926	306634	794599	2.59	44797	139620	157881	9049	84
357744	578422	275814	916685	3.32	25470	73167	147939	52646	2062
420826	577505	367675	976179	2.66	52008	153179	197668	16631	197
364340	797592	325487	1146654	3.52	29900	85783	177970	59938	1796
389343	534132	296289	902941	3.05	32576	94948	167680	32975	686
323317	576850	295345	885384	3.00	32592	95977	155961	42316	1091
319820	566556	340813	868804	2.55	51013	155965	176984	7817	47
184895	304642	172692	480138	2.78	20119	70568	86687	15179	258
276356	340725	212978	605137	2.84	26399	77833	115882	18893	370
2396974	**3171261**	**1623811**	**5289074**	**3.26**	**149623**	**473626**	**817664**	**317682**	**14839**
526232	153303	210534	622667	2.96	22152	66593	116065	27335	541
170317	398690	166978	545609	3.27	14044	48752	88147	28772	1307
142309	307582	124928	430732	3.45	10965	33294	59602	30705	1327

表1 续表 23

地区	合计				户籍人口	少数民族人口比重	非农业户口人口比重
	合计（人）	男（人）	女（人）	性别比（女=100）	（人）	（%）	（%）
庆云县	294684	151069	143615	105.19	314499	1.38	10.96
临邑县	511105	255364	255741	99.85	542541	2.86	16.95
齐河县	602042	303931	298111	101.95	626857	0.49	10.02
平原县	442948	223019	219929	101.40	462038	1.22	13.25
夏津县	500514	253997	246517	103.03	522317	0.04	12.01
武城县	376063	190503	185560	102.66	391522	0.61	14.51
乐陵市	652415	336297	316118	106.38	697510	0.18	11.03
禹城市	490031	243537	246494	98.80	523835	1.45	13.02
聊城市	**5789863**	**2938609**	**2851254**	**103.06**	**6018686**	**0.96**	**17.89**
东昌府区	1229768	625296	604472	103.44	1161610	0.92	27.10
阳谷县	770725	392743	377982	103.91	803965	0.34	11.77
莘县	958827	488795	470032	103.99	1035520	1.24	9.06
茌平县	520016	261335	258681	101.03	543861	0.21	12.43
东阿县	352630	175326	177304	98.88	400808	0.04	12.59
冠县	764864	391713	373151	104.97	810483	1.90	7.05
高唐县	473422	237225	236197	100.44	497221	0.15	16.32
临清市	719611	366176	353435	103.60	765218	1.83	39.74
滨州市	**3748474**	**1884028**	**1864446**	**101.05**	**3772604**	**0.58**	**15.72**
滨城区	682717	337844	344873	97.96	634389	0.22	39.77
惠民县	602491	300413	302078	99.45	637290	0.11	7.50
阳信县	427014	216033	210981	102.39	445842	2.69	7.20
无棣县	418687	213756	204931	104.31	456773	1.46	11.63
沾化县	351672	176699	174973	100.99	389032	0.10	10.57
博兴县	487116	246934	240182	102.81	487966	0.19	14.76
邹平县	778777	392349	386428	101.53	721312	0.12	10.79
菏泽市	**8287693**	**4173547**	**4114146**	**101.44**	**9482449**	**0.78**	**10.99**
牡丹区	1346717	678657	668060	101.59	1457408	1.00	18.18
曹县	1365675	685823	679852	100.88	1577229	1.96	10.58
单县	1063243	535852	527391	101.60	1221674	0.15	9.23
成武县	612016	306653	305363	100.42	678688	0.06	6.99
巨野县	860581	432084	428497	100.84	1008317	0.24	11.69
郓城县	1040690	525031	515659	101.82	1227486	0.03	9.81
鄄城县	721898	362707	359191	100.98	844095	0.43	8.12
定陶县	565793	285357	280436	101.75	669947	2.00	11.41
东明县	711080	361383	349697	103.34	797605	0.81	7.64
河南省	**94029939**	**47493063**	**46536876**	**102.05**	**104281397**	**1.19**	**19.86**
郑州市	**8627089**	**4422318**	**4204771**	**105.17**	**7309348**	**1.69**	**33.60**
中原区	905491	465346	440145	105.73	659632	3.04	56.08
二七区	712646	363265	349381	103.97	536256	2.27	61.69
管城回族区	645932	336548	309384	108.78	411449	3.72	48.34
金水区	1588716	813096	775620	104.83	950482	2.17	56.09
上街区	131549	65276	66273	98.50	115236	1.66	55.26
惠济区	269579	132566	137013	96.75	184930	1.12	21.64
中牟县	727440	374331	353109	106.01	758954	1.31	8.61
巩义市	807911	411355	396556	103.73	817244	0.19	14.94
荥阳市	613804	310697	303107	102.50	650404	2.11	12.34
新密市	797256	410906	386350	106.36	859501	0.44	13.47
新郑市	758128	387552	370576	104.58	681190	0.70	22.24
登封市	668637	351380	317257	110.76	684070	0.78	11.41
开封市	**4676483**	**2370764**	**2305719**	**102.82**	**5034485**	**1.57**	**17.08**
龙亭区	127784	61890	65894	93.92	117343	3.19	53.68
顺河回族区	232296	114173	118123	96.66	223936	8.46	72.46
鼓楼区	143175	69917	73258	95.44	151542	4.02	79.02
禹王台区	130604	64612	65992	97.91	133762	2.11	65.75
金明区	262258	134689	127569	105.58	190319	3.01	52.46
杞县	956533	490986	465547	105.46	1093892	0.89	4.59
通许县	567495	290539	276956	104.90	625473	0.79	5.21
尉氏县	879713	452442	427271	105.89	934623	0.40	6.51
开封县	698799	357707	341092	104.87	740338	1.65	4.57
兰考县	677826	333809	344017	97.03	823257	0.79	9.18
洛阳市	**6549941**	**3306567**	**3243374**	**101.95**	**6803931**	**1.02**	**25.46**
老城区	163176	79909	83267	95.97	143005	1.27	61.23
西工区	372941	189497	183444	103.30	353579	1.87	76.96
瀍河回族区	177939	89740	88199	101.75	167586	13.38	72.61
涧西区	619221	311597	307624	101.29	532676	1.50	73.64

城乡人口		家庭户				家庭户类别			
城镇人口(人)	乡村人口(人)	户数(户)	人口数(人)	户规模(人/户)	其中：一人户(户)	一代户(户)	二代户(户)	三代户(户)	四代以上户(户)
91851	202833	89004	284715	3.20	8510	26953	46760	14696	595
210891	300214	153891	501467	3.26	14418	44649	73993	33638	1611
290342	311700	175019	592917	3.39	14702	44835	85349	42265	2570
166244	276704	136636	417265	3.05	11913	46819	67361	21419	1037
203768	296746	147652	470686	3.19	15926	48641	73442	24617	952
177058	199005	107587	348670	3.24	9318	30936	55507	20225	919
214238	438177	167666	600783	3.58	15147	43102	79648	42621	2295
203724	286307	143916	473563	3.29	12528	39052	71790	31389	1685
2134661	**3655202**	**1753952**	**5561142**	**3.17**	**171800**	**538180**	**940658**	**263364**	**11750**
606366	623402	375474	1176260	3.13	37373	114085	210268	49355	1766
238947	531778	222452	728470	3.27	20972	62982	115284	42159	2027
279050	679777	281763	905588	3.21	26785	84592	157248	38274	1649
192161	327855	167742	498985	2.97	19073	59319	88885	18658	880
114315	238315	115092	346746	3.01	11810	40065	56443	17660	924
182875	581989	221725	736082	3.32	20276	58599	125696	35832	1598
177673	295749	150875	463380	3.07	14795	50753	76101	22673	1348
343274	376337	218829	705631	3.22	20716	67785	110733	38753	1558
1713351	**2035123**	**1159148**	**3570233**	**3.08**	**115536**	**376605**	**560316**	**212556**	**9671**
407820	274897	213593	628696	2.94	22054	71010	111393	30091	1099
216254	386237	172000	591917	3.44	13114	42410	77689	48622	3279
131036	295978	128165	415848	3.24	13806	35595	64576	26842	1152
180697	237990	148034	403897	2.73	18083	62961	72460	12218	395
146577	205095	120862	336333	2.78	16320	49419	57068	13921	454
241964	245152	150114	467277	3.11	12754	47118	73668	28293	1035
389003	389774	226380	726265	3.21	19405	68092	103462	52569	2257
2901709	**5385984**	**2442015**	**7901312**	**3.24**	**268186**	**710462**	**1337255**	**378963**	**15335**
559636	787081	377165	1320860	3.50	30459	84104	214363	75397	3301
431653	934022	381702	1282257	3.36	39732	105642	210695	63078	2287
375780	687463	307865	988079	3.21	33150	91526	165425	48456	2458
207316	404700	182580	601393	3.29	17639	50914	104876	25578	1212
320767	539814	267459	794360	2.97	34250	91889	144508	30038	1024
380847	659843	334689	971270	2.90	51981	123171	169928	39981	1609
223580	498318	223945	699574	3.12	25003	68672	123374	30947	952
166037	399756	175059	542897	3.10	21184	56272	94895	23047	845
236093	474987	191551	700622	3.66	14788	38272	109191	42441	1647
36219767	**57810172**	**25928729**	**90028072**	**3.47**	**2643470**	**6523188**	**13551628**	**5609674**	**244239**
5477495	**3149594**	**2436665**	**7667756**	**3.15**	**403807**	**807827**	**1183904**	**428713**	**16221**
832433	73058	275145	769378	2.80	52654	106370	134313	33832	630
615872	96774	209512	595923	2.84	35886	76890	106612	25534	476
499174	146758	198660	578644	2.91	34335	74583	100134	23351	592
1436731	151985	529454	1289637	2.44	171010	280051	204191	44463	749
117243	14306	44227	128925	2.92	4994	14009	24600	5462	156
175579	94000	73950	224244	3.03	15729	27171	34328	12045	406
175011	552429	178841	694487	3.88	11359	33090	90487	52181	3083
366265	441646	209263	759815	3.63	18854	47322	112450	47651	1840
269655	344149	170820	593642	3.48	16356	40952	86648	41629	1591
359148	438108	209086	764008	3.65	17470	44247	107251	54957	2631
337356	420772	171626	641193	3.74	12760	32813	90285	46212	2316
293028	375609	166081	627860	3.78	12400	30329	92605	41396	1751
1658481	**3018002**	**1241002**	**4516754**	**3.64**	**113260**	**287880**	**655332**	**283442**	**14348**
91370	36414	36201	118025	3.26	3786	9357	19073	7514	257
195495	36801	75091	226753	3.02	8606	22470	40124	12211	286
133363	9812	48745	141250	2.90	6340	15787	25678	7107	173
99226	31378	43808	128678	2.94	6498	13910	23099	6678	121
206119	56139	63163	211361	3.35	4751	15357	34412	12826	568
236715	719818	254692	929479	3.65	30476	76991	129965	45457	2279
140344	427151	147798	557980	3.78	10676	28897	80173	37003	1725
217349	662364	210863	857334	4.07	13964	30050	106771	69540	4502
168569	530230	174082	683510	3.93	10325	29319	94596	47542	2625
169931	507895	186559	662384	3.55	17838	45742	101441	37564	1812
2888355	**3661586**	**1806277**	**6290627**	**3.48**	**175196**	**430720**	**995818**	**368251**	**11488**
143932	19244	51086	159285	3.12	5836	13613	29142	8197	134
341830	31111	124356	348529	2.80	18889	43068	64995	16086	207
164542	13397	55916	162656	2.91	6522	17107	31125	7602	82
571015	48206	205892	586501	2.85	29124	68388	110018	27013	473

表1 续表 24

地 区	合计 合计（人）	合计 男（人）	合计 女（人）	合计 性别比（女=100）	户籍人口（人）	少数民族人口比重（%）	非农业户口人口比重（%）
吉利区	69076	34328	34748	98.79	68373	0.55	43.46
洛龙区	523726	259645	264081	98.32	468434	0.43	25.29
孟津县	414637	208155	206482	100.81	451596	0.24	10.78
新安县	470198	240811	229387	104.98	520607	0.13	18.18
栾川县	342848	179062	163786	109.33	330415	1.89	12.72
嵩县	507052	255315	251737	101.42	585216	0.27	8.65
汝阳县	408009	207103	200906	103.08	466753	0.12	10.87
宜阳县	636491	320518	315973	101.44	729665	0.12	10.28
洛宁县	421262	211637	209625	100.96	480027	1.37	10.86
伊川县	756669	382505	374164	102.23	793227	0.09	10.92
偃师市	666696	336745	329951	102.06	712772	0.68	11.44
平顶山市	**4904701**	**2523143**	**2381558**	**105.95**	**5284001**	**1.38**	**22.95**
新华区	389866	201221	188645	106.67	378253	2.06	68.75
卫东区	302603	152923	149680	102.17	282303	1.92	80.21
石龙区	54912	30612	24300	125.98	60698	0.36	58.77
湛河区	286661	145544	141117	103.14	240865	3.11	58.30
宝丰县	490269	252298	237971	106.02	517141	1.02	12.09
叶县	777203	398729	378474	105.35	883833	2.19	7.55
鲁山县	789901	407693	382208	106.67	920979	0.78	8.25
郏县	571524	297312	274212	108.42	616451	1.99	9.52
舞钢市	313828	163058	150770	108.15	333656	0.50	31.94
汝州市	927934	473753	454181	104.31	1049822	0.37	7.96
安阳市	**5173188**	**2502912**	**2670276**	**93.73**	**5682720**	**0.11**	**21.10**
文峰区	442885	218580	224305	97.45	384378	0.39	62.15
北关区	245624	120480	125144	96.27	245821	0.29	77.46
殷都区	243874	124298	119576	103.95	241395	0.46	71.32
龙安区	214456	110247	104209	105.79	199340	0.10	29.90
安阳县	849057	404328	444729	90.92	983221	0.02	12.14
汤阴县	430803	209067	221736	94.29	490707	0.04	14.23
滑县	1263289	632977	630312	100.42	1330924	0.11	4.92
内黄县	693498	350310	343188	102.08	758994	0.01	4.68
林州市	789702	332625	457077	72.77	1047940	0.01	15.83
鹤壁市	**1569208**	**804272**	**764936**	**105.14**	**1583918**	**0.10**	**31.51**
鹤山区	131421	68077	63344	107.47	125728	0.05	61.50
山城区	230968	118775	112193	105.87	234128	0.15	68.96
淇滨区	272332	138195	134137	103.03	254244	0.19	58.40
浚县	665338	340640	324698	104.91	687073	0.03	6.75
淇县	269149	138585	130564	106.14	282745	0.17	18.18
新乡市	**5708191**	**2873482**	**2834709**	**101.37**	**5894761**	**0.84**	**17.24**
红旗区	391290	192977	198313	97.31	314729	1.07	58.93
卫滨区	193506	95509	97997	97.46	213857	1.58	71.43
凤泉区	144298	76472	67826	112.75	138798	0.30	21.53
牧野区	317994	157913	160081	98.65	298370	1.48	63.52
新乡县	339942	173454	166488	104.18	335675	0.90	5.11
获嘉县	402950	203118	199832	101.64	424196	0.73	11.27
原阳县	659380	333046	326334	102.06	719732	1.03	4.60
延津县	469280	239287	229993	104.04	485079	0.19	9.66
封丘县	743837	381278	362559	105.16	794701	1.63	6.68
长垣县	809535	403756	405779	99.50	840405	0.05	5.32
卫辉市	495744	249899	245845	101.65	505305	0.73	16.89
辉县市	740435	366773	373662	98.16	823914	0.75	8.98
焦作市	**3540101**	**1796311**	**1743790**	**103.01**	**3619933**	**2.03**	**26.98**
解放区	295695	151325	144370	104.82	277269	2.43	91.34
中站区	106064	53347	52717	101.20	117450	6.63	57.27
马村区	139533	73982	65551	112.86	140358	0.70	38.21
山阳区	324121	165176	158945	103.92	280904	1.51	73.85
修武县	287814	148499	139315	106.59	304334	0.46	15.11
博爱县	436319	222672	213647	104.22	456415	4.77	13.77
武陟县	713945	362339	351606	103.05	738473	1.56	5.99
温县	421796	211670	210126	100.73	442100	0.03	13.04
沁阳市	447701	223839	223862	99.99	484187	2.67	15.32
孟州市	367113	183462	183651	99.90	378443	1.81	16.40
濮阳市	**3598740**	**1796273**	**1802467**	**99.66**	**3814284**	**0.21**	**16.13**
华龙区	655674	329441	326233	100.98	572103	0.38	57.08
清丰县	635927	317790	318137	99.89	692909	0.08	7.29

城乡人口		家庭户				家庭户类别			
城镇人口（人）	乡村人口（人）	户数（户）	人口数（人）	户规模（人/户）	其中：一人户（户）	一代户（户）	二代户（户）	三代户（户）	四代以上户（户）
45363	23713	22495	67179	2.99	2508	7482	11655	3289	69
317781	205945	128086	471988	3.68	10534	26128	70905	30137	916
142975	271662	117010	396726	3.39	11618	29890	60685	25494	941
160908	309290	126185	444773	3.52	10421	30334	71535	23578	738
126891	215957	94755	330218	3.48	9436	20402	53743	20043	567
102135	404917	140686	495382	3.52	16474	33786	78888	27285	727
92999	315010	106635	399655	3.75	8909	22022	58773	24887	953
132658	503833	161239	623139	3.86	10651	28366	91748	39738	1387
83988	337274	113064	410652	3.63	9081	22232	66614	23563	655
160595	596074	180478	743245	4.12	11007	29020	106059	43799	1600
300743	365953	178394	650699	3.65	14186	38882	89933	47540	2039
2022420	**2882281**	**1336013**	**4717793**	**3.53**	**127879**	**298591**	**727705**	**299041**	**10676**
334455	55411	105171	336292	3.20	11253	28065	60814	16048	244
274089	28514	98009	296773	3.03	9053	26476	58740	12594	199
42110	12802	12096	37650	3.11	1634	3745	6795	1537	19
204476	82185	82749	265301	3.21	7584	21578	47603	13246	322
149876	340393	134196	476564	3.55	13026	28520	74917	29846	913
204466	572737	211326	761936	3.61	18473	43582	110129	55140	2475
196522	593379	212963	775282	3.64	23056	46676	114435	50227	1625
171992	399532	152856	553675	3.62	14689	32428	83071	36025	1332
147521	166307	94266	299797	3.18	11992	27497	46900	19081	788
296913	631021	232381	914523	3.94	17119	40024	124301	65297	2759
1985666	**3187522**	**1486536**	**5045401**	**3.39**	**153548**	**352951**	**787060**	**332221**	**14304**
344812	98073	121130	402952	3.33	10422	27283	69955	23196	696
222702	22922	74565	237123	3.18	6986	18764	43077	12498	226
219373	24501	77673	237451	3.06	8826	22707	43200	11550	216
121242	93214	59642	212152	3.56	4869	12200	34579	12561	302
293878	555179	246385	832218	3.38	25641	57743	127682	58485	2475
150975	279828	117542	422564	3.60	9098	24275	57430	33821	2016
190777	1072512	348913	1244769	3.57	29055	77718	196591	71040	3564
120152	573346	176350	679629	3.85	17484	39411	85391	48604	2944
321755	467947	264336	776543	2.94	41167	72850	129155	60466	1865
744285	**824923**	**401216**	**1539665**	**3.84**	**25201**	**69020**	**220940**	**106172**	**5084**
106196	25225	36620	129109	3.53	3309	7288	22625	6614	93
191954	39014	64156	224121	3.49	4756	12318	39129	12370	339
179509	92823	72151	260641	3.61	4442	13982	41151	16408	610
151012	514326	161483	657468	4.07	8796	25277	83008	50139	3059
115614	153535	66806	268326	4.02	3898	10155	35027	20641	983
2328848	**3379343**	**1435177**	**5523813**	**3.85**	**96772**	**254025**	**749104**	**411640**	**20408**
354131	37159	100756	333002	3.31	10058	26144	54035	19818	759
193506		58807	186914	3.18	6212	15457	31655	11439	256
78636	65662	34506	137329	3.98	1875	5428	18147	10535	396
291805	26189	87379	284207	3.25	8577	22836	46068	18018	457
147532	192410	75553	335902	4.45	2889	7472	35200	30809	2072
140064	262886	98431	402455	4.09	6231	14637	48359	33189	2246
131481	527899	153294	653860	4.27	7248	19079	78325	52629	3261
122055	347225	112847	459773	4.07	6244	17580	58726	34671	1870
180852	562985	183688	741582	4.04	10663	28327	97783	54787	2791
259565	549970	201140	787266	3.91	12213	32861	110987	54543	2749
167454	328290	123462	475505	3.85	7825	20943	64793	36350	1376
261767	478668	205314	726018	3.54	16737	43261	105026	54852	2175
1657588	**1882513**	**873312**	**3399186**	**3.89**	**49165**	**139619**	**454059**	**267561**	**12073**
295695		85673	275807	3.22	6625	20156	49275	15974	268
60331	45733	29395	105012	3.57	2069	5796	15688	7728	183
78070	61463	33514	132010	3.94	1697	4911	19128	9226	249
268431	55690	82653	281079	3.40	5695	17806	48244	16243	360
100047	187767	70251	284272	4.05	3203	10070	36366	22800	1015
169937	266382	104346	429059	4.11	4944	13955	51537	37187	1667
172433	541512	159610	697277	4.37	6660	17478	82033	56470	3629
150604	271192	102810	410147	3.99	5991	15789	52130	33293	1598
223647	224054	110845	437146	3.94	5536	15834	53289	39920	1802
138393	228720	94215	347377	3.69	6745	17824	46369	28720	1302
1127083	**2471657**	**952240**	**3523269**	**3.70**	**72405**	**205468**	**512471**	**222442**	**11859**
465980	189694	189020	629069	3.33	14508	46096	111722	29747	1455
104292	531635	168657	628847	3.73	13129	36732	86999	42220	2706

表1 续表 25

地 区	合计 合计(人)	合计 男(人)	合计 女(人)	合计 性别比(女=100)	户籍人口(人)	少数民族人口比重(%)	非农业户口人口比重(%)
南乐县	458487	220770	237717	92.87	522516	0.16	4.34
范县	469874	234041	235833	99.24	538331	0.19	8.97
台前县	332124	167289	164835	101.49	367973	0.32	5.17
濮阳县	1046654	526942	519712	101.39	1120452	0.19	7.69
许昌市	**4307488**	**2206634**	**2100854**	**105.04**	**4767581**	**1.37**	**25.01**
魏都区	498087	246529	251558	98.00	397281	2.18	84.65
许昌县	767449	393836	373613	105.41	871615	1.06	25.98
鄢陵县	551611	287092	264519	108.53	647725	0.15	13.94
襄城县	671315	339483	331832	102.31	841966	2.11	13.73
禹州市	1131896	587465	544431	107.90	1254109	1.55	14.61
长葛市	687130	352229	334901	105.17	754885	1.10	17.42
漯河市	**2544266**	**1299682**	**1244584**	**104.43**	**2712381**	**0.98**	**22.25**
源汇区	323954	161430	162524	99.33	326114	2.07	48.68
郾城区	493680	254743	238937	106.62	510042	1.17	31.88
召陵区	477340	243111	234229	103.79	523894	1.41	20.24
舞阳县	538447	274466	263981	103.97	599529	0.33	12.64
临颍县	710845	365932	344913	106.09	752802	0.56	12.13
三门峡市	**2234018**	**1148433**	**1085585**	**105.79**	**2245480**	**0.47**	**29.01**
湖滨区	325628	165167	160461	102.93	297216	0.76	67.79
渑池县	346434	175802	170632	103.03	349931	0.38	26.95
陕县	343679	178927	164752	108.60	340781	0.15	17.91
卢氏县	352449	183265	169184	108.32	359864	1.15	9.42
义马市	144779	74981	69798	107.43	163979	0.35	88.53
灵宝市	721049	370291	350758	105.57	733709	0.23	15.45
南阳市	**10263660**	**5280744**	**4982916**	**105.98**	**11574387**	**1.96**	**14.14**
宛城区	887234	454163	433071	104.87	862336	3.17	27.13
卧龙区	924578	464285	460293	100.87	963153	1.77	32.70
南召县	557153	292619	264534	110.62	637050	4.10	10.24
方城县	922467	472494	449973	105.00	1063179	1.68	8.40
西峡县	444414	231608	212806	108.84	458389	0.80	15.52
镇平县	859564	448921	410643	109.32	1009618	4.73	9.36
内乡县	575210	293834	281376	104.43	703698	2.55	9.43
淅川县	685683	351119	334564	104.95	771667	0.86	9.25
社旗县	633786	326260	307526	106.09	711461	0.91	9.82
唐河县	1282262	663728	618534	107.31	1403028	0.85	12.30
新野县	629210	319578	309632	103.21	811826	1.29	9.83
桐柏县	393942	203103	190839	106.43	465670	0.66	20.03
邓州市	1468157	759032	709125	107.04	1713312	1.75	9.97
商丘市	**7362975**	**3683893**	**3679082**	**100.13**	**8853505**	**1.60**	**14.26**
梁园区	787984	398178	389806	102.15	793104	2.47	48.18
睢阳区	748408	379327	369081	102.78	830438	1.96	20.21
民权县	703428	348583	354845	98.24	891421	3.57	10.78
睢县	711136	353394	357742	98.78	853537	2.51	6.79
宁陵县	523403	259222	264181	98.12	636619	3.84	7.74
柘城县	778158	386270	391888	98.57	1002305	1.49	9.74
虞城县	954785	479535	475250	100.90	1159064	0.08	5.12
夏邑县	915291	456221	459070	99.38	1180918	0.84	7.00
永城市	1240382	623163	617219	100.96	1506099	0.08	13.46
信阳市	**6109106**	**3066246**	**3042860**	**100.77**	**8457648**	**0.44**	**17.40**
浉河区	594391	291148	303243	96.01	638334	0.91	41.47
平桥区	635651	318836	316815	100.64	831345	0.42	23.74
罗山县	504577	255781	248796	102.81	740465	0.40	16.46
光山县	585353	299475	285878	104.76	826129	0.03	13.08
新县	275304	139144	136160	102.19	355541	0.05	19.46
商城县	495526	244817	250709	97.65	764101	0.05	11.66
固始县	1023929	520057	503872	103.21	1707452	1.34	13.33
潢川县	630376	314308	316068	99.44	839772	0.31	16.14
淮滨县	570197	281043	289154	97.19	743892	0.02	10.14
息县	793802	401637	392165	102.42	1010617	0.10	12.39
周口市	**8953793**	**4425662**	**4528131**	**97.74**	**11143370**	**1.44**	**10.59**
川汇区	505171	252259	252912	99.74	450266	3.45	45.30
扶沟县	625819	317609	308210	103.05	743022	0.98	8.09
西华县	787918	403445	384473	104.93	942585	1.10	10.82
商水县	940792	462379	478413	96.65	1207627	0.24	4.13
沈丘县	983583	482409	501174	96.26	1275482	1.78	8.29

城乡人口		家庭户				家庭户类别			
城镇人口(人)	乡村人口(人)	户数(户)	人口数(人)	户规模(人/户)	其中：一人户(户)	一代户(户)	二代户(户)	三代户(户)	四代以上户(户)
94610	363877	117025	450411	3.85	7864	22775	58675	33512	2063
96459	373415	128171	462059	3.61	11141	30725	69573	26691	1182
66914	265210	87190	324767	3.72	7084	20349	44623	21291	927
298828	747826	262177	1028116	3.92	18679	48791	140879	68981	3526
1656644	**2650844**	**1156026**	**4070297**	**3.52**	**102402**	**273436**	**585931**	**282343**	**14316**
466341	31746	130468	399854	3.06	12763	37424	72665	20010	369
208168	559281	206259	755468	3.66	17054	41320	105686	56392	2861
148475	403136	143836	505172	3.51	12465	33815	72527	35758	1736
179267	492048	197761	653737	3.31	22041	59013	98239	38960	1549
372815	759081	299663	1077938	3.60	25767	69895	148490	77113	4165
281578	405552	178039	678128	3.81	12312	31969	88324	54110	3636
994586	**1549680**	**662051**	**2403155**	**3.63**	**53795**	**136243**	**341721**	**175825**	**8262**
177254	146700	86536	293952	3.40	7263	18495	47323	19854	864
212613	281067	124851	441575	3.54	10410	27046	66190	30241	1374
186089	291251	124304	469002	3.77	9236	23600	64934	34174	1596
173430	365017	146113	513520	3.51	13949	32991	71967	39079	2076
245200	465645	180247	685106	3.80	12937	34111	91307	52477	2352
982693	**1251325**	**629601**	**2102846**	**3.34**	**63899**	**148145**	**355038**	**122411**	**4007**
285153	40475	105174	300783	2.86	14795	35302	58042	11615	215
122568	223866	92965	323802	3.48	9543	19847	54488	18086	544
118388	225291	96596	320617	3.32	9261	22900	53022	19937	737
89022	263427	103953	344368	3.31	12154	23969	58881	20506	597
136461	8318	43518	135693	3.12	4380	11130	27083	5246	59
231101	489948	187395	677583	3.62	13766	34997	103522	47021	1855
3333599	**6930061**	**2747972**	**9811401**	**3.57**	**266131**	**625773**	**1428065**	**666671**	**27463**
436380	450854	243365	840648	3.45	22137	58013	129871	53536	1945
463519	461059	246304	844618	3.43	23844	61009	129771	53572	1952
154794	402359	154116	550228	3.57	15924	34156	84923	33846	1191
230181	692286	258477	896881	3.47	31360	65270	136907	54520	1780
162555	281859	123310	429412	3.48	12071	27389	64115	30532	1274
245418	614146	230732	829812	3.60	22392	51035	115117	61614	2966
161987	413223	161421	559076	3.46	17001	38020	79283	42142	1976
205991	479692	175665	671074	3.82	14649	33268	93987	46417	1993
175412	458374	160689	613054	3.82	13630	31057	84906	42896	1830
371000	911262	331373	1197465	3.61	31659	73401	171022	83334	3616
179229	449981	180935	616901	3.41	19345	47414	87605	43845	2071
132051	261891	114417	384519	3.36	12333	31568	62597	19705	547
415082	1053075	367168	1377713	3.75	29786	74173	187961	100712	4322
2171557	**5191418**	**2198804**	**7209926**	**3.28**	**243157**	**687771**	**1196526**	**301366**	**13141**
370353	417631	202356	755600	3.73	15954	42659	117469	40414	1814
248196	500212	213987	734552	3.43	19132	58463	120720	33351	1453
168694	534734	208487	693114	3.32	20844	61886	115799	29629	1173
181494	529642	209412	691179	3.30	21513	65306	113320	29496	1290
117205	406198	153492	516412	3.36	15135	44265	83802	24304	1121
188526	589632	245310	766377	3.12	28107	82130	131042	30941	1197
241261	713524	285503	938662	3.29	31414	92995	159956	31280	1272
241516	673775	301523	908806	3.01	41032	115967	154908	29355	1293
414312	826070	378734	1205224	3.18	50026	124100	199510	52596	2528
2087765	**4021341**	**1825919**	**5929252**	**3.25**	**227959**	**571740**	**902043**	**340142**	**11994**
338291	256100	181403	543603	3.00	22314	60352	93267	27196	588
287011	348640	198222	612245	3.09	25223	68156	95762	33155	1149
150439	354138	157754	489043	3.10	21519	53272	74501	28991	990
162287	423066	171030	584429	3.42	19520	47937	86380	35571	1142
99355	175949	88835	266089	3.00	12621	28691	46360	13503	281
135173	360353	155274	477923	3.08	21475	49898	76180	28234	962
291031	732898	328592	1001403	3.05	51438	120910	153821	52067	1794
244949	385427	185398	614184	3.31	21135	55189	90714	38145	1350
158433	411764	152684	559803	3.67	13520	38031	80971	32387	1295
220796	573006	206727	780530	3.78	19194	49304	104087	50893	2443
2637555	**6316238**	**2505505**	**8729158**	**3.48**	**231873**	**649692**	**1321855**	**509578**	**24380**
308360	196811	130444	466911	3.58	10108	27269	74531	27649	995
169513	456306	169346	597227	3.53	14697	41077	85024	41365	1880
212680	575238	207536	774322	3.73	15391	43177	108307	53198	2854
227378	713414	261378	921449	3.53	24008	63963	134566	59772	3077
261029	722554	275005	967489	3.52	25670	68416	142063	61723	2803

表1 续表 26

地 区	合计 合计 (人)	合计 男 (人)	合计 女 (人)	合计 性别比 (女=100)	户籍人口 (人)	少数民族人口比重 (%)	非农业户口人口比重 (%)
郸城县	1003910	496608	507302	97.89	1309744	0.01	7.82
淮阳县	1089699	534112	555587	96.13	1349660	2.23	6.51
太康县	1102952	550324	552628	99.58	1465642	2.80	6.64
鹿邑县	910251	432053	478198	90.35	1184470	0.55	7.96
项城市	1003698	494464	509234	97.10	1214872	1.65	16.63
驻马店市	**7231234**	**3641356**	**3589878**	**101.43**	**8823380**	**0.77**	**14.76**
驿城区	721723	370895	350828	105.72	660117	1.46	41.22
西平县	700152	353002	347150	101.69	869799	1.93	11.09
上蔡县	1084210	534698	549512	97.30	1477617	0.12	8.22
平舆县	748398	373514	374884	99.63	980458	0.82	23.71
正阳县	645034	317668	327366	97.04	806271	0.66	8.85
确山县	406021	198081	207940	95.26	522221	0.52	20.60
泌阳县	810409	424811	385598	110.17	1014736	0.57	10.62
汝南县	769995	391111	378884	103.23	832696	0.68	8.87
遂平县	493930	257976	235954	109.33	557584	0.67	11.22
新蔡县	851362	419600	431762	97.18	1101881	0.56	8.77
省直辖县级行政区划	**675757**	**344371**	**331386**	**103.92**	**676284**	**1.27**	**30.61**
济源市	675757	344371	331386	103.92	676284	1.27	30.61
湖北省	**57237727**	**29391247**	**27846480**	**105.55**	**61759716**	**4.31**	**31.00**
武汉市	**9785388**	**5033091**	**4752297**	**105.91**	**8383650**	**0.90**	**58.26**
江岸区	895957	447333	448624	99.71	679661	0.82	75.95
江汉区	685699	347568	338131	102.79	479995	0.65	73.08
硚口区	829665	419116	410549	102.09	541041	0.55	61.51
汉阳区	584098	304534	279564	108.93	428312	0.52	79.42
武昌区	1214287	618210	596077	103.71	1167255	1.23	87.27
青山区	485607	249776	235831	105.91	457928	0.86	86.88
洪山区	1390243	739303	650940	113.57	811854	2.48	67.37
东西湖区	452053	235027	217026	108.29	270213	0.59	39.92
汉南区	114970	60055	54915	109.36	112182	0.21	22.24
蔡甸区	618994	321698	297296	108.21	583339	0.41	42.21
江夏区	790117	404289	385828	104.78	721223	1.02	37.31
黄陂区	874938	445292	429646	103.64	1137159	0.20	18.74
新洲区	848760	440890	407870	108.10	993488	0.02	22.67
黄石市	**2429318**	**1259260**	**1170058**	**107.62**	**2680114**	**0.18**	**37.18**
黄石港区	224314	110076	114238	96.36	203458	0.51	87.93
西塞山区	233708	119350	114358	104.37	223168	0.24	77.94
下陆区	176614	93068	83546	111.40	151744	0.62	81.76
铁山区	57327	29405	27922	105.31	55685	0.65	83.06
阳新县	827631	427271	400360	106.72	1078585	0.04	15.70
大冶市	909724	480090	429634	111.74	967474	0.08	21.09
十堰市	**3340841**	**1751833**	**1589008**	**110.25**	**3531862**	**0.35**	**27.45**
茅箭区	399449	204668	194781	105.08	271864	0.49	65.59
张湾区	368471	195248	173223	112.71	266549	0.57	60.49
郧县	558355	292044	266311	109.66	639644	0.23	16.58
郧西县	447482	235050	212432	110.65	527799	0.75	10.71
竹山县	417079	223970	193109	115.98	484545	0.11	11.11
竹溪县	315259	168282	146977	114.50	383125	0.29	13.16
房县	390991	204387	186604	109.53	488794	0.24	14.03
丹江口市	443755	228184	215571	105.85	469542	0.20	33.07
宜昌市	**4059686**	**2080389**	**1979297**	**105.11**	**3998695**	**11.63**	**33.49**
西陵区	512074	260743	251331	103.74	423580	4.10	82.35
伍家岗区	214194	108280	105914	102.23	155739	3.24	73.79
点军区	103696	52919	50777	104.22	103707	1.90	20.73
猇亭区	61230	32902	28328	116.15	48974	2.30	56.31
夷陵区	520186	268646	251540	106.80	520272	0.63	24.38
远安县	184532	96756	87776	110.23	194923	0.12	23.73
兴山县	170630	89392	81238	110.04	178306	0.81	25.43
秭归县	367107	189341	177766	106.51	384159	0.59	18.76
长阳土家族自治县	388228	202555	185673	109.09	406559	65.10	14.54
五峰土家族自治县	188923	98429	90494	108.77	205216	84.63	12.37
宜都市	384598	195298	189300	103.17	394770	3.49	28.50
当阳市	468293	236455	231838	101.99	485555	0.54	22.04
枝江市	495995	248673	247322	100.55	496935	1.01	29.86
襄樊市	**5500307**	**2783478**	**2716829**	**102.45**	**5923797**	**0.27**	**28.50**
襄城区	473202	236053	237149	99.54	462076	0.57	51.77
樊城区	821531	411802	409729	100.51	729008	0.47	59.27

城乡人口		家庭户				家庭户类别			
城镇人口(人)	乡村人口(人)	户数(户)	人口数(人)	户规模(人/户)	其中：一人户(户)	一代户(户)	二代户(户)	三代户(户)	四代以上户(户)
267136	736774	293894	985788	3.35	31534	86777	159640	45714	1763
293757	795942	297172	1057576	3.56	26308	77522	155203	61088	3359
280366	822586	320656	1085335	3.38	31259	99966	165844	52513	2333
261887	648364	276486	900958	3.26	27687	79928	152951	41846	1761
355449	648249	273588	972103	3.55	25211	61597	143726	64710	3555
2130450	**5100784**	**2056880**	**6907557**	**3.36**	**225029**	**550812**	**1035496**	**448080**	**22492**
447559	274164	192007	645273	3.36	18179	46895	103106	40059	1947
180994	519158	203031	675143	3.33	21146	52800	95296	51926	3009
280040	804170	304479	1020501	3.35	39556	86795	151159	63237	3288
207874	540524	217875	730099	3.35	22410	57349	109822	48283	2421
137990	507044	188866	632973	3.35	19166	50944	96061	39691	2170
121195	284826	131582	396731	3.02	17627	41406	67867	21418	891
224429	585980	226512	770250	3.40	25397	62626	119705	42478	1703
199173	570822	212598	756535	3.56	21958	50077	100530	58910	3081
146192	347738	133735	443301	3.31	15023	33659	63324	34703	2049
185004	666358	246195	836751	3.40	24567	68261	128626	47375	1933
334697	**341060**	**177533**	**640216**	**3.61**	**11992**	**33475**	**98560**	**43775**	**1723**
334697	341060	177533	640216	3.61	11992	33475	98560	43775	1723
28445085	**28792642**	**16695121**	**52745625**	**3.16**	**2054015**	**5097234**	**8060618**	**3393423**	**143846**
7541527	**2243861**	**2932764**	**8161581**	**2.78**	**496230**	**1112733**	**1423354**	**389657**	**7020**
895957		311234	804173	2.58	61596	126758	150551	33575	350
685699		234724	621422	2.65	44283	92974	114933	26547	270
829665		259574	690517	2.66	45468	106463	124494	28357	260
584098		191148	519308	2.72	31755	70533	96882	23442	291
1214287		387582	1002944	2.59	77020	155668	188740	42831	343
485607		164112	454745	2.77	24173	56169	83347	24389	207
1116219	274024	345453	878885	2.54	80317	159680	152819	32579	375
271675	180378	142963	405717	2.84	16886	52339	73377	16970	277
63450	51520	36564	109026	2.98	3961	11692	19439	5293	140
316169	302825	178414	533058	2.99	23211	63203	82739	31446	1026
378953	411164	184777	525397	2.84	27913	72870	87889	23387	631
307036	567902	259892	816015	3.14	34915	83206	128183	47378	1125
392712	456048	236327	800374	3.39	24732	61178	119961	53463	1725
1379941	**1049377**	**683236**	**2310817**	**3.38**	**71408**	**179151**	**363170**	**136337**	**4578**
224314		67556	200171	2.96	7298	21169	35168	11091	128
233708		77040	226535	2.94	9637	25299	38736	12812	193
176614		50614	150131	2.97	5077	16370	25975	8178	91
57327		19627	54957	2.80	2699	7240	9607	2744	36
237980	589651	215230	800818	3.72	18479	45689	118594	48988	1959
449998	459726	253169	878205	3.47	28218	63384	135090	52524	2171
1547637	**1793204**	**980327**	**3110760**	**3.17**	**121592**	**291867**	**512356**	**170646**	**5458**
388843	10606	126112	352053	2.79	17537	44489	71006	10524	93
335173	33298	122360	329201	2.69	19135	47280	65757	9211	112
173085	385270	143833	500391	3.48	15389	37489	73885	31417	1042
130444	317038	124954	434122	3.47	13546	30034	64251	29648	1021
120782	296297	118996	402267	3.38	12059	28700	63533	25829	934
90069	225190	88217	303378	3.44	9552	21088	47359	19138	632
119220	271771	114795	366496	3.19	14039	35873	54460	23491	971
190021	253734	141060	422852	3.00	20335	46914	72105	21388	653
2024081	**2035605**	**1294008**	**3765841**	**2.91**	**164214**	**434154**	**604888**	**242928**	**12038**
512074		162428	435108	2.68	24065	63758	77078	21287	305
214194		74008	201033	2.72	11199	28567	36109	9139	193
64398	39298	31860	98098	3.08	3584	9070	14748	7651	391
45993	15237	16447	50412	3.07	1897	5134	7311	3768	234
212704	307482	166957	487174	2.92	21160	54468	80517	30458	1514
71431	113101	60776	169079	2.78	8519	22005	28309	10026	436
63481	107149	56208	162422	2.89	9234	18791	26418	10516	483
110658	256449	118509	347242	2.93	15971	37634	57816	22230	829
94009	294219	119306	367071	3.08	14404	34448	58051	25527	1280
56687	132236	61992	185668	3.00	8036	18987	29442	12833	730
176233	208365	123488	368000	2.98	15547	38149	54722	28628	1989
183823	284470	148834	449220	3.02	13422	48361	68392	30447	1634
218396	277599	153195	445314	2.91	17176	54782	65975	30418	2020
2752370	**2747937**	**1572191**	**5134811**	**3.27**	**169864**	**448435**	**762792**	**344019**	**16945**
332253	140949	133977	398743	2.98	16148	44933	64536	23559	949
703545	117986	264405	765305	2.89	36091	91799	132658	38881	1067

表1 续表 27

地 区	合计 合 计 (人)	 男 (人)	 女 (人)	 性别比 (女=100)	户籍人口 (人)	少数民族 人口比重 (%)	非农业户口 人口比重 (%)
襄阳区	904957	461519	443438	104.08	1031725	0.18	14.15
南漳县	533661	273122	260539	104.83	582610	0.07	20.82
谷城县	523607	262478	261129	100.52	590842	0.11	27.22
保康县	254596	133100	121496	109.55	281358	0.17	17.73
老河口市	471482	235712	235770	99.98	534546	0.50	29.40
枣阳市	1004741	510830	493911	103.43	1127027	0.16	15.40
宜城市	512530	258862	253668	102.05	584605	0.28	22.26
鄂州市	**1048668**	**551366**	**497302**	**110.87**	**1082655**	**0.13**	**35.35**
梁子湖区	142608	74205	68403	108.48	183294	0.05	4.89
华容区	237333	125190	112143	111.63	256489	0.08	15.25
鄂城区	668727	351971	316756	111.12	642872	0.16	48.95
荆门市	**2873687**	**1461065**	**1412622**	**103.43**	**2994476**	**0.47**	**27.01**
东宝区	360984	182806	178178	102.60	370552	0.62	45.89
掇刀区	271970	137542	134428	102.32	211372	0.51	44.55
京山县	636776	322914	313862	102.88	729625	0.27	25.31
沙洋县	581443	302897	278546	108.74	642728	0.72	17.52
钟祥市	1022514	514906	507608	101.44	1040199	0.38	22.10
孝感市	**4814542**	**2479051**	**2335491**	**106.15**	**5246783**	**0.10**	**22.89**
孝南区	908266	458839	449427	102.09	945523	0.32	40.73
孝昌县	588666	303958	284708	106.76	651321	0.04	9.22
大悟县	614902	317540	297362	106.79	644111	0.04	16.34
云梦县	524799	274488	250311	109.66	591948	0.08	19.51
应城市	593812	306465	287347	106.65	676416	0.06	24.25
安陆市	568590	288029	280561	102.66	628460	0.06	22.45
汉川市	1015507	529732	485775	109.05	1109004	0.04	20.05
荆州市	**5691707**	**2899608**	**2792099**	**103.85**	**6640654**	**0.59**	**26.30**
沙市区	600330	305830	294500	103.85	547682	1.18	66.56
荆州区	553756	280088	273668	102.35	585228	1.36	41.36
公安县	881128	440041	441087	99.76	1064180	0.21	16.53
监利县	1162770	601369	561401	107.12	1550976	0.08	18.71
江陵县	331344	167977	163367	102.82	405987	0.37	15.42
石首市	577022	290267	286755	101.22	671246	0.22	22.45
洪湖市	819446	429810	389636	110.31	951318	0.32	19.37
松滋市	765911	384226	381685	100.67	864037	1.42	21.09
黄冈市	**6162069**	**3178651**	**2983418**	**106.54**	**7442464**	**0.06**	**19.15**
黄州区	366769	187205	179564	104.26	382140	0.33	48.99
团风县	338609	177757	160852	110.51	369553	0.10	9.90
红安县	602148	309007	293141	105.41	666578	0.01	16.71
罗田县	544650	288997	255653	113.04	613918	0.04	15.22
英山县	357296	181833	175463	103.63	414041	0.01	21.02
浠水县	872649	444640	428009	103.89	1035052	0.04	16.69
蕲春县	727805	371774	356031	104.42	991734	0.09	15.35
黄梅县	858806	447044	411762	108.57	1027097	0.06	15.80
麻城市	849090	433322	415768	104.22	1158150	0.01	21.74
武穴市	644247	337072	307175	109.73	784201	0.07	20.27
咸宁市	**2462583**	**1264784**	**1197799**	**105.59**	**2964114**	**0.15**	**27.24**
咸安区	512517	263302	249215	105.65	616330	0.12	39.08
嘉鱼县	319196	164899	154297	106.87	374197	0.08	28.68
通城县	380758	194116	186642	104.00	505578	0.04	17.66
崇阳县	410623	206468	204155	101.13	480431	0.07	14.67
通山县	361079	187813	173266	108.40	467509	0.04	23.48
赤壁市	478410	248186	230224	107.80	520069	0.45	34.81
随州市	**2162222**	**1096250**	**1065972**	**102.84**	**2571219**	**0.08**	**19.06**
曾都区	618582	311216	307366	101.25	648556	0.10	34.90
随县	787730	401861	385869	104.14	988157	0.08	7.46
广水市	755910	383173	372737	102.80	934506	0.06	18.22
恩施土家族苗族自治州	**3290294**	**1674095**	**1616199**	**103.58**	**3975736**	**54.68**	**14.76**
恩施市	749574	377775	371799	101.61	779176	40.66	22.36
利川市	654094	334206	319888	104.48	898969	59.21	11.21
建始县	412038	207431	204607	101.38	517760	37.25	11.42
巴东县	420840	215018	205822	104.47	494583	50.50	13.76
宣恩县	310368	160382	149986	106.93	359299	66.80	11.56
咸丰县	300618	153228	147390	103.96	378186	82.99	11.08
来凤县	242870	122615	120255	101.96	323725	55.45	16.06
鹤峰县	199892	103440	96452	107.25	224038	74.73	15.64

城乡人口		家庭户				家庭户类别			
城镇人口(人)	乡村人口(人)	户数(户)	人口数(人)	户规模(人/户)	其中：一人户(户)	一代户(户)	二代户(户)	三代户(户)	四代以上户(户)
397259	507698	239431	855751	3.57	20642	57660	117903	60734	3134
180047	353614	149607	498766	3.33	16482	39995	67966	39015	2631
197670	325937	146051	468616	3.21	16887	42358	68379	33757	1557
84639	169957	76451	243577	3.19	8978	20885	36006	18573	987
212645	258837	128958	461123	3.58	10328	28456	65971	33233	1298
442367	562374	290041	953195	3.29	32940	85233	144248	57961	2599
201945	310585	143270	489735	3.42	11368	37116	65125	38306	2723
607739	**440929**	**294451**	**965905**	**3.28**	**34078**	**82707**	**155571**	**54534**	**1639**
45159	97449	37287	139441	3.74	3756	8716	19156	9100	315
100800	136533	64496	214156	3.32	7771	18972	33243	11910	371
461780	206947	192668	612308	3.18	22551	55019	103172	33524	953
1307473	**1566214**	**818037**	**2649708**	**3.24**	**76828**	**237166**	**369875**	**197660**	**13336**
222262	138722	117376	330431	2.82	16700	44602	53471	18288	1015
203857	68113	84449	243753	2.89	9172	29991	40904	12813	741
266341	370435	189816	593297	3.13	19313	57932	90784	39156	1944
175994	405449	165108	546271	3.31	14263	47669	69890	44147	3402
439019	583495	261288	935956	3.58	17380	56972	114826	83256	6234
2214781	**2599761**	**1348768**	**4523039**	**3.35**	**153486**	**370129**	**670090**	**297965**	**10584**
582403	325863	285284	834958	2.93	48325	101165	134954	47467	1698
182818	405848	150000	573280	3.82	11954	27626	79777	41044	1553
222404	392498	162663	578793	3.56	17189	37560	88929	35296	878
218853	305946	138717	488775	3.52	11995	32847	67126	37469	1275
302026	291786	179556	561153	3.13	22653	58079	85884	34440	1153
237409	331181	163755	520881	3.18	16362	47743	80121	34339	1552
468868	546639	268793	965199	3.59	25008	65109	133299	67910	2475
2416702	**3275005**	**1618921**	**5392424**	**3.33**	**155530**	**447631**	**731383**	**414987**	**24920**
503703	96627	198450	560613	2.82	25708	73598	94424	29379	1049
400454	153302	159170	464117	2.92	19229	59478	66937	30793	1962
292930	588198	247197	852029	3.45	20225	61509	108259	72785	4644
356136	806634	324131	1129245	3.48	31565	89467	147291	82272	5101
99429	231915	93885	312814	3.33	8845	26162	38287	27230	2206
213851	363171	163300	560467	3.43	15505	39242	77209	44660	2189
278685	540761	218859	800188	3.66	15732	47498	107798	60840	2723
271514	494397	213929	712951	3.33	18721	50677	91178	67028	5046
2144138	**4017931**	**1769281**	**5766341**	**3.26**	**216604**	**503282**	**851843**	**400175**	**13981**
267860	98909	103324	307591	2.98	12900	35347	50973	16581	423
88213	250396	99777	324349	3.25	12826	28793	46351	23723	910
187134	415014	174951	560652	3.20	20132	49119	94111	31216	505
169380	375270	153807	518573	3.37	18243	39868	74885	37811	1243
104618	252678	110795	335788	3.03	16215	35919	50048	24089	739
235909	636740	254052	828773	3.26	34171	66686	121969	63104	2293
233844	493961	218287	701839	3.22	28897	65036	105988	45433	1830
283627	575179	217043	803135	3.70	17983	46419	103850	63824	2950
302671	546419	266641	768994	2.88	38827	94462	121972	48978	1229
270882	373365	170604	616647	3.61	16410	41633	81696	45416	1859
1051470	**1411113**	**693808**	**2336658**	**3.37**	**79875**	**192156**	**350564**	**145243**	**5845**
340723	171794	144437	471948	3.27	18015	43885	75898	23975	679
119470	199726	93375	309967	3.32	9976	26057	46475	20119	724
124125	256633	106427	363723	3.42	11366	28862	49307	26707	1551
152607	258016	111035	397838	3.58	10497	24300	56904	28590	1241
112003	249076	95806	343091	3.58	10725	23211	51087	20654	854
202542	275868	142728	450091	3.15	19296	45841	70893	25198	796
827316	**1334906**	**622578**	**2042583**	**3.28**	**63629**	**176626**	**305165**	**134800**	**5987**
393173	225409	184662	578137	3.13	18926	54584	94975	33666	1437
161741	625989	222920	742594	3.33	21941	63552	105664	51176	2528
272402	483508	214996	721852	3.36	22762	58490	104526	49958	2022
995644	**2294650**	**1044013**	**3136787**	**3.00**	**153717**	**342305**	**493652**	**199183**	**8873**
320107	429467	229713	684076	2.98	32636	73741	109107	44968	1897
195749	458345	204195	629946	3.09	29810	68626	96802	37250	1517
103973	308065	130263	401634	3.08	15668	39213	58980	30185	1885
109476	311364	146342	401404	2.74	25339	56283	66756	22370	933
73352	237016	96388	305053	3.16	14218	27731	47355	20399	903
85347	215271	95639	287077	3.00	14128	30945	45778	18224	692
55483	187387	76554	237753	3.11	12344	24301	38221	13499	533
52157	147735	64919	189844	2.92	9574	21465	30653	12288	513

表1 续表 28

地区	合计				户籍人口	少数民族人口比重	非农业户口人口比重
	合计（人）	男（人）	女（人）	性别比（女=100）	（人）	（%）	（%）
省直辖县级行政区划	**3616415**	**1878326**	**1738089**	**108.07**	**4323497**	**0.44**	**21.88**
仙桃市	1175085	613294	561791	109.17	1541588	0.40	22.02
潜江市	946277	476281	469996	101.34	1029978	0.48	28.29
天门市	1418913	748097	670816	111.52	1669642	0.08	16.84
神农架林区	76140	40654	35486	114.56	82289	7.10	34.24
湖南省	**65700762**	**33776459**	**31924303**	**105.80**	**70780713**	**9.97**	**23.44**
长沙市	**7040952**	**3579624**	**3461328**	**103.42**	**6512131**	**1.10**	**35.00**
芙蓉区	523997	263665	260332	101.28	407410	1.85	60.91
天心区	475221	237357	237864	99.79	402780	1.84	73.91
岳麓区	801781	398862	402919	98.99	633570	2.48	50.51
开福区	567166	288320	278846	103.40	426899	1.08	65.72
雨花区	724048	366550	357498	102.53	547105	1.77	64.24
长沙县	979472	514434	465038	110.62	789482	1.31	19.37
望城县	523660	266165	257495	103.37	539945	0.66	13.79
宁乡县	1166138	587816	578322	101.64	1368117	0.20	12.81
浏阳市	1279469	656455	623014	105.37	1396823	0.09	10.82
株洲市	**3857100**	**1969989**	**1887111**	**104.39**	**3898444**	**0.49**	**27.21**
荷塘区	309061	157559	151502	104.00	221768	1.04	52.47
芦淞区	247518	123025	124493	98.82	194139	1.08	64.03
石峰区	283179	149469	133710	111.79	239434	1.32	65.61
天元区	215392	110035	105357	104.44	153839	1.23	57.53
株洲县	383598	197063	186535	105.64	450584	0.13	13.08
攸县	693458	350639	342819	102.28	798214	0.15	16.10
茶陵县	575436	292197	283239	103.16	608425	0.13	13.20
炎陵县	202071	107758	94313	114.26	198892	1.74	17.14
醴陵市	947387	482244	465143	103.68	1033149	0.11	15.32
湘潭市	**2752171**	**1403112**	**1349059**	**104.01**	**2888294**	**0.44**	**32.10**
雨湖区	501848	255221	246627	103.48	428091	1.19	62.45
岳塘区	458455	237952	220503	107.91	356669	0.77	71.69
湘潭县	917616	468394	449222	104.27	1079411	0.14	12.04
湘乡市	788216	398776	389440	102.40	921033	0.14	14.79
韶山市	86036	42769	43267	98.85	103090	0.38	15.59
衡阳市	**7148344**	**3707589**	**3440755**	**107.76**	**7902022**	**0.25**	**23.48**
珠晖区	331094	167381	163713	102.24	289733	0.87	56.76
雁峰区	212914	106650	106264	100.36	196156	0.84	67.71
石鼓区	231592	116272	115320	100.83	208392	0.55	68.92
蒸湘区	298686	153710	144976	106.02	233797	1.03	66.49
南岳区	59681	30255	29426	102.82	54846	0.10	32.98
衡阳县	1103677	578005	525672	109.96	1208862	0.06	11.78
衡南县	954619	504374	450245	112.02	1104164	0.13	15.46
衡山县	384196	197025	187171	105.26	439238	0.06	12.00
衡东县	630029	319773	310256	103.07	737076	0.07	11.45
祁东县	979855	510033	469822	108.56	1056866	0.15	17.09
耒阳市	1151554	597899	553655	107.99	1413904	0.14	19.80
常宁市	810447	426212	384235	110.92	958988	0.38	21.63
邵阳市	**7071735**	**3671019**	**3400716**	**107.95**	**7927558**	**6.48**	**16.29**
双清区	307980	158427	149553	105.93	279238	1.51	63.31
大祥区	340605	171300	169305	101.18	321161	2.39	58.00
北塔区	104609	52402	52207	100.37	90449	2.49	46.65
邵东县	896619	466851	429768	108.63	1279327	0.22	13.99
新邵县	743073	388254	354819	109.42	802727	0.15	10.05
邵阳县	915600	477577	438023	109.03	1034661	0.42	10.39
隆回县	1095392	577224	518168	111.40	1201284	1.87	7.33
洞口县	770473	398901	371572	107.35	845288	2.16	11.58
绥宁县	351139	180785	170354	106.12	374881	61.17	12.82
新宁县	560742	290426	270316	107.44	615739	3.39	12.41
城步苗族自治县	250633	129245	121388	106.47	272800	62.47	15.42
武冈市	734870	379627	355243	106.86	810003	1.14	12.17
岳阳市	**5476084**	**2833087**	**2642997**	**107.19**	**5648840**	**0.18**	**26.92**
岳阳楼区	814369	411380	402989	102.08	670058	0.54	68.33
云溪区	176672	92171	84501	109.08	169337	0.52	46.33
君山区	240468	125315	115153	108.82	253684	0.26	45.29
岳阳县	716829	391804	325025	120.55	725157	0.08	16.66
华容县	708898	363450	345448	105.21	725546	0.06	16.20

城乡人口		家庭户				家庭户类别			
城镇人口(人)	乡村人口(人)	户数(户)	人口数(人)	户规模(人/户)	其中：一人户(户)	一代户(户)	二代户(户)	三代户(户)	四代以上户(户)
1634266	**1982149**	**1022738**	**3448370**	**3.37**	**96960**	**278892**	**465915**	**265289**	**12642**
553029	622056	352595	1133591	3.21	36639	107643	162551	79267	3134
437757	508520	274692	917222	3.34	26458	76941	122457	70445	4849
612515	806398	373331	1328155	3.56	31235	87826	169666	111401	4438
30965	45175	22120	69402	3.14	2628	6482	11241	4176	221
28453063	**37247699**	**18625710**	**61911446**	**3.32**	**2332097**	**5185943**	**9010370**	**4238798**	**190599**
4765918	**2275034**	**2072002**	**6095305**	**2.94**	**319129**	**712213**	**956064**	**386635**	**17090**
523997		157645	421137	2.67	27606	65375	74340	17711	219
472474	2747	143462	377389	2.63	24982	56773	71296	15227	166
699717	102064	204700	573220	2.80	31342	73195	101631	29223	651
551533	15633	180003	485214	2.70	31225	69639	88557	21462	345
715497	8551	231114	611794	2.65	40922	91779	115545	23502	288
486428	493044	263288	791553	3.01	36938	91182	114696	55104	2306
230136	293524	149781	472342	3.15	19167	45698	68642	34068	1373
498055	668083	375999	1121751	2.98	59185	128878	164183	79405	3533
588081	691388	366010	1240905	3.39	47762	89694	157174	110933	8209
2178616	**1678484**	**1064120**	**3595443**	**3.38**	**110333**	**274966**	**490353**	**281763**	**17038**
306333	2728	93843	263305	2.81	12961	36284	46144	11201	214
238783	8735	78824	220529	2.80	10885	30242	39481	8992	109
264644	18535	90150	247966	2.75	13810	33757	44875	11252	266
189644	25748	63167	186752	2.96	6774	19661	34449	8799	258
94326	289272	111570	375447	3.37	13456	29835	48597	31164	1974
281377	412081	183547	646254	3.52	17074	43741	75315	59939	4552
276812	298624	147076	563562	3.83	9610	21906	73661	49152	2357
77630	124441	50844	173044	3.40	5504	12658	23195	14354	637
449067	498320	245099	918584	3.75	20259	46882	104636	86910	6671
1379021	**1373150**	**813460**	**2498677**	**3.07**	**109131**	**259707**	**367554**	**178282**	**7917**
464908	36940	140216	400699	2.86	19428	49704	68355	21682	475
438379	20076	132515	388083	2.93	15979	41950	68484	21639	442
237322	680294	272644	858396	3.15	36481	86964	113141	68880	3659
210799	577417	241243	768329	3.18	34051	72652	106190	59407	2994
27613	58423	26842	83170	3.10	3192	8437	11384	6674	347
3180864	**3967480**	**1942855**	**6763275**	**3.48**	**243635**	**508687**	**938635**	**476071**	**19462**
331094		96287	292824	3.04	12907	30411	47701	17827	348
212914		64503	181310	2.81	9730	22447	32768	9125	163
231592		71776	210044	2.93	10660	23240	36621	11707	208
280364	18322	85158	250527	2.94	10172	26831	46213	11931	183
59681		16381	55420	3.38	1783	4315	7946	3907	213
337126	766551	291280	1065746	3.66	36253	68094	136294	83844	3048
310683	643936	250456	897984	3.59	33579	63297	118284	66230	2645
110634	273562	101099	374692	3.71	11176	22425	43660	33128	1886
178617	451412	162052	612317	3.78	15795	33358	69157	55798	3739
319059	660796	278553	958808	3.44	38047	75875	140047	60563	2068
476173	675381	324065	1103260	3.40	41207	94588	161825	64983	2669
332927	477520	201245	760343	3.78	22326	43806	98119	57028	2292
2322211	**4749524**	**1950605**	**6913907**	**3.54**	**227969**	**493308**	**972583**	**463902**	**20812**
251987	55993	92192	293186	3.18	12262	27842	48302	15785	263
250878	89727	96045	312130	3.25	12413	28464	50133	17116	332
71662	32947	29485	95203	3.23	4003	8638	15951	4767	129
369271	527348	264305	865785	3.28	40824	88249	120185	53774	2097
195437	547636	196864	725820	3.69	24002	44451	98752	51593	2068
228180	687420	237993	910420	3.83	26415	55056	117484	62423	3030
274368	821024	313114	1082464	3.46	37437	78276	164669	67594	2575
207429	563044	216122	761421	3.52	22909	53462	106159	53702	2799
65080	286059	93227	344422	3.69	8500	18618	47344	25718	1547
154167	406575	149692	555661	3.71	15257	32880	72717	41623	2472
66316	184317	63979	244606	3.82	5165	10897	33550	18636	896
187436	547434	197587	722789	3.66	18782	46475	97337	51171	2604
2519587	**2956497**	**1504946**	**5071227**	**3.37**	**164280**	**402552**	**748681**	**339004**	**14709**
705916	108453	242345	711330	2.94	29592	79888	135309	26709	439
104871	71801	51282	155540	3.03	6169	16569	26594	7885	234
113312	127156	73313	229091	3.12	11154	24138	36161	12576	438
244922	471907	179151	622923	3.48	17579	45383	91289	40626	1853
213620	495278	190352	659561	3.46	19980	45535	94852	48136	1829

表1 续表 29

地区	合计				户籍人口	少数民族人口比重	非农业户口人口比重
	合计（人）	男（人）	女（人）	性别比（女=100）	（人）	（%）	（%）
湘阴县	680875	347139	333736	104.02	758070	0.11	19.37
平江县	947574	487170	460404	105.81	1066691	0.09	10.12
汨罗市	692080	354293	337787	104.89	755992	0.16	20.19
临湘市	498319	260365	237954	109.42	524305	0.08	25.22
常德市	**5714623**	**2881031**	**2833592**	**101.67**	**6225913**	**7.17**	**25.19**
武陵区	620580	304415	316165	96.28	522077	2.97	67.63
鼎城区	836839	421042	415797	101.26	886538	2.19	19.18
安乡县	525844	267186	258658	103.30	602376	0.13	23.19
汉寿县	800019	404826	395193	102.44	878124	1.73	20.98
澧县	826655	410838	415817	98.80	934015	1.17	20.33
临澧县	400839	200729	200110	100.31	451949	2.15	17.50
桃源县	853662	436465	417197	104.62	987394	1.13	13.20
石门县	599287	304238	295049	103.11	684288	54.77	16.21
津市市	250898	131292	119606	109.77	279152	0.96	48.08
张家界市	**1478149**	**754897**	**723252**	**104.38**	**1646149**	**75.27**	**20.60**
永定区	441804	226269	215535	104.98	454891	80.70	32.00
武陵源区	52724	26834	25890	103.65	52176	89.98	47.84
慈利县	602736	306846	295890	103.70	682398	58.66	11.78
桑植县	380885	194948	185937	104.85	456684	93.24	17.59
益阳市	**4307933**	**2190041**	**2117892**	**103.41**	**4759387**	**0.37**	**22.26**
资阳区	409062	207251	201811	102.70	419917	0.22	22.97
赫山区	836455	419766	416689	100.74	913218	0.32	29.26
南县	725288	368398	356890	103.22	798221	0.28	28.68
桃江县	769863	394694	375169	105.20	872483	1.08	14.92
安化县	900995	461547	439448	105.03	1010287	0.09	12.43
沅江市	666270	338385	327885	103.20	745261	0.18	27.80
郴州市	**4583531**	**2375678**	**2207853**	**107.60**	**5012400**	**1.72**	**21.03**
北湖区	419784	216619	203165	106.62	355352	1.44	46.99
苏仙区	402750	204878	197872	103.54	363640	1.00	34.03
桂阳县	696922	363879	333043	109.26	860794	0.33	16.83
宜章县	579340	302633	276707	109.37	614122	1.07	13.06
永兴县	572655	295882	276773	106.90	660964	0.04	16.67
嘉禾县	296811	154938	141873	109.21	401348	0.15	16.93
临武县	338445	175191	163254	107.31	374415	0.38	23.60
汝城县	330260	172131	158129	108.85	393185	16.20	9.57
桂东县	226562	121137	105425	114.90	187887	0.12	12.73
安仁县	382708	196938	185770	106.01	427028	0.02	9.26
资兴市	337294	171452	165842	103.38	373665	1.34	33.20
永州市	**5194275**	**2705361**	**2488914**	**108.70**	**6097782**	**10.24**	**16.38**
零陵区	532705	273588	259117	105.58	603232	1.09	22.75
冷水滩区	488010	250026	237984	105.06	520742	0.55	38.27
祁阳县	852204	436007	416197	104.76	1049834	0.55	18.87
东安县	546744	282558	264186	106.95	611728	0.47	12.89
双牌县	164947	86827	78120	111.15	183181	4.51	19.65
道县	606299	327262	279037	117.28	737757	4.85	9.18
江永县	231898	121404	110494	109.87	265770	60.14	15.79
宁远县	702562	374262	328300	114.00	833745	2.06	8.44
蓝山县	328385	170040	158345	107.39	387866	5.35	10.72
新田县	328982	170616	158366	107.74	418066	2.02	12.89
江华瑶族自治县	411539	212771	198768	107.04	485861	73.20	11.93
怀化市	**4741673**	**2447003**	**2294670**	**106.64**	**5092480**	**38.64**	**19.85**
鹤城区	552622	281659	270963	103.95	363515	8.47	52.11
中方县	236649	122642	114007	107.57	278993	1.49	5.08
沅陵县	582582	302061	280521	107.68	649547	49.59	17.91
辰溪县	453565	235151	218414	107.66	521585	9.45	22.04
溆浦县	741014	379487	361527	104.97	898373	9.65	12.61
会同县	318686	165023	153663	107.39	357936	64.48	11.67
麻阳苗族自治县	343309	178108	165201	107.81	388799	97.65	12.37
新晃侗族自治县	244322	131267	113055	116.11	259609	87.90	13.92
芷江侗族自治县	339161	174104	165057	105.48	371463	63.28	14.04
靖州苗族侗族自治县	245116	127674	117442	108.71	267611	74.72	14.26
通道侗族自治县	206651	107082	99569	107.55	228417	86.55	11.82
洪江市	477996	242745	235251	103.19	506632	9.71	25.63

城乡人口		家庭户				家庭户类别			
城镇人口 (人)	乡村人口 (人)	户数 (户)	人口数 (人)	户规模 (人/户)	其中：一人户 (户)	一代户 (户)	二代户 (户)	三代户 (户)	四代以上户 (户)
298015	382860	182136	616557	3.39	19416	49842	86802	43577	1915
292803	654771	256991	926093	3.60	28451	58569	118792	75233	4397
321074	371006	197796	665090	3.36	20625	53429	92560	49569	2238
225054	273265	131580	485042	3.69	11314	29199	66322	34693	1366
2221292	**3493331**	**1702266**	**5355772**	**3.15**	**207984**	**495534**	**761954**	**423710**	**21068**
525247	95333	185365	521524	2.81	26674	66707	88630	29148	880
321061	515778	238147	771748	3.24	25919	67062	105153	62992	2940
168346	357498	141793	467676	3.30	13233	37822	67623	34845	1503
215907	584112	231992	781146	3.37	26772	60688	106778	61251	3275
264143	562512	253749	787296	3.10	30421	75403	111111	63968	3267
155906	244933	120263	387825	3.22	12180	30504	54529	33474	1756
227325	626337	267277	837162	3.13	40166	77511	110578	74597	4591
187127	412160	184846	580214	3.14	20708	49446	82473	50462	2465
156230	94668	78834	221181	2.81	11911	30391	35079	12973	391
496265	**981884**	**438780**	**1390110**	**3.17**	**58898**	**124433**	**213738**	**96650**	**3959**
218009	223795	132052	405489	3.07	19637	39971	68700	22594	787
32480	20244	14935	45103	3.02	2087	4766	7709	2361	99
158104	444632	181545	585365	3.22	21875	48272	83768	47553	1952
87672	293213	110248	354153	3.21	15299	31424	53561	24142	1121
1719909	**2588024**	**1254000**	**4123267**	**3.29**	**153456**	**348189**	**597078**	**294377**	**14356**
192749	216313	121171	392126	3.24	15850	34145	60521	25379	1126
504858	331597	256319	786642	3.07	32567	83445	121630	49087	2157
261934	463354	203142	694082	3.42	22235	51879	98038	50967	2258
255276	514587	213565	731231	3.42	24597	55059	94131	60909	3466
223995	677000	249745	881990	3.53	29230	57399	118084	70381	3881
281097	385173	210058	637196	3.03	28977	66262	104674	37654	1468
1911405	**2672126**	**1344046**	**4412833**	**3.28**	**186516**	**401339**	**708739**	**226699**	**7269**
347159	72625	133321	391548	2.94	19211	45894	71706	15479	242
235812	166938	120798	354895	2.94	20209	40781	63628	15977	412
243371	453551	199308	681062	3.42	25484	57116	105140	35935	1117
207410	371930	153716	565460	3.68	17142	36807	85211	30453	1245
187369	385286	173359	566122	3.27	26451	52195	89484	30613	1067
109709	187102	97181	295172	3.04	18711	40983	46861	9148	189
91774	246671	97000	331750	3.42	14158	29201	51327	16007	465
87459	242801	96028	322492	3.36	12009	26450	50103	18806	669
53433	173129	56048	200169	3.57	5977	11142	33140	11438	328
132202	250506	104322	379413	3.64	8459	21234	55462	26460	1166
215707	121587	112965	324750	2.87	18705	39536	56677	16383	369
1837863	**3356412**	**1428723**	**5026335**	**3.52**	**178706**	**362080**	**710865**	**340738**	**15040**
250521	282184	143521	503904	3.51	16916	34655	69049	37754	2063
290409	197601	140576	462631	3.29	16229	36619	74913	28026	1018
307648	544556	234600	804840	3.43	30262	62218	110213	59441	2728
178501	368243	160813	537210	3.34	23695	42579	79755	36725	1754
57951	106996	46772	157353	3.36	6398	12256	22962	11052	502
185181	421118	154261	587830	3.81	17757	34386	79955	38463	1457
49131	182767	67687	230880	3.41	7901	16243	38707	12299	438
232023	470539	184842	689168	3.73	21893	43259	92895	47059	1629
119485	208900	86454	319956	3.70	9808	21706	41670	22031	1047
87354	241628	91197	325863	3.57	11316	26013	43825	20398	961
79659	331880	118000	406700	3.45	16531	32146	56921	27490	1443
1711423	**3030250**	**1359814**	**4585745**	**3.37**	**159825**	**345332**	**668604**	**332254**	**13624**
472687	79935	162680	499537	3.07	21021	50847	84493	27051	289
54433	182216	67806	231440	3.41	7575	17204	33480	16480	642
174242	408340	160102	571045	3.57	15454	33630	78820	45544	2108
133524	320041	133479	443816	3.32	18433	37282	63947	30926	1324
211166	529848	216608	726905	3.36	26383	58040	102536	53488	2544
79509	239177	92809	312340	3.37	11957	22476	44690	24707	936
92503	250806	86067	332891	3.87	6216	13597	44389	27042	1039
61916	182406	69183	240093	3.47	9111	16481	32488	18937	1277
86352	252809	97841	327583	3.35	10924	24534	48230	24121	956
97753	147363	65402	239546	3.66	5500	12177	34794	17763	668
49585	157066	55333	202207	3.65	4974	10775	26941	16879	738
197753	280243	152504	458342	3.01	22277	48289	73796	29316	1103

表1 续表 30

地 区	合计 合 计 (人)	合计 男 (人)	合计 女 (人)	合计 性别比 (女=100)	户籍人口 (人)	少数民族人口比重 (%)	非农业户口人口比重 (%)
娄底市	**3784634**	**1950231**	**1834403**	**106.31**	**4323502**	**0.22**	**20.14**
娄星区	496744	253303	243441	104.05	466178	0.75	50.76
双峰县	854069	441065	413004	106.79	941792	0.15	11.20
新化县	1111160	572688	538472	106.35	1387718	0.06	10.85
冷水江市	327146	168033	159113	105.61	364886	0.34	43.48
涟源市	995515	515142	480373	107.24	1162928	0.16	15.12
湘西土家族苗族自治州	**2549558**	**1307797**	**1241761**	**105.32**	**2845811**	**77.15**	**18.40**
吉首市	302065	151835	150230	101.07	289299	72.96	45.41
泸溪县	275370	140357	135013	103.96	306308	59.92	19.71
凤凰县	346814	179454	167360	107.23	400382	75.80	12.38
花垣县	288581	148786	139795	106.43	304510	83.79	14.54
保靖县	278169	144351	133818	107.87	300177	81.70	14.84
古丈县	127297	66247	61050	108.51	141987	89.57	16.46
永顺县	429672	221250	208422	106.15	529887	90.24	12.91
龙山县	501590	255517	246073	103.84	573261	69.38	14.92
广东省	**104320459**	**54400538**	**49919921**	**108.98**	**85024973**	**1.98**	**28.77**
广州市	**12701948**	**6639745**	**6062203**	**109.53**	**8077303**	**1.68**	**51.38**
荔湾区	898200	456844	441356	103.51	710210	1.33	78.14
越秀区	1157666	577859	579807	99.66	1173604	1.32	85.36
海珠区	1558663	799563	759100	105.33	952902	0.87	73.99
天河区	1432426	759046	673380	112.72	774066	1.32	69.03
白云区	2223150	1198119	1025031	116.89	837433	2.68	41.77
黄埔区	457930	252497	205433	122.91	201286	1.78	52.30
番禺区	1764828	908909	855919	106.19	1010376	2.28	38.49
花都区	945005	491802	453203	108.52	665530	1.50	24.59
南沙区	259900	142374	117526	121.14	154784	2.17	20.15
萝岗区	373656	202456	171200	118.26	189907	2.68	39.03
增城市	1037109	544485	492624	110.53	835935	1.20	24.16
从化市	593415	305791	287624	106.32	571270	0.47	26.89
韶关市	**2826246**	**1439912**	**1386334**	**103.86**	**3248519**	**1.69**	**36.62**
武江区	294708	146016	148692	98.20	246535	0.70	62.06
浈江区	393521	209307	184214	113.62	349580	0.76	67.51
曲江区	303371	156042	147329	105.91	314037	0.96	43.16
始兴县	205452	101330	104122	97.32	248878	3.44	20.52
仁化县	200354	101773	98581	103.24	231907	1.28	28.33
翁源县	331320	167049	164271	101.69	397818	0.70	18.35
乳源瑶族自治县	177471	90167	87304	103.28	215618	12.52	19.59
新丰县	206091	105214	100877	104.30	262464	0.13	32.86
乐昌市	397779	206751	191028	108.23	509016	0.44	32.68
南雄市	316179	156263	159916	97.72	472666	1.11	19.41
深圳市	**10358381**	**5613545**	**4744836**	**118.31**	**2510145**	**4.22**	**35.46**
罗湖区	923421	464767	458654	101.33	453628	1.70	54.09
福田区	1317511	680575	636936	106.85	613032	2.08	65.02
南山区	1088345	587305	501040	117.22	476082	2.26	64.77
宝安区	4499284	2503891	1995393	125.48	508817	5.86	19.58
龙岗区	2320460	1263100	1057360	119.46	413467	4.32	27.94
盐田区	209360	113907	95453	119.33	45119	2.55	38.86
珠海市	**1562530**	**813809**	**748721**	**108.69**	**1053186**	**2.49**	**58.19**
香洲区	892685	459921	432764	106.28	572795	2.23	71.42
斗门区	415882	215921	199961	107.98	341859	2.32	32.84
金湾区	253963	137967	115996	118.94	138532	3.67	53.09
汕头市	**5389328**	**2703834**	**2685494**	**100.68**	**5261879**	**0.38**	**29.49**
龙湖区	536356	270028	266328	101.39	398381	0.38	50.69
金平区	810284	402384	407900	98.65	757125	0.29	81.95
濠江区	267463	129280	138183	93.56	284186	0.20	42.97
潮阳区	1626357	819292	807065	101.51	1673325	0.40	17.90
潮南区	1288165	651666	636499	102.38	1324185	0.38	3.83
澄海区	800399	401469	398930	100.64	750536	0.53	20.26
南澳县	60304	29715	30589	97.14	74141	0.15	31.17
佛山市	**7197394**	**3876536**	**3320858**	**116.73**	**3719983**	**3.61**	**29.09**
禅城区	1101077	574102	526975	108.94	605407	1.81	46.61
南海区	2588844	1409931	1178913	119.60	1188156	4.28	22.29
顺德区	2464784	1329357	1135427	117.08	1231918	3.58	28.45
三水区	622645	337875	284770	118.65	395600	5.03	26.29
高明区	420044	225271	194773	115.66	298902	2.31	33.15

城乡人口		家庭户				家庭户类别			
城镇人口（人）	乡村人口（人）	户数（户）	人口数（人）	户规模（人/户）	其中：一人户（户）	一代户（户）	二代户（户）	三代户（户）	四代以上户（户）
1323373	**2461261**	**1091845**	**3630715**	**3.33**	**141114**	**311954**	**544060**	**225675**	**10156**
425037	71707	154935	443599	2.86	23748	55541	80338	18386	670
170637	683432	233068	825273	3.54	24997	54913	112271	62923	2961
244064	867096	308142	1081725	3.51	36758	77903	151091	75615	3533
238275	88871	104345	315287	3.02	14313	34123	55552	14280	390
245360	750155	291355	964831	3.31	41298	89474	144808	54471	2602
885316	**1664242**	**658248**	**2448835**	**3.72**	**71121**	**145649**	**331462**	**173038**	**8099**
212328	89737	86317	266923	3.09	12197	26841	43577	15414	485
94191	181179	69073	269312	3.90	7521	14266	34293	19500	1014
82472	264342	89360	338808	3.79	9621	19176	46092	23213	879
98331	190250	67622	277769	4.11	5980	11836	33183	21555	1048
85117	193052	68023	264226	3.88	7092	13138	33057	20752	1076
38443	88854	31943	123708	3.87	3010	5847	17026	8748	322
129924	299748	113447	417597	3.68	12020	26099	56488	29394	1466
144510	357080	132463	490492	3.70	13680	28446	67746	34462	1809
69030255	**35290204**	**28630609**	**88979305**	**3.11**	**6265124**	**11749179**	**12217650**	**4515753**	**148027**
10641408	**2060540**	**3785278**	**10140810**	**2.68**	**979690**	**1727105**	**1593008**	**458192**	**6973**
868588	29612	302233	804011	2.66	69819	121434	140561	39935	303
1157666		366853	1020629	2.78	76826	135286	173091	58074	402
1558663		516621	1324447	2.56	126617	222231	237207	56787	396
1426911	5515	445078	1058169	2.38	146474	238032	171216	35556	274
1736955	486195	678481	1679513	2.48	217968	383868	228161	64958	1494
457930		164617	392519	2.38	50886	92415	59303	12790	109
1413002	351826	516082	1353452	2.62	137426	249406	210291	55543	842
609942	335063	210291	690381	3.28	34213	61131	107054	41158	948
178902	80998	78266	210627	2.69	20054	39964	27646	10407	249
293585	80071	95830	259156	2.70	28881	52482	31905	11202	241
710146	326963	253418	833592	3.29	41031	83603	126547	42312	956
229118	364297	157508	514314	3.27	29495	47253	80026	29470	759
1484761	**1341485**	**883871**	**2628722**	**2.97**	**151336**	**309160**	**416108**	**153063**	**5540**
237102	57606	90844	273118	3.01	12804	28785	48081	13610	368
321119	72402	121762	333837	2.74	25820	48643	56968	15803	348
168046	135325	92189	283451	3.07	15832	30631	43389	17494	675
76313	129139	63178	194543	3.08	9968	19676	28705	14227	570
73858	126496	59804	184095	3.08	8440	19835	28183	11375	411
103372	227948	103451	314593	3.04	18720	35050	48936	18666	799
73580	103891	52371	168444	3.22	7917	15519	25516	10869	467
99897	106194	61230	197607	3.23	10178	19483	27987	13134	626
191457	206322	130115	374617	2.88	23004	49827	59852	19818	618
140017	176162	108927	304417	2.79	18653	41711	48491	18067	658
10358381		**3587005**	**7573220**	**2.11**	**1335870**	**2502027**	**925014**	**158605**	**1359**
923421		300373	730536	2.43	92050	167421	111671	21116	165
1317511		390730	987433	2.53	105872	202015	155938	32531	246
1088345		397574	863757	2.17	128192	243819	137173	16529	53
4499284		1664298	3152531	1.89	716485	1331682	287426	44848	342
2320460		780624	1699792	2.18	281342	528861	212016	39247	500
209360		53406	139171	2.61	11929	28229	20790	4334	53
1369538	**192992**	**476615**	**1286349**	**2.70**	**130755**	**218770**	**201195**	**55599**	**1051**
891483	1202	281764	731421	2.60	81556	132141	121038	28232	353
233093	182789	124629	370255	2.97	30705	50635	53456	19998	540
244962	9001	70222	184673	2.63	18494	35994	26701	7369	158
3689655	**1699673**	**1169534**	**5048879**	**4.32**	**127104**	**227966**	**596059**	**329076**	**16433**
428953	107403	142872	505649	3.54	16837	36187	75021	30073	1591
795052	15232	241216	788617	3.27	36796	65707	129975	44390	1144
170107	97356	57198	251252	4.39	7061	10797	29281	16331	789
936224	690133	312880	1525239	4.87	31515	51003	163222	94652	4003
742509	545656	210072	1173495	5.59	12789	23052	108190	74666	4164
571172	229227	186814	745722	3.99	19968	34938	81977	65277	4622
45638	14666	18482	58905	3.19	2138	6282	8393	3687	120
6771895	**425499**	**1984934**	**5477982**	**2.76**	**449665**	**921031**	**808600**	**250655**	**4648**
1101077		312075	832771	2.67	72406	141269	135850	34435	521
2456203	132641	660738	1842927	2.79	144827	302886	275830	80640	1382
2409121	55663	712515	1963278	2.76	173792	353084	258181	99212	2038
441902	180743	173980	483707	2.78	35002	74336	77702	21536	406
363592	56452	125626	355299	2.83	23638	49456	61037	14832	301

表1 续表 31

地区	合计 合计 (人)	合计 男 (人)	合计 女 (人)	合计 性别比 (女=100)	户籍人口 (人)	少数民族 人口比重 (%)	非农业户口 人口比重 (%)
江门市	**4450703**	**2276607**	**2174096**	**104.72**	**3955687**	**2.04**	**31.76**
蓬江区	719146	370667	348479	106.37	476012	3.27	50.02
江海区	254313	130501	123812	105.40	160007	3.27	37.84
新会区	849155	432077	417078	103.60	758039	2.06	29.32
台山市	941095	476691	464404	102.65	988045	0.93	23.21
开平市	699242	350451	348791	100.48	693639	1.89	27.09
鹤山市	494938	258875	236063	109.66	376548	3.46	26.28
恩平市	492814	257345	235469	109.29	503397	0.48	34.55
湛江市	**6994832**	**3651062**	**3343770**	**109.19**	**7768143**	**0.50**	**24.13**
赤坎区	303824	152153	151671	100.32	240608	0.53	69.96
霞山区	487093	251941	235152	107.14	396714	0.67	68.87
坡头区	333239	174719	158520	110.22	378322	0.29	14.39
麻章区	487712	254692	233020	109.30	507821	0.28	14.78
遂溪县	886452	460029	426423	107.88	1047557	0.12	18.18
徐闻县	698474	364865	333609	109.37	734255	0.84	20.79
廉江市	1443099	765030	678069	112.82	1710344	0.99	19.90
雷州市	1427664	745887	681777	109.40	1642578	0.22	16.30
吴川市	927275	481746	445529	108.13	1109944	0.35	19.95
茂名市	**5817494**	**3023779**	**2793715**	**108.24**	**7408147**	**0.28**	**21.52**
茂南区	820821	429699	391122	109.86	816568	0.30	49.25
茂港区	396775	204960	191815	106.85	488947	0.27	20.34
电白县	1218716	642526	576190	111.51	1420121	0.11	17.74
高州市	1288665	672606	616059	109.18	1707984	0.49	17.38
化州市	1178809	611243	567566	107.70	1598895	0.28	17.19
信宜市	913708	462745	450963	102.61	1375632	0.16	13.40
肇庆市	**3916467**	**2005288**	**1911179**	**104.92**	**4228670**	**0.98**	**23.28**
端州区	479342	242443	236899	102.34	355052	1.23	68.17
鼎湖区	164690	85271	79419	107.37	152664	1.14	22.50
广宁县	423941	216765	207176	104.63	571201	0.17	17.16
怀集县	813032	400673	412359	97.17	1031993	0.75	11.08
封开县	398258	200516	197742	101.40	510798	0.13	17.59
德庆县	341211	175426	165785	105.82	390185	0.20	19.59
高要市	753120	392874	360246	109.06	770212	1.18	13.03
四会市	542873	291320	251553	115.81	446565	2.53	26.87
惠州市	**4598402**	**2421743**	**2176659**	**111.26**	**3354253**	**2.41**	**27.24**
惠城区	1579818	823019	756799	108.75	883590	2.65	37.34
惠阳区	764816	416887	347929	119.82	450371	3.10	24.59
博罗县	1038198	547437	490761	111.55	839115	2.81	18.34
惠东县	908390	476945	431445	110.55	837259	0.76	22.95
龙门县	307180	157455	149725	105.16	343918	2.96	24.78
梅州市	**4238461**	**2123914**	**2114547**	**100.44**	**5199047**	**0.05**	**22.96**
梅江区	380771	192903	187868	102.68	318675	0.17	61.62
梅县	554745	274107	280638	97.67	626455	0.05	16.58
大埔县	374666	187489	187177	100.17	546973	0.04	21.94
丰顺县	478974	237864	241110	98.65	705142	0.11	16.31
五华县	1050528	530612	519916	102.06	1329033	0.00	14.44
平远县	230045	115505	114540	100.84	269167	0.06	25.13
蕉岭县	205849	102422	103427	99.03	235184	0.04	29.07
兴宁市	962883	483012	479871	100.65	1168418	0.02	22.24
汕尾市	**2935469**	**1504665**	**1430804**	**105.16**	**3324808**	**0.11**	**26.03**
城区	492262	252173	240089	105.03	496656	0.11	38.34
海丰县	793408	413354	380054	108.76	817927	0.32	27.38
陆河县	291534	148276	143258	103.50	339103	0.04	17.47
陆丰市	1358265	690862	667403	103.51	1671122	0.01	22.58
河源市	**2950195**	**1475097**	**1475098**	**100.00**	**3591517**	**0.60**	**23.30**
源城区	463907	236947	226960	104.40	315016	1.04	50.48
紫金县	640133	318132	322001	98.80	825234	0.15	20.80
龙川县	694480	340861	353619	96.39	965788	0.26	19.73
连平县	337002	168618	168384	100.14	404021	0.64	20.04
和平县	374709	186883	187826	99.50	513231	0.23	15.40
东源县	439964	223656	216308	103.40	568227	1.64	12.86
阳江市	**2421748**	**1273345**	**1148403**	**110.88**	**2766698**	**0.66**	**31.29**
江城区	676857	348771	328086	106.30	654043	0.62	53.46
阳西县	452625	243120	209505	116.04	504259	0.18	23.03
阳东县	442762	240783	201979	119.21	474406	0.84	21.56
阳春市	849504	440671	408833	107.79	1133990	0.84	22.64

城乡人口		家庭户				家庭户类别			
城镇人口(人)	乡村人口(人)	户数(户)	人口数(人)	户规模(人/户)	其中：一人户(户)	一代户(户)	二代户(户)	三代户(户)	四代以上户(户)
2772734	**1677969**	**1303988**	**4080830**	**3.13**	**219442**	**412515**	**652188**	**233940**	**5345**
709621	9525	210883	627750	2.98	33595	72303	106534	31412	634
252080	2233	66454	216473	3.26	8685	19578	34044	12520	312
518322	330833	264191	796148	3.01	48757	88934	132370	42029	858
394855	546240	283789	903432	3.18	48889	84837	141813	55870	1269
371019	328223	197399	650458	3.30	30585	56122	98851	41452	974
282580	212358	134148	415120	3.09	22506	48247	58898	26186	817
244257	248557	147124	471449	3.20	26425	42494	79678	24471	481
2565740	**4429092**	**1784361**	**6675807**	**3.74**	**254474**	**470554**	**996557**	**310161**	**7089**
296207	7617	86790	267440	3.08	15297	29162	45385	12138	105
459309	27784	149502	455434	3.05	22684	45746	84748	18868	140
116020	217219	86607	320260	3.70	11437	21796	52301	12287	223
167226	320486	109277	431339	3.95	14429	26266	63781	18784	446
252792	633660	223083	835671	3.75	28842	57964	126844	37396	879
238246	460228	176399	689008	3.91	21943	39401	94023	41937	1038
359225	1083874	380332	1399305	3.68	64276	107973	198186	72184	1989
344043	1083621	358633	1388980	3.87	51283	94728	207775	54825	1305
332672	594603	213738	888370	4.16	24283	47518	123514	41742	964
2039585	**3777909**	**1505873**	**5533690**	**3.67**	**199808**	**425385**	**795585**	**276285**	**8618**
509464	311357	215309	769435	3.57	30100	57721	117679	39086	823
128415	268360	91767	392682	4.28	7912	16433	54224	20637	473
395317	823399	299236	1182796	3.95	32730	70665	171397	55631	1543
352006	936659	353675	1201480	3.40	53533	114024	170039	67093	2519
320418	858391	299640	1116784	3.73	40799	87367	157758	52721	1794
333965	579743	246246	870513	3.54	34734	79175	124488	41117	1466
1660083	**2256384**	**1070659**	**3618820**	**3.38**	**166066**	**317569**	**534896**	**211825**	**6369**
476211	3131	141070	415988	2.95	23585	46686	72491	21641	252
83676	81014	43866	136548	3.11	7996	15035	21454	7120	257
156304	267637	126796	400813	3.16	21552	39079	58842	27884	991
161544	651488	198119	786540	3.97	19863	44517	109939	42249	1414
116798	281460	117189	394344	3.37	19234	36535	56332	23428	894
85086	256125	92402	330753	3.58	12902	24610	46149	21072	571
224755	528365	192625	681637	3.54	28287	50615	100204	40805	1001
355709	187164	158592	472197	2.98	32647	60492	69485	27626	989
2843738	**1754664**	**1209491**	**3821916**	**3.16**	**262072**	**488800**	**512122**	**200019**	**8550**
1227231	352587	455817	1284570	2.82	115924	213927	183380	56858	1652
580627	184189	190948	569361	2.98	47094	87368	76135	26302	1143
471902	566296	267424	860558	3.22	48822	96976	118308	49854	2286
473147	435243	202907	813319	4.01	29991	57235	95218	47934	2520
90831	216349	92395	294108	3.18	20241	33294	39081	19071	949
1823150	**2415311**	**1110636**	**3953947**	**3.56**	**165406**	**327016**	**506543**	**267358**	**9719**
353769	27002	100269	314783	3.14	17236	34131	43366	22036	736
258782	295963	159941	524778	3.28	26560	48994	67671	41435	1841
161014	213652	110381	349476	3.17	20543	38822	47433	23109	1017
207417	271557	124374	461855	3.71	19300	35695	57560	30038	1081
245631	804897	225844	970261	4.30	23302	51129	114882	57937	1896
106250	123795	61926	207784	3.36	7351	17996	27306	15758	866
98287	107562	62761	195112	3.11	11065	21410	26214	14564	573
392000	570883	265140	929898	3.51	40049	78839	122111	62481	1709
1590341	**1345128**	**631063**	**2860216**	**4.53**	**62725**	**117405**	**360985**	**146151**	**6522**
370608	121654	110403	471403	4.27	10603	19951	66098	23638	716
489304	304104	194306	765357	3.94	27323	46002	105655	40884	1765
150902	140632	61266	274188	4.48	6363	11165	30199	18822	1080
579527	778738	265088	1349268	5.09	18436	40287	159033	62807	2961
1181228	**1768967**	**711158**	**2677319**	**3.76**	**90346**	**179727**	**327965**	**192221**	**11245**
450953	12954	103662	386521	3.73	14305	27029	49070	26313	1250
231072	409061	145677	590013	4.05	16877	32813	66742	43001	3121
190368	504112	167372	630997	3.77	19105	41975	78893	43953	2551
110851	226151	84699	310889	3.67	10935	20673	39321	23532	1173
103233	271476	102852	357779	3.48	13362	28204	48033	25323	1292
94751	345213	106896	401120	3.75	15762	29033	45906	30099	1858
1133702	**1288046**	**695591**	**2311885**	**3.32**	**116935**	**204579**	**353355**	**133102**	**4555**
499053	177804	194065	642813	3.31	33682	54582	101357	36988	1138
153771	298854	118790	441733	3.72	16139	27861	64001	26065	863
193487	249275	117231	408445	3.48	18531	29865	61875	24555	936
287391	562113	265505	818894	3.08	48583	92271	126122	45494	1618

表1 续表 32

地　区	合计 合　计 (人)	合计 男 (人)	合计 女 (人)	合计 性别比 (女=100)	户籍人口 (人)	少数民族人口比重 (%)	非农业户口人口比重 (%)
清远市	**3698412**	**1894516**	**1803896**	**105.02**	**4164356**	**4.25**	**19.45**
清城区	811233	424151	387082	109.58	661415	1.67	26.80
佛冈县	302906	154922	147984	104.69	332257	0.50	19.06
阳山县	356095	178044	178051	100.00	546383	0.97	16.73
连山壮族瑶族自治县	90515	46835	43680	107.22	113664	59.92	18.47
连南瑶族自治县	129258	65096	64162	101.46	165187	55.09	16.10
清新县	698811	358132	340679	105.12	696497	0.45	11.10
英德市	941952	482827	459125	105.16	1125418	0.52	20.01
连州市	367642	184509	183133	100.75	523535	1.45	21.69
东莞市	**8220207**	**4446224**	**3773983**	**117.81**	**1854215**	**4.94**	**13.39**
市辖区	8220207	4446224	3773983	117.81	1854215	4.94	13.39
中山市	**3121275**	**1656632**	**1464643**	**113.11**	**1498598**	**3.86**	**20.48**
市辖区	3121275	1656632	1464643	113.11	1498598	3.86	20.48
潮州市	**2669466**	**1355495**	**1313971**	**103.16**	**2640595**	**0.81**	**24.28**
湘桥区	452469	222341	230128	96.62	354921	0.89	61.41
潮安县	1334796	691097	643699	107.36	1261781	1.27	11.68
饶平县	882201	442057	440144	100.43	1023893	0.07	24.12
揭阳市	**5884347**	**2994460**	**2889887**	**103.62**	**6585347**	**0.13**	**16.12**
榕城区	746354	383432	362922	105.65	706038	0.51	27.90
揭东县	1159118	594294	564824	105.22	1289179	0.10	11.27
揭西县	825727	423407	402320	105.24	977804	0.08	19.86
惠来县	1097596	548701	548895	99.96	1319263	0.05	17.83
普宁市	2055552	1044626	1010926	103.33	2293063	0.07	12.12
云浮市	**2367154**	**1210330**	**1156824**	**104.63**	**2813877**	**0.30**	**16.60**
云城区	318145	165958	152187	109.05	300939	0.72	32.99
新兴县	431635	218556	213079	102.57	469436	0.50	16.65
郁南县	388732	200097	188635	106.08	516578	0.15	20.35
云安县	269636	139095	130541	106.55	328672	0.14	5.98
罗定市	959006	486624	472382	103.01	1198252	0.18	12.43
广西壮族自治区	**46023761**	**23924704**	**22099057**	**108.26**	**51591711**	**37.17**	**19.03**
南宁市	**6658742**	**3452717**	**3206025**	**107.69**	**6865488**	**53.07**	**28.92**
兴宁区	398789	212365	186424	113.92	298344	52.97	45.23
青秀区	709721	360628	349093	103.30	539879	39.14	62.22
江南区	567999	297424	270575	109.92	438187	45.43	41.67
西乡塘区	1153305	591325	561980	105.22	731601	39.57	47.80
良庆区	344768	184507	160261	115.13	239159	71.92	21.10
邕宁区	259721	136295	123426	110.43	331664	93.95	12.65
武鸣县	544478	283243	261235	108.42	676475	86.61	18.92
隆安县	300215	156473	143742	108.86	393770	96.25	11.39
马山县	390900	197481	193419	102.10	538055	82.48	7.62
上林县	343590	174973	168617	103.77	481446	84.19	10.04
宾阳县	782255	411430	370825	110.95	1010306	19.18	13.83
横县	863001	446573	416428	107.24	1186602	36.64	11.50
柳州市	**3758704**	**1960125**	**1798579**	**108.98**	**3554441**	**51.08**	**34.07**
城中区	160217	82260	77957	105.52	116240	27.22	68.58
鱼峰区	356296	182496	173800	105.00	234217	32.85	66.06
柳南区	492043	255577	236466	108.08	302008	31.03	61.06
柳北区	428043	218727	209316	104.50	322530	28.59	64.44
柳江县	562351	296525	265826	111.55	552336	73.43	16.15
柳城县	353796	183776	170020	108.09	401065	57.95	15.30
鹿寨县	421019	228205	192814	118.35	463391	50.62	21.04
融安县	285641	150983	134658	112.12	315774	41.83	15.98
融水苗族自治县	402054	208915	193139	108.17	479173	71.42	11.95
三江侗族自治县	297244	152661	144583	105.59	367707	82.99	8.83
桂林市	**4747963**	**2456581**	**2291382**	**107.21**	**4988397**	**15.47**	**23.01**
秀峰区	156504	76958	79546	96.75	103984	9.17	52.37
叠彩区	170628	85297	85331	99.96	136142	7.47	67.57
象山区	275284	135742	139542	97.28	224492	8.92	71.16
七星区	297029	154017	143012	107.70	175061	11.16	56.47
雁山区	76193	34894	41299	84.49	71191	10.08	23.45
阳朔县	272223	140323	131900	106.39	308296	12.09	11.90
临桂县	443994	233438	210556	110.87	472057	8.58	15.31
灵川县	350832	183224	167608	109.32	366773	6.98	22.70
全州县	633174	332989	300185	110.93	803495	4.36	10.89
兴安县	329507	170084	159423	106.69	354924	3.92	13.41

城乡人口		家庭户				家庭户类别			
城镇人口（人）	乡村人口（人）	户数（户）	人口数（人）	户规模（人/户）	其中：一人户（户）	一代户（户）	二代户（户）	三代户（户）	四代以上户（户）
1758224	1940188	1032291	3410559	3.30	171300	314561	482863	224611	10256
639659	171574	209044	701238	3.35	31388	61952	100850	44575	1667
118429	184477	81484	284296	3.49	12912	23379	38626	18616	863
125246	230849	107551	344366	3.20	19319	34488	47889	23865	1309
32200	58315	27173	87400	3.22	3943	8499	12823	5598	253
57302	71956	39311	125378	3.19	5701	12020	18917	8025	349
276794	422017	179530	637640	3.55	27863	48999	85239	43186	2106
346927	595025	264529	876414	3.31	43759	78496	126446	56949	2638
161667	205975	123669	353827	2.86	26415	46728	52073	23797	1071
7271322	948885	2311534	5068088	2.19	862380	1606527	581900	120831	2276
7271322	948885	2311534	5068088	2.19	862380	1606527	581900	120831	2276
2740994	380281	915156	2453110	2.68	261081	484818	305064	122135	3139
2740994	380281	915156	2453110	2.68	261081	484818	305064	122135	3139
1674977	994489	621640	2449683	3.94	61399	124987	295203	191332	10118
448226	4243	129015	409105	3.17	19854	39701	64147	24548	619
808042	526754	283996	1197814	4.22	22943	44224	131314	102502	5956
418709	463492	208629	842764	4.04	18602	41062	99742	64282	3543
2783996	3100351	1178425	5653577	4.80	92751	177084	634755	352282	14304
734670	11684	159862	676948	4.23	13779	25912	89026	43602	1322
492178	666940	259769	1126317	4.34	21642	39701	132303	84237	3528
247236	578491	173672	791479	4.56	16274	31742	88222	51420	2288
434958	662638	206805	1087125	5.26	18862	33827	113125	57140	2713
874954	1180598	378317	1971708	5.21	22194	45902	212079	115883	4453
874803	1492351	661506	2253896	3.41	104519	191593	337685	128310	3918
242040	76105	84966	289244	3.40	11027	22215	45131	17138	482
160209	271426	117078	401264	3.43	17790	30970	59044	26197	867
152342	236390	121436	372305	3.07	23720	43869	55722	21246	599
56874	212762	69280	259325	3.74	9394	17013	35596	16042	629
263338	695668	268746	931758	3.47	42588	77526	142192	47687	1341
18417843	27605918	13151404	43970320	3.34	1896845	3913144	6685520	2449918	102822
3578333	3080409	2040955	6044334	2.96	381976	763676	976618	291362	9299
319461	79328	115873	336036	2.90	22210	44812	56277	14503	281
626202	83519	222971	583312	2.62	53158	98067	100224	24291	389
437017	130982	177303	509230	2.87	33469	65855	89425	21517	506
985215	168090	353969	930885	2.63	91437	162415	156214	34792	548
220913	123855	108506	323069	2.98	21232	40963	56696	10568	279
72025	187696	77865	248932	3.20	12087	24874	42163	10507	321
186049	358429	175328	512345	2.92	26607	62786	85672	25964	906
70103	230112	92345	292034	3.16	13206	28839	43439	19185	882
76096	314804	116668	383737	3.29	16454	33395	57880	24318	1075
87912	255678	105880	335790	3.17	16492	33222	50329	21489	840
265157	517098	232153	749514	3.23	34875	78365	117664	35124	1000
232183	630818	262094	839450	3.20	40749	90083	120635	49104	2272
2166882	1591822	1116423	3528215	3.16	153686	340513	569669	199202	7039
158376	1841	46102	133734	2.90	6655	15776	23648	6572	106
356296		113723	325727	2.86	18345	40199	58690	14614	220
487760	4283	157080	459228	2.92	22450	54604	82046	20160	270
408280	19763	139864	396648	2.84	21140	50359	70691	18548	266
213859	348492	151892	529301	3.48	19253	40405	81969	28435	1083
121395	232401	103445	341433	3.30	13738	28430	51800	22128	1087
177290	243729	117272	378679	3.23	17874	36268	56958	23017	1029
95898	189743	83825	279574	3.34	10679	21550	44336	17164	775
103627	298427	116295	394368	3.39	13250	28918	57425	28535	1417
44101	253143	86925	289523	3.33	10302	24004	42106	20029	786
1840230	2907733	1448445	4510484	3.11	208401	450221	710747	274991	12486
145170	11334	52288	141716	2.71	9680	21447	24930	5815	96
146222	24406	58701	165949	2.83	9529	20905	29510	8085	201
270979	4305	94355	263291	2.79	15451	34403	48197	11568	187
274494	22535	89952	235996	2.62	20655	39302	39836	10550	264
7425	68768	15154	51518	3.40	1720	3965	7255	3708	226
72807	199416	80758	264445	3.27	10486	21284	38752	19700	1022
119339	324655	113339	414377	3.66	11985	23898	57590	30301	1550
123534	227298	106949	323494	3.02	16466	36241	47767	21775	1166
143042	490132	213616	623211	2.92	34144	78560	108771	25588	697
97693	231814	104392	322101	3.09	13589	31665	53110	18750	867

表1 续表 33

地 区	合计 合计（人）	合计 男（人）	合计 女（人）	合计 性别比（女=100）	户籍人口（人）	少数民族人口比重（%）	非农业户口人口比重（%）
永福县	233504	122560	110944	110.47	274662	14.92	13.08
灌阳县	233598	124325	109273	113.77	280284	8.04	9.07
龙胜各族自治县	154889	80221	74668	107.44	168895	77.93	13.66
资源县	146824	76422	70402	108.55	170413	20.22	11.54
平乐县	370455	193282	177173	109.09	418501	21.25	12.41
荔浦县	352472	181777	170695	106.49	374169	19.62	14.08
恭城瑶族自治县	250853	131028	119825	109.35	285058	61.48	13.47
梧州市	**2882200**	**1494853**	**1387347**	**107.75**	**3273292**	**2.24**	**20.04**
万秀区	138842	69682	69160	100.75	159000	1.43	57.15
蝶山区	206880	103936	102944	100.96	194912	4.16	62.24
长洲区	185574	94737	90837	104.29	148140	3.65	37.66
苍梧县	550368	286045	264323	108.22	619292	0.84	10.84
藤县	835470	436341	399129	109.32	1036856	0.49	10.09
蒙山县	192953	101243	91710	110.39	212115	18.58	13.64
岑溪市	772113	402869	369244	109.11	902977	0.35	16.07
北海市	**1539251**	**800856**	**738395**	**108.46**	**1617453**	**1.94**	**30.37**
海城区	348544	176469	172075	102.55	278174	3.33	69.06
银海区	176785	94416	82369	114.63	150897	6.53	21.96
铁山港区	142715	74125	68590	108.07	167806	0.74	11.25
合浦县	871207	455846	415361	109.75	1020576	0.66	19.61
防城港市	**866927**	**476343**	**390584**	**121.96**	**860057**	**44.00**	**25.82**
港口区	155236	88780	66456	133.59	121711	19.19	36.14
防城区	362888	196750	166138	118.43	400460	33.46	23.02
上思县	204094	112234	91860	122.18	214504	91.98	19.34
东兴市	144709	78579	66130	118.83	123382	29.38	30.04
钦州市	**3079721**	**1638285**	**1441436**	**113.66**	**3791093**	**10.56**	**12.10**
钦南区	617047	333552	283495	117.66	612960	13.55	27.47
钦北区	581381	319257	262124	121.80	748959	38.68	6.51
灵山县	1152674	600232	552442	108.65	1557752	1.32	8.52
浦北县	728619	385244	343375	112.19	871422	0.19	9.01
贵港市	**4118808**	**2133891**	**1984917**	**107.51**	**5033101**	**14.76**	**10.35**
港北区	578365	297440	280925	105.88	581123	35.06	25.35
港南区	507962	261049	246913	105.73	628917	2.04	7.14
覃塘区	407547	204304	203243	100.52	563241	53.85	3.83
平南县	1128030	594399	533631	111.39	1422379	6.84	8.27
桂平市	1496904	776699	720205	107.84	1837441	6.57	8.97
玉林市	**5487368**	**2857653**	**2629715**	**108.67**	**6712331**	**0.77**	**10.99**
玉州区	1056743	555743	501000	110.93	1014417	1.33	19.87
容县	633139	322614	310525	103.89	818898	0.67	10.59
陆川县	762372	395404	366968	107.75	1035519	0.44	12.24
博白县	1342504	703311	639193	110.03	1747835	0.41	6.64
兴业县	560394	295049	265345	111.19	733097	1.84	4.74
北流市	1132216	585532	546684	107.11	1362565	0.40	10.21
百色市	**3466758**	**1782226**	**1684532**	**105.80**	**3826277**	**85.05**	**12.94**
右江区	372825	190232	182593	104.18	320087	74.55	33.20
田阳县	313253	158608	154645	102.56	338336	89.62	12.68
田东县	356810	181819	174991	103.90	411534	88.29	16.86
平果县	434289	222814	211475	105.36	470839	93.25	13.36
德保县	297907	156353	141554	110.45	350843	97.93	8.76
靖西县	498524	259434	239090	108.51	605064	98.73	8.57
那坡县	153686	79270	74416	106.52	195559	92.58	10.81
凌云县	185869	97065	88804	109.30	193617	54.50	7.18
乐业县	148504	76964	71540	107.58	167067	52.97	8.52
田林县	225043	115089	109954	104.67	243650	73.02	8.64
西林县	138647	71330	67317	105.96	151191	90.49	8.90
隆林各族自治县	341401	173248	168153	103.03	378490	80.18	6.50
贺州市	**1954072**	**1011406**	**942666**	**107.29**	**2231947**	**16.54**	**13.57**
八步区	613461	312347	301114	103.73	665529	9.34	17.96
平桂管理区	392029	204431	187598	108.97	428061	9.48	10.41
昭平县	340647	179571	161076	111.48	402244	9.31	11.93
钟山县	351124	182336	168788	108.03	423326	15.75	12.79
富川瑶族自治县	256811	132721	124090	106.96	312787	55.19	11.19
河池市	**3369251**	**1729426**	**1639825**	**105.46**	**3991899**	**83.89**	**13.25**
金城江区	330131	170463	159668	106.76	308090	75.88	33.29
南丹县	278350	147120	131230	112.11	291421	72.73	19.50
天峨县	155017	80464	74553	107.93	156618	62.32	10.86

城乡人口		家庭户				家庭户类别			
城镇人口 (人)	乡村人口 (人)	户数 (户)	人口数 (人)	户规模 (人/户)	其中：一人户 (户)	一代户 (户)	二代户 (户)	三代户 (户)	四代以上户 (户)
53174	180330	67395	228956	3.40	9125	17174	32448	16847	926
48898	184700	75326	230503	3.06	10556	25330	38546	11052	398
33501	121388	45644	150102	3.29	5562	11848	20083	12808	905
27111	119713	45527	142076	3.12	5826	14005	22982	8207	333
92870	277585	107912	363594	3.37	13007	27178	56201	23443	1090
134908	217564	100357	344404	3.43	11433	22327	47721	28510	1799
49063	201790	76780	244751	3.19	9187	20689	37048	18284	759
1238723	**1643477**	**790220**	**2782132**	**3.52**	**120521**	**220814**	**421992**	**142731**	**4683**
108383	30459	42154	134758	3.20	6182	12264	21203	8435	252
165079	41801	63476	190243	3.00	9146	20121	33238	9924	193
151272	34302	53851	175129	3.25	6862	14723	29722	9232	174
215734	334634	141795	534121	3.77	21657	36219	75523	29091	962
202425	633045	229215	811964	3.54	38969	68652	121823	37650	1090
58778	134175	54192	188774	3.48	7431	13073	27934	12489	696
337052	435061	205537	747143	3.64	30274	55762	112549	35910	1316
727918	**811333**	**407284**	**1467656**	**3.60**	**48420**	**108789**	**221264**	**74857**	**2374**
327077	21467	98058	319976	3.26	13291	29651	51728	16302	377
104208	72577	45691	155161	3.40	5157	12677	26644	6167	203
32103	110612	38993	139640	3.58	3885	9686	22906	6215	186
264530	606677	224542	852879	3.80	26087	56775	119986	46173	1608
418530	**448397**	**224742**	**821965**	**3.66**	**25978**	**56928**	**120423**	**45291**	**2100**
115584	39652	39163	129025	3.29	5484	11884	20995	6026	258
163371	199517	92818	353773	3.81	9890	22138	49694	20098	888
47308	156786	54359	201326	3.70	5775	12907	28983	11867	602
92267	52442	38402	137841	3.59	4829	9999	20751	7300	352
903521	**2176200**	**824829**	**2995674**	**3.63**	**116509**	**244164**	**428242**	**147213**	**5210**
351866	265181	157381	571816	3.63	20396	43373	81271	31490	1247
137273	444108	148124	573141	3.87	18583	39366	76854	30555	1349
248437	904237	320251	1132282	3.54	48552	105512	163013	50257	1469
165945	562674	199073	718435	3.61	28978	55913	107104	34911	1145
1655929	**2462879**	**1169045**	**4003892**	**3.42**	**173735**	**371139**	**618358**	**172372**	**7176**
369500	208865	153414	546040	3.56	20447	44123	82742	25342	1207
141033	366929	149977	489045	3.26	23577	52155	73646	23029	1147
148354	259193	123351	399485	3.24	17426	42318	61242	18872	919
488830	639200	321795	1101663	3.42	48175	101167	174383	44483	1762
508212	988692	420508	1467659	3.49	64110	131376	226345	60646	2141
2172918	**3314450**	**1505095**	**5316048**	**3.53**	**215962**	**439874**	**809271**	**248019**	**7931**
547924	508819	254990	967269	3.79	26700	56285	140417	56517	1771
185002	448137	200864	617337	3.07	38650	75891	98413	25722	838
252296	510076	222827	751500	3.37	36032	71793	122281	27993	760
367495	975009	346136	1320370	3.81	44100	95357	192686	55961	2132
167348	393046	160442	550488	3.43	22429	45208	80693	33365	1176
652853	479363	319836	1109084	3.47	48051	95340	174781	48461	1254
886050	**2580708**	**963356**	**3354065**	**3.48**	**109987**	**220868**	**464857**	**262370**	**15261**
185497	187328	101992	333185	3.27	12874	27219	47562	25672	1539
96233	217020	91020	303109	3.33	10535	20071	42352	26907	1690
94689	262121	105690	343399	3.25	13796	28009	51869	24725	1087
164135	270154	123421	420651	3.41	15325	29689	64623	27938	1171
53451	244456	84565	291416	3.45	11428	20884	38248	23986	1447
92786	405738	135001	488278	3.62	15367	29539	62123	40805	2534
29602	124084	47594	150952	3.17	6628	12962	21307	12560	765
30042	155827	46449	183100	3.94	3246	7531	24197	13853	868
29794	118710	39248	147459	3.76	3766	7913	21528	9420	387
36626	188417	62113	219894	3.54	6366	13843	27522	19285	1463
27597	111050	37437	135677	3.62	3655	7861	18123	10764	689
45598	295803	88826	336945	3.79	7001	15347	45403	26455	1621
689545	**1264527**	**495468**	**1893977**	**3.82**	**53549**	**109875**	**254534**	**124131**	**6928**
243261	370200	154346	583118	3.78	16565	35775	77483	38795	2293
136628	255401	95018	382985	4.03	9087	17744	51638	24307	1329
124323	216324	91041	334256	3.67	11623	21365	46067	22344	1265
113246	237878	86854	338734	3.90	9694	20107	43614	21999	1134
72087	184724	68209	254884	3.74	6580	14884	35732	16686	907
888199	**2481052**	**988334**	**3281608**	**3.32**	**138675**	**267022**	**490249**	**221189**	**9874**
197858	132273	102593	305841	2.98	17976	34094	50160	17789	550
98233	180117	80329	268962	3.35	10633	21311	41587	16812	619
48110	106907	40661	151544	3.73	3557	7598	20704	11862	497

表1 续表 34

地区	合计				户籍人口	少数民族人口比重	非农业户口人口比重
	合计（人）	男（人）	女（人）	性别比（女=100）	（人）	（%）	（%）
凤山县	161457	82145	79312	103.57	195684	63.39	9.24
东兰县	213028	108307	104721	103.42	295519	91.44	8.78
罗城仫佬族自治县	298261	153114	145147	105.49	369196	74.74	10.25
环江毛南族自治县	272328	141653	130675	108.40	361762	94.02	10.59
巴马瑶族自治县	224637	114130	110507	103.28	266743	85.94	9.55
都安瑶族自治县	516629	260223	256406	101.49	671991	96.83	6.47
大化瑶族自治县	360802	184012	176790	104.09	446226	93.58	9.57
宜州市	558611	287795	270816	106.27	628649	84.11	14.70
来宾市	**2099711**	**1087203**	**1012508**	**107.38**	**2498236**	**76.82**	**14.39**
兴宾区	910282	470909	439373	107.18	1015165	73.71	14.92
忻城县	312441	159577	152864	104.39	405384	96.14	8.37
象州县	285202	147990	137212	107.85	354918	73.71	12.25
武宣县	353253	184468	168785	109.29	431330	68.61	12.23
金秀瑶族自治县	124037	64754	59283	109.23	152212	81.86	13.77
合山市	114496	59505	54991	108.21	139227	76.39	39.27
崇左市	**1994285**	**1043139**	**951146**	**109.67**	**2347699**	**88.11**	**15.59**
江州区	316738	169796	146942	115.55	347821	79.83	18.89
扶绥县	379118	201336	177782	113.25	431983	84.23	17.46
宁明县	337133	177913	159220	111.74	412307	80.65	14.43
龙州县	221768	112205	109563	102.41	260178	94.90	20.87
大新县	296555	151262	145293	104.11	359809	97.65	12.42
天等县	330814	170613	160201	106.50	429171	98.74	6.19
凭祥市	112159	60014	52145	115.09	106430	77.03	28.65
海南省	**8671485**	**4592283**	**4079202**	**112.58**	**8485905**	**16.44**	**34.96**
海口市	**2046170**	**1060095**	**986075**	**107.51**	**1459948**	**2.51**	**50.58**
秀英区	349541	186456	163085	114.33	270257	2.20	31.98
龙华区	593018	303914	289104	105.12	375817	2.48	56.88
琼山区	479958	251224	228734	109.83	369105	2.41	45.21
美兰区	623653	318501	305152	104.37	444769	2.79	59.03
三亚市	**685408**	**362796**	**322612**	**112.46**	**564001**	**33.74**	**40.44**
市辖区	685408	362796	322612	112.46	564001	33.74	40.44
省直辖县级行政区划	**5939907**	**3169392**	**2770515**	**114.40**	**6461956**	**19.24**	**28.91**
五指山市	104119	55710	48409	115.08	114253	65.43	37.84
琼海市	483217	255908	227309	112.58	475372	4.30	28.14
儋州市	932356	506475	425881	118.92	1014372	7.72	36.96
文昌市	537426	274980	262446	104.78	571004	1.20	22.10
万宁市	545597	292045	253552	115.18	588711	16.05	25.85
东方市	408309	215598	192711	111.88	440009	20.65	22.97
定安县	284614	151727	132887	114.18	320552	2.06	27.74
屯昌县	256931	135804	121127	112.12	289972	10.57	34.00
澄迈县	467161	256982	210179	122.27	541933	1.44	32.03
临高县	427873	227902	199971	113.97	481034	0.10	26.57
白沙黎族自治县	167918	91044	76874	118.43	203839	66.02	34.94
昌江黎族自治县	223839	119793	104046	115.13	242049	38.65	30.64
乐东黎族自治县	458875	241790	217085	111.38	480763	38.59	21.16
陵水黎族自治县	320468	170071	150397	113.08	319755	54.22	21.49
保亭黎族苗族自治县	146684	79174	67510	117.28	164921	69.06	38.96
琼中黎族苗族自治县	174076	93999	80077	117.39	213212	65.43	37.16
西沙群岛	444	390	54	722.22	205	2.03	33.63
南沙群岛							
中沙群岛的岛礁及其海域							
重庆市	**28846170**	**14608870**	**14237300**	**102.61**	**33149845**	**6.72**	**34.59**
市辖区	**15693490**	**7947973**	**7745517**	**102.61**	**15612594**	**2.84**	**45.62**
万州区	1563050	779146	783904	99.39	1752998	1.19	37.83
涪陵区	1066714	537905	528809	101.72	1158065	0.72	35.62
渝中区	630090	312711	317379	98.53	576617	0.95	72.21
大渡口区	301042	152964	148078	103.30	234737	0.62	65.37
江北区	738003	375554	362449	103.62	548577	0.76	73.39
沙坪坝区	1000013	506426	493587	102.60	769820	1.36	67.48
九龙坡区	1084419	556280	528139	105.33	819465	0.74	58.40
南岸区	759570	386052	373518	103.36	603783	1.15	71.14
北碚区	680360	343858	336502	102.19	634736	1.12	48.37
万盛区	255776	128968	126808	101.70	268050	0.84	51.75
双桥区	50116	25330	24786	102.19	51466	0.27	59.32
渝北区	1345410	683644	661766	103.31	1030985	0.86	56.70

城乡人口		家庭户				家庭户类别			
城镇人口（人）	乡村人口（人）	户数（户）	人口数（人）	户规模（人/户）	其中：一人户（户）	一代户（户）	二代户（户）	三代户（户）	四代以上户（户）
22029	139428	46520	160203	3.44	5578	11810	23967	10284	459
36657	176371	68434	209800	3.07	10979	21965	30574	15343	552
70238	228023	83935	294818	3.51	10149	18350	40869	23381	1335
67292	205036	90512	267610	2.96	16298	30080	44307	15560	565
37267	187370	60504	218741	3.62	6254	13181	29881	16643	799
83348	433281	152874	510636	3.34	23420	43216	76819	31474	1365
71802	289000	102028	354285	3.47	13400	25405	53861	21903	859
155365	403246	159944	539168	3.37	20431	40012	77520	40138	2274
696487	**1403224**	**594341**	**2037669**	**3.43**	**77304**	**164652**	**312027**	**111813**	**5849**
315875	594407	232384	877491	3.78	23324	53357	133467	43360	2200
74501	237940	100060	307541	3.07	17023	31379	48301	19418	962
91020	194182	86882	277540	3.19	12278	26669	41578	17579	1056
112768	240485	100290	343527	3.43	13231	28508	54213	16885	684
36205	87832	37853	121075	3.20	5608	11192	17167	8782	712
66118	48378	36872	110495	3.00	5840	13547	17301	5789	235
554578	**1439707**	**582867**	**1932601**	**3.32**	**72142**	**154609**	**287269**	**134377**	**6612**
113539	203199	93294	298415	3.20	11188	25881	49643	17136	634
127371	251747	113351	361953	3.19	14403	32277	62717	17801	556
68391	268742	96632	335069	3.47	11798	24777	51402	19653	800
67203	154565	69197	213753	3.09	9498	20394	30535	17305	963
58829	237726	85589	292043	3.41	9578	19888	36314	27415	1972
54201	276613	90150	326235	3.62	10237	19953	39237	29421	1539
65044	47115	34654	105133	3.03	5440	11439	17421	5646	148
4308516	**4362969**	**2331149**	**8060519**	**3.46**	**404299**	**732676**	**1177478**	**405652**	**15343**
1517410	**528760**	**549454**	**1766621**	**3.22**	**89961**	**186876**	**277667**	**82837**	**2074**
205936	143605	85573	308203	3.60	11738	24434	46744	14021	374
506263	86755	171374	521418	3.04	29953	63192	87473	20422	287
317533	162425	124464	413581	3.32	18614	39378	62186	22151	749
487678	135975	168043	523419	3.11	29656	59872	81264	26243	664
453819	**231589**	**152524**	**570985**	**3.74**	**18426**	**41539**	**85177**	**25252**	**556**
453819	231589	152524	570985	3.74	18426	41539	85177	25252	556
2337287	**3602620**	**1629171**	**5722913**	**3.51**	**295912**	**504261**	**814634**	**297563**	**12713**
53268	50851	28475	89399	3.14	4342	8889	16723	2814	49
194400	288817	133942	451111	3.37	24634	45440	54132	32488	1882
418834	513522	243987	899381	3.69	54506	76932	119606	45453	1996
251795	285631	161537	508596	3.15	37686	64360	60702	34720	1755
221263	324334	155939	527071	3.38	28848	50187	77764	26681	1307
153726	254583	105976	399375	3.77	16754	26779	63026	15639	532
104960	179654	85321	275955	3.23	15611	30867	38822	15064	568
100684	156247	72861	251217	3.45	8891	21264	38195	12931	471
184266	282895	138454	450617	3.25	36344	53802	61337	22439	876
155595	272278	110638	417008	3.77	20326	31440	57171	21507	520
42524	125394	49856	164149	3.29	9412	16354	25644	7577	281
106960	116879	60202	213614	3.55	8858	16655	32971	10193	383
132625	326250	114859	450813	3.92	8987	20980	76274	17074	531
118176	202292	74475	315129	4.23	6043	11239	42481	19566	1189
46000	100684	41937	139396	3.32	7010	12885	23114	5792	146
51767	122309	50667	169951	3.35	7658	16162	26657	7621	227
444		45	131	2.91	2	26	15	4	
15295803	**13550367**	**10000965**	**26994017**	**2.70**	**2228122**	**4194860**	**4198185**	**1557303**	**50617**
10778685	**4914805**	**5373542**	**14258285**	**2.65**	**1192083**	**2268155**	**2228980**	**850844**	**25563**
859662	703388	529381	1458158	2.75	97509	198522	239801	88379	2679
595224	471490	334579	974063	2.91	55915	117753	148640	65855	2331
630090		230896	567590	2.46	63349	114026	90289	26159	422
280512	20530	109859	283020	2.58	25799	47463	46652	15367	377
672545	65458	249323	643097	2.58	60349	112024	102747	33903	649
900568	99445	301535	791939	2.63	62164	126352	129636	44205	1342
939349	145070	376535	982626	2.61	74545	167546	155724	51788	1477
683717	75853	258022	642401	2.49	62449	115234	106212	35773	803
501822	178538	224094	587229	2.62	45216	96183	90907	36144	860
185362	70414	83844	244243	2.91	16621	30034	34432	18740	638
46633	3483	18476	48505	2.63	4243	8099	8138	2166	73
985918	359492	462638	1198802	2.59	106639	204021	190909	66174	1534

表1 续表 35

地区	合计				户籍人口	少数民族人口比重	非农业户口人口比重
	合计（人）	男（人）	女（人）	性别比（女=100）	（人）	（%）	（%）
巴南区	918692	473142	445550	106.19	873304	0.48	36.91
黔江区	445012	229691	215321	106.67	539334	73.30	26.54
长寿区	770009	390060	379949	102.66	897126	0.16	29.17
江津区	1233149	627687	605462	103.67	1498096	0.20	32.23
合川区	1293028	651531	641497	101.56	1549015	0.85	27.67
永川区	1024708	518100	506608	102.27	1127292	0.74	32.66
南川区	534329	268924	265405	101.33	679128	0.36	21.57
县	**13152680**	**6660897**	**6491783**	**102.61**	**17537251**	**11.33**	**21.38**
綦江县	801041	404511	396530	102.01	951005	0.61	28.66
潼南县	639985	323257	316728	102.06	945088	0.11	18.61
铜梁县	600086	297588	302498	98.38	831163	0.24	22.95
大足县	671243	341724	329519	103.70	975004	0.08	25.99
荣昌县	661253	329366	331887	99.24	842521	0.29	28.21
璧山县	586034	297752	288282	103.28	634351	0.27	39.94
梁平县	687525	349316	338209	103.28	917992	0.07	16.84
城口县	192967	98387	94580	104.03	250951	0.07	14.11
丰都县	649182	327027	322155	101.51	838348	0.22	24.43
垫江县	704458	354462	349996	101.28	963958	0.13	23.87
武隆县	351038	180010	171028	105.25	413743	3.08	18.86
忠县	751424	378446	372978	101.47	1011574	1.06	17.97
开县	1160336	584846	575490	101.63	1655202	0.03	19.57
云阳县	912912	456793	456119	100.15	1342834	0.31	20.10
奉节县	834259	426888	407371	104.79	1057365	0.70	17.49
巫山县	495072	254793	240279	106.04	647677	1.05	19.55
巫溪县	414073	209870	204203	102.78	546375	0.14	17.40
石柱土家族自治县	415050	210866	204184	103.27	542566	78.25	21.36
秀山土家族苗族自治县	501590	255904	245686	104.16	651023	56.59	16.65
酉阳土家族苗族自治县	578058	296694	281364	105.45	833843	93.58	15.75
彭水苗族土家族自治县	545094	282397	262697	107.50	684668	53.85	12.93
四川省	**80417528**	**40827834**	**39589694**	**103.13**	**89980794**	**6.10**	**26.81**
成都市	**14047625**	**7138705**	**6908920**	**103.33**	**11426983**	**0.90**	**44.35**
锦江区	690422	344711	345711	99.71	420705	0.78	76.33
青羊区	828140	407655	420485	96.95	561471	1.18	79.48
金牛区	1200776	617967	582809	106.03	710030	1.23	60.68
武侯区	1375699	707631	668068	105.92	786786	1.53	63.39
成华区	938785	483749	455036	106.31	641275	0.58	64.94
龙泉驿区	767203	382695	384508	99.53	584346	0.88	45.24
青白江区	381792	192964	188828	102.19	409537	0.57	41.04
新都区	775703	392432	383271	102.39	677374	0.41	34.72
温江区	457070	229040	228030	100.44	365362	0.97	43.89
金堂县	717227	363823	353404	102.95	896158	0.18	18.22
双流县	1279930	658746	621184	106.05	979101	1.03	35.86
郫县	896162	478729	417433	114.68	562793	1.42	38.55
大邑县	502199	255164	247035	103.29	516727	0.32	25.01
蒲江县	239562	119099	120463	98.87	264957	0.29	20.50
新津县	302199	151289	150910	100.25	308110	0.44	25.55
都江堰市	657996	331637	326359	101.62	607594	2.38	33.29
彭州市	762887	383326	379561	100.99	802157	0.44	21.50
邛崃市	612753	306862	305891	100.32	659331	0.26	21.86
崇州市	661120	331186	329934	100.38	673169	0.40	23.18
自贡市	**2678899**	**1339594**	**1339305**	**100.02**	**3254658**	**0.18**	**29.32**
自流井区	346403	171471	174932	98.02	350948	0.38	71.29
贡井区	260607	131440	129167	101.76	295722	0.15	32.94
大安区	382245	189571	192674	98.39	456904	0.11	39.82
沿滩区	272809	135295	137514	98.39	388285	0.14	14.90
荣县	590640	295962	294678	100.44	699189	0.25	20.45
富顺县	826195	415855	410340	101.34	1063610	0.10	16.74
攀枝花市	**1214121**	**628899**	**585222**	**107.46**	**1117929**	**14.44**	**44.23**
东区	364326	187959	176367	106.57	315349	3.38	74.75
西区	162557	84571	77986	108.44	154037	5.13	73.53
仁和区	260294	136970	123324	111.07	219674	19.47	35.20
米易县	219227	111941	107286	104.34	217644	18.94	11.99
盐边县	207717	107458	100259	107.18	211225	30.06	12.04
泸州市	**4218427**	**2138060**	**2080367**	**102.77**	**5043836**	**1.72**	**19.67**
江阳区	575231	284380	290851	97.78	636799	0.42	43.07
纳溪区	451401	231411	219990	105.19	484357	0.04	19.90

城乡人口		家庭户				家庭户类别			
城镇人口 (人)	乡村人口 (人)	户数 (户)	人口数 (人)	户规模 (人/户)	其中：一人户 (户)	一代户 (户)	二代户 (户)	三代户 (户)	四代以上户 (户)
669269	249423	325113	836236	2.57	80728	141424	129118	53100	1471
173997	271015	151674	423779	2.79	34073	60390	68265	22284	735
408261	361748	296601	749352	2.53	76500	134467	123668	37600	866
686189	546960	442040	1182274	2.67	104642	185191	172307	81400	3142
721753	571275	481648	1214489	2.52	131026	223711	181121	74277	2539
582769	441939	320055	911791	2.85	57499	123560	135791	58374	2330
255045	279284	177229	518691	2.93	32817	62155	74623	39156	1295
4517118	**8635562**	**4627423**	**12735732**	**2.75**	**1036039**	**1926705**	**1969205**	**706459**	**25054**
328573	472468	295848	775872	2.62	75326	123498	120523	50046	1781
247084	392901	234671	620637	2.64	58370	108260	91726	33490	1195
248962	351124	227416	579495	2.55	55832	104849	86555	34658	1354
268550	402693	224980	651614	2.90	45884	89534	91840	41575	2031
271232	390021	251154	640633	2.55	65453	113735	99629	36502	1288
246425	339609	216168	558900	2.59	53149	99387	82954	32517	1310
235753	451772	247037	673379	2.73	56068	101337	103310	41077	1313
49039	143928	60851	190229	3.13	8871	20170	27506	12661	514
224003	425179	227564	628034	2.76	50811	92648	101275	32731	910
241424	463034	228085	655515	2.87	41307	90496	101492	34946	1151
115823	235215	116978	342553	2.93	24121	41315	50530	24212	921
247406	504018	259533	734318	2.83	49735	101279	110701	45797	1756
416415	743921	420652	1124600	2.67	102895	182727	178803	57269	1853
293636	619276	338885	887538	2.62	82977	153393	142727	41470	1295
269302	564957	297314	815868	2.74	69810	125606	134941	35691	1076
148597	346475	168380	480048	2.85	32316	64355	81680	21603	742
105111	308962	144066	398476	2.77	30914	58400	62565	22081	1020
134173	280877	148110	390189	2.63	34397	67793	63648	16282	387
150566	351024	148664	490255	3.30	24354	46210	68612	32576	1266
137635	440423	195743	563762	2.88	41701	80406	86832	27604	901
137409	407685	175324	533817	3.04	31748	61307	81356	31671	990
32344428	**48073100**	**25794161**	**76207174**	**2.95**	**4523874**	**9208642**	**11387981**	**4979815**	**217723**
9237015	**4810610**	**4547109**	**12354452**	**2.72**	**835255**	**1869571**	**1885355**	**758171**	**34012**
690422		224578	588710	2.62	48867	100419	94023	29698	438
828140		268822	684020	2.54	57268	124413	111870	32091	448
1200776		409518	1052506	2.57	88313	194789	166061	47854	814
1375051	648	460612	1142034	2.48	107545	238372	171555	49654	1031
874274	64511	322754	854817	2.65	59450	140547	142797	38876	534
466058	301145	222360	633200	2.85	32197	82784	94412	43408	1756
175428	206364	143539	364366	2.54	26432	61312	64818	16991	418
427867	347836	251237	708469	2.82	43334	93088	108488	47427	2234
278906	178164	134259	360544	2.69	21089	55753	57974	19682	850
186844	530383	257711	688410	2.67	51812	104373	116880	35233	1225
795123	484807	410518	1129949	2.75	73727	171352	162259	73094	3813
589647	306515	225017	604880	2.69	44863	98303	87623	37306	1785
175898	326301	150735	466058	3.09	18825	41928	61418	43926	3463
73069	166493	87059	231820	2.66	15139	34120	36338	15662	939
122139	180060	107492	283152	2.63	19052	44941	45380	16368	803
317627	340369	210521	601211	2.86	31620	73527	89938	44606	2450
263199	499688	250840	731626	2.92	36193	83073	103569	60604	3594
190099	422654	203029	587002	2.89	31138	63628	87415	48928	3058
206448	454672	206508	641678	3.11	28391	62849	82537	56763	4359
1098902	**1579997**	**836231**	**2582709**	**3.09**	**124694**	**267113**	**355569**	**204006**	**9543**
295875	50528	111218	319658	2.87	15059	39870	49074	21618	656
117064	143543	79081	255500	3.23	10201	20957	32615	24283	1226
188085	194160	132348	376762	2.85	25645	48520	57290	25559	979
65180	207629	87420	267415	3.06	14316	29376	36499	20582	963
180247	410393	187304	557066	2.97	28055	62651	76518	45880	2255
252451	573744	238860	806308	3.38	31418	65739	103573	66084	3464
729740	**484381**	**378764**	**1136724**	**3.00**	**51042**	**130111**	**174563**	**71529**	**2561**
356925	7401	126168	332998	2.64	20763	55507	54769	15700	192
152816	9741	56615	151422	2.67	8407	23088	26754	6666	107
121517	138777	76962	241042	3.13	9040	22870	36139	17166	787
58299	160928	61614	212394	3.45	6118	14492	28387	17883	852
40183	167534	57405	198868	3.46	6714	14154	28514	14114	623
1487444	**2730983**	**1268324**	**4063260**	**3.20**	**197169**	**388158**	**558379**	**306768**	**15019**
329723	245508	180081	534306	2.97	28563	62280	78908	37420	1473
176747	274654	138913	437564	3.15	21298	41440	61168	34721	1584

表1 续表 36

地 区	合计 合计 (人)	合计 男 (人)	合计 女 (人)	合计 性别比 (女=100)	户籍人口 (人)	少数民族人口比重 (%)	非农业户口人口比重 (%)
龙马潭区	344601	168816	175785	96.04	348884	0.27	43.92
泸县	840336	421097	419239	100.44	1093093	0.14	9.70
合江县	709476	362450	347026	104.44	906272	0.67	14.66
叙永县	584299	303796	280503	108.30	721928	6.62	14.91
古蔺县	713083	366110	346973	105.52	852503	3.42	8.95
德阳市	**3615758**	**1827143**	**1788615**	**102.15**	**3869617**	**0.25**	**27.47**
旌阳区	735070	373115	361955	103.08	658854	0.64	52.31
中江县	1186762	607498	579264	104.87	1432243	0.05	14.45
罗江县	212185	106789	105396	101.32	245558	0.11	19.96
广汉市	591115	296501	294614	100.64	593417	0.23	32.99
什邡市	412758	205319	207439	98.98	422740	0.17	20.76
绵竹市	477868	237921	239947	99.16	516805	0.32	23.93
绵阳市	**4613871**	**2336711**	**2277160**	**102.62**	**5375401**	**3.25**	**29.50**
涪城区	866727	439046	427681	102.66	676724	1.20	57.72
游仙区	488604	249271	239333	104.15	535286	0.73	38.40
三台县	1042064	529098	512966	103.14	1439689	0.12	15.89
盐亭县	417221	210259	206962	101.59	601621	0.58	19.56
安县	366802	184754	182048	101.49	436150	1.23	16.19
梓潼县	302246	153404	148842	103.06	380503	0.23	16.00
北川羌族自治县	197108	101490	95618	106.14	236784	35.77	24.93
平武县	170959	88971	81988	108.52	183930	30.64	15.66
江油市	762140	380418	381722	99.66	884714	0.54	31.69
广元市	**2484122**	**1251498**	**1232624**	**101.53**	**3094117**	**0.41**	**24.65**
利州区	516424	262539	253885	103.41	481024	0.70	53.33
元坝区	168489	86590	81899	105.73	238344	0.22	12.01
朝天区	174333	88162	86171	102.31	205460	0.26	7.18
旺苍县	385787	195002	190785	102.21	461755	0.09	24.36
青川县	222253	115117	107136	107.45	245227	2.07	17.78
剑阁县	457656	229939	227717	100.98	677232	0.05	14.11
苍溪县	559180	274149	285031	96.18	785075	0.08	18.95
遂宁市	**3252619**	**1642115**	**1610504**	**101.96**	**3786833**	**0.09**	**25.13**
船山区	656760	329342	327418	100.59	680368	0.06	53.21
安居区	639125	328405	310720	105.69	789432	0.09	7.27
蓬溪县	553239	282309	270930	104.20	739636	0.09	15.07
射洪县	924531	460531	464000	99.25	1026220	0.06	27.50
大英县	478964	241528	237436	101.72	551177	0.19	17.52
内江市	**3702847**	**1878205**	**1824642**	**102.94**	**4278501**	**0.18**	**21.04**
市中区	501285	252173	249112	101.23	536167	0.15	42.55
东兴区	749810	377658	372152	101.48	882839	0.15	19.12
威远县	626482	317861	308621	102.99	753807	0.17	20.80
资中县	1192060	612719	579341	105.76	1319410	0.10	12.00
隆昌县	633210	317794	315416	100.75	786278	0.40	23.44
乐山市	**3235759**	**1631205**	**1604554**	**101.66**	**3542882**	**4.95**	**31.13**
市中区	662814	325113	337701	96.27	586977	0.59	47.76
沙湾区	187180	97640	89540	109.05	194043	0.28	34.54
五通桥区	312086	156640	155446	100.77	319923	0.20	41.88
金口河区	49157	25552	23605	108.25	53715	13.47	27.12
犍为县	434409	219242	215167	101.89	572801	0.24	25.74
井研县	282222	139153	143069	97.26	416807	0.19	22.21
夹江县	338346	169533	168813	100.43	350118	0.20	17.68
沐川县	216737	113367	103370	109.67	257561	0.15	15.75
峨边彝族自治县	139210	72463	66747	108.56	146896	38.47	15.56
马边彝族自治县	176530	90023	86507	104.06	209646	51.02	11.50
峨眉山市	437068	222479	214589	103.68	434395	0.54	38.85
南充市	**6278614**	**3187415**	**3091199**	**103.11**	**7525830**	**0.13**	**24.69**
顺庆区	701927	345962	355965	97.19	639726	0.31	58.08
高坪区	549313	282364	266949	105.77	598306	0.12	27.97
嘉陵区	607635	319655	287980	111.00	686432	0.08	15.80
南部县	929923	459723	470200	97.77	1312216	0.05	19.78
营山县	749734	381641	368093	103.68	941662	0.02	17.88
蓬安县	567373	290390	276983	104.84	698795	0.01	17.04
仪陇县	930028	481092	448936	107.16	1111225	0.03	18.03
西充县	513746	262458	251288	104.45	655555	0.02	22.22
阆中市	728935	364130	364805	99.81	881913	0.55	26.88

城乡人口		家庭户				家庭户类别			
城镇人口 (人)	乡村人口 (人)	户数 (户)	人口数 (人)	户规模 (人/户)	其中：一人户 (户)	一代户 (户)	二代户 (户)	三代户 (户)	四代以上户 (户)
235804	108797	120304	329295	2.74	23283	46253	51870	21329	852
269241	571095	256318	806394	3.15	40181	76237	105136	70956	3989
214805	494671	230204	684824	2.97	43268	80125	97349	50310	2420
139129	445170	167500	570312	3.40	21991	44598	77915	43002	1985
121995	591088	175004	700565	4.00	18585	37225	86033	49030	2716
1493992	**2121766**	**1296585**	**3476015**	**2.68**	**238365**	**525238**	**562788**	**201935**	**6624**
530122	204948	256764	674293	2.63	43347	111254	109686	34714	1110
269255	917507	416152	1162799	2.79	84921	149565	195502	69030	2055
79269	132916	78229	200872	2.57	15778	34456	31953	11389	431
235872	355243	206247	566269	2.75	33888	78659	86998	39187	1403
187473	225285	147446	402775	2.73	22793	57651	61734	27006	1055
192001	285867	191747	469007	2.45	37638	93653	76915	20609	570
1838667	**2775204**	**1672203**	**4375309**	**2.62**	**362604**	**716238**	**689926**	**256608**	**9431**
712177	154550	301161	749051	2.49	71761	141999	124326	34123	713
254830	233774	178901	452440	2.53	39272	80244	72696	25013	948
206740	835324	378146	1015014	2.68	84066	156953	154545	64437	2211
97248	319973	158687	405864	2.56	40682	72150	60663	24808	1066
96265	270537	143826	357373	2.48	31766	70875	55579	16720	652
61950	240296	108642	297113	2.73	19832	39152	46346	21964	1180
55671	141437	67514	189163	2.80	13201	26827	28591	11682	414
41632	129327	55148	167549	3.04	8476	17017	27820	9999	312
312154	449986	280178	741742	2.65	53548	111021	119360	47862	1935
819206	**1664916**	**831175**	**2337517**	**2.81**	**147844**	**305164**	**369626**	**149383**	**7002**
359191	157233	168056	475301	2.83	27411	57768	81262	28037	989
28197	140292	54405	153269	2.82	9196	19890	22557	11339	619
20368	153965	52704	167287	3.17	6744	14817	24550	12676	661
136405	249382	124314	362181	2.91	19894	44120	56766	22467	961
41830	180423	76047	218090	2.87	13804	26345	37092	12152	458
105487	352169	164872	437557	2.65	33481	69604	68354	25581	1333
127728	431452	190777	523832	2.75	37314	72620	79045	37131	1981
1199558	**2053061**	**1027409**	**3146538**	**3.06**	**175089**	**339153**	**458987**	**219704**	**9565**
462252	194508	208896	621425	2.97	31583	70061	100465	37079	1291
87574	551551	186603	629308	3.37	28419	52485	79470	51695	2953
149400	403839	174460	538717	3.09	31001	62241	74797	36011	1411
358735	565796	307417	886415	2.88	59849	105466	135969	63575	2407
141597	337367	150033	470673	3.14	24237	48900	68286	31344	1503
1401041	**2301806**	**1203038**	**3622953**	**3.01**	**218367**	**384233**	**550075**	**257325**	**11405**
277326	223959	166228	489038	2.94	28640	52018	79537	33680	993
309119	440691	237046	723159	3.05	41112	73953	111001	49738	2354
260044	366438	204600	616121	3.01	33004	66017	90527	45646	2410
265058	927002	370430	1178535	3.18	65798	105762	172312	88232	4124
289494	343716	224734	616100	2.74	49813	86483	96698	40029	1524
1277315	**1958444**	**1065594**	**3075478**	**2.89**	**177816**	**383824**	**459423**	**212593**	**9754**
411289	251525	210232	595033	2.83	34171	79265	88680	40502	1785
74539	112641	57649	171000	2.97	8607	18198	25646	13131	674
173439	138647	106566	307051	2.88	16321	34688	48273	22707	898
19485	29672	15400	46227	3.00	2321	5761	7003	2527	109
114294	320115	167063	425591	2.55	41061	77153	63692	25509	709
73047	209175	105816	276844	2.62	22173	46840	39979	18123	874
85238	253108	110171	334335	3.03	13821	30674	48421	29079	1997
45281	171456	67230	210100	3.13	10184	20035	31128	15436	631
35844	103366	39067	133998	3.43	5358	11053	19977	7763	274
24510	152020	47353	173699	3.67	5930	12044	25640	9358	311
220349	216719	139047	401600	2.89	17869	48113	60984	28458	1492
2254665	**4023949**	**2046140**	**6017805**	**2.94**	**379965**	**729790**	**891193**	**408296**	**16861**
531639	170288	222144	632369	2.85	36575	81574	104802	34953	815
186937	362376	166149	513367	3.09	28263	53007	74451	37350	1341
171826	435809	188810	583401	3.09	32869	60310	87444	39729	1327
249559	680364	320854	898422	2.80	62269	123053	138010	57272	2519
183789	565945	236951	739127	3.12	43444	76307	99308	58222	3114
200531	366842	193050	558871	2.89	41603	68200	83989	39480	1381
346569	583459	286139	898648	3.14	50799	94747	125578	63130	2684
141280	372466	180955	495346	2.74	35573	76380	76421	26979	1175
242535	486400	251088	698254	2.78	48570	96212	101190	51181	2505

表1　续表 37

地　区	合　计				户籍人口	少数民族人口比重	非农业户口人口比重
	合　计（人）	男（人）	女（人）	性别比（女=100）	（人）	(%)	(%)
眉山市	**2950545**	**1471587**	**1478958**	**99.50**	**3489534**	**0.42**	**24.51**
东坡区	821853	407721	414132	98.45	852289	0.46	36.14
仁寿县	1233074	617483	615591	100.31	1597921	0.49	17.75
彭山县	285889	143907	141982	101.36	334219	0.58	31.58
洪雅县	300217	149336	150881	98.98	347451	0.18	21.83
丹棱县	141953	70141	71812	97.67	160446	0.12	18.25
青神县	167559	82999	84560	98.15	197208	0.24	15.04
宜宾市	**4471896**	**2299731**	**2172165**	**105.87**	**5406434**	**2.01**	**20.04**
翠屏区	836340	422539	413801	102.11	798401	0.36	45.60
宜宾县	813053	416319	396734	104.94	1015593	0.12	11.55
南溪县	335811	171954	163857	104.94	423367	0.16	20.03
江安县	399829	205986	193843	106.26	548995	0.05	14.53
长宁县	339972	177020	162952	108.63	450062	0.40	12.69
高县	411123	212080	199043	106.55	530819	0.71	13.44
珙县	379798	198418	181380	109.39	436488	4.48	21.67
筠连县	329053	170643	158410	107.72	422373	5.02	11.92
兴文县	377166	196876	180290	109.20	470629	10.81	12.18
屏山县	249751	127896	121855	104.96	309707	2.62	11.03
广安市	**3205476**	**1603068**	**1602408**	**100.04**	**4667164**	**0.11**	**20.94**
广安区	858159	427981	430178	99.49	1258124	0.16	27.00
岳池县	778639	387162	391477	98.90	1179857	0.11	17.29
武胜县	585624	291884	293740	99.37	842815	0.10	15.18
邻水县	704695	357032	347663	102.69	1024296	0.07	18.23
华蓥市	278359	139009	139350	99.76	362072	0.09	31.53
达州市	**5468097**	**2795541**	**2672556**	**104.60**	**6827251**	**0.78**	**21.61**
通川区	478276	237498	240778	98.64	419318	0.17	55.20
达县	1111159	569383	541776	105.10	1356037	0.04	19.67
宣汉县	1006826	518997	487829	106.39	1299418	4.01	17.75
开江县	430877	221371	209506	105.66	597008	0.05	17.12
大竹县	876884	451961	424923	106.36	1115383	0.03	19.77
渠县	1156481	591051	565430	104.53	1449887	0.01	16.79
万源市	407594	205280	202314	101.47	590200	0.07	19.06
雅安市	**1507258**	**766602**	**740656**	**103.50**	**1550002**	**5.33**	**23.26**
雨城区	355572	178197	177375	100.46	351293	0.86	47.37
名山县	256484	130403	126081	103.43	272953	0.67	11.65
荥经县	147955	75756	72199	104.93	150691	1.91	16.57
汉源县	324408	166538	157870	105.49	322840	9.29	9.15
石棉县	123600	63632	59968	106.11	121861	25.97	29.26
天全县	134152	67480	66672	101.21	151928	0.65	17.97
芦山县	109027	55139	53888	102.32	119932	0.44	24.05
宝兴县	56060	29457	26603	110.73	58504	16.27	19.58
巴中市	**3283148**	**1669951**	**1613197**	**103.52**	**3939052**	**0.01**	**19.43**
巴州区	1126167	571095	555072	102.89	1380951	0.02	23.62
通江县	687369	351070	336299	104.39	800872		16.79
南江县	606992	309836	297156	104.27	686871	0.01	16.05
平昌县	862620	437950	424670	103.13	1070358	0.00	18.44
资阳市	**3665057**	**1846908**	**1818149**	**101.58**	**5027842**	**0.10**	**19.32**
雁江区	905729	455859	449870	101.33	1092832	0.16	27.33
安岳县	1141347	582654	558693	104.29	1600050	0.08	13.05
乐至县	546767	275888	270879	101.85	861806	0.12	18.64
简阳市	1071214	532507	538707	98.85	1473154	0.07	19.54
阿坝藏族羌族自治州	**898708**	**467224**	**431484**	**108.28**	**901679**	**75.44**	**19.87**
汶川县	100771	53183	47588	111.76	104028	56.42	34.47
理县	46556	25275	21281	118.77	45856	78.48	19.84
茂县	104829	53643	51186	104.80	109193	93.51	22.01
松潘县	72309	37686	34623	108.85	72691	65.67	21.57
九寨沟县	81394	43272	38122	113.51	67262	31.67	25.90
金川县	65976	33495	32481	103.12	72761	77.92	16.48
小金县	77731	40537	37194	108.99	81192	66.28	10.65
黑水县	60704	31358	29346	106.86	60885	89.88	11.47
马尔康县	58437	30678	27759	110.52	56375	76.87	36.96
壤塘县	39173	19939	19234	103.67	40703	93.93	11.31
阿坝县	72391	37662	34729	108.45	70273	94.05	7.91
若尔盖县	74619	37675	36944	101.98	76196	93.55	9.69
红原县	43818	22821	20997	108.69	44264	82.73	22.08

城乡人口		家庭户				家庭户类别			
城镇人口 (人)	乡村人口 (人)	户数 (户)	人口数 (人)	户规模 (人/户)	其中：一人户 (户)	一代户 (户)	二代户 (户)	三代户 (户)	四代以上户 (户)
975556	**1974989**	**1010659**	**2850328**	**2.82**	**182299**	**365909**	**420370**	**211962**	**12418**
347546	474307	271941	787256	2.89	38801	91595	115639	61308	3399
266795	966279	441498	1199715	2.72	99994	177982	184581	75278	3657
150350	135539	93131	271179	2.91	13514	30789	37119	23456	1767
90176	210041	97937	289405	2.96	13447	29633	40579	25953	1772
62244	79709	45516	139139	3.06	5795	12740	18386	13305	1085
58445	109114	60636	163634	2.70	10748	23170	24066	12662	738
1500544	**2971352**	**1419153**	**4353492**	**3.07**	**245273**	**452303**	**634641**	**316905**	**15304**
549650	286690	273323	791577	2.90	47178	95333	122820	53386	1784
158797	654256	265526	795204	2.99	48514	87474	118086	57455	2511
119196	216615	109279	327818	3.00	19832	36444	48234	23405	1196
118708	281121	131405	389716	2.97	24715	45373	58272	26560	1200
103101	236871	117220	335006	2.86	24413	41092	51767	23343	1018
103900	307223	127723	403074	3.16	20624	38151	56457	31219	1896
157012	222786	114379	367480	3.21	18626	32761	50936	28909	1773
76094	252959	94035	325395	3.46	13423	25803	41905	24791	1536
85494	291672	113720	371913	3.27	17484	31111	52780	28435	1394
28592	221159	72543	246309	3.40	10464	18761	33384	19402	996
931959	**2273517**	**1128089**	**3120990**	**2.77**	**231838**	**455494**	**498209**	**168744**	**5642**
317502	540657	302772	828936	2.74	64933	122607	132427	46351	1387
174693	603946	272320	763460	2.80	55203	105787	118385	46278	1870
131910	453714	205758	576473	2.80	40435	81853	89951	32740	1214
188626	516069	253069	688297	2.72	52275	109472	115207	27708	682
119228	159131	94170	263824	2.80	18992	35775	42239	15667	489
1788418	**3679679**	**1674174**	**5235987**	**3.13**	**262497**	**546881**	**765436**	**348431**	**13426**
379467	98809	147318	425831	2.89	20340	49622	74870	22293	533
299223	811936	332887	1061468	3.19	47364	101936	151529	76314	3108
295993	710833	294769	967636	3.28	42129	91184	135971	64757	2857
125558	305319	141881	421039	2.97	26261	51976	63092	25971	842
273536	603348	283101	831424	2.94	50058	100271	127810	53022	1998
285024	871457	338056	1131064	3.35	52384	99350	152118	83290	3298
129617	277977	136162	397525	2.92	23961	52542	60046	22784	790
521764	**985494**	**462031**	**1437716**	**3.11**	**66364**	**133690**	**221863**	**101530**	**4948**
208940	146632	114943	322743	2.81	20894	42680	51426	20072	765
52131	204353	76266	249874	3.28	8120	17756	33042	23644	1824
58223	89732	46933	144361	3.08	5862	14165	24020	8439	309
53910	270498	94098	313018	3.33	11552	21167	50295	21734	902
39436	84164	39378	119293	3.03	6647	11617	21067	6546	148
52983	81169	40023	128381	3.21	5344	11875	17760	9895	493
40501	68526	34878	107921	3.09	5670	10433	16960	7164	321
15640	40420	15512	52125	3.36	2275	3997	7293	4036	186
934708	**2348440**	**959993**	**3203530**	**3.34**	**123845**	**274816**	**455783**	**218593**	**10801**
477235	648932	334439	1098750	3.29	43869	99042	151974	79392	4031
129222	558147	185191	663527	3.58	18913	42446	89752	50069	2924
115831	491161	175037	590289	3.37	21817	46798	87314	39447	1478
212420	650200	265326	850964	3.21	39246	86530	126743	49685	2368
1126046	**2539011**	**1308624**	**3588909**	**2.74**	**286782**	**537408**	**541391**	**220678**	**9147**
376387	529342	335033	882655	2.63	79292	142367	144677	46455	1534
226648	914699	374046	1123838	3.00	67344	133618	160240	76409	3779
157625	389142	207799	534943	2.57	50099	97415	80108	29546	730
365386	705828	391746	1047473	2.67	90047	164008	156366	68268	3104
270473	**628235**	**224083**	**822494**	**3.67**	**31644**	**56181**	**110521**	**54573**	**2808**
39928	60843	25595	82227	3.21	3710	6754	13736	4893	212
15127	31429	11905	40785	3.43	1890	3046	5549	3169	141
39183	65646	28517	98716	3.46	3473	6857	14626	6728	306
19511	52798	17415	67970	3.90	1940	3650	8796	4717	252
41592	39802	18021	65295	3.62	2078	4397	9724	3766	134
21394	44582	17408	63894	3.67	1725	3800	8607	4840	161
12269	65462	21423	75468	3.52	3037	4890	11799	4618	116
10729	49975	15566	56370	3.62	1615	3166	7784	4474	142
28783	29654	16505	51464	3.12	3480	5973	6773	3654	105
3832	35341	8998	38398	4.27	1582	2517	4340	2055	86
13664	58727	14582	69657	4.78	1634	3148	6716	4358	360
11852	62767	15442	70959	4.60	1805	3051	6423	5337	631
12609	31209	12706	41291	3.25	3675	4932	5648	1964	162

表1 续表 38

地区	合计				户籍人口	少数民族人口比重	非农业户口人口比重
	合计（人）	男（人）	女（人）	性别比（女=100）	（人）	（%）	（%）
甘孜藏族自治州	**1091872**	**563642**	**528230**	**106.70**	**1057212**	**81.76**	**14.07**
康定县	130142	70276	59866	117.39	113414	61.48	31.59
泸定县	83386	43136	40250	107.17	85172	17.92	21.51
丹巴县	59696	30622	29074	105.32	59853	79.34	17.47
九龙县	62133	33646	28487	118.11	63785	64.96	13.98
雅江县	50225	26732	23493	113.79	48279	89.43	12.99
道孚县	55396	28522	26874	106.13	54069	91.02	13.71
炉霍县	46558	24172	22386	107.98	44588	88.88	15.37
甘孜县	68523	34555	33968	101.73	64097	94.26	7.83
新龙县	50393	25514	24879	102.55	51524	92.94	8.66
德格县	81503	41782	39721	105.19	81817	97.26	6.75
白玉县	56290	26688	29602	90.16	51396	95.84	6.60
石渠县	80834	41299	39535	104.46	82692	97.96	8.20
色达县	58606	29143	29463	98.91	52454	95.50	8.16
理塘县	69046	36037	33009	109.17	66376	93.53	8.49
巴塘县	48649	24572	24077	102.06	51860	94.28	12.32
乡城县	33170	17763	15407	115.29	29971	88.22	13.70
稻城县	31113	15780	15333	102.92	30222	92.96	12.54
得荣县	26209	13403	12806	104.66	25643	94.78	12.15
凉山彝族自治州	**4532809**	**2344030**	**2188779**	**107.09**	**4798037**	**52.45**	**11.45**
西昌市	712434	365946	346488	105.62	622449	25.63	27.12
木里藏族自治县	131726	70102	61624	113.76	133717	77.54	11.62
盐源县	350176	185425	164751	112.55	363782	58.17	7.11
德昌县	214405	109364	105041	104.12	205273	30.77	11.82
会理县	430066	221839	208227	106.54	456868	18.60	15.43
会东县	362944	193624	169320	114.35	407230	8.18	6.69
宁南县	170673	87790	82883	105.92	188490	27.68	9.64
普格县	155740	81515	74225	109.82	174813	82.83	8.25
布拖县	160151	82105	78046	105.20	175257	96.45	5.32
金阳县	165121	85119	80002	106.40	187405	81.92	6.08
昭觉县	251836	128378	123458	103.99	285815	97.40	6.08
喜德县	165906	85414	80492	106.11	198386	89.21	7.56
冕宁县	351245	180449	170796	105.65	369237	41.58	8.28
越西县	269896	137100	132796	103.24	317746	79.22	7.35
甘洛县	195100	102037	93063	109.64	215805	76.72	6.99
美姑县	221505	111616	109889	101.57	240873	98.36	4.94
雷波县	223885	116207	107678	107.92	254891	56.57	7.57
贵州省	**34748556**	**17905471**	**16843085**	**106.31**	**41600385**	**35.70**	**18.81**
贵阳市	**4322611**	**2221896**	**2100715**	**105.77**	**3735364**	**16.48**	**44.79**
南明区	829326	423080	406246	104.14	568535	15.09	63.52
云岩区	956906	486084	470822	103.24	650070	14.17	65.96
花溪区	358981	183442	175539	104.50	338495	33.35	32.54
乌当区	376971	196121	180850	108.44	315378	18.66	36.88
白云区	264496	138819	125677	110.46	204766	18.54	47.33
小河区	248070	129557	118513	109.32	165147	17.58	62.85
开阳县	358248	184470	173778	106.15	429980	9.84	16.35
息烽县	212897	110119	102778	107.14	250025	5.54	15.57
修文县	248926	128905	120021	107.40	300806	8.11	15.45
清镇市	467790	241299	226491	106.54	512162	21.74	23.39
六盘水市	**2851332**	**1493973**	**1357359**	**110.06**	**3148301**	**25.44**	**24.41**
钟山区	616210	320668	295542	108.50	487680	16.73	52.86
六枝特区	495162	255140	240022	106.30	680475	27.45	23.37
水城县	704615	374281	330334	113.30	818136	43.01	4.61
盘县	1035345	543884	491461	110.67	1162010	17.71	21.18
遵义市	**6127082**	**3116640**	**3010442**	**103.53**	**7659058**	**11.05**	**19.69**
红花岗区	656592	332083	324509	102.33	514536	3.67	48.51
汇川区	438279	222175	216104	102.81	358072	5.31	44.14
遵义县	942904	483010	459894	105.03	1204390	1.26	13.94
桐梓县	521840	267311	254529	105.02	710326	1.34	16.09
绥阳县	380083	192736	187347	102.88	541435	0.52	11.79
正安县	389634	197953	191681	103.27	630708	9.47	10.23
道真仡佬族苗族自治县	244159	121338	122821	98.79	340382	73.74	13.58
务川仡佬族苗族自治县	321657	163808	157849	103.78	451431	90.37	9.72
凤冈县	313128	158908	154220	103.04	434246	15.74	10.44
湄潭县	377358	189590	187768	100.97	485544	2.45	14.56

城乡人口		家庭户				家庭户类别			
城镇人口(人)	乡村人口(人)	户数(户)	人口数(人)	户规模(人/户)	其中：一人户(户)	一代户(户)	二代户(户)	三代户(户)	四代以上户(户)
209863	**882009**	**251861**	**1008526**	**4.00**	**38479**	**65770**	**121090**	**61853**	**3148**
60439	69703	30089	103082	3.43	4556	9224	14056	6522	287
25527	57859	24833	79073	3.18	3805	7265	12608	4803	157
10028	49668	14847	55969	3.77	1627	2826	7095	4722	204
7974	54159	16185	56667	3.50	2329	4271	9689	2147	78
7294	42931	10061	45181	4.49	1053	1875	4508	3411	267
9657	45739	13405	53271	3.97	3018	4137	5697	3410	161
8259	38299	10006	41917	4.19	1387	2293	4663	2964	86
10135	58388	14464	63570	4.40	1538	3419	7155	3774	116
3644	46749	9140	50202	5.49	1410	1963	3582	3347	248
6418	75085	20093	79939	3.98	3851	5640	10689	3671	93
4274	52016	10596	48314	4.56	1695	2727	4947	2844	78
6859	73975	21824	80287	3.68	4003	6399	12996	2361	68
7037	51569	13140	51199	3.90	2585	4043	6981	2018	98
20982	48064	15591	67405	4.32	2678	4461	6365	4525	240
8518	40131	10929	47461	4.34	1604	2433	4585	3752	159
4832	28338	5560	30292	5.45	488	1080	1570	2559	351
4843	26270	6442	29607	4.60	625	1181	2356	2672	233
3143	23066	4656	25090	5.39	227	533	1548	2351	224
1247552	**3285257**	**1182922**	**4396442**	**3.72**	**146643**	**281597**	**662793**	**230228**	**8304**
466732	245702	203918	656162	3.22	31737	68974	94659	38809	1476
28802	102924	29229	123664	4.23	2383	4865	15348	8398	618
59427	290749	85378	334080	3.91	8317	17321	50984	16710	363
71200	143205	57443	208533	3.63	6827	12390	30013	14526	514
133074	296992	117342	414950	3.54	14598	27904	51978	35568	1892
69925	293019	97243	356108	3.66	11974	20629	48081	27423	1110
54414	116259	45960	168265	3.66	5739	10032	21234	14190	504
17408	138332	39440	153343	3.89	4355	8515	25111	5729	85
18906	141245	39927	159666	4.00	4290	8268	25730	5824	105
20932	144189	37448	160011	4.27	3444	6502	24706	6133	107
22784	229052	65123	249978	3.84	8248	15063	46518	3525	17
32665	133241	43072	164042	3.81	5069	9965	29380	3663	64
100195	251050	89744	346737	3.86	8629	17998	51392	19539	815
59085	210811	69549	268099	3.85	8866	16561	45127	7736	125
38296	156804	48124	193194	4.01	5389	9734	29199	8970	221
12948	208557	53981	220145	4.08	8081	12917	37564	3492	8
40759	183126	60001	219465	3.66	8697	13959	35769	9993	280
11737533	**23011023**	**10558461**	**33571308**	**3.18**	**1627155**	**3482537**	**5398094**	**1625832**	**51998**
2932285	**1390326**	**1370555**	**3973678**	**2.90**	**233175**	**497491**	**690676**	**178469**	**3919**
791580	37746	274154	765178	2.79	47748	104981	137675	31118	380
918884	38022	317795	853900	2.69	66638	133733	150904	32798	360
157897	201084	90490	299409	3.31	10809	24549	47094	18243	604
210039	166932	112433	338890	3.01	16107	37098	58159	16783	393
201307	63189	79747	240132	3.01	10670	25598	43750	10154	245
240354	7716	83682	233965	2.80	13761	31597	42958	9012	115
112365	245883	115509	349000	3.02	17083	38693	58177	18032	607
60130	152767	74010	209261	2.83	13888	27613	36236	9876	285
72813	176113	80663	239420	2.97	14456	28486	40446	11422	309
166916	300874	142072	444523	3.13	22015	45143	75277	21031	621
816603	**2034729**	**889146**	**2760166**	**3.10**	**141095**	**298553**	**501284**	**87286**	**2023**
491438	124772	187383	578362	3.09	33804	64006	99905	23060	412
130050	365112	152304	486027	3.19	24122	53249	76038	22394	623
18878	685737	202425	686903	3.39	24784	55465	119826	26390	744
176237	859108	347034	1008874	2.91	58385	125833	205515	15442	244
2145615	**3981467**	**1944757**	**5931934**	**3.05**	**323072**	**664492**	**931910**	**336703**	**11652**
424751	231841	223641	621691	2.78	45257	83079	112220	27821	521
290397	147882	142614	405757	2.85	27632	52083	69911	20036	584
280163	662741	297652	908671	3.05	49405	101461	140014	54265	1912
147718	374122	163546	513105	3.14	27975	55186	77515	29845	1000
104199	275884	119374	374368	3.14	18809	40284	54932	23133	1025
99795	289839	126238	382581	3.03	20891	44721	57958	22763	796
62295	181864	80896	237138	2.93	12976	27656	38166	14691	383
85411	236246	99106	314582	3.17	14628	33762	48816	16039	489
82080	231048	100947	306716	3.04	15398	34686	49257	16570	434
104997	272361	120089	364378	3.03	17975	41172	57257	20972	688

表1 续表 39

地 区	合计 合 计 (人)	男 (人)	女 (人)	性别比 (女=100)	户籍人口 (人)	少数民族人口比重 (%)	非农业户口人口比重 (%)
余庆县	234739	118843	115896	102.54	300101	7.60	13.41
习水县	523180	267539	255641	104.65	714679	1.20	12.51
赤水市	237052	119810	117242	102.19	309309	1.82	26.32
仁怀市	546477	281536	264941	106.26	663899	2.58	14.69
安顺市	**2297612**	**1186013**	**1111599**	**106.69**	**2768651**	**35.64**	**17.47**
西秀区	765399	390920	374479	104.39	860165	19.96	29.67
平坝县	297990	154415	143575	107.55	345030	26.41	20.19
普定县	378452	197675	180777	109.35	463392	17.93	7.94
镇宁布依族苗族自治县	284063	146488	137575	106.48	373399	53.22	12.63
关岭布依族苗族自治县	301363	157115	144248	108.92	362767	63.78	9.03
紫云苗族布依族自治县	270345	139400	130945	106.46	363898	65.13	7.45
铜仁地区	**3093204**	**1577421**	**1515783**	**104.07**	**4189425**	**70.02**	**14.23**
铜仁市	361670	186121	175549	106.02	386136	69.24	37.64
江口县	172761	90147	82614	109.12	234109	61.52	14.16
玉屏侗族自治县	118525	62300	56225	110.80	143707	80.51	22.06
石阡县	304387	156067	148320	105.22	408255	70.47	9.84
思南县	499336	251102	248234	101.16	673096	50.45	10.99
印江土家族苗族自治县	284220	143576	140644	102.08	425651	84.49	11.23
德江县	367920	185829	182091	102.05	522774	86.25	11.75
沿河土家族自治县	449819	227345	222474	102.19	645159	90.56	8.95
松桃苗族自治县	486748	249823	236925	105.44	685689	49.95	8.09
万山特区	47818	25111	22707	110.59	64849	82.68	30.09
黔西南布依族苗族自治州	**2804612**	**1439828**	**1364784**	**105.50**	**3324274**	**39.38**	**11.16**
兴义市	783120	406478	376642	107.92	819400	20.86	18.99
兴仁县	417919	216241	201678	107.22	507809	23.25	9.89
普安县	254247	131242	123005	106.70	324309	26.65	7.97
晴隆县	246809	126475	120334	105.10	310338	55.24	8.07
贞丰县	303883	154306	149577	103.16	381245	43.97	8.40
望谟县	251966	125400	126566	99.08	314476	78.93	5.69
册亨县	190413	96503	93910	102.76	230450	78.44	6.62
安龙县	356255	183183	173072	105.84	436247	44.39	8.34
毕节地区	**6537498**	**3387605**	**3149893**	**107.55**	**8337362**	**25.88**	**8.21**
毕节市	1137383	580890	556493	104.38	1483122	9.69	14.88
大方县	776324	403863	372461	108.43	1085893	29.35	5.93
黔西县	695947	362100	333847	108.46	907179	24.07	10.04
金沙县	560575	294677	265898	110.82	673134	11.95	11.35
织金县	784119	407997	376122	108.47	1085835	45.59	7.54
纳雍县	670272	345082	325190	106.12	923473	49.53	5.88
威宁彝族回族苗族自治县	1263521	660040	603481	109.37	1398827	23.13	4.00
赫章县	649357	332956	316401	105.23	779899	21.17	6.54
黔东南苗族侗族自治州	**3481891**	**1817730**	**1664161**	**109.23**	**4457867**	**78.27**	**14.03**
凯里市	479011	250361	228650	109.50	441160	74.61	35.70
黄平县	263363	133487	129876	102.78	381248	65.01	9.90
施秉县	130464	66753	63711	104.77	168497	51.44	12.58
三穗县	155735	80249	75486	106.31	220276	64.94	13.44
镇远县	203622	106356	97266	109.35	261896	45.50	16.84
岑巩县	162444	84728	77716	109.02	225467	47.48	10.34
天柱县	263850	138200	125650	109.99	399126	97.54	10.13
锦屏县	154869	79516	75353	105.52	225368	88.66	13.31
剑河县	180624	95935	84689	113.28	246703	93.35	9.72
台江县	112319	58745	53574	109.65	153845	95.67	12.99
黎平县	391047	203389	187658	108.38	520483	86.63	8.93
榕江县	286322	151199	135123	111.90	344750	80.89	8.63
从江县	290960	153445	137515	111.58	336511	93.55	7.26
雷山县	117190	63372	53818	117.75	151118	91.18	12.20
麻江县	167641	87024	80617	107.95	218253	79.05	9.39
丹寨县	122430	64971	57459	113.07	163166	86.58	10.76
黔南布依族苗族自治州	**3232714**	**1664365**	**1568349**	**106.12**	**3980083**	**55.16**	**15.82**
都匀市	443721	227779	215942	105.48	478827	65.24	36.70
福泉市	283904	147713	136191	108.46	317261	24.26	20.96
荔波县	144865	75193	69672	107.92	170097	90.20	10.97
贵定县	231118	118453	112665	105.14	291231	49.12	19.18
瓮安县	380318	195654	184664	105.95	468809	5.33	10.88
独山县	265212	135759	129453	104.87	345244	75.29	13.22
平塘县	228560	117963	110597	106.66	310673	59.24	8.32

城乡人口		家庭户				家庭户类别			
城镇人口（人）	乡村人口（人）	户数（户）	人口数（人）	户规模（人/户）	其中：一人户（户）	一代户（户）	二代户（户）	三代户（户）	四代以上户（户）
77274	157465	75005	223053	2.97	10959	26739	34724	13086	456
134646	388534	159394	514744	3.23	24169	51253	76054	30708	1379
80884	156168	83285	233271	2.80	17424	32070	35365	15251	599
171005	375472	152970	531879	3.48	19574	40340	79721	31523	1386
690665	**1606947**	**667159**	**2230518**	**3.34**	**95688**	**204113**	**342556**	**116208**	**4282**
358920	406479	227975	728006	3.19	34739	74741	113383	38527	1324
95601	202389	93304	287899	3.09	14169	33664	44641	14489	510
71086	307366	105056	369715	3.52	14737	29676	60313	14658	409
69662	214401	85527	280466	3.28	12829	26296	44617	14153	461
55455	245908	77535	297217	3.83	9274	18023	40753	17995	764
39941	230404	77762	267215	3.44	9940	21713	38849	16386	814
803990	**2289214**	**979494**	**3023025**	**3.09**	**158629**	**354672**	**482026**	**139135**	**3661**
206147	155523	118338	343195	2.90	21832	44463	57413	16070	392
40624	132137	55264	169235	3.06	9006	19120	26691	9173	280
46863	71662	39396	115670	2.94	7193	14621	18497	6065	213
73359	231028	96963	296446	3.06	15534	33304	46890	16332	437
115462	383874	153879	485748	3.16	20916	52247	75759	25327	546
66334	217886	98739	278872	2.82	18910	41732	45280	11428	299
80437	287483	119250	364464	3.06	18808	44553	62015	12426	256
77468	372351	135773	443246	3.26	19442	50407	69864	15123	379
84901	401847	144990	479806	3.31	23396	47173	72240	24792	785
12395	35423	16902	46343	2.74	3592	7052	7377	2399	74
788833	**2015779**	**802666**	**2724257**	**3.39**	**99344**	**230017**	**429010**	**137751**	**5888**
335243	447877	217416	739731	3.40	27824	59298	114642	41219	2257
113043	304876	121309	407887	3.36	13817	37172	69072	14625	440
51617	202630	74901	248363	3.32	10561	25962	40284	8433	222
48956	197853	70988	242635	3.42	8744	22150	38138	10317	383
68402	235481	85184	298812	3.51	9802	24390	46310	14001	483
44579	207387	68376	251044	3.67	6655	14199	34673	18571	933
33400	157013	55843	186368	3.34	6801	13734	28842	12733	534
93593	262662	108649	349417	3.22	15140	33112	57049	17852	636
1710465	**4827033**	**1854772**	**6415521**	**3.46**	**266501**	**599593**	**1013971**	**234263**	**6945**
421342	716041	330388	1109318	3.36	50659	116082	171361	41614	1331
187914	588410	239103	762550	3.19	38472	85611	130874	21969	649
214803	481144	212068	678851	3.20	32896	70443	112353	28370	902
168400	392175	177798	542835	3.05	32728	63283	89135	24549	831
202443	581676	237279	769936	3.24	38508	86206	130579	20069	425
167248	503024	194352	661671	3.40	30174	73277	100885	19567	623
239160	1024361	297651	1250228	4.20	25156	59115	188606	48802	1128
109155	540202	166133	640132	3.85	17908	45576	90178	29323	1056
918935	**2562956**	**1072872**	**3380567**	**3.15**	**165578**	**340861**	**522590**	**202652**	**6769**
274922	204089	144686	445370	3.08	23640	46107	75141	22853	585
49900	213463	84221	258610	3.07	14718	30148	39904	13802	367
38558	91906	39148	127762	3.26	5016	11532	19905	7518	193
43501	112234	53569	153456	2.86	11028	21653	23974	7641	301
69439	134183	63721	196251	3.08	9672	20667	30928	11734	392
32509	129935	53730	160552	2.99	9166	19648	25417	8434	231
61161	202689	91180	258266	2.83	18236	35533	39790	15241	616
41868	113001	51161	149422	2.92	9550	18972	23250	8695	244
35546	145078	55617	176558	3.17	8772	17866	27257	10227	267
25704	86615	34766	110692	3.18	5845	11259	17844	5579	84
73084	317963	116686	381705	3.27	15494	32662	55958	27006	1060
46610	239712	79979	278163	3.48	8647	20217	42859	16440	463
39935	251025	79582	285379	3.59	7452	16496	40054	21947	1085
27315	89875	35481	115320	3.25	5700	10660	17208	7437	176
34252	133389	51233	162615	3.17	6905	15423	25021	10361	428
24631	97799	38112	120446	3.16	5737	12018	18080	7737	277
930142	**2302572**	**977040**	**3131642**	**3.21**	**144073**	**292745**	**484071**	**193365**	**6859**
217091	226630	141586	410814	2.90	27149	50147	64847	25775	817
125389	158515	86815	274407	3.16	12450	26707	45902	13765	441
32667	112198	44085	139379	3.16	5968	12848	22430	8548	259
74899	156219	68303	220053	3.22	9332	19546	34487	13787	483
123264	257054	117893	372205	3.16	17678	36805	60464	19989	635
66415	198797	84187	260235	3.09	14315	27415	38763	17356	653
48536	180024	71772	225967	3.15	9988	21938	33963	15282	589

表1 续表 40

地　区	合　计 合　计 (人)	 男 (人)	 女 (人)	 性别比 (女=100)	户籍人口 (人)	少数民族 人口比重 (%)	非农业户口 人口比重 (%)
罗甸县	257236	131196	126040	104.09	335484	67.95	8.90
长顺县	191129	99147	91982	107.79	256602	55.94	11.31
龙里县	180865	93533	87332	107.10	213949	38.99	14.29
惠水县	342647	175514	167133	105.01	445265	59.00	11.58
三都水族自治县	283139	146461	136678	107.16	346641	95.67	7.65
云南省	**45966766**	**23856696**	**22110070**	**107.90**	**45631063**	**33.39**	**16.45**
昆明市	**6432209**	**3306182**	**3126027**	**105.76**	**5413900**	**13.83**	**38.09**
五华区	855521	428426	427095	100.31	660650	13.12	71.69
盘龙区	809881	418353	391528	106.85	519009	10.33	57.59
官渡区	853371	444247	409124	108.58	546373	10.29	45.80
西山区	753813	385363	368450	104.59	510006	13.03	63.30
东川区	271917	140925	130992	107.58	315209	6.59	24.50
呈贡县	310843	165133	145710	113.33	189402	10.23	22.27
晋宁县	283784	144141	139643	103.22	276466	10.18	14.82
富民县	145554	73853	71701	103.00	148521	14.26	12.18
宜良县	419399	212571	206828	102.78	419708	8.58	11.63
石林彝族自治县	246218	127137	119081	106.77	244320	33.56	11.65
嵩明县	287095	146613	140482	104.36	289525	8.52	10.99
禄劝彝族苗族自治县	396404	201405	194999	103.29	473554	30.00	5.83
寻甸回族彝族自治县	457068	233492	223576	104.44	539734	21.82	6.50
安宁市	341341	184523	156818	117.67	281423	13.71	42.19
曲靖市	**5855055**	**3074983**	**2780072**	**110.61**	**6274370**	**7.05**	**11.75**
麒麟区	740747	379781	360966	105.21	702996	5.01	31.75
马龙县	184989	94608	90381	104.68	204192	7.67	10.09
陆良县	622397	325133	297264	109.38	653636	1.68	10.71
师宗县	392361	205979	186382	110.51	406727	17.20	8.47
罗平县	549680	288488	261192	110.45	613352	13.35	7.80
富源县	722640	381260	341380	111.68	784275	8.43	8.36
会泽县	908292	484733	423559	114.44	1005834	4.31	7.28
沾益县	431058	225792	205266	110.00	426719	5.99	10.63
宣威市	1302891	689209	613682	112.31	1476639	6.49	9.10
玉溪市	**2303518**	**1181282**	**1122236**	**105.26**	**2166932**	**32.27**	**17.19**
红塔区	495129	249639	245490	101.69	426190	16.15	30.78
江川县	280889	142213	138676	102.55	275969	6.51	11.45
澄江县	169366	85602	83764	102.19	164304	6.21	12.34
通海县	300800	152192	148608	102.41	283712	16.56	12.33
华宁县	214650	110578	104072	106.25	211710	27.23	11.99
易门县	177110	92755	84355	109.96	171114	30.89	18.49
峨山彝族自治县	162831	83927	78904	106.37	152879	65.65	18.07
新平彝族傣族自治县	285344	151068	134276	112.51	274508	68.19	13.20
元江哈尼族彝族傣族自治县	217399	113308	104091	108.85	206546	78.20	12.68
保山市	**2506491**	**1285247**	**1221244**	**105.24**	**2549381**	**10.31**	**10.98**
隆阳区	935618	470883	464735	101.32	917025	13.92	14.60
施甸县	305223	154971	150252	103.14	337511	7.76	8.73
腾冲县	644765	336234	308531	108.98	654127	7.57	8.80
龙陵县	277319	146526	130793	112.03	293163	5.97	9.10
昌宁县	343566	176633	166933	105.81	347555	11.36	8.67
昭通市	**5213521**	**2738001**	**2475520**	**110.60**	**5829505**	**10.17**	**8.48**
昭阳区	787837	405836	382001	106.24	846720	16.67	16.62
鲁甸县	390654	204595	186059	109.96	438503	20.82	6.26
巧家县	516349	280329	236020	118.77	585855	4.42	4.97
盐津县	369881	194185	175696	110.52	396116	3.78	8.78
大关县	263225	139366	123859	112.52	286112	8.25	7.12
永善县	394267	210431	183836	114.47	462744	7.55	7.28
绥江县	153091	79693	73398	108.58	167050	0.66	14.84
镇雄县	1328371	696342	632029	110.18	1526647	8.23	5.37
彝良县	521838	274000	247838	110.56	587829	13.67	5.29
威信县	385865	199823	186042	107.41	426884	11.22	7.88
水富县	102143	53401	48742	109.56	105045	4.07	28.91
丽江市	**1244769**	**642374**	**602395**	**106.64**	**1209381**	**56.79**	**13.85**
古城区	211151	106229	104922	101.25	158947	64.30	35.78
玉龙纳西族自治县	214697	112002	102695	109.06	217857	82.84	8.69
永胜县	392024	198580	193444	102.66	401799	33.34	7.66
华坪县	168028	90061	77967	115.51	163405	32.56	15.89
宁蒗彝族自治县	258869	135502	123367	109.84	267373	80.29	8.32

城乡人口		家庭户				家庭户类别			
城镇人口(人)	乡村人口(人)	户数(户)	人口数(人)	户规模(人/户)	其中：一人户(户)	一代户(户)	二代户(户)	三代户(户)	四代以上户(户)
42318	214918	77193	253519	3.28	10294	20194	37031	19175	793
42719	148410	57751	186999	3.24	7905	16933	29432	10988	398
48914	131951	53721	175791	3.27	7481	15385	27412	10564	360
71721	270926	95255	333917	3.51	11511	24275	46796	23294	890
36209	246930	78479	278356	3.55	10002	20552	42544	14842	541
15959072	**30007694**	**12339961**	**43626674**	**3.54**	**1381070**	**2927576**	**6343962**	**2912622**	**155801**
4337798	**2094411**	**2099403**	**5726197**	**2.73**	**436341**	**871656**	**925432**	**291030**	**11285**
855521		282097	692660	2.46	71153	130984	121324	29319	470
772119	37762	289957	700073	2.41	78299	144417	117402	27444	694
832675	20696	319979	754968	2.36	96341	166703	122114	30222	940
680462	73351	275782	672309	2.44	71257	134350	113299	27475	658
113632	158285	83337	264751	3.18	10733	24473	43434	14933	497
138000	172843	78197	218260	2.79	12307	31523	35932	10222	520
106586	177198	94838	264043	2.78	13737	37025	46477	10942	394
43410	102144	42056	139965	3.33	3687	10003	21433	10195	425
176843	242556	122661	399979	3.26	13382	33268	60709	27491	1193
87955	158263	72857	231385	3.18	8268	20905	38923	12552	477
106518	180577	76658	260511	3.40	8111	21054	34981	19270	1353
83220	313184	116073	386470	3.33	12623	31013	54622	28833	1605
98706	358362	128059	440384	3.44	11749	34551	61985	29822	1701
242151	99190	116852	300439	2.57	24694	51387	52797	12310	358
2297938	**3557117**	**1618821**	**5644199**	**3.49**	**159208**	**394408**	**937998**	**276418**	**9997**
468437	272310	239782	691699	2.88	42984	88874	114841	34764	1303
57781	127208	52952	179229	3.38	4955	15140	25971	11421	420
225046	397351	172510	600735	3.48	12024	41616	103968	26116	810
107004	285357	96630	381006	3.94	5959	16540	55425	23545	1120
194378	355302	143597	537121	3.74	9764	29324	84056	28812	1405
249312	473328	189662	691088	3.64	18352	45688	116725	26474	775
234295	673997	237329	893848	3.77	19423	42906	138641	53784	1998
177609	253449	109008	404244	3.71	8439	21396	57053	29140	1419
584076	718815	377351	1265229	3.35	37308	92924	241318	42362	747
968805	**1334713**	**645607**	**2147133**	**3.33**	**71566**	**170468**	**332385**	**136318**	**6436**
306879	188250	143306	446730	3.12	20053	46256	68477	27276	1297
93471	187418	80748	269805	3.34	7490	21056	45633	13522	537
69008	100358	48780	159720	3.27	5144	12951	27290	8267	272
135923	164877	85270	288666	3.39	8128	21273	45023	18164	810
81456	133194	62827	205015	3.26	6982	16377	34420	11526	504
69279	107831	48558	160352	3.30	6181	12815	24073	11196	474
60511	102320	43265	149464	3.45	3933	9691	22107	10979	488
82108	203236	76367	261264	3.42	8797	19053	35536	20496	1282
70170	147229	56486	206117	3.65	4858	10996	29826	14892	772
572053	**1934438**	**616285**	**2404240**	**3.90**	**43171**	**92478**	**276658**	**230945**	**16204**
263380	672238	228949	886879	3.87	17238	35899	104188	82587	6275
49929	255294	79911	299998	3.75	7469	15175	31740	30519	2477
135318	509447	151771	619430	4.08	8435	18606	68157	60898	4110
42986	234333	68900	266844	3.87	4612	10964	32040	24396	1500
80440	263126	86754	331089	3.82	5417	11834	40533	32545	1842
975284	**4238237**	**1277565**	**5106340**	**4.00**	**120025**	**230597**	**784908**	**252209**	**9851**
255861	531976	217140	757338	3.49	25507	53803	136719	25982	636
60056	330598	94380	383427	4.06	8860	17247	64384	12433	316
67272	449077	134216	511521	3.81	13049	22971	79539	30712	994
64579	305302	83540	361929	4.33	6262	10907	45431	25742	1460
53870	209355	61862	259041	4.19	4978	8874	36862	15411	715
68875	325392	105050	386463	3.68	12035	20542	62138	21679	691
60165	92926	36875	147116	3.99	2972	5962	19018	11415	480
209210	1119161	302287	1309144	4.33	27205	50576	200505	49421	1785
35652	486186	124811	514598	4.12	9071	18657	75559	29442	1153
55097	330768	88861	380851	4.29	6290	13181	50895	23459	1326
44647	57496	28543	94912	3.33	3796	7877	13858	6513	295
355750	**889019**	**312668**	**1148378**	**3.67**	**25875**	**59062**	**160463**	**88953**	**4190**
151744	59407	50832	167766	3.30	6161	14387	22132	13757	556
27747	186950	51970	199043	3.83	3390	7275	24978	18842	875
79938	312086	98252	379485	3.86	6075	13999	48592	33688	1973
63201	104827	45550	152990	3.36	5781	11746	21675	11610	519
33120	225749	66064	249094	3.77	4468	11655	43086	11056	267

表1 续表 41

地区	合计 合计 (人)	合计 男 (人)	合计 女 (人)	合计 性别比 (女=100)	户籍人口 (人)	少数民族 人口比重 (%)	非农业户口 人口比重 (%)
普洱市	**2542898**	**1339502**	**1203396**	**111.31**	**2506730**	**61.01**	**13.12**
思茅区	296565	155060	141505	109.58	220683	36.62	33.18
宁洱哈尼族彝族自治县	185719	96929	88790	109.17	193305	52.56	16.94
墨江哈尼族自治县	360507	193807	166700	116.26	374584	75.21	8.58
景东彝族自治县	359527	186391	173136	107.66	362666	47.74	7.76
景谷傣族彝族自治县	291672	156008	135664	115.00	312193	46.09	11.34
镇沅彝族哈尼族拉祜族自治县	208606	110882	97724	113.46	211741	53.67	10.52
江城哈尼族彝族自治县	121545	63831	57714	110.60	109161	74.93	15.58
孟连傣族拉祜族佤族自治县	135538	69700	65838	105.87	128361	79.01	12.79
澜沧拉祜族自治县	491884	259473	232411	111.64	497748	76.01	8.38
西盟佤族自治县	91335	47421	43914	107.99	96288	91.90	14.04
临沧市	**2429497**	**1274678**	**1154819**	**110.38**	**2377101**	**37.28**	**10.94**
临翔区	323708	166001	157707	105.26	317713	18.76	21.98
凤庆县	458322	237642	220680	107.69	447058	29.26	7.37
云县	449460	237666	211794	112.22	450489	46.30	8.09
永德县	369702	199612	170090	117.36	354031	19.75	7.58
镇康县	176356	94843	81513	116.35	177429	26.63	8.12
双江拉祜族佤族布朗族傣族自治县	176549	92976	83573	111.25	170955	42.16	10.96
耿马傣族佤族自治县	296302	152517	143785	106.07	282264	50.67	13.39
沧源佤族自治县	179098	93421	85677	109.04	177162	88.41	13.00
楚雄彝族自治州	**2684169**	**1374454**	**1309715**	**104.94**	**2638153**	**33.06**	**14.74**
楚雄市	588620	300893	287727	104.58	513725	21.93	27.75
双柏县	159867	83752	76115	110.03	156668	48.48	10.55
牟定县	208726	106957	101769	105.10	206993	20.63	9.61
南华县	236133	120161	115972	103.61	238808	41.54	10.58
姚安县	197676	100091	97585	102.57	209120	26.78	8.25
大姚县	273315	139987	133328	104.99	284425	34.76	8.87
永仁县	109304	56775	52529	108.08	106923	61.71	15.12
元谋县	215795	110125	105670	104.22	218367	37.53	10.51
武定县	271963	138724	133239	104.12	276390	52.76	8.62
禄丰县	422770	216989	205781	105.45	426734	23.59	15.85
红河哈尼族彝族自治州	**4500896**	**2341328**	**2159568**	**108.42**	**4460511**	**57.15**	**16.40**
个旧市	459781	240531	219250	109.71	402761	40.93	43.78
开远市	322693	165707	156986	105.56	284479	55.15	33.68
蒙自县	417156	216229	200927	107.62	377771	55.09	22.49
屏边苗族自治县	153964	80750	73214	110.29	158130	63.31	10.59
建水县	531456	270618	260838	103.75	532162	38.66	13.54
石屏县	299114	150686	148428	101.52	307758	59.19	11.57
弥勒县	539725	277380	262345	105.73	526681	41.91	11.03
泸西县	400734	212272	188462	112.63	421038	13.26	9.48
元阳县	396777	212209	184568	114.98	426000	87.63	4.84
红河县	296480	154754	141726	109.19	314866	95.61	5.40
金平苗族瑶族傣族自治县	356227	188133	168094	111.92	384338	85.54	6.74
绿春县	222180	116623	105557	110.48	232145	97.56	7.58
河口瑶族自治县	104609	55436	49173	112.74	92382	61.58	35.89
文山壮族苗族自治州	**3517946**	**1838545**	**1679401**	**109.48**	**3697726**	**57.31**	**9.59**
文山县	481505	247547	233958	105.81	485625	51.76	25.20
砚山县	463261	240194	223067	107.68	496200	66.00	8.71
西畴县	255286	133795	121491	110.13	256768	19.44	7.82
麻栗坡县	277960	145557	132403	109.93	290550	41.99	8.18
马关县	367507	192380	175127	109.85	371517	50.71	9.41
丘北县	477441	252281	225160	112.05	519170	65.31	6.74
广南县	787449	417462	369987	112.83	839390	62.23	4.80
富宁县	407537	209329	198208	105.61	438506	75.22	6.95
西双版纳傣族自治州	**1133515**	**587386**	**546129**	**107.55**	**945259**	**69.97**	**23.90**
景洪市	519935	269139	250796	107.31	397070	61.37	30.70
勐海县	331850	171326	160524	106.73	321433	83.21	13.04
勐腊县	281730	146921	134809	108.98	226756	70.23	24.13
大理白族自治州	**3456323**	**1751987**	**1704336**	**102.80**	**3522611**	**49.31**	**12.72**
大理市	652045	325748	326297	99.83	609151	68.08	31.99
漾濞彝族自治县	102305	52684	49621	106.17	102811	68.57	10.64
祥云县	455605	230990	224615	102.84	470366	17.96	8.55
宾川县	348754	178232	170522	104.52	350784	22.16	8.48
弥渡县	313156	158156	155000	102.04	326352	10.03	6.81
南涧彝族自治县	211433	107403	104030	103.24	222229	51.35	6.90

城乡人口		家庭户				家庭户类别			
城镇人口(人)	乡村人口(人)	户数(户)	人口数(人)	户规模(人/户)	其中：一人户(户)	一代户(户)	二代户(户)	三代户(户)	四代以上户(户)
669340	**1873558**	**689342**	**2461725**	**3.57**	**72300**	**142986**	**369108**	**168675**	**8573**
185473	111092	87385	265654	3.04	13169	28375	44316	14094	600
49348	136371	51160	179822	3.51	5358	11342	25372	13718	728
48893	311614	88276	354574	4.02	7758	13525	48151	25183	1417
60984	298543	97878	353733	3.61	10219	17848	50371	28224	1435
66140	225532	82158	283563	3.45	8225	18139	42525	20574	920
47121	161485	56161	202756	3.61	5746	10455	29636	15288	782
42619	78926	33163	118426	3.57	3338	7021	18497	7228	417
82030	53508	37869	133400	3.52	3666	8033	20494	8918	424
70533	421351	130022	479859	3.69	12062	23188	73934	31230	1670
16199	75136	25270	89938	3.56	2759	5060	15812	4218	180
591205	**1838292**	**596484**	**2326790**	**3.90**	**41533**	**86049**	**326399**	**174360**	**9676**
142095	181613	82213	295358	3.59	7574	16059	43205	21891	1058
76529	381793	108034	443624	4.11	5315	10673	54209	40615	2537
107425	342035	110900	437431	3.94	6971	13934	61057	34314	1595
63420	306282	87771	350267	3.99	5387	10927	48658	26647	1539
29562	146794	42391	170096	4.01	2737	5690	23902	12061	738
48589	127960	44158	168384	3.81	3272	7049	26140	10497	472
80657	215645	72973	288399	3.95	5113	11851	40321	19395	1406
42928	136170	48044	173231	3.61	5164	9866	28907	8940	331
857721	**1826448**	**721989**	**2546751**	**3.53**	**79649**	**160365**	**331502**	**216990**	**13132**
331991	256629	158982	521302	3.28	20647	44474	70458	41701	2349
36111	123756	43150	156010	3.62	5064	8518	20506	13341	785
49648	159078	54774	202993	3.71	6008	10077	25518	18034	1145
49998	186135	60280	229587	3.81	4414	9981	26610	22366	1323
53445	144231	52002	190372	3.66	4147	9566	24256	17133	1047
49532	223783	75528	265349	3.51	9048	16323	34095	23676	1434
26915	82389	30641	106929	3.49	3757	6680	14221	9162	578
52498	163297	55445	206109	3.72	4643	9902	25914	18485	1144
58429	213534	69758	262772	3.77	5836	11860	33987	22349	1562
149154	273616	121429	405328	3.34	16085	32984	55937	30743	1765
1380437	**3120459**	**1168050**	**4311663**	**3.69**	**105973**	**239232**	**602367**	**308676**	**17775**
163528	296253	137950	416933	3.02	19864	44062	70342	22673	873
210801	111892	93546	303074	3.24	13259	27762	46468	18473	843
212724	204432	109104	381007	3.49	12541	25958	54830	26741	1575
16699	137265	39566	151488	3.83	3495	7019	21782	10146	619
193199	338257	139463	508009	3.64	11506	27871	68994	40646	1952
93657	205457	80998	293142	3.62	7306	15249	42261	22386	1102
213462	326263	144247	520665	3.61	13016	29536	75611	37025	2075
120044	280690	105148	388133	3.69	6810	21265	58994	23765	1124
25428	371349	89962	391328	4.35	5280	10306	43921	33298	2437
20440	276040	66554	293271	4.41	3121	6706	36155	22525	1168
50457	305770	81579	349036	4.28	3750	9038	41402	28494	2645
21672	200508	49442	217895	4.41	2152	5043	25916	17329	1154
38326	66283	30491	97682	3.20	3873	9417	15691	5175	208
808283	**2709663**	**815164**	**3402723**	**4.17**	**47448**	**106959**	**425928**	**266290**	**15987**
229430	252075	121382	430934	3.55	12740	28939	63558	27569	1316
147701	315560	108086	450696	4.17	6660	14267	58345	33601	1873
35843	219443	58833	251183	4.27	2850	5579	29665	22052	1537
50283	227677	65612	269084	4.10	3784	8297	32394	23314	1607
89859	277648	91018	359635	3.95	6096	12746	48363	28281	1628
73560	403881	105607	469533	4.45	3751	10824	62947	30379	1457
114529	672920	169297	773955	4.57	6161	14567	87626	63163	3941
67078	340459	95329	397703	4.17	5406	11740	43030	37931	2628
385093	**748422**	**314020**	**1087224**	**3.46**	**38150**	**87254**	**145084**	**73672**	**8010**
205523	314412	151937	485874	3.20	22884	52038	66139	30570	3190
94945	236905	83750	326388	3.90	7141	15475	39290	25785	3200
84625	197105	78333	274962	3.51	8125	19741	39655	17317	1620
1121395	**2334928**	**918419**	**3317089**	**3.61**	**84463**	**171940**	**439441**	**289701**	**17337**
367122	284923	181715	595082	3.27	21974	50166	81392	47163	2994
23964	78341	29412	100387	3.41	4082	6162	14257	8482	511
154072	301533	118703	443840	3.74	9494	20250	56701	39505	2247
105933	242821	87316	336978	3.86	4766	11348	43694	30312	1962
94913	218243	83223	304722	3.66	6571	13813	42154	26002	1254
55792	155641	56751	207136	3.65	4400	8543	29366	18002	840

表1 续表 42

地区	合计 合计(人)	合计 男(人)	合计 女(人)	合计 性别比(女=100)	户籍人口(人)	少数民族人口比重(%)	非农业户口人口比重(%)
巍山彝族回族自治县	304368	153317	151051	101.50	315879	44.48	6.77
永平县	175163	89910	85253	105.46	180831	42.03	10.32
云龙县	199880	105783	94097	112.42	206646	84.64	9.46
洱源县	268313	135045	133268	101.33	286768	69.02	7.40
剑川县	169973	85889	84084	102.15	177839	94.45	9.18
鹤庆县	255328	128830	126498	101.84	272955	65.53	9.03
德宏傣族景颇族自治州	**1211440**	**624774**	**586666**	**106.50**	**1150313**	**48.07**	**18.33**
瑞丽市	180627	93391	87236	107.06	129818	42.36	28.59
潞西市	389891	200090	189801	105.42	373101	47.66	22.28
梁河县	154175	80024	74151	107.92	167465	33.07	11.18
盈江县	305167	158989	146178	108.76	292946	55.94	11.43
陇川县	181580	92280	89300	103.34	186983	54.12	17.45
怒江傈僳族自治州	**534337**	**282900**	**251437**	**112.51**	**530974**	**87.65**	**14.44**
泸水县	184835	98867	85968	115.00	177735	81.37	18.83
福贡县	98616	50541	48075	105.13	105116	97.04	9.85
贡山独龙族怒族自治县	37894	20094	17800	112.89	35761	90.39	15.88
兰坪白族普米族自治县	212992	113398	99594	113.86	212362	88.26	12.52
迪庆藏族自治州	**400182**	**213073**	**187109**	**113.88**	**358216**	**81.66**	**12.36**
香格里拉县	172988	91830	81158	113.15	143273	77.78	16.25
德钦县	66589	35948	30641	117.32	60501	90.63	12.20
维西傈僳族自治县	160605	85295	75310	113.26	154442	82.12	8.18
西藏自治区	**3002165**	**1542652**	**1459513**	**105.70**	**2893906**	**91.83**	**14.77**
拉萨市	**559423**	**287437**	**271986**	**105.68**	**472364**	**78.36**	**33.82**
城关区	279074	144376	134698	107.18	176030	61.44	60.33
林周县	50246	25130	25116	100.06	58591	97.67	4.59
当雄县	46463	23403	23060	101.49	47155	98.25	6.75
尼木县	28149	14279	13870	102.95	31663	97.90	5.41
曲水县	31860	16244	15616	104.02	33910	94.25	7.11
堆龙德庆县	52249	27285	24964	109.30	47745	86.82	12.17
达孜县	26708	13756	12952	106.21	28800	96.38	8.15
墨竹工卡县	44674	22964	21710	105.78	48470	97.32	4.87
昌都地区	**657505**	**338097**	**319408**	**105.85**	**659480**	**96.07**	**6.49**
昌都县	116500	60517	55983	108.10	106311	88.73	18.29
江达县	76026	39218	36808	106.55	77680	97.84	2.98
贡觉县	40434	20534	19900	103.19	41141	97.20	3.54
类乌齐县	49870	25195	24675	102.11	50084	98.50	4.17
丁青县	69888	36168	33720	107.26	68823	98.12	3.09
察雅县	56789	28517	28272	100.87	57833	98.76	3.15
八宿县	39021	19790	19231	102.91	42125	96.04	4.61
左贡县	44320	22501	21819	103.13	46344	97.87	4.48
芒康县	81399	43417	37982	114.31	86229	96.85	4.13
洛隆县	47491	23988	23503	102.06	47477	98.16	5.15
边坝县	35767	18252	17515	104.21	35433	96.54	4.71
山南地区	**328990**	**166270**	**162720**	**102.18**	**327994**	**94.41**	**10.91**
乃东县	59615	30330	29285	103.57	52053	83.71	27.45
扎囊县	35473	17599	17874	98.46	37723	98.46	5.91
贡嘎县	45708	23096	22612	102.14	47872	96.43	8.21
桑日县	17261	8790	8471	103.77	16916	97.32	6.36
琼结县	17093	8326	8767	94.97	18052	97.26	7.72
曲松县	14280	7188	7092	101.35	15992	97.94	8.17
措美县	13641	6775	6866	98.67	13784	97.44	7.68
洛扎县	18453	9215	9238	99.75	19494	98.37	8.40
加查县	23434	12556	10878	115.43	20584	88.57	10.12
隆子县	34141	17381	16760	103.71	34195	96.55	5.56
错那县	15124	7438	7686	96.77	15231	96.84	9.51
浪卡子县	34767	17576	17191	102.24	36098	99.15	4.73
日喀则地区	**703292**	**361611**	**341681**	**105.83**	**721154**	**96.33**	**11.96**
日喀则市	120374	61696	58678	105.14	112244	86.91	36.57
南木林县	74930	39274	35656	110.15	81701	99.15	3.84
江孜县	63503	31790	31713	100.24	66489	98.35	10.04
定日县	50818	25787	25031	103.02	51787	99.07	4.33
萨迦县	47304	24489	22815	107.34	50441	99.53	3.59
拉孜县	49286	25245	24041	105.01	53070	98.66	4.37
昂仁县	51472	26113	25359	102.97	51940	99.15	3.91
谢通门县	42280	22047	20233	108.97	44627	98.26	4.97

城乡人口		家庭户				家庭户类别			
城镇人口（人）	乡村人口（人）	户数（户）	人口数（人）	户规模（人/户）	其中：一人户（户）	一代户（户）	二代户（户）	三代户（户）	四代以上户（户）
55204	249164	78884	299947	3.80	5564	11003	39249	27064	1568
70011	105152	45619	170542	3.74	3624	6795	21586	16221	1017
46201	153679	58495	190945	3.26	8851	14325	30119	13392	659
48474	219839	69318	258840	3.73	5735	11458	32251	23955	1654
41971	128002	41363	163244	3.95	2179	5206	19473	15776	908
57738	197590	67620	245426	3.63	7223	12871	29199	23827	1723
413393	**798047**	**315547**	**1146026**	**3.63**	**32855**	**69092**	**160531**	**81621**	**4303**
99148	81479	54187	167441	3.09	9909	18820	25771	9289	307
131425	258466	98550	362398	3.68	9012	20649	48591	27588	1722
33229	120946	40725	149632	3.67	3775	8049	20865	11195	616
94491	210676	75560	290753	3.85	6661	14005	39736	20731	1088
55100	126480	46525	175802	3.78	3498	7569	25568	12818	570
124965	**409372**	**139018**	**492158**	**3.54**	**14702**	**29245**	**78889**	**29829**	**1055**
53997	130838	45543	160496	3.52	4503	9326	25798	10029	390
10405	88211	26472	97174	3.67	2737	5424	16006	4916	126
6827	31067	11152	35856	3.22	1628	2863	6532	1713	44
53736	159256	55851	198632	3.56	5834	11632	30553	13171	495
99612	**300570**	**91579**	**358038**	**3.91**	**7811**	**15785**	**46869**	**26935**	**1990**
66382	106606	38887	148950	3.83	3690	8248	18704	10882	1053
10217	56372	12950	57108	4.41	956	1609	4956	5882	503
23013	137592	39742	151980	3.82	3165	5928	23209	10171	434
680589	**2321576**	**670838**	**2837769**	**4.23**	**98594**	**180181**	**337601**	**146146**	**6910**
240958	**318465**	**153632**	**490080**	**3.19**	**31824**	**66356**	**65558**	**20945**	**773**
199159	79915	91611	226501	2.47	24407	53461	32569	5474	107
2922	47324	10435	48183	4.62	740	1435	5063	3730	207
5538	40925	9312	45613	4.90	846	1384	5396	2426	106
3178	24971	5478	26703	4.87	680	1076	2603	1680	119
4924	26936	7434	29095	3.91	792	1549	3826	2005	54
17504	34745	13635	45339	3.33	2052	3905	7649	2040	41
3589	23119	7131	25703	3.60	1253	1843	3743	1499	46
4144	40530	8596	42943	5.00	1054	1703	4709	2091	93
85263	**572242**	**113833**	**631459**	**5.55**	**9983**	**19651**	**63064**	**29942**	**1176**
44028	72472	24470	107380	4.39	2591	5603	13339	5327	201
2432	73594	11883	72933	6.14	670	1415	7161	3228	79
2892	37542	6658	40075	6.02	971	1414	3168	2003	73
6228	43642	8771	46685	5.32	1002	1731	5633	1382	25
4151	65737	10310	68595	6.65	606	1442	6568	2270	30
4321	52468	9807	56364	5.75	848	1632	6075	2054	46
4561	34460	6999	38116	5.45	712	1340	3683	1897	79
3578	40742	7947	43337	5.45	514	1107	4992	1815	33
4293	77106	12666	76750	6.06	1294	2047	4493	5691	435
5810	41681	8070	46856	5.81	488	1106	4514	2343	107
2969	32798	6252	34368	5.50	287	814	3438	1932	68
71957	**257033**	**87998**	**316963**	**3.60**	**13875**	**22150**	**46095**	**19261**	**492**
30646	28969	19748	57434	2.91	4841	8029	8817	2854	48
1824	33649	8158	34821	4.27	954	1497	4122	2454	85
11211	34497	10142	43287	4.27	1041	1770	5420	2839	113
1934	15327	4397	16839	3.83	620	946	2583	854	14
2469	14624	4570	16782	3.67	811	1170	2133	1243	24
2687	11593	4185	13928	3.33	736	1089	2267	822	7
4267	9374	3753	13319	3.55	546	764	2099	874	16
3349	15104	4696	17795	3.79	288	630	2667	1374	25
3336	20098	5677	20561	3.62	692	1163	3255	1220	39
5070	29071	9723	33248	3.42	1443	2156	5851	1686	30
2851	12273	4742	14569	3.07	835	1351	2536	841	14
2313	32454	8207	34380	4.19	1068	1585	4345	2200	77
123734	**579558**	**145401**	**678006**	**4.66**	**18320**	**29551**	**69985**	**43023**	**2842**
63967	56407	30132	112070	3.72	6044	10822	12383	6349	578
4575	70355	13825	73621	5.33	1566	2101	6120	5313	291
7007	56496	11987	61344	5.12	764	1370	5608	4685	324
3296	47522	10685	50297	4.71	1330	1927	5948	2726	84
5720	41584	9025	45290	5.02	1124	1476	4222	3060	267
5390	43896	9523	48239	5.07	908	1445	4739	3120	219
1041	50431	11105	51052	4.60	1671	2291	5996	2686	132
4162	38118	8350	41108	4.92	887	1306	4101	2768	175

表1 续表 43

地 区	合计				户籍人口	少数民族人口比重	非农业户口人口比重
	合 计（人）	男（人）	女（人）	性别比（女=100）	（人）	（%）	（%）
白朗县	42551	22242	20309	109.52	45375	99.12	3.55
仁布县	27826	14333	13493	106.23	32577	99.14	4.81
康马县	20522	10343	10179	101.61	21605	98.73	7.22
定结县	20319	10785	9534	113.12	20237	94.82	12.89
仲巴县	22147	11338	10809	104.89	21459	98.33	6.49
亚东县	12920	6269	6651	94.26	12565	93.28	40.35
吉隆县	14972	7890	7082	111.41	14593	93.96	9.65
聂拉木县	17568	9330	8238	113.26	16259	92.88	15.09
萨嘎县	14036	7261	6775	107.17	13439	98.28	10.06
岗巴县	10464	5379	5085	105.78	10746	97.35	12.53
那曲地区	**462381**	**239023**	**223358**	**107.01**	**457918**	**97.19**	**8.78**
那曲县	108781	56286	52495	107.22	101456	93.22	19.71
嘉黎县	32356	16473	15883	103.71	31808	98.25	5.91
比如县	60179	31450	28729	109.47	62605	98.24	2.41
聂荣县	32376	16030	16346	98.07	33247	98.86	7.31
安多县	37802	19200	18602	103.21	37567	98.24	10.14
申扎县	20285	10355	9930	104.28	19988	97.80	9.28
索县	43621	22322	21299	104.80	42909	98.18	4.74
班戈县	36842	18269	18573	98.36	37384	99.13	6.96
巴青县	48284	27162	21122	128.60	49927	98.35	2.02
尼玛县	41855	21476	20379	105.38	41027	98.59	5.14
阿里地区	**95465**	**49802**	**45663**	**109.06**	**89741**	**92.28**	**15.44**
普兰县	9657	5028	4629	108.62	9258	91.07	13.36
札达县	6883	3456	3427	100.85	6663	93.56	14.07
噶尔县	16901	9285	7616	121.91	13702	74.94	44.32
日土县	9738	5042	4696	107.37	9406	93.58	14.21
革吉县	15483	8093	7390	109.51	15237	98.71	5.30
改则县	22177	11297	10880	103.83	21449	97.51	7.21
措勤县	14626	7601	7025	108.20	14026	96.92	7.88
林芝地区	**195109**	**100412**	**94697**	**106.04**	**165255**	**82.67**	**17.80**
林芝县	54702	28442	26260	108.31	33508	60.36	33.90
工布江达县	29929	15061	14868	101.30	28039	94.54	8.39
米林县	22834	11589	11245	103.06	20646	87.63	15.01
墨脱县	10963	5852	5111	114.50	10371	90.55	11.05
波密县	33480	17620	15860	111.10	30595	88.78	13.31
察隅县	27255	13702	13553	101.10	26666	92.79	10.79
朗县	15946	8146	7800	104.44	15430	94.22	10.40
陕西省	**37327379**	**19287575**	**18039804**	**106.92**	**38402747**	**0.51**	**26.18**
西安市	**8467838**	**4340803**	**4127035**	**105.18**	**7732794**	**1.13**	**43.91**
新城区	589739	300510	289229	103.90	513110	2.08	87.43
碑林区	614710	317020	297690	106.49	718026	1.64	88.83
莲湖区	698513	351125	347388	101.08	608098	4.80	85.14
灞桥区	595124	305035	290089	105.15	495110	0.67	40.03
未央区	806811	421476	385335	109.38	515810	1.05	51.99
雁塔区	1178529	610595	567934	107.51	800037	1.27	56.49
阎良区	278604	143676	134928	106.48	250786	0.44	35.73
临潼区	655875	330703	325172	101.70	695424	0.27	15.67
长安区	1083285	547062	536223	102.02	977513	0.60	22.23
蓝田县	514026	261002	253024	103.15	629287	0.10	9.44
周至县	562768	291651	271117	107.57	662657	0.08	10.25
户县	556377	287369	269008	106.83	572282	0.15	17.33
高陵县	333477	173579	159898	108.56	294654	0.28	26.58
铜川市	**834437**	**432203**	**402234**	**107.45**	**843514**	**0.34**	**45.81**
王益区	200231	101250	98981	102.29	207767	0.73	79.72
印台区	217509	114550	102959	111.26	225601	0.32	54.99
耀州区	325537	168278	157259	107.01	317954	0.20	27.42
宜君县	91160	48125	43035	111.83	92192	0.03	14.94
宝鸡市	**3716737**	**1918290**	**1798447**	**106.66**	**3778039**	**0.49**	**24.82**
渭滨区	448189	227518	220671	103.10	430448	1.10	67.06
金台区	394538	201594	192944	104.48	381560	1.23	61.71
陈仓区	595075	305929	289146	105.80	599258	0.19	13.42
凤翔县	483471	246773	236698	104.26	517525	0.07	12.17
岐山县	459064	236734	222330	106.48	467495	0.11	16.39
扶风县	416402	217612	198790	109.47	439800	0.03	8.81
眉县	299990	155871	144119	108.15	308024	0.10	10.51

城乡人口		家庭户				家庭户类别			
城镇人口(人)	乡村人口(人)	户数(户)	人口数(人)	户规模(人/户)	其中：一人户(户)	一代户(户)	二代户(户)	三代户(户)	四代以上户(户)
4932	37619	7203	41984	5.83	808	1137	2964	2885	217
1419	26407	4872	27188	5.58	346	591	1947	2198	136
1579	18943	4430	20286	4.58	638	804	1849	1677	100
3663	16656	3828	18934	4.95	226	397	2082	1236	113
700	21447	5163	21359	4.14	589	995	3478	672	18
5895	7025	3213	12036	3.75	278	681	1592	915	25
3697	11275	3333	14215	4.26	457	737	1977	601	18
4127	13441	3540	16001	4.52	315	709	1979	798	54
2056	11980	2937	13018	4.43	179	425	1893	589	30
508	9956	2250	9964	4.43	190	337	1107	745	61
75284	**387097**	**98035**	**452314**	**4.61**	**13516**	**21335**	**54150**	**21342**	**1208**
42984	65797	27531	107060	3.89	5137	8062	14874	4379	216
2882	29474	6157	31965	5.19	825	1194	3210	1657	96
4290	55889	10426	58136	5.58	1165	1767	5693	2773	193
2272	30104	6877	32044	4.66	783	1233	4000	1564	80
6296	31506	8735	36914	4.23	956	1719	5253	1685	78
2894	17391	4412	19931	4.52	649	966	2307	1047	92
4698	38923	8443	42673	5.05	1262	1840	4617	1876	110
5119	31723	8541	36087	4.23	1006	1540	5136	1786	79
2399	45885	8201	48121	5.87	667	1413	4177	2509	102
1450	40405	8712	39383	4.52	1066	1601	4883	2066	162
21910	**73555**	**22962**	**87357**	**3.80**	**3068**	**5749**	**14133**	**2980**	**100**
2463	7194	2373	8902	3.75	474	729	1131	499	14
1497	5386	1698	6418	3.78	194	400	1020	272	6
10282	6619	4233	12774	3.02	607	1451	2489	286	7
2010	7728	2357	9022	3.83	280	568	1406	373	10
508	14975	3611	14976	4.15	379	668	2596	338	9
2765	19412	5341	21347	4.00	700	1182	3624	517	18
2385	12241	3349	13918	4.16	434	751	1867	695	36
61483	**133626**	**48977**	**181590**	**3.71**	**8008**	**15389**	**24616**	**8653**	**319**
35179	19523	15700	46763	2.98	3211	7121	6645	1851	83
4037	25892	7213	29124	4.04	972	1666	3929	1575	43
5433	17401	5792	21837	3.77	950	1654	2901	1169	68
1985	8978	2317	10411	4.49	278	524	1321	447	25
8972	24508	7414	31625	4.27	1161	2033	4038	1314	29
4202	23053	5715	26337	4.61	440	945	3128	1582	60
1675	14271	4826	15493	3.21	996	1446	2654	715	11
17059337	**20268042**	**10718563**	**34462115**	**3.22**	**1349792**	**3101883**	**5383702**	**2163692**	**69286**
5842704	**2625134**	**2504155**	**7396065**	**2.95**	**418530**	**888229**	**1158950**	**446933**	**10043**
589739		196653	531935	2.70	35353	73205	96134	27155	159
614710		192247	504227	2.62	33245	75203	93492	23428	124
698513		256672	667736	2.60	47663	104978	122984	28530	180
528068	67056	184334	539270	2.93	29506	64062	89465	30361	446
698731	108080	238677	667194	2.80	41812	93496	111449	33086	646
1178529		393151	914926	2.33	127618	214373	145575	32832	371
146630	131974	79279	248497	3.13	8213	23152	39774	15894	459
192130	463745	172270	616889	3.58	15112	37680	84424	48680	1486
559203	524082	268168	910168	3.39	30330	69714	128684	67933	1837
118768	395258	142793	481223	3.37	15847	38650	68926	34295	922
127853	434915	150871	521109	3.45	13642	38501	70931	40231	1208
196799	359578	149299	514038	3.44	13499	36627	68327	42925	1420
193031	140446	79741	278853	3.50	6690	18588	38785	21583	785
483058	**351379**	**253315**	**782855**	**3.09**	**29135**	**73419**	**136773**	**42288**	**835**
173044	27187	66949	187861	2.81	8987	23627	34532	8711	79
137029	80480	67113	202957	3.02	8503	20829	36230	9896	158
153793	171744	92983	304658	3.28	8609	22974	50680	18846	483
19192	71968	26270	87379	3.33	3036	5989	15331	4835	115
1538015	**2178722**	**1028578**	**3475584**	**3.38**	**105682**	**260062**	**516523**	**245378**	**6615**
352304	95885	143405	390391	2.72	23841	57954	66858	18243	350
303181	91357	126599	360606	2.85	16101	44634	64870	16814	281
216455	378620	150228	565359	3.76	9565	24707	78534	45686	1301
153560	329911	129853	460726	3.55	10095	25948	66334	36776	795
161538	297526	127236	439694	3.46	13227	31812	62365	32183	876
85982	330420	103307	389061	3.77	7919	20098	51280	30884	1045
75939	224051	79499	282824	3.56	6797	16367	39621	22852	659

表1 续表 44

地 区	合 计				户籍人口	少数民族人口比重	非农业户口人口比重
	合 计 (人)	男 (人)	女 (人)	性别比 (女=100)	(人)	(%)	(%)
陇县	248901	129675	119226	108.76	261437	0.95	12.17
千阳县	123959	64425	59534	108.22	131819	1.10	14.22
麟游县	90728	48415	42313	114.42	87166	0.04	11.93
凤县	105492	56581	48911	115.68	101576	1.96	24.29
太白县	50928	27163	23765	114.30	51931	0.22	21.48
咸阳市	**5096001**	**2616681**	**2479320**	**105.54**	**5318086**	**0.28**	**21.53**
秦都区	507093	250518	256575	97.64	491325	0.63	54.63
杨陵区	201172	104138	97034	107.32	181589	1.23	34.86
渭城区	438327	223417	214910	103.96	412062	1.42	54.09
三原县	403524	202890	200634	101.12	408385	0.10	25.03
泾阳县	487749	246333	241416	102.04	511119	0.01	9.96
乾县	527088	273065	254023	107.50	586258	0.01	7.01
礼泉县	447771	231431	216340	106.98	483622	0.06	8.25
永寿县	184642	95810	88832	107.86	205361	0.02	12.86
彬县	323256	171462	151794	112.96	347430	0.04	11.09
长武县	167570	89509	78061	114.67	180428	0.09	11.14
旬邑县	261566	138556	123010	112.64	282885	0.06	7.49
淳化县	193377	100008	93369	107.11	201355	0.02	12.74
武功县	411312	210433	200879	104.76	442199		11.22
兴平市	541554	279111	262443	106.35	584068	0.16	22.15
渭南市	**5286077**	**2682710**	**2603367**	**103.05**	**5522602**	**0.11**	**18.70**
临渭区	877142	440577	436565	100.92	958530	0.24	28.09
华县	322148	163629	158519	103.22	337729	0.08	17.69
潼关县	155463	80418	75045	107.16	162474	0.11	21.89
大荔县	693392	348768	344624	101.20	720133	0.07	11.65
合阳县	436441	219303	217138	101.00	446955	0.05	11.71
澄城县	386150	193216	192934	100.15	402057	0.07	19.60
蒲城县	743000	377647	365353	103.36	770791	0.01	13.57
白水县	279679	143951	135728	106.06	291590	0.23	16.97
富平县	743385	380206	363179	104.69	772285	0.05	11.68
韩城市	391164	202114	189050	106.91	392599	0.21	30.84
华阴市	258113	132881	125232	106.11	267459	0.20	34.14
延安市	**2187009**	**1149068**	**1037941**	**110.71**	**2284889**	**0.07**	**26.70**
宝塔区	475234	243604	231630	105.17	445158	0.07	43.09
延长县	125391	64897	60494	107.28	151911	0.02	25.10
延川县	168375	88111	80264	109.78	191926	0.00	23.23
子长县	216910	112882	104028	108.51	269883	0.00	23.18
安塞县	171552	91533	80019	114.39	182724	0.02	15.20
志丹县	140489	75102	65387	114.86	151244	0.14	23.08
吴起县	145061	77368	67693	114.29	135701	0.09	20.79
甘泉县	77188	40844	36344	112.38	86174	0.04	30.45
富县	149727	78766	70961	111.00	150751	0.02	21.02
洛川县	220684	116996	103688	112.83	215651	0.03	13.91
宜川县	117203	60283	56920	105.91	120801	0.04	14.24
黄龙县	49392	25910	23482	110.34	51353	0.51	30.85
黄陵县	129803	72772	57031	127.60	131612	0.26	39.46
汉中市	**3416196**	**1756525**	**1659671**	**105.84**	**3800333**	**0.43**	**20.45**
汉台区	534923	269930	264993	101.86	535267	0.94	44.51
南郑县	471634	239481	232153	103.16	564298	0.09	17.06
城固县	464903	235049	229854	102.26	528854	0.19	18.43
洋县	383981	198891	185090	107.46	449182	0.06	13.30
西乡县	341812	175533	166279	105.57	408182	1.22	13.86
勉县	388123	197340	190783	103.44	420709	0.18	17.56
宁强县	308885	159667	149218	107.00	331522	0.31	10.47
略阳县	201645	110877	90768	122.15	197678	0.87	28.40
镇巴县	246817	130557	116260	112.30	287680	0.08	10.35
留坝县	43398	22976	20422	112.51	43573	0.49	17.27
佛坪县	30075	16224	13851	117.13	33388	0.01	17.13
榆林市	**3351436**	**1769701**	**1581735**	**111.88**	**3675349**	**0.13**	**18.88**
榆阳区	637617	328115	309502	106.01	527590	0.11	31.38
神木县	455493	255305	200188	127.53	414811	0.21	24.71
府谷县	260585	149473	111112	134.52	238325	0.22	16.25
横山县	288053	149964	138089	108.60	358149	0.01	9.07
靖边县	355939	185611	170328	108.97	339724	0.08	17.85
定边县	319370	167129	152241	109.78	336993	0.45	13.89

城乡人口		家庭户				家庭户类别			
城镇人口 (人)	乡村人口 (人)	户数 (户)	人口数 (人)	户规模 (人/户)	其中：一人户 (户)	一代户 (户)	二代户 (户)	三代户 (户)	四代以上户 (户)
66445	182456	62756	238486	3.80	4166	10571	32629	18920	636
36606	87353	35123	119684	3.41	3612	8441	17747	8714	221
20883	69845	24693	86236	3.49	2840	5444	13661	5441	147
48651	56841	32773	98310	3.00	6020	11123	15538	5900	212
16471	34457	13106	44207	3.37	1499	2963	7086	2965	92
2063586	**3032415**	**1353942**	**4732894**	**3.50**	**127439**	**320301**	**686878**	**336113**	**10650**
402136	104957	147726	446152	3.02	18063	47061	75341	24676	648
104944	96228	42918	147653	3.44	4063	11054	21887	9650	327
328568	109759	124979	378389	3.03	15956	40483	61719	22283	494
190672	212852	115781	383158	3.31	11843	28908	56866	28893	1114
138898	348851	122431	466214	3.81	7191	19779	58653	41998	2001
167554	359534	133541	505831	3.79	10167	25134	70239	37158	1010
83882	363889	122839	436430	3.55	9933	27626	63977	30354	882
47839	136803	47766	173176	3.63	3997	9431	26082	11945	308
106710	216546	85191	309043	3.63	8995	19117	43553	21795	726
51984	115586	43666	153477	3.51	4260	10632	21398	11312	324
57542	204024	63696	241927	3.80	4719	11887	33294	17957	558
45553	147824	55310	185633	3.36	8507	15291	28908	10800	311
89765	321547	98638	392390	3.98	5830	16609	51542	29565	922
247539	294015	149460	513421	3.44	13915	37289	73419	37727	1025
1669297	**3616780**	**1445151**	**4979970**	**3.45**	**142412**	**337788**	**707204**	**384054**	**16105**
347484	529658	259353	818777	3.16	32404	75579	125293	56547	1934
107467	214681	92355	314586	3.41	9659	20599	46948	23975	833
49993	105470	41336	147772	3.57	4211	9221	22348	9453	314
146274	547118	173241	655900	3.79	11241	29983	80307	59733	3218
110667	325774	116770	410395	3.51	11037	25586	55041	34538	1605
131006	255144	112531	372094	3.31	11047	28489	56301	26479	1262
190871	552129	188118	696916	3.70	13373	35843	87682	61583	3010
89767	189912	76864	263925	3.43	6547	17903	42116	16411	434
171207	572178	193171	685025	3.55	17026	39747	95887	55641	1896
196574	194590	114475	372593	3.25	12409	31396	57409	24553	1117
127987	130126	76937	241987	3.15	13458	23442	37872	15141	482
1057289	**1129720**	**646054**	**2030604**	**3.14**	**71835**	**199065**	**375803**	**68838**	**2348**
336856	138378	148447	431454	2.91	19292	51668	86970	9563	246
46688	78703	42452	122680	2.89	5563	15395	24195	2778	84
98041	70334	51200	165037	3.22	5074	14884	33607	2645	64
119387	97523	63659	208857	3.28	6218	19625	39044	4831	159
74945	96607	48961	157176	3.21	5446	14951	28935	4855	220
66251	74238	38718	126273	3.26	3457	11363	22558	4616	181
64776	80285	39893	127027	3.18	3821	12710	21490	5441	252
35273	41915	23680	72291	3.05	2674	7698	13957	1971	54
44826	104901	39941	138477	3.47	3508	9082	23105	7519	235
56135	164549	57964	207493	3.58	4010	10758	33454	13264	488
35103	82100	37280	113879	3.05	4814	11770	20682	4633	195
17645	31747	14990	47491	3.17	2059	4696	7811	2408	75
61363	68440	38869	112469	2.89	5899	14465	19995	4314	95
1266588	**2149608**	**1093481**	**3247029**	**2.97**	**160981**	**347603**	**516080**	**221119**	**8679**
350167	184756	183324	490903	2.68	30438	72491	85485	24784	564
144596	327038	156109	444214	2.85	27763	53687	72621	28921	880
160685	304218	145855	440349	3.02	18890	44567	66943	32975	1370
103173	280808	120099	370089	3.08	15494	33985	58025	27072	1017
97201	244611	115013	332931	2.89	17566	38880	54882	20548	703
155101	233022	124923	373647	2.99	18238	36865	59172	27784	1102
102896	205989	93288	298292	3.20	10498	23063	46841	22214	1170
73999	127646	58205	181204	3.11	7868	17655	27061	12686	803
53851	192966	74025	243640	3.29	10681	20109	33780	19286	850
13916	29482	13432	42664	3.18	2326	3788	6474	3022	148
11003	19072	9208	29096	3.16	1219	2513	4796	1827	72
1588868	**1762568**	**988769**	**3064141**	**3.10**	**126610**	**335155**	**543977**	**105320**	**4317**
429189	208428	197095	557476	2.83	26117	70829	114083	11886	297
282650	172843	140179	386088	2.75	22805	59118	75292	5544	225
148874	111711	74066	213050	2.88	10478	27797	41953	4176	140
114188	173865	75646	275905	3.65	6046	18727	42320	13800	799
191366	164573	91260	316452	3.47	7643	23998	52523	14064	675
121766	197604	83067	306481	3.69	5549	17537	45474	19085	971

表1　续表 45

地　区	合计 合计 (人)	合计 男 (人)	合计 女 (人)	合计 性别比 (女=100)	户籍人口 (人)	少数民族人口比重 (%)	非农业户口人口比重 (%)
绥德县	296088	152075	144013	105.60	350812	0.01	13.91
米脂县	154953	80196	74757	107.28	222803	0.03	15.84
佳县	204666	106259	98407	107.98	272485	0.03	10.32
吴堡县	75748	39483	36265	108.87	84291	0.05	19.38
清涧县	128938	67435	61503	109.65	221479	0.02	16.03
子洲县	173986	88656	85330	103.90	307887	0.00	12.55
安康市	**2629906**	**1389650**	**1240256**	**112.05**	**3022081**	**0.83**	**15.49**
汉滨区	870126	450999	419127	107.60	992180	1.59	21.79
汉阴县	246147	130722	115425	113.25	303618	0.10	10.47
石泉县	171097	92101	78996	116.59	182490	0.18	17.13
宁陕县	70435	38345	32090	119.49	73106	3.61	17.05
紫阳县	283947	151237	132710	113.96	344449	0.64	11.09
岚皋县	154157	83023	71134	116.71	173729	0.46	13.44
平利县	192959	102771	90188	113.95	231343	0.31	11.34
镇坪县	50966	26742	24224	110.39	58984	0.07	17.87
旬阳县	426677	226565	200112	113.22	452037	0.39	11.70
白河县	163395	87145	76250	114.29	210145	0.12	10.66
商洛市	**2341742**	**1231944**	**1109798**	**111.01**	**2425060**	**0.46**	**14.43**
商州区	531696	278268	253428	109.80	537014	0.10	17.96
洛南县	441613	231291	210322	109.97	451485	0.03	17.52
丹凤县	295349	154448	140901	109.61	303848	0.07	14.42
商南县	221569	115153	106416	108.21	239055	0.07	12.91
山阳县	422255	223597	198658	112.55	444532	0.05	8.31
镇安县	275862	147010	128852	114.09	292247	3.40	13.45
柞水县	153398	82177	71221	115.38	156879	0.17	14.03
甘肃省	**25575263**	**13064193**	**12511070**	**104.42**	**27167312**	**9.42**	**25.35**
兰州市	**3616163**	**1849819**	**1766344**	**104.73**	**3214127**	**4.41**	**58.42**
城关区	1278745	648495	630250	102.89	932950	5.19	75.83
七里河区	561020	294935	266085	110.84	455761	6.05	73.14
西固区	364050	187051	176999	105.68	331179	2.14	71.78
安宁区	288510	148362	140148	105.86	214550	3.56	79.31
红古区	136101	70018	66083	105.95	141066	9.09	58.91
永登县	418789	210239	208550	100.81	521472	3.53	14.40
皋兰县	131785	66858	64927	102.97	180501	0.21	14.54
榆中县	437163	223861	213302	104.95	436648	3.11	18.57
嘉峪关市	**231853**	**123806**	**108047**	**114.59**	**208279**	**2.07**	**75.99**
市辖区	231853	123806	108047	114.59	208279	2.07	75.99
金昌市	**464050**	**241691**	**222359**	**108.69**	**459182**	**1.52**	**44.28**
金川区	228561	118555	110006	107.77	202209	2.56	65.74
永昌县	235489	123136	112353	109.60	256973	0.50	23.30
白银市	**1708752**	**877941**	**830811**	**105.67**	**1794877**	**1.48**	**25.39**
白银区	294400	152916	141484	108.08	281550	1.67	69.70
平川区	192399	101233	91166	111.04	205929	1.36	44.94
靖远县	454925	232949	221976	104.94	482428	0.76	10.04
会宁县	541273	275590	265683	103.73	584659	2.29	9.38
景泰县	225755	115253	110502	104.30	240311	0.86	19.97
天水市	**3262549**	**1645317**	**1617232**	**101.74**	**3700247**	**6.61**	**23.71**
秦州区	643906	327383	316523	103.43	686147	1.84	49.49
麦积区	553268	283444	269824	105.05	620046	0.63	31.17
清水县	266908	134311	132597	101.29	319872	1.82	8.44
秦安县	515423	256842	258581	99.33	620386	0.41	20.94
甘谷县	559713	275210	284503	96.73	629564	0.00	8.33
武山县	437268	225321	211947	106.31	469560	0.02	13.91
张家川回族自治县	286063	142806	143257	99.69	354672	67.62	15.79
武威市	**1815059**	**933487**	**881572**	**105.89**	**1914895**	**4.12**	**16.97**
凉州区	1010295	521047	489248	106.50	1021473	0.62	21.54
民勤县	241251	123635	117616	105.12	274247	0.11	13.76
古浪县	388720	198747	189973	104.62	405422	0.30	6.57
天祝藏族自治县	174793	90058	84735	106.28	213753	38.39	18.31
张掖市	**1199515**	**612594**	**586921**	**104.37**	**1309491**	**2.22**	**25.93**
甘州区	507433	258704	248729	104.01	517694	1.04	35.15
肃南裕固族自治县	33653	17912	15741	113.79	36945	54.46	27.23
民乐县	219356	113855	105501	107.92	244741	0.24	10.53
临泽县	134328	68441	65887	103.88	148849	0.32	17.06
高台县	143446	72610	70836	102.50	158460	0.92	16.30
山丹县	161299	81072	80227	101.05	202802	0.45	33.68

城乡人口		家庭户				家庭户类别			
城镇人口(人)	乡村人口(人)	户数(户)	人口数(人)	户规模(人/户)	其中：一人户(户)	一代户(户)	二代户(户)	三代户(户)	四代以上户(户)
91909	204179	94378	290223	3.08	12270	31800	51181	11092	305
52120	102833	46714	149872	3.21	5209	14643	25036	6797	238
40498	164168	62785	203374	3.24	9779	20389	34065	8083	248
27597	48151	24480	71570	2.92	4492	9201	13484	1753	42
38746	90192	44965	127097	2.83	8195	19265	22094	3512	94
49965	124021	54134	166553	3.08	8027	21851	26472	5528	283
909828	**1720078**	**773547**	**2548802**	**3.29**	**101784**	**205508**	**396756**	**166341**	**4942**
379707	490419	240371	841909	3.50	26911	55820	127415	55557	1579
61985	184162	76618	241707	3.15	11613	23040	39363	13902	313
56642	114455	52785	165125	3.13	7584	15254	28061	9229	241
26302	44133	21305	66838	3.14	3205	6036	11407	3747	115
75084	208863	84485	282964	3.35	13139	23716	40157	19991	621
47708	106449	48331	150917	3.12	7681	14350	24079	9618	284
62079	130880	58541	188218	3.22	6754	15605	29979	12531	426
14048	36918	16768	49822	2.97	2912	5682	7795	3179	112
138876	287801	123866	408012	3.29	14594	29300	64695	28907	964
47397	115998	50477	153290	3.04	7391	16705	23805	9680	287
640104	**1701638**	**631571**	**2204171**	**3.49**	**65384**	**134753**	**344758**	**147308**	**4752**
156781	374915	145069	493035	3.40	17140	33965	80921	29506	677
112201	329412	115112	407149	3.54	10643	21633	62759	29585	1135
93037	202312	77837	279475	3.59	7088	14032	43795	19426	584
63830	157739	62657	208802	3.33	6459	15206	33100	13918	433
72507	349748	109958	406544	3.70	9999	20684	62052	26499	723
70770	205092	78204	264882	3.39	9149	18932	39340	19038	894
70978	82420	42734	144284	3.38	4906	10301	22791	9336	306
9191185	**16384078**	**6900369**	**24052594**	**3.49**	**709681**	**1763054**	**3418987**	**1654315**	**64013**
2758558	**857605**	**1112369**	**3138787**	**2.82**	**173163**	**412899**	**542928**	**154090**	**2452**
1259198	19547	436644	1107778	2.54	89612	193658	204784	37947	255
470465	90555	172885	492028	2.85	25557	58998	90245	23378	264
320330	43720	125267	340374	2.72	17851	46209	66173	12782	103
288510		64879	181600	2.80	8958	23602	33518	7677	82
100092	36009	43100	129808	3.01	4925	13782	22022	7146	150
138111	280678	123676	399989	3.23	12628	35795	57973	29195	713
42222	89563	40003	127411	3.19	3655	13335	18440	8052	176
139630	297533	105915	359799	3.40	9977	27520	49773	27913	709
216362	**15491**	**80320**	**207222**	**2.58**	**11365**	**33169**	**42504**	**4623**	**24**
216362	15491	80320	207222	2.58	11365	33169	42504	4623	24
288171	**175879**	**158043**	**447624**	**2.83**	**19816**	**58292**	**82339**	**17159**	**253**
195409	33152	84836	219308	2.59	12882	35483	44254	5057	42
92762	142727	73207	228316	3.12	6934	22809	38085	12102	211
672846	**1035906**	**447600**	**1586545**	**3.54**	**40692**	**112590**	**239762**	**92662**	**2586**
246374	48026	98692	270744	2.74	12342	36967	52278	9329	118
115989	76410	56535	173861	3.08	6667	17574	32156	6632	173
113709	341216	108398	423757	3.91	8252	21617	58729	27203	849
104419	436854	124313	501439	4.03	10062	23575	64018	35629	1091
92355	133400	59662	216744	3.63	3369	12857	32581	13869	355
918237	**2344312**	**815229**	**3082425**	**3.78**	**70184**	**170518**	**421858**	**214899**	**7954**
318705	325201	174306	575487	3.30	19956	47074	91791	34136	1305
225736	327532	144344	500186	3.47	13965	36140	74895	32206	1103
40978	225930	69437	259614	3.74	6666	14401	34531	19857	648
93899	421524	125226	499583	3.99	8509	24363	62413	37075	1375
97961	461752	131984	548935	4.16	8576	18911	70601	41020	1452
87293	349975	108756	424943	3.91	9439	21070	56852	29713	1121
53665	232398	61176	273677	4.47	3073	8559	30775	20892	950
499346	**1315713**	**467040**	**1748593**	**3.74**	**32316**	**95431**	**242254**	**126518**	**2837**
331370	678925	262124	965466	3.68	19451	54057	138586	68068	1413
45805	195446	68879	236734	3.44	4774	19600	31899	17033	347
65937	322783	88651	381720	4.31	4557	11146	47904	28836	765
56234	118559	47386	164673	3.48	3534	10628	23865	12581	312
414113	**785402**	**359228**	**1128019**	**3.14**	**34858**	**109425**	**172435**	**75933**	**1435**
216760	290673	152169	472941	3.11	15199	46156	75290	30238	485
10464	23189	10474	28896	2.76	1696	3908	5289	1248	29
48691	170665	59942	207286	3.46	4309	15115	27452	17011	364
37245	97083	40168	125931	3.14	3482	12429	18340	9218	181
34785	108661	46255	140292	3.03	4567	15616	22113	8396	130
66168	95131	50220	152673	3.04	5605	16201	23951	9822	246

表1 续表 46

地区	合计 合计(人)	合计 男(人)	合计 女(人)	合计 性别比(女=100)	户籍人口(人)	少数民族人口比重(%)	非农业户口人口比重(%)
平凉市	**2068033**	**1040622**	**1027411**	**101.29**	**2318202**	**7.87**	**18.45**
崆峒区	504848	257813	247035	104.36	528330	25.67	34.30
泾川县	281145	139316	141829	98.23	350933	0.64	10.45
灵台县	183937	92652	91285	101.50	229813	3.61	9.89
崇信县	102116	54004	48112	112.25	97822	1.06	17.78
华亭县	189333	99597	89736	110.99	186016	11.67	46.58
庄浪县	382827	186211	196616	94.71	443861	0.17	5.90
静宁县	423827	211029	212798	99.17	481427	0.22	7.58
酒泉市	**1095947**	**565860**	**530087**	**106.75**	**1008211**	**4.59**	**34.67**
肃州区	428346	216367	211979	102.07	407518	1.61	42.02
金塔县	147460	75783	71677	105.73	149236	0.82	19.12
瓜州县	148798	79419	69379	114.47	135650	9.01	20.08
肃北蒙古族自治县	14979	9121	5858	155.70	11571	32.95	42.48
阿克塞哈萨克族自治县	10545	6093	4452	136.86	8657	30.01	47.29
玉门市	159792	84455	75337	112.10	151828	10.53	33.39
敦煌市	186027	94622	91405	103.52	143751	2.08	40.94
庆阳市	**2211191**	**1122421**	**1088770**	**103.09**	**2600422**	**0.23**	**13.38**
西峰区	377528	191458	186070	102.90	365080	0.45	26.72
庆城县	261898	134998	126900	106.38	291391	0.11	16.00
环县	302918	155986	146932	106.16	346909	0.20	8.23
华池县	120875	62838	58037	108.27	131541	0.05	14.46
合水县	145722	74788	70934	105.43	173884	0.04	15.73
正宁县	180909	90938	89971	101.07	232710	1.07	10.75
宁县	405614	201394	204220	98.62	545254	0.04	9.12
镇原县	415727	210021	205706	102.10	513653	0.07	7.53
定西市	**2698624**	**1373166**	**1325458**	**103.60**	**2984982**	**1.08**	**11.37**
安定区	420614	214398	206216	103.97	454346	2.23	20.32
通渭县	349539	173686	175853	98.77	444385	0.09	8.13
陇西县	453259	231946	221313	104.80	507544	0.27	16.77
渭源县	324215	167031	157184	106.26	350119	0.30	6.63
临洮县	507386	255502	251884	101.44	541321	0.49	8.62
漳县	192957	99716	93241	106.94	205601	0.19	8.30
岷县	450654	230887	219767	105.06	481666	3.20	7.90
陇南市	**2567718**	**1336964**	**1230754**	**108.63**	**2811960**	**2.07**	**12.86**
武都区	555004	290388	264616	109.74	576892	2.18	21.97
成县	242343	124749	117594	106.08	262009	2.72	15.68
文县	218796	113667	105129	108.12	242063	2.92	12.38
宕昌县	274313	143554	130759	109.79	310639	2.97	7.74
康县	180061	95624	84437	113.25	196643	0.19	9.06
西和县	393272	201756	191516	105.35	419995	0.07	7.74
礼县	458237	239991	218246	109.96	534751	1.93	7.42
徽县	200294	103111	97183	106.10	218858	4.63	15.77
两当县	45398	24124	21274	113.40	50110	2.56	21.50
临夏回族自治州	**1946677**	**985235**	**961442**	**102.47**	**2115456**	**60.30**	**17.18**
临夏市	274466	138883	135583	102.43	240171	52.77	56.59
临夏县	326123	164618	161505	101.93	383760	41.86	3.93
康乐县	233173	116487	116686	99.83	264142	60.24	6.52
永靖县	180161	92314	87847	105.08	203616	13.16	21.54
广河县	227466	114378	113088	101.14	243851	97.85	7.77
和政县	185083	93536	91547	102.17	206303	59.02	24.65
东乡族自治县	284507	146485	138022	106.13	317593	90.31	12.29
积石山保安族东乡族撒拉族自治县	235698	118534	117164	101.17	256020	59.20	6.42
甘南藏族自治州	**689132**	**355270**	**333862**	**106.41**	**726981**	**61.30**	**19.28**
合作市	90290	46668	43622	106.98	91072	68.16	54.50
临潭县	137001	70099	66902	104.78	154234	29.43	8.78
卓尼县	100522	51955	48567	106.98	107585	70.85	12.35
舟曲县	132108	67790	64318	105.40	139860	34.54	13.28
迭部县	52166	26711	25455	104.93	60737	87.42	21.71
玛曲县	54745	29176	25569	114.11	51331	92.16	13.98
碌曲县	35630	18319	17311	105.82	35075	90.86	19.15
夏河县	86670	44552	42118	105.78	87087	86.88	18.48

城乡人口		家庭户				家庭户类别			
城镇人口(人)	乡村人口(人)	户数(户)	人口数(人)	户规模(人/户)	其中：一人户(户)	一代户(户)	二代户(户)	三代户(户)	四代以上户(户)
597006	**1471027**	**549633**	**1957454**	**3.56**	**56083**	**133595**	**266963**	**143743**	**5332**
248421	256427	133330	471901	3.54	11320	31067	71293	29684	1286
68318	212827	78627	265075	3.37	9094	21439	37589	18837	762
35892	148045	56832	176272	3.10	8015	18443	26298	11763	328
31752	70364	25072	92695	3.70	2254	5309	12335	7117	311
88454	100879	51451	171731	3.34	6000	13686	25888	11456	421
55663	327164	93182	366719	3.94	6656	15899	44599	31547	1137
68506	355321	111139	413061	3.72	12744	27752	48961	33339	1087
555195	**540752**	**342074**	**1032894**	**3.02**	**41377**	**114515**	**173712**	**52969**	**878**
255739	172607	141232	404643	2.87	19302	50310	70844	19841	237
47006	100454	44225	142973	3.23	3999	13124	22090	8857	154
44325	104473	39773	137370	3.45	3767	10274	20976	8279	244
7610	7369	4181	11219	2.68	665	1547	2365	268	1
10040	505	2618	8129	3.11	222	703	1656	258	1
78940	80852	48673	148392	3.05	6682	17306	23716	7517	134
111535	74492	61372	180168	2.94	6740	21251	32065	7949	107
522780	**1688411**	**595445**	**2062799**	**3.46**	**64810**	**156059**	**288408**	**143427**	**7551**
181780	195748	102754	334489	3.26	13536	29730	52043	20110	871
67802	194096	66444	239906	3.61	6288	17098	32034	16343	969
56493	246425	76889	289553	3.77	7836	17903	35163	22201	1622
25605	95270	31494	111461	3.54	2781	7963	15532	7497	502
31928	113794	41336	138704	3.36	4437	11043	21030	8939	324
43605	137304	52996	174579	3.29	5426	14771	26746	11138	341
60294	345320	112182	383313	3.42	12958	29960	54417	26724	1081
55273	360454	111350	390794	3.51	11548	27591	51443	30475	1841
625011	**2073613**	**702558**	**2625793**	**3.74**	**61394**	**144507**	**332775**	**216188**	**9088**
158062	262552	122481	399270	3.26	14539	35636	58361	27696	788
44955	304584	91870	336681	3.66	8037	23109	41547	26429	785
162315	290944	122784	444785	3.62	11580	28299	61589	31839	1057
46358	277857	82645	314769	3.81	7131	15077	38105	28061	1402
121345	386041	132184	494254	3.74	11482	25187	60970	44224	1803
37777	155180	43728	190600	4.36	2442	5047	21735	15964	982
54199	396455	106866	445434	4.17	6183	12152	50468	41975	2271
490582	**2077136**	**660598**	**2485760**	**3.76**	**58211**	**127550**	**322721**	**198743**	**11584**
136468	418536	144237	531823	3.69	13919	30517	72080	39582	2058
83624	158719	67172	231435	3.45	7775	15687	33495	17148	842
33215	185581	62352	213847	3.43	5862	15232	33205	13386	529
41039	233274	67673	263044	3.89	6026	12048	30554	23592	1479
28709	151352	50812	174998	3.44	5628	11711	23256	14766	1079
46125	347147	87594	389450	4.45	4627	9191	43588	32729	2086
51130	407107	111345	443711	3.99	7473	17227	52775	38707	2636
54610	145684	56095	193749	3.45	5225	12424	27051	15846	774
15662	29736	13318	43703	3.28	1676	3513	6717	2987	101
466886	**1479791**	**446796**	**1891742**	**4.23**	**25496**	**60888**	**215519**	**162573**	**7816**
220895	53571	73079	256664	3.51	6117	15844	37986	18861	388
25668	300455	76403	322656	4.22	3405	8270	33180	33329	1624
24863	208310	54237	230333	4.25	2918	6957	24775	21136	1369
69698	110463	50193	169303	3.37	5229	12799	23902	13065	427
43313	184153	44640	223555	5.01	1840	3873	22663	17167	937
29176	155907	42604	181757	4.27	1996	4697	19551	17434	922
34563	249944	55597	275256	4.95	1514	3668	30591	20399	939
18710	216988	50043	232218	4.64	2477	4780	22871	21182	1210
166092	**523040**	**163436**	**656937**	**4.02**	**19916**	**33616**	**74809**	**50788**	**4223**
57384	32906	20815	76931	3.70	2833	5254	9899	4796	866
25113	111888	33635	135458	4.03	2858	5392	15033	12576	634
15205	85317	25021	99026	3.96	4317	6079	9658	8481	803
16826	115282	33343	130515	3.91	3559	6111	17155	9682	395
8931	43235	12147	50929	4.19	1530	2590	5562	3775	220
11069	43676	12415	50397	4.06	1573	2823	7089	2333	170
6496	29134	8171	32899	4.03	1643	2288	3073	2519	291
25068	61602	17889	80782	4.52	1603	3079	7340	6626	844

表1 续表 47

地区	合计 合计 (人)	合计 男 (人)	合计 女 (人)	合计 性别比 (女=100)	户籍人口 (人)	少数民族人口比重 (%)	非农业户口人口比重 (%)
青海省	**5626723**	**2913793**	**2712930**	**107.40**	**5521265**	**46.98**	**28.08**
西宁市	**2208708**	**1136779**	**1071929**	**106.05**	**1950197**	**25.96**	**43.67**
城东区	359688	186721	172967	107.95	250313	38.25	66.66
城中区	296987	149025	147962	100.72	233884	11.38	71.73
城西区	242627	123629	118998	103.89	205530	12.58	76.30
城北区	299002	155066	143936	107.73	215818	9.67	60.83
大通回族土族自治县	435937	223746	212191	105.45	452409	47.60	18.63
湟中县	437835	228532	209303	109.19	458506	26.66	7.78
湟源县	136632	70060	66572	105.24	133737	13.49	20.58
海东地区	**1396845**	**717019**	**679826**	**105.47**	**1626874**	**44.28**	**12.49**
平安县	102975	52454	50521	103.83	123838	23.06	31.52
民和回族土族自治县	350118	181138	168980	107.19	419754	54.55	9.64
乐都县	260184	133142	127042	104.80	285424	13.67	16.84
互助土族自治县	356437	185777	170660	108.86	377914	26.09	9.01
化隆回族自治县	203317	102123	101194	100.92	280329	78.40	9.70
循化撒拉族自治县	123814	62385	61429	101.56	139615	93.60	10.20
海北藏族自治州	**273304**	**141316**	**131988**	**107.07**	**286469**	**64.12**	**21.67**
门源回族自治县	147710	76439	71271	107.25	156293	60.59	16.03
祁连县	46473	23869	22604	105.60	49657	77.73	24.93
海晏县	37788	19227	18561	103.59	36797	47.30	38.83
刚察县	41333	21781	19552	111.40	43722	76.78	22.40
黄南藏族自治州	**256716**	**130194**	**126522**	**102.90**	**251534**	**93.92**	**16.25**
同仁县	92601	47207	45394	103.99	87152	91.43	25.05
尖扎县	55325	27825	27500	101.18	57817	90.76	17.06
泽库县	69416	35038	34378	101.92	69339	98.82	6.82
河南蒙古族自治县	39374	20124	19250	104.54	37226	95.55	11.19
海南藏族自治州	**441691**	**225965**	**215726**	**104.75**	**443955**	**75.16**	**18.62**
共和县	122966	62675	60291	103.95	129598	72.85	25.71
同德县	64369	33245	31124	106.81	58534	91.76	13.35
贵德县	101771	51849	49922	103.86	103124	52.09	17.82
兴海县	76025	39427	36598	107.73	76255	87.14	9.17
贵南县	76560	38769	37791	102.59	76444	83.70	21.87
果洛藏族自治州	**181682**	**95385**	**86297**	**110.53**	**178910**	**93.43**	**12.42**
玛沁县	51245	27439	23806	115.26	49192	86.79	21.19
班玛县	27185	14138	13047	108.36	27053	94.86	12.02
甘德县	34840	18282	16558	110.41	33501	97.62	7.33
达日县	30995	16109	14886	108.22	31043	96.16	7.64
久治县	26081	13485	12596	107.06	24480	96.33	7.04
玛多县	11336	5932	5404	109.77	13641	93.03	14.54
玉树藏族自治州	**378439**	**194762**	**183677**	**106.04**	**381205**	**96.91**	**9.32**
玉树县	120447	62085	58362	106.38	105088	94.82	14.40
杂多县	58268	29714	28554	104.06	56660	97.33	8.49
称多县	55619	28988	26631	108.85	54400	97.62	6.38
治多县	30037	15118	14919	101.33	29777	97.09	10.51
囊谦县	85825	44307	41518	106.72	104519	98.86	4.22
曲麻莱县	28243	14550	13693	106.26	30761	97.47	8.77
海西蒙古族藏族自治州	**489338**	**272373**	**216965**	**125.54**	**402121**	**33.99**	**40.32**
格尔木市	215214	117951	97263	121.27	130888	30.18	47.23
德令哈市	78184	41427	36757	112.71	73103	29.41	44.33
乌兰县	38272	21683	16589	130.71	37085	41.71	25.68
都兰县	76623	41265	35358	116.71	71726	46.96	13.68
天峻县	33923	20897	13026	160.43	20570	62.35	22.41
芒崖行委	31017	17884	13133	136.18	35713	7.33	81.07
柴旦行委	13671	9523	4148	229.58	10614	20.32	47.05
冷湖行委	2434	1743	691	252.24	22422	10.19	56.53
宁夏回族自治区	**6301350**	**3227404**	**3073946**	**104.99**	**6323117**	**35.15**	**36.49**
银川市	**1993088**	**1030563**	**962525**	**107.07**	**1560669**	**24.44**	**56.18**
兴庆区	678306	341245	337061	101.24	505709	17.90	71.29
西夏区	329310	168973	160337	105.39	226019	20.85	64.71
金凤区	282554	145948	136606	106.84	194841	26.93	69.72
永宁县	218260	112877	105383	107.11	208493	22.78	24.67
贺兰县	222981	116466	106515	109.34	198747	22.86	29.69
灵武市	261677	145054	116623	124.38	226860	45.94	40.38
石嘴山市	**725482**	**374579**	**350903**	**106.75**	**742443**	**20.28**	**54.41**
大武口区	286669	149359	137310	108.78	265166	10.93	74.47
惠农区	185803	96302	89501	107.60	188716	18.98	63.25
平罗县	253010	128918	124092	103.89	288561	31.82	25.17

城乡人口		家庭户				家庭户类别			
城镇人口 (人)	乡村人口 (人)	户数 (户)	人口数 (人)	户规模 (人/户)	其中：一人户 (户)	一代户 (户)	二代户 (户)	三代户 (户)	四代以上户 (户)
2516254	**3110469**	**1529039**	**5284525**	**3.46**	**182220**	**403920**	**806436**	**310197**	**8486**
1406894	**801814**	**646837**	**2050905**	**3.17**	**79698**	**196001**	**324291**	**124171**	**2374**
354869	4819	113526	326699	2.88	16923	43053	55795	14515	163
283612	13375	101681	275851	2.71	16927	41473	47696	12382	130
242113	514	78129	205835	2.63	12673	32961	36509	8589	70
272823	26179	97109	267092	2.75	15731	39391	45539	12051	128
144484	291453	109567	425778	3.89	6707	16212	58770	33706	879
73792	364043	107987	416721	3.86	6715	15380	57731	34032	844
35201	101431	38838	132929	3.42	4022	7531	22251	8896	160
318915	**1077930**	**346533**	**1346898**	**3.89**	**25975**	**61602**	**181858**	**99799**	**3274**
50494	52481	31476	98236	3.12	3872	9484	15860	5938	194
80600	269518	80683	341683	4.23	4916	11005	43435	25450	793
69939	190245	71374	249428	3.49	5924	15376	37242	18312	444
57489	298948	89219	340010	3.81	5055	13570	46654	28121	874
39212	164105	47719	198870	4.17	4375	8188	24416	14407	708
21181	102633	26062	118671	4.55	1833	3979	14251	7571	261
89597	**183707**	**74354**	**262316**	**3.53**	**9188**	**17168**	**40155**	**16585**	**446**
36727	110983	37595	143805	3.83	3644	6977	19953	10422	243
20652	25821	13789	44347	3.22	2117	3818	7812	2092	67
20910	16878	11497	35094	3.05	1734	3322	6370	1749	56
11308	30025	11473	39070	3.41	1693	3051	6020	2322	80
65960	**190756**	**62950**	**243593**	**3.87**	**6843**	**13459**	**33853**	**14838**	**800**
28829	63772	22488	87492	3.89	2702	4872	11199	5973	444
16114	39211	12859	48970	3.81	1246	2579	6839	3291	150
10164	59252	17092	68372	4.00	1629	3018	10195	3756	123
10853	28521	10511	38759	3.69	1266	2990	5620	1818	83
125742	**315949**	**115358**	**424789**	**3.68**	**12962**	**25735**	**62666**	**25938**	**1019**
45519	77447	33140	116500	3.52	3826	7831	18955	6144	210
15644	48725	15633	62361	3.99	1544	3075	9004	3419	135
27210	74561	27927	97883	3.50	3212	6422	13736	7485	284
19774	56251	18636	73279	3.93	1812	3693	10690	4097	156
17595	58965	20022	74766	3.73	2568	4714	10281	4793	234
44918	**136764**	**51383**	**173834**	**3.38**	**10580**	**17924**	**27898**	**5414**	**147**
24098	27147	15205	47791	3.14	3220	5645	8022	1494	44
4370	22815	7588	26620	3.51	1633	2570	4138	857	23
3840	31000	9475	33568	3.54	1783	3004	5463	990	18
6593	24402	8665	29976	3.46	1609	2944	5022	687	12
2859	23222	6474	24864	3.84	1376	2055	3115	1258	46
3158	8178	3976	11015	2.77	959	1706	2138	128	4
121522	**256917**	**92091**	**367121**	**3.99**	**12345**	**22047**	**60859**	**9019**	**166**
56802	63645	31111	116645	3.75	4170	7793	20568	2711	39
20671	37597	12098	57202	4.73	1281	2372	8111	1575	40
4644	50975	15231	53725	3.53	2431	4193	9972	1051	15
12293	17744	8486	29399	3.46	1193	2159	5737	572	18
18359	67466	16865	82609	4.90	1702	3123	11003	2692	47
8753	19490	8300	27541	3.32	1568	2407	5468	418	7
342706	**146632**	**139533**	**415069**	**2.97**	**24629**	**49984**	**74856**	**14433**	**260**
186341	28873	65134	192755	2.96	10439	22791	37013	5261	69
54844	23340	24207	73443	3.03	3548	7772	13598	2795	42
17944	20328	10790	32316	2.99	2008	3795	5572	1401	22
25851	50772	20580	70571	3.43	2524	5017	11642	3820	101
15610	18313	8282	25097	3.03	1767	3187	4065	1005	25
31006	11	5377	10797	2.01	2126	3687	1624	65	1
8676	4995	4439	8845	1.99	1834	3151	1208	80	
2434		724	1245	1.72	383	584	134	6	
3022022	**3279328**	**1882205**	**5970133**	**3.17**	**229554**	**595411**	**1052911**	**228802**	**5081**
1445405	**547683**	**640621**	**1801622**	**2.81**	**95873**	**241707**	**341195**	**56627**	**1092**
646092	32214	243931	637993	2.62	41072	101288	127582	14931	130
287896	41414	93591	263087	2.81	12504	33738	53408	6365	80
225469	57085	91336	256763	2.81	10810	32489	52221	6536	90
76590	141670	65128	205736	3.16	8718	20761	34639	9535	193
83382	139599	73583	208367	2.83	11765	28218	37209	8022	134
125976	135701	73052	229676	3.14	11004	25213	36136	11238	465
497996	**227486**	**248285**	**695041**	**2.80**	**34025**	**94429**	**131118**	**22393**	**345**
256468	30201	96916	271851	2.81	13662	36109	52530	8190	87
147433	38370	67088	177159	2.64	9875	27905	34409	4718	56
94095	158915	84281	246031	2.92	10488	30415	44179	9485	202

表1 续表 48

地 区	合 计				户籍人口	少数民族人口比重	非农业户口人口比重
	合 计（人）	男（人）	女（人）	性别比（女=100）	（人）	（%）	（%）
吴忠市	**1273792**	**650830**	**622962**	**104.47**	**1348656**	**51.96**	**28.42**
利通区	379346	193326	186020	103.93	339441	59.55	45.28
红寺堡区	165016	84836	80180	105.81	180190	60.83	14.54
盐池县	146560	75974	70586	107.63	167033	2.76	18.14
同心县	318153	160875	157278	102.29	391891	88.91	20.20
青铜峡市	264717	135819	128898	105.37	270101	18.36	28.19
固原市	**1228156**	**619390**	**608766**	**101.75**	**1501337**	**44.26**	**14.99**
原州区	411854	208086	203768	102.12	431898	45.48	25.35
西吉县	354321	177454	176867	100.33	502735	56.15	8.16
隆德县	160754	81348	79406	102.45	181051	10.96	11.91
泾源县	101026	50805	50221	101.16	126242	80.26	10.01
彭阳县	200201	101697	98504	103.24	259411	29.28	10.74
中卫市	**1080832**	**552042**	**528790**	**104.40**	**1170012**	**34.74**	**21.69**
沙坡头区	378606	194023	184583	105.11	391831	6.17	33.26
中宁县	312921	159134	153787	103.48	318655	24.65	25.74
海原县	389305	198885	190420	104.45	459526	70.62	7.21
新疆维吾尔自治区	**21815815**	**11270147**	**10545668**	**106.87**	**20255650**	**59.52**	**40.06**
乌鲁木齐市	**3112559**	**1610775**	**1501784**	**107.26**	**1977692**	**25.09**	**66.81**
天山区	696277	348290	347987	100.09	467994	39.11	77.10
沙依巴克区	664716	337162	327554	102.93	415020	18.56	73.36
新市区	730307	382539	347768	110.00	399025	15.89	70.41
水磨沟区	390943	203951	186992	109.07	190060	15.34	61.09
头屯河区	172796	92119	80677	114.18	123948	23.79	65.76
达坂城区	40657	22643	18014	125.70	37078	47.97	43.59
米东区	333676	180112	153564	117.29	250357	31.30	46.44
乌鲁木齐县	83187	43959	39228	112.06	94210	53.09	19.41
克拉玛依市	**391008**	**203310**	**187698**	**108.32**	**322021**	**18.35**	**76.86**
独山子区	69361	36153	33208	108.87	55602	21.98	80.15
克拉玛依区	261445	135729	125716	107.96	215893	16.53	76.35
白碱滩区	50422	26363	24059	109.58	42413	23.51	77.25
乌尔禾区	9780	5065	4715	107.42	8113	14.55	65.15
吐鲁番地区	**622903**	**327854**	**295049**	**111.12**	**583982**	**74.98**	**25.65**
吐鲁番市	273385	142270	131115	108.51	270290	77.98	26.38
鄯善县	231297	122072	109225	111.76	197401	68.88	24.18
托克逊县	118221	63512	54709	116.09	116291	79.97	26.87
哈密地区	**572400**	**300886**	**271514**	**110.82**	**542314**	**30.65**	**56.35**
哈密市	472175	247317	224858	109.99	418150	26.40	61.06
巴里坤哈萨克自治县	75442	40038	35404	113.09	101841	46.85	32.61
伊吾县	24783	13531	11252	120.25	22323	62.35	39.17
昌吉回族自治州	**1428587**	**757038**	**671549**	**112.73**	**1461842**	**24.69**	**48.93**
昌吉市	426253	221686	204567	108.37	356630	24.66	57.44
阜康市	165006	87821	77185	113.78	164531	27.85	52.18
呼图壁县	210201	112628	97573	115.43	216824	23.11	52.54
玛纳斯县	237558	126798	110760	114.48	260060	14.22	55.33
奇台县	210566	112513	98053	114.75	236099	26.82	35.43
吉木萨尔县	113284	61674	51610	119.50	138782	31.66	31.33
木垒哈萨克自治县	65719	33918	31801	106.66	88916	41.03	24.71
博尔塔拉蒙古自治州	**443680**	**229399**	**214281**	**107.06**	**417062**	**35.04**	**50.96**
博乐市	235585	120952	114633	105.51	206574	32.91	57.31
精河县	141593	73989	67604	109.44	139328	33.54	41.27
温泉县	66502	34458	32044	107.53	71160	45.77	48.96
巴音郭楞蒙古自治州	**1278486**	**664714**	**613772**	**108.30**	**1095875**	**40.71**	**46.05**
库尔勒市	549324	281262	268062	104.92	378937	26.21	60.16
轮台县	116166	61235	54931	111.48	106541	75.26	22.11
尉犁县	96068	50206	45862	109.47	93403	34.79	46.07
若羌县	35580	20067	15513	129.36	32588	38.85	41.47
且末县	65572	34148	31424	108.67	61235	71.76	30.95
焉耆回族自治县	127628	67101	60527	110.86	119555	57.94	36.97
和静县	160804	84344	76460	110.31	182760	48.23	38.73
和硕县	72556	38111	34445	110.64	63439	33.19	38.42
博湖县	54788	28240	26548	106.37	57417	35.10	29.35
阿克苏地区	**2370809**	**1225608**	**1145201**	**107.02**	**2245274**	**77.11**	**29.59**
阿克苏市	535657	273975	261682	104.70	426783	48.14	47.37
温宿县	233933	121934	111999	108.87	226050	76.40	28.81
库车县	462588	240245	222343	108.05	451048	84.55	33.63

城乡人口		家庭户				家庭户类别			
城镇人口（人）	乡村人口（人）	户数（户）	人口数（人）	户规模（人/户）	其中：一人户（户）	一代户（户）	二代户（户）	三代户（户）	四代以上户（户）
480320	**793472**	**369058**	**1235030**	**3.35**	**39679**	**104912**	**217007**	**45998**	**1141**
190826	188520	110868	363518	3.28	8577	29707	64885	15833	443
41308	123708	40362	162335	4.02	2111	6195	28247	5782	138
44558	102002	51272	140058	2.73	11067	22434	24383	4349	106
104261	213892	80683	311698	3.86	7035	17460	53319	9671	233
99367	165350	85873	257421	3.00	10889	29116	46173	10363	221
279462	**948694**	**322760**	**1179641**	**3.65**	**29845**	**77158**	**184777**	**59222**	**1603**
130155	281699	112117	387298	3.45	11968	28808	65732	17086	491
55027	299294	87109	347517	3.99	6665	18700	51669	16306	434
28539	132215	42467	154985	3.65	3846	9434	22777	10007	249
19861	81165	27058	98850	3.65	2616	6656	14865	5409	128
45880	154321	54009	190991	3.54	4750	13560	29734	10414	301
318839	**761993**	**301481**	**1058799**	**3.51**	**30132**	**77205**	**178814**	**44562**	**900**
160279	218327	119536	368876	3.09	15813	38128	66232	14950	226
106745	206176	86287	306873	3.56	7322	21273	49434	15225	355
51815	337490	95658	383050	4.00	6997	17804	63148	14387	319
9335752	**12480063**	**6705607**	**20802249**	**3.10**	**1148484**	**2330494**	**3736900**	**631069**	**7144**
2865395	**247164**	**1133835**	**2792845**	**2.46**	**269976**	**551711**	**515281**	**66354**	**489**
695398	879	251396	624421	2.48	64691	118105	117553	15624	114
655763	8953	238164	602486	2.53	47412	109919	112944	15214	87
724414	5893	261185	629558	2.41	58125	131998	115085	14016	86
383209	7734	150947	357366	2.37	38500	79054	64761	7083	49
130880	41916	66462	159303	2.40	17207	33628	29922	2889	23
24431	16226	15092	37584	2.49	4335	7911	6237	937	7
239303	94373	122567	302582	2.47	34471	60210	54694	7569	94
11997	71190	28022	79545	2.84	5235	10886	14085	3022	29
353299	**37709**	**144730**	**365988**	**2.53**	**23131**	**65049**	**74489**	**5164**	**28**
69151	210	25308	62357	2.46	4174	11360	13266	675	7
232441	29004	98064	246823	2.52	16129	45229	49183	3638	14
48644	1778	17984	47489	2.64	2395	7064	10337	580	3
3063	6717	3374	9319	2.76	433	1396	1703	271	4
197213	**425690**	**168699**	**582733**	**3.45**	**19768**	**43039**	**98040**	**27254**	**366**
89719	183666	70427	259239	3.68	5225	15148	42192	12895	192
70742	160555	62483	212603	3.40	7075	16279	36182	9893	129
36752	81469	35789	110891	3.10	7468	11612	19666	4466	45
344305	**228095**	**196865**	**533318**	**2.71**	**33645**	**79075**	**104620**	**13073**	**97**
310500	161675	161355	440501	2.73	24771	63427	86666	11176	86
26628	48814	26826	70739	2.64	6541	12069	13120	1628	9
7177	17606	8684	22078	2.54	2333	3579	4834	269	2
705624	**722963**	**543860**	**1356683**	**2.49**	**141601**	**265751**	**240852**	**36828**	**429**
303938	122315	157264	393228	2.50	38128	73216	74922	9039	87
67598	97408	63047	153306	2.43	15975	31936	27642	3431	38
87196	123005	84258	204101	2.42	26348	43041	36406	4758	53
100214	137344	95603	229089	2.40	26909	49931	39708	5905	59
88014	122552	79334	203807	2.57	20924	38814	32972	7444	104
36851	76433	42922	108400	2.53	11056	20992	18118	3761	51
21813	43906	21432	64752	3.02	2261	7821	11084	2490	37
176260	**267420**	**148886**	**430503**	**2.89**	**21784**	**54702**	**81151**	**12842**	**191**
120138	115447	76137	229331	3.01	7679	24764	44501	6785	87
37079	104514	47785	135598	2.84	8899	18854	24618	4246	67
19043	47459	24964	65574	2.63	5206	11084	12032	1811	37
623866	**654620**	**420335**	**1215092**	**2.89**	**65524**	**154343**	**233962**	**31721**	**309**
425182	124142	185438	516243	2.78	26283	70610	102990	11750	88
29750	86416	35686	110667	3.10	7024	11722	20275	3650	39
19033	77035	33234	92702	2.79	6893	13396	17745	2077	16
11654	23926	10494	31017	2.96	1615	3757	5892	838	7
18208	47364	19216	63447	3.30	2539	4968	12819	1420	9
48034	79594	40341	123263	3.06	6214	13348	22677	4269	47
43792	117012	51512	153308	2.98	6899	18463	29042	3975	32
16267	56289	25992	70594	2.72	5659	11220	12824	1916	32
11946	42842	18422	53851	2.92	2398	6859	9698	1826	39
764978	**1605831**	**666921**	**2288373**	**3.43**	**98765**	**184690**	**399091**	**81872**	**1268**
284872	250785	162040	509077	3.14	21390	52825	93719	15264	232
61036	172897	68194	226940	3.33	9762	19347	40844	7887	116
184835	277753	129804	448869	3.46	21447	36113	74525	18845	321

表1 续表 49

地 区	合 计				户籍人口	少数民族人口比重	非农业户口人口比重
	合 计 (人)	男 (人)	女 (人)	性别比 (女=100)	(人)	(%)	(%)
沙雅县	257502	134552	122950	109.44	256611	85.32	19.61
新和县	172064	88393	83671	105.64	170318	92.77	18.13
拜城县	229252	118129	111123	106.30	230549	85.47	22.29
乌什县	197990	102254	95736	106.81	203674	94.67	14.06
阿瓦提县	237562	123417	114145	108.12	233491	82.02	21.11
柯坪县	44261	22709	21552	105.37	46750	96.81	25.49
克孜勒苏柯尔克孜自治州	**525570**	**267660**	**257910**	**103.78**	**544722**	**93.22**	**23.63**
阿图什市	240368	121782	118586	102.70	240974	91.66	27.84
阿克陶县	199065	101438	97627	103.90	203791	96.35	13.90
阿合奇县	38876	19872	19004	104.57	41348	89.85	33.95
乌恰县	47261	24568	22693	108.26	58609	90.75	33.61
喀什地区	**3979321**	**2015637**	**1963684**	**102.65**	**3916265**	**92.00**	**19.77**
喀什市	506640	253082	253558	99.81	426105	78.95	51.18
疏附县	311960	159435	152525	104.53	318407	97.94	7.71
疏勒县	312455	157845	154610	102.09	311825	93.18	10.68
英吉沙县	262067	134636	127431	105.65	263616	98.57	12.19
泽普县	206936	104397	102539	101.81	204292	83.91	25.21
莎车县	762385	387967	374418	103.62	749254	96.11	13.12
叶城县	454328	229250	225078	101.85	457234	95.07	17.00
麦盖提县	258978	130581	128397	101.70	255093	81.47	28.47
岳普湖县	147688	74096	73592	100.68	156582	94.28	18.14
伽师县	381767	192930	188837	102.17	397316	97.68	10.56
巴楚县	336274	171883	164391	104.56	338615	92.08	17.74
塔什库尔干塔吉克自治县	37843	19535	18308	106.70	37926	92.30	28.14
和田地区	**2014362**	**1028276**	**986086**	**104.28**	**2029878**	**96.41**	**14.30**
和田市	322300	163950	158350	103.54	301828	87.21	35.15
和田县	269941	137086	132855	103.18	271163	99.78	1.58
墨玉县	500114	256594	243520	105.37	513585	97.33	6.88
皮山县	258210	130956	127254	102.91	262676	98.92	21.62
洛浦县	232916	118966	113950	104.40	235713	98.42	9.69
策勒县	147050	74801	72249	103.53	153324	98.15	15.78
于田县	249899	128584	121315	105.99	255703	97.89	11.73
民丰县	33932	17339	16593	104.50	35886	92.14	25.87
伊犁哈萨克自治州	**2482592**	**1276240**	**1206352**	**105.79**	**2551682**	**64.78**	**36.88**
伊宁市	515082	257515	257567	99.98	468143	60.03	61.42
奎屯市	166261	83979	82282	102.06	147814	7.05	81.58
伊宁县	372590	192268	180322	106.62	410932	84.75	13.84
察布查尔锡伯自治县	179744	92866	86878	106.89	182859	64.51	30.72
霍城县	352689	181327	171362	105.82	380527	57.53	37.13
巩留县	164860	84944	79916	106.29	170963	73.85	20.05
新源县	282718	147620	135098	109.27	297874	64.65	24.56
昭苏县	148187	76774	71413	107.51	159643	75.79	33.42
特克斯县	142718	75088	67630	111.03	154775	81.58	27.18
尼勒克县	157743	83859	73884	113.50	178152	75.71	22.82
塔城地区	**1219369**	**644316**	**575053**	**112.04**	**1257695**	**34.27**	**51.78**
塔城市	161037	83693	77344	108.21	161217	36.37	59.32
乌苏市	298907	157248	141659	111.00	301017	26.63	49.28
额敏县	187112	99894	87218	114.53	206492	47.01	55.88
沙湾县	365196	195043	170153	114.63	382556	19.22	52.50
托里县	93098	47935	45163	106.14	90379	71.91	37.18
裕民县	51919	27697	24222	114.35	56506	42.55	47.66
和布克赛尔蒙古自治县	62100	32806	29294	111.99	59528	52.30	52.89
阿勒泰地区	**603283**	**313716**	**289567**	**108.34**	**643047**	**61.45**	**45.73**
阿勒泰市	190064	96984	93080	104.19	198289	46.88	60.93
布尔津县	66758	34461	32297	106.70	70650	71.24	34.60
富蕴县	87886	45787	42099	108.76	90453	78.90	36.79
福海县	81845	44025	37820	116.41	95212	38.18	53.28
哈巴河县	82507	43559	38948	111.84	85573	71.69	31.31
青河县	58858	30670	28188	108.81	63535	83.42	31.86
吉木乃县	35365	18230	17135	106.39	39335	71.33	46.34
自治区直辖县级行政区划	**770886**	**404718**	**366168**	**110.53**	**666299**	**18.69**	**78.23**
石河子市	380130	193713	186417	103.91	303821	8.15	75.49
阿拉尔市	158593	85730	72863	117.66	124307	10.11	71.57
图木舒克市	135727	73184	62543	117.01	145931	68.51	90.70
五家渠市	96436	52091	44345	117.47	92240	4.21	82.98

城乡人口		家庭户				家庭户类别			
城镇人口（人）	乡村人口（人）	户数（户）	人口数（人）	户规模（人/户）	其中：一人户（户）	一代户（户）	二代户（户）	三代户（户）	四代以上户（户）
66032	191470	72006	248816	3.46	14851	22516	41490	7857	143
34846	137218	49628	170692	3.44	9722	13703	28090	7705	130
54401	174851	59399	210858	3.55	5707	12966	38846	7502	85
23166	174824	49685	195770	3.94	5167	9344	33656	6606	79
49606	187956	65934	233821	3.55	10150	16453	41019	8338	124
6184	38077	10231	43530	4.25	569	1423	6902	1868	38
104454	**421116**	**125540**	**515678**	**4.11**	**7871**	**17721**	**87523**	**20019**	**277**
58427	181941	54934	235043	4.28	2887	7438	36970	10400	126
22867	176198	46861	196571	4.19	2743	5580	34074	7095	112
11910	26966	10255	37906	3.70	720	1758	7431	1046	20
11250	36011	13490	46158	3.42	1521	2945	9048	1478	19
814239	**3165082**	**968587**	**3894845**	**4.02**	**84227**	**176685**	**652358**	**137826**	**1718**
310448	196192	132085	479332	3.63	14682	33420	83275	15288	102
18508	293452	73301	308732	4.21	5697	9887	47778	15429	207
35788	276667	74838	309339	4.13	5826	11993	51599	11122	124
32280	229787	61374	257538	4.20	4326	8647	43170	9470	87
40755	166181	55408	202940	3.66	7586	13303	36094	5926	85
133835	628550	177495	747271	4.21	13307	28134	121102	27803	456
77552	376776	103901	451874	4.35	7523	14728	71632	17359	182
53823	205155	70027	244523	3.49	7836	17194	44333	8376	124
25584	122104	37710	147399	3.91	3851	7829	24193	5591	97
27614	354153	91418	379546	4.15	5909	15328	65870	10117	103
47537	288737	83219	330560	3.97	7189	14987	58225	9883	124
10515	27328	7811	35791	4.58	495	1235	5087	1462	27
255605	**1758757**	**540974**	**1996349**	**3.69**	**70455**	**118884**	**361725**	**59953**	**412**
119804	202496	85364	311394	3.65	10646	20600	56006	8698	60
3724	266217	64186	269876	4.20	5709	9380	43920	10801	85
29823	470291	133109	498813	3.75	23632	32910	85344	14759	96
23392	234818	69708	255610	3.67	7288	14075	48675	6900	58
16267	216649	62852	232558	3.70	6640	11568	42374	8856	54
17634	129416	45055	146003	3.24	5813	11824	29233	3970	28
34167	215732	69478	248273	3.57	9188	15426	48334	5688	30
10794	23138	11222	33822	3.01	1539	3101	7839	281	1
896875	**1585717**	**746283**	**2397551**	**3.21**	**116392**	**230478**	**440584**	**74372**	**849**
368813	146269	160651	485898	3.02	28252	53950	91622	14970	109
145456	20805	60443	155663	2.58	8749	26788	30235	3386	34
32494	340096	98862	369031	3.73	11167	22889	61046	14735	192
43698	136046	54647	177130	3.24	8481	14870	34286	5423	68
89083	263606	106973	337464	3.15	14397	34643	60022	12125	183
32704	132156	46457	162049	3.49	5577	10731	30989	4675	62
72368	210350	84255	271822	3.23	15391	27157	49133	7882	83
38576	109611	46714	145324	3.11	8301	14416	29325	2937	36
39443	103275	39580	138564	3.50	5937	10443	25300	3795	42
34240	123503	47701	154606	3.24	10140	14591	28626	4444	40
515582	**703787**	**455160**	**1171632**	**2.57**	**119338**	**216071**	**206286**	**32425**	**378**
75122	85915	62139	155058	2.50	19379	30620	27149	4312	58
131661	167246	106635	285536	2.68	19593	47586	50370	8568	111
79051	108061	74402	185585	2.49	24969	36582	33351	4427	42
136925	228271	143477	348295	2.43	42753	75468	57712	10176	121
39926	53172	29185	91047	3.12	3971	9490	17240	2436	19
18669	33250	20249	51256	2.53	6388	9685	9324	1223	17
34228	27872	19073	54855	2.88	2285	6640	11140	1283	10
229218	**374065**	**197802**	**587464**	**2.97**	**36665**	**67204**	**116603**	**13884**	**111**
112711	77353	64022	183983	2.87	10798	23719	35660	4606	37
19446	47312	22466	65500	2.92	4460	7480	13644	1334	8
20454	67432	25681	86043	3.35	3613	6554	17045	2066	16
29492	52353	28132	79559	2.83	5918	11051	15067	1999	15
19580	62927	25891	80110	3.09	4510	7562	16487	1829	13
13919	44939	17771	57662	3.24	3218	4885	11334	1533	19
13616	21749	13839	34607	2.50	4148	5953	7366	517	3
488839	**282047**	**247130**	**673195**	**2.72**	**39342**	**105091**	**124335**	**17482**	**222**
313768	66362	130726	333830	2.55	21088	59354	61852	9418	102
65175	93418	47268	131784	2.79	5534	18608	25670	2946	44
34808	100919	32765	124083	3.79	2559	6856	22664	3189	56
75088	21348	36371	83498	2.30	10161	20273	14149	1929	20

全部数据

表2 分年龄、性别的人口

表2　分年龄、性别

地　区	0岁		1-4岁		5-9岁		10-14岁		15-19岁	
	男	女	男	女	男	女	男	女	男	女
北京市	**60564**	**55318**	**300229**	**269769**	**266411**	**234858**	**263230**	**237058**	**564868**	**506210**
市辖区	**58136**	**52934**	**287965**	**258009**	**253067**	**222643**	**246096**	**220592**	**542380**	**484689**
东城区	1949	1676	6213	5946	6801	6193	8074	7318	15084	13315
西城区	2232	2109	7643	6731	8841	7905	9736	8825	20295	17124
崇文区	957	898	4299	3846	3651	3287	4129	3952	7502	7485
宣武区	1839	1667	6738	6272	6085	5378	6678	6221	12472	11662
朝阳区	10125	9340	52165	46995	42208	36528	37586	33110	88354	79770
丰台区	6643	5942	35463	30980	29881	25341	26703	23766	49297	44020
石景山区	2026	1866	9808	8880	8533	7609	8703	7824	15136	13091
海淀区	8876	8037	43027	38229	41451	36828	40386	36200	117775	108467
门头沟区	862	885	4604	4146	4670	4337	5231	4838	6855	6176
房山区	3263	3062	16137	14850	15854	14686	17793	16556	28431	24461
通州区	4073	3592	21007	19131	16182	14542	14862	13432	31057	28817
顺义区	2971	2648	14730	13123	13407	11494	12930	11566	24035	21955
昌平区	4891	4516	29018	25645	21677	18829	17891	15276	52795	45399
大兴区	4462	3890	23961	20940	21103	18078	19071	16928	48526	41962
怀柔区	1494	1369	6987	6457	6378	5912	7216	7012	11118	9397
平谷区	1473	1437	6165	5838	6345	5696	9107	7768	13648	11588
县	**2428**	**2384**	**12264**	**11760**	**13344**	**12215**	**17134**	**16466**	**22488**	**21521**
密云县	1584	1472	7897	7547	8220	7458	10209	9693	13451	12749
延庆县	844	912	4367	4213	5124	4757	6925	6773	9037	8772
天津市	**43546**	**38325**	**201322**	**177700**	**212250**	**185548**	**216813**	**192064**	**424619**	**377141**
市辖区	**33026**	**29502**	**151065**	**135564**	**159419**	**142671**	**163280**	**148341**	**354784**	**318816**
和平区	968	787	2797	2407	3752	3194	4164	3833	7105	6895
河东区	2575	2319	11150	10030	9980	9236	10678	9985	19531	17195
河西区	2260	2077	9149	8574	9435	8676	10823	10133	22636	25505
南开区	2616	2361	10470	9775	10242	9381	11679	10756	30435	26926
河北区	1676	1484	7890	6924	7353	6707	8252	7702	16141	14127
红桥区	1374	1307	5583	4990	5008	4716	5319	5120	12880	11658
东丽区	2083	1916	10845	9644	10780	9379	10015	8975	23205	16597
西青区	2142	1875	11358	9762	11763	10372	10725	9844	30835	40135
津南区	2494	2155	11167	10370	10607	9742	10891	10233	21925	18718
北辰区	1936	1803	10198	9292	10677	9487	10350	9581	20898	19016
武清区	3520	3311	17576	16251	23362	21162	23550	21666	29618	27469
宝坻区	3320	2850	13829	12083	15818	13970	16035	13674	30942	27459
滨海新区	6062	5257	29053	25462	30642	26649	30799	26839	88633	67116
县	**10520**	**8823**	**50257**	**42136**	**52831**	**42877**	**53533**	**43723**	**69835**	**58325**
宁河县	2063	1698	10028	8494	10474	8644	11206	8610	16368	13221
静海县	3959	3144	19799	15459	22206	17252	19855	16534	24633	20761
蓟县	4498	3981	20430	18183	20151	16981	22472	18579	28834	24343
河北省	**470526**	**409668**	**2100526**	**1797166**	**2168112**	**1873159**	**1741355**	**1532526**	**2699801**	**2600237**
石家庄市	**62278**	**56741**	**259027**	**232084**	**267338**	**236908**	**229587**	**204162**	**410444**	**409709**
长安区	2126	1961	8985	8383	10189	9081	9800	9403	13980	14191
桥东区	1344	1345	6740	6134	7511	6584	7517	7091	12255	10792
桥西区	2184	1978	10810	9783	12039	10578	11538	10456	21730	27208
新华区	2066	1976	11097	10368	12600	11423	13144	12164	27866	30833
井陉矿区	308	269	1638	1635	2028	1931	2368	2295	2762	2535
裕华区	2581	2381	11795	10782	13338	12106	12685	11938	22655	26121
井陉县	1896	1645	7550	7064	8970	8364	9246	8096	12364	11115
正定县	3313	3146	11882	11131	12169	11621	10193	10516	21265	22166
栾城县	2655	2412	9114	8155	8943	7499	8097	6283	20214	19226
行唐县	3788	3398	14470	13089	15065	13987	10210	10015	14688	15068
灵寿县	2195	1986	9772	9207	10885	10294	6445	6379	14508	15030
高邑县	1422	1214	6634	5180	6024	4523	3919	2709	7764	6024
深泽县	1621	1459	6186	5508	6465	5454	5643	4800	9573	8705
赞皇县	1606	1481	10701	8964	9543	7647	5701	4257	7827	7127
无极县	3802	3482	16073	14018	14905	12735	11302	9690	20096	18461
平山县	3438	3258	13575	13266	12713	12377	10876	10558	15246	15194
元氏县	2949	2626	11546	9554	13686	10899	14510	10824	19752	17562
赵县	4075	3553	17857	13551	17766	13429	16462	11137	28881	24317
辛集市	3290	3116	11546	10716	13980	12909	12353	11750	28341	28175
藁城市	5527	4860	19454	17559	19582	17931	15665	14732	31530	30505
晋州市	4051	3561	12857	11770	13270	11698	11773	10342	23143	21147
新乐市	3483	3111	18700	16396	15549	14057	11496	10475	19951	20554
鹿泉市	2558	2523	10045	9871	10118	9781	8644	8252	14053	17653

的人口(全部数据)

单位:人

20-24岁		25-29岁		30-34岁		35-39岁		40-44岁	
男	女	男	女	男	女	男	女	男	女
1368039	**1264989**	**1223231**	**1155783**	**955672**	**868667**	**916825**	**803776**	**884231**	**772124**
1328243	**1226659**	**1191978**	**1125201**	**930412**	**843889**	**884584**	**772788**	**843286**	**732152**
31969	31143	32326	31135	22435	21922	20815	21713	21520	22557
41797	36007	36915	34860	25139	24692	25483	26331	25621	26829
16323	17602	18807	20397	14211	14418	12161	12505	12382	12923
28466	28605	33509	34029	24684	23708	20754	20223	20329	20369
229485	228851	240743	240934	201622	185676	184382	156165	165466	138142
116068	113486	131332	132399	111599	104935	101382	90507	93916	82817
35710	30391	35940	35696	29628	28583	27478	25786	28053	24453
323245	297430	237320	207949	149158	134132	137772	128193	133182	121164
11019	10484	12283	12780	10849	10935	12438	11636	14690	12986
51694	47053	42933	42317	37434	34828	44536	39166	46993	40989
73968	70898	73756	72061	64715	58082	58594	48208	53670	44669
64178	59390	49267	45061	38381	33118	40986	34951	42375	36569
147304	127949	122431	108195	99422	83731	87401	67125	75493	57638
115513	92980	87790	74687	72815	59998	74882	58183	69960	53199
18929	15406	18522	16502	14682	12736	18245	15971	20725	18492
22575	18984	18104	16199	13638	12395	17275	16125	18911	18356
39796	**38330**	**31253**	**30582**	**25260**	**24778**	**32241**	**30988**	**40945**	**39972**
19269	18849	18817	18694	15417	14795	19166	18135	24618	24545
20527	19481	12436	11888	9843	9983	13075	12853	16327	15427
922933	**756509**	**751611**	**590103**	**581531**	**454144**	**580926**	**464634**	**586050**	**481947**
832513	**674579**	**683081**	**526817**	**518543**	**396273**	**504433**	**391819**	**498060**	**397860**
15185	14824	14755	13234	8686	7964	10021	9467	10781	9176
38192	34176	44594	44637	32416	32064	30352	28794	28978	28130
50802	55915	43984	43216	28281	28348	29003	28914	28975	28697
68269	63533	56638	53173	38365	36218	37147	35069	36870	34001
43090	34998	53757	39901	38279	26491	30436	22186	28856	22909
33016	26848	27507	25351	20348	17487	17874	15118	18951	16810
51169	31636	37480	27764	28824	21623	30468	22830	30888	23207
69721	75525	38810	31289	30745	23735	29789	23382	31178	25215
45902	31916	34197	23067	29403	19415	34730	22961	37568	25071
52987	44485	38435	33706	29151	25216	26563	23015	27036	23996
49003	40460	43502	34541	45850	35415	46755	36803	45690	39758
51131	44397	40467	30165	38886	28431	38593	30609	40608	35167
264046	175866	208955	126773	149309	93866	142702	92671	131681	85723
90420	**81930**	**68530**	**63286**	**62988**	**57871**	**76493**	**72815**	**87990**	**84087**
22774	19963	17971	14731	16338	13696	18004	15024	20124	17539
29048	25657	22498	21485	24357	22350	30820	29386	32191	30626
38598	36310	28061	27070	22293	21825	27669	28405	35675	35922
3769523	**3823046**	**2953742**	**2969015**	**2455915**	**2360627**	**2640674**	**2596117**	**3191301**	**3112568**
614118	**650096**	**437142**	**448907**	**334402**	**325156**	**369699**	**364100**	**435226**	**420129**
27510	30121	23632	26234	20003	20288	21221	21163	21409	20053
28828	22519	21232	21624	18462	17426	19052	17764	18877	17189
45294	65709	25668	29998	23814	25451	24935	25206	21858	21684
43299	54481	27439	30549	25486	26173	26938	27209	24789	24166
3914	3415	3164	2992	2680	2693	3681	3599	5012	4917
53256	64154	27140	30879	25712	26765	27750	27735	25637	24276
13088	11841	9411	8800	8253	8188	10849	10818	13998	14457
29377	31023	17732	18496	13995	13432	15587	15225	20564	19727
22088	21846	15803	16568	9536	9411	10921	10544	15708	15515
19684	19848	15328	14975	11942	11518	13548	13185	17021	16159
19263	19345	14714	14411	9072	8152	11438	10753	13821	13144
11070	10945	8354	8536	4177	3882	5959	6256	8553	7940
12595	12088	11905	10445	8600	6951	9725	8415	10104	9328
13220	13105	12807	13150	7842	7356	7316	7229	10105	9114
26914	26356	21375	21090	15745	14978	18953	18425	21389	21606
19945	19382	17127	16839	12402	11887	13057	12654	19345	17506
24550	24908	17551	17800	11782	11789	13518	13465	17766	17897
30476	29203	24101	24228	19130	18222	18309	18496	25100	24780
30020	29353	23292	23032	18414	17577	21747	21742	25623	24487
49466	50424	32605	31835	20687	19242	26064	26359	36423	35767
31977	30427	24260	24110	14607	13889	17706	18296	24831	22518
28087	29071	22402	21926	17629	16287	17375	16294	19584	20937
30197	30532	20100	20390	14432	13599	14050	13268	17709	16962

表2 续表 1

地 区	45-49岁		50-54岁		55-59岁		60-64岁	
	男	女	男	女	男	女	男	女
北京市	**861742**	**767062**	**691118**	**655890**	**597114**	**607482**	**368042**	**383214**
市辖区	**822397**	**727651**	**657180**	**623270**	**568187**	**578841**	**349371**	**365305**
东城区	27097	26291	25328	25436	21574	22171	12508	12636
西城区	30590	29533	27543	27377	23420	24407	13809	14543
崇文区	17516	16842	16799	16806	13915	14163	7704	7456
宣武区	28378	26974	27124	26264	22652	22939	12635	12710
朝阳区	152366	129237	115483	107660	97789	101820	61327	66082
丰台区	97364	87402	82860	79651	68508	70415	40863	41647
石景山区	29041	25601	24719	24051	22419	22033	11559	11955
海淀区	123884	109028	89304	85299	75018	77289	45960	51005
门头沟区	16840	14616	14050	12919	12054	11433	6977	6878
房山区	46579	41920	37589	35957	34910	35613	22223	23918
通州区	48137	43905	39588	39367	40162	42593	26366	27444
顺义区	40686	36912	31881	30316	28637	29149	17866	18606
昌平区	64712	53236	48696	43892	41909	42484	28241	27927
大兴区	59514	48325	42269	36523	36040	34079	22917	24176
怀柔区	19864	17688	16039	14082	12835	11886	7333	7054
平谷区	19829	20141	17908	17670	16345	16367	11083	11268
县	**39345**	**39411**	**33938**	**32620**	**28927**	**28641**	**18671**	**17909**
密云县	24390	24744	21182	20459	17841	17119	10844	10531
延庆县	14955	14667	12756	12161	11086	11522	7827	7378
天津市	**583532**	**513578**	**518506**	**480149**	**466531**	**451996**	**292086**	**290211**
市辖区	**505872**	**437095**	**451798**	**414315**	**398333**	**383619**	**247463**	**243788**
和平区	12047	11019	12585	12662	11569	11928	7520	7603
河东区	43350	41647	47234	46756	40530	42446	25462	25133
河西区	39922	38267	42067	42750	37038	38899	22944	23768
南开区	46290	42457	46318	45583	40662	42077	25416	26046
河北区	40700	35965	43906	41556	35902	36305	21394	20595
红桥区	28987	26487	30386	28699	23632	24282	14503	14106
东丽区	28767	23440	23238	19502	18831	16344	11216	11030
西青区	27948	23292	21723	18959	18952	18164	12274	12544
津南区	29505	21673	22408	17166	18082	14551	10850	11143
北辰区	29259	27202	27570	26451	23893	24543	15313	15493
武清区	43798	41973	33731	31741	35620	33051	24218	24183
宝坻区	34471	31997	26279	24073	28025	26461	18081	17638
滨海新区	100828	71676	74353	58417	65597	54568	38272	34506
县	**77660**	**76483**	**66708**	**65834**	**68198**	**68377**	**44623**	**46423**
宁河县	18910	16940	16580	15661	15799	14966	9575	9397
静海县	23693	24098	20171	21429	22405	24311	15344	16990
蓟县	35057	35445	29957	28744	29994	29100	19704	20036
河北省	**2824442**	**2820149**	**2446341**	**2348386**	**2421123**	**2385899**	**1714865**	**1707663**
石家庄市	**395559**	**387745**	**343177**	**330909**	**327140**	**327843**	**224794**	**233458**
长安区	19692	17894	15759	14656	13055	13151	9056	9879
桥东区	18714	16096	15115	13341	12576	11610	8287	7673
桥西区	21192	19837	16938	16278	14947	15297	9739	10772
新华区	22935	21339	18558	17473	16133	15913	10404	11343
井陉矿区	5457	5141	4758	4216	3498	3425	2215	2164
裕华区	21616	19601	16460	15611	15558	15917	10645	11601
井陉县	15058	14473	13225	12214	11310	10882	8354	7527
正定县	17158	17847	15269	15520	15073	15863	9981	10998
栾城县	13221	13805	9892	10008	11837	12818	7993	8407
行唐县	15461	15326	14195	13864	14377	14268	9459	9692
灵寿县	13394	12894	12036	11162	11762	10828	7675	7480
高邑县	7829	8031	6459	6281	6448	6402	4342	4569
深泽县	9454	8999	9615	9250	9369	9698	7690	7579
赞皇县	10103	9856	8815	8449	7409	6888	5095	5097
无极县	18752	19425	17945	17658	16465	16491	12028	12486
平山县	19765	18261	17355	15919	15835	14694	11187	11227
元氏县	16353	16357	13257	12562	13261	13009	8987	9514
赵县	20407	21204	16461	16297	19699	20166	13845	13750
辛集市	23600	23546	23862	23535	25376	26090	18181	20302
藁城市	30325	31544	26694	26622	26252	26510	17673	17935
晋州市	21486	21350	19716	19906	18244	18717	12994	14128
新乐市	16445	17726	15620	15051	14238	14200	9442	9663
鹿泉市	17142	17193	15173	15036	14418	15006	9522	9672

单位:人

65-69岁		70-74岁		75-79岁		80-84岁		85岁及以上	
男	女	男	女	男	女	男	女	男	女
243021	**273343**	**235799**	**268206**	**187209**	**199165**	**94819**	**104854**	**44266**	**58170**
229731	**261070**	**223397**	**257421**	**178537**	**190426**	**90611**	**100187**	**42342**	**55635**
7635	8572	8049	11083	7787	9486	4840	5879	2902	3802
9196	10914	9991	13686	10390	12157	6530	7217	3664	4449
4457	5105	4794	7032	5069	6163	3131	3510	1765	2111
7694	8454	8129	11106	8284	9640	4798	5566	2487	3262
42729	49132	43864	51218	34918	33989	16777	16572	7533	8994
24646	28747	25049	31492	21313	22895	10555	11561	4736	5981
7428	9078	8240	10031	6811	7431	3514	3680	1492	1806
33735	43637	40869	46651	31077	32579	15431	15850	7055	8178
4165	5321	4274	5577	3528	3855	1704	1912	692	977
14570	16939	11497	12504	8225	8131	3647	4023	1405	2146
16590	16897	12950	12286	8805	9207	4175	5433	1876	3159
12596	13092	9607	9156	6434	7538	2968	4351	1270	2420
17657	17829	13712	13613	9565	9777	4437	5009	2054	3125
14299	15327	11442	11554	8129	8583	4014	4561	1863	2569
5338	4854	5003	4498	3803	3711	1752	1886	691	1020
6996	7172	5927	5934	4399	5284	2338	3177	857	1636
13290	**12273**	**12402**	**10785**	**8672**	**8739**	**4208**	**4667**	**1924**	**2535**
8014	7549	7218	6794	4984	5518	2347	2969	1020	1572
5276	4724	5184	3991	3688	3221	1861	1698	904	963
180747	**190132**	**140939**	**154677**	**110826**	**120944**	**62115**	**72189**	**30208**	**39611**
152400	**163533**	**119066**	**135804**	**94836**	**105573**	**53729**	**62159**	**26545**	**34409**
4924	5113	3611	4655	3624	4812	2502	3251	1599	2458
15563	16110	12032	14929	10752	12984	6528	7422	3134	3828
16026	17293	13033	16025	11256	13320	6822	7919	3619	4261
17869	18972	14621	17527	12528	14146	7167	8284	3591	4718
12970	13493	10354	13442	9798	11835	6110	7230	3374	4363
8924	9487	7123	9407	6762	8133	3917	4892	1967	2567
6419	7697	4895	5758	3465	3422	1861	1876	871	1006
7305	8620	5245	5811	4003	3752	2072	2097	949	1150
6315	7818	4493	5240	3007	3176	1698	1756	764	886
9114	10248	6632	7443	4783	5088	2520	2951	1211	1579
15214	14665	11250	9573	6758	7179	3784	4865	1597	2616
11321	10973	8689	8017	6446	6814	3227	4298	1475	2438
20436	23044	17088	17977	11654	10912	5521	5318	2394	2539
28347	**26599**	**21873**	**18873**	**15990**	**15371**	**8386**	**10030**	**3663**	**5202**
5997	5980	4284	3985	3248	2769	1631	1752	779	920
9966	8108	6948	5044	4752	4035	2573	2748	1069	1274
12384	12511	10641	9844	7990	8567	4182	5530	1815	3008
1045994	**1043281**	**823844**	**824740**	**559163**	**636973**	**282274**	**374458**	**120765**	**208246**
141499	**151079**	**110466**	**121384**	**74762**	**91977**	**36379**	**53809**	**14876**	**29679**
6376	7887	6788	9176	4846	5217	2092	2439	861	1244
5218	5495	4919	6298	3982	4565	1934	2154	766	1087
6732	7746	6176	6945	4100	4874	2121	2483	836	1230
7211	8131	6584	7665	4529	5431	2235	2772	939	1458
1740	1833	1689	1842	906	1128	380	523	210	209
7118	8193	6242	6892	3825	4011	1743	2082	653	1118
5813	5528	4575	4369	2733	3244	1279	1748	616	921
6794	7406	4396	5128	2759	4204	1292	2630	468	1461
4979	5018	3359	3660	2273	3111	1149	2122	429	1156
5852	6092	4414	4899	2568	3474	1298	2279	495	1354
4165	4255	3605	3661	2371	2934	1195	1699	502	1126
2878	3194	1749	1898	1230	1678	588	1021	236	560
4304	4376	3096	2893	2144	2343	1058	1454	529	843
3102	3269	2347	2287	1685	1818	762	1004	247	468
7063	7688	4937	5524	3287	4491	1811	3020	691	1505
6578	6283	5615	5360	4121	4316	1836	2325	789	1318
5725	6527	3483	3956	2502	3281	1189	2036	434	1099
8564	7677	6118	6090	4281	5314	2106	3189	854	1982
10186	11061	7776	8122	5451	6673	2743	4281	1163	2508
11309	12376	8195	9346	5299	7444	2713	4873	1126	2657
7697	8552	5624	6365	4210	5189	2041	2956	731	1540
5743	6123	4130	4496	2647	3523	1227	2242	494	1278
6352	6369	4649	4512	3013	3714	1587	2477	807	1557

表2 续表 2

地 区	0岁		1-4岁		5-9岁		10-14岁		15-19岁	
	男	女	男	女	男	女	男	女	男	女
唐山市	**39332**	**34601**	**175148**	**156652**	**192582**	**178912**	**170423**	**160526**	**237724**	**225802**
路南区	1107	970	5757	5084	6298	5706	5729	4987	10161	8461
路北区	2716	2448	11125	10137	13133	12453	12884	11977	21596	21972
古冶区	1065	1128	5785	5253	6622	6323	6545	6341	8845	8687
开平区	961	940	5419	4980	6245	5810	5176	4993	7168	6507
丰南区	2764	2463	11702	10617	15722	14375	13655	12595	22342	19534
丰润区	5132	4611	22323	20566	24084	22566	20970	19958	24069	22363
滦县	3171	2820	15065	13399	15740	14770	13221	12842	17110	17847
滦南县	3046	2634	11734	10520	15786	14542	15616	14708	21946	22314
乐亭县	1730	1707	8474	8074	11548	11194	11069	10647	18000	18103
迁西县	2628	2224	13221	11278	12432	11002	11017	9831	10523	9465
玉田县	4439	3701	17079	15046	19328	17850	14899	13740	20550	18785
唐海县	575	537	2559	2328	3390	3233	3601	3580	7335	6166
遵化市	4699	4331	21953	20421	22111	21010	18068	17625	20850	20734
迁安市	5299	4087	22952	18949	20143	18078	17973	16702	27229	24864
秦皇岛市	**15627**	**13759**	**66957**	**60208**	**72979**	**66443**	**68239**	**61580**	**101031**	**98118**
海港区	2724	2455	13305	12276	14313	13198	15218	13911	24389	26036
山海关区	483	510	2684	2490	3143	2908	3613	3195	6604	4516
北戴河区	314	246	1201	1194	1374	1292	1479	1330	3385	4302
青龙满族自治县	4462	3609	17815	14717	15990	12898	11663	9055	16353	13006
昌黎县	2729	2454	11600	10824	14482	13713	12751	12164	20000	20845
抚宁县	2680	2486	10879	10021	13177	12373	12361	11587	17194	16587
卢龙县	2235	1999	9473	8686	10500	10061	11154	10338	13106	12826
邯郸市	**71098**	**59555**	**349402**	**289179**	**363150**	**296873**	**255211**	**215999**	**343703**	**325828**
邯山区	1613	1327	7971	6916	9385	8183	9179	8217	11783	10708
丛台区	1469	1174	6337	5693	8695	7634	10706	9546	11593	10931
复兴区	767	695	3850	3438	4998	4270	4979	4519	4956	4399
峰峰矿区	2341	2070	9712	8287	11875	10046	12919	11231	16209	14944
邯郸县	3355	3100	19593	15978	17171	14591	11090	10020	17433	16083
临漳县	4709	4110	28608	22207	29047	22044	13935	11574	22077	21944
成安县	3683	2973	19048	15974	16179	13527	7927	7097	12613	13604
大名县	7592	5996	32308	26145	37635	30596	22820	19449	19512	18910
涉县	3183	2683	12695	9932	14457	11088	11538	9244	19930	17487
磁县	5459	4383	28803	23308	27492	21929	15048	12932	29045	26915
肥乡县	2472	2271	13412	11663	16596	14253	9809	9053	13130	12902
永年县	7675	6215	35888	30677	39576	33325	37058	30404	42232	39468
邱县	2216	1845	11109	9518	11441	9869	5007	4675	7755	7717
鸡泽县	2134	1878	12807	11071	12422	10413	8145	6488	11805	11158
广平县	2379	2039	12225	10632	10550	9216	5031	4603	7905	8214
馆陶县	2887	2308	14269	11759	15834	13144	8225	6853	10010	9733
魏县	7628	6136	31289	25112	31096	24187	24301	20184	32038	31646
曲周县	3079	2741	21202	17235	19639	15820	11490	9958	14890	14669
武安市	6457	5611	28276	23634	29062	22738	26004	19952	38787	34396
邢台市	**54327**	**47122**	**231161**	**184858**	**236814**	**193485**	**172420**	**143940**	**299218**	**283138**
桥东区	1127	1099	5787	4995	7074	6293	6377	5884	10995	11196
桥西区	1869	1602	7556	6470	9423	8524	9791	8815	18563	17781
邢台县	4196	3774	14748	13494	13580	12321	9212	8594	15927	15281
临城县	1544	1300	6207	5525	6807	5812	4462	3686	8895	8713
内邱县	2059	1891	9006	7602	8882	7657	4976	4570	8906	9016
柏乡县	1368	1064	6018	4529	7253	5197	5821	4203	7702	6381
隆尧县	4301	3308	15304	11810	16408	12017	10588	8014	20990	19325
任县	2498	2257	10708	8439	12578	9899	8600	7070	13503	12521
南和县	3137	2767	10463	8093	12036	9489	9086	6974	14534	13283
宁晋县	6029	5390	27876	22143	26100	20112	17816	13860	31761	28624
巨鹿县	2957	2541	12809	10295	12447	10366	8396	7283	14516	14292
新河县	1128	885	4283	3716	4873	4424	4253	3996	7323	7505
广宗县	2562	2144	11059	9128	11459	9618	7845	6983	9616	9801
平乡县	2248	2020	9977	7591	12971	10860	9847	8323	11562	11360
威县	4318	3789	20520	15460	20242	16191	12219	10538	22102	21366
清河县	3495	3272	16499	11581	12035	8927	7840	5125	15391	13548
临西县	2348	2200	14469	10771	14247	11125	10025	7795	14991	13252
南宫市	3067	2671	12493	10416	11620	9838	9059	7964	23002	22086
沙河市	4076	3148	15379	12800	16779	14815	16207	14263	28939	27807

单位:人

20-24岁		25-29岁		30-34岁		35-39岁		40-44岁	
男	女	男	女	男	女	男	女	男	女
376178	**359043**	**289859**	**276011**	**282664**	**267388**	**278344**	**269681**	**344021**	**331089**
18821	16204	12920	12366	12206	11701	11478	10819	13929	13084
43299	44030	30583	31358	30956	32836	27707	29527	30121	29960
12286	11910	14109	13776	12512	12078	12737	12101	14805	14409
9191	8889	11134	10947	12140	11090	10381	9210	11737	11046
32637	29351	21698	19593	23922	21964	23197	22372	27544	26602
45407	41667	35933	32552	33451	30781	33631	32693	40606	41118
26318	26218	18721	18198	19846	18797	21321	20680	26049	24219
18259	19054	17949	18848	19885	19352	22983	22602	27205	26212
18581	17300	19924	18836	17666	16988	18829	18678	24921	23884
19491	19445	15650	15340	13799	13110	12939	12348	17925	17031
35900	35518	27384	26373	27306	25112	22168	21991	29486	29682
12329	6822	11335	6200	8909	5378	9487	6577	10859	7564
41793	42705	24385	24497	26113	24739	25854	25211	35104	34477
41866	39930	28134	27127	23953	23462	25632	24872	33730	31801
157430	**155393**	**106755**	**107175**	**106141**	**102777**	**112132**	**111109**	**131680**	**127907**
56156	55916	32096	34555	31626	32650	33984	34758	31731	31240
9964	6750	7757	6664	7407	6424	8366	7408	8292	7462
5807	9793	2652	2841	2633	2509	2833	2906	2841	2840
26069	24499	18993	18157	15483	14156	16115	15352	22854	20811
20065	20395	18290	18344	19837	19014	19363	19652	24477	24413
25520	24384	16138	16196	17955	17364	19152	18193	23775	22729
13849	13656	10829	10418	11200	10660	12319	12840	17710	18412
493047	**522978**	**403217**	**437307**	**291614**	**289713**	**326170**	**323026**	**379844**	**378318**
30403	27408	15086	16914	13503	14080	16912	17480	15744	16160
12977	13765	13305	15094	12784	13944	18201	20042	18106	18369
8680	6953	9093	7886	8378	7732	10872	9893	9583	8661
26453	25163	20197	20229	14519	13733	20593	20326	24198	23131
27900	28168	23639	24771	15902	15037	16658	15626	19350	19069
33830	40218	24222	29122	16870	17898	16700	18263	22033	25904
17748	22114	17082	21352	9928	11191	10794	11892	13610	14751
41146	45503	34923	40662	25157	25502	25231	24675	30687	29038
24160	24052	16244	16185	11783	11636	16662	16950	18923	18490
36938	39873	31432	33457	22835	21449	24179	23399	30053	28847
16456	18366	15871	16638	11117	10934	11223	10959	16404	15549
49889	52168	44244	46222	29496	28627	32305	29388	37913	36779
10507	11452	11617	11830	7402	6678	7214	7171	8912	8384
14700	15124	12751	13935	9363	8934	8428	7907	10277	10389
15042	17786	13461	16167	8649	9339	8375	8631	10189	10028
14128	15610	14205	15487	10465	10521	10192	10424	11812	12046
42059	48408	31989	38558	26969	28045	25284	24980	31794	33841
22984	24046	20327	20839	13074	12922	14245	13690	15767	15534
47047	46801	33529	31959	23420	21511	32102	31330	34489	33348
390554	**402474**	**342577**	**348513**	**236174**	**225148**	**235280**	**233766**	**312150**	**301738**
14076	14898	12499	12912	11380	11094	12729	12269	11936	11631
23671	21392	17134	17236	15359	15119	18473	18047	18283	17574
26235	26637	23535	23450	13526	13004	14523	14687	20250	19482
9298	9215	9133	9350	6703	6340	6513	6529	9486	8412
14174	14054	14441	14341	9466	8913	9292	9174	11621	10404
9234	9820	8466	9335	6081	5977	5863	6053	8433	8211
28970	30097	26228	28087	17919	17634	17618	18084	25061	22628
18325	18517	17637	17689	11516	10542	11200	11354	13507	12744
18768	19166	15823	16328	10916	10625	9951	9741	14101	14001
41721	44795	36139	37286	24979	24459	23708	25429	34723	34517
18976	20246	18770	19994	13490	13305	12161	11955	16254	15516
7518	7962	6351	6511	5591	5220	6466	6640	8498	8541
12690	14464	13615	15211	11017	10607	8101	7848	11650	10927
15354	15756	15064	15234	11515	10723	9056	8546	11481	11424
28108	30234	27717	28344	19187	17804	18526	17560	25132	23866
26151	26407	22169	20545	13001	11869	10583	9874	15676	15919
17988	19163	15293	15320	12725	10947	9519	9254	14072	15525
27069	27568	19216	18750	10573	9931	14589	14257	22008	20940
32228	32083	23347	22590	11230	11035	16409	16465	19978	19476

表2 续表 3

地 区	45-49岁		50-54岁		55-59岁		60-64岁	
	男	女	男	女	男	女	男	女
唐山市	**339306**	**332321**	**294877**	**278192**	**306530**	**290467**	**200138**	**193029**
路南区	14228	13211	13056	12164	12809	12932	7842	7843
路北区	32680	31447	30524	29303	32207	31635	19080	18431
古冶区	18316	18380	19130	18470	18778	17876	10220	10680
开平区	12372	11715	11763	11047	11884	11985	7253	7726
丰南区	24533	24843	21495	20603	24022	23299	16009	15389
丰润区	41871	42946	35093	33611	37399	34243	25524	23231
滦县	25407	24364	20925	19326	20729	19500	13672	12875
滦南县	26830	26727	23259	22142	24476	22609	16201	15264
乐亭县	24303	23763	22516	20937	24793	22877	17674	16854
迁西县	17573	16772	15730	14599	13914	12747	9061	8578
玉田县	28762	30188	21526	21708	27734	26154	19446	18264
唐海县	9735	6883	7509	5725	6692	5796	4009	4340
遵化市	31149	30621	25857	23624	26507	25387	17106	17385
迁安市	31547	30461	26494	24933	24586	23427	17041	16169
秦皇岛市	**130703**	**129182**	**115566**	**110799**	**114334**	**110633**	**76457**	**73941**
海港区	30660	29697	24771	24696	24617	25482	15841	16303
山海关区	8779	8114	7498	6933	6732	7018	4310	4564
北戴河区	3398	3569	3285	3264	3095	3242	1980	2012
青龙满族自治县	22173	21710	20778	18730	16929	15846	12039	11412
昌黎县	25297	26269	22807	22236	24864	22777	16422	14646
抚宁县	22643	22019	20029	19792	21753	21443	14370	14506
卢龙县	17753	17804	16398	15148	16344	14825	11495	10498
邯郸市	**310553**	**313785**	**282262**	**275178**	**266357**	**268411**	**192758**	**202912**
邯山区	14444	14146	13144	13018	12333	12434	8123	8254
丛台区	16143	15186	13336	12458	11709	11350	8711	8833
复兴区	8234	7025	6740	6374	6647	6227	5199	4994
峰峰矿区	26474	23515	23446	19445	19532	15113	12876	11034
邯郸县	14412	14039	12941	13058	12350	13389	8786	9477
临漳县	17372	21190	16758	18187	17691	18563	12017	12196
成安县	9710	11434	10905	11631	12011	12185	8302	8509
大名县	25169	25365	21152	20468	20426	21273	15644	18999
涉县	15917	15423	14053	12988	11857	11702	9252	9302
磁县	23259	23293	19121	18784	18530	19590	12386	14114
肥乡县	10306	10395	10219	9806	9813	9543	7825	7777
永年县	26922	28083	25127	25403	25282	26827	18596	20186
邱县	7684	7283	7180	7094	6528	6781	4374	4469
鸡泽县	6944	7350	8095	8162	7536	7512	5505	5372
广平县	7779	8209	8056	8105	7345	7480	5933	6005
馆陶县	9632	10633	7779	8158	8723	9841	6644	7562
魏县	27466	28094	24219	23419	22049	21945	16608	17929
曲周县	11404	12266	12839	12596	12173	12241	8964	9860
武安市	31282	30856	27152	26024	23822	24415	17013	18040
邢台市	**257870**	**257412**	**224084**	**214392**	**221614**	**219491**	**159719**	**163020**
桥东区	10530	9871	9130	8584	8051	7888	5165	5629
桥西区	18089	15326	14110	12327	12658	11699	8257	8440
邢台县	19198	18507	17388	15943	16042	15416	11065	10976
临城县	8606	8363	7106	6862	6708	6632	4928	4901
内邱县	10487	10462	9126	8870	8447	8502	5856	6200
柏乡县	6698	6967	5872	5736	6774	6849	4505	4535
隆尧县	16912	17007	15058	14538	14933	15181	10956	11133
任县	10301	10470	9009	9254	9632	10115	7221	7772
南和县	10423	11101	9139	9058	9448	9765	7449	7544
宁晋县	27469	28356	21448	20846	23561	22294	17011	16451
巨鹿县	12556	13049	12390	11739	11305	10769	8238	8157
新河县	6301	6436	5610	5526	6134	6149	4286	3879
广宗县	9548	9308	8811	8537	8378	8997	6353	6893
平乡县	9566	9621	8920	8744	8795	8680	6770	6622
威县	19311	19018	17826	16805	17608	17952	12769	14110
清河县	13029	14182	11093	10986	11249	12156	8588	8437
临西县	12886	13576	9438	9335	10449	9705	7896	7320
南宫市	19020	18903	17986	16530	17905	17050	13260	13987
沙河市	16940	16889	14624	14172	13537	13692	9146	10034

单位:人

65-69岁		70-74岁		75-79岁		80-84岁		85岁及以上	
男	女	男	女	男	女	男	女	男	女
119807	**113835**	**96633**	**90721**	**71362**	**76045**	**37661**	**44630**	**18703**	**27052**
4729	5072	3941	4217	2825	3190	1634	1743	893	959
10709	10994	9350	9915	6737	7913	3985	3906	1770	2100
5972	6180	5112	5645	3619	5077	2219	2789	1230	1451
3945	3859	3082	3251	2253	2597	1132	1409	543	791
8720	7681	7122	6159	5410	5187	3149	3383	1725	2089
15190	14574	12627	11595	9104	9162	4608	5546	2008	3279
8844	8240	7360	6451	5535	5586	2840	3263	1192	1854
9776	9027	8288	7396	6516	7083	3651	4616	2038	3424
11033	9682	7380	5666	5226	5537	2986	4006	1838	2998
5384	5067	4319	4102	3373	3367	1567	1702	632	942
11780	10260	8717	7513	6934	7081	3493	4290	1873	2773
2559	2665	2289	2299	1554	1467	796	888	393	568
10922	10516	9150	8438	6520	6847	3066	3836	1347	2053
10244	10018	7896	8074	5756	5951	2535	3253	1221	1771
48826	**47519**	**40680**	**38570**	**28570**	**29486**	**14901**	**16837**	**7186**	**9975**
10027	11232	8730	9586	5717	6018	3086	3093	1467	1694
3054	3185	2610	2812	1804	1784	957	946	442	587
1283	1470	1087	1223	818	785	429	417	222	296
7014	6487	7039	6610	5215	5165	2531	2617	1066	1308
10582	9516	8122	6724	6061	6231	3469	3998	1707	2557
9093	8714	7118	6188	4886	4919	2429	3158	1305	1957
7773	6915	5974	5427	4069	4584	2000	2608	977	1576
107287	**118560**	**85975**	**100127**	**58501**	**75553**	**27044**	**41288**	**10405**	**22495**
4758	5401	4420	5308	2957	3556	1473	1526	589	770
5698	6128	5220	6337	3574	4079	1626	1609	643	773
3071	3026	2392	2531	1486	1527	678	701	243	326
8107	7676	6318	7500	4317	4904	1839	2082	652	905
4883	5673	3472	4221	2420	3317	1181	2096	484	1279
7182	6923	5031	5879	3347	4998	1702	3410	794	2045
4729	4833	3793	4529	2547	3971	1170	2271	482	1299
7692	10381	6889	8470	5047	6460	2667	3748	1189	2509
5349	4899	3933	3405	2320	2486	904	1198	243	504
7215	8590	5246	5761	3467	4669	1435	2755	525	1368
4343	4647	3596	4151	2350	3336	1117	1830	467	1091
10178	10694	7594	8626	5040	6725	2359	3930	835	1979
1538	2053	1841	2476	1426	2184	640	992	218	498
2913	3257	2264	2700	1479	2090	740	1282	261	737
3015	3453	2560	3247	1744	2327	731	1412	308	823
3310	3610	2658	2997	2017	2463	852	1313	280	648
9504	11686	7659	9246	5529	7089	2899	4556	1162	2590
4237	5368	4142	4966	3174	3940	1402	2095	496	1296
9565	10262	6947	7777	4260	5432	1629	2482	534	1055
85932	**92796**	**68091**	**74158**	**47256**	**60083**	**22430**	**33607**	**8917**	**18374**
3312	3619	2602	2966	1628	1833	783	935	305	521
5234	5487	4279	4110	2458	2351	1088	1054	390	512
6222	6316	4635	4574	3553	4177	1793	2267	674	1121
2893	2973	2094	2239	1615	1681	741	980	282	552
3285	3766	2243	2499	1606	2098	732	1202	252	542
2749	2805	1716	2063	1362	1916	605	1200	228	636
6262	7184	4350	5079	3013	4243	1501	2675	588	1548
4134	4138	2862	3115	2056	2748	1055	1632	408	900
4112	3975	2764	2964	2009	2648	907	1519	385	840
10310	10685	7766	8577	5416	6845	2679	4077	1138	2432
4142	4475	4172	4548	3080	4019	1469	2011	640	1306
2141	2301	1833	2125	1223	1868	558	1008	228	568
2929	3631	2728	3082	2054	2573	1011	1447	445	781
3453	3491	3110	2984	2091	2337	1103	1414	516	900
5491	6199	5361	6123	3527	4867	1867	2663	621	1283
4335	5113	3431	4035	2336	3083	1048	1723	494	1006
3995	4422	2941	3014	1923	2468	738	1310	285	654
6031	6799	5131	5745	3167	4644	1386	2450	566	1353
4902	5417	4073	4316	3139	3684	1366	2040	472	919

表2 续表 4

地　区	0岁		1-4岁		5-9岁		10-14岁		15-19岁	
	男	女	男	女	男	女	男	女	男	女
保定市	**77551**	**67092**	**328616**	**288045**	**343377**	**306090**	**266174**	**238847**	**415133**	**400009**
新市区	2000	1878	9993	9432	10568	9895	10107	9733	13068	13376
北市区	1295	1226	6813	6180	7513	7096	6883	6551	17285	16526
南市区	1158	1032	5904	5268	5852	5609	5504	5095	10300	10374
满城县	3098	2694	12951	11627	12741	11896	9179	8633	15541	14430
清苑县	5220	4220	21002	17429	19099	16352	12786	11166	23849	22178
涞水县	1866	1759	7603	7095	8441	8007	6933	6730	11530	11567
阜平县	1501	1492	7026	6935	7600	7706	5812	5563	6158	6437
徐水县	3963	3552	15753	14086	15419	14185	12443	11324	19452	18727
定兴县	3398	2977	14413	12911	15317	12841	12574	10671	24597	22921
唐县	4182	3769	17738	15575	19977	17997	16619	15502	19324	18690
高阳县	2702	2134	11936	10030	11102	9792	7792	7034	10449	11448
容城县	1922	1617	7615	6271	7611	6084	6263	4738	10455	10071
涞源县	1579	1438	8544	7996	9038	8341	7264	6486	8945	8399
望都县	1721	1558	6375	5681	6762	5890	6078	5274	7405	6869
安新县	3901	2964	16485	12408	13678	11010	10535	9131	19978	18604
易县	3514	3144	14336	13475	16419	15635	12503	11973	19724	19333
曲阳县	5367	4609	24391	21434	25258	22652	16126	15096	21614	21363
蠡县	4640	3539	18830	14777	16627	13584	12892	9593	19892	16440
顺平县	2161	1954	8460	7712	9572	8803	7424	7071	8550	8563
博野县	2175	1883	8063	6692	8403	7237	5620	4802	7354	7011
雄县	3099	2455	12434	9963	13720	11624	8271	7111	13696	12631
涿州市	3176	2914	13769	12559	15886	14065	13696	12641	20212	20983
定州市	7453	6675	31530	28983	38599	35131	31629	28580	42589	40288
安国市	2223	1988	9413	8486	11268	10149	7732	6761	13416	12607
高碑店市	4237	3621	17239	15040	16907	14509	13509	11588	29750	30173
张家口市	**20118**	**19182**	**103172**	**98943**	**117490**	**111823**	**113066**	**107912**	**145565**	**143042**
桥东区	837	857	5446	5042	6417	6109	7343	6813	15249	11179
桥西区	787	758	4888	4606	5703	5286	6795	6570	12627	14450
宣化区	1159	1087	7064	6609	8922	8488	9451	9062	11568	10671
下花园区	212	188	1069	988	1253	1159	1353	1196	1554	1534
宣化县	1352	1318	7773	7446	7270	6894	6158	5717	9200	9363
张北县	1446	1418	7066	6907	9023	8819	8445	8444	11896	12530
康保县	786	871	3847	3890	5264	5292	5604	5598	6451	6780
沽源县	891	870	3718	3747	4512	4187	4379	4247	5425	5438
尚义县	586	544	2982	2893	3964	3838	4733	4683	4731	5006
蔚县	3046	2774	15903	14823	16311	15015	13211	12080	14786	14496
阳原县	1566	1412	7060	6535	8657	7859	8888	7859	9514	9589
怀安县	1018	1062	5462	5578	5608	5527	5333	5244	6042	6293
万全县	1062	1091	5362	5691	6113	6052	5729	5665	6772	6438
怀来县	1727	1603	8538	8051	9412	8893	8590	8412	11145	11089
涿鹿县	1722	1591	8505	8143	8605	8356	8193	7683	9658	9213
赤城县	1422	1285	6528	6156	7628	7384	5856	5795	5798	5749
崇礼县	499	453	1961	1838	2828	2665	3005	2844	3149	3224
承德市	**20502**	**17771**	**97934**	**85807**	**106590**	**92443**	**96661**	**85521**	**118364**	**116522**
双桥区	1794	1692	8597	7699	8839	7939	8330	7801	15912	18273
双滦区	843	733	3568	3421	3651	3340	3453	3220	5744	5179
鹰手营子矿区	175	176	1022	904	1287	1185	1424	1358	1542	1495
承德县	2317	1979	10548	9400	10624	9554	10055	8709	13050	12157
兴隆县	1601	1563	8547	8031	9303	8780	8231	7575	9734	9775
平泉县	2456	2116	12598	10658	15186	12581	14310	12477	15396	14986
滦平县	1851	1655	8256	7586	8838	7967	8812	8372	9595	9966
隆化县	2675	2287	12252	10621	13631	11040	11713	9378	12209	11500
丰宁满族自治县	1964	1732	9791	8850	11319	10302	10923	9999	12638	12489
宽城满族自治县	1713	1433	9144	7454	8424	6730	6005	4853	8897	7720
围场满族蒙古族自治县	3113	2405	13611	11183	15488	13025	13405	11779	13647	12982
沧州市	**52385**	**43324**	**253935**	**196748**	**229569**	**182771**	**175019**	**144876**	**271963**	**254612**
新华区	1306	1146	5610	4747	6368	5459	6254	5560	7238	6649
运河区	1671	1452	7067	5774	7615	6545	7505	6795	10872	11745
沧县	5406	5000	26998	20580	22018	16702	16802	13813	23434	21593
青县	2711	2332	12584	10412	11418	9324	10086	9024	15748	15031
东光县	2582	2040	10305	8453	10810	9325	7549	6831	13705	13661
海兴县	1449	1231	7624	5989	7267	5378	6852	5426	8218	7130
盐山县	2540	2275	16836	12781	15505	11868	11137	8765	19252	18141
肃宁县	2726	2404	11208	8961	10211	8369	5598	4868	12861	11446
南皮县	3101	2365	13760	10501	12279	9396	9834	7554	15097	13659

单位:人

20-24岁		25-29岁		30-34岁		35-39岁		40-44岁	
男	女	男	女	男	女	男	女	男	女
576759	**583075**	**477261**	**473691**	**429558**	**409187**	**410455**	**400350**	**469588**	**480358**
19407	18886	21118	23564	20868	21875	20381	21192	20171	20029
40149	42981	16165	17967	15592	15565	15459	15023	14148	13310
28174	31454	12557	13356	11439	11355	10580	10714	10222	10091
22562	19268	18578	16697	13917	12131	14909	12654	17924	16568
33293	34148	28558	27990	23623	21907	20307	19203	26608	26831
16749	16965	15705	15110	13138	11650	12579	11914	15842	15360
6791	7152	6896	7064	7141	6923	7803	7557	8127	7751
28107	28251	26088	24398	21873	20361	20634	19860	24592	25021
23477	24774	18500	19478	17096	16945	18076	18726	21293	25661
20956	23192	19950	21795	19479	20095	17438	18680	19604	21793
16398	17691	15703	15732	13524	13184	12008	11621	14040	15021
14121	14694	11479	11200	9404	9053	9372	8780	10467	10987
10506	9824	8406	7755	9301	8501	12560	11026	12858	11045
12563	11155	12642	11618	8587	8062	8905	8344	10920	10597
28600	24938	17266	16630	16470	15514	14620	14777	18484	18800
23000	23634	20548	20471	18688	17950	19639	20360	25112	25270
28595	29956	27109	27578	23522	22495	20625	19754	21093	21848
25198	25754	22849	22925	20963	19117	17614	16742	18660	19862
12122	12060	12037	11664	11496	10690	11582	11232	13106	12619
12030	11670	10490	10428	9264	8833	7880	7635	11081	11140
18078	19041	15174	14518	13600	12720	12105	11902	15854	16343
25538	25671	28451	28134	22442	22022	25245	24835	27197	27775
56870	55729	44744	43447	48180	44971	45159	42664	47738	51467
14589	14684	15469	14797	15141	14291	13183	13354	15847	16070
38886	39503	30779	29375	24810	22977	21792	21801	28600	29099
164786	**162212**	**126691**	**127354**	**134293**	**135034**	**182407**	**185489**	**220774**	**210012**
22233	18091	10737	11431	11068	11508	13651	14418	14378	14692
10726	11826	9707	10111	9896	9879	12406	13373	13630	13609
11871	12202	11891	12847	13191	13990	18856	19404	19671	18962
2165	1965	2015	1974	1902	1730	2573	2462	3242	3083
11491	11616	7739	7098	7744	7170	10893	10442	14325	13619
8916	9629	7422	8305	9706	10281	13268	13511	16442	14851
6423	6658	4629	4853	5164	5469	8175	8615	11128	10110
6504	6356	4737	4727	5023	5160	7250	6849	9758	8232
3592	3996	3474	3612	3987	4387	7041	7319	7999	7433
15465	15486	12387	11968	13661	13456	19716	20125	22806	21540
9054	9508	6433	6507	7537	7718	11056	12015	12496	13298
7567	7817	6462	6469	5510	5675	7969	8403	10621	11112
8562	8121	6054	5755	5960	5908	8258	8698	10857	10259
15779	15489	11419	11078	12544	12144	14653	14526	17357	17199
13922	12502	11383	10314	11222	10073	14036	12897	17974	15821
7014	7313	7372	7428	7163	7360	8772	8711	12311	10783
3502	3637	2830	2877	3015	3126	3834	3721	5779	5409
139321	**143136**	**123454**	**121126**	**110446**	**107697**	**138422**	**134740**	**170587**	**159924**
25418	29737	17007	16863	16154	15050	17790	16738	19101	17396
6473	5737	6147	5684	5557	5479	7059	6499	7689	6950
2146	1818	1810	1684	1782	1831	2850	2750	3845	3615
17082	15204	13280	12487	12222	10978	15865	14607	19569	18053
13633	13740	10701	10119	10109	9846	11807	11538	14757	14394
15674	15199	14793	14000	13765	13236	18532	17933	21518	20560
10916	11440	9679	9678	7755	7866	11724	11534	14564	13967
12014	12529	13307	13758	11237	11326	13875	13851	18550	17369
12397	12770	11233	11454	10788	10789	14314	13991	18603	16794
11580	11222	11686	10770	8883	7923	8914	8144	11896	10925
11988	13740	13811	14629	12194	13373	15692	17155	20495	19901
370334	**367086**	**283436**	**275932**	**230955**	**217210**	**266782**	**265378**	**333669**	**329310**
9044	9221	9864	10328	10111	9884	11676	11822	11012	11076
17762	20959	12317	12969	12356	11594	14535	14578	14720	13812
35944	35123	27899	26041	19915	18439	24836	24829	30895	30176
21275	20367	14981	14095	11103	10220	15086	15338	19518	18862
17737	17532	12540	12204	11623	10895	14115	13786	18132	17337
9050	9158	6707	6890	5510	5279	7773	7689	9057	8956
24919	24785	16257	15659	13309	12053	15517	14827	20485	20370
18628	17952	14983	13764	10781	9824	11707	11681	13910	14218
16615	16340	12520	12400	10947	10247	13126	12471	18759	18614

表2 续表 5

地区	45-49岁		50-54岁		55-59岁		60-64岁	
	男	女	男	女	男	女	男	女
保定市	**420444**	**432636**	**354453**	**346029**	**368270**	**368588**	**276772**	**277965**
新市区	18136	17077	15703	15625	15442	16216	10860	12287
北市区	12421	11374	10554	10032	9269	9488	6440	7079
南市区	9024	8593	8308	7725	7276	7885	5402	6203
满城县	15564	15758	13278	13220	13779	13834	10262	10491
清苑县	24015	24780	19794	19375	21133	21292	16097	16126
涞水县	15460	14367	12040	10790	12239	12112	8846	8589
阜平县	7981	7777	7467	6619	7607	7385	6201	5870
徐水县	21483	23287	16676	17123	19432	20267	14297	14898
定兴县	19027	23045	15181	15689	18628	17927	13774	13237
唐县	19237	21041	16521	16718	16180	16578	13681	13996
高阳县	12597	12707	10814	10680	12041	11423	8738	7942
容城县	9200	10262	7527	7425	8407	8490	6383	6138
涞源县	11337	9795	9586	7758	9228	8358	6954	6168
望都县	10046	10978	9065	9731	8691	9433	6768	6523
安新县	14333	14554	11780	11657	13557	14835	9398	10981
易县	23051	21275	19997	17534	19497	17834	14521	13754
曲阳县	19712	19614	16984	16385	16245	16352	12550	12700
蠡县	16412	18049	15176	15211	16560	16740	12904	12565
顺平县	12190	11964	10819	9957	10804	10248	8035	8157
博野县	9112	9593	8002	8014	8440	8422	6316	6756
雄县	14053	14351	10583	10148	11225	10727	8173	8173
涿州市	24882	26117	20383	19884	21928	21189	15862	16208
定州市	43198	45977	38559	38502	38102	38101	29322	28203
安国市	14178	14923	12283	13223	13692	14705	10976	11205
高碑店市	23795	25378	17373	17004	18868	18747	14012	13716
张家口市	**203400**	**191211**	**174869**	**156022**	**165520**	**153467**	**118994**	**103130**
桥东区	15132	14771	13813	13727	12721	13058	8208	8144
桥西区	13478	12640	11730	11346	10054	10266	6660	6616
宣化区	18727	17555	14588	14015	12848	13466	8707	8228
下花园区	3619	3205	3226	3008	2673	2473	1584	1658
宣化县	12374	12136	10837	9651	11343	9933	7717	6043
张北县	15695	13837	13152	11528	12507	11267	9487	8921
康保县	10414	9263	9193	8482	8778	8277	6507	6157
沽源县	8870	7779	8002	7018	7129	7063	4940	4834
尚义县	7100	6748	6206	5648	6241	6112	4901	4655
蔚县	19186	17160	14604	11373	16333	14170	13297	10149
阳原县	10522	10898	8288	7298	8703	7776	7171	5237
怀安县	8913	9946	8786	7475	8176	6909	6408	4749
万全县	9037	9808	7809	7516	7874	7370	5876	4534
怀来县	16695	15555	14596	12553	12780	11572	8717	7334
涿鹿县	16581	15131	14130	11767	13089	11270	9150	7748
赤城县	11181	9683	10998	9498	10033	8622	6578	5578
崇礼县	5876	5096	4911	4119	4238	3863	3086	2545
承德市	**169683**	**156742**	**153126**	**137896**	**119959**	**113760**	**69402**	**67453**
双桥区	18920	17401	17342	16422	14026	13872	7352	7424
双滦区	7002	6307	5636	5360	4287	4451	2646	2816
鹰手营子矿区	4053	3364	3028	2843	2253	2250	1347	1480
承德县	19765	17762	18918	16754	14673	12980	8335	7493
兴隆县	15626	14602	14392	12519	12016	10677	7823	7340
平泉县	21199	20690	19715	18358	15332	15061	8765	8846
滦平县	14554	13192	12996	11022	9722	8255	5602	5091
隆化县	18013	16584	15969	14467	12630	12162	7148	6962
丰宁满族自治县	18029	15828	15521	13250	11685	11364	7535	7277
宽城满族自治县	11463	10642	10443	9349	8319	7642	5135	4846
围场满族蒙古族自治县	21059	20370	19166	17552	15016	15046	7714	7878
沧州市	**252948**	**268986**	**224392**	**226299**	**235335**	**239058**	**175240**	**176455**
新华区	8767	8485	7123	7131	6890	7169	5007	5349
运河区	12056	11515	9570	9470	8997	9451	5924	6530
沧县	22741	24878	19908	20454	22839	24736	17039	17134
青县	14583	16373	13928	14786	14047	14792	9965	9714
东光县	12859	13911	11011	11144	13114	13599	9725	9941
海兴县	6923	7182	6306	6448	6624	7398	4972	5091
盐山县	15165	16000	13565	13076	13816	12826	10347	10028
肃宁县	12166	13085	11786	11041	11422	10995	8765	8512
南皮县	13184	14636	11586	12119	12593	12689	9675	9250

单位:人

65-69岁		70-74岁		75-79岁		80-84岁		85岁及以上	
男	女	男	女	男	女	男	女	男	女
169819	**165766**	**122598**	**117046**	**80761**	**91485**	**44071**	**61087**	**19287**	**36089**
8016	9371	6787	7140	3704	3797	1848	1982	770	1096
4451	4826	3509	4303	2442	2971	1372	1554	633	894
3593	4005	2807	3492	1858	2172	999	1243	463	698
6007	6225	4349	4465	2714	3064	1567	2219	640	1243
10068	9625	6891	6284	4486	5116	2739	4224	1312	2533
5492	5451	3797	3646	2550	2848	1253	1608	519	913
3025	2842	2684	2278	2159	2038	1202	1253	634	842
9578	8365	6809	5546	4127	4456	2253	3405	919	2020
9399	8112	6019	5139	3816	4421	1929	3116	908	1861
7233	7927	5622	5803	3982	4575	2242	2898	935	1543
4925	4815	3653	3142	2749	3001	1860	2365	901	1466
4410	3867	3106	2617	2109	2124	1002	1482	501	925
3933	3277	3117	2667	2458	2332	1243	1355	542	758
4091	4032	3077	3113	1809	2020	926	1503	343	859
5629	5180	4005	3894	3203	3463	1902	2304	731	1179
8502	8368	6481	5805	4409	4535	2097	2731	873	1572
6817	6893	5020	5275	3325	4048	1704	2450	698	1302
7593	6995	4940	4416	3636	4406	2413	3453	1213	2392
4414	4700	3302	3625	2104	2555	1113	1586	413	900
3786	3970	2628	2666	1814	2260	1048	1598	440	948
5298	5205	3696	3418	2485	2846	1250	1898	496	1142
9995	9759	7263	6373	4316	4964	2063	2830	821	1487
17745	17137	12219	11969	7644	9269	4181	6654	1855	4119
6611	6370	4289	4101	2896	3412	1528	2361	652	1444
9208	8449	6528	5869	3966	4792	2337	3015	1075	1953
82005	**70070**	**72682**	**65163**	**47855**	**45629**	**22668**	**23096**	**9070**	**11269**
5298	5187	4464	5215	3214	3592	1790	1826	796	917
4546	4501	3641	4183	2787	3023	1429	1620	794	953
5925	5904	5498	6119	3578	3707	1696	1637	680	725
1260	1214	1282	1288	797	825	364	365	145	161
5521	4376	4824	3767	3167	3014	1414	1513	560	688
6088	5593	5868	5387	3610	3232	1470	1528	502	672
4119	3638	3863	3599	2294	2276	892	918	280	418
2970	2681	2999	2765	1785	1655	797	718	322	282
3181	2614	3056	2719	1859	1732	783	716	269	299
9331	6673	7118	5538	4662	4209	2437	2690	911	1340
5507	4303	4263	3580	2843	2772	1403	1560	556	845
5084	3828	4024	3198	2567	2579	1124	1229	472	675
4401	3326	3705	3201	2593	2532	1220	1316	493	688
5978	5434	5147	4422	3462	3278	1799	1687	783	867
6353	5372	5550	4410	3554	3325	1651	1591	666	781
4326	3563	5157	3928	3640	2765	1808	1605	658	720
2117	1863	2223	1844	1443	1113	591	577	183	238
46239	**46368**	**47577**	**46639**	**32275**	**32840**	**16343**	**17034**	**6029**	**6868**
5036	5351	4851	5734	3522	3805	1993	2047	812	857
1928	2116	1950	1938	1258	1228	533	558	216	222
927	1261	1199	1297	818	745	311	290	132	157
4670	4814	5321	5148	3949	4164	2198	2260	746	864
3521	3434	3934	3692	3347	3301	1550	1696	665	811
7020	6642	6339	5984	4004	4407	2232	2540	788	1043
3619	3686	4178	3882	3000	3073	1452	1519	522	600
5555	5394	5628	5338	3197	3146	1723	1748	578	666
5114	5126	5459	5138	3791	3500	1883	1835	781	773
2674	2462	2832	2532	2294	2238	1127	1096	425	469
6175	6082	5886	5956	3095	3233	1341	1445	364	406
113176	**106834**	**82365**	**76613**	**53907**	**57885**	**29031**	**37022**	**12761**	**20461**
3388	3564	2669	2623	1693	1645	835	867	348	413
4152	4570	3326	3271	2014	1901	1069	1061	392	542
10438	8880	7324	5959	4991	5187	2975	3737	1396	1960
6832	6137	5153	4294	3254	3069	1883	2006	765	1041
5970	5214	4181	3951	2838	3211	1294	1869	548	960
3220	2837	2342	2205	1843	1971	1082	1293	440	728
6611	6274	4486	4291	3398	3541	1849	2236	829	1193
5851	5545	4240	4253	2574	3072	1349	2043	626	1214
5790	5509	4257	3975	2997	3322	1523	1918	666	958

表2　续表 6

地　区	0岁		1-4岁		5-9岁		10-14岁		15-19岁	
	男	女	男	女	男	女	男	女	男	女
吴桥县	1670	1369	6559	5989	7411	7134	6623	6374	9342	9473
献县	4265	3626	24886	19036	20684	17008	13568	11761	23580	23254
孟村回族自治县	1376	1305	8511	6209	6973	5365	6613	4856	9439	8300
泊头市	3716	3049	22093	17512	18980	15478	13838	11828	20790	20575
任丘市	7601	5625	27299	20705	24515	19881	16018	13793	28656	26684
黄骅市	3497	3010	18280	13322	18620	12762	19938	13367	26740	20703
河间市	6768	5095	34315	25777	28895	22777	16804	14261	26991	26568
廊坊市	**27047**	**24437**	**117929**	**102037**	**112206**	**96283**	**96557**	**80778**	**178398**	**167106**
安次区	1961	1789	7775	7259	7624	7050	7045	6393	16826	15598
广阳区	2422	2163	9656	8876	10098	9209	10026	9235	18725	20754
固安县	3137	2839	12293	10504	10269	9035	7369	6442	15057	15399
永清县	2627	2381	10649	9574	8705	7909	7628	6736	14675	13780
香河县	1925	1716	7159	6732	6727	6139	6474	6068	11193	10578
大城县	3634	3268	18739	14722	17069	12748	13363	9551	22608	20678
文安县	3146	2869	13261	11122	16063	13080	14525	10507	24742	21148
大厂回族自治县	645	649	2419	2225	2331	2282	2228	1987	5858	5587
霸州市	4490	4065	20350	17170	19098	16208	14950	12033	25030	21120
三河市	3060	2698	15628	13853	14222	12623	12949	11826	23684	22464
衡水市	**30261**	**26084**	**117245**	**102605**	**126017**	**111128**	**97998**	**88385**	**178258**	**176351**
桃城区	2965	2633	12245	10844	13624	12227	12323	11121	26044	28410
枣强县	3066	2556	13457	11542	13081	11376	8617	7854	15046	14990
武邑县	2114	1825	8396	7309	9873	8794	8427	7915	15764	15079
武强县	1456	1314	5652	5030	6404	5729	4835	4381	8048	7898
饶阳县	2067	1804	6605	5805	5893	5272	4954	4394	10978	10995
安平县	2378	1934	8736	7562	9410	8148	6350	5376	10574	10240
故城县	4078	3319	16136	13327	17431	13993	12794	10621	19271	18401
景县	3886	3513	16606	14871	16483	14922	12941	12317	22143	21039
阜城县	2397	1976	10418	9060	12080	11000	9199	8621	12658	12391
冀州市	2061	1867	6745	6262	7684	7377	7432	6971	14495	14863
深州市	3793	3343	12249	10993	14054	12290	10126	8814	23237	22045
山西省	**181346**	**164436**	**775404**	**701625**	**978796**	**887756**	**1259085**	**1157568**	**1705179**	**1665685**
太原市	**16254**	**15468**	**78581**	**73380**	**89756**	**84528**	**106775**	**102011**	**190787**	**187218**
小店区	3317	3139	14402	13580	14956	13953	16334	15673	46275	48488
迎泽区	1975	1884	9700	9189	11150	10550	13179	12710	20008	23681
杏花岭区	2199	2153	11129	10443	13144	12710	15480	14545	23386	20234
尖草坪区	1549	1535	7261	6840	8563	8071	9672	9377	19409	19799
万柏林区	2453	2349	14077	13106	15346	14248	16360	15859	30916	25755
晋源区	1094	1084	4729	4583	4707	4553	6187	6258	12960	12931
清徐县	1611	1584	7646	7145	9360	8982	13024	12569	18342	17999
阳曲县	585	481	2191	2065	2961	2832	4299	4052	4866	4877
娄烦县	588	475	2876	2489	3658	3446	4656	4327	4958	4794
古交市	883	784	4570	3940	5911	5183	7584	6641	9667	8660
大同市	**17287**	**15978**	**65820**	**61243**	**88404**	**83538**	**116259**	**111688**	**144528**	**143031**
城区	3608	3538	11084	10622	16388	15554	21699	20919	26140	28423
矿区	2150	1971	7567	7073	12024	11487	14710	14249	18198	14962
南郊区	1845	1708	10545	9753	11931	11072	14199	13113	17480	16553
新荣区	550	508	2319	2220	2980	2946	4166	4129	4538	4308
阳高县	1591	1478	5440	5157	7124	7001	9940	9800	14192	14619
天镇县	1138	1110	4374	3849	5789	5185	7745	7414	9797	9932
广灵县	975	840	3821	3508	5766	5275	8840	8072	8772	8939
灵丘县	1520	1302	5999	5487	7243	6715	9729	9079	12224	11012
浑源县	2105	2003	7033	6666	9419	9387	12259	12532	16330	18461
左云县	796	660	3227	2913	4182	3906	6082	5922	7809	7439
大同县	1009	860	4411	3995	5558	5010	6890	6459	9048	8383
阳泉市	**5903**	**5634**	**28315**	**26415**	**35310**	**32822**	**42300**	**37750**	**53220**	**48329**
城区	672	653	3123	2999	4710	4378	5316	5106	6862	6596
矿区	984	966	4476	4309	5859	5636	6937	6411	7771	6908
郊区	983	994	5363	4960	6924	6471	8097	7068	10940	8778
平定县	1657	1562	8469	7822	10375	9398	11275	9556	13292	12415
盂县	1607	1459	6884	6325	7442	6939	10675	9609	14355	13632
长治市	**17955**	**16745**	**72755**	**69898**	**93281**	**87468**	**116805**	**109700**	**148163**	**145991**
城区	2186	1971	7960	7582	11243	10433	13833	13248	23765	26120
郊区	1544	1384	5915	5834	7503	6983	8801	7933	10571	10288
长治县	1752	1725	8156	8381	9439	9501	10571	9973	14659	13999
襄垣县	1548	1472	5872	5322	7385	6616	9553	8578	10788	9317

单位:人

20-24岁		25-29岁		30-34岁		35-39岁		40-44岁	
男	女	男	女	男	女	男	女	男	女
11412	11383	9976	9940	9653	9541	10995	10713	14115	13671
28095	29706	23958	23315	18889	18108	18072	18242	26653	26584
10195	10224	8428	7810	6388	5504	6974	6302	9119	9030
28059	28250	23379	23491	20486	19777	24351	24000	27698	28003
48019	47815	34777	34175	26776	25352	29096	29583	37136	37388
31351	25918	19990	19256	16007	15098	22070	21761	25691	24006
42229	42353	34860	33595	27101	25395	26853	27756	36769	37207
290308	**275820**	**188516**	**177069**	**151242**	**136837**	**159526**	**151678**	**196286**	**187456**
32524	31765	15123	14087	11986	11022	12584	12241	14618	14456
33872	32395	20729	21961	19852	19679	21434	21246	21082	20934
26771	27082	19396	17907	14779	13060	13566	12107	17937	16794
17871	17349	13843	12783	11710	10479	12776	12627	17343	16343
21167	18812	15357	12695	13019	10052	13123	11245	17541	15923
30876	30067	19184	17857	11987	11176	14375	14264	20293	21156
32537	30962	20503	18570	14190	12544	18239	17984	24830	23608
6843	6233	4439	3940	3974	3471	3926	3872	5269	4992
37115	35938	28598	26861	21899	19976	22877	21813	28305	26595
50732	45217	31344	30408	27846	25378	26626	24279	29068	26655
196688	**201733**	**174834**	**175930**	**148426**	**144480**	**161457**	**156800**	**197476**	**186327**
24606	27830	22757	23269	21981	22006	22794	23149	22841	21814
15417	16255	15954	16295	15137	14526	15081	14539	18036	16342
12226	12621	9932	10552	9423	9769	12467	11781	15870	15069
10009	9993	8900	8758	7383	7177	7313	7206	9628	9395
13912	13744	11635	11442	7475	7601	10243	9973	12837	12212
15959	16198	15447	15319	11071	9944	11057	10177	13631	13204
23070	23303	21193	21207	16335	15348	17411	16909	21134	20245
24388	24816	21233	21434	17401	17656	18980	18835	23951	22458
14615	14834	12172	12454	12431	12147	12666	11948	15991	15459
15580	15684	12188	12133	10683	10571	14033	13910	18084	16411
26906	26455	23423	23067	19106	17735	19412	18373	25473	23718
1622419	**1569470**	**1388574**	**1323717**	**1287390**	**1209985**	**1686158**	**1602884**	**1657285**	**1546865**
285259	**260515**	**178440**	**175967**	**152643**	**149827**	**188170**	**180314**	**189067**	**172862**
80200	78607	41554	38379	29421	27359	33275	30884	30774	27459
29708	40036	24651	26931	21294	22109	26458	27370	27562	26872
30000	26173	24161	26700	23060	24925	29087	30187	31669	29909
37722	25966	14359	14909	13653	14350	17582	17046	18263	16530
61274	49069	37569	35319	31297	29374	34764	31983	34306	30153
14983	12931	8137	7903	6709	6315	9315	8507	9641	8415
13961	12209	12652	11460	11564	10353	15946	14422	15838	14504
3617	3416	3508	3177	3782	3481	5708	5259	6192	5379
3850	3968	3566	3512	3896	3872	5494	4867	4401	3830
9944	8140	8283	7677	7967	7689	10541	9789	10421	9811
135178	**131801**	**121632**	**118894**	**113050**	**111645**	**157203**	**158758**	**160929**	**159209**
24083	23100	24727	26267	27886	29738	37788	40320	38439	38865
22051	16762	19410	18637	20330	19454	25393	24881	25501	25042
21342	22994	17395	16184	14122	13237	19304	18734	20094	19220
4209	4098	4079	3696	3320	3073	5121	4795	5602	5027
10794	11009	9056	8685	7671	7575	10969	11368	11989	12655
8104	9265	7258	7400	5909	6228	8524	9445	9223	10394
6451	6399	5681	5666	5653	5777	8184	8406	8630	8180
8834	8551	7797	7614	6427	6073	10957	10341	10499	9655
15627	16878	13297	12981	10869	10227	14985	14462	15034	14447
6570	6315	5839	5582	4695	4662	7241	7770	7297	7705
7113	6430	7093	6182	6168	5601	8737	8236	8621	8019
51991	**46028**	**49142**	**44969**	**50903**	**46346**	**74859**	**70203**	**72372**	**67683**
5472	4916	6310	6660	7765	8273	11043	11117	10726	10605
8154	6810	9883	9370	10842	10403	13404	13449	12988	12387
13622	9349	11579	9324	11927	9572	17002	14198	16639	13927
11255	11926	10923	10010	11301	9777	17799	16560	17014	15920
13488	13027	10447	9605	9068	8321	15611	14879	15005	14844
130702	**127596**	**122377**	**118427**	**136863**	**127216**	**167298**	**156580**	**156927**	**144826**
23909	26357	18460	19870	20341	21239	23521	24924	21871	21747
11158	10459	12185	11738	12265	11579	14393	13962	13799	12729
12072	12642	12373	12036	14741	13856	17101	15793	15483	14651
11385	9509	10555	9999	11357	10400	13816	12885	12480	11728

表2 续表 7

地区	45-49岁		50-54岁		55-59岁		60-64岁	
	男	女	男	女	男	女	男	女
吴桥县	11032	11412	10096	9717	11703	11417	8047	8440
献县	20079	20994	17652	17675	18169	17893	14240	13907
孟村回族自治县	6685	7446	5967	6435	5996	6126	4581	4342
泊头市	20533	21567	18159	17867	19013	19096	14620	15100
任丘市	29122	32788	25579	26008	27163	26743	21251	21036
黄骅市	18318	19065	16067	17488	16859	19196	12059	13046
河间市	28735	29649	26089	25440	26090	24932	19023	19035
廊坊市	**179210**	**183078**	**136379**	**133752**	**138939**	**136801**	**97320**	**97870**
安次区	15074	14729	11529	10951	11809	11170	8079	8045
广阳区	21315	20892	15875	15350	15893	15931	11367	11571
固安县	18585	19401	13990	14501	13439	12865	9876	9233
永清县	15855	15870	12394	11890	12094	12185	8955	9119
香河县	16727	16764	12048	11024	13214	12301	8271	7788
大城县	16444	18850	15053	15053	13953	13530	10009	9874
文安县	19193	19310	14410	14089	15437	15258	10964	12057
大厂回族自治县	5226	5576	3890	4038	4581	4576	3216	3041
霸州市	26050	26616	18177	17865	18746	19685	13272	14490
三河市	24741	25070	19013	18991	19773	19300	13311	12652
衡水市	**164766**	**167051**	**143156**	**138918**	**157125**	**157380**	**123271**	**118430**
桃城区	17496	16766	14258	13713	16429	16853	12074	12245
枣强县	14258	14606	11928	11667	13889	14706	11387	11134
武邑县	11582	12200	9275	8977	11688	11701	9681	9329
武强县	9121	8954	7845	7486	7444	7453	5764	5459
饶阳县	11799	11425	10938	10379	10497	9865	8481	8245
安平县	13834	13740	12491	11818	12109	11135	9771	8938
故城县	16505	18133	14613	15525	16265	17390	13325	13211
景县	19671	19971	15594	15317	18401	19517	14546	13388
阜城县	12692	13153	10408	10307	12069	12120	9566	9340
冀州市	15266	15361	13939	12990	15811	15915	11466	11301
深州市	22542	22742	21867	20739	22523	20725	17210	15840
山西省	**1469270**	**1378988**	**1213929**	**1111691**	**1056489**	**992266**	**724311**	**688271**
太原市	**182941**	**166043**	**148700**	**134612**	**114544**	**110004**	**67408**	**66137**
小店区	27934	25184	21739	20260	16923	16978	10455	10788
迎泽区	28302	26388	23232	21508	17094	15831	8808	9099
杏花岭区	32802	30285	27632	25251	20083	18808	11168	10970
尖草坪区	17722	15843	14627	13419	11304	11454	7118	6858
万柏林区	33027	29266	25813	22619	18478	17653	11035	10882
晋源区	9080	8197	7898	7173	6313	6570	3607	3865
清徐县	14119	13192	11649	11131	11172	11668	6934	6522
阳曲县	5946	5173	4764	4142	4665	3970	2784	2338
娄烦县	4166	3491	3547	2822	3287	2502	2507	1860
古交市	9843	9024	7799	6287	5225	4570	2992	2955
大同市	**142401**	**138981**	**122242**	**108052**	**102420**	**93438**	**66913**	**60927**
城区	36362	34931	28904	26445	21286	21040	13153	12873
矿区	23410	23358	20467	19066	15862	15325	8926	9550
南郊区	16835	16259	14014	11758	11045	10319	6641	6271
新荣区	5065	4613	4243	3639	3257	2890	2194	1886
阳高县	10135	10422	9495	8895	9442	7673	6445	4978
天镇县	7493	8108	6675	5988	6005	5319	4642	3837
广灵县	7399	6865	5941	4885	5941	4776	4213	3663
灵丘县	9260	8442	8380	6605	7885	6996	6196	5363
浑源县	12773	12139	11738	9982	10947	9551	7456	6653
左云县	6473	6891	5608	4924	4410	4281	2951	2653
大同县	7196	6953	6777	5865	6340	5268	4096	3200
阳泉市	**61148**	**56199**	**51879**	**48118**	**46197**	**44388**	**30743**	**29410**
城区	9527	8828	7624	7030	6299	6317	3929	4167
矿区	11471	10044	8854	8721	8065	8366	5368	5197
郊区	13387	11367	10960	9887	9088	9214	5966	6382
平定县	13902	13352	12845	12010	11909	11248	8086	7704
盂县	12861	12608	11596	10470	10836	9243	7394	5960
长治市	**138463**	**127145**	**114518**	**104745**	**106513**	**98730**	**75517**	**72224**
城区	20351	18280	15731	14493	13124	12504	8609	9251
郊区	12238	11132	10046	9079	8737	8401	6211	6006
长治县	13448	13626	11464	11653	11776	11878	8156	8252
襄垣县	11380	10879	9629	8630	8934	7769	6474	5796

单位:人

65-69岁		70-74岁		75-79岁		80-84岁		85岁及以上	
男	女	男	女	男	女	男	女	男	女
5411	5105	3804	3895	2328	2860	1051	1446	472	831
9241	8785	5841	5519	3969	4677	2136	3020	974	1770
2843	2754	2083	2042	1533	1763	921	1071	432	630
9383	9045	6215	5798	3110	3820	1526	2179	614	1310
13592	12866	10845	9745	6637	6595	3406	4331	1457	2397
8094	7287	6141	5540	4770	4472	2698	3149	1212	1659
12360	12462	9458	9252	5958	6779	3434	4796	1590	2855
61906	**62885**	**47519**	**45332**	**31654**	**35154**	**15652**	**20440**	**6506**	**10926**
4958	5340	3728	3393	2335	2660	1293	1534	519	798
6949	7369	5848	5453	3774	3583	1670	1739	625	844
6455	6407	4877	4780	3154	3886	1512	2168	615	1202
5586	5685	4053	4050	2970	3252	1420	1896	521	898
5549	5427	4472	4212	2818	3530	1484	2183	689	1226
6445	7233	5246	4994	3686	3462	1947	2225	886	1268
6827	7133	4686	4447	3380	3647	1695	2261	663	1080
2026	1748	1562	1569	975	1301	458	805	217	499
8368	8309	6112	5810	4022	4593	1896	2453	758	1262
8743	8234	6935	6624	4540	5240	2277	3176	1013	1849
69498	**67569**	**49258**	**48987**	**32260**	**40836**	**16094**	**25608**	**7025**	**15058**
6710	6589	5281	5121	3224	4012	1645	2312	648	1288
5884	5486	4038	4125	2644	3698	1280	2490	590	1492
5069	4556	3574	3538	2267	2881	1081	1797	393	898
3299	3555	2522	2625	1576	2038	762	1169	339	629
5289	5404	3700	3683	2611	3075	1330	1966	623	1347
5881	5825	4211	3976	2893	3361	1472	2230	668	1444
7171	7134	4795	4874	2873	3758	1392	2466	648	1421
8771	8500	5438	5092	3667	4145	1828	2648	917	1409
5599	5345	3626	3467	2094	2702	1118	1613	459	892
6029	5780	4556	4893	3113	4361	1486	2635	557	1520
9796	9395	7517	7593	5298	6805	2700	4282	1183	2718
478457	**459027**	**396370**	**387208**	**277902**	**293876**	**127575**	**153493**	**52821**	**78530**
48738	**52924**	**48427**	**52574**	**38086**	**37931**	**18857**	**18666**	**8286**	**8892**
7197	8010	7120	7166	4999	4793	2381	2329	1114	1138
6780	7865	7046	9260	6436	6768	3500	3603	1740	1730
7802	9348	8521	10935	7767	8718	4304	4112	1905	1879
5296	5819	5274	5700	3924	3764	1920	1740	734	733
8106	9268	8284	9514	6527	5894	2782	2468	1067	995
2485	2909	2550	2702	1787	1748	841	940	371	453
4847	4398	3812	3104	2649	2784	1301	1716	643	1049
2561	2052	2331	1575	1613	1404	783	722	301	376
1332	1116	1303	991	1067	959	468	471	190	239
2332	2139	2186	1627	1317	1099	577	565	221	300
45546	**43035**	**41137**	**38099**	**28608**	**27874**	**14345**	**14369**	**5939**	**7653**
9021	9919	9303	9944	6351	5788	3026	2693	1386	1400
7077	8065	7290	7274	4354	3881	1691	1469	602	636
4327	4123	3261	3090	1943	2005	972	1127	423	626
1510	1411	1387	1172	1072	1002	516	529	175	237
4784	3710	3903	3317	2885	3005	1646	1785	705	1150
3822	3036	2998	2429	2049	2112	1072	1165	485	691
2807	2243	2363	1946	1702	1559	882	830	312	451
3034	2601	2726	1931	2138	2081	1125	1159	486	538
4400	3837	3748	3409	3134	3401	1663	1921	678	1054
1959	1682	1657	1514	1238	1304	704	708	260	334
2805	2408	2501	2073	1742	1736	1048	983	427	536
21104	**19415**	**16865**	**15074**	**11145**	**11236**	**5097**	**5710**	**1811**	**2469**
2585	3025	2377	2616	1605	1692	837	719	297	330
3550	3731	3077	2855	1973	1727	851	660	285	252
4200	3969	3277	3105	2153	2315	1025	1176	354	513
5478	4917	3751	3291	2308	2740	985	1495	316	622
5291	3773	4383	3207	3106	2762	1399	1660	559	752
43720	**39835**	**34799**	**33850**	**21890**	**24939**	**9037**	**12487**	**3098**	**5482**
5467	5615	4460	4910	3060	3235	1524	1327	472	635
3658	3469	2679	2867	1658	1952	635	870	203	349
4091	3949	3043	3399	1899	2630	714	1289	234	558
3954	3246	3349	2849	2021	2104	823	1065	318	431

表2 续表 8

地　区	0岁		1-4岁		5-9岁		10-14岁		15-19岁	
	男	女	男	女	男	女	男	女	男	女
屯留县	1566	1391	6272	5977	7775	7158	9853	8921	12237	11708
平顺县	716	694	2848	2777	4031	3985	5315	5210	7048	7100
黎城县	884	817	4059	3983	5328	5313	6440	5971	6190	5856
壶关县	1737	1643	6313	6220	8670	8240	12876	12590	14997	14985
长子县	2013	1913	7794	7562	9355	8802	12240	11656	15732	15582
武乡县	995	883	4466	4066	5930	5219	7051	6657	7092	6539
沁县	978	835	3778	3329	5364	4853	6647	6120	8339	8638
沁源县	850	850	4111	3812	4143	3884	5180	4823	6304	6285
潞城市	1186	1167	5211	5053	7115	6481	8445	8020	10441	9574
晋城市	**8759**	**8521**	**38330**	**39225**	**59827**	**60631**	**85074**	**85792**	**99876**	**104372**
城区	1585	1527	8695	8422	13076	12345	17074	16006	25403	28043
沁水县	728	753	3383	3601	4992	5307	6987	7158	7702	7762
阳城县	1146	1107	5064	5188	9232	9445	14723	15318	17594	18290
陵川县	1264	1097	4873	4877	6746	6658	8831	8394	8734	8694
泽州县	1983	1951	8364	8495	12970	12669	18732	18414	20683	21451
高平市	2053	2086	7951	8642	12811	14207	18727	20502	19760	20132
朔州市	**8899**	**7141**	**38512**	**30568**	**50965**	**42571**	**69183**	**60571**	**105016**	**96362**
朔城区	2603	2118	12248	9843	15604	13042	20519	18476	30633	30769
平鲁区	1026	792	4436	3782	5669	4937	8752	8168	12866	12343
山阴县	1183	964	5568	4530	7222	6035	9113	7784	12493	11914
应县	1690	1338	6448	4598	9632	7856	12882	10721	21511	17826
右玉县	591	501	2085	1870	3101	2722	4220	4060	4701	4698
怀仁县	1806	1428	7727	5945	9737	7979	13697	11362	22812	18812
晋中市	**17124**	**15465**	**83378**	**74953**	**91834**	**82313**	**100699**	**89801**	**135354**	**127187**
榆次区	2900	2714	13037	12202	14257	13717	17042	16241	24870	27960
榆社县	900	884	3721	3306	4417	4032	4582	4249	5667	5317
左权县	887	860	4531	4168	4368	4067	4429	3933	5920	5601
和顺县	690	651	3445	3113	3963	3620	3537	3409	5147	4690
昔阳县	1210	1110	5720	5401	6634	6068	6143	5477	7292	6425
寿阳县	840	830	4064	3737	5023	4634	5556	5253	6172	5846
太谷县	1299	1261	5691	5377	7555	7141	10027	9302	14669	12135
祁县	1429	1279	6768	6186	7838	7168	9090	8395	11164	9127
平遥县	2875	2520	15139	13044	16417	13648	18582	14887	26822	25062
灵石县	1653	1428	8944	8056	8923	7557	8174	7049	10437	9082
介休市	2441	1928	12318	10363	12439	10661	13537	11606	17194	15942
运城市	**27957**	**25426**	**101842**	**90382**	**138636**	**120637**	**192186**	**166285**	**281590**	**261455**
盐湖区	3167	2961	13934	12398	16755	14849	22539	20147	39854	44587
临猗县	3225	3007	9683	8837	13793	12679	20440	18728	32552	29622
万荣县	2489	2261	9446	8381	12988	11133	16821	14715	23789	21672
闻喜县	2295	1965	8356	7280	11903	10257	15450	12895	19644	17389
稷山县	1970	1757	8014	7306	10602	9109	14470	11542	21607	19310
新绛县	1795	1683	7259	6542	9385	8387	13821	11379	20455	17048
绛县	1494	1358	5803	5446	7304	6625	9244	8902	11415	12090
垣曲县	1228	1156	4546	4154	6694	6000	8954	8306	9885	9060
夏县	2023	1771	7530	6382	9012	7464	12572	10104	18710	15886
平陆县	1464	1303	4402	4050	6602	5970	9490	8717	11631	10836
芮城县	2216	1992	6093	5470	10529	9105	16320	14150	23381	21169
永济市	2504	2311	7856	7419	10262	9390	14878	13683	24234	22850
河津市	2087	1901	8920	6717	12807	9669	17187	13017	24433	19936
忻州市	**16934**	**15230**	**68365**	**63334**	**85806**	**80131**	**110099**	**105517**	**136190**	**141161**
忻府区	3062	2828	11116	11000	14228	13656	18998	18593	26824	32265
定襄县	1178	1113	5103	5494	6055	6174	6934	6851	7985	7705
五台县	1394	1300	6726	6359	8467	7895	9905	9348	12863	13154
代县	1318	1184	4791	4737	5347	5148	6721	6472	8098	8562
繁峙县	1522	1404	7499	6519	8677	7810	10815	9902	13105	13134
宁武县	844	757	4114	3596	4856	4555	5628	5471	6444	6251
静乐县	921	752	3681	3197	4863	4296	6394	5906	7741	7456
神池县	554	460	1781	1566	2648	2337	3768	3463	4506	4105
五寨县	580	555	2052	1733	2833	2532	3829	3606	4800	6230
岢岚县	400	408	1339	1149	2294	2078	3312	3161	3749	3772
河曲县	874	799	3297	2738	4063	3386	5475	4759	6514	5542
保德县	1132	798	4456	3545	5153	4437	6853	6567	8768	8694
偏关县	645	522	2290	1805	3454	3035	4928	4582	5298	5033
原平市	2510	2350	10120	9896	12868	12792	16539	16836	19495	19258

单位:人

20-24岁		25-29岁		30-34岁		35-39岁		40-44岁	
男	女	男	女	男	女	男	女	男	女
10743	9813	11682	10473	10440	9198	13326	12708	12207	11416
5581	5543	4643	4357	5804	5105	7726	6924	7435	6633
4220	4037	4729	4555	6448	5933	8111	7089	7805	7134
10998	11435	8502	8510	10214	10011	13644	13713	12969	12812
14420	13765	14078	13568	13768	12402	16888	15651	16234	15160
5657	5342	5845	5473	7518	6511	9130	7789	8978	7514
6236	6386	5261	5152	6932	6138	8528	7432	8306	6770
6658	5503	6047	5124	7504	5770	8979	6345	8631	6218
7665	6805	8017	7572	9531	9074	12135	11365	10729	10314
81340	**79782**	**82261**	**78511**	**88453**	**83421**	**120379**	**112107**	**110756**	**101614**
22029	22547	22135	22622	21837	22177	26642	25821	22411	20964
8114	6648	8717	7057	8473	6470	12761	10299	11750	9522
10140	11002	10623	10971	12399	12354	20345	19666	20336	19137
7011	7395	6501	6369	8584	8472	11641	11388	11569	10676
17906	15593	19837	16732	19591	16742	24691	21641	21334	19525
16140	16597	14448	14760	17569	17206	24299	23292	23356	21790
75336	**72870**	**71042**	**65674**	**57333**	**53018**	**78463**	**77457**	**76064**	**74730**
23600	23292	21680	19750	17947	16314	24782	24509	22906	22708
10749	10439	8494	7719	6426	5339	9251	8610	8735	8294
10016	9366	9826	8877	8194	7640	10592	10411	10160	10398
13989	13819	13494	13070	10013	10025	12992	13601	13772	14360
4237	3856	4556	3959	4018	3455	5871	4891	5625	4489
12745	12098	12992	12299	10735	10245	14975	15435	14866	14481
134757	**123225**	**119841**	**110591**	**119884**	**107121**	**165141**	**149503**	**163375**	**146281**
31689	31388	22801	23149	23032	22289	30858	30098	30988	29054
5393	5011	5435	4677	5189	4483	6649	5566	6621	5693
6372	5577	6768	5860	6163	4955	8407	6915	8872	7066
5786	5479	6190	5578	5780	5045	7939	6996	7900	6542
6205	5673	8219	7271	8789	7082	11452	9976	12011	10403
6798	5255	7412	5997	9245	7526	12814	9999	12958	10064
15994	14078	9561	8974	10407	9808	13815	13268	13815	13316
9716	7978	9666	9063	10811	9310	13425	12232	12347	11561
19211	17594	17276	16137	15693	14842	24056	22653	22591	21910
10464	8881	11021	9546	10537	8249	15346	11911	15136	11491
17129	16311	15492	14339	14238	13532	20380	19889	20136	19181
228313	**221324**	**198161**	**191653**	**175634**	**166627**	**221221**	**214930**	**231483**	**219973**
32771	35754	26784	27617	23866	23746	29296	29662	29931	29254
24466	23020	20799	20030	19206	18289	24503	23912	27939	26173
19048	17731	17870	16621	14661	13662	17457	17388	18545	18442
18213	17455	15684	15521	13673	12966	17341	16779	18100	17027
15679	15906	11785	11692	10591	9892	12746	12995	15465	14948
13273	12730	11901	11965	9947	9811	13702	13273	14066	13577
11529	11659	11722	11274	10313	9780	12527	11795	12993	11517
10056	9834	9227	8731	8933	7904	11350	9992	11125	9489
18432	16666	15054	13911	11160	9971	14802	13950	14812	14227
11648	11500	9738	9505	9512	8568	12036	11014	12018	11256
14898	14202	13712	13651	14355	13778	17879	17438	17910	17303
19698	18432	16842	15725	15758	14761	20145	19275	20451	19518
18602	16435	17043	15410	13659	13499	17437	17457	18128	17242
116971	**121804**	**109588**	**102678**	**109605**	**103055**	**138080**	**134768**	**131726**	**123835**
21265	26509	16548	16258	17269	17403	22624	23791	22309	23459
7964	8111	7437	6999	6773	6940	8800	9180	8642	8637
10635	10507	10141	10069	10638	9872	12838	11780	12131	11118
7773	7833	7960	7795	7885	7145	9378	9171	9636	8536
10475	10894	10210	9937	9385	9132	11410	11540	11043	10140
6377	6334	6662	6029	6546	5568	8577	7310	7835	6286
6433	6682	6647	6275	6126	5650	7163	6513	6476	5440
4776	4076	4356	3583	4209	3839	5492	5064	5239	4531
3895	4097	4024	3747	4063	3883	5078	5157	4772	4210
3534	3279	3224	3012	3546	3127	4352	3973	4147	3478
5713	5303	5551	4598	5592	5060	7005	6708	6194	5790
7661	7537	7473	6265	6666	5414	7433	6272	6802	5822
4184	4425	3730	3509	3831	3920	5203	5400	4634	4868
16286	16217	15625	14602	17076	16102	22727	22909	21866	21520

表2 续表 9

地区	45-49岁		50-54岁		55-59岁		60-64岁	
	男	女	男	女	男	女	男	女
屯留县	10678	10003	8341	7514	8038	7395	5524	5271
平顺县	6107	5524	5474	4998	5314	4996	4055	3768
黎城县	6784	6242	5961	5247	5134	4657	3884	3755
壶关县	10839	10706	9398	8792	9132	8569	6768	6578
长子县	14895	13734	11565	10909	12411	11460	8260	7728
武乡县	7540	6238	6935	5918	6617	5788	5205	4324
沁县	7427	6179	6268	5377	5395	4587	3631	3340
沁源县	7297	5698	6084	5143	5034	4313	3785	3273
潞城市	9479	8904	7622	6992	6867	6413	4955	4882
晋城市	**92334**	**87073**	**80154**	**74875**	**80270**	**77035**	**58191**	**57784**
城区	17258	15374	12940	11480	11072	10662	7942	8503
沁水县	9700	8008	8299	7293	8323	7477	5978	5614
阳城县	18184	17574	15981	14670	15504	14405	10698	10636
陵川县	9707	8994	8994	7972	8805	7900	6632	5936
泽州县	17757	17535	17485	17104	17929	17582	13647	13505
高平市	19728	19588	16455	16356	18637	19009	13294	13590
朔州市	**65859**	**63232**	**55501**	**48047**	**47171**	**40663**	**31320**	**26023**
朔城区	18615	17568	14808	12378	12192	10424	7858	7005
平鲁区	8077	6736	6642	5232	5361	4301	3793	3042
山阴县	9076	9140	8287	7423	7314	6303	5305	3922
应县	12190	12716	11163	10323	9594	8373	5875	5325
右玉县	5175	4142	4330	3556	3905	3232	2773	2281
怀仁县	12726	12930	10271	9135	8805	8030	5716	4448
晋中市	**140812**	**130237**	**113615**	**105938**	**101920**	**96728**	**69838**	**63882**
榆次区	27950	26285	22882	21955	19215	19275	12148	12192
榆社县	5669	4950	4898	4034	4016	3643	3164	2724
左权县	7889	6565	6458	5510	5409	4586	4130	3612
和顺县	6835	5735	5433	4815	4500	4037	3278	2972
昔阳县	10572	10139	9587	8727	9467	8108	6879	5597
寿阳县	10843	9129	7967	6690	7919	6918	5165	3805
太谷县	12023	12081	9839	10145	9730	9859	6422	6452
祁县	10482	10482	9082	9343	8927	8885	6197	5410
平遥县	19350	18743	16048	14910	14673	14146	10458	9366
灵石县	12335	9858	8425	7112	6646	6088	4331	4208
介休市	16864	16270	12996	12697	11418	11183	7666	7544
运城市	**204361**	**200033**	**171874**	**166425**	**146299**	**145170**	**104421**	**108979**
盐湖区	25919	24888	20764	20371	17100	17056	12005	13023
临猗县	23299	22768	19702	19159	17062	17358	12614	13075
万荣县	16597	17174	14703	14372	12459	12471	9163	9717
闻喜县	16490	15830	14167	13534	12146	12094	8222	8750
稷山县	13144	13354	11536	11368	9434	9343	6868	7267
新绛县	13961	13592	11659	11244	9889	9977	6747	7103
绛县	12122	11755	10341	9728	8665	8566	6173	6214
垣曲县	10060	9030	8700	7952	7455	6982	5054	4768
夏县	13893	13737	11972	11489	10964	10639	7665	8018
平陆县	10533	10274	8649	8228	7767	7329	5267	5483
芮城县	15606	15293	12824	12862	10670	10892	8258	8602
永济市	18532	18380	15488	15076	12480	12661	9118	9472
河津市	14205	13958	11369	11042	10208	9802	7267	7487
忻州市	**125599**	**115677**	**111101**	**96098**	**102809**	**87893**	**74188**	**61619**
忻府区	22478	22102	19840	17845	18148	16164	11351	9961
定襄县	8609	8613	8880	8568	8657	7926	5599	4936
五台县	11767	11215	11105	10660	10659	9798	8016	7117
代县	8912	8318	8667	7227	8124	6294	5730	4523
繁峙县	9480	9233	8568	7480	8019	6789	6208	4743
宁武县	7546	5720	5741	4348	4588	3922	3787	3080
静乐县	6240	5226	5295	4194	4763	3320	3400	2674
神池县	4761	4218	3991	3318	3691	2911	2884	2188
五寨县	4431	4168	3702	3097	3573	3084	2819	2466
岢岚县	3748	2782	3015	2361	2556	2174	1965	1669
河曲县	6025	5365	4808	4195	4778	4024	3738	3063
保德县	5984	5091	4507	3659	4066	3196	2815	2373
偏关县	4503	4336	3873	3172	3593	3006	2651	2190
原平市	21115	19290	19109	15974	17594	15285	13225	10636

单位:人

65-69岁		70-74岁		75-79岁		80-84岁		85岁及以上	
男	女	男	女	男	女	男	女	男	女
2997	2679	2482	2513	1570	1878	563	916	207	411
2311	2001	1639	1403	1097	1197	456	636	159	345
2645	2258	1883	1614	1079	1091	424	556	169	256
3629	3480	2837	2951	1824	2248	747	1208	281	543
4546	3952	3569	3769	2246	2705	844	1313	266	511
2897	2289	2565	2006	1581	1589	752	977	258	415
2438	2278	2157	2001	1463	1559	545	928	200	410
2102	1867	1735	1491	1057	1245	457	616	171	313
2985	2752	2401	2077	1335	1506	553	786	160	305
27447	**25690**	**20734**	**21760**	**12797**	**15504**	**5260**	**7848**	**1739**	**3620**
4357	4232	3302	3026	1556	1715	719	798	258	390
2731	2486	1903	2055	1323	1630	558	841	208	405
5721	5377	3649	4146	2365	2919	835	1253	276	516
3093	2768	2554	2461	1747	1952	624	915	179	353
5575	5228	4728	4981	3084	3726	1373	2090	456	1085
5970	5599	4598	5091	2722	3562	1151	1951	362	871
21208	**18918**	**18539**	**16121**	**14416**	**13655**	**7289**	**7716**	**3296**	**4108**
5601	4999	4547	4061	3355	3181	1706	1897	772	984
1967	1934	2033	1852	1792	1753	849	875	305	422
3391	2828	2867	2369	2290	2241	1152	1308	598	785
4585	4013	4223	3678	3481	3222	1865	1906	835	969
1591	1199	1495	1207	1250	1041	476	496	185	223
4073	3945	3374	2954	2248	2217	1241	1234	601	725
48531	**43544**	**40757**	**35156**	**29215**	**29163**	**13256**	**15578**	**5615**	**7813**
8672	8709	7823	7707	5990	5932	2913	2974	1278	1465
1785	1620	1563	1332	1097	949	439	500	167	306
2416	1979	1910	1484	1225	1091	436	534	137	224
2269	1847	1809	1429	1231	1038	533	574	165	178
3962	3234	2788	2350	2297	2475	1021	1331	287	514
4138	2995	4141	2508	2818	2223	1288	1316	578	550
4359	4160	3640	3193	2661	2646	1354	1449	552	725
4072	3245	3194	2511	2407	2457	1140	1541	581	801
7934	7213	6555	5524	4551	4865	2059	2698	1001	1659
3216	3133	2784	2729	1884	2071	841	1000	341	515
5708	5409	4550	4389	3054	3416	1232	1661	528	876
74401	**78066**	**57442**	**62860**	**36669**	**43569**	**16041**	**22294**	**7153**	**13007**
8802	9732	6779	7458	4360	4936	1901	2638	917	1515
9123	9477	6587	7449	3502	4442	1569	2234	734	1451
7128	7023	5189	5888	3106	3959	1436	2050	585	1224
6002	6503	4780	4977	2933	3361	1182	1630	462	894
4933	5406	4185	4674	2273	2802	935	1454	349	714
4632	5126	3601	4271	2249	2862	948	1495	373	745
4388	4484	3309	3464	2104	2443	899	1204	378	616
2252	2394	1832	2109	1599	1883	711	927	257	429
5346	5472	4049	4374	3051	3426	1236	1635	478	938
3795	3703	3181	3092	2481	2844	1274	1491	659	931
6170	6304	4649	4975	3143	3911	1383	1942	641	1173
6692	7306	5051	5596	3400	3951	1459	1998	766	1306
5138	5136	4250	4533	2468	2749	1108	1596	554	1071
50017	**40155**	**40926**	**32859**	**31383**	**30453**	**15653**	**18965**	**6620**	**10611**
8718	7290	7080	5900	4942	4771	2422	3146	849	1671
3817	3126	3057	2564	2310	2501	1192	1617	447	974
5712	4806	4268	3644	3459	3447	1792	2345	910	1531
3652	2758	3024	2381	2303	2355	1239	1655	584	855
3914	2779	3289	2466	2707	2410	1361	1439	560	802
2320	1847	1992	1517	1435	1320	654	684	260	363
2308	1814	2104	1625	1666	1508	674	786	284	353
1466	1134	1218	974	1017	1014	463	535	172	230
1529	1229	1238	1045	1039	1082	457	563	172	262
1160	1029	1094	854	880	806	352	345	130	141
2406	2044	2014	1598	1715	1680	887	922	441	472
1800	1655	1579	1306	1282	1176	587	622	281	308
1727	1293	1299	1047	1279	1192	535	559	245	315
9488	7351	7670	5938	5349	5191	3038	3747	1285	2334

表2 续表 10

地区	0岁		1-4岁		5-9岁		10-14岁		15-19岁	
	男	女	男	女	男	女	男	女	男	女
临汾市	**23055**	**20555**	**98469**	**88040**	**123484**	**109562**	**164516**	**149089**	**207252**	**208256**
尧都区	4431	3947	17947	16104	23593	20934	33719	29877	48913	54382
曲沃县	1260	1149	4797	4420	5286	4667	7676	7112	10976	10817
翼城县	1654	1644	6362	6175	8500	7941	10976	10570	12581	12464
襄汾县	2480	2454	9360	9184	11726	10599	16548	14872	22968	22565
洪洞县	4078	3536	20162	17775	23469	20790	29641	26368	36136	34086
古县	541	414	2060	1898	2574	2399	3484	3264	4412	4463
安泽县	439	447	1993	1933	2248	2082	3034	2814	3085	2907
浮山县	696	572	2790	2562	3715	3257	4605	4575	4447	4633
吉县	535	536	2359	2223	3214	2958	4387	4247	4979	5203
乡宁县	1361	1054	6440	5046	8692	7058	11051	9633	11941	11094
大宁县	365	362	1337	1188	2081	1874	2909	2673	3125	3116
隰县	616	527	2412	1980	3253	2757	4433	3801	4652	4353
永和县	334	302	1204	1049	1944	1699	2682	2443	3120	2909
蒲县	663	537	2739	2454	3470	3211	3883	3676	4541	4361
汾西县	871	732	4826	3974	5447	4850	6423	5842	7291	7313
侯马市	1170	1098	4408	3975	5617	5131	7817	7120	10243	9929
霍州市	1561	1244	7273	6100	8655	7355	11248	10202	13842	13661
吕梁市	**21219**	**18273**	**101037**	**84187**	**121493**	**103555**	**155189**	**139364**	**203203**	**202323**
离石区	1806	1471	9492	7740	11239	9458	13455	11642	20781	23379
文水县	2511	2162	10758	9276	13497	11618	17860	17224	22528	23219
交城县	1456	1286	6073	5109	7080	6349	9228	8453	12669	12435
兴县	1591	1419	6459	5195	8206	7099	10739	10228	14029	14129
临县	3478	2889	15070	12700	19708	16970	24583	22412	32514	31224
柳林县	1674	1564	10076	7585	11996	10014	14249	12438	17805	16930
石楼县	626	554	3020	2441	4310	3661	5594	5182	6372	6060
岚县	990	887	4997	4150	6087	5264	6904	6174	8733	8998
方山县	846	726	4041	3325	4756	4204	5621	4985	7402	6778
中阳县	778	662	4360	3503	4699	3877	6451	5443	8062	7409
交口县	608	516	3917	3479	4474	3718	4918	4236	5979	5736
孝义市	2473	2078	12552	10879	13572	11474	18220	15370	26035	25500
汾阳市	2382	2059	10222	8805	11869	9849	17367	15577	20294	20526
内蒙古自治区	**107837**	**96314**	**479554**	**435121**	**571128**	**521621**	**658767**	**606089**	**859999**	**804925**
呼和浩特市	**12008**	**10747**	**56055**	**51713**	**65706**	**60462**	**74042**	**67514**	**111911**	**108963**
新城区	2273	2107	11182	10474	12847	12101	14362	13548	20082	19073
回民区	1707	1480	7398	7135	8023	7561	9111	8546	14858	16832
玉泉区	1907	1841	9568	8802	10337	9703	10361	9626	12276	12246
赛罕区	2300	2094	10790	10312	13081	12120	14825	13712	30120	27042
土默特左旗	1432	1188	5629	4891	6996	6073	8553	7617	12419	11998
托克托县	906	766	4608	4094	5873	5356	6247	5334	8820	7892
和林格尔县	705	595	3356	2780	3865	3313	4347	3586	6453	6858
清水河县	402	341	1989	1619	2351	2125	2979	2514	3766	3969
武川县	376	335	1535	1606	2333	2110	3257	3031	3117	3053
包头市	**9924**	**9565**	**46804**	**44207**	**55797**	**52575**	**68758**	**64674**	**89850**	**81729**
东河区	1660	1599	7972	7556	9452	8949	12327	11931	17051	15976
昆都仑区	2486	2460	13097	12536	15884	14952	20157	18705	24757	21300
青山区	2203	2063	10184	9613	12097	11495	14873	14081	21977	21262
石拐区	80	49	411	361	487	482	627	592	862	773
白云鄂博矿区	68	57	324	351	632	650	799	784	728	660
九原区	1054	1064	5009	4718	5065	4821	5617	5264	7413	5362
土默特右旗	1508	1407	5139	4526	6121	5517	6915	6247	8586	8105
固阳县	630	620	2939	2941	3752	3525	4713	4368	5568	5524
达尔罕茂明安联合旗	235	246	1729	1605	2307	2184	2730	2702	2908	2767
乌海市	**2129**	**2079**	**9781**	**9343**	**11759**	**11048**	**14489**	**13613**	**17392**	**14931**
海勃湾区	1232	1150	5363	5032	6424	6082	8259	7583	10412	8962
海南区	431	446	2220	2157	2567	2359	2871	2708	2833	1957
乌达区	466	483	2198	2154	2768	2607	3359	3322	4147	4012
赤峰市	**21813**	**16600**	**100820**	**80793**	**117527**	**95410**	**126216**	**106047**	**151925**	**134874**
红山区	1475	1248	8439	7137	10464	8460	12025	10205	12936	12202
元宝山区	1328	985	7002	5322	8790	6647	10476	8286	11521	9201
松山区	3374	2251	14191	10658	17176	12133	17942	13295	26003	21333
阿鲁科尔沁旗	1215	1081	5509	4955	6795	6386	7617	7035	8172	7421
巴林左旗	1477	1245	7952	7315	9187	8551	9016	8499	11358	11113
巴林右旗	781	696	3748	3188	4258	3914	5039	4270	5251	4986
林西县	847	742	3815	3396	5047	4553	5396	4817	6478	6623
克什克腾旗	850	769	3494	3021	4378	4129	5354	4800	6040	5226

单位:人

20-24岁		25-29岁		30-34岁		35-39岁		40-44岁	
男	女	男	女	男	女	男	女	男	女
195671	**201383**	**179758**	**169116**	**160252**	**148839**	**202549**	**188411**	**197115**	**182957**
45746	55844	39492	40407	37905	36707	44025	42870	41824	39634
11867	11470	10206	9072	8418	7615	10912	10041	11482	10711
11894	12041	11939	11296	11397	10560	14894	13365	14655	14481
16751	16752	14194	13939	14956	13885	19486	18417	18915	18138
33626	33553	32357	30313	25526	24235	31708	30578	29824	29099
4128	3903	3956	3236	3836	2983	4913	4021	4880	3854
3187	2833	3393	2872	3632	2922	4689	3760	4569	3546
4513	4614	4834	4626	5349	4912	6109	5361	6267	5535
5234	5095	4323	3695	3417	3216	5345	4991	5276	4781
11823	10778	10910	9857	8251	7017	11011	9717	11064	9600
3237	3031	2700	2386	2304	2095	2906	2753	3136	2783
4937	4552	4727	4135	3706	3636	5264	4743	4777	4407
3542	3408	2817	2499	2097	2028	3153	2879	3071	2851
6091	4729	5640	4294	4769	3435	6039	4162	5798	4046
6630	6585	6244	5808	5411	4862	6493	5910	6359	5786
9508	10024	9429	9199	8893	8876	11921	11722	11983	11442
12957	12171	12597	11482	10385	9855	13681	13121	13235	12263
186901	**183142**	**156332**	**147237**	**122770**	**112870**	**172795**	**159853**	**167471**	**152895**
16565	20626	14152	14178	10977	10643	14781	13913	13427	12532
18466	16773	16146	15198	12627	11950	18087	18213	18121	17809
10137	9596	9130	8988	7833	7134	9971	9431	10076	9663
16927	15823	14532	13606	9141	8413	12061	11184	11757	10483
31457	30513	23523	22237	19592	18608	24497	23274	24001	22859
18060	15708	14998	12731	11216	8863	15897	12931	15615	12398
5536	5317	4866	4526	3451	3248	5183	4615	5006	4585
7946	8305	7676	8252	5590	5476	7929	7579	7583	6869
8135	7680	6758	5875	4670	4051	6848	5635	7054	6045
7848	6839	6498	5797	4691	4127	7007	6083	6592	5600
5970	5648	5155	4872	4335	3869	5818	5066	5335	4673
22196	20344	19177	17760	15698	14100	23766	21948	22403	20198
17658	19970	13721	13217	12949	12388	20950	19981	20501	19181
1074514	**1009309**	**1078398**	**981363**	**1041581**	**926197**	**1335067**	**1205577**	**1324061**	**1184598**
160579	**169649**	**125240**	**124678**	**117662**	**113451**	**136458**	**135939**	**126422**	**118496**
35025	34682	26340	26956	24457	24467	28836	29503	26341	25116
22587	28994	18661	19599	17138	16511	18625	18313	17316	16155
18771	19375	21235	21084	20038	18605	21267	19754	17862	15576
48272	47826	26076	26216	24046	23961	30272	30140	27928	26500
15295	14935	11718	10361	10466	9730	12276	12675	13194	12503
7010	6765	9102	8338	8670	7625	9356	9338	7953	7624
8084	11576	6910	7012	6563	6196	6739	6788	6256	6007
3081	3173	2905	2695	3027	2865	3881	3889	3723	3838
2454	2323	2293	2417	3257	3491	5206	5539	5849	5177
123608	**110356**	**109863**	**103014**	**105126**	**100346**	**139812**	**134332**	**144725**	**131534**
20703	20513	20434	19406	18714	17853	23907	23770	27064	25712
39564	30525	30275	29945	29304	29038	40900	40161	42310	38845
31628	29478	25798	24168	24179	23408	33130	31267	33959	30792
1318	1017	989	855	1031	858	1660	1355	2179	1851
1085	826	903	786	980	1004	1753	1705	1804	1630
7408	6902	9542	9301	9197	8567	11026	10413	10233	8922
11721	11883	11741	9352	10598	8866	12881	11788	12766	11405
6981	6257	6547	5803	6597	6488	8964	8658	9126	7817
3200	2955	3634	3398	4526	4264	5591	5215	5284	4560
25401	**20067**	**24203**	**20910**	**24842**	**21358**	**34276**	**30143**	**33664**	**28937**
14186	11785	13948	12507	14049	12419	18872	17401	17996	15879
4943	3429	5100	4016	5311	4190	7187	5624	6949	5344
6272	4853	5155	4387	5482	4749	8217	7118	8719	7714
179626	**174020**	**179952**	**172869**	**155444**	**146065**	**217469**	**203518**	**223087**	**208751**
20467	21870	20067	20454	18137	18274	22988	23025	21094	19978
11137	10783	11731	12126	11201	11216	17798	17584	19055	18206
27080	24289	24480	24563	21202	20623	28635	27364	28230	26383
10828	9546	12079	10460	9669	8147	14562	12441	15166	15007
11016	11340	15281	14896	11726	11237	16280	15812	16094	14510
7060	6389	8412	6981	7624	6222	10908	9610	9657	8894
6365	6572	6666	6976	5846	5968	9619	9679	9909	9178
10259	7574	8714	6189	8438	5855	12132	9114	13742	10652

表2 续表 11

地区	45-49岁		50-54岁		55-59岁		60-64岁	
	男	女	男	女	男	女	男	女
临汾市	**177627**	**167007**	**139281**	**131364**	**114889**	**112581**	**80745**	**80884**
尧都区	36646	33056	28962	26880	23659	23192	16777	16156
曲沃县	10663	10462	8007	7686	6433	6344	4542	4843
翼城县	13578	14065	11112	10982	9416	9289	6983	7024
襄汾县	19011	18654	15427	15494	13801	14133	9834	10301
洪洞县	27954	28346	24328	23932	19999	20237	12765	13572
古县	4138	3319	2884	2529	2613	2320	1804	1687
安泽县	3914	3199	3003	2507	2693	2375	1815	1571
浮山县	5995	5264	4643	4163	4067	3525	3145	2846
吉县	4267	3806	3058	2810	2606	2469	1934	1855
乡宁县	8944	7938	6700	5805	5099	4826	3736	3638
大宁县	2535	2348	1933	1779	1470	1427	1139	1119
隰县	4038	3806	3132	2983	2620	2613	1896	1811
永和县	2589	2499	1831	1732	1426	1354	1066	1033
蒲县	4905	3609	3127	2517	2571	2225	1857	1598
汾西县	5353	4886	3831	3599	3134	3041	2332	2264
侯马市	11118	10535	8854	7964	6421	6394	4733	4744
霍州市	11979	11215	8449	8002	6861	6817	4387	4822
吕梁市	**137725**	**127361**	**105064**	**93417**	**93457**	**85636**	**65027**	**60402**
离石区	10691	9767	7171	6367	5885	5372	4225	3814
文水县	14693	14827	12616	12066	12549	12582	8148	7647
交城县	8536	8259	7061	7116	6907	6742	4160	3855
兴县	10331	9733	8519	6998	7163	5509	5182	4479
临县	20689	19404	15614	13721	14347	11985	10830	9706
柳林县	12170	10083	8677	6887	6510	6087	4956	4665
石楼县	4131	3800	3000	2486	2222	2182	1796	1747
岚县	6595	5859	5323	3973	4724	3783	3231	2910
方山县	5487	4738	4139	3256	3534	2943	2678	2292
中阳县	5069	4482	3491	3142	3212	2984	2406	2139
交口县	4554	3964	3460	3045	2788	2521	1974	1711
孝义市	18325	16988	14079	13092	11621	11367	7596	7521
汾阳市	16454	15457	11914	11268	11995	11579	7845	7916
内蒙古自治区	**1173609**	**1065925**	**941694**	**871966**	**770719**	**743945**	**488645**	**479591**
呼和浩特市	**120435**	**110017**	**101426**	**91168**	**86077**	**83571**	**55970**	**51319**
新城区	24267	21969	18755	16947	14212	14129	8933	9297
回民区	16247	14540	13057	11885	10244	10164	6715	7108
玉泉区	15753	13673	12299	10709	9450	8829	5670	5563
赛罕区	26071	23566	20593	18707	16718	16934	10660	11015
土默特左旗	14034	13165	12922	11307	12370	12086	8278	6730
托克托县	7851	7366	7073	6651	7224	7349	4921	3545
和林格尔县	6322	6304	6746	6236	6799	6179	4511	3159
清水河县	4114	4089	4431	3994	4023	3398	2745	1977
武川县	5776	5345	5550	4732	5037	4503	3537	2925
包头市	**130360**	**116513**	**97743**	**89459**	**76231**	**75045**	**51367**	**53400**
东河区	27781	26046	22313	21078	16006	15752	9675	10567
昆都仑区	34404	30097	22866	20972	16616	16755	11982	14249
青山区	27881	24816	18856	17489	14479	14987	10752	12547
石拐区	2337	1991	1714	1500	1528	1425	994	1089
白云鄂博矿区	1601	1352	910	673	484	510	370	561
九原区	9072	7914	7029	6127	5577	5136	3432	2973
土默特右旗	13344	12278	12277	10725	11062	10725	7060	5682
固阳县	8685	7365	7398	6740	6746	6240	4579	3698
达尔罕茂明安联合旗	5255	4654	4380	4155	3733	3515	2523	2034
乌海市	**26175**	**22273**	**16499**	**14110**	**13782**	**13671**	**9071**	**10052**
海勃湾区	14007	12176	9126	7780	7302	7249	4841	5189
海南区	5388	4129	3392	2766	2726	2630	1694	1613
乌达区	6780	5968	3981	3564	3754	3792	2536	3250
赤峰市	**203095**	**197044**	**181045**	**177894**	**138737**	**139820**	**82418**	**84415**
红山区	19840	18279	16133	15554	12314	13080	6914	7936
元宝山区	16017	15365	11955	12229	9005	10150	5146	6633
松山区	25101	23473	21253	21288	16854	17405	9499	9762
阿鲁科尔沁旗	13980	12958	12284	11024	8769	8601	5799	5809
巴林左旗	15232	15243	13963	13960	10618	10678	6567	6689
巴林右旗	8073	7925	6968	6906	5129	5441	3292	3447
林西县	10327	10406	9998	10218	7757	7797	4938	4596
克什克腾旗	11973	9868	10758	9731	7441	7240	4328	4413

单位:人

65-69岁		70-74岁		75-79岁		80-84岁		85岁及以上	
男	女	男	女	男	女	男	女	男	女
52936	**55838**	**40558**	**45212**	**26979**	**32417**	**11197**	**16001**	**4486**	**8279**
10401	10885	8566	9522	5621	6715	2530	3269	1056	1856
3265	3728	2482	2929	1520	1870	588	982	236	499
4581	4675	3114	3504	1951	2637	825	1347	298	701
6559	7376	4965	5903	3224	4346	1367	2198	597	1235
8076	8923	6040	7185	3790	5269	1464	2703	589	1388
1098	989	712	814	495	577	180	255	63	102
865	792	695	591	466	524	147	302	69	99
2005	1874	1460	1451	917	1019	430	628	132	295
1554	1428	1073	1018	690	758	326	413	159	169
2471	2517	1759	1862	1276	1405	579	689	205	320
893	830	622	677	443	418	154	187	76	90
1245	1173	1019	1017	814	802	307	365	152	156
837	784	619	596	420	391	154	162	62	63
1180	1207	920	875	659	644	281	306	124	196
1599	1651	1283	1265	859	896	328	419	143	251
3397	3536	2640	3242	1997	2164	916	981	348	516
2910	3470	2589	2761	1837	1982	621	795	177	343
44809	**41607**	**36186**	**33643**	**26714**	**27135**	**11543**	**13859**	**4778**	**6596**
3034	2978	2241	2018	1435	1321	528	587	233	218
5766	4971	4676	4054	3317	3724	1543	2204	657	1116
2664	2512	2228	2057	1613	1804	872	1131	356	551
3559	3283	2519	2253	2154	1913	965	983	382	427
7767	7043	5621	5486	4679	4642	1768	2119	709	838
3344	3211	2607	2559	1877	1863	816	885	340	391
1121	1068	1030	978	755	631	298	216	97	104
2070	1845	1620	1529	1378	1392	566	582	176	237
1845	1708	1404	1210	1021	964	396	427	143	189
1529	1416	1268	1098	957	775	391	377	135	177
1183	1023	1147	1098	915	881	400	485	193	254
5355	5315	4833	4733	3331	3716	1519	1861	705	1070
5572	5234	4992	4570	3282	3509	1481	2002	652	1024
326461	**337485**	**296727**	**293566**	**188701**	**183859**	**85147**	**81668**	**35634**	**38929**
36100	**35608**	**35113**	**32940**	**25827**	**23915**	**11012**	**9184**	**4733**	**4505**
6009	6784	6070	6372	4139	4140	2061	1729	873	797
4527	4814	4331	4525	2838	3028	1552	1243	612	575
3809	3680	3181	3189	2074	2319	1023	936	488	486
7451	7813	7074	6952	4649	4328	1992	1769	823	851
4875	4829	5297	4518	4375	3557	1611	1236	742	651
2970	2316	2752	2383	2323	2138	741	723	439	398
2799	2240	2648	2054	2135	1827	730	609	268	301
1772	1425	1502	1214	1460	1139	615	449	215	193
1888	1707	2258	1733	1834	1439	687	490	273	253
38849	**43621**	**39811**	**36216**	**25189**	**21938**	**10545**	**8643**	**4523**	**4312**
7479	9030	7436	8135	5412	5487	2569	2328	1202	1200
10192	12493	11403	9815	6353	5058	2539	2024	954	865
9319	10666	9332	8095	4666	3931	1913	1444	733	723
787	1150	980	739	631	475	267	175	108	76
422	476	375	326	171	128	66	54	21	21
2099	2201	1856	1638	1234	1125	545	485	254	236
4298	3792	4261	3693	3513	3037	1343	1013	657	621
2701	2472	2627	2473	2019	1718	831	705	392	367
1552	1341	1541	1302	1190	979	472	415	202	203
7299	**7938**	**6149**	**5511**	**3251**	**2857**	**1649**	**1145**	**575**	**530**
3727	3945	3145	2896	1736	1517	834	579	298	289
1183	1272	1016	986	531	530	393	213	141	110
2389	2721	1988	1629	984	810	422	353	136	131
55409	**58891**	**51056**	**54716**	**29750**	**32135**	**14322**	**16254**	**5114**	**6304**
5324	6351	4828	5749	3061	3412	1751	1765	728	821
4975	6165	4759	4839	2322	2366	1034	1091	310	414
6682	6979	6026	6137	3485	3744	1674	1838	512	654
3510	3605	2888	3088	1659	1753	729	909	323	426
3721	3809	3301	3632	1823	2038	889	1057	277	363
1886	1968	1569	1808	904	1009	431	463	195	241
2621	2603	2576	2806	1547	1777	686	800	346	328
2534	2497	2492	2536	1545	1439	624	594	202	210

表2 续表 12

地　区	0岁		1-4岁		5-9岁		10-14岁		15-19岁	
	男	女	男	女	男	女	男	女	男	女
翁牛特旗	2110	1405	10530	7647	11714	9075	12513	9807	15386	13376
喀喇沁旗	1757	1336	7645	6135	8999	7131	9404	8079	8378	7487
宁城县	3258	2485	14717	11315	14844	11529	15374	12793	19036	16375
敖汉旗	3341	2357	13778	10704	15875	12902	16060	14161	21366	19531
通辽市	**15376**	**13717**	**66482**	**60719**	**82759**	**75507**	**93184**	**85964**	**118407**	**116689**
科尔沁区	4019	3613	16246	15232	20130	18259	23705	22125	34927	36527
科尔沁左翼中旗	2581	2327	11311	10567	13991	13130	15080	14492	20523	20284
科尔沁左翼后旗	2090	1822	9279	8381	10959	10233	11677	11040	12333	11216
开鲁县	1681	1538	7958	7076	10876	9785	13483	11439	16068	15236
库伦旗	909	737	3914	3407	4744	4159	5521	5005	5238	4730
奈曼旗	2171	1884	9567	8521	11382	10296	12556	11161	15515	15513
扎鲁特旗	1416	1351	6044	5519	8218	7423	8537	8262	10357	9954
霍林郭勒市	509	445	2163	2016	2459	2222	2625	2440	3446	3229
鄂尔多斯市	**12162**	**11072**	**44613**	**40401**	**42722**	**38977**	**43418**	**39264**	**67566**	**53183**
东胜区	3475	3122	12580	11380	11781	10441	12356	10982	24719	19767
达拉特旗	2436	2258	7442	6944	7685	7101	7673	7189	10829	9512
准格尔旗	2303	2193	9226	8471	8901	8218	9009	8178	11781	8960
鄂托克前旗	370	333	1293	1168	1693	1495	1667	1616	1901	1629
鄂托克旗	750	683	3446	3068	3460	3108	3473	3239	4725	3671
杭锦旗	529	519	2305	2181	2304	2310	2620	2410	3276	2719
乌审旗	651	544	3314	2696	2834	2562	2553	2196	3840	2791
伊金霍洛旗	1648	1420	5007	4493	4064	3742	4067	3454	6495	4134
呼伦贝尔市	**8947**	**8316**	**40030**	**36733**	**48998**	**46378**	**62958**	**59527**	**84003**	**80394**
海拉尔区	861	788	4024	3783	5299	4995	8464	8316	13350	14049
阿荣旗	1441	1303	6212	5605	6502	6155	6226	5956	9891	9507
莫力达瓦达斡尔族自治旗	1757	1628	6540	6036	7393	6904	7670	7131	10865	10360
鄂伦春自治旗	693	687	3297	2987	4442	4188	6237	5722	7428	7141
鄂温克族自治旗	451	421	2066	1866	2434	2271	3142	2995	3880	3217
陈巴尔虎旗	199	162	887	847	991	999	1285	1123	1603	1280
新巴尔虎左旗	205	163	743	708	836	804	876	811	1000	855
新巴尔虎右旗	127	130	611	556	656	643	748	665	880	574
满洲里市	640	597	3752	3404	4558	4243	6115	5635	7995	7601
牙克石市	615	552	3153	2746	4770	4479	7612	7330	10921	10219
扎兰屯市	1578	1505	6698	6369	7918	7536	9731	9113	11451	11407
额尔古纳市	202	206	1044	950	1484	1512	2126	2064	2092	1719
根河市	178	174	1003	876	1715	1649	2726	2666	2647	2465
巴彦淖尔市	**6339**	**5901**	**25794**	**24512**	**34053**	**32085**	**45644**	**43068**	**52136**	**49132**
临河区	2022	1860	8885	8463	11545	10688	15646	15014	19483	19023
五原县	1045	989	4428	4250	5671	5418	7531	7074	7533	7574
磴口县	341	316	1692	1566	2272	2222	3395	3066	3663	3401
乌拉特前旗	1112	1134	4514	4333	6145	5806	7689	7284	7780	6685
乌拉特中旗	517	450	1662	1636	2319	2126	3054	2814	2615	1798
乌拉特后旗	283	241	957	855	1155	1085	1359	1221	1764	1320
杭锦后旗	1019	911	3656	3409	4946	4740	6970	6595	9298	9331
乌兰察布市	**6570**	**6425**	**34441**	**34690**	**46210**	**47061**	**55796**	**55581**	**71316**	**74859**
集宁区	1060	1020	5692	5677	7671	7855	9699	9608	16281	18523
卓资县	336	315	1736	1651	2125	2142	2803	2657	4682	4498
化德县	246	268	1560	1733	2591	2789	3142	3356	4464	4877
商都县	849	840	3490	3711	5282	5709	6163	6861	6395	7285
兴和县	885	863	4564	4887	5367	5414	5801	5883	6551	6987
凉城县	693	665	3459	3169	4460	4229	5313	4848	6671	5872
察哈尔右翼前旗	474	512	2670	2625	3043	3241	3841	3863	4409	4616
察哈尔右翼中旗	317	273	1694	1724	2659	2608	3513	3421	4457	4579
察哈尔右翼后旗	481	452	2319	2349	3119	3244	3662	3872	3917	4264
四子王旗	450	463	2792	2781	4322	4242	5325	5004	5115	5149
丰镇市	779	754	4465	4383	5571	5588	6534	6208	8374	8209
兴安盟	**7620**	**7105**	**32340**	**30703**	**37341**	**35419**	**41483**	**39636**	**56839**	**54454**
乌兰浩特市	1243	1161	5377	5033	6631	6177	8263	7977	13379	12633
阿尔山市	137	105	764	741	1062	958	1468	1353	1787	1588
科尔沁右翼前旗	1579	1517	6663	6339	6939	6684	7323	7182	11429	11259
科尔沁右翼中旗	1378	1201	5468	5135	6665	6402	7138	7005	8976	8525
扎赉特旗	2112	1948	8230	8188	9640	9141	9937	9237	12443	11940
突泉县	1171	1173	5838	5267	6404	6057	7354	6882	8825	8509

单位:人

20-24岁		25-29岁		30-34岁		35-39岁		40-44岁	
男	女	男	女	男	女	男	女	男	女
18521	18097	17224	17199	15432	14942	20070	18749	21309	20617
10849	10982	11673	11666	9485	9179	13259	12537	14189	13290
24885	25079	22392	20793	18297	17110	26067	24181	26757	25843
21159	21499	21233	20566	18387	17292	25151	23422	27885	26193
133527	**128464**	**140612**	**130215**	**133992**	**122443**	**159791**	**148303**	**154427**	**146945**
41951	38895	37716	35434	34417	32261	42326	40683	44218	42764
24375	23859	25174	22922	22360	20032	26130	24026	23877	22911
14109	13575	17885	16013	17274	15291	20104	18377	19086	17923
15903	16702	16082	15906	16356	15857	20212	18713	19856	17859
6018	5604	7567	6651	7633	6485	8533	7823	8506	8155
14862	15079	16514	15973	16792	16130	20652	18889	19147	18331
10718	10181	13093	11956	13676	11936	16079	14538	14193	13936
5591	4569	6581	5360	5484	4451	5755	5254	5544	5066
111773	**80019**	**121721**	**91352**	**109670**	**77434**	**127381**	**89076**	**117562**	**77997**
41208	30381	42664	31845	37353	25313	42103	27786	36667	22421
12843	10719	15107	13372	15601	13329	17338	15091	16020	13378
18489	13282	20874	15413	17939	12684	21786	15745	21339	14026
3275	2133	3385	2421	3762	2706	4709	3282	4210	3073
10159	6787	10307	7682	9425	6656	10583	7312	9268	6233
3891	3316	4450	4029	5138	4375	6319	5461	6186	5185
6910	5195	8352	6248	7052	4637	8117	5167	7680	5061
14998	8206	16582	10342	13400	7734	16426	9232	16192	8620
95569	**89905**	**98326**	**89334**	**108548**	**94577**	**146810**	**130582**	**150619**	**139222**
14901	15230	13325	12066	13809	11514	20017	17495	19925	18299
12142	12233	13717	12889	12392	11468	14502	13308	13501	13195
11026	11288	12774	12270	14001	12463	14268	13345	13219	12758
6851	6742	6986	6842	8679	8131	12182	11542	13849	12858
5301	3989	5675	4760	5837	5102	7735	7088	8305	7522
2620	1833	2651	2203	2666	2255	3636	3285	3740	3310
1827	1372	2099	1791	2210	1874	2649	2233	2420	2042
1666	1339	2187	1640	2114	1616	2457	1864	2438	1853
10507	9605	10156	9292	11074	9684	15150	13740	15754	14417
10425	9230	9813	8181	13918	10229	22755	17563	23965	22062
13821	13314	14530	13241	15404	14071	19969	18274	19637	17892
2229	1829	2349	2164	3050	3003	4665	4315	4991	4738
2253	1901	2064	1995	3394	3167	6825	6530	8875	8276
59502	**54765**	**72197**	**58372**	**79805**	**62063**	**104584**	**87595**	**102333**	**88856**
20505	21218	23286	20881	25156	21388	31939	29869	30880	29717
8280	9175	10352	9977	10419	9559	13676	13631	14433	14040
3439	3180	3957	3620	4225	3946	6713	6592	7323	7383
8958	6999	11708	8528	14826	10940	20009	15267	19342	14919
4386	2938	7206	4091	9931	5070	12399	6346	10765	6244
3698	2197	4724	2709	4895	2541	5226	2948	4600	2680
10236	9058	10964	8566	10353	8619	14622	12942	14990	13873
67303	**73623**	**70150**	**69868**	**72473**	**73106**	**100168**	**99831**	**106533**	**99404**
11197	14955	11803	12505	12355	13183	17434	18140	18846	18722
5437	5231	4790	4018	4136	3622	5895	5395	6509	5734
3458	3564	3033	3273	4162	4299	5878	5743	6729	5986
5433	6132	7456	7447	8071	8060	11670	11387	12000	10572
7018	7913	7658	7843	7904	7588	9750	9244	10133	8993
6876	6693	6277	5937	5393	5757	7857	8292	8368	8708
5271	5382	5327	4976	4876	4704	7151	6934	7816	7013
5451	5500	5083	4685	5037	5040	6816	6794	7227	6842
4100	4698	5227	5416	5607	5709	7305	7160	7624	6887
4025	4265	5283	5489	7218	7444	9674	9715	9621	8707
9037	9290	8213	8279	7714	7700	10738	11027	11660	11240
64520	**62355**	**78876**	**69154**	**73297**	**62321**	**90050**	**80118**	**87675**	**80570**
11380	12004	14393	13609	13745	12658	17408	16682	17782	17300
2795	2222	3439	2415	3885	2333	5416	3291	5409	3790
12641	11627	15487	13231	12720	10413	16115	14054	15638	14378
9437	8605	12947	11174	12079	10170	14152	13318	12940	12392
18966	18432	20911	17753	19688	16241	22958	19827	20710	18660
9301	9465	11699	10972	11180	10506	14001	12946	15196	14050

表2 续表 13

地　区	45-49岁		50-54岁		55-59岁		60-64岁	
	男	女	男	女	男	女	男	女
翁牛特旗	19421	20137	18420	19072	14247	14704	8922	9217
喀喇沁旗	14021	14009	13227	12822	10468	10373	5532	5310
宁城县	24617	24940	23200	23058	18095	16823	10490	9494
敖汉旗	24493	24441	22886	22032	18040	17528	10991	11109
通辽市	**137471**	**135123**	**113502**	**112866**	**97384**	**99861**	**59268**	**61888**
科尔沁区	42554	41513	35666	34624	29924	30307	17318	18115
科尔沁左翼中旗	21265	21348	17423	17559	15273	15696	9310	9434
科尔沁左翼后旗	16237	15641	13009	12729	12152	12462	7357	7691
开鲁县	17153	17172	14399	14708	12285	12879	7626	8423
库伦旗	7323	7069	6231	6069	5270	5224	3443	3322
奈曼旗	16654	16637	14438	14852	12670	13074	7853	8335
扎鲁特旗	11635	11441	9030	9290	7293	7698	4960	5179
霍林郭勒市	4650	4302	3306	3035	2517	2521	1401	1389
鄂尔多斯市	**94388**	**65420**	**68971**	**49922**	**52215**	**42176**	**29539**	**24234**
东胜区	27485	16820	17166	10946	11358	8064	5769	4804
达拉特旗	14429	12529	12665	11224	10933	9746	6687	5291
准格尔旗	17547	12021	13749	9432	10650	8315	6042	4724
鄂托克前旗	3454	2745	2549	2132	1979	1980	1276	1288
鄂托克旗	6776	4598	4485	3236	3209	2684	1736	1566
杭锦旗	5627	4621	4564	3868	4131	3732	2524	2211
乌审旗	6192	4533	4400	3385	3435	3010	1964	1739
伊金霍洛旗	12878	7553	9393	5699	6520	4645	3541	2611
呼伦贝尔市	**136452**	**126441**	**100177**	**94523**	**81924**	**81290**	**49113**	**52726**
海拉尔区	18317	16805	13934	13190	10645	10649	6122	6822
阿荣旗	12378	12082	9835	9432	9322	8766	5917	5252
莫力达瓦达斡尔族自治旗	11559	10914	9601	9266	8599	8218	5466	4819
鄂伦春自治旗	12318	11482	8714	8363	7189	7026	4399	5146
鄂温克族自治旗	7937	7115	5966	5818	4672	4669	2445	2726
陈巴尔虎旗	3390	3108	2403	2227	1734	1819	1039	1146
新巴尔虎左旗	2051	1828	1498	1531	1111	1211	560	745
新巴尔虎右旗	2100	1694	1555	1285	1015	992	555	635
满洲里市	13881	12458	9939	9260	7359	7292	3969	4292
牙克石市	22064	20261	15075	13877	11768	11744	6728	8065
扎兰屯市	17914	17109	14212	13497	12452	12902	8503	8507
额尔古纳市	4557	4401	3148	2845	2629	2622	1556	1828
根河市	7986	7184	4297	3932	3429	3380	1854	2743
巴彦淖尔市	**86012**	**75324**	**62214**	**56201**	**54148**	**49895**	**35103**	**33753**
临河区	25499	23833	18303	17098	15937	14927	10206	10060
五原县	13491	13072	10213	9012	8972	8283	5836	5769
磴口县	6107	5719	4844	4240	3953	3725	2727	2911
乌拉特前旗	16058	12908	11755	10243	10457	9848	6835	6338
乌拉特中旗	8406	5357	5360	4419	4399	3833	2637	2480
乌拉特后旗	3449	2242	2254	1904	1807	1527	1102	940
杭锦后旗	13002	12193	9485	9285	8623	7752	5760	5255
乌兰察布市	**100328**	**92048**	**95691**	**86451**	**86647**	**75173**	**63239**	**51328**
集宁区	18082	16404	14033	12888	9911	9490	6331	6372
卓资县	6695	5508	6994	5533	6886	5796	5068	3760
化德县	5915	5764	5853	5880	5060	4489	3959	3110
商都县	10816	10099	9937	9010	9952	8705	7699	6693
兴和县	9392	8400	9604	8717	8910	7688	6574	5482
凉城县	7867	7568	8601	6989	8238	6510	6089	4340
察哈尔右翼前旗	7746	7045	7894	7267	7672	6758	5760	4297
察哈尔右翼中旗	7199	6953	7601	6662	6956	5811	4980	3857
察哈尔右翼后旗	7264	6459	6803	6241	6129	5345	4408	3730
四子王旗	8488	7984	7857	7495	6835	6097	4711	3931
丰镇市	10864	9864	10514	9769	10098	8484	7660	5756
兴安盟	**74918**	**71661**	**58431**	**57531**	**48020**	**48872**	**31011**	**33194**
乌兰浩特市	15985	15816	12056	12424	9806	10211	6412	7229
阿尔山市	4413	3534	2545	2022	1604	1512	906	1205
科尔沁右翼前旗	13750	12945	10977	10619	9153	9226	6051	6271
科尔沁右翼中旗	10921	11076	8747	9170	6784	7228	4634	5127
扎赉特旗	17085	15850	13258	12514	11035	11137	6864	6960
突泉县	12764	12440	10848	10782	9638	9558	6144	6402

单位:人

65-69岁		70-74岁		75-79岁		80-84岁		85岁及以上	
男	女	男	女	男	女	男	女	男	女
5560	5667	5305	5777	3163	3374	1545	1736	590	718
4330	4245	3961	3797	2247	2386	1096	1196	341	425
7164	7604	6597	7117	4044	4538	2029	2446	647	812
7102	7398	6754	7430	3950	4299	1834	2359	643	892
34373	**37780**	**28486**	**31218**	**16547**	**19028**	**8538**	**9967**	**3792**	**4538**
10425	12533	9163	10171	5631	6102	3010	3270	1507	1614
5194	5458	4190	4334	2239	2556	1131	1267	518	594
4387	4459	3353	3726	1988	2258	1058	1087	429	547
4084	4626	3290	3587	1862	2294	968	1310	379	535
2042	2188	1707	1964	1053	1230	485	610	195	256
4399	4658	3829	4344	2233	2917	1113	1522	458	588
3026	3053	2349	2440	1214	1344	637	800	255	340
816	805	605	652	327	327	136	101	51	64
21834	**18389**	**19601**	**16918**	**12569**	**10993**	**5512**	**4721**	**3025**	**2863**
4256	3701	3665	3380	2237	1913	944	813	469	410
4750	3843	4580	3814	3187	2716	1335	1120	754	631
4616	3656	4339	3152	3199	2408	1399	990	787	658
942	937	740	688	415	427	183	210	93	123
1261	1184	1002	1032	575	591	288	279	138	169
1934	1653	1701	1535	1010	1044	454	448	249	273
1449	1434	1146	1188	636	701	263	265	174	213
2626	1981	2428	2129	1310	1193	646	596	361	386
33914	**40952**	**31983**	**33394**	**19226**	**19032**	**9908**	**9160**	**4354**	**4907**
4200	5202	3856	4706	2672	2966	1492	1454	627	765
3816	3239	2722	2391	1549	1448	821	743	424	462
3091	2708	2320	2027	1376	1258	677	685	295	337
3604	4734	3631	3590	1979	1756	933	738	315	351
1534	1990	1555	1648	874	848	376	387	145	217
687	792	601	636	315	344	155	141	56	76
384	475	292	394	161	203	68	133	34	61
294	408	235	296	127	165	57	107	23	49
2535	3316	2561	2755	1605	1804	949	807	354	417
5584	8160	6811	7284	4160	4056	2122	1895	947	1034
5235	5271	3958	4125	2508	2556	1389	1325	695	706
1068	1410	986	1041	559	493	285	260	106	141
1882	3247	2455	2501	1341	1135	584	485	333	291
25309	**23611**	**20713**	**18881**	**13340**	**12076**	**5338**	**4491**	**2447**	**2323**
7485	7361	6137	5866	3990	3530	1511	1250	660	600
4186	3754	3471	2890	2125	1896	907	741	400	407
2160	1988	1677	1552	1045	955	437	370	183	186
4656	4374	3870	3362	2755	2442	1223	993	588	586
1734	1511	1451	1305	957	920	358	339	204	167
738	646	619	537	326	284	109	123	72	70
4350	3977	3488	3369	2142	2049	793	675	340	307
40031	**35469**	**36447**	**34893**	**26976**	**24909**	**10571**	**9637**	**3815**	**4529**
4810	5460	4441	5094	3157	3279	1513	1323	672	649
3196	2456	2767	2474	2239	2020	736	636	242	247
2108	1936	2062	2118	1441	1281	529	462	188	229
4703	4224	4483	4350	2899	2805	1151	1130	424	524
4268	3647	3951	3712	2825	2641	1112	1080	339	479
3663	2969	3346	2858	2637	2328	921	827	283	383
3821	3380	3214	3189	2468	2410	1013	936	337	483
2946	2499	2693	2313	2043	1532	721	554	212	231
2934	2717	2630	2591	1877	1659	705	684	272	314
2873	2378	2854	2407	2203	1627	816	644	287	247
4709	3803	4006	3787	3187	3327	1354	1361	559	743
17761	**19515**	**14090**	**15502**	**8255**	**9246**	**4279**	**4869**	**1831**	**2384**
3808	4569	3088	3698	1879	2158	997	1105	432	573
843	1325	892	930	561	480	263	162	78	78
3434	3536	2536	2644	1460	1634	739	879	312	450
2487	2687	1832	2177	895	1089	433	586	185	296
3768	3929	3052	3305	1758	1977	892	1039	445	516
3421	3469	2690	2748	1702	1908	955	1098	379	471

表2 续表 14

地 区	0岁		1-4岁		5-9岁		10-14岁		15-19岁	
	男	女	男	女	男	女	男	女	男	女
锡林郭勒盟	**4101**	**3979**	**18275**	**17449**	**23091**	**22031**	**26747**	**25704**	**31522**	**30298**
二连浩特市	283	261	1662	1625	2154	2042	2406	2372	2786	2560
锡林浩特市	865	860	4019	3727	5263	5029	6538	6213	9691	9660
阿巴嘎旗	152	131	746	660	894	876	1039	1073	1046	825
苏尼特左旗	177	155	652	592	774	796	877	839	815	692
苏尼特右旗	249	254	1037	1030	1577	1556	1965	1955	1862	1844
东乌珠穆沁旗	441	422	1880	1769	2542	2316	2608	2503	2365	2039
西乌珠穆沁旗	353	318	1610	1614	1897	1780	2235	2026	2755	2297
太仆寺旗	490	501	1847	1735	2217	2199	2700	2677	2385	2696
镶黄旗	80	96	489	410	623	568	718	674	785	686
正镶白旗	184	189	845	890	1289	1185	1388	1364	1322	1249
正蓝旗	267	257	1441	1379	1606	1602	1895	1705	2440	2297
多伦县	560	535	2047	2018	2255	2082	2378	2303	3270	3453
阿拉善盟	**848**	**808**	**4119**	**3858**	**5165**	**4668**	**6032**	**5497**	**7132**	**5419**
阿拉善左旗	661	608	3058	2830	3794	3455	4602	4247	5426	4052
阿拉善右旗	66	77	352	315	488	427	641	573	731	560
额济纳旗	121	123	709	713	883	786	789	677	975	807
辽宁省	**138487**	**125755**	**669590**	**605129**	**861576**	**773326**	**961852**	**861262**	**1294179**	**1218416**
沈阳市	**23114**	**21183**	**113357**	**103461**	**133942**	**121060**	**144275**	**131590**	**228369**	**215768**
和平区	1892	1730	7862	7087	8747	7723	10288	9538	17652	17268
沈河区	2052	2057	9907	9070	11589	10527	13265	12020	19743	20140
大东区	2078	1994	9772	9066	10491	9562	11006	10206	18990	16728
皇姑区	2388	2201	11203	10520	12679	11698	14285	13452	23222	21485
铁西区	2910	2660	13580	12680	13606	12361	14440	13610	21649	19468
苏家屯区	1156	1145	6003	5750	7964	7577	8830	8266	14494	13712
东陵区	1356	1241	6697	6144	7575	6952	7136	6518	14065	13590
沈北新区	925	865	5106	4613	6043	5527	6678	6297	25392	23385
于洪区	1747	1528	10341	9522	10965	9649	10244	9166	18017	16845
辽中县	1623	1383	8462	7199	12019	10357	13170	11228	13610	12175
康平县	1229	1084	5866	5287	7061	6563	8376	7892	11712	11396
法库县	1424	1185	6655	5776	9394	8003	11120	9277	12351	11008
新民市	2334	2110	11903	10747	15809	14561	15437	14120	17472	18568
大连市	**19107**	**17678**	**92604**	**85039**	**106089**	**97463**	**126671**	**117529**	**189067**	**185215**
中山区	992	937	3854	3472	4369	3896	5930	5522	6932	7529
西岗区	839	745	3234	2992	3731	3455	4861	4505	7479	5515
沙河口区	2176	2057	8650	7999	9037	8282	11000	10260	17501	17560
甘井子区	3767	3596	21202	19242	20760	18761	21745	19728	37397	32939
旅顺口区	740	627	4150	3785	4789	4334	5689	5260	9695	9949
金州区	2935	2626	16378	14822	17912	16188	20020	18508	36725	42545
长海县	229	201	1355	1131	1691	1570	2160	2019	2117	1750
瓦房店市	3066	2818	13111	12285	15779	14622	19468	17460	25272	22867
普兰店市	1990	1842	9567	8932	12757	12200	16871	16081	21027	20772
庄河市	2373	2229	11103	10379	15264	14155	18927	18186	24922	23789
鞍山市	**11381**	**10337**	**56608**	**50949**	**76584**	**67304**	**85342**	**72370**	**104271**	**93751**
铁东区	1284	1225	5382	5010	7069	6633	9944	9043	13165	12168
铁西区	605	561	2870	2607	3405	3351	4167	3893	5643	5123
立山区	880	890	4181	3887	5064	4728	6620	6014	9097	8402
千山区	767	708	3982	3564	4729	4234	5334	5018	7833	8529
台安县	1320	1157	6153	5508	8166	7425	9871	8318	10700	9807
岫岩满族自治县	2300	1889	9669	8697	13686	11948	13115	11801	15195	13872
海城市	4225	3907	24371	21676	34465	28985	36291	28283	42638	35850
抚顺市	**5990**	**5614**	**25488**	**24154**	**34285**	**31625**	**39074**	**36929**	**53155**	**50287**
新抚区	580	528	2523	2258	3883	3558	4602	4273	5297	4838
东洲区	539	567	2468	2388	3393	3117	4538	4407	7528	7010
望花区	1011	957	3727	3551	4695	4367	5782	5520	10647	9555
顺城区	1061	964	5475	5157	6676	6119	8733	7916	10879	10653
抚顺县	631	547	2531	2357	3401	3184	3686	3476	4292	4355
新宾满族自治县	1113	1040	4110	3892	5794	5437	5183	5107	6730	6449
清原满族自治县	1055	1011	4654	4551	6443	5843	6550	6230	7782	7427
本溪市	**5010**	**4638**	**20791**	**18902**	**27865**	**25286**	**32944**	**29405**	**51124**	**46504**
平山区	1099	989	3725	3302	5077	4686	7014	6158	9321	8025
溪湖区	612	590	2452	2334	3027	2812	3705	3453	7529	6503
明山区	1015	970	4844	4522	6575	5928	8092	7297	11550	10957
南芬区	211	163	865	797	1269	1141	1463	1320	2178	2057
本溪满族自治县	921	856	4196	3626	5915	5341	6979	6006	10445	9409
桓仁满族自治县	1152	1070	4709	4321	6002	5378	5691	5171	10101	9553

单位:人

20-24岁		25-29岁		30-34岁		35-39岁		40-44岁	
男	女	男	女	男	女	男	女	男	女
41968	**37894**	**46371**	**42408**	**48722**	**42895**	**62166**	**53669**	**60700**	**51071**
2844	2811	3562	3651	3853	3815	4992	5087	4592	4079
10359	9906	10427	9767	11061	10420	15051	13836	14456	12797
1898	1471	2193	1685	2326	1870	2995	2275	2894	2264
1487	1176	1717	1380	1820	1560	2246	1809	1968	1684
2368	2015	2613	2573	3192	2957	4331	3870	4638	3854
4490	3480	5171	4452	5358	4100	6407	5007	5803	4710
5066	3842	5325	4196	5301	3879	5909	4397	5261	3931
2170	2412	2366	2559	3352	3495	5223	4948	6056	5335
1165	1050	1243	1165	1424	1246	1683	1370	1719	1560
1877	2030	2251	2183	2576	2473	3161	2599	2987	2598
3960	3519	3824	3603	4192	3517	4928	4127	4818	3996
4284	4182	5679	5194	4267	3563	5240	4344	5508	4263
11138	**8192**	**10887**	**9189**	**12000**	**10138**	**16102**	**12471**	**16314**	**12815**
8401	6254	8085	6741	9150	7513	11978	9370	11974	9679
1055	712	1113	921	1326	1043	1922	1349	1959	1482
1682	1226	1689	1527	1524	1582	2202	1752	2381	1654
1865871	**1799427**	**1528615**	**1513078**	**1667749**	**1608039**	**1897745**	**1822353**	**2120659**	**2038299**
398801	**372621**	**331534**	**330690**	**333595**	**322767**	**330454**	**316595**	**367139**	**349263**
40071	35815	32853	32433	26867	26593	26757	26554	28869	28287
39413	41295	38006	38736	34248	35530	33608	34334	34541	34185
34240	33438	33991	35484	32682	33286	30108	29381	30787	29959
43645	42036	41473	42436	37500	38418	36687	37307	39372	37833
37999	35520	48368	49761	45210	44432	39568	38204	41388	40141
23356	20245	16691	16555	17441	16739	20207	18851	23501	21745
33796	26877	16660	15826	18273	16700	17869	15295	18709	16227
44220	41448	12473	12295	13437	12515	14007	12708	17238	15983
39215	32364	33285	31521	34615	30506	30383	26726	31628	27879
14912	15262	15980	15392	19673	18455	19157	18919	24836	24260
11235	10888	8804	8370	11427	10160	14667	13668	18388	17378
12848	13050	11336	10991	15500	13984	18591	17060	21672	21135
23851	24383	21614	20890	26722	25449	28845	27588	36210	34251
354864	**345383**	**263722**	**268322**	**257303**	**256001**	**306277**	**294178**	**300931**	**287324**
12147	14756	14428	17173	10684	12566	12830	15366	13865	14785
15799	12018	15496	14821	11292	11312	12599	13070	12434	12290
37338	42686	31145	35223	25593	28330	27980	30738	26652	27189
93974	73932	69338	68023	66915	64594	67692	60488	55748	49376
24845	26203	10883	10458	10652	10486	14739	14022	14158	13277
73659	89165	48432	51454	48092	48311	52330	50409	45084	43132
2534	1981	2418	2133	3031	2837	4295	3818	4855	4348
41430	31858	30289	25342	32029	28957	41856	37969	47771	44438
25054	24280	18450	19238	21697	21939	33428	32061	37977	36385
28084	28504	22843	24457	27318	26669	38528	36237	42387	42104
143202	**140431**	**126616**	**125368**	**135575**	**132116**	**149330**	**146489**	**173313**	**168933**
28324	25113	19624	19829	17268	19370	21152	23264	25437	25496
9074	8901	11472	11252	9931	9749	10272	9937	12757	12599
14190	13148	17027	15959	14255	13701	15842	15630	21629	20650
10493	11070	9184	9024	9979	8883	11729	10626	13779	12737
12941	13153	9790	9342	12174	11191	14045	13656	17057	16667
18174	18810	14507	14469	16784	16151	18907	17615	22897	22096
50006	50236	45012	45493	55184	53071	57383	55761	59757	58688
84600	**75181**	**71159**	**67459**	**72676**	**68843**	**87637**	**82776**	**105806**	**100061**
7532	7256	8375	8662	8506	9179	10038	10531	11526	11585
11457	10082	11054	9410	9576	8127	11092	10325	15768	14841
25391	18260	13331	12270	12839	11638	14775	13508	18038	17067
15617	15153	16117	15745	16599	16381	20023	19310	22991	22198
5131	5103	4119	4049	5643	5103	7242	6352	8029	7099
9357	9283	8881	8239	8917	8380	11324	10370	13644	12585
10115	10044	9282	9084	10596	10035	13143	12380	15810	14686
73865	**66180**	**60777**	**57547**	**63678**	**58618**	**72895**	**67799**	**87606**	**82463**
12405	11304	13063	12197	12075	11780	14318	14661	17992	18057
13968	10351	9702	8178	8430	6793	9592	8304	12692	11220
13712	12466	14325	14357	15318	15055	17675	17461	20451	20217
3311	3201	2582	2602	2749	2554	3260	3031	3886	3900
13830	13099	8912	8203	10966	9968	13045	12192	15056	14200
16639	15759	12193	12010	14140	12468	15005	12150	17529	14869

表2 续表 15

地区	45-49岁		50-54岁		55-59岁		60-64岁	
	男	女	男	女	男	女	男	女
锡林郭勒盟	**51612**	**44588**	**38776**	**36074**	**29744**	**29286**	**18670**	**19497**
二连浩特市	3528	2869	2199	1815	1409	1208	779	759
锡林浩特市	12268	10723	8481	7728	6223	6204	3855	4526
阿巴嘎旗	2479	1956	1681	1413	1222	1219	715	857
苏尼特左旗	1742	1469	1255	1085	878	888	528	610
苏尼特右旗	3827	3313	2940	2580	2120	2018	1311	1533
东乌珠穆沁旗	4873	3798	3283	2922	2289	2067	1227	1487
西乌珠穆沁旗	4324	3557	2845	2581	1918	1966	1096	1409
太仆寺旗	5792	5585	5966	5975	5484	5440	3958	3288
镶黄旗	1411	1252	1106	1145	892	884	544	606
正镶白旗	2529	2446	2130	2227	1756	1764	1251	1179
正蓝旗	4139	3575	2981	2894	2273	2414	1394	1442
多伦县	4700	4045	3909	3709	3280	3214	2012	1801
阿拉善盟	**12363**	**9473**	**7219**	**5767**	**5810**	**5285**	**3876**	**3785**
阿拉善左旗	9234	7206	5442	4362	4242	3963	2918	2842
阿拉善右旗	1402	1091	763	678	682	680	488	509
额济纳旗	1727	1176	1014	727	886	642	470	434
辽宁省	**2164862**	**2101584**	**1936408**	**1906380**	**1758634**	**1756296**	**1111493**	**1129818**
沈阳市	**400660**	**385720**	**367775**	**360503**	**329878**	**332195**	**195586**	**203830**
和平区	35290	34482	34140	33184	28550	28444	14549	14930
沈河区	42170	41105	40967	40928	35892	36988	19987	20821
大东区	41172	39751	41175	41270	33029	33735	18640	19503
皇姑区	48206	45018	44179	43562	36539	37852	20953	21792
铁西区	55341	52879	54390	53384	43449	43897	23302	23827
苏家屯区	24903	23045	21612	21102	20327	20082	12699	13614
东陵区	18216	16663	15339	14596	15403	14748	9078	9253
沈北新区	17325	16327	13845	13761	14396	14145	9121	9763
于洪区	31418	29374	27839	27381	25790	26149	15421	15757
辽中县	21782	22561	20201	20015	20039	20300	13703	13756
康平县	16063	15777	12011	11710	11740	11953	8253	8624
法库县	19002	18946	16192	15457	16978	17013	11701	12109
新民市	29772	29792	25885	24153	27746	26889	18179	20081
大连市	**300890**	**288548**	**283661**	**278907**	**257081**	**253462**	**170325**	**170441**
中山区	16430	15986	16790	16613	14343	14332	7795	8078
西岗区	14496	13852	14955	14695	12613	12510	6827	6885
沙河口区	30674	29398	29916	29781	25096	25957	15490	15774
甘井子区	53908	48060	50458	48410	44016	44054	26540	26247
旅顺口区	13471	12662	12758	12659	12765	12589	8611	8755
金州区	41249	39899	37319	36565	36675	35740	24790	25441
长海县	3798	3586	3209	3300	2939	3051	1909	1878
瓦房店市	48520	45934	44714	43378	39663	37937	29435	28825
普兰店市	37307	37002	34629	33897	33019	32125	24247	24898
庄河市	41037	42169	38913	39609	35952	35167	24681	23660
鞍山市	**187131**	**182166**	**167860**	**163253**	**148717**	**147931**	**93181**	**94358**
铁东区	30607	30233	27804	27176	22598	22823	11731	12324
铁西区	17686	16656	17464	16762	12789	12796	6793	7240
立山区	27723	26445	26236	24810	19142	19325	10680	11330
千山区	15516	14137	13806	13064	11628	11489	7157	7508
台安县	15443	15007	13047	12993	13175	13815	9016	9453
岫岩满族自治县	21844	21362	18987	18529	19433	18097	13043	12307
海城市	58312	58326	50516	49919	49952	49586	34761	34196
抚顺市	**126190**	**121242**	**113532**	**111618**	**95368**	**93451**	**56075**	**56590**
新抚区	15235	15417	14205	14638	11799	12000	6193	6156
东洲区	22016	20553	20346	19815	14690	14370	8070	8179
望花区	22777	21444	19731	19570	15589	15684	9141	9454
顺城区	28550	28020	25430	25295	20454	20781	12136	12573
抚顺县	8627	8152	8321	7622	8547	7600	5588	5506
新宾满族自治县	13309	12780	11618	11359	11400	11009	7354	7426
清原满族自治县	15676	14876	13881	13319	12889	12007	7593	7296
本溪市	**98874**	**93424**	**85744**	**81042**	**70158**	**67009**	**41125**	**41680**
平山区	21421	20681	18201	17841	14113	13968	7867	7757
溪湖区	16338	14816	14745	13521	11057	9696	5327	5422
明山区	24505	24096	20538	20134	16959	17102	9528	9519
南芬区	5108	4829	4788	4551	3493	3373	2148	2144
本溪满族自治县	15356	14483	13251	12601	12125	11487	7874	8477
桓仁满族自治县	16146	14519	14221	12394	12411	11383	8381	8361

单位:人

65-69岁		70-74岁		75-79岁		80-84岁		85岁及以上	
男	女	男	女	男	女	男	女	男	女
12803	**12814**	**11025**	**10941**	**6449**	**6259**	**2884**	**2972**	**1169**	**1398**
447	444	358	349	211	200	63	63	23	18
2968	3088	2544	2512	1430	1276	781	683	319	332
533	532	413	442	219	265	90	125	40	60
390	421	289	300	166	189	61	82	36	47
1014	1048	866	953	572	563	235	226	91	113
844	888	727	627	319	335	131	168	43	71
780	849	642	655	303	308	118	162	52	57
2366	2117	2249	2174	1482	1284	636	641	232	307
382	417	294	286	139	160	51	75	14	38
837	797	695	724	426	492	168	229	62	91
951	1063	869	948	520	501	222	199	92	117
1291	1150	1079	971	662	686	328	319	165	147
2779	**2897**	**2253**	**2436**	**1322**	**1471**	**589**	**625**	**256**	**336**
2150	2205	1735	1807	1009	1119	468	456	210	248
362	365	275	355	196	216	77	103	21	55
267	327	243	274	117	136	44	66	25	33
759576	**783142**	**607155**	**653566**	**430172**	**475000**	**248861**	**276438**	**124261**	**151270**
128138	**136644**	**106140**	**125966**	**88276**	**98423**	**50288**	**55018**	**23851**	**27702**
10121	11522	9229	13058	9257	11433	5904	6315	2621	3077
13447	14752	11435	14947	10175	11976	5910	6816	2927	3758
12293	13426	10614	15133	10671	12003	5609	6225	2526	2843
13458	15621	13536	18374	12299	14117	6694	7264	2855	3017
15072	17199	13630	19780	14921	16469	7916	7997	3184	3372
8215	8747	6704	6718	4481	4675	2444	2532	1196	1455
5757	5785	3901	3800	2641	2960	1623	1835	897	1109
6158	6679	4857	4508	2987	3061	1650	1736	868	981
9323	9960	7446	8398	5757	5766	3044	3094	1342	1438
9202	8915	6434	5329	3761	3969	2370	2841	1252	1579
5149	5342	3999	4000	2583	3042	1558	1786	756	1022
7457	6834	5505	4703	3464	3668	2241	2712	1535	1710
12486	11862	8850	7218	5279	5284	3325	3865	1892	2341
118391	**117499**	**96428**	**99430**	**70113**	**77581**	**40098**	**45625**	**22123**	**29062**
6187	6950	5443	6969	4992	6751	3028	3537	1421	1849
5168	5603	4733	6040	4545	5774	2589	3051	1219	1700
11191	12243	10338	12761	9432	11346	5123	5765	2363	3096
17259	18270	14661	16571	11644	12848	5944	6677	3016	3978
6087	5899	4349	4155	2656	2784	1585	1928	887	1432
16043	15851	11134	11003	7817	8077	4650	5271	2740	3782
1430	1385	1025	920	627	751	433	547	245	445
20363	19668	16523	16256	10167	11136	5988	6849	3569	4585
17471	15968	13606	11487	8430	7920	4892	5354	2807	3623
17192	15662	14616	13268	9803	10194	5866	6646	3856	4572
65843	**66563**	**54476**	**57217**	**38017**	**41213**	**22006**	**22978**	**10631**	**12073**
9037	10271	9212	11703	7661	8597	4504	4067	1476	1660
4795	5427	4732	5975	3879	4513	2110	2295	968	965
8019	9146	8487	10510	6755	7519	3587	3307	1244	1280
5055	5349	4044	4516	2637	2852	1376	1511	704	896
6120	5394	4441	3768	3074	3344	1954	2186	851	1020
9241	8369	6502	5923	4401	4516	2977	3312	1794	2162
23576	22607	17058	14822	9610	9872	5498	6300	3594	4090
36487	**41936**	**30478**	**39415**	**23268**	**27780**	**13244**	**14969**	**6241**	**7407**
4044	4905	3734	5390	3212	4118	1867	2202	888	1098
5621	7141	5999	8278	4682	5882	2506	2782	1058	1274
6068	7323	6035	8243	4559	5068	2228	2470	977	1224
7836	9287	7039	9615	5758	6940	3135	3312	1377	1615
3671	3561	1891	1582	1131	1259	826	1090	617	667
4595	4677	2503	2604	1679	1974	1167	1504	614	711
4652	5042	3277	3703	2247	2539	1515	1609	710	818
27629	**32163**	**21730**	**27255**	**16884**	**19083**	**10254**	**10985**	**4855**	**5747**
5311	6659	5192	6937	4300	4645	2486	2344	1014	1145
3837	4855	3489	4992	3206	3707	1683	1988	789	956
6374	7754	5797	7553	4510	5021	2595	2530	1027	1247
1538	1753	1281	1520	959	1095	530	598	312	357
5648	5735	3257	3366	2088	2379	1386	1681	833	1026
4921	5407	2714	2887	1821	2236	1574	1844	880	1016

表2 续表 16

地　区	0岁		1-4岁		5-9岁		10-14岁		15-19岁	
	男	女	男	女	男	女	男	女	男	女
丹东市	**6516**	**6012**	**31610**	**29531**	**48349**	**44730**	**53817**	**50267**	**72282**	**69826**
元宝区	485	434	2065	2056	2686	2460	3485	3280	4627	4433
振兴区	1070	999	4995	4562	6551	6098	8672	7749	15137	13051
振安区	437	431	2256	2133	2937	2710	3505	3269	5088	5887
宽甸满族自治县	1267	1201	5973	5496	10222	9471	10235	9408	11555	10790
东港市	1467	1453	8041	7472	13291	12026	15256	14401	20604	18956
凤城市	1790	1494	8280	7812	12662	11965	12664	12160	15271	16709
锦州市	**9830**	**9233**	**44601**	**41469**	**63540**	**58360**	**69024**	**64209**	**90884**	**90871**
古塔区	818	750	3435	3068	4188	3938	5318	4881	7847	7122
凌河区	1160	1139	4636	4293	6408	5822	7810	7131	10100	11879
太和区	1222	1121	5557	5270	7759	7154	8206	7675	10835	12485
黑山县	2052	1918	9309	8772	12711	11786	13915	13127	17402	17094
义县	1373	1255	6672	6142	9324	8495	9126	8703	12237	11656
凌海市	1509	1430	7124	6696	11698	10521	12394	11510	16244	14876
北镇市	1696	1620	7868	7228	11452	10644	12255	11182	16219	15759
营口市	**7985**	**7142**	**38964**	**34819**	**48316**	**42715**	**54666**	**46025**	**68960**	**60246**
站前区	744	658	3486	3234	4506	4273	5596	5138	7876	8957
西市区	389	271	1615	1502	2486	2236	2874	2459	4541	3633
鲅鱼圈区	1572	1501	7747	6974	9480	8230	10269	8867	14002	12749
老边区	352	323	1710	1593	2298	2164	2891	2625	3764	3517
盖州市	2453	2127	11646	10322	14295	12489	16056	12904	18692	15296
大石桥市	2475	2262	12760	11194	15251	13323	16980	14032	20085	16094
阜新市	**6025**	**5358**	**27784**	**25292**	**37386**	**34292**	**43952**	**40699**	**58437**	**56093**
海州区	656	553	3165	3021	3963	3739	5137	4910	7505	8042
新邱区	185	141	811	820	1141	1125	1483	1510	2225	2332
太平区	376	321	1785	1658	2125	1963	2905	2552	4945	4136
清河门区	148	142	795	775	1223	1226	1492	1361	1723	1590
细河区	462	442	2591	2491	3335	3053	4442	4019	8254	7371
阜新蒙古族自治县	2690	2377	12249	10657	16632	14839	19147	17506	22915	22051
彰武县	1508	1382	6388	5870	8967	8347	9346	8841	10870	10571
辽阳市	**5415**	**4954**	**27542**	**24940**	**37864**	**34135**	**45438**	**40443**	**52250**	**47062**
白塔区	579	544	2726	2548	3650	3387	4557	4192	5914	5705
文圣区	576	607	2124	1958	3302	2988	4005	3780	4267	4347
宏伟区	375	317	1786	1649	2567	2277	3267	3053	4074	3204
弓长岭区	253	217	1261	1201	1597	1537	1794	1504	2030	1799
太子河区	336	310	1828	1620	2453	2325	3395	3139	4188	3505
辽阳县	1862	1659	9461	8463	12623	11264	14945	12856	17433	15098
灯塔市	1434	1300	8356	7501	11672	10357	13475	11919	14344	13404
盘锦市	**4288**	**3927**	**22377**	**20305**	**30985**	**28316**	**35183**	**31589**	**41467**	**38669**
双台子区	532	483	3087	2843	4650	4201	5462	4926	6698	5503
兴隆台区	1311	1223	7107	6560	10049	9291	11296	10251	11779	11217
大洼县	1542	1415	7196	6487	9406	8577	10868	9673	13815	13143
盘山县	903	806	4987	4415	6880	6247	7557	6739	9175	8806
铁岭市	**8587**	**8066**	**44309**	**40731**	**60024**	**54788**	**68105**	**62460**	**83375**	**81616**
银州区	900	878	4380	4155	6403	5907	7507	6867	10709	9914
清河区	260	224	1268	1206	1892	1784	2065	1916	2759	2610
铁岭县	937	871	5681	5091	7602	6643	8430	7521	11993	13015
西丰县	972	908	4832	4579	7106	6419	7079	6558	9321	8909
昌图县	3162	2976	16316	15005	21311	19559	24446	22821	24301	24616
调兵山市	673	641	2789	2621	3977	3703	5509	4942	7465	6909
开原市	1683	1568	9043	8074	11733	10773	13069	11835	16827	15643
朝阳市	**15120**	**12908**	**68482**	**56913**	**84920**	**71513**	**89073**	**76219**	**107972**	**102320**
双塔区	1573	1396	7015	6216	9328	8839	11573	10550	15542	17143
龙城区	1096	902	4555	3883	5660	5198	5722	5372	7380	6271
朝阳县	2827	2437	14343	12625	15916	13860	14287	12922	16136	15526
建平县	2564	1951	12040	8801	14586	11233	16099	12508	20163	17490
喀喇沁左翼蒙古族自治县	1874	1456	7759	6191	10372	8166	11670	9600	13375	12400
北票市	2059	1840	8160	7085	10885	10029	12549	11568	15470	15701
凌源市	3127	2926	14610	12112	18173	14188	17173	13699	19906	17789
葫芦岛市	**10119**	**8705**	**55073**	**48624**	**71427**	**61739**	**74288**	**61528**	**92566**	**80188**
连山区	1796	1583	11230	9730	14256	12721	13629	12458	16000	14543
龙港区	806	726	4205	3716	5698	4995	6314	5727	8970	6676
南票区	428	343	2268	2203	3343	3066	3081	2852	3223	3171
绥中县	2200	1972	11819	10654	15723	13730	18369	14652	23279	18899
建昌县	2718	2323	14981	12948	17044	14166	17027	12643	22130	19664
兴城市	2171	1758	10570	9373	15363	13061	15868	13196	18964	17235

单位:人

20-24岁		25-29岁		30-34岁		35-39岁		40-44岁	
男	女	男	女	男	女	男	女	男	女
80017	**82203**	**74454**	**74507**	**92326**	**87113**	**111968**	**104139**	**126603**	**118491**
8427	10033	7463	7836	7397	7611	8553	8877	9763	10016
18279	15855	15695	15683	15759	16389	19339	19872	21782	21703
6053	7776	5415	5594	6614	6025	7723	7148	9054	8679
12773	12233	12728	11286	16995	14289	20697	17414	23255	19307
20085	21153	18177	18443	24456	22819	31644	28014	34802	32258
14400	15153	14976	15665	21105	19980	24012	22814	27947	26528
123793	**132617**	**101272**	**100247**	**116660**	**112840**	**128153**	**125101**	**147389**	**145344**
16567	13886	11145	11513	10446	11391	11388	12400	11440	12103
13792	16134	15265	15702	14569	16051	16336	17833	17717	18622
18997	28380	13726	13289	15455	14100	17402	15582	19215	17545
22511	24440	17640	18624	22008	21232	24177	23729	29948	29615
15323	14934	12629	11567	15908	14537	16715	15451	18704	18214
17806	16124	14431	14104	18839	17806	21532	20760	25639	24873
18797	18719	16436	15448	19435	17723	20603	19346	24726	24372
119956	**112668**	**89905**	**85222**	**97309**	**91520**	**109323**	**103864**	**118135**	**113059**
13581	12717	11921	11089	12192	11229	13096	13034	14755	14906
6272	5358	6108	6064	6403	6293	6698	6962	7724	7963
21736	21980	19092	18137	20123	19100	22981	21260	22472	19767
5617	5013	4520	3891	5173	4644	5785	5287	6603	6163
36480	34646	22365	21582	24963	23309	29608	27921	33916	32660
36270	32954	25899	24459	28455	26945	31155	29400	32665	31600
65119	**59077**	**56056**	**53057**	**65557**	**61328**	**79900**	**77880**	**96722**	**94633**
8352	8709	8303	8268	8409	8445	11170	11452	14465	14858
2928	2706	2398	2243	2135	1984	3123	3027	4772	4436
5803	5721	5788	5267	4498	4368	6397	6300	8799	9032
2078	2056	1573	1545	2350	2117	2990	2826	3492	3373
14850	9750	6697	6698	7233	7421	9278	9652	10720	10740
20425	19432	20055	18419	26825	24056	31012	28864	35536	34063
10683	10703	11242	10617	14107	12937	15930	15759	18938	18131
72294	**70244**	**59306**	**59787**	**73542**	**71572**	**89737**	**84385**	**92150**	**86142**
9391	11407	7662	8362	7710	8619	10189	10638	10355	10583
5770	6107	6336	6930	6639	7258	8636	9264	9467	9517
6952	5283	4262	4552	5443	5605	6837	6836	7395	7265
3215	3070	3012	2819	3609	3310	4298	3773	4740	4233
6584	4920	4837	4173	5449	4862	7088	6333	7181	6135
21354	21044	18040	17954	22580	21280	27719	25065	27756	25340
19028	18413	15157	14997	22112	20638	24970	22476	25256	23069
53264	**52262**	**49540**	**50400**	**60079**	**59263**	**69206**	**67984**	**74509**	**73221**
7210	7642	7646	8157	9820	10205	11408	11417	11102	11294
17434	15127	18192	18093	23829	24021	27128	26424	26204	24739
17558	18175	15365	15645	16332	15421	18998	18584	22518	22345
11062	11318	8337	8505	10098	9616	11672	11559	14685	14843
89812	**90649**	**81078**	**79033**	**100396**	**94993**	**124907**	**120511**	**147572**	**143303**
12030	12525	12800	13526	15748	15496	17786	17850	18323	18337
3095	2943	2606	2449	3342	3129	4216	4029	5187	4865
11458	11887	9467	9023	12901	11499	14889	13423	18285	16474
11889	11945	8494	8772	10716	10409	12040	11642	14748	14082
24033	24746	23066	22029	29317	27553	40496	38769	46175	46204
8486	8268	7598	7190	9140	8769	11718	11695	14050	14659
18821	18335	17047	16044	19232	18138	23762	23103	30804	28682
100735	**99322**	**84676**	**81567**	**106933**	**100509**	**133592**	**127258**	**155915**	**149764**
14385	15235	13278	13590	16847	17192	21845	22507	20606	20839
8633	7631	6675	5826	8352	7563	10108	9436	10855	9960
18243	18451	12703	12335	15712	15011	19129	18048	22362	21462
15505	15663	13802	13999	17601	16889	21484	20660	27084	25758
9846	10479	8705	8694	11946	11585	14977	15080	17921	18103
13753	14032	12207	12124	15863	14689	19860	18687	26406	25881
20370	17831	17306	14999	20612	17580	26189	22840	30681	27761
105549	**100589**	**78520**	**79872**	**92120**	**90556**	**104366**	**103394**	**126869**	**126298**
22253	22773	20508	21672	22246	22693	24098	24348	30167	30560
12967	7250	9088	8784	10268	10824	12774	13075	13199	12509
3875	3835	3300	3329	4246	3977	4862	4471	6147	5974
21499	20853	15985	16155	21657	20607	22048	21863	27166	27382
20715	21483	14903	14802	16116	15282	19118	18236	23020	22703
24240	24395	14736	15130	17587	17173	21466	21401	27170	27170

表2 续表 17

地区	45-49岁		50-54岁		55-59岁		60-64岁	
	男	女	男	女	男	女	男	女
丹东市	**127187**	**121473**	**111659**	**109839**	**105806**	**104767**	**68899**	**68056**
元宝区	11509	11227	11123	11459	10153	10215	6075	6006
振兴区	24458	24512	22622	22706	20479	20451	12190	12200
振安区	9660	9247	8809	8668	8162	8058	5433	5494
宽甸满族自治县	21804	19206	17919	16677	16818	15806	11641	11107
东港市	31543	30506	26514	26430	26016	26716	17112	17425
凤城市	28213	26775	24672	23899	24178	23521	16448	15824
锦州市	**148669**	**148503**	**136184**	**136050**	**136095**	**136408**	**85590**	**86659**
古塔区	13844	13937	13009	13358	11519	12310	6459	6831
凌河区	21067	20843	19940	20124	16967	17740	9341	9859
太和区	18663	17896	16166	15946	15483	15422	9192	9531
黑山县	29291	29730	26281	26550	28290	28658	19305	19362
义县	17662	17193	16613	16300	17543	17353	11647	11653
凌海市	24709	24686	22135	21637	22850	22273	14168	14364
北镇市	23433	24218	22040	22135	23443	22652	15478	15059
营口市	**116017**	**111604**	**99375**	**98203**	**94513**	**94105**	**61067**	**61025**
站前区	17138	16286	14093	14114	12068	12113	7301	7529
西市区	9009	8652	7766	7866	6949	7178	4390	4460
鲅鱼圈区	19708	17614	15290	14316	13809	13499	9097	8868
老边区	6272	5927	5485	5520	5431	5459	3122	3257
盖州市	31257	30927	28343	27673	28475	27397	19376	18781
大石桥市	32633	32198	28398	28714	27781	28459	17781	18130
阜新市	**96246**	**95866**	**82779**	**82934**	**69488**	**72401**	**43034**	**47137**
海州区	16736	16648	13544	13769	10487	10946	5507	6290
新邱区	5523	5450	4576	4479	2869	3006	1576	1829
太平区	11072	10742	9063	9308	6067	6202	3109	3609
清河门区	3468	3365	2544	2490	2079	2265	1255	1671
细河区	10365	10471	8186	8432	7125	7654	4430	5011
阜新蒙古族自治县	30921	31449	28686	28488	26310	27522	17141	18295
彰武县	18161	17741	16180	15968	14551	14806	10016	10432
辽阳市	**91019**	**86745**	**79107**	**77127**	**76644**	**77272**	**51117**	**52542**
白塔区	11738	11428	10680	10148	7954	8248	4967	5512
文圣区	11063	10594	9689	9511	7450	7512	4464	5058
宏伟区	6462	6153	5336	5679	7347	7495	3655	3798
弓长岭区	5539	5197	4436	4206	3731	3658	2277	2296
太子河区	6896	6255	6320	5669	5719	5706	3791	4069
辽阳县	26548	25290	23346	22771	24166	23883	17693	17587
灯塔市	22773	21828	19300	19143	20277	20770	14270	14222
盘锦市	**66813**	**63968**	**52200**	**52995**	**52457**	**54922**	**35120**	**35280**
双台子区	9770	9444	7281	7289	6899	7587	4499	4782
兴隆台区	21945	19782	14529	15310	16224	17441	13562	13660
大洼县	21226	21165	18510	18420	17569	17424	9857	9693
盘山县	13872	13577	11880	11976	11765	12470	7202	7145
铁岭市	**138977**	**135421**	**115986**	**112724**	**113139**	**112344**	**75421**	**77600**
银州区	18242	17502	15165	15559	13978	15065	9582	10084
清河区	4856	4494	3695	3685	3833	3770	2415	2543
铁岭县	17071	15822	14766	13498	14948	14296	9702	10097
西丰县	14629	13954	13216	12699	12933	12388	7961	7658
昌图县	42079	43001	33894	34010	35413	35398	24384	24850
调兵山市	13802	13495	10791	9838	8494	8480	5810	6526
开原市	28298	27153	24459	23435	23540	22947	15567	15842
朝阳市	**147165**	**146743**	**132142**	**134235**	**108250**	**109172**	**69731**	**70614**
双塔区	19346	18846	15023	15147	12626	13331	8560	8821
龙城区	10191	9747	8436	8380	7272	7172	4897	4930
朝阳县	20454	21159	19755	19245	18238	17342	12498	12281
建平县	23972	25661	21838	24199	17658	18512	10858	11469
喀喇沁左翼蒙古族自治县	17168	17851	16486	16825	13156	13680	8571	8616
北票市	27741	27361	25089	25003	20463	19557	12492	12392
凌源市	28293	26118	25515	25436	18837	19578	11855	12105
葫芦岛市	**119024**	**120161**	**108404**	**106950**	**101040**	**100857**	**65222**	**64006**
连山区	29447	30248	26451	26377	24110	24545	14534	15049
龙港区	10934	10702	8368	8270	7917	8442	5473	5736
南票区	6270	6143	5116	5319	4890	5032	2851	3165
绥中县	26332	26290	24486	24177	24780	23708	16092	15029
建昌县	21359	21644	21316	20866	18052	18091	12276	12049
兴城市	24682	25134	22667	21941	21291	21039	13996	12978

单位:人

65-69岁		70-74岁		75-79岁		80-84岁		85岁及以上	
男	女	男	女	男	女	男	女	男	女
46408	**46349**	**34397**	**34676**	**24344**	**26197**	**14838**	**16662**	**8315**	**10064**
4137	4347	3214	3726	2488	2897	1466	1850	876	1150
8677	9689	7421	8860	5855	6552	3447	3583	1512	1889
3752	3723	2922	2916	2048	2075	1071	1203	600	753
8018	7881	5233	4853	3379	3406	2220	2437	1250	1463
10979	10147	8372	7356	5544	5822	3464	3897	2194	2620
10845	10562	7235	6965	5030	5445	3170	3692	1883	2189
60135	**58837**	**45184**	**45114**	**30399**	**34257**	**18926**	**21608**	**9927**	**12481**
4790	5395	3983	5217	3220	3659	1973	2251	994	1206
7071	7971	6150	8083	5536	6538	3417	3395	1566	1599
6588	6782	4894	4948	3066	3412	1674	1882	916	1158
12175	11272	8945	8014	5760	6332	3911	4508	2085	2606
8249	7373	5898	5226	3404	3918	2146	2654	1186	1619
10672	10367	7648	6814	4885	5051	2851	3351	1597	2105
10590	9677	7666	6812	4528	5347	2954	3567	1583	2188
43096	**43772**	**34497**	**34783**	**21414**	**22373**	**12617**	**13286**	**7454**	**8534**
5192	6058	5294	6551	3835	4144	2122	2003	891	914
3222	3679	2939	3621	2003	2206	1042	992	482	566
6144	5975	4388	4234	2547	2575	1440	1566	891	1087
2113	2279	1686	1492	925	830	561	535	313	314
14100	13618	10549	9852	6267	6763	3879	4463	2743	3402
12325	12163	9641	9033	5837	5855	3573	3727	2134	2251
29663	**33106**	**25822**	**31468**	**16960**	**19867**	**9198**	**10748**	**3491**	**4484**
4512	5853	4507	6532	3221	3939	1713	1988	661	782
1314	1806	1382	2347	1103	1374	583	653	185	236
2831	3609	3119	4441	2284	2726	1088	1181	378	476
1182	1455	976	1148	560	615	255	323	85	140
3206	3818	2910	3645	1804	1928	993	1001	363	447
10296	10211	8063	8306	4918	5732	2761	3584	1064	1474
6322	6354	4865	5049	3070	3553	1805	2018	755	929
35358	**36415**	**26191**	**25442**	**16428**	**17287**	**9207**	**10322**	**4937**	**6406**
3673	4352	3198	4119	2574	2926	1453	1418	546	700
3322	4121	3248	4000	2688	2795	1348	1400	559	714
2458	2741	2206	2122	1287	1140	601	619	260	376
1559	1934	1492	1715	907	1031	483	566	193	293
2471	2541	1823	1886	1032	1111	588	640	287	387
12485	11792	8090	6786	4547	4685	2690	3272	1758	2324
9390	8934	6134	4814	3393	3599	2044	2407	1334	1612
20661	**21737**	**16751**	**15797**	**10094**	**9682**	**5507**	**5771**	**2757**	**3147**
2952	3267	2353	2418	1492	1518	878	841	393	435
6748	7716	5822	5165	2906	2485	1242	1161	491	616
6148	6050	4708	4816	3136	3187	1796	1975	1021	1149
4813	4704	3868	3398	2560	2492	1591	1794	852	947
47635	**46443**	**36000**	**33194**	**22590**	**23302**	**13246**	**13881**	**7378**	**8136**
6161	6677	4880	5334	3435	3680	2016	1802	895	978
1702	1655	1258	1261	915	804	430	410	200	226
6554	6057	4545	3612	2726	2706	1675	1842	925	1113
3958	3824	3014	2941	2501	2649	1655	1609	842	784
15140	14178	11538	10233	6509	6944	3841	4323	2437	2851
4478	4792	3826	3568	2055	1947	959	896	409	463
9642	9260	6939	6245	4449	4572	2670	2999	1670	1721
53001	**55238**	**42564**	**47316**	**26465**	**30825**	**14959**	**18115**	**5371**	**7024**
6516	7267	5002	6023	3168	3719	1822	1947	631	791
3491	3567	2716	2810	1499	1864	931	1246	391	484
9619	9235	6968	7424	4439	5383	2782	3297	1008	1312
7608	8112	6594	7505	4182	4783	2104	2705	726	1071
7004	7296	5323	5805	3090	3759	1807	2325	587	871
9614	10232	8194	9385	5180	5851	2830	3508	1091	1333
9149	9529	7767	8364	4907	5466	2683	3087	937	1162
47131	**46440**	**36497**	**36493**	**24920**	**27130**	**14473**	**16470**	**6930**	**9003**
10689	11457	8714	9536	6229	6940	3591	4054	1776	2175
3729	4064	2764	3041	1701	1772	920	788	373	488
2495	2676	2170	2043	1185	1468	680	808	288	376
11237	10069	8202	7332	5546	5806	3224	3850	1645	2303
9261	9211	7205	7375	5209	5736	2934	3395	1039	1497
9720	8963	7442	7166	5050	5408	3124	3575	1809	2164

表2 续表 18

地　区	0岁		1-4岁		5-9岁		10-14岁		15-19岁	
	男	女	男	女	男	女	男	女	男	女
吉林省	**93211**	**83861**	**475837**	**426107**	**575786**	**518509**	**587142**	**531062**	**861243**	**823104**
长春市	**25755**	**23026**	**139076**	**122842**	**159994**	**141507**	**163211**	**145636**	**261602**	**253697**
南关区	2358	2110	12023	11007	13339	12165	14496	12976	30401	33818
宽城区	2228	2114	12353	11075	13868	12328	14286	12987	21841	17369
朝阳区	1888	1673	9546	8232	11177	9690	13324	11692	31332	29233
二道区	1804	1730	10709	9745	12403	11567	12868	11482	16907	18503
绿园区	2358	2179	14156	12656	14455	13048	15146	13763	23310	21778
双阳区	1225	1168	7196	6410	8628	8009	8174	7530	11790	12674
农安县	4008	3413	20406	17869	22139	19658	21217	19070	34793	33208
九台市	2388	2211	12054	11061	15136	13424	13880	12433	21793	20495
榆树市	4494	3787	24818	21066	29962	25229	30049	26422	40546	39351
德惠市	3004	2641	15815	13721	18887	16389	19771	17281	28889	27268
吉林市	**13644**	**12209**	**68934**	**63487**	**83920**	**77761**	**87715**	**80659**	**135610**	**127174**
昌邑区	1716	1587	8994	8407	10087	9532	11920	10836	20469	17463
龙潭区	1319	1158	6795	6383	8017	7462	9668	8668	16887	14076
船营区	1126	1003	6256	5885	7938	7433	9600	8690	15445	14014
丰满区	698	701	3926	3623	4920	4491	5795	5304	9515	10990
永吉县	1309	1142	6388	5875	7580	6929	7620	7002	12525	11919
蛟河市	1468	1356	7653	7192	10160	9358	8655	8258	12545	12098
桦甸市	1626	1423	8779	7983	10707	10037	9257	8819	13950	13676
舒兰市	2508	2113	10985	9704	13610	12487	14540	13141	18525	17723
磐石市	1874	1726	9158	8435	10901	10032	10660	9941	15749	15215
四平市	**12241**	**10733**	**68199**	**59546**	**77841**	**67000**	**75458**	**66535**	**107564**	**101202**
铁西区	697	657	3320	3033	4617	4076	5995	5451	8155	10116
铁东区	826	707	4550	3887	6592	5647	7865	6769	10178	8771
梨树县	3078	2724	19223	16213	20502	16340	18744	15760	24680	21706
伊通满族自治县	1712	1517	8876	7973	11849	10580	11958	10924	15148	14002
公主岭市	4337	3706	23760	21176	23674	20689	19466	17341	36420	34118
双辽市	1591	1422	8470	7264	10607	9668	11430	10290	12983	12489
辽源市	**3715**	**3551**	**17443**	**15979**	**25599**	**23908**	**25497**	**23725**	**37144**	**35599**
龙山区	805	747	3842	3621	5566	5224	6444	5894	8234	8232
西安区	339	314	1623	1470	2403	2160	2921	2484	5280	4469
东丰县	1400	1373	6377	5813	9408	8923	8324	7940	11325	11078
东辽县	1171	1117	5601	5075	8222	7601	7808	7407	12305	11820
通化市	**8544**	**7945**	**35575**	**32708**	**47624**	**43219**	**49429**	**45360**	**68599**	**66034**
东昌区	769	778	4159	3998	5897	5402	7491	6695	9764	10249
二道江区	387	350	1548	1457	2422	2240	3026	2849	4500	4086
通化县	820	740	3630	3478	5175	4802	4894	4716	7552	7134
辉南县	1644	1464	6406	6028	8810	8108	8058	7536	10407	10296
柳河县	1497	1433	6563	6014	7867	7044	7319	6695	12451	11851
梅河口市	2661	2449	9999	8737	12510	11060	13492	11916	17555	16551
集安市	766	731	3270	2996	4943	4563	5149	4953	6370	5867
白山市	**3634**	**3422**	**18794**	**17411**	**25266**	**23997**	**28322**	**26206**	**37189**	**33725**
浑江区	992	907	4947	4661	6738	6244	8460	7504	11560	10079
江源区	559	529	3173	2817	3869	3703	4994	4546	7228	6573
抚松县	837	781	4731	4378	6839	6466	6779	6445	8556	7656
靖宇县	532	478	2468	2332	3032	2894	2636	2409	3230	3076
长白朝鲜族自治县	260	292	1138	998	1518	1478	1613	1648	1884	1642
临江市	454	435	2337	2225	3270	3212	3840	3654	4731	4699
松原市	**11957**	**10402**	**64402**	**55689**	**75061**	**65715**	**68904**	**60682**	**96378**	**91101**
宁江区	2018	1865	10745	9314	14822	12929	16222	14147	20575	19468
前郭尔罗斯蒙古族自治县	2443	2281	13906	12406	17117	15610	13967	12893	17521	17268
长岭县	3278	2861	16949	14779	15740	14298	13117	12021	23993	23623
乾安县	1002	978	5287	4908	6623	6040	6781	6250	8421	8193
扶余县	3216	2417	17515	14282	20759	16838	18817	15371	25868	22549
白城市	**6774**	**6379**	**32348**	**29538**	**44120**	**41151**	**48517**	**44765**	**54520**	**52554**
洮北区	1643	1505	8107	7441	10738	10034	11883	10994	14940	15178
镇赉县	998	979	4632	4282	6177	5597	7014	6475	7547	6675
通榆县	1223	1207	5945	5490	8910	8415	9432	8682	10477	10053
洮南市	1480	1408	7644	7092	10000	9608	9928	9288	10451	10398
大安市	1430	1280	6020	5233	8295	7497	10260	9326	11105	10250
延边朝鲜族自治州	**6947**	**6194**	**31066**	**28907**	**36361**	**34251**	**40089**	**37494**	**62637**	**62018**
延吉市	1745	1606	8956	8212	9016	8204	9736	9054	17038	18142
图们市	309	272	1121	1055	1332	1282	1969	1774	3267	2907
敦化市	1589	1380	7874	7411	9712	9157	9631	9139	14593	14592

单位:人

20-24岁		25-29岁		30-34岁		35-39岁		40-44岁	
男	女	男	女	男	女	男	女	男	女
1250052	**1251262**	**979216**	**977366**	**1106604**	**1064799**	**1302826**	**1254810**	**1482282**	**1410850**
438837	**443207**	**293193**	**298302**	**315130**	**308602**	**355614**	**343916**	**369067**	**353613**
70770	81818	35991	39798	34970	36091	35021	34901	33869	33928
31064	30261	30499	30193	32074	29665	33310	30165	33778	30818
80497	66711	38221	37771	33493	33075	33532	33205	33791	32868
31753	38323	24760	25807	28783	28436	29794	29023	29940	28795
42570	37268	37556	38341	39568	38451	37659	36896	37234	35585
21118	23045	11748	12018	14865	14688	16867	16434	19549	19132
49519	50543	34909	34054	35707	34240	43315	41565	48402	45833
27090	27703	18058	18612	23497	23165	29808	28391	32315	30550
48719	51589	35041	35897	44572	43460	60640	58627	62849	59961
35737	35946	26410	25811	27601	27331	35668	34709	37340	36143
185416	**176046**	**145282**	**146574**	**175440**	**172977**	**202923**	**197950**	**240733**	**229809**
26797	24324	22591	23632	26998	27050	28254	28429	32913	32468
27989	21545	17063	16559	19345	19071	22673	22607	28238	27351
23567	18470	16138	16578	19433	19594	22081	22236	24722	24498
15774	19880	8482	8919	10779	10992	13201	13302	15010	14135
17150	17065	12473	12759	16658	16246	18517	17667	22181	20882
15318	15395	15515	15447	17508	17140	21040	20111	25165	23730
17895	17714	15918	15631	17362	17215	22276	21192	26215	24653
22843	23542	19163	19735	27120	26313	30972	29718	38187	35729
18083	18111	17939	17314	20237	19356	23909	22688	28102	26363
151329	**161830**	**119992**	**120616**	**123898**	**119309**	**151175**	**147211**	**187575**	**181597**
12763	19506	8834	9571	10314	10565	12239	12659	13761	13720
13337	12943	10725	10503	12064	12009	15408	15654	18687	18245
36242	35857	26614	25459	28098	26234	36711	33945	44477	43132
17512	18392	15198	16246	20382	20034	22455	21612	27102	25600
56927	60399	44692	45321	36696	34867	43702	42760	58424	57138
14548	14733	13929	13516	16344	15600	20660	20581	25124	23762
42553	**41239**	**35784**	**35347**	**47184**	**44906**	**55519**	**52802**	**69763**	**65043**
9139	9492	8944	9469	12012	12448	14167	14368	17021	16628
8933	7392	5716	5230	6370	5743	7140	6673	10805	9839
11798	11732	10603	10395	14235	13193	17203	16192	20929	19441
12683	12623	10521	10253	14567	13522	17009	15569	21008	19135
86249	**87513**	**78800**	**79906**	**103363**	**95188**	**113475**	**106426**	**128642**	**120733**
13123	13845	11666	12186	15256	14869	17341	17048	19077	18751
4177	3789	3874	3767	6197	5737	7416	7221	9231	8646
9236	8953	7397	7296	12827	10310	13968	11441	15123	12883
11402	11819	11789	12348	15709	15026	18210	17230	19750	18470
16826	17292	13632	13877	15468	14508	17174	16017	19084	17558
24553	25171	24087	23892	28060	25657	27263	26413	32906	31457
6932	6644	6355	6540	9846	9081	12103	11056	13471	12968
42135	**39821**	**39067**	**37199**	**49488**	**46392**	**67943**	**64148**	**83086**	**76771**
11836	11668	11444	11504	15176	14434	19797	19084	22112	20724
8408	7589	7153	6432	8491	7615	12436	11612	17279	15806
9907	9003	9045	8420	10796	10246	16231	15171	20241	18569
5345	4987	5130	4688	5744	5131	6834	6217	7993	7102
1671	1647	1757	1846	3043	2950	3826	3521	4547	4327
4968	4927	4538	4309	6238	6016	8819	8543	10914	10243
138113	**138502**	**109948**	**107750**	**119714**	**117559**	**141707**	**140127**	**152047**	**148592**
23764	24366	22853	23568	28388	28739	33118	33548	32439	32240
29550	30204	24723	24583	26315	25886	29455	29569	32810	31356
37829	37605	25390	23475	24917	23731	31200	29630	33012	32341
15065	15090	12226	12255	12765	12457	15133	15003	16307	15968
31905	31237	24756	23869	27329	26746	32801	32377	37479	36687
75544	**75559**	**71019**	**67813**	**84358**	**78904**	**106947**	**102282**	**119189**	**113391**
20808	23116	17959	17856	19676	19232	24948	25473	28536	28041
10632	9210	11204	9604	12899	10916	17345	15253	18861	16958
13592	13501	11809	11898	16153	15277	19036	18135	20693	19683
16683	16493	14850	14055	17936	16812	22353	21359	25609	24713
13829	13239	15197	14400	17694	16667	23265	22062	25490	23996
89876	**87545**	**86131**	**83859**	**88029**	**80962**	**107523**	**99948**	**132180**	**121301**
27727	28951	23802	24024	22768	21727	25703	25466	29544	28240
4818	4451	4840	4628	4668	4218	5813	5482	7336	7010
15767	15367	16167	16133	17560	17046	22903	22256	29109	27689

表2 续表 19

地　区	45-49岁		50-54岁		55-59岁		60-64岁	
	男	女	男	女	男	女	男	女
吉林省	**1328918**	**1285549**	**1088849**	**1061660**	**1000457**	**1004905**	**653182**	**671528**
长春市	**333374**	**323808**	**281758**	**277561**	**263102**	**270116**	**172710**	**178185**
南关区	35208	35251	31649	32372	28478	29768	16609	17733
宽城区	32838	30238	27871	26420	24442	24216	14526	14946
朝阳区	32743	31582	27926	27767	25158	25646	15363	16248
二道区	28007	26519	23257	22442	21268	21601	13239	13684
绿园区	35704	34369	29671	30195	27956	29455	18279	19016
双阳区	15949	15797	14168	13327	13678	13852	9887	9865
农安县	43701	42594	36085	34881	33838	33859	21997	21514
九台市	27821	27082	23189	22224	22007	22440	15226	15938
榆树市	49570	49033	41297	41937	41011	42866	29875	30533
德惠市	31833	31343	26645	25996	25266	26413	17709	18708
吉林市	**225096**	**217124**	**188160**	**181544**	**169960**	**169013**	**111800**	**114602**
昌邑区	34162	33972	30061	29945	26790	27363	16468	17082
龙潭区	28431	26929	23990	23227	19508	20041	13235	14011
船营区	24554	24494	21723	21832	19501	20015	12439	13111
丰满区	14651	14006	11760	11444	10688	10819	7141	7759
永吉县	19520	18603	16195	15246	15230	14896	10799	10869
蛟河市	23064	21825	19450	18278	17515	16963	11413	11635
桦甸市	22092	20824	17468	16505	15944	15369	9576	9491
舒兰市	33310	32064	26789	25407	24382	23657	16835	16989
磐石市	25312	24407	20724	19660	20402	19890	13894	13655
四平市	**160280**	**156981**	**129239**	**126694**	**126741**	**127916**	**86805**	**87639**
铁西区	13455	13212	11070	10998	10183	10412	6605	7037
铁东区	17656	16870	14693	14317	13388	13524	8832	9063
梨树县	35785	35855	28600	28009	29489	29958	19771	20178
伊通满族自治县	21856	20816	18504	18209	18357	18452	13042	12520
公主岭市	50314	49803	40315	39696	39968	40196	28175	28412
双辽市	21214	20425	16057	15465	15356	15374	10380	10429
辽源市	**62373**	**59100**	**49390**	**48446**	**47502**	**47369**	**28969**	**29801**
龙山区	15872	15021	12162	12546	11698	12422	7188	7819
西安区	10915	10038	8321	8269	7181	7342	4028	4203
东丰县	17805	17043	14560	13849	14506	14065	8980	9243
东辽县	17781	16998	14347	13782	14117	13540	8773	8536
通化市	**116621**	**112194**	**99846**	**95712**	**93268**	**90590**	**59415**	**59236**
东昌区	19269	18962	16040	16028	14529	14425	8229	8760
二道江区	7916	7658	5965	6181	6155	6314	4050	4158
通化县	12667	11391	10395	9340	10018	9442	6545	6288
辉南县	17267	16599	14703	14147	14292	13803	9304	9388
柳河县	16933	16432	15129	14048	14314	13390	8907	8684
梅河口市	30320	29460	26923	26058	24337	23676	15796	15326
集安市	12249	11692	10691	9910	9623	9540	6584	6632
白山市	**71895**	**67370**	**52978**	**50950**	**47739**	**46020**	**29809**	**31588**
浑江区	19234	18619	14402	14636	13589	13607	8510	8900
江源区	16189	14654	11126	10614	9388	8814	5777	6301
抚松县	15453	14360	10918	10227	10258	9695	6274	7309
靖宇县	6720	6253	5105	4710	4795	4430	3068	3005
长白朝鲜族自治县	4192	3925	3377	3171	2873	2714	1877	1792
临江市	10107	9559	8050	7592	6836	6760	4303	4281
松原市	**129816**	**131139**	**102255**	**102930**	**93284**	**96781**	**60202**	**61776**
宁江区	27046	26743	20218	20999	20440	22303	14713	15135
前郭尔罗斯蒙古族自治县	27589	27764	22037	21597	18655	18461	11874	12002
长岭县	27440	27442	20926	20515	19260	19607	12051	12172
乾安县	14374	14901	12064	11809	10186	10552	5920	5861
扶余县	33367	34289	27010	28010	24743	25858	15644	16606
白城市	**104434**	**101424**	**82453**	**80513**	**73202**	**73795**	**48299**	**50323**
洮北区	26034	25502	21046	20857	18778	19029	12025	12825
镇赉县	16040	15009	11677	11470	11064	11332	7504	7800
通榆县	17523	16882	13483	12847	11758	11687	7447	7787
洮南市	21533	21242	17443	16848	15545	15504	10358	10890
大安市	23304	22789	18804	18491	16057	16243	10965	11021
延边朝鲜族自治州	**125029**	**116409**	**102770**	**97310**	**85659**	**83305**	**55173**	**58378**
延吉市	27588	26479	22637	21949	19163	19258	12391	13475
图们市	8036	7441	7398	7203	6093	5924	4001	4087
敦化市	26576	25219	21491	20087	17770	17196	11204	11606

单位:人

65-69岁		70-74岁		75-79岁		80-84岁		85岁及以上	
男	女	男	女	男	女	男	女	男	女
405421	**431830**	**335655**	**344537**	**208878**	**220731**	**113923**	**118947**	**57736**	**64180**
109395	**113689**	**90355**	**90739**	**57864**	**59755**	**31656**	**32187**	**15481**	**16877**
10749	12147	9034	10515	6582	7340	3723	4001	1888	2062
9171	9743	7341	7919	4987	5249	2756	2825	1390	1477
11217	13057	10566	12036	7536	7907	4268	3773	1771	1674
8472	8894	6854	6937	4331	4453	2219	2318	1105	1208
11916	13349	10780	11717	7322	6950	3595	3224	1550	1526
5937	5517	4308	3742	2478	2485	1404	1483	806	852
14417	14072	12668	11349	7358	6980	3811	3770	1944	2053
9514	9662	7613	7212	4588	4963	2578	2805	1221	1523
16702	16298	12595	11690	7626	8320	4372	4974	2162	2628
11300	10950	8596	7622	5056	5108	2930	3014	1644	1874
70076	**76799**	**59930**	**63452**	**38151**	**39685**	**20247**	**21041**	**10713**	**11501**
10751	12426	9400	11119	6667	7328	3605	3736	1740	1878
8194	9811	8588	9850	5593	5479	2437	2518	1259	1375
8246	8967	6639	7677	4590	5135	2623	2774	1374	1588
4905	5467	4117	4479	2556	2761	1239	1304	613	676
6248	6163	5168	4530	2993	2896	1641	1671	961	970
7474	8071	5929	6019	3953	3987	2008	2123	1164	1243
6297	7008	5335	5383	3057	3099	1633	1643	863	928
10083	10905	8877	8653	5076	5206	2812	2943	1471	1585
7878	7981	5877	5742	3666	3794	2249	2329	1268	1258
50634	**49705**	**39535**	**37738**	**24955**	**25352**	**14191**	**14121**	**7827**	**7952**
4346	4864	3897	4099	2482	2420	1281	1138	583	610
5478	5826	4659	5034	2871	2779	1444	1431	859	793
11429	10722	8536	7852	5317	5602	3179	3184	1687	1738
6678	6273	4942	4340	3203	3201	1915	1957	926	982
16594	16126	13008	11928	8380	8443	4899	4860	3156	3050
6109	5894	4493	4485	2702	2907	1473	1551	616	779
17549	**19308**	**15202**	**14509**	**9206**	**9609**	**5305**	**5106**	**2533**	**2662**
4648	5700	4104	4203	2396	2519	1261	1244	586	592
2840	3756	3048	3447	1917	2141	1168	1014	506	540
5211	5197	4172	3543	2459	2523	1498	1344	683	715
4850	4655	3878	3316	2434	2426	1378	1504	758	815
34730	**37417**	**27153**	**27360**	**16744**	**17496**	**10218**	**10250**	**5329**	**5528**
5751	7048	5040	5676	3077	3467	1867	1781	855	903
2421	3181	2417	2421	1330	1352	718	723	355	396
3575	3699	2465	2480	1551	1695	1044	1102	530	538
5369	5260	4189	4039	2694	2665	1582	1595	962	961
4825	4980	3571	3741	2235	2351	1379	1377	654	716
9022	9197	6930	6287	4124	3987	2432	2406	1238	1246
3767	4052	2541	2716	1733	1979	1196	1266	735	768
21613	**25959**	**19317**	**21415**	**12365**	**12752**	**6672**	**6386**	**3497**	**3786**
5466	6559	4825	5451	2829	3194	1556	1658	848	969
4460	5866	4562	5127	2947	2981	1589	1426	834	826
5512	6579	4786	5078	3065	2798	1624	1404	733	790
2077	2112	1639	1691	1059	963	553	534	306	353
1246	1267	998	1117	698	741	274	337	172	173
2852	3576	2507	2951	1767	2075	1076	1027	604	675
33688	**34619**	**28905**	**28893**	**16398**	**17640**	**8598**	**9333**	**4362**	**5117**
7275	7886	5833	5988	3273	3684	1721	1983	1101	1347
7045	7180	6108	5877	3144	3366	1649	1742	815	872
7278	7128	6103	6254	3753	3786	1946	1952	847	956
3330	3456	3054	2891	1737	1759	896	918	462	516
8760	8969	7807	7883	4491	5045	2386	2738	1137	1426
30064	**30653**	**24574**	**23908**	**14245**	**14722**	**7589**	**8032**	**3998**	**4456**
7591	8384	6357	6701	3864	4113	2057	2140	972	1051
4481	4184	3441	3290	2138	2223	1077	1189	534	590
4637	4724	3739	3668	2046	2087	1092	1163	593	708
6411	6480	5104	4826	2927	3086	1684	1810	1072	1199
6944	6881	5933	5423	3270	3213	1679	1730	827	908
37672	**43681**	**30684**	**36523**	**18950**	**23720**	**9447**	**12491**	**3996**	**6301**
8530	10100	7031	8523	4113	5501	1860	2691	751	1258
2456	2826	2001	2752	1354	1964	709	959	247	449
8217	9025	6434	7151	4640	4657	2496	2432	1025	1163

表2 续表 20

地　区	0岁		1-4岁		5-9岁		10-14岁		15-19岁	
	男	女	男	女	男	女	男	女	男	女
珲春市	723	676	3308	3227	3798	3636	4349	4101	6007	5742
龙井市	383	330	1619	1516	1884	1716	2279	2133	3727	3479
和龙市	556	522	1898	1760	2155	2122	2916	2658	4521	4182
汪清县	925	777	2783	2663	3922	3724	4730	4399	6627	6482
安图县	717	631	3507	3063	4542	4410	4479	4236	6857	6492
黑龙江省	**131574**	**117104**	**593885**	**537180**	**782597**	**714639**	**882788**	**814674**	**1150699**	**1107182**
哈尔滨市	**34701**	**30715**	**162138**	**144171**	**199722**	**179950**	**219547**	**199257**	**328081**	**316756**
道里区	1638	1476	9597	8914	12153	10633	15201	13826	23668	22272
南岗区	2740	2537	13859	12793	18565	16684	22511	20648	45335	42701
道外区	2210	2033	11790	10551	13390	12098	15539	13599	22221	20378
平房区	386	363	2039	1952	3018	2660	3663	3493	4811	4196
松北区	675	616	3504	3206	4300	3763	4061	3816	12117	11112
香坊区	2229	2053	11112	10234	12506	11817	15554	14149	27307	26403
呼兰区	2535	2234	11803	10509	14837	13251	15572	14202	26487	32511
阿城区	2307	2103	8969	8349	11387	10693	12365	11537	16642	16226
依兰县	1619	1441	7548	6788	10175	9229	10048	9437	9841	9488
方正县	973	863	3466	3228	4709	4244	4844	4482	5879	5701
宾县	2219	1957	11978	10463	14241	13061	12560	11450	15668	14914
巴彦县	2549	2117	12403	10466	14437	12697	13882	12752	21293	20948
木兰县	1150	1037	5270	4683	6325	5646	6090	5528	8734	8301
通河县	952	881	4076	3680	5061	4533	5716	5081	5890	5491
延寿县	1015	898	4708	4141	5432	5048	5370	4971	7159	6937
双城市	3603	3192	14237	12304	17776	15915	19040	16706	31979	28561
尚志市	2328	1948	9729	8567	12151	11001	15153	13490	18118	16500
五常市	3573	2966	16050	13343	19259	16977	22378	20090	24932	24116
齐齐哈尔市	**19856**	**18020**	**94156**	**86588**	**119153**	**111656**	**130344**	**123070**	**155130**	**151424**
龙沙区	579	543	3293	3113	4702	4465	6340	5984	10554	9682
建华区	588	587	2993	2740	4262	3910	6137	5695	10283	10974
铁锋区	662	590	2638	2445	3982	3582	5644	5082	10975	7636
昂昂溪区	203	186	1005	939	1561	1441	1592	1551	1890	1728
富拉尔基区	690	578	2322	2312	3693	3540	4800	4393	7245	5938
碾子山区	155	146	764	779	1156	1054	1257	1221	1541	1567
梅里斯达斡尔族区	510	471	3248	3001	4389	4071	4104	4010	3991	4054
龙江县	2481	2158	12468	11512	15459	14346	15737	14884	16263	15823
依安县	1462	1333	9141	8488	10915	10414	12364	11555	14290	14381
泰来县	1219	1152	5930	5537	6912	6551	6945	6516	8224	8123
甘南县	1906	1750	8540	7922	9134	8720	8567	7682	9364	9115
富裕县	1152	965	5358	4783	6800	6411	6617	6337	8208	8277
克山县	1872	1764	7641	6781	10484	9759	10646	10172	12030	12270
克东县	961	886	5902	5380	7678	7485	7781	7592	7915	8237
拜泉县	2564	2373	10635	9491	11591	10636	12016	11555	16855	17078
讷河市	2852	2538	12278	11365	16435	15271	19797	18841	15502	16541
鸡西市	**4924**	**4586**	**24511**	**22638**	**34349**	**31961**	**41542**	**38463**	**52083**	**48332**
鸡冠区	844	848	3998	3733	6048	5597	8199	7451	12666	11093
恒山区	332	331	1603	1560	2268	2184	3152	2938	4376	4240
滴道区	229	234	1166	1144	1462	1407	1852	1738	2648	2335
梨树区	310	228	852	768	1190	1044	1442	1277	1866	1693
城子河区	237	227	1596	1397	1980	1756	2431	2324	3537	3493
麻山区	99	80	455	394	552	599	599	581	692	667
鸡东县	787	730	4046	3703	5834	5444	7071	6725	7579	7293
虎林市	819	750	4481	4185	6150	5752	7427	6820	7963	7200
密山市	1267	1158	6314	5754	8865	8178	9369	8609	10756	10318
鹤岗市	**4393**	**3830**	**12333**	**11377**	**18381**	**16659**	**24469**	**23118**	**29992**	**28538**
向阳区	423	369	993	911	1569	1341	2371	2213	3150	3050
工农区	471	430	1502	1351	2282	2027	3320	3164	4418	4077
南山区	638	574	1353	1202	1785	1641	2513	2288	3315	3260
兴安区	315	313	899	819	1166	1098	1605	1511	2021	1960
东山区	792	594	1838	1701	2798	2551	3785	3591	4768	4515
兴山区	163	147	390	388	662	591	1004	984	1433	1288
萝北县	840	787	2647	2592	4129	3873	5301	5000	6513	6314
绥滨县	751	616	2711	2413	3990	3537	4570	4367	4374	4074
双鸭山市	**4077**	**3770**	**20606**	**18958**	**30078**	**27400**	**35460**	**33728**	**42478**	**40261**
尖山区	659	583	2606	2435	4230	3912	5992	5555	7704	7201
岭东区	98	82	592	550	769	697	1210	1200	1591	1441
四方台区	179	154	898	867	1157	1009	1470	1340	1696	1554

单位:人

20-24岁		25-29岁		30-34岁		35-39岁		40-44岁	
男	女	男	女	男	女	男	女	男	女
9430	8987	9792	9441	10129	9172	13298	11608	15572	13396
6395	5767	6393	5983	6572	5624	7620	6589	9714	8674
7118	6160	6815	6123	7038	5959	8902	7417	11802	10367
9022	8518	9306	8971	10157	9097	12519	11307	15924	14421
9599	9344	9016	8556	9137	8119	10765	9823	13179	11504
1670054	**1655243**	**1420146**	**1396146**	**1563415**	**1498008**	**2019732**	**1919028**	**2053208**	**1938905**
582947	**570367**	**440851**	**431871**	**443649**	**423311**	**528654**	**495259**	**518408**	**483488**
42892	38116	41235	40202	40360	37498	44052	41319	43533	40158
113945	96781	66168	63634	53322	52813	62233	60940	56621	53186
42898	37304	41572	41538	39690	37506	43732	40161	41628	38917
7971	5853	8020	6633	6552	6830	9289	8875	10018	9012
28253	22602	7772	7433	7552	7200	9351	8760	9708	8876
58551	62087	38347	38463	37173	36575	43363	40802	41764	39379
60652	74200	29267	28489	29571	27763	36175	33034	34857	31511
24629	27419	23120	22629	24779	23214	31326	29564	32607	29671
15280	15205	13729	13960	17424	17065	21545	20361	20464	19102
8012	8770	7778	7953	8903	8584	10977	10158	10902	10160
22014	22367	21723	20818	23950	22495	29757	27117	29151	27237
26500	27589	23533	22944	23754	22054	31676	29246	30400	27705
12401	12504	11296	11309	12133	11651	15183	13704	14438	13713
7046	7046	7639	7580	8442	8085	11396	10737	11491	10947
10690	10473	10350	9671	10962	9978	12616	11749	12312	11883
42030	40943	31918	31304	35799	33161	41077	37324	41036	38620
22801	22488	22953	22329	25619	23953	29642	28514	30916	29301
36382	38620	34431	34982	37664	36886	45264	42894	46562	44110
222699	**225236**	**197752**	**197939**	**202977**	**197824**	**279702**	**270013**	**281926**	**268851**
15247	14164	12569	12584	12817	12557	15879	16073	16600	16899
17995	19864	8958	9567	10138	10420	13836	14050	14181	14136
16426	11571	11721	10733	11894	10699	14329	13847	16144	15758
2606	2561	2627	2468	3235	2772	3996	3563	4363	4054
9210	8559	7473	7326	8288	8214	11993	11330	13610	13071
2296	2160	2190	2165	2504	2345	3064	2984	3770	3587
6166	6236	6045	6084	7157	7005	8855	8538	8989	8484
23876	23976	21581	20415	23215	21881	31407	29132	30144	28309
21568	22439	19165	18800	18862	17878	27225	25755	26018	24343
12647	12766	12060	11359	11834	10537	17100	15245	17589	15368
16330	17240	16884	17089	13696	13368	18672	17737	19772	18340
10115	9783	10329	10156	10105	9547	15021	14441	15446	14416
14046	14764	13865	15115	15386	15702	21000	21200	21166	20337
9448	10003	10147	10271	10242	10658	14050	14916	13273	13688
24467	25943	20382	20353	19560	18854	28925	27254	28815	26943
20256	23207	21756	23454	24044	25387	34350	33948	32046	31118
62732	**58371**	**59314**	**56027**	**71275**	**66686**	**98041**	**92566**	**114440**	**106090**
14778	12659	11623	11306	14186	13789	20154	19909	22614	21568
5271	5132	4672	4195	5332	4674	8150	7292	10872	9674
3494	3235	3455	3173	3704	3192	5039	4464	6347	5457
2249	2010	2118	1922	2350	2054	3920	3462	5195	4548
4307	4198	3658	3531	4471	4065	6697	5855	8884	7898
991	961	1089	1065	1232	1108	1507	1483	1709	1488
8951	8498	8702	7998	11446	10728	14904	13883	15753	14464
9676	9131	9804	9314	11655	10930	16455	16001	20310	19149
13015	12547	14193	13523	16899	16146	21215	20217	22756	21844
33987	**32481**	**33221**	**32320**	**38265**	**35954**	**54561**	**52335**	**67085**	**65145**
3412	3310	3342	3493	3611	3425	5212	5220	6817	6893
4411	4078	4428	4670	5106	5165	7618	7602	9381	9344
4072	3730	4090	3913	4068	3762	5888	5374	8024	7546
2524	2510	2744	2379	2701	2322	3723	3353	4778	4435
6408	6330	5569	5292	6232	5562	8479	7836	10891	10285
1407	1234	1242	1117	1299	1149	2246	2029	3172	3093
5833	5477	5993	5945	7777	7338	11717	11446	14061	13932
5920	5812	5813	5511	7471	7231	9678	9475	9961	9617
48486	**46624**	**47328**	**46121**	**57440**	**54836**	**80089**	**76471**	**88046**	**84128**
7696	7105	8094	7905	9175	9052	14509	14313	16237	15836
2364	1857	1872	1349	1769	1453	3202	2731	4191	3579
2118	1910	1766	1578	2314	2009	3741	3284	4726	4269

表2 续表 21

地　区	45-49岁		50-54岁		55-59岁		60-64岁	
	男	女	男	女	男	女	男	女
珲春市	14360	12778	11017	10182	8603	8617	5561	5665
龙井市	10371	9457	9383	8949	8256	7977	5636	6048
和龙市	11848	10469	9822	9067	7863	7488	4928	5535
汪清县	14363	13320	11373	10998	9783	9253	6337	6896
安图县	11887	11246	9649	8875	8128	7592	5115	5066
黑龙江省	**1860562**	**1795568**	**1527085**	**1493621**	**1327094**	**1351239**	**891861**	**927440**
哈尔滨市	**485581**	**463782**	**425161**	**416853**	**371068**	**380964**	**246923**	**251750**
道里区	46473	44622	44388	43789	37746	38326	22798	23272
南岗区	59051	55730	49811	49158	41251	42611	24521	25984
道外区	47033	44226	44294	43457	35501	36993	20803	21951
平房区	10634	10254	8543	8329	6147	6707	4456	5213
松北区	9422	8875	8015	7544	6853	7314	4283	4710
香坊区	43937	41092	36464	35586	28760	30673	18688	20912
呼兰区	29993	28716	25489	24954	22667	23927	15849	16746
阿城区	28800	27031	24443	23594	21958	22909	15755	16018
依兰县	17547	16341	14671	14409	13641	13438	9427	9367
方正县	9215	8821	7764	7623	7635	7641	5215	4992
宾县	23994	23113	20416	21023	19905	21050	13708	14300
巴彦县	24752	24251	22206	22524	19624	21139	13234	14531
木兰县	11941	11710	10664	10476	9961	9891	6869	6478
通河县	10414	9817	8492	8225	7540	7726	5271	5421
延寿县	10677	10377	9859	9111	9104	8668	6381	5777
双城市	35887	35326	31938	31190	29169	28897	20363	19404
尚志市	27142	25968	23634	22376	21774	20885	15749	14219
五常市	38669	37512	34070	33485	31832	32169	23553	22455
齐齐哈尔市	**253785**	**251157**	**215816**	**209820**	**188174**	**194214**	**127689**	**131136**
龙沙区	20331	19847	17653	17477	13776	14086	8970	9252
建华区	15231	14331	12019	11471	9350	9692	6181	6667
铁锋区	19138	18280	16992	16196	13769	13813	8438	8765
昂昂溪区	4561	4144	4013	3731	3300	3552	2052	2172
富拉尔基区	16530	15885	12927	12579	9594	9882	6376	6940
碾子山区	4423	4290	3827	3708	3127	3271	2070	2165
梅里斯达斡尔族区	7980	7628	6597	6432	6142	6037	3873	4002
龙江县	25334	24230	20637	20079	20032	20063	13528	13602
依安县	20295	19751	18086	17035	15774	15961	11340	11118
泰来县	14333	13505	11925	11452	10363	10410	6930	7213
甘南县	16517	16566	13391	12810	12170	12324	8405	8612
富裕县	12951	12801	11333	10608	10247	10555	6785	6657
克山县	17972	18363	14928	14831	13604	14499	10169	10581
克东县	10660	12191	9056	9686	8295	9087	5850	6073
拜泉县	21392	21953	19183	18532	16746	17021	11835	11892
讷河市	26137	27392	23249	23193	21885	23961	14887	15425
鸡西市	**107033**	**101089**	**79060**	**75696**	**67326**	**65718**	**42768**	**45967**
鸡冠区	20525	19910	14242	13882	12035	12391	7245	8021
恒山区	10496	9580	7167	6565	5567	5704	3385	3753
滴道区	6496	5879	4826	4548	4191	4074	2553	2729
梨树区	5118	4602	3531	3389	2996	2969	1640	1801
城子河区	8241	7521	5519	5182	4542	4582	2601	3007
麻山区	1549	1464	1201	1135	1203	1157	795	819
鸡东县	14399	13790	11753	11366	10598	10248	7142	7067
虎林市	18935	17925	13886	13170	11029	9948	6907	7807
密山市	21274	20418	16935	16459	15165	14645	10500	10963
鹤岗市	**63592**	**61012**	**45666**	**43120**	**37363**	**35268**	**21704**	**24391**
向阳区	7170	6955	4876	4757	4025	3883	2253	2506
工农区	8917	8744	5432	5194	4328	4316	2501	2869
南山区	7652	7593	4916	4739	4335	3899	2062	2312
兴安区	4537	4498	3625	3409	3001	2537	1262	1355
东山区	10184	9538	7635	7123	6510	6036	4327	4512
兴山区	3003	2806	2021	1848	1660	1467	778	931
萝北县	13053	12217	9882	9121	7512	7050	4652	5724
绥滨县	9076	8661	7279	6929	5992	6080	3869	4182
双鸭山市	**81415**	**77421**	**58376**	**56522**	**50962**	**49836**	**32407**	**35585**
尖山区	15039	14805	9479	9424	8111	8184	4594	5259
岭东区	3731	3268	2358	2242	2053	1896	1195	1380
四方台区	4120	3653	2317	2212	2092	1929	1183	1310

单位:人

65-69岁		70-74岁		75-79岁		80-84岁		85岁及以上	
男	女	男	女	男	女	男	女	男	女
3450	3934	2670	2955	1329	1810	624	1039	284	507
3688	4357	3058	3866	1718	2553	833	1511	364	812
3355	4171	2949	3697	1685	2537	769	1335	360	663
4483	5368	3726	4430	2237	2606	1197	1436	520	811
3493	3900	2815	3149	1874	2092	959	1088	445	638
553702	**601077**	**477163**	**498540**	**298518**	**295376**	**152277**	**148500**	**69746**	**78415**
148896	**158976**	**124547**	**135490**	**80773**	**85449**	**42091**	**43171**	**19001**	**21652**
14202	15702	12158	15104	9595	11025	5060	5684	2365	2710
16925	20729	16465	20136	12177	13590	6335	6167	2457	2743
12285	14219	10608	14479	8426	10046	4045	4954	1929	2417
3289	4399	4272	4899	2656	2424	912	794	321	370
2848	3231	2217	2318	1300	1354	644	658	244	341
13471	16544	13560	16855	9529	9500	4004	3888	1480	1597
8995	9239	6715	6643	3842	4164	2057	2386	1180	1512
9154	9318	6923	7007	3981	4138	2087	2210	900	1094
5650	5545	4025	4059	2800	2713	1545	1551	887	954
2563	2613	2059	2067	1509	1417	826	703	312	292
7573	7439	5673	5195	3340	3345	2057	2020	970	1010
7579	7998	5912	5790	3179	3419	1763	2026	759	924
3599	3420	2818	2474	1719	1604	1074	866	550	475
3104	3226	2353	2449	1471	1432	781	636	257	265
3314	2878	2517	2230	1406	1329	940	751	381	392
11672	10955	8804	7995	4494	4557	2609	2782	1377	1690
9382	8876	7388	6686	4065	3886	2126	1825	925	979
13291	12645	10080	9104	5284	5506	3226	3270	1707	1887
78073	**78678**	**67845**	**68505**	**43552**	**42015**	**21829**	**20202**	**9609**	**10588**
5581	6621	5748	7129	4116	4216	1975	1874	852	839
3947	4640	3721	4677	2703	2892	1357	1203	548	635
5631	6428	5621	6690	4460	4880	2405	2043	987	1057
1388	1488	1217	1383	820	865	390	338	172	182
3812	5171	5040	6140	3583	3123	1574	1250	599	569
1161	1461	1233	1660	946	961	435	386	140	182
2400	2257	1831	1538	1081	988	550	574	257	277
7882	7331	6148	5683	3729	3628	1958	1989	824	1020
6764	6093	5497	4849	3287	2859	1659	1560	834	877
4261	4030	3333	3246	1917	2073	1066	1088	574	694
5041	4808	4196	3793	2602	2133	1244	1115	568	611
4114	3797	3163	2969	1833	1769	912	867	427	482
6474	6202	5251	4473	2945	2642	1477	1379	646	739
3449	3237	2697	2373	1586	1427	791	654	304	356
6637	6334	5875	5215	3397	3090	1626	1489	604	655
9531	8780	7274	6687	4547	4469	2410	2393	1273	1413
29692	**35940**	**29197**	**31061**	**18778**	**16887**	**9502**	**8422**	**4325**	**4773**
5286	6678	5328	5745	3281	3110	1629	1487	780	747
2413	3625	3111	3611	2039	1950	981	947	510	528
1801	2314	1861	2185	1238	1240	612	628	329	367
1182	1797	1480	1760	1007	1075	466	472	250	328
1851	2723	2209	2341	1358	1289	626	610	260	286
509	586	488	528	313	310	181	204	146	158
4290	4440	3437	3362	2061	1958	1180	1106	519	616
5315	6605	5456	5976	3809	2699	1946	1238	608	653
7045	7172	5827	5553	3672	3256	1881	1730	923	1090
16703	**21641**	**17717**	**18822**	**10919**	**9667**	**4627**	**4216**	**1798**	**1995**
1869	2488	2282	2515	1311	1293	558	553	249	248
2064	2597	2220	2359	1181	1131	504	456	190	222
1765	2617	2145	2330	1262	1203	419	489	116	157
913	1431	1169	1367	705	676	268	277	84	106
3198	3852	3342	3316	2014	1674	805	727	316	313
633	1105	932	1021	551	520	180	174	58	77
3826	4940	3580	3741	2362	1944	1113	925	439	535
2435	2611	2047	2173	1533	1226	780	615	346	337
21391	**26246**	**20120**	**21739**	**13022**	**11979**	**7005**	**6027**	**2944**	**3244**
3586	5075	4185	4518	2459	2443	1214	1121	519	554
892	1433	1142	1340	743	734	354	339	150	165
790	1298	968	944	533	556	222	238	85	144

表2 续表 22

地区	0岁		1-4岁		5-9岁		10-14岁		15-19岁	
	男	女	男	女	男	女	男	女	男	女
宝山区	245	216	1266	1125	1962	1858	2719	2687	3523	3321
集贤县	809	775	4828	4351	7555	6738	7412	7292	8773	8439
友谊县	229	187	1187	1110	1920	1810	2629	2502	2991	2978
宝清县	1324	1267	6782	6180	9117	8333	10429	9746	12179	11460
饶河县	534	506	2447	2340	3368	3043	3599	3406	4021	3867
大庆市	**10419**	**9510**	**49942**	**46238**	**63724**	**58827**	**71555**	**66496**	**96197**	**91923**
萨尔图区	1190	1017	4934	4580	6501	5935	7968	7197	13617	11353
龙凤区	1085	1097	5101	4914	6772	6241	8234	7766	11617	11317
让胡路区	1660	1551	8003	7491	11083	10445	14947	13947	18945	17733
红岗区	342	337	2143	2114	2879	2740	4004	3734	5956	5809
大同区	744	735	4557	4199	5392	5010	5911	5505	7876	7896
肇州县	1555	1418	7765	6833	9767	8254	9186	8555	12683	12382
肇源县	1726	1408	8015	7145	9652	8950	9278	8561	11925	11980
林甸县	989	954	4701	4594	6133	5876	6295	5879	7083	6871
杜尔伯特蒙古族自治县	1128	993	4723	4368	5545	5376	5732	5352	6495	6582
伊春市	**1754**	**1585**	**10994**	**10374**	**18230**	**17137**	**25346**	**23547**	**33851**	**32359**
伊春区	164	145	1520	1383	2257	2080	3171	3053	5564	5729
南岔区	120	141	912	883	1517	1500	2175	2059	3419	3242
友好区	55	68	332	368	674	710	1054	1040	1948	2138
西林区	68	56	468	436	859	783	1158	1036	1705	1533
翠峦区	52	36	352	329	649	567	820	838	1245	1266
新青区	44	48	328	320	583	534	992	954	1406	1368
美溪区	59	34	235	223	450	399	787	680	962	775
金山屯区	58	47	274	263	428	461	791	667	1169	977
五营区	37	33	297	260	422	460	704	652	700	638
乌马河区	52	44	266	281	439	424	599	510	759	702
汤旺河区	38	26	255	226	478	427	727	685	786	700
带岭区	33	42	212	217	435	339	542	520	830	732
乌伊岭区	22	13	187	180	304	293	488	465	608	569
红星区	28	32	168	148	313	332	460	395	421	376
上甘岭区	13	17	115	132	204	232	357	350	430	416
嘉荫县	231	221	1139	1040	1724	1606	1942	1615	1627	1464
铁力市	680	582	3934	3685	6494	5990	8579	8028	10272	9734
佳木斯市	**9004**	**7621**	**39465**	**34990**	**55201**	**50198**	**64263**	**57562**	**72800**	**69098**
向阳区	548	474	2462	2262	3943	3463	5241	4498	6869	7838
前进区	529	478	1266	1120	2294	2216	3496	3246	4794	4420
东风区	557	483	1410	1273	2383	2210	3419	3056	4327	3911
郊区	1192	1044	3984	3559	6034	5550	7243	6377	9926	8801
桦南县	1881	1542	7887	6680	11199	9969	13677	12502	13590	12881
桦川县	749	706	3931	3430	5212	4612	5155	4604	5907	5481
汤原县	866	725	4050	3694	5189	5044	6018	5557	5962	5811
抚远县	504	405	2439	2159	3324	2923	3643	3102	3517	2924
同江市	671	537	3555	3267	4600	4301	4900	4467	4840	4606
富锦市	1507	1227	8481	7546	11023	9910	11471	10153	13068	12425
七台河市	**3445**	**3061**	**16755**	**15450**	**20050**	**18517**	**22002**	**20941**	**26209**	**24468**
新兴区	908	751	3829	3587	4619	4287	5338	5182	7036	6568
桃山区	837	768	3751	3536	5106	4518	6096	5768	7619	6827
茄子河区	607	484	3304	3016	3529	3165	3511	3364	4400	4036
勃利县	1093	1058	5871	5311	6796	6547	7057	6627	7154	7037
牡丹江市	**9133**	**8184**	**41443**	**38995**	**54570**	**50321**	**58314**	**54203**	**75410**	**74703**
东安区	547	493	2171	2068	3262	3091	4124	3653	5267	4821
阳明区	728	696	3580	3327	4826	4441	4747	4578	5833	5494
爱民区	803	741	2418	2292	3651	3263	4815	4434	9128	11759
西安区	818	675	3139	3036	4392	4106	5126	4801	6069	6063
东宁县	664	630	3596	3551	4545	4240	4791	4356	5242	4901
林口县	1233	1164	5850	5469	7499	6925	7800	7153	10297	9940
绥芬河市	491	450	2960	2558	3208	2842	3505	3214	4290	3886
海林市	1433	1149	5373	4999	7232	6646	8044	7681	9938	9673
宁安市	1493	1330	7368	6948	9726	8894	9137	8701	11574	11112
穆棱市	923	856	4988	4747	6229	5873	6225	5632	7772	7054
黑河市	**6170**	**5551**	**26121**	**24182**	**37678**	**35193**	**41472**	**39670**	**46227**	**45439**
爱辉区	646	582	3393	2994	3937	3733	4777	4627	6040	6141
嫩江县	2157	1793	8139	7678	11924	11030	13284	12335	12881	12766
逊克县	317	323	1698	1622	2508	2370	2558	2539	2860	2684
孙吴县	383	341	1829	1910	2919	2568	2377	2300	3119	2895

单位:人

20-24岁		25-29岁		30-34岁		35-39岁		40-44岁	
男	女	男	女	男	女	男	女	男	女
4244	3921	3808	3291	4200	3845	7022	6475	9381	8802
8970	8868	9350	9649	13715	13167	16729	16278	16413	15454
2584	2573	2863	2959	4286	3967	6056	5928	6425	6168
14975	14946	14322	14237	16342	15928	20849	19984	21582	21366
5535	5444	5253	5153	5639	5415	7981	7478	9091	8654
130160	**129348**	**106441**	**108001**	**122110**	**119530**	**165408**	**162114**	**159418**	**152003**
14680	13956	13225	13884	16300	16155	18910	17999	16757	15797
23032	20828	13681	13776	15996	15431	20124	20047	18819	18200
22071	22474	19648	20980	26031	26656	36209	36769	31415	30516
6609	5723	6106	5435	7305	6757	9918	9469	9957	9677
10410	10701	7655	7616	9030	8903	13075	12896	12646	12730
17330	17730	13087	13332	15753	14759	20056	19253	21623	20149
17620	18598	14908	15160	14752	14356	20056	19392	20415	19017
9755	10317	9024	9154	8886	8756	13696	13625	14185	13127
8653	9021	9107	8664	8057	7757	13364	12664	13601	12790
35167	**32828**	**30068**	**29343**	**38092**	**36998**	**59145**	**56748**	**72022**	**68380**
5382	4885	4403	4379	4999	4922	6992	7163	7396	7721
3463	3139	3099	3042	3337	3196	5115	5072	7220	7034
1329	1217	1044	1023	1144	1232	2459	2410	3672	3370
1723	1358	1458	1271	2021	1885	2970	2825	3342	2971
1562	1535	1236	1127	1369	1290	2378	2057	3000	2865
1195	1159	943	905	1243	1192	2510	2359	3190	2932
1070	1004	861	799	1240	1150	2284	1983	2768	2298
1370	1285	1093	944	1172	1059	1868	1804	2795	2577
878	791	702	687	924	891	1898	1736	2529	2130
937	877	907	818	1032	890	1507	1330	2017	1755
780	761	658	716	985	905	1818	1662	2262	2079
940	920	831	824	908	902	1421	1432	2032	1938
577	486	461	430	587	598	1254	1202	1582	1405
475	464	433	410	550	641	1171	1050	1544	1420
509	435	326	364	437	415	954	884	1420	1317
1996	1938	2112	2072	2901	2752	4142	3938	4035	4010
10981	10574	9501	9532	13243	13078	18404	17841	21218	20558
101810	**97952**	**92946**	**90737**	**116995**	**110306**	**140465**	**131533**	**136732**	**129212**
12919	13065	7117	7561	9271	9437	11632	11908	11399	11654
7771	7349	5450	5418	6240	6444	8649	8639	8667	8729
6380	5904	5924	5737	6856	6345	8232	7881	8842	8589
13730	12629	11404	11086	14520	13596	17575	16033	17008	15725
17080	17333	16787	16574	23104	22588	26727	25145	25315	23726
7037	6884	7422	7428	8719	8710	10622	9938	10532	9858
8299	7910	9085	8501	11441	10457	13610	12811	13804	12916
5579	5087	5991	5347	7622	5928	8295	6837	7990	6345
6999	6568	6878	6734	8051	7492	10565	9606	10698	10034
16016	15223	16888	16351	21171	19309	24558	22735	22477	21636
36887	**34712**	**35943**	**33672**	**38678**	**36515**	**52702**	**49991**	**53204**	**50390**
10745	10124	8999	8147	9455	8319	12660	11616	13761	13024
9180	8156	9038	8878	10608	10477	14960	14500	13861	13381
6728	6302	6486	5977	6768	6225	8617	7953	9401	8382
10234	10130	11420	10670	11847	11494	16465	15922	16181	15603
109329	**116564**	**103607**	**102090**	**112398**	**109562**	**143395**	**136517**	**148720**	**139936**
6794	6325	7254	7058	8388	8120	10963	10402	10452	9500
8456	8323	8677	8555	9847	9511	12482	11769	12318	11733
16281	23867	8447	8206	8878	8409	11921	11647	12953	12864
8751	9979	8149	8549	9369	9846	12367	12645	12098	11955
7142	6425	6918	6268	7938	7437	11072	9992	11899	10811
15149	15222	15503	14901	15807	15047	18539	17702	18835	17665
5467	5620	5614	5820	6735	6501	8875	8237	8302	7581
13305	13154	14164	14035	15670	15076	20562	19422	22739	21430
16023	16451	16542	17247	17419	17821	22355	21726	22882	21732
11961	11198	12339	11451	12347	11794	14259	12975	16242	14665
58160	**57444**	**56741**	**55658**	**69826**	**66455**	**95791**	**90602**	**96185**	**90585**
9202	9784	7756	7344	9183	8065	12214	11052	12396	10911
16049	15742	17833	17705	21256	20853	29141	28137	27797	26428
3695	3815	3595	3404	3892	3683	5587	5385	5664	5643
3951	3913	3633	3704	4104	3919	5595	5264	5742	5532

表2 续表 23

地 区	45-49岁		50-54岁		55-59岁		60-64岁	
	男	女	男	女	男	女	男	女
宝山区	9140	8292	5569	5350	4544	4262	2435	2781
集贤县	14800	14110	11929	11733	11204	11495	8049	8200
友谊县	6539	6222	4764	4690	4181	4116	2943	3781
宝清县	20009	19215	15352	14708	13469	13202	8905	9673
饶河县	8037	7856	6608	6163	5308	4752	3103	3201
大庆市	**133720**	**129486**	**100766**	**100939**	**91898**	**95265**	**64425**	**66979**
萨尔图区	14285	13921	10105	10370	9654	10028	7207	7728
龙凤区	16241	14582	9634	10153	10532	10857	6831	7449
让胡路区	26192	24836	17140	17058	16304	17435	13424	13844
红岗区	8755	8018	5668	5688	5952	6286	4817	4970
大同区	11065	11253	9519	9317	7552	7704	4639	4850
肇州县	17584	17773	15105	15115	12905	13146	8476	8655
肇源县	17429	17344	15017	15127	12669	13117	8591	8661
林甸县	10913	10758	9153	8982	8456	8641	5552	5526
杜尔伯特蒙古族自治县	11256	11001	9425	9129	7874	8051	4888	5296
伊春市	**71178**	**67394**	**53496**	**53013**	**40381**	**41953**	**24030**	**29525**
伊春区	8014	8139	6515	6833	5234	5533	2990	3699
南岔区	7998	7517	6451	6389	4884	4699	2516	2876
友好区	4042	3591	2840	2501	1799	1760	963	1201
西林区	2951	2752	2304	2213	2152	2255	1543	1684
翠峦区	3133	2923	2142	2164	1396	1508	736	974
新青区	2834	2612	1843	1708	1334	1374	714	1073
美溪区	2549	2171	1920	1858	1486	1592	1555	1644
金山屯区	2781	2560	1908	1767	1308	1340	689	851
五营区	2647	2292	1610	1601	1170	1243	630	809
乌马河区	2184	2047	1849	1775	1161	1244	597	742
汤旺河区	2158	1862	1314	1322	1049	1006	670	857
带岭区	2253	2134	1711	1664	1261	1321	646	880
乌伊岭区	1327	1269	944	903	664	645	444	617
红星区	1647	1469	1007	1051	757	781	387	636
上甘岭区	1574	1408	1039	1032	644	633	359	513
嘉荫县	3602	3336	2730	2586	2417	2459	1551	1762
铁力市	19484	19312	15369	15646	11665	12560	7040	8707
佳木斯市	**123457**	**117336**	**103700**	**99716**	**91234**	**91035**	**61983**	**61701**
向阳区	11933	11705	9587	9547	8164	8354	5223	5626
前进区	9569	9433	8072	7900	6560	6364	3898	4159
东风区	9082	8664	7910	7609	6109	6230	4053	4070
郊区	15794	14513	12761	12042	11592	11754	8019	7757
桦南县	20492	19308	16722	16140	15586	15897	11774	11640
桦川县	8682	8649	8287	8131	8027	8048	5672	5501
汤原县	13200	12437	10742	10563	10464	10398	6689	6578
抚远县	6195	5147	4892	4228	3676	3216	2346	2136
同江市	8903	8466	7430	6976	5753	5533	3427	3463
富锦市	19607	19014	17297	16580	15303	15241	10882	10771
七台河市	**45884**	**42748**	**35825**	**33409**	**32243**	**31862**	**20507**	**21281**
新兴区	12459	11719	10256	9343	8725	8131	4965	5312
桃山区	11152	10444	7744	7383	6659	6857	4048	4682
茄子河区	8234	7305	6193	5358	4954	4785	3144	3037
勃利县	14039	13280	11632	11325	11905	12089	8350	8250
牡丹江市	**142259**	**133624**	**114554**	**110324**	**102356**	**101150**	**67899**	**68488**
东安区	10954	10394	8943	8574	8098	7962	4881	5091
阳明区	12317	11533	10148	9944	9521	9565	6215	6341
爱民区	14019	13361	11111	10931	9227	9003	5830	6132
西安区	13146	12972	10971	11019	9963	9936	6269	6550
东宁县	10668	9922	8458	7866	7023	6706	4511	4887
林口县	17166	16044	14639	14143	14128	13652	9971	9286
绥芬河市	6576	5882	4486	4007	3097	2966	1776	1831
海林市	21820	20233	17236	16288	14574	14799	9970	10187
宁安市	21033	20064	16872	16634	16444	16445	11396	11387
穆棱市	14560	13219	11690	10918	10281	10116	7080	6796
黑河市	**82958**	**80370**	**65856**	**64978**	**57289**	**59139**	**38317**	**42037**
爱辉区	10791	9791	8312	7794	7080	6926	4419	5017
嫩江县	23882	23050	18285	17714	16741	17232	11555	12626
逊克县	5060	5028	4319	4126	3630	3605	2177	2331
孙吴县	4826	4724	4086	4163	3783	3560	2409	2331

单位:人

65-69岁		70-74岁		75-79岁		80-84岁		85岁及以上	
男	女	男	女	男	女	男	女	男	女
1912	2727	2214	2413	1302	1260	600	581	233	288
4386	4510	3048	3206	2057	2101	1193	1120	577	607
1756	2282	1719	2074	1402	1070	758	530	317	294
6013	6583	4969	5262	3410	2875	2078	1652	861	903
2056	2338	1875	1982	1116	940	586	446	202	289
35735	**41486**	**32810**	**32588**	**17944**	**16931**	**7971**	**8300**	**3609**	**4316**
3654	5104	4024	4165	2202	1931	820	813	381	461
3948	4773	3359	3638	1962	1887	797	888	377	418
6253	9111	7040	6958	3535	2947	1409	1264	542	668
2160	2852	2116	2070	1041	895	448	411	167	194
2798	2826	2344	2381	1376	1331	638	749	332	396
5275	5213	4249	3996	2410	2416	1213	1283	534	645
4921	5302	4309	4370	2459	2589	1247	1426	636	700
3404	3082	2802	2390	1546	1349	709	714	296	405
3322	3223	2567	2620	1413	1586	690	752	344	429
18317	**24741**	**19514**	**24706**	**13762**	**13843**	**6427**	**6332**	**2589**	**2957**
2200	2937	2145	2835	1511	1681	778	856	348	398
1935	2596	2351	3055	1712	1707	808	790	304	320
849	1286	1070	1571	926	801	387	367	114	138
790	892	717	867	511	532	211	223	96	122
595	910	780	1098	570	606	302	304	109	137
695	1131	811	1035	547	530	227	212	82	94
1130	1250	1072	1056	593	488	234	192	95	82
585	937	748	955	578	508	219	194	97	91
493	804	686	968	504	481	246	237	97	101
429	596	446	708	399	495	191	212	88	107
470	721	584	721	376	379	184	167	72	93
575	755	617	826	408	442	228	245	109	134
372	501	424	479	279	259	111	108	43	47
366	588	507	627	418	317	164	147	71	74
314	535	375	595	317	407	152	149	63	60
1192	1210	871	781	438	453	224	253	87	122
5327	7092	5310	6529	3675	3757	1761	1676	714	837
36742	**36812**	**27729**	**28553**	**18080**	**17483**	**9584**	**8964**	**4402**	**4696**
3205	3777	2831	3464	2010	2134	974	941	404	415
2741	3249	2612	3107	1972	1957	1056	890	411	365
2439	2713	2083	2357	1486	1398	680	594	257	287
4529	4322	3161	3369	2268	2205	1109	1159	571	645
7086	6774	5109	4949	3163	2854	1728	1648	784	857
3262	2983	2267	2077	1191	1188	677	656	277	315
3945	4077	3007	3286	1944	2170	1313	1173	693	782
1091	1115	834	655	381	354	165	150	81	71
2113	2112	1649	1532	985	806	443	397	230	204
6331	5690	4176	3757	2680	2417	1439	1356	694	755
11936	**12296**	**9025**	**8738**	**5292**	**5434**	**3049**	**3302**	**1877**	**2171**
2971	3379	2660	2488	1488	1424	710	758	483	542
2538	2881	1885	2026	1001	1124	610	689	301	404
1856	1626	1233	1024	700	661	424	487	310	340
4571	4410	3247	3200	2103	2225	1305	1368	783	885
45211	**50300**	**38008**	**41843**	**25612**	**26418**	**14217**	**14050**	**6925**	**8091**
3204	3795	2734	3437	1993	2244	999	1112	453	539
4052	4611	3436	3728	2422	2537	1249	1265	633	776
4029	5480	4389	5053	2903	3036	1488	1327	612	581
4057	4907	3625	4506	2548	2934	1378	1440	618	719
3215	3523	2475	2890	1720	1726	912	953	349	494
6035	5843	4580	4237	2812	2778	1865	1736	1168	1173
1047	1138	783	857	443	570	244	258	86	112
6976	8058	6327	7184	4438	4225	2314	2180	1060	1265
7328	7799	5520	5752	3546	3771	1996	2336	1109	1539
5268	5146	4139	4199	2787	2597	1772	1443	837	893
25699	**27122**	**20890**	**20069**	**12406**	**11615**	**6472**	**6052**	**3605**	**3875**
2992	3542	2419	2423	1448	1439	718	793	282	350
7790	7847	6135	5584	3353	3084	1797	1692	1071	1153
1439	1545	1120	1038	632	609	316	277	150	167
1432	1374	1041	944	611	552	293	322	163	209

表2 续表 24

地 区	0岁		1-4岁		5-9岁		10-14岁		15-19岁	
	男	女	男	女	男	女	男	女	男	女
北安市	1725	1583	6029	5577	9120	8564	10218	9910	12552	12419
五大连池市	942	929	5033	4401	7270	6928	8258	7959	8775	8534
绥化市	**22550**	**19521**	**90131**	**78351**	**122790**	**108757**	**136191**	**123221**	**176246**	**168648**
北林区	3761	3249	14123	12424	18385	16607	20398	19026	25443	25225
望奎县	2120	1954	7630	6737	10471	9347	9973	9352	13704	13326
兰西县	1815	1574	9045	7279	11771	9345	13297	11199	16032	13936
青冈县	1809	1472	6884	5781	9741	8806	12222	10892	18475	18285
庆安县	1758	1465	5731	4864	8779	7722	11138	10108	12196	11108
明水县	1838	1556	5104	4288	6744	5804	8523	7328	12533	11956
绥棱县	920	796	4971	4383	7496	6955	7865	7115	9709	9050
安达市	1598	1567	7325	6826	10665	9873	11495	10508	13075	13051
肇东市	3525	2972	15928	13628	20682	17848	23294	20567	32042	29737
海伦市	3406	2916	13390	12141	18056	16450	17986	17126	23037	22974
大兴安岭地区	**1148**	**1150**	**5290**	**4868**	**8671**	**8063**	**12283**	**11398**	**15995**	**15233**
加格达奇	394	387	1799	1716	2806	2541	3765	3487	5976	6095
松岭区	43	49	255	260	454	463	857	748	813	776
新林区	77	81	360	351	717	714	1165	1074	1637	1573
呼中区	71	89	305	268	640	631	933	927	1122	1039
呼玛县	146	143	771	721	1085	996	1348	1284	1429	1272
塔河县	184	183	898	711	1480	1353	2151	2032	2714	2399
漠河县	233	218	902	841	1489	1365	2064	1846	2304	2079
上海市	**67467**	**60755**	**355124**	**309949**	**340432**	**292351**	**294286**	**262495**	**575676**	**545496**
市辖区	**65747**	**59134**	**346162**	**301598**	**331590**	**284124**	**284276**	**252893**	**559616**	**530908**
黄浦区	1101	986	4610	3983	4986	4314	5412	4890	10680	9871
卢湾区	565	585	2235	2043	2677	2216	2949	2669	5031	4784
徐汇区	2884	2711	12079	10701	12768	11552	13854	12689	22318	20855
长宁区	1885	1624	7658	6890	7646	6900	7887	7425	14069	13486
静安区	579	588	2302	2022	2739	2593	3027	2973	5079	4874
普陀区	2907	2797	16852	14709	14994	12888	14192	12835	23827	22791
闸北区	2202	1930	9450	8263	9104	8375	9945	9279	17007	15875
虹口区	2250	2022	9154	8068	9470	8305	10061	9324	16752	16079
杨浦区	3123	2873	13628	12312	13389	11951	14556	13315	31015	28403
闵行区	8278	7434	46435	40262	39648	33414	28361	24903	59033	56861
宝山区	5441	5023	31365	27058	28740	24460	25204	21946	43412	35867
嘉定区	3879	3298	24538	20841	22739	18591	16514	13976	40737	35784
浦东新区	16910	15303	87472	77042	81878	70285	68296	61303	125439	118201
金山区	1920	1753	9895	9161	12845	11366	11649	10678	20118	19749
松江区	4811	4198	29223	24801	26519	21722	19920	16422	58528	63852
青浦区	3541	3108	18929	16165	19387	16312	15000	12882	31942	30388
奉贤区	3471	2901	20337	17277	22061	18880	17449	15384	34629	33188
县	**1720**	**1621**	**8962**	**8351**	**8842**	**8227**	**10010**	**9602**	**16060**	**14588**
崇明县	1720	1621	8962	8351	8842	8227	10010	9602	16060	14588
江苏省	**367638**	**316347**	**1712346**	**1410923**	**1754767**	**1452806**	**1753098**	**1465559**	**2939819**	**2702916**
南京市	**26156**	**23042**	**120038**	**107735**	**128288**	**114793**	**127839**	**113645**	**299064**	**273954**
玄武区	1749	1593	8200	7558	8889	7971	8751	7703	22571	20966
白下区	1653	1439	8107	7557	8614	7660	8862	7858	17379	17205
秦淮区	1256	1179	5794	5181	5491	4887	5453	4671	10372	9026
建邺区	1747	1497	7861	6995	7250	6270	6690	5655	12851	11042
鼓楼区	2335	2081	10679	9611	12293	11062	12842	11332	24304	25661
下关区	1313	1098	5684	5120	6009	5256	6035	5345	12100	9828
浦口区	2382	2213	11097	9646	11529	10282	11575	10095	32433	29629
栖霞区	1565	1463	7759	7209	8408	7374	7838	7097	33828	35730
雨花台区	1329	1240	6505	5997	6649	5654	6113	5262	12443	10661
江宁区	3933	3387	18980	17056	19493	17778	17918	16158	62818	54300
六合区	3242	2822	14367	12872	17598	15861	17796	15995	29367	25835
溧水县	1804	1484	7697	6506	7867	7396	8517	7886	15171	12874
高淳县	1848	1546	7308	6427	8198	7342	9449	8588	13427	11197
无锡市	**17072**	**15363**	**98560**	**86221**	**116515**	**100681**	**119720**	**102235**	**213301**	**190488**
崇安区	639	642	3688	3145	4049	3493	3942	3445	5655	5937
南长区	1041	905	5547	4824	6523	5690	6775	5847	8719	8250
北塘区	1023	832	5607	4856	5889	4987	5938	5079	8655	8177
锡山区	1781	1637	11111	9731	12539	10541	12160	9950	23714	22368
惠山区	1930	1729	11566	9922	13706	10985	13665	10918	28376	22266
滨湖区	3224	2859	18477	15903	20296	17799	19539	17194	45742	43879
江阴市	4207	3713	25390	22317	31266	27092	32716	27361	52956	45059
宜兴市	3227	3046	17174	15523	22247	20094	24985	22441	39484	34552

单位:人

20-24岁		25-29岁		30-34岁		35-39岁		40-44岁	
男	女	男	女	男	女	男	女	男	女
14743	14311	14066	13988	17593	17146	24224	23201	24782	24207
10520	9879	9858	9513	13798	12789	19030	17563	19804	17864
231401	**238839**	**200985**	**198936**	**230148**	**221700**	**287089**	**275129**	**283446**	**270228**
37295	40873	33633	33366	36230	34811	43685	41551	44067	41757
20587	21557	17904	17882	19582	18869	23579	23467	23371	22361
19757	20391	15115	16089	17229	18565	20671	22271	18687	21323
20923	20862	16488	16046	19782	18785	25925	24439	26342	23939
14531	14935	13237	13518	16855	16526	21960	20734	21766	19782
14521	14896	11972	11187	12790	11563	16301	15282	17419	16963
12609	12619	11170	11588	15023	14452	18307	17443	19064	17484
18536	18266	16494	16088	19471	18363	26428	25074	27104	25395
41267	41394	37381	36167	39240	37462	46347	44025	44026	42731
31375	33046	27591	27005	33946	32304	43886	40843	41600	38493
16289	**14477**	**14949**	**13431**	**21562**	**18331**	**34690**	**29750**	**33576**	**30469**
5455	4711	4518	4299	5752	5537	8835	8490	8603	8631
871	737	975	596	2312	1051	3905	2025	2865	1801
1420	1279	1054	997	1881	1638	3984	3313	3639	3295
1260	1063	1160	883	2102	1646	3297	2666	2905	2512
1700	1582	1909	1725	2149	1933	3025	2767	3092	2930
2896	2605	2514	2328	3598	3267	6326	5777	6331	5820
2687	2500	2819	2603	3768	3259	5318	4712	6141	5480
1339673	**1280697**	**1319622**	**1251559**	**1113853**	**1014263**	**1025778**	**895519**	**1001047**	**876689**
1311590	**1261166**	**1296509**	**1233374**	**1092206**	**995786**	**1001595**	**874472**	**968750**	**847057**
22261	22444	20415	20006	14134	14400	13645	14943	14591	16221
11349	12144	11231	11808	7344	8291	6868	8103	7720	8883
57640	58890	60956	60744	42349	42270	37440	37878	37180	37067
34085	39025	38498	44331	25970	29420	21624	23234	21023	22217
10844	11850	10754	12179	7746	8927	7788	8948	8281	8805
61663	64124	71167	71447	55903	54182	47840	44099	46253	41690
41007	39380	42081	41949	31352	31093	27301	26944	27653	26661
39922	42011	42068	41991	29899	30410	26482	27127	26845	27775
75900	70120	65191	62749	45156	44717	41154	40045	42545	40085
145630	146464	157578	153059	145388	132542	129873	108230	113248	94621
102461	86999	114728	104534	104619	90180	98894	79880	97886	75761
107789	95851	100252	86632	87594	71775	80901	63193	74875	59910
294401	278191	306015	291250	259216	235527	233217	201221	221616	190729
34234	33840	30964	30101	30568	27958	31831	29379	38516	35408
134321	130886	102242	92398	90865	76906	80193	65023	72655	61672
72347	67840	64942	56436	59985	49657	61518	49919	61437	51361
65736	61107	57427	51760	54118	47531	55026	46306	56426	48191
28083	**19531**	**23113**	**18185**	**21647**	**18477**	**24183**	**21047**	**32297**	**29632**
28083	19531	23113	18185	21647	18477	24183	21047	32297	29632
3887759	**3895712**	**2782481**	**2849435**	**2755438**	**2774319**	**3185636**	**3219523**	**3924609**	**4042005**
574445	**532269**	**377875**	**367032**	**338088**	**315701**	**347071**	**310215**	**391617**	**349607**
60253	53367	47646	40623	29964	26687	25772	22208	26630	22300
40498	37443	30944	31333	25150	25910	23262	22352	24794	22985
23493	22579	23721	23036	21501	18969	19992	16055	20445	16519
20875	20030	22651	23301	22925	21618	23494	18475	23628	18390
65060	71395	47053	44874	34220	34920	32985	31781	34803	32019
26203	22731	24280	22077	21257	18863	20750	16966	22318	18134
66566	56500	30384	29854	30590	26340	29814	25179	33819	29582
72958	71017	28461	27961	25309	22922	24207	20292	26849	23346
28734	22571	23071	19558	20277	17170	20292	15410	21263	16435
96667	84645	47310	49920	47125	44029	45500	41841	52498	49593
41574	40427	31292	32257	33961	32940	39925	38770	52844	50362
17906	16770	11584	12201	14271	13442	20596	19669	25734	23805
13658	12794	9478	10037	11538	11891	20482	21217	25992	26137
362292	**324737**	**270587**	**254104**	**283775**	**260874**	**321159**	**294040**	**341309**	**320993**
10352	10273	10792	10940	10362	10030	11442	10196	11704	10774
16514	16869	16449	16786	15602	15626	17328	16501	17846	17212
14372	14139	15151	15086	15778	14419	17109	14913	17640	16125
41894	37510	31747	29552	33470	29422	37081	32909	36921	34198
41075	35045	30696	27929	33839	29522	39792	33927	40205	35118
95853	86369	64649	58409	57594	50715	60305	52143	58714	52150
88774	79362	63230	61033	72982	68963	81117	77114	86213	83870
53458	45170	37873	34369	44148	42177	56985	56337	72066	71546

表2 续表 25

地　区	45-49岁		50-54岁		55-59岁		60-64岁	
	男	女	男	女	男	女	男	女
北安市	21220	21565	17308	17979	14617	15762	9979	11610
五大连池市	17179	16212	13546	13202	11438	12054	7778	8122
绥化市	**242357**	**244900**	**208787**	**210688**	**180849**	**187830**	**130048**	**132720**
北林区	41576	41518	35678	36052	31097	32446	21817	22968
望奎县	19702	20352	17363	18159	14731	15635	11283	11682
兰西县	14928	18395	13606	16773	12149	14784	8509	10373
青冈县	20980	20839	19169	18339	15995	15483	11467	10962
庆安县	17710	17419	15491	15316	12985	13419	9798	9552
明水县	14219	14233	12453	12021	10877	10827	7925	7597
绥棱县	15931	15779	13455	13160	11043	11269	7267	7417
安达市	23648	23307	19088	18692	16622	16941	11078	10966
肇东市	40157	40024	33374	32835	29290	29796	21917	21602
海伦市	33506	33034	29110	29341	26060	27230	18987	19601
大兴安岭地区	**27343**	**25249**	**20022**	**18543**	**15951**	**17005**	**13161**	**15880**
加格达奇	7732	7695	6240	6021	5020	5199	3579	4329
松岭区	1750	1314	1066	894	769	874	812	1211
新林区	2664	2560	1757	1588	1232	1457	1400	2163
呼中区	2107	1959	1738	1753	1818	2148	1786	1930
呼玛县	2880	2573	2245	2080	1947	1929	1282	1210
塔河县	5043	4634	3525	3160	2655	2795	2601	3164
漠河县	5167	4514	3451	3047	2510	2603	1701	1873
上海市	**956736**	**843942**	**932637**	**870085**	**872884**	**850526**	**587260**	**551082**
市辖区	**922703**	**810841**	**899293**	**836856**	**840007**	**816620**	**560777**	**524450**
黄浦区	18642	19119	24498	22541	21642	19549	12882	11113
卢湾区	10054	10595	13915	13629	12476	12071	8216	7820
徐汇区	40779	39282	49985	50056	45853	46667	32101	31853
长宁区	25860	25809	33911	33534	30108	30007	19433	19458
静安区	9118	9636	12150	12340	11795	11919	8398	8109
普陀区	52933	49001	67240	65192	62784	61508	39989	36831
闸北区	36976	34303	47528	44887	42870	41169	26846	23546
虹口区	35339	34890	47575	46524	43542	42744	28870	26021
杨浦区	56076	52230	74295	71729	67157	64416	41801	37754
闵行区	93812	77196	76673	70012	72945	74394	52629	51275
宝山区	86679	68581	79598	70055	72142	69612	48517	43413
嘉定区	61477	48358	47292	40477	43426	39787	28835	25716
浦东新区	202226	175870	189772	176947	181544	178612	125300	118637
金山区	37073	34253	28951	26392	28506	27178	19398	18863
松江区	58799	50055	38584	34687	38845	37655	25989	24530
青浦区	48973	39958	32567	26474	30266	27063	19120	17567
奉贤区	47887	41705	34759	31380	34106	32269	22453	21944
县	**34033**	**33101**	**33344**	**33229**	**32877**	**33906**	**26483**	**26632**
崇明县	34033	33101	33344	33229	32877	33906	26483	26632
江苏省	**3255929**	**3269253**	**2510290**	**2428126**	**2742953**	**2686617**	**2038145**	**1977846**
南京市	**358470**	**319378**	**253616**	**230997**	**256853**	**245314**	**187622**	**177984**
玄武区	26204	21532	19537	17937	16929	16997	12388	12203
白下区	26933	24360	23134	21758	20428	20053	14136	14001
秦淮区	19632	16041	15573	13889	13582	12863	9608	8681
建邺区	21511	16913	15426	13478	13590	12922	9701	8764
鼓楼区	34290	30045	25466	24958	22869	24054	16481	16340
下关区	23248	19115	19239	16797	16592	14447	11092	9464
浦口区	30490	27162	20680	18146	20808	19367	14349	13733
栖霞区	24402	21411	18529	16177	16451	15611	12188	11911
雨花台区	18474	14727	13295	11014	11955	10645	8385	7690
江宁区	44187	42056	28600	27801	34996	33961	26691	26057
六合区	46334	43665	32167	29000	35143	32874	25784	24709
溧水县	21596	20336	11651	10442	16471	15755	12959	12364
高淳县	21169	22015	10319	9600	17039	15765	13860	12067
无锡市	**281551**	**260647**	**200716**	**174828**	**220622**	**204813**	**170801**	**161881**
崇安区	10310	9358	8501	7666	8069	7850	6080	5563
南长区	16619	15371	14186	13424	14859	14693	11011	10234
北塘区	15516	14059	13119	11253	12062	11856	9392	8739
锡山区	30188	27017	20289	16424	21476	19585	16129	15227
惠山区	29121	26411	19566	16624	21816	19218	17387	15909
滨湖区	47832	42559	34862	29852	37410	34925	29550	27826
江阴市	70196	66141	49332	42698	53487	48799	41713	39818
宜兴市	61769	59731	40861	36887	51443	47887	39539	38565

单位:人

65-69岁		70-74岁		75-79岁		80-84岁		85岁及以上	
男	女	男	女	男	女	男	女	男	女
6842	7638	6048	6265	3822	3651	2020	1799	1142	1219
5204	5176	4127	3815	2540	2280	1328	1169	797	777
75511	**76964**	**62969**	**59601**	**34513**	**33964**	**17504**	**17685**	**8076**	**8880**
12494	13233	10447	10234	5642	6165	3220	3329	1538	1751
6457	6800	5676	5518	3141	3073	1700	1753	792	935
5543	6155	4532	4696	2398	2545	1236	1385	509	655
6524	6126	5629	5025	2972	2843	1528	1442	551	650
5374	5263	4171	3751	2092	1998	1058	1055	477	520
4359	4076	3600	3274	1992	1881	971	972	422	428
4478	4670	4346	4341	2683	2376	1380	1228	759	742
6714	6712	5690	5289	3258	3113	1503	1511	749	743
13041	13615	10317	9475	5227	5103	2399	2447	1067	1118
10527	10314	8561	7998	5108	4867	2509	2563	1212	1338
9796	**9875**	**6792**	**6825**	**3865**	**3691**	**1999**	**1777**	**986**	**1177**
2648	2908	2124	2242	1342	1329	721	625	375	433
700	699	456	457	235	185	98	74	51	54
1475	1342	759	781	404	356	225	191	112	144
979	902	605	562	334	301	151	173	123	151
745	730	548	519	295	348	167	162	85	109
2091	2053	1378	1321	741	694	392	334	158	167
1158	1241	922	943	514	478	245	218	82	119
338727	**326626**	**251633**	**271414**	**248892**	**306217**	**147101**	**204429**	**86088**	**150186**
319366	**306800**	**236284**	**255305**	**237152**	**292378**	**140029**	**194571**	**81943**	**141546**
6206	5747	4723	5908	6020	8659	4196	6775	2771	5007
4811	4594	3705	4366	4510	5843	2980	4249	2126	3324
19789	20317	16789	18024	17816	20485	10679	13448	6492	9890
11961	12388	10259	11312	11656	14007	7099	8899	3938	6035
4836	4879	4003	4173	4272	5592	2982	4142	2124	3422
21130	19509	15876	17092	17406	22117	11387	15342	6431	9953
13363	12745	10702	12181	11932	15159	7423	10497	4467	7051
15045	14639	11971	13679	13145	17281	8685	12270	5439	8802
21417	20832	17819	20468	20434	25925	12798	17243	7320	11281
31005	29428	22370	22278	19956	22658	10645	14006	6133	10695
25676	23279	17832	18179	16913	20163	10402	14060	5773	9554
16582	16129	11048	11925	10896	13294	6712	9693	3422	6493
70207	65872	51295	54565	47852	59231	27210	38856	16287	30635
13364	13613	8985	9866	7973	9883	3832	5750	2069	4556
16758	15929	10699	11226	9857	11538	4872	7023	2728	5467
12998	12587	8448	9005	7616	9467	4024	5891	2004	3898
14218	14313	9760	11058	8898	11076	4103	6427	2419	5483
19361	**19826**	**15349**	**16109**	**11740**	**13839**	**7072**	**9858**	**4145**	**8640**
19361	19826	15349	16109	11740	13839	7072	9858	4145	8640
1454528	**1423744**	**1119522**	**1152797**	**794443**	**936196**	**428578**	**607129**	**218728**	**422981**
122280	**118534**	**99448**	**98205**	**73960**	**81291**	**40974**	**50550**	**18797**	**30997**
8345	9107	7973	8380	6116	6281	3300	3504	1604	2219
9856	10102	8746	9465	6990	7497	3928	4548	1998	3023
5823	5430	4610	4996	3682	4178	2191	2609	1131	1816
5568	5125	4125	4076	2966	3297	1770	2210	927	1475
11582	12690	10980	11570	8443	9073	4959	5239	2471	3254
6497	6060	5538	6385	4481	5518	2778	3176	1397	1926
9060	9485	7169	7592	5384	6684	2867	4058	1294	2461
7785	8316	6296	6404	4571	4887	2299	2880	991	1593
4892	5009	3894	3965	2938	3012	1453	1717	632	962
16927	15687	12458	11192	8566	9467	4486	6109	1864	3574
15663	15140	12744	12550	9520	11249	5084	7473	2064	4355
8998	7702	6666	5628	4476	4502	2522	3169	1033	1873
11284	8681	8249	6002	5827	5646	3337	3858	1391	2466
105655	**98943**	**77476**	**77383**	**54481**	**61769**	**33232**	**45679**	**17471**	**32425**
3922	3484	2889	3025	2491	2753	1480	1938	789	1335
7395	6949	5915	6295	4945	5508	2849	3567	1415	2402
5708	5151	4489	4705	3433	3909	2070	2825	1032	1801
9672	9541	6881	6957	4506	5651	2774	4270	1507	3083
10215	9090	7081	6417	4160	4767	2532	3841	1571	3140
18353	16838	13292	12603	8597	9844	5088	7274	2821	5502
25631	25571	19552	21249	12281	14386	7559	10832	3724	7434
24759	22319	17377	16132	14068	14951	8880	11132	4612	7728

表2 续表 26

地区	0岁		1-4岁		5-9岁		10-14岁		15-19岁	
	男	女	男	女	男	女	男	女	男	女
徐州市	**65959**	**55173**	**331726**	**254425**	**249790**	**186472**	**225312**	**172702**	**373663**	**321454**
鼓楼区	2694	2147	13675	11140	12268	9946	9896	8494	16776	15564
云龙区	1669	1399	7926	6537	7133	6244	6690	5649	9487	9231
九里区	953	737	5175	4003	3485	3002	3109	2517	6634	6071
贾汪区	3614	3092	16721	12135	10962	7946	11499	8181	16522	12863
泉山区	1810	1548	8821	7529	9795	8670	10911	9354	21460	18443
丰县	7906	6669	34606	26628	31395	21271	30509	20898	53633	42330
沛县	9546	7606	43072	31148	31638	21761	28800	20707	62228	49927
铜山县	9224	7944	48735	38492	30118	23603	22981	18144	48250	45319
睢宁县	8390	7157	39685	30103	29207	21945	39905	30258	51986	42637
新沂市	7646	6463	46002	36752	29563	22007	21164	17053	33356	29473
邳州市	12507	10411	67308	49958	54226	40077	39848	31447	53331	49596
常州市	**16509**	**15064**	**77582**	**69554**	**90893**	**78414**	**96920**	**83872**	**159262**	**146787**
天宁区	1637	1561	7966	7051	10231	8731	11051	9587	16435	16997
钟楼区	1489	1629	7289	7788	8938	8642	9462	9178	19148	15996
戚墅堰区	397	372	1794	1521	1984	1703	2085	1694	4647	3971
新北区	2581	2210	10691	9587	11428	9798	11136	9272	20441	18675
武进区	5537	4993	29248	25349	33059	27252	32490	27339	54225	51522
溧阳市	2982	2560	12459	10737	15253	13309	18984	16086	28161	23343
金坛市	1886	1739	8135	7521	10000	8979	11712	10716	16205	16283
苏州市	**30763**	**28144**	**154663**	**136915**	**172799**	**151250**	**153075**	**135519**	**377201**	**405706**
沧浪区	1231	1191	6178	5568	6390	5637	6733	5867	9876	10134
平江区	3653	3324	15782	13999	14830	12946	12023	10528	34968	40159
金阊区	880	813	5010	4250	5299	4292	4760	4102	8171	9300
虎丘区	2335	2138	9977	8787	10070	8740	7785	6954	25793	28481
吴中区	3639	3381	18074	15916	18328	16138	14947	13220	46708	53110
相城区	2496	2196	12467	10952	12346	10297	9878	8696	27541	25501
常熟市	3596	3253	18233	16563	25611	23570	24515	22948	49292	52868
张家港市	3428	3076	18218	16516	22839	20327	21894	19163	36431	37288
昆山市	4544	4067	24062	20842	24242	20485	19045	15888	70685	72657
吴江市	3356	3169	17081	15005	20086	17859	18633	16706	49078	58315
太仓市	1605	1536	9581	8517	12758	10959	12862	11447	18658	17893
南通市	**23474**	**21741**	**98731**	**92648**	**127548**	**119890**	**148372**	**141899**	**214491**	**219062**
崇川区	2635	2501	12385	11349	15068	13638	15807	14720	31881	33891
港闸区	742	629	3823	3454	4130	3637	3990	3551	9058	9725
通州区	3808	3693	15929	15501	18969	18603	23039	23033	30901	31882
海安县	2552	2248	10555	9845	15567	14472	17822	16611	24878	23623
如东县	2245	2244	10717	10240	14206	13858	18009	17968	26249	26591
启东市	3119	2914	11715	11394	15880	15657	20750	20536	25609	26609
如皋市	5416	4639	21334	18772	26503	23707	27726	24439	37143	36325
海门市	2957	2873	12273	12093	17225	16318	21229	21041	28772	30416
连云港市	**26775**	**23856**	**159388**	**128271**	**151644**	**110046**	**149700**	**105317**	**206011**	**178416**
连云区	1253	1014	5307	4523	4999	3952	5642	4341	7818	6701
新浦区	2434	2198	13376	10511	15161	11390	16310	12143	23500	23229
海州区	1312	1158	6730	5592	6487	5064	7335	5337	10658	9700
赣榆县	6093	5656	36882	30138	34477	23979	35842	22213	56289	41196
东海县	5732	4944	40846	32871	35609	26246	31180	22836	44818	41779
灌云县	6112	5403	29631	24768	29012	22119	30805	22796	37944	34464
灌南县	3839	3483	26616	19868	25899	17296	22586	15651	24984	21347
淮安市	**28825**	**24038**	**131598**	**108540**	**143830**	**116875**	**138557**	**114768**	**213376**	**195475**
清河区	2045	1746	9838	7974	11502	9424	12542	10126	33448	29780
楚州区	5749	4752	25858	20040	30025	22433	30582	22367	51968	41917
淮阴区	5911	4954	24816	20915	25905	21475	23659	19924	33841	35627
清浦区	1657	1413	6813	5508	8387	6807	9681	7968	13699	12222
涟水县	6271	5018	31179	25331	35044	27198	28210	23235	35085	32531
洪泽县	1471	1205	7334	6265	9116	8026	8848	8039	10874	10165
盱眙县	4579	3896	20748	18176	17977	16296	17574	16375	25218	24636
金湖县	1142	1054	5012	4331	5874	5216	7461	6734	9243	8597
盐城市	**43024**	**34118**	**181737**	**139618**	**184669**	**147964**	**172172**	**139377**	**227130**	**191947**
亭湖区	4997	3639	18941	13918	21670	17245	21313	17424	34673	28295
盐都区	3894	3282	17279	11823	17834	12537	16767	11984	26636	23421
响水县	4234	3294	21274	16419	17914	13780	14334	10518	16403	14380
滨海县	8455	6508	37869	29797	31183	24781	23677	18529	32763	28543
阜宁县	6528	4676	25518	18466	22204	18063	20596	16670	24671	19693

单位:人

20-24岁		25-29岁		30-34岁		35-39岁		40-44岁	
男	女	男	女	男	女	男	女	男	女
426487	**432040**	**277063**	**300870**	**237820**	**260513**	**304109**	**325805**	**389187**	**436703**
21753	22713	20308	22186	19610	20340	21135	20536	24053	23470
18394	19974	14755	16099	14249	14389	15669	14559	17411	15890
11800	9894	6587	6422	5123	4825	6312	5895	8815	8173
22753	22805	16419	15729	12807	12299	15347	15419	20266	21696
47704	31946	18885	20815	18708	21196	21857	22688	24490	24461
35353	34348	25148	26247	24701	28722	35777	38820	43987	52485
56180	58191	36492	39784	32507	37002	38754	42938	52515	61076
53614	62756	34901	39504	27737	30847	33916	38244	45829	55786
33969	40403	22876	28821	22943	27833	32282	41949	44884	58716
47329	50965	30177	32239	23322	24263	34595	34700	44596	46790
77638	78045	50515	53024	36113	38797	48465	50057	62341	68160
224771	**209431**	**179046**	**174940**	**186153**	**181656**	**223228**	**220785**	**239196**	**239147**
24384	23671	20995	22501	22334	23380	26219	25856	26889	25398
28481	28121	21782	22503	21842	21796	24484	23525	25320	23993
5490	4082	4675	4327	4343	4052	4819	4511	5275	4882
38644	33399	29279	26428	27397	24468	29278	26891	30861	28670
85339	78016	66514	62487	70804	65641	84537	78933	84323	79812
25018	22511	20926	20626	23820	25213	32091	35460	38588	43089
17415	19631	14875	16068	15613	17106	21800	25609	27940	33303
773074	**777110**	**572558**	**527663**	**494099**	**437398**	**479214**	**428524**	**505552**	**474009**
20668	22739	19271	20661	16299	16615	15506	15400	16910	16747
87896	94306	69032	62135	46940	39750	36972	31605	36821	32998
14646	16948	15555	16378	12982	12368	12682	11794	13140	12438
52254	54796	35250	32827	26646	22946	22375	19584	23641	21950
96864	101096	68248	63781	56044	48446	51615	46349	54495	50851
48937	46565	38218	34098	34911	28988	35167	29739	38533	35829
85148	86016	61567	57867	64894	60807	70458	65631	76230	73841
70046	67649	52075	51037	55120	52439	61731	57686	71829	69729
169993	154698	121562	104598	94081	76576	77104	62541	71960	62465
89614	97328	59261	54022	52505	47951	58029	54135	64732	63242
37008	34969	32519	30259	33677	30512	37575	34060	37261	33919
218390	**243888**	**167095**	**195145**	**187088**	**225208**	**225901**	**281556**	**348197**	**418026**
56803	57964	34035	35480	35039	35860	37579	37118	46367	43823
14172	12965	11945	11241	11213	10165	10976	10111	14387	13324
30917	35548	23685	29032	25622	32089	32981	43150	50559	64602
18653	22757	16784	21219	20846	27256	24709	35000	42219	57280
20445	24859	15692	19351	19928	25220	27973	34117	54372	60715
22756	25774	20793	24617	21869	27565	27548	35208	39675	49523
33830	37882	24287	29621	29969	37148	37800	51147	64935	79379
20814	26139	19874	24584	22602	29905	26335	35705	35683	49380
205318	**226203**	**142719**	**156644**	**124753**	**130689**	**148116**	**153391**	**192484**	**202128**
12763	11166	10309	9774	9022	8504	10176	9155	12186	10422
34322	34032	25899	24436	25811	23316	28376	24461	31482	26378
11630	11891	8137	8397	7253	7412	8384	8182	10665	10518
39709	46249	25773	30625	19153	23221	27123	34187	36093	47700
41884	50321	27176	32430	22911	25715	30327	33321	41242	45789
38343	40837	25399	26680	23629	23844	24349	23716	34464	34697
26667	31707	20026	24302	16974	18677	19381	20369	26352	26624
191353	**213941**	**123113**	**146894**	**136500**	**153366**	**178339**	**195465**	**240655**	**257568**
44035	39532	19590	20185	20430	20914	22631	21802	26102	24374
32182	36762	23161	28146	26727	31095	34453	39541	46286	51437
32341	38851	19372	22760	21738	24345	25636	29048	36887	40603
13197	14101	9992	11714	11889	13203	13869	14549	19168	19358
32147	40392	19038	26422	20053	24109	27314	31523	36789	42857
7716	9193	7044	9048	9581	11394	14309	15813	19050	20029
22581	27009	18157	20929	17659	18897	25110	26811	34627	35796
7154	8101	6759	7690	8423	9409	15017	16378	21746	23114
254876	**272014**	**209003**	**230941**	**212103**	**229018**	**271623**	**286559**	**387551**	**398528**
46846	46292	28857	31254	30775	33884	40815	41426	53590	51855
29026	29611	21264	22413	22300	22849	27868	28519	37629	39692
23083	25441	19785	19892	14751	14353	17144	16274	23253	22384
36767	42565	34821	38957	28344	29930	33829	34203	42326	40962
27567	30065	28243	32080	25732	26979	30431	31663	40695	42225

表2 续表 27

地区	45-49岁		50-54岁		55-59岁		60-64岁	
	男	女	男	女	男	女	男	女
徐州市	**317514**	**341401**	**240636**	**237858**	**276108**	**272357**	**187549**	**183050**
鼓楼区	21577	20556	16489	15823	15941	16118	10525	10458
云龙区	15306	14302	11756	11080	11245	11398	7490	7216
九里区	8532	6702	5443	4466	4297	4101	2634	2617
贾汪区	16576	17798	11998	12214	14505	14752	9222	9403
泉山区	23925	22389	17228	17047	16529	17109	10699	11028
丰县	32033	36220	26218	25921	32261	31097	24408	24546
沛县	39358	44663	30289	31254	35732	35793	26081	25327
铜山县	36476	42978	27455	28697	35696	36354	24179	23001
睢宁县	37653	45410	28670	28638	35612	32922	24656	21638
新沂市	34459	35781	23278	22702	28339	27891	17839	18251
邳州市	51619	54602	41812	40016	45951	44822	29816	29565
常州市	**208346**	**199261**	**144130**	**127895**	**160026**	**148661**	**123482**	**118843**
天宁区	21828	20345	16633	15371	16542	16115	12642	12186
钟楼区	22008	19446	15421	14165	16051	15920	12576	12149
戚墅堰区	4517	4045	3693	3228	3620	3259	2732	2569
新北区	26395	23799	17625	14857	18992	16842	14455	13661
武进区	69360	62676	45508	37782	51059	45594	39714	38125
溧阳市	36021	38420	24377	22827	30094	29073	23430	23281
金坛市	28217	30530	20873	19665	23668	21858	17933	16872
苏州市	**403615**	**373306**	**278031**	**256374**	**303860**	**295030**	**224771**	**220530**
沧浪区	16109	15283	14009	14012	14132	14178	10783	10229
平江区	30526	27025	23484	22731	24595	24954	18491	18119
金阊区	11503	10561	9432	8999	9596	9404	7368	7120
虎丘区	18846	17033	13424	12368	13962	14030	10335	10361
吴中区	42704	39046	28419	26234	29328	28862	20848	20767
相城区	28759	26003	17871	15508	19612	17559	13773	12873
常熟市	66050	63314	46710	43207	51105	50014	40836	40763
张家港市	54010	51039	37116	34122	39789	39077	31072	31199
昆山市	54007	47864	31770	29196	35748	34074	24789	24238
吴江市	51283	49118	34152	30711	39771	37704	28768	26848
太仓市	29818	27020	21644	19286	26222	25174	17708	18013
南通市	**315038**	**368091**	**267759**	**297825**	**295467**	**312907**	**250189**	**256166**
崇川区	37369	33897	25006	23773	25732	25778	19891	20417
港闸区	11922	10801	8649	7746	9462	9248	6851	6664
通州区	47292	60675	39973	47406	48728	52759	42328	43153
海安县	35573	45225	32024	36321	36984	38847	32035	31080
如东县	49927	53793	41902	43737	45740	46943	39611	40128
启东市	43172	53195	41293	49893	41184	48698	33756	37850
如皋市	55017	63038	47066	47805	51356	48747	45117	44235
海门市	34766	47467	31846	41144	36281	41887	30600	32639
连云港市	**155293**	**160014**	**139295**	**140657**	**144425**	**148113**	**89234**	**91811**
连云区	10886	9087	8817	7937	8453	8511	5158	4970
新浦区	24722	20233	18869	16983	16509	17143	10669	10925
海州区	9382	8798	8122	7728	7403	7707	4693	5010
赣榆县	28681	37109	26396	31256	31069	34228	21141	22507
东海县	30094	33937	26196	28095	30544	32150	19466	19778
灌云县	29631	28971	29302	27986	28691	27281	15192	15845
灌南县	21897	21879	21593	20672	21756	21093	12915	12776
淮安市	**187458**	**192552**	**165073**	**159155**	**167543**	**162915**	**110638**	**104563**
清河区	20005	17497	15379	13347	13095	12059	8457	7782
楚州区	36970	40870	33436	33738	35979	35793	26988	25809
淮阴区	29707	30506	26844	26058	26649	24932	17707	15237
清浦区	14886	13819	11519	10870	10815	10371	6273	6130
涟水县	28362	32164	28721	28275	30988	31139	20814	20265
洪泽县	14152	14690	12434	12412	12423	12372	8055	7903
盱眙县	28579	27504	24214	21870	24281	22462	13290	12555
金湖县	14797	15502	12526	12585	13313	13787	9054	8882
盐城市	**322426**	**324841**	**284498**	**277170**	**286350**	**280247**	**203113**	**201189**
亭湖区	41128	38778	30223	28416	28150	27166	19591	19999
盐都区	27658	29709	22181	23590	27381	27940	20936	20162
响水县	18851	17874	20072	19204	19156	18436	10951	10784
滨海县	34381	32916	36044	34267	36176	35606	24574	23923
阜宁县	32730	34777	32793	32162	35149	33414	25024	23828

单位:人

65-69岁		70-74岁		75-79岁		80-84岁		85岁及以上	
男	女	男	女	男	女	男	女	男	女
148281	**154661**	**112487**	**117753**	**82627**	**100522**	**44305**	**64080**	**23188**	**45575**
7167	7789	5635	6402	4113	5020	2304	3059	1177	1998
5164	5275	3968	4468	3046	3782	1733	2349	951	1510
1847	2342	1777	1766	1158	1384	580	716	261	406
7208	7501	5815	5940	4271	5301	2273	3248	1310	2302
8047	9127	7581	8086	5437	5766	2691	2928	1246	1739
17786	19295	12562	13372	9898	13091	5287	8512	3043	6548
18795	19348	13475	13786	10207	12307	5779	8389	3279	6201
19810	20480	14247	14140	10638	12703	5796	8536	3181	6253
22303	21974	16705	17349	11284	13625	6214	9108	3038	6567
15332	15334	12266	12642	9030	11522	4133	6571	1919	4884
24822	26196	18456	19802	13545	16021	7515	10664	3783	7167
76643	**77071**	**56351**	**58043**	**39768**	**44931**	**25554**	**33459**	**13240**	**23517**
8158	7896	6345	6624	4743	5405	2907	3462	1367	2351
8044	7663	5967	6329	4258	4935	2534	3239	1348	2303
1685	1768	1421	1405	936	1176	645	880	400	581
8928	9204	6260	6727	3814	4970	2276	3657	1062	2486
23782	23356	16420	16615	10533	12793	6883	10121	3923	7370
14616	15294	11082	11367	8713	8790	6014	6939	3067	4901
11430	11890	8856	8976	6771	6862	4295	5161	2073	3525
149949	**145925**	**109845**	**115539**	**81698**	**99060**	**47037**	**69826**	**22669**	**47589**
7368	7140	5746	6102	4949	5214	2849	3353	1510	2459
12462	11871	9131	9598	7000	8200	3839	5503	1977	3894
5206	4862	3988	3980	3098	3287	1718	2204	969	1727
6590	6548	4827	5137	3438	4125	1911	2949	891	1967
13686	13941	9858	10524	7051	8773	3927	6159	1836	3907
8199	7487	5977	6330	4254	5526	2431	4049	1018	2363
27093	27517	20649	22457	14290	18453	8403	13610	3778	9296
20503	20951	15004	16172	10101	12238	6330	9267	3483	6768
16404	15240	10862	10960	8896	10875	4651	6808	2035	4348
19580	17241	14888	14668	11227	13221	6418	9035	3031	6109
12858	13127	8915	9611	7394	9148	4560	6889	2141	4751
189145	**188099**	**155273**	**162277**	**110443**	**130566**	**63793**	**93171**	**36698**	**72365**
13852	13742	10902	11266	7604	8437	4500	5635	2633	4672
4579	4630	3987	4727	2812	3638	1664	2468	1090	2150
30825	31574	24890	27238	18090	22312	11016	16757	6727	13452
26103	24441	21064	21063	14428	15780	7742	10896	4157	7678
31024	29815	25344	24045	18005	19302	10414	13949	6251	11054
24267	25566	23020	24481	17007	20523	9231	13896	5264	10718
34434	34391	27353	29596	18257	22943	10947	16824	5763	12175
24061	23940	18713	19861	14240	17631	8279	12746	4813	10466
67266	**68674**	**50578**	**51975**	**40840**	**46352**	**20979**	**26968**	**10672**	**18467**
3066	3483	2475	2675	1883	2206	1020	1176	507	760
7501	7712	5635	5900	4168	4194	2225	2381	1169	1677
3249	3908	2501	2807	2003	2196	1034	1215	608	840
15205	15680	11820	12265	10291	11814	5060	7012	2306	4048
16296	14520	12153	10991	10286	11594	5009	6563	2417	4602
12342	13296	8908	9838	7434	8489	4151	5062	2269	3809
9607	10075	7086	7499	4775	5859	2480	3559	1396	2731
86714	**87110**	**68372**	**73043**	**44660**	**54947**	**20799**	**31674**	**10040**	**21330**
5980	6069	4997	5342	3124	3579	1509	1776	813	1182
18356	18397	16132	17036	10534	12577	4478	6541	1979	3889
14206	13808	11651	12274	7065	9027	3575	5706	1829	4358
5164	5471	4417	5103	2801	3315	1195	1660	585	1075
15597	14882	12233	13020	7640	10345	3245	5807	1872	4672
7028	7052	4983	5209	3137	4016	1519	2401	674	1479
12708	13501	8555	9630	6482	7493	3374	4835	1436	2939
7675	7930	5404	5429	3877	4595	1904	2948	852	1736
150060	**149324**	**121373**	**126513**	**82060**	**94766**	**37372**	**51820**	**19732**	**35374**
14628	15407	11930	12667	7695	8733	3364	4474	1669	2787
15850	14703	12391	12125	8182	9337	3252	4554	1657	3086
7373	7689	5943	6263	4213	4919	2323	3225	1272	2422
15689	15650	13399	13594	8714	10521	4282	6059	2291	4320
18331	17811	13969	14186	9380	10906	4018	5836	2135	4250

表2 续表 28

地　区	0岁		1-4岁		5-9岁		10-14岁		15-19岁	
	男	女	男	女	男	女	男	女	男	女
射阳县	4987	4058	21091	17288	21149	18634	20480	17786	25253	21767
建湖县	3402	2968	15813	11551	21018	14520	20016	14836	23255	17039
东台市	3831	3293	13960	11836	18340	16142	20198	17931	27087	23037
大丰市	2696	2400	9992	8520	13357	12262	14791	13699	16389	15772
扬州市	**15480**	**13117**	**67356**	**57672**	**95129**	**84183**	**103533**	**90759**	**154314**	**144143**
广陵区	1475	1249	5251	4528	6685	5726	7215	6207	14579	11743
邗江区	1953	1615	8418	7467	11200	9867	10937	9524	22813	22749
维扬区	1517	1287	7245	6398	9507	8410	9825	8744	19450	19227
宝应县	3182	2615	14073	10851	20617	17319	21175	17501	25301	22051
仪征市	1804	1547	8161	7265	10749	9889	11984	10697	20907	18226
高邮市	2315	2046	9562	8609	14738	13848	18174	16958	23070	23763
江都市	3234	2758	14646	12554	21633	19124	24223	21128	28194	26384
镇江市	**11815**	**10599**	**43788**	**39152**	**53837**	**48084**	**59588**	**53995**	**111192**	**98649**
京口区	2123	1916	7864	7119	9688	8925	10774	9962	22135	18465
润州区	1047	962	3716	3276	5261	4601	5970	5456	9975	9081
丹徒区	1174	1040	4422	3996	4844	4482	5395	5079	9514	8998
丹阳市	3597	3247	14903	13202	17929	15597	19316	16965	34656	31495
扬中市	1524	1317	4572	3977	5824	5121	6288	5500	10157	8990
句容市	2350	2117	8311	7582	10291	9358	11845	11033	24755	21620
泰州市	**18901**	**16220**	**80860**	**65927**	**99897**	**85277**	**106784**	**85544**	**162962**	**125803**
海陵区	2352	1963	10327	8252	12797	11141	11444	9712	20788	19528
高港区	1206	1097	4962	4256	6251	5316	6247	5063	8882	6576
兴化市	6201	5383	26441	22649	26445	21911	27601	20678	52113	35030
靖江市	2229	2065	9235	8266	13189	12104	13947	12223	19084	15616
泰兴市	4491	3661	19089	13851	25304	20663	30412	22921	41016	30754
姜堰市	2422	2051	10806	8653	15911	14142	17133	14947	21079	18299
宿迁市	**42885**	**35872**	**166319**	**124245**	**139928**	**108877**	**151526**	**125927**	**227852**	**211032**
宿城区	7577	5794	24565	18539	22966	18361	27766	22972	36001	31980
宿豫区	5967	4503	20086	15372	14828	11798	18969	15286	32558	32007
沭阳县	13477	11907	57277	41237	45126	33730	49604	41587	82165	77252
泗阳县	8031	7030	31183	22988	30326	22056	27931	21288	40236	34292
泗洪县	7833	6638	33208	26109	26682	22932	27256	24794	36892	35501
浙江省	**240036**	**203225**	**1065018**	**925880**	**1264707**	**1112854**	**1260411**	**1116944**	**1865826**	**1725861**
杭州市	**32510**	**29551**	**148514**	**136201**	**164801**	**150082**	**172406**	**157012**	**284822**	**271149**
上城区	1129	977	4730	4237	5236	4576	5519	5051	6364	6244
下城区	1601	1470	8493	7728	8021	6935	7801	6847	10900	10303
江干区	2926	2697	15798	13732	14099	12250	11331	9836	43154	43710
拱墅区	1593	1433	9207	8273	8090	7165	7879	7149	15631	14534
西湖区	3338	2973	14084	12994	13747	12562	12495	11228	33296	31372
滨江区	1317	1181	5809	5069	5317	4937	4761	4261	11810	12947
萧山区	5771	5147	25150	23313	34753	32057	37233	34753	48342	45372
余杭区	5425	5079	22004	20579	22806	20704	21832	19866	33435	31955
桐庐县	1598	1564	7177	6577	8817	8218	10520	9651	13609	11124
淳安县	1361	1254	6064	5601	7665	7416	9808	9547	10972	10869
建德市	1805	1507	6972	6603	8445	7887	12547	10987	15022	12783
富阳市	2889	2694	13621	12691	17205	15383	18850	16699	24143	21716
临安市	1757	1575	9405	8804	10600	9992	11830	11137	18144	18220
宁波市	**25574**	**22246**	**132270**	**116964**	**155040**	**135502**	**159298**	**141965**	**232320**	**220508**
海曙区	1138	986	5617	5082	6542	5920	6503	5905	9715	8944
江东区	1482	1311	6216	5802	7287	6483	7012	6565	8550	8702
江北区	1475	1341	7108	6149	6698	5870	6380	5526	10990	10434
北仑区	2261	2017	11532	10123	10875	9186	10073	8905	20320	20222
镇海区	1326	1225	8084	6873	9321	7586	9076	7617	12326	11231
鄞州区	5292	4523	24903	21779	27242	23154	26563	22799	44432	44363
象山县	1888	1635	9887	8672	11849	10551	12104	10983	12689	11826
宁海县	3006	2316	15071	12472	17907	15065	16829	13731	20043	17246
余姚市	2802	2564	14348	12931	19215	17254	22198	20579	32055	30065
慈溪市	3525	3107	22054	20178	28142	25153	30485	28599	46812	44202
奉化市	1379	1221	7450	6903	9962	9280	12075	10756	14388	13273
温州市	**59095**	**44526**	**220259**	**173080**	**237939**	**193610**	**209559**	**167251**	**386626**	**330513**
鹿城区	5837	4796	24161	20589	25393	21541	21074	17803	51051	43519
龙湾区	4486	3303	18832	14271	18755	13890	15081	10611	32575	26598
瓯海区	4973	4036	19716	16231	19116	15694	14775	12200	48271	44604
洞头县	481	433	2013	1805	2286	2126	2632	2159	2256	1640
永嘉县	6028	4082	19918	14875	24137	18981	23612	19210	33186	27680

单位:人

20-24岁		25-29岁		30-34岁		35-39岁		40-44岁	
男	女	男	女	男	女	男	女	男	女
26887	28296	24792	27417	25258	27680	35449	37320	53301	54261
24108	24526	18894	21099	23442	25095	29568	31548	40626	44247
22667	25907	17164	21593	21441	26878	29130	36774	51022	59526
17925	19311	15183	16236	20060	21370	27389	28832	45109	43376
154109	**157607**	**113670**	**125996**	**152290**	**165705**	**183000**	**200051**	**245470**	**269612**
13371	12922	12302	12628	13540	14140	14610	14979	18113	17390
34246	31106	17906	18370	21092	20858	23392	22874	29149	30085
28261	29109	17935	19066	19413	19957	19826	20415	23384	23091
15383	18663	14065	17622	22710	27634	27842	34040	40063	48825
20270	18149	16150	16006	20149	19784	24600	25025	36389	36503
15957	19676	12989	15972	21997	25146	32217	36617	44168	50012
26621	27982	22323	26332	33389	38186	40513	46101	54204	63706
144847	**129920**	**103043**	**101356**	**115242**	**110119**	**146512**	**137822**	**173914**	**165057**
39578	31319	23236	21911	25356	23262	29389	25712	32508	27646
13310	10952	10170	10055	11625	11474	15370	13667	17461	15477
10135	10753	9303	10152	10514	10023	13264	12394	16536	15550
37922	36625	30704	30286	34673	33734	45436	44229	52981	52538
15082	13460	11091	10530	12382	11977	16074	15255	19538	19216
28820	26811	18539	18422	20692	19649	26979	26565	34890	34630
148005	**147410**	**104894**	**112294**	**149487**	**160110**	**179180**	**198635**	**255549**	**280804**
28771	32713	18303	19882	23342	24414	23721	24245	31082	32862
9906	8480	7670	7446	9759	9730	11788	12944	15678	17354
42665	41028	27582	29006	35981	37544	43391	44660	70214	70629
26598	21757	20114	18675	26936	25683	30128	29171	40768	41026
24494	25807	18266	21697	31292	36803	44104	54942	57581	70535
15571	17625	12959	15588	22177	25936	26048	32673	40226	48398
209792	**229142**	**141815**	**155556**	**138040**	**143962**	**178184**	**186675**	**213928**	**229823**
39482	41315	23987	25970	25942	27395	31130	32366	36800	40418
33001	36245	20190	21968	19022	18941	22488	23250	27847	30980
62068	71732	48349	55644	39786	42619	54420	59657	68347	71854
34654	36297	23322	24204	23348	24364	30178	32155	36259	39342
40587	43553	25967	27770	29942	30643	39968	39247	44675	47229
2533298	**2417352**	**2279194**	**2187550**	**2296739**	**2163217**	**2652552**	**2519948**	**2793988**	**2681530**
508652	**492722**	**400712**	**388072**	**374100**	**350659**	**401735**	**370375**	**419627**	**392143**
13346	14834	15536	17166	12852	13571	13420	13832	14084	14020
30199	30205	30758	32850	26939	25834	24892	22271	22329	20398
112681	112516	65619	55934	54942	43587	51014	38248	42609	33342
38076	37172	35365	34377	29967	26075	26533	22983	24728	21822
74859	69298	46583	44009	36086	34990	35601	32885	32914	30223
35253	33429	24062	19576	16578	13481	14566	11704	13484	11409
66883	61334	57548	55882	60452	58489	71772	69650	75899	78576
57277	56081	54434	53703	53239	47852	59941	53715	62344	56561
13579	12875	12332	12870	14177	14670	17883	18097	21599	20610
5405	6482	5291	6767	8426	10557	11018	12522	16670	16968
11389	10914	9892	11095	11277	13083	14275	15713	22475	23103
24139	22835	24865	25393	29464	29235	36029	34598	40673	37414
25566	24747	18427	18450	19701	19235	24791	24157	29819	27697
372665	**365504**	**332824**	**328981**	**327401**	**313933**	**383774**	**364831**	**408676**	**390808**
20504	20317	18452	19544	15822	16624	17157	16456	16708	16467
16565	20824	18730	21975	15939	17865	17882	17673	17358	16811
24711	24417	17367	17702	16004	14861	16437	15528	17192	16015
41131	36113	36458	31679	30528	26591	31369	27686	31788	27969
21172	18524	20031	17884	19895	18254	24921	22727	25940	22987
79540	82811	63308	63660	64321	59294	71845	65929	73605	68943
16251	15923	18344	19149	18932	19536	23038	23388	26457	26322
24285	23051	24332	25269	26521	27218	31965	31676	34951	34196
42652	41133	37379	37149	38513	37238	49701	48223	54018	52230
68716	65586	62788	59217	64009	59552	77661	74009	82630	81154
17138	16805	15635	15753	16917	16900	21798	21536	28029	27714
483047	**440454**	**469465**	**435376**	**466715**	**419389**	**489218**	**447587**	**436746**	**413353**
87208	78586	81193	72815	76097	65069	74681	65313	60615	57832
51230	42967	46295	39741	43980	37006	49209	41849	42498	38368
83669	74119	67120	55371	62772	49169	61381	49963	48065	42562
2179	1744	2571	2680	3086	3492	4076	4396	4670	4739
34503	30652	36087	33720	37584	33933	39784	35684	35531	32297

表2 续表 29

地区	45-49岁		50-54岁		55-59岁		60-64岁	
	男	女	男	女	男	女	男	女
射阳县	44175	42499	39049	35987	36730	34106	24496	25011
建湖县	30493	32722	24580	26296	30223	31245	23677	22026
东台市	51190	55993	46007	45264	43907	43362	33829	34529
大丰市	41820	39573	33549	31984	29478	28972	20035	20927
扬州市	**182801**	**199637**	**138773**	**143530**	**176014**	**179483**	**149123**	**142757**
广陵区	15303	14389	12270	11703	11533	11422	9240	9167
邗江区	23423	24785	18207	18308	20863	20785	18111	16678
维扬区	19076	18777	14262	14263	14752	15202	11855	11765
宝应县	28419	33640	22482	24778	31613	33420	26965	25872
仪征市	27224	26939	17924	17345	22397	21141	17850	16477
高邮市	30912	34748	23251	23498	32861	33023	27322	26029
江都市	38444	46359	30377	33635	41995	44490	37780	36769
镇江市	**158196**	**147444**	**106891**	**99821**	**121809**	**115128**	**93354**	**90591**
京口区	29726	24955	21495	19399	20749	19395	15639	15034
润州区	16223	13377	11247	9954	10886	10329	8120	7890
丹徒区	16122	15319	11559	10966	13461	12627	10383	9710
丹阳市	47754	47215	32537	30969	38893	36224	29875	28926
扬中市	16222	15859	11996	11615	12818	12382	9977	9585
句容市	32149	30719	18057	16918	25002	24171	19360	19446
泰州市	**190263**	**204924**	**151232**	**151631**	**190325**	**184476**	**158592**	**145621**
海陵区	24153	25253	18024	17813	21427	21096	16768	15611
高港区	11022	12444	9722	9623	11168	10715	9761	8407
兴化市	53867	55315	38938	38655	55462	53756	43771	41174
靖江市	31681	30864	24475	23466	28004	26421	22966	21789
泰兴市	40645	47074	36454	37642	42151	41013	37899	34696
姜堰市	28895	33974	23619	24432	32113	31475	27427	23944
宿迁市	**174958**	**177757**	**139640**	**130385**	**143551**	**137173**	**89677**	**82860**
宿城区	29361	29436	23107	20918	22622	20357	15965	13945
宿豫区	22089	23200	18952	18168	20120	19136	13004	10939
沭阳县	58718	59087	49756	46448	47274	45008	28022	27577
泗阳县	28130	29793	24829	23876	26445	27157	17277	15905
泗洪县	36660	36241	22996	20975	27090	25515	15409	14494
浙江省	**2428602**	**2297441**	**1817064**	**1680581**	**1701943**	**1636497**	**1265067**	**1211891**
杭州市	**402867**	**365900**	**304548**	**277905**	**273744**	**263724**	**192869**	**188585**
上城区	16565	15814	15804	15317	14103	13620	9631	9203
下城区	22412	20298	18574	17580	15833	16727	11740	11700
江干区	35760	28108	23942	19965	19519	18149	12564	12021
拱墅区	24200	20410	18733	16520	14902	14186	9875	9514
西湖区	30736	27155	21875	20874	19230	20115	14112	15131
滨江区	10741	9211	7100	6349	5836	5975	4331	4368
萧山区	71099	69228	55435	52391	50656	49238	37845	37740
余杭区	57549	51125	42170	37750	36873	35306	25707	25626
桐庐县	21262	20208	15653	14277	16239	15302	11277	11214
淳安县	18933	18437	15501	14659	15862	14924	10961	10246
建德市	24694	23796	18398	17109	18197	16890	13790	12480
富阳市	36831	32937	26995	23342	24871	22896	16726	15988
临安市	32085	29173	24368	21772	21623	20396	14310	13354
宁波市	**347219**	**325435**	**267607**	**250613**	**240800**	**234760**	**177406**	**176015**
海曙区	15954	15588	13391	13363	12387	13037	9230	9576
江东区	15661	15207	12441	12107	11362	11902	8253	8498
江北区	15568	14355	12176	11448	11432	11051	8117	7755
北仑区	25444	22687	18563	17339	17539	16478	11972	11789
镇海区	19864	17083	13623	11951	12040	11400	8400	8349
鄞州区	59734	54825	42688	38501	39895	37904	28165	27360
象山县	24089	23853	20597	19780	17040	16962	12880	13084
宁海县	28497	27614	23032	21514	19596	19158	14368	13778
余姚市	48609	45801	38761	37942	34840	35190	27753	27801
慈溪市	69206	64784	52521	48117	44804	42136	33386	33912
奉化市	24593	23638	19814	18551	19865	19542	14882	14113
温州市	**345371**	**330909**	**247117**	**226498**	**227086**	**213717**	**164084**	**148117**
鹿城区	49520	46940	35068	32298	28566	27865	19973	20148
龙湾区	29993	25965	16788	13690	13926	11799	8409	7491
瓯海区	34222	29025	21113	17781	18809	16373	12263	10754
洞头县	4210	4384	3545	3479	2872	2756	1974	2176
永嘉县	27936	26580	21821	20820	21367	20498	16330	14998

单位:人

65-69岁		70-74岁		75-79岁		80-84岁		85岁及以上	
男	女	男	女	男	女	男	女	男	女
16635	17484	13878	15997	9538	11738	4299	6114	2212	3971
18363	15916	14028	12700	8803	9452	3471	4796	2009	3393
27262	27719	23056	24573	16537	18784	8101	10925	4177	7334
15929	16945	12779	14408	8998	10376	4262	5837	2310	3811
100594	**91986**	**76586**	**75748**	**51833**	**61584**	**25373**	**37370**	**11000**	**22678**
6417	6566	5118	5270	3582	3786	2011	2272	896	1445
11036	9754	7995	7714	5438	6542	3075	4547	1300	2727
7546	7195	6109	5978	4193	4335	2119	2643	921	1553
19396	17717	14802	15046	9403	12198	3792	6115	1663	3572
10335	9360	8980	8690	6170	7213	3173	4781	1193	2575
19621	17681	14455	14361	9874	11707	4485	6891	1946	4186
26243	23713	19127	18689	13173	15803	6718	10121	3081	6620
56996	**55229**	**40644**	**40624**	**29486**	**35659**	**16718**	**23654**	**8008**	**15322**
9805	9762	7557	7628	5399	5882	3052	3581	1485	2445
5240	4934	3843	3815	2858	3157	1657	1953	842	1308
5880	5918	4131	4211	3158	4157	1734	2857	871	1713
17369	16568	11772	12279	8538	11369	4958	7805	2468	5108
6862	6315	4793	4777	3168	3993	1672	2577	761	1730
11840	11732	8548	7914	6365	7101	3645	4881	1581	3018
118262	**106134**	**87025**	**87623**	**59419**	**71222**	**31405**	**47059**	**15903**	**33278**
12266	11118	8801	8295	6422	7239	3314	4450	1735	3232
7003	6382	4886	5281	3565	4518	1959	3296	1049	2395
35059	30524	26038	25477	17453	20155	8138	11356	3937	7321
15673	14638	10899	11426	6913	8796	3998	6620	1986	4931
26948	24962	20054	21357	13378	17307	8035	12911	4150	9562
21313	18510	16347	15787	11688	13207	5961	8426	3046	5837
82683	**82054**	**64064**	**68071**	**43168**	**53527**	**21037**	**31819**	**11310**	**24064**
13910	14015	10725	11520	6613	8695	3211	5145	1783	3972
11567	11123	9520	9994	6460	7952	3212	5025	1564	3728
25061	26378	20092	21912	13891	17408	6303	9639	3406	7265
15570	14340	11713	12237	7637	9604	3929	6223	2221	4742
16575	16198	12014	12408	8567	9868	4382	5787	2336	4357
784795	**735862**	**679934**	**640909**	**570340**	**596808**	**311543**	**368163**	**154584**	**238737**
113166	**117524**	**100577**	**102261**	**89773**	**94991**	**48470**	**57813**	**23261**	**36550**
5940	6291	5414	6115	5697	6610	3372	3964	1875	2535
7327	7829	6624	7380	6832	6874	3639	3850	1742	2361
7110	7470	5967	6418	5479	5663	3036	3517	1556	2514
5968	6317	5639	6241	5618	5913	3015	3266	1459	2046
9049	9865	8638	9041	8106	7668	4242	4097	2019	2527
2269	2714	1741	1651	1475	1567	765	1027	365	591
21905	22796	16956	16430	14853	15493	8487	10472	4534	7356
14703	16254	12413	12272	10967	11597	6058	7450	2706	4932
6429	5771	5970	5940	4891	5477	2556	3377	1079	1981
6668	6584	6889	7106	5190	5931	2464	3334	907	1584
8657	8303	8499	8298	6332	6639	3182	3809	1496	2407
9428	9322	8265	7541	7952	8548	4405	5432	2132	3547
7713	8008	7562	7828	6381	7011	3249	4218	1391	2169
105554	**100556**	**80516**	**75362**	**73794**	**77764**	**40666**	**48663**	**20160**	**31715**
5792	5913	4479	4513	4105	4555	2264	2413	1130	1649
4991	5038	3755	3723	3318	3576	1738	1896	825	1325
4588	4084	3172	3083	3044	3209	1664	2007	935	1349
7594	6773	5269	4714	4534	4904	2719	3286	1520	2317
5111	4815	3600	3310	3094	3172	1741	1843	799	1305
15569	14003	11149	9853	10108	10939	5797	7049	2880	4473
8379	8075	7435	7111	6409	6540	3409	3913	1697	2602
9762	9074	8419	7813	6961	7097	3623	4113	1833	2672
16038	15192	11945	11226	11861	12085	6510	8444	3118	5296
19390	20334	14597	14224	14100	15124	8012	9861	3895	6401
8340	7255	6696	5792	6260	6563	3189	3838	1528	2326
108927	**92855**	**99623**	**89166**	**76207**	**75851**	**45152**	**48801**	**25123**	**33690**
11459	11964	10263	10908	8233	8856	4698	5318	2417	3599
4968	4344	4058	3867	2902	3362	1706	2098	987	1405
6629	5963	5902	5565	4535	4830	2758	3017	1485	2039
1527	1816	1450	1575	1037	1339	494	779	276	530
11513	9968	10896	9887	8745	8530	5284	5405	3251	3841

表2 续表 30

地区	0岁		1-4岁		5-9岁		10-14岁		15-19岁	
	男	女	男	女	男	女	男	女	男	女
平阳县	5168	3857	18598	15330	20872	18267	18108	14525	33360	28959
苍南县	10142	6910	33146	23279	34373	26058	34271	24752	55651	45981
文成县	1716	1466	5856	5112	5990	5754	5563	5082	6106	5344
泰顺县	1946	1628	6622	5896	7506	7118	7516	6988	8130	7373
瑞安市	8760	6971	33837	27266	38952	32586	32262	27425	54210	45872
乐清市	9558	7044	37560	28426	40559	31595	34665	26496	61830	52943
嘉兴市	**17955**	**16776**	**69750**	**65681**	**87392**	**81612**	**101687**	**96085**	**152801**	**160583**
南湖区	2385	2245	9134	8491	10734	9799	12582	11468	23289	22561
秀洲区	2837	2571	11444	10558	12810	11351	13280	12082	18147	18272
嘉善县	1913	1837	8638	8229	10890	9672	13081	12050	20539	19726
海盐县	1574	1487	6286	5828	8286	7876	10715	10239	13730	14303
海宁市	3452	3194	12742	12040	15804	15055	17503	16784	25263	26821
平湖市	2099	2116	8486	8170	10880	10781	13953	13720	24888	30360
桐乡市	3695	3326	13020	12365	17988	17078	20573	19742	26945	28540
湖州市	**9961**	**9577**	**43652**	**40538**	**54962**	**52278**	**64995**	**61725**	**96248**	**95419**
吴兴区	2306	2151	10652	9681	13121	12771	14379	13900	27605	29538
南浔区	1711	1645	7311	6767	9824	9115	10987	10479	15606	14948
德清县	1734	1670	7721	7035	8973	8464	11881	10837	15019	14201
长兴县	2366	2243	10318	9558	14006	13234	17045	16006	22772	21214
安吉县	1844	1868	7650	7497	9038	8694	10703	10503	15246	15518
绍兴市	**15187**	**13874**	**78808**	**72046**	**111433**	**102472**	**121535**	**112526**	**178743**	**174204**
越城区	2762	2534	14124	12719	19816	17828	20502	18682	31764	34197
绍兴县	2941	2610	18882	16586	23502	20883	25216	22723	36469	33632
新昌县	1440	1287	6336	5919	9755	9092	9378	8979	11109	9757
诸暨市	3965	3604	18976	17217	25816	24057	29417	27168	50180	48463
上虞市	2045	1982	10591	10353	17077	15959	19777	18838	27607	27685
嵊州市	2034	1857	9899	9252	15467	14653	17245	16136	21614	20470
金华市	**25719**	**20623**	**116317**	**96347**	**139326**	**117663**	**134529**	**112417**	**198835**	**176278**
婺城区	2903	2661	14876	13330	18508	16792	17028	15062	25285	23712
金东区	1333	1170	5935	5279	7200	6677	7216	6363	13040	10327
武义县	1570	1439	7024	6515	8697	7778	8226	7212	10810	10045
浦江县	2200	1565	10542	7828	13633	10312	12290	9127	18728	14161
磐安县	902	763	3925	3448	5304	4898	5303	4866	4978	4671
兰溪市	2326	1924	10842	9260	14219	12484	16589	14212	18842	16335
义乌市	6145	4473	28088	21199	27920	21653	27784	21503	50864	49382
东阳市	4336	3472	16262	13648	21743	18668	21858	18505	32079	27967
永康市	4004	3156	18823	15840	22102	18401	18235	15567	24209	19678
衢州市	**9759**	**8907**	**45237**	**42102**	**61152**	**57687**	**60858**	**57266**	**61694**	**56626**
柯城区	1635	1528	8893	8095	12262	11403	12208	11506	14434	13953
衢江区	1655	1472	7045	6765	8946	8300	9015	8526	9881	8792
常山县	1423	1220	6035	5515	7978	7577	6972	6591	6001	5308
开化县	1369	1218	6221	5703	8209	7715	7562	7272	5993	5089
龙游县	1446	1272	6547	6135	8814	8558	9985	9403	11732	11130
江山市	2231	2197	10496	9889	14943	14134	15116	13968	13653	12354
舟山市	**3566**	**3468**	**16612**	**15543**	**18569**	**17376**	**20239**	**18892**	**28146**	**22442**
定海区	1637	1580	7470	6953	8617	7998	8960	8355	13633	10665
普陀区	1260	1214	5686	5283	5906	5447	6344	5854	8313	7194
岱山县	465	483	2446	2336	2880	2789	3415	3190	4709	3250
嵊泗县	204	191	1010	971	1166	1142	1520	1493	1491	1333
台州市	**30499**	**24195**	**141427**	**118742**	**172769**	**146745**	**154150**	**134257**	**184605**	**158056**
椒江区	3109	2718	14557	12540	17874	15179	15816	13680	20342	18500
黄岩区	2840	2497	12961	11973	15847	14479	14918	14013	19558	17764
路桥区	2901	2386	13570	11685	16089	14185	14282	12186	19789	15838
玉环县	3519	2956	15379	13425	16289	14047	12100	10223	16656	12565
三门县	2060	1419	9109	7198	11061	9333	8957	8032	8095	6718
天台县	1909	1464	9593	7858	13771	11566	14132	12020	13147	11963
仙居县	1765	1358	10160	8350	14687	12529	12475	11480	10354	9167
温岭市	6602	5247	28884	24817	33056	28152	29959	25670	44681	36156
临海市	5794	4150	27214	20896	34095	27275	31511	26953	31983	29385
丽水市	**10211**	**9482**	**52172**	**48636**	**61324**	**57827**	**61155**	**57548**	**60986**	**60083**
莲都区	1910	1736	10047	9247	10925	10214	10744	9867	15023	15422
青田县	1914	1694	11041	10029	11179	10215	10537	9851	11308	10321
缙云县	1787	1614	9027	8312	11289	10428	11040	10432	10535	10029
遂昌县	812	771	3814	3612	5171	4991	5263	5062	4727	4586
松阳县	728	772	4093	3749	5222	5049	5640	5169	4727	4632

单位:人

20-24岁		25-29岁		30-34岁		35-39岁		40-44岁	
男	女	男	女	男	女	男	女	男	女
26796	25667	30387	30152	33343	32945	35742	35519	34703	34761
44209	43343	52420	53675	54660	54146	56182	57097	54920	54321
5200	5071	7109	7123	7366	7433	7741	8012	7959	7704
4780	5093	6825	7618	8549	8518	10332	9088	10097	9179
71538	65028	70600	65995	72279	66090	78667	73653	71761	67993
71735	68184	68858	66486	66999	61588	71423	67013	65927	63597
212082	**218231**	**172205**	**165340**	**163791**	**154899**	**206775**	**201747**	**239178**	**233359**
33222	34120	24971	24658	21027	20265	25880	25326	30518	29376
32290	31584	26882	25145	25280	23083	30453	28996	32421	30404
28205	27014	22283	20575	22071	20286	28253	27313	32942	31919
16797	16395	14665	13702	13740	13073	19239	18445	23941	23160
35027	35863	30370	29361	30552	28364	36975	35415	39299	38171
35938	41260	25886	24464	22166	20856	28747	27662	36616	35813
30603	31995	27148	27435	28955	28972	37228	38590	43441	44516
121627	**120187**	**99887**	**97905**	**100783**	**97646**	**127431**	**126721**	**159182**	**154681**
44380	45392	32629	31246	29622	27704	30619	31121	37115	38144
19644	18491	15887	14990	17342	16467	20796	21382	28250	29932
19078	18497	16888	16264	15897	15545	22688	22908	27720	26594
21879	21495	19356	20239	21840	22395	30962	30525	37916	34589
16646	16312	15127	15166	16082	15535	22366	20785	28181	25422
187184	**191173**	**163225**	**162615**	**183424**	**183044**	**228161**	**231987**	**251132**	**259155**
44810	50331	33360	34729	33441	33768	41198	41083	43443	46104
48488	46340	41246	37952	43042	39438	54714	52237	59025	61879
8418	7757	11191	11519	13501	14396	15735	16346	19416	19059
42436	43534	36349	37409	41185	42472	51556	55336	58150	60107
25313	26010	22039	22648	26290	27726	34700	36743	38618	40701
17719	17201	19040	18358	25965	25244	30258	30242	32480	31305
242550	**226276**	**233017**	**213926**	**248461**	**227407**	**262206**	**247989**	**270911**	**264154**
37677	36988	33178	30197	37278	34631	39057	34733	38801	34941
11098	9586	10736	10479	13867	12726	14554	13422	16778	15115
13611	12453	12985	12076	15427	13828	16767	15231	19596	17959
17598	14640	19116	16861	21620	19299	20936	20154	22021	21631
3318	3789	4104	5266	5687	6640	7881	8505	9506	9473
12822	12283	12779	13907	17744	19224	21632	22860	30215	31010
78310	76226	75686	66353	67009	57260	65642	60839	59579	58666
30099	28085	28661	27845	31502	31702	36537	38240	37390	41085
38017	32226	35772	30942	38327	32097	39200	34005	37025	34274
47313	**43271**	**55930**	**59212**	**66873**	**70451**	**93637**	**94437**	**109234**	**107007**
13545	13477	15548	17201	17764	18861	23543	22853	24646	23377
10038	6486	11207	8954	11254	9354	15160	13292	18520	16422
4004	4171	5097	5947	7076	8093	9939	10454	12014	12010
3263	3974	4256	5886	5880	7721	8668	10556	11328	12417
9186	7037	10453	9616	11967	11375	16209	15372	19960	18422
7277	8126	9369	11608	12932	15047	20118	21910	22766	24359
50315	**34893**	**46430**	**39544**	**43624**	**38679**	**57540**	**49785**	**67074**	**57540**
24153	18234	19170	18194	17713	17301	23072	21458	25294	23114
15136	10847	16428	13920	15404	13372	19978	17253	23929	20341
9390	4391	8534	5268	8192	5859	10644	7738	12587	9643
1636	1421	2298	2162	2315	2147	3846	3336	5264	4442
247253	**222688**	**244364**	**231676**	**244293**	**230595**	**301549**	**289681**	**321826**	**306936**
33827	31142	30430	29433	29298	27361	34284	32513	36218	32975
27276	24233	26327	24886	24530	23589	30130	29806	31862	31578
30304	25717	28968	25793	29221	25786	36809	33442	38179	34839
31138	26457	31448	29152	31852	28039	36996	32880	37585	33907
9774	8645	12046	12238	11596	11627	16621	15741	17694	15962
8446	9037	10487	11317	11462	12466	13385	14961	15450	16787
6463	7073	7221	8174	8641	9616	14132	14946	16423	16358
67226	58598	61531	54860	62311	56779	71191	66958	76081	72404
32799	31786	35906	35823	35382	35332	48001	48434	52334	52126
60610	**61953**	**61135**	**64903**	**77274**	**76515**	**100526**	**94808**	**110402**	**102394**
22862	22898	18849	18501	18695	17637	21489	19417	23595	20784
11347	10537	10362	9976	11246	10478	13313	12381	14031	12543
8610	8269	9629	10347	13221	13649	16163	15803	17610	17112
3240	3610	3988	4965	5659	6049	8751	8399	10693	10116
3598	3753	3710	4264	5772	6263	8952	8818	10620	10168

表2 续表 31

地 区	45-49岁		50-54岁		55-59岁		60-64岁	
	男	女	男	女	男	女	男	女
平阳县	30955	30873	24504	22719	23446	21990	17486	14846
苍南县	45125	45751	34599	31282	33141	30127	23882	19942
文成县	7387	7926	6792	6564	7920	8511	7337	5387
泰顺县	8741	8843	8022	7593	8040	7540	6772	4771
瑞安市	57308	54983	39920	36721	35812	33330	25473	24199
乐清市	49974	49639	34945	33551	33187	32928	24185	23405
嘉兴市	**217895**	**203668**	**151622**	**137244**	**152464**	**145614**	**112960**	**112464**
南湖区	29325	26719	21277	19816	20350	19818	14980	14834
秀洲区	27386	24758	16983	14933	17049	16411	12285	12188
嘉善县	28947	26537	17226	14745	19030	17323	14199	13516
海盐县	23003	21796	15685	14906	15790	15616	11884	12530
海宁市	38795	36942	29485	27813	29288	28119	21932	21759
平湖市	31995	30379	21944	19975	22498	20950	16181	16046
桐乡市	38444	36537	29022	25056	28459	27377	21499	21591
湖州市	**148736**	**135910**	**106412**	**92150**	**105126**	**100840**	**78015**	**75911**
吴兴区	34942	32878	25215	22041	24543	23801	18295	17576
南浔区	28253	27268	21598	17683	22979	21134	17332	16698
德清县	26778	24083	19719	17591	17553	16792	12954	12813
长兴县	33524	28784	22829	19390	22598	22251	17182	16760
安吉县	25239	22897	17051	15445	17453	16862	12252	12064
绍兴市	**223749**	**225288**	**178451**	**168535**	**171784**	**168169**	**135902**	**130291**
越城区	37508	39482	28551	28414	27088	27507	21746	20706
绍兴县	46389	47772	31668	29755	30622	28611	23624	22403
新昌县	19583	18640	18084	16354	15605	13993	12259	10255
诸暨市	51909	51861	40401	37105	40055	39234	31923	31159
上虞市	35235	36787	29840	29874	28848	30152	23364	23773
嵊州市	33125	30746	29907	27033	29566	28672	22986	21995
金华市	**226216**	**219865**	**156634**	**147874**	**159794**	**152100**	**120573**	**115446**
婺城区	34462	30572	24188	22179	22671	22488	16558	16651
金东区	15204	14114	10992	10248	11758	10960	8447	8110
武义县	17031	15244	12103	10979	11688	10849	8445	7703
浦江县	18045	17835	11867	11981	12596	12774	9576	9588
磐安县	8493	7822	6103	5666	6298	5797	4806	4716
兰溪市	28513	28604	21136	19891	23775	21568	18402	16791
义乌市	45170	43538	28668	25479	27389	24548	20589	18573
东阳市	31113	35419	23398	24992	24465	25379	19584	20157
永康市	28185	26717	18179	16459	19154	17737	14166	13157
衢州市	**101686**	**98777**	**84479**	**79504**	**86247**	**82344**	**66867**	**59920**
柯城区	21872	20718	17041	15722	15658	15334	12017	11462
衢江区	17161	15248	14487	12880	14748	13121	11445	9627
常山县	11622	11168	10114	9464	10384	10059	7919	6856
开化县	11473	12631	10625	11316	10898	11180	7733	7378
龙游县	18234	17160	13668	12609	15292	14663	12028	10781
江山市	21324	21852	18544	17513	19267	17987	15725	13816
舟山市	**61438**	**54392**	**50439**	**46403**	**41399**	**40582**	**29106**	**29455**
定海区	23183	21004	18688	17145	15784	15535	11867	11668
普陀区	21991	19501	17389	16029	13640	13386	9208	9263
岱山县	11462	9683	10371	9430	8572	8409	5885	6278
嵊泗县	4802	4204	3991	3799	3403	3252	2146	2246
台州市	**257861**	**245966**	**196700**	**185312**	**167702**	**163691**	**131472**	**127184**
椒江区	27532	25785	19170	17735	16881	16332	12731	12289
黄岩区	27781	26903	20682	19491	18470	18632	14860	15141
路桥区	27458	24822	17171	15550	15518	14573	11972	10408
玉环县	29226	25904	19667	16636	13978	12747	9102	9002
三门县	14661	13681	12463	12101	9889	9908	7938	8018
天台县	15050	15774	15058	14997	14318	13835	11674	11163
仙居县	14145	14490	12974	12628	12005	12272	10144	8961
温岭市	58740	55499	43098	40334	35979	34297	27762	27053
临海市	43268	43108	36417	35840	30664	31095	25289	25149
丽水市	**95564**	**91331**	**73055**	**68543**	**75797**	**70956**	**55813**	**48503**
莲都区	20614	18615	14179	12929	13464	13038	9510	8954
青田县	12636	12594	11872	11464	12112	11081	8965	7632
缙云县	14643	14277	12513	11750	12532	11993	10205	9524
遂昌县	9961	9225	8094	7604	8141	7441	5571	4751
松阳县	9050	8904	7279	6601	7352	6757	5649	4763

单位:人

65-69岁		70-74岁		75-79岁		80-84岁		85岁及以上	
男	女	男	女	男	女	男	女	男	女
12431	9625	11621	9908	8439	8544	5205	5448	2778	3787
16807	12794	15199	12597	11031	10813	6500	7299	3372	4846
5654	3542	5603	3777	4709	3425	3021	2453	1653	1709
5364	3197	5197	3462	4355	3016	2761	2135	1394	1438
16400	14492	15168	14156	11055	11583	6442	7515	3370	4995
16175	15150	14266	13464	11166	11553	6283	7334	4140	5501
75006	**73873**	**56456**	**57833**	**44833**	**51950**	**24097**	**33909**	**10278**	**21562**
10430	10209	7972	8438	6775	7485	3579	4270	1540	2795
8256	7409	6340	6156	4605	5512	2385	3492	956	2225
9795	8840	6671	6633	5500	6601	2934	4231	1308	2715
7539	7507	5675	6289	4523	5739	2264	3722	845	2146
13095	13642	10322	10718	8349	9812	4963	7125	2150	4602
11902	11938	7896	8483	6389	7875	3016	4957	1326	3223
13989	14328	11580	11116	8692	8926	4956	6112	2153	3856
47634	**48367**	**41406**	**40582**	**35863**	**36555**	**19494**	**22299**	**9058**	**13779**
11070	11446	9750	9565	8581	8397	4556	5157	2076	3200
10215	9772	9769	9360	8071	9064	4418	5453	2102	3311
7700	8363	6828	6733	6187	6149	3583	3982	1840	2527
11370	11633	8834	8697	7450	7270	4141	4596	1852	2863
7279	7153	6225	6227	5574	5675	2796	3111	1188	1878
78113	**71593**	**61555**	**56219**	**56224**	**58938**	**29780**	**36605**	**15009**	**24106**
13304	11552	9257	8634	8318	8471	4699	5429	2361	3614
13764	12168	10414	9457	9056	9586	4862	6173	2483	4235
7075	6358	6183	5791	5340	5683	2649	3048	1315	1839
17694	16511	14799	12916	13863	13886	7485	8720	4410	6610
13782	13844	10632	10159	10142	11266	5095	7204	2312	4401
12494	11160	10270	9262	9505	10046	4990	6031	2128	3407
75019	**67279**	**69289**	**62538**	**54968**	**58440**	**29302**	**35494**	**13976**	**21814**
8889	8730	9437	9086	7952	7629	4013	4136	1800	2583
4951	4498	4775	4384	3552	3989	1817	2451	893	1539
4976	4470	5304	4811	4584	4439	2649	2766	1134	1475
6392	5385	5377	4601	4300	4593	2292	2950	1085	1847
3487	3027	3228	2877	2550	2402	1342	1425	611	788
11598	9649	10316	8869	7645	8510	3935	5203	1630	2970
12564	10458	10773	9147	8153	8623	4394	5377	2352	3639
13391	13189	11829	11437	9792	11000	5624	7159	2619	4167
8771	7873	8250	7326	6440	7255	3236	4027	1852	2806
38959	**32385**	**38240**	**31644**	**30045**	**28766**	**16731**	**18141**	**7661**	**11612**
7207	6594	6746	6062	5794	5439	3061	3210	1679	2179
6562	5608	6150	5036	4904	4629	2723	2900	1247	1876
4956	4089	4778	3820	3485	3389	1732	2075	714	1319
4558	3822	5050	4297	3687	3695	2042	2366	765	1272
6689	5147	6849	5374	5343	4968	2865	2976	1303	1812
8987	7125	8667	7055	6832	6646	4308	4614	1953	3154
17805	**18837**	**14344**	**14954**	**12256**	**14840**	**6287**	**9285**	**3225**	**5937**
7177	7106	5786	5355	4937	5477	2514	3422	1479	2486
5770	6372	4840	5197	4028	4932	2134	3116	1033	1867
3594	3819	2799	3117	2378	3183	1197	2038	564	1176
1264	1540	919	1285	913	1248	442	709	149	408
88858	**84092**	**79284**	**78529**	**64788**	**71150**	**33802**	**40112**	**18418**	**27611**
8740	7985	7179	6895	5775	6047	3061	3661	1621	2550
9579	9249	9366	9427	7689	8342	4386	5092	2391	3575
7730	6146	6155	5919	5251	5815	2728	3419	1568	2450
6434	6943	5908	6057	4745	5297	2188	2720	1301	1878
5467	5566	4854	4971	4073	4237	2150	2331	1157	1496
7782	7292	6833	6818	5536	6209	2624	3250	1263	2115
6640	5653	6358	6189	4959	5379	2688	2841	1224	1754
19753	18894	17678	17528	14516	16729	7404	9353	4270	6744
16733	16364	14953	14725	12244	13095	6573	7445	3623	5049
35754	**28501**	**38644**	**31821**	**31589**	**27563**	**17762**	**17041**	**8415**	**10361**
5799	4881	6061	5137	5096	4634	2870	2733	1368	1674
6439	5313	6681	5749	5242	4740	3013	2948	1674	2084
6808	6152	6976	6248	5404	5207	2879	3176	1629	2095
3305	2553	3891	3200	3482	2889	1927	1961	751	1139
3317	2577	3583	3009	2912	2614	1743	1751	634	857

表2 续表 32

地区	0岁		1-4岁		5-9岁		10-14岁		15-19岁	
	男	女	男	女	男	女	男	女	男	女
云和县	484	402	2490	2509	2781	2850	2924	2780	2905	2634
庆元县	803	701	3574	3376	4453	4151	4783	4511	3584	3885
景宁畲族自治县	581	589	2725	2782	3195	3145	2842	2691	2411	2449
龙泉市	1192	1203	5361	5020	7109	6784	7382	7185	5766	6125
安徽省	**421009**	**327250**	**1643659**	**1301414**	**1844189**	**1481405**	**1943519**	**1613691**	**2468849**	**2275383**
合肥市	**29512**	**24310**	**120731**	**97954**	**138492**	**109517**	**156079**	**124597**	**257466**	**221924**
瑶海区	4228	3448	19971	16302	22223	17788	21821	17681	32077	29005
庐阳区	2389	2051	10807	9020	13525	10840	14348	11825	19212	16338
蜀山区	4147	3654	17858	14822	18552	15555	19078	15269	57180	47751
包河区	3376	2829	16101	13318	17807	14094	17226	13811	35218	24153
长丰县	4445	3452	15590	12809	17756	14409	23263	18931	32115	29207
肥东县	5625	4384	21823	16032	27849	20008	35890	26959	45527	37062
肥西县	5302	4492	18581	15651	20780	16823	24453	20121	36137	38408
芜湖市	**9319**	**8143**	**38017**	**33563**	**49356**	**44072**	**53778**	**48220**	**89238**	**77025**
镜湖区	1434	1283	6655	5995	8652	7532	10615	9454	15598	14794
弋江区	1146	974	4615	3988	5337	4599	5805	5001	12846	13342
鸠江区	1141	1066	4639	4208	5281	4593	5078	4495	19346	12299
三山区	867	735	2910	2410	3795	3399	3676	3346	6111	5020
芜湖县	1342	1178	5750	5176	7435	6948	8489	7682	11961	9387
繁昌县	963	955	4215	3819	6064	5542	6584	5996	10178	9373
南陵县	2426	1952	9233	7967	12792	11459	13531	12246	13198	12810
蚌埠市	**26112**	**20407**	**98281**	**78663**	**94764**	**76093**	**104329**	**86612**	**135162**	**124219**
龙子湖区	1190	1023	4916	4305	5151	4662	5807	5331	7286	6769
蚌山区	1376	1219	6209	5383	7036	6403	7154	6380	13642	13302
禹会区	1304	1097	5839	4944	6600	5398	6437	5609	8782	7500
淮上区	1192	810	4203	3326	4403	3837	4516	3683	5512	4819
怀远县	11302	8964	41542	33536	37708	29798	41545	33746	45497	41948
五河县	5256	3872	19428	14668	19552	14490	21975	17783	30786	28105
固镇县	4492	3422	16144	12501	14314	11505	16895	14080	23657	21776
淮南市	**15642**	**11755**	**60053**	**47105**	**61691**	**48268**	**66279**	**53770**	**91166**	**81011**
大通区	1133	922	4164	3612	4359	3625	5469	4772	6535	6038
田家庵区	2721	2212	11570	9861	13313	11528	14765	13024	24543	22658
谢家集区	1543	1296	5489	4713	6558	5823	8270	7316	11275	9858
八公山区	667	560	2555	2444	3545	3027	4122	3580	4873	4408
潘集区	3318	2482	11674	8788	10418	8213	11420	9189	16437	14851
凤台县	6260	4283	24601	17687	23498	16052	22233	15889	27503	23198
马鞍山市	**5237**	**4517**	**22924**	**19933**	**29911**	**25849**	**35670**	**30534**	**56708**	**47823**
金家庄区	399	382	1902	1651	2629	2258	3092	2717	3962	3249
花山区	994	870	4651	4231	6358	5548	7780	6949	9392	8225
雨山区	961	810	4244	3794	5797	5024	7271	6434	14070	11645
当涂县	2883	2455	12127	10257	15127	13019	17527	14434	29284	24704
淮北市	**13449**	**10568**	**54109**	**40815**	**60124**	**46162**	**73168**	**59533**	**96476**	**91732**
杜集区	1745	1477	7363	5934	8213	6751	9013	7677	13430	12489
相山区	2150	1714	10162	8121	12550	10598	14431	12354	19444	19842
烈山区	1745	1412	7268	5526	8363	6579	9989	8388	12910	11832
濉溪县	7809	5965	29316	21234	30998	22234	39735	31114	50692	47569
铜陵市	**2651**	**2400**	**12578**	**11587**	**16740**	**15151**	**19784**	**18216**	**23554**	**21665**
铜官山区	798	704	4276	3836	6606	5764	8365	7344	9714	8771
狮子山区	432	380	1973	1830	2467	2220	2593	2426	4224	3483
郊区	253	259	1373	1278	1720	1546	2009	1823	2221	1927
铜陵县	1168	1057	4956	4643	5947	5621	6817	6623	7395	7484
安庆市	**28677**	**22708**	**120129**	**98891**	**153987**	**126677**	**176087**	**151047**	**240177**	**223433**
迎江区	725	598	3630	3153	5155	4669	6600	5974	8892	8663
大观区	885	739	4145	3678	6196	5570	7919	7305	10205	9589
宜秀区	1019	841	4525	4151	6293	5495	7201	6509	11958	13518
怀宁县	3411	2553	13614	10650	17324	13239	21703	17402	27095	24367
枞阳县	4457	3361	20474	16979	26721	22628	27947	24956	37923	35082
潜山县	2509	2153	10381	8894	13875	11857	15838	14326	23880	22307
太湖县	2749	2185	10766	8793	12163	10336	16116	13297	26743	25234
宿松县	5081	3575	20727	14380	25944	16942	25629	19039	27457	22129
望江县	2984	2483	12178	10188	15581	13402	16693	14893	24257	23201
岳西县	1941	1709	7305	6742	8108	7504	10602	9544	11799	10825
桐城市	2916	2511	12384	11283	16627	15035	19839	17802	29968	28518

单位:人

20-24岁		25-29岁		30-34岁		35-39岁		40-44岁	
男	女	男	女	男	女	男	女	男	女
2726	2980	3382	3743	4553	4568	6137	5555	6719	5955
2039	2496	3334	3882	5502	5535	7935	7613	7649	7505
1580	2053	2398	3056	4295	4220	5400	5115	5820	5286
4608	5357	5483	6169	8331	8116	12386	11707	13665	12925
2353868	**2558334**	**1738599**	**1881739**	**1989930**	**2017816**	**2672730**	**2678457**	**3078803**	**3150647**
365602	**348715**	**247215**	**240377**	**228727**	**210306**	**272719**	**248442**	**290803**	**270209**
42478	44349	39968	43533	43617	40893	47406	41900	46337	42345
34136	36723	35602	33198	27513	25594	29716	28151	31977	29946
126566	113003	60164	53786	44156	38037	45037	36676	42914	34891
69561	51054	44692	38375	38910	33122	44344	35437	45335	36711
23756	30647	17871	19181	21661	20447	30909	30767	36185	37256
24665	24471	19828	22124	25954	26456	36184	39189	42091	45967
44440	48468	29090	30180	26916	25757	39123	36322	45964	43093
118899	**106976**	**69801**	**71127**	**76746**	**76834**	**101978**	**101122**	**126955**	**121015**
22145	21872	18421	18228	17981	18386	22537	22408	30727	28745
28993	29400	10904	11146	11899	10897	13427	12316	15405	14256
38126	22386	16842	12957	12421	10098	12594	10793	15781	14824
4886	5110	3095	3439	4920	4760	7358	6854	8876	8229
7383	8050	6269	7478	9779	10175	15640	15719	19031	18452
8538	8728	5708	6232	9130	9036	13881	13117	16990	15519
8828	11430	8562	11647	10616	13482	16541	19915	20145	20990
135528	**151498**	**93493**	**99675**	**103203**	**101743**	**139087**	**133676**	**152941**	**161555**
8793	9101	8472	8725	8515	8342	11147	10866	13224	12832
24217	24297	10143	11715	10917	12277	14010	14326	15701	15926
9624	9272	8956	9563	9638	10010	11471	11039	12282	12125
6071	6831	4863	5179	4830	4790	6665	6209	7123	7647
36308	47019	26483	29837	31568	30523	41666	39306	45515	50194
22782	25249	16769	17639	19016	17977	27939	27684	31839	33216
27733	29729	17807	17017	18719	17824	26189	24246	27257	29615
113281	**109487**	**77449**	**77296**	**82509**	**77379**	**106577**	**100402**	**128114**	**127578**
7058	7685	6243	6231	6351	5842	7920	7683	9265	9709
38981	30936	18676	19655	21739	22140	26959	26690	31074	31017
11694	12184	9303	9158	9987	9686	14408	13963	20300	19885
6304	6122	4986	4840	5434	5258	8230	7974	12173	11934
19691	20255	15755	14897	15002	13153	18766	17015	21404	20007
29553	32305	22486	22515	23996	21300	30294	27077	33898	35026
61705	**55936**	**39159**	**41648**	**47645**	**47608**	**65127**	**63014**	**82177**	**78163**
4322	4180	3962	4143	4900	4778	6837	6532	8726	8334
12461	10700	8426	10278	10823	12486	15154	15249	19075	17985
21911	16630	9160	9162	10289	10154	13756	13086	18556	17149
23011	24426	17611	18065	21633	20190	29380	28147	35820	34695
93685	**104467**	**67815**	**70515**	**84636**	**83077**	**104082**	**107030**	**110615**	**116414**
15477	15433	11425	11994	13892	13589	14392	14675	15631	17005
21769	24714	13995	15777	20626	21993	25559	26976	25508	26368
14395	14189	11039	10420	14117	12711	16282	16075	17423	17583
42044	50131	31356	32324	36001	34784	47849	49304	52053	55458
24473	**23254**	**18308**	**20594**	**26099**	**27121**	**39063**	**37126**	**46608**	**44233**
8628	8523	6681	8072	10695	12420	15900	16106	19250	18424
7658	5759	3674	3779	5072	4340	6592	5441	6637	6027
2539	2228	2047	2139	2499	2380	3845	3447	4565	4278
5648	6744	5906	6604	7833	7981	12726	12132	16156	15504
172835	**193769**	**133872**	**149262**	**168165**	**179048**	**264691**	**274012**	**282740**	**284766**
8252	9352	6236	7164	8787	9428	13648	13237	14911	14219
8516	8428	6264	7158	8641	10126	13990	15315	16475	16549
13167	16123	6581	7840	9039	9704	13008	12687	13605	13398
20690	22220	16150	16768	18957	19596	29443	29872	30389	30222
27601	32685	23129	26792	28854	29903	42456	42908	42758	42640
14932	16929	11610	13512	15490	17033	24708	25341	27489	27788
19269	20440	15322	15395	16630	15977	27198	25844	28311	26948
10522	11265	8773	10435	11705	13666	23130	27819	26751	30540
17116	18901	15068	15351	18693	18708	28135	29310	25596	25942
8620	10302	7017	8550	9251	10692	16037	16985	18995	18616
24150	27124	17722	20297	22118	24215	32938	34694	37460	37904

表2 续表 33

地区	45-49岁		50-54岁		55-59岁		60-64岁	
	男	女	男	女	男	女	男	女
云和县	5714	5160	3696	3306	4008	3638	2814	2235
庆元县	6256	6522	4344	4559	5378	5234	3899	3112
景宁畲族自治县	5119	4723	3718	3342	4320	3723	3051	2294
龙泉市	11571	11311	7360	6988	8490	8051	6149	5238
安徽省	**2462328**	**2465498**	**1324934**	**1233594**	**1846009**	**1795281**	**1475884**	**1371101**
合肥市	**228584**	**207674**	**119674**	**106940**	**159595**	**156337**	**125015**	**112355**
瑶海区	38250	33263	21113	17900	21514	21029	15897	14940
庐阳区	26963	24116	16269	14887	16784	16703	11290	10975
蜀山区	33126	26588	17114	15059	19597	19518	14559	13409
包河区	35119	28512	18077	15479	21717	20285	15377	13662
长丰县	27420	26746	13596	12541	22450	21197	18488	15294
肥东县	31977	34780	16587	16452	27556	28997	24302	22578
肥西县	35729	33669	16918	14622	29977	28608	25102	21497
芜湖市	**105808**	**101978**	**64609**	**56786**	**80467**	**73092**	**60910**	**53677**
镜湖区	30978	28024	21165	17987	20716	18360	14273	12972
弋江区	13039	12441	7748	7108	9098	8670	6500	5605
鸠江区	12806	12577	7418	6723	8247	7337	6182	5490
三山区	6425	6131	3756	3060	5307	4713	4381	3744
芜湖县	13600	13397	6387	5786	10661	9597	9033	7819
繁昌县	12667	12749	7163	6247	9574	8346	7069	6256
南陵县	16293	16659	10972	9875	16864	16069	13472	11791
蚌埠市	**126735**	**128156**	**68556**	**66252**	**93959**	**94251**	**70348**	**63300**
龙子湖区	12191	11562	8366	7747	8839	8689	5693	5522
蚌山区	15297	14704	10523	9583	10493	10188	6450	6222
禹会区	11206	10894	7540	7153	8216	8640	5892	5407
淮上区	5530	5992	3416	3037	4806	5157	3403	3230
怀远县	37004	38500	17709	18579	28077	29179	24469	20989
五河县	25853	25487	12195	11392	18926	17944	12595	11230
固镇县	19654	21017	8807	8761	14602	14454	11846	10700
淮南市	**106338**	**101547**	**67455**	**62227**	**71614**	**72208**	**53504**	**45881**
大通区	7761	7947	5516	5272	6316	6811	4561	4004
田家庵区	27204	25584	18827	17722	18771	18304	12934	11153
谢家集区	17461	16773	11486	10624	11148	10579	8187	7193
八公山区	10998	10154	6564	6004	6554	6102	4455	4132
潘集区	17427	15828	10011	9043	11121	10988	8513	6727
凤台县	25487	25261	15051	13562	17704	19424	14854	12672
马鞍山市	**68346**	**63831**	**37492**	**33941**	**46113**	**43828**	**34480**	**31711**
金家庄区	7393	6715	4048	3316	4444	4132	3532	3384
花山区	16887	14770	9146	8271	10464	10178	7449	7583
雨山区	15595	14344	8727	7604	9381	8785	6828	6579
当涂县	28471	28002	15571	14750	21824	20733	16671	14165
淮北市	**81628**	**81322**	**39287**	**36266**	**54468**	**53561**	**42873**	**42280**
杜集区	12088	12051	7949	6973	11193	10599	8220	7505
相山区	19386	18304	10692	9495	12275	11608	8257	7976
烈山区	13693	13311	6947	6164	9611	9045	7326	7004
濉溪县	36461	37656	13699	13634	21389	22309	19070	19795
铜陵市	**39596**	**36601**	**22442**	**19580**	**23907**	**22632**	**17522**	**16990**
铜官山区	17024	15446	8978	7845	8643	8272	6168	6378
狮子山区	5168	4592	2784	2592	3299	3487	2834	2624
郊区	3992	3491	2007	1783	2362	2337	1885	1739
铜陵县	13412	13072	8673	7360	9603	8536	6635	6249
安庆市	**227860**	**233227**	**128949**	**118511**	**176385**	**164167**	**140772**	**127214**
迎江区	13074	12672	8268	7443	8356	7915	6211	6055
大观区	13799	13633	8760	8111	9793	9101	7215	6960
宜秀区	10538	10241	5691	5474	7420	7228	5809	5191
怀宁县	22828	25063	11990	11888	19594	18417	17229	14640
枞阳县	35208	34387	21423	19291	25838	23749	19743	18147
潜山县	22179	22335	13141	11848	17695	16042	13185	11306
太湖县	22326	22273	11368	9946	17681	15941	13126	11192
宿松县	22521	25713	13509	12956	19800	19094	17804	16808
望江县	20503	21190	10521	9616	17061	16100	14734	13803
岳西县	17002	16529	10840	9440	12220	10975	6729	5801
桐城市	27882	29191	13438	12498	20927	19605	18987	17311

单位:人

65-69岁		70-74岁		75-79岁		80-84岁		85岁及以上	
男	女	男	女	男	女	男	女	男	女
1672	1132	1940	1508	1675	1396	967	796	425	432
2522	1674	2476	1800	1925	1569	1080	966	412	502
1990	1443	2418	1708	2055	1424	1200	928	524	493
3902	2776	4618	3462	3798	3090	2083	1782	998	1085
1150478	**1057363**	**825287**	**781920**	**573513**	**621380**	**296820**	**388671**	**135105**	**254011**
97087	**86293**	**65706**	**59499**	**45526**	**46287**	**23325**	**28582**	**10632**	**19658**
12110	11355	8068	8028	5497	5690	2707	3124	1154	2013
8939	8875	6103	6344	4890	4956	2579	2705	1155	1795
10896	10172	7998	7171	5190	4910	2492	2656	1039	1731
11272	9929	7241	6942	5083	5088	2641	2847	1152	1789
15229	12747	9752	7594	6809	6967	3719	4864	1800	3473
20132	18591	15393	13889	10356	11126	5428	7486	2733	5509
18509	14624	11151	9531	7701	7550	3759	4900	1599	3348
48816	**45106**	**33656**	**32412**	**22107**	**24008**	**10647**	**13801**	**4638**	**8421**
11799	11686	8592	9229	6349	6515	3264	3797	1660	2502
5253	4638	3115	2875	1837	2082	907	1192	395	715
4717	4599	3268	3188	2034	2501	999	1428	378	960
3865	3545	2329	2018	1407	1550	647	938	222	544
7374	6606	4662	4588	2804	3397	1258	2071	526	1149
5467	5291	3646	3636	2468	2691	1170	1468	425	863
10341	8741	8044	6878	5208	5272	2402	2907	1032	1688
64358	**56423**	**44899**	**39547**	**33309**	**32659**	**18413**	**21442**	**9294**	**15525**
4985	4999	3453	3798	2658	2971	1600	1715	781	1097
5647	5161	3638	3635	2696	3036	1610	1924	731	1255
4963	4517	3752	3683	2577	2835	1467	1524	649	956
3009	2778	1823	1608	1388	1397	703	1017	375	696
22148	18175	15013	12157	11196	9976	5901	6859	2954	5176
12918	12100	9323	8460	6771	6702	3896	4547	2130	3479
10688	8693	7897	6206	6023	5742	3236	3856	1674	2866
42557	**38933**	**28999**	**26187**	**21510**	**19734**	**11794**	**12651**	**5492**	**8453**
3754	3231	2198	1912	1656	1685	1064	1227	551	835
9693	8763	6656	6803	4744	4699	2720	2714	1111	1517
6129	7069	4390	4763	3316	3095	1771	1881	686	991
3333	4124	2246	2497	1622	1642	877	857	315	481
6748	5660	4775	3616	3444	2833	1715	1890	984	1626
12900	10086	8734	6596	6728	5780	3647	4082	1845	3003
28207	**26405**	**21018**	**20140**	**13396**	**13923**	**6583**	**8037**	**2534**	**5029**
2528	2320	1581	1700	994	1196	534	643	194	395
5976	5990	4710	4649	3115	2830	1483	1360	552	807
5486	5673	4962	4918	3181	3025	1610	1579	577	915
14217	12422	9765	8873	6106	6872	2956	4455	1211	2912
34013	**33035**	**26143**	**25524**	**18301**	**19711**	**10191**	**12197**	**5490**	**9514**
5846	5934	4018	3793	2794	2852	1375	1594	740	1269
6497	6584	5007	4676	3170	3141	1692	1750	857	1340
5590	5522	4030	3929	2640	3003	1505	1708	812	1479
16080	14995	13088	13126	9697	10715	5619	7145	3081	5426
14606	**13856**	**10095**	**10361**	**7204**	**7247**	**3291**	**3736**	**1142**	**1945**
5264	5116	3823	4313	2930	2744	1467	1334	515	628
2294	2002	1428	1353	912	816	344	420	124	217
1393	1513	1186	1232	845	903	350	490	131	286
5655	5225	3658	3463	2517	2784	1130	1492	372	814
108836	**100608**	**78854**	**74998**	**50229**	**54588**	**23447**	**31939**	**8657**	**17165**
5521	5510	3826	3699	2542	2510	1207	1502	522	954
5760	5767	4007	4108	2701	2876	1423	1629	601	1066
4598	3896	2747	2588	1732	1791	779	1074	335	637
12940	11272	9239	8387	6234	6780	2986	4069	1167	2362
15428	15495	11693	11342	7236	8255	3116	4501	1186	2420
10505	9449	7484	7186	4831	5003	2082	2988	729	1452
9922	8527	7931	6921	5091	5153	2522	3126	839	1682
13611	12489	9360	8960	6151	6580	2944	4025	1046	2145
11234	10373	7556	7383	4373	5105	2270	3500	862	1848
5932	5416	4861	4733	3016	3109	1314	1563	378	634
13385	12414	10150	9691	6322	7426	2804	3962	992	1965

表2 续表 34

地　区	0岁		1-4岁		5-9岁		10-14岁		15-19岁	
	男	女	男	女	男	女	男	女	男	女
黄山市	**6357**	**5697**	**24536**	**23312**	**30290**	**28650**	**32261**	**30916**	**46188**	**47019**
屯溪区	794	768	3432	3385	4656	4047	4840	4541	7884	9530
黄山区	591	553	2457	2339	2692	2695	3218	3256	4036	4085
徽州区	441	402	1791	1597	2194	2057	1983	1945	2925	2891
歙县	2067	1776	7660	7297	9521	9068	9965	9450	15746	15370
休宁县	1255	1123	4702	4318	5340	5067	5776	5599	8757	8545
黟县	328	290	1286	1248	1698	1678	1917	1780	2219	2242
祁门县	881	785	3208	3128	4189	4038	4562	4345	4621	4356
滁州市	**23393**	**18732**	**89458**	**72684**	**117600**	**94825**	**142512**	**118294**	**165795**	**152382**
琅琊区	1229	1032	5313	4704	6882	6259	8836	7684	11918	13106
南谯区	1208	1133	4494	3978	5466	4817	7268	6272	9267	7693
来安县	2360	2048	8680	7925	10429	9413	13636	11992	17796	16993
全椒县	1930	1554	6851	5497	10448	7505	15332	11796	16930	14126
定远县	5853	4389	20832	15050	29442	19971	33355	24773	41765	35381
凤阳县	4705	3446	18619	14024	22598	17724	25167	20585	28243	25977
天长市	2568	2281	10961	9671	16294	14343	20377	18081	21313	19798
明光市	3540	2849	13708	11835	16041	14793	18541	17111	18563	19308
阜阳市	**76170**	**57867**	**287336**	**222158**	**321226**	**260798**	**289778**	**238687**	**301612**	**286526**
颍州区	5577	4583	22605	17800	24234	19778	21519	18308	28406	27441
颍东区	4582	3187	17683	13170	19542	15421	16771	13947	20800	19272
颍泉区	5093	3972	21233	16568	22858	18475	18601	16069	23267	22149
临泉县	14579	11067	53308	41681	70120	59750	72381	63753	60739	61097
太和县	14289	10712	54986	41609	61751	47474	50622	36078	52820	47154
阜南县	13135	10281	47132	38565	54279	46426	48956	42707	46594	45693
颍上县	12855	9721	49143	36952	47413	37264	41821	33884	44161	42810
界首市	6060	4344	21246	15813	21029	16210	19107	13941	24825	20910
宿州市	**48728**	**36954**	**178601**	**139832**	**169963**	**130924**	**194639**	**157411**	**259927**	**247670**
埇桥区	14338	10675	51596	39598	49969	38541	55904	45975	70573	69327
砀山县	6090	4348	23900	17052	24243	16933	33390	23725	43568	40089
萧县	9620	7531	36924	29450	38633	28646	43506	34600	59704	56141
灵璧县	10934	8292	39008	31369	32643	25120	35986	29241	45899	43703
泗县	7746	6108	27173	22363	24475	21684	25853	23870	40183	38410
巢湖市	**23496**	**18161**	**93579**	**70484**	**108990**	**86551**	**128289**	**104682**	**160475**	**140922**
居巢区	4056	3290	15991	12933	19504	16580	23223	20359	31305	27012
庐江县	6786	5262	26824	21069	28792	23977	32559	28874	35668	31326
无为县	7033	5433	28314	20618	33874	26163	39083	30947	54596	48626
含山县	2308	1750	8950	6575	10249	7782	13164	9846	15738	13764
和县	3313	2426	13500	9289	16571	12049	20260	14656	23168	20194
六安市	**42294**	**30701**	**161778**	**117520**	**179500**	**136422**	**178000**	**147299**	**212808**	**194421**
金安区	4145	3505	17159	13779	22845	17407	28056	21373	35469	34416
裕安区	5983	4316	23822	16961	27995	19683	31081	23099	35633	30090
寿县	9051	6193	29661	21732	29670	25214	26606	24637	27645	25758
霍邱县	13554	9276	53395	35934	49828	35566	37620	32169	50967	47126
舒城县	4065	3343	15820	13883	21392	19047	24817	22205	31057	28249
金寨县	4152	2893	16229	10279	19835	12514	19402	15084	19387	17258
霍山县	1344	1175	5692	4952	7935	6991	10418	8732	12650	11524
亳州市	**51329**	**37444**	**201609**	**153046**	**212779**	**158723**	**180879**	**138696**	**200862**	**185831**
谯城区	12429	8973	47603	34250	52649	37267	51022	39873	54737	53601
涡阳县	13994	10254	53622	39953	54046	40150	43037	32537	52036	47444
蒙城县	11631	8290	47596	35879	46826	33506	41521	31475	46688	42862
利辛县	13275	9927	52788	42964	59258	47800	45299	34811	47401	41924
池州市	**7061**	**6350**	**31108**	**28575**	**38823**	**35795**	**41837**	**39402**	**51641**	**52261**
贵池区	2860	2512	13089	11952	16940	15774	18140	16922	24602	24655
东至县	2382	2205	10593	9548	12900	11658	13794	12712	16746	16987
石台县	424	417	1695	1687	2151	2010	2772	2823	2886	3127
青阳县	1395	1216	5731	5388	6832	6353	7131	6945	7407	7492
宣城市	**11582**	**10536**	**48832**	**45292**	**59953**	**56928**	**70150**	**65775**	**79594**	**79519**
宣州区	3553	3233	15180	13785	19070	17962	23839	22270	26908	28316
郎溪县	1675	1532	6997	6412	8648	8167	9601	8990	10865	10959
广德县	2147	1913	9812	8976	12356	11844	13532	12970	16422	15344
泾县	1370	1299	5480	5180	6429	6160	7315	6671	8777	8837
绩溪县	749	657	2798	2591	3307	3165	3923	3573	3799	3516
旌德县	570	517	2258	2162	2504	2462	2663	2441	3019	3045
宁国市	1518	1385	6307	6186	7639	7168	9277	8860	9804	9502

单位:人

20-24岁		25-29岁		30-34岁		35-39岁		40-44岁	
男	女	男	女	男	女	男	女	男	女
45939	**47196**	**35909**	**37591**	**44318**	**43732**	**64223**	**60326**	**79638**	**74039**
11780	11602	7151	8215	8287	9221	10539	10338	11715	10896
3805	4067	3566	3880	4584	4474	7342	6841	10534	9386
3470	3588	2909	3020	3444	3247	4819	4237	5888	4960
12480	12841	9814	9934	12501	11638	18161	16966	22294	20870
9435	9538	7368	6860	8214	7220	11198	10033	14821	13526
1506	1723	1609	1856	2330	2599	3803	3808	4873	5058
3463	3837	3492	3826	4958	5333	8361	8103	9513	9343
134167	**146763**	**92792**	**98941**	**123134**	**124431**	**187906**	**191658**	**222499**	**229533**
14013	15044	9718	10944	11704	12330	16384	16275	17992	17924
9805	8909	6550	6755	7891	7828	13202	12757	16425	16008
14440	16787	9949	10680	12332	13327	19352	20518	25911	25757
9777	10870	7308	8057	9361	10126	16682	18221	23283	24672
24809	28740	17481	17490	23546	21996	37609	37490	41941	43690
27790	28958	17369	18031	20631	19817	28114	27957	31465	33152
18492	20097	11674	12958	19356	20769	30445	32554	37081	38687
15041	17358	12743	14026	18313	18238	26118	25886	28401	29643
245443	**311651**	**208225**	**254998**	**246209**	**268541**	**279910**	**300336**	**338460**	**380166**
27179	33653	23620	27290	27050	28708	31618	31599	34828	35865
18006	20787	16266	18018	19304	19304	21521	21728	25646	27255
19754	25530	16326	20485	17077	19062	20013	21007	24165	27417
44633	56714	36407	47948	46958	56106	51793	59072	67546	76485
46552	56237	38398	45308	48114	50167	49524	51248	60647	66936
33517	45753	27441	35600	32571	38077	42747	47956	52628	61946
36764	49311	34214	40928	37726	38337	44425	48156	50297	57358
19038	23666	15553	19421	17409	18780	18269	19570	22703	26904
213815	**239886**	**151130**	**165150**	**170679**	**175231**	**231179**	**240286**	**252221**	**270423**
69679	76905	48448	51111	57907	58403	77849	79444	82402	88849
33365	34338	22504	25473	24730	26665	31984	32631	36529	37560
40734	47711	32082	37528	34698	37050	43160	47826	47063	51301
39796	46804	26900	28389	26604	27108	40460	42638	46031	51471
30241	34128	21196	22649	26740	26005	37726	37747	40196	41242
120293	**129488**	**98840**	**107279**	**120348**	**126964**	**177062**	**184049**	**217939**	**224863**
25467	25942	20210	21366	25137	25468	34556	35422	42849	45401
33126	34513	25612	27368	27549	30560	42557	46651	52569	58839
35487	40504	28559	33291	36183	39583	56009	58633	68623	68370
10382	11699	10245	10702	11874	12291	17580	18277	21017	21627
15831	16830	14214	14552	19605	19062	26360	25066	32881	30626
190062	**216708**	**155814**	**172714**	**162951**	**174332**	**254922**	**263121**	**291769**	**310609**
34231	35189	23895	25156	24640	25252	37177	37133	40375	41584
35622	36924	24329	27875	25382	26853	39402	39490	43339	44451
23251	31473	25261	30133	29876	33530	47851	53339	55641	63419
57271	66559	50631	51580	43646	42697	65034	59082	67768	66629
17372	20641	14645	18219	18014	22734	30113	37116	38561	45833
12779	15668	9926	12109	12568	14135	19546	21663	26965	29532
9536	10254	7127	7642	8825	9131	15799	15298	19120	19161
198798	**239589**	**146871**	**162333**	**169740**	**168467**	**184535**	**182447**	**220246**	**236413**
61941	72057	43864	45340	51880	50140	60308	57293	78693	77446
54317	62532	41620	44165	45026	43288	45005	43791	49680	53223
40866	51684	29168	33505	35058	34522	39601	40678	46935	53853
41674	53316	32219	39323	37776	40517	39621	40685	44938	51891
45409	**52445**	**36573**	**40850**	**47399**	**47537**	**69384**	**69307**	**75923**	**74068**
21294	24854	14875	17352	19488	20433	29875	29713	32305	31245
16065	17874	13307	13867	17771	16572	24199	23984	23802	23688
2059	2344	1858	2122	2558	2717	4421	4658	5558	5674
5991	7373	6533	7509	7582	7815	10889	10952	14258	13461
73934	**80506**	**65333**	**71389**	**87422**	**85465**	**130285**	**122103**	**159155**	**146600**
22327	24820	18472	20332	24913	25662	40608	39726	48033	45939
10382	11337	8252	9166	12885	12202	18435	16903	19440	17646
15061	16290	12748	14084	18441	17512	27268	24294	29908	27026
7502	8239	7494	8170	9483	9201	13884	13053	19885	17629
4145	4376	4382	4600	4687	4442	6758	6611	8571	8427
3355	3558	3352	3622	3740	3723	5279	5027	6913	6082
11162	11886	10633	11415	13273	12723	18053	16489	26405	23851

表2 续表 35

地区	45-49岁		50-54岁		55-59岁		60-64岁	
	男	女	男	女	男	女	男	女
黄山市	**68362**	**62906**	**45802**	**41420**	**57022**	**52651**	**39128**	**35444**
屯溪区	10313	9198	6029	5634	6785	7190	4921	4869
黄山区	8699	7714	5352	4397	6601	5504	4237	3457
徽州区	4869	4336	3331	2996	4237	3656	2618	2416
歙县	19419	17771	15353	13790	18089	16640	12726	11483
休宁县	12566	11834	7556	7099	10883	10114	7399	6832
黟县	4429	4230	3223	2848	3980	3609	2638	2290
祁门县	8067	7823	4958	4656	6447	5938	4589	4097
滁州市	**175055**	**172990**	**90034**	**81675**	**136803**	**130245**	**94016**	**86312**
琅琊区	14285	14005	7822	7072	9701	9349	6440	6129
南谯区	13374	12507	6318	5487	9777	9010	6342	5813
来安县	21354	20108	11719	10590	16530	15284	10435	10119
全椒县	19292	19361	8926	7787	14919	14679	10541	10072
定远县	30418	29883	13241	12343	22843	22534	18119	16677
凤阳县	24925	25868	12661	11786	20474	19755	15799	13177
天长市	29398	29284	15351	13938	23115	21249	14920	13677
明光市	22009	21974	13996	12672	19444	18385	11420	10648
阜阳市	**285837**	**313365**	**138108**	**139002**	**202546**	**213064**	**183346**	**186407**
颍州区	27564	27647	12836	12165	16396	17175	13809	14774
颍东区	19452	20489	9721	9853	14145	15231	13244	12512
颍泉区	20509	22546	10903	10956	15302	16140	13031	13047
临泉县	58657	65185	26998	27303	38808	38945	38588	41326
太和县	50061	54968	23322	22735	37016	38272	32051	33850
阜南县	46253	52014	17274	17754	26878	29381	25121	26697
颍上县	42774	47560	25097	26230	36313	39166	31834	27173
界首市	20567	22956	11957	12006	17688	18754	15668	17028
宿州市	**184574**	**189365**	**102907**	**99580**	**151860**	**151732**	**118318**	**114661**
埇桥区	64224	65376	31255	29394	43498	43237	33702	32647
砀山县	22763	23388	18226	18382	25533	26142	20596	21248
萧县	33624	35849	23081	23090	33356	33821	28150	27085
灵璧县	34522	36408	16021	15525	27208	26723	20410	18657
泗县	29441	28344	14324	13189	22265	21809	15460	15024
巢湖市	**169686**	**173910**	**79389**	**73389**	**128325**	**124287**	**116949**	**108594**
居巢区	34874	36565	17591	15845	27940	27662	23420	21742
庐江县	42834	46124	22535	20243	33182	30625	28615	25645
无为县	52047	51912	22422	21316	34614	33051	34758	32262
含山县	16557	16505	7554	7082	13588	13468	11694	11306
和县	23374	22804	9287	8903	19001	19481	18462	17639
六安市	**241195**	**246498**	**135270**	**126733**	**192381**	**183417**	**156927**	**137905**
金安区	32803	31728	17757	16120	26259	24978	20915	18719
裕安区	36785	36144	20703	18109	28620	26405	22897	19712
寿县	43634	46199	23873	23590	35507	35748	31766	27376
霍邱县	54083	53233	29466	27354	41784	39445	34878	29551
舒城县	33422	37569	18160	18216	29198	28306	22892	21401
金寨县	24375	25373	16002	14826	19510	17787	15521	13923
霍山县	16093	16252	9309	8518	11503	10748	8058	7223
亳州市	**164408**	**175710**	**78884**	**77586**	**120716**	**125341**	**108748**	**107236**
谯城区	54074	55030	22768	20593	36355	37257	31412	33352
涡阳县	38504	40907	20297	20067	28291	28601	26875	25545
蒙城县	34755	38068	16623	17053	27293	29251	23267	22173
利辛县	37075	41705	19196	19873	28777	30232	27194	26166
池州市	**64474**	**62127**	**40017**	**36313**	**51480**	**45406**	**37114**	**33227**
贵池区	27021	26019	14772	13652	20502	18575	15057	13675
东至县	20019	19863	14240	13190	16302	14656	12375	11248
石台县	5011	4564	2944	2493	3906	3112	2774	2221
青阳县	12423	11681	8061	6978	10770	9063	6908	6083
宣城市	**123842**	**114291**	**66059**	**57393**	**98368**	**89062**	**75914**	**67907**
宣州区	37107	34935	15462	13260	27024	25410	22610	21118
郎溪县	13709	12649	6621	5763	10887	10435	8946	8167
广德县	22770	20953	13038	11419	17819	16461	14036	12460
泾县	15428	13809	9216	7922	13764	11693	9752	7932
绩溪县	7757	7262	6468	5872	7306	6637	5203	4504
旌德县	6336	5883	4096	3894	5484	4780	3859	3439
宁国市	20735	18800	11158	9263	16084	13646	11508	10287

单位:人

65-69岁		70-74岁		75-79岁		80-84岁		85岁及以上	
男	女	男	女	男	女	男	女	男	女
23104	**21226**	**21755**	**22036**	**15156**	**18437**	**7306**	**10678**	**2791**	**5619**
3184	3113	2882	2663	1891	1981	966	1195	478	724
2928	2468	2666	2506	1848	1909	954	1011	381	587
1543	1327	1373	1401	869	1139	405	683	156	366
7343	7152	6739	7177	4820	6505	2237	3693	864	2027
3904	3549	4217	4222	3001	3619	1426	2101	471	969
1671	1297	1301	1410	922	1137	502	773	182	429
2531	2320	2577	2657	1805	2147	816	1222	259	517
77831	**73021**	**53646**	**51992**	**40585**	**45576**	**22109**	**29492**	**10244**	**18743**
4622	4815	3195	3326	2613	2899	1527	1555	682	1099
4941	4612	3101	3019	2503	2648	1257	1753	605	1101
7852	8257	5553	5639	4287	5147	2399	3360	1007	2056
8052	7982	6464	6435	4539	5373	2383	3427	1084	2243
16883	14609	12002	10683	8656	8819	4480	5695	2003	3683
13600	11719	8131	7196	6132	6389	3688	4445	1826	2952
10874	10406	7787	8216	6137	7985	3229	5243	1400	2831
11007	10621	7413	7478	5718	6316	3146	4014	1637	2778
137110	**134481**	**96465**	**97792**	**69185**	**81265**	**37824**	**54426**	**17529**	**36064**
10104	10322	7295	7713	5280	6289	2824	4047	1208	2589
10163	9120	6372	5825	4985	5275	2910	3940	1363	2752
9694	9341	6829	7224	5233	6312	2903	4383	1327	2886
27218	29844	19453	22553	12771	17262	6169	10411	2853	6737
22848	23453	17028	17537	12776	15282	7563	10727	3615	7415
20859	20965	15524	16346	10067	12772	4714	7470	1842	4177
25817	20482	16906	12747	12958	11355	7678	8652	3943	6310
10407	10954	7058	7847	5115	6718	3063	4796	1378	3198
99448	**92930**	**70928**	**68807**	**53630**	**61674**	**29978**	**40536**	**16404**	**30943**
29209	27663	21255	19671	16258	17734	9472	11659	5056	8839
13801	13704	9961	10952	7833	10009	4284	6975	2378	5116
22351	20602	15759	15743	12105	14248	6816	9595	4122	7611
18778	16784	12927	11899	9735	10965	5362	7114	2676	5198
15309	14177	11026	10542	7699	8718	4044	5193	2172	4179
90235	**81465**	**62751**	**59170**	**42624**	**46880**	**19701**	**27492**	**8129**	**17372**
18589	17644	12733	12134	9478	10046	4989	6445	2301	4642
20755	17944	15148	13944	10105	10823	4236	5773	1704	3134
29179	26099	19291	17976	12082	13192	5394	7687	2107	4751
8153	7367	5621	5606	3995	4601	2052	2829	777	1861
13559	12411	9958	9510	6964	8218	3030	4758	1240	2984
124492	**108088**	**85180**	**74925**	**55191**	**54397**	**27526**	**32498**	**13026**	**22307**
15698	13802	11214	9879	7783	7748	3436	3984	1545	2545
17191	14725	11905	11078	7299	8018	3439	4203	1780	3302
26153	21792	16048	11722	11749	9792	6882	7556	3267	5521
28435	23551	19146	16610	12410	11649	6507	7239	3354	5341
17419	16025	13649	12722	9123	9962	3930	5704	1400	3049
13056	12187	8040	7912	3607	3781	1957	2081	1078	1516
6540	6006	5178	5002	3220	3447	1375	1731	602	1033
79415	**75614**	**61114**	**59894**	**43118**	**49656**	**24253**	**34722**	**10864**	**22741**
22966	23629	15663	17156	10486	13719	5806	9411	2613	5780
18537	17881	14897	15528	10662	12458	6114	8817	2705	5648
17375	15831	13933	12741	10160	11230	5456	7465	2277	4985
20537	18273	16621	14469	11810	12249	6877	9029	3269	6328
25735	**23663**	**20118**	**19452**	**13537**	**15588**	**6227**	**9074**	**2320**	**4898**
11020	10087	7949	7644	5349	6266	2432	3546	936	1886
8224	7647	6651	6398	4253	5085	1938	3101	698	1738
2003	1732	1828	1753	1070	1237	446	700	154	329
4488	4197	3690	3657	2865	3000	1411	1727	532	945
54628	**46216**	**43960**	**39184**	**28905**	**29750**	**14205**	**17368**	**5919**	**9614**
17623	15095	13290	12326	8651	9094	4260	5344	1763	3170
6667	5510	4896	4203	3257	3139	1653	1931	652	1048
9834	8280	7286	6422	5182	5063	2542	2963	1109	1658
6657	5581	6295	5335	3971	4078	1909	2273	721	1161
3305	2763	3122	2893	2052	2244	1053	1411	456	742
2905	2400	2562	2176	1607	1679	795	975	358	519
7637	6587	6509	5829	4185	4453	1993	2471	860	1316

表2 续表 36

地区	0岁		1-4岁		5-9岁		10-14岁		15-19岁	
	男	女	男	女	男	女	男	女	男	女
福建省	**222995**	**177481**	**957385**	**769402**	**1008140**	**848656**	**940795**	**780844**	**1485493**	**1331286**
福州市	**34646**	**28104**	**165992**	**135216**	**186663**	**156367**	**177740**	**146411**	**274071**	**248621**
鼓楼区	2026	1820	11232	10075	14376	12598	13776	12272	20302	19812
台江区	1347	1211	7116	6275	8576	7228	8819	7947	12485	11335
仓山区	3074	2736	16784	14316	17154	14292	14434	12297	32629	29473
马尾区	669	552	3952	3270	4823	4052	4817	3886	9365	9289
晋安区	3612	3097	19927	16874	19792	16642	15975	13108	24480	22031
闽侯县	3036	2311	14246	11490	17316	14824	15797	13870	27632	25219
连江县	3424	2703	16329	12925	16039	13140	14877	12104	16907	14604
罗源县	1417	1186	5103	4368	4945	4238	4352	3882	8121	7166
闽清县	1590	1359	6658	5388	7951	6929	7688	6121	7362	6206
永泰县	1579	1173	6299	4724	7501	5849	8637	6827	10202	8684
平潭县	2309	1859	9542	7375	12388	10458	14477	11355	21071	20826
福清市	7256	5726	33967	27521	38472	32610	36630	29688	54531	49071
长乐市	3307	2371	14837	10615	17330	13507	17461	13054	28984	24905
厦门市	**17145**	**14478**	**84621**	**69768**	**81077**	**65913**	**66694**	**53812**	**132539**	**122666**
思明区	4130	3627	19576	16813	21792	18039	19384	16092	26521	25473
海沧区	1523	1345	7279	6113	6467	5429	4826	3882	11736	10919
湖里区	4529	3621	24697	19354	22022	17063	16920	12359	30579	30290
集美区	2471	2157	13779	11032	12519	9803	9754	7792	29739	28065
同安区	2501	2088	12011	10121	11750	9990	10116	8626	19549	17145
翔安区	1991	1640	7279	6335	6527	5589	5694	5061	14415	10774
莆田市	**17126**	**13115**	**77598**	**60060**	**91813**	**72785**	**93605**	**73163**	**125458**	**116462**
城厢区	2323	1650	11103	8676	13163	10477	12458	9528	16779	15782
涵江区	2412	1985	10312	9049	11949	10336	12373	10589	17404	16361
荔城区	3005	2326	13913	10702	15202	12349	13842	11424	22056	19691
秀屿区	4150	3084	18295	13207	21162	15679	20573	15097	27239	25454
仙游县	5236	4070	23975	18426	30337	23944	34359	26525	41980	39174
三明市	**17410**	**13255**	**66088**	**51743**	**70470**	**58695**	**70282**	**58055**	**90903**	**75258**
梅列区	814	641	3743	3412	4729	4190	4923	4043	5535	4943
三元区	926	780	4240	3560	5150	4473	5174	4305	8112	7403
明溪县	579	474	2153	1862	2332	2198	2795	2428	2756	2448
清流县	826	632	3710	2890	4169	3277	4003	3439	4216	3201
宁化县	2443	1752	8519	6254	7884	6481	8082	6736	10049	8283
大田县	2341	1430	8483	5267	8828	6737	7103	4985	17095	13230
尤溪县	2629	2021	8483	6145	9576	7273	10687	7984	16939	13532
沙县	1947	1557	7148	5831	7597	6689	6678	5860	6847	5888
将乐县	1071	860	4483	3630	4258	3535	4449	3794	3870	3389
泰宁县	762	616	2790	2232	3225	2716	3261	2971	3090	2518
建宁县	918	725	3609	2942	3391	2905	3783	3586	2513	2657
永安市	2154	1767	8727	7718	9331	8221	9344	7924	9881	7766
泉州市	**51246**	**36761**	**218191**	**162339**	**215528**	**173965**	**178677**	**142178**	**392303**	**344797**
鲤城区	1658	1325	8441	6710	9016	7070	7241	5917	17628	18179
丰泽区	2407	2020	12081	9929	12233	9794	9877	7877	24724	23882
洛江区	1048	855	4581	3596	5095	4027	4366	3514	7575	6755
泉港区	2382	1839	9345	7809	8411	7690	7180	5800	15503	13865
惠安县	6481	5429	24784	21001	25105	21178	21053	17804	45400	42675
安溪县	8740	4945	43744	27060	34117	25635	24797	18453	50890	43103
永春县	4176	2783	13498	9907	13727	11529	13537	11056	15570	12937
德化县	1846	1369	7805	6026	8581	7261	7129	5818	11624	9839
石狮市	3422	2571	12456	9131	13586	10502	10794	8768	27932	24879
晋江市	9106	6716	42691	32110	48668	38377	41252	32582	103345	88841
南安市	9980	6909	38765	29060	36989	30902	31451	24589	72112	59842
漳州市	**29396**	**24920**	**123858**	**103997**	**138443**	**123263**	**140817**	**122919**	**184528**	**166467**
芗城区	2378	2275	12168	10709	13674	12376	12343	11446	18354	19761
龙文区	836	839	4361	3921	4297	3923	3876	3538	5719	5559
云霄县	2583	1989	11208	8213	14834	12336	14712	12125	17689	15061
漳浦县	5927	4542	23163	18685	22813	20257	22406	20016	30170	25961
诏安县	3895	3461	15738	12840	17438	15180	21465	17989	24801	21179
长泰县	1157	977	4936	4524	4742	4224	5172	4492	6611	5764
东山县	1140	1012	4608	4049	5016	4693	5826	5173	8080	7029
南靖县	1953	1748	7695	6991	8777	8185	9232	8591	10716	10459
平和县	3313	2709	13849	10806	21389	17928	20433	16430	19252	15170
华安县	1051	901	4250	3875	4451	4177	4300	4051	4284	4107
龙海市	5163	4467	21882	19384	21012	19984	21052	19068	38852	36417

单位:人

20-24岁		25-29岁		30-34岁		35-39岁		40-44岁	
男	女	男	女	男	女	男	女	男	女
1962823	**1955717**	**1661969**	**1637965**	**1559374**	**1488709**	**1847755**	**1756409**	**1751557**	**1675021**
413735	**406325**	**338596**	**339914**	**303701**	**298200**	**330301**	**327260**	**300860**	**298654**
41220	45571	42609	44489	27807	29811	28636	30726	26130	26686
21022	21730	24228	24231	17555	17536	17573	18350	17007	17900
61946	54657	39875	39524	38428	35027	38431	34861	32073	28922
17400	18281	12309	11049	11184	9980	11665	11179	9769	9859
45790	45521	43328	45212	42793	41662	46658	43078	39058	35538
57256	54747	26027	24273	24428	23174	27376	26266	26202	24807
24544	24306	24395	24833	22698	22787	26429	26732	24916	25275
7752	7059	7748	7461	8498	8231	11178	9711	11402	9758
7133	6897	7262	7800	8612	9235	10643	11188	11345	11101
9923	9466	8860	8543	8940	9298	10942	11488	10830	10233
16570	18950	10921	12430	11756	12913	14290	15799	13686	14971
67181	65488	56837	57407	50216	49316	53950	54594	48531	52287
35998	33652	34197	32662	30786	29230	32530	33288	29911	31317
295658	**286569**	**244234**	**230480**	**194084**	**173951**	**194555**	**172996**	**156317**	**141351**
57106	68050	54508	60735	42822	45931	46672	47785	40741	40351
25212	20966	23382	19999	19066	15129	16792	13587	12709	11001
81740	86434	79326	72832	62384	52374	59132	48426	42404	36056
73295	62926	39031	34107	31304	26393	30601	25506	23166	20299
33402	28845	31859	28134	26766	23247	28424	25183	24213	21297
24903	19348	16128	14673	11742	10877	12934	12509	13084	12347
127355	**145911**	**100248**	**109438**	**99360**	**103758**	**113994**	**120617**	**105234**	**116537**
21815	24807	16710	18361	16045	17013	18587	18981	16317	17659
24481	23195	20378	19815	19401	17930	22234	21869	19740	21588
27775	30271	22575	22256	20041	18971	21114	21127	18316	20113
22425	32673	16479	20893	16332	19561	20055	24347	19207	22573
30859	34965	24106	28113	27541	30283	32004	34293	31654	34604
102369	**99792**	**82793**	**83650**	**89333**	**88541**	**133366**	**124967**	**144602**	**131443**
7223	7606	6796	6857	7152	7813	10108	9863	10345	9653
10696	10205	7003	7129	7494	7570	10305	10061	11466	10780
3868	3740	3564	3462	3706	3598	5657	5297	6121	5824
6202	5380	5413	5019	5333	4727	7526	6583	8109	6909
9335	10202	7959	8651	7757	8476	11863	12772	13826	13867
14794	15175	10656	11274	11615	11520	17058	15587	17457	15553
15062	14671	10107	10220	9997	9824	17858	16961	19371	18286
7348	6972	6481	6857	8622	8550	12666	11219	12777	11146
5183	5500	5217	5203	5062	4955	7679	6972	8836	7666
4189	4093	3820	4019	4242	4056	6147	5521	6552	5476
3578	4113	3530	3716	3616	3840	6282	6207	7237	6815
14891	12135	12247	11243	14737	13612	20217	17924	22505	19468
511639	**508589**	**422215**	**398880**	**392828**	**353428**	**433712**	**402923**	**378688**	**370200**
29665	30095	25073	22665	22109	18541	21464	19501	16981	16856
43267	43360	30975	28732	29872	25627	30534	26459	24207	22470
14538	15993	9095	9033	9006	8465	9363	8996	7879	8177
13403	14029	13884	15929	11605	12837	13564	14419	12972	13945
50299	57907	44239	47985	37682	38870	44241	47252	40556	43112
50788	59002	40262	43354	37227	35957	41669	40498	42418	42477
17466	18469	14930	16209	16996	17980	22621	22938	23044	22559
9360	11070	10100	12003	12820	13241	16339	15557	15172	13150
52708	47366	41301	35138	38174	32180	40662	34940	32370	29597
151392	130979	123538	103552	115644	95171	123795	107601	98890	91724
78753	80319	68818	64280	61693	54559	69460	64762	64199	66133
229007	**225908**	**198499**	**193314**	**186597**	**179304**	**237011**	**220392**	**236922**	**217430**
30890	35250	23650	24168	22664	22317	25891	25380	25223	23971
9531	8671	8938	8357	7902	6961	9013	7856	8649	7650
16916	17095	15169	15094	17486	17156	21124	19216	19206	17486
36679	37642	33463	33729	33929	32825	41149	38642	37520	35106
27248	26131	26405	26099	22929	22125	28844	26186	27277	24683
10472	9693	9727	8879	7691	7233	10282	9306	12297	11024
8805	8721	7266	6933	8341	7830	12382	11232	11127	10239
12893	12878	12230	12118	11538	11564	17339	16303	18901	17109
19184	18188	17556	17629	15250	15431	22433	21224	23604	21602
7589	7248	6053	6133	5752	5765	9170	7877	8660	7175
48800	44391	38042	34175	33115	30097	39384	37170	44458	41385

表2 续表 37

地区	45-49岁		50-54岁		55-59岁		60-64岁	
	男	女	男	女	男	女	男	女
福建省	**1419803**	**1361230**	**1097620**	**1028876**	**989791**	**964733**	**677823**	**622435**
福州市	**258584**	**259347**	**210837**	**209279**	**200864**	**204943**	**145798**	**130217**
鼓楼区	26257	25661	19928	21012	18023	20020	14120	14667
台江区	19523	19482	17965	17514	15988	15727	11534	10775
仓山区	25886	24546	20187	20211	19199	19752	14011	12574
马尾区	7680	8009	6005	6287	6001	6525	4395	3946
晋安区	30703	27627	21373	19778	18762	19347	13249	12414
闽侯县	22705	22393	19817	18073	20505	19579	14945	11519
连江县	20613	21781	18288	18213	17864	17496	12399	11758
罗源县	9668	8011	7466	6409	6592	5809	4896	4149
闽清县	9879	9678	7964	8288	8189	9238	6401	4797
永泰县	9228	9308	8065	8013	8410	8502	6394	5223
平潭县	11807	13275	9367	9215	9244	8851	6711	6502
福清市	40584	43420	34433	35098	32770	32630	22333	19422
长乐市	24051	26156	19979	21168	19317	21467	14410	12471
厦门市	**113491**	**100678**	**74993**	**71342**	**61463**	**65609**	**40928**	**42976**
思明区	33303	32098	23452	24270	20303	23069	15197	16808
海沧区	9029	6954	5571	5079	4475	4660	2877	2734
湖里区	26666	21494	13942	12214	10558	11117	6847	6835
集美区	15467	13241	9387	8400	7144	7256	4378	4676
同安区	17634	15808	12847	12084	10587	11256	6880	6990
翔安区	11392	11083	9794	9295	8396	8251	4749	4933
莆田市	**94199**	**104049**	**85410**	**86567**	**86156**	**87854**	**54533**	**53329**
城厢区	14486	15544	12549	12345	11934	12378	7298	7186
涵江区	18405	19641	14840	14250	15269	15146	9840	9179
荔城区	16632	18921	14485	14887	14916	15403	9526	9078
秀屿区	17933	20780	17120	18661	17195	18606	11200	12313
仙游县	26743	29163	26416	26424	26842	26321	16669	15573
三明市	**114523**	**103526**	**82026**	**73217**	**70620**	**66657**	**51819**	**48344**
梅列区	8725	7666	5314	4751	4283	4126	3136	3356
三元区	9462	8129	6036	5079	4420	4177	3466	3497
明溪县	5036	4398	3751	3232	3096	2874	2348	2141
清流县	6054	5268	4467	3706	3731	3426	2513	2327
宁化县	11957	11963	9340	8983	8513	8059	6262	6177
大田县	12781	11600	8635	8223	8220	8036	5734	5344
尤溪县	15533	15142	13216	11681	10602	10113	7754	6720
沙县	9594	8525	6983	6527	6731	6521	5080	4676
将乐县	6950	6469	5245	4509	4625	4244	3335	3133
泰宁县	4986	4346	3332	3134	3440	3192	2573	2391
建宁县	5650	5429	4397	3956	3598	3452	2854	2674
永安市	17795	14591	11310	9436	9361	8437	6764	5908
泉州市	**290800**	**278209**	**208970**	**191914**	**181842**	**175906**	**114479**	**110337**
鲤城区	13930	13582	10300	9368	8494	8162	5300	5555
丰泽区	18818	16765	11845	10301	9660	9077	5824	6045
洛江区	5692	5687	4407	4125	4300	4265	2678	2640
泉港区	10758	11657	9842	10482	8342	8873	5212	5476
惠安县	30497	32313	24558	26187	22755	24976	14570	16120
安溪县	33212	33570	26920	25591	25090	24182	15055	14636
永春县	19535	18822	14785	13285	14108	13111	9014	8067
德化县	11636	10434	8405	7509	7510	6840	4888	4451
石狮市	24068	20759	14618	11670	10871	8934	6681	5721
晋江市	70881	61865	43530	35758	34458	30589	21245	19380
南安市	51773	52755	39760	37638	36254	36897	24012	22246
漳州市	**194959**	**182131**	**157348**	**146940**	**134114**	**130675**	**88079**	**83163**
芗城区	22139	20204	16899	15767	13672	13732	9469	9373
龙文区	6548	5811	5031	4616	4343	4544	2883	2583
云霄县	15636	14844	12683	12110	11467	11454	7669	6794
漳浦县	30682	29097	25190	23733	21069	21415	14239	13931
诏安县	23004	21595	18871	18195	15504	15293	10435	9820
长泰县	9741	8654	7519	6668	5738	5355	3529	3315
东山县	9175	8569	7080	6624	6014	5805	4387	4197
南靖县	15120	13844	11921	11312	10636	10119	6673	6034
平和县	19932	19139	17078	15922	15389	14585	9726	8321
华安县	7100	6478	5483	4910	4448	4240	2785	2663
龙海市	35882	33896	29593	27083	25834	24133	16284	16132

单位:人

65-69岁		70-74岁		75-79岁		80-84岁		85岁及以上	
男	女	男	女	男	女	男	女	男	女
475129	**435730**	**400388**	**394784**	**282423**	**321176**	**162540**	**216773**	**77251**	**145936**
97561	**84194**	**77337**	**71489**	**58416**	**63165**	**35712**	**45136**	**18682**	**32431**
10142	10466	9354	9222	7212	6896	3952	4094	1919	2786
7551	6948	6352	6443	5119	5477	2869	3684	1652	2817
8172	6694	5971	5335	4263	4788	2764	3364	1495	2601
2836	2327	1971	1911	1431	1798	850	1224	474	909
8455	6919	6464	5766	4422	4398	2513	2827	1195	2103
9436	6374	6879	5618	5103	6003	3237	4495	1853	3287
8716	8175	6665	7033	4919	6059	2968	4337	1426	2813
3606	3016	3083	2742	2222	2062	1387	1448	671	864
4307	2976	3604	2949	2621	2388	1800	1899	994	1203
4472	3441	3656	3042	2751	2692	1846	2107	927	1380
4178	4597	3455	3692	2929	3301	1794	2258	1004	1634
15904	14302	12949	11755	10552	11515	6842	8722	3615	6713
9786	7959	6934	5981	4872	5788	2890	4677	1457	3321
27113	**27985**	**21399**	**21867**	**14623**	**17534**	**7856**	**11366**	**3404**	**7812**
10768	11167	9509	9637	6266	6609	3075	4108	1365	2846
1787	1639	1281	1325	879	1080	529	723	236	519
4024	3667	2820	2458	1487	1709	814	1038	331	728
2939	3064	2178	2233	1567	1896	862	1245	360	825
4569	4676	3249	3380	2351	3136	1378	2118	584	1335
3026	3772	2362	2834	2073	3104	1198	2134	528	1559
37827	**38641**	**28765**	**32083**	**21666**	**29390**	**12765**	**20964**	**6004**	**14669**
5094	5147	4001	4244	2911	3609	1673	2696	771	1753
6299	5965	4832	5033	3525	5230	2094	3729	914	2505
6256	6108	4424	5360	3213	4638	1742	3256	864	2332
7933	9620	6451	7937	5173	7179	3020	5206	1575	4354
12245	11801	9057	9509	6844	8734	4236	6077	1880	3725
39905	**36335**	**37271**	**35475**	**24604**	**23836**	**13267**	**14148**	**6450**	**8350**
2541	2637	2384	2261	1571	1320	762	651	324	342
2682	2988	2855	2824	1989	1747	950	876	422	527
1849	1511	1664	1723	1019	1194	537	731	285	416
1993	2001	1999	2131	1218	1410	648	904	321	567
4599	4532	4812	4852	2682	3023	1484	2013	804	1197
4959	4000	4006	3537	2885	2573	1549	1610	812	939
5781	4646	5117	4129	3906	3195	2385	2123	1138	1260
3851	3343	3650	3297	2512	2425	1372	1388	663	851
2464	2111	2334	2345	1558	1604	738	776	353	462
1849	1738	1716	1706	985	1025	477	546	209	337
2086	2047	1936	2044	955	1102	545	690	265	336
5251	4781	4798	4626	3324	3218	1820	1840	854	1116
74025	**74932**	**61753**	**69772**	**45514**	**60364**	**24832**	**39213**	**10297**	**26287**
3239	3457	2936	3582	2239	3302	1337	1992	563	1344
3636	3415	2901	3037	1864	2392	926	1504	327	976
1836	1835	1518	1641	1011	1367	533	952	202	543
3565	4202	2987	3478	2504	3419	1427	2435	745	1724
8497	10693	7417	11302	5453	9970	2929	7073	1127	4741
11132	10633	8731	8747	6201	6912	3292	4448	1300	2647
6619	6167	5867	5595	4007	4401	1987	2670	719	1526
3659	3392	2910	2821	1966	2218	989	1212	361	556
4056	3644	3180	3522	2484	3073	1381	1712	589	1260
12144	11934	10322	11619	8100	10374	4726	6580	2128	4840
15642	15560	12984	14428	9685	12936	5305	8635	2236	6130
66954	**64016**	**55885**	**56980**	**38289**	**47222**	**20063**	**31853**	**8101**	**20219**
6722	6829	5840	5532	4372	4875	2271	2844	937	1821
1825	1728	1362	1301	1110	1254	589	801	235	502
6226	5422	5382	5232	3327	4031	1701	2833	646	1680
11458	11674	8811	9660	5863	7788	3053	5495	1386	3803
7885	7482	7071	7719	5152	6330	2726	4609	1122	3072
3038	2835	2324	2575	1571	1928	702	1214	271	629
3132	2998	2580	2779	1583	2516	729	2026	359	1450
4967	4713	4410	4354	3086	3581	1617	2250	634	1478
7925	6694	6486	6162	4251	5036	2253	3491	786	1977
2381	2290	2137	2029	1366	1543	669	953	277	531
11395	11351	9482	9637	6608	8340	3753	5337	1448	3276

表2 续表 38

地区	0岁		1-4岁		5-9岁		10-14岁		15-19岁	
	男	女	男	女	男	女	男	女	男	女
南平市	**18153**	**16385**	**74433**	**66161**	**76439**	**70208**	**77609**	**69772**	**72792**	**67562**
延平区	2639	2475	12143	10395	13429	12040	13547	12112	13485	11447
顺昌县	1201	1131	4407	4125	4872	4652	5285	4841	5460	5334
浦城县	2266	2123	8724	8169	10718	10133	10267	9545	6463	6686
光泽县	893	814	4035	3494	4740	4204	4549	3940	3534	3400
松溪县	1067	902	3632	3231	3306	3048	3475	3118	3800	3712
政和县	1381	1237	5606	4275	4742	3895	5513	4258	7160	5626
邵武市	1696	1483	6695	5977	7192	6415	8108	7048	6965	6020
武夷山市	1273	1178	6517	5682	5867	5404	5349	5000	7906	8032
建瓯市	3599	3129	14468	13307	13363	12459	12821	11779	11012	10127
建阳市	2138	1913	8206	7506	8210	7958	8695	8131	7007	7178
龙岩市	**18940**	**14547**	**71307**	**55868**	**72343**	**61984**	**66608**	**56531**	**90527**	**78602**
新罗区	3292	2883	16076	13654	16372	14481	13502	11578	19504	17122
长汀县	3497	2238	13285	8741	13994	10612	14149	10733	16764	14238
永定县	3330	2612	11343	9037	10602	9461	9303	8409	10378	9170
上杭县	2966	2341	10150	8229	10448	9080	10919	9395	14730	12973
武平县	2197	1689	7734	6147	7721	6960	7167	6745	10671	9603
连城县	1802	1308	6464	4740	6798	5615	6210	5008	11280	9526
漳平市	1856	1476	6255	5320	6408	5775	5358	4663	7200	5970
宁德市	**18933**	**15916**	**75297**	**64250**	**75364**	**65476**	**68763**	**58003**	**122372**	**110851**
蕉城区	2852	2539	11560	10699	10848	9773	7951	7162	18382	19171
霞浦县	3562	2965	12659	10779	11638	10093	10187	8533	18217	15301
古田县	1927	1740	7543	6874	7675	7306	6650	5919	12436	10884
屏南县	957	857	3687	3205	3418	3214	3130	2879	5725	5240
寿宁县	1007	772	4818	3762	6002	4820	7039	5732	9878	8534
周宁县	809	672	2781	2219	3100	2526	3287	2665	5034	4453
柘荣县	584	489	2502	2236	2107	2058	2231	2025	4050	3828
福安市	3442	2606	16203	12307	17779	14087	14826	10980	26768	24182
福鼎市	3793	3276	13544	12169	12797	11599	13462	12108	21882	19258
江西省	**319203**	**259629**	**1639432**	**1244510**	**1835120**	**1396937**	**1718186**	**1349216**	**1834229**	**1591762**
南昌市	**32305**	**26090**	**134666**	**107163**	**172814**	**129642**	**190016**	**138440**	**256915**	**220317**
东湖区	2878	2475	11069	9338	14519	11872	16958	13696	20230	20967
西湖区	2194	1997	8917	7376	12531	10247	14573	11956	15904	14656
青云谱区	1098	933	7420	6059	9042	7171	9831	7467	11824	8772
湾里区	420	324	1827	1404	2263	1716	2232	1668	3783	3265
青山湖区	4780	4078	19206	14957	23009	16885	24719	17641	64300	51922
南昌县	7670	5790	31077	24048	39344	28058	43328	29015	55048	48948
新建县	6549	5105	23617	19236	31136	24093	34650	27289	54361	44667
安义县	1147	937	6288	4806	7924	5359	9578	6814	7385	6784
进贤县	5569	4451	25245	19939	33046	24241	34147	22894	24080	20336
景德镇市	**10748**	**8932**	**56978**	**40816**	**59199**	**42998**	**56414**	**43279**	**61342**	**57466**
昌江区	912	818	6142	4368	6529	5092	5852	4833	7611	7417
珠山区	1526	1341	4908	3995	6848	5718	8170	6886	10379	10713
浮梁县	2351	1938	8228	6647	8463	6694	8673	7349	13542	13061
乐平市	5959	4835	37700	25806	37359	25494	33719	24211	29810	26275
萍乡市	**12133**	**11212**	**59732**	**52317**	**62860**	**56978**	**58090**	**53656**	**63697**	**61657**
安源区	2586	2411	11048	10230	13951	12779	13923	12584	18866	19578
湘东区	2492	2296	10229	9301	10905	10064	10206	9472	12461	11526
莲花县	1810	1639	10214	8219	9841	8452	8604	7805	7515	7156
上栗县	3366	3100	17332	15053	18988	17131	18024	17024	17907	16842
芦溪县	1879	1766	10909	9514	9175	8552	7333	6771	6948	6555
九江市	**34730**	**28156**	**166420**	**132492**	**181289**	**143573**	**166286**	**138234**	**190385**	**175479**
庐山区	1519	1227	6702	5462	8285	7089	7881	6761	16151	14903
浔阳区	1452	1346	6713	5834	9796	8171	11601	10023	16675	19130
九江县	2411	1941	11357	8477	12634	8810	11995	8927	13426	11385
武宁县	3207	2780	13647	11800	10595	9835	8792	8183	9552	9103
修水县	5380	4356	30798	25933	32163	28070	24414	22511	25040	24721
永修县	2618	2405	13421	10358	14712	11708	13245	10642	14589	13026
德安县	1661	1435	8619	6604	7829	6521	6329	5377	7791	7746
星子县	1865	1534	10480	7947	10119	7039	11340	8680	10164	8766
都昌县	6417	4650	27688	20960	34105	24358	36198	28914	35963	30404
湖口县	1887	1708	8722	6767	10275	7861	10702	8325	12178	9873
彭泽县	2923	2324	12106	10141	13078	11272	11047	9856	11515	11151
瑞昌市	3390	2450	16167	12209	17698	12839	12742	10035	17341	15271
新余市	**7015**	**5211**	**39675**	**27340**	**41790**	**29549**	**35167**	**28247**	**43535**	**34446**
渝水区	4956	3833	28523	19307	30203	21380	26482	20895	36237	28194
分宜县	2059	1378	11152	8033	11587	8169	8685	7352	7298	6252

单位:人

20-24岁		25-29岁		30-34岁		35-39岁		40-44岁	
男	女	男	女	男	女	男	女	男	女
74261	**76214**	**72828**	**76726**	**87719**	**89692**	**137482**	**133408**	**155237**	**145674**
14374	14008	13704	14769	16113	17123	24822	24560	26969	25976
3810	3988	4619	4999	5721	6010	9895	9984	12356	11208
4733	5666	5739	6917	8044	9078	13136	14015	16820	16423
3166	3813	3089	3388	4011	4315	7017	6933	8580	7998
3628	3715	2922	3048	3894	4155	6510	6287	7165	6960
6410	5958	4685	4632	6018	5996	9195	8675	9358	8879
7123	7348	7623	8600	9396	9683	15117	14708	17288	15982
12188	12564	9146	8837	9174	8585	12146	11101	13036	11761
11883	12027	13057	13270	14723	14880	23643	22848	26184	25200
6946	7127	8244	8266	10625	9867	16001	14297	17481	15287
93453	**94714**	**92023**	**96171**	**93309**	**93057**	**135479**	**126167**	**142206**	**129511**
34859	31595	32323	31258	31272	28330	41430	34802	40429	32452
12387	16145	11604	14065	13000	14032	16944	18006	16903	18562
11764	11714	12235	12671	12664	12331	19372	16646	21771	17906
11478	11681	10635	11637	11131	11941	17956	18263	19434	19829
7695	8299	8096	8830	8248	9090	13853	14153	15153	15014
7458	8065	8045	8744	7695	8108	11840	11996	13027	12977
7812	7215	9085	8966	9299	9225	14084	12301	15489	12771
115346	**111695**	**110533**	**109392**	**112443**	**108778**	**131855**	**127679**	**131491**	**124221**
19090	20207	18384	19158	18656	18560	21977	20543	20513	18834
19669	19008	19087	18705	18884	17176	21122	20025	21412	20239
10663	10150	12049	11835	13241	12935	16050	15231	15647	14475
5349	5324	5462	4962	4811	4836	6542	6819	6453	5959
5207	5483	4363	4803	5599	5566	7045	7337	7738	7345
3612	3568	3198	3535	3199	3491	4088	4486	4808	4986
3257	3569	3421	3522	3713	3548	4072	3914	4062	3846
25006	23065	21495	21177	22201	21879	25529	25411	25412	24741
23493	21321	23074	21695	22139	20787	25430	23913	25446	23796
1992465	**2033252**	**1466019**	**1566032**	**1779553**	**1813400**	**2032118**	**1997611**	**1913047**	**1867698**
361661	**308179**	**156449**	**162198**	**188000**	**190912**	**210369**	**205889**	**202377**	**196698**
27246	30969	20940	23876	23838	26054	26008	26724	25189	24796
22410	23145	17042	18709	20034	22422	22689	23955	22640	23176
13944	12901	10831	11554	14456	14934	15439	14804	14268	13419
7503	6889	1248	1416	1754	1867	1936	1850	2041	1967
111436	79917	30238	29271	34427	32703	35857	32669	32543	29948
71786	62316	24967	25750	33268	32775	38872	38752	40818	41646
72515	55385	25751	24109	29214	27492	31372	28941	28255	25868
7663	8044	4360	4791	5138	5600	6297	6530	6506	6588
27158	28613	21072	22722	25871	27065	31899	31664	30117	29290
71720	**75405**	**56469**	**59011**	**67130**	**64919**	**74748**	**69732**	**73726**	**69298**
8815	8964	6693	6691	8060	7416	9302	8333	9795	8962
12002	11978	8508	9671	10270	11498	12431	13109	14769	14340
17276	17426	10774	10394	13771	12021	15283	13008	15611	13991
33627	37037	30494	32255	35029	33984	37732	35282	33551	32005
65571	**71650**	**60889**	**68603**	**79833**	**79869**	**85979**	**82660**	**83511**	**79308**
22345	23373	18253	21806	25467	27135	26319	25905	25663	24239
12678	13378	12196	13159	15821	14629	16980	15222	16918	15570
6715	7687	6820	8018	8562	9670	9890	10680	9754	9462
16391	18680	15375	16508	19673	18459	21218	19940	19503	18963
7442	8532	8245	9112	10310	9976	11572	10913	11673	11074
221353	**231090**	**163181**	**180250**	**183918**	**195100**	**206069**	**212133**	**196841**	**201148**
24945	19856	9514	10022	11273	11391	13024	12241	13474	12332
17003	19681	11960	14030	14879	17682	19655	21155	20317	19704
14936	16263	11172	12334	11784	12473	11840	12934	12380	13980
17509	19134	13548	14910	13252	13129	17274	15991	17728	16598
30478	35050	24702	27947	28536	31542	31457	33145	28059	29525
15301	16271	12211	13435	15247	15110	17324	16418	17754	16626
13188	12290	7306	8051	9191	9265	10385	9957	10333	9967
11005	11620	8699	9289	9955	9740	10405	9991	10137	9928
32927	35051	26610	30149	27199	31540	25114	30814	21366	26574
12062	11915	9306	9477	11131	11368	13005	13333	10727	11220
14166	15493	12697	13894	14331	14269	17142	16141	16553	16412
17833	18466	15456	16712	17140	17591	19444	20013	18013	18282
51550	**45434**	**34609**	**37394**	**46395**	**46978**	**58796**	**56315**	**57239**	**53064**
41069	34524	24153	26870	33631	35105	42570	42116	41848	39196
10481	10910	10456	10524	12764	11873	16226	14199	15391	13868

表2 续表 39

地区	45-49岁		50-54岁		55-59岁		60-64岁	
	男	女	男	女	男	女	男	女
南平市	**127804**	**120348**	**95699**	**88398**	**87343**	**81222**	**62578**	**56363**
延平区	22694	21069	16624	15440	14323	13779	10330	9701
顺昌县	10173	9325	7761	7068	6320	5962	4449	4397
浦城县	14169	14239	11104	10709	12613	11716	9175	7869
光泽县	6866	6287	4184	3662	3757	3424	3243	3088
松溪县	6070	5976	4582	4551	4139	3978	3058	2569
政和县	7325	7094	5610	5281	5387	5205	3916	3100
邵武市	14466	13567	10218	8998	8812	7858	6184	6069
武夷山市	10536	9190	7423	6325	6530	5752	4768	4113
建瓯市	21034	20505	17286	16488	15795	14643	10756	9517
建阳市	14471	13096	10907	9876	9667	8905	6699	5940
龙岩市	**112534**	**104374**	**80941**	**70952**	**75995**	**68634**	**54089**	**47942**
新罗区	31773	25006	20232	16311	17198	14934	11248	10019
长汀县	13712	14795	11494	10793	11534	10578	9060	8187
永定县	17028	15312	12314	10366	11774	10612	7710	6964
上杭县	15141	15690	11957	10944	11822	10803	8272	7469
武平县	12076	12447	7884	7412	8767	8240	6617	5810
连城县	10406	10599	8806	7678	8005	7227	6403	5236
漳平市	12398	10525	8254	7448	6895	6240	4779	4257
宁德市	**112909**	**108568**	**101396**	**90267**	**91394**	**83233**	**65520**	**49764**
蕉城区	16729	15471	13276	11738	12269	10982	9097	7010
霞浦县	19646	18781	17523	15778	14907	13966	10593	8037
古田县	13075	13153	12665	12080	12062	11061	8794	6231
屏南县	5594	5360	5157	4667	4610	4161	3570	2417
寿宁县	6643	6741	6264	5664	6113	5632	4525	3437
周宁县	4336	4559	4453	3956	4500	3927	3458	2369
柘荣县	3274	3355	2842	2568	2827	2603	2175	1358
福安市	22041	20977	20317	17190	18041	16172	12239	9593
福鼎市	21571	20171	18899	16626	16065	14729	11069	9312
江西省	**1540906**	**1508986**	**1256966**	**1214952**	**1167310**	**1130000**	**878288**	**832669**
南昌市	**166737**	**162872**	**139878**	**135601**	**131033**	**129034**	**100751**	**96621**
东湖区	23701	23330	20222	19412	17162	17018	11898	11563
西湖区	23161	22750	20266	18897	16619	15951	11384	10802
青云谱区	12732	11787	10502	10091	9858	10749	7884	7661
湾里区	1641	1640	1455	1574	1484	1556	1212	1199
青山湖区	26739	24443	20395	19614	17955	18902	13751	13149
南昌县	30863	31607	27998	26990	27127	26430	21308	20922
新建县	20747	19333	16713	15791	15632	14616	12744	12108
安义县	5490	5824	5392	5843	5611	5426	4871	4615
进贤县	21663	22158	16935	17389	19585	18386	15699	14602
景德镇市	**63125**	**58196**	**48240**	**45174**	**41291**	**39747**	**32015**	**30422**
昌江区	8470	7594	6535	5803	5498	5043	3848	3663
珠山区	14437	13501	10750	9666	8794	8003	5855	5511
浮梁县	12667	11082	9199	7919	7814	6896	5798	5404
乐平市	27551	26019	21756	21786	19185	19805	16514	15844
萍乡市	**71702**	**67656**	**60175**	**58359**	**58214**	**55649**	**39852**	**37074**
安源区	23397	21736	17552	17042	16321	16508	10993	10196
湘东区	14168	13241	12613	12435	12090	11852	7627	7260
莲花县	8476	8191	7453	7186	7386	7304	5323	5230
上栗县	15723	15009	13724	13171	13395	11978	9456	8724
芦溪县	9938	9479	8833	8525	9022	8007	6453	5664
九江市	**166925**	**169128**	**128824**	**125959**	**125507**	**120216**	**97977**	**91831**
庐山区	11106	10229	7937	7270	7864	7864	6618	6180
浔阳区	18287	16920	12947	12151	12012	11736	8606	8475
九江县	10634	12130	8037	8394	8382	8202	6460	6258
武宁县	14913	13696	12051	10997	10402	9301	7184	6469
修水县	23658	25359	20353	20462	18911	17898	15771	14397
永修县	14732	13687	10621	10004	10053	9391	7796	7198
德安县	8620	8523	5860	5661	5784	5314	4016	3557
星子县	8573	8368	6119	5938	6098	5983	4794	4518
都昌县	18480	21725	16605	17553	17187	16788	13833	13139
湖口县	9354	9653	7916	7461	8268	8049	7096	6769
彭泽县	13996	13512	10065	9172	9899	8984	7480	7039
瑞昌市	14572	15326	10313	10896	10647	10706	8323	7832
新余市	**46483**	**42589**	**36417**	**35013**	**30661**	**30812**	**23358**	**21344**
渝水区	33879	31229	25821	25008	21918	22452	16864	15636
分宜县	12604	11360	10596	10005	8743	8360	6494	5708

单位:人

65-69岁		70-74岁		75-79岁		80-84岁		85岁及以上	
男	女	男	女	男	女	男	女	男	女
44564	**39302**	**40975**	**37056**	**28924**	**26949**	**16362**	**16082**	**7459**	**9365**
7288	7169	7332	6742	5444	4843	2920	2835	1468	1744
3404	3419	3350	3310	2335	2303	1356	1368	608	782
6176	4695	5881	4848	4326	3850	2487	2486	1106	1469
2351	2123	2153	2132	1269	1230	768	827	363	473
2043	1779	2010	1701	1626	1360	891	778	361	425
2711	1870	2560	1841	1935	1455	1110	849	493	474
4527	4611	4149	4262	2930	2975	1629	1756	700	934
3445	2941	2829	2619	1635	1585	1022	944	527	624
7615	6505	6304	5636	4419	4365	2511	2503	1110	1403
5004	4190	4407	3965	3005	2983	1668	1736	723	1037
42603	**38135**	**38407**	**40999**	**21277**	**27912**	**11802**	**19103**	**6324**	**14175**
8536	7597	7077	7102	4352	4916	2463	3003	1181	2267
6981	6299	6567	7082	3066	4423	1900	3330	1228	2462
5930	5411	5342	5742	3403	4346	1734	2764	936	2251
7143	6437	6862	7797	3498	5388	1864	3919	1004	2821
5261	4458	5069	5329	2858	3895	1519	2791	748	1936
4686	4324	4042	4681	1868	2623	1161	1934	695	1565
4066	3609	3448	3266	2232	2321	1161	1362	532	873
44577	**32190**	**38596**	**29063**	**29110**	**24804**	**19881**	**18908**	**10530**	**12628**
6292	4538	5470	4169	3889	3292	2652	2426	1417	1684
7449	5410	6151	4708	4623	4265	3195	3038	1779	2066
5998	4080	4923	4119	3447	3125	2318	2328	1355	1656
2268	1623	2092	1572	1459	1271	957	924	553	640
2896	1886	2743	1973	2202	1622	1631	1305	898	849
2591	1597	2303	1496	1742	1227	1255	1014	706	695
1508	849	1223	728	1066	768	806	630	375	398
8255	6174	7014	4955	5300	4307	3833	3687	1984	2465
7320	6033	6677	5343	5382	4927	3234	3556	1463	2175
582238	**561531**	**490625**	**499742**	**314505**	**355101**	**163313**	**207453**	**79998**	**133795**
66761	**62739**	**53994**	**52716**	**39645**	**42320**	**20211**	**24979**	**9264**	**16310**
8076	8394	6846	7578	5442	5639	3023	3157	1339	2047
7554	7623	6298	6785	4740	5272	2621	3155	1310	2060
5484	5096	4630	4498	3050	2629	1282	1335	528	760
889	750	589	573	561	543	278	360	120	166
9263	9181	8162	7484	5345	5072	2459	2667	1059	1697
14077	13159	11539	10790	7880	9230	4125	5964	1675	3715
8953	7894	6231	5649	4944	5045	2660	3308	1269	2170
3259	2855	2227	1956	2078	2151	1231	1352	586	888
9206	7787	7472	7403	5605	6739	2532	3681	1378	2807
19331	**18383**	**16249**	**16753**	**10754**	**12081**	**4867**	**5821**	**1782**	**2916**
2320	2205	1959	1949	1341	1496	582	675	217	400
3909	4116	3781	4328	2732	3057	1235	1400	514	709
3518	3140	3011	2984	2180	2352	987	1215	349	547
9584	8922	7498	7492	4501	5176	2063	2531	702	1260
25657	**26127**	**23714**	**22899**	**14210**	**14638**	**8279**	**9242**	**4655**	**6208**
6988	7619	6532	6527	3850	3984	2197	2136	1143	1378
4818	5441	4788	4427	3265	3146	1876	2080	1035	1325
3537	3514	3276	3628	1707	1945	942	1307	545	865
6271	5820	5536	5127	3352	3396	2035	2227	1231	1562
4043	3733	3582	3190	2036	2167	1229	1492	701	1078
66688	**64195**	**46769**	**45929**	**32801**	**35430**	**17655**	**21805**	**8791**	**14221**
4461	4246	3255	2942	2191	2187	1195	1358	486	787
6380	6414	4883	4652	3671	3334	1852	1678	841	1112
5033	4744	3196	3010	2434	2503	1221	1555	577	990
4752	4579	3703	3680	2729	3078	1656	2048	982	1482
11479	10910	8814	8573	4556	4536	2864	2996	2078	2544
5464	5391	3402	3418	3057	3356	1789	2158	855	1314
2814	2590	2017	1931	1587	1556	820	836	366	625
3154	3104	2033	1992	1436	1657	880	1106	384	686
7785	7336	5855	5901	4344	5358	1873	3194	746	1667
4263	3953	2120	2212	1655	2070	770	1334	304	708
4999	5044	3381	3561	2341	2859	1224	1740	389	953
6104	5884	4110	4057	2800	2936	1511	1802	783	1353
15949	**15402**	**12974**	**13177**	**9257**	**9822**	**4776**	**5512**	**2357**	**3222**
11530	11326	9302	9365	6342	6832	3257	3945	1540	2150
4419	4076	3672	3812	2915	2990	1519	1567	817	1072

表2 续表 40

地区	0岁		1-4岁		5-9岁		10-14岁		15-19岁	
	男	女	男	女	男	女	男	女	男	女
鹰潭市	**7934**	**6639**	**44053**	**32785**	**47795**	**34772**	**39800**	**29276**	**41748**	**33281**
月湖区	1366	1170	6302	5065	8158	6189	6914	5358	6869	6165
余江县	2438	2086	13474	9934	16168	11409	14420	10220	14758	12023
贵溪市	4130	3383	24277	17786	23469	17174	18466	13698	20121	15093
赣州市	**62153**	**48787**	**324731**	**242833**	**400150**	**312641**	**365667**	**301570**	**356802**	**302255**
章贡区	3222	2907	17153	13926	18748	15601	16754	14685	24296	23927
赣县	4140	2915	21970	16438	30815	24046	23825	19019	21488	17312
信丰县	4554	3812	25166	18230	30262	22699	25723	21467	30036	25759
大余县	1841	1806	12166	9130	11637	9205	9405	8253	8959	7901
上犹县	2305	1609	11805	8643	11635	9237	8298	7174	8309	6893
崇义县	1212	1087	7915	6325	7029	5873	5784	5045	5436	4990
安远县	2518	2107	14095	9994	15326	11542	17039	14092	16178	13634
龙南县	2123	1721	11471	9134	10726	9347	9147	8110	12475	12262
定南县	1562	1311	7690	6144	6492	5516	5112	4599	6427	5859
全南县	1325	983	8173	6229	7402	6051	4639	4146	5541	5097
宁都县	7604	5288	30755	21575	39076	28599	31480	24260	31058	26388
于都县	7454	6169	33430	26702	53354	43739	57334	48263	44486	37345
兴国县	5236	3588	32580	23318	37655	28884	32906	26060	33174	25933
会昌县	2779	2348	15622	12065	24317	19937	26555	22886	20534	16637
寻乌县	1922	1592	9301	6704	11600	9038	12847	10632	13320	11720
石城县	1851	1470	8927	6084	13166	9394	11600	9031	13877	10876
瑞金市	4518	3621	24078	18973	29567	23671	32571	26391	28120	22504
南康市	5987	4453	32434	23219	41343	30262	34648	27457	33088	27218
吉安市	**36767**	**28452**	**198087**	**142177**	**187601**	**135431**	**160248**	**122405**	**192957**	**163644**
吉州区	1997	1481	9175	6907	11825	8696	11006	8839	11393	12670
青原区	1899	1175	8869	5958	8136	5590	7045	5200	11183	9512
吉安县	3674	2900	18916	13448	17518	12120	15537	11218	20044	16730
吉水县	4038	2584	22580	14282	23922	14172	19736	12873	20825	14563
峡江县	1268	1067	8467	5777	7676	4883	6348	4593	7689	6003
新干县	2586	2121	14162	8946	14883	9089	12113	7934	12751	9059
永丰县	2784	2604	19322	13418	16108	10869	16845	11412	18748	14439
泰和县	4681	3122	21377	16298	17993	15122	14058	11832	21216	18405
遂川县	3845	3565	25005	18010	23565	17686	18383	14453	19586	17351
万安县	2369	1771	11688	9131	10391	8364	9528	8095	13307	11624
安福县	2609	2354	13718	10692	11914	9917	9358	8217	12940	12288
永新县	3681	2675	18465	14387	18097	14167	15617	13400	18224	16216
井冈山市	1336	1033	6343	4923	5573	4756	4674	4339	5051	4784
宜春市	**42141**	**34488**	**199111**	**153909**	**223391**	**166053**	**209171**	**158253**	**223506**	**190002**
袁州区	7629	6807	41440	33515	43738	35472	37480	31424	39763	39754
奉新县	2419	1931	12569	10071	13748	10950	10824	8736	10472	9680
万载县	5074	4093	22284	19029	24901	22243	17730	15189	14969	13471
上高县	2945	2375	12792	9288	11275	7969	11164	7776	12269	10757
宜丰县	2114	1714	9776	8051	10123	8366	8642	7808	6737	6227
靖安县	1021	925	4626	4057	5157	4211	4297	3750	4689	4381
铜鼓县	902	875	4760	4398	4948	4733	3660	3464	3519	3486
丰城市	9885	7592	40984	29143	56756	37267	67649	45796	69585	52807
樟树市	3950	3412	18555	15231	19967	14731	17572	13203	22790	18633
高安市	6202	4764	31325	21126	32778	20111	30153	21107	38713	30806
抚州市	**28630**	**23330**	**148098**	**104506**	**166749**	**117817**	**168909**	**122956**	**149931**	**122887**
临川区	7639	5975	33956	23071	50591	34022	59857	40899	48148	38001
南城县	2038	1837	13701	8785	12758	8398	10390	8505	9041	8105
黎川县	1574	1271	7776	5375	8270	5812	9198	6713	8222	7187
南丰县	2077	1810	12530	9234	10143	7689	9127	7182	10199	8161
崇仁县	2760	2060	14225	10865	16737	12222	20220	14318	15741	12824
乐安县	2382	2022	15901	10980	16370	11740	12714	9351	13358	10528
宜黄县	1634	1455	8934	6698	8400	6547	7628	6455	7784	7422
金溪县	2749	2310	12780	8940	12199	9115	10574	7834	9573	7614
资溪县	765	718	3871	3169	4333	3673	3453	3058	3304	3043
东乡县	3168	2540	16349	11872	17325	12017	17830	12270	14520	11483
广昌县	1844	1332	8075	5517	9623	6582	7918	6371	10041	8519
上饶市	**44647**	**38332**	**267881**	**208172**	**291482**	**227483**	**268418**	**212900**	**253411**	**230328**
信州区	2446	2151	11381	9610	14038	12537	13876	12261	13759	18075
上饶县	4682	3808	29196	24030	32002	26921	30826	26849	26320	24080
广丰县	4610	4420	28910	23340	34164	28768	35047	30158	34920	32335
玉山县	4115	3446	22869	19881	26080	23015	22857	19081	21632	18831

单位:人

20-24岁		25-29岁		30-34岁		35-39岁		40-44岁	
男	女	男	女	男	女	男	女	男	女
45627	**45206**	**41019**	**39514**	**43484**	**43373**	**55181**	**52955**	**52165**	**50182**
8417	8684	7666	8022	8502	9178	10656	10897	10400	10332
14385	14240	12562	11985	11305	11998	17260	16904	15331	15103
22825	22282	20791	19507	23677	22197	27265	25154	26434	24747
325555	**348905**	**252920**	**275808**	**312731**	**336517**	**366377**	**383668**	**336842**	**350221**
45070	41477	21549	23480	25379	27317	29307	29605	26176	25463
19397	21468	15756	16839	20450	21693	24073	25316	22256	22263
26322	29018	18481	19348	24288	26683	31524	33791	29543	31555
10186	10770	8370	8893	11189	11748	14080	14449	14447	13871
8179	8695	7539	8012	10474	10441	11940	12143	11385	11108
6934	7429	5722	6238	7604	7719	9633	9328	8961	9048
12961	14024	11910	11961	13883	13818	15429	14810	13461	14016
10580	12114	9654	11236	11963	13499	13577	14210	13198	14095
5485	6455	5424	6581	6285	6918	8386	8008	7760	7296
6419	7190	5822	6429	7297	7606	9032	8742	8311	8500
35472	35753	25499	26635	33419	33441	38310	36387	34370	33459
23594	30891	19372	25350	24040	31149	26581	33996	24208	30930
25207	27914	23415	25886	26009	28369	29823	32157	26010	27162
16086	17218	14467	14447	17495	17713	19168	19708	16772	16702
11685	12283	10175	11171	12022	12470	13235	12433	12593	11860
12946	13035	8832	9178	10293	10731	12183	12487	11601	11873
24676	26549	20302	22919	23094	25502	25967	28096	22860	24524
24356	26622	20631	21205	27547	29700	34129	38002	32930	36496
197930	**205750**	**170006**	**175425**	**221775**	**217026**	**231435**	**222943**	**212189**	**202155**
11486	11955	10923	11863	14724	16245	16423	17204	15518	14899
12134	11579	6404	6767	8148	8427	8396	8232	7230	7236
19505	20752	17110	17314	21525	20838	22690	21774	20801	19490
19320	19190	15795	16267	23157	23069	24344	23793	22469	21965
8191	8525	5941	5953	8744	8335	9306	8474	8551	7806
14578	14313	10455	10964	16387	15548	16472	15214	14725	14132
19578	20195	15313	15773	19850	18775	20738	20130	18956	17644
19880	21644	19390	20338	24308	23637	23592	22953	21995	21008
22853	23724	20861	20126	24630	23093	24025	22953	22649	21535
12085	13257	10869	11904	13817	14019	14480	14118	12605	12609
16359	17413	14980	14998	17872	16240	19951	18272	19159	17797
16921	17504	17080	17650	22052	21620	23242	22273	20087	19002
5040	5699	4885	5508	6561	7180	7776	7553	7444	7032
214267	**222867**	**178718**	**186105**	**215800**	**213967**	**256833**	**243527**	**245757**	**234820**
42612	47223	32728	35976	42663	42269	48497	45984	44425	41335
11958	12863	11189	11519	13874	13304	14832	13856	13723	13387
16241	18251	15629	17120	18566	18758	20557	18864	20073	18462
12904	13768	10283	10886	9243	10040	15850	15875	16265	16195
9635	10395	9931	10007	11660	10931	13901	12590	13927	13355
5644	5600	5512	5312	6124	5758	7272	6357	7386	6829
6133	6355	5188	5336	6116	5606	7010	5803	6935	6134
57942	56492	40722	41835	54348	54070	63866	60676	59520	56988
22890	23559	18823	19408	22023	21925	26386	25681	26512	26184
28308	28361	28713	28706	31183	31306	38662	37841	36991	35951
175235	**187307**	**129117**	**139355**	**161458**	**162652**	**192305**	**183597**	**181973**	**176205**
46009	48147	30009	35096	41650	45166	51241	49876	47944	47556
12725	14298	10018	10621	12843	13256	15669	16030	14748	15520
9818	10222	7052	7703	9694	9858	11747	11362	12383	11854
12171	13355	10603	12111	13160	12669	15178	14081	14685	13649
16166	17712	11339	12427	13363	13693	15496	15011	14059	13587
16425	17498	12213	12163	14634	13371	17287	15730	16289	14963
10732	11756	7932	8018	9471	9139	11297	10819	11334	10613
13816	14761	11498	12162	12984	12789	14850	13947	13621	12983
5047	5720	3836	4204	4472	4514	5245	5113	5209	5501
19845	20477	16785	16550	19457	18558	22150	20352	20604	19371
12481	13361	7832	8300	9730	9639	12145	11276	11097	10608
261996	**291459**	**222642**	**242369**	**259029**	**262087**	**294026**	**284192**	**270427**	**254599**
17685	20311	13153	15492	16028	17511	18355	19312	17891	17718
25953	29357	24497	26590	28960	28592	32506	30686	28025	25594
33597	36970	22891	25953	26528	28169	30866	31687	28385	27703
19315	21403	15793	17789	20378	21340	24627	24738	24592	22828

表2 续表 41

地 区	45-49岁		50-54岁		55-59岁		60-64岁	
	男	女	男	女	男	女	男	女
鹰潭市	**42186**	**39608**	**34366**	**32467**	**31311**	**30063**	**22992**	**22166**
月湖区	9307	8837	6862	6598	5817	5782	4170	4237
余江县	11825	11427	10462	9801	10059	9625	7248	7349
贵溪市	21054	19344	17042	16068	15435	14656	11574	10580
赣州市	**263347**	**270902**	**221710**	**216818**	**208944**	**206671**	**156759**	**153070**
章贡区	23645	22393	18960	17986	18525	18858	13594	12858
赣县	17426	17419	13798	13598	14003	13614	11163	10661
信丰县	21893	22580	18474	18020	16679	16416	11332	11481
大余县	11094	10619	9227	8151	8257	7944	5902	5292
上犹县	8738	8753	6723	6752	7330	7576	5325	5228
崇义县	7204	7138	5476	5074	5027	4781	3574	3314
安远县	10393	10699	8224	8472	7164	7503	5389	5534
龙南县	10853	10818	9104	8508	7999	7621	5167	5435
定南县	6459	6205	4969	4704	4719	4568	3108	3054
全南县	6779	6615	5553	5363	5037	4820	3054	2858
宁都县	26283	26280	21352	20989	18179	17950	14216	14120
于都县	18860	23374	20248	21282	20719	21228	16578	16283
兴国县	21179	22124	18667	17206	17357	16035	14565	13257
会昌县	11767	12253	10017	9756	10249	9833	8037	7810
寻乌县	10093	9596	7959	7294	6386	6060	4367	4081
石城县	9151	9373	7473	7577	6411	6532	4997	5185
瑞金市	17682	18391	15148	15254	13281	13361	10352	10228
南康市	23848	26272	20338	20832	21622	21971	16039	16391
吉安市	**167894**	**162259**	**136989**	**132019**	**122081**	**118584**	**87793**	**84781**
吉州区	13292	12874	11225	10969	10264	9869	7881	7411
青原区	5890	6008	4975	4853	4584	4595	3416	3412
吉安县	16066	15059	12823	12378	11688	11354	8553	8041
吉水县	16940	16412	14568	14100	12493	12199	9060	8779
峡江县	6715	6285	5075	4925	4347	4206	3027	2842
新干县	11710	11751	9595	9666	8076	8350	5512	5744
永丰县	14413	13893	11594	11036	9608	9333	7199	7022
泰和县	17850	17318	15238	14537	13701	13140	9441	9585
遂川县	18216	17552	14173	13511	12981	12700	8816	8660
万安县	9762	10179	8078	7958	7323	6825	5443	4931
安福县	14809	13874	11466	10825	10014	9715	7893	7161
永新县	16077	15477	13889	13323	13403	12758	8970	8586
井冈山市	6154	5577	4290	3938	3599	3540	2582	2607
宜春市	**199334**	**189378**	**165405**	**156090**	**144645**	**135775**	**106394**	**98100**
袁州区	36481	33861	31433	29694	27719	26285	19918	18730
奉新县	11188	11175	9039	8384	8650	7520	6604	5709
万载县	16818	16050	13976	13331	12106	11271	8553	8143
上高县	13782	13207	11457	10715	8987	8910	6260	5934
宜丰县	11456	10841	8407	7924	7764	7085	5808	4948
靖安县	6077	5625	4966	4262	3989	3444	2976	2500
铜鼓县	5777	4989	4287	3348	3343	2833	2510	2208
丰城市	46710	43962	36876	35284	32286	30716	24773	23969
樟树市	20791	20405	18402	18257	16513	15985	11021	10074
高安市	30254	29263	26562	24891	23288	21726	17971	15885
抚州市	**134274**	**132721**	**98917**	**96970**	**95440**	**93842**	**74501**	**71165**
临川区	35917	35714	26646	26751	28415	28274	22775	21057
南城县	11075	11256	8316	8274	7982	7745	6374	6181
黎川县	8632	8915	5642	5463	5935	5644	4956	4538
南丰县	10017	10316	7276	7158	7047	6903	5512	5172
崇仁县	10506	10213	7419	7563	7249	7270	5304	5197
乐安县	11578	11242	7957	7866	7680	7309	5607	5541
宜黄县	8563	8395	5653	5554	4820	4772	3874	3796
金溪县	10294	9802	7990	7553	7163	7128	5076	4990
资溪县	4741	4476	3270	3152	2781	2529	2108	2005
东乡县	14918	14354	12697	11932	11468	11267	8834	8376
广昌县	8033	8038	6051	5704	4900	5001	4081	4312
上饶市	**218899**	**213677**	**186045**	**180482**	**178183**	**169607**	**135896**	**126095**
信州区	16045	16300	13543	13207	12143	11770	8466	8309
上饶县	21421	20743	19603	18761	18200	17628	13843	12860
广丰县	21845	22395	19614	19415	19898	18327	14140	13473
玉山县	20448	19408	17610	16495	17944	16568	13172	11667

单位:人

65-69岁		70-74岁		75-79岁		80-84岁		85岁及以上	
男	女	男	女	男	女	男	女	男	女
13750	**13207**	**13047**	**12315**	**8461**	**8560**	**4166**	**4792**	**1886**	**3024**
2656	2792	2483	2404	1756	1624	849	844	383	518
4422	4234	4065	3766	2743	2896	1306	1583	618	1044
6672	6181	6499	6145	3962	4040	2011	2365	885	1462
110938	**112367**	**94196**	**107607**	**54306**	**69710**	**28677**	**42166**	**15058**	**28068**
8942	9081	6857	7523	4466	5168	2149	2706	1029	1871
7918	7749	6452	6918	3490	4140	1913	2558	988	1677
8261	8923	6636	8543	3768	5696	1574	2997	723	1790
4022	3881	3503	3935	2235	2941	1048	1611	450	960
4212	3943	3705	4288	2229	2703	1179	1559	511	886
2676	2582	2456	2698	1517	1724	769	990	373	549
3924	4268	3635	4255	1940	2686	860	1523	427	1046
3710	4305	2999	3897	1815	3107	780	1740	420	1381
2393	2419	2120	2571	1432	2078	560	1086	340	676
2221	2318	2021	2682	1453	2105	712	1144	306	716
9871	9711	9039	9187	4718	4774	2674	2973	1527	2135
11156	11798	8994	11048	4970	6500	3026	4524	1658	2824
10104	10097	8336	8787	4753	5396	2718	3500	1772	2691
5531	5450	4686	5170	2309	3239	1347	2153	675	1399
3334	3387	3545	4072	2097	2729	1128	1662	616	1198
3712	3750	3486	3630	1796	2004	1044	1358	475	857
7560	7409	6819	7318	3943	4441	2403	3019	1465	2308
11391	11296	8907	11085	5375	8279	2793	5063	1303	3104
62969	**64041**	**54342**	**58871**	**31529**	**38750**	**16772**	**22258**	**8657**	**15347**
5376	4997	4038	4308	2721	3080	1301	1656	710	1322
2289	2350	1798	2171	1068	1427	503	741	325	651
5671	5837	4896	5454	2738	3780	1530	2136	859	1528
6505	6784	5360	5946	3118	4030	1522	2099	895	1583
2277	2220	1966	1995	1308	1414	650	722	372	540
3740	3754	3168	3406	2208	2715	1103	1645	431	824
5469	5740	4958	4937	2456	2811	1241	1418	619	1028
6322	6854	5157	6100	2765	3977	1830	2632	1071	1858
7028	6906	6273	6416	3845	4324	2061	2545	750	1319
4077	4058	3696	3780	2088	2424	1317	1776	772	1181
5455	5333	4899	5382	2878	3391	1592	1831	762	1303
6727	7031	6081	6819	3302	4202	1580	2399	847	1749
2033	2177	2052	2157	1034	1175	542	658	244	461
68089	**64329**	**57873**	**57211**	**41163**	**46624**	**21788**	**26892**	**10762**	**17053**
13030	12573	12503	12215	7684	8130	4495	4614	2494	3359
4026	3490	2517	2296	2509	2634	1613	1879	724	1094
6036	5708	5649	5636	3085	3566	1580	1770	820	1254
4404	4285	3884	3792	2884	3216	1513	1730	736	1082
4110	3443	3592	3091	2545	2575	1359	1511	753	944
1767	1597	1561	1387	1448	1459	887	989	387	571
1794	1849	1582	1662	855	994	505	527	327	388
15704	15798	13744	13826	10112	11717	4606	6522	2032	3832
6697	6150	5579	6177	4157	5409	2133	3148	921	1866
10521	9436	7262	7129	5884	6924	3097	4202	1568	2663
46925	**44340**	**41935**	**42170**	**25585**	**28931**	**11695**	**15439**	**5483**	**8957**
13046	12034	11957	11103	8280	9138	3919	5123	1862	3024
3668	3635	2757	3108	1671	2144	696	1078	339	651
3111	2989	2699	2760	1607	1712	751	842	353	446
3649	3415	2949	3091	1509	1785	632	923	268	496
3617	3322	3378	3550	2225	2624	987	1366	471	751
4474	4162	4242	4162	2198	2279	1075	1249	509	717
2622	2536	2562	2631	1176	1305	503	632	216	361
2915	2863	2572	2668	1754	2215	739	1121	299	585
1361	1369	1302	1445	823	914	433	495	217	314
5424	4984	4602	4485	3080	3433	1328	1822	610	1182
3038	3031	2915	3167	1262	1382	632	788	339	430
85181	**76401**	**75532**	**70094**	**46794**	**48235**	**24427**	**28547**	**11303**	**18469**
5711	5327	4840	4933	3140	3150	1796	1847	874	1228
9373	7981	7790	7185	3597	3550	2405	2619	1321	1913
8612	7729	8574	7205	5951	5643	3272	3523	1490	2426
7961	6636	7691	6373	4670	4457	2630	2953	1143	1933

表2 续表 42

地区	0岁		1-4岁		5-9岁		10-14岁		15-19岁	
	男	女	男	女	男	女	男	女	男	女
铅山县	2890	2553	17498	13664	17612	14131	14224	12329	12496	11553
横峰县	1160	1056	9344	6742	8169	6346	5979	4711	5445	4510
弋阳县	2444	1983	16682	11477	16283	11618	12205	9368	10925	9200
余干县	6735	5588	37915	28045	40984	29606	35854	24476	40198	33355
鄱阳县	9034	7585	53293	39020	59879	41435	63778	46504	56474	49386
万年县	2359	2028	16259	11620	18744	12963	15665	10952	14883	13406
婺源县	2245	1980	12317	10592	12376	10963	9344	8409	9539	9391
德兴市	1927	1734	12217	10151	11151	9180	8763	7802	6820	6206
山东省	**533599**	**446829**	**2404250**	**1950059**	**2672557**	**2295369**	**2538286**	**2233260**	**2854002**	**2607455**
济南市	**34375**	**29883**	**134498**	**120372**	**158087**	**143951**	**160598**	**147303**	**211308**	**198001**
历下区	2446	2094	10758	10052	12239	10860	11819	10978	22366	20998
市中区	2841	2569	13081	11705	14382	12606	13662	12629	20901	18446
槐荫区	2206	2048	10173	9392	9776	8904	9135	8245	10946	8812
天桥区	2900	2637	13892	12472	13973	12321	13076	11581	19712	16166
历城区	5617	5171	23813	21490	25027	23137	24184	22134	46157	42282
长清区	2708	2367	10281	9218	13845	13213	16013	15106	17502	18439
平阴县	1725	1544	6593	6036	8525	8009	9428	9027	8407	8338
济阳县	4339	3463	12953	11284	15165	13739	14322	13021	12344	11926
商河县	4637	3736	15519	12981	17234	15865	15937	14870	14763	14497
章丘市	4956	4254	17435	15742	27921	25297	33022	29712	38210	38097
青岛市	**34753**	**31193**	**170549**	**155345**	**200143**	**185595**	**203507**	**190586**	**252673**	**245425**
市南区	2059	1978	8152	7366	9980	8896	10156	9723	13150	12338
市北区	2104	1899	9217	8523	9769	9112	9636	9033	10348	10283
四方区	1513	1429	7638	6817	7510	6775	7229	6734	9349	8935
黄岛区	2164	1946	10411	9412	10858	9668	9812	8832	21469	15552
崂山区	1336	1277	6441	6041	6687	6118	7064	6516	13105	12827
李沧区	2230	2037	10724	9704	10094	9237	8947	8343	14605	16589
城阳区	2609	2366	13397	12391	14583	13351	14121	13232	26445	33204
胶州市	3368	2982	18571	16674	24047	22284	23488	22070	24786	24802
即墨市	4907	4360	26038	23483	31578	29426	31818	29804	32565	32905
平度市	5929	5104	27151	24617	34268	32332	38603	36675	39738	36395
胶南市	3443	3197	17642	16472	22226	21111	23686	22211	27356	22652
莱西市	3091	2618	15167	13845	18543	17285	18947	17413	19757	18943
淄博市	**18197**	**16768**	**84604**	**77889**	**113623**	**104833**	**126657**	**117940**	**134982**	**130955**
淄川区	2925	2678	13600	12667	17379	16199	19874	18569	22653	23320
张店区	3774	3518	18986	17172	21074	19403	22867	21155	29493	26753
博山区	1453	1328	7146	6674	9608	8919	11555	10972	13962	14087
临淄区	2471	2233	12286	11481	17157	15985	18449	16952	18347	16400
周村区	1271	1097	5845	5551	8523	7769	9922	9235	12504	13313
桓台县	2034	1859	9464	8346	14966	13124	16019	14717	14678	14883
高青县	2054	1886	7058	6694	10224	9944	11064	10659	6481	6450
沂源县	2215	2169	10219	9304	14692	13490	16907	15681	16864	15749
枣庄市	**21591**	**18581**	**111756**	**75903**	**110604**	**78792**	**112653**	**79519**	**159288**	**117692**
市中区	2693	2373	18133	13842	15184	12121	14978	12349	15254	13179
薛城区	2975	2494	14927	9767	13102	9746	14715	10838	22665	18122
峄城区	2339	2007	13874	9014	13428	9433	11090	8353	11409	10660
台儿庄区	1669	1439	10066	6530	10148	6969	7675	5703	10484	8392
山亭区	3109	2679	16086	11137	14615	10725	14965	10675	22225	17130
滕州市	8806	7589	38670	25613	44127	29798	49230	31601	77251	50209
东营市	**8927**	**7893**	**41651**	**37810**	**56123**	**52695**	**57829**	**54006**	**56239**	**50968**
东营区	3200	2778	16119	14377	20591	18978	20003	18672	20894	18763
河口区	854	811	4605	4346	7132	6583	7518	7034	5335	4918
垦利县	1155	1025	5076	4647	6704	6436	6524	6147	7445	6985
利津县	1251	1048	4554	4222	7755	7378	8684	8123	8857	8737
广饶县	2467	2231	11297	10218	13941	13320	15100	14030	13708	11565
烟台市	**24648**	**22368**	**101030**	**93840**	**124599**	**116225**	**146200**	**135761**	**217299**	**208334**
芝罘区	3427	3027	13836	12668	15394	14092	17888	16577	23024	22686
福山区	2329	1984	9900	9348	9199	8467	9589	8883	28193	23713
牟平区	1339	1221	5709	5328	7003	6621	9315	8833	13589	13449
莱山区	1101	1044	4896	4550	4569	4376	4875	4495	12164	14053
长岛县	118	101	468	475	736	695	1188	1099	1338	1103
龙口市	2016	1849	10065	8982	12483	11491	16506	15279	22944	20834
莱阳市	3995	3679	14725	13499	17689	16413	18010	16236	24850	23882
莱州市	2769	2666	11547	10831	16965	16095	18749	17454	26518	24660
蓬莱市	1439	1335	6128	5892	7907	7404	10159	9444	11698	12125
招远市	2031	1806	8299	7785	11557	10797	14293	13210	16729	15032

单位:人

20-24岁		25-29岁		30-34岁		35-39岁		40-44岁	
男	女	男	女	男	女	男	女	男	女
17763	19649	15504	16544	18364	17905	21270	19483	19617	18064
6222	6923	5656	6206	6705	6935	8147	7941	8396	7926
12996	14168	12036	12774	13829	13846	17270	15372	15419	13916
43076	46309	34556	36017	35381	34820	39181	37356	33583	31790
49641	56209	45982	50559	54618	54934	55349	53310	49458	46585
12072	13730	11720	12558	13137	13265	16179	15876	14501	14021
13870	15327	10765	11641	13508	13321	15374	14749	15518	14843
9806	11103	10089	10246	11593	11449	14902	13682	15042	13611
4777476	**4707915**	**3464999**	**3472781**	**3276452**	**3225215**	**4003096**	**3908557**	**4683874**	**4643078**
426007	**431264**	**267431**	**272010**	**253783**	**251898**	**292899**	**280495**	**312978**	**297752**
70024	75622	41752	40769	32631	30649	34868	31282	33008	26926
56570	50215	30759	32253	27000	28246	30328	30121	29887	28166
22571	23110	28451	29346	22672	21854	22309	19826	21543	18824
43051	43546	36064	37288	31637	30973	30156	28116	28198	27018
85671	77736	49383	50701	40729	41566	43980	42005	45598	42712
44240	49734	14052	14388	16455	16469	21954	21667	26587	26131
11780	12130	8831	9366	10459	10651	14410	14302	16593	17032
23146	26338	15360	15214	16090	15763	21774	21221	28492	28631
22144	23998	17021	16304	19393	18624	24357	24436	31732	31822
46810	48835	25758	26381	36717	37103	48763	47519	51340	50490
477063	**458770**	**337973**	**345102**	**320905**	**319688**	**377503**	**364761**	**411143**	**402676**
27543	26338	24709	26859	18126	20465	23057	25102	23050	22175
20552	22960	26829	30507	21810	24527	24585	25276	21968	21991
28248	23271	23884	24634	19428	19619	19322	18909	17181	16777
74007	49604	31812	25640	25148	21507	23774	19870	21579	18176
36447	33942	16242	15825	13546	13393	15697	14556	15974	14895
29808	32380	27395	28375	26352	24956	24398	22164	20104	17907
66316	76975	35249	34741	30129	27747	29688	27046	28920	26737
34439	35338	26915	28391	28994	29992	37291	37599	42901	43741
44487	45630	38722	39632	43549	42715	51203	49841	61378	61888
52805	53722	35589	37725	40755	41946	62425	61130	71810	71615
33771	29862	26150	26690	29973	29836	37436	35983	46188	46313
28640	28748	24477	26083	23095	22985	28627	27285	40090	40461
178591	**177017**	**150953**	**152794**	**161537**	**159152**	**210171**	**202143**	**233212**	**223775**
28220	29967	25243	24540	26105	24380	33354	30885	36816	34173
50123	40846	41238	41776	40270	40182	48377	45732	48864	43633
14954	15838	13274	13485	14084	13879	19150	18632	21883	21033
19661	19416	20831	21283	21681	22442	29605	29447	35462	33795
17856	23452	11024	11661	12523	12807	16187	16187	16155	15818
18050	17708	14697	14854	17683	16772	22374	21725	24584	26336
11292	11632	9607	10268	12149	12181	15794	15721	19158	18916
18435	18158	15039	14927	17042	16509	25330	23814	30290	30071
207849	**192708**	**147490**	**137002**	**119384**	**114757**	**148502**	**146150**	**189222**	**191122**
27735	28708	22821	23616	16917	17976	25401	26067	27599	28514
24468	22916	17467	16992	16427	15737	20806	20577	23895	24172
18800	17548	16362	14736	12556	11910	15264	14286	17395	17946
14931	14111	11440	10790	8691	8016	11598	11070	13569	14677
27008	26112	17761	15722	12695	11974	16052	15474	21388	22056
94907	83313	61639	55146	52098	49144	59381	58676	85376	83757
91770	**83353**	**75579**	**76497**	**78479**	**76887**	**111713**	**105847**	**108480**	**106301**
40907	36596	31719	32752	34090	34385	44627	42586	39242	37835
8304	7609	7936	8359	10857	10852	16997	15863	14894	13864
10126	9175	8250	8356	8603	7877	11764	11011	13208	12858
10929	10780	6871	7354	8540	8355	13687	13230	16012	16505
21504	19193	20803	19676	16389	15418	24638	23157	25124	25239
323183	**311312**	**230133**	**227315**	**232142**	**222140**	**295693**	**280548**	**339687**	**330309**
42112	41376	38882	40239	36005	36733	42875	42612	42351	40389
57462	46455	32943	29747	24147	22180	23622	21829	23300	22184
14741	15570	12775	12944	15162	14639	19871	19121	22828	22999
38111	42983	12123	12549	10800	10547	11753	11120	12326	11776
1587	1139	1071	974	1203	1148	1948	1878	2511	2417
32802	29735	22007	20791	22072	20794	30906	28981	33474	31874
40655	39777	30353	31142	28148	26631	33915	31439	43503	43959
27925	26218	21998	21459	29429	27492	37264	35156	43266	41863
14801	14947	13182	13327	14709	14114	19340	18736	21895	20984
16711	16226	14733	14064	17856	17028	24061	22606	30633	30369

表2 续表 43

地区	45-49岁		50-54岁		55-59岁		60-64岁	
	男	女	男	女	男	女	男	女
铅山县	15710	14322	13132	12165	11547	10978	8527	7902
横峰县	7264	7181	6299	6182	5347	5033	4180	3926
弋阳县	13088	12465	11028	10925	9950	9444	7876	7288
余干县	26827	26605	21233	21192	22077	21449	16654	15705
鄱阳县	39265	38937	32953	32656	32487	31295	27101	24835
万年县	11404	11524	10252	9998	9903	9217	8037	7388
婺源县	12782	12337	11104	10538	10538	10025	7484	6799
德兴市	12800	11460	9674	8948	8149	7873	6416	5943
山东省	**4008907**	**4066144**	**3163552**	**3089745**	**3333497**	**3301304**	**2344826**	**2355949**
济南市	**284894**	**267879**	**226925**	**215858**	**224409**	**224129**	**157467**	**164048**
历下区	31538	25480	23902	20781	20435	18956	11967	12160
市中区	32241	28668	25891	24230	22585	22798	13542	14561
槐荫区	22605	18895	18631	16978	15315	14786	8955	9829
天桥区	28965	26677	24752	23457	21935	22160	13311	14242
历城区	45172	41180	36256	33800	33922	33540	23548	24276
长清区	25262	24911	20391	19399	19172	18906	13889	13868
平阴县	15777	16153	12334	12942	11471	12071	9560	10043
济阳县	19248	20325	15097	14393	18682	18693	15295	15432
商河县	19208	20415	15159	14502	20585	20557	17781	18081
章丘市	44878	45175	34512	35376	40307	41662	29619	31556
青岛市	**375314**	**366085**	**304668**	**296753**	**302892**	**298768**	**198212**	**193093**
市南区	24692	23134	21824	21719	20334	21152	12805	13132
市北区	26039	24693	25018	24690	22301	22841	13202	13563
四方区	21182	19423	20632	19535	17709	17579	10150	10215
黄岛区	15894	14099	10974	10573	10183	10456	6614	6359
崂山区	16094	14878	12566	12040	11253	11731	7236	7026
李沧区	19870	18251	17327	16521	15666	16150	9816	10525
城阳区	25646	24006	19707	18902	19130	21426	12408	13600
胶州市	36397	37338	27756	28008	29355	28346	19205	17794
即墨市	51354	52060	40035	40718	42160	41373	29924	28214
平度市	63073	61819	47821	44443	52100	48164	35614	34405
胶南市	37895	38656	32119	30741	34059	32161	21772	20165
莱西市	37178	37728	28889	28863	28642	27389	19466	18095
淄博市	**209128**	**200113**	**169975**	**165917**	**164076**	**166071**	**109829**	**115720**
淄川区	33564	32128	28684	27957	26911	27129	17470	19480
张店区	42153	36277	31000	28374	27588	27688	17434	18720
博山区	25358	24320	21845	21122	18290	18513	12560	13815
临淄区	31603	30294	23303	22859	23693	24315	16385	16966
周村区	15182	14851	12986	13203	12159	12979	8209	9034
桓台县	19996	21783	16798	17267	20677	21596	14165	13700
高青县	14391	14151	11415	10925	14352	13737	10922	10736
沂源县	26881	26309	23944	24210	20406	20114	12684	13269
枣庄市	**153494**	**156326**	**108760**	**103442**	**115785**	**112767**	**73247**	**73525**
市中区	23341	22133	15387	14902	14246	15055	8833	9957
薛城区	19535	19619	14046	12598	14790	14416	9255	9598
峄城区	13455	13682	9750	9778	10985	11204	6871	6560
台儿庄区	10351	10761	7768	7340	8986	8539	5376	5326
山亭区	17874	17891	13033	11702	14326	13446	9665	9046
滕州市	68938	72240	48776	47122	52452	50107	33247	33038
东营市	**75255**	**72560**	**56876**	**54902**	**71355**	**70386**	**56180**	**57427**
东营区	26086	24359	17888	17332	22440	22638	19188	20850
河口区	9445	8626	6343	6175	8387	8646	7516	7902
垦利县	8796	8635	7520	7657	9607	9501	7117	7025
利津县	10410	10598	8904	8545	11541	11339	8500	8395
广饶县	20518	20342	16221	15193	19380	18262	13859	13255
烟台市	**341383**	**335557**	**286372**	**284370**	**277731**	**274861**	**195407**	**191524**
芝罘区	36600	34608	29495	27760	25288	25193	15920	16810
福山区	22231	21132	18006	17960	16947	17745	11715	12605
牟平区	24394	24228	22150	22104	21713	21026	14733	14252
莱山区	12394	11482	9715	9846	9457	9366	6249	6271
长岛县	2566	2515	2141	2180	1801	1948	1206	1228
龙口市	32496	32805	26914	28131	29731	31681	19754	20567
莱阳市	45215	44611	37104	36533	32647	30911	23398	22274
莱州市	43966	44671	35812	36554	41083	40071	31280	28627
蓬莱市	23061	22910	19660	19853	20390	20936	14087	14366
招远市	28888	29022	24015	24239	23598	23167	17763	17261

单位:人

65-69岁		70-74岁		75-79岁		80-84岁		85岁及以上	
男	女	男	女	男	女	男	女	男	女
5544	5103	5023	4613	2459	2367	1343	1385	744	1021
2949	2778	2446	2455	1000	1033	686	697	399	496
4988	4657	4737	4378	2395	2391	1218	1239	612	889
10062	9221	8895	8593	6191	7169	2973	4044	1321	2580
16885	14994	13242	12461	9794	10556	4582	6025	1957	3699
4675	4299	4195	4198	2229	2532	916	1183	469	741
4205	3678	4013	3846	2947	3166	1342	1843	453	848
4216	3998	4086	3854	2421	2221	1264	1189	520	695
1566196	**1580276**	**1223554**	**1272883**	**895661**	**1069546**	**476302**	**682692**	**225858**	**436718**
101259	**108927**	**77801**	**91774**	**55758**	**72901**	**30299**	**44906**	**13128**	**26729**
8402	9627	7675	9013	5575	6207	3257	3551	1425	2044
9891	10505	7807	9253	5852	7307	3530	4318	1647	2588
6334	7061	5343	6282	3729	4487	2133	2790	944	1571
8777	9359	7200	8825	5713	7119	3166	4229	1375	2376
15504	17057	12012	13826	8122	10359	4423	6370	1932	3914
8343	9469	6491	7671	4708	6045	2411	3842	1102	2491
6220	6770	5040	5362	3199	4240	1795	2791	825	1933
9465	9405	6891	8323	4786	6983	2358	4440	995	2552
11047	11260	6320	7202	5080	6974	2473	4325	923	2363
17276	18414	13022	16017	8994	13180	4753	8250	1960	4897
136833	**130267**	**120541**	**118823**	**89852**	**103121**	**51104**	**70816**	**26116**	**46476**
9688	10671	8348	9359	6126	7241	3599	4690	1927	3184
9270	9484	7687	8573	6288	7836	4035	5558	2349	3862
6882	6991	6295	6914	5325	6317	3153	4563	1675	2755
4761	4497	4054	3613	2640	2806	1463	1864	808	1307
4782	4811	3891	4050	2674	3198	1378	1986	671	1275
6105	6482	5363	5965	4108	4955	2375	3391	1209	1961
8320	8473	6995	7649	5087	5943	2690	3716	1464	2800
14392	13549	12229	11965	8688	10148	5136	7047	2488	4540
20543	17723	17835	15931	12772	13744	7210	9543	3570	6563
23376	21689	21903	21222	16319	19022	9138	13533	4361	9088
15439	14055	13013	12291	10377	11709	5969	7805	3167	4757
13275	11842	12928	11291	9448	10202	4958	7120	2427	4384
69851	**75248**	**61695**	**68958**	**42869**	**52529**	**22546**	**30511**	**10016**	**19752**
11089	13277	9132	11018	7082	8759	3948	5269	1818	3586
11693	13055	10466	11776	6917	8113	3737	4537	1627	2851
7922	9235	7062	9167	5323	6857	2752	3627	1083	2246
11115	11311	9866	10079	6241	7521	3237	4460	1405	2794
5606	5996	4347	5140	3219	3870	1834	2517	809	1653
8078	7785	7349	7685	4785	6397	2705	4093	1368	2911
6541	6236	5263	5651	3499	4589	1529	2557	647	1494
7807	8353	8210	8442	5803	6423	2804	3451	1259	2217
59380	**61569**	**46011**	**48396**	**33485**	**39134**	**17093**	**22689**	**8338**	**15134**
7536	8365	6287	6989	4537	4929	2230	2610	1001	1717
7667	7790	5970	6233	4202	5090	2138	2892	1036	1767
5843	5510	4256	4171	3220	3861	1763	2379	939	1601
4504	4535	3646	3570	2535	2746	1429	2017	742	1335
8257	7615	6727	6376	5064	5643	2319	2844	1259	2129
25573	27754	19125	21057	13927	16865	7214	9947	3361	6585
33762	**35711**	**24473**	**26038**	**16145**	**18570**	**7185**	**10534**	**2831**	**6101**
11344	12612	8326	8357	4939	4770	1870	2426	680	1457
4410	4580	2913	2819	1627	1453	621	768	240	453
4375	4427	2683	3110	2047	2552	974	1525	469	900
5199	5450	3699	4247	2894	3858	1294	2065	418	1024
8434	8642	6852	7505	4638	5937	2426	3750	1024	2267
136509	**129564**	**113113**	**102024**	**77454**	**82590**	**39221**	**56565**	**20715**	**40476**
11916	13607	10474	10918	6210	7121	3156	3969	1783	3033
8576	8898	6647	6226	3973	4422	1944	2869	981	2117
11138	10085	8739	7337	5944	5646	2814	3960	1665	2922
4514	4377	3433	2987	2187	2280	1018	1660	608	1249
906	960	725	769	420	532	238	311	119	263
13290	12144	9153	7874	6248	7227	3327	5358	1804	3866
15595	15209	15239	14632	10773	11413	5460	7458	2795	4824
21328	17887	16168	13125	11677	12085	6926	9949	3904	8459
10312	9766	8008	6936	5287	5643	2541	3770	1284	2733
11573	11019	10100	9685	7193	8359	3389	5747	1568	3832

表2 续表 44

地区	0岁		1-4岁		5-9岁		10-14岁		15-19岁	
	男	女	男	女	男	女	男	女	男	女
栖霞市	2060	1851	7448	6788	9585	9116	12087	11413	17779	17017
海阳市	2024	1805	8009	7694	11512	10658	13541	12838	18473	19780
潍坊市	**42395**	**36937**	**206764**	**177584**	**229838**	**207286**	**250408**	**226245**	**288769**	**256812**
潍城区	1923	1723	9131	7938	9741	8819	10167	9275	13262	13938
寒亭区	1787	1615	8304	7728	10498	9832	11582	10956	11863	10167
坊子区	2555	2183	14162	11602	15052	12930	13622	11983	14913	12658
奎文区	2613	2253	13782	12182	15552	14421	16379	14830	27383	22843
临朐县	4997	4323	20296	17233	19942	17790	21487	18293	22122	18250
昌乐县	3059	2688	14112	12386	14695	13382	15802	14542	20305	17612
青州市	4772	4131	17177	15421	22876	20890	27406	24842	28898	27444
诸城市	4461	3867	25617	22025	31125	28226	33840	30384	38863	34235
寿光市	5662	4877	23372	19918	28429	25528	32888	30551	35346	31313
安丘市	3936	3547	27628	21577	23467	19860	23799	20181	31835	25747
高密市	4203	3696	22188	19671	24836	22836	23929	22343	26544	26049
昌邑市	2427	2034	10995	9903	13625	12772	19507	18065	17435	16556
济宁市	**54377**	**42754**	**249069**	**185277**	**251879**	**202142**	**222521**	**182029**	**236470**	**200510**
市中区	3097	2479	15042	11539	17137	14594	15202	13587	15246	12878
任城区	4015	3195	18391	13601	19642	16718	15077	13083	19710	17565
微山县	4551	3380	20331	13205	18959	13113	18768	13180	23060	16604
鱼台县	2944	2284	12289	9002	12333	9187	12841	9339	17238	13507
金乡县	4225	3197	21571	15746	18141	14437	16075	12870	18855	17058
嘉祥县	6126	4410	35881	24980	38252	28325	26382	19480	30817	25310
汶上县	5069	3833	22287	15108	21507	16163	21773	17057	26135	20398
泗水县	3646	2838	17363	14007	16228	14237	13059	12048	12102	10630
梁山县	5249	4052	31135	21600	26278	19287	22285	18299	19206	17674
曲阜市	3790	3379	14268	12695	16782	15029	16447	15199	14103	15470
兖州市	3934	3368	14133	12436	17034	15286	15681	14147	11934	10507
邹城市	7731	6339	26378	21358	29586	25766	28931	23740	28064	22909
泰安市	**30044**	**26950**	**112929**	**99483**	**161971**	**149807**	**142941**	**133228**	**111265**	**104734**
泰山区	2947	2697	13030	11830	21078	19493	19664	17650	22462	20924
岱岳区	4657	4323	16672	15488	27509	26219	27701	26413	22139	25384
宁阳县	5502	4856	15990	14643	22844	21457	18073	17100	14834	12545
东平县	4543	3926	16841	14635	21706	19794	18656	17093	13944	12520
新泰市	7059	6366	33002	26435	40737	36045	33954	31218	24948	21194
肥城市	5336	4782	17394	16452	28097	26799	24893	23754	12938	12167
威海市	**7907**	**7379**	**37759**	**35253**	**43437**	**40505**	**57330**	**53202**	**88598**	**90927**
环翠区	2893	2709	14904	13668	16266	14911	18404	16585	28434	28446
文登市	1965	1874	8110	7620	9217	8546	12769	12247	19774	21630
荣成市	1644	1499	8584	7891	11012	10262	15977	14667	22851	22094
乳山市	1405	1297	6161	6074	6942	6786	10180	9703	17539	18757
日照市	**15923**	**12345**	**64097**	**53140**	**82042**	**73439**	**80089**	**74261**	**84246**	**79832**
东港区	4418	3715	18973	17202	24809	23314	25446	23640	32798	32879
岚山区	2048	1672	8097	6961	11057	10021	10646	10052	11165	10297
五莲县	2305	2038	9302	8619	12645	11635	14108	13557	14546	13213
莒县	7152	4920	27725	20358	33531	28469	29889	27012	25737	23443
莱芜市	**5409**	**4855**	**23362**	**21206**	**34752**	**32624**	**42836**	**39906**	**34168**	**31139**
莱城区	4035	3607	17857	16164	26310	24719	32808	30494	27768	25417
钢城区	1374	1248	5505	5042	8442	7905	10028	9412	6400	5722
临沂市	**75239**	**58950**	**322250**	**249662**	**313906**	**270458**	**283582**	**246281**	**294578**	**267612**
兰山区	7260	5452	37204	28261	36148	30223	31479	26224	37406	35848
罗庄区	4131	2917	18870	13559	17073	13982	13587	10713	18324	14402
河东区	5798	4332	23170	17545	20263	17242	17999	15248	18765	16254
沂南县	6003	4763	27122	22454	22899	21116	23165	22615	16034	15743
郯城县	8717	6109	31033	22554	25272	21851	25131	20833	39765	36072
沂水县	6168	5438	24959	22131	23870	22443	25095	24195	23713	23314
苍山县	7397	6191	52630	38057	58876	47765	31308	25549	32798	28873
费县	7737	6405	32612	25185	25615	22039	22980	19745	29335	25645
平邑县	6929	5509	22567	18247	25918	21960	29412	24342	26982	23601
莒南县	6516	5003	20704	16310	24013	21661	26940	24576	21921	20728
蒙阴县	4272	3411	12642	10497	13055	11854	15818	14242	11612	10851
临沭县	4311	3420	18737	14862	20904	18322	20668	17999	17923	16281
德州市	**37451**	**32555**	**140224**	**118250**	**173443**	**155256**	**140148**	**129523**	**145151**	**136015**
德城区	3632	3246	14029	12532	19084	17089	17776	15847	23672	18669
陵县	3853	3360	13275	11938	18005	16608	14983	14268	15810	15721
宁津县	2963	2561	12850	10526	13807	12449	10142	9488	13081	12451

单位:人

20-24岁		25-29岁		30-34岁		35-39岁		40-44岁	
男	女	男	女	男	女	男	女	男	女
17226	17167	14853	14208	14951	14045	23936	22332	32672	30988
19050	19719	15213	15871	17660	16789	26202	24738	30928	30507
435737	**415273**	**304799**	**305012**	**297999**	**289312**	**385632**	**371496**	**437348**	**434050**
23107	25143	17497	17532	16948	15878	19394	18675	18373	17922
19603	15850	14984	14360	14484	14041	19015	17764	20353	20260
21548	21101	17025	17446	15957	15534	20321	19727	24104	24248
51255	45014	30994	30903	30172	29929	34301	33195	31975	30015
42850	39443	28025	27817	21997	21533	32847	31023	39826	37956
30889	29603	23060	21985	19386	18128	25964	24478	30147	29407
43540	42784	26835	27668	28218	28138	37960	37332	47217	47306
40551	39966	27294	27738	34908	33489	47532	45563	53035	55039
58277	53040	44892	43358	37437	35987	49217	47211	55596	54965
46683	45382	28982	28351	29012	27737	35726	34356	43631	43385
34546	35907	28283	31166	31092	31752	38418	37887	44774	45116
22888	22040	16928	16688	18388	17166	24937	24285	28317	28431
438620	**431236**	**314952**	**309319**	**271155**	**270316**	**298921**	**299733**	**400052**	**403679**
26698	26114	24089	25447	24854	26178	26728	27196	28175	28073
42641	40005	29326	29012	28954	28284	27009	25529	29087	27794
38516	34036	27360	22318	22468	19271	22311	20865	32666	32408
23846	22633	17897	16646	13295	13264	14992	15038	22608	22552
35341	33185	26907	24524	20774	18853	21370	21108	31980	30675
43719	41906	27520	26091	24457	24789	26611	27280	35517	38935
30896	33642	21756	24308	19017	20679	23461	25836	35867	37961
22770	23602	20049	21592	16722	17450	17458	17997	28687	28593
36561	37510	26940	27322	21861	22599	26192	28030	36500	38375
37694	41994	23962	24669	18845	19717	23574	23487	29612	31213
32618	30526	24595	24427	21380	21608	24212	24182	30424	29994
67320	66083	44551	42963	38528	37624	45003	43185	58929	57106
285972	**285074**	**188142**	**193836**	**182187**	**183861**	**233123**	**228918**	**275421**	**269674**
48551	44748	27154	28931	31686	32578	39121	38437	35333	34295
46257	50485	27647	28941	30350	30503	38860	37198	47663	45590
35699	37720	22799	24762	23014	24553	29630	30229	40278	40135
39997	39207	28013	28773	24405	23910	28702	27419	34993	33948
66227	63817	51643	50718	39730	38869	56704	55631	71361	69811
49241	49097	30886	31711	33002	33448	40106	40004	45793	45895
123500	**123120**	**94086**	**95677**	**97266**	**94896**	**116033**	**113053**	**125064**	**125046**
58219	57835	38879	40284	38198	38356	43295	41674	38434	35993
23494	25271	21655	21744	20254	19258	24339	23496	27100	28210
26401	22983	18612	18456	22255	21574	27618	27659	32930	34251
15386	17031	14940	15193	16559	15708	20781	20224	26600	26592
121065	**118217**	**90777**	**87859**	**92973**	**87771**	**124099**	**118215**	**133385**	**134250**
48193	48405	32372	32456	35299	33800	45186	43307	44095	43723
17999	14209	13771	11654	13254	11585	16742	15221	18851	19280
13807	13680	12179	11833	15085	14234	21777	21063	23563	23789
41066	41923	32455	31916	29335	28152	40394	38624	46876	47458
43990	**42168**	**37481**	**37839**	**41840**	**41834**	**60925**	**59358**	**69147**	**67184**
31391	30961	26447	27502	31323	31557	44600	44484	51846	51446
12599	11207	11034	10337	10517	10277	16325	14874	17301	15738
512552	**514919**	**351644**	**360105**	**311382**	**307601**	**404359**	**389880**	**482728**	**487714**
77455	77930	50575	50285	48929	47040	58540	55260	54235	52566
34323	32272	19869	20255	19798	19112	23318	21751	21930	21691
35919	35150	24749	24350	22284	21380	25284	24640	27992	28795
33347	33575	26966	28248	23810	24337	34102	34578	36975	39087
46154	47330	32202	33666	29458	29702	35118	34021	45227	45944
47361	49359	38658	40173	29221	29327	37336	36519	48387	49200
62895	66089	44376	46801	32102	31919	38865	35705	50818	50044
54216	51393	34429	34514	26023	24748	34129	30952	46659	47457
42610	42648	26399	27660	24171	24616	35634	34586	47286	47625
35816	36668	23868	23192	24425	23429	34667	34669	44738	45729
19143	18564	12955	13384	11832	12116	19965	19947	27292	27736
23313	23941	16598	17577	19329	19875	27401	27252	31189	31840
270751	**266131**	**209552**	**198566**	**225382**	**210899**	**242575**	**232869**	**285546**	**279930**
41609	38140	27077	26481	32525	31457	33060	32679	32620	31970
26071	26362	19868	18610	23173	21179	22849	21789	30776	30732
21368	20794	15299	14934	16896	16203	18797	17939	21061	20484

表2 续表 45

地　区	45-49岁		50-54岁		55-59岁		60-64岁	
	男	女	男	女	男	女	男	女
栖霞市	34609	33800	29177	28041	26476	25473	18753	17965
海阳市	34963	33773	32183	31169	28600	27344	20549	19298
潍坊市	**412974**	**409640**	**312871**	**298104**	**341289**	**329329**	**230613**	**234071**
潍城区	18319	17051	13096	11966	13512	13122	8775	8875
寒亭区	19981	19310	14198	13243	17502	15998	11743	11195
坊子区	24261	23956	18159	17662	19958	19669	12822	12830
奎文区	28313	25636	19028	17381	18975	18649	12111	12754
临朐县	39580	38518	34207	32397	34233	34246	24203	25634
昌乐县	28214	27735	20800	19970	22045	21730	16733	16981
青州市	46024	46302	33709	33119	35988	34500	24765	25681
诸城市	49701	52497	37734	36094	42180	39711	28569	28632
寿光市	48324	47594	36379	33875	42360	39108	30349	29061
安丘市	41074	42152	33712	33938	35209	34977	23260	24028
高密市	39331	38458	29136	26593	33510	32357	20706	21985
昌邑市	29852	30431	22713	21866	25817	25262	16577	16415
济宁市	**342044**	**358190**	**236924**	**229096**	**271757**	**264174**	**177936**	**173596**
市中区	26384	25790	18480	18189	18197	18477	11625	12154
任城区	27847	26245	18803	17752	20006	20191	11762	12287
微山县	26724	27079	18514	18596	20411	19318	12736	11477
鱼台县	17139	20435	11438	11608	15157	14719	9620	8697
金乡县	25145	29179	17130	16704	21439	21059	13961	13080
嘉祥县	29816	33114	21305	20695	25328	24227	17388	16122
汶上县	28470	35481	17464	18140	23074	23531	16327	16604
泗水县	23859	23941	17551	17090	20460	18516	13421	13202
梁山县	27328	31248	18625	18493	23119	22223	17287	16282
曲阜市	29290	29547	20380	19701	23369	23566	15827	16405
兖州市	29891	29476	21356	19926	22926	22636	14154	15111
邹城市	50151	46655	35878	32202	38271	35711	23828	22175
泰安市	**253112**	**250533**	**200966**	**197291**	**192705**	**194848**	**136761**	**142210**
泰山区	31198	28887	23653	22699	21767	23231	16232	17842
岱岳区	45532	45038	38673	36739	38698	36955	27067	25929
宁阳县	35883	36356	28987	27927	28309	27808	19743	19644
东平县	33785	33913	25605	26281	25928	26685	19307	19813
新泰市	62455	61428	47932	47429	42348	42759	29082	30579
肥城市	44259	44911	36116	36216	35655	37410	25330	28403
威海市	**130970**	**131948**	**119498**	**118093**	**119249**	**116432**	**82160**	**77969**
环翠区	32915	31102	25369	24571	23490	23779	15529	15966
文登市	33099	34209	31853	31827	33590	32304	21918	20184
荣成市	34952	36515	31518	31912	33516	33068	24034	22334
乳山市	30004	30122	30758	29783	28653	27281	20679	19485
日照市	**115050**	**120497**	**99940**	**101685**	**100275**	**101110**	**73175**	**72324**
东港区	35106	35499	30425	30812	27981	29032	19879	19961
岚山区	16721	17757	15882	16147	15576	15863	11259	10757
五莲县	24114	23733	20152	19084	20319	19332	14970	13938
莒县	39109	43508	33481	35642	36399	36883	27067	27668
莱芜市	**61483**	**59779**	**52565**	**52631**	**48908**	**49776**	**34647**	**34649**
莱城区	47578	46501	40851	40870	38527	38421	26494	26619
钢城区	13905	13278	11714	11761	10381	11355	8153	8030
临沂市	**394496**	**394568**	**331276**	**320345**	**330655**	**322140**	**226613**	**223743**
兰山区	41251	38488	31186	28220	28021	27515	18956	19381
罗庄区	16695	16567	14081	13576	14279	14574	9930	9982
河东区	22072	22436	18830	18208	19484	19559	13429	13658
沂南县	34081	34593	30138	29456	30625	29221	22267	21073
郯城县	34716	34861	30623	29474	29464	28400	20822	20240
沂水县	40081	41217	36806	36145	36982	36657	26625	26356
苍山县	41327	39835	35521	32843	36530	33718	23379	23440
费县	39091	38883	28296	27202	30131	29485	18769	17951
平邑县	39346	39635	31414	30881	31594	30527	20658	19906
莒南县	38324	40250	34366	35050	34858	34845	25395	25571
蒙阴县	22838	23207	18034	18475	17163	17573	11929	12319
临沭县	24674	24596	21981	20815	21524	20066	14454	13866
德州市	**207310**	**218247**	**168220**	**165177**	**193649**	**194583**	**147250**	**149071**
德城区	26219	25534	19773	19524	19343	19904	13460	14166
陵县	21899	23733	16701	16446	19914	20209	15562	15544
宁津县	17372	17422	15600	15293	17509	17830	12233	12812

单位:人

65-69岁		70-74岁		75-79岁		80-84岁		85岁及以上	
男	女	男	女	男	女	男	女	男	女
13046	12270	11418	10387	7908	8479	3855	5378	1847	3216
14315	13342	13009	11148	9634	9383	4553	6136	2357	3962
147529	**150072**	**119184**	**124644**	**86118**	**104313**	**49194**	**71975**	**20977**	**43648**
5690	5769	4347	4725	3215	3920	1673	2532	671	1474
7194	6901	6077	5862	4448	5614	2561	3805	1118	2310
8567	8950	6805	6990	5001	6324	2874	4524	1326	2812
8514	8942	6927	7232	4839	5223	2305	2988	998	1837
11610	12921	11468	12983	8544	9870	4726	5730	1856	3538
10355	10640	6996	7641	5209	6686	3313	5051	1242	2939
16670	16833	12869	13978	8733	10935	5278	7505	2126	4485
18017	17744	15318	14930	10950	12872	6429	8880	2952	5254
18842	18495	14168	15423	10692	13293	6008	9727	2331	5561
15499	16597	11775	12271	8346	10057	4994	7412	2208	4563
15302	14919	13418	13489	9294	11461	5295	7785	2433	4874
11269	11361	9016	9120	6847	8058	3738	6036	1716	4001
133087	**132952**	**93904**	**101244**	**69018**	**84781**	**38203**	**56617**	**17526**	**35845**
9240	10639	6670	7801	4531	5571	2864	4058	1323	2515
8611	9485	5642	6398	4073	5126	2481	3567	1070	2167
10216	10355	7637	8389	5871	6659	3147	4500	1518	2840
7540	6398	5388	5755	4143	5180	2557	3643	1358	2636
9963	8990	6962	7418	5544	7017	3565	5507	1849	3858
12588	12775	8582	9847	5990	7683	3946	6111	1831	4052
11611	10871	7745	8282	5384	7273	2866	4717	1225	2799
10195	9600	7463	7368	5860	6773	2619	3611	1193	2287
12510	11456	8171	8274	6411	7154	4021	5391	2093	3611
10708	11291	7319	8370	5366	7259	2535	4322	907	2407
10605	11575	7356	8267	5206	6915	2645	4366	1007	2550
19300	19517	14969	15075	10639	12171	4957	6824	2152	4123
89641	**98655**	**64797**	**72106**	**45514**	**60292**	**24178**	**37856**	**10370**	**22812**
10900	11826	7821	8853	5093	6412	3046	4051	1366	2559
16936	17698	11650	12905	8983	12191	5040	8194	2175	4978
12792	14430	8913	10124	6465	8609	3073	5055	1079	2787
13186	13843	8739	9859	6559	9049	3769	6337	1790	4093
21092	23987	16965	18537	11577	14057	5613	7633	2446	4554
14735	16871	10709	11828	6837	9974	3637	6586	1514	3841
58517	**52069**	**47976**	**40796**	**36318**	**34506**	**17731**	**23811**	**9800**	**16890**
11285	11588	9536	8733	5863	5787	2657	3623	1427	2703
16325	13861	13177	11084	10943	9909	5646	7107	3146	4870
16939	14690	13942	11511	10183	9942	4992	7135	2756	5196
13968	11930	11321	9468	9329	8868	4436	5946	2471	4121
46503	**45113**	**37444**	**36192**	**29704**	**33276**	**17089**	**22115**	**8090**	**13406**
13020	12464	10451	9697	7969	8431	4595	5559	2223	3377
7379	6616	5814	5508	4674	5313	2872	3657	1370	2320
8822	8663	7395	7321	5891	6638	3425	4365	1521	2222
17282	17370	13784	13666	11170	12894	6197	8534	2976	5487
21491	**22034**	**17954**	**18135**	**12886**	**14861**	**6678**	**9423**	**2872**	**5734**
16456	16933	13862	13961	10059	11660	5343	7642	2326	4696
5035	5101	4092	4174	2827	3201	1335	1781	546	1038
161036	**162183**	**125312**	**128320**	**103983**	**119697**	**51107**	**67090**	**26409**	**45065**
12554	13108	9529	9919	8064	9068	4501	5217	2279	3604
6252	6457	4749	4931	3894	4589	2268	2949	1228	2067
9046	8640	7232	6944	6706	7366	3590	4446	1832	2885
15185	14510	12101	11750	10176	11677	4947	6542	2750	4696
15124	16235	10274	12307	8482	11234	4473	6777	2103	4398
17789	17951	14988	14729	11219	12630	5704	7957	2695	4933
17060	17754	12576	13504	10832	12587	6019	7584	3106	5259
14283	13645	11938	12022	10549	11696	4754	5818	2708	4436
17038	17101	12955	13589	9812	11763	3977	5479	2072	3718
16248	16466	12786	12071	11511	12263	6025	7611	2787	4376
10018	9818	8364	8566	5667	6627	1764	2561	1250	2176
10439	10498	7820	7988	7071	8197	3085	4149	1599	2517
88904	**86158**	**65840**	**68937**	**45459**	**57685**	**21952**	**32003**	**9932**	**17641**
9055	9342	6966	7417	4084	4815	1968	2537	862	1372
9255	8501	6707	6692	4626	5854	2342	3143	1066	1583
7717	7609	5358	5618	3454	4592	1384	2337	582	1076

表2 续表 46

地区	0岁		1-4岁		5-9岁		10-14岁		15-19岁	
	男	女	男	女	男	女	男	女	男	女
庆云县	2720	2293	9342	6968	9317	8051	6526	5761	8036	7309
临邑县	3401	2956	13786	11829	16232	15191	13261	12679	13126	13307
齐河县	3814	3317	12724	11463	16513	15496	15200	14598	13445	12616
平原县	2995	2728	10080	9011	13343	12337	11948	11145	10075	9836
夏津县	3158	2656	15403	12150	21014	17818	13273	12053	11126	10873
武城县	2794	2387	10022	8251	11493	10004	9250	8515	10027	9234
乐陵市	4729	3986	16956	12929	20596	17146	15556	13565	16217	15608
禹城市	3392	3065	11757	10653	14039	13067	12233	11604	10536	10391
聊城市	**42748**	**32585**	**185581**	**142188**	**178713**	**142879**	**140037**	**117670**	**172677**	**150971**
东昌府区	10020	7440	40651	31796	37341	29407	30306	24847	37301	31374
阳谷县	5563	4211	22962	16936	24134	18528	19860	16411	21620	17193
莘县	6844	4959	33940	24683	30322	22974	27158	21480	31097	27792
茌平县	3420	2888	14430	11584	16398	14312	11239	10129	15781	15111
东阿县	2310	1859	8269	6960	9761	8682	7869	7056	9621	9145
冠县	6401	4433	30153	21861	24610	18715	16981	14495	21809	18024
高唐县	3484	2964	12863	11456	13934	12399	9833	9226	12125	11704
临清市	4706	3831	22313	16912	22213	17862	16791	14026	23323	20628
滨州市	**23424**	**19950**	**81489**	**71420**	**107850**	**99008**	**103099**	**95302**	**101475**	**97528**
滨城区	3421	3208	14239	13196	18755	17739	17685	16576	17242	17558
惠民县	3904	3487	13212	12008	16816	15757	15811	14795	14115	13553
阳信县	3112	2752	10463	9121	12845	11875	11692	11053	10703	10602
无棣县	3971	3002	10728	8512	12234	10834	11102	10127	9162	8894
沾化县	2249	1876	6923	6344	9405	8831	7458	7249	9674	9023
博兴县	2534	1945	10788	8503	15674	13672	16641	14796	15228	14087
邹平县	4233	3680	15136	13736	22121	20300	22710	20706	25351	23811
菏泽市	**56191**	**44883**	**336638**	**235437**	**331547**	**239874**	**267851**	**210498**	**264816**	**240000**
牡丹区	8460	6541	47740	34810	48322	36022	42115	33170	46951	40843
曹县	9898	7902	62337	43573	57864	41579	46160	37352	41111	39370
单县	7179	5439	33376	23058	33006	24895	34159	26782	36244	36391
成武县	4310	3514	29424	20255	21625	16445	16834	14064	19219	17869
巨野县	6076	5298	36471	24722	34257	24952	28387	22019	23886	21287
郓城县	7093	4873	44165	29533	48873	31908	36894	26454	34297	29420
鄄城县	4430	3958	29267	20473	30194	21936	24711	19501	23650	21259
定陶县	3833	3339	22548	16282	20377	15325	15606	12600	17918	15151
东明县	4912	4019	31310	22731	37029	26812	22985	18556	21540	18410
河南省	**564511**	**479341**	**3387106**	**2676111**	**3655027**	**2824983**	**3414352**	**2745887**	**3861615**	**3557275**
郑州市	**43044**	**37233**	**243773**	**207161**	**247557**	**203048**	**215830**	**182452**	**362979**	**326281**
中原区	4269	3802	19600	17229	21509	18293	21491	18642	39314	34789
二七区	3034	2591	15372	12831	16885	14378	16618	14166	32965	29295
管城回族区	2690	2338	18492	15146	20675	16801	17071	13917	24048	22080
金水区	6776	5884	32825	27629	36170	30325	32770	28655	55703	54700
上街区	481	461	2525	2369	3343	2960	3749	3495	4073	3984
惠济区	1739	1405	7649	6306	6820	5788	5793	5109	10438	11950
中牟县	4524	3786	35199	28887	31897	22905	22493	17015	27785	25330
巩义市	4171	3590	18994	16599	22002	18754	20931	18642	35311	34351
荥阳市	3616	3318	16271	14897	16622	14721	15850	13836	24792	22885
新密市	4017	3360	24745	20255	27169	21463	23490	19301	35901	32510
新郑市	3915	3373	27684	22549	20731	15907	17504	13622	33948	31736
登封市	3812	3325	24417	22464	23734	20753	18070	16052	38701	22671
开封市	**26952**	**23847**	**182780**	**141176**	**192430**	**142625**	**163983**	**125863**	**189539**	**172515**
龙亭区	652	583	3701	3046	3519	2966	2782	2460	4174	5132
顺河回族区	904	785	5060	4319	5818	4847	5653	4974	6437	5965
鼓楼区	501	475	3223	2633	3642	3074	3528	3202	3599	3506
禹王台区	514	426	3139	2621	3463	2799	3514	3102	3795	3510
金明区	881	851	8187	6762	7301	5841	5653	4989	9937	9641
杞县	5710	5341	37561	27681	43154	32022	36725	27387	39737	34966
通许县	3542	3120	23494	18118	26099	18622	23083	17094	22399	19968
尉氏县	5871	4867	38866	30156	35675	25377	29065	21241	38013	31086
开封县	4522	3883	31300	23865	31983	23528	23180	18368	29842	29095
兰考县	3855	3516	28249	21975	31776	23549	30800	23046	31606	29646
洛阳市	**36945**	**33252**	**187537**	**167631**	**230509**	**202008**	**241030**	**214219**	**287600**	**276032**
老城区	702	588	4298	3946	4458	4229	4228	3832	4587	5756
西工区	1406	1275	7247	6750	9141	8198	9163	8629	12665	12040
瀍河回族区	743	632	3022	2785	3740	3309	4133	3964	9746	7771
涧西区	2654	2406	12643	11531	15314	14331	15636	14534	19151	18337

单位:人

20-24岁		25-29岁		30-34岁		35-39岁		40-44岁	
男	女	男	女	男	女	男	女	男	女
15527	15427	12508	12207	10796	10106	10501	10449	16009	14952
19459	19730	17172	16878	20424	19709	23427	22475	28594	28624
32130	30476	20553	19149	21650	20047	27337	25700	35967	33588
18371	18680	14803	13806	18127	16690	20073	19377	21379	21415
20020	20464	20077	19493	20185	19287	21746	21379	21929	22094
18424	17592	14775	13897	14798	13846	15680	15157	17650	17584
32643	32890	29200	26167	28731	24834	27919	25423	34811	32934
25129	25576	18220	16944	18077	17541	21186	20502	24750	25553
302406	**297547**	**258947**	**244958**	**208276**	**191912**	**241237**	**227451**	**267298**	**276692**
73688	74137	59894	57245	47584	43916	51645	49186	53604	55361
41010	39951	33401	30919	26110	22797	33635	31628	35175	37458
47004	47437	41724	39477	34566	31631	39882	37520	44730	47542
25958	26007	18589	17952	19116	17517	22546	21592	25579	26744
16139	16104	11957	11854	11245	10900	14520	13429	18569	18601
41632	39366	42037	38569	27648	25633	30138	28260	32309	31878
21080	21018	20040	18976	18127	16523	20990	19283	22430	23482
35895	33527	31305	29966	23880	22995	27881	26553	34902	35626
170495	**169066**	**124468**	**125007**	**132247**	**128676**	**172419**	**164553**	**194168**	**189975**
35374	37897	25011	27671	26905	27240	33941	32490	31963	31530
27418	27686	20077	19693	19038	18264	25142	24172	32755	31714
19819	20012	13884	13305	15486	14705	19822	18875	23270	22303
18314	17894	13992	13789	13687	13185	18889	17874	21257	20625
17772	16671	10406	10135	10108	9513	15844	14727	20707	20607
15674	14506	13563	13460	17934	17773	23229	22457	25736	25632
36124	34400	27535	26954	29089	27996	35552	33958	38480	37564
367925	**390740**	**280592**	**303883**	**249515**	**273615**	**287292**	**323087**	**418995**	**422949**
66954	70896	52206	56517	41752	44984	52513	55745	69905	66500
60883	65080	47486	53115	40990	48007	45496	51292	64951	65256
47211	52972	38637	40313	37831	35903	40093	39454	53830	51525
28755	30452	21644	22808	17508	19516	19234	22939	36191	34349
36766	38422	27556	30235	26566	29195	29044	33623	41649	47690
40111	43764	27245	30122	25813	32181	33448	41059	50640	53794
29563	30342	20103	22834	18708	21699	24749	28632	37027	39438
26225	26999	19971	20741	16102	16987	19000	21540	29016	29339
31457	31813	25744	27198	24245	25143	23715	28803	35786	35058
4641380	**4969862**	**2934786**	**3190593**	**2948021**	**3049368**	**3683925**	**3690365**	**4087217**	**4244661**
653153	**652961**	**366439**	**360938**	**321546**	**306740**	**381246**	**356662**	**396963**	**369872**
73004	66260	40162	40933	37864	37566	43099	41342	41663	38019
63455	56285	28129	31491	29168	30064	31703	32237	30458	29145
39222	37390	34597	34436	33618	30677	34465	30656	31228	27036
169101	174277	101715	95349	76600	71842	74101	67502	63096	56016
5094	5334	4055	4578	4546	5140	6403	6848	7836	7199
22775	30839	11604	12079	11584	11007	11989	10461	10631	9472
43796	42482	21192	21348	15872	15912	30206	30584	33287	33236
49121	50423	30376	28896	25147	22811	31609	29071	39150	36496
32599	31616	20957	21173	18967	18224	25483	24125	30408	29282
44498	43345	26732	25482	24569	23122	33791	31325	42416	40999
73828	78492	23777	22886	19651	18282	29438	27343	33427	32147
36660	36218	23143	22287	23960	22093	28959	25168	33363	30825
254130	**263975**	**162379**	**171040**	**132142**	**135098**	**172365**	**172871**	**188682**	**198432**
6722	8932	4482	4863	4321	4418	5005	5193	5272	5100
10051	10748	7500	8395	7647	8529	10162	10797	10938	10766
5110	5838	4661	5316	4697	5313	6064	6411	6590	6830
5103	5377	4678	5168	4293	4453	5254	5543	6090	6235
27129	24740	8908	9559	9260	9003	11007	9764	10314	9531
52895	52744	34701	35625	26962	26983	32955	32060	35971	38714
27350	28166	21783	22465	15294	15147	21533	20768	23929	23873
51305	52949	31316	31628	23987	23675	32615	31705	38231	38885
37921	39159	25258	24489	19770	18998	26149	25537	27473	28994
30544	35322	19092	23532	15911	18579	21621	25093	23874	29504
301071	**313007**	**202108**	**212470**	**213691**	**215814**	**281732**	**273214**	**295518**	**282387**
6062	6793	5319	6670	6983	7620	8024	7981	7845	7236
14188	13658	13871	14271	16018	16038	19846	18774	19639	17215
7721	7624	5839	6211	6422	6816	7737	7875	8037	7840
32085	28139	20745	22701	23979	27025	30289	31779	33105	30392

表2 续表 47

地区	45-49岁		50-54岁		55-59岁		60-64岁	
	男	女	男	女	男	女	男	女
庆云县	11805	11825	9616	9171	9382	8766	6977	6935
临邑县	17640	19356	15758	15485	18021	17752	14297	14655
齐河县	22860	25156	15523	15620	21123	22086	17497	17208
平原县	17741	18879	12802	13048	17624	17735	13250	13411
夏津县	16010	16693	15876	15100	18670	18144	13263	13277
武城县	13111	14202	12116	12044	13310	13537	10478	10796
乐陵市	23662	24594	20920	19525	21642	20865	17146	17025
禹城市	18991	20853	13535	13921	17111	17755	13087	13242
聊城市	**218907**	**248013**	**166610**	**167778**	**183649**	**188149**	**141912**	**147305**
东昌府区	44713	48919	34796	34998	34115	35053	25727	26890
阳谷县	29557	35143	20746	21527	25580	26286	20574	21499
莘县	34324	40495	26108	26964	29352	30046	23905	23069
茌平县	20064	22891	14086	13983	16824	17193	13603	13846
东阿县	15192	17509	10187	10835	11881	12676	10296	11032
冠县	28551	31450	23032	23290	23584	24946	17005	18800
高唐县	15746	18430	13751	13544	17901	17883	13138	13564
临清市	30760	33176	23904	22637	24412	24066	17664	18605
滨州市	**142990**	**143503**	**122685**	**117705**	**138852**	**137853**	**101837**	**103961**
滨城区	22905	22834	21013	20212	24658	24851	18032	19183
惠民县	23578	23896	19655	19254	23319	23558	17479	18616
阳信县	15231	15382	13558	12248	15266	14841	11325	11384
无棣县	17281	17175	15615	15212	15618	15072	11197	10728
沾化县	14122	14161	11454	10765	13370	13460	10114	10671
博兴县	17962	18688	15352	14934	19912	19488	14093	13689
邹平县	31911	31367	26038	25080	26709	26583	19597	19690
菏泽市	**290103**	**332706**	**198421**	**200598**	**256261**	**255928**	**201580**	**201713**
牡丹区	48928	54297	33054	32846	38687	38920	29925	31230
曹县	45431	51235	32945	33226	43011	43983	30173	30123
单县	39042	42517	27808	27366	33431	33845	25222	25251
成武县	20574	23971	13594	14208	17961	18411	14076	14551
巨野县	31147	37108	19658	19624	27585	26855	21460	21135
郓城县	36166	45275	23571	24848	32830	33098	29347	28998
鄄城县	26593	29941	18557	18341	22210	20411	19312	19376
定陶县	20711	23330	15001	15160	18503	18308	14157	13817
东明县	21511	25032	14233	14979	22043	22097	17908	17232
河南省	**3329233**	**3530217**	**2431122**	**2484380**	**2823720**	**2856671**	**2069949**	**2038917**
郑州市	**310656**	**293205**	**225770**	**215966**	**213657**	**211281**	**150387**	**152654**
中原区	33794	29608	24119	22751	19599	19852	14500	16178
二七区	25791	23932	18828	18168	16310	16578	10632	11150
管城回族区	24298	21227	16704	15369	14197	13708	8756	8928
金水区	48526	41891	31967	30473	27429	27975	17535	18863
上街区	6166	5879	4533	4244	3616	3694	2515	2850
惠济区	8066	7344	6422	6174	5810	6062	4280	4887
中牟县	25193	25185	21072	20571	20624	19658	14590	14253
巩义市	31161	30908	25720	25272	25204	24496	18755	18438
荥阳市	23611	23623	20214	20262	20308	20899	14869	15166
新密市	33081	33231	20206	19048	22444	21781	17293	16976
新郑市	25446	25627	17700	16817	20388	19605	14036	13515
登封市	25523	24750	18285	16817	17728	16973	12626	11450
开封市	**146370**	**157140**	**131477**	**134370**	**151037**	**152942**	**101007**	**102045**
龙亭区	4690	4724	4317	4331	4287	4629	2710	2925
顺河回族区	9953	10257	8272	8598	7968	8438	5517	6317
鼓楼区	6889	6887	5746	5882	5273	5374	3165	3412
禹王台区	5986	6005	5508	5404	4735	4682	2597	2853
金明区	8862	8420	7152	7309	7040	7300	4778	4673
杞县	27436	29333	27536	27513	33117	33004	22084	21210
通许县	16570	18085	15612	15980	18199	18246	11756	12303
尉氏县	28807	30346	23565	23453	27401	27230	16830	17094
开封县	19385	21411	17273	17649	22060	21690	15926	14895
兰考县	17792	21672	16496	18251	20957	22349	15644	16363
洛阳市	**249491**	**244089**	**199892**	**194692**	**196934**	**194870**	**135425**	**135597**
老城区	7221	6714	5528	5372	4739	4732	3228	3507
西工区	17397	15612	12773	11940	10403	10800	7958	8568
瀍河回族区	8114	7956	7054	6484	5670	5813	3813	4067
涧西区	28094	25077	19025	18239	16380	16823	12172	13512

单位:人

65-69岁		70-74岁		75-79岁		80-84岁		85岁及以上	
男	女	男	女	男	女	男	女	男	女
4633	4849	3230	3300	2330	2672	1291	1740	523	834
8264	8648	5892	6524	4180	5532	1746	2883	684	1528
9710	8006	7746	7986	5641	7728	3161	4958	1337	2913
7600	6718	5653	5645	4056	4991	2067	2802	1032	1675
7939	7840	6712	7287	4667	5669	2008	2706	921	1534
6331	6095	4776	4855	3168	4056	1492	2193	808	1315
10329	10602	6750	6995	5039	5917	2361	3347	1090	1766
8071	7948	6050	6618	4214	5859	2132	3357	1027	2045
84142	**86354**	**65932**	**72484**	**46642**	**59955**	**22450**	**34176**	**10445**	**22187**
15589	17207	12906	14541	9000	11446	4427	6265	1989	4444
13249	12145	8323	8298	6337	8015	3264	5439	1643	3598
14404	14081	10034	10623	7509	9283	3940	5913	1952	4063
8347	7777	6855	7194	4882	6200	2440	3549	1178	2212
6621	6439	4696	4683	3403	4607	1849	2962	941	1971
8164	9804	8168	9710	5895	7833	2501	3735	1095	2349
7855	7846	6729	7525	4523	5727	1923	2989	753	1658
9913	11055	8221	9910	5093	6844	2106	3324	894	1892
61489	**64831**	**47930**	**53541**	**33729**	**43038**	**16602**	**25433**	**6780**	**14096**
10165	11245	8020	9066	5428	6969	2318	3578	769	1830
11030	12135	7810	9200	5672	7799	2600	4319	982	2172
7560	7605	5288	5585	3845	4658	1924	2978	940	1697
6789	6729	5715	5755	4529	4691	2556	3126	1120	1707
5938	6442	4812	5435	3773	4749	1833	2769	737	1545
8301	8266	6590	7023	4527	5816	2276	3450	920	1997
11706	12409	9695	11477	5955	8356	3095	5213	1312	3148
136263	**138569**	**93647**	**100471**	**70727**	**88297**	**43670**	**66172**	**21513**	**44726**
19961	21439	13059	14827	9327	12090	5944	9590	2854	6793
20370	21211	15270	16730	11701	14654	6729	10100	3017	6064
16673	17536	12824	14194	10191	13553	5887	9407	3208	6990
9181	8974	6569	7195	5118	6810	3261	5331	1575	3701
15084	14030	10539	10583	8011	9479	5106	7226	2836	5014
20242	19076	14050	13823	10506	12228	6503	9125	3237	6080
13792	15370	8409	9302	5936	7293	3865	5648	1631	3437
9731	9874	6661	7144	5173	6363	3195	4765	1629	3372
11229	11059	6266	6673	4764	5827	3180	4980	1526	3275
1392429	**1410591**	**1021455**	**1070253**	**714570**	**858348**	**363668**	**510030**	**168977**	**349023**
100316	**104330**	**82814**	**89064**	**59453**	**67719**	**32153**	**40113**	**14582**	**27091**
10465	11642	9574	11006	6925	7194	3135	3152	1260	1887
7419	8323	7054	8101	5295	5703	2821	3043	1328	1900
5640	6181	4572	5441	3509	4135	1864	2371	902	1547
12330	14481	11235	13198	8510	9037	4648	4574	2059	2949
1964	2506	2071	2210	1344	1333	717	718	245	471
2664	2762	1995	2131	1256	1570	688	942	363	725
10269	10763	6892	7393	5007	6196	2940	4305	1493	3300
12620	11925	9465	9724	6241	7416	3493	4951	1884	3793
9558	9440	7355	7215	4771	5459	3056	4073	1390	2893
10667	10261	8718	8917	6309	7475	3492	4660	1368	2839
8994	8392	7560	7319	5382	6269	2865	3973	1278	2722
7726	7654	6323	6409	4904	5932	2434	3351	1012	2065
64237	**66988**	**44980**	**50332**	**35439**	**43647**	**20915**	**29424**	**9920**	**21389**
1695	2041	1521	1813	1124	1365	591	782	325	591
4147	5009	3636	4214	2665	2782	1245	1410	600	973
2314	2783	2002	2637	1639	1901	851	1073	423	711
1935	2367	1646	2137	1272	1697	738	969	352	644
3136	3155	2275	2390	1651	1770	837	1033	381	838
13163	13023	8454	9075	6899	8512	4082	6134	1844	4220
7016	7842	4923	5634	4041	5093	2665	3617	1251	2815
10437	11105	7821	9004	6413	8079	4296	5441	1928	3950
10427	9311	6316	6173	4847	6227	2695	4468	1380	3352
9967	10352	6386	7255	4888	6221	2915	4497	1436	3295
89977	**92071**	**72032**	**77156**	**50483**	**59962**	**24066**	**33410**	**10526**	**21493**
2223	2671	1889	2415	1492	1703	785	937	298	565
5874	6797	5337	6243	3989	4059	1890	1694	692	883
2712	3074	2341	2737	1709	1751	809	920	378	570
9608	11455	10260	11113	6665	6104	2795	2624	997	1502

表2 续表 48

地区	0岁		1-4岁		5-9岁		10-14岁		15-19岁	
	男	女	男	女	男	女	男	女	男	女
吉利区	293	318	1480	1357	1973	1926	2163	2054	1928	1698
洛龙区	3230	2916	15129	13503	15189	13319	13729	12391	23992	24296
孟津县	2444	2085	11092	10101	12828	11966	12732	12397	19046	18168
新安县	2922	2500	12835	11845	17122	15526	17966	17162	26007	24331
栾川县	2192	1940	11246	9207	11497	9535	10827	9408	15747	14076
嵩县	3197	3108	20600	18763	23072	20860	20267	18086	19830	19763
汝阳县	2896	2532	16067	14404	19703	17286	18260	15278	15250	14329
宜阳县	3817	3426	21917	19277	27707	23694	27305	24192	31939	31032
洛宁县	2366	2091	11890	10497	20261	17903	16304	14847	16942	17749
伊川县	4232	3987	21382	19965	27263	23102	43770	37814	39566	37791
偃师市	3851	3448	16689	13700	21241	16824	24547	19631	31204	28895
平顶山市	**33963**	**28123**	**197307**	**159878**	**185531**	**146954**	**131990**	**108773**	**166806**	**153181**
新华区	2002	1734	9439	7904	11329	9334	9079	7842	13183	13977
卫东区	1417	1236	6913	5929	8770	7575	8271	7177	8682	8215
石龙区	255	217	1645	1268	1462	1145	1242	1031	1470	1367
湛河区	1206	1034	8452	7080	9147	7466	6648	5729	11062	10272
宝丰县	3750	3050	21731	17540	17079	13628	11422	9676	14325	13305
叶县	5251	4391	30209	22140	27829	20389	19246	15848	26720	24612
鲁山县	6396	5362	39033	34655	32136	27409	21250	16930	27944	24608
郏县	4539	3701	24476	19621	24694	19428	18627	13983	23233	19779
舞钢市	2352	1913	10909	8735	9598	7791	7421	6564	7928	6924
汝州市	6795	5485	44500	35006	43487	32789	28784	23993	32259	30122
安阳市	**35116**	**27294**	**220459**	**169610**	**210396**	**162280**	**166904**	**138636**	**179210**	**178673**
文峰区	2707	2071	13622	10583	14409	11705	12388	10771	14057	15153
北关区	1147	847	6119	4693	7813	6327	7785	6942	7757	10518
殷都区	1162	870	5829	4611	8087	6504	7600	6381	7272	7052
龙安区	1462	1056	7800	5792	7538	6189	5833	4941	6585	5800
安阳县	6084	4354	39515	28598	37993	30339	27211	22526	30163	30663
汤阴县	3022	2566	20678	16287	20122	14515	13213	11438	13351	13692
滑县	9266	7091	61948	47200	51133	38469	42398	36590	40971	41576
内黄县	4393	3947	32837	25286	28796	21890	22575	17337	29492	25988
林州市	5873	4492	32111	26560	34505	26342	27901	21710	29562	28231
鹤壁市	**9441**	**7903**	**54566**	**43224**	**70279**	**52789**	**64240**	**50543**	**63110**	**56067**
鹤山区	637	541	2782	2127	3901	2944	4183	3644	4821	4243
山城区	1266	995	5402	4347	8123	6196	7748	6782	8812	8257
淇滨区	1493	1275	8180	6375	11060	8366	11190	9397	11419	10751
浚县	4006	3457	27687	22409	32596	24720	29166	21743	28707	25197
淇县	2039	1635	10515	7966	14599	10563	11953	8977	9351	7619
新乡市	**33956**	**28341**	**219817**	**168620**	**231881**	**178433**	**185708**	**151201**	**215246**	**199410**
红旗区	2015	1588	9555	7730	11411	9514	10194	8641	13946	14469
卫滨区	905	772	4438	3753	5267	4820	5759	5233	5330	4879
凤泉区	865	673	5572	4498	5054	4379	3855	3208	4223	3695
牧野区	1507	1278	7498	6346	7912	6878	8128	7318	8967	9161
新乡县	1758	1612	13194	9575	15564	12039	11611	9692	11632	10343
获嘉县	2716	2106	15266	11746	18226	15235	14356	11691	14190	11916
原阳县	4510	3471	27068	20778	31248	22965	27552	21574	29678	25265
延津县	2902	2233	21229	16330	22361	16564	15830	13330	19168	18240
封丘县	4275	3835	33422	24723	35642	24816	24003	18387	30086	26983
长垣县	4715	4219	30845	21968	37514	25792	33636	24815	37249	35209
卫辉市	3304	2670	24802	19890	18384	15279	12054	11414	15968	16792
辉县市	4484	3884	26928	21283	23298	20152	18730	15898	24809	22458
焦作市	**18721**	**17318**	**92461**	**77512**	**124375**	**98893**	**131947**	**106443**	**161484**	**150804**
解放区	1122	1006	5669	4851	7982	6832	8847	7666	10788	9911
中站区	631	502	2638	2317	3311	2740	3346	2798	3627	3532
马村区	763	674	3807	3287	5132	4153	4968	4236	5548	5005
山阳区	1257	1158	6244	5516	8478	7196	9927	8547	13818	12882
修武县	1776	1626	8858	6879	11047	8283	12632	9392	12923	11133
博爱县	2615	2468	13887	11166	17590	12797	16702	12300	21324	18817
武陟县	4291	3966	22142	17520	29586	22080	32751	24528	40364	37287
温县	2292	2123	10317	8589	14971	12106	15775	12519	19325	18767
沁阳市	2290	2155	11493	10434	16165	13586	14750	12694	19834	19485
孟州市	1684	1640	7406	6953	10113	9120	12249	11763	13933	13985
濮阳市	**26667**	**21043**	**144279**	**111058**	**147449**	**114156**	**129885**	**105151**	**137448**	**129095**
华龙区	3816	3050	20710	16589	23213	18229	21918	17760	25513	23747
清丰县	5210	4117	27131	21809	25345	19848	19648	15332	21889	20919

单位:人

20-24岁		25-29岁		30-34岁		35-39岁		40-44岁	
男	女	男	女	男	女	男	女	男	女
2484	2419	2226	2474	2694	2937	3414	3608	3833	3628
38995	43477	18691	20598	17548	17600	20613	19643	20156	18783
16997	16399	12675	12209	14072	13328	16723	15626	18631	18346
18483	18676	14271	14130	14465	13200	20982	19084	22329	20335
17336	17230	10420	10116	10705	9548	17127	16065	18036	16295
20819	22785	12465	13394	12265	12886	19389	19100	21853	22564
16871	18982	9661	10943	11191	11723	15246	15252	16654	16592
24678	26926	18391	19453	20026	19821	26493	25156	27619	27035
17165	20338	11959	13096	14398	14267	17385	16759	18532	18022
36336	39319	25476	25598	23822	23782	30732	29509	29899	29573
30851	30242	20099	20606	19103	19223	27732	27003	29350	28531
250782	**258315**	**158604**	**162608**	**165716**	**161375**	**214509**	**204576**	**233389**	**225757**
27593	26781	13727	13173	16314	14413	21890	19752	21181	18792
11768	11864	10042	10589	12102	12932	17585	17887	19243	18256
3207	3050	2022	1840	2640	2196	3289	2665	3473	2459
15634	15025	9802	10597	11442	11775	15024	14660	14678	14297
29675	30701	16050	15735	15991	15048	20995	19751	23630	22413
39882	41895	24213	25974	24474	24209	31771	30182	34811	35394
35136	36893	26499	27154	24797	24299	31085	29300	35852	34419
22716	24102	16930	17295	19823	18606	23598	21922	26485	25774
13150	12713	10810	10884	11900	11744	13417	13368	15333	14920
52021	55291	28509	29367	26233	26153	35855	35089	38703	39033
249528	**301587**	**151560**	**185297**	**165149**	**190256**	**199637**	**224472**	**201557**	**236494**
29056	34426	13762	15178	18325	19387	21040	21387	19389	19069
9087	9721	7178	8323	9961	11161	13100	13669	12128	11983
8824	8968	7775	8313	11514	11814	13928	13243	12654	11466
11715	11820	7869	7895	9293	8886	10050	9263	9816	9243
39889	50071	22554	30057	26212	32664	28809	35287	29283	37103
19891	23928	11403	13673	12236	14719	15630	17741	17875	21665
64616	73127	43752	48501	41512	44434	50400	49179	52981	54788
36435	38365	21706	23674	21577	21626	25764	25590	27722	29351
30015	51161	15561	29683	14519	25565	20916	39113	19709	41826
80787	**82145**	**46045**	**46322**	**53114**	**53573**	**70968**	**70975**	**75414**	**74166**
7385	7350	4526	4405	5019	4583	6627	6245	7482	6571
11629	10575	7450	7389	8765	8563	12324	11914	12754	12138
13355	14378	8001	8343	9873	10163	13604	13793	13589	12979
34973	36082	18936	18804	20452	21019	26779	27299	29011	30212
13445	13760	7132	7381	9005	9245	11634	11724	12578	12266
313376	**342535**	**182873**	**195075**	**190288**	**186132**	**220753**	**217791**	**251001**	**264750**
33103	38808	11806	13534	13953	14635	16705	16883	16698	16429
8121	7454	6108	6794	7178	7831	8948	9984	9622	9981
8863	8031	5934	5205	6212	4916	7187	5402	7379	5996
19057	24866	9623	9808	11514	11193	15112	14249	15847	14553
19642	19275	11399	11609	11938	11134	13430	12430	15189	14444
20921	22395	11964	12382	13732	13382	16362	15666	18200	18182
32404	36327	19523	21911	17340	17000	24424	24574	27946	31869
21719	23088	14167	15453	17939	16816	20118	18809	19717	20635
37649	40508	24526	24742	25808	24198	28691	27932	31536	33164
41602	46175	27047	30032	26805	28508	26209	28937	30925	38280
24976	26572	15499	16034	18235	16954	20110	19667	23482	22220
45319	49036	25277	27571	19634	19565	23457	23258	34460	38997
184994	**179849**	**116580**	**117768**	**123790**	**121021**	**147328**	**143462**	**158849**	**157024**
15439	12019	9458	9695	12499	12752	15857	15603	15743	15000
4162	4310	3099	3489	4181	4129	4838	4648	5310	5100
6730	6386	4655	4301	5527	4892	7582	6135	7804	6212
29380	23656	9818	10535	12171	13207	14544	15068	14708	14513
13005	13269	9870	9560	10297	9518	12186	11710	13301	12704
20231	20912	15072	14728	14915	14340	16776	16228	19252	19445
36550	38327	23870	24269	23049	22452	27577	27547	27558	28520
20900	22062	13999	14151	13484	12866	16565	16128	18198	18597
21716	21978	15039	15189	14937	14344	16877	16538	19917	20033
16881	16930	11700	11851	12730	12521	14526	13857	17058	16900
176875	**196128**	**124170**	**136761**	**110943**	**118152**	**144846**	**148467**	**147633**	**163801**
30775	33607	22972	25340	25767	27149	35313	36008	31450	32531
31280	33625	23503	25357	19782	20710	23823	23275	25182	26808

表2 续表 49

地区	45-49岁		50-54岁		55-59岁		60-64岁	
	男	女	男	女	男	女	男	女
吉利区	2835	2687	2285	2306	2170	2321	1619	1912
洛龙区	17103	16912	15267	15377	13976	14872	9778	10531
孟津县	15895	15985	13344	13804	14261	14627	10466	10342
新安县	17564	16949	14346	13411	14197	13094	10058	9582
栾川县	14486	13873	10631	9521	10750	9700	6862	6024
嵩县	19808	20079	16476	15631	16604	15030	10095	9153
汝阳县	14893	14694	12949	11757	12915	12020	8581	7725
宜阳县	22053	22409	16549	16771	17960	18283	12434	12384
洛宁县	16203	15732	13781	13005	13768	13365	8247	7995
伊川县	24064	24636	18462	18481	20200	19588	13665	13287
偃师市	23761	24774	21422	22593	22941	23802	16449	17008
平顶山市	**187102**	**186142**	**134983**	**130131**	**144085**	**137168**	**107775**	**97324**
新华区	15545	14334	9585	8952	8489	8887	7593	7694
卫东区	14722	13764	8805	8153	7305	7501	5641	6198
石龙区	2507	1866	1794	1153	2318	1509	1642	1103
湛河区	11486	10751	8029	8015	7003	7435	5622	5814
宝丰县	19279	19421	12790	12560	13682	13377	10749	9632
叶县	28483	30023	21923	21776	26527	23508	19492	16848
鲁山县	30655	30358	21276	19782	23133	22014	16864	14186
郏县	20871	21208	15225	15233	17619	14815	13425	11885
舞钢市	12858	12323	9388	8556	11713	11113	8222	6220
汝州市	30696	32094	26168	25951	26296	27009	18525	17744
安阳市	**155292**	**187508**	**131632**	**154843**	**148352**	**169979**	**112261**	**126763**
文峰区	16139	15468	12507	12610	11690	12214	6950	8243
北关区	10337	9805	7788	7640	6563	6967	4272	4982
殷都区	10418	9364	7424	7142	7440	7552	5258	5752
龙安区	8137	7883	7059	6727	6682	6721	4069	4458
安阳县	24846	31284	23694	28477	25099	29794	17798	20822
汤阴县	13270	16384	11533	13286	13156	14601	9325	9817
滑县	36408	40193	26254	27895	35264	35213	29391	30670
内黄县	20200	22719	18762	19846	20961	22296	14961	15419
林州市	15537	34408	16611	31220	21497	34621	20237	26600
鹤壁市	**55018**	**56267**	**40197**	**39148**	**42271**	**43340**	**30539**	**32267**
鹤山区	6125	5431	4306	3707	3380	3336	2202	2526
山城区	10294	9764	7013	6382	5902	5964	3639	4036
淇滨区	9569	9731	6816	6758	7175	7302	4831	5321
浚县	20002	22017	15110	15332	18144	18874	14439	14260
淇县	9028	9324	6952	6969	7670	7864	5428	6124
新乡市	**191877**	**208826**	**149250**	**154933**	**163716**	**170181**	**121001**	**124675**
红旗区	13777	13412	10606	10464	10002	10465	6503	7171
卫滨区	8547	8728	6798	6858	6125	6474	3741	4433
凤泉区	5508	4783	4432	4059	3973	4473	2693	3129
牧野区	13420	12230	10221	9494	8727	8960	6105	7015
新乡县	10974	11530	9509	9768	10108	11261	6750	7468
获嘉县	12748	14653	10974	11838	11547	12558	8034	8791
原阳县	20946	24697	14167	14659	17687	17935	13787	13690
延津县	13921	15189	10351	11018	13290	14293	10118	10044
封丘县	22842	25012	16635	17438	21537	21740	17596	16740
长垣县	21458	26488	16616	18812	21682	22093	18940	18278
卫辉市	18603	19027	14848	14560	14531	15181	9969	10318
辉县市	29133	33077	24093	25965	24507	24748	16765	17598
焦作市	**131466**	**133543**	**105881**	**109635**	**108746**	**114103**	**68933**	**73527**
解放区	13218	12142	9459	9123	8312	8615	5160	5835
中站区	4649	4213	3725	3604	3354	3375	2061	2339
马村区	6275	4999	4480	3686	3979	3596	2109	2311
山阳区	12331	11985	8624	8674	8156	8614	5116	5660
修武县	10633	10386	8160	8605	8283	9040	5588	5795
博爱县	16607	17094	12989	13768	13769	14721	7630	8515
武陟县	20858	22868	17731	19107	19630	21112	13489	14497
温县	14488	15942	12882	13945	14274	14925	9597	9831
沁阳市	17847	18462	15518	16275	15066	15876	8678	9506
孟州市	14560	15452	12313	12848	13923	14229	9505	9238
濮阳市	**107198**	**119056**	**90071**	**95882**	**105240**	**108449**	**80588**	**82617**
华龙区	21515	20901	15006	15860	17084	18299	13900	14768
清丰县	17519	19828	18093	19463	20792	21960	15536	16014

单位:人

65-69岁		70-74岁		75-79岁		80-84岁		85岁及以上	
男	女	男	女	男	女	男	女	男	女
1180	1151	852	815	565	584	227	329	107	224
6539	6756	4334	4920	2977	3781	1637	2656	762	1750
6926	6977	4653	4986	3076	4325	1527	2784	767	2027
6675	6582	4957	5111	3492	4193	1464	2200	676	1476
4216	3752	3199	3062	2239	2490	1067	1335	479	609
6367	5784	5365	5317	3947	4825	2028	2902	868	1707
5574	5084	4417	4215	3467	4126	1764	2281	744	1683
8260	8365	6464	7244	4288	5660	1775	2879	843	1966
4538	4516	3782	3959	2613	3196	1093	1571	410	717
8705	8742	6537	6824	4942	6286	2383	3546	1069	2334
10580	10365	7645	8195	5022	6879	2822	4752	1436	3480
75304	**70018**	**60237**	**57255**	**45053**	**49637**	**20203**	**25205**	**9804**	**19138**
5214	5688	4608	4727	2722	2697	1192	1160	536	804
4162	4778	4097	4123	2234	2115	832	836	332	552
745	538	477	429	267	252	116	139	41	73
3679	4053	3152	3270	2157	2180	913	953	408	711
7576	6544	5981	5750	4506	5196	2025	2513	1062	2131
14090	13148	10097	9516	8181	9631	3500	4778	2030	4212
12641	10372	10172	8911	7788	8389	3570	4396	1466	2771
8867	8179	7106	6815	5375	6291	2408	3061	1295	2514
6071	5248	4840	3866	4077	3660	2031	2348	1040	1880
12259	11470	9707	9848	7746	9226	3616	5021	1594	3490
68472	**73154**	**49846**	**55670**	**33617**	**44243**	**16565**	**26385**	**7359**	**17132**
5054	5643	3681	4610	2316	2966	1058	1747	430	1074
3446	4196	2957	3613	1850	2183	869	1022	323	552
3548	4034	2867	3171	1662	1885	769	964	267	490
2529	2636	1959	2198	1206	1529	477	776	168	396
10164	11020	7455	8036	4702	7151	2059	4155	798	2328
5869	5543	4006	4129	2561	3568	1307	2545	619	1639
18472	18493	12246	13241	8429	10579	4862	7116	2674	5957
8838	9438	6441	7287	5026	6513	2592	4008	1232	2608
10552	12151	8234	9385	5865	7869	2572	4052	848	2088
18253	**19751**	**14629**	**15333**	**9164**	**10918**	**4436**	**6395**	**1801**	**3810**
1559	2101	1629	1868	956	1053	406	442	151	227
2744	3436	2618	2788	1438	1586	605	717	249	364
3114	3497	2600	2598	1445	1671	646	968	235	471
8089	7623	5746	5787	3831	4702	2082	3053	884	2108
2747	3094	2036	2292	1494	1906	697	1215	282	640
77369	**85399**	**56096**	**61098**	**37358**	**45720**	**21463**	**30029**	**10453**	**21560**
4456	5140	3997	4441	2537	2733	1203	1395	510	861
2784	3145	2535	3130	1885	2062	995	1028	423	638
1872	1889	1369	1539	816	957	478	625	187	369
4714	5799	4611	5403	2843	3042	1481	1523	626	965
3926	4620	3157	3722	1953	2792	1142	1861	578	1313
5065	5686	4012	4542	2635	3325	1511	2203	659	1535
9129	9728	6656	6903	4741	6124	2812	3916	1428	2948
6529	5819	4381	4193	2974	3643	1695	2476	878	1820
10931	11743	6948	6967	4670	5941	2864	4277	1617	3413
13310	14932	6514	7288	3775	5095	3060	4798	1854	4060
5402	6413	4461	5310	3084	3812	1554	2314	633	1418
9251	10485	7455	7660	5445	6194	2668	3613	1060	2220
42568	**44953**	**35235**	**37750**	**24688**	**29393**	**12634**	**18527**	**5631**	**12265**
4044	4806	3855	4315	2328	2299	1094	1206	451	694
1402	1775	1357	1625	963	1155	513	667	180	399
1467	1948	1432	1659	1011	1114	499	605	214	352
3638	4224	3426	3591	2077	2151	999	1117	464	651
3375	3632	2839	2853	2189	2366	1057	1525	480	1039
4705	4924	3792	4171	2942	3699	1327	2261	547	1293
7760	7761	6505	6688	4662	5713	2674	4114	1292	3250
5208	5141	4038	4259	2881	3720	1703	2633	773	1822
5237	5754	3832	4506	2825	3641	1328	2147	490	1259
5732	4988	4159	4083	2810	3535	1440	2252	740	1506
49694	**55043**	**33133**	**36525**	**23467**	**30108**	**11489**	**18470**	**5198**	**12505**
8308	9123	6324	5991	3790	3981	1420	1935	647	1365
8745	9556	6556	7495	4642	6168	2103	3419	1011	2434

表2 续表 50

地区	0岁		1-4岁		5-9岁		10-14岁		15-19岁	
	男	女	男	女	男	女	男	女	男	女
南乐县	3127	2560	20348	16031	19845	16069	16623	14778	16108	16668
范县	3238	2444	17463	13069	21301	16068	22063	17731	20779	19014
台前县	2339	2160	15718	11012	14299	10490	13033	9861	13568	11584
濮阳县	8937	6712	42909	32548	43446	33452	36600	29689	39591	37163
许昌市	**27525**	**23609**	**156048**	**122662**	**162148**	**121384**	**135647**	**99819**	**174480**	**148825**
魏都区	2055	1878	9328	7866	12018	9860	11200	9494	20501	24353
许昌县	5408	4480	27604	22247	27662	20536	23656	17314	27367	23035
鄢陵县	3433	3131	22260	16318	22592	15301	18968	13057	32810	22029
襄城县	4905	4232	26703	21054	28996	22449	22571	16568	22969	20462
禹州市	7383	6238	42852	33860	42914	32197	38008	27620	47247	38401
长葛市	4341	3650	27301	21317	27966	21041	21244	15766	23586	20545
漯河市	**13407**	**11487**	**78410**	**63795**	**86211**	**64497**	**78842**	**58406**	**103894**	**92757**
源汇区	1435	1343	8648	7055	10013	7529	8412	6533	10676	10706
郾城区	2471	2141	13520	11292	15968	12029	15012	10589	26823	22987
召陵区	2499	2004	14667	12209	16916	12584	18409	13015	18315	16779
舞阳县	3053	2585	18497	14634	17018	13347	14138	12203	17302	16134
临颍县	3949	3414	23078	18605	26296	19008	22871	16066	30778	26151
三门峡市	**10234**	**9458**	**49613**	**44962**	**60010**	**53877**	**62971**	**57737**	**91777**	**86337**
湖滨区	1179	1106	6291	5650	8582	7902	9200	8555	11242	9782
渑池县	1457	1300	10629	9925	11153	10645	10791	10553	12873	12299
陕县	1767	1611	6459	5872	8184	7624	9519	9089	14285	13411
卢氏县	1866	1822	8498	7867	10301	9404	10583	9812	13648	12809
义马市	492	487	3185	2848	3994	3587	4396	3834	5236	4812
灵宝市	3473	3132	14551	12800	17796	14715	18482	15894	34493	33224
南阳市	**65626**	**56792**	**467009**	**360888**	**447300**	**345473**	**328861**	**277295**	**311155**	**281520**
宛城区	5018	4331	37983	29336	32913	25810	23213	20660	27584	23921
卧龙区	5006	4249	36108	28560	35908	28740	27727	24517	31575	32776
南召县	3536	2969	25302	20243	25495	20089	17984	15402	14294	12814
方城县	5690	5223	50409	42343	45009	36622	25784	22648	22304	20959
西峡县	2429	2224	15511	12183	17923	14790	16221	14299	14378	13102
镇平县	5373	4904	41385	30182	40995	27695	29864	22883	19197	16805
内乡县	4745	3923	29485	23045	25920	20939	18775	16711	15814	14430
淅川县	3886	3542	29400	22604	36351	28508	26910	22616	25788	22987
社旗县	4404	3785	26010	20403	28172	22870	20139	17294	17848	16900
唐河县	8379	6699	55714	41620	45242	34173	40642	33479	44567	39355
新野县	5294	4576	32577	23910	27449	20620	18043	15417	17401	14883
桐柏县	2360	2022	19857	15896	18059	13963	11684	10470	9440	9379
邓州市	9506	8345	67268	50563	67864	50654	51875	40899	50965	43209
商丘市	**44896**	**36037**	**248420**	**187136**	**271225**	**198293**	**332330**	**253056**	**365098**	**339699**
梁园区	4944	3911	18671	14179	23776	17925	28114	22390	33546	32696
睢阳区	4079	3415	24965	18450	28158	20187	31458	23335	31785	28953
民权县	4124	3493	23544	18259	25549	19185	33921	26014	39127	37484
睢县	4382	3482	23230	17641	26726	19143	35314	26682	38570	37997
宁陵县	3136	2558	18776	14379	20208	14669	24803	18344	26177	24526
柘城县	4611	3996	26050	19028	30830	21147	41610	28977	42568	35430
虞城县	5934	4725	26673	20774	34518	27095	47026	38105	52037	48219
夏邑县	5370	4721	32070	23072	31301	22655	44673	32865	46099	42323
永城市	8316	5736	54441	41354	50159	36287	45411	36344	55189	52071
信阳市	**41048**	**33367**	**232010**	**176117**	**276938**	**202920**	**261262**	**212770**	**268014**	**245316**
浉河区	3332	3051	16429	13656	16028	13393	17013	15378	20078	24900
平桥区	4686	3876	26967	21393	23787	19434	19247	17100	21320	20048
罗山县	4214	3070	23605	17732	19423	14750	18086	15299	18653	16020
光山县	3033	2426	20913	14798	30852	21784	28530	22342	27956	22846
新县	1605	1193	9590	6913	14061	10541	12574	10228	11767	9608
商城县	3640	2747	18481	13483	26047	17889	29002	22571	29913	24658
固始县	6877	5637	44023	31139	58447	37300	46749	33966	42299	38176
潢川县	4922	3754	22432	16700	27267	19096	28570	22259	30055	26488
淮滨县	4228	3601	18533	15232	24194	19583	28120	24263	31412	30374
息县	4511	4012	31037	25071	36832	29150	33371	29364	34561	32198
周口市	**49437**	**43810**	**318622**	**251239**	**388979**	**296186**	**449316**	**337252**	**454057**	**414496**
川汇区	2558	2166	13445	10865	17955	13762	20903	15376	22754	22271
扶沟县	3388	3124	19611	14404	26289	18557	28210	20048	30871	25247
西华县	4233	3776	28748	23035	32423	23102	38093	26617	36942	32639
商水县	5470	4992	33348	25316	47367	35162	59093	42050	51410	47020
沈丘县	5837	4813	35981	27879	40703	32483	47953	37058	45845	40000

单位:人

20-24岁		25-29岁		30-34岁		35-39岁		40-44岁	
男	女	男	女	男	女	男	女	男	女
19674	24346	15526	19525	11803	14256	15580	17482	16212	19387
21136	23246	14308	16294	14573	15626	17630	19278	17445	21614
15697	16996	11958	12939	9334	9730	11893	12398	13007	16010
58313	64308	35903	37306	29684	30681	40607	40026	44337	47451
207471	**214431**	**137344**	**141817**	**142576**	**138526**	**170858**	**162777**	**196498**	**197303**
28875	33111	19985	21620	22290	22906	23781	23393	24595	23043
39387	39383	27733	28301	27184	25495	29767	27424	33667	33962
25436	25781	18533	18237	17916	16673	19074	18473	21706	23210
25144	27643	17490	20649	18407	19745	23546	24023	28225	28920
52419	52404	31026	30310	35404	33204	46732	43629	56622	56019
36210	36109	22577	22700	21375	20503	27958	25835	31683	32149
120849	**124660**	**87755**	**90903**	**87089**	**86976**	**102005**	**97649**	**115274**	**115203**
15843	18523	11488	12410	12848	13514	14454	14405	15201	14830
23126	23083	17167	17799	18391	18398	20731	19620	22747	22114
23282	23718	17994	18300	16874	16758	19285	18248	21109	20988
24090	24716	14642	15342	16286	16173	20778	19536	25188	25644
34508	34620	26464	27052	22690	22133	26757	25840	31029	31627
108685	**106267**	**76046**	**72992**	**78489**	**73754**	**117818**	**109147**	**117747**	**106441**
13994	13989	11921	12476	13481	13826	18868	18694	18117	16977
16694	16909	11390	10861	12821	12036	16917	15906	17042	16080
16988	15651	10580	9625	11660	10311	17919	15629	18555	16189
16564	16349	12202	11344	10851	9659	18083	16305	19282	16752
6618	6406	5152	5084	5623	5616	8046	7637	8081	7626
37827	36963	24801	23602	24053	22306	37985	34976	36670	32817
449790	**475360**	**337881**	**359334**	**357547**	**362135**	**412311**	**381897**	**457299**	**457890**
46786	43988	30803	32391	33976	34417	39208	36066	40312	40133
44180	51849	29979	32407	33462	35220	40513	38604	40851	41002
23039	23670	18144	18564	20035	19737	25929	23132	27266	26251
37914	42486	29168	33290	29212	30965	34819	34292	38280	37982
17180	17031	12437	12962	14934	14606	20445	18969	24323	22669
40415	40021	32580	32078	29917	29168	33278	28897	37348	41020
21269	22453	15043	16380	16382	17276	20567	19389	27299	27244
29894	31570	20284	22056	21768	22812	27980	26877	30471	30618
28997	31023	23090	24680	23419	23060	23838	22180	26753	26877
58994	63741	45345	48488	46924	46394	48960	43310	54065	55580
23935	26302	18625	20652	20737	21604	20826	19673	26623	27675
15481	16309	12062	12678	13391	13778	18269	17310	19721	18592
61706	64917	50321	52708	53390	53098	57679	53198	63987	62247
384729	**417514**	**214698**	**244392**	**196692**	**215867**	**251239**	**272758**	**300166**	**341737**
58022	60363	27277	28569	26932	27226	33113	31542	36613	36933
44126	45454	23852	26070	22438	23651	27688	27487	33193	36507
33906	38227	19363	23325	15801	18870	21292	24610	26921	30878
35172	36882	19457	22253	16846	19456	22507	25836	26678	31062
24854	26887	16317	19349	14677	16852	16534	19014	19299	23146
32860	37445	20277	26793	17911	22613	23429	29079	28820	36518
50220	53448	28026	30508	25312	27099	30662	33459	38701	43414
45296	52434	24566	28329	21173	22780	28773	32518	37185	42645
60273	66374	35563	39196	35602	37320	47241	49213	52756	60634
220011	**271110**	**115139**	**144068**	**123533**	**144375**	**230879**	**250301**	**278396**	**298538**
27055	40539	13918	16266	15806	17618	28087	28195	30604	29251
23869	28957	14023	17053	16099	17913	27553	26759	31262	30845
17271	19422	9397	11311	9438	10835	19150	20506	24054	23878
21740	23326	9684	11329	9605	11186	22614	24487	26704	29696
6943	7092	4643	6210	5661	7238	11009	12757	12283	14290
13283	16762	5934	9294	5317	8627	12736	19969	16377	24054
27962	36835	14113	20516	16766	21836	34234	40371	42543	47019
22828	27510	11072	14436	11887	14483	23597	26404	29304	33006
25074	31028	11171	14274	11418	12850	19745	20890	26373	28539
33986	39639	21184	23379	21536	21789	32154	29963	38892	37960
386037	**437644**	**248766**	**314997**	**240816**	**283530**	**262830**	**299776**	**323273**	**381314**
29390	34014	17323	19619	18179	19622	22012	21987	22195	22156
28325	28837	15353	16980	18039	19082	22114	22968	26440	28617
38314	39530	23097	24615	25168	24039	29396	28707	32390	33062
34349	42629	19283	26764	20382	25300	25355	30591	31105	40645
42981	47440	30144	36969	25341	31065	25187	30084	33724	41568

表2 续表 51

地区	45-49岁		50-54岁		55-59岁		60-64岁	
	男	女	男	女	男	女	男	女
南乐县	12753	15556	12621	13613	14054	15796	10236	11153
范县	14840	17183	10436	11352	12270	12206	10336	10208
台前县	10513	12061	8199	8826	9000	9268	6994	6698
濮阳县	30058	33527	25716	26768	32040	30920	23586	23776
许昌市	**160220**	**168529**	**112919**	**115856**	**142559**	**140308**	**102403**	**100650**
魏都区	19985	18878	13788	13430	13136	13658	8545	9283
许昌县	27426	28569	20747	20933	27216	27458	18641	18401
鄢陵县	18460	21361	13544	15189	17912	17808	12496	12606
襄城县	26026	27483	19903	20218	24572	23882	18328	18198
禹州市	42651	44553	27341	27394	37226	35374	29016	27574
长葛市	25672	27685	17596	18692	22497	22128	15377	14588
漯河市	**94324**	**97833**	**69583**	**68524**	**88991**	**87498**	**60646**	**58242**
源汇区	12718	13017	8994	8894	10773	10918	6927	6940
郾城区	18218	18179	12417	12209	16147	15779	10964	10820
召陵区	17632	17775	12588	12550	15433	16026	10210	10991
舞阳县	20865	22266	16596	15915	22032	20067	14874	12914
临颍县	24891	26596	18988	18956	24606	24708	17671	16577
三门峡市	**95813**	**89176**	**75864**	**70053**	**66951**	**63809**	**48163**	**46869**
湖滨区	14770	13728	10732	10059	8467	8177	6017	6041
渑池县	13418	12904	9779	9446	9972	10299	7241	7099
陕县	15774	14344	13104	11644	11427	10504	7874	7445
卢氏县	15914	14488	12463	11103	11757	10680	7678	7031
义马市	6526	5677	4598	3939	4185	3660	3175	2954
灵宝市	29411	28035	25188	23862	21143	20489	16178	16299
南阳市	**384462**	**404481**	**258683**	**264671**	**320533**	**319991**	**251189**	**210805**
宛城区	33364	35365	21123	23546	25456	28283	20589	18418
卧龙区	33400	34349	23540	24315	25557	28239	20106	19125
南召县	21367	21288	15276	14340	16616	15518	13682	10124
方城县	33229	35002	24190	23082	28496	27785	23382	18570
西峡县	19402	18934	12763	11540	15527	13675	10173	8246
镇平县	30191	33662	24247	23254	27696	27227	20852	15875
内乡县	23958	25494	16628	16181	19739	18725	14323	11783
淅川县	25311	26401	14413	14173	20204	19484	14863	13607
社旗县	22388	24225	15202	16245	19728	18759	17426	13753
唐河县	46141	49378	28685	31627	41665	41052	36181	28107
新野县	24697	27658	15626	18321	22275	23398	17376	15326
桐柏县	16315	16390	10537	10718	11522	11203	8150	7085
邓州市	54699	56335	36453	37329	46052	46643	34086	30786
商丘市	**228835**	**258704**	**173737**	**181228**	**217877**	**216833**	**153074**	**153320**
梁园区	26826	27587	17814	17633	22088	22554	13992	14822
睢阳区	23926	26243	16630	17170	22598	22411	15216	15342
民权县	21482	26532	21227	21339	21914	20409	14217	14582
睢县	19670	23193	20050	21637	23147	22956	14361	15124
宁陵县	15240	17197	13348	14530	15686	16441	10207	10801
柘城县	22641	27072	17517	18696	25099	26073	18684	18982
虞城县	30331	33920	22929	24453	28641	27216	19914	18526
夏邑县	29470	33642	22152	23045	26463	26670	19954	19242
永城市	39249	43318	22070	22725	32241	32103	26529	25899
信阳市	**257241**	**280326**	**134745**	**135044**	**193424**	**191841**	**157763**	**150475**
浉河区	28865	27359	17645	16443	18790	18964	12902	12903
平桥区	29393	30546	17861	17589	22488	23017	14909	14126
罗山县	22920	24186	14009	14170	18374	18412	13606	12742
光山县	25329	28263	10696	11165	17659	17217	16186	15796
新县	11619	13350	7959	7743	9072	8647	7663	6511
商城县	16699	22970	8774	9881	15078	15419	15680	14594
固始县	40067	44618	21474	21248	35858	34783	31080	29201
潢川县	27693	30960	14651	14349	20098	20607	15614	15795
淮滨县	22415	24506	9220	9765	13824	13500	12750	12542
息县	32241	33568	12456	12691	22183	21275	17373	16265
周口市	**268011**	**311255**	**216097**	**231578**	**272564**	**284361**	**201968**	**209360**
川汇区	16297	15933	12996	13304	12905	13512	8479	9339
扶沟县	21997	23951	17476	17767	22269	23725	13431	15096
西华县	25541	26435	20995	21191	25006	25898	14863	15462
商水县	25121	31946	25360	27378	28468	30999	20903	21542
沈丘县	30014	37561	23876	26671	29775	30995	23945	24630

单位:人

65-69岁		70-74岁		75-79岁		80-84岁		85岁及以上	
男	女	男	女	男	女	男	女	男	女
5495	5906	4560	5305	3543	4635	1839	2741	823	1910
7119	8153	3877	4354	3066	3866	1509	2505	652	1622
4927	5727	2840	3112	2130	2781	1252	1965	588	1217
15100	16578	8976	10268	6296	8677	3366	5905	1477	3957
62097	**61809**	**50129**	**52678**	**37518**	**45502**	**19601**	**26519**	**8593**	**17850**
5488	6193	5053	5858	3470	3811	1726	1894	710	1029
10266	10153	8405	8856	6409	8288	3771	5277	1520	3501
7615	8203	5939	6221	4621	5477	2671	3243	1106	2201
10912	10960	8950	9615	6846	8156	3319	4373	1671	3202
18459	16684	14289	14401	10695	12763	4919	6978	2262	4828
9357	9616	7493	7727	5477	7007	3195	4754	1324	3089
38403	**37499**	**28785**	**28660**	**24307**	**28276**	**13810**	**18193**	**7097**	**13526**
4341	4705	3416	3722	2757	3476	1610	2231	876	1773
6966	6477	5377	5006	4646	4889	2703	3167	1349	2359
6293	6621	4683	5372	3771	5113	2165	3077	986	2101
10120	9624	7296	6612	6537	7460	3433	4910	1721	3899
10683	10072	8013	7948	6596	7338	3899	4808	2165	3394
32676	**32899**	**26495**	**27338**	**17526**	**19561**	**7948**	**9409**	**3607**	**5499**
4132	4578	3799	4305	2671	2821	1242	1174	462	621
4710	4718	3906	3942	3013	3227	1308	1434	688	1049
5297	5164	4616	4758	2991	3375	1282	1616	646	890
5357	5227	4092	3804	2533	2638	1181	1390	412	700
2154	2198	1853	1626	1071	1079	396	445	200	283
11026	11014	8229	8903	5247	6421	2539	3350	1199	1956
177665	**151643**	**122956**	**111639**	**78521**	**84756**	**34386**	**43892**	**17570**	**32454**
14261	12931	10596	10317	6743	7247	2743	3279	1492	2632
14354	13221	11045	10434	6684	6921	2856	3163	1434	2602
9275	7073	7386	5581	4690	4066	2256	2222	1047	1451
16274	12219	13116	10438	9009	8413	4113	4211	2096	3443
7147	6031	4999	4426	3390	3679	1667	2154	759	1286
14916	13288	9899	9408	6375	7229	2862	3969	1531	3078
10221	9234	6456	6682	4354	5753	1969	3588	887	2146
10254	9747	6297	6465	4190	5444	1959	3171	896	1882
11730	8673	8543	6803	5043	5220	2262	2630	1268	2146
26092	20100	17659	13967	11081	10896	4937	6007	2455	4561
12232	10873	7724	7764	5164	5949	1966	2779	1008	2252
6816	6013	4550	4010	3237	2900	1100	1249	552	874
24093	22240	14686	15344	8561	11039	3696	5470	2145	4101
112165	**118263**	**78440**	**85460**	**59857**	**74529**	**33782**	**49666**	**16633**	**34590**
9929	10447	6803	7337	5473	6905	2844	4161	1401	2626
11344	12028	7646	8057	5798	6897	2964	4498	1463	2926
10220	10991	6786	7619	5053	6185	2708	3950	1428	2893
9946	10995	7001	7926	5602	7045	3195	4895	1540	3537
7088	8010	5202	6030	4038	5142	2299	3519	1333	2787
13301	14041	9029	9771	5938	7496	3390	5152	1705	3579
14494	14406	9803	10243	7737	9452	4614	6358	1963	3830
14886	16087	10967	12193	8475	10925	4864	7506	2484	5418
20957	21258	15203	16284	11743	14482	6904	9627	3316	6994
120050	**120341**	**79208**	**83103**	**47152**	**55771**	**21162**	**29460**	**8271**	**17617**
9471	9613	6942	6975	5020	5014	2278	2376	885	1349
10100	9774	6773	7231	5118	6093	2498	3292	883	1769
9216	9004	6424	7531	4856	5435	2267	2892	818	1601
12857	11616	8729	8435	4197	4998	1554	2566	637	1602
6297	6139	3861	4216	1510	1867	694	992	333	625
13336	12111	8197	7833	3859	4148	1735	2218	729	1481
24588	24294	16501	16205	9913	10994	4708	5925	1855	3809
10894	11954	7221	8654	3929	5383	1618	2688	656	1542
10191	10970	6420	7547	3717	5278	1593	2796	645	1616
13100	14866	8140	8476	5033	6561	2217	3715	830	2223
135092	**147310**	**93344**	**105698**	**64212**	**85236**	**36337**	**56489**	**15904**	**36600**
5652	6554	4205	4958	2858	3774	1501	2301	652	1399
8270	9343	5981	7034	4986	6228	3125	4145	1434	3057
9481	10769	7885	9487	6166	7908	3352	4932	1352	3269
13803	14794	9935	11479	6760	9920	3443	6074	1424	3812
16648	18305	10817	12157	7532	10339	4214	6886	1892	4271

表2 续表 52

地 区	0岁		1-4岁		5-9岁		10-14岁		15-19岁	
	男	女	男	女	男	女	男	女	男	女
郸城县	5001	4655	36013	30275	42994	34897	51859	41662	52252	48340
淮阳县	5735	5787	40507	32216	46657	36036	54376	42514	57864	54943
太康县	5978	5461	43626	35026	51421	40500	49709	37086	55538	52117
鹿邑县	5095	4349	32524	25661	42283	32087	54433	41856	46872	44547
项城市	6142	4687	34819	26562	40887	29600	44687	32985	53709	47372
驻马店市	**43406**	**36815**	**276614**	**208051**	**300899**	**223695**	**313388**	**249133**	**298635**	**278509**
驿城区	3670	3143	23955	19273	26951	20594	22200	18110	22161	20919
西平县	4282	3602	20620	14665	25706	17637	30852	22170	29438	26605
上蔡县	7469	6390	41961	31688	53973	40548	60898	47701	54914	50406
平舆县	4097	3683	25779	17781	27932	19153	35465	26784	38743	35180
正阳县	3782	3392	32695	25059	25438	19102	24843	20598	25933	24956
确山县	2264	2123	20283	15351	23525	18125	17894	15134	11933	12831
泌阳县	4674	3964	35008	26447	35074	26257	32132	25031	34606	30305
汝南县	4793	3885	27582	20505	29693	20743	33316	26229	28549	27649
遂平县	2882	2568	18689	13975	15004	11978	13377	11157	16722	15251
新蔡县	5493	4065	30042	23307	37603	29558	42411	36219	35636	34407
省直辖县级行政区划	**4127**	**3612**	**17381**	**15391**	**20910**	**17472**	**20218**	**17138**	**31083**	**27758**
济源市	4127	3612	17381	15391	20910	17472	20218	17138	31083	27758
湖北省	**327178**	**263627**	**1319597**	**1069648**	**1361844**	**1099219**	**1406696**	**1115999**	**2560263**	**2246474**
武汉市	**38135**	**31850**	**154623**	**129313**	**165844**	**135413**	**179707**	**142062**	**451875**	**419650**
江岸区	3143	2719	12562	10871	14029	12088	16075	13444	27244	26909
江汉区	2054	1789	10115	8446	11278	9266	11805	9812	19862	19285
硚口区	2792	2298	11701	9683	12533	9995	13090	10605	31843	33127
汉阳区	1874	1670	8398	7341	8675	7652	8783	7728	22559	17173
武昌区	3694	3364	15177	13559	17742	15159	19580	16839	40179	40969
青山区	1469	1336	6488	5796	7473	6845	8468	7466	14245	12216
洪山区	4080	3505	19364	16246	19033	15646	18963	15050	88854	83505
东西湖区	1853	1698	9296	7844	9891	8223	10033	8367	16770	14587
汉南区	479	408	1966	1714	2260	1853	2519	2106	3591	3005
蔡甸区	2867	2313	11709	9754	11867	9955	11815	9379	27167	22907
江夏区	4002	3035	14073	11210	12927	10309	12949	10188	60436	67057
黄陂区	4733	3872	16813	14045	18564	14939	20687	16250	42424	38179
新洲区	5095	3843	16961	12804	19572	13483	24940	14828	56701	40731
黄石市	**20401**	**14542**	**82851**	**59542**	**74364**	**52070**	**70677**	**47966**	**130295**	**108501**
黄石港区	833	676	3553	2974	4602	3698	5517	4307	7977	8197
西塞山区	1127	953	4638	3699	5394	4144	5982	4578	8687	7431
下陆区	721	574	3180	2512	3837	3075	4039	3044	10275	8167
铁山区	176	134	949	686	1317	1047	1488	1119	2030	1701
阳新县	9466	6778	38405	28279	29387	20780	25786	17789	48952	42448
大冶市	8078	5427	32126	21392	29827	19326	27865	17129	52374	40557
十堰市	**20431**	**17647**	**86948**	**75813**	**86078**	**74926**	**76500**	**65215**	**149169**	**129609**
茅箭区	2130	1790	8867	7823	10441	9219	9874	8364	15300	13951
张湾区	1610	1509	8136	7222	9320	8319	9079	7937	20301	13950
郧县	3483	2990	15760	13525	14882	13039	12345	10976	28190	26672
郧西县	3021	2589	11989	10550	11083	9744	10137	8868	21752	19878
竹山县	2590	2242	11827	9820	11852	9226	10590	7663	17751	13913
竹溪县	1806	1522	8535	7557	8337	6972	7768	6310	14602	11708
房县	2611	2320	10179	9031	8811	8260	7087	6521	14278	13798
丹江口市	3180	2685	11655	10285	11352	10147	9620	8576	16995	15739
宜昌市	**14865**	**13717**	**59528**	**56008**	**70879**	**66367**	**81936**	**78049**	**129247**	**124712**
西陵区	1615	1515	7772	7213	10100	9248	10466	9795	19476	18532
伍家岗区	769	662	3501	3197	4306	3919	4587	4267	5095	4651
点军区	374	333	1529	1495	1701	1681	1937	1822	3038	2871
猇亭区	217	155	784	710	976	917	1224	1196	2167	1641
夷陵区	1948	1768	7608	7219	9624	8841	10608	10399	18577	18028
远安县	755	713	2800	2714	3333	2978	4104	3824	5021	5156
兴山县	717	646	2461	2367	2919	2692	3307	3144	4458	4280
秭归县	1534	1328	5563	5050	6478	6224	7454	7202	10677	10686
长阳土家族自治县	1535	1458	5875	5547	7125	6581	8276	8219	12866	12488
五峰土家族自治县	897	747	3041	2945	3230	3132	3884	3657	4685	4546
宜都市	1274	1299	5557	5185	5788	5416	6810	6560	11846	11387
当阳市	1816	1744	6720	6334	7822	7371	9323	8726	13935	13366
枝江市	1414	1349	6317	6032	7477	7367	9956	9238	17406	17080
襄樊市	**35415**	**30288**	**134838**	**117606**	**137371**	**120208**	**130438**	**118696**	**212529**	**211776**
襄城区	2075	1882	8778	7921	9869	8615	11013	9915	24313	26706
樊城区	4050	3596	18529	15904	21144	18515	20617	18505	30809	30161

单位:人

20-24岁		25-29岁		30-34岁		35-39岁		40-44岁	
男	女	男	女	男	女	男	女	男	女
40820	45526	28699	35862	26419	31509	28126	32856	36136	41381
46546	53885	31312	41760	26993	33110	29618	33999	37388	44913
45667	50034	31575	39117	31051	34741	30645	33639	39872	44755
33289	43119	20139	32822	20872	32573	21622	32110	28796	41177
46356	52630	31841	40489	28372	32489	28755	32835	35227	43040
262311	**296929**	**181626**	**209257**	**219846**	**232256**	**274510**	**277605**	**320694**	**345729**
27103	27747	24088	25512	32549	31986	38346	34879	39074	36970
21216	23281	13911	16660	19202	20581	24953	25678	31785	34090
35631	43076	24206	30556	26813	32232	33916	38914	38598	46799
32723	35455	19053	21314	21774	23373	24538	28460	30765	35929
25810	31297	12624	16567	16402	18576	25159	27644	29538	35072
8979	12096	6757	9271	9770	12491	14481	17075	16928	20390
28945	32780	24666	27065	28011	27338	29425	27229	33282	31875
29920	32416	19242	21228	23561	23779	32520	29569	37485	38579
17961	18785	15686	14230	20420	17190	23832	18776	26561	24493
34023	39996	21393	26854	21344	24710	27340	29381	36678	41532
36801	**35445**	**24773**	**24554**	**25054**	**23788**	**28091**	**25965**	**28864**	**27823**
36801	35445	24773	24554	25054	23788	28091	25965	28864	27823
2794304	**2789862**	**1984503**	**2035461**	**1976252**	**1941852**	**2465831**	**2392046**	**2862689**	**2753667**
753879	**684171**	**423360**	**418077**	**369930**	**361619**	**387915**	**367183**	**435728**	**412768**
40760	46183	40031	43214	37223	38500	38713	37927	41650	40668
32803	35732	33357	35053	30323	29891	31329	28630	32735	31333
54370	55355	40772	41338	33435	32801	33643	33393	39184	38805
34871	26295	25954	26555	25935	24862	24610	21908	26283	24218
87227	86680	69416	61090	46351	46119	46711	45223	51928	48683
25616	18461	19107	18409	17680	18474	19838	18928	23726	21982
224304	177674	62587	57869	49404	46743	48493	42804	48736	42631
24665	20757	17564	19102	21289	20876	24643	21647	24857	21996
5335	4909	4601	4167	4509	4010	6085	5297	7255	6489
42241	39122	26085	24608	26113	23426	26136	23058	28331	25420
97755	90834	23762	23075	20425	18833	25327	23417	29709	27256
38536	39072	32545	33806	31904	30835	32380	33515	39803	40750
45396	43097	27579	29791	25339	26249	30007	31436	41531	42537
117945	**125027**	**87803**	**91579**	**84673**	**82941**	**107397**	**106404**	**111936**	**109105**
11515	15119	7217	8251	8460	9439	9908	10758	10830	10709
8322	8100	7754	7990	8839	9131	10598	10805	11910	11822
12889	9026	5302	5504	7118	7097	7928	7658	8691	8124
1834	1704	1497	1649	2121	2287	2822	2782	3271	2949
39400	45549	30421	33185	25063	25148	34724	35450	34158	33330
43985	45529	35612	35000	33072	29839	41417	38951	43076	42171
157146	**155815**	**119238**	**116763**	**131439**	**122117**	**164405**	**151054**	**173660**	**157188**
21769	24318	16119	17375	20052	20327	24417	22622	22160	19537
19553	14277	12959	13368	15916	15896	22212	20806	20695	18046
28765	29457	20166	18734	18992	16719	24314	21795	28368	25228
20618	21350	15963	15335	15136	13532	21010	19353	23304	20743
19302	18387	15254	13445	16598	14814	18308	16750	20844	19319
14437	13451	10736	9756	13369	11449	15104	13203	15835	14018
14166	15011	12679	12927	13572	12330	16632	15532	18938	17999
18536	19564	15362	15823	17804	17050	22408	20993	23516	22298
166102	**161616**	**131689**	**133750**	**152237**	**146612**	**189835**	**175443**	**229953**	**208030**
33314	26391	17911	18567	22322	24842	25507	24355	23506	21509
7346	8092	8241	9534	10380	10924	11824	10806	11641	10596
3494	3579	3286	3403	3850	3562	4395	4153	5800	5711
4746	2808	2682	2129	2573	2271	3181	2848	3558	3090
19588	20697	15523	16282	20253	19248	24499	22397	30427	26284
5467	5583	5966	5626	7071	6260	9491	7988	12217	10153
7044	7231	6692	6158	6452	5568	8138	6797	9980	9011
16158	16294	11238	10915	13321	11996	15855	14073	20819	18351
14534	14747	13472	13052	13709	12103	17281	15234	21866	19018
7546	7679	6707	6318	5932	5298	7860	6968	10873	9792
13482	14015	11162	11897	12857	12325	16519	15705	22609	21667
17051	17829	14721	15367	16722	16078	22283	21270	27389	25503
16332	16671	14088	14502	16795	16137	23002	22849	29268	27345
242644	**256763**	**199541**	**202388**	**195803**	**190389**	**239592**	**230564**	**274808**	**265267**
26905	26627	14354	15200	16150	17115	20652	20388	21866	20786
30242	32852	32201	35600	37222	38549	43259	41824	41875	39188

表2 续表 53

地区	45-49岁		50-54岁		55-59岁		60-64岁	
	男	女	男	女	男	女	男	女
郸城县	30990	34991	23301	23764	29902	30367	24256	23996
淮阳县	32230	37815	23729	26531	32185	33663	24260	24632
太康县	30280	33769	26728	27783	38972	38746	28081	29379
鹿邑县	24697	31877	17845	20063	26341	27872	19941	20558
项城市	30844	36977	23791	27126	26741	28584	23809	24726
驻马店市	**279473**	**307749**	**157858**	**165982**	**223712**	**226481**	**171383**	**165378**
驿城区	32207	31097	16878	16646	21900	22186	14008	13091
西平县	28487	32675	19124	20059	27923	28423	19275	17997
上蔡县	33260	41050	21758	24551	32126	34483	24391	25603
平舆县	26492	30926	14320	15862	21049	21745	19125	19652
正阳县	26057	30936	11183	12742	18607	19236	13367	12718
确山县	16086	19687	10058	10918	12631	13835	8111	8220
泌阳县	30342	29173	21449	19933	24867	23156	21460	17452
汝南县	32130	35645	17809	19225	25154	25378	17858	16998
遂平县	22418	22324	10510	10662	17632	17009	12619	11530
新蔡县	31994	34236	14769	15384	21823	21030	21169	22117
省直辖县级行政区划	**26384**	**26388**	**22483**	**21844**	**23071**	**23236**	**15444**	**16349**
济源市	26384	26388	22483	21844	23071	23236	15444	16349
湖北省	**2610967**	**2497632**	**1893401**	**1805725**	**1882390**	**1806642**	**1428267**	**1343797**
武汉市	**424398**	**395715**	**334064**	**319912**	**306169**	**301018**	**227647**	**218232**
江岸区	44726	41875	37780	36477	32422	31126	21650	21560
江汉区	35038	32823	30048	28087	24602	22900	16383	15592
硚口区	41825	40004	34073	30695	25986	23871	16337	15456
汉阳区	29178	26701	26289	24635	21749	21162	15431	14905
武昌区	56246	50838	44792	42943	38554	38604	27158	26908
青山区	23653	21618	20553	20960	19990	19772	13527	13283
洪山区	44403	38121	30483	28437	26939	27619	19434	19571
东西湖区	21085	18290	14566	12967	13199	13582	10268	10741
汉南区	5982	5299	4131	3882	3525	3592	3012	3086
蔡甸区	25383	22957	20371	19942	19267	20586	17416	16704
江夏区	27379	25976	19446	17829	19359	18157	14319	13172
黄陂区	34554	35145	26604	27581	31929	32528	29154	25443
新洲区	34946	36068	24928	25477	28648	27519	23558	21811
黄石市	**93948**	**91899**	**62448**	**62175**	**69100**	**68475**	**54550**	**51151**
黄石港区	10048	9796	7565	7446	7093	7232	5415	5726
西塞山区	11428	10777	8247	8109	9028	9100	6700	6129
下陆区	7258	6452	4331	4698	5548	6080	4893	4342
铁山区	2838	2605	2144	2025	2052	1957	1533	1442
阳新县	27897	27658	18112	18377	20419	19704	16541	15598
大冶市	34479	34611	22049	21520	24960	24402	19468	17914
十堰市	**144726**	**127166**	**96638**	**83109**	**111328**	**99954**	**86508**	**74994**
茅箭区	16857	14096	9481	8423	8751	9620	7400	7299
张湾区	16023	13629	8963	8116	8412	9348	8292	8119
郧县	23823	21101	16224	13394	19053	16248	13895	12289
郧西县	19480	16853	12449	10187	16032	12952	12886	10621
竹山县	18213	15758	12403	10299	15794	13425	11584	9291
竹溪县	12854	11526	9173	8227	11906	10672	8750	7321
房县	17244	15493	14361	12064	16170	13567	12847	10521
丹江口市	20232	18710	13584	12399	15210	14122	10854	9533
宜昌市	**216037**	**196107**	**154532**	**142240**	**158549**	**149527**	**113477**	**103927**
西陵区	19696	18915	14811	14868	15704	17060	14920	14977
伍家岗区	10602	9922	7846	7257	8068	7756	5973	5279
点军区	5819	5411	4449	3952	4609	4082	3239	2723
猇亭区	2861	2560	1870	1720	2054	2021	1419	1334
夷陵区	29162	24877	20847	17848	20628	18766	13283	12174
远安县	11533	9538	7487	6652	7561	6874	4810	4312
兴山县	9811	8093	6550	5607	6808	6026	4804	4285
秭归县	19599	17666	14398	13305	15703	14529	10354	9281
长阳土家族自治县	21773	18709	14179	11966	15575	13820	11159	9275
五峰土家族自治县	10777	9464	7678	6376	7745	6788	5711	4918
宜都市	20972	20519	14333	13300	17136	15134	12041	9802
当阳市	26729	25121	19658	19262	17243	16997	12189	12145
枝江市	26703	25312	20426	20127	19715	19674	13575	13422
襄樊市	**262217**	**252392**	**176511**	**170999**	**186767**	**182211**	**130057**	**125069**
襄城区	21039	19534	14030	14392	14400	15186	11434	11850
樊城区	37004	34315	24172	24093	25063	26601	17852	18813

单位:人

65-69岁		70-74岁		75-79岁		80-84岁		85岁及以上	
男	女	男	女	男	女	男	女	男	女
16567	17484	10668	11530	7143	8830	3914	5925	1548	3452
17724	18336	11896	12696	8093	10214	4746	7365	2253	5172
15555	16611	11183	12568	7716	10117	4754	7020	1973	4159
15465	17209	9961	11364	6390	8780	3758	6111	1730	4063
15927	17905	10813	12425	6568	9126	3530	5730	1646	3946
121623	**121809**	**87508**	**89126**	**62385**	**77565**	**30470**	**45280**	**15015**	**32529**
9152	9216	6961	7032	5430	6278	2807	3547	1455	2602
12060	11541	9279	9877	8001	9898	4579	6693	2309	5018
16820	17596	12622	13637	8958	12185	4314	7273	2070	4824
13159	14156	8787	9430	5901	8434	2702	4551	1110	3016
10079	10195	7480	7465	5234	6064	2357	3411	1080	2336
6522	6657	4863	4907	4041	4574	1978	2407	977	1848
15941	12759	12305	10160	7361	7017	3213	3892	2050	3765
11873	12173	8683	8713	6325	8258	3100	4738	1518	3174
8879	7983	6061	5559	4820	5967	2607	3732	1296	2785
17138	19533	10467	12346	6314	8890	2813	5036	1150	3161
6468	**7311**	**5588**	**6368**	**4370**	**5805**	**2248**	**3164**	**1013**	**1975**
6468	7311	5588	6368	4370	5805	2248	3164	1013	1975
982209	**941145**	**710557**	**717804**	**493262**	**550248**	**226131**	**290166**	**104906**	**185466**
137426	**134991**	**108610**	**115041**	**78796**	**88637**	**38170**	**47161**	**16815**	**29484**
12555	12607	10487	12631	9030	10694	5003	5753	2250	3378
8677	8264	6912	7947	5751	6935	3070	3858	1426	2488
8575	8841	7569	9500	6547	8226	3410	4173	1431	2383
8172	7639	6480	7862	5348	6150	2713	3139	1232	1969
16294	16997	15305	18016	12620	13531	6408	6549	2828	4006
8205	10358	9490	9956	6386	5958	2825	2651	1037	1362
11945	12412	10328	10388	7290	6961	3212	3489	1451	2269
6127	6713	4526	4327	2706	2808	1183	1451	506	1050
2054	1984	1473	1330	793	907	277	468	208	409
10571	9008	6746	6453	4337	5682	2254	3551	1022	2471
8976	8811	6419	6670	4466	5402	1785	2856	775	1741
19267	16170	12825	10527	7352	8023	3545	5319	1673	3647
16008	15187	10050	9434	6170	7360	2485	3904	976	2311
36309	**35284**	**27254**	**27801**	**16201**	**18502**	**7355**	**9733**	**3753**	**7361**
3436	3428	2881	2977	1916	1993	916	925	394	587
4026	3888	3200	3162	2049	2467	1017	1295	404	778
2684	2953	2228	2135	1408	1241	529	527	209	337
1049	1273	1121	1252	724	806	328	328	111	176
12117	11067	8616	8902	4332	4960	2164	2971	1311	2387
12997	12675	9208	9373	5772	7035	2401	3687	1324	3096
62003	**54192**	**37036**	**32618**	**27337**	**25757**	**14404**	**15813**	**6839**	**9258**
4930	4416	2867	2685	1906	1692	956	808	391	416
5893	5205	3661	3448	2513	2247	1205	1138	505	643
11074	10291	5699	5351	3940	4246	2062	2655	1009	1601
9256	8146	5165	4655	3514	3645	1627	2263	628	1168
7885	6400	5812	4865	4223	3852	2249	2420	891	1220
6118	5088	3915	3143	2798	2575	1530	1610	709	869
8926	7349	5719	4539	5191	4330	3044	2886	1932	2126
7921	7297	4198	3932	3252	3170	1731	2033	774	1215
72505	**70010**	**57727**	**56990**	**47645**	**51322**	**23294**	**27824**	**10352**	**17046**
9202	9089	6709	6712	4608	4327	2176	2097	928	1319
2960	2768	2133	2391	1588	1951	965	1135	455	807
1655	1657	1471	1494	1243	1371	704	931	326	546
992	950	664	661	525	661	251	348	158	308
8262	7905	6988	6645	6504	6540	3074	3614	1243	2008
2989	2858	2608	2534	2139	2211	1052	1246	352	556
3026	2824	2505	2331	2145	2274	1158	1335	417	569
6641	6605	5723	5460	4563	4660	2388	2806	875	1335
7871	7401	6654	6214	4952	5174	2787	3095	1066	1572
3951	3801	3384	3185	2454	2468	1437	1618	637	794
7125	6793	6737	6770	5331	5837	2522	3400	1197	2289
8429	8125	5484	5425	5527	6313	2236	2800	1178	2062
9402	9234	6667	7168	6066	7535	2544	3399	1520	2881
90672	**88717**	**61611**	**62599**	**43562**	**48701**	**19748**	**24914**	**9354**	**17282**
7524	8028	5572	5848	3595	3753	1680	2036	804	1367
11535	12557	8456	9066	4774	5325	2145	2508	853	1757

表2 续表 54

地区	0岁		1-4岁		5-9岁		10-14岁		15-19岁	
	男	女	男	女	男	女	男	女	男	女
襄阳区	7825	6422	26346	21842	25695	21298	22947	19701	37978	37149
南漳县	3091	2805	10782	10162	10205	9920	9342	9051	20230	20507
谷城县	3837	3255	13475	12333	14051	12451	13288	12547	17041	16559
保康县	1337	1218	4878	4671	5182	4803	4165	4130	8861	8507
老河口市	3184	2817	13727	12093	13495	12228	12625	11601	15950	15919
枣阳市	6771	5442	27075	22468	26747	22452	25211	22554	37826	36055
宜城市	3245	2851	11248	10212	10983	9926	11230	10692	19521	20213
鄂州市	**6408**	**4698**	**27678**	**19722**	**30515**	**20232**	**32212**	**19940**	**54920**	**41309**
梁子湖区	1311	905	5172	3738	4847	3201	4340	2688	7994	6330
华容区	1630	1201	5736	4251	6034	3961	6334	3833	12276	9182
鄂城区	3467	2592	16770	11733	19634	13070	21538	13419	34650	25797
荆门市	**12554**	**11466**	**48694**	**44345**	**54608**	**50199**	**62403**	**56925**	**110885**	**107074**
东宝区	1257	1189	5171	4696	6867	6409	8180	7508	13175	14047
掇刀区	1026	940	4957	4568	6016	5573	6098	5572	12490	12018
京山县	2808	2476	10882	9705	11910	10781	14565	13048	27312	25598
沙洋县	2725	2584	9375	8675	9361	8644	11292	10157	17790	16249
钟祥市	4738	4277	18309	16701	20454	18792	22268	20640	40118	39162
孝感市	**30973**	**22867**	**119389**	**88064**	**122947**	**90893**	**128406**	**93135**	**245095**	**200647**
孝南区	4836	3613	20606	15405	22342	17184	24068	18029	49645	44058
孝昌县	4998	3432	17760	12369	17920	12066	18662	12016	34619	29253
大悟县	4206	3343	17165	14381	17325	13720	16349	13842	29521	27056
云梦县	3298	2464	11363	8218	12366	8807	14732	9753	28537	20412
应城市	3180	2432	12267	9463	13065	10055	14842	11154	27162	20693
安陆市	3061	2371	11935	9422	13457	11355	13366	11535	26211	23331
汉川市	7394	5212	28293	18806	26472	17706	26387	16806	49400	35844
荆州市	**32236**	**24969**	**123957**	**98528**	**126108**	**101327**	**135726**	**108949**	**235360**	**207225**
沙市区	2044	1946	9011	8079	10766	9738	12193	11172	19920	16942
荆州区	2022	1878	7701	7048	8871	8270	11235	10327	29908	31178
公安县	4044	3665	14729	13796	15286	14395	19757	18768	36924	35037
监利县	10312	6416	40233	26276	39191	26346	33798	22110	48634	40476
江陵县	1720	1701	6728	6165	5958	5690	7358	6923	12170	11346
石首市	2598	2393	11607	10450	12553	11132	13181	11474	22017	20259
洪湖市	5929	3717	20316	13765	19609	12367	22755	13460	41419	27951
松滋市	3567	3253	13632	12949	13874	13389	15449	14715	24368	24036
黄冈市	**38873**	**28753**	**171475**	**128151**	**180152**	**129827**	**195803**	**131844**	**325775**	**252833**
黄州区	1297	1086	5978	4955	8093	6086	11097	7885	24944	21855
团风县	1885	1486	7389	5916	7102	5565	8889	5821	16435	11556
红安县	3531	2675	13933	10286	16762	12450	18521	13825	34254	29671
罗田县	3529	2509	13274	10104	13706	9806	14781	9690	27966	19941
英山县	1913	1456	8414	7097	8767	7460	9654	7850	13455	12172
浠水县	5401	4158	24050	18344	25232	18307	24832	16620	43050	33411
蕲春县	5415	4024	23836	18273	25008	17412	26469	18152	39119	31770
黄梅县	5912	3771	27085	18960	29117	19754	29605	19206	47227	36094
麻城市	5155	3880	22337	16851	24789	19068	27114	19365	41540	31457
武穴市	4835	3708	25179	17365	21576	13919	24841	13430	37785	24906
咸宁市	**19190**	**14737**	**83864**	**65204**	**76541**	**57885**	**67169**	**50265**	**123068**	**108337**
咸安区	3707	2774	18171	13587	16771	12067	15388	10615	26587	24336
嘉鱼县	2110	1479	7811	5717	7631	5556	8667	5936	16378	12792
通城县	3519	2798	14987	12380	12374	10464	8682	7302	17684	15570
崇阳县	3655	3033	15068	12713	13598	10735	11016	8808	19735	19652
通山县	3010	2252	13726	10467	12617	9475	10566	8365	16844	15562
赤壁市	3189	2401	14101	10340	13550	9588	12850	9239	25840	20425
随州市	**13615**	**10986**	**51839**	**43288**	**48176**	**42644**	**46430**	**42017**	**89739**	**85234**
曾都区	3461	2913	13001	11385	12733	11755	12852	12026	27535	26900
随县	4879	3962	18499	15802	16263	14482	15869	14594	27171	26964
广水市	5275	4111	20339	16101	19180	16407	17709	15397	35033	31370
恩施土家族苗族自治州	**23104**	**21126**	**89984**	**82197**	**102546**	**93946**	**104508**	**97303**	**123242**	**124858**
恩施市	3885	3625	16871	16036	20340	18945	23752	22873	27181	31280
利川市	6417	5719	23227	20450	25844	22907	23003	20612	26816	26019
建始县	2430	2322	10346	9824	11170	10468	11460	10907	11970	12256
巴东县	2658	2414	9667	9054	11302	10726	11695	11283	15307	14927
宣恩县	2351	2173	8450	7427	10458	9654	10468	9605	11437	10842
咸丰县	2287	2035	9699	8636	10607	9368	9795	8861	12434	11739
来凤县	1986	1726	7650	6827	7997	7389	8322	7505	11437	11155
鹤峰县	1090	1112	4074	3943	4828	4489	6013	5657	6660	6640

单位:人

20-24岁		25-29岁		30-34岁		35-39岁		40-44岁	
男	女	男	女	男	女	男	女	男	女
42648	44242	34562	33553	32200	29607	39373	35811	42778	39659
22546	24168	18583	18389	18711	16695	21261	20071	28458	27386
21112	23308	15563	17319	16001	16803	20969	22123	25852	26437
9751	10419	8601	8556	8975	8387	10903	9784	15021	13348
19669	21372	19443	19347	16893	16087	19096	18775	22444	22250
46430	49369	37635	36804	32853	32132	42552	41634	50657	50514
23341	24406	18599	17620	16798	15014	21527	20154	25857	25699
51628	**49091**	**37282**	**36492**	**36666**	**35014**	**48549**	**46649**	**53272**	**50729**
7918	7739	5092	5290	4174	4081	5529	5618	5944	6021
12560	12115	9845	8735	7547	6704	8989	8208	11517	10809
31150	29237	22345	22467	24945	24229	34031	32823	35811	33899
127445	**130849**	**96735**	**95701**	**101312**	**97871**	**137098**	**130882**	**166812**	**157369**
17323	18520	11043	11686	13775	14415	18635	18124	21342	19416
10947	12011	10155	11370	12503	12642	15087	14349	14591	13949
24375	25816	18609	19229	22124	22222	30227	29589	37706	35867
29612	27219	20812	17669	20492	16997	28751	25006	36062	32269
45188	47283	36116	35747	32418	31595	44398	43814	57111	55868
219492	**225263**	**162422**	**171193**	**170137**	**168665**	**208198**	**208722**	**236394**	**234892**
42932	45628	27505	31314	31859	32906	38946	40281	40130	41717
27943	29708	20250	22355	20747	20983	25509	25615	25674	25833
27835	27734	21173	22031	21819	21781	26150	26507	30851	30431
25361	24820	17345	16879	19000	17874	22655	22207	27367	26330
24373	24142	19224	19555	20053	19540	25803	25235	32301	31600
20124	21234	16406	17896	20564	21196	26578	26497	31060	31231
50924	51997	40519	41163	36095	34385	42557	42380	49011	47750
240244	**246193**	**186406**	**194325**	**195459**	**191623**	**260474**	**250856**	**299718**	**285163**
25655	23154	25017	24123	24884	25058	29178	28501	31989	30736
35922	30639	13748	14308	15984	16311	23961	23904	29078	27874
31557	35043	29266	31467	31379	30781	38870	38560	46523	45375
47717	51553	36759	37918	35439	35046	48099	46332	55800	53329
11914	12921	10150	10123	11172	10123	17359	15448	18709	17083
21925	24471	20410	23091	23162	22565	29304	27957	32455	30251
40455	41293	28632	29105	26418	25027	37557	36438	42748	40378
25099	27119	22424	24190	27021	26712	36146	33716	42416	40137
257152	**270619**	**168806**	**188844**	**170108**	**181476**	**230622**	**246462**	**291457**	**305065**
22738	21977	8804	10034	10570	11887	13970	14960	18033	17681
17249	16011	10261	10078	8582	8497	10925	11199	17854	17532
22753	23605	15864	17778	18260	19844	23580	24979	29154	30619
27364	26643	16868	17334	16596	16299	22097	21435	27553	26190
12542	13606	8452	9788	9006	10260	11516	13321	18270	19859
38627	41683	28405	29903	27841	27780	32061	34119	40453	44087
27792	31584	17120	21496	16694	19095	25534	28434	32657	35183
36446	39715	26040	29389	23896	25044	34431	36044	38391	39265
24118	25315	16933	20840	22859	25758	33408	36039	41291	44731
27523	30480	20059	22204	15804	17012	23100	25932	27801	29918
103160	**112272**	**82485**	**89383**	**81016**	**81698**	**110678**	**107998**	**116977**	**112129**
26563	28457	16740	18206	16909	17316	21354	21389	22712	22298
12764	13377	10444	10926	10836	10409	15607	15354	16934	16286
12624	14383	10567	11901	11699	11948	15463	15110	18441	17702
15386	19605	14309	16900	13567	14169	19574	18822	18898	17644
16150	16585	14063	14413	12190	12002	17015	16269	16169	15138
19673	19865	16362	17037	15815	15854	21665	21054	23823	23061
97263	**101851**	**78311**	**79829**	**70428**	**70579**	**87981**	**88175**	**109623**	**110053**
29186	29836	22826	23588	21846	21752	27924	27172	33138	32777
36234	38060	28266	27656	23884	22682	31354	30710	40232	40180
31843	33955	27219	28585	24698	26145	28703	30293	36253	37096
103973	**115097**	**91945**	**97739**	**101394**	**100762**	**140287**	**132311**	**170822**	**161487**
28311	31307	21121	22612	25104	25014	33864	31939	39628	37631
20321	22915	16804	18385	17896	18286	26966	26002	30389	29400
10899	12984	10497	11416	12142	12207	18774	17743	23016	21800
11126	12243	13089	13618	11920	12100	16930	15683	22789	21106
10170	10274	9396	9404	11200	10295	13329	11675	16571	14880
8206	9485	8273	9355	9251	9588	11656	11714	15082	14765
8834	9501	7402	7370	7038	6829	9529	9182	11360	11289
6106	6388	5363	5579	6843	6443	9239	8373	11987	10616

表2 续表 55

地区	45-49岁		50-54岁		55-59岁		60-64岁	
	男	女	男	女	男	女	男	女
襄阳区	41268	40181	27500	27756	28348	28947	19523	19232
南漳县	29276	27323	20147	17361	20989	17619	14197	12570
谷城县	26208	25925	17389	16170	20320	18976	13777	12731
保康县	13757	11081	9023	7323	10447	8958	7705	6591
老河口市	21900	21891	14425	14662	15411	15849	10164	10341
枣阳市	46952	47157	31729	31233	33501	32247	22675	20667
宜城市	24813	24985	18096	18009	18288	17828	12730	12274
鄂州市	**43768**	**43317**	**29636**	**29865**	**33179**	**33666**	**25681**	**24113**
梁子湖区	5432	5592	3380	3436	4434	4476	3376	3220
华容区	9971	10125	7472	7236	8451	8523	6324	6035
鄂城区	28365	27600	18784	19193	20294	20667	15981	14858
荆门市	**152520**	**143379**	**101754**	**96969**	**98393**	**94913**	**68513**	**65994**
东宝区	19104	17181	12226	11265	12070	11652	8345	7836
掇刀区	12847	11799	7834	7694	7740	7747	5839	5552
京山县	33681	31743	24069	22765	21823	20370	15190	14881
沙洋县	33499	30880	21688	20076	20867	19975	14459	13827
钟祥市	53389	51776	35937	35169	35893	35169	24680	23898
孝感市	**210469**	**205225**	**150443**	**145252**	**144055**	**140293**	**121436**	**115076**
孝南区	36303	36532	28128	28147	26377	28247	23680	22943
孝昌县	22951	23032	16152	15487	15498	15065	12133	11753
大悟县	27738	26275	19252	16995	18027	15427	14416	12527
云梦县	23192	22542	16441	16349	16513	16369	14149	13478
应城市	29769	28508	18417	18616	20936	20081	17177	15976
安陆市	27645	26802	19053	17911	18671	17863	14601	13531
汉川市	42871	41534	33000	31747	28033	27241	25280	24868
荆州市	**269169**	**257224**	**211773**	**204028**	**181339**	**175540**	**143317**	**141974**
沙市区	28836	28412	23494	22143	21704	21549	16839	16230
荆州区	26644	25319	19865	19061	18953	18355	13271	13439
公安县	43911	42463	33879	32215	30522	28988	23931	23426
监利县	51049	48712	42275	42102	28869	28809	27333	28467
江陵县	16604	15465	12713	12192	11549	11275	9334	9081
石首市	26667	25104	19989	19089	17232	16484	13777	13377
洪湖市	37216	34701	29696	28636	20757	19761	17867	18119
松滋市	38242	37048	29862	28590	31753	30319	20965	19835
黄冈市	**274052**	**283397**	**196009**	**187681**	**214041**	**198426**	**163622**	**144904**
黄州区	16018	15890	10480	10673	10876	11174	8821	8306
团风县	17390	17459	11586	10792	13030	11505	10552	8918
红安县	28703	27926	21817	19873	20094	17949	16720	14740
罗田县	27319	25123	21031	18584	19463	17002	13246	11210
英山县	18532	18555	14177	12243	15252	12552	10684	8267
浠水县	34325	40628	23438	24779	29999	29003	24188	21164
蕲春县	31612	33634	19049	18861	25195	23919	19190	17356
黄梅县	32597	33174	27072	25807	25839	24099	19958	17884
麻城市	42964	44423	30165	29380	34326	32489	24390	22150
武穴市	24592	26585	17194	16689	19967	18734	15873	14909
咸宁市	**104454**	**99959**	**76894**	**73125**	**76611**	**72694**	**54703**	**52477**
咸安区	20589	19577	14286	13806	16081	15196	11021	10736
嘉鱼县	14920	14098	10537	10459	9746	9164	7413	7285
通城县	16273	15350	13479	12657	12598	11974	9579	9452
崇阳县	16122	15485	12304	11722	12411	12248	8359	8369
通山县	14148	13643	10759	10008	10515	9420	7407	6610
赤壁市	22402	21806	15529	14473	15260	14692	10924	10025
随州市	**106636**	**105657**	**75883**	**71934**	**71254**	**66549**	**51317**	**46826**
曾都区	30094	30185	19919	19062	19446	18661	13974	13589
随县	42116	41188	29075	26927	28958	26246	19696	17381
广水市	34426	34284	26889	25945	22850	21642	17647	15856
恩施土家族苗族自治州	**145127**	**137657**	**91160**	**84568**	**114661**	**107773**	**89568**	**81307**
恩施市	33508	31383	20223	18588	25043	23454	19593	18167
利川市	25749	24938	16027	14799	21025	19636	17759	15654
建始县	19594	19070	12080	11698	15859	15701	12247	11510
巴东县	20824	19334	15403	13821	16711	15175	11742	10539
宣恩县	13336	12436	7236	6871	10858	10428	7977	7177
咸丰县	12472	12079	8058	7370	10381	9500	8303	7301
来凤县	9869	9982	6042	6194	7598	7503	5916	5484
鹤峰县	9775	8435	6091	5227	7186	6376	6031	5475

单位:人

65-69岁		70-74岁		75-79岁		80-84岁		85岁及以上	
男	女	男	女	男	女	男	女	男	女
14128	14310	9040	9867	5848	7452	2064	3262	1448	3147
9070	8710	6659	6272	5626	6368	2822	3349	1127	1813
9580	8647	5962	5836	4520	4770	2491	3001	1042	1938
5659	5089	3889	3502	3030	2853	1375	1526	541	750
7421	7749	4541	5111	3222	4064	1390	2083	712	1531
17471	15614	11487	11217	8501	9341	3240	4098	1517	2913
8284	8013	6005	5880	4446	4775	2541	3051	1310	2066
16117	**14558**	**11739**	**11255**	**7609**	**8865**	**3112**	**4646**	**1395**	**3141**
2192	1945	1494	1608	980	1299	421	701	175	515
3969	3571	3079	2840	2152	2554	867	1373	437	887
9956	9042	7166	6807	4477	5012	1824	2572	783	1739
48055	**45094**	**31962**	**31652**	**24609**	**27484**	**11032**	**14142**	**5681**	**10314**
5308	4790	3481	3337	3349	3436	1435	1614	720	1057
4209	3297	2311	2024	1796	1873	739	845	357	605
10814	10588	8106	8186	5622	6408	2094	2661	997	1929
10227	9621	6620	6925	5815	6657	2217	2988	1233	2128
17497	16798	11444	11180	8027	9110	4547	6034	2374	4595
86465	**82525**	**59555**	**59840**	**39293**	**45548**	**16184**	**22917**	**7698**	**14474**
16610	16046	11600	11159	7872	8360	3589	4639	1811	3219
9538	9067	6376	6742	4482	5342	1826	2827	920	1763
11057	9399	7862	7313	4221	4702	1746	2332	827	1566
9378	8773	6226	6457	4158	5032	1659	2215	748	1332
11689	11126	7742	7834	5632	6758	1987	2953	846	1626
9989	9697	7108	7504	5283	6354	1991	3033	926	1798
18204	18417	12641	12831	7645	9000	3386	4918	1620	3170
96771	**100024**	**77205**	**85227**	**52936**	**65565**	**20960**	**31298**	**10450**	**22061**
9551	9587	6950	7004	4771	5311	2039	2823	989	1992
8504	8490	6590	6900	5040	5896	1862	2644	929	1827
14522	14818	11943	13634	8022	10191	3428	5240	1548	3225
21691	23275	17104	19404	11112	14218	3855	5977	2099	4635
5886	5907	4144	4753	2759	3797	1191	1996	559	1378
9003	9792	7158	8348	4463	5628	1859	2945	907	1945
14810	15435	11925	12857	7541	9429	2790	4087	1370	3110
12804	12720	11391	12327	9228	11095	3936	5586	2049	3949
127432	**115232**	**86682**	**83459**	**53278**	**58574**	**23076**	**30172**	**10236**	**17699**
6075	5595	4615	4146	3001	3005	1281	1473	514	896
7902	6511	5158	4716	3497	3944	1454	2135	617	1211
12182	11567	7550	7875	3301	4221	1403	1964	625	1294
10058	8976	7509	7211	4212	4461	1778	2131	647	1004
8650	7453	6365	6088	3889	4269	1656	2112	639	1055
17497	15723	12565	12045	7547	8799	3376	4572	1753	2884
14910	12960	10548	9978	7324	7861	3034	3929	1268	2110
17371	15629	12521	11479	8160	8528	3632	4778	1744	3142
19526	18526	11980	12311	6812	7744	2598	3561	1017	1880
13261	12292	7871	7610	5535	5742	2864	3517	1412	2223
33394	**32733**	**25122**	**27259**	**16782**	**20149**	**8473**	**11570**	**4203**	**7925**
6451	6457	4606	5191	3187	3799	1489	2111	690	1297
5048	5201	3853	4225	2660	3312	1071	1677	469	1044
5843	5645	4734	4869	3027	3458	1720	2240	823	1439
4729	4488	3282	3626	2388	2890	1404	1911	663	1335
4894	4412	3434	3455	2045	2240	1433	1609	828	1341
6429	6530	5213	5893	3475	4450	1356	2022	730	1469
38400	**35344**	**27015**	**25675**	**20828**	**22242**	**8239**	**10977**	**3273**	**6112**
9810	9403	5913	6089	4917	5823	1954	2885	687	1565
14835	13097	10926	9934	8628	8899	3440	4451	1536	2654
13755	12844	10176	9652	7283	7520	2845	3641	1050	1893
70560	**66765**	**51471**	**48431**	**33331**	**32708**	**18430**	**19846**	**7982**	**10318**
15863	14921	10485	10249	6971	6893	4182	4403	1850	2479
14352	13752	10430	9412	6402	5968	3434	3451	1345	1583
9788	9355	6879	6406	4405	4503	2724	2960	1151	1477
8858	8461	6605	6328	4715	4751	2643	2884	1034	1375
6515	6162	4885	4670	3204	3041	1703	1860	838	1112
6419	5965	4935	4368	3240	2901	1443	1580	687	780
4196	3930	3814	3849	2260	2554	956	1305	409	681
4569	4219	3438	3149	2134	2097	1345	1403	668	831

表2 续表 56

地 区	0岁		1-4岁		5-9岁		10-14岁		15-19岁	
	男	女	男	女	男	女	男	女	男	女
省直辖县级行政区划	**20978**	**15981**	**83929**	**61867**	**85715**	**63282**	**94781**	**63633**	**179064**	**124709**
仙桃市	7456	5519	31349	20897	29348	20840	31932	19761	62302	38469
潜江市	4527	4130	18398	16204	19945	17780	22228	19584	35643	32506
天门市	8617	5993	32755	23411	34880	23269	39156	22872	78491	51122
神农架林区	378	339	1427	1355	1542	1393	1465	1416	2628	2612
湖南省	**439116**	**356338**	**1853393**	**1536994**	**2165639**	**1759682**	**1879394**	**1585959**	**2175503**	**2008424**
长沙市	**35016**	**30663**	**146759**	**130334**	**166745**	**151122**	**153330**	**141354**	**216798**	**225084**
芙蓉区	1873	1599	9360	8209	10668	9331	9303	8265	15257	15381
天心区	1384	1193	7113	5984	8238	7302	8236	7592	15612	20177
岳麓区	3407	3098	14222	12866	15024	13511	13456	12420	34374	44120
开福区	1916	1718	9488	8263	10703	9575	10591	9311	15346	14448
雨花区	2435	2179	13968	12159	15705	13403	14552	12961	23169	24819
长沙县	5036	4416	18998	17201	21049	19374	20603	19092	44032	40452
望城县	3146	2772	11103	9777	11856	10698	11279	10205	17396	17552
宁乡县	6977	6079	27628	24776	35016	32668	34680	32796	25669	24091
浏阳市	8842	7609	34879	31099	38486	35260	30630	28712	25943	24044
株洲市	**25185**	**21958**	**95275**	**85411**	**97197**	**88883**	**88082**	**81501**	**106531**	**102214**
荷塘区	1240	1044	5727	4909	6839	5791	6778	5930	9819	9108
芦淞区	980	840	4189	3583	5254	4750	5275	4677	6848	8298
石峰区	1076	1032	4332	3837	5501	4715	5973	5305	10048	8090
天元区	1110	863	4213	3754	5030	4440	4721	4297	7150	6726
株洲县	2693	2452	9330	8446	8589	7925	8543	7810	9146	8344
攸县	5221	4515	18438	16861	19322	18292	18132	17086	20055	19561
茶陵县	5200	4274	19991	17578	17518	15788	13543	12755	12226	11540
炎陵县	1205	1101	5271	4761	5109	4817	4575	4203	4413	4209
醴陵市	6460	5837	23784	21682	24035	22365	20542	19438	26826	26338
湘潭市	**15896**	**13383**	**57423**	**49292**	**69336**	**57755**	**71048**	**60811**	**95050**	**85738**
雨湖区	2109	1865	7405	6592	9111	7771	9785	8737	18403	19069
岳塘区	1426	1332	6835	6213	8763	7902	9375	8638	20215	17501
湘潭县	5917	4998	20486	17771	24670	20256	26239	21748	30780	26109
湘乡市	5938	4747	20891	17113	24527	19890	23133	19593	23237	20601
韶山市	506	441	1806	1603	2265	1936	2516	2095	2415	2458
衡阳市	**51121**	**39577**	**225243**	**179462**	**292819**	**224351**	**251844**	**196166**	**268284**	**232164**
珠晖区	1566	1344	6996	6100	8614	7209	8087	6657	12859	14069
雁峰区	797	767	4193	3670	5204	4414	5092	4212	9751	10116
石鼓区	1059	841	4646	4155	6192	5024	6058	4971	8053	9627
蒸湘区	1331	1029	6435	5179	7962	6262	8103	6506	14470	13563
南岳区	331	253	1768	1513	2094	1613	2010	1599	2425	2072
衡阳县	7524	5850	33235	26163	47139	35323	42685	32171	46183	37132
衡南县	6842	5170	29557	23512	38673	29155	35793	26963	41651	32686
衡山县	3156	2612	11987	10264	14569	11479	12364	10239	13729	11820
衡东县	4990	4262	20248	17136	24469	20527	22732	20378	20222	18934
祁东县	7456	5474	30271	23613	44159	32952	38044	28853	35103	29416
耒阳市	10583	8165	45754	36377	54784	41952	39060	30279	37735	31099
常宁市	5486	3810	30153	21780	38960	28441	31816	23338	26103	21630
邵阳市	**57465**	**44430**	**252458**	**200623**	**306318**	**229501**	**237156**	**184711**	**231204**	**194178**
双清区	1736	1471	8010	6931	10928	8621	9001	7321	10107	7780
大祥区	2095	1734	8455	7018	12005	9834	9979	8605	10649	12187
北塔区	713	613	3209	2717	4033	3095	2869	2336	3067	2783
邵东县	6886	5004	33420	25810	43238	30371	33015	23609	32503	26466
新邵县	5417	4257	25194	20734	34438	25751	26558	20478	26783	21741
邵阳县	7736	5987	30212	24562	40091	31004	37456	28692	34332	28881
隆回县	10107	7186	48285	35866	50738	34846	36206	26814	32115	24831
洞口县	6553	5138	27799	21821	32985	24040	26147	19736	26313	21563
绥宁县	3026	2283	12077	9669	13473	10420	9197	7989	11118	9448
新宁县	4824	3975	20679	17241	20095	16237	13603	11788	13358	12061
城步苗族自治县	2304	1992	9433	8041	8525	7621	5968	5581	6913	6514
武冈市	6068	4790	25685	20213	35769	27661	27157	21762	23946	19923
岳阳市	**32100**	**26165**	**136046**	**112626**	**159881**	**128791**	**153828**	**127607**	**193861**	**178203**
岳阳楼区	3406	2779	16151	13251	21385	16643	24178	19198	31478	36501
云溪区	920	709	3834	2915	4867	3669	4940	4220	7677	6258
君山区	1208	1029	5141	4552	6108	5323	6330	5464	7321	6127
岳阳县	4790	3758	19282	15130	20425	14923	18775	14064	25253	21549
华容县	3675	3135	13864	11909	16165	14149	17655	15822	20579	18066

单位:人

20-24岁		25-29岁		30-34岁		35-39岁		40-44岁	
男	女	男	女	男	女	男	女	男	女
156231	**155235**	**118480**	**119398**	**115650**	**110486**	**152800**	**149343**	**191529**	**184422**
46469	49816	35362	36304	34128	33076	47156	46521	61485	60423
40084	42659	28149	30329	34253	33434	47715	46552	53749	50548
66638	59722	52056	49905	43552	40882	53595	52754	72080	69990
3040	3038	2913	2860	3717	3094	4334	3516	4215	3461
3031499	**3116986**	**2321047**	**2418837**	**2178922**	**2150879**	**2944331**	**2753701**	**3272744**	**3130599**
448155	**450743**	**280035**	**296108**	**254929**	**250752**	**312147**	**290859**	**351856**	**343310**
38905	41262	25194	27375	23235	23433	26331	24783	26011	24658
42040	41249	19426	20959	18023	18890	20487	19329	20443	20005
87618	92839	33418	35202	28692	27767	31029	28520	31931	31078
31646	33308	27583	29948	25139	24388	27612	25231	28154	26278
39956	45170	34666	37662	33719	34117	39250	35836	38111	33608
80257	62131	39983	38742	34936	31069	39418	34746	46643	45162
30524	32094	19218	20303	15594	15111	19462	18781	26415	27702
42276	45869	28687	32726	33711	35634	50365	49877	64550	67242
54933	56821	51860	53191	41880	40343	58193	53756	69598	67577
188762	**190098**	**143149**	**147889**	**135736**	**132119**	**178264**	**166229**	**211614**	**201247**
18929	17797	12720	13635	12598	12723	15657	15983	17330	16765
11111	13255	10007	10978	9778	10371	12587	12799	14109	13577
18219	13799	10915	10425	10101	10014	13836	13154	16702	14629
15542	14526	8267	9358	8316	9127	10641	10537	12440	11725
17746	18014	13921	13833	11376	10986	15429	14505	21102	20315
27002	29614	20032	22028	22404	21669	28956	26051	36765	34705
28848	29440	25960	25394	21417	19532	28349	25189	29123	27584
7206	7261	8315	7958	9230	7372	12489	9237	13128	10098
44159	46392	33012	34280	30516	30325	40320	38774	50915	51849
143359	**135918**	**93746**	**95675**	**82030**	**82270**	**105276**	**107231**	**136494**	**141459**
46006	40357	19900	19502	16081	16152	19202	19423	23012	23018
29008	22554	17239	17077	16125	16152	20348	20010	24755	22421
34381	36438	30703	31113	24627	23752	30568	32651	44716	49808
31501	33546	23483	25179	22585	23515	31524	31561	39650	41736
2463	3023	2421	2804	2612	2699	3634	3586	4361	4476
319317	**324368**	**244120**	**263322**	**207544**	**217551**	**294007**	**282799**	**331833**	**318817**
19760	18880	10116	11729	10092	10444	12804	12941	15897	15180
11419	12060	7179	7818	6843	7079	8726	8738	9766	9780
9152	10357	8339	8902	8050	8190	10230	10041	11681	11547
24012	19863	10376	11934	9569	10763	12684	13154	14317	13751
2313	2726	2271	2691	2042	2149	2524	2565	2854	2762
48968	49834	36139	38382	29364	30853	48632	45524	52955	51401
43141	41976	36791	36405	26692	26596	40519	37224	43523	41222
16075	17161	13482	13842	11006	10818	14729	14495	17597	17803
27096	29187	19103	20801	15704	17056	24703	24236	30561	29805
43766	44415	33268	34799	27086	28620	37991	37313	44633	44061
41231	43476	38790	43938	35855	37914	45992	44905	50669	47542
32384	34433	28266	32081	25241	27069	34473	31663	37380	33963
320632	**323769**	**253338**	**260917**	**220838**	**221381**	**292094**	**275477**	**321151**	**313607**
12006	12355	10522	11405	10384	10803	14363	13998	16083	15551
18496	18501	12355	14289	11909	12473	14614	15143	15391	15188
4793	4981	4471	4694	3619	3836	4812	4925	5051	5622
33041	33270	27413	27680	23916	24470	34754	33401	38505	38872
33742	33605	25386	26346	24298	24135	31074	29164	33947	32738
43498	43441	33236	32254	30560	29649	36622	34119	38088	38158
52946	50656	40121	41050	34976	34650	46226	43169	50235	48837
32420	33521	27509	28734	20349	20988	30468	29547	35847	34301
16431	17770	13871	14296	11209	11006	15590	14048	17369	16837
29944	31038	24238	23821	18870	17731	23260	20437	24599	23402
12749	13148	11003	10674	9205	8571	10891	9152	12309	11321
30566	31483	23213	25674	21543	23069	29420	28374	33727	32780
240800	**253574**	**184139**	**194896**	**192096**	**185839**	**274091**	**249238**	**305790**	**285862**
40930	45496	27932	31120	30707	32956	44668	44634	47017	44085
7770	7124	5854	5837	5784	6259	9761	9219	9993	9002
10214	9667	8674	8214	9677	8523	13112	11544	14567	13336
30742	31767	27584	26934	32331	23965	44650	30324	44724	34588
36005	36173	23755	25008	25866	25025	36937	33451	40424	38367

表2　续表 57

地　区	45-49岁		50-54岁		55-59岁		60-64岁	
	男	女	男	女	男	女	男	女
省直辖县级行政区划	**163446**	**158538**	**135656**	**133868**	**116944**	**115603**	**97871**	**97753**
仙桃市	52366	51953	46074	45578	36141	35176	33508	32951
潜江市	44266	42225	32767	32850	28581	29747	23896	24863
天门市	63587	61864	54480	53451	49687	48515	38110	37917
神农架林区	3227	2496	2335	1989	2535	2165	2357	2022
湖南省	**2732405**	**2618284**	**1892152**	**1757774**	**2082980**	**1981327**	**1631170**	**1505322**
长沙市	**310429**	**291448**	**201149**	**181990**	**215886**	**203058**	**170104**	**155502**
芙蓉区	22784	20766	14473	13702	13531	13903	9216	9085
天心区	19864	18534	14359	13912	13996	13733	10158	9829
岳麓区	27693	25804	18184	16781	18845	18512	14741	14202
开福区	26547	24440	19721	17974	18455	17253	12765	11802
雨花区	31406	27330	20081	19203	19448	19433	14152	14126
长沙县	40476	38887	25684	23382	30909	28155	25473	22651
望城县	24918	23608	15900	13305	17932	15626	14772	13357
宁乡县	57156	56812	31440	27934	40946	38210	36770	32369
浏阳市	59585	55267	41307	35797	41824	38233	32057	28081
株洲市	**174901**	**162928**	**121403**	**111352**	**128385**	**123417**	**95184**	**88894**
荷塘区	14102	12731	8620	8149	8302	8639	6578	6492
芦淞区	12013	10876	7104	6736	6768	6920	5307	5344
石峰区	13428	11660	8479	8025	9142	8798	7057	6930
天元区	10149	8652	5596	4997	5488	5442	4206	3998
株洲县	18110	16864	11821	10508	14171	13491	11655	10898
攸县	30959	29275	23425	21663	27079	26112	18735	17912
茶陵县	23835	22684	17362	16521	17403	17886	11520	11789
炎陵县	9986	8231	7472	6060	6610	5736	4530	3967
醴陵市	42319	41955	31524	28693	33422	30393	25596	21564
湘潭市	**122728**	**125609**	**78679**	**74034**	**97011**	**93452**	**81354**	**75072**
雨湖区	22182	21622	15071	14062	14508	14414	10813	11040
岳塘区	21700	19947	14091	13467	15075	14850	11557	11448
湘潭县	43229	45320	27061	24649	36479	33504	31157	27124
湘乡市	31532	34456	20155	19704	27900	27367	24865	22455
韶山市	4085	4264	2301	2152	3049	3317	2962	3005
衡阳市	**278388**	**266724**	**214214**	**197147**	**237902**	**226558**	**170085**	**155309**
珠晖区	14747	13822	11161	10458	11665	11431	7946	8056
雁峰区	9485	9172	7592	7234	7430	7339	4976	4626
石鼓区	11318	10616	8564	7797	8409	7839	5407	5118
蒸湘区	12530	11592	8584	7998	8863	8845	5758	5378
南岳区	2374	2291	1621	1589	1939	1958	1395	1275
衡阳县	39807	39340	28937	26189	35843	33760	28241	24928
衡南县	36071	33842	28942	25979	32257	29452	21776	19435
衡山县	15296	15319	11544	10886	13077	12707	10159	9250
衡东县	25054	24233	18802	17918	21870	20796	15011	14424
祁东县	34510	34866	27139	24942	32109	31035	24458	21722
耒阳市	46498	43772	37289	34860	38785	37332	26134	23785
常宁市	30698	27859	24039	21297	25655	24064	18824	17312
邵阳市	**266588**	**262493**	**193706**	**180347**	**213213**	**201815**	**163801**	**151913**
双清区	13905	13129	9577	8923	10017	9756	8027	7213
大祥区	13189	12982	9298	8643	10264	9889	7663	7140
北塔区	4031	4506	2674	2748	3243	3076	2076	2148
邵东县	29353	32012	23456	24062	29870	29263	25774	23369
新邵县	28136	26701	19434	16721	21357	19575	16815	15911
邵阳县	31243	30194	22879	21303	27586	25639	21238	19487
隆回县	40081	38896	30557	27333	31216	28930	23296	22451
洞口县	29722	29711	22686	22076	23584	22591	17783	16343
绥宁县	15213	14589	9896	9078	10076	9468	6779	6438
新宁县	22458	21397	16505	15109	17596	16392	12630	11296
城步苗族自治县	10668	10057	7712	6571	6781	6404	4903	4726
武冈市	28589	28319	19032	17780	21623	20832	16817	15391
岳阳市	**245598**	**226812**	**162190**	**145367**	**166497**	**153871**	**136144**	**124700**
岳阳楼区	36119	32849	22472	20876	21192	20844	16170	15375
云溪区	7937	7232	4735	4584	5377	5849	4854	4425
君山区	10956	10233	7268	6820	6868	6690	5842	5632
岳阳县	35378	25975	21257	17998	21110	19428	16581	15201
华容县	32880	32162	21217	19710	20727	18565	18506	17190

单位:人

65-69岁		70-74岁		75-79岁		80-84岁		85岁及以上	
男	女	男	女	男	女	男	女	男	女
66100	**65676**	**47568**	**49957**	**31055**	**36194**	**13654**	**19153**	**6875**	**12991**
23480	23298	17055	18020	11226	13192	4142	5702	2315	4295
16156	16575	12216	12360	8232	9049	3675	5111	1801	3490
24525	24417	17103	18622	10846	13296	5373	7903	2566	4911
1939	1386	1194	955	751	657	464	437	193	295
1099436	**1005092**	**960089**	**919194**	**631505**	**675356**	**331161**	**399139**	**153973**	**244416**
110242	**99643**	**95125**	**89607**	**62532**	**65785**	**32588**	**39072**	**15799**	**24894**
5645	6002	5167	5596	3854	3800	1958	2011	900	1171
5969	5726	5454	5756	3777	3950	1833	2279	945	1465
8830	8670	8367	7860	5268	5197	2626	2812	1137	1660
7313	7143	6638	7115	4749	5415	2636	3196	1318	2040
8719	8976	8396	8006	5368	4773	2399	2345	1050	1392
14654	12109	12110	10341	8076	8565	4140	5301	1957	3262
9760	8737	8112	7314	5242	5526	2446	3177	1090	1850
27017	22637	21031	18989	13493	14765	7096	9055	3308	5793
22335	19643	19850	18630	12705	13794	7454	8896	4094	6261
58699	**53750**	**57352**	**54817**	**36392**	**39030**	**19311**	**22410**	**8567**	**12964**
4284	4148	4061	3691	2425	2240	1091	1089	459	638
3622	3808	4067	4050	2461	2163	1114	922	431	546
4846	4725	5065	4217	2779	2296	1260	1250	710	809
2585	2474	2225	2056	1364	1283	690	674	302	428
7771	6699	7110	6092	4695	4652	2594	2931	1261	1770
10707	9964	11324	11408	7082	8491	3662	5103	1339	2509
6134	6434	6686	8287	4205	5804	2057	3019	820	1741
2968	2986	2447	2627	1455	1795	897	1178	452	716
15782	12512	14367	12389	9926	10306	5946	6244	2793	3807
54123	**48307**	**47209**	**42061**	**29675**	**30734**	**15451**	**18769**	**7224**	**11489**
7375	7471	6840	7280	4393	4436	2127	2421	898	1395
7397	7331	7093	6753	4270	3834	1902	1947	778	1126
20247	17061	17259	13982	10988	11445	5967	7144	2920	4349
17098	14608	14469	12655	9020	9932	4875	6582	2393	4200
2006	1836	1548	1391	1004	1087	580	675	235	419
101088	**88134**	**98612**	**90875**	**67760**	**70573**	**37220**	**42853**	**16188**	**24005**
4802	4643	4953	4505	2925	3292	1686	1953	705	1000
2461	2537	2547	2932	1859	1958	937	1157	393	655
2717	2583	2784	3297	2112	2263	1043	1373	458	779
2774	2886	2757	2890	1902	1930	983	965	300	488
796	746	688	629	469	484	222	337	119	174
17457	14549	15881	13839	10737	10555	5828	6324	2450	3555
11985	9976	13000	11977	9511	9639	5453	6035	2197	3001
6240	5530	5564	5054	3657	3971	1945	2454	849	1467
9766	8905	9000	8635	5998	6691	3131	4086	1313	2246
17367	14727	14884	12914	9822	9968	5241	6155	2726	3977
13254	11355	14689	13505	11084	11798	6659	7359	3054	4242
11469	9697	11865	10698	7684	8024	4092	4655	1624	2421
114617	**107995**	**102589**	**100397**	**68492**	**74630**	**37588**	**44834**	**17771**	**27698**
4893	4639	4140	4277	2628	2753	1414	1605	686	1022
5061	4971	4371	4390	3012	3017	1652	1948	842	1353
1354	1369	1118	1102	662	803	409	519	198	334
17856	15403	15795	15204	9810	10754	5540	6492	2706	4256
11869	11052	10700	10348	7048	7733	4013	4740	2045	3089
13980	12905	12855	12556	8602	9317	5053	6130	2310	3745
16772	16300	15312	14948	9957	10866	5587	6660	2491	3879
12493	12435	11711	11470	8042	8906	4217	5063	2273	3588
5261	5198	4750	4926	3326	3801	1477	2002	646	1088
9133	8655	8369	8106	5671	6004	3204	3633	1390	1993
3475	3721	3010	3096	2140	2458	921	1162	335	578
12470	11347	10458	9974	7594	8218	4101	4880	1849	2773
91996	**81996**	**74305**	**69347**	**48137**	**50696**	**23745**	**28364**	**11843**	**19043**
10525	9595	8217	7636	5156	5092	2588	2495	1089	1564
3313	2460	2165	2122	1469	1420	604	671	317	526
4584	4252	3581	3454	2321	2302	995	1154	548	837
9897	8956	8544	7757	6024	6543	3011	3751	1446	2414
13464	12480	10409	10292	6636	7413	3032	3770	1654	2761

表2 续表 58

地区	0岁		1-4岁		5-9岁		10-14岁		15-19岁	
	男	女	男	女	男	女	男	女	男	女
湘阴县	4054	3035	15667	12465	20756	16315	20295	17006	28435	25359
平江县	6662	5914	28561	26218	33377	31091	27636	25677	28863	26934
汨罗市	4191	3556	17586	14345	19374	14581	18762	15046	24377	21437
临湘市	3194	2250	15960	11841	17424	12097	15257	11110	19878	15972
常德市	**27051**	**24201**	**112857**	**104123**	**120151**	**110127**	**132704**	**125045**	**180760**	**182167**
武陵区	2187	1909	8837	8322	11246	10129	14056	13612	21952	28819
鼎城区	3553	3130	14020	12876	14182	13143	18792	17573	29108	28347
安乡县	2057	1763	9126	8312	10236	9289	11483	10876	15554	15206
汉寿县	4796	4112	20481	18258	20609	18060	20966	19189	25765	24490
澧县	4104	3839	17174	16099	18342	17001	20412	19361	27966	27532
临澧县	2086	2028	8350	7924	8501	7874	8817	8529	11927	11737
桃源县	4593	4093	18519	17029	19098	17451	18840	17701	23530	23422
石门县	2660	2528	12531	11792	13309	13016	13939	13175	16871	16717
津市市	1015	799	3819	3511	4628	4164	5399	5029	8087	5897
张家界市	**8821**	**8070**	**39841**	**35505**	**46114**	**41945**	**42477**	**39492**	**44606**	**42865**
永定区	2499	2274	11778	10155	14713	12682	14058	12566	13804	13074
武陵源区	318	283	1523	1339	1947	1645	1443	1379	1540	1576
慈利县	3008	2850	14005	12622	15220	14557	15592	14920	20309	19610
桑植县	2996	2663	12535	11389	14234	13061	11384	10627	8953	8605
益阳市	**26610**	**22964**	**99759**	**89743**	**109845**	**98893**	**101828**	**93715**	**128723**	**125688**
资阳区	2542	2038	9638	8173	10717	8464	9127	7965	15039	14275
赫山区	4778	3987	18551	16729	20261	18152	19027	18005	27699	29826
南县	3685	3194	13628	12366	15164	13952	17806	16339	21444	20827
桃江县	5227	4382	19836	17073	23024	19747	19498	17074	20973	19006
安化县	6349	5767	24984	23234	26919	25798	20969	20265	21145	20698
沅江市	4029	3596	13122	12168	13760	12780	15401	14067	22423	21056
郴州市	**39325**	**30185**	**179744**	**144045**	**205328**	**160142**	**136351**	**109191**	**129653**	**115833**
北湖区	2869	2292	14701	12069	16218	13168	11136	9172	10543	10045
苏仙区	2839	2390	12246	10238	11800	9864	9103	7831	14982	14682
桂阳县	6493	5103	28176	22295	33955	26253	24721	19947	19248	17630
宜章县	5791	4382	25053	19905	31007	22201	18559	13455	18112	15377
永兴县	4313	3414	27225	21635	25990	21031	14687	11920	15126	13240
嘉禾县	2911	1942	12635	9446	17050	11839	14547	10317	9871	7942
临武县	3730	2784	16666	13341	20654	16253	9548	7723	7584	7012
汝城县	3254	2568	14371	11373	14888	11914	9127	7191	8525	7378
桂东县	1259	996	5887	5176	6994	6182	5260	4842	6534	6088
安仁县	3553	2372	13694	10509	17119	12796	11245	9163	10279	8468
资兴市	2313	1942	9090	8058	9653	8641	8418	7630	8849	7971
永州市	**38861**	**30470**	**189104**	**146269**	**216871**	**163534**	**164742**	**128680**	**187421**	**158702**
零陵区	4347	3283	18313	14494	17225	13410	12814	10857	17736	19226
冷水滩区	2337	2427	14411	11943	16232	12801	13909	11040	19173	14578
祁阳县	6695	5286	29942	24832	31909	25508	26263	22004	29891	27557
东安县	4112	3115	18954	15419	18523	15315	13454	11808	14068	12434
双牌县	1108	848	5157	4077	5484	4277	4808	3949	4988	4281
道县	3892	3280	24523	17037	33083	22980	23869	16518	24563	17675
江永县	2072	1637	9113	6886	9471	7389	6681	5379	6907	6037
宁远县	4631	3022	25400	16974	36301	23778	24861	17185	29521	21752
蓝山县	2938	2235	13835	10860	16022	12001	12758	9738	11609	10513
新田县	2731	1996	13504	10427	15719	11879	10830	8111	12243	10842
江华瑶族自治县	3998	3341	15952	13320	16902	14196	14495	12091	16722	13807
怀化市	**32265**	**25768**	**130350**	**106578**	**147987**	**122418**	**131194**	**114345**	**139128**	**127504**
鹤城区	2553	2066	12052	9883	15369	13129	15973	13721	18123	18531
中方县	1919	1443	6748	5445	7176	5549	6130	5018	5515	5024
沅陵县	3637	3027	16181	13780	17655	15381	15032	13644	15500	14437
辰溪县	3142	2410	12509	10145	14331	11051	10845	9178	12862	11370
溆浦县	5745	4517	26012	21179	25053	21544	18802	17397	18947	17131
会同县	2626	1820	9250	7100	10432	8125	9005	7491	8999	7837
麻阳苗族自治县	2529	2001	9547	7306	12088	9479	11032	9494	11720	10538
新晃侗族自治县	1795	1290	6894	5060	7926	5682	6927	5261	7589	5412
芷江侗族自治县	2083	1794	8577	7502	11453	9891	11136	9935	11661	11390
靖州苗族侗族自治县	2076	1660	6943	5447	7771	6126	6997	6023	6448	5506
通道侗族自治县	1589	1459	6244	5326	7156	6367	5925	5361	5168	4933
洪江市	2571	2281	9393	8405	11577	10094	13390	11822	16596	15395

单位:人

20-24岁		25-29岁		30-34岁		35-39岁		40-44岁	
男	女	男	女	男	女	男	女	男	女
28559	31295	20492	23154	19845	21004	26501	28621	34933	37586
37408	40497	29599	32177	30181	29690	45144	39442	50343	45689
26782	28522	22396	24423	20867	21529	28651	29117	38179	38719
22390	23033	17853	18029	16838	16888	24667	22886	25610	24490
209419	**224047**	**148630**	**164836**	**182710**	**187079**	**284343**	**276416**	**319899**	**306044**
29045	33441	19221	22797	22410	24305	31804	32987	33039	32686
35531	36190	20420	22007	20799	21918	39209	40396	49589	48845
21536	22167	15148	15940	18055	18209	26972	25782	30261	29175
33957	38078	23663	26492	26861	27464	39275	37492	42651	41447
23440	26868	16885	20337	25175	27498	40866	41675	46089	44991
11732	13239	9728	11111	14405	13790	21523	20681	22281	21502
27753	28078	22921	23899	26379	25856	40421	36479	46839	43095
16748	17923	13711	16010	19756	20064	30556	28669	34375	31042
9677	8063	6933	6243	8870	7975	13717	12255	14775	13261
56073	**58856**	**44076**	**46560**	**48478**	**47896**	**69572**	**63695**	**76347**	**69610**
21151	21853	14224	15019	14597	14697	21287	19911	23004	21140
1894	2345	1722	2061	2083	2065	2897	2790	2932	2767
19536	20413	16954	18051	18045	17920	27757	25667	32576	29195
13492	14245	11176	11429	13753	13214	17631	15327	17835	16508
196101	**209952**	**137505**	**150455**	**140756**	**141797**	**201139**	**190591**	**235061**	**223318**
19519	21225	13320	14622	13543	13865	18410	17970	21154	20677
37467	40006	24119	27495	25883	27062	36094	37163	44736	44386
33913	35759	24413	26005	25811	25045	36709	33912	40175	38100
33118	35003	23916	26583	21778	23285	32426	31963	43649	40476
41647	45790	30913	33540	33302	32579	44466	39340	47461	42563
30437	32169	20824	22210	20439	19961	33034	30243	37886	37116
201451	**215559**	**181074**	**183003**	**162264**	**154391**	**207019**	**186823**	**215164**	**200317**
16869	18538	17331	18565	17039	17013	22236	20116	22461	20689
21293	22991	15564	17255	14402	14804	18019	16903	19280	17940
30292	31412	28494	26432	24761	22570	31036	27159	31247	28036
28648	30246	23382	23211	21302	20086	25345	23125	24775	23573
24167	26734	22113	22227	18921	17701	24434	21801	26454	24961
10737	11408	9440	9727	8472	8433	11435	11154	12457	12293
15037	16932	13261	13802	11027	10909	13520	12019	15061	14267
13347	14043	12272	12029	11595	10643	15169	13802	15148	13895
12411	12323	10834	9887	9888	7695	13385	10290	12813	10513
17625	19435	16629	17232	12617	12203	16583	15464	17328	17106
11025	11497	11754	12636	12240	12334	15857	14990	18140	17044
219965	**224919**	**213631**	**214059**	**173540**	**168148**	**215554**	**200331**	**230986**	**217626**
26047	27923	21885	21911	19235	18013	22561	19880	24339	22771
21382	21813	20182	21657	17540	17742	22786	21980	24016	23281
30780	33015	29558	32563	26350	27017	35685	34184	38331	37069
25186	25138	23914	24005	17863	17558	23720	21387	26625	24095
7157	7396	7589	7372	6281	5890	8107	6976	8364	7196
27800	25273	28284	24834	22809	20058	24987	22340	23586	22294
10333	10321	10364	9581	8705	7899	10277	8926	10869	9949
28463	28983	28897	28849	23787	23327	28682	27541	30571	29214
12655	13789	12720	13408	9804	10008	12402	11970	13614	12960
13468	14314	15947	15336	9668	9379	11136	10824	12327	11919
16694	16954	14291	14543	11498	11257	15211	14323	18344	16878
203728	**208567**	**173335**	**172654**	**162037**	**154053**	**231427**	**209789**	**243663**	**226655**
27269	31131	22433	24456	22432	22296	29905	29718	29233	27076
11333	11678	8449	8857	7530	7210	11581	9708	12286	11160
22729	23739	20743	20440	21888	20002	29953	25460	30802	27870
19452	20053	17507	17064	16665	15201	22437	19551	22455	20956
29603	30736	23546	24758	26392	25495	34303	30748	35622	33671
13183	13469	11798	11515	10807	9804	16097	14389	17253	16045
15295	15197	13219	12536	10815	10643	16542	14967	16355	15590
11758	9719	10927	9045	8279	7091	9984	9434	12110	11251
12603	12174	9630	10296	9466	9855	15403	14945	17229	16414
13385	13118	10763	9904	8862	7757	12522	10406	13004	12012
9375	9058	8965	8063	6411	5720	10333	8969	10798	9527
17743	18495	15355	15720	12490	12979	22367	21494	26516	25083

表2 续表 59

地区	45-49岁		50-54岁		55-59岁		60-64岁	
	男	女	男	女	男	女	男	女
湘阴县	29869	30427	20996	18014	21782	18841	18405	15833
平江县	39525	36537	28629	24399	29832	26463	24534	22145
汨罗市	31968	31385	21802	19799	24453	22796	20030	18191
临湘市	20966	20012	13814	13167	15156	14395	11222	10708
常德市	**276395**	**266826**	**180459**	**167262**	**209854**	**198136**	**175638**	**164230**
武陵区	30200	28588	19573	17915	20034	19598	15441	14311
鼎城区	44053	42905	26505	23555	30571	28778	25365	24309
安乡县	26076	25001	18531	17013	15857	14178	16028	14819
汉寿县	34230	33192	23098	21092	24490	22318	21784	19823
澧县	38016	37891	25927	25027	32473	31760	28591	27499
临澧县	18554	18563	11777	11383	16274	15729	13030	12493
桃源县	42387	40536	26470	24866	35564	33493	27500	24700
石门县	29830	27853	19318	17872	24495	22991	19789	18715
津市市	13049	12297	9260	8539	10096	9291	8110	7561
张家界市	**64379**	**60101**	**38462**	**35847**	**51716**	**49581**	**42942**	**39315**
永定区	18570	17448	10915	9956	13527	13409	11502	10702
武陵源区	2350	2023	1256	1057	1477	1336	1243	1041
慈利县	28462	26457	17632	16275	23498	22496	18953	17414
桑植县	14997	14173	8659	8559	13214	12340	11244	10158
益阳市	**193290**	**188370**	**126097**	**116221**	**135375**	**123644**	**114435**	**102791**
资阳区	17394	17296	11911	11104	13215	12020	10599	9533
赫山区	38392	38396	25748	23957	27898	25773	23165	20450
南县	33603	32790	21882	20138	20303	18637	19138	18493
桃江县	35294	34263	21360	19599	26036	23905	21700	18820
安化县	37660	34817	24655	22384	28391	25434	21851	19404
沅江市	30947	30808	20541	19039	19532	17875	17982	16091
郴州市	**184699**	**172851**	**141121**	**133881**	**129809**	**126643**	**84213**	**80149**
北湖区	19435	17180	13679	12391	11421	10869	6742	6463
苏仙区	17897	15975	13238	12239	11522	11048	7116	6912
桂阳县	26320	24025	21465	20541	18765	18398	12714	12189
宜章县	21047	20149	16262	15888	13901	13834	9075	8330
永兴县	23068	22366	17384	16661	17499	17271	10824	10745
嘉禾县	10452	10161	8279	8298	8121	8264	5444	5589
临武县	12335	11522	9522	9168	8991	8345	5658	5174
汝城县	12416	12734	9580	9284	10000	9980	7256	6667
桂东县	10238	8437	6421	5001	6177	5379	4353	3787
安仁县	14982	14818	12896	12484	12085	11895	7209	7082
资兴市	16509	15484	12395	11926	11327	11360	7822	7211
永州市	**190682**	**184150**	**148342**	**140512**	**159025**	**155692**	**116343**	**107157**
零陵区	20182	19205	14985	14127	16431	16543	12294	11237
冷水滩区	19621	18776	13111	12652	13945	15046	9091	9822
祁阳县	30200	30730	22851	22137	29003	28143	22560	20673
东安县	21868	20566	17642	16821	18306	17670	12331	11575
双牌县	6721	6131	4712	4338	4962	4517	3723	3325
道县	18457	18297	15261	14640	16977	17680	13033	10995
江永县	8718	8106	6944	6710	6655	6570	4590	4356
宁远县	24285	23466	20019	17887	21435	19430	16080	13878
蓝山县	12263	11344	9952	8975	9596	8933	6547	6355
新田县	12072	11503	10162	9948	9510	9295	7249	6959
江华瑶族自治县	16295	16026	12703	12277	12205	11865	8845	7982
怀化市	**196447**	**186055**	**137523**	**128590**	**151437**	**145107**	**123044**	**113919**
鹤城区	24535	22214	15508	13946	14650	14817	11937	10107
中方县	9814	9136	6817	6770	7565	7586	6430	6082
沅陵县	24101	22233	13918	12742	19460	18213	17132	15410
辰溪县	16914	16298	13369	12796	15123	14843	12805	11687
溆浦县	27267	27044	22931	21752	25110	24308	19712	18740
会同县	13634	13127	8801	8489	9586	9336	7852	7812
麻阳苗族自治县	13232	12156	9238	9020	10963	10319	8517	7993
新晃侗族自治县	10907	10154	7515	6812	7452	7011	6477	5611
芷江侗族自治县	15207	14713	10538	9254	11724	10640	9450	8280
靖州苗族侗族自治县	10423	9901	7060	6630	6520	6332	4993	4955
通道侗族自治县	8708	8172	5951	5508	6254	5745	4729	4801
洪江市	21705	20907	15877	14871	17030	15957	13010	12441

单位:人

65-69岁		70-74岁		75-79岁		80-84岁		85岁及以上	
男	女	男	女	男	女	男	女	男	女
13449	11383	10968	9737	7227	7299	3354	3910	1552	2452
17652	15822	13919	13207	7794	8373	4798	5835	2713	4294
11903	10293	10421	9318	7333	7547	3536	4387	1682	2796
7209	6755	6081	5824	4177	4707	1827	2391	842	1399
117610	**108986**	**95246**	**93371**	**62973**	**68292**	**30145**	**38585**	**14187**	**23819**
9949	9393	7319	7362	4678	5079	2349	2995	1075	1917
17845	17051	14994	14635	10146	10704	4365	5967	1995	3468
11052	10322	9071	8928	5708	6013	2984	3422	1451	2243
15521	13749	12394	11702	8186	9027	4208	5622	1891	3586
17365	16646	13411	13325	8708	9690	3819	5230	2075	3548
8390	7890	6298	6426	4329	5025	1854	2580	873	1606
18995	16854	16795	16241	11676	12539	5677	6970	2508	3895
13072	12201	11083	10685	6959	7251	3672	4165	1564	2380
5421	4880	3881	4067	2583	2964	1217	1634	755	1176
30319	**28597**	**23368**	**22886**	**15162**	**15878**	**8339**	**10159**	**3805**	**6394**
7899	7321	5859	5506	3848	3819	2046	2414	988	1589
843	731	598	553	415	414	234	294	119	191
13222	12807	10511	10446	6463	7050	3587	4497	1516	2643
8355	7738	6400	6381	4436	4595	2472	2954	1182	1971
83611	**74346**	**70861**	**66703**	**48889**	**49679**	**26552**	**29408**	**13604**	**19614**
7321	6741	5968	5962	4204	4848	2396	2993	1234	2040
16672	14313	13071	12579	9230	9444	4774	5435	2201	3531
14914	13678	12072	11727	7993	8317	3927	4587	1818	3024
15141	12983	13644	12207	9627	9213	5462	5571	2985	4016
15682	14284	15382	13880	10377	9820	6094	6021	3300	3830
13881	12347	10724	10348	7458	8037	3899	4801	2066	3173
58678	**57422**	**53637**	**55750**	**37378**	**42730**	**20041**	**24736**	**8729**	**14202**
4622	4808	4431	4523	2851	2887	1449	1560	586	817
4945	4932	4678	4903	3254	3554	1900	2142	800	1269
8738	8930	8327	9239	5302	6869	2750	3885	1075	2130
6815	6852	5878	6173	4119	4821	2417	3013	1145	2086
7611	7169	6791	6910	5201	5795	2878	3480	1196	1712
4278	4481	4008	4262	2760	3319	1408	1829	633	1169
4166	4226	3608	3790	2750	3072	1388	1760	685	1155
5467	4642	4308	3938	2988	3088	1670	1893	750	1067
3104	2929	2568	2400	1663	1747	893	1061	455	692
3368	3211	4109	4309	3185	3886	1661	2212	771	1125
5564	5242	4931	5303	3305	3692	1627	1901	633	980
85999	**76920**	**74159**	**72230**	**46670**	**52167**	**23185**	**29693**	**10281**	**17655**
8709	7641	8123	7588	4823	5559	2432	3260	1107	2189
7668	6893	7081	6744	4426	4638	2159	2595	956	1556
15911	13397	14349	13220	9125	9792	4498	5563	2106	3507
9172	8329	8101	7986	5077	5685	2537	3342	1105	1938
2783	2354	2317	2211	1451	1556	767	912	348	514
9503	7489	7678	7187	5059	5316	2679	3223	1219	1921
3441	3199	3001	3247	1883	2256	1009	1360	371	686
12220	11100	9249	9237	5778	6745	2820	3711	1262	2221
5042	5098	4095	4400	2623	3224	1082	1605	483	929
4877	5091	4486	4680	2769	3212	1356	1729	562	922
6673	6329	5679	5730	3656	4184	1846	2393	762	1272
84740	**79776**	**74487**	**73159**	**48764**	**52330**	**24831**	**30254**	**10616**	**17149**
7917	7175	5867	5137	3474	3075	1725	1626	704	859
4490	4009	4113	3768	2648	2744	1489	1869	609	951
11460	10328	10046	9881	6644	7171	3582	4282	1598	2481
8754	8227	7132	7070	4816	5095	2710	3295	1323	2124
13516	13149	12301	12000	7965	8458	4564	5438	2096	3462
5589	5492	5306	5460	3152	3847	1170	1606	483	899
5838	5425	5040	4979	3473	3716	1911	2461	754	1381
4789	4367	4661	4314	3100	2914	1560	1757	617	870
6084	5459	5311	5048	3806	3931	2008	2370	735	1166
3675	3810	3167	3679	2052	2527	715	1073	298	576
3514	3637	3050	3328	1936	2201	700	935	276	459
9114	8698	8493	8495	5698	6651	2697	3542	1123	1921

表2 续表 60

地区	0岁		1-4岁		5-9岁		10-14岁		15-19岁	
	男	女	男	女	男	女	男	女	男	女
娄底市	**29808**	**22192**	**118262**	**92957**	**138105**	**104959**	**121896**	**98526**	**138802**	**124333**
娄星区	2941	2348	12858	10286	15720	12054	15414	12430	21209	21781
双峰县	6555	4993	26033	19869	30569	22561	24877	19929	26880	23894
新化县	9826	7351	40170	32373	42218	33310	32581	27477	39623	34744
冷水江市	2306	1595	10774	8151	11711	8321	9688	7895	10086	8812
涟源市	8180	5905	28427	22278	37887	28713	39336	30795	41004	35102
湘西土家族苗族自治州	**19592**	**16312**	**70272**	**60026**	**88942**	**77261**	**92914**	**84815**	**114682**	**113751**
吉首市	1699	1507	6271	5524	8206	7315	9534	8922	14505	16699
泸溪县	1897	1593	6952	6101	8986	8360	11265	10574	13927	13993
凤凰县	2684	2143	9473	7768	12382	10680	12215	11101	16099	15655
花垣县	2286	1995	9351	8120	10574	9458	10493	9505	13021	12580
保靖县	2038	1719	7356	6490	9600	8397	8780	8273	10830	10558
古丈县	967	787	3171	2712	4133	3534	3880	3602	5049	4897
永顺县	3787	3182	13196	10778	18063	14486	17139	14404	16867	16013
龙山县	4234	3386	14502	12533	16998	15031	19608	18434	24384	23356
广东省	**590546**	**490580**	**2504890**	**2038720**	**2876896**	**2290220**	**3729615**	**3082563**	**5193402**	**4796157**
广州市	**54135**	**43875**	**222580**	**186229**	**237464**	**194277**	**282938**	**234854**	**511501**	**458947**
荔湾区	2834	2445	13338	11612	15108	12846	17703	15267	32204	28675
越秀区	3839	3617	15948	14280	20646	18181	24239	21398	33006	30750
海珠区	4862	4128	24591	21191	26497	22753	29033	24817	48565	41786
天河区	5400	4622	25727	22143	25433	21301	25469	21350	52681	50529
白云区	10428	8181	38859	31486	39465	31451	40738	32705	98482	79791
黄埔区	1708	1406	9494	7938	9830	7653	9614	7480	14269	12310
番禺区	8170	6868	30764	26304	35955	29609	41023	33958	73474	68462
花都区	4774	3698	18724	15189	18051	13802	22367	17375	41543	35625
南沙区	1323	1081	4478	3776	4997	4100	6427	5055	12087	9113
萝岗区	1888	1357	6423	5027	6401	4962	7424	6230	19034	19719
增城市	5514	3917	21102	16635	21547	16528	34802	28147	53354	52078
从化市	3395	2555	13132	10648	13534	11091	24099	21072	32802	30109
韶关市	**21251**	**16774**	**76543**	**61932**	**86261**	**72760**	**99523**	**87210**	**118048**	**109244**
武江区	1630	1413	6855	5941	7584	6695	8848	7954	10935	11066
浈江区	1673	1422	7518	6336	8902	7661	10565	9446	18791	16537
曲江区	2112	1755	7864	6663	8477	7380	9097	8067	12998	12347
始兴县	1752	1322	5613	4795	6200	5631	7590	6979	8070	7449
仁化县	1834	1438	5705	4849	6058	5199	6759	6119	7014	6474
翁源县	2753	2108	9427	7502	10455	8677	11774	9904	16195	15824
乳源瑶族自治县	1500	1237	5254	4496	5786	5228	6122	5525	7716	7730
新丰县	1663	1195	5918	4597	6876	5413	9566	7951	9305	8368
乐昌市	3446	2564	12087	8962	14188	11111	15254	12986	15436	13195
南雄市	2888	2320	10302	7791	11735	9765	13948	12279	11588	10254
深圳市	**50407**	**42773**	**183055**	**148061**	**178053**	**134629**	**166146**	**121962**	**389227**	**380763**
罗湖区	4030	3405	18130	14980	19386	15232	19739	15066	30149	28164
福田区	5558	4918	25362	21787	27405	21895	27586	22069	42633	36871
南山区	5178	4535	22282	18745	21807	17737	20049	15553	29307	28133
宝安区	21212	17598	66319	52038	58077	41877	49869	34197	186516	193526
龙岗区	13565	11612	46983	37314	47051	34661	44844	32125	92516	86691
盐田区	864	705	3979	3197	4327	3227	4059	2952	8106	7378
珠海市	**6080**	**5229**	**31942**	**27180**	**34893**	**28544**	**42948**	**35154**	**67598**	**64283**
香洲区	3420	2946	18716	16102	21482	17650	25204	20246	34404	33539
斗门区	1895	1697	8742	7472	8837	7333	11883	10368	20761	18797
金湾区	765	586	4484	3606	4574	3561	5861	4540	12433	11947
汕头市	**30331**	**27609**	**137820**	**121424**	**178096**	**163860**	**275214**	**261451**	**323388**	**310185**
龙湖区	2740	2369	13873	11888	15306	13237	20689	19044	26256	26361
金平区	3484	3100	16064	14313	19025	17334	28868	27091	36870	34813
濠江区	1854	1811	7478	6765	8244	7876	14262	13836	18759	18652
潮阳区	9755	8756	41142	34851	62133	57648	103940	98874	117443	108645
潮南区	7980	7330	37948	33926	52538	48150	80046	76189	82331	80598
澄海区	4170	3928	20164	18524	19652	18553	25543	24592	39143	38525
南澳县	348	315	1151	1157	1198	1062	1866	1825	2586	2591
佛山市	**27127**	**22217**	**131683**	**107382**	**146565**	**113714**	**172316**	**133960**	**312791**	**265142**
禅城区	3643	3206	19232	15532	21848	16832	25495	20160	39391	37627
南海区	10465	8638	46647	38533	49051	37600	57335	44414	117638	98549
顺德区	8318	6758	45460	36473	52141	40646	60682	47135	110721	90682
三水区	2844	2201	11775	9993	13820	11021	16904	13326	27392	23678
高明区	1857	1414	8569	6851	9705	7615	11900	8925	17649	14606

单位:人

20-24岁		25-29岁		30-34岁		35-39岁		40-44岁	
男	女	男	女	男	女	男	女	男	女
169042	**178607**	**134613**	**140430**	**129542**	**126987**	**164534**	**152743**	**177433**	**176434**
26349	26861	17174	19126	17997	18402	23661	23452	25266	24248
37720	39538	30048	31070	29218	27958	38970	35395	43585	43518
48417	53213	39132	41625	39047	38287	47365	42317	48443	48467
14017	14806	11285	11650	10778	11046	17082	16024	17659	16793
42539	44189	36974	36959	32502	31294	37456	35555	42480	43408
114695	**118009**	**89656**	**88033**	**86422**	**80616**	**114864**	**101480**	**115453**	**106293**
15206	16731	9752	10146	10695	10437	14215	13169	14210	13355
12588	12881	9580	9485	7656	7462	12182	10856	11769	10994
14985	15061	13435	12403	12867	10973	15483	13189	15226	14023
11973	12731	10932	10838	10913	9904	13537	11333	13837	11919
12773	12742	9589	9435	10089	9268	13579	11447	13708	11728
6263	6196	4740	4583	4678	4146	6449	5527	6417	5768
17166	17780	13970	13713	13888	13455	19071	17216	18263	17640
23741	23887	17658	17430	15636	14971	20348	18743	22023	20866
6297809	**5977681**	**5535552**	**5085715**	**4702015**	**4232819**	**4958950**	**4574349**	**4588317**	**4276457**
974236	**888307**	**766638**	**701968**	**643421**	**576086**	**681180**	**599243**	**581792**	**516250**
42901	39535	43201	41398	36678	35417	40531	39386	38913	39082
56657	58037	56584	55532	44559	45645	49858	53738	50471	51659
95487	90327	80466	80063	75747	74367	80965	74755	69786	65175
152112	136758	103933	90922	80707	71502	77043	63859	60878	50636
186512	167865	158431	136896	133913	108785	134865	107558	109505	88230
37849	30283	34896	27396	28045	22525	30323	23195	24698	18458
152845	143118	98567	96009	88574	83289	104511	94498	84857	77929
73845	68009	61486	59672	48198	43368	48744	43002	42018	36853
22592	16038	17515	13994	13444	10245	15181	12253	12991	10783
42613	38349	30975	24129	21309	16252	19567	14731	14985	11329
66382	61443	55942	51217	50193	42683	54148	47603	47672	42737
44441	38545	24642	24740	22054	22008	25444	24665	25018	23379
93212	**86139**	**86732**	**88697**	**94047**	**95651**	**124247**	**125600**	**144813**	**139742**
10197	11264	10226	12119	11655	13472	14819	16166	15497	15300
22717	17925	15836	11940	16652	12923	19074	16736	19498	17443
12479	10394	9947	10088	11092	11267	14689	13985	16009	14138
5059	5255	5794	6435	5839	6173	8696	9371	11222	11491
5465	5244	5633	6046	6269	6590	9162	8966	11340	10510
9850	10616	9466	10962	9067	10224	13314	14716	16887	17132
5449	5759	6406	6645	6901	6770	7885	7106	8367	7308
6306	6272	7011	7570	6070	6704	7149	8109	9559	9701
11145	8723	11139	10608	13532	13214	17627	16832	19750	18844
4545	4687	5274	6284	6970	8314	11832	13613	16684	17875
1005628	**963418**	**993672**	**820409**	**752769**	**589807**	**665036**	**521367**	**509643**	**404541**
59977	73390	69716	76822	55972	55386	53944	50044	46181	42650
88028	92406	106349	106101	81610	76154	76948	70346	67873	60784
79604	79388	100427	85399	80393	67630	76760	61432	62437	48367
552701	506658	496085	368564	353384	245670	284677	201087	199846	147256
207712	195019	204357	169373	167691	133384	157933	126885	121070	95843
17606	16557	16738	14150	13719	11583	14774	11573	12236	9641
110924	**107461**	**86709**	**79990**	**74848**	**71422**	**86814**	**81567**	**80010**	**72241**
58101	60741	48456	47708	45081	45603	54854	52024	48995	43313
25804	23025	22518	20524	17554	16225	18888	18602	18730	18751
27019	23695	15735	11758	12213	9594	13072	10941	12285	10177
254384	**254207**	**215547**	**222676**	**174972**	**177891**	**199825**	**205309**	**197284**	**198976**
22765	23875	22956	24471	21948	22777	26353	27364	24472	24399
32707	31179	27302	29540	25177	28577	33300	36532	33860	36317
13044	14717	9102	11051	7239	8530	8115	9617	8274	8908
78127	78154	62518	64050	47187	48915	53573	56684	53788	55825
66087	67445	56577	56829	42481	39961	45053	42534	43192	40722
40139	37500	35506	35034	29342	27292	31075	30151	30892	30002
1515	1337	1586	1701	1598	1839	2356	2427	2806	2803
486506	**407249**	**461684**	**389951**	**421664**	**346284**	**469565**	**382292**	**401538**	**326328**
67273	68622	67590	63233	60442	53780	68827	60129	60144	50705
185937	150072	171478	141464	153556	124018	174372	139636	147786	116673
175237	140792	163882	136231	149069	121268	158892	129539	135944	112502
35207	28525	34337	27058	34825	26801	41498	31700	35431	27997
22852	19238	24397	21965	23772	20417	25976	21288	22233	18451

表2 续表 61

地 区	45-49岁		50-54岁		55-59岁		60-64岁	
	男	女	男	女	男	女	男	女
娄底市	**137308**	**139107**	**94572**	**92071**	**113839**	**110519**	**94521**	**86296**
娄星区	19566	18888	11667	11452	13655	13349	10622	10029
双峰县	29898	32394	19066	19498	28285	27821	23798	21451
新化县	38494	38699	28534	27181	32594	30737	28095	25346
冷水江市	13645	12986	9021	9451	8897	9777	7248	7061
涟源市	35705	36140	26284	24489	30408	28835	24758	22409
湘西土家族苗族自治州	**90573**	**84810**	**54235**	**53153**	**73031**	**69834**	**63362**	**60075**
吉首市	12014	11058	6723	6556	8322	8297	7217	6747
泸溪县	9552	8836	6387	6239	8058	7663	6744	6272
凤凰县	11759	10973	8301	8276	9726	9591	8828	8531
花垣县	9772	9159	5404	5145	7781	7218	6358	5976
保靖县	10282	9183	5739	5014	8656	7713	7396	6991
古丈县	4651	4191	2375	2219	3661	3286	3303	3003
永顺县	14990	14314	8267	8774	12855	12711	11431	10878
龙山县	17553	17096	11039	10930	13972	13355	12085	11677
广东省	**3687090**	**3359715**	**2553947**	**2344818**	**2246294**	**2152951**	**1598914**	**1467327**
广州市	**484070**	**419568**	**331994**	**304577**	**282561**	**286074**	**193234**	**196419**
荔湾区	42935	40100	38394	35454	30341	29137	19644	18942
越秀区	54641	50236	45131	43865	37251	37059	23795	24196
海珠区	68322	61191	55550	51095	45225	44773	30689	30039
天河区	48038	37632	27734	25075	22705	24164	16446	17608
白云区	80651	64564	49286	42063	41434	41070	28290	28739
黄埔区	17505	13186	9948	8123	7768	7630	5733	6139
番禺区	60050	54687	35335	32925	31922	33752	22130	24451
花都区	31944	28383	19283	18987	19500	22066	14432	15509
南沙区	9536	8222	6019	5243	5690	5364	3451	3774
萝岗区	10499	8017	6197	5067	5077	5094	3397	3510
增城市	38807	33548	25357	23432	22373	22008	15715	14545
从化市	21142	19802	13760	13248	13275	13957	9512	8967
韶关市	**132666**	**123613**	**91094**	**85795**	**84246**	**80197**	**59213**	**55858**
武江区	13437	12081	8894	8563	8014	8076	5776	5427
浈江区	18035	15912	12417	11743	11317	10662	8313	7999
曲江区	14010	12472	9141	8395	8384	8287	6676	6030
始兴县	10371	10487	5647	5378	6171	6372	4251	4051
仁化县	10458	9584	6201	5804	6063	5964	4144	4098
翁源县	15228	14326	11764	9644	10009	7905	6129	5671
乳源瑶族自治县	7747	6762	5513	5372	4604	4634	3294	3229
新丰县	9000	8448	7226	6926	5893	4841	3842	3482
乐昌市	18616	17457	13775	13659	12764	12833	9196	8430
南雄市	15764	16084	10516	10311	11027	10623	7592	7441
深圳市	**318738**	**246052**	**149088**	**115987**	**103091**	**98237**	**60223**	**60180**
罗湖区	33682	29899	18843	16499	13158	13959	8370	8784
福田区	51355	43981	27060	23099	19048	20486	12135	13406
南山区	40394	28938	17644	13200	11579	11389	7266	7986
宝安区	112723	82476	48783	35343	33792	28970	17908	16325
龙岗区	72525	54725	32918	25142	23118	21344	13206	12336
盐田区	8059	6033	3840	2704	2396	2089	1338	1343
珠海市	**62870**	**53049**	**37844**	**32044**	**31463**	**29652**	**20800**	**20759**
香洲区	37122	29728	19448	16305	14768	14948	10341	11461
斗门区	16396	15573	11795	10359	11210	10147	7558	6768
金湾区	9352	7748	6601	5380	5485	4557	2901	2530
汕头市	**177533**	**172941**	**149669**	**143702**	**132390**	**132849**	**85789**	**85894**
龙湖区	21170	18987	15397	14360	13028	12588	8189	8095
金平区	35550	36008	30523	30377	26147	25702	17527	16982
濠江区	7349	7528	7210	7119	6544	6538	4286	4360
潮阳区	43871	44688	39125	36833	35491	35764	23978	23181
潮南区	33773	32050	28573	26450	25319	25690	15998	16965
澄海区	32540	30553	26122	25874	23331	23990	14304	14862
南澳县	3280	3127	2719	2689	2530	2577	1507	1449
佛山市	**281290**	**228079**	**158360**	**140131**	**137872**	**141478**	**98768**	**107265**
禅城区	44618	37145	26460	23479	22061	21749	16515	17671
南海区	100598	78782	54792	47029	47995	49337	35102	37745
顺德区	92407	76165	50914	46385	45684	48662	30927	35857
三水区	26080	21292	15462	13749	13287	13403	9973	10083
高明区	17587	14695	10732	9489	8845	8327	6251	5909

单位:人

65-69岁		70-74岁		75-79岁		80-84岁		85岁及以上	
男	女	男	女	男	女	男	女	男	女
65273	**58379**	**57685**	**52397**	**34937**	**37125**	**20142**	**24311**	**9917**	**16030**
7092	6608	5975	5458	3555	3487	1845	1947	737	1235
15931	12377	14129	11999	8447	9077	4752	5872	2304	3790
19763	17815	17829	15912	10879	11162	6442	7477	3236	4979
4821	4917	4389	4035	2485	2761	1452	1843	689	1189
17666	16662	15363	14993	9571	10638	5651	7172	2951	4837
42441	**40841**	**35454**	**35594**	**23744**	**25707**	**12023**	**15691**	**5442**	**9460**
4817	4818	3881	3809	2635	2664	1359	1550	574	926
4432	4334	4008	4014	2581	2785	1258	1636	535	935
5989	5923	4472	4470	3201	3441	1588	1975	741	1184
4680	4586	3429	3636	2358	2660	1376	1846	711	1186
5020	4686	3924	3845	2762	3083	1543	2062	687	1184
2450	2055	1961	1962	1231	1305	635	813	233	464
7239	6559	6916	6808	4677	4847	2356	3005	1109	1859
7814	7880	6863	7050	4299	4922	1908	2804	852	1722
1111111	**1056688**	**951903**	**959111**	**682950**	**810684**	**380639**	**522375**	**209698**	**400991**
125777	**132032**	**113059**	**120028**	**83373**	**100158**	**46395**	**60632**	**23397**	**42679**
11937	11896	11213	13572	9876	13145	6004	7915	3089	5532
15502	17702	17503	20441	15200	17743	8846	9465	4183	6263
19139	19765	18669	20782	14349	17050	7889	9096	3732	5947
11137	12701	11707	11058	7295	6439	3169	3040	1432	2041
16757	17683	13274	13130	9047	11133	5366	7726	2816	5975
3891	4234	3505	3390	1982	2026	949	1173	490	888
15563	16875	12019	12662	7189	9353	3793	6225	2168	4945
9888	9679	7559	6965	5043	6638	2881	4898	1522	3485
2381	2420	1772	2012	1333	1823	762	1267	395	963
2225	2199	1799	1750	1322	1515	845	1149	476	814
10676	10582	8737	8790	6518	7899	3726	5298	1920	3534
6681	6296	5302	5476	4219	5394	2165	3380	1174	2292
44166	**45441**	**38962**	**43176**	**26462**	**34699**	**12564**	**20182**	**5862**	**13624**
3766	4085	3676	3899	2473	2642	1178	1516	556	1013
6034	6352	5927	5659	3590	4109	1711	1939	737	1470
4652	4741	3836	4268	2729	3371	1235	2047	615	1634
2940	3079	2834	3605	1983	3339	924	1876	374	1034
3213	3312	2897	3108	2059	2575	1011	1591	488	1110
5549	5409	4281	5077	2938	4249	1351	2583	612	1742
2489	2735	2294	2547	1636	2064	781	1258	423	899
3406	3200	2869	3060	1988	2453	1033	1514	534	1073
6610	6650	5552	5971	3780	4564	1906	2672	948	1753
5507	5878	4796	5982	3286	5333	1434	3186	575	1896
34821	**37371**	**27346**	**27264**	**15744**	**16451**	**6821**	**8495**	**4037**	**7069**
4964	5652	4435	4318	2638	2530	1021	1081	432	793
8241	9718	7403	7183	3985	3425	1410	1335	586	972
4843	5492	4002	3893	2191	1988	844	742	298	493
9121	8616	5958	6071	3527	4197	1863	2541	1530	2383
6941	7015	4985	5154	3061	3909	1520	2572	1104	2256
711	878	563	645	342	402	163	224	87	172
13032	**13250**	**11463**	**10678**	**7589**	**7885**	**3984**	**4710**	**1998**	**3623**
6950	7804	6362	6136	3763	3554	1694	1666	760	1290
4235	3864	3682	3203	2823	3117	1712	2362	898	1774
1847	1582	1419	1339	1003	1214	578	682	340	559
53942	**54488**	**49109**	**51769**	**36758**	**44455**	**21167**	**30566**	**10616**	**25242**
5106	5095	4378	4373	3104	3273	1614	2056	684	1716
11078	10360	10250	10641	7799	9134	4635	5787	2218	4113
2174	2545	2138	2504	1628	2365	1004	1729	576	1732
15108	14046	13321	13335	10082	11842	5679	8225	3031	6749
10075	10618	10058	10183	7213	8648	4130	6396	2294	5815
9443	10789	8170	9798	6397	8396	3840	5826	1696	4741
958	1035	794	935	535	797	265	547	117	376
61960	**66983**	**49424**	**52510**	**29688**	**38911**	**17340**	**27237**	**10395**	**23745**
10684	11958	9123	10085	5911	7205	3130	4094	1715	3763
22479	23071	16395	15770	8936	11217	5725	8434	3644	7931
17267	20363	14696	17501	9008	12821	5120	8760	2988	6887
6668	6914	5607	5426	3400	4523	2100	3744	1265	3336
4862	4677	3603	3728	2433	3145	1265	2205	783	1828

表2 续表 62

地区	0岁		1-4岁		5-9岁		10-14岁		15-19岁	
	男	女	男	女	男	女	男	女	男	女
江门市	**21466**	**18655**	**83276**	**72429**	**103072**	**87993**	**134534**	**114760**	**199031**	**182925**
蓬江区	3825	3273	15062	12835	18140	15505	19352	16106	28898	26435
江海区	1057	939	5099	4500	6043	5069	7070	5999	11385	12328
新会区	4294	3786	15453	13928	18781	16855	24169	21597	36326	33041
台山市	4308	4038	16758	14925	19983	17452	27076	23519	41735	37705
开平市	3216	2765	12694	11139	17629	15428	24510	21695	33135	31056
鹤山市	2377	1977	9341	7969	11498	9418	13273	11495	20502	19342
恩平市	2389	1877	8869	7133	10998	8266	19084	14349	27050	23018
湛江市	**55305**	**43113**	**210220**	**161576**	**257897**	**180119**	**396268**	**303522**	**433235**	**369786**
赤坎区	1328	1081	6763	5116	8690	6373	11132	8321	15564	14037
霞山区	2195	1784	11220	8189	14730	10258	19073	13445	23571	18270
坡头区	2418	1926	8656	6269	8668	6010	16882	12207	21705	17930
麻章区	3830	2992	13979	10865	15711	11092	24039	18811	34181	30344
遂溪县	6830	5799	26440	20931	30985	22326	49216	40309	54885	48077
徐闻县	5920	4825	22816	18174	22570	15796	33606	25036	39150	34079
廉江市	12779	9854	49348	37360	56243	38448	86499	63826	87064	71739
雷州市	12165	8911	45315	35501	60483	43739	94152	77424	94019	82276
吴川市	7840	5941	25683	19171	39817	26077	61669	44143	63096	53034
茂名市	**43577**	**37694**	**203426**	**156734**	**269106**	**191145**	**348187**	**254307**	**390692**	**328787**
茂南区	5069	4118	23442	18365	30992	21809	38075	26734	49075	42564
茂港区	2896	2315	13564	11380	15082	11212	22800	17379	25226	21923
电白县	8467	7459	43196	33615	54965	39137	71440	51641	75474	62813
高州市	10606	8939	43196	32736	58472	39742	77227	50812	97123	75425
化州市	9251	8299	43473	32940	62567	45344	77472	57969	79782	66539
信宜市	7288	6564	36555	27698	47028	33901	61173	49772	64012	59523
肇庆市	**27394**	**22314**	**117145**	**91681**	**136845**	**105955**	**176317**	**146684**	**186192**	**170823**
端州区	2325	1787	9543	7611	12252	9083	14881	11100	26178	23218
鼎湖区	1145	804	3398	2689	3562	2532	5572	3974	9262	9348
广宁县	3720	2969	14972	11860	14350	10392	17104	12428	16818	14051
怀集县	7075	5988	30697	23791	42091	35198	53605	50553	43152	43954
封开县	2783	2504	12443	10442	17390	14443	22194	20317	18727	17283
德庆县	2538	2284	12724	10474	12640	10501	14891	13463	14447	13639
高要市	4983	3762	19711	14743	20464	13754	30439	21940	35659	31087
四会市	2825	2216	13657	10071	14096	10052	17631	12909	21949	18243
惠州市	**22811**	**19185**	**133237**	**109250**	**131705**	**105798**	**153420**	**126167**	**241753**	**230970**
惠城区	7983	6504	41832	33875	43800	34516	47387	38235	81689	85054
惠阳区	3445	2994	18150	15071	18489	14463	20852	15909	44041	38850
博罗县	5411	4651	33890	27337	30972	25159	34502	28030	49574	44583
惠东县	4160	3400	28300	23308	29392	23520	39614	33850	54291	50279
龙门县	1812	1636	11065	9659	9052	8140	11065	10143	12158	12204
梅州市	**31072**	**25493**	**122483**	**100659**	**139278**	**113885**	**182746**	**155723**	**217858**	**204259**
梅江区	1716	1550	7769	6707	9117	8133	11738	10415	19859	18213
梅县	3489	3100	14165	12308	12761	11450	17289	15559	22341	20983
大埔县	3185	2607	12087	9906	12627	11126	14790	13245	15159	14813
丰顺县	4255	3631	15723	13852	17041	15080	22095	20698	23623	24030
五华县	7999	6214	33270	26299	48365	37269	64153	54465	66892	61903
平远县	1678	1353	6085	5266	5957	5069	8801	7136	11061	10202
蕉岭县	1352	1206	5053	4553	4589	4240	5982	5731	7460	7266
兴宁市	7398	5832	28331	21768	28821	21518	37898	28474	51463	46849
汕尾市	**18882**	**14824**	**80607**	**65028**	**111217**	**92172**	**179357**	**156075**	**195889**	**179385**
城区	2854	2171	9909	7993	14312	11676	24260	20125	31547	28652
海丰县	5144	3870	20812	16156	23974	18152	38118	29083	48635	43172
陆河县	1682	1486	10069	8011	12590	10167	18836	16837	18740	17618
陆丰市	9202	7297	39817	32868	60341	52177	98143	90030	96967	89943
河源市	**25574**	**21589**	**115872**	**99900**	**113992**	**97993**	**122002**	**110909**	**135009**	**135239**
源城区	2650	2104	13436	10820	14224	11479	15722	13377	20158	18900
紫金县	5554	4795	27171	23535	27424	23302	31400	28506	31600	31179
龙川县	6715	5643	29836	26033	30267	26293	30751	28255	31748	33195
连平县	2833	2458	12233	10760	11237	9897	12913	11965	13655	13325
和平县	4117	3593	17020	14872	14268	12461	13252	12252	16450	17831
东源县	3705	2996	16176	13880	16572	14561	17964	16554	21398	20809
阳江市	**19003**	**15152**	**71400**	**55788**	**72585**	**52419**	**92369**	**64973**	**127067**	**103338**
江城区	3895	3020	16391	12586	18013	13400	23739	16636	35190	29500
阳西县	3539	2974	12447	8877	13669	9158	20337	13788	26005	19633
阳东县	3172	2725	10890	9213	11368	8209	14490	9673	23002	17453
阳春市	8397	6433	31672	25112	29535	21652	33803	24876	42870	36752

单位:人

20-24岁		25-29岁		30-34岁		35-39岁		40-44岁	
男	女	男	女	男	女	男	女	男	女
210149	**191602**	**185836**	**180580**	**178694**	**172568**	**209229**	**208291**	**198028**	**202985**
40299	35763	33691	33805	35873	34245	41009	38087	34936	32439
14003	12380	13235	12283	12365	11293	14524	13850	12574	11680
37908	34337	36153	34922	32335	30908	40755	39079	37996	37391
37262	34691	31642	32381	32027	33112	37757	42598	39832	46193
30657	29439	25884	26307	23456	24007	29855	30831	28959	31281
26374	23505	26929	24117	25308	22302	25994	23845	22643	20998
23646	21487	18302	16765	17330	16701	19335	20001	21088	23003
338326	**325413**	**255098**	**255221**	**220882**	**221327**	**230574**	**240395**	**243123**	**257047**
14861	21074	10237	11158	10997	12349	13534	14005	12652	12482
20581	19413	17431	19103	19682	21888	23797	25093	22358	22080
20085	18370	15494	14173	11140	10444	9670	10396	10117	12021
36006	31894	20751	20120	16222	15382	14043	14799	14690	15341
37643	37062	29319	30043	26935	27070	29281	30134	32067	34088
35193	33363	27987	27520	23648	22424	26291	25631	27895	27347
66539	61381	51845	48241	42969	41125	41345	43795	47730	51522
62102	61013	50450	52552	43068	43658	46324	46536	48859	49114
45316	41843	31584	32311	26221	26987	26289	30006	26755	33052
228472	**220700**	**167823**	**182035**	**150773**	**164073**	**166719**	**195820**	**190036**	**222854**
43313	36849	28087	28892	27635	28896	34213	35459	34354	34912
19707	18429	15716	15795	12537	12289	10888	11977	11943	14273
54775	50954	45197	44761	38661	38591	37558	41273	40274	43956
41492	43327	29280	33896	26205	30441	33165	42379	43259	54061
43603	42566	32012	35725	28019	30701	30078	36199	33063	40304
25582	28575	17531	22966	17716	23155	20817	28533	27143	35348
154182	**150994**	**141015**	**143800**	**127301**	**128781**	**162693**	**161980**	**176452**	**169754**
25242	25545	16994	18955	18594	20287	25192	25727	22747	22464
8400	7462	6852	5972	5654	4808	7699	6796	8185	7681
11600	12576	13889	15084	12446	13158	14860	16490	17924	18141
26001	29215	22399	27749	19694	23639	24059	28598	27850	31315
9780	10294	8672	10573	9225	10765	13795	14934	17976	17441
9928	10251	10285	10786	9570	10363	12784	13258	16598	14840
35468	33512	32915	30442	26595	24206	35104	31448	36153	32788
27763	22139	29009	24239	25523	21555	29200	24729	29019	25084
270920	**249798**	**251376**	**225362**	**220662**	**193408**	**237382**	**214229**	**220758**	**196545**
102992	104847	92804	86311	82551	73264	86524	77943	75814	66045
57525	46343	49813	39410	41535	33153	45243	37969	40326	34366
52517	45212	51052	46781	50284	44830	52302	48831	49789	44780
47233	42635	45072	40056	35721	31521	40678	37577	40238	38254
10653	10761	12635	12804	10571	10640	12635	11909	14591	13100
148143	**157788**	**132069**	**155000**	**113411**	**133882**	**151781**	**175296**	**167573**	**177996**
17365	17446	12892	13532	12495	13388	17970	18721	17123	16124
18888	20585	17294	20335	14220	17862	19894	23882	23735	24838
9942	10486	9166	11364	9951	11938	11846	14118	14734	15279
14590	16715	15316	18822	11880	14578	14752	17590	16679	16421
40787	44336	33948	39074	27395	30424	32724	37269	35280	40009
5316	5542	5378	7232	5915	7570	10103	11237	11986	12358
6023	6287	5806	7163	6080	7386	8288	9838	9646	9730
35232	36391	32269	37478	25475	30736	36204	42641	38390	43237
142645	**146370**	**120439**	**126970**	**82800**	**89001**	**96393**	**108707**	**102726**	**108101**
26607	26324	23782	23987	15141	16230	19197	21728	20331	20944
41486	40406	38517	37875	26220	26170	31208	33042	31108	33115
11338	12314	9253	11088	7323	8806	8959	11408	9871	10951
63214	67326	48887	54020	34116	37795	37029	42529	41416	43091
97198	**105747**	**100653**	**121008**	**94349**	**107554**	**107990**	**120314**	**120075**	**118616**
26607	25850	23819	24845	22133	22914	23631	24226	21281	20590
17967	21004	18978	24262	17383	21396	21361	25196	23789	24004
17565	20729	19904	26411	18819	23105	20877	25699	25318	27949
11554	11983	12415	14338	10881	12270	12374	13655	14592	14344
9473	10695	10347	13217	10749	12119	12636	13235	16048	14412
14032	15486	15190	17935	14384	15750	17111	18303	19047	17317
98151	**92905**	**90764**	**88635**	**92067**	**90435**	**101962**	**103631**	**109941**	**108052**
30228	29927	26029	26201	26955	27984	30762	31791	31012	32064
20493	18693	18823	17493	17276	16723	18116	19131	19455	19687
22837	19098	21246	17485	21361	17603	20784	18537	20528	18609
24593	25187	24666	27456	26475	28125	32300	34172	38946	37692

表2 续表 63

地区	45-49岁		50-54岁		55-59岁		60-64岁	
	男	女	男	女	男	女	男	女
江门市	**179907**	**175578**	**139643**	**129142**	**139407**	**128645**	**103501**	**94651**
蓬江区	28653	25238	18744	17403	17028	17205	12972	13680
江海区	9713	8588	6331	5678	5882	6169	4122	4417
新会区	35608	33741	27631	25608	28466	27144	20365	20702
台山市	40106	41549	35242	31512	36365	30411	26900	21480
开平市	26066	28129	21811	22099	23251	21979	17497	16324
鹤山市	19411	16754	13548	11936	12614	12168	9688	8960
恩平市	20350	21579	16336	14906	15801	13569	11957	9088
湛江市	**224014**	**229494**	**193395**	**190540**	**158811**	**150211**	**127252**	**105453**
赤坎区	11567	11140	9280	9238	7363	7449	5868	5106
霞山区	19991	18726	15714	14929	11781	12363	9444	8447
坡头区	9936	11478	9258	10054	8546	8153	6603	4620
麻章区	13867	13696	11951	12106	9734	9901	7731	6026
遂溪县	29459	29075	25916	24138	21244	18902	16630	13977
徐闻县	24836	23456	20521	18925	15342	14268	11046	10228
廉江市	45088	48823	39934	40943	35434	32130	30044	22048
雷州市	44284	41743	38572	34928	28468	25282	22307	19782
吴川市	24986	31357	22249	25279	20899	21763	17579	15219
茂名市	**178694**	**194555**	**153332**	**150610**	**138960**	**128697**	**114753**	**94411**
茂南区	28091	27599	20544	20319	17651	18619	15906	14189
茂港区	11106	12918	10156	10569	8912	8424	7146	5975
电白县	37537	38623	32244	29808	27651	25468	21989	17766
高州市	43169	48009	36517	34704	35391	29642	28022	22658
化州市	32084	37343	29587	31609	26804	26663	23754	19446
信宜市	26707	30063	24284	23601	22551	19881	17936	14377
肇庆市	**153186**	**141556**	**108606**	**104424**	**102609**	**102208**	**75679**	**74299**
端州区	18513	17662	12339	12508	10545	11914	9190	9414
鼎湖区	7011	6324	4742	4719	4332	4507	3117	3404
广宁县	17427	16732	15123	14480	14869	13751	10641	9136
怀集县	25046	25474	18852	19095	17997	18212	13206	13303
封开县	17318	15533	12247	11007	10619	10270	7782	7532
德庆县	15643	12924	10901	9832	10063	8942	6860	5957
高要市	29537	27220	19491	18920	20500	21513	15130	16154
四会市	22691	19687	14911	13863	13684	13099	9753	9399
惠州市	**170347**	**143134**	**102804**	**88598**	**81901**	**75841**	**57737**	**51512**
惠城区	53404	44203	30713	26304	24316	23572	17177	16363
惠阳区	28892	23021	15091	11941	11456	9427	7777	6520
博罗县	40669	34207	26434	23591	21237	20374	15211	13602
惠东县	33307	29122	21110	18321	16437	14971	12031	10194
龙门县	14075	12581	9456	8441	8455	7497	5541	4833
梅州市	**160839**	**163493**	**133030**	**123318**	**128409**	**116217**	**92125**	**76094**
梅江区	16094	14895	12395	11460	10967	10840	8388	7479
梅县	25911	26236	21045	18873	19751	17227	13533	10943
大埔县	15174	15082	13826	12460	13906	11656	9384	7728
丰顺县	16572	15723	15887	15225	14288	13941	9838	8401
五华县	30012	33278	24965	24112	24638	22308	18207	15161
平远县	11285	10790	7252	6292	7498	6558	5146	4081
蕉岭县	10036	9451	7981	6816	7318	6391	5154	4182
兴宁市	35755	38038	29679	28080	30043	27296	22475	18119
汕尾市	**83179**	**83518**	**69973**	**66738**	**62855**	**59801**	**51452**	**36515**
城区	16142	15971	12783	12255	11043	10712	8725	6252
海丰县	24526	25538	18870	18616	17576	17035	14937	9538
陆河县	8374	8139	7507	6931	6241	5304	5180	3314
陆丰市	34137	33870	30813	28936	27995	26750	22610	17411
河源市	**108764**	**100274**	**81642**	**75257**	**69737**	**62945**	**51570**	**45781**
源城区	15873	14181	10587	9732	8086	7757	5915	5437
紫金县	23674	21998	16978	15963	14463	13196	10961	9699
龙川县	24118	24604	19726	18653	17902	15816	13282	11623
连平县	13600	12431	10936	9965	8513	7498	6147	5508
和平县	14244	12968	11177	10670	10724	10047	7940	7103
东源县	17255	14092	12238	10274	10049	8631	7325	6411
阳江市	**97392**	**90123**	**65923**	**59827**	**63728**	**58375**	**50726**	**39933**
江城区	26918	27132	17728	17646	17084	16412	13854	11238
阳西县	17372	15562	12534	10702	11425	9554	9442	6418
阳东县	16945	14690	11629	10048	11988	10613	9442	6838
阳春市	36157	32739	24032	21431	23231	21796	17988	15439

单位:人

65-69岁		70-74岁		75-79岁		80-84岁		85岁及以上	
男	女	男	女	男	女	男	女	男	女
60952	**56911**	**53939**	**48768**	**38733**	**45717**	**23354**	**33004**	**13856**	**28892**
7232	7956	6593	7166	4628	5466	2462	3167	1270	2705
2372	2504	2062	2120	1399	1750	801	1270	464	995
11154	11998	10231	9779	7402	9381	4504	6932	2546	5949
14902	12196	13907	11650	10329	11763	6540	9084	4020	8145
10685	9597	9047	7664	6024	7789	3819	5951	2256	5311
6431	6234	5292	4843	3913	4206	2266	3011	1473	2983
8176	6426	6807	5546	5038	5362	2962	3589	1827	2804
96941	**87820**	**84493**	**81846**	**63902**	**66265**	**38775**	**43322**	**22551**	**31300**
4033	3732	3365	3521	2510	2810	1499	1564	910	1115
7082	7275	5812	6149	4195	4218	2246	2121	1038	1401
5025	4188	4286	3683	3093	2902	1964	2105	1173	1591
5907	5639	4639	4618	3608	4116	2358	2930	1445	2348
12680	11949	11748	11470	9306	9482	5722	6465	3723	5126
8706	8923	7800	8827	6194	7162	3618	4646	1726	2979
23161	18500	19461	16917	14602	14351	8922	9438	6023	7628
17029	16180	15556	16468	11988	12973	7249	8585	3497	5112
13318	11434	11826	10193	8406	8251	5197	5468	3016	4000
91484	**80795**	**78121**	**70526**	**57558**	**58018**	**33094**	**35667**	**18972**	**26287**
10993	10464	10300	8628	6538	6260	3462	3698	1959	2748
5134	4728	4697	4199	3689	3792	2244	2324	1517	1914
16624	14469	14514	13195	11243	10970	6747	6712	3970	4979
23855	20754	19279	17501	14275	15398	7991	9311	4082	6324
19228	16075	16478	14906	12297	11594	7283	7433	4408	5911
15650	14305	12853	12097	9516	10004	5367	6189	3036	4411
56517	**57778**	**46603**	**51122**	**31582**	**41909**	**16250**	**26338**	**8720**	**18779**
6681	6839	5510	5630	3430	3695	1595	2014	692	1446
2396	2434	1818	2015	1046	1646	642	1247	438	1057
7025	7029	6054	6851	4604	6126	2222	3570	1117	2352
9928	11031	8836	10146	5740	7699	2826	4312	1619	3087
6937	7238	5861	6647	4045	5231	1820	3027	902	2261
5302	5262	4710	5205	3222	4003	1618	2442	702	1359
11247	11471	8338	9011	5730	8059	3426	5945	1984	4271
7001	6474	5476	5617	3765	5450	2101	3781	1266	2946
39272	**37461**	**36572**	**37441**	**27153**	**33776**	**14291**	**21924**	**7642**	**16260**
11266	11392	10107	10321	6972	8635	3696	5437	1992	3978
4188	4024	3961	4324	3196	4363	1789	3139	1118	2642
10809	10267	9661	9700	7244	8995	3938	5853	1941	3978
8531	7789	8815	8945	6748	8178	3393	5283	1874	4242
4478	3989	4028	4151	2993	3605	1475	2212	717	1420
66108	**57317**	**57640**	**57489**	**42942**	**55472**	**22762**	**36060**	**13645**	**29106**
5548	5064	4922	4794	3787	4365	1848	2629	910	2113
9233	7654	8340	8265	6619	9452	3458	6208	2141	4878
5796	4990	6103	6076	5339	6520	2916	4406	1558	3377
7688	6430	7142	6990	5530	6217	3172	3740	1793	3026
13882	12984	12287	12287	8443	10594	4336	6481	3029	5449
4002	3239	3619	3591	2412	3192	1299	2211	712	1621
3874	2969	3499	3339	2397	3168	1234	2099	650	1612
16085	13987	11728	12147	8415	11964	4499	8286	2852	7030
34752	**24292**	**29886**	**25535**	**21961**	**22458**	**12174**	**13306**	**7478**	**12008**
5247	3663	4226	3763	3219	3687	1748	2103	1100	1853
10263	6321	9298	7790	6892	6831	3621	3758	2149	3586
3845	2724	3665	3157	2607	2460	1351	1436	845	1107
15397	11584	12697	10825	9243	9480	5454	6009	3384	5462
44935	**42921**	**38906**	**40742**	**27057**	**34149**	**12789**	**19622**	**6983**	**14538**
4547	4472	3846	3974	2582	3186	1194	1798	656	1318
9610	8957	8983	9088	6004	7457	3100	4538	1732	3926
11737	11196	9849	10550	6906	8799	3547	5325	1994	3741
5370	5173	4518	4836	2966	4020	1298	2302	583	1656
6708	6726	5385	6096	3953	5183	1541	2644	851	1702
6963	6397	6325	6198	4646	5504	2109	3015	1167	2195
39666	**33297**	**31914**	**30842**	**24949**	**28248**	**15085**	**19053**	**8653**	**13377**
9952	8930	8436	8411	6401	7071	3714	4648	2470	3489
7145	5550	5569	5002	4758	4954	2944	3088	1771	2518
6841	4994	5270	4733	4335	4996	2887	3772	1768	2690
15728	13823	12639	12696	9455	11227	5540	7545	2644	4680

表2 续表 64

地区	0岁		1-4岁		5-9岁		10-14岁		15-19岁	
	男	女	男	女	男	女	男	女	男	女
清远市	**32885**	**25047**	**108286**	**86230**	**111609**	**89338**	**142319**	**120708**	**178597**	**170848**
清城区	6151	4759	21733	16498	21982	16070	26001	18962	41119	36801
佛冈县	2792	2331	10380	8729	8914	7392	11249	9405	14811	14491
阳山县	3557	2702	10270	8201	9511	7861	17461	16029	17677	18590
连山壮族瑶族自治县	966	824	2810	2469	2582	2381	3813	3454	3691	3118
连南瑶族自治县	1631	1117	4900	3812	4920	4169	5813	5093	4836	4568
清新县	5825	4335	20793	16582	22729	18174	27970	23306	38553	36163
英德市	8363	6037	26404	20461	30188	23606	38447	33729	45609	43465
连州市	3600	2942	10996	9478	10783	9685	11565	10730	12301	13652
东莞市	**22423**	**17428**	**113281**	**86307**	**127540**	**90737**	**129272**	**93655**	**374104**	**387701**
市辖区	22423	17428	113281	86307	127540	90737	129272	93655	374104	387701
中山市	**10984**	**9335**	**54345**	**45066**	**63967**	**51188**	**71928**	**58511**	**139222**	**127232**
市辖区	10984	9335	54345	45066	63967	51188	71928	58511	139222	127232
潮州市	**16125**	**13973**	**65431**	**57469**	**71834**	**64239**	**104246**	**96448**	**132655**	**129530**
湘桥区	2039	1743	8890	8111	9494	8368	13171	11918	22215	25317
潮安县	7463	6553	31753	27493	35025	31516	52178	48468	65408	61717
饶平县	6623	5677	24788	21865	27315	24355	38897	36062	45032	42496
揭阳市	**36058**	**33590**	**160658**	**131928**	**219714**	**193384**	**346705**	**317733**	**393304**	**371175**
榕城区	3498	3273	14754	10841	20941	16808	34712	29057	50740	49132
揭东县	6867	6511	29540	23673	35003	28746	58501	50296	71581	67005
揭西县	5182	4754	21351	17466	29013	25187	45862	41820	47178	44068
惠来县	7395	6919	36711	32063	52239	49081	76359	75293	74813	70329
普宁市	13116	12133	58302	47885	82518	73562	131271	121267	148992	140641
云浮市	**17656**	**14711**	**81600**	**66467**	**85203**	**66071**	**110860**	**87797**	**126241**	**115595**
云城区	2212	1698	8949	6967	9478	6865	11025	8194	16426	14754
新兴县	2705	2128	12170	9808	12395	10090	18877	16860	23686	25721
郁南县	2835	2557	12927	10751	12389	9920	15802	12890	18271	16212
云安县	1909	1778	9331	7429	9181	7246	12200	9926	15104	14251
罗定市	7995	6550	38223	31512	41760	31950	52956	39927	52754	44657
广西壮族自治区	**392805**	**320086**	**1531191**	**1276397**	**1791975**	**1526315**	**1707841**	**1444211**	**1825863**	**1603433**
南宁市	**47399**	**37653**	**188846**	**152379**	**220605**	**179371**	**212284**	**169111**	**270604**	**235073**
兴宁区	1726	1298	9899	7797	10524	8912	9664	7762	21080	13595
青秀区	3461	3003	13823	11685	16234	13637	15579	13376	24726	22936
江南区	3332	2626	14710	11828	17185	13498	15307	11835	21493	17451
西乡塘区	5069	3909	23402	18742	26912	21055	26054	19850	47119	44086
良庆区	2146	1868	11214	8378	13337	10929	12168	9566	13051	8871
邕宁区	2116	1660	7360	5875	10611	8575	10282	8812	11553	10592
武鸣县	3647	3050	13355	11064	15613	12756	17045	13400	21167	17635
隆安县	2925	2219	11731	9157	13015	10942	8486	6628	9879	7928
马山县	4017	3242	15739	13300	17380	14772	15035	13024	14011	14332
上林县	3020	2380	11090	9571	12659	10814	13135	11557	13580	13499
宾阳县	6761	5027	25041	19367	31741	24644	33699	26557	36124	32982
横县	9179	7371	31482	25615	35394	28837	35830	26744	36821	31166
柳州市	**24042**	**20989**	**98656**	**86835**	**114147**	**103034**	**99389**	**90221**	**129766**	**118077**
城中区	640	591	3094	2815	4174	3594	3616	3308	6161	6307
鱼峰区	1567	1388	7600	6771	9157	8009	8439	7337	11703	10380
柳南区	2345	2137	11358	10012	13640	12128	12454	10921	16505	12738
柳北区	1892	1820	8988	7905	10951	9580	10142	9114	12323	11138
柳江县	4130	3526	15308	13442	16628	15349	14490	12765	25218	22666
柳城县	2420	2128	8532	8103	9734	9454	9467	9233	12003	12262
鹿寨县	2870	2598	11365	10277	12668	11694	9611	9212	15315	13721
融安县	1530	1340	6934	6257	8247	7906	7542	7291	9220	9010
融水苗族自治县	3514	2931	12982	10671	15461	13632	14008	12490	12031	11200
三江侗族自治县	3134	2530	12495	10582	13487	11688	9620	8550	9287	8655
桂林市	**33077**	**29071**	**130355**	**115281**	**132883**	**117042**	**111283**	**97599**	**149083**	**135491**
秀峰区	724	612	3528	3117	3973	3362	3270	2867	4325	4088
叠彩区	926	814	3935	3392	4180	3712	3373	3048	3890	3811
象山区	1334	1133	5837	5182	6802	5918	5979	5370	7128	7141
七星区	1351	1247	6028	5458	6639	5961	5180	4679	10441	9174
雁山区	357	331	1397	1289	1454	1271	1364	1185	3122	4088
阳朔县	1822	1605	7075	6524	7480	7132	6455	6073	8518	8666
临桂县	3048	2485	11784	9802	13318	10695	11576	9528	18510	17671
灵川县	2579	2325	9186	8441	8892	8070	7343	6670	10746	9391
全州县	5884	4994	23199	19808	23131	18999	16766	13421	19676	14701
兴安县	2669	2485	8539	8000	7395	6768	6650	5900	8619	8338

单位:人

20-24岁		25-29岁		30-34岁		35-39岁		40-44岁	
男	女	男	女	男	女	男	女	男	女
140755	**141971**	**137548**	**141979**	**127456**	**128865**	**151381**	**149313**	**171587**	**162887**
40198	37990	36596	34818	34923	32497	40296	36884	40737	36869
12822	12691	12182	12440	9310	9664	11351	11455	13741	13664
9714	10927	10117	11261	8622	9285	11098	12136	15349	15077
2455	2314	2736	2884	2572	2808	3810	3481	4679	4026
2916	3374	3533	4226	4535	5020	5339	5084	6077	5607
29802	31284	28291	30406	26680	26796	28121	28276	29473	28477
33502	33412	33873	34458	30150	31237	38326	38572	43797	42870
9346	9979	10220	11486	10664	11558	13040	13425	17734	16297
822731	**791074**	**730597**	**580697**	**610637**	**459344**	**545481**	**424386**	**400232**	**332197**
822731	791074	730597	580697	610637	459344	545481	424386	400232	332197
241705	**217800**	**211000**	**178723**	**189016**	**156488**	**192833**	**164728**	**158926**	**141655**
241705	217800	211000	178723	189016	156488	192833	164728	158926	141655
110988	**112106**	**98863**	**98568**	**91796**	**88795**	**112656**	**106503**	**118851**	**109343**
18904	22845	15605	17022	16300	17267	20183	20169	19591	19353
62012	57266	55321	49911	50358	44369	60220	53482	61868	54202
30072	31995	27937	31635	25138	27159	32253	32852	37392	35788
280576	**279111**	**225882**	**224624**	**168424**	**167894**	**185380**	**199084**	**201106**	**207698**
38065	36293	27429	25005	25114	23143	30551	29746	31494	32412
56360	53330	43195	40467	32219	31775	35604	40601	43410	45003
34682	33450	32177	32121	23391	24019	26254	29458	28516	29844
47587	49905	41549	43903	28741	30265	29003	32485	31861	32574
103882	106133	81532	83128	58959	58692	63968	66794	65825	67865
87978	**87521**	**75607**	**78822**	**72026**	**73263**	**79829**	**86294**	**93823**	**102649**
13849	12579	12494	12636	12973	12066	14804	13781	15663	14889
15554	14614	14883	14866	14161	13829	16081	16506	18125	18024
12184	11610	11150	11125	11041	11212	11887	12928	16829	18072
10910	11187	9592	9124	8288	7747	8949	9399	10521	11487
35481	37531	27488	31071	25563	28409	28108	33680	32685	40177
1987801	**1866082**	**1875290**	**1781744**	**1800487**	**1680573**	**1947361**	**1768846**	**1997311**	**1795901**
327813	**318680**	**289617**	**287070**	**280950**	**266640**	**301011**	**272311**	**296553**	**259536**
25168	21343	20923	20664	21192	18978	20089	17166	17514	15059
39815	46345	37393	38246	34119	32840	36084	32786	34095	29597
29096	26116	29304	28893	30402	28806	30529	26292	26532	22938
97638	101597	60885	62874	56249	53707	55865	50388	49166	44175
15780	13614	18661	19011	20271	18300	19030	15479	15889	12984
10293	9114	10643	9494	9779	9189	10895	9818	11790	9937
19907	16238	20524	19054	20529	19560	23666	21644	26316	23040
8638	8004	9105	8807	10887	10469	12908	11365	14982	12326
13161	13153	13632	13806	14442	14093	15051	14500	15355	13722
10998	10760	10879	11084	10778	10690	13099	12439	14727	13162
29425	25365	27513	24477	27668	24712	31626	29099	34766	29802
27894	27031	30155	30660	24634	25296	32169	31335	35421	32794
174282	**146748**	**166842**	**153227**	**170211**	**154459**	**186150**	**163466**	**182803**	**160336**
12891	8864	6339	6440	6349	7006	7907	7886	7652	7177
19665	16800	16542	16976	17246	16959	18471	17278	16856	16200
22909	17861	23021	21955	24184	23925	27017	24831	24517	22771
18296	16677	18026	18158	20548	20225	22694	21173	21433	20543
29356	24403	28762	25179	26133	22785	26366	22231	26093	22004
14305	12904	16942	14400	15239	13264	16241	14093	17403	14719
23031	16225	20240	15977	20323	15692	20952	15932	20656	15184
12063	11148	12972	11143	12683	10475	13328	10886	13816	11159
13449	13294	14847	13467	16840	13902	19792	17155	20414	17833
8317	8572	9151	9532	10666	10226	13382	12001	13963	12746
200805	**187990**	**203672**	**191268**	**189602**	**176328**	**215422**	**193082**	**232006**	**207228**
7049	10363	7092	7864	6960	7089	7751	7890	7718	7255
5714	5800	7391	8297	7951	8105	8155	7931	7880	7973
9706	10519	11456	13414	12044	13461	13453	14344	13281	13359
26447	23724	16003	15657	14214	13253	15048	13416	13398	11595
8501	14223	2545	2591	2020	1867	2487	2248	2700	2420
9114	8950	11642	11198	10649	9784	12463	10749	14316	11877
18749	17088	20978	18498	19783	16782	22120	18277	21218	18429
18900	12669	13985	13509	13325	12690	15421	13821	17014	15287
22153	17944	24288	21506	22538	21707	25811	23758	29444	26736
13026	11461	16047	13819	12737	11563	13907	12574	15422	14335

表2 续表 65

地区	45-49岁		50-54岁		55-59岁		60-64岁	
	男	女	男	女	男	女	男	女
清远市	**153854**	**142618**	**105336**	**98451**	**100631**	**91981**	**70255**	**63467**
清城区	32478	29657	19534	18591	19537	19278	13826	13972
佛冈县	12184	11776	8342	7977	8173	6876	5468	4336
阳山县	15429	14941	11539	11174	11168	9710	7451	6533
连山壮族瑶族自治县	4450	4035	2964	2701	2821	2585	1981	1638
连南瑶族自治县	5505	5179	3857	3812	3629	3710	2377	2521
清新县	25225	23866	16762	16162	17753	15881	12516	10733
英德市	41171	37690	29335	26054	24566	21327	16800	14857
连州市	17412	15474	13003	11980	12984	12614	9836	8877
东莞市	**238329**	**193062**	**109949**	**87001**	**85218**	**76874**	**51085**	**50597**
市辖区	238329	193062	109949	87001	85218	76874	51085	50597
中山市	**107366**	**93008**	**61941**	**54368**	**54548**	**53267**	**36345**	**37512**
市辖区	107366	93008	61941	54368	54548	53267	36345	37512
潮州市	**108547**	**99948**	**87634**	**82845**	**80327**	**80489**	**52994**	**50115**
湘桥区	18617	18348	14993	15171	14535	15155	10521	9707
潮安县	54498	48191	43082	39027	39266	39335	24901	23642
饶平县	35432	33409	29559	28647	26526	25999	17572	16766
揭阳市	**175841**	**173135**	**156285**	**146412**	**142193**	**139535**	**98157**	**82603**
榕城区	26252	26975	21944	21415	19835	20285	13211	11591
揭东县	40317	38855	37625	34312	34743	34305	22482	18762
揭西县	26634	25570	24557	23643	22558	21878	17350	11860
惠来县	26982	25607	24911	23256	22647	21737	15507	15002
普宁市	55656	56128	47248	43786	42410	41330	29607	25388
云浮市	**89664**	**92917**	**66405**	**65051**	**65337**	**59378**	**47256**	**38009**
云城区	13328	12569	8420	8267	8023	7576	6023	4986
新兴县	16673	15490	11222	10388	12104	10672	9276	8064
郁南县	17284	17519	13304	12729	12537	11073	9115	6957
云安县	10316	10277	7730	7065	7234	5900	4907	3505
罗定市	32063	37062	25729	26602	25439	24157	17935	14497
广西壮族自治区	**1718836**	**1571732**	**1224675**	**1152454**	**1224627**	**1173690**	**915051**	**868262**
南宁市	**261932**	**232983**	**181125**	**168455**	**176786**	**167506**	**130922**	**132830**
兴宁区	14528	12626	10126	9317	9834	9416	7128	7593
青秀区	30640	26383	19805	19374	17556	17837	11444	11816
江南区	22607	20234	14507	13796	13544	13927	10265	10655
西乡塘区	41454	36908	27958	25902	25271	23581	16166	16778
良庆区	11753	10293	7443	6857	7564	7276	5476	5416
邕宁区	10178	9110	6597	6538	6849	6534	5280	5266
武鸣县	25809	22358	17691	16472	17982	16729	13194	12855
隆安县	13437	11486	9087	8283	9203	8896	6740	6887
马山县	13619	12316	10058	9518	9938	9454	8529	9858
上林县	13822	12070	10924	9482	11052	9566	8165	8118
宾阳县	31774	27958	22366	20324	22529	21021	17268	16936
横县	32311	31241	24563	22592	25464	23269	21267	20652
柳州市	**156943**	**140143**	**109943**	**100504**	**108365**	**104015**	**79203**	**74873**
城中区	6536	5863	4437	4256	3736	4025	2750	3069
鱼峰区	14667	14516	10836	10486	10417	10227	7236	6819
柳南区	21179	19625	14905	13974	13730	13748	9700	9456
柳北区	18838	17981	13975	13584	13212	13094	10051	9333
柳江县	21991	18845	16703	14613	14817	13630	9715	9302
柳城县	15415	13254	11432	10243	10766	9886	7498	6691
鹿寨县	18220	14237	12939	10976	12720	12182	8708	7921
融安县	12268	10067	8547	7275	9663	8752	7112	5950
融水苗族自治县	16051	14764	9684	8893	11005	10580	9194	9110
三江侗族自治县	11778	10991	6485	6204	8299	7891	7239	7222
桂林市	**206144**	**187484**	**150361**	**142108**	**157426**	**154584**	**111572**	**103155**
秀峰区	6426	6316	4842	4581	4623	4431	3014	2949
叠彩区	7695	7581	5965	5907	6255	6259	4357	4002
象山区	11823	11671	9057	9402	9865	9720	6710	6425
七星区	10741	9647	7488	7068	7083	7587	5240	5170
雁山区	2380	2077	1603	1312	1486	1592	1017	1189
阳朔县	12491	11037	8715	7857	9026	8437	6424	5757
临桂县	17594	15174	11602	10694	13738	12965	9815	8868
灵川县	15870	14281	11681	10877	13385	12476	8839	7898
全州县	27557	24688	22858	21753	21345	21808	13462	13202
兴安县	15473	14613	11067	10853	12443	12600	8339	7451

单位:人

65-69岁		70-74岁		75-79岁		80-84岁		85岁及以上	
男	女	男	女	男	女	男	女	男	女
55538	**53851**	**45745**	**48409**	**32956**	**41932**	**18226**	**26783**	**9552**	**19218**
9844	9744	7973	7948	5936	7354	3419	4658	1868	3732
4493	4036	3665	3592	2660	3342	1519	2259	866	1528
6867	6967	5723	6311	3681	5018	1940	3208	870	2120
1587	1487	1334	1396	904	1054	463	630	217	395
1826	2117	1629	1929	1059	1442	500	816	214	566
9493	8198	7384	7113	5549	6862	3286	4666	1927	3399
13725	13707	11969	13420	9037	11542	4919	7382	2646	5299
7703	7595	6068	6700	4130	5318	2180	3164	944	2179
30196	**31706**	**22581**	**23658**	**16563**	**21127**	**9960**	**14787**	**6045**	**11645**
30196	31706	22581	23658	16563	21127	9960	14787	6045	11645
20789	**22083**	**17568**	**19096**	**12636**	**15528**	**7446**	**10542**	**4067**	**8513**
20789	22083	17568	19096	12636	15528	7446	10542	4067	8513
33638	**31319**	**28760**	**30787**	**22275**	**27683**	**12405**	**19407**	**5470**	**14404**
5638	5054	4551	5241	3940	4556	2195	2833	959	1950
15172	14650	13353	14415	10643	13225	5952	9178	2624	7059
12828	11615	10856	11131	7692	9902	4258	7396	1887	5395
67035	**55384**	**57680**	**55746**	**41551**	**48995**	**24194**	**33300**	**13717**	**28556**
8771	7354	6891	7083	5075	5757	2761	3827	1394	2925
16124	12903	13401	12708	9359	11348	5381	8004	2582	6220
12272	8265	10285	9418	7900	8569	4983	5843	3262	5087
9911	9851	8961	9383	6685	8767	4024	6120	2815	6355
19957	17011	18142	17154	12532	14554	7045	9506	3664	7969
39590	**34188**	**32132**	**31679**	**21518**	**26848**	**11563**	**17438**	**6042**	**12126**
4472	4104	3773	3849	2267	3035	1202	1932	577	1440
7692	7432	6120	6479	3932	5699	1946	3864	954	2545
7790	6357	6305	6291	4636	5099	2491	3161	1320	2172
4020	3362	3699	3778	2781	3354	1577	2208	846	1518
15616	12933	12235	11282	7902	9661	4347	6273	2345	4451
698327	**707864**	**569394**	**601862**	**392390**	**467080**	**208789**	**281837**	**114690**	**210688**
96205	**103761**	**79117**	**88245**	**51077**	**65985**	**25940**	**38791**	**13931**	**29645**
4729	4737	3822	4108	2533	3086	1218	1739	668	1228
8086	9551	8076	8756	5610	6019	2814	2969	1268	1937
6750	7246	5969	6285	3437	4207	1619	2246	836	1696
11120	12341	9971	11151	6309	7858	3117	4207	1600	2871
4020	3766	3087	2856	1981	2272	1020	1411	616	1114
4371	4203	3418	3299	2390	2636	1273	1636	617	1138
10013	11148	7772	9086	4872	6965	2568	4463	1573	3718
5504	6279	4478	5240	2994	4164	1605	2643	869	2019
6597	7884	4971	6365	3248	4716	1664	2825	1034	2539
6499	7419	4913	6073	3197	4702	1573	2821	863	2410
12160	12929	9877	11468	6201	8660	3184	5270	1707	4227
16356	16258	12763	13558	8305	10700	4285	6561	2280	4748
54705	**56384**	**46366**	**49709**	**33202**	**38798**	**16976**	**22197**	**8134**	**14564**
1947	2228	1857	1972	1264	1366	603	729	307	461
4281	4376	3755	3984	2313	2811	1132	1428	613	1055
6060	6252	5364	5908	3736	4319	1954	2397	999	1508
6038	6109	5226	5611	3552	3944	1716	1945	826	1382
6817	7363	6006	6475	4469	5551	2450	3364	1073	2333
5488	5685	4561	4900	3461	4226	1886	2701	983	1874
6361	6075	5164	5390	4014	4774	2076	2868	972	1879
5180	4878	3997	4106	3343	3561	1686	2066	852	1388
7028	7644	5670	6448	3968	4689	2046	2798	931	1638
5505	5774	4766	4915	3082	3557	1427	1901	578	1046
77854	**74441**	**66184**	**67511**	**49709**	**55838**	**25976**	**32850**	**13167**	**23031**
1931	1947	1544	1889	1226	1516	640	847	322	563
2486	2587	2198	2523	1684	1935	834	1015	428	639
3932	3995	3413	3688	2292	2626	1093	1269	537	905
3185	3173	2651	2758	1719	1852	798	920	363	673
754	960	688	817	585	865	260	519	174	455
4688	4545	3826	4021	3079	3626	1677	2280	863	1782
6816	6965	5507	5757	4249	5433	1994	3017	1039	2428
5492	5491	4522	4960	3514	4357	1673	2563	857	1832
9970	9378	10444	10354	7817	7759	4502	4745	2144	2924
5789	5432	4919	5016	3825	3962	2104	2505	1114	1748

表2 续表 66

地区	0岁		1-4岁		5-9岁		10-14岁		15-19岁	
	男	女	男	女	男	女	男	女	男	女
永福县	1871	1669	7011	6188	6873	6042	5438	4752	6571	5740
灌阳县	1787	1431	7387	5988	7382	6104	6665	4885	8323	5840
龙胜各族自治县	970	962	3551	3591	3859	3830	3508	3588	3813	3946
资源县	1226	966	4512	3851	4439	3866	3794	3374	3644	3734
平乐县	2989	2506	11804	10009	11099	9931	9240	8217	14267	13163
荔浦县	1965	1943	8427	7963	8667	8565	7831	7772	9556	8880
恭城瑶族自治县	1575	1563	7155	6678	7300	6816	6851	6270	7934	7119
梧州市	**26135**	**21304**	**95966**	**80462**	**124641**	**106462**	**128502**	**110027**	**138308**	**130728**
万秀区	726	585	3033	2529	3816	3218	3785	3244	4492	4254
蝶山区	1112	953	4576	3956	5740	4897	5906	4954	7598	7115
长洲区	1220	1019	5694	4779	6285	5350	6047	5131	8010	7364
苍梧县	5495	4506	18530	16098	24999	22237	25353	22929	27662	27688
藤县	8498	6800	28557	24301	39495	35349	40502	37217	40665	39485
蒙山县	1434	1243	5769	4960	6871	5948	6183	5446	7397	6867
岑溪市	7650	6198	29807	23839	37435	29463	40726	31106	42484	37955
北海市	**12095**	**9586**	**48255**	**39582**	**55830**	**46190**	**55027**	**44259**	**70401**	**62646**
海城区	1693	1461	8494	6736	9709	7858	9037	7199	12353	11344
银海区	1333	1063	5488	4448	6390	5202	5424	4358	7904	7422
铁山港区	1367	1154	4588	4034	5016	4094	5073	4183	6983	6581
合浦县	7702	5908	29685	24364	34715	29036	35493	28519	43161	37299
防城港市	**7976**	**6487**	**30762**	**25254**	**34789**	**27789**	**32580**	**22797**	**35272**	**24687**
港口区	1085	945	4691	3796	5178	4019	4580	3320	6206	4225
防城区	3767	3029	13796	11937	14865	12522	13360	9823	14002	9725
上思县	1792	1388	7206	5476	8861	6730	9350	6048	9225	6524
东兴市	1332	1125	5069	4045	5885	4518	5290	3606	5839	4213
钦州市	**33732**	**28021**	**130411**	**109791**	**154540**	**129740**	**159513**	**129403**	**136127**	**106259**
钦南区	5764	4881	22416	18374	24355	19446	24507	18842	24882	17824
钦北区	7105	5723	27123	21985	31113	24113	31368	22560	23592	14982
灵山县	13499	11426	52548	45312	64605	57149	68289	58770	54031	45337
浦北县	7364	5991	28324	24120	34467	29032	35349	29231	33622	28116
贵港市	**40215**	**31529**	**147767**	**119012**	**199248**	**169409**	**211515**	**183465**	**191050**	**161021**
港北区	4548	3632	18626	15411	23666	20088	26243	22829	31620	27689
港南区	4862	3918	18626	15123	22393	18865	24246	19670	22728	18015
覃塘区	4353	3496	15808	13636	20037	18117	21030	19096	15075	13892
平南县	11286	8425	39861	30887	56941	47183	59156	49836	52764	42901
桂平市	15166	12058	54846	43955	76211	65156	80840	72034	68863	58524
玉林市	**59593**	**46348**	**221648**	**177996**	**265125**	**216765**	**263921**	**212196**	**246282**	**203330**
玉州区	8889	6972	35392	27881	39715	31289	34998	26223	49996	40751
容县	7151	5787	25786	21814	29839	25431	29658	25833	23062	20477
陆川县	8473	6568	30695	24384	39321	33199	39591	33992	35335	31768
博白县	16638	12523	60023	48105	70746	57328	75473	58863	68453	55422
兴业县	5827	4554	22042	17816	26450	21663	25031	19146	19577	14658
北流市	12615	9944	47710	37996	59054	47855	59170	48139	49859	40254
百色市	**26846**	**21258**	**114705**	**95179**	**138506**	**120493**	**118693**	**106022**	**116769**	**110129**
右江区	2131	1874	9589	8238	10471	9452	8051	7686	14231	13668
田阳县	2397	2103	9283	8443	9005	8497	6887	6631	7860	8040
田东县	3144	2314	12363	10232	13824	11815	10479	9060	11768	10932
平果县	3549	2483	13465	10746	15864	12669	14620	12253	15869	15739
德保县	2095	1678	8929	7395	10635	9276	9106	8329	8373	8332
靖西县	3727	2936	16497	13853	20599	18208	19938	17741	16524	15704
那坡县	1238	1008	5665	4504	6635	5594	5077	4556	3677	3370
凌云县	1273	966	6460	4829	8657	6998	8683	7512	8152	6740
乐业县	1408	1105	5607	4284	7703	6621	7272	6226	6243	5322
田林县	1517	1289	8757	7414	11096	9781	8184	7623	6326	5657
西林县	1233	1038	5268	4350	6763	5678	6029	4999	4715	4209
隆林各族自治县	3134	2464	12822	10891	17254	15904	14367	13406	13031	12416
贺州市	**18821**	**16157**	**68352**	**59948**	**70090**	**62807**	**71955**	**64262**	**90411**	**86112**
八步区	5902	5133	21978	19597	22429	20510	23110	21672	26711	26300
平桂管理区	3792	3325	13443	11830	13232	11990	14294	12712	18871	17310
昭平县	3202	2822	11636	9944	13579	12366	10958	9082	15892	14157
钟山县	3458	2885	12557	11031	12707	11078	13923	12727	17120	17989
富川瑶族自治县	2467	1992	8738	7546	8143	6863	9670	8069	11817	10356
河池市	**29311**	**23686**	**121706**	**100411**	**134698**	**117213**	**121268**	**108006**	**110908**	**102833**
金城江区	2245	1898	9312	7833	9758	8665	8144	7172	12615	12858
南丹县	2368	1742	10577	8129	12311	9919	10373	8545	9261	7716
天峨县	1192	894	5858	4462	8427	7056	7082	6098	5733	4754

单位:人

20-24岁		25-29岁		30-34岁		35-39岁		40-44岁	
男	女	男	女	男	女	男	女	男	女
8451	7914	9673	8973	9862	8660	11224	9406	12225	10045
8975	6893	10389	8358	7965	7328	8795	8360	11122	10313
4700	4480	5933	5675	5934	5386	7929	6602	9114	7407
4358	4420	6167	5939	5861	5334	7164	6028	7698	6572
16357	14612	15343	13125	13469	11689	15804	13921	17437	15377
11354	11165	14711	14289	15219	13967	16912	14566	18255	16101
7251	5765	10029	8556	9071	7663	10978	9191	13764	12147
130358	**129394**	**97049**	**96283**	**91971**	**91248**	**111484**	**107851**	**122773**	**110976**
5710	5628	4886	4938	5032	5015	5506	5393	5910	6048
10271	10616	6814	6914	7392	7999	8930	9166	9143	9482
8954	8043	6885	7539	7882	8273	9129	8777	9045	8212
25150	24997	17948	17749	16985	16401	21717	19704	24483	20001
38900	39652	28123	27388	24819	23916	28960	27278	34180	29498
8437	7580	7435	6813	6952	6189	8583	7615	9611	8335
32936	32878	24958	24942	22909	23455	28659	29918	30401	29400
74194	**66577**	**61693**	**59323**	**57284**	**55824**	**61897**	**59588**	**64005**	**61821**
17033	17255	15343	16371	15134	16107	17227	17132	16632	16354
12184	10177	7902	6774	7488	6242	7967	7023	8318	7149
6329	5871	4956	4674	4804	4356	5764	5339	6155	5747
38648	33274	33492	31504	29858	29119	30939	30094	32900	32571
42859	**32185**	**44164**	**36861**	**40229**	**33072**	**40068**	**31268**	**38711**	**32545**
8974	6062	9724	7145	8951	6530	9706	6843	8796	6302
18351	13899	18827	15809	15443	12917	14690	11891	13908	12690
8578	6404	8367	7028	8790	7264	8715	6761	9373	7865
6956	5820	7246	6879	7045	6361	6957	5773	6634	5688
130906	**113496**	**117674**	**106038**	**104108**	**95902**	**108033**	**98573**	**111496**	**101891**
33181	27707	29764	25413	26619	23476	26629	22755	25083	21829
26195	18766	24477	19500	21532	17855	20417	17456	20593	17867
39996	39174	36876	37280	32498	32670	35339	33921	38338	36070
31534	27849	26557	23845	23459	21901	25648	24441	27482	26125
166360	**157484**	**146617**	**142140**	**140884**	**137060**	**148388**	**146036**	**156013**	**152224**
26344	25592	22822	22221	23146	22180	24576	23151	23280	22821
21086	20392	18759	18310	15783	16171	17209	18095	18934	19170
14075	14235	11959	12557	12080	12741	13631	14044	15298	15922
49716	44020	39096	36184	38859	35997	39013	37319	42571	39644
55139	53245	53981	52868	51016	49971	53959	53427	55930	54667
236882	**226648**	**208895**	**206065**	**177837**	**182127**	**195301**	**198635**	**203567**	**200371**
56635	50605	51364	46896	45058	43416	45831	44085	43271	39499
20567	22169	18112	20942	17508	20682	21823	24168	25383	26040
32363	31218	28221	26703	25111	24065	25140	24761	25623	25507
58731	58260	48904	50075	38620	40606	43490	43547	44056	43481
20823	17780	21177	19413	18552	18204	20599	20691	23255	21284
47763	46616	41117	42036	32988	35154	38418	41383	41979	44560
129419	**128647**	**147635**	**138631**	**157465**	**139360**	**164924**	**140268**	**161984**	**139549**
18374	20423	16907	16147	18814	16787	19474	16447	18968	16420
9753	9498	13389	12972	15418	14186	16646	14182	17668	14485
11488	11250	15010	14499	16660	15151	17387	15276	16602	14594
18508	17960	20061	19607	20163	18079	20462	17122	19306	16848
10068	9622	13339	11777	13612	11483	14333	11053	13878	9982
17615	16154	19706	17935	20977	18719	22428	18115	20873	16264
3750	3911	4955	5047	6749	5903	7509	6095	7946	6687
8088	7475	8432	7329	8124	6506	7997	6708	7909	7565
6440	6361	6215	5732	6590	5567	6265	5558	6208	6202
7177	7234	9043	8507	9844	8728	11161	10034	11596	10488
4850	4926	5865	5530	6457	5684	6714	6386	6599	6386
13308	13833	14713	13549	14057	12567	14548	13292	14431	13628
91808	**89414**	**75962**	**70527**	**69361**	**63389**	**77383**	**67531**	**82836**	**72925**
28137	29888	23383	23887	21866	21449	24914	22199	25316	22082
20445	18883	18283	15598	14505	12605	15498	13157	15982	13944
15776	14629	12175	10721	11335	10293	13752	11883	15901	13821
15724	15147	12305	11335	12260	10652	13180	10972	14494	12763
11726	10867	9816	8986	9395	8390	10039	9320	11143	10315
115340	**115708**	**143511**	**137338**	**141711**	**126628**	**149079**	**128247**	**149194**	**131870**
12782	12288	14945	15020	16505	15029	17837	15115	16447	14176
10257	9579	12672	11270	12942	11043	14509	12297	13845	12439
4615	5133	6850	6410	6914	5768	7527	6441	6954	6565

表2 续表 67

地　区	45-49岁		50-54岁		55-59岁		60-64岁	
	男	女	男	女	男	女	男	女
永福县	9775	8450	7235	6493	8008	7173	5871	5546
灌阳县	9827	9563	7691	7906	7619	8462	6171	5255
龙胜各族自治县	7707	6636	5651	4932	5449	5048	4116	3935
资源县	6267	5758	4517	4314	5010	4891	3587	3239
平乐县	15862	14092	10670	10215	11158	11375	8946	8250
荔浦县	17003	14838	11867	10332	12137	11159	8689	7864
恭城瑶族自治县	11653	11062	7852	7612	8796	8601	6975	6155
梧州市	**103097**	**92729**	**72390**	**62285**	**75373**	**64289**	**52346**	**44419**
万秀区	5839	6135	4683	4665	5023	4914	3659	3353
蝶山区	8383	8589	6806	6647	7172	6662	4898	4464
长洲区	7343	6649	4377	4113	4527	4661	3082	3075
苍梧县	19450	16090	11968	9422	13608	11401	9554	8483
藤县	28882	24467	20242	16128	21197	16217	14905	11477
蒙山县	7861	7006	5492	4764	5575	5003	4021	3390
岑溪市	25339	23793	18822	16546	18271	15431	12227	10177
北海市	**59742**	**58017**	**42099**	**41744**	**38959**	**36921**	**29869**	**25167**
海城区	15622	14999	10486	10233	9272	9051	6493	6110
银海区	6975	5907	4612	3969	3562	3292	2682	2530
铁山港区	5627	5497	3748	3689	3466	3157	2926	2410
合浦县	31518	31614	23253	23853	22659	21421	17768	14117
防城港市	**34320**	**29627**	**22893**	**21306**	**21465**	**19746**	**15214**	**12337**
港口区	6961	5232	3933	3075	3229	2694	2212	1821
防城区	13411	12559	9400	9802	9292	9020	6919	5403
上思县	8129	6923	5997	5397	5693	5256	3921	3216
东兴市	5819	4913	3563	3032	3251	2776	2162	1897
钦州市	**101159**	**96521**	**73288**	**72249**	**76201**	**71026**	**59904**	**48048**
钦南区	22815	20379	15570	15208	15199	14499	11084	8752
钦北区	18253	17294	14097	14306	14715	14596	11915	9689
灵山县	34768	34429	26343	25514	27830	25328	22348	18344
浦北县	25323	24419	17278	17221	18457	16603	14557	11263
贵港市	**131928**	**127168**	**97435**	**94563**	**101895**	**99149**	**77929**	**72556**
港北区	18580	18051	12859	12336	12331	11827	9213	8752
港南区	16343	16079	12279	12395	13951	13276	10592	10156
覃塘区	13353	13727	9976	10113	10735	10272	8401	8299
平南县	37260	35023	27388	26566	28506	29215	21106	19757
桂平市	46392	44288	34933	33153	36372	34559	28617	25592
玉林市	**174276**	**170550**	**130304**	**128025**	**132693**	**129998**	**103955**	**91288**
玉州区	34961	33145	24715	24761	26029	26085	19915	18339
容县	22143	21684	17336	15132	18945	16285	12754	11057
陆川县	21495	22388	16557	17765	17887	19998	15502	13480
博白县	39948	38752	29751	31289	27021	27853	23042	19430
兴业县	20105	17825	14503	13185	16594	15302	12285	11519
北流市	35624	36756	27442	25893	26217	24475	20457	17463
百色市	**125777**	**112906**	**89831**	**86540**	**84754**	**85035**	**67444**	**73437**
右江区	15254	13962	10371	9856	9057	9087	6457	6761
田阳县	12923	11162	8362	8148	9144	9549	7147	7796
田东县	13213	12333	9519	9678	9547	10228	7749	8405
平果县	15221	13978	10220	9819	10657	11027	8269	9291
德保县	11299	8760	8509	7507	8910	7880	7214	7859
靖西县	16981	13899	14135	12970	12941	12293	10860	11895
那坡县	5952	5341	4232	4164	4194	4184	3582	3682
凌云县	6248	5958	4109	4177	3730	4010	2863	3207
乐业县	4288	4182	2919	2929	2588	2602	2137	2398
田林县	8863	8351	5782	5682	4701	4637	3599	3800
西林县	4712	4548	3270	3228	2770	2823	1983	2193
隆林各族自治县	10823	10432	8403	8382	6515	6715	5584	6150
贺州市	**71365**	**64726**	**50969**	**46831**	**49703**	**46985**	**36299**	**34110**
八步区	22165	20010	15797	14591	15542	15260	10839	10656
平桂管理区	14048	12777	10218	9597	9521	9011	6343	6152
昭平县	12741	10910	8532	6947	9479	8285	7278	6297
钟山县	13024	11690	9460	8619	8653	7827	6869	6227
富川瑶族自治县	9387	9339	6962	7077	6508	6602	4970	4778
河池市	**125861**	**114485**	**90842**	**84950**	**88650**	**87909**	**67877**	**71460**
金城江区	13272	11891	8945	8086	9174	8784	7018	6607
南丹县	10539	9381	6598	5852	6353	5938	4887	4986
天峨县	5067	4607	3036	2781	2946	3109	2538	2772

单位:人

65-69岁		70-74岁		75-79岁		80-84岁		85岁及以上	
男	女	男	女	男	女	男	女	男	女
4137	3873	3369	3512	2757	3235	1497	1911	712	1362
4811	4045	4204	3535	2777	2522	1654	1554	781	931
2725	2850	2226	2333	1718	1862	838	1015	480	590
2692	2404	2214	2123	1774	1771	974	1075	524	743
6639	6175	5202	5119	3887	4529	2024	2777	1085	2091
6513	6117	5344	5236	4119	4828	2096	2994	1112	2116
5294	4504	3913	3870	2687	3160	1318	1844	632	1249
41721	**40178**	**35978**	**36805**	**25405**	**29043**	**13921**	**18546**	**7435**	**14318**
2435	2403	2013	2455	1716	2244	914	1223	504	916
3214	2893	2598	2853	1855	2426	1035	1369	493	989
2073	2454	1902	2230	1247	1563	668	909	367	696
7997	7961	6933	7134	4612	5494	2429	3470	1172	2558
12510	11540	11065	10509	7978	8147	4475	5395	2388	4365
3337	3099	2673	2769	1977	2117	1043	1429	592	1137
10155	9828	8794	8855	6020	7052	3357	4751	1919	3657
22830	**19890**	**19224**	**18500**	**13993**	**14980**	**8431**	**9971**	**5028**	**7809**
4338	4303	3448	3874	2328	2733	1183	1653	644	1302
2144	2096	1670	1784	1211	1300	728	862	434	771
2311	2196	2005	2014	1441	1500	943	1152	623	942
14037	11295	12101	10828	9013	9447	5577	6304	3327	4794
11914	**9844**	**10112**	**9130**	**6973**	**7216**	**3702**	**4491**	**2340**	**3942**
1608	1302	1279	1107	833	854	509	644	325	540
5494	4068	4855	4064	3353	3250	1826	1969	1191	1761
3008	2888	2421	2474	1610	2063	801	1185	397	970
1804	1586	1557	1485	1177	1049	566	693	427	671
48541	**39902**	**39608**	**34671**	**28003**	**28841**	**15775**	**17658**	**9266**	**13406**
8631	7024	7202	6091	5177	5232	2829	3155	1845	2608
9316	7518	7506	6512	5266	5440	2941	3410	1733	2552
18200	15445	14944	13432	10471	11016	5962	6840	3347	4985
12394	9915	9956	8636	7089	7153	4043	4253	2341	3261
61234	**59464**	**49397**	**48848**	**34966**	**38605**	**19565**	**24746**	**11485**	**20438**
6972	7639	5544	6336	3994	5074	1910	2890	1166	2406
8378	8227	6093	6405	4464	5566	2797	3861	1526	3219
6617	7030	5139	5584	3449	4566	2011	3097	1277	2819
17067	15686	14379	13463	10196	10081	5893	6353	3341	5091
22200	20882	18242	17060	12863	13318	6954	8545	4175	6903
84160	**75744**	**66436**	**61112**	**47177**	**50633**	**25272**	**30060**	**14329**	**21824**
14805	13858	10999	10351	7256	8353	3863	4955	2051	3536
11237	10186	9284	8280	6759	7066	3472	4369	1795	3123
12215	9415	9404	7781	6697	6821	3588	3963	2186	3192
19158	16863	16475	14059	11826	11455	6815	6698	4141	4584
10459	10521	7616	8226	5572	6742	2980	4101	1602	2715
16286	14901	12658	12415	9067	10196	4554	5974	2554	4674
54374	**65854**	**40594**	**51408**	**23878**	**35244**	**12188**	**20479**	**6440**	**14093**
4670	5354	3701	4616	2167	3061	1073	1717	472	1037
5022	6240	3860	5386	2198	3574	1053	2200	593	1553
5482	6830	3835	5202	2182	3619	1017	2039	550	1534
6519	8031	4699	6251	2784	4417	1588	2754	990	2401
6139	7122	4624	5772	2878	3889	1515	2282	897	1556
10015	11738	7493	8755	4325	6011	2406	3457	1394	2443
3194	3872	2338	2776	1509	1985	755	1063	313	674
2224	2792	1909	2380	1229	1774	629	1091	349	787
1963	2326	1670	1831	855	1192	434	697	159	405
3080	3877	2228	2962	1302	2106	594	1178	239	606
1696	1973	1246	1519	687	985	346	566	127	296
4370	5699	2991	3958	1762	2631	778	1435	357	801
28405	**28920**	**24837**	**25900**	**18097**	**20963**	**9647**	**12328**	**5105**	**8831**
8457	8600	6902	7310	4929	6023	2576	3507	1394	2440
4914	5269	4552	5001	3365	4151	1977	2367	1148	1919
5809	5526	4958	4782	3578	3904	1925	2622	1065	2085
5330	5348	4773	4976	3670	3916	1909	2178	920	1428
3895	4177	3652	3831	2555	2969	1260	1654	578	959
51589	**61926**	**41297**	**51766**	**25811**	**36326**	**13096**	**21721**	**7677**	**17342**
4227	4709	3474	4187	2176	2895	1083	1511	504	944
3706	4288	2836	3444	1796	2439	866	1457	424	766
2286	2815	1800	2198	965	1386	482	838	192	466

表2 . 续表 68

地 区	0岁		1-4岁		5-9岁		10-14岁		15-19岁	
	男	女	男	女	男	女	男	女	男	女
凤山县	1532	1163	6416	4827	7535	5849	7470	6441	5967	5776
东兰县	2257	1579	8969	6449	11038	8813	9623	7490	6587	5081
罗城仫佬族自治县	2476	2134	9838	8911	8837	8182	8299	8084	8284	7948
环江毛南族自治县	2325	2001	9018	7450	10045	8728	9801	8842	7931	7221
巴马瑶族自治县	2408	1812	10071	7821	10687	9147	9114	7682	7858	7216
都安瑶族自治县	4831	4138	20137	17532	23309	21499	21707	20324	17524	16657
大化瑶族自治县	3268	2607	12832	10296	14902	12557	13390	11962	13038	12279
宜州市	4409	3718	18678	16701	17849	16798	16265	15366	16110	15327
来宾市	**17962**	**15510**	**68649**	**61551**	**74883**	**69519**	**66507**	**60971**	**77125**	**75618**
兴宾区	8331	6922	31280	27430	34931	32278	30466	28032	37459	37102
忻城县	2541	2345	10353	9448	9562	9327	7408	7131	8833	9553
象州县	2186	1876	8301	7457	9481	8777	8674	7874	8575	8523
武宣县	3183	2767	12051	10918	13793	12302	13740	11983	15367	14033
金秀瑶族自治县	887	874	3473	3425	3938	3846	3433	3310	3360	3000
合山市	834	726	3191	2873	3178	2989	2786	2641	3531	3407
崇左市	**15601**	**12487**	**65113**	**52716**	**71990**	**60481**	**55404**	**45872**	**63757**	**51429**
江州区	2466	1819	9842	7197	10149	7806	8368	6338	11750	7916
扶绥县	2905	2303	12232	9464	14613	11743	10529	8435	12214	9621
宁明县	2889	2303	11930	10244	14456	12442	10187	8572	10973	8490
龙州县	1256	1195	5125	4878	6576	6159	5008	4875	6847	7099
大新县	2243	1863	8996	7581	8773	7698	7853	7045	8004	7178
天等县	3009	2260	13579	10517	13897	11456	10550	8153	10080	7674
凭祥市	833	744	3409	2835	3526	3177	2909	2454	3889	3451
海南省	**67323**	**53650**	**268681**	**214886**	**300832**	**234899**	**325169**	**249903**	**415119**	**367340**
海口市	**12312**	**9832**	**54682**	**43020**	**61851**	**46734**	**66359**	**48873**	**99700**	**95828**
秀英区	2474	1932	9869	7806	11085	8147	12605	9442	20090	19195
龙华区	3233	2681	15629	12445	18153	13857	18997	14346	26906	25508
琼山区	3454	2665	14027	10713	15540	11504	16401	11610	23849	23556
美兰区	3151	2554	15157	12056	17073	13226	18356	13475	28855	27569
三亚市	**4745**	**4050**	**19359**	**15813**	**20816**	**16520**	**22229**	**18271**	**35623**	**35184**
市辖区	4745	4050	19359	15813	20816	16520	22229	18271	35623	35184
省直辖县级行政区划	**50266**	**39768**	**194640**	**156053**	**218165**	**171645**	**236581**	**182759**	**279796**	**236328**
五指山市	686	691	3334	2921	3432	3022	3186	2795	5809	5743
琼海市	3803	2763	15059	11701	16203	12651	15093	10703	19265	14652
儋州市	8651	6127	33452	23863	38244	26931	44839	32522	50685	44908
文昌市	3748	3244	14450	12141	16653	13317	16588	13097	18521	17607
万宁市	4499	3517	17155	13815	18640	14494	19442	14397	25642	19263
东方市	3410	2615	13051	10021	16806	12879	19076	15331	22013	19614
定安县	2859	2334	10307	8572	9600	7676	9223	6531	11946	8573
屯昌县	2246	1905	9361	8221	10252	8516	10003	7964	9966	8110
澄迈县	4295	3515	15951	13010	17114	13132	19385	14448	22929	15643
临高县	4261	3337	15829	13233	18783	15680	19728	16012	21274	18527
白沙黎族自治县	1436	1173	6348	5089	6645	5548	6500	5393	6774	5622
昌江黎族自治县	1765	1355	7385	5468	7868	6087	9202	7233	10873	9665
乐东黎族自治县	3503	2899	11845	9574	17312	13853	21940	17803	25046	22084
陵水黎族自治县	2630	2199	10394	9201	10029	8506	11944	9821	15850	14191
保亭黎族苗族自治县	981	839	4563	3972	4620	4189	4511	3964	6003	5876
琼中黎族苗族自治县	1493	1255	6154	5251	5964	5164	5921	4745	7171	6249
西沙群岛			2						29	1
南沙群岛										
中沙群岛的岛礁及其海域										
重庆市	**138977**	**123584**	**690596**	**613534**	**822225**	**717683**	**947831**	**848930**	**1138466**	**1106876**
市辖区	**65444**	**60057**	**308218**	**282446**	**337067**	**307013**	**400573**	**370911**	**576318**	**572423**
万州区	6288	5778	29039	26033	37552	33320	49287	45825	70369	74740
涪陵区	5831	5335	28191	26070	24317	22593	29217	27924	40515	42742
渝中区	1936	1734	7687	7107	9249	8608	11091	9981	19575	18771
大渡口区	1109	1038	4669	4506	5387	5179	6226	5559	9266	8459
江北区	2298	2149	9617	8913	10439	9738	12251	11579	22922	23270
沙坪坝区	2794	2634	13073	12490	14808	13724	16303	15413	43576	44287
九龙坡区	4318	4066	18956	17174	19942	18139	21195	19803	34534	31085
南岸区	2761	2629	11491	11023	12505	11766	13630	12899	24760	25048
北碚区	2133	2002	9483	9014	10046	9556	12869	12203	25114	25677
万盛区	1059	1033	4616	4464	5218	5159	7604	7145	9198	9018
双桥区	302	240	1260	1227	1460	1294	1708	1375	1794	1638
渝北区	5019	4826	23557	22301	27098	25473	29571	27454	41215	40360

单位:人

20-24岁		25-29岁		30-34岁		35-39岁		40-44岁	
男	女	男	女	男	女	男	女	男	女
5050	5585	6437	6454	6482	5819	6419	5816	6357	6041
4876	5524	6467	6939	7153	6780	8041	7363	7748	7550
12037	11948	13732	12805	12129	10601	13483	11486	14460	12322
8179	7443	10298	9173	12492	10684	12807	10690	13889	11558
8207	8687	9275	9180	9607	8425	8887	7697	8313	7908
16139	16707	19608	19779	18374	17506	19156	16870	20071	18052
14797	14506	16053	15440	15489	13676	14654	12585	14212	12738
18401	18308	27174	24868	23624	21297	25759	21887	26898	22521
86244	**83321**	**88280**	**82760**	**90768**	**80748**	**93363**	**80298**	**97235**	**81626**
44120	43405	41269	39494	44734	39510	39771	33824	38047	31946
10951	10626	12716	12176	11867	10539	14128	12241	15144	12831
9047	8763	11145	10025	11050	10157	13203	11368	15491	12694
14134	12904	13870	12386	12856	12107	14737	13302	16046	13738
4168	3930	4726	4305	4911	4131	6137	5114	6832	5526
3824	3693	4554	4374	5350	4304	5387	4449	5675	4891
80531	**69790**	**83679**	**74213**	**88106**	**77788**	**94858**	**81692**	**98135**	**83003**
15475	12767	14712	12781	16045	13860	16101	13739	16273	13313
17550	13485	16738	14598	16942	15309	17850	15807	18377	15620
13956	11918	15169	13042	15212	12828	15753	13085	16388	13627
6897	7058	7570	6902	9104	8152	11196	9713	12419	10409
9186	8700	11070	10177	12388	11143	14437	12254	14885	12860
12488	11774	12992	12120	12717	11769	13136	11856	13558	12324
4979	4088	5428	4593	5698	4727	6385	5238	6235	4850
415337	**391820**	**399870**	**373152**	**356762**	**319089**	**375556**	**328193**	**391670**	**339296**
116868	**119155**	**95791**	**97796**	**87934**	**86353**	**96912**	**91783**	**94688**	**83885**
17925	15890	17625	16195	15961	13736	16663	14424	16289	14088
31810	34009	29045	31854	26365	27722	29686	28984	28157	24813
28186	27433	21363	20802	20218	19167	21561	19876	21256	18819
38947	41823	27758	28945	25390	25728	29002	28499	28986	26165
47366	**46406**	**39305**	**35146**	**33063**	**28010**	**34399**	**28459**	**31860**	**25766**
47366	46406	39305	35146	33063	28010	34399	28459	31860	25766
251103	**226259**	**264774**	**240210**	**235765**	**204726**	**244245**	**207951**	**265122**	**229645**
4851	4116	5110	3838	4683	3598	5410	4261	5418	4440
19007	16245	19488	18981	16619	16079	18608	17574	22769	20410
43354	39582	41616	37059	37908	32525	38411	32186	40524	33470
17127	17402	17885	19334	16856	17887	19666	19108	24105	22355
26580	23337	26696	23648	19975	16955	21226	18512	22821	20820
17792	17233	19821	18929	19125	17038	18082	15448	16921	14601
10934	10124	12041	11304	10258	9248	10137	9031	12630	11089
9085	8404	11076	10382	9377	8402	8925	8052	11292	10231
20545	16951	21444	17548	17851	14577	17726	14666	19505	16724
16662	15294	18780	16986	17447	15089	16819	14121	16619	14240
5784	5093	7750	6449	7577	6272	8261	6584	8908	7487
8682	7771	10064	9362	10173	8643	11213	8995	11233	9390
21200	18880	21752	19913	20490	17109	20723	17543	20387	18197
16829	15184	16639	14196	13478	10456	13345	9989	14080	11622
5932	4900	6873	5646	6819	5199	7857	5765	8557	6781
6682	5739	7690	6627	7093	5641	7787	6109	9297	7776
57	4	49	8	36	8	49	7	56	12
1058172	**1090894**	**764663**	**801310**	**708598**	**747491**	**1423486**	**1428797**	**1372752**	**1353179**
697575	**702724**	**495885**	**507226**	**430431**	**436379**	**829197**	**807386**	**788760**	**760017**
51896	55339	34237	37713	40616	44529	81024	83660	75242	77263
35183	38558	22999	24605	24443	25866	70063	67010	63117	59204
30244	36507	31788	31510	19726	19119	29082	29057	29396	29803
12231	11501	12752	12855	10283	10110	17629	16369	15790	14725
37461	38966	37586	36497	27370	25536	40202	36004	36576	32892
87510	82712	41796	41334	30987	30582	45662	44080	43911	42576
56291	53166	48948	47926	39031	36977	61236	57064	56981	52579
52447	48561	34257	34685	27373	26678	41098	37946	35151	31905
39218	40051	21296	21043	17838	17265	34536	32435	34029	32583
7934	7935	6749	6754	6067	6342	14267	13953	14946	13881
1705	1718	1565	1633	1636	1662	3244	3096	2807	2632
63057	66673	53855	56898	48388	48501	80408	73946	73397	66906

表2 续表 69

地区	45-49岁		50-54岁		55-59岁		60-64岁	
	男	女	男	女	男	女	男	女
凤山县	4898	4541	3571	3661	3880	4145	3414	3890
东兰县	6831	6739	6204	6194	6126	6844	5595	6350
罗城仫佬族自治县	12052	10862	7952	7272	8685	8368	6458	6253
环江毛南族自治县	11292	9883	7071	6776	7388	7268	6439	6435
巴马瑶族自治县	6967	6981	5548	5838	4997	5517	3942	4613
都安瑶族自治县	18408	16922	14755	13377	13356	12595	9703	11065
大化瑶族自治县	12056	11442	9575	9247	8575	8674	6586	7603
宜州市	24479	21236	17587	15866	17170	16667	11297	10886
来宾市	**79908**	**69178**	**56081**	**50033**	**55887**	**51310**	**41028**	**40052**
兴宾区	29867	26049	21237	19139	19356	18255	14932	15330
忻城县	13711	11522	9743	8504	10005	9071	6896	7045
象州县	12263	10719	7663	6776	9023	8045	6897	6654
武宣县	12974	11305	9748	8505	9546	8336	6441	5842
金秀瑶族自治县	5804	4886	3678	3099	3804	3536	2942	2669
合山市	5289	4697	4012	4010	4153	4067	2920	2512
崇左市	**86384**	**75215**	**57114**	**52861**	**56470**	**55217**	**41489**	**44530**
江州区	13913	11805	8732	7664	8217	7737	5890	6131
扶绥县	15988	13338	10828	9455	11360	10114	7959	8161
宁明县	13830	12130	8863	8229	8699	8670	6691	7008
龙州县	11430	9860	7988	7432	6132	6343	4756	5271
大新县	13741	12440	8816	8716	9340	9754	6592	7301
天等县	12167	11481	8387	8400	10001	10018	7827	8689
凭祥市	5315	4161	3500	2965	2721	2581	1774	1969
海南省	**358251**	**307236**	**235387**	**204837**	**206800**	**188181**	**150197**	**132367**
海口市	**79188**	**68673**	**50813**	**44985**	**44320**	**41687**	**31752**	**29456**
秀英区	13342	11146	8495	7184	7589	6496	5336	4539
龙华区	22902	19551	14371	12633	11779	11664	8517	8579
琼山区	18718	16186	11890	10670	10552	9732	7878	6785
美兰区	24226	21790	16057	14498	14400	13795	10021	9553
三亚市	**24707**	**19753**	**15030**	**13014**	**11622**	**10830**	**8082**	**7755**
市辖区	24707	19753	15030	13014	11622	10830	8082	7755
省直辖县级行政区划	**254356**	**218810**	**169544**	**146838**	**150858**	**135664**	**110363**	**95156**
五指山市	4731	3870	2772	2438	2083	1879	1381	1357
琼海市	23388	20792	15021	13086	15575	13752	11399	9268
儋州市	38490	30978	24506	20284	20384	18038	13304	11247
文昌市	25487	23471	17044	15064	18985	16253	14624	11969
万宁市	22936	20626	17406	15117	15308	14337	11069	9843
东方市	13990	12374	9207	8226	7958	7423	5929	5633
定安县	12937	11537	9522	8167	8917	7876	6529	5298
屯昌县	12139	10790	8659	7750	7333	6466	5131	4388
澄迈县	19172	16256	14116	11872	13234	11310	10331	7609
临高县	15376	13168	11635	10231	9660	8804	7316	6186
白沙黎族自治县	8664	6962	4616	3661	3631	3078	2632	2216
昌江黎族自治县	9756	7969	5375	4559	4405	4221	3449	3385
乐东黎族自治县	17377	15490	10237	9648	8895	8502	6769	7018
陵水黎族自治县	12633	10904	9532	8660	7087	7078	5290	5076
保亭黎族苗族自治县	7610	5782	4339	3645	3040	2789	2225	2333
琼中黎族苗族自治县	9625	7832	5527	4427	4336	3856	2977	2330
西沙群岛	45	9	30	3	27	2	8	
南沙群岛								
中沙群岛的岛礁及其海域								
重庆市	**1106618**	**1094838**	**794808**	**738304**	**1102901**	**1086263**	**853362**	**789564**
市辖区	**643311**	**619560**	**468984**	**431475**	**603837**	**590588**	**440245**	**408157**
万州区	60891	62072	43958	40716	60608	58264	48189	45574
涪陵区	44607	42683	18965	16203	33705	33703	30727	30188
渝中区	29243	29302	26079	23712	26351	23963	13808	12364
大渡口区	14252	13224	11692	10654	11506	11347	6645	7021
江北区	32534	30031	26487	24399	28903	27996	17717	17318
沙坪坝区	39423	36832	31740	29503	34589	34230	20977	19684
九龙坡区	48542	44708	35167	32652	38492	38633	25053	24137
南岸区	30302	28436	23947	22711	27576	27977	18464	17790
北碚区	28900	27832	22476	20079	28465	27923	19438	18549
万盛区	11399	11074	7770	7105	9362	9089	7143	7469
双桥区	1687	1679	1237	1155	1472	1713	1048	1378
渝北区	56229	51735	36103	32514	47766	47310	34860	32904

单位:人

65-69岁		70-74岁		75-79岁		80-84岁		85岁及以上	
男	女	男	女	男	女	男	女	男	女
2615	3195	2135	2685	1056	1588	533	943	378	893
4436	5608	3258	4276	1630	2351	735	1185	733	1606
5149	5617	4098	4670	3037	3882	1422	2241	686	1561
4794	5491	3883	4818	2421	3254	1067	1781	513	1179
3256	4216	2470	3193	1339	2050	613	1218	571	1306
8438	10479	6486	8726	4313	6376	2465	4243	1443	3559
5249	6834	4396	5797	2497	3767	1462	2406	981	2374
7433	8674	6461	7772	4581	6338	2368	3898	1252	2688
31674	**32983**	**26503**	**28659**	**18774**	**22316**	**10524**	**14705**	**5808**	**11350**
11376	12372	9925	10557	6924	7816	4309	5474	2575	4438
5523	6327	4426	5392	3258	4114	1615	2599	897	2073
5012	4842	4394	4612	3178	3869	1667	2521	740	1660
5726	5556	4429	4662	3174	3761	1673	2460	980	1918
2309	2186	1900	2028	1359	1642	758	1052	335	724
1728	1700	1429	1408	881	1114	502	599	281	537
33121	**38573**	**23741**	**29598**	**15325**	**22292**	**7776**	**13294**	**4545**	**10095**
4823	5396	3333	4269	2107	3139	1036	1904	564	1361
5935	6491	4347	5017	2672	3935	1452	2802	845	2084
5093	5851	3702	4343	2398	3347	1069	1815	655	1276
4031	5000	2801	3787	1749	2762	836	1513	484	1155
5645	6837	4104	5228	2816	4076	1478	2389	895	2053
6327	7536	4466	5786	2947	4103	1564	2443	921	1842
1267	1462	988	1168	636	930	341	428	181	324
96884	**96522**	**98021**	**103951**	**71080**	**80258**	**38077**	**52589**	**21267**	**41033**
21457	**21938**	**20580**	**21521**	**13640**	**15880**	**7287**	**10308**	**3961**	**8368**
3541	3525	3287	3461	2190	2632	1254	1704	836	1543
5920	6272	5810	5973	3675	3926	1879	2379	1080	1908
5123	5288	4981	5156	3395	4048	1867	2541	965	2183
6873	6853	6502	6931	4380	5274	2287	3684	1080	2734
5189	**5853**	**4586**	**5424**	**2780**	**3229**	**1298**	**1812**	**737**	**1317**
5189	5853	4586	5424	2780	3229	1298	1812	737	1317
70238	**68731**	**72855**	**77006**	**54660**	**61149**	**29492**	**40469**	**16569**	**31348**
966	1152	898	1011	566	663	231	371	163	243
6505	6125	7623	7672	5923	6676	3042	4558	1518	3621
9561	9506	9360	9871	7203	7959	3842	5021	2141	3804
8891	7638	9455	9255	8259	10110	4595	7767	2041	5427
5459	5086	6568	6781	5387	5617	3238	3924	1998	3463
4184	4602	3715	4264	2345	2857	1354	2071	819	1552
4175	3852	4094	4268	2987	3479	1703	2163	928	1765
2815	2709	3473	3620	2558	2628	1389	1595	724	994
6912	5564	6818	5957	5038	5219	2741	3276	1875	2902
5051	4589	5115	5225	3772	4098	2246	2687	1529	2464
1903	1983	1764	2012	1115	1213	467	611	269	428
2484	2926	2626	2928	1799	1942	969	1252	472	895
4703	5536	4514	5745	2852	3560	1413	2163	832	1568
3217	3508	3100	3947	2103	2612	1143	1797	748	1450
1631	1989	1791	1953	1175	1069	442	475	205	344
1780	1966	1940	2497	1578	1447	677	738	307	428
1		1							
661826	**605353**	**466956**	**444290**	**304833**	**324729**	**170557**	**200959**	**81243**	**120722**
335342	**308553**	**235970**	**229994**	**156289**	**174821**	**88969**	**107832**	**45558**	**67955**
35452	33203	25263	25373	16210	17810	8829	10482	4196	6210
26306	24144	18197	17307	12250	12710	6575	7476	2697	4488
8287	8156	6061	8181	5746	9167	4358	6279	3004	4058
4861	4663	3564	4100	2533	3663	1632	1921	937	1184
11786	11037	8426	9477	6538	8460	4014	5070	2427	3117
14093	13512	10474	10759	7439	9428	4546	6019	2725	3788
17808	16712	12963	13404	8912	10213	5220	5955	2691	3746
12066	11065	7709	8081	5345	6733	3139	4574	2031	3011
14590	13287	10252	10150	6764	8267	4079	5098	2332	3488
6377	6013	4587	4768	2658	3193	1387	1540	627	873
1039	982	709	607	351	378	198	213	108	166
25966	23841	17616	16580	11052	11915	5810	6987	2677	4642

表2 续表 70

地 区	0岁		1-4岁		5-9岁		10-14岁		15-19岁	
	男	女	男	女	男	女	男	女	男	女
巴南区	3275	3004	15272	14639	16548	16278	19047	18326	34353	32127
黔江区	2976	2512	13135	10009	19097	14563	22858	18291	23921	20575
长寿区	2859	2539	14561	13435	19103	17574	23146	21402	28782	28506
江津区	5637	5220	28987	26857	30968	29133	36974	35149	38430	38456
合川区	5786	5159	30126	26356	30167	25857	40613	36926	45888	46713
永川区	5841	5161	29177	26480	28517	25427	28610	26240	44947	43004
南川区	3222	2998	15321	14348	14646	13632	18373	17417	17159	17947
县	**73533**	**63527**	**382378**	**331088**	**485158**	**410670**	**547258**	**478019**	**562148**	**534453**
綦江县	3921	3642	17159	16041	20434	19595	26318	25416	31566	31563
潼南县	3131	2654	17595	14559	22050	17726	26004	20845	28206	24633
铜梁县	3084	2776	17136	14873	16364	13443	19279	16227	24029	23102
大足县	3926	3190	22231	18760	19476	16063	21323	16803	30304	26414
荣昌县	3623	3161	16090	14832	20530	18760	21127	19837	22137	22103
璧山县	2791	2601	12825	11848	13714	12844	16910	15569	20272	19479
梁平县	3874	3277	20363	17187	24591	18893	26930	22463	29109	26723
城口县	1445	1290	7180	6489	8116	7053	7813	6907	5899	5712
丰都县	3255	2956	17669	16101	28886	26150	26595	25028	25422	25384
垫江县	3621	2895	21188	18090	33991	29035	31068	27527	29523	28425
武隆县	1892	1848	9793	9212	11582	10721	13012	12260	13092	12866
忠县	3489	2988	25004	21551	24692	21267	25770	23390	30040	28823
开县	5933	4985	38127	31536	50408	39997	55751	46474	50454	47297
云阳县	4884	4056	23953	20658	34120	28914	43746	39148	47717	46720
奉节县	4507	3924	22933	19179	32515	27203	38270	33742	42869	40279
巫山县	3364	3011	12825	11357	17679	15373	21970	19264	21494	20048
巫溪县	2613	2368	11769	10695	13552	12299	15841	14846	20346	19931
石柱土家族自治县	2540	2209	11226	9831	18719	15958	20039	18337	18614	18517
秀山土家族苗族自治县	3369	2894	15172	13304	18828	15981	25836	23431	23792	23389
酉阳土家族苗族自治县	4564	3839	23248	19585	27570	22968	30923	25329	24873	23347
彭水苗族土家族自治县	3707	2963	18892	15400	27341	20427	32733	25176	22390	19698
四川省	**390791**	**350113**	**1859472**	**1676679**	**2261957**	**2015669**	**2683611**	**2408831**	**3174578**	**3038604**
成都市	**46767**	**43292**	**215461**	**199460**	**237212**	**217499**	**298326**	**278833**	**479891**	**490656**
锦江区	1583	1465	9631	8982	9547	8803	11418	10451	19259	24723
青羊区	2340	2330	10667	9827	12249	11232	14095	13736	22097	29052
金牛区	3273	3041	17584	16017	19805	17609	22493	19872	36029	34253
武侯区	3464	3044	20493	19062	22378	20421	24610	22363	41468	39619
成华区	2452	2314	14158	12806	15706	14048	18517	16734	26982	23864
龙泉驿区	3034	2771	13068	12337	15270	13619	16551	15610	29611	37631
青白江区	1559	1423	6381	5682	7570	7031	10016	9533	12811	12124
新都区	2606	2399	12646	11700	13980	12976	18050	17009	25354	25473
温江区	1505	1481	6631	6174	6992	6270	8508	7960	18910	21325
金堂县	3069	2716	17541	16189	19913	18290	24191	22544	23102	22638
双流县	4512	4073	21349	19731	23461	21384	28628	27199	44745	44434
郫县	2361	2130	10430	9526	11704	10431	14850	13544	46368	45030
大邑县	1873	1853	6999	6537	7743	7355	11969	11548	20210	17486
蒲江县	1035	933	3681	3465	3614	3476	6236	5961	7594	7289
新津县	1209	1058	4410	4187	4866	4580	6965	6668	9681	9778
都江堰市	2742	2619	10338	9623	10571	9906	13633	12959	26173	25336
彭州市	3253	3080	12003	11285	12355	11667	17067	16187	24359	23999
邛崃市	2330	2154	8419	7750	9553	9096	15861	15180	23068	24346
崇州市	2567	2408	9032	8580	9935	9305	14668	13775	22070	22256
自贡市	**12260**	**11344**	**64430**	**59378**	**73974**	**69315**	**80157**	**76269**	**87256**	**88918**
自流井区	1249	1161	5676	5386	6394	6153	7844	7521	9791	10659
贡井区	1093	1019	5930	5490	5002	4814	5658	5287	7209	7146
大安区	1751	1660	9318	8777	10242	9872	10806	10383	11401	11534
沿滩区	1735	1575	8271	7905	9233	8696	8328	8166	8721	8940
荣县	2579	2504	13485	12840	12808	12403	15971	15420	18103	18195
富顺县	3853	3425	21750	18980	30295	27377	31550	29492	32031	32444
攀枝花市	**5136**	**4628**	**23719**	**21908**	**34964**	**32033**	**42088**	**39299**	**42533**	**38736**
东区	1204	1069	5851	5701	9229	8120	10024	9359	10151	9715
西区	508	497	2889	2738	4479	4296	5026	4595	6604	5046
仁和区	1063	1002	5113	4756	7062	6632	8595	8155	9105	8440
米易县	947	907	4659	4061	6899	6291	9048	8323	8173	7708
盐边县	1414	1153	5207	4652	7295	6694	9395	8867	8500	7827
泸州市	**23364**	**21080**	**129606**	**115288**	**166262**	**147690**	**151944**	**136851**	**169270**	**160264**
江阳区	2667	2388	13037	11910	17880	16595	16364	15042	19485	19899
纳溪区	2070	1800	12907	11570	15846	13795	13330	12390	14919	13993

单位:人

20-24岁		25-29岁		30-34岁		35-39岁		40-44岁	
男	女	男	女	男	女	男	女	男	女
43296	37172	27985	27753	24610	23927	44528	43303	46554	44216
11201	13165	12511	14150	10668	11407	21933	23048	19677	19738
22013	22112	18576	19359	22092	21888	44179	42737	40865	39738
33799	35138	26948	28133	23880	25830	62925	62628	62910	61193
46566	51960	26464	27932	24002	26764	57433	60747	62342	62982
53180	48615	25729	26094	20342	21620	46779	48114	47277	48335
12343	12875	9844	10352	11079	11776	32969	32189	27792	26866
360597	**388170**	**268778**	**294084**	**278167**	**311112**	**594289**	**621411**	**583992**	**593162**
20633	22573	16410	18132	17665	18881	40203	39429	38761	38810
19991	20746	12759	14100	13086	14951	24207	27345	23193	26059
12858	14884	9460	11819	10505	13200	24353	29180	27216	30184
23688	23234	15015	15507	12704	14112	28945	30094	29956	31159
20419	21048	15817	17105	13670	15107	29325	29864	31769	32162
20563	19191	14771	15471	13648	14877	29800	30666	31301	31975
18252	18630	11149	11830	12789	14532	34100	34476	33076	32021
5433	6790	4653	5332	5748	6282	8809	8718	8658	8098
15101	16182	14405	15302	11663	12867	31019	32515	30091	29930
17840	17787	12664	13566	14595	16288	30335	33623	27774	30206
7954	9060	6849	7760	7477	7983	20902	20041	18588	17188
20051	20856	15304	15960	17422	18199	34739	36559	32975	33874
33124	37896	20434	23418	24898	29555	47046	53495	46201	49522
24383	26515	16533	19330	18709	21971	35268	40403	34958	37380
23624	26250	16098	17826	20650	22945	39836	39512	37718	36542
15236	16328	10713	11387	14701	15101	25199	24760	24225	22959
11567	13468	9055	9799	9786	10813	17518	18306	18604	18362
8656	9654	8727	9492	7447	8015	19195	19147	19133	18419
15713	17635	13484	14167	9784	10550	21851	20461	22747	21185
13156	15441	12356	14093	10746	12749	24415	24769	23037	22669
12355	14002	12122	12688	10474	12134	27224	28048	24011	24458
3167922	**3192105**	**2238807**	**2275321**	**2421335**	**2452787**	**4072193**	**4005319**	**3970327**	**3849063**
783335	**792792**	**548915**	**552860**	**516107**	**497438**	**803922**	**746680**	**778628**	**708507**
39996	48053	36488	37473	28375	26875	36778	33184	34157	30624
44917	56135	49829	51107	33785	32830	43425	41308	39558	35996
80634	76559	61663	59479	50894	47775	70253	64360	64770	58332
95042	96071	77512	75330	67108	61800	89741	79047	75174	65713
54060	51413	45133	45309	39589	37771	55380	50275	51241	45074
52670	57092	25130	26994	28675	28024	44180	40916	39113	34310
11356	12142	10609	11423	12390	12607	22794	21872	23227	21148
36045	35634	26813	27585	27175	26794	45738	43711	46218	42148
35068	37493	15243	15878	15269	14744	24591	22853	24069	21198
21915	23666	17289	18773	21978	22352	35488	35785	35819	36347
72159	68434	48462	48917	54581	50871	81373	71759	72933	63305
96378	79140	34337	28832	32223	27508	52054	43094	49123	38860
20642	20601	13068	13831	13237	14068	28935	28204	30465	28885
6255	7393	5927	6538	6667	7051	14902	14685	15098	14453
11737	13336	8381	8997	8993	9266	17976	17415	17710	16521
30887	30952	18536	19567	19115	19837	34997	34035	37750	35978
29350	31188	22477	22353	20701	20744	36057	35930	45130	43380
18487	19672	13732	15298	17024	17774	36112	35147	36313	36045
25737	27818	18286	19176	18328	18747	33148	33100	40760	40190
89733	**89895**	**64345**	**67369**	**68674**	**71662**	**130324**	**131901**	**127511**	**128436**
19786	15982	9946	10828	9183	10164	16046	17020	16544	16672
7844	8275	7916	7809	7769	7312	14561	13889	13281	12976
11752	12733	10338	11064	9745	10218	16520	16775	16507	16948
8193	9141	5698	6104	5541	5973	9833	10682	11056	11897
13624	15009	11839	12833	15527	16212	35405	34789	34398	34087
28534	28755	18608	18731	20909	21783	37959	38746	35725	35856
48399	**43372**	**34463**	**34854**	**47193**	**46044**	**86486**	**77902**	**71659**	**62379**
18811	14756	10218	10972	14859	15043	27891	25294	20410	18209
4084	3878	3436	3989	6390	6354	13068	11485	10573	8595
10345	8973	7849	7505	10778	10010	19310	16188	16540	13741
7364	7855	6331	6251	7761	7631	13962	13565	12609	11766
7795	7910	6629	6137	7405	7006	12255	11370	11527	10068
127683	**132979**	**96671**	**100205**	**104188**	**109050**	**200254**	**199407**	**192822**	**191698**
24216	25645	14459	15750	13729	15329	26311	28722	26352	27645
12928	12274	10138	10061	13568	13672	27380	26015	23666	22146

表2 续表 71

地 区	45-49岁		50-54岁		55-59岁		60-64岁	
	男	女	男	女	男	女	男	女
巴南区	41890	37673	30094	26401	39200	36580	29137	25774
黔江区	14300	14425	9342	9093	14180	13984	11451	10114
长寿区	33694	32249	20160	19014	29265	27702	23178	21742
江津区	48488	48172	38790	35708	54409	52833	42390	35823
合川区	48673	49026	42330	38664	59452	56278	46054	39406
永川区	37553	37557	29998	28902	36364	38910	26439	24203
南川区	20704	20850	12649	12290	22172	22153	17527	16719
县	**463307**	**475278**	**325824**	**306829**	**499064**	**495675**	**413117**	**381407**
綦江县	35428	34030	24392	22213	32797	29534	25090	21130
潼南县	20952	22170	19994	18970	27983	28171	22180	20225
铜梁县	20559	22576	17257	16719	27569	28287	23402	21372
大足县	21718	23015	18979	18712	29242	30732	22220	20276
荣昌县	23921	25395	20669	20336	28208	28826	20931	19821
璧山县	24512	25083	17034	15502	24031	22995	17874	14956
梁平县	28592	27902	16191	15380	27549	28506	22364	23546
城口县	6607	6372	5130	4939	6987	6531	6244	5610
丰都县	25011	24883	14422	12135	22360	20746	18349	17194
垫江县	24619	25340	15267	13975	24969	25323	22231	22213
武隆县	13676	12354	7667	6207	12490	11187	11029	9862
忠县	27252	27721	18932	17783	28503	28679	23118	22828
开县	35461	38725	25862	24938	41821	43375	36741	34408
云阳县	28125	32245	21136	20212	34467	34199	30139	27556
奉节县	29000	29301	20214	18751	28967	28935	23504	21275
巫山县	16871	16877	11157	10609	16748	17026	14112	12126
巫溪县	14759	14955	11348	10692	15717	14780	12651	11300
石柱土家族自治县	16138	15379	8840	8290	14762	14515	11146	10801
秀山土家族苗族自治县	17287	17424	8767	9134	15976	16451	15352	13638
酉阳土家族苗族自治县	16590	16796	11766	11013	20119	19732	18663	16594
彭水苗族土家族自治县	16229	16735	10800	10319	17799	17145	15777	14676
四川省	**3014140**	**2919958**	**2134376**	**2008389**	**2866005**	**2859267**	**2221048**	**2083354**
成都市	**589261**	**534496**	**371105**	**353068**	**458481**	**479065**	**330538**	**330682**
锦江区	28487	25699	21725	20454	21270	21529	14532	14228
青羊区	31952	29808	22584	22117	22717	24206	16850	18147
金牛区	50936	45696	34999	32216	33614	33613	22761	22986
武侯区	52729	45468	31878	29714	32891	34773	23365	25164
成华区	41065	35795	28198	26252	26409	27633	19894	21407
龙泉驿区	25568	22644	16575	16830	22732	26671	18243	18835
青白江区	17849	15669	11608	10752	14343	15510	9859	10481
新都区	34923	31857	20717	19601	26304	29114	18942	20303
温江区	17658	15948	9732	9798	13624	15351	10533	11194
金堂县	28141	26568	21500	20056	30606	29105	20833	17865
双流县	49549	43481	28929	28697	40577	44790	30840	29603
郫县	36371	28287	19318	15528	23905	24355	17049	18467
大邑县	22615	21485	12298	11848	20150	19975	14037	13104
蒲江县	11211	10914	6725	6648	10042	10400	6504	6469
新津县	13799	12867	8060	8102	11388	12145	8920	8606
都江堰市	28477	27684	17327	17158	23850	24899	18525	18361
彭州市	38281	36187	23976	23363	32612	34017	22242	22162
邛崃市	27887	27132	17302	16285	25062	24223	17467	15755
崇州市	31763	31307	17654	17649	26385	26756	19142	17545
自贡市	**98516**	**98740**	**83231**	**79386**	**113467**	**111756**	**83296**	**78066**
自流井区	15136	14874	12502	12731	13309	14087	8980	9517
贡井区	10478	10146	8105	7553	11952	11331	8220	7617
大安区	14816	15120	14430	13665	16920	16411	11958	10944
沿滩区	9753	10073	10111	9219	12295	11855	8861	7826
荣县	22987	22415	12931	12030	26085	25473	21214	19842
富顺县	25346	26112	25152	24188	32906	32599	24063	22320
攀枝花市	**48140**	**41328**	**27722**	**24604**	**28110**	**32182**	**30070**	**33320**
东区	13858	12362	8355	7879	7819	10689	10694	12383
西区	6830	5611	3526	2991	3496	4792	4910	6101
仁和区	11914	9497	6222	5202	6283	6476	5511	6012
米易县	8148	7396	5128	4541	5564	5446	4785	4764
盐边县	7390	6462	4491	3991	4948	4779	4170	4060
泸州市	**147038**	**147087**	**120282**	**114530**	**163579**	**159028**	**115343**	**105676**
江阳区	22062	22327	18703	17687	23164	22870	15610	15138
纳溪区	16090	16086	12034	12027	18418	18458	13125	11882

单位:人

65-69岁		70-74岁		75-79岁		80-84岁		85岁及以上	
男	女	男	女	男	女	男	女	男	女
22889	21416	16118	15213	9967	10667	5535	6643	2844	4438
9193	7719	6471	5853	3944	3656	2018	2032	815	987
18845	18904	13253	12714	9050	9929	4365	5267	2074	3138
35378	29634	25400	21547	16475	15961	9868	10771	5031	7276
34123	30593	23992	22598	15118	16384	8355	10576	4047	6576
21603	20200	16220	14850	10379	10694	6100	7397	3045	4805
14680	13472	8695	8432	5558	5593	2941	3532	1250	1964
326484	**296800**	**230986**	**214296**	**148544**	**149908**	**81588**	**93127**	**35685**	**52767**
21119	20310	15169	14208	9888	10338	5277	6862	2281	3823
16831	17168	11309	10617	7291	7537	4356	4952	2139	3300
17916	15518	12333	11170	7834	8449	4415	5326	2019	3393
16769	14119	11065	10304	7394	7709	4506	5527	2263	3789
16402	15439	11381	10847	7153	7957	4167	5666	2027	3621
14682	11832	10556	8749	6925	7029	3817	4696	1726	2919
16068	15525	11798	11966	7297	8205	3747	4768	1477	2379
4195	3735	2841	2340	1245	1067	979	893	405	422
15722	15439	12153	12405	8777	9087	4421	5213	1706	2638
18548	18212	12034	11698	8066	8427	4212	4743	1917	2623
10249	9144	6556	5864	4004	3774	2140	2245	1058	1452
18416	18125	14837	14487	10115	10455	5538	6226	2249	3207
28962	25796	21558	20136	12147	12053	7048	7827	2870	4057
23449	21148	16599	15701	10303	10244	5770	6152	2534	3567
18742	16348	12669	11004	7813	7055	4706	4652	2253	2648
11459	8956	7548	6112	5152	4593	3048	2857	1292	1535
10414	8972	6206	5342	4358	3612	2659	2458	1107	1205
9848	9221	7427	7328	4973	5005	2475	2769	961	1297
10979	8967	7913	6885	5433	5361	2583	3113	1038	1716
12752	11095	10045	8950	7311	7025	3164	3428	1396	1942
12962	11731	8989	8183	5065	4926	2560	2754	967	1234
1693975	**1601256**	**1222331**	**1186301**	**771359**	**817191**	**444732**	**517491**	**218875**	**331996**
249864	**245375**	**189652**	**178828**	**125573**	**126935**	**74379**	**78519**	**41288**	**53935**
10147	10187	8385	8895	5960	6794	4165	4339	2808	2953
12709	13846	11560	11701	8212	8535	5010	5053	3099	3519
15622	16063	13228	14324	9681	10468	5982	6138	3746	4008
17331	18500	15218	14484	9212	8984	5073	5164	2944	3347
15172	15383	13766	13393	8537	8429	4859	4379	2631	2757
12040	11075	9304	7979	5841	5516	3421	3392	1669	2262
7735	8176	5826	5548	3769	3830	2197	2423	1065	1454
14255	14356	10185	9490	6626	6421	3850	3974	2005	2726
8109	7891	5779	5094	3625	3574	2074	2166	1120	1638
15402	13680	11722	10080	8050	8027	4802	5258	2462	3465
21898	20196	15896	14072	10034	9752	5824	6044	2996	4442
12807	12734	9033	8307	5584	5714	3057	3378	1777	2568
12165	11200	8111	7307	5633	5455	3297	3655	1717	2638
5294	5398	3881	3831	2439	2863	1366	1703	628	993
6708	6429	4613	4211	3055	3124	1781	2052	1037	1568
14348	13745	10895	9797	7122	6626	4075	4192	2276	3085
17084	16663	11651	10998	7740	7978	4593	5091	2395	3289
15394	14976	9561	9211	6774	7266	4219	5051	2297	3530
15644	14877	11038	10106	7679	7579	4734	5067	2616	3693
58742	**56984**	**46743**	**47566**	**30285**	**34791**	**17744**	**22210**	**8906**	**15319**
7091	7407	5356	6121	3538	4335	2054	2538	1046	1776
6081	5817	4732	4900	2885	3628	1784	2469	940	1689
8396	8226	6358	7043	4244	5342	2622	3446	1447	2513
6157	6565	5199	5238	3445	3710	1946	2360	919	1589
14573	13397	11384	11036	7120	7883	3841	4808	2088	3502
16444	15572	13714	13228	9053	9893	5497	6589	2466	4250
26695	**21785**	**16523**	**15404**	**9211**	**9104**	**4060**	**4099**	**1728**	**2241**
9046	6609	5037	4402	2861	2426	1223	891	418	488
4718	3406	2283	2072	1124	979	457	367	170	194
4976	4252	3147	3005	1965	1999	840	974	352	505
4222	3975	3284	3235	1733	1939	886	1078	438	554
3733	3543	2772	2690	1528	1761	654	789	350	500
86033	**80263**	**63930**	**63111**	**43500**	**47908**	**24824**	**30307**	**11467**	**17945**
10789	10961	8285	9027	5876	6814	3554	4377	1837	2725
9653	8126	6721	6121	4563	4578	2678	3072	1377	1924

表2 续表 72

地区	0岁		1-4岁		5-9岁		10-14岁		15-19岁	
	男	女	男	女	男	女	男	女	男	女
龙马潭区	1267	1231	7465	6779	9129	8468	8920	8573	11701	12983
泸县	4584	4230	25428	21798	34055	29461	29100	25347	35291	34276
合江县	3638	3285	23923	21599	31216	28533	22354	20104	30626	25640
叙永县	3612	3184	20194	17800	27694	23688	26493	22341	22322	19756
古蔺县	5526	4962	26652	23832	30442	27150	35383	33054	34926	33717
德阳市	**14908**	**13753**	**64998**	**60225**	**70734**	**65812**	**92941**	**86936**	**125528**	**121925**
旌阳区	2654	2515	10867	10010	13140	12643	16578	15579	23595	24784
中江县	5464	4800	29816	27065	30039	27160	39069	35543	45649	43369
罗江县	1032	1007	3573	3441	3714	3455	4743	4557	8575	8869
广汉市	2128	1996	8320	7860	10066	9451	13201	12675	20188	18507
什邡市	1633	1539	5706	5317	6018	5678	8839	8376	14524	13677
绵竹市	1997	1896	6716	6532	7757	7425	10511	10206	12997	12719
绵阳市	**20971**	**18873**	**86633**	**80117**	**94668**	**88288**	**127645**	**119536**	**183942**	**181367**
涪城区	2803	2478	13126	12217	16315	15319	19282	18007	43508	42966
游仙区	2036	1753	8548	7898	9166	8441	11648	10695	18381	17715
三台县	5731	5054	23728	21520	23690	21703	33309	30344	42756	40662
盐亭县	1849	1711	8615	7836	9279	8546	11842	11385	15252	14709
安县	2075	1893	9012	8404	8973	8473	11153	10269	11357	11617
梓潼县	1358	1293	5277	4964	5382	5149	8283	7890	10919	11085
北川羌族自治县	1165	998	3484	3208	3814	3723	6313	6248	8814	8590
平武县	706	676	2639	2585	3502	3342	5704	5407	7388	7086
江油市	3248	3017	12204	11485	14547	13592	20111	19291	25567	26937
广元市	**12202**	**11180**	**53815**	**50559**	**58410**	**55435**	**88265**	**82979**	**109103**	**104617**
利州区	2096	1952	8319	7848	10910	10378	16248	15054	25404	23603
元坝区	962	847	3233	2967	3316	3028	5915	5718	6753	6348
朝天区	845	776	3360	3278	4782	4511	7790	7513	7201	7036
旺苍县	1846	1702	8365	7713	11415	10799	16576	15532	16286	15971
青川县	1134	1125	3900	3772	4477	4286	7836	7455	8509	8225
剑阁县	2702	2514	11272	10664	10395	10032	16136	15325	19740	19728
苍溪县	2617	2264	15366	14317	13115	12401	17764	16382	25210	23706
遂宁市	**13692**	**12040**	**66474**	**58926**	**76326**	**66425**	**104294**	**92270**	**149096**	**139642**
船山区	2659	2282	12697	11059	15078	12958	20999	18581	29890	27599
安居区	2698	2454	13347	11610	15661	13530	23214	19681	29609	26348
蓬溪县	2328	1990	12060	10707	13254	11503	18060	16401	24695	23213
射洪县	3734	3438	17447	15975	20832	18671	26785	24340	42178	41276
大英县	2273	1876	10923	9575	11501	9763	15236	13267	22724	21206
内江市	**19041**	**17217**	**86533**	**79821**	**104538**	**97340**	**109377**	**101873**	**111562**	**113208**
市中区	2014	1912	9412	8936	12570	11989	14421	13459	16509	14427
东兴区	4314	3910	19338	17832	24087	22516	21486	20065	22530	24782
威远县	3283	3106	13904	12993	14872	14318	17365	16663	16928	17249
资中县	5918	5235	27299	25162	34761	32195	37358	34447	39009	38585
隆昌县	3512	3054	16580	14898	18248	16322	18747	17239	16586	18165
乐山市	**13666**	**13076**	**60954**	**57304**	**69062**	**64352**	**89274**	**84460**	**114938**	**118261**
市中区	2051	1950	8995	8469	10958	9964	13927	12989	26903	31837
沙湾区	658	573	2460	2319	3378	3119	4788	4680	6064	5704
五通桥区	1015	919	4236	4149	4567	4459	6537	6401	8796	8652
金口河区	216	250	978	915	1078	1064	1737	1711	2147	1979
犍为县	2172	2064	9253	8732	9468	8933	12353	11364	13786	13281
井研县	1280	1274	7158	6656	7039	6891	7703	7678	8353	8770
夹江县	1206	1173	4748	4609	5735	5387	8008	7645	10288	10119
沐川县	1205	1165	5519	5235	6510	5926	8074	7646	7644	7467
峨边彝族自治县	949	855	4391	3787	4674	3931	5940	5322	6923	6720
马边彝族自治县	1426	1436	7206	6625	8212	7747	9058	8569	7796	7764
峨眉山市	1488	1417	6010	5808	7443	6931	11149	10455	16238	15968
南充市	**27740**	**23676**	**143413**	**123738**	**176261**	**147080**	**225312**	**189138**	**286434**	**257102**
顺庆区	2798	2389	11651	10512	15803	13697	20234	18227	29477	33691
高坪区	2479	1944	12071	10500	14966	12733	18593	15843	23202	21737
嘉陵区	2852	2410	12853	10765	17607	14162	21687	18022	27595	23811
南部县	4400	3842	25049	22196	29781	25250	39562	32923	42524	37130
营山县	3315	2920	21218	17588	23410	18793	27095	22538	34025	29315
蓬安县	2427	2056	13480	11752	16270	13748	20770	17509	25731	22553
仪陇县	4074	3382	22129	18298	30333	24368	41238	33078	53139	43084
西充县	2488	2048	9537	8177	11782	9660	15630	12674	21723	18764
阆中市	2907	2685	15425	13950	16309	14669	20503	18324	29018	27017

单位:人

20-24岁		25-29岁		30-34岁		35-39岁		40-44岁	
男	女	男	女	男	女	男	女	男	女
10806	12439	9322	10320	9174	10035	16733	18182	17009	18107
19902	20912	15708	16918	16855	18680	36021	39212	36327	38776
16383	16851	11687	12868	14645	16215	32839	32818	32091	31614
15806	15440	13206	12540	15452	15138	30202	27091	28101	26284
27642	29418	22151	21748	20765	19981	30768	27367	29276	27126
136936	**132383**	**91290**	**95723**	**107132**	**112776**	**185441**	**187610**	**191656**	**185908**
36638	29882	23035	24001	24768	26091	41869	40692	39784	37136
42607	41637	27298	26840	38027	37815	57393	58103	53256	54936
6507	7943	4687	5160	5503	6016	10333	10696	10899	10558
23503	20761	15785	17047	16970	17927	30799	30892	34627	32413
13819	15341	9796	10470	9257	10755	20453	21601	25443	24257
13862	16819	10689	12205	12607	14172	24594	25626	27647	26608
157750	**168157**	**109429**	**119277**	**138408**	**145581**	**240721**	**238411**	**239824**	**229273**
45960	46353	28598	32242	33912	36263	51171	50486	46428	42764
20117	20130	12834	13835	15678	16259	26133	25571	26207	24411
30929	32880	21318	21949	26630	27970	46026	47327	47690	48648
10978	12154	7423	8205	11128	11808	18900	19126	19563	19855
9808	11707	6845	7824	9344	10233	17606	17864	19285	19090
8180	9127	6345	6723	9115	8634	17628	16164	17055	15402
6274	6349	3971	3998	5199	5372	10279	10060	11499	10723
6569	6356	4766	4483	5157	4879	10352	9210	10383	9108
18935	23101	17329	20018	22245	24163	42626	42603	41714	39272
72628	**76967**	**50463**	**54533**	**66391**	**69824**	**135339**	**132766**	**128468**	**121506**
20501	19751	13871	15173	17615	18729	34573	33504	29556	27117
4531	4563	3246	3149	4250	3893	9487	8852	8965	7935
5288	5394	2977	2996	4331	4685	10197	9916	9667	9245
9976	10632	6800	7266	10667	11429	23171	22454	20876	19152
8112	8536	5150	5392	7537	7070	14467	12615	13597	11764
11074	12978	8226	9129	11587	12086	21086	20006	20885	19417
13146	15113	10193	11428	10404	11932	22358	25419	24922	26876
141977	**141242**	**94874**	**92988**	**92737**	**95251**	**146882**	**154807**	**142705**	**158320**
29001	29549	22054	23710	20161	22198	32535	33792	30306	32104
30616	28320	20738	17861	17983	16513	28535	28879	27104	30667
23689	23188	15950	14623	15227	14919	23198	24403	21881	24604
35979	37070	21443	22934	25748	27574	41402	45011	42799	47819
22692	23115	14689	13860	13618	14047	21212	22722	20615	23126
167543	**163582**	**99445**	**95733**	**106676**	**106959**	**192979**	**189981**	**186518**	**185937**
21131	20031	13115	13489	13238	14000	25589	26737	26228	26533
38254	38865	21321	20157	20685	20469	37319	37411	35053	35212
25774	25191	14362	14220	18594	18425	35482	33667	34696	33481
58586	55384	33658	31449	36909	36848	64052	61440	60807	59548
23798	24111	16989	16418	17250	17217	30537	30726	29734	31163
102576	**109181**	**82025**	**85221**	**99202**	**99698**	**178985**	**172585**	**184293**	**174369**
29336	35295	18819	21164	21377	22506	34693	34651	35046	34371
6121	5470	4476	4333	6303	6223	11635	10441	12155	10550
8603	9128	8731	8880	9824	9593	17784	17175	18809	17970
1765	1607	1304	1249	1729	1610	3138	2806	3022	2586
9256	10349	8674	9235	10097	10420	23691	23242	25388	24251
4582	5346	4549	4992	5738	6516	12597	14494	14120	15405
10349	11124	7895	8633	11456	11451	20329	19068	21237	19808
5474	5257	5736	5133	7126	6321	12140	10602	12727	10998
5228	5080	4391	3987	5229	4731	7903	7322	7219	6386
5719	6086	5973	5673	6946	6575	8430	7506	7792	7371
16143	14439	11477	11942	13377	13752	26645	25278	26778	24673
239168	**241560**	**155244**	**161929**	**166742**	**179487**	**279754**	**298605**	**283579**	**293488**
32520	40916	21074	24044	21161	23835	33769	35969	33176	32832
23894	24912	16201	15811	16584	16095	25956	25867	26291	25210
26876	22945	17975	16627	19896	18587	29796	28907	28288	27294
27830	28906	16081	20054	20257	26090	37899	44810	36143	42912
28077	27817	17639	18240	18626	20856	30657	33359	32808	34529
21568	20644	13138	13123	14000	15182	26705	28362	26008	26904
39368	36420	24807	23782	24981	24991	40679	42253	38028	39201
18458	18478	12803	13506	14398	15410	22059	23057	24541	25254
20577	20522	15526	16742	16839	18441	32234	36021	38296	39352

表2 续表 73

地区	45-49岁		50-54岁		55-59岁		60-64岁	
	男	女	男	女	男	女	男	女
龙马潭区	14323	14860	11390	11077	14336	13831	9378	9005
泸县	27618	29314	25237	24477	36761	36498	27261	24236
合江县	23894	23185	20661	19542	30058	28844	22180	19699
叙永县	21272	20481	15529	14296	20113	19417	13786	12491
古蔺县	21779	20834	16728	15424	20729	19110	14003	13225
德阳市	**167206**	**160223**	**107276**	**101387**	**154377**	**157052**	**105318**	**96833**
旌阳区	34955	32785	21433	20390	27078	28952	18939	19071
中江县	45862	44078	35189	29686	50512	46227	35584	30480
罗江县	9966	10151	6874	6294	10241	9756	6825	5434
广汉市	29234	27752	17088	17792	24659	27935	16650	17288
什邡市	21691	20810	11949	12637	18641	20158	12440	11913
绵竹市	25498	24647	14743	14588	23246	24024	14880	12647
绵阳市	**200335**	**190019**	**139457**	**125889**	**187910**	**179572**	**140505**	**123627**
涪城区	36388	32958	21901	19991	25215	24605	18373	16977
游仙区	22538	20386	14204	13278	19205	18666	13790	12594
三台县	41868	41380	31739	27953	47344	44041	37809	31960
盐亭县	16614	16817	14277	13012	19102	17208	15808	12675
安县	17671	16992	12112	10761	16783	15798	10891	9346
梓潼县	13413	12888	9507	8551	14033	13761	9477	8568
北川羌族自治县	9296	8169	6185	5161	7807	7025	5737	4800
平武县	7668	6595	4817	3806	5824	5458	4435	3969
江油市	34879	33834	24715	23376	32597	33010	24185	22738
广元市	**101864**	**99016**	**73766**	**70650**	**92966**	**93509**	**71152**	**68866**
利州区	22160	19969	13859	12813	14713	15229	11064	11194
元坝区	7626	7097	5845	5238	7259	6939	5339	5143
朝天区	7338	6904	4691	4348	6038	5897	4457	4296
旺苍县	15351	14400	9896	9554	12119	12895	10813	10825
青川县	10097	8643	6522	5685	7638	7091	5536	5051
剑阁县	19307	19305	15930	15227	19964	19091	14129	12852
苍溪县	19985	22698	17023	17785	25235	26367	19814	19505
遂宁市	**117522**	**124324**	**93370**	**79223**	**125093**	**117063**	**97461**	**87108**
船山区	24736	25241	19157	16968	23516	22776	16803	15868
安居区	21833	22040	17746	15018	25686	24731	18936	16547
蓬溪县	18847	20363	16583	13979	21591	20841	18955	15067
射洪县	35843	38887	27007	22803	36780	32102	28969	27064
大英县	16263	17793	12877	10455	17520	16613	13798	12562
内江市	**139381**	**138361**	**101868**	**88081**	**136655**	**126529**	**103587**	**93883**
市中区	21809	21819	15290	13476	17760	17119	13671	13245
东兴区	26207	25644	18691	17328	25957	25444	20436	19105
威远县	24801	23904	16219	14582	24196	22809	18757	16586
资中县	44137	42241	30291	23579	41960	36780	32053	27583
隆昌县	22427	24753	21377	19116	26782	24377	18670	17364
乐山市	**135281**	**129291**	**92750**	**88601**	**120801**	**120569**	**92440**	**86412**
市中区	27063	26056	19241	19223	23166	24293	17497	16944
沙湾区	8596	7678	5524	5182	7068	6786	6005	4828
五通桥区	14074	13831	10704	10116	13519	13593	9740	9386
金口河区	1907	1575	1218	1050	1207	1260	1347	1117
犍为县	19590	18998	13285	12324	19188	18931	13930	13115
井研县	9384	10755	8396	8224	14064	13381	11331	9995
夹江县	15784	14910	9551	9341	12777	13546	9180	9274
沐川县	9644	8631	5870	5064	7662	6741	5501	4666
峨边彝族自治县	4343	3776	2856	2669	3349	3220	2858	2690
马边彝族自治县	4925	4724	3139	2946	3738	3691	3095	2798
峨眉山市	19971	18357	12966	12462	15063	15127	11956	11599
南充市	**209224**	**214903**	**171606**	**161258**	**243498**	**241610**	**204153**	**179639**
顺庆区	25993	25028	20447	19431	24592	24715	18407	16092
高坪区	20502	19697	17436	15303	21185	20436	15449	13342
嘉陵区	21233	20052	17847	14874	22403	21479	18050	15155
南部县	25761	30341	23249	23223	36862	37756	33422	30387
营山县	24567	26079	19256	17376	29372	28535	24606	21935
蓬安县	19229	19681	14760	13363	22327	22334	18863	15584
仪陇县	25605	27040	20892	21193	32575	34105	29626	26115
西充县	17195	17602	14343	14004	21657	20269	19745	16736
阆中市	29139	29383	23376	22491	32525	31981	25985	24293

单位:人

65-69岁		70-74岁		75-79岁		80-84岁		85岁及以上	
男	女	男	女	男	女	男	女	男	女
6370	6610	4951	5092	3515	4182	1998	2430	1029	1581
19416	17856	14218	14241	9626	11368	5290	7251	2399	4388
17733	15878	13146	12223	8184	8491	4913	5831	2279	3806
11548	10540	8440	8401	5695	6192	3063	3620	1268	1803
10524	10292	8169	8006	6041	6283	3328	3726	1278	1718
79374	**72996**	**58299**	**55307**	**39487**	**40981**	**23310**	**25428**	**10932**	**15357**
13991	13705	10825	10465	7098	6742	3969	4127	1899	2385
26428	23393	19504	18195	13779	14466	8061	9294	3961	6177
5042	4067	3767	3335	2295	2252	1477	1441	736	964
12509	12004	9170	9084	6236	6764	3768	4100	1600	2366
9642	9002	6833	6545	4654	4992	2729	2878	1252	1493
11762	10825	8200	7683	5425	5765	3306	3588	1484	1972
105232	**96384**	**77699**	**74500**	**47365**	**49954**	**26412**	**30362**	**11805**	**17973**
13562	12708	10832	9949	6268	5983	3675	3355	1729	2060
10950	10290	8914	8055	5168	5017	2571	2700	1183	1639
26318	23190	19372	18179	12823	14092	6943	8639	3075	5475
11628	10664	8653	8680	5533	6450	2689	3748	1126	2373
8623	7782	6257	6176	3793	3970	2215	2525	951	1324
7201	6579	4808	5031	3054	3582	1645	2221	724	1230
4870	4354	3358	3251	1710	1664	1186	1240	529	685
3806	3643	2588	2464	1412	1347	858	1035	397	539
18274	17174	12917	12715	7604	7849	4630	4899	2091	2648
60044	**58478**	**40280**	**39548**	**20296**	**21551**	**11199**	**13307**	**4847**	**7333**
8869	8738	6347	6388	3472	3328	2106	2057	856	1060
4485	4402	2952	2840	1379	1536	739	917	308	487
3929	3667	2649	2616	1391	1479	851	1014	380	600
9611	9600	6069	5524	2696	2539	1690	1772	779	1026
4532	4228	3098	2818	1640	1754	940	1086	395	540
11475	11011	8044	8188	4721	5472	2272	2999	994	1693
17143	16832	11121	11174	4997	5443	2601	3462	1135	1927
67699	**64444**	**49194**	**48121**	**33557**	**37161**	**19346**	**24170**	**9816**	**16979**
11258	11629	8131	8497	5472	6215	3179	3779	1710	2613
13089	12104	9534	9379	6499	7127	3770	4702	1807	3209
13969	12051	9731	8599	6545	6760	3838	4608	1908	3111
19783	19491	14733	14744	10376	11737	5805	7614	2888	5450
9600	9169	7065	6902	4665	5322	2754	3467	1503	2596
80182	**75475**	**57126**	**57414**	**38867**	**42980**	**23791**	**29301**	**12536**	**20967**
10788	10615	7584	8046	5473	6245	3565	4062	2006	2972
15808	14887	10999	10783	7649	7894	4858	5566	2666	4282
14864	14370	10709	10753	6817	7598	4166	5153	2072	3553
25078	22368	17870	17628	12147	13428	7117	9164	3709	6277
13644	13235	9964	10204	6781	7815	4085	5356	2083	3883
75353	**72210**	**52330**	**51594**	**35159**	**37494**	**20526**	**23142**	**11590**	**16734**
13248	13444	9653	9668	6803	7303	4046	4244	2291	3330
4728	4075	3260	3037	2109	2189	1452	1372	860	981
7488	7188	4861	5189	3516	4176	2233	2629	1603	2012
1149	1040	844	784	410	474	241	321	115	207
11363	10920	7989	7846	5126	5526	3021	3380	1612	2256
8580	7489	6332	5840	4479	4611	2279	2727	1189	2025
8240	8083	5615	5752	3680	4001	2213	2763	1242	2126
5149	4697	3402	3314	2213	2286	1187	1383	584	838
2653	2517	1627	1597	1098	1109	560	647	272	401
2927	2839	1780	1817	1027	1208	549	728	285	404
9828	9918	6967	6750	4698	4611	2745	2948	1537	2154
151394	**139542**	**104186**	**99000**	**65345**	**67887**	**36894**	**43646**	**17468**	**27911**
13064	11994	9702	9431	6527	6864	3702	3782	1865	2516
10846	10472	7772	7272	4872	4787	2741	3045	1324	1943
13289	11521	9553	8135	6375	6175	3746	4330	1734	2729
26168	24703	17068	16645	10115	11336	5110	7016	2442	4680
17634	16686	13056	12647	8711	9195	5301	6029	2268	3656
14039	12466	9589	9052	6340	6168	3586	4044	1560	2458
22760	20536	14349	13355	8630	8341	5212	5725	2667	3669
14132	12610	9960	8962	6722	6698	3508	4447	1777	2932
19462	18554	13137	13501	7053	8323	3988	5228	1831	3328

表2 续表 74

地区	0岁		1-4岁		5-9岁		10-14岁		15-19岁	
	男	女	男	女	男	女	男	女	男	女
眉山市	**14843**	**13911**	**54420**	**51198**	**60367**	**57086**	**83916**	**79660**	**119931**	**120355**
东坡区	3526	3251	13114	12236	13848	13260	19083	18351	30856	32532
仁寿县	6669	6165	26989	25465	31110	29036	42416	39830	57391	56264
彭山县	1383	1358	4518	4167	4758	4697	6601	6203	10009	9203
洪雅县	1593	1528	5094	4878	5628	5271	8254	7981	10960	11054
丹棱县	825	768	2249	2170	2383	2269	3512	3380	5206	5612
青神县	847	841	2456	2282	2640	2553	4050	3915	5509	5690
宜宾市	**29616**	**26018**	**129053**	**114443**	**158479**	**136642**	**178975**	**154150**	**194557**	**181148**
翠屏区	4268	3765	18739	16991	21373	19037	26182	23084	36774	35763
宜宾县	5017	4510	23346	20827	30274	26755	30362	27535	33813	32337
南溪县	2208	1970	8996	7946	10496	8856	13548	11210	15753	14605
江安县	2803	2468	10909	9118	13798	11060	17392	14330	18719	17226
长宁县	2390	2112	10418	8924	12571	10078	13819	10711	15411	13118
高县	3003	2608	12860	11971	15682	13903	15317	13554	15548	14413
珙县	2711	2502	11754	10640	12414	10799	14860	12913	16668	14956
筠连县	2586	2258	12211	10823	14656	12657	16244	14459	15618	14212
兴文县	2853	2286	12347	10061	18384	15387	19991	16106	15200	13406
屏山县	1777	1539	7473	7142	8831	8110	11260	10248	11053	11112
广安市	**16005**	**13266**	**85317**	**73486**	**116587**	**97878**	**156539**	**134426**	**150270**	**141486**
广安区	3690	3024	22329	19170	31228	26483	45163	39530	40266	39271
岳池县	4201	3557	20589	17834	28470	23799	37710	32474	32108	29326
武胜县	2873	2325	14218	11981	19359	15978	25521	21169	28676	26717
邻水县	3846	3138	19843	17315	28284	23739	36227	30997	37082	35199
华蓥市	1395	1222	8338	7186	9246	7879	11918	10256	12138	10973
达州市	**29682**	**25250**	**154821**	**133103**	**203276**	**171347**	**213052**	**182814**	**225410**	**206184**
通川区	1986	1747	10676	9573	13671	12301	14761	13223	18357	20450
达县	5548	4784	30604	26674	44820	38274	39526	34300	41752	37401
宣汉县	6218	5464	33823	29068	41340	34713	43507	36678	44442	38727
开江县	2968	2453	13604	11585	17500	14394	17131	14114	17451	15535
大竹县	4157	3447	27354	22859	32870	26135	32105	26690	37021	32063
渠县	5898	4762	25604	21633	38096	32077	47244	40466	49952	45936
万源市	2907	2593	13156	11711	14979	13453	18778	17343	16435	16072
雅安市	**7308**	**6773**	**32222**	**30142**	**39500**	**37081**	**46539**	**44380**	**57353**	**58366**
雨城区	1345	1290	6301	5865	8811	8087	9793	9260	12703	14182
名山县	1362	1295	5836	5490	5853	5506	6558	6402	8436	8451
荥经县	596	613	3363	3194	4428	4183	4593	4442	5180	4997
汉源县	1554	1425	5966	5531	7790	7539	9765	9440	15247	15023
石棉县	731	621	3488	3234	3900	3568	3921	3637	4258	3968
天全县	768	706	3685	3567	3712	3526	5050	4853	5071	5456
芦山县	677	578	2478	2195	3490	3225	4655	4300	4199	4122
宝兴县	275	245	1105	1066	1516	1447	2204	2046	2259	2167
巴中市	**18400**	**15845**	**75267**	**65881**	**114041**	**99060**	**166928**	**142626**	**163340**	**141929**
巴州区	5534	4855	24076	21411	36811	32598	55120	46193	57696	48199
通江县	3995	3645	14417	12855	21516	19244	33698	29935	33433	30429
南江县	3157	2663	13547	12030	22300	19520	33763	29118	29446	26043
平昌县	5714	4682	23227	19585	33414	27698	44347	37380	42765	37258
资阳市	**18943**	**17076**	**99735**	**90828**	**115380**	**104398**	**117534**	**106693**	**106685**	**101960**
雁江区	4476	4266	20578	19186	27595	25634	26198	24686	27446	27043
安岳县	6766	5799	35353	31032	41801	36575	36658	31612	31049	27942
乐至县	2227	2030	12854	11523	14933	13590	16939	15580	15707	15168
简阳市	5474	4981	30950	29087	31051	28599	37739	34815	32483	31807
阿坝藏族羌族自治州	**4563**	**4334**	**22362**	**21106**	**29459**	**28039**	**35220**	**33414**	**41899**	**40952**
汶川县	441	425	1729	1616	2125	2049	3074	2983	5497	5587
理县	190	204	846	787	1097	1078	1475	1342	1927	1820
茂县	600	582	2439	2264	3370	3123	4331	4218	5233	5068
松潘县	422	366	1905	1660	2273	2125	3013	2860	3065	3028
九寨沟县	376	392	1734	1735	2303	2220	2654	2687	3700	3940
金川县	286	244	1400	1330	1950	1871	2840	2497	2817	2686
小金县	327	316	1458	1362	2343	2115	3210	2949	3692	3551
黑水县	359	337	1608	1519	2365	2276	2450	2284	2234	2208
马尔康县	242	240	1137	1038	1548	1449	1710	1628	2299	2459
壤塘县	288	281	1712	1665	1421	1434	1702	1718	2069	1878
阿坝县	367	325	2737	2531	3322	3146	3340	3160	3665	3197
若尔盖县	421	410	2303	2300	3497	3377	3651	3436	3754	3645
红原县	244	212	1354	1299	1845	1776	1770	1652	1947	1885

单位:人

20-24岁		25-29岁		30-34岁		35-39岁		40-44岁	
男	女	男	女	男	女	男	女	男	女
91370	**99022**	**63572**	**68679**	**80561**	**84755**	**149340**	**152506**	**161864**	**158255**
26559	30363	20546	22420	26912	27946	46474	45631	49019	46131
38106	40242	23654	25187	31045	33270	56119	59555	59556	60963
11015	10790	6458	7056	7853	8007	13627	13865	16581	15533
7396	8497	6309	6788	6897	7293	16936	17033	18382	17315
4067	4521	3094	3429	3800	3882	7299	7397	8454	8331
4227	4609	3511	3799	4054	4357	8885	9025	9872	9982
137286	**130945**	**114075**	**109934**	**121782**	**118434**	**230721**	**215592**	**213088**	**204005**
31103	29507	25462	27495	25998	26755	48400	46156	41592	40110
24187	23486	17685	17051	22654	22107	43117	40848	38295	37086
9472	9399	8649	8598	9226	9255	16662	15828	15548	14742
12304	12116	8906	8660	8806	8949	17806	17873	17136	16919
8886	8313	8150	7453	8042	7749	15984	15054	16278	15823
12851	11744	10709	9572	11508	10453	21287	19344	19998	19063
12803	11778	10412	9076	11274	10065	20754	18126	19228	17721
10739	9219	8320	6982	7861	7264	15465	13551	15039	14442
7968	8064	8887	8387	9488	9038	18580	17252	17953	17000
6973	7319	6895	6660	6925	6799	12666	11560	12021	11099
94713	**101761**	**60088**	**66552**	**64583**	**75533**	**119909**	**137655**	**124451**	**137303**
21206	23722	14099	16049	16782	19824	33234	38115	33686	36675
22682	24047	14179	16012	15852	18997	26970	32190	28348	32911
19268	20686	11915	13393	11400	13554	19636	24211	21594	25550
22725	23721	13960	14232	13865	15443	27339	29235	28740	29194
8832	9585	5935	6866	6684	7715	12730	13904	12083	12973
189100	**198037**	**119638**	**126691**	**150415**	**156854**	**264502**	**262265**	**259399**	**245923**
18209	21359	11703	13325	15396	16962	27087	28108	26317	25951
35064	37180	23016	24717	32956	33154	56867	53974	54908	50445
35180	37548	23538	24245	29925	29208	49030	46713	42948	40254
14219	14237	8634	8944	11124	11650	19063	19396	18350	17668
29909	28625	17406	17303	18956	20029	39829	39442	44469	41270
46061	47137	28601	30718	32418	35348	53707	54800	55357	52672
10458	11951	6740	7439	9640	10503	18919	19832	17050	17663
56664	**57346**	**43262**	**42895**	**40484**	**40477**	**90625**	**85603**	**88699**	**82198**
19066	18518	9073	9676	8475	9267	19353	19429	18803	18397
7171	8155	7259	7259	7012	6688	15592	14450	16625	15040
4413	4682	3422	3482	3650	3768	10679	9785	10218	8970
13654	13255	10621	9969	9616	9073	20069	18413	18612	17160
4843	4656	4953	4657	3788	3633	6967	6433	7121	6408
3099	3457	3486	3402	3504	3510	8051	7456	7405	6957
2628	2917	2735	2838	2871	3074	6426	6469	6249	6139
1790	1706	1713	1612	1568	1464	3488	3168	3666	3127
117868	**120113**	**73390**	**77639**	**97248**	**100750**	**149242**	**152425**	**141376**	**141045**
39268	38974	23891	25128	32197	33975	48222	50329	46422	46392
25259	25807	16684	17205	22761	22171	34800	34058	32775	31570
21352	21301	12513	12847	18022	18963	30705	30936	26879	27331
31989	34031	20302	22459	24268	25641	35515	37102	35300	35752
127450	**127433**	**75672**	**76350**	**91679**	**97682**	**167522**	**176989**	**165071**	**174341**
38691	38268	21029	21016	24830	25834	43566	45969	44223	46488
45701	44375	29656	28466	29271	30582	50602	50890	46353	48016
14277	14160	9586	9565	14032	14557	24100	25563	24364	25930
28781	30630	15401	17303	23546	26709	49254	54567	50131	53907
44784	**40922**	**39901**	**36076**	**42396**	**36506**	**48631**	**41164**	**43108**	**37182**
6179	5781	3696	3192	4071	3486	5889	4968	5770	4893
2193	1799	2095	1575	2373	1820	2995	2246	2988	2271
4875	4552	4337	3916	4754	4303	5300	4801	4691	4358
3497	3283	3571	3086	3455	3074	3733	3214	3338	2870
4387	4650	4253	4137	4862	3497	5378	3657	4313	3147
2422	2326	2191	2051	2564	2474	3504	3451	3154	3004
3580	3308	3119	2624	3798	3088	4157	3818	3692	3435
2549	2085	2925	2534	3409	3005	3646	2963	2846	2465
2776	2121	2544	2281	2607	2298	3581	2984	3409	2889
2000	1936	1909	1849	1724	1611	1726	1426	1357	1218
4181	3375	3557	3288	3341	2816	3187	2825	2716	2366
3494	3333	3378	3407	3357	3176	3409	2978	2960	2660
2651	2373	2326	2136	2081	1858	2126	1833	1874	1606

表2 续表 75

地区	45-49岁		50-54岁		55-59岁		60-64岁	
	男	女	男	女	男	女	男	女
眉山市	**115897**	**114737**	**74726**	**73067**	**114291**	**117977**	**92824**	**88493**
东坡区	36171	35247	21000	21140	29602	31591	23670	24053
仁寿县	38210	39042	29437	28215	48883	49800	42005	38065
彭山县	13067	12265	7800	7819	11523	11859	9298	9174
洪雅县	14110	13555	7810	7509	12078	12320	8303	8056
丹棱县	6710	6712	3854	3769	5429	5683	4100	4055
青神县	7629	7916	4825	4615	6776	6724	5448	5090
宜宾市	**164164**	**163289**	**121683**	**114372**	**161804**	**160372**	**111551**	**103651**
翠屏区	33027	32264	23349	22584	29221	30590	19330	18758
宜宾县	27724	28428	21984	20558	31786	31206	21376	19656
南溪县	11781	11423	9418	9116	13389	13662	8949	8767
江安县	13702	14213	11578	11002	16814	15690	11969	10363
长宁县	12986	13215	9488	8752	13808	13152	9324	8623
高县	14606	14610	12144	11098	15095	14748	10147	9340
珙县	14911	14024	9617	8865	11660	11951	9065	8458
筠连县	12269	12465	7792	7468	9015	9147	6912	6640
兴文县	14154	13987	9782	8894	12616	12214	8766	8006
屏山县	9004	8660	6531	6035	8400	8012	5713	5040
广安市	**104989**	**112045**	**87572**	**82613**	**123678**	**123508**	**103038**	**97537**
广安区	29702	31605	23601	21719	33584	31901	28176	25809
岳池县	23708	26461	22433	21676	32801	33901	26741	25720
武胜县	18540	21020	17703	16299	23669	22554	19230	17516
邻水县	23194	22615	16760	15950	24158	24738	21190	21239
华蓥市	9845	10344	7075	6969	9466	10414	7701	7253
达州市	**195664**	**189718**	**130705**	**122567**	**197541**	**191114**	**168292**	**158226**
通川区	19903	18915	12430	11766	16085	15452	11757	11079
达县	39842	37069	27917	26258	42633	41560	34062	33014
宣汉县	31273	31467	19879	19597	33215	33095	30882	28653
开江县	14420	14508	11011	10822	17325	17401	13747	12507
大竹县	37409	34731	21799	19498	32301	31827	27350	27050
渠县	39217	38837	28437	25403	41350	37121	36027	32542
万源市	13600	14191	9232	9223	14632	14658	14467	13381
雅安市	**60770**	**55582**	**36952**	**33805**	**50026**	**49083**	**35382**	**33761**
雨城区	13975	13217	8632	8365	12262	12578	8685	8400
名山县	12029	10675	6740	6026	9547	9758	6067	6118
荥经县	6314	5548	3023	2816	4580	4452	3406	3220
汉源县	12498	11110	8096	7121	10362	9837	7076	6594
石棉县	5013	4574	3498	3127	3301	3186	2337	2378
天全县	4775	4782	3201	3082	4802	4646	3677	3433
芦山县	3828	3840	2325	2151	3437	3242	2954	2629
宝兴县	2338	1836	1437	1117	1735	1384	1180	989
巴中市	**97351**	**97963**	**76000**	**77487**	**106940**	**112212**	**100701**	**96204**
巴州区	31353	32245	26919	28735	40525	44686	38687	36882
通江县	21181	20458	14631	13800	20706	20823	20103	19368
南江县	19096	19105	14623	14337	18075	18354	17031	16011
平昌县	25721	26155	19827	20615	27634	28349	24880	23943
资阳市	**126519**	**128887**	**97354**	**98572**	**156779**	**160361**	**127094**	**113198**
雁江区	35388	34007	23566	23280	35039	35526	27443	23600
安岳县	35896	37952	30791	31623	48779	48319	38981	33597
乐至县	18731	19007	16266	16022	25250	24718	21661	18817
简阳市	36504	37921	26731	27647	47711	51798	39009	37184
阿坝藏族羌族自治州	**28732**	**24330**	**20112**	**17865**	**19676**	**18326**	**16169**	**16050**
汶川县	3870	3061	2380	1925	2496	2141	2056	1715
理县	1887	1377	1225	1011	1328	1128	972	890
茂县	3293	3024	2358	2326	2558	2615	1992	1914
松潘县	2277	2024	1806	1510	1664	1467	1272	1263
九寨沟县	2716	2016	1756	1450	1484	1250	1049	1028
金川县	2114	2021	1711	1658	1934	1913	1709	1699
小金县	2743	2464	1995	1835	1966	1800	1564	1464
黑水县	1616	1397	1272	1197	1225	1268	1196	1448
马尔康县	2373	1959	1633	1310	1502	1326	1213	1226
壤塘县	890	804	686	602	552	579	606	657
阿坝县	1738	1565	1221	1145	1074	1016	954	1080
若尔盖县	1969	1621	1303	1200	1142	1165	999	1094
红原县	1246	997	766	696	751	658	587	572

单位:人

65-69岁		70-74岁		75-79岁		80-84岁		85岁及以上	
男	女	男	女	男	女	男	女	男	女
73497	**69286**	**52277**	**49493**	**35196**	**36689**	**20882**	**24716**	**11813**	**19073**
19000	18468	13012	12792	8172	8956	4704	5619	2453	4145
31050	27484	22732	20518	16221	16081	9851	11200	6039	9209
7332	7253	5342	4856	3437	3609	2102	2401	1203	1867
7916	8047	5385	5529	3379	3740	1977	2766	929	1721
3684	3495	2383	2443	1652	1824	953	1229	487	843
4515	4539	3423	3355	2335	2479	1295	1501	702	1288
86797	**80381**	**65213**	**64150**	**44108**	**46992**	**24980**	**29805**	**11799**	**17842**
13167	12812	10671	11376	7395	8331	4351	5284	2137	3139
16326	14544	13044	11995	8347	8920	4789	5513	2193	3372
6551	6036	5096	5017	3486	3722	1907	2306	819	1399
8983	8128	6402	6270	4250	4592	2522	2993	1187	1873
7249	6975	5289	5072	3861	3855	2026	2486	1040	1487
7897	7381	5756	5964	3975	4293	2428	3047	1269	1937
7875	6934	5754	5291	3817	3824	1969	2260	872	1197
6229	6039	4427	4517	2936	3207	1573	1899	751	1161
7559	7156	5444	5257	3760	3851	2174	2547	970	1391
4961	4376	3330	3391	2281	2397	1241	1470	561	886
79201	**78091**	**57098**	**56215**	**33768**	**37351**	**17870**	**22750**	**7392**	**12952**
20552	21001	15713	16193	9119	10808	4290	6101	1561	3178
20212	19586	14954	14216	8507	9261	4743	6119	1954	3390
15306	15531	10791	10553	6552	7144	3890	4624	1743	2935
16714	16135	11081	10851	6894	7273	3527	4169	1603	2480
6417	5838	4559	4402	2696	2865	1420	1737	531	969
119810	**112685**	**89715**	**88277**	**47120**	**51660**	**26929**	**32570**	**10470**	**17271**
7614	7515	5770	6131	3197	3415	1836	2248	743	1258
24273	22996	18022	18112	10069	11342	5561	6939	1943	3583
22102	20185	17413	16536	7262	7344	4942	5453	2078	2881
10051	9031	7438	7023	4041	4092	2342	2698	952	1448
19297	19300	14644	15290	8792	10403	4530	5885	1763	3076
24929	23286	19260	18559	11240	12721	5655	7468	1998	3944
11544	10372	7168	6626	2519	2343	2063	1879	993	1081
31841	**30029**	**21432**	**21317**	**14378**	**15384**	**8909**	**10234**	**4256**	**6200**
7398	7107	5604	5449	3910	3978	2560	2602	1448	1708
5637	5373	3686	3580	2667	2775	1611	1943	715	1097
3262	2959	2093	2083	1406	1573	790	890	340	542
5849	5401	4285	4389	2781	3099	1907	2182	790	1309
2071	2171	1558	1690	999	1041	610	642	275	344
3355	3183	1798	1865	1212	1400	567	887	262	504
2837	2529	1561	1381	909	1028	602	756	278	475
1432	1306	847	880	494	490	262	332	148	221
76446	**73639**	**48278**	**46327**	**23456**	**23294**	**15910**	**17852**	**7769**	**10906**
28836	27309	17502	17058	8817	8790	6054	6883	3165	4430
15404	15014	10151	9604	4760	4603	3259	3593	1537	2117
13807	13389	8241	7635	3648	3508	2521	2616	1110	1449
18399	17927	12384	12030	6231	6393	4076	4760	1957	2910
94691	**80305**	**67079**	**60721**	**48484**	**47860**	**28650**	**32061**	**14587**	**22434**
21372	19018	15230	14007	10279	10467	5992	6901	2918	4674
28034	24308	19462	17650	14006	13290	8729	9562	4766	7103
17025	14693	12217	11548	8848	9240	4742	5485	2129	3683
28260	22286	20170	17516	15351	14863	9187	10113	4774	6974
13269	**13862**	**8562**	**9614**	**4485**	**5463**	**2448**	**3693**	**1448**	**2586**
1605	1474	1080	1031	634	543	382	413	209	305
759	791	493	531	201	226	144	207	87	178
1634	1784	1010	1171	402	473	289	449	177	245
1007	1060	781	809	330	460	183	291	94	173
973	949	713	686	366	376	165	190	90	115
1457	1445	742	830	341	426	214	320	145	235
1446	1392	798	788	381	427	160	287	108	171
870	1104	489	713	198	322	69	139	32	82
988	997	546	698	302	427	166	267	102	162
487	518	349	379	261	336	135	181	65	162
838	916	640	762	415	567	242	377	127	272
712	957	562	825	415	624	206	396	143	340
493	475	359	391	239	256	93	176	69	146

表2 续表 76

地区	0岁		1-4岁		5-9岁		10-14岁		15-19岁	
	男	女	男	女	男	女	男	女	男	女
甘孜藏族自治州	**7167**	**6641**	**33511**	**32032**	**43743**	**41731**	**45518**	**43005**	**45658**	**43450**
康定县	576	547	2522	2392	3452	3215	4066	3973	6859	7161
泸定县	451	479	2075	1855	2699	2560	3434	3354	3279	3189
丹巴县	274	278	1310	1195	2158	2080	2509	2419	2078	1908
九龙县	497	397	2311	2086	3158	2731	3491	2937	2639	2188
雅江县	382	335	1413	1422	2169	2062	2277	2187	2210	2176
道孚县	339	305	1644	1624	2496	2374	2443	2344	2186	2022
炉霍县	348	328	1473	1504	1830	1779	1816	1793	1722	1481
甘孜县	350	341	2024	1876	2734	2780	2649	2709	2993	2854
新龙县	361	337	2149	2087	2328	2222	2137	2003	1898	1797
德格县	634	604	3093	2907	3691	3649	3659	3347	3416	3136
白玉县	323	275	1801	1714	2001	1943	2054	1898	2152	1899
石渠县	826	665	3575	3513	4270	4128	3379	3326	3570	3392
色达县	368	366	2252	2161	2528	2230	2232	2127	2299	2202
理塘县	622	638	1928	1788	2781	2663	3401	2983	2706	2371
巴塘县	290	245	1417	1339	2138	2061	2242	2063	2108	2388
乡城县	171	197	891	891	1187	1143	1436	1330	1342	1216
稻城县	193	155	927	1004	1197	1205	1184	1187	1097	1070
得荣县	162	149	706	674	926	906	1109	1025	1104	1000
凉山彝族自治州	**34517**	**30840**	**176728**	**157736**	**218714**	**191138**	**229767**	**199219**	**209922**	**188078**
西昌市	3406	3033	18858	17059	23506	21114	27390	24990	32897	32119
木里藏族自治县	836	799	3997	3713	5109	4706	6320	5883	6527	5698
盐源县	2243	1939	12281	10639	16861	14666	19225	16331	18701	16512
德昌县	1446	1256	6132	5495	7155	6620	8939	7877	9835	8936
会理县	2034	1896	9740	9112	13580	12822	18730	17262	21105	19077
会东县	1811	1634	13288	11395	17409	13838	17813	13757	13159	10587
宁南县	1139	1000	5341	4407	6944	5990	7901	6705	7477	6471
普格县	1400	1257	8018	6724	9744	8014	8845	7019	7376	6148
布拖县	1956	1759	10158	8989	11249	8709	8561	6675	7152	5993
金阳县	1697	1475	9148	8184	10749	9303	9657	8353	7465	6634
昭觉县	2593	2298	13050	11905	16021	13833	14607	12626	12231	10862
喜德县	1652	1546	8440	7424	10356	9110	9753	8494	8002	6683
冕宁县	3029	2722	13104	11622	16333	14263	20043	17462	15763	14299
越西县	2404	2200	14562	13294	17357	15613	16972	14658	12812	11258
甘洛县	2040	1751	9256	8373	11048	9418	11111	9407	9199	7851
美姑县	2654	2347	10371	9602	14554	13452	13190	12148	10557	9858
雷波县	2177	1928	10984	9799	10739	9667	10710	9572	9664	9092
贵州省	**261641**	**213641**	**1088329**	**875588**	**1482935**	**1262876**	**1888050**	**1705182**	**1474002**	**1353794**
贵阳市	**25505**	**22142**	**101301**	**87148**	**114988**	**102323**	**146944**	**136102**	**166557**	**160386**
南明区	3956	3461	17621	15173	21496	18871	23782	22282	30229	27201
云岩区	4043	3551	18650	16301	22062	19344	25134	22664	34481	35333
花溪区	2256	2015	8339	7120	9011	8314	11893	11105	16725	16590
乌当区	2727	2332	10019	8706	10769	9894	12380	11437	14943	15072
白云区	1592	1441	6764	5876	8025	7005	9408	8551	8539	7897
小河区	1532	1375	6403	5350	7466	6598	7358	6726	7337	6746
开阳县	2326	2000	8160	7196	9621	8501	17579	16234	15096	14382
息烽县	1615	1330	6046	5124	6692	6095	8957	8059	7701	7054
修文县	2140	1815	7033	6144	6767	6092	10029	9594	10163	9646
清镇市	3318	2822	12266	10158	13079	11609	20424	19450	21343	20465
六盘水市	**20315**	**15483**	**79672**	**60331**	**113306**	**90938**	**170538**	**150407**	**122433**	**108599**
钟山区	3685	2798	17119	13659	27225	21724	33016	28608	24018	21260
六枝特区	4072	3001	19185	14355	24638	20655	29071	26188	18396	16616
水城县	5245	3723	21215	14906	32594	25355	44115	38589	29972	25573
盘县	7313	5961	22153	17411	28849	23204	64336	57022	50047	45150
遵义市	**41551**	**34919**	**180986**	**147220**	**235189**	**199211**	**317619**	**287581**	**261875**	**241774**
红花岗区	3434	3243	15489	13161	19450	16859	24822	22463	27003	25483
汇川区	2540	2276	11022	9617	13825	11795	17541	15535	16741	15893
遵义县	6418	5117	25242	20496	31646	25576	51015	45360	43290	39592
桐梓县	4274	3529	16281	13948	20930	18796	26711	24566	21320	20110
绥阳县	3286	2728	12185	9858	15625	13101	21401	19715	14894	14064
正安县	2817	2350	13188	10002	16442	13769	23142	20696	16477	14583
道真仡佬族苗族自治县	1540	1263	7984	6777	10547	9065	13454	12138	8447	7744
务川仡佬族苗族自治县	2216	1813	9637	7208	14813	12512	22585	20925	14515	13366
凤冈县	2002	1675	9143	7134	13037	10595	19821	17672	15859	14526
湄潭县	2417	2030	10916	9022	14678	12907	20581	19161	15518	14338

单位:人

20-24岁		25-29岁		30-34岁		35-39岁		40-44岁	
男	女	男	女	男	女	男	女	男	女
52545	**47306**	**49973**	**47041**	**53504**	**49227**	**55578**	**48489**	**47782**	**42197**
9391	7890	6147	4482	6476	4837	7338	5466	6669	5305
3377	3024	2574	2322	3794	3442	4615	4080	4065	3569
2173	1943	2372	2205	2992	2816	3212	2852	2852	2556
2425	2009	2724	2275	3175	2520	3438	2614	2880	2257
2392	2028	2412	1979	2505	2076	2730	2121	2389	1803
2416	2135	2554	2457	2749	2542	2830	2499	2290	2160
2173	1918	2169	2172	2248	2020	2069	1958	1888	1712
3114	2737	3193	3067	3350	3184	3513	3513	3025	2803
2647	2598	2545	2569	2222	2093	1985	1825	1774	1578
4277	3885	4141	3997	3807	3523	3736	3362	2926	2661
2572	2458	2577	3423	2808	3937	2634	2889	2241	2582
3685	3411	4059	3911	3831	3607	3618	3138	2870	2576
2572	3058	2766	3075	2778	2960	2603	2564	2282	2205
3175	2654	3228	3104	3672	3419	3838	3382	3212	2766
2152	2049	2189	2132	2265	2156	2383	2255	2055	1852
1644	1279	1608	1290	1855	1484	2070	1457	1650	1367
1296	1193	1512	1458	1660	1411	1668	1378	1444	1350
1064	1037	1203	1123	1317	1200	1298	1136	1270	1095
188414	**177110**	**172072**	**162772**	**165233**	**158799**	**215036**	**201976**	**197826**	**186793**
32467	29507	23709	22945	24430	23437	38338	35762	36008	33673
6549	5310	6064	4716	6288	5117	6926	5675	6467	5340
14499	13066	15057	13339	13858	12288	17108	14872	16135	14059
8652	9038	7815	7663	7982	7815	11991	11770	10712	10223
16660	15574	12983	11586	11693	11358	24752	22784	25019	22832
13477	11818	12998	10793	11872	10415	20536	18107	18874	17294
5666	5477	4652	4619	5410	5618	9437	9088	9125	8645
6219	5950	6273	6010	6391	6066	6339	6135	6132	5792
6622	6505	6451	6840	5868	6234	5135	5523	4822	5255
7402	7304	6791	6803	6416	6244	5945	5768	5271	5191
11784	11620	11499	11633	9498	10060	8825	8824	7309	7659
6649	6376	6841	6765	6982	7047	6243	6223	5568	5668
13536	12679	12273	11587	11914	11895	17120	16387	14613	14277
10394	10131	9799	9990	9932	9942	9927	10146	8824	9164
8065	7364	8545	7811	8275	7218	8790	7900	7754	7195
9791	9614	10056	10363	8587	9159	7804	8269	6768	6962
9982	9777	10266	9309	9837	8886	9820	8743	8425	7564
1200046	**1226418**	**1032802**	**1026979**	**1226542**	**1177065**	**1611623**	**1484198**	**1541384**	**1430172**
228644	**224043**	**166149**	**165153**	**180737**	**172013**	**235087**	**209427**	**215031**	**192653**
43191	42316	32417	33572	35764	34699	46317	42300	40764	38307
69720	67879	43190	41636	39164	37814	48559	45412	43414	41378
27528	24991	12984	12196	13656	13552	17392	16252	15945	14783
17440	17962	14782	14691	17762	15740	22647	18309	19984	16277
15349	13549	10409	9824	12234	10943	15540	13470	14392	12248
9763	9282	10766	10667	13240	12353	16449	13299	12734	10630
10814	11832	11369	11766	11395	11177	18803	17055	19605	17193
6337	7039	6311	6663	8504	8330	11589	10017	11229	9908
9876	10216	8037	8354	9757	9269	13085	11291	12906	10821
18626	18977	15884	15784	19261	18136	24706	22022	24058	21108
113880	**111228**	**101320**	**92861**	**119810**	**108588**	**145734**	**129887**	**127510**	**119017**
24715	24597	21716	22147	28513	28304	37490	34887	31090	28942
13437	14494	12616	13288	15952	15488	21592	19895	21127	19751
28892	27158	25906	22556	30525	26567	35091	30758	31358	28764
46836	44979	41082	34870	44820	38229	51561	44347	43935	41560
174353	**187604**	**146346**	**156788**	**196203**	**202953**	**293985**	**291454**	**284488**	**276941**
25740	25716	21647	23522	26091	26981	37904	37336	34122	32895
19230	22310	14883	15675	17986	18232	25258	23655	22207	20250
27501	28751	23238	23933	29787	30296	45084	43266	45669	42489
14034	14773	11794	12542	17298	17272	24340	22931	23625	22061
9813	11235	8820	9749	10492	10872	15611	15831	16166	15967
7653	8098	7100	7694	10069	10621	15027	16770	15576	16540
3607	4425	4007	4892	7024	8125	11163	13044	10575	12276
7345	8148	6673	6843	9702	10156	13931	14566	13037	13536
5809	6533	5465	6143	8922	9692	14793	15581	14758	14606
8454	9550	6937	8163	11304	12608	18128	18772	18061	18079

表2 续表 77

地　区	45-49岁		50-54岁		55-59岁		60-64岁	
	男	女	男	女	男	女	男	女
甘孜藏族自治州	**33953**	**29122**	**23284**	**20884**	**22236**	**20538**	**17353**	**17402**
康定县	5234	3951	3536	2799	2953	2503	1822	1673
泸定县	2839	2583	2227	1912	2361	2329	1740	1611
丹巴县	2147	1825	1601	1557	1539	1466	1101	1146
九龙县	1996	1596	1329	1132	1060	953	838	767
雅江县	1696	1235	1125	864	906	829	790	757
道孚县	1699	1502	1052	1033	1192	1081	907	858
炉霍县	1367	1307	1224	1003	1389	1044	948	783
甘孜县	1963	1896	1463	1414	1421	1413	971	1075
新龙县	1169	1057	1001	947	857	837	844	872
德格县	2084	1901	1405	1349	1406	1293	1192	1168
白玉县	1299	1299	795	867	887	891	870	1122
石渠县	2008	1787	1175	1102	1167	1160	1082	1123
色达县	1810	1505	966	908	1132	910	924	943
理塘县	2038	1780	1465	1257	1237	1217	1044	1038
巴塘县	1432	1235	922	913	917	918	835	907
乡城县	1187	903	779	695	710	573	522	526
稻城县	1113	976	697	619	607	654	474	519
得荣县	872	784	522	513	495	467	449	514
凉山彝族自治州	**132333**	**126497**	**83555**	**80480**	**88097**	**87841**	**74781**	**74720**
西昌市	25256	23772	17081	16359	17703	18046	14033	14140
木里藏族自治县	4416	3633	2863	2469	2390	2340	1841	1857
盐源县	10902	9310	6650	5827	6153	5735	5303	5116
德昌县	7095	6946	4173	4012	4760	4867	4077	3964
会理县	15345	14276	8479	7682	11905	11182	8934	8653
会东县	11430	10884	6907	6594	8596	8220	7377	6828
宁南县	6420	6174	3792	3669	3755	3797	3268	3222
普格县	3935	3915	2315	2385	2159	2059	2142	2270
布拖县	3511	4010	2248	2437	1962	2105	2255	2352
金阳县	3790	3787	2568	2572	2187	2244	2168	2178
昭觉县	5494	5530	3486	3693	3340	3453	3054	3361
喜德县	3972	3870	2289	2281	2431	2429	2248	2344
冕宁县	10253	9970	6504	6415	7090	7514	6039	5810
越西县	5529	5721	4102	4288	4109	4416	3796	4135
甘洛县	4757	4554	3576	3303	2741	2696	2302	2537
美姑县	4219	4487	2706	2790	2701	2808	2693	2804
雷波县	6009	5658	3816	3704	4115	3930	3251	3149
贵州省	**1191817**	**1126133**	**811287**	**776522**	**913554**	**904704**	**725019**	**710072**
贵阳市	**166933**	**152204**	**115993**	**108750**	**104161**	**107972**	**84087**	**82071**
南明区	34829	32414	23927	23137	19264	20587	15876	15472
云岩区	37564	36472	27456	26198	21297	21646	16427	16105
花溪区	11709	10952	8232	8144	7805	8805	6859	6750
乌当区	13914	11552	9007	8248	8621	9627	7229	7200
白云区	11004	9220	6463	5852	5218	5795	4469	4586
小河区	9547	7974	5841	5692	5190	6601	5361	5547
开阳县	14286	13057	10344	8933	10704	10132	8578	8201
息烽县	7882	7105	5671	4975	6715	6400	5198	4877
修文县	9278	8049	6482	5891	7484	7022	5416	5119
清镇市	16920	15409	12570	11680	11863	11357	8674	8214
六盘水市	**93817**	**88633**	**64067**	**61155**	**62300**	**62613**	**51059**	**49401**
钟山区	20308	18501	12063	11094	10029	11637	10827	10520
六枝特区	16510	15765	12521	12221	12896	13200	9845	10266
水城县	20718	19441	13193	12407	16229	15263	13032	12429
盘县	36281	34926	26290	25433	23146	22513	17355	16186
遵义市	**223825**	**222143**	**134646**	**128671**	**188798**	**187795**	**149985**	**146713**
红花岗区	27313	26353	15990	15327	16266	16921	12708	13020
汇川区	16316	15032	9091	8726	10347	11765	8673	8826
遵义县	34601	34143	21210	20320	29674	30113	24317	23565
桐梓县	19786	18388	11964	10958	16813	16198	12332	11673
绥阳县	13852	13952	9260	9085	12648	12428	9994	9526
正安县	13525	14720	9520	9185	14228	13399	11468	11606
道真仡佬族苗族自治县	8206	8996	5182	4998	8466	8385	7379	7191
务川仡佬族苗族自治县	9656	10012	5796	5799	8986	8852	8134	7874
凤冈县	11462	11518	5338	5149	9897	9654	8333	8348
湄潭县	14908	15026	7688	7338	12175	11760	9840	9713

单位:人

65-69岁		70-74岁		75-79岁		80-84岁		85岁及以上	
男	女	男	女	男	女	男	女	男	女
13569	**14684**	**9080**	**10953**	**5027**	**6893**	**2646**	**4046**	**1515**	**2589**
1300	1326	938	1116	555	672	271	334	171	224
1286	1292	1069	1155	609	718	435	488	207	288
949	1082	671	763	340	415	205	343	139	225
625	652	529	605	288	404	153	235	90	129
607	672	389	426	199	286	92	138	49	97
777	753	472	527	269	354	135	169	72	135
713	607	372	449	251	261	119	173	53	94
873	939	463	602	255	404	114	208	87	153
669	754	455	521	228	366	167	249	78	167
949	1079	655	811	387	544	203	305	121	200
732	966	485	612	247	419	121	226	89	182
858	888	624	768	370	516	203	317	129	207
664	818	466	595	299	415	125	237	77	184
815	893	511	543	235	291	81	139	48	83
653	681	308	475	152	227	71	122	43	59
361	410	212	336	83	163	38	105	17	42
334	417	209	329	119	230	34	118	15	60
404	455	252	320	141	208	79	140	30	60
64242	**64358**	**47635**	**48841**	**26692**	**28859**	**13023**	**15273**	**5443**	**7449**
11211	10993	9247	8921	5839	5811	3152	3221	1415	1586
1438	1621	1092	1333	605	813	265	404	109	197
4335	4257	3347	3476	1697	1964	750	948	320	407
3407	3284	2745	2626	1479	1476	665	741	304	432
8252	8046	6062	6251	3848	4120	1980	2449	738	1265
7047	6199	5751	5292	3155	3207	1573	1726	551	732
2966	2961	2361	2486	1282	1398	610	782	244	374
1874	1984	1305	1305	632	728	305	335	111	129
1979	2218	1322	1439	567	657	194	233	93	113
1853	1821	1171	1207	537	569	214	277	90	88
2781	2921	1663	1881	765	859	275	308	103	132
1869	2033	1134	1192	581	614	291	269	113	124
5074	5027	3783	4018	2312	2610	1169	1447	497	792
2940	3312	2007	2288	993	1305	443	621	198	314
1989	2398	1406	1602	706	902	319	506	158	277
2479	2512	1395	1469	683	737	283	350	125	158
2748	2771	1844	2055	1011	1089	535	656	274	329
563949	**567470**	**442553**	**464563**	**266704**	**297360**	**131035**	**158349**	**52199**	**81999**
62479	**62932**	**51233**	**53939**	**32358**	**34605**	**16464**	**17555**	**7245**	**9297**
11799	12339	10024	11260	6493	7220	3687	3739	1644	1896
11697	12463	10343	11847	6863	7870	3946	4345	2074	2564
5030	5023	3898	4224	2439	2683	1171	1331	570	709
5274	5272	4540	4212	2431	2510	1199	1200	453	609
3654	3559	2939	3030	1770	1728	782	749	268	354
4017	3763	3418	3139	1984	1711	829	690	322	370
6255	6074	4594	4587	3010	3118	1358	1577	573	763
3747	3496	2778	2758	1847	2022	961	1053	339	473
4080	3980	3043	3031	2055	2156	909	1011	365	520
6926	6963	5656	5851	3466	3587	1622	1860	637	1039
41364	**38853**	**34483**	**33841**	**18375**	**18723**	**9812**	**10668**	**4178**	**6133**
8582	7142	5781	5375	2651	2463	1271	1187	569	697
8544	8541	7330	7763	4200	4545	2310	2569	898	1421
10089	9511	8217	8046	4274	4547	2447	2936	1169	1805
14149	13659	13155	12657	7250	7168	3784	3976	1542	2210
117155	**115074**	**82828**	**83879**	**52114**	**56840**	**25657**	**29725**	**9037**	**13157**
9820	9363	6833	7577	4256	4805	2236	2269	959	1215
6758	6383	4883	4940	2989	3077	1370	1487	515	630
18507	18177	12920	12893	7758	9104	3823	4628	1310	2075
10326	10042	7295	7390	4884	5394	2522	2820	782	1138
7525	7200	5405	5432	3578	3821	1668	1991	513	792
9040	8871	6419	6092	3773	3908	1872	2027	617	750
6001	6043	4075	3890	2114	1929	1127	1159	440	481
6856	6584	5001	4777	3145	2936	1332	1414	448	528
6146	6424	4194	4420	2598	2910	987	1179	344	461
7424	7333	5120	5323	3417	3837	1544	1935	480	873

表2 续表 78

地　区	0岁		1-4岁		5-9岁		10-14岁		15-19岁	
	男	女	男	女	男	女	男	女	男	女
余庆县	1686	1520	7840	6543	9786	8212	12126	10286	9116	8196
习水县	3956	3194	19285	15036	21841	18810	24002	22095	24124	22248
赤水市	1704	1550	7732	6958	8526	7523	9469	8856	6947	6803
仁怀市	3261	2631	15042	11460	24043	19691	30949	28113	27624	24828
安顺市	**18209**	**14885**	**77463**	**63435**	**97951**	**85412**	**116845**	**106231**	**96828**	**91837**
西秀区	5498	4809	22363	18973	28688	25995	34716	32367	30728	30529
平坝县	2680	2149	9614	8204	11739	10553	13506	12713	10422	9468
普定县	2875	2286	13990	11151	17220	14716	19996	18293	17296	16419
镇宁布依族苗族自治县	1975	1454	9570	7371	12953	11081	16056	14597	11553	10479
关岭布依族苗族自治县	2653	2025	11590	9533	14136	12163	15018	13093	14471	13392
紫云苗族布依族自治县	2528	2162	10336	8203	13215	10904	17553	15168	12358	11550
铜仁地区	**24358**	**19592**	**101436**	**78794**	**154356**	**130950**	**187059**	**170063**	**135683**	**124972**
铜仁市	2347	1973	9641	8061	12770	9876	16557	14042	15582	14774
江口县	1414	1130	5593	4294	7318	5750	8950	7557	6890	5954
玉屏侗族自治县	1115	927	4007	2875	4943	3796	5237	4258	4054	3124
石阡县	2177	1776	8883	6689	15281	11862	18953	16329	14287	12314
思南县	3390	2749	14754	11124	24763	20824	32996	30005	24754	23496
印江土家族苗族自治县	2021	1541	9601	7433	14333	12544	17073	15581	10685	10183
德江县	3004	2320	12184	9195	20955	18134	24412	22487	16270	14957
沿河土家族自治县	4090	3237	18831	15121	28217	25436	31387	29713	18992	17553
松桃苗族自治县	4369	3587	16371	12845	23921	21231	29509	28434	22607	21276
万山特区	431	352	1571	1157	1855	1497	1985	1657	1562	1341
黔西南布依族苗族自治州	**23838**	**19343**	**100447**	**83132**	**134910**	**120043**	**157988**	**145403**	**117920**	**108786**
兴义市	6706	5322	25979	21105	29965	24718	35336	30412	37731	33815
兴仁县	3537	2754	15806	13281	21886	19844	25963	23985	17948	16048
普安县	1723	1343	8954	6908	14206	12591	16434	15278	11098	10118
晴隆县	2350	1907	10611	8785	13138	11914	14425	13241	9910	8752
贞丰县	2551	2130	12233	10065	17927	15936	19579	18600	11548	11089
望谟县	1803	1595	8805	7649	14592	14183	16159	15557	9252	9321
册亨县	1758	1489	6275	5387	8326	7658	10891	10500	6954	6825
安龙县	3410	2803	11784	9952	14870	13199	19201	17830	13479	12818
毕节地区	**51946**	**43646**	**234066**	**191857**	**357757**	**315255**	**440611**	**407388**	**292545**	**266013**
毕节市	8854	7651	42931	36085	63530	55859	78721	74158	46911	43416
大方县	6733	5247	28161	22213	36981	30840	47597	43416	35152	32292
黔西县	6302	5212	22548	18252	29333	25831	40286	37238	30696	28361
金沙县	4691	3755	22014	18592	26674	23833	26306	24255	16732	15985
织金县	5938	4298	25693	19375	41173	35189	53897	49545	33618	30895
纳雍县	5778	4599	26827	20959	41708	37186	47316	44479	29070	27430
威宁彝族回族苗族自治县	9033	8766	41739	36094	78755	70554	96033	87114	68988	59279
赫章县	4617	4118	24153	20287	39603	35963	50455	47183	31378	28355
黔东南苗族侗族自治州	**30137**	**23066**	**116662**	**86645**	**152831**	**116671**	**186235**	**154192**	**141625**	**121604**
凯里市	3102	2452	13333	10241	18264	14108	20938	17333	20909	18711
黄平县	1871	1547	8201	6563	12907	10920	16186	14655	10267	9040
施秉县	975	740	4150	3180	5864	4982	7476	6710	4852	4633
三穗县	1743	1362	6520	5152	7271	5848	7886	7112	5024	4350
镇远县	1884	1430	6792	5238	9319	7687	10297	9336	6162	5129
岑巩县	1374	1059	5431	3792	8497	6382	10067	8403	6316	5266
天柱县	2520	1913	9510	7100	10182	7389	12440	8916	11570	9276
锦屏县	1544	1209	5492	4140	6466	4719	8492	6953	7709	6560
剑河县	1617	1131	6944	4573	9727	6494	10449	8013	7640	6041
台江县	948	725	4457	2975	5965	4629	6463	5557	4354	3663
黎平县	3483	2751	12972	9883	14479	11050	21911	18066	16433	14642
榕江县	2761	1969	9983	7263	13214	10081	16139	13461	12258	10813
从江县	2808	2156	9331	6881	12578	8867	15237	12084	11380	9523
雷山县	1090	828	3959	2820	5440	3937	7087	5266	4656	3291
麻江县	1322	1040	4834	3528	6313	5173	8660	7581	7269	7141
丹寨县	1095	754	4753	3316	6345	4405	6507	4746	4826	3525
黔南布依族苗族自治州	**25782**	**20565**	**96296**	**77026**	**121647**	**102073**	**164211**	**147815**	**138536**	**129823**
都匀市	2821	2327	9869	7661	12483	9848	17028	14493	19615	18547
福泉市	2414	2056	8048	6977	7964	6866	11975	11148	12964	12842
荔波县	1122	920	4160	3147	5600	4387	7675	6669	5834	5714
贵定县	1784	1426	6437	5707	7884	7315	11064	10770	11238	9137
瓮安县	3112	2455	11759	9897	13108	11385	17601	15393	16773	15689
独山县	2001	1599	7289	5495	8450	6545	14557	12605	11761	11390
平塘县	1782	1352	7494	5780	11190	9354	14354	11906	8192	7775

单位:人

20-24岁		25-29岁		30-34岁		35-39岁		40-44岁	
男	女	男	女	男	女	男	女	男	女
4778	5338	4438	5183	6555	7240	11793	11856	11438	11190
16231	17510	11586	11945	15525	15099	23094	21774	23291	23042
5536	5753	4386	4677	6487	6804	11967	11723	11758	10996
18622	19464	15372	15827	18961	18955	25892	24349	24205	23014
80879	**80621**	**73441**	**69517**	**86782**	**78220**	**103199**	**91842**	**98482**	**88653**
26386	26196	22614	22160	28247	25712	37284	33862	35484	32609
9116	9022	8692	8365	11806	10473	15118	12733	14185	12409
15528	14757	13456	12239	15600	13845	16509	14260	15329	13361
9363	9563	9175	8702	10574	9726	11553	10431	11657	10634
12571	12612	11635	10429	11764	10338	12591	11401	11504	10362
7915	8471	7869	7622	8791	8126	10144	9155	10323	9278
81086	**90002**	**78043**	**83813**	**85185**	**89496**	**124431**	**124694**	**121210**	**119170**
13370	14594	11764	12260	11872	11838	17744	16870	17468	15815
4917	5424	4717	5120	5108	5064	7669	6947	7559	6765
3648	3448	3502	3340	3832	3605	5828	5269	5557	4996
6509	7000	6515	7093	8485	8692	12905	13157	12568	13334
10351	11751	9720	10711	12086	13284	19456	21166	19390	20887
5720	6544	6267	6990	6745	7711	11095	11775	10652	11035
9380	10671	9071	9834	10806	11773	14137	15087	13861	14123
11634	13379	11153	12383	11555	12784	15570	16035	14453	14724
14336	16046	14329	15015	13407	13407	17767	16508	17235	15491
1221	1145	1005	1067	1289	1338	2260	1880	2467	2000
99618	**102891**	**91154**	**89192**	**100305**	**92007**	**118225**	**106292**	**118658**	**107902**
35264	35409	30121	29148	30080	27302	37045	33231	35519	31919
13755	13953	13011	12265	14926	13710	16742	15039	17725	15557
8174	8350	7373	7424	8498	8074	10383	9111	10122	9560
8134	8837	7360	7643	8301	7767	9863	8859	9373	8909
8555	9511	8068	8113	9214	8611	11249	10574	12235	11302
6625	7642	7240	7591	8632	8265	9600	8946	9889	9181
6297	6525	6940	6626	7983	7049	7952	7209	8153	7329
12814	12664	11041	10382	12671	11229	15391	13323	15642	14145
216533	**216495**	**181159**	**174160**	**225348**	**217790**	**281814**	**253342**	**267918**	**245585**
35085	36053	27844	29620	34181	35452	46148	43580	45104	43174
26279	26840	22895	22313	27141	25485	33292	29290	33230	29911
21833	23090	21643	20584	26074	24108	32429	27826	32290	28063
17913	18395	15695	15206	21894	19775	30034	24574	30183	24831
25752	26141	23091	22648	28705	27434	34194	29278	32112	28179
19553	20973	17245	17213	22653	22097	26844	23915	24440	23292
50228	45868	37145	32114	45864	43892	52316	48983	46020	44180
19890	19135	15601	14462	18836	19547	26557	25896	24539	23955
102603	**106297**	**100446**	**100372**	**114498**	**107687**	**158581**	**143219**	**156618**	**146886**
21058	20006	17090	16409	18684	17263	25634	22371	22906	21516
5807	6630	6191	6909	5829	6346	10926	10943	11199	11065
3189	3473	3518	3757	3460	3591	6090	5871	6187	5893
3996	4609	4515	4588	4672	4683	6463	5949	6376	6028
5255	5388	5930	5844	6686	6138	9418	8120	9899	8868
3950	4302	3936	4013	4399	4316	6409	6270	6664	6512
6837	7698	6655	7139	7813	7247	10628	9071	11061	10095
3671	4160	3513	3954	4292	4193	5723	5603	6236	6029
4925	5098	4717	5150	6469	6222	8287	7444	7930	7863
2752	2914	3069	3292	4358	4036	5003	4547	4735	4582
11056	11459	10416	10716	12079	11461	16952	15746	17787	16746
9287	9679	9974	9309	9603	8958	13279	11928	13277	11987
9404	9528	9616	8838	11429	10144	14939	13545	14158	13391
3429	3232	3607	3295	4191	3786	5716	4852	5307	4697
4313	4514	4378	4101	6319	5398	7789	6324	7737	6656
3674	3607	3321	3058	4215	3905	5325	4635	5159	4958
102450	**107237**	**94744**	**95123**	**117674**	**108311**	**150567**	**134041**	**151469**	**133365**
19331	19424	12773	12037	14770	13767	21803	19647	22159	19575
10397	10562	10055	9951	12648	11354	15075	12680	14145	12229
3835	4082	4546	4595	6263	5577	7452	6284	7502	6254
6430	7067	6325	6405	8065	7740	10507	9583	11093	9498
13251	14180	12382	12685	13792	13071	18683	17191	17754	16159
7188	7442	6996	6869	7468	7203	12501	11567	13446	12318
4569	4952	4467	4822	6741	6294	9787	8636	10763	9313

表2 续表 79

地区	45-49岁		50-54岁		55-59岁		60-64岁	
	男	女	男	女	男	女	男	女
余庆县	8962	9125	4586	4620	7570	7464	6321	6322
习水县	18438	18530	11211	10624	17320	16913	12302	11864
赤水市	9361	9131	5913	5555	9233	9348	6585	6230
仁怀市	17439	17217	11897	10987	15175	14595	11599	10955
安顺市	**76321**	**70545**	**59103**	**57652**	**57974**	**59396**	**46554**	**46685**
西秀区	27892	27077	20406	20415	19715	20617	16628	16521
平坝县	10703	9735	8328	8195	8076	8666	6527	6520
普定县	11177	9928	8238	7996	8913	9034	6861	6483
镇宁布依族苗族自治县	9088	8089	7823	7669	7248	7522	5779	5997
关岭布依族苗族自治县	9073	7890	7548	6885	6937	6564	5138	5222
紫云苗族布依族自治县	8388	7826	6760	6492	7085	6993	5621	5942
铜仁地区	**98498**	**97821**	**66871**	**65504**	**93108**	**92226**	**77713**	**74947**
铜仁市	14840	13846	8875	8388	9295	9565	8003	7538
江口县	6679	6078	4592	4482	5391	5097	4517	4173
玉屏侗族自治县	4808	4589	2916	2990	3469	4041	2992	2713
石阡县	10135	10411	6721	6657	9768	9517	8151	7854
思南县	15064	16063	9538	9740	16840	16847	13993	13770
印江土家族苗族自治县	8789	9158	5968	5860	9993	9790	8572	8239
德江县	10270	10444	7282	7244	10082	10151	8137	8233
沿河土家族自治县	11755	11897	8412	8106	12040	11578	9805	9776
松桃苗族自治县	14129	13526	11287	10809	14769	14018	12173	11219
万山特区	2029	1809	1280	1228	1461	1622	1370	1432
黔西南布依族苗族自治州	**93381**	**87587**	**69525**	**67180**	**63844**	**62562**	**48868**	**50269**
兴义市	27705	26031	19316	18103	16363	15937	12576	12526
兴仁县	13679	12634	9803	9565	9519	9017	7044	7168
普安县	7840	7472	6560	6362	6026	5942	4383	4285
晴隆县	7726	7418	6303	6251	5969	5701	4252	4322
贞丰县	9557	9271	7489	7324	7158	7200	5282	5548
望谟县	7425	6975	5792	5788	5772	5958	4775	5506
册亨县	6248	5900	4843	4808	4238	4365	3200	3616
安龙县	13201	11886	9419	8979	8799	8442	7356	7298
毕节地区	**194756**	**181017**	**138042**	**129604**	**155177**	**147238**	**111531**	**106279**
毕节市	34253	33030	23928	23228	27282	26921	19752	19044
大方县	23841	22212	16267	15659	20888	19807	14309	13252
黔西县	23761	20954	16550	14988	18357	17324	12476	12074
金沙县	21021	17888	10580	9104	15278	13832	11727	10777
织金县	23847	21692	18068	16704	20492	19914	13502	13503
纳雍县	17754	16650	13722	13172	16177	15209	12003	11599
威宁彝族回族苗族自治县	33160	31603	25413	24008	22042	20392	17572	15918
赫章县	17119	16988	13514	12741	14661	13839	10190	10112
黔东南苗族侗族自治州	**127855**	**120699**	**81043**	**79661**	**98331**	**96718**	**83059**	**80299**
凯里市	17318	15840	10033	9772	11503	11804	9991	9755
黄平县	8632	8288	5646	5592	8652	8679	7133	7055
施秉县	4812	4433	2796	2787	3887	3724	3143	3099
三穗县	5560	5380	3694	3746	4644	4563	4108	3887
镇远县	8256	7498	5400	5217	6138	5882	5063	4636
岑巩县	5750	5747	3793	3902	4915	4979	4082	3835
天柱县	9838	9628	7446	7444	8794	8879	7576	7413
锦屏县	6005	6104	4515	4460	4825	4709	3873	3845
剑河县	6365	5968	3573	3568	4794	4647	4029	3874
台江县	3441	3155	2315	2508	3053	3041	2721	2518
黎平县	16088	15528	10438	10153	11406	10566	9104	8706
榕江县	10623	9704	6843	6122	6706	6208	5550	5291
从江县	10631	10015	5614	5520	6538	6476	6119	6050
雷山县	4189	3805	2269	2356	3308	3243	3165	2817
麻江县	6058	5456	3831	3670	5413	5624	4434	4453
丹寨县	4289	4150	2837	2844	3755	3694	2968	3065
黔南布依族苗族自治州	**116431**	**105484**	**81997**	**78345**	**89861**	**88184**	**72163**	**73408**
都匀市	18490	17067	13099	12637	12942	13220	10244	10608
福泉市	9984	8580	6773	6099	8226	7419	6055	5615
荔波县	5201	4726	2891	2782	3809	3831	3036	3046
贵定县	8297	7363	6673	6155	6886	6653	5599	5621
瓮安县	13343	12596	9305	8887	11268	10972	8638	8584
独山县	10192	9558	7006	6501	7893	7890	6266	6443
平塘县	8490	7419	5663	5638	6705	6627	5840	6078

单位:人

65-69岁		70-74岁		75-79岁		80-84岁		85岁及以上	
男	女	男	女	男	女	男	女	男	女
4586	4657	3528	3642	2442	2759	990	1213	302	530
9993	9996	7033	7103	4811	5200	2615	3259	881	1399
5932	5857	3798	3985	2496	2712	1375	1735	605	1046
8241	8144	6324	6415	3853	4448	2196	2609	841	1239
36929	**37929**	**29022**	**31245**	**17199**	**19813**	**9089**	**11480**	**3743**	**6201**
13208	13028	10267	10700	6330	7012	3125	3821	1341	2076
5289	5020	4180	4269	2642	2801	1301	1473	491	807
5206	5236	4792	4868	2571	3004	1530	1930	588	971
4754	5295	3667	4177	2046	2457	1140	1501	514	830
4164	4479	3016	3478	1857	2231	1029	1350	420	801
4308	4871	3100	3753	1753	2308	964	1405	389	716
59457	**59519**	**42931**	**42647**	**27506**	**28837**	**13113**	**14951**	**5377**	**7785**
5538	5550	4597	4699	3352	3184	1726	1688	780	988
3394	3325	2628	2485	1661	1633	773	849	377	487
2254	1906	1953	1905	1317	1349	634	693	234	401
6049	6062	4497	4587	2674	2927	1088	1415	421	644
10828	10754	6703	6870	4130	4809	1762	2256	584	1128
6776	6535	4575	4291	2808	3032	1341	1601	562	801
6815	7437	4630	4772	2821	3065	1233	1499	479	665
7824	8421	5674	5732	3585	3727	1688	1883	680	989
8915	8510	6621	6311	4443	4439	2499	2729	1136	1524
1064	1019	1053	995	715	672	369	338	124	158
40173	**43232**	**30720**	**35318**	**17406**	**22012**	**9095**	**13879**	**3753**	**7754**
10192	10681	8288	9166	4914	5974	2468	3780	910	2063
5832	6048	4667	4916	2537	2991	1281	1845	580	1058
3518	3557	2940	3054	1694	1854	917	1115	399	607
3439	3624	2597	2968	1425	1723	908	1088	391	625
4375	4860	3610	4255	2071	2567	1130	1685	475	936
4120	4787	2606	3629	1411	2165	637	1221	265	607
2877	3371	1820	2269	995	1485	545	963	208	536
5820	6304	4192	5061	2359	3253	1209	2182	525	1322
87958	**87380**	**75680**	**78600**	**42183**	**45835**	**23083**	**27501**	**9498**	**14908**
16311	15759	14679	14996	8280	9214	4869	5775	2227	3478
10962	11011	9869	10238	5723	6330	3240	3894	1303	2211
9985	10195	8607	9123	5330	5791	2587	3267	1013	1566
9006	8781	7290	7438	4639	4973	2133	2594	867	1310
10547	11039	8933	9538	4929	5700	2520	3330	986	1720
8989	8985	7611	8079	3972	4466	2379	3067	1041	1820
13749	13251	11695	11359	5940	5577	3184	3033	1164	1496
8409	8359	6996	7829	3370	3784	2171	2541	897	1307
62875	**62410**	**53562**	**56029**	**32921**	**37203**	**12936**	**16241**	**4912**	**8262**
7357	7515	5904	6582	3884	4137	1716	1848	737	987
5247	5339	4556	4859	2767	3170	1023	1389	447	887
2392	2376	2074	2133	1213	1396	492	625	183	308
2858	2699	2514	2502	1534	1754	643	823	228	451
3722	3861	3173	3385	2016	2266	685	913	261	430
3469	3180	2807	2681	1862	1874	714	829	293	374
5275	5096	5029	5058	3037	3525	1460	1838	529	925
2670	2770	2449	2921	1381	1897	499	770	161	357
3161	3097	2879	2788	1624	1755	595	645	210	318
1993	2076	1715	1809	1015	1035	294	358	94	154
7384	7293	6261	6562	3559	4132	1196	1547	385	651
4524	4339	3776	3886	2319	2571	844	1105	239	449
4744	4872	4202	4349	2875	2992	1308	1453	534	831
2342	2133	1906	1694	1150	1081	401	489	160	196
3442	3434	2412	2714	1555	2213	645	982	300	615
2295	2330	1905	2106	1130	1405	421	627	151	329
55559	**60141**	**42094**	**49065**	**26642**	**33492**	**11786**	**16349**	**4456**	**8502**
7579	8658	6074	7663	4104	5201	1875	2360	720	1202
4380	4272	3113	3210	2042	2486	1031	1242	424	603
2303	2444	2055	2306	1226	1651	499	878	184	379
4225	4512	2985	3496	1860	2438	779	1164	322	615
5814	5681	4325	4231	2932	3292	1330	1607	484	709
4855	5320	3892	4753	2583	3374	1047	1746	368	835
5005	5560	3659	4269	2136	2842	818	1291	308	689

表2 续表 80

地 区	0岁		1-4岁		5-9岁		10-14岁		15-19岁	
	男	女	男	女	男	女	男	女	男	女
罗甸县	2154	1582	9136	7123	12917	10613	13715	12125	9399	8750
长顺县	1513	1184	5616	4353	7708	6469	11087	10401	7331	7093
龙里县	1600	1406	5517	4989	6369	6076	8360	8150	7669	6828
惠水县	2683	2071	10042	7845	13441	11347	20681	19838	15014	14592
三都水族自治县	2796	2187	10929	8052	14533	11868	16114	14317	12746	11466
云南省	**294144**	**262803**	**1250950**	**1109993**	**1659678**	**1473899**	**1835439**	**1639886**	**1924103**	**1769038**
昆明市	**30866**	**29040**	**137438**	**127022**	**167752**	**154982**	**181239**	**168518**	**239435**	**227786**
五华区	3170	3096	13940	12948	15617	14322	15855	14963	30461	35787
盘龙区	3414	3290	16581	15048	17098	15762	16038	15309	27582	26239
官渡区	3074	2768	18554	17051	18802	17243	17019	15537	30332	26817
西山区	3152	2833	13591	12805	15344	13985	14724	13842	24576	22882
东川区	1716	1576	7194	6401	10228	9030	11702	9954	9691	8646
呈贡县	1289	1319	6610	5952	6399	5937	6373	5953	16156	15976
晋宁县	1509	1426	5896	5697	7967	7801	9585	9257	9549	8718
富民县	930	915	4350	4226	4740	4554	4931	4818	4652	4360
宜良县	2297	2301	9673	9288	13614	13197	15002	14917	14079	13858
石林彝族自治县	1530	1402	5775	5375	8717	8162	9468	8852	9189	8853
嵩明县	1666	1597	6523	6018	8811	8490	11311	10830	11827	11527
禄劝彝族苗族自治县	2511	2232	9442	8575	14671	13110	16332	14246	15719	14453
寻甸回族彝族自治县	2911	2735	11916	10863	16187	14591	22468	19989	21443	20489
安宁市	1697	1550	7393	6775	9557	8798	10431	10051	14179	9181
曲靖市	**42296**	**35064**	**188236**	**155337**	**263022**	**215377**	**275118**	**222960**	**290934**	**243728**
麒麟区	4866	4172	19418	16309	27651	24249	28838	25395	34665	31165
马龙县	1086	934	4484	3926	8173	7440	9261	8438	7075	6775
陆良县	4384	3428	18886	15139	26793	20394	31075	22602	35834	30140
师宗县	3452	2809	15943	12889	18324	15207	17854	15096	20771	16711
罗平县	4461	3402	20672	16640	27251	21576	27126	21019	25999	20690
富源县	5638	4834	26717	23333	35036	30622	40773	35850	38661	34567
会泽县	6776	5551	29924	23744	45104	34827	42221	31444	38498	29458
沾益县	2580	2315	10711	9692	15705	14109	17510	15895	19054	17816
宣威市	9053	7619	41481	33665	58985	46953	60460	47221	70377	56406
玉溪市	**12087**	**11245**	**50413**	**46952**	**73547**	**68895**	**87955**	**83246**	**91097**	**86393**
红塔区	2518	2317	11018	10437	14857	14284	15638	15137	19181	19345
江川县	1366	1296	5471	5129	9240	8657	12368	11983	12286	11713
澄江县	1013	904	3792	3633	5679	5534	6897	6703	6531	6424
通海县	1685	1675	7081	6756	9611	8937	11195	10562	13177	12151
华宁县	1146	1097	4700	4379	7481	6992	8551	8194	7561	7346
易门县	682	635	3056	2785	5088	4875	6490	6297	8667	7254
峨山彝族自治县	826	757	3346	3233	5047	4787	6173	6066	6392	6526
新平彝族傣族自治县	1456	1394	6119	5686	8899	8366	11608	10549	8603	7568
元江哈尼族彝族傣族自治县	1395	1170	5830	4914	7645	6463	9035	7755	8699	8066
保山市	**16870**	**15233**	**62893**	**58683**	**87483**	**79718**	**104137**	**94332**	**101993**	**96690**
隆阳区	6036	5553	20576	19537	29096	27758	37382	35561	41353	43119
施甸县	2150	1994	7445	7173	10396	9842	12978	12211	10762	10491
腾冲县	4466	4045	18504	17066	25748	22237	28554	24212	26247	22164
龙陵县	2410	2012	9147	7980	10653	8988	11497	9244	10462	8412
昌宁县	1808	1629	7221	6927	11590	10893	13726	13104	13169	12504
昭通市	**41828**	**35077**	**157641**	**125865**	**254288**	**218350**	**299201**	**268317**	**277814**	**249220**
昭阳区	6742	5634	25860	21503	34793	30346	41765	36424	43252	39620
鲁甸县	3500	2871	13518	11228	19407	17260	22600	20066	23774	21698
巧家县	4156	3355	15909	12370	28345	22315	26853	20607	20970	15303
盐津县	2797	2430	10086	8358	16315	14836	18797	18064	18994	18442
大关县	2053	1629	5933	4735	12045	10611	14720	12979	14630	12468
永善县	3012	2415	10231	7992	19516	16180	22331	19054	18457	14810
绥江县	1057	793	3727	3328	5426	4721	7205	6937	7742	7820
镇雄县	10523	9216	41515	31123	72041	61835	87565	81629	76812	70099
彝良县	4144	3413	17295	14096	26540	23214	30103	26758	25769	22661
威信县	3169	2725	10928	8708	16240	13530	22899	21600	22676	22134
水富县	675	596	2639	2424	3620	3502	4363	4199	4738	4165
丽江市	**6771**	**5936**	**28646**	**25361**	**38296**	**34459**	**45304**	**42725**	**51544**	**51052**
古城区	943	876	3542	3319	4523	4359	5127	5102	7964	9831
玉龙纳西族自治县	1105	910	4095	3828	5292	5026	7649	7389	7982	7359
永胜县	2141	1885	8510	8006	12235	11719	14478	14038	16278	16449
华坪县	725	756	3884	3614	4713	4380	5128	4921	6089	5650
宁蒗彝族自治县	1857	1509	8615	6594	11533	8975	12922	11275	13231	11763

单位:人

20-24岁		25-29岁		30-34岁		35-39岁		40-44岁	
男	女	男	女	男	女	男	女	男	女
6544	7197	6728	7218	10286	9356	11479	10335	11165	10328
5456	5568	5887	5672	7495	6504	7898	6782	8346	7172
5622	5742	4963	5305	6884	6322	9404	7928	9173	7602
9717	10146	9826	9562	12626	11026	14707	13227	14586	12829
10110	10875	9796	10002	10636	10097	11271	10181	11337	10088
2094298	**1989427**	**1871027**	**1701572**	**2074103**	**1857480**	**2328062**	**2051832**	**2142791**	**1925648**
343083	**335569**	**259750**	**252468**	**299852**	**278412**	**355294**	**314635**	**312298**	**282220**
66334	70529	38972	38688	39915	38156	43641	40301	35565	33705
55584	52669	41938	41207	42280	38575	45178	39232	36656	32582
51980	50654	44884	43748	47993	42942	51200	42543	40752	34984
38378	40465	35047	35068	38576	36104	43214	38008	35558	32179
8442	8378	8385	8397	11420	10908	13963	12743	13811	12219
33494	30217	12643	10513	15004	12308	17599	13298	14880	11798
8873	8600	7850	7843	11297	11311	17331	16137	16505	15488
3797	3794	3245	3597	5909	5942	8725	7870	8218	7473
12136	11724	12249	11912	16936	16244	20906	19749	21647	20238
8441	7874	7780	7582	11286	10226	14393	12463	13500	12222
14041	13305	9054	8323	10653	9673	13539	12281	14121	13117
11662	12672	12291	12395	14928	14787	20150	19046	19885	18657
14155	13927	13222	12753	17980	17470	23257	22432	21934	21238
15766	10761	12190	10442	15675	13766	22198	18532	19266	16320
222564	**207304**	**214180**	**198491**	**255630**	**235224**	**287377**	**265834**	**253879**	**242737**
26810	27131	24820	25000	31579	30108	39561	37024	35589	34081
4399	4714	4443	4714	8187	7904	10872	10542	8980	8756
21983	21299	17065	17369	27187	27252	33035	31334	28374	27558
15287	14789	14548	13857	18028	16602	18692	17404	15796	15479
20942	19616	21126	20215	24461	22840	24417	23016	22251	21759
26949	25136	27247	24244	32984	27786	33260	28431	29041	26016
42155	35528	36909	32397	36158	33338	42064	38941	39243	37025
16552	14777	16640	14503	20216	17105	23061	20481	21672	20086
47487	44314	51382	46192	56830	52289	62415	58661	52933	51977
94066	**90243**	**80312**	**75040**	**101122**	**92589**	**129125**	**115703**	**119751**	**108677**
23337	24490	17994	17746	22513	21464	26184	23827	23249	21222
10552	10522	8035	7961	10395	9906	15252	14557	14264	13559
6051	6266	4813	4942	6520	6604	9404	8855	9224	8478
12432	11275	10701	10092	11940	11388	15216	14477	14792	14387
7638	7169	7776	7200	9621	9058	11521	10883	11060	10164
7018	6338	5297	4909	6531	5875	11164	9585	10326	8948
6216	5384	5105	4595	6983	6440	9935	8536	9448	8017
11594	10278	12268	10022	15611	12224	18052	14129	16160	13757
9228	8521	8323	7573	11008	9630	12397	10854	11228	10145
93874	**90857**	**91638**	**85447**	**95788**	**88803**	**124674**	**112691**	**118847**	**109401**
36472	38112	31482	30780	33999	33512	47485	44265	44452	41420
9655	9013	10146	9239	11159	10241	14702	13661	14299	13973
25646	23341	26566	24085	26914	24009	29842	26528	28930	26420
10325	8923	11229	10054	10913	9608	13415	11497	12779	11394
11776	11468	12215	11289	12803	11433	19230	16740	18387	16194
266542	**242645**	**205802**	**175689**	**211301**	**185747**	**220379**	**196511**	**195890**	**179131**
37044	35233	25368	23016	28682	26961	34903	34320	32244	31748
22827	20805	16076	13135	14717	13264	14941	13898	13654	12532
25443	19749	22659	18076	22850	19815	23753	20612	21690	18484
21140	20184	15287	12534	16170	13225	15272	12420	13896	11901
15213	13357	11801	9856	11638	9875	10946	9627	9950	8798
19954	16933	15053	12319	17685	15541	18063	15551	15871	13965
7106	6828	5346	4746	6659	5568	7441	6375	6950	6102
66737	61317	56450	49217	52503	46203	52157	45355	42511	39693
27055	24740	21538	18256	21007	18666	21333	18942	19160	17518
19848	19520	11996	10762	14944	12778	16239	14904	15132	14264
4175	3979	4228	3772	4446	3851	5331	4507	4832	4126
58314	**59254**	**51209**	**46730**	**59054**	**52668**	**68862**	**58327**	**63138**	**53941**
12987	15933	9418	8878	10546	9589	12194	10362	10506	8868
9556	8643	8481	7639	9542	8556	12153	10165	11560	9610
16146	16211	14301	13173	18590	16958	20896	18459	19467	17465
7052	6030	7532	6245	7946	6489	10768	7917	10276	7883
12573	12437	11477	10795	12430	11076	12851	11424	11329	10115

表2　续表 81

地　区	45-49岁		50-54岁		55-59岁		60-64岁	
	男	女	男	女	男	女	男	女
罗甸县	8469	7749	5528	5547	6552	6884	5783	6226
长顺县	6791	5876	5311	5211	5389	5077	4243	4279
龙里县	6501	5700	4914	4381	4990	4658	4071	3916
惠水县	11708	10732	9316	9012	9005	8912	7302	7695
三都水族自治县	8965	8118	5518	5495	6196	6041	5086	5297
云南省	**1739981**	**1605419**	**1095569**	**1037921**	**1084950**	**1061426**	**798070**	**781783**
昆明市	**261555**	**241173**	**160141**	**152054**	**171579**	**169960**	**121520**	**118337**
五华区	31033	28930	21142	21198	21405	21815	15732	16228
盘龙区	30195	27171	19321	18500	20111	20186	14566	14281
官渡区	32545	29140	20613	19726	21838	21699	15114	14378
西山区	30745	29034	21412	20695	21898	22218	16153	15615
东川区	11376	9982	7499	6928	6707	6701	5210	4910
呈贡县	11443	9687	5494	4752	6314	5825	3999	3830
晋宁县	13925	13444	7220	6583	8079	7836	5711	5611
富民县	6822	6318	3613	3360	4171	4257	3002	3016
宜良县	19636	18550	12441	11549	13708	13424	8749	8481
石林彝族自治县	10576	9501	5641	5356	6364	6348	4530	4395
嵩明县	12437	12215	6545	6790	8871	8596	5497	5248
禄劝彝族苗族自治县	17160	16196	9511	8805	11091	11049	7912	8044
寻甸回族彝族自治县	17723	17173	10576	9944	11323	11043	8293	8032
安宁市	15939	13832	9113	7868	9699	8963	7052	6268
曲靖市	**198379**	**194702**	**129954**	**126819**	**132279**	**130480**	**99619**	**92911**
麒麟区	28316	28186	17313	17549	18448	19198	13840	13770
马龙县	7659	7206	4480	4104	5141	4674	3545	3251
陆良县	19950	20875	12204	12987	14121	15367	10482	9762
师宗县	12709	12169	7900	7224	7695	7214	5783	5471
罗平县	17916	17687	12186	11899	11084	10905	8828	8680
富源县	22847	21604	14757	14071	13961	13216	10808	9979
会泽县	30158	28928	21843	20640	21256	20226	14821	13714
沾益县	16287	15231	11131	10265	10464	9739	7952	7290
宣威市	42537	42816	28140	28080	30109	29941	23560	20994
玉溪市	**95052**	**90319**	**46628**	**45850**	**59360**	**58302**	**44626**	**42774**
红塔区	18977	18559	10178	11032	12507	13378	9883	9778
江川县	11858	11911	4754	4883	7699	7354	5609	5330
澄江县	7296	7145	3193	3131	4845	4493	3341	3106
通海县	11578	11769	5791	6460	7633	8139	6133	5686
华宁县	9228	8483	5262	4480	5931	5395	4131	3784
易门县	8164	7318	4045	3451	5251	4488	3353	3038
峨山彝族自治县	6942	6203	3234	2865	4268	4265	3282	3155
新平彝族傣族自治县	12579	11242	6055	5542	6633	6226	5147	5130
元江哈尼族彝族傣族自治县	8430	7689	4116	4006	4593	4564	3747	3767
保山市	**99826**	**94012**	**71701**	**67427**	**65623**	**64653**	**48230**	**46935**
隆阳区	37814	35441	24833	23822	24383	24903	17168	16958
施甸县	12464	11865	9128	8663	8770	8502	6981	6837
腾冲县	23606	22964	18951	18053	15718	15393	12234	11466
龙陵县	10846	10003	8734	7821	7378	6809	5757	5719
昌宁县	15096	13739	10055	9068	9374	9046	6090	5955
昭通市	**163369**	**150803**	**99338**	**92977**	**102274**	**97304**	**74022**	**71243**
昭阳区	26774	26168	15773	15681	15508	15790	10933	10930
鲁甸县	10651	10028	6874	6781	6367	6109	4827	4701
巧家县	17522	16390	10847	9751	10571	9612	8798	8339
盐津县	12460	10762	7388	6667	7722	7103	5366	4893
大关县	7940	7447	5201	4765	5604	5176	3526	3459
永善县	13118	11613	8103	7319	9139	8428	6028	6050
绥江县	6058	4993	3423	2899	3628	3498	2497	2299
镇雄县	36579	32981	22091	20940	22881	21757	17035	16320
彝良县	16174	15557	10363	9921	10712	10108	7312	6961
威信县	12260	11514	6794	6043	7426	7183	5940	5741
水富县	3833	3350	2481	2210	2716	2540	1760	1550
丽江市	**48504**	**43185**	**28868**	**26362**	**28762**	**28257**	**21430**	**21657**
古城区	8333	7295	4754	4229	4826	4630	3395	3479
玉龙纳西族自治县	9531	8055	5707	4919	5892	5533	4345	4032
永胜县	14923	14322	10157	9872	9758	10158	6688	7153
华坪县	7701	6278	4309	3624	4440	3920	3214	3017
宁蒗彝族自治县	8016	7235	3941	3718	3846	4016	3788	3976

单位:人

65-69岁		70-74岁		75-79岁		80-84岁		85岁及以上	
男	女	男	女	男	女	男	女	男	女
4924	5764	3380	4368	1880	2724	829	1294	328	857
3501	3817	2555	2934	1741	1798	887	1111	392	681
2969	3073	2244	2434	1431	1630	612	763	240	429
6069	6791	4511	5445	2641	3405	1211	1680	428	978
3935	4249	3301	3956	2066	2651	868	1213	258	525
609900	**623517**	**489016**	**515025**	**324807**	**369452**	**168222**	**215308**	**71586**	**118641**
91663	**92435**	**77439**	**75677**	**53276**	**55008**	**28990**	**32751**	**13012**	**17980**
11809	12329	10639	10368	7197	7288	4031	4170	1968	2274
10675	11025	9863	9050	6431	6162	3358	3412	1484	1828
10333	10294	8912	8624	5803	5704	3065	3359	1434	1913
11574	11293	9666	9112	6631	6513	3431	3697	1693	2102
4578	4632	4057	4312	2795	2911	1588	1596	563	768
2688	2626	2012	1968	1426	1724	877	1224	433	803
4425	4458	3725	3612	2684	2955	1386	1792	624	1074
2463	2408	1786	1905	1379	1457	767	900	353	531
6705	7123	5671	5713	4038	4364	2100	2673	984	1523
3601	3468	2731	2768	2022	2169	1122	1330	471	735
4029	3900	3053	2983	2361	2567	1546	1904	728	1118
6792	7134	5147	5588	3656	4359	1819	2423	726	1228
6878	6790	5759	5752	4035	4247	2493	2798	939	1310
5113	4955	4418	3922	2818	2588	1407	1473	612	773
76219	**71182**	**67089**	**63061**	**44152**	**41904**	**24735**	**24960**	**9321**	**11997**
9455	9737	8300	8266	6164	5499	3148	2892	1000	1235
2498	2678	2016	1963	1371	1423	698	681	240	258
8431	7258	7033	6368	4815	4496	2654	2601	827	1035
4498	4426	4021	4009	2801	2820	1361	1468	516	738
6539	6339	5847	6061	4136	4469	2256	2868	990	1511
8154	7569	6911	6495	4383	4161	2297	2308	836	1158
12379	11692	11872	11700	7526	7477	4305	4644	1521	2285
5668	5236	4671	4535	3195	3149	1951	2076	772	966
18597	16247	16418	13664	9761	8410	6065	5422	2619	2811
35939	**35342**	**28356**	**29160**	**18500**	**21213**	**9409**	**12870**	**3937**	**7423**
7891	7970	6256	5931	4333	4290	2225	2742	900	1541
4788	4390	3764	3836	2522	2857	1361	1798	629	1034
2506	2322	2008	2101	1418	1612	743	943	328	568
4783	4848	4112	3984	2472	2901	1284	1817	576	1304
3311	3060	2660	2668	1803	1997	816	1089	381	634
2989	3086	2055	2170	1555	1826	751	1004	273	473
2464	2376	1951	2257	1399	1805	672	1096	244	541
4123	4260	3215	3608	1725	2254	877	1322	344	719
3084	3030	2335	2605	1273	1671	680	1059	262	609
36176	**36008**	**29019**	**30498**	**20750**	**25135**	**10806**	**14984**	**4919**	**9737**
12880	12987	10473	11162	8206	9831	4573	6020	2220	3994
5078	5006	4069	4276	2804	3531	1374	2233	611	1501
9182	8758	6981	7012	4732	5527	2388	3259	1025	1992
3779	3624	3392	3438	2185	2623	1103	1537	522	1107
5257	5633	4104	4610	2823	3623	1368	1935	541	1143
62045	**63931**	**52096**	**55167**	**31051**	**35165**	**16611**	**21534**	**6509**	**10844**
9381	9620	8152	8553	4893	5315	2710	3398	1059	1741
3734	3884	3568	3616	2033	2243	1097	1326	430	614
7287	7071	6496	6580	3711	4134	1843	2423	626	1034
4858	5041	3413	3661	2338	2658	1330	1648	556	869
3026	3219	2453	2582	1607	1798	785	1025	295	453
5558	5666	3977	4395	2493	2993	1313	1714	529	898
2196	2435	1491	1658	972	1227	525	730	244	441
13891	14387	12646	14077	6958	7852	3873	5175	1574	2853
6056	6126	4777	4937	2732	3297	1418	1850	512	817
4782	5064	4050	4132	2645	2885	1325	1753	530	802
1276	1418	1073	976	669	763	392	492	154	322
17224	**18422**	**13510**	**15499**	**7691**	**10062**	**3607**	**5367**	**1640**	**3131**
2630	2790	2356	2487	1265	1533	662	841	258	521
3437	3548	2825	3250	1638	2216	804	1259	408	758
5583	6166	4181	4980	2499	3492	1205	1858	544	1080
2380	2488	1947	2195	1186	1400	494	709	277	451
3194	3430	2201	2587	1103	1421	442	700	153	321

表2 续表 82

地区	0岁		1-4岁		5-9岁		10-14岁		15-19岁	
	男	女	男	女	男	女	男	女	男	女
普洱市	**15819**	**14495**	**66138**	**60968**	**75520**	**69695**	**80991**	**72504**	**91161**	**82021**
思茅区	1851	1690	7512	6800	8246	7877	8840	7833	12099	12661
宁洱哈尼族彝族自治县	1114	1047	4127	3967	4937	4494	5242	4857	6831	6010
墨江哈尼族自治县	2266	1948	9789	8406	10635	9029	10942	8600	13493	10489
景东彝族自治县	2190	1939	9299	8828	11409	10860	12746	11902	10401	9878
景谷傣族彝族自治县	1986	1717	8854	7915	9947	8703	9242	8158	9119	7364
镇沅彝族哈尼族拉祜族自治县	1326	1281	5450	5272	6042	5534	6084	5253	6565	5774
江城哈尼族彝族自治县	738	710	3437	3083	3775	3563	3853	3565	4606	4042
孟连傣族拉祜族佤族自治县	853	796	4110	3897	4253	4191	4680	4519	4651	4405
澜沧拉祜族自治县	2971	2823	11209	10552	13202	12567	15729	14456	19058	17431
西盟佤族自治县	524	544	2351	2248	3074	2877	3633	3361	4338	3967
临沧市	**15859**	**14846**	**65691**	**60731**	**81822**	**75969**	**89820**	**82795**	**93399**	**90660**
临翔区	1835	1655	9180	8268	11056	10212	11016	10106	12348	13763
凤庆县	2781	2713	10904	10494	13595	12746	14955	14230	17893	17441
云县	2808	2682	12672	11450	16206	14673	16550	14733	15806	14398
永德县	2568	2291	9781	8909	13259	11936	14269	12674	12810	11671
镇康县	1405	1312	5351	4727	6113	5490	7580	6598	7252	6727
双江拉祜族佤族布朗族傣族自治县	1080	1010	4212	3951	5005	4843	6422	5979	7136	6754
耿马傣族佤族自治县	2096	2005	9531	9041	10855	10510	12390	11856	12423	12309
沧源佤族自治县	1286	1178	4060	3891	5733	5559	6638	6619	7731	7597
楚雄彝族自治州	**14540**	**13962**	**53611**	**51168**	**81956**	**78156**	**92099**	**88630**	**102458**	**102421**
楚雄市	2877	2770	10436	10083	16382	15639	17842	16911	28414	28628
双柏县	976	911	2742	2680	4791	4456	5470	5087	5473	5452
牟定县	1161	1060	3951	3707	6451	6289	7315	7015	6833	6771
南华县	1352	1297	4916	4735	8192	7833	9139	8934	7872	7721
姚安县	997	906	3475	3274	5637	5327	7073	6954	8223	8429
大姚县	1351	1235	5409	5212	7530	7246	8588	8541	10472	10570
永仁县	612	573	2021	1907	3013	2835	3669	3559	3513	3449
元谋县	1221	1201	4876	4537	6688	6265	8021	7584	7151	7264
武定县	1676	1566	6381	6026	8670	8419	9713	9301	10798	10692
禄丰县	2317	2443	9404	9007	14602	13847	15269	14744	13709	13445
红河哈尼族彝族自治州	**32374**	**28516**	**142477**	**123817**	**166589**	**142438**	**178457**	**151927**	**183170**	**160378**
个旧市	2814	2675	11853	11077	12683	11927	12458	12233	17534	16168
开远市	1929	1713	8182	7553	10118	9309	10287	9824	11994	10998
蒙自县	2544	2428	10835	10427	12241	11662	14174	13576	18115	16651
屏边苗族自治县	1058	983	4238	3900	4515	4129	5115	4744	5316	4969
建水县	3489	3119	14583	13776	17502	16504	19495	18155	21732	20945
石屏县	2195	2000	8361	7978	10680	10210	11672	10770	10118	9725
弥勒县	3464	3173	14438	12845	18814	16974	20096	18105	22325	21077
泸西县	3279	2616	13978	11145	16586	12761	19225	14472	19156	14301
元阳县	3533	3192	17413	13501	19862	14269	20028	13718	16579	11791
红河县	2540	2187	14342	12481	14712	11809	14859	12101	12403	10584
金平苗族瑶族傣族自治县	3040	2219	13435	10190	16796	12746	16946	12721	13396	10771
绿春县	1870	1665	7926	6348	8912	7209	10539	8222	10700	9181
河口瑶族自治县	619	546	2893	2596	3168	2929	3563	3286	3802	3217
文山壮族苗族自治州	**24277**	**21368**	**124803**	**110201**	**146246**	**123840**	**160764**	**134302**	**146235**	**131782**
文山县	3115	2788	13910	12946	17395	16003	17995	16032	20045	20240
砚山县	3325	2910	16858	15306	18547	16508	20786	18461	20475	18818
西畴县	1611	1444	6931	6247	9103	7974	10578	9363	8957	8392
麻栗坡县	1812	1680	8585	7498	10375	8466	11985	10041	10835	9917
马关县	2470	2222	12601	11479	12534	11698	12232	11149	10946	10535
丘北县	3397	3131	17585	15646	22114	18018	27760	22494	25530	21552
广南县	5743	4718	33330	27617	37199	28499	40839	30714	35846	29216
富宁县	2804	2475	15003	13462	18979	16674	18589	16048	13601	13112
西双版纳傣族自治州	**6666**	**6477**	**31829**	**29925**	**32569**	**30569**	**35768**	**33887**	**41681**	**38220**
景洪市	2913	2813	13566	12508	14005	13033	15159	14387	18873	17981
勐海县	2126	2086	8830	8482	9143	8767	10950	10530	12854	11722
勐腊县	1627	1578	9433	8935	9421	8769	9659	8970	9954	8517
大理白族自治州	**19288**	**18146**	**79543**	**76184**	**116565**	**112871**	**126529**	**123254**	**127177**	**129485**
大理市	3081	2852	12631	11982	18094	17150	19743	19302	28049	29714
漾濞彝族自治县	639	623	2600	2531	3328	3121	3030	2887	3586	3524
祥云县	2314	2209	10102	9773	17107	16603	19942	19489	15424	15301
宾川县	2199	2043	8365	7859	11037	10902	11755	11289	13656	13588
弥渡县	1620	1565	6677	6409	11162	10630	13163	12790	11082	11461
南涧彝族自治县	1329	1196	5622	5163	8092	7789	7780	7648	6577	6494

单位:人

20-24岁		25-29岁		30-34岁		35-39岁		40-44岁	
男	女	男	女	男	女	男	女	男	女
120583	**110259**	**129696**	**113515**	**132545**	**110651**	**136452**	**112727**	**125828**	**104204**
14820	14822	14406	12962	15306	13382	16942	14207	14778	12625
7255	6470	7829	7536	9332	8309	10233	8734	9915	8232
18616	16550	20358	17274	20991	16586	19345	14750	15822	12531
13774	13040	17558	15913	17703	15479	18906	16622	17400	14185
12332	10261	13701	11618	14623	12084	15975	12845	14878	11821
8996	8207	10800	9690	10620	8781	11518	9369	10251	8257
5862	5399	5845	5513	6239	5424	6587	5618	6278	5314
6173	6072	6745	6367	6998	6131	6887	5929	7142	6457
27481	24631	27600	22358	26250	20717	25800	20980	24912	20797
5274	4807	4854	4284	4483	3758	4259	3673	4452	3985
120852	**113184**	**123881**	**104611**	**117738**	**95113**	**121403**	**97412**	**113571**	**94199**
15316	15744	14237	13076	14423	12903	15888	13544	14992	12947
22694	21739	22992	20118	19856	16601	23058	19209	21691	18437
20530	19052	23653	19620	23478	18843	21932	17652	20781	17094
17927	15791	20756	15766	19835	13844	19958	14449	17993	13969
9463	7787	8868	6849	8699	6614	9164	6825	8149	6359
10560	9499	9289	7875	8511	6879	8771	6841	8617	6831
14901	14517	14404	12817	13648	11968	13666	11938	13283	11692
9461	9055	9682	8490	9288	7461	8966	6954	8065	6870
104637	**106126**	**93335**	**90429**	**117091**	**108141**	**146247**	**130749**	**142525**	**125184**
24807	26385	19878	19548	26625	24911	32312	29109	31151	27715
6635	5979	6011	5397	7137	6109	9147	7652	8856	7397
8123	8355	7261	7114	10027	8987	11840	10348	10989	9231
8735	8726	7709	7526	10655	10023	13057	11675	11866	11138
7186	7554	5517	5831	6983	7204	9924	9519	11013	9742
10115	10145	9592	9488	11639	10421	14125	12913	15023	12737
4415	4412	4475	3941	4813	4342	6067	5134	6347	5174
8130	8240	7973	7792	9014	8371	12171	10799	11303	9994
12213	12003	10985	9943	11059	10104	14474	13063	13885	12372
14278	14327	13934	13849	19139	17669	23130	20537	22092	19684
204822	**187839**	**187007**	**165858**	**204159**	**183600**	**217529**	**195821**	**211076**	**194125**
20965	17090	20407	16620	22197	17723	23229	19687	23675	20820
14995	13940	13535	12456	13804	12703	16437	14777	15927	15030
24825	22025	19199	16468	19689	17028	20197	17940	19620	17319
8270	7930	7857	6591	7887	6841	7760	6497	7668	6425
20124	19172	18893	18222	22488	21416	26689	24684	25296	23631
10964	10906	11158	10757	13384	13004	14474	13432	13772	13359
23493	22867	20254	18809	24583	22521	27444	24836	26762	24119
17519	15744	14556	12805	16166	14631	19105	17926	18200	18093
17163	14652	16835	14667	18619	16956	17745	16416	16800	15812
13003	12123	12043	10285	12525	11872	11891	11256	11707	11073
17638	16717	17936	15670	17618	15406	16143	14020	15026	14120
10981	10261	9362	8150	9908	8950	10480	9317	10242	9242
4882	4412	4972	4358	5291	4549	5935	5033	6381	5082
161972	**156663**	**152458**	**137259**	**163898**	**141328**	**166205**	**139485**	**153303**	**134365**
24201	23940	19947	18222	22870	20150	23412	19914	22019	19557
23001	21319	20408	17607	21184	18121	21717	19110	20320	17998
10585	10898	11786	10711	12428	10619	13137	10334	12358	9813
11229	11376	11530	11007	13618	11584	14271	11713	12710	10756
18363	18357	17373	15681	18231	14810	18322	13664	17303	14228
22776	20533	19448	16665	20648	17806	20818	18413	19757	17806
37272	35135	35027	30756	34779	30348	34727	29832	30987	27983
14545	15105	16939	16610	20140	17890	19801	16505	17849	16224
55798	**52265**	**54415**	**49335**	**52264**	**47059**	**59696**	**52302**	**59471**	**52820**
25636	24470	25095	22921	24333	22322	28644	25093	28062	25049
16955	14959	15890	13578	14902	12802	16340	14355	16701	15098
13207	12836	13430	12836	13029	11935	14712	12854	14708	12673
136653	**137357**	**118307**	**113994**	**158395**	**148801**	**185182**	**168120**	**172039**	**155992**
28737	30533	22187	23070	28333	28534	33513	31155	31395	29145
5279	4995	4314	3749	5268	4636	5694	5042	5032	4519
14868	15281	12045	12611	20516	19743	26480	23997	22787	21235
14578	14463	12521	11897	16347	15000	19427	17538	17692	15851
9807	10217	8322	9060	14257	13939	16802	15594	16258	14887
7385	7670	7924	7314	10802	9713	11053	9839	10509	9319

表2 续表 83

地 区	45-49岁		50-54岁		55-59岁		60-64岁	
	男	女	男	女	男	女	男	女
普洱市	**101057**	**86060**	**72251**	**65388**	**58351**	**55639**	**46964**	**46793**
思茅区	11943	10017	7713	6828	6393	5988	5007	4679
宁洱哈尼族彝族自治县	7831	6644	5309	4843	5210	5004	4019	3985
墨江哈尼族自治县	12676	10704	9545	8518	8391	8081	7387	7223
景东彝族自治县	15011	13157	10829	9981	9290	9223	6550	6562
景谷傣族彝族自治县	12324	10128	9212	8105	7667	7178	5909	5622
镇沅彝族哈尼族拉祜族自治县	8745	6923	6241	5485	5388	4864	4204	3887
江城哈尼族彝族自治县	5052	4195	3389	2973	2436	2192	1993	1963
孟连傣族拉祜族佤族自治县	5651	5197	3910	3715	2454	2507	2014	2123
澜沧拉祜族自治县	18637	16213	13821	12805	9724	9208	8471	9145
西盟佤族自治县	3187	2882	2282	2135	1398	1394	1410	1604
临沧市	**94193**	**83544**	**60529**	**56630**	**53855**	**51791**	**41962**	**40872**
临翔区	12396	11422	7852	7484	7571	7381	5988	5885
凤庆县	18672	17133	12636	11789	11248	10998	8458	8145
云县	17336	15414	10618	9743	11403	10755	8128	7956
永德县	14129	11844	8658	7819	8185	7761	6736	6461
镇康县	6467	5604	4055	3797	3324	3219	3073	3002
双江拉祜族佤族布朗族傣族自治县	7273	6364	4555	4269	3649	3485	2693	2675
耿马傣族佤族自治县	11151	9922	7614	7139	5220	5011	4043	3951
沧源佤族自治县	6769	5841	4541	4590	3255	3181	2843	2797
楚雄彝族自治州	**124546**	**111821**	**66454**	**60504**	**76215**	**72334**	**51355**	**49306**
楚雄市	27555	24736	14295	13206	15797	14876	10643	10013
双柏县	8253	6892	4342	3747	4476	4172	3111	2980
牟定县	9594	8715	4370	4276	6014	5850	4163	3996
南华县	10992	10432	5524	5225	6666	6359	4475	4344
姚安县	9571	8482	4701	4447	6338	6030	4413	4097
大姚县	13204	11558	7306	6508	8438	7960	5493	5462
永仁县	5387	4424	2803	2488	3046	2948	2175	2123
元谋县	9585	8456	5588	4873	6323	6051	3834	3819
武定县	11197	10395	6395	5870	6885	7030	4654	4752
禄丰县	19208	17731	11130	9864	12232	11058	8394	7720
红河哈尼族彝族自治州	**170780**	**160217**	**108969**	**104166**	**104764**	**103495**	**76461**	**76432**
个旧市	21179	18933	15417	13970	12379	11855	7716	7632
开远市	13674	12853	8574	8292	8985	8619	5982	6012
蒙自县	15815	14321	10544	9794	9796	9617	6535	6638
屏边苗族自治县	6050	5137	3915	3361	3372	3107	2397	2367
建水县	20708	19366	12833	12815	14750	14958	10964	10509
石屏县	10965	10906	6598	6696	8135	8449	6217	6116
弥勒县	21730	20206	11978	11393	13118	13157	9392	9347
泸西县	14613	14834	8307	7981	8972	8703	6684	6534
元阳县	12642	12429	8697	8497	7685	7551	6051	6222
红河县	9202	9042	6404	6391	5758	5514	4718	4662
金平苗族瑶族傣族自治县	11718	11028	7875	7737	6203	6329	4973	5363
绿春县	7461	7195	4965	4869	3733	3749	3488	3634
河口瑶族自治县	5023	3967	2862	2370	1878	1887	1344	1396
文山壮族苗族自治州	**113183**	**103267**	**78419**	**75090**	**72951**	**73226**	**58999**	**60707**
文山县	16474	14973	11788	11412	10662	11054	7966	8117
砚山县	14234	13337	10145	10155	9163	9687	7149	7570
西畴县	8858	7626	6315	5364	6465	6053	4807	4680
麻栗坡县	9703	8483	6484	5918	6176	5758	5235	5249
马关县	13107	11269	9626	8750	8633	8405	6460	6380
丘北县	14047	13353	8211	8229	7945	7938	7030	7160
广南县	23173	21922	17256	16747	14958	14969	13025	13572
富宁县	13587	12304	8594	8515	8949	9362	7327	7979
西双版纳傣族自治州	**51169**	**45890**	**33907**	**31168**	**22372**	**21359**	**17048**	**16885**
景洪市	23824	20833	15032	13701	10157	9968	8038	7952
勐海县	14786	13985	10414	9999	6468	6454	5142	5267
勐腊县	12559	11072	8461	7468	5747	4937	3868	3666
大理白族自治州	**138593**	**129835**	**82863**	**80871**	**94209**	**93280**	**63601**	**63744**
大理市	26046	25014	17226	17598	17819	18614	12644	12782
漾濞彝族自治县	4198	3845	2216	2075	2575	2545	1541	1502
祥云县	17721	16897	9580	9603	13221	12697	9504	9121
宾川县	13717	12233	8956	8358	9361	9017	6058	6002
弥渡县	12928	12233	7501	7090	9510	8889	6395	6151
南涧彝族自治县	8400	8025	5132	5093	5602	5575	3771	3942

单位:人

65-69岁		70-74岁		75-79岁		80-84岁		85岁及以上	
男	女	男	女	男	女	男	女	男	女
33288	**35007**	**24885**	**27224**	**15670**	**18663**	**8486**	**11336**	**3817**	**6247**
3302	3192	2674	2607	1790	1709	990	1017	448	609
2957	2923	2228	2324	1365	1640	803	1136	392	635
5237	5601	4164	4625	2205	2854	1300	1910	645	1021
5100	5483	3636	4000	2654	3335	1392	1777	543	972
4128	4242	2595	3012	2008	2426	1061	1637	447	828
3318	3181	2485	2486	1641	1840	821	1097	387	543
1425	1494	1146	1213	679	750	334	445	157	258
1295	1378	966	1058	539	612	266	306	113	178
5689	6466	4390	5151	2497	3158	1395	1848	637	1105
837	1047	601	748	292	339	124	163	48	98
31131	**31945**	**22843**	**24715**	**15176**	**18543**	**7447**	**10848**	**3506**	**6411**
4421	4424	3246	3454	2454	2731	1238	1672	544	1036
6313	6193	4430	5048	3178	4059	1626	2373	662	1214
6229	6312	4462	4482	3016	3556	1463	2220	595	1159
4804	4985	3811	4026	2407	2990	1145	1773	581	1131
2403	2375	1775	1798	981	1222	447	687	274	521
2073	2237	1450	1655	982	1285	475	728	223	413
2807	3109	2085	2619	1343	1778	668	967	389	636
2081	2310	1584	1633	815	922	385	428	238	301
41836	**43629**	**29693**	**31860**	**21463**	**25138**	**10289**	**13471**	**4104**	**6686**
8348	8635	6361	6629	4523	4654	1963	2277	684	1002
2527	2657	1786	1968	1236	1470	553	752	230	357
3403	3494	2424	2574	1791	2209	935	1263	312	515
3566	3713	2640	2729	1797	2109	732	976	276	477
3637	3648	2415	2506	1786	2061	901	1123	301	451
4649	4928	3179	3412	2305	2832	1151	1470	418	690
1767	1884	1225	1445	855	1109	403	516	169	266
3140	3453	2172	2565	1614	2197	831	1276	490	933
3764	4260	2587	2960	1934	2369	1033	1418	421	696
7035	6957	4904	5072	3622	4128	1787	2400	803	1299
55869	**58653**	**46492**	**52674**	**29534**	**36162**	**14501**	**20755**	**6298**	**12695**
5252	6041	4634	6534	3636	4791	1845	2200	658	1274
4015	4516	3639	3842	2237	2464	970	1321	423	764
4414	4806	3436	4141	2461	3132	1220	1730	569	1224
1893	2027	1540	1719	1051	1232	588	788	260	467
7926	7903	6526	6746	3885	4633	1844	2581	891	1703
4628	4623	3751	3951	2091	2746	1043	1700	480	1100
7185	7351	5893	6554	3864	4663	1808	2736	739	1612
5031	4684	4831	4570	3369	3415	1910	2134	785	1113
4774	4968	3933	4431	2300	2838	1080	1670	470	988
3570	3658	2605	3064	1506	1840	681	1116	285	668
3624	4168	2829	3691	1688	2530	821	1603	428	1065
2587	2673	1887	2371	892	1220	466	808	224	493
970	1235	988	1060	554	658	225	368	86	224
43797	**46174**	**32828**	**36656**	**22130**	**27523**	**11249**	**16601**	**4828**	**9564**
5688	6101	4627	5100	3056	3737	1649	2292	728	1380
5001	5469	3818	4640	2332	3090	1166	1821	565	1140
3556	3556	2755	3039	2017	2534	1103	1738	445	1106
4189	4200	3081	3284	2148	2765	1114	1717	477	991
4817	5037	4037	4246	3027	3534	1530	2268	768	1415
6030	5895	4410	4639	2784	3008	1417	1882	574	992
9068	9990	6617	7460	4499	5645	2215	3171	902	1693
5448	5926	3483	4248	2267	3210	1055	1712	369	847
11055	**12116**	**9957**	**11403**	**6812**	**7816**	**3353**	**4212**	**1556**	**2421**
5140	5809	4974	5408	3343	3529	1587	1880	758	1139
3304	3713	2818	3624	2084	2755	1127	1505	492	843
2611	2594	2165	2371	1385	1532	639	827	306	439
50509	**52591**	**36400**	**40332**	**27258**	**32914**	**13311**	**17893**	**5565**	**8672**
9748	10132	7393	7967	5463	5992	2598	3213	1048	1548
1268	1337	914	1091	698	894	346	471	158	234
7334	7180	5221	5374	3867	4221	2070	2281	887	999
4764	4924	3445	3627	2441	3115	1280	1837	633	979
5093	5113	3197	3448	2612	3122	1265	1639	505	763
2915	3224	1878	2218	1591	2132	753	1171	288	505

表2 续表 84

地区	0岁		1-4岁		5-9岁		10-14岁		15-19岁	
	男	女	男	女	男	女	男	女	男	女
巍山彝族回族自治县	1624	1530	7034	6693	10850	10794	12714	12452	10653	11108
永平县	1012	956	4274	4208	6045	5607	6149	5718	6444	6464
云龙县	1152	1166	4714	4621	6258	6091	6458	6285	6768	6408
洱源县	1791	1709	6945	6718	9948	9894	9726	9713	9528	9920
剑川县	1036	957	4150	3982	5750	5583	6650	6521	6778	6572
鹤庆县	1491	1340	6429	6245	8894	8707	9419	9160	8632	8931
德宏傣族景颇族自治州	**8740**	**7930**	**36547**	**33762**	**42190**	**37722**	**44798**	**40485**	**47235**	**43372**
瑞丽市	1115	943	4837	4591	5866	5284	5878	5558	6610	5734
潞西市	2663	2453	11312	10637	12888	11788	13421	12153	15030	13821
梁河县	1156	1065	4220	3825	5488	4695	6199	5539	6132	5833
盈江县	2414	2149	10467	9403	11793	10258	11846	10368	12230	11303
陇川县	1392	1320	5711	5306	6155	5697	7454	6867	7233	6681
怒江傈僳族自治州	**3591**	**3328**	**15667**	**14898**	**19704**	**19209**	**20015**	**19124**	**22049**	**20363**
泸水县	1129	1103	5069	4826	6682	6402	6486	6162	7485	7037
福贡县	713	670	3088	3044	4054	4035	4655	4480	4168	4006
贡山独龙族怒族自治县	195	200	950	975	1148	1235	1337	1308	1401	1282
兰坪白族普米族自治县	1554	1355	6560	6053	7820	7537	7537	7174	8995	8038
迪庆藏族自治州	**2272**	**2140**	**9377**	**9119**	**12129**	**11649**	**13244**	**12880**	**16721**	**15467**
香格里拉县	941	857	4231	4025	5252	4873	5545	5394	7470	7071
德钦县	349	356	1278	1147	1768	1753	2053	1877	2663	2366
维西傈僳族自治县	982	927	3868	3947	5109	5023	5646	5609	6588	6030
西藏自治区	**23346**	**21922**	**102886**	**98143**	**121415**	**116567**	**125906**	**121499**	**141186**	**129489**
拉萨市	**2861**	**2669**	**13685**	**12933**	**16177**	**15779**	**17141**	**16850**	**22219**	**21138**
城关区	547	543	3592	3342	4976	4820	5841	5826	10009	9962
林周县	373	338	1863	1844	2050	1942	2015	1889	2263	1951
当雄县	469	460	2210	2125	2366	2232	2218	2214	1924	1955
尼木县	251	222	1120	1101	1146	1135	1077	978	1054	949
曲水县	251	238	949	898	1105	1006	1229	1277	1259	1202
堆龙德庆县	330	281	1453	1351	1735	1658	1809	1786	2289	2034
达孜县	211	188	906	822	889	926	1169	1114	1115	944
墨竹工卡县	429	399	1592	1450	1910	2060	1783	1766	2306	2141
昌都地区	**6064**	**5793**	**24659**	**24065**	**27576**	**26392**	**31507**	**30200**	**31233**	**28597**
昌都县	987	895	3433	3344	4012	3807	4097	3803	5004	4469
江达县	579	567	3155	3061	3406	3352	3603	3529	3873	3518
贡觉县	305	353	1462	1438	1687	1611	1674	1528	1717	1670
类乌齐县	508	510	1924	1971	2288	2386	3083	3052	2648	2420
丁青县	796	743	3272	3074	2937	2848	3769	3418	3983	3655
察雅县	446	425	1888	1770	2403	2271	2855	2805	2829	2705
八宿县	342	341	1358	1380	1635	1591	1971	1881	1907	1725
左贡县	432	397	1583	1554	1952	1794	2194	2060	1999	1867
芒康县	722	669	2772	2678	3473	3141	3806	3601	3451	2952
洛隆县	500	443	2240	2203	2217	2070	2933	2959	2144	2013
边坝县	447	450	1572	1592	1566	1521	1522	1564	1678	1603
山南地区	**2093**	**1953**	**8677**	**8255**	**11205**	**11204**	**13048**	**12718**	**14577**	**13741**
乃东县	247	215	1214	1110	1616	1580	2041	1942	2419	2356
扎朗县	220	207	970	889	1179	1173	1525	1535	1725	1696
贡嘎县	258	268	1179	1101	1738	1711	1887	1762	2225	2063
桑日县	102	83	479	435	639	594	728	656	845	812
琼结县	119	115	432	404	559	549	658	688	721	677
曲松县	135	116	435	422	548	585	659	637	572	502
措美县	83	84	347	306	465	487	575	597	587	588
洛扎县	118	130	530	536	626	684	679	635	809	672
加查县	148	174	682	663	826	817	864	868	995	856
隆子县	245	240	1010	983	1214	1163	1333	1379	1498	1377
错那县	83	71	303	311	390	421	505	555	614	633
浪卡子县	335	250	1096	1095	1405	1440	1594	1464	1567	1509
日喀则地区	**5632**	**5291**	**24882**	**24190**	**29557**	**28735**	**30078**	**28694**	**36385**	**31605**
日喀则市	657	544	3546	3453	3823	3724	4093	4014	6002	5034
南木林县	703	686	2776	2658	3312	3115	3447	3218	4312	3526
江孜县	475	457	2172	2139	2360	2412	2505	2393	3011	2784
定日县	447	413	2005	2013	2669	2544	2261	2063	2785	2512
萨迦县	354	401	1565	1486	2078	2051	2177	1927	2317	2033
拉孜县	447	427	1839	1776	2278	2221	2419	2316	2840	2317
昂仁县	390	416	1772	1815	2508	2404	2403	2279	2794	2571
谢通门县	406	369	1569	1495	1752	1700	2010	1933	2403	2009

单位:人

20-24岁		25-29岁		30-34岁		35-39岁		40-44岁	
男	女	男	女	男	女	男	女	男	女
11828	12077	10861	10185	13888	13402	16296	15292	14803	13697
6728	6649	7011	6497	8342	7531	9540	8484	9120	7983
9372	7946	9349	7369	9741	8008	11126	8775	10398	8107
11501	11211	9475	8800	12414	11646	13212	12244	12428	11677
7020	6869	5599	5309	7414	6786	8618	7798	8522	7779
9550	9446	8699	8133	11073	9863	13421	12362	13095	11793
61379	**57299**	**57693**	**51041**	**54931**	**49140**	**59405**	**53197**	**56443**	**52735**
9511	8820	8696	8154	8531	8203	10495	9602	10194	9278
19026	18158	18163	16170	17583	15963	19021	17086	18020	17057
7391	6736	7008	6002	6281	5280	6761	6090	6920	6463
16384	14881	15488	13011	14375	12239	14615	12508	13152	12019
9067	8704	8338	7704	8161	7455	8513	7911	8157	7918
26183	**23020**	**29281**	**24128**	**28614**	**22783**	**27857**	**21147**	**24842**	**20140**
9121	7808	10291	8362	10324	7990	10127	7430	8742	6913
4584	4402	5225	4582	4784	4300	4113	3417	3805	3477
2045	1711	2339	1970	2136	1737	2099	1435	1807	1498
10433	9099	11426	9214	11370	8756	11518	8865	10488	8252
22976	**19543**	**22063**	**17537**	**21721**	**17421**	**22375**	**17171**	**19890**	**15777**
10003	8394	9431	7915	9427	7990	9893	7793	8462	6779
3837	3139	3762	2728	3380	2425	3947	2719	3728	2945
9136	8010	8870	6894	8914	7006	8535	6659	7700	6053
172999	**154631**	**161381**	**148833**	**132424**	**119902**	**130917**	**117755**	**118900**	**109077**
34767	**31937**	**29697**	**27922**	**27697**	**25934**	**31085**	**27984**	**28964**	**26428**
19946	19124	15392	14936	15373	14744	18929	17210	17214	15554
2449	2057	2209	2076	2186	2106	2116	1961	1947	1993
2681	2571	2526	2409	1852	1710	1577	1392	1505	1424
1477	1214	1568	1355	1196	1041	1024	1014	1122	1088
1615	1251	1653	1353	1391	1321	1559	1487	1536	1416
2733	2413	2661	2462	2606	2240	2828	2327	2816	2339
1310	1125	1279	1180	1187	1102	1309	1118	1182	1128
2556	2182	2409	2151	1906	1670	1743	1475	1642	1486
36891	**33024**	**35309**	**32248**	**28050**	**24953**	**26874**	**23498**	**23184**	**20719**
6720	5902	6602	6270	5861	5284	5657	4963	5035	4441
4299	3715	4248	3685	3267	2853	2875	2467	2475	2111
2134	2117	2266	2164	1890	1694	1788	1474	1354	1198
2598	2452	2550	2457	1872	1765	1703	1615	1527	1436
4205	3746	3613	3356	2605	2393	2687	2276	2232	1968
3192	2958	2609	2462	2060	2127	2188	2133	1993	1915
2249	2085	2061	2004	1621	1534	1489	1339	1279	1182
2368	2295	2245	2230	1789	1667	1792	1703	1498	1376
4535	3326	4850	3629	4044	2793	3751	2852	3101	2625
2559	2542	2281	2154	1708	1608	1656	1590	1425	1387
2032	1886	1984	1837	1333	1235	1288	1086	1265	1080
16696	**14892**	**16877**	**16143**	**14829**	**14149**	**15243**	**14262**	**14051**	**13579**
3015	2545	3061	3124	3050	2922	3341	3150	2968	2948
1671	1573	1492	1542	1435	1438	1442	1346	1414	1490
2471	2149	2212	2170	1952	1968	1984	1823	1831	1749
882	823	935	844	789	726	743	662	708	644
703	705	752	827	785	754	745	773	685	748
652	612	686	645	616	589	613	620	598	595
595	530	697	674	592	579	606	660	587	548
985	874	1037	913	850	785	777	807	681	732
1313	1064	1513	1252	1166	847	1298	952	1270	908
1846	1627	1852	1705	1544	1475	1506	1385	1387	1264
675	563	750	686	653	666	765	772	683	706
1888	1827	1890	1761	1397	1400	1423	1312	1239	1247
40183	**34332**	**36900**	**32981**	**29397**	**26335**	**27036**	**25046**	**26342**	**24916**
7174	6127	6422	6143	5330	5130	5363	5460	5631	5359
4357	3362	4114	3339	2969	2427	2682	2292	2603	2446
3332	2836	2885	2775	2631	2521	2384	2406	2425	2506
2774	2574	2496	2290	1951	1756	1947	1820	1673	1620
2707	2348	2566	2250	1983	1701	1816	1661	1716	1582
2771	2364	2510	2289	1901	1655	1546	1442	1785	1743
2912	2852	2602	2468	2019	1878	1623	1485	1664	1538
2422	2033	2193	1832	1607	1440	1457	1168	1567	1400

表2 续表 85

地区	45-49岁		50-54岁		55-59岁		60-64岁	
	男	女	男	女	男	女	男	女
巍山彝族回族自治县	11765	11245	6849	7043	7904	7981	5216	5453
永平县	7430	6689	3784	3552	4561	4424	2860	2778
云龙县	8587	7154	5120	4380	5374	4904	3663	3606
洱源县	10157	9637	6684	6550	7194	7243	4635	4694
剑川县	6920	6553	3883	3814	4237	4338	2858	2961
鹤庆县	10724	10310	5932	5715	6851	7053	4456	4752
德宏傣族景颇族自治州	**46042**	**42452**	**33953**	**33078**	**23457**	**23204**	**18107**	**19101**
瑞丽市	7795	6712	4654	4301	3360	3200	2124	2195
潞西市	15084	14112	11633	11241	8014	8034	6350	6703
梁河县	5795	5422	4638	4316	3380	3163	2805	2823
盈江县	10797	10076	8160	8171	5485	5435	4325	4608
陇川县	6571	6130	4868	5049	3218	3372	2503	2772
怒江傈僳族自治州	**18662**	**15997**	**12621**	**11681**	**10523**	**10353**	**7977**	**8020**
泸水县	7010	5823	4726	4124	3752	3524	2706	2683
福贡县	2895	2814	2295	2249	1628	1741	1506	1562
贡山独龙族怒族自治县	1420	1190	1000	919	634	633	608	614
兰坪白族普米族自治县	7337	6170	4600	4389	4509	4455	3157	3161
迪庆藏族自治州	**15071**	**12142**	**8973**	**7856**	**8376**	**7789**	**6149**	**6066**
香格里拉县	6450	5247	3830	3274	3615	3201	2500	2389
德钦县	2848	2268	1647	1400	1561	1473	1111	1169
维西傈僳族自治县	5773	4627	3496	3182	3200	3115	2538	2508
西藏自治区	**97943**	**89917**	**61715**	**59219**	**47199**	**46629**	**37447**	**40010**
拉萨市	**22598**	**20169**	**12890**	**11692**	**9433**	**8514**	**6793**	**7168**
城关区	12755	10755	6972	5807	5174	3914	3169	2909
林周县	1784	1833	965	1093	729	902	674	898
当雄县	1201	1100	746	752	573	601	538	548
尼木县	949	1001	609	695	489	544	401	481
曲水县	1267	1209	716	748	498	574	401	536
堆龙德庆县	2149	2005	1253	1071	851	802	675	740
达孜县	1050	991	673	625	454	513	388	414
墨竹工卡县	1443	1275	956	901	665	664	547	642
昌都地区	**18610**	**17173**	**11965**	**11384**	**10245**	**10384**	**9126**	**9439**
昌都县	3744	3273	2499	2245	2136	1924	1621	1606
江达县	1904	1768	1265	1276	1096	1153	1135	1147
贡觉县	995	984	719	682	607	696	666	696
类乌齐县	1198	1132	789	772	662	605	586	544
丁青县	1682	1550	1130	1089	949	957	865	883
察雅县	1687	1673	1125	1109	781	819	839	912
八宿县	1127	1061	706	701	586	621	556	571
左贡县	1450	1352	861	782	703	768	592	638
芒康县	2442	2286	1509	1443	1494	1573	1218	1347
洛隆县	1315	1193	737	701	721	705	561	559
边坝县	1066	901	625	584	510	563	487	536
山南地区	**12126**	**11529**	**7948**	**7992**	**5963**	**6405**	**4831**	**5480**
乃东县	2515	2246	1561	1505	1161	1109	844	957
扎朗县	1202	1273	916	923	620	714	672	732
贡嘎县	1540	1543	1027	1088	867	917	701	742
桑日县	561	559	376	433	337	338	252	311
琼结县	643	635	424	470	310	407	282	341
曲松县	575	518	313	344	249	266	190	225
措美县	460	460	350	336	263	288	209	271
洛扎县	659	702	433	455	309	365	254	330
加查县	899	708	509	461	349	375	250	305
隆子县	1262	1128	894	855	602	633	462	548
错那县	696	632	423	430	265	365	204	269
浪卡子县	1114	1125	722	692	631	628	511	449
日喀则地区	**23750**	**22534**	**15600**	**16114**	**11567**	**11600**	**8544**	**9359**
日喀则市	4646	4453	3082	2903	2133	1881	1308	1385
南木林县	2441	2299	1592	1705	1155	1267	964	1081
江孜县	2463	2527	1629	1807	1233	1183	807	1014
定日县	1519	1490	1006	1060	727	784	615	672
萨迦县	1602	1445	1076	1151	805	827	578	581
拉孜县	1536	1540	1042	1138	804	848	524	616
昂仁县	1485	1420	1108	1079	839	792	678	666
谢通门县	1455	1324	942	1010	727	707	532	620

单位:人

65-69岁		70-74岁		75-79岁		80-84岁		85岁及以上	
男	女	男	女	男	女	男	女	男	女
4512	4533	2860	3025	2198	2533	1064	1361	398	647
2483	2551	1797	1967	1402	1724	639	972	289	499
2536	2700	2205	2374	1712	2211	866	1276	384	716
3565	3893	2620	3079	1973	2583	898	1397	351	660
2510	2800	1769	2330	1326	1758	626	929	223	445
3781	4204	3101	3832	1975	2629	906	1346	401	677
13043	**15074**	**10293**	**12002**	**6270**	**7851**	**2878**	**4329**	**1370**	**2892**
1438	1702	1172	1374	687	850	311	448	117	287
4312	4987	3650	4172	2329	2759	1059	1442	532	1065
2391	2472	1690	1863	1067	1313	464	764	238	487
3016	3597	2265	2742	1306	1757	597	995	274	658
1886	2316	1516	1851	881	1172	447	680	209	395
5413	**5792**	**4464**	**4708**	**3086**	**3606**	**1587**	**1957**	**764**	**1183**
1736	1834	1522	1571	1102	1205	554	680	303	491
1148	1228	841	864	536	606	325	350	178	248
376	420	292	340	173	172	78	76	56	85
2153	2310	1809	1933	1275	1623	630	851	227	359
4693	**5216**	**3652**	**4389**	**1988**	**2749**	**963**	**1440**	**440**	**758**
1898	2074	1489	1836	834	1122	377	597	182	327
867	1082	634	851	304	543	154	261	57	139
1928	2060	1529	1702	850	1084	432	582	201	292
28057	**32393**	**19220**	**23848**	**11049**	**15435**	**5744**	**9237**	**2918**	**5007**
4996	**5719**	**3400**	**4315**	**1755**	**2520**	**804**	**1447**	**475**	**868**
2052	2245	1430	1566	631	818	258	421	116	202
607	774	438	639	246	388	123	275	93	157
446	503	271	441	164	286	96	205	40	132
314	414	239	315	137	187	66	84	40	52
329	440	258	317	140	208	58	84	30	51
490	549	311	408	181	265	77	146	38	87
305	300	163	221	95	116	41	59	30	66
453	494	290	408	161	252	85	173	88	121
6944	**7767**	**4428**	**5483**	**2664**	**3782**	**1779**	**2846**	**989**	**1661**
1152	1183	800	906	499	690	431	657	227	321
782	835	549	693	317	410	247	404	143	264
495	550	297	422	194	264	180	210	104	149
470	537	355	363	230	284	109	209	95	165
608	648	396	458	241	374	120	185	78	99
671	781	408	530	244	322	208	377	91	178
408	474	259	311	129	223	69	136	38	71
460	529	271	349	181	247	93	129	38	82
1030	1235	615	811	335	550	171	285	98	186
486	597	253	349	140	219	75	134	37	77
382	398	225	291	154	199	76	120	40	69
3557	**4199**	**2309**	**2995**	**1331**	**1862**	**665**	**957**	**244**	**405**
603	688	345	470	215	247	82	120	32	51
484	563	326	372	180	210	92	140	34	58
507	621	351	462	212	308	117	116	37	51
170	198	116	160	66	116	47	54	15	23
214	236	145	204	92	131	39	79	18	24
149	167	107	123	47	78	35	30	9	18
153	198	119	120	44	81	29	40	14	19
232	254	128	176	73	107	29	60	6	21
196	198	127	190	91	131	36	77	24	32
332	398	196	284	127	185	57	93	14	38
177	224	108	169	72	110	50	71	22	32
340	454	241	265	112	158	52	77	19	38
6537	**7843**	**4633**	**5706**	**2740**	**3576**	**1250**	**1930**	**598**	**894**
1029	1249	749	893	401	529	208	272	99	125
787	925	557	627	321	385	129	209	53	89
653	791	406	598	275	337	103	162	41	65
395	588	260	405	148	235	69	129	40	63
454	533	337	401	216	247	91	125	51	65
415	513	292	391	188	256	65	125	43	64
487	588	382	469	245	338	135	190	67	111
426	482	284	333	175	213	87	117	33	48

表2 续表 86

地区	0岁		1-4岁		5-9岁		10-14岁		15-19岁	
	男	女	男	女	男	女	男	女	男	女
白朗县	356	360	1495	1418	1731	1662	1791	1719	2287	2022
仁布县	230	199	1132	1054	1242	1195	1138	1119	1069	937
康马县	213	177	767	669	831	872	856	832	954	846
定结县	222	173	763	693	887	835	906	834	1061	884
仲巴县	210	187	1002	999	1154	1107	1107	1190	1204	1123
亚东县	70	75	338	364	370	404	416	395	504	491
吉隆县	113	71	583	606	746	732	698	717	804	684
聂拉木县	146	126	637	618	775	748	762	718	844	739
萨嘎县	116	115	556	570	644	635	632	601	767	725
岗巴县	77	95	365	364	397	374	457	426	427	368
那曲地区	**4191**	**3840**	**21333**	**19538**	**25318**	**23285**	**22741**	**21665**	**22952**	**21502**
那曲县	1009	945	4626	4340	5641	5396	5224	5053	5344	4980
嘉黎县	388	369	1740	1615	1851	1821	1706	1629	1618	1664
比如县	618	517	3304	2968	3475	3044	3019	2813	2803	2530
聂荣县	342	335	1378	1359	1564	1657	1501	1457	1692	1797
安多县	308	296	1478	1477	1908	1775	1812	1806	2045	1890
申扎县	149	146	769	774	1041	1037	1069	1014	1169	1064
索县	437	377	2104	1988	2557	2366	2177	2080	2329	2063
班戈县	269	258	1327	1245	1874	1864	1968	2038	1967	2029
巴青县	326	256	2904	2155	3513	2362	2444	1780	1910	1467
尼玛县	345	341	1703	1617	1894	1963	1821	1995	2075	2018
阿里地区	**823**	**871**	**3753**	**3546**	**4344**	**4166**	**3900**	**3964**	**4705**	**4203**
普兰县	67	78	288	287	381	358	413	432	493	406
札达县	62	67	197	170	278	241	306	341	314	326
噶尔县	98	106	426	400	507	439	488	491	734	605
日土县	83	88	406	332	482	476	372	436	435	351
革吉县	153	164	856	805	790	723	749	703	850	763
改则县	217	256	1067	1070	1230	1255	965	952	1077	1055
措勤县	143	112	513	482	676	674	607	609	802	697
林芝地区	**1682**	**1505**	**5897**	**5616**	**7238**	**7006**	**7491**	**7408**	**9115**	**8703**
林芝县	376	366	1267	1162	1441	1350	1450	1429	2635	2444
工布江达县	337	288	1046	1097	1347	1232	1319	1226	1229	1235
米林县	208	184	831	785	856	861	874	905	922	968
墨脱县	119	85	393	335	525	533	515	504	588	562
波密县	264	193	1099	977	1502	1395	1514	1442	1581	1440
察隅县	234	251	781	833	1054	1119	1177	1233	1437	1383
朗县	144	138	480	427	513	516	642	669	723	671
陕西省	**179263**	**155455**	**793674**	**677836**	**907840**	**761887**	**1100807**	**912633**	**1752574**	**1578703**
西安市	**36227**	**32658**	**153887**	**136778**	**181863**	**154593**	**216258**	**179000**	**373143**	**332664**
新城区	1399	1392	8097	7440	10505	9480	12460	11280	17304	15147
碑林区	1953	1738	7328	6555	9116	8308	12004	10627	24799	21114
莲湖区	2315	2183	11030	10173	13378	12064	15026	13695	18422	16516
灞桥区	2724	2500	11718	10831	12608	10994	13757	11461	26396	21852
未央区	3583	3216	16115	14577	16097	14066	15388	13649	31581	30483
雁塔区	3702	3320	18909	17275	19616	17119	21258	18978	52227	49476
阎良区	1096	1020	4600	4376	5534	5173	6893	6091	13888	11653
临潼区	3270	2989	12375	11513	16059	14090	21887	18664	31237	29303
长安区	5242	4806	22401	19349	24441	20425	27642	22044	54350	50267
蓝田县	2857	2607	11644	9827	16348	14109	21554	18144	25215	22040
周至县	3764	3163	13381	10657	17191	11761	22233	14879	34671	28244
户县	2847	2345	9904	8170	13700	10275	17751	12244	29325	24219
高陵县	1475	1379	6385	6035	7270	6729	8405	7244	13728	12350
铜川市	**3599**	**3271**	**13618**	**12242**	**17396**	**16021**	**22434**	**20518**	**37241**	**35139**
王益区	663	601	2419	2315	3634	3382	5050	4821	7548	7060
印台区	850	798	3254	2939	4358	4107	5793	5616	9151	8505
耀州区	1638	1452	6128	5311	7419	6698	9318	7952	16728	15804
宜君县	448	420	1817	1677	1985	1834	2273	2129	3814	3770
宝鸡市	**16833**	**14969**	**70902**	**62832**	**92155**	**76838**	**117784**	**93856**	**184460**	**151739**
渭滨区	1560	1469	6901	6516	10228	9354	12259	10583	17157	15726
金台区	1347	1212	5929	5408	9351	8143	11210	9647	17073	14373
陈仓区	2908	2569	10925	9677	14804	12203	19220	15236	32274	29256
凤翔县	2253	1944	9515	8602	11232	9473	15862	12230	21982	17263
岐山县	1862	1706	8204	7531	11158	8829	15588	11456	25014	19363
扶风县	2110	1772	9368	7507	11634	8399	14434	9972	24658	17239
眉县	1529	1342	6432	5589	7081	5688	8742	6842	16253	12520

单位:人

20-24岁		25-29岁		30-34岁		35-39岁		40-44岁	
男	女	男	女	男	女	男	女	男	女
2370	1992	2190	1834	1812	1514	1639	1477	1552	1351
1296	1062	1332	1203	1196	958	1044	910	969	989
937	883	1010	923	899	869	866	830	726	747
1528	1075	1242	945	954	785	842	760	700	638
1343	1226	1293	1127	905	792	824	705	643	563
622	577	627	652	560	556	575	624	564	616
987	743	808	678	631	612	647	523	565	454
1200	907	1135	937	821	669	759	608	677	589
913	883	840	746	652	545	517	435	447	394
538	488	635	550	576	527	505	440	435	381
26102	**24209**	**26306**	**24797**	**19790**	**17245**	**17105**	**15143**	**14426**	**12710**
6079	5504	6000	5740	4948	4471	4721	4122	3795	3380
1683	1684	1701	1592	1204	1051	1128	976	938	830
3561	3120	3568	3323	2602	2225	1998	1679	1687	1437
1857	1895	1723	1685	1173	1219	1177	1107	983	964
2179	2097	2118	2058	1623	1495	1452	1288	1175	1123
1151	1112	1138	1040	757	702	646	593	601	550
2563	2372	2168	2154	1635	1471	1363	1302	1223	1196
2018	2060	1876	1927	1333	1292	1290	1243	1177	1122
2549	1979	3391	3050	2637	1736	1810	1506	1561	999
2462	2386	2623	2228	1878	1583	1520	1327	1286	1109
6241	**5224**	**5995**	**5143**	**4231**	**3554**	**3910**	**3331**	**3234**	**2837**
682	454	564	459	414	327	440	351	387	360
395	350	433	392	295	271	300	266	247	233
1277	884	1277	1001	1021	764	999	797	804	684
688	562	608	568	425	355	361	338	292	284
953	833	878	774	593	538	494	470	468	360
1313	1299	1313	1131	892	787	749	654	604	500
933	842	922	818	591	512	567	455	432	416
12119	**11013**	**10297**	**9599**	**8430**	**7732**	**9664**	**8491**	**8699**	**7888**
4493	3851	2598	2533	2275	2189	3079	2866	3060	2839
1496	1583	1594	1594	1234	1231	1398	1209	1151	1095
1196	1204	1231	1220	1035	893	1085	928	933	891
614	525	660	506	504	394	509	390	445	338
2005	1733	1919	1709	1515	1304	1558	1278	1344	1142
1376	1301	1333	1182	1141	1065	1292	1159	1103	979
939	816	962	855	726	656	743	661	663	604
2011071	**1930416**	**1443775**	**1383238**	**1306244**	**1236482**	**1691341**	**1601786**	**1752844**	**1637177**
593152	**547744**	**363868**	**360908**	**315229**	**304721**	**364922**	**346219**	**368126**	**344238**
30156	26136	25094	25335	21799	22572	26792	26422	29684	27475
56855	42757	26136	25318	19872	20562	23373	23892	24943	24386
32568	32554	30832	34497	29596	30357	32775	31466	32991	30632
43372	36340	25096	27031	21729	21321	25305	24150	25389	24074
68554	61587	43983	41461	38729	34465	39657	33387	35120	29805
121707	121150	76865	70207	56362	50139	54840	48132	48187	41555
18541	13400	10252	10693	9967	9985	13214	12693	13770	12772
38524	35691	21092	21777	20254	19994	27233	26383	28580	27842
96753	99355	41467	42261	37775	36302	39717	38106	39321	37406
20113	19369	14389	14480	13461	13867	18658	19744	21718	22880
18298	18479	14866	16317	16385	17027	22896	23859	26773	26583
29317	24659	17306	17460	14869	15531	23497	23371	26116	25462
18394	16267	16490	14071	14431	12599	16965	14614	15534	13366
37923	**34246**	**26963**	**24997**	**29501**	**28146**	**42405**	**38956**	**46881**	**42393**
6884	6534	5388	5528	6044	6484	9611	9690	11819	11135
10439	8373	7553	6118	8031	7092	11502	10050	13136	11332
15360	14497	10511	10231	11741	11493	16560	15106	16946	15578
5240	4842	3511	3120	3685	3077	4732	4110	4980	4348
168381	**163996**	**129704**	**128517**	**122899**	**122409**	**170710**	**167684**	**179082**	**170182**
19509	20382	17612	18182	17584	18988	23164	22634	21477	20371
14082	14069	13369	14267	15006	15953	20173	20073	19011	17933
29513	29689	21547	20811	18709	18387	26372	25869	28864	26885
21943	21607	15438	15950	15423	15447	20750	21419	22357	22349
21321	19247	15274	14025	13846	13779	17933	18498	21151	21089
21180	19344	14213	13800	12173	12246	16145	16583	17681	17806
14269	13504	10199	10130	8858	8582	13250	12854	14516	14354

表2 续表 87

地　区	45-49岁		50-54岁		55-59岁		60-64岁	
	男	女	男	女	男	女	男	女
白朗县	1513	1354	972	957	792	749	624	654
仁布县	976	931	697	788	507	574	491	474
康马县	760	732	466	514	353	412	280	281
定结县	582	566	342	359	255	290	188	254
仲巴县	447	402	284	273	272	284	221	250
亚东县	558	581	350	428	265	284	155	190
吉隆县	421	364	248	221	204	164	153	158
聂拉木县	538	463	328	294	218	230	177	172
萨嘎县	417	295	236	193	149	154	133	146
岗巴县	391	348	200	234	129	170	116	145
那曲地区	**11269**	**10126**	**7415**	**6502**	**5750**	**5646**	**5075**	**5227**
那曲县	2903	2374	1626	1447	1464	1356	1168	1067
嘉黎县	667	687	490	423	373	363	346	342
比如县	1329	1173	891	840	636	677	697	736
聂荣县	762	675	391	417	448	459	378	408
安多县	920	814	605	552	466	487	409	461
申扎县	470	441	348	342	294	259	256	228
索县	1046	927	668	602	570	530	485	544
班戈县	961	872	571	504	443	491	413	487
巴青县	1170	1262	1086	698	508	518	448	460
尼玛县	1041	901	739	677	548	506	475	494
阿里地区	**2696**	**2323**	**1796**	**1656**	**1280**	**1268**	**916**	**1033**
普兰县	272	294	184	201	152	171	98	131
札达县	215	203	126	139	69	109	83	103
噶尔县	652	529	427	317	244	166	111	124
日土县	279	243	184	184	145	140	91	109
革吉县	375	310	241	250	208	215	149	142
改则县	510	450	375	313	276	270	206	251
措勤县	393	294	259	252	186	197	178	173
林芝地区	**6894**	**6063**	**4101**	**3879**	**2961**	**2812**	**2162**	**2304**
林芝县	2309	1934	1242	1045	912	716	513	500
工布江达县	943	828	583	607	423	459	347	433
米林县	822	700	512	449	345	319	254	269
墨脱县	320	278	223	203	136	117	100	106
波密县	1104	943	688	648	476	473	413	395
察隅县	886	885	516	571	429	467	331	362
朗县	510	495	337	356	240	261	204	239
陕西省	**1529697**	**1427598**	**1287971**	**1200606**	**1153183**	**1116459**	**819821**	**793161**
西安市	**335515**	**311335**	**283513**	**274033**	**243803**	**251398**	**171703**	**173980**
新城区	29562	26023	25170	22939	17977	17419	11952	12018
碑林区	25812	23613	22536	21807	17520	17609	11010	11464
莲湖区	32122	29546	28435	26382	20577	20958	14442	15184
灞桥区	24465	22407	21073	20428	17149	17953	11389	12200
未央区	30891	26422	24227	21964	20245	20434	13392	13515
雁塔区	39607	33290	27379	25209	22760	22912	15084	15945
阎良区	11056	10424	8490	8430	7443	8243	6484	6793
临潼区	25180	25067	22808	23834	21769	22964	14737	15023
长安区	35273	34523	32330	33089	31979	35251	22493	23532
蓝田县	20107	21104	18491	18467	19215	18195	13597	12913
周至县	24104	23555	20396	19448	18088	18313	14212	13306
户县	24842	24240	21508	21356	18665	18899	13430	14126
高陵县	12494	11121	10670	10680	10416	12248	9481	7961
铜川市	**40408**	**35885**	**31583**	**28837**	**26240**	**24525**	**17392**	**17536**
王益区	10927	10102	8204	8040	6991	6476	4434	4400
印台区	10950	9206	7893	6947	6519	6110	4428	4742
耀州区	14579	13167	12274	11210	10088	9554	6619	6659
宜君县	3952	3410	3212	2640	2642	2385	1911	1735
宝鸡市	**159876**	**152316**	**137709**	**126267**	**122762**	**117597**	**89832**	**87062**
渭滨区	20020	17675	14976	14261	13257	13486	11137	11006
金台区	18883	16948	15965	15134	13508	13042	9742	8695
陈仓区	25165	23879	21463	19295	17901	17433	12739	13409
凤翔县	20035	20605	19136	18042	17744	16638	12693	12244
岐山县	18806	19901	17902	17089	16978	16330	11760	11407
扶风县	16392	16876	15000	14484	14698	14356	10513	10167
眉县	13064	12678	11619	10066	10342	10038	7290	7036

单位:人

65-69岁		70-74岁		75-79岁		80-84岁		85岁及以上	
男	女	男	女	男	女	男	女	男	女
473	508	337	355	182	225	78	113	48	45
390	392	311	302	185	230	88	125	40	51
196	234	118	167	68	110	34	59	9	22
135	199	92	123	57	65	23	37	6	19
158	188	145	178	78	100	35	82	13	33
124	159	75	87	52	90	28	47	16	31
115	136	86	93	36	68	29	36	16	22
127	159	89	113	58	71	24	52	15	25
105	131	78	104	33	52	20	37	6	14
68	68	35	67	22	25	4	13	2	2
3718	**4269**	**2850**	**3425**	**1639**	**2328**	**729**	**1192**	**314**	**709**
767	876	543	685	275	447	104	198	49	114
259	263	192	240	108	164	49	101	32	69
530	599	355	441	227	308	103	172	47	127
286	309	191	289	119	182	46	86	19	46
286	370	226	277	116	202	56	87	18	47
203	215	150	185	79	111	43	73	22	44
365	427	297	372	191	263	100	148	44	117
291	424	261	346	145	202	56	117	29	52
332	387	305	231	156	188	89	61	23	27
399	399	330	359	223	261	83	149	31	66
796	**894**	**576**	**674**	**304**	**476**	**211**	**343**	**91**	**157**
84	121	62	99	32	54	11	29	4	17
49	77	50	58	22	42	14	25	1	14
93	101	59	92	30	63	25	34	13	19
84	78	49	58	29	43	16	37	13	14
150	129	96	94	43	64	32	38	15	15
188	219	118	139	80	110	88	123	29	46
148	169	142	134	68	100	25	57	16	32
1509	**1702**	**1024**	**1250**	**616**	**891**	**306**	**522**	**207**	**313**
316	374	224	281	139	195	72	107	41	79
262	284	164	192	108	136	50	90	30	49
182	212	143	174	82	134	43	93	35	56
87	85	54	63	30	54	19	19	11	14
273	284	192	220	94	154	39	80	40	50
261	309	176	208	99	137	50	85	26	24
128	154	71	112	64	81	33	48	24	41
607488	**612302**	**464072**	**481810**	**290914**	**306089**	**131397**	**141185**	**63599**	**84981**
121950	**132568**	**99919**	**114089**	**70398**	**76137**	**32194**	**33848**	**15133**	**20124**
8995	10473	9222	12083	8163	8660	4120	4273	2059	2662
8969	10697	9430	11746	8573	9035	4533	4157	2258	2305
11119	12734	10890	13577	8661	8767	4084	3894	1862	2209
7880	8843	6618	8507	5197	5788	2268	2287	902	1122
8670	9596	7305	8082	4993	5211	2019	2150	927	1265
11126	12474	10289	10621	6430	6193	2976	2436	1271	1503
4865	5123	4129	4174	2229	2254	821	998	404	633
10073	10750	7667	8805	4723	5877	2174	2801	1061	1805
15174	15172	10298	11047	6500	7800	2723	3440	1183	2048
10302	10109	6223	6437	4081	4896	2106	2513	923	1323
10551	10690	7217	7387	4122	4464	1558	1767	945	1218
9384	10543	7296	7849	4662	4809	2013	2162	937	1288
4842	5364	3335	3774	2064	2383	799	970	401	743
14279	**14987**	**12150**	**12429**	**7471**	**7322**	**3325**	**3153**	**1394**	**1631**
3777	4163	3546	4111	2514	2518	1255	1082	542	539
4034	4561	3549	3348	1942	1919	867	782	301	414
4890	4914	3887	3975	2274	2184	898	979	420	495
1578	1349	1168	995	741	701	305	310	131	183
64106	**64638**	**46168**	**50244**	**27838**	**29661**	**11396**	**11246**	**5693**	**6394**
7808	7383	6169	6583	4079	3647	1807	1509	814	916
6036	5788	4496	5605	3639	4021	1899	1687	875	946
9887	10465	7324	7626	4103	4235	1509	1451	702	771
8881	9380	5968	7052	3540	4158	1412	1495	609	800
8184	8445	5723	6748	3636	4311	1529	1609	865	967
7356	7388	5462	5551	2860	3279	1036	1242	699	779
5225	5292	3804	3813	2120	2225	778	972	500	594

表2 续表 88

地区	0岁		1-4岁		5-9岁		10-14岁		15-19岁	
	男	女	男	女	男	女	男	女	男	女
陇县	1462	1320	6570	5506	7253	6029	9417	7567	14003	10863
千阳县	743	659	2838	2516	3384	3073	4313	3655	5545	4599
麟游县	415	369	1587	1427	2479	2186	2944	2854	4363	4553
凤县	416	393	1699	1662	2383	2327	2492	2489	3912	3733
太白县	228	214	934	891	1168	1134	1303	1325	2226	2251
咸阳市	**25662**	**21389**	**111028**	**91030**	**129726**	**100547**	**166565**	**126501**	**262091**	**231847**
秦都区	1820	1554	9077	7840	11040	8961	12712	10494	21677	23757
杨陵区	768	675	4224	3385	4601	3729	4975	3646	14236	11913
渭城区	1685	1546	7218	6326	9144	7826	10441	8738	16624	16090
三原县	2157	1857	6703	6240	7389	7029	10603	9261	16818	15393
泾阳县	2911	2509	10105	9036	10577	8890	13368	10916	25034	22759
乾县	3027	2241	12183	9502	15101	10974	21046	14346	31261	25123
礼泉县	2278	1860	9279	7327	12325	8316	17655	11563	25613	21777
永寿县	982	805	4636	3779	5785	4455	7360	6023	10694	9703
彬县	1451	1305	10051	7678	9474	7260	11881	9057	16687	14582
长武县	902	697	3834	3001	4410	3228	6356	4675	8938	6876
旬邑县	1440	1103	6671	5080	6704	4858	9848	7135	15153	13185
淳化县	758	692	3168	3026	3765	3374	6586	5761	10104	10256
武功县	2493	1976	10073	8118	12999	9997	14907	11143	22403	18281
兴平市	2990	2569	13806	10692	16412	11650	18827	13743	26849	22152
渭南市	**24527**	**22202**	**101723**	**91457**	**114869**	**100659**	**154303**	**133517**	**251397**	**231808**
临渭区	3896	3578	15781	14366	19681	17610	27619	24010	37819	34930
华县	1633	1494	5768	5154	6113	5563	7675	7330	13040	13159
潼关县	759	696	2977	2510	3422	2950	4894	4418	8708	9092
大荔县	3213	2939	13926	13072	14670	12644	17786	15144	31128	28206
合阳县	1892	1678	7498	6562	9509	8647	13988	12557	24860	24233
澄城县	1637	1460	6675	6147	8805	7648	13486	11352	19456	18220
蒲城县	3638	3255	16874	15396	15801	13999	20576	17942	31637	27708
白水县	1174	1072	5331	4640	6828	5591	9918	8194	17018	15764
富平县	3673	3322	14086	12538	15042	13427	20472	17413	41071	37022
韩城市	1760	1569	6978	5858	9138	7465	11507	9306	16632	13812
华阴市	1252	1139	5829	5214	5860	5115	6382	5851	10028	9662
延安市	**11660**	**9540**	**63094**	**51342**	**61287**	**51826**	**64117**	**54917**	**103946**	**100567**
宝塔区	2586	2134	13572	11162	11845	10445	12498	10852	25018	25408
延长县	713	611	3453	3100	3013	2638	2963	2550	5062	4955
延川县	767	614	4560	3664	5009	4117	6015	4997	8531	7838
子长县	1346	1090	6671	5383	6874	5826	7654	6998	10849	10354
安塞县	889	738	6691	5304	6105	5245	4715	4019	7523	6923
志丹县	738	612	3960	3222	4252	3675	4070	3538	6417	5859
吴起县	675	544	4701	3767	4232	3629	3761	3185	6228	5684
甘泉县	429	335	2640	2210	2299	1985	1951	1697	3256	3088
富县	836	684	4437	3604	4153	3486	4268	3484	6396	6440
洛川县	1236	988	6016	4586	6388	4558	7356	5783	10940	10669
宜川县	650	559	2770	2362	2932	2626	3370	2963	6036	6189
黄龙县	195	158	942	793	1098	947	1445	1349	2110	2105
黄陵县	600	473	2681	2185	3087	2649	4051	3502	5580	5055
汉中市	**15425**	**14173**	**68532**	**63859**	**86147**	**78766**	**105841**	**95176**	**130066**	**120144**
汉台区	1801	1803	8893	8659	11304	10704	14381	13211	19444	19225
南郑县	2388	2164	9794	9364	12298	11747	15028	14659	19023	18532
城固县	2340	2216	9891	9302	12157	11085	14895	13132	15145	14280
洋县	2018	1754	8685	7877	11345	9337	13716	10211	14776	11521
西乡县	1621	1475	8604	7830	10471	9241	10967	9547	11454	9708
勉县	1538	1371	6097	5578	8236	7688	11142	10496	18060	16555
宁强县	1273	1208	5319	5118	7268	6954	9608	9307	12935	12666
略阳县	802	729	3012	2696	3914	3793	5194	5095	7031	6725
镇巴县	1328	1164	7060	6251	7600	6703	8848	7669	9331	8256
留坝县	189	173	640	649	815	786	1248	1145	1648	1613
佛坪县	127	116	537	535	739	728	814	704	1219	1063
榆林市	**20545**	**15750**	**91449**	**66641**	**92836**	**70621**	**98338**	**77422**	**171873**	**159826**
榆阳区	4093	2856	18506	13313	18666	14038	18563	14424	36072	35234
神木县	2817	2141	12990	8766	11550	8403	12218	8711	23442	19089
府谷县	1447	1140	7237	4865	7478	5077	6827	4979	12925	11225
横山县	2042	1547	9002	6627	8820	6616	9028	7329	14869	13673
靖边县	1980	1625	12370	8862	11144	8731	10473	8609	17477	17341
定边县	1895	1454	8009	6043	9189	7225	10490	8831	16075	15070

单位:人

20-24岁		25-29岁		30-34岁		35-39岁		40-44岁	
男	女	男	女	男	女	男	女	男	女
10642	10903	8738	8825	7281	6965	11493	11228	12901	11899
4955	4863	3978	4011	3904	3570	6139	5975	6432	5893
4165	3980	3309	2969	3400	2789	5353	4573	5286	4148
4535	4119	4069	3703	4583	3919	6680	5334	6343	5081
2267	2289	1958	1844	2132	1784	3258	2644	3063	2374
275737	**270449**	**182652**	**178833**	**170853**	**167702**	**222096**	**217095**	**230515**	**222646**
31378	38641	17790	19794	17516	18762	23193	23084	22612	21921
24664	21127	7282	7739	5834	6327	6382	6450	6461	6248
31978	33192	16926	16578	16980	16177	21740	19375	19138	17564
18440	18544	15274	15534	13803	13730	17898	17667	18199	17836
24211	24368	19164	18686	15881	15289	20870	19927	21774	20853
25457	23324	16818	16348	16903	16835	20504	21375	22514	22788
19739	17769	14526	13197	15401	15142	18662	19442	19383	19131
7981	8010	6145	5895	5877	5666	8369	8449	9439	8814
16479	15608	12448	11140	10934	9462	15079	13547	16929	15714
7855	6736	5771	5200	5149	4508	8065	7260	8936	8401
13574	12175	9910	8797	8393	7627	12408	11590	13016	12172
11087	10516	7633	6602	6571	5886	8671	8548	9522	9266
21119	20128	15240	15923	13404	13968	15535	16003	16957	17364
21775	20311	17725	17400	18207	18323	24720	24378	25635	24574
251649	**247219**	**177793**	**171706**	**173156**	**165976**	**236777**	**227850**	**255593**	**244106**
42909	43784	25763	26647	28236	28089	39138	37327	40932	39840
17015	16519	13285	12115	10628	9633	13247	12286	15094	14061
8046	8102	5853	5041	5625	4667	7845	6786	8296	7092
37854	37735	26504	25654	20862	20198	27680	27469	30842	30305
17309	17122	12828	12731	13557	13094	18519	18518	22075	21679
16296	15718	11356	11255	12646	13324	17073	18039	18417	18476
36453	35827	24288	23557	24633	23218	33787	32272	36663	34595
11840	11076	8404	7845	9414	9186	13579	13054	13850	13151
33428	31724	24903	23349	23960	21910	33485	31757	36867	34854
18341	17308	14436	14020	13858	13561	20240	19284	20490	19018
12158	12304	10173	9492	9737	9096	12184	11058	12067	11035
128494	**123475**	**112979**	**99157**	**84002**	**72096**	**102342**	**92011**	**103062**	**92801**
30450	32095	25086	23761	17627	16353	20912	20241	21156	20008
6959	6892	5805	4933	3857	3304	5249	4971	6276	6115
10662	9943	8504	7371	5909	5525	6810	6477	7059	6926
13211	13068	11267	9816	7039	6033	8474	8025	8989	8202
9841	9355	10222	8745	7113	5805	8388	7106	7782	6562
8279	7665	9672	8228	6803	5287	6269	5295	6254	5498
9098	9060	9157	7755	6208	5182	6729	5482	6540	5715
4182	3844	4037	3585	3157	2684	3789	3349	3682	3338
8219	7749	6766	6212	5935	4904	7357	6539	7081	6473
11768	11186	9915	8501	8836	7596	11790	10488	11200	9847
6235	5919	4662	4350	3890	3399	5544	5309	5986	5513
2096	1998	1798	1742	1871	1815	2519	2370	2778	2453
7494	4701	6088	4158	5757	4209	8512	6359	8279	6151
119399	**119963**	**99194**	**101835**	**110164**	**106858**	**169023**	**161428**	**174997**	**162957**
24088	23417	17029	17827	17663	17693	25246	24750	26927	25768
16513	15748	11689	12478	12367	12298	21178	21796	23002	22169
14226	15806	12713	13952	14763	14881	22312	21824	22661	22059
12459	12284	11582	11377	12651	12237	17894	17712	18730	18176
10091	10991	10335	11416	11250	11295	16453	16092	15791	15069
12152	12841	9823	10518	11290	11344	19360	18846	20853	19984
10985	11015	8277	8347	10283	9907	16896	15726	18425	16267
7194	6422	7618	6358	8632	6920	13642	10506	13086	9577
8730	8593	7447	7130	8402	7718	11798	10514	11552	10496
1819	1820	1542	1363	1571	1502	2507	2221	2414	2093
1142	1026	1139	1069	1292	1063	1737	1441	1556	1299
196892	**187789**	**171920**	**151378**	**125743**	**108299**	**145674**	**135961**	**144721**	**135672**
36339	37994	33075	32146	25511	23569	29356	30004	26607	26900
30551	24285	29916	22907	20479	15800	24690	19343	22587	17832
15713	13012	15433	11218	12708	8553	15074	10671	14095	9342
17803	18098	13398	12305	9425	8405	11057	10850	11458	11310
21345	22189	19697	18878	15128	13109	15411	14565	14498	13394
19054	18208	16060	14305	12513	11468	13869	12967	14314	13705

表2 续表 89

地区	45-49岁		50-54岁		55-59岁		60-64岁	
	男	女	男	女	男	女	男	女
陇县	10335	9768	8572	7579	7165	6648	5381	5400
千阳县	5329	4891	4632	3940	3986	3677	3132	3130
麟游县	4368	3245	3037	2336	2491	2034	1912	1659
凤县	5178	4065	3713	2753	3233	2702	2384	2052
太白县	2301	1785	1694	1288	1459	1213	1149	857
咸阳市	**201174**	**195044**	**170648**	**165024**	**148129**	**151492**	**112164**	**114545**
秦都区	20539	18588	16549	16350	14042	14615	10476	10851
杨陵区	5939	6061	4883	4769	4619	4756	3253	3409
渭城区	17415	15762	14501	13808	12134	12944	9772	9507
三原县	17948	17570	15568	15683	14137	14678	10154	10035
泾阳县	19938	19938	17263	17306	15659	16820	11247	12148
乾县	19874	20477	17919	17216	16118	16283	11846	12193
礼泉县	17330	17656	15282	15528	13903	14709	10771	11009
永寿县	7680	7003	6210	5434	4854	4592	3618	3565
彬县	13047	12102	10000	8772	8106	7651	6296	6229
长武县	7010	6909	5986	5305	5026	4475	3862	3649
旬邑县	10430	9966	8238	7596	6816	6277	5385	5295
淳化县	8272	7601	6758	5937	5360	4767	4087	3770
武功县	15099	15221	13165	13138	11579	11927	9023	9435
兴平市	20653	20190	18326	18182	15776	16998	12374	13450
渭南市	**230797**	**224779**	**200217**	**193420**	**171697**	**172603**	**122811**	**124709**
临渭区	37598	37488	34336	33568	29331	30537	20798	21581
华县	14982	14113	12489	12142	11396	11265	8073	8234
潼关县	6924	6108	5206	4995	4115	4144	2965	3006
大荔县	29111	29250	27021	26827	23510	24064	16094	16740
合阳县	19296	19350	17002	16193	13676	13817	9755	10327
澄城县	17067	16821	14235	13845	12036	12297	8665	9175
蒲城县	32899	32350	28785	27876	24173	23990	17048	17697
白水县	11998	11506	9637	9007	8007	7664	5949	5773
富平县	32734	31494	27690	26643	23722	24292	17022	17407
韩城市	17264	16203	14605	13386	12841	12281	9355	8893
华阴市	10924	10096	9211	8938	8890	8252	7087	5876
延安市	**86981**	**78000**	**69213**	**61971**	**52970**	**48949**	**34374**	**32314**
宝塔区	18332	16753	14368	13517	10998	10309	6539	6147
延长县	6159	5584	4620	4376	3481	3266	2100	2068
延川县	6789	6285	5491	4978	3989	3757	2612	2468
子长县	8021	7559	7191	6362	5395	5111	3188	3112
安塞县	6274	5458	5211	4319	3739	3483	2214	2093
志丹县	5201	4615	4343	3748	2986	2693	1896	1784
吴起县	5385	4637	4216	3626	3454	3049	2188	2125
甘泉县	3158	2804	2626	2344	1992	1736	1187	1087
富县	5977	5579	5070	4465	3930	3580	2906	2577
洛川县	8211	7517	6334	5750	5266	4944	3920	3641
宜川县	4907	4586	3790	3515	2764	2788	2168	2193
黄龙县	2301	1969	1752	1531	1556	1255	1195	950
黄陵县	6266	4654	4201	3440	3420	2978	2261	2069
汉中市	**145327**	**134189**	**121152**	**112124**	**126257**	**122907**	**96197**	**87860**
汉台区	24331	22497	19483	19118	19226	19861	14157	14082
南郑县	19277	18689	17277	16313	17773	17357	14662	13292
城固县	18487	18497	16739	16025	19336	20669	14059	12719
洋县	15645	15294	12959	12826	14681	15667	10663	10100
西乡县	14245	13522	12690	11926	12941	12165	9312	8408
勉县	16991	15909	14877	14079	14516	13949	10150	9533
宁强县	13756	11704	9110	7622	10074	9181	8209	7476
略阳县	10091	7157	7349	5368	6615	5196	5285	4230
镇巴县	9427	8358	8079	6703	8531	6800	7803	6601
留坝县	1815	1552	1531	1236	1493	1197	1086	819
佛坪县	1262	1010	1058	908	1071	865	811	600
榆林市	**128405**	**119643**	**108789**	**95641**	**90864**	**80735**	**56188**	**53876**
榆阳区	22710	21540	17578	16566	14646	14341	8438	8189
神木县	18128	14284	13833	10346	11084	8745	6674	6234
府谷县	10900	7749	8387	6229	7294	5569	4026	3240
横山县	10671	10424	9428	8379	7714	7110	4460	4633
靖边县	12522	11512	9965	9164	8067	7328	5180	5115
定边县	12007	11552	9890	8729	7791	7138	5403	5468

单位:人

65-69岁		70-74岁		75-79岁		80-84岁		85岁及以上	
男	女	男	女	男	女	男	女	男	女
4007	4265	2595	2611	1292	1267	403	404	165	179
2315	2206	1616	1645	833	867	260	250	91	114
1564	1506	1036	1004	479	477	155	141	72	63
1982	1749	1388	1412	911	872	450	357	230	189
861	771	587	594	346	302	158	129	71	76
82761	**88296**	**64722**	**69398**	**37777**	**40922**	**14531**	**15780**	**7850**	**10780**
7367	7945	6298	6863	4046	4226	1677	1491	709	838
2202	2555	1861	2074	1163	1285	459	521	332	365
6335	6768	5250	6278	3714	4081	1704	1480	718	870
6970	7218	5208	5567	3244	3811	1500	1694	877	1287
8013	8718	5341	6113	3117	4051	1175	1711	685	1378
9425	10128	7135	7779	3811	4294	1294	1575	829	1222
8191	8599	5990	6469	3109	3822	1216	1683	778	1341
2671	2845	2041	2138	1022	1066	314	381	132	209
4895	5091	4097	3750	2433	1944	788	590	387	312
3071	3167	2284	2139	1364	1221	436	395	254	219
4115	4224	3368	3200	2029	1752	720	654	338	324
2970	2905	2424	2352	1392	1260	581	533	299	317
6720	7274	5372	5736	2797	3178	923	1212	625	857
9816	10859	8053	8940	4536	4931	1744	1860	887	1241
85833	**93087**	**64080**	**72147**	**38867**	**47665**	**17169**	**23346**	**9452**	**15111**
14847	15710	10587	12295	6562	8009	3024	4267	1720	2929
5518	5716	3664	4057	2358	3007	1115	1641	536	1030
2121	2274	1332	1437	835	996	333	443	162	288
11327	12553	8676	10035	4890	6242	2304	3284	1370	2263
6855	7533	5414	6064	3377	4182	1306	1819	587	1032
6030	7008	4651	5419	2842	3794	1179	1814	664	1122
11907	13207	9293	10428	5495	6729	2428	3197	1269	2110
4276	4502	3207	3456	2110	2498	936	1129	475	620
12606	13874	9727	10721	5694	6440	2489	3034	1535	1958
5874	6318	4251	4707	2777	3560	1179	1576	588	925
4472	4392	3278	3528	1927	2208	876	1142	546	834
25051	**25221**	**22952**	**22210**	**13683**	**12834**	**6005**	**5721**	**2856**	**2989**
4377	4614	4151	4117	2407	2231	1143	997	539	486
1616	1744	1822	1680	1056	1014	456	449	237	244
1829	1841	1795	1771	1069	989	481	494	230	209
2285	2378	2256	2363	1247	1303	605	671	320	374
1714	1796	1656	1619	914	903	366	369	176	177
1428	1428	1320	1223	793	667	268	232	153	118
1826	1698	1522	1311	934	770	337	303	177	171
807	794	827	760	481	413	237	189	107	102
2102	1973	1732	1700	974	910	430	397	197	205
2783	2779	2447	2350	1556	1495	734	630	300	380
1753	1737	1375	1403	885	909	404	399	162	201
900	814	644	570	452	364	183	202	75	97
1631	1625	1405	1343	915	866	361	389	183	225
76289	**68415**	**54747**	**50348**	**33686**	**32493**	**16378**	**16336**	**7704**	**9840**
10030	9947	7647	7544	5049	5222	2183	2281	1048	1384
10968	9858	8221	7649	4879	4569	2062	2059	1082	1412
10128	8434	7268	6406	4727	4763	2130	2319	1072	1485
8684	7217	5817	4874	3922	3587	1835	1832	829	1207
8499	7692	5185	4544	3051	2797	1792	1659	781	902
8440	7896	6767	6611	4300	4436	1833	1882	915	1267
7089	6620	5173	4822	2894	2859	1505	1632	588	787
4084	3307	3485	3249	2306	2077	1061	879	476	484
6746	6174	3999	3556	1751	1494	1467	1389	658	691
935	744	736	699	509	413	316	253	162	144
686	526	449	394	298	276	194	151	93	77
45667	**44572**	**39080**	**37086**	**23013**	**21916**	**11473**	**11446**	**6231**	**7461**
6710	6755	5620	5574	3266	3306	1524	1632	835	1121
5096	4659	4585	4168	2577	2330	1324	1341	764	804
3089	2520	3114	2478	2025	1670	1072	969	629	606
3587	3810	3497	3424	2126	2011	985	902	594	636
3860	3813	3160	2952	1913	1764	833	766	588	611
4256	4208	3414	3186	1843	1720	717	610	340	354

表2 续表 90

地区	0岁		1-4岁		5-9岁		10-14岁		15-19岁	
	男	女	男	女	男	女	男	女	男	女
绥德县	1771	1596	7341	5775	7733	6200	8988	6676	15466	14324
米脂县	894	649	3398	2739	3692	2977	3989	3026	7280	6519
佳县	1258	964	4456	3243	5416	4181	6759	5843	10185	9923
吴堡县	409	318	1751	1294	2021	1636	2310	2032	4147	4023
清涧县	771	609	2082	1688	2394	1912	3006	2300	5764	5299
子洲县	1168	851	4307	3426	4733	3625	5687	4662	8171	8106
安康市	**12720**	**11035**	**63240**	**53479**	**74002**	**63338**	**85852**	**72694**	**118628**	**106411**
汉滨区	4160	3596	20643	17307	26686	22489	31883	26363	40164	36910
汉阴县	1445	1223	7042	5844	7802	6544	8222	6775	9734	8356
石泉县	756	664	3402	2917	3964	3547	4428	3701	7717	6694
宁陕县	306	280	1296	1223	1579	1485	1699	1638	2693	2635
紫阳县	1352	1165	8132	6848	8911	7716	9547	8436	11057	10448
岚皋县	693	633	3539	3104	4082	3527	4248	3721	5702	5081
平利县	947	851	4528	3841	4423	4057	5143	4512	7886	7104
镇坪县	299	257	1347	1187	1311	1243	1439	1330	1854	1706
旬阳县	1949	1673	9239	7806	10786	9129	13628	11409	22974	19471
白河县	813	693	4072	3402	4458	3601	5615	4809	8847	8006
商洛市	**12065**	**10468**	**56201**	**48176**	**57559**	**48678**	**69315**	**59032**	**119729**	**108558**
商州区	2686	2286	11609	9347	12340	10075	16254	13200	26533	25058
洛南县	2364	2192	8444	7611	9690	8425	12904	11548	22599	20664
丹凤县	1506	1354	6904	5920	6880	5958	8750	7323	16234	14234
商南县	1215	1038	5760	4982	5360	4744	5505	4895	10258	9485
山阳县	2135	1759	12130	10342	11663	9671	13764	11523	23930	20740
镇安县	1400	1196	7559	6590	7590	6362	7788	6673	13295	11810
柞水县	759	643	3795	3384	4036	3443	4350	3870	6880	6567
甘肃省	**149668**	**127309**	**602691**	**509976**	**773015**	**672572**	**958255**	**850649**	**1253158**	**1182427**
兰州市	**15847**	**13629**	**66383**	**57249**	**80863**	**71476**	**89098**	**80621**	**147417**	**140935**
城关区	4686	4197	22014	19069	26184	23336	27133	25304	40972	45081
七里河区	2373	2107	9660	8608	12084	11161	12810	11968	22849	18000
西固区	1192	1059	5467	4817	8028	7054	9727	8674	12572	11627
安宁区	881	807	4233	3764	4505	4236	5003	4488	14757	14617
红古区	692	574	2801	2551	3633	3223	3886	3476	4668	4317
永登县	3091	2508	10895	9117	12408	10341	14069	11985	18510	18268
皋兰县	897	706	2997	2409	3895	3063	4407	3670	6709	6101
榆中县	2035	1671	8316	6914	10126	9062	12063	11056	26380	22924
嘉峪关市	**937**	**816**	**4144**	**3829**	**6004**	**5427**	**6894**	**6109**	**7632**	**5937**
市辖区	937	816	4144	3829	6004	5427	6894	6109	7632	5937
金昌市	**2216**	**1652**	**9933**	**7634**	**15077**	**10774**	**17279**	**13813**	**16358**	**13377**
金川区	908	713	4269	3611	6602	5380	7779	6670	6998	5864
永昌县	1308	939	5664	4023	8475	5394	9500	7143	9360	7513
白银市	**8631**	**7568**	**33659**	**27442**	**46227**	**38491**	**69776**	**61496**	**104376**	**98030**
白银区	1079	933	4443	3990	6958	5836	9183	7521	11929	10049
平川区	898	773	3785	3056	5100	4331	7350	6191	12574	10203
靖远县	2461	2115	10758	8474	13202	10525	20236	18252	29752	29031
会宁县	2960	2765	9707	8393	14657	13165	23698	22279	36690	35751
景泰县	1233	982	4966	3529	6310	4634	9309	7253	13431	12996
天水市	**19931**	**17894**	**79887**	**69950**	**112977**	**102487**	**143115**	**133823**	**166608**	**161341**
秦州区	3157	2785	13703	12123	17787	15784	22085	20376	28838	28922
麦积区	3113	2814	12145	10626	15797	14418	19945	17904	24013	22066
清水县	1954	1925	7437	6376	10679	9712	13365	12663	11846	12529
秦安县	3565	3046	11085	9737	18290	16861	26791	25555	30392	29359
甘谷县	3161	2917	14259	12468	22123	20144	26913	25640	33089	32127
武山县	2786	2451	12021	10514	16411	14559	19857	17718	23742	21660
张家川回族自治县	2195	1956	9237	8106	11890	11009	14159	13967	14688	14678
武威市	**9667**	**7821**	**39314**	**31225**	**53974**	**41208**	**73286**	**56878**	**98852**	**86983**
凉州区	5702	4311	24635	18618	29887	21570	36554	26361	53294	45535
民勤县	715	678	2907	2658	6452	4985	12332	8901	14873	12614
古浪县	2184	1897	8162	6810	12734	10416	18275	16297	21455	20246
天祝藏族自治县	1066	935	3610	3139	4901	4237	6125	5319	9230	8588
张掖市	**7008**	**5260**	**29526**	**22136**	**34956**	**28327**	**44600**	**34322**	**45617**	**40797**
甘州区	2728	2017	11435	8465	14167	11452	18151	13385	19745	18087
肃南裕固族自治县	190	134	627	562	873	826	977	952	902	878
民乐县	1560	1013	7054	4904	7687	5874	8481	6575	8646	7293
临泽县	756	662	3025	2539	3452	2979	4951	4065	4276	3916
高台县	695	669	2741	2326	3347	3107	5493	4400	5253	4743
山丹县	1079	765	4644	3340	5430	4089	6547	4945	6795	5880

单位:人

20-24岁		25-29岁		30-34岁		35-39岁		40-44岁	
男	女	男	女	男	女	男	女	男	女
14857	14473	12457	11174	8106	7661	10509	11757	12876	13968
8796	8208	7108	6498	5124	4521	5916	5526	5875	6318
12100	11433	8436	7416	6166	5518	7019	7379	8110	8267
3962	4047	3184	2989	2243	2048	3083	2891	3264	3233
7722	7264	5942	4801	3587	3108	4257	4256	5114	4978
8650	8578	7214	6741	4753	4539	5433	5752	5923	6425
112640	**113960**	**91236**	**86496**	**97285**	**90745**	**123094**	**110785**	**127772**	**110862**
42531	44558	31339	29181	32619	30862	40428	37762	38753	35890
10775	10486	8729	8106	7979	7508	10734	10096	11109	9515
7054	6932	6465	6230	6807	5923	8766	7385	8970	7291
3221	2998	2672	2425	3270	2512	4168	3217	3980	3130
11240	11579	9954	9705	10098	9805	11589	10541	13202	11423
5856	6000	5840	5736	6307	5737	7358	6092	7795	6298
7544	7349	6179	6122	7641	6783	9090	7867	10024	8310
1474	1723	1691	1770	1964	2044	2395	2273	2512	2002
17871	17036	14049	12845	15006	14055	21165	18923	23253	20164
5074	5299	4318	4376	5594	5516	7401	6629	8174	6839
126804	**121575**	**87466**	**79411**	**77412**	**69530**	**114298**	**103797**	**122095**	**111320**
32247	31135	21459	18577	17613	15668	24287	22422	27133	25342
23445	21801	15613	14009	14262	12507	21759	19155	25045	22505
15740	15209	11621	10744	9717	9011	14446	13287	15284	14286
10959	11068	8004	8166	7285	6945	11550	10756	12194	11190
24101	22440	16462	14407	13736	12251	19706	18260	20164	18636
12206	12142	8784	8506	9915	8829	14299	12830	13978	12312
8106	7780	5523	5002	4884	4319	8251	7087	8297	7049
1142615	**1175949**	**835598**	**850420**	**810650**	**788762**	**1203659**	**1181327**	**1348508**	**1314719**
241382	**221217**	**132912**	**134673**	**127015**	**124533**	**171852**	**161767**	**183785**	**172883**
76417	80996	59963	60750	55839	53361	65701	59282	64315	57179
44954	29308	19866	20793	20377	20652	27105	25227	27998	25552
15889	13432	12591	12135	12428	12573	19296	18241	21672	20189
45056	39599	10342	10645	8717	8821	11117	10174	10563	9713
4441	4554	4738	4668	5219	4834	7833	7122	8178	7492
13787	15045	11030	11045	11043	11071	17832	18147	23529	24244
3899	3589	3208	3249	3058	2944	5652	5821	7213	7507
36939	34694	11174	11388	10334	10277	17316	17753	20317	21007
11251	**7019**	**9323**	**8664**	**10321**	**9646**	**14933**	**13346**	**14981**	**12830**
11251	7019	9323	8664	10321	9646	14933	13346	14981	12830
15410	**14769**	**14471**	**14627**	**15668**	**15695**	**28298**	**26881**	**31390**	**29489**
7153	6607	8024	7834	8800	8941	14927	14038	15776	14500
8257	8162	6447	6793	6868	6754	13371	12843	15614	14989
77928	**74910**	**55840**	**54779**	**50552**	**46548**	**79122**	**77799**	**89986**	**87284**
10758	8774	9682	9730	10978	10304	16869	16152	18041	16720
9110	7300	6878	6928	6894	6166	10061	9893	10590	9899
21440	21294	16790	15921	13430	11549	21250	20215	21672	20991
27484	28437	15264	14997	13227	12540	20594	20705	27116	27005
9136	9105	7226	7203	6023	5989	10348	10834	12567	12669
130181	**145582**	**107358**	**119264**	**102897**	**102269**	**143687**	**147353**	**155501**	**156882**
29137	32289	25895	26928	24789	23676	32373	30728	32912	30979
23769	24734	19537	21162	21138	19559	27645	26428	28479	26935
8761	10328	7058	8133	7375	7698	11879	12239	12785	12542
16817	19255	12821	14786	12564	13217	19657	22637	24221	26384
22091	25427	17215	21497	14648	16987	21472	24677	23227	25775
17901	19643	16303	17211	14181	13146	19343	19149	20841	20610
11705	13906	8529	9547	8202	7986	11318	11495	13036	13657
81607	**82949**	**58238**	**58222**	**50724**	**47871**	**86543**	**86548**	**100781**	**102535**
50223	50993	35667	36240	29483	27452	48223	47809	54728	55661
5493	5307	4074	4150	5762	5606	12350	12879	14994	16621
19378	19741	12976	12705	10296	9917	16852	17218	20446	20163
6513	6908	5521	5127	5183	4896	9118	8642	10613	10090
42204	**50685**	**36848**	**37763**	**36070**	**36782**	**60046**	**61511**	**75659**	**75262**
21445	25619	16201	16935	15993	16447	25846	26288	30907	30426
1391	1267	1392	1135	1532	1234	2137	1644	2472	2003
6446	8115	6787	6646	6608	6502	10113	10592	14250	13578
4037	4816	4105	4156	3845	4082	7415	7683	8701	9038
4378	5168	4282	4231	4159	4448	7020	7483	9808	10047
4507	5700	4081	4660	3933	4069	7515	7821	9521	10170

表2 续表 91

地区	45-49岁		50-54岁		55-59岁		60-64岁	
	男	女	男	女	男	女	男	女
绥德县	12282	12712	11311	10314	9126	8017	5941	5701
米脂县	5991	6450	5735	5509	5266	4822	2997	3036
佳县	8086	8333	7439	6391	6456	5630	4238	4039
吴堡县	3174	2970	2693	2322	2374	1803	1674	1435
清涧县	5453	5322	5818	5095	4937	4531	3487	3148
子洲县	6481	6795	6712	6597	6109	5701	3670	3638
安康市	**106709**	**91644**	**89945**	**78975**	**96463**	**82653**	**66556**	**54795**
汉滨区	33276	30713	27018	25498	28786	27858	19331	17511
汉阴县	10225	8562	9255	8106	9442	8283	6223	5238
石泉县	7629	6045	6531	5522	6204	5149	4330	3328
宁陕县	3096	2379	2619	1847	2306	1795	1696	1445
紫阳县	11158	9596	9431	8123	10717	7992	8533	6120
岚皋县	6620	5105	5803	4938	6283	4880	4493	3346
平利县	7878	6515	7117	6384	8038	6635	5506	4447
镇坪县	1904	1714	1820	1568	2078	1683	1561	1182
旬阳县	18059	15414	14365	12060	15821	13153	10251	8694
白河县	6864	5601	5986	4929	6788	5225	4632	3484
商洛市	**94505**	**84763**	**75202**	**64314**	**73998**	**63600**	**52604**	**46484**
商州区	21063	19492	17605	15104	16195	14161	11179	10600
洛南县	20478	18221	16133	13812	13763	12204	8763	8203
丹凤县	11342	10586	9355	8468	8873	7986	6710	5907
商南县	9335	8232	6842	5849	7170	6506	5397	4788
山阳县	15263	14036	11885	10487	12819	10924	9822	8417
镇安县	10673	9047	8548	6883	10045	7964	6989	5410
柞水县	6351	5149	4834	3711	5133	3855	3744	3159
甘肃省	**1042022**	**997872**	**659318**	**603969**	**694781**	**664516**	**541662**	**533621**
兰州市	**154195**	**147248**	**111488**	**105211**	**103454**	**100819**	**70302**	**70910**
城关区	57932	53347	40405	37451	34505	32120	20649	21099
七里河区	24857	22966	17866	16505	15750	15115	10682	10531
西固区	18100	16786	12832	12103	11307	10747	7441	7744
安宁区	8493	7725	5652	5627	5528	6066	4186	4400
红古区	5881	6022	4107	4137	4903	4509	3547	3068
永登县	18068	18460	14472	14046	13776	14388	10030	10604
皋兰县	4956	5774	4598	4737	4917	5100	3831	3800
榆中县	15908	16168	11556	10605	12768	12774	9936	9664
嘉峪关市	**10722**	**8918**	**6088**	**5652**	**6040**	**6280**	**5042**	**5315**
市辖区	10722	8918	6088	5652	6040	6280	5042	5315
金昌市	**22153**	**20637**	**11855**	**11284**	**13387**	**13276**	**9862**	**10159**
金川区	10785	9484	5458	5389	6399	6774	5025	5253
永昌县	11368	11153	6397	5895	6988	6502	4837	4906
白银市	**69116**	**64972**	**46135**	**44168**	**45192**	**44550**	**33696**	**33719**
白银区	13698	12156	8937	8980	8696	8768	6696	6404
平川区	7820	7051	5117	5032	5343	5001	3459	3166
靖远县	15645	15295	11593	11657	10489	11477	8207	8915
会宁县	22641	21250	13764	11784	14758	13217	10848	10678
景泰县	9312	9220	6724	6715	5906	6087	4486	4556
天水市	**118670**	**117478**	**73666**	**69041**	**86631**	**83207**	**70880**	**66624**
秦州区	24785	23341	15382	14328	16639	16559	13633	13100
麦积区	21577	20902	15199	14087	16161	15062	11928	11177
清水县	11024	10244	6761	6119	7744	7429	6196	5832
秦安县	18205	19462	11539	10851	14800	13933	12077	11072
甘谷县	17467	19486	10676	10922	13729	13770	11396	11303
武山县	15832	14428	8718	7545	10912	9812	9935	8538
张家川回族自治县	9780	9615	5391	5189	6646	6642	5715	5602
武威市	**78779**	**81645**	**48773**	**44674**	**50627**	**48153**	**35973**	**36379**
凉州区	43441	46530	26208	25360	28019	27413	18968	19243
民勤县	11692	12410	6607	5861	7966	7200	6136	5777
古浪县	15632	15211	10708	9205	9271	8970	7184	7451
天祝藏族自治县	8014	7494	5250	4248	5371	4570	3685	3908
张掖市	**56638**	**55106**	**33291**	**29568**	**37639**	**37608**	**29295**	**29009**
甘州区	22843	22704	13112	11921	15345	15509	12090	12171
肃南裕固族自治县	1834	1584	1028	788	906	820	634	688
民乐县	10766	10079	6796	5335	6622	6116	5100	5099
临泽县	6652	6380	3855	3282	4867	4492	3513	3131
高台县	7324	6957	4009	3631	4763	4827	3830	3535
山丹县	7219	7402	4491	4611	5136	5844	4128	4385

单位:人

65-69岁		70-74岁		75-79岁		80-84岁		85岁及以上	
男	女	男	女	男	女	男	女	男	女
5199	5054	3920	4026	2321	2373	1334	1466	537	746
2809	2748	2402	2341	1694	1537	814	756	416	577
3632	3590	3049	2708	1898	1769	980	1044	576	736
1313	1245	894	832	487	534	309	372	191	241
2692	2688	2225	2149	1146	1195	671	705	367	455
3424	3482	3200	3248	1717	1707	910	883	394	574
50151	**42302**	**34943**	**30439**	**21959**	**20770**	**11775**	**12349**	**4680**	**6524**
13624	12410	9719	8971	6028	6186	2953	3327	1058	1735
4859	4171	3618	3124	2055	1898	1071	1044	403	546
3768	3117	2526	2022	1421	1251	982	861	381	417
1406	1163	1055	812	706	612	398	320	179	174
6874	5118	4904	3994	2512	2087	1437	1300	589	714
2992	2394	2472	1868	1643	1324	847	823	450	527
4362	3533	2682	2235	2059	1843	1181	1144	543	656
1243	974	686	537	557	444	366	355	241	232
7641	6681	4916	4787	3367	3583	1687	2178	538	1051
3382	2741	2365	2089	1611	1542	853	997	298	472
41401	**38216**	**25311**	**23420**	**16222**	**16369**	**7151**	**7960**	**2606**	**4127**
8696	8917	5579	5348	3759	3987	1512	1734	519	975
6792	6769	4849	5008	2879	3499	1096	1486	413	703
4785	4491	3156	2788	1841	1801	883	946	421	602
4158	3814	1956	1740	1335	1231	641	630	229	357
7665	6622	4100	3788	2798	2544	1081	1219	373	592
5931	4872	3683	3090	2554	2330	1320	1356	453	650
3374	2731	1988	1658	1056	977	618	589	198	248
431452	**424286**	**325137**	**323327**	**188730**	**194807**	**70650**	**73788**	**32624**	**40774**
54235	**61887**	**48854**	**52184**	**32207**	**31566**	**12899**	**11647**	**5631**	**5889**
15450	19575	16180	18986	12086	11828	5476	4803	2588	2486
8174	10050	8311	9163	5867	5444	2395	2016	957	919
5802	7801	6515	6732	4066	3463	1574	1241	552	581
3114	3992	3332	3108	1877	1578	719	523	287	265
2305	2460	1787	1690	992	937	287	306	120	143
8278	8418	5280	5954	2890	3348	905	1067	346	494
2962	2747	1952	1814	1144	1225	376	417	187	254
8150	6844	5497	4737	3285	3743	1167	1274	594	747
4107	**3797**	**3059**	**2586**	**1521**	**1285**	**590**	**411**	**217**	**180**
4107	3797	3059	2586	1521	1285	590	411	217	180
7596	**8312**	**6442**	**5716**	**2902**	**2845**	**1045**	**958**	**349**	**461**
3689	4180	3667	2757	1521	1318	584	455	191	238
3907	4132	2775	2959	1381	1527	461	503	158	223
27302	**28638**	**21118**	**20817**	**12515**	**12562**	**4411**	**4427**	**2359**	**2611**
5185	6364	5313	4921	2939	2507	1096	894	436	481
2423	2614	1889	1882	1183	1047	478	380	281	253
6687	6741	4803	4818	2789	2911	1076	1084	669	711
9381	9129	6575	6678	4224	4535	1285	1540	717	835
3626	3790	2538	2518	1380	1562	476	529	256	331
53505	**47766**	**39997**	**36235**	**24755**	**23898**	**10157**	**10049**	**4914**	**6089**
10248	9850	7912	7337	4963	4465	2126	1888	1019	1065
8766	8516	6918	6469	4440	4231	1970	1740	904	994
4306	3895	3008	2728	1417	1400	531	555	185	250
9434	8099	7221	6386	4605	4601	1784	2015	974	1325
9360	7591	7003	6076	4589	4531	1859	1830	933	1335
6933	5719	5023	4393	2942	2944	1151	1258	489	649
4458	4096	2912	2846	1799	1726	736	763	410	471
28436	**28213**	**20116**	**20960**	**12065**	**13190**	**4142**	**4308**	**1590**	**1810**
15127	14852	10920	11175	6646	6944	2401	2277	921	904
4621	4424	3416	3551	2183	2631	776	942	286	421
5886	5904	4030	4158	2295	2547	693	738	290	379
2802	3033	1750	2076	941	1068	272	351	93	106
21914	**20278**	**12363**	**12905**	**6193**	**6805**	**2116**	**2113**	**611**	**684**
9237	8180	5399	5346	2832	2694	952	810	276	273
489	531	299	351	139	236	64	75	26	33
3644	3738	2013	2357	943	1212	267	360	72	113
2649	2215	1384	1389	634	734	253	243	71	85
2906	2500	1558	1478	707	898	274	312	63	76
2989	3114	1710	1984	938	1031	306	313	103	104

表2 续表 92

地区	0岁		1-4岁		5-9岁		10-14岁		15-19岁	
	男	女	男	女	男	女	男	女	男	女
平凉市	**12179**	**10460**	**47898**	**40496**	**67799**	**59217**	**84385**	**75571**	**113919**	**107435**
崆峒区	2540	2131	10823	9462	15506	13466	18161	16052	24394	22460
泾川县	1752	1493	6543	5226	9734	8407	13313	12187	16208	14890
灵台县	1177	947	4759	3702	6012	4844	7450	6219	9825	9217
崇信县	590	465	2420	2033	2726	2421	3373	3058	5783	5514
华亭县	1024	876	4758	4207	5595	5138	6050	5399	8724	8691
庄浪县	2528	2162	9427	7912	14356	12707	18457	16879	23306	21232
静宁县	2568	2386	9168	7954	13870	12234	17581	15777	25679	25431
酒泉市	**4641**	**4070**	**22006**	**19788**	**32194**	**29045**	**38210**	**34491**	**41588**	**37518**
肃州区	1899	1704	8670	8035	12510	11528	13955	12730	15416	14846
金塔县	595	566	2998	2596	4668	4052	5759	5151	7054	5839
瓜州县	614	503	3022	2650	4585	4116	5721	4958	6304	5288
肃北蒙古族自治县	38	45	221	223	313	271	316	280	409	333
阿克塞哈萨克族自治县	60	40	263	231	322	275	296	278	175	100
玉门市	703	563	3252	2830	4475	3939	5584	5051	5808	4920
敦煌市	732	649	3580	3223	5321	4864	6579	6043	6422	6192
庆阳市	**14698**	**11908**	**62438**	**50619**	**68741**	**57297**	**82549**	**68919**	**116639**	**107894**
西峰区	2462	1980	9916	7937	10592	8657	12071	9780	20692	19415
庆城县	1457	1145	6345	5135	7036	5813	8733	7509	12831	12164
环县	2054	1725	7688	6064	9752	8240	11804	10490	16252	15484
华池县	711	526	3550	2749	3536	3102	4024	3362	5910	5412
合水县	886	720	4357	3343	4376	3551	5200	3990	7482	6621
正宁县	1505	1253	5985	4799	5512	4279	7086	5293	9829	8673
宁县	2654	2195	12508	10317	14082	12011	16522	13757	21211	19594
镇原县	2969	2364	12089	10275	13855	11644	17109	14738	22432	20531
定西市	**16101**	**13604**	**60582**	**52195**	**79293**	**71937**	**105647**	**96883**	**146141**	**138818**
安定区	2137	1793	7793	6730	9919	8820	13244	11520	23741	22968
通渭县	1725	1314	6712	5206	11242	9966	19169	18090	22628	21765
陇西县	2786	2189	10613	8661	13025	11374	19532	16692	25635	23116
渭源县	1572	1406	6058	5563	9116	8608	12037	11633	16237	15466
临洮县	3285	2938	11075	9851	13050	11950	15569	14801	26347	25311
漳县	1340	1128	4623	4047	6242	5698	8609	8150	11354	10728
岷县	3256	2836	13708	12137	16699	15521	17487	15997	20199	19464
陇南市	**16950**	**15325**	**64853**	**58443**	**80277**	**73405**	**95418**	**89530**	**117434**	**115425**
武都区	3496	3428	13411	12476	16877	15412	18187	17249	26349	26287
成县	1693	1431	6754	6061	7254	6796	7604	7220	10934	11158
文县	1472	1322	4672	4477	6535	6127	6882	6566	9066	8893
宕昌县	1827	1689	7319	6489	9507	8653	10386	9731	11808	11397
康县	1011	993	4369	3956	4366	4231	4756	4640	7181	6767
西和县	2610	2296	10576	9230	14499	12905	19084	17716	20454	20261
礼县	3532	2940	11972	10369	14984	13290	20620	18817	21974	21121
徽县	1105	1065	4986	4657	5334	5067	6654	6366	7788	7784
两当县	204	161	794	728	921	924	1245	1225	1880	1757
临夏回族自治州	**15769**	**12650**	**62287**	**50796**	**69380**	**59779**	**79783**	**71845**	**97053**	**96186**
临夏市	1697	1452	6915	5700	8165	7069	9093	8267	12661	12367
临夏县	2982	2199	9791	7681	10529	8660	12198	10359	16430	16138
康乐县	2021	1633	8553	6866	7687	7114	9691	8853	11340	11472
永靖县	965	866	3837	3454	4623	4208	5458	4682	9075	8262
广河县	2301	1871	8647	7120	9442	8332	12161	11470	12560	12749
和政县	1683	1295	6091	5029	6579	5446	6653	5839	10133	10470
东乡族自治县	2278	1870	10671	8111	12745	10270	13849	11968	13835	13340
积石山保安族东乡族撒拉族自治县	1842	1464	7782	6835	9610	8680	10680	10407	11019	11388
甘南藏族自治州	**5093**	**4652**	**19781**	**18174**	**25253**	**23702**	**28215**	**26348**	**33524**	**31751**
合作市	541	482	1992	1900	2894	2657	3062	2917	4473	4629
临潭县	997	841	4088	3545	4494	4109	5543	5083	6837	6665
卓尼县	913	804	2952	2681	3535	3306	4018	3754	4793	4460
舟曲县	863	832	3854	3432	4915	4560	5863	5553	6430	6241
迭部县	373	360	1466	1306	2127	2050	2315	2193	2456	2187
玛曲县	492	488	2070	1949	2743	2517	2418	2267	2959	2435
碌曲县	308	285	1088	1138	1442	1552	1576	1444	1635	1503
夏河县	606	560	2271	2223	3103	2951	3420	3137	3941	3631

单位:人

20-24岁		25-29岁		30-34岁		35-39岁		40-44岁	
男	女	男	女	男	女	男	女	男	女
76110	**85867**	**54658**	**60564**	**54910**	**59305**	**90877**	**97044**	**105711**	**108456**
23492	25359	16673	17446	16748	16604	25277	24223	26756	24454
9191	10728	5836	6701	5249	6564	10036	12039	13239	15244
4268	5573	3903	4508	4025	4829	7908	9109	9742	10087
4628	4513	3899	3350	3523	2840	5444	4494	6457	5386
6827	7257	7171	6778	7039	6340	10996	9039	11280	9668
14185	16998	8382	11095	8562	11270	13821	18417	16565	20331
13519	15439	8794	10686	9764	10858	17395	19723	21672	23286
41743	**39956**	**35284**	**35972**	**37574**	**36974**	**59879**	**55904**	**68842**	**64105**
15959	16586	13216	15023	14721	15150	23058	22250	26421	24798
5180	4933	3663	4124	4348	4645	7265	7022	8607	8738
6883	6032	5405	4781	5266	4905	8075	7335	9403	8358
920	533	907	533	989	481	1405	677	1282	660
595	354	626	490	604	477	800	545	837	510
5961	5480	5416	4754	5334	5057	9059	8153	10886	9687
6245	6038	6051	6267	6312	6259	10217	9922	11406	11354
97474	**107916**	**69952**	**69768**	**59674**	**60539**	**85806**	**89202**	**107954**	**113463**
21138	22854	14191	14203	11982	12064	16368	16088	18995	18870
14380	14868	10582	9524	8783	7837	11434	11254	13808	13652
13876	13976	10632	9157	8594	8683	12300	12265	15094	15322
6103	6105	5126	4575	3839	3586	4423	4215	6168	6396
6549	7519	4355	4331	4170	3985	6015	5946	7540	7879
6160	7484	4428	5132	4212	4640	6739	7612	8521	9433
14489	17704	10109	11491	8972	9581	13740	15583	17623	20325
14779	17406	10529	11355	9122	10163	14787	16239	20205	21586
101739	**109032**	**75387**	**76964**	**79358**	**76786**	**127852**	**126620**	**147833**	**145700**
16142	17815	10534	11191	12226	11374	20582	20053	23835	23575
8826	10216	6218	7309	7201	8150	13628	16643	16764	19266
15726	16755	11342	11954	12570	12392	22331	22515	25365	25240
12273	12671	8784	8616	9766	9255	16706	15353	20050	18553
21682	23483	16071	16752	15480	15194	22518	21925	26158	26599
9735	9680	6505	5652	5676	4863	8977	8565	10817	10067
17355	18412	15933	15490	16439	15558	23110	21566	24844	22400
105446	**110222**	**87839**	**83172**	**91566**	**79394**	**135084**	**120260**	**144551**	**127800**
25705	25577	19741	17676	21268	18329	30450	27243	31458	28155
10028	11445	8466	8423	8529	7430	13232	11809	12913	11693
8416	8448	7377	6816	8700	7731	12333	11191	12855	11598
10586	10980	9328	7950	9569	7669	14480	12241	17150	14329
5872	6150	6086	5758	8178	6372	11191	9155	11052	9150
18673	20101	13775	13677	11914	10823	17715	17405	18870	18321
18461	19110	15164	14811	14884	13059	22026	18670	25709	21563
5991	6714	6420	6707	6683	6337	11071	10419	11866	10726
1714	1697	1482	1354	1841	1644	2586	2127	2678	2265
86879	**95109**	**69329**	**70451**	**65632**	**66871**	**84632**	**85409**	**88747**	**88884**
11892	12944	10240	10536	10086	10153	13561	13208	13814	13257
13243	14852	9940	10091	9505	9853	14367	15292	15792	16256
10011	11607	8143	8366	7146	7477	9505	10082	10387	10664
6943	6964	5729	5691	6314	6063	9794	9305	10210	9732
11357	11964	8517	9048	8047	8295	8300	8515	8189	8489
8204	9209	5496	5714	5714	5800	7926	8364	9135	9428
14076	15189	13393	13003	11783	11823	11467	10914	10713	10436
11153	12380	7871	8002	7037	7407	9712	9729	10507	10622
33261	**30716**	**28159**	**25537**	**28689**	**25549**	**35048**	**31683**	**32787**	**29146**
6927	5878	3652	3448	4071	3596	4198	3699	3978	3653
5650	5658	4403	4006	4553	4507	7149	6848	7182	6597
4549	4381	4104	3411	4348	3833	5433	4692	5045	4401
5017	5179	4994	4617	4355	3910	7107	6756	6566	5800
1969	1803	2126	1995	2464	2225	2605	2451	2488	2204
3215	2506	2906	2680	2773	2292	2728	2125	2238	1778
1759	1539	1760	1654	1750	1440	1772	1536	1536	1236
4175	3772	4214	3726	4375	3746	4056	3576	3754	3477

表2 续表 93

地区	45-49岁		50-54岁		55-59岁		60-64岁	
	男	女	男	女	男	女	男	女
平凉市	**83828**	**83099**	**52428**	**46456**	**57976**	**56167**	**45626**	**46818**
崆峒区	20450	18976	12194	11089	12786	13253	10224	10997
泾川县	11546	12646	7733	6908	8251	7927	6549	7025
灵台县	8461	8776	5717	5121	5775	5410	4667	4632
崇信县	4878	4169	2336	2077	2434	2437	1902	1954
华亭县	8810	7290	5726	4550	5238	4596	3576	3461
庄浪县	12577	13862	8305	8027	10618	10598	8759	8905
静宁县	17106	17380	10417	8684	12874	11946	9949	9844
酒泉市	**53755**	**50922**	**32062**	**28559**	**34118**	**30282**	**23872**	**23035**
肃州区	19828	19841	11495	10868	13156	12566	9516	9499
金塔县	6899	7212	4235	4019	4988	4129	3829	3361
瓜州县	7643	6400	4420	3384	4216	3393	2970	2527
肃北蒙古族自治县	839	545	468	338	401	337	256	234
阿克塞哈萨克族自治县	545	365	347	260	280	204	149	133
玉门市	8393	7221	4910	3857	4636	4081	3463	3483
敦煌市	9608	9338	6187	5833	6441	5572	3689	3798
庆阳市	**88531**	**91403**	**62502**	**59296**	**60737**	**58807**	**47256**	**47394**
西峰区	14191	14658	8845	9191	9450	9442	7035	7010
庆城县	11210	10841	7159	6482	6523	6558	5216	5096
环县	12242	11719	9083	8382	8140	7844	5992	6018
华池县	5597	5400	4127	3532	2938	2796	2161	2014
合水县	6071	6113	4254	3888	4005	3893	3065	3119
正宁县	7364	8095	5695	5644	5110	4975	4003	4334
宁县	15527	17532	12320	12332	11771	11397	9643	10003
镇原县	16329	17045	11019	9845	12800	11902	10141	9800
定西市	**113668**	**105531**	**68472**	**59373**	**75426**	**71225**	**62192**	**60847**
安定区	19418	17674	12061	10249	12854	12119	10084	9749
通渭县	13632	13978	7511	6632	10608	10378	9097	8510
陇西县	18860	18324	10987	9654	12415	12229	10363	10330
渭源县	15225	12998	8739	6799	9589	8129	7666	7362
临洮县	21602	20433	14865	13420	14839	14151	11893	12024
漳县	7107	6359	3739	3383	4407	4195	3972	3756
岷县	17824	15765	10570	9236	10714	10024	9117	9116
陇南市	**99956**	**84764**	**57799**	**49456**	**67374**	**59267**	**58887**	**54089**
武都区	21070	17618	11940	10022	14055	11375	12270	11096
成县	9423	8193	5909	5127	6280	5651	5509	4880
文县	8786	7421	5387	4650	5819	5173	4797	4422
宕昌县	11177	9054	6374	5352	7329	6647	6558	6662
康县	7409	5784	4896	3848	5106	4275	4561	3907
西和县	13357	12046	7310	6319	9103	8279	8012	7342
礼县	17597	15047	9096	8041	12016	11154	11125	10454
徽县	8890	7757	5438	4877	6162	5505	4932	4362
两当县	2247	1844	1449	1220	1504	1208	1123	964
临夏回族自治州	**67706**	**64815**	**41519**	**39655**	**41666**	**41030**	**36638**	**36994**
临夏市	10282	10160	6854	6661	7008	6657	5363	5383
临夏县	11587	11700	7502	7538	8461	8177	7362	7240
康乐县	8490	8490	5299	4841	4748	4701	4297	4296
永靖县	7531	7007	5055	4677	4865	5032	3804	3944
广河县	6475	6216	3498	3415	3213	3405	3374	3607
和政县	7353	6486	3658	3321	3961	3718	3547	3576
东乡族自治县	8130	7530	4680	4702	4450	4648	4556	4712
积石山保安族东乡族撒拉族自治县	7858	7226	4973	4500	4960	4692	4335	4236
甘南藏族自治州	**24305**	**21334**	**13240**	**11576**	**14514**	**13845**	**12141**	**12329**
合作市	3495	3139	1976	1631	1743	1545	1266	1238
临潭县	5184	4695	3388	3046	3597	3319	2846	2755
卓尼县	3440	3126	1924	1639	2142	2186	1804	1895
舟曲县	4820	4075	2350	2120	3145	3024	2682	2623
迭部县	1725	1430	904	811	1011	1031	921	982
玛曲县	1527	1141	668	500	666	609	662	697
碌曲县	1156	1011	508	441	554	527	497	590
夏河县	2958	2717	1522	1388	1656	1604	1463	1549

单位:人

65-69岁		70-74岁		75-79岁		80-84岁		85岁及以上	
男	女	男	女	男	女	男	女	男	女
38908	**37174**	**28256**	**27278**	**16612**	**16728**	**5618**	**5746**	**2924**	**3530**
8947	8926	6596	6283	3775	3588	1569	1374	902	892
6118	5955	4410	4341	2532	2482	704	670	372	396
3965	3663	2974	2615	1470	1421	378	389	176	223
1614	1510	1109	1070	615	545	186	187	87	89
2956	2947	2148	1971	1099	1007	363	344	217	177
6870	6244	4887	4809	3002	3153	1080	1184	524	831
8438	7929	6132	6189	4119	4532	1338	1598	646	922
16968	**17928**	**13295**	**12260**	**6361**	**6106**	**2468**	**2207**	**1000**	**965**
6869	7569	5624	5184	2750	2574	976	886	328	342
2768	2343	1712	1587	761	858	348	365	106	137
2090	2072	1562	1475	755	781	307	267	178	154
173	144	97	105	48	64	23	33	16	22
98	69	51	61	27	36	8	15	10	9
2661	2952	2246	1893	1018	899	413	338	237	179
2309	2779	2003	1955	1002	894	393	303	125	122
40424	**39339**	**30938**	**29938**	**17492**	**16517**	**5846**	**5448**	**2770**	**3103**
5770	5785	4281	4405	2356	2460	765	811	358	460
4086	3990	3005	2895	1606	1430	559	479	245	228
5307	5089	3915	3506	2177	2028	766	622	318	318
1881	1811	1474	1343	825	724	312	265	133	124
2758	2668	2106	1892	1102	969	353	321	144	186
3477	3362	2885	2774	1611	1453	541	474	275	262
8021	8274	6374	6515	3851	3543	1296	1249	681	817
9124	8360	6898	6608	3964	3910	1254	1227	616	708
48481	**45432**	**35381**	**36946**	**20292**	**24167**	**6492**	**8609**	**2829**	**4789**
7967	7726	6251	6384	3744	4218	1305	1455	561	803
7875	6325	5678	5553	3630	4314	1028	1392	514	846
8293	7226	6317	6016	3915	4209	1313	1561	558	876
5912	5532	4117	4710	2218	2930	677	1051	289	549
9352	9244	6477	6805	3591	4408	1155	1580	493	1015
2993	2784	2054	2192	1052	1240	362	490	152	264
6089	6595	4487	5286	2142	2848	652	1080	262	436
48182	**43804**	**34521**	**32744**	**18893**	**19173**	**8218**	**9430**	**3716**	**5051**
10314	9246	7239	6566	3915	3631	1770	2021	873	1209
4344	4002	3147	3102	1712	1841	758	903	260	429
4153	3879	3386	3326	1840	1762	786	854	405	473
4709	5090	3135	3615	1566	2036	523	817	223	358
3949	3539	3069	2932	1611	1815	701	799	260	366
6746	5831	4695	4235	2617	2627	1173	1329	573	773
8945	7929	6175	5678	3526	3545	1488	1720	697	928
4124	3491	2959	2625	1638	1526	781	795	289	403
898	797	716	665	468	390	238	192	136	112
31940	**31339**	**24485**	**24804**	**13494**	**14732**	**5262**	**6039**	**3034**	**4054**
4421	4597	3668	3622	1997	2152	747	822	419	576
6564	6010	4664	4787	2466	2978	835	1041	400	653
3732	3929	2975	3241	1574	1828	549	737	339	489
3384	3210	2493	2422	1512	1567	485	478	237	283
2830	3005	2629	2601	1486	1454	799	844	553	688
3287	3176	2360	2416	1193	1523	380	473	183	264
3937	3745	2918	2777	1635	1496	844	871	525	617
3785	3667	2778	2938	1631	1734	623	773	378	484
9454	**10379**	**6312**	**7954**	**3428**	**5233**	**1386**	**2396**	**680**	**1558**
951	1130	751	949	421	621	192	296	85	214
2054	2179	1258	1580	629	988	167	320	80	161
1451	1568	813	1102	419	786	167	323	105	219
2170	2256	1470	1658	715	996	328	447	146	239
787	876	526	711	256	458	120	228	72	154
464	529	312	424	201	290	90	180	44	162
427	483	274	397	177	260	70	160	30	115
1150	1358	908	1133	610	834	252	442	118	294

表2 续表 94

地 区	0岁		1-4岁		5-9岁		10-14岁		15-19岁	
	男	女	男	女	男	女	男	女	男	女
青海省	**37911**	**33753**	**154744**	**142410**	**199588**	**186519**	**217250**	**204931**	**251790**	**237295**
西宁市	**11777**	**10417**	**48734**	**44424**	**64473**	**59284**	**70702**	**65507**	**91446**	**87664**
城东区	1679	1469	7625	6830	9557	8679	10092	9227	14655	11970
城中区	1156	1095	5208	4786	6944	6518	7799	7275	11248	10151
城西区	796	665	3644	3312	5215	4796	6328	5868	8735	9218
城北区	1357	1217	5805	5149	6864	6287	7377	6793	11830	10734
大通回族土族自治县	2928	2600	11586	10573	15571	14533	17376	16610	19420	19708
湟中县	3247	2792	12340	11308	16049	14429	17103	15260	19621	19891
湟源县	614	579	2526	2466	4273	4042	4627	4474	5937	5992
海东地区	**10382**	**8868**	**42412**	**37366**	**51743**	**47364**	**55700**	**52103**	**66977**	**64385**
平安县	687	546	2490	2283	3527	3291	3657	3483	4500	4010
民和回族土族自治县	2482	2035	10513	9001	12554	11281	15974	14825	19195	18129
乐都县	1281	1223	5537	5129	8098	7578	9394	8893	11902	11364
互助土族自治县	2578	2049	9751	8056	12692	10855	12811	11348	16865	15938
化隆回族自治县	2098	1878	8490	7995	9307	9218	8812	8735	8601	9070
循化撒拉族自治县	1256	1137	5631	4902	5565	5141	5052	4819	5914	5874
海北藏族自治州	**1793**	**1686**	**6752**	**6288**	**10105**	**9877**	**11885**	**11765**	**12507**	**12348**
门源回族自治县	954	897	3584	3345	5598	5390	6964	6702	6728	6411
祁连县	321	284	1164	1129	1650	1650	1866	1991	2217	2125
海晏县	203	159	791	716	1267	1284	1487	1451	1661	2066
刚察县	315	346	1213	1098	1590	1553	1568	1621	1901	1746
黄南藏族自治州	**2064**	**1960**	**8254**	**7950**	**11012**	**10609**	**12602**	**12620**	**13454**	**12547**
同仁县	673	633	2850	2634	3654	3518	3818	3878	4949	4476
尖扎县	443	399	1463	1463	2060	2013	2937	3134	3076	2825
泽库县	627	612	2864	2698	3732	3704	3986	3847	3538	3496
河南蒙古族自治县	321	316	1077	1155	1566	1374	1861	1761	1891	1750
海南藏族自治州	**3555**	**3336**	**14327**	**13354**	**17851**	**17158**	**20177**	**19504**	**20301**	**19183**
共和县	891	820	3506	3182	4439	4333	5238	5221	6300	5866
同德县	582	543	2184	2048	2852	2807	3345	3093	2991	2833
贵德县	646	629	3003	2899	3669	3462	4136	4153	3923	3830
兴海县	744	701	2920	2668	3501	3315	3969	3694	3594	3304
贵南县	692	643	2714	2557	3390	3241	3489	3343	3493	3350
果洛藏族自治州	**1423**	**1361**	**6650**	**6520**	**8890**	**8739**	**9056**	**8488**	**8964**	**7756**
玛沁县	382	353	1819	1668	2308	2240	2401	2228	2641	2270
班玛县	237	231	914	867	1375	1306	1385	1262	1225	1049
甘德县	282	252	1285	1272	1845	1764	1936	1691	1847	1572
达日县	198	217	1422	1394	1499	1563	1437	1446	1565	1315
久治县	219	213	872	941	1328	1385	1393	1357	1179	1071
玛多县	105	95	338	378	535	481	504	504	507	479
玉树藏族自治州	**4570**	**3949**	**16795**	**16546**	**20634**	**19880**	**19599**	**18601**	**17198**	**16043**
玉树县	1362	1183	5167	5052	5968	5641	5926	5767	5255	4918
杂多县	756	669	3159	3140	3614	3644	3204	3203	2830	2588
称多县	677	545	2043	1999	2906	2773	2745	2668	2399	2179
治多县	296	295	1183	1249	1588	1614	1580	1567	1368	1357
囊谦县	1246	1027	4092	3903	4916	4511	4515	3982	3963	3757
曲麻莱县	233	230	1151	1203	1642	1697	1629	1414	1383	1244
海西蒙古族藏族自治州	**2347**	**2176**	**10820**	**9962**	**14880**	**13608**	**17529**	**16343**	**20943**	**17369**
格尔木市	1115	951	5349	4798	7404	6611	8439	7690	9596	7659
德令哈市	371	356	1694	1682	2367	2120	2956	2838	3324	3145
乌兰县	168	149	694	645	1009	959	1413	1363	1752	1463
都兰县	407	420	2040	1853	2658	2510	3108	2997	3660	3386
天峻县	144	153	658	634	905	901	1058	1023	1646	1238
芒崖行委	82	82	195	162	314	274	344	250	427	275
柴旦行委	31	36	173	174	201	213	181	159	443	181
冷湖行委	29	29	17	14	22	20	30	23	95	22
宁夏回族自治区	**40062**	**35215**	**181134**	**160617**	**231455**	**208734**	**254028**	**236785**	**280086**	**272051**
银川市	**9724**	**8919**	**46555**	**40899**	**55594**	**49410**	**61787**	**57014**	**81362**	**77238**
兴庆区	3031	2689	15125	13386	17613	15768	18609	16984	22014	23161
西夏区	1144	1177	6162	5649	7917	7147	9503	8824	18284	17405
金凤区	1515	1405	6784	6123	7585	6784	8139	7618	12744	11511
永宁县	1004	959	5247	4489	7020	6189	8671	7973	10204	9391
贺兰县	1249	1095	5286	4740	6293	5885	7500	7245	8284	7513
灵武市	1781	1594	7951	6512	9166	7637	9365	8370	9832	8257
石嘴山市	**3281**	**3117**	**15135**	**13954**	**20569**	**18787**	**23605**	**22108**	**25050**	**23086**
大武口区	1154	1102	5488	5097	7657	6885	9296	8631	10559	9174
惠农区	725	695	3493	3201	4952	4630	5915	5419	5760	5157
平罗县	1402	1320	6154	5656	7960	7272	8394	8058	8731	8755

单位:人

20-24岁		25-29岁		30-34岁		35-39岁		40-44岁	
男	女	男	女	男	女	男	女	男	女
251152	**235948**	**220178**	**206741**	**254853**	**234276**	**301903**	**267117**	**295724**	**263320**
99714	**94455**	**77627**	**74408**	**95956**	**89657**	**121945**	**110303**	**124857**	**114102**
18238	16073	13305	12930	15418	14739	19680	17659	19737	17905
11157	11418	9817	10749	12365	12784	15825	15688	17278	16624
12464	12923	8781	7994	9655	9013	13687	12556	14963	13817
17391	14229	11014	10865	13413	12308	16856	15046	17439	15720
17826	17492	15592	14638	19976	18598	23266	21494	22888	21000
17040	16550	14720	13111	19588	16967	25260	21088	24652	21890
5598	5770	4398	4121	5541	5248	7371	6772	7900	7146
53122	**55082**	**50072**	**48476**	**59376**	**55293**	**68302**	**62127**	**68365**	**63456**
3050	3113	3061	3124	4358	4277	5650	5392	5601	5353
14551	14744	12284	11290	14448	13305	16633	14814	16672	15387
8461	8835	8297	8121	10756	9552	14147	12631	14273	13043
13696	13799	13396	12317	16044	14580	18430	16528	18948	17310
7802	8761	7826	8265	8510	8328	8494	7995	8502	7972
5562	5830	5208	5359	5260	5251	4948	4767	4369	4391
11724	**10891**	**10822**	**10044**	**13155**	**12348**	**15072**	**13623**	**14356**	**12590**
6197	5972	5192	4873	6389	6172	7775	6907	7596	6864
2004	1852	2101	1952	2565	2316	2638	2486	2378	2022
1370	1278	1493	1338	1928	1935	2319	2226	2246	2029
2153	1789	2036	1881	2273	1925	2340	2004	2136	1675
11646	**11401**	**11579**	**11722**	**12004**	**11519**	**12170**	**11169**	**10822**	**9893**
4311	3964	4194	4081	4509	4343	4562	4269	4223	3768
2018	2022	2120	2208	2611	2522	2667	2581	2590	2434
3355	3527	3359	3443	2924	2820	2860	2569	2335	2105
1962	1888	1906	1990	1960	1834	2081	1750	1674	1586
19850	**19785**	**19306**	**18742**	**20691**	**19436**	**22678**	**20558**	**20348**	**18490**
5730	5707	5271	5174	5789	5464	6345	5963	6075	5666
3281	3163	3356	3147	3451	3077	3277	2819	2552	2134
3506	3573	3784	3551	4089	3895	5342	5007	5352	4910
3939	3803	3638	3511	3618	3378	3723	3158	3106	2719
3394	3539	3257	3359	3744	3622	3991	3611	3263	3061
9221	**8087**	**8578**	**7922**	**9090**	**8173**	**9311**	**7624**	**7895**	**6175**
2833	2074	2594	2324	2731	2419	2816	2311	2429	1871
1260	1226	1234	1257	1299	1259	1381	1185	1142	850
1831	1624	1589	1470	1579	1426	1648	1320	1343	1160
1490	1418	1416	1244	1451	1371	1505	1286	1345	1060
1133	1110	1194	1089	1377	1163	1372	1048	1085	847
674	635	551	538	653	535	589	474	551	387
18309	**17476**	**17466**	**16637**	**17656**	**16309**	**17227**	**15014**	**13651**	**11558**
5805	5372	5705	5485	6017	5495	5790	5066	4681	3928
2558	2578	2406	2381	2379	2340	2323	2104	2111	1748
2865	2667	2868	2588	2819	2502	2754	2285	2022	1627
1466	1454	1433	1314	1296	1256	1408	1314	991	906
4237	4034	3804	3717	3764	3502	3693	3130	2839	2473
1378	1371	1250	1152	1381	1214	1259	1115	1007	876
27566	**18771**	**24728**	**18790**	**26925**	**21541**	**35198**	**26699**	**35430**	**27056**
12192	8599	10196	8497	10865	9729	14999	12256	14756	11979
3699	3034	3288	2939	3832	3384	4895	4205	5166	4419
2345	1438	1922	1295	2120	1547	2583	1905	2755	1955
3519	3115	3195	2587	3865	3198	4738	3656	4742	3624
2884	1292	2591	1346	2401	1282	2693	1344	2431	1269
1361	797	2231	1554	2343	1816	3362	2584	3638	2963
1306	429	1084	484	1303	507	1635	629	1642	709
260	67	221	88	196	78	293	120	300	138
276639	**274824**	**252813**	**248266**	**275407**	**263837**	**305743**	**286467**	**295336**	**280997**
107460	**102729**	**93667**	**89000**	**94422**	**87238**	**106794**	**96452**	**101488**	**91606**
28108	32678	32128	34401	34392	33829	38476	36298	35334	32937
29587	27214	12588	12494	12309	12163	14911	14441	14973	14172
13070	12422	13872	14266	14180	13314	15436	13872	14721	13272
10433	9649	9380	8360	9034	7951	10859	9911	10386	9966
10060	9247	10137	8762	10184	8964	12085	10577	12031	10762
16202	11519	15562	10717	14323	11017	15027	11353	14043	10497
26519	**24267**	**25856**	**24581**	**32276**	**30104**	**41560**	**38197**	**43076**	**39943**
11633	9781	10749	10428	13081	12267	17269	15640	17925	16298
6275	5307	6286	5862	8039	7474	11242	10215	12110	10937
8611	9179	8821	8291	11156	10363	13049	12342	13041	12708

表2 续表 95

地区	45-49岁		50-54岁		55-59岁		60-64岁	
	男	女	男	女	男	女	男	女
青海省	**223728**	**199004**	**127841**	**114055**	**118916**	**113877**	**87431**	**89784**
西宁市	**98022**	**90600**	**58690**	**54193**	**53979**	**52328**	**37566**	**39750**
城东区	16200	14787	10447	9764	8661	8323	5889	6447
城中区	14678	14121	9142	8953	7604	7413	5104	5552
城西区	12668	11667	7419	6749	5458	5140	3490	4098
城北区	13291	12037	8608	8264	7324	7243	4561	5307
大通回族土族自治县	17401	16343	10132	8861	10310	10119	7739	7604
湟中县	17582	15910	8905	8176	10823	10563	8064	8168
湟源县	6202	5735	4037	3426	3799	3527	2719	2574
海东地区	**53396**	**49869**	**33228**	**30793**	**33438**	**32785**	**25214**	**25327**
平安县	4470	4257	2553	2593	2727	2744	2048	2050
民和回族土族自治县	12870	11764	7695	7245	7857	7688	5968	6064
乐都县	10512	10327	7463	7038	7531	7541	5606	5551
互助土族自治县	15594	14287	9604	8198	8990	8528	6301	6286
化隆回族自治县	6604	6009	3700	3483	4002	4020	3342	3312
循化撒拉族自治县	3346	3225	2213	2236	2331	2264	1949	2064
海北藏族自治州	**11372**	**9657**	**5930**	**5163**	**5308**	**5027**	**3810**	**3747**
门源回族自治县	6385	5537	3519	3114	3199	3003	2326	2309
祁连县	1640	1444	899	782	800	804	589	575
海晏县	1779	1452	822	698	684	630	434	426
刚察县	1568	1224	690	569	625	590	461	437
黄南藏族自治州	**7679**	**6700**	**3442**	**3125**	**3491**	**3513**	**3329**	**3453**
同仁县	2837	2441	1351	1202	1366	1448	1325	1305
尖扎县	1848	1604	886	860	843	817	728	805
泽库县	1778	1610	654	533	722	704	729	774
河南蒙古族自治县	1216	1045	551	530	560	544	547	569
海南藏族自治州	**14577**	**13045**	**8108**	**7238**	**7728**	**7364**	**5898**	**5892**
共和县	4596	4024	2519	2175	2014	1974	1373	1451
同德县	1573	1371	829	790	926	833	733	734
贵德县	3985	3839	2690	2313	2654	2408	1914	1823
兴海县	2169	1790	1056	963	993	959	845	832
贵南县	2254	2021	1014	997	1141	1190	1033	1052
果洛藏族自治州	**5383**	**4197**	**2472**	**2025**	**2456**	**2274**	**2138**	**2009**
玛沁县	1669	1255	768	602	662	539	492	472
班玛县	803	611	355	290	423	394	364	321
甘德县	1009	797	405	359	449	410	410	409
达日县	908	682	420	345	427	420	400	358
久治县	703	598	368	310	360	371	339	321
玛多县	291	254	156	119	135	140	133	128
玉树藏族自治州	**9018**	**7246**	**4396**	**3883**	**4894**	**4509**	**5009**	**4954**
玉树县	3081	2448	1482	1259	1724	1554	1614	1582
杂多县	1361	1056	487	428	649	578	653	566
称多县	1361	1109	680	659	767	702	774	732
治多县	701	607	354	334	407	410	446	402
囊谦县	1903	1524	1032	914	957	889	1185	1346
曲麻莱县	611	502	361	289	390	376	337	326
海西蒙古族藏族自治州	**24281**	**17690**	**11575**	**7635**	**7622**	**6077**	**4467**	**4652**
格尔木市	10175	7758	4471	3006	3051	2365	1816	2000
德令哈市	3928	3103	2020	1477	1377	1249	809	902
乌兰县	1941	1383	1019	647	791	595	490	451
都兰县	3435	2611	1829	1369	1502	1288	1010	999
天峻县	1563	917	732	364	435	358	247	238
芒崖行委	2137	1455	1101	690	280	155	39	32
柴旦行委	938	398	325	70	160	57	50	28
冷湖行委	164	65	78	12	26	10	6	2
宁夏回族自治区	**231469**	**213887**	**151258**	**141479**	**148324**	**145142**	**102752**	**103756**
银川市	**79035**	**70810**	**51233**	**47672**	**47949**	**48661**	**31846**	**31861**
兴庆区	28158	25783	18021	17173	15768	17177	11847	11221
西夏区	11655	10409	7936	7241	6950	6743	4417	4688
金凤区	11694	10209	7505	7039	6550	6446	3970	4092
永宁县	8355	7918	5457	5461	6412	6493	3878	4155
贺兰县	9527	8560	6408	5809	6583	6486	3982	3964
灵武市	9646	7931	5906	4949	5686	5316	3752	3741
石嘴山市	**33861**	**30054**	**22334**	**19968**	**19334**	**19064**	**12460**	**13582**
大武口区	13553	11581	8451	7175	6638	6412	4377	5203
惠农区	9299	8235	6023	5145	4639	4704	2993	3466
平罗县	11009	10238	7860	7648	8057	7948	5090	4913

单位:人

65-69岁		70-74岁		75-79岁		80-84岁		85岁及以上	
男	女	男	女	男	女	男	女	男	女
69039	**75055**	**53509**	**55678**	**31124**	**32763**	**12400**	**13786**	**4712**	**6618**
30237	**35914**	**27154**	**26839**	**15642**	**14602**	**6186**	**5396**	**2072**	**2086**
5153	6738	5560	5379	3141	2667	1250	996	434	385
4198	5852	4701	4951	3047	2546	1293	1017	461	469
3066	4493	3806	3735	2225	1995	893	663	336	296
3881	5405	4425	4119	2392	2162	951	778	287	273
5526	5619	3481	3489	1832	2023	696	680	200	207
6314	5703	3916	3823	2221	2404	815	936	272	334
2099	2104	1265	1343	784	805	288	326	82	122
20062	**19375**	**13002**	**13517**	**7993**	**8631**	**2989**	**3429**	**1246**	**1580**
1782	1695	1171	1141	726	728	282	341	114	100
4834	4468	3407	3450	2105	2264	746	797	350	429
4395	4221	2837	3057	1784	1950	631	703	237	285
4838	4816	2750	2922	1722	1956	590	668	177	219
2699	2614	1734	1766	977	995	434	490	189	288
1514	1561	1103	1181	679	738	306	430	179	259
2905	**2900**	**2012**	**2099**	**1172**	**1196**	**467**	**493**	**169**	**246**
1777	1706	1199	1148	695	598	272	234	90	89
437	483	331	336	156	210	84	117	29	46
335	354	195	290	150	153	53	45	10	31
356	357	287	325	171	235	58	97	40	80
2691	**2677**	**1867**	**2360**	**1218**	**1676**	**592**	**984**	**278**	**644**
1024	1082	728	981	491	687	229	409	113	275
623	638	434	517	270	361	146	189	62	108
644	587	428	545	301	394	132	240	70	170
400	370	277	317	156	234	85	146	33	91
4315	**4620**	**3242**	**3704**	**1882**	**2384**	**808**	**1253**	**323**	**680**
1011	1234	857	1003	447	580	204	304	70	150
509	574	383	493	266	347	100	211	55	107
1334	1377	973	1082	547	716	234	299	68	156
613	588	471	505	321	367	135	207	72	136
848	847	558	621	301	374	135	232	58	131
1573	**1642**	**1138**	**1382**	**659**	**931**	**339**	**585**	**149**	**407**
370	375	259	321	149	235	76	155	40	94
298	316	223	262	126	145	63	112	31	104
317	326	259	295	134	203	80	114	34	94
263	273	162	235	123	132	56	90	22	37
231	255	170	196	95	165	52	92	15	64
94	97	65	73	32	51	12	22	7	14
3771	**4024**	**2350**	**3194**	**1313**	**2027**	**582**	**1079**	**324**	**748**
1177	1256	688	1075	370	668	173	375	100	238
516	553	354	443	221	300	95	140	38	95
593	589	360	473	224	288	91	153	40	93
283	320	163	208	103	172	33	75	19	65
956	1036	638	809	301	466	160	277	106	221
246	270	147	186	94	133	30	59	21	36
3485	**3903**	**2744**	**2583**	**1245**	**1316**	**437**	**567**	**151**	**227**
1525	1724	1338	1006	456	395	151	168	57	72
678	805	585	587	301	331	105	135	32	46
317	343	201	229	109	136	39	59	15	27
740	760	450	519	248	305	85	114	34	47
187	221	151	202	110	129	49	83	12	32
15	14	6	17	6	9	3	2		2
19	34	12	22	14	11	5	6	1	1
4	2	1	1	1					
78250	**81702**	**61392**	**61360**	**36997**	**35797**	**16665**	**15212**	**7594**	**7818**
22491	**24544**	**19096**	**19398**	**12004**	**11501**	**5646**	**5031**	**2410**	**2542**
7835	8865	7002	7467	4661	4331	2204	1914	919	999
3558	4272	3649	3346	2165	1839	915	773	350	340
3010	3307	2649	2588	1517	1448	681	576	326	314
2677	2560	1881	1922	1156	1269	590	547	233	220
2778	2704	1970	2020	1210	1300	620	603	279	279
2633	2836	1945	2055	1295	1314	636	618	303	390
10818	**12352**	**9599**	**9320**	**5628**	**5281**	**2612**	**2115**	**1006**	**1023**
4237	5142	4009	3688	2090	1829	899	648	294	329
2837	3652	2831	2728	1706	1730	859	641	318	303
3744	3558	2759	2904	1832	1722	854	826	394	391

表2 续表 96

地区	0岁		1-4岁		5-9岁		10-14岁		15-19岁	
	男	女	男	女	男	女	男	女	男	女
吴忠市	**9685**	**8075**	**41860**	**36662**	**53926**	**48118**	**57272**	**52799**	**60633**	**58286**
利通区	2671	2216	12038	10418	14591	13084	14418	13081	16532	16193
红寺堡区	1351	1143	5285	4643	8236	7293	9874	9203	9466	8883
盐池县	913	629	4095	3039	5893	4824	6215	5554	6176	5775
同心县	3241	2749	13140	12069	16194	14719	16736	15824	18766	18725
青铜峡市	1509	1338	7302	6493	9012	8198	10029	9137	9693	8710
固原市	**10087**	**8725**	**42845**	**38530**	**56479**	**52053**	**61175**	**58452**	**59247**	**61307**
原州区	3253	2946	14090	12629	17483	15518	19203	18086	19235	19520
西吉县	3484	2922	14501	13254	18445	17732	20168	19466	18677	19074
隆德县	975	849	4191	3762	5931	5477	7322	7098	8387	8533
泾源县	947	840	3616	3362	5204	4908	4964	4878	3647	4357
彭阳县	1428	1168	6447	5523	9416	8418	9518	8924	9301	9823
中卫市	**7285**	**6379**	**34739**	**30572**	**44887**	**40366**	**50189**	**46412**	**53794**	**52134**
沙坡头区	1943	1665	10285	8947	13343	11801	15045	13753	17572	16597
中宁县	1974	1763	8907	8202	12257	10874	14059	12907	15459	14845
海原县	3368	2951	15547	13423	19287	17691	21085	19752	20763	20692
新疆维吾尔自治区	**164879**	**155521**	**638472**	**605343**	**715776**	**675366**	**773420**	**733025**	**898641**	**853845**
乌鲁木齐市	**12880**	**11862**	**62959**	**57601**	**70651**	**63676**	**77525**	**70757**	**112239**	**100613**
天山区	2941	2694	14521	13589	16248	15056	18268	17230	24634	25306
沙依巴克区	2518	2347	13024	11889	14511	13024	16275	14652	21453	20089
新市区	2969	2712	14074	12816	14742	13294	15448	13850	29148	24196
水磨沟区	1471	1381	7933	7092	9080	7824	9278	8334	12731	11956
头屯河区	727	645	3366	3136	4225	3813	4980	4589	6615	5031
达坂城区	197	216	969	824	1055	966	1074	1061	1131	861
米东区	1558	1385	6994	6330	8407	7445	9548	8515	13645	10957
乌鲁木齐县	499	482	2078	1925	2383	2254	2654	2526	2882	2217
克拉玛依市	**1618**	**1517**	**7298**	**6889**	**9423**	**8489**	**11934**	**10973**	**11276**	**9688**
独山子区	382	337	1407	1410	1860	1636	2200	2046	1901	1652
克拉玛依区	1007	954	4836	4409	6082	5533	7768	7165	7576	6444
白碱滩区	185	195	875	910	1194	1071	1608	1458	1523	1315
乌尔禾区	44	31	180	160	287	249	358	304	276	277
吐鲁番地区	**5774**	**5236**	**20344**	**19776**	**20292**	**19146**	**20148**	**19161**	**22760**	**21033**
吐鲁番市	2782	2535	9285	9027	8961	8453	9338	8796	10682	9785
鄯善县	2028	1807	7579	7307	7632	7074	7194	6940	8266	7708
托克逊县	964	894	3480	3442	3699	3619	3616	3425	3812	3540
哈密地区	**2672**	**2487**	**11682**	**10708**	**14464**	**13954**	**17481**	**16652**	**18874**	**16689**
哈密市	2019	1868	9153	8423	11493	11023	14276	13633	16035	14236
巴里坤哈萨克自治县	477	481	1855	1693	2267	2230	2495	2340	2124	1880
伊吾县	176	138	674	592	704	701	710	679	715	573
昌吉回族自治州	**6816**	**6436**	**27620**	**26000**	**35615**	**33321**	**43595**	**41128**	**44896**	**42735**
昌吉市	1977	1891	8152	7866	10359	9469	12203	11529	14908	15631
阜康市	767	681	3189	2807	3844	3764	5088	4793	5355	4723
呼图壁县	998	832	4341	4032	5538	5214	6571	6216	6681	6123
玛纳斯县	868	858	3855	3732	5833	5539	7697	7252	6365	5790
奇台县	1185	1118	4238	3994	5307	4839	6514	6076	6388	5825
吉木萨尔县	562	597	2201	2048	2749	2653	3416	3217	3247	2832
木垒哈萨克自治县	459	459	1644	1521	1985	1843	2106	2045	1952	1811
博尔塔拉蒙古自治州	**2367**	**2206**	**10651**	**9945**	**13181**	**12335**	**14991**	**13883**	**15319**	**14210**
博乐市	1200	1129	5779	5330	7038	6652	8100	7648	8257	7699
精河县	749	698	3348	3237	4247	3911	5015	4471	5227	4854
温泉县	418	379	1524	1378	1896	1772	1876	1764	1835	1657
巴音郭楞蒙古自治州	**8216**	**7705**	**33841**	**31329**	**36473**	**33953**	**39553**	**37016**	**47699**	**43492**
库尔勒市	3009	2776	13604	12357	15667	14197	17211	15845	21680	19795
轮台县	1040	1040	4024	3801	3638	3419	3324	3072	3928	3521
尉犁县	505	436	2550	2464	2678	2531	3436	3165	3403	3170
若羌县	209	228	915	831	934	845	941	893	1279	922
且末县	563	525	2076	1944	1908	1930	1932	1831	2718	2690
焉耆回族自治县	987	894	3490	3157	3771	3607	3925	3830	4374	4015
和静县	1211	1147	4234	4004	4548	4306	4893	4737	5788	5249
和硕县	335	296	1698	1573	1964	1824	2241	2118	2633	2358
博湖县	357	363	1250	1198	1365	1294	1650	1525	1896	1772
阿克苏地区	**20245**	**19112**	**80205**	**76893**	**85404**	**82045**	**91471**	**87215**	**103415**	**98492**
阿克苏市	4091	3713	16713	15862	18036	17177	18867	17564	21776	20425
温宿县	1973	1876	7909	7582	8100	7883	8487	8070	9969	9291
库车县	3944	3854	14716	14539	16031	15440	17129	16486	19970	18881

单位:人

20-24岁		25-29岁		30-34岁		35-39岁		40-44岁	
男	女	男	女	男	女	男	女	男	女
53252	**52713**	**49869**	**48972**	**56621**	**55262**	**58706**	**56051**	**55867**	**54655**
16280	15845	15011	14313	17980	17424	18979	17952	16905	16902
7636	7714	6768	7188	7236	7481	7242	7092	7029	6360
4849	4663	5444	5424	6649	6173	7461	7004	7308	6786
14646	15055	12799	12831	12516	12861	10992	10971	10988	11539
9841	9436	9847	9216	12240	11323	14032	13032	13637	13068
43400	**49188**	**41144**	**45041**	**48124**	**48768**	**49837**	**49310**	**48553**	**48578**
16935	19131	15688	16946	17701	17616	17992	17381	16961	16560
11686	13417	11326	12488	12696	13205	12189	12107	11958	12578
5701	6062	4471	4791	5251	5421	6777	7102	7295	7522
3063	3776	3385	3953	4193	4247	4103	3859	3782	3413
6015	6802	6274	6863	8283	8279	8776	8861	8557	8505
46008	**45927**	**42277**	**40672**	**43964**	**42465**	**48846**	**46457**	**46352**	**46215**
14908	14386	14236	13315	15517	14669	20311	19609	19038	18626
12824	12574	11310	11121	12481	11919	14352	13758	14151	14585
18276	18967	16731	16236	15966	15877	14183	13090	13163	13004
1074762	**1042806**	**928530**	**895000**	**918011**	**876314**	**1146605**	**1057554**	**1124162**	**1018529**
166896	**161968**	**126698**	**128193**	**139262**	**135447**	**200087**	**181008**	**187145**	**163166**
38049	40941	26940	29425	26959	29510	39647	39949	38417	36404
37734	37180	25408	27544	28433	29511	41455	39311	38455	35516
42492	41027	33114	33115	37510	34296	49786	42030	43020	35542
20204	20302	18527	18356	19952	18671	27809	24342	24759	20985
7358	6121	5732	4939	6754	6173	11870	10170	12121	10118
1672	1141	1582	1234	1882	1432	2921	2191	3003	2279
16283	12814	12497	11022	14219	12697	21714	18547	22232	17720
3104	2442	2898	2558	3553	3157	4885	4468	5138	4602
13700	**11355**	**16702**	**15427**	**15856**	**15601**	**26854**	**25002**	**28734**	**25467**
3319	2440	4161	3398	2625	2907	5095	4829	4957	4108
8140	7198	9987	9803	11106	10643	18063	16648	19739	17552
1934	1440	2304	1959	1806	1762	3081	2891	3248	3093
307	277	250	267	319	289	615	634	790	714
31314	**26158**	**30333**	**26334**	**29524**	**26722**	**33633**	**29537**	**33046**	**28769**
14591	12062	13235	11596	12320	11472	13258	12147	13318	12360
11445	10220	11800	10305	11189	10059	13301	11462	12957	10854
5278	3876	5298	4433	6015	5191	7074	5928	6771	5555
20464	**16860**	**21295**	**19539**	**24611**	**22488**	**36603**	**32347**	**37927**	**32235**
16080	13408	16675	15434	19758	18285	30616	27388	32018	27597
2984	2455	3185	2903	3530	3038	4418	3645	4361	3462
1400	997	1435	1202	1323	1165	1569	1314	1548	1176
46305	**43112**	**44144**	**41082**	**61190**	**54827**	**92999**	**79696**	**98159**	**82256**
17911	18370	14379	14057	19410	18025	28044	24691	26790	23327
5725	4482	5372	4737	6565	5857	10636	9465	11640	10016
6121	5701	6242	5761	9190	8116	13379	11374	15083	12409
5660	4800	5819	5230	9295	8525	16314	14074	18543	15417
5692	5331	6614	6302	8991	7801	13691	11119	14441	11404
3056	2488	3634	3027	5103	3970	7405	5815	7944	6159
2140	1940	2084	1968	2636	2533	3530	3158	3718	3524
15437	**14389**	**15750**	**15280**	**19043**	**18133**	**26981**	**25011**	**28165**	**26632**
8407	7806	8302	8028	9987	9714	14483	13781	15316	14636
4757	4362	4885	4760	5874	5468	8362	7653	8991	8465
2273	2221	2563	2492	3182	2951	4136	3577	3858	3531
54750	**50651**	**51635**	**50624**	**55088**	**52678**	**76884**	**71405**	**79612**	**71503**
22418	21732	20738	22332	23336	23991	34839	33608	34958	31990
6087	5638	5992	5802	5593	5168	6368	5661	6224	5227
3604	3570	3466	3280	3621	3354	5538	5364	7065	6347
1975	1445	1926	1361	1796	1355	2636	1793	2515	1864
3608	3494	3472	3347	3213	2960	3603	3239	3293	3036
5420	4702	5334	4788	5713	4982	7131	6384	7077	6364
7089	5868	6614	5794	6776	6196	9204	8256	9833	8789
2575	2402	2320	2233	2854	2687	4531	4180	5259	4620
1974	1800	1773	1687	2186	1985	3034	2920	3388	3266
123738	**120920**	**109921**	**106823**	**99477**	**94486**	**113978**	**106535**	**111417**	**101103**
24615	24953	21490	22564	21014	21229	29193	28624	30657	29191
12142	11589	10469	9677	9597	8792	11754	10778	12022	10983
24088	22979	22474	21714	21017	19562	23002	20754	21100	17921

表2 续表 97

地　区	45-49岁		50-54岁		55-59岁		60-64岁	
	男	女	男	女	男	女	男	女
吴忠市	**42498**	**40452**	**27000**	**26998**	**27971**	**28043**	**19331**	**19521**
利通区	12720	12372	7913	8376	9280	9442	6268	6107
红寺堡区	4875	4056	2565	2143	2297	2096	1776	1697
盐池县	5845	5582	4190	4052	3660	3720	2549	2672
同心县	8761	8256	5400	5331	4955	4836	3808	4110
青铜峡市	10297	10186	6932	7096	7779	7949	4930	4935
固原市	**40102**	**37375**	**26356**	**23458**	**28542**	**25619**	**22124**	**21231**
原州区	13547	12563	8364	7659	8689	8148	6493	6543
西吉县	10284	9856	6700	6295	7737	6997	6029	5930
隆德县	6358	5996	4337	3431	4443	3677	3599	3269
泾源县	2901	2746	2309	2103	2740	2341	2070	1724
彭阳县	7012	6214	4646	3970	4933	4456	3933	3765
中卫市	**35973**	**35196**	**24335**	**23383**	**24528**	**23755**	**16991**	**17561**
沙坡头区	13857	13424	10092	9567	9799	9658	6333	6692
中宁县	11343	11757	7648	7368	7836	7263	5106	5322
海原县	10773	10015	6595	6448	6893	6834	5552	5547
新疆维吾尔自治区	**822073**	**717796**	**541414**	**483783**	**433766**	**412805**	**342488**	**351050**
乌鲁木齐市	**137665**	**117099**	**85649**	**74509**	**62993**	**60054**	**42528**	**52352**
天山区	30301	26933	20487	18313	14367	13220	9172	11110
沙依巴克区	28722	25626	17669	16232	12787	12775	8831	11632
新市区	30217	25615	18454	16385	14041	13858	9430	12048
水磨沟区	17737	14460	10196	8370	6812	6393	4456	5773
头屯河区	8871	7151	5308	4371	3854	3557	2638	2987
达坂城区	2222	1607	1364	946	1009	845	734	821
米东区	15501	12213	9591	7652	7794	7032	5485	6370
乌鲁木齐县	4094	3494	2580	2240	2329	2374	1782	1611
克拉玛依市	**19315**	**17035**	**11215**	**10260**	**9823**	**8313**	**4945**	**6465**
独山子区	2539	2225	1394	1292	987	1055	693	1138
克拉玛依区	13770	11959	7670	6872	6466	5613	3438	4312
白碱滩区	2455	2460	1919	1896	2155	1439	667	786
乌尔禾区	551	391	232	200	215	206	147	229
吐鲁番地区	**24809**	**20557**	**15928**	**14272**	**12050**	**11603**	**10010**	**9513**
吐鲁番市	10310	9210	6884	6405	5234	5020	4221	4313
鄯善县	9468	7480	5696	4930	4123	4041	3465	3318
托克逊县	5031	3867	3348	2937	2693	2542	2324	1882
哈密地区	**28756**	**24487**	**18175**	**15483**	**14079**	**13756**	**9725**	**10221**
哈密市	24195	20742	15055	12879	11604	11288	7901	8589
巴里坤哈萨克自治县	3496	2880	2417	2048	1980	2050	1444	1336
伊吾县	1065	865	703	556	495	418	380	296
昌吉回族自治州	**75189**	**60623**	**46169**	**38227**	**38074**	**35971**	**27455**	**27151**
昌吉市	20223	16865	12466	10569	10048	9466	7103	7418
阜康市	8738	7198	5294	4386	4363	4163	3155	3345
呼图壁县	11936	9122	6945	5258	5468	5038	3827	3792
玛纳斯县	13674	10713	8113	6387	6569	6132	4676	4821
奇台县	11138	8804	7086	6189	6292	6133	4687	4188
吉木萨尔县	6269	4937	4049	3355	3532	3155	2585	2345
木垒哈萨克自治县	3211	2984	2216	2083	1802	1884	1422	1242
博尔塔拉蒙古自治州	**21168**	**18827**	**12528**	**11003**	**9873**	**9942**	**6774**	**7720**
博乐市	11131	10019	6319	5545	4741	4734	3147	3976
精河县	6991	5975	4190	3589	3515	3426	2414	2409
温泉县	3046	2833	2019	1869	1617	1782	1213	1335
巴音郭楞蒙古自治州	**56681**	**48735**	**34465**	**29773**	**26202**	**24973**	**19431**	**20051**
库尔勒市	23745	20701	14020	12282	9682	9720	7218	8667
轮台县	4555	3719	3173	2633	2327	2073	2023	1653
尉犁县	4894	3998	2657	2171	1896	1726	1455	1369
若羌县	1772	1323	990	759	777	679	556	479
且末县	2247	1936	1586	1447	1353	1153	1035	792
焉耆回族自治县	5684	4912	3700	3319	3128	2920	2297	2164
和静县	7504	6603	4600	3923	3556	3601	2572	2660
和硕县	3683	3119	2121	1770	1963	1673	1128	1179
博湖县	2597	2424	1618	1469	1520	1428	1147	1088
阿克苏地区	**80300**	**69476**	**53931**	**47389**	**42692**	**38835**	**38255**	**36177**
阿克苏市	21717	18804	13097	11405	9605	8732	7381	7353
温宿县	8812	7261	5513	4621	4368	3816	3879	3660
库车县	15024	12554	10802	9597	8278	7996	7883	7658

单位:人

65-69岁		70-74岁		75-79岁		80-84岁		85岁及以上	
男	女	男	女	男	女	男	女	男	女
14492	**14429**	**10674**	**10744**	**6481**	**6423**	**3043**	**3058**	**1649**	**1701**
4393	4432	3374	3667	2198	2366	1148	1164	627	666
1341	1382	940	893	514	491	254	276	151	146
2009	1989	1435	1434	833	807	285	313	165	146
3344	3144	2342	2112	1282	1163	594	573	371	410
3405	3482	2583	2638	1654	1596	762	732	335	333
17207	**17090**	**12534**	**12393**	**7483**	**7340**	**2900**	**2843**	**1251**	**1465**
5133	5285	3766	3734	2229	2174	926	864	398	465
4762	4659	3444	3434	2115	2125	864	876	389	452
2762	2641	1954	1958	1091	1193	369	415	134	209
1632	1643	1163	1117	692	622	268	228	126	104
2918	2862	2207	2150	1356	1226	473	460	204	235
13242	**13287**	**9489**	**9505**	**5401**	**5252**	**2464**	**2165**	**1278**	**1087**
4846	5170	3691	3761	1960	1969	856	700	391	274
3881	3970	2722	2905	1645	1575	744	698	435	381
4515	4147	3076	2839	1796	1708	864	767	452	432
278669	**283126**	**243253**	**201078**	**125439**	**105329**	**64447**	**48388**	**35340**	**29010**
40966	**51203**	**45085**	**39364**	**23616**	**20266**	**11069**	**8252**	**4862**	**4394**
8769	11075	9456	8892	5277	5072	2585	2081	1252	1187
9019	12433	10938	9832	6031	4968	2767	2071	1132	922
9313	11727	10306	8519	5019	4251	2428	1597	1028	890
4387	5377	4847	4203	2341	1994	1008	764	423	415
2081	3068	2839	2637	1724	1354	760	565	296	252
760	746	648	492	257	202	110	98	53	52
5354	5572	5125	3918	2459	1975	1150	871	556	529
1283	1205	926	871	508	450	261	205	122	147
3881	**6874**	**6131**	**5199**	**3042**	**2046**	**1128**	**731**	**435**	**367**
702	1215	1143	969	529	364	180	123	79	64
2607	4716	4133	3648	2188	1457	842	528	311	262
415	743	647	437	253	141	69	40	25	23
157	200	208	145	72	84	37	40	20	18
7572	**7473**	**5422**	**5148**	**2803**	**2732**	**1439**	**1281**	**653**	**598**
3305	3433	2408	2413	1256	1275	624	551	258	262
2597	2561	1771	1713	946	846	417	423	198	177
1670	1479	1243	1022	601	611	398	307	197	159
8260	**9250**	**7961**	**7540**	**4644**	**4158**	**2275**	**1778**	**938**	**882**
6937	7920	6745	6412	4004	3542	1972	1484	781	707
1077	1104	1003	946	533	519	267	246	125	148
246	226	213	182	107	97	36	48	32	27
25559	**23796**	**22483**	**18128**	**11911**	**9864**	**5893**	**4425**	**2966**	**2771**
6388	6528	6154	4864	3121	2434	1392	989	658	578
2932	2792	2711	2147	1359	1097	733	453	355	279
3797	3262	3264	2543	1874	1583	922	711	451	486
5030	4708	4360	3345	2281	1906	1158	917	688	614
4054	3456	3170	2767	1695	1541	889	704	441	462
2252	1939	1835	1569	1027	833	540	430	268	241
1106	1111	989	893	554	470	259	221	105	111
6817	**6441**	**5835**	**4313**	**2730**	**2378**	**1197**	**975**	**592**	**658**
3415	3546	3071	2403	1409	1210	610	473	240	304
2221	1870	1745	1244	870	698	362	310	226	204
1181	1025	1019	666	451	470	225	192	126	150
16156	**17011**	**14541**	**11842**	**7255**	**6492**	**3903**	**2710**	**2329**	**1829**
6514	7873	6759	5533	3289	2867	1674	1102	901	694
1233	1099	920	723	433	399	219	169	134	114
1190	1225	1078	798	582	502	321	229	267	163
387	353	243	199	124	120	55	39	37	25
692	534	471	294	219	162	102	68	57	42
1941	1785	1595	1345	746	740	483	384	305	235
2155	2239	1878	1639	992	879	587	346	310	224
1087	1000	876	683	451	399	236	190	156	141
957	903	721	628	419	424	226	183	162	191
28097	**25469**	**21151**	**17090**	**11578**	**9401**	**6312**	**4786**	**4021**	**2954**
5739	5913	5150	4303	2735	2337	1371	1003	728	530
2776	2746	2006	1683	1147	921	618	458	393	312
5708	5023	4479	3626	2428	1990	1323	1087	849	682

表2 续表 98

地区	0岁		1-4岁		5-9岁		10-14岁		15-19岁	
	男	女	男	女	男	女	男	女	男	女
沙雅县	1842	1812	7497	7468	8971	8799	10440	9915	11631	11035
新和县	1828	1751	6919	6752	6761	6608	6574	6292	6206	6189
拜城县	1818	1673	7154	6819	7686	7373	7950	7718	10978	11021
乌什县	2054	1869	7508	6919	8661	8197	9873	9689	9070	8838
阿瓦提县	2200	2073	9468	8830	9098	8650	10254	9664	11641	10789
柯坪县	495	491	2321	2122	2060	1918	1897	1817	2174	2023
克孜勒苏柯尔克孜自治州	**5886**	**5485**	**22913**	**21914**	**24556**	**23774**	**21418**	**20397**	**22884**	**22802**
阿图什市	2734	2501	10024	9704	10967	10475	9620	9044	10158	10388
阿克陶县	2348	2243	9746	9266	9797	9608	8614	8334	9724	9649
阿合奇县	373	354	1363	1315	1780	1761	1502	1406	1357	1257
乌恰县	431	387	1780	1629	2012	1930	1682	1613	1645	1508
喀什地区	**43375**	**41327**	**154832**	**147647**	**163796**	**156300**	**173434**	**167687**	**206026**	**202383**
喀什市	4653	4476	17228	16776	18789	18412	20293	19678	24407	25291
疏附县	4050	3725	12821	12049	13318	12402	14198	13944	18039	17208
疏勒县	3068	3066	12065	11282	13113	12457	14751	14243	17050	16957
英吉沙县	3719	3422	11438	10676	11113	10202	11361	10729	14153	13416
泽普县	1983	1863	7028	6927	7329	7205	7925	7813	10349	10592
莎车县	8994	8760	33593	32438	33447	31806	32720	31843	39443	38090
叶城县	4391	4176	15850	15367	20260	19604	24376	23297	25197	24200
麦盖提县	2252	2191	8088	7543	9508	8991	10054	9664	12211	12036
岳普湖县	1421	1435	5637	5521	5505	5331	5401	5573	7521	7331
伽师县	4923	4581	17017	16124	16418	15835	17804	17245	19088	19261
巴楚县	3649	3347	12669	11650	13318	12288	12758	12054	16972	16488
塔什库尔干塔吉克自治县	272	285	1398	1294	1678	1767	1793	1604	1596	1513
和田地区	**20961**	**20470**	**74845**	**73045**	**83788**	**80250**	**89749**	**85212**	**96971**	**91964**
和田市	2706	2610	11826	11607	13257	12807	14095	13354	14961	14489
和田县	3047	3127	10093	10363	12435	11834	13582	13097	13318	12326
墨玉县	4479	4404	18181	17411	21152	19356	27940	25843	26015	24360
皮山县	2836	2746	8960	8743	10815	10592	10457	10279	11952	11814
洛浦县	2731	2829	10197	9939	9907	9537	8257	7759	11199	10351
策勒县	1839	1702	5200	4911	5581	5626	4517	4441	6247	6169
于田县	3020	2777	9236	8868	9360	9192	9877	9472	12173	11464
民丰县	303	275	1152	1203	1281	1306	1024	967	1106	991
伊犁哈萨克自治州	**21378**	**19885**	**74307**	**69965**	**84746**	**79034**	**88277**	**83349**	**100770**	**98966**
伊宁市	3274	3158	14449	13624	16940	16120	18691	17779	21791	22974
奎屯市	494	464	2607	2331	3953	3655	5386	4978	6125	5946
伊宁县	4436	4025	13607	12998	13779	12986	13821	13106	14585	13668
察布查尔锡伯自治县	1627	1612	5065	4994	5940	5644	6376	6177	7528	7250
霍城县	2509	2169	9828	9184	11517	10801	12181	11685	12231	11567
巩留县	1934	1786	5623	5107	6410	5941	6431	5909	7208	7200
新源县	2501	2367	8155	7588	9525	8783	9475	8978	12338	12779
昭苏县	1360	1272	4830	4589	5193	4903	5220	4925	6441	6329
特克斯县	1614	1476	5026	4639	5492	5023	5212	4616	6056	5642
尼勒克县	1629	1556	5117	4911	5997	5178	5484	5196	6467	5611
塔城地区	**5683**	**5259**	**24686**	**23524**	**33441**	**31505**	**39652**	**37382**	**40825**	**38414**
塔城市	749	674	3178	2972	4250	4083	4994	4737	5988	6292
乌苏市	1163	1088	5650	5395	8116	7403	9859	9240	9883	9092
额敏县	1051	960	4224	4088	5536	5212	6119	6001	6304	5737
沙湾县	1348	1318	6120	5900	8966	8497	11520	10639	11223	10489
托里县	690	591	2902	2609	3319	3247	3635	3506	3700	3551
裕民县	297	287	1133	1179	1507	1439	1586	1472	1733	1469
和布克赛尔蒙古自治县	385	341	1479	1381	1747	1624	1939	1787	1994	1784
阿勒泰地区	**4127**	**3762**	**18086**	**16740**	**20451**	**19457**	**19367**	**18498**	**21380**	**20843**
阿勒泰市	959	885	4767	4453	5620	5336	5817	5599	6756	7235
布尔津县	493	431	2132	1880	2301	2129	2195	2041	2526	2347
富蕴县	760	703	2944	2917	3326	3281	2728	2745	3246	2968
福海县	558	511	1966	1738	2394	2218	2638	2400	2774	2418
哈巴河县	636	547	2975	2684	3281	2966	2839	2670	2766	2679
青河县	490	481	2288	2114	2313	2237	1936	1874	2256	2165
吉木乃县	231	204	1014	954	1216	1290	1214	1169	1056	1031
自治区直辖县级行政区划	**2881**	**2772**	**14203**	**13367**	**19495**	**18127**	**24825**	**23715**	**33307**	**31521**
石河子市	1191	1176	5601	5262	7947	7285	10430	10203	15628	14962
阿拉尔市	535	496	2620	2466	3751	3334	5558	5161	6823	6696
图木舒克市	912	909	4876	4579	6081	5894	6269	5902	6348	6054
五家渠市	243	191	1106	1060	1716	1614	2568	2449	4508	3809

单位:人

20-24岁		25-29岁		30-34岁		35-39岁		40-44岁	
男	女	男	女	男	女	男	女	男	女
13962	13310	13097	12475	12013	11285	12000	10909	11116	9676
8872	9083	8211	8105	7188	6682	8161	7684	7190	6204
12735	12532	11647	11137	9697	8999	10686	9730	10288	9245
11256	11033	9664	8963	7750	7076	7371	7082	7470	7016
13629	13166	10750	10217	9532	9263	10233	9493	10264	9460
2439	2275	2119	1971	1669	1598	1578	1481	1310	1407
29000	**29167**	**25830**	**25351**	**22808**	**21875**	**21635**	**20222**	**18361**	**17398**
12536	12606	11584	11730	10256	10068	10249	9494	8622	8178
11540	11888	9489	9088	8341	7859	7316	7014	6227	5909
2209	2188	2113	2106	1878	1826	1780	1621	1544	1442
2715	2485	2644	2427	2333	2122	2290	2093	1968	1869
229758	**240182**	**189419**	**185535**	**152316**	**150518**	**150818**	**147355**	**134706**	**134435**
27662	31729	21447	22183	19927	19957	22890	22940	21511	20953
17339	17266	15023	13361	11287	10861	10630	10688	9524	9849
16610	16867	13237	13083	11940	11930	11721	11540	10391	10472
16733	16907	13204	12275	9387	9555	9033	8330	7842	8084
12072	12812	9879	9935	7828	7928	8544	8470	8114	7939
44539	46014	38081	37041	29413	28209	27253	26550	24006	23192
27964	29555	21318	22030	16412	16463	15405	15071	13707	13922
14565	15223	12277	12475	9896	10337	10982	11054	11211	11193
8081	8415	7340	7264	5744	5548	5382	5412	4787	4833
21203	22190	17150	16678	14561	14177	13744	12831	11165	11698
20835	21253	18336	17229	14043	13795	13523	12909	11177	11083
2155	1951	2127	1981	1878	1758	1711	1560	1271	1217
120952	**124313**	**101322**	**98261**	**84208**	**83222**	**80097**	**76223**	**71108**	**69037**
19407	19696	15244	15581	13264	13722	13909	13720	13188	12277
16014	17193	13339	12942	10708	10924	9328	8763	8812	8946
28641	29795	24257	23890	20855	20390	18852	18035	16850	15682
16300	16541	13232	12310	9910	9793	9965	9503	9139	8996
14375	14569	11992	11212	9665	9256	9275	8693	8026	8160
8634	8489	7800	7318	6472	6422	6453	6299	5561	5396
15768	16209	13528	13174	11546	10942	10541	9526	8122	8169
1813	1821	1930	1834	1788	1773	1774	1684	1410	1411
113039	**109889**	**103049**	**100755**	**107408**	**103678**	**128424**	**122667**	**127836**	**118581**
22078	23408	19056	20197	20588	22156	27303	27583	26148	25465
5392	5548	4015	4188	5816	6067	10948	10963	12489	11710
17584	17270	16799	16548	17271	16322	18111	17007	17139	15722
8682	8112	7485	7250	7395	6992	9293	8630	9276	8439
13720	13049	13144	12784	14355	13852	18923	18370	20058	18642
7839	7538	7398	7201	7569	7281	7820	7409	7320	6906
13802	12666	13310	12219	13084	11799	14280	12892	14151	12766
7402	7506	6888	6730	6989	6412	7582	7032	7487	6777
7793	7574	7366	6775	6797	6064	6549	5818	6355	5715
8747	7218	7588	6863	7544	6733	7615	6963	7413	6439
38646	**34096**	**38794**	**35053**	**51833**	**46305**	**77476**	**67713**	**83854**	**72563**
4689	4609	4828	4618	6982	6618	10302	9143	10294	9136
9468	7988	8988	8062	12238	10629	19029	17051	21457	19111
6836	5963	7010	6073	9026	7748	11484	9657	11778	9965
8837	7770	9108	8400	13089	11952	24309	20862	28389	23589
4172	3939	4162	3807	4675	4161	4958	4716	4699	4386
1975	1717	2011	1751	2507	2193	3235	2718	3163	2706
2669	2110	2687	2342	3316	3004	4159	3566	4074	3670
26626	**23847**	**28276**	**25722**	**29086**	**26777**	**34145**	**31289**	**32788**	**29525**
6748	6186	7339	6840	7940	7837	10960	10677	11259	10551
3153	2893	3354	3232	3449	3305	3577	3389	3188	2964
4646	4224	4849	4499	4707	4095	4740	4082	4176	3696
3401	2771	3416	2857	3406	3025	5038	4541	5750	4838
3918	3456	4193	3795	4489	3889	4642	4070	4197	3638
3239	2966	3354	3028	3240	2843	3062	2683	2457	2192
1521	1351	1771	1471	1855	1783	2126	1847	1761	1646
44137	**35899**	**25362**	**21021**	**26301**	**23557**	**45991**	**41544**	**51304**	**45859**
21442	18295	10921	10123	11811	12005	21971	21544	24183	22835
10463	8311	5369	3594	5401	4180	10741	9233	12782	11362
7786	6417	6708	5452	6409	4975	7387	5464	6427	5135
4446	2876	2364	1852	2680	2397	5892	5303	7912	6527

表2 续表 99

地　区	45-49岁		50-54岁		55-59岁		60-64岁	
	男	女	男	女	男	女	男	女
沙雅县	7871	6674	5646	4950	4912	4195	4619	3992
新和县	4971	4503	3614	3336	3209	2997	2967	2641
拜城县	7507	7064	5257	4484	4152	3676	3957	3904
乌什县	5945	5249	4001	3632	3134	2914	3441	3264
阿瓦提县	7425	6297	5024	4425	4208	3750	3447	3043
柯坪县	1028	1070	977	939	826	759	681	662
克孜勒苏柯尔克孜自治州	**12466**	**12241**	**10146**	**10148**	**8615**	**8327**	**8086**	**7412**
阿图什市	5724	6072	5274	5294	4260	4198	3860	3525
阿克陶县	4252	3882	3330	3284	2874	2763	2993	2732
阿合奇县	1097	1026	682	723	634	655	535	501
乌恰县	1393	1261	860	847	847	711	698	654
喀什地区	**99776**	**96617**	**80002**	**77531**	**67705**	**66115**	**64961**	**62171**
喀什市	15535	14489	11280	10412	7999	7777	6769	7096
疏附县	7327	7195	6454	6355	5926	5825	6038	5290
疏勒县	7830	7671	6338	6438	5587	5573	5282	5316
英吉沙县	6118	6033	5292	5047	4411	4000	4274	3740
泽普县	5808	5595	4706	4505	4244	3881	3445	3111
莎车县	17735	16971	13988	13170	12180	11949	12715	12381
叶城县	10541	10326	8704	8510	7473	7434	7205	6725
麦盖提县	8130	7505	5743	5397	4605	4567	4198	4015
岳普湖县	3430	3313	2818	2895	2691	2626	3134	3338
伽师县	8140	8318	7312	7511	6477	6514	6398	6185
巴楚县	8178	8318	6622	6572	5592	5477	5044	4555
塔什库尔干塔吉克自治县	1004	883	745	719	520	492	459	419
和田地区	**48388**	**46005**	**39411**	**38515**	**33658**	**32357**	**33071**	**29250**
和田市	9099	8092	6718	6181	4822	4552	4688	4238
和田县	5948	5660	5201	5240	4377	3974	4196	3638
墨玉县	11241	10702	9626	9522	8468	7940	8210	7196
皮山县	6402	6099	4780	5008	4329	4422	4627	4438
洛浦县	5193	5232	4324	4257	3767	3746	4042	3665
策勒县	3664	3652	3013	2922	2690	2949	2711	2503
于田县	5825	5619	4981	4659	4540	4165	4061	3136
民丰县	1016	949	768	726	665	609	536	436
伊犁哈萨克自治州	**94401**	**84113**	**60905**	**55890**	**51239**	**49016**	**37557**	**37230**
伊宁市	19538	17948	12636	12089	9982	9822	7040	8073
奎屯市	8138	7009	4281	3776	3275	3314	2572	3771
伊宁县	12689	11446	8286	7846	7290	7271	5721	4978
察布查尔锡伯自治县	6936	6185	4752	4166	3737	3536	2847	2652
霍城县	14774	13255	9341	8559	8227	8160	6075	6230
巩留县	5443	4971	3616	3402	3246	3095	2425	2282
新源县	10820	9267	7035	6311	6125	5569	4353	3871
昭苏县	5427	4726	3713	3098	2950	2612	1848	1683
特克斯县	4762	4262	3362	3035	3001	2660	2210	1626
尼勒克县	5874	5044	3883	3608	3406	2977	2466	2064
塔城地区	**63729**	**51716**	**38046**	**30841**	**30418**	**28695**	**21370**	**22911**
塔城市	7965	6657	4777	4103	4209	3932	2832	3093
乌苏市	15615	13238	9506	7827	7651	7337	5449	5806
额敏县	9152	7350	5764	4662	4517	4035	3159	3065
沙湾县	22033	16655	12267	9165	9711	8957	7019	7889
托里县	3521	3235	2302	2163	1665	1907	1223	1322
裕民县	2448	2050	1648	1415	1425	1263	912	895
和布克赛尔蒙古自治县	2995	2531	1782	1506	1240	1264	776	841
阿勒泰地区	**23088**	**20638**	**15473**	**13922**	**12047**	**11187**	**8096**	**8674**
阿勒泰市	8106	7484	5448	4794	3881	3751	2528	3346
布尔津县	2316	2175	1548	1516	1308	1215	955	887
富蕴县	2985	2688	2137	1889	1547	1459	1088	1018
福海县	3686	3057	2404	1969	1910	1639	1262	1272
哈巴河县	2884	2375	1766	1608	1621	1540	1092	978
青河县	1754	1539	1212	1220	990	852	706	687
吉木乃县	1357	1320	958	926	790	731	465	486
自治区直辖县级行政区划	**36342**	**29627**	**19371**	**16020**	**14298**	**13661**	**10224**	**13752**
石河子市	16491	14348	9706	8894	7673	8026	5669	8437
阿拉尔市	9643	7387	4053	2873	2715	2159	1532	1506
图木舒克市	4647	3670	2705	2152	1826	1766	1687	1648
五家渠市	5561	4222	2907	2101	2084	1710	1336	2161

单位:人

65-69岁		70-74岁		75-79岁		80-84岁		85岁及以上	
男	女	男	女	男	女	男	女	男	女
3597	2788	2489	1725	1394	1010	874	543	581	389
2280	1928	1592	1285	865	757	585	534	400	340
2776	2530	1956	1694	1025	829	514	422	346	273
2448	2048	1322	1027	697	529	351	255	238	136
2302	2088	1819	1420	1123	871	578	389	422	257
471	405	338	327	164	157	98	95	64	35
5363	**4676**	**3701**	**3330**	**2062**	**1834**	**1250**	**1027**	**680**	**530**
2465	2131	1770	1633	941	837	484	511	254	197
2002	1738	1300	1162	700	613	529	360	316	235
403	346	272	202	187	173	111	70	52	32
493	461	359	333	234	211	126	86	58	66
42768	**38095**	**30686**	**25552**	**16231**	**12756**	**9251**	**7153**	**5777**	**4325**
4888	5016	4174	3830	2149	1624	1021	614	460	305
3074	2674	2091	1916	1154	947	707	588	435	382
3587	3193	2651	2311	1287	1104	827	734	510	373
2551	2160	1894	1506	1013	660	688	431	412	258
2154	1939	1627	1077	798	580	343	232	221	135
8427	7363	5705	4308	3055	2307	1532	1195	1141	831
4513	3883	3011	2328	1704	1288	808	605	411	294
2768	2614	2000	1761	1058	1016	598	498	437	317
2168	2011	1468	1304	743	682	525	451	300	309
4522	3773	3255	2863	1761	1405	1224	1018	768	630
3766	3119	2562	2107	1339	997	889	713	611	437
350	350	248	241	170	146	89	74	71	54
21314	**17613**	**13923**	**10563**	**6993**	**4988**	**4405**	**2890**	**3112**	**1908**
2834	2491	1971	1627	949	694	606	385	406	227
2922	2269	1799	1304	819	587	622	395	526	273
5056	4137	3266	2512	1597	1180	1070	689	838	476
3244	2925	2126	1589	1045	818	572	422	265	216
2646	2218	1599	1272	765	544	539	375	467	336
1783	1494	1246	955	735	524	401	299	254	178
2474	1799	1720	1132	961	562	536	282	315	168
355	280	196	172	122	79	59	43	41	34
30869	**31531**	**27909**	**21897**	**13875**	**11778**	**6711**	**5019**	**3540**	**3109**
6357	7321	6301	5286	3161	2759	1459	1153	723	652
2696	3842	3332	2750	1430	1256	700	442	330	272
4385	3878	3551	2646	1791	1495	921	671	502	439
2175	2224	2042	1490	991	907	471	402	248	216
5266	5530	4828	3889	2399	2087	1243	936	708	613
1915	1727	1463	1100	758	620	348	252	178	189
3394	2976	2698	2120	1496	1267	684	530	394	350
1367	1334	1211	830	537	395	218	159	111	101
1436	1220	1068	767	553	407	289	206	147	105
1878	1479	1415	1019	759	585	378	268	199	172
20280	**20189**	**18380**	**14791**	**9602**	**7996**	**4816**	**3629**	**2785**	**2471**
2720	2722	2522	2001	1366	1118	681	498	367	338
4699	4957	4214	3850	2322	2009	1215	933	726	643
2747	2886	2873	2040	1322	1048	676	449	316	279
7472	7311	6912	5376	3696	3043	1828	1393	1196	948
1110	916	645	620	336	266	145	120	76	101
861	745	686	444	336	259	168	126	66	94
671	652	528	460	224	253	103	110	38	68
8034	**8001**	**6961**	**5556**	**3323**	**2982**	**1571**	**1340**	**791**	**807**
3219	3506	3086	2509	1473	1262	736	506	342	323
823	780	607	515	312	338	129	165	95	95
793	707	589	570	300	304	146	153	80	101
1252	1083	1213	782	589	431	245	176	123	94
964	946	726	549	335	284	151	169	84	105
583	557	433	353	209	217	104	116	44	64
400	422	307	278	105	146	60	55	23	25
12733	**15504**	**13084**	**10765**	**5774**	**5658**	**3227**	**2392**	**1859**	**1407**
8007	10428	8698	6997	3513	3429	1837	1351	994	817
1146	1501	1146	1232	688	765	459	378	305	229
1216	1093	960	765	480	379	288	196	172	93
2364	2482	2280	1771	1093	1085	643	467	388	268

全部数据

表3 各年龄组人口比重、有老年人口的户数、人口自然变动、迁入人口

表3 各年龄组人口比重、有老年人口的户数、

地　区	各年龄组人口占总人口比重(%)				有65岁及以上	
	0-14岁	15-64岁	65岁及以上	15-49岁育龄妇女	合计	有一个老　人
北京市	**8.60**	**82.68**	**8.71**	**31.30**	**1207750**	**730261**
市辖区	**8.50**	**82.85**	**8.65**	**31.41**	**1149602**	**692466**
东城区	7.71	80.08	12.22	29.32	51204	33214
西城区	8.01	78.92	13.07	28.96	62231	37056
崇文区	7.23	80.31	12.46	29.52	31367	19928
宣武区	7.19	80.61	12.20	29.11	49824	30985
朝阳区	7.56	83.81	8.62	32.69	213316	124450
丰台区	8.75	82.40	8.85	31.04	132568	79578
石景山区	8.97	81.37	9.66	29.80	41247	24066
海淀区	7.71	83.90	8.38	33.72	187649	104305
门头沟区	10.18	78.80	11.02	27.41	23136	15080
房山区	10.82	80.39	8.79	28.65	60326	38595
通州区	9.02	83.26	7.72	30.96	65981	41906
顺义区	9.45	82.63	7.92	30.57	49985	31314
昌平区	8.30	85.88	5.83	32.72	67375	40981
大兴区	9.41	84.56	6.03	31.45	58543	36648
怀柔区	11.48	79.78	8.73	28.48	23546	14890
平谷区	10.54	78.95	10.51	27.36	31304	19470
县	**11.21**	**78.67**	**10.13**	**28.73**	**58148**	**37795**
密云县	11.56	78.18	10.26	28.33	35000	22680
延庆县	10.68	79.39	9.93	29.32	23148	15115
天津市	**9.80**	**81.68**	**8.52**	**28.12**	**781761**	**483217**
市辖区	**8.68**	**82.77**	**8.55**	**28.34**	**668801**	**410015**
和平区	8.01	78.63	13.36	26.54	25932	16554
河东区	7.66	80.34	12.00	26.33	73601	45207
河西区	7.02	80.39	12.59	28.58	76917	45870
南开区	6.61	81.66	11.73	28.62	81715	47312
河北区	6.09	82.12	11.79	24.93	66550	41790
红桥区	6.29	81.83	11.89	26.29	44902	28148
东丽区	10.62	83.15	6.22	27.90	26476	16398
西青区	9.51	84.74	5.75	34.02	28703	17401
津南区	11.41	82.66	5.93	27.45	24808	15392
北辰区	9.46	82.83	7.71	29.39	37214	23431
武清区	13.71	78.14	8.15	26.96	57344	38290
宝坻区	11.46	80.57	7.97	28.56	45183	27596
滨海新区	7.46	87.72	4.82	29.45	79456	46626
市辖县	**16.49**	**75.16**	**8.35**	**26.78**	**112960**	**73202**
宁河县	14.71	77.76	7.53	26.70	22479	14199
静海县	18.27	74.54	7.19	26.95	35169	24141
蓟县	15.96	74.29	9.74	26.67	55312	34862
河北省	**16.83**	**74.93**	**8.24**	**28.23**	**4348298**	**2873074**
石家庄市	**15.23**	**76.64**	**8.13**	**29.57**	**603957**	**395059**
长安区	12.49	77.73	9.78	31.25	32453	18576
桥东区	10.79	80.33	8.88	30.09	25086	15013
桥西区	11.64	81.11	7.25	36.08	29488	16241
新华区	11.97	80.52	7.51	34.35	32475	18397
井陉矿区	13.10	75.90	10.99	26.58	7237	4639
裕华区	12.35	80.99	6.66	34.93	28794	16031
井陉县	17.05	73.00	9.95	25.72	23074	16376
正定县	15.85	76.33	7.83	29.54	27840	19295
栾城县	14.94	77.40	7.66	30.05	20912	14793
行唐县	20.68	71.27	8.05	26.11	24971	17369
灵寿县	17.14	75.21	7.65	28.10	19079	13029
高邑县	16.96	74.98	8.06	27.68	11012	7202
深泽县	14.84	75.95	9.21	25.95	16404	10684
赞皇县	20.38	72.68	6.94	27.34	12421	8316
无极县	17.11	74.93	7.96	27.92	29331	19863
平山县	18.47	72.64	8.89	25.78	29351	20634
元氏县	18.30	74.47	7.22	28.62	22771	15715
赵县	17.13	74.78	8.09	28.10	34839	23817
辛集市	12.93	77.33	9.74	27.26	44996	30361
藁城市	14.88	76.69	8.43	29.12	48626	33115
晋州市	14.75	76.90	8.35	28.22	32981	21349
新乐市	19.13	74.33	6.54	29.28	24118	16703
鹿泉市	14.27	77.63	8.09	29.93	25698	17541

人口自然变动、迁入人口(全部数据)

老年人口的户数(户)		人口自然变动(‰)			迁入人口(人)		
有二个老人	有三个及以上老人	出生率	死亡率	自然增长率	本县(市)/本市市区	本省其他县(市)、市区	外省
473480	**4009**	**5.92**	**3.94**	**1.98**	**1582574**	**1871181**	**7044533**
453281	**3855**	**5.91**	**3.87**	**2.04**	**1498350**	**1854807**	**6935790**
17745	245	6.33	6.14	0.19	30459	31499	137155
24967	208	6.45	5.99	0.46	35586	57281	181468
11334	105	5.37	5.13	0.24	18292	41513	82454
18711	128	6.16	6.32	-0.16	33682	83878	145616
88109	757	5.50	3.20	2.30	359884	363421	1514822
52660	330	5.97	3.44	2.53	117339	363366	812713
17076	105	6.32	4.34	1.98	45801	91731	206493
82635	709	5.16	2.56	2.60	270747	165874	1256145
8011	45	6.02	6.35	-0.33	41079	18553	47275
21597	134	6.70	5.54	1.16	85287	39923	195099
23847	228	6.48	4.05	2.43	99075	107011	435173
18494	177	6.42	4.92	1.50	112091	49862	278721
26129	265	5.67	2.46	3.21	65650	287048	847067
21677	218	6.12	3.49	2.63	86077	138930	644057
8583	73	7.69	5.48	2.21	54308	9756	102649
11706	128	7.00	7.34	-0.34	42993	5161	48883
20199	**154**	**6.13**	**5.77**	**0.36**	**84224**	**16374**	**108743**
12225	95	6.54	6.05	0.49	55747	10247	69438
7974	59	5.53	5.37	0.16	28477	6127	39305
296023	**2521**	**6.34**	**4.14**	**2.20**	**1095282**	**865442**	**2991501**
256742	**2044**	**5.65**	**3.89**	**1.76**	**1005582**	**858283**	**2856590**
9304	74	6.42	5.65	0.77	25392	16378	53226
28181	213	5.70	3.92	1.78	101234	98438	72069
30818	229	4.99	3.87	1.12	106837	71345	103019
34143	260	4.90	3.21	1.69	130179	101044	175744
24567	193	4.01	4.45	-0.44	102582	57108	146435
16635	119	5.04	4.26	0.78	83153	71081	72212
10004	74	6.69	3.32	3.37	44984	68725	214011
11241	61	5.64	3.38	2.26	17788	116711	229063
9356	60	7.86	3.99	3.87	27911	26479	183123
13702	81	5.62	3.54	2.08	51461	166566	137108
18807	247	7.19	5.39	1.80	52641	5252	134946
17337	250	7.73	5.17	2.56	59799	12609	104648
32647	183	4.68	3.05	1.63	201621	46547	1230986
39281	**477**	**10.50**	**5.69**	**4.81**	**89700**	**7159**	**134911**
8194	86	9.08	4.69	4.39	30872	353	27972
10916	112	11.01	4.51	6.50	32609	5989	93455
20171	279	10.83	7.18	3.65	26219	817	13484
1457822	**17402**	**12.31**	**6.28**	**6.03**	**4263957**	**2628649**	**1404673**
206483	**2415**	**11.77**	**5.87**	**5.90**	**633436**	**707898**	**201159**
13791	86	8.55	4.60	3.95	42311	91662	26247
9957	116	6.56	3.39	3.17	37733	68613	20884
13160	87	7.02	3.08	3.94	83162	145899	32788
13954	124	6.49	3.02	3.47	79066	152313	42926
2584	14	6.08	6.36	-0.28	7398	13634	1534
12634	129	7.92	2.55	5.37	60512	114646	32413
6616	82	11.54	7.92	3.62	18970	6577	1721
8464	81	13.90	6.36	7.54	20210	5920	2936
6025	94	14.31	6.44	7.87	7212	6062	1042
7527	75	17.86	7.33	10.53	21965	2627	1749
5979	71	12.59	6.87	5.72	16084	2473	2063
3753	57	14.20	6.80	7.40	11486	2561	1014
5663	57	12.36	6.52	5.84	10792	2694	3383
4057	48	12.81	6.50	6.31	7134	602	293
9366	102	14.55	7.46	7.09	19478	3569	1670
8590	127	15.55	7.23	8.32	28931	4975	2877
6937	119	13.34	6.62	6.72	16256	1944	775
10820	202	13.44	6.61	6.83	26294	3470	1532
14439	196	10.46	6.57	3.89	42208	12570	4913
15299	212	13.43	7.03	6.40	16147	4601	1871
11479	153	14.25	7.19	7.06	21981	5643	1524
7342	73	13.57	6.63	6.94	22977	7409	3158
8047	110	11.81	6.13	5.68	15129	47434	11846

表3 续表 1

地　区	各年龄组人口占总人口比重(%)				有65岁及以上	
	0-14岁	15-64岁	65岁及以上	15-49岁育龄妇女	合计	有一个老　人
唐山市	**14.62**	**76.18**	**9.19**	**27.20**	**498907**	**314199**
路南区	11.46	79.16	9.39	27.60	20351	12150
路北区	10.34	80.60	9.06	29.74	46553	26794
古冶区	10.90	78.14	10.96	25.48	28780	18432
开平区	13.15	78.14	8.71	26.43	16531	10404
丰南区	14.09	77.41	8.50	27.58	36835	23761
丰润区	15.31	75.12	9.57	26.65	63375	40175
滦县	16.42	74.35	9.23	27.12	36994	23392
滦南县	15.16	74.27	10.58	26.54	43561	26459
乐亭县	12.25	77.04	10.71	26.14	39045	23948
迁西县	18.87	73.32	7.81	26.53	22681	15534
玉田县	15.49	75.06	9.45	27.40	46528	29908
唐海县	10.71	80.92	8.37	24.65	10552	5867
遵化市	17.67	73.82	8.51	27.54	46049	30478
迁安市	17.05	75.16	7.79	27.81	41072	26897
秦皇岛市	**14.25**	**76.29**	**9.46**	**27.84**	**202257**	**124304**
海港区	11.42	80.65	7.93	32.00	41673	23016
山海关区	10.64	79.19	10.17	26.48	12730	7373
北戴河区	9.84	80.78	9.38	33.58	5560	3129
青龙满族自治县	18.16	72.77	9.07	25.71	33693	22640
昌黎县	14.42	75.04	10.54	26.61	42122	26200
抚宁县	14.61	75.76	9.62	26.59	36108	22861
卢龙县	16.76	72.34	10.90	25.13	30371	19085
邯郸市	**20.71**	**72.23**	**7.05**	**28.24**	**478445**	**323131**
邯山区	13.69	78.33	7.98	30.31	21578	12903
丛台区	14.09	76.10	9.81	29.50	24505	14332
复兴区	14.33	77.35	8.32	27.37	11039	6607
峰峰矿区	13.59	77.62	8.79	27.99	29321	19400
邯郸县	20.54	73.18	6.28	28.74	21777	14669
临漳县	22.68	70.44	6.88	29.06	31417	21858
成安县	22.90	69.25	7.85	28.18	21611	14043
大名县	23.80	69.02	7.18	27.33	41097	27538
涉县	18.11	75.78	6.11	29.11	19936	15169
磁县	20.56	73.39	6.05	29.10	31957	23114
肥乡县	22.61	69.73	7.66	27.22	19902	13042
永年县	23.39	70.47	6.14	27.62	44112	30549
邱县	24.47	69.44	6.09	26.59	10570	7326
鸡泽县	23.82	69.71	6.46	27.27	13290	8927
广平县	21.07	71.64	7.29	29.14	14660	9902
馆陶县	24.36	69.12	6.52	27.33	15502	10941
魏县	21.00	71.35	7.65	28.86	44231	28985
曲周县	23.66	69.07	7.28	26.65	23437	15872
武安市	19.75	74.15	6.10	28.11	38503	27954
邢台市	**17.79**	**75.00**	**7.20**	**28.89**	**382040**	**262880**
桥东区	14.33	78.81	6.86	31.11	13123	8069
桥西区	13.49	79.77	6.73	30.58	18151	10510
邢台县	17.14	75.29	7.58	28.10	25996	18543
临城县	17.32	74.82	7.86	27.89	11200	7259
内邱县	17.49	75.67	6.84	28.64	13402	9274
柏乡县	18.64	73.33	8.03	27.73	11468	7725
隆尧县	16.14	76.67	7.19	30.18	27580	19011
任县	18.92	74.05	7.03	28.62	17415	11959
南和县	19.07	74.13	6.80	28.97	16896	11777
宁晋县	18.22	73.95	7.84	29.22	45262	31890
巨鹿县	17.91	74.12	7.97	28.92	21944	14785
新河县	16.22	75.62	8.16	28.74	10808	7825
广宗县	21.42	71.30	7.29	27.54	15373	10191
平乡县	21.28	71.59	7.13	27.55	15814	10311
威县	18.55	74.62	6.83	28.42	29192	20756
清河县	17.81	75.31	6.89	29.09	20413	14493
临西县	21.25	72.41	6.33	28.26	16602	12042
南宫市	14.31	77.74	7.95	28.24	28298	20383
沙河市	19.56	74.36	6.08	29.36	23103	16077

老年人口的户数(户)		人口自然变动(‰)			迁入人口(人)		
有二个老人	有三个及以上老人	出生率	死亡率	自然增长率	本县(市)/本市市区	本省其他县(市)、市区	外省
182652	**2056**	**9.79**	**6.67**	**3.12**	**529111**	**237972**	**189326**
8143	58	6.69	5.84	0.85	21835	37125	25480
19606	153	6.95	4.63	2.32	96908	50186	25770
10292	56	6.13	8.58	-2.45	25570	7559	3973
6087	40	7.25	6.34	0.91	20470	23595	13510
12929	145	8.82	6.57	2.25	44730	21298	16666
22972	228	10.68	6.81	3.87	71170	27710	27937
13429	173	10.85	7.52	3.33	18918	9899	4725
16841	261	9.76	7.26	2.50	22661	4061	4592
14867	230	6.55	7.05	-0.50	36834	10240	8286
7061	86	12.54	6.59	5.95	20101	3648	5398
16366	254	11.95	7.02	4.93	31594	7609	11243
4644	41	6.03	4.93	1.10	9824	20741	21859
15389	182	12.29	6.93	5.36	54687	6263	8346
14026	149	12.96	6.73	6.23	53809	8038	11541
77307	**646**	**9.87**	**6.00**	**3.87**	**208005**	**138966**	**148331**
18545	112	6.78	2.88	3.90	106423	82002	89299
5324	33	5.57	5.72	-0.15	17432	12359	26492
2417	14	6.55	4.20	2.35	6189	15170	8011
10964	89	16.35	7.31	9.04	17621	4468	5258
15755	167	9.29	6.91	2.38	26372	13312	7211
13126	121	10.03	7.05	2.98	22863	7997	9287
11176	110	11.05	8.35	2.70	11105	3658	2773
153185	**2129**	**14.32**	**6.10**	**8.22**	**421511**	**250943**	**45753**
8632	43	7.66	3.64	4.02	50295	62648	10657
10086	87	7.30	3.93	3.37	49567	43953	6093
4394	38	7.64	3.81	3.83	18750	21357	3184
9844	77	8.81	4.49	4.32	23397	5535	1848
7031	77	14.06	5.52	8.54	24815	38839	3399
9347	212	14.74	6.38	8.36	9720	1218	576
7427	141	17.74	6.65	11.09	11622	2532	998
13260	299	17.80	6.98	10.82	11594	1415	705
4739	28	14.41	6.52	7.89	31691	5308	2388
8741	102	14.63	6.96	7.67	30745	5877	1610
6721	139	13.51	6.52	6.99	3880	472	110
13410	153	14.77	6.24	8.53	26261	6392	2079
3209	35	17.93	7.02	10.91	10232	1307	438
4306	57	14.70	6.13	8.57	7718	1025	237
4673	85	16.49	6.60	9.89	4539	1258	257
4507	54	16.86	7.18	9.68	11485	1172	1384
14898	348	17.10	6.38	10.72	28973	429	342
7472	93	13.70	6.46	7.24	5876	1104	275
10488	61	14.85	6.23	8.62	60351	49102	9173
117687	**1473**	**14.36**	**6.29**	**8.07**	**309577**	**173341**	**32661**
5019	35	8.29	3.22	5.07	46937	54167	7353
7601	40	8.71	2.52	6.19	63963	65800	8860
7394	59	17.27	7.29	9.98	22320	12345	2349
3894	47	14.02	6.73	7.29	8415	3412	347
4085	43	14.94	5.95	8.99	9608	2322	333
3687	56	12.84	6.29	6.55	4012	759	173
8431	138	15.07	6.63	8.44	7996	5507	706
5374	82	14.58	6.19	8.39	8787	1405	308
5030	89	18.34	7.43	10.91	6192	1758	378
13170	202	15.02	6.67	8.35	30423	2932	1246
7072	87	14.74	6.58	8.16	9381	1566	368
2927	56	11.89	7.14	4.75	2246	536	219
5113	69	16.67	6.86	9.81	6759	1182	371
5434	69	14.26	7.17	7.09	5377	952	167
8324	112	14.60	6.51	8.09	4245	406	56
5843	77	17.67	7.26	10.41	13508	2996	2365
4502	58	13.33	6.13	7.20	6402	451	872
7812	103	12.28	6.65	5.63	10688	5015	798
6975	51	14.63	5.78	8.85	42318	9830	5392

表3 续表 2

地 区	各年龄组人口占总人口比重(%)				有65岁及以上	
	0-14岁	15-64岁	65岁及以上	15-49岁育龄妇女	合计	有一个老 人
保定市	**17.11**	**74.77**	**8.11**	**28.40**	**677379**	**457002**
新市区	13.73	76.67	9.61	29.35	30689	17169
北市区	11.25	81.80	6.96	34.27	18876	11310
南市区	12.31	80.28	7.41	33.34	15305	9642
满城县	17.91	74.10	7.99	26.44	24425	16537
清苑县	16.98	74.58	8.43	28.03	39595	26249
涞水县	14.28	77.43	8.28	28.59	21171	14556
阜平县	21.25	69.51	9.23	24.68	14449	10197
徐水县	16.11	75.45	8.43	28.40	35870	24574
定兴县	16.43	74.93	8.64	29.26	34346	24223
唐县	21.05	70.87	8.08	27.46	31446	21529
高阳县	18.11	73.52	8.37	28.22	21340	14006
容城县	16.31	75.11	8.58	29.07	16204	10726
涞源县	19.44	72.24	8.32	25.45	16769	11946
望都县	15.73	75.56	8.71	27.05	16232	10853
安新县	18.32	74.48	7.20	28.31	23743	16135
易县	16.93	74.63	8.44	27.59	34854	24772
曲阳县	22.93	70.70	6.38	27.63	28389	20074
蠡县	18.69	73.11	8.20	27.47	31004	20796
顺平县	17.97	73.67	8.36	26.64	18530	12556
博野县	18.28	73.10	8.62	27.01	15788	10532
雄县	19.10	73.18	7.71	28.23	20713	13798
涿州市	14.70	77.04	8.26	29.08	37234	25026
定州市	17.90	74.14	7.96	27.85	69713	48586
安国市	15.67	75.24	9.09	27.20	25531	17587
高碑店市	15.09	77.53	7.37	30.97	35163	23623
张家口市	**15.92**	**73.74**	**10.34**	**26.56**	**331053**	**219693**
桥东区	11.45	79.03	9.52	28.31	23018	13971
桥西区	12.29	78.16	9.54	29.83	19706	12224
宣化区	13.99	76.44	9.57	28.51	24683	15296
下花园区	11.82	75.91	12.27	25.42	5775	3892
宣化县	16.06	73.39	10.55	26.12	21555	14567
张北县	16.18	73.16	10.65	26.03	24580	15834
康保县	15.20	73.92	10.88	25.25	16438	10776
沽源县	15.21	75.07	9.72	25.51	12462	8145
尚义县	15.97	72.66	11.36	25.39	12468	7945
蔚县	20.69	69.33	9.97	25.37	35627	26637
阳原县	19.31	69.98	10.71	26.94	21106	14698
怀安县	16.51	71.74	11.75	26.42	18268	12151
万全县	17.37	71.55	11.09	25.97	17205	11203
怀来县	15.68	75.00	9.33	27.56	24023	16008
涿鹿县	15.81	74.23	9.96	25.74	24647	17109
赤城县	17.66	70.52	11.83	23.94	20521	13371
崇礼县	15.16	73.35	11.49	25.53	8971	5866
承德市	**17.37**	**74.05**	**8.59**	**27.06**	**221480**	**150684**
双桥区	12.40	79.60	8.00	30.94	23248	14017
双滦区	15.13	76.73	8.13	28.48	8601	5391
鹰手营子矿区	12.06	76.51	11.43	26.51	5092	3216
承德县	16.26	74.95	8.78	26.06	25950	18289
兴隆县	17.04	74.71	8.25	26.69	19775	13911
平泉县	18.43	72.39	9.17	26.09	30910	21221
滦平县	18.52	72.61	8.87	26.96	19235	13097
隆化县	19.78	71.35	8.86	26.05	24474	17024
丰宁满族自治县	18.17	72.47	9.35	26.36	24102	15794
宽城满族自治县	18.28	74.47	7.25	26.91	13695	9590
围场满族蒙古族自治县	19.94	72.00	8.06	26.61	26398	19134
沧州市	**17.92**	**73.81**	**8.27**	**27.73**	**429941**	**277455**
新华区	15.96	76.13	7.90	29.55	12510	7341
运河区	14.40	78.37	7.23	31.50	15342	8538
沧县	19.03	73.07	7.90	27.07	39518	26779
青县	16.88	74.55	8.56	27.42	25489	16784
东光县	16.24	75.34	8.43	27.86	22272	14812
海兴县	20.45	70.64	8.91	25.94	13162	8452
盐山县	18.71	73.35	7.95	27.89	25311	16642
肃宁县	16.24	74.57	9.19	27.48	22493	14414
南皮县	18.78	72.78	8.44	26.86	23012	15364

老年人口的户数(户)		人口自然变动(‰)			迁入人口(人)		
有二个老人	有三个及以上老人	出生率	死亡率	自然增长率	本县(市)/本市市区	本省其他县(市)、市区	外省
217358	**3019**	**12.99**	**6.26**	**6.73**	**546788**	**362953**	**207512**
13443	77	8.39	4.68	3.71	61334	56673	13833
7517	49	6.53	3.28	3.25	43624	82845	20081
5621	42	7.62	4.63	2.99	27028	55871	13814
7775	113	14.32	6.23	8.09	15180	15108	3242
13102	244	15.01	6.45	8.56	23477	7574	3318
6546	69	10.77	7.21	3.56	10966	2276	3422
4208	44	14.68	7.12	7.56	11516	1290	1175
11127	169	13.46	7.01	6.45	22022	10164	6302
9943	180	12.37	7.01	5.36	11112	4387	2890
9760	157	15.12	6.87	8.25	10819	1931	1144
7218	116	14.09	6.01	8.08	15472	12444	14015
5384	94	13.78	6.87	6.91	7038	6620	6236
4791	32	11.63	5.84	5.79	27475	2420	2694
5302	77	13.21	6.87	6.34	7341	2384	1389
7496	112	15.80	5.92	9.88	10461	21389	14250
9940	142	12.48	7.15	5.33	15040	3663	3003
8222	93	17.02	6.22	10.80	13554	1182	825
9998	210	16.26	6.05	10.21	15727	4299	4312
5901	73	14.02	7.39	6.63	4139	1592	1052
5168	88	16.60	6.92	9.68	5503	1835	644
6832	83	15.52	6.39	9.13	6604	2220	2848
12097	111	10.15	6.52	3.63	58944	19309	26005
20806	321	12.20	6.46	5.74	54454	15786	6374
7807	137	11.40	6.09	5.31	21895	3712	2717
11354	186	12.34	5.46	6.88	46063	25979	51927
110757	**603**	**9.08**	**6.60**	**2.48**	**534186**	**322109**	**84765**
9015	32	5.01	4.03	0.98	53090	83575	13672
7439	43	5.38	3.77	1.61	48972	83244	10671
9356	31	6.10	4.08	2.02	85253	60530	12096
1880	3	6.43	8.01	-1.58	4442	4962	1001
6951	37	9.77	7.61	2.16	22746	20245	3166
8693	53	9.02	7.96	1.06	62882	19657	5390
5626	36	8.08	8.99	-0.91	21092	1288	2219
4300	17	10.10	6.99	3.11	16110	3763	3666
4504	19	7.45	7.24	0.21	25435	1245	2456
8941	49	12.97	6.70	6.27	53204	6475	6894
6380	28	11.60	8.33	3.27	25732	2444	4913
6080	37	9.91	7.87	2.04	11665	4080	3448
5964	38	10.28	7.13	3.15	20352	9978	2602
7963	52	9.51	6.52	2.99	27719	11089	5454
7491	47	9.99	6.94	3.05	14966	3639	3631
7088	62	11.38	7.06	4.32	25216	2678	1932
3086	19	8.97	7.71	1.26	15310	3217	1554
70291	**505**	**11.08**	**7.04**	**4.04**	**276477**	**114161**	**49752**
9164	67	8.25	3.73	4.52	63284	56512	13812
3189	21	10.79	5.59	5.20	13015	14950	3053
1871	5	5.65	6.96	-1.31	3294	6198	1033
7617	44	11.12	8.16	2.96	25690	6251	4828
5816	48	10.11	7.53	2.58	14750	5106	3850
9620	69	10.29	7.15	3.14	22124	3509	3755
6101	37	12.25	8.74	3.51	18404	5339	4693
7397	53	13.45	7.46	5.99	24461	3743	2174
8233	75	10.40	6.53	3.87	31565	3192	4139
4066	39	12.62	6.07	6.55	18656	3892	4525
7217	47	13.16	8.83	4.33	41234	5469	3890
150401	**2085**	**13.47**	**6.20**	**7.27**	**347392**	**143711**	**100997**
5129	40	10.78	4.83	5.95	28158	28438	7237
6746	58	10.19	3.89	6.30	46304	41754	9487
12563	176	15.62	7.37	8.25	8600	4365	2032
8599	106	12.57	6.36	6.21	16050	4105	8044
7356	104	13.02	6.83	6.19	11556	1676	1772
4645	65	13.38	5.37	8.01	8829	1332	2035
8495	174	11.04	5.55	5.49	13878	1480	1036
7958	121	15.39	7.80	7.59	20579	5140	6029
7519	129	15.01	6.34	8.67	14438	2728	1629

表3 续表 3

地　区	各年龄组人口占总人口比重(%)				有65岁及以上	
	0-14岁	15-64岁	65岁及以上	15-49岁育龄妇女	合计	有一个老　人
吴桥县	15.27	75.10	9.63	26.96	18777	12338
献县	19.80	72.27	7.92	27.63	33854	22194
孟村回族自治县	20.34	71.72	7.93	26.96	11702	7490
泊头市	18.23	74.42	7.36	28.35	32154	21620
任丘市	16.47	74.79	8.74	28.43	51753	32100
黄骅市	18.74	73.05	8.21	26.58	32366	20221
河间市	19.09	72.40	8.51	27.46	50226	32366
廊坊市	**15.08**	**77.17**	**7.75**	**29.34**	**247441**	**161169**
安次区	12.75	80.02	7.22	30.98	19588	13094
广阳区	12.33	80.11	7.56	31.55	26369	15299
固安县	14.78	76.85	8.37	29.08	26119	17794
永清县	15.77	75.72	8.51	27.84	22841	15694
香河县	12.51	78.29	9.20	27.98	23018	14858
大城县	19.48	72.69	7.83	28.06	26866	16825
文安县	16.88	75.97	7.15	28.77	26459	17268
大厂回族自治县	12.46	78.12	9.42	28.42	8711	6288
霸州市	17.39	75.61	7.00	28.72	32525	22070
三河市	13.32	79.22	7.46	30.59	34945	21979
衡水市	**16.12**	**75.31**	**8.57**	**27.84**	**275398**	**187498**
桃城区	14.93	78.01	7.05	31.26	26379	16946
枣强县	18.14	73.82	8.04	27.27	24220	17051
武邑县	17.31	74.43	8.25	27.58	19925	14013
武强县	16.22	75.15	8.63	27.68	13745	9266
饶阳县	13.12	76.53	10.35	27.59	21344	13927
安平县	15.19	75.08	9.73	27.04	23257	15075
故城县	18.83	73.67	7.50	27.42	27132	18757
景县	18.07	73.91	8.02	27.65	30876	21292
阜城县	18.98	73.13	7.89	27.09	19942	13679
冀州市	12.82	77.53	9.65	27.33	26144	18914
深州市	13.37	76.51	10.12	27.23	42434	28578
山西省	**17.10**	**75.33**	**7.58**	**28.84**	**2011676**	**1356930**
太原市	**13.49**	**78.58**	**7.93**	**30.77**	**238538**	**147379**
小店区	11.85	82.40	5.75	34.35	32756	19804
迎泽区	11.88	78.87	9.24	32.67	38210	22144
杏花岭区	12.71	77.14	10.14	29.28	46263	27600
尖草坪区	12.72	78.89	8.40	29.94	25078	15417
万柏林区	12.52	80.15	7.33	30.82	38927	23296
晋源区	14.99	77.43	7.58	29.44	12286	7934
清徐县	18.01	74.34	7.65	27.38	19722	13862
阳曲县	16.19	72.40	11.41	25.59	10276	7215
娄烦县	21.27	71.04	7.69	26.77	5983	4144
古交市	17.30	76.67	6.03	29.63	9037	5963
大同市	**16.88**	**75.08**	**8.03**	**29.00**	**196854**	**129017**
城区	14.30	77.56	8.14	30.66	40588	23049
矿区	14.24	77.29	8.47	28.61	30584	19073
南郊区	18.27	76.33	5.40	30.35	16289	10834
新荣区	18.27	73.43	8.31	27.29	6753	4568
阳高县	17.44	72.69	9.87	28.01	20428	14108
天镇县	17.77	72.59	9.64	29.50	14831	9880
广灵县	20.31	71.42	8.27	27.51	11671	8309
灵丘县	20.12	72.27	7.61	26.36	13867	10061
浑源县	17.88	74.19	7.93	29.00	21091	15060
左云县	17.73	75.00	7.27	29.69	8601	5879
大同县	18.40	72.84	8.75	26.81	12151	8196
阳泉市	**15.67**	**76.30**	**8.03**	**27.75**	**84069**	**59780**
城区	13.96	77.71	8.33	29.51	11595	7214
矿区	14.64	77.56	7.80	28.55	14206	9495
郊区	14.28	77.99	7.72	26.75	16776	11980
平定县	17.93	74.34	7.73	26.83	20817	16046
盂县	16.38	74.98	8.64	27.94	20675	15045
长治市	**17.53**	**75.60**	**6.87**	**28.42**	**176271**	**127996**
城区	14.15	79.50	6.35	32.78	22333	14216
郊区	16.32	77.16	6.52	29.12	13617	9461
长治县	17.45	76.15	6.40	28.33	17268	12910
襄垣县	17.15	75.39	7.46	27.65	15209	11033

老年人口的户数(户)		人口自然变动(‰)			迁入人口(人)		
有二个老人	有三个及以上老人	出生率	死亡率	自然增长率	本县(市)/本市市区	本省其他县(市)、市区	外省
6366	73	10.78	6.08	4.70	5753	468	860
11440	220	13.66	5.79	7.87	13668	3184	1532
4166	46	13.28	6.51	6.77	5114	1191	2594
10417	117	11.60	5.23	6.37	35417	5104	2458
19419	234	16.19	6.78	9.41	40773	13883	33685
12006	139	11.91	5.53	6.38	52229	14046	13874
17577	283	14.74	6.83	7.91	26046	14817	6693
85194	**1078**	**11.86**	**5.73**	**6.13**	**248082**	**116890**	**319654**
6418	76	10.23	5.22	5.01	33547	24471	17243
10962	108	9.19	4.90	4.29	44320	28142	46183
8193	132	14.35	6.44	7.91	17011	4603	11577
7045	102	14.11	6.96	7.15	9158	2754	2997
8033	127	10.64	6.47	4.17	22577	5593	36426
9913	128	14.50	5.36	9.14	19689	2177	3292
9080	111	12.07	5.65	6.42	14155	4653	23927
2406	17	10.95	6.79	4.16	5127	3022	5805
10334	121	13.77	6.10	7.67	25098	8048	43467
12810	156	8.87	4.90	3.97	57400	33427	128737
86507	**1393**	**13.03**	**6.84**	**6.19**	**209392**	**59705**	**24763**
9330	103	10.76	4.88	5.88	49369	32854	7192
7075	94	14.29	7.00	7.29	19605	5387	2737
5808	104	12.51	7.28	5.23	6431	1754	597
4426	53	13.03	8.62	4.41	6588	1059	594
7283	134	13.90	7.99	5.91	8247	1336	944
8040	142	13.18	6.77	6.41	19233	3372	1854
8277	98	15.23	6.72	8.51	9071	1119	2137
9396	188	14.02	6.95	7.07	20858	1278	3183
6147	116	12.85	5.82	7.03	7897	719	433
7137	93	10.90	7.15	3.75	38899	5689	1640
13588	268	12.67	7.47	5.20	23194	5138	3452
649271	**5475**	**9.73**	**5.40**	**4.33**	**3643627**	**2189385**	**931653**
90564	**595**	**7.57**	**3.47**	**4.10**	**447793**	**818384**	**283790**
12872	80	8.05	2.91	5.14	65871	219197	72424
15948	118	6.53	3.22	3.31	66254	134372	45414
18556	107	6.78	3.60	3.18	104244	128355	34591
9616	45	7.43	3.72	3.71	36071	81119	30110
15564	67	6.42	2.46	3.96	85294	184649	62459
4318	34	9.88	4.26	5.62	8495	26462	11967
5780	80	9.34	5.04	4.30	18268	12430	13700
3020	41	8.89	6.33	2.56	17296	5448	2855
1826	13	10.07	5.28	4.79	17705	4066	2189
3064	10	8.16	3.08	5.08	28295	22286	8081
67540	**297**	**10.10**	**5.47**	**4.63**	**461292**	**244176**	**128090**
17492	47	9.89	4.67	5.22	128761	61896	25964
11473	38	8.31	5.88	2.43	116122	43185	12290
5438	17	8.76	4.12	4.64	33172	98197	53364
2177	8	9.91	6.13	3.78	17932	3486	4090
6276	44	11.27	6.09	5.18	21088	4895	6511
4908	43	10.95	6.28	4.67	18359	1352	2934
3354	8	9.94	5.04	4.90	19729	856	2832
3790	16	12.11	6.94	5.17	28179	2312	2766
5996	35	12.00	6.14	5.86	29225	3974	7228
2711	11	10.22	5.42	4.80	24240	4347	3293
3925	30	10.07	5.65	4.42	24485	19676	6818
24080	**209**	**8.47**	**5.87**	**2.60**	**118029**	**127136**	**51103**
4357	24	6.86	5.20	1.66	23954	29053	12610
4697	14	8.07	4.27	3.80	19740	24036	5954
4739	57	6.95	6.24	0.71	16343	62343	16112
4715	56	9.64	7.04	2.60	28051	7968	8662
5572	58	9.92	5.91	4.01	29941	3736	7765
47941	**334**	**10.46**	**5.96**	**4.50**	**246778**	**131245**	**54914**
8074	43	8.61	4.12	4.49	46320	50020	21972
4137	19	10.45	6.11	4.34	15293	17052	5874
4333	25	10.25	5.73	4.52	25238	9760	3395
4142	34	11.20	7.48	3.72	18041	8678	2964

表3 续表 4

地　区	各年龄组人口占总人口比重(%)				有65岁及以上	
	0-14岁	15-64岁	65岁及以上	15-49岁育龄妇女	合计	有一个老　人
屯留县	18.54	75.32	6.15	28.55	12846	9605
平顺县	16.94	75.61	7.45	27.28	9020	6958
黎城县	20.69	71.76	7.55	25.76	9359	6832
壶关县	19.99	73.24	6.77	28.18	15491	11590
长子县	17.36	75.92	6.71	28.27	17716	13123
武乡县	19.32	72.28	8.40	24.87	12179	9147
沁县	18.53	73.36	8.12	27.12	10963	8120
沁源县	17.42	75.61	6.97	25.80	8718	6637
潞城市	18.81	74.64	6.55	28.04	11552	8364
晋城市	**16.94**	**76.81**	**6.25**	**28.38**	**111120**	**82134**
城区	16.51	79.23	4.27	33.03	14998	10013
沁水县	15.45	77.91	6.64	26.18	11177	8364
阳城县	15.75	77.29	6.96	28.03	20694	15164
陵川县	18.47	74.33	7.19	26.79	13217	9905
泽州县	17.26	76.06	6.68	26.69	25704	19624
高平市	17.94	75.49	6.57	27.51	25330	19064
朔州市	**17.98**	**74.71**	**7.30**	**29.35**	**91571**	**59207**
朔城区	18.69	75.15	6.16	30.66	22823	14899
平鲁区	18.43	74.81	6.76	29.19	10140	6665
山阴县	17.75	73.95	8.30	28.36	14517	9476
应县	16.82	74.41	8.77	29.09	21042	13454
右玉县	17.09	74.73	8.18	26.32	6780	4563
怀仁县	18.26	74.82	6.92	29.46	16269	10150
晋中市	**17.10**	**74.64**	**8.27**	**27.52**	**203225**	**141684**
榆次区	14.49	77.10	8.41	29.93	39057	25227
榆社县	19.38	73.38	7.25	26.51	7558	5439
左权县	16.89	76.02	7.09	26.37	8795	6607
和顺县	15.56	76.76	7.68	27.79	8620	6286
昔阳县	16.57	74.54	8.89	25.00	16041	11929
寿阳县	14.19	75.12	10.69	25.50	17582	12857
太谷县	15.95	75.77	8.28	28.00	18683	12760
祁县	18.15	73.58	8.27	26.29	16990	12165
平遥县	19.32	71.92	8.76	27.24	32812	23155
灵石县	19.81	73.11	7.08	26.40	13817	9325
介休市	18.52	73.90	7.58	28.40	23270	15934
运城市	**16.81**	**75.17**	**8.01**	**28.75**	**301175**	**197721**
盐湖区	15.70	77.09	7.21	31.69	35481	22393
临猗县	15.79	76.08	8.13	28.61	35154	24137
万荣县	17.81	73.64	8.56	27.92	28074	18760
闻喜县	17.42	74.48	8.10	27.95	24202	15867
稷山县	18.64	73.38	7.98	28.24	20254	13016
新绛县	18.12	73.97	7.91	27.67	19383	13037
绛县	16.40	75.34	8.27	28.36	16648	11094
垣曲县	17.76	76.01	6.23	27.72	11058	7977
夏县	16.12	75.38	8.50	27.87	21735	14258
平陆县	16.26	74.66	9.08	28.25	16688	10969
芮城县	16.68	74.63	8.68	28.58	24425	14897
永济市	15.36	76.20	8.44	28.99	27256	18064
河津市	18.28	74.49	7.23	28.81	20817	13252
忻州市	**17.78**	**73.17**	**9.05**	**27.48**	**207507**	**141559**
忻府区	17.16	74.25	8.59	29.70	35352	24476
定襄县	17.89	72.18	9.93	25.84	16333	11226
五台县	17.17	72.17	10.66	25.96	23808	16207
代县	16.68	73.60	9.72	26.79	15426	10785
繁峙县	20.30	71.56	8.14	27.74	16360	11125
宁武县	18.50	73.81	7.69	26.99	9447	6688
静乐县	19.13	72.50	8.37	27.57	10027	7077
神池县	15.56	76.72	7.72	27.61	6207	4233
五寨县	16.46	75.53	8.01	29.26	6382	4171
岢岚县	16.76	75.20	8.05	27.75	5121	3494
河曲县	17.49	72.74	9.77	26.43	10232	6383
保德县	20.58	72.80	6.62	28.18	7647	4861
偏关县	18.96	72.57	8.47	28.09	7050	4645
原平市	17.08	72.46	10.46	26.44	38115	26188

老年人口的户数(户)		人口自然变动(‰)			迁入人口(人)		
有二个老人	有三个及以上老人	出生率	死亡率	自然增长率	本县(市)/本市市区	本省其他县(市)、市区	外省
3209	32	11.24	5.46	5.78	16120	8583	3352
2046	16	9.40	5.88	3.52	7470	1162	1796
2512	15	10.90	6.08	4.82	15544	1920	2190
3866	35	11.63	6.91	4.72	21379	2395	1164
4567	26	11.23	6.08	5.15	15249	7462	2516
3002	30	10.30	6.61	3.69	13260	2775	1669
2817	26	10.56	6.44	4.12	13655	2676	690
2066	15	10.76	6.72	4.04	21589	5375	3501
3170	18	10.47	5.98	4.49	17620	13387	3831
28843	**143**	**7.63**	**5.92**	**1.71**	**195768**	**147900**	**76558**
4963	22	6.54	1.58	4.96	53512	97425	40257
2798	15	7.00	7.00	0.00	23598	13449	7791
5506	24	5.84	7.12	-1.28	32365	5921	7236
3297	15	10.29	7.78	2.51	14750	2528	1901
6046	34	8.14	7.02	1.12	15578	17485	8808
6233	33	8.63	6.76	1.87	55965	11092	10565
32079	**285**	**9.39**	**5.04**	**4.35**	**296826**	**107588**	**50777**
7868	56	9.35	5.06	4.29	104721	42323	19249
3438	37	8.97	5.12	3.85	47346	5401	6900
4994	47	9.11	5.63	3.48	35605	6842	6542
7510	78	9.26	4.14	5.12	38410	4763	1252
2199	18	9.77	5.48	4.29	24747	4837	4874
6070	49	9.90	5.30	4.60	45997	43422	11960
61031	**510**	**10.11**	**5.67**	**4.44**	**408045**	**164438**	**97563**
13733	97	8.88	4.43	4.45	101215	65198	25121
2108	11	13.44	5.46	7.98	15458	2644	2061
2173	15	10.90	7.09	3.81	24871	4039	7296
2309	25	9.37	5.36	4.01	20533	3191	4143
4085	27	10.43	8.23	2.20	24275	4331	7726
4666	59	7.98	7.31	0.67	26532	10252	11100
5874	49	8.65	5.18	3.47	23635	25753	5895
4781	44	10.34	6.20	4.14	20129	11088	3921
9551	106	10.76	5.87	4.89	32309	9298	5557
4453	39	11.84	5.61	6.23	41074	15293	16755
7298	38	10.79	4.71	6.08	78014	13351	7988
102106	**1348**	**10.42**	**5.71**	**4.71**	**336996**	**99672**	**31268**
12942	146	9.06	4.67	4.39	82196	60801	9825
10890	127	10.90	5.97	4.93	34336	3050	1583
9181	133	10.83	5.45	5.38	14691	2055	812
8244	91	10.56	5.63	4.93	20306	3590	2438
7163	75	10.76	5.78	4.98	15843	2405	968
6259	87	10.48	6.06	4.42	20184	8853	1255
5472	82	10.15	6.15	4.00	18725	1385	1594
3059	22	10.35	6.02	4.33	21364	1908	2658
7379	98	10.79	5.93	4.86	7831	670	235
5616	103	10.74	6.09	4.65	12243	759	1002
9384	144	10.66	6.02	4.64	33442	1503	2207
9041	151	10.85	5.90	4.95	29451	5684	3263
7476	89	10.11	5.63	4.48	26384	7009	3428
65397	**551**	**10.65**	**6.10**	**4.55**	**414322**	**93651**	**52431**
10816	60	11.21	5.37	5.84	61340	32469	8544
5068	39	10.64	5.88	4.76	15339	6067	1374
7493	108	9.05	6.03	3.02	25163	5164	3370
4604	37	11.74	6.43	5.31	27098	5155	6571
5181	54	10.98	6.16	4.82	41952	4878	3733
2734	25	9.94	5.79	4.15	18973	6373	3276
2926	24	10.75	6.97	3.78	19905	2774	1336
1956	18	9.52	5.79	3.73	10972	1512	915
2200	11	10.75	5.90	4.85	14057	4629	877
1604	23	9.63	6.16	3.47	11224	2000	747
3822	27	11.89	6.03	5.86	34516	4026	6045
2765	21	12.13	6.22	5.91	41852	3432	5350
2387	18	10.89	7.37	3.52	21355	1289	1064
11841	86	10.08	6.50	3.58	70576	13883	9229

表3 续表 5

地区	各年龄组人口占总人口比重(%)				有65岁及以上	
	0-14岁	15-64岁	65岁及以上	15-49岁育龄妇女	合计	有一个老人
临汾市	**17.99**	**75.20**	**6.81**	**29.33**	**215764**	**142907**
尧都区	15.95	77.65	6.40	32.09	41832	26642
曲沃县	15.34	77.02	7.64	29.61	13342	8724
翼城县	17.28	75.13	7.59	28.34	17861	12308
襄汾县	17.45	74.02	8.53	27.64	27807	18176
洪洞县	19.88	73.92	6.19	28.66	34565	23891
古县	18.12	76.12	5.76	28.08	4190	3124
安泽县	18.28	76.17	5.55	26.87	3656	2828
浮山县	17.81	74.20	7.99	27.34	7832	5523
吉县	19.23	73.64	7.13	28.93	5596	3642
乡宁县	21.59	72.80	5.61	28.31	9719	6435
大宁县	19.83	73.37	6.81	28.70	3212	2044
隰县	19.09	74.11	6.80	28.60	5195	3360
永和县	18.31	75.26	6.42	29.97	2995	1925
蒲县	19.22	74.82	5.95	26.68	4673	3085
汾西县	22.77	71.23	6.00	28.42	6361	4053
侯马市	15.14	76.64	8.22	29.89	13872	8425
霍州市	18.96	74.86	6.18	29.61	13056	8722
吕梁市	**19.97**	**73.41**	**6.62**	**29.13**	**185582**	**127546**
离石区	20.71	74.73	4.56	32.81	10786	7034
文水县	20.16	72.24	7.60	28.01	24788	17821
交城县	19.54	73.62	6.85	28.42	12214	8840
兴县	18.23	75.17	6.60	29.84	13450	8584
临县	20.34	72.63	7.02	29.03	30500	20589
柳林县	21.70	72.72	5.58	27.95	13668	9546
石楼县	22.71	71.66	5.63	28.75	4598	2916
岚县	20.35	73.10	6.54	29.47	8687	6014
方山县	19.82	73.71	6.47	28.37	6987	4773
中阳县	21.06	73.19	5.75	28.53	6143	4195
交口县	21.57	72.11	6.32	28.21	5740	3936
孝义市	18.48	74.60	6.92	29.19	23967	16342
汾阳市	18.77	73.46	7.76	29.00	24054	16956
内蒙古自治区	**14.07**	**78.37**	**7.56**	**29.05**	**1377709**	**910556**
呼和浩特市	**13.89**	**78.47**	**7.64**	**30.74**	**157645**	**98227**
新城区	13.91	79.22	6.87	32.04	27576	16413
回民区	12.92	79.98	7.11	33.19	19972	12194
玉泉区	16.21	78.26	5.53	31.38	15477	10005
赛罕区	12.47	80.66	6.88	32.29	30836	18309
土默特左旗	13.56	76.30	10.14	27.31	23051	14685
托克托县	16.52	74.92	8.56	27.36	12672	8240
和林格尔县	13.27	77.54	9.19	29.87	11628	7771
清水河县	15.25	74.11	10.63	26.11	7119	4410
武川县	13.41	75.03	11.55	25.15	9314	6200
包头市	**13.29**	**77.89**	**8.82**	**29.35**	**166559**	**102735**
东河区	12.00	78.18	9.82	29.15	35765	22291
昆都仑区	13.80	77.72	8.49	30.26	43342	25454
青山区	12.76	78.77	8.47	30.85	35162	20067
石拐区	8.63	76.32	15.05	24.30	3944	2537
白云鄂博矿区	14.07	78.02	7.91	30.57	1555	1053
九原区	16.65	77.39	5.96	29.30	8134	5263
土默特右旗	13.52	76.99	9.49	26.65	19571	13158
固阳县	13.38	77.34	9.29	27.29	12206	8229
达尔罕茂明安联合旗	13.54	77.40	9.06	27.41	6880	4683
乌海市	**13.93**	**79.14**	**6.93**	**29.77**	**26781**	**17030**
海勃湾区	13.89	79.71	6.40	30.77	13660	8519
海南区	15.25	78.58	6.17	27.76	4699	3088
乌达区	13.01	78.32	8.67	29.09	8422	5423
赤峰市	**15.32**	**77.21**	**7.46**	**28.50**	**242287**	**165282**
红山区	13.67	78.55	7.77	30.84	23794	14223
元宝山区	15.02	76.29	8.70	29.06	20339	12555
松山区	15.87	77.55	6.58	29.30	28218	19065
阿鲁科尔沁旗	14.91	78.15	6.94	27.91	14164	10226
巴林左旗	16.24	77.38	6.38	28.73	16118	11568
巴林右旗	14.75	79.28	5.97	29.06	8023	5703
林西县	14.26	77.72	8.02	27.62	12373	8813
克什克腾旗	12.69	80.36	6.95	25.80	11284	8081

老年人口的户数(户)		人口自然变动(‰)			迁入人口(人)		
有二个老人	有三个及以上老人	出生率	死亡率	自然增长率	本县(市)/本市市区	本省其他县(市)、市区	外省
72125	**732**	**10.12**	**5.29**	**4.83**	**347019**	**119325**	**61604**
14992	198	8.90	4.63	4.27	150343	64778	24468
4558	60	10.18	5.31	4.87	10281	3217	1732
5467	86	10.61	5.46	5.15	16157	2714	2332
9531	100	11.17	5.91	5.26	16915	3376	1937
10587	87	10.40	5.24	5.16	11433	3522	2290
1056	10	10.41	5.76	4.65	5455	2863	3648
823	5	10.86	5.88	4.98	7775	2740	3337
2292	17	9.94	6.23	3.71	13112	1656	2225
1941	13	10.07	5.07	5.00	11648	798	1198
3253	31	10.37	5.44	4.93	14754	5038	3600
1161	7	11.28	5.86	5.42	5295	450	303
1819	16	11.05	6.18	4.87	6905	711	407
1060	10	10.02	5.25	4.77	7705	122	49
1578	10	11.18	6.11	5.07	11049	5316	3957
2292	16	11.13	5.76	5.37	13927	844	844
5402	45	9.47	4.70	4.77	20440	13300	5451
4313	21	9.93	5.12	4.81	23825	7880	3826
57565	**471**	**10.62**	**5.55**	**5.07**	**370759**	**135870**	**43555**
3740	12	10.27	5.25	5.02	31998	61858	4553
6896	71	11.12	5.75	5.37	17044	4452	1692
3340	34	11.94	6.26	5.68	14443	5592	2208
4807	59	10.80	5.75	5.05	37643	4047	4113
9818	93	11.02	5.59	5.43	28101	3301	1433
4096	26	10.12	5.13	4.99	55260	15932	6926
1670	12	10.57	5.91	4.66	13067	614	808
2659	14	10.84	5.57	5.27	23218	1437	960
2201	13	10.95	5.23	5.72	4797	5318	1300
1934	14	10.21	5.52	4.69	26464	7625	3140
1789	15	9.40	5.92	3.48	10227	4751	2354
7579	46	9.73	5.46	4.27	66966	14193	11577
7036	62	10.71	5.38	5.33	41531	6750	2491
464032	**3121**	**8.30**	**4.70**	**3.60**	**2732591**	**2994117**	**1444181**
59106	**312**	**7.96**	**3.19**	**4.77**	**292426**	**931211**	**169880**
11106	57	7.74	1.75	5.99	48421	231590	41345
7746	32	8.09	3.10	4.99	31354	177255	32642
5456	16	9.81	1.74	8.07	38805	205191	32299
12470	57	6.93	2.11	4.82	70455	250297	42268
8315	51	8.41	5.45	2.96	23542	34050	9564
4410	22	8.33	5.07	3.26	20288	13352	4349
3815	42	7.66	4.92	2.74	19102	15172	3960
2694	15	7.91	6.50	1.41	16462	2193	1649
3094	20	6.53	7.01	-0.48	23997	2111	1804
63515	**309**	**7.39**	**3.43**	**3.96**	**342746**	**589756**	**206857**
13408	66	6.41	3.99	2.42	96518	75095	29439
17785	103	6.82	2.32	4.50	109348	213488	69185
15033	62	7.14	2.67	4.47	61046	177550	63433
1402	5	3.60	6.27	-2.67	1710	1436	1477
501	1	4.80	3.26	1.54	1715	8923	1601
2866	5	10.91	2.88	8.03	11146	88224	24361
6390	23	10.61	5.69	4.92	31851	17320	12550
3954	23	7.13	4.70	2.43	16914	3266	2516
2176	21	4.74	4.80	-0.06	12498	4454	2295
9710	**41**	**7.95**	**3.77**	**4.18**	**58831**	**88769**	**79533**
5110	31	8.11	3.13	4.98	32831	52863	39357
1607	4	8.52	4.43	4.09	7092	20032	24504
2993	6	7.16	4.69	2.47	18908	15874	15672
76432	**573**	**8.90**	**5.42**	**3.48**	**436604**	**241886**	**62722**
9510	61	6.28	2.54	3.74	76742	91976	14680
7747	37	7.13	4.64	2.49	41762	23229	7635
9101	52	9.83	4.06	5.77	80916	91293	7858
3900	38	8.49	5.04	3.45	18252	1981	956
4519	31	8.35	6.21	2.14	41048	2718	1768
2285	35	8.47	4.06	4.41	18067	7823	1627
3528	32	7.95	5.74	2.21	23136	5162	1400
3181	22	7.72	5.95	1.77	31946	7171	14679

表3 续表 6

地　区	各年龄组人口占总人口比重(%)				有65岁及以上	
	0-14岁	15-64岁	65岁及以上	15-49岁育龄妇女	合计	有一个老　人
翁牛特旗	14.96	77.33	7.72	28.41	25068	17313
喀喇沁旗	17.22	74.59	8.19	26.99	18451	13348
宁城县	15.78	76.35	7.86	28.22	32355	22477
敖汉旗	16.30	75.90	7.80	27.96	32100	21910
通辽市	**15.73**	**78.08**	**6.19**	**29.57**	**148468**	**104742**
科尔沁区	13.72	79.22	7.06	29.82	46516	30261
科尔沁左翼中旗	16.22	78.44	5.34	30.19	21733	16171
科尔沁左翼后旗	17.27	76.59	6.14	28.49	18484	13819
开鲁县	16.11	78.10	5.79	29.65	17626	12704
库伦旗	17.00	75.98	7.02	27.85	8973	6314
奈曼旗	16.82	76.69	6.49	29.03	20140	14652
扎鲁特旗	16.74	77.73	5.53	30.05	12134	8938
霍林郭勒市	14.56	81.64	3.80	31.53	2862	1883
鄂尔多斯市	**14.05**	**79.95**	**6.00**	**27.54**	**83396**	**53048**
东胜区	13.07	83.19	3.74	29.93	14876	8898
达拉特旗	15.13	76.57	8.30	27.30	19148	11883
准格尔旗	15.85	77.08	7.07	25.84	18411	12042
鄂托克前旗	14.11	78.92	6.97	26.35	3579	2442
鄂托克旗	14.26	81.36	4.38	28.85	4838	3310
杭锦旗	13.66	77.07	9.27	26.74	7366	4780
乌审旗	13.93	80.07	6.00	27.01	5533	3692
伊金霍洛旗	12.30	81.68	6.02	24.62	9645	6001
呼伦贝尔市	**12.23**	**79.65**	**8.11**	**29.44**	**151998**	**100043**
海拉尔区	10.59	81.31	8.10	30.57	19989	12324
阿荣旗	14.13	79.55	6.32	30.38	13462	9576
莫力达瓦达斡尔族自治旗	16.27	78.39	5.34	30.12	11416	8344
鄂伦春自治旗	12.63	77.71	9.67	28.93	15899	10294
鄂温克族自治旗	11.59	81.32	7.09	28.74	7163	4807
陈巴尔虎旗	11.15	82.32	6.53	29.66	2886	1996
新巴尔虎左旗	12.78	81.74	5.48	29.80	1772	1369
新巴尔虎右旗	11.38	83.78	4.84	29.10	1453	1167
满洲里市	11.60	81.54	6.86	30.78	12268	7575
牙克石市	8.88	79.18	11.94	27.75	30017	18770
扎兰屯市	13.77	78.65	7.58	28.75	20857	14374
额尔古纳市	12.51	79.21	8.28	28.92	4704	3082
根河市	9.95	77.14	12.91	28.54	10112	6365
巴彦淖尔市	**13.02**	**79.28**	**7.70**	**28.51**	**94011**	**61304**
临河区	13.68	79.23	7.09	30.63	27609	17516
五原县	13.98	78.05	7.98	29.57	15263	9949
磴口县	12.70	78.29	9.01	28.90	7847	5217
乌拉特前旗	12.96	78.56	8.47	26.00	17996	11601
乌拉特中旗	10.86	82.47	6.67	23.73	6763	4720
乌拉特后旗	10.97	83.62	5.40	25.51	2665	1862
杭锦后旗	12.50	79.17	8.33	28.91	15868	10439
乌兰察布市	**13.38**	**76.02**	**10.60**	**27.19**	**167541**	**109289**
集宁区	13.56	77.91	8.54	31.57	21402	12613
卓资县	10.05	77.53	12.42	24.83	12921	8972
化德县	12.70	77.30	10.00	27.12	8994	5669
商都县	14.04	74.58	11.39	26.01	19572	12676
兴和县	15.30	73.77	10.93	25.89	17560	11186
凉城县	14.43	74.70	10.87	26.26	15110	10129
察哈尔右翼前旗	12.33	74.75	12.92	24.73	15569	9998
察哈尔右翼中旗	10.84	78.62	10.53	27.02	11722	7844
察哈尔右翼后旗	12.98	76.11	10.91	27.03	11913	7543
四子王旗	14.35	76.41	9.24	27.57	12491	8716
丰镇市	13.96	75.12	10.93	26.71	20287	13943
兴安盟	**14.36**	**79.58**	**6.06**	**29.79**	**75544**	**54687**
乌兰浩特市	12.80	80.38	6.82	30.79	16186	10682
阿尔山市	9.64	82.14	8.22	28.07	3994	2436
科尔沁右翼前旗	14.75	79.37	5.88	29.32	14027	10575
科尔沁右翼中旗	16.06	78.90	5.04	29.93	10311	8012
扎赉特旗	14.89	79.84	5.27	30.25	16400	12315
突泉县	14.64	78.49	6.87	28.77	14626	10667

老年人口的户数(户)		人口自然变动(‰)			迁入人口(人)		
有二个老人	有三个及以上老人	出生率	死亡率	自然增长率	本县(市)/本市市区	本省其他县(市)、市区	外省
7666	89	8.16	5.13	3.03	18803	2660	1004
5074	29	10.64	7.26	3.38	17278	3964	1997
9807	71	10.58	7.45	3.13	31419	1733	4647
10114	76	10.48	6.68	3.80	37235	2176	4471
43331	**395**	**9.32**	**5.40**	**3.92**	**288627**	**86245**	**46201**
16100	155	8.52	5.23	3.29	167240	43278	20091
5512	50	9.59	5.44	4.15	18611	2119	2801
4623	42	10.39	5.44	4.95	10895	1554	6432
4871	51	8.21	5.33	2.88	25703	3412	1764
2644	15	9.92	5.35	4.57	5365	794	1162
5439	49	10.15	6.40	3.75	18975	2925	2331
3170	26	9.91	5.67	4.24	23945	5359	2049
972	7	9.43	2.28	7.15	17893	26804	9571
30118	**230**	**12.05**	**4.12**	**7.93**	**320851**	**348259**	**409992**
5931	47	11.42	4.54	6.88	104444	173936	174842
7208	57	14.67	4.14	10.53	78012	33901	27742
6331	38	12.67	3.83	8.84	42231	51496	56213
1131	6	10.32	3.80	6.52	9490	1378	12281
1515	13	9.66	3.12	6.54	16993	32752	37844
2566	20	9.49	5.26	4.23	16626	8203	7355
1824	17	9.63	5.16	4.47	18137	5087	32619
3612	32	13.62	3.12	10.50	34918	41506	61096
51445	**510**	**6.81**	**5.35**	**1.46**	**221763**	**133883**	**159796**
7617	48	4.84	5.18	-0.34	41996	38723	29986
3849	37	9.90	4.82	5.08	20504	2266	4576
3046	26	12.30	4.58	7.72	15978	1792	9337
5566	39	6.21	5.18	1.03	8634	6657	17683
2339	17	6.47	6.28	0.19	5946	12534	9415
887	3	6.21	5.68	0.53	4085	8440	4441
398	5	9.28	8.41	0.87	3304	4251	1691
284	2	7.12	6.00	1.12	4819	4877	3655
4652	41	4.99	4.51	0.48	31130	26690	46202
11078	169	3.32	5.37	-2.05	36152	14228	20043
6427	56	8.42	5.51	2.91	38301	5984	7328
1611	11	5.33	5.06	0.27	3362	5440	3375
3691	56	3.23	8.32	-5.09	7552	2001	2064
32519	**188**	**7.37**	**4.76**	**2.61**	**244261**	**194376**	**121971**
10054	39	7.20	4.15	3.05	118127	73798	46562
5286	28	7.87	5.11	2.76	22773	33647	15837
2612	18	5.64	4.47	1.17	8840	7844	4141
6353	42	7.70	4.46	3.24	53372	19285	24406
2030	13	7.27	5.90	1.37	16506	29801	9907
802	1	8.06	4.39	3.67	6970	11038	10894
5382	47	7.50	5.68	1.82	17673	18963	10224
57985	**267**	**6.08**	**5.66**	**0.42**	**272133**	**120382**	**31578**
8769	20	5.87	3.29	2.58	74901	90495	10480
3927	22	4.75	6.71	-1.96	8527	3247	2682
3317	8	4.18	5.12	-0.94	18086	2277	1847
6864	32	7.20	6.84	0.36	27169	4332	2217
6349	25	8.00	6.88	1.12	22255	2216	3738
4945	36	7.35	5.63	1.72	17460	2001	1653
5548	23	5.99	6.91	-0.92	5771	3398	2009
3850	28	3.95	7.14	-3.19	8786	883	477
4356	14	6.21	6.42	-0.21	13809	3874	1038
3743	32	5.20	3.95	1.25	30802	3566	1786
6317	27	6.24	5.62	0.62	44567	4093	3651
20673	**184**	**9.20**	**5.16**	**4.04**	**126543**	**64266**	**35593**
5446	58	7.42	4.57	2.85	55905	23282	9811
1542	16	3.57	2.74	0.83	1685	15697	8802
3418	34	10.38	5.86	4.52	13789	11475	3049
2281	18	10.35	5.47	4.88	13494	4940	3162
4052	33	10.46	4.72	5.74	26058	6500	8313
3934	25	8.56	6.03	2.53	15612	2372	2456

表3 续表 7

地区	各年龄组人口占总人口比重(%)				有65岁及以上	
	0-14岁	15-64岁	65岁及以上	15-49岁育龄妇女	合计	有一个老人
锡林郭勒盟	**13.75**	**79.56**	**6.68**	**29.46**	**52266**	**36518**
二连浩特市	17.26	79.80	2.93	33.53	1602	1043
锡林浩特市	13.22	80.30	6.48	31.36	11815	7794
阿巴嘎旗	12.79	80.97	6.24	28.33	2093	1589
苏尼特左旗	14.45	79.67	5.89	29.03	1575	1194
苏尼特右旗	13.54	78.46	7.99	28.74	4257	2893
东乌珠穆沁旗	15.41	80.17	4.42	29.36	3332	2558
西乌珠穆沁旗	13.51	82.01	4.48	29.79	3107	2337
太仆寺旗	12.79	75.21	12.01	24.06	10095	6787
镶黄旗	12.86	80.62	6.52	29.28	1453	1066
正镶白旗	13.47	78.22	8.30	28.61	3498	2535
正蓝旗	12.39	80.93	6.69	30.05	4240	3048
多伦县	14.05	79.21	6.74	28.79	5199	3674
阿拉善盟	**13.40**	**80.13**	**6.47**	**29.26**	**11213**	**7651**
阿拉善左旗	13.40	80.02	6.57	29.29	8485	5691
阿拉善右旗	11.56	80.48	7.96	28.15	1558	1114
额济纳旗	14.81	80.46	4.73	30.00	1170	846
辽宁省	**11.42**	**78.27**	**10.31**	**27.66**	**3224900**	**1992382**
沈阳市	**9.77**	**79.86**	**10.37**	**28.29**	**600420**	**367983**
和平区	7.83	80.40	11.77	28.74	58600	35373
沈河区	8.30	80.38	11.32	28.89	68410	41285
大东区	8.20	80.13	11.67	27.85	65295	39945
皇姑区	8.48	79.93	11.59	28.59	75212	44440
铁西区	8.44	79.82	11.75	27.56	85395	51741
苏家屯区	9.83	80.23	9.93	27.57	33773	20748
东陵区	10.61	82.02	7.37	29.48	21699	13838
沈北新区	8.52	83.57	7.91	31.81	24126	15044
于洪区	9.42	82.30	8.28	29.10	39007	23016
辽中县	13.75	76.67	9.59	26.68	32971	20689
康平县	13.69	77.09	9.23	27.66	21400	13964
法库县	13.22	76.81	9.97	26.57	29165	18845
新民市	13.23	77.28	9.49	27.51	45367	29055
大连市	**9.90**	**79.40**	**10.71**	**28.77**	**501804**	**295695**
中山区	8.53	77.59	13.88	28.91	32960	19308
西岗区	7.97	78.81	13.22	27.11	28223	16509
沙河口区	8.58	79.35	12.07	30.46	58247	33398
甘井子区	9.74	81.87	8.39	30.07	76734	44532
旅顺口区	9.04	81.18	9.78	29.88	22200	13331
金州区	9.92	82.25	7.83	33.09	60672	35889
长海县	13.29	76.70	10.02	26.24	5532	3371
瓦房店市	10.47	77.32	12.22	25.19	80177	46270
普兰店市	10.83	76.82	12.35	25.86	65102	39561
庄河市	11.01	76.91	12.09	26.62	71957	43526
鞍山市	**11.82**	**77.46**	**10.72**	**27.13**	**277922**	**170288**
铁东区	8.30	79.29	12.41	28.30	46745	25967
铁西区	7.61	79.75	12.64	26.32	25690	15927
立山区	7.38	78.94	13.69	26.05	42134	24985
千山区	10.29	79.21	10.51	27.23	20758	12960
台安县	14.41	75.92	9.67	26.71	23662	15530
岫岩满族自治县	15.38	74.27	10.35	26.16	34946	22575
海城市	14.08	76.87	9.04	27.62	83987	52344
抚顺市	**9.50**	**79.22**	**11.28**	**26.47**	**174952**	**111507**
新抚区	8.79	78.76	12.45	26.71	22435	13777
东洲区	6.67	79.24	14.09	25.03	32586	20722
望花区	7.70	80.81	11.49	26.98	31652	19513
顺城区	8.90	79.27	11.82	26.95	40067	24950
抚顺县	12.19	77.79	10.02	24.73	12045	7973
新宾满族自治县	12.47	78.87	8.67	26.79	16636	11407
清原满族自治县	12.51	78.49	8.99	27.05	19531	13165
本溪市	**9.64**	**80.03**	**10.33**	**27.64**	**126653**	**79535**
平山区	9.18	79.35	11.47	27.70	28422	17145
溪湖区	7.51	80.81	11.68	26.19	21267	13883
明山区	9.58	79.58	10.84	27.98	31070	18510
南芬区	8.72	79.29	11.99	26.74	7035	4337
本溪满族自治县	11.42	79.33	9.25	27.53	20068	12990
桓仁满族自治县	10.50	81.57	7.93	28.63	18791	12670

老年人口的户数(户)		人口自然变动(‰)			迁入人口(人)		
有二个老　人	有三个及以上老人	出生率	死亡率	自　然增长率	本县(市)/本市市区	本省其他县(市)、市区	外　省
15660	**88**	**7.89**	**4.38**	**3.51**	**102925**	**176469**	**61763**
559		7.35	0.80	6.55	2367	40971	8445
4000	21	7.03	2.18	4.85	29824	70767	21769
500	4	6.50	5.15	1.35	4501	5636	2143
377	4	10.03	6.37	3.66	3125	4136	1400
1356	8	7.11	4.14	2.97	9418	13060	3048
772	2	9.23	3.13	6.10	10019	19603	5256
762	8	7.66	5.20	2.46	9028	9395	4932
3293	15	8.81	9.78	-0.97	7645	1352	2271
384	3	6.22	4.29	1.93	2409	1820	1342
959	4	6.90	6.66	0.24	7442	1978	1008
1186	6	6.39	4.61	1.78	7455	4594	3103
1512	13	10.93	4.60	6.33	9692	3157	7046
3538	**24**	**7.21**	**3.34**	**3.87**	**24881**	**18615**	**58295**
2776	18	7.37	3.27	4.10	21230	15748	39348
440	4	5.71	4.37	1.34	2499	487	4340
322	2	7.54	2.91	4.63	1152	2380	14607
1222706	**9812**	**6.05**	**6.43**	**-0.38**	**3899728**	**3623800**	**1786530**
230893	**1544**	**5.47**	**6.37**	**-0.90**	**727862**	**1254594**	**432615**
22962	265	5.17	7.23	-2.06	56140	89363	55137
26910	215	4.84	6.21	-1.37	92758	154793	53474
25211	139	5.21	6.13	-0.92	83411	109308	35304
30585	187	4.97	6.50	-1.53	96112	144025	50511
33507	147	5.48	6.49	-1.01	128597	145169	43274
12956	69	4.86	6.47	-1.61	65778	47659	23533
7816	45	6.34	3.94	2.40	17215	118262	50604
9049	33	4.24	5.59	-1.35	35863	111633	31161
15917	74	4.90	4.96	-0.06	33635	291506	64372
12202	80	6.32	8.05	-1.73	39301	12253	9270
7365	71	7.31	6.73	0.58	18569	4898	3325
10230	90	6.57	7.01	-0.44	17794	6426	3818
16183	129	6.77	7.12	-0.35	42689	19299	8832
204419	**1690**	**5.51**	**6.31**	**-0.80**	**544023**	**863325**	**783828**
13552	100	5.71	7.92	-2.21	28227	42826	33092
11662	52	5.20	7.71	-2.51	16346	56172	39858
24678	171	6.12	6.05	0.07	63294	114883	62608
32010	192	5.58	3.48	2.10	96403	343886	248026
8802	67	4.21	5.92	-1.71	25925	51691	77102
24651	132	5.07	5.70	-0.63	113616	196425	229717
2125	36	5.52	6.42	-0.90	1669	6577	15471
33591	316	6.24	8.50	-2.26	87482	27131	32985
25308	233	5.17	7.13	-1.96	45976	13899	26923
28040	391	5.47	7.61	-2.14	65085	9835	18046
106805	**829**	**5.96**	**6.70**	**-0.74**	**352622**	**182455**	**94556**
20607	171	4.57	6.42	-1.85	87158	38285	8366
9736	27	4.13	9.36	-5.23	32350	20876	3791
17079	70	4.04	7.14	-3.10	52334	29849	6253
7759	39	5.36	5.79	-0.43	20585	49472	22165
8068	64	7.46	7.43	0.03	20555	3721	2051
12212	159	8.84	7.15	1.69	21957	5514	3891
31344	299	6.29	5.92	0.37	117683	34738	48039
63037	**408**	**5.43**	**6.60**	**-1.17**	**166146**	**109731**	**31441**
8599	59	4.40	5.96	-1.56	10969	11585	2563
11773	91	3.44	7.04	-3.60	19727	8715	3258
12071	68	5.13	6.38	-1.25	39550	30547	10401
15026	91	4.28	4.93	-0.65	57365	43594	9136
4039	33	7.26	9.14	-1.88	5663	6958	949
5201	28	8.49	7.67	0.82	12972	4631	2474
6328	38	7.12	7.31	-0.19	19900	3701	2660
46721	**397**	**5.66**	**5.75**	**-0.09**	**167446**	**126586**	**46432**
11204	73	5.98	6.08	-0.10	33526	25920	7736
7338	46	4.77	5.14	-0.37	25530	29585	12702
12440	120	4.86	5.13	-0.27	52621	54472	11574
2678	20	4.52	6.83	-2.31	7249	1464	842
7015	63	6.03	5.72	0.31	25919	9886	4926
6046	75	7.00	6.44	0.56	22601	5259	8652

表3 续表 8

地区	各年龄组人口占总人口比重(%)				有65岁及以上	
	0-14岁	15-64岁	65岁及以上	15-49岁育龄妇女	合计	有一个老人
丹东市	**11.08**	**78.19**	**10.73**	**26.91**	**189006**	**119397**
元宝区	7.85	80.04	12.11	27.81	18624	11470
振兴区	8.73	78.95	12.33	27.25	40018	23543
振安区	9.64	78.87	11.49	27.47	15235	9743
宽甸满族自治县	13.07	77.09	9.85	25.64	29406	19124
东港市	11.70	78.68	9.63	27.44	43992	28366
凤城市	12.65	76.86	10.48	26.40	41731	27151
锦州市	**11.52**	**77.70**	**10.77**	**27.36**	**241158**	**149577**
古塔区	9.18	79.46	11.37	28.63	22905	13315
凌河区	9.37	78.09	12.53	28.58	35436	20320
太和区	11.14	79.91	8.95	30.23	25039	15221
黑山县	11.96	77.37	10.67	26.74	47800	30854
义县	12.88	76.61	10.51	26.11	30562	20052
凌海市	12.38	76.73	10.89	26.22	39790	24846
北镇市	12.42	76.92	10.66	26.33	39626	24969
营口市	**11.56**	**78.49**	**9.96**	**27.93**	**170729**	**102717**
站前区	8.90	79.19	11.91	28.40	25702	15142
西市区	8.39	79.02	12.59	27.25	14307	8294
鲅鱼圈区	12.67	80.17	7.16	30.30	21650	12763
老边区	11.12	80.07	8.81	27.45	7865	4868
盖州市	11.90	77.16	10.94	26.94	53704	32557
大石桥市	12.52	78.04	9.44	27.47	47501	29093
阜新市	**12.14**	**77.71**	**10.16**	**27.37**	**135362**	**87423**
海州区	9.29	78.26	12.45	28.23	24094	14719
新邱区	8.82	77.76	13.42	27.11	8098	5256
太平区	8.24	78.43	13.33	27.44	15735	9715
清河门区	11.79	77.12	11.09	27.77	4953	3172
细河区	9.86	80.62	9.52	29.39	13902	7902
阜新蒙古族自治县	14.45	77.07	8.48	26.82	43063	30058
彰武县	13.93	76.53	9.55	26.52	25517	16601
辽阳市	**11.88**	**78.01**	**10.11**	**27.22**	**133264**	**80586**
白塔区	9.89	78.99	11.12	29.75	17461	10199
文圣区	10.00	77.49	12.51	27.93	16793	9501
宏伟区	10.71	79.61	9.68	27.25	9515	5341
弓长岭区	10.31	78.48	11.21	26.66	7442	4730
太子河区	11.18	79.56	9.26	26.25	9058	5464
辽阳县	12.75	77.06	10.19	26.34	41681	25865
灯塔市	13.31	77.89	8.80	27.18	31314	19486
盘锦市	**12.71**	**79.25**	**8.04**	**29.14**	**80070**	**49411**
双台子区	12.57	79.49	7.94	30.55	11596	6797
兴隆台区	12.20	80.46	7.34	29.78	23572	13144
大洼县	12.80	79.31	7.89	28.89	25252	16803
盘山县	13.52	77.01	9.48	27.44	19650	12667
铁岭市	**12.77**	**77.96**	**9.27**	**27.43**	**184258**	**119327**
银州区	10.19	79.93	9.88	28.96	24954	14467
清河区	11.79	78.36	9.85	27.24	6292	3808
铁岭县	12.62	78.02	9.37	26.88	23589	15637
西丰县	13.23	78.59	8.18	27.43	18195	12743
昌图县	14.81	75.99	9.20	26.76	57600	38036
调兵山市	10.29	80.02	9.69	29.40	16585	9956
开原市	12.42	78.38	9.19	26.96	37043	24680
朝阳市	**15.61**	**74.51**	**9.88**	**26.52**	**219039**	**140043**
双塔区	13.64	77.45	8.91	30.27	25476	14313
龙城区	15.34	75.66	9.00	26.73	13509	8479
朝阳县	18.33	71.10	10.57	25.06	37931	24667
建平县	15.78	75.23	8.98	26.93	33809	22569
喀喇沁左翼蒙古族自治县	15.84	73.65	10.51	26.13	27772	18134
北票市	12.93	75.53	11.53	25.89	41367	26173
凌源市	16.82	73.88	9.30	25.39	39175	25708
葫芦岛市	**14.92**	**74.96**	**10.12**	**26.72**	**190263**	**118893**
连山区	12.79	76.44	10.77	27.57	46558	28534
龙港区	13.19	78.76	8.05	28.61	13443	7336
南票区	14.54	73.73	11.73	25.54	10306	6521
绥中县	15.19	74.71	10.09	25.92	41872	26582
建昌县	18.03	71.82	10.16	25.71	38866	25403
兴城市	14.90	75.14	9.96	27.03	39218	24517

老年人口的户数(户)		人口自然变动(‰)			迁入人口(人)		
有二个老人	有三个及以上老人	出生率	死亡率	自然增长率	本县(市)/本市市区	本省其他县(市)、市区	外省
68895	**714**	**5.13**	**6.93**	**-1.80**	**257157**	**147441**	**55991**
7063	91	4.26	5.85	-1.59	26006	32398	5270
16309	166	4.45	5.76	-1.31	65429	42807	12532
5452	40	4.74	7.21	-2.47	10439	29957	5456
10187	95	6.07	7.52	-1.45	36058	7389	11428
15467	159	4.67	6.82	-2.15	72681	21007	14152
14417	163	6.03	7.94	-1.91	46544	13883	7153
90594	**987**	**6.10**	**7.19**	**-1.09**	**215843**	**184685**	**39006**
9508	82	5.46	5.56	-0.10	21900	37064	6747
14976	140	5.61	6.52	-0.91	40830	38763	8266
9755	63	5.94	5.68	0.26	22946	74653	13038
16748	198	6.46	8.60	-2.14	34338	9389	2890
10367	143	6.63	7.76	-1.13	33873	4363	1448
14794	150	5.79	6.84	-1.05	30702	12181	3026
14446	211	6.44	7.99	-1.55	31254	8272	3591
67432	**580**	**6.25**	**5.69**	**0.56**	**288773**	**129902**	**93517**
10497	63	4.52	5.87	-1.35	37958	32960	10485
5971	42	4.00	5.91	-1.91	32275	12625	3738
8819	68	7.17	3.92	3.25	28192	41132	47851
2969	28	5.40	4.63	0.77	25986	11574	6089
20913	234	6.62	6.09	0.53	64714	15181	7691
18263	145	6.76	6.43	0.33	99648	16430	17663
47700	**239**	**6.27**	**7.14**	**-0.87**	**153007**	**92612**	**19651**
9327	48	4.48	5.74	-1.26	32636	20850	2747
2836	6	3.99	7.42	-3.43	13040	4994	569
6002	18	4.20	6.48	-2.28	21087	6692	1119
1778	3	4.76	8.28	-3.52	9174	2185	415
5965	35	4.31	4.12	0.19	23064	42363	7851
12915	90	7.64	7.97	-0.33	33403	11729	3559
8877	39	7.96	8.48	-0.52	20603	3799	3391
52071	**607**	**5.58**	**5.54**	**0.04**	**167626**	**157659**	**52971**
7219	43	5.01	4.08	0.93	29242	40954	6255
7235	57	6.11	5.91	0.20	14099	29182	3435
4154	20	4.86	3.98	0.88	15890	18193	5625
2703	9	5.17	6.68	-1.51	14900	6579	2329
3577	17	4.69	4.67	0.02	4410	28511	9889
15483	333	6.14	6.43	-0.29	32297	18105	13202
11700	128	5.53	5.49	0.04	56788	16135	12236
30415	**244**	**5.91**	**4.70**	**1.21**	**131849**	**111263**	**46804**
4762	37	4.88	3.86	1.02	46236	32304	8872
10364	64	5.42	3.07	2.35	54104	49905	22953
8373	76	6.88	5.23	1.65	22465	19957	10936
6916	67	6.00	7.18	-1.18	9044	9097	4043
64472	**459**	**6.13**	**6.25**	**-0.12**	**198470**	**58060**	**24167**
10407	80	4.91	4.47	0.44	49893	22883	5219
2472	12	5.38	7.29	-1.91	6794	4727	1168
7899	53	5.34	6.48	-1.14	12312	12165	3569
5416	36	6.46	5.91	0.55	11479	1031	1512
19400	164	7.24	6.98	0.26	43053	4298	7741
6591	38	5.44	6.26	-0.82	15167	6600	1883
12287	76	5.96	6.17	-0.21	59772	6356	3075
78526	**470**	**9.22**	**7.15**	**2.07**	**281704**	**100386**	**34051**
11116	47	7.17	4.91	2.26	71034	44885	5250
4987	43	9.48	5.48	4.00	19303	22854	2393
13155	109	10.83	7.54	3.29	9709	5447	1709
11181	59	8.96	7.76	1.20	38925	3861	6021
9594	44	9.30	7.94	1.36	31852	5128	2371
15100	94	7.85	7.72	0.13	57469	5984	3867
13393	74	10.62	7.55	3.07	53412	12227	12440
70726	**644**	**7.19**	**6.54**	**0.65**	**247200**	**105101**	**31500**
17898	126	5.59	5.55	0.04	76429	25107	7656
6078	29	6.28	3.86	2.42	30961	50932	10121
3758	27	6.37	9.85	-3.48	13496	2938	681
15149	141	7.12	7.46	-0.34	45681	5185	3050
13329	134	9.72	6.90	2.82	29496	3199	1832
14514	187	7.21	6.77	0.44	51137	17740	8160

表3 续表 9

地区	各年龄组人口占总人口比重(%)				有65岁及以上	
	0-14岁	15-64岁	65岁及以上	15-49岁育龄妇女	合计	有一个老人
吉林省	**11.99**	**79.63**	**8.38**	**29.39**	**1678527**	**1088121**
长春市	**12.00**	**79.95**	**8.05**	**30.30**	**444313**	**278219**
南关区	9.18	83.06	7.76	33.71	48098	28975
宽城区	11.94	80.30	7.77	29.19	38422	24618
朝阳区	8.13	82.95	8.92	31.97	50432	28208
二道区	11.66	80.79	7.55	31.52	33991	21778
绿园区	10.83	80.30	8.87	29.94	49835	28814
双阳区	12.80	79.53	7.68	30.12	21296	14117
农安县	13.30	78.54	8.16	29.36	56366	34901
九台市	13.50	78.05	8.45	28.77	38057	25241
榆树市	14.29	78.18	7.53	29.12	65723	45016
德惠市	14.37	77.87	7.76	29.20	42093	26551
吉林市	**11.07**	**79.61**	**9.33**	**28.72**	**300270**	**196809**
昌邑区	9.57	80.01	10.42	28.43	49233	30818
龙潭区	9.38	80.17	10.45	28.09	39817	25542
船营区	9.74	80.17	10.08	28.43	35837	23117
丰满区	9.92	80.60	9.47	31.07	19945	12254
永吉县	11.11	80.46	8.43	29.19	24552	16528
蛟河市	12.10	78.52	9.38	28.12	31389	21315
桦甸市	13.18	78.90	7.92	29.43	25108	17080
舒兰市	12.25	78.83	8.92	28.62	42742	28369
磐石市	12.40	79.29	8.31	28.36	31647	21786
四平市	**12.93**	**79.04**	**8.04**	**29.21**	**196204**	**123963**
铁西区	9.99	80.78	9.23	32.05	17579	9592
铁东区	11.00	79.69	9.31	28.37	22208	13481
梨树县	14.39	78.04	7.57	28.39	42662	27646
伊通满族自治县	13.76	79.00	7.24	28.76	25904	17699
公主岭市	12.27	79.45	8.28	29.68	64859	40136
双辽市	14.44	78.19	7.37	28.79	22992	15409
辽源市	**11.85**	**79.56**	**8.59**	**28.40**	**75474**	**51154**
龙山区	10.92	79.82	9.26	29.11	19603	12277
西安区	7.71	80.85	11.45	27.75	15014	9797
东丰县	13.96	78.34	7.70	27.90	20829	14635
东辽县	12.61	79.93	7.46	28.64	20028	14445
通化市	**11.63**	**80.10**	**8.27**	**28.74**	**141660**	**93789**
东昌区	9.77	80.38	9.85	29.41	25162	15168
二道江区	9.74	79.82	10.44	27.90	11197	7226
通化县	11.43	81.01	7.56	28.08	14226	10074
辉南县	13.37	78.47	8.16	28.33	21817	15086
柳河县	12.21	80.69	7.10	29.56	19584	13754
梅河口市	11.84	80.54	7.62	29.03	34014	21687
集安市	11.78	79.28	8.93	27.49	15660	10794
白山市	**11.35**	**78.33**	**10.32**	**28.19**	**98285**	**64701**
浑江区	11.09	79.76	9.15	29.09	24149	15620
江源区	9.51	78.45	12.04	27.64	22652	15014
抚松县	12.50	76.63	10.86	28.00	23669	15291
靖宇县	12.75	78.68	8.57	28.45	8332	5632
长白朝鲜族自治县	12.33	77.99	9.68	27.37	5229	3537
临江市	11.10	77.98	10.92	27.60	14254	9607
松原市	**14.33**	**79.15**	**6.51**	**30.37**	**138000**	**90299**
宁江区	13.39	80.07	6.54	30.79	28556	17689
前郭尔罗斯蒙古族自治县	14.91	78.87	6.22	30.71	28109	18704
长岭县	14.56	79.19	6.26	30.95	29501	19297
乾安县	12.56	81.13	6.31	31.14	14043	9238
扶余县	15.19	77.77	7.04	28.90	37791	25371
白城市	**12.48**	**79.54**	**7.98**	**29.13**	**119669**	**78963**
洮北区	12.05	79.60	8.35	29.84	31167	19747
镇赉县	12.12	80.12	7.76	28.03	17213	11610
通榆县	13.95	79.13	6.92	29.83	18389	12523
洮南市	13.06	78.93	8.01	28.94	26239	18199
大安市	11.45	80.01	8.54	28.63	26661	16884
延边朝鲜族自治州	**9.75**	**80.41**	**9.84**	**28.71**	**164652**	**110224**
延吉市	10.04	81.01	8.95	30.74	35943	23161
图们市	6.78	81.53	11.69	26.88	11514	7688
敦化市	11.56	78.67	9.77	28.61	34517	22378

老年人口的户数(户)		人口自然变动(‰)			迁入人口(人)		
有二个老　人	有三个及以上老人	出生率	死亡率	自　然增长率	本县(市)/本市市区	本省其他县(市)、市区	外　省
585107	**5299**	**6.46**	**4.94**	**1.52**	**2604239**	**1401439**	**456499**
164541	**1553**	**6.37**	**4.95**	**1.42**	**791561**	**755179**	**215044**
18990	133	5.10	3.96	1.14	114320	206903	53977
13680	124	6.38	4.95	1.43	64880	125107	30024
22026	198	4.32	4.29	0.03	120920	110617	40328
12129	84	5.71	4.08	1.63	80136	91902	28309
20877	144	5.60	4.64	0.96	128542	183397	41226
7091	88	6.34	4.31	2.03	28451	14740	7926
21139	326	7.73	6.07	1.66	33676	3756	1115
12713	103	7.56	5.52	2.04	59233	6774	3201
20497	210	7.14	5.47	1.67	83269	4470	4798
15399	143	7.57	5.46	2.11	78134	7513	4140
102600	**861**	**5.86**	**4.29**	**1.57**	**471297**	**199807**	**54798**
18276	139	5.01	3.81	1.20	92457	58075	12499
14178	97	4.70	4.08	0.62	58545	30121	10498
12625	95	4.33	3.27	1.06	60869	31618	8047
7622	69	4.71	3.39	1.32	29235	49985	10163
7917	107	6.22	4.62	1.60	29665	7975	1320
9978	96	6.32	4.93	1.39	47447	5902	3188
7980	48	6.86	4.66	2.20	46240	4137	2504
14242	131	7.17	4.55	2.62	53850	3737	3261
9782	79	7.13	5.17	1.96	52989	8257	3318
71561	**680**	**6.79**	**4.89**	**1.90**	**207882**	**53904**	**16917**
7922	65	4.86	4.18	0.68	24997	18432	4463
8679	48	4.58	4.21	0.37	52317	16259	5349
14898	118	7.42	5.16	2.26	41918	3353	2066
8125	80	6.80	5.12	1.68	18732	5273	632
24425	298	7.36	4.93	2.43	55592	9446	2674
7512	71	7.17	5.02	2.15	14326	1141	1733
24147	**173**	**6.19**	**5.55**	**0.64**	**101740**	**28147**	**5648**
7283	43	5.28	4.88	0.40	50462	14955	2003
5188	29	3.67	4.01	-0.34	22166	6386	541
6150	44	7.84	6.00	1.84	15159	4640	2184
5526	57	6.57	6.45	0.12	13953	2166	920
47384	**487**	**7.10**	**5.69**	**1.41**	**187899**	**36166**	**26840**
9891	103	4.30	4.78	-0.48	51611	11893	4882
3934	37	5.03	5.52	-0.49	14280	2723	2055
4119	33	6.34	5.84	0.50	14467	8230	11409
6659	72	8.65	7.03	1.62	17530	4923	2335
5762	68	8.06	5.17	2.89	13383	1939	1417
12203	124	8.32	5.82	2.50	45669	3843	2320
4816	50	6.46	5.41	1.05	30959	2615	2422
33296	**288**	**5.45**	**4.47**	**0.98**	**164132**	**37303**	**19212**
8436	93	5.21	4.31	0.90	90604	14559	4306
7567	71	4.28	4.15	0.13	23456	6106	4091
8310	68	5.46	3.37	2.09	14327	5595	5797
2678	22	7.68	5.83	1.85	8935	5321	2238
1685	7	7.63	7.36	0.27	4380	1344	1365
4620	27	5.08	4.92	0.16	22430	4378	1415
47313	**388**	**7.78**	**4.30**	**3.48**	**258776**	**110582**	**14662**
10758	109	6.35	3.08	3.27	129404	76101	7068
9336	69	7.82	4.18	3.64	55874	22395	3177
10134	70	9.62	5.10	4.52	23989	3451	1262
4768	37	6.58	3.85	2.73	14602	2494	385
12317	103	7.84	4.91	2.93	34907	6141	2770
40428	**278**	**6.48**	**5.31**	**1.17**	**191096**	**34997**	**18780**
11352	68	6.09	5.51	0.58	84911	23913	11095
5567	36	6.64	5.32	1.32	12359	3221	2139
5823	43	6.87	5.17	1.70	15288	1790	1197
7996	44	6.69	5.12	1.57	38537	3516	2820
9690	87	6.28	5.39	0.89	40001	2557	1529
53837	**591**	**5.79**	**5.91**	**-0.12**	**229856**	**145354**	**84598**
12642	140	5.95	5.79	0.16	91274	102094	42946
3734	92	4.33	8.44	-4.11	9151	2183	2115
12059	80	6.15	5.39	0.76	47297	6924	4816

表3 续表 10

地　区	各年龄组人口占总人口比重(%)				有65岁及以上	
	0-14岁	15-64岁	65岁及以上	15-49岁育龄妇女	合计	有一个老　人
珲春市	9.85	82.45	7.69	29.42	13898	9515
龙井市	6.69	80.47	12.84	25.71	17138	12057
和龙市	7.70	80.95	11.35	26.74	16421	11591
汪清县	9.37	80.14	10.50	28.24	20102	13679
安图县	11.32	79.63	9.05	28.80	15119	10155
黑龙江省	**11.94**	**79.78**	**8.28**	**29.52**	**2305384**	**1486670**
哈尔滨市	**11.00**	**80.91**	**8.09**	**29.94**	**624666**	**402469**
道里区	7.95	81.92	10.13	28.60	65941	40886
南岗区	8.21	83.03	8.76	31.68	82514	49131
道外区	8.96	81.84	9.20	28.69	61836	41304
平房区	9.24	77.97	12.79	27.15	17058	9977
松北区	10.11	83.49	6.40	31.61	10897	7041
香坊区	8.69	81.44	9.87	31.08	63881	38359
呼兰区	11.11	82.78	6.11	33.51	34693	23519
阿城区	11.34	80.81	7.84	29.45	34156	22844
依兰县	14.49	77.85	7.66	28.72	22288	15198
方正县	13.15	79.80	7.04	29.51	10754	7398
宾县	14.14	78.86	7.01	28.67	29274	20349
巴彦县	13.77	79.57	6.66	29.59	29613	20291
木兰县	12.87	80.44	6.70	29.85	13953	9465
通河县	14.23	78.18	7.58	28.34	11712	7580
延寿县	13.03	80.32	6.66	29.31	12020	8157
双城市	12.45	80.66	6.90	29.70	42323	28105
尚志市	12.70	79.41	7.88	28.88	33808	21736
五常市	13.01	79.50	7.49	29.40	47945	31129
齐齐哈尔市	**13.10**	**78.69**	**8.21**	**29.11**	**325557**	**217445**
龙沙区	8.17	80.85	10.97	28.68	27771	16953
建华区	9.20	81.80	9.00	31.90	18127	11125
铁锋区	7.42	80.47	12.11	26.67	27345	16314
昂昂溪区	10.58	79.13	10.29	26.58	6001	3826
富拉尔基区	8.72	79.24	12.05	27.45	21953	13417
碾子山区	9.05	79.08	11.87	26.47	6349	4187
梅里斯达斡尔族区	14.35	78.56	7.09	28.96	9028	6370
龙江县	15.55	77.44	7.02	28.59	30533	21403
依安县	13.68	79.18	7.14	29.86	25529	17208
泰来县	13.50	79.13	7.38	28.77	16858	11700
甘南县	14.70	78.21	7.08	29.68	19526	13291
富裕县	13.89	78.75	7.35	28.72	15343	10550
克山县	14.66	77.34	7.99	29.21	24135	16409
克东县	16.52	77.09	6.38	30.26	13036	9462
拜泉县	13.63	79.65	6.72	30.47	26476	18449
讷河市	15.88	76.33	7.79	28.93	37547	26781
鸡西市	**10.90**	**78.97**	**10.13**	**28.42**	**136591**	**86653**
鸡冠区	10.05	80.63	9.32	30.17	23991	14443
恒山区	8.97	78.72	12.31	27.96	14499	9328
滴道区	8.91	78.96	12.13	26.76	9305	6161
梨树区	9.31	77.83	12.86	26.57	7262	4737
城子河区	9.39	79.97	10.65	28.72	9919	6395
麻山区	11.16	77.47	11.37	27.36	2623	1830
鸡东县	12.54	79.07	8.39	27.99	17038	11375
虎林市	11.45	77.76	10.79	28.20	24307	14508
密山市	12.15	78.49	9.36	28.23	27647	17876
鹤岗市	**10.82**	**78.97**	**10.21**	**29.07**	**75489**	**45002**
向阳区	9.19	78.76	12.05	29.16	9184	5218
工农区	10.39	80.39	9.23	31.18	9171	5445
南山区	10.08	79.42	10.50	29.55	8840	5303
兴安区	10.38	80.21	9.40	28.84	4996	3062
东山区	10.07	78.77	11.16	28.17	13443	7764
兴山区	9.66	78.62	11.72	28.38	3795	2353
萝北县	11.43	77.93	10.63	28.47	16439	9805
绥滨县	13.19	78.71	8.10	28.94	9621	6052
双鸭山市	**11.90**	**78.96**	**9.14**	**29.12**	**95833**	**60070**
尖山区	10.33	79.45	10.21	30.32	17658	10395
岭东区	8.96	78.47	12.57	27.03	5354	3496
四方台区	11.29	79.48	9.23	29.15	4303	2846

老年人口的户数(户)		人口自然变动(‰)			迁入人口(人)		
有二个老人	有三个及以上老人	出生率	死亡率	自然增长率	本县(市)/本市市区	本省其他县(市)、市区	外省
4343	40	5.79	4.78	1.01	26516	14161	20449
5011	70	4.02	8.50	-4.48	9503	7580	3345
4775	55	5.68	6.70	-1.02	8979	3171	3236
6369	54	6.66	6.34	0.32	28820	2503	3195
4904	60	6.02	3.83	2.19	8316	6738	4496
811399	**7315**	**6.50**	**5.05**	**1.45**	**2800727**	**2250704**	**506397**
219966	**2231**	**6.16**	**4.73**	**1.43**	**937126**	**939105**	**194759**
24705	350	3.39	3.94	-0.55	149552	97198	20852
33133	250	3.94	4.19	-0.25	179207	246867	57415
20369	163	4.68	5.42	-0.74	128230	136811	23220
7064	17	3.96	6.24	-2.28	28951	19035	4861
3840	16	5.46	3.58	1.88	8684	70138	13369
25378	144	4.67	4.62	0.05	87525	211631	35001
11069	105	6.25	3.43	2.82	68583	113546	19593
11218	94	7.40	5.59	1.81	78548	9559	2716
7032	58	7.88	6.43	1.45	25010	5145	1575
3326	30	9.01	6.49	2.52	12809	3360	746
8875	50	7.59	3.74	3.85	31453	8719	1279
9262	60	7.91	4.66	3.25	25110	3485	1184
4449	39	7.88	5.10	2.78	14907	884	198
4102	30	8.71	5.58	3.13	5034	2371	593
3825	38	7.90	5.00	2.90	13705	1217	422
14092	126	8.24	5.21	3.03	24396	4493	6482
11956	116	7.31	5.23	2.08	20766	2500	1862
16271	545	7.43	4.63	2.80	34656	2146	3391
107258	**854**	**7.06**	**4.78**	**2.28**	**314478**	**98787**	**47908**
10707	111	3.16	3.38	-0.22	29862	18725	9493
6945	57	4.02	4.47	-0.45	27916	25517	6676
10874	157	3.77	4.64	-0.87	26265	14022	4154
2170	5	4.85	6.27	-1.42	5499	3107	1145
8486	50	4.94	6.12	-1.18	15911	2606	1436
2161	1	4.16	8.93	-4.77	2353	1029	512
2640	18	5.92	4.08	1.84	8823	5604	1672
9054	76	8.10	5.24	2.86	17921	2563	3184
8232	89	5.82	3.48	2.34	35321	3268	7600
5117	41	7.86	4.58	3.28	9735	2755	3487
6191	44	9.94	5.27	4.67	10706	1347	2317
4772	21	7.66	4.53	3.13	16016	5948	1257
7691	35	9.03	5.24	3.79	16514	2300	616
3559	15	7.00	3.80	3.20	22517	2828	702
7972	55	9.52	4.22	5.30	18407	1383	480
10687	79	8.62	5.85	2.77	50712	5785	3177
49608	**330**	**5.11**	**5.26**	**-0.15**	**166626**	**97999**	**34594**
9489	59	4.63	3.37	1.26	50867	20214	6201
5146	25	4.13	5.77	-1.64	7190	2394	2227
3129	15	4.46	5.46	-1.00	7377	1467	955
2519	6	7.05	4.44	2.61	4731	1146	1215
3512	12	3.64	5.30	-1.66	13674	7052	3082
787	6	5.95	5.55	0.40	1963	1255	286
5619	44	5.54	5.29	0.25	22610	11134	5221
9734	65	4.93	5.49	-0.56	26587	33029	9696
9673	98	5.95	6.64	-0.69	31627	20308	5711
30158	**329**	**7.78**	**6.08**	**1.70**	**77755**	**62738**	**15973**
3898	68	7.13	7.34	-0.21	9838	6178	795
3707	19	6.43	5.71	0.72	14032	2777	703
3525	12	10.20	3.91	6.29	6968	5363	2282
1926	8	8.45	8.18	0.27	2664	3292	1776
5543	136	7.91	6.54	1.37	11505	18377	2766
1436	6	6.91	8.89	-1.98	6543	2372	1490
6586	48	7.42	5.10	2.32	15575	19657	4493
3537	32	7.88	6.22	1.66	10630	4722	1668
35481	**282**	**5.37**	**5.32**	**0.05**	**118255**	**87678**	**20195**
7212	51	4.94	5.64	-0.70	34298	7304	1440
1848	10	3.11	5.45	-2.34	2381	4583	1919
1445	12	5.33	6.21	-0.88	3961	8879	2067

表3 续表 11

地 区	各年龄组人口占总人口比重(%)				有65岁及以上	
	0-14岁	15-64岁	65岁及以上	15-49岁育龄妇女	合计	有一个老 人
宝山区	9.30	80.27	10.42	29.23	9707	6005
集贤县	13.26	79.14	7.60	28.67	16896	11309
友谊县	10.45	78.54	11.01	27.80	8421	4984
宝清县	13.28	78.08	8.64	29.25	24938	15646
饶河县	12.86	79.23	7.91	29.32	8556	5389
大庆市	**12.97**	**80.09**	**6.94**	**30.72**	**145847**	**92425**
萨尔图区	11.96	80.88	7.16	31.35	16478	9719
龙凤区	11.69	82.05	6.26	32.40	15539	9435
让胡路区	12.24	80.72	7.04	31.88	27605	15937
红岗区	10.79	81.92	7.29	30.02	8861	5491
大同区	13.67	79.87	6.47	30.69	11104	7348
肇州县	13.76	79.21	7.03	29.78	19991	12991
肇源县	14.08	78.73	7.19	29.79	20843	13893
林甸县	14.48	78.69	6.83	29.69	12465	8510
杜尔伯特蒙古族自治县	14.21	78.55	7.25	29.28	12961	9101
伊春市	**9.49**	**78.91**	**11.60**	**28.22**	**96515**	**60849**
伊春区	9.44	79.81	10.75	29.42	11266	7091
南岔区	7.85	79.02	13.14	27.19	11158	6819
友好区	8.04	77.92	14.04	28.01	5335	3251
西林区	9.22	81.37	9.41	27.67	3670	2395
翠峦区	8.10	79.86	12.04	29.05	3969	2563
新青区	8.83	78.71	12.46	29.09	3869	2478
美溪区	6.99	77.92	15.09	24.81	4221	2279
金山屯区	7.62	79.85	12.52	28.57	3512	2131
五营区	8.43	77.99	13.58	26.97	3409	2228
乌马河区	8.32	79.99	11.69	26.80	2725	1791
汤旺河区	9.24	78.60	12.16	28.04	2751	1740
带岭区	7.25	79.30	13.45	27.53	3143	1985
乌伊岭区	9.23	78.37	12.40	28.18	1936	1266
红星区	8.59	76.40	15.01	26.69	2439	1605
上甘岭区	7.28	77.50	15.22	26.87	2151	1383
嘉荫县	13.88	77.91	8.21	28.45	4181	2753
铁力市	10.87	78.63	10.50	28.80	26780	17091
佳木斯市	**12.47**	**79.96**	**7.56**	**29.24**	**140505**	**90691**
向阳区	9.79	81.59	8.62	31.29	14307	8651
前进区	8.54	80.76	10.70	29.40	12502	6935
东风区	9.14	82.02	8.84	29.08	10426	6612
郊区	11.12	81.46	7.42	29.37	17551	12257
桦南县	13.94	78.60	7.46	29.35	25784	16894
桦川县	14.00	78.66	7.34	28.08	10702	6849
汤原县	12.20	79.02	8.77	27.76	16765	11364
抚远县	14.60	81.53	3.87	29.69	3584	2296
同江市	14.63	79.55	5.82	29.76	7395	4684
富锦市	14.03	79.27	6.70	28.98	21489	14149
七台河市	**13.06**	**80.08**	**6.86**	**29.60**	**47414**	**32564**
新兴区	12.04	80.82	7.14	29.36	12455	8290
桃山区	13.19	80.96	5.84	31.55	9797	6362
茄子河区	13.63	80.74	5.63	30.00	6633	4679
勃利县	13.48	78.48	8.05	28.09	18529	13233
牡丹江市	**11.26**	**79.07**	**9.67**	**29.05**	**192103**	**120844**
东安区	9.70	80.06	10.25	28.29	14492	8768
阳明区	11.21	78.51	10.29	27.86	17472	10922
爱民区	8.14	81.36	10.50	32.73	19969	11492
西安区	10.46	78.83	10.71	28.86	19216	12030
东宁县	13.14	77.76	9.10	27.78	13251	8443
林口县	11.68	79.59	8.73	28.87	24112	16398
绥芬河市	14.53	81.28	4.19	32.90	4024	2572
海林市	10.62	78.40	10.98	28.20	30891	19174
宁安市	12.25	78.44	9.30	28.84	29223	19295
穆棱市	12.10	77.99	9.92	28.08	19453	11750
黑河市	**12.91**	**78.86**	**8.23**	**29.07**	**101399**	**68900**
爱辉区	11.68	80.55	7.76	29.86	12063	7893
嫩江县	13.79	78.24	7.97	29.20	28454	19337
逊克县	13.74	79.07	7.19	29.23	5379	3593
孙吴县	14.23	79.02	6.75	29.13	5131	3512

老年人口的户数(户)		人口自然变动(‰)			迁入人口(人)		
有二个老人	有三个及以上老人	出生率	死亡率	自然增长率	本县(市)/本市市区	本省其他县(市)、市区	外省
3667	35	3.55	5.90	-2.35	5398	5293	1872
5538	49	5.30	5.51	-0.21	23232	16823	2815
3407	30	3.75	5.06	-1.31	12854	7439	1086
9228	64	6.48	5.01	1.47	29429	14177	5159
3136	31	6.97	4.50	2.47	6702	23180	3837
53048	**374**	**6.88**	**4.19**	**2.69**	**207917**	**346104**	**60975**
6687	72	6.71	6.42	0.29	27846	85999	17351
6060	44	6.22	2.56	3.66	20259	97871	16038
11588	80	5.70	3.10	2.60	59780	90667	13645
3349	21	4.02	3.35	0.67	10343	39672	6676
3720	36	6.32	4.33	1.99	18606	14630	2142
6964	36	7.69	4.75	2.94	25457	5472	656
6912	38	8.07	4.42	3.65	17658	3965	1688
3933	22	7.96	4.74	3.22	15311	3005	760
3835	25	9.11	4.74	4.37	12657	4823	2019
35408	**258**	**2.91**	**5.38**	**-2.47**	**51116**	**39222**	**5946**
4146	29	2.12	2.66	-0.54	7539	10684	1326
4320	19	2.19	6.90	-4.71	6544	3668	485
2071	13	2.29	5.60	-3.31	5537	2601	322
1264	11	2.35	3.30	-0.95	1297	1010	195
1402	4	1.95	6.68	-4.73	1653	635	171
1382	9	2.13	6.69	-4.56	3983	868	176
1920	22	2.26	5.50	-3.24	534	11	135
1373	8	2.67	5.80	-3.13	619	262	107
1179	2	2.05	8.27	-6.22	1158	818	174
929	5	3.05	7.84	-4.79	2054	2338	203
1006	5	2.09	7.08	-4.99	910	706	124
1155	3	2.32	8.56	-6.24	460	689	96
661	9	1.65	6.42	-4.77	989	48	71
832	2	2.74	8.31	-5.57	455	374	78
744	24	1.53	8.69	-7.16	901	269	73
1419	9	6.62	5.61	1.01	5288	7055	1019
9605	84	3.62	4.45	-0.83	11195	7186	1191
49395	**419**	**6.51**	**5.30**	**1.21**	**222043**	**122448**	**20387**
5620	36	4.37	5.46	-1.09	25835	32205	5258
5520	47	5.87	5.26	0.61	10795	11258	713
3779	35	6.44	5.04	1.40	10023	5327	937
5244	50	7.10	5.15	1.95	44500	4396	1319
8796	94	7.30	5.31	1.99	30294	2154	1116
3814	39	7.18	5.16	2.02	14056	4870	1034
5368	33	6.25	5.19	1.06	13207	5951	1650
1275	13	7.18	5.24	1.94	22200	17695	2215
2699	12	6.72	5.49	1.23	16867	19795	2505
7280	60	6.25	5.47	0.78	34266	18797	3640
14717	**133**	**7.09**	**4.86**	**2.23**	**105629**	**115893**	**20883**
4114	51	7.03	4.79	2.24	22398	33686	7714
3412	23	6.99	4.15	2.84	30898	51559	5943
1935	19	7.11	4.77	2.34	17853	24191	5467
5256	40	7.19	5.51	1.68	34480	6457	1759
70438	**821**	**6.20**	**4.99**	**1.21**	**197039**	**184889**	**44458**
5697	27	5.19	5.36	-0.17	16284	16251	2735
6495	55	5.93	4.65	1.28	11531	15511	3137
8350	127	5.61	5.03	0.58	24071	42186	8076
7131	55	5.98	5.27	0.71	27649	18053	3227
4782	26	6.49	6.51	-0.02	17840	17444	7190
7582	132	6.51	4.64	1.87	20388	1974	1721
1441	11	7.12	2.07	5.05	2760	61918	11579
11590	127	6.45	5.04	1.41	29734	6233	2489
9802	126	6.46	5.26	1.20	28065	4103	2452
7568	135	6.08	5.00	1.08	18717	1216	1852
32238	**261**	**7.00**	**5.59**	**1.41**	**139977**	**82819**	**20351**
4145	25	5.81	4.65	1.16	25942	22724	4867
9031	86	7.97	6.64	1.33	38676	18426	8162
1778	8	6.31	4.02	2.29	8506	6993	959
1608	11	7.11	3.96	3.15	10919	9947	1251

表3 续表 12

地 区	各年龄组人口占总人口比重(%) 0-14岁	15-64岁	65岁及以上	15-49岁育龄妇女	有65岁及以上 合计	有一个老人
北安市	12.08	78.65	9.27	29.06	29857	20437
五大连池市	12.78	78.88	8.34	28.30	20515	14128
绥化市	**12.95**	**79.75**	**7.30**	**29.87**	**288703**	**185582**
北林区	12.31	79.93	7.76	29.54	49228	30968
望奎县	12.56	79.62	7.82	30.06	26138	16814
兰西县	15.39	77.63	6.98	30.85	22137	14904
青冈县	12.14	80.84	7.02	30.18	23929	14892
庆安县	13.35	79.98	6.67	29.53	18610	11767
明水县	12.84	80.31	6.85	29.96	16130	10520
绥棱县	12.22	79.63	8.15	29.70	19618	12503
安达市	12.66	79.88	7.46	29.51	25989	17107
肇东市	13.12	79.82	7.07	30.07	45633	28035
海伦市	13.19	79.66	7.15	29.59	41291	28072
大兴安岭地区	**10.34**	**80.52**	**9.15**	**28.72**	**34762**	**23176**
加格达奇	10.95	79.50	9.55	29.45	10777	6946
松岭区	9.32	81.71	8.97	24.74	2267	1536
新林区	8.92	79.69	11.38	28.81	4436	3106
呼中区	8.58	81.92	9.51	26.13	3231	2198
呼玛县	12.52	80.33	7.15	28.50	2866	2046
塔河县	9.72	80.19	10.09	29.01	6850	4482
漠河县	10.74	82.16	7.10	30.15	4335	2862
上海市	**8.61**	**81.26**	**10.13**	**29.14**	**1619298**	**976043**
市辖区	**8.63**	**81.49**	**9.88**	**29.37**	**1533033**	**926128**
黄浦区	7.04	79.93	13.03	27.22	41535	27653
卢湾区	6.41	77.31	16.28	25.97	28973	18053
徐汇区	7.30	78.53	14.17	27.37	106245	61993
长宁区	6.94	78.93	14.13	28.60	66994	39028
静安区	6.82	76.80	16.38	26.43	28544	17426
普陀区	7.15	80.73	12.12	26.95	110074	67856
闸北区	7.05	80.24	12.71	26.03	75397	47729
虹口区	6.88	78.93	14.19	25.84	85801	53433
杨浦区	6.48	80.15	13.37	25.76	122555	75007
闵行区	9.42	82.80	7.79	31.65	130655	77736
宝山区	8.88	82.62	8.50	28.44	113233	69427
嘉定区	8.45	84.33	7.22	31.37	72171	42672
浦东新区	9.49	81.36	9.16	29.56	317865	190067
金山区	9.46	79.64	10.91	28.77	54926	32249
松江区	9.33	84.60	6.07	34.18	65964	39686
青浦区	9.74	83.23	7.02	31.97	53001	31738
奉贤区	10.87	81.03	8.10	30.44	59100	34375
县	**8.15**	**73.96**	**17.90**	**21.96**	**86265**	**49915**
崇明县	8.15	73.96	17.90	21.96	86265	49915
江苏省	**13.01**	**76.11**	**10.88**	**28.93**	**6147499**	**3888399**
南京市	**9.51**	**81.30**	**9.18**	**30.84**	**528927**	**338548**
玄武区	8.04	83.24	8.72	31.86	39015	22507
白下区	8.60	80.41	10.99	30.17	46669	28427
秦淮区	8.35	82.66	8.98	30.11	25811	16539
建邺区	10.29	82.32	7.38	30.38	22504	14505
鼓楼区	8.74	81.54	9.72	32.77	54484	30682
下关区	8.06	82.11	9.83	28.69	31431	20212
浦口区	9.69	82.42	7.89	31.57	40521	25822
栖霞区	7.56	85.30	7.14	34.56	32902	20615
雨花台区	9.90	82.82	7.28	29.78	20398	12941
江宁区	10.01	82.10	7.88	31.98	67032	45528
六合区	10.98	78.55	10.47	28.86	70089	46056
溧水县	11.67	77.28	11.05	28.27	34847	24303
高淳县	12.16	74.24	13.60	27.64	43224	30411
无锡市	**10.30**	**80.22**	**9.48**	**29.90**	**431478**	**270291**
崇安区	10.06	79.41	10.53	29.48	16677	9969
南长区	9.82	77.70	12.48	28.17	32780	19422
北塘区	10.15	79.42	10.43	28.77	24929	15425
锡山区	10.19	81.76	8.05	31.26	39201	24587
惠山区	10.77	81.59	7.64	30.42	38287	24815
滨湖区	9.40	82.43	8.17	31.48	70194	42711
江阴市	10.91	79.80	9.29	30.19	105657	65562
宜兴市	10.42	78.09	11.49	27.83	103753	67800

老年人口的户数(户)		人口自然变动(‰)			迁入人口(人)		
有二个老人	有三个及以上老人	出生率	死亡率	自然增长率	本县(市)/本市市区	本省其他县(市)、市区	外省
9350	70	7.58	6.07	1.51	34922	10317	1972
6326	61	5.73	4.96	0.77	21012	14412	3140
102222	**899**	**7.77**	**5.82**	**1.95**	**232200**	**32918**	**7204**
18097	163	8.00	6.32	1.68	45611	12486	2417
9237	87	8.89	5.84	3.05	13665	854	379
7187	46	7.99	6.41	1.58	14131	1961	323
8937	100	6.92	4.45	2.47	13548	866	542
6790	53	8.35	5.87	2.48	15564	942	176
5575	35	10.58	6.76	3.82	14735	1385	257
7037	78	5.19	3.78	1.41	17168	1349	285
8829	53	6.72	5.48	1.24	29960	7553	985
17430	168	7.19	6.02	1.17	41516	2479	1076
13103	116	8.23	6.20	2.03	26302	3043	764
11462	**124**	**4.50**	**4.73**	**-0.23**	**30566**	**40104**	**12764**
3811	20	5.07	4.50	0.57	18063	13657	4829
725	6	2.74	6.57	-3.83	820	6146	832
1314	16	3.10	6.36	-3.26	786	1651	678
1019	14	3.57	4.44	-0.87	482	2004	387
814	6	5.59	4.34	1.25	2875	6020	1703
2343	25	4.00	4.38	-0.38	4197	6042	1829
1436	37	5.42	4.23	1.19	3343	4584	2506
634555	**8700**	**5.58**	**4.96**	**0.62**	**1669287**	**2039029**	**8977000**
598616	**8289**	**5.61**	**4.84**	**0.77**	**1638648**	**2026114**	**8826000**
13708	174	4.86	12.81	-7.95	23607	37471	132510
10696	224	4.63	10.78	-6.15	14604	32717	54000
43620	632	5.16	6.52	-1.36	91334	116687	279531
27607	359	5.09	6.77	-1.68	51403	81225	175385
10879	239	4.93	11.07	-6.14	12959	30026	57245
41703	515	4.43	5.80	-1.37	105908	178576	362977
27295	373	4.98	7.20	-2.22	65562	116684	199969
31955	413	5.02	8.12	-3.10	77321	105405	196105
47051	497	4.56	6.78	-2.22	146481	141910	275303
52120	799	6.49	3.03	3.46	83593	313700	1203693
43282	524	5.51	3.86	1.65	74258	291307	766116
29022	477	4.89	3.24	1.65	79641	93442	828199
126221	1577	6.40	4.02	2.38	441584	341240	2024277
22304	373	5.02	5.30	-0.28	46901	20920	201126
25816	462	5.70	2.85	2.85	124551	69801	937412
20966	297	6.16	3.14	3.02	80245	21407	604984
24371	354	5.89	4.07	1.82	118696	33596	527168
35939	**411**	**4.74**	**8.99**	**-4.25**	**30639**	**12915**	**151000**
35939	411	4.74	8.99	-4.25	30639	12915	151000
2223808	**35292**	**8.72**	**6.23**	**2.49**	**4545030**	**6302536**	**7379253**
188418	**1961**	**6.16**	**4.58**	**1.58**	**494558**	**1380646**	**867453**
16355	153	5.13	3.04	2.09	27088	124662	74004
18045	197	5.14	4.37	0.77	42668	115379	70954
9184	88	6.00	4.42	1.58	24441	109025	86895
7908	91	7.61	3.09	4.52	22726	134373	75657
23534	268	5.35	3.26	2.09	50361	150613	82305
11133	86	5.42	4.57	0.85	25347	99511	72499
14548	151	6.47	4.61	1.86	39435	114441	71883
12169	118	4.70	3.45	1.25	26491	179551	83510
7398	59	6.58	3.32	3.26	30252	120188	77154
21271	233	6.40	4.87	1.53	79453	170547	91865
23763	270	6.64	6.14	0.50	74546	43323	43498
10400	144	7.81	7.05	0.76	31609	13251	27640
12710	103	8.17	7.81	0.36	20141	5782	9589
159183	**2004**	**5.10**	**5.10**	**0.00**	**333654**	**850386**	**1290813**
6623	85	5.59	6.00	-0.41	13649	51741	39105
13234	124	5.15	5.58	-0.43	26320	75134	45141
9406	98	5.51	5.14	0.37	23192	68388	57858
14371	243	5.02	4.48	0.54	26436	100987	196440
13297	175	5.30	4.14	1.16	15828	117743	186117
27058	425	4.98	4.11	0.87	59488	246791	268718
39636	459	4.97	5.22	-0.25	53104	129821	317562
35558	395	5.10	6.48	-1.38	115637	59781	179872

表3 续表 13

地区	各年龄组人口占总人口比重(%)				有65岁及以上	
	0-14岁	15-64岁	65岁及以上	15-49岁育龄妇女	合计	有一个老人
徐州市	**17.97**	**71.61**	**10.42**	**28.20**	**637189**	**394867**
鼓楼区	14.31	76.59	9.10	29.61	31589	19329
云龙区	12.52	78.14	9.34	30.24	22825	14021
九里区	14.31	78.07	7.62	29.88	8730	5385
贾汪区	17.22	72.30	10.49	27.54	32932	21335
泉山区	10.83	79.42	9.76	30.01	36233	20151
丰县	18.67	69.98	11.35	26.90	77445	46664
沛县	17.01	73.22	9.77	29.21	77931	48734
铜山县	18.34	71.01	10.66	29.03	84246	53735
睢宁县	19.88	67.78	12.33	27.50	92344	58152
新沂市	20.27	69.56	10.17	27.61	67797	43077
邳州市	20.97	68.88	10.15	26.90	105117	64284
常州市	**11.51**	**78.72**	**9.77**	**29.88**	**322933**	**205971**
天宁区	11.25	79.16	9.59	30.78	33829	19770
钟楼区	10.76	80.02	9.22	30.72	32411	19672
戚墅堰区	10.98	78.66	10.36	28.40	7718	4653
新北区	11.17	80.56	8.27	30.53	36116	23778
武进区	11.81	79.79	8.40	30.53	95379	60982
溧阳市	12.32	75.56	12.11	27.84	66606	43795
金坛市	10.99	76.35	12.65	28.72	50874	33321
苏州市	**9.21**	**82.29**	**8.50**	**32.73**	**626388**	**380793**
沧浪区	9.82	78.36	11.82	29.76	32572	19198
平江区	9.03	83.35	7.62	34.02	51899	31519
金阊区	10.11	79.22	10.67	30.87	21405	12922
虎丘区	9.93	83.36	6.71	34.54	26981	16568
吴中区	8.96	84.16	6.88	34.80	56252	34501
相城区	10.00	83.12	6.87	32.72	34187	21685
常熟市	9.16	79.88	10.96	30.48	116241	69737
张家港市	10.06	80.25	9.69	31.03	83502	48470
昆山市	8.10	86.37	5.54	35.35	63637	38184
吴江市	8.78	82.16	9.06	33.29	85630	57565
太仓市	9.73	79.12	11.15	29.31	54082	30444
南通市	**10.63**	**72.87**	**16.50**	**26.79**	**846252**	**515808**
崇川区	10.14	80.28	9.58	31.99	57421	33102
港闸区	8.99	79.09	11.92	29.41	22131	13220
通州区	10.76	71.42	17.82	26.08	143313	86641
海安县	10.35	71.95	17.70	26.82	109161	67691
如东县	8.98	72.02	19.00	24.56	132101	79670
启东市	10.48	71.63	17.89	24.93	118391	69131
如皋市	12.04	71.18	16.79	26.40	155085	100630
海门市	11.68	71.27	17.05	26.84	108649	65723
连云港市	**19.46**	**71.37**	**9.17**	**27.48**	**289531**	**179965**
连云区	13.37	78.34	8.29	27.92	13607	8091
新浦区	14.22	78.53	7.25	29.98	29294	17178
海州区	16.89	74.30	8.81	28.09	14432	8709
赣榆县	20.55	69.41	10.05	27.38	69263	43622
东海县	21.02	69.07	9.91	27.64	68724	43602
灌云县	20.87	69.88	9.25	26.08	53970	32889
灌南县	21.73	69.42	8.85	26.50	40241	25874
淮安市	**16.81**	**72.81**	**10.39**	**28.22**	**365616**	**239527**
清河区	12.30	81.21	6.48	32.85	24082	14796
楚州区	16.43	72.41	11.16	27.39	83003	57585
淮阴区	18.68	70.74	10.57	28.08	61479	40379
清浦区	14.59	76.10	9.31	29.93	22342	14476
涟水县	21.11	68.50	10.39	26.75	65516	42818
洪泽县	15.41	73.10	11.49	27.67	27542	18058
盱眙县	17.55	71.68	10.77	27.56	50892	31707
金湖县	11.46	75.35	13.18	27.64	30760	19708
盐城市	**14.36**	**73.68**	**11.96**	**26.63**	**623129**	**396265**
亭湖区	13.17	77.61	9.22	30.05	59320	36339
盐都区	13.41	74.62	11.97	27.58	61581	40176
响水县	19.96	71.09	8.95	25.61	32758	20783
滨海县	18.89	71.24	9.87	25.92	69954	46204
阜宁县	15.74	72.31	11.95	25.78	73838	49181

老年人口的户数(户)		人口自然变动(‰)			迁入人口(人)		
有二个老人	有三个及以上老人	出生率	死亡率	自然增长率	本县(市)/本市市区	本省其他县(市)、市区	外省
238191	**4131**	**14.18**	**6.60**	**7.58**	**443310**	**302111**	**123290**
12133	127	9.89	3.90	5.99	42647	76176	17956
8721	83	8.90	3.92	4.98	22531	55018	16570
3315	30	10.57	4.28	6.29	6436	21682	5939
11435	162	15.62	7.44	8.18	22362	6813	3474
15951	131	6.23	3.08	3.15	64700	65683	30237
30142	639	15.19	7.70	7.49	46209	3410	7774
28573	624	15.10	6.67	8.43	52806	4391	8455
30081	430	15.89	7.53	8.36	47676	56322	16146
33512	680	15.00	8.11	6.89	75202	3646	6931
24339	381	15.39	6.93	8.46	27365	4650	5767
39989	844	15.75	6.68	9.07	35376	4320	4041
115548	**1414**	**6.90**	**5.26**	**1.64**	**243220**	**619899**	**806668**
13888	171	6.25	3.92	2.33	28936	110109	87591
12595	144	6.18	3.74	2.44	25043	111997	79583
3036	29	7.32	5.33	1.99	3842	20965	19277
12187	151	8.05	5.08	2.97	20722	94812	109760
33881	516	6.73	4.47	2.26	55631	242576	405667
22569	242	7.40	7.61	-0.21	52513	17929	44285
17392	161	6.59	7.15	-0.56	56533	21511	60505
241300	**4295**	**5.64**	**4.11**	**1.53**	**409355**	**1367532**	**3154138**
13255	119	6.15	5.08	1.07	29125	75968	48871
20122	258	7.26	3.43	3.83	48663	184435	272417
8408	75	5.83	4.48	1.35	16520	59922	66331
10255	158	7.85	2.90	4.95	19403	111106	149969
21409	342	6.08	3.04	3.04	36973	221064	366892
12330	172	6.78	3.63	3.15	16487	94436	247040
45550	954	4.54	5.63	-1.09	62047	125241	347420
34525	507	5.23	5.05	0.18	45311	103522	279648
25037	416	5.25	2.44	2.81	65360	242564	733716
27602	463	5.13	4.67	0.46	39468	90272	432215
22807	831	4.42	5.51	-1.09	29998	59002	209619
322984	**7460**	**6.21**	**8.95**	**-2.74**	**382239**	**305079**	**329839**
23890	429	5.92	4.33	1.59	91245	135227	91860
8669	242	5.16	6.80	-1.64	12256	51890	41540
55266	1406	6.59	9.71	-3.12	44899	36769	58653
40487	983	5.55	9.18	-3.63	43089	12840	15173
50724	1707	4.51	10.36	-5.85	37353	17631	16978
48774	486	6.20	9.78	-3.58	60574	17724	30404
52741	1714	7.95	9.56	-1.61	36550	13771	22617
42433	493	6.42	9.56	-3.14	56273	19227	52614
108396	**1170**	**11.57**	**6.42**	**5.15**	**258736**	**213254**	**57039**
5459	57	9.82	4.41	5.41	18388	39471	11156
12004	112	8.03	3.31	4.72	65445	116745	16837
5679	44	10.75	5.36	5.39	14112	28693	3105
25421	220	12.40	7.27	5.13	37408	2924	6879
24803	319	11.23	7.12	4.11	38250	7745	6977
20821	260	14.12	6.88	7.24	40277	9332	5392
14209	158	11.79	7.50	4.29	44856	8344	6693
124155	**1934**	**11.05**	**6.51**	**4.54**	**346835**	**219535**	**63086**
9159	127	7.18	2.86	4.32	52735	126996	25953
25077	341	10.70	7.43	3.27	49737	7018	5508
20733	367	13.81	6.49	7.32	46907	38012	7418
7760	106	9.34	5.24	4.10	26345	22488	2977
22305	393	13.16	7.51	5.65	55110	9117	6095
9339	145	8.22	6.57	1.65	31240	4297	2002
18921	264	12.92	6.77	6.15	45309	5801	8118
10861	191	6.86	7.84	-0.98	39452	5806	5015
223944	**2920**	**10.65**	**7.21**	**3.44**	**433875**	**226342**	**73441**
22691	290	9.58	4.26	5.32	86307	86950	9377
21166	239	10.11	6.94	3.17	35353	60015	5064
11827	148	14.82	6.77	8.05	28873	10184	5258
23517	233	15.69	6.40	9.29	32215	8961	9395
24364	293	13.32	8.71	4.61	39276	5558	4347

表3 续表 14

地区	各年龄组人口占总人口比重(%)				有65岁及以上	
	0-14岁	15-64岁	65岁及以上	15-49岁育龄妇女	合计	有一个老人
射阳县	13.99	74.66	11.36	26.67	72356	45408
建湖县	14.04	73.43	12.53	26.46	65920	42799
东台市	10.66	72.33	17.01	25.22	119939	74731
大丰市	11.00	75.47	13.54	26.10	67463	40644
扬州市	**11.82**	**75.74**	**12.44**	**28.31**	**410255**	**274550**
广陵区	11.24	77.80	10.96	28.79	26738	16710
邗江区	10.57	79.01	10.42	29.61	45636	31743
维扬区	11.15	79.87	8.97	31.53	30664	19428
宝应县	14.26	71.95	13.78	26.91	77298	52450
仪征市	11.01	77.91	11.08	28.48	47066	32333
高邮市	11.58	74.29	14.13	27.65	76888	50435
江都市	11.85	73.91	14.24	27.33	105965	71451
镇江市	**10.30**	**79.35**	**10.35**	**28.59**	**237765**	**159097**
京口区	9.70	80.90	9.40	28.79	40361	25211
润州区	10.21	79.80	9.98	28.35	21574	13989
丹徒区	10.07	78.48	11.45	27.51	25708	17317
丹阳市	10.90	78.87	10.23	28.74	73533	50216
扬中市	10.19	78.87	10.94	28.45	26913	18140
句容市	10.18	79.03	10.79	28.88	49676	34224
泰州市	**12.11**	**73.66**	**14.23**	**26.63**	**483150**	**317854**
海陵区	11.43	77.32	11.25	30.08	48875	31828
高港区	12.12	73.67	14.21	26.42	30514	21226
兴化市	12.55	72.66	14.79	24.99	133758	84532
靖江市	10.70	76.75	12.55	26.71	62853	41045
泰兴市	13.07	72.15	14.77	26.78	118960	81550
姜堰市	11.81	71.70	16.49	26.42	88190	57673
宿迁市	**18.98**	**70.81**	**10.21**	**28.27**	**344886**	**214863**
宿城区	18.65	71.36	9.99	28.73	57489	36712
宿豫区	16.66	72.40	10.94	29.11	51038	33003
沭阳县	19.07	71.10	9.82	28.41	106749	64108
泗阳县	20.55	68.83	10.61	26.52	63893	40861
泗洪县	19.30	70.53	10.17	28.61	65717	40179
浙江省	**13.21**	**77.45**	**9.34**	**29.38**	**3829609**	**2657453**
杭州市	**11.39**	**79.59**	**9.02**	**30.24**	**587764**	**400908**
上城区	9.13	77.00	13.88	27.71	34092	20779
下城区	9.29	80.35	10.35	30.82	38421	22716
江干区	8.28	86.84	4.88	35.59	35284	23039
拱墅区	9.20	82.56	8.24	32.14	32558	20641
西湖区	10.17	81.87	7.96	32.92	46338	28093
滨江区	10.23	85.33	4.44	35.03	10546	7210
萧山区	13.11	77.67	9.22	29.02	105732	73720
余杭区	11.82	79.69	8.49	29.99	79382	60571
桐庐县	13.32	75.99	10.70	27.18	33295	23677
淳安县	14.46	71.69	13.85	24.52	35425	24502
建德市	13.18	73.45	13.38	25.65	43636	30446
富阳市	13.94	76.79	9.28	28.44	50730	35746
临安市	11.49	78.71	9.80	28.53	42325	29768
宁波市	**11.69**	**79.70**	**8.61**	**30.37**	**484255**	**326167**
海曙区	10.09	80.06	9.85	30.49	25743	15265
江东区	11.50	80.27	8.23	32.47	21243	12816
江北区	11.22	81.26	7.51	31.37	20069	13726
北仑区	10.61	82.26	7.13	31.51	31833	21110
镇海区	12.21	80.91	6.88	30.75	21000	13890
鄞州区	11.50	81.75	6.76	32.36	67898	46503
象山县	13.43	75.53	11.04	27.82	41612	28787
宁海县	14.92	75.58	9.50	28.83	46143	31883
余姚市	11.07	78.86	10.06	28.88	76802	53421
慈溪市	11.03	80.36	8.61	30.67	93031	61608
奉化市	12.00	77.46	10.53	27.58	38881	27158
温州市	**14.31**	**78.07**	**7.62**	**30.89**	**523061**	**362281**
鹿城区	10.92	83.07	6.01	33.25	56082	36206
龙湾区	13.24	82.79	3.96	33.70	22744	16385
瓯海区	10.71	85.01	4.29	34.59	31440	21456
洞头县	15.89	71.76	12.34	26.32	8319	6037
永嘉县	16.58	73.62	9.80	27.95	57505	38625

老年人口的户数(户)		人口自然变动(‰)			迁入人口(人)		
有二个老人	有三个及以上老人	出生率	死亡率	自然增长率	本县(市)/本市市区	本省其他县(市)、市区	外省
26612	336	10.12	7.07	3.05	66332	14998	5728
22823	298	8.63	6.91	1.72	61560	9514	4544
44511	697	7.20	9.63	-2.43	38456	12187	13585
26433	386	7.25	7.95	-0.70	45503	17975	16143
133720	**1985**	**6.43**	**7.46**	**-1.03**	**308496**	**293142**	**140596**
9936	92	8.06	5.80	2.26	38975	53259	16631
13670	223	6.20	7.13	-0.93	30248	85198	25950
11112	124	5.91	4.67	1.24	34121	96316	32099
24518	330	7.71	9.16	-1.45	61558	8222	8513
14549	184	5.95	6.89	-0.94	39582	14753	21755
26049	404	5.87	8.40	-2.53	53219	11134	10780
33886	628	5.96	7.86	-1.90	50793	24260	24868
77698	**970**	**7.21**	**6.18**	**1.03**	**270991**	**281841**	**285898**
14969	181	6.72	5.47	1.25	78272	91154	48481
7483	102	6.80	5.34	1.46	35875	59460	19613
8277	114	7.32	7.43	-0.11	11034	22326	13858
23066	251	7.13	6.22	0.91	73518	51922	133176
8639	134	8.49	7.12	1.37	17823	27493	32832
15264	188	7.24	6.08	1.16	54469	29486	37938
162435	**2861**	**7.62**	**7.82**	**-0.20**	**340074**	**163417**	**150074**
16784	263	7.28	5.78	1.50	73612	71311	29226
9075	213	8.13	9.71	-1.58	11842	16614	16516
48619	607	9.26	7.34	1.92	80386	22774	22831
21375	433	6.29	7.04	-0.75	72276	20997	46315
36618	792	7.61	8.48	-0.87	61548	13908	20623
29964	553	6.15	9.31	-3.16	40410	17813	14563
127836	**2187**	**16.75**	**6.68**	**10.07**	**279687**	**79352**	**36918**
20434	343	16.85	7.23	9.62	57864	30933	9679
17735	300	16.41	6.88	9.53	28996	23298	4951
41973	668	16.52	6.46	10.06	109986	10354	10642
22615	417	18.20	6.95	11.25	28457	7624	4307
25079	459	15.98	6.17	9.81	54384	7143	7339
1161901	**10255**	**8.17**	**5.46**	**2.71**	**4626831**	**3450055**	**11823977**
185027	**1829**	**7.16**	**4.83**	**2.33**	**569398**	**1102968**	**1742743**
13204	109	6.12	5.73	0.39	19319	66406	46262
15580	125	5.85	3.98	1.87	26197	115924	110736
12096	149	5.66	2.23	3.43	30880	257128	354250
11819	98	5.50	3.48	2.02	10118	178713	120973
18044	201	7.74	3.83	3.91	53855	168692	143031
3298	38	7.85	1.92	5.93	3101	86382	105782
31678	334	7.24	5.11	2.13	113811	59848	304424
18544	267	9.00	4.76	4.24	56907	95849	269296
9549	69	7.81	6.67	1.14	36025	15443	54335
10860	63	7.81	9.33	-1.52	38640	4165	8195
13079	111	7.72	8.05	-0.33	38452	9743	21812
14819	165	7.81	5.35	2.46	85466	21271	114007
12457	100	5.88	6.33	-0.45	56627	23404	89640
157035	**1053**	**6.31**	**4.63**	**1.68**	**556234**	**606323**	**1983448**
10385	93	5.70	3.54	2.16	34868	81645	56892
8364	63	7.65	3.07	4.58	27895	77085	68853
6308	35	7.82	3.46	4.36	18328	69642	93908
10634	89	7.01	3.62	3.39	43801	44394	238508
7078	32	6.10	3.16	2.94	20682	39198	178707
21280	115	7.25	3.97	3.28	71622	216005	417358
12740	85	7.03	6.75	0.28	56679	7988	75095
14158	102	8.27	5.85	2.42	88286	13948	114486
23183	198	5.31	5.61	-0.30	67748	19062	216207
31242	181	4.54	4.73	-0.19	65726	28362	466222
11663	60	5.29	5.72	-0.43	60599	8994	57212
159117	**1663**	**11.42**	**4.88**	**6.54**	**911515**	**513833**	**2724543**
19718	158	8.27	3.24	5.03	189168	168541	509843
6272	87	10.44	2.27	8.17	26820	50573	407957
9856	128	9.06	2.66	6.40	46279	143153	491961
2255	27	10.44	9.95	0.49	5440	2110	9422
18740	140	12.90	5.94	6.96	89406	17694	195366

表3 续表 15

地　区	各年龄组人口占总人口比重(%)				有65岁及以上	
	0-14岁	15-64岁	65岁及以上	15-49岁育龄妇女	合计	有一个老　人
平阳县	15.06	74.72	10.21	28.74	58749	40936
苍南县	16.29	75.17	8.55	29.91	77018	54586
文成县	17.23	66.01	16.76	22.92	27572	20051
泰顺县	19.37	66.78	13.84	23.87	25677	19424
瑞安市	14.60	78.01	7.38	30.86	79309	55212
乐清市	15.54	76.90	7.56	30.91	78646	53363
嘉兴市	**11.93**	**78.08**	**9.99**	**29.72**	**341715**	**240259**
南湖区	10.91	78.73	10.36	29.87	46026	29692
秀洲区	13.06	78.91	8.03	30.93	36602	26465
嘉善县	11.55	78.83	9.62	30.19	40533	27137
海盐县	12.13	77.13	10.73	28.05	34795	23875
海宁市	11.97	77.53	10.51	28.62	65201	46866
平湖市	10.45	79.58	9.97	31.38	51476	36613
桐乡市	13.21	76.28	10.51	29.00	67082	49611
湖州市	**11.67**	**77.44**	**10.89**	**28.63**	**242535**	**173923**
吴兴区	10.43	79.82	9.75	31.17	55659	38543
南浔区	10.79	75.87	13.34	26.77	56441	42090
德清县	11.86	77.18	10.96	28.08	42278	31351
长兴县	13.21	76.09	10.70	27.92	52140	36447
安吉县	12.39	77.52	10.10	28.21	36017	25492
绍兴市	**12.78**	**77.28**	**9.94**	**29.06**	**376043**	**270403**
越城区	12.33	79.11	8.56	31.65	56956	39498
绍兴县	12.94	79.09	7.97	30.97	64896	48507
新昌县	13.72	74.38	11.90	25.62	34791	24777
诸暨市	12.97	76.93	10.10	29.29	90121	65049
上虞市	12.40	76.21	11.40	28.01	68335	48787
嵊州市	12.73	75.60	11.66	25.53	60944	43785
金华市	**14.23**	**76.67**	**9.10**	**29.39**	**369908**	**260937**
婺城区	13.28	78.28	8.44	29.64	48279	33489
金东区	13.05	76.54	10.41	27.18	25289	18269
武义县	13.85	75.69	10.46	27.68	27372	18684
浦江县	15.43	75.69	8.88	28.49	29166	20557
磐安县	16.84	70.72	12.44	26.43	16347	11229
兰溪市	14.60	72.85	12.55	25.73	55123	41257
义乌市	12.87	81.02	6.12	33.41	57163	40529
东阳市	14.73	74.06	11.21	28.64	67895	47169
永康市	16.05	75.95	7.99	29.02	43274	29754
衢州市	**16.16**	**71.87**	**11.97**	**24.96**	**195245**	**143013**
柯城区	14.54	75.14	10.33	28.08	34583	23738
衢江区	15.15	72.66	12.19	23.01	33141	24982
常山县	17.94	69.48	12.58	23.68	23712	17624
开化县	18.47	68.65	12.87	23.78	24535	17865
龙游县	14.39	73.65	11.96	24.87	33124	24448
江山市	17.73	69.58	12.68	24.63	46150	34356
舟山市	**10.19**	**79.31**	**10.50**	**26.51**	**87063**	**58038**
定海区	11.11	79.04	9.85	28.00	33586	22145
普陀区	9.77	79.86	10.37	27.04	28831	18875
岱山县	8.91	79.29	11.80	22.67	17956	12422
嵊泗县	10.11	78.22	11.66	25.02	6690	4596
台州市	**15.46**	**74.71**	**9.83**	**28.24**	**434240**	**289963**
椒江区	14.60	77.21	8.19	30.24	39197	25555
黄岩区	14.16	74.91	10.93	28.28	50943	33892
路桥区	14.16	78.19	7.65	30.20	34762	23405
玉环县	14.27	78.68	7.05	30.65	31972	21056
三门县	17.38	71.58	11.04	25.73	27241	18389
天台县	18.89	68.12	12.99	24.11	37963	27196
仙居县	21.25	66.01	12.75	23.29	32645	22065
温岭市	13.34	76.93	9.72	29.36	97892	64547
临海市	17.29	71.94	10.77	26.83	81625	53858
丽水市	**16.93**	**71.38**	**11.69**	**26.07**	**187780**	**131561**
莲都区	14.33	76.75	8.92	29.52	29753	19913
青田县	19.75	67.21	13.04	23.42	33214	23205
缙云县	17.81	69.21	12.98	24.93	34684	23302
遂昌县	15.51	71.29	13.20	24.69	19458	14086
松阳县	16.44	71.13	12.43	25.29	17733	12721

老年人口的户数(户)		人口自然变动(‰)			迁入人口(人)		
有二个老人	有三个及以上老人	出生率	死亡率	自然增长率	本县(市)/本市市区	本省其他县(市)、市区	外省
17612	201	11.93	6.60	5.33	89353	19073	87857
22170	262	14.50	6.06	8.44	168634	20839	115044
7442	79	15.06	11.74	3.32	24566	2969	4583
6197	56	15.40	10.06	5.34	30223	2565	6656
23802	295	11.10	4.84	6.26	151956	46340	449008
25053	230	12.01	4.69	7.32	89670	39976	446846
99979	**1477**	**7.74**	**5.46**	**2.28**	**265455**	**179622**	**1123498**
16140	194	7.57	4.98	2.59	59610	60035	126192
10008	129	9.20	4.54	4.66	15766	41752	220977
13231	165	6.54	5.14	1.40	36513	14611	196849
10772	148	7.11	6.09	1.02	20707	6675	77743
18054	281	8.26	5.56	2.70	49951	21350	162000
14647	216	6.29	5.39	0.90	37746	14947	188306
17127	344	8.65	6.30	2.35	45162	20252	151431
67665	**947**	**6.76**	**6.15**	**0.61**	**208485**	**88094**	**454031**
16893	223	5.90	4.92	0.98	85133	41925	153527
14085	266	6.25	8.16	-1.91	14412	13195	93157
10744	183	6.94	6.02	0.92	31186	13836	84570
15509	184	7.19	5.78	1.41	45302	9374	62792
10434	91	7.98	6.48	1.50	32452	9764	59985
104949	**691**	**5.93**	**6.26**	**-0.33**	**489775**	**192841**	**906522**
17324	134	6.01	4.22	1.79	107740	85223	188743
16267	122	5.39	4.67	0.72	45699	53679	364382
9979	35	7.20	8.51	-1.31	70196	5688	16016
24873	199	6.55	6.82	-0.27	135331	28772	198933
19405	143	5.16	6.95	-1.79	55987	13318	99937
17101	58	5.74	8.33	-2.59	74822	6161	38511
108412	**559**	**8.67**	**5.48**	**3.19**	**442556**	**255081**	**1224222**
14716	74	7.32	3.75	3.57	88874	86223	113139
6986	34	7.94	6.22	1.72	12306	25204	49804
8645	43	8.61	6.72	1.89	42637	6655	69788
8569	40	8.62	6.13	2.49	45040	5558	99422
5100	18	9.55	7.96	1.59	14245	3246	5802
13777	89	7.59	7.93	-0.34	38862	6620	20806
16548	86	8.64	3.53	5.11	81174	76233	509607
20610	116	9.74	6.80	2.94	54852	25945	137288
13461	59	9.95	5.35	4.60	64566	19397	218566
51868	**364**	**8.81**	**7.30**	**1.51**	**220076**	**107284**	**79831**
10759	86	6.82	4.26	2.56	52791	63657	19808
8089	70	9.17	7.94	1.23	18114	18590	17852
6061	27	11.00	7.88	3.12	16752	5027	6360
6640	30	10.56	9.15	1.41	23962	2211	3092
8623	53	7.52	7.72	-0.20	36463	12861	17715
11696	98	9.48	8.28	1.20	71994	4938	15004
28755	**270**	**6.29**	**6.27**	**0.02**	**142113**	**68079**	**213925**
11333	108	6.95	5.55	1.40	69896	39428	88349
9867	89	6.56	5.98	0.58	50964	19539	77937
5477	57	4.69	7.94	-3.25	16247	5751	39774
2078	16	5.24	7.72	-2.48	5006	3361	7865
143306	**971**	**9.19**	**5.90**	**3.29**	**460294**	**204172**	**1221331**
13556	86	8.95	4.24	4.71	50699	71754	140256
16900	151	8.45	6.52	1.93	57954	20959	119467
11273	84	8.59	4.09	4.50	28653	38137	199403
10821	95	10.53	3.95	6.58	26379	8564	227006
8808	44	10.63	6.82	3.81	29343	6622	22061
10719	48	8.85	9.43	-0.58	46822	4379	9060
10537	43	9.13	7.82	1.31	60645	2970	11026
33102	243	8.71	5.90	2.81	68181	27133	398235
27590	177	9.69	6.55	3.14	91618	23654	94817
55788	**431**	**9.31**	**7.22**	**2.09**	**360930**	**131758**	**149883**
9770	70	8.09	4.48	3.61	84451	81542	58131
9929	80	10.73	7.63	3.10	58923	9752	42011
11324	58	9.48	7.96	1.52	42498	8041	22194
5314	58	8.33	8.36	-0.03	23790	3467	3030
4982	30	8.11	8.85	-0.74	21366	4019	5712

表3 续表 16

地　区	各年龄组人口占总人口比重(%)				有65岁及以上	
	0-14岁	15-64岁	65岁及以上	15-49岁育龄妇女	合计	有一个老　人
云和县	15.43	73.87	10.70	27.42	9130	6557
庆元县	18.62	70.84	10.55	26.45	11698	8654
景宁畲族自治县	17.32	69.44	13.24	25.12	10830	7773
龙泉市	17.58	70.66	11.76	26.30	21280	15350
安徽省	**17.77**	**72.00**	**10.23**	**28.62**	**4430924**	**2934620**
合肥市	**14.05**	**77.49**	**8.46**	**30.65**	**348330**	**226914**
瑶海区	14.34	78.72	6.94	31.97	43260	28244
庐阳区	12.28	79.79	7.93	31.85	34374	21161
蜀山区	10.66	84.04	5.31	34.31	38074	23115
包河区	12.05	81.34	6.60	30.25	38651	24576
长丰县	16.48	72.65	10.87	28.93	54067	36689
肥东县	18.40	68.77	12.84	26.69	78987	50988
肥西县	14.69	75.68	9.63	29.79	60917	42141
芜湖市	**12.57**	**76.67**	**10.76**	**28.99**	**179798**	**122982**
镜湖区	9.68	78.06	12.26	28.59	47404	30362
弋江区	10.17	82.40	7.43	33.54	17171	11790
鸠江区	9.54	82.94	7.53	30.00	17709	11930
三山区	14.64	73.54	11.82	27.39	12939	9022
芜湖县	14.96	73.32	11.71	28.11	25934	18053
繁昌县	13.24	76.23	10.52	29.00	20391	14343
南陵县	17.71	69.30	12.99	26.45	38250	27482
蚌埠市	**18.49**	**70.89**	**10.61**	**28.46**	**240896**	**152535**
龙子湖区	13.32	75.14	11.54	28.05	20353	12953
蚌山区	12.31	78.92	8.77	31.86	21163	13464
禹会区	14.93	74.27	10.80	28.23	19437	12244
淮上区	17.80	72.06	10.14	28.43	10614	6767
怀远县	23.16	66.18	10.66	26.98	79980	51955
五河县	18.81	69.88	11.31	28.19	48983	29458
固镇县	17.24	72.26	10.50	29.77	40366	25694
淮南市	**15.62**	**75.11**	**9.27**	**28.91**	**158585**	**105129**
大通区	15.51	74.48	10.01	28.26	13517	9262
田家庵区	13.30	78.38	8.32	30.08	35529	22331
谢家集区	12.80	76.55	10.65	28.57	24987	16658
八公山区	11.65	78.13	10.22	28.80	13307	8837
潘集区	16.55	75.03	8.41	29.32	24376	16464
凤台县	19.56	70.93	9.50	27.99	46869	31577
马鞍山市	**12.78**	**76.59**	**10.63**	**29.13**	**105127**	**69235**
金家庄区	11.74	78.82	9.44	29.63	9011	6255
花山区	12.30	77.34	10.36	29.52	22405	13633
雨山区	11.09	78.60	10.31	29.76	21351	12937
当涂县	14.06	74.77	11.17	28.53	52360	36410
淮北市	**16.93**	**73.89**	**9.18**	**30.96**	**133515**	**81043**
杜集区	14.85	75.84	9.31	29.97	20685	12543
相山区	15.42	77.15	7.43	32.95	24190	14290
烈山区	15.32	75.28	9.40	29.89	20679	12798
濉溪县	18.82	71.29	9.89	30.69	67961	41412
铜陵市	**13.69**	**76.16**	**10.15**	**29.09**	**54301**	**36515**
铜官山区	13.10	77.12	9.78	30.50	20380	13071
狮子山区	12.53	78.80	8.67	29.24	7437	5084
郊区	14.19	74.29	11.52	27.51	6075	4144
铜陵县	14.76	74.38	10.86	27.85	20409	14216
安庆市	**16.53**	**73.12**	**10.34**	**28.95**	**424530**	**310466**
迎江区	12.15	76.78	11.07	29.77	20387	13645
大观区	13.25	75.86	10.89	29.38	22087	14668
宜秀区	14.16	77.91	7.93	32.82	15487	11333
怀宁县	16.85	72.11	11.04	28.36	49766	36336
枞阳县	17.59	72.79	9.62	29.14	62417	45370
潜山县	15.96	73.71	10.34	29.03	41024	30762
太湖县	14.83	75.14	10.04	29.52	41016	31340
宿松县	23.00	65.22	11.79	24.79	51103	36071
望江县	16.78	72.87	10.35	28.97	40873	29121
岳西县	16.62	73.76	9.62	28.76	25359	20217
桐城市	14.81	74.79	10.40	30.39	55011	41603

老年人口的户数(户)		人口自然变动(‰)			迁入人口(人)		
有二个老人	有三个及以上老人	出生率	死亡率	自然增长率	本县(市)/本市市区	本省其他县(市)、市区	外省
2545	28	7.94	5.81	2.13	19342	12977	5751
3019	25	10.64	7.79	2.85	32476	2371	3571
3029	28	10.93	9.79	1.14	24532	3620	2205
5876	54	10.22	7.73	2.49	53552	5969	7278
1474844	**21460**	**12.67**	**5.93**	**6.74**	**3427379**	**2955766**	**717463**
119964	**1452**	**9.51**	**3.99**	**5.52**	**471186**	**1279465**	**196251**
14909	107	8.98	3.18	5.80	79098	299036	40746
13114	99	7.33	3.21	4.12	55259	151170	19514
14799	160	7.69	2.03	5.66	82495	362387	54889
13929	146	7.62	2.36	5.26	62867	298733	51740
17097	281	11.90	5.86	6.04	32724	43347	9027
27579	420	11.72	6.47	5.25	85820	33950	7799
18537	239	11.48	5.31	6.17	72923	90842	12536
56343	**473**	**7.81**	**6.21**	**1.60**	**182580**	**244064**	**83753**
16901	141	5.29	5.67	-0.38	70805	50061	16853
5331	50	6.87	3.56	3.31	34595	79574	13494
5723	56	6.92	4.12	2.80	19650	80925	32952
3884	33	11.20	8.27	2.93	4046	4723	3609
7803	78	8.66	7.57	1.09	21158	10658	7252
6017	31	7.50	7.07	0.43	14947	10967	4653
10684	84	10.92	8.33	2.59	17379	7156	4940
86824	**1537**	**14.80**	**5.88**	**8.92**	**171729**	**134262**	**25416**
7332	68	9.15	4.62	4.53	30697	22634	4232
7626	73	7.79	2.99	4.80	38179	71130	10610
7122	71	9.68	4.31	5.37	25808	23530	2513
3789	58	13.79	6.38	7.41	3167	3120	751
27405	620	19.87	6.19	13.68	38131	6378	3860
19184	341	14.74	7.10	7.64	18402	1997	1714
14366	306	14.75	6.81	7.94	17345	5473	1736
52814	**642**	**11.84**	**4.80**	**7.04**	**182900**	**161911**	**23944**
4203	52	11.60	5.24	6.36	8998	8936	1608
13104	94	8.36	3.38	4.98	77448	70087	11621
8257	72	8.90	4.74	4.16	23222	12931	1850
4445	25	7.03	4.16	2.87	21134	12048	933
7779	133	14.81	5.31	9.50	13199	25490	2463
15026	266	15.95	5.84	10.11	38899	32419	5469
35522	**370**	**7.19**	**5.08**	**2.11**	**123446**	**122830**	**34007**
2730	26	6.15	3.80	2.35	18944	21090	3629
8681	91	6.17	3.38	2.79	38225	42379	7561
8345	69	5.75	4.44	1.31	38244	48661	10545
15766	184	8.60	6.48	2.12	28033	10700	12272
51426	**1046**	**11.44**	**4.34**	**7.10**	**105276**	**88757**	**17221**
8008	134	10.00	4.32	5.68	8972	8363	1568
9755	145	8.31	2.58	5.73	55419	67888	11722
7747	134	9.86	4.08	5.78	7546	8171	1112
25916	633	13.88	5.26	8.62	33339	4335	2819
17669	**117**	**7.01**	**5.56**	**1.45**	**31827**	**73369**	**11847**
7264	45	5.24	4.42	0.82	9581	25714	3557
2345	8	7.13	4.33	2.80	5951	24513	2632
1903	28	7.10	6.25	0.85	1185	12602	1826
6157	36	8.97	7.25	1.72	15110	10540	3832
112965	**1099**	**9.75**	**5.64**	**4.11**	**316937**	**170652**	**32329**
6682	60	5.29	4.16	1.13	27399	31264	4610
7356	63	5.91	4.18	1.73	24864	33784	3296
4128	26	7.35	3.95	3.40	13191	67163	5169
13248	182	10.13	5.55	4.58	20054	8264	2575
16922	125	9.39	5.30	4.09	35932	4916	2732
10154	108	9.38	6.23	3.15	38226	4020	1989
9578	98	9.67	6.21	3.46	28355	2927	1497
14878	154	15.32	6.38	8.94	43393	7037	4354
11637	115	10.45	5.36	5.09	24438	2578	1893
5086	56	11.47	7.26	4.21	16642	1551	1180
13296	112	8.22	5.90	2.32	44443	7148	3034

表3 续表 17

地 区	各年龄组人口占总人口比重(%)				有65岁及以上	
	0-14岁	15-64岁	65岁及以上	15-49岁育龄妇女	合计	有一个老 人
黄山市	**13.39**	**75.71**	**10.90**	**27.43**	**113524**	**81615**
屯溪区	12.16	79.08	8.77	31.70	13919	9129
黄山区	12.06	76.25	11.69	27.40	13479	9939
徽州区	12.99	77.31	9.70	27.51	7106	5089
歙县	13.88	74.25	11.86	25.75	37367	27014
休宁县	13.25	75.78	10.97	26.97	20980	15261
黟县	12.67	75.41	11.92	26.65	7523	5527
祁门县	15.93	73.39	10.68	27.01	13150	9656
滁州市	**17.20**	**72.05**	**10.75**	**28.36**	**304154**	**195738**
琅琊区	13.51	78.01	8.48	32.09	19076	12071
南谯区	13.75	76.11	10.14	28.76	18596	12186
来安县	15.39	74.07	10.55	28.74	33469	21874
全椒县	15.87	71.63	12.50	27.46	34127	22229
定远县	19.72	69.05	11.23	27.55	62185	39367
凤阳县	19.67	70.08	10.25	27.87	47608	30181
天长市	15.69	73.68	10.63	28.89	46044	30794
明光市	18.47	70.24	11.29	27.49	43049	27036
阜阳市	**23.08**	**66.89**	**10.03**	**27.84**	**548310**	**343965**
颍州区	19.43	72.23	8.34	30.68	41354	25899
颍东区	20.08	69.78	10.14	28.26	37582	23672
颍泉区	22.03	67.90	10.07	28.37	40376	25339
临泉县	25.05	64.88	10.06	27.38	109694	66416
太和县	23.33	66.52	10.16	27.33	99030	61375
阜南县	25.81	64.37	9.82	28.00	83595	53226
颍上县	22.49	66.91	10.60	27.12	93074	60836
界首市	20.95	68.27	10.77	27.09	43605	27202
宿州市	**19.75**	**69.69**	**10.56**	**28.55**	**395186**	**240849**
埇桥区	18.61	71.27	10.12	29.70	116894	72509
砀山县	18.70	70.68	10.62	27.50	58046	33301
萧县	20.24	68.36	11.40	27.71	88294	51761
灵璧县	21.80	67.80	10.40	28.35	72886	46397
泗县	19.94	69.66	10.40	28.61	59066	36881
巢湖市	**16.38**	**71.86**	**11.77**	**28.08**	**332625**	**226807**
居巢区	14.85	72.47	12.68	27.82	66936	42855
庐江县	17.88	71.48	10.63	28.28	79715	58605
无为县	16.22	72.10	11.67	28.89	101762	69490
含山县	16.10	72.51	11.39	27.86	31364	21155
和县	16.38	70.70	12.92	26.53	52848	34702
六安市	**17.70**	**71.65**	**10.65**	**28.13**	**439372**	**301929**
金安区	16.24	73.93	9.83	29.18	55281	37353
裕安区	17.90	72.40	9.70	28.30	59869	41187
寿县	17.14	70.91	11.95	28.16	87989	59571
霍邱县	19.37	70.91	9.73	28.03	98284	64687
舒城县	16.63	70.96	12.41	28.08	69786	49788
金寨县	19.51	69.75	10.73	26.38	41913	30057
霍山县	14.99	74.18	10.83	28.32	26250	19286
亳州市	**23.39**	**67.10**	**9.51**	**27.85**	**332073**	**210128**
谯城区	20.15	70.82	9.03	29.15	91183	57203
涡阳县	23.73	66.93	9.34	27.67	81374	51077
蒙城县	24.17	66.28	9.55	27.79	73761	47958
利辛县	26.23	63.53	10.24	26.51	85755	53890
池州市	**16.32**	**73.65**	**10.03**	**28.42**	**107761**	**79751**
贵池区	16.49	73.91	9.59	29.28	43336	31518
东至县	16.19	74.05	9.77	28.37	35108	25998
石台县	15.16	72.65	12.20	27.33	8876	6744
青阳县	16.61	72.64	10.75	26.86	20441	15491
宣城市	**14.57**	**73.99**	**11.44**	**27.63**	**212837**	**149019**
宣州区	15.39	72.88	11.73	28.44	65418	44447
郎溪县	16.23	73.50	10.28	28.34	24755	17082
广德县	15.10	74.57	10.33	27.81	36334	25200
泾县	13.32	74.00	12.68	26.35	29689	22110
绩溪县	13.30	73.86	12.84	25.13	13959	9639
旌德县	12.98	73.71	13.31	25.77	12291	8945
宁国市	12.83	76.07	11.10	27.77	30391	21596

老年人口的户数(户)		人口自然变动(‰)			迁入人口(人)		
有二个老　人	有三个及以上老人	出生率	死亡率	自　然增长率	本县(市)/本市市区	本省其他县(市)、市区	外　省
31658	**251**	**8.93**	**6.25**	**2.68**	**100084**	**71359**	**27063**
4748	42	7.20	3.57	3.63	23176	39509	9968
3514	26	7.81	7.08	0.73	17147	8245	2584
1996	21	8.91	6.45	2.46	6293	6699	1838
10273	80	9.47	7.42	2.05	29142	7780	5650
5672	47	9.55	5.85	3.70	6421	4179	3186
1978	18	7.70	6.24	1.46	4531	1559	830
3477	17	10.63	6.67	3.96	13374	3388	3007
106875	**1541**	**10.77**	**6.06**	**4.71**	**243716**	**111201**	**45234**
6945	60	7.30	3.18	4.12	35720	46332	6741
6349	61	9.34	5.65	3.69	15111	21999	4853
11463	132	10.29	6.11	4.18	20131	3776	6025
11721	177	9.14	6.01	3.13	34091	5372	3612
22449	369	13.26	6.92	6.34	35343	5352	4073
17163	264	12.71	6.09	6.62	20074	16969	3965
14997	253	8.10	6.54	1.56	52484	5485	11019
15788	225	12.10	6.11	5.99	30762	5916	4946
201277	**3068**	**17.78**	**6.95**	**10.83**	**271617**	**130500**	**35595**
15256	199	14.78	4.68	10.10	54202	61625	7754
13668	242	15.06	6.30	8.76	15159	14532	2624
14851	186	16.37	7.28	9.09	12152	25889	4014
42577	701	16.72	7.16	9.56	39531	1964	2610
37037	618	18.54	6.57	11.97	46438	4492	4964
30033	336	20.23	7.26	12.97	41848	3538	5512
31698	540	19.03	7.97	11.06	28538	15147	4377
16157	246	18.68	7.58	11.10	33749	3313	3740
150607	**3730**	**16.11**	**5.87**	**10.24**	**240887**	**55943**	**25399**
43480	905	15.28	5.40	9.88	135624	47186	12717
24042	703	13.12	5.34	7.78	15279	916	3725
35506	1027	15.26	6.26	9.00	36842	3741	3529
25892	597	19.87	6.40	13.47	28155	2457	2433
21687	498	17.47	6.16	11.31	24987	1643	2995
104561	**1257**	**10.83**	**6.86**	**3.97**	**202597**	**73319**	**40624**
23740	341	9.50	6.09	3.41	84268	29466	10143
20916	194	12.44	7.69	4.75	46576	22318	8945
31903	369	10.62	6.69	3.93	40169	8391	9722
10077	132	10.87	6.11	4.76	9801	4266	2213
17925	221	10.28	7.34	2.94	21783	8878	9601
135672	**1771**	**13.10**	**6.66**	**6.44**	**264590**	**115276**	**25127**
17727	201	9.72	6.26	3.46	59653	47700	2963
18453	229	12.13	6.36	5.77	66165	45871	3465
27966	452	15.23	6.54	8.69	26478	5633	2596
33152	445	16.67	6.06	10.61	29099	3942	8636
19798	200	9.96	7.72	2.24	41369	6318	3038
11726	130	13.86	6.83	7.03	16186	2550	3260
6850	114	8.03	8.66	-0.63	25640	3262	1169
119650	**2295**	**18.46**	**6.19**	**12.27**	**171886**	**24450**	**15301**
33404	576	15.30	5.27	10.03	88294	5258	7608
29700	597	20.18	6.81	13.37	22996	5129	1926
25332	471	18.96	6.30	12.66	33664	9876	3241
31214	651	20.05	6.55	13.50	26932	4187	2526
27776	**234**	**9.62**	**5.97**	**3.65**	**97057**	**39557**	**16407**
11722	96	9.08	5.24	3.84	55406	27274	8830
9022	88	9.86	5.99	3.87	27126	4845	3617
2114	18	9.20	8.04	1.16	3439	1535	635
4918	32	10.66	6.92	3.74	11086	5903	3325
63241	**577**	**8.78**	**6.76**	**2.02**	**249064**	**58851**	**61945**
20775	196	8.82	6.30	2.52	96854	21900	15754
7619	54	10.06	5.90	4.16	22091	5367	11328
11021	113	8.37	6.50	1.87	23834	5899	17072
7516	63	8.96	8.86	0.10	26376	6503	5330
4280	40	9.07	7.22	1.85	8377	2331	3164
3306	40	9.10	7.60	1.50	7117	2069	1692
8724	71	7.75	6.67	1.08	64415	14782	7605

表3 续表 18

地 区	各年龄组人口占总人口比重(%)				有65岁及以上	
	0-14岁	15-64岁	65岁及以上	15-49岁育龄妇女	合计	有一个老 人
福建省	**15.47**	**76.64**	**7.89**	**30.37**	**2263365**	**1652877**
福州市	**14.49**	**77.30**	**8.21**	**30.61**	**447381**	**319545**
鼓楼区	11.37	79.03	9.60	32.39	46920	28944
台江区	10.86	78.20	10.94	29.22	36529	25090
仓山区	12.47	81.58	5.96	32.38	34636	24890
马尾区	11.22	82.00	6.78	33.48	12397	9387
晋安区	13.76	80.56	5.69	32.89	33846	23484
闽侯县	14.03	78.07	7.90	30.34	41734	31984
连江县	16.30	74.24	9.46	28.55	42424	32288
罗源县	14.20	75.64	10.16	27.64	16586	12310
闽清县	18.38	71.21	10.41	26.13	19473	14575
永泰县	17.07	72.38	10.55	26.87	20774	15483
平潭县	19.50	72.44	8.06	30.51	21498	14383
福清市	17.16	74.51	8.33	30.09	77467	53225
长乐市	13.55	78.59	7.86	30.94	43097	33502
厦门市	**12.84**	**82.60**	**4.56**	**34.79**	**122389**	**86303**
思明区	12.84	80.13	7.03	34.45	47913	31903
海沧区	12.77	83.77	3.46	34.13	7710	5536
湖里区	12.95	85.01	2.05	37.36	14879	10939
集美区	11.93	85.11	2.96	36.25	13243	9510
同安区	13.55	81.06	5.40	32.18	20755	15067
翔安区	13.18	79.40	7.42	30.10	17889	13348
莆田市	**17.97**	**73.29**	**8.74**	**29.40**	**192056**	**144626**
城厢区	16.76	75.53	7.71	30.96	25005	18603
涵江区	14.68	76.79	8.54	29.87	31940	24319
荔城区	16.58	75.77	7.65	30.32	30996	24203
秀屿区	19.49	70.27	10.24	29.13	46372	35097
仙游县	20.23	70.78	8.99	27.96	57743	42404
三明市	**16.22**	**74.21**	**9.57**	**28.25**	**184657**	**132518**
梅列区	15.01	76.61	8.38	30.82	10758	6874
三元区	14.38	76.64	8.98	30.80	13210	8764
明溪县	14.44	74.92	10.65	28.02	8326	5963
清流县	16.84	73.48	9.68	27.22	10156	7309
宁化县	17.67	71.32	11.01	27.24	23424	17185
大田县	14.50	76.88	8.62	30.14	20843	15044
尤溪县	15.56	74.87	9.57	28.02	26490	19611
沙县	19.11	70.59	10.30	26.10	18078	13080
将乐县	17.52	72.58	9.90	26.97	11610	8647
泰宁县	16.84	73.56	9.60	27.23	8238	6069
建宁县	18.22	71.77	10.01	27.32	9480	7095
永安市	15.90	74.98	9.11	27.88	24044	16877
泉州市	**14.50**	**79.51**	**5.99**	**32.69**	**379181**	**277548**
鲤城区	11.70	82.37	5.93	34.44	18387	13186
丰泽区	12.50	83.54	3.96	35.36	16090	11512
洛江区	14.47	79.42	6.11	33.71	8836	6358
泉港区	16.09	75.46	8.45	30.84	20309	14398
惠安县	15.13	77.54	7.33	32.84	53743	38878
安溪县	19.18	74.27	6.55	30.48	49966	36703
永春县	17.74	73.51	8.75	28.73	30842	22479
德化县	16.50	76.28	7.23	30.70	15399	10894
石狮市	11.19	84.90	3.91	35.32	19645	14953
晋江市	12.66	83.17	4.17	34.22	65234	49257
南安市	14.71	77.99	7.30	31.21	80730	58930
漳州市	**16.79**	**74.69**	**8.52**	**28.79**	**317600**	**228494**
芗城区	14.38	77.81	7.81	31.78	32055	22379
龙文区	15.28	78.32	6.39	30.37	8336	6067
云霄县	18.76	72.47	8.77	27.88	28315	20334
漳浦县	17.16	74.25	8.59	29.02	52257	36051
诏安县	18.07	73.04	8.89	28.10	40501	28268
长泰县	14.61	77.12	8.26	29.28	13517	10091
东山县	14.90	75.57	9.53	28.63	15631	11276
南靖县	15.92	74.77	9.31	28.23	24522	18157
平和县	21.43	69.53	9.04	25.75	36277	27699
华安县	17.00	74.09	8.91	28.14	10894	7693
龙海市	15.04	76.91	8.05	29.34	55295	40479

老年人口的户数(户)		人口自然变动(‰)			迁入人口(人)		
有二个老　人	有三个及以上老人	出生率	死亡率	自　然增长率	本县(市)/本市市区	本省其他县(市)、市区	外　省
603766	**6722**	**10.91**	**5.01**	**5.90**	**3162036**	**3598887**	**4313602**
126515	**1321**	**8.85**	**4.51**	**4.34**	**612468**	**972824**	**789664**
17770	206	5.61	2.71	2.90	79172	153823	40970
11309	130	5.75	4.60	1.15	41791	111198	23786
9649	97	7.64	2.93	4.71	54289	203871	137748
2982	28	5.28	4.14	1.14	5755	42331	48097
10259	103	8.49	2.34	6.15	43458	270597	189021
9638	112	8.10	5.19	2.91	33861	93758	52608
10057	79	10.95	6.32	4.63	36301	12099	35595
4241	35	12.58	7.88	4.70	31365	7643	14211
4857	41	12.43	6.58	5.85	25399	4625	10568
5239	52	11.08	6.91	4.17	24096	2645	6977
7061	54	11.73	4.75	6.98	72505	2761	5785
23938	304	10.56	5.00	5.56	100886	41201	113964
9515	80	8.34	4.85	3.49	63590	26272	110334
35656	**430**	**9.00**	**2.43**	**6.57**	**162879**	**964576**	**1023769**
15836	174	8.38	3.07	5.31	100601	247890	163817
2146	28	9.98	1.76	8.22	2558	72545	108395
3883	57	8.78	0.75	8.03	14363	382496	363546
3699	34	8.00	1.58	6.42	13612	170078	220254
5620	68	9.32	3.71	5.61	24684	63940	129076
4472	69	12.01	5.73	6.28	7061	27627	38681
46592	**838**	**10.94**	**5.78**	**5.16**	**163509**	**169537**	**190163**
6303	99	9.65	4.49	5.16	28602	77210	36626
7478	143	9.40	5.54	3.86	37152	28811	68600
6654	139	10.73	5.93	4.80	26246	44251	58930
11016	259	12.74	6.17	6.57	12810	7992	9973
15141	198	11.36	6.21	5.15	58699	11273	16034
51666	**473**	**12.33**	**5.88**	**6.45**	**253187**	**177369**	**119112**
3853	31	8.27	3.91	4.36	10661	38966	15399
4413	33	8.60	4.13	4.47	13490	47550	15581
2339	24	10.33	6.07	4.26	12870	5550	2311
2818	29	10.74	5.96	4.78	10298	7312	4577
6177	62	15.47	6.03	9.44	27018	3805	3645
5739	60	12.24	5.96	6.28	37392	6785	4457
6820	59	13.34	6.73	6.61	36518	5010	7801
4945	53	15.53	6.44	9.09	23849	17943	19405
2935	28	13.07	6.57	6.50	20566	6341	9528
2154	15	12.56	7.39	5.17	12556	3334	3942
2365	20	13.78	6.62	7.16	11531	2905	2896
7108	59	11.39	5.32	6.07	36438	31868	29570
100611	**1022**	**10.89**	**4.60**	**6.29**	**509527**	**713706**	**1691661**
5135	66	7.39	3.90	3.49	22825	96474	128255
4529	49	8.40	2.24	6.16	15463	189171	139808
2465	13	10.20	4.91	5.29	5176	26613	39904
5833	78	13.56	5.84	7.72	15156	11255	10270
14729	136	12.70	6.15	6.55	43099	34760	84915
13171	92	14.08	4.71	9.37	75707	11455	21312
8293	70	15.53	7.72	7.81	41563	8741	11289
4480	25	11.67	6.31	5.36	110050	11741	6064
4658	34	9.45	2.82	6.63	26307	97149	245627
15803	174	8.00	3.00	5.00	58608	173081	840798
21515	285	11.98	5.98	6.00	95573	53266	163419
88110	**996**	**11.36**	**5.54**	**5.82**	**265914**	**226681**	**207171**
9582	94	8.68	4.09	4.59	67696	97369	48333
2247	22	10.07	4.34	5.73	4006	25801	24545
7899	82	11.05	5.55	5.50	43607	3506	2939
16001	205	13.14	5.36	7.78	40045	7347	9827
12087	146	12.38	5.99	6.39	14306	1184	2433
3381	45	10.37	5.61	4.76	11055	8116	20611
4272	83	10.24	6.04	4.20	11438	6034	4875
6304	61	11.15	6.55	4.60	16695	8000	5410
8502	76	12.17	6.16	6.01	18762	4139	4059
3180	21	12.33	6.01	6.32	5855	3464	3495
14655	161	11.04	5.52	5.52	32449	61721	80644

表3 续表 19

地区	各年龄组人口占总人口比重(%)				有65岁及以上	
	0-14岁	15-64岁	65岁及以上	15-49岁育龄妇女	合计	有一个老人
南平市	**17.73**	**72.17**	**10.09**	**26.82**	**207234**	**151530**
延平区	16.84	72.95	10.21	27.56	36613	26080
顺昌县	15.93	72.47	11.61	26.54	17166	12488
浦城县	20.34	67.41	12.25	23.98	28750	20929
光泽县	19.89	69.91	10.21	26.94	10567	7604
松溪县	17.36	72.30	10.34	26.98	9832	6902
政和县	18.00	73.09	8.91	27.29	12441	9802
邵武市	16.22	73.43	10.35	27.59	21598	15054
武夷山市	15.53	76.69	7.78	30.00	14262	10718
建瓯市	18.78	71.85	9.37	26.29	33493	25162
建阳市	18.23	71.84	9.92	25.96	22512	16791
龙岩市	**16.34**	**73.48**	**10.19**	**28.23**	**203055**	**149225**
新罗区	13.86	78.82	7.32	30.28	36234	25367
长汀县	19.64	69.35	11.02	27.92	34246	25671
永定县	17.67	71.89	10.44	26.40	30066	22653
上杭县	16.98	70.52	12.49	27.27	37622	28877
武平县	16.67	71.16	12.17	27.84	26061	18775
连城县	15.26	73.65	11.09	28.16	21567	15922
漳平市	15.45	75.03	9.52	27.88	17259	11960
宁德市	**15.66**	**75.11**	**9.22**	**28.39**	**209812**	**163088**
蕉城区	14.77	76.89	8.35	30.74	28931	22425
霞浦县	15.27	75.48	9.26	28.02	33987	25713
古田县	14.10	75.60	10.30	27.39	26678	20259
屏南县	15.50	74.80	9.70	27.95	10983	8807
寿宁县	19.30	70.46	10.24	26.05	14626	11489
周宁县	16.02	71.00	12.98	25.80	11891	9376
柘荣县	16.10	74.45	9.45	28.94	6921	5630
福安市	16.36	75.13	8.51	28.64	39431	31602
福鼎市	15.63	75.67	8.71	28.50	36364	27787
江西省	**21.90**	**70.49**	**7.60**	**27.78**	**2564797**	**1827551**
南昌市	**18.47**	**73.82**	**7.71**	**28.70**	**291488**	**200082**
东湖区	14.39	76.66	8.96	30.71	37132	23456
西湖区	13.85	76.74	9.41	29.54	35262	23396
青云谱区	15.48	75.27	9.25	27.84	21347	13771
湾里区	18.53	73.92	7.55	29.54	3734	2695
青山湖区	13.95	80.21	5.83	31.28	38594	25329
南昌县	20.45	71.48	8.06	27.66	64170	46944
新建县	21.58	72.37	6.05	28.39	35437	24569
安义县	23.78	65.91	10.31	24.51	13967	9919
进贤县	24.55	67.54	7.91	26.34	41845	30003
景德镇市	**20.12**	**73.02**	**6.86**	**28.60**	**83823**	**59933**
昌江区	17.97	75.19	6.84	28.81	10044	7120
珠山区	14.00	76.84	9.16	30.14	19313	12914
浮梁县	16.58	76.73	6.68	29.97	15985	11898
乐平市	24.07	69.79	6.14	27.50	38481	28001
萍乡市	**19.79**	**71.82**	**8.39**	**27.58**	**116850**	**81777**
安源区	14.87	77.20	7.92	30.64	30629	20520
湘东区	18.10	72.93	8.97	26.94	24449	17116
莲花县	23.94	67.06	9.00	25.75	15586	10742
上栗县	23.55	68.63	7.82	26.63	28403	20671
芦溪县	21.71	69.25	9.03	25.50	17783	12728
九江市	**20.96**	**71.55**	**7.49**	**28.85**	**270692**	**194817**
庐山区	14.86	77.49	7.65	30.10	17111	11400
浔阳区	13.64	77.72	8.64	31.86	24839	15401
九江县	21.11	70.87	8.01	29.03	18585	13102
武宁县	19.11	72.93	7.96	28.47	22714	17246
修水县	23.46	68.52	8.02	28.01	46307	34854
永修县	21.03	70.94	8.03	27.80	22512	15547
德安县	19.96	73.23	6.81	29.60	11570	8151
星子县	24.03	69.28	6.69	27.57	12609	9001
都昌县	25.59	68.26	6.15	28.79	34748	26562
湖口县	20.39	72.58	7.03	27.86	15406	11758
彭泽县	20.60	71.90	7.50	28.56	20208	14379
瑞昌市	20.89	71.63	7.48	29.03	24083	17416
新余市	**18.79**	**73.09**	**8.12**	**27.77**	**66394**	**43954**
渝水区	18.53	73.65	7.81	28.26	47387	31272
分宜县	19.51	71.52	8.97	26.38	19007	12682

老年人口的户数(户)		人口自然变动(‰)			迁入人口(人)		
有二个老人	有三个及以上老人	出生率	死亡率	自然增长率	本县(市)/本市市区	本省其他县(市)、市区	外省
55204	**500**	**13.14**	**6.35**	**6.79**	**384616**	**111701**	**106188**
10445	88	10.98	5.54	5.44	76049	31569	26925
4631	47	12.24	7.43	4.81	15686	6770	7562
7736	85	14.50	7.85	6.65	41192	2450	4273
2941	22	12.83	6.15	6.68	19821	2900	4952
2904	26	15.80	6.52	9.28	17480	1960	1778
2611	28	15.32	5.36	9.96	18973	3544	4029
6494	50	11.63	5.82	5.81	68743	12656	15748
3505	39	10.57	5.29	5.28	42109	24235	11980
8268	63	15.00	6.68	8.32	49282	9940	11630
5669	52	14.09	6.81	7.28	35281	15677	17311
53257	**573**	**13.17**	**6.17**	**7.00**	**331834**	**181947**	**121759**
10783	84	9.37	4.08	5.29	103364	145972	66363
8465	110	14.69	6.20	8.49	76156	4405	4498
7345	68	16.51	6.84	9.67	31601	9774	24550
8626	119	14.29	7.53	6.76	52760	6858	8146
7193	93	14.10	7.32	6.78	26029	2919	4536
5593	52	12.59	7.51	5.08	14237	3190	2306
5252	47	13.99	6.01	7.98	27687	8829	11360
46155	**569**	**12.41**	**5.99**	**6.42**	**478102**	**80546**	**64115**
6417	89	12.62	4.53	8.09	96494	36744	9695
8158	116	14.24	5.80	8.44	55795	4906	4841
6357	62	11.39	7.23	4.16	38942	7210	5751
2155	21	13.27	7.15	6.12	15481	1909	2149
3100	37	10.17	7.34	2.83	27491	1641	1905
2471	44	13.19	8.59	4.60	12645	2945	2723
1278	13	12.19	5.55	6.64	17970	3597	1411
7731	98	10.77	5.43	5.34	121033	15353	7205
8488	89	13.43	5.97	7.46	92251	6241	28435
729149	**8097**	**13.07**	**5.25**	**7.82**	**3245115**	**1457219**	**599942**
90348	**1058**	**11.65**	**4.78**	**6.87**	**482796**	**721952**	**194325**
13519	157	9.59	4.58	5.01	94163	110860	17061
11745	121	8.33	4.88	3.45	74193	78955	14236
7521	55	6.43	3.18	3.25	35118	81076	10191
1035	4	11.67	4.67	7.00	7284	8113	6539
13124	141	9.89	3.82	6.07	80653	260728	66041
17001	225	13.27	5.02	8.25	68203	103101	32901
10720	148	14.71	5.51	9.20	66934	66981	36892
4007	41	11.61	5.39	6.22	7740	4985	7610
11676	166	14.58	5.52	9.06	48508	7153	2854
23694	**196**	**12.46**	**5.85**	**6.61**	**101366**	**75891**	**25787**
2903	21	9.03	5.10	3.93	17888	34811	6082
6358	41	10.21	5.57	4.64	38837	24659	8616
4056	31	14.18	6.04	8.14	15554	13597	8213
10377	103	13.41	6.06	7.35	29087	2824	2876
34604	**469**	**12.65**	**5.68**	**6.97**	**108684**	**55087**	**25934**
9929	180	9.38	5.09	4.29	63953	37790	11664
7237	96	13.41	6.21	7.20	12315	2638	2719
4789	55	14.68	5.64	9.04	10287	2475	4153
7638	94	13.92	5.80	8.12	12290	8428	4589
5011	44	14.23	5.97	8.26	9839	3756	2809
75166	**709**	**13.36**	**4.93**	**8.43**	**335652**	**127868**	**73469**
5668	43	9.13	2.83	6.30	29972	54543	17091
9363	75	6.96	2.95	4.01	53866	43350	19325
5434	49	13.88	6.14	7.74	15251	1525	2224
5412	56	16.73	6.28	10.45	34860	1727	4952
11324	129	13.20	5.18	8.02	54979	2079	3342
6889	76	13.40	5.14	8.26	25924	3295	4425
3391	28	14.01	4.53	9.48	21340	10182	8901
3579	29	13.89	5.82	8.07	8457	831	1286
8103	83	15.53	4.95	10.58	17965	1357	1234
3627	21	13.11	4.54	8.57	17115	6155	3106
5768	61	14.92	5.69	9.23	13162	1006	3293
6608	59	13.98	4.97	9.01	42761	1818	4290
22286	**154**	**10.78**	**4.63**	**6.15**	**189294**	**48015**	**41894**
16022	93	10.53	4.35	6.18	160835	42562	38161
6264	61	11.51	5.41	6.10	28459	5453	3733

表3 续表 20

地区	各年龄组人口占总人口比重(%)				有65岁及以上	
	0-14岁	15-64岁	65岁及以上	15-49岁育龄妇女	合计	有一个老人
鹰潭市	**21.60**	**71.00**	**7.40**	**27.03**	**62228**	**43453**
月湖区	18.92	73.47	7.61	28.99	11911	7789
余江县	22.74	69.69	7.57	26.58	19531	13561
贵溪市	21.91	70.88	7.20	26.56	30786	22103
赣州市	**24.60**	**67.48**	**7.92**	**27.11**	**500865**	**358991**
章贡区	16.03	76.23	7.75	30.13	37568	25873
赣县	26.18	65.82	8.01	26.02	32739	24213
信丰县	22.88	69.76	7.37	28.42	36788	26255
大余县	21.92	69.58	8.50	27.04	17911	12720
上犹县	23.58	66.63	9.79	25.65	20086	15263
崇义县	21.51	69.77	8.72	27.71	12595	9112
安远县	25.45	67.34	7.21	27.28	18317	12843
龙南县	20.57	71.38	8.04	29.38	18786	13692
定南县	22.24	68.69	9.07	27.39	12160	9185
全南县	21.56	69.77	8.68	27.77	11967	8603
宁都县	23.73	69.14	7.12	27.47	40896	27055
于都县	32.39	59.82	7.79	24.96	51738	38795
兴国县	26.43	65.49	8.08	26.33	44012	31510
会昌县	28.42	64.40	7.18	25.76	24062	17258
寻乌县	22.08	69.67	8.25	28.29	17304	11736
石城县	22.11	69.94	7.95	27.87	16690	11753
瑞金市	26.40	66.06	7.54	27.22	34757	24734
南康市	25.37	65.92	8.71	26.09	52489	38391
吉安市	**21.02**	**71.21**	**7.77**	**28.05**	**279129**	**194922**
吉州区	17.70	73.58	8.72	28.86	21205	13943
青原区	21.92	71.43	6.66	28.86	10142	7229
吉安县	20.53	72.05	7.42	28.42	25750	17978
吉水县	22.78	69.68	7.55	26.98	28208	19481
峡江县	21.73	70.98	7.30	27.85	9526	6107
新干县	21.78	71.25	6.97	27.58	17438	12305
永丰县	21.80	71.04	7.16	28.22	22491	15305
泰和县	20.40	72.07	7.53	28.37	29102	20988
遂川县	23.23	69.03	7.74	27.30	32457	24262
万安县	20.33	71.33	8.34	29.07	18097	12507
安福县	17.84	73.65	8.51	28.75	24828	17395
永新县	21.13	70.30	8.57	27.28	30498	20957
井冈山市	21.65	70.12	8.23	28.45	9387	6465
宜春市	**21.89**	**70.51**	**7.60**	**27.32**	**310269**	**224514**
袁州区	22.71	69.54	7.75	27.38	59155	40747
奉新县	22.77	69.95	7.28	27.41	17422	12977
万载县	27.38	65.26	7.36	25.37	27694	20731
上高县	20.07	71.50	8.43	27.77	20526	14409
宜丰县	20.65	70.62	8.73	27.13	17809	12775
靖安县	19.37	72.31	8.32	27.53	9393	7022
铜鼓县	20.53	71.72	7.76	27.90	8196	6166
丰城市	22.08	70.60	7.33	27.45	75384	55326
樟树市	19.21	73.18	7.61	28.07	32651	24059
高安市	20.65	72.12	7.23	27.38	42039	30302
抚州市	**22.52**	**70.54**	**6.94**	**28.24**	**210042**	**153952**
临川区	23.49	69.22	7.29	27.49	61250	44771
南城县	21.69	71.87	6.45	29.09	15728	11963
黎川县	19.99	72.51	7.51	29.16	13555	10050
南丰县	20.77	72.73	6.50	29.29	14772	11054
崇仁县	26.85	66.74	6.41	27.45	17250	12630
乐安县	23.56	69.19	7.25	27.62	19039	13609
宜黄县	21.31	72.19	6.49	29.53	11414	8619
金溪县	22.56	71.43	6.01	28.51	13906	10411
资溪县	20.57	71.68	7.74	29.09	6618	4819
东乡县	21.30	71.64	7.06	27.64	23373	16489
广昌县	20.08	72.71	7.22	29.63	13137	9537
上饶市	**23.70**	**68.93**	**7.37**	**27.03**	**373017**	**271156**
信州区	18.81	73.30	7.89	29.96	24678	16829
上饶县	25.46	67.72	6.82	26.51	37136	27706
广丰县	25.16	67.62	7.23	27.25	43077	32556
玉山县	24.61	67.30	8.09	25.48	35784	26963

老年人口的户数(户)		人口自然变动(‰)			迁入人口(人)		
有二个老人	有三个及以上老人	出生率	死亡率	自然增长率	本县(市)/本市市区	本省其他县(市)、市区	外省
18592	**183**	**13.04**	**5.24**	**7.80**	**77624**	**37919**	**13590**
4096	26	11.90	4.15	7.75	27020	27081	6134
5891	79	12.92	4.71	8.21	18907	4501	2101
8605	78	13.55	5.99	7.56	31697	6337	5355
140151	**1723**	**13.33**	**5.41**	**7.92**	**671396**	**146962**	**69030**
11601	94	9.56	3.65	5.91	79884	80615	21941
8453	73	12.98	4.70	8.28	30368	6929	1896
10449	84	12.69	5.95	6.74	48238	3724	3566
5129	62	12.63	6.36	6.27	17737	4846	5809
4770	53	15.30	5.71	9.59	19783	3144	1530
3445	38	12.40	5.19	7.21	18470	2902	1593
5406	68	13.61	6.07	7.54	16738	1494	1184
5037	57	12.83	6.01	6.82	43284	2511	5413
2943	32	16.73	6.06	10.67	31277	2062	3232
3325	39	12.86	6.43	6.43	19288	1079	2383
13664	177	16.34	5.70	10.64	51217	4254	1514
12719	224	16.00	6.21	9.79	68595	4627	2937
12324	178	12.35	4.23	8.12	40235	3186	1978
6711	93	11.64	4.71	6.93	21807	2828	2404
5509	59	12.22	5.55	6.67	22114	1588	1549
4885	52	12.04	5.53	6.51	12578	936	657
9842	181	13.22	5.43	7.79	47321	2490	1848
13939	159	13.35	5.80	7.55	82462	17747	7596
83341	**866**	**13.74**	**4.79**	**8.95**	**280985**	**49059**	**35699**
7177	85	11.77	3.97	7.80	31998	11583	3280
2896	17	15.48	3.37	12.11	6997	12186	5806
7707	65	14.24	4.56	9.68	27788	2479	3237
8632	95	13.29	3.58	9.71	37856	2034	2065
3393	26	12.69	5.51	7.18	10078	1294	997
5094	39	14.37	4.76	9.61	22053	4084	2155
7097	89	12.71	5.74	6.97	20453	1457	1152
8044	70	15.33	5.39	9.94	29611	2786	3261
8105	90	13.88	5.73	8.15	18389	2136	1791
5482	108	13.81	5.12	8.69	14053	1535	965
7368	65	12.92	4.21	8.71	18782	2213	3832
9458	83	13.45	5.05	8.40	22749	2001	2942
2888	34	15.67	4.22	11.45	20178	3271	4216
84811	**944**	**14.22**	**5.35**	**8.87**	**369447**	**67428**	**47404**
18195	213	13.93	5.71	8.22	129947	24635	13707
4405	40	13.99	4.53	9.46	23736	4526	5342
6909	54	19.38	5.26	14.12	18212	2531	2150
6064	53	16.39	5.55	10.84	33635	5845	2502
4995	39	14.06	5.21	8.85	17155	3967	4319
2347	24	13.49	4.79	8.70	7922	2501	2307
2007	23	13.28	5.26	8.02	9771	3313	2783
19795	263	13.11	5.90	7.21	44283	5649	4913
8488	104	13.32	4.56	8.76	13259	3346	1489
11606	131	13.60	4.94	8.66	71527	11115	7892
55564	**526**	**13.34**	**5.70**	**7.64**	**293119**	**43177**	**23940**
16298	181	12.56	5.57	6.99	126410	28330	11209
3737	28	12.72	5.24	7.48	23620	1526	1157
3480	25	12.39	4.72	7.67	17747	844	1015
3698	20	13.60	6.25	7.35	24440	1748	1498
4573	47	13.89	5.82	8.07	22384	1956	899
5381	49	12.80	5.63	7.17	17354	1862	1073
2779	16	13.84	5.97	7.87	6139	1394	1449
3464	31	17.28	5.75	11.53	13368	1250	905
1781	18	13.29	5.74	7.55	5256	1986	2416
6814	70	13.04	5.77	7.27	25206	1617	1776
3559	41	13.51	6.63	6.88	11195	664	543
100592	**1269**	**12.67**	**5.45**	**7.22**	**334752**	**83861**	**48870**
7764	85	11.07	4.19	6.88	38056	31042	8070
9333	97	12.18	5.19	6.99	37984	10065	7333
10361	160	12.02	5.86	6.16	37992	2841	2609
8702	119	13.29	5.59	7.70	54300	6898	10709

表3 续表 21

地 区	各年龄组人口占总人口比重(%)				有65岁及以上	
	0-14岁	15-64岁	65岁及以上	15-49岁育龄妇女	合计	有一个老 人
铅山县	22.23	70.84	6.93	27.52	23289	17396
横峰县	23.53	68.39	8.08	25.76	11430	8138
弋阳县	23.22	69.00	7.78	25.96	20582	14283
余干县	23.57	69.55	6.88	27.74	46222	32185
鄱阳县	24.72	68.02	7.26	26.98	72412	52623
万年县	25.23	67.69	7.08	26.28	19190	13704
婺源县	20.43	71.69	7.89	27.43	21059	16105
德兴市	21.46	70.19	8.34	26.52	18158	12668
山东省	**15.74**	**74.42**	**9.84**	**27.80**	**6746757**	**4284534**
济南市	**13.63**	**77.22**	**9.15**	**29.34**	**454228**	**293742**
历下区	9.45	83.02	7.53	33.38	39161	22871
市中区	11.70	79.52	8.79	30.29	45286	28489
槐荫区	12.56	78.91	8.53	29.50	29517	18902
天桥区	12.04	79.52	8.45	30.47	42532	27759
历城区	13.39	78.29	8.32	30.08	67273	42749
长清区	14.30	76.62	9.08	29.67	39415	26722
平阴县	15.34	73.15	11.51	26.52	28174	18531
济阳县	17.05	72.10	10.85	26.92	41341	27474
商河县	17.86	71.86	10.28	26.61	42811	28576
章丘市	14.88	75.09	10.03	27.59	78718	51669
青岛市	**13.44**	**76.30**	**10.26**	**28.71**	**642982**	**406931**
市南区	10.70	77.40	11.90	28.71	45299	27414
市北区	10.62	77.74	11.63	28.71	46610	29417
四方区	9.87	79.13	11.00	28.45	36283	22896
黄岛区	12.04	82.66	5.31	31.37	19412	11444
崂山区	10.93	81.50	7.57	31.71	20086	12173
李沧区	11.97	79.85	8.18	31.35	29602	18624
城阳区	11.67	81.12	7.21	33.97	37865	23374
胶州市	15.83	73.47	10.70	28.14	65898	42407
即墨市	15.41	73.93	10.66	27.58	91438	58746
平度市	15.08	73.16	11.76	26.84	115341	73793
胶南市	14.97	73.68	11.35	26.49	72411	47044
莱西市	14.25	74.04	11.71	26.96	62737	39599
淄博市	**14.58**	**75.40**	**10.02**	**27.50**	**322438**	**198086**
淄川区	14.20	75.56	10.25	27.25	53283	33044
张店区	13.77	78.18	8.05	29.62	50781	28807
博山区	12.45	75.61	11.94	26.19	39819	24737
临淄区	15.09	74.33	10.58	26.92	47720	28206
周村区	13.58	76.76	9.66	29.83	25083	15783
桓台县	15.98	73.48	10.55	26.60	38840	24889
高青县	17.13	71.95	10.93	25.68	27333	17338
沂源县	15.41	74.62	9.97	26.49	39579	25282
枣庄市	**16.34**	**74.24**	**9.42**	**28.31**	**250382**	**159900**
市中区	17.12	74.25	8.63	29.91	32618	19716
薛城区	16.32	74.38	9.30	28.69	31560	20127
峄城区	19.09	71.70	9.21	27.67	23973	15235
台儿庄区	17.96	72.36	9.68	27.84	19516	12234
山亭区	18.07	71.55	10.38	27.19	34425	22183
滕州市	14.68	75.88	9.44	28.22	108290	70405
东营市	**15.57**	**75.52**	**8.91**	**28.12**	**127840**	**77366**
东营区	15.16	77.34	7.50	30.04	39311	22470
河口区	15.70	76.26	8.03	28.31	13839	8136
垦利县	15.57	74.92	9.52	26.78	16444	10486
利津县	15.29	73.99	10.72	26.87	21868	14103
广饶县	16.28	73.58	10.14	26.52	36378	22171
烟台市	**10.97**	**77.57**	**11.46**	**27.49**	**560742**	**335589**
芝罘区	11.68	79.63	8.70	31.16	49756	28514
福山区	9.94	82.29	7.77	31.18	32566	19111
牟平区	9.70	77.43	12.88	26.28	41764	24314
莱山区	9.08	83.54	7.38	34.77	16721	9852
长岛县	11.08	77.01	11.91	25.38	3657	2128
龙口市	11.43	78.36	10.21	27.00	50396	31360
莱阳市	11.87	76.37	11.77	27.48	72546	43685
莱州市	10.98	75.27	13.75	25.06	85332	51628
蓬莱市	11.02	76.51	12.48	25.97	39709	24041
招远市	12.32	74.88	12.80	25.49	51727	31513

老年人口的户数(户)		人口自然变动(‰)			迁入人口(人)		
有二个老人	有三个及以上老人	出生率	死亡率	自然增长率	本县(市)/本市市区	本省其他县(市)、市区	外省
5822	71	12.88	3.47	9.41	8521	5008	2579
3253	39	12.02	6.16	5.86	29421	2163	1716
6245	54	12.62	6.04	6.58	19299	2638	2317
13840	197	13.91	6.66	7.25	20768	1229	856
19481	308	12.89	4.55	8.34	36934	7165	3463
5430	56	12.27	6.91	5.36	28967	4697	1239
4912	42	12.68	6.18	6.50	10125	1806	2739
5449	41	12.54	5.90	6.64	12385	8309	5240
2432541	**29682**	**10.27**	**6.28**	**3.99**	**6574791**	**5007937**	**2115593**
158567	**1919**	**9.46**	**5.92**	**3.54**	**521074**	**975221**	**250831**
16138	152	6.03	3.17	2.86	74331	214807	53062
16651	146	7.60	4.24	3.36	74295	163309	34800
10541	74	8.94	4.36	4.58	46732	111334	28509
14663	110	8.05	4.59	3.46	64664	170406	56493
24293	231	9.63	5.14	4.49	78106	188334	44355
12523	170	8.79	7.60	1.19	29293	64131	10349
9492	151	9.89	8.16	1.73	29925	6283	2465
13620	247	15.19	8.19	7.00	19554	7118	3417
13952	283	14.93	8.23	6.70	13891	2174	1075
26694	355	8.68	7.42	1.26	90283	47325	16306
233381	**2670**	**7.57**	**6.07**	**1.50**	**683716**	**1199104**	**594498**
17703	182	7.42	4.61	2.81	54978	96616	35568
17025	168	7.17	6.33	0.84	61720	150071	40060
13236	151	6.36	5.98	0.38	41330	117962	31680
7868	100	7.86	2.16	5.70	27595	171753	96358
7855	58	6.90	3.87	3.03	6456	137393	43131
10892	86	8.35	2.99	5.36	44023	156196	63357
14365	126	6.76	4.22	2.54	25878	190920	100758
23191	300	7.54	6.67	0.87	84025	43579	45593
32332	360	7.88	6.82	1.06	86355	58050	58175
40997	551	8.13	8.19	-0.06	83123	10070	13865
25035	332	7.65	7.73	-0.08	102207	48158	50490
22882	256	7.61	7.15	0.46	66026	18336	15463
123376	**976**	**7.74**	**5.98**	**1.76**	**427090**	**288870**	**86683**
20092	147	7.68	5.74	1.94	85767	44763	14303
21767	207	7.87	3.87	4.00	104666	139327	38606
15008	74	6.03	7.78	-1.75	48058	18628	5430
19357	157	7.33	6.41	0.92	62230	27040	12779
9224	76	6.54	5.16	1.38	30573	40375	9271
13792	159	7.75	6.89	0.86	44030	12722	3666
9902	93	11.37	8.07	3.30	19447	3608	1804
14234	63	7.99	6.27	1.72	32319	2407	824
89309	**1173**	**10.81**	**5.82**	**4.99**	**270491**	**68014**	**15519**
12764	138	9.50	4.48	5.02	60138	30016	4227
11328	105	11.41	5.73	5.68	41830	14563	2327
8619	119	11.95	6.60	5.35	24502	2149	795
7186	96	11.17	6.01	5.16	13122	1500	2456
12065	177	12.49	6.23	6.26	5366	1354	715
37347	538	10.25	5.97	4.28	125533	18432	4999
50039	**435**	**8.29**	**4.73**	**3.56**	**181750**	**220896**	**74046**
16699	142	7.92	2.63	5.29	91717	123704	44818
5658	45	6.75	3.57	3.18	15188	34633	10501
5909	49	9.02	5.85	3.17	22089	35236	5449
7688	77	8.19	7.31	0.88	20560	6349	2122
14085	122	9.32	6.47	2.85	32196	20974	11156
222970	**2183**	**6.76**	**7.15**	**-0.39**	**589902**	**467628**	**307430**
21061	181	7.80	3.72	4.08	101300	108827	52043
13359	96	7.21	4.12	3.09	49730	113319	91386
17299	151	5.47	8.19	-2.72	31613	14778	12576
6804	65	6.53	4.11	2.42	13225	111236	30214
1509	20	4.99	5.54	-0.55	2766	3711	1544
18869	167	5.62	7.16	-1.54	56481	41650	41119
28495	366	8.74	7.62	1.12	59310	17430	9205
33276	428	6.16	8.93	-2.77	84726	20915	29715
15556	112	6.15	8.13	-1.98	26935	10409	11257
20033	181	6.80	9.35	-2.55	58749	8828	12388

表3 续表 22

地 区	各年龄组人口占总人口比重(%)				有65岁及以上	
	0-14岁	15-64岁	65岁及以上	15-49岁育龄妇女	合计	有一个老 人
栖霞市	10.24	76.57	13.20	25.36	54846	32691
海阳市	10.66	75.59	13.75	25.23	61722	36752
潍坊市	**15.16**	**74.74**	**10.10**	**27.31**	**659528**	**423653**
潍城区	14.14	77.66	8.19	30.39	24404	15526
寒亭区	14.69	74.49	10.82	26.35	32912	20597
坊子区	16.42	73.00	10.58	26.29	39936	26543
奎文区	13.28	79.53	7.19	31.41	34502	20182
临朐县	14.91	75.12	9.98	25.71	58026	38167
昌乐县	14.72	75.53	9.75	27.43	44857	30252
青州市	14.62	74.80	10.57	27.33	70420	44820
诸城市	16.53	73.04	10.43	26.56	83810	55604
寿光市	15.03	74.92	10.05	27.51	81907	51159
安丘市	15.54	74.35	10.11	26.66	69024	46017
高密市	16.05	72.98	10.97	27.51	69234	43262
昌邑市	14.80	73.41	11.79	25.78	50496	31524
济宁市	**17.20**	**73.36**	**9.44**	**28.12**	**549241**	**359283**
市中区	15.74	74.89	9.38	29.15	38921	23784
任城区	15.90	76.64	7.46	29.81	33822	21775
微山县	16.66	73.69	9.65	27.25	44018	28186
鱼台县	16.06	73.73	10.20	28.38	30326	19575
金乡县	16.99	73.30	9.70	27.92	43389	27571
嘉祥县	22.47	68.56	8.97	26.57	53821	34879
汶上县	17.94	72.89	9.17	28.97	46378	31755
泗水县	17.43	71.95	10.63	26.82	41604	27846
梁山县	20.28	70.26	9.46	27.75	48499	31027
曲阜市	15.24	75.32	9.44	29.06	46062	32282
兖州市	15.53	74.69	9.78	27.61	44650	29748
邹城市	15.21	74.97	9.83	28.34	77751	50855
泰安市	**15.60**	**74.82**	**9.58**	**27.60**	**380653**	**252619**
泰山区	14.26	77.59	8.15	30.10	40873	24099
岱岳区	15.27	74.40	10.33	26.98	74086	50027
宁阳县	15.96	74.32	9.72	27.34	54342	38927
东平县	15.80	73.78	10.41	26.93	56237	37705
新泰市	16.32	74.07	9.61	27.47	89870	56751
肥城市	15.58	75.28	9.14	27.17	65245	45110
威海市	**10.08**	**77.85**	**12.07**	**27.62**	**233043**	**134177**
环翠区	11.88	80.63	7.49	32.42	42697	23612
文登市	9.26	76.48	14.26	25.80	66332	38660
荣成市	10.01	76.37	13.62	25.69	67500	38944
乳山市	8.48	77.22	14.30	25.09	56514	32961
日照市	**16.26**	**73.43**	**10.32**	**26.66**	**209927**	**133570**
东港区	15.37	76.18	8.45	29.34	55746	34529
岚山区	15.14	73.49	11.38	25.00	33526	21923
五莲县	15.30	73.09	11.60	25.07	41115	26416
莒县	17.99	71.03	10.98	25.62	79540	50702
莱芜市	**15.78**	**74.05**	**10.17**	**26.13**	**92959**	**58492**
莱城区	15.76	73.83	10.40	26.06	73064	46150
钢城区	15.84	74.73	9.43	26.35	19895	12342
临沂市	**18.13**	**72.01**	**9.86**	**27.12**	**707485**	**435004**
兰山区	17.45	75.84	6.72	30.83	54361	32382
罗庄区	18.56	73.73	7.71	28.58	28154	17663
河东区	19.19	71.54	9.26	27.31	42324	26349
沂南县	18.25	70.29	11.47	25.54	67199	41167
郯城县	17.25	72.98	9.76	27.94	65279	40339
沂水县	15.46	73.47	11.08	26.96	80292	50682
苍山县	23.05	67.81	9.15	25.76	74931	44804
费县	17.58	72.48	9.95	27.46	65639	39996
平邑县	17.21	71.96	10.83	26.70	70792	44657
莒南县	16.44	72.04	11.52	25.35	73584	45928
蒙阴县	17.52	70.87	11.61	25.70	40217	24122
临沭县	19.32	70.41	10.27	26.15	44713	26915
德州市	**16.65**	**74.47**	**8.88**	**27.70**	**356466**	**240105**
德城区	15.19	77.68	7.13	30.16	34925	21951
陵县	16.92	74.33	8.75	27.79	35275	23647
宁津县	16.62	74.55	8.83	26.72	28788	19670

老年人口的户数(户)		人口自然变动(‰)			迁入人口(人)		
有二个老人	有三个及以上老人	出生率	死亡率	自然增长率	本县(市)/本市市区	本省其他县(市)、市区	外省
21989	166	6.64	9.14	-2.50	46431	8945	5688
24720	250	5.99	7.79	-1.80	58636	7580	10295
232991	**2884**	**8.76**	**6.32**	**2.44**	**737418**	**347866**	**156187**
8798	80	8.81	4.90	3.91	36002	70665	17614
12171	144	8.04	6.23	1.81	18753	23584	11120
13238	155	9.29	6.93	2.36	16441	19300	6521
14201	119	7.04	2.37	4.67	88837	111389	31262
19673	186	11.19	6.28	4.91	63059	3244	2415
14448	157	9.36	7.02	2.34	57572	12968	4428
25313	287	9.51	6.17	3.34	70145	11012	6900
27851	355	7.69	7.23	0.46	92247	19485	15659
30376	372	9.29	6.09	3.20	86631	51006	37744
22748	259	8.10	7.11	0.99	71462	6630	4034
25491	481	8.83	7.43	1.40	89053	10197	9435
18683	289	7.39	6.81	0.58	47216	8386	9055
187130	**2828**	**12.09**	**5.92**	**6.17**	**452284**	**277006**	**46788**
14967	170	9.51	4.05	5.46	62602	46223	6603
11897	150	11.13	4.28	6.85	44205	119864	9895
15589	243	12.58	5.51	7.07	21129	15615	4499
10546	205	12.02	6.25	5.77	19781	4291	1233
15519	299	11.93	6.29	5.64	25581	9327	3551
18645	297	12.93	4.98	7.95	28680	9580	2048
14364	259	13.08	6.96	6.12	15595	1362	948
13586	172	12.16	7.59	4.57	23789	1982	1632
17163	309	12.80	5.79	7.01	29780	2529	1606
13568	212	11.25	6.56	4.69	34862	26087	3605
14730	172	11.90	6.76	5.14	60546	20395	4292
26556	340	12.70	6.28	6.42	85734	19751	6876
126415	**1619**	**10.42**	**6.66**	**3.76**	**392906**	**212217**	**33487**
16598	176	7.45	3.44	4.01	177734	126126	16891
23734	325	9.22	7.22	2.00	28358	62202	8502
15218	197	13.82	8.04	5.78	43087	6441	2315
18117	415	11.46	7.96	3.50	18077	2157	1300
32861	258	10.24	6.34	3.90	59895	6790	1817
19887	248	10.74	6.98	3.76	65755	8501	2662
98148	**718**	**5.46**	**6.76**	**-1.30**	**214165**	**180443**	**230450**
18935	150	6.66	3.18	3.48	77789	126943	114157
27459	213	5.70	8.71	-3.01	51217	19778	32325
28385	171	4.41	7.93	-3.52	48722	23394	66511
23369	184	4.71	8.29	-3.58	36437	10328	17457
75785	**572**	**10.13**	**6.62**	**3.51**	**226590**	**127851**	**67169**
21027	190	8.87	4.96	3.91	127344	104184	42724
11510	93	9.35	7.68	1.67	12996	13526	11830
14579	120	8.99	8.19	0.80	36208	5475	5433
28669	169	12.18	6.98	5.20	50042	4666	7182
34065	**402**	**7.93**	**6.60**	**1.33**	**148654**	**34771**	**7903**
26572	342	7.74	7.05	0.69	112599	22687	5962
7493	60	8.53	5.17	3.36	36055	12084	1941
270111	**2370**	**13.44**	**6.25**	**7.19**	**532288**	**314293**	**100195**
21775	204	11.05	3.71	7.34	100485	197852	47142
10412	79	13.87	4.62	9.25	31948	49101	5770
15857	118	16.07	5.81	10.26	20179	20719	7091
25908	124	13.18	6.34	6.84	46083	5873	4832
24568	372	15.91	5.99	9.92	32792	2598	2597
29430	180	11.69	8.09	3.60	61466	7468	4795
29768	359	11.73	5.68	6.05	39621	3875	3044
25356	287	15.38	6.30	9.08	36548	11568	6582
25875	260	13.88	7.47	6.41	52885	4614	4861
27556	100	13.09	7.67	5.42	37133	3619	4390
15943	152	15.81	6.85	8.96	28482	3036	1966
17663	135	12.60	6.83	5.77	44666	3970	7125
114680	**1681**	**12.62**	**6.47**	**6.15**	**277554**	**64148**	**48068**
12865	109	10.16	3.42	6.74	64028	36892	28457
11456	172	12.72	6.30	6.42	30094	1049	842
8997	121	12.31	6.21	6.10	7334	863	1271

表3 续表 23

地 区	各年龄组人口占总人口比重(%)				有65岁及以上	
	0-14岁	15-64岁	65岁及以上	15-49岁育龄妇女	合计	有一个老人
庆云县	17.30	74.08	8.62	27.92	18041	11738
临邑县	17.48	73.54	8.98	27.41	34126	23300
齐河县	15.47	74.70	9.83	27.69	44827	31169
平原县	16.61	73.85	9.54	26.79	29309	19742
夏津县	19.48	71.07	9.45	26.03	32922	22298
武城县	16.68	73.99	9.33	26.99	24141	16368
乐陵市	16.17	75.53	8.31	27.97	39236	26231
禹城市	16.29	74.06	9.66	28.03	34876	23991
聊城市	**16.97**	**74.31**	**8.72**	**28.28**	**367321**	**248359**
东昌府区	17.22	74.82	7.95	29.29	71437	47076
阳谷县	16.69	74.19	9.12	27.91	49988	33926
莘县	17.98	73.49	8.53	28.36	58829	40254
茌平县	16.23	74.03	9.74	28.42	36430	24602
东阿县	14.96	74.21	10.82	27.66	28163	18797
冠县	18.00	74.26	7.75	27.87	43468	30425
高唐县	16.09	73.87	10.04	27.34	34872	23094
临清市	16.49	75.28	8.23	28.14	44134	30185
滨州市	**16.05**	**74.15**	**9.80**	**27.17**	**265651**	**170980**
滨城区	15.35	75.95	8.70	28.89	42530	27220
惠民县	15.90	73.53	10.58	26.39	46628	30414
阳信县	17.08	73.07	9.85	26.97	30356	20167
无棣县	16.84	72.96	10.20	26.14	30617	19312
沾化县	14.31	74.87	10.81	26.97	27564	17696
博兴县	17.36	72.55	10.09	25.99	35311	21953
邹平县	15.75	74.96	9.29	27.74	52645	34218
菏泽市	**20.79**	**69.51**	**9.70**	**27.59**	**565871**	**356678**
牡丹区	19.10	72.30	8.60	28.94	83687	52550
曹县	22.46	68.33	9.21	27.34	87619	55568
单县	17.67	71.94	10.39	28.13	77288	47071
成武县	20.66	69.91	9.43	28.09	41998	26679
巨野县	21.17	68.62	10.21	27.60	59565	37780
郓城县	22.08	66.88	11.04	26.48	79612	50915
鄄城县	21.40	68.26	10.35	26.89	52224	31718
定陶县	19.43	70.34	10.23	27.23	40790	26039
东明县	23.68	68.06	8.27	26.92	43088	28358
河南省	**21.00**	**70.64**	**8.36**	**27.90**	**5754338**	**3782040**
郑州市	**16.00**	**76.84**	**7.16**	**30.91**	**444511**	**279886**
中原区	13.79	78.90	7.32	31.86	46070	26980
二七区	13.45	79.39	7.15	32.62	35559	20809
管城回族区	16.59	77.82	5.60	31.51	25982	16368
金水区	12.65	82.12	5.23	35.35	57420	32753
上街区	14.73	74.94	10.32	29.62	9450	5410
惠济区	15.06	79.34	5.60	34.55	10899	7093
中牟县	22.92	69.03	8.05	26.68	42655	27306
巩义市	15.31	75.84	8.85	28.83	51808	33315
荥阳市	16.15	74.86	8.99	27.85	41111	27757
新密市	18.04	73.85	8.12	28.85	48183	32424
新郑市	16.53	76.25	7.22	31.20	40016	26066
登封市	19.84	73.01	7.15	27.52	35358	23605
开封市	**21.38**	**70.34**	**8.28**	**27.18**	**282282**	**182356**
龙亭区	15.42	75.30	9.27	30.02	8580	5450
顺河回族区	13.93	74.58	11.49	28.18	18865	11176
鼓楼区	14.16	74.43	11.41	28.01	11679	7221
禹王台区	14.99	74.48	10.53	27.79	10106	6653
金明区	15.43	77.91	6.66	30.76	12119	7264
杞县	22.54	69.58	7.88	26.18	54576	34717
通许县	23.47	68.62	7.91	26.16	33194	21735
尉氏县	21.73	70.49	7.78	27.31	51106	34478
开封县	22.99	69.11	7.90	26.86	40902	27324
兰考县	24.60	66.96	8.44	27.05	41155	26338
洛阳市	**20.05**	**71.84**	**8.11**	**27.74**	**390772**	**257074**
老城区	16.11	74.72	9.18	29.89	10826	6733
西工区	13.89	76.06	10.04	28.85	25934	14689
瀍河回族区	12.55	77.90	9.55	29.28	12097	7325
涧西区	14.38	75.43	10.19	29.63	43387	23986

老年人口的户数(户)		人口自然变动(‰)			迁入人口(人)		
有二个老人	有三个及以上老人	出生率	死亡率	自然增长率	本县(市)/本市市区	本省其他县(市)、市区	外省
6210	93	17.16	6.73	10.43	11171	1784	3353
10707	119	12.51	6.88	5.63	20897	6674	4516
13361	297	11.88	7.23	4.65	17685	6672	2155
9435	132	12.99	7.20	5.79	13630	2554	1599
10496	128	11.65	7.52	4.13	24212	871	851
7688	85	13.83	7.49	6.34	16041	2210	2082
12750	255	13.38	6.75	6.63	51047	698	979
10715	170	13.25	6.71	6.54	21415	3881	1963
117004	**1958**	**13.07**	**6.33**	**6.74**	**333123**	**70100**	**29176**
23971	390	14.27	4.95	9.32	88933	54414	11275
15770	292	12.75	6.32	6.43	42847	1447	2073
18263	312	12.39	6.46	5.93	27584	1029	5970
11618	210	12.18	7.47	4.71	38523	3771	2020
9200	166	11.90	7.82	4.08	28577	3089	1437
12829	214	14.22	6.46	7.76	13880	583	817
11579	199	13.66	7.80	5.86	57925	3363	1925
13774	175	11.92	5.85	6.07	34854	2404	3659
93373	**1298**	**11.63**	**6.95**	**4.68**	**256981**	**109914**	**39710**
15151	159	9.75	5.88	3.87	68911	48533	8930
15934	280	12.35	8.07	4.28	17997	2646	1463
9942	247	13.81	6.54	7.27	11743	1657	568
11163	142	16.78	6.64	10.14	25242	4798	4999
9756	112	11.79	7.90	3.89	15236	4720	3223
13227	131	9.23	6.83	2.40	37704	10375	7694
18200	227	10.22	7.06	3.16	80148	37185	12833
205197	**3996**	**12.21**	**6.06**	**6.15**	**328805**	**49595**	**27453**
30526	611	11.16	5.39	5.77	74028	20384	4829
31571	480	13.05	6.25	6.80	52737	1896	2826
29494	723	11.87	6.71	5.16	61295	12904	7816
14995	324	12.80	6.06	6.74	19178	1093	1036
21435	350	13.24	5.96	7.28	26626	3467	1667
28155	542	11.51	5.89	5.62	46773	5647	2879
20133	373	11.61	6.56	5.05	21160	1911	659
14477	274	12.69	6.30	6.39	11715	1753	593
14411	319	12.59	5.64	6.95	15293	540	5148
1939986	**32312**	**11.13**	**5.43**	**5.70**	**5241746**	**3930187**	**592134**
162254	**2371**	**9.34**	**4.10**	**5.24**	**709306**	**1749758**	**245478**
18932	158	8.95	3.06	5.89	91560	290062	37363
14605	145	8.03	2.91	5.12	70193	230838	31791
9503	111	7.80	2.86	4.94	49715	233817	45920
24400	267	7.99	2.12	5.87	148411	662169	78278
3993	47	7.17	5.14	2.03	14919	19657	2005
3743	63	11.73	3.14	8.59	8626	92702	10371
15029	320	11.46	5.34	6.12	33993	25245	4750
18167	326	9.64	5.61	4.03	72922	29698	5912
13149	205	11.33	5.38	5.95	61809	17118	3036
15454	305	9.27	6.20	3.07	80172	20201	5179
13686	264	9.64	4.86	4.78	42378	108415	7696
11593	160	10.70	5.17	5.53	34608	19836	13177
98039	**1887**	**10.90**	**5.75**	**5.15**	**156401**	**154198**	**16368**
3085	45	9.68	6.00	3.68	6839	25270	1069
7613	76	7.30	3.43	3.87	19395	11483	1737
4401	57	7.31	4.52	2.79	7544	22613	1671
3423	30	7.21	7.52	-0.31	13055	9045	1164
4784	71	6.62	2.68	3.94	10868	74325	5620
19329	530	11.57	6.61	4.96	14623	1539	558
11265	194	11.77	5.50	6.27	16726	990	433
16332	296	12.24	5.89	6.35	20899	1043	515
13331	247	12.07	6.20	5.87	23918	5162	2678
14476	341	10.90	5.97	4.93	22534	2728	923
132165	**1533**	**10.75**	**4.94**	**5.81**	**395312**	**390495**	**59808**
4055	38	7.93	3.70	4.23	10877	41388	2540
11161	84	7.21	3.17	4.04	32202	74728	10058
4741	31	7.74	3.33	4.41	11359	27334	5397
19270	131	8.21	3.37	4.84	78661	103104	14503

表3 续表 24

地 区	各年龄组人口占总人口比重(%)				有65岁及以上	
	0-14岁	15-64岁	65岁及以上	15-49岁育龄妇女	合计	有一个老 人
吉利区	16.74	74.52	8.74	28.16	4273	2575
洛龙区	17.07	76.03	6.90	30.80	27003	18162
孟津县	18.24	72.58	9.18	26.54	28504	19339
新安县	20.82	71.35	7.83	26.95	26940	17533
栾川县	19.21	74.25	6.55	28.35	17203	12835
嵩县	25.23	67.05	7.71	25.75	29926	21583
汝阳县	26.08	65.74	8.18	25.13	25032	17091
宜阳县	23.78	68.72	7.50	27.00	36045	24744
洛宁县	22.83	70.91	6.27	27.53	20351	15209
伊川县	23.99	69.22	6.79	27.78	38265	25645
偃师市	17.99	72.84	9.18	26.89	44986	29625
平顶山市	**20.24**	**70.96**	**8.80**	**27.56**	**316853**	**210997**
新华区	15.05	77.43	7.53	31.09	20522	12565
卫东区	15.63	76.42	7.95	30.90	16953	10028
石龙区	15.05	79.35	5.60	28.12	1888	1260
湛河区	16.31	76.20	7.49	30.48	15063	9116
宝丰县	19.96	71.21	8.83	27.82	31702	21297
叶县	18.70	71.12	10.19	27.31	58288	38389
鲁山县	23.19	67.89	8.92	26.21	53917	38505
郏县	22.58	68.33	9.08	26.02	37510	24918
舞钢市	17.62	71.21	11.17	26.41	25361	16866
汝州市	23.80	68.23	7.97	26.63	55649	38053
安阳市	**21.86**	**70.56**	**7.59**	**29.08**	**294243**	**199614**
文峰区	17.67	75.88	6.45	31.63	20897	13523
北关区	16.97	74.48	8.55	30.61	14839	8882
殷都区	16.83	75.11	8.06	28.79	13902	8535
龙安区	18.94	74.59	6.47	28.35	10357	6911
安阳县	23.16	70.03	6.82	29.11	44934	32365
汤阴县	23.64	68.98	7.38	28.27	24180	16912
滑县	23.28	68.64	8.08	27.85	75582	49834
内黄县	22.65	69.57	7.78	27.01	40201	27126
林州市	22.73	69.21	8.06	31.66	49351	35526
鹤壁市	**22.49**	**70.85**	**6.66**	**28.01**	**77923**	**52091**
鹤山区	15.80	76.30	7.91	29.54	7425	4532
山城区	17.69	75.15	7.16	29.70	11844	7271
淇滨区	21.05	72.61	6.33	29.43	12437	7747
浚县	24.92	68.48	6.60	27.15	33493	23404
淇县	25.36	68.55	6.09	26.50	12724	9137
新乡市	**20.99**	**71.19**	**7.82**	**28.28**	**326966**	**212360**
红旗区	15.50	77.53	6.97	32.76	19392	11681
卫滨区	15.99	74.38	9.63	28.76	13131	7967
凤泉区	19.48	73.52	7.00	26.35	7389	4771
牧野区	14.74	75.51	9.75	30.21	21733	12667
新乡县	22.08	70.55	7.37	26.70	18639	12417
获嘉县	22.67	69.60	7.74	26.95	23438	15933
原阳县	24.14	67.61	8.25	27.55	40092	26304
延津县	23.61	69.06	7.33	27.32	25593	17111
封丘县	22.73	69.28	7.98	27.23	43721	28530
长垣县	22.67	69.34	7.99	28.86	46192	28608
卫辉市	21.74	71.32	6.94	27.69	25070	16829
辉县市	18.19	74.24	7.57	28.90	42576	29542
焦作市	**18.86**	**73.69**	**7.45**	**28.35**	**195369**	**131258**
解放区	14.87	76.64	8.49	29.46	17639	10318
中站区	17.24	73.30	9.46	27.74	7266	4540
马村区	19.36	73.25	7.38	27.18	7386	4567
山阳区	14.91	78.20	6.89	31.42	15667	9154
修武县	21.02	71.56	7.42	27.20	15617	10299
博爱县	20.52	72.68	6.80	27.86	22850	16172
武陟县	21.97	70.97	7.06	28.19	38167	26299
温县	18.66	73.71	7.63	28.10	24143	16879
沁阳市	18.67	74.41	6.93	28.15	23938	17111
孟州市	16.60	74.89	8.51	27.65	22696	15919
濮阳市	**22.22**	**70.12**	**7.66**	**28.11**	**202522**	**132545**
华龙区	19.11	74.35	6.54	30.39	30414	18397
清丰县	21.77	70.03	8.20	26.81	39053	26341

老年人口的户数(户)		人口自然变动(‰)			迁入人口(人)		
有二个老人	有三个及以上老人	出生率	死亡率	自然增长率	本县(市)/本市市区	本省其他县(市)、市区	外省
1683	15	8.90	4.27	4.63	2426	8131	1472
8748	93	11.79	3.61	8.18	17044	76540	9148
9028	137	10.95	6.29	4.66	26017	10169	3812
9283	124	11.59	4.61	6.98	29937	14078	3421
4335	33	12.13	5.89	6.24	40744	5587	1993
8227	116	12.48	5.19	7.29	18972	8246	1197
7836	105	13.36	5.45	7.91	17968	3083	1037
11153	148	11.40	6.06	5.34	25538	3132	805
5106	36	10.60	4.35	6.25	22619	2346	940
12438	182	10.90	6.04	4.86	29329	2848	675
15101	260	10.98	5.73	5.25	31619	9781	2810
103954	**1902**	**12.71**	**5.72**	**6.99**	**278019**	**185579**	**22660**
7874	83	9.63	3.77	5.86	41461	54854	7772
6872	53	8.78	4.84	3.94	33802	34954	2563
623	5	8.62	1.97	6.65	2566	4508	782
5894	53	7.82	3.98	3.84	19556	58508	2383
10219	186	13.92	6.54	7.38	27708	9013	1094
19365	534	12.48	6.36	6.12	32393	5539	1586
15185	227	14.95	5.25	9.70	25699	3963	2152
12360	232	14.47	6.88	7.59	30794	2437	954
8289	206	13.65	5.49	8.16	16929	6378	1801
17273	323	13.29	6.36	6.93	47111	5425	1573
93235	**1394**	**12.11**	**5.34**	**6.77**	**266307**	**179906**	**29194**
7306	68	10.85	2.96	7.89	44871	75130	7664
5900	57	8.14	2.73	5.41	28094	29766	2978
5341	26	8.37	3.40	4.97	18183	26835	2928
3427	19	11.78	3.99	7.79	9823	18040	1635
12445	124	12.33	5.80	6.53	35662	9872	4774
7145	123	13.01	6.55	6.46	19225	7080	1935
25197	551	13.00	5.32	7.68	38422	3849	1615
12761	314	12.07	5.76	6.31	24769	4014	1457
13713	112	13.17	6.98	6.19	47258	5320	4208
25499	**333**	**11.09**	**5.32**	**5.77**	**64012**	**36038**	**3860**
2868	25	8.97	5.30	3.67	7452	1805	153
4518	55	9.82	4.96	4.86	14285	9931	1133
4640	50	10.20	5.09	5.11	18092	20251	1196
9924	165	11.25	5.52	5.73	9730	1694	716
3549	38	13.73	5.41	8.32	14453	2357	662
112542	**2064**	**10.95**	**5.08**	**5.87**	**236168**	**191375**	**20402**
7615	96	9.23	3.30	5.93	33044	90789	6622
5115	49	8.70	3.78	4.92	11166	18966	2665
2589	29	10.69	4.96	5.73	4766	8593	824
8994	72	8.79	4.44	4.35	19155	43410	3935
6121	101	9.94	5.03	4.91	11466	5056	873
7361	144	12.00	5.52	6.48	13124	3171	1219
13457	331	12.13	5.12	7.01	15956	1799	607
8313	169	10.97	5.80	5.17	12402	3942	409
14844	347	10.93	5.37	5.56	6111	944	336
17090	494	11.07	5.13	5.94	32566	2846	880
8158	83	12.09	4.81	7.28	22947	5387	684
12885	149	11.34	5.75	5.59	53465	6472	1348
63267	**844**	**10.21**	**4.76**	**5.45**	**222727**	**142626**	**23398**
7262	59	7.21	2.12	5.09	27501	36334	4686
2706	20	10.75	3.69	7.06	7609	4633	642
2781	38	10.34	3.75	6.59	8705	9822	2205
6446	67	7.47	2.18	5.29	24419	66268	5836
5266	52	11.86	6.36	5.50	10856	5237	1514
6598	80	11.70	4.24	7.46	26713	3716	1395
11620	248	11.59	5.74	5.85	39637	4013	1472
7165	99	10.50	4.70	5.80	18374	1992	1196
6742	85	9.96	6.19	3.77	37840	6985	2649
6681	96	9.11	5.62	3.49	21073	3626	1803
68761	**1216**	**13.31**	**5.48**	**7.83**	**161877**	**97169**	**18481**
11864	153	10.51	3.18	7.33	76473	71467	9781
12478	234	14.73	5.66	9.07	18551	10479	1485

表3 续表 25

地区	各年龄组人口占总人口比重(%)				有65岁及以上	
	0-14岁	15-64岁	65岁及以上	15-49岁育龄妇女	合计	有一个老人
南乐县	23.86	68.13	8.02	27.75	27389	18350
范县	24.13	68.06	7.82	28.15	26959	17493
台前县	23.76	68.25	7.99	27.62	19221	12379
濮阳县	22.38	69.91	7.70	27.75	59486	39585
许昌市	**19.71**	**71.42**	**8.88**	**27.21**	**280566**	**184911**
魏都区	12.79	80.14	7.07	33.59	24191	13949
许昌县	19.40	71.94	8.66	26.86	50142	34633
鄢陵县	20.86	70.57	8.57	26.43	34850	22753
襄城县	21.97	67.90	10.13	25.16	50025	32880
禹州市	20.41	70.20	9.39	26.37	77685	51490
长葛市	20.76	70.65	8.59	27.00	43673	29206
漯河市	**17.89**	**72.74**	**9.38**	**27.75**	**168048**	**111422**
源汇区	15.73	75.34	8.92	30.07	19900	12963
郾城区	16.82	74.49	8.70	28.80	28860	19130
召陵区	19.34	72.25	8.42	27.77	29302	19181
舞阳县	17.73	70.83	11.44	25.97	43900	29609
临颍县	18.75	72.12	9.13	27.29	46086	30539
三门峡市	**15.62**	**76.19**	**8.19**	**28.83**	**131332**	**88517**
湖滨区	14.88	77.19	7.92	30.55	17973	10692
渑池县	19.18	72.74	8.08	28.00	19423	13458
陕县	14.58	76.50	8.91	27.69	21911	14590
卢氏县	17.07	75.18	7.76	27.72	21696	16221
义马市	15.76	76.43	7.81	29.60	7492	4664
灵宝市	13.99	77.71	8.31	29.39	42837	28892
南阳市	**22.89**	**68.78**	**8.34**	**26.53**	**649111**	**466160**
宛城区	20.20	71.65	8.14	27.76	54515	38636
卧龙区	20.64	71.50	7.86	28.79	53572	37190
南召县	23.52	68.40	8.09	26.11	35489	26447
方城县	25.34	65.63	9.03	25.47	64350	47448
西峡县	21.51	70.50	8.00	26.61	28025	21212
镇平县	23.65	67.91	8.44	25.79	56201	40625
内乡县	24.95	66.13	8.92	24.80	40340	30151
淅川县	25.35	67.31	7.34	26.74	39162	28607
社旗县	22.57	68.85	8.57	26.66	40840	29394
唐河县	20.74	70.08	9.18	27.00	86501	60716
新野县	23.50	67.32	9.17	25.18	44160	31071
桐柏县	23.94	68.11	7.95	26.51	23435	15913
邓州市	23.63	68.78	7.59	26.27	82521	58750
商丘市	**21.34**	**69.65**	**9.01**	**28.39**	**466981**	**275961**
梁园区	16.99	75.65	7.35	31.08	41321	25329
睢阳区	20.58	70.92	8.50	28.64	44662	26280
民权县	21.91	69.87	8.22	28.42	40899	24336
睢县	22.02	69.31	8.67	27.66	43484	25833
宁陵县	22.33	68.99	8.68	28.08	32127	19145
柘城县	22.65	67.92	9.43	27.62	51852	30892
虞城县	21.46	69.86	8.68	28.29	58086	33874
夏邑县	21.49	68.26	10.25	27.82	65724	38163
永城市	22.42	67.36	10.22	28.07	88826	52109
信阳市	**23.51**	**66.96**	**9.53**	**26.75**	**435588**	**294444**
浉河区	16.53	75.07	8.40	30.98	36562	23954
平桥区	21.47	70.11	8.42	27.08	40611	28273
罗山县	23.03	67.06	9.92	25.00	38357	27431
光山县	24.72	65.51	9.77	25.82	43950	30908
新县	24.23	66.13	9.64	25.62	20112	13964
商城县	27.01	61.76	11.23	25.49	42052	28964
固始县	25.80	62.60	11.60	24.35	88065	58180
潢川县	23.00	68.35	8.65	27.49	41315	28605
淮滨县	24.16	66.94	8.90	28.49	36873	23265
息县	24.36	67.43	8.21	27.53	47691	30900
周口市	**23.84**	**67.49**	**8.67**	**27.28**	**561880**	**354814**
川汇区	19.21	74.09	6.70	30.80	24381	15212
扶沟县	21.35	70.08	8.57	26.47	39342	26325
西华县	22.85	68.95	8.20	26.53	47390	30670
商水县	26.87	64.47	8.66	26.03	60743	40572
沈丘县	23.66	66.88	9.46	26.91	66655	41622

老年人口的户数(户)		人口自然变动(‰)			迁入人口(人)		
有二个老人	有三个及以上老人	出生率	死亡率	自然增长率	本县(市)/本市市区	本省其他县(市)、市区	外省
8880	159	12.44	5.81	6.63	14265	1064	1345
9311	155	12.11	5.90	6.21	9747	4187	1928
6739	103	13.68	5.74	7.94	10205	466	1151
19489	412	15.01	6.39	8.62	32636	9506	2791
94050	**1605**	**11.90**	**5.74**	**6.16**	**318574**	**118192**	**30216**
10113	129	7.91	2.92	4.99	95000	68088	4826
15285	224	12.94	4.76	8.18	28339	14861	1086
11877	220	11.92	5.83	6.09	14401	12106	18581
16820	325	13.63	8.01	5.62	52335	6208	1007
25737	458	12.08	6.19	5.89	95381	12309	3168
14218	249	11.66	5.87	5.79	33118	4620	1548
55516	**1110**	**9.80**	**5.08**	**4.72**	**107764**	**74469**	**6597**
6821	116	8.59	4.22	4.37	23592	29016	2405
9564	166	9.36	5.04	4.32	27823	28095	1771
9918	203	9.45	4.58	4.87	19847	11390	1240
13965	326	10.49	5.17	5.32	10097	2049	528
15248	299	10.37	5.77	4.60	26405	3919	653
42353	**462**	**8.83**	**4.37**	**4.46**	**118196**	**62267**	**15617**
7227	54	7.03	3.19	3.84	31124	40703	6309
5891	74	7.97	3.55	4.42	21691	4701	1101
7237	84	9.86	4.57	5.29	18566	5887	1134
5427	48	10.49	6.58	3.91	19477	1112	705
2810	18	6.78	2.03	4.75	4653	5927	680
13761	184	9.18	4.59	4.59	22685	3937	5688
178872	**4079**	**11.95**	**5.86**	**6.09**	**673541**	**176672**	**26554**
15632	247	10.55	4.48	6.07	101785	88030	6481
16055	327	10.04	4.05	5.99	74470	53194	4257
8848	194	11.69	6.09	5.60	36357	2539	808
16528	374	11.86	5.77	6.09	38696	2525	1626
6677	136	10.51	5.36	5.15	55609	3703	1309
15248	328	11.97	7.42	4.55	41612	3177	1888
9988	201	15.12	7.57	7.55	24914	3339	1446
10380	175	10.86	4.08	6.78	40613	2072	905
11103	343	12.94	6.47	6.47	13459	638	287
24976	809	11.77	6.03	5.74	80013	3703	1575
12828	261	15.74	8.51	7.23	37513	1776	798
7394	128	11.14	6.29	4.85	26233	5816	2083
23215	556	12.17	5.52	6.65	102267	6160	3091
187644	**3376**	**11.00**	**5.53**	**5.47**	**237152**	**70276**	**15511**
15706	286	11.25	5.37	5.88	38615	34190	6082
18050	332	10.02	5.95	4.07	28608	18684	1478
16276	287	10.84	5.38	5.46	12032	392	282
17329	322	11.08	5.36	5.72	28664	3505	451
12718	264	10.89	5.25	5.64	9933	447	109
20621	339	11.07	5.90	5.17	16557	587	329
23836	376	11.17	5.28	5.89	21539	617	494
27088	473	11.03	5.48	5.55	18993	5123	880
36020	697	11.35	5.70	5.65	62211	6731	5406
139741	**1403**	**12.22**	**5.92**	**6.30**	**496868**	**132346**	**27285**
12509	99	10.78	4.91	5.87	97090	64512	8143
12243	95	13.53	5.17	8.36	60403	45226	5166
10828	98	14.49	5.63	8.86	31501	7118	1884
12921	121	9.35	5.70	3.65	19337	1463	757
6092	56	10.20	5.66	4.54	30753	3686	1534
12942	146	12.94	6.65	6.29	30017	1624	1495
29601	284	12.26	6.25	6.01	72493	2937	4204
12621	89	13.82	4.90	8.92	81143	3925	2493
13446	162	13.76	6.34	7.42	25912	794	836
16538	253	10.74	7.32	3.42	48219	1061	773
203337	**3729**	**10.43**	**5.81**	**4.62**	**305757**	**76893**	**9412**
9015	154	9.37	4.28	5.09	36124	53006	3620
12826	191	10.42	6.06	4.36	27300	3083	861
16465	255	10.19	5.74	4.45	15703	5662	585
19835	336	11.14	5.81	5.33	25512	1660	707
24575	458	10.85	6.12	4.73	20124	929	609

表3 续表 26

地　区	各年龄组人口占总人口比重(%)				有65岁及以上	
	0-14岁	15-64岁	65岁及以上	15-49岁育龄妇女	合计	有一个老人
郸城县	24.64	66.69	8.67	26.94	62660	38788
淮阳县	24.21	66.75	9.04	27.57	71192	44541
太康县	24.37	67.32	8.31	26.13	65638	40309
鹿邑县	26.18	64.50	9.32	28.37	61002	37997
项城市	21.96	69.31	8.73	28.48	62877	38778
驻马店市	**22.85**	**67.71**	**9.45**	**26.94**	**496063**	**324340**
驿城区	19.11	73.34	7.55	28.97	37812	24566
西平县	19.93	68.75	11.32	25.65	57816	38254
上蔡县	26.81	63.94	9.25	26.10	72289	48595
平舆县	21.47	69.01	9.52	28.15	51578	32535
正阳县	24.02	67.35	8.64	28.69	41132	27252
确山县	28.25	62.20	9.55	25.58	28583	19185
泌阳县	23.27	67.05	9.68	25.39	57543	38054
汝南县	21.66	69.44	8.90	27.13	50631	33643
遂平县	18.15	71.79	10.06	26.53	36876	24813
新蔡县	24.51	65.29	10.20	27.15	61803	37443
省直辖县级行政区划	**17.20**	**76.24**	**6.56**	**28.37**	**33328**	**23290**
济源市	17.20	76.24	6.56	28.37	33328	23290
湖北省	**13.91**	**77.00**	**9.09**	**29.10**	**3791526**	**2575364**
武汉市	**9.98**	**81.89**	**8.13**	**31.26**	**579646**	**380468**
江岸区	9.48	81.10	9.42	30.72	61531	40162
江汉区	9.42	82.52	8.07	31.03	40403	26986
硚口区	8.76	83.93	7.31	33.12	44817	30075
汉阳区	8.92	82.40	8.68	28.71	37302	25013
武昌区	8.66	82.07	9.27	31.26	79695	49139
青山区	9.34	78.67	11.99	26.79	41056	24552
洪山区	8.05	86.94	5.02	35.20	48845	29282
东西湖区	12.65	80.40	6.95	30.36	22413	13980
汉南区	11.57	79.81	8.61	28.86	7136	4615
蔡甸区	11.25	80.33	8.42	29.32	38587	26078
江夏区	9.96	83.98	6.06	34.99	35278	23772
黄陂区	12.56	77.34	10.10	28.72	66927	47095
新洲区	13.14	78.16	8.71	29.44	55656	39719
黄石市	**17.39**	**74.81**	**7.80**	**29.45**	**141452**	**98203**
黄石港区	11.66	79.67	8.67	32.22	14198	9167
西塞山区	13.06	77.41	9.54	28.26	16473	11216
下陆区	11.88	80.05	8.07	29.46	10170	6403
铁山区	12.06	75.43	12.50	27.35	5105	3214
阳新县	21.35	71.55	7.11	29.33	44363	31750
大冶市	17.72	74.86	7.43	29.31	51143	36453
十堰市	**15.07**	**76.39**	**8.54**	**28.73**	**208279**	**147260**
茅箭区	14.65	80.08	5.27	33.10	15087	9621
张湾区	14.42	78.40	7.18	29.85	19029	12030
郧县	15.58	75.83	8.58	28.60	35754	25601
郧西县	15.19	75.85	8.95	28.39	31000	22866
竹山县	15.78	74.67	9.55	26.95	29607	21723
竹溪县	15.48	75.52	8.99	27.00	21373	15573
房县	14.02	74.20	11.78	26.37	29809	20704
丹江口市	15.21	76.78	8.01	29.34	26620	19142
宜昌市	**10.87**	**78.42**	**10.71**	**28.24**	**316740**	**214328**
西陵区	11.27	79.52	9.21	29.90	33430	20875
伍家岗区	11.77	80.22	8.01	30.12	12571	8458
点军区	10.48	78.52	10.99	27.67	8592	6223
猇亭区	10.09	80.90	9.01	28.33	3939	2674
夷陵区	11.15	78.70	10.15	28.42	39157	27113
远安县	11.50	78.45	10.05	27.26	13623	9724
兴山县	10.70	78.41	10.89	27.63	14255	10516
秭归县	11.12	77.69	11.18	27.23	30439	21088
长阳土家族自治县	11.49	76.46	12.05	27.14	34063	23058
五峰土家族自治县	11.40	76.04	12.56	26.50	17678	11993
宜都市	9.85	77.67	12.48	27.96	35241	23995
当阳市	10.65	79.19	10.16	28.73	34281	22529
枝江市	9.91	78.72	11.37	28.21	39471	26082
襄樊市	**15.00**	**76.51**	**8.49**	**29.26**	**337063**	**228431**
襄城区	12.69	78.81	8.50	30.93	28074	17539
樊城区	14.71	78.11	7.18	30.73	42156	26872

老年人口的户数(户)		人口自然变动(‰)			迁入人口(人)		
有二个老人	有三个及以上老人	出生率	死亡率	自然增长率	本县(市)/本市市区	本省其他县(市)、市区	外省
23499	373	9.63	5.33	4.30	25081	654	484
26080	571	10.59	5.95	4.64	35404	6099	737
24891	438	10.39	6.24	4.15	28004	899	540
22535	470	10.39	5.86	4.53	12514	214	105
23616	483	10.82	5.97	4.85	79991	4687	1164
168799	**2924**	**11.11**	**6.37**	**4.74**	**414653**	**75939**	**15527**
13053	193	9.45	5.44	4.01	55802	55319	4057
19232	330	11.29	6.78	4.51	29248	2684	1629
23327	367	12.79	7.06	5.73	42171	1856	1536
18761	282	10.40	5.77	4.63	22220	624	252
13689	191	11.14	5.64	5.50	24581	1128	580
9282	116	10.82	6.69	4.13	21000	3698	1081
18929	560	10.66	6.74	3.92	62373	1334	2280
16736	252	11.30	6.13	5.17	80315	2872	642
11842	221	11.06	7.01	4.05	48710	5423	2469
23948	412	11.23	6.34	4.89	28233	1001	1001
9958	**80**	**11.49**	**5.70**	**5.79**	**79112**	**15989**	**5766**
9958	80	11.49	5.70	5.79	79112	15989	5766
1201776	**14386**	**10.37**	**5.39**	**4.98**	**4445565**	**3791051**	**1013612**
197572	**1606**	**7.18**	**4.29**	**2.89**	**1069207**	**2239768**	**526034**
21197	172	6.56	4.75	1.81	158655	234424	50092
13331	86	5.62	4.81	0.81	69546	237200	50380
14664	78	6.15	3.92	2.23	86718	347143	60906
12170	119	6.08	3.67	2.41	89580	139678	25513
30329	227	5.82	3.67	2.15	162738	185814	57662
16414	90	5.79	5.16	0.63	60026	63761	16021
19424	139	5.47	1.54	3.93	149276	464067	127100
8363	70	7.90	2.96	4.94	40085	187965	37569
2500	21	7.73	4.00	3.73	8545	12917	2856
12398	111	8.41	4.67	3.74	51960	109706	22591
11422	84	8.94	4.03	4.91	88432	207841	57934
19589	243	9.87	7.80	2.07	51825	33052	11644
15771	166	10.59	6.14	4.45	51821	16200	5766
42892	**357**	**14.46**	**4.64**	**9.82**	**207475**	**137748**	**31792**
4996	35	6.74	3.42	3.32	23165	40167	5589
5221	36	8.92	4.54	4.38	17743	38796	4805
3746	21	7.35	2.92	4.43	25406	24930	7927
1887	4	5.41	4.69	0.72	31	8408	889
12479	134	19.74	5.69	14.05	43446	5201	4878
14563	127	14.96	4.34	10.62	97684	20246	7704
59936	**1083**	**11.46**	**5.23**	**6.23**	**275634**	**230024**	**53878**
5401	65	9.86	2.21	7.65	38121	100809	18876
6943	56	8.49	2.23	6.26	28516	102285	15596
9970	183	11.67	5.00	6.67	46616	4695	3316
8026	108	12.62	6.65	5.97	26680	1040	1446
7702	182	11.62	7.46	4.16	22570	2868	2769
5693	107	10.58	4.87	5.71	12806	954	1042
8850	255	12.70	7.44	5.26	28077	2690	2614
7351	127	13.29	5.53	7.76	72248	14683	8219
101083	**1329**	**7.07**	**6.14**	**0.93**	**287494**	**251944**	**92327**
12476	79	6.13	2.49	3.64	50243	94193	28626
4073	40	6.70	2.89	3.81	15674	50722	16640
2325	44	6.85	7.57	-0.72	2619	8835	1446
1240	25	6.13	3.25	2.88	4547	11114	3602
11871	173	7.18	6.13	1.05	43395	25106	9724
3870	29	7.99	7.16	0.83	13741	8484	1908
3691	48	8.04	7.19	0.85	10501	3407	1776
9270	81	7.84	7.50	0.34	20175	9114	2454
10863	142	7.74	7.29	0.45	18883	4009	1888
5598	87	8.74	7.17	1.57	5391	1899	796
11036	210	6.70	6.82	-0.12	18975	8528	3590
11591	161	7.64	7.16	0.48	50458	12451	12212
13179	210	5.59	6.82	-1.23	32892	14082	7665
107192	**1440**	**12.03**	**5.20**	**6.83**	**498705**	**228285**	**52470**
10440	95	8.41	3.57	4.84	67408	55535	11741
15162	122	9.34	3.35	5.99	160480	136548	22426

表3 续表 27

地区	各年龄组人口占总人口比重(%)				有65岁及以上	
	0-14岁	15-64岁	65岁及以上	15-49岁育龄妇女	合计	有一个老人
襄阳区	16.80	75.40	7.80	28.75	50097	34380
南漳县	12.25	78.04	9.71	28.96	38647	27670
谷城县	16.28	74.59	9.13	28.36	34322	24659
保康县	11.93	76.98	11.08	27.53	21283	15410
老河口市	17.34	74.63	8.02	28.77	28231	19668
枣阳市	15.80	75.70	8.50	29.23	60974	40447
宜城市	13.73	77.22	9.05	28.89	33279	21786
鄂州市	**15.39**	**76.75**	**7.86**	**28.86**	**60000**	**42110**
梁子湖区	18.37	73.68	7.94	28.52	8568	6185
华容区	13.90	76.95	9.16	27.76	15330	10608
鄂城区	15.29	77.33	7.38	29.32	36102	25317
荆门市	**11.87**	**79.43**	**8.70**	**30.04**	**184430**	**127529**
东宝区	11.43	80.66	7.90	31.41	21078	14170
掇刀区	12.78	80.58	6.64	32.41	13526	9244
京山县	11.96	79.02	9.01	29.85	41709	28006
沙洋县	10.80	79.84	9.36	28.60	41339	29444
钟祥市	12.34	78.70	8.96	29.85	66778	46665
孝感市	**14.47**	**76.51**	**9.02**	**29.38**	**309766**	**204214**
孝南区	13.88	76.77	9.35	30.00	62036	41347
孝昌县	16.86	74.84	8.30	30.03	35619	24022
大悟县	16.32	75.39	8.30	29.57	37473	26825
云梦县	13.53	77.71	8.76	28.79	31911	21004
应城市	12.88	77.32	9.80	28.51	40520	26132
安陆市	13.45	77.10	9.44	29.58	37507	24578
汉川市	14.48	76.47	9.04	29.05	64700	40306
荆州市	**13.21**	**76.91**	**9.88**	**28.68**	**406839**	**267032**
沙市区	10.82	80.68	8.50	29.47	37372	24563
荆州区	10.36	80.85	8.79	30.62	36390	25192
公安县	11.85	78.32	9.83	29.36	64941	44917
监利县	17.60	71.79	10.61	26.95	86184	52452
江陵县	12.75	77.48	9.77	27.92	24116	16709
石首市	13.07	77.91	9.02	30.10	38257	25817
洪湖市	13.66	76.17	10.17	28.66	57637	33895
松滋市	11.86	77.03	11.11	27.80	61942	43487
黄冈市	**16.31**	**73.86**	**9.83**	**28.05**	**450932**	**328735**
黄州区	12.67	78.98	8.34	31.16	22483	15193
团风县	13.01	76.02	10.97	27.27	28422	20758
红安县	15.28	76.09	8.63	28.97	38805	28334
罗田县	14.21	76.98	8.81	28.09	37205	28671
英山县	14.72	73.47	11.80	27.31	29597	22081
浠水县	15.69	74.36	9.94	28.83	62669	47722
蕲春县	19.04	70.80	10.16	27.64	57771	43153
黄梅县	17.86	72.01	10.13	27.80	62462	42352
麻城市	16.32	73.56	10.12	26.92	64974	47981
武穴市	19.38	70.95	9.67	27.48	46544	32490
咸宁市	**17.66**	**74.72**	**7.62**	**28.90**	**139931**	**97806**
咸安区	18.16	74.96	6.88	29.58	26458	18165
嘉鱼县	14.07	76.98	8.95	29.21	20426	13303
通城县	19.04	72.08	8.88	26.78	25485	18097
崇阳县	19.15	74.35	6.51	29.78	21035	15695
通山县	19.52	73.37	7.12	28.70	19241	14178
赤壁市	15.73	76.42	7.85	29.08	27286	18368
随州市	**13.83**	**77.01**	**9.16**	**29.66**	**141473**	**95979**
曾都区	12.95	79.12	7.93	31.07	36239	24536
随县	13.25	76.80	9.95	28.87	53903	37373
广水市	15.15	75.50	9.35	29.33	51331	34070
恩施土家族苗族自治州	**18.68**	**70.38**	**10.94**	**26.44**	**269811**	**189430**
恩施市	16.85	72.70	10.45	28.17	58418	41014
利川市	22.65	66.62	10.72	25.37	51903	34928
建始县	16.73	71.22	12.05	26.08	37430	26654
巴东县	16.35	72.33	11.32	25.90	36270	25764
宣恩县	19.52	69.53	10.95	25.71	25398	17626
咸丰县	20.39	68.86	10.75	26.19	24540	17871
来凤县	20.34	69.80	9.86	26.89	18404	13478
鹤峰县	15.61	72.46	11.93	26.25	17448	12095

老年人口的户数(户)		人口自然变动(‰)			迁入人口(人)		
有二个老人	有三个及以上老人	出生率	死亡率	自然增长率	本县(市)/本市市区	本省其他县(市)、市区	外省
15454	263	15.85	5.52	10.33	44765	11996	2803
10810	167	11.11	5.80	5.31	21026	2640	1695
9523	140	13.67	6.57	7.10	31787	3907	2982
5771	102	10.12	7.82	2.30	10057	1973	1213
8450	113	12.83	6.14	6.69	34992	3798	3699
20224	303	12.25	4.91	7.34	96627	4581	3710
11358	135	11.97	5.49	6.48	31563	7307	2201
17690	**200**	**10.63**	**5.40**	**5.23**	**80377**	**36617**	**9686**
2355	28	15.60	7.57	8.03	2264	1102	360
4664	58	11.96	7.09	4.87	4137	5562	2757
10671	114	9.09	4.34	4.75	73976	29953	6569
56266	**635**	**8.39**	**5.15**	**3.24**	**194157**	**156943**	**37061**
6829	79	6.79	3.46	3.33	44010	40949	12765
4246	36	7.26	3.01	4.25	19879	87528	8167
13561	142	8.34	6.06	2.28	35634	6075	4677
11772	123	9.16	6.28	2.88	22133	13637	6233
19858	255	8.85	5.10	3.75	72501	8754	5219
104312	**1240**	**11.23**	**5.64**	**5.59**	**368350**	**82742**	**28968**
20470	219	9.35	5.57	3.78	112537	54974	14817
11449	148	14.39	5.79	8.60	21778	3877	1135
10481	167	12.34	5.00	7.34	33377	2263	1973
10767	140	11.04	5.46	5.58	39484	3517	1469
14258	130	9.50	5.87	3.63	54297	4801	2200
12749	180	9.59	6.18	3.41	46384	3832	2314
24138	256	12.46	5.66	6.80	60493	9478	5060
138084	**1723**	**10.10**	**6.05**	**4.05**	**370636**	**163779**	**58794**
12663	146	6.67	5.24	1.43	92011	60899	21948
11079	119	7.06	5.15	1.91	61567	72541	18272
19786	238	8.78	6.55	2.23	59139	4843	3712
33290	442	14.48	6.55	7.93	34446	2811	3427
7301	106	10.37	7.17	3.20	15704	9407	2234
12294	146	8.68	5.54	3.14	48134	3109	3449
23458	284	11.80	6.29	5.51	27322	2956	2325
18213	242	8.96	5.65	3.31	32313	7213	3427
120448	**1749**	**11.02**	**5.60**	**5.42**	**274235**	**74063**	**31194**
7210	80	6.52	3.69	2.83	28044	48091	9615
7539	125	10.01	6.60	3.41	9423	5755	1199
10309	162	10.37	5.53	4.84	41520	1879	1094
8387	147	11.16	5.66	5.50	12544	1598	1170
7339	177	9.45	6.35	3.10	10399	1444	988
14752	195	10.98	5.08	5.90	23978	4214	2242
14447	171	13.04	5.23	7.81	29730	2010	1891
19824	286	11.33	5.59	5.74	34302	2012	3737
16777	216	10.66	6.61	4.05	42750	3889	5781
13864	190	13.33	5.56	7.77	41545	3171	3477
41694	**431**	**13.87**	**4.50**	**9.37**	**258935**	**56367**	**23676**
8221	72	12.73	3.39	9.34	62080	33294	10161
7069	54	11.30	5.62	5.68	30808	4461	2146
7285	103	16.73	5.35	11.38	32254	2510	2131
5300	40	16.41	4.31	12.10	40940	3159	2453
4982	81	14.68	4.46	10.22	23235	1190	1351
8837	81	11.74	4.45	7.29	69618	11753	5434
44933	**561**	**11.45**	**5.06**	**6.39**	**151061**	**32258**	**11471**
11572	131	10.36	4.61	5.75	84464	26969	5483
16295	235	11.30	5.32	5.98	12753	2275	3602
17066	195	12.51	5.15	7.36	53844	3014	2386
79419	**962**	**13.59**	**7.13**	**6.46**	**219940**	**57156**	**33809**
17167	237	10.11	5.38	4.73	73994	37270	12503
16825	150	18.84	7.46	11.38	50602	2676	5817
10608	168	11.61	8.29	3.32	13680	2645	2420
10380	126	12.21	8.42	3.79	26008	6072	4874
7666	106	14.73	7.06	7.67	11255	2096	1436
6612	57	14.56	7.45	7.11	17419	2940	2720
4887	39	15.38	7.10	8.28	12817	1096	1418
5274	79	11.14	7.15	3.99	14165	2361	2621

表3 续表 28

地　区	各年龄组人口占总人口比重(%)				有65岁及以上	
	0-14岁	15-64岁	65岁及以上	15-49岁育龄妇女	合计	有一个老人
省直辖县级行政区划	**13.55**	**76.79**	**9.66**	**27.71**	**245164**	**153839**
仙桃市	14.22	75.34	10.44	26.94	85965	51066
潜江市	12.98	77.65	9.37	29.41	64115	41715
天门市	13.46	77.41	9.13	27.22	89450	57026
神农架林区	12.23	76.90	10.86	27.68	5634	4032
湖南省	**17.62**	**72.61**	**9.77**	**27.70**	**4823191**	**3374368**
长沙市	**13.57**	**77.41**	**9.02**	**30.51**	**486489**	**347054**
芙蓉区	11.18	81.93	6.89	33.90	25694	15875
天心区	9.90	82.28	7.82	33.49	27588	18410
岳麓区	10.98	82.49	6.54	35.59	39328	26868
开福区	10.85	80.76	8.39	31.39	35106	23844
雨花区	12.07	80.83	7.10	32.95	37022	23293
长沙县	12.84	78.94	8.22	29.73	63123	46989
望城县	13.53	76.30	10.17	29.63	40735	29101
宁乡县	17.20	70.52	12.28	26.78	111596	81607
浏阳市	16.84	72.71	10.45	27.43	106297	81067
株洲市	**15.13**	**75.45**	**9.42**	**28.59**	**275282**	**193951**
荷塘区	12.38	79.81	7.81	31.95	17596	11453
芦淞区	11.94	78.70	9.37	32.38	16471	10097
石峰区	11.22	78.91	9.87	28.88	20436	13290
天元区	13.20	80.26	6.54	32.80	10280	6661
株洲县	14.54	73.58	11.88	26.81	34725	24674
攸县	17.00	72.68	10.32	26.38	54021	37935
茶陵县	18.53	73.61	7.85	28.04	34839	25462
炎陵县	15.36	75.97	8.67	26.90	13618	10076
醴陵市	15.21	74.86	9.93	28.49	73296	54303
湘潭市	**14.35**	**74.57**	**11.08**	**28.12**	**229862**	**162404**
雨湖区	10.64	80.47	8.89	31.71	32862	21813
岳塘区	11.01	79.73	9.26	29.59	30194	19767
湘潭县	15.48	72.38	12.14	26.72	84595	61288
湘乡市	17.23	70.61	12.16	26.72	74013	53734
韶山市	15.31	72.16	12.53	27.09	8198	5802
衡阳市	**20.43**	**70.65**	**8.92**	**26.66**	**485985**	**353458**
珠晖区	14.07	76.73	9.20	29.32	22576	15621
雁峰区	13.31	78.50	8.19	30.42	12967	9011
石鼓区	14.23	77.39	8.38	29.91	14737	10425
蒸湘区	14.33	79.68	5.98	31.68	13362	8967
南岳区	18.73	73.45	7.81	28.91	3498	2452
衡阳县	20.85	69.99	9.17	26.50	79115	59323
衡南县	20.50	70.83	8.67	26.18	64294	48674
衡山县	19.96	70.48	9.56	26.36	28225	20345
衡东县	21.39	69.13	9.49	26.07	45819	33145
祁东县	21.52	68.51	9.98	25.87	74032	51748
耒阳市	23.18	68.39	8.42	25.41	74013	53589
常宁市	22.68	68.41	8.91	25.75	53347	40158
邵阳市	**21.39**	**68.76**	**9.85**	**26.19**	**524171**	**363241**
双清区	17.54	73.35	9.11	27.61	20526	14073
大祥区	17.53	73.48	8.99	29.58	22489	14797
北塔区	18.72	73.76	7.52	29.97	5852	4126
邵东县	22.46	65.96	11.58	24.11	78329	54726
新邵县	21.91	68.31	9.78	26.17	54767	39150
邵阳县	22.47	67.98	9.55	25.85	65998	45256
隆回县	22.83	67.79	9.38	25.75	77842	53928
洞口县	21.31	68.28	10.41	25.75	60306	41557
绥宁县	19.40	71.35	9.25	27.91	24637	17496
新宁县	19.34	70.65	10.01	26.73	42254	28972
城步苗族自治县	19.74	71.93	8.34	27.70	16060	11577
武冈市	23.01	66.96	10.02	25.80	55111	37583
岳阳市	**16.02**	**74.86**	**9.12**	**28.75**	**363653**	**250377**
岳阳楼区	14.37	79.01	6.63	32.86	38214	24551
云溪区	14.76	76.71	8.53	28.83	10255	6727
君山区	14.62	75.39	9.99	28.13	16962	10848
岳阳县	15.51	76.36	8.14	27.22	43071	29880
华容县	13.59	76.26	10.14	29.38	49737	32390

老年人口的户数(户)		人口自然变动(‰)			迁入人口(人)		
有二个老　人	有三个及以上老人	出生率	死亡率	自　然增长率	本县(市)/本市市区	本省其他县(市)、市区	外　省
90255	**1070**	**10.24**	**6.18**	**4.06**	**189359**	**43357**	**22452**
34594	305	11.08	6.15	4.93	102608	14056	6836
21983	417	9.17	4.90	4.27	43528	16067	8203
32117	307	10.31	7.08	3.23	40394	10904	6281
1561	41	9.51	5.75	3.76	2829	2330	1132
1433017	**15806**	**12.16**	**5.77**	**6.39**	**4170436**	**3003397**	**724982**
138061	**1374**	**9.36**	**5.23**	**4.13**	**558309**	**1188798**	**231207**
9737	82	6.66	3.28	3.38	50703	203483	39167
9103	75	5.43	2.95	2.48	46924	123696	21294
12376	84	8.13	3.40	4.73	65645	229177	44235
11150	112	6.41	3.59	2.82	72775	133806	24982
13622	107	6.38	2.09	4.29	76534	198241	39114
15968	166	9.68	5.28	4.40	78621	217139	36806
11537	97	11.37	7.11	4.26	25987	50837	8812
29660	329	11.22	7.62	3.60	70844	17912	6523
24908	322	12.94	7.54	5.40	70276	14507	10274
80433	**898**	**12.28**	**5.78**	**6.50**	**278920**	**243175**	**83108**
6088	55	7.42	3.96	3.46	29604	82383	22369
6333	41	7.43	2.81	4.62	25329	51038	19971
7071	75	7.48	3.97	3.51	23648	34908	5965
3590	29	9.21	2.47	6.74	26458	44095	8443
9912	139	13.49	7.13	6.36	11052	3149	1169
15918	168	14.11	7.91	6.20	45027	7905	4525
9327	50	16.57	5.72	10.85	31968	2918	2877
3500	42	11.47	4.74	6.73	15353	10462	10798
18694	299	13.02	6.59	6.43	70481	6317	6991
66774	**684**	**10.67**	**6.58**	**4.09**	**270761**	**146101**	**35103**
10947	102	7.94	4.38	3.56	81620	66256	17944
10335	92	6.03	4.11	1.92	71479	54244	9706
23059	248	11.93	8.10	3.83	63099	16014	3516
20061	218	13.59	7.46	6.13	50134	7435	2940
2372	24	11.04	8.36	2.68	4429	2152	997
131096	**1431**	**12.72**	**6.21**	**6.51**	**421204**	**278233**	**50381**
6914	41	8.83	4.61	4.22	27795	57305	8080
3920	36	7.36	4.80	2.56	22217	46675	5552
4281	31	8.23	3.85	4.38	19461	34549	4579
4378	17	7.92	2.79	5.13	21326	83793	11116
1039	7	9.84	5.22	4.62	3753	10110	607
19607	185	12.13	6.21	5.92	38612	3379	3069
15454	166	12.60	6.61	5.99	24605	10048	5057
7802	78	15.06	6.85	8.21	12086	3659	1192
12544	130	14.75	5.88	8.87	23781	8400	1188
22003	281	13.22	5.92	7.30	50896	3778	3223
20169	255	16.31	8.09	8.22	140757	14130	5331
12985	204	11.48	6.37	5.11	35915	2407	1387
159433	**1497**	**14.47**	**6.32**	**8.15**	**250810**	**93380**	**21745**
6386	67	10.44	4.73	5.71	35132	21840	2157
7624	68	11.26	4.76	6.50	31193	22642	3674
1702	24	12.71	4.80	7.91	5335	16192	866
23385	218	13.28	7.97	5.31	41237	9036	2500
15463	154	13.07	5.52	7.55	11820	3380	1705
20548	194	15.05	6.46	8.59	21110	3089	2084
23747	167	15.84	6.62	9.22	20661	4018	2168
18578	171	15.28	5.75	9.53	12134	2640	1501
7065	76	15.20	6.89	8.31	19199	2614	1084
13170	112	15.79	5.45	10.34	13087	2261	1339
4455	28	17.26	6.27	10.99	6509	1119	693
17310	218	14.83	7.05	7.78	33393	4549	1974
111725	**1551**	**10.66**	**5.46**	**5.20**	**376754**	**124180**	**52381**
13540	123	7.61	3.25	4.36	146614	85122	29976
3500	28	9.24	4.41	4.83	12056	7378	2926
6018	96	9.32	4.70	4.62	4722	3001	2950
13028	163	11.96	4.94	7.02	74396	8989	2662
17088	259	9.62	5.22	4.40	29111	2842	2398

表3 续表 29

地　区	各年龄组人口占总人口比重(%)				有65岁及以上	
	0-14岁	15-64岁	65岁及以上	15-49岁育龄妇女	合计	有一个老　人
湘阴县	16.10	73.43	10.48	29.00	50587	35556
平江县	19.54	70.50	9.96	26.49	72257	51960
汨罗市	15.52	74.47	10.00	28.20	52132	38074
临湘市	17.89	73.84	8.27	28.36	30438	20391
常德市	**13.23**	**75.34**	**11.43**	**28.13**	**475455**	**319514**
武陵区	11.33	80.27	8.40	32.81	37035	24469
鼎城区	11.62	76.29	12.09	28.75	72778	48560
安乡县	12.01	76.35	11.64	28.81	40454	25420
汉寿县	15.81	73.46	10.74	28.58	63382	42443
澧县	14.07	74.58	11.35	27.43	68793	46387
临澧县	13.50	75.21	11.29	27.60	33342	22553
桃源县	13.74	73.12	13.14	25.93	85128	58985
石门县	13.84	73.97	12.19	26.41	54501	37361
津市市	11.30	77.30	11.39	26.30	20042	13336
张家界市	**17.74**	**71.10**	**11.16**	**26.36**	**121636**	**82035**
永定区	18.27	72.38	9.35	27.87	30313	20520
武陵源区	18.73	72.94	8.33	29.64	3225	2202
慈利县	15.39	72.54	12.07	26.10	54122	36168
桑植县	20.71	67.08	12.20	24.55	33976	23145
益阳市	**14.93**	**73.85**	**11.22**	**28.56**	**354608**	**238509**
资阳区	14.34	74.97	10.68	29.32	32425	21559
赫山区	14.29	74.81	10.91	29.21	67128	44609
南县	13.25	75.43	11.31	29.29	58358	37284
桃江县	16.35	71.85	11.80	27.35	65950	45360
安化县	17.12	71.92	10.95	27.67	75039	53143
沅江市	13.35	75.14	11.52	29.05	55708	36554
郴州市	**21.91**	**69.94**	**8.14**	**26.81**	**287083**	**205839**
北湖区	19.44	73.76	6.80	29.10	21463	14723
苏仙区	16.46	75.50	8.04	29.93	24768	17749
桂阳县	23.95	67.83	8.21	25.44	43683	30938
宜章县	24.23	68.30	7.48	26.89	32835	22812
永兴县	22.74	68.75	8.51	26.02	38584	28740
嘉禾县	27.18	63.33	9.48	23.96	21317	14622
临武县	26.80	65.34	7.86	25.55	20092	14385
汝城县	22.61	68.36	9.03	25.59	23497	17375
桂东县	16.15	76.12	7.73	28.79	13387	9757
安仁县	21.02	71.70	7.27	27.36	21726	15927
资兴市	16.53	73.64	9.84	27.26	25731	18811
永州市	**20.76**	**69.82**	**9.41**	**26.34**	**375215**	**268564**
零陵区	17.79	72.56	9.65	27.96	39907	28671
冷水滩区	17.44	73.40	9.16	28.65	33630	23330
祁阳县	20.23	69.03	10.73	26.07	69470	50154
东安县	18.42	71.84	9.74	26.55	41264	29961
双牌县	18.01	72.77	9.22	27.43	11597	8400
道县	23.95	67.60	8.46	24.87	39299	28109
江永县	20.97	70.21	8.82	26.23	15692	11072
宁远县	21.66	69.18	9.16	26.07	49451	34993
蓝山县	24.48	66.82	8.70	25.58	21718	15082
新田县	22.86	68.12	9.02	25.57	22810	16065
江华瑶族自治县	22.91	67.73	9.36	25.22	30377	22727
怀化市	**17.10**	**72.44**	**10.46**	**27.11**	**372033**	**255660**
鹤城区	15.34	77.87	6.80	31.74	27149	17694
中方县	16.66	72.06	11.28	26.53	19671	13112
沅陵县	16.88	71.54	11.58	26.47	50283	34031
辰溪县	16.23	72.63	11.14	26.57	37466	25316
溆浦县	18.93	69.88	11.19	25.58	62017	42288
会同县	17.52	72.12	10.36	27.04	25335	17982
麻阳苗族自治县	18.49	71.32	10.19	26.69	26038	17908
新晃侗族自治县	16.71	71.44	11.85	25.42	22151	15927
芷江侗族自治县	18.39	71.02	10.59	26.47	27356	19290
靖州苗族侗族自治县	17.56	73.64	8.80	27.99	16452	11509
通道侗族自治县	19.08	71.23	9.70	26.34	15737	11646
洪江市	14.55	73.65	11.81	27.21	42378	28957

老年人口的户数(户)		人口自然变动(‰)			迁入人口(人)		
有二个老人	有三个及以上老人	出生率	死亡率	自然增长率	本县(市)/本市市区	本省其他县(市)、市区	外省
14796	235	10.43	5.56	4.87	16898	4574	1773
20007	290	13.30	7.08	6.22	33879	4455	3658
13850	208	11.21	7.00	4.21	25077	4934	3301
9898	149	10.95	5.56	5.39	34001	2885	2737
153881	**2060**	**9.00**	**5.51**	**3.49**	**365409**	**151820**	**32774**
12399	167	6.62	3.18	3.44	92195	91701	12245
23905	313	8.01	5.82	2.19	52902	25551	6167
14819	215	7.28	4.05	3.23	22264	1971	1398
20710	229	11.19	5.92	5.27	33085	3714	2085
22084	322	9.63	5.46	4.17	60433	6403	3301
10665	124	10.30	5.88	4.42	20984	4626	1593
25801	342	10.20	7.56	2.64	39879	6462	2402
16914	226	8.71	6.08	2.63	32988	5374	2688
6584	122	7.25	3.29	3.96	10679	6018	895
39159	**442**	**11.49**	**5.95**	**5.54**	**101203**	**35280**	**10943**
9689	104	10.87	4.24	6.63	52134	21921	6604
1012	11	11.53	4.74	6.79	3432	7681	969
17768	186	9.74	6.85	2.89	28059	2928	1459
10690	141	14.98	6.69	8.29	17578	2750	1911
114575	**1524**	**11.55**	**6.00**	**5.55**	**213100**	**72542**	**21075**
10723	143	11.23	4.98	6.25	32058	14433	1807
22224	295	10.51	5.72	4.79	66693	35713	6853
20762	312	9.50	6.14	3.36	24679	10136	5946
20295	295	12.53	5.68	6.85	21403	3018	1893
21634	262	13.56	7.13	6.43	16410	3118	1764
18937	217	11.47	5.69	5.78	51857	6124	2812
80719	**525**	**15.26**	**4.81**	**10.45**	**328702**	**198923**	**59783**
6702	38	12.36	3.02	9.34	59970	101725	11139
6972	47	13.05	5.11	7.94	39450	55033	7171
12661	84	16.74	5.51	11.23	56563	8168	3215
9951	72	17.69	4.17	13.52	42399	7946	5923
9798	46	13.56	4.22	9.34	22426	2301	1397
6665	30	16.44	6.03	10.41	6268	2300	1032
5658	49	19.40	3.69	15.71	19986	2276	922
6081	41	17.77	5.72	12.05	16498	2334	2581
3580	50	10.00	4.61	5.39	12273	4832	23173
5766	33	15.55	4.76	10.79	8094	1174	793
6885	35	12.70	6.63	6.07	44775	10834	2437
105781	**870**	**13.41**	**5.66**	**7.75**	**295993**	**80038**	**23441**
11131	105	14.39	6.43	7.96	42896	18479	4588
10201	99	9.78	4.69	5.09	67885	37179	5712
19136	180	14.11	6.01	8.10	39491	4981	3306
11215	88	13.27	5.37	7.90	17820	3391	907
3166	31	11.91	4.53	7.38	14324	3039	1814
11104	86	11.94	6.12	5.82	25113	2887	791
4584	36	16.08	5.73	10.35	3469	1017	837
14366	92	10.95	4.98	5.97	33889	3191	2038
6584	52	15.82	5.63	10.19	15962	2539	2042
6705	40	14.43	5.33	9.10	24134	1703	444
7589	61	17.90	6.65	11.25	11010	1632	962
115062	**1311**	**12.32**	**5.30**	**7.02**	**312116**	**167129**	**69115**
9335	120	8.38	1.30	7.08	77752	113407	49249
6496	63	14.32	5.84	8.48	5298	5369	1142
16041	211	11.51	5.57	5.94	25648	5609	2051
11996	154	12.29	5.59	6.70	35381	4517	1393
19507	222	13.94	5.69	8.25	33983	5382	2190
7296	57	14.05	6.33	7.72	13158	2556	1691
8019	111	13.28	5.41	7.87	16954	2107	1337
6123	101	12.72	7.20	5.52	10782	1365	1389
8000	66	11.51	5.81	5.70	21174	5177	1555
4912	31	15.33	5.33	10.00	15421	5274	2662
4043	48	14.85	3.96	10.89	10188	3107	1622
13294	127	10.25	6.87	3.38	46377	13259	2834

表3 续表 30

地　区	各年龄组人口占总人口比重(%)				有65岁及以上	
	0-14岁	15-64岁	65岁及以上	15-49岁育龄妇女	合计	有一个老　人
娄底市	**19.20**	**70.86**	**9.94**	**27.44**	**285817**	**203847**
娄星区	16.92	75.44	7.64	30.75	28347	19232
双峰县	18.19	71.42	10.38	27.37	67842	50262
新化县	20.28	69.33	10.39	26.76	88825	63997
冷水江市	18.48	72.79	8.74	28.16	21705	15166
涟源市	20.24	69.16	10.60	26.38	79098	55190
湘西土家族苗族自治州	**20.01**	**70.33**	**9.66**	**27.18**	**185902**	**129915**
吉首市	16.21	74.84	8.95	30.32	20225	13915
泸溪县	20.24	70.13	9.63	27.06	19877	13779
凤凰县	19.74	70.75	9.51	26.61	25036	17444
花垣县	21.41	69.42	9.17	27.19	20005	13943
保靖县	18.93	70.72	10.35	26.73	21459	15166
古丈县	17.90	71.80	10.30	27.74	9933	6963
永顺县	22.12	67.32	10.56	25.63	34215	23805
龙山县	20.88	69.93	9.19	27.18	35152	24900
广东省	**16.87**	**76.33**	**6.79**	**30.97**	**5377567**	**3893992**
广州市	**11.47**	**81.86**	**6.67**	**32.75**	**631361**	**440553**
荔湾区	10.15	79.37	10.49	29.35	70997	51191
越秀区	10.55	77.97	11.48	29.85	98374	65849
海珠区	10.13	81.12	8.75	31.29	102431	71019
天河区	10.57	84.54	4.89	35.03	50434	31929
白云区	10.49	84.88	4.63	33.90	75142	52644
黄埔区	12.04	83.04	4.92	32.18	16450	11100
番禺区	12.05	82.81	5.14	35.02	68110	48400
花都区	12.06	81.74	6.20	33.32	43667	32280
南沙区	12.02	82.16	5.82	31.03	11520	8204
萝岗区	10.63	85.60	3.77	35.47	10397	7417
增城市	14.29	79.19	6.53	31.95	50593	35861
从化市	16.77	76.09	7.14	30.88	33246	24659
韶关市	**18.48**	**71.43**	**10.09**	**27.20**	**218970**	**160982**
武江区	15.92	75.66	8.42	31.04	18720	12922
浈江区	13.60	76.86	9.54	27.80	27717	19175
曲江区	16.95	73.45	9.60	27.92	22343	16418
始兴县	19.41	69.89	10.70	27.58	17476	13961
仁化县	18.95	70.39	10.66	26.66	15655	11328
翁源县	18.89	70.91	10.20	28.31	26275	19928
乳源瑶族自治县	19.80	70.55	9.65	27.09	13279	9801
新丰县	20.95	68.80	10.25	26.77	16704	12687
乐昌市	20.26	69.58	10.16	24.86	30655	21808
南雄市	22.46	65.56	11.98	24.39	30146	22954
深圳市	**9.90**	**88.31**	**1.79**	**37.91**	**136551**	**96294**
罗湖区	11.91	85.07	3.02	38.59	20492	13740
福田区	11.88	84.76	3.36	36.94	31361	19623
南山区	11.57	86.16	2.28	36.69	17945	11587
宝安区	7.58	91.40	1.02	38.79	34410	26503
龙岗区	11.56	86.78	1.66	37.14	29170	22537
盐田区	11.13	86.87	2.00	36.74	3173	2304
珠海市	**13.57**	**81.43**	**5.01**	**33.92**	**58328**	**40737**
香洲区	14.09	81.43	4.48	35.02	29310	19698
斗门区	14.00	79.35	6.65	31.62	21014	15304
金湾区	11.02	84.82	4.16	33.81	8004	5735
汕头市	**22.19**	**70.80**	**7.02**	**28.62**	**300369**	**231698**
龙湖区	18.49	75.66	5.85	31.37	24834	18545
金平区	15.95	74.66	9.38	28.75	59471	43472
濠江区	23.23	69.89	6.88	29.54	14740	11313
潮阳区	25.65	68.12	6.24	28.10	80498	63239
潮南区	26.71	67.43	5.86	27.96	59205	46438
澄海区	16.88	74.48	8.63	28.62	56664	45076
南澳县	14.80	74.66	10.54	26.24	4957	3615
佛山市	**11.88**	**82.87**	**5.25**	**32.59**	**285394**	**205950**
禅城区	11.44	82.42	6.15	33.72	49168	32865
南海区	11.31	83.92	4.77	32.80	92828	66651
顺德区	12.07	83.24	4.68	32.75	89884	68071
三水区	13.15	79.95	6.90	30.04	32049	23035
高明区	13.53	79.68	6.79	31.11	21465	15328

老年人口的户数(户)		人口自然变动(‰)			迁入人口(人)		
有二个老人	有三个及以上老人	出生率	死亡率	自然增长率	本县(市)/本市市区	本省其他县(市)、市区	外省
81049	**921**	**13.81**	**6.63**	**7.18**	**232546**	**152056**	**18916**
9051	64	10.69	4.07	6.62	58072	99189	8649
17387	193	13.59	7.15	6.44	28557	5520	2720
24522	306	15.57	6.99	8.58	56264	7304	2733
6485	54	11.98	5.05	6.93	45962	31323	2133
23604	304	14.20	7.56	6.64	43691	8720	2681
55269	**718**	**14.17**	**5.95**	**8.22**	**164609**	**71742**	**15010**
6251	59	10.65	3.43	7.22	33367	47690	5209
6018	80	12.73	5.95	6.78	15902	2925	491
7503	89	14.04	6.58	7.46	21677	5009	2340
5977	85	14.91	4.77	10.14	16853	7100	2354
6219	74	13.54	5.63	7.91	13684	2651	1004
2937	33	13.89	5.03	8.86	8503	1798	505
10254	156	16.37	7.14	9.23	29043	2954	1361
10110	142	15.28	7.11	8.17	25580	1615	1746
1461232	**22343**	**10.41**	**4.26**	**6.15**	**5416212**	**9892650**	**21497787**
188812	**1996**	**7.74**	**3.63**	**4.11**	**729256**	**2415676**	**3002516**
19593	213	5.88	6.59	-0.71	83960	183336	136950
32137	388	6.45	6.49	-0.04	70742	150866	131332
31143	269	5.77	3.69	2.08	148875	348239	291930
18326	179	7.09	1.68	5.41	81899	410454	331613
22243	255	8.40	2.45	5.95	79236	648360	764803
5308	42	6.81	1.98	4.83	14991	101060	168322
19512	198	8.54	2.87	5.67	83119	263294	514085
11261	126	8.99	3.82	5.17	39795	86084	218901
3282	34	9.29	3.57	5.72	8810	32171	82760
2946	34	8.72	2.26	6.46	4403	60418	146743
14544	188	9.11	4.34	4.77	71711	78341	187463
8517	70	10.07	5.36	4.71	41715	53053	27614
57322	**666**	**13.55**	**5.86**	**7.69**	**234756**	**180492**	**122389**
5729	69	10.38	3.34	7.04	23631	50353	22526
8461	81	7.88	4.39	3.49	32484	64927	35266
5841	84	12.82	4.92	7.90	20702	24375	14957
3473	42	15.13	7.65	7.48	16124	2613	4175
4278	49	16.42	6.12	10.30	10154	14365	8820
6277	70	14.76	6.97	7.79	24335	4366	4025
3437	41	15.59	6.08	9.51	19367	4498	5427
3955	62	13.99	6.61	7.38	19600	2615	3501
8768	79	15.27	5.85	9.42	29388	9094	17407
7103	89	16.61	7.91	8.70	38971	3286	6285
39878	**379**	**9.05**	**0.85**	**8.20**	**236683**	**2482178**	**5796097**
6700	52	8.10	1.13	6.97	13628	296951	385978
11604	134	7.98	0.98	7.00	68014	305352	467926
6313	45	8.98	0.91	8.07	63623	214303	428112
7830	77	8.68	0.78	7.90	50253	967203	3077110
6572	61	10.90	0.76	10.14	36775	631339	1331941
859	10	7.56	0.97	6.59	4390	67030	105030
17415	**176**	**7.27**	**2.10**	**5.17**	**145453**	**226084**	**357688**
9503	109	7.15	1.25	5.90	93633	139327	210140
5662	48	8.68	4.09	4.59	35330	34773	68554
2250	19	5.34	1.82	3.52	16490	51984	78994
67478	**1193**	**10.78**	**5.00**	**5.78**	**252845**	**194730**	**321424**
6201	88	9.56	3.77	5.79	25225	86832	66410
15820	179	8.15	6.17	1.98	94655	63704	38580
3372	55	13.78	5.32	8.46	5160	12705	6282
16926	333	11.40	4.91	6.49	47285	11465	65794
12474	293	11.91	4.28	7.63	22564	9546	83330
11362	226	10.14	5.66	4.48	56534	9533	59534
1323	19	11.09	7.94	3.15	1422	945	1494
78631	**813**	**6.88**	**2.87**	**4.01**	**290243**	**1077311**	**2502819**
16102	201	6.25	2.54	3.71	60159	242380	290431
25952	225	7.40	2.40	5.00	76617	471660	951755
21552	261	6.13	2.70	3.43	73916	261033	989079
8946	68	8.15	5.06	3.09	42315	76662	170448
6079	58	7.81	4.39	3.42	37236	25576	101106

表3 续表 31

地 区	各年龄组人口占总人口比重(%)				有65岁及以上	
	0-14岁	15-64岁	65岁及以上	15-49岁育龄妇女	合计	有一个老 人
江门市	**14.29**	**76.63**	**9.08**	**29.54**	**313878**	**236378**
蓬江区	14.48	78.76	6.76	31.43	36757	26078
江海区	14.07	79.74	6.19	32.40	11996	8655
新会区	14.00	76.60	9.41	28.67	60549	44596
台山市	13.61	75.50	10.90	28.50	82069	64423
开平市	15.60	74.66	9.75	28.75	53820	41288
鹤山市	13.61	78.18	8.21	30.48	31258	23120
恩平市	14.81	75.35	9.85	28.93	37429	28218
湛江市	**22.99**	**68.19**	**8.82**	**27.14**	**449750**	**296408**
赤坎区	16.06	75.69	8.25	31.68	18616	12594
霞山区	16.61	74.86	8.53	29.68	30823	20464
坡头区	18.92	72.08	9.01	28.45	22165	15077
麻章区	20.77	71.51	7.71	29.03	27475	18434
遂溪县	22.88	67.23	9.89	26.57	61934	39070
徐闻县	21.30	70.03	8.67	27.75	44585	28991
廉江市	24.56	65.81	9.63	25.41	102467	68576
雷州市	26.46	65.52	8.03	26.40	82603	53488
吴川市	24.84	66.41	8.75	26.81	59082	39714
茂名市	**25.86**	**64.68**	**9.46**	**25.94**	**405485**	**276153**
茂南区	20.54	71.53	7.92	28.65	48199	32741
茂港区	24.35	67.02	8.63	27.12	25347	16993
电白县	25.43	66.08	8.49	26.34	75548	50542
高州市	24.97	64.27	10.77	25.42	102369	70486
化州市	28.61	61.58	9.81	24.55	84866	58163
信宜市	29.55	60.23	10.23	24.97	69156	47228
肇庆市	**21.05**	**69.87**	**9.08**	**27.26**	**272690**	**203504**
端州区	14.31	77.86	7.83	32.10	28140	19361
鼎湖区	14.38	76.67	8.95	29.38	11085	8350
广宁县	20.71	68.22	11.07	25.06	36752	28391
怀集县	30.63	61.35	8.02	25.82	49623	37906
封开县	25.74	63.22	11.04	24.31	34253	25168
德庆县	23.30	66.78	9.91	25.22	25959	18962
高要市	17.23	73.54	9.23	27.98	52583	38909
四会市	15.37	76.54	8.08	28.68	34295	26457
惠州市	**17.43**	**76.66**	**5.91**	**31.61**	**210683**	**155182**
惠城区	16.09	79.24	4.67	34.03	56587	41274
惠阳区	14.30	81.42	4.28	33.09	25664	19326
博罗县	18.30	74.73	6.97	29.78	55420	40275
惠东县	20.43	72.55	7.02	29.66	49833	36797
龙门县	20.37	70.17	9.46	27.35	23179	17510
梅州市	**20.56**	**69.10**	**10.35**	**27.55**	**330538**	**248301**
梅江区	15.01	75.54	9.45	29.50	25521	18807
梅县	16.25	71.81	11.94	27.89	50591	39046
大埔县	21.24	66.20	12.57	24.84	35980	27579
丰顺县	23.46	65.74	10.80	25.86	39469	28558
五华县	26.47	64.99	8.55	27.25	64786	47618
平远县	17.97	70.77	11.26	28.23	19041	13895
蕉岭县	15.89	72.04	12.07	27.75	19213	14624
兴宁市	18.70	71.23	10.07	28.60	75937	58174
汕尾市	**24.46**	**68.59**	**6.94**	**28.69**	**159146**	**117817**
城区	18.95	74.83	6.22	31.25	24369	18437
海丰县	19.57	72.80	7.63	30.16	47909	36629
陆河县	27.33	64.71	7.96	27.55	18328	14086
陆丰市	28.70	64.70	6.59	27.14	68540	48665
河源市	**23.99**	**66.43**	**9.58**	**27.41**	**212500**	**155630**
源城区	18.07	75.99	5.94	32.66	20753	15191
紫金县	26.82	63.28	9.90	26.41	47889	35204
龙川县	26.46	62.93	10.60	26.16	53437	37619
连平县	22.05	68.24	9.71	27.40	24936	19092
和平县	24.51	64.61	10.89	25.21	30939	22587
东源县	23.28	66.60	10.12	27.20	34546	25937
阳江市	**18.32**	**71.56**	**10.12**	**27.96**	**183957**	**128524**
江城区	15.91	74.71	9.38	30.23	47968	33894
阳西县	18.73	71.70	9.57	28.04	32532	23084
阳东县	15.75	74.70	9.55	27.89	32041	22841
阳春市	21.36	67.34	11.30	26.15	71416	48705

老年人口的户数(户)		人口自然变动(‰)			迁入人口(人)		
有二个老人	有三个及以上老人	出生率	死亡率	自然增长率	本县(市)/本市市区	本省其他县(市)、市区	外省
76643	**857**	**9.04**	**6.44**	**2.60**	**351902**	**243118**	**515548**
10559	120	9.92	3.68	6.24	57873	97978	162644
3299	42	7.90	3.52	4.38	5842	45920	57555
15833	120	9.56	6.46	3.10	69551	22753	84634
17420	226	8.89	8.18	0.71	66934	10276	33118
12411	121	8.57	7.65	0.92	94403	32793	57710
8037	101	8.82	5.69	3.13	33207	22960	109079
9084	127	8.67	7.65	1.02	24092	10438	10808
151151	**2191**	**14.16**	**5.12**	**9.04**	**432136**	**235825**	**73818**
5969	53	8.22	3.56	4.66	47470	69013	10448
10288	71	8.23	3.38	4.85	87308	89057	19655
7012	76	13.08	4.97	8.11	7396	4419	3977
8890	151	14.05	4.31	9.74	11946	37410	5326
22499	365	14.32	5.05	9.27	39982	8152	3427
15423	171	15.47	5.61	9.86	48940	7324	8412
33271	620	15.78	5.27	10.51	78594	11066	9822
28805	310	14.85	5.52	9.33	78656	4277	5463
18994	374	14.94	5.88	9.06	31844	5107	7288
126831	**2501**	**14.05**	**5.08**	**8.97**	**297544**	**64688**	**41997**
15253	205	11.25	3.25	8.00	88051	34982	14428
8213	141	13.18	5.01	8.17	6154	2775	2096
24467	539	13.14	4.79	8.35	41351	7817	4924
31285	598	15.27	5.67	9.60	72401	12102	12408
26175	528	14.96	5.80	9.16	40667	2198	4662
21438	490	15.28	5.38	9.90	48920	4814	3479
68089	**1097**	**12.74**	**6.36**	**6.38**	**203338**	**178974**	**205763**
8672	107	8.63	3.18	5.45	52822	101048	37645
2702	33	11.89	6.01	5.88	8993	16434	14344
8256	105	15.81	9.51	6.30	17672	3585	2823
11397	320	16.15	6.49	9.66	11796	4004	3214
8935	150	13.31	6.73	6.58	10572	2049	2322
6887	110	14.18	6.74	7.44	13472	4018	2664
13507	167	11.63	6.34	5.29	9478	11922	50470
7733	105	9.35	6.17	3.18	78533	35914	92281
54619	**882**	**9.17**	**3.73**	**5.44**	**386652**	**499232**	**1171722**
15109	204	9.22	2.78	6.44	137105	267124	491984
6227	111	8.45	2.89	5.56	46087	121493	301625
14950	195	9.73	4.53	5.20	58522	58994	241578
12715	321	8.35	4.45	3.90	125873	43950	124537
5618	51	11.27	5.90	5.37	19065	7671	11998
80673	**1564**	**13.40**	**6.98**	**6.42**	**295638**	**129948**	**43079**
6595	119	8.61	4.28	4.33	59999	75919	14577
11382	163	11.94	7.20	4.74	48494	33964	9500
8255	146	15.54	8.92	6.62	23627	2850	2591
10711	200	16.54	7.29	9.25	21721	2727	3620
16710	458	13.57	6.61	6.96	20848	2552	1268
5069	77	13.26	7.10	6.16	18352	2853	3675
4516	73	12.49	7.89	4.60	22500	3277	3212
17435	328	13.79	7.18	6.61	80097	5806	4636
40420	**909**	**11.51**	**4.75**	**6.76**	**159329**	**36576**	**60613**
5835	97	10.22	4.81	5.41	41590	16877	18600
10998	282	11.38	5.41	5.97	79471	13196	36554
4139	103	10.89	4.47	6.42	17256	2319	1937
19448	427	12.18	4.39	7.79	21012	4184	3522
55704	**1166**	**16.10**	**5.48**	**10.62**	**156887**	**131796**	**79976**
5475	87	10.36	3.69	6.67	34562	106324	49722
12358	327	16.29	5.13	11.16	27387	4678	5583
15452	366	17.92	6.47	11.45	38136	5598	4752
5757	87	15.80	5.32	10.48	14291	3317	3456
8220	132	20.75	5.73	15.02	24918	2152	2097
8442	167	15.32	6.22	9.10	17593	9727	14366
54602	**831**	**14.18**	**5.40**	**8.78**	**193935**	**67740**	**41081**
13856	218	10.27	3.85	6.42	97683	45806	15054
9275	173	14.48	5.01	9.47	11035	2452	2380
9025	175	13.37	6.18	7.19	23636	11388	14882
22446	265	17.58	6.45	11.13	61581	8094	8765

表3 续表 32

地　区	各年龄组人口占总人口比重(%)				有65岁及以上	
	0-14岁	15-64岁	65岁及以上	15-49岁育龄妇女	合计	有一个老　人
清远市	**19.37**	**71.11**	**9.52**	**28.08**	**275843**	**210342**
清城区	16.29	76.01	7.70	30.26	47618	34294
佛冈县	20.20	70.57	9.23	28.45	21818	16587
阳山县	21.23	66.78	11.99	25.90	34684	27410
连山壮族瑶族自治县	21.32	68.22	10.46	25.04	7275	5261
连南瑶族自治县	24.34	66.31	9.36	25.58	9543	7100
清新县	19.99	71.72	8.28	29.37	46412	37171
英德市	19.88	70.18	9.94	27.78	71716	54154
连州市	18.98	68.51	12.51	24.99	36777	28365
东莞市	**8.28**	**89.43**	**2.29**	**38.54**	**138941**	**96965**
市辖区	8.28	89.43	2.29	38.54	138941	96965
中山市	**11.70**	**83.87**	**4.43**	**34.59**	**107345**	**79767**
市辖区	11.70	83.87	4.43	34.59	107345	79767
潮州市	**18.35**	**73.18**	**8.47**	**27.90**	**177618**	**137092**
湘桥区	14.09	77.76	8.16	31.01	28684	20905
潮安县	18.01	74.02	7.96	27.66	86127	69513
饶平县	21.04	69.56	9.40	26.68	62807	46674
揭阳市	**24.47**	**68.29**	**7.24**	**27.58**	**329703**	**243574**
榕城区	17.94	75.12	6.95	29.84	40501	30626
揭东县	20.63	70.91	8.46	27.35	77709	59362
揭西县	23.09	67.72	9.19	26.47	56680	41642
惠来县	30.62	62.74	6.64	25.97	55133	38745
普宁市	26.27	67.52	6.20	28.19	99680	73199
云浮市	**22.41**	**67.75**	**9.85**	**26.91**	**178517**	**132141**
云城区	17.41	74.21	8.38	29.32	20325	14756
新兴县	19.70	69.49	10.81	27.58	35970	26785
郁南县	20.60	67.67	11.74	25.38	35018	26214
云安县	21.88	68.05	10.07	27.25	20000	14271
罗定市	26.16	64.76	9.08	26.34	67204	50115
广西壮族自治区	**21.71**	**69.05**	**9.24**	**26.22**	**3249324**	**2289631**
南宁市	**18.14**	**72.96**	**8.90**	**28.12**	**445562**	**305558**
兴宁区	14.44	78.57	6.99	29.95	21111	14843
青秀区	12.79	79.44	7.76	32.28	40022	25749
江南区	15.90	77.00	7.09	30.06	30400	21055
西乡塘区	12.57	81.31	6.12	34.14	52701	35583
良庆区	20.19	73.39	6.42	28.59	16441	11433
邕宁区	21.29	69.09	9.62	25.89	19065	13458
武鸣县	16.52	72.06	11.42	25.63	46472	31540
隆安县	21.69	66.39	11.92	23.44	27695	19881
马山县	24.69	64.61	10.70	24.54	32750	23945
上林县	21.60	66.62	11.78	24.36	30970	21737
宾阳县	22.09	68.23	9.67	24.85	56198	37557
横县	23.23	65.67	11.10	24.28	71737	48777
柳州市	**16.96**	**73.97**	**9.07**	**27.57**	**259771**	**182754**
城中区	13.63	78.43	7.95	30.92	9226	6047
鱼峰区	14.11	78.66	7.23	30.62	19663	13943
柳南区	15.24	76.93	7.82	29.21	28549	19339
柳北区	14.11	77.40	8.49	29.41	27045	18377
柳江县	17.01	74.83	8.16	28.12	34891	24371
柳城县	16.70	73.19	10.11	26.82	27303	19206
鹿寨县	16.70	73.90	9.40	25.41	30387	21925
融安县	16.47	72.66	10.87	25.87	23965	17083
融水苗族自治县	21.31	68.03	10.66	25.27	33737	24838
三江侗族自治县	24.25	64.80	10.95	24.47	25005	17625
桂林市	**16.15**	**73.61**	**10.25**	**26.94**	**373271**	**264683**
秀峰区	13.71	78.35	7.94	32.50	9196	6247
叠彩区	13.70	76.73	9.57	29.01	12264	8357
象山区	13.64	77.73	8.63	30.48	17819	12137
七星区	12.30	81.61	6.09	32.48	13460	9120
雁山区	11.35	80.67	7.98	38.74	4744	3451
阳朔县	16.22	72.61	11.16	26.54	23654	17158
临桂县	16.27	74.00	9.73	27.46	33422	24224
灵川县	15.25	74.70	10.05	26.12	28036	21037
全州县	19.93	69.01	11.06	23.85	52389	35568
兴安县	14.69	74.26	11.05	26.31	27735	19300

老年人口的户数(户)		人口自然变动(‰)			迁入人口(人)		
有二个老　人	有三个及以上老人	出生率	死亡率	自　然增长率	本县(市)/本市市区	本省其他县(市)、市区	外　省
64520	**981**	**15.80**	**6.84**	**8.96**	**327527**	**178297**	**187905**
13104	220	13.55	5.49	8.06	85667	112299	100206
5161	70	17.02	6.30	10.72	24704	6222	13790
7170	104	17.76	9.32	8.44	21342	3184	3138
1998	16	20.11	6.97	13.14	6011	1553	2761
2417	26	21.61	7.66	13.95	6769	2597	2216
9070	171	14.65	6.56	8.09	86339	31432	36736
17288	274	15.40	6.86	8.54	65568	14694	21785
8312	100	17.97	8.04	9.93	31127	6316	7273
41526	**450**	**4.89**	**1.54**	**3.35**	**198172**	**1052761**	**5332541**
41526	450	4.89	1.54	3.35	198172	1052761	5332541
27283	**295**	**6.53**	**3.00**	**3.53**	**109035**	**328937**	**1323529**
27283	295	6.53	3.00	3.53	109035	328937	1323529
39733	**793**	**11.31**	**6.12**	**5.19**	**141214**	**82153**	**189266**
7689	90	8.42	5.06	3.36	87608	63046	40958
16276	338	10.53	6.07	4.46	21625	16694	142326
15768	365	13.99	6.74	7.25	31981	2413	5982
84137	**1992**	**11.87**	**5.70**	**6.17**	**163513**	**34839**	**83604**
9682	193	9.09	4.71	4.38	23654	15344	47527
18005	342	11.58	6.13	5.45	12985	7766	7776
14555	483	12.11	6.16	5.95	5727	1290	2969
16006	382	13.06	5.88	7.18	12240	3148	2540
25889	592	12.31	5.54	6.77	108907	7291	22792
45765	**611**	**13.75**	**6.56**	**7.19**	**110154**	**51295**	**44412**
5515	54	12.36	5.63	6.73	20965	28813	17401
9061	124	11.22	7.10	4.12	25278	6598	12500
8645	159	13.96	8.00	5.96	19124	4841	5731
5647	82	13.75	7.73	6.02	5249	2850	2155
16897	192	15.26	5.71	9.55	39538	8193	6625
947443	**12250**	**15.61**	**5.48**	**10.13**	**2534473**	**2915532**	**841806**
138333	**1671**	**12.86**	**4.76**	**8.10**	**382004**	**1060885**	**221316**
6207	61	7.62	3.04	4.58	16305	136871	25148
14126	147	9.15	2.56	6.59	68145	182995	58658
9257	88	10.55	3.43	7.12	26637	167536	23904
16960	158	7.81	2.38	5.43	83373	392551	69493
4907	101	11.72	3.21	8.51	20058	117057	19984
5538	69	14.66	4.72	9.94	7663	10489	1700
14785	147	12.39	6.15	6.24	36468	19573	3869
7695	119	17.27	7.16	10.11	13191	5467	2380
8697	108	18.72	7.46	11.26	10522	3438	1247
9128	105	15.84	7.21	8.63	15226	3044	1311
18401	240	15.17	6.14	9.03	48892	12237	8415
22632	328	19.38	6.94	12.44	35524	9627	5207
76261	**756**	**12.08**	**5.02**	**7.06**	**278431**	**590517**	**125228**
3148	31	7.72	2.86	4.86	14486	45011	9907
5665	55	8.34	2.62	5.72	27520	131040	16931
9132	78	9.17	3.16	6.01	34502	164527	44129
8597	71	8.72	4.18	4.54	38830	120052	20762
10412	108	13.68	4.36	9.32	60620	60982	9107
8016	81	12.96	6.47	6.49	19127	11929	3060
8363	99	13.09	6.01	7.08	29819	40125	11195
6805	77	10.13	6.25	3.88	18315	7870	2940
8800	99	16.29	7.09	9.20	24514	6523	2620
7323	57	19.30	7.54	11.76	10698	2458	4577
107324	**1264**	**13.18**	**6.00**	**7.18**	**267825**	**348755**	**145177**
2919	30	8.59	2.99	5.60	8470	59108	15714
3878	29	10.26	4.51	5.75	10035	39124	13612
5645	37	9.00	3.10	5.90	22897	53172	20444
4305	35	8.81	2.34	6.47	26509	94719	27518
1275	18	9.08	4.68	4.40	724	15331	5773
6395	101	12.68	5.83	6.85	13527	5049	2530
9052	146	12.53	5.53	7.00	23302	16982	13841
6930	69	14.07	6.15	7.92	25815	35575	21940
16681	140	17.28	7.07	10.21	40340	3792	4135
8331	104	15.80	7.25	8.55	21231	5562	3716

表3 续表 33

地　区	各年龄组人口占总人口比重(%)				有65岁及以上	
	0-14岁	15-64岁	65岁及以上	15-49岁育龄妇女	合计	有一个老　人
永福县	17.06	71.65	11.29	25.35	20686	15205
灌阳县	17.82	70.70	11.48	24.25	20129	13685
龙胜各族自治县	15.40	73.85	10.74	25.91	13204	9904
资源县	17.73	71.18	11.10	25.73	12248	8292
平乐县	17.76	71.57	10.67	25.91	30303	21341
荔浦县	15.07	73.44	11.48	26.61	31432	22819
恭城瑶族自治县	17.62	71.03	11.35	24.52	22550	16838
梧州市	**24.06**	**66.80**	**9.14**	**26.34**	**204005**	**147349**
万秀区	15.08	72.80	12.12	26.95	13011	9519
蝶山区	15.51	74.95	9.53	28.94	15245	11175
长洲区	19.14	73.25	7.60	29.56	10922	7875
苍梧县	25.46	65.49	9.04	25.92	39195	28887
藤县	26.42	64.20	9.38	25.34	60389	43024
蒙山县	19.62	69.93	10.45	26.12	15724	11630
岑溪市	26.71	64.95	8.34	26.21	49519	35239
北海市	**20.19**	**70.67**	**9.14**	**27.53**	**102531**	**65936**
海城区	14.97	77.62	7.40	31.43	19075	12674
银海区	19.07	73.58	7.35	28.68	9307	5876
铁山港区	20.68	68.72	10.60	26.67	10805	6628
合浦县	22.43	67.61	9.95	25.88	63344	40758
防城港市	**21.74**	**70.23**	**8.04**	**25.41**	**51300**	**34075**
港口区	17.79	76.41	5.80	27.27	6434	4260
防城区	22.90	68.33	8.77	24.66	23598	15744
上思县	22.96	68.31	8.73	23.90	13394	9202
东兴市	21.33	71.06	7.61	27.40	7874	4869
钦州市	**28.42**	**62.63**	**8.95**	**23.34**	**207170**	**141446**
钦南区	22.46	69.47	8.07	25.83	36672	24507
钦北区	29.43	61.59	8.98	21.28	39138	26621
灵山县	32.24	58.68	9.08	22.46	79411	55013
浦北县	26.61	63.92	9.48	24.25	51949	35305
贵港市	**26.76**	**64.29**	**8.95**	**24.84**	**275787**	**186967**
港北区	23.35	69.06	7.60	27.96	32528	21618
港南区	25.14	64.91	9.95	24.85	37682	25353
覃塘区	28.36	61.44	10.20	23.83	30951	20687
平南县	26.91	64.09	9.00	24.03	75774	51592
桂平市	28.08	63.16	8.76	24.52	98852	67717
玉林市	**26.67**	**64.64**	**8.69**	**25.29**	**361519**	**251273**
玉州区	20.00	72.43	7.57	28.24	59472	40249
容县	27.06	62.59	10.36	24.66	50561	36020
陆川县	28.36	63.08	8.56	24.45	50461	36107
博白县	29.77	61.88	8.35	24.59	83145	55110
兴业县	25.43	63.76	10.80	23.17	45891	31951
北流市	28.48	63.28	8.24	25.33	71989	51836
百色市	**21.39**	**69.24**	**9.36**	**26.23**	**258332**	**195215**
右江区	15.42	77.10	7.47	30.54	22595	17868
田阳县	17.00	72.89	10.11	26.98	25907	20463
田东县	20.52	70.43	9.05	26.35	25674	19708
平果县	19.72	70.97	9.31	27.48	31250	22373
德保县	19.28	68.41	12.31	23.84	28229	20048
靖西县	22.77	65.59	11.64	23.43	45007	32288
那坡县	22.30	65.67	12.02	23.65	14679	11029
凌云县	24.41	67.43	8.16	25.98	11941	8857
乐业县	27.09	65.15	7.77	26.21	9315	7179
田林县	24.73	67.19	8.07	26.22	15456	12841
西林县	25.50	67.69	6.81	27.17	7934	6544
隆林各族自治县	26.43	66.31	7.26	26.28	20345	16017
贺州市	**22.13**	**68.51**	**9.37**	**26.34**	**140204**	**99798**
八步区	22.88	68.63	8.50	27.03	40508	29758
平桂管理区	21.58	69.57	8.84	26.60	26735	19227
昭平县	21.60	67.75	10.64	25.37	28516	21039
钟山县	22.89	67.30	9.81	25.79	25572	17417
富川瑶族自治县	20.83	69.23	9.94	26.31	18873	12357
河池市	**22.45**	**67.80**	**9.75**	**25.44**	**261400**	**196317**
金城江区	16.67	75.54	7.79	29.19	20544	15577
南丹县	22.98	69.11	7.91	26.49	17717	13539
天峨县	26.49	64.84	8.66	25.60	10884	8400

老年人口的户数(户)		人口自然变动(‰)			迁入人口(人)		
有二个老人	有三个及以上老人	出生率	死亡率	自然增长率	本县(市)/本市市区	本省其他县(市)、市区	外省
5417	64	15.25	7.14	8.11	7671	3107	2740
6404	40	13.89	6.49	7.40	7188	1380	718
3254	46	12.57	8.46	4.11	10715	3300	3155
3908	48	15.04	7.32	7.72	9279	1437	1264
8811	151	14.94	5.85	9.09	10391	2944	1668
8483	130	11.14	7.73	3.41	21667	5606	2865
5636	76	12.61	7.23	5.38	8064	2567	3544
55941	**715**	**16.54**	**6.10**	**10.44**	**130821**	**113753**	**30795**
3443	49	9.46	7.20	2.26	13273	5342	2168
4031	39	10.04	5.11	4.93	18648	37025	8143
3022	25	12.12	3.38	8.74	8282	48708	5881
10202	106	18.26	6.81	11.45	17585	9305	3009
17163	202	18.39	6.46	11.93	32392	6367	5541
4008	86	13.99	6.62	7.37	5305	1985	699
14072	208	18.05	5.80	12.25	35336	5021	5354
36066	**529**	**14.17**	**3.79**	**10.38**	**105506**	**101082**	**58125**
6319	82	9.08	2.46	6.62	54001	52193	34870
3390	41	13.64	3.61	10.03	6360	33154	16802
4116	61	17.79	4.10	13.69	3413	1893	1659
22241	345	15.72	4.31	11.41	41732	13842	4794
16960	**265**	**16.86**	**3.96**	**12.90**	**62552**	**71095**	**29661**
2141	33	13.19	2.43	10.76	13252	31402	15449
7736	118	18.96	4.92	14.04	25504	13343	4912
4127	65	15.72	3.67	12.05	15857	5562	2062
2956	49	17.15	3.60	13.55	7939	20788	7238
64847	**877**	**20.23**	**4.95**	**15.28**	**169674**	**74981**	**37682**
11993	172	17.40	3.18	14.22	76300	48657	23950
12347	170	22.29	5.01	17.28	22714	9299	5626
24095	303	21.83	5.74	16.09	50941	10431	5487
16412	232	18.47	5.15	13.32	19719	6594	2619
87466	**1354**	**17.51**	**5.76**	**11.75**	**172736**	**69316**	**24705**
10737	173	14.20	4.35	9.85	48114	36910	7413
12097	232	17.38	6.22	11.16	27276	16378	4869
10077	187	19.38	5.45	13.93	7503	4411	2081
23854	328	17.55	6.18	11.37	34851	6243	5034
30701	434	18.30	5.93	12.37	54992	5374	5308
108854	**1392**	**19.46**	**5.33**	**14.13**	**291384**	**107786**	**37382**
18939	284	15.17	4.42	10.75	117495	77103	19872
14363	178	20.66	6.83	13.83	32161	8834	4076
14141	213	19.83	4.95	14.88	31456	4318	2391
27701	334	21.89	4.94	16.95	42677	5671	4170
13762	178	18.66	6.46	12.20	8473	5190	2333
19948	205	20.07	5.52	14.55	59122	6670	4540
62193	**924**	**14.05**	**6.42**	**7.63**	**185045**	**110073**	**39768**
4681	46	10.83	4.60	6.23	22896	48811	10049
5361	83	14.49	8.00	6.49	20987	9755	2774
5898	68	15.47	6.43	9.04	24916	10565	3284
8760	117	14.04	6.23	7.81	35084	11725	3862
8057	124	12.77	6.77	6.00	13441	5641	3409
12537	182	13.47	6.42	7.05	20178	4078	5295
3588	62	14.83	8.94	5.89	5226	1893	1764
3026	58	12.18	4.79	7.39	7689	1785	766
2099	37	17.05	5.17	11.88	6650	1777	1283
2558	57	12.64	6.26	6.38	12121	6396	2791
1367	23	16.75	6.87	9.88	6032	5514	2773
4261	67	16.83	7.09	9.74	9825	2133	1718
39813	**593**	**18.05**	**5.87**	**12.18**	**73775**	**42255**	**19819**
10611	139	18.15	4.83	13.32	28791	22085	10936
7386	122	18.29	5.75	12.54	9135	10879	2860
7340	137	17.81	6.62	11.19	15304	3435	1312
8038	117	18.19	6.70	11.49	13811	4293	3236
6438	78	17.51	6.41	11.10	6734	1563	1475
64307	**776**	**15.87**	**5.96**	**9.91**	**169713**	**106689**	**29007**
4924	43	12.67	5.52	7.15	29025	41555	7528
4135	43	14.97	4.91	10.06	16765	14926	5507
2442	42	13.58	4.83	8.75	16542	3949	2084

表3 续表 34

地区	各年龄组人口占总人口比重(%)				有65岁及以上	
	0-14岁	15-64岁	65岁及以上	15-49岁育龄妇女	合计	有一个老人
凤山县	25.54	64.54	9.92	24.79	12539	9168
东兰县	26.39	61.49	12.12	21.58	20662	15654
罗城仫佬族自治县	19.03	70.12	10.85	26.14	25617	19051
环江毛南族自治县	21.37	67.90	10.72	24.47	23171	17291
巴马瑶族自治县	26.15	64.84	9.01	24.97	16166	12260
都安瑶族自治县	25.84	63.22	10.94	23.71	45035	33893
大化瑶族自治县	22.68	67.41	9.91	25.68	27875	20154
宜州市	19.65	71.13	9.21	26.04	41190	31330
来宾市	**20.74**	**69.57**	**9.68**	**26.36**	**153798**	**105975**
兴宾区	21.93	69.74	8.32	27.61	55703	36298
忻城县	18.60	69.81	11.59	25.44	28407	20723
象州县	19.15	69.45	11.39	25.33	24801	17431
武宣县	22.86	67.42	9.72	25.41	26003	18003
金秀瑶族自治县	18.69	69.78	11.52	24.91	11097	8050
合山市	16.78	74.32	8.89	26.04	7787	5470
崇左市	**19.04**	**71.02**	**9.95**	**25.73**	**154674**	**112285**
江州区	17.04	74.14	8.82	27.21	21211	14688
扶绥县	19.05	71.56	9.38	25.79	26628	18057
宁明县	21.66	69.58	8.76	25.25	22344	15257
龙州县	15.81	73.31	10.88	26.69	19535	15070
大新县	17.55	70.47	11.98	25.21	28679	22092
天等县	22.19	66.34	11.47	23.88	30301	22849
凭祥市	17.73	75.38	6.89	27.74	5976	4272
海南省	**19.78**	**72.15**	**8.07**	**27.98**	**524487**	**359523**
海口市	**16.80**	**76.12**	**7.08**	**31.45**	**106286**	**70351**
秀英区	18.13	75.01	6.86	29.95	17622	11867
龙华区	16.75	76.70	6.55	32.45	28225	18272
琼山区	17.90	74.69	7.41	30.39	26110	17258
美兰区	15.24	77.29	7.47	32.15	34329	22954
三亚市	**17.77**	**77.53**	**4.70**	**31.91**	**24360**	**17098**
市辖区	17.77	77.53	4.70	31.91	24360	17098
省直辖县级行政区划	**21.04**	**70.16**	**8.80**	**26.33**	**393841**	**272074**
五指山市	19.27	74.71	6.02	28.68	4652	3298
琼海市	18.21	70.77	11.02	25.81	39910	27489
儋州市	23.02	69.66	7.32	26.89	51840	35873
文昌市	17.35	68.99	13.66	25.52	55507	38851
万宁市	19.42	71.87	8.71	26.24	35210	23829
东方市	22.82	70.38	6.80	28.22	20952	14326
定安县	20.06	69.60	10.33	24.91	22343	15653
屯昌县	22.76	68.48	8.76	25.05	16703	11348
澄迈县	21.59	68.50	9.91	24.05	35651	25323
临高县	24.98	66.43	8.60	25.11	27203	18226
白沙黎族自治县	22.71	70.28	7.01	26.48	9289	6870
昌江黎族自治县	20.71	71.11	8.17	27.61	13483	9073
乐东黎族自治县	21.52	71.32	7.17	28.16	24487	16320
陵水黎族自治县	20.20	72.43	7.37	27.00	17970	12494
保亭黎族苗族自治县	18.84	73.61	7.55	27.23	8490	5988
琼中黎族苗族自治县	20.65	71.68	7.67	26.41	10151	7113
西沙群岛	0.45	99.10	0.45	11.04		
南沙群岛						
中沙群岛的岛礁及其海域						
重庆市	**17.00**	**71.28**	**11.72**	**26.43**	**2556992**	**1791342**
市辖区	**13.58**	**75.26**	**11.16**	**28.07**	**1316744**	**918170**
万州区	14.91	73.38	11.71	27.85	137372	94595
涪陵区	15.89	71.72	12.39	28.19	94316	62606
渝中区	9.11	80.85	10.05	30.80	48099	33956
大渡口区	11.19	79.16	9.65	28.98	22005	15349
江北区	9.08	81.39	9.53	30.24	52330	35754
沙坪坝区	9.12	82.60	8.28	32.24	61325	41900
九龙坡区	11.40	79.60	9.00	29.83	72714	49378
南岸区	10.36	81.24	8.39	30.71	48312	34247
北碚区	9.89	78.60	11.51	28.94	58323	40013
万盛区	14.19	73.29	12.52	26.96	23998	17107
双桥区	17.69	72.83	9.48	28.05	3534	2412
渝北区	12.29	78.27	9.45	30.10	93927	63468

老年人口的户数(户)		人口自然变动(‰)			迁入人口(人)		
有二个老人	有三个及以上老人	出生率	死亡率	自然增长率	本县(市)/本市市区	本省其他县(市)、市区	外省
3321	50	16.80	5.24	11.56	5247	1609	1128
4957	51	18.26	8.35	9.91	9672	2424	1012
6502	64	15.58	5.90	9.68	6173	2867	1064
5819	61	16.03	6.57	9.46	15043	5806	2131
3860	46	19.01	5.06	13.95	10980	5822	1667
10988	154	17.48	7.20	10.28	16612	4189	1791
7617	104	16.44	6.54	9.90	12758	6830	880
9742	118	14.65	4.92	9.73	30896	16712	4215
47211	**612**	**16.06**	**5.52**	**10.54**	**144988**	**45718**	**19174**
19128	277	16.86	4.39	12.47	89301	16507	10868
7611	73	15.76	7.28	8.48	9379	3885	1164
7267	103	14.39	6.90	7.49	16416	7865	2333
7924	76	17.00	5.03	11.97	21610	5763	2449
2993	54	14.29	7.83	6.46	5246	5049	1076
2288	29	13.71	5.32	8.39	3036	6649	1284
41867	**522**	**14.20**	**6.35**	**7.85**	**100019**	**72627**	**23967**
6441	82	13.65	5.78	7.87	18585	20745	3738
8472	99	13.85	5.71	8.14	22867	16661	4621
7016	71	15.53	4.51	11.02	13149	5509	1618
4412	53	11.14	8.27	2.87	14708	6242	2264
6473	114	13.94	7.80	6.14	14446	4695	1815
7357	95	16.09	7.17	8.92	9817	2678	1663
1696	8	14.19	5.60	8.59	6447	16097	8248
162699	**2265**	**14.09**	**4.03**	**10.06**	**586432**	**668535**	**588463**
35421	**514**	**10.89**	**2.51**	**8.38**	**163168**	**434246**	**304214**
5663	92	12.69	3.51	9.18	16711	53928	41721
9803	150	10.02	1.79	8.23	48973	136259	107532
8739	113	12.84	2.95	9.89	40131	103424	54768
11216	159	9.20	2.29	6.91	57353	140635	100193
7166	**96**	**12.89**	**3.66**	**9.23**	**38302**	**78859**	**121328**
7166	96	12.89	3.66	9.23	38302	78859	121328
120112	**1655**	**15.33**	**4.60**	**10.73**	**384962**	**155430**	**162921**
1333	21	13.44	4.49	8.95	3953	13100	7005
12206	215	13.75	5.52	8.23	36532	21207	25828
15750	217	16.02	3.61	12.41	107294	13853	24210
16304	352	13.11	5.91	7.20	42477	26439	15358
11259	122	14.89	4.53	10.36	34143	7041	13069
6545	81	14.91	3.28	11.63	22030	5323	7792
6610	80	18.44	5.90	12.54	12958	8996	4733
5286	69	16.29	4.23	12.06	12257	6225	4743
10178	150	16.96	5.60	11.36	28838	15527	13990
8896	81	18.01	4.76	13.25	20066	3517	3187
2394	25	15.78	4.68	11.10	7272	5951	6903
4362	48	14.11	4.35	9.76	18959	7606	8178
8082	85	14.07	3.62	10.45	15300	4751	6125
5397	79	15.20	4.31	10.89	8254	3186	4867
2483	19	12.50	4.32	8.18	8226	5955	9091
3027	11	16.07	5.50	10.57	6403	6540	7747
			8.95	-8.95		213	95
757404	**8246**	**9.14**	**6.43**	**2.71**	**2636642**	**1858940**	**945194**
393773	**4801**	**8.03**	**5.63**	**2.40**	**1615666**	**1730140**	**824747**
42299	478	7.74	6.05	1.69	188492	39168	20348
31388	322	10.52	6.19	4.33	121693	30444	11210
13955	188	5.83	5.38	0.45	58960	184779	79083
6569	87	7.15	4.64	2.51	36673	65143	24458
16365	211	6.03	3.20	2.83	67766	179835	69470
19172	253	5.44	3.69	1.75	133959	196832	102972
23021	315	7.76	3.67	4.09	88705	267039	122020
13869	196	7.11	3.42	3.69	78291	161549	77115
18073	237	6.10	5.98	0.12	85380	57472	43535
6803	88	8.22	6.22	2.00	20232	6667	5373
1111	11	10.87	3.82	7.05	3285	6221	1133
30069	390	7.35	3.98	3.37	185900	330274	103093

表3 续表 35

地 区	各年龄组人口占总人口比重(%)				有65岁及以上	
	0-14岁	15-64岁	65岁及以上	15-49岁育龄妇女	合计	有一个老人
巴南区	11.58	75.82	12.60	26.80	86931	60501
黔江区	23.24	67.16	9.59	26.18	33353	24723
长寿区	14.89	72.45	12.67	26.83	72914	48991
江津区	16.13	69.49	14.38	24.29	135611	98187
合川区	15.54	71.13	13.33	25.22	133095	96206
永川区	17.12	71.63	11.25	26.67	88664	63964
南川区	18.71	68.92	12.37	24.86	49921	34813
县	**21.07**	**66.53**	**12.39**	**24.46**	**1240248**	**873172**
綦江县	16.54	69.81	13.64	25.39	84024	60283
潼南县	19.46	67.18	13.36	23.44	64538	44662
铜梁县	17.19	68.08	14.73	24.15	67895	48873
大足县	18.14	69.43	12.43	24.36	64463	46509
荣昌县	17.84	69.36	12.80	24.62	66095	49132
璧山县	15.20	72.35	12.44	26.75	56835	41926
梁平县	20.01	67.88	12.11	24.16	64112	45453
城口县	23.99	66.62	9.39	24.51	14345	10840
丰都县	22.59	63.92	13.49	24.19	64572	42558
垫江县	23.77	63.39	12.84	23.46	64660	41689
武隆县	20.03	66.73	13.24	24.86	34913	23992
忠县	19.72	66.49	13.79	24.22	76331	50044
开县	23.55	64.18	12.28	24.12	108901	78676
云阳县	21.85	65.50	12.65	24.60	89126	63904
奉节县	21.85	67.62	10.54	25.49	68400	49644
巫山县	21.18	68.21	10.62	25.75	40004	27954
巫溪县	20.28	68.53	11.19	25.51	35477	25166
石柱土家族自治县	23.82	63.82	12.36	23.76	37111	23937
秀山土家族苗族自治县	23.69	65.55	10.76	24.88	41858	30335
酉阳土家族苗族自治县	27.34	61.05	11.61	22.47	51350	36087
彭水苗族土家族自治县	26.90	62.21	10.89	23.44	45238	31508
四川省	**16.97**	**72.08**	**10.95**	**27.03**	**6710282**	**4772272**
成都市	**10.94**	**79.35**	**9.71**	**30.78**	**1010944**	**694113**
锦江区	8.96	81.68	9.36	32.82	46350	30239
青羊区	9.23	80.71	10.05	33.36	57701	34888
金牛区	9.97	81.77	8.27	32.18	71557	46062
武侯区	9.87	82.84	7.29	33.66	70848	43279
成华区	10.30	80.18	9.51	30.84	64158	40379
龙泉驿区	12.03	79.83	8.15	32.27	46520	32123
青白江区	12.89	76.11	11.01	28.02	31999	22715
新都区	11.78	78.70	9.53	30.06	55985	39663
温江区	9.96	81.06	8.99	32.69	29772	19556
金堂县	17.35	71.08	11.57	25.95	63047	45959
双流县	11.75	79.57	8.68	30.56	83912	59572
郫县	8.37	84.39	7.25	32.44	47939	33042
大邑县	11.13	76.69	12.18	28.79	46190	33748
蒲江县	11.86	76.29	11.85	28.52	22071	16267
新津县	11.23	77.33	11.44	29.18	26015	18408
都江堰市	11.00	77.42	11.57	29.39	56827	39870
彭州市	11.39	77.14	11.47	28.02	66622	48669
邛崃市	11.48	75.75	12.77	28.63	60198	44220
崇州市	10.63	76.81	12.56	29.13	63233	45454
自贡市	**16.69**	**70.64**	**12.67**	**25.27**	**256908**	**182494**
自流井区	11.95	76.14	11.91	27.77	30129	19474
贡井区	13.16	73.44	13.40	25.92	26312	18535
大安区	16.43	70.58	12.99	24.69	37925	27178
沿滩区	19.76	66.63	13.61	23.02	28150	20086
荣县	14.90	71.62	13.48	26.00	59577	42551
富顺县	20.18	68.12	11.70	24.50	74815	54670
攀枝花市	**16.78**	**74.09**	**9.13**	**28.38**	**85425**	**61467**
东区	13.88	76.96	9.17	29.19	24751	16309
西区	15.40	74.90	9.70	27.66	11878	8067
仁和区	16.28	75.26	8.46	28.57	17372	13065
米易县	18.76	71.50	9.74	28.36	16927	13049
盐边县	21.51	69.67	8.82	27.34	14497	10977
泸州市	**21.15**	**67.73**	**11.12**	**24.67**	**365223**	**268662**
江阳区	16.67	72.16	11.17	27.00	48603	34185
纳溪区	18.54	70.64	10.81	25.31	37830	28207

老年人口的户数(户)		人口自然变动(‰)			迁入人口(人)		
有二个老人	有三个及以上老人	出生率	死亡率	自然增长率	本县(市)/本市市区	本省其他县(市)、市区	外省
26100	330	6.89	6.73	0.16	81309	85371	34168
8571	59	12.47	6.92	5.55	52649	10698	4370
23716	207	7.02	5.82	1.20	54578	6904	6889
36895	529	8.83	7.43	1.40	87803	21420	21333
36505	384	8.49	7.55	0.94	114941	28404	40002
24336	364	10.76	6.68	4.08	108216	45090	53685
14956	152	11.68	7.69	3.99	46834	6830	4490
363631	**3445**	**10.46**	**7.39**	**3.07**	**1020976**	**128800**	**120447**
23508	233	9.48	7.96	1.52	65194	9778	9151
19628	248	9.05	7.53	1.52	71656	4905	6322
18807	215	9.79	7.87	1.92	65717	13068	8415
17732	222	10.61	8.04	2.57	48072	6196	5370
16802	161	10.29	7.85	2.44	44441	6457	12078
14726	183	9.24	7.68	1.56	67127	28480	17729
18547	112	10.43	8.13	2.30	38731	3752	4844
3469	36	14.26	8.00	6.26	12968	1697	1949
21845	169	9.58	7.22	2.36	41553	4838	5032
22762	209	9.28	6.43	2.85	61600	9282	5183
10791	130	10.70	6.98	3.72	19506	3846	2320
26077	210	8.63	7.73	0.90	36596	4488	3529
29970	255	9.43	6.42	3.01	92955	4419	5358
24927	295	9.82	8.06	1.76	71789	4165	3180
18582	174	10.16	6.42	3.74	75676	5487	6235
11914	136	12.92	6.10	6.82	33547	1689	3494
10184	127	12.10	7.42	4.68	32555	2518	2229
13116	58	11.52	8.22	3.30	38736	4030	5254
11419	104	12.59	7.63	4.96	25888	2567	5237
15186	77	14.66	7.41	7.25	27456	2730	3702
13639	91	12.35	7.04	5.31	49213	4408	3836
1912887	**25123**	**9.24**	**6.62**	**2.62**	**4821302**	**5785277**	**1128573**
312520	**4311**	**6.43**	**4.83**	**1.60**	**824357**	**3271789**	**601299**
15785	326	4.41	4.10	0.31	52014	238182	38217
22544	269	5.65	3.13	2.52	46028	277435	49900
25167	328	5.27	2.84	2.43	72491	513132	101745
27226	343	4.74	1.49	3.25	92277	589643	117214
23492	287	5.09	4.07	1.02	67333	325093	53468
14251	146	7.59	3.87	3.72	46349	222918	32708
9193	91	7.86	6.30	1.56	29094	27981	4103
16123	199	6.49	5.41	1.08	25982	123179	22203
10106	110	6.55	4.34	2.21	24589	102451	17929
16910	178	8.09	7.93	0.16	32030	12145	3175
23999	341	6.74	4.30	2.44	79227	335156	62988
14703	194	5.03	3.30	1.73	39887	303415	57902
12203	239	7.45	7.93	-0.48	24167	29396	4251
5745	59	8.24	7.80	0.44	8029	5185	1197
7507	100	7.57	6.66	0.91	24129	28198	4934
16774	183	8.20	7.04	1.16	69976	80662	15252
17756	197	8.33	7.35	0.98	38814	19273	6400
15717	261	7.34	7.38	-0.04	25392	13141	3140
17319	460	7.56	7.35	0.21	26549	25204	4573
73387	**1027**	**8.84**	**7.69**	**1.15**	**142314**	**119196**	**13360**
10501	154	6.98	4.82	2.16	34772	56245	4520
7680	97	8.13	8.09	0.04	14648	9030	920
10588	159	8.93	6.97	1.96	16377	28125	1347
7986	78	12.17	9.10	3.07	5561	5558	907
16790	236	8.63	9.05	-0.42	39294	11173	2961
19842	303	8.85	7.66	1.19	31662	9065	2705
23707	**251**	**8.10**	**4.39**	**3.71**	**77507**	**200665**	**42768**
8384	58	6.25	2.88	3.37	25427	88745	16957
3795	16	6.21	3.62	2.59	14711	32188	8688
4232	75	8.01	4.52	3.49	10995	49838	12337
3829	49	8.53	5.29	3.24	14588	18973	2014
3467	53	12.46	6.51	5.95	11786	10921	2772
95316	**1245**	**10.57**	**7.61**	**2.96**	**221052**	**160853**	**43773**
14245	173	8.81	6.60	2.21	47105	56254	7021
9458	165	8.60	6.91	1.69	34410	8173	1878

表3 续表 36

地　区	各年龄组人口占总人口比重(%)				有65岁及以上	
	0-14岁	15-64岁	65岁及以上	15-49岁育龄妇女	合计	有一个老　人
龙马潭区	15.04	74.00	10.96	28.13	29045	20839
泸县	20.71	66.67	12.62	23.57	84529	64760
合江县	21.80	65.17	13.04	22.44	72062	52609
叙永县	24.82	64.82	10.37	23.40	47688	35558
古蔺县	26.22	65.45	8.33	25.27	45466	32504
德阳市	**13.01**	**75.34**	**11.66**	**27.56**	**326741**	**237047**
旌阳区	11.43	78.34	10.23	29.30	56131	37895
中江县	16.76	71.16	12.07	25.85	113070	84627
罗江县	12.03	76.01	11.96	27.99	19984	14878
广汉市	11.11	77.45	11.44	27.96	52382	37993
什邡市	10.44	77.44	12.12	28.32	38145	27104
绵竹市	11.10	76.34	12.56	27.79	47029	34550
绵阳市	**13.80**	**74.55**	**11.65**	**27.57**	**416371**	**301021**
涪城区	11.49	80.42	8.09	32.77	52232	35425
游仙区	12.32	76.12	11.56	28.31	42746	29754
三台县	15.84	70.91	13.25	25.03	108829	80968
盐亭县	14.64	70.61	14.75	24.61	47612	34585
安县	16.43	71.68	11.89	25.99	33848	24506
梓潼县	13.10	74.96	11.94	26.48	29141	22463
北川羌族自治县	14.69	73.72	11.59	27.02	17706	12722
平武县	14.37	75.05	10.58	27.91	14043	10223
江油市	12.79	75.29	11.91	27.54	70214	50375
广元市	**16.62**	**72.23**	**11.15**	**26.54**	**213929**	**156255**
利州区	14.10	77.53	8.37	30.57	32815	23120
元坝区	15.42	72.68	11.90	24.83	15530	11566
朝天区	18.85	70.50	10.66	26.49	14545	10711
旺苍县	19.17	70.12	10.71	26.26	30745	21417
青川县	15.29	75.25	9.46	28.01	16514	12193
剑阁县	17.27	70.30	12.43	24.61	44733	33323
苍溪县	16.85	69.59	13.56	24.53	59047	43925
遂宁市	**15.08**	**73.53**	**11.39**	**27.87**	**283537**	**203520**
船山区	14.66	75.82	9.51	29.57	46716	32269
安居区	15.99	72.87	11.14	26.70	55329	40801
蓬溪县	15.60	71.55	12.86	26.27	54209	38489
射洪县	14.19	73.63	12.18	28.18	86478	62860
大英县	15.54	73.39	11.07	28.37	40805	29101
内江市	**16.63**	**71.53**	**11.85**	**26.84**	**339874**	**246236**
市中区	14.90	72.86	12.24	27.34	45938	31751
东兴区	17.81	70.80	11.39	27.01	65791	46890
威远县	15.40	71.82	12.78	26.52	61680	44055
资中县	16.98	71.72	11.31	27.31	105689	78170
隆昌县	17.15	70.68	12.17	25.67	60776	45370
乐山市	**13.97**	**73.78**	**12.24**	**27.46**	**298311**	**209374**
市中区	10.46	78.38	11.17	31.06	54880	36824
沙湾区	11.74	75.40	12.86	26.93	17244	11944
五通桥区	10.34	76.55	13.10	27.31	31002	21946
金口河区	16.17	72.47	11.36	27.28	3982	2639
犍为县	14.81	71.60	13.59	25.27	46024	34038
井研县	16.19	67.67	16.14	23.48	34789	24698
夹江县	11.38	75.70	12.92	28.11	33132	23079
沐川县	19.05	69.39	11.56	25.10	19169	13795
峨边彝族自治县	21.44	69.59	8.97	27.30	9132	6367
马边彝族自治县	28.48	63.83	7.68	25.89	10706	7926
峨眉山市	11.60	76.47	11.93	28.46	38251	26118
南充市	**16.82**	**71.18**	**12.00**	**26.23**	**570517**	**399441**
顺庆区	13.58	76.53	9.89	30.82	51470	34774
高坪区	16.23	73.75	10.03	27.18	41996	29960
嘉陵区	16.52	72.36	11.12	26.04	51883	37493
南部县	19.68	66.85	13.47	24.76	95519	67451
营山县	18.26	69.05	12.70	25.37	72713	50815
蓬安县	17.27	70.51	12.21	25.81	53690	38590
仪陇县	19.02	69.66	11.32	25.46	79322	54867
西充县	14.01	72.02	13.97	25.71	52170	34396
阆中市	14.37	72.68	12.95	25.72	71754	51095

老年人口的户数(户)		人口自然变动(‰)			迁入人口(人)		
有二个老人	有三个及以上老人	出生率	死亡率	自然增长率	本县(市)/本市市区	本省其他县(市)、市区	外省
8104	102	7.28	6.12	1.16	21287	57766	4528
19522	247	10.51	8.72	1.79	30461	17348	4300
19172	281	9.79	7.95	1.84	43135	11742	17561
12003	127	11.69	8.12	3.57	27289	6375	4432
12812	150	14.75	7.53	7.22	17365	3195	4053
88949	**745**	**7.95**	**7.15**	**0.80**	**239778**	**186125**	**39401**
18087	149	7.07	5.16	1.91	84956	114247	17530
28154	289	8.65	8.11	0.54	39986	4393	1931
5073	33	9.64	8.36	1.28	8656	13238	1285
14260	129	7.01	6.95	0.06	32048	27550	11503
10963	78	7.70	6.95	0.75	32208	10858	2722
12412	67	8.18	7.70	0.48	41924	15839	4430
114230	**1120**	**8.66**	**7.47**	**1.19**	**276204**	**370773**	**56398**
16630	177	6.10	3.43	2.67	74690	230697	28943
12874	118	7.76	6.03	1.73	28072	63796	8159
27610	251	10.38	10.20	0.18	62442	11671	4252
12870	157	8.53	9.55	-1.02	13840	3387	1304
9271	71	10.88	7.84	3.04	16779	24471	4843
6609	69	8.81	10.04	-1.23	11511	3384	1091
4933	51	11.01	7.31	3.70	9352	5595	1337
3766	54	8.12	8.05	0.07	5548	2155	638
19667	172	8.25	6.82	1.43	53970	25617	5831
56999	**675**	**9.45**	**7.68**	**1.77**	**150320**	**97914**	**26590**
9613	82	7.87	4.39	3.48	52507	66401	13047
3926	38	10.74	10.37	0.37	7853	5876	2637
3768	66	9.38	7.87	1.51	5389	2164	1697
9218	110	9.22	7.14	2.08	21771	9098	1560
4272	49	10.29	6.70	3.59	7070	2920	2006
11294	116	11.44	9.71	1.73	27431	6493	1932
14908	214	8.74	8.92	-0.18	28299	4962	3711
78981	**1036**	**7.92**	**6.04**	**1.88**	**188083**	**59206**	**11460**
14293	154	7.54	4.08	3.46	81869	39302	5857
14390	138	8.07	6.94	1.13	3694	1168	477
15525	195	7.81	7.07	0.74	26636	5290	1866
23271	347	7.76	6.15	1.61	55565	6026	1934
11502	202	8.68	6.15	2.53	20319	7420	1326
92473	**1165**	**9.82**	**7.15**	**2.67**	**171739**	**81157**	**14961**
14004	183	7.86	5.57	2.29	24462	19096	2902
18643	258	11.00	6.57	4.43	38670	35454	3892
17377	248	10.25	8.20	2.05	43758	15107	3296
27215	304	9.38	7.36	2.02	38394	6413	2533
15234	172	10.41	7.63	2.78	26455	5087	2338
87644	**1293**	**8.29**	**6.71**	**1.58**	**234604**	**158271**	**28598**
17744	312	6.06	5.24	0.82	75633	85773	13733
5235	65	6.59	6.70	-0.11	7986	5555	967
8906	150	6.20	6.89	-0.69	10715	5634	1018
1330	13	9.66	5.09	4.57	2851	3536	612
11860	126	9.76	8.58	1.18	29779	7358	1820
9930	161	9.05	9.31	-0.26	24210	5841	1289
9912	141	7.05	6.41	0.64	12674	6708	1740
5296	78	10.95	8.08	2.87	9892	5317	836
2732	33	13.16	5.88	7.28	9676	4896	391
2756	24	16.34	5.90	10.44	10843	2630	833
11943	190	6.67	5.59	1.08	40345	25023	5359
168674	**2402**	**8.20**	**6.25**	**1.95**	**352449**	**164110**	**32108**
16459	237	7.41	4.59	2.82	84103	89843	13850
11868	168	8.06	5.90	2.16	32566	18137	3352
14245	145	8.66	6.10	2.56	33079	24520	3626
27672	396	8.88	5.58	3.30	52916	5974	3090
21589	309	8.33	6.62	1.71	24738	13891	1467
14974	126	7.91	6.70	1.21	18095	1343	985
24071	384	8.04	6.67	1.37	34295	3718	2548
17467	307	8.82	7.52	1.30	28349	1860	901
20329	330	7.67	6.90	0.77	44308	4824	2289

表3 续表 37

地区	各年龄组人口占总人口比重(%)				有65岁及以上	
	0-14岁	15-64岁	65岁及以上	15-49岁育龄妇女	合计	有一个老人
眉山市	**14.08**	**72.60**	**13.32**	**27.06**	**301497**	**215803**
东坡区	11.76	76.40	11.84	29.24	73523	51433
仁寿县	16.84	69.34	13.82	25.51	131306	94457
彭山县	11.78	74.44	13.78	26.84	30432	22022
洪雅县	13.40	72.81	13.79	27.16	31984	23282
丹棱县	12.37	74.25	13.38	28.10	14727	10677
青神县	11.69	73.13	15.18	27.08	19525	13932
宜宾市	**20.74**	**68.71**	**10.56**	**25.12**	**372363**	**278964**
翠屏区	15.96	74.64	9.41	28.46	60995	44255
宜宾县	20.74	68.31	10.95	24.76	70499	52622
南溪县	19.42	69.75	10.82	24.97	28818	21872
江安县	20.48	67.72	11.81	24.00	37045	27510
长宁县	20.89	67.54	11.57	23.74	31803	24653
高县	21.62	67.69	10.69	24.13	34498	25670
珙县	20.69	68.83	10.48	25.21	31120	23738
筠连县	26.10	63.95	9.95	23.75	25902	19370
兴文县	25.83	63.54	10.63	23.10	32077	24738
屏山县	22.57	67.46	9.97	25.31	19606	14536
广安市	**21.63**	**65.80**	**12.56**	**24.09**	**303294**	**209034**
广安区	22.21	65.14	12.65	23.92	82930	58114
岳池县	21.66	65.12	13.22	23.11	78179	54723
武胜县	19.37	67.13	13.50	24.78	58760	39189
邻水县	23.19	65.36	11.46	24.07	60147	40493
华蓥市	20.64	68.07	11.29	26.00	23278	16515
达州市	**20.36**	**68.73**	**10.91**	**25.34**	**442649**	**303245**
通川区	16.30	75.40	8.31	30.33	27594	18149
达县	20.21	68.74	11.06	24.65	89799	59616
宣汉县	22.92	66.53	10.55	24.65	78353	53064
开江县	21.76	66.84	11.40	23.66	37510	26698
大竹县	20.03	68.23	11.74	24.34	76498	53371
渠县	18.66	70.18	11.16	26.41	97872	68443
万源市	23.29	65.28	11.43	23.96	35023	23904
雅安市	**16.18**	**72.94**	**10.88**	**28.03**	**123312**	**85528**
雨城区	14.27	73.98	11.75	28.88	30650	20235
名山县	14.93	73.73	11.34	27.57	22650	16481
荥经县	17.18	72.05	10.77	27.87	11754	7721
汉源县	15.11	75.03	9.86	28.98	23873	16588
石棉县	18.69	72.09	9.22	27.77	8615	6151
天全县	19.28	69.51	11.21	26.10	11497	8274
芦山县	19.81	68.86	11.33	26.96	9485	6728
宝兴县	17.67	70.90	11.44	26.90	4788	3350
巴中市	**21.26**	**68.26**	**10.47**	**25.34**	**254120**	**168627**
巴州区	20.12	68.44	11.44	24.44	95700	64247
通江县	20.27	69.54	10.19	26.43	51440	33926
南江县	22.42	68.04	9.54	25.79	43183	29335
平昌县	22.73	67.18	10.09	25.32	63797	41119
资阳市	**18.30**	**68.15**	**13.56**	**24.11**	**384257**	**279077**
雁江区	16.85	70.91	12.24	26.35	85823	61835
安岳县	19.77	67.36	12.87	23.50	111326	79015
乐至县	16.40	67.21	16.39	22.67	68325	48269
简阳市	18.92	67.12	13.96	23.60	118783	89958
阿坝藏族羌族自治州	**19.86**	**72.86**	**7.28**	**28.61**	**50934**	**38675**
汶川县	14.33	78.05	7.62	30.73	5499	4024
理县	15.08	77.15	7.77	27.73	2834	2166
茂县	19.96	72.75	7.28	28.64	6118	4694
松潘县	20.22	72.60	7.17	28.46	4139	3194
九寨沟县	17.32	77.00	5.68	30.77	3613	2680
金川县	18.82	71.85	9.33	27.30	4743	3442
小金县	18.11	74.22	7.66	28.67	4687	3492
黑水县	21.74	71.64	6.62	27.44	3305	2658
马尔康县	15.39	76.65	7.97	29.08	3567	2640
壤塘县	26.09	66.57	7.33	27.37	2218	1727
阿坝县	26.15	66.73	7.12	26.84	3947	2935
若尔盖县	25.99	67.07	6.94	27.90	4080	3230
红原县	23.17	70.68	6.16	28.96	2184	1793

老年人口的户数(户)		人口自然变动(‰)			迁入人口(人)		
有二个老人	有三个及以上老人	出生率	死亡率	自然增长率	本县(市)/本市市区	本省其他县(市)、市区	外省
84370	**1324**	**9.80**	**7.52**	**2.28**	**218030**	**79113**	**17254**
21743	347	8.30	6.22	2.08	99577	39641	7521
36271	578	10.45	7.73	2.72	65632	11493	3770
8289	121	9.63	8.21	1.42	20490	15641	2767
8574	128	10.49	8.29	2.20	15062	5291	1537
3984	66	11.30	8.45	2.85	4446	2542	607
5509	84	10.13	9.06	1.07	12823	4505	1052
92461	**938**	**12.48**	**7.98**	**4.50**	**250493**	**180889**	**31374**
16572	168	9.65	5.84	3.81	109171	114675	10488
17714	163	11.76	8.51	3.25	29277	14922	6255
6865	81	12.45	8.40	4.05	19464	6611	1196
9447	88	13.21	8.95	4.26	21102	5949	1377
7085	65	13.27	9.86	3.41	13661	5274	1028
8748	80	13.71	8.45	5.26	11794	10301	2007
7310	72	13.77	7.74	6.03	16010	14091	3924
6447	85	14.79	7.37	7.42	10427	1551	1567
7254	85	13.64	9.19	4.45	12653	4178	1804
5019	51	13.32	7.29	6.03	6934	3337	1728
93294	**966**	**9.12**	**8.48**	**0.64**	**176962**	**42368**	**16588**
24617	199	7.81	8.35	-0.54	62005	23012	6904
23209	247	9.95	9.12	0.83	36251	6481	3422
19310	261	8.87	8.64	0.23	25316	2815	1773
19473	181	9.90	7.96	1.94	41780	4030	1786
6685	78	9.40	8.05	1.35	11610	6030	2703
137768	**1636**	**10.07**	**7.35**	**2.72**	**355358**	**140693**	**34050**
9361	84	7.83	3.64	4.19	65856	73910	9421
29784	399	9.30	7.03	2.27	90775	39355	5217
24965	324	11.61	7.12	4.49	45453	5422	5401
10706	106	12.67	8.76	3.91	18893	1797	2491
22898	229	8.70	8.40	0.30	56064	6282	4354
29034	395	9.23	7.72	1.51	42934	8060	1652
11020	99	13.55	8.30	5.25	35383	5867	5514
37289	**495**	**9.38**	**5.81**	**3.57**	**95584**	**56490**	**15124**
10255	160	7.43	4.40	3.03	22832	25317	5018
6086	83	10.40	6.53	3.87	8927	4593	1151
3986	47	8.21	6.01	2.20	14927	5293	2403
7189	96	9.23	5.94	3.29	22186	6151	2969
2442	22	11.00	5.24	5.76	8518	6367	1832
3180	43	11.02	7.15	3.87	11540	4540	1101
2733	24	11.56	6.88	4.68	4255	2801	405
1418	20	9.29	6.18	3.11	2399	1428	245
84018	**1475**	**10.45**	**5.12**	**5.33**	**188529**	**34971**	**7849**
30887	566	9.24	4.72	4.52	104227	22310	3296
17147	367	11.12	5.62	5.50	24633	1409	977
13672	176	9.62	5.86	3.76	31081	6145	2028
22312	366	12.07	4.71	7.36	28588	5107	1548
103967	**1213**	**9.83**	**8.70**	**1.13**	**219954**	**43590**	**14802**
23733	255	9.66	7.28	2.38	93359	19973	4335
31932	379	11.01	8.83	2.18	41268	4358	4430
19847	209	7.80	10.57	-2.77	30430	6667	2362
28455	370	9.76	8.81	0.95	54897	12592	3675
11899	**360**	**9.96**	**4.73**	**5.23**	**44013**	**56126**	**13786**
1459	16	8.61	4.28	4.33	3851	9184	1600
654	14	8.50	4.95	3.55	2781	4909	1031
1417	7	11.33	5.08	6.25	6013	4003	698
910	35	10.96	5.18	5.78	6294	3939	1030
921	12	9.46	3.03	6.43	8079	11953	3800
1274	27	8.07	4.66	3.41	2975	1201	414
1178	17	8.36	5.02	3.34	3970	1497	482
642	5	11.61	5.95	5.66	1307	3655	1103
901	26	8.28	4.01	4.27	2428	8238	1269
460	31	14.62	4.99	9.63	857	855	99
909	103	9.58	5.27	4.31	2056	2462	919
803	47	11.24	6.17	5.07	2169	1550	970
371	20	10.50	2.40	8.10	1233	2680	371

表3 续表 38

地区	各年龄组人口占总人口比重(%)				有65岁及以上	
	0-14岁	15-64岁	65岁及以上	15-49岁育龄妇女	合计	有一个老人
甘孜藏族自治州	**23.20**	**70.29**	**6.50**	**28.10**	**55682**	**43831**
康定县	15.94	78.75	5.31	30.04	5508	4318
泸定县	20.28	70.67	9.05	26.63	5885	4326
丹巴县	20.48	70.93	8.60	26.98	4065	3204
九龙县	28.34	65.69	5.97	24.88	2997	2344
雅江县	24.38	69.73	5.88	26.72	2330	1854
道孚县	24.49	68.89	6.61	27.65	2960	2432
炉霍县	23.35	70.01	6.64	26.99	2127	1759
甘孜县	22.57	71.45	5.98	29.27	3251	2611
新龙县	27.04	65.71	7.25	26.82	2795	2077
德格县	26.48	67.07	6.45	27.56	4351	3538
白玉县	21.33	71.42	7.25	32.84	2943	2287
石渠县	29.30	64.67	6.04	27.00	4072	3317
色达县	24.34	69.04	6.62	29.98	2699	2243
理塘县	24.34	70.39	5.27	28.21	2815	2055
巴塘县	24.25	70.02	5.74	28.92	2342	1933
乡城县	21.85	72.83	5.33	27.12	1419	1123
稻城县	22.67	71.34	5.99	28.40	1543	1254
得荣县	21.58	70.45	7.97	28.14	1580	1156
凉山彝族自治州	**27.33**	**65.57**	**7.10**	**26.52**	**254394**	**189858**
西昌市	19.56	71.82	8.62	28.24	47031	33502
木里藏族自治县	23.81	70.21	5.98	26.94	6461	5134
盐源县	26.90	66.96	6.14	26.69	17140	13056
德昌县	20.95	71.05	8.00	29.10	13606	10367
会理县	19.81	70.19	10.00	27.32	34056	25438
会东县	25.06	65.23	9.71	24.77	27290	19527
宁南县	23.10	67.84	9.06	27.01	12433	9543
普格县	32.76	61.65	5.59	25.69	6918	5210
布拖县	36.25	58.25	5.50	25.20	7185	5568
金阳县	35.47	59.79	4.74	25.27	6286	4904
昭觉县	34.52	60.84	4.64	26.28	9717	7791
喜德县	34.22	60.82	4.95	25.70	6498	4800
冕宁县	28.07	64.32	7.61	25.93	20748	14928
越西县	35.96	58.69	5.34	24.58	11526	8676
甘洛县	31.99	62.75	5.26	25.57	8166	6124
美姑县	35.36	60.04	4.60	26.51	8528	6888
雷波县	29.29	64.76	5.95	26.37	10805	8402
贵州省	**25.26**	**66.03**	**8.71**	**25.40**	**2292084**	**1588428**
贵阳市	**17.04**	**74.91**	**8.05**	**29.52**	**260871**	**177947**
南明区	15.27	76.28	8.45	30.24	52530	35590
云岩区	13.77	78.50	7.73	31.97	55695	38001
花溪区	16.73	75.73	7.54	30.45	20223	14028
乌当区	18.11	74.54	7.35	29.07	20824	14254
白云区	18.40	74.48	7.12	29.17	13918	9256
小河区	17.26	74.58	8.16	28.60	14569	9161
开阳县	19.99	71.10	8.91	26.93	24128	16733
息烽县	20.63	70.22	9.15	26.36	14836	10338
修文县	19.93	71.57	8.50	27.18	16081	11231
清镇市	19.91	72.05	8.04	28.20	28067	19355
六盘水市	**24.58**	**67.82**	**7.59**	**26.61**	**160702**	**108967**
钟山区	23.99	70.21	5.80	28.99	26061	18781
六枝特区	28.51	61.77	9.72	23.28	35828	24046
水城县	26.36	66.11	7.53	25.66	39567	26700
盘县	21.85	70.46	7.68	27.44	59246	39440
遵义市	**23.57**	**66.87**	**9.56**	**25.78**	**443394**	**309980**
红花岗区	18.11	74.37	7.51	30.20	37051	26241
汇川区	19.20	73.26	7.54	29.90	24876	17302
遵义县	22.36	67.96	9.67	25.72	68944	48040
桐梓县	24.73	65.19	10.08	24.54	39661	27679
绥阳县	25.76	64.26	9.98	24.12	29206	20855
正安县	26.28	62.59	11.13	22.85	33640	24475
道真仡佬族苗族自治县	25.71	63.13	11.16	24.37	20652	14301
务川仡佬族苗族自治县	28.51	61.22	10.27	23.82	24454	16344
凤冈县	25.89	64.63	9.47	25.10	22271	15116
湄潭县	24.30	65.82	9.88	25.58	27699	18695

老年人口的户数(户)		人口自然变动(‰)			迁入人口(人)		
有二个老人	有三个及以上老人	出生率	死亡率	自然增长率	本县(市)/本市市区	本省其他县(市)、市区	外省
11159	**692**	**12.78**	**5.93**	**6.85**	**50242**	**65573**	**22284**
1151	39	8.69	4.03	4.66	7682	23165	5251
1533	26	11.22	5.67	5.55	5237	6855	1163
838	23	9.36	6.17	3.19	3057	2318	783
646	7	14.52	4.68	9.84	4532	4693	1615
450	26	14.34	5.51	8.83	1250	2073	1465
500	28	11.67	4.16	7.51	1897	1907	433
350	18	14.70	6.25	8.45	2319	2007	449
589	51	10.22	5.77	4.45	2771	3730	628
608	110	13.93	6.12	7.81	365	188	78
764	49	15.24	7.73	7.51	903	1022	298
576	80	10.67	5.52	5.15	2198	3537	4661
724	31	18.64	5.22	13.42	693	1038	569
429	27	13.00	7.27	5.73	1967	4593	1576
714	46	18.35	8.04	10.31	10847	2910	539
380	29	11.26	6.22	5.04	2357	1512	375
270	26	11.32	7.18	4.14	916	1718	1653
271	18	11.65	7.01	4.64	770	1546	397
366	58	11.96	8.14	3.82	481	761	351
63782	**754**	**14.54**	**5.93**	**8.61**	**343730**	**215405**	**44746**
13378	151	9.17	4.25	4.92	117247	128814	17142
1271	56	12.45	5.82	6.63	4628	5196	3483
3999	85	12.00	4.78	7.22	29566	8495	7376
3195	44	13.10	7.52	5.58	17104	12501	1244
8516	102	9.16	6.29	2.87	31694	8671	2683
7663	100	9.51	6.54	2.97	20805	4728	2374
2860	30	12.62	6.67	5.95	8181	2754	1774
1691	17	17.21	7.14	10.07	15250	4579	800
1609	8	23.56	8.74	14.82	5618	2362	356
1371	11	19.40	6.07	13.33	8364	1418	673
1917	9	19.55	6.65	12.90	7074	3762	278
1683	15	19.43	4.39	15.04	8925	5259	224
5750	70	16.50	4.74	11.76	24473	13373	1577
2833	17	17.21	6.60	10.61	13122	2505	306
2022	20	19.57	5.02	14.55	18829	4669	852
1633	7	22.72	8.41	14.31	5041	2344	263
2391	12	18.43	6.10	12.33	7809	3975	3341
698692	**4964**	**13.90**	**6.08**	**7.82**	**2024871**	**1841377**	**763294**
82352	**572**	**11.11**	**4.26**	**6.85**	**336108**	**904609**	**272625**
16858	82	8.99	3.49	5.50	81224	242949	84070
17542	152	7.97	3.01	4.96	103960	298766	90042
6143	52	11.99	4.71	7.28	17728	46823	13152
6526	44	13.56	3.95	9.61	16920	91692	26009
4631	31	11.60	3.75	7.85	19005	71384	14992
5375	33	11.80	2.87	8.93	9030	81786	18899
7340	55	12.18	6.22	5.96	30204	8445	5257
4468	30	13.97	6.45	7.52	12927	11229	4409
4815	35	16.04	6.17	9.87	14761	17290	5650
8654	58	13.27	5.57	7.70	30349	34245	10145
51441	**294**	**12.76**	**5.71**	**7.05**	**165746**	**152801**	**63083**
7246	34	10.61	2.69	7.92	55359	115971	30275
11695	87	14.44	7.17	7.27	25340	9968	6220
12777	90	12.97	6.42	6.55	20971	17570	8111
19723	83	13.09	6.32	6.77	64076	9292	18477
132423	**991**	**12.61**	**6.43**	**6.18**	**451102**	**317802**	**110881**
10748	62	10.26	3.70	6.56	84684	131774	34574
7531	43	11.06	3.46	7.60	37166	111686	18158
20735	169	12.36	6.71	5.65	59115	26451	12747
11892	90	15.07	6.28	8.79	35109	6336	7379
8290	61	15.98	7.37	8.61	21529	3555	2952
9102	63	13.42	9.25	4.17	16204	2298	2004
6323	28	11.69	8.43	3.26	21687	1987	2955
8049	61	12.77	7.11	5.66	19780	3327	2896
7117	38	11.87	7.73	4.14	17973	4403	2410
8948	56	11.91	6.45	5.46	26210	7663	2850

表3 续表 39

地 区	各年龄组人口占总人口比重(%)				有65岁及以上	
	0-14岁	15-64岁	65岁及以上	15-49岁育龄妇女	合计	有一个老 人
余庆县	24.71	64.79	10.50	24.76	17959	11727
习水县	24.51	65.50	9.99	24.88	40201	28507
赤水市	22.07	65.47	12.46	23.58	23130	17020
仁怀市	24.74	67.15	8.11	26.29	33650	23678
安顺市	**25.26**	**65.92**	**8.82**	**24.86**	**151780**	**102871**
西秀区	22.66	68.08	9.26	25.89	52574	35369
平坝县	23.88	66.63	9.49	24.23	20895	13680
普定县	26.56	65.33	8.11	25.05	22806	15166
镇宁布依族苗族自治县	26.42	64.29	9.29	23.81	19915	13661
关岭布依族苗族自治县	26.62	65.81	7.57	25.36	17241	11768
紫云苗族布依族自治县	29.62	61.67	8.72	22.94	18349	13227
铜仁地区	**28.02**	**62.22**	**9.77**	**23.60**	**228791**	**157916**
铜仁市	20.81	70.31	8.88	27.65	24773	17801
江口县	24.31	65.49	10.19	23.94	13389	9417
玉屏侗族自治县	22.91	66.42	10.67	23.94	9585	6628
石阡县	26.92	63.10	9.98	23.65	23316	16487
思南县	28.16	61.86	9.98	23.50	37564	25662
印江土家族苗族自治县	28.19	60.44	11.37	22.31	24369	16668
德江县	30.63	60.29	9.08	23.62	24765	16386
沿河土家族自治县	34.69	56.37	8.94	21.95	29748	19573
松桃苗族自治县	28.82	61.50	9.68	22.86	36314	25814
万山特区	21.97	64.42	13.61	22.13	4968	3480
黔西南布依族苗族自治州	**27.99**	**64.04**	**7.96**	**24.77**	**170203**	**118718**
兴义市	22.93	69.61	7.46	27.69	43958	30187
兴仁县	30.40	62.00	7.60	23.74	23265	14971
普安县	30.46	61.81	7.73	23.64	14751	9925
晴隆县	30.94	61.44	7.61	23.57	14175	9663
贞丰县	32.59	58.87	8.54	22.53	19688	13589
望谟县	31.89	59.60	8.51	22.99	17677	13971
册亨县	27.46	64.63	7.91	24.93	12290	9591
安龙县	26.12	64.84	9.05	24.27	24399	16821
毕节地区	**31.24**	**61.22**	**7.54**	**23.78**	**367570**	**245298**
毕节市	32.34	59.26	8.40	23.24	70984	47038
大方县	28.49	63.16	8.34	24.26	48224	32044
黔西县	26.58	65.16	8.26	24.86	43285	29334
金沙县	26.78	64.47	8.75	24.38	36881	25072
织金县	29.98	62.46	7.56	23.75	44177	29344
纳雍县	34.14	58.34	7.52	22.61	36871	23652
威宁彝族回族苗族自治县	33.88	60.54	5.58	24.21	53028	35992
赫章县	34.86	58.11	7.03	22.84	34120	22822
黔东南苗族侗族自治州	**24.88**	**65.14**	**9.98**	**24.32**	**267572**	**190105**
凯里市	20.83	70.68	8.49	27.58	30637	20932
黄平县	27.66	61.07	11.27	22.49	22411	15478
施秉县	26.12	63.77	10.11	24.26	9910	6758
三穗县	27.54	62.18	10.28	22.85	12313	8726
镇远县	25.53	64.30	10.17	23.07	15530	10545
岑巩县	27.70	61.16	11.13	22.42	13697	9383
天柱县	22.73	65.23	12.04	22.80	24814	18061
锦屏县	25.19	64.56	10.25	23.63	12429	9069
剑河县	27.10	63.45	9.45	24.24	13348	9674
台江县	28.24	62.37	9.39	23.32	8131	5778
黎平县	24.19	65.84	9.97	24.63	30701	22695
榕江县	26.15	65.45	8.40	25.28	18489	13073
从江县	24.04	66.28	9.68	25.77	21974	15888
雷山县	25.96	64.18	9.86	23.00	9063	6640
麻江县	22.94	66.14	10.92	23.62	14184	10179
丹寨县	26.07	63.55	10.37	22.74	9941	7226
黔南布依族苗族自治州	**23.37**	**67.10**	**9.53**	**25.16**	**241201**	**176626**
都匀市	17.25	72.51	10.24	27.06	35428	25756
福泉市	20.24	71.73	8.03	27.54	17204	11830
荔波县	23.25	67.14	9.61	25.70	11194	8569
贵定县	22.67	67.64	9.69	24.57	17463	12830
瓮安县	22.27	69.73	7.99	26.71	23048	15902
独山县	22.07	67.08	10.85	25.02	23035	17499
平塘县	27.66	60.72	11.63	21.53	20662	14843

老年人口的户数(户)		人口自然变动(‰)			迁入人口(人)		
有二个老人	有三个及以上老人	出生率	死亡率	自然增长率	本县(市)/本市市区	本省其他县(市)、市区	外省
6193	39	13.80	7.20	6.60	15075	6114	2852
11597	97	13.79	6.21	7.58	32956	4960	7073
6032	78	13.84	8.14	5.70	17984	1571	4809
9866	106	10.91	6.21	4.70	45630	5677	7222
48575	**334**	**14.63**	**6.27**	**8.36**	**136400**	**83601**	**42659**
17069	136	13.61	5.39	8.22	73524	40269	21807
7178	37	16.48	6.34	10.14	16485	21723	7778
7598	42	13.76	5.79	7.97	12881	8409	4201
6213	41	12.32	7.18	5.14	13314	5837	2431
5433	40	15.80	6.93	8.87	10094	3718	3471
5084	38	17.81	7.67	10.14	10102	3645	2971
70392	**483**	**14.42**	**6.48**	**7.94**	**139129**	**46137**	**35972**
6910	62	12.08	4.40	7.68	34932	26034	10647
3932	40	14.89	5.66	9.23	7108	1546	1647
2925	32	17.52	7.84	9.68	5663	3673	3915
6786	43	13.22	7.60	5.62	11284	1738	2420
11841	61	12.50	6.91	5.59	22852	3890	3687
7644	57	12.68	7.47	5.21	11651	1658	2164
8336	43	14.77	6.25	8.52	15204	2791	1930
10124	51	16.53	6.13	10.40	13240	1313	3493
10410	90	16.55	6.53	10.02	14718	2179	4929
1484	4	16.58	8.73	7.85	2477	1315	1140
50990	**495**	**15.77**	**5.96**	**9.81**	**149185**	**67768**	**50165**
13614	157	15.56	4.44	11.12	72123	37194	21875
8238	56	15.45	5.92	9.53	19835	6596	8260
4783	43	12.28	6.19	6.09	8914	3732	3316
4481	31	17.63	6.65	10.98	5228	3655	3099
6040	59	15.93	6.81	9.12	10695	4170	4763
3666	40	14.02	7.30	6.72	11202	1850	1796
2671	28	17.91	7.72	10.19	8800	3889	2321
7497	81	17.78	6.11	11.67	12388	6682	4735
121505	**767**	**14.88**	**5.94**	**8.94**	**301708**	**82357**	**70449**
23756	190	14.72	5.77	8.95	71568	21222	11946
16093	87	15.69	6.10	9.59	36951	7557	9110
13862	89	16.85	7.02	9.83	56942	13029	11129
11725	84	15.18	6.19	8.99	42418	17527	14092
14768	65	13.28	6.01	7.27	29513	5610	7270
13135	84	15.63	5.39	10.24	24190	6765	6084
16940	96	14.48	5.66	8.82	20751	4962	5885
11226	72	13.79	5.68	8.11	19375	5685	4933
76943	**524**	**15.66**	**7.25**	**8.41**	**182109**	**111543**	**64713**
9620	85	11.74	4.89	6.85	44188	66568	17615
6893	40	13.23	7.15	6.08	10783	3308	1595
3140	12	13.40	6.78	6.62	6342	2829	1684
3562	25	20.41	8.09	12.32	6145	2243	2870
4968	17	16.69	7.65	9.04	10110	6721	5555
4273	41	15.30	8.06	7.24	7846	2764	2022
6713	40	17.04	7.91	9.13	17654	1852	3966
3347	13	18.21	8.27	9.94	12118	2018	2136
3660	14	15.47	7.71	7.76	9596	2305	2251
2345	8	15.15	7.16	7.99	4436	2371	1363
7947	59	16.54	7.88	8.66	18218	3473	6250
5374	42	16.84	5.96	10.88	10293	3776	6049
6030	56	18.06	7.98	10.08	6652	3630	6046
2409	14	16.86	9.05	7.81	6379	2383	1218
3969	36	14.30	7.95	6.35	7252	3483	2418
2693	22	15.37	7.65	7.72	4097	1819	1675
64071	**504**	**14.60**	**6.80**	**7.80**	**163384**	**74759**	**52747**
9594	78	11.80	6.00	5.80	32733	21800	10970
5328	46	15.94	5.23	10.71	22281	11284	5391
2594	31	14.48	7.07	7.41	7222	2813	5048
4607	26	14.13	6.81	7.32	7313	5483	4372
7099	47	14.86	5.61	9.25	28783	6447	3687
5485	51	13.85	7.29	6.56	9886	3049	4065
5785	34	14.04	8.25	5.79	6982	2510	2806

表3 续表 40

地　区	各年龄组人口占总人口比重(%)				有65岁及以上	
	0-14岁	15-64岁	65岁及以上	15-49岁育龄妇女	合计	有一个老　人
罗甸县	26.97	62.79	10.24	23.69	21451	16719
长顺县	25.29	64.55	10.16	23.37	14867	10467
龙里县	23.48	67.77	8.75	25.12	12460	9259
惠水县	25.67	64.66	9.68	23.96	26028	19166
三都水族自治县	28.54	63.33	8.13	25.01	18361	13786
云南省	**20.73**	**71.65**	**7.63**	**28.06**	**2700426**	**1935997**
昆明市	**15.50**	**76.13**	**8.37**	**30.04**	**402237**	**274023**
五华区	10.98	80.60	8.42	33.44	52655	34232
盘龙区	12.66	79.52	7.81	31.82	46329	30288
官渡区	12.90	80.14	6.97	31.74	43730	28914
西山区	11.98	79.31	8.72	31.01	47940	31757
东川区	21.26	68.52	10.22	26.21	21112	14662
呈贡县	12.81	82.11	5.08	33.39	11758	8023
晋宁县	17.32	73.26	9.42	28.73	19679	12943
富民县	20.24	70.17	9.58	27.04	10786	7785
宜良县	19.14	71.11	9.75	26.77	31219	22119
石林彝族自治县	20.02	71.69	8.29	27.91	15288	10438
嵩明县	19.24	72.33	8.43	28.02	18714	13674
禄劝彝族苗族自治县	20.46	69.73	9.81	27.30	30287	22011
寻甸回族彝族自治县	22.24	68.79	8.97	27.45	31413	22150
安宁市	16.48	75.29	8.23	27.20	21327	15027
曲靖市	**23.87**	**68.71**	**7.42**	**27.12**	**323900**	**216467**
麒麟区	20.37	72.11	7.52	28.71	41816	28316
马龙县	23.65	68.88	7.47	27.36	10646	7583
陆良县	22.93	69.76	7.31	28.25	33433	21876
师宗县	25.89	67.32	6.79	27.27	19787	13090
罗平县	25.86	66.68	7.46	26.53	30152	19501
富源县	28.06	65.81	6.13	25.99	33343	22672
会泽县	24.18	67.52	8.30	25.94	56007	37163
沾益县	20.53	71.99	7.47	27.84	24538	17482
宣威市	23.44	68.88	7.68	27.07	74178	48784
玉溪市	**18.86**	**72.37**	**8.78**	**28.61**	**152662**	**106119**
红塔区	17.41	73.69	8.90	29.62	32427	21292
江川县	19.76	70.63	9.60	28.53	19513	12381
澄江县	20.17	71.24	8.59	28.76	10845	7437
通海县	19.12	71.55	9.34	28.44	21636	15517
华宁县	19.82	71.60	8.58	28.09	13955	9887
易门县	16.89	73.98	9.14	28.36	12696	9397
峨山彝族自治县	18.57	72.34	9.09	28.07	11386	8190
新平彝族傣族自治县	18.95	73.18	7.87	27.76	17335	12603
元江哈尼族彝族傣族自治县	20.33	72.03	7.64	28.74	12869	9415
保山市	**20.72**	**70.58**	**8.70**	**27.05**	**172116**	**128205**
隆阳区	19.40	71.80	8.80	28.50	64307	47398
施甸县	21.03	68.98	9.99	25.71	24480	18630
腾冲县	22.46	69.65	7.89	26.29	40853	31304
龙陵县	22.33	69.26	8.41	25.20	17896	12610
昌宁县	19.47	71.49	9.03	27.18	24580	18263
昭通市	**26.86**	**66.33**	**6.81**	**26.46**	**273625**	**194470**
昭阳区	25.78	67.27	6.96	27.55	41689	28953
鲁甸县	28.27	65.96	5.77	26.97	17171	11863
巧家县	25.93	66.09	7.98	24.87	31808	22563
盐津县	24.79	68.08	7.13	26.89	20669	15381
大关县	24.58	68.87	6.55	27.14	13720	10362
永善县	25.55	66.96	7.49	25.55	23250	17107
绥江县	21.68	70.53	7.79	27.72	9367	6928
镇雄县	29.77	63.96	6.27	25.96	62865	42770
彝良县	27.89	65.87	6.23	26.13	25656	18952
威信县	25.86	66.89	7.25	27.44	21596	15357
水富县	21.56	71.07	7.38	27.17	5834	4234
丽江市	**18.28**	**74.00**	**7.72**	**29.34**	**76147**	**57662**
古城区	13.16	79.57	7.27	33.51	11800	8527
玉龙纳西族自治县	16.44	74.18	9.38	27.96	15910	12080
永胜县	18.62	73.32	8.06	28.83	25239	19183
华坪县	16.74	75.21	8.05	27.67	10763	8394
宁蒗彝族自治县	24.44	69.55	6.01	28.91	12435	9478

老年人口的户数(户)		人口自然变动(‰)			迁入人口(人)		
有二个老人	有三个及以上老人	出生率	死亡率	自然增长率	本县(市)/本市市区	本省其他县(市)、市区	外省
4681	51	14.83	7.85	6.98	9315	1956	1730
4361	39	14.26	5.81	8.45	4950	4507	2396
3182	19	16.96	7.31	9.65	9695	6915	4160
6815	47	14.22	8.24	5.98	15760	5891	4688
4540	35	17.92	7.02	10.90	8464	2104	3434
755923	**8506**	**12.30**	**6.36**	**5.94**	**2119312**	**2697944**	**1236549**
127013	**1201**	**9.40**	**6.10**	**3.30**	**379487**	**1220317**	**446827**
18246	177	7.36	5.73	1.63	76923	232007	71559
15920	121	8.31	5.69	2.62	63567	256042	82058
14697	119	7.00	5.27	1.73	53330	271839	93572
16029	154	7.95	6.62	1.33	42621	202452	84960
6394	56	12.16	6.97	5.19	16452	4978	1750
3705	30	8.45	3.72	4.73	8059	90236	40009
6687	49	10.44	5.94	4.50	12955	19915	12462
2968	33	12.78	6.71	6.07	3386	6284	2898
8999	101	11.03	6.67	4.36	22139	18515	8037
4807	43	12.13	6.99	5.14	12736	9801	7034
4965	75	11.45	6.34	5.11	9313	22923	7173
8176	100	12.09	7.68	4.41	14688	2623	3268
9176	87	12.55	6.68	5.87	16845	6738	3856
6244	56	9.56	6.10	3.46	26473	75964	28191
106709	**724**	**13.32**	**6.01**	**7.31**	**334612**	**139640**	**83606**
13431	69	12.39	5.02	7.37	97147	72007	31660
3048	15	10.95	5.23	5.72	10341	4920	2385
11506	51	12.71	5.64	7.07	31049	7164	4349
6631	66	16.02	6.89	9.13	17902	5806	3789
10548	103	14.46	5.70	8.76	27886	5740	6672
10595	76	14.52	7.28	7.24	29866	12220	11698
18708	136	13.72	5.77	7.95	23066	5410	3737
6978	78	11.46	5.45	6.01	13939	16119	6190
25264	130	12.84	6.39	6.45	83416	10254	13126
46051	**492**	**10.22**	**5.58**	**4.64**	**162511**	**144081**	**64351**
11016	119	9.84	4.71	5.13	54465	65784	23571
7065	67	9.57	5.93	3.64	11684	6583	3576
3376	32	11.49	5.64	5.85	9464	4465	2728
6019	100	11.24	5.69	5.55	12929	18647	11172
4041	27	10.52	5.42	5.10	6506	4433	2329
3278	21	7.48	6.27	1.21	11481	7700	3713
3167	29	9.78	5.79	3.99	9309	10986	4128
4670	62	10.14	6.29	3.85	27810	14585	8222
3419	35	11.91	5.40	6.51	18863	10898	4912
43146	**765**	**12.98**	**6.67**	**6.31**	**96338**	**41720**	**32478**
16563	346	12.49	6.66	5.83	51223	16210	12594
5759	91	13.84	7.69	6.15	9575	3658	1789
9396	153	13.42	6.10	7.32	15585	10842	10835
5201	85	16.20	6.77	9.43	9534	6069	4270
6227	90	10.11	6.77	3.34	10421	4941	2990
78529	**626**	**15.09**	**6.09**	**9.00**	**171812**	**58556**	**61693**
12624	112	16.00	5.55	10.45	60180	24574	10271
5288	20	16.72	6.26	10.46	14037	4742	1742
9178	67	14.74	6.66	8.08	11856	2782	3412
5232	56	14.47	6.04	8.43	10792	2942	4225
3317	41	14.38	6.38	8.00	7224	2801	2181
6104	39	14.06	6.48	7.58	11561	3242	6479
2412	27	12.26	6.62	5.64	3712	1613	4715
19949	146	15.31	5.74	9.57	23937	3536	8894
6663	41	14.89	6.26	8.63	13432	3981	4473
6180	59	15.48	6.37	9.11	12692	2272	4455
1582	18	12.61	6.39	6.22	2389	6071	10846
18156	**329**	**10.40**	**5.99**	**4.41**	**55721**	**62502**	**46679**
3232	41	8.64	5.25	3.39	21661	43619	23025
3762	68	9.47	6.48	2.99	4050	6681	5222
5929	127	10.37	6.73	3.64	9654	1836	2627
2333	36	8.86	5.64	3.22	11769	7068	10176
2900	57	13.65	5.31	8.34	8587	3298	5629

表3 续表 41

地 区	各年龄组人口占总人口比重(%)				有65岁及以上	
	0-14岁	15-64岁	65岁及以上	15-49岁育龄妇女	合计	有一个老 人
普洱市	**17.94**	**74.80**	**7.26**	**28.29**	**146732**	**110368**
思茅区	17.08	76.74	6.18	30.58	13970	9803
宁洱哈尼族彝族自治县	16.04	75.13	8.83	27.96	12852	9480
墨江哈尼族自治县	17.09	74.71	8.20	27.43	23030	16723
景东彝族自治县	19.24	72.72	8.04	27.33	23574	18479
景谷傣族彝族自治县	19.38	72.95	7.67	26.10	18171	14068
镇沅彝族哈尼族拉祜族自治县	17.37	74.09	8.53	27.32	14323	11172
江城哈尼族彝族自治县	18.70	74.80	6.50	29.21	6116	4369
孟连傣族拉祜族佤族自治县	20.14	74.91	4.95	29.92	5489	4283
澜沧拉祜族自治县	16.98	76.45	6.57	29.10	25654	19152
西盟佤族自治县	20.38	74.92	4.70	29.95	3553	2839
临沧市	**20.07**	**72.83**	**7.10**	**27.94**	**135840**	**100518**
临翔区	19.56	72.65	7.79	28.85	19527	14189
凤庆县	17.98	74.36	7.66	28.51	28431	21968
云县	20.42	72.13	7.45	27.16	26793	20298
永德县	20.47	72.05	7.48	26.33	21003	14508
镇康县	21.87	71.05	7.08	26.52	9487	6590
双江拉祜族佤族布朗族傣族自治县	18.41	75.06	6.53	28.91	9037	6735
耿马傣族佤族自治县	23.05	71.42	5.54	28.74	13018	9782
沧源佤族自治县	19.52	74.51	5.97	29.18	8544	6448
楚雄彝族自治州	**17.66**	**73.84**	**8.50**	**28.87**	**178962**	**135923**
楚雄市	15.79	76.55	7.66	30.76	35795	27319
双柏县	16.96	74.57	8.47	28.07	10950	8568
牟定县	17.70	73.23	9.06	28.52	14909	11025
南华县	19.65	72.30	8.05	28.48	15117	11695
姚安县	17.02	73.46	9.53	28.71	14479	10868
大姚县	16.51	74.34	9.16	28.48	19993	15216
永仁县	16.64	74.54	8.82	28.25	7765	5985
元谋县	18.72	72.63	8.65	28.23	13427	10395
武定县	19.03	73.09	7.88	28.89	16986	12882
禄丰县	19.31	71.70	8.99	27.73	29541	21970
红河哈尼族彝族自治州	**21.48**	**71.11**	**7.41**	**27.72**	**257133**	**184044**
个旧市	16.90	75.08	8.02	27.63	28238	20249
开远市	18.26	74.25	7.50	28.74	18463	13089
蒙自县	18.67	74.82	6.50	29.19	21214	15510
屏边苗族自治县	18.63	73.86	7.51	28.83	8827	6168
建水县	20.06	71.54	8.40	27.74	35081	25969
石屏县	21.35	69.92	8.73	27.44	20712	15426
弥勒县	19.99	72.15	7.86	28.61	32192	22360
泸西县	23.47	68.58	7.95	27.03	23290	15146
元阳县	26.59	66.49	6.92	25.89	21555	15932
红河县	28.68	64.91	6.41	25.71	14788	10751
金平苗族瑶族傣族自治县	24.73	68.97	6.30	27.44	17290	12283
绿春县	23.72	70.15	6.13	28.04	10521	7545
河口瑶族自治县	18.74	75.18	6.09	29.27	4962	3616
文山壮族苗族自治州	**24.04**	**68.81**	**7.14**	**26.84**	**192355**	**136627**
文山县	20.81	72.06	7.14	28.45	24898	17187
砚山县	24.33	69.40	6.27	27.27	22349	15852
西畴县	20.86	70.58	8.56	26.79	16575	11429
麻栗坡县	21.74	69.63	8.62	26.92	18149	12496
马关县	20.78	70.87	8.35	26.81	23000	15528
丘北县	27.26	66.12	6.63	26.42	23411	15317
广南县	26.50	66.99	6.51	26.06	40314	29885
富宁县	25.53	67.46	7.01	26.44	23659	18933
西双版纳傣族自治州	**18.32**	**75.44**	**6.24**	**29.81**	**54470**	**38720**
景洪市	17.00	76.54	6.46	30.52	25510	17762
勐海县	18.36	74.93	6.71	29.08	17320	12473
勐腊县	20.73	74.00	5.28	29.36	11640	8485
大理白族自治州	**19.45**	**72.29**	**8.26**	**28.46**	**229573**	**176678**
大理市	16.08	75.47	8.45	30.24	43008	31776
漾濞彝族自治县	18.34	74.42	7.24	29.63	6375	5394
祥云县	21.41	69.94	8.66	27.45	30990	22706
宾川县	18.77	73.48	7.75	28.84	21557	16533
弥渡县	20.44	71.01	8.54	27.91	21279	16237
南涧彝族自治县	21.10	71.01	7.89	27.61	13493	10386

老年人口的户数(户)		人口自然变动(‰)			迁入人口(人)		
有二个老　人	有三个及以上老人	出生率	死亡率	自　然增长率	本县(市)/本市市区	本省其他县(市)、市区	外　省
35861	**503**	**12.24**	**6.63**	**5.61**	**129485**	**149755**	**56758**
4123	44	12.03	5.99	6.04	27024	73823	21375
3321	51	11.77	7.05	4.72	9145	11891	4224
6194	113	11.96	6.31	5.65	12138	4296	3715
5020	75	11.72	6.91	4.81	14937	3328	2315
4057	46	12.85	6.61	6.24	18438	9812	4919
3105	46	12.64	6.63	6.01	9266	4883	2618
1715	32	12.52	6.10	6.42	9992	15617	3159
1196	10	12.32	6.90	5.42	4176	14426	4884
6426	76	12.57	7.05	5.52	21016	9230	8183
704	10	11.90	6.04	5.86	3353	2449	1366
34773	**549**	**12.69**	**6.97**	**5.72**	**91217**	**63524**	**38363**
5238	100	10.83	6.65	4.18	18578	14505	6172
6351	112	12.05	6.71	5.34	14177	5209	4931
6406	89	12.25	6.36	5.89	12898	4761	3981
6403	92	13.20	6.74	6.46	17910	6693	5504
2848	49	15.49	7.78	7.71	7306	4853	2813
2272	30	11.87	7.30	4.57	7185	4094	2319
3187	49	13.91	8.36	5.55	6612	15579	8543
2068	28	13.84	6.71	7.13	6551	7830	4100
42537	**502**	**10.78**	**7.11**	**3.67**	**127969**	**103840**	**48382**
8379	97	9.77	6.16	3.61	56759	66200	23446
2346	36	11.99	7.86	4.13	5145	2284	1388
3844	40	10.70	7.17	3.53	6749	2667	1642
3377	45	11.57	8.33	3.24	6652	3311	2196
3575	36	9.63	7.68	1.95	3924	1432	1648
4737	40	9.57	7.54	2.03	7575	4508	1792
1747	33	11.29	7.68	3.61	4258	1841	1760
2991	41	11.35	6.59	4.76	8810	2987	3205
4049	55	12.07	7.13	4.94	11130	4859	3192
7492	79	11.44	6.99	4.45	16967	13751	8113
72195	**894**	**13.86**	**6.93**	**6.93**	**183293**	**216044**	**94673**
7930	59	12.00	7.28	4.72	28814	70918	21941
5324	50	11.51	7.07	4.44	16373	29537	11985
5628	76	12.16	6.16	6.00	20181	38724	20914
2600	59	13.37	6.23	7.14	5739	3916	2266
8995	117	12.58	6.90	5.68	21733	20980	7002
5233	53	14.15	6.78	7.37	12408	6729	2321
9713	119	12.32	5.88	6.44	24092	12808	7759
8071	73	15.28	7.24	8.04	19501	6815	3405
5548	75	17.80	7.91	9.89	11333	3645	2673
3998	39	16.10	7.88	8.22	3866	1487	858
4909	98	15.81	6.94	8.87	11312	3886	4128
2918	58	16.50	7.49	9.01	3729	2139	1898
1328	18	11.55	6.25	5.30	4212	14460	7523
55002	**726**	**13.16**	**7.00**	**6.16**	**132843**	**71626**	**49595**
7628	83	12.37	6.97	5.40	27385	35892	15090
6421	76	13.57	7.28	6.29	13989	14912	6840
5068	78	12.07	6.78	5.29	4023	1961	1418
5568	85	12.59	6.54	6.05	8715	2827	3196
7371	101	12.98	7.02	5.96	20217	5295	5455
8006	88	14.00	7.07	6.93	18590	3861	3872
10283	146	13.55	7.12	6.43	20426	3317	6064
4657	69	13.09	6.86	6.23	19498	3561	7660
15584	**166**	**11.72**	**5.06**	**6.66**	**44083**	**179863**	**71401**
7678	70	11.08	4.61	6.47	26189	100645	44469
4785	62	12.88	5.90	6.98	7945	22570	10190
3121	34	11.52	4.91	6.61	9949	56648	16742
52280	**615**	**10.93**	**6.32**	**4.61**	**109098**	**97068**	**58703**
11114	118	9.12	5.11	4.01	38322	57746	31427
973	8	12.45	5.67	6.78	1487	1903	1096
8207	77	10.02	6.55	3.47	14050	5905	3060
4943	81	12.54	7.75	4.79	9375	4824	3871
4979	63	10.24	7.02	3.22	10853	2881	1520
3083	24	12.06	6.28	5.78	4766	2265	1482

表3 续表 42

地 区	各年龄组人口占总人口比重(%)				有65岁及以上	
	0-14岁	15-64岁	65岁及以上	15-49岁育龄妇女	合计	有一个老 人
巍山彝族回族自治县	20.93	71.47	7.60	28.59	19003	15100
永平县	19.39	72.43	8.18	28.71	12011	9765
云龙县	18.38	73.12	8.50	26.90	13960	11010
洱源县	21.04	71.13	7.83	28.00	17258	13753
剑川县	20.37	70.97	8.66	28.04	11895	9177
鹤庆县	20.24	70.81	8.95	27.74	18744	14841
德宏傣族景颇族自治州	**20.82**	**72.91**	**6.27**	**28.83**	**58199**	**41242**
瑞丽市	18.86	76.49	4.64	31.28	6557	4797
潞西市	19.83	73.42	6.75	28.82	19641	13481
梁河县	20.88	70.85	8.27	27.13	9579	6512
盈江县	22.51	71.85	5.64	28.19	13532	9982
陇川县	21.97	71.77	6.25	28.91	8890	6470
怒江傈僳族自治州	**21.62**	**72.28**	**6.09**	**27.62**	**25496**	**18846**
泸水县	20.48	73.57	5.95	27.79	8439	6165
福贡县	25.09	68.50	6.41	27.38	4842	3392
贡山独龙族怒族自治县	19.39	75.15	5.46	28.56	1682	1316
兰坪白族普米族自治县	21.40	72.41	6.18	27.42	10533	7973
迪庆藏族自治州	**18.19**	**75.24**	**6.57**	**28.75**	**20979**	**16085**
香格里拉县	17.99	75.81	6.21	29.59	8513	6521
德钦县	15.89	76.76	7.35	27.92	3913	3049
维西傈僳族自治县	19.37	73.99	6.64	28.19	8553	6515
西藏自治区	**24.37**	**70.53**	**5.09**	**28.97**	**123015**	**97930**
拉萨市	**17.54**	**77.76**	**4.70**	**32.45**	**20975**	**16843**
城关区	10.57	85.94	3.49	36.65	7668	6071
林周县	24.51	68.05	7.44	27.82	2952	2293
当雄县	30.76	63.67	5.56	27.03	2063	1595
尼木县	24.97	68.46	6.57	27.22	1358	1065
曲水县	21.82	72.17	6.01	29.00	1545	1284
堆龙德庆县	19.91	75.21	4.88	30.28	2118	1772
达孜县	23.31	71.47	5.23	28.41	1205	1037
墨竹工卡县	25.49	68.85	5.65	27.71	2066	1726
昌都地区	**26.81**	**67.36**	**5.83**	**27.41**	**30112**	**23222**
昌都县	20.93	73.18	5.89	29.70	5347	4039
江达县	27.95	65.94	6.11	26.46	3699	2883
贡觉县	24.88	68.04	7.09	27.95	2201	1651
类乌齐县	31.53	62.83	5.65	26.62	2141	1582
丁青县	29.84	65.57	4.59	27.11	2525	1991
察雅县	26.17	67.12	6.71	28.13	2944	2234
八宿县	26.91	67.67	5.43	28.01	1741	1412
左贡县	27.00	67.63	5.37	28.18	1946	1561
芒康县	25.63	67.84	6.53	25.14	4078	3082
洛隆县	32.77	62.24	4.98	26.29	1902	1516
边坝县	28.61	65.92	5.46	26.92	1588	1271
山南地区	**21.02**	**73.35**	**5.63**	**29.88**	**15413**	**12665**
乃东县	16.72	78.50	4.79	32.36	2389	1970
扎朗县	21.70	71.37	6.93	29.20	2012	1615
贡嘎县	21.67	72.25	6.09	29.46	2252	1773
桑日县	21.53	72.88	5.59	29.37	823	688
琼结县	20.62	72.47	6.92	29.95	970	790
曲松县	24.77	69.89	5.34	28.58	627	534
措美县	21.58	72.43	5.99	29.61	677	551
洛扎县	21.34	72.77	5.89	29.72	886	731
加查县	21.52	73.78	4.70	28.11	937	808
隆子县	22.16	72.79	5.05	29.18	1485	1252
错那县	17.45	75.71	6.84	30.80	865	708
浪卡子县	24.96	69.99	5.05	29.28	1490	1245
日喀则地区	**25.18**	**69.75**	**5.08**	**28.12**	**28757**	**22992**
日喀则市	19.82	75.57	4.61	31.32	4432	3542
南木林县	26.58	67.97	5.45	26.28	3261	2568
江孜县	23.48	71.11	5.40	28.90	2816	2271
定日县	28.37	67.05	4.59	27.67	1991	1666
萨迦县	25.45	69.22	5.33	27.52	1801	1458
拉孜县	27.84	67.38	4.77	27.09	1944	1577
昂仁县	27.17	66.97	5.85	27.61	2428	1891
谢通门县	26.57	68.23	5.20	26.50	1811	1481

老年人口的户数(户)		人口自然变动(‰)			迁入人口(人)		
有二个老　人	有三个及以上老人	出生率	死亡率	自　然增长率	本县(市)/本市市区	本省其他县(市)、市区	外　省
3857	46	10.48	6.90	3.58	4881	1686	1125
2210	36	11.28	5.86	5.42	3365	2629	2771
2907	43	11.79	6.67	5.12	4374	5940	4058
3463	42	13.10	5.94	7.16	5044	3854	2389
2691	27	11.77	6.03	5.74	3527	3571	2137
3853	50	11.13	6.39	4.74	9054	3864	3767
16787	**170**	**13.90**	**5.63**	**8.27**	**68456**	**97746**	**46736**
1746	14	11.52	4.91	6.61	7615	36081	23255
6096	64	13.18	5.34	7.84	26696	30712	10334
3038	29	14.69	6.65	8.04	6543	3737	1686
3512	38	15.03	5.44	9.59	19887	18948	8968
2395	25	15.22	6.43	8.79	7715	8268	2493
6576	**74**	**13.89**	**7.03**	**6.86**	**17812**	**22813**	**15994**
2245	29	13.38	6.27	7.11	7002	8452	3786
1434	16	15.21	6.06	9.15	1254	2019	1097
363	3	10.55	9.29	1.26	827	2303	1294
2534	26	14.31	7.75	6.56	8729	10039	9817
4724	**170**	**11.14**	**5.40**	**5.74**	**14575**	**28849**	**20310**
1921	71	10.54	4.53	6.01	9222	17788	12494
798	66	10.66	6.40	4.26	1617	5531	2879
2005	33	12.00	5.92	6.08	3736	5530	4937
23247	**1838**	**15.28**	**5.32**	**9.96**	**1562**	**95020**	**165423**
3921	**211**	**9.97**	**2.82**	**7.15**	**428**	**48450**	**79515**
1552	45	3.91	0.59	3.32	177	41314	67671
611	48	14.22	4.06	10.16	60	250	1095
426	42	20.25	6.59	13.66	29	355	526
266	27	17.03	6.41	10.62	18	165	433
251	10	15.57	5.61	9.96	41	1202	1385
335	11	11.81	3.63	8.18	11	4097	6677
163	5	15.07	4.32	10.75	87	629	816
317	23	18.83	5.44	13.39	5	438	912
6070	**820**	**18.21**	**5.84**	**12.37**	**468**	**5479**	**17651**
1187	121	16.33	5.35	10.98	323	4142	8320
741	75	15.23	5.70	9.53	16	202	934
459	91	16.37	6.09	10.28		68	866
480	79	20.65	5.80	14.85	1	151	514
464	70	22.14	6.86	15.28	6	209	1246
595	115	15.49	4.97	10.52	3	47	380
300	29	17.62	5.92	11.70	4	105	921
353	32	18.88	5.69	13.19	6	68	573
854	142	17.27	6.46	10.81	104	226	2503
342	44	20.01	5.46	14.55		141	539
295	22	25.70	6.07	19.63	5	120	855
2645	**103**	**12.47**	**5.07**	**7.40**	**34**	**5358**	**12976**
405	14	7.88	4.83	3.05	5	2615	6213
376	21	12.08	5.49	6.59	9	47	387
460	19	11.72	4.57	7.15	1	757	913
129	6	10.74	3.02	7.72	1	153	311
170	10	13.74	4.99	8.75	2	233	240
92	1	17.99	5.97	12.02		110	173
124	2	12.42	6.54	5.88		79	253
152	3	13.98	6.36	7.62		39	117
123	6	13.96	3.94	10.02	2	540	2713
228	5	14.36	7.23	7.13	4	314	1082
153	4	10.53	5.63	4.90	2	392	390
233	12	16.93	3.53	13.40	8	79	184
5390	**375**	**15.76**	**4.97**	**10.79**	**56**	**9400**	**16173**
835	55	10.08	2.54	7.54	1	4738	10495
626	67	18.86	5.98	12.88	3	49	268
525	20	14.84	4.63	10.21	3	379	615
314	11	17.25	5.19	12.06		237	380
311	32	16.00	5.38	10.62	1	106	105
343	24	17.90	7.04	10.86	2	264	390
508	29	15.83	5.75	10.08	13	221	327
317	13	18.69	5.21	13.48		272	520

表3 续表 43

地 区	各年龄组人口占总人口比重(%)				有65岁及以上	
	0-14岁	15-64岁	65岁及以上	15-49岁育龄妇女	合计	有一个老 人
白朗县	24.75	69.69	5.56	27.13	1865	1435
仁布县	26.27	66.14	7.60	25.12	1671	1281
康马县	25.42	69.62	4.96	28.41	843	674
定结县	26.15	70.13	3.72	27.82	633	528
仲巴县	31.41	64.03	4.56	26.81	836	674
亚东县	18.82	75.69	5.49	31.71	568	451
吉隆县	28.49	67.25	4.25	27.10	527	425
聂拉木县	25.79	70.04	4.17	27.96	604	485
萨嘎县	27.56	68.30	4.13	28.66	463	364
岗巴县	24.42	72.66	2.92	29.64	263	221
那曲地区	**30.69**	**64.73**	**4.58**	**27.19**	**17112**	**13516**
那曲县	29.63	66.64	3.73	28.10	3471	2930
嘉黎县	34.36	61.07	4.56	26.22	1200	947
比如县	32.83	62.33	4.83	25.73	2246	1686
聂荣县	29.63	65.51	4.86	28.85	1356	1146
安多县	28.73	66.81	4.46	28.48	1455	1233
申扎县	29.57	64.88	5.55	27.12	886	690
索县	32.29	62.38	5.33	26.33	1855	1457
班戈县	29.43	65.35	5.22	28.62	1611	1314
巴青县	32.60	63.68	3.73	24.85	1227	696
尼玛县	27.90	66.60	5.50	27.60	1805	1417
阿里地区	**26.57**	**68.69**	**4.74**	**27.88**	**3656**	**2910**
普兰县	23.86	70.83	5.31	27.45	421	340
札达县	24.15	70.74	5.11	29.65	299	248
噶尔县	17.48	79.39	3.13	31.15	424	334
日土县	27.47	68.21	4.32	27.74	335	266
革吉县	31.93	63.71	4.37	26.14	528	411
改则县	31.62	63.24	5.14	26.50	909	707
措勤县	26.09	67.82	6.09	27.58	740	604
林芝地区	**22.47**	**73.25**	**4.27**	**30.49**	**6990**	**5782**
林芝县	16.16	80.50	3.34	34.10	1492	1211
工布江达县	26.37	69.07	4.56	29.32	1167	978
米林县	24.10	70.84	5.05	29.80	968	795
墨脱县	27.45	68.58	3.98	27.30	366	300
波密县	25.05	70.69	4.26	28.52	1188	978
察隅县	24.52	70.44	5.04	29.18	1171	982
朗县	22.13	73.13	4.74	29.84	638	538
陕西省	**14.71**	**76.76**	**8.53**	**28.92**	**2360804**	**1614811**
西安市	**12.89**	**78.65**	**8.46**	**30.09**	**521333**	**338537**
新城区	10.52	77.49	11.99	28.68	51016	32024
碑林区	9.37	78.96	11.66	29.55	50282	29318
莲湖区	11.43	77.43	11.14	29.43	55929	34486
灞桥区	12.87	78.83	8.30	29.77	36302	23490
未央区	11.98	81.79	6.22	31.93	35779	22110
雁塔区	10.20	84.26	5.54	35.12	45274	26079
阎良区	12.48	78.32	9.20	29.30	17884	10956
临潼区	15.38	76.13	8.50	28.37	41309	27770
长安区	13.51	79.53	6.96	31.22	58088	41460
蓝田县	18.89	71.60	9.52	25.97	37212	26924
周至县	17.24	73.89	8.87	27.38	37634	26895
户县	13.88	76.96	9.16	27.85	37880	25949
高陵县	13.47	79.13	7.40	28.30	16744	11076
铜川市	**13.07**	**77.56**	**9.36**	**28.73**	**56564**	**37828**
王益区	11.43	76.56	12.01	28.23	16727	10498
印台区	12.74	77.27	9.98	27.90	15733	10449
耀州区	14.10	78.24	7.65	29.45	18364	12624
宜君县	13.80	78.01	8.18	29.26	5740	4257
宝鸡市	**14.69**	**76.77**	**8.54**	**28.43**	**237252**	**167436**
渭滨区	13.14	77.78	9.08	29.89	28741	18062
金台区	13.24	77.89	8.87	28.80	25160	16412
陈仓区	14.71	77.21	8.08	29.37	36697	26590
凤翔县	14.71	76.34	8.96	27.85	32622	24133
岐山县	14.45	76.40	9.15	27.43	32170	23099
扶风县	15.66	75.78	8.56	27.35	25931	17940
眉县	14.42	77.14	8.44	28.21	19134	13683

老年人口的户数(户)		人口自然变动(‰)			迁入人口(人)		
有二个老人	有三个及以上老人	出生率	死亡率	自然增长率	本县(市)/本市市区	本省其他县(市)、市区	外省
383	47	17.00	4.89	12.11	1	125	214
347	43	15.54	4.97	10.57	4	60	158
164	5	19.86	5.92	13.94	5	143	143
100	5	19.76	6.13	13.63		39	134
160	2	18.59	4.00	14.59		521	392
115	2	11.24	5.43	5.81		365	523
96	6	12.31	5.15	7.16	14	75	363
113	6	16.08	5.99	10.09	2	1062	829
92	7	16.51	4.43	12.08	7	584	170
41	1	16.88	6.81	10.07		160	147
3353	**243**	**17.67**	**8.08**	**9.59**	**67**	**12189**	**9648**
523	18	18.37	6.29	12.08	19	9631	5238
234	19	23.70	6.37	17.33		274	441
504	56	18.93	10.09	8.84	3	295	909
207	3	21.48	11.00	10.48	1	213	225
217	5	16.05	7.34	8.71		326	603
176	20	15.20	10.31	4.89		262	294
344	54	18.92	8.09	10.83	27	227	583
285	12	14.84	9.30	5.54	1	265	234
497	34	12.10	5.68	6.42		146	610
366	22	16.76	10.11	6.65	16	550	511
721	**25**	**18.13**	**7.22**	**10.91**	**125**	**2575**	**4413**
78	3	15.24	6.53	8.71	53	270	359
49	2	18.79	8.45	10.34		218	249
90		12.41	9.51	2.90	47	999	2592
67	2	17.85	10.57	7.28	2	258	265
114	3	20.81	5.64	15.17	1	226	83
194	8	22.08	6.42	15.66	3	257	524
129	7	17.76	5.08	12.68	19	347	341
1147	**61**	**16.56**	**4.94**	**11.62**	**384**	**11569**	**25047**
267	14	13.75	4.12	9.63	219	7829	15687
183	6	21.22	4.60	16.62	2	744	1347
161	12	17.30	4.97	12.33		1267	2329
64	2	18.94	7.32	11.62	157	124	852
199	11	13.81	4.28	9.53	1	1222	2939
177	12	18.00	7.39	10.61	5	135	1209
96	4	18.08	3.91	14.17		248	684
739192	**6801**	**8.99**	**5.38**	**3.61**	**2769910**	**2150144**	**974362**
181557	**1239**	**8.15**	**4.28**	**3.87**	**542026**	**1218311**	**585547**
18871	121	4.74	3.41	1.33	44014	80948	51848
20808	156	6.01	3.53	2.48	57366	92651	48614
21328	115	6.45	3.71	2.74	74939	126865	52807
12757	55	8.80	4.33	4.47	30360	96149	47829
13597	72	8.45	3.33	5.12	61714	221621	107262
19070	125	5.97	3.45	2.52	85505	364835	164205
6860	68	7.63	3.87	3.76	10822	19282	5474
13436	103	9.57	4.96	4.61	24928	22826	7894
16522	106	9.30	3.84	5.46	56428	143456	64167
10216	72	10.64	6.87	3.77	22555	6938	6716
10645	94	12.35	5.89	6.46	31149	2737	3113
11836	95	9.36	5.97	3.39	27465	16817	4118
5611	57	8.59	4.50	4.09	14781	23186	21500
18597	**139**	**8.24**	**5.10**	**3.14**	**46378**	**39429**	**10145**
6159	70	6.31	5.25	1.06	13835	6983	2130
5242	42	7.59	4.22	3.37	10764	14089	3128
5718	22	9.51	5.42	4.09	18358	16985	4324
1478	5	9.54	5.75	3.79	3421	1372	563
69357	**459**	**8.58**	**4.96**	**3.62**	**187661**	**111159**	**42432**
10602	77	6.77	3.44	3.33	38347	37566	11332
8700	48	6.49	3.89	2.60	34785	43514	9006
10055	52	9.24	5.29	3.95	21257	5728	6369
8439	50	8.69	5.71	2.98	16557	2692	1736
9008	63	7.81	4.93	2.88	21851	4797	2088
7939	52	9.35	4.91	4.44	11487	2547	1777
5415	36	9.59	4.69	4.90	11566	4158	2794

表3 续表 44

地区	各年龄组人口占总人口比重(%) 0-14岁	15-64岁	65岁及以上	15-49岁育龄妇女	有65岁及以上 合计	有一个老人
陇县	18.13	74.97	6.91	28.30	13646	10344
千阳县	17.09	74.69	8.23	27.27	7841	5700
麟游县	15.72	77.12	7.16	28.94	5050	3710
凤县	13.14	77.82	9.04	28.39	7365	5497
太白县	14.13	78.22	7.65	29.40	2895	2266
咸阳市	**15.16**	**76.35**	**8.49**	**29.11**	**315225**	**208043**
秦都区	12.52	79.30	8.18	32.45	29301	17596
杨陵区	12.93	80.70	6.37	32.74	9292	5936
渭城区	12.07	79.44	8.49	30.74	26499	16184
三原县	12.70	78.04	9.26	28.81	26360	17589
泾阳县	14.01	77.73	8.26	29.08	30040	20482
乾县	16.78	74.21	9.01	27.75	34520	23116
礼泉县	15.77	75.03	9.20	27.72	30257	19747
永寿县	18.32	74.74	6.94	29.00	9761	7055
彬县	17.99	74.50	7.51	28.51	18102	12395
长武县	16.17	75.14	8.68	27.39	10794	7573
旬邑县	16.38	75.70	7.92	28.87	15333	10519
淳化县	14.03	78.20	7.77	30.34	11036	7748
武功县	17.43	74.13	8.43	28.42	25136	16703
兴平市	16.75	73.49	9.76	27.20	38794	25400
渭南市	**14.06**	**77.11**	**8.83**	**28.63**	**342735**	**235319**
临渭区	14.43	76.46	9.11	28.29	58635	38808
华县	12.64	78.47	8.89	28.52	21544	14901
潼关县	14.55	78.87	6.57	30.16	7745	5475
大荔县	13.47	77.45	9.08	28.67	45455	31027
合阳县	14.28	76.97	8.75	29.04	28851	20558
澄城县	14.82	76.24	8.94	28.97	25797	17426
蒲城县	14.47	76.64	8.89	28.20	48197	33476
白水县	15.28	76.42	8.30	29.17	16970	11277
富平县	13.45	77.39	9.16	28.53	48974	34087
韩城市	13.70	78.18	8.12	28.94	23661	16334
华阴市	14.20	76.81	8.99	28.18	16906	11950
延安市	**16.82**	**76.80**	**6.38**	**30.09**	**101011**	**63902**
宝塔区	15.80	78.92	5.27	32.54	18085	11242
延长县	15.19	76.59	8.23	29.31	7424	4559
延川县	17.66	75.98	6.36	29.91	7509	4354
子长县	19.29	74.35	6.36	29.07	9934	6138
安塞县	19.65	74.70	5.65	29.12	6984	4413
志丹县	17.13	77.44	5.43	30.21	5436	3338
吴起县	16.89	76.88	6.24	30.00	6499	4009
甘泉县	17.55	76.34	6.11	29.40	3480	2280
富县	16.66	76.24	7.09	29.32	7681	5126
洛川县	16.73	76.27	7.00	29.82	11439	7548
宜川县	15.56	76.57	7.87	30.09	6725	4238
黄龙县	14.02	77.27	8.71	29.26	3226	2285
黄陵县	14.81	78.30	6.89	27.19	6589	4372
汉中市	**15.45**	**73.83**	**10.72**	**26.56**	**280120**	**202718**
汉台区	13.23	76.99	9.78	28.26	39293	26983
南郑县	16.42	72.39	11.19	25.81	40181	28823
城固县	16.14	73.38	10.48	26.09	36671	27359
洋县	16.91	72.72	10.37	25.68	31047	23445
西乡县	17.48	71.72	10.80	25.77	28620	20827
勉县	13.44	75.14	11.43	27.31	34033	24300
宁强县	14.91	74.09	11.00	27.72	26339	19143
略阳县	12.51	76.87	10.62	26.61	16180	12057
镇巴县	18.89	69.80	11.31	24.74	21350	14934
留坝县	13.01	75.68	11.32	28.03	3928	2972
佛坪县	14.30	75.25	10.45	26.50	2478	1875
榆林市	**15.92**	**76.68**	**7.40**	**29.80**	**177035**	**110497**
榆阳区	16.38	77.92	5.70	32.53	25614	16172
神木县	14.84	79.09	6.07	29.32	19827	12331
府谷县	14.99	78.04	6.97	27.54	12990	8197
横山县	17.71	74.80	7.49	29.53	15092	9138
靖边县	17.92	76.39	5.69	31.18	13787	7829
定边县	16.64	76.90	6.47	30.46	14751	8981

老年人口的户数(户)		人口自然变动(‰)			迁入人口(人)		
有二个老　人	有三个及以上老人	出生率	死亡率	自　然增长率	本县(市)/本市市区	本省其他县(市)、市区	外　省
3274	28	11.20	6.16	5.04	9479	702	1039
2132	9	11.33	6.34	4.99	5354	969	1394
1332	8	8.70	5.45	3.25	8169	1599	2162
1839	29	7.70	5.93	1.77	6557	4584	2126
622	7	8.71	5.60	3.11	2252	2303	609
106242	**940**	**9.26**	**5.25**	**4.01**	**226412**	**144812**	**75958**
11619	86	6.66	3.26	3.40	36598	49826	17292
3323	33	7.39	4.12	3.27	3863	22505	14753
10251	64	7.38	4.64	2.74	32365	37810	20097
8644	127	10.00	5.31	4.69	17388	3815	1398
9459	99	11.16	6.51	4.65	29482	4160	1834
11299	105	10.00	5.97	4.03	9831	719	932
10397	113	9.24	5.55	3.69	15731	2360	1177
2688	18	9.72	5.90	3.82	5067	671	443
5671	36	8.55	5.23	3.32	20505	3266	5751
3200	21	9.56	5.12	4.44	6830	3216	2452
4776	38	9.73	5.45	4.28	12174	2801	3694
3263	25	7.50	5.32	2.18	6764	922	293
8354	79	10.88	5.32	5.56	6013	1677	856
13298	96	10.29	5.59	4.70	23801	11064	4986
106176	**1240**	**8.86**	**5.11**	**3.75**	**321227**	**56919**	**29100**
19588	239	8.53	4.77	3.76	75105	19411	5463
6561	82	9.71	5.36	4.35	14298	2066	914
2250	20	9.37	5.65	3.72	10361	2049	2479
14222	206	8.88	5.18	3.70	21068	1888	2231
8202	91	8.19	4.87	3.32	22040	3114	1095
8291	80	8.06	4.70	3.36	37343	4396	1686
14559	162	9.30	5.66	3.64	41323	4429	1521
5633	60	8.04	4.26	3.78	23517	2929	1457
14764	123	9.44	5.18	4.26	26885	7804	7040
7251	76	8.53	5.60	2.93	38222	7457	3520
4855	101	9.27	4.83	4.44	11065	1376	1694
36827	**282**	**9.72**	**4.95**	**4.77**	**387926**	**132636**	**37233**
6801	42	9.96	4.16	5.80	102715	64899	7147
2848	17	10.63	6.22	4.41	16112	1742	280
3140	15	8.22	5.97	2.25	45729	5132	465
3768	28	11.26	4.63	6.63	50860	6417	3649
2545	26	9.50	4.96	4.54	29852	7701	4701
2080	18	9.61	6.83	2.78	31588	5606	3686
2468	22	8.45	4.44	4.01	31783	5816	7039
1194	6	9.92	4.70	5.22	15074	3615	1363
2535	20	10.18	5.25	4.93	13814	2644	1067
3852	39	10.10	4.61	5.49	18691	8441	1854
2475	12	10.33	5.58	4.75	15933	3122	373
923	18	7.16	5.24	1.92	2985	951	383
2198	19	8.29	4.05	4.24	12790	16550	5226
76538	**864**	**8.70**	**7.03**	**1.67**	**221177**	**79193**	**41411**
12255	55	6.76	4.55	2.21	60829	42260	16462
11276	82	9.68	7.86	1.82	21543	8725	1961
9238	74	9.84	7.00	2.84	26184	7020	2326
7520	82	9.88	8.22	1.66	25006	1884	2163
7700	93	9.11	6.65	2.46	30301	4220	2243
9645	88	7.51	7.10	0.41	15580	4468	2066
7099	97	8.08	8.04	0.04	12688	1595	1830
3983	140	7.63	7.85	-0.22	16547	7101	10649
6296	120	10.16	7.13	3.03	9374	707	1296
940	16	8.37	7.65	0.72	1318	473	214
586	17	8.07	9.54	-1.47	1807	740	201
65931	**607**	**10.86**	**5.64**	**5.22**	**590594**	**320696**	**116089**
9369	73	10.95	3.53	7.42	133674	168124	18112
7441	55	10.91	5.78	5.13	127944	59293	40985
4723	70	9.99	6.04	3.95	61395	20089	29553
5887	67	12.49	5.87	6.62	32793	8200	2252
5902	56	10.15	5.57	4.58	71967	40807	9402
5730	40	10.50	6.52	3.98	58165	10066	11947

表3 续表 45

地区	各年龄组人口占总人口比重(%)				有65岁及以上	
	0-14岁	15-64岁	65岁及以上	15-49岁育龄妇女	合计	有一个老人
绥德县	15.56	75.33	9.11	29.07	19855	12981
米脂县	13.79	75.83	10.39	28.42	11569	7222
佳县	15.69	74.54	9.76	28.47	14778	9647
吴堡县	15.54	75.99	8.47	29.31	4759	3194
清涧县	11.45	77.47	11.09	27.17	10302	6404
子洲县	16.36	72.41	11.23	26.98	13711	8401
安康市	**16.59**	**74.44**	**8.97**	**27.03**	**187245**	**143137**
汉滨区	17.60	74.82	7.59	28.26	52747	40636
汉阴县	18.24	72.50	9.26	25.44	17856	13335
石泉县	13.66	76.55	9.79	27.18	12988	9592
宁陕县	13.50	76.81	9.69	27.40	5387	4138
紫阳县	18.35	71.25	10.40	25.74	23445	17523
岚皋县	15.27	74.77	9.95	25.98	12324	9594
平利县	14.67	74.84	10.49	25.94	15716	11844
镇坪县	16.51	72.44	11.06	25.96	4335	3167
旬阳县	15.38	76.08	8.54	27.63	29642	23514
白河县	16.81	73.19	10.01	25.87	12805	9794
商洛市	**15.44**	**76.76**	**7.81**	**28.99**	**142284**	**107394**
商州区	14.63	77.65	7.72	29.66	31563	23612
洛南县	14.31	78.11	7.58	29.18	25789	19626
丹凤县	15.10	77.55	7.35	29.58	16766	12742
商南县	15.12	77.62	7.26	29.72	12722	9747
山阳县	17.29	75.43	7.29	28.60	23912	17799
镇安县	16.37	74.12	9.51	27.36	20896	15887
柞水县	15.83	75.41	8.76	28.00	10636	7981
甘肃省	**18.16**	**73.61**	**8.23**	**29.29**	**1578166**	**1080706**
兰州市	**13.14**	**78.09**	**8.77**	**30.51**	**231155**	**148822**
城关区	11.88	79.56	8.56	32.06	78189	48104
七里河区	12.61	77.89	9.50	28.96	38568	24466
西固区	12.64	76.83	10.53	28.84	27281	16495
安宁区	9.68	83.81	6.51	35.11	13136	7725
红古区	15.31	76.59	8.10	28.66	8183	5529
永登县	17.77	73.40	8.83	27.77	28373	20295
皋兰县	16.73	73.35	9.92	26.55	9869	6707
榆中县	14.01	77.75	8.24	30.70	27556	19501
嘉峪关市	**14.73**	**77.61**	**7.66**	**28.62**	**12659**	**8061**
市辖区	14.73	77.61	7.66	28.62	12659	8061
金昌市	**16.89**	**75.22**	**7.89**	**29.19**	**27485**	**18629**
金川区	15.72	76.14	8.14	29.43	13671	8851
永昌县	18.02	74.32	7.65	28.96	13814	9778
白银市	**17.16**	**74.83**	**8.00**	**29.51**	**97123**	**60457**
白银区	13.57	76.20	10.24	28.49	21038	12355
平川区	16.36	77.18	6.46	29.85	8764	5372
靖远县	18.91	73.99	7.10	29.52	23259	15078
会宁县	18.04	73.67	8.30	29.69	31851	19984
景泰县	16.93	75.54	7.53	30.13	12211	7668
天水市	**20.84**	**71.27**	**7.89**	**29.12**	**194287**	**133775**
秦州区	16.74	75.36	7.90	30.57	38245	26132
麦积区	17.49	74.39	8.12	29.24	33715	22973
清水县	24.02	69.13	6.85	27.62	14603	11034
秦安县	22.30	68.69	9.01	28.15	34808	23634
甘谷县	22.80	69.14	8.06	29.65	34030	23269
武山县	22.03	70.77	7.20	28.78	23862	16496
张家川回族自治县	25.35	67.58	7.07	28.27	15024	10237
武威市	**17.27**	**75.31**	**7.43**	**30.12**	**102662**	**72627**
凉州区	16.59	76.26	7.14	30.71	55404	39776
民勤县	16.43	73.94	9.64	28.84	17573	12090
古浪县	19.75	73.32	6.93	29.64	19975	13586
天祝藏族自治县	16.78	76.07	7.15	29.60	9710	7175
张掖市	**17.18**	**75.65**	**7.17**	**29.84**	**67266**	**50930**
甘州区	16.12	76.79	7.09	30.84	28043	21317
肃南裕固族自治县	15.28	78.06	6.67	28.96	1654	1258
民乐县	19.67	73.62	6.71	28.63	11734	8877
临泽县	16.70	76.11	7.19	29.83	7625	5928
高台县	15.88	76.61	7.51	30.03	8533	6439
山丹县	19.12	73.07	7.81	28.33	9677	7111

老年人口的户数(户)		人口自然变动(‰)			迁入人口(人)		
有二个老人	有三个及以上老人	出生率	死亡率	自然增长率	本县(市)/本市市区	本省其他县(市)、市区	外省
6832	42	11.40	5.64	5.76	40242	7052	1070
4295	52	9.98	6.92	3.06	19540	3774	980
5086	45	10.87	6.50	4.37	3967	489	149
1555	10	9.61	5.94	3.67	10202	928	715
3865	33	10.73	7.34	3.39	12522	597	200
5246	64	11.64	7.07	4.57	18183	1277	724
43449	**659**	**9.06**	**6.76**	**2.30**	**132089**	**26649**	**24251**
11965	146	8.94	5.69	3.25	52917	15856	6559
4476	45	10.89	6.87	4.02	6964	1685	1681
3335	61	8.33	6.91	1.42	11544	1826	1654
1221	28	8.40	6.75	1.65	3499	1736	1223
5819	103	8.88	7.46	1.42	7518	1057	1499
2684	46	8.61	7.68	0.93	6272	905	1912
3790	82	9.35	7.43	1.92	8155	683	1215
1142	26	10.94	8.74	2.20	1400	291	994
6037	91	8.51	6.97	1.54	24624	1404	4181
2980	31	9.24	8.02	1.22	9196	1206	3333
34518	**372**	**9.63**	**7.05**	**2.58**	**114420**	**20340**	**12196**
7887	64	9.36	6.18	3.18	26397	11402	4260
6106	57	10.32	7.92	2.40	16406	1177	1187
3987	37	9.69	7.43	2.26	7584	455	299
2944	31	10.18	7.41	2.77	14926	1104	1237
6060	53	9.23	6.37	2.86	20310	1331	492
4905	104	9.41	7.63	1.78	18048	2340	2608
2629	26	9.15	7.22	1.93	10749	2531	2113
492780	**4680**	**10.92**	**5.39**	**5.53**	**1485779**	**1194110**	**432833**
81881	**452**	**8.20**	**4.35**	**3.85**	**372634**	**576533**	**206157**
29937	148	6.96	3.06	3.90	189997	295643	125183
14015	87	8.04	4.82	3.22	48260	95485	24618
10719	67	6.21	4.16	2.05	40243	42264	14624
5369	42	5.87	2.79	3.08	15258	70496	14896
2640	14	9.37	5.28	4.09	9627	11765	4934
8046	32	13.47	6.47	7.00	37262	11561	3735
3148	14	12.22	6.39	5.83	8333	3108	846
8007	48	8.57	5.80	2.77	23654	46211	17321
4589	**9**	**7.60**	**3.18**	**4.42**	**30552**	**29359**	**14808**
4589	9	7.60	3.18	4.42	30552	29359	14808
8822	**34**	**8.39**	**4.12**	**4.27**	**50674**	**36676**	**10182**
4805	15	7.13	3.52	3.61	23284	32398	7760
4017	19	9.61	4.71	4.90	27390	4278	2422
36424	**242**	**9.59**	**4.56**	**5.03**	**144153**	**60760**	**9721**
8653	30	6.90	3.88	3.02	31406	24974	4915
3364	28	8.78	3.83	4.95	17953	19469	2237
8131	50	10.17	4.77	5.40	30205	6865	880
11762	105	10.70	4.88	5.82	34330	3408	555
4514	29	9.96	4.90	5.06	30259	6044	1134
59773	**739**	**11.62**	**5.32**	**6.30**	**126956**	**83911**	**14678**
11973	140	9.25	4.18	5.07	57059	42836	4554
10635	107	10.76	4.88	5.88	30732	21859	3515
3539	30	14.55	6.56	7.99	5795	4031	1213
11021	153	12.86	5.72	7.14	17454	3623	1204
10614	147	10.89	4.75	6.14	7243	4595	1597
7259	107	12.00	5.56	6.44	3039	3249	591
4732	55	14.53	7.60	6.93	5634	3718	2004
29806	**229**	**9.65**	**4.92**	**4.73**	**79643**	**33916**	**8961**
15499	129	9.93	4.50	5.43	48896	24200	5790
5439	44	5.77	5.69	0.08	11420	3329	1103
6345	44	10.51	4.51	6.00	4730	1394	608
2523	12	11.46	7.14	4.32	14597	4993	1460
16289	**47**	**10.30**	**5.60**	**4.70**	**101166**	**35398**	**10138**
6707	19	9.40	5.03	4.37	51920	21820	4532
395	1	9.71	4.50	5.21	3942	2396	705
2851	6	11.79	5.53	6.26	12853	1962	1464
1694	3	10.66	6.55	4.11	7401	2339	370
2089	5	9.60	7.45	2.15	7887	4711	1308
2553	13	11.53	5.25	6.28	17163	2170	1759

表3 续表 46

地区	各年龄组人口占总人口比重(%)				有65岁及以上	
	0-14岁	15-64岁	65岁及以上	15-49岁育龄妇女	合计	有一个老人
平凉市	**19.25**	**71.92**	**8.84**	**29.10**	**136939**	**93343**
崆峒区	17.46	74.05	8.49	29.62	31079	19873
泾川县	20.86	69.18	9.95	28.03	21212	14839
灵台县	19.09	71.52	9.39	28.32	13443	9868
崇信县	16.73	76.40	6.87	29.64	5431	3959
华亭县	17.45	75.56	6.99	29.08	10202	7430
庄浪县	22.05	69.43	8.51	29.57	24765	17353
静宁县	19.24	70.89	9.87	28.97	30807	20021
酒泉市	**16.83**	**75.91**	**7.26**	**29.32**	**60350**	**42865**
肃州区	16.58	75.69	7.73	30.00	25246	17929
金塔县	17.89	74.66	7.45	28.83	8699	6449
瓜州县	17.59	75.93	6.48	28.96	7066	4941
肃北蒙古族自治县	11.40	83.76	4.84	25.12	568	431
阿克塞哈萨克族自治县	16.74	79.62	3.64	26.94	301	232
玉门市	16.52	75.45	8.03	28.33	9379	6503
敦煌市	16.66	76.95	6.39	29.76	9091	6380
庆阳市	**18.87**	**72.46**	**8.67**	**28.95**	**140575**	**94576**
西峰区	16.79	75.94	7.27	31.30	20357	13913
庆城县	16.48	76.44	7.07	30.60	13525	9129
环县	19.09	72.98	7.94	28.59	17751	11993
华池县	17.84	74.81	7.36	29.53	6418	4156
合水县	18.13	73.29	8.58	29.09	9237	6214
正宁县	19.74	70.80	9.46	28.23	12708	8444
宁县	20.72	69.26	10.01	27.57	29629	19745
镇原县	20.46	69.28	10.26	27.50	30950	20982
定西市	**18.39**	**72.96**	**8.65**	**28.88**	**177778**	**123727**
安定区	14.73	75.66	9.61	29.64	29455	18801
通渭县	21.01	68.36	10.63	27.84	27997	19052
陇西县	18.72	72.39	8.89	28.75	30070	20312
渭源县	17.27	74.10	8.63	28.66	22023	16207
临洮县	16.26	75.04	8.70	29.50	34302	24802
漳县	20.65	72.32	7.04	28.98	10402	7287
岷县	21.67	71.70	6.63	28.55	23529	17266
陇南市	**19.25**	**72.04**	**8.71**	**28.08**	**173345**	**124979**
武都区	18.11	73.46	8.43	28.99	35910	25375
成县	18.49	73.05	8.46	28.95	16302	12227
文县	17.39	73.07	9.54	28.38	15949	11148
宕昌县	20.27	71.68	8.05	26.84	17208	12462
康县	15.73	73.70	10.57	27.29	15324	11727
西和县	22.61	69.61	7.78	28.64	23464	16495
礼县	21.06	70.07	8.87	26.93	30894	21811
徽县	17.59	73.11	9.30	28.18	14740	11103
两当县	13.66	76.18	10.16	27.95	3554	2631
临夏回族自治州	**21.69**	**70.13**	**8.18**	**29.16**	**118125**	**78985**
临夏市	17.62	73.99	8.39	30.10	17190	11849
临夏县	19.75	70.93	9.32	28.88	22993	15809
康乐县	22.48	69.20	8.32	29.23	14633	10003
永靖县	15.59	75.49	8.92	29.43	12137	8432
广河县	26.97	65.61	7.42	28.70	11872	7009
和政县	20.86	70.89	8.24	29.97	11584	8043
东乡族自治县	25.22	67.97	6.81	28.90	13727	8479
积石山保安族东乡族撒拉族自治县	24.31	67.72	7.97	28.32	13989	9361
甘南藏族自治州	**21.94**	**70.98**	**7.08**	**28.40**	**38417**	**28930**
合作市	18.21	75.57	6.21	31.06	4279	3091
临潭县	20.95	72.18	6.87	28.45	7521	5698
卓尼县	21.85	71.23	6.92	28.16	5590	4280
舟曲县	22.61	69.50	7.89	27.69	8137	5903
迭部县	23.37	68.60	8.03	27.40	3337	2573
玛曲县	27.30	67.78	4.92	27.32	2139	1700
碌曲县	24.79	68.49	6.72	27.84	1895	1458
夏河县	21.08	70.73	8.19	28.44	5519	4227

老年人口的户数(户)		人口自然变动(‰)			迁入人口(人)		
有二个老人	有三个及以上老人	出生率	死亡率	自然增长率	本县(市)/本市市区	本省其他县(市)、市区	外省
43162	**434**	**11.05**	**5.61**	**5.44**	**103004**	**38886**	**11017**
11061	145	9.33	4.25	5.08	24393	14341	4228
6325	48	11.70	6.50	5.20	13269	2602	859
3547	28	11.72	6.63	5.09	10455	1649	1055
1460	12	10.49	5.85	4.64	4076	3696	1403
2741	31	10.10	5.08	5.02	11224	12825	2047
7329	83	12.35	7.11	5.24	16930	1369	431
10699	87	11.79	5.01	6.78	22657	2404	994
17249	**236**	**8.01**	**4.77**	**3.24**	**81085**	**85528**	**75935**
7228	89	8.46	4.82	3.64	38781	34554	13445
2240	10	7.90	6.16	1.74	9612	7915	1074
2063	62	7.62	4.28	3.34	8247	12194	8081
137		5.61	3.81	1.80	462	3389	1508
69		9.50	3.52	5.98	1721	2776	738
2809	67	7.99	3.99	4.00	7565	15401	4832
2703	8	7.50	4.76	2.74	14697	9299	46257
45622	**377**	**12.19**	**5.33**	**6.86**	**135982**	**71643**	**16816**
6402	42	11.85	3.48	8.37	38540	50170	5065
4374	22	10.11	5.01	5.10	20630	6569	3437
5706	52	12.86	6.30	6.56	22743	1345	1306
2239	23	10.47	4.33	6.14	12755	4099	1442
3003	20	11.15	5.40	5.75	7604	2256	904
4237	27	15.34	5.64	9.70	7743	2006	1163
9772	112	12.05	5.20	6.85	13155	2995	1880
9889	79	12.93	6.75	6.18	12812	2203	1619
53617	**434**	**11.12**	**6.07**	**5.05**	**79593**	**39075**	**12681**
10592	62	9.47	6.18	3.29	26946	16327	2346
8878	67	8.78	6.05	2.73	10035	2662	666
9683	75	11.09	5.08	6.01	10391	4565	2067
5758	58	9.28	7.09	2.19	2417	2461	1779
9402	98	12.41	6.70	5.71	21532	8940	1851
3078	37	12.93	6.08	6.85	1910	1471	943
6226	37	13.63	5.50	8.13	6362	2649	3029
47693	**673**	**12.63**	**6.31**	**6.32**	**77797**	**21294**	**24175**
10389	146	12.55	4.97	7.58	26089	6650	9177
4031	44	12.93	8.25	4.68	10288	5812	1722
4753	48	12.82	4.77	8.05	5834	929	2461
4695	51	12.85	6.53	6.32	5274	1181	5403
3540	57	11.19	11.16	0.03	6004	990	1936
6854	115	12.56	5.14	7.42	2157	359	663
8929	154	14.20	6.44	7.76	12696	3308	908
3594	43	10.87	6.47	4.40	7867	1675	1449
908	15	8.04	7.23	0.81	1588	390	456
38647	**493**	**14.89**	**5.95**	**8.94**	**84023**	**58320**	**12459**
5275	66	11.57	4.33	7.24	39663	38888	5022
7127	57	16.27	7.92	8.35	5136	3693	684
4551	79	15.89	6.22	9.67	5919	1814	631
3675	30	10.29	6.75	3.54	14828	5712	2799
4791	72	18.74	4.67	14.07	4737	2767	1344
3508	33	16.42	6.53	9.89	4228	2186	741
5165	83	15.00	5.16	9.84	4369	1584	374
4555	73	14.32	6.00	8.32	5143	1676	864
9206	**281**	**14.39**	**8.46**	**5.93**	**18517**	**22811**	**5105**
1134	54	11.37	5.11	6.26	4075	11184	1508
1797	26	13.54	6.97	6.57	2227	1262	358
1268	42	17.18	7.28	9.90	2297	1065	244
2205	29	13.02	15.64	-2.62	2820	1013	504
719	45	14.11	6.95	7.16	513	638	435
425	14	19.05	6.18	12.87	1243	3143	609
421	16	17.41	6.59	10.82	1271	1718	803
1237	55	13.78	7.75	6.03	4071	2788	644

表3 续表 47

地 区	各年龄组人口占总人口比重(%)				有65岁及以上	
	0-14岁	15-64岁	65岁及以上	15-49岁育龄妇女	合计	有一个老 人
青海省	**20.92**	**72.78**	**6.30**	**29.21**	**273812**	**196778**
西宁市	**16.99**	**75.49**	**7.52**	**29.94**	**124018**	**83185**
城东区	15.33	75.85	8.81	29.49	22869	14187
城中区	13.73	76.66	9.61	30.82	20601	13009
城西区	12.62	78.51	8.86	31.81	15229	9095
城北区	13.66	78.09	8.25	30.41	17763	11027
大通回族土族自治县	21.05	73.50	5.45	29.65	18947	14265
湟中县	21.13	72.76	6.11	28.64	21323	16193
湟源县	17.27	75.98	6.75	29.85	7286	5409
海东地区	**21.90**	**71.52**	**6.57**	**28.54**	**71276**	**51587**
平安县	19.39	72.77	7.85	28.67	6114	4235
民和回族土族自治县	22.47	71.01	6.53	28.40	17519	12270
乐都县	18.12	74.16	7.73	28.39	15623	11373
互助土族自治县	19.68	74.53	5.80	29.39	16590	12721
化隆回族自治县	27.81	66.20	5.99	27.74	9411	6725
循化撒拉族自治县	27.06	66.52	6.42	28.02	6019	4263
海北藏族自治州	**22.01**	**72.99**	**5.00**	**29.82**	**10892**	**8242**
门源回族自治县	22.63	72.08	5.29	28.93	6079	4399
祁连县	21.64	73.57	4.80	30.55	1792	1381
海晏县	19.47	76.25	4.28	32.61	1293	994
刚察县	22.51	72.64	4.85	29.62	1728	1468
黄南藏族自治州	**26.13**	**68.04**	**5.84**	**29.20**	**12307**	**9888**
同仁县	23.39	70.11	6.50	29.53	4882	3842
尖扎县	25.15	68.80	6.05	29.27	2665	2078
泽库县	31.79	63.15	5.06	28.19	2992	2527
河南蒙古族自治县	23.95	70.69	5.36	30.08	1768	1441
海南藏族自治州	**24.74**	**70.01**	**5.26**	**29.26**	**19165**	**15416**
共和县	22.47	72.76	4.77	30.79	4811	3827
同德县	27.12	68.15	4.73	28.81	2557	2095
贵德县	22.20	71.13	6.67	28.11	5536	4382
兴海县	28.30	67.21	4.49	28.49	2821	2273
贵南县	26.21	68.42	5.36	29.47	3440	2839
果洛藏族自治州	**28.14**	**67.01**	**4.85**	**27.48**	**7335**	**6088**
玛沁县	26.15	69.81	4.05	28.34	1674	1326
班玛县	27.87	65.95	6.18	27.36	1389	1134
甘德县	29.64	65.03	5.33	26.89	1575	1332
达日县	29.60	65.90	4.49	27.02	1164	994
久治县	29.55	65.33	5.12	26.56	1118	939
玛多县	25.94	69.95	4.12	29.13	415	363
玉树藏族自治州	**31.86**	**63.01**	**5.13**	**26.50**	**15723**	**12454**
玉树县	29.94	64.98	5.08	27.16	5095	4115
杂多县	36.71	58.56	4.73	25.39	2216	1711
称多县	29.41	65.37	5.22	26.89	2364	1874
治多县	31.20	64.00	4.80	27.33	1204	970
囊谦县	32.85	61.36	5.79	25.79	3843	2993
曲麻莱县	32.57	63.10	4.33	26.46	1001	791
海西蒙古族藏族自治州	**17.92**	**78.68**	**3.40**	**30.23**	**13096**	**9918**
格尔木市	19.68	77.12	3.20	30.89	5141	3656
德令哈市	18.40	76.99	4.61	30.99	2847	2129
乌兰县	16.72	79.42	3.85	28.71	1214	965
都兰县	20.87	74.82	4.31	28.94	2730	2177
天峻县	16.14	80.39	3.47	25.61	1003	850
芒崖行委	5.49	94.27	0.24	36.90	49	45
柴旦行委	8.54	90.54	0.91	24.41	105	90
冷湖行委	7.56	92.07	0.37	23.75	7	6
宁夏回族自治区	**21.39**	**72.22**	**6.39**	**29.21**	**295500**	**192913**
银川市	**16.55**	**77.19**	**6.25**	**30.86**	**90653**	**58131**
兴庆区	15.22	77.97	6.81	32.30	33145	20613
西夏区	14.43	79.13	6.44	32.89	14756	8654
金凤区	16.26	77.93	5.81	31.45	11753	7221
永宁县	19.04	74.98	5.98	28.93	10089	7252
贺兰县	17.62	76.21	6.17	28.87	10513	7455
灵武市	20.02	74.62	5.36	27.24	10397	6936
石嘴山市	**16.62**	**75.15**	**8.24**	**28.98**	**43490**	**27904**
大武口区	15.81	76.11	8.08	29.71	16409	9932
惠农区	15.62	74.90	9.48	28.63	12794	8160
平罗县	18.27	74.23	7.50	28.41	14287	9812

老年人口的户数(户)		人口自然变动(‰)			迁入人口(人)		
有二个老人	有三个及以上老人	出生率	死亡率	自然增长率	本县(市)/本市市区	本省其他县(市)、市区	外省
76458	**576**	**12.90**	**5.40**	**7.50**	**351988**	**470531**	**318435**
40664	**169**	**10.14**	**4.29**	**5.85**	**134906**	**293172**	**184307**
8647	35	8.79	1.99	6.80	37765	91930	50709
7554	38	7.61	3.74	3.87	22143	67310	34720
6110	24	6.04	2.45	3.59	18288	49090	36928
6718	18	8.68	3.21	5.47	14965	64751	43968
4657	25	12.78	5.63	7.15	17282	5052	7751
5108	22	14.00	6.43	7.57	15665	11838	8665
1870	7	8.90	6.00	2.90	8798	3201	1566
19543	**146**	**13.95**	**5.92**	**8.03**	**66675**	**18553**	**19175**
1867	12	12.17	5.65	6.52	8677	6113	3379
5215	34	13.04	5.28	7.76	15653	1986	5561
4229	21	9.63	6.34	3.29	15519	3525	3392
3848	21	13.23	7.33	5.90	13286	3213	3153
2651	35	19.90	4.93	14.97	8121	2329	1583
1733	23	19.45	4.58	14.87	5419	1387	2107
2636	**14**	**12.79**	**4.84**	**7.95**	**15564**	**9915**	**6735**
1674	6	12.60	5.34	7.26	5747	1504	2729
410	1	13.07	4.03	9.04	3998	1703	1650
298	1	9.59	3.84	5.75	4504	4478	975
254	6	16.06	4.86	11.20	1315	2230	1381
2376	**43**	**15.83**	**4.87**	**10.96**	**16196**	**7258**	**5444**
1021	19	14.20	4.32	9.88	5364	3366	2287
572	15	15.32	5.86	9.46	4798	2388	1027
461	4	18.16	4.69	13.47	1537	745	486
322	5	16.30	5.09	11.21	4497	759	1644
3712	**37**	**15.75**	**4.60**	**11.15**	**31533**	**19860**	**10354**
971	13	13.97	3.52	10.45	8905	8050	3509
459	3	17.67	5.07	12.60	5893	2642	1210
1147	7	12.67	6.47	6.20	5257	4698	2773
544	4	19.17	3.53	15.64	8365	2734	1965
591	10	17.70	4.50	13.20	3113	1736	897
1227	**20**	**15.59**	**5.34**	**10.25**	**12214**	**9108**	**6502**
342	6	14.51	4.03	10.48	3283	6141	2982
248	7	17.42	5.80	11.62	1752	415	678
239	4	15.65	4.86	10.79	1970	733	428
168	2	13.69	6.36	7.33	3131	734	1067
178	1	16.94	6.68	10.26	1306	477	1077
52		17.97	5.75	12.22	772	608	270
3143	**126**	**23.22**	**15.08**	**8.14**	**46792**	**17331**	**11753**
950	30	22.26	28.55	-6.29	11971	13633	7922
488	17	25.07	7.70	17.37	12884	1071	1304
470	20	22.19	8.33	13.86	793	778	590
233	1	20.44	7.77	12.67	7217	789	560
795	55	27.07	11.10	15.97	9098	333	671
207	3	16.79	6.00	10.79	4829	727	706
3157	**21**	**9.35**	**2.80**	**6.55**	**28108**	**95334**	**74165**
1478	7	9.70	1.49	8.21	11636	58379	40134
709	9	9.45	3.19	6.26	5587	9469	6348
249		8.52	4.89	3.63	2933	5949	3672
550	3	10.86	5.10	5.76	5100	8472	5646
151	2	8.86	2.90	5.96	2769	4135	8264
4		5.34	1.36	3.98	36	3166	4435
15		4.90	2.71	2.19	47	5025	4949
1		24.01	18.63	5.38		739	717
102048	**539**	**12.09**	**5.07**	**7.02**	**627284**	**538747**	**368451**
32346	**176**	**9.44**	**4.25**	**5.19**	**185555**	**325627**	**251646**
12455	77	8.51	3.87	4.64	79148	98940	110389
6070	32	7.10	3.43	3.67	24835	75562	47290
4514	18	10.44	3.56	6.88	13102	74238	34820
2827	10	9.08	6.00	3.08	19186	20258	8465
3043	15	10.64	6.20	4.44	21134	23102	25444
3437	24	13.04	3.86	9.18	28150	33527	25238
15499	**87**	**8.89**	**6.07**	**2.82**	**93338**	**49740**	**53058**
6436	41	7.93	4.51	3.42	35740	25023	26464
4604	30	7.68	7.01	0.67	30782	15531	17301
4459	16	10.86	7.14	3.72	26816	9186	9293

表3 续表 48

地 区	各年龄组人口占总人口比重(%)				有65岁及以上	
	0-14岁	15-64岁	65岁及以上	15-49岁育龄妇女	合计	有一个老 人
吴忠市	**24.21**	**70.08**	**5.71**	**28.76**	**53557**	**34990**
利通区	21.75	71.91	6.34	29.26	17771	11661
红寺堡区	28.50	67.63	3.87	29.56	4635	2918
盐池县	21.26	72.31	6.42	28.25	6985	4595
同心县	29.76	65.42	4.82	28.36	10967	6727
青铜峡市	20.03	73.35	6.62	28.32	13199	9089
固原市	**26.73**	**66.55**	**6.72**	**27.65**	**60930**	**40739**
原州区	25.06	68.88	6.06	29.07	18329	12326
西吉县	31.04	62.44	6.53	26.17	16810	10679
隆德县	22.15	69.93	7.92	28.26	9594	6649
泾源县	28.43	64.05	7.52	26.08	5739	4018
彭阳县	25.40	67.57	7.04	27.65	10458	7067
中卫市	**24.13**	**70.02**	**5.84**	**28.60**	**46870**	**31149**
沙坡头区	20.28	73.48	6.24	29.22	17663	11981
中宁县	22.67	71.27	6.06	28.94	14283	9720
海原县	29.05	65.66	5.29	27.71	14924	9448
新疆维吾尔自治区	**20.45**	**73.07**	**6.48**	**29.62**	**1086542**	**776621**
乌鲁木齐市	**13.75**	**78.25**	**8.00**	**31.73**	**180005**	**113780**
天山区	14.44	77.57	7.99	32.81	40913	26649
沙依巴克区	13.27	77.68	9.04	32.31	42518	25618
新市区	12.31	80.15	7.54	32.29	38574	22863
水磨沟区	13.40	80.01	6.59	33.02	18623	11939
头屯河区	14.75	76.24	9.01	28.76	11504	7524
达坂城区	15.65	75.95	8.41	26.43	2563	1734
米东区	15.04	76.72	8.24	28.76	20645	14042
乌鲁木齐县	17.79	75.02	7.19	27.57	4665	3411
克拉玛依市	**14.87**	**77.50**	**7.63**	**30.58**	**20959**	**12352**
独山子区	16.26	76.00	7.74	31.08	3750	2192
克拉玛依区	14.44	77.65	7.91	30.69	14527	8513
白碱滩区	14.87	79.59	5.54	29.59	1963	1183
乌尔禾区	16.49	73.48	10.03	29.13	719	464
吐鲁番地区	**20.85**	**73.51**	**5.64**	**28.75**	**27598**	**20491**
吐鲁番市	21.65	72.58	5.77	28.76	12337	9076
鄯善县	20.56	74.40	5.04	29.44	9146	6811
托克逊县	19.57	73.93	6.50	27.40	6115	4604
哈密地区	**15.74**	**75.93**	**8.33**	**28.76**	**35003**	**22727**
哈密市	15.22	76.20	8.58	29.03	29466	18760
巴里坤哈萨克自治县	18.34	73.75	7.91	26.86	4576	3237
伊吾县	17.65	77.45	4.90	29.42	961	730
昌吉回族自治州	**15.44**	**75.62**	**8.95**	**28.30**	**97107**	**67806**
昌吉市	14.88	77.35	7.77	30.72	24217	15703
阜康市	15.11	75.89	9.00	28.17	11232	7908
呼图壁县	16.05	74.96	8.99	27.88	14797	10803
玛纳斯县	15.00	74.47	10.53	27.17	19405	14164
奇台县	15.80	75.09	9.11	26.87	14756	10452
吉木萨尔县	15.40	74.95	9.65	25.80	8384	5934
木垒哈萨克自治县	18.35	72.79	8.85	27.26	4316	2842
博尔塔拉蒙古自治州	**17.93**	**74.87**	**7.20**	**29.86**	**23807**	**16104**
博乐市	18.20	74.72	7.08	30.43	12131	7700
精河县	18.13	74.98	6.89	29.34	7408	5303
温泉县	16.55	75.17	8.28	28.96	4268	3101
巴音郭楞蒙古自治州	**17.84**	**75.58**	**6.58**	**30.43**	**63125**	**43022**
库尔勒市	17.23	75.99	6.77	31.70	26909	16896
轮台县	20.11	75.21	4.69	29.90	4539	3715
尉犁县	18.49	74.89	6.62	30.27	4991	3735
若羌县	16.29	79.26	4.45	28.28	1248	956
且末县	19.38	76.59	4.03	31.57	2204	1803
焉耆回族自治县	18.54	73.97	7.49	28.32	7259	5053
和静县	18.08	74.92	7.00	29.08	8450	5783
和硕县	16.61	76.20	7.19	29.77	3970	2758
博湖县	16.43	74.78	8.79	28.94	3555	2323
阿克苏地区	**22.89**	**71.59**	**5.52**	**29.43**	**104373**	**80859**
阿克苏市	20.91	73.52	5.56	30.95	22161	15715
温宿县	22.18	72.24	5.58	29.23	10660	8315
库车县	22.08	72.04	5.88	29.05	22639	18190

老年人口的户数(户)		人口自然变动(‰)			迁入人口(人)		
有二个老人	有三个及以上老人	出生率	死亡率	自然增长率	本县(市)/本市市区	本省其他县(市)、市区	外省
18480	**87**	**14.11**	**4.53**	**9.58**	**141089**	**77567**	**33197**
6086	24	13.00	4.64	8.36	43550	24389	10288
1701	16	15.29	2.24	13.05	7081	26313	3228
2383	7	10.70	5.52	5.18	32157	3911	7928
4217	23	19.16	4.27	14.89	31296	8045	1275
4093	17	10.81	5.54	5.27	27005	14909	10478
20074	**117**	**15.56**	**5.96**	**9.60**	**109129**	**36858**	**12606**
5970	33	15.23	5.40	9.83	48680	26295	7335
6097	34	18.34	5.80	12.54	23647	2991	1394
2931	14	11.54	6.74	4.80	13931	2445	1224
1708	13	17.96	6.89	11.07	2513	2863	793
3368	23	13.31	6.31	7.00	20358	2264	1860
15649	**72**	**12.83**	**5.55**	**7.28**	**98173**	**48955**	**17944**
5671	11	9.71	5.62	4.09	50194	12976	9090
4536	27	12.09	5.82	6.27	23724	32442	7540
5442	34	16.46	5.28	11.18	24255	3537	1314
307958	**1963**	**14.85**	**4.14**	**10.71**	**1265891**	**1219418**	**1791642**
65932	**293**	**7.98**	**2.46**	**5.52**	**192936**	**619798**	**686388**
14219	45	8.12	2.17	5.95	60113	174610	90529
16819	81	7.34	2.58	4.76	39005	131034	153684
15663	48	7.82	1.89	5.93	39225	162701	177878
6634	50	7.31	1.93	5.38	12933	90228	127894
3966	14	7.96	3.83	4.13	4012	18803	49386
822	7	10.21	4.34	5.87	1981	5065	7581
6563	40	8.85	3.20	5.65	33527	33025	70941
1246	8	11.87	4.82	7.05	2140	4332	8495
8575	**32**	**8.07**	**3.00**	**5.07**	**18170**	**31012**	**76314**
1554	4	10.43	2.66	7.77	1963	8813	11451
5990	24	7.55	3.23	4.32	15407	17407	52619
778	2	7.57	2.25	5.32	642	3880	10046
253	2	7.69	3.18	4.51	158	912	2198
7067	**40**	**17.83**	**4.93**	**12.90**	**35695**	**24219**	**46870**
3246	15	19.67	5.22	14.45	17831	9035	16884
2321	14	16.71	4.62	12.09	6691	11890	23329
1500	11	15.78	4.83	10.95	11173	3294	6657
12200	**76**	**9.08**	**3.75**	**5.33**	**57119**	**24831**	**68277**
10636	70	8.28	3.54	4.74	46958	22790	62326
1333	6	12.80	5.04	7.76	9037	1411	3551
231		12.96	3.77	9.19	1124	630	2400
29113	**188**	**9.33**	**4.18**	**5.15**	**139684**	**77515**	**140278**
8453	61	9.14	2.83	6.31	44520	46071	57160
3305	19	8.83	3.86	4.97	12913	8146	19763
3969	25	8.76	4.24	4.52	15399	5410	24186
5203	38	7.30	5.73	1.57	16935	7609	23232
4272	32	10.97	4.39	6.58	25783	5568	8599
2444	6	10.29	4.91	5.38	13566	3516	6109
1467	7	14.17	6.06	8.11	10568	1195	1229
7656	**47**	**10.38**	**3.26**	**7.12**	**35036**	**15547**	**41773**
4402	29	9.94	2.55	7.39	20692	10142	24666
2094	11	10.28	3.75	6.53	10187	3919	15520
1160	7	12.13	4.71	7.42	4157	1486	1587
20006	**97**	**12.55**	**3.28**	**9.27**	**79615**	**69906**	**172437**
9964	49	10.59	2.27	8.32	45304	43919	106105
819	5	18.13	4.17	13.96	2627	3154	11855
1251	5	9.91	4.19	5.72	6509	2920	8724
290	2	12.38	3.84	8.54	1178	2129	6565
401		16.76	3.05	13.71	2589	1857	3622
2191	15	14.88	3.81	11.07	5992	5733	8415
2658	9	14.71	4.83	9.88	9528	5369	12427
1205	7	8.77	3.29	5.48	4488	3265	12279
1227	5	13.28	3.96	9.32	1400	1560	2445
23296	**218**	**16.85**	**4.74**	**12.11**	**129577**	**62916**	**139594**
6405	41	14.72	2.85	11.87	43478	33051	72593
2329	16	16.57	5.86	10.71	7646	4386	14986
4409	40	17.12	5.82	11.30	26740	9437	24414

表3 续表 49

地 区	各年龄组人口占总人口比重(%)				有65岁及以上	
	0-14岁	15-64岁	65岁及以上	15-49岁育龄妇女	合计	有一个老 人
沙雅县	22.04	71.99	5.98	29.27	12140	9311
新和县	25.27	68.59	6.14	28.16	8667	6812
拜城县	21.02	73.59	5.39	30.42	9563	7663
乌什县	27.66	67.77	4.57	27.91	7590	6242
阿瓦提县	25.36	69.90	4.74	28.91	9190	7229
柯坪县	29.64	65.49	4.87	26.72	1763	1382
克孜勒苏柯尔克孜自治州	**27.84**	**67.50**	**4.65**	**28.36**	**19979**	**15577**
阿图什市	27.07	68.26	4.67	28.51	9060	6923
阿克陶县	30.12	65.38	4.50	27.77	7482	6036
阿合奇县	25.35	69.90	4.75	29.49	1490	1141
乌恰县	24.26	70.61	5.14	29.13	1947	1477
喀什地区	**26.35**	**68.81**	**4.84**	**29.08**	**158325**	**126317**
喀什市	23.75	71.50	4.75	31.10	19329	14779
疏附县	27.73	67.79	4.48	27.70	12087	10225
疏勒县	26.90	67.80	5.31	28.33	13835	11155
英吉沙县	27.73	67.86	4.42	28.47	9609	7887
泽普县	23.23	72.37	4.40	30.58	7642	6244
莎车县	28.02	67.28	4.70	28.34	29689	23889
叶城县	28.02	67.83	4.15	28.96	15999	13173
麦盖提县	22.51	72.45	5.05	30.82	9887	7743
岳普湖县	24.26	69.00	6.74	28.52	8071	6221
伽师县	28.80	65.64	5.56	27.54	17274	13399
巴楚县	24.31	70.78	4.92	30.06	13509	10538
塔什库尔干塔吉克自治县	26.67	68.60	4.74	28.71	1394	1064
和田地区	**26.23**	**69.42**	**4.35**	**29.24**	**74896**	**62515**
和田市	25.52	70.69	3.78	30.28	10292	8487
和田县	28.74	67.00	4.27	28.43	9858	8206
墨玉县	27.75	68.09	4.16	28.56	18018	15247
皮山县	25.34	69.54	5.12	29.07	10931	8815
洛浦县	26.26	69.12	4.62	28.97	9363	8017
策勒县	23.00	71.65	5.35	29.75	6653	5476
于田县	24.73	71.29	3.98	30.05	8631	7342
民丰县	22.14	73.79	4.07	30.84	1150	925
伊犁哈萨克自治州	**20.98**	**72.72**	**6.29**	**29.75**	**118473**	**82830**
伊宁市	20.20	72.97	6.83	31.01	26611	18353
奎屯市	14.36	75.39	10.25	30.93	11790	6655
伊宁县	23.82	70.74	5.44	28.98	15805	11442
察布查尔锡伯自治县	20.83	72.96	6.21	29.41	8641	6184
霍城县	19.81	72.39	7.80	28.78	19862	13304
巩留县	23.74	71.07	5.19	29.42	6671	4812
新源县	20.29	74.08	5.63	29.85	12597	9376
昭苏县	21.79	73.98	4.23	30.71	5020	3843
特克斯县	23.19	72.47	4.34	29.32	4867	3668
尼勒克县	22.23	72.60	5.17	28.45	6609	5193
塔城地区	**16.49**	**74.90**	**8.61**	**28.36**	**80914**	**58607**
塔城市	15.92	75.18	8.90	29.23	11050	7947
乌苏市	16.03	75.42	8.55	28.49	19104	13073
额敏县	17.74	74.44	7.82	28.05	11463	8328
沙湾县	14.87	74.40	10.73	27.31	30444	22486
托里县	22.02	73.32	4.66	29.86	3571	2826
裕民县	17.14	75.57	7.29	28.13	2983	2228
和布克赛尔蒙古自治县	17.20	77.79	5.00	30.61	2299	1719
阿勒泰地区	**19.97**	**73.50**	**6.53**	**29.61**	**30678**	**22235**
阿勒泰市	17.59	73.48	8.92	29.89	12741	8656
布尔津县	20.38	73.84	5.78	30.42	3087	2321
富蕴县	22.08	73.66	4.26	29.87	3019	2317
福海县	17.62	75.06	7.32	28.72	4713	3478
哈巴河县	22.54	72.23	5.23	28.97	3446	2590
青河县	23.33	72.11	4.55	29.59	2183	1699
吉木乃县	20.62	74.23	5.15	29.55	1489	1174
自治区直辖县级行政区划	**15.49**	**75.12**	**9.39**	**29.71**	**51300**	**31399**
石河子市	12.92	74.96	12.12	30.02	31604	17939
阿拉尔市	15.08	79.97	4.95	32.01	5895	4077
图木舒克市	26.10	69.75	4.16	27.38	4479	3373
五家渠市	11.35	75.33	13.32	27.98	9322	6010

老年人口的户数(户)		人口自然变动(‰)			迁入人口(人)		
有二个老人	有三个及以上老人	出生率	死亡率	自然增长率	本县(市)/本市市区	本省其他县(市)、市区	外省
2759	70	14.55	4.60	9.95	15512	3447	3937
1846	9	21.19	5.07	16.12	11170	3329	3952
1880	20	15.58	5.27	10.31	11541	2179	8418
1343	5	19.93	5.06	14.87	2472	1153	2189
1946	15	18.31	4.78	13.53	9077	5317	8789
379	2	22.76	5.69	17.07	1941	617	316
4371	**31**	**21.95**	**3.81**	**18.14**	**13986**	**7576**	**7243**
2124	13	22.11	3.23	18.88	7558	5279	4088
1437	9	23.41	4.10	19.31	3463	1228	1755
346	3	19.00	4.47	14.53	1511	557	844
464	6	17.43	4.97	12.46	1454	512	556
31692	**316**	**21.63**	**5.49**	**16.14**	**132400**	**62166**	**61990**
4528	22	18.28	3.52	14.76	36305	36254	27076
1853	9	25.37	5.71	19.66	5005	3691	1521
2656	24	20.03	5.57	14.46	5895	3007	5323
1717	5	27.62	5.93	21.69	4978	675	415
1380	18	18.85	5.30	13.55	8059	1899	2929
5701	99	23.72	6.07	17.65	19027	3937	4479
2810	16	19.10	4.66	14.44	23604	2202	4695
2131	13	17.46	4.92	12.54	13747	3491	4159
1819	31	19.50	6.22	13.28	1475	593	953
3836	39	25.34	7.26	18.08	4074	1305	2477
2941	30	21.07	5.96	15.11	8348	4317	7245
320	10	15.02	4.20	10.82	1883	795	718
12327	**54**	**20.91**	**5.44**	**15.47**	**71531**	**22318**	**18050**
1788	17	16.67	2.78	13.89	30170	16583	9823
1646	6	23.01	5.47	17.54	1261	198	84
2766	5	17.85	5.31	12.54	23416	1404	5246
2103	13	22.23	5.12	17.11	3358	1319	300
1342	4	24.36	6.87	17.49	5097	975	687
1173	4	24.98	8.51	16.47	2885	413	430
1284	5	23.77	6.14	17.63	4943	1203	1097
225		17.43	6.49	10.94	401	223	383
35418	**225**	**16.77**	**3.33**	**13.44**	**170005**	**94693**	**99835**
8208	50	12.56	2.22	10.34	49333	51870	33017
5100	35	5.78	2.38	3.40	25426	12628	24781
4334	29	22.90	3.94	18.96	12934	6065	3790
2445	12	18.14	4.03	14.11	7298	3924	8259
6508	50	13.41	3.96	9.45	24514	5604	11955
1849	10	22.74	2.64	20.10	8659	2472	4337
3202	19	17.43	3.90	13.53	19489	7534	8638
1170	7	17.86	3.68	14.18	6814	1556	1329
1194	5	22.01	3.39	18.62	5345	997	1502
1408	8	20.47	3.64	16.83	10193	2043	2227
22158	**149**	**9.02**	**4.22**	**4.80**	**101131**	**29686**	**81396**
3074	29	8.86	2.59	6.27	19874	4769	6002
5997	34	7.55	3.89	3.66	23186	9450	21585
3117	18	10.81	3.80	7.01	19522	2130	7135
7902	56	7.31	5.81	1.50	19900	9406	35694
740	5	13.89	3.25	10.64	7660	1295	3075
751	4	11.42	3.65	7.77	5217	972	1936
577	3	11.84	3.80	8.04	5772	1664	5969
8393	**50**	**13.19**	**4.24**	**8.95**	**32213**	**14370**	**20303**
4058	27	9.74	2.80	6.94	11001	9307	9429
764	2	13.95	5.54	8.41	3247	880	1345
692	10	16.78	4.85	11.93	4045	830	1300
1227	8	13.17	3.97	9.20	3213	1202	3792
854	2	14.51	5.10	9.41	3250	694	2839
483	1	16.79	4.70	12.09	3471	504	1048
315		12.42	5.95	6.47	3986	953	550
19754	**147**	**7.35**	**3.48**	**3.87**	**56793**	**62865**	**130894**
13564	101	6.24	4.23	2.01	39558	42529	68975
1804	14	6.53	2.25	4.28	6791	11319	33444
1099	7	13.47	1.83	11.64	4170	1772	12681
3287	25	4.50	4.83	-0.33	6274	7245	15794

表4 各种受教育程度人口、平均受教育年限、文盲人口

表4 各种受教育程度人口、平均

地 区	6岁及以上各种受教育程度人口(人)									
	未上过学		小学		初中		高中		大学专科	
	男	女	男	女	男	女	男	女	男	女
北京市	**85234**	**278536**	**915760**	**1036859**	**3422170**	**2735274**	**2130596**	**2031078**	**1168702**	**1209242**
市辖区	**71709**	**248907**	**845808**	**966383**	**3263015**	**2595783**	**2051556**	**1958262**	**1132352**	**1174422**
东城区	1057	5776	19190	25959	69803	60436	79660	79915	41642	45057
西城区	1454	7863	23615	31088	80813	67767	78295	79883	45149	49677
崇文区	1394	6046	12626	16208	41084	37682	47505	49339	24487	26137
宣武区	1711	9192	20180	25706	69195	59028	74066	75846	39245	41509
朝阳区	7504	28306	127548	148331	593478	457764	381210	371064	228224	246059
丰台区	6578	26889	92507	108972	344382	289147	262590	254754	137512	140382
石景山区	1921	8828	25630	29992	86823	72148	76819	74106	45799	44723
海淀区	6370	22474	106780	122606	415301	330648	309865	307052	200176	219653
门头沟区	2432	7882	19700	22997	54328	45357	38869	35333	15390	15050
房山区	6765	21352	64981	77550	205904	168402	102974	93011	43064	42588
通州区	5412	18140	67089	75542	255707	211464	121343	114348	63720	64535
顺义区	5234	18312	53001	57040	211064	172733	90864	80675	38467	38759
昌平区	5866	17339	67596	71364	324064	239925	153487	142588	115582	111167
大兴区	6966	20019	80809	84777	341905	248206	141697	122270	63280	61093
怀柔区	5273	12567	28621	28800	79663	62243	44582	37529	16241	14354
平谷区	5772	17922	35935	39451	89501	72833	47730	40549	14374	13679
县	**13525**	**29629**	**69952**	**70476**	**159155**	**139491**	**79040**	**72816**	**36350**	**34820**
密云县	7698	18482	39387	41157	102288	90056	47387	44073	16875	15867
延庆县	5827	11147	30565	29319	56867	49435	31653	28743	19475	18953
天津市	**79566**	**232746**	**1099357**	**1106597**	**2822516**	**2113621**	**1424883**	**1247504**	**575634**	**513587**
市辖区	**57868**	**174273**	**853748**	**840363**	**2380516**	**1754428**	**1305360**	**1152180**	**541644**	**484073**
和平区	644	3287	11083	13866	44516	33469	35677	37761	17507	17161
河东区	2751	12444	34091	42806	124115	111464	131764	134268	58377	55279
河西区	2344	10126	34034	42163	115323	103916	117720	124951	57602	63065
南开区	2919	11721	38685	46544	147742	124006	128239	133393	66923	65932
河北区	2533	11947	35869	39350	155892	109670	128635	118385	47859	43486
红桥区	1758	8645	22668	26862	91990	73376	82466	82879	33502	29305
东丽区	5416	12288	57346	54452	161310	113098	53626	40846	19496	15412
西青区	5387	10508	64708	62630	153512	132869	56543	53858	27030	23733
津南区	6914	15277	64357	57574	178082	111562	38213	29458	14858	13475
北辰区	4414	11284	55953	56585	141711	116539	67324	62101	33569	30857
武清区	5347	16620	119111	124061	261851	203039	63865	52542	17927	16749
宝坻区	5136	18752	84272	103560	233896	166646	55508	39105	15136	12832
滨海新区	12305	31374	231571	169910	570576	354774	345780	242633	131858	96787
市辖县	**21698**	**58473**	**245609**	**266234**	**442000**	**359193**	**119523**	**95324**	**33990**	**29514**
宁河县	4597	11668	57771	62283	105211	76727	28311	21334	7497	6049
静海县	8040	18476	92230	101472	147927	123154	38670	28410	10614	8823
蓟县	9061	28329	95608	102479	188862	159312	52542	45580	15879	14642
河北省	**590918**	**1562780**	**8135891**	**9583820**	**17000389**	**14902596**	**4969587**	**4162083**	**1672986**	**1656245**
石家庄市	**74323**	**200276**	**914189**	**1072698**	**2181565**	**1968278**	**915028**	**822233**	**369782**	**412056**
长安区	984	4510	30803	36704	74761	69082	59817	58638	31045	32667
桥东区	1354	3422	23129	24044	56830	50607	54941	52887	32425	31146
桥西区	885	3908	26261	30624	61302	60476	64706	69143	65446	77199
新华区	1364	5836	28662	33752	77086	73584	78255	76346	59819	67042
井陉矿区	696	2562	7580	8283	20005	18084	12866	11435	3441	2929
裕华区	1220	4654	32382	37068	76535	71650	63755	66795	54764	67333
井陉县	2178	5331	32446	39121	77022	70111	27861	20181	5607	4364
正定县	4369	13394	43001	50013	103388	97459	46668	42621	10270	13034
栾城县	1615	5355	31248	40457	85279	77941	36520	31311	7821	8081
行唐县	4785	11884	44192	51164	97127	86401	29168	25874	5326	6052
灵寿县	4860	10161	33441	38070	82637	71883	26923	24138	5058	5543
高邑县	1545	5325	18092	22264	44070	39536	18147	12390	3281	2897
深泽县	2527	4966	30791	32402	69749	58837	13245	11893	3169	3447
赞皇县	3710	8003	28383	33546	60727	51230	14757	10289	3101	2478
无极县	6110	14921	60880	68856	126363	112241	28303	23664	6542	6773
平山县	5726	14206	38081	43640	113327	97684	33343	27334	8023	8022
元氏县	2799	8548	42226	50266	107723	98352	34521	26336	6181	5933
赵县	5449	14858	65750	73297	144946	125819	42350	32924	7879	7411
辛集市	3298	8522	65462	77207	155541	147236	52738	47752	8915	8807
藁城市	8689	21939	88779	105638	192483	172521	54235	45715	10279	13016
晋州市	4292	11346	58496	71278	143657	128846	36838	29465	6112	5649
新乐市	4148	10065	48450	59785	120106	109204	35049	30185	8359	9017
鹿泉市	1720	6560	35654	45219	90901	79494	50022	44917	16919	23216

受教育年限、文盲人口(全部数据)

		平均受教育年限(年)			15岁及以上文盲人口(人)			文盲人口占15岁及以上人口比重(%)		
大学本科及以上										
男	女	合计	男	女	合计	男	女	合计	男	女
1983280	**1816548**	**11.71**	**11.81**	**11.59**	**333098**	**72558**	**260540**	**1.86**	**0.79**	**3.00**
1960355	**1793897**	**11.78**	**11.88**	**11.68**	**291542**	**59804**	**231738**	**1.69**	**0.67**	**2.78**
64096	62361	12.45	12.59	12.32	6052	784	5268	1.14	0.30	1.97
97984	89071	12.65	12.83	12.48	8485	1136	7349	1.37	0.37	2.37
36465	35609	12.19	12.41	11.98	6685	1162	5523	2.08	0.74	3.36
69519	64711	12.34	12.55	12.14	10211	1511	8700	1.93	0.58	3.28
414881	403830	12.19	12.18	12.20	30411	5418	24993	0.93	0.32	1.57
185510	170932	11.74	11.88	11.60	29600	5087	24513	1.54	0.52	2.59
65499	57659	12.11	12.30	11.92	10075	1671	8404	1.80	0.58	3.07
595293	529443	12.97	13.02	12.91	24774	4643	20131	0.82	0.30	1.37
10591	10106	10.51	10.78	10.24	8945	1976	6969	3.43	1.49	5.42
39179	35006	10.36	10.60	10.11	26342	6009	20333	3.13	1.39	4.96
68229	63421	10.86	10.98	10.72	21762	4658	17104	2.02	0.84	3.27
35817	35446	10.40	10.55	10.23	22331	4693	17638	2.81	1.14	4.61
183512	153957	11.86	11.91	11.80	21198	4954	16244	1.39	0.61	2.30
70499	60999	10.61	10.70	10.51	24412	5669	18743	1.97	0.85	3.31
12669	11272	10.04	10.31	9.74	17171	4924	12247	5.20	2.82	7.89
10612	10074	9.58	9.98	9.17	23088	5509	17579	6.20	2.90	9.64
22925	**22651**	**9.82**	**10.07**	**9.57**	**41556**	**12754**	**28802**	**5.96**	**3.61**	**8.38**
11506	10910	9.60	9.90	9.29	25274	7279	17995	6.11	3.49	8.78
11419	11741	10.15	10.32	9.97	16282	5475	10807	5.74	3.78	7.79
612784	**559696**	**10.38**	**10.52**	**10.21**	**271390**	**61570**	**209820**	**2.33**	**0.99**	**3.86**
589814	**540421**	**10.63**	**10.73**	**10.52**	**199850**	**44038**	**155812**	**1.97**	**0.81**	**3.32**
24326	25987	11.93	11.98	11.87	3418	471	2947	1.36	0.37	2.36
65868	57110	11.72	11.95	11.49	13387	2129	11258	1.68	0.53	2.84
87647	85867	12.12	12.25	12.00	10186	1524	8662	1.26	0.38	2.10
117428	105228	12.12	12.27	11.97	11875	1823	10052	1.25	0.38	2.14
38190	35338	11.16	11.25	11.05	12440	1820	10620	1.68	0.46	3.07
33585	29036	11.35	11.54	11.14	9142	1299	7843	1.84	0.51	3.25
22681	13824	9.69	9.93	9.39	15187	3995	11192	2.84	1.32	4.79
44255	47920	10.39	10.43	10.35	13982	4507	9475	2.17	1.36	3.02
17478	14894	9.29	9.44	9.08	19369	5467	13902	3.69	1.82	6.19
31039	29967	10.44	10.56	10.31	13434	3428	10006	2.22	1.09	3.45
10520	9680	9.00	9.20	8.77	19054	4006	15048	2.32	0.92	3.92
12746	12393	8.99	9.33	8.60	20556	3778	16778	2.91	1.00	5.10
84051	73177	10.38	10.41	10.34	37820	9791	28029	1.69	0.74	3.04
22970	**19275**	**8.69**	**9.06**	**8.31**	**71540**	**17532**	**54008**	**4.64**	**2.21**	**7.19**
4125	3578	8.64	8.99	8.25	13906	3541	10365	3.92	1.88	6.22
9899	7751	8.63	9.01	8.24	22533	6026	16507	4.26	2.23	6.39
8946	7946	8.77	9.14	8.39	35101	7965	27136	5.32	2.39	8.31
995671	**917609**	**9.12**	**9.41**	**8.82**	**1877395**	**472817**	**1404578**	**3.14**	**1.58**	**4.71**
252098	**257856**	**9.89**	**10.10**	**9.69**	**237024**	**58582**	**178442**	**2.75**	**1.37**	**4.11**
26743	28521	11.40	11.53	11.28	4787	703	4084	1.14	0.34	1.91
34944	25826	11.90	12.06	11.73	3677	915	2762	1.01	0.48	1.57
48490	58080	12.83	12.86	12.80	4023	610	3413	0.76	0.25	1.22
43093	49483	12.34	12.41	12.28	5904	878	5026	1.07	0.33	1.76
1489	1161	9.91	10.24	9.57	3000	610	2390	3.63	1.45	5.88
60606	58791	12.48	12.54	12.43	4787	802	3985	0.87	0.30	1.40
2016	1609	9.10	9.43	8.76	6102	1529	4573	2.37	1.17	3.63
3730	4225	9.35	9.60	9.11	15784	3552	12232	4.02	1.85	6.08
2021	2090	9.40	9.68	9.13	5630	1067	4563	1.86	0.71	2.98
1656	1605	8.79	9.08	8.50	15398	4222	11176	4.78	2.63	6.90
1605	1533	8.90	9.15	8.64	12331	3699	8632	4.46	2.65	6.31
940	810	9.00	9.47	8.52	6264	1291	4973	4.05	1.66	6.44
933	895	8.64	8.81	8.47	5289	1528	3761	2.48	1.39	3.64
912	642	8.44	8.86	8.01	10692	3225	7467	5.49	3.27	7.76
2023	2137	8.53	8.82	8.23	18712	5073	13639	4.49	2.45	6.52
2462	2428	8.98	9.30	8.66	18451	5150	13301	5.22	2.86	7.68
1979	1711	9.05	9.39	8.71	10004	2261	7743	2.93	1.33	4.51
2339	2152	8.76	9.10	8.42	17805	4415	13390	3.76	1.85	5.70
3015	2708	9.06	9.26	8.87	8652	2041	6611	1.61	0.77	2.44
2933	3306	8.69	8.96	8.42	27748	7392	20356	4.21	2.26	6.10
1765	1672	8.72	9.01	8.42	13404	3346	10058	2.92	1.46	4.39
1949	2074	8.99	9.26	8.74	11358	2924	8434	2.88	1.50	4.23
4455	4397	10.04	10.18	9.90	7222	1349	5873	1.95	0.74	3.12

表4 续表 1

地区	6岁及以上各种受教育程度人口(人)									
	未上过学		小学		初中		高中		大学专科	
	男	女	男	女	男	女	男	女	男	女
唐山市	**46948**	**142975**	**867730**	**977372**	**1749083**	**1512161**	**603921**	**517840**	**209856**	**205252**
路南区	1384	4812	24953	29441	69378	55599	30921	29420	12609	13996
路北区	1292	5986	37159	42950	119407	114753	90003	91571	51985	53346
古冶区	2524	9410	32748	36160	88631	79759	35041	32891	8506	9199
开平区	1582	5333	26398	28895	66725	57061	22521	21057	6116	6721
丰南区	4088	11744	80392	91011	138102	112712	46158	36149	13413	12048
丰润区	4721	15125	115256	131094	220802	188091	64512	54537	19650	18965
滦县	5847	16808	79218	86792	130487	106781	31388	26571	10314	10918
滦南县	4354	15281	81765	94941	137570	114693	39516	32956	10005	10485
乐亭县	2848	8278	70999	70782	117387	107781	46539	41670	12840	12450
迁西县	2980	6524	44064	51608	90497	79339	31225	22784	9351	8669
玉田县	4787	16156	92314	106500	172224	146435	39420	29627	9721	10404
唐海县	952	3753	17846	19637	45268	30941	21369	12920	11051	5668
遵化市	4672	9679	87056	96183	185188	171631	45200	38316	13299	13895
迁安市	4917	14086	77562	91378	167417	146585	60108	47371	20996	18488
秦皇岛市	**16313**	**44666**	**330528**	**379956**	**658546**	**576016**	**238599**	**207557**	**92472**	**99406**
海港区	2189	6424	44109	50582	115962	115081	87725	87117	51310	54117
山海关区	772	2397	13724	15666	44151	35669	22206	18316	6404	5709
北戴河区	330	1134	6032	6486	14402	13551	9122	8246	6059	12259
青龙满族自治县	3254	7293	65438	89738	127346	94395	28739	15919	6947	4992
昌黎县	3002	8715	73106	76532	139730	127500	35233	32287	8059	8287
抚宁县	3740	9185	73097	78609	122520	109276	33694	28787	9155	9444
卢龙县	3026	9518	55022	62343	94435	80544	21880	16885	4538	4598
邯郸市	**84617**	**261814**	**1014063**	**1273047**	**2203112**	**1957182**	**578333**	**449662**	**159534**	**138962**
邯山区	1072	4425	22366	28006	56246	57804	50392	47293	25982	25627
丛台区	799	3001	21426	25962	53536	54127	55212	55688	26807	24423
复兴区	816	2530	14257	15033	35255	31857	30043	25181	10503	8654
峰峰矿区	3920	11214	43397	42744	129022	113980	52838	44646	15032	13264
邯郸县	2455	9973	45812	61282	111510	96977	32483	25761	8887	8095
临漳县	6603	19985	72593	92794	139087	135860	29018	20872	4931	4140
成安县	4699	15750	45432	57968	81133	79262	19038	14979	3903	3617
大名县	9253	25412	93914	122543	196113	172712	28357	18500	5484	4807
涉县	2222	6278	44915	55725	102872	90070	33905	23840	7801	6334
磁县	5171	17306	77257	98569	172996	155491	36950	23740	7533	5951
肥乡县	4953	13540	43212	52918	89964	78064	15150	10530	2801	2219
永年县	9392	28240	120450	149099	251819	209766	37222	28558	5521	4644
邱县	2357	7124	27592	34190	53276	46504	11778	8444	2548	2014
鸡泽县	4704	14214	38863	47253	62007	48257	12166	8311	2266	1648
广平县	3502	11624	27449	35666	69374	64855	10451	7673	2296	2066
馆陶县	3922	10604	37199	47281	74732	67666	12985	8822	3234	2559
魏县	10777	32556	93106	122518	204567	182652	36792	25340	8385	6319
曲周县	4212	16340	54827	72170	107666	86075	15881	10248	3187	2754
武安市	3788	11698	89996	111326	211937	185203	57672	41236	12433	9827
邢台市	**58432**	**174041**	**737524**	**916534**	**1834569**	**1634380**	**465120**	**347267**	**122307**	**107480**
桥东区	1101	3369	18116	20623	46777	45071	38462	35334	14296	14263
桥西区	1088	3344	23947	25892	62055	58581	57782	52778	34484	30679
邢台县	2440	6764	41006	55499	122625	115041	39078	25112	7073	5859
临城县	2063	6157	21533	25684	51056	43617	15138	11904	3386	3085
内邱县	2073	5782	26386	35986	65925	57964	21157	15215	4694	4072
柏乡县	2209	7415	20629	25016	47682	43310	13927	8378	2681	2019
隆尧县	4380	12566	52919	66109	143875	130202	26247	17603	4535	3878
任县	3517	11401	36861	46446	89594	76285	17050	11363	2881	2346
南和县	3631	11029	39438	48004	88598	75493	14175	9448	2647	2345
宁晋县	5821	17050	83075	98725	203801	188276	44690	31850	7833	6744
巨鹿县	3045	9101	39660	51299	101545	90624	20020	14186	4589	4254
新河县	791	2576	14526	18553	48577	46701	11489	9344	1950	1863
广宗县	3613	10033	36690	47129	67419	58282	13860	9411	2919	2693
平乡县	4142	11070	39668	46013	73707	62940	16378	11253	3566	2831
威县	5548	14633	68772	85604	150431	130476	20967	14741	4524	3677
清河县	3409	11759	36113	46315	107211	92389	21904	14606	4521	3790
临西县	3491	9712	45650	57994	90526	73886	13350	7816	2615	1872
南宫市	2222	6299	40652	50978	141601	131130	27105	21622	5175	4612
沙河市	3848	13981	51883	64665	131564	114112	32341	25303	7938	6598

大学本科及以上		平均受教育年限(年)			15岁及以上文盲人口(人)			文盲人口占15岁及以上人口比重(%)		
男	女	合计	男	女	合计	男	女	合计	男	女
133809	**116940**	**9.34**	**9.58**	**9.08**	**168454**	**38635**	**129819**	**2.60**	**1.17**	**4.09**
12837	10084	10.28	10.46	10.09	5422	1125	4297	1.97	0.80	3.21
54694	48375	11.69	11.85	11.53	6217	953	5264	0.93	0.29	1.57
4126	3308	9.36	9.61	9.11	10435	2012	8423	3.27	1.26	5.28
2656	2530	9.32	9.50	9.13	6278	1287	4991	2.75	1.11	4.45
7008	8179	8.98	9.24	8.70	14636	3618	11018	2.86	1.37	4.44
11016	8835	9.03	9.28	8.77	17142	3651	13491	2.21	0.92	3.56
3854	3706	8.54	8.84	8.24	21014	5161	15853	4.54	2.19	6.97
3834	4179	8.65	8.97	8.33	18029	3671	14358	3.64	1.47	5.82
5148	4531	9.16	9.31	9.00	9501	2260	7241	2.06	0.96	3.20
3940	3717	9.17	9.45	8.87	8001	2361	5640	2.53	1.46	3.65
4436	4031	8.59	8.90	8.27	17755	3674	14081	3.07	1.25	4.93
5595	2499	9.89	10.38	9.23	4349	796	3553	2.63	0.83	5.12
5174	4930	8.99	9.14	8.83	12238	3791	8447	2.02	1.24	2.81
9491	8036	9.29	9.61	8.97	17437	4275	13162	2.89	1.39	4.44
79864	**73756**	**9.63**	**9.83**	**9.43**	**51914**	**12572**	**39342**	**2.03**	**0.97**	**3.10**
59873	53781	11.66	11.83	11.51	6586	1318	5268	0.97	0.39	1.54
3408	2907	9.99	10.19	9.78	2525	507	2018	1.58	0.60	2.68
2358	2067	11.21	10.98	11.42	1195	220	975	1.55	0.62	2.35
2550	1809	8.48	8.92	8.00	9031	2522	6509	2.22	1.20	3.32
6017	6925	8.92	9.05	8.77	10509	2488	8021	2.19	1.03	3.38
3640	3885	8.77	8.96	8.58	11062	2994	8068	2.51	1.34	3.70
2018	2382	8.47	8.77	8.16	11006	2523	8483	3.44	1.56	5.36
79220	**62272**	**8.81**	**9.27**	**8.37**	**306726**	**67641**	**239085**	**4.22**	**1.89**	**6.47**
26237	18671	11.51	11.87	11.15	4682	740	3942	1.41	0.45	2.36
13489	11336	11.40	11.67	11.15	3137	557	2580	1.00	0.36	1.62
4384	2948	10.63	10.89	10.34	2875	602	2273	1.75	0.70	2.90
3875	3004	9.53	9.77	9.28	13650	3271	10379	3.13	1.45	4.95
5200	4586	9.11	9.54	8.70	10681	1747	8934	2.91	0.96	4.82
2086	1818	8.31	8.80	7.87	22668	4933	17735	4.88	2.27	7.19
1440	1352	8.24	8.78	7.77	19071	4132	14939	6.55	3.05	9.60
2489	1981	8.21	8.70	7.74	30332	7360	22972	5.19	2.61	7.61
2941	2451	9.09	9.46	8.71	7366	1741	5625	2.18	1.01	3.37
2251	1778	8.53	8.99	8.09	19887	4128	15759	3.69	1.55	5.78
1044	839	8.20	8.69	7.72	15594	3691	11903	5.73	2.75	8.63
2012	1604	8.23	8.67	7.80	34396	7902	26494	4.76	2.21	7.26
870	755	8.41	8.89	7.95	8239	1841	6398	4.79	2.17	7.35
821	665	7.83	8.48	7.20	17544	4059	13485	8.40	3.94	12.73
1050	899	8.24	8.76	7.76	13619	2867	10752	6.41	2.84	9.67
1290	1125	8.31	8.81	7.84	12910	3173	9737	5.52	2.82	8.04
1950	1534	8.21	8.77	7.69	38107	8561	29546	5.96	2.79	8.90
1097	1025	8.07	8.66	7.50	18925	3572	15353	5.80	2.23	9.23
4694	3901	8.96	9.32	8.59	13043	2764	10279	1.98	0.83	3.16
50277	**42668**	**8.87**	**9.26**	**8.48**	**202010**	**45285**	**156725**	**3.46**	**1.56**	**5.35**
8299	8055	10.86	11.04	10.67	3684	798	2886	1.60	0.69	2.49
15953	12816	11.50	11.70	11.30	3430	704	2726	0.99	0.40	1.62
2132	1697	9.08	9.44	8.71	7408	1632	5776	1.92	0.84	3.01
1508	1392	8.85	9.24	8.45	7018	1581	5437	4.16	1.86	6.49
1627	1525	8.97	9.37	8.56	6303	1415	4888	2.87	1.29	4.44
768	632	8.58	9.16	8.01	8619	1793	6826	5.57	2.35	8.70
1470	1149	8.53	8.91	8.16	13301	2810	10491	3.13	1.34	4.89
1036	759	8.38	8.88	7.89	12634	2498	10136	4.75	1.89	7.59
898	802	8.28	8.74	7.83	12983	2828	10155	4.93	2.16	7.66
2748	2351	8.66	9.01	8.31	20251	4656	15595	3.24	1.50	4.94
1233	1167	8.63	9.01	8.25	9764	2055	7709	3.17	1.35	4.96
721	638	9.04	9.31	8.78	2765	520	2245	1.94	0.74	3.11
1161	999	8.23	8.73	7.76	12269	2990	9279	5.50	2.74	8.13
1313	997	8.33	8.81	7.85	14011	3674	10337	5.93	3.10	8.77
2179	1604	8.28	8.67	7.91	18567	4730	13837	4.10	2.10	6.06
2114	1788	8.63	9.09	8.17	13512	2727	10785	4.26	1.72	6.79
801	591	8.16	8.63	7.68	12101	2940	9161	4.48	2.18	6.77
1938	1640	8.91	9.15	8.66	7010	1609	5401	1.74	0.80	2.69
2378	2066	8.80	9.23	8.38	16380	3325	13055	4.09	1.66	6.51

表4 续表 2

地区	6岁及以上各种受教育程度人口(人)									
	未上过学		小学		初中		高中		大学专科	
	男	女	男	女	男	女	男	女	男	女
保定市	**88372**	**202129**	**1344328**	**1552945**	**2721214**	**2436694**	**665891**	**579285**	**208326**	**212940**
新市区	1540	4212	29167	35830	76618	78395	55633	55967	32362	30108
北市区	1258	2705	21855	24084	48651	47186	40104	40118	26874	29718
南市区	851	2673	18947	22406	47745	45158	26609	25572	14467	16263
满城县	3574	7668	49145	53900	107287	92781	22628	18203	5500	5173
清苑县	4903	11493	73622	83357	174967	156590	28821	25165	5274	5695
涞水县	1627	3192	37788	46765	88927	78233	23942	19213	6843	6680
阜平县	3247	5938	25036	29341	50638	43985	10712	8522	3117	2782
徐水县	3469	9209	69199	86616	140315	119968	35883	30218	8425	8818
定兴县	3239	9025	73626	87865	127300	117104	25152	20699	5180	5285
唐县	4606	10290	66077	83305	133900	126667	24139	18934	4541	4283
高阳县	2444	5539	42936	45925	89487	84894	16200	14248	3976	4443
容城县	2743	7430	40663	45916	60474	50731	12284	9466	2725	2844
涞源县	6678	10847	43515	42097	53491	40731	16178	13454	4227	3882
望都县	1748	4585	27021	32725	64447	57214	17869	14519	4440	4212
安新县	6189	14151	65604	77978	111139	88303	13738	9938	3198	3398
易县	4951	9476	65066	79341	132130	115130	37828	29491	8532	8438
曲阳县	5745	11963	82646	95668	144362	126682	22163	19365	4832	5358
蠡县	2748	5713	62137	65279	139883	129315	21569	18205	3945	4721
顺平县	2144	4832	38548	45603	74717	65448	16348	13255	3746	3815
博野县	2062	4137	32400	35066	64588	59353	9918	9351	2132	2495
雄县	3078	8935	58029	68003	83740	68707	14948	10956	3879	3645
涿州市	3268	8972	67385	76927	134641	123387	48577	45170	18493	18673
定州市	10092	23681	145535	162941	297530	268944	65381	56226	15849	17026
安国市	2631	5555	41246	46484	98835	91525	22464	21879	4585	5139
高碑店市	3537	9908	67135	79523	175402	160263	36803	31151	11184	10046
张家口市	**61657**	**126378**	**618735**	**667527**	**918720**	**780101**	**318636**	**267436**	**107961**	**93738**
桥东区	1661	5231	21545	25640	58155	55213	44469	40546	22161	18588
桥西区	1760	5211	21204	24603	53423	49782	37622	38129	13376	14981
宣化区	3128	7606	30522	34982	76120	70674	42189	40335	16708	15704
下花园区	651	1757	7346	7919	14505	12054	5728	5202	1788	1552
宣化县	4447	8966	38800	41101	68885	55570	14376	10554	2832	3026
张北县	7485	16484	52794	59321	63090	48197	20553	16512	5623	4307
康保县	3574	8139	34477	41735	42881	33274	12259	8683	3878	2756
沽源县	4626	9564	28621	30171	36074	27978	10492	7830	3481	2714
尚义县	3302	7341	23249	28503	31161	25282	10470	6862	3293	2239
蔚县	5700	9390	82387	85011	93669	78037	22218	15132	6393	4823
阳原县	2631	6558	36959	41628	64933	57021	12455	8897	3400	2416
怀安县	2281	5538	29146	34707	49411	42392	13963	9874	3514	2581
万全县	2166	4910	31660	35701	50631	43460	11142	8476	3378	2628
怀来县	3568	6971	56998	54530	79457	71157	20786	19117	5745	5497
涿鹿县	3764	6621	58927	58289	72332	58369	21373	16964	5613	4532
赤城县	8560	12384	46224	44213	42073	33941	11847	9515	4475	3547
崇礼县	2353	3707	17876	19473	21920	17700	6694	4808	2303	1847
承德市	**42563**	**97875**	**467655**	**547546**	**767736**	**618147**	**233951**	**185246**	**85772**	**78731**
双桥区	2613	5623	35027	37800	75063	65524	41551	43076	29320	31697
双滦区	1321	2964	15523	17162	32492	28827	14057	11791	4629	3984
鹰手营子矿区	762	1993	6553	6951	15169	13493	5038	4436	2001	1637
承德县	6694	15828	50415	57057	95866	72947	24551	17488	6761	5523
兴隆县	5006	10508	44634	50632	72713	59216	18908	14632	5468	4915
平泉县	4143	10049	59193	72706	109655	88702	25620	19744	8840	7519
滦平县	5111	11732	40634	45984	65513	51904	17295	13640	4349	3777
隆化县	5766	14368	59244	65216	77631	61656	22667	16094	5908	4893
丰宁满族自治县	4193	9394	54253	63674	77575	61394	24498	18174	6875	5921
宽城满族自治县	3076	6843	33995	41384	57247	42623	16643	10948	5510	4290
围场满族蒙古族自治县	3878	8573	68184	88980	88812	71861	23123	15223	6111	4575
沧州市	**64423**	**165658**	**859741**	**1050190**	**1768588**	**1496881**	**407963**	**319132**	**132406**	**126231**
新华区	913	2357	18793	22447	40809	40049	30151	26794	11918	10871
运河区	1285	3218	23711	26902	50343	47891	32401	31187	25367	27752
沧县	4601	11176	101887	123514	169593	140217	25137	16087	3624	3329
青县	3049	7116	50839	66253	104116	85971	20477	14867	6115	5911
东光县	5321	11419	45308	55786	91123	77049	16793	13054	4820	4439
海兴县	2439	5652	25325	32830	51665	42478	9567	6028	2582	2063
盐山县	5769	12789	60403	74354	109037	85312	21240	14870	4985	4438
肃宁县	1667	6189	36237	42640	90978	79441	19123	15034	5158	4682
南皮县	5739	13722	48625	61597	87249	68855	21400	14114	4328	3436

大学本科及以上		平均受教育年限(年)			15岁及以上文盲人口(人)			文盲人口占15岁及以上人口比重(%)		
男	女	合计	男	女	合计	男	女	合计	男	女
138191	**133227**	**8.98**	**9.20**	**8.75**	**241246**	**66875**	**174371**	**2.60**	**1.44**	**3.76**
19152	16343	11.13	11.38	10.90	4316	927	3389	1.08	0.47	1.67
43840	42077	12.26	12.34	12.18	2928	811	2117	0.85	0.48	1.22
24427	26689	11.45	11.52	11.38	2809	574	2235	1.11	0.47	1.73
2314	2139	8.73	8.95	8.50	9496	2830	6666	2.84	1.65	4.11
2195	2605	8.58	8.78	8.38	14080	3859	10221	2.69	1.47	3.91
2145	1817	9.06	9.26	8.85	3958	1247	2711	1.36	0.84	1.90
837	719	8.52	8.81	8.22	8024	2712	5312	4.96	3.31	6.66
3179	3240	8.78	9.04	8.51	11391	2955	8436	2.41	1.25	3.57
1714	1605	8.43	8.70	8.17	9245	2011	7234	2.14	0.95	3.27
1613	1472	8.50	8.81	8.21	12069	3288	8781	2.89	1.62	4.08
1650	1743	8.70	8.86	8.55	5937	1532	4405	2.10	1.09	3.10
1198	1049	8.19	8.53	7.84	9164	2278	6886	4.24	2.11	6.37
1086	970	8.13	8.39	7.83	14859	5391	9468	7.08	4.86	9.56
1586	1366	8.96	9.25	8.68	5433	1390	4043	2.58	1.31	3.86
1046	1016	7.94	8.31	7.56	17489	4869	12620	4.90	2.71	7.12
2529	2434	8.79	9.05	8.53	11491	3766	7725	2.57	1.67	3.50
1522	1689	8.34	8.58	8.11	14686	4398	10288	3.24	1.95	4.51
1589	1822	8.65	8.78	8.52	6283	1754	4529	1.53	0.85	2.21
1425	1452	8.67	8.91	8.43	5760	1616	4144	2.37	1.32	3.44
680	836	8.50	8.65	8.36	4980	1490	3490	2.48	1.49	3.46
1097	979	8.16	8.52	7.79	10257	2245	8012	3.53	1.54	5.52
10157	8426	9.47	9.69	9.26	9199	1986	7213	1.79	0.77	2.79
5681	5645	8.72	8.94	8.50	29997	8424	21573	3.14	1.76	4.51
1533	1673	8.88	9.02	8.75	6883	2100	4783	2.20	1.36	3.04
3996	3421	8.93	9.17	8.69	10512	2422	8090	1.93	0.89	2.98
50327	**42351**	**8.79**	**9.08**	**8.48**	**171758**	**54408**	**117350**	**4.70**	**2.91**	**6.58**
17229	14248	11.04	11.35	10.72	5608	1124	4484	1.87	0.74	3.03
8045	6525	10.49	10.68	10.31	5899	1271	4628	2.34	1.02	3.60
7164	5988	10.09	10.33	9.85	10704	3120	7584	3.36	1.96	4.76
695	576	9.13	9.42	8.83	2274	588	1686	4.11	2.07	6.26
1304	2034	8.27	8.53	8.00	11724	3691	8033	5.11	3.10	7.27
2063	1738	7.99	8.47	7.49	22410	6763	15647	8.39	4.97	11.94
957	731	8.03	8.52	7.53	11083	3308	7775	6.38	3.75	9.09
1134	871	7.94	8.41	7.45	13532	4339	9193	9.14	5.67	12.85
749	453	8.09	8.67	7.50	10753	3334	7419	8.44	5.18	11.78
1908	1521	8.19	8.44	7.91	11253	3834	7419	3.15	2.05	4.35
732	509	8.36	8.71	8.00	8071	2206	5865	3.88	2.09	5.70
1093	762	8.49	8.88	8.09	6978	1917	5061	3.96	2.14	5.86
1017	713	8.42	8.73	8.10	6095	1745	4350	3.48	1.95	5.09
2303	2301	8.58	8.70	8.46	11333	4039	7294	3.81	2.64	5.06
1680	1423	8.40	8.60	8.17	9074	3144	5930	3.23	2.11	4.49
1381	1287	7.66	7.93	7.35	19489	7867	11622	9.94	7.65	12.46
873	671	8.23	8.56	7.87	5478	2118	3360	6.08	4.53	7.77
41417	**36815**	**8.80**	**9.16**	**8.44**	**125661**	**35927**	**89734**	**4.38**	**2.46**	**6.37**
16620	17146	10.86	10.91	10.81	6570	1868	4702	1.77	1.01	2.51
2363	1611	9.47	9.75	9.17	3884	1107	2777	3.12	1.73	4.59
893	655	9.19	9.52	8.85	2388	595	1793	4.35	2.12	6.67
3091	2448	8.38	8.82	7.90	20892	5941	14951	6.42	3.50	9.60
2261	1882	8.41	8.76	8.05	14263	4456	9807	5.46	3.33	7.69
3290	2722	8.66	9.04	8.28	12794	3534	9260	3.51	1.91	5.16
2509	2198	8.33	8.74	7.89	15093	4407	10686	6.43	3.68	9.31
2673	2280	8.21	8.67	7.73	18685	5206	13479	6.26	3.43	9.18
2130	1803	8.52	8.90	8.13	12178	3516	8662	4.17	2.35	6.08
2388	1726	8.61	9.06	8.12	8618	2433	6185	4.21	2.28	6.31
3199	2344	8.30	8.76	7.85	10296	2864	7432	3.05	1.71	4.38
52705	**43907**	**8.73**	**9.08**	**8.38**	**203574**	**52632**	**150942**	**3.48**	**1.79**	**5.17**
4339	3588	10.47	10.73	10.20	2524	588	1936	1.32	0.61	2.01
10318	8896	11.12	11.26	10.99	3608	898	2710	1.37	0.69	2.02
1083	965	8.11	8.44	7.78	13599	3591	10008	2.51	1.32	3.72
2082	1895	8.58	8.91	8.24	8771	2417	6354	2.62	1.44	3.82
1602	1302	8.32	8.68	7.96	15023	4524	10499	5.03	3.03	7.04
936	723	8.36	8.83	7.89	7002	1876	5126	4.37	2.34	6.39
1664	1439	8.24	8.65	7.82	16631	4847	11784	4.68	2.70	6.72
1805	1701	8.82	9.12	8.52	7054	1351	5703	2.52	0.95	4.11
1216	985	8.17	8.69	7.65	18057	5045	13012	6.07	3.38	8.79

表4 续表 3

地区	6岁及以上各种受教育程度人口(人)									
	未上过学		小学		初中		高中		大学专科	
	男	女	男	女	男	女	男	女	男	女
吴桥县	1988	5256	32626	42125	73114	64894	17214	12995	5580	5298
献县	5507	13458	65949	79930	154934	136960	26256	20482	6316	5776
孟村回族自治县	1510	3871	26488	31870	53340	43667	8888	6484	2442	2158
泊头市	4311	11266	63028	77582	150837	136251	37515	28134	8013	8102
任丘市	6808	20561	89738	107621	205483	175706	45318	40673	19066	18357
黄骅市	5952	14734	66673	76465	130947	106782	40254	28562	12104	9295
河间市	7564	22874	104111	128274	205020	165358	36229	29767	9988	10324
廊坊市	**26628**	**73756**	**483553**	**574066**	**1060444**	**896038**	**278756**	**234666**	**123972**	**119028**
安次区	2047	4661	38385	42240	78708	71599	30195	25544	13474	11540
广阳区	1577	4352	36585	41112	83328	82274	49787	48875	38818	36616
固安县	3214	9806	45571	56357	111113	92786	25323	20560	7719	8699
永清县	2522	5762	45300	54816	95239	81578	17647	13493	3984	3754
香河县	1190	4318	37241	44953	97940	78018	23075	18301	6848	6915
大城县	4174	11047	59552	71636	127754	104668	21616	16818	5134	5188
文安县	3922	10660	66940	85622	138409	107162	23266	15539	5228	4344
大厂回族自治县	231	949	9242	11303	32548	29315	10250	9043	3194	3262
霸州市	4406	10903	87627	101330	157423	131805	29247	22613	8536	7903
三河市	3345	11298	57110	64697	137982	116833	48350	43880	31037	30807
衡水市	**26642**	**73212**	**497845**	**571939**	**1136812**	**1026718**	**263389**	**231759**	**60598**	**62421**
桃城区	2293	6864	43613	48157	99900	93541	61571	60532	19644	21738
枣强县	2446	8148	47351	54746	103842	93894	20396	16826	3686	3770
武邑县	2491	6340	35853	44574	83544	75310	19830	15169	3036	2730
武强县	1458	3683	25018	28155	61198	55785	8784	7825	2494	2375
饶阳县	1251	2870	33469	36353	81325	74072	11788	12130	2760	3088
安平县	2087	4536	39982	41609	86177	77305	20594	18830	4440	5303
故城县	3084	10214	56286	70487	131202	114902	24354	18443	5495	4923
景县	3567	8981	59545	70654	148326	134482	24595	20198	4818	4261
阜城县	3264	7651	42409	50091	92956	82845	14362	11351	3073	2778
冀州市	1946	7061	42481	49335	90575	82814	27826	24068	5590	5576
深州市	2755	6864	71838	77778	157767	141768	29289	26387	5562	5879
山西省	**269688**	**598535**	**3663138**	**4141698**	**8594820**	**7520463**	**3045500**	**2573118**	**1029742**	**969450**
太原市	**23942**	**53389**	**312005**	**320731**	**763375**	**658405**	**435985**	**428131**	**260635**	**267518**
小店区	2691	6515	45778	46421	129333	105532	85194	84185	67892	69588
迎泽区	1684	4790	29565	33156	82483	77721	69117	72023	46964	52326
杏花岭区	2250	7567	37719	43272	106713	95135	80269	80161	48418	47249
尖草坪区	1865	5059	29630	31557	75181	66220	40237	42506	22679	23785
万柏林区	3478	7463	49272	49592	134230	114844	82662	76145	45890	48321
晋源区	1967	4132	22885	22035	43666	37229	21447	21397	11441	10646
清徐县	2475	5489	43016	40793	90855	78666	22357	23541	5007	5229
阳曲县	1750	3492	16793	16957	30280	23993	8068	6510	2373	1885
娄烦县	3267	4794	17886	17026	20572	16537	6669	5395	2279	1904
古交市	2515	4088	19461	19922	50062	42528	19965	16268	7692	6585
大同市	**31426**	**68801**	**362151**	**422467**	**746536**	**669723**	**309659**	**255404**	**95180**	**80570**
城区	2732	7882	41819	47602	114675	118911	118160	112813	45438	41736
矿区	4587	9930	40960	48250	105804	102723	66663	51856	18121	13872
南郊区	2109	5276	44298	51832	110316	94110	23399	18519	4660	3981
新荣区	2017	4256	16234	17720	26991	21573	5427	3816	1505	1091
阳高县	3906	8848	36360	44576	68920	58447	15473	10806	3967	2787
天镇县	3034	6824	26249	31847	53217	48456	10606	7429	2742	1939
广灵县	1992	3501	30722	31379	41792	36442	10126	8579	3005	2390
灵丘县	4017	7522	33431	37576	55217	44389	15846	10485	4121	2823
浑源县	3221	6870	48657	60267	87706	74655	16506	11527	4843	5005
左云县	1969	4162	19663	23996	33732	30022	13745	10556	3915	3185
大同县	1842	3730	23758	27422	48166	39995	13708	9018	2863	1761
阳泉市	**11429**	**25155**	**143529**	**152234**	**338134**	**289238**	**115087**	**101354**	**42702**	**36223**
城区	478	1890	12191	14272	35130	33128	26904	26242	11373	10543
矿区	1139	2929	20640	22702	54837	49721	26849	24270	10251	8575
郊区	2917	5652	30716	28585	74699	59744	23247	20261	10460	8009
平定县	3078	8099	43100	47158	86704	72835	20550	16771	5354	4508
盂县	3817	6585	36882	39517	86764	73810	17537	13810	5264	4588
长治市	**20054**	**47743**	**351140**	**410245**	**838071**	**725068**	**263574**	**218937**	**86958**	**79436**
城区	1005	3106	28946	34160	79145	77489	63460	62591	32294	32259
郊区	1226	4108	25361	30896	69377	59959	27002	23070	8729	7769
长治县	1666	5797	38058	50538	90373	78889	23404	17685	4328	3643
襄垣县	1377	2646	29296	31387	68277	59502	23081	17691	7245	6411

大学本科及以上		平均受教育年限(年)			15岁及以上文盲人口(人)			文盲人口占15岁及以上人口比重(%)		
男	女	合计	男	女	合计	男	女	合计	男	女
1399	1303	8.82	9.13	8.51	5519	1266	4253	2.31	1.06	3.55
1666	1413	8.52	8.84	8.20	16360	4355	12005	3.52	1.88	5.14
888	735	8.49	8.83	8.14	4765	1259	3506	2.95	1.54	4.39
2023	1673	8.79	9.10	8.48	14039	3614	10425	2.94	1.52	4.35
11982	9647	8.99	9.33	8.66	25585	6042	19543	3.72	1.76	5.69
6504	4772	8.90	9.35	8.43	18858	4980	13878	4.23	2.18	6.38
3198	2870	8.38	8.76	8.00	26179	5979	20200	3.99	1.83	6.16
88384	**78676**	**9.31**	**9.57**	**9.04**	**86424**	**21046**	**65378**	**2.33**	**1.12**	**3.59**
12945	13986	9.89	10.06	9.72	5214	1421	3793	1.63	0.87	2.40
26662	22785	11.18	11.39	10.98	5042	1221	3821	1.15	0.56	1.74
2156	1819	8.79	9.09	8.49	11553	2657	8896	3.24	1.48	5.03
1549	1434	8.52	8.78	8.26	6967	2000	4967	2.32	1.32	3.35
2045	2017	9.00	9.22	8.77	5040	1017	4023	1.68	0.65	2.80
1505	1654	8.47	8.80	8.13	13541	3458	10083	3.52	1.79	5.26
1458	1276	8.36	8.76	7.94	12774	3176	9598	3.07	1.50	4.70
1039	1143	9.60	9.75	9.45	897	132	765	0.86	0.25	1.49
3217	2919	8.50	8.77	8.22	12880	3410	9470	2.50	1.31	3.74
35808	29643	10.37	10.61	10.11	12516	2554	9962	2.21	0.88	3.62
29379	**29141**	**8.87**	**9.09**	**8.66**	**82604**	**19214**	**63390**	**2.27**	**1.06**	**3.48**
14634	15042	10.35	10.48	10.23	7604	1646	5958	1.71	0.75	2.64
1420	1415	8.59	8.87	8.31	8948	1763	7185	2.77	1.10	4.43
1520	1304	8.68	9.00	8.37	7073	1680	5393	2.71	1.29	4.12
781	777	8.64	8.84	8.44	4256	1088	3168	2.37	1.21	3.53
1124	1141	8.69	8.78	8.59	3037	760	2277	1.25	0.62	1.88
1431	1624	8.88	8.99	8.77	5024	1407	3617	1.80	1.00	2.63
1874	1765	8.61	8.97	8.25	11392	2353	9039	2.88	1.20	4.53
1559	1330	8.61	8.85	8.36	10999	2882	8117	2.54	1.33	3.75
884	771	8.45	8.73	8.16	9075	2424	6651	3.28	1.75	4.81
2265	2086	8.90	9.16	8.64	7527	1350	6177	2.38	0.86	3.90
1887	1886	8.66	8.81	8.52	7669	1861	5808	1.56	0.75	2.40
586248	**528949**	**9.52**	**9.74**	**9.28**	**762030**	**224158**	**537872**	**2.57**	**1.48**	**3.72**
243739	**216660**	**11.10**	**11.19**	**11.02**	**67519**	**19789**	**47730**	**1.86**	**1.06**	**2.69**
58713	62369	11.92	11.88	11.97	7488	1949	5539	1.06	0.54	1.59
45054	50332	12.12	12.14	12.10	5473	1311	4162	1.05	0.52	1.55
34151	29889	11.44	11.61	11.27	8496	1784	6712	1.51	0.63	2.41
35874	20746	11.18	11.43	10.91	5997	1488	4509	1.65	0.79	2.59
58378	41130	11.37	11.49	11.24	9192	2713	6479	1.40	0.79	2.09
5281	6046	10.14	10.20	10.07	5588	1731	3857	2.97	1.79	4.21
2380	2629	9.03	9.08	8.97	7200	2122	5078	2.55	1.46	3.72
852	871	8.66	8.91	8.37	4838	1567	3271	4.80	2.93	6.91
1019	829	8.22	8.49	7.92	7582	3045	4537	9.10	6.92	11.55
2037	1819	9.63	9.82	9.42	5665	2079	3586	3.34	2.33	4.46
44561	**37969**	**9.37**	**9.67**	**9.07**	**88979**	**26541**	**62438**	**3.23**	**1.89**	**4.61**
20053	16351	11.15	11.39	10.92	8550	1870	6680	1.38	0.61	2.14
8929	5369	9.89	10.26	9.51	12249	3726	8523	2.86	1.69	4.09
7984	10698	9.18	9.34	9.01	6773	1838	4935	2.04	1.09	3.04
633	394	8.11	8.52	7.67	5951	1875	4076	6.71	4.05	9.62
1162	814	8.36	8.78	7.92	11505	3382	8123	5.11	2.96	7.33
620	460	8.32	8.73	7.92	8925	2643	6282	5.27	3.14	7.36
868	731	8.48	8.69	8.27	4583	1557	3026	3.15	2.08	4.29
912	636	8.40	8.80	7.95	10627	3586	7041	5.69	3.66	7.91
1604	1208	8.44	8.74	8.14	9043	2732	6311	3.21	1.91	4.53
1097	885	8.90	9.28	8.51	5948	1858	4090	4.63	2.87	6.41
699	423	8.69	9.04	8.30	4825	1474	3351	3.18	1.85	4.66
17870	**15047**	**9.44**	**9.65**	**9.21**	**32754**	**9776**	**22978**	**2.84**	**1.63**	**4.14**
6306	5442	10.99	11.19	10.78	2003	341	1662	1.21	0.41	2.01
4437	3611	10.08	10.28	9.87	3502	898	2604	1.69	0.84	2.58
3730	3064	9.43	9.60	9.24	7874	2625	5249	3.21	1.99	4.64
1822	1548	8.68	8.98	8.37	10202	2630	7572	3.71	1.86	5.65
1575	1382	8.73	8.94	8.50	9173	3282	5891	3.53	2.42	4.72
41915	**38840**	**9.37**	**9.60**	**9.13**	**59250**	**16486**	**42764**	**2.15**	**1.17**	**3.19**
22735	22611	11.41	11.55	11.28	3459	749	2710	0.83	0.37	1.29
3468	2571	9.63	9.90	9.34	4623	920	3703	1.96	0.76	3.22
1532	1246	8.79	9.14	8.44	6549	1308	5241	2.33	0.93	3.74
3467	2867	9.46	9.64	9.26	3498	1145	2353	1.56	0.98	2.21

表4 续表 4

地区	6岁及以上各种受教育程度人口(人)									
	未上过学		小学		初中		高中		大学专科	
	男	女	男	女	男	女	男	女	男	女
屯留县	1652	4002	27846	32798	73081	63220	18115	13377	4684	3790
平顺县	991	2205	18985	24027	40618	33769	9619	6398	2404	1824
黎城县	1024	1894	19366	22595	42628	35935	9727	7337	2676	2144
壶关县	1493	4002	32481	41521	83009	75753	15464	11167	3380	2631
长子县	2892	8038	36755	44732	99402	84667	22800	17348	5716	4660
武乡县	2060	3248	26925	26813	47930	38780	8872	6899	3535	2878
沁县	1967	3272	22631	22318	44624	37241	11245	9652	2999	3924
沁源县	1489	2545	18807	18822	43271	30809	11773	10310	4045	3616
潞城市	1212	2880	25683	29638	56336	49055	19012	15412	4923	3887
晋城市	**10639**	**31888**	**224421**	**291540**	**570740**	**512538**	**205238**	**159730**	**59643**	**50608**
城区	985	3087	30661	36341	91607	89591	62620	58129	27417	25961
沁水县	1106	2816	19584	25931	57914	47091	20470	13444	6252	4272
阳城县	1480	4317	38093	53064	102228	94140	34246	25774	8122	6547
陵川县	1754	4594	28162	33577	61999	54209	14875	10515	2904	2250
泽州县	2459	6696	54228	68771	138853	120664	32179	21391	5832	4190
高平市	2855	10378	53693	73856	118139	106843	40848	30477	9116	7388
朔州市	**23515**	**48205**	**194039**	**221318**	**409492**	**351837**	**157068**	**109921**	**40640**	**33438**
朔城区	5597	11376	50041	55572	114800	101917	48531	37598	17943	17425
平鲁区	3854	7023	25655	29484	48391	39024	16913	11324	4473	3309
山阴县	2525	5930	26508	31771	60903	51489	19484	13545	5830	4091
应县	4958	10050	41178	48890	80980	70247	29152	18503	3208	2174
右玉县	3032	5751	15272	16612	25186	18765	10276	6083	2527	1426
怀仁县	3549	8075	35385	38989	79232	70395	32712	22868	6659	5013
晋中市	**29476**	**57804**	**354456**	**350140**	**811216**	**692964**	**245058**	**220734**	**82017**	**75223**
榆次区	4887	10733	58729	59763	127571	114109	60248	63733	28466	27591
榆社县	2289	3002	17917	16339	32671	27426	8730	7503	3223	3064
左权县	1675	2684	19830	20631	43143	33635	10877	8009	3601	2700
和顺县	1647	2470	17864	18960	35701	29651	11555	8180	3565	2909
昔阳县	2271	4017	25569	26125	62433	52803	16348	11958	4007	3305
寿阳县	3102	4648	31471	28687	56767	40977	12877	10237	3939	3544
太谷县	3277	6182	30272	29901	73699	66279	20083	18906	5122	5102
祁县	2155	4269	29428	27510	73777	65950	15272	13935	5960	4732
平遥县	3894	9435	53552	52638	135947	119997	35758	31139	7088	6277
灵石县	1727	4031	27084	25986	71456	54449	20576	17023	5780	5073
介休市	2552	6333	42740	43600	98051	87688	32734	30111	11266	10926
运城市	**20938**	**63922**	**460781**	**590290**	**1334066**	**1207225**	**492098**	**381814**	**108243**	**99689**
盐湖区	2507	6987	52260	62747	143900	137908	76532	74113	25282	27680
临猗县	1653	4286	52130	67509	159523	146952	51920	39257	7586	6975
万荣县	1384	5454	44904	61303	116508	103003	38014	26357	6590	5538
闻喜县	1456	4941	37681	48273	108430	98304	37022	26567	7339	5831
稷山县	1512	4961	34314	47633	91679	80174	30084	19916	5403	5989
新绛县	1080	3732	33694	45317	89403	78841	27849	19096	5027	4462
绛县	1596	4315	25211	30019	75170	68943	24942	21404	5736	4929
垣曲县	1072	2682	17446	19802	62861	57389	23360	17883	6242	5382
夏县	1626	5251	31589	40790	102269	88069	29375	20917	4999	4083
平陆县	1761	4137	21387	25666	73141	66974	22107	16840	5099	4526
芮城县	1383	4470	34136	44045	105594	98935	39797	29993	7009	5937
永济市	1869	5530	41188	54413	113230	101491	42699	34107	10297	8827
河津市	2039	7176	34841	42773	92358	80242	48397	35364	11634	9530
忻州市	**38846**	**81782**	**385975**	**431591**	**718993**	**602818**	**230223**	**179433**	**75224**	**69181**
忻府区	3148	9714	52245	62349	121176	106900	46623	42493	17813	23420
定襄县	1572	5080	23675	27829	58383	51764	12804	10427	4073	3737
五台县	2852	6550	36647	43210	76387	64534	19965	15815	5783	5019
代县	2595	5310	26255	28800	55550	46278	13892	11078	4226	3408
繁峙县	2547	4459	45009	48618	59410	49714	15324	12151	4046	3266
宁武县	3230	5525	21428	22046	37757	29355	11906	8487	4535	3191
静乐县	4439	7473	27016	27109	32271	24399	9980	6986	2836	2101
神池县	1867	2881	14581	15534	22733	19158	11336	6992	2977	1977
五寨县	1118	2333	13425	15578	24802	20557	8435	6958	3083	3937
岢岚县	1673	2654	12597	12961	19869	15630	6273	4592	1807	1432
河曲县	3225	6418	18288	20454	31106	24178	12885	8483	4947	3298
保德县	2538	4504	21771	24778	36390	28813	12623	8074	4158	2718
偏关县	3200	5743	15268	18184	23349	18950	8968	6073	2467	1707
原平市	4842	13138	57770	64141	119810	102588	39209	30824	12473	9970

大学本科及以上		平均受教育年限(年)			15岁及以上文盲人口(人)			文盲人口占15岁及以上人口比重(%)		
男	女	合计	男	女	合计	男	女	合计	男	女
1716	1359	9.02	9.30	8.72	5070	1381	3689	2.36	1.24	3.55
830	702	8.72	9.05	8.37	2783	827	1956	2.22	1.28	3.23
811	697	8.88	9.12	8.63	2346	785	1561	1.87	1.20	2.59
994	840	8.76	9.06	8.46	4693	1169	3524	2.01	1.00	3.02
1859	1502	8.82	9.16	8.47	9633	2393	7240	3.30	1.60	5.09
1069	977	8.62	8.80	8.42	4590	1727	2863	3.12	2.20	4.17
672	811	8.88	8.96	8.79	4721	1759	2962	3.36	2.41	4.41
892	996	9.12	9.23	8.99	3767	1355	2412	2.87	1.89	4.07
1870	1661	9.21	9.46	8.94	3518	968	2550	1.91	1.02	2.85
24761	**19647**	**9.41**	**9.73**	**9.08**	**34692**	**7736**	**26956**	**1.83**	**0.80**	**2.90**
14110	11337	10.95	11.15	10.75	3299	664	2635	0.83	0.33	1.33
2149	1454	9.39	9.74	8.98	3334	867	2467	1.85	0.90	2.95
2833	2182	9.26	9.59	8.92	4505	972	3533	1.38	0.59	2.17
885	782	8.67	9.00	8.34	5562	1452	4110	2.95	1.51	4.46
1810	1396	8.80	9.12	8.46	6629	1621	5008	1.65	0.79	2.57
2974	2496	8.97	9.39	8.54	11363	2160	9203	2.86	1.09	4.62
13306	**8924**	**9.02**	**9.40**	**8.60**	**65213**	**20360**	**44853**	**4.64**	**2.80**	**6.61**
7174	4889	9.62	9.92	9.31	15206	4710	10496	3.70	2.23	5.25
1405	923	8.70	9.13	8.23	9898	3366	6532	5.95	3.85	8.28
1254	790	8.97	9.39	8.51	7868	2229	5639	4.00	2.19	5.94
804	527	8.49	8.92	8.04	13450	4253	9197	4.93	3.05	6.90
633	337	8.35	8.93	7.68	8067	2677	5390	8.68	5.33	12.62
2036	1458	9.08	9.45	8.68	10724	3125	7599	4.01	2.26	5.89
51670	**48816**	**9.36**	**9.50**	**9.21**	**78942**	**25709**	**53233**	**2.93**	**1.83**	**4.12**
21676	21715	10.26	10.35	10.16	13730	4082	9648	2.53	1.49	3.57
987	911	8.91	8.99	8.82	4962	2140	2822	4.57	3.71	5.55
1169	913	8.90	9.11	8.65	3932	1483	2449	2.93	2.05	3.98
993	916	8.97	9.18	8.73	3839	1497	2342	3.15	2.31	4.11
1519	1399	8.94	9.14	8.72	5646	1971	3675	2.97	1.95	4.12
1592	1648	8.63	8.75	8.48	7196	2819	4377	3.97	2.81	5.42
12472	10927	9.60	9.75	9.44	8518	2827	5691	3.39	2.19	4.65
1875	1639	9.09	9.22	8.94	5868	1901	3967	2.70	1.68	3.82
3155	3065	9.04	9.23	8.84	11998	3331	8667	2.96	1.60	4.39
1943	1962	9.30	9.44	9.13	5135	1457	3678	2.45	1.28	3.84
4289	3721	9.45	9.61	9.28	8118	2201	5917	2.45	1.31	3.64
43917	**37394**	**9.42**	**9.72**	**9.11**	**69281**	**14705**	**54576**	**1.62**	**0.68**	**2.58**
16535	14777	10.27	10.45	10.10	7636	1783	5853	1.33	0.63	2.00
2531	2488	9.23	9.47	8.98	3984	824	3160	0.83	0.34	1.33
1821	1435	9.06	9.44	8.67	5611	943	4668	1.55	0.52	2.60
2256	2057	9.26	9.60	8.92	5370	1035	4335	1.61	0.61	2.63
1629	1327	9.10	9.48	8.72	5076	967	4109	1.80	0.68	2.91
1843	1499	9.09	9.45	8.73	4057	776	3281	1.49	0.56	2.43
1318	1191	9.30	9.55	9.05	5271	1330	3941	2.24	1.12	3.38
2065	1589	9.72	9.95	9.47	2888	712	2176	1.52	0.72	2.38
1531	1262	9.06	9.40	8.71	5693	1184	4509	1.92	0.78	3.12
1563	1521	9.30	9.56	9.04	4043	1010	3033	1.87	0.92	2.86
2596	1824	9.39	9.71	9.07	5130	1082	4048	1.56	0.65	2.48
4095	3246	9.39	9.70	9.07	6157	1354	4803	1.64	0.71	2.58
4134	3178	9.69	10.11	9.25	8365	1705	6660	2.59	1.03	4.23
30395	**26731**	**8.93**	**9.23**	**8.61**	**107877**	**33205**	**74672**	**4.28**	**2.55**	**6.11**
12274	13340	9.86	10.01	9.72	10969	2456	8513	2.43	1.10	3.73
1447	1313	8.88	9.18	8.57	5977	1276	4701	3.35	1.42	5.32
2003	1605	8.80	9.10	8.47	8445	2403	6042	3.41	1.89	4.99
1428	1113	8.74	9.01	8.43	6914	2159	4755	3.88	2.32	5.57
1097	848	8.41	8.66	8.16	6279	2209	4070	2.95	2.01	3.95
1343	969	8.71	9.05	8.31	8036	2901	5135	6.12	4.10	8.48
1043	772	8.00	8.40	7.55	11106	4043	7063	8.76	6.01	11.87
678	521	8.85	9.22	8.43	4395	1689	2706	4.89	3.50	6.49
852	640	9.13	9.33	8.92	3060	934	2126	3.40	2.05	4.80
477	403	8.53	8.81	8.20	3893	1449	2444	5.54	3.87	7.45
1758	1039	8.76	9.31	8.15	8953	2926	6027	7.48	4.62	10.69
1182	625	8.74	9.17	8.24	4841	1583	3258	3.81	2.34	5.49
1143	721	8.29	8.85	7.70	8522	2989	5533	9.38	6.42	12.50
3670	2822	8.99	9.33	8.63	16487	4188	12299	4.05	1.99	6.26

表4 续表 5

地区	6岁及以上各种受教育程度人口(人)									
	未上过学		小学		初中		高中		大学专科	
	男	女	男	女	男	女	男	女	男	女
临汾市	**20789**	**51054**	**402005**	**470294**	**1132285**	**1008379**	**350264**	**306642**	**105125**	**99391**
尧都区	2688	6827	67974	79218	206770	188728	104585	101104	39067	40770
曲沃县	1492	4577	21002	23952	67500	61699	17384	14495	4569	3851
翼城县	1736	4888	27945	33842	85833	78729	23778	20514	6218	5743
襄汾县	1879	6372	44099	57260	123190	110997	30906	24952	6067	5348
洪洞县	3103	7387	80584	94439	206662	189756	40994	34624	8626	7735
古县	717	1499	10213	12045	24982	18546	6807	5596	2174	1830
安泽县	474	838	8998	10689	23009	17223	5914	4396	1847	1495
浮山县	557	1139	11466	12516	37625	33356	8888	7711	2609	2476
吉县	675	1095	12979	15991	27387	23072	7701	6282	1899	1509
乡宁县	1450	3783	26029	31147	61867	48722	18461	13444	4654	3985
大宁县	537	932	7068	7886	17028	14838	4723	3919	1547	1358
隰县	1130	1945	12414	12383	27144	23506	7000	6188	2102	2015
永和县	580	1076	8746	9845	15889	13232	4358	3370	1188	1196
蒲县	994	1779	10839	11984	29960	20996	9611	6699	3039	2442
汾西县	728	1405	13103	13960	42064	37560	9697	8663	2096	2274
侯马市	947	2998	18497	21079	54863	52480	26410	23904	10046	8830
霍州市	1102	2514	20049	22058	80512	74939	23047	20781	7377	6534
吕梁市	**38634**	**68792**	**472636**	**480848**	**931912**	**802268**	**241246**	**211018**	**73375**	**78173**
离石区	2248	3542	31266	30120	65673	59298	29835	27802	12484	18457
文水县	3019	7384	48943	50052	116049	103705	23512	23679	5200	5755
交城县	1726	3607	21425	22459	64916	58203	15517	14876	4013	4117
兴县	5259	7766	39367	41665	67077	57754	17492	13103	5649	3865
临县	6908	11518	90126	91416	149380	128742	23797	20788	6148	5930
柳林县	3658	5943	45586	45803	77550	59120	22595	18006	7103	5793
石楼县	993	1524	19133	20662	25866	21141	5781	4486	1502	1330
岚县	3772	6612	24303	26532	41828	34821	9252	7046	2719	2176
方山县	2608	4077	23319	22529	34061	26928	7603	5689	2714	2372
中阳县	1483	2601	18527	19738	32133	25220	12248	9208	3610	3003
交口县	1608	2770	14446	14023	29569	24316	8733	7697	2460	2422
孝义市	2657	6050	42973	44545	121016	105630	42367	38429	12075	11067
汾阳市	2695	5398	53222	51304	106794	97390	22514	20209	7698	11886
内蒙古自治区	**353205**	**778066**	**2993100**	**3285718**	**5394257**	**4295275**	**2049754**	**1690545**	**862600**	**740249**
呼和浩特市	**41952**	**92170**	**270349**	**296449**	**519519**	**424924**	**246848**	**221173**	**159237**	**154945**
新城区	3912	9234	39807	45221	90299	80080	54131	53346	40436	44710
回民区	2766	6284	27791	30970	68283	60203	41702	41466	26107	25124
玉泉区	3111	6953	34618	37608	79988	66953	34415	31341	18700	16604
赛罕区	5080	11882	46835	52170	93696	79242	53931	51835	53049	52167
土默特左旗	9154	18265	42662	43992	67674	51942	20058	14506	7019	5932
托克托县	5651	12744	26519	28270	44914	34267	15360	10304	4391	3430
和林格尔县	5521	11903	22856	25127	33096	23378	11612	7827	4197	3240
清水河县	3028	7678	13639	15576	18368	11866	7522	5031	2633	1728
武川县	3729	7227	15622	17515	23201	16993	8117	5517	2705	2010
包头市	**37303**	**84515**	**256317**	**276730**	**556838**	**451536**	**253363**	**229660**	**117754**	**102535**
东河区	5569	12559	41889	47226	113761	98946	57384	54241	20121	18459
昆都仑区	6193	15463	62087	66859	138030	118486	78561	73387	37588	32979
青山区	4730	11533	45643	50021	111393	93087	62186	60657	41350	35520
石拐区	1364	2513	4176	4146	8807	6129	3043	2593	718	686
白云鄂博矿区	202	668	2487	2874	3947	3556	4637	3602	1219	959
九原区	3692	8391	21466	22470	49520	38228	14384	11255	4403	3885
土默特右旗	8357	18016	38226	39369	66304	45949	15821	10985	6687	5634
固阳县	4906	10788	24848	27082	42601	30169	10718	7823	3109	2483
达尔罕茂明安联合旗	2290	4584	15495	16683	22475	16986	6629	5117	2559	1930
乌海市	**7170**	**16422**	**48890**	**50746**	**117783**	**89888**	**55494**	**46898**	**28392**	**23304**
海勃湾区	3162	6936	24053	25399	62056	49493	32327	28239	18672	15860
海南区	2097	5114	12143	11477	26389	17245	8974	6276	3175	2418
乌达区	1911	4372	12694	13870	29338	23150	14193	12383	6545	5026
赤峰市	**44734**	**116256**	**608887**	**723758**	**912563**	**742074**	**355920**	**271330**	**110918**	**86533**
红山区	2402	6610	31589	36434	72192	68766	63823	59618	22363	19601
元宝山区	1788	5532	33426	40510	72427	66840	32739	26513	10060	8198
松山区	5248	14157	72114	84295	119978	97109	51442	39999	19839	14917
阿鲁科尔沁旗	2758	6462	48572	52197	58408	46316	16194	11844	4923	3949
巴林左旗	3367	9223	47480	57168	71424	59715	22975	17919	6219	4934
巴林右旗	1930	3951	27633	30185	35722	30460	14329	10616	4695	3169
林西县	3246	7622	34850	40373	36432	30754	14908	11483	4276	3273
克什克腾旗	4145	10653	31252	35351	42441	27220	22480	11638	7205	4476

大学本科及以上		平均受教育年限(年)			15岁及以上文盲人口(人)			文盲人口占15岁及以上人口比重(%)		
男	女	合计	男	女	合计	男	女	合计	男	女
44882	**49936**	**9.49**	**9.68**	**9.31**	**60340**	**15915**	**44425**	**1.70**	**0.89**	**2.54**
23922	31493	10.52	10.57	10.46	7604	1834	5770	0.96	0.47	1.44
1520	1288	9.13	9.40	8.86	5175	1169	4006	2.58	1.15	4.04
1662	1741	9.25	9.49	9.01	5636	1370	4266	2.19	1.06	3.32
1963	1842	8.96	9.26	8.66	7251	1468	5783	1.98	0.81	3.15
2640	2422	8.89	9.09	8.69	9005	2432	6573	1.53	0.83	2.24
781	729	9.13	9.37	8.85	1911	573	1338	2.54	1.43	3.82
782	635	9.16	9.39	8.90	1095	360	735	1.63	0.99	2.39
824	801	9.37	9.49	9.23	1411	427	984	1.34	0.79	1.94
579	461	8.98	9.23	8.72	1343	493	850	1.56	1.11	2.04
1361	1245	9.12	9.45	8.76	4284	1102	3182	2.34	1.15	3.65
353	311	9.22	9.42	9.01	1159	397	762	2.24	1.49	3.04
572	533	9.00	9.15	8.84	2681	958	1723	3.20	2.21	4.25
339	322	8.82	9.04	8.57	1376	471	905	2.65	1.76	3.59
707	521	9.33	9.57	9.04	2320	804	1516	2.68	1.66	3.97
272	287	9.27	9.37	9.16	1746	542	1204	1.56	0.95	2.21
3959	3248	10.10	10.33	9.86	3364	704	2660	1.65	0.69	2.63
2646	2057	9.72	9.89	9.55	2979	811	2168	1.30	0.70	1.92
29232	**28985**	**8.99**	**9.13**	**8.84**	**97183**	**33936**	**63247**	**3.26**	**2.21**	**4.37**
6992	7638	10.34	10.25	10.43	5008	1832	3176	1.97	1.45	2.49
2034	2422	8.91	9.03	8.78	9160	2465	6695	2.72	1.45	4.02
1494	1520	9.23	9.36	9.10	4716	1445	3271	2.54	1.53	3.58
1532	1002	8.50	8.78	8.19	11381	4501	6880	4.98	3.78	6.30
1739	1497	8.33	8.49	8.15	17336	6351	10985	3.76	2.67	4.91
2195	1967	8.88	9.09	8.64	8666	3252	5414	3.45	2.41	4.66
627	561	8.47	8.69	8.24	2155	810	1345	2.49	1.81	3.24
1021	738	8.26	8.61	7.88	9904	3542	6362	7.14	4.98	9.41
702	553	8.35	8.57	8.09	6500	2510	3990	5.64	4.08	7.42
1312	1157	9.09	9.36	8.80	3820	1378	2442	3.42	2.33	4.66
864	819	9.06	9.22	8.88	3787	1323	2464	4.03	2.69	5.49
4428	4080	9.59	9.74	9.43	7653	2234	5419	2.00	1.14	2.92
4292	5031	9.14	9.15	9.14	7097	2293	4804	2.10	1.35	2.86
480279	**439631**	**9.22**	**9.54**	**8.88**	**1004468**	**296627**	**707841**	**4.73**	**2.69**	**6.93**
144090	**139752**	**10.33**	**10.58**	**10.06**	**120584**	**35493**	**85091**	**4.89**	**2.83**	**7.01**
42622	32698	11.44	11.64	11.23	10549	2654	7895	2.16	1.08	3.26
18240	24833	11.11	11.16	11.07	7322	2007	5315	2.13	1.19	3.05
12958	13930	10.29	10.45	10.13	8468	2352	6116	2.64	1.42	3.92
55610	49826	11.62	11.82	11.41	14837	4031	10806	2.67	1.43	3.95
7577	8161	8.49	8.91	8.05	25755	8330	17425	9.53	5.96	13.37
1394	1046	8.24	8.82	7.61	16664	4861	11803	9.94	5.57	14.67
4041	8062	8.51	8.91	8.12	16810	5176	11634	11.41	7.00	15.86
868	614	7.93	8.75	7.05	10160	2797	7363	12.77	6.78	19.22
780	582	8.03	8.60	7.40	10019	3285	6734	10.64	6.70	14.92
79695	**72604**	**9.82**	**10.10**	**9.52**	**106181**	**30404**	**75777**	**4.62**	**2.56**	**6.82**
8983	10575	9.90	10.09	9.70	14940	4190	10750	3.32	1.84	4.82
34854	25755	10.49	10.77	10.19	17939	4587	13352	2.86	1.41	4.42
27926	27597	10.85	11.04	10.66	13190	3413	9777	2.52	1.27	3.83
304	249	8.26	8.66	7.80	3632	1242	2390	11.10	7.14	15.59
509	381	10.27	10.69	9.80	693	157	536	3.10	1.34	5.00
2095	2155	8.83	9.18	8.43	11176	3230	7946	6.85	3.76	10.28
2643	3814	8.16	8.63	7.64	24318	7399	16919	10.17	5.87	14.98
1245	1140	8.02	8.53	7.45	14053	4166	9887	9.24	5.22	13.67
1136	938	8.37	8.78	7.92	6240	2020	4220	7.11	4.39	10.11
10402	**9564**	**9.89**	**10.16**	**9.57**	**20232**	**5609**	**14623**	**4.41**	**2.30**	**6.82**
7670	7045	10.37	10.59	10.13	7956	2185	5771	3.12	1.62	4.79
893	853	8.81	9.24	8.28	6678	1829	4849	7.62	3.75	12.49
1839	1666	9.64	9.97	9.28	5598	1595	4003	4.83	2.62	7.27
53093	**48039**	**8.83**	**9.24**	**8.40**	**138123**	**35854**	**102269**	**3.76**	**1.92**	**5.66**
14481	14605	10.76	11.01	10.50	7445	1717	5728	1.98	0.92	3.03
4986	4245	9.50	9.87	9.14	2917	648	2269	1.06	0.47	1.64
9390	8115	9.23	9.66	8.78	17136	4277	12859	3.55	1.73	5.45
2505	2442	8.35	8.65	8.02	8259	2279	5980	3.57	1.89	5.38
2779	2513	8.56	8.96	8.15	11311	2783	8528	4.12	2.01	6.25
1520	1331	8.71	9.05	8.35	5392	1697	3695	3.60	2.19	5.11
1385	1262	8.22	8.66	7.78	9800	2802	6998	5.70	3.27	8.11
2547	1873	8.55	9.22	7.72	13923	3743	10180	7.55	3.70	12.24

表4 续表 6

地　区	6岁及以上各种受教育程度人口(人)									
	未上过学		小学		初中		高中		大学专科	
	男	女	男	女	男	女	男	女	男	女
翁牛特旗	5785	15470	70059	85399	91916	71559	27391	19164	7812	5735
喀喇沁旗	4777	12638	47401	53883	59784	47480	20231	13334	4971	3892
宁城县	6193	16494	74031	89113	130969	104585	35904	26000	9916	7967
敖汉旗	3095	7444	90480	118850	120870	91270	33504	23202	8639	6422
通辽市	**30861**	**63013**	**396148**	**445967**	**737015**	**651030**	**228179**	**195636**	**68031**	**60972**
科尔沁区	4972	11050	83188	93809	196676	181136	94427	89264	28533	27672
科尔沁左翼中旗	7502	13363	71901	77542	126932	112238	28764	24338	7149	6421
科尔沁左翼后旗	4613	8159	53460	59637	92353	79697	21764	16727	6298	5348
开鲁县	3112	6965	55798	63862	103386	92363	19382	15559	5346	4527
库伦旗	1897	4110	23414	26015	37957	31907	12034	9109	3942	3211
奈曼旗	4650	10568	60540	71012	92811	78219	21761	18161	6282	5505
扎鲁特旗	3610	7890	40314	45279	63306	54020	18633	13962	5431	4840
霍林郭勒市	505	908	7533	8811	23594	21450	11414	8516	5050	3448
鄂尔多斯市	**40351**	**82209**	**242130**	**220179**	**446768**	**261827**	**178351**	**116631**	**91635**	**62930**
东胜区	7567	12163	60799	44353	142743	83329	58081	46059	32532	26660
达拉特旗	7221	15631	39621	42266	78231	53680	23684	18033	8934	6711
准格尔旗	8269	16601	49987	48578	79834	44424	30627	17388	15616	9100
鄂托克前旗	2001	4247	10605	11088	12723	7371	6458	3322	2959	1792
鄂托克旗	2724	5787	17419	16279	33769	20992	15273	9189	8415	5193
杭锦旗	3888	8916	17437	16409	20762	13136	8245	5846	3918	2930
乌审旗	2296	4529	18145	18948	23392	14236	12171	6178	7055	3944
伊金霍洛旗	6385	14335	28117	22258	55314	24659	23812	10616	12206	6600
呼伦贝尔市	**19516**	**42621**	**266208**	**296682**	**646050**	**545567**	**199604**	**184007**	**83684**	**76452**
海拉尔区	1648	4067	21524	23776	73297	61213	38840	38867	20191	20573
阿荣旗	1879	3395	39280	45621	73969	62838	12911	10373	4595	3565
莫力达瓦达斡尔族自治旗	1824	3093	44724	46864	68221	59248	12000	10631	4028	3557
鄂伦春自治旗	3483	8018	25578	27077	56295	48526	15433	14593	6072	5384
鄂温克族自治旗	833	1881	10979	13144	31763	26820	14540	12407	6697	5444
陈巴尔虎旗	397	734	6703	7354	14096	11532	5137	4417	2242	1695
新巴尔虎左旗	351	621	5974	6211	8294	6998	3058	2566	1609	1295
新巴尔虎右旗	388	649	5490	5210	7290	5099	3348	2682	1637	1310
满洲里市	590	1559	15611	18127	71951	61822	21331	19952	9930	9588
牙克石市	2113	5049	26411	31524	103243	83875	31475	29697	11393	11023
扎兰屯市	3922	7962	49127	54709	88371	74539	25783	22933	7574	6329
额尔古纳市	867	2250	6909	7772	18847	16087	6550	6106	3345	2957
根河市	1221	3343	7898	9293	30413	26970	9198	8783	4371	3732
巴彦淖尔市	**36495**	**77906**	**190719**	**187907**	**406287**	**304592**	**146731**	**114100**	**50077**	**45259**
临河区	9425	20789	51005	52685	122340	100391	52771	45894	21681	22289
五原县	6864	13676	35438	36160	59784	50867	17649	14502	5090	4527
磴口县	2583	6035	12970	13471	26942	22632	10484	8617	3547	2899
乌拉特前旗	7654	17417	39009	37058	74938	47821	22686	16269	7026	5868
乌拉特中旗	3744	6871	18411	14296	34138	18465	15452	7556	4311	2743
乌拉特后旗	960	1886	7457	5928	17583	9931	7637	4256	2807	1811
杭锦后旗	5265	11232	26429	28309	70562	54485	20052	17006	5615	5122
乌兰察布市	**56108**	**126313**	**296787**	**344416**	**455821**	**340870**	**157947**	**122977**	**62164**	**51844**
集宁区	2365	6775	26697	35293	70222	64516	41078	39088	19639	21554
卓资县	4227	8344	19175	20178	32818	22282	9882	7133	3830	2760
化德县	2867	6366	17313	21853	25952	20115	10084	7491	3350	2412
商都县	7284	17658	39584	46879	47129	31401	13901	10214	4640	3065
兴和县	7697	19320	36119	40194	47415	31182	10537	6940	3589	2400
凉城县	6408	14257	29473	31854	37474	25683	12559	8286	4616	3179
察哈尔右翼前旗	4951	11150	24536	28065	37075	26254	10305	7253	3423	2587
察哈尔右翼中旗	4299	8699	21639	25046	32649	23999	11439	8166	4121	2934
察哈尔右翼后旗	4187	9507	20984	25903	32578	23822	9927	7491	4419	3048
四子王旗	4910	8813	25060	29268	40289	31434	11984	9069	3739	2825
丰镇市	6913	15424	36207	39883	52220	40182	16251	11846	6798	5080
兴安盟	**19987**	**37703**	**259063**	**276631**	**340235**	**284822**	**109399**	**92810**	**36061**	**31557**
乌兰浩特市	2308	5061	30796	33608	61829	58299	38723	37644	15231	13856
阿尔山市	523	1093	5704	5844	22453	14909	6185	5143	1628	1416
科尔沁右翼前旗	4436	8600	60658	61963	60681	49160	14253	10911	3523	3161
科尔沁右翼中旗	3561	7744	41006	44568	50911	43111	17371	13737	4966	4474
扎赉特旗	7117	11115	76143	78452	80666	64880	18016	14095	6538	5230
突泉县	2042	4090	44756	52196	63695	54463	14851	11280	4175	3420

大学本科及以上		平均受教育年限(年)			15岁及以上文盲人口(人)			文盲人口占15岁及以上人口比重(%)		
男	女	合计	男	女	合计	男	女	合计	男	女
3724	2992	8.20	8.71	7.69	19298	4949	14349	5.24	2.67	7.82
2288	2047	8.17	8.70	7.63	16181	4189	11992	6.67	3.40	10.02
4000	3653	8.51	8.94	8.07	20104	5105	14999	4.37	2.18	6.63
3488	2961	8.37	8.78	7.95	6357	1665	4692	1.39	0.72	2.08
39084	**34686**	**9.00**	**9.24**	**8.74**	**83463**	**25856**	**57607**	**3.15**	**1.93**	**4.41**
22775	18658	9.92	10.10	9.74	13772	3921	9851	1.78	1.00	2.56
2914	3270	8.48	8.69	8.25	18938	6546	12392	4.39	2.99	5.84
2549	2508	8.58	8.83	8.32	11854	4178	7676	3.78	2.60	5.02
1849	1814	8.54	8.79	8.28	8313	2285	6028	2.50	1.37	3.64
1321	1341	8.78	9.09	8.44	5563	1685	3878	4.01	2.37	5.76
2597	2619	8.39	8.71	8.07	13705	3900	9805	4.10	2.33	5.88
2375	2306	8.61	8.94	8.27	10368	3066	7302	4.46	2.59	6.40
2704	2170	10.28	10.56	9.97	950	275	675	1.09	0.60	1.64
40948	**30687**	**9.21**	**9.59**	**8.69**	**105559**	**32356**	**73203**	**6.33**	**3.36**	**10.39**
17952	14950	10.12	10.11	10.12	14760	5165	9595	2.91	1.73	4.60
3101	2828	8.61	9.05	8.10	19084	5572	13512	6.98	3.79	10.70
6228	4001	8.82	9.35	8.09	22530	7063	15467	7.51	4.05	12.33
1148	765	8.49	9.20	7.58	5546	1644	3902	9.46	5.00	15.14
2530	1889	9.41	9.83	8.82	7215	2136	5079	5.65	2.89	9.46
1621	1458	8.12	8.75	7.40	11630	3340	8290	12.12	6.49	18.64
3263	1914	9.17	9.74	8.39	5386	1716	3670	5.03	2.79	8.05
5105	2882	8.93	9.55	7.91	19408	5720	13688	9.76	4.62	18.24
37368	**37346**	**9.43**	**9.60**	**9.25**	**52365**	**15248**	**37117**	**2.34**	**1.32**	**3.42**
14463	15047	10.92	10.96	10.88	4510	1101	3409	1.46	0.70	2.25
1400	1256	8.55	8.77	8.33	4148	1366	2782	1.73	1.11	2.39
1709	1881	8.49	8.62	8.36	3775	1290	2485	1.63	1.08	2.20
1919	1904	8.87	9.15	8.58	10259	2973	7286	5.25	3.00	7.55
2504	2190	10.03	10.26	9.77	2359	669	1690	1.98	1.07	2.96
805	629	9.44	9.65	9.21	976	317	659	1.89	1.16	2.69
599	512	9.19	9.39	8.97	913	308	605	2.60	1.68	3.61
814	745	9.43	9.57	9.25	960	354	606	2.98	2.00	4.17
4120	4761	10.07	10.12	10.02	1731	405	1326	0.78	0.36	1.24
3880	3702	9.61	9.74	9.46	5304	1379	3925	1.65	0.83	2.55
2787	2629	8.77	9.01	8.53	10606	3332	7274	3.36	2.06	4.72
1093	930	9.56	9.85	9.26	2845	757	2088	4.24	2.21	6.36
1275	1160	9.52	9.81	9.22	3979	997	2982	4.00	1.99	6.06
18190	**16646**	**8.90**	**9.24**	**8.50**	**105080**	**32243**	**72837**	**7.23**	**4.16**	**10.75**
8721	8200	9.53	9.78	9.25	27530	8175	19355	5.89	3.39	8.54
1577	1529	8.30	8.65	7.92	18515	5899	12616	8.26	5.16	11.49
1145	980	8.82	9.25	8.37	8090	2368	5722	7.91	4.51	11.50
2323	2039	8.38	8.84	7.81	23719	7050	16669	9.29	5.01	14.57
1735	1438	8.74	9.15	8.09	9837	3359	6478	8.22	4.61	13.84
1234	954	9.48	9.73	9.10	2554	824	1730	4.40	2.33	7.63
1455	1506	8.74	9.06	8.39	14835	4568	10267	6.57	3.86	9.57
15923	**12398**	**8.31**	**8.84**	**7.75**	**168380**	**49842**	**118538**	**9.07**	**5.24**	**13.10**
6841	5832	10.38	10.62	10.15	7445	1624	5821	2.42	1.08	3.71
869	599	8.17	8.67	7.59	11398	3682	7716	9.25	5.56	13.55
478	366	8.29	8.85	7.72	8554	2584	5970	7.93	4.71	11.26
899	657	7.54	8.23	6.80	23389	6554	16835	11.61	6.36	17.10
700	527	7.28	8.05	6.47	25500	6979	18521	13.68	7.27	20.48
1457	1040	7.77	8.46	7.03	19661	5941	13720	12.36	7.15	18.05
782	576	7.83	8.42	7.19	14759	4391	10368	10.24	5.87	14.94
909	574	8.16	8.70	7.57	12026	3889	8137	9.02	5.60	12.74
877	628	8.09	8.72	7.44	12254	3603	8651	9.38	5.39	13.54
765	605	8.16	8.60	7.69	12475	4320	8155	8.24	5.55	11.08
1346	994	8.08	8.64	7.49	20919	6275	14644	9.90	5.77	14.27
15619	**15482**	**8.62**	**8.84**	**8.38**	**52480**	**17614**	**34866**	**3.80**	**2.48**	**5.19**
7194	7124	10.15	10.32	9.98	6235	1774	4461	2.19	1.24	3.13
643	577	9.38	9.49	9.23	1461	451	1010	2.37	1.29	3.76
1495	1646	7.89	8.13	7.62	11799	3903	7896	4.62	2.95	6.41
2124	2179	8.46	8.76	8.14	10849	3366	7483	5.14	3.13	7.22
2739	2575	8.00	8.23	7.74	17008	6541	10467	5.09	3.76	6.54
1424	1381	8.39	8.64	8.12	5128	1579	3549	2.19	1.33	3.08

表4 续表 7

地区	6岁及以上各种受教育程度人口(人)									
	未上过学		小学		初中		高中		大学专科	
	男	女	男	女	男	女	男	女	男	女
锡林郭勒盟	**15579**	**31860**	**133539**	**142547**	**208786**	**165540**	**92543**	**76562**	**40685**	**32734**
二连浩特市	493	1200	7049	8369	16163	14274	7756	6264	2872	2486
锡林浩特市	2897	6148	23338	25200	46290	39288	27797	25612	12947	10953
阿巴嘎旗	664	1383	7270	6774	8809	6397	3439	2607	1615	1269
苏尼特左旗	560	1103	5542	5596	6484	4584	2501	2029	1221	1032
苏尼特右旗	1135	2747	9098	10118	14613	11412	6501	5310	2876	2205
东乌珠穆沁旗	1228	2396	14408	14359	20808	15104	7229	5284	2989	2260
西乌珠穆沁旗	840	1579	14036	13968	17734	13029	8112	5345	3361	2393
太仆寺旗	3877	7746	17803	19243	21945	16903	7024	6014	2648	2015
镶黄旗	283	534	3477	4294	5056	4006	2991	2320	1642	1334
正镶白旗	1327	2466	7877	8626	10781	8601	3892	3348	1812	1555
正蓝旗	753	1628	9915	11510	17421	13626	7979	6540	3391	2810
多伦县	1522	2930	13726	14490	22682	18316	7322	5889	3311	2422
阿拉善盟	**3149**	**7078**	**24063**	**23706**	**46592**	**32605**	**25375**	**18761**	**13962**	**11184**
阿拉善左旗	2504	5377	17701	17696	34528	24892	18926	13947	10768	8216
阿拉善右旗	346	972	2916	3053	4924	3442	2983	1933	1606	1106
额济纳旗	299	729	3446	2957	7140	4271	3466	2881	1588	1862
辽宁省	**271752**	**703784**	**4417007**	**4947674**	**10342955**	**9486489**	**3384468**	**3084837**	**1455775**	**1361426**
沈阳市	**28997**	**86978**	**564685**	**648958**	**1719841**	**1623411**	**754974**	**710745**	**405073**	**391450**
和平区	1447	6111	27198	34415	115643	110916	76233	77314	46788	47992
沈河区	1755	6914	32220	41079	147410	148578	95592	96839	61202	60621
大东区	1950	7956	32802	41961	145792	146028	93345	89827	54392	49655
皇姑区	1739	7937	36375	45791	164362	160646	107002	105921	59798	59565
铁西区	2131	8681	45799	57129	198591	197938	116429	111507	67775	63619
苏家屯区	1735	4963	34642	40223	128240	119406	41510	36824	13188	14126
东陵区	1781	4330	34957	35145	93248	81746	26322	23656	12470	12117
沈北新区	1658	4620	29979	33262	86096	78389	36300	29848	27684	27491
于洪区	1891	4637	41712	44055	147104	133320	61312	57468	35932	34483
辽中县	2973	7544	67480	74367	123386	112983	26224	20326	6740	5623
康平县	2783	5957	39692	48548	84185	73737	17907	13942	5580	4255
法库县	3439	7722	55449	59772	106373	95099	22147	17075	5232	4401
新民市	3715	9606	86380	93211	179411	164625	34651	30198	8292	7502
大连市	**46675**	**132095**	**663412**	**739295**	**1345300**	**1216646**	**586999**	**543004**	**271277**	**257029**
中山区	1188	5021	14109	18833	48250	49674	39143	43384	23065	25533
西岗区	833	4056	13051	16753	55253	47792	37230	37597	21684	20714
沙河口区	1584	6864	27264	35498	89379	92622	75715	79880	47769	48830
甘井子区	4284	13251	81564	89072	243337	215032	142896	132465	76389	73558
旅顺口区	1345	4346	33217	36614	64894	55317	28363	25264	12953	11831
金州区	4940	11924	101693	108722	217031	226103	107866	102153	41590	39003
长海县	883	2246	12179	12379	18694	15731	4034	3411	1709	1479
瓦房店市	8635	21638	128629	140826	242132	204251	61858	47017	19864	15331
普兰店市	8590	20753	117514	129346	173642	152078	44353	36803	12193	9837
庄河市	14393	41996	134192	151252	192688	158046	45541	35030	14061	10913
鞍山市	**15740**	**34717**	**309860**	**345564**	**979298**	**921629**	**281735**	**256623**	**94928**	**90923**
铁东区	1001	3119	20555	26327	87794	91548	64829	67134	37499	36096
铁西区	798	2589	13367	17293	78241	75593	29368	26272	9337	9242
立山区	1743	5010	22644	27884	121285	116361	42997	38567	14088	13613
千山区	1291	2867	23627	26102	89977	81768	14304	13562	3152	4554
台安县	2190	4909	43523	50184	94536	84405	13784	10419	4659	3746
岫岩满族自治县	3766	7748	65635	74254	131561	115115	16300	12559	8394	6839
海城市	4951	8475	120509	123520	375904	356839	100153	88110	17799	16833
抚顺市	**15237**	**43221**	**181745**	**208429**	**510602**	**470880**	**195927**	**181189**	**76992**	**69852**
新抚区	610	2677	9825	13099	49813	52137	31489	32016	16600	15635
东洲区	2163	7042	18425	22711	93014	85548	32202	27565	8452	8162
望花区	1796	6425	20818	24813	91028	84785	40884	37794	14707	12895
顺城区	2099	7291	25454	30218	98624	96839	55854	54852	26926	24686
抚顺县	1738	3588	27576	28963	43475	36862	5422	4143	1447	1196
新宾满族自治县	2755	6647	36015	41262	64836	55099	13862	11205	3990	3326
清原满族自治县	4076	9551	43632	47363	69812	59610	16214	13614	4870	3952
本溪市	**12541**	**30718**	**135732**	**154126**	**430990**	**395554**	**158767**	**140388**	**68003**	**57066**
平山区	1697	4623	17765	21256	82389	81626	40013	36992	18292	15722
溪湖区	2271	5859	15626	17751	70596	63898	24840	19466	10440	6798
明山区	1838	5282	20528	24346	86179	84249	49891	48645	24377	21920
南芬区	915	1989	7354	8373	24431	23294	5557	4066	1783	1604
本溪满族自治县	2651	6081	33613	37291	80085	70812	19551	16131	7065	5850
桓仁满族自治县	3169	6884	40846	45109	87310	71675	18915	15088	6046	5172

大学本科及以上		平均受教育年限(年)			15岁及以上文盲人口(人)			文盲人口占15岁及以上人口比重(%)		
男	女	合计	男	女	合计	男	女	合计	男	女
18730	**16205**	**9.24**	**9.56**	**8.90**	**42806**	**13406**	**29400**	**4.83**	**2.89**	**6.97**
1417	1171	9.88	10.16	9.58	1378	342	1036	2.25	1.08	3.48
7462	6534	10.15	10.41	9.88	7998	2424	5574	3.75	2.21	5.39
719	621	8.88	9.15	8.55	1894	592	1302	4.98	2.85	7.54
568	514	8.86	9.14	8.54	1503	492	1011	5.22	3.20	7.55
997	840	9.11	9.53	8.65	3559	979	2580	5.79	3.06	8.76
1331	1143	8.95	9.22	8.62	3054	947	2107	3.84	2.19	5.83
1370	1221	9.13	9.40	8.81	1908	589	1319	2.52	1.41	3.87
885	791	7.86	8.35	7.35	11435	3788	7647	11.67	7.62	15.85
620	572	9.80	10.14	9.44	668	209	459	2.69	1.63	3.84
800	789	8.66	9.02	8.30	3379	1130	2249	7.17	4.70	9.74
1316	1091	9.44	9.73	9.13	2108	653	1455	2.94	1.74	4.25
1245	918	8.86	9.18	8.51	3922	1261	2661	4.52	2.76	6.48
7137	**6222**	**10.05**	**10.33**	**9.70**	**9215**	**2702**	**6513**	**4.60**	**2.46**	**7.21**
5697	4726	10.07	10.38	9.69	7073	2141	4932	4.71	2.60	7.27
645	531	9.72	10.22	9.12	1199	301	898	5.33	2.43	8.87
795	965	10.21	10.15	10.29	943	260	683	3.42	1.71	5.52
1291581	**1125299**	**9.67**	**9.89**	**9.45**	**843695**	**214878**	**628817**	**2.18**	**1.10**	**3.27**
456952	**399425**	**10.68**	**10.87**	**10.49**	**97672**	**22691**	**74981**	**1.34**	**0.62**	**2.06**
72608	62283	11.91	12.11	11.71	6186	1040	5146	0.96	0.32	1.59
66779	62728	11.73	11.92	11.55	6873	1180	5693	0.88	0.31	1.44
47494	44372	11.34	11.57	11.11	8256	1467	6789	1.15	0.41	1.87
75570	69013	11.65	11.83	11.47	7766	1264	6502	0.92	0.30	1.53
59773	50763	11.22	11.44	11.00	8663	1443	7220	0.93	0.31	1.55
14138	8579	9.84	10.04	9.63	5468	1333	4135	1.28	0.61	1.97
36549	30197	10.57	10.72	10.42	4943	1320	3623	1.35	0.69	2.07
27680	26381	10.97	11.10	10.83	5511	1376	4135	1.42	0.70	2.18
45409	35892	10.94	11.07	10.79	5692	1637	4055	0.94	0.52	1.38
3058	2516	8.61	8.85	8.36	9494	2501	6993	2.31	1.21	3.43
2153	1693	8.66	8.96	8.35	7670	2309	5361	2.80	1.67	3.97
2274	1946	8.55	8.79	8.30	9404	2704	6700	2.71	1.53	3.93
3467	3062	8.67	8.85	8.49	11746	3117	8629	2.06	1.08	3.05
329102	**304488**	**10.09**	**10.33**	**9.86**	**159336**	**38733**	**120603**	**2.64**	**1.28**	**4.02**
31036	29472	11.87	12.14	11.64	4736	780	3956	1.53	0.53	2.42
22062	19556	11.52	11.72	11.31	4244	630	3614	1.51	0.44	2.60
82412	81168	12.31	12.53	12.10	7095	1147	5948	1.12	0.38	1.81
108320	85607	11.29	11.46	11.09	14461	3064	11397	1.21	0.50	1.98
16935	22601	10.32	10.38	10.27	4572	949	3623	1.55	0.64	2.46
47908	50126	10.26	10.40	10.12	13203	3317	9886	1.33	0.68	1.95
904	769	8.54	8.82	8.25	2786	727	2059	4.12	2.09	6.29
8508	6090	8.68	8.98	8.36	26733	6989	19744	3.17	1.60	4.86
4859	4086	8.35	8.64	8.05	27413	7756	19657	4.15	2.32	6.01
6158	5013	8.01	8.50	7.51	54093	13374	40719	7.22	3.56	10.93
85113	**71477**	**9.69**	**9.85**	**9.53**	**40372**	**10948**	**29424**	**1.26**	**0.68**	**1.84**
53658	44269	11.94	12.18	11.70	3623	797	2826	0.72	0.32	1.11
6144	5763	10.10	10.26	9.94	2644	530	2114	1.01	0.41	1.62
11808	9535	10.03	10.22	9.84	5422	1256	4166	1.34	0.62	2.07
1653	1749	9.06	9.12	9.00	3237	816	2421	1.31	0.65	1.98
1510	1333	8.57	8.81	8.32	5970	1662	4308	2.10	1.16	3.06
3106	2491	8.55	8.79	8.30	10122	3103	7019	2.52	1.52	3.55
7234	6337	9.29	9.40	9.19	9354	2784	6570	0.84	0.49	1.20
61850	**47717**	**9.79**	**10.06**	**9.51**	**51065**	**12096**	**38969**	**2.64**	**1.24**	**4.06**
11857	9600	11.17	11.44	10.90	2823	455	2368	1.23	0.40	2.01
4486	3920	9.59	9.84	9.34	8254	1824	6430	2.76	1.20	4.34
22406	15053	10.47	10.78	10.13	7236	1393	5843	2.04	0.76	3.38
19034	15842	10.72	10.98	10.47	7858	1536	6322	1.82	0.72	2.92
377	361	8.05	8.27	7.82	4738	1445	3293	3.32	1.96	4.77
1494	1299	8.46	8.76	8.14	8036	2123	5913	3.61	1.88	5.41
2196	1642	8.37	8.70	8.03	12120	3320	8800	4.77	2.57	7.05
36530	**29491**	**9.79**	**10.04**	**9.53**	**35999**	**9385**	**26614**	**2.33**	**1.19**	**3.51**
10089	7751	10.47	10.72	10.21	4895	1146	3749	1.54	0.72	2.37
4707	3255	9.70	10.04	9.32	7184	1886	5298	3.07	1.54	4.76
15444	13115	10.83	11.06	10.60	5445	1126	4319	1.47	0.61	2.33
572	473	8.98	9.25	8.71	2304	652	1652	3.04	1.71	4.40
2858	2508	8.98	9.23	8.72	7597	2095	5502	2.90	1.56	4.29
2860	2389	8.72	8.97	8.45	8574	2480	6094	3.00	1.67	4.45

表4 续表 8

地 区	6岁及以上各种受教育程度人口(人)									
	未上过学		小学		初中		高中		大学专科	
	男	女	男	女	男	女	男	女	男	女
丹东市	**18234**	**52066**	**305937**	**348667**	**592792**	**522818**	**166805**	**141756**	**69617**	**61948**
元宝区	1029	3159	12650	15455	51516	51605	20038	19177	10196	10112
振兴区	1684	6026	29484	35777	103220	102159	47904	45800	27044	22857
振安区	1533	4223	21827	24001	45955	41434	11906	10316	4529	5313
宽甸满族自治县	4668	12543	68699	75932	98336	73657	23420	15991	7466	5255
东港市	4847	14213	91128	105183	160530	137137	35377	27130	10551	8828
凤城市	4473	11902	82149	92319	133235	116826	28160	23342	9831	9583
锦州市	**19613**	**50629**	**362796**	**398961**	**765683**	**714208**	**211503**	**199199**	**77951**	**74678**
古塔区	687	2510	11766	15717	52476	55295	37142	37720	16621	15752
凌河区	1021	4199	18809	24310	76235	79052	54431	57489	23022	23703
太和区	2132	4745	41919	42820	96376	88423	22328	22634	9914	10589
黑山县	5393	13611	76182	87248	167654	155456	32294	27442	8922	7784
义县	2495	5591	56306	62446	108449	96414	17937	14730	5622	4616
凌海市	3711	8984	72786	78360	135278	122620	25311	20262	7704	6673
北镇市	4174	10989	85028	88060	129215	116948	22060	18922	6146	5561
营口市	**11290**	**25499**	**286204**	**307330**	**659894**	**597458**	**137650**	**121100**	**60532**	**57295**
站前区	1301	2962	18755	21171	67516	64644	32041	32827	18246	18000
西市区	749	1880	10534	12364	41325	40082	16803	15480	6940	6510
鲅鱼圈区	1354	2811	39137	41415	117813	109530	31885	25216	14259	13795
老边区	704	1424	15215	16154	36471	32746	6056	5116	2342	2102
盖州市	3047	6806	108762	118037	194534	169872	21737	17524	8377	7137
大石桥市	4135	9616	93801	98189	202235	180584	29128	24937	10368	9751
阜新市	**14090**	**35723**	**162125**	**195065**	**452761**	**415699**	**167477**	**155576**	**42206**	**41510**
海州区	1408	4889	14406	18608	50567	49656	41474	42311	11354	12118
新邱区	789	2465	6744	8245	21806	20382	8433	7829	961	1097
太平区	1274	3808	10767	13004	37162	35016	25393	23967	3472	3622
清河门区	509	1012	6086	7274	15251	14899	6172	5067	771	788
细河区	808	2233	10395	12871	32480	32184	30131	30538	11618	11871
阜新蒙古族自治县	5641	13091	76075	89264	192654	170509	32856	27511	8879	7768
彰武县	3661	8225	37652	45799	102841	93053	23018	18353	5151	4246
辽阳市	**6025**	**13677**	**211114**	**231097**	**475348**	**438565**	**124317**	**113086**	**55076**	**51806**
白塔区	417	1436	11297	14638	45522	45833	22324	22812	15796	16157
文圣区	344	985	10885	14131	42706	43293	21083	21022	10213	10349
宏伟区	261	514	10877	12696	29205	28659	15043	14761	6943	6142
弓长岭区	343	735	8123	9436	24629	23091	8433	6620	2004	1860
太子河区	367	865	12334	13483	37216	32544	10278	9039	6316	5011
辽阳县	2122	4640	86683	94205	155759	136782	26323	21111	7432	6647
灯塔市	2171	4502	70915	72508	140311	128363	20833	17721	6372	5640
盘锦市	**7893**	**16970**	**126110**	**145110**	**336540**	**317739**	**114206**	**105625**	**50343**	**46917**
双台子区	747	1359	12190	14446	51026	52123	22583	20556	8601	7804
兴隆台区	1471	3487	28250	32780	77004	76014	62771	59719	31368	29362
大洼县	2963	6501	49750	56557	123580	112832	20186	17925	7304	7013
盘山县	2712	5623	35920	41327	84930	76770	8666	7425	3070	2738
铁岭市	**18161**	**34342**	**381846**	**411324**	**679246**	**628288**	**151105**	**133160**	**57110**	**50120**
银州区	1173	2199	22424	25947	76270	78991	42932	41777	19668	17142
清河区	661	1386	13126	13858	20275	18358	6456	5701	2469	2042
铁岭县	2038	3173	60488	61241	90583	78883	9143	8429	3227	4523
西丰县	3195	6247	54547	59240	59580	51293	15961	12966	5320	4381
昌图县	6513	12662	133511	146469	220916	202268	29424	25265	10420	8551
调兵山市	702	1344	17607	20127	66236	67178	21984	17275	7594	6452
开原市	3879	7331	80143	84442	145386	131317	25205	21747	8412	7029
朝阳市	**35060**	**96194**	**405082**	**464797**	**715910**	**609728**	**188583**	**156749**	**70649**	**60999**
双塔区	1424	4193	28639	35208	78937	79064	44705	45323	25892	24863
龙城区	1860	5159	25413	28541	56840	48293	12991	10147	3726	3275
朝阳县	5913	15528	82224	95684	116642	93992	16239	11672	4311	3278
建平县	6957	21202	72827	85828	118292	97589	27968	21301	9211	7095
喀喇沁左翼蒙古族自治县	4204	11684	52150	58674	84761	75376	19763	15711	6681	5906
北票市	6673	19516	59884	70483	131392	111946	28723	23931	8358	7198
凌源市	8029	18912	83945	90379	129046	103468	38194	28664	12470	9384
葫芦岛市	**22196**	**50955**	**320359**	**348951**	**678750**	**613866**	**144420**	**126637**	**56018**	**49833**
连山区	3341	8264	55916	62224	165869	160879	40807	39361	13154	12990
龙港区	732	1708	15574	16729	50740	47707	24887	23566	16999	13760
南票区	838	2334	15591	17996	33415	30399	5206	4448	1679	1469
绥中县	6380	12231	79255	81955	168736	149544	19870	17170	7052	6592
建昌县	6069	15408	79358	93409	123085	99460	25943	19100	7939	6067
兴城市	4836	11010	74665	76638	136905	125877	27707	22992	9195	8955

大学本科及以上		平均受教育年限(年)			15岁及以上文盲人口(人)			文盲人口占15岁及以上人口比重(%)		
男	女	合计	男	女	合计	男	女	合计	男	女
39087	**33498**	**9.07**	**9.36**	**8.79**	**64707**	**16049**	**48658**	**2.98**	**1.46**	**4.53**
7474	7441	10.33	10.52	10.14	3661	854	2807	1.84	0.88	2.76
17335	13116	10.48	10.78	10.18	6714	1405	5309	1.58	0.66	2.49
2485	3397	9.08	9.23	8.93	5175	1312	3863	3.12	1.59	4.64
2271	1791	8.25	8.66	7.80	16080	4157	11923	4.54	2.23	7.09
5159	4279	8.54	8.86	8.21	17776	4338	13438	3.21	1.54	4.93
4363	3474	8.53	8.79	8.26	15301	3983	11318	3.22	1.66	4.80
60944	**59639**	**9.27**	**9.44**	**9.09**	**62107**	**15934**	**46173**	**2.25**	**1.16**	**3.33**
18581	13620	11.29	11.59	11.00	2639	473	2166	1.01	0.37	1.63
18272	15432	11.08	11.31	10.87	4190	656	3534	1.13	0.37	1.84
13946	22523	9.80	9.71	9.89	5653	1548	4105	1.61	0.90	2.30
3093	2460	8.58	8.84	8.33	17698	4771	12927	3.27	1.77	4.76
1568	1359	8.52	8.73	8.31	7004	1976	5028	2.03	1.12	2.96
2979	2191	8.55	8.77	8.32	11176	3006	8170	2.51	1.33	3.73
2505	2054	8.28	8.49	8.07	13747	3504	10243	3.05	1.54	4.59
31593	**25917**	**9.14**	**9.29**	**8.98**	**29113**	**7831**	**21282**	**1.36**	**0.72**	**2.02**
12800	10713	10.76	10.89	10.62	2929	782	2147	1.03	0.55	1.52
4094	3455	10.14	10.33	9.95	2021	490	1531	1.34	0.65	2.03
7123	5410	9.66	9.80	9.51	3141	872	2269	0.83	0.45	1.24
1336	977	8.90	9.06	8.74	1670	479	1191	1.50	0.83	2.20
2223	1869	8.35	8.52	8.18	8225	2253	5972	1.35	0.72	2.00
4017	3493	8.64	8.80	8.48	11127	2955	8172	1.80	0.94	2.71
33221	**24310**	**9.48**	**9.74**	**9.22**	**43030**	**11012**	**32018**	**2.69**	**1.38**	**4.00**
8138	6783	10.63	10.88	10.40	5490	1087	4403	2.24	0.91	3.48
346	323	9.07	9.35	8.79	2832	612	2220	3.80	1.67	5.86
1771	1785	9.83	10.06	9.60	4332	964	3368	2.84	1.28	4.37
273	274	9.13	9.35	8.91	1057	289	768	1.97	1.09	2.85
18078	10811	11.53	11.86	11.19	2377	502	1875	1.25	0.52	1.99
3048	3040	8.67	8.91	8.42	16864	4771	12093	2.96	1.66	4.29
1567	1294	8.78	9.07	8.48	10078	2787	7291	3.22	1.77	4.69
33556	**28439**	**9.43**	**9.57**	**9.29**	**15569**	**4100**	**11469**	**0.95**	**0.49**	**1.42**
10193	10250	11.16	11.31	11.02	1489	271	1218	0.74	0.28	1.17
6425	5532	10.68	10.86	10.52	1056	231	825	0.61	0.27	0.93
7635	5004	10.67	10.91	10.42	529	146	383	0.42	0.23	0.61
1053	920	9.45	9.63	9.27	808	202	606	0.99	0.49	1.52
3122	2280	9.88	10.05	9.69	1004	262	742	0.82	0.41	1.28
2990	2622	8.57	8.73	8.40	5498	1525	3973	1.10	0.60	1.63
2138	1831	8.62	8.74	8.49	5185	1463	3722	1.21	0.67	1.77
35421	**27104**	**9.81**	**10.02**	**9.60**	**20707**	**5928**	**14779**	**1.70**	**0.97**	**2.44**
4481	3863	10.33	10.51	10.16	1387	400	987	0.76	0.44	1.08
26568	19333	11.33	11.57	11.09	3773	929	2844	0.92	0.45	1.40
3206	2876	8.82	9.00	8.63	8333	2402	5931	2.22	1.27	3.17
1166	1032	8.41	8.63	8.20	7214	2197	5017	2.93	1.78	4.07
25332	**21399**	**8.82**	**8.98**	**8.65**	**43853**	**14147**	**29706**	**1.85**	**1.18**	**2.53**
11903	9906	10.66	10.85	10.47	2385	734	1651	0.73	0.45	1.00
1079	844	8.97	9.18	8.76	1717	508	1209	2.16	1.25	3.11
774	823	8.21	8.27	8.16	4035	1454	2581	1.36	0.96	1.79
2065	1802	8.28	8.53	8.02	8046	2529	5517	3.19	1.98	4.44
2907	2537	8.29	8.48	8.11	16772	5440	11332	2.32	1.50	3.15
3646	2997	9.75	9.94	9.56	1508	453	1055	0.70	0.42	0.98
2958	2490	8.56	8.72	8.39	9390	3029	6361	1.97	1.24	2.72
29966	**24137**	**8.69**	**9.08**	**8.30**	**116261**	**28281**	**87980**	**4.52**	**2.19**	**6.87**
14708	11407	10.81	11.06	10.56	4216	836	3380	1.18	0.48	1.85
1112	899	8.74	9.04	8.42	6134	1454	4680	3.43	1.58	5.39
949	789	7.85	8.24	7.44	18644	4647	13997	4.69	2.32	7.09
3487	2933	8.28	8.79	7.77	25500	5835	19665	5.99	2.76	9.17
2448	2218	8.46	8.84	8.09	14242	3439	10803	4.70	2.29	7.04
2519	2223	8.45	8.86	8.04	23888	5641	18247	5.53	2.61	8.46
4743	3668	8.54	8.95	8.10	23637	6429	17208	4.98	2.62	7.49
32914	**28258**	**8.95**	**9.19**	**8.71**	**63904**	**17743**	**46161**	**2.86**	**1.58**	**4.16**
6569	5632	9.30	9.47	9.15	9790	2490	7300	1.85	0.95	2.73
11401	8695	11.02	11.24	10.79	1823	407	1416	0.86	0.37	1.38
515	400	8.56	8.81	8.30	2756	657	2099	2.67	1.27	4.05
2835	2289	8.46	8.65	8.27	15940	5049	10891	3.20	1.99	4.46
2708	2260	8.27	8.68	7.84	19570	5169	14401	4.59	2.41	6.79
8886	8982	8.84	9.03	8.65	14025	3971	10054	3.02	1.70	4.35

表4 续表 9

地区	6岁及以上各种受教育程度人口(人)									
	未上过学		小学		初中		高中		大学专科	
	男	女	男	女	男	女	男	女	男	女
吉林省	**213047**	**424195**	**3125630**	**3479125**	**6021056**	**5528156**	**2429683**	**2200450**	**743494**	**672512**
长春市	**46475**	**92836**	**806036**	**898589**	**1556753**	**1440182**	**623650**	**583980**	**271843**	**256258**
南关区	2481	5691	37190	43338	109362	112634	94759	99700	57115	57203
宽城区	3546	5885	56836	57593	156915	145511	74482	67457	22788	20530
朝阳区	1875	4004	33056	38479	84618	85109	93399	96614	63259	60531
二道区	3277	6732	53564	57795	125035	120060	61054	55293	24522	26789
绿园区	2286	5427	42876	48564	128585	127593	105155	102407	54510	48971
双阳区	4443	8225	47463	52649	93679	85293	17350	14514	7430	6024
农安县	9291	17284	143363	157670	242647	215252	47922	39472	11864	10135
九台市	4686	9328	76669	86022	160909	147823	36684	31029	8867	7703
榆树市	8987	19658	204590	235583	262355	226304	57417	47011	12198	10268
德惠市	5603	10602	110429	120896	192648	174603	35428	30483	9290	8104
吉林市	**33613**	**70454**	**512260**	**566279**	**902201**	**835331**	**459170**	**424086**	**121374**	**108276**
昌邑区	2727	7465	44361	51962	113884	111758	102605	96977	28856	27149
龙潭区	2960	7147	49471	54556	100134	94947	69025	64789	16371	14081
船营区	2855	5779	36794	40713	84101	82690	67708	68761	21525	19158
丰满区	1743	4072	24089	25898	49331	47213	33382	37710	14786	13921
永吉县	3117	5409	48648	53790	104083	95187	28177	23712	5631	4770
蛟河市	5307	10724	71166	75489	94234	84146	34380	29974	7581	6871
桦甸市	5850	11643	68907	75312	92699	80612	33215	28498	8711	7641
舒兰市	4871	9807	94625	106739	150173	136541	50563	41011	8826	7092
磐石市	4183	8408	74199	81820	113562	102237	40115	32654	9087	7593
四平市	**32442**	**58073**	**408377**	**448818**	**809688**	**746786**	**269999**	**237135**	**63444**	**55745**
铁西区	1140	2570	16380	18048	44338	44441	40496	40683	12794	12572
铁东区	2542	4379	33121	34546	68890	65375	43180	40362	11732	11006
梨树县	8432	15821	107759	118421	200326	176228	43600	35007	11053	9011
伊通满族自治县	5394	9349	75274	82120	109496	98692	29558	24345	6254	5141
公主岭市	12031	20187	129587	142052	272062	256934	84127	72988	14935	12484
双辽市	2903	5767	46256	53631	114576	105116	29038	23750	6676	5531
辽源市	**10379**	**18693**	**150160**	**163865**	**288324**	**262420**	**84367**	**75274**	**26373**	**22767**
龙山区	1611	3330	22056	24744	63105	63462	34291	33087	11843	11663
西安区	2251	3898	14360	15211	49529	46147	16151	14338	5650	3824
东丰县	3113	5803	55344	61314	84023	73473	21544	17745	5490	4413
东辽县	3404	5662	58400	62596	91667	79338	12381	10104	3390	2867
通化市	**20359**	**41760**	**294174**	**320632**	**505795**	**452220**	**217491**	**194462**	**60633**	**53020**
东昌区	2379	5363	24093	27305	57000	54717	57171	56291	18883	17553
二道江区	968	2260	13393	15321	30312	28474	20332	18372	4379	3961
通化县	2585	5630	36115	39960	60314	46429	17669	14024	4936	4147
辉南县	4153	8195	55170	58778	79100	71325	24795	21240	6688	5656
柳河县	3104	5957	58314	63082	85408	75075	21162	18208	6035	4895
梅河口市	4799	9035	73976	79539	142524	130982	58068	51014	14215	12323
集安市	2371	5320	33113	36647	51137	45218	18294	15313	5497	4485
白山市	**17128**	**38119**	**126342**	**136117**	**286748**	**256595**	**145565**	**128345**	**39641**	**34917**
浑江区	2807	6971	28630	31812	72802	67167	49635	46124	15537	14792
江源区	3208	7143	25212	26858	62869	56324	27455	23278	5632	4761
抚松县	5109	11152	30817	32455	69127	60506	28914	24946	8022	6592
靖宇县	2356	4796	16637	17393	29623	24893	10951	8733	3415	2715
长白朝鲜族自治县	742	1527	7495	8792	14375	13125	8414	7242	2830	2183
临江市	2906	6530	17551	18807	37952	34580	20196	18022	4205	3874
松原市	**23656**	**45397**	**402911**	**456082**	**671879**	**617813**	**185456**	**155857**	**51242**	**45258**
宁江区	4082	7835	62738	69709	119156	122189	70123	62110	21264	19617
前郭尔罗斯蒙古族自治县	5111	9796	90970	100826	143085	131098	31998	26739	9951	9106
长岭县	6481	13011	94632	109527	155672	134461	30446	24560	9152	7602
乾安县	2454	4353	34509	39980	75731	71460	24734	21287	4754	4127
扶余县	5528	10402	120062	136040	178235	158605	28155	21161	6121	4806
白城市	**13956**	**24605**	**254410**	**289841**	**489751**	**445901**	**161587**	**135806**	**40988**	**37424**
洮北区	3379	6532	50324	57147	107453	102575	54770	50773	17155	18032
镇赉县	1125	1849	39372	42996	78684	69662	21270	16139	5293	4059
通榆县	2686	4701	51623	58299	88882	80374	20971	16523	4505	3731
洮南市	3790	6519	63554	72112	107795	96616	24234	19876	6056	5384
大安市	2976	5004	49537	59287	106937	96674	40342	32495	7979	6218
延边朝鲜族自治州	**15039**	**34258**	**170960**	**198902**	**509917**	**470908**	**282398**	**265505**	**67956**	**58847**
延吉市	1825	4512	26125	31494	101457	100782	83086	83957	21854	20397
图们市	641	1619	7553	10003	26922	25841	23009	21599	5085	3988
敦化市	4253	9243	48357	52943	111526	102323	51690	47704	11757	10828

大学本科及以上		平均受教育年限(年)			15岁及以上文盲人口(人)			文盲人口占15岁及以上人口比重(%)		
男	女	合计	男	女	合计	男	女	合计	男	女
680625	**618541**	**9.49**	**9.68**	**9.29**	**526915**	**164072**	**362843**	**2.18**	**1.35**	**3.03**
372259	**348107**	**10.06**	**10.23**	**9.89**	**116309**	**36629**	**79680**	**1.72**	**1.08**	**2.37**
109059	115465	12.44	12.55	12.34	6574	1786	4788	0.83	0.46	1.16
18389	17059	10.09	10.18	9.99	8120	3172	4948	1.35	1.03	1.70
133484	107213	12.87	13.10	12.63	4338	1238	3100	0.57	0.32	0.83
25932	30781	10.42	10.46	10.37	8483	2605	5878	1.55	0.96	2.12
57661	49087	11.57	11.76	11.37	6575	1790	4785	0.91	0.49	1.34
9017	12004	8.96	9.12	8.81	11251	3793	7458	3.41	2.31	4.52
5499	4895	8.41	8.61	8.20	22655	7504	15151	2.72	1.78	3.69
4181	3680	8.75	8.95	8.55	11651	3659	7992	2.20	1.37	3.04
5251	4370	8.17	8.44	7.91	23434	6800	16634	2.36	1.37	3.35
3786	3553	8.49	8.67	8.31	13228	4282	8946	2.06	1.33	2.81
104918	**83115**	**9.53**	**9.75**	**9.31**	**84408**	**25147**	**59261**	**2.15**	**1.27**	**3.05**
25229	21312	10.70	10.92	10.49	8369	2027	6342	1.40	0.68	2.13
21537	13520	10.10	10.37	9.81	7894	2088	5806	1.65	0.86	2.48
26074	18585	10.72	10.95	10.48	7030	2173	4857	1.58	0.97	2.20
16855	17071	10.83	10.95	10.72	4474	1205	3269	1.67	0.92	2.39
2230	2022	8.82	8.99	8.64	6656	2241	4415	1.90	1.26	2.56
2840	2359	8.55	8.77	8.32	13661	4223	9438	3.47	2.12	4.86
4070	3333	8.61	8.87	8.34	14424	4526	9898	3.73	2.31	5.20
2614	1938	8.64	8.87	8.40	12075	3703	8372	2.13	1.29	2.99
3469	2975	8.75	8.97	8.51	9825	2961	6864	2.22	1.31	3.15
33034	**37105**	**9.00**	**9.18**	**8.83**	**76776**	**26101**	**50675**	**2.60**	**1.76**	**3.46**
14484	21328	11.27	11.27	11.28	3034	864	2170	1.21	0.72	1.66
3952	3386	9.83	9.96	9.69	5623	1957	3666	1.89	1.30	2.48
3798	3033	8.49	8.74	8.24	21056	6951	14105	3.14	2.04	4.28
2481	2110	8.41	8.63	8.18	12452	4322	8130	3.04	2.09	4.01
6160	5294	8.79	8.97	8.60	27688	9887	17801	2.89	2.05	3.73
2159	1954	8.94	9.16	8.72	6923	2120	4803	1.92	1.16	2.70
12239	**10533**	**8.98**	**9.16**	**8.80**	**24007**	**8035**	**15972**	**2.32**	**1.53**	**3.13**
7469	6515	10.24	10.40	10.08	3900	1148	2752	1.49	0.89	2.07
1100	905	9.29	9.51	9.05	5174	1815	3359	3.15	2.16	4.19
2238	1816	8.54	8.76	8.31	7168	2322	4846	2.35	1.49	3.24
1432	1297	8.19	8.36	8.01	7765	2750	5015	2.55	1.76	3.38
31330	**28993**	**9.21**	**9.42**	**9.00**	**50946**	**15364**	**35582**	**2.48**	**1.47**	**3.52**
13654	13826	10.89	11.07	10.72	6138	1664	4474	1.89	1.03	2.73
2296	1906	9.83	10.04	9.61	2754	761	1993	2.08	1.14	3.04
2393	2338	8.69	8.96	8.40	6956	2014	4942	3.18	1.75	4.75
2798	2415	8.61	8.84	8.37	10866	3470	7396	3.49	2.20	4.81
1934	1704	8.49	8.69	8.28	6477	1998	4479	2.03	1.23	2.86
5290	4470	9.18	9.36	8.99	10953	3491	7462	2.02	1.27	2.80
2965	2334	8.86	9.15	8.56	6802	1966	4836	3.32	1.89	4.80
17861	**15487**	**9.44**	**9.71**	**9.15**	**49178**	**14523**	**34655**	**4.28**	**2.48**	**6.14**
7646	6787	10.20	10.41	9.98	8404	2183	6221	2.59	1.34	3.86
1577	1385	9.14	9.39	8.86	8680	2521	6159	3.77	2.14	5.49
3615	3172	9.10	9.42	8.76	15026	4601	10425	5.76	3.45	8.19
1665	1350	8.82	9.15	8.46	6650	2113	4537	5.79	3.55	8.21
1400	1124	9.68	10.00	9.36	2009	624	1385	3.16	1.92	4.44
1958	1669	9.20	9.51	8.89	8409	2481	5928	5.41	3.17	7.68
27616	**23377**	**8.76**	**8.99**	**8.53**	**57336**	**18217**	**39119**	**2.32**	**1.47**	**3.18**
13543	11100	9.88	10.11	9.66	9852	3074	6778	1.86	1.17	2.53
5480	5139	8.61	8.81	8.41	12780	4137	8643	2.47	1.60	3.35
4576	3946	8.40	8.66	8.12	16285	5012	11273	2.98	1.82	4.17
1767	1426	8.96	9.16	8.75	5818	1979	3839	2.21	1.50	2.92
2250	1766	8.16	8.39	7.92	12601	4015	8586	2.07	1.31	2.82
23115	**22005**	**9.08**	**9.27**	**8.90**	**28332**	**9161**	**19171**	**1.59**	**1.02**	**2.18**
12918	13304	9.94	10.07	9.80	7351	2220	5131	1.62	0.98	2.24
2525	1872	8.93	9.11	8.74	2027	697	1330	0.77	0.51	1.06
1950	1835	8.60	8.80	8.39	5416	1712	3704	1.78	1.11	2.47
2222	2002	8.53	8.73	8.33	7805	2653	5152	2.08	1.40	2.77
3500	2992	9.10	9.33	8.85	5733	1879	3854	1.50	0.97	2.06
58253	**49819**	**10.00**	**10.20**	**9.79**	**39623**	**10895**	**28728**	**1.93**	**1.05**	**2.83**
33164	30098	11.14	11.31	10.97	4715	1097	3618	0.93	0.44	1.41
2883	2047	10.37	10.63	10.10	1728	434	1294	1.38	0.69	2.08
5553	4754	9.42	9.61	9.22	11753	3485	8268	2.75	1.61	3.91

表4 续表 10

地区	6岁及以上各种受教育程度人口(人)									
	未上过学		小学		初中		高中		大学专科	
	男	女	男	女	男	女	男	女	男	女
珲春市	1280	3263	17797	20339	59318	53062	28571	25883	7667	6420
龙井市	922	2464	10860	13891	44017	41133	24214	21987	4122	3144
和龙市	1352	3147	13424	17007	51726	45143	21308	19163	4203	3392
汪清县	2740	6136	22371	25662	62394	56064	29197	26510	6343	4986
安图县	2026	3874	24473	27563	52557	46560	21323	18702	6925	5692
黑龙江省	**294695**	**618891**	**4306896**	**4904470**	**9068804**	**8176463**	**3032636**	**2724333**	**1050234**	**944873**
哈尔滨市	**66110**	**138027**	**1136260**	**1253995**	**2258024**	**2046305**	**885380**	**822919**	**377418**	**358815**
道里区	2894	7568	50802	56786	174439	158923	122796	120821	56339	54474
南岗区	1962	6921	45844	55932	163832	154536	161598	163889	102192	102676
道外区	3429	9204	55352	63961	193630	179653	112827	110809	42079	40248
平房区	648	1648	11167	14148	35574	34361	28245	26716	9498	7925
松北区	1384	3063	22956	26222	47356	40906	10671	9085	5068	4886
香坊区	2690	7756	47606	55724	157656	148643	111813	114897	50802	49910
呼兰区	4732	9804	91508	101137	166349	150256	38551	32035	28676	28415
阿城区	4596	8972	71709	75688	147773	136422	43007	38970	14631	13758
依兰县	3085	5661	57013	62789	95254	86189	22790	18629	6508	5518
方正县	2154	3850	26436	28724	51769	48130	12630	10263	4121	3415
宾县	5902	12600	92300	105492	132049	111188	21659	16359	8498	6584
巴彦县	4672	10312	95863	109164	150340	130849	21492	17683	6713	5706
木兰县	2185	3555	39860	43935	74147	66715	13913	11001	3512	2601
通河县	2255	4561	24984	25962	52641	48289	14861	13058	5260	4611
延寿县	2831	5138	37860	38858	59963	53268	12982	10243	3603	2807
双城市	5496	9544	128067	138947	202846	180135	52604	41020	11303	9703
尚志市	7143	13330	78377	81954	147833	131994	40403	32316	10425	8810
五常市	8052	14540	158556	168572	204573	185848	42538	35125	8190	6768
齐齐哈尔市	**33663**	**63737**	**679668**	**815787**	**1280511**	**1153207**	**393842**	**338678**	**121210**	**99395**
龙沙区	1046	1960	18922	24335	65636	63570	52896	53028	22826	20415
建华区	899	1360	13709	17408	46531	45277	39474	39417	17426	16314
铁锋区	1218	2751	19523	23622	70601	65285	52964	48530	17817	11653
昂昂溪区	546	1212	8915	9867	21979	19755	6247	5222	1374	1207
富拉尔基区	1332	3176	19358	22398	55393	52472	36081	33384	9357	8425
碾子山区	349	848	7142	9365	16525	15320	7506	6622	2366	1991
梅里斯达斡尔族区	707	1164	21772	25758	46255	41348	7859	6466	2090	1747
龙江县	5737	12461	94946	108773	138101	115415	25951	18714	6876	5441
依安县	3396	6246	78581	92728	120467	102622	22695	16471	4747	3940
泰来县	2418	3488	44205	49931	78059	67611	15338	12295	4794	3889
甘南县	3544	6598	53440	63303	89225	77894	22313	17314	4497	3695
富裕县	2138	3123	38252	45783	66816	58688	19435	15838	4886	3832
克山县	2343	4732	56167	68104	103837	95656	20525	16994	5517	4320
克东县	2348	4375	39979	50660	62580	58263	11824	9202	3463	2665
拜泉县	1452	2227	73435	90669	147049	132569	19886	13037	4126	2946
讷河市	4190	8016	91322	113083	151457	141462	32848	26144	9048	6915
鸡西市	**15879**	**32583**	**190666**	**212590**	**492876**	**441982**	**146640**	**131909**	**50248**	**42854**
鸡冠区	1503	2746	23062	26058	80653	78417	47041	44074	19560	16554
恒山区	1916	3535	16668	18043	49695	44016	8849	8106	1769	1932
滴道区	1064	2008	11381	12448	32442	28460	5592	4741	884	758
梨树区	1138	2609	6804	7190	23041	20134	5497	4836	1073	1026
城子河区	910	2045	12035	13386	39489	35029	8039	7258	1902	2148
麻山区	275	713	4088	4561	8250	7163	1481	1298	407	344
鸡东县	2028	3856	34652	38807	73307	64793	16942	14263	5667	4580
虎林市	2195	5395	35878	41355	76973	66731	27284	24465	10375	8340
密山市	4850	9676	46098	50742	109026	97239	25915	22868	8611	7172
鹤岗市	**11531**	**24982**	**108603**	**116970**	**263365**	**237145**	**90451**	**85219**	**29777**	**27896**
向阳区	1024	2345	7981	8555	24641	23642	12316	12023	5100	4914
工农区	833	1719	9274	10255	29398	28939	16999	16344	7664	7126
南山区	462	952	11575	13210	33801	30659	8935	8718	2360	2126
兴安区	998	2098	7524	7935	22735	19830	4004	3805	1015	992
东山区	3473	6271	22021	21747	47428	40877	10992	10319	2158	2765
兴山区	686	1734	4674	4553	13106	11386	2819	2853	652	581
萝北县	2054	5581	22988	26287	51023	44947	20920	19355	6976	6061
绥滨县	2001	4282	22566	24428	41233	36865	13466	11802	3852	3331
双鸭山市	**15896**	**36332**	**165079**	**181939**	**362555**	**325205**	**111519**	**101397**	**41449**	**35217**
尖山区	1874	4503	16809	18830	54953	53192	28564	27734	14029	12419
岭东区	1425	2849	6087	5817	17105	14307	3375	2937	1140	806
四方台区	1110	2365	7075	7088	19440	16578	2548	2214	698	613

大学本科及以上		平均受教育年限(年)			15岁及以上文盲人口(人)			文盲人口占15岁及以上人口比重(%)		
男	女	合计	男	女	合计	男	女	合计	男	女
4844	3881	9.92	10.11	9.71	3660	900	2760	1.68	0.80	2.61
3409	2544	9.87	10.12	9.62	2597	602	1995	1.57	0.72	2.44
2410	1731	9.53	9.77	9.29	3264	834	2430	1.87	0.93	2.85
2336	1959	9.39	9.64	9.12	7401	2091	5310	3.20	1.78	4.66
3654	2805	9.40	9.63	9.16	4505	1452	3053	2.25	1.41	3.13
782202	**714966**	**9.36**	**9.56**	**9.15**	**789231**	**236863**	**552368**	**2.34**	**1.39**	**3.31**
439451	**399806**	**9.92**	**10.08**	**9.75**	**176466**	**53342**	**123124**	**1.86**	**1.11**	**2.63**
48049	43476	11.14	11.25	11.02	8762	2146	6616	1.03	0.50	1.58
188712	157088	12.70	12.88	12.52	7483	1437	6046	0.61	0.23	1.00
35461	27874	10.59	10.76	10.42	11316	2901	8415	1.37	0.70	2.06
8890	5636	10.81	11.10	10.50	1963	493	1470	1.14	0.56	1.73
30577	24951	10.68	10.95	10.40	4030	1182	2848	1.89	1.07	2.78
71302	67011	11.43	11.57	11.30	8901	1970	6931	1.06	0.47	1.65
31095	48743	9.85	9.83	9.86	12741	3893	8848	1.87	1.17	2.56
6700	8178	9.15	9.27	9.03	11307	3547	7760	2.14	1.33	2.96
1893	1513	8.62	8.82	8.41	7382	2385	4997	2.22	1.42	3.06
999	931	8.73	8.94	8.52	4952	1644	3308	2.80	1.84	3.78
2832	2711	8.17	8.46	7.87	16907	5188	11719	3.57	2.16	5.02
2099	1982	8.19	8.43	7.96	14252	4329	9923	2.80	1.69	3.92
740	629	8.47	8.66	8.28	4784	1751	3033	1.98	1.42	2.56
1288	1169	8.98	9.19	8.77	6005	1887	4118	3.32	2.06	4.62
1001	826	8.38	8.59	8.17	6901	2345	4556	3.27	2.16	4.46
2711	2427	8.55	8.73	8.36	11833	3957	7876	1.64	1.07	2.23
2689	2514	8.66	8.87	8.43	18064	6036	12028	3.53	2.30	4.83
2413	2147	8.15	8.33	7.97	18883	6251	12632	2.46	1.62	3.33
60812	**57013**	**9.05**	**9.27**	**8.82**	**78061**	**24303**	**53758**	**1.67**	**1.04**	**2.32**
11459	9587	11.02	11.19	10.84	1877	528	1349	0.58	0.32	0.83
22014	24331	11.74	11.83	11.66	1032	283	749	0.39	0.22	0.55
5625	4508	10.49	10.73	10.23	2614	588	2026	0.85	0.37	1.37
421	426	9.00	9.19	8.81	1369	350	1019	1.91	0.96	2.91
4162	3341	10.09	10.28	9.89	3580	895	2685	1.53	0.76	2.32
1032	825	9.54	9.82	9.26	1042	268	774	1.59	0.82	2.35
762	819	8.71	8.87	8.54	1124	354	770	0.79	0.49	1.10
2486	2279	8.18	8.48	7.87	16274	4805	11469	3.36	1.95	4.84
1400	1188	8.25	8.49	8.00	8107	2667	5440	1.96	1.27	2.67
1663	1439	8.56	8.74	8.36	4643	1789	2854	1.78	1.33	2.25
1398	1230	8.45	8.71	8.18	8345	2686	5659	2.65	1.69	3.64
1463	1237	8.76	8.99	8.53	3688	1332	2356	1.55	1.10	2.01
1313	1059	8.54	8.78	8.31	6170	1884	4286	1.79	1.10	2.48
1344	1141	8.33	8.63	8.05	5676	1848	3828	2.57	1.71	3.39
1200	962	8.40	8.61	8.19	2362	800	1562	0.53	0.35	0.70
3070	2641	8.51	8.78	8.25	10158	3226	6932	1.93	1.24	2.59
18261	**15732**	**9.22**	**9.41**	**9.01**	**39301**	**11660**	**27641**	**2.37**	**1.38**	**3.40**
7677	6440	10.49	10.65	10.32	2971	875	2096	0.90	0.53	1.29
464	551	8.67	8.81	8.52	4642	1537	3105	3.18	2.07	4.34
234	259	8.57	8.74	8.39	2667	867	1800	2.82	1.78	3.93
199	174	8.74	8.99	8.47	3362	961	2401	4.85	2.72	7.09
381	447	8.93	9.06	8.79	2514	703	1811	2.18	1.20	3.20
137	121	8.45	8.69	8.20	859	217	642	3.21	1.60	4.89
1870	1620	8.86	9.06	8.65	4394	1325	3069	1.83	1.08	2.63
3402	2835	9.29	9.54	9.02	6133	1583	4550	2.18	1.10	3.30
3897	3285	8.87	9.10	8.62	11759	3592	8167	3.29	1.97	4.64
12802	**11358**	**9.27**	**9.46**	**9.06**	**32603**	**9766**	**22837**	**3.45**	**2.05**	**4.89**
2719	2435	10.13	10.32	9.94	2912	808	2104	2.89	1.61	4.16
3692	3253	10.52	10.68	10.35	1770	492	1278	1.41	0.78	2.03
941	855	9.23	9.35	9.11	1114	341	773	1.04	0.63	1.46
339	361	8.68	8.87	8.49	2859	888	1971	4.29	2.61	6.04
639	592	8.43	8.59	8.27	9189	3233	5956	5.83	4.01	7.74
213	209	8.62	8.87	8.37	2281	621	1660	5.64	3.01	8.36
2993	2589	9.35	9.64	9.06	6925	1752	5173	3.55	1.78	5.35
1266	1064	8.85	9.10	8.59	5553	1631	3922	3.67	2.13	5.26
14484	**12499**	**9.08**	**9.34**	**8.82**	**46977**	**13462**	**33515**	**3.65**	**2.07**	**5.26**
5853	4909	10.35	10.58	10.12	5400	1462	3938	2.40	1.30	3.49
304	227	8.43	8.75	8.08	4012	1309	2703	7.60	4.74	10.72
164	159	8.32	8.58	8.05	3227	989	2238	5.81	3.45	8.32

表4 续表 11

地 区	6岁及以上各种受教育程度人口(人)									
	未上过学		小学		初中		高中		大学专科	
	男	女	男	女	男	女	男	女	男	女
宝山区	1878	4371	10868	11693	39491	34809	9178	8283	2497	2080
集贤县	2868	6433	44185	48661	72197	64561	18092	15618	5664	4851
友谊县	1119	3043	9467	11066	26111	23398	11278	11264	4041	3363
宝清县	3913	8999	53319	59702	97225	86682	26804	23061	8989	7449
饶河县	1709	3769	17269	19082	36033	31678	11680	10286	4391	3636
大庆市	**22175**	**53214**	**300082**	**356204**	**600590**	**540793**	**282719**	**259771**	**94368**	**85139**
萨尔图区	1736	4896	19955	24048	61744	55418	45482	44162	17010	15899
龙凤区	1967	5325	21419	25480	55610	52102	41353	40081	17205	17071
让胡路区	2336	6499	34816	41668	84617	83414	85411	84444	32097	28419
红岗区	976	2695	13181	16173	32877	29870	25944	22810	5596	4860
大同区	3143	7248	29497	35582	53918	47102	17461	15136	4101	3478
肇州县	3573	7520	52147	62509	102546	89022	20044	16038	5056	4390
肇源县	3439	7130	60438	71122	91980	81645	20658	16480	5647	4723
林甸县	3008	7186	37299	43456	59556	50798	12207	8848	3423	2816
杜尔伯特蒙古族自治县	1997	4715	31330	36166	57742	51422	14159	11772	4233	3483
伊春市	**11141**	**28312**	**84043**	**96501**	**301419**	**280699**	**118825**	**112792**	**31836**	**29844**
伊春区	796	2296	7309	8942	30272	30673	18643	18706	7883	7262
南岔区	1292	3384	7556	8643	32796	30362	12364	11787	3164	2994
友好区	642	1781	2871	3367	15453	13674	5831	6075	1030	977
西林区	325	645	2738	3386	14401	13275	6976	6119	1568	1344
翠峦区	471	1009	2460	2961	13478	12815	4660	4470	665	668
新青区	451	1360	2671	3035	12293	11246	4096	3930	1211	1211
美溪区	419	744	3136	3196	9190	8317	6776	5767	1161	1101
金山屯区	477	1141	2132	2395	11971	10755	3658	3372	1088	1023
五营区	444	1215	2280	2629	10254	9080	2885	2673	699	660
乌马河区	212	681	1910	2344	8911	7818	3251	3185	956	923
汤旺河区	435	1019	1942	2144	7926	7088	3741	3579	954	891
带岭区	169	630	1759	2200	8165	7778	4123	3965	1224	1139
乌伊岭区	304	741	1339	1498	5930	5328	2088	1994	577	498
红星区	355	873	1338	1538	6169	5605	2014	2089	591	505
上甘岭区	149	464	955	1466	4117	3695	3243	3161	706	677
嘉荫县	813	2096	9226	9821	15071	12881	5320	4812	1923	1630
铁力市	3387	8233	32421	36936	95022	90309	29156	27108	6436	6341
佳木斯市	**19999**	**36938**	**272422**	**293284**	**649230**	**591483**	**213923**	**190344**	**59742**	**51537**
向阳区	649	1493	12196	13922	41390	41999	31280	31713	12110	11120
前进区	538	1072	8127	9824	28108	29086	32362	31030	10163	8742
东风区	1110	1707	13509	14664	43940	40962	17260	15844	3156	2982
郊区	2534	4245	37666	39514	90451	81625	18268	15313	5559	4540
桦南县	4633	8464	59187	64927	129206	115763	26772	22665	6129	5303
桦川县	1874	3615	22653	24692	51097	47567	16871	13712	3782	3096
汤原县	2394	4568	30538	33422	68396	61619	17068	14881	4579	3808
抚远县	925	1729	16746	15869	35342	28008	8674	6751	2482	1995
同江市	1534	3060	20054	21480	46776	41933	13527	11114	4282	3634
富锦市	3808	6985	51746	54970	114524	102921	31841	27321	7500	6317
七台河市	**6831**	**14783**	**102010**	**113578**	**247797**	**223763**	**55580**	**45839**	**25530**	**20886**
新兴区	1882	4021	24195	26934	74639	65441	11229	9079	3401	3101
桃山区	726	1611	16136	18525	49283	49568	23357	20904	15623	12412
茄子河区	1345	2722	18622	19552	46889	40422	6146	4394	2016	1724
勃利县	2878	6429	43057	48567	76986	68332	14848	11462	4490	3649
牡丹江市	**22943**	**47638**	**280746**	**307019**	**670419**	**614304**	**252460**	**232574**	**85994**	**82985**
东安区	917	1937	13228	13803	35311	33022	30314	29780	11789	11056
阳明区	2173	4903	27015	29917	55085	49988	22814	20871	6554	5875
爱民区	1465	3411	16645	19417	52616	49652	32863	31663	14093	16167
西安区	1109	2807	15429	18849	45419	44844	32889	32529	15892	16712
东宁县	1987	5191	22612	23845	49957	42342	16572	15004	5131	4508
林口县	4138	7371	51774	55387	95409	85290	20926	17182	6292	5330
绥芬河市	457	929	10743	11458	34309	31854	12219	11017	4302	3849
海林市	4232	9085	41580	45023	108182	98932	29652	26923	8493	7641
宁安市	3317	6491	52137	57724	112809	106171	30985	28285	7566	6924
穆棱市	3148	5513	29583	31596	81322	72209	23226	19320	5882	4923
黑河市	**17933**	**38284**	**203887**	**225749**	**395642**	**354147**	**129619**	**117097**	**41891**	**35826**
爱辉区	1259	3122	19880	21653	42207	36271	21621	20191	10324	9487
嫩江县	4881	10713	59742	66252	125779	113716	35095	31146	9721	8203
逊克县	1081	2298	13455	14736	23490	21321	7275	6298	2520	2213
孙吴县	1420	3207	13888	14888	24305	21416	6298	5131	2501	2161

大学本科及以上		平均受教育年限(年)			15岁及以上文盲人口(人)			文盲人口占15岁及以上人口比重(%)		
男	女	合计	男	女	合计	男	女	合计	男	女
534	525	8.88	9.14	8.60	5877	1726	4151	4.99	2.87	7.21
1563	1401	8.59	8.83	8.34	8413	2424	5989	3.23	1.85	4.64
1759	1492	9.59	9.89	9.29	3763	964	2799	3.79	1.94	5.64
2717	2431	8.77	9.04	8.50	11324	3126	8198	3.26	1.78	4.77
1590	1355	9.08	9.36	8.80	4961	1462	3499	3.80	2.20	5.47
90719	**77205**	**9.75**	**10.02**	**9.47**	**65599**	**17517**	**48082**	**2.60**	**1.38**	**3.82**
13078	11154	10.81	11.04	10.58	5422	1163	4259	1.87	0.80	2.96
33142	27011	11.40	11.68	11.12	6722	1670	5052	2.16	1.06	3.28
30785	27241	11.25	11.49	11.00	7557	1758	5799	1.53	0.71	2.33
4768	3784	10.19	10.47	9.89	3288	801	2487	2.17	1.04	3.35
2976	2461	8.73	9.09	8.37	9084	2472	6612	4.49	2.45	6.51
1690	1384	8.46	8.74	8.19	9719	2931	6788	2.91	1.74	4.09
1630	1699	8.36	8.62	8.10	8909	2665	6244	2.67	1.60	3.74
1039	979	8.22	8.58	7.87	9088	2516	6572	4.35	2.39	6.34
1611	1492	8.67	8.94	8.40	5810	1541	4269	2.90	1.52	4.29
11140	**10665**	**9.52**	**9.75**	**9.30**	**35578**	**9604**	**25974**	**3.42**	**1.85**	**4.98**
4611	4639	10.72	10.94	10.51	2369	521	1848	1.79	0.81	2.73
848	784	9.45	9.69	9.22	4333	1161	3172	3.96	2.13	5.80
363	365	9.42	9.65	9.19	2133	552	1581	4.34	2.25	6.43
351	287	9.92	10.10	9.73	757	228	529	1.58	0.93	2.26
182	158	9.37	9.55	9.19	1328	400	928	3.21	1.95	4.47
327	299	9.44	9.70	9.18	1676	416	1260	4.27	2.13	6.40
300	232	9.84	10.00	9.68	821	265	556	2.15	1.34	3.03
207	208	9.42	9.63	9.19	1502	427	1075	4.15	2.32	6.02
202	192	9.12	9.40	8.83	1540	408	1132	4.95	2.60	7.35
226	216	9.65	9.86	9.44	835	189	646	2.90	1.30	4.52
278	273	9.62	9.86	9.38	1395	406	989	4.96	2.87	7.09
236	243	9.95	10.19	9.71	721	150	571	2.41	1.02	3.77
192	165	9.38	9.66	9.09	960	270	690	5.00	2.79	7.25
165	100	9.26	9.57	8.95	1194	339	855	5.98	3.42	8.51
270	243	10.21	10.51	9.92	550	123	427	3.04	1.38	4.66
882	787	8.97	9.28	8.65	2685	716	1969	4.55	2.39	6.76
1500	1474	9.07	9.29	8.85	10779	3033	7746	3.46	1.97	4.92
31282	**28881**	**9.29**	**9.46**	**9.12**	**48155**	**15855**	**32300**	**2.16**	**1.39**	**2.95**
14378	14519	11.32	11.46	11.18	1600	416	1184	0.76	0.40	1.10
4581	3767	11.13	11.32	10.94	1127	346	781	0.72	0.44	1.00
1062	987	9.47	9.57	9.37	1876	653	1223	1.28	0.87	1.69
1547	1208	8.81	8.96	8.65	5818	2088	3730	2.08	1.45	2.75
1606	1529	8.64	8.83	8.44	11325	3761	7564	2.81	1.83	3.81
1474	1277	9.05	9.28	8.81	4785	1546	3239	2.74	1.75	3.77
1323	1118	8.83	9.02	8.63	6277	2055	4222	2.80	1.80	3.84
737	610	8.92	9.06	8.74	2292	766	1526	2.12	1.31	3.08
1378	1137	9.12	9.33	8.90	4004	1245	2759	2.61	1.58	3.70
3196	2729	8.96	9.14	8.78	9051	2979	6072	2.41	1.55	3.31
9073	**7588**	**9.07**	**9.29**	**8.83**	**18744**	**5476**	**13268**	**2.34**	**1.34**	**3.39**
968	860	8.74	8.93	8.54	5168	1539	3629	2.48	1.43	3.60
6213	5111	10.58	10.83	10.33	1886	518	1368	0.94	0.51	1.39
649	514	8.55	8.75	8.33	3564	1096	2468	2.68	1.58	3.89
1243	1103	8.42	8.69	8.15	8126	2323	5803	3.14	1.77	4.54
39117	**43443**	**9.50**	**9.65**	**9.35**	**61374**	**18722**	**42652**	**2.47**	**1.50**	**3.46**
6610	5948	10.93	11.04	10.82	2336	687	1649	1.29	0.75	1.85
2512	2268	9.26	9.48	9.04	6244	1809	4435	2.93	1.68	4.20
11325	18458	10.94	10.89	10.99	4047	1071	2976	1.60	0.88	2.26
7282	6371	10.87	11.04	10.70	3049	762	2287	1.36	0.70	2.01
1745	1687	9.10	9.34	8.84	6676	1762	4914	3.83	1.97	5.79
1693	1446	8.54	8.74	8.34	9950	3432	6518	3.05	2.06	4.09
1906	1595	9.87	10.00	9.73	1065	294	771	0.94	0.51	1.40
2774	2567	8.99	9.19	8.79	11859	3571	8288	3.31	1.97	4.68
2059	2004	8.91	9.07	8.75	8486	2682	5804	2.21	1.40	3.03
1211	1099	9.03	9.21	8.83	7662	2652	5010	2.97	1.99	4.03
18685	**17771**	**9.04**	**9.27**	**8.80**	**49732**	**14951**	**34781**	**3.41**	**2.03**	**4.82**
7837	8248	10.32	10.46	10.18	3684	934	2750	1.97	0.98	3.01
3064	2624	8.87	9.11	8.62	13715	3994	9721	3.21	1.85	4.59
844	865	8.90	9.13	8.66	2995	907	2088	3.42	2.06	4.82
1022	911	8.71	9.01	8.39	4127	1194	2933	4.68	2.67	6.76

表4 续表 12

地区	6岁及以上各种受教育程度人口(人)									
	未上过学		小学		初中		高中		大学专科	
	男	女	男	女	男	女	男	女	男	女
北安市	6016	12202	56480	63317	98188	89171	35261	33929	8972	7660
五大连池市	3276	6742	40442	44903	81673	72252	24069	20402	7853	6102
绥化市	**46446**	**94350**	**740950**	**883497**	**1405892**	**1246984**	**307543**	**246787**	**73801**	**58484**
北林区	6983	14666	104918	124726	222172	204136	56940	48336	17596	14394
望奎县	4990	10434	77227	92992	103614	90069	24566	18659	6081	4842
兰西县	3684	8811	60105	79631	105701	99336	18225	14569	4159	3227
青冈县	3118	5680	69229	84900	126908	106379	26978	20194	4962	3681
庆安县	2833	5634	53900	62566	102316	90338	21492	16967	5383	4185
明水县	1892	4141	44867	54885	88984	75106	15340	11200	4187	3073
绥棱县	3628	7342	46150	52596	87829	77140	16832	13779	5129	4187
安达市	4465	9069	63986	72775	129292	113769	23710	19724	6019	4869
肇东市	8878	16665	132366	149837	222557	195518	56699	47090	11628	9344
海伦市	5975	11908	88202	108589	216519	195193	46761	36269	8657	6682
大兴安岭地区	**4148**	**9711**	**42480**	**47357**	**140484**	**120446**	**44135**	**39007**	**16970**	**15995**
加格达奇	1064	2292	11659	13449	36605	34587	15345	13900	6477	6694
松岭区	158	377	2888	2952	11660	7302	2880	2074	987	836
新林区	391	1245	3793	4376	15367	13337	3796	3456	1442	1368
呼中区	379	987	3498	4134	14020	11511	3364	2946	1325	1178
呼玛县	727	1435	6702	6811	12927	10792	3252	3011	1307	1204
塔河县	898	2150	7756	8704	25778	22239	7963	6940	2759	2531
漠河县	531	1225	6184	6931	24127	20678	7535	6680	2673	2184
上海市	**145603**	**549013**	**1422336**	**1699472**	**4524227**	**3882231**	**2558656**	**2264565**	**1164649**	**1051846**
市辖区	**131206**	**501442**	**1335086**	**1607523**	**4363139**	**3755991**	**2502194**	**2219413**	**1148026**	**1038904**
黄浦区	1150	7450	16181	27611	76355	72050	61670	58021	23212	21068
卢湾区	549	3703	8009	13751	33668	34508	33834	35343	15358	14479
徐汇区	2753	15139	36957	55938	134013	130528	133755	137970	76584	73926
长宁区	1960	10820	21423	33838	80806	81515	88423	93968	48010	49684
静安区	524	3194	7177	12951	30665	31060	32279	35570	17153	16764
普陀区	3688	19186	47732	69712	195406	180911	177844	171488	89258	80390
闸北区	2590	13485	29277	45300	134124	126039	120896	115134	54011	47301
虹口区	2294	13613	29049	46098	119018	118724	118456	117873	57828	52064
杨浦区	3455	20225	41991	66005	198696	184781	174761	168769	88736	77736
闵行区	11382	40603	133872	159498	483839	422323	249586	222733	124279	116221
宝山区	8387	33784	104357	123902	437464	348957	222129	181829	100033	83531
嘉定区	10398	38280	102425	115459	385609	306721	154794	110660	55002	45279
浦东新区	29537	120198	321503	381116	1026042	871501	512873	446128	247694	228744
金山区	9261	34000	80783	86431	152359	131118	70621	55766	25751	22627
松江区	13868	43793	122362	131904	339099	286779	176866	142451	61768	53071
青浦区	14879	41812	115812	116503	274870	215065	89928	63495	29796	26162
奉贤区	14531	42157	116176	121506	261106	213411	83479	62215	33553	29857
县	**14397**	**47571**	**87250**	**91949**	**161088**	**126240**	**56462**	**45152**	**16623**	**12942**
崇明县	14397	47571	87250	91949	161088	126240	56462	45152	16623	12942
江苏省	**793662**	**2654558**	**8283702**	**10749375**	**16111145**	**14311868**	**7229593**	**5474164**	**2673313**	**2226149**
南京市	**59536**	**198734**	**569560**	**713496**	**1291193**	**1081853**	**903091**	**764542**	**487293**	**427729**
玄武区	1361	5143	22076	26925	68344	58808	69082	69080	65418	56864
白下区	2414	9331	24283	29989	75266	70347	79860	82059	48176	47419
秦淮区	2023	7222	19557	23019	80910	64040	55418	51162	24948	22695
建邺区	2394	7910	23921	26352	75636	57368	52296	48127	28443	26910
鼓楼区	2347	9354	29192	35462	72831	71830	88118	93787	59231	63074
下关区	2159	8024	23136	27107	85661	67059	64741	57744	31734	25974
浦口区	5359	18984	52319	68172	124664	100968	80070	59365	31008	25681
栖霞区	2819	11991	33572	43696	96949	81017	79636	67365	46352	41264
雨花台区	3497	11651	28238	28107	69768	51513	44211	35624	24024	20293
江宁区	10353	31680	104217	128845	185577	165634	110635	85124	68627	57369
六合区	9141	40752	92662	137478	190512	149962	98017	65423	37055	25600
溧水县	7405	16916	53553	65238	83531	72640	44144	28159	12975	8331
高淳县	8264	19776	62834	73106	81544	70667	36863	21523	9302	6255
无锡市	**34730**	**120387**	**616631**	**727689**	**1432800**	**1224368**	**632201**	**502954**	**270861**	**230459**
崇安区	1287	3678	12982	15887	44335	39428	27840	26596	14953	13708
南长区	1586	6318	20752	26474	64321	61106	48320	44930	27666	24960
北塘区	2293	6987	23159	26704	67889	59455	40428	35966	18869	16664
锡山区	3737	14279	72171	82067	170309	142257	61293	45981	20441	17932
惠山区	3532	11846	70287	78314	180006	144435	60073	41098	26610	24512
滨湖区	5274	17730	88900	104839	251685	214963	133450	112680	76220	61275
江阴市	8402	33285	177724	212570	373417	322708	149058	110512	48455	40513
宜兴市	8619	26264	150656	180834	280838	240016	111739	85191	37647	30895

大学本科及以上		平均受教育年限(年)			15岁及以上文盲人口(人)			文盲人口占15岁及以上人口比重(%)		
男	女	合计	男	女	合计	男	女	合计	男	女
3469	3109	8.81	9.06	8.56	16141	5026	11115	4.21	2.63	5.77
2449	2014	8.91	9.16	8.64	9070	2896	6174	3.19	1.99	4.44
28173	**25772**	**8.52**	**8.78**	**8.26**	**124094**	**38667**	**85427**	**2.63**	**1.63**	**3.64**
10323	11303	8.92	9.15	8.69	19045	5789	13256	2.48	1.51	3.44
1258	1040	8.12	8.43	7.80	13935	4277	9658	3.48	2.14	4.80
1586	1329	8.24	8.59	7.92	11336	3156	8180	3.16	1.85	4.34
1390	1056	8.41	8.67	8.13	7615	2543	5072	1.83	1.20	2.49
1905	1487	8.56	8.81	8.31	7451	2374	5077	2.23	1.40	3.08
890	721	8.44	8.71	8.15	5348	1584	3764	1.91	1.11	2.74
1520	1293	8.44	8.69	8.18	9617	3044	6573	3.31	2.07	4.58
1938	1670	8.49	8.72	8.25	11904	3726	8178	2.88	1.78	4.02
4468	3551	8.48	8.72	8.24	22396	7278	15118	2.85	1.83	3.90
2895	2322	8.65	8.90	8.39	15447	4896	10551	2.31	1.45	3.19
8203	**7233**	**9.59**	**9.78**	**9.39**	**12547**	**3538**	**9009**	**2.74**	**1.49**	**4.06**
3849	3223	10.08	10.26	9.90	2889	842	2047	2.10	1.22	2.99
337	346	9.48	9.57	9.35	441	120	321	1.45	0.68	2.52
620	570	9.38	9.62	9.13	1534	348	1186	3.31	1.47	5.23
382	391	9.31	9.52	9.07	1244	329	915	3.02	1.53	4.65
801	665	8.91	9.11	8.68	2002	642	1360	4.41	2.73	6.22
1187	1098	9.40	9.62	9.16	2915	836	2079	3.49	1.95	5.13
1027	940	9.66	9.83	9.46	1522	421	1101	2.04	1.09	3.09
1541613	**1281457**	**10.73**	**11.07**	**10.38**	**631363**	**120720**	**510643**	**3.00**	**1.12**	**4.99**
1530700	**1272617**	**10.81**	**11.13**	**10.47**	**571679**	**107320**	**464359**	**2.80**	**1.03**	**4.68**
28132	24447	11.16	11.56	10.78	7418	823	6595	1.86	0.42	3.26
26012	23142	11.90	12.31	11.52	3749	389	3360	1.61	0.35	2.79
138043	116010	12.28	12.65	11.92	15653	1997	13656	1.56	0.40	2.69
82759	76187	12.29	12.64	11.97	10800	1366	9434	1.68	0.44	2.83
27623	25314	12.21	12.58	11.87	3019	346	2673	1.31	0.31	2.23
113581	95995	11.71	12.04	11.38	19531	2592	16939	1.63	0.43	2.85
64603	51988	11.50	11.87	11.12	12783	1676	11107	1.66	0.43	2.90
82530	69783	11.83	12.23	11.43	14530	1773	12757	1.83	0.45	3.17
137384	113092	11.85	12.22	11.48	20002	2369	17633	1.63	0.38	2.90
192930	152619	11.01	11.29	10.71	45793	8597	37196	2.08	0.76	3.50
100624	79025	10.66	10.93	10.35	37373	6419	30954	2.15	0.69	3.82
47771	37093	9.86	10.20	9.46	45834	9083	36751	3.40	1.26	5.88
345806	282244	10.69	11.03	10.33	136134	24030	112104	2.98	1.02	5.06
19536	16562	9.26	9.75	8.75	40980	8353	32627	6.18	2.48	9.98
72533	64158	10.13	10.45	9.78	53196	11863	41333	3.71	1.59	6.00
22854	20065	9.08	9.44	8.67	52379	13004	39375	5.37	2.51	8.61
27979	24893	9.19	9.57	8.78	52505	12640	39865	5.44	2.52	8.60
10913	**8840**	**8.42**	**9.03**	**7.80**	**59684**	**13400**	**46284**	**9.23**	**4.06**	**14.62**
10913	8840	8.42	9.03	7.80	59684	13400	46284	9.23	4.06	14.62
2051388	**1560558**	**9.32**	**9.87**	**8.78**	**2982959**	**628653**	**2354306**	**4.36**	**1.85**	**6.85**
657720	**519131**	**10.99**	**11.40**	**10.55**	**210267**	**43357**	**166910**	**2.90**	**1.16**	**4.77**
104625	81591	13.06	13.29	12.80	4821	781	4040	0.80	0.25	1.42
63802	46741	12.14	12.47	11.81	9792	1729	8063	1.78	0.62	2.96
22248	17032	11.04	11.26	10.79	8023	1576	6447	2.16	0.81	3.65
31657	24906	11.33	11.54	11.10	9316	1988	7328	2.43	0.98	4.05
146920	124564	13.11	13.38	12.83	9396	1565	7831	1.25	0.42	2.07
21110	15068	11.02	11.29	10.71	9127	1728	7399	2.23	0.79	3.86
62890	50771	10.74	11.19	10.23	19212	3901	15311	2.99	1.16	5.01
60185	57974	11.65	11.92	11.37	12476	2060	10416	2.09	0.68	3.59
33527	23041	10.95	11.32	10.52	13417	2824	10593	3.81	1.47	6.60
84257	61381	10.50	11.02	9.96	34430	7904	26526	3.34	1.49	5.30
17735	10745	9.15	9.94	8.34	44217	7427	36790	5.42	1.80	9.16
4695	2917	8.74	9.31	8.14	11392	3007	8385	3.06	1.57	4.64
4069	2400	8.27	8.86	7.65	24648	6867	17781	6.73	3.67	9.91
179786	**139864**	**9.81**	**10.14**	**9.45**	**125898**	**24490**	**101408**	**2.20**	**0.83**	**3.67**
10604	8016	10.92	11.19	10.64	3663	748	2915	1.78	0.71	2.88
20970	16240	11.18	11.54	10.82	6474	1114	5360	1.90	0.65	3.16
13478	10412	10.51	10.82	10.19	7919	1765	6154	2.62	1.13	4.18
12311	9350	9.35	9.68	8.99	15816	2917	12899	2.58	0.92	4.39
11499	8669	9.52	9.80	9.21	13084	2490	10594	2.12	0.76	3.66
60729	50590	10.66	10.94	10.35	18246	3588	14658	1.64	0.62	2.76
29448	21780	9.32	9.70	8.91	34031	5924	28107	2.39	0.81	4.06
20747	14807	9.17	9.54	8.78	26665	5944	20721	2.41	1.05	3.84

表4 续表 13

地 区	6岁及以上各种受教育程度人口(人)									
	未上过学		小学		初中		高中		大学专科	
	男	女	男	女	男	女	男	女	男	女
徐州市	**114970**	**323845**	**879796**	**1143807**	**1822987**	**1660328**	**672000**	**496910**	**223357**	**177642**
鼓楼区	2610	8470	34204	42210	88961	89203	65556	56885	24682	22727
云龙区	1912	5847	22498	26201	61292	58776	44313	41347	19041	15886
九里区	1140	3292	12262	14322	35894	32236	17025	12680	9353	6819
贾汪区	7238	18549	49772	60318	98890	86787	31296	20607	6748	4945
泉山区	1705	5856	24615	31437	61849	68805	69487	67762	49833	41373
丰县	14946	44212	112446	139818	229006	200861	60536	39935	14196	9850
沛县	15307	42969	102961	128856	262216	255229	99148	71115	24407	18415
铜山县	15275	38604	120927	158014	239082	229863	61709	43593	16170	14404
睢宁县	22103	72504	118925	162277	219037	187801	74951	46971	16025	11017
新沂市	17534	46416	97907	129429	195099	167001	63597	43111	20275	15148
邳州市	15200	37126	183279	250925	331661	283766	84382	52904	22627	17058
常州市	**42956**	**133085**	**441592**	**522589**	**1011826**	**907824**	**433907**	**346358**	**169759**	**142314**
天宁区	2451	7863	33649	41446	94639	91312	59565	54674	29155	27998
钟楼区	2906	8909	31718	40018	89153	80753	58858	53341	29580	26394
戚墅堰区	684	2645	7934	9333	21616	19060	13246	10690	5669	4019
新北区	3384	15967	52476	63247	134503	113802	58101	41412	26906	22118
武进区	11181	37141	171305	197758	399776	339358	121777	91235	44453	36577
溧阳市	13900	33992	82078	94945	157809	150624	73775	57032	18332	13439
金坛市	8450	26568	62432	75842	114330	112915	48585	37974	15664	11769
苏州市	**60567**	**226816**	**1018567**	**1247770**	**2140765**	**1883018**	**1094013**	**903910**	**472125**	**412773**
沧浪区	1422	6589	21647	28667	51499	49920	47761	47548	29128	28608
平江区	4805	19938	63173	76189	136865	122109	131833	126511	62656	54153
金阊区	2291	7409	20496	24957	50242	46059	33719	30217	18354	19274
虎丘区	3411	14533	50278	61591	89219	75544	66604	60775	35886	32992
吴中区	5597	24075	107998	135309	244823	218633	116451	92651	54646	51568
相城区	4848	17809	79233	92980	168954	138855	55653	37591	24653	19071
常熟市	9318	39157	191192	239643	312915	271867	142337	113542	47080	39476
张家港市	5918	24809	119547	156139	286467	259659	110643	83982	52099	46117
昆山市	5526	19174	124833	148074	338948	292160	230568	185917	88128	71626
吴江市	11257	36384	158984	183858	290978	262197	102824	84963	34300	28869
太仓市	6174	16939	81186	100363	169855	146015	55620	40213	25195	21019
南通市	**67172**	**229099**	**949169**	**1278734**	**1397430**	**1433121**	**580802**	**503347**	**187027**	**168099**
崇川区	4458	13404	64156	80392	138925	131313	92048	85280	65250	62914
港闸区	1644	6095	28700	36186	62838	52240	23431	18923	10014	9927
通州区	6836	23837	170109	240269	222785	234979	74625	66206	18459	16504
海安县	9209	34845	107182	144329	161399	179090	80417	65700	20817	16225
如东县	18930	58383	160060	178773	179742	178399	79019	67609	16356	13659
启东市	13605	47018	130728	165015	192592	209615	65076	61503	18201	16330
如皋市	6893	23065	197383	297005	244902	222751	90760	66720	21514	17499
海门市	5597	22452	90851	136765	194247	224734	75426	71406	16416	15041
连云港市	**67696**	**169397**	**487022**	**619908**	**909643**	**803534**	**361388**	**259146**	**107308**	**86746**
连云区	3224	9018	18027	20998	39369	34097	33287	25683	10219	7675
新浦区	4775	13159	41645	45384	94613	80744	74864	63106	40150	37568
海州区	3096	9107	21777	27410	48585	42732	24949	18883	6719	5309
赣榆县	19345	45117	110554	138001	197225	193939	67997	45438	15205	10962
东海县	19653	42466	111944	137794	200819	188238	62788	46820	14340	11521
灌云县	9937	29185	102109	144175	189805	146332	56864	33992	11921	7761
灌南县	7666	21345	80966	106146	139227	117452	40639	25224	8754	5950
淮安市	**62308**	**212362**	**528329**	**754623**	**999464**	**869591**	**411059**	**269232**	**119233**	**95235**
清河区	3798	11484	36664	44367	83755	76478	68687	53795	38002	34209
楚州区	13966	47347	133537	184461	211082	173882	70904	42342	17243	11134
淮阴区	11441	36735	82693	116228	170254	149173	62624	40923	13968	14545
清浦区	3593	11641	31555	41450	62886	58286	36794	29369	13056	10298
涟水县	10833	38129	97832	138097	188950	177778	58723	35933	13582	9269
洪泽县	4984	17781	38361	58565	67844	58162	28779	17264	6132	4088
盱眙县	9725	29771	70793	116622	151262	120364	50773	29387	9403	6326
金湖县	3968	19474	36894	54833	63431	55468	33775	20219	7847	5366
盐城市	**91143**	**320637**	**838717**	**1117197**	**1491497**	**1339873**	**692079**	**435904**	**175167**	**126833**
亭湖区	7303	28133	79467	103151	152361	149636	112289	80585	43237	30825
盐都区	8030	30914	83158	105875	140414	129290	74215	41433	20519	21006
响水县	10608	33203	59456	76052	112533	87188	36573	19566	8798	5695
滨海县	10791	32864	111185	150428	210743	182687	74231	46817	16298	11501
阜宁县	10654	35730	106225	143401	189462	163533	62628	35442	13586	8967

大学本科及以上		平均受教育年限(年)			15岁及以上文盲人口(人)			文盲人口占15岁及以上人口比重(%)		
男	女	合计	男	女	合计	男	女	合计	男	女
131656	**98899**	**8.92**	**9.50**	**8.37**	**392008**	**96603**	**295405**	**5.57**	**2.81**	**8.22**
11267	8304	10.38	10.74	10.03	9780	2072	7708	2.33	0.99	3.64
13800	13877	10.75	11.02	10.48	7070	1598	5472	2.34	1.06	3.61
1612	1044	9.89	10.28	9.46	3859	923	2936	2.80	1.29	4.46
2836	2105	8.39	8.94	7.85	23417	6239	17178	6.57	3.52	9.58
57654	35735	12.20	12.69	11.68	6101	1107	4994	1.27	0.45	2.13
4898	3485	8.29	8.91	7.70	53168	12551	40617	6.78	3.28	10.11
8727	5719	8.87	9.41	8.35	53612	13487	40125	5.66	2.92	8.26
12185	15784	8.53	8.96	8.15	48306	12947	35359	5.44	3.07	7.59
5680	3751	7.95	8.84	7.15	87058	19766	67292	10.46	5.00	15.38
5978	4354	8.37	9.03	7.74	58401	15348	43053	7.96	4.26	11.51
7019	4741	8.42	8.94	7.92	41236	10565	30671	3.58	1.87	5.23
128128	**98087**	**9.57**	**10.00**	**9.14**	**150916**	**33102**	**117814**	**3.71**	**1.61**	**5.88**
28250	20810	10.86	11.19	10.52	8589	1725	6864	1.88	0.76	3.02
33673	28636	11.03	11.34	10.71	10649	2315	8334	2.36	1.01	3.75
3386	2030	10.18	10.66	9.66	3020	563	2457	3.23	1.15	5.49
20443	15117	9.85	10.31	9.35	17753	2767	14986	3.35	1.00	5.88
23103	17677	9.15	9.51	8.76	38483	7371	31112	2.78	1.03	4.64
11174	7746	8.85	9.37	8.35	41532	11333	30199	6.32	3.48	9.12
8099	6071	8.79	9.38	8.24	30890	7028	23862	6.29	2.95	9.42
325267	**252892**	**9.85**	**10.23**	**9.46**	**248301**	**49238**	**199063**	**2.61**	**1.02**	**4.26**
36286	29247	11.73	12.12	11.35	6489	991	5498	1.82	0.56	3.05
68339	54259	11.18	11.56	10.80	21656	3787	17869	2.47	0.85	4.13
13769	10856	10.69	11.04	10.35	8557	1847	6710	3.27	1.42	5.11
30099	23293	10.57	10.98	10.14	16911	2983	13928	3.28	1.15	5.46
31083	25114	9.84	10.21	9.48	26280	4591	21689	2.49	0.86	4.16
11230	8775	9.14	9.56	8.69	19902	3881	16021	3.19	1.19	5.37
28713	23673	9.14	9.58	8.71	43137	8181	34956	3.14	1.19	5.10
30139	21472	9.62	10.04	9.20	27120	4701	22419	2.42	0.83	4.03
44200	31916	10.34	10.61	10.03	20029	4033	15996	1.32	0.51	2.23
18419	14071	8.93	9.30	8.56	42536	9754	32782	3.66	1.67	5.66
12990	10216	9.19	9.57	8.78	15684	4489	11195	2.44	1.37	3.56
113632	**89853**	**8.83**	**9.31**	**8.40**	**240345**	**48161**	**192184**	**3.69**	**1.58**	**5.55**
52178	44093	11.08	11.39	10.79	14309	3052	11257	1.83	0.78	2.87
3325	2625	9.31	9.65	8.97	6866	1298	5568	2.83	1.06	4.66
9882	7730	8.46	8.86	8.12	23240	4324	18916	2.29	0.93	3.43
9628	6596	8.73	9.33	8.22	38213	7351	30862	4.92	2.05	7.38
8227	5992	8.08	8.59	7.61	58097	12827	45270	6.41	2.96	9.56
9826	7874	8.37	8.87	7.96	54395	11481	42914	6.25	2.90	9.05
10365	7316	8.39	8.90	7.94	21979	4005	17974	1.97	0.77	3.04
10201	7627	9.01	9.47	8.63	23246	3823	19423	2.90	1.07	4.38
71540	**50442**	**8.90**	**9.50**	**8.32**	**212178**	**56879**	**155299**	**6.00**	**3.27**	**8.63**
9948	6481	10.12	10.70	9.49	11160	2750	8410	5.55	2.63	8.71
33118	24124	11.06	11.41	10.69	16252	4029	12223	3.23	1.54	5.03
3020	2139	9.21	9.79	8.63	10514	2477	8037	5.48	2.59	8.35
8088	5838	8.37	9.00	7.81	58980	16896	42084	7.81	4.74	10.54
9100	6837	8.39	8.92	7.90	56004	16785	39219	7.44	4.65	10.02
4838	2990	8.36	9.04	7.68	35184	8305	26879	5.44	2.58	8.28
3428	2033	8.36	8.99	7.76	24084	5637	18447	4.94	2.37	7.40
72901	**52857**	**8.78**	**9.51**	**8.09**	**234834**	**48468**	**186366**	**5.88**	**2.49**	**9.09**
30286	22421	11.03	11.45	10.59	13356	2959	10397	2.87	1.24	4.62
6577	3929	8.17	8.93	7.45	49477	10123	39354	6.01	2.53	9.29
11509	11563	8.73	9.38	8.13	41667	9084	32583	6.49	2.94	9.78
7923	5322	9.58	10.19	8.98	13417	2925	10492	4.75	2.10	7.34
4559	2759	8.37	9.12	7.70	42705	8376	34329	6.30	2.62	9.58
2872	1648	8.33	9.19	7.52	20950	4372	16578	7.59	3.29	11.58
5252	3038	8.30	9.08	7.55	33632	7756	25876	6.19	2.91	9.35
3923	2177	8.50	9.45	7.60	19630	2873	16757	6.90	2.09	11.42
92400	**62563**	**8.72**	**9.43**	**8.04**	**360978**	**72939**	**288039**	**5.80**	**2.38**	**9.14**
37426	30234	10.09	10.73	9.44	30884	5560	25324	3.93	1.41	6.47
8359	5022	8.89	9.56	8.23	32796	5958	26838	5.32	1.96	8.61
3989	2326	8.07	8.94	7.21	40879	9318	31561	10.02	4.55	15.51
6714	3838	8.54	9.15	7.94	39912	9223	30689	5.14	2.40	7.83
5523	3184	8.29	8.97	7.63	41022	8483	32539	5.77	2.42	9.04

表4 续表 14

地区	6岁及以上各种受教育程度人口(人)									
	未上过学		小学		初中		高中		大学专科	
	男	女	男	女	男	女	男	女	男	女
射阳县	8498	32123	106025	154914	187728	163471	87662	52638	21333	14178
建湖县	6373	24320	87836	113867	159117	150444	74548	45356	16842	10389
东台市	16479	60246	123931	169102	195395	183798	95270	62764	17996	12264
大丰市	12407	43104	81434	100407	143744	129826	74663	51303	16558	12008
扬州市	**36979**	**169029**	**548364**	**740345**	**866283**	**787076**	**403006**	**294907**	**147713**	**117730**
广陵区	1974	7207	26101	33593	56325	54303	47425	40094	21669	16034
邗江区	4214	17584	64706	85381	112127	96140	50091	35633	27627	26630
维扬区	2642	10883	37920	49312	72702	70487	54191	48384	30398	25478
宝应县	7231	34981	107381	151206	145619	136081	59982	37749	14664	8935
仪征市	4993	19636	62661	88378	120349	99701	60246	41402	16587	12011
高邮市	7816	39764	106309	142603	154111	137056	57248	37285	14124	11086
江都市	8109	38974	143286	189872	205050	193308	73823	54360	22644	17556
镇江市	**22191**	**85401**	**291882**	**393765**	**675077**	**583728**	**334453**	**242416**	**119652**	**92605**
京口区	2739	9129	41544	50372	106378	92906	74240	61571	38999	30343
润州区	2187	6801	22602	26444	57693	49657	37092	32207	14937	11897
丹徒区	2067	9065	30165	45816	77290	63755	27710	18519	6076	4974
丹阳市	5418	26946	94857	134489	230887	201082	94563	63561	25213	19187
扬中市	2362	11429	36574	47809	67598	59036	35130	23325	15063	11451
句容市	7418	22031	66140	88835	135231	117292	65718	43233	19364	14753
泰州市	**55615**	**233530**	**592616**	**748300**	**962948**	**831265**	**391695**	**259427**	**121820**	**93214**
海陵区	6029	24533	59681	71175	102758	94072	59886	49540	29594	27753
高港区	3151	15292	34373	44256	62341	52705	24491	14802	7211	5515
兴化市	22291	86054	193524	229974	273346	203207	87352	45030	18237	10911
靖江市	3451	16067	73187	97273	157427	133656	65345	49067	24064	18931
泰兴市	8882	42728	128002	182258	224108	214151	99488	63855	26309	17642
姜堰市	11811	48856	103849	123364	142968	133474	55133	37133	16405	12462
宿迁市	**77799**	**232236**	**521457**	**741152**	**1109232**	**906289**	**319899**	**195111**	**71998**	**54770**
宿城区	10955	32339	84834	122835	171666	142413	63934	42333	18266	13722
宿豫区	9205	29725	74062	109300	152597	119953	41050	23131	11400	12582
沭阳县	27353	82966	171104	236773	367086	309459	99975	60094	17704	12432
泗阳县	12814	44395	87663	124965	208479	164258	53086	29766	10783	6847
泗洪县	17472	42811	103794	147279	209404	170206	61854	39787	13845	9187
浙江省	**920709**	**2451752**	**7666076**	**8021291**	**10953031**	**9008796**	**4142256**	**3241997**	**1475501**	**1332515**
杭州市	**87963**	**270124**	**945160**	**1026893**	**1493034**	**1277277**	**841089**	**700578**	**396178**	**367925**
上城区	1122	5396	19149	26078	53683	51784	37103	36496	23180	21812
下城区	2191	7208	28680	34483	76582	72783	54729	53948	36848	35538
江干区	7117	16188	76366	71081	171028	134322	100606	85909	58271	55407
拱墅区	3399	9501	38430	42335	88747	77607	71965	62643	36185	32708
西湖区	4706	13489	54282	60982	92087	82795	66857	64884	57952	59017
滨江区	3125	9835	26553	26088	44385	33541	29040	24136	26933	26551
萧山区	20154	66668	223847	245926	290156	243718	117347	88604	46991	41875
余杭区	11411	29641	120134	125395	179147	162429	170037	140095	50411	47024
桐庐县	5811	18039	60944	65734	83573	72278	30728	22257	9914	7725
淳安县	6607	26810	50099	62005	59978	47248	27640	18178	7907	5227
建德市	7220	23385	67614	73184	79099	67507	36468	27503	10386	7803
富阳市	7983	23477	101625	108993	152487	128014	56254	42844	19809	17106
临安市	7117	20487	77437	84609	122082	103251	42315	33081	11391	10132
宁波市	**91487**	**236130**	**1061864**	**1149602**	**1548338**	**1330349**	**579935**	**462341**	**222495**	**214302**
海曙区	2036	5939	23636	29713	57462	55747	37194	36116	26874	26469
江东区	1875	5428	24941	31446	51504	53534	39100	39816	25909	26214
江北区	4045	8913	38659	40985	65971	56448	27526	23613	15895	16530
北仑区	5147	13501	76157	78288	132328	112150	54185	42670	23971	20025
镇海区	4538	10272	57767	59266	92043	76077	31164	23721	12809	11275
鄞州区	10827	30395	191843	208644	283380	237645	96584	73406	38869	43093
象山县	16755	36845	81818	82149	93084	80116	31681	24936	9708	8428
宁海县	12079	30960	99584	106199	129028	108932	47013	33580	14246	11897
余姚市	12233	33030	153076	167586	213730	186330	80309	63522	20829	19321
慈溪市	17136	46919	229526	251900	331729	277823	97640	73627	24713	23880
奉化市	4816	13928	84857	93426	98079	85547	37539	27334	8672	7170
温州市	**208081**	**496118**	**1350100**	**1329841**	**1901142**	**1443253**	**660865**	**489510**	**214647**	**190758**
鹿城区	10483	30814	120215	133731	309278	244733	113435	93849	49023	47456
龙湾区	9941	24246	101559	101781	184545	138031	58173	37316	17564	14907
瓯海区	10821	29084	122971	125851	261339	190778	71519	47961	20876	18984
洞头县	2737	10706	14031	13269	14522	10751	5457	3784	2494	1933
永嘉县	18877	50213	131339	126601	161557	116237	53518	37834	14046	11964

大学本科及以上		平均受教育年限(年)			15岁及以上文盲人口(人)			文盲人口占15岁及以上人口比重(%)		
男	女	合计	男	女	合计	男	女	合计	男	女
7254	4350	8.68	9.39	7.99	34161	6321	27840	4.43	1.65	7.14
6965	3970	8.82	9.47	8.17	28124	5240	22884	4.41	1.66	7.10
8270	4913	8.27	9.06	7.55	67406	13519	53887	7.62	3.20	11.66
7900	4726	8.57	9.31	7.85	45794	9317	36477	7.28	2.99	11.48
92602	**67520**	**9.03**	**9.69**	**8.40**	**181360**	**29093**	**152267**	**4.61**	**1.52**	**7.55**
11840	9289	10.53	11.01	10.03	7951	1499	6452	2.63	0.98	4.31
19086	13944	9.59	10.13	9.06	19155	3295	15860	3.71	1.28	6.15
28634	23483	10.79	11.28	10.30	11895	1953	9942	2.82	0.93	4.68
6782	3856	8.28	9.09	7.55	38009	5896	32113	5.89	1.94	9.41
9420	5691	9.04	9.69	8.38	22931	4286	18645	4.57	1.69	7.51
5871	3872	8.21	8.96	7.52	38540	5549	32991	5.85	1.76	9.61
10969	7385	8.49	9.11	7.92	42879	6615	36264	4.83	1.57	7.80
85788	**60467**	**9.58**	**10.11**	**9.03**	**89516**	**16078**	**73438**	**3.20**	**1.13**	**5.37**
41697	29089	10.99	11.36	10.58	8634	1687	6947	1.59	0.59	2.71
14547	9560	10.42	10.82	9.99	7209	1508	5701	2.71	1.09	4.47
2423	1746	8.84	9.39	8.28	9468	1391	8077	3.48	1.02	5.97
13024	9485	9.12	9.68	8.55	27917	3967	23950	3.26	0.92	5.63
6781	4730	9.35	9.98	8.71	11079	1602	9477	3.68	1.05	6.39
7316	5857	9.01	9.57	8.44	25209	5923	19286	4.54	2.11	7.05
63714	**45131**	**8.59**	**9.30**	**7.90**	**253884**	**44943**	**208941**	**6.25**	**2.24**	**10.16**
22534	19285	9.85	10.39	9.32	26513	4747	21766	5.03	1.83	8.13
3399	2345	8.56	9.33	7.80	16183	2425	13758	6.49	1.96	10.95
8056	4296	7.75	8.58	6.90	99954	19536	80418	9.12	3.52	14.85
11219	7860	9.31	9.78	8.81	13793	2137	11656	2.26	0.69	3.87
10195	6055	8.69	9.44	8.00	46137	6949	39188	4.94	1.56	8.05
8311	5290	8.17	8.95	7.45	51304	9149	42155	7.98	2.97	12.62
36254	**22852**	**8.29**	**9.01**	**7.59**	**282474**	**65302**	**217172**	**7.39**	**3.47**	**11.17**
16796	11145	8.85	9.57	8.15	37942	7395	30547	5.85	2.31	9.33
3324	2112	8.27	8.94	7.63	36243	8202	28041	6.78	3.14	10.28
6556	4095	8.08	8.80	7.39	101348	23696	77652	8.13	3.90	12.14
4141	2408	8.20	9.02	7.41	52529	10784	41745	7.96	3.31	12.48
5437	3092	8.23	8.89	7.58	54412	15225	39187	7.41	4.18	10.60
1232464	**1038026**	**8.79**	**9.22**	**8.34**	**3057101**	**792161**	**2264940**	**6.47**	**3.28**	**9.80**
476759	**401840**	**10.08**	**10.45**	**9.69**	**324095**	**74708**	**249387**	**4.20**	**1.90**	**6.61**
29448	26278	11.47	11.82	11.13	5566	788	4778	1.78	0.51	3.00
55599	44725	11.77	12.07	11.47	7526	1451	6075	1.58	0.60	2.57
93438	87275	11.26	11.32	11.19	19036	5209	13827	2.08	1.07	3.21
35090	29199	11.08	11.32	10.82	10474	2402	8072	2.09	0.92	3.34
124531	98903	12.22	12.51	11.90	15683	3739	11944	2.13	0.99	3.32
29266	23958	11.34	11.61	11.04	11927	2669	9258	4.16	1.77	6.81
29087	23835	8.77	9.26	8.26	83408	18903	64505	6.35	2.85	9.92
38268	33429	10.14	10.43	9.84	39710	10710	29000	3.85	2.02	5.77
5013	3858	8.51	9.02	8.00	22163	5001	17162	6.29	2.80	9.87
4828	3039	8.03	8.99	7.10	31648	5996	25652	10.98	4.25	17.45
6081	4307	8.40	8.99	7.79	24068	5302	18766	6.44	2.83	10.07
11114	9132	8.86	9.25	8.45	28222	6626	21596	4.57	2.09	7.18
14996	13902	8.88	9.25	8.49	24664	5912	18752	4.92	2.32	7.61
188424	**160676**	**9.04**	**9.37**	**8.70**	**291033**	**75742**	**215291**	**4.33**	**2.22**	**6.51**
31575	25498	11.42	11.74	11.09	5721	1233	4488	1.70	0.74	2.66
26725	22391	11.36	11.69	11.05	6123	1392	4731	1.89	0.88	2.83
22896	20873	10.19	10.41	9.97	10605	3065	7540	3.31	1.88	4.79
13350	9799	9.40	9.69	9.08	16394	4099	12295	3.00	1.43	4.72
10712	7774	9.14	9.44	8.82	12145	3325	8820	3.31	1.73	5.04
39363	37336	9.21	9.45	8.96	37979	9402	28577	3.16	1.53	4.84
6032	4882	7.85	8.36	7.33	50295	15275	35020	11.54	7.02	16.06
7129	5410	8.37	8.86	7.86	38445	10069	28376	6.99	3.62	10.45
10994	9467	8.61	8.96	8.26	39981	9939	30042	4.45	2.19	6.75
14586	12939	8.43	8.77	8.08	56661	14056	42605	4.35	2.12	6.67
5062	4307	8.43	8.80	8.05	16684	3887	12797	3.86	1.77	5.99
130274	**114587**	**8.40**	**8.86**	**7.91**	**643847**	**182795**	**461052**	**8.24**	**4.49**	**12.31**
39313	34858	9.75	10.01	9.48	35288	8052	27236	3.06	1.34	4.94
7256	5540	8.72	9.09	8.29	29921	8032	21889	4.60	2.30	7.28
20840	22629	8.96	9.24	8.65	34741	8784	25957	3.90	1.83	6.31
1443	960	7.52	8.64	6.44	12988	2588	10400	17.61	7.14	27.71
6994	5861	7.98	8.55	7.37	62326	16052	46274	9.47	4.67	14.71

表4 续表 15

地区	6岁及以上各种受教育程度人口(人)									
	未上过学		小学		初中		高中		大学专科	
	男	女	男	女	男	女	男	女	男	女
平阳县	20210	44563	137396	137945	134056	103279	50878	39407	15282	13074
苍南县	44866	98956	202241	193605	195999	145825	87820	62808	26740	20067
文成县	12298	18800	42276	34514	32572	27759	9486	8039	3451	2945
泰顺县	12098	20505	50711	42639	31866	25032	11900	8427	4083	3349
瑞安市	43190	100016	231247	219056	287744	217030	86215	63657	27828	25436
乐清市	22560	68215	196114	200849	287664	223798	112464	86428	33260	30643
嘉兴市	**82600**	**236614**	**629334**	**683734**	**966047**	**821895**	**300322**	**231354**	**104279**	**93373**
南湖区	9378	26679	65878	70823	112596	98212	55941	47849	24968	23630
秀洲区	11151	31040	82556	87310	134542	111247	34357	23729	13548	11516
嘉善县	10237	28852	81270	84291	137394	112162	34694	26684	11308	9666
海盐县	7809	27207	56838	65158	92965	78010	30197	21320	10242	8782
海宁市	10196	37937	117970	135585	172309	141972	56766	41607	16267	14469
平湖市	13224	37016	91450	99438	154981	139198	39090	31508	13499	13126
桐乡市	20605	47883	133372	141129	161260	141094	49277	38657	14447	12184
湖州市	**45590**	**115919**	**446866**	**483807**	**615910**	**515715**	**197446**	**156791**	**58406**	**53143**
吴兴区	10935	27847	93124	98827	159992	142595	57305	48855	22995	22293
南浔区	10925	28224	97593	103491	117099	94197	27460	21025	5446	4707
德清县	5144	12827	85699	96908	100169	81788	33079	25847	9334	8151
长兴县	10368	25877	96767	105904	138376	116134	48309	35681	11913	9935
安吉县	8218	21144	73683	78677	100274	81001	31293	25383	8718	8057
绍兴市	**50814**	**152841**	**676118**	**777007**	**1063681**	**950226**	**378582**	**296210**	**105700**	**92745**
越城区	12876	38990	100549	112300	161021	145586	70548	61749	37348	34249
绍兴县	9351	27726	156111	184859	248329	204469	63440	44614	13252	12015
新昌县	5048	15010	54355	59332	72713	62941	38508	29162	8823	7018
诸暨市	6254	19944	148247	174250	271458	258264	94792	72478	19138	16620
上虞市	11157	35138	118872	135911	154651	143023	57689	46359	14954	12892
嵊州市	6128	16033	97984	110355	155509	135943	53605	41848	12185	9951
金华市	**76269**	**229533**	**725958**	**744662**	**1178698**	**977147**	**425405**	**319370**	**123571**	**105853**
婺城区	11751	29107	94151	91139	131371	106018	74683	63947	30183	26512
金东区	6702	17056	49170	49522	69516	54361	22859	16014	4258	3967
武义县	6256	16759	50252	49318	77602	62510	27677	20867	7400	5791
浦江县	5359	18152	61264	66597	103926	82623	32384	20017	7536	5447
磐安县	2899	9134	27850	30620	30757	26918	14480	10309	3949	3275
兰溪市	15700	43427	87898	90152	107510	87180	43176	30704	9720	7124
义乌市	11376	34559	139400	151386	313428	262659	98168	70569	29585	26134
东阳市	7609	33960	108203	117173	178823	164305	57608	45367	17001	14120
永康市	8617	27379	107770	98755	165765	130573	54370	41576	13939	13483
衢州市	**54515**	**147785**	**337618**	**344442**	**392242**	**311716**	**151347**	**115581**	**50128**	**38260**
柯城区	6804	21346	52098	55645	81877	71120	44474	39058	23148	19681
衢江区	10532	27178	63268	57272	74511	50529	18726	11693	2968	1888
常山县	9611	23765	41519	43175	40763	29849	14603	9765	4170	2702
开化县	10297	28267	40223	44283	38599	30790	14204	9566	4327	2696
龙游县	8411	19513	60673	60424	71823	56685	26035	19524	7734	5813
江山市	8860	27716	79837	83643	84669	72743	33305	25975	7781	5480
舟山市	**21484**	**59932**	**175676**	**165593**	**227836**	**170366**	**74075**	**64467**	**37321**	**29186**
定海区	8283	22828	65048	63604	84986	67176	33812	29701	19071	15687
普陀区	6481	18360	57548	56478	83692	62349	24933	21963	11980	9234
岱山县	4377	12848	38150	33587	45796	29209	11636	8817	4503	2751
嵊泗县	2343	5896	14930	11924	13362	11632	3694	3986	1767	1514
台州市	**142301**	**376080**	**960674**	**979860**	**1179721**	**896697**	**399529**	**293734**	**116976**	**106043**
椒江区	15750	41339	93827	92296	119315	89912	46065	36021	23045	22235
黄岩区	12816	37459	96144	102204	124263	96963	48628	36987	13573	13414
路桥区	14262	35884	103335	99023	131995	95710	41178	29814	9861	9025
玉环县	21181	51361	94675	85048	131058	93142	38585	26277	11700	10879
三门县	11807	29013	50444	55602	59800	42439	23302	14155	6465	4711
天台县	5547	18044	61873	67597	71549	61615	26663	21693	7388	6736
仙居县	9897	22055	54169	53207	60012	53257	24172	19718	6295	5599
温岭市	25570	73262	239307	246606	291696	216517	81697	57846	19663	17114
临海市	25471	67663	166900	178277	190033	147142	69239	51223	18986	16330
丽水市	**59605**	**130676**	**356708**	**335850**	**386382**	**314155**	**133661**	**112061**	**45800**	**40927**
莲都区	9474	19748	56168	53244	85966	71749	38611	33772	16254	16272
青田县	13018	29231	61701	56704	59174	42460	17838	13082	4518	3548
缙云县	6586	18169	55607	53489	75530	66273	21498	17966	6306	5381
遂昌县	5753	14583	35559	33487	32326	24976	12069	9932	3544	2947
松阳县	5224	12152	33877	31636	32737	26863	11189	9792	3358	2764

大学本科及以上		平均受教育年限(年)			15岁及以上文盲人口(人)			文盲人口占15岁及以上人口比重(%)		
男	女	合计	男	女	合计	男	女	合计	男	女
7994	6370	7.93	8.40	7.44	58593	17821	40772	9.06	5.38	12.91
11131	7702	7.66	8.32	6.96	134394	40763	93631	13.55	8.03	19.34
1755	1505	7.06	7.40	6.70	28668	11088	17580	16.33	12.11	20.93
2199	1575	7.02	7.49	6.49	30594	11165	19429	16.25	11.24	21.86
16305	14260	7.93	8.44	7.38	130992	37884	93108	10.77	6.01	15.87
15044	13327	8.58	9.06	8.07	85342	20566	64776	7.27	3.42	11.32
81253	**66655**	**8.49**	**8.98**	**7.99**	**293645**	**72598**	**221047**	**7.41**	**3.64**	**11.21**
27555	22750	9.66	10.09	9.21	33668	8345	25323	6.17	3.03	9.35
8953	6754	8.37	8.88	7.83	39141	9772	29369	7.64	3.73	11.72
6679	6067	8.34	8.79	7.88	36476	9112	27364	7.18	3.51	11.04
8663	5476	8.42	9.11	7.73	27975	5793	22182	7.39	3.06	11.72
12324	11656	8.47	8.99	7.95	44139	8593	35546	6.21	2.41	10.03
7819	6336	8.29	8.74	7.85	48083	12343	35740	7.99	4.15	11.75
9260	7616	8.00	8.46	7.53	64163	18640	45523	9.06	5.28	12.83
41462	**37047**	**8.47**	**8.84**	**8.08**	**147882**	**39646**	**108236**	**5.79**	**3.06**	**8.60**
21429	20882	9.18	9.48	8.88	35469	9492	25977	5.23	2.78	7.70
2642	2149	7.71	8.15	7.26	36992	9953	27039	7.74	4.11	11.46
5941	5088	8.42	8.76	8.08	16102	4318	11784	3.71	1.96	5.53
7068	5741	8.43	8.85	7.99	32860	8892	23968	5.90	3.13	8.79
4382	3187	8.27	8.68	7.84	26459	6991	19468	6.47	3.35	9.73
78011	**67235**	**8.81**	**9.20**	**8.42**	**156950**	**35043**	**121907**	**3.66**	**1.64**	**5.69**
34831	34080	9.57	10.01	9.13	46347	10818	35529	5.98	2.84	9.02
9092	7072	8.39	8.78	7.99	12450	2734	9716	1.39	0.60	2.20
5154	3575	8.81	9.29	8.31	17986	4125	13861	5.48	2.46	8.62
12607	10224	8.93	9.24	8.62	21498	4327	17171	2.13	0.86	3.40
10056	7253	8.41	8.91	7.94	40478	8719	31759	5.93	2.61	9.10
6271	5031	8.73	9.05	8.39	18191	4320	13871	3.07	1.43	4.76
75655	**64973**	**8.72**	**9.16**	**8.25**	**279748**	**64885**	**214863**	**6.08**	**2.75**	**9.61**
30782	30756	9.70	9.99	9.39	36031	9634	26397	5.46	2.82	8.27
2772	2610	8.12	8.58	7.63	21450	5684	15766	7.82	3.99	11.95
2929	2319	8.44	8.88	7.96	21795	5737	16058	7.23	3.65	11.13
3959	2619	8.44	9.00	7.84	20640	4043	16597	5.58	2.11	9.31
2003	1431	8.37	8.97	7.77	11046	2518	8528	7.60	3.48	11.70
4699	3195	7.83	8.52	7.13	56854	14692	42162	11.88	6.10	17.74
14401	10812	8.99	9.35	8.60	40726	9038	31688	3.79	1.62	6.12
8048	6360	8.63	9.13	8.14	38171	6187	31984	5.57	1.83	9.20
6062	4871	8.62	8.96	8.24	33035	7352	25683	5.44	2.29	8.96
29682	**19713**	**8.09**	**8.73**	**7.42**	**190301**	**49547**	**140754**	**10.69**	**5.47**	**16.10**
14242	10183	9.61	10.14	9.07	25242	5602	19640	6.36	2.79	10.00
1562	730	7.32	7.97	6.55	35708	9589	26119	12.33	6.17	19.46
2581	1645	7.27	8.11	6.41	32417	9213	23204	16.37	9.23	23.62
2715	1485	7.06	8.07	6.12	37439	9838	27601	18.74	10.22	26.64
4198	2749	8.15	8.63	7.63	26798	7927	18871	8.64	4.90	12.71
4384	2921	8.02	8.62	7.42	32697	7378	25319	8.50	3.85	13.11
28047	**20732**	**8.62**	**9.08**	**8.12**	**77577**	**19689**	**57888**	**7.70**	**3.72**	**12.12**
19026	13903	9.17	9.63	8.67	29572	7586	21986	7.17	3.54	11.09
5698	4326	8.54	8.96	8.07	23713	5931	17782	6.94	3.31	10.94
2104	1508	7.88	8.41	7.23	16232	3912	12320	8.81	3.88	14.79
1219	995	7.78	8.18	7.38	8060	2260	5800	11.78	6.48	17.30
72441	**59924**	**8.08**	**8.64**	**7.50**	**479971**	**126066**	**353905**	**9.51**	**4.88**	**14.37**
18891	15024	8.75	9.28	8.19	52080	13541	38539	9.33	4.72	14.21
6842	6123	8.29	8.82	7.74	44588	10583	34005	8.22	3.85	12.70
5084	4413	8.01	8.48	7.48	44859	12098	32761	8.47	4.34	13.08
5672	4531	7.77	8.37	7.09	66936	18695	48241	12.67	6.72	19.28
4052	2461	7.62	8.47	6.74	39348	11144	28204	14.48	8.05	21.17
4506	3474	8.37	8.90	7.86	21895	4897	16998	7.05	3.21	10.76
3492	2639	8.09	8.60	7.58	30230	9176	21054	11.20	6.83	15.54
10161	8656	7.91	8.41	7.37	92800	23005	69795	7.84	3.76	12.20
13741	12603	8.03	8.65	7.42	87235	22927	64308	10.25	5.38	15.14
30456	**24644**	**8.11**	**8.54**	**7.66**	**172052**	**51442**	**120610**	**9.78**	**5.69**	**14.10**
12159	10274	9.26	9.54	8.96	25993	8008	17985	6.72	4.01	9.60
3116	2443	7.30	7.94	6.62	38085	11251	26834	14.10	8.02	20.67
3791	3030	8.28	8.71	7.85	22546	5631	16915	7.64	3.77	11.61
2285	1620	7.70	8.28	7.11	18647	5030	13617	11.61	6.12	17.35
2368	1758	7.87	8.34	7.39	15969	4605	11364	10.33	5.84	15.01

表4 续表 16

地区	6岁及以上各种受教育程度人口(人)									
	未上过学		小学		初中		高中		大学专科	
	男	女	男	女	男	女	男	女	男	女
云和县	3173	5862	20114	18567	19987	15976	7335	6085	2399	2307
庆元县	3841	9302	26340	26644	24260	19184	7314	5757	2889	2343
景宁畲族自治县	4458	7048	21258	20009	16056	12633	5936	4763	2525	1920
龙泉市	8078	14581	46084	42070	40346	34041	11871	10912	4007	3445
安徽省	**1441011**	**3717845**	**7640294**	**8878694**	**12618699**	**10351146**	**3752293**	**2697553**	**1372114**	**1085067**
合肥市	**84280**	**240621**	**509197**	**579863**	**1059658**	**865183**	**531584**	**412701**	**315941**	**288503**
瑶海区	5423	20882	63429	75225	161519	145273	107020	85818	55645	48601
庐阳区	3739	12382	36178	42288	88961	84870	69463	63907	53266	48905
蜀山区	5357	15956	52471	56035	125449	105304	108590	90228	86507	90059
包河区	7431	22236	61797	63112	151079	112728	81869	65092	59571	50103
长丰县	22926	49008	83997	94765	156522	125030	38124	24974	12772	12798
肥东县	19571	73500	106438	133092	191106	140164	61727	35820	20231	11104
肥西县	19833	46657	104887	115346	185022	151814	64791	46862	27949	26933
芜湖市	**41096**	**108678**	**282973**	**324643**	**413352**	**337410**	**198368**	**147901**	**94562**	**74591**
镜湖区	4866	15651	40859	49411	86963	76420	70216	60730	30735	27391
弋江区	4645	11252	28424	33048	48711	38997	28864	23047	24177	23241
鸠江区	4653	14853	30765	35566	52933	40122	38505	22805	20992	11662
三山区	5818	13450	23721	24882	31611	22453	6355	3412	1951	1069
芜湖县	5419	14177	48235	62100	63487	45993	16438	10108	4763	3234
繁昌县	6887	17559	37305	41017	55698	44795	17382	11690	5594	3522
南陵县	8808	21736	73664	78619	73949	68630	20608	16109	6350	4472
蚌埠市	**75037**	**157963**	**388932**	**450402**	**677280**	**574279**	**204971**	**159066**	**70398**	**56882**
龙子湖区	2764	7113	22010	26701	46986	42693	28672	25877	9672	7649
蚌山区	2710	7185	22641	27599	46945	45325	36418	34938	21271	19998
禹会区	3000	6833	25071	29237	44585	42085	31266	26468	9694	7354
淮上区	2327	5958	19913	25115	36559	30520	7175	4387	1182	887
怀远县	29474	54569	149941	167559	220037	190050	45446	31193	11899	8691
五河县	23421	51698	80026	92430	144896	109421	30650	19140	8643	5908
固镇县	11341	24607	69330	81761	137272	114185	25344	17063	8037	6395
淮南市	**55115**	**108421**	**244456**	**257514**	**521395**	**467165**	**183821**	**139346**	**66070**	**51441**
大通区	5558	10948	21928	23104	42334	37603	11552	8825	3051	2464
田家庵区	7354	15783	46155	50797	100715	96882	61625	57694	34710	29947
谢家集区	8895	19790	31340	32565	74166	66078	30593	23716	7302	5819
八公山区	3702	9036	17023	17501	42095	38271	17372	13461	4157	3211
潘集区	10270	18995	46919	50987	102643	87001	23042	12523	6136	3363
凤台县	19336	33869	81091	82560	159442	141330	39637	23127	10714	6637
马鞍山市	**18907**	**58270**	**159617**	**195676**	**284618**	**229539**	**116425**	**87641**	**44992**	**37929**
金家庄区	1926	6402	14566	16023	29771	25381	12359	8531	3058	2448
花山区	1712	6842	23860	29310	47220	47268	38033	33642	17476	14846
雨山区	3804	12233	27948	30787	56127	49463	32304	25253	15455	14635
当涂县	11465	32793	93243	119556	151500	107427	33729	20215	9003	6000
淮北市	**42498**	**103154**	**212482**	**233581**	**509361**	**472677**	**145602**	**109894**	**47191**	**38642**
杜集区	7599	17000	32298	32767	80609	77422	25486	17991	5636	4149
相山区	5168	13568	31515	33141	84865	88618	50619	44759	23695	22092
烈山区	6715	16042	33154	35359	84243	75838	22359	15089	5949	4022
濉溪县	23016	56544	115515	132314	259644	230799	47138	32055	11911	8379
铜陵市	**13893**	**39980**	**81379**	**95157**	**133966**	**114182**	**72314**	**55814**	**26812**	**19869**
铜官山区	2636	9907	21933	25837	42728	43870	41383	35478	17955	14250
狮子山区	2489	6497	13638	14258	21941	18016	9878	6697	2688	1859
郊区	1860	5674	9753	10911	15284	11743	6004	3660	1599	934
铜陵县	6908	17902	36055	44151	54013	40553	15049	9979	4570	2826
安庆市	**115119**	**379414**	**767087**	**951625**	**1050443**	**762250**	**377700**	**257163**	**122239**	**87847**
迎江区	2884	10429	24305	28635	42959	38759	29743	26145	13739	11728
大观区	2462	10394	24976	33600	45827	43440	34063	29113	13308	9841
宜秀区	3719	11778	28467	34288	43551	38140	22281	18041	8857	8509
怀宁县	9096	37370	90470	110150	131340	94759	35732	21582	10895	7831
枞阳县	32173	92455	117109	140409	171503	114713	52085	31595	13173	8519
潜山县	11574	36447	78129	95196	101145	72243	31027	20866	9910	7142
太湖县	9468	30814	82104	105766	102666	63460	35950	24012	13739	9233
宿松县	10073	41081	95145	123496	102894	64419	37922	20530	10250	5663
望江县	14754	54062	85364	103102	103038	62543	30763	18957	8944	5300
岳西县	7331	19800	52334	65360	61944	46118	20447	13445	5904	3729
桐城市	11585	34784	88684	111623	143576	123656	47687	32877	13520	10352

大学本科及以上		平均受教育年限(年)			15岁及以上文盲人口(人)			文盲人口占15岁及以上人口比重(%)		
男	女	合计	男	女	合计	男	女	合计	男	女
1411	1227	8.13	8.42	7.81	7917	2676	5241	8.39	5.42	11.64
1968	1446	7.77	8.33	7.20	12257	3435	8822	10.64	5.89	15.52
1433	1068	7.63	8.01	7.20	10383	3914	6469	11.72	8.45	15.31
1925	1778	7.65	7.97	7.32	20255	6892	13363	10.47	6.95	14.19
964349	**584673**	**8.28**	**8.96**	**7.60**	**4843797**	**1313350**	**3530447**	**9.90**	**5.38**	**14.39**
302576	**187737**	**10.08**	**10.65**	**9.46**	**301199**	**74880**	**226319**	**6.15**	**2.95**	**9.58**
24458	15131	10.47	10.92	9.99	23069	4268	18801	3.13	1.13	5.23
46620	29304	11.54	11.99	11.07	13883	2950	10933	2.60	1.08	4.18
143415	95197	12.40	12.69	12.08	19126	4450	14676	2.09	0.91	3.45
65265	35044	10.93	11.36	10.40	26872	6346	20526	3.74	1.60	6.35
4719	2666	7.89	8.49	7.28	66852	20600	46252	11.92	7.31	16.58
7660	3909	7.92	9.01	6.85	88038	17656	70382	12.52	5.06	19.84
10439	6486	8.62	9.13	8.10	63359	18610	44749	8.65	5.00	12.41
77927	**53439**	**9.17**	**9.76**	**8.54**	**132797**	**34795**	**98002**	**6.71**	**3.43**	**10.17**
30176	21529	10.60	11.06	10.13	17172	3671	13501	3.56	1.49	5.73
16550	15722	10.52	10.87	10.16	13446	3667	9779	4.84	2.59	7.15
22547	11256	10.07	10.89	9.04	18265	4156	14109	6.31	2.58	11.01
785	362	7.11	7.89	6.28	17572	5231	12341	14.26	8.23	20.69
2343	1275	7.83	8.48	7.18	14387	3638	10749	5.75	2.88	8.69
2606	1377	7.97	8.65	7.27	23032	6307	16725	10.30	5.53	15.27
2920	1918	7.74	8.23	7.26	28923	8125	20798	8.69	5.00	12.22
50372	**36849**	**8.50**	**9.02**	**7.98**	**218497**	**68669**	**149828**	**8.47**	**5.33**	**11.62**
5812	3739	9.75	10.18	9.31	8646	2268	6378	4.10	2.14	6.09
28441	23968	11.32	11.69	10.96	9172	2431	6741	3.13	1.67	4.57
5044	2986	9.68	10.12	9.23	8784	2556	6228	4.14	2.39	5.92
339	211	7.97	8.49	7.46	7821	2125	5696	6.52	3.57	9.43
4895	2700	7.75	8.24	7.27	77949	26691	51258	9.87	6.82	12.87
3263	1738	7.50	8.25	6.75	71573	21836	49737	14.17	8.61	19.80
2578	1507	8.10	8.58	7.62	34552	10762	23790	7.71	4.77	10.69
52086	**28513**	**8.91**	**9.39**	**8.40**	**155734**	**51529**	**104205**	**7.91**	**5.11**	**10.84**
1278	809	8.13	8.60	7.66	15391	5056	10335	10.07	6.59	13.58
39461	21436	10.62	11.09	10.13	21241	6595	14646	4.12	2.49	5.85
2717	1695	8.59	9.10	8.07	27384	8346	19038	9.81	5.90	13.83
1627	1093	8.81	9.28	8.33	12325	3537	8788	7.93	4.48	11.48
2202	1087	8.14	8.63	7.60	27740	9528	18212	8.40	5.55	11.50
4801	2393	8.15	8.65	7.64	51653	18467	33186	9.63	6.72	12.67
45736	**23215**	**9.12**	**9.75**	**8.46**	**71530**	**16748**	**54782**	**6.00**	**2.74**	**9.43**
1435	737	8.74	9.32	8.12	7797	1720	6077	6.90	2.97	11.05
19745	10893	10.76	11.32	10.18	7563	1350	6213	2.84	1.00	4.73
20315	9334	10.15	10.76	9.48	14694	3312	11382	5.34	2.30	8.67
4241	2251	7.86	8.53	7.17	41476	10366	31110	7.72	3.79	11.81
32790	**24942**	**8.75**	**9.26**	**8.26**	**138360**	**39138**	**99222**	**7.88**	**4.50**	**11.19**
2343	1519	8.52	8.99	8.04	23952	7321	16631	8.67	5.29	12.07
23273	19299	10.59	10.99	10.21	17808	4766	13042	4.51	2.45	6.50
2542	1274	8.49	9.01	7.95	21071	5968	15103	7.74	4.31	11.27
4632	2850	8.03	8.60	7.48	75529	21083	54446	9.30	5.29	13.14
22694	**12275**	**9.11**	**9.82**	**8.37**	**49812**	**12445**	**37367**	**7.97**	**3.91**	**12.17**
12808	7074	10.55	11.20	9.90	10801	2056	8745	4.32	1.64	7.03
6934	3790	9.10	9.81	8.30	8401	2273	6128	8.40	4.29	13.06
755	315	7.98	8.85	7.07	7093	1708	5385	11.43	5.36	17.85
2197	1096	7.74	8.49	6.97	23517	6408	17109	11.05	5.97	16.23
73388	**41208**	**8.03**	**8.90**	**7.16**	**467645**	**104635**	**363010**	**10.55**	**4.74**	**16.30**
7483	4419	9.86	10.45	9.27	12479	2590	9889	5.66	2.35	8.96
10496	5886	9.93	10.67	9.21	11991	2152	9839	5.03	1.82	8.17
12448	11567	9.59	10.14	9.07	14557	3338	11219	6.67	3.12	10.07
5198	2445	7.92	8.77	7.08	42285	7533	34752	8.58	3.05	14.13
6735	2887	7.21	8.29	6.15	120833	30526	90307	17.48	8.88	25.98
5159	2532	7.75	8.58	6.92	44988	10366	34622	10.70	4.94	16.45
6028	2696	8.00	8.83	7.14	37758	8468	29290	8.60	3.78	13.65
5145	1964	7.61	8.75	6.52	47806	8780	39026	10.87	4.08	17.37
4343	2066	7.23	8.35	6.13	67064	14038	53026	15.30	6.44	24.07
3055	1228	7.74	8.49	6.98	24053	6212	17841	8.97	4.64	13.30
7298	3518	8.28	8.94	7.63	43831	10632	33199	7.74	3.81	11.58

表4 续表 17

地区	6岁及以上各种受教育程度人口(人)									
	未上过学		小学		初中		高中		大学专科	
	男	女	男	女	男	女	男	女	男	女
黄山市	**18027**	**72627**	**195526**	**226005**	**292538**	**229164**	**89302**	**66123**	**34075**	**26226**
屯溪区	942	4343	19165	23059	36023	35172	21606	20866	11360	11367
黄山区	4389	9926	24148	23103	28217	22565	9946	8150	4089	2941
徽州区	864	3934	13226	15068	23863	19310	5771	3739	2068	1330
歙县	3778	23499	58304	71357	99358	73580	24482	15856	7276	4824
休宁县	4136	15930	43578	48838	54944	39120	13141	8462	3803	2470
黟县	1627	5654	12487	13954	16428	13653	5348	3631	1911	1217
祁门县	2291	9341	24618	30626	33705	25764	9008	5419	3568	2077
滁州市	**102063**	**284768**	**535803**	**656104**	**869839**	**652524**	**235660**	**156439**	**74312**	**52110**
琅琊区	3945	12398	25574	29747	55486	53735	34050	30640	15041	12889
南谯区	7057	19063	31182	35876	60233	46289	15499	9989	6869	3622
来安县	10905	34154	55335	70664	102789	78030	24896	15904	6069	4002
全椒县	7115	24183	54922	70842	79841	61540	29805	18028	8008	5012
定远县	33765	80328	105626	111540	178265	126152	40232	23380	10594	6869
凤阳县	16634	37170	93901	107619	146073	115972	27733	17588	8456	7389
天长市	9232	42124	91998	125984	131198	88415	35334	21523	11166	6726
明光市	13410	35348	77265	103832	115954	82391	28111	19387	8109	5601
阜阳市	**206492**	**534164**	**1031383**	**1253816**	**1643991**	**1411099**	**315490**	**212009**	**93681**	**66799**
颍州区	13669	38177	74514	86863	143318	130278	46796	39258	19154	16466
颍东区	18316	42629	60805	70145	121123	102453	25654	16201	7222	4643
颍泉区	9832	27474	68332	87189	123907	115917	28597	19997	8374	6096
临泉县	33925	103219	248062	319696	314124	260361	54054	35100	13556	8368
太和县	23593	79046	173638	220283	332108	270174	52501	32036	14747	10183
阜南县	38314	103939	168769	205040	235550	199281	39192	24617	10503	7017
颍上县	57312	102573	167290	177058	248957	223413	39681	25482	11693	8140
界首市	11531	37107	69973	87542	124904	109222	29015	19318	8432	5886
宿州市	**138171**	**346895**	**594981**	**685179**	**1262913**	**1090637**	**314929**	**235293**	**82074**	**64068**
埇桥区	34066	85882	169020	184329	387762	351335	107616	90363	34294	29372
砀山县	18110	50827	82079	92707	203313	176859	50993	37349	11985	9118
萧县	29480	67416	131661	148900	269383	248117	62969	44958	12236	9578
灵璧县	31467	78504	113334	130861	218243	179783	53754	37082	12885	8893
泗县	25048	64266	98887	128382	184212	134543	39597	25541	10674	7107
巢湖市	**103589**	**297875**	**579247**	**686717**	**829436**	**621797**	**215058**	**132228**	**61702**	**42268**
居巢区	15367	53230	101983	125384	154672	124353	59945	38352	21333	16276
庐江县	31395	78278	138432	165658	205675	161448	52135	32627	15388	9799
无为县	28844	76081	188450	220748	260705	203927	59687	36922	12667	8210
含山县	10951	34242	56686	68766	84808	58348	18154	9865	5007	2691
和县	17032	56044	93696	106161	123576	73721	25137	14462	7307	5292
六安市	**155423**	**320113**	**797539**	**899321**	**1195187**	**1040852**	**318443**	**220296**	**98394**	**65765**
金安区	12974	28355	102666	112673	165006	150485	59908	48007	27049	17627
裕安区	22530	52198	121301	131654	178032	145985	53728	36069	15300	11101
寿县	32830	54792	146956	180723	220389	199762	40612	25408	11801	7864
霍邱县	43429	80356	189552	200287	330435	276258	56400	37045	14528	10060
舒城县	26613	61843	108881	128828	137479	127286	48365	33359	13182	8908
金寨县	12999	32078	82628	88047	100392	86462	31219	21421	8822	5331
霍山县	4048	10491	45555	57109	63454	54614	28211	18987	7712	4874
亳州市	**157276**	**389178**	**650408**	**734598**	**1094562**	**866115**	**185427**	**122983**	**49727**	**39662**
谯城区	40125	111232	180896	193814	346482	273339	55611	43395	15008	13969
涡阳县	40607	99736	167717	185576	267676	206105	46121	30494	12378	8714
蒙城县	30181	73214	140418	169234	234688	190517	44210	26643	12320	10473
利辛县	46363	104996	161377	185974	245716	196154	39485	22451	10021	6506
池州市	**33752**	**96348**	**212542**	**250005**	**266960**	**203401**	**92603**	**65227**	**34390**	**27754**
贵池区	13571	40220	80615	99340	110991	85898	44255	30835	17960	15639
东至县	10973	34666	71978	87209	94101	66280	28437	19359	10153	7800
石台县	3571	8380	15917	16831	15864	11863	5773	4435	1894	1244
青阳县	5637	13082	44032	46625	46004	39360	14138	10598	4383	3071
宣城市	**80273**	**179376**	**396742**	**398488**	**513200**	**412872**	**154596**	**117429**	**55554**	**44711**
宣州区	26944	62151	114879	120960	147810	116809	47926	38319	20395	17070
郎溪县	12805	27401	50322	50235	67294	52133	16316	11812	5175	3791
广德县	11315	25100	78628	81965	107031	86301	28628	20963	7722	6213
泾县	11903	24040	53591	47039	56517	46125	17445	13729	5410	4206
绩溪县	1894	6563	22838	26003	34567	29030	10334	6861	4210	3036
旌德县	3834	8068	20757	20006	23709	19335	6240	4929	2721	2200
宁国市	11578	26053	55727	52280	76272	63139	27707	20816	9921	8195

大学本科及以上		平均受教育年限(年)			15岁及以上文盲人口(人)			文盲人口占15岁及以上人口比重(%)		
男	女	合计	男	女	合计	男	女	合计	男	女
23505	**13735**	**8.40**	**9.06**	**7.71**	**84998**	**16328**	**68670**	**7.22**	**2.74**	**11.83**
14278	9292	10.62	11.06	10.18	4383	702	3681	2.29	0.74	3.82
2109	1027	8.04	8.58	7.46	13657	4104	9553	10.52	6.08	15.34
831	467	8.38	8.96	7.77	4287	698	3589	5.16	1.63	8.91
2828	1282	8.06	8.83	7.26	25434	3313	22121	7.22	1.86	12.72
1502	771	7.65	8.36	6.90	19259	3890	15369	8.86	3.50	14.49
708	350	7.94	8.70	7.19	6812	1466	5346	9.66	4.17	15.14
1249	546	7.92	8.74	7.10	11166	2155	9011	8.42	3.24	13.62
45862	**26376**	**7.90**	**8.70**	**7.10**	**357183**	**91605**	**265578**	**10.96**	**5.63**	**16.26**
12898	9211	10.06	10.61	9.52	15309	3579	11730	5.70	2.70	8.63
2220	1192	7.99	8.79	7.16	25085	6601	18484	11.55	5.93	17.45
2961	1396	7.69	8.54	6.85	40451	9388	31063	11.07	5.19	16.83
3702	1773	8.05	8.93	7.19	23117	4906	18211	7.16	3.08	11.14
4356	2169	7.23	8.15	6.30	110405	32051	78354	17.65	10.15	25.30
11044	6145	7.93	8.55	7.31	48719	14463	34256	9.40	5.54	13.32
5275	2760	7.75	8.73	6.81	47767	8156	39611	9.40	3.25	15.37
3406	1730	7.67	8.45	6.91	46330	12461	33869	10.67	5.80	15.44
39135	**25242**	**7.61**	**8.34**	**6.95**	**702972**	**190718**	**512254**	**12.03**	**6.84**	**16.75**
13265	10303	8.80	9.41	8.22	49195	12546	36649	8.83	4.65	12.76
2916	1523	7.65	8.40	6.92	58436	17122	41314	14.07	8.40	19.55
3528	2308	8.17	8.80	7.60	34579	8756	25823	7.95	4.24	11.30
4175	2422	7.32	8.11	6.64	129324	30845	98479	11.18	5.72	15.96
5002	2837	7.81	8.56	7.11	95463	20793	74670	9.15	4.14	13.79
3595	2046	7.11	7.97	6.35	136615	35962	100653	15.76	8.90	21.76
4160	2511	7.08	7.64	6.56	153613	54263	99350	16.56	12.03	20.85
2494	1292	7.88	8.67	7.17	45747	10431	35316	10.30	4.95	15.12
40830	**26107**	**8.11**	**8.75**	**7.49**	**462250**	**128003**	**334247**	**10.76**	**6.08**	**15.27**
23136	15309	8.64	9.17	8.14	115110	31869	83241	8.58	4.82	12.24
3760	2502	8.22	8.87	7.59	64680	16335	48345	9.94	5.14	14.53
4944	3309	8.00	8.56	7.48	89331	26290	63041	9.90	6.02	13.55
4602	2613	7.68	8.45	6.94	106041	29516	76525	13.90	7.91	19.65
4388	2374	7.55	8.38	6.73	87088	23993	63095	13.62	7.54	19.63
37987	**19117**	**7.63**	**8.45**	**6.81**	**374878**	**93548**	**281330**	**11.57**	**5.80**	**17.30**
16924	9504	8.38	9.24	7.52	64163	13748	50415	9.65	4.15	15.12
8216	3588	7.53	8.34	6.74	102424	28391	74033	12.81	7.17	18.35
6777	3220	7.56	8.24	6.89	97837	26130	71707	9.90	5.32	14.42
2451	1106	7.27	8.24	6.32	42522	9983	32539	13.46	6.37	20.47
3619	1699	7.10	8.10	6.09	67932	15296	52636	14.45	6.46	22.59
52760	**26700**	**7.95**	**8.52**	**7.38**	**444714**	**142216**	**302498**	**9.63**	**6.18**	**13.05**
11727	6116	8.84	9.34	8.33	36807	11126	25681	5.56	3.34	7.82
16643	8851	8.12	8.79	7.44	70124	20605	49519	9.99	5.82	14.26
4949	2589	7.60	8.06	7.16	82168	30237	51931	9.84	7.40	12.16
6686	3211	7.69	8.17	7.19	117429	40515	76914	10.55	7.17	14.04
6310	3043	7.58	8.32	6.90	85560	25393	60167	13.70	8.49	18.47
3562	1571	7.79	8.46	7.13	41759	11579	30180	10.09	5.67	14.39
2883	1319	8.55	9.13	7.96	10867	2761	8106	4.06	2.05	6.10
21715	**13277**	**7.43**	**8.18**	**6.71**	**521990**	**146481**	**375509**	**14.05**	**8.08**	**19.73**
8486	5657	7.64	8.35	6.96	145683	37696	107987	12.95	6.81	18.89
4981	2901	7.34	8.11	6.60	133108	37443	95665	14.40	8.24	20.36
4763	2900	7.61	8.34	6.93	98570	28048	70522	12.24	7.20	16.96
3485	1819	7.07	7.88	6.31	144629	43294	101335	16.80	10.43	22.72
19924	**11365**	**8.02**	**8.77**	**7.27**	**119577**	**29811**	**89766**	**10.19**	**5.08**	**15.31**
11749	7214	8.38	9.17	7.61	49276	11939	37337	9.91	4.82	14.96
5053	2606	7.79	8.62	6.96	42552	9797	32755	10.84	4.98	16.72
964	460	7.39	8.15	6.62	10760	3120	7640	13.75	7.90	19.70
2158	1085	7.83	8.34	7.31	16989	4955	12034	8.26	4.77	11.81
25062	**14576**	**7.86**	**8.42**	**7.28**	**239661**	**71801**	**167860**	**11.08**	**6.48**	**15.89**
10095	5800	7.89	8.54	7.23	85986	25527	60459	13.16	7.76	18.63
2122	1156	7.41	8.04	6.75	38027	11882	26145	14.16	8.64	19.95
3516	2148	7.97	8.42	7.49	30407	8861	21546	7.35	4.15	10.76
2377	1307	7.49	7.99	6.96	33017	10571	22446	12.72	7.85	17.97
1749	875	8.44	9.01	7.84	7502	1560	5942	5.54	2.26	8.96
1031	637	7.74	8.21	7.25	10380	3251	7129	9.94	6.06	14.03
4172	2653	8.14	8.66	7.59	34342	10149	24193	10.45	5.97	15.26

表4　续表 18

地　区	6岁及以上各种受教育程度人口(人)									
	未上过学		小学		初中		高中		大学专科	
	男	女	男	女	男	女	男	女	男	女
福建省	**269720**	**920433**	**4769970**	**6224798**	**7840955**	**6136646**	**2973358**	**2146013**	**949773**	**787834**
福州市	**44326**	**133297**	**808600**	**1001726**	**1396156**	**1200329**	**656950**	**549727**	**226639**	**209616**
鼓楼区	1467	4801	34158	46111	62603	71199	79899	94286	62315	60625
台江区	879	3224	28864	40649	70607	70527	68256	63349	21588	19575
仓山区	2461	5907	64623	76225	141149	123263	82543	68866	38005	39016
马尾区	1751	5528	28033	33972	49203	41076	20832	14654	5085	5956
晋安区	2503	7021	60874	73059	166161	151034	88048	79785	35000	30227
闽侯县	4538	12133	79343	92428	146320	118479	39442	26775	13044	14422
连江县	4990	16997	89994	117174	123204	95123	31657	21444	7067	4851
罗源县	2783	6042	44619	43122	37466	28542	12220	9422	3751	2653
闽清县	1743	4613	35219	41606	53833	45495	15536	11356	3898	3019
永泰县	2306	6839	37918	48235	56157	43814	17494	10314	4026	2622
平潭县	3239	10553	48387	65491	72815	65034	30303	21639	6027	4723
福清市	9049	34032	155801	209166	253741	204909	126082	92140	18868	15142
长乐市	6617	15607	100767	114488	162897	141834	44638	35697	7965	6785
厦门市	**21645**	**81331**	**307274**	**380443**	**671287**	**553039**	**369593**	**298133**	**168132**	**154642**
思明区	3621	15790	61803	82795	115237	111325	96806	101435	64899	67949
海沧区	2067	6882	27359	30808	59993	45948	36536	25922	11732	9672
湖里区	5478	17575	72904	82719	194408	166463	107125	83824	44722	39578
集美区	3530	11866	49798	57443	113315	94662	63834	45565	21163	17643
同安区	3769	14380	55643	73764	123759	90974	39540	26167	13996	11087
翔安区	3180	14838	39767	52914	64575	43667	25752	15220	11620	8713
莆田市	**21207**	**107794**	**322383**	**478515**	**613673**	**518953**	**218169**	**139244**	**52815**	**41530**
城厢区	2833	15621	40144	59257	80932	70082	37907	27995	13601	11609
涵江区	2843	13647	45230	69239	116097	100100	43594	27910	8710	6305
荔城区	2238	14499	49234	78106	117529	102314	44466	27287	9407	7136
秀屿区	6740	39536	75116	114350	122527	100021	32333	17438	5650	3710
仙游县	6553	24491	112659	157563	176588	146436	59869	38614	15447	12770
三明市	**19978**	**60920**	**386701**	**485227**	**487935**	**356321**	**207401**	**145281**	**65436**	**45373**
梅列区	1425	4709	17099	19403	28173	25541	20803	19077	8921	7765
三元区	1221	3570	24892	29714	34786	28179	21709	17835	7328	6138
明溪县	853	2904	15612	19752	22489	16460	7417	5257	2209	1557
清流县	911	3342	20934	28502	28972	19163	10647	5616	3490	2041
宁化县	1713	6847	44672	65749	51336	36721	19547	11191	5515	3143
大田县	3647	10674	46159	64692	64840	42797	27349	15254	6490	3435
尤溪县	2196	5157	58346	73119	75346	55316	26469	16434	6963	4181
沙县	1643	4430	40236	44864	40195	30304	17571	13584	5211	4140
将乐县	1319	3999	26282	30657	29563	21495	9043	6484	3127	2225
泰宁县	1232	3770	17491	21450	22284	16058	7993	5228	2706	1834
建宁县	750	2610	22391	29783	22400	15930	6659	4686	2153	1352
永安市	3068	8908	52587	57542	67551	48357	32194	24635	11323	7562
泉州市	**44906**	**181086**	**994126**	**1381036**	**2000986**	**1554436**	**589920**	**365940**	**157009**	**125801**
鲤城区	1308	5314	32324	47401	93151	78460	42787	33190	15590	15545
丰泽区	2271	9155	43718	58797	102569	78571	53368	40076	29045	27701
洛江区	1219	7314	23499	34592	43252	29713	10884	5426	2661	2718
泉港区	2349	11095	33400	60340	65781	54696	27210	15951	7078	4509
惠安县	5303	43541	131251	195586	200994	163247	56518	34465	19208	13987
安溪县	6692	22387	127639	188739	231566	181932	58500	29796	12998	7357
永春县	1183	4650	60543	89618	104891	85388	32542	17554	7695	5486
德化县	1242	5105	34643	53997	62401	49596	23739	12255	6151	3564
石狮市	3717	8777	82944	96162	173196	134473	43484	27305	12550	10196
晋江市	13924	42211	268548	317282	544772	398050	136992	85244	25458	20696
南安市	5698	21537	155617	238522	378413	300310	103896	64678	18575	14042
漳州市	**33081**	**138247**	**663693**	**993643**	**1107225**	**729064**	**323415**	**197975**	**98045**	**75871**
芗城区	3659	14799	51955	69875	98981	76366	51025	45634	25932	25753
龙文区	1132	3788	23037	30573	40789	28324	10630	7580	3641	3214
云霄县	3110	13135	62161	97484	98198	58872	26660	12841	6483	3940
漳浦县	5614	27853	110225	183798	187454	113351	52176	28537	13818	9618
诏安县	4225	15410	85741	139564	149120	93769	34369	15677	8739	4784
长泰县	988	4036	24891	39260	54379	38061	14155	7360	3890	2924
东山县	1426	7918	32176	49178	45681	28249	14669	8638	5075	3046
南靖县	2067	8961	45315	70461	77101	51671	24715	14958	6738	5084
平和县	3355	14127	69133	102743	125945	83867	30542	14739	6883	4307
华安县	1441	4570	22331	33792	39399	25021	8722	4994	2732	2079
龙海市	6064	23650	136728	176915	190178	131513	55752	37017	14114	11122

大学本科及以上		平均受教育年限(年)			15岁及以上文盲人口(人)			文盲人口占15岁及以上人口比重(%)		
男	女	合计	男	女	合计	男	女	合计	男	女
779078	**567995**	**9.02**	**9.53**	**8.50**	**899849**	**170160**	**729689**	**2.89**	**1.07**	**4.76**
256809	**193451**	**9.68**	**10.07**	**9.29**	**129903**	**27167**	**102736**	**2.14**	**0.89**	**3.40**
82480	57254	12.57	13.02	12.14	4432	651	3781	0.73	0.22	1.21
23906	16388	10.96	11.33	10.60	3065	476	2589	0.77	0.24	1.29
44490	32456	10.73	10.95	10.49	6069	1386	4683	0.91	0.40	1.45
7131	8510	9.38	9.66	9.10	5025	1087	3938	2.44	1.05	3.84
27912	18921	10.37	10.64	10.08	6694	1299	5395	0.98	0.37	1.61
40153	37222	9.70	9.97	9.43	12281	2666	9615	2.16	0.91	3.49
4212	2899	8.12	8.67	7.59	14531	2637	11894	3.09	1.13	5.04
1708	1311	8.01	8.31	7.68	5837	1679	4158	3.28	1.78	4.96
1917	1347	8.62	9.00	8.24	4818	1079	3739	2.48	1.10	3.90
2066	1035	8.37	8.93	7.78	6884	1501	5383	3.33	1.42	5.31
2384	1433	8.61	9.20	8.05	10195	2187	8008	3.54	1.58	5.37
14059	11384	8.86	9.40	8.32	32569	5895	26674	3.18	1.15	5.21
4391	3291	8.45	8.76	8.14	17503	4624	12879	2.97	1.56	4.38
173818	**131968**	**10.29**	**10.70**	**9.85**	**88565**	**15883**	**72682**	**2.88**	**1.00**	**4.86**
85884	70033	11.66	12.09	11.26	15585	2298	13287	1.92	0.59	3.17
7545	5023	9.85	10.24	9.40	7699	1533	6166	3.06	1.13	5.30
31957	22604	10.25	10.59	9.88	19347	3900	15447	2.39	0.92	3.98
39132	28165	10.36	10.77	9.90	13302	2673	10629	2.60	0.98	4.43
6789	4623	8.97	9.49	8.40	15652	2732	12920	3.65	1.22	6.31
2511	1520	8.63	9.40	7.81	16980	2747	14233	6.43	2.01	11.16
36143	**24171**	**8.67**	**9.45**	**7.95**	**101714**	**13453**	**88261**	**4.46**	**1.22**	**7.48**
14272	10640	9.51	10.28	8.78	15917	1951	13966	4.62	1.17	7.87
5006	3010	8.95	9.59	8.32	13265	1692	11573	3.31	0.85	5.75
6690	4100	8.95	9.67	8.26	9420	906	8514	2.26	0.44	4.01
3732	2083	7.73	8.82	6.83	38302	4698	33604	8.34	2.24	13.43
6443	4338	8.55	9.19	7.94	24810	4206	20604	3.77	1.32	6.08
42301	**24907**	**8.75**	**9.29**	**8.16**	**55053**	**11491**	**43562**	**2.62**	**1.06**	**4.30**
8492	4756	10.33	10.83	9.82	5123	1021	4102	3.41	1.34	5.55
6713	5426	9.75	10.12	9.36	2740	556	2184	1.61	0.64	2.63
1327	833	8.54	9.06	7.98	2659	490	2169	3.03	1.08	5.09
2131	938	8.57	9.27	7.78	3099	598	2501	2.74	1.00	4.67
2743	1255	8.24	8.99	7.51	6369	1032	5337	2.84	0.93	4.72
3715	1637	8.36	9.10	7.56	11657	2723	8934	4.37	1.97	6.97
3750	2089	8.52	9.00	8.00	4438	1023	3415	1.49	0.66	2.40
3067	2049	8.66	9.04	8.25	3374	817	2557	1.84	0.86	2.90
1892	1059	8.31	8.81	7.79	3049	577	2472	2.48	0.91	4.17
1691	882	8.47	9.08	7.80	2365	474	1891	2.58	1.00	4.29
1124	555	8.08	8.65	7.51	2100	390	1710	2.14	0.80	3.48
5656	3428	8.99	9.43	8.48	8080	1790	6290	2.77	1.15	4.62
104761	**76269**	**8.78**	**9.30**	**8.25**	**175862**	**27087**	**148775**	**2.53**	**0.76**	**4.37**
10523	7733	9.95	10.31	9.57	5268	724	4544	1.47	0.40	2.58
27782	25276	10.56	10.90	10.21	9230	1347	7883	1.99	0.56	3.52
6558	7362	8.82	9.46	8.18	7227	839	6388	4.51	1.05	7.94
4249	2008	8.67	9.56	7.84	8849	1182	7667	3.36	0.94	5.61
8224	5055	8.21	9.06	7.44	40171	3408	36763	5.01	0.90	8.73
7042	3036	8.35	8.99	7.71	21561	3721	17840	2.73	0.94	4.51
4799	2361	8.71	9.26	8.16	3992	557	3435	1.07	0.30	1.86
3495	1393	8.79	9.50	8.06	3527	450	3077	1.52	0.38	2.69
6701	4524	8.83	9.13	8.48	9320	2383	6937	1.65	0.79	2.62
14452	10511	8.58	8.96	8.14	46400	9503	36897	2.67	1.03	4.55
10936	7010	8.75	9.23	8.25	20317	2973	17344	1.68	0.49	2.90
60167	**51301**	**8.55**	**9.19**	**7.88**	**128010**	**20075**	**107935**	**3.20**	**0.99**	**5.49**
20462	20573	10.11	10.50	9.72	13968	2356	11612	3.03	1.03	5.01
1655	1303	8.66	9.10	8.19	2787	551	2236	1.96	0.75	3.28
2297	1312	8.15	8.96	7.31	12346	1856	10490	3.65	1.08	6.34
5452	3202	8.20	9.02	7.37	23569	3135	20434	3.54	0.94	6.18
2221	1346	8.14	8.89	7.37	14754	2263	12491	3.01	0.91	5.19
2060	1235	8.63	9.22	7.99	3955	629	3326	2.24	0.69	3.91
1836	862	8.25	9.08	7.39	6649	739	5910	3.69	0.81	6.64
2953	2047	8.52	9.18	7.83	6092	932	5160	2.17	0.65	3.74
2497	1435	8.33	9.06	7.57	14889	2268	12621	3.80	1.13	6.62
1328	795	8.26	8.89	7.58	5509	1229	4280	4.17	1.80	6.69
17406	17191	8.55	9.04	8.04	23492	4117	19375	3.15	1.08	5.34

表4 续表 19

地区	6岁及以上各种受教育程度人口(人)									
	未上过学		小学		初中		高中		大学专科	
	男	女	男	女	男	女	男	女	男	女
南平市	**28983**	**68752**	**447554**	**487518**	**502439**	**414752**	**179019**	**149006**	**58114**	**46272**
延平区	4122	10613	70494	80149	83010	69746	40178	34464	14311	11174
顺昌县	2669	7238	31495	35293	38632	31091	12482	10509	3584	2620
浦城县	2126	3785	56905	61211	55161	50178	18750	17087	5698	4546
光泽县	797	2059	20466	23765	29975	26008	7774	5996	2355	1746
松溪县	1492	3132	21149	23657	24448	20371	8156	6531	2426	2059
政和县	2002	4001	31626	35580	34484	24897	9987	6706	3311	2131
邵武市	1950	5743	38631	47000	55136	46766	24968	19131	6717	4804
武夷山市	2226	4739	35074	36391	44813	36344	15770	13573	8718	8422
建瓯市	7596	18663	87222	90133	82187	64836	23440	19914	6514	5202
建阳市	4003	8779	54492	54339	54593	44515	17514	15095	4480	3568
龙岩市	**13145**	**67929**	**303153**	**478888**	**549202**	**396852**	**238437**	**144817**	**68244**	**43868**
新罗区	3636	14636	64101	80740	145347	106138	72523	55305	25316	20350
长汀县	2307	11008	54559	96983	76152	52944	32476	15391	8620	4120
永定县	1479	10950	41257	61288	86312	63590	30678	17538	8098	4549
上杭县	1496	11471	45042	81708	76877	55519	34482	18091	8505	4659
武平县	1582	9117	30913	55877	60094	46108	25400	13254	6357	3544
连城县	1069	4749	31755	53136	54038	40333	21889	12146	5435	2985
漳平市	1576	5998	35526	49156	50382	32220	20989	13092	5913	3661
宁德市	**42449**	**81077**	**536486**	**537802**	**512052**	**412900**	**190454**	**155890**	**55339**	**44861**
蕉城区	5658	10688	78739	76749	67394	56684	32126	30671	11921	11871
霞浦县	6005	9686	88630	88656	91231	75263	28820	22952	6421	4819
古田县	3087	6106	61192	60422	67258	55331	19064	17571	4484	3851
屏南县	1169	2503	26134	27417	26182	20530	8821	7383	2764	2405
寿宁县	3077	6244	33078	35831	32409	25102	12266	7784	3426	2154
周宁县	1329	2410	26590	26053	18125	14566	6171	4957	1922	1470
柘荣县	1954	3178	16656	16326	15195	12798	5707	4722	1915	1413
福安市	9056	16418	102296	102961	103592	82009	41955	33397	12232	9661
福鼎市	11114	23844	103171	103387	90666	70617	35524	26453	10254	7217
江西省	**418077**	**1264180**	**6003557**	**7395800**	**9133098**	**7654739**	**3298792**	**2189569**	**1127777**	**809963**
南昌市	**40850**	**116853**	**527799**	**614721**	**880610**	**753324**	**444098**	**353810**	**270186**	**212336**
东湖区	2006	6692	34572	41756	70537	76226	77029	75963	41013	38830
西湖区	1793	5890	32251	40407	72136	74969	76779	72521	30617	26994
青云谱区	1410	4710	24924	29336	50907	48400	41735	36329	20785	16116
湾里区	662	1726	6862	7760	9916	8592	6034	2891	3417	3673
青山湖区	5042	14191	69909	75663	127410	110550	80010	66774	71898	51335
南昌县	13547	40065	138147	156504	202063	155085	59896	39135	46847	36815
新建县	8960	22819	95635	116639	152463	110631	46881	28234	38943	26675
安义县	1606	3608	20096	20802	42499	42023	11131	7242	7106	5560
进贤县	5824	17152	105403	125854	152679	126848	44603	24721	9560	6338
景德镇市	**21398**	**51764**	**219764**	**250473**	**307267**	**251640**	**124167**	**94919**	**43626**	**32853**
昌江区	2032	5387	24056	26914	36098	31322	18173	12486	8189	7177
珠山区	1195	3961	17379	21523	34369	36539	50213	47672	18405	14821
浮梁县	3681	8277	38683	44100	72389	59648	18017	11269	5721	3883
乐平市	14490	34139	139646	157936	164411	124131	37764	23492	11311	6972
萍乡市	**9947**	**26116**	**221822**	**249206**	**406481**	**385495**	**145432**	**121835**	**50490**	**43284**
安源区	1484	3494	41871	45258	96955	101485	65357	62640	32601	29246
湘东区	1617	3424	40420	44404	92114	87826	27020	21015	5289	4215
莲花县	2370	9934	32749	40462	48153	41902	14664	9910	4469	3053
上栗县	2368	5051	70969	80210	110934	99734	23016	16840	4688	3938
芦溪县	2108	4213	35813	38872	58325	54548	15375	11430	3443	2832
九江市	**42673**	**145990**	**553661**	**707574**	**925994**	**842083**	**443692**	**306406**	**139535**	**97737**
庐山区	2003	7232	24917	30709	50467	47084	45416	35660	18338	11463
浔阳区	1427	5352	24200	29329	54048	58176	64792	63544	28594	27209
九江县	3411	12267	37862	48828	62574	57959	29074	17286	8240	5322
武宁县	3008	6673	38114	47557	89670	83850	25170	16377	5794	3979
修水县	4036	9510	107353	127730	152342	150119	45066	34495	12394	9326
永修县	4299	11670	45639	54178	87036	75255	27216	18213	7639	5332
德安县	2237	6067	24686	28445	43633	40865	17510	12349	10061	6633
星子县	3113	9543	32919	40441	53688	44219	17746	9371	4392	2627
都昌县	8298	37361	99230	136436	134769	111328	56832	29964	15664	8390
湖口县	2264	11979	34123	49798	54171	41641	26264	13717	9439	5310
彭泽县	5524	19627	42424	57721	65736	53659	35077	20185	9317	5972
瑞昌市	3053	8709	42194	56402	77860	77928	53529	35245	9663	6174
新余市	**11984**	**28899**	**135695**	**162353**	**221702**	**195101**	**98630**	**65753**	**55078**	**38760**
渝水区	6682	18895	94410	117123	154303	137770	78929	53562	48984	34521
分宜县	5302	10004	41285	45230	67399	57331	19701	12191	6094	4239

大学本科及以上		平均受教育年限(年)			15岁及以上文盲人口(人)			文盲人口占15岁及以上人口比重(%)		
男	女	合计	男	女	合计	男	女	合计	男	女
33837	**23266**	**8.54**	**8.89**	**8.18**	**75312**	**20121**	**55191**	**3.46**	**1.81**	**5.19**
10064	6702	9.10	9.49	8.69	10424	2391	8033	2.68	1.21	4.20
1898	1256	8.28	8.72	7.82	8000	1953	6047	4.97	2.39	7.61
2132	1430	8.49	8.70	8.29	4218	1368	2850	1.74	1.12	2.36
1317	811	8.62	8.97	8.27	2000	477	1523	1.86	0.88	2.87
1085	778	8.40	8.73	8.07	3301	966	2335	3.18	1.83	4.58
1693	965	8.19	8.62	7.72	4904	1575	3329	3.48	2.13	4.97
3472	2047	8.91	9.35	8.45	5608	1154	4454	2.43	0.99	3.93
5543	4709	9.23	9.43	9.01	5447	1568	3879	2.76	1.53	4.08
3734	2663	7.87	8.27	7.46	22880	6244	16636	6.23	3.33	9.25
2899	1905	8.20	8.49	7.88	8530	2425	6105	3.61	1.97	5.37
42275	**23750**	**8.93**	**9.68**	**8.15**	**59189**	**7217**	**51972**	**2.76**	**0.66**	**4.95**
19160	12483	9.78	10.21	9.29	12928	1984	10944	2.27	0.65	4.10
4278	1844	8.38	9.40	7.42	8525	1046	7479	2.70	0.68	4.59
4062	2019	8.77	9.52	7.97	10787	1066	9721	3.61	0.69	6.74
5698	2821	8.65	9.63	7.70	10070	811	9259	3.24	0.53	5.88
3461	1722	8.67	9.60	7.77	8435	960	7475	3.64	0.84	6.37
2869	1455	8.68	9.43	7.93	3806	459	3347	1.81	0.44	3.18
2747	1406	8.61	9.25	7.91	4638	891	3747	2.28	0.83	3.89
28967	**18912**	**8.28**	**8.56**	**7.97**	**86241**	**27666**	**58575**	**3.62**	**2.23**	**5.13**
8760	6006	8.78	8.97	8.58	12482	4173	8309	3.41	2.22	4.67
2346	1560	8.16	8.37	7.92	9763	3465	6298	2.50	1.70	3.38
2422	1876	8.32	8.48	8.14	7112	2239	4873	2.56	1.55	3.65
1351	898	8.42	8.66	8.15	2527	724	1803	2.17	1.19	3.23
1322	633	8.06	8.57	7.52	6264	1903	4361	4.41	2.58	6.40
877	567	7.93	8.17	7.67	2901	967	1934	3.07	1.96	4.26
1084	659	8.16	8.45	7.84	3759	1338	2421	5.07	3.46	6.82
4863	3355	8.38	8.68	8.05	19619	6529	13090	4.16	2.66	5.79
5942	3358	7.96	8.41	7.48	21814	6328	15486	4.88	2.71	7.25
673381	**444867**	**8.86**	**9.45**	**8.27**	**1400042**	**300516**	**1099526**	**4.02**	**1.72**	**6.35**
269927	**197800**	**10.32**	**10.84**	**9.77**	**130901**	**29545**	**101356**	**3.18**	**1.40**	**5.05**
44727	35277	11.79	12.18	11.41	6807	1271	5536	1.38	0.53	2.20
25810	18823	11.23	11.62	10.84	6046	1113	4933	1.39	0.52	2.25
14032	9267	10.87	11.32	10.40	4986	933	4053	1.86	0.68	3.09
3684	4000	10.56	10.91	10.19	1991	503	1488	3.82	1.90	5.81
102885	71151	11.68	12.14	11.14	16313	3742	12571	2.11	0.90	3.51
25933	22591	9.17	9.78	8.55	45710	10309	35401	5.64	2.51	8.87
48102	33794	9.91	10.55	9.19	26545	6731	19814	4.26	2.03	6.78
1694	1081	9.37	9.80	8.94	3982	1063	2919	2.90	1.56	4.22
3060	1816	8.39	8.95	7.82	18521	3880	14641	3.56	1.49	5.62
29221	**20444**	**8.88**	**9.39**	**8.36**	**61758**	**16459**	**45299**	**4.87**	**2.56**	**7.24**
3447	2111	9.38	9.85	8.89	6415	1548	4867	4.07	1.91	6.35
12570	8653	11.30	11.73	10.87	4281	834	3447	1.77	0.69	2.83
8635	6872	8.86	9.28	8.40	9920	2842	7078	3.92	2.16	5.83
4569	2808	7.82	8.41	7.22	41142	11235	29907	6.69	3.63	9.78
18948	**14182**	**9.26**	**9.53**	**8.99**	**28039**	**6640**	**21399**	**1.88**	**0.89**	**2.89**
12617	9739	10.67	10.88	10.48	3393	837	2556	0.75	0.37	1.12
1609	1210	9.02	9.22	8.82	3403	930	2473	1.16	0.62	1.71
1695	1040	8.34	9.04	7.68	10922	1846	9076	6.08	2.10	9.88
1736	1241	8.49	8.73	8.24	5546	1535	4011	1.55	0.85	2.27
1291	952	8.61	8.85	8.35	4775	1492	3283	2.37	1.46	3.30
56500	**34133**	**9.07**	**9.71**	**8.43**	**163960**	**32906**	**131054**	**4.39**	**1.78**	**6.96**
6810	4015	10.30	10.88	9.68	7786	1490	6296	3.03	1.12	5.09
16462	10922	11.34	11.72	10.98	5207	859	4348	1.50	0.51	2.44
2458	1220	8.75	9.53	8.00	14186	2804	11382	5.70	2.31	8.95
2269	1426	8.81	9.19	8.43	7597	2131	5466	2.61	1.45	3.79
5041	2941	8.71	9.05	8.38	9819	2476	7343	1.73	0.89	2.54
2935	1707	8.70	9.22	8.17	14322	3631	10691	4.82	2.42	7.28
4219	3892	9.44	9.95	8.92	6833	1710	5123	3.84	1.90	5.83
1370	732	8.36	9.09	7.63	11276	2517	8759	6.05	2.68	9.45
4612	2021	8.22	9.27	7.25	41210	6521	34689	7.73	2.55	12.51
2739	1330	8.72	9.72	7.71	12737	1746	10991	5.80	1.59	10.05
3163	1543	8.50	9.43	7.58	22893	4716	18177	8.16	3.36	12.96
4422	2384	9.37	9.99	8.76	10094	2305	7789	3.04	1.40	4.66
18708	**10876**	**9.38**	**9.94**	**8.79**	**34619**	**9331**	**25288**	**3.74**	**1.97**	**5.61**
16491	9662	9.71	10.31	9.08	22138	5241	16897	3.24	1.50	5.06
2217	1214	8.44	8.89	7.96	12481	4090	8391	5.18	3.29	7.20

表4 续表 20

地区	6岁及以上各种受教育程度人口(人)									
	未上过学		小学		初中		高中		大学专科	
	男	女	男	女	男	女	男	女	男	女
鹰潭市	**14678**	**35041**	**162995**	**178486**	**239601**	**196257**	**73786**	**51834**	**23842**	**17378**
月湖区	2078	6005	23064	24584	35149	34121	24011	20400	9608	8150
余江县	4865	12673	49873	56941	81432	65977	21468	12614	5314	3401
贵溪市	7735	16363	90058	96961	123020	96159	28307	18820	8920	5827
赣州市	**72076**	**305467**	**1134960**	**1575860**	**1762733**	**1410702**	**583900**	**315137**	**154760**	**98280**
章贡区	2540	13812	54356	72303	99664	91423	74460	61022	33575	29153
赣县	4952	21574	85822	116590	115228	81871	33073	15825	7223	4106
信丰县	5211	22477	80399	113074	165878	141789	37421	18611	7663	4640
大余县	2609	11039	35165	47511	62980	50976	22471	13805	5976	3921
上犹县	2751	11167	38091	54216	51444	36115	16123	8308	4864	2640
崇义县	1609	7604	25206	37412	38294	26840	13458	7692	4154	2719
安远县	4929	22876	49742	69125	69984	44244	22796	11041	5292	3179
龙南县	1553	9457	29359	45340	70661	66344	22827	14119	5406	3256
定南县	1288	5222	18285	25341	37926	34881	13459	8553	3625	2498
全南县	1274	5683	17070	26311	42523	38262	14892	8404	2973	1627
宁都县	10170	31354	111812	153131	178597	130848	49610	22082	13068	7705
于都县	7243	33104	142200	195935	153897	132330	51474	24100	11620	6334
兴国县	4052	16174	103242	148578	151631	117810	50525	23975	11663	6427
会昌县	5134	24685	78574	110880	86570	49914	26772	9792	6739	2991
寻乌县	2697	10844	37238	51217	65445	52680	22946	11572	4816	2758
石城县	2718	10016	38447	51877	63763	50988	19592	9081	4357	2358
瑞金市	6697	21134	78531	104615	135066	122428	46330	22236	10125	5148
南康市	4649	27245	111421	152404	173182	140959	45671	24919	11621	6820
吉安市	**34945**	**117435**	**646587**	**855736**	**1045590**	**848894**	**342425**	**198816**	**100764**	**62554**
吉州区	2262	6884	38969	46407	56537	53023	37725	34844	13915	11165
青原区	1035	4059	24087	32869	40775	34267	13107	6612	4237	3645
吉安县	3063	10651	65502	84940	104204	83140	30635	17447	8496	4931
吉水县	4175	13502	74006	91697	114906	89982	29854	13770	8197	4260
峡江县	2176	5955	25025	30261	37537	30336	14981	8359	4603	2624
新干县	3316	9925	49840	60173	66489	50723	23163	13671	7753	5086
永丰县	5564	16009	60828	81530	93986	68182	27966	12652	8319	4165
泰和县	2445	9886	61288	89703	116724	100951	37855	19881	9272	5257
遂川县	2524	7561	77406	108006	121888	93483	31256	15120	8735	4862
万安县	1604	5843	36196	50206	63347	58211	25279	14890	7925	4598
安福县	2148	6894	48691	67233	92233	74927	26198	16092	7569	4976
永新县	3494	15104	64926	87311	106609	85360	33379	17875	7360	4183
井冈山市	1139	5162	19823	25400	30355	26309	11027	7603	4383	2802
宜春市	**44801**	**106854**	**714752**	**817948**	**1244822**	**1086129**	**384549**	**257823**	**97444**	**71829**
袁州区	8882	17982	145343	161820	217277	197756	67962	53005	21594	18797
奉新县	2683	6911	39863	42280	73404	65246	21682	16614	4935	3638
万载县	3892	9123	74456	86456	97438	85811	28146	17650	6103	3904
上高县	4258	8602	40738	46458	68723	62988	27415	19709	6080	4362
宜丰县	4070	8501	37850	39308	58415	51573	20511	15608	4985	3645
靖安县	1561	3598	19590	20145	32506	27756	10654	8391	3381	2381
铜鼓县	870	2140	20186	21548	28584	24518	9073	7002	3331	2563
丰城市	7873	21737	182448	222380	342128	277529	89911	48571	17345	10406
樟树市	3337	9605	56465	66848	139124	130199	43072	29326	11711	8485
高安市	7375	18655	97813	110705	187223	162753	66123	41947	17979	13648
抚州市	**39701**	**102205**	**606757**	**729950**	**805880**	**651645**	**246572**	**152791**	**87648**	**63612**
临川区	8128	20959	156797	178906	215000	187796	84841	58447	34220	27171
南城县	3470	9421	51763	64198	61291	49021	13919	8999	5545	4034
黎川县	2776	6986	40245	44878	46314	38109	12874	8500	4644	3383
南丰县	3090	7595	50488	58593	57678	45692	13618	9368	4970	3817
崇仁县	2986	6891	54203	67426	75323	59922	20492	10455	6010	5454
乐安县	5255	12964	56062	69561	71084	50110	20604	10490	5892	3125
宜黄县	3054	8215	36972	45622	44715	34010	11337	7101	4788	3340
金溪县	3489	8495	43849	55255	61970	50274	17256	9035	5841	3464
资溪县	1544	3657	17758	20568	21697	19261	6705	4974	2224	1580
东乡县	3471	10017	64334	79352	97721	76384	30736	17535	9074	5578
广昌县	2438	7005	34286	45591	53087	41066	14190	7887	4440	2666
上饶市	**85024**	**227556**	**1078765**	**1253493**	**1292418**	**1033469**	**411541**	**270445**	**104404**	**71340**
信州区	2658	8761	49067	56712	66687	66039	42542	40663	15754	14429
上饶县	8262	23710	139702	154231	126002	96993	32223	21586	9344	7120
广丰县	5568	14770	115808	135952	159582	142107	49342	34664	8802	6129
玉山县	8322	19047	92870	105856	107410	90427	39021	25262	10655	7238

大学本科及以上		平均受教育年限(年)			15岁及以上文盲人口(人)			文盲人口占15岁及以上人口比重(%)		
男	女	合计	男	女	合计	男	女	合计	男	女
13456	**7642**	**8.60**	**9.09**	**8.09**	**39742**	**10128**	**29614**	**4.51**	**2.24**	**6.88**
6204	3787	9.93	10.42	9.43	6814	1521	5293	3.92	1.75	6.09
2448	1275	8.31	8.90	7.71	14156	3379	10777	5.20	2.44	8.04
4804	2580	8.25	8.69	7.77	18772	5228	13544	4.30	2.31	6.46
80396	**50454**	**8.49**	**9.31**	**7.70**	**312413**	**46079**	**266334**	**4.95**	**1.48**	**8.31**
36878	29019	10.68	11.22	10.14	13729	1602	12127	2.54	0.59	4.50
2664	1437	8.05	8.91	7.21	21601	3020	18581	5.35	1.51	9.14
2552	1479	8.34	9.05	7.66	23241	3309	19932	4.54	1.33	7.59
2190	1233	8.61	9.36	7.87	10985	1528	9457	4.86	1.35	8.37
1781	921	8.10	9.00	7.21	11225	1678	9547	5.70	1.72	9.65
1726	934	8.38	9.24	7.52	7545	1017	6528	5.13	1.39	8.87
2044	1035	7.80	8.94	6.68	24710	3726	20984	9.73	2.96	16.36
2037	1135	8.78	9.52	8.09	9245	973	8272	3.88	0.85	6.66
1287	718	8.83	9.48	8.20	4872	681	4191	3.63	1.03	6.12
952	491	8.76	9.49	8.04	5576	738	4838	3.93	1.06	6.70
4939	2069	8.19	9.00	7.36	34995	7362	27633	5.77	2.41	9.21
3718	1538	8.06	9.04	7.21	33713	4569	29144	5.84	1.70	9.45
4093	1964	8.46	9.23	7.71	15650	2205	13445	2.96	0.84	5.04
2043	887	7.67	8.84	6.50	25347	3445	21902	7.96	2.16	13.73
1430	737	8.45	9.25	7.65	10942	1646	9296	4.87	1.46	8.30
1656	739	8.33	9.11	7.54	10432	1797	8635	4.81	1.66	7.96
3003	1387	8.53	9.31	7.78	20662	3600	17062	4.54	1.61	7.36
5403	2731	8.33	9.15	7.56	27943	3183	24760	4.75	1.12	8.16
49629	**26911**	**8.64**	**9.27**	**8.00**	**123845**	**23520**	**100325**	**3.26**	**1.23**	**5.33**
8310	4726	9.80	10.28	9.34	7323	1486	5837	2.63	1.08	4.13
8357	5972	9.32	9.97	8.66	4035	612	3423	2.58	0.78	4.39
3540	1716	8.49	9.09	7.88	11278	2049	9229	3.06	1.10	5.06
3449	1393	8.33	9.00	7.63	15020	3059	11961	3.88	1.56	6.27
2065	990	8.65	9.34	7.92	6641	1566	5075	4.60	2.11	7.22
3987	2431	8.55	9.21	7.88	10893	2332	8561	4.22	1.78	6.74
3269	1306	8.20	8.99	7.37	18539	4326	14213	5.54	2.53	8.66
3905	1775	8.68	9.32	8.05	9130	1258	7872	2.24	0.62	3.86
3581	1752	8.47	9.07	7.86	6720	1132	5588	1.63	0.54	2.76
2887	1454	8.93	9.56	8.30	6192	1099	5093	2.58	0.92	4.22
2574	1535	8.66	9.17	8.14	6520	1279	5241	2.06	0.79	3.36
2206	1122	8.35	9.04	7.65	15954	2436	13518	4.25	1.29	7.24
1499	739	8.73	9.42	8.04	5600	886	4714	4.69	1.49	7.85
49974	**31485**	**8.82**	**9.24**	**8.39**	**122537**	**31977**	**90560**	**2.89**	**1.49**	**4.35**
17596	12550	9.00	9.32	8.68	21953	6642	15311	2.72	1.63	3.81
2105	1430	8.81	9.16	8.45	8313	2086	6227	3.44	1.70	5.24
1964	1337	8.43	8.86	8.00	9364	2325	7039	2.70	1.33	4.10
3156	2038	8.80	9.23	8.37	11154	3465	7689	4.27	2.65	5.90
2328	1530	8.64	9.01	8.26	10850	3319	7531	4.99	2.97	7.11
1344	849	8.85	9.19	8.48	4241	1151	3090	3.63	1.90	5.51
1357	896	8.88	9.16	8.57	2045	469	1576	1.90	0.84	3.06
7170	3774	8.64	9.14	8.11	22908	4958	17950	2.20	0.93	3.53
5102	3115	9.13	9.53	8.71	10548	2277	8271	2.35	1.01	3.71
7852	3966	8.95	9.43	8.45	21161	5285	15876	3.29	1.61	5.04
38869	**21516**	**8.52**	**9.08**	**7.95**	**115215**	**28415**	**86800**	**3.80**	**1.86**	**5.76**
20023	11195	9.21	9.73	8.67	23116	5455	17661	2.77	1.31	4.24
2073	1274	8.06	8.62	7.52	10355	2502	7853	4.32	2.12	6.44
1515	920	8.18	8.66	7.70	8300	2150	6150	4.51	2.32	6.72
1750	1076	8.08	8.52	7.63	7866	2061	5805	3.45	1.79	5.12
2089	1071	8.48	9.02	7.95	7368	1930	5438	2.90	1.52	4.28
1990	882	8.04	8.75	7.30	15589	4067	11522	5.90	3.00	8.95
1785	927	8.09	8.71	7.47	10021	2520	7501	5.68	2.85	8.55
2636	1378	8.31	8.93	7.69	10535	2786	7749	4.61	2.42	6.85
1051	650	8.34	8.81	7.88	4077	1070	3007	4.58	2.42	6.71
2324	1247	8.53	9.10	7.94	10413	2284	8129	3.02	1.30	4.82
1633	896	8.33	8.98	7.67	7575	1590	5985	4.03	1.68	6.40
47753	**29424**	**8.21**	**8.78**	**7.64**	**267013**	**65516**	**201497**	**5.32**	**2.60**	**8.07**
11725	9877	9.87	10.25	9.52	9379	1837	7542	2.78	1.12	4.32
4246	2598	7.84	8.35	7.33	29682	7324	22358	5.69	2.78	8.66
3657	2058	8.49	8.91	8.07	16584	3941	12643	2.94	1.40	4.47
4170	2251	8.33	8.87	7.78	22341	5685	16656	5.16	2.59	7.80

表4 续表 21

地区	6岁及以上各种受教育程度人口(人)									
	未上过学		小学		初中		高中		大学专科	
	男	女	男	女	男	女	男	女	男	女
铅山县	6416	15300	82570	86012	83168	66604	16743	12593	5258	3933
横峰县	3359	8569	30809	33382	35348	28293	9668	6876	2839	1892
弋阳县	6602	15266	62205	65812	66096	51545	20158	13661	5473	3508
余干县	10724	31277	129888	172109	196786	144450	57126	27712	11446	5991
鄱阳县	19873	57034	217611	252478	262920	198831	77811	44807	17624	9791
万年县	4271	9822	55108	63864	72174	60385	25145	16012	5545	3411
婺源县	2860	9121	55908	76017	64059	46323	21266	12491	5694	3795
德兴市	6109	14879	47219	51068	52186	41472	20496	14118	5970	4103
山东省	**1365604**	**3961028**	**10698689**	**13213545**	**20629541**	**17838482**	**7616983**	**5705601**	**2699734**	**2233755**
济南市	**64726**	**230884**	**589665**	**759359**	**1236585**	**1053437**	**614853**	**524698**	**363703**	**339983**
历下区	1975	7117	31520	35583	84589	64192	84682	84380	71496	74420
市中区	3167	11741	40138	48120	90449	83926	84687	82752	52928	48571
槐荫区	2113	8529	27125	33742	76277	66035	64215	59278	31973	29997
天桥区	3085	13227	43059	52823	106286	98605	89652	83250	54045	50661
历城区	10032	36152	82691	107256	189147	167596	112683	92542	76943	70080
长清区	7513	26247	53777	72644	121578	103579	38367	25571	17991	18982
平阴县	5251	18544	34166	44496	76293	69178	24234	18050	8315	5757
济阳县	10373	36435	70313	88807	116058	90254	27423	17066	7007	5473
商河县	12901	39984	85242	106600	126261	93772	23640	15009	6063	4689
章丘市	8316	32908	121634	169288	249647	216300	65270	46800	36942	31353
青岛市	**92660**	**290727**	**805991**	**901686**	**1729458**	**1612750**	**815466**	**692695**	**361322**	**323800**
市南区	1341	6153	23161	29007	54552	54235	63141	67670	53823	52818
市北区	2074	9626	25545	33286	72646	72739	72386	75191	46868	45967
四方区	1820	8213	21702	27854	68311	64418	62467	59321	33984	31494
黄岛区	4117	12124	32642	33140	77038	62119	69341	51262	38684	32492
崂山区	2909	9747	31309	33397	61405	52084	32496	28587	15528	15621
李沧区	2403	8901	31816	38246	83810	76100	67001	66170	31269	33132
城阳区	5460	19522	64932	69654	159355	166940	59007	52760	28665	25104
胶州市	11629	34719	102454	114402	184744	174972	66198	50803	17170	14466
即墨市	10676	38838	133159	150321	290808	272552	84599	62679	24716	18872
平度市	18732	61210	164433	181082	312511	284291	108973	82069	25765	20351
胶南市	22814	54582	100296	108072	176807	154345	70564	52003	28122	19991
莱西市	8685	27092	74542	83225	187471	177955	59293	44180	16728	13492
淄博市	**31636**	**116819**	**466834**	**624953**	**907157**	**796996**	**457395**	**370925**	**167471**	**151761**
淄川区	6133	23144	72959	93732	166600	146499	71997	58418	18499	18069
张店区	3922	14552	63061	79261	147497	134171	118358	109706	56348	48808
博山区	3220	12907	45699	62106	99474	89408	47903	39026	14281	14096
临淄区	4343	17888	62698	83467	121968	109110	77002	63376	24194	19564
周村区	1891	7486	30744	38869	70569	69267	37374	31618	20034	25534
桓台县	3895	16682	63594	82362	106878	93927	40407	30029	15177	12896
高青县	4039	13716	50708	67278	78077	63442	20582	13026	5746	4166
沂源县	4193	10444	77371	117878	116094	91172	43772	25726	13192	8628
枣庄市	**62199**	**162455**	**423586**	**499896**	**833567**	**702936**	**318410**	**206690**	**102956**	**69767**
市中区	6387	16876	46168	52856	97955	98070	52769	44655	26203	20726
薛城区	7965	23214	48174	54488	103669	91979	46296	31760	16791	11373
峄城区	9045	19469	44712	48119	84574	71559	22135	15202	7069	5245
台儿庄区	5943	14493	36802	41307	63873	52730	17736	11450	5216	3218
山亭区	14279	30768	67549	80543	107465	76529	26669	12986	4474	2318
滕州市	18580	57635	180181	222583	376031	312069	152805	90637	43203	26887
东营市	**23298**	**88573**	**196918**	**253383**	**385142**	**321800**	**196938**	**159109**	**90859**	**75710**
东营区	5028	20963	55257	69827	113749	103630	86288	78958	49183	44978
河口区	3274	10524	22301	27802	42282	36283	30264	26163	11652	8951
垦利县	3553	12014	26980	35049	51557	41737	21027	15074	7535	5800
利津县	4812	15122	35196	47109	64904	52187	17432	12320	6482	4964
广饶县	6631	29950	57184	73596	112650	87963	41927	26594	16007	11017
烟台市	**64514**	**179247**	**707746**	**795189**	**1551243**	**1441452**	**676688**	**566778**	**209247**	**187236**
芝罘区	2989	9152	47120	57232	132501	129120	114403	110076	49943	46839
福山区	1689	5183	45149	53769	109849	105132	93323	76579	28431	21988
牟平区	4739	10837	53566	59092	108106	101569	43344	36542	10947	11004
莱山区	1340	4443	26290	29305	52590	49736	22399	20715	18499	22206
长岛县	513	1343	4610	5239	10031	8802	4134	3763	1461	1277
龙口市	4588	15294	74839	84322	161831	149075	57563	50227	22841	18775
莱阳市	9123	25819	83124	96759	226035	211537	75888	56292	17814	16113
莱州市	11374	32470	109922	110272	213065	194352	71443	60513	16941	14375
蓬莱市	3513	9102	55800	63029	105046	97937	36799	32381	9905	9218
招远市	5559	22334	58320	65459	129091	119585	60033	46961	13182	10549

大学本科及以上		平均受教育年限(年)			15岁及以上文盲人口(人)			文盲人口占15岁及以上人口比重(%)		
男	女	合计	男	女	合计	男	女	合计	男	女
2316	1553	7.78	8.18	7.36	17962	4835	13127	5.41	2.86	8.05
1189	688	7.93	[illegible]	7.36	10109	2545	7564	7.15	3.58	10.77
2359	[illegible]	[illegible]	[illegible]	7.38	19582	5505	14077	7.22	3.98	10.59
[illegible]	[illegible]	[illegible]	.86	7.38	34184	7392	26792	5.04	2.16	7.97
[illegible]	[illegible]	[illegible]	8.62	7.21	69688	16724	52964	7.14	3.41	10.89
[illegible]	[illegible]	[illegible]	8.99	7.86	11157	2951	8206	4.16	2.19	6.13
[illegible]	[illegible]	[illegible]	8.80	7.52	8719	1844	6875	3.28	1.38	5.19
[illegible]	[illegible]	2	8.74	7.48	17626	4933	12693	7.65	4.19	11.28
[illegible]	[illegible]	**8.97**	**9.52**	**8.43**	**4757257**	**1150538**	**3606719**	**5.89**	**2.86**	**8.92**
[illegible]	[illegible]	**10.27**	**10.76**	**9.78**	**259834**	**51203**	**208631**	**4.42**	**1.74**	**7.08**
[illegible]	[illegible]	12.84	12.91	12.78	6924	1177	5747	1.01	0.34	1.72
[illegible]	[illegible]	11.92	12.25	11.57	12634	2281	10353	2.01	0.72	3.32
[illegible]	48	11.27	11.57	10.95	9002	1456	7546	2.16	0.69	3.69
[illegible]	4224	11.17	11.53	10.80	14264	2314	11950	2.36	0.76	3.96
[illegible]	47642	10.67	11.20	10.13	41430	8109	33321	4.25	1.65	6.92
[illegible]	31889	9.64	10.17	9.14	29741	6018	23723	6.00	2.48	9.36
[illegible]	3399	8.65	9.37	7.97	22309	4676	17633	7.94	3.42	12.23
18	5685	7.89	8.66	7.15	39847	8212	31635	9.27	3.91	14.40
3348	2700	7.54	8.30	6.82	47668	10873	36795	10.29	4.77	15.63
16455	16246	9.05	9.59	8.54	36015	6087	29928	3.98	1.37	6.46
336603	**273672**	**9.87**	**10.29**	**9.44**	**343805**	**76618**	**267187**	**4.56**	**2.03**	**7.10**
61233	54579	12.70	12.99	12.43	6227	899	5328	1.28	0.38	2.15
40118	36141	11.84	12.18	11.53	9961	1516	8445	2.00	0.63	3.29
35200	27215	11.58	11.94	11.22	8635	1350	7285	2.07	0.64	3.53
51521	31123	11.54	11.92	11.07	14292	3315	10977	3.10	1.30	5.33
40158	38287	11.05	11.30	10.80	11066	2253	8813	3.27	1.31	5.30
24830	19419	11.04	11.29	10.79	9470	1636	7834	2.10	0.73	3.46
26216	22569	9.82	10.17	9.47	21565	4175	17390	3.31	1.31	5.22
10704	8330	8.75	9.22	8.29	41130	9493	31637	5.80	2.70	8.82
9732	7760	8.81	9.25	8.38	44718	8664	36054	4.49	1.74	7.23
11576	8584	8.63	9.13	8.12	73322	15967	57355	6.36	2.77	9.96
17021	13337	8.68	9.30	8.06	72386	20478	51908	9.80	5.47	14.27
8294	6328	8.94	9.37	8.50	31033	6872	24161	4.82	2.13	7.52
116029	**80326**	**9.59**	**10.08**	**9.10**	**128431**	**23860**	**104571**	**3.32**	**1.24**	**5.39**
9396	7254	9.20	9.65	8.76	24811	4426	20385	3.95	1.42	6.45
61049	40043	11.09	11.50	10.67	15067	2562	12505	1.88	0.62	3.20
8045	6299	9.39	9.85	8.95	14119	2435	11684	3.48	1.22	5.68
14339	9489	9.69	10.23	9.14	19793	3364	16429	3.63	1.23	6.01
6828	5188	10.20	10.48	9.95	8030	1329	6701	2.56	0.88	4.12
6333	5023	8.92	9.48	8.38	18696	3174	15522	4.41	1.53	7.20
3338	2382	8.22	8.83	7.61	15852	3345	12507	5.50	2.34	8.61
6701	4648	8.64	9.25	8.03	12063	3225	8838	2.60	1.39	3.81
45179	**30962**	**8.77**	**9.38**	**8.14**	**209332**	**56144**	**153188**	**6.71**	**3.54**	**10.00**
16234	13174	9.96	10.45	9.48	21175	5661	15514	4.77	2.58	6.90
6327	4178	9.02	9.67	8.35	29555	7360	22195	7.34	3.60	11.18
2478	1578	8.25	8.79	7.70	27706	8683	19023	9.40	5.83	13.04
1944	1129	8.19	8.80	7.56	19651	5572	14079	8.57	4.80	12.43
1393	793	7.52	8.24	6.77	42078	12974	29104	11.05	6.63	15.72
16803	10110	8.87	9.51	8.20	69167	15894	53273	5.06	2.26	8.01
74915	**48923**	**9.66**	**10.33**	**8.98**	**99441**	**19293**	**80148**	**5.79**	**2.23**	**9.41**
51032	32985	10.98	11.53	10.41	23952	4223	19729	3.73	1.30	6.21
9188	5477	9.91	10.56	9.24	12873	2915	9958	6.17	2.75	9.68
4000	3033	8.86	9.53	8.18	8151	1543	6608	3.98	1.50	6.50
3707	2710	8.37	9.06	7.70	18879	4389	14490	7.92	3.73	12.03
6988	4718	8.66	9.49	7.79	35586	6223	29363	8.37	2.89	14.02
160702	**134721**	**9.46**	**9.78**	**9.14**	**205754**	**48422**	**157332**	**3.32**	**1.55**	**5.11**
49225	42405	11.29	11.53	11.05	9617	1917	7700	1.31	0.52	2.10
18854	12837	10.46	10.76	10.14	5419	1024	4395	1.00	0.36	1.69
6409	5360	9.14	9.37	8.90	12793	3480	9313	3.03	1.64	4.43
34166	34006	11.36	11.47	11.25	4904	938	3966	1.64	0.64	2.60
812	628	9.34	9.67	9.00	1563	378	1185	3.99	1.91	6.12
11486	9162	9.34	9.66	9.02	16292	3015	13277	2.67	0.98	4.39
9458	7160	9.03	9.40	8.66	30854	7354	23500	3.98	1.89	6.11
8039	6486	8.76	9.09	8.42	34614	7678	26936	4.40	1.93	6.94
5598	4740	9.02	9.27	8.77	9501	2246	7255	2.37	1.12	3.61
5989	4532	9.05	9.54	8.56	25954	4834	21120	5.23	1.94	8.53

表4 续表 22

地区	6岁及以上各种受教育程度人口(人)									
	未上过学		小学		初中		高中		大学专科	
	男	女	男	女	男	女	男	女	男	女
栖霞市	9999	22846	70107	81237	146279	130034	47415	33881	9210	7403
海阳市	9088	20424	78899	89474	156819	144573	49944	38848	10073	7489
潍坊市	**87295**	**301956**	**968352**	**1244618**	**2029310**	**1805438**	**799454**	**562899**	**259588**	**198467**
潍城区	2422	10051	37817	43733	80024	72516	43469	38756	21012	19857
寒亭区	3086	12039	48268	58502	99428	88700	37197	24366	10691	7635
坊子区	4330	16611	57718	71744	124529	113464	37063	23914	9048	6023
奎文区	2130	8444	45206	53543	98655	94897	81743	75606	62431	51024
临朐县	8688	32456	83871	118269	198374	168006	71486	43225	20281	13670
昌乐县	5756	21519	64389	86367	147702	129100	53001	34200	13647	9475
青州市	8158	31971	105846	140096	209676	182859	84623	61824	23816	20093
诸城市	21022	52070	128098	162056	232856	206882	96046	60796	22266	15626
寿光市	8296	34470	128305	162695	262515	230422	97016	65273	32492	24299
安丘市	12094	40605	100328	133886	218352	187802	74789	46245	16687	10846
高密市	7426	25108	100732	128722	210601	197257	70389	50068	17075	12277
昌邑市	3887	16612	67774	85005	146598	133533	52632	38626	10142	7642
济宁市	**144400**	**437725**	**854312**	**1078050**	**1848671**	**1545313**	**603242**	**401344**	**201061**	**146500**
市中区	6794	24595	43557	57082	107861	100291	63911	54226	32023	26069
任城区	6127	23201	47395	63541	141482	124248	60304	45336	34606	27271
微山县	16079	41171	79655	91004	154037	113514	39501	22022	11560	7075
鱼台县	10425	29102	45391	56695	106277	85253	33998	21210	7456	4947
金乡县	12918	34024	65967	78576	161038	134506	37777	25764	9209	6620
嘉祥县	17695	50836	111775	136405	176726	132847	49768	29799	10906	7308
汶上县	12332	39072	71685	97003	167476	148999	43121	25344	10425	6815
泗水县	10646	27736	71390	93365	117263	96890	33405	18860	9521	6042
梁山县	15829	47677	83908	102716	170402	139610	43333	28649	11177	7215
曲阜市	8748	30824	65314	82593	142669	129763	45809	31364	15949	13598
兖州市	5921	27339	53651	74487	137128	125371	65689	42564	17588	12046
邹城市	20886	62148	114624	144583	266312	214021	86626	56206	30641	21494
泰安市	**70066**	**250542**	**565967**	**778116**	**1239272**	**1080359**	**432270**	**288300**	**149199**	**114889**
泰山区	3029	12757	52201	69771	120138	120962	87178	76437	47178	41119
岱岳区	12802	48114	116469	152617	226782	188682	67005	40887	15878	15512
宁阳县	9777	36236	82177	116674	168113	150817	61433	36287	18262	11882
东平县	12248	43750	73077	101321	184496	158335	55357	32063	13830	9258
新泰市	25424	81828	152189	207501	312032	246199	86641	50169	26764	17354
肥城市	6786	27857	89854	130232	227711	215364	74656	52457	27287	19764
威海市	**26081**	**61234**	**277798**	**299059**	**632819**	**606769**	**280265**	**248260**	**79053**	**74668**
环翠区	3871	9950	55820	62404	161408	161657	104233	96584	38915	37110
文登市	8795	18250	76952	79483	154757	147687	64945	58153	13500	13540
荣成市	5122	14113	81291	86548	177759	171102	61767	52367	14286	11354
乳山市	8293	18921	63735	70624	138895	126323	49320	41156	12352	12664
日照市	**65220**	**151654**	**345697**	**429260**	**584057**	**499711**	**200916**	**130730**	**77187**	**58189**
东港区	13546	31409	94406	114270	171604	160307	77152	59706	47791	40072
岚山区	11156	22324	55134	64437	88756	75797	27249	15886	6882	3818
五莲县	15522	33796	62969	78772	100458	82891	39127	22419	8830	5123
莒县	24996	64125	133188	171781	223239	180716	57388	32719	13684	9176
莱芜市	**11313**	**41778**	**127887**	**199884**	**288977**	**242381**	**125722**	**85060**	**41685**	**29020**
莱城区	8190	30571	95222	151588	227365	192951	94054	63589	29111	20280
钢城区	3123	11207	32665	48296	61612	49430	31668	21471	12574	8740
临沂市	**203886**	**468348**	**1409129**	**1732431**	**2185089**	**1801615**	**566326**	**362595**	**164263**	**122080**
兰山区	14970	40486	109248	125404	240153	206309	96161	77471	43276	38877
罗庄区	8613	20915	64339	73687	117259	100482	32993	21320	9741	6984
河东区	9930	24610	80877	100790	150010	126736	38107	22835	7324	5007
沂南县	21724	50199	122436	150559	176637	142948	38034	23862	9597	6513
郯城县	18342	47812	147650	184807	205456	158967	41685	26256	9929	6958
沂水县	14407	35393	146724	195020	228702	190336	50336	31735	12961	9610
苍山县	32347	65415	199290	227698	227133	175718	49361	27745	10742	7724
费县	25048	52416	116951	143379	213999	173462	48156	27941	14192	9162
平邑县	19251	46131	132855	174135	194318	150778	54828	30937	13421	8625
莒南县	8999	16371	127572	161654	203502	189471	53406	33503	13687	9258
蒙阴县	12521	28891	71798	91429	103933	83493	26237	15631	7805	5428
临沭县	17734	39709	89389	103869	123987	102915	37022	23359	11588	7934
德州市	**59725**	**158259**	**682848**	**830467**	**1307780**	**1153278**	**397062**	**298184**	**106954**	**86044**
德城区	3839	11989	60431	70827	129545	122096	75002	63093	33463	26067
陵县	8136	21593	75422	93387	139351	117676	33229	23115	7369	5880
宁津县	4849	11947	60619	71166	113416	100551	23069	17214	5094	4528

大学本科及以上		平均受教育年限(年)			15岁及以上文盲人口(人)			文盲人口占15岁及以上人口比重(%)		
男	女	合计	男	女	合计	男	女	合计	男	女
5052	3917	8.54	8.94	8.12	28391	8097	20294	5.36	3.02	7.78
5614	3488	8.61	8.96	8.24	25852	7461	18391	4.53	2.59	6.50
152323	**109526**	**9.10**	**9.65**	**8.54**	**345146**	**71151**	**273995**	**4.48**	**1.84**	**7.14**
10723	9688	10.11	10.45	9.77	10002	1593	8409	2.81	0.90	4.71
6232	4049	9.03	9.54	8.49	13581	2526	11055	3.75	1.36	6.26
5426	3954	8.73	9.27	8.19	18963	3503	15460	4.43	1.64	7.21
46403	35181	11.61	11.97	11.22	8759	1356	7403	1.46	0.44	2.53
11918	8023	8.85	9.53	8.16	36328	6951	29377	5.12	1.94	8.35
7174	4779	8.85	9.45	8.25	23361	4386	18975	4.45	1.66	7.28
12414	8887	8.98	9.54	8.43	35697	6691	29006	4.45	1.68	7.18
10954	6880	8.52	9.16	7.89	66130	18158	47972	7.29	4.00	10.60
16835	11543	9.05	9.60	8.49	38752	7068	31684	4.00	1.44	6.63
10661	6573	8.58	9.25	7.90	45692	9614	36078	5.84	2.45	9.23
8497	5993	8.83	9.32	8.36	29585	6239	23346	3.93	1.68	6.15
5086	3976	8.87	9.33	8.40	18296	3066	15230	3.56	1.20	5.91
104025	**79437**	**8.61**	**9.30**	**7.91**	**549826**	**131829**	**417997**	**8.22**	**3.95**	**12.47**
19440	13873	10.03	10.70	9.39	29277	6038	23239	5.90	2.46	9.26
16919	13792	9.88	10.46	9.29	26726	5118	21608	4.87	1.85	7.96
5519	3048	8.00	8.74	7.21	54246	14844	39402	10.28	5.43	15.47
2858	1831	8.21	8.96	7.44	37109	9460	27649	10.11	5.14	15.13
3822	2701	8.25	8.84	7.66	45177	12165	33012	8.70	4.66	12.78
4805	3306	7.89	8.69	7.11	65611	16500	49111	10.34	5.23	15.40
4360	2728	8.21	8.97	7.50	48815	11351	37464	8.69	4.18	12.90
3521	2146	8.05	8.73	7.37	35639	9648	25991	8.05	4.38	11.69
4222	2457	8.03	8.80	7.28	60326	14433	45893	10.36	5.03	15.52
14292	17970	8.97	9.52	8.45	36869	7806	29063	6.79	2.96	10.40
8854	5988	9.13	9.88	8.39	30958	5120	25838	5.93	1.97	9.86
15413	9597	8.64	9.34	7.90	79073	19346	59727	8.35	4.01	12.86
109518	**83879**	**8.92**	**9.61**	**8.25**	**297051**	**61583**	**235468**	**6.41**	**2.68**	**10.05**
52362	38569	11.11	11.60	10.62	13130	1966	11164	2.01	0.60	3.42
18629	20501	8.62	9.23	8.03	55238	10773	44465	6.68	2.64	10.62
8299	5358	8.61	9.39	7.86	42015	8454	33561	6.63	2.71	10.40
5604	3792	8.38	9.17	7.61	52962	11194	41768	8.48	3.63	13.23
12611	7554	8.19	9.00	7.37	102384	23574	78810	9.30	4.29	14.30
12013	8105	9.11	9.71	8.55	31322	5622	25700	3.92	1.44	6.29
62592	**50662**	**9.50**	**9.74**	**9.26**	**76299**	**21315**	**54984**	**3.03**	**1.68**	**4.38**
40545	31118	10.70	10.94	10.46	11410	2827	8583	1.53	0.76	2.32
7401	6890	9.02	9.21	8.82	24239	7574	16665	3.97	2.47	5.46
8075	6784	9.05	9.30	8.80	16861	4105	12756	2.62	1.27	3.99
6571	5870	8.90	9.18	8.62	23789	6809	16980	4.54	2.58	6.52
45493	**35060**	**8.51**	**9.14**	**7.88**	**202148**	**58880**	**143268**	**8.62**	**5.02**	**12.23**
30263	25724	9.74	10.22	9.27	41729	12157	29572	5.36	3.12	7.59
3565	2029	8.02	8.61	7.40	29938	9612	20326	8.82	5.55	12.23
4745	2936	7.95	8.69	7.19	47323	14636	32687	11.52	7.05	16.09
6920	4371	7.82	8.56	7.10	83158	22475	60683	10.18	5.57	14.69
22363	**14450**	**9.16**	**9.86**	**8.46**	**47595**	**9374**	**38221**	**4.35**	**1.71**	**6.99**
14965	9987	9.12	9.80	8.44	34546	6672	27874	4.14	1.61	6.66
7398	4463	9.31	10.07	8.53	13049	2702	10347	5.02	2.04	8.09
103846	**79368**	**8.13**	**8.69**	**7.57**	**542558**	**160071**	**382487**	**6.60**	**3.90**	**9.30**
38750	34241	9.67	10.10	9.24	51722	13351	38371	5.40	2.76	8.10
4209	3057	8.43	8.95	7.91	27195	7575	19620	6.54	3.59	9.56
4470	3311	8.24	8.77	7.70	32443	9093	23350	6.34	3.54	9.17
6189	4232	7.64	8.26	7.02	65268	18962	46306	9.70	5.69	13.66
4965	3387	7.67	8.27	7.09	1314	368	946	0.17	0.10	0.24
8043	6049	8.07	8.58	7.57	46407	13111	33296	5.50	3.14	7.81
5001	3391	7.46	8.04	6.87	89748	28806	60942	10.04	6.43	13.67
9282	6015	7.95	8.56	7.33	59738	18480	41258	7.85	4.80	10.98
6373	3913	7.89	8.56	7.21	57288	16341	40947	7.69	4.39	10.97
6865	4956	8.47	8.85	8.09	17135	5635	11500	2.31	1.53	3.08
3838	2730	7.79	8.45	7.14	39234	11602	27632	9.72	5.81	13.55
5861	4086	7.89	8.56	7.23	55066	16747	38319	11.06	6.74	15.36
51593	**41639**	**8.76**	**9.17**	**8.35**	**178348**	**44545**	**133803**	**3.84**	**1.91**	**5.78**
23478	19905	10.30	10.67	9.92	13141	2775	10366	2.28	0.95	3.65
2471	2016	8.27	8.75	7.79	24650	6163	18487	5.21	2.60	7.83
1563	1346	8.39	8.72	8.05	13742	3445	10297	3.66	1.84	5.49

表4 续表 23

地区	6岁及以上各种受教育程度人口(人)									
	未上过学		小学		初中		高中		大学专科	
	男	女	男	女	男	女	男	女	男	女
庆云县	3772	8747	43434	51770	69553	56583	15509	11677	3457	2839
临邑县	4892	13646	72775	89377	113303	99755	31905	25184	8417	7344
齐河县	5758	14542	71536	90194	146256	132963	44381	30737	11452	8627
平原县	4804	12605	55445	65137	104930	94585	31894	24592	7452	6598
夏津县	5448	15696	67282	83663	119170	101596	28636	19018	7438	5727
武城县	3619	11680	44650	55723	96259	83082	22578	15657	5430	4505
乐陵市	8265	17880	76822	94019	161567	137329	54109	38845	7193	5859
禹城市	6343	17934	54432	65204	114430	107062	36750	29052	10189	8070
聊城市	**106647**	**300156**	**688697**	**843683**	**1290546**	**1062680**	**402332**	**292056**	**116133**	**92294**
东昌府区	15925	48087	120250	147360	249279	213383	104162	84277	41935	35184
阳谷县	14862	44703	89728	107669	175515	147078	57503	38053	15786	11491
莘县	24790	64388	128291	155478	214175	162856	55918	38737	12243	9566
茌平县	11583	31797	58178	68543	110769	93911	42073	33329	11970	9340
东阿县	5541	16965	37568	47077	80535	72716	28315	21720	7524	5770
冠县	12612	35264	99990	131419	181246	139943	41703	25716	9365	7058
高唐县	10383	28497	56873	66492	105418	91157	33093	23293	9197	7287
临清市	10951	30455	97819	119645	173609	141636	39565	26931	8113	6598
滨州市	**43037**	**140187**	**477094**	**634232**	**867454**	**711881**	**247028**	**173597**	**73128**	**54092**
滨城区	6037	20440	68514	89713	136942	125795	60623	50665	23995	20914
惠民县	6292	21519	86599	117088	144616	116414	30963	19782	7053	5049
阳信县	7941	19473	66284	80755	98378	78478	20140	13211	4354	2886
无棣县	2875	8238	57264	83324	103347	79692	23764	13854	5782	3724
沾化县	6437	18662	46392	64399	84443	63818	19871	12311	5025	3250
博兴县	6170	23086	66600	84647	110294	85297	32259	22813	9434	6884
邹平县	7285	28769	85441	114306	189434	162387	59408	40961	17485	11385
菏泽市	**208901**	**580484**	**1110168**	**1309279**	**1712414**	**1399686**	**482616**	**341681**	**135925**	**109255**
牡丹区	29761	85741	166253	189081	288372	242879	78255	62165	31826	26172
曹县	37276	105249	180691	211279	272881	221135	83980	61482	19227	14948
单县	29618	81549	138785	157810	232023	185334	68558	48791	14475	16963
成武县	18812	48519	71982	84287	125936	106430	39267	29366	8186	6582
巨野县	25102	69442	118710	144333	174234	137526	44157	28426	14344	9655
郓城县	19768	59983	148382	183645	204395	172129	64182	39485	18966	13852
鄄城县	16941	44276	110066	133187	143596	115958	37326	26752	9880	6861
定陶县	14469	38912	78619	93920	120435	96103	28461	19211	8732	6557
东明县	17154	46813	96680	111737	150542	122192	38430	26003	10289	7665
河南省	**1306814**	**3222750**	**10652923**	**12016251**	**20767503**	**19157769**	**6871168**	**5552373**	**2108974**	**1925550**
郑州市	**59267**	**159404**	**666861**	**742556**	**1631635**	**1434775**	**884317**	**783960**	**506358**	**509856**
中原区	3250	8785	52980	58158	140805	128976	113025	105450	61968	62340
二七区	2594	8127	37599	42291	92440	90332	85152	82964	80513	69729
管城回族区	4084	10724	47580	49107	120931	100938	80270	72965	38683	38912
金水区	4740	13762	73379	78228	176762	154580	185019	180897	182036	188338
上街区	401	1433	8347	10078	23503	23623	18312	17373	7715	7577
惠济区	1648	4270	19656	21850	49246	41466	26674	25210	17360	29665
中牟县	11638	27669	85226	94988	162809	139871	45271	33680	16729	13238
巩义市	5902	17050	70984	78932	199825	177624	79574	70567	19993	20155
荥阳市	3193	8978	51265	61309	152661	141013	60251	52204	15203	13903
新密市	8270	21415	82137	88993	196784	174394	67911	55047	17015	14899
新郑市	6141	16568	67636	76661	160931	140871	56271	40975	33849	37339
登封市	7406	20623	70072	81961	154938	121087	66587	46628	15294	13761
开封市	**79335**	**206956**	**525642**	**580090**	**1054539**	**920894**	**314899**	**267411**	**97978**	**91426**
龙亭区	1672	3990	11533	12036	20422	20245	13015	13662	5561	6767
顺河回族区	2018	5820	17090	18856	38136	38119	30300	31127	11896	11375
鼓楼区	1035	3530	10257	11762	22288	22007	19140	20037	8594	8750
禹王台区	1266	3875	10521	11195	26000	24919	16782	16773	4352	4406
金明区	2554	4874	19020	18655	35963	32880	22729	22717	24649	22253
杞县	18731	48171	118831	130944	239770	200460	49970	36770	9548	7868
通许县	9818	25839	68249	72551	139432	120625	34054	27086	5526	4826
尉氏县	15015	40231	94728	108879	222977	186745	52517	37994	10961	9538
开封县	12205	31384	90852	98574	164128	137444	37456	30953	8423	8040
兰考县	15021	39242	84561	96638	145423	137450	38936	30292	8468	7603
洛阳市	**54558**	**151106**	**662457**	**785317**	**1497545**	**1372902**	**545963**	**458449**	**175218**	**156495**
老城区	713	2950	10693	12709	29247	29374	21888	22592	7971	7551
西工区	1295	3656	22820	24243	54605	52002	52764	53080	30281	27918
瀍河回族区	753	2970	10371	11842	31161	29756	27000	25823	10815	10145
涧西区	2039	7191	35140	42301	89790	89928	87015	86317	42809	40504

大学本科及以上		平均受教育年限(年)			15岁及以上文盲人口(人)			文盲人口占15岁及以上人口比重(%)		
男	女	合计	男	女	合计	男	女	合计	男	女
1387	1134	8.24	8.63	7.85	10226	2763	7463	4.20	2.24	6.19
3730	2601	8.51	8.91	8.12	14317	3459	10858	3.39	1.66	5.10
5011	3455	8.78	9.19	8.36	13797	3614	10183	2.71	1.41	4.02
2872	2323	8.71	9.07	8.34	13804	3417	10387	3.74	1.85	5.62
2704	1997	8.42	8.91	7.93	18473	4453	14020	4.58	2.21	6.95
2910	2311	8.57	9.03	8.11	12596	2715	9881	4.02	1.73	6.32
1824	1506	8.62	9.00	8.23	21644	6296	15348	3.96	2.26	5.72
3643	3045	8.76	9.21	8.33	21958	5445	16513	5.35	2.69	7.93
64381	**53567**	**8.45**	**9.05**	**7.85**	**377077**	**94688**	**282389**	**7.84**	**3.96**	**11.69**
34614	30304	9.42	9.95	8.89	58465	13789	44676	5.74	2.72	8.74
5555	3937	8.35	9.04	7.66	55869	13390	42479	8.70	4.18	13.20
5080	3762	7.79	8.48	7.11	84073	22725	61348	10.69	5.82	15.49
5168	4216	8.52	9.14	7.90	40291	10193	30098	9.25	4.72	13.70
3113	2417	8.65	9.22	8.09	20444	4806	15638	6.82	3.27	10.24
4016	3082	8.06	8.67	7.44	44002	11048	32954	7.02	3.52	10.51
2923	2488	8.25	8.86	7.65	36731	9489	27242	9.25	4.81	13.61
3912	3361	8.14	8.65	7.62	37202	9248	27954	6.19	3.08	9.29
47359	**37061**	**8.56**	**9.13**	**7.99**	**160578**	**34515**	**126063**	**5.10**	**2.20**	**7.98**
19998	17116	9.59	10.07	9.12	23704	4913	18791	4.10	1.73	6.39
3957	3030	8.13	8.69	7.57	23174	4830	18344	4.57	1.93	7.16
2529	1682	7.87	8.40	7.33	23094	6157	16937	6.52	3.46	9.61
3362	2239	8.40	8.93	7.86	8639	2049	6590	2.48	1.17	3.82
3161	2230	8.03	8.72	7.34	22791	5558	17233	7.56	3.69	11.44
5448	4105	8.37	9.04	7.70	27770	5553	22217	6.90	2.76	11.04
8904	6659	8.80	9.41	8.19	31406	5455	25951	4.79	1.66	7.91
53261	**38510**	**7.88**	**8.63**	**7.18**	**734034**	**187047**	**546987**	**11.18**	**5.88**	**16.17**
17018	12546	8.32	8.99	7.67	107912	26738	81174	9.90	5.03	14.56
5483	4106	7.73	8.53	6.99	136111	34609	101502	12.85	6.79	18.47
4857	3558	7.84	8.52	7.18	105356	27429	77927	12.04	6.41	17.42
3294	2594	7.80	8.54	7.11	63065	17102	45963	12.99	7.29	18.31
5181	3607	7.60	8.46	6.79	87782	22251	65531	12.94	6.81	18.64
6304	4388	8.01	8.80	7.28	73981	17699	56282	9.12	4.56	13.31
3711	2375	7.71	8.41	7.06	54167	14166	40001	9.55	5.17	13.64
3072	2312	7.74	8.45	7.05	47632	12219	35413	10.45	5.48	15.21
4341	3024	7.89	8.64	7.18	58028	14834	43194	10.69	5.59	15.56
1070010	**911473**	**8.95**	**9.38**	**8.54**	**3991461**	**1079950**	**2911511**	**5.37**	**2.96**	**7.70**
333230	**284995**	**10.65**	**10.89**	**10.41**	**182436**	**43941**	**138495**	**2.52**	**1.20**	**3.87**
64873	51675	11.64	11.83	11.45	9087	1988	7099	1.16	0.50	1.86
43001	37450	12.09	12.37	11.80	8295	1607	6688	1.34	0.52	2.19
19384	15664	10.80	10.97	10.61	11785	2696	9089	2.19	0.97	3.48
144114	120059	12.73	12.86	12.60	13632	2634	10998	0.98	0.37	1.61
3365	2798	10.89	11.13	10.65	1317	203	1114	1.17	0.37	1.95
7107	5545	10.94	10.84	11.03	4643	1089	3554	2.03	0.98	3.00
5044	4747	8.68	9.16	8.20	35540	9892	25648	6.34	3.53	9.14
7577	8277	9.52	9.75	9.29	18730	4123	14607	2.74	1.19	4.31
4265	3885	9.52	9.76	9.27	9979	2322	7657	1.94	0.90	2.99
4292	3438	9.07	9.40	8.73	25645	6719	18926	3.92	2.03	5.88
26410	28478	10.06	10.29	9.83	18902	4553	14349	2.99	1.43	4.55
3798	2979	9.07	9.50	8.60	24881	6115	18766	4.64	2.17	7.37
49541	**44193**	**8.76**	**9.24**	**8.30**	**259227**	**67951**	**191276**	**7.05**	**3.77**	**10.22**
4623	4917	10.26	10.44	10.09	5116	1443	3673	4.73	2.82	6.46
7583	6757	10.56	10.87	10.27	6783	1605	5178	3.39	1.66	5.02
4123	3447	10.72	11.05	10.42	3974	832	3142	3.23	1.41	4.92
1375	1221	9.84	10.13	9.57	4464	1005	3459	4.02	1.86	6.06
19102	17251	11.65	11.85	11.44	6584	2167	4417	2.97	1.92	4.05
2609	2090	8.13	8.67	7.59	58697	15212	43485	7.92	4.14	11.65
1350	1099	8.30	8.79	7.83	33779	8988	24791	7.78	4.19	11.27
3298	2772	8.37	8.90	7.85	49715	12729	36986	7.22	3.71	10.70
2426	2121	8.26	8.72	7.80	41026	11090	29936	7.62	4.16	11.03
3052	2518	8.13	8.75	7.58	49089	12880	36209	9.61	5.39	13.32
102155	**79396**	**9.43**	**9.80**	**9.06**	**171770**	**40979**	**130791**	**3.28**	**1.57**	**4.98**
3447	2660	10.57	10.88	10.28	2856	455	2401	2.09	0.69	3.40
17269	12901	11.55	11.75	11.34	4108	990	3118	1.28	0.61	1.97
5131	3605	10.90	11.18	10.61	2913	447	2466	1.87	0.57	3.18
36433	24543	11.51	11.84	11.18	7070	1202	5868	1.33	0.45	2.22

表4 续表 24

地 区	6岁及以上各种受教育程度人口(人)									
	未上过学		小学		初中		高中		大学专科	
	男	女	男	女	男	女	男	女	男	女
吉利区	247	1094	4802	5744	12687	12486	8904	8679	3365	3239
洛龙区	2325	8656	39490	47182	124688	120609	39590	35059	16198	15813
孟津县	2618	9276	39149	47981	109344	101460	32129	25925	6329	5436
新安县	3307	9338	48507	61137	116819	104707	41759	28972	8424	5949
栾川县	5234	9544	41909	45500	79811	68837	27348	20235	6741	5135
嵩县	8672	17787	67740	82353	110817	97069	30844	21851	6888	5167
汝阳县	8127	19278	56180	64323	90327	76200	23040	16099	4999	3689
宜阳县	5214	16547	72932	91034	164733	147539	37589	26456	7151	5802
洛宁县	2962	6476	50296	60576	105190	101739	29307	20324	5081	4039
伊川县	7129	22284	91702	107910	201317	178003	41229	29279	7087	5657
偃师市	3923	14059	70726	80482	177009	163193	45557	37758	11079	10451
平顶山市	**68365**	**151669**	**513299**	**553403**	**1156213**	**1052559**	**343175**	**262488**	**112745**	**96209**
新华区	3337	8208	28860	28625	70767	67382	43657	38136	21358	18582
卫东区	1993	5632	21260	22515	53050	53821	40105	36306	18500	16694
石龙区	884	1203	6270	4959	12141	10103	6350	4255	2037	1594
湛河区	1964	4889	20885	22268	51087	51373	33323	30261	19245	17091
宝丰县	6415	15620	47562	54830	130105	115909	27928	18621	7154	6347
叶县	11697	24776	89111	96109	207610	191340	38790	27492	7263	5722
鲁山县	15405	26730	92404	99787	194415	172952	38796	24956	8593	6974
郏县	9355	21312	70772	73122	138218	118847	34119	24769	8074	6780
舞钢市	4324	8007	29143	29101	73470	69545	29161	22378	8796	7350
汝州市	12991	35292	107032	122087	225350	201287	50946	35314	11725	9075
安阳市	**47183**	**143063**	**565745**	**717390**	**1132195**	**1174838**	**320281**	**274858**	**86400**	**79221**
文峰区	1807	6983	36406	44391	74836	71407	42422	39507	22056	21008
北关区	848	3185	18348	21989	40713	41883	32871	33928	13347	12700
殷都区	847	3041	19950	22653	48027	44633	30796	28492	10569	9852
龙安区	1391	4244	22094	27315	52936	45419	16914	13744	4448	3946
安阳县	6717	23165	109497	152266	191293	196672	35993	27772	4323	3763
汤阴县	3832	15574	47560	61405	99657	98792	22611	17526	5083	4429
滑县	14291	38658	149446	173342	311744	290499	57861	48629	12289	11778
内黄县	11171	27556	79138	88601	177609	162233	30423	23553	5419	4759
林州市	6279	20657	83306	125428	135380	223300	50390	41707	8866	6986
鹤壁市	**16457**	**45624**	**179264**	**198209**	**365727**	**323445**	**117837**	**95087**	**35591**	**32148**
鹤山区	1247	2626	12842	15164	31902	28543	15226	11512	2213	1849
山城区	1851	4703	21192	23318	46796	43226	31050	26442	7623	6431
淇滨区	2002	6139	26106	28596	52297	48038	25168	23112	14751	14415
浚县	8751	25086	86689	94526	170468	146130	28413	21436	6436	5413
淇县	2606	7070	32435	36605	64264	57508	17980	12585	4568	4040
新乡市	**52669**	**141451**	**573304**	**642435**	**1273733**	**1225515**	**486144**	**407893**	**117638**	**108167**
红旗区	1843	5698	26164	29547	50216	49350	45138	43712	29211	26631
卫滨区	1033	3492	14413	17467	30939	31270	29288	27909	10070	9395
凤泉区	1381	3420	15576	15410	33532	27498	14077	11734	3214	2758
牧野区	1468	4384	23684	25820	53360	49221	38486	36024	15337	14537
新乡县	1948	7434	35503	41167	73365	67278	36889	29688	6133	6023
获嘉县	2857	9573	42137	47794	100436	96523	28357	22007	6031	5480
原阳县	9823	22623	79730	85664	151359	147738	45523	34187	6610	5651
延津县	5702	14227	48528	54862	103654	98764	41999	31349	7603	6390
封丘县	9235	23032	82663	87641	184597	171099	49813	38202	7435	6744
长垣县	7382	21425	94887	100686	196206	194447	50402	46463	8749	8916
卫辉市	4491	12100	44247	52449	120342	112625	37525	32470	6471	6031
辉县市	5506	14043	65772	83928	175727	179702	68647	54148	10774	9611
焦作市	**21264**	**66334**	**310609**	**349559**	**842855**	**792689**	**343431**	**298517**	**94194**	**90298**
解放区	1276	3567	21144	21619	48212	45556	40795	40483	19522	17628
中站区	1039	3346	9457	9907	25087	23148	10600	9830	2553	2451
马村区	1372	3596	13741	13479	35609	29294	13703	10968	2821	2577
山阳区	1280	3857	19845	21648	45184	46117	39877	38864	26041	27726
修武县	2679	7018	28394	29842	75158	67550	22546	18347	5318	4889
博爱县	3029	9528	41182	45296	115834	107984	33764	26714	7299	6432
武陟县	4050	11777	74085	85159	177402	167736	63897	51732	8698	7797
温县	2449	9958	37964	43264	113749	108777	34368	28366	5968	5439
沁阳市	2560	8661	36424	44421	107285	102232	50584	43745	7808	7311
孟州市	1530	5026	28373	34924	99335	94295	33297	29468	8166	8048
濮阳市	**59583**	**163571**	**434088**	**521944**	**784785**	**691118**	**212806**	**181431**	**68119**	**61637**
华龙区	6017	16872	54894	60779	108738	103424	70257	69347	37023	35239
清丰县	9774	28427	76323	92415	154911	134905	30037	24407	6262	5458

大学本科及以上		平均受教育年限(年)			15岁及以上文盲人口(人)			文盲人口占15岁及以上人口比重(%)		
男	女	合计	男	女	合计	男	女	合计	男	女
2201	1497	10.69	11.01	10.38	1113	183	930	1.94	0.64	3.20
15742	17513	10.00	10.24	9.77	8735	1461	7274	2.01	0.69	3.28
2493	1998	9.07	9.42	8.72	9303	1630	7673	2.74	0.96	4.52
3134	2215	9.11	9.53	8.67	10510	2451	8059	2.82	1.29	4.42
2272	1480	8.79	9.13	8.42	12725	4372	8353	4.59	3.05	6.25
2046	1480	8.35	8.82	7.89	22424	6862	15562	5.92	3.65	8.15
1866	1256	8.17	8.74	7.61	24740	6949	17791	8.20	4.63	11.75
2395	1874	8.66	9.12	8.22	18670	4040	14630	3.85	1.68	5.96
1472	1070	8.89	9.24	8.56	7208	1995	5213	2.22	1.24	3.17
2341	1709	8.51	8.96	8.07	24897	5412	19485	4.33	1.89	6.74
3913	3595	9.02	9.34	8.71	14498	2530	11968	2.65	0.94	4.33
51737	**39785**	**8.98**	**9.34**	**8.60**	**193780**	**57130**	**136650**	**4.95**	**2.89**	**7.05**
19280	15981	10.72	11.01	10.43	9638	2553	7085	2.91	1.51	4.38
8014	6043	10.71	11.02	10.40	6566	1590	4976	2.57	1.25	3.89
700	435	9.48	9.65	9.26	1870	776	1094	4.01	2.98	5.30
7337	5460	10.68	10.98	10.37	5473	1382	4091	2.28	1.15	3.41
2476	1943	8.64	9.03	8.24	18747	5065	13682	4.78	2.55	7.05
1964	1387	8.37	8.70	8.03	33400	10304	23096	5.29	3.26	7.32
3237	2336	8.31	8.65	7.96	36339	12789	23550	5.99	4.14	7.91
1897	1420	8.45	8.85	8.03	27580	7944	19636	6.23	3.53	9.03
2703	2016	9.30	9.57	9.01	10897	3717	7180	4.21	2.80	5.71
4129	2764	8.43	8.94	7.94	43270	11010	32260	6.12	3.14	9.04
47521	**47998**	**8.87**	**9.31**	**8.50**	**156313**	**33769**	**122544**	**3.87**	**1.81**	**5.64**
21808	25985	10.81	11.08	10.57	7070	1158	5912	1.94	0.66	3.13
5534	4678	10.73	11.04	10.45	3171	532	2639	1.55	0.54	2.48
5403	4099	10.39	10.66	10.12	3093	533	2560	1.52	0.52	2.53
1454	1285	9.13	9.47	8.78	4562	942	3620	2.62	1.08	4.20
1866	1746	8.20	8.68	7.81	24215	4417	19798	3.71	1.50	5.52
1887	1667	8.50	9.08	8.01	15532	2649	12883	4.72	1.74	7.28
4311	4216	8.44	8.82	8.09	44654	10834	33820	4.61	2.31	6.75
2219	2019	8.25	8.67	7.85	33749	8988	24761	6.29	3.43	9.01
3039	2303	8.67	9.28	8.29	20267	3716	16551	3.32	1.60	4.38
12111	**9355**	**9.06**	**9.48**	**8.65**	**53495**	**12676**	**40819**	**4.40**	**2.09**	**6.69**
460	399	9.23	9.55	8.89	3119	932	2187	2.82	1.65	4.04
2085	1565	9.86	10.19	9.52	5221	1270	3951	2.75	1.32	4.21
6227	4679	10.26	10.63	9.90	6946	1455	5491	3.23	1.37	5.05
1844	1464	8.28	8.75	7.82	30526	7296	23230	6.11	2.95	9.20
1495	1248	8.89	9.34	8.44	7683	1723	5960	3.82	1.73	5.88
64310	**73399**	**9.30**	**9.63**	**8.98**	**164599**	**40361**	**124238**	**3.65**	**1.83**	**5.38**
26448	32190	11.76	11.97	11.57	6005	1237	4768	1.82	0.77	2.79
3378	3013	10.59	10.92	10.28	3614	688	2926	2.22	0.87	3.51
1229	1002	9.29	9.54	9.01	3820	990	2830	3.29	1.62	5.14
14790	21013	11.00	11.06	10.93	4504	975	3529	1.66	0.73	2.55
1547	1371	9.35	9.75	8.97	7931	1406	6525	2.99	1.07	4.89
1609	1493	8.98	9.36	8.63	10097	1924	8173	3.24	1.26	5.14
1700	1335	8.53	8.95	8.14	28798	8176	20622	5.76	3.37	8.01
2189	1821	8.98	9.43	8.55	16914	4399	12515	4.72	2.49	6.89
2237	1974	8.66	9.04	8.29	27117	6960	20157	4.72	2.45	6.93
2613	2348	8.75	9.08	8.46	25824	6248	19576	4.13	2.10	5.95
3233	3231	9.04	9.36	8.74	13892	3290	10602	3.58	1.72	5.39
3337	2608	9.13	9.47	8.81	16083	4068	12015	2.65	1.39	3.85
50744	**34067**	**9.69**	**10.01**	**9.37**	**72176**	**14745**	**57431**	**2.51**	**1.03**	**3.98**
12180	8449	11.14	11.37	10.90	4057	977	3080	1.61	0.77	2.48
680	679	9.38	9.70	9.06	3956	851	3105	4.51	1.96	7.00
1206	890	9.35	9.63	9.03	4367	1083	3284	3.88	1.83	6.17
23900	12801	11.78	12.12	11.43	4133	865	3268	1.50	0.62	2.39
1735	1605	9.17	9.49	8.85	8172	2015	6157	3.59	1.76	5.44
1872	1608	9.16	9.51	8.81	10437	2056	8381	3.01	1.20	4.79
2731	2275	9.18	9.52	8.86	12277	2479	9798	2.20	0.91	3.46
1965	1520	9.14	9.51	8.79	10809	1896	8913	3.15	1.13	5.10
2581	2447	9.55	9.88	9.23	9040	1638	7402	2.48	0.91	4.00
1894	1793	9.53	9.76	9.31	4928	885	4043	1.61	0.58	2.62
35164	**26833**	**8.52**	**9.07**	**8.01**	**203399**	**51093**	**152306**	**7.27**	**3.79**	**10.50**
23222	17222	10.51	10.91	10.12	20916	5149	15767	3.94	1.98	5.83
2336	1909	8.17	8.69	7.69	35421	8539	26882	7.12	3.55	10.46

表4 续表 25

地区	6岁及以上各种受教育程度人口(人)									
	未上过学		小学		初中		高中		大学专科	
	男	女	男	女	男	女	男	女	男	女
南乐县	6131	18928	52865	73973	106061	99220	21749	17749	4661	4452
范县	10526	24445	71309	82825	96764	86157	23468	18325	5096	3890
台前县	6350	19185	45210	56116	75359	60890	14225	9386	3666	2803
濮阳县	20785	55714	133487	155836	242952	206522	53070	42217	11411	9795
许昌市	**46511**	**123824**	**442290**	**479576**	**1049766**	**965699**	**332581**	**253684**	**82588**	**75538**
魏都区	1688	4898	28695	31406	72452	75708	76793	74972	34618	35681
许昌县	7615	20768	81534	88846	212391	195363	43328	29778	7463	5773
鄢陵县	6846	17809	57396	65959	133590	119793	50386	31578	6345	5079
襄城县	8070	18589	80751	86859	167387	160863	36252	27616	6635	5634
禹州市	16026	41498	125623	132312	292591	255287	72199	50374	15757	13207
长葛市	6266	20262	68291	74194	171355	158685	53623	39366	11770	10164
漯河市	**34619**	**82857**	**244654**	**249448**	**610332**	**568114**	**217645**	**178938**	**62989**	**60050**
源汇区	3247	8278	25275	25689	65973	65306	34314	30789	15538	18492
郾城区	5654	13016	43714	44147	111521	102208	48552	40106	19360	18304
召陵区	8034	20124	51098	54372	119116	106175	33653	27409	8186	7205
舞阳县	6220	15960	47354	48458	135458	131057	48659	39244	8747	6891
临颍县	11464	25479	77213	76782	178264	163368	52467	41390	11158	9158
三门峡市	**13359**	**29990**	**210091**	**265228**	**530746**	**468393**	**240269**	**189483**	**62090**	**51820**
湖滨区	896	3118	21740	26032	54916	54138	49136	44412	19863	17176
渑池县	1815	4849	32881	42927	83925	77180	33896	24762	6909	5880
陕县	1558	3223	30342	39461	90827	78244	37149	27206	7446	5975
卢氏县	4280	7195	47991	57824	82806	67666	28766	19857	5671	4257
义马市	513	1459	10797	13089	29636	27417	19901	15971	7200	6105
灵宝市	4297	10146	66340	85895	188636	163748	71421	57275	15001	12427
南阳市	**175079**	**297527**	**1311755**	**1367745**	**2264894**	**2121788**	**633542**	**482238**	**183474**	**153849**
宛城区	11172	21215	93167	100388	177097	173198	68574	58412	33074	25840
卧龙区	11204	21457	95748	101345	181944	175780	71561	63584	33344	36369
南召县	13362	17438	79561	82339	124829	110085	30323	19923	8479	6232
方城县	23904	36843	118838	127597	193397	179883	50880	34886	13090	10152
西峡县	9815	13666	61258	61552	91063	83397	36564	27849	8910	7290
镇平县	12176	22689	122051	123625	207409	185785	41110	29231	7726	5853
内乡县	9071	17574	77568	83865	127443	120166	30710	22072	6839	4681
淅川县	10613	22092	95362	103877	155033	140429	38856	27899	8459	6826
社旗县	15867	22550	86439	86865	141391	133242	36726	28206	7346	6024
唐河县	24352	37141	159078	157362	296810	282465	81224	62346	20341	16830
新野县	8970	18828	75064	79971	150156	147577	30425	22359	7567	5421
桐柏县	6522	10080	51593	54198	80884	76280	27180	20607	7567	6271
邓州市	18051	35954	196028	204761	337438	313501	89409	64864	20732	16060
商丘市	**161547**	**415982**	**932616**	**1063057**	**1685245**	**1502050**	**415072**	**318695**	**104355**	**82644**
梁园区	11421	26385	79145	86684	185491	171498	58695	49040	21629	18800
睢阳区	13821	34893	92911	102514	169702	151974	43527	34806	18389	14101
民权县	14856	36984	87036	97887	166241	155279	38243	31718	7580	6014
睢县	16500	43107	97680	106507	160775	143761	35997	31307	7544	6416
宁陵县	10520	27005	69183	79793	117796	109674	29427	22789	4984	4057
柘城县	13624	40741	102909	124036	177312	160225	44607	31148	9689	7305
虞城县	23751	55408	131409	151363	227978	196374	48321	34638	7493	5784
夏邑县	21652	62544	120643	140496	212325	181539	47025	33536	8232	6575
永城市	35402	88915	151700	173777	267625	231726	69230	49713	18815	13592
信阳市	**129091**	**296705**	**912064**	**999705**	**1147732**	**1078576**	**403234**	**286661**	**96328**	**86138**
浉河区	6287	12807	60721	63384	106600	105669	52084	47412	22947	28688
平桥区	8775	19686	79401	89692	132527	126671	43091	33307	13933	15059
罗山县	10448	23910	72209	76547	95753	92056	33773	23916	7919	6013
光山县	10115	27698	93240	101406	110518	101805	44808	26546	7927	5355
新县	5029	13007	41268	47003	47202	45127	24165	16299	5681	3636
商城县	15588	35544	77412	76797	79930	88135	35362	24336	6186	4130
固始县	25465	53156	174276	180924	181294	173006	60988	41611	10969	8059
潢川县	15427	36078	96180	107986	120062	111802	37492	26584	8266	6406
淮滨县	15182	37294	90317	108416	108914	94113	31208	21131	5911	4296
息县	16775	37525	127040	147550	164932	140192	40263	25519	6589	4496
周口市	**169025**	**485235**	**1181190**	**1390694**	**1993699**	**1791693**	**503083**	**388834**	**99265**	**85445**
川汇区	5700	15688	50783	52557	93164	89125	45680	40498	24223	23693
扶沟县	7440	20327	68934	76965	160676	148053	40712	31640	9156	7946
西华县	11015	28475	94436	104180	201481	175770	44908	34488	9629	8049
商水县	22369	61569	144377	162516	199359	179784	41253	31204	5753	4802
沈丘县	23167	67733	128210	152111	217361	197894	53375	36760	8452	6336

大学本科及以上		平均受教育年限(年)			15岁及以上文盲人口(人)			文盲人口占15岁及以上人口比重(%)		
男	女	合计	男	女	合计	男	女	合计	男	女
1855	1599	8.23	8.81	7.74	22933	5309	17624	6.57	3.30	9.36
1971	1502	7.89	8.45	7.37	31388	8939	22449	8.80	5.26	12.04
1402	1041	7.82	8.55	7.15	23786	5564	18222	9.39	4.56	13.88
4378	3560	8.05	8.62	7.51	68955	17593	51362	8.49	4.45	12.31
34156	**29326**	**9.01**	**9.38**	**8.64**	**151264**	**38851**	**112413**	**4.37**	**2.25**	**6.49**
18524	17106	11.38	11.57	11.21	5408	1178	4230	1.24	0.56	1.90
2652	1984	8.61	8.97	8.24	25206	6392	18814	4.08	2.07	6.09
1567	1149	8.73	9.23	8.23	20974	5448	15526	4.80	2.48	7.16
2595	2066	8.53	8.86	8.21	23309	6703	16606	4.45	2.62	6.21
5589	4404	8.58	9.01	8.14	52412	13798	38614	5.82	3.02	8.69
3229	2617	8.96	9.38	8.54	23955	5332	18623	4.40	1.96	6.82
20064	**15935**	**9.16**	**9.50**	**8.82**	**98090**	**26554**	**71536**	**4.70**	**2.55**	**6.84**
4883	3943	10.11	10.34	9.89	9213	2321	6892	3.37	1.75	4.92
6825	5180	9.70	10.00	9.39	15343	4354	10989	3.74	2.10	5.42
2603	2119	8.69	9.13	8.25	23644	6150	17494	6.14	3.23	9.00
2605	2082	9.07	9.41	8.73	18476	4813	13663	4.17	2.17	6.18
3148	2611	8.72	9.08	8.36	31414	8916	22498	5.44	3.08	7.82
20916	**16217**	**9.53**	**9.82**	**9.21**	**33009**	**8953**	**24056**	**1.75**	**0.93**	**2.62**
9584	7345	10.96	11.24	10.67	2870	506	2364	1.04	0.36	1.72
2223	1843	9.34	9.68	8.99	5506	1323	4183	1.97	0.93	3.03
1969	1742	9.44	9.70	9.15	3191	868	2323	1.09	0.57	1.65
1492	986	8.63	8.97	8.25	9329	3280	6049	3.19	2.16	4.31
2507	1788	10.40	10.69	10.09	1556	336	1220	1.28	0.53	2.07
3141	2513	9.27	9.56	8.96	10557	2640	7917	1.70	0.84	2.60
76901	**62666**	**8.65**	**8.95**	**8.35**	**403507**	**143249**	**260258**	**5.10**	**3.61**	**6.60**
19997	14180	9.51	9.87	9.15	28195	9292	18903	3.98	2.62	5.36
21527	22720	9.76	9.95	9.58	26800	8588	18212	3.65	2.39	4.87
2296	1387	8.25	8.54	7.94	28207	12053	16154	6.62	5.47	7.85
4524	3459	8.21	8.57	7.85	51523	19714	31809	7.48	5.70	9.27
2663	1946	8.70	8.96	8.43	20253	8260	11993	5.81	4.60	7.08
2660	1990	8.31	8.62	7.99	28802	9358	19444	4.39	2.82	5.98
2152	1421	8.32	8.69	7.96	23388	7620	15768	5.42	3.55	7.27
2752	1963	8.40	8.80	8.00	28846	8916	19930	5.64	3.50	7.75
1632	1278	8.25	8.50	8.00	32234	12852	19382	6.57	5.19	7.97
6411	5304	8.57	8.80	8.32	53762	20610	33152	5.29	4.01	6.60
2165	1471	8.42	8.77	8.09	23069	6933	16136	4.79	2.94	6.58
2580	1882	8.70	8.98	8.40	14228	5477	8751	4.75	3.62	5.89
5542	3665	8.59	8.92	8.26	44200	13576	30624	3.94	2.41	5.48
37327	**32757**	**8.13**	**8.72**	**7.58**	**535990**	**144187**	**391803**	**9.25**	**5.17**	**13.04**
13692	15832	9.24	9.58	8.91	33221	9539	23682	5.08	2.96	7.15
6517	4993	8.55	9.09	8.03	43659	11909	31750	7.35	4.10	10.45
2093	1532	8.12	8.65	7.65	46575	12682	33893	8.48	4.85	11.77
2372	1939	7.91	8.47	7.39	55780	14849	40931	10.06	5.63	14.08
1226	899	8.04	8.59	7.54	35542	9651	25891	8.74	5.02	12.09
1853	1182	8.07	8.74	7.47	50710	12181	38529	8.42	4.30	12.09
1529	1114	7.81	8.38	7.27	72309	20804	51505	9.64	5.69	13.39
2727	1924	7.74	8.46	7.10	81313	20394	60919	11.32	5.95	16.21
5318	3342	7.85	8.57	7.18	116881	32178	84703	12.15	6.92	17.03
49971	**45215**	**8.23**	**8.75**	**7.73**	**388144**	**113174**	**274970**	**8.31**	**5.02**	**11.37**
19553	25884	10.11	10.16	10.05	16560	5177	11383	3.34	2.17	4.42
4596	3295	8.76	9.11	8.42	26154	7797	18357	5.24	3.19	7.20
3053	1945	8.18	8.69	7.68	31192	9118	22074	8.03	4.79	11.15
3264	1836	8.17	8.84	7.52	32461	8053	24408	7.37	3.73	10.87
2007	1159	8.42	9.12	7.76	17093	4676	12417	8.19	4.62	11.57
3193	1950	7.75	8.45	7.15	47679	14127	33552	13.18	8.43	17.29
5313	3166	7.81	8.37	7.30	72102	22458	49644	9.49	6.17	12.54
4113	2863	7.87	8.48	7.32	46411	13418	32993	9.56	5.81	12.98
2337	1486	7.61	8.32	6.96	48911	13647	35264	11.31	6.63	15.57
2542	1631	7.78	8.33	7.24	49581	14703	34878	8.26	4.97	11.45
38085	**34262**	**8.12**	**8.75**	**7.56**	**591078**	**143786**	**447292**	**8.67**	**4.47**	**12.43**
13481	15783	10.07	10.41	9.75	18596	4518	14078	4.56	2.29	6.68
3112	2462	8.75	9.20	8.33	23634	5763	17871	4.80	2.40	7.09
2936	2123	8.51	8.97	8.05	34154	8754	25400	5.62	2.92	8.25
2389	1958	7.63	8.32	7.03	75773	19035	56738	11.01	6.00	15.30
2037	1411	7.76	8.51	7.11	86856	21552	65304	11.57	6.12	16.37

表4 续表 26

地区	6岁及以上各种受教育程度人口(人)									
	未上过学		小学		初中		高中		大学专科	
	男	女	男	女	男	女	男	女	男	女
郸城县	25549	74367	148459	173054	209931	170375	52392	38859	8099	6695
淮阳县	22369	61428	149338	179624	236669	214040	60679	47292	7400	6280
太康县	19706	60669	140539	166448	269967	227532	49091	40169	9009	7399
鹿邑县	18701	57670	135123	171641	182476	174822	42734	32345	5866	4601
项城市	13009	37309	120991	151598	222615	214298	72259	55579	11678	9644
驻马店市	**115384**	**252070**	**935989**	**1046982**	**1610556**	**1542999**	**463714**	**347209**	**96214**	**81030**
驿城区	7365	14725	65579	65930	147205	142290	72139	62046	29542	27005
西平县	8321	19839	85089	87537	175091	176090	45236	34149	7574	6200
上蔡县	19776	51843	153621	181273	237260	224267	50948	35898	10171	7984
平舆县	10000	24039	96048	115248	173544	168528	50509	35496	5524	4421
正阳县	9301	21959	82536	100599	139944	140728	32766	23496	7252	5284
确山县	7938	14673	56584	62891	76805	84719	22962	19044	5067	4421
泌阳县	16811	24388	109710	109196	184496	165552	53873	40023	9383	7739
汝南县	11229	22495	97254	106214	181803	173610	51643	38889	8058	6854
遂平县	7847	14201	46230	48969	129556	118597	40399	27281	6817	5995
新蔡县	16796	43908	143338	169125	164852	148618	43239	30887	6826	5127
省直辖县级行政区划	**3518**	**9382**	**51005**	**62913**	**135306**	**129722**	**93175**	**76537**	**27430**	**23579**
济源市	3518	9382	51005	62913	135306	129722	93175	76537	27430	23579
湖北省	**802841**	**2191578**	**6032442**	**7059637**	**12165362**	**10512565**	**5367433**	**4135645**	**1784301**	**1395978**
武汉市	**53663**	**194961**	**588921**	**708050**	**1692825**	**1534064**	**1132642**	**998775**	**611971**	**534798**
江岸区	2619	10915	39495	48863	146626	141102	124036	125868	62863	59320
江汉区	1859	8305	32576	39645	119777	113330	99615	95998	45075	40107
硚口区	2499	10889	40051	51176	172906	167081	111579	101267	39598	35901
汉阳区	1988	7488	26787	33849	106528	95827	99921	84019	35118	29700
武昌区	2981	13059	45711	57322	134434	128397	154072	159498	101067	93148
青山区	1639	7970	25953	31653	70227	64652	72996	70795	34954	28356
洪山区	4029	14066	50418	58753	148026	129546	117958	105343	127759	115218
东西湖区	3319	10864	29902	33740	85505	75281	55328	48199	25621	21251
汉南区	642	2415	10748	13544	28206	23895	11858	8472	3856	2813
蔡甸区	3364	14797	50720	62797	128166	111692	70976	51371	26598	21544
江夏区	4627	18138	56506	71553	128671	105058	67913	50656	68845	60409
黄陂区	10818	33047	98269	110933	220443	201333	67518	47274	16153	11486
新洲区	13279	43008	81785	94222	203310	176870	78872	50015	24464	15545
黄石市	**24937**	**95525**	**255402**	**309395**	**512525**	**435209**	**235398**	**164361**	**73818**	**50358**
黄石港区	1079	4696	12796	15449	29946	32014	30669	28788	17080	14371
西塞山区	1845	8378	19708	22594	43515	40502	31730	26227	10457	7673
下陆区	1261	5750	12845	13693	27031	25785	31723	24233	10339	6852
铁山区	370	2274	5054	5469	10970	10082	8407	6682	2440	1873
阳新县	10674	31980	105112	137158	182775	147994	53435	32041	15511	8422
大冶市	9708	42447	99887	115032	218288	178832	79434	46390	17991	11167
十堰市	**94627**	**162884**	**410203**	**437968**	**675331**	**548705**	**297163**	**224488**	**96679**	**71458**
茅箭区	3280	7417	24921	27445	61297	57672	55594	49810	29795	26537
张湾区	4517	10292	26941	29335	63773	58549	53499	43439	18089	12851
郧县	13252	26694	65360	75002	130897	101855	47550	35429	8836	5542
郧西县	13992	23707	64062	68449	99604	79099	29849	19883	7211	4380
竹山县	15934	26539	74475	77174	82080	56261	24520	13413	7178	4145
竹溪县	14447	23547	51534	49712	64405	46776	18434	11828	5431	3522
房县	19813	26156	57125	61142	75243	60446	28468	20155	6611	4206
丹江口市	9392	18532	45785	49709	98032	88047	39249	30531	13528	10275
宜昌市	**37302**	**100769**	**460967**	**513271**	**829921**	**733771**	**462044**	**393642**	**126151**	**103448**
西陵区	2230	7449	31941	35761	65860	65094	72053	72724	38368	33761
伍家岗区	757	2752	14412	16440	36564	34495	31733	31210	12801	11104
点军区	970	2830	13237	14656	23368	20485	10168	8513	1881	1525
猇亭区	481	1276	4455	5294	11371	10500	10191	7548	4006	2082
夷陵区	4436	11005	63196	72694	110994	93827	60039	48527	12875	11079
远安县	1759	5133	23199	25405	43356	34588	18696	14632	3901	3002
兴山县	2566	5946	20925	23481	37818	30285	18297	13661	4390	3254
秭归县	4520	11777	55934	61568	75411	61853	35787	28250	6452	4639
长阳土家族自治县	3901	9090	59119	62603	83034	68231	37542	29739	7456	5766
五峰土家族自治县	2723	7199	35236	34986	35660	27889	14977	11695	3839	3299
宜都市	2658	8595	47481	52429	84777	78543	39873	32919	8827	6869
当阳市	4341	12468	45954	54833	108530	100611	53838	44159	10123	7731
枝江市	5960	15249	45878	53121	113178	107370	58850	50065	11232	9337
襄樊市	**74428**	**161376**	**583007**	**641788**	**1254773**	**1171007**	**467778**	**408382**	**131727**	**108234**
襄城区	5299	13523	36441	40285	85798	81112	52671	53046	20262	19711
樊城区	4504	13294	58250	66808	157591	158797	106234	102199	38747	31598

大学本科及以上		平均受教育年限(年)			15岁及以上文盲人口(人)			文盲人口占15岁及以上人口比重(%)		
男	女	合计	男	女	合计	男	女	合计	男	女
2697	2108	7.57	8.34	6.86	90493	21828	68665	11.96	6.05	17.35
2501	1897	7.91	8.54	7.35	75793	19209	56584	9.18	4.97	12.89
2408	1849	7.98	8.61	7.40	74635	17391	57244	8.95	4.35	13.17
1761	1212	7.62	8.38	7.02	68993	15810	53183	10.27	5.31	14.21
4763	3459	8.52	9.08	8.03	42151	9926	32225	5.38	2.70	7.76
37714	**28377**	**8.49**	**8.92**	**8.08**	**324024**	**96558**	**227466**	**5.81**	**3.57**	**7.92**
15683	11988	9.98	10.25	9.70	18508	5696	12812	3.17	1.94	4.42
2378	1999	8.63	8.98	8.30	24245	6691	17554	4.32	2.46	6.07
3319	2414	8.01	8.61	7.48	64731	17002	47729	8.16	4.59	11.28
2094	1541	8.38	8.85	7.96	29390	8042	21348	5.00	2.87	6.94
2705	1828	8.26	8.73	7.84	28613	8262	20351	5.84	3.58	7.85
2012	1563	8.36	8.75	8.03	20672	7071	13601	7.10	5.27	8.65
3051	2273	8.44	8.70	8.17	35734	14164	21570	5.75	4.46	7.10
2615	2089	8.54	8.89	8.19	27120	8362	18758	4.50	2.83	6.10
2257	1726	8.84	9.15	8.52	19308	6622	12686	4.78	3.18	6.46
1600	956	7.71	8.30	7.17	55703	14646	41057	8.67	4.82	12.13
8363	**6697**	**10.18**	**10.52**	**9.85**	**9160**	**1993**	**7167**	**1.64**	**0.71**	**2.58**
8363	6697	10.18	10.52	9.85	9160	1993	7167	1.64	0.71	2.58
1299624	**976935**	**9.20**	**9.70**	**8.68**	**2619054**	**640893**	**1978161**	**5.32**	**2.57**	**8.14**
726544	**591746**	**11.12**	**11.48**	**10.74**	**224328**	**44878**	**179450**	**2.55**	**1.00**	**4.16**
53269	46508	11.49	11.74	11.25	11465	1842	9623	1.41	0.46	2.35
34248	28541	11.25	11.51	10.98	8896	1413	7483	1.43	0.45	2.42
35456	30162	10.74	11.02	10.46	11494	1859	9635	1.52	0.49	2.55
22092	18016	11.03	11.29	10.74	7975	1470	6505	1.50	0.53	2.55
157754	124666	12.56	12.88	12.24	12937	1913	11024	1.17	0.34	2.01
34523	23902	11.46	11.85	11.05	7931	1144	6787	1.80	0.51	3.17
263678	204907	13.14	13.39	12.85	15341	2898	12443	1.20	0.43	2.07
22169	16368	10.67	11.05	10.25	13223	2961	10262	3.35	1.45	5.38
1778	1210	9.44	9.87	8.97	2766	519	2247	2.72	0.98	4.60
24702	20817	10.08	10.53	9.61	16543	2807	13736	3.01	0.99	5.17
56771	63438	11.24	11.55	10.93	20908	4023	16885	2.94	1.12	4.81
6813	4488	8.64	9.11	8.16	40010	9361	30649	5.23	2.43	8.05
13291	8723	8.88	9.57	8.17	54839	12668	42171	7.44	3.38	11.62
36567	**28638**	**9.10**	**9.75**	**8.44**	**106540**	**20041**	**86499**	**5.31**	**1.98**	**8.69**
13256	14575	11.46	11.86	11.08	5029	838	4191	2.54	0.88	4.09
5218	3470	9.87	10.46	9.28	9058	1470	7588	4.46	1.44	7.51
5208	3528	10.49	11.07	9.85	6507	1102	5405	4.18	1.36	7.27
787	550	9.75	10.34	9.15	2438	317	2121	4.84	1.24	8.51
4701	2388	8.30	8.99	7.61	36673	8497	28176	5.63	2.62	8.62
7397	4127	8.62	9.35	7.87	46835	7817	39018	6.26	2.05	10.65
51185	**32922**	**8.67**	**9.11**	**8.19**	**237097**	**85747**	**151350**	**8.36**	**5.79**	**11.17**
16560	14193	11.18	11.45	10.90	8783	2532	6251	2.58	1.46	3.73
16736	8298	10.42	10.90	9.87	12969	3766	9203	4.11	2.25	6.21
3356	2112	8.38	8.86	7.85	36322	11696	24626	7.71	4.76	10.91
2766	1611	7.95	8.41	7.44	35115	12796	22319	9.25	6.44	12.35
2813	1392	7.48	8.05	6.83	40303	14920	25383	11.47	7.97	15.46
1752	953	7.45	7.97	6.85	35410	13315	22095	13.29	9.39	17.73
2233	1186	7.63	8.04	7.19	42611	18306	24305	12.68	10.42	15.15
4969	3177	8.93	9.35	8.49	25584	8416	17168	6.80	4.37	9.34
75962	**51554**	**9.40**	**9.74**	**9.05**	**122618**	**31194**	**91424**	**3.39**	**1.68**	**5.18**
39005	25992	11.60	11.96	11.23	7772	1483	6289	1.71	0.64	2.81
6953	5317	10.86	11.11	10.60	2993	556	2437	1.58	0.58	2.60
1036	590	8.86	9.20	8.50	3254	775	2479	3.51	1.64	5.45
1208	577	10.28	10.79	9.69	1538	385	1153	2.79	1.30	4.55
5724	3722	9.18	9.49	8.85	13323	3561	9762	2.88	1.49	4.37
1651	1055	8.91	9.27	8.51	6097	1455	4642	3.73	1.70	5.99
1662	1077	8.88	9.29	8.42	7924	2325	5599	5.20	2.91	7.73
2900	2080	8.56	8.94	8.15	14764	3974	10790	4.53	2.36	6.83
2777	1939	8.72	9.01	8.40	11880	3420	8460	3.46	1.90	5.16
1416	1123	8.25	8.60	7.86	9473	2524	6949	5.66	2.89	8.68
3604	2312	9.04	9.36	8.71	9928	2184	7744	2.86	1.24	4.53
3587	2419	9.16	9.53	8.79	14853	3593	11260	3.55	1.70	5.42
4439	3351	9.22	9.57	8.87	18819	4959	13860	4.21	2.22	6.21
70469	**50947**	**9.07**	**9.39**	**8.74**	**208616**	**63139**	**145477**	**4.46**	**2.69**	**6.24**
22697	17893	10.34	10.66	10.02	17248	4666	12582	4.17	2.28	6.03
19533	13715	10.37	10.69	10.05	14722	3401	11321	2.10	0.98	3.21

表4 续表 27

地区	6岁及以上各种受教育程度人口(人)									
	未上过学		小学		初中		高中		大学专科	
	男	女	男	女	男	女	男	女	男	女
襄阳区	13395	32828	102570	116596	227550	199783	58672	46429	13381	10464
南漳县	9510	18160	73176	79143	124645	109853	37401	29475	8923	6663
谷城县	7860	14132	61541	68025	122336	119846	37110	30245	9507	7920
保康县	6345	10631	46372	47662	44339	35139	20925	15884	5732	3997
老河口市	6700	16209	51694	56356	112686	107364	32928	29216	8529	6735
枣阳市	12111	23906	101277	109447	250246	240205	83513	68895	16473	13136
宜城市	8704	18693	51686	57466	129582	118908	38324	32993	10173	8010
鄂州市	**10177**	**37202**	**114959**	**132905**	**234915**	**196906**	**104271**	**70447**	**33607**	**23460**
梁子湖区	1643	6735	17804	22232	36511	28912	8551	4035	1499	761
华容区	2494	8546	27500	31720	58928	50437	22262	12081	4010	2334
鄂城区	6040	21921	69655	78953	139476	117557	73458	54331	28098	20365
荆门市	**28058**	**78757**	**264439**	**313062**	**651965**	**593574**	**330168**	**270087**	**77880**	**66173**
东宝区	2315	5853	29003	33298	61723	58477	49910	45425	20550	20317
掇刀区	1459	4239	21923	25140	51861	51606	42751	37533	8181	6560
京山县	6183	18828	55814	67860	148106	135705	75309	60824	15524	12191
沙洋县	6284	17884	65311	76335	147191	123986	53659	35922	10958	7986
钟祥市	11817	31953	92388	110429	243084	223800	108539	90383	22667	19119
孝感市	**63867**	**204951**	**524647**	**637374**	**1163785**	**999724**	**399358**	**263914**	**103635**	**69295**
孝南区	9428	34555	89332	107845	182702	167218	92444	73431	32237	27196
孝昌县	8547	31677	62279	77650	159200	131564	36132	19342	7959	4298
大悟县	12243	30854	73235	77645	143950	124043	47593	33798	11586	8044
云梦县	8653	26208	63818	78488	129328	101052	42619	25074	10116	5652
应城市	8639	26064	65832	75262	151804	132257	45979	30751	12112	7021
安陆市	7445	24356	62572	80522	129542	115048	53797	36564	12509	7374
汉川市	8912	31237	107579	139962	267259	228542	80794	44954	17116	9710
荆州市	**50875**	**222829**	**655341**	**850424**	**1304470**	**1062607**	**478386**	**349719**	**149656**	**111680**
沙市区	3328	13818	44646	56246	120687	112747	74230	65291	36370	25298
荆州区	4346	13573	47974	59254	108581	98762	51988	45705	23641	24616
公安县	8724	30186	110897	138897	204273	179659	70950	54427	17001	13252
监利县	11924	64755	152195	206921	277175	192941	75548	43720	18424	11079
江陵县	3690	22140	42032	54152	81311	58624	24281	15033	4971	3238
石首市	4757	19983	66100	85462	130467	114090	51587	37279	14778	10943
洪湖市	8700	40152	91510	127891	200644	146155	72356	40940	19582	11127
松滋市	5406	18222	99987	121601	181332	159629	57446	47324	14889	12127
黄冈市	**137269**	**390302**	**788679**	**915476**	**1286792**	**1050739**	**517992**	**317459**	**144862**	**87999**
黄州区	4913	13735	29715	30592	61689	58713	40060	36434	28160	19223
团风县	11101	27739	42093	42071	83999	65967	22832	12641	5035	2821
红安县	12149	38303	68714	83088	139660	113503	52039	33043	11390	7317
罗田县	12201	28593	65580	75820	121853	96228	51307	29538	13424	8029
英山县	10039	22861	51114	56750	66618	57248	30352	20881	8245	5522
浠水县	22960	58201	118279	133404	174782	149951	68584	44022	19420	12182
蕲春县	18283	49274	97184	108176	145339	127562	58878	34549	13227	7857
黄梅县	10223	41186	121597	155704	185517	140321	67342	35287	16892	9034
麻城市	23505	67146	108006	127426	171453	140028	75973	44550	16111	9009
武穴市	11895	43264	86397	102445	135882	101218	50625	26514	12958	7005
咸宁市	**92591**	**143563**	**256666**	**286385**	**514479**	**463948**	**200619**	**152444**	**54788**	**40415**
咸安区	3845	11886	49474	54614	100537	92827	50786	42306	19430	17226
嘉鱼县	3313	12736	29279	37174	79209	69038	32922	21936	6294	3871
通城县	18565	29290	48051	50821	71354	64014	25564	19123	6811	4421
崇阳县	57017	61547	41762	48147	69085	64636	13420	9220	2518	1720
通山县	6124	14129	44009	46955	83438	72679	25780	19069	6386	4134
赤壁市	3727	13975	44091	48674	110856	100754	52147	40790	13349	9043
随州市	**36437**	**87856**	**211753**	**237567**	**529448**	**489370**	**186289**	**147189**	**38819**	**28894**
曾都区	6835	19486	46891	54468	133322	129828	78009	66965	18185	14150
随县	16738	32340	82849	90177	209170	192170	54335	39348	8057	6042
广水市	12864	36030	82013	92922	186956	167372	53945	40876	12577	8702
恩施土家族苗族自治州	**57459**	**141942**	**520939**	**570300**	**634404**	**533653**	**229471**	**177044**	**60657**	**42866**
恩施市	8501	23827	107444	120591	133337	114610	62975	54242	20536	17289
利川市	11765	27720	100262	108411	130093	113862	43361	31241	9925	5726
建始县	7153	17307	72234	80958	78542	66091	25205	19582	6450	4660
巴东县	7343	17815	67020	78358	85670	67574	29642	21644	6948	4434
宣恩县	6834	18092	55843	56224	60210	47794	18501	12712	4580	2821
咸丰县	5345	13362	47221	51720	57895	49814	21562	15585	5082	3153
来凤县	6002	13139	39932	42670	48687	42122	12213	9436	3040	1892
鹤峰县	4516	10680	30983	31368	39970	31786	16012	12602	4096	2891

大学本科及以上		平均受教育年限(年)			15岁及以上文盲人口(人)			文盲人口占15岁及以上人口比重(%)		
男	女	合计	男	女	合计	男	女	合计	男	女
5668	3899	8.53	8.94	8.12	40715	11022	29693	5.41	2.91	7.94
3404	2197	8.39	8.71	8.06	24540	8202	16338	5.24	3.42	7.15
3634	2540	8.72	9.00	8.45	19690	6808	12882	4.49	3.13	5.84
1974	1209	8.12	8.48	7.71	15832	5855	9977	7.06	4.98	9.35
3062	2050	8.74	9.08	8.40	20190	5619	14571	5.18	2.92	7.40
6973	5032	8.96	9.23	8.70	30875	9951	20924	3.65	2.34	4.97
3524	2412	8.74	9.08	8.40	24804	7615	17189	5.61	3.43	7.81
12860	**7541**	**9.09**	**9.70**	**8.46**	**42166**	**8221**	**33945**	**4.75**	**1.81**	**7.84**
543	258	8.07	8.81	7.33	7668	1350	6318	6.59	2.31	10.92
1359	708	8.62	9.21	7.99	9927	2036	7891	4.86	1.93	7.98
10958	6575	9.48	10.05	8.87	24571	4835	19736	4.34	1.66	7.15
35587	**24283**	**9.36**	**9.74**	**8.98**	**95338**	**23569**	**71769**	**3.76**	**1.84**	**5.74**
11562	7663	10.55	10.82	10.28	6737	1730	5007	2.11	1.07	3.16
4124	2681	10.01	10.31	9.70	4636	1070	3566	1.95	0.90	3.03
5804	3898	9.29	9.70	8.87	22627	5275	17352	4.04	1.87	6.25
5216	3244	8.78	9.21	8.31	21519	5311	16208	4.15	1.97	6.52
8881	6797	9.16	9.53	8.78	39819	10183	29636	4.44	2.27	6.63
47626	**29693**	**8.67**	**9.27**	**8.05**	**246649**	**55510**	**191139**	**5.99**	**2.67**	**9.37**
22771	16673	9.45	10.02	8.89	41773	8617	33156	5.34	2.23	8.39
3275	1691	8.22	8.96	7.48	37627	7591	30036	7.69	3.10	12.27
4002	2323	8.42	8.95	7.86	40361	11127	29234	7.84	4.24	11.60
2748	1341	8.31	8.99	7.58	32002	7607	24395	7.05	3.27	11.04
3927	1936	8.54	9.10	7.95	32394	7696	24698	6.26	2.93	9.71
4322	2417	8.67	9.31	8.03	26871	5736	21135	5.46	2.33	8.60
6581	3312	8.64	9.22	8.03	35621	7136	28485	4.10	1.62	6.67
77603	**49843**	**8.81**	**9.43**	**8.18**	**251149**	**42886**	**208263**	**5.08**	**1.73**	**8.47**
13334	9071	10.17	10.65	9.68	14885	2524	12361	2.78	0.93	4.69
32103	21220	10.18	10.59	9.76	15545	3457	12088	3.13	1.38	4.91
6149	4223	8.57	9.05	8.09	36362	7821	28541	4.68	2.02	7.31
6773	3479	8.06	8.96	7.17	70877	9865	61012	7.40	2.06	12.70
1949	1068	8.03	8.90	7.14	23425	3025	20400	8.10	2.07	14.28
5811	3882	8.84	9.40	8.27	23237	4190	19047	4.63	1.67	7.58
6548	3226	8.49	9.33	7.62	45231	7386	37845	6.39	2.04	10.93
4936	3674	8.68	9.04	8.33	21587	4618	16969	3.20	1.37	5.03
54847	**35406**	**8.24**	**9.01**	**7.45**	**495371**	**124108**	**371263**	**9.61**	**4.79**	**14.48**
13816	13601	10.43	10.94	9.91	17371	4418	12953	5.42	2.75	8.12
1866	973	7.74	8.47	6.95	36752	10231	26521	12.48	6.71	18.67
4473	2378	8.29	9.07	7.51	47079	10844	36235	9.23	4.23	14.27
4964	2758	8.45	9.12	7.73	36226	10318	25908	7.75	4.23	11.59
3235	1955	8.11	8.75	7.46	30220	8906	21314	9.92	5.82	14.06
5923	3619	8.04	8.76	7.33	77564	21501	56063	10.54	5.89	15.13
4223	2140	7.99	8.78	7.22	63665	16653	47012	10.81	5.72	15.77
6103	2904	8.20	9.04	7.35	47792	8765	39027	6.78	2.47	11.15
5774	2929	7.94	8.84	7.05	87115	21996	65119	12.26	6.21	18.26
4470	2149	8.00	8.95	7.05	51587	10476	41111	9.93	4.02	15.89
25009	**17511**	**8.43**	**8.88**	**7.96**	**98844**	**23693**	**75151**	**4.87**	**2.33**	**7.44**
13618	11124	9.85	10.25	9.46	13502	2972	10530	3.22	1.42	5.01
2214	1128	8.87	9.49	8.23	14449	2734	11715	5.27	1.97	8.64
2298	1243	7.70	8.21	7.19	24382	6386	17996	7.91	4.13	11.71
877	562	5.81	6.07	5.56	12196	3157	9039	3.67	1.94	5.35
2509	1428	8.51	8.98	8.02	18204	5261	12943	6.26	3.56	9.07
3493	2026	9.29	9.76	8.80	16111	3183	12928	4.00	1.56	6.51
16841	**10779**	**8.75**	**9.17**	**8.32**	**115935**	**33024**	**82911**	**6.22**	**3.53**	**8.94**
8570	5495	9.57	9.99	9.16	24476	6138	18338	4.55	2.28	6.81
3495	2426	8.37	8.72	8.01	45018	15030	29988	6.59	4.34	8.90
4776	2858	8.45	8.97	7.94	46441	11856	34585	7.24	3.70	10.78
37150	**27936**	**8.30**	**8.79**	**7.80**	**183039**	**50556**	**132483**	**6.84**	**3.73**	**10.02**
20210	17790	9.12	9.52	8.72	29449	7354	22095	4.73	2.35	7.12
3946	2082	8.19	8.71	7.66	35844	10092	25752	7.08	3.95	10.29
2684	1683	7.97	8.43	7.51	22259	6205	16054	6.49	3.61	9.38
3709	2293	8.14	8.67	7.60	24162	6904	17258	6.86	3.84	10.01
1565	936	7.74	8.32	7.12	22896	5984	16912	9.17	4.65	13.96
1898	1117	8.17	8.71	7.63	17146	4764	12382	7.16	3.94	10.45
1346	860	7.75	8.24	7.26	17513	5298	12215	9.05	5.48	12.62
1792	1175	8.23	8.73	7.70	13770	3955	9815	8.16	4.52	12.08

表4 续表 28

地区	6岁及以上各种受教育程度人口(人)									
	未上过学		小学		初中		高中		大学专科	
	男	女	男	女	男	女	男	女	男	女
省直辖县级行政区划	**41151**	**168661**	**396519**	**505672**	**879729**	**699288**	**325854**	**197694**	**80051**	**56900**
仙桃市	13740	62510	131132	166406	270146	212525	115831	64430	27394	19460
潜江市	9907	44318	95804	126363	222781	187402	84675	61565	24221	19295
天门市	14908	57953	155814	200225	374057	289533	119660	67177	25657	16167
神农架林区	2596	3880	13769	12678	12745	9828	5688	4522	2779	1978
湖南省	**561138**	**1451036**	**8435488**	**9165444**	**13609112**	**12367950**	**5694356**	**4439529**	**1723238**	**1472911**
长沙市	**19472**	**51884**	**755534**	**804910**	**1240183**	**1171256**	**646831**	**595712**	**374638**	**374527**
芙蓉区	463	1594	27556	31019	67080	66183	64703	67460	43805	43904
天心区	880	2368	25002	28391	56190	56697	53915	60153	40978	46034
岳麓区	1728	4254	53974	56654	102425	99030	68731	68193	56219	66690
开福区	964	2724	36672	40257	87179	81722	75877	73685	38771	38544
雨花区	1361	2844	43597	44641	101257	98265	88451	88280	65400	71069
长沙县	1933	4415	111351	113931	183993	173079	94005	75884	69486	55222
望城县	1896	4740	66448	70711	113235	106994	39351	32381	19238	16914
宁乡县	4240	14432	179902	194489	248366	239290	83595	67624	21178	18359
浏阳市	6007	14513	211032	224817	280458	249996	78203	62052	19563	17791
株洲市	**21613**	**60714**	**480593**	**544348**	**789092**	**719536**	**347252**	**285929**	**122309**	**102467**
荷塘区	708	2025	23557	25773	57489	58173	37425	34919	16186	13803
芦淞区	675	1720	17209	19425	41147	43256	35140	33995	14213	15094
石峰区	821	2207	22829	23186	46564	44899	40177	35436	23331	16966
天元区	533	1233	16932	17374	29983	29780	21523	22250	16136	14970
株洲县	2449	4574	60688	62028	89538	82059	23423	19232	5338	4512
攸县	5702	14753	112441	131601	133873	119043	51969	37518	14168	11327
茶陵县	5952	21721	88426	112805	119965	91123	33024	20854	11652	8677
炎陵县	2034	6452	25901	30085	45951	35267	18455	10760	5840	3672
醴陵市	2739	6029	112610	122071	224582	215936	86116	70965	15445	13446
湘潭市	**11591**	**31613**	**316185**	**335458**	**543530**	**530355**	**264848**	**234460**	**94629**	**80855**
雨湖区	1497	3614	35505	37995	77222	78592	56869	57065	27195	24155
岳塘区	1085	3006	32652	34756	72806	71079	58685	55857	36441	30447
湘潭县	5643	13564	138586	141506	204583	193573	69868	58147	12415	10484
湘乡市	2985	10151	99134	110390	171728	170167	70365	54397	16600	13821
韶山市	381	1278	10308	10811	17191	16944	9061	8994	1978	1948
衡阳市	**66449**	**168838**	**943138**	**1011189**	**1575416**	**1432058**	**545965**	**383733**	**154936**	**118321**
珠晖区	1663	4932	29928	32928	55542	54993	39340	35095	17311	15847
雁峰区	758	2436	15038	16906	34338	35547	27838	25786	13483	10265
石鼓区	814	2490	18801	20477	41142	41599	31348	27781	12928	14028
蒸湘区	814	2313	21365	23483	39941	43137	31953	31092	19713	16114
南岳区	455	1003	7014	7470	10744	10691	6383	5465	1997	1901
衡阳县	10639	27780	163668	171826	254337	226797	78036	46545	15848	10512
衡南县	10115	27424	133832	146673	229945	193512	68924	37794	13236	8010
衡山县	2518	5715	54172	57925	88764	83556	25345	18579	5964	4572
衡东县	6497	14997	99195	107879	141877	128483	31319	24758	8129	6928
祁东县	11366	30061	130958	134017	227319	207375	73144	48116	15800	11515
耒阳市	11109	25824	153710	167144	266658	244459	77209	50365	17271	10578
常宁市	9701	23863	115457	124461	184809	161909	55126	32357	13256	8051
邵阳市	**65863**	**191754**	**912489**	**994592**	**1542536**	**1396983**	**594140**	**392283**	**131178**	**98441**
双清区	1291	4159	29513	31160	63151	60929	39718	33324	9900	7934
大祥区	1607	4655	30305	33345	54685	55649	39175	39522	15757	13625
北塔区	596	1639	9865	9875	20913	22201	12229	11377	3008	2419
邵东县	7239	21438	138171	143470	189055	167442	67566	47742	11540	9283
新邵县	6083	19374	116730	124678	162557	140240	52066	31022	11135	8061
邵阳县	9917	29484	119365	128674	216963	192130	70359	40481	12145	8843
隆回县	15756	38204	157445	167009	246160	210496	70685	39865	13305	8862
洞口县	6529	20124	87101	94502	175009	167294	69777	43664	14533	10940
绥宁县	2740	7774	39437	47857	78542	73015	30158	19356	8860	6337
新宁县	6074	19724	67716	78373	124225	107821	46928	28706	11529	8470
城步苗族自治县	1746	5594	29074	36408	59439	51679	18360	11126	5500	3883
武冈市	6285	19585	87767	99241	151837	148087	77119	46098	13966	9784
岳阳市	**26332**	**74862**	**617324**	**660942**	**1088463**	**1010230**	**694794**	**563473**	**134503**	**115287**
岳阳楼区	2214	6076	57804	61778	124710	127175	122798	112977	43904	45941
云溪区	910	2084	15696	17375	30054	29363	25420	22456	10208	6816
君山区	2391	5929	26446	27291	53561	48947	28707	21580	5146	3870
岳阳县	2682	7051	73200	77341	171760	132676	100262	74511	10838	8079
华容县	4101	14844	73013	84886	123610	117607	123899	97606	13173	9457

大学本科及以上		平均受教育年限(年)			15岁及以上文盲人口(人)			文盲人口占15岁及以上人口比重(%)		
男	女	合计	男	女	合计	男	女	合计	男	女
31374	**18136**	**8.62**	**9.32**	**7.89**	**191364**	**34327**	**157037**	**6.12**	**2.15**	**10.24**
9686	5444	8.58	9.38	7.74	68685	10998	57687	6.81	2.14	11.66
11647	6856	8.82	9.49	8.16	49627	8393	41234	6.03	2.04	10.00
9105	5236	8.54	9.20	7.84	66891	12513	54378	5.45	1.98	9.13
936	600	8.22	8.56	7.83	6161	2423	3738	9.22	6.76	12.06
1022431	**773324**	**9.16**	**9.51**	**8.81**	**1754339**	**450640**	**1303699**	**3.24**	**1.64**	**4.89**
327296	**271057**	**10.48**	**10.63**	**10.32**	**55274**	**12968**	**42306**	**0.91**	**0.42**	**1.41**
46611	38521	12.18	12.34	12.02	1609	293	1316	0.35	0.13	0.56
50308	35604	12.31	12.53	12.11	2080	399	1681	0.49	0.19	0.78
95033	89236	12.19	12.24	12.14	4806	1213	3593	0.67	0.34	1.00
35210	29895	11.48	11.60	11.35	2433	505	1928	0.48	0.20	0.77
46895	35314	11.93	12.03	11.84	2542	601	1941	0.40	0.19	0.61
25468	16873	10.28	10.50	10.03	4795	1322	3473	0.56	0.29	0.86
9271	10985	9.48	9.63	9.34	5278	1331	3947	1.17	0.58	1.76
9074	6910	8.80	9.03	8.56	16524	3471	13053	1.71	0.72	2.71
9426	7719	8.60	8.80	8.40	15207	3833	11374	1.43	0.71	2.19
68097	**48090**	**9.35**	**9.66**	**9.04**	**67366**	**15240**	**52126**	**2.06**	**0.92**	**3.24**
13821	9694	10.72	10.98	10.46	1685	298	1387	0.62	0.22	1.04
8460	5647	10.92	11.11	10.73	1283	231	1052	0.59	0.22	0.95
9270	5216	10.93	11.23	10.61	1871	360	1511	0.74	0.27	1.27
18554	14177	11.65	11.85	11.43	1206	276	930	0.65	0.29	1.01
1738	1485	8.55	8.70	8.39	4970	1509	3461	1.52	0.90	2.16
4793	3412	8.53	8.90	8.14	16926	4170	12756	2.94	1.44	4.46
4027	2738	8.18	8.80	7.56	25761	5166	20595	5.50	2.19	8.84
1967	1119	8.82	9.36	8.18	7495	1625	5870	4.38	1.77	7.39
5467	4602	9.16	9.32	9.00	6169	1605	4564	0.77	0.39	1.15
84959	**61851**	**9.79**	**10.05**	**9.53**	**31642**	**7082**	**24560**	**1.34**	**0.60**	**2.10**
45529	35136	11.37	11.62	11.11	3695	928	2767	0.82	0.41	1.25
26289	16185	11.28	11.55	10.99	2725	580	2145	0.67	0.27	1.09
5808	5012	8.70	8.90	8.50	14440	3643	10797	1.86	0.93	2.81
6244	4667	9.11	9.41	8.82	9651	1758	7893	1.48	0.54	2.41
1089	851	9.45	9.65	9.26	1131	173	958	1.55	0.48	2.58
89298	**63675**	**8.94**	**9.34**	**8.53**	**202249**	**52491**	**149758**	**3.56**	**1.82**	**5.35**
13298	10957	10.52	10.81	10.22	5618	1276	4342	1.97	0.90	3.05
9232	10047	11.01	11.29	10.74	2467	482	1985	1.34	0.53	2.13
4315	2907	10.55	10.76	10.34	2810	745	2065	1.41	0.76	2.06
30622	21361	11.71	12.13	11.27	2359	479	1880	0.92	0.37	1.49
1148	800	9.69	9.98	9.39	1050	283	767	2.16	1.18	3.14
5541	3132	8.50	8.92	8.05	34618	9025	25593	3.96	2.02	6.01
4521	2464	8.45	8.95	7.92	33604	8478	25126	4.43	2.15	6.88
2261	1616	8.73	9.01	8.45	6059	1552	4507	1.97	1.00	2.95
3141	2108	8.34	8.65	8.03	17521	4868	12653	3.54	1.97	5.10
5546	3311	8.65	9.09	8.19	34909	8649	26260	4.54	2.22	6.93
5180	2586	8.64	9.05	8.22	33324	9381	23943	3.77	2.10	5.48
4493	2386	8.50	9.00	7.98	27910	7273	20637	4.45	2.27	6.73
53611	**34561**	**8.83**	**9.30**	**8.35**	**228975**	**53405**	**175570**	**4.12**	**1.90**	**6.40**
3074	2054	9.86	10.16	9.56	4288	853	3435	1.69	0.66	2.74
16957	11908	10.69	11.05	10.34	4662	970	3692	1.66	0.70	2.60
1106	703	9.79	10.08	9.51	1811	380	1431	2.13	0.91	3.29
4186	2953	8.57	8.97	8.17	22359	4533	17826	3.22	1.29	5.17
3315	2063	8.48	8.95	7.99	22377	4750	17627	3.86	1.60	6.22
3004	1756	8.55	9.06	8.03	34700	7907	26793	4.89	2.18	7.70
4356	2594	8.26	8.76	7.73	48676	13282	35394	5.76	3.08	8.56
4857	2961	8.96	9.44	8.47	26108	6220	19888	4.31	2.04	6.61
2896	1679	9.04	9.52	8.54	9046	2116	6930	3.20	1.48	4.95
3887	2393	8.69	9.25	8.11	25234	5785	19449	5.58	2.50	8.80
1478	947	8.82	9.30	8.33	6943	1554	5389	3.45	1.51	5.49
4495	2550	9.03	9.59	8.47	22771	5055	17716	4.02	1.77	6.31
71999	**53438**	**9.58**	**9.86**	**9.30**	**96595**	**23938**	**72657**	**2.10**	**1.02**	**3.23**
36435	29919	11.16	11.36	10.97	7611	1877	5734	1.09	0.54	1.63
4238	2098	10.42	10.81	9.99	2544	721	1823	1.69	0.93	2.50
1452	850	9.17	9.51	8.81	8139	2308	5831	3.96	2.17	5.90
4843	3172	9.49	9.72	9.20	9258	2419	6839	1.53	0.74	2.47
4911	3154	9.57	9.98	9.16	18467	3853	14614	3.01	1.23	4.86

表4 续表 29

地区	6岁及以上各种受教育程度人口(人)									
	未上过学		小学		初中		高中		大学专科	
	男	女	男	女	男	女	男	女	男	女
湘阴县	3532	8282	84297	88287	147196	143980	68021	57339	15116	13063
平江县	4823	13995	147840	153394	191339	175487	84920	66912	11861	9207
汨罗市	3167	9120	85784	91798	145745	139876	73960	60238	13844	11306
临湘市	2512	7481	53244	58792	100488	95119	66807	49854	10413	7548
常德市	**59258**	**144631**	**768201**	**836540**	**1163902**	**1086067**	**533093**	**448256**	**130025**	**118821**
武陵区	1929	5412	45813	50166	98097	100379	83905	87226	34184	37688
鼎城区	7765	20728	95964	105975	178002	172651	98115	79739	15532	13808
安乡县	5926	14270	64987	71648	115216	105759	54500	43749	10283	8952
汉寿县	8360	19097	113792	121897	180366	171936	56433	42860	11759	9773
澧县	8154	22979	123067	141687	161841	151175	71191	58295	15746	13989
临澧县	3602	10412	54319	65869	85836	78563	33025	24306	8357	6864
桃源县	13678	28568	140556	138195	177293	159365	61289	52442	11764	10423
石门县	7627	17766	99568	107842	113387	99580	47284	38599	13141	10890
津市市	2217	5399	30135	33261	53864	46659	27351	21040	9259	6434
张家界市	**23222**	**54581**	**227945**	**243530**	**287157**	**247275**	**105099**	**83435**	**37995**	**29220**
永定区	5837	13575	58448	61018	84837	74827	34953	29817	17476	13544
武陵源区	1039	2226	7384	7539	9025	8139	4401	3725	1807	1591
慈利县	8223	18683	100724	109597	118839	103846	42850	33494	11800	8922
桑植县	8123	20097	61389	65376	74456	60463	22895	16399	6912	5163
益阳市	**33874**	**82501**	**602360**	**634692**	**898103**	**841968**	**361376**	**301398**	**98651**	**89057**
资阳区	2250	6531	47987	52835	89648	85785	40594	33943	8821	7648
赫山区	3850	11781	94683	104351	160669	157134	81674	72139	29649	30800
南县	6466	15504	102438	108396	164144	152846	57572	47398	13186	11130
桃江县	3733	9231	108433	115327	170194	159120	60548	48172	16033	13088
安化县	13073	27991	169695	168447	163922	144994	58100	47365	14560	12540
沅江市	4502	11463	79124	85336	149526	142089	62888	52381	16402	13851
郴州市	**38662**	**109133**	**592894**	**676601**	**971991**	**857737**	**357218**	**243823**	**103403**	**77882**
北湖区	2205	6006	40858	44667	76678	70172	46761	40922	18677	16326
苏仙区	2336	6263	37872	43337	79793	76676	40427	33371	14014	11972
桂阳县	5744	19268	88384	105876	161573	136377	50279	28600	11315	7546
宜章县	3367	9338	64247	71419	124854	119388	57653	37662	11590	7966
永兴县	5152	13729	83176	97129	126605	108577	32128	19707	8218	5764
嘉禾县	4244	12994	49737	52281	60569	49524	14886	9118	5014	3387
临武县	4005	9789	55671	61831	67470	57397	15583	9166	5846	4379
汝城县	3956	10964	55943	64100	64538	50069	18224	11064	6103	3954
桂东县	1648	3965	29280	33731	54357	43837	19492	11259	5539	3797
安仁县	3796	9798	49452	55763	82680	78503	30118	18982	7887	6069
资兴市	2209	7019	38274	46467	72874	67217	31667	23972	9200	6722
永州市	**48280**	**125065**	**656194**	**735220**	**1186480**	**1045695**	**402717**	**271844**	**93722**	**70709**
零陵区	3326	10226	53888	67788	109999	101124	55836	37014	12030	12234
冷水滩区	3046	8922	43985	53138	98304	96927	59191	43752	17441	13217
祁阳县	8665	24150	100084	109970	199195	184241	63173	47185	15084	11117
东安县	3309	7366	50245	59566	138299	130957	50611	34843	9535	7292
双牌县	1880	4979	20079	23634	36171	30193	15757	10212	4247	2575
道县	8589	19492	88865	90870	148283	115707	35633	21629	7692	4973
江永县	2931	7844	30874	39092	54191	41183	15053	8828	3610	2499
宁远县	5066	14335	108892	114123	162092	139878	47896	27720	9295	5608
蓝山县	2715	6749	49474	53070	74893	66401	17267	12415	4401	3384
新田县	4207	9282	43909	45186	75355	69195	20409	14759	5089	3840
江华瑶族自治县	4546	11720	65899	78783	89698	69889	21891	13487	5298	3970
怀化市	**68234**	**159926**	**673871**	**730771**	**1040952**	**895609**	**324579**	**238048**	**106635**	**83662**
鹤城区	5215	9488	51696	52990	88949	87850	66701	60015	33026	30059
中方县	5804	11385	36731	36906	54234	48524	12089	7112	2780	1576
沅陵县	5882	16693	81597	94386	138120	112577	40048	28147	9671	6795
辰溪县	10877	23074	64438	65991	101535	86151	28574	20334	8603	6565
溆浦县	11620	27054	116807	128904	154098	134518	45165	30535	11452	8202
会同县	2348	7277	43636	52595	79389	67848	18435	10692	5499	3609
麻阳苗族自治县	7066	15444	47886	51636	80532	69172	19831	12675	6824	4143
新晃侗族自治县	4741	10769	39061	39989	58935	42688	12859	8377	4005	2872
芷江侗族自治县	3376	8117	59152	60930	72740	63518	18543	15052	5598	4968
靖州苗族侗族自治县	1856	5761	30974	36467	64269	53610	13849	8844	4597	3480
通道侗族自治县	3721	10959	37466	40523	42629	30714	9105	5887	3826	2773
洪江市	5728	13905	64427	69454	105522	98439	39380	30378	10754	8620

大学本科及以上		平均受教育年限(年)			15岁及以上文盲人口(人)			文盲人口占15岁及以上人口比重(%)		
男	女	合计	男	女	合计	男	女	合计	男	女
5487	4334	9.26	9.48	9.04	11216	3189	8027	1.96	1.11	2.82
4465	3061	8.75	9.00	8.48	18016	4409	13607	2.36	1.13	3.66
6179	4462	9.22	9.50	8.95	11703	2856	8847	2.00	0.97	3.05
3989	2388	9.47	9.85	9.08	9641	2306	7335	2.36	1.11	3.66
61639	**48072**	**8.94**	**9.23**	**8.64**	**183092**	**50264**	**132828**	**3.69**	**2.02**	**5.38**
27254	23043	10.99	11.13	10.86	5904	1332	4572	1.07	0.50	1.62
5158	4238	9.06	9.37	8.76	26062	6715	19347	3.52	1.81	5.24
2951	2239	8.89	9.20	8.57	18030	4986	13044	3.90	2.13	5.71
4318	3290	8.54	8.83	8.26	24448	7007	17441	3.63	2.07	5.20
5885	4342	8.61	8.98	8.26	28328	6976	21352	3.99	1.99	5.94
3416	2515	8.69	9.10	8.29	12005	2770	9235	3.46	1.60	5.31
4653	3417	8.29	8.54	8.03	38875	12169	26706	5.28	3.24	7.40
5269	3343	8.48	8.82	8.13	22886	6547	16339	4.43	2.50	6.42
2735	1645	9.28	9.64	8.89	6554	1762	4792	2.95	1.51	4.52
15475	**13058**	**8.56**	**8.96**	**8.14**	**70022**	**19940**	**50082**	**5.76**	**3.23**	**8.37**
7606	7880	9.27	9.61	8.91	16772	4649	12123	4.64	2.54	6.82
887	682	8.95	9.35	8.54	3005	888	2117	7.01	4.11	9.97
4278	2753	8.34	8.70	7.96	24403	7261	17142	4.79	2.80	6.83
2704	1743	8.02	8.57	7.45	25842	7142	18700	8.56	4.64	12.62
46463	**34931**	**8.97**	**9.21**	**8.72**	**100041**	**26918**	**73123**	**2.73**	**1.45**	**4.03**
3569	2984	9.20	9.47	8.93	7375	1725	5650	2.10	0.98	3.23
21605	15892	9.76	10.00	9.52	12954	2750	10204	1.81	0.77	2.84
4197	3302	8.72	8.97	8.46	20040	5663	14377	3.19	1.78	4.62
5876	4514	8.95	9.18	8.71	10867	2808	8059	1.69	0.86	2.54
5328	3815	8.17	8.44	7.88	35756	10775	24981	4.79	2.82	6.86
5888	4424	9.16	9.41	8.90	13049	3197	9852	2.26	1.09	3.45
50097	**34890**	**8.94**	**9.40**	**8.47**	**126218**	**29322**	**96896**	**3.53**	**1.62**	**5.49**
10490	7911	10.20	10.50	9.90	6168	1342	4826	1.82	0.78	2.90
12745	11411	9.96	10.27	9.66	6650	1521	5129	1.98	0.90	3.06
5007	2491	8.68	9.26	8.08	22292	4563	17729	4.21	1.69	6.83
3977	2135	9.28	9.74	8.81	10482	2404	8078	2.39	1.08	3.73
3038	1894	8.38	8.83	7.92	16620	4185	12435	3.76	1.87	5.68
1636	807	8.08	8.74	7.43	14994	3263	11731	6.94	3.03	10.83
2186	1417	8.27	8.75	7.78	11353	2865	8488	4.58	2.30	6.89
2460	1395	8.15	8.72	7.57	12900	3067	9833	5.05	2.35	7.86
2255	1465	8.97	9.36	8.51	4232	1030	3202	2.23	1.01	3.63
2495	1342	8.79	9.26	8.32	12716	3426	9290	4.21	2.26	6.16
3808	2622	9.18	9.61	8.75	7811	1656	6155	2.77	1.17	4.41
43379	**28091**	**8.83**	**9.25**	**8.38**	**152446**	**38901**	**113545**	**3.70**	**1.86**	**5.62**
11473	9567	9.48	9.89	9.06	11091	2297	8794	2.53	1.04	4.05
7729	4751	9.76	10.22	9.29	11354	2748	8606	2.82	1.35	4.31
6206	3756	8.79	9.21	8.37	29302	7238	22064	4.31	2.12	6.52
3436	2204	9.23	9.55	8.90	8158	2126	6032	1.83	0.93	2.76
1261	679	8.87	9.41	8.28	7544	2185	5359	5.58	3.11	8.25
3191	1622	8.36	8.84	7.84	23716	6606	17110	5.14	2.73	7.80
1287	768	8.36	8.94	7.74	9690	2486	7204	5.29	2.64	8.08
3684	1781	8.52	8.96	8.06	18562	4550	14012	3.37	1.61	5.24
1220	690	8.48	8.83	8.12	7840	1961	5879	3.16	1.58	4.76
1988	1053	8.59	8.97	8.21	12247	3657	8590	4.83	2.86	6.82
1904	1220	8.17	8.66	7.66	12942	3047	9895	4.08	1.89	6.35
39769	**29118**	**8.56**	**8.97**	**8.14**	**205405**	**58176**	**147229**	**5.23**	**2.90**	**7.65**
18375	15899	10.55	10.78	10.33	11702	3828	7874	2.50	1.62	3.39
896	455	7.84	8.28	7.38	15393	5023	10370	7.80	4.99	10.74
2960	1719	8.48	8.91	8.02	20712	5028	15684	4.28	2.01	6.68
2508	1368	8.15	8.61	7.66	31119	9655	21464	8.19	4.97	11.56
3071	1952	8.14	8.58	7.69	35894	10322	25572	5.97	3.40	8.61
1663	948	8.49	8.95	8.01	8358	1811	6547	3.18	1.35	5.07
1595	1008	8.21	8.72	7.68	19963	6008	13955	7.13	4.20	10.19
1333	843	8.06	8.53	7.53	13785	3893	9892	6.77	3.61	10.33
1845	1329	8.34	8.61	8.06	11222	3224	7998	4.05	2.29	5.88
1571	1013	8.64	9.05	8.20	6395	1358	5037	3.16	1.31	5.13
1187	774	7.77	8.37	7.12	13201	3107	10094	7.89	3.61	12.45
2765	1810	8.72	9.07	8.36	17661	4919	12742	4.32	2.39	6.29

表4 续表 30

地区	6岁及以上各种受教育程度人口(人)									
	未上过学		小学		初中		高中		大学专科	
	男	女	男	女	男	女	男	女	男	女
娄底市	**27076**	**79783**	**478123**	**519253**	**772854**	**717562**	**366256**	**280655**	**86001**	**68528**
娄星区	1225	3306	35144	36169	75931	78173	73146	70941	29092	24223
双峰县	5352	17342	107674	113381	192665	183032	74450	52005	16161	13326
新化县	11713	30380	176703	198261	223682	193560	82103	55628	13657	9998
冷水江市	2061	6671	31347	35621	58460	58837	44564	34883	10925	8363
涟源市	6725	22084	127255	135821	222116	203960	91993	67198	16166	12618
湘西土家族苗族自治州	**51212**	**115751**	**410637**	**437398**	**508453**	**415619**	**150188**	**116480**	**54613**	**45134**
吉首市	4190	9261	37692	40732	47271	40289	26068	24866	14282	15071
泸溪县	3416	10385	45896	54319	59195	45625	14613	10831	5022	3454
凤凰县	11470	21404	63831	63604	63750	51544	17393	13279	6510	4439
花垣县	4955	10532	46156	48088	60914	51546	17138	12764	4717	3947
保靖县	5624	12157	50196	50474	56458	45886	14353	10708	5047	3863
古丈县	2709	5726	21994	22567	25108	19582	7721	6014	2700	2177
永顺县	8045	18805	68640	73983	88016	73415	25691	18024	8050	5884
龙山县	10803	27481	76232	83631	107741	87732	27211	19994	8285	6299
广东省	**619785**	**1991949**	**11011304**	**12777442**	**23551751**	**20524220**	**10534980**	**7732559**	**2921036**	**2373497**
广州市	**34329**	**128608**	**910105**	**1069811**	**2424286**	**2100388**	**1608071**	**1336571**	**634664**	**587100**
荔湾区	2027	10338	61697	80432	153233	135605	146505	131310	42284	39917
越秀区	1897	7632	58726	78140	145551	137432	172344	173759	75423	77718
海珠区	2770	12780	88608	110813	254784	227959	220509	199463	89497	86826
天河区	2457	6305	64157	69987	153811	136773	191556	165632	118697	113112
白云区	5925	19823	145597	159886	522868	418404	297799	233591	99841	88256
黄埔区	1255	4596	31465	34085	90568	73284	72219	50686	27663	21810
番禺区	4674	19576	149910	184796	357160	321740	173865	138410	67965	67568
花都区	4301	15969	84736	93607	229569	204346	93192	71962	32070	29562
南沙区	1293	5960	24298	30376	61372	46743	38232	21723	6806	4679
萝岗区	817	2925	23526	26636	72649	63561	66598	47863	16148	11672
增城市	4202	11225	117014	133376	253991	213533	82193	63270	31899	27132
从化市	2711	11479	60371	67677	128730	121008	53059	38902	26371	18848
韶关市	**21654**	**102540**	**323784**	**418591**	**584665**	**488251**	**273249**	**202440**	**81438**	**55288**
武江区	1291	5714	23522	29727	53193	53586	36150	34330	13248	11050
浈江区	1721	6522	35989	39676	75667	61418	56034	44905	16326	12504
曲江区	1920	8356	29709	37547	64297	56426	32032	24746	12075	8006
始兴县	1576	9719	23217	35113	44052	37440	17777	11241	4507	2549
仁化县	1953	8934	24810	32355	43322	33964	15489	11203	5027	3318
翁源县	2754	12575	36791	46598	79398	71149	25296	17291	6035	3617
乳源瑶族自治县	2119	7055	26187	32105	35336	28199	12899	9550	4118	2711
新丰县	1556	6505	23179	26912	45313	42983	20635	14089	4526	2932
乐昌市	4718	18836	57241	66761	82768	63958	32055	21178	8640	4996
南雄市	2046	18324	43139	71797	61319	39128	24882	13907	6936	3605
深圳市	**20334**	**52659**	**445116**	**477296**	**2446385**	**2120429**	**1394700**	**1081231**	**533784**	**460775**
罗湖区	1742	5626	43405	50458	146270	145855	134146	131730	63185	64569
福田区	2269	6312	54255	59898	164066	155662	175442	168827	106127	110136
南山区	2137	4661	42106	43406	119984	107736	148464	132488	91508	88959
宝安区	8378	20025	166250	175624	1344622	1137637	617239	411909	174052	118844
龙岗区	5396	14675	128213	136209	628162	535796	284051	210930	88583	69290
盐田区	412	1360	10887	11701	43281	37743	35358	25347	10329	8977
珠海市	**6299**	**21290**	**119312**	**133681**	**273946**	**250300**	**212573**	**171702**	**73027**	**64064**
香洲区	2488	7729	56722	61799	132601	127404	123774	110355	51628	47898
斗门区	2428	9344	43316	51368	86138	77120	54384	39136	11249	8490
金湾区	1383	4217	19274	20514	55207	45776	34415	22211	10150	7676
汕头市	**38188**	**137353**	**784494**	**1025014**	**1080050**	**927768**	**467740**	**315956**	**86178**	**69160**
龙湖区	3292	11594	60166	76825	95635	86229	58880	50218	19896	16456
金平区	4202	16955	81614	111448	133196	127080	110966	93298	28327	23947
濠江区	3764	16005	36776	46060	47135	44041	24984	16392	4959	5069
潮阳区	12321	42004	269141	343825	339720	291720	118799	65469	12885	8045
潮南区	8265	28570	214099	280801	292198	237039	73962	34559	5765	4398
澄海区	5444	18727	113400	154396	161876	133123	74992	52168	12476	10104
南澳县	900	3498	9298	11659	10290	8536	5157	3852	1870	1141
佛山市	**28518**	**97538**	**717120**	**765448**	**1745081**	**1372386**	**811301**	**614808**	**237482**	**203447**
禅城区	3039	11798	89775	99501	229726	206503	133599	113661	51526	46015
南海区	9234	30694	268657	284098	665273	501551	270074	199583	82810	71300
顺德区	11684	36809	251740	268733	591782	458383	286969	217822	76874	67126
三水区	2897	11797	69910	74074	158079	119432	63733	42781	14285	10376
高明区	1664	6440	37038	39042	100221	86517	56926	40961	11987	8630

大学本科及以上		平均受教育年限(年)			15岁及以上文盲人口(人)			文盲人口占15岁及以上人口比重(%)		
男	女	合计	男	女	合计	男	女	合计	男	女
44011	**31501**	**9.16**	**9.54**	**8.76**	**88108**	**19523**	**68585**	**2.88**	**1.27**	**4.52**
19768	15516	11.16	11.43	10.90	3290	669	2621	0.80	0.32	1.27
6184	4434	8.97	9.34	8.60	18604	3831	14773	2.66	1.09	4.27
6035	3574	8.34	8.78	7.89	34200	8343	25857	3.86	1.86	5.90
5111	3206	9.83	10.31	9.36	7115	1422	5693	2.67	1.06	4.28
6913	4771	8.96	9.35	8.56	24899	5258	19641	3.14	1.31	5.00
26338	**20991**	**8.27**	**8.72**	**7.80**	**146906**	**42472**	**104434**	**7.20**	**4.10**	**10.41**
12838	11699	9.96	10.22	9.70	11567	3396	8171	4.57	2.69	6.44
1705	1175	8.13	8.67	7.58	11810	2618	9192	5.38	2.35	8.48
2080	1261	7.63	8.11	7.12	29060	9835	19225	10.44	6.89	14.17
1276	983	8.26	8.63	7.87	13170	3903	9267	5.81	3.36	8.37
1585	1084	7.98	8.38	7.54	15787	4756	11031	7.00	4.08	10.13
1109	848	8.16	8.58	7.71	7106	2124	4982	6.80	3.93	9.88
2441	1673	8.19	8.70	7.66	23846	6665	17181	7.13	3.94	10.38
3304	2268	8.00	8.56	7.42	34560	9175	25385	8.71	4.58	12.91
2087808	**1523167**	**9.55**	**9.94**	**9.13**	**2087720**	**395037**	**1692683**	**2.41**	**0.88**	**4.03**
701832	**568092**	**10.84**	**11.08**	**10.58**	**125136**	**19267**	**105869**	**1.11**	**0.33**	**1.96**
31871	27072	10.74	11.01	10.46	10008	1270	8738	1.24	0.31	2.19
100258	83656	11.96	12.20	11.73	6883	859	6024	0.66	0.17	1.15
108425	91131	11.39	11.61	11.17	12402	1545	10857	0.89	0.22	1.58
191635	150167	12.74	12.89	12.57	5630	1038	4592	0.44	0.15	0.76
68336	58604	10.48	10.63	10.30	20046	3450	16596	1.01	0.32	1.80
16111	10088	10.78	11.06	10.45	4531	701	3830	1.12	0.32	2.12
108928	84548	10.47	10.79	10.15	19762	2967	16795	1.27	0.37	2.21
20440	15594	9.72	10.01	9.41	15054	2357	12697	1.81	0.55	3.15
3525	2253	9.49	10.00	8.87	5838	792	5046	2.55	0.63	4.87
12960	11014	10.70	10.95	10.41	3162	586	2576	0.95	0.32	1.68
24002	19819	9.52	9.78	9.24	10935	2221	8714	1.23	0.48	2.04
15341	14146	9.87	10.28	9.43	10885	1481	9404	2.20	0.59	3.88
39244	**25447**	**9.07**	**9.75**	**8.40**	**107643**	**15434**	**92209**	**4.67**	**1.33**	**8.03**
8595	5556	10.28	10.74	9.84	6107	920	5187	2.46	0.76	4.09
12571	9865	10.26	10.57	9.91	6917	1239	5678	2.03	0.69	3.56
4090	2112	9.50	10.07	8.90	8700	1275	7425	3.45	0.99	6.01
1579	862	8.58	9.50	7.71	9319	956	8363	5.63	1.19	9.79
2368	1402	8.66	9.40	7.91	9094	1304	7790	5.60	1.60	9.62
2307	1583	8.69	9.33	8.07	12683	1736	10947	4.72	1.31	8.04
1441	863	8.45	9.07	7.82	7608	1481	6127	5.35	2.07	8.65
1036	616	9.03	9.62	8.44	6953	1133	5820	4.27	1.40	7.12
2978	1491	8.40	9.14	7.63	21141	3768	17373	6.67	2.33	11.18
2279	1097	8.07	9.33	6.92	19121	1622	17499	7.80	1.38	13.70
501442	**331626**	**10.93**	**11.10**	**10.72**	**50523**	**9775**	**40748**	**0.54**	**0.19**	**0.95**
49801	38791	11.58	11.78	11.38	5286	848	4438	0.65	0.21	1.08
141829	104780	12.48	12.67	12.28	5253	810	4443	0.45	0.14	0.78
150978	96541	12.81	13.01	12.57	4237	895	3342	0.44	0.17	0.75
92853	51896	10.26	10.46	10.01	19645	4123	15522	0.47	0.18	0.84
58068	33876	10.25	10.47	10.00	14720	2860	11860	0.72	0.26	1.26
7913	5742	10.92	11.13	10.68	1382	239	1143	0.74	0.24	1.34
83449	**69297**	**10.82**	**11.11**	**10.50**	**22929**	**4171**	**18758**	**1.70**	**0.60**	**2.87**
66362	55026	11.56	11.80	11.31	8027	1479	6548	1.05	0.38	1.74
5697	3597	9.47	9.93	8.99	10203	1733	8470	2.85	0.94	4.89
11390	10674	10.41	10.68	10.08	4699	959	3740	2.08	0.78	3.61
44545	**30517**	**8.75**	**9.31**	**8.20**	**145531**	**24894**	**120637**	**3.47**	**1.20**	**5.71**
12391	8025	9.73	10.22	9.24	13077	2432	10645	2.99	1.12	4.84
20528	14307	9.93	10.45	9.43	18248	3072	15176	2.68	0.92	4.39
776	588	8.39	9.21	7.65	17650	2895	14755	8.60	2.97	13.68
4207	2328	8.32	8.92	7.73	43028	7383	35645	3.56	1.23	5.87
1721	1375	8.18	8.74	7.62	30070	4873	25197	3.19	1.03	5.35
4483	3681	8.65	9.16	8.14	19615	3527	16088	2.95	1.06	4.83
439	213	8.26	9.07	7.48	3843	712	3131	7.48	2.83	11.94
147326	**112903**	**9.75**	**9.99**	**9.47**	**99944**	**17340**	**82604**	**1.58**	**0.51**	**2.81**
38971	27185	10.38	10.65	10.10	11277	1588	9689	1.16	0.32	2.06
46381	36284	9.62	9.84	9.37	31116	5322	25794	1.36	0.43	2.46
45555	34516	9.69	9.94	9.40	38650	7446	31204	1.78	0.64	3.11
11543	11730	9.38	9.69	9.02	12366	1990	10376	2.29	0.68	4.18
4876	3188	9.74	10.06	9.37	6535	994	5541	1.80	0.51	3.26

表4　续表 31

地　区	6岁及以上各种受教育程度人口(人)									
	未上过学		小学		初中		高中		大学专科	
	男	女	男	女	男	女	男	女	男	女
江门市	**21114**	**80436**	**498042**	**580385**	**963772**	**897120**	**526164**	**401285**	**98004**	**76143**
蓬江区	2062	8023	64143	75927	133862	125325	100623	82033	28655	25451
江海区	1187	5021	25793	30942	54213	48330	32264	25658	6966	5499
新会区	4801	19928	97293	119989	157793	145221	118998	88863	21179	15960
台山市	4743	16659	121888	141069	209525	200385	99926	74323	12146	7553
开平市	3322	14416	84694	100218	151644	147551	74988	57573	11835	8935
鹤山市	2253	6852	50522	54158	126630	110662	50886	40776	10355	8466
恩平市	2746	9537	53709	58082	130105	119646	48479	32059	6868	4279
湛江市	**75953**	**201497**	**957205**	**1021398**	**1532607**	**1361511**	**564324**	**370137**	**133895**	**95612**
赤坎区	1648	4523	23061	23389	42192	44173	43997	39742	15967	14645
霞山区	2149	6547	38870	40275	76045	78713	73823	62909	25602	21729
坡头区	3787	9679	44159	48986	79516	69852	25579	15191	5372	3637
麻章区	6963	15402	62718	64661	105972	96499	37993	25619	6711	5120
遂溪县	11242	27183	118693	123662	204947	187684	68257	43515	13847	10983
徐闻县	6091	19370	95398	109170	161164	136590	51591	31944	14148	8560
廉江市	13780	34539	209809	209010	345871	304191	96304	59306	20966	13053
雷州市	20750	58195	222500	251545	312557	256709	98683	51269	18059	9209
吴川市	9543	26059	141997	150700	204343	187100	68097	40642	13223	8676
茂名市	**63726**	**164507**	**852136**	**860640**	**1166997**	**1098080**	**482311**	**332232**	**113007**	**78790**
茂南区	4944	15039	83509	83975	143089	141598	104454	84689	37597	26746
茂港区	4748	12780	69076	69751	88410	78267	19297	11750	3210	2644
电白县	20116	48703	198426	196464	252050	210423	84748	54959	19085	13296
高州市	12744	38564	190272	196409	260896	241215	110604	68468	23070	15659
化州市	10874	20752	171433	165820	253010	256925	89841	59965	16908	11505
信宜市	10300	28669	139420	148221	169542	169652	73367	52401	13137	8940
肇庆市	**24913**	**99939**	**504045**	**636888**	**911358**	**778649**	**286091**	**187770**	**75219**	**50899**
端州区	1611	7058	33507	40208	75290	77831	69834	62061	28827	23513
鼎湖区	1274	5965	18293	22617	40840	31873	15715	12371	2789	1855
广宁县	2177	10271	53404	67041	104365	92994	28117	15509	5397	3246
怀集县	6804	20770	129940	180888	170210	149466	35907	19002	10357	5688
封开县	2806	13012	59849	78282	85803	73140	26052	13749	6111	3188
德庆县	3501	10625	41492	49779	79089	70465	26792	15767	5023	3191
高要市	4223	19362	107650	129689	203758	162889	39110	21328	7505	4378
四会市	2517	12876	59910	68384	152003	119991	44564	27983	9210	5840
惠州市	**25106**	**82615**	**470046**	**509693**	**1148918**	**996142**	**419049**	**317003**	**109114**	**79811**
惠城区	5625	19205	128805	138597	340641	317474	187519	160480	57429	45529
惠阳区	2858	9545	70808	73549	219925	179205	70768	48009	18510	12075
博罗县	6583	20945	111926	124524	279057	238080	81030	54399	16291	11109
惠东县	7686	23755	123630	133186	234956	195497	56590	37671	11208	7208
龙门县	2354	9165	34877	39837	74339	65886	23142	16444	5676	3890
梅州市	**27683**	**108420**	**432200**	**530871**	**941167**	**948897**	**419313**	**292946**	**87873**	**61216**
梅江区	1392	4657	23334	27704	62968	65371	61048	54125	18858	15353
梅县	2840	13877	42227	58694	128987	133536	64495	44881	11061	8899
大埔县	2622	12145	41871	53706	81664	78692	34499	22395	6855	4233
丰顺县	3480	12299	68729	82910	100309	95839	33947	23984	6336	4444
五华县	10000	26353	139144	160103	238677	236856	75217	46933	14031	8702
平远县	1504	9515	22825	32514	50371	46161	24532	14490	5407	3202
蕉岭县	1267	6002	15870	22334	43761	44568	26207	18628	5999	4048
兴宁市	4578	23572	78200	92906	234430	247874	99368	67510	19326	12335
汕尾市	**45401**	**118034**	**447987**	**544663**	**637051**	**536190**	**208529**	**110622**	**36870**	**20430**
城区	6040	16223	61540	75916	101081	96158	52869	30775	12117	7313
海丰县	9399	25337	102733	123809	191787	164991	63464	33796	11847	6481
陆河县	2837	6095	41705	46909	64084	61849	20057	13357	4346	2977
陆丰市	27125	70379	242009	298029	280099	213192	72139	32694	8560	3659
河源市	**23873**	**81524**	**326828**	**390898**	**643271**	**632134**	**238865**	**175493**	**60135**	**42510**
源城区	1806	5375	32562	37449	96330	100502	58473	46604	21824	17535
紫金县	5591	20698	75898	90083	139374	137944	47438	32851	9336	6044
龙川县	5439	18165	82073	99781	141987	148971	54014	40776	11493	6912
连平县	2912	11737	40436	50767	74879	68027	24625	16654	6690	4828
和平县	3651	13033	46255	57185	79479	71872	25219	19249	6299	4123
东源县	4474	12516	49604	55633	111222	104818	29096	19359	4493	3068
阳江市	**22265**	**65275**	**327177**	**361087**	**533826**	**451086**	**215343**	**142592**	**54223**	**37259**
江城区	5318	14887	74084	80870	131888	123803	82847	66358	24390	19691
阳西县	5180	13313	72802	75692	108458	86122	29986	16178	6679	3749
阳东县	4997	11889	59671	58768	108090	88023	39890	22860	9103	5357
阳春市	6770	25186	120620	145757	185390	153138	62620	37196	14051	8462

大学本科及以上		平均受教育年限(年)			15岁及以上文盲人口(人)			文盲人口占15岁及以上人口比重(%)		
男	女	合计	男	女	合计	男	女	合计	男	女
44563	**30148**	**9.33**	**9.71**	**8.94**	**82192**	**13296**	**68896**	**2.15**	**0.69**	**3.66**
18700	12469	10.25	10.58	9.91	7936	1185	6751	1.29	0.38	2.24
2699	1871	9.53	9.93	9.12	5349	812	4537	2.45	0.73	4.23
8655	6107	9.38	9.86	8.89	21209	3442	17767	2.90	0.93	4.92
3349	1846	8.87	9.23	8.50	16856	2905	13951	2.07	0.71	3.45
4810	3428	9.09	9.51	8.69	14306	2013	12293	2.42	0.69	4.13
4222	3241	9.37	9.61	9.11	6583	1205	5378	1.54	0.54	2.62
2128	1186	9.02	9.40	8.61	9953	1734	8219	2.37	0.80	4.03
73145	**53527**	**8.88**	**9.38**	**8.37**	**232418**	**55477**	**176941**	**4.31**	**2.03**	**6.66**
15584	17740	11.25	11.49	11.01	4432	858	3574	1.74	0.69	2.73
19329	13022	10.89	11.29	10.48	7080	1380	5700	1.74	0.67	2.83
3649	1848	8.68	9.20	8.15	11888	3069	8819	4.40	2.22	6.68
13532	9703	9.01	9.46	8.53	19397	5583	13814	5.02	2.83	7.30
3951	2397	8.71	9.15	8.25	31240	7941	23299	4.57	2.29	6.91
3191	1677	8.65	9.20	8.08	22592	4737	17855	4.11	1.69	6.62
5108	2677	8.63	9.05	8.18	38399	9482	28917	3.53	1.69	5.47
4446	1975	8.23	8.92	7.52	67879	15529	52350	6.46	2.91	10.14
4355	2488	8.58	9.11	8.05	29511	6898	22613	4.23	1.99	6.46
47836	**27722**	**8.86**	**9.36**	**8.36**	**179490**	**42251**	**137239**	**4.16**	**1.96**	**6.37**
21679	12193	10.24	10.73	9.74	15707	2994	12713	2.41	0.90	3.97
923	672	8.04	8.46	7.61	14832	3531	11301	4.94	2.34	7.56
5985	3593	8.32	8.86	7.77	57034	14950	42084	6.28	3.22	9.47
9973	5938	8.76	9.33	8.19	41521	8751	32770	4.29	1.81	6.77
4947	2810	8.93	9.28	8.57	20161	5538	14623	2.40	1.32	3.46
4329	2516	8.65	9.21	8.14	30235	6487	23748	4.70	2.09	7.13
32992	**22594**	**8.82**	**9.38**	**8.25**	**92767**	**11747**	**81020**	**3.00**	**0.76**	**5.25**
19035	14880	10.94	11.39	10.50	6757	835	5922	1.64	0.41	2.86
1061	670	8.80	9.36	8.22	5502	619	4883	3.90	0.86	7.03
1498	832	8.55	9.12	7.99	10175	1229	8946	3.03	0.74	5.28
3011	1543	8.26	8.95	7.63	17748	2482	15266	3.15	0.93	5.14
1573	871	8.37	9.12	7.65	12484	1507	10977	4.22	1.03	7.32
1425	838	8.68	9.24	8.10	9639	1620	8019	3.68	1.22	6.21
1735	988	8.28	8.79	7.75	18105	2026	16079	2.90	0.64	5.25
3654	1972	8.89	9.35	8.37	12357	1429	10928	2.69	0.59	5.05
64706	**39629**	**9.37**	**9.72**	**8.99**	**89290**	**17240**	**72050**	**2.35**	**0.87**	**3.97**
43733	27598	10.18	10.49	9.85	19719	3547	16172	1.49	0.52	2.51
8482	4346	9.40	9.69	9.05	9691	1652	8039	1.48	0.46	2.68
6240	3900	8.94	9.32	8.54	22629	4540	18089	2.67	1.03	4.46
4152	2433	8.55	8.96	8.10	27142	5744	21398	3.75	1.53	6.16
2099	1352	8.83	9.31	8.34	10109	1757	8352	4.13	1.41	6.95
34051	**22846**	**9.21**	**9.75**	**8.68**	**100519**	**13569**	**86950**	**2.99**	**0.82**	**5.06**
13954	10693	10.94	11.28	10.59	4454	695	3759	1.38	0.43	2.33
4046	2716	9.38	9.92	8.87	13008	1405	11603	2.80	0.62	4.87
1964	1130	8.85	9.50	8.23	11547	1359	10188	3.91	0.94	6.78
1605	1121	8.54	9.03	8.08	12768	2295	10473	3.48	1.28	5.58
3493	1885	8.73	9.24	8.24	20935	3737	17198	2.71	0.99	4.35
1776	903	8.93	9.78	8.10	8918	707	8211	4.73	0.76	8.58
1933	1187	9.50	10.12	8.89	5704	643	5061	3.29	0.75	5.77
5280	3211	9.31	9.86	8.79	23185	2728	20457	2.96	0.72	5.09
9297	**4482**	**8.19**	**8.86**	**7.52**	**141240**	**35816**	**105424**	**6.37**	**3.21**	**9.56**
3216	1417	8.89	9.54	8.23	19974	4938	15036	5.01	2.46	7.59
3170	1731	8.51	9.09	7.90	29250	6923	22327	4.58	2.13	7.14
1147	706	8.72	9.14	8.31	6800	1866	4934	3.21	1.78	4.62
1764	628	7.59	8.35	6.82	85216	22089	63127	8.80	4.57	13.02
15611	**9712**	**8.98**	**9.49**	**8.49**	**82886**	**14666**	**68220**	**3.70**	**1.34**	**5.96**
6837	4156	10.31	10.67	9.94	5644	1203	4441	1.48	0.63	2.35
1734	962	8.71	9.29	8.17	20257	3193	17064	4.32	1.41	7.06
2717	1692	8.86	9.39	8.38	18061	3100	14961	3.54	1.27	5.60
1564	985	8.66	9.26	8.08	12959	2248	10711	4.93	1.74	8.04
1365	959	8.55	9.11	8.00	12923	2144	10779	4.57	1.55	7.45
1394	958	8.65	9.07	8.23	13042	2778	10264	3.86	1.64	6.10
14367	**8194**	**8.79**	**9.28**	**8.29**	**72708**	**15724**	**56984**	**3.68**	**1.54**	**5.94**
6166	3859	9.56	9.95	9.16	16777	3807	12970	2.95	1.33	4.59
1181	591	8.27	8.75	7.74	14987	3632	11355	4.07	1.88	6.50
2519	1247	8.72	9.14	8.23	14283	3820	10463	3.83	1.90	6.08
4501	2497	8.48	9.08	7.86	26661	4465	22196	3.99	1.32	6.71

表4 续表 32

地　区	6岁及以上各种受教育程度人口(人)									
	未上过学		小学		初中		高中		大学专科	
	男	女	男	女	男	女	男	女	男	女
清远市	**31411**	**116529**	**528935**	**607094**	**835296**	**706407**	**245872**	**179050**	**63210**	**46987**
清城区	3064	11204	100240	119114	196319	160196	63228	48537	19157	16469
佛冈县	1741	5746	35551	40592	73688	68653	21574	15281	5080	3545
阳山县	4960	18945	55096	63453	75521	63673	18872	13910	5754	4152
连山壮族瑶族自治县	964	2993	11870	13527	19943	16990	6793	4415	2042	1450
连南瑶族自治县	1659	4594	20754	24086	24595	21770	7327	5666	2485	1752
清新县	5972	22245	99955	115656	166632	140836	43457	29995	7802	5048
英德市	8731	36922	149156	170276	204650	168002	60606	40106	14186	9440
连州市	4320	13880	56313	60390	73948	66287	24015	21140	6704	5131
东莞市	**18669**	**53880**	**530370**	**574652**	**2409375**	**2056868**	**983993**	**710753**	**228536**	**178658**
市辖区	18669	53880	530370	574652	2409375	2056868	983993	710753	228536	178658
中山市	**12274**	**38215**	**288145**	**320982**	**760237**	**632314**	**379100**	**295864**	**86080**	**72973**
市辖区	12274	38215	288145	320982	760237	632314	379100	295864	86080	72973
潮州市	**21360**	**71439**	**368966**	**505469**	**590061**	**468044**	**218895**	**134122**	**42003**	**31510**
湘桥区	2354	8454	43250	61118	81984	77149	54518	44402	16109	13567
潮安县	10477	30858	204308	270058	319028	237058	91763	50307	14762	11553
饶平县	8529	32127	121408	174293	189049	153837	72614	39413	11132	6390
揭阳市	**38616**	**106511**	**874878**	**1096224**	**1363478**	**1187267**	**415295**	**252425**	**51565**	**37939**
榕城区	4982	9703	96650	115000	157245	143623	79668	58717	17347	15130
揭东县	6577	14097	173404	206973	260373	241063	96843	57304	11165	7863
揭西县	6402	14703	115537	127498	200373	183954	60395	42786	7405	5660
惠来县	11118	44954	189438	273678	232072	159750	56998	20716	4749	1674
普宁市	9537	23054	299849	373075	513415	458877	121391	72902	10899	7612
云浮市	**18099**	**63140**	**304413**	**346657**	**559924**	**513989**	**164202**	**107557**	**34729**	**22926**
云城区	2313	7695	33439	36840	73702	65877	30310	23012	8890	6160
新兴县	2518	11424	55795	65633	101048	90188	33160	25932	6525	4535
郁南县	3354	11528	49709	56907	91375	83779	30434	17302	5384	2994
云安县	2174	8892	38587	46642	68928	55488	12887	6661	2645	1514
罗定市	7740	23601	126883	140635	224871	218657	57411	34650	11285	7723
广西壮族自治区	**408735**	**1179204**	**6967138**	**7612433**	**9850540**	**7989876**	**2892731**	**2185984**	**946905**	**786568**
南宁市	**35657**	**112496**	**776573**	**879872**	**1417222**	**1185112**	**530684**	**435563**	**237693**	**213520**
兴宁区	1350	3598	31025	35820	87241	70855	45339	37407	20384	16391
青秀区	2198	6062	46856	51127	95888	82556	73565	73679	58420	64684
江南区	1897	5900	52575	59452	120237	101012	66631	58231	22335	19937
西乡塘区	3001	9343	79081	88121	216226	197499	118505	105589	76833	70085
良庆区	1162	3032	40590	45985	79154	65974	33236	22684	10820	7940
邕宁区	1582	4165	39390	45042	62832	49996	16116	11401	3231	2407
武鸣县	2979	10482	72786	83424	131554	110771	40033	29197	12375	8177
隆安县	3468	11003	50735	58413	63269	46487	15881	10257	4078	2801
马山县	4436	16405	70948	86147	75320	55263	17655	12070	4361	3004
上林县	3096	9906	42790	49543	87660	76589	18522	13829	4522	3407
宾阳县	4182	14972	120650	133550	189726	151386	43472	31255	10798	7632
横县	6306	17628	129147	143248	208115	176724	41729	29964	9536	7055
柳州市	**33655**	**104044**	**524736**	**552301**	**774851**	**618037**	**296274**	**251829**	**109962**	**94437**
城中区	515	1547	10480	11811	21620	20884	17395	19132	9569	9618
鱼峰区	1150	3747	25733	29547	68780	63901	44064	40417	21000	19025
柳南区	2282	7259	40799	44643	96658	88988	63304	53280	22254	18356
柳北区	1628	5470	36490	40463	79796	75085	51981	46803	23381	20808
柳江县	3964	13342	81538	87248	141756	108681	33323	26190	8911	7226
柳城县	2765	8604	54769	57025	90176	71202	16363	14498	4659	4613
鹿寨县	3538	10004	71042	68946	95924	68898	25764	20255	6566	5170
融安县	2802	9001	51687	54041	64223	45412	15872	12002	4702	3741
融水苗族自治县	7522	23769	86990	91243	70258	45534	17560	11793	5250	3362
三江侗族自治县	7489	21301	65208	67334	45660	29452	10648	7459	3670	2518
桂林市	**41439**	**120484**	**638849**	**709520**	**1026999**	**828357**	**347929**	**280247**	**113116**	**105967**
秀峰区	541	2053	11139	13532	27256	25649	18082	17499	8003	10471
叠彩区	604	2594	12351	15292	28701	27698	22853	21671	9012	8604
象山区	1013	3722	19428	24298	45158	45939	35952	35681	14094	13811
七星区	1062	3618	20879	20965	44781	40298	31455	30450	18825	17441
雁山区	522	2074	7752	9847	12626	9412	2960	2180	1552	4161
阳朔县	3707	13171	42199	42716	63321	49000	15344	12379	3403	3179
临桂县	4108	17695	71691	77154	99214	70466	29328	21946	8379	6599
灵川县	2270	8077	42280	50016	77851	64763	25583	19174	7806	6265
全州县	8173	18405	88164	98218	146320	115917	42084	27699	9702	7731
兴安县	3192	7248	45213	48675	78061	65210	22789	18788	5613	5525

大学本科及以上		平均受教育年限(年)			15岁及以上文盲人口(人)			文盲人口占15岁及以上人口比重(%)		
男	女	合计	男	女	合计	男	女	合计	男	女
25841	**17633**	**8.52**	**9.01**	**8.02**	**126228**	**22452**	**103776**	**4.23**	**1.50**	**7.00**
9669	6706	9.13	9.47	8.76	10665	1596	9069	1.57	0.46	2.74
2053	1359	8.88	9.27	8.50	5253	858	4395	2.17	0.71	3.66
1907	1245	7.99	8.65	7.35	21222	3871	17351	7.57	2.82	12.11
864	488	8.71	9.24	8.15	3378	721	2657	4.74	1.97	7.69
767	516	8.29	8.81	7.78	5531	1318	4213	5.66	2.76	8.43
3219	2132	8.38	8.88	7.87	24529	4317	20212	4.39	1.54	7.26
5158	3493	8.23	8.82	7.62	39978	6451	33527	5.30	1.70	8.93
2204	1694	8.39	8.82	7.97	15672	3320	12352	5.26	2.25	8.22
112985	**75900**	**9.82**	**10.01**	**9.59**	**53058**	**10382**	**42676**	**0.70**	**0.26**	**1.22**
112985	75900	9.82	10.01	9.59	53058	10382	42676	0.70	0.26	1.22
51944	**38973**	**9.73**	**9.97**	**9.45**	**40425**	**7836**	**32589**	**1.47**	**0.54**	**2.51**
51944	38973	9.73	9.97	9.45	40425	7836	32589	1.47	0.54	2.51
17894	**18634**	**8.61**	**9.17**	**8.04**	**73067**	**12490**	**60577**	**3.35**	**1.14**	**5.60**
11198	13804	9.92	10.34	9.54	8810	1432	7378	2.27	0.76	3.69
4443	3478	8.34	8.85	7.80	30458	5454	25004	2.78	0.97	4.72
2253	1352	8.30	9.05	7.56	33799	5604	28195	4.85	1.63	8.01
12744	**8227**	**8.56**	**9.01**	**8.11**	**108240**	**21594**	**86646**	**2.44**	**0.97**	**3.91**
5126	3377	9.27	9.61	8.93	9162	2227	6935	1.50	0.72	2.29
2209	1454	8.65	9.03	8.27	13671	3300	10371	1.49	0.71	2.28
1387	920	8.70	9.01	8.38	15799	4018	11781	2.49	1.25	3.76
896	327	7.70	8.61	6.82	47851	7508	40343	6.28	2.00	10.46
3126	2149	8.59	8.96	8.22	21757	4541	17216	1.44	0.60	2.28
11994	**7064**	**8.68**	**9.18**	**8.19**	**61486**	**9616**	**51870**	**3.35**	**1.05**	**5.63**
4127	2345	9.31	9.77	8.83	7185	1083	6102	2.73	0.81	4.75
2034	1302	8.74	9.21	8.28	10203	1089	9114	2.94	0.63	5.23
1464	726	8.58	9.12	8.02	12000	2185	9815	3.89	1.40	6.44
738	478	8.15	8.74	7.55	9407	1489	7918	4.47	1.40	7.60
3631	2213	8.62	9.10	8.16	22691	3770	18921	3.20	1.09	5.22
575449	**442279**	**8.76**	**9.15**	**8.35**	**1247701**	**259452**	**988249**	**3.46**	**1.40**	**5.64**
174307	**152893**	**9.70**	**10.01**	**9.38**	**100844**	**15366**	**85478**	**1.85**	**0.55**	**3.20**
13155	11368	10.50	10.71	10.26	2905	415	2490	0.85	0.23	1.55
62989	53415	12.03	12.14	11.92	5086	760	4326	0.82	0.24	1.41
12152	8771	10.12	10.37	9.86	4990	682	4308	1.04	0.28	1.87
63538	64297	11.17	11.33	11.00	7572	986	6586	0.75	0.19	1.32
3586	2209	9.53	9.86	9.15	2858	533	2325	1.04	0.37	1.80
1666	1249	8.66	9.01	8.28	3415	554	2861	1.67	0.52	2.90
3472	2484	8.86	9.25	8.44	8938	1080	7858	1.97	0.46	3.56
1604	1007	8.07	8.63	7.48	10211	1680	8531	4.34	1.40	7.43
1526	987	7.78	8.44	7.14	16892	2758	14134	5.74	1.90	9.48
1782	1177	8.59	9.02	8.16	9027	1430	7597	3.35	1.06	5.66
4805	2898	8.57	8.96	8.15	13896	2103	11793	2.28	0.67	3.99
4032	3031	8.46	8.82	8.09	15054	2385	12669	2.27	0.71	3.86
73854	**48196**	**9.12**	**9.48**	**8.73**	**117703**	**24910**	**92793**	**3.77**	**1.53**	**6.20**
18138	10865	11.84	12.21	11.45	1420	227	1193	1.03	0.32	1.76
10690	7311	10.70	10.96	10.44	3478	556	2922	1.14	0.36	1.94
13774	9334	10.35	10.66	10.02	7132	1181	5951	1.71	0.55	2.96
12339	8936	10.49	10.76	10.20	5165	759	4406	1.40	0.41	2.44
3799	2709	8.59	8.91	8.22	15059	2993	12066	3.23	1.22	5.47
2066	1922	8.44	8.68	8.17	8923	1807	7116	3.03	1.18	5.04
8429	4069	8.62	8.94	8.22	11045	2377	8668	3.15	1.24	5.45
1558	1225	8.20	8.58	7.76	10546	2285	8261	4.42	1.80	7.38
1721	1061	7.36	8.03	6.65	28503	6346	22157	9.01	3.89	14.44
1340	764	7.06	7.78	6.31	26432	6379	20053	11.74	5.60	18.03
95101	**75934**	**9.02**	**9.36**	**8.67**	**133007**	**29420**	**103587**	**3.34**	**1.44**	**5.36**
6848	5870	10.89	11.06	10.73	2014	329	1685	1.49	0.50	2.42
6012	4493	10.70	11.02	10.37	2281	281	2000	1.55	0.39	2.69
11527	8502	10.80	11.13	10.48	3717	608	3109	1.56	0.53	2.55
28259	22298	11.58	11.79	11.36	3427	578	2849	1.32	0.43	2.27
7377	11691	10.81	10.60	10.99	2186	380	1806	3.24	1.25	4.85
1883	1666	8.15	8.61	7.67	15887	3288	12599	6.97	2.80	11.40
3197	2173	8.34	8.86	7.77	19836	3398	16438	5.34	1.75	9.23
13572	6617	9.23	9.73	8.69	8763	1655	7108	2.95	1.07	5.00
4065	2892	8.47	8.88	8.03	22410	6313	16097	4.42	2.39	6.63
2279	1883	8.69	8.92	8.44	8699	2458	6241	3.09	1.70	4.58

表4 续表 33

地区	6岁及以上各种受教育程度人口(人)									
	未上过学		小学		初中		高中		大学专科	
	男	女	男	女	男	女	男	女	男	女
永福县	2663	6988	42085	44692	49613	37190	12488	8579	3647	3111
灌阳县	3256	6263	35969	39802	54646	41208	13848	8884	4270	3270
龙胜各族自治县	2019	4944	25979	28381	33460	25201	8888	7024	3385	2862
资源县	1811	5257	21649	25600	32432	24746	9843	6459	2950	2064
平乐县	3304	9361	54082	61739	91682	71821	21113	14735	4099	3355
荔浦县	2040	6220	52571	55785	86051	73102	21769	17235	5244	4958
恭城瑶族自治县	1154	2794	45418	52808	55826	40737	13550	9864	3132	2560
梧州市	**17708**	**42732**	**474646**	**523039**	**621132**	**524851**	**167929**	**124585**	**41476**	**31468**
万秀区	758	2091	17587	21924	25964	23687	13648	12354	4473	3645
蝶山区	976	2673	21275	25545	36957	35290	23222	20757	6912	6178
长洲区	911	2155	22804	26491	33769	32234	18395	14845	5703	4797
苍梧县	3169	8146	111715	128599	110030	80936	24542	16720	5487	3610
藤县	6212	12279	158089	166713	181084	152112	35894	23438	7183	4879
蒙山县	1567	4551	26746	28491	49093	39825	10616	7785	3109	2548
岑溪市	4115	10837	116430	125276	184235	160767	41612	28686	8609	5811
北海市	**14906**	**37321**	**186738**	**192733**	**334454**	**290821**	**132425**	**109350**	**39312**	**33447**
海城区	2113	6324	25273	26867	59725	60467	46051	42772	19564	17686
银海区	2703	5785	22993	22490	39483	30915	11952	9117	4941	3719
铁山港区	905	2462	17490	19384	36570	31794	9707	6855	1775	1413
合浦县	9185	22750	120982	123992	198676	167645	64715	50606	13032	10629
防城港市	**8485**	**23258**	**121087**	**122058**	**203584**	**149173**	**66539**	**39846**	**20893**	**13434**
港口区	1552	3684	16528	16013	34095	23672	18311	10539	6949	4598
防城区	3715	9300	54759	56532	83752	62345	23796	14435	7277	4468
上思县	1902	6318	31190	30639	50180	35518	12789	7851	4024	2546
东兴市	1316	3956	18610	18874	35557	27638	11643	7021	2643	1822
钦州市	**31195**	**68511**	**574659**	**553197**	**608595**	**497533**	**167380**	**110836**	**42188**	**34846**
钦南区	6728	16911	88148	84180	116863	91232	55076	38078	20844	16964
钦北区	7173	16410	114390	104951	126306	91459	25162	12742	4558	3275
灵山县	10710	21119	248512	242694	202357	177619	47712	33033	8982	8092
浦北县	6584	14071	123609	121372	163069	137223	39430	26983	7804	6515
贵港市	**28136**	**67217**	**691670**	**752626**	**902550**	**786562**	**216791**	**146558**	**49602**	**37397**
港北区	3561	11461	79022	91536	120858	105083	46032	35167	13279	10527
港南区	3411	10928	80079	90678	116455	101075	26267	16660	5010	3522
覃塘区	2996	10007	72285	83848	83232	74900	16887	10054	3701	2797
平南县	8126	15059	187830	189430	266341	232841	55619	37526	11134	8334
桂平市	10042	19762	272454	297134	315664	272663	71986	47151	16478	12217
玉林市	**36712**	**80633**	**843754**	**854672**	**1239186**	**1118034**	**296525**	**221395**	**72318**	**58922**
玉州区	6704	15686	128125	122231	237964	206504	88487	77905	25073	21727
容县	3476	8619	93984	99783	142027	137894	33365	23303	7483	5869
陆川县	3450	6521	114242	115757	178304	167295	40003	29896	9026	7456
博白县	13095	24816	234568	232059	291700	257832	56886	39654	12183	9614
兴业县	4294	12087	90794	93990	135491	112978	24637	14694	5047	3568
北流市	5693	12904	182041	190852	253700	235531	53147	35943	13506	10688
百色市	**60711**	**181217**	**638075**	**722449**	**646907**	**449319**	**175086**	**123729**	**63273**	**46986**
右江区	3562	11106	47191	56968	71748	55165	29220	24739	13451	12246
田阳县	4069	14144	51971	60083	64718	49388	17262	13026	4986	4049
田东县	3472	12028	52298	65925	74800	57561	23424	17268	6829	5409
平果县	4183	14724	68220	80669	93141	72170	23336	17912	9833	8019
德保县	4708	11982	57026	60485	61049	43452	14261	10642	4598	3194
靖西县	6637	18938	95923	109283	102092	72382	22520	13427	6296	3789
那坡县	3827	11644	34846	38312	21707	12029	6923	3787	2940	1689
凌云县	4638	15508	41002	44030	30636	15902	8002	4395	2585	1450
乐业县	2176	6926	29391	36585	27351	15985	6129	3431	2582	1534
田林县	6201	19264	45800	50923	36847	20807	8832	5496	3454	2015
西林县	4696	12562	31889	33310	18932	10240	5013	2957	2129	1345
隆林各族自治县	12542	32391	82518	85876	43886	24238	10164	6649	3590	2247
贺州市	**15820**	**48243**	**317921**	**368238**	**438633**	**335817**	**95067**	**67816**	**26078**	**19853**
八步区	2954	10921	98192	118781	127557	101042	32292	24529	9639	7839
平桂管理区	2700	7089	61237	66805	99054	80306	16416	11688	3736	2974
昭平县	2640	7247	52938	61657	83546	62717	16809	10596	4305	2733
钟山县	4256	12606	66388	72873	68830	48766	17209	13087	4687	3721
富川瑶族自治县	3270	10380	39166	48122	59646	42986	12341	7916	3711	2586
河池市	**45403**	**153971**	**603129**	**696850**	**645132**	**463865**	**171273**	**116916**	**59491**	**43006**
金城江区	2738	8711	34751	41391	70573	58165	30330	26182	12294	9773
南丹县	4805	12327	51442	56592	53872	36026	13998	9118	5441	3892
天峨县	3311	10571	29943	35249	27336	15951	7125	3792	2897	1755

大学本科及以上		平均受教育年限(年)			15岁及以上文盲人口(人)			文盲人口占15岁及以上人口比重(%)		
男	女	合计	男	女	合计	男	女	合计	男	女
1583	1134	8.14	8.52	7.72	6866	1519	5347	3.55	1.50	5.79
1463	1048	8.38	8.76	7.96	7685	2402	5283	4.00	2.38	5.81
1085	862	8.33	8.68	7.95	5812	1503	4309	4.44	2.20	6.87
996	614	8.36	8.90	7.79	5834	1302	4532	4.83	2.08	7.77
1642	1368	8.36	8.73	7.96	9011	1769	7242	2.96	1.12	4.94
1753	1583	8.61	8.84	8.37	6018	1083	4935	2.01	0.70	3.42
1560	1240	8.31	8.60	7.99	2561	554	2007	1.24	0.51	2.04
25486	**18134**	**8.67**	**9.00**	**8.34**	**35993**	**6723**	**29270**	**1.64**	**0.60**	**2.74**
2730	1755	9.48	9.86	9.10	1758	290	1468	1.49	0.50	2.46
7699	6587	10.14	10.46	9.83	2158	327	1831	1.23	0.38	2.08
4852	3324	9.71	10.07	9.35	1694	349	1345	1.13	0.46	1.80
2307	1495	8.10	8.48	7.69	6247	1017	5230	1.52	0.48	2.63
3191	1997	8.24	8.52	7.94	10265	2284	7981	1.67	0.72	2.70
1492	1081	8.67	9.00	8.31	4319	791	3528	2.78	0.98	4.76
3215	1895	8.67	9.01	8.31	9552	1665	7887	1.69	0.58	2.83
21841	**16467**	**9.28**	**9.60**	**8.94**	**41298**	**10069**	**31229**	**3.36**	**1.60**	**5.22**
11617	8143	10.71	11.05	10.37	6569	1316	5253	2.22	0.89	3.53
4234	3783	9.11	9.45	8.73	7169	2090	5079	5.01	2.76	7.55
728	597	8.81	9.13	8.47	2568	546	2022	2.27	0.94	3.67
5262	3944	8.77	9.10	8.41	24992	6117	18875	3.70	1.76	5.76
10070	**5395**	**8.90**	**9.36**	**8.34**	**25512**	**5602**	**19910**	**3.76**	**1.51**	**6.46**
4478	2320	9.85	10.27	9.28	4459	1211	3248	3.49	1.65	5.97
2968	1594	8.64	9.09	8.12	9685	2162	7523	3.46	1.43	5.84
1409	785	8.59	9.09	8.00	7100	1378	5722	4.52	1.62	7.92
1215	696	8.87	9.33	8.35	4268	851	3417	3.75	1.40	6.47
20807	**14109**	**8.40**	**8.72**	**8.05**	**69467**	**17254**	**52213**	**3.15**	**1.49**	**5.00**
12950	8971	9.34	9.73	8.90	18657	4418	14239	3.90	1.72	6.42
1448	771	7.95	8.36	7.47	16653	3989	12664	4.06	1.79	6.75
3856	2731	8.04	8.28	7.78	20421	5330	15091	2.61	1.33	3.97
2553	1636	8.44	8.71	8.14	13736	3517	10219	2.57	1.26	4.01
20038	**13314**	**8.50**	**8.84**	**8.15**	**60277**	**12623**	**47654**	**2.00**	**0.82**	**3.22**
6959	4347	9.11	9.54	8.67	10993	1917	9076	2.48	0.85	4.14
2123	1446	8.38	8.81	7.96	9979	1633	8346	2.62	0.86	4.41
1322	1130	8.09	8.54	7.66	9482	1601	7881	3.25	1.12	5.29
3833	2593	8.54	8.78	8.28	13769	3794	9975	1.67	0.89	2.51
5801	3798	8.37	8.68	8.05	16054	3678	12376	1.49	0.67	2.35
37017	**30027**	**8.73**	**8.99**	**8.47**	**86832**	**22796**	**64036**	**2.16**	**1.11**	**3.24**
17171	15822	9.48	9.65	9.29	16739	3998	12741	1.98	0.92	3.12
3495	2464	8.72	9.01	8.43	7486	1385	6101	1.62	0.60	2.63
3455	2618	8.82	9.01	8.63	7186	2247	4939	1.32	0.81	1.84
4963	3607	8.31	8.58	8.03	31514	10076	21438	3.34	2.10	4.64
1848	1374	8.32	8.68	7.93	12036	2314	9722	2.88	1.07	4.81
6085	4142	8.61	8.89	8.33	11871	2776	9095	1.47	0.68	2.26
28407	**20204**	**7.87**	**8.52**	**7.21**	**209819**	**46674**	**163145**	**7.70**	**3.37**	**12.16**
11000	10215	9.40	9.80	8.99	12222	2556	9666	3.88	1.60	6.22
1702	1271	8.02	8.57	7.47	15160	2768	12392	5.83	2.11	9.61
2550	1673	8.48	9.05	7.91	12933	2312	10621	4.56	1.63	7.50
3713	2226	8.43	8.96	7.90	16814	3225	13589	4.82	1.84	7.84
1616	954	7.90	8.38	7.39	14034	3478	10556	5.84	2.77	9.19
1824	980	7.81	8.38	7.20	20603	4348	16255	5.35	2.19	8.72
811	397	7.05	7.95	6.13	14467	3415	11052	12.12	5.63	18.81
874	411	7.00	7.99	5.96	18037	3640	14397	12.84	5.06	21.02
1037	574	7.68	8.50	6.83	7036	1501	5535	6.50	2.73	10.38
1136	563	7.00	7.96	6.01	22624	5006	17618	13.36	5.85	21.01
835	399	6.73	7.66	5.79	15818	4063	11755	15.31	7.81	22.94
1309	541	6.44	7.31	5.57	40071	10362	29709	15.95	8.25	23.67
16233	**13615**	**8.34**	**8.76**	**7.90**	**50777**	**10009**	**40768**	**3.34**	**1.28**	**5.51**
9266	9002	8.67	9.04	8.28	10837	1735	9102	2.29	0.73	3.89
1298	1088	8.33	8.61	8.01	6763	1358	5405	2.20	0.85	3.66
1808	1029	8.36	8.78	7.89	7382	1483	5899	2.76	1.06	4.65
2200	1441	7.98	8.46	7.46	13187	2598	10589	4.87	1.86	8.08
1661	1055	8.07	8.68	7.43	12608	2835	9773	6.20	2.73	9.81
25696	**16543**	**7.98**	**8.62**	**7.32**	**167140**	**31382**	**135758**	**6.40**	**2.37**	**10.52**
6053	3768	9.50	9.93	9.05	8946	1644	7302	3.25	1.17	5.45
2038	1286	7.97	8.57	7.33	13671	3236	10435	6.38	2.90	10.14
1123	524	7.48	8.45	6.49	12035	2470	9565	10.56	4.27	17.07

表4 续表 34

地区	6岁及以上各种受教育程度人口(人)									
	未上过学		小学		初中		高中		大学专科	
	男	女	男	女	男	女	男	女	男	女
凤山县	3354	12064	29659	36545	28666	17504	6853	3637	3254	1941
东兰县	4906	22060	37446	44025	36953	21152	10657	5027	3520	1950
罗城仫佬族自治县	3474	10845	58893	66256	59894	43379	11205	7557	3686	3010
环江毛南族自治县	3301	11085	49263	56377	56682	39957	12911	8037	4434	2892
巴马瑶族自治县	4027	16814	45155	52987	34709	19957	10578	6251	3738	2303
都安瑶族自治县	4274	14947	100551	118945	95471	76381	20656	13028	6793	5262
大化瑶族自治县	4403	14744	72294	84978	63631	45963	17002	10688	5225	3602
宜州市	6810	19803	93732	103505	117345	89430	29958	23599	8209	6626
来宾市	**19759**	**61665**	**295084**	**340231**	**504451**	**397096**	**118227**	**87308**	**33788**	**25356**
兴宾区	7466	22936	122735	148925	216594	170651	54031	39562	16490	12057
忻城县	4331	13968	47010	54620	73716	55646	14525	10865	3620	2833
象州县	2937	8978	45438	50719	66148	50585	15352	11424	3920	3039
武宣县	2554	8309	43688	48116	94047	77104	19355	14016	4837	3641
金秀瑶族自治县	1619	4820	23902	23487	24114	18608	6745	4813	2254	1716
合山市	852	2654	12311	14364	29832	24502	8219	6628	2667	2070
崇左市	**19149**	**77412**	**280217**	**344647**	**486844**	**345299**	**110602**	**70006**	**37715**	**27929**
江州区	2536	10838	41020	50866	79093	54095	20981	12190	8237	6155
扶绥县	2709	11767	47301	54489	98488	73797	22152	14929	9961	6749
宁明县	3506	14712	51971	62943	82369	53909	16503	9294	4435	2674
龙州县	2030	8515	32350	43150	51341	35272	13484	9757	4078	4641
大新县	2991	12503	41655	54103	73335	54231	14828	9729	4045	2895
天等县	4550	15767	51746	62592	75327	54858	13955	8154	3866	2591
凭祥市	827	3310	14174	16504	26891	19137	8699	5953	3093	2224
海南省	**92453**	**297697**	**932656**	**1026165**	**1988251**	**1654172**	**785165**	**503072**	**245348**	**169811**
海口市	**10420**	**39973**	**158265**	**178186**	**382474**	**350403**	**238514**	**197808**	**106326**	**89751**
秀英区	2689	8696	33388	37784	82641	67483	36586	26580	10261	7391
龙华区	2388	8857	40739	46448	97132	95242	75378	67712	38345	32384
琼山区	2335	9353	41086	45012	95132	85111	51050	40494	23921	18785
美兰区	3008	13067	43052	48942	107569	102567	75500	63022	33799	31191
三亚市	**4552**	**11791**	**63680**	**63785**	**160796**	**140499**	**62342**	**46381**	**22260**	**17540**
市辖区	4552	11791	63680	63785	160796	140499	62342	46381	22260	17540
省直辖县级行政区划	**77481**	**245933**	**710711**	**784194**	**1444981**	**1163270**	**484309**	**258883**	**116762**	**62520**
五指山市	1351	3753	11093	9872	21378	17207	11521	9751	3268	2256
琼海市	2698	12848	46719	53983	124699	109590	43713	24902	11202	6137
儋州市	15278	58985	132564	141052	203347	139422	72916	35883	20663	9326
文昌市	3734	20175	57681	69170	128173	116359	50782	27889	9670	8309
万宁市	5595	16897	52164	61524	140387	121951	54438	25646	11016	5631
东方市	9254	25955	59659	66956	86252	62874	28711	15652	8716	4499
定安县	2342	6798	27754	33472	76367	64861	22748	11539	5468	2650
屯昌县	3188	8384	31668	36510	65726	52834	15558	8390	4609	2324
澄迈县	5353	15285	52352	57172	127256	98054	37934	15855	7669	3306
临高县	7155	20021	54689	63480	103525	79497	29989	13317	6814	2939
白沙黎族自治县	2445	5992	24887	23940	38099	29671	11715	7173	3436	1935
昌江黎族自治县	4724	12451	30358	30942	48916	38007	17811	10988	4964	2507
乐东黎族自治县	7296	18059	62256	66221	107719	92405	35852	19883	7742	4280
陵水黎族自治县	3041	9158	28481	33214	93600	77228	24072	14341	4383	2409
保亭黎族苗族自治县	1805	5085	16270	15406	36626	29438	13416	9212	3487	2055
琼中黎族苗族自治县	2221	6087	22104	21275	42632	33827	13065	8458	3645	1957
西沙群岛	1		12	5	279	45	68	4	10	
南沙群岛										
中沙群岛的岛礁及其海域										
重庆市	**389380**	**959339**	**4767350**	**4940245**	**5113134**	**4533263**	**2007844**	**1806611**	**742938**	**631511**
市辖区	**151818**	**384450**	**2152805**	**2223922**	**2804503**	**2548012**	**1326069**	**1256610**	**561869**	**501417**
万州区	15441	37051	245687	271644	285375	265955	128036	118027	40041	35662
涪陵区	17542	41537	157741	155661	203193	186656	73949	68571	27919	23787
渝中区	2729	8644	44828	52849	98681	91638	80083	84632	37393	36231
大渡口区	1396	4456	26737	29537	56846	51376	39330	37458	13698	12279
江北区	3719	9709	59993	63553	119012	107325	96297	95926	45627	43278
沙坪坝区	4630	12012	76745	82034	153859	143453	107651	105994	61582	57006
九龙坡区	5075	15146	107085	113506	191982	173752	126748	119256	61115	53837
南岸区	3144	8901	60666	65176	119601	112045	82402	83637	39966	38979
北碚区	5895	15921	79989	81502	126010	112229	63091	60858	21021	19644
万盛区	3621	11038	36375	40516	54620	45879	20886	17750	4602	3637
双桥区	458	1285	6585	7251	9225	8943	4786	3801	1514	1162
渝北区	10230	25877	168172	167739	211228	194948	125758	122078	68914	62855

大学本科及以上		平均受教育年限(年)			15岁及以上文盲人口(人)			文盲人口占15岁及以上人口比重(%)		
男	女	合计	男	女	合计	男	女	合计	男	女
1020	508	7.40	8.46	6.37	13812	2647	11165	11.49	4.47	18.29
1562	832	7.13	8.51	5.83	24537	3790	20747	15.65	4.96	25.81
1630	1195	7.73	8.21	7.24	11514	2281	9233	4.77	1.84	7.84
1568	1033	7.93	8.53	7.29	11873	2241	9632	5.55	2.03	9.29
1143	647	7.28	8.31	6.28	19035	3197	15838	11.47	3.91	18.84
2687	1735	7.93	8.44	7.42	16112	3041	13071	4.21	1.60	6.78
2270	1287	7.76	8.39	7.12	15686	2932	12754	5.62	2.10	9.15
4602	3728	8.21	8.64	7.76	19919	3903	16016	4.44	1.69	7.34
13768	**9540**	**8.50**	**8.93**	**8.03**	**64852**	**12561**	**52291**	**3.90**	**1.46**	**6.50**
7098	4571	8.66	9.11	8.18	23403	4436	18967	3.29	1.21	5.50
1258	1051	7.98	8.50	7.44	15624	3273	12351	6.14	2.52	9.91
1726	1309	8.28	8.70	7.82	8626	1474	7152	3.74	1.24	6.43
1838	1367	8.72	9.08	8.32	8858	1620	7238	3.25	1.14	5.53
916	697	8.07	8.49	7.61	5650	1261	4389	5.60	2.38	9.18
932	545	9.02	9.38	8.64	2691	497	2194	2.82	1.00	4.79
12824	**7908**	**8.35**	**8.97**	**7.69**	**84180**	**14063**	**70117**	**5.21**	**1.68**	**8.99**
3523	2184	8.70	9.31	8.01	11489	1790	9699	4.37	1.29	7.84
2459	1707	8.76	9.29	8.19	12110	1663	10447	3.95	1.03	7.16
1413	775	8.04	8.73	7.27	16081	2591	13490	6.09	1.87	10.74
1315	894	8.34	8.90	7.78	9058	1428	7630	4.85	1.52	8.25
1328	792	8.10	8.74	7.46	13978	2498	11480	5.72	2.02	9.48
1449	808	7.85	8.54	7.16	18009	3573	14436	7.00	2.76	11.29
1337	748	8.94	9.45	8.36	3455	520	2935	3.74	1.05	6.84
147807	**107194**	**9.22**	**9.78**	**8.61**	**352636**	**74911**	**277725**	**5.07**	**2.06**	**8.35**
84001	**67046**	**10.60**	**11.01**	**10.17**	**43794**	**7583**	**36211**	**2.57**	**0.88**	**4.32**
6142	3722	9.52	9.99	9.00	10117	2052	8065	3.54	1.36	5.94
27219	20369	11.07	11.48	10.66	9350	1544	7806	1.89	0.62	3.18
16976	14099	10.36	10.78	9.92	10314	1811	8503	2.62	0.90	4.42
33664	28856	10.90	11.31	10.50	14013	2176	11837	2.65	0.82	4.49
20697	**19207**	**9.92**	**10.18**	**9.64**	**13278**	**3055**	**10223**	**2.36**	**1.03**	**3.82**
20697	19207	9.92	10.18	9.64	13278	3055	10223	2.36	1.03	3.82
43109	**20941**	**8.63**	**9.30**	**7.90**	**295564**	**64273**	**231291**	**6.30**	**2.60**	**10.42**
2235	1153	9.51	9.93	9.03	4621	1123	3498	5.50	2.49	8.97
4357	2363	9.13	9.70	8.51	13723	1854	11869	3.47	0.90	6.26
11354	5223	8.27	9.24	7.17	69856	13157	56699	9.73	3.45	16.85
3333	2098	8.84	9.48	8.19	21531	2698	18833	4.85	1.21	8.54
2787	1297	8.97	9.58	8.28	20307	4547	15760	4.62	1.96	7.60
3160	1424	8.07	8.93	7.14	31511	7651	23860	10.00	4.69	15.71
1583	738	8.91	9.44	8.32	8260	1902	6358	3.63	1.59	5.90
1325	659	8.53	9.09	7.92	10545	2671	7874	5.31	2.57	8.33
2718	1028	8.70	9.31	7.97	19081	4567	14514	5.21	2.28	8.74
1869	816	8.30	9.05	7.46	25666	6311	19355	8.00	3.73	12.76
1033	483	8.51	8.99	7.94	7687	2076	5611	5.92	2.96	9.40
1979	838	8.35	9.05	7.56	15800	4104	11696	8.90	4.39	13.94
2110	991	8.48	9.05	7.86	22787	6068	16719	6.33	3.24	9.67
1182	708	8.87	9.34	8.35	10689	2276	8413	4.18	1.69	6.97
889	515	8.96	9.39	8.46	5874	1373	4501	4.93	2.13	8.25
1177	607	8.68	9.15	8.12	7625	1894	5731	5.52	2.54	9.00
18		9.80	9.91	8.94	1	1		0.23	0.26	
590351	**480639**	**8.75**	**9.10**	**8.40**	**1215197**	**332012**	**883185**	**5.08**	**2.76**	**7.40**
507252	**424820**	**9.48**	**9.75**	**9.21**	**477736**	**127389**	**350347**	**3.52**	**1.86**	**5.21**
22344	17613	8.89	9.18	8.61	45260	12299	32961	3.40	1.87	4.90
18064	16232	8.73	9.04	8.42	55206	15985	39221	6.15	3.55	8.78
37596	32864	11.07	11.29	10.85	8986	1861	7125	1.57	0.66	2.46
8142	6420	10.26	10.49	10.03	4828	994	3834	1.81	0.73	2.91
36884	29577	10.88	11.06	10.71	10800	2656	8144	1.61	0.78	2.47
82981	75134	11.28	11.45	11.11	13967	3465	10502	1.54	0.75	2.34
36881	27526	10.36	10.59	10.12	17185	3900	13285	1.79	0.79	2.83
63441	48743	11.13	11.35	10.90	9830	2185	7645	1.44	0.63	2.28
34277	33483	9.87	10.05	9.68	19875	5160	14715	3.24	1.67	4.84
2083	1440	8.48	8.94	8.02	13492	3156	10336	6.15	2.86	9.48
896	601	9.21	9.65	8.78	1570	384	1186	3.81	1.86	5.74
65353	56061	10.19	10.40	9.98	31312	8320	22992	2.65	1.39	3.95

表4 续表 35

地区	6岁及以上各种受教育程度人口(人)									
	未上过学		小学		初中		高中		大学专科	
	男	女	男	女	男	女	男	女	男	女
巴南区	7689	20447	128677	128899	190939	170638	72338	66711	27709	23565
黔江区	6463	14821	78157	85377	86136	72176	26519	19597	8437	5751
长寿区	8041	22803	109088	115157	179228	161532	51351	44964	13836	10837
江津区	14402	30114	257620	246822	222904	207435	63682	60282	18796	15297
合川区	19215	51443	259910	260614	217697	187728	69686	62954	21082	19088
永川区	11783	27967	155183	160314	176145	166323	63229	56979	40928	32236
南川区	10345	25278	93567	95771	101822	87981	30247	27135	7689	6286
县	**237562**	**574889**	**2614545**	**2716323**	**2308631**	**1985251**	**681775**	**550001**	**181069**	**130094**
綦江县	9487	27930	147200	158107	158321	134269	48840	41829	11114	8077
潼南县	8930	26525	133675	143097	110339	92897	32218	24714	8703	6040
铜梁县	10239	28764	118068	123131	100015	91760	32189	27150	8566	7524
大足县	11335	27913	128389	133682	120215	102426	39018	30640	8103	6168
荣昌县	8108	21107	125863	131814	117406	110427	35600	32024	10378	8834
璧山县	6555	16919	96874	96981	124059	114226	34158	30756	12407	8507
梁平县	11248	31924	129930	136047	129375	107546	36174	28653	8571	6322
城口县	5634	9834	45844	48175	24711	19133	7601	5266	3022	2149
丰都县	9375	23392	128370	139599	118295	100352	32102	25923	8771	6270
垫江县	15082	39612	123633	129124	122170	107216	43263	34346	12494	8677
武隆县	10037	20704	69628	70255	58793	46111	18785	14612	6055	4203
忠县	14073	39499	145113	151770	136068	116185	34742	26679	9946	6731
开县	19107	46054	225501	236038	206995	188059	59096	46861	13543	9473
云阳县	18149	44047	192212	198859	147590	132149	48700	40653	10729	7374
奉节县	17394	34871	186275	185573	131458	112403	43573	35601	10517	7816
巫山县	12136	21681	115558	112773	77062	64709	22565	18224	5578	3997
巫溪县	11590	23889	97072	96931	54489	43973	21036	17661	5945	4305
石柱土家族自治县	7942	20983	81942	87162	70406	55426	24418	19532	6080	4206
秀山土家族苗族自治县	7544	15733	101269	107319	93611	79888	22134	16596	6420	4855
酉阳土家族苗族自治县	11344	23548	115007	117628	104089	88821	23294	17555	7063	4320
彭水苗族土家族自治县	12253	29960	107122	112258	103164	77275	22269	14726	7064	4246
四川省	**1525276**	**3435157**	**13702122**	**14144429**	**15049154**	**13009138**	**4895972**	**4149956**	**1749262**	**1498618**
成都市	**120664**	**282597**	**1688260**	**1719173**	**2578201**	**2368633**	**1204245**	**1149005**	**614749**	**596200**
锦江区	3210	8697	48112	51250	95455	85347	76510	80571	47500	47956
青羊区	2450	7318	48261	54537	99814	97057	89923	103169	67351	72977
金牛区	5003	13727	93382	101728	202847	181263	131077	126610	72694	71953
武侯区	5056	12319	103098	106092	229165	200711	133467	132095	88081	92697
成华区	5513	13731	76992	82641	152638	139573	120866	110748	57148	53639
龙泉驿区	7638	19280	93307	94237	122795	114847	66873	65315	40680	40624
青白江区	6419	14242	59659	60806	70962	66396	31163	27400	9966	7860
新都区	6250	14122	110725	114496	165595	157162	55728	51683	17648	16284
温江区	2829	6517	51123	52652	80966	76519	35270	30806	29892	29281
金堂县	14072	30979	128491	131744	147537	128652	35798	29363	9691	7640
双流县	11551	27039	175546	175204	255948	230668	96230	86138	42621	39241
郫县	5409	11887	112170	97680	169838	148185	77066	70361	40450	35707
大邑县	7183	16423	82957	82133	102868	95275	30479	26770	17445	12908
蒲江县	2074	5655	32236	36233	56704	53650	16735	14540	4228	3945
新津县	3389	7763	44454	44564	62866	61110	20564	18548	9780	10328
都江堰市	7142	16923	91048	91592	131060	124231	54943	51966	22651	19431
彭州市	10904	24644	130562	131685	151766	143525	48699	44214	16343	13594
邛崃市	5851	14115	98539	102656	136740	127867	40504	37824	9201	8895
崇州市	8721	17216	107598	107243	142637	136595	42350	40884	11379	11240
自贡市	**42715**	**114474**	**465829**	**483491**	**514335**	**457110**	**146864**	**137929**	**43274**	**38064**
自流井区	3162	9415	30898	33972	56348	57646	34990	37920	15708	14020
贡井区	3614	10635	41712	42077	56114	49427	16859	15049	3441	3245
大安区	7299	18750	59338	59250	75404	70466	24582	23351	6834	6265
沿滩区	7143	18071	51486	52752	52757	45395	9585	7899	1573	1365
荣县	7500	22392	113870	120778	115276	99149	30338	26437	7097	5780
富顺县	13997	35211	168525	174662	158436	135027	30510	27273	8621	7389
攀枝花市	**29717**	**59963**	**187916**	**185449**	**216132**	**180799**	**93606**	**79533**	**39854**	**30815**
东区	2773	7980	38288	40495	58701	54569	39192	36276	21697	17434
西区	2368	5522	21799	21676	31797	28314	18515	14283	4153	3199
仁和区	5250	11084	44484	42952	51240	40014	17795	14867	7540	5386
米易县	9338	16467	41410	40555	40136	33148	9402	7367	3168	2538
盐边县	9988	18910	41935	39771	34258	24754	8702	6740	3296	2258
泸州市	**64469**	**149292**	**891159**	**917160**	**695118**	**587257**	**207491**	**181304**	**57414**	**48564**
江阳区	6045	14249	94719	101120	86346	83561	43041	43312	20525	18573
纳溪区	6228	13006	94192	95325	81735	70291	22884	19037	5733	4523

大学本科及以上		平均受教育年限(年)			15岁及以上文盲人口(人)			文盲人口占15岁及以上人口比重(%)		
男	女	合计	男	女	合计	男	女	合计	男	女
23742	14231	9.19	9.46	8.91	23756	5925	17831	2.92	1.41	4.53
4484	2526	8.30	8.80	7.79	18915	5261	13654	5.54	3.07	8.03
7140	4988	8.62	8.95	8.29	28190	6981	21209	4.30	2.11	6.53
9188	7322	8.11	8.28	7.93	39238	12077	27161	3.79	2.30	5.34
21509	22581	8.11	8.42	7.81	67862	17967	49895	6.21	3.30	9.12
28973	25056	9.19	9.52	8.86	35284	10021	25263	4.15	2.35	5.97
3274	2422	7.97	8.36	7.57	32180	8792	23388	7.41	4.04	10.78
83099	**55819**	**7.79**	**8.23**	**7.35**	**737461**	**204623**	**532838**	**7.10**	**3.96**	**10.23**
4483	2885	8.09	8.47	7.70	33662	7982	25680	5.04	2.37	7.74
4213	2511	7.72	8.21	7.24	32758	7840	24918	6.36	3.08	9.55
4514	3395	7.78	8.22	7.38	35821	8786	27035	7.21	3.63	10.59
3419	2400	7.82	8.24	7.41	36410	10113	26297	6.63	3.68	9.57
7831	5530	8.19	8.52	7.88	25823	6585	19238	4.75	2.46	6.99
5396	3996	8.47	8.77	8.17	20746	5382	15364	4.17	2.14	6.26
4754	3263	7.84	8.34	7.34	38991	9337	29654	7.09	3.41	10.73
1214	778	7.17	7.62	6.71	14062	5028	9034	9.59	6.81	12.40
3748	2556	7.94	8.36	7.51	27209	6836	20373	5.41	2.73	8.09
5709	3559	7.98	8.58	7.39	49840	12896	36944	9.28	4.87	13.56
2541	1661	7.59	8.09	7.06	27460	8538	18922	9.78	5.94	13.81
4050	2455	7.64	8.16	7.12	48956	12217	36739	8.12	4.08	12.09
6806	4431	7.84	8.28	7.42	58470	16225	42245	6.59	3.73	9.34
4501	3047	7.61	8.06	7.18	56672	15753	40919	7.94	4.50	11.26
4129	2927	7.62	7.98	7.25	48555	15744	32811	7.45	4.79	10.15
2350	1657	7.41	7.73	7.07	31633	11108	20525	8.11	5.58	10.73
2510	1758	7.26	7.70	6.81	33558	10815	22743	10.17	6.51	13.87
2606	1714	7.77	8.33	7.20	26718	7026	19692	8.45	4.44	12.48
2615	1952	7.87	8.23	7.50	19843	5998	13845	5.18	3.11	7.28
2684	1512	7.66	8.10	7.22	30403	9263	21140	7.24	4.40	10.08
3026	1832	7.50	8.15	6.84	39871	11151	28720	10.01	5.58	14.45
1201132	**917697**	**8.35**	**8.74**	**7.96**	**4376381**	**1270508**	**3105873**	**6.55**	**3.78**	**9.37**
623264	**507357**	**9.93**	**10.13**	**9.72**	**347270**	**97962**	**249308**	**2.78**	**1.54**	**4.04**
60828	59705	11.64	11.74	11.54	10190	2502	7688	1.62	0.80	2.43
84502	71078	12.13	12.30	11.96	7844	1732	6112	1.04	0.47	1.59
88075	64888	11.09	11.30	10.87	14803	3362	11441	1.37	0.61	2.17
120305	97960	11.41	11.51	11.30	13517	3439	10078	1.09	0.54	1.67
50986	36853	10.86	11.10	10.60	16507	4409	12098	1.96	1.02	2.96
32155	32326	10.08	10.26	9.89	24859	6821	18038	3.68	2.04	5.30
5383	3603	8.65	8.99	8.29	19159	5794	13365	5.76	3.46	8.09
18531	12933	9.07	9.28	8.85	16750	4806	11944	2.45	1.39	3.52
19386	23279	10.39	10.47	10.31	7695	2194	5501	1.87	1.07	2.67
3700	2534	7.90	8.27	7.53	39717	11825	27892	6.70	3.95	9.50
46182	34843	9.42	9.65	9.18	34175	9793	24382	3.03	1.69	4.44
58658	39881	10.19	10.35	10.01	13747	3884	9863	1.67	0.88	2.58
3831	3689	8.55	8.83	8.25	21522	6374	15148	4.82	2.81	6.89
1716	1366	8.68	8.94	8.42	6169	1457	4712	2.92	1.39	4.42
3643	2469	8.91	9.11	8.72	9572	2751	6821	3.57	2.06	5.07
9712	8037	9.11	9.35	8.88	20399	5673	14726	3.48	1.93	5.06
7305	5193	8.38	8.65	8.12	32026	9524	22502	4.74	2.81	6.67
3406	2805	8.47	8.66	8.28	16594	4560	12034	3.06	1.68	4.43
4960	3915	8.47	8.62	8.31	22025	7062	14963	3.73	2.39	5.06
33521	**22430**	**8.18**	**8.57**	**7.80**	**142079**	**36292**	**105787**	**6.37**	**3.27**	**9.42**
22124	14176	10.40	10.84	9.97	11280	2665	8615	3.70	1.77	5.57
1404	1027	8.20	8.54	7.87	13364	3225	10139	5.91	2.83	9.01
2697	2014	8.27	8.63	7.92	24232	6489	17743	7.59	4.12	10.95
730	582	7.26	7.75	6.79	22706	6051	16655	10.37	5.62	14.98
2703	1802	7.86	8.23	7.49	26630	6264	20366	5.30	2.49	8.10
3863	2829	7.66	8.03	7.29	43867	11598	32269	6.65	3.53	9.75
26537	**16409**	**8.71**	**9.16**	**8.24**	**81628**	**26024**	**55604**	**8.08**	**4.98**	**11.41**
18600	11384	10.44	10.85	10.00	9276	2116	7160	2.96	1.31	4.71
1732	1015	9.04	9.41	8.63	7131	2003	5128	5.19	2.79	7.79
3219	2040	8.45	8.84	8.02	15070	4704	10366	6.92	4.09	10.09
1667	1157	7.33	7.79	6.86	23726	8378	15348	13.32	9.27	17.50
1319	813	6.99	7.60	6.33	26425	8823	17602	16.21	10.49	22.31
30160	**25032**	**7.89**	**8.22**	**7.55**	**182170**	**49888**	**132282**	**5.48**	**2.99**	**7.97**
14005	11976	9.18	9.45	8.92	17406	4785	12621	3.63	2.04	5.15
1884	1200	7.92	8.20	7.63	15275	4431	10844	4.15	2.37	6.01

表4 续表 36

地区	6岁及以上各种受教育程度人口(人)									
	未上过学		小学		初中		高中		大学专科	
	男	女	男	女	男	女	男	女	男	女
龙马潭区	3349	8392	56510	60588	56614	56341	26962	27305	8207	7404
泸县	14725	38344	182787	188342	134833	115356	40456	35157	6696	5797
合江县	14326	29429	150136	148409	117822	102026	35485	27388	6177	5175
叙永县	10035	22883	141581	142222	97078	70569	18685	13842	5093	3717
古蔺县	9761	22989	171234	181154	120690	89113	19978	15263	4983	3375
德阳市	**50988**	**127513**	**590250**	**630381**	**727005**	**650277**	**234016**	**198512**	**86278**	**67453**
旌阳区	8511	21440	90610	96298	128992	123020	67517	63633	41199	29387
中江县	15258	40840	221773	238371	261233	214306	54429	39069	9791	6876
罗江县	3260	7666	38205	41037	42517	36390	11947	9246	4285	5021
广汉市	8657	21704	87448	89784	123587	119965	37959	34005	14232	12063
什邡市	7119	16996	67042	71103	81284	76811	28849	24534	8552	7204
绵竹市	8183	18867	85172	93788	89392	79785	33315	28025	8219	6902
绵阳市	**84647**	**205579**	**752846**	**787180**	**893100**	**773073**	**302459**	**260220**	**99609**	**81528**
涪城区	7831	18355	87652	92834	155671	149251	91992	88991	36174	31976
游仙区	8435	18108	69561	74007	89848	77761	32900	30276	18985	15889
三台县	20318	50840	191093	199150	216769	185482	50523	36439	10882	6847
盐亭县	6425	20698	70549	76594	87261	75025	26425	18937	5710	3582
安县	6947	17034	76937	81574	66208	54831	15541	12229	4140	3010
梓潼县	7942	20235	55991	56445	61261	49011	15423	12274	3739	2707
北川羌族自治县	6007	12789	40689	40287	35204	26643	10520	8256	2564	1913
平武县	4470	8924	37253	35936	31758	24207	7985	6437	2476	1870
江油市	16272	38596	123121	130353	149120	130862	51150	46381	14939	13734
广元市	**50047**	**151255**	**419639**	**466288**	**457455**	**354890**	**172716**	**137900**	**55106**	**38979**
利州区	5072	16502	67382	76027	95458	81408	53230	47268	20712	16004
元坝区	3286	10390	30231	35161	32599	22061	11493	7785	3054	1608
朝天区	6058	15478	35623	38677	30056	18993	8130	5946	2473	1831
旺苍县	6245	18655	69045	79184	75223	58369	23315	17403	6765	4589
青川县	4631	10734	41208	44762	45269	32300	12549	9715	4395	3203
剑阁县	8874	27114	78393	87437	90137	70063	26244	21252	7342	5052
苍溪县	15881	52382	97757	105040	88713	71696	37755	28531	10365	6692
遂宁市	**47226**	**134569**	**514494**	**554981**	**728247**	**640973**	**187448**	**146108**	**49398**	**36571**
船山区	6942	18998	91318	99862	133041	127498	49145	42285	21763	16940
安居区	8221	23927	113790	125242	154972	123955	26708	17524	4300	2684
蓬溪县	10120	26963	94047	96364	128193	109309	24279	17441	6098	4151
射洪县	14358	43330	143251	153656	194456	178343	65135	52282	12838	9746
大英县	7585	21351	72088	79857	117585	101868	22181	16576	4399	3050
内江市	**51620**	**122040**	**613833**	**619968**	**820755**	**731453**	**187283**	**166931**	**51544**	**45264**
市中区	6944	17355	69298	69479	104300	99331	39744	36056	12454	9975
东兴区	13088	28336	116281	118434	159606	142013	37698	35996	12846	11504
威远县	7017	18127	105902	109926	143698	126671	30454	26319	7716	6527
资中县	15802	34102	202421	201395	287490	250386	49624	41669	11644	10375
隆昌县	8769	24120	119931	120734	125661	113052	29763	26891	6884	6883
乐山市	**52676**	**119970**	**559585**	**572021**	**609493**	**543010**	**205529**	**185324**	**69656**	**66452**
市中区	4255	11337	81933	87474	115318	114038	59965	60194	26609	31266
沙湾区	2394	5100	33833	33835	39775	33477	12994	10363	3566	2439
五通桥区	3393	8149	51761	53113	67159	62568	20516	19135	5448	4924
金口河区	841	2037	10120	10454	8180	5919	2955	2311	1486	1194
犍为县	5367	12326	85984	90088	85216	75360	22042	19016	4989	3954
井研县	5124	14222	55074	58347	50716	46174	13608	11431	3400	2649
夹江县	3290	10101	53889	57152	76689	69542	20852	18185	5520	5328
沐川县	5214	11086	46509	45365	41372	30614	8921	6482	2446	1645
峨边彝族自治县	6700	13444	28332	25683	21575	15319	5514	4220	2891	1961
马边彝族自治县	11969	20599	42419	38120	17459	12504	5042	3944	2290	1529
峨眉山市	4129	11569	69731	72390	86034	77495	33120	30043	11011	9563
南充市	**113115**	**312013**	**1038386**	**1120574**	**1267826**	**1064893**	**409813**	**294192**	**102394**	**76171**
顺庆区	7400	19731	85530	91649	117309	115521	65693	60027	28585	26226
高坪区	7897	17445	96790	98502	114020	97052	31551	22695	9587	9142
嘉陵区	10030	24983	104054	104282	141039	112861	33477	22101	7510	4974
南部县	24504	79408	162449	170213	158956	133463	62204	45511	12344	8081
营山县	15351	40980	129100	139200	159947	133058	38844	24938	7378	4563
蓬安县	7443	19674	99855	113331	122744	99990	32024	21659	6707	4360
仪陇县	23892	59742	165206	176097	190120	144015	56200	34715	10924	6419
西充县	10438	29408	82643	80965	109505	98538	35376	24005	7951	5029
阆中市	6160	20642	112759	146335	154186	130395	54444	38541	11408	7377

大学本科及以上		平均受教育年限(年)			15岁及以上文盲人口(人)			文盲人口占15岁及以上人口比重(%)		
男	女	合计	男	女	合计	男	女	合计	男	女
6075	5546	8.89	9.13	8.67	10223	2755	7468	3.49	1.94	4.95
2854	2472	7.53	7.92	7.14	46590	11791	34799	6.99	3.60	10.28
2461	1916	7.61	7.94	7.27	38245	11753	26492	6.89	4.18	9.69
1528	987	7.32	7.73	6.88	27865	7568	20297	6.34	3.35	9.51
1353	935	7.34	7.73	6.94	26566	6805	19761	5.05	2.54	7.66
44527	**27147**	**8.44**	**8.82**	**8.05**	**156472**	**42101**	**114371**	**4.97**	**2.66**	**7.32**
20257	13244	9.62	10.04	9.19	26905	7233	19672	4.13	2.19	6.12
3347	2055	7.81	8.20	7.40	47815	12061	35754	4.84	2.40	7.38
1157	884	8.13	8.42	7.84	9992	2875	7117	5.35	3.07	7.66
12311	5393	8.64	9.02	8.25	27199	7342	19857	5.18	2.79	7.56
3982	2811	8.31	8.67	7.96	21996	6182	15814	5.95	3.38	8.48
3473	2760	8.12	8.47	7.76	22565	6408	16157	5.31	3.04	7.55
77395	**52920**	**8.37**	**8.78**	**7.94**	**254906**	**70808**	**184098**	**6.41**	**3.53**	**9.34**
40693	28700	10.12	10.42	9.82	23466	6676	16790	3.06	1.72	4.42
17172	11954	9.11	9.50	8.71	22691	6912	15779	5.30	3.17	7.49
5020	3004	7.69	8.15	7.23	60635	16190	44445	6.91	3.66	10.23
1605	894	7.91	8.45	7.36	24076	5305	18771	6.76	2.97	10.58
1809	1227	7.50	7.92	7.07	19804	5436	14368	6.46	3.54	9.39
1300	847	7.49	8.01	6.95	25654	6949	18705	9.77	5.22	14.44
1144	784	7.39	7.87	6.88	17199	5294	11905	10.23	6.11	14.62
1032	776	7.50	7.88	7.09	12577	4117	8460	8.59	5.39	12.09
7620	4734	8.18	8.59	7.78	48804	13929	34875	7.34	4.22	10.43
19145	**10894**	**7.98**	**8.63**	**7.32**	**179830**	**41796**	**138034**	**8.68**	**4.02**	**13.37**
8339	5038	9.28	9.74	8.81	19477	4256	15221	4.39	1.89	6.96
1023	485	7.68	8.44	6.89	11533	2549	8984	8.09	3.48	12.96
808	447	6.99	7.77	6.20	18344	4881	13463	12.97	6.84	19.21
2206	1249	7.94	8.54	7.33	21852	5038	16814	7.01	3.21	10.85
1228	756	7.85	8.34	7.32	13722	3918	9804	7.29	4.01	10.83
2792	1580	7.77	8.39	7.15	31922	7398	24524	8.43	3.91	12.96
2749	1339	7.36	8.24	6.54	62980	13756	49224	13.55	6.11	20.54
20586	**13555**	**8.17**	**8.61**	**7.73**	**167786**	**41233**	**126553**	**6.07**	**2.99**	**9.16**
8990	6112	8.97	9.36	8.58	23643	5951	17692	4.22	2.14	6.26
1359	745	7.76	8.21	7.30	29566	7156	22410	5.51	2.62	8.51
2589	1662	7.80	8.26	7.34	35103	9238	25865	7.52	3.90	11.23
5572	3777	8.20	8.67	7.74	52325	12127	40198	6.60	3.10	10.01
2076	1259	7.96	8.42	7.50	27149	6761	20388	6.71	3.35	10.05
24067	**20174**	**8.23**	**8.50**	**7.95**	**156855**	**44433**	**112422**	**5.08**	**2.85**	**7.36**
5423	3613	8.80	9.13	8.48	21603	5782	15821	5.06	2.70	7.43
8863	8941	8.38	8.65	8.11	38814	11877	26937	6.30	3.85	8.75
2683	1814	8.15	8.42	7.86	22304	5945	16359	4.21	2.21	6.25
4523	3718	8.09	8.32	7.84	43691	13175	30516	4.41	2.60	6.33
2575	2088	7.91	8.21	7.61	30443	7654	22789	5.80	2.94	8.64
45308	**34351**	**8.42**	**8.71**	**8.11**	**147088**	**42849**	**104239**	**5.28**	**3.06**	**7.52**
23732	21017	9.87	10.02	9.74	13932	3597	10335	2.35	1.24	3.40
1267	842	8.33	8.61	8.01	6633	1995	4638	4.02	2.31	5.88
2156	1590	8.43	8.64	8.22	10168	2780	7388	3.63	1.98	5.30
586	350	8.15	8.59	7.66	2498	683	1815	6.06	3.17	9.23
2115	1642	7.93	8.20	7.65	15183	4429	10754	4.10	2.38	5.84
1178	856	7.62	8.05	7.21	17935	4586	13349	7.58	3.95	11.07
2245	1693	8.40	8.69	8.11	12356	2883	9473	4.12	1.92	6.32
744	422	7.39	7.84	6.90	15337	4732	10605	8.74	5.14	12.72
1071	611	6.97	7.65	6.25	10294	3436	6858	9.41	6.08	12.98
689	328	6.05	6.69	5.39	28516	10112	18404	22.59	15.77	29.62
9525	5000	8.84	9.17	8.49	14236	3616	10620	3.68	1.84	5.59
50023	**46380**	**8.08**	**8.61**	**7.56**	**391517**	**98970**	**292547**	**7.50**	**3.79**	**11.22**
24152	27388	9.80	10.07	9.54	24799	6418	18381	4.09	2.17	5.91
5030	7164	8.33	8.60	8.06	22305	6491	15814	4.85	2.77	7.00
4657	2870	8.03	8.48	7.55	32549	8977	23572	6.42	3.39	9.72
3874	2244	7.42	8.24	6.66	98970	22700	76270	13.25	6.29	19.76
1559	876	7.64	8.21	7.08	51395	13158	38237	8.39	4.29	12.49
2307	1257	7.97	8.44	7.49	23406	5903	17503	4.99	2.49	7.55
2875	1536	7.56	8.22	6.87	75094	20251	54843	9.97	5.28	14.83
2172	1192	7.96	8.50	7.40	38035	9663	28372	8.61	4.33	12.97
3397	1853	8.29	8.81	7.78	24964	5409	19555	4.00	1.75	6.20

表4 续表 37

地 区	6岁及以上各种受教育程度人口(人)									
	未上过学		小学		初中		高中		大学专科	
	男	女	男	女	男	女	男	女	男	女
眉山市	**46641**	**116347**	**493869**	**516899**	**613603**	**565993**	**169485**	**148391**	**44270**	**38455**
东坡区	8326	21901	121754	133842	173841	164052	57418	53571	18406	16804
仁寿县	25245	58457	220325	223332	253477	230750	61686	52036	12496	10487
彭山县	4478	10932	48075	48236	58077	54417	16309	13237	4760	4196
洪雅县	4954	15359	52676	56082	60426	52975	17012	14271	4297	3274
丹棱县	1480	3861	21480	24963	33065	30259	7882	7034	1897	1639
青神县	2158	5837	29559	30444	34717	33540	9178	8242	2414	2055
宜宾市	**70284**	**155681**	**939618**	**944595**	**775612**	**632265**	**221012**	**190415**	**68254**	**55644**
翠屏区	8228	19712	129252	132712	138312	126734	72605	71773	28704	24407
宜宾县	11305	26912	178697	184481	141281	114872	37122	29800	9349	7221
南溪县	5596	12102	64831	64948	63939	54177	18034	15644	4249	3681
江安县	6616	13597	82687	80845	77639	66959	16161	13553	4469	3636
长宁县	4843	10257	74571	74440	61214	48558	15447	12169	3857	3078
高县	8465	18606	98171	97470	66912	50029	14557	11669	3537	2736
珙县	6207	13700	79771	79724	71017	54411	17359	13238	5056	3716
筠连县	5830	13372	79731	80504	52431	38014	10575	7671	3289	2504
兴文县	7679	15081	90652	88665	63425	48774	11737	8903	3399	2751
屏山县	5515	12342	61255	60806	39442	29737	7415	5995	2345	1914
广安市	**55144**	**147303**	**631985**	**664201**	**576916**	**515359**	**163839**	**131645**	**39083**	**30460**
广安区	13406	41691	173897	184425	143236	123978	46470	37452	13475	11944
岳池县	15448	41643	164928	173284	133575	118323	34174	26230	6712	4784
武胜县	10057	26255	117766	124009	106855	97827	28236	22285	6292	4726
邻水县	9382	21870	126652	132138	140872	127197	40044	33892	9053	6315
华蓥市	6851	15844	48742	50345	52378	48034	14915	11786	3551	2691
达州市	**70965**	**184777**	**958368**	**1023360**	**1151276**	**983788**	**283527**	**214100**	**78197**	**56036**
通川区	2795	8336	51818	60833	94022	92590	47398	43179	17772	15991
达县	10154	29288	188346	206366	241169	206594	61799	45053	16730	11607
宣汉县	11475	29642	192232	211960	209017	167868	42904	28746	11364	6326
开江县	5408	13760	84193	87360	84621	71292	20327	15499	5163	3670
大竹县	14538	35848	158052	158455	185400	157407	41563	31649	9976	6945
渠县	20184	50991	204813	209096	263569	228168	49958	35828	11230	7491
万源市	6411	16912	78914	89290	73478	59869	19578	14146	5962	4006
雅安市	**22268**	**54147**	**249778**	**254594**	**307797**	**267725**	**83333**	**72163**	**29310**	**26328**
雨城区	4042	10653	47899	50294	62709	57920	25244	23794	10304	10499
名山县	3055	7776	38948	40016	61840	55474	13762	11118	3089	2791
荥经县	2444	6017	25636	25154	32349	27747	6827	5530	2371	2093
汉源县	3232	6560	64383	66872	67307	56409	15197	13543	5119	4365
石棉县	3537	8049	22477	21135	21594	17538	6933	5552	3073	2419
天全县	2168	6636	22071	22805	27798	23618	7045	6113	2171	1743
芦山县	2344	5164	17981	18337	23241	20954	5237	4250	1818	1375
宝兴县	1446	3292	10383	9981	10959	8065	3088	2263	1365	1043
巴中市	**46077**	**138108**	**529012**	**621050**	**680060**	**556998**	**235777**	**159545**	**53071**	**32852**
巴州区	12613	39647	172095	210666	228946	190240	93081	65408	22024	14106
通江县	13783	38111	114734	128499	144118	112045	44642	30690	9749	6220
南江县	9406	28752	108857	124464	120915	92814	39139	26316	9196	5968
平昌县	10275	31598	133326	157421	186081	161899	58915	37131	12102	6558
资阳市	**64294**	**162157**	**671519**	**708059**	**732645**	**636337**	**164812**	**128392**	**47776**	**36797**
雁江区	15825	33441	145861	151206	187976	172985	48206	42113	17134	14235
安岳县	20244	52474	217297	233529	233589	188361	45650	29369	11139	7502
乐至县	11029	31389	105679	110946	107969	88811	23786	17303	6608	4421
简阳市	17196	44853	202682	212378	203111	186180	47170	39607	12895	10639
阿坝藏族羌族自治州	**36263**	**63577**	**193032**	**182787**	**126381**	**88164**	**42972**	**34584**	**26466**	**24592**
汶川县	2079	4393	15337	13822	18937	13755	7334	6347	5706	5870
理县	1065	2662	8418	7643	9702	6033	2804	2022	1484	1291
茂县	1881	5137	22023	23199	17381	11879	5464	4528	2359	2242
松潘县	3018	5012	16603	14838	9857	7787	3031	2398	1834	1720
九寨沟县	2746	4358	13375	12290	14808	10142	5878	5189	2932	2916
金川县	2962	5435	12202	11997	9897	7454	3450	2884	2024	2084
小金县	1835	3794	18184	17316	12777	9111	3410	2928	1669	1614
黑水县	3296	6735	15173	14578	6342	3442	2099	1106	1407	975
马尔康县	1202	2158	11641	11344	7234	5151	3715	3353	2981	2502
壤塘县	4725	5903	9103	8261	2002	1454	683	447	818	730
阿坝县	2869	4484	21125	20196	6978	4672	1626	808	951	881
若尔盖县	5818	9485	19527	17913	5732	3793	1633	1242	1229	950
红原县	2767	4021	10321	9390	4734	3491	1845	1332	1072	817

大学本科及以上		平均受教育年限(年)			15岁及以上文盲人口(人)			文盲人口占15岁及以上人口比重(%)		
男	女	合计	男	女	合计	男	女	合计	男	女
22717	**16727**	**8.15**	**8.49**	**7.82**	**147216**	**39994**	**107222**	**5.81**	**3.18**	**8.40**
8652	5927	8.68	8.96	8.40	26988	7048	19940	3.72	1.97	5.43
4619	3343	7.79	8.15	7.43	76300	21946	54354	7.44	4.30	10.55
5415	4535	8.35	8.67	8.03	14106	3915	10191	5.59	3.09	8.12
2104	1448	7.90	8.38	7.43	18164	4149	14015	6.99	3.22	10.68
797	633	8.30	8.61	8.01	4298	1059	3239	3.46	1.73	5.12
1130	841	8.11	8.40	7.83	7360	1877	5483	4.97	2.57	7.31
34016	**24870**	**7.94**	**8.27**	**7.59**	**198052**	**56902**	**141150**	**5.59**	**3.15**	**8.11**
18081	13790	9.25	9.52	8.98	25085	6881	18204	3.57	1.95	5.19
3982	2651	7.73	8.09	7.37	33604	9109	24495	5.21	2.78	7.72
1882	1479	7.98	8.29	7.66	15350	4531	10819	5.67	3.31	8.08
1911	1389	7.79	8.09	7.50	18128	5587	12541	5.70	3.47	7.99
1712	1185	7.78	8.10	7.44	13128	3864	9264	4.88	2.80	7.06
1160	873	7.28	7.67	6.87	24015	6946	17069	7.45	4.20	10.87
2022	1165	7.79	8.16	7.38	16799	4792	12007	5.58	3.06	8.31
1092	761	7.30	7.73	6.85	17127	4848	12279	7.04	3.88	10.39
1262	885	7.36	7.72	6.98	19497	6076	13421	6.97	4.24	9.84
912	692	7.18	7.59	6.76	15319	4268	11051	7.92	4.33	11.66
14069	**8997**	**7.76**	**8.22**	**7.31**	**185185**	**47779**	**137406**	**7.37**	**3.89**	**10.71**
6055	3764	7.85	8.38	7.34	51254	11744	39510	7.68	3.61	11.55
2339	1450	7.40	7.91	6.92	52687	13635	39052	8.64	4.60	12.44
1994	1347	7.66	8.09	7.25	32915	8623	24292	6.97	3.75	10.03
2577	1647	8.15	8.50	7.80	26622	7422	19200	4.92	2.76	7.05
1104	789	7.72	8.20	7.25	21707	6355	15352	9.83	5.88	13.61
28903	**18001**	**8.11**	**8.53**	**7.69**	**229367**	**59592**	**169775**	**5.27**	**2.72**	**7.86**
8308	6094	9.70	10.03	9.39	9214	2010	7204	2.30	1.02	3.53
5980	3579	8.30	8.70	7.88	34609	8115	26494	3.90	1.81	6.05
3896	1917	7.89	8.34	7.42	35749	9247	26502	4.61	2.35	6.94
1659	1001	7.91	8.30	7.52	17028	4437	12591	5.05	2.61	7.54
3886	2375	7.90	8.31	7.47	44594	12110	32484	6.36	3.41	9.39
3122	1858	7.80	8.23	7.37	66861	18154	48707	7.11	3.83	10.44
2052	1177	7.75	8.29	7.22	21312	5519	15793	6.82	3.55	10.05
25957	**20742**	**8.46**	**8.78**	**8.13**	**63812**	**17072**	**46740**	**5.05**	**2.66**	**7.51**
18602	15430	9.58	9.90	9.27	12243	3024	9219	4.02	1.99	6.03
1221	921	8.29	8.57	8.00	8808	2261	6547	4.04	2.04	6.10
838	676	8.05	8.37	7.70	7739	2131	5608	6.32	3.39	9.38
2196	1624	8.15	8.36	7.92	6467	1963	4504	2.35	1.39	3.36
928	569	7.85	8.36	7.31	10657	3136	7521	10.60	6.08	15.38
894	668	8.05	8.52	7.58	7513	1634	5879	6.94	3.01	10.88
735	486	8.03	8.45	7.61	6170	1730	4440	7.06	3.95	10.19
543	368	7.94	8.45	7.37	4215	1193	3022	9.13	4.90	13.86
13553	**6642**	**8.20**	**8.82**	**7.57**	**162812**	**37523**	**125289**	**6.30**	**2.90**	**9.71**
6683	3356	8.48	9.08	7.87	45288	10022	35266	5.03	2.23	7.84
2063	1024	7.88	8.51	7.22	46961	11757	35204	8.57	4.24	13.01
2184	1200	7.95	8.60	7.29	33229	7431	25798	7.06	3.13	11.03
2623	1062	8.25	8.86	7.65	37334	8313	29021	5.60	2.51	8.65
21319	**14388**	**7.83**	**8.25**	**7.40**	**204050**	**54721**	**149329**	**6.81**	**3.66**	**9.96**
9662	6617	8.33	8.66	8.01	42329	12733	29596	5.62	3.38	7.87
3452	2060	7.58	8.08	7.07	66914	17877	49037	7.31	3.87	10.81
2414	1485	7.52	8.06	6.97	39254	9652	29602	8.59	4.22	12.97
5791	4226	7.81	8.19	7.44	55553	14459	41094	6.40	3.38	9.31
9908	**7285**	**7.59**	**8.03**	**7.12**	**89224**	**31474**	**57750**	**12.39**	**8.38**	**16.76**
1209	961	9.13	9.35	8.89	5958	1841	4117	6.90	4.02	10.16
589	451	8.25	8.71	7.69	3388	906	2482	8.57	4.18	13.89
930	777	7.90	8.37	7.40	6522	1675	4847	7.77	3.90	11.82
590	449	7.36	7.71	6.97	7449	2743	4706	12.91	9.12	17.04
1055	728	8.50	8.76	8.20	6736	2560	4176	10.01	7.07	13.43
928	706	7.73	8.20	7.24	7776	2682	5094	14.52	9.93	19.19
471	420	7.65	7.99	7.29	4649	1449	3200	7.30	4.36	10.51
658	325	6.44	7.30	5.53	9544	3065	6479	20.09	12.47	28.26
2253	1695	9.03	9.35	8.67	1225	377	848	2.48	1.45	3.62
329	177	5.18	5.62	4.71	9774	4279	5495	33.76	28.88	38.87
319	182	6.54	6.94	6.11	5842	2172	3670	10.93	7.79	14.35
369	262	5.72	6.33	5.09	14093	5232	8861	25.52	18.82	32.31
208	152	6.75	7.21	6.24	6268	2493	3775	18.62	14.16	23.51

表4 续表 38

地区	6岁及以上各种受教育程度人口(人)									
	未上过学		小学		初中		高中		大学专科	
	男	女	男	女	男	女	男	女	男	女
甘孜藏族自治州	**130639**	**164214**	**221455**	**198725**	**89732**	**63171**	**38280**	**27115**	**26673**	**23694**
康定县	6856	8769	23030	19271	16417	10570	9679	7316	7793	8510
泸定县	1374	3212	13667	13937	16476	13358	5443	4363	2401	2023
丹巴县	1519	3312	12096	13739	9258	6119	3502	2160	1924	1643
九龙县	3256	5685	14079	12420	7585	4465	2693	1633	2062	1109
雅江县	8929	10079	8761	7052	3323	2187	1800	956	1321	929
道孚县	8521	10359	11454	9391	3437	2484	1406	1079	1002	1026
炉霍县	3100	4334	12329	11181	3866	2622	1449	944	964	932
甘孜县	12561	15630	12879	10761	3172	2311	1934	1567	810	801
新龙县	10045	11059	9156	8255	1760	1453	640	493	783	698
德格县	11993	14316	20749	18215	2367	1548	1067	531	1019	779
白玉县	6734	10472	13352	13792	2270	1804	777	484	768	570
石渠县	20748	23217	11968	9200	1749	1082	614	402	714	537
色达县	6883	8475	14259	13857	3043	2873	983	691	688	482
理塘县	8866	10044	15945	13979	4925	3892	2169	1384	908	729
巴塘县	7212	9001	9430	8150	2937	2333	1544	1490	1086	917
乡城县	5280	6985	5646	4017	3190	1525	1101	663	938	777
稻城县	4257	5456	6340	5992	2050	1323	812	479	784	600
得荣县	2505	3809	6315	5516	1907	1222	667	480	708	632
凉山彝族自治州	**274817**	**469581**	**1091289**	**973493**	**487465**	**346970**	**141465**	**106648**	**66886**	**47699**
西昌市	24739	42190	113956	105531	119216	103842	45709	41854	20468	18271
木里藏族自治县	16462	24693	30831	22992	9948	5073	3525	1758	2462	1299
盐源县	22082	42801	86669	73908	40980	22071	11414	7044	4996	2873
德昌县	4252	7580	45668	48021	35501	29151	9844	7985	3912	3251
会理县	13394	26537	109881	107114	60020	42599	17665	13974	5148	3618
会东县	8576	13719	111213	106440	41156	24772	8817	5521	4139	2316
宁南县	6173	13015	40915	39940	24213	17631	5274	3613	2590	1648
普格县	15162	26446	39501	29379	10254	5656	2941	1792	1936	1203
布拖县	25858	44010	33817	17985	4737	1769	1537	717	1233	685
金阳县	16130	27162	42294	33715	9147	4944	2153	1218	1937	1182
昭觉县	20582	31754	73988	65978	9390	5245	3009	1959	2289	1317
喜德县	17096	31291	39580	28961	11134	6266	3078	1758	1835	1065
冕宁县	11855	24927	82342	79963	51206	37886	10326	7234	4264	2930
越西县	9244	16526	82405	80222	17890	12932	4284	2893	2669	1729
甘洛县	17477	28782	45805	35754	18002	11886	4332	2706	2421	1643
美姑县	35332	51473	49951	38399	5815	2778	2239	1215	1775	1020
雷波县	10403	16675	62473	59191	18856	12469	5318	3407	2812	1649
贵州省	**910743**	**2403201**	**6766558**	**6779450**	**6062403**	**4444406**	**1488779**	**1128880**	**649843**	**485033**
贵阳市	**52392**	**135781**	**575847**	**584562**	**781191**	**662997**	**314221**	**286784**	**158473**	**144816**
南明区	6134	17102	80306	86144	143887	129349	80607	75152	40196	37506
云岩区	6138	16557	82510	88474	150051	140200	90205	87880	52777	50017
花溪区	6819	17240	49984	50241	65103	53028	16300	15853	7779	7212
乌当区	6139	14106	53279	50051	71280	57184	25988	23207	13577	14113
白云区	2784	6981	35624	33988	52531	44136	19167	15782	8439	7246
小河区	2116	5072	26981	25949	42360	37435	25893	23330	12419	11213
开阳县	6812	19836	68957	69055	70452	53693	16198	13339	6726	5133
息烽县	3584	10337	41228	41524	41891	32636	8912	6563	3807	2953
修文县	3738	8920	46078	45974	53966	44374	9365	7563	3571	2797
清镇市	8128	19630	90900	93162	89670	70962	21586	18115	9182	6626
六盘水市	**90077**	**209384**	**569336**	**558539**	**521367**	**364559**	**122951**	**86082**	**50115**	**35353**
钟山区	13500	33619	97020	90304	104308	85903	47242	38568	21683	19078
六枝特区	18516	49709	102127	95556	79780	55842	18737	12550	5809	3845
水城县	32892	65636	179923	167189	106679	64591	15679	7735	6058	2375
盘县	25169	60420	190266	205490	230600	158223	41293	27229	16565	10055
遵义市	**116736**	**385223**	**1079765**	**1137328**	**1216180**	**944035**	**277825**	**211862**	**104570**	**76321**
红花岗区	6293	19492	75809	82002	139065	127999	55073	49298	21706	17985
汇川区	4233	14091	52337	55246	88575	77426	31449	27832	13691	13237
遵义县	16284	55712	157392	160588	212035	171025	40911	29557	12749	9039
桐梓县	10718	38910	97715	102347	110410	77129	16043	10501	5430	3221
绥阳县	9243	30465	73473	74985	72975	55051	12834	8639	4726	2669
正安县	8922	31614	84382	90364	66050	43349	12351	7614	5062	2924
道真仡佬族苗族自治县	6198	21571	47314	50164	39797	30288	10084	7493	4637	2763
务川仡佬族苗族自治县	10238	31069	69210	70131	53196	36153	10522	6274	4685	2542
凤冈县	7457	23182	61349	66403	58704	41361	11476	8700	4472	3109
湄潭县	6675	20860	67170	72607	77539	64236	14986	11575	5199	3858

大学本科及以上		平均受教育年限(年)			15岁及以上文盲人口(人)			文盲人口占15岁及以上人口比重(%)		
男	女	合计	男	女	合计	男	女	合计	男	女
7659	**4861**	**5.78**	**6.26**	**5.27**	**252995**	**108575**	**144420**	**30.17**	**25.03**	**35.68**
2777	1956	8.72	8.86	8.54	13833	5959	7874	12.64	9.99	15.83
725	588	8.55	8.93	8.15	4175	1207	2968	6.28	3.50	9.27
387	302	7.90	8.50	7.26	4198	1242	2956	8.84	5.10	12.80
584	230	7.06	7.86	6.11	8095	2836	5259	18.18	11.72	25.86
381	185	4.77	5.38	4.05	17324	8084	9240	45.62	39.45	52.84
250	173	4.86	5.29	4.40	14802	6420	8382	35.39	29.72	41.44
279	175	6.36	6.76	5.92	4881	1822	3059	13.68	9.74	18.01
293	196	4.18	4.66	3.70	24895	10853	14042	46.92	40.50	53.47
60	27	3.61	3.88	3.34	19238	9037	10201	52.32	48.75	55.96
163	78	4.35	4.76	3.92	21613	9174	12439	36.07	29.88	42.58
224	108	4.74	5.34	4.22	14509	5260	9249	32.77	25.65	38.91
141	62	2.42	2.85	1.96	37202	17028	20174	65.09	58.22	72.30
177	87	5.18	5.51	4.86	12633	5494	7139	28.49	25.24	31.62
131	37	5.20	5.56	4.81	15760	7154	8606	30.17	26.20	34.51
264	220	5.08	5.48	4.66	14578	6342	8236	39.56	34.31	44.84
347	170	5.06	5.87	4.10	11529	4961	6568	44.47	35.24	55.44
220	113	5.10	5.70	4.48	9070	3921	5149	37.70	31.93	43.70
256	154	5.78	6.38	5.15	4660	1781	2879	22.67	16.96	28.64
28498	**18535**	**6.41**	**7.01**	**5.78**	**636067**	**224520**	**411547**	**19.31**	**13.33**	**25.56**
14950	10574	8.46	8.81	8.08	58586	20777	37809	10.22	7.10	13.49
1003	346	4.93	5.85	3.87	37797	14857	22940	37.66	27.59	49.31
1626	767	6.06	6.92	5.09	57570	18801	38769	22.49	13.95	31.99
1067	924	7.82	8.14	7.50	8780	3039	5741	5.18	3.55	6.85
1597	1090	6.97	7.43	6.48	35870	11554	24316	10.40	6.50	14.55
1014	540	6.76	7.14	6.34	19976	7408	12568	7.34	5.17	9.77
730	459	6.85	7.47	6.23	16768	5069	11699	12.78	7.63	18.06
485	280	4.95	5.86	4.00	35887	12486	23401	34.27	23.33	45.70
331	156	2.98	4.16	1.83	60114	21355	38759	58.88	42.56	74.66
423	209	4.79	5.63	3.93	36904	13260	23644	34.63	24.62	44.88
340	237	5.04	5.61	4.47	43284	16104	27180	26.25	19.61	32.83
528	299	4.67	5.72	3.60	42467	14392	28075	38.91	26.07	52.07
1479	981	6.91	7.50	6.31	31885	9622	22263	12.62	7.52	17.85
686	387	6.33	6.78	5.89	17605	5573	12032	10.19	6.49	13.82
678	443	5.42	6.19	4.59	40897	14972	25925	30.82	21.83	40.44
566	311	3.62	4.40	2.86	68976	26960	42016	48.17	38.05	58.08
995	532	6.33	6.83	5.80	22701	8291	14410	14.34	10.16	18.78
419275	**299194**	**7.65**	**8.34**	**6.95**	**2959444**	**752519**	**2206925**	**11.40**	**5.71**	**17.26**
190876	**157116**	**9.61**	**9.94**	**9.27**	**164566**	**42013**	**122553**	**4.59**	**2.29**	**6.99**
46244	38740	10.53	10.81	10.24	19877	4648	15229	2.83	1.30	4.40
77405	64114	11.07	11.35	10.79	18988	4526	14462	2.30	1.09	3.54
25204	21292	9.31	9.74	8.87	21342	5620	15722	7.14	3.70	10.70
10883	9192	9.26	9.51	8.99	18098	5112	12986	5.86	3.19	8.75
10309	8894	9.55	9.82	9.26	8263	2138	6125	3.83	1.89	5.96
10415	7454	10.33	10.58	10.05	6162	1612	4550	3.00	1.51	4.62
3128	2072	7.77	8.31	7.21	24930	6093	18837	8.70	4.15	13.47
1812	1193	7.82	8.33	7.29	12186	2889	9297	7.21	3.33	11.31
1665	1253	7.93	8.27	7.56	10452	2864	7588	5.24	2.78	7.87
3811	2912	7.95	8.38	7.51	24268	6511	17757	6.48	3.39	9.73
21851	**13235**	**7.40**	**8.09**	**6.66**	**274539**	**78549**	**195990**	**12.77**	**7.08**	**18.84**
11760	8193	8.87	9.40	8.31	42276	11296	30980	9.03	4.71	13.54
2268	1379	6.77	7.67	5.86	62204	15798	46406	17.57	8.87	26.39
1420	501	6.22	6.97	5.40	90220	28925	61295	17.39	10.67	24.74
6403	3162	7.58	8.24	6.87	79839	22530	57309	9.87	5.35	14.78
57238	**38770**	**7.82**	**8.52**	**7.13**	**445214**	**92970**	**352244**	**9.51**	**3.97**	**15.04**
11598	8236	9.37	9.77	8.97	21513	4511	17002	4.00	1.68	6.33
15737	14118	9.58	9.95	9.20	15601	3210	12391	4.41	1.81	7.01
6214	3677	7.82	8.46	7.16	64778	13261	51517	8.85	3.60	14.18
2573	1505	7.26	8.08	6.42	44014	8439	35575	11.21	4.24	18.37
1407	786	7.19	8.02	6.36	34790	7211	27579	12.33	5.14	19.43
2053	953	6.97	7.90	6.05	35161	6856	28305	12.24	4.82	19.54
1865	834	7.25	8.22	6.33	25659	5326	20333	14.15	6.07	21.73
1744	794	6.80	7.82	5.80	36920	8349	28571	16.06	7.29	24.76
2077	938	7.34	8.16	6.53	26856	5766	21090	11.57	5.02	18.00
2191	1457	7.76	8.37	7.17	23902	5183	18719	8.37	3.68	12.94

表4 续表 39

地 区	6岁及以上各种受教育程度人口(人)									
	未上过学		小学		初中		高中		大学专科	
	男	女	男	女	男	女	男	女	男	女
余庆县	4414	13869	43594	45530	42315	34781	11138	8218	4061	2858
习水县	10239	35259	100083	109816	102130	70878	18789	12682	6201	3790
赤水市	6594	15340	44749	44006	40858	34976	9944	8392	4517	3333
仁怀市	9228	33789	105188	113139	112531	79383	22225	15087	7434	4993
安顺市	**68086**	**199175**	**456121**	**433695**	**402339**	**275240**	**86403**	**65699**	**38902**	**30371**
西秀区	17947	54750	122684	125271	145565	106329	40057	33313	19471	17495
平坝县	6519	19758	54904	54967	56924	40104	13177	10400	5523	4310
普定县	11696	30888	82592	76097	67490	47129	9747	6866	4423	2703
镇宁布依族苗族自治县	11177	30136	65177	60048	43246	28068	8182	5522	3474	2293
关岭布依族苗族自治县	8539	27421	66714	63667	51540	31273	8787	5458	3220	1811
紫云苗族布依族自治县	12208	36222	64050	53645	37574	22337	6453	4140	2791	1759
铜仁地区	**78732**	**201979**	**602497**	**644265**	**531313**	**404431**	**130183**	**91989**	**59175**	**40719**
铜仁市	6588	12935	54138	53696	67143	57836	24572	21989	12621	12298
江口县	5960	12592	36744	34730	27919	21694	6900	4523	3215	2057
玉屏侗族自治县	1962	6071	19202	19903	24470	18527	6656	4592	2820	2023
石阡县	6299	17499	63877	70919	51198	36526	13242	8685	5986	3464
思南县	14746	38411	99367	106432	82338	63515	21297	15626	8065	5604
印江土家族苗族自治县	9897	23034	54879	56844	47677	38914	10370	7172	4793	2785
德江县	10586	33255	70738	77213	62225	43206	14513	9258	6727	3761
沿河土家族自治县	12217	35588	93121	101870	71558	49492	13281	8113	6797	3884
松桃苗族自治县	9268	19877	101677	113958	88019	68108	16863	10133	7030	4059
万山特区	1209	2717	8754	8700	8766	6613	2489	1898	1121	784
黔西南布依族苗族自治州	**83698**	**227967**	**590563**	**608334**	**455635**	**300686**	**94485**	**61960**	**49462**	**32462**
兴义市	17054	41600	145590	149679	136306	102103	40056	29460	20354	16735
兴仁县	9406	26646	85939	95880	77557	48684	12095	6843	6494	3523
普安县	9347	23208	53876	54113	41672	27203	7731	5039	4103	2455
晴隆县	8134	25932	56119	56016	35059	19528	6848	3632	3450	1679
贞丰县	11827	34358	68446	68244	43261	25509	7366	3809	4124	2197
望谟县	12585	33257	61134	58598	29397	18085	4909	2894	3628	1841
册亨县	8319	22779	42881	41766	27912	16235	4438	3011	2541	1415
安龙县	7026	20187	76578	84038	64471	43339	11042	7272	4768	2617
毕节地区	**256157**	**550688**	**1532930**	**1457736**	**967107**	**671975**	**184439**	**121869**	**71929**	**44342**
毕节市	32755	77584	240683	240199	174968	136119	41717	29753	16970	12194
大方县	27060	57954	170173	161712	130275	97041	24226	16387	8086	5130
黔西县	17917	42150	164069	156137	112748	83682	22552	16954	8040	5451
金沙县	11987	33300	115663	112766	106965	74684	18325	12512	7107	4246
织金县	33112	70940	191414	178229	114156	77986	21064	14226	7441	4525
纳雍县	33263	78351	149402	138779	96010	62336	17610	9960	7000	3517
威宁彝族回族苗族自治县	71135	126269	342323	315262	146985	86736	24046	13258	10138	5168
赫章县	28928	64140	159203	154652	85000	53391	14899	8819	7147	4111
黔东南苗族侗族自治州	**84737**	**254971**	**714467**	**723414**	**599914**	**398695**	**150252**	**101303**	**64295**	**39247**
凯里市	7122	23527	73605	75561	86250	63812	34464	28455	18905	14489
黄平县	4919	12925	59354	65135	44123	34040	7893	5339	3686	1975
施秉县	3714	11197	25700	25126	22882	16915	5238	3797	2232	1477
三穗县	2930	10388	30068	32072	27505	19873	6395	3700	2355	1307
镇远县	3231	13045	42463	43844	36706	24051	8925	5881	3177	1888
岑巩县	3736	11983	34076	34385	28675	19514	6357	4198	2549	1362
天柱县	3771	12904	42535	50299	58046	40578	13617	8093	4230	2391
锦屏县	1753	7849	27292	31819	29434	21519	8488	5662	2757	1529
剑河县	6717	22097	39490	33977	28084	15345	7436	4383	2782	1553
台江县	3994	13796	21668	20199	18841	11325	4744	2442	2310	1049
黎平县	8771	23420	81826	90449	72334	46566	13765	8946	5520	2612
榕江县	9450	25865	65280	61978	46264	27760	9729	5962	3925	2087
从江县	14573	35862	76346	66308	37197	18924	6284	3602	3502	1728
雷山县	4465	14464	25060	19877	19475	10928	5126	2605	2148	1120
麻江县	3897	11074	40341	39615	25058	16776	6947	5356	2154	1530
丹寨县	1694	4575	29363	32770	19040	10769	4844	2882	2063	1150
黔南布依族苗族自治州	**80128**	**238033**	**645032**	**631577**	**587357**	**421788**	**128020**	**101332**	**52922**	**41402**
都匀市	7087	22152	66782	67288	84580	65809	29741	27550	13072	12211
福泉市	5638	13301	51464	50442	57662	45408	12808	10779	5398	4279
荔波县	4208	12738	29559	28773	25150	16042	6315	4726	2525	1816
贵定县	5512	16492	49465	46484	40040	28961	8186	7136	4065	4095
瓮安县	4621	11692	64052	67483	86327	73388	15597	12187	5510	4057
独山县	5690	17882	52854	53561	51977	38341	9613	7661	3468	2764
平塘县	6575	20225	53888	50822	36476	23794	5786	4201	2933	2169

大学本科及以上		平均受教育年限(年)			15岁及以上文盲人口(人)			文盲人口占15岁及以上人口比重(%)		
男	女	合计	男	女	合计	男	女	合计	男	女
2001	1025	7.77	8.46	7.09	17280	3937	13343	9.78	4.50	14.94
2890	1653	7.37	8.16	6.58	40384	8049	32335	10.22	4.06	16.45
1991	1161	7.62	8.16	7.08	19562	5468	14094	10.59	5.92	15.26
2897	1633	7.58	8.34	6.81	38794	7404	31390	9.43	3.56	15.46
20834	**14150**	**7.28**	**8.08**	**6.45**	**244228**	**58784**	**185444**	**14.22**	**6.71**	**22.03**
12151	9078	8.15	8.84	7.44	66892	15385	51507	11.30	5.13	17.62
2987	1786	7.73	8.41	7.01	24669	5811	18858	10.88	4.97	17.15
1780	1113	6.92	7.64	6.14	40126	10600	29526	14.44	7.38	21.98
1408	833	6.53	7.43	5.61	38822	10021	28801	18.57	9.46	27.94
1410	776	6.79	7.70	5.82	32365	7060	25305	14.63	6.21	23.55
1098	564	5.98	7.11	4.83	41354	9907	31447	21.73	10.34	33.27
23298	**12554**	**7.56**	**8.30**	**6.83**	**247248**	**63449**	**183799**	**11.10**	**5.72**	**16.46**
6846	5013	9.03	9.35	8.71	16957	5343	11614	5.92	3.69	8.20
1108	585	7.23	7.86	6.57	16898	5174	11724	12.92	7.74	18.35
1083	617	8.23	8.88	7.55	7232	1623	5609	7.92	3.45	12.64
1999	978	7.53	8.31	6.75	20969	4949	16020	9.43	4.47	14.35
3096	1418	7.28	8.08	6.51	47762	12369	35393	13.31	7.06	19.28
1740	826	7.14	7.92	6.39	29086	8160	20926	14.25	8.12	20.21
2278	1003	7.18	8.26	6.13	39122	8330	30792	15.33	6.65	23.69
2509	909	7.04	8.02	6.08	42149	9635	32514	14.35	6.65	21.83
2208	995	7.57	8.13	6.99	23567	6841	16726	6.80	3.89	9.79
431	210	7.89	8.47	7.28	3506	1025	2481	9.40	5.32	13.75
17739	**10107**	**7.11**	**7.96**	**6.25**	**277532**	**68548**	**208984**	**13.74**	**6.70**	**20.96**
8796	5909	8.05	8.61	7.46	52144	14035	38109	8.64	4.55	12.91
1528	689	7.25	8.08	6.38	32902	7982	24920	11.31	5.36	17.57
1309	621	6.87	7.76	5.94	28694	7610	21084	16.23	8.46	24.27
1346	574	6.48	7.62	5.32	29986	6421	23565	17.59	7.47	27.89
1351	602	6.35	7.50	5.20	40595	9363	31232	19.82	9.18	30.37
738	398	5.82	6.95	4.74	42393	10979	31414	24.70	13.06	35.87
1023	499	6.22	7.28	5.16	27133	6705	20428	19.64	9.68	29.66
1648	815	7.28	7.98	6.56	23685	5453	18232	9.00	4.07	14.10
30066	**17654**	**6.71**	**7.43**	**5.95**	**718634**	**214628**	**504006**	**15.99**	**9.32**	**23.00**
11360	7654	7.40	8.08	6.70	98756	27278	71478	12.83	7.05	18.68
2796	1555	6.94	7.57	6.28	77560	23702	53858	13.97	8.33	19.89
2987	1874	7.15	7.68	6.58	54870	15396	39474	10.74	5.84	15.96
2910	1594	7.40	8.04	6.71	39366	9249	30117	9.59	4.30	15.41
2770	1337	6.49	7.22	5.72	96007	29331	66676	17.49	10.43	24.91
2323	1021	6.18	7.21	5.13	101815	28780	73035	23.07	12.88	33.51
2331	1171	5.94	6.66	5.16	170627	58197	112430	20.42	13.39	28.04
2589	1448	6.31	7.18	5.41	79633	22695	56938	18.83	10.60	27.26
29715	**16423**	**7.41**	**8.24**	**6.55**	**299953**	**67407**	**232546**	**11.47**	**5.06**	**18.12**
10276	7565	8.96	9.58	8.31	26881	5404	21477	7.09	2.78	11.64
1320	627	7.36	7.99	6.75	14245	3367	10878	7.48	3.57	11.31
881	428	7.27	8.13	6.40	13707	3135	10572	14.22	6.49	21.98
1290	577	7.46	8.34	6.57	11602	2197	9405	10.28	3.87	16.79
1548	670	7.50	8.33	6.62	14946	2653	12293	9.86	3.40	16.71
1181	496	7.28	8.16	6.37	14066	3035	11031	11.98	5.11	18.99
1876	823	7.94	8.71	7.14	14060	2675	11385	6.90	2.58	11.35
1502	699	7.98	8.83	7.14	7497	1039	6458	6.47	1.81	11.07
1173	526	6.58	7.81	5.30	26490	5607	20883	20.12	8.34	32.39
727	313	6.76	8.11	5.37	16403	3382	13021	20.35	8.27	32.81
1980	859	7.28	8.03	6.50	27472	6701	20771	9.27	4.45	14.24
1407	545	6.78	7.68	5.82	30759	7366	23393	14.55	6.75	22.86
1185	525	5.90	6.88	4.87	46040	12657	33383	20.83	11.15	31.05
1133	510	6.74	7.97	5.37	17850	3924	13926	20.57	8.57	33.99
1355	862	7.19	7.83	6.52	13054	3112	9942	10.10	4.72	15.71
881	398	7.49	8.18	6.78	4881	1153	3728	5.39	2.49	8.43
27658	**19185**	**7.46**	**8.15**	**6.75**	**287530**	**66171**	**221359**	**11.61**	**5.27**	**18.13**
11647	9283	8.85	9.34	8.36	25801	5496	20305	7.03	2.96	11.18
2657	1587	7.98	8.41	7.52	17101	4826	12275	7.55	4.11	11.25
1131	733	7.23	8.08	6.35	15518	3503	12015	13.96	6.19	22.03
1599	1096	7.42	8.00	6.82	19975	4649	15326	11.18	5.09	17.53
2208	1360	8.14	8.52	7.76	14130	3720	10410	4.78	2.48	7.15
1316	905	7.39	8.05	6.74	20667	4350	16317	10.00	4.20	15.81
1104	689	6.75	7.58	5.91	24437	5511	18926	14.78	6.63	23.02

表4　续表 40

地　区	6岁及以上各种受教育程度人口(人)									
	未上过学		小学		初中		高中		大学专科	
	男	女	男	女	男	女	男	女	男	女
罗甸县	7706	25279	59231	58746	39181	23936	7696	5214	3114	1961
长顺县	7752	21605	41182	38446	32616	19687	5818	3767	2491	1420
龙里县	4514	12517	40572	37955	29665	21289	6828	5215	2533	2105
惠水县	11039	35951	71827	69070	61203	38857	10805	8029	4287	2588
三都水族自治县	9786	28199	64156	62507	42480	26276	8827	4867	3526	1937
云南省	**1077706**	**2314922**	**10091266**	**9951718**	**7303852**	**5287150**	**2091089**	**1721979**	**860519**	**713974**
昆明市	**88100**	**203821**	**925601**	**945547**	**1097825**	**897380**	**470198**	**434927**	**264899**	**231561**
五华区	4972	12389	64040	69383	105905	95813	83323	87259	64261	61276
盘龙区	5102	12655	79312	83926	126035	109714	78139	75089	50873	46287
官渡区	4638	12958	95215	102140	165766	137596	81366	73564	43890	37246
西山区	4270	12814	72954	77840	122525	107172	78643	75291	46555	41768
东川区	12135	23033	59157	53168	42132	30990	10479	9198	4076	3124
呈贡县	2707	6948	44359	42953	58809	42611	16252	12650	10371	8112
晋宁县	4597	14060	48698	49861	62783	50092	13128	11898	3802	3196
富民县	2853	6065	27747	28634	25775	21528	7698	6511	2025	1689
宜良县	6832	14488	86269	84593	77433	69001	18754	17494	5789	4655
石林彝族自治县	3602	7894	51549	51763	45523	35856	11905	10800	3576	2741
嵩明县	4707	10273	48183	48968	60900	51418	12720	11235	6956	5768
禄劝彝族苗族自治县	10040	23904	91289	98491	64981	44641	13603	10218	4480	3060
寻甸回族彝族自治县	16011	33782	101651	102745	74943	52670	15397	12339	4479	3298
安宁市	5634	12558	55178	51082	64315	48278	28791	21381	13766	9341
曲靖市	**164227**	**359072**	**1245996**	**1259879**	**958969**	**619931**	**284037**	**208336**	**89243**	**65585**
麒麟区	10014	24763	115237	133075	133799	99582	53258	47580	20697	17446
马龙县	5835	15280	38780	41570	30424	18624	8157	5851	2746	1854
陆良县	16593	38464	113644	118364	115940	81294	34891	25058	11083	8564
师宗县	9458	22703	93325	99589	51353	28152	19749	11980	6396	3950
罗平县	20514	50005	128311	120682	73449	42074	23762	16127	8230	5730
富源县	18704	42700	160730	164602	120054	73029	29700	19628	8889	5307
会泽县	35820	72651	236978	213061	122519	71692	30348	21026	8876	6056
沾益县	11131	21812	90916	95375	76427	49814	21712	16585	6039	4625
宣威市	36158	70694	268075	273561	235004	155670	62460	44501	16287	12053
玉溪市	**52125**	**123600**	**455512**	**430114**	**394129**	**312502**	**128267**	**117553**	**43283**	**39802**
红塔区	8026	17708	78512	73998	83298	73064	34833	35991	13824	14861
江川县	4659	10938	51403	53178	57241	47904	13562	12724	4252	4011
澄江县	3385	7754	32782	32385	29225	24518	9648	9432	3228	2920
通海县	7629	17662	63774	57535	50114	43402	13612	13550	4027	4065
华宁县	3775	7313	53221	50589	31972	26227	9182	8540	3284	2952
易门县	2124	5695	33505	35638	33350	24576	13546	9635	3720	3047
峨山彝族自治县	2169	6403	31032	31994	30739	22200	10268	9633	2992	2481
新平彝族傣族自治县	11208	28238	66749	56273	43406	26972	12902	9436	4485	2868
元江哈尼族彝族傣族自治县	9150	21889	44534	38524	34784	23639	10714	8612	3471	2597
保山市	**42680**	**101280**	**535855**	**557413**	**466859**	**353437**	**94603**	**77275**	**32285**	**28810**
隆阳区	18658	37216	184383	192031	179570	151332	34325	32544	14723	14956
施甸县	6389	18809	74718	74613	48273	34092	9544	7935	2983	2530
腾冲县	6381	17946	126789	138579	135090	96697	27818	20248	7751	5979
龙陵县	5639	13254	63696	63665	47505	30639	11135	7655	2939	2271
昌宁县	5613	14055	86269	88525	56421	40677	11781	8893	3889	3074
昭通市	**111363**	**244527**	**1479276**	**1422975**	**677228**	**455368**	**147549**	**104525**	**59239**	**39026**
昭阳区	32891	71154	173788	156633	108083	76672	32260	28552	13922	12044
鲁甸县	10394	20918	116892	109357	42516	28308	9426	7099	3976	2652
巧家县	10070	20996	165651	150325	61923	34795	11748	7066	4608	2553
盐津县	5344	11202	116667	110686	42274	30345	9345	7278	3645	2319
大关县	4752	10153	84768	78922	29942	19544	6206	4734	2843	2049
永善县	9285	22621	119215	107878	46314	28824	12306	7740	5138	3034
绥江县	2139	5563	41430	40341	22005	15920	5563	4440	2095	1645
镇雄县	21025	45827	369614	379176	195174	132661	32003	17320	11115	5385
彝良县	7208	13486	169583	164911	54116	36448	11063	7930	4773	2995
威信县	6773	18744	99812	103485	58750	39529	11552	7372	4662	2554
水富县	1482	3863	21856	21261	16131	12322	6077	4994	2462	1796
丽江市	**37584**	**86136**	**214633**	**217265**	**233309**	**169997**	**70767**	**52553**	**28008**	**24381**
古城区	1894	5447	24073	26863	39021	31348	17731	16064	9864	10673
玉龙纳西族自治县	5072	12975	38691	40397	44119	31296	12227	7676	4095	3300
永胜县	9567	24882	66530	73551	79724	60544	21032	15486	6633	5298
华坪县	4424	8325	34507	30667	32938	23698	8338	6638	3058	2574
宁蒗彝族自治县	16627	34507	50832	45787	37507	23111	11439	6689	4358	2536

大学本科及以上		平均受教育年限(年)			15岁及以上文盲人口(人)			文盲人口占15岁及以上人口比重(%)		
男	女	合计	男	女	合计	男	女	合计	男	女
933	529	6.60	7.57	5.65	30702	6648	24054	16.34	7.13	25.43
1062	583	6.55	7.55	5.49	27012	6629	20383	18.92	9.05	29.30
1109	761	7.24	7.83	6.61	15695	3913	11782	11.34	5.46	17.66
1460	927	6.77	7.75	5.77	42588	9084	33504	16.72	7.06	26.58
1432	732	6.62	7.62	5.61	33904	7842	26062	16.76	7.68	26.00
583816	**477729**	**7.76**	**8.18**	**7.30**	**2768143**	**830107**	**1938036**	**7.60**	**4.41**	**11.00**
258026	**226144**	**9.52**	**9.81**	**9.20**	**253800**	**72422**	**181378**	**4.67**	**2.60**	**6.85**
85749	82170	11.81	11.98	11.64	15111	4088	11023	1.98	1.08	2.89
55355	42296	10.85	11.10	10.60	15411	4151	11260	2.18	1.14	3.29
27680	22102	10.05	10.28	9.79	14576	3332	11244	1.96	0.86	3.15
40487	35035	10.70	10.93	10.46	14225	3075	11150	2.14	0.91	3.43
2197	1720	7.03	7.54	6.48	26738	9132	17606	12.49	8.30	16.92
23453	24034	9.94	10.09	9.78	8295	2066	6229	3.06	1.43	4.92
2247	1942	7.98	8.42	7.53	16224	3664	12560	6.91	3.07	10.88
1387	1137	7.97	8.32	7.60	7946	2370	5576	6.84	4.02	9.75
2897	2441	7.92	8.18	7.66	19410	5996	13414	5.72	3.49	8.03
2035	1805	8.00	8.30	7.69	10080	2966	7114	5.12	2.92	7.47
3273	3537	8.44	8.73	8.14	13458	4007	9451	5.80	3.39	8.32
2393	1475	7.12	7.70	6.53	29586	8301	21285	9.38	5.24	13.57
2943	2239	6.96	7.53	6.37	46443	14494	31949	13.07	8.05	18.22
5930	4211	8.94	9.33	8.48	16297	4780	11517	5.72	3.08	8.88
53454	**37116**	**7.47**	**8.07**	**6.83**	**427864**	**129484**	**298380**	**9.60**	**5.61**	**13.87**
17314	13521	8.93	9.38	8.47	20777	5650	15127	3.52	1.89	5.20
1876	1188	7.18	8.01	6.33	18999	4961	14038	13.45	6.93	20.16
4849	3247	7.74	8.37	7.08	43001	12603	30398	8.96	5.17	12.90
2693	1434	7.20	7.92	6.43	24731	6814	17917	8.50	4.53	12.76
4186	2514	6.81	7.64	5.95	61529	16907	44622	15.10	8.09	22.47
4437	2594	7.26	7.92	6.53	56401	16583	39818	10.85	6.07	16.14
5505	3537	6.63	7.25	5.94	83938	26936	57002	12.19	7.47	17.38
3359	2416	7.58	8.06	7.06	28492	9403	19089	8.32	5.24	11.69
9235	6665	7.51	8.04	6.94	89996	29627	60369	9.02	5.71	12.62
32137	**28023**	**8.04**	**8.42**	**7.64**	**160232**	**45276**	**114956**	**8.57**	**4.73**	**12.61**
14771	14414	9.16	9.32	8.99	21707	6288	15419	5.31	3.06	7.58
2680	2019	8.13	8.46	7.79	14377	4148	10229	6.38	3.65	9.16
1520	1299	8.10	8.42	7.76	10533	3098	7435	7.79	4.54	11.10
2446	2317	7.65	7.97	7.32	23574	6837	16737	9.69	5.58	13.87
1975	1756	7.74	7.96	7.50	8782	2846	5936	5.10	3.21	7.12
1931	1476	8.41	8.83	7.95	6903	1713	5190	4.69	2.21	7.44
1658	1294	8.26	8.65	7.83	7233	1648	5585	5.45	2.40	8.72
3121	1915	6.92	7.67	6.06	37193	10170	27023	16.08	8.27	24.96
2035	1533	7.11	7.84	6.33	29930	8528	21402	17.28	9.54	25.54
17319	**14349**	**7.69**	**8.08**	**7.29**	**109626**	**29285**	**80341**	**5.52**	**2.89**	**8.25**
7320	6484	7.87	8.14	7.59	38768	12239	26529	5.14	3.24	7.05
1584	1333	7.08	7.62	6.53	23644	5580	18064	9.81	4.57	15.18
4780	3767	8.03	8.45	7.57	17438	3738	13700	3.49	1.44	5.69
2014	1474	7.42	7.93	6.87	13565	3599	9966	6.30	3.19	9.72
1621	1291	7.34	7.75	6.91	16211	4129	12082	5.86	2.90	8.99
23050	**14148**	**7.00**	**7.46**	**6.50**	**267492**	**77648**	**189844**	**7.02**	**3.91**	**10.39**
6509	4840	7.06	7.68	6.42	92795	28328	64467	15.87	9.55	22.38
1242	738	6.68	7.12	6.20	19201	6051	13150	6.85	4.16	9.77
2007	1122	6.77	7.21	6.27	24385	7259	17126	6.38	3.54	9.66
1267	770	7.00	7.30	6.67	8695	2523	6172	3.13	1.73	4.68
1140	731	6.92	7.27	6.52	12527	3560	8967	6.31	3.40	9.55
2065	1020	6.83	7.40	6.20	25493	6907	18586	8.68	4.45	13.45
849	705	7.42	7.78	7.02	4344	997	3347	3.62	1.60	5.81
3577	1605	7.07	7.54	6.56	43325	12392	30933	4.64	2.56	6.90
1496	924	6.88	7.18	6.56	14588	4436	10152	3.88	2.26	5.63
1454	780	7.12	7.71	6.50	17552	4094	13458	6.14	2.79	9.65
1444	913	8.24	8.67	7.78	4587	1101	3486	5.72	2.61	9.17
15797	**14751**	**7.94**	**8.49**	**7.35**	**98100**	**28129**	**69971**	**9.64**	**5.37**	**14.17**
8247	9480	10.05	10.21	9.88	6301	1431	4870	3.44	1.55	5.34
1677	1409	7.84	8.42	7.20	15857	4186	11671	8.84	4.46	13.64
2201	1757	7.78	8.38	7.16	28220	7465	20755	8.85	4.63	13.15
1238	818	7.79	8.12	7.40	11368	3799	7569	8.13	5.02	11.77
2434	1287	6.42	7.44	5.34	36354	11248	25106	18.59	11.18	26.42

表4 续表 41

地　区	6岁及以上各种受教育程度人口(人)									
	未上过学		小学		初中		高中		大学专科	
	男	女	男	女	男	女	男	女	男	女
普洱市	**77556**	**142119**	**652430**	**599609**	**361057**	**250180**	**95489**	**76176**	**37968**	**32074**
思茅区	6853	13809	51180	46874	48746	35514	21473	20231	9961	10695
宁洱哈尼族彝族自治县	1576	3855	39078	40468	36489	26857	9107	7791	3014	2670
墨江哈尼族自治县	11270	28022	94003	79705	55189	33351	13069	9081	4164	2996
景东彝族自治县	5575	13437	93512	92775	57618	41212	10084	8144	4215	3162
景谷傣族彝族自治县	6283	14877	81202	73024	39038	24465	10830	7834	4210	2949
镇沅彝族哈尼族拉祜族自治县	1962	3615	59519	58677	28889	18591	8178	5869	2652	1998
江城哈尼族彝族自治县	3983	8287	27706	25399	19583	13630	4935	3675	1786	1429
孟连傣族拉祜族佤族自治县	9885	13647	31627	28782	15676	12605	4132	3227	1790	1500
澜沧拉祜族自治县	25342	35625	149095	130698	50817	36971	11092	8366	4668	3532
西盟佤族自治县	4827	6945	25508	23207	9012	6984	2589	1958	1508	1143
临沧市	**79203**	**141733**	**668649**	**610578**	**307067**	**211187**	**76310**	**61154**	**32969**	**29820**
临翔区	10461	19175	68932	62795	45279	35311	16240	15734	7866	9462
凤庆县	7555	17370	123794	125573	67735	45081	15103	11467	5140	4011
云县	9121	17935	126324	116494	64132	44950	11681	9138	5435	4609
永德县	13919	26414	112102	94927	44009	24456	9785	6961	3806	2990
镇康县	11935	18539	50523	40399	16547	10010	4861	3299	2314	1738
双江拉祜族佤族布朗族傣族自治县	7003	11233	52829	46171	19121	13796	4732	3785	2127	1810
耿马傣族佤族自治县	10208	16310	85488	80347	29801	23172	8543	6867	3461	3017
沧源佤族自治县	9001	14757	48657	43872	20443	14411	5365	3903	2820	2183
楚雄彝族自治州	**36329**	**91364**	**539461**	**591444**	**509543**	**384761**	**126347**	**102801**	**49880**	**38449**
楚雄市	6314	14985	98415	107110	109559	88109	40123	36347	16426	14352
双柏县	2220	4811	41521	42551	25152	16811	6192	4708	2678	1852
牟定县	2129	6520	39521	46621	44588	32675	8576	6449	3970	2587
南华县	3732	10612	51542	58045	44171	30889	8231	5934	3254	2140
姚安县	2661	6977	41195	46126	38985	30034	7562	6080	2888	2380
大姚县	2725	5699	56106	62346	56451	45219	10820	8340	3862	2734
永仁县	1631	3909	23937	24874	20130	14765	4541	3391	2302	1803
元谋县	2896	7216	44186	48670	42378	32119	8385	7014	3468	2731
武定县	3510	8121	57821	66507	50255	36372	11393	8794	3951	2869
禄丰县	8511	22514	85217	88594	77874	57768	20524	15744	7081	5001
红河哈尼族彝族自治州	**131761**	**268921**	**1064743**	**993853**	**654512**	**481770**	**183391**	**154451**	**63070**	**51165**
个旧市	8626	20165	82732	70154	82235	65489	33797	33797	11268	9564
开远市	6423	16533	62454	57494	52307	43361	21170	19207	7352	6388
蒙自县	6278	15164	91961	85883	62301	50581	20471	17641	8375	7026
屏边苗族自治县	4160	8526	43230	40632	19850	13075	4842	3338	1818	1410
建水县	8120	17795	124930	120196	86530	73762	19665	19696	6206	5998
石屏县	4874	13528	72654	70341	44886	37753	10382	9725	3377	3304
弥勒县	7034	18213	117452	123823	97164	72966	24791	20281	6456	5444
泸西县	7955	19964	92955	94552	65590	41035	17817	11343	5185	3831
元阳县	17531	32291	117821	104808	40499	21038	7048	4052	3049	1841
红河县	13505	24485	85156	79923	28440	15152	4921	3182	2288	1567
金平苗族瑶族傣族自治县	30963	51133	97446	77786	29404	17651	6465	3885	2896	1885
绿春县	11876	21729	56252	51163	26892	17306	6635	4133	2390	1243
河口瑶族自治县	4416	9395	19700	17098	18414	12601	5387	4171	2410	1664
文山壮族苗族自治州	**70030**	**169900**	**878309**	**884693**	**531940**	**337855**	**116869**	**84043**	**46214**	**34636**
文山县	7595	18898	97623	97160	74367	56533	27546	25148	13176	12342
砚山县	6014	13561	119943	122779	70722	49597	12840	10290	5181	3960
西畴县	3076	7546	64035	63660	44073	31722	8402	6161	3085	2509
麻栗坡县	3375	6795	79154	81528	36094	23986	9682	6257	3486	2093
马关县	6057	15970	82403	83293	67578	46488	13023	9252	4147	2867
丘北县	13767	31718	123700	117655	69226	40196	13560	8437	5422	3792
广南县	18538	46739	209920	212259	113033	56939	19905	10535	7313	4243
富宁县	11608	28673	101531	106359	56847	32394	11911	7963	4404	2830
西双版纳傣族自治州	**52414**	**85313**	**258694**	**229216**	**157915**	**123934**	**44407**	**39045**	**19274**	**18642**
景洪市	22090	35710	103363	91456	81327	65595	25721	23436	11251	11923
勐海县	16287	25268	92970	83658	36593	28663	7520	6279	3619	3103
勐腊县	14037	24335	62361	54102	39995	29676	11166	9330	4404	3616
大理白族自治州	**47776**	**132139**	**690757**	**770726**	**645567**	**472509**	**162433**	**139545**	**51092**	**43988**
大理市	4189	13882	87421	111689	133430	106618	49946	47098	15656	13621
漾濞彝族自治县	1753	3979	21811	23794	18738	13024	3964	3110	1675	1331
祥云县	11719	33106	113774	109965	66565	45304	15230	13905	4940	4534
宾川县	6216	13845	64255	65386	71577	57922	15719	13958	5459	5195
弥渡县	5157	12936	72336	75781	54858	41931	10091	9448	3457	3304
南涧彝族自治县	2895	7581	49552	55736	34763	23720	7458	5951	2531	1952

大学本科及以上		平均受教育年限(年)			15岁及以上文盲人口(人)			文盲人口占15岁及以上人口比重(%)		
男	女	合计	男	女	合计	男	女	合计	男	女
18368	**13905**	**7.17**	**7.54**	**6.77**	**186612**	**63127**	**123485**	**8.94**	**5.73**	**12.53**
5875	4297	8.74	8.99	8.46	17641	5586	12055	7.17	4.34	10.28
1438	1249	8.12	8.37	7.85	4182	1142	3040	2.68	1.40	4.08
1966	1380	6.85	7.44	6.17	36915	10233	26682	12.35	6.39	19.23
1791	1518	7.30	7.65	6.92	14098	3930	10168	4.86	2.61	7.28
1630	1111	7.11	7.55	6.59	19333	5404	13929	8.22	4.29	12.76
1622	1275	7.49	7.74	7.20	5209	1774	3435	3.02	1.93	4.27
942	779	7.23	7.71	6.70	10952	3422	7530	11.08	6.58	16.09
729	544	6.25	6.62	5.85	12612	4988	7624	11.65	8.94	14.54
1822	1360	6.27	6.57	5.94	56534	23097	33437	13.84	10.68	17.41
553	392	6.52	6.87	6.14	9136	3551	5585	12.56	9.38	16.01
14098	**10670**	**6.93**	**7.29**	**6.54**	**190999**	**65854**	**125145**	**9.84**	**6.45**	**13.60**
4211	3390	7.88	8.14	7.62	26733	9024	17709	10.27	6.79	13.89
2117	1514	7.20	7.58	6.79	21848	6246	15602	5.81	3.20	8.64
2339	1663	7.13	7.44	6.79	23251	7424	15827	6.50	3.92	9.41
1252	946	6.47	6.94	5.91	30727	10011	20716	10.45	6.27	15.43
849	583	5.96	6.48	5.35	28464	10917	17547	20.66	14.67	27.68
1038	944	6.63	6.94	6.29	13799	4999	8800	9.58	6.56	12.98
1365	1031	6.73	7.03	6.41	23678	8870	14808	10.38	7.54	13.42
927	599	6.53	6.98	6.03	22499	8363	14136	15.61	11.05	20.66
30181	**21959**	**8.06**	**8.47**	**7.62**	**94297**	**23896**	**70401**	**4.27**	**2.11**	**6.53**
13768	11116	8.92	9.23	8.61	14877	4095	10782	3.00	1.62	4.45
1415	958	7.59	7.96	7.18	2661	670	1991	2.00	0.96	3.16
1913	1078	8.05	8.55	7.53	7205	1568	5637	4.19	1.78	6.73
1610	974	7.52	8.08	6.95	11478	2684	8794	6.05	2.78	9.44
1402	920	7.80	8.22	7.38	7081	1693	5388	4.32	2.04	6.64
1923	1270	7.99	8.30	7.67	5663	1612	4051	2.48	1.38	3.65
1046	798	7.89	8.27	7.46	3958	1097	2861	4.34	2.31	6.55
1448	1052	7.87	8.26	7.46	7106	1792	5314	4.05	2.01	6.17
2218	1573	7.83	8.25	7.39	7164	1934	5230	3.25	1.72	4.85
3438	2220	7.74	8.28	7.17	27104	6751	20353	7.95	3.85	12.28
36755	**29153**	**7.31**	**7.74**	**6.85**	**314666**	**97298**	**217368**	**8.90**	**5.34**	**12.69**
4633	3856	8.50	8.74	8.23	25447	6984	18463	6.66	3.48	10.18
3963	2890	8.21	8.59	7.80	20716	5406	15310	7.85	4.00	11.91
10951	9356	8.28	8.58	7.96	17016	4382	12634	5.02	2.48	7.76
659	524	6.86	7.28	6.40	12089	3880	8209	9.65	5.89	13.81
3651	3326	7.68	7.89	7.46	22218	6515	15703	5.23	3.02	7.50
1886	1756	7.46	7.80	7.12	16239	3900	12339	6.90	3.31	10.50
3195	2537	7.78	8.16	7.39	22088	5694	16394	5.12	2.58	7.76
2448	1491	7.38	7.97	6.75	24411	6724	17687	7.96	4.22	11.99
1377	966	6.06	6.65	5.42	43018	14636	28382	14.77	9.67	20.29
754	498	6.01	6.59	5.40	25205	8810	16395	11.92	8.13	15.89
1207	835	5.19	5.88	4.46	43984	16302	27682	16.40	11.82	21.26
1019	557	6.24	6.91	5.54	29186	10023	19163	17.22	11.47	23.34
1012	561	7.41	8.06	6.67	13049	4042	9007	15.35	8.94	22.62
19020	**13377**	**7.24**	**7.75**	**6.69**	**191007**	**49660**	**141347**	**7.15**	**3.59**	**10.96**
6752	5014	8.34	8.70	7.97	22154	5774	16380	5.81	2.96	8.80
1887	1552	7.36	7.69	6.99	15076	4085	10991	4.30	2.26	6.47
1024	765	7.52	7.86	7.15	8195	2181	6014	4.06	2.07	6.23
1597	1111	7.30	7.67	6.90	3682	979	2703	1.69	0.87	2.58
1631	1213	7.44	7.90	6.93	17022	4427	12595	5.85	2.90	9.09
1682	1080	6.81	7.45	6.12	38583	10722	27861	11.11	5.91	16.80
2644	1584	6.74	7.43	6.00	53202	12981	40221	9.19	4.32	14.45
1803	1058	6.76	7.47	6.03	33093	8511	24582	10.90	5.53	16.44
9427	**7226**	**7.10**	**7.44**	**6.74**	**120613**	**44177**	**76436**	**13.03**	**9.19**	**17.17**
6033	4666	7.63	7.91	7.32	52900	19719	33181	12.26	8.82	15.95
1455	1166	6.41	6.73	6.07	31542	11506	20036	11.64	8.20	15.33
1939	1394	6.92	7.38	6.41	36171	12952	23219	16.20	11.09	21.79
34972	**31022**	**7.98**	**8.41**	**7.54**	**132945**	**30940**	**102005**	**4.78**	**2.19**	**7.42**
16104	15446	9.23	9.58	8.88	12410	2494	9916	2.27	0.92	3.61
911	687	7.76	8.18	7.30	4256	1166	3090	5.09	2.71	7.64
3391	2920	7.04	7.61	6.46	37896	9072	28824	10.58	5.00	16.33
2403	2287	8.05	8.36	7.73	16233	4567	11666	5.73	3.15	8.43
1919	1719	7.54	7.90	7.18	10448	2616	7832	4.19	2.08	6.34
1894	1360	7.57	8.04	7.10	5497	1214	4283	3.30	1.44	5.21

表4 续表 42

地区	6岁及以上各种受教育程度人口(人)									
	未上过学		小学		初中		高中		大学专科	
	男	女	男	女	男	女	男	女	男	女
巍山彝族回族自治县	2841	5656	70699	80097	52992	40629	11466	10260	3322	3015
永平县	3355	6321	40819	42145	29427	22131	6622	5667	2399	2082
云龙县	2489	5419	43094	48026	40001	24430	9247	6564	2735	1857
洱源县	2792	10723	43733	57401	59029	40969	13966	9825	3453	2941
剑川县	1446	5678	24905	34685	41426	29364	8155	5545	2512	1872
鹤庆县	2924	13013	58358	66021	42761	26467	10569	8214	2953	2284
德宏傣族景颇族自治州	**33272**	**69627**	**271613**	**255601**	**181715**	**139667**	**50448**	**42673**	**22566**	**21290**
瑞丽市	4675	9857	32197	30210	33651	27502	9684	8374	3966	3321
潞西市	12451	23945	91672	83819	48045	37545	16638	14813	9155	9911
梁河县	3385	9315	32439	30443	27630	20119	6730	5494	2468	2202
盈江县	6867	14534	73223	71176	46486	34010	11100	8178	4292	3411
陇川县	5894	11976	42082	39953	25903	20491	6296	5814	2685	2445
怒江傈僳族自治州	**34693**	**63527**	**116264**	**100191**	**70518**	**41630**	**22744**	**14142**	**11051**	**7309**
泸水县	14283	21073	38366	32504	22398	14398	9063	5884	4838	3336
福贡县	7277	10826	24719	23559	9758	6642	2243	1272	1469	992
贡山独龙族怒族自治县	2050	3151	8819	8199	4973	3367	1556	884	952	600
兰坪白族普米族自治县	11083	28477	44360	35929	33389	17223	9882	6102	3792	2381
迪庆藏族自治州	**18593**	**31843**	**93473**	**82614**	**55699**	**35042**	**17230**	**12780**	**9478**	**7436**
香格里拉县	5535	10120	36268	33775	26594	17590	9016	7082	5207	4166
德钦县	5619	7384	15453	12877	8022	4851	2698	1891	1632	1336
维西傈僳族自治县	7439	14339	41752	35962	21083	12601	5516	3807	2639	1934
西藏自治区	**385047**	**540190**	**611608**	**486860**	**225894**	**159899**	**74737**	**56290**	**52475**	**41229**
拉萨市	**38648**	**63413**	**102126**	**88668**	**62392**	**47556**	**27072**	**22251**	**19879**	**17629**
城关区	12992	20600	37130	35152	37290	30772	20712	17313	16178	14685
林周县	5464	10030	11455	8572	3718	2439	999	770	465	403
当雄县	5822	8190	10249	8641	2750	2201	602	378	511	358
尼木县	1797	3196	7131	6492	2899	1914	288	273	301	234
曲水县	3345	5448	6120	5054	3548	2338	970	684	428	349
堆龙德庆县	3284	5767	12418	10718	5562	3484	2043	1577	1179	820
达孜县	1705	2757	7026	5924	2440	1725	650	635	364	404
墨竹工卡县	4239	7425	10597	8115	4185	2683	808	621	453	376
昌都地区	**112476**	**148999**	**134721**	**98767**	**36299**	**23840**	**8647**	**5176**	**5730**	**4524**
昌都县	12868	18257	24962	20226	9883	7103	3775	2386	2223	1837
江达县	17576	20550	13740	9807	2016	1243	633	229	394	318
贡觉县	8533	10908	7914	5890	1207	602	305	166	259	128
类乌齐县	4770	7689	12571	10333	3916	2917	557	330	318	293
丁青县	10267	15296	16095	10768	4214	2557	449	320	310	225
察雅县	13741	17453	9840	6648	1255	804	397	278	287	284
八宿县	5429	7078	9395	8214	1813	1155	535	269	361	282
左贡县	10809	13187	6240	4235	2110	1412	400	292	372	258
芒康县	17395	20986	17111	10220	2953	1704	833	419	565	438
洛隆县	4829	8566	10724	8412	4229	2682	460	325	345	285
边坝县	6259	9029	6129	4014	2703	1661	303	162	296	176
山南地区	**24875**	**40565**	**80444**	**74411**	**28098**	**20733**	**9668**	**7166**	**5974**	**4316**
乃东县	2654	3998	13476	13590	5504	4559	3146	2417	2370	1948
扎朗县	1799	2926	9983	10193	2552	1825	1052	935	456	357
贡嘎县	4511	7035	11551	10010	2628	1774	1189	927	814	624
桑日县	1924	2874	3849	3145	1517	1113	457	408	177	139
琼结县	1492	2909	3817	3553	1467	989	437	337	249	178
曲松县	1065	1881	3558	3196	1309	932	203	170	202	146
措美县	1515	2407	3122	2760	988	818	283	212	181	99
洛扎县	1380	2339	4216	4054	2035	1602	358	244	254	99
加查县	2198	2901	5453	4665	2453	1506	818	460	357	214
隆子县	3800	6231	7425	6117	3232	2146	831	489	321	172
错那县	1242	2510	3420	3095	1436	1059	449	311	243	148
浪卡子县	1295	2554	10574	10033	2977	2410	445	256	350	192
日喀则地区	**77299**	**133144**	**161868**	**114964**	**57060**	**36762**	**13307**	**10593**	**8965**	**6216**
日喀则市	7679	14850	25569	21105	12382	8956	5650	4744	3142	2477
南木林县	10287	14035	18455	13225	4884	3044	616	675	443	370
江孜县	4939	10756	17601	13081	3858	2725	1223	1144	580	481
定日县	8082	12282	9381	6505	4396	2733	318	210	379	219
萨迦县	6316	10707	11557	7040	3294	2114	377	329	407	207
拉孜县	5353	10920	11365	6963	4394	2618	582	360	449	305
昂仁县	7880	13706	11136	6369	3287	1913	361	199	436	226
谢通门县	5463	9610	9047	4991	3942	2456	558	468	395	275

大学本科及以上		平均受教育年限(年)			15岁及以上文盲人口(人)			文盲人口占15岁及以上人口比重(%)		
男	女	合计	男	女	合计	男	女	合计	男	女
1553	1436	7.81	8.07	7.54	5642	1470	4172	2.34	1.21	3.49
978	785	7.60	7.91	7.27	6408	2032	4376	4.54	2.81	6.36
1266	946	7.82	8.23	7.34	4028	1253	2775	2.47	1.44	3.65
1660	1218	8.06	8.69	7.42	11731	2123	9608	5.54	1.99	9.13
1202	931	8.27	8.88	7.65	5075	781	4294	3.75	1.14	6.41
1691	1287	7.44	8.08	6.78	13321	2152	11169	6.54	2.10	11.05
11898	**8887**	**7.54**	**7.94**	**7.12**	**90434**	**28010**	**62424**	**9.43**	**5.69**	**13.37**
2116	1387	8.07	8.47	7.63	12758	3927	8831	8.71	5.19	12.46
5559	4273	7.58	7.91	7.24	33851	11244	22607	10.83	7.04	14.80
1083	907	7.60	8.10	7.06	11771	3001	8770	9.65	4.77	14.86
1917	1369	7.35	7.77	6.90	19403	5999	13404	8.21	4.90	11.76
1223	951	7.17	7.58	6.75	12651	3839	8812	8.93	5.36	12.57
4724	**3063**	**6.54**	**7.32**	**5.65**	**86266**	**29402**	**56864**	**20.60**	**13.13**	**29.18**
2438	1676	6.76	7.37	6.03	31753	12646	19107	21.60	15.91	28.32
564	340	5.98	6.55	5.37	12709	4892	7817	17.20	12.86	21.81
355	220	6.97	7.51	6.33	4673	1795	2878	15.30	10.90	20.44
1367	827	6.53	7.58	5.32	37131	10069	27062	22.18	11.20	34.93
4590	**3936**	**7.19**	**7.66**	**6.64**	**43190**	**15499**	**27691**	**13.19**	**8.80**	**18.30**
2988	2580	7.95	8.36	7.49	12311	4129	8182	8.68	5.44	12.40
550	463	6.45	6.89	5.93	11736	4988	6748	20.95	16.35	26.45
1052	893	6.66	7.23	6.00	19143	6382	12761	14.78	9.16	21.34
40951	**30669**	**5.25**	**5.88**	**4.57**	**733220**	**283161**	**450059**	**32.29**	**24.22**	**40.86**
17556	**13853**	**7.50**	**8.05**	**6.92**	**92592**	**34006**	**58586**	**20.07**	**14.31**	**26.18**
14974	11421	9.18	9.59	8.74	30922	11727	19195	12.39	9.06	15.97
374	324	4.73	5.63	3.85	14499	4921	9578	38.22	26.14	50.14
294	225	4.61	5.20	4.02	11769	4681	7088	36.58	29.00	44.22
231	201	5.86	6.43	5.27	4255	1432	2823	20.15	13.40	27.06
377	399	5.52	6.27	4.75	8575	3221	5354	34.43	25.34	43.90
679	661	6.62	7.23	5.96	8078	2844	5234	19.30	12.95	26.32
290	335	6.29	6.65	5.91	3872	1426	2446	18.90	13.48	24.70
337	287	5.25	6.01	4.42	10622	3754	6868	31.91	21.76	42.83
3440	**2315**	**3.89**	**4.54**	**3.19**	**222508**	**92150**	**130358**	**46.24**	**37.11**	**55.96**
1611	1131	5.79	6.39	5.13	25763	10102	15661	27.97	21.05	35.49
303	161	2.75	3.31	2.14	32148	14331	17817	58.69	50.33	67.75
154	73	3.09	3.73	2.42	16318	6949	9369	53.72	45.11	62.59
116	131	4.91	5.55	4.24	9290	3168	6122	27.21	18.22	36.54
188	121	3.78	4.56	2.94	21496	7950	13546	43.84	31.31	57.31
165	144	2.52	3.07	1.96	25637	10730	14907	61.15	51.28	70.98
176	119	4.32	4.85	3.77	10580	4301	6279	37.09	29.69	44.73
128	98	2.58	3.14	2.00	21424	9561	11863	66.22	58.51	74.08
269	167	3.04	3.70	2.26	34785	15530	19255	57.46	47.57	69.03
154	113	4.79	5.61	3.97	11244	3947	7297	35.22	24.52	46.10
176	57	3.54	4.46	2.58	13823	5581	8242	54.14	42.46	66.53
4264	**3203**	**6.07**	**6.67**	**5.46**	**61191**	**22812**	**38379**	**23.55**	**17.38**	**29.85**
1407	1158	7.79	8.20	7.37	6284	2474	3810	12.66	9.81	15.59
330	323	6.31	6.71	5.92	4529	1700	2829	16.31	12.40	20.11
620	577	5.51	6.10	4.91	10851	4194	6657	30.31	23.26	37.46
149	145	5.22	5.78	4.66	4595	1831	2764	33.92	26.76	41.24
230	170	5.45	6.32	4.63	4280	1448	2832	31.54	22.08	40.39
176	145	5.71	6.35	5.05	2787	990	1797	25.94	18.30	33.70
174	92	5.12	5.85	4.41	3638	1381	2257	34.01	26.03	41.86
212	104	5.87	6.58	5.17	3108	1121	1987	21.41	15.44	27.40
283	142	5.89	6.51	5.14	4858	2058	2800	26.41	20.51	33.51
246	129	4.92	5.78	4.03	9307	3416	5891	35.02	25.16	45.33
199	108	5.63	6.55	4.72	3461	1078	2383	27.72	17.51	37.66
238	110	6.19	6.68	5.68	3493	1121	2372	13.39	8.53	18.33
6249	**4505**	**4.95**	**5.82**	**4.04**	**185017**	**64386**	**120631**	**35.16**	**23.72**	**47.35**
2331	1799	6.84	7.53	6.12	21412	7192	14220	22.18	14.51	30.29
338	296	4.23	4.81	3.59	19206	7629	11577	34.91	26.27	44.56
427	388	5.18	6.00	4.36	14498	4406	10092	29.84	18.15	41.51
259	142	3.72	4.65	2.77	18226	6895	11331	50.07	37.46	62.96
217	166	4.10	5.03	3.10	15111	5359	9752	42.85	29.26	57.53
281	199	4.44	5.63	3.18	14808	4626	10182	41.64	25.33	58.85
250	157	3.53	4.66	2.36	17947	6030	11917	47.88	31.67	64.61
287	226	4.31	5.35	3.16	13996	4914	9082	45.08	30.13	61.63

表4 续表 43

地区	6岁及以上各种受教育程度人口(人)									
	未上过学		小学		初中		高中		大学专科	
	男	女	男	女	男	女	男	女	男	女
白朗县	4216	7815	11441	7396	3472	2001	418	501	272	283
仁布县	1516	2785	8227	7230	2411	1482	179	207	215	171
康马县	1938	3890	4817	3567	1544	974	416	377	307	211
定结县	2305	4008	4296	3057	1746	987	684	162	351	157
仲巴县	3981	5329	3788	2938	1410	814	241	105	268	112
亚东县	964	2185	2837	2522	984	668	483	418	286	191
吉隆县	1558	2383	3342	2622	1336	846	347	165	285	154
聂拉木县	2340	3887	2953	1748	1905	1227	465	202	403	168
萨嘎县	1387	1895	3810	3100	795	578	178	160	177	111
岗巴县	1095	2101	2246	1505	1020	626	211	167	170	98
那曲地区	**95087**	**106935**	**78849**	**63259**	**19537**	**14252**	**6558**	**4659**	**5324**	**3907**
那曲县	18290	20945	18333	15339	5889	4540	3398	2458	2417	1921
嘉黎县	6484	7299	5720	4923	1174	832	233	183	275	219
比如县	11568	12617	12133	9855	2120	1399	458	347	265	205
聂荣县	8737	9872	3589	3135	924	639	322	257	266	257
安多县	9747	10404	5040	4432	1260	906	404	280	348	252
申扎县	3247	3876	3850	3458	1403	1087	296	159	278	139
索县	9267	11217	7628	5573	1254	917	431	275	425	268
班戈县	8058	10091	6342	5148	1134	924	295	207	350	262
巴青县	11321	10676	9063	5811	1881	1058	399	305	245	156
尼玛县	8368	9938	7151	5585	2498	1950	322	188	455	228
阿里地区	**17117**	**20013**	**14554**	**12944**	**5459**	**3744**	**2821**	**1591**	**2603**	**1315**
普兰县	459	827	2591	2609	631	400	404	195	298	100
札达县	901	1412	1188	1016	441	350	261	188	235	115
噶尔县	1547	2103	2193	2034	1694	1218	1317	729	1115	568
日土县	2435	2661	1066	891	296	239	271	161	229	146
革吉县	4109	4196	2027	1585	297	195	133	91	189	92
改则县	5185	5760	2789	2472	1050	665	260	150	292	183
措勤县	2481	3054	2700	2337	1050	677	175	77	245	111
林芝地区	**19545**	**27121**	**39046**	**33847**	**17049**	**13012**	**6664**	**4854**	**4000**	**3322**
林芝县	2276	3746	8980	8747	6185	4937	3543	2397	2024	1811
工布江达县	2487	3862	7587	6773	2292	1710	396	368	389	295
米林县	2462	3437	4855	4195	1690	1282	633	569	377	302
墨脱县	1852	2092	2041	1608	773	504	268	202	181	122
波密县	3296	4691	7620	6091	3346	2378	855	598	475	376
察隅县	5146	6703	4726	3577	1360	1091	664	487	314	239
朗县	2026	2590	3237	2856	1403	1110	305	233	240	177
陕西省	**499153**	**1137633**	**4073418**	**4667539**	**8133999**	**6847472**	**3272736**	**2614982**	**1263056**	**1101581**
西安市	**40298**	**127778**	**567541**	**671842**	**1590924**	**1429469**	**920984**	**828647**	**464060**	**459142**
新城区	1940	7603	28241	34900	76511	74319	98734	92099	38841	37315
碑林区	1535	5975	20700	26388	53337	53265	79476	83033	46760	49118
莲湖区	1918	6556	33410	41176	87025	86374	107771	106395	61196	56830
灞桥区	1947	6292	32684	38790	135101	127433	71258	62316	30262	26652
未央区	2319	7036	37774	42119	150216	129492	89186	84068	52094	53240
雁塔区	2522	6269	43101	45129	155113	135123	130991	128798	104782	110186
阎良区	1124	4201	22906	28161	54031	49407	31328	26221	16383	12928
临潼区	3294	12411	66988	79383	163213	147454	48117	41733	13882	14696
长安区	4689	14157	77892	91687	247184	224007	75795	65944	50497	55300
蓝田县	6024	16277	63789	74150	125853	111319	35529	26163	9454	7759
周至县	7002	22083	64194	80207	129675	104329	56974	38002	9863	7499
户县	4614	14228	48980	60479	130776	113969	59692	43803	18291	17708
高陵县	1370	4690	26882	29273	82889	72978	36133	30072	11755	9911
铜川市	**10602**	**26614**	**79064**	**89155**	**197027**	**164156**	**87673**	**73567**	**28024**	**23805**
王益区	2479	7198	15012	16200	37932	34623	29922	27710	9008	7773
印台区	3480	8541	22473	23013	53059	43088	23362	18451	5552	4252
耀州区	3092	7958	30399	38405	83761	68639	27141	22118	10850	9369
宜君县	1551	2917	11180	11537	22275	17806	7248	5288	2614	2411
宝鸡市	**36720**	**112031**	**382427**	**494918**	**860764**	**705783**	**361999**	**265290**	**112703**	**85994**
渭滨区	2477	7881	30447	36358	71033	65852	64561	60012	26117	22923
金台区	1835	6694	27373	33346	72928	68231	60405	53773	19199	15454
陈仓区	7709	21549	71181	90812	145347	115323	48102	33299	11980	10374
凤翔县	3987	16290	51610	75254	122747	98196	38404	23082	11928	8515
岐山县	4573	16083	43158	57035	116014	97686	45087	29598	11812	8250
扶风县	4037	15885	38333	51562	111669	88723	37053	23077	9613	6360
眉县	5075	13272	28985	34786	78562	64266	23499	16103	7627	5584

大学本科及以上		平均受教育年限(年)			15岁及以上文盲人口(人)			文盲人口占15岁及以上人口比重(%)		
男	女	合计	男	女	合计	男	女	合计	男	女
221	213	4.77	5.57	3.88	11109	3779	7330	34.70	22.40	48.38
154	123	5.72	6.25	5.16	3916	1322	2594	19.09	12.48	26.13
164	128	5.03	6.01	4.05	5155	1596	3559	33.68	20.79	46.65
205	113	4.97	6.17	3.59	5879	2098	3781	39.18	26.20	54.02
178	80	3.79	4.69	2.84	6206	2293	3913	40.85	29.15	53.41
239	135	5.99	7.02	5.02	2936	887	2049	27.99	17.48	37.85
166	80	5.35	6.24	4.31	3241	1202	2039	30.27	20.90	41.14
309	116	5.03	6.31	3.53	5704	2078	3626	43.75	29.64	60.15
103	87	5.19	5.65	4.69	2698	1101	1597	26.54	20.72	32.90
120	57	5.10	6.19	3.93	2969	979	1990	37.54	23.98	52.01
2738	**2029**	**3.47**	**3.91**	**2.99**	**111656**	**45745**	**65911**	**34.84**	**27.65**	**42.51**
1164	838	4.79	5.26	4.28	24272	10129	14143	31.71	25.46	38.47
183	134	3.33	3.72	2.93	7991	3379	4612	37.63	31.32	44.14
161	132	3.34	3.67	2.98	15900	7017	8883	39.34	33.36	45.82
145	153	2.00	2.29	1.71	6283	1889	4394	27.58	16.80	38.08
198	190	2.60	2.90	2.28	4732	1658	3074	17.56	12.11	23.20
142	84	4.42	4.97	3.85	4120	1584	2536	28.84	21.62	36.44
229	173	2.98	3.55	2.38	16095	6950	9145	54.49	46.19	63.12
168	125	2.93	3.45	2.42	9704	3398	6306	37.32	26.48	47.89
110	83	2.83	3.20	2.38	13928	6446	7482	42.80	35.86	51.36
238	117	3.44	4.01	2.81	8631	3295	5336	28.60	20.97	36.89
1650	**705**	**4.72**	**5.49**	**3.86**	**19255**	**7228**	**12027**	**27.47**	**19.54**	**36.32**
212	65	6.80	7.74	5.75	1136	383	753	15.45	9.87	21.68
119	57	5.45	6.52	4.37	1850	618	1232	35.43	23.65	47.24
772	362	7.98	8.93	6.78	2367	855	1512	16.97	11.01	24.47
142	70	3.57	4.15	2.92	1210	498	712	17.13	13.46	21.17
120	70	2.48	2.90	2.01	3496	1406	2090	33.17	25.36	41.84
132	38	2.85	3.40	2.27	4735	1556	3179	31.22	19.90	43.27
153	43	4.30	5.04	3.49	4461	1912	2549	41.27	33.77	49.51
5054	**4059**	**6.35**	**6.87**	**5.79**	**41001**	**16834**	**24167**	**27.11**	**21.55**	**33.03**
3461	2814	8.89	9.35	8.39	5582	2074	3508	12.17	8.67	15.98
256	240	5.69	6.16	5.22	5064	1900	3164	22.98	17.25	28.70
336	321	5.68	6.17	5.17	5534	2279	3255	31.93	25.84	38.25
138	72	4.70	5.24	4.06	3106	1434	1672	39.05	33.35	45.76
363	270	5.79	6.34	5.17	6793	2703	4090	27.07	20.41	34.51
279	185	3.90	4.53	3.26	10802	4670	6132	52.51	44.66	60.61
221	157	5.28	5.78	4.76	4120	1774	2346	33.18	27.86	38.78
891850	**683814**	**9.36**	**9.74**	**8.95**	**1397847**	**404068**	**993779**	**4.39**	**2.48**	**6.40**
530864	**409279**	**10.95**	**11.24**	**10.66**	**135850**	**28391**	**107459**	**1.84**	**0.76**	**2.97**
44720	32364	11.75	12.07	11.43	7731	1239	6492	1.47	0.46	2.50
104272	70077	13.03	13.39	12.64	5694	907	4787	1.02	0.32	1.77
43890	35372	11.95	12.22	11.68	6206	1104	5102	1.00	0.36	1.65
16647	12956	10.56	10.80	10.31	6264	1175	5089	1.21	0.44	2.00
66583	48503	11.61	11.77	11.43	7003	1344	5659	0.99	0.36	1.67
147403	118173	12.73	12.81	12.64	5458	1140	4318	0.52	0.21	0.84
11139	7531	10.44	10.84	10.01	4060	668	3392	1.67	0.53	2.87
16524	12276	9.39	9.71	9.08	13056	2417	10639	2.35	0.87	3.83
58300	56458	10.56	10.73	10.39	16287	3785	12502	1.74	0.81	2.66
2892	2354	8.67	9.10	8.24	18586	4678	13908	4.46	2.24	6.68
3560	2780	8.72	9.33	8.09	25635	5748	19887	5.50	2.45	8.62
9677	6213	9.57	10.00	9.12	15284	3363	11921	3.19	1.38	5.05
5257	4222	9.86	10.09	9.61	4586	823	3763	1.59	0.55	2.72
9307	**6320**	**9.36**	**9.71**	**8.98**	**32772**	**8838**	**23934**	**4.52**	**2.36**	**6.83**
3182	1970	10.00	10.39	9.60	8659	2100	6559	4.88	2.35	7.47
1702	1117	9.03	9.41	8.61	10656	2918	7738	5.61	2.91	8.65
3851	2648	9.31	9.67	8.93	9484	2491	6993	3.39	1.73	5.15
572	585	8.85	9.11	8.55	3973	1329	2644	5.06	3.19	7.15
58552	**41477**	**9.23**	**9.75**	**8.69**	**117059**	**25237**	**91822**	**3.69**	**1.56**	**5.92**
22555	17904	11.03	11.36	10.68	7964	1591	6373	2.05	0.81	3.31
10969	7390	10.54	10.92	10.16	6537	1109	5428	1.91	0.64	3.22
5098	3254	8.66	9.18	8.13	25446	6281	19165	5.01	2.43	7.68
4082	2847	8.77	9.43	8.11	16774	2811	13963	4.07	1.35	6.83
3994	2642	9.03	9.63	8.41	16545	3101	13444	4.21	1.55	6.97
3278	2150	8.90	9.55	8.21	16048	2700	13348	4.57	1.50	7.80
2639	1943	8.75	9.29	8.19	15502	3970	11532	6.04	3.01	9.25

表4 续表 44

地区	6岁及以上各种受教育程度人口(人)									
	未上过学		小学		初中		高中		大学专科	
	男	女	男	女	男	女	男	女	男	女
陇县	469	1161	41148	55098	55532	42475	16755	9128	4688	2423
千阳县	1735	4386	17650	23282	29060	21743	7570	4102	2972	1618
麟游县	1100	2320	12717	16681	21798	15640	7030	3664	2220	1314
凤县	2313	4140	13697	13985	24904	19170	9210	6372	2694	1961
太白县	1410	2370	6128	6719	11170	8478	4323	3080	1853	1218
咸阳市	**50703**	**151629**	**473909**	**572060**	**1203284**	**1036001**	**470994**	**364323**	**170215**	**149032**
秦都区	1642	5425	28649	35044	86962	84240	59975	59283	38271	41731
杨陵区	1198	4815	12847	17580	34377	29922	16602	12940	12891	10000
渭城区	1907	6018	26967	31466	79970	73281	53876	48703	32850	28650
三原县	2617	7022	33510	39100	107344	98204	35100	32777	10284	10656
泾阳县	2452	7447	42626	49117	135160	123197	39075	35843	8864	9412
乾县	7289	23790	60368	73918	129973	104740	47674	30245	7951	5937
礼泉县	4010	11699	44479	55380	112423	96928	47111	33382	8365	7170
永寿县	3051	9441	22111	26847	43782	34493	15286	9434	3659	2356
彬县	5758	15128	41302	49855	79679	59435	22972	12295	6338	3507
长武县	3535	9086	19588	22176	42229	33051	13199	6627	4066	2200
旬邑县	6485	15478	33903	36943	62616	47520	19269	11519	5535	3595
淳化县	2497	5510	20542	22839	53693	46225	13515	10405	4147	3211
武功县	3679	14031	38285	50203	100875	88932	37310	24411	11447	8478
兴平市	4583	16739	48732	61592	134201	115833	50030	36459	15547	12129
渭南市	**44515**	**132850**	**489233**	**618584**	**1379806**	**1208055**	**449783**	**363424**	**126049**	**108819**
临渭区	5652	16646	74721	92407	205708	192416	82794	71442	32766	27416
华县	2135	5465	28700	34431	87590	79374	26702	22737	7328	6795
潼关县	859	1898	13791	17081	44228	37768	12977	10958	3294	2818
大荔县	9286	26642	72680	89148	179739	152964	51038	42465	12211	11639
合阳县	3648	12544	46909	67261	108558	89638	37907	28462	8436	7030
澄城县	3438	11509	37234	47383	97522	85642	33213	28696	9071	8246
蒲城县	6075	20799	69813	89253	203848	174850	56104	43117	14045	12364
白水县	3166	8341	25000	29046	74265	64107	26191	21099	5801	4896
富平县	5486	15671	66489	88287	211302	184849	59217	42491	12998	10390
韩城市	2522	7645	30379	37373	100253	87769	40633	32707	13208	11358
华阴市	2248	5690	23517	26914	66793	58678	23007	19250	6891	5867
延安市	**29464**	**52202**	**305456**	**332848**	**440302**	**356166**	**182903**	**139850**	**71274**	**58760**
宝塔区	6920	12194	53787	56156	86962	78040	42156	36746	19645	18626
延长县	1739	3015	18846	20434	27084	22398	8101	6763	3263	2716
延川县	2088	3513	23334	24601	35378	30781	15238	11721	4214	3406
子长县	3969	7431	34068	37345	45042	35736	13648	10392	4784	4037
安塞县	4417	8175	31648	35220	27267	17424	12234	7277	5179	3488
志丹县	1653	3019	27463	29916	22790	16627	11770	7568	4285	2713
吴起县	1784	2378	23377	28592	24697	17574	14261	9155	5293	4010
甘泉县	1011	1623	12344	13457	14455	11114	5934	4318	2656	2192
富县	1795	3604	19569	21108	32732	26571	12635	9630	4829	4081
洛川县	1942	3874	25146	25824	51892	43809	20561	16245	6766	5632
宜川县	588	1036	15178	18804	28250	23485	8868	7483	2531	1993
黄龙县	757	1114	7069	7978	10047	8037	4301	3350	1955	1552
黄陵县	801	1226	13627	13413	33706	24570	13196	9202	5874	4314
汉中市	**76083**	**146846**	**492561**	**541861**	**709485**	**604113**	**251130**	**185975**	**84817**	**61197**
汉台区	5482	14805	44654	50181	104584	101123	57683	49494	23546	22170
南郑县	10213	22385	70001	80341	97563	82852	29980	22750	13503	7998
城固县	6258	12974	58563	68944	108540	100735	32302	23767	10481	7209
洋县	7877	14811	46412	53027	90383	80218	30310	19199	8535	5115
西乡县	9635	16404	57585	62682	69414	58147	19217	13438	5343	3327
勉县	8250	16302	49431	60627	88514	75781	31573	23038	7288	4873
宁强县	13583	26885	59108	59683	55639	39275	17088	11867	4620	2875
略阳县	8073	11887	36384	32561	37508	25432	17451	12244	5292	3667
镇巴县	4598	7534	56888	61240	43931	29767	10389	6146	3776	2214
留坝县	1063	1424	8015	7416	8023	6712	3114	2498	1360	1083
佛坪县	1051	1435	5520	5159	5386	4071	2023	1534	1073	666
榆林市	**87017**	**179638**	**471761**	**484966**	**679016**	**518004**	**252701**	**193005**	**101821**	**77562**
榆阳区	10636	27394	70443	76787	123758	102168	53778	49435	25999	22199
神木县	13166	27683	52717	52399	91959	58945	49430	30530	21670	13434
府谷县	5850	12333	37431	34781	58855	33632	23749	14773	9613	6356
横山县	8422	18547	46807	51385	53714	39241	19479	13180	6305	4564
靖边县	11074	22338	51469	52578	62877	48781	28057	22458	11356	8893
定边县	7150	15796	52584	57408	67546	50397	18364	12534	6832	5274

大学本科及以上		平均受教育年限(年)			15岁及以上文盲人口(人)			文盲人口占15岁及以上人口比重(%)		
男	女	合计	男	女	合计	男	女	合计	男	女
1617	869	8.50	8.99	7.99	189	51	138	0.09	0.05	0.14
1249	660	8.36	9.01	7.66	4894	1220	3674	4.76	2.30	7.40
983	469	8.59	9.15	7.94	2358	693	1665	3.08	1.69	4.69
1183	779	8.68	9.05	8.25	1506	522	984	1.64	1.05	2.34
905	570	8.80	9.27	8.26	3296	1188	2108	7.54	5.05	10.44
85872	**73757**	**9.43**	**9.86**	**9.00**	**174929**	**39842**	**135087**	**4.05**	**1.82**	**6.31**
22004	19756	11.33	11.53	11.15	4940	875	4065	1.11	0.41	1.79
20315	16988	11.27	11.81	10.71	4992	798	4194	2.85	0.89	4.90
17244	17406	11.08	11.32	10.84	6192	1277	4915	1.61	0.66	2.58
3712	3367	9.44	9.63	9.26	7058	1581	5477	2.00	0.90	3.11
3019	2934	9.25	9.44	9.06	8131	1774	6357	1.94	0.85	3.03
1737	1482	8.52	9.15	7.87	26750	5501	21249	6.10	2.48	9.79
1236	958	9.04	9.50	8.58	12776	2813	9963	3.39	1.48	5.32
1242	837	8.47	9.17	7.73	11164	2544	8620	7.40	3.30	11.68
1940	1044	8.28	8.95	7.54	19240	5051	14189	7.26	3.64	11.22
1265	590	8.39	9.10	7.59	11583	3081	8502	8.25	4.16	12.79
1315	806	8.16	8.81	7.46	20199	5701	14498	9.23	5.01	13.83
1010	813	8.82	9.14	8.47	7118	2146	4972	4.28	2.50	6.18
3817	2794	9.11	9.73	8.50	15975	3029	12946	4.70	1.78	7.63
6016	3982	9.25	9.79	8.70	18811	3671	15140	4.17	1.62	6.77
44633	**37958**	**9.15**	**9.51**	**8.77**	**144497**	**32282**	**112215**	**3.18**	**1.41**	**4.98**
15590	14965	9.75	10.07	9.42	17339	3791	13548	2.31	1.01	3.59
2616	2024	9.25	9.49	9.00	6102	1583	4519	2.17	1.11	3.25
840	729	9.26	9.48	9.02	2074	555	1519	1.56	0.81	2.36
3464	3012	8.67	9.08	8.25	31397	7535	23862	5.23	2.52	7.93
2681	2264	8.85	9.35	8.35	12273	2271	10002	3.28	1.22	5.33
2931	2534	9.09	9.50	8.70	13033	2789	10244	3.96	1.72	6.16
3960	3274	8.90	9.30	8.49	22852	4581	18271	3.60	1.43	5.80
1766	1461	9.12	9.48	8.74	8882	2224	6658	3.75	1.84	5.73
3965	2935	8.97	9.34	8.59	16017	3597	12420	2.49	1.10	3.92
4712	3360	9.66	10.00	9.31	8570	1955	6615	2.54	1.13	4.01
2108	1400	9.28	9.57	8.97	5958	1401	4557	2.69	1.23	4.22
31799	**26127**	**9.06**	**9.37**	**8.73**	**60232**	**21654**	**38578**	**3.31**	**2.28**	**4.43**
15268	14230	9.76	9.97	9.53	17352	6316	11036	4.34	3.11	5.60
1019	854	8.64	8.89	8.36	3634	1288	2346	3.42	2.35	4.55
1478	1114	8.99	9.26	8.70	4877	1792	3085	3.52	2.50	4.61
1967	1451	8.42	8.79	8.02	8295	2768	5527	4.74	3.06	6.52
1807	1170	8.05	8.65	7.38	6752	2390	4362	4.90	3.27	6.74
1524	902	8.53	8.96	8.03	2510	815	1695	2.16	1.31	3.12
1587	863	8.91	9.33	8.44	2624	1251	1373	2.18	1.95	2.43
833	640	8.85	9.14	8.51	1560	582	978	2.45	1.74	3.25
1109	928	9.03	9.34	8.70	4193	1345	2848	3.36	2.07	4.77
2231	1846	9.37	9.62	9.09	4579	1445	3134	2.49	1.51	3.57
876	668	8.99	9.25	8.72	836	310	526	0.84	0.61	1.09
441	333	8.99	9.29	8.67	1280	527	753	3.01	2.37	3.72
1659	1128	9.75	9.92	9.53	1740	825	915	1.57	1.32	1.90
41937	**26569**	**8.46**	**8.91**	**7.99**	**196334**	**64696**	**131638**	**6.80**	**4.37**	**9.35**
21190	14826	10.13	10.51	9.74	17972	4569	13403	3.87	1.96	5.81
3745	2144	8.29	8.84	7.73	27084	7908	19176	6.87	3.95	9.87
4314	2546	8.71	9.11	8.29	17144	5413	11731	4.40	2.77	6.04
2547	1197	8.57	9.07	8.05	18695	6154	12541	5.86	3.77	8.04
1962	1089	7.82	8.25	7.36	23866	8649	15217	8.46	6.01	11.01
3131	1814	8.42	8.90	7.92	22119	7202	14917	6.58	4.23	9.01
1686	1042	7.13	7.76	6.44	36913	12096	24817	14.04	8.88	19.60
1551	886	7.97	8.35	7.49	18039	7188	10851	10.23	7.34	13.83
1003	523	7.51	7.92	7.04	10360	3801	6559	5.17	3.60	6.94
436	304	8.42	8.62	8.19	1926	784	1142	5.10	3.90	6.46
372	198	8.17	8.53	7.74	2216	932	1284	8.60	6.65	10.91
45395	**31519**	**8.49**	**8.99**	**7.94**	**249115**	**79120**	**169995**	**8.84**	**5.40**	**12.58**
16851	12290	9.36	9.84	8.87	36367	9865	26502	6.82	3.68	10.01
7935	4541	8.93	9.59	8.11	38608	12210	26398	9.95	5.66	15.33
3624	2160	8.73	9.23	8.05	16913	5273	11640	7.63	4.17	12.25
2323	1589	7.87	8.52	7.20	24968	7531	17437	10.53	6.22	15.04
3870	2973	8.36	8.89	7.80	31258	10104	21154	10.70	6.75	14.84
2884	1922	8.07	8.59	7.51	21040	6262	14778	7.90	4.55	11.48

表4 续表 45

地区	6岁及以上各种受教育程度人口(人)									
	未上过学		小学		初中		高中		大学专科	
	男	女	男	女	男	女	男	女	男	女
绥德县	7779	14100	44569	42669	67276	59715	15161	13182	4223	3765
米脂县	2784	4955	25283	25575	33254	28663	9058	7695	3498	2973
佳县	6943	11561	33990	34247	41616	33318	11560	9770	4136	3602
吴堡县	1206	2344	10482	10325	16476	14002	5871	5083	2207	1950
清涧县	4592	7898	19517	19243	26863	21643	9499	7284	2701	2037
子洲县	7415	14689	26469	27569	34822	27499	8695	7081	3281	2515
安康市	**70950**	**105850**	**490035**	**498068**	**517208**	**398944**	**148759**	**105544**	**51791**	**40479**
汉滨区	17181	29679	126132	136429	187781	155039	56489	43923	23163	20866
汉阴县	9749	15145	49433	46358	46695	35628	10162	6837	3512	2386
石泉县	3152	3999	30705	30013	37109	29193	11439	8224	3488	2493
宁陕县	2210	2787	13837	12312	13492	10056	4505	3390	1752	1355
紫阳县	12147	16402	66109	61742	47271	35767	9596	6223	3477	2200
岚皋县	2755	3250	36656	34653	27111	20734	7703	5439	2675	1918
平利县	10748	15007	37926	36231	33973	24113	10195	6825	2853	2014
镇坪县	305	459	11945	12370	8124	6408	3232	2457	896	647
旬阳县	9038	14212	79913	89839	88877	62645	25505	15582	7416	4924
白河县	3665	4910	37379	38121	26775	19361	9933	6644	2559	1676
商洛市	**52801**	**102195**	**321431**	**363237**	**556183**	**426781**	**145810**	**95357**	**52302**	**36791**
商州区	9202	21081	59876	71128	136322	106057	32592	21966	14879	12467
洛南县	8293	18849	57270	68027	110634	86015	28811	17566	10058	6322
丹凤县	5465	11009	36095	44210	78375	61416	16904	10885	5470	3328
商南县	4910	8693	27158	30928	50257	41992	16440	11782	5658	4073
山阳县	7683	14410	65187	75447	101509	74488	23538	14828	6801	4004
镇安县	11801	18713	50063	47996	49869	36322	16644	11046	5680	3988
柞水县	5447	9440	25782	25501	29217	20491	10881	7284	3756	2609
甘肃省	**782437**	**1666508**	**3958264**	**4355037**	**4439191**	**3543683**	**1880240**	**1364264**	**664590**	**507268**
兰州市	**35599**	**109918**	**317539**	**351623**	**593787**	**510300**	**383881**	**359491**	**185820**	**168669**
城关区	7231	20719	78572	82712	191387	170006	160285	168181	91306	87818
七里河区	5554	14832	47917	49735	84675	76065	66538	61698	34237	28965
西固区	2310	7966	28084	30707	65296	58203	47635	45831	22175	17652
安宁区	1132	3489	13645	14813	30850	28736	25072	23339	15393	15053
红古区	1986	6409	16081	16698	27680	22823	12804	10675	5573	4419
永登县	8455	30465	59373	72023	84048	63186	31799	22288	6678	4744
皋兰县	1989	5554	18738	22293	28975	24298	9631	6893	2025	1512
榆中县	6942	20484	55129	62642	80876	66983	30117	20586	8433	8506
嘉峪关市	**739**	**2561**	**20512**	**23670**	**42939**	**38040**	**31859**	**25529**	**13814**	**8307**
市辖区	739	2561	20512	23670	42939	38040	31859	25529	13814	8307
金昌市	**6124**	**17024**	**60000**	**68960**	**88473**	**72867**	**44388**	**33250**	**17734**	**13078**
金川区	2853	8733	22779	23794	42510	37352	25002	21143	11627	9174
永昌县	3271	8291	37221	45166	45963	35515	19386	12107	6107	3904
白银市	**29400**	**72901**	**211614**	**255067**	**353792**	**289294**	**170117**	**125303**	**43091**	**33084**
白银区	2990	7944	24789	26761	52986	47657	42302	34790	15183	13123
平川区	3496	9368	20965	23436	40028	31966	23220	15818	5583	4360
靖远县	9307	23426	58526	70279	102611	81024	36737	27074	7273	5650
会宁县	9442	21705	80638	102431	112063	88496	42997	29787	10698	6790
景泰县	4165	10458	26696	32160	46104	40151	24861	17834	4354	3161
天水市	**125417**	**245431**	**519035**	**573457**	**574960**	**482092**	**214138**	**147391**	**60940**	**41754**
秦州区	16598	33399	90423	100360	110389	93071	54481	44234	19533	15100
麦积区	12865	27458	77181	87789	108671	91543	43843	30938	17256	12602
清水县	14730	30888	49356	51631	41992	30443	11803	6962	3619	1956
秦安县	23751	48396	77828	86031	97109	83174	32867	20944	5258	3125
甘谷县	21024	40525	91765	106799	100257	91753	33554	21987	5359	3341
武山县	16816	27173	80072	86068	78049	64381	24670	14504	5984	3280
张家川回族自治县	19633	37592	52410	54779	38493	27727	12920	7822	3931	2350
武威市	**36038**	**94089**	**239434**	**300754**	**376000**	**305561**	**161694**	**96079**	**45554**	**29127**
凉州区	14045	35726	116410	154427	220258	190473	93686	56577	31000	19662
民勤县	3896	12054	30546	38977	49360	41165	27235	15961	5475	3649
古浪县	10901	27912	59915	74572	79429	56879	29073	15962	5077	3068
天祝藏族自治县	7196	18397	32563	32778	26953	17044	11700	7579	4002	2748
张掖市	**14831**	**38102**	**178801**	**234462**	**232633**	**185208**	**92206**	**58129**	**32846**	**25171**
甘州区	6849	16124	61756	75143	100799	88332	44808	32229	16136	14788
肃南裕固族自治县	698	1658	6239	6704	4993	3661	2608	1526	1596	937
民乐县	1810	4573	41723	61699	40147	22879	13781	6295	4593	2343
临泽县	1340	2856	22550	30191	25359	20667	9679	5067	3703	2441
高台县	736	1765	24185	33993	30650	23887	8643	4897	2902	1814
山丹县	3398	11126	22348	26732	30685	25782	12687	8115	3916	2848

大学本科及以上		平均受教育年限(年)			15岁及以上文盲人口(人)			文盲人口占15岁及以上人口比重(%)		
男	女	合计	男	女	合计	男	女	合计	男	女
2288	1886	8.08	8.37	7.79	20110	6962	13148	8.04	5.51	10.62
1232	923	8.37	8.63	8.10	6459	2216	4243	4.83	3.25	6.49
1229	921	7.88	8.24	7.51	17461	6447	11014	10.12	7.30	13.08
690	588	8.88	9.13	8.61	3053	986	2067	4.77	2.99	6.67
938	704	8.00	8.41	7.57	11464	4145	7319	10.04	7.00	13.31
1531	1022	7.51	8.10	6.91	21414	7119	14295	14.71	9.78	19.65
19967	**13974**	**7.94**	**8.27**	**7.58**	**145473**	**57095**	**88378**	**6.63**	**4.95**	**8.50**
10348	7896	8.64	8.97	8.30	39822	14068	25754	5.55	3.83	7.37
1175	718	7.29	7.70	6.84	22628	8750	13878	11.24	8.24	14.60
1152	750	8.31	8.53	8.05	3841	1665	2176	2.60	2.09	3.19
631	404	8.05	8.27	7.78	4211	1840	2371	6.91	5.50	8.63
1307	752	6.99	7.32	6.61	24861	10463	14398	10.72	8.49	13.26
1014	655	7.83	8.02	7.60	3730	1664	2066	2.86	2.36	3.43
716	452	7.02	7.44	6.53	22635	9367	13268	13.75	10.68	17.25
313	178	8.11	8.33	7.86	458	183	275	1.08	0.82	1.36
2360	1544	7.90	8.32	7.43	17745	6712	11033	4.91	3.51	6.49
951	625	7.68	8.00	7.31	5542	2383	3159	4.08	3.30	4.96
23524	**16834**	**8.32**	**8.79**	**7.80**	**141586**	**46913**	**94673**	**7.15**	**4.52**	**10.03**
8656	6976	8.79	9.25	8.29	27682	8072	19610	6.10	3.43	8.97
3436	2085	8.36	8.89	7.77	23066	6558	16508	6.10	3.31	9.14
2359	1565	8.37	8.84	7.85	14681	4680	10001	5.85	3.59	8.31
2610	1908	8.62	9.03	8.17	12737	4559	8178	6.77	4.68	9.01
2335	1474	8.11	8.56	7.60	19983	6704	13279	5.72	3.65	8.03
2403	1654	7.56	8.03	7.02	29530	11340	18190	12.80	9.24	16.84
1725	1172	7.94	8.44	7.35	13907	5000	8907	10.77	7.22	14.87
440929	**310495**	**8.19**	**8.82**	**7.55**	**2222201**	**687685**	**1534516**	**10.62**	**6.50**	**14.83**
234609	**180917**	**10.58**	**10.98**	**10.16**	**127667**	**28554**	**99113**	**4.06**	**1.79**	**6.42**
87515	72626	11.51	11.71	11.31	22246	4961	17285	1.97	0.87	3.10
41582	21842	10.82	11.28	10.32	17634	4365	13269	3.60	1.69	5.71
13382	9416	10.62	10.98	10.24	8534	1645	6889	2.68	1.01	4.43
56246	49294	12.86	13.07	12.64	3714	804	2910	1.43	0.60	2.29
1697	1257	9.13	9.65	8.59	7514	1668	5846	6.52	2.83	10.39
3341	2102	7.94	8.79	7.10	36901	7714	29187	10.72	4.54	16.72
832	648	8.30	8.84	7.77	6963	1737	5226	6.34	3.18	9.49
30014	23732	9.36	9.93	8.77	24161	5660	18501	6.43	2.96	10.02
7660	**4199**	**10.48**	**10.91**	**10.00**	**2780**	**519**	**2261**	**1.41**	**0.49**	**2.46**
7660	4199	10.48	10.91	10.00	2780	519	2261	1.41	0.49	2.46
10005	**5737**	**9.18**	**9.78**	**8.55**	**19826**	**5069**	**14757**	**5.14**	**2.57**	**7.83**
7374	4426	9.89	10.42	9.32	10506	2581	7925	5.45	2.61	8.46
2631	1311	8.47	9.13	7.79	9320	2488	6832	4.83	2.53	7.20
19699	**13481**	**8.81**	**9.37**	**8.23**	**92637**	**25418**	**67219**	**6.54**	**3.53**	**9.66**
7916	5165	10.27	10.65	9.85	10078	2690	7388	3.96	2.05	6.00
2354	1654	9.05	9.63	8.40	12044	3172	8872	7.48	3.77	11.55
2954	2125	8.34	8.93	7.73	30055	8146	21909	8.15	4.37	12.00
4720	3151	8.33	8.91	7.73	27655	8036	19619	6.23	3.58	8.96
1755	1386	8.72	9.33	8.12	12805	3374	9431	6.83	3.61	10.02
30310	**20789**	**7.68**	**8.33**	**7.03**	**341525**	**112375**	**229150**	**13.22**	**8.72**	**17.72**
15612	12508	8.76	9.27	8.25	45640	14746	30894	8.51	5.45	11.64
5298	3283	8.50	9.06	7.92	36831	11348	25483	8.07	4.88	11.37
1589	836	6.56	7.47	5.65	43055	13605	29450	21.23	13.49	28.89
2216	1240	7.20	7.95	6.47	67865	21791	46074	16.95	11.06	22.65
1867	1114	7.38	7.99	6.80	54884	18172	36712	12.70	8.70	16.44
1947	900	7.40	7.94	6.84	39301	14653	24648	11.53	8.41	14.79
1781	908	6.23	7.15	5.34	53949	18060	35889	25.26	17.15	33.16
15499	**8755**	**8.41**	**9.16**	**7.65**	**114479**	**29803**	**84676**	**7.62**	**3.94**	**11.37**
9135	4873	8.84	9.50	8.16	40378	10427	29951	4.79	2.46	7.16
2547	1642	8.64	9.44	7.84	14154	3220	10934	7.02	3.18	10.89
1803	942	7.65	8.51	6.78	35816	9615	26201	11.48	6.11	16.95
2014	1298	7.24	8.16	6.28	24131	6541	17590	16.59	8.80	24.74
17913	**12838**	**8.62**	**9.23**	**8.02**	**44021**	**11312**	**32709**	**4.43**	**2.28**	**6.58**
11471	9410	9.20	9.67	8.73	18237	4925	13312	4.28	2.32	6.24
773	401	8.52	9.23	7.69	2080	572	1508	7.30	3.75	11.37
1604	568	7.93	8.72	7.13	5259	1339	3920	2.98	1.50	4.50
1351	884	8.41	8.99	7.82	3299	1012	2287	2.95	1.80	4.11
1469	891	8.37	8.90	7.84	2096	581	1515	1.74	0.96	2.51
1245	684	8.13	9.00	7.31	13050	2883	10167	10.00	4.55	15.15

表4 续表 46

地区	6岁及以上各种受教育程度人口(人)									
	未上过学		小学		初中		高中		大学专科	
	男	女	男	女	男	女	男	女	男	女
平凉市	**83588**	**179495**	**315960**	**349971**	**363866**	**300992**	**144894**	**95028**	**42832**	**31411**
崆峒区	16037	32472	68724	72235	93660	79637	42746	30706	14872	14765
泾川县	5245	13461	44083	55935	55601	50198	17913	10086	4787	3161
灵台县	5041	14311	28281	34197	34846	28280	12470	6452	3668	2008
崇信县	2409	4734	13577	16268	21726	17507	9409	4780	2320	1383
华亭县	4532	9503	31715	34416	35404	25322	12994	9481	6032	3932
庄浪县	23747	48902	64216	71659	53257	45277	22799	14490	5114	2715
静宁县	26577	56112	65364	65261	69372	54771	26563	19033	6039	3447
酒泉市	**23511**	**46599**	**141478**	**158249**	**214959**	**182540**	**97656**	**71966**	**38444**	**30409**
肃州区	6710	16039	48854	56979	79854	72113	41842	33929	18392	15669
金塔县	838	1910	21279	27664	31339	27468	13430	8062	3747	2303
瓜州县	7518	12230	25217	25105	26780	19004	10029	5721	3935	2636
肃北蒙古族自治县	187	442	1664	1735	3713	1530	1886	922	892	584
阿克塞哈萨克族自治县	194	325	1869	1266	1758	1205	638	435	806	612
玉门市	6290	11392	22929	22951	32398	25419	12275	7929	3859	2583
敦煌市	1774	4261	19666	22549	39117	35801	17556	14968	6813	6022
庆阳市	**59122**	**137109**	**343667**	**390166**	**420968**	**353228**	**139622**	**88639**	**47195**	**31571**
西峰区	4236	11855	42274	50038	73647	68311	33870	25916	13233	10151
庆城县	5473	11957	42686	47296	52372	43111	17289	11372	5894	4348
环县	12669	28041	61130	63004	50376	34069	14194	8714	4244	2875
华池县	5130	9868	21240	22356	19792	14765	7914	4844	2915	1800
合水县	3676	7453	23188	26712	28866	24517	9437	5619	2830	1532
正宁县	7160	15880	25689	28575	33172	28834	11514	6858	3647	2262
宁县	11741	28438	58872	69848	81851	73682	22371	12601	7017	4058
镇原县	9037	23617	68588	82337	80892	65939	23033	12715	7415	4545
定西市	**71045**	**173509**	**483385**	**562101**	**499097**	**362810**	**168013**	**108196**	**43077**	**29490**
安定区	7194	19738	61798	76160	81257	60629	35032	26069	11307	9644
通渭县	18743	51170	58047	60473	56754	39632	22478	12822	4973	2540
陇西县	7935	19535	76394	91179	89604	70116	32895	21387	6812	4509
渭源县	8610	18912	62485	71083	61857	43968	18097	10703	5241	3132
临洮县	5173	15396	83181	108636	106060	82281	34721	23445	6550	4943
漳县	4892	9799	39306	44506	35771	25687	9514	5409	2463	1395
岷县	18498	38959	102174	110064	67794	40497	15276	8361	5731	3327
陇南市	**176812**	**317662**	**474205**	**415955**	**406921**	**289452**	**125348**	**83289**	**44901**	**30518**
武都区	41304	68552	102140	87088	85829	61342	27195	20042	10655	7163
成县	11160	20099	36798	34120	44234	36604	14045	10565	6897	6253
文县	14277	29274	39113	33705	37615	24883	10814	7258	3656	2609
宕昌县	28420	46982	59303	46767	31050	18927	9083	5267	3829	2577
康县	14085	23932	37991	29886	24144	16113	9034	6240	3232	1988
西和县	23063	45541	70554	68883	67584	49689	18737	10329	4898	2707
礼县	33955	65971	88195	76014	71466	45462	20152	10913	6342	3461
徽县	8274	13711	32503	32644	36887	30353	13103	10298	4034	2774
两当县	2274	3600	7608	6848	8112	6079	3185	2377	1358	986
临夏回族自治州	**82809**	**163884**	**484934**	**507029**	**207659**	**132748**	**78052**	**54358**	**26994**	**20182**
临夏市	4236	7868	48947	58289	36750	28492	23432	20442	9302	8016
临夏县	12397	24360	87137	93643	37400	23975	10396	6538	1909	1152
康乐县	16402	36387	49199	46268	27592	17196	7399	4246	2887	2054
永靖县	2421	6620	36568	41120	27705	19639	12957	9882	4432	3713
广河县	12304	26830	63128	64756	17176	6837	5995	2659	2096	1123
和政县	8867	16416	47589	50223	19536	11767	5857	3877	1921	1424
东乡族自治县	16165	26834	86030	82159	19957	12030	5629	3084	2365	1447
积石山保安族东乡族撒拉族自治县	10017	18569	66336	70571	21543	12812	6387	3630	2082	1253
甘南藏族自治州	**37402**	**68224**	**167700**	**163573**	**63137**	**38551**	**28372**	**17616**	**21348**	**14497**
合作市	4199	8214	16185	14103	7714	6017	5863	4632	6108	5471
临潭县	4648	10192	36969	38824	15039	8460	4540	2509	2248	1423
卓尼县	3811	7453	28374	28218	8699	4749	3485	2160	2603	1702
舟曲县	10228	18832	26759	25935	15571	9324	5103	2812	3745	1945
迭部县	4343	7318	11087	10318	4302	2727	2644	1745	1656	1098
玛曲县	3801	5147	14784	13532	3799	2118	1959	963	1217	679
碌曲县	2546	4393	8560	7874	2383	1443	1513	912	1118	711
夏河县	3826	6675	24982	24769	5630	3713	3265	1883	2653	1468

大学本科及以上		平均受教育年限(年)			15岁及以上文盲人口(人)			文盲人口占15岁及以上人口比重(%)		
男	女	合计	男	女	合计	男	女	合计	男	女
17157	**9091**	**7.60**	**8.37**	**6.85**	**239514**	**73360**	**166154**	**14.34**	**8.86**	**19.74**
5660	3228	8.46	8.99	7.92	43123	13583	29540	10.35	6.44	14.35
1691	872	8.01	8.70	7.36	15983	4128	11855	7.18	3.82	10.35
1310	568	7.65	8.59	6.74	17956	4469	13487	12.07	6.10	17.85
970	444	8.37	9.01	7.66	6240	2019	4221	7.34	4.50	10.52
2103	1048	8.24	8.81	7.61	12284	3752	8532	7.86	4.57	11.51
2611	1347	6.54	7.48	5.69	63103	19801	43302	21.15	14.00	27.59
2812	1584	6.72	7.64	5.85	80825	25608	55217	23.61	15.26	31.65
17117	**11046**	**8.93**	**9.41**	**8.42**	**62512**	**20419**	**42093**	**6.86**	**4.36**	**9.51**
7812	5389	9.39	9.87	8.90	19444	5527	13917	5.44	3.08	7.82
664	354	8.84	9.32	8.33	2302	639	1663	1.90	1.03	2.80
1435	730	7.56	8.20	6.82	18468	6937	11531	15.06	10.59	20.18
447	336	9.80	10.16	9.22	585	166	419	4.41	2.02	8.32
422	288	9.73	9.85	9.54	453	160	293	5.16	3.11	8.08
1896	963	8.04	8.63	7.37	16225	5655	10570	12.16	8.03	16.79
4441	2986	9.67	10.03	9.30	5035	1335	3700	3.25	1.70	4.83
21134	**14291**	**7.94**	**8.61**	**7.28**	**181411**	**52828**	**128583**	**10.11**	**5.91**	**14.29**
9633	8024	9.40	9.91	8.90	13786	3315	10471	4.39	2.12	6.64
2139	1404	8.17	8.68	7.63	15891	4757	11134	7.27	4.27	10.38
1775	948	6.91	7.67	6.12	39105	11987	27118	15.95	9.61	22.52
840	459	7.43	8.14	6.69	13819	4592	9227	13.91	9.00	19.10
633	334	7.89	8.48	7.29	10192	3270	6922	8.54	5.45	11.67
1203	604	7.52	8.34	6.74	21502	6514	14988	14.81	9.19	20.16
1677	839	7.68	8.43	6.97	37737	10746	26991	11.74	6.90	16.27
3234	1679	7.79	8.52	7.07	29379	7647	21732	8.88	4.66	13.04
17387	**10607**	**7.60**	**8.29**	**6.90**	**219219**	**61378**	**157841**	**9.95**	**5.52**	**14.47**
5961	3837	8.50	9.09	7.89	25531	6695	18836	7.12	3.69	10.62
2468	1212	6.54	7.81	5.33	68423	18110	50313	24.78	13.43	35.61
2586	1627	8.02	8.61	7.42	23244	6218	17026	6.31	3.34	9.33
1607	909	7.51	8.14	6.84	24887	7493	17394	9.28	5.42	13.38
2931	2115	8.15	8.67	7.62	18659	4484	14175	4.39	2.11	6.68
743	379	7.44	8.01	6.82	12402	3976	8426	8.10	5.04	11.35
1091	528	6.58	7.32	5.80	46073	14402	31671	13.05	8.01	18.28
11793	**6622**	**6.55**	**7.29**	**5.75**	**470448**	**166162**	**304286**	**22.69**	**15.39**	**30.61**
3113	1631	6.57	7.23	5.83	106450	39977	66473	23.42	16.77	30.77
1740	1168	7.75	8.24	7.23	29162	10253	18909	14.76	10.11	19.68
919	562	6.55	7.39	5.63	42302	13758	28544	23.40	14.62	32.95
1027	456	5.33	6.18	4.40	71585	26625	44960	32.73	23.25	43.15
854	486	6.26	6.96	5.46	36290	13334	22956	23.92	16.44	32.51
1055	527	6.57	7.41	5.70	64055	21016	43039	21.05	13.56	28.81
1452	695	6.08	7.02	5.04	94654	31492	63162	26.17	16.67	36.55
1204	765	7.69	8.15	7.21	20387	7588	12799	12.35	8.92	15.99
429	332	7.73	8.18	7.21	5563	2119	3444	14.19	10.11	18.89
12889	**7868**	**6.62**	**7.26**	**6.00**	**209918**	**67524**	**142394**	**13.77**	**8.91**	**18.58**
5927	3988	8.83	9.26	8.40	8572	2960	5612	3.79	2.62	4.96
565	276	6.36	6.92	5.81	32989	10764	22225	12.60	8.34	16.76
786	443	5.67	6.68	4.70	45247	13627	31620	25.03	15.39	34.29
2578	1750	8.22	8.71	7.71	7508	1826	5682	4.94	2.36	7.61
891	332	5.57	6.48	4.69	36316	11019	25297	21.86	13.47	30.01
685	433	6.28	6.88	5.69	21053	7149	13904	14.37	9.86	18.80
708	307	5.72	6.26	5.18	34352	12123	22229	16.15	11.34	21.01
749	339	6.16	6.76	5.58	23881	8056	15825	13.39	9.09	17.63
7757	**4254**	**6.76**	**7.51**	**5.97**	**96244**	**32964**	**63280**	**17.89**	**11.90**	**24.25**
3549	2321	8.73	9.36	8.05	11564	3803	7761	15.66	9.96	21.76
727	354	6.60	7.29	5.89	13798	4156	9642	12.74	7.56	18.08
509	210	6.68	7.32	6.00	10460	3420	7040	13.31	8.44	18.52
771	355	6.10	7.11	5.05	27001	9435	17566	26.41	18.04	35.17
435	232	6.28	7.13	5.38	10428	3775	6653	26.09	18.48	34.04
468	232	6.27	6.87	5.56	7698	3078	4620	19.34	14.35	25.18
525	257	6.38	7.24	5.46	5895	1986	3909	22.00	14.28	30.32
773	293	6.69	7.34	5.99	9400	3311	6089	13.74	9.42	18.31

表4 续表 47

地区	6岁及以上各种受教育程度人口(人)									
	未上过学		小学		初中		高中		大学专科	
	男	女	男	女	男	女	男	女	男	女
青海省	**247139**	**453348**	**999361**	**984927**	**842553**	**585187**	**325699**	**261014**	**161184**	**132395**
西宁市	**27123**	**62298**	**304163**	**340456**	**414992**	**318277**	**165210**	**151326**	**84422**	**77166**
城东区	5336	12625	42040	43307	64321	52405	34060	29350	15997	13901
城中区	1965	5960	24706	29335	49531	44892	31578	31703	20395	18353
城西区	1954	3891	17584	18645	36535	31414	25364	25229	17159	17410
城北区	3017	7827	26093	27673	59299	49232	29091	27408	15030	13655
大通回族土族自治县	6545	14840	84693	100151	83961	56425	20433	16336	7140	5612
湟中县	5804	11252	83982	96439	94743	63816	17519	14508	5068	4377
湟源县	2502	5903	25065	24906	26602	20093	7165	6792	3633	3858
海东地区	**72854**	**162993**	**255856**	**250893**	**219281**	**133380**	**68310**	**48848**	**25092**	**18688**
平安县	2911	8258	16116	16252	17057	12787	7191	5603	3348	2607
民和回族土族自治县	22869	46178	64485	59717	53534	31878	17482	12584	4533	3229
乐都县	5785	18014	38245	44785	53807	35766	17983	13283	6583	5461
互助土族自治县	11411	30014	67848	71802	67160	38619	15800	11545	5784	4126
化隆回族自治县	21940	42867	40774	31522	16855	8674	5881	3538	2539	1770
循化撒拉族自治县	7938	17662	28388	26815	10868	5656	3973	2295	2305	1495
海北藏族自治州	**10489**	**17817**	**64350**	**65774**	**34665**	**22656**	**11845**	**8766**	**6337**	**4601**
门源回族自治县	4377	8079	38303	40197	19592	12020	5240	3344	2391	1608
祁连县	1201	2342	10644	11346	5868	4220	2506	1677	1319	885
海晏县	2885	3989	5356	4801	4268	3461	2439	2648	1724	1485
刚察县	2026	3407	10047	9430	4937	2955	1660	1097	903	623
黄南藏族自治州	**21750**	**43310**	**63360**	**50327**	**15572**	**9565**	**8625**	**5541**	**5710**	**3902**
同仁县	6410	12163	21404	18599	6577	4184	4537	3290	2583	2128
尖扎县	3280	6755	13182	12310	4512	3193	2436	1579	1512	982
泽库县	7358	16661	19051	11896	2495	1044	698	212	907	392
河南蒙古族自治县	4702	7731	9723	7522	1988	1144	954	460	708	400
海南藏族自治州	**29945**	**55580**	**103192**	**91878**	**41787**	**27565**	**16545**	**11279**	**8712**	**6043**
共和县	8204	14740	25388	23251	12351	8892	6209	4524	3229	2411
同德县	5073	9192	16483	13921	5030	2767	1643	1043	1152	703
贵德县	4910	10398	21667	20924	13422	9002	4628	3275	2019	1483
兴海县	7901	12926	19287	15274	4856	2645	1443	729	1028	580
贵南县	3857	8324	20367	18508	6128	4259	2622	1708	1284	866
果洛藏族自治州	**16000**	**22810**	**47162**	**41295**	**12040**	**6681**	**4225**	**1787**	**4241**	**2883**
玛沁县	2380	3991	13723	12617	3172	1695	2484	1018	2034	1404
班玛县	2915	3940	6746	5779	1981	1227	367	150	518	421
甘德县	4694	5341	9071	7821	1683	1003	365	171	377	269
达日县	2524	3798	8438	7424	2061	1084	417	178	477	275
久治县	2916	4888	6114	4707	2212	1029	362	171	459	316
玛多县	571	852	3070	2947	931	643	230	99	376	198
玉树藏族自治州	**57507**	**67723**	**81740**	**71226**	**16514**	**10942**	**6152**	**4107**	**5427**	**4009**
玉树县	17643	21733	24770	21232	5615	3672	2891	2006	2653	1932
杂多县	7244	9028	13266	11966	3061	2073	725	407	517	339
称多县	8457	10189	13688	11051	1892	1096	721	485	698	564
治多县	2617	3400	8063	7831	1562	1033	526	402	443	318
囊谦县	15782	17150	16985	14814	3154	2270	961	625	713	550
曲麻莱县	5764	6223	4968	4332	1230	798	328	182	403	306
海西蒙古族藏族自治州	**11471**	**20817**	**79538**	**73078**	**87702**	**56121**	**44787**	**29360**	**21243**	**15103**
格尔木市	3916	7277	33411	31466	37356	27247	20230	13873	9821	6982
德令哈市	2069	4165	11681	10985	13228	9745	6550	5175	3255	2591
乌兰县	1318	2307	6573	5845	7293	4367	3494	1753	1366	896
都兰县	2871	5108	17437	16045	12601	7650	3538	2459	1253	866
天峻县	876	1473	7384	6727	7735	2262	2412	853	1038	528
芒崖行委	133	203	1371	1108	4973	3304	5886	4267	3287	2665
柴旦行委	267	261	1512	818	3891	1355	2259	855	930	425
冷湖行委	21	23	169	84	625	191	418	125	293	150
宁夏回族自治区	**127722**	**291444**	**889128**	**979588**	**1190079**	**940620**	**434274**	**358437**	**194106**	**165322**
银川市	**24621**	**54454**	**194290**	**207735**	**376980**	**313425**	**181499**	**162007**	**101421**	**93659**
兴庆区	5053	11783	51566	55401	112124	102531	71066	72024	44494	45815
西夏区	2149	5612	27403	31602	53265	46890	33429	29390	18996	15992
金凤区	3527	7115	25464	26134	46361	39100	27810	25404	17164	16913
永宁县	4863	9703	29926	31349	50808	41084	12847	10802	5268	4568
贺兰县	4046	8432	28756	30308	53229	41865	15505	12478	5070	4651
灵武市	4983	11809	31175	32941	61193	41955	20842	11909	10429	5720
石嘴山市	**7713**	**18248**	**81929**	**93617**	**166734**	**139071**	**60004**	**50169**	**24569**	**20495**
大武口区	2550	6197	28334	31607	59650	49529	29646	25367	13592	11452
惠农区	1331	4037	19980	23117	44525	36761	17160	14312	6016	4767
平罗县	3832	8014	33615	38893	62559	52781	13198	10490	4961	4276

大学本科及以上		平均受教育年限(年)			15岁及以上文盲人口(人)			文盲人口占15岁及以上人口比重(%)		
男	女	合计	男	女	合计	男	女	合计	男	女
106855	**84360**	**7.85**	**8.41**	**7.25**	**575773**	**185347**	**390426**	**12.94**	**8.04**	**18.20**
68193	**56504**	**9.42**	**9.74**	**9.08**	**75978**	**21223**	**54755**	**4.14**	**2.26**	**6.14**
13797	11346	9.78	10.13	9.40	16137	4552	11585	5.30	2.89	7.89
13182	10626	10.77	11.10	10.43	6591	1414	5177	2.57	1.11	4.04
19655	17620	11.54	11.67	11.41	4822	1488	3334	2.27	1.38	3.19
14006	10538	10.31	10.60	10.00	9555	2451	7104	3.70	1.83	5.71
3577	2909	7.95	8.41	7.46	16790	4639	12151	4.88	2.63	7.24
2773	2152	7.95	8.31	7.57	14392	4497	9895	4.17	2.50	5.98
1203	1313	8.33	8.61	8.04	7691	2182	5509	6.80	3.76	10.01
12631	**9648**	**6.84**	**7.72**	**5.92**	**223071**	**66854**	**156217**	**20.45**	**12.01**	**29.25**
2052	1602	8.25	9.01	7.48	10594	2655	7939	12.76	6.31	19.40
2803	2191	6.45	7.34	5.52	66626	21674	44952	24.54	15.52	34.10
2501	2044	8.11	8.85	7.33	22530	5209	17321	10.57	4.79	16.62
3070	2490	7.25	8.04	6.41	38387	9991	28396	13.41	6.75	20.52
1396	888	4.74	5.92	3.54	61114	20163	40951	41.64	27.46	55.82
809	433	5.84	6.90	4.80	23820	7162	16658	26.38	15.96	36.67
3216	**2576**	**7.32**	**7.82**	**6.78**	**24250**	**8651**	**15599**	**11.38**	**7.81**	**15.24**
1021	827	7.09	7.60	6.53	9611	3125	6486	8.41	5.27	11.81
526	426	7.73	8.25	7.16	3058	975	2083	8.40	5.17	11.87
1340	1070	8.18	8.57	7.78	6548	2718	3830	21.52	17.56	25.62
329	253	6.89	7.45	6.25	5033	1833	3200	15.71	10.72	21.43
2779	**1950**	**5.62**	**6.60**	**4.61**	**57420**	**18220**	**39200**	**30.28**	**18.93**	**41.98**
1492	1112	6.61	7.39	5.80	16822	5579	11243	23.71	15.41	32.37
619	400	6.40	7.30	5.49	9254	2904	6350	22.35	13.88	30.99
317	199	3.96	5.36	2.55	20586	5819	14767	43.48	24.42	62.79
351	239	4.79	5.71	3.84	10758	3918	6840	35.93	25.61	46.71
4438	**3333**	**6.29**	**7.05**	**5.48**	**77093**	**25786**	**51307**	**23.19**	**15.16**	**31.60**
2063	1657	6.89	7.60	6.14	21140	7406	13734	22.17	15.24	29.39
547	352	5.71	6.57	4.79	12649	4243	8406	26.96	17.47	37.14
830	632	6.84	7.58	6.07	14196	4447	9749	17.93	11.01	25.14
536	346	4.97	5.83	4.05	17887	6303	11584	32.81	22.28	44.18
462	346	6.24	6.99	5.49	11221	3387	7834	19.86	11.89	27.97
1965	**1265**	**5.79**	**6.46**	**5.04**	**21697**	**7371**	**14326**	**16.62**	**10.63**	**23.41**
1025	601	7.33	8.02	6.51	5369	1908	3461	14.19	9.29	19.99
213	173	5.29	5.85	4.67	3877	1362	2515	19.77	13.32	26.81
167	116	4.46	4.87	4.00	3531	1353	2178	14.40	10.46	18.81
237	170	5.49	6.16	4.74	3936	1314	2622	18.04	11.37	25.54
123	89	4.82	5.81	3.73	4217	1145	3072	22.95	11.84	35.31
200	116	6.86	7.46	6.18	767	289	478	9.14	6.49	12.11
1874	**1210**	**4.29**	**4.76**	**3.79**	**67534**	**27505**	**40029**	**26.19**	**20.65**	**32.10**
793	511	4.71	5.27	4.11	25210	10438	14772	29.88	23.91	36.28
245	132	4.49	5.00	3.94	9452	3565	5887	25.63	18.78	32.89
227	138	4.23	4.72	3.70	16415	7327	9088	41.81	35.54	48.74
129	89	5.41	5.83	4.99	4505	1752	2753	21.80	16.73	27.01
302	232	3.49	3.80	3.16	8069	2987	5082	14.00	10.11	18.09
178	108	3.40	3.84	2.93	3883	1436	2447	20.39	14.51	26.75
11759	**7874**	**9.02**	**9.43**	**8.48**	**28730**	**9737**	**18993**	**7.15**	**4.29**	**10.86**
5395	3408	9.31	9.70	8.82	9781	3229	6552	5.66	3.38	8.49
2154	1695	9.02	9.45	8.51	5654	1793	3861	8.86	5.27	12.97
617	467	8.36	8.90	7.62	3412	1218	2194	10.71	6.62	16.28
601	494	7.27	7.76	6.67	7286	2532	4754	12.02	7.66	17.24
513	271	8.06	8.63	7.06	1760	582	1178	6.19	3.21	11.42
1896	1294	11.96	11.96	11.95	284	105	179	0.97	0.62	1.45
413	174	10.02	10.13	9.77	514	260	254	4.11	2.91	7.12
170	71	11.43	11.38	11.56	39	18	21	1.73	1.09	3.47
125569	**102057**	**8.82**	**9.30**	**8.31**	**387178**	**113808**	**273370**	**7.82**	**4.51**	**11.24**
84689	**71752**	**10.21**	**10.49**	**9.92**	**71316**	**21384**	**49932**	**4.29**	**2.50**	**6.19**
35400	30355	11.06	11.25	10.88	14854	4277	10577	2.58	1.49	3.67
24929	22679	11.07	11.36	10.78	7131	1876	5255	2.53	1.30	3.82
15762	13065	10.73	10.94	10.50	9356	2960	6396	3.95	2.43	5.58
1647	1254	8.47	8.84	8.07	12974	4231	8743	7.34	4.65	10.19
2092	1826	8.69	9.02	8.34	11560	3658	7902	6.29	3.80	9.03
4859	2573	8.96	9.60	8.14	15441	4382	11059	7.38	3.75	11.95
11391	**8678**	**9.32**	**9.66**	**8.97**	**23101**	**6394**	**16707**	**3.82**	**2.05**	**5.70**
7538	5618	9.98	10.29	9.65	7608	2003	5605	3.15	1.59	4.85
2203	1767	9.39	9.72	9.03	4946	1157	3789	3.15	1.42	5.01
1650	1293	8.50	8.85	8.14	10547	3234	7313	5.10	3.08	7.18

表4 续表 48

地 区	6岁及以上各种受教育程度人口(人)									
	未上过学		小学		初中		高中		大学专科	
	男	女	男	女	男	女	男	女	男	女
吴忠市	**24131**	**57578**	**203769**	**233825**	**252631**	**192802**	**69980**	**54322**	**27075**	**22037**
利通区	7032	16459	46325	51586	82543	69013	24834	20858	10510	9459
红寺堡区	4833	11282	37000	39170	26161	16770	5899	3879	1908	1379
盐池县	1213	2487	23334	28400	31463	24664	8754	6643	3506	2727
同心县	5527	14504	65908	81064	51956	31930	12474	8608	3969	2425
青铜峡市	5526	12846	31202	33605	60508	50425	18019	14334	7182	6047
固原市	**47297**	**104312**	**234142**	**251040**	**176920**	**125498**	**61921**	**45354**	**22818**	**16125**
原州区	14237	32276	70209	71996	62086	46438	24274	19718	10205	8895
西吉县	10891	26426	79653	87829	46402	30665	12269	8432	4347	2517
隆德县	7242	15592	26270	28337	26292	19452	10783	7842	3174	1795
泾源县	8033	13144	20628	20403	10953	8094	3164	1927	1737	1171
彭阳县	6894	16874	37382	42475	31187	20849	11431	7435	3355	1747
中卫市	**23960**	**56852**	**174998**	**193371**	**216814**	**169824**	**60870**	**46585**	**18223**	**13006**
沙坡头区	5164	12722	44210	51805	89886	75850	28573	23082	8102	5955
中宁县	7150	16869	43335	48502	69626	56793	17821	13461	5965	4545
海原县	11646	27261	87453	93064	57302	37181	14476	10042	4156	2506
新疆维吾尔自治区	**254620**	**380627**	**3264832**	**3298371**	**4261406**	**3644760**	**1350849**	**1194790**	**780572**	**744185**
乌鲁木齐市	**25220**	**52065**	**286392**	**285624**	**494872**	**398914**	**329999**	**298185**	**211814**	**216551**
天山区	4631	8910	55658	57836	87398	77527	68743	71523	53429	57600
沙依巴克区	2820	6727	53770	59285	98750	85028	71625	67417	46812	48558
新市区	6022	12244	55425	54120	110968	86284	87735	74863	58999	57062
水磨沟区	2703	5864	33368	33323	73086	56426	42227	38163	25165	28116
头屯河区	2338	5501	19029	18897	33394	24808	21552	16305	7623	7932
达坂城区	527	929	6238	5601	9089	6397	3340	2373	1616	1136
米东区	5324	10405	48008	42197	64841	48639	29015	22914	16580	14616
乌鲁木齐县	855	1485	14896	14365	17346	13805	5762	4627	1590	1531
克拉玛依市	**2621**	**6672**	**34033**	**37368**	**66200**	**54614**	**43200**	**39964**	**27651**	**24769**
独山子区	395	843	4998	5717	9458	8433	7318	7238	7306	6033
克拉玛依区	1806	4783	23415	25275	45406	36690	28784	26644	16866	16051
白碱滩区	264	662	4364	4999	8914	7581	6482	5572	3239	2461
乌尔禾区	156	384	1256	1377	2422	1910	616	510	240	224
吐鲁番地区	**5968**	**9470**	**98995**	**99063**	**122794**	**98825**	**39355**	**31657**	**20263**	**18255**
吐鲁番市	3727	5562	43656	43725	52646	43507	16195	13862	7765	7274
鄯善县	1136	2182	36610	38453	46480	37943	14663	10422	8088	6883
托克逊县	1105	1726	18729	16885	23668	17375	8497	7373	4410	4098
哈密地区	**4115**	**8206**	**70669**	**76898**	**105558**	**82584**	**62094**	**52154**	**29286**	**25861**
哈密市	3004	6325	53701	59146	87343	68623	54061	46831	24818	22466
巴里坤哈萨克自治县	958	1601	13498	14013	14168	10936	5112	3610	2870	2070
伊吾县	153	280	3470	3739	4047	3025	2921	1713	1598	1325
昌吉回族自治州	**18510**	**32932**	**196794**	**194146**	**301256**	**231920**	**115047**	**96899**	**58475**	**51258**
昌吉市	4175	6972	49280	48597	71353	59198	43440	38676	27297	25460
阜康市	2009	3966	24620	24092	31407	24168	14696	12148	6800	5469
呼图壁县	3659	6106	31203	30638	45862	33918	17577	14004	5974	5028
玛纳斯县	3349	6484	31551	32709	59020	44554	17256	13493	7567	5887
奇台县	2559	4680	30022	28877	54190	40726	11686	10239	5591	5105
吉木萨尔县	2097	3589	19688	18099	26364	18332	6049	4680	3032	2603
木垒哈萨克自治县	662	1135	10430	11134	13060	11024	4343	3659	2214	1706
博尔塔拉蒙古自治州	**5579**	**10445**	**60648**	**63463**	**88416**	**71805**	**33545**	**29417**	**18802**	**17860**
博乐市	1960	3777	29716	32012	45050	37705	18815	17258	12058	11445
精河县	2604	4799	20476	20755	30525	23724	9860	8012	4370	4244
温泉县	1015	1869	10456	10696	12841	10376	4870	4147	2374	2171
巴音郭楞蒙古自治州	**10078**	**16677**	**175772**	**179910**	**250682**	**211888**	**101608**	**87526**	**54020**	**51572**
库尔勒市	3465	6811	59591	63342	96751	85731	56407	51848	29768	29183
轮台县	778	843	20067	19326	24571	21462	5381	3874	3448	3027
尉犁县	770	1237	14449	15485	20157	16621	6285	4810	3773	3243
若羌县	297	429	4951	4592	8085	5601	3311	2072	1598	1248
且末县	710	813	10077	10560	13543	11498	3086	2446	3020	2674
焉耆回族自治县	1644	2259	21704	20049	26352	21484	7158	6447	3580	3871
和静县	1546	2597	26400	26717	32637	26166	11283	9140	4778	4494
和硕县	371	641	10770	11425	16417	13182	5063	3992	2264	2144
博湖县	497	1047	7763	8414	12169	10143	3634	2897	1791	1688
阿克苏地区	**31875**	**38088**	**410586**	**408173**	**493340**	**438312**	**90487**	**75088**	**60756**	**55620**
阿克苏市	4566	6539	70032	72364	113576	103998	32513	28504	20439	20262
温宿县	3292	4347	36015	35723	54762	47769	8772	6871	5866	4797
库车县	4316	5342	93067	91248	90955	79650	16299	12884	10318	8891

大学本科及以上		平均受教育年限(年)			15岁及以上文盲人口(人)			文盲人口占15岁及以上人口比重(%)		
男	女	合计	男	女	合计	男	女	合计	男	女
10916	**8111**	**8.23**	**8.76**	**7.68**	**75954**	**21544**	**54410**	**7.87**	**4.41**	**11.40**
4434	3306	8.79	9.24	8.33	21867	6356	15511	7.37	4.25	10.54
866	585	7.04	7.73	6.32	14908	4305	10603	12.64	7.16	18.31
1506	1076	8.69	9.08	8.28	3189	965	2224	2.76	1.64	3.93
1373	969	7.41	8.11	6.71	18695	4881	13814	8.37	4.38	12.34
2737	2175	8.71	9.18	8.22	17295	5037	12258	8.17	4.67	11.82
12208	**9239**	**7.27**	**8.03**	**6.50**	**143077**	**43480**	**99597**	**15.90**	**9.69**	**22.08**
6217	5816	7.88	8.53	7.24	43854	13093	30761	14.21	8.50	19.90
2213	1302	6.85	7.64	6.08	35001	9868	25133	14.32	8.17	20.35
1334	801	7.35	8.19	6.49	21568	6637	14931	17.23	10.55	24.00
577	287	5.92	6.67	5.16	19924	7435	12489	27.55	20.61	34.47
1867	1033	7.26	8.18	6.34	22730	6447	16283	15.22	8.61	21.86
6365	**4277**	**8.01**	**8.58**	**7.42**	**73730**	**21006**	**52724**	**8.99**	**5.06**	**13.02**
3072	2111	8.82	9.27	8.37	16132	4440	11692	5.34	2.89	7.88
1980	1487	8.21	8.77	7.64	21969	6285	15684	9.08	5.15	13.07
1313	679	6.93	7.65	6.21	35629	10281	25348	12.90	7.36	18.56
407219	**383326**	**9.27**	**9.39**	**9.13**	**521979**	**199182**	**322797**	**3.01**	**2.22**	**3.85**
172250	**168264**	**11.03**	**11.10**	**10.96**	**62864**	**18643**	**44221**	**2.34**	**1.34**	**3.41**
57726	55361	11.80	11.87	11.74	10786	3316	7470	1.81	1.12	2.49
44881	43731	11.43	11.52	11.33	6788	1740	5048	1.18	0.60	1.77
43233	44872	11.41	11.46	11.37	14760	4385	10375	2.30	1.31	3.40
16127	15079	10.85	10.87	10.83	6875	1923	4952	2.03	1.09	3.05
3263	2689	9.79	10.05	9.50	7047	1976	5071	4.78	2.51	7.40
442	358	9.07	9.29	8.78	1269	438	831	3.70	2.26	5.56
6098	5633	9.42	9.61	9.19	13461	4207	9254	4.75	2.74	7.12
480	541	8.59	8.72	8.43	1878	658	1220	2.75	1.81	3.81
18985	**14362**	**10.91**	**11.17**	**10.64**	**7400**	**1739**	**5661**	**2.22**	**1.00**	**3.54**
4552	2923	11.80	12.14	11.43	906	209	697	1.56	0.69	2.51
12504	9895	10.80	11.02	10.57	5328	1252	4076	2.38	1.08	3.79
1839	1469	10.72	11.02	10.39	680	142	538	1.58	0.63	2.63
90	75	8.69	9.07	8.29	486	136	350	5.95	3.24	8.81
10158	**8801**	**9.10**	**9.26**	**8.93**	**12678**	**4584**	**8094**	**2.57**	**1.75**	**3.49**
4409	3897	8.94	9.10	8.77	7555	2831	4724	3.53	2.53	4.62
3872	2776	9.17	9.39	8.91	2815	901	1914	1.53	0.92	2.22
1877	2128	9.35	9.37	9.32	2308	852	1456	2.43	1.65	3.36
12048	**10008**	**9.95**	**10.15**	**9.73**	**8240**	**2483**	**5757**	**1.71**	**0.98**	**2.53**
10992	9128	10.14	10.32	9.93	5928	1667	4261	1.48	0.79	2.24
704	581	8.75	9.05	8.40	2082	747	1335	3.38	2.27	4.66
352	299	9.96	10.23	9.64	230	69	161	1.13	0.61	1.76
25779	**25524**	**9.37**	**9.54**	**9.18**	**43776**	**14866**	**28910**	**3.62**	**2.31**	**5.12**
13969	14025	10.40	10.49	10.31	9009	3160	5849	2.48	1.67	3.37
3565	3078	9.34	9.57	9.08	5078	1569	3509	3.63	2.09	5.39
1985	2034	8.87	9.09	8.62	8355	3015	5340	4.73	3.17	6.57
2255	2065	8.94	9.21	8.63	8599	2815	5784	4.26	2.59	6.19
2059	2359	8.87	9.01	8.72	6485	2144	4341	3.66	2.25	5.29
1170	1153	8.47	8.68	8.22	4878	1716	3162	5.09	3.25	7.34
776	810	9.00	9.23	8.76	1372	447	925	2.56	1.61	3.57
6815	**6716**	**9.37**	**9.56**	**9.16**	**13896**	**4605**	**9291**	**3.82**	**2.45**	**5.28**
5028	4674	9.84	10.01	9.67	4830	1585	3245	2.51	1.60	3.46
1209	1375	8.82	9.06	8.56	6625	2202	4423	5.72	3.63	8.00
578	667	8.89	9.10	8.66	2441	818	1623	4.40	2.85	6.07
22907	**20033**	**9.57**	**9.70**	**9.43**	**21192**	**7375**	**13817**	**2.02**	**1.35**	**2.74**
15533	13147	10.33	10.49	10.17	8110	2447	5663	1.78	1.06	2.54
1088	787	8.82	8.93	8.70	945	416	529	1.02	0.85	1.21
1148	1045	9.18	9.38	8.95	1448	517	931	1.85	1.26	2.50
516	340	9.51	9.68	9.28	586	223	363	1.97	1.31	2.85
612	536	9.08	9.21	8.93	1400	639	761	2.65	2.31	3.02
1380	1541	8.85	8.87	8.84	3211	1318	1893	3.09	2.40	3.86
1361	1308	8.90	9.05	8.73	3399	1184	2215	2.58	1.70	3.56
759	809	9.15	9.28	9.01	770	245	525	1.27	0.77	1.83
510	520	9.00	9.23	8.77	1323	386	937	2.89	1.63	4.23
19721	**16411**	**8.56**	**8.67**	**8.45**	**56763**	**24953**	**31810**	**3.10**	**2.63**	**3.62**
8288	6881	9.47	9.59	9.36	8204	3127	5077	1.94	1.45	2.45
1528	1328	8.57	8.72	8.40	6816	2911	3905	3.74	3.05	4.51
3242	2706	8.33	8.44	8.21	7719	3310	4409	2.14	1.76	2.56

表4 续表49

地区	6岁及以上各种受教育程度人口(人)									
	未上过学		小学		初中		高中		大学专科	
	男	女	男	女	男	女	男	女	男	女
沙雅县	7224	7343	52731	50611	48691	42317	7753	5983	5266	4354
新和县	2786	3148	34518	33367	32590	29339	4056	3429	3287	3523
拜城县	3485	4444	40805	41566	47886	41670	8309	7446	5527	4694
乌什县	3230	3753	36054	35289	43157	38874	4051	3462	3500	3221
阿瓦提县	2522	2637	41001	41105	53344	47219	6752	4870	4696	4176
柯坪县	454	535	6363	6900	8379	7476	1982	1639	1857	1702
克孜勒苏柯尔克孜自治州	**4249**	**5565**	**100676**	**103233**	**83427**	**73039**	**22117**	**20804**	**17383**	**17809**
阿图什市	1304	1884	40816	41603	39408	34344	12554	12591	9085	10440
阿克陶县	2352	2786	43997	44511	30767	27036	4580	4536	4280	4126
阿合奇县	293	417	7200	7633	6342	5675	1712	1324	1908	1707
乌恰县	300	478	8663	9486	6910	5984	3271	2353	2110	1536
喀什地区	**67878**	**77686**	**681851**	**695708**	**828276**	**769725**	**111054**	**105160**	**67997**	**67116**
喀什市	3976	5278	75439	76484	88893	81931	29726	31184	17535	19704
疏附县	5408	6142	62239	61303	59858	52565	7764	9005	3565	4014
疏勒县	2910	3613	55031	57551	69799	62937	7155	8075	3902	4208
英吉沙县	4964	5030	43793	43534	59122	54275	4660	4221	3416	3171
泽普县	2999	3365	27571	28552	46838	45230	9481	8920	5289	4729
莎车县	10441	11109	134249	135035	167083	156102	14807	13132	8938	8552
叶城县	8795	9525	71313	73627	109630	105801	8020	6140	5834	5281
麦盖提县	5137	6280	44712	46760	54368	51215	8164	7129	4436	4259
岳普湖县	1871	2268	27859	29143	28888	27146	3834	3461	2700	2789
伽师县	12121	14015	73771	74423	68247	63897	7023	6503	5075	4892
巴楚县	8885	10390	57845	59114	71329	65560	8125	6276	4997	4283
塔什库尔干塔吉克自治县	371	671	8029	10182	4221	3066	2295	1114	2310	1234
和田地区	**25866**	**29031**	**402139**	**412224**	**400407**	**362474**	**40359**	**31603**	**37272**	**33377**
和田市	3528	3953	57217	58222	57934	54203	12256	9720	11974	12325
和田县	2822	2988	61546	60663	54593	51558	1571	1116	881	597
墨玉县	6999	8197	115720	118681	91084	79197	7331	5089	7048	5471
皮山县	3617	4151	47816	49750	55136	51691	4986	3988	4339	3319
洛浦县	3234	3842	36744	39850	55306	48666	3949	2850	3913	3345
策勒县	1757	1906	23239	23507	34382	32203	3426	3340	3083	2918
于田县	3606	3653	55206	56789	44783	38460	5538	4321	4182	3650
民丰县	303	341	4651	4762	7189	6496	1302	1179	1852	1752
伊犁哈萨克自治州	**23295**	**36810**	**403880**	**396211**	**464731**	**402679**	**167222**	**160069**	**77521**	**76881**
伊宁市	5596	8061	74000	68465	73558	70013	44479	48033	26272	28608
奎屯市	1075	2742	15925	18320	29079	25307	20577	18866	9534	10098
伊宁县	1937	2784	80974	77448	65547	57013	14335	14118	6925	7270
察布查尔锡伯自治县	1343	2306	27344	27603	37350	31586	12885	12006	4974	4461
霍城县	7398	12473	65147	63459	66384	55558	18719	17406	7011	6913
巩留县	1441	2318	27235	27849	33594	29181	9363	8430	3499	3174
新源县	1280	1834	43190	43192	62592	52587	19236	18348	6862	5764
昭苏县	969	1324	20282	20140	33661	30064	9748	8945	4010	3388
特克斯县	949	1277	24908	25032	27331	22691	8821	7059	4440	3744
尼勒克县	1307	1691	24875	24703	35635	28679	9059	6858	3994	3461
塔城地区	**13850**	**26612**	**168835**	**169074**	**287131**	**222429**	**87365**	**74347**	**38664**	**35944**
塔城市	1690	3212	19673	19294	34164	27027	13492	13466	6813	6870
乌苏市	4595	8794	41866	43364	70037	54472	21316	17250	8696	7575
额敏县	1538	2746	28558	25669	43971	33345	12120	11512	5892	6278
沙湾县	5070	10196	51315	51991	91705	69211	25080	18759	9869	8223
托里县	350	524	13681	14480	20231	17920	6294	5433	2633	2474
裕民县	283	507	6832	7000	12521	9653	3835	3017	2089	1800
和布克赛尔蒙古自治县	324	633	6910	7276	14502	10801	5228	4910	2672	2724
阿勒泰地区	**3366**	**5594**	**80303**	**83056**	**130518**	**109456**	**41614**	**37060**	**23137**	**21501**
阿勒泰市	1084	2235	21328	22759	39556	33696	15209	15214	8785	8825
布尔津县	281	393	7985	8295	16085	14157	4010	3708	2272	2151
富蕴县	229	288	15703	16122	15923	13575	5775	4557	2947	2430
福海县	719	1154	11069	11079	19494	15035	5809	4455	3022	2507
哈巴河县	414	677	11746	11797	18573	15248	5223	4262	2571	2311
青河县	385	501	8756	9004	12734	10620	3099	2696	1917	1706
吉木乃县	254	346	3716	4000	8153	7125	2489	2168	1623	1571
自治区直辖县级行政区划	**12150**	**24774**	**93259**	**94220**	**143798**	**116096**	**65783**	**54857**	**37531**	**29811**
石河子市	4446	11883	34623	37766	62018	54785	41096	36970	23887	20246
阿拉尔市	1838	3479	21113	20457	36185	27686	9215	7137	5813	4274
图木舒克市	4236	5529	27827	25905	23910	18180	5804	3692	3136	1862
五家渠市	1630	3883	9696	10092	21685	15445	9668	7058	4695	3429

大学本科及以上		平均受教育年限(年)			15岁及以上文盲人口(人)			文盲人口占15岁及以上人口比重(%)		
男	女	合计	男	女	合计	男	女	合计	男	女
1596	1128	7.85	7.97	7.71	11852	5620	6232	5.90	5.31	6.56
894	890	8.08	8.11	8.03	5086	2335	2751	3.96	3.52	4.42
1422	1178	8.33	8.48	8.18	7027	3069	3958	3.88	3.28	4.52
910	743	8.20	8.28	8.11	5290	2333	2957	3.69	3.15	4.28
1433	1273	8.43	8.53	8.32	4012	1923	2089	2.26	2.08	2.46
408	284	9.25	9.43	9.06	757	325	432	2.43	2.04	2.84
5747	**5045**	**8.86**	**8.94**	**8.78**	**7174**	**2906**	**4268**	**1.89**	**1.51**	**2.29**
3503	3277	9.40	9.41	9.39	2056	734	1322	1.17	0.83	1.52
1215	1065	8.07	8.15	7.98	3958	1751	2207	2.85	2.47	3.24
341	249	9.07	9.27	8.86	566	199	367	1.95	1.34	2.59
688	454	9.15	9.48	8.78	594	222	372	1.66	1.19	2.17
25919	**26464**	**8.30**	**8.37**	**8.22**	**122861**	**56009**	**66852**	**4.19**	**3.78**	**4.61**
11860	13929	9.63	9.59	9.66	7478	3086	4392	1.94	1.61	2.26
980	1019	7.95	7.97	7.93	9951	4604	5347	4.41	4.00	4.84
1146	1275	8.28	8.34	8.23	5009	2101	2908	2.19	1.83	2.56
972	889	8.11	8.18	8.04	7922	3812	4110	4.18	3.93	4.45
1708	1363	8.88	8.98	8.78	5205	2410	2795	3.28	3.01	3.55
2893	2784	8.12	8.18	8.06	17850	8459	9391	3.25	3.03	3.48
1610	1414	8.21	8.31	8.12	14458	6779	7679	4.42	4.12	4.72
1241	1036	8.13	8.26	8.01	10662	4736	5926	5.31	4.70	5.93
656	592	8.17	8.25	8.09	3021	1320	1701	2.70	2.35	3.05
1247	1022	7.48	7.59	7.37	24254	11091	13163	8.92	8.11	9.75
1267	1008	7.90	8.04	7.74	16092	7277	8815	6.32	5.62	7.05
339	133	8.64	9.41	7.80	959	334	625	3.46	2.32	4.68
8890	**7099**	**8.07**	**8.19**	**7.95**	**46496**	**21604**	**24892**	**3.13**	**2.85**	**3.42**
3839	3144	8.95	9.03	8.86	6466	3008	3458	2.69	2.46	2.93
84	80	7.48	7.53	7.43	5591	2711	2880	2.91	2.77	3.05
1373	1028	7.67	7.83	7.49	13212	5986	7226	3.66	3.24	4.09
974	695	8.06	8.20	7.92	6128	2789	3339	3.18	2.85	3.52
702	542	8.20	8.36	8.04	5245	2348	2897	3.05	2.67	3.45
633	541	8.48	8.53	8.44	3149	1484	1665	2.78	2.57	3.00
951	757	7.81	7.92	7.68	6080	2985	3095	3.23	3.07	3.40
334	312	9.49	9.55	9.43	625	293	332	2.37	2.16	2.59
26411	**27649**	**9.12**	**9.19**	**9.05**	**45671**	**16187**	**29484**	**2.33**	**1.61**	**3.09**
12547	14386	10.11	10.05	10.17	10604	4061	6543	2.58	1.99	3.16
4010	3537	10.46	10.65	10.26	3109	790	2319	2.18	1.10	3.27
1592	1939	8.34	8.35	8.33	3201	1168	2033	1.13	0.80	1.48
1031	1131	9.07	9.18	8.95	2567	801	1766	1.80	1.08	2.58
1943	1882	8.19	8.38	7.98	16404	5775	10629	5.80	3.97	7.73
864	794	8.73	8.88	8.58	2865	970	1895	2.28	1.50	3.10
1868	1654	9.06	9.15	8.97	1833	642	1191	0.81	0.54	1.11
834	710	9.18	9.27	9.08	1420	534	886	1.23	0.89	1.59
764	642	8.92	9.07	8.76	1416	556	860	1.29	0.96	1.66
958	974	8.88	9.01	8.73	2252	890	1362	1.84	1.36	2.39
11635	**11744**	**9.08**	**9.25**	**8.89**	**33828**	**10895**	**22933**	**3.32**	**2.01**	**4.80**
3123	3098	9.71	9.78	9.63	3843	1213	2630	2.84	1.72	4.05
2344	2267	8.82	9.08	8.53	11453	3755	7698	4.56	2.83	6.49
1500	1550	9.15	9.16	9.15	3699	1227	2472	2.40	1.48	3.48
2835	2993	8.78	9.03	8.48	13057	4127	8930	4.20	2.47	6.21
478	524	9.20	9.30	9.10	455	166	289	0.63	0.44	0.82
411	480	9.41	9.53	9.27	587	192	395	1.36	0.83	1.99
944	832	9.87	9.93	9.80	734	215	519	1.43	0.79	2.15
8465	**8380**	**9.56**	**9.65**	**9.45**	**6115**	**1982**	**4133**	**1.27**	**0.79**	**1.79**
4224	3982	10.01	10.10	9.91	2669	765	1904	1.70	0.96	2.48
721	824	9.54	9.59	9.48	449	162	287	0.84	0.59	1.11
789	783	9.10	9.22	8.96	175	73	102	0.26	0.20	0.31
913	911	9.29	9.44	9.11	1515	540	975	2.25	1.48	3.15
751	758	9.31	9.42	9.18	562	174	388	0.88	0.51	1.29
535	604	9.22	9.30	9.13	418	154	264	0.93	0.65	1.23
532	518	9.95	10.03	9.88	327	114	213	1.16	0.78	1.58
31489	**26826**	**9.81**	**10.12**	**9.46**	**33025**	**10351**	**22674**	**5.07**	**3.02**	**7.36**
19475	16976	10.52	10.90	10.13	14913	3840	11073	4.50	2.28	6.81
7724	6268	9.59	9.83	9.31	4314	1375	2939	3.20	1.88	4.79
1214	650	7.84	8.19	7.43	8771	3729	5042	8.74	6.77	11.14
3076	2932	9.66	10.04	9.22	5027	1407	3620	5.88	3.03	9.27

长表数据

表5 各职业大类人口和未工作人口

表5 各职业大类人口和

地 区	16岁及以上人口	各种职业人口总计	国家机关、党群组织、企业、事业单位负责人	专业技术人员	办事人员和有关人员	商业、服务业人员	农、林、牧、渔、水利业生产人员	生产、运输设备操作人员及有关人员	不便分类的其他从业人员
北京市	**1672749**	**977387**	**29034**	**199325**	**151121**	**330555**	**56803**	**210543**	**6**
市辖区	**1604550**	**936068**	**27928**	**195047**	**147820**	**321742**	**43728**	**199798**	**5**
东城区	49226	22605	717	6094	5622	7941	16	2215	
西城区	57730	31753	1017	8428	8155	11261	30	2862	
崇文区	31554	14227	654	3923	3460	4772	8	1405	5
宣武区	48998	25854	662	7279	6400	8753	8	2752	
朝阳区	307622	184723	7214	41835	31759	72298	558	31059	
丰台区	180042	105696	1992	21651	19545	43810	810	17888	
石景山区	52890	29043	560	7889	4878	9086	137	6493	
海淀区	272407	154628	5215	44480	27950	58160	1637	17186	
门头沟区	25523	11665	304	1861	1726	3376	797	3601	
房山区	78742	42099	1040	5781	4586	11344	4235	15113	
通州区	107119	65310	1300	9931	7281	18317	6621	21860	
顺义区	76941	49050	1141	5299	4872	14195	4346	19197	
昌平区	137553	82902	1547	17644	12464	31114	3026	17107	
大兴区	111090	73983	3613	8575	5934	18129	11089	26643	
怀柔区	31185	19499	390	2222	1744	5186	3038	6919	
平谷区	35928	23031	562	2155	1444	4000	7372	7498	
县	**68199**	**41319**	**1106**	**4278**	**3301**	**8813**	**13075**	**10745**	**1**
密云县	40520	25071	806	2437	1811	4950	7457	7610	
延庆县	27679	16248	300	1841	1490	3863	5618	3135	1
天津市	**992504**	**550787**	**20207**	**77682**	**40626**	**120255**	**113744**	**176689**	**1584**
市辖区	**846109**	**453050**	**17581**	**70764**	**38519**	**107276**	**63263**	**154147**	**1500**
和平区	20358	9128	744	2680	1076	2762	18	1810	38
河东区	72923	31056	1782	8055	4910	8586	116	7565	42
河西区	70692	30696	2143	8325	5533	8855	87	5688	65
南开区	80863	32538	2583	10787	4359	9014	117	5563	115
河北区	59814	28228	1002	5927	3092	10743	107	7193	164
红桥区	44890	19145	1107	3936	2372	7114	47	4541	28
东丽区	50022	28101	768	2836	1465	7698	934	14334	66
西青区	59278	30421	1334	3730	1720	6321	3356	13909	51
津南区	44239	25974	1001	2546	1160	6473	870	13749	175
北辰区	56303	26785	1065	3300	1697	7434	3542	9408	339
武清区	72680	52730	868	3130	1599	5513	27023	14572	25
宝坻区	61950	45086	381	2338	1085	4163	23062	13987	70
滨海新区	152097	93162	2803	13174	8451	22600	3984	41828	322
市辖县	**146395**	**97737**	**2626**	**6918**	**2107**	**12979**	**50481**	**22542**	**84**
宁河县	31540	20912	498	1615	192	2444	13072	3089	2
静海县	50940	31478	1257	2517	860	5088	14049	7636	71
蓟县	63915	45347	871	2786	1055	5447	23360	11817	11
河北省	**5759327**	**4004477**	**63387**	**233061**	**125291**	**442326**	**2382155**	**755479**	**2778**
石家庄市	**822077**	**561374**	**10989**	**42264**	**26095**	**81652**	**285059**	**114875**	**440**
长安区	39692	23149	792	3464	2827	7016	901	8148	1
桥东区	31261	17737	542	3718	2184	7611	277	3342	63
桥西区	49404	25641	1426	5740	4739	8913	82	4739	2
新华区	48432	27793	1601	5770	3351	10255	575	6166	75
井陉矿区	7673	3973	115	613	361	778	82	1991	33
裕华区	52012	26816	1004	6308	3077	8587	922	6804	114
井陉县	24795	16964	277	1013	408	1956	8947	4362	1
正定县	38532	25417	576	1598	649	3797	10954	7841	2
栾城县	29357	20547	498	1101	617	3050	7968	7232	81
行唐县	31483	25900	129	735	349	1441	22012	1234	
灵寿县	26010	18780	147	638	594	1150	14918	1330	3
高邑县	15157	10728	198	534	301	1306	4722	3657	10
深泽县	19331	14487	161	629	263	1281	8196	3950	7
赞皇县	20104	16040	87	363	330	595	13776	889	
无极县	39523	29159	295	882	615	3039	19720	4605	3
平山县	34281	26542	468	905	515	2089	19174	3378	13
元氏县	33543	24494	59	664	401	1309	18158	3901	2
赵县	46433	35742	200	1043	772	1925	27152	4647	3
辛集市	51736	39820	482	1578	868	2559	28463	5865	5
藁城市	64348	46619	328	1469	836	3645	29664	10671	6
晋州市	45319	33741	618	995	735	3183	19197	9013	
新乐市	37724	28153	235	880	458	2212	20596	3769	3
鹿泉市	35927	23132	751	1624	845	3955	8603	7341	13

未工作人口(长表数据)

单位：人

各种未工作人口总计	在校学生	丧失工作能力	毕业后未工作	因单位原因失去工作	因本人原因失去工作	承包土地被征用	离退休	料理家务	其他
695362	**135993**	**34149**	**18162**	**21134**	**41988**	**2131**	**291019**	**115401**	**35385**
668482	**131166**	**29839**	**17198**	**20532**	**41065**	**1970**	**286359**	**105839**	**34514**
26621	2745	607	733	1398	1697	11	17716	1626	88
25977	4170	467	570	1130	1194	9	15769	1784	884
17327	1595	299	502	1191	938		11178	850	774
23144	2336	441	738	1344	1305	11	14651	1554	764
122899	20155	1587	3050	3876	6158	161	63604	16963	7345
74346	7648	1277	1841	2588	3183	114	39739	9448	8508
23847	3687	442	700	1296	2546	40	12491	2079	566
117779	45739	1528	2666	2556	8707	138	47609	8324	512
13858	1180	1321	510	626	940	38	4894	3645	704
36643	5740	4010	1064	920	1485	113	8381	12928	2002
41809	6017	3963	945	815	1944	330	11341	10998	5456
27891	4291	3184	799	469	1891	202	6044	9700	1311
54651	15151	2728	1191	998	5917	138	17725	8296	2507
37107	7280	2758	1057	859	1639	616	10762	9530	2606
11686	1351	2128	338	241	875	25	1847	4483	398
12897	2081	3099	494	225	646	24	2608	3631	89
26880	**4827**	**4310**	**964**	**602**	**923**	**161**	**4660**	**9562**	**871**
15449	1873	2592	510	459	562	136	2803	6012	502
11431	2954	1718	454	143	361	25	1857	3550	369
441717	**87361**	**29492**	**14298**	**19579**	**10963**	**2068**	**164441**	**83413**	**30102**
393059	**78827**	**20648**	**12736**	**18983**	**10506**	**1946**	**159408**	**63306**	**26699**
11230	1346	239	436	935	300	4	6917	585	468
41867	5750	1035	1728	3620	2034	25	23423	2831	1421
39996	8321	631	1182	2500	941	9	22328	1884	2200
48325	11298	839	1549	3282	911	51	25082	2670	2643
31586	4338	828	938	1986	654	9	19200	1898	1735
25745	4604	720	952	1996	655	5	14051	1572	1190
21921	3323	1070	710	599	933	468	5450	6523	2845
28857	9400	1252	743	743	663	242	6269	6091	3454
18265	3129	1825	472	245	423	450	3113	6254	2354
29518	7057	1410	816	1267	680	113	9601	5772	2802
19950	3755	4292	510	140	370	207	2714	6814	1148
16864	4424	3835	438	83	142	21	1923	4886	1112
58935	12082	2672	2262	1587	1800	342	19337	15526	3327
48658	**8534**	**8844**	**1562**	**596**	**457**	**122**	**5033**	**20107**	**3403**
10628	1851	1643	425	105	110	69	1369	3986	1070
19462	3289	2653	593	212	146	20	1581	9493	1475
18568	3394	4548	544	279	201	33	2083	6628	858
1754850	**395729**	**294779**	**57633**	**25877**	**24206**	**4717**	**260363**	**563288**	**128258**
260703	**78920**	**37004**	**7860**	**3906**	**5098**	**352**	**47887**	**63399**	**16277**
16543	3780	690	616	516	1000	17	7075	1834	1015
13524	3919	236	476	431	243	1	6144	1373	701
23763	9193	382	631	753	688	17	8008	3098	993
20639	5778	538	690	599	690	7	7885	3054	1398
3700	357	394	92	60	74	2	1188	1283	250
25196	10596	663	649	333	584	123	6790	3604	1854
7831	1373	1836	206	68	74	2	667	3114	491
13115	4297	1955	324	106	272	18	874	4049	1220
8810	3144	1677	384	26	123	9	476	2649	322
5583	1890	1833	139	78	30	1	474	916	222
7230	2213	1639	265	64	79	3	368	2106	493
4429	1057	797	110	61	26	4	320	1743	311
4844	779	1203	147	20	58	11	493	1812	321
4064	1004	990	196	65	26		217	1375	191
10364	2239	2241	279	30	223	3	671	3695	983
7739	1856	2024	221	122	109	17	657	2234	499
9049	3143	1818	260	40	59	1	324	2748	656
10691	3873	2569	250	146	103	14	891	2271	574
11916	2902	3580	262	101	95	26	1412	2984	554
17729	4752	3674	664	70	159	39	704	6424	1243
11578	3042	2567	219	38	94	8	751	4149	710
9571	3273	1897	342	55	89	3	534	2772	606
12795	4460	1801	438	124	200	26	964	4112	670

表5 续表 1

地区	16岁及以上人口	各种职业人口总计	国家机关、党群组织、企业、事业单位负责人	专业技术人员	办事人员和有关人员	商业、服务业人员	农、林、牧、渔、水利业生产人员	生产、运输设备操作人员及有关人员	不便分类的其他从业人员
唐山市	**627707**	**402123**	**7595**	**29494**	**15864**	**51795**	**195522**	**101706**	**147**
路南区	26800	14776	473	1845	1040	3876	3241	4301	
路北区	63907	30297	1168	7236	3534	8289	1258	8786	26
古冶区	31280	13546	284	1460	971	2086	1762	6978	5
开平区	22251	11066	263	995	806	2307	880	5815	
丰南区	49369	32633	476	1951	1120	3630	16504	8916	36
丰润区	74967	50126	1128	3582	1706	7065	22136	14509	
滦县	45736	32202	374	1675	642	3124	18748	7637	2
滦南县	47942	35785	278	1157	491	1898	28484	3477	
乐亭县	43697	33859	261	1351	641	2323	26802	2480	1
迁西县	30937	19608	366	1105	694	1849	11169	4425	
玉田县	56481	39623	628	1959	591	5009	22670	8696	70
唐海县	16052	10771	491	1106	645	1745	3211	3567	6
遵化市	60234	43279	640	1965	1042	4343	27410	7878	1
迁安市	58054	34552	765	2107	1941	4251	11247	14241	
秦皇岛市	**248570**	**162750**	**2861**	**11630**	**6779**	**20616**	**93329**	**27456**	**79**
海港区	65106	32117	1580	6086	3820	10140	1481	8949	61
山海关区	14673	7533	179	783	497	1638	1305	3127	4
北戴河区	7499	3459	161	514	302	1107	380	995	
青龙满族自治县	40116	28662	353	983	564	2066	20926	3768	2
昌黎县	46355	34575	234	1276	621	2188	26850	3403	3
抚宁县	43586	32173	143	1158	671	2369	22781	5042	9
卢龙县	31235	24231	211	830	304	1108	19606	2172	
邯郸市	**696087**	**500435**	**6060**	**22453**	**12753**	**40592**	**340104**	**78218**	**255**
邯山区	31209	15642	512	3308	1631	5572	862	3719	38
丛台区	27271	14820	656	3775	1850	4683	118	3730	8
复兴区	14985	7863	349	1159	657	2021	66	3554	57
峰峰矿区	39252	18874	569	2083	1384	3231	3360	8240	7
邯郸县	36347	23720	325	1369	957	3029	12817	5172	51
临漳县	45603	35464	38	623	324	1172	29619	3688	
成安县	27844	21748	95	529	414	899	17419	2389	3
大名县	56290	47486	235	728	296	1366	42949	1910	2
涉县	32775	23423	250	1148	577	2069	14667	4712	
磁县	53216	34432	377	1137	884	2829	17841	11363	1
肥乡县	26419	22324	68	272	113	331	20989	551	
永年县	68949	51648	894	1582	667	3691	33524	11281	9
邱县	16900	14042	61	327	246	687	12271	450	
鸡泽县	20802	16423	73	327	174	433	14343	1070	3
广平县	21658	17660	122	448	255	653	15200	911	71
馆陶县	22284	18432	167	477	342	695	15490	1259	2
魏县	59079	46479	134	618	325	2966	39902	2532	2
曲周县	32245	27123	90	451	213	461	25442	466	
武安市	62959	42832	1045	2092	1444	3804	23225	11221	1
邢台市	**560084**	**425047**	**4348**	**16333**	**8556**	**32665**	**301306**	**61416**	**423**
桥东区	21968	11125	727	1790	1151	3899	555	3000	3
桥西区	30861	15986	835	3526	2247	3823	895	4643	17
邢台县	37506	28607	368	1098	422	2791	17809	6110	9
临城县	16289	12074	55	360	197	587	10084	789	2
内邱县	21182	16779	65	452	248	787	13867	1356	4
柏乡县	14875	11350	67	552	150	851	7146	2551	33
隆尧县	39598	32898	214	295	199	940	28953	2185	112
任县	25937	18958	138	796	272	1126	13315	3308	3
南和县	25834	17422	117	427	212	1855	10531	4280	
宁晋县	60407	45705	603	1910	493	2685	29544	10284	186
巨鹿县	28797	24096	73	483	184	1466	21042	842	6
新河县	13439	11409	42	305	202	514	9857	480	9
广宗县	21621	18747	21	252	158	348	17559	404	5
平乡县	24007	18379	224	405	336	996	14053	2358	7
威县	42953	37418	41	655	383	696	34793	849	1
清河县	30554	23828	116	613	367	2560	14212	5960	
临西县	25924	22622	64	441	159	1201	19213	1525	19
南宫市	39338	32296	218	766	422	2232	25864	2794	
沙河市	38994	25348	360	1207	754	3308	12014	7698	7

单位：人

各种未工作人口总计	在校学生	丧失工作能力	毕业后未工作	因单位原因失去工作	因本人原因失去工作	承包土地被征用	离退休	料理家务	其他
225584	**39362**	**33154**	**8291**	**3476**	**3682**	**595**	**45670**	**74374**	**16980**
12024	2670	707	351	333	188	18	4738	2153	866
33610	9053	838	1075	743	600	134	14568	3916	2683
17734	1339	1042	1001	324	308	25	6877	5441	1377
11185	921	984	479	218	351	9	2825	4265	1133
16736	3284	2481	494	145	229	33	1602	6436	2032
24841	2425	4881	1001	513	739	82	4166	10091	943
13534	2601	3030	474	100	175	5	1258	5033	858
12157	2578	4018	294	178	95	25	1274	3211	484
9838	2634	3016	217	101	132	54	1411	1702	571
11329	1390	1869	452	139	86	4	861	5645	883
16858	2553	3661	364	170	202	39	1355	7129	1385
5281	834	372	232	134	87	7	1665	1558	392
16955	3239	3358	630	129	122	67	1300	6384	1726
23502	3841	2897	1227	249	368	93	1770	11410	1647
85820	**20236**	**12767**	**3161**	**1651**	**1411**	**534**	**17709**	**23202**	**5149**
32989	10004	1262	1182	933	809	338	10366	6059	2036
7140	824	416	328	274	112	141	2424	1829	792
4040	1690	219	124	65	27	13	764	889	249
11454	1423	2404	514	139	125	18	556	5630	645
11780	2959	3489	279	72	73	3	1518	2762	625
11413	2110	2951	499	82	207	14	1385	3593	572
7004	1226	2026	235	86	58	7	696	2440	230
195652	**41441**	**31622**	**7725**	**3179**	**1989**	**500**	**27640**	**66589**	**14967**
15567	4986	350	571	444	134	39	5299	2973	771
12451	2132	242	507	726	115	35	6090	1822	782
7122	956	211	348	242	86	28	2656	1940	655
20378	2494	1176	1393	829	272	43	5155	7113	1903
12627	2158	1381	496	115	123	33	1290	5708	1323
10139	2370	2240	391	65	67	45	340	3282	1339
6096	1338	1502	212	58	50	47	406	2044	439
8804	1610	2975	248	50	73	19	405	2640	784
9352	2660	1642	472	133	123	46	830	3042	404
18784	2840	2781	690	124	175	21	925	9523	1705
4095	1126	1353	87	23	21	13	202	953	317
17301	4569	3567	389	47	224	15	756	6853	881
2858	920	816	79	21	28	13	220	606	155
4379	1333	954	155	18	50	11	198	1345	315
3998	897	1224	124	18	35	1	309	1133	257
3852	814	956	118	51	36	15	292	1251	319
12600	3048	3596	395	40	105	17	340	3975	1084
5122	1315	1711	114	35	21	40	306	1311	269
20127	3875	2945	936	140	251	19	1621	9075	1265
135037	**33645**	**28839**	**4934**	**1982**	**1547**	**309**	**13798**	**40305**	**9678**
10843	3022	407	451	577	193	47	3020	2365	761
14875	3524	463	764	774	266	58	4576	3384	1066
8899	1756	1942	302	51	97	15	494	3603	639
4215	1065	945	100	41	59		247	1264	494
4403	1108	1144	213	21	25	18	291	1141	442
3525	885	878	123	34	21	4	230	1149	201
6700	1649	2043	212	18	38	8	184	1813	735
6979	1287	1320	309	32	61	45	244	3202	479
8412	1414	1302	375	29	125	18	259	3924	966
14702	3308	4058	368	110	163	11	739	4942	1003
4701	1397	1677	110	44	31	11	282	855	294
2030	749	680	29	23	22		215	249	63
2874	867	1130	58	20	14	2	214	314	255
5628	1671	1297	238	22	117	9	244	1664	366
5535	1866	2401	89	16	51	34	232	599	247
6726	1302	1711	254	29	29	5	381	2484	531
3302	801	1268	76	22	13	1	243	744	134
7042	2397	2244	151	41	60	12	669	1197	271
13646	3577	1929	712	78	162	11	1034	5412	731

表5 续表 2

地 区	16岁及以上人口	各种职业人口总计	国家机关、党群组织、企业、事业单位负责人	专业技术人员	办事人员和有关人员	商业、服务业人员	农、林、牧、渔、水利业生产人员	生产、运输设备操作人员及有关人员	不便分类的其他从业人员
保定市	**896011**	**627513**	**9593**	**33260**	**15545**	**67483**	**362612**	**138761**	**259**
新市区	38596	22022	926	5202	2094	5738	2062	5962	38
北市区	33635	14187	661	3152	1505	5127	1072	2668	2
南市区	24650	11678	528	1743	686	3661	1843	3104	113
满城县	31529	22234	646	1140	571	1508	13086	5283	
清苑县	51511	40051	233	1275	452	2894	28263	6930	4
涞水县	28270	18716	193	838	452	2068	10402	4762	1
阜平县	15392	9008	157	332	344	569	6725	881	
徐水县	45747	32022	641	1407	741	3982	14416	10833	2
定兴县	41949	31433	331	970	527	2316	20072	7216	1
唐县	40367	29104	257	974	360	1698	20289	5526	
高阳县	28100	20658	503	1068	784	2562	9856	5885	
容城县	20026	14579	263	623	296	2199	4245	6952	1
涞源县	21064	14339	380	587	493	764	10721	1394	
望都县	20367	14956	328	612	316	1030	9782	2888	
安新县	34955	24170	781	886	410	2988	9547	9555	3
易县	43963	30289	214	1095	472	2229	21737	4542	
曲阳县	44392	29162	240	944	406	2041	20151	5380	
蠡县	40273	32480	220	827	479	1478	25527	3947	2
顺平县	22210	17475	91	591	329	1202	12900	2360	2
博野县	19441	15557	93	336	240	802	11998	2088	
雄县	28196	19141	224	768	266	2205	10460	5133	85
涿州市	49438	34021	527	2869	1392	5111	14712	9410	
定州市	91510	69454	164	2393	726	6051	50793	9327	
安国市	30187	23054	129	906	205	1686	18020	2104	4
高碑店市	50243	37723	863	1722	999	5574	13933	14631	1
张家口市	**351071**	**211054**	**2967**	**13863**	**9282**	**29370**	**113257**	**42107**	**208**
桥东区	27775	13069	255	2126	1817	4043	636	4164	28
桥西区	22960	10543	552	1540	1047	3418	705	3274	7
宣化区	29815	13816	508	2030	1366	3452	1472	4926	62
下花园区	5314	2480	42	207	252	428	555	996	
宣化县	22095	13313	105	769	157	1072	9023	2183	4
张北县	25945	17419	192	711	453	2230	10269	3563	1
康保县	17675	11925	71	527	274	1608	6925	2520	
沽源县	14312	10071	33	438	250	1311	6928	1111	
尚义县	12508	8570	110	318	224	1149	4950	1819	
蔚县	35257	20914	128	963	785	1765	14289	2979	5
阳原县	20723	14804	74	561	363	1257	9129	3420	
怀安县	17306	12009	109	532	440	841	8416	1671	
万全县	17154	10310	163	527	252	1000	6489	1879	
怀来县	27508	16799	285	1006	575	2325	9182	3426	
涿鹿县	26559	17240	165	717	459	1488	12694	1715	2
赤城县	19314	12119	72	598	385	1324	8625	1016	99
崇礼县	8851	5653	103	293	183	659	2970	1445	
承德市	**273113**	**172263**	**4012**	**11170**	**6176**	**20764**	**97964**	**32115**	**62**
双桥区	33279	15864	676	2922	1723	4323	2294	3894	32
双滦区	12149	6049	164	522	323	1046	997	2993	4
鹰手营子矿区	5284	2003	97	209	220	440	41	996	
承德县	31231	19359	487	959	549	2177	10421	4766	
兴隆县	25089	15668	313	962	579	2176	9732	1906	
平泉县	33443	23407	404	1203	566	2227	15010	3997	
滦平县	22852	15545	235	850	408	1961	8559	3532	
隆化县	28792	20079	287	941	529	1840	14037	2443	2
丰宁满族自治县	27506	19483	305	847	507	1546	14224	2039	15
宽城满族自治县	19908	9185	491	768	314	1206	3183	3214	9
围场满族蒙古族自治县	33580	25621	553	987	458	1822	19466	2335	
沧州市	**570116**	**420899**	**6844**	**22041**	**9794**	**41969**	**265425**	**74264**	**562**
新华区	17388	9800	337	2041	854	3547	1004	1972	45
运河区	25058	13585	587	2873	1493	4139	1700	2731	62
沧县	54011	44515	364	1324	248	2878	30047	9654	
青县	34309	25109	491	1531	513	2386	14658	5524	6
东光县	28579	23245	174	594	449	941	19721	1362	4
海兴县	15702	11386	94	437	305	562	8840	1145	3
盐山县	34894	27334	52	857	354	1391	21564	3116	
肃宁县	27402	20301	321	769	406	2150	13283	3271	101
南皮县	28629	23391	277	708	328	1014	19028	2012	24

单位：人

各种未工作人口总计	在校学生	丧失工作能力	毕业后未工作	因单位原因失去工作	因本人原因失去工作	承包土地被征用	离退休	料理家务	其他
268498	**59658**	**47078**	**6906**	**2853**	**2722**	**611**	**30547**	**94168**	**23955**
16574	2756	745	467	594	322	42	6884	3182	1582
19448	9956	385	376	312	210	30	4303	2297	1579
12972	5771	426	242	219	138	12	2822	1981	1361
9295	1624	1577	242	68	86	46	766	4224	662
11460	2212	2436	366	47	75		797	4337	1190
9554	1808	1431	361	60	81	6	557	4240	1010
6384	643	968	183	40	45	2	362	3457	684
13725	2160	2468	381	160	140	95	1064	6171	1086
10516	2371	2532	184	73	81	44	746	3805	680
11263	2103	2818	372	50	157	10	653	4715	385
7442	939	1613	146	83	68		662	3264	667
5447	789	1258	81	30	41	1	419	2509	319
6725	979	998	282	143	38	10	479	3083	713
5411	1130	1287	139	61	95	23	453	1810	413
10785	938	1920	240	47	85		457	6276	822
13674	2966	2973	313	153	98	11	713	5352	1095
15230	2314	2180	515	50	91	8	463	6813	2796
7793	1634	2244	166	55	48	71	598	2543	434
4735	747	1221	114	29	31	9	434	1754	396
3884	892	1133	110	39	26	1	241	1134	308
9055	1120	1686	180	60	43	31	424	3578	1933
15417	3269	2512	351	152	330	29	2704	5107	963
22056	6394	5985	583	165	187	29	1557	5990	1166
7133	1780	1740	211	77	75	34	506	2087	623
12520	2363	2542	301	86	131	67	1483	4459	1088
140017	**19842**	**19422**	**5270**	**3287**	**1987**	**265**	**22897**	**55471**	**11576**
14706	3239	508	517	547	427	63	5998	2950	457
12417	2701	458	486	693	264	16	4194	2779	826
15999	1693	582	807	974	308	32	5290	4583	1730
2834	213	345	135	82	37	3	800	1048	171
8782	1153	1421	401	76	123	4	385	4444	775
8526	1681	2135	228	116	137	21	566	3332	310
5750	1003	1404	197	27	61	5	307	2259	487
4241	731	1196	133	31	52	5	241	1505	347
3938	648	979	110	49	24	10	257	1594	267
14343	1243	1814	537	133	106	20	798	7069	2623
5919	836	1311	239	70	41	4	569	2640	209
5297	673	1268	181	60	28	5	540	2301	241
6844	813	1043	263	60	29	6	456	3628	546
10709	1107	1362	381	200	142	37	1085	5674	721
9319	969	1481	300	84	111	24	849	4553	948
7195	675	1481	230	53	60	7	377	3640	672
3198	464	634	125	32	37	3	185	1472	246
100850	**16895**	**14139**	**3739**	**2044**	**1415**	**683**	**11235**	**41687**	**9013**
17415	5386	735	688	780	289	466	4548	3427	1096
6100	857	429	221	102	121	77	1270	2379	644
3281	206	207	136	141	66	9	942	1160	414
11872	1423	1937	507	192	224	40	579	6098	872
9421	1016	1656	394	184	132	25	635	4859	520
10036	1810	2064	292	169	155	11	880	3732	923
7307	1171	1354	275	67	73	5	456	3537	369
8713	1169	1600	278	101	96	10	488	4162	809
8023	1395	1567	279	113	67	10	534	3371	687
10723	773	906	465	83	113	19	315	5997	2052
7959	1689	1684	204	112	79	11	588	2965	627
149217	**31086**	**29269**	**4413**	**1486**	**1796**	**321**	**20219**	**49697**	**10930**
7588	1172	325	254	223	131	1	2863	1937	682
11473	3188	427	352	336	188	50	3626	2398	908
9496	2137	2727	185	18	64	1	377	3549	438
9200	1838	1759	209	38	87	77	1114	3543	535
5334	1558	1748	90	41	37	20	619	999	222
4316	640	865	212	48	46	12	419	1743	331
7560	2086	1958	163	23	18	2	419	2452	439
7101	1401	1869	165	73	136	53	655	2166	583
5238	1415	1504	88	33	52	5	475	1385	281

表5 续表 3

地 区	16岁及以上人口	各种职业人口总计	国家机关、党群组织、企业、事业单位负责人	专业技术人员	办事人员和有关人员	商业、服务业人员	农、林、牧、渔、水利业生产人员	生产、运输设备操作人员及有关人员	不便分类的其他从业人员
吴桥县	21711	17032	105	595	163	929	14535	702	3
献县	45934	36196	469	1083	429	2129	27805	4165	116
孟村回族自治县	15248	10480	433	552	343	912	5524	2715	1
泊头市	45856	34314	520	1661	614	3395	20875	7197	52
任丘市	67971	47028	1103	3482	1746	5656	22495	12528	18
黄骅市	43429	28560	677	1957	742	4192	15577	5299	116
河间市	63995	48623	840	1577	807	5748	28769	10871	11
廊坊市	**362789**	**248102**	**5970**	**18859**	**9162**	**37127**	**120252**	**56643**	**89**
安次区	31622	21460	247	1395	436	2872	11360	5141	9
广阳区	43449	24983	782	4910	2032	5978	6229	5015	37
固安县	34410	26345	101	949	333	2359	20644	1951	8
永清县	29253	23246	130	680	446	1265	19133	1592	
香河县	28916	20919	280	1154	855	4571	7189	6870	
大城县	38351	28689	174	1267	310	2576	20619	3741	2
文安县	40754	28017	1167	1196	697	3518	13818	7620	1
大厂回族自治县	10466	7095	72	448	304	923	3221	2126	1
霸州市	49571	33342	1886	2555	989	5745	10857	11310	
三河市	55997	34006	1131	4305	2760	7320	7182	11277	31
衡水市	**351702**	**272917**	**2148**	**11694**	**5285**	**18293**	**207325**	**27918**	**254**
桃城区	42769	26058	549	2993	1969	4927	9944	5676	
枣强县	31217	24925	111	594	366	1480	17510	4864	
武邑县	26093	20165	77	592	262	920	17609	705	
武强县	17957	14444	106	484	182	651	11911	1095	15
饶阳县	24012	19645	129	565	273	1282	16108	1269	19
安平县	26196	19901	243	737	383	1305	12503	4592	138
故城县	38232	31315	145	813	343	1720	25363	2931	
景县	42272	34784	274	794	371	1753	29609	1975	8
阜城县	26166	21439	147	602	278	692	18802	917	1
冀州市	30085	23023	176	2458	360	1209	16958	1798	64
深州市	46703	37218	191	1062	498	2354	31008	2096	9
山西省	**2810549**	**1729275**	**28047**	**136452**	**88159**	**277508**	**846313**	**351466**	**1330**
太原市	**350907**	**177281**	**6251**	**31748**	**18516**	**51364**	**22372**	**46506**	**524**
小店区	68159	35458	1394	7173	3613	10435	3208	9443	192
迎泽区	50403	27565	1002	6577	4630	10760	146	4414	36
杏花岭区	54695	26078	1198	5955	3719	7837	213	7129	27
尖草坪区	36053	15050	433	2332	1028	4360	1607	5251	39
万柏林区	63990	31889	1125	6147	3460	11661	236	9215	45
晋源区	17481	8119	325	906	572	2010	1425	2880	1
清徐县	25642	16670	315	1035	577	2152	9021	3524	46
阳曲县	9789	5701	63	304	233	576	3589	936	
娄烦县	8187	3494	59	336	202	380	1745	755	17
古交市	16508	7257	337	983	482	1193	1182	2959	121
大同市	**260380**	**142998**	**1754**	**12584**	**8216**	**22314**	**62813**	**35252**	**65**
城区	56588	26569	781	5715	4272	6899	96	8802	4
矿区	41326	14902	150	2245	1610	2482	58	8352	5
南郊区	32607	18464	151	835	498	4997	5355	6627	1
新荣区	8176	4763	27	192	107	383	3180	869	5
阳高县	21754	15682	134	558	252	830	12698	1210	
天镇县	15952	10588	50	372	130	829	7977	1230	
广灵县	13342	8508	32	450	181	811	6279	755	
灵丘县	17832	9948	90	479	325	1024	6529	1501	
浑源县	26526	18149	167	693	414	1996	12342	2534	3
左云县	12265	6573	80	680	211	1046	3213	1303	40
大同县	14012	8852	92	365	216	1017	5086	2069	7
阳泉市	**109453**	**59752**	**1416**	**6449**	**5152**	**13959**	**14362**	**18307**	**107**
城区	16311	9199	328	1573	2072	3203	8	2015	
矿区	20589	10569	289	1512	1164	2325	18	5255	6
郊区	23080	11801	311	1255	930	4405	955	3929	16
平定县	24434	13019	222	999	556	2018	5195	3986	43
盂县	25039	15164	266	1110	430	2008	8186	3122	42
长治市	**263034**	**175056**	**2185**	**11930**	**8343**	**24988**	**94560**	**32967**	**83**
城区	39983	20819	273	3745	3383	7890	279	5225	24
郊区	22343	14106	187	1185	814	3276	3316	5314	14
长治县	27476	19751	286	754	538	1784	12220	4168	1
襄垣县	20903	13296	159	902	687	1282	7233	3031	2

单位：人

各种未工作人口总计	在校学生	丧失工作能力	毕业后未工作	因单位原因失去工作	因本人原因失去工作	承包土地被征用	离退休	料理家务	其他
4679	1248	1103	112	25	34	8	456	912	781
9738	2563	2766	237	67	111	12	578	2500	904
4768	821	830	152	20	16	6	250	2410	263
11542	2672	2342	267	100	148	8	1746	3705	554
20943	2905	3442	884	134	344	11	3167	8371	1685
14869	2915	1888	576	189	198	46	2298	5770	989
15372	2527	3716	467	118	186	9	1157	5857	1335
114687	**30101**	**20063**	**3151**	**1012**	**1913**	**388**	**14106**	**39155**	**4798**
10162	3883	1591	251	112	234	16	1203	2475	397
18466	5303	1313	606	356	392	176	4725	4619	976
8065	2207	2284	213	64	98	28	649	2197	325
6007	1400	1866	192	25	39	3	534	1694	254
7997	1789	1684	116	12	38	13	978	3027	340
9662	2802	2487	281	12	35	1	705	3006	333
12737	2173	2298	340	46	107		665	6485	623
3371	814	784	133	17	39	14	438	1066	66
16229	3011	3175	382	79	177	18	1025	7792	570
21991	6719	2581	637	289	754	119	3184	6794	914
78785	**24543**	**21422**	**2183**	**1001**	**646**	**159**	**8655**	**15241**	**4935**
16711	5918	1929	573	445	273	35	3342	3087	1109
6292	1631	2163	146	61	41	1	489	1190	570
5928	2728	1280	187	33	33	14	418	878	357
3513	836	1152	105	62	14	3	351	644	346
4367	1195	1591	82	46	23	7	432	776	215
6295	1294	1639	202	28	37	1	544	2144	406
6917	2372	2047	131	63	17	10	574	1257	446
7488	2082	2426	341	49	89		494	1494	513
4727	1411	1635	133	40	22	68	358	846	214
7062	2516	2086	134	100	47	5	651	1138	385
9485	2560	3474	149	74	50	15	1002	1787	374
1081274	**249093**	**140043**	**48930**	**20368**	**14912**	**2792**	**145996**	**381984**	**77156**
173626	**52498**	**8291**	**6493**	**4801**	**3205**	**607**	**44512**	**41947**	**11272**
32701	14296	955	1019	624	540	279	6511	6543	1934
22838	6634	465	717	672	395	13	9056	3115	1771
28617	5813	802	1142	1550	781	11	11360	5184	1974
21003	7966	706	658	621	324	57	5278	4591	802
32101	10071	768	1247	776	711	42	8946	8012	1528
9362	2768	629	355	200	158	104	1473	3258	417
8972	2143	1662	352	67	64	53	650	3406	575
4088	624	962	140	44	41	13	310	1641	313
4693	597	653	213	43	79	20	172	2121	795
9251	1586	689	650	204	112	15	756	4076	1163
117382	**23269**	**10768**	**6296**	**3395**	**1626**	**198**	**19996**	**42702**	**9132**
30019	4744	428	1741	1943	390	49	10290	6864	3570
26424	3670	681	2107	986	526	10	5733	10065	2646
14143	4002	1330	611	87	347	92	887	6269	518
3413	578	471	244	29	82		87	1669	253
6072	1824	1454	212	74	29	1	606	1698	174
5364	1428	933	170	28	19	1	346	2263	176
4834	1072	734	136	37	19		320	2317	199
7884	1355	1055	315	49	65	17	573	3663	792
8377	2122	1740	258	83	35	11	616	3042	470
5692	1391	823	296	50	73	13	298	2570	178
5160	1083	1119	206	29	41	4	240	2282	156
49701	**6896**	**4981**	**2355**	**1324**	**1065**	**38**	**9578**	**20202**	**3262**
7112	1048	182	257	416	125	1	3075	1552	456
10020	1372	317	595	229	367		3101	3727	312
11279	1707	1154	431	201	334	12	1707	4775	958
11415	1272	1850	363	262	141	15	831	5819	862
9875	1497	1478	709	216	98	10	864	4329	674
87978	**20235**	**13163**	**4684**	**1346**	**1533**	**169**	**12038**	**28556**	**6254**
19164	5874	538	866	595	509	66	5721	3641	1354
8237	1383	813	493	98	184	7	1592	3068	599
7725	1761	1511	409	67	109	19	654	2724	471
7607	1342	1071	605	71	109	36	801	2855	717

表5 续表 4

地　区	16 岁及以上人口	各种职业人口总计	国家机关、党群组织、企业、事业单位负责人	专业技术人员	办事人员和有关人员	商业、服务业人员	农、林、牧、渔、水利业生产人员	生产、运输设备操作人员及有关人员	不便分类的其他从业人员
屯留县	20878	16066	175	634	459	1063	11656	2079	
平顺县	11652	8153	163	458	203	650	6115	564	
黎城县	12173	8918	75	433	340	671	6009	1390	
壶关县	22566	15406	158	529	221	1557	10864	2076	1
长子县	26578	18324	117	663	257	2171	12746	2336	34
武乡县	14261	9949	129	584	242	965	7061	968	
沁县	13909	9692	65	438	184	781	7554	670	
沁源县	12734	8510	182	667	545	1524	3709	1883	
潞城市	17578	12066	216	938	470	1374	5798	3263	7
晋城市	**177234**	**115173**	**2546**	**8109**	**7230**	**17247**	**51422**	**28541**	**78**
城区	36859	22579	886	3202	3745	6546	660	7534	6
沁水县	16680	10902	206	684	499	1319	5655	2485	54
阳城县	29807	19625	445	1287	754	2565	9580	4990	4
陵川县	18374	12676	223	549	365	1207	8810	1522	
泽州县	37723	25478	161	1026	620	2473	15332	5854	12
高平市	37791	23913	625	1361	1247	3137	11385	6156	2
朔州市	**130840**	**77065**	**1279**	**6045**	**3005**	**16006**	**36212**	**14504**	**14**
朔城区	36894	22429	529	2701	1156	5417	9162	3458	6
平鲁区	15583	8605	98	440	386	1194	4902	1585	
山阴县	19232	10538	227	683	476	1174	5787	2191	
应县	24786	15773	27	482	134	4695	8977	1458	
右玉县	8850	5830	112	334	213	728	3267	1173	3
怀仁县	25495	13890	286	1405	640	2798	4117	4639	5
晋中市	**255808**	**158712**	**3015**	**11835**	**9117**	**24710**	**67210**	**42731**	**94**
榆次区	51512	28466	580	3210	2813	6479	7603	7723	58
榆社县	10861	6355	66	384	355	869	3264	1417	
左权县	12978	9665	189	571	364	981	5772	1788	
和顺县	11792	7127	118	405	418	1460	3709	1017	
昔阳县	18113	13320	199	617	425	1423	8183	2473	
寿阳县	17363	11289	252	719	367	1156	6169	2617	9
太谷县	23902	14922	346	1284	461	1750	7208	3873	
祁县	20582	13721	177	798	549	1964	5928	4303	2
平遥县	37527	22204	266	1203	814	2673	11219	6025	4
灵石县	19751	11106	282	999	1102	2198	2459	4046	20
介休市	31427	20537	540	1645	1449	3757	5696	7449	1
运城市	**403949**	**296703**	**2643**	**13194**	**7083**	**31345**	**209784**	**32381**	**273**
盐湖区	56380	38015	500	3482	1963	7648	20621	3774	27
临猗县	44739	37200	176	916	293	1472	32858	1485	
万荣县	33839	26656	124	698	297	1577	22472	1488	
闻喜县	32204	23123	526	1020	493	2152	11976	6815	141
稷山县	27060	18939	182	812	290	2023	12900	2719	13
新绛县	24446	18756	83	729	318	1644	13800	2182	
绛县	21385	15343	243	626	338	2195	10070	1871	
垣曲县	17797	11950	176	682	439	1495	7471	1687	
夏县	28224	22730	52	495	244	1685	19181	991	82
平陆县	20656	14187	44	369	204	890	11969	709	2
芮城县	30516	24205	121	836	449	2136	19046	1612	5
永济市	35642	27007	151	1208	745	3871	18913	2117	2
河津市	31061	18592	265	1321	1010	2557	8507	4931	1
忻州市	**242572**	**148718**	**1865**	**9035**	**6013**	**18239**	**89575**	**23987**	**4**
忻府区	43533	26708	442	2348	1727	4316	13146	4729	
定襄县	16883	10699	163	578	386	881	6064	2625	2
五台县	24169	13512	83	736	473	1662	9151	1407	
代县	16630	10138	154	453	358	1171	6513	1489	
繁峙县	21251	12354	180	649	249	1570	8220	1486	
宁武县	12739	6918	98	491	307	882	3715	1424	1
静乐县	12932	7857	52	394	305	778	5194	1133	1
神池县	8457	5425	18	173	97	593	4183	361	
五寨县	9094	6002	59	325	192	572	4275	579	
岢岚县	6813	4684	59	216	148	395	3317	549	
河曲县	11813	7440	118	492	315	829	3888	1798	
保德县	12142	7615	69	431	367	1201	3540	2007	
偏关县	8607	5434	104	445	134	408	3808	535	
原平市	37509	23932	266	1304	955	2981	14561	3865	

单位：人

各种未工作人口总计	在校学生	丧失工作能力	毕业后未工作	因单位原因失去工作	因本人原因失去工作	承包土地被征用	离退休	料理家务	其他
4812	1352	1149	276	49	35	5	338	1446	162
3499	763	709	147	42	72	8	166	1325	267
3255	590	690	133	47	30	1	306	1257	201
7160	1381	1615	551	60	155	2	435	2455	506
8254	1775	1658	351	45	68	10	480	3053	814
4312	724	973	172	75	65	4	284	1672	343
4217	1236	760	293	105	58	6	399	1135	225
4224	874	718	113	34	59	4	295	1863	264
5512	1180	958	275	58	80	1	567	2062	331
62061	**10454**	**10164**	**2766**	**1121**	**1076**	**117**	**6140**	**25760**	**4463**
14280	2949	691	662	392	484	48	2549	5327	1178
5778	673	1120	222	114	30	20	494	2672	433
10182	1797	2097	301	199	173	6	880	3934	795
5698	748	1359	277	85	83	5	409	2330	402
12245	2411	2448	490	72	97	12	652	5227	836
13878	1876	2449	814	259	209	26	1156	6270	819
53775	**13503**	**7322**	**2914**	**424**	**500**	**177**	**3455**	**21773**	**3707**
14465	3784	1722	654	134	90	41	1364	5760	916
6978	1920	956	502	38	95	70	271	2620	506
8694	2005	1242	390	81	107	23	454	3597	795
9013	2319	1811	358	71	51	11	354	3226	812
3020	637	528	168	24	55	4	171	1289	144
11605	2838	1063	842	76	102	28	841	5281	534
97096	**17871**	**13981**	**2936**	**2386**	**1249**	**196**	**13502**	**38386**	**6589**
23046	5376	2178	669	891	271	69	5202	6641	1749
4506	740	595	138	79	44	12	315	2084	499
3313	777	686	100	27	46		312	1125	240
4665	509	590	242	115	28		344	2465	372
4793	620	1123	103	101	54	7	535	2113	137
6074	578	1191	174	146	59	28	721	2799	378
8980	3223	1227	129	138	67	11	1260	2488	437
6861	928	1108	138	93	56	14	763	3227	534
15323	2700	2596	434	311	121	28	1469	6793	871
8645	873	1161	418	168	229	23	878	4195	700
10890	1547	1526	391	317	274	4	1703	4456	672
107246	**33695**	**22432**	**4141**	**1106**	**836**	**401**	**9904**	**27359**	**7372**
18365	7556	2616	504	212	217	286	2378	3810	786
7539	2973	2466	158	54	53	2	443	872	518
7183	2368	2429	321	37	32	9	299	1425	263
9081	2014	1984	474	170	57	15	798	3025	544
8121	2627	1654	274	45	48	4	404	2383	682
5690	1832	1435	139	97	35	15	597	1379	161
6042	1369	1092	220	25	63	1	896	2001	375
5847	1132	883	280	80	85	28	1009	1885	465
5494	1722	1751	214	28	35	2	314	987	441
6469	1423	1338	356	44	43	11	297	1785	1172
6311	2503	1602	126	46	24		444	1136	430
8635	3247	1994	212	218	61	10	1182	1325	386
12469	2929	1188	863	50	83	18	843	5346	1149
93854	**17893**	**16118**	**4612**	**1632**	**964**	**159**	**8676**	**37065**	**6735**
16825	4779	2415	637	584	188	37	2449	4784	952
6184	750	1030	321	140	66	7	647	2825	398
10657	1720	2045	534	68	98	10	772	4796	614
6492	917	1156	267	88	79	6	615	2720	644
8897	1528	1393	502	56	92	6	445	4249	626
5821	609	782	505	73	68	18	414	2788	564
5075	959	800	225	37	74	9	223	2039	709
3032	610	672	222	64	42	34	146	988	254
3092	881	556	138	34	21		241	1017	204
2129	452	452	102	13	8	4	149	874	75
4373	865	800	200	98	37	2	373	1803	195
4527	1221	741	242	19	24	19	205	1813	243
3173	638	651	162	73	17		247	1198	187
13577	1964	2625	555	285	150	7	1750	5171	1070

表5 续表 5

地区	16 岁及以上人口	各种职业人口总计	国家机关、党群组织、企业、事业单位负责人	专业技术人员	办事人员和有关人员	商业、服务业人员	农、林、牧、渔、水利业生产人员	生产、运输设备操作人员及有关人员	不便分类的其他从业人员
临汾市	**336694**	**217022**	**2766**	**14326**	**9333**	**32339**	**119712**	**38480**	**66**
尧都区	72362	41143	981	4883	2605	11040	13145	8449	40
曲沃县	18774	12976	126	609	494	1602	7732	2410	3
翼城县	25192	16771	259	953	410	1618	10561	2966	4
襄汾县	35672	25303	286	836	408	1552	19510	2710	1
洪洞县	56210	38703	212	1971	754	5451	22746	7568	1
古县	7587	5122	58	347	413	502	2525	1277	
安泽县	6244	4790	107	259	227	496	2909	792	
浮山县	9754	6518	45	320	335	745	4078	995	
吉县	8154	5854	8	313	214	543	4362	414	
乡宁县	18584	12735	106	677	499	1235	8264	1940	14
大宁县	5079	2783	17	150	199	296	1873	248	
隰县	7840	5281	101	263	178	640	3868	231	
永和县	5149	3509	37	136	105	382	2451	398	
蒲县	7512	4860	32	272	380	514	2911	751	
汾西县	10736	6306	55	359	298	534	4595	465	
侯马市	19661	12172	197	1127	955	3309	3238	3346	
霍州市	22184	12196	139	851	859	1880	4944	3520	3
吕梁市	**279678**	**160795**	**2327**	**11197**	**6151**	**24997**	**78291**	**37810**	**22**
离石区	24787	11091	336	1693	1232	2308	1858	3664	
文水县	31241	18570	239	1078	611	2051	10193	4398	
交城县	17802	9073	181	834	320	2119	2328	3291	
兴县	21646	15124	164	724	433	2081	9296	2426	
临县	44481	30339	121	949	336	3989	19631	5304	9
柳林县	23206	11485	205	891	367	1917	4213	3892	
石楼县	7892	5529	81	197	58	693	4108	392	
岚县	12517	7688	93	290	170	683	5479	972	1
方山县	10698	6339	44	353	194	525	4188	1034	1
中阳县	10312	5082	133	448	327	467	1309	2398	
交口县	9107	4409	45	328	196	815	2421	603	1
孝义市	35153	16897	565	2120	1039	4320	3775	5068	10
汾阳市	30836	19169	120	1292	868	3029	9492	4368	
内蒙古自治区	**1948123**	**1285021**	**20598**	**101924**	**62105**	**211089**	**642431**	**245000**	**1874**
呼和浩特市	**236602**	**134300**	**2479**	**18000**	**12378**	**32492**	**38815**	**29907**	**229**
新城区	46382	24660	801	5460	2943	8625	561	6138	132
回民区	32675	16334	112	2183	2420	6218	238	5161	2
玉泉区	31289	17981	411	2044	1332	6698	1204	6223	69
赛罕区	52966	27142	750	4936	4392	6583	4507	5971	3
土默特左旗	26414	16821	184	1815	416	1674	10771	1941	20
托克托县	15210	9811	46	552	221	888	6425	1676	3
和林格尔县	14258	10004	78	416	269	912	7154	1175	
清水河县	7928	5283	33	265	189	266	3539	991	
武川县	9480	6264	64	329	196	628	4416	631	
包头市	**217615**	**123206**	**2370**	**13838**	**8283**	**32914**	**25052**	**40357**	**392**
东河区	43532	21165	312	2350	1572	8783	1858	6147	143
昆都仑区	60033	32649	791	4790	2100	9833	492	14451	192
青山区	49818	27174	657	4501	3288	8239	738	9737	14
石拐区	1947	853	30	52	54	169	242	305	1
白云鄂博矿区	2052	1315	63	105	70	285	6	786	
九原区	15438	9362	188	638	458	1926	2148	3990	14
土默特右旗	21671	15031	233	676	370	1417	9808	2527	
固阳县	14395	9677	45	363	166	1186	6596	1294	27
达尔罕茂明安联合旗	8729	5980	51	363	205	1076	3164	1120	1
乌海市	**42627**	**25101**	**1017**	**2770**	**1810**	**6292**	**1416**	**11783**	**13**
海勃湾区	23501	14330	606	1925	1210	3993	468	6116	12
海南区	8306	5196	253	346	210	1003	621	2762	1
乌达区	10820	5575	158	499	390	1296	327	2905	
赤峰市	**343535**	**249392**	**3157**	**14968**	**6292**	**26823**	**166066**	**31734**	**352**
红山区	33508	19518	637	2628	1383	7021	2468	5374	7
元宝山区	25248	14091	313	1685	569	2278	4319	4731	196
松山区	45958	32380	627	2310	1057	3564	19749	5066	7
阿鲁科尔沁旗	21161	16882	104	718	250	1340	13652	817	1
巴林左旗	25962	19768	133	1235	253	1550	15083	1512	2
巴林右旗	12664	9336	107	539	295	1039	5926	1353	77
林西县	16405	11704	117	640	245	1142	8131	1426	3
克什克腾旗	17769	12993	260	741	366	1649	7807	2148	22

单位：人

各种未工作人口总计	在校学生	丧失工作能力	毕业后未工作	因单位原因失去工作	因本人原因失去工作	承包土地被征用	离退休	料理家务	其他
119672	**26591**	**17514**	**6033**	**1869**	**1509**	**375**	**11796**	**43728**	**10257**
31219	8948	2664	1401	898	497	164	4230	9344	3073
5798	1225	1174	204	60	38	16	396	2226	459
8421	1820	1500	355	117	103	6	658	2982	880
10369	2466	2457	300	108	138	20	713	3467	700
17507	3795	3298	727	40	204	15	978	7217	1233
2465	471	432	103	20	23	5	138	1074	199
1454	249	315	63	16	12	3	157	569	70
3236	465	579	173	49	22	2	298	1272	376
2300	535	444	118	9	18	3	163	851	159
5849	1288	997	377	39	101	3	248	2260	536
2296	296	270	345	17	19	2	145	834	368
2559	562	372	173	36	22	2	236	1065	91
1640	394	267	92	14	21	2	89	655	106
2652	442	392	186	22	36	16	166	1112	280
4430	795	750	395	43	62	4	214	1891	276
7489	1039	730	295	274	98	22	2009	2323	699
9988	1801	873	726	107	95	90	958	4586	752
118883	**26188**	**15309**	**5700**	**964**	**1349**	**355**	**6399**	**54506**	**8113**
13696	4225	809	782	92	196	53	854	5681	1004
12671	2587	1771	425	108	90	16	664	6181	829
8729	1641	1052	413	72	100	7	490	4569	385
6522	2105	1164	281	45	101	20	313	1980	513
14142	3101	2807	657	41	122	27	544	5929	914
11721	2341	1235	635	65	126	52	348	6198	721
2363	743	420	83	4	18	4	110	851	130
4829	1069	685	207	27	31	5	175	2245	385
4359	627	530	282	13	27	7	140	2339	394
5230	844	411	285	43	55	37	246	3023	286
4698	867	577	297	46	100	17	157	2032	605
18256	3570	1936	908	183	257	77	1389	8497	1439
11667	2468	1912	445	225	126	33	969	4981	508
663102	**130593**	**90658**	**20907**	**12803**	**10946**	**3101**	**122439**	**213511**	**58144**
102302	**31422**	**7871**	**3276**	**2584**	**1442**	**399**	**18889**	**28749**	**7670**
21722	6132	752	719	773	297	18	5266	5823	1942
16341	4833	549	549	525	263	89	4181	4028	1324
13308	3124	695	495	339	453	21	2685	4612	884
25824	10872	1259	660	842	272	261	5016	4991	1651
9593	2693	1611	335	45	65	1	652	3288	903
5399	842	865	238	9	29	1	407	2589	419
4254	1907	779	102	19	34	2	207	1060	144
2645	567	424	103	8	10	1	205	1044	283
3216	452	937	75	24	19	5	270	1314	120
94409	**17604**	**6293**	**3308**	**2611**	**1614**	**775**	**26875**	**27453**	**7876**
22367	3507	1077	1104	816	479	87	7024	5951	2322
27384	5458	848	956	830	483	238	9068	7656	1847
22644	5094	547	571	607	365	271	8333	4927	1929
1094	82	189	50	38	21	39	186	408	81
737	64	29	16	14	10	1	177	382	44
6076	758	470	195	138	94	80	774	2957	610
6640	1362	1540	164	68	69	27	658	2477	275
4718	780	1063	161	55	54	11	331	1592	671
2749	499	530	91	45	39	21	324	1103	97
17526	**2630**	**914**	**506**	**554**	**464**	**20**	**5557**	**5533**	**1348**
9171	1776	391	275	249	170	16	3061	2627	606
3110	249	252	68	75	130	2	784	1185	365
5245	605	271	163	230	164	2	1712	1721	377
94143	**21136**	**18307**	**2786**	**1790**	**1308**	**356**	**12946**	**29534**	**5980**
13990	2680	826	612	566	343	31	4442	3404	1086
11157	1341	1044	369	266	183	39	2188	4777	950
13578	4260	2129	342	223	184	176	1363	4021	880
4279	756	1243	109	57	47	1	485	1295	286
6194	1513	1245	161	86	54	18	566	2268	283
3328	607	759	77	23	54	1	376	1195	236
4701	797	1040	133	79	34	3	495	1663	457
4776	916	1108	100	10	37	11	464	1734	396

表5 续表 6

地 区	16岁及以上人口	各种职业人口总计	国家机关、党群组织、企业、事业单位负责人	专业技术人员	办事人员和有关人员	商业、服务业人员	农、林、牧、渔、水利业生产人员	生产、运输设备操作人员及有关人员	不便分类的其他从业人员
翁牛特旗	35300	27393	101	1101	409	1568	22734	1480	
喀喇沁旗	22262	16854	146	722	335	998	12829	1818	6
宁城县	43815	33826	372	1361	485	2320	26207	3081	
敖汉旗	43483	34647	240	1288	645	2354	27161	2928	31
通辽市	**239426**	**179423**	**1273**	**8761**	**4176**	**17248**	**133276**	**14393**	**296**
科尔沁区	67522	45929	516	3780	2195	7040	26055	6323	20
科尔沁左翼中旗	37480	28874	79	806	255	1515	25011	1205	3
科尔沁左翼后旗	29486	23133	118	796	387	1696	18802	1184	150
开鲁县	30872	25393	102	731	329	1752	21542	936	1
库伦旗	13211	10777	43	414	250	605	8828	636	1
奈曼旗	30808	24464	141	883	258	1537	20594	1038	13
扎鲁特旗	21811	16339	151	799	309	1507	12143	1427	3
霍林郭勒市	8236	4514	123	552	193	1596	301	1644	105
鄂尔多斯市	**152664**	**103865**	**3093**	**10808**	**6484**	**21733**	**26346**	**35342**	**59**
东胜区	45450	30738	1114	4608	2548	8911	827	12729	1
达拉特旗	25385	17192	443	1240	671	2566	7935	4331	6
准格尔旗	27679	16629	262	1496	1117	3478	4083	6143	50
鄂托克前旗	5865	4206	109	296	161	649	2223	768	
鄂托克旗	11178	8145	135	513	549	1466	1931	3551	
杭锦旗	8982	6227	178	514	331	978	3212	1012	2
乌审旗	9484	7173	167	743	287	1366	3711	899	
伊金霍洛旗	18641	13555	685	1398	820	2319	2424	5909	
呼伦贝尔市	**195631**	**111810**	**2577**	**9876**	**6829**	**20805**	**49353**	**22222**	**148**
海拉尔区	25275	13906	751	2047	1629	4442	1216	3819	2
阿荣旗	22611	17000	116	646	293	1653	12925	1364	3
莫力达瓦达斡尔族自治旗	20971	14010	165	669	382	809	11415	570	
鄂伦春自治旗	17173	8778	115	671	780	1317	4093	1801	1
鄂温克族自治旗	10708	5549	102	636	399	994	1554	1864	
陈巴尔虎旗	4890	3063	40	186	156	674	1554	452	1
新巴尔虎左旗	3296	2380	44	186	94	321	1522	213	
新巴尔虎右旗	2907	1984	65	244	149	364	732	428	2
满洲里市	19544	10796	300	997	802	3976	258	4444	19
牙克石市	27126	10420	370	1702	890	2687	1402	3332	37
扎兰屯市	26296	16467	203	1019	449	2149	10827	1772	48
额尔古纳市	6076	3572	93	365	297	618	1357	842	
根河市	8758	3885	213	508	509	801	498	1321	35
巴彦淖尔市	**132111**	**97676**	**1153**	**5972**	**4405**	**16360**	**52448**	**17315**	**23**
临河区	44002	31071	439	2657	2000	6902	12163	6905	5
五原县	22233	17146	133	687	483	2923	10178	2728	14
磴口县	9251	6689	56	388	337	918	4046	942	2
乌拉特前旗	22342	16139	235	899	625	2027	9733	2620	
乌拉特中旗	9268	6938	146	416	317	924	4053	1082	
乌拉特后旗	4885	3610	87	274	231	491	1242	1284	1
杭锦后旗	20130	16083	57	651	412	2175	11033	1754	1
乌兰察布市	**175513**	**115768**	**909**	**6027**	**4525**	**13765**	**70649**	**19740**	**153**
集宁区	29145	15223	251	1981	1836	4539	1297	5279	40
卓资县	11538	7719	81	423	212	779	5435	788	1
化德县	10702	7313	50	312	289	601	4439	1622	
商都县	18963	13118	58	470	294	1144	8564	2585	3
兴和县	17596	11863	115	430	243	1227	7046	2758	44
凉城县	15191	10879	32	438	323	577	8848	661	
察哈尔右翼前旗	13073	9005	25	324	250	792	6225	1384	5
察哈尔右翼中旗	12740	9026	35	291	181	655	7525	339	
察哈尔右翼后旗	13081	8836	56	389	206	677	6343	1105	60
四子王旗	14299	10098	85	334	138	792	8124	625	
丰镇市	19185	12688	121	635	553	1982	6803	2594	
兴安盟	**113312**	**78475**	**730**	**4894**	**2688**	**8631**	**53919**	**7539**	**74**
乌兰浩特市	23672	13705	366	1898	1300	3297	3943	2900	1
阿尔山市	3222	1412	56	143	181	322	318	392	
科尔沁右翼前旗	22217	16537	37	475	189	873	14251	705	7
科尔沁右翼中旗	19795	14241	105	867	355	1430	9902	1581	1
扎赉特旗	26592	19417	104	934	360	1499	15721	737	62
突泉县	17814	13163	62	577	303	1210	9784	1224	3

单位：人

各种未工作人口总计	在校学生	丧失工作能力	毕业后未工作	因单位原因失去工作	因本人原因失去工作	承包土地被征用	离退休	料理家务	其他
7907	1933	2083	359	75	111	27	631	2448	240
5408	992	1400	143	51	59	25	435	2004	299
9989	2480	2692	244	248	137	14	834	2710	630
8836	2861	2738	137	106	65	10	667	2015	237
60003	**12978**	**13191**	**1635**	**679**	**830**	**96**	**8887**	**17078**	**4629**
21593	5073	2751	734	430	573	67	5034	5193	1738
8606	1706	2328	248	61	30	12	705	2666	850
6353	1158	1806	110	45	35	1	722	2086	390
5479	1553	1702	104	36	18	2	533	1326	205
2434	491	794	55	35	22		326	417	294
6344	1381	1930	107	45	33	2	557	1863	426
5472	1032	1580	115	7	52	7	616	1817	246
3722	584	300	162	20	67	5	394	1710	480
48799	**7497**	**6429**	**1394**	**647**	**1015**	**885**	**4808**	**19957**	**6167**
14712	2853	977	420	317	514	465	1783	5682	1701
8193	1348	1358	222	94	116	91	671	3459	834
11050	1198	1503	297	110	175	123	842	5070	1732
1659	275	391	51	10	22	11	138	497	264
3033	528	337	108	31	48	10	321	1210	440
2755	393	642	68	16	31	25	394	849	337
2311	350	463	89	25	26	5	276	867	210
5086	552	758	139	44	83	155	383	2323	649
83821	**9186**	**9084**	**3294**	**2138**	**1781**	**95**	**20177**	**29298**	**8768**
11369	2734	571	396	267	253	18	4004	2311	815
5611	748	1287	207	55	66	2	634	2209	403
6961	786	1338	325	76	110	10	513	2872	931
8395	545	965	275	361	191	6	1759	3285	1008
5159	369	445	219	3	86	5	1398	1959	675
1827	154	199	69	15	19	2	420	786	163
916	61	141	35	14	5		127	413	120
923	62	153	43	9	34		128	401	93
8748	1047	553	380	83	169		2619	3081	816
16706	1375	1270	679	709	432	37	4495	5446	2263
9829	861	1554	364	297	214	14	1788	3928	809
2504	173	243	104	124	61	1	790	807	201
4873	271	365	198	125	141		1502	1800	471
34435	**6869**	**6223**	**878**	**373**	**703**	**110**	**5303**	**10344**	**3632**
12931	2927	1711	348	148	353	70	2340	3705	1329
5087	1122	972	89	42	61	14	605	1673	509
2562	387	459	83	31	94	6	599	658	245
6203	889	1436	123	100	69	9	824	2049	704
2330	181	549	53	14	29	3	280	849	372
1275	165	237	50	10	36	7	162	481	127
4047	1198	859	132	28	61	1	493	929	346
59745	**12612**	**10792**	**1700**	**423**	**464**	**138**	**7631**	**21020**	**4965**
13922	3690	760	355	170	134	18	3417	3935	1443
3819	924	811	121	10	26	2	314	1304	307
3389	797	648	111	9	23	4	376	1160	261
5845	908	1343	78	14	56	2	494	2340	610
5733	932	1180	147	51	34	52	338	2651	348
4312	995	1032	130	37	42	2	390	1286	398
4068	692	1056	114	23	23	17	329	1505	309
3714	1043	931	140	30	41	5	332	1047	145
4245	645	919	191	18	19	4	371	1736	342
4201	843	1019	65	12	15	1	365	1619	262
6497	1143	1093	248	49	51	31	905	2437	540
34837	**4103**	**7324**	**993**	**484**	**805**	**54**	**5320**	**12626**	**3128**
9967	1617	1132	388	275	542	33	2499	2712	769
1810	116	188	79	77	40		444	564	302
5680	593	1713	175	31	37	10	393	2446	282
5554	634	1255	124	50	54	11	793	2136	497
7175	611	1691	149	32	69		602	3152	869
4651	532	1345	78	19	63		589	1616	409

表5 续表 7

地　区	16岁及以上人口	各种职业人口总计	国家机关、党群组织、企业、事业单位负责人	专业技术人员	办事人员和有关人员	商业、服务业人员	农、林、牧、渔、水利业生产人员	生产、运输设备操作人员及有关人员	不便分类的其他从业人员
锡林郭勒盟	**79991**	**52902**	**1398**	**4394**	**3087**	**11303**	**22238**	**10353**	**129**
二连浩特市	5746	3714	73	285	253	1928	148	1026	1
锡林浩特市	17934	10949	489	1712	995	3180	1421	3065	87
阿巴嘎旗	3257	2188	20	154	152	284	1250	328	
苏尼特左旗	2517	1847	61	138	110	327	1026	185	
苏尼特右旗	5927	3744	191	273	204	849	1277	950	
东乌珠穆沁旗	7095	4497	147	344	205	997	2204	600	
西乌珠穆沁旗	6716	4605	82	269	266	713	2465	809	1
太仆寺旗	9573	6398	52	301	239	508	4631	658	9
镶黄旗	2224	1492	43	120	80	271	763	215	
正镶白旗	4138	2755	77	193	140	314	1571	429	31
正蓝旗	6568	4713	114	328	215	836	2542	678	
多伦县	8296	6000	49	277	228	1096	2940	1410	
阿拉善盟	**19096**	**13103**	**442**	**1616**	**1148**	**2723**	**2853**	**4315**	**6**
阿拉善左旗	14387	10027	252	1231	939	2099	2156	3344	6
阿拉善右旗	2208	1408	82	162	95	213	322	534	
额济纳旗	2501	1668	108	223	114	411	375	437	
辽宁省	**3713575**	**2345361**	**49582**	**209911**	**119165**	**446153**	**1038544**	**480189**	**1817**
沈阳市	**718072**	**424833**	**13441**	**57872**	**30924**	**118313**	**124176**	**79626**	**481**
和平区	58583	28216	1462	6686	3848	10578	337	5274	31
沈河区	75282	42986	1665	9161	4722	21147	223	5952	116
大东区	72117	35764	1815	6926	3989	13566	242	9103	123
皇姑区	84397	42167	1561	10011	5030	15493	147	9906	19
铁西区	91922	51374	2571	9551	4752	19738	1916	12773	73
苏家屯区	42335	26625	331	2006	1051	7203	9263	6708	63
东陵区	36268	20262	857	2104	1212	4630	6651	4766	42
沈北新区	39370	17361	275	1350	825	3268	7071	4564	8
于洪区	59845	38840	1980	5802	3030	11212	6535	10281	
辽中县	39962	29296	333	1159	526	3525	20223	3530	
康平县	26800	20514	123	747	515	1401	16347	1379	2
法库县	34840	25666	176	837	493	1717	20386	2057	
新民市	56351	45762	292	1532	931	4835	34835	3333	4
大连市	**580793**	**349869**	**11770**	**39831**	**19141**	**70511**	**119399**	**88781**	**436**
中山区	29458	14239	1005	3334	2428	5218	52	2199	3
西岗区	27158	14323	1042	2842	1795	5016	34	3594	
沙河口区	62586	30544	2645	8880	3389	10216	82	5292	40
甘井子区	112563	59826	3213	11838	4778	17304	1888	20755	50
旅顺口区	28879	14837	469	1385	825	3696	3074	5372	16
金州区	96906	59520	2086	5406	2935	13086	11904	23843	260
长海县	6638	3673	56	378	173	684	1956	425	1
瓦房店市	79259	54691	564	1957	1478	6122	32586	11965	19
普兰店市	65193	45127	313	1743	657	3777	31055	7551	31
庄河市	72153	53089	377	2068	683	5392	36768	7785	16
鞍山市	**307573**	**184141**	**2923**	**16994**	**10270**	**38201**	**67654**	**47646**	**453**
铁东区	47880	22772	618	6034	4207	5716	26	6169	2
铁西区	25304	11282	473	1408	835	3871	52	4641	2
立山区	39279	19345	193	2480	1445	6062	254	8896	15
千山区	23752	12694	249	418	437	3111	2821	5655	3
台安县	27335	20580	185	746	305	1820	16331	1192	1
岫岩满族自治县	39059	26169	302	1158	756	2855	16751	4347	
海城市	104964	71299	903	4750	2285	14766	31419	16746	430
抚顺市	**181496**	**101327**	**3410**	**9746**	**6675**	**21692**	**32771**	**27033**	
新抚区	21586	11658	1059	2113	1602	3450	199	3235	
东洲区	28145	12620	168	1001	793	4192	981	5485	
望花区	33112	13314	330	1600	901	3831	1050	5602	
顺城区	40104	21465	903	3374	2537	6051	1309	7291	
抚顺县	14027	10280	87	203	58	580	8226	1126	
新宾满族自治县	21061	14792	373	638	359	1507	10106	1809	
清原满族自治县	23461	17198	490	817	425	2081	10900	2485	
本溪市	**141061**	**80857**	**1835**	**7450**	**5850**	**16711**	**22599**	**26392**	**20**
平山区	30649	16419	334	2311	1514	4441	414	7397	8
溪湖区	19027	8631	177	466	501	2235	1216	4033	3
明山区	32239	17557	837	2636	2372	4431	1008	6271	2
南芬区	7013	3655	34	147	196	514	1153	1611	
本溪满族自治县	24394	14227	257	956	638	2696	5740	3936	4
桓仁满族自治县	27739	20368	196	934	629	2394	13068	3144	3

单位：人

各种未工作人口总计	在校学生	丧　失工作能力	毕业后未工作	因单位原因失去工作	因本人原因失去工作	承包土地被征用	离退休	料理家务	其　他
27089	**3830**	**3610**	**941**	**390**	**324**	**36**	**4208**	**10136**	**3614**
2032	406	106	83	9	19	2	176	1050	181
6985	868	470	210	130	131	8	1676	2527	965
1069	85	170	31	12	14		135	463	159
670	72	89	18	7	4		127	274	79
2183	218	339	65	37	12	2	415	778	317
2598	252	257	133	31	22		226	1124	553
2111	399	176	80	45	17	8	315	684	387
3175	329	818	67	54	22	4	388	1091	402
732	145	163	42	12	20	1	107	165	77
1383	198	231	35	10	15	1	135	540	218
1855	379	342	103	31	20	3	229	568	180
2296	479	449	74	12	28	7	279	872	96
5993	**726**	**620**	**196**	**130**	**196**	**137**	**1838**	**1783**	**367**
4360	503	485	153	97	149	68	1296	1357	252
800	93	87	28	11	23	69	273	171	45
833	130	48	15	22	24		269	255	70
1368214	**234952**	**155421**	**48637**	**44879**	**38258**	**6831**	**517059**	**269618**	**52559**
293239	**61595**	**19742**	**8770**	**12654**	**10367**	**2944**	**132743**	**37199**	**7225**
30367	6011	770	1166	2408	1780	280	15332	2225	395
32296	6736	732	534	780	475	44	20743	1433	819
36353	5998	899	1285	2794	2189	82	19987	2623	496
42230	7719	869	1384	3118	2129	124	23198	2956	733
40548	4883	1654	1160	1808	1415	571	24653	3503	901
15710	3487	1738	444	168	306	99	6215	3075	178
16006	5577	1286	531	287	608	814	2725	3593	585
22009	11368	1127	429	308	290	605	3550	3273	1059
21005	5303	1253	489	360	444	208	9805	2894	249
10666	1009	2516	475	216	356	66	1354	4042	632
6286	993	1813	266	144	101	3	1166	1553	247
9174	1062	2159	318	173	104	13	1369	3308	668
10589	1449	2926	289	90	170	35	2646	2721	263
230924	**45402**	**20864**	**7054**	**9071**	**9850**	**867**	**85275**	**42784**	**9757**
15219	1866	364	495	908	604	3	9248	1108	623
12835	1257	370	573	1015	1090	7	7734	767	22
32042	8254	617	827	1758	1819	15	16785	1413	554
52737	12142	1274	1725	2964	3703	93	23168	6493	1175
14042	4434	825	304	184	264	64	3785	2905	1277
37386	9015	2683	1266	1238	1477	602	9938	8210	2957
2965	211	451	25	26	85	1	395	1653	118
24568	3076	5157	798	557	340	33	7188	6731	688
20066	2480	3908	528	158	229	42	3826	7375	1520
19064	2667	5215	513	263	239	7	3208	6129	823
123432	**16978**	**12732**	**5236**	**4036**	**3543**	**665**	**49229**	**25948**	**5065**
25108	5378	530	955	1384	521	49	14407	1369	515
14022	1295	743	653	736	1293	14	7941	1219	128
19934	2039	858	676	910	750	105	12631	1650	315
11058	1492	927	429	301	228	396	3004	3355	926
6755	985	1971	425	74	114	40	1092	1695	359
12890	1733	2705	389	249	127	27	2104	5091	465
33665	4056	4998	1709	382	510	34	8050	11569	2357
80169	**10939**	**7574**	**3322**	**3066**	**1781**	**591**	**38368**	**11889**	**2639**
9928	1305	569	284	350	208	2	6749	447	14
15525	1396	1291	626	672	269	54	8712	1911	594
19798	4025	1041	1048	1217	652	427	8691	2123	574
18639	2272	1112	691	617	425	67	10685	1968	802
3747	407	866	169	51	62	8	563	1430	191
6269	734	1437	269	94	90	28	1219	2143	255
6263	800	1258	235	65	75	5	1749	1867	209
60204	**7401**	**4991**	**2681**	**1828**	**1304**	**249**	**25823**	**13392**	**2535**
14230	1736	595	619	534	372	4	8481	1554	335
10396	1649	747	503	402	215	151	4269	1958	502
14682	1567	728	544	538	443	45	8220	2168	429
3358	254	313	199	77	31	32	1225	985	242
10167	1091	1099	453	207	169	9	2127	4329	683
7371	1104	1509	363	70	74	8	1501	2398	344

表5 续表 8

地　区	16岁及以上人口	各种职业人口总计	国家机关、党群组织、企业、事业单位负责人	专业技术人员	办事人员和有关人员	商业、服务业人员	农、林、牧、渔、水利业生产人员	生产、运输设备操作人员及有关人员	不便分类的其他从业人员
丹东市	**205372**	**137355**	**2645**	**10434**	**5096**	**26290**	**61422**	**31447**	**21**
元宝区	18344	9981	399	1420	817	4250	387	2705	3
振兴区	38637	22339	523	3606	1812	7360	1570	7467	1
振安区	16116	9280	171	702	301	1816	3043	3247	
宽甸满族自治县	33754	24871	317	1029	607	2579	16618	3710	11
东港市	52607	38915	714	1880	780	5828	22471	7239	3
凤城市	45914	31969	521	1797	779	4457	17333	7079	3
锦州市	**264765**	**174591**	**2285**	**11069**	**5706**	**23209**	**107238**	**24980**	**104**
古塔区	24186	10781	390	2209	939	3916	77	3212	38
凌河区	34245	15173	624	3310	1585	5628	198	3768	60
太和区	33759	19403	356	1537	690	3431	8069	5315	5
黑山县	53528	40086	271	1414	752	3639	30748	3261	1
义县	33770	25815	87	713	530	1422	21217	1846	
凌海市	42231	29817	245	908	712	2644	20823	4485	
北镇市	43046	33516	312	978	498	2529	26106	3093	
营口市	**198235**	**132354**	**1708**	**7726**	**6497**	**26153**	**52392**	**37856**	**22**
站前区	24561	12828	484	1756	2022	4184	48	4334	
西市区	13355	6259	148	831	728	2014	59	2478	1
鲅鱼圈区	34644	22345	139	1729	1261	6479	4217	8520	
老边区	9909	6542	109	387	272	1313	1226	3225	10
盖州市	58935	44238	331	1183	769	5227	29448	7280	
大石桥市	56831	40142	497	1840	1445	6936	17394	12019	11
阜新市	**155445**	**100561**	**1166**	**5818**	**3935**	**12657**	**62133**	**14818**	**34**
海州区	22338	9422	277	1436	1375	2764	268	3300	2
新邱区	7104	2996	44	156	95	737	592	1341	31
太平区	14526	6049	38	536	447	2163	362	2503	
清河门区	5150	2341	43	128	82	464	532	1091	1
细河区	18369	8386	343	1543	985	2413	649	2453	
阜新蒙古族自治县	56676	46340	253	1290	472	2458	38974	2893	
彰武县	31282	25027	168	729	479	1658	20756	1237	
辽阳市	**153349**	**105401**	**1848**	**8857**	**3938**	**21522**	**44373**	**24813**	**50**
白塔区	19446	10918	498	2293	1123	4386	191	2388	39
文圣区	16111	9033	437	1661	969	3376	88	2502	
宏伟区	12471	7413	258	812	443	1705	704	3488	3
弓长岭区	7435	4158	96	404	195	1047	730	1679	7
太子河区	11355	7582	110	656	493	1942	1469	2912	
辽阳县	46437	36011	211	1581	432	4773	22879	6134	1
灯塔市	40094	30286	238	1450	283	4293	18312	5710	
盘锦市	**111531**	**69811**	**1768**	**7025**	**6367**	**14047**	**26949**	**13576**	**79**
双台子区	17163	9470	316	1424	957	3788	433	2539	13
兴隆台区	38444	22802	1079	3947	4464	5675	508	7086	43
大洼县	32267	20782	249	1140	736	3150	12933	2551	23
盘山县	23657	16757	124	514	210	1434	13075	1400	
铁岭市	**232099**	**166458**	**1068**	**9960**	**4856**	**23324**	**111943**	**15241**	**66**
银州区	31808	18477	351	3946	2138	7937	1186	2914	5
清河区	7715	4791	23	270	211	413	2806	1064	4
铁岭县	28469	22375	24	344	185	1236	18858	1728	
西丰县	24557	17608	186	546	334	1059	15007	423	53
昌图县	71691	59465	298	1552	569	4185	50657	2203	1
调兵山市	20465	10760	63	1359	597	2470	2362	3906	3
开原市	47394	32982	123	1943	822	6024	21067	3003	
朝阳市	**250659**	**176622**	**1823**	**9397**	**5709**	**18180**	**117443**	**24051**	**19**
双塔区	34151	20140	489	3309	2438	5988	2910	5004	2
龙城区	16403	10269	107	460	218	2201	4389	2894	
朝阳县	39344	29807	57	648	137	931	26153	1881	
建平县	42268	31799	460	1233	722	2374	22995	4015	
喀喇沁左翼蒙古族自治县	30227	23546	267	945	549	1918	17144	2723	
北票市	43075	29093	244	1353	590	2293	21055	3542	16
凌源市	45191	31968	199	1449	1055	2475	22797	3992	1
葫芦岛市	**213125**	**141181**	**1892**	**7732**	**4201**	**15343**	**88052**	**23929**	**32**
连山区	50586	31375	498	1962	1383	5494	14562	7474	2
龙港区	20124	11402	405	1971	1129	2652	517	4714	14
南票区	9451	4880	94	222	150	582	2444	1388	
绥中县	47307	35051	404	935	604	1970	29040	2098	
建昌县	40572	29324	263	1160	391	1775	22364	3371	
兴城市	45085	29149	228	1482	544	2870	19125	4884	16

单位：人

各种未工作人口总计	在校学生	丧失工作能力	毕业后未工作	因单位原因失去工作	因本人原因失去工作	承包土地被征用	离退休	料理家务	其他
68017	**11032**	**10423**	**1536**	**1786**	**1712**	**135**	**24901**	**14762**	**1730**
8363	1573	577	148	221	147	9	5084	510	94
16298	2911	945	306	950	561	39	9359	1045	182
6836	1059	833	234	220	400	38	2078	1834	140
8883	1201	1830	265	151	184	5	1721	3183	343
13692	2506	3537	220	27	233	8	2865	4041	255
13945	1782	2701	363	217	187	36	3794	4149	716
90174	**14387**	**13281**	**3783**	**3076**	**1557**	**244**	**28406**	**19592**	**5848**
13405	2633	458	485	828	257	2	6256	1377	1109
19072	2783	597	660	1019	323	6	9543	2212	1929
14356	3747	1369	513	367	297	162	3289	3827	785
13442	1636	3095	702	332	240	30	3883	3214	310
7955	983	2019	326	212	48	10	1333	2231	793
12414	1351	3012	630	162	241	6	2271	4117	624
9530	1254	2731	467	156	151	28	1831	2614	298
65881	**9649**	**8593**	**2383**	**1529**	**1428**	**188**	**22116**	**16932**	**3063**
11733	2230	451	375	598	308	5	6588	1040	138
7096	723	211	318	445	107	1	4042	588	661
12299	2296	1132	471	175	394	120	3300	3900	511
3367	453	515	139	61	79	7	817	1149	147
14697	1981	3348	475	101	231	40	3431	4427	663
16689	1966	2936	605	149	309	15	3938	5828	943
54884	**8907**	**7909**	**2357**	**1891**	**1750**	**104**	**20362**	**10194**	**1410**
12916	1712	736	615	297	1075	3	6437	1882	159
4108	324	342	302	174	110	12	1821	901	122
8477	911	447	468	608	198	11	4359	1160	315
2809	197	287	118	55	34	10	716	1015	377
9983	2882	431	388	518	209	55	4053	1410	37
10336	1986	3609	279	185	95	6	1646	2295	235
6255	895	2057	187	54	29	7	1330	1531	165
47948	**8349**	**7144**	**1357**	**940**	**880**	**119**	**18992**	**9275**	**892**
8528	1897	486	178	289	133	6	4887	608	44
7078	837	305	181	342	129	35	4584	453	212
5058	1032	375	136	69	79	5	2379	913	70
3277	270	314	124	56	55	2	1684	618	154
3773	878	419	79	29	79	24	1543	698	24
10426	1986	2985	285	39	86	28	2153	2710	154
9808	1449	2260	374	116	319	19	1762	3275	234
41720	**5558**	**2534**	**1979**	**800**	**580**	**105**	**16272**	**10077**	**3815**
7693	993	418	408	378	209	14	2724	1826	723
15642	2081	513	653	268	178	13	6058	4377	1501
11485	1543	496	598	97	126	72	4988	2257	1308
6900	941	1107	320	57	67	6	2502	1617	283
65641	**10033**	**11873**	**2237**	**787**	**869**	**177**	**21048**	**15641**	**2976**
13331	2302	597	210	162	149	9	7922	1385	595
2924	319	317	110	41	71	5	747	1045	269
6094	1286	2026	235	45	35	71	494	1692	210
6949	1015	1577	300	187	72	35	1079	1981	703
12226	2013	4272	306	139	143		3128	2047	178
9705	1211	615	480	71	230	14	3033	3464	587
14412	1887	2469	596	142	169	43	4645	4027	434
74037	**14309**	**15094**	**2582**	**1467**	**1233**	**141**	**14650**	**21501**	**3060**
14011	2848	996	514	584	192	61	5186	3146	484
6134	839	986	230	73	59	17	854	2571	505
9537	1748	2748	386	27	81	5	558	3260	724
10469	2554	2759	257	219	97	14	1621	2498	450
6681	1569	1885	150	76	73	17	1105	1597	209
13982	2053	2906	559	149	512	1	3414	3992	396
13223	2698	2814	486	339	219	26	1912	4437	292
71944	**10413**	**12667**	**3360**	**1948**	**1404**	**302**	**18874**	**20432**	**2544**
19211	1786	2285	1177	902	758	37	7853	3788	625
8722	1275	388	295	262	163	80	3972	1788	499
4571	239	569	216	110	115	10	1167	1988	157
12256	2019	3072	560	250	97	165	1799	3926	368
11248	2201	3221	398	214	119	2	1142	3501	450
15936	2893	3132	714	210	152	8	2941	5441	445

表5 续表 9

地区	16岁及以上人口	各种职业人口总计	国家机关、党群组织、企业、事业单位负责人	专业技术人员	办事人员和有关人员	商业、服务业人员	农、林、牧、渔、水利业生产人员	生产、运输设备操作人员及有关人员	不便分类的其他从业人员
吉林省	**2209254**	**1429001**	**18156**	**106288**	**55004**	**224870**	**847525**	**176009**	**1149**
长春市	**650180**	**414564**	**7093**	**38604**	**16946**	**66604**	**238263**	**46825**	**229**
南关区	76787	34547	1474	7848	4852	11084	3330	5927	32
宽城区	57129	33393	520	2871	1654	9746	11029	7553	20
朝阳区	68206	31978	1714	9198	3280	9897	2775	5046	68
二道区	51157	30111	865	3342	1396	8107	10016	6368	17
绿园区	72083	39766	956	8096	2705	12982	3507	11497	23
双阳区	32812	22302	66	814	684	1375	17620	1743	
农安县	82387	63964	275	1598	633	2900	56608	1897	53
九台市	52795	38198	276	1593	547	2893	31397	1477	15
榆树市	93451	72675	224	1784	594	4531	62627	2914	1
德惠市	63373	47630	723	1460	601	3089	39354	2403	
吉林市	**351810**	**224745**	**3805**	**16665**	**9201**	**37251**	**124203**	**33297**	**323**
昌邑区	57241	31241	932	3704	2237	8907	7385	8066	10
龙潭区	40103	21842	339	1984	781	4465	8761	5447	65
船营区	37891	19051	608	2811	1381	5246	5204	3795	6
丰满区	25443	13352	297	1721	1485	2668	3799	3382	
永吉县	31383	24083	130	1019	431	2774	17856	1768	105
蛟河市	37059	26530	495	1257	667	3054	18042	3015	
桦甸市	33283	22526	198	1079	487	2914	15395	2324	129
舒兰市	54024	40328	586	1838	1074	4597	29550	2683	
磐石市	35383	25792	220	1252	658	2626	18211	2817	8
四平市	**275710**	**193816**	**1050**	**9128**	**4546**	**19481**	**144783**	**14741**	**87**
铁西区	22960	12435	232	2557	1336	3835	2295	2167	13
铁东区	28530	14894	232	1366	589	3466	5206	4030	5
梨树县	61338	46879	171	1377	659	2638	39959	2021	54
伊通满族自治县	38067	29091	90	922	415	2210	24353	1099	2
公主岭市	91623	66520	123	1867	962	4656	55364	3546	2
双辽市	33192	23997	202	1039	585	2676	17606	1878	11
辽源市	**102311**	**64977**	**611**	**3347**	**2708**	**6724**	**42841**	**8719**	**27**
龙山区	24231	11626	408	1451	1543	2283	2531	3408	2
西安区	14315	5299	24	335	307	1188	1254	2175	16
东丰县	31343	24128	74	903	515	1660	19756	1214	6
东辽县	32422	23924	105	658	343	1593	19300	1922	3
通化市	**189692**	**121902**	**1225**	**8900**	**5381**	**22646**	**66321**	**17394**	**35**
东昌区	29371	15660	265	2333	2075	5348	1350	4286	3
二道江区	12357	5479	172	850	223	902	685	2645	2
通化县	19712	13432	137	728	515	2043	8151	1858	
辉南县	28416	19592	145	1367	640	2849	12595	1981	15
柳河县	30508	21406	113	779	447	2811	15494	1748	14
梅河口市	50520	32357	184	1999	1012	6889	18918	3354	1
集安市	18808	13976	209	844	469	1804	9128	1522	
白山市	**105590**	**56648**	**1215**	**6029**	**4270**	**13323**	**16791**	**14955**	**65**
浑江区	30185	15960	414	2437	1595	5581	1376	4511	46
江源区	20322	9157	161	905	395	2045	1596	4040	15
抚松县	25261	13962	314	1299	1081	2385	5937	2945	1
靖宇县	10971	7241	109	557	385	1209	3775	1204	2
长白朝鲜族自治县	5973	3763	76	312	332	735	1663	645	
临江市	12878	6565	141	519	482	1368	2444	1610	1
松原市	**208018**	**141818**	**746**	**7140**	**3552**	**14361**	**106575**	**9306**	**138**
宁江区	48576	25880	348	3325	1554	6356	9501	4779	17
前郭尔罗斯蒙古族自治县	41517	29071	54	1409	804	2494	22964	1343	3
长岭县	46389	33756	95	969	459	2280	28912	938	103
乾安县	20569	14001	144	609	334	984	11063	854	13
扶余县	50967	39110	105	828	401	2247	34135	1392	2
白城市	**152678**	**102139**	**741**	**6587**	**3068**	**13338**	**67120**	**11084**	**201**
洮北区	39469	23760	309	2587	1093	4603	11980	3169	19
镇赉县	20213	13942	88	848	445	1606	9653	1302	
通榆县	29305	21065	165	844	471	2166	15570	1773	76
洮南市	37231	25931	114	1118	600	2937	17976	3170	16
大安市	26460	17441	65	1190	459	2026	11941	1670	90
延边朝鲜族自治州	**173265**	**108392**	**1670**	**9888**	**5332**	**31142**	**40628**	**19688**	**44**
延吉市	45982	29328	585	4289	1926	13809	2620	6095	4
图们市	9764	5795	31	409	280	2506	984	1584	1
敦化市	36502	24383	212	1629	991	3992	13239	4320	

单位：人

各种未工作人口总计	在校学生	丧失工作能力	毕业后未工作	因单位原因失去工作	因本人原因失去工作	承包土地被征用	离退休	料理家务	其他
780253	**149984**	**103079**	**25898**	**23709**	**15947**	**3033**	**205410**	**188691**	**64502**
235616	**65313**	**25702**	**7253**	**7338**	**5394**	**1903**	**61394**	**46137**	**15182**
42240	16654	1601	1254	1937	1016	916	12441	4762	1659
23736	3831	1943	929	965	979	206	6994	6049	1840
36228	15125	890	875	1059	675	205	12508	3157	1734
21046	5198	1753	704	679	583	169	6601	4064	1295
32317	7036	1289	955	1071	1030	267	13914	5242	1513
10510	2851	1943	397	127	201	47	874	2870	1200
18423	5041	4393	517	217	139	12	1449	5095	1560
14597	2038	2809	487	471	231	17	2475	4176	1893
20776	4446	5689	563	417	305	46	2203	5916	1191
15743	3093	3392	572	395	235	18	1935	4806	1297
127065	**23876**	**15380**	**3613**	**4097**	**2827**	**416**	**42794**	**25534**	**8528**
26000	4669	1913	810	1138	883	153	12008	3370	1056
18261	3747	1584	590	810	275	47	7058	2610	1540
18840	3812	1301	630	895	617	12	7595	2448	1530
12091	3673	807	366	420	198	132	3738	1749	1008
7300	1295	1846	177	102	79	16	1265	2045	475
10529	1403	1866	217	143	140	17	2783	3032	928
10757	1621	1765	331	284	276	24	2133	3540	783
13696	2108	2575	248	174	204	15	4015	4015	342
9591	1548	1723	244	131	155		2199	2725	866
81894	**15392**	**12278**	**2911**	**2690**	**1245**	**64**	**18928**	**19543**	**8843**
10525	3377	421	321	387	171	11	4143	1297	397
13636	1838	1020	564	876	209	8	4817	2552	1752
14459	1802	2932	499	347	104	9	2373	3962	2431
8976	1588	1867	266	203	101	17	859	2657	1418
25103	5478	4167	984	659	543	9	4450	6691	2122
9195	1309	1871	277	218	117	10	2286	2384	723
37334	**4883**	**5035**	**1848**	**1694**	**1446**	**39**	**9374**	**10407**	**2608**
12605	1192	759	701	870	972	28	4489	2991	603
9016	1135	614	578	627	312	1	2755	2328	666
7215	1187	1754	155	89	61		1205	2055	709
8498	1369	1908	414	108	101	10	925	3033	630
67790	**9180**	**8888**	**2764**	**1719**	**1196**	**179**	**18633**	**19266**	**5965**
13711	2169	701	546	630	196	40	5924	2207	1298
6878	646	452	293	248	150	26	2494	2014	555
6280	826	948	290	84	77	62	994	2422	577
8824	1048	1454	399	218	199	4	1964	2833	705
9102	1334	1547	341	174	125	8	1394	3238	941
18163	2407	2687	751	276	393	18	4540	5304	1787
4832	750	1099	144	89	56	21	1323	1248	102
48942	**4980**	**5731**	**1846**	**1850**	**1122**	**99**	**14120**	**15129**	**4065**
14225	1735	1361	567	431	266	61	5091	3559	1154
11165	964	1259	393	364	270	14	3117	3679	1105
11299	1123	1324	434	647	253	18	2708	4129	663
3730	390	749	160	86	84	2	649	1254	356
2210	241	294	56	77	18	1	554	793	176
6313	527	744	236	245	231	3	2001	1715	611
66200	**9724**	**10549**	**2228**	**1075**	**776**	**135**	**7877**	**24390**	**9446**
22696	3328	1791	752	372	365	66	4346	7214	4462
12446	1659	2453	337	180	127	44	1222	4478	1946
12633	2060	2162	489	236	73	8	942	5411	1252
6568	941	995	283	224	70	5	735	2499	816
11857	1736	3148	367	63	141	12	632	4788	970
50539	**6022**	**9382**	**1382**	**1736**	**591**	**51**	**10518**	**15768**	**5089**
15709	2153	2003	456	908	296	24	4645	3840	1384
6271	672	1297	192	118	41	5	1078	2401	467
8240	1011	1756	194	199	49	16	1113	2610	1292
11300	1280	2756	313	257	139	3	2188	3553	811
9019	906	1570	227	254	66	3	1494	3364	1135
64873	**10614**	**10134**	**2053**	**1510**	**1350**	**147**	**21772**	**12517**	**4776**
16654	4960	2149	127	80	204	57	7664	1176	237
3969	598	520	90	67	52	3	2065	490	84
12119	1659	1926	441	306	296	14	4085	3189	203

表5 续表 10

地区	16岁及以上人口	各种职业人口总计	国家机关、党群组织、企业、事业单位负责人	专业技术人员	办事人员和有关人员	商业、服务业人员	农、林、牧、渔、水利业生产人员	生产、运输设备操作人员及有关人员	不便分类的其他从业人员
珲春市	17303	9493	393	864	372	2706	2862	2289	7
龙井市	11730	6154	83	413	269	1716	2636	1010	27
和龙市	14626	9009	108	602	375	1626	4655	1642	1
汪清县	20113	12317	145	897	539	2231	7266	1238	1
安图县	17245	11913	113	785	580	2556	6366	1510	3
黑龙江省	**3000940**	**1868107**	**30612**	**141281**	**71073**	**306523**	**1026018**	**290848**	**1752**
哈尔滨市	**841104**	**508457**	**10701**	**49314**	**21686**	**97620**	**257224**	**71511**	**401**
道里区	75568	37117	3012	6371	3605	11723	4942	7457	7
南岗区	103746	47724	2580	13753	5461	16304	1881	7736	9
道外区	69189	37706	489	4920	2160	16182	5751	8167	37
平房区	14704	7739	177	1183	654	1488	622	3614	1
松北区	20661	10396	216	733	273	1690	5824	1625	35
香坊区	79168	38724	2029	7796	3187	11449	2416	11830	17
呼兰区	65420	38443	215	1833	568	7454	21931	6305	137
阿城区	48572	29958	171	2297	812	5158	16863	4634	23
依兰县	32785	21498	170	1072	775	2664	14141	2675	1
方正县	14399	8927	139	517	377	1129	5927	726	112
宾县	38095	28884	105	931	290	2323	22800	2435	
巴彦县	44078	34885	296	1063	591	2553	28210	2172	
木兰县	23381	19070	78	532	214	1562	15917	767	
通河县	17251	11577	124	695	514	1860	7167	1216	1
延寿县	16381	12168	52	396	231	851	9851	783	4
双城市	66317	43434	357	1641	692	4288	32438	4011	7
尚志市	41726	28257	245	1709	628	2729	20239	2705	2
五常市	69663	51950	246	1872	654	6213	40304	2653	8
齐齐哈尔市	**398607**	**261102**	**2229**	**15538**	**6521**	**33310**	**174190**	**29141**	**173**
龙沙区	27531	13262	356	2715	1371	4489	1025	3254	52
建华区	22710	9525	183	2411	1044	3210	564	2110	3
铁锋区	27332	12925	208	2147	738	4380	1039	4365	48
昂昂溪区	6288	3267	31	192	48	674	1543	777	2
富拉尔基区	20352	9773	176	1257	299	1875	1945	4217	4
碾子山区	5550	2603	18	229	167	449	937	803	
梅里斯达斡尔族区	11894	9213	106	254	87	481	7887	398	
龙江县	49426	35848	186	1090	357	3869	27581	2765	
依安县	42031	31153	124	696	198	2508	26144	1454	29
泰来县	22741	16024	129	556	346	1398	12528	1060	7
甘南县	26567	18757	85	930	192	1522	15038	989	1
富裕县	19374	13569	100	491	257	1543	10033	1133	12
克山县	26265	18943	165	622	427	1556	14744	1424	5
克东县	15364	10904	41	450	302	715	8424	972	
拜泉县	36629	27971	83	540	340	2027	23230	1742	9
讷河市	38553	27365	238	958	348	2614	21528	1678	1
鸡西市	**138478**	**82431**	**1644**	**6228**	**3191**	**15241**	**38346**	**17589**	**192**
鸡冠区	28242	14901	778	2492	1301	5109	764	4403	54
恒山区	10715	4689	55	235	84	1025	1228	2014	48
滴道区	7167	3155	19	199	53	692	1089	1098	5
梨树区	5642	2394	34	189	78	437	705	951	
城子河区	9812	4831	38	334	133	1235	641	2377	73
麻山区	2078	1351	10	71	24	234	706	306	
鸡东县	19434	12630	140	588	412	1272	7936	2275	7
虎林市	24755	16482	210	1080	545	2475	9949	2222	1
密山市	30633	21998	360	1040	561	2762	15328	1943	4
鹤岗市	**87474**	**44566**	**839**	**5312**	**1759**	**9216**	**13111**	**14300**	**29**
向阳区	9336	4242	138	1042	218	1169	32	1641	2
工农区	12026	6899	236	1965	486	2174	118	1918	2
南山区	10715	4910	11	345	123	1242	28	3161	
兴安区	6376	2740	35	128	89	605	59	1824	
东山区	15188	6802	67	385	188	1156	2206	2797	3
兴山区	3406	1271	16	116	24	285	12	803	15
萝北县	17610	10093	282	861	413	1645	5209	1680	3
绥滨县	12817	7609	54	470	218	940	5447	476	4
双鸭山市	**108701**	**61646**	**1701**	**4751**	**3122**	**9802**	**29228**	**12809**	**233**
尖山区	18037	9373	1034	1562	990	2461	487	2832	7
岭东区	4289	1626	23	93	68	324	402	709	7
四方台区	4626	2078	31	65	41	313	517	1085	26

单位：人

各种未工作人口总计	在校学生	丧失工作能力	毕业后未工作	因单位原因失去工作	因本人原因失去工作	承包土地被征用	离退休	料理家务	其他
7810	657	959	371	222	192	20	1526	2491	1372
5576	474	908	250	332	84	26	1704	824	974
5617	526	1113	258	126	165	4	1658	1124	643
7796	895	1377	354	214	254	15	1765	1994	928
5332	845	1182	162	163	103	8	1305	1229	335
1132833	**189667**	**130958**	**38612**	**27066**	**25957**	**1403**	**330000**	**299050**	**90120**
332647	**74975**	**31193**	**11074**	**7947**	**8423**	**632**	**102215**	**69833**	**26355**
38451	4807	1801	1608	1571	1206	27	17519	5096	4816
56022	20365	1456	1591	1861	2133	324	21721	5069	1502
31483	3838	1799	1434	1053	1540	4	15311	4800	1704
6965	749	226	300	260	195	40	3960	797	438
10265	5594	792	189	44	112	52	1153	1740	589
40444	10705	1370	1455	1435	1288	38	16167	5874	2112
26977	12754	2831	455	141	283	15	2972	5572	1954
18614	2272	2200	597	530	359	16	4863	5498	2279
11287	1167	1899	312	54	110	15	1943	4547	1240
5472	476	720	167	46	82	13	1046	2201	721
9211	1559	2113	261	140	59	17	991	3287	784
9193	1743	2314	267	78	273	2	1421	2708	387
4311	736	1111	101	31	45	4	904	1052	327
5674	616	770	174	97	79	10	1542	2034	352
4213	526	620	220	39	37	1	594	1742	434
22883	2760	3538	1050	228	269	14	2895	8041	4088
13469	1951	2010	459	157	171	11	3159	4643	908
17713	2357	3623	434	182	182	29	4054	5132	1720
137505	**20979**	**21006**	**4892**	**4087**	**2414**	**73**	**39154**	**33843**	**11057**
14269	2782	549	606	936	496	4	6982	1344	570
13185	3850	437	455	723	193	4	4911	1428	1184
14407	2146	489	785	560	273	9	7241	1525	1379
3021	227	223	119	79	46	4	996	964	363
10579	1186	393	657	753	170	2	5278	1402	738
2947	203	231	204	81	164	1	1391	484	188
2681	299	646	67	23	27	1	430	932	256
13578	1856	3122	258	163	163	15	1831	4597	1573
10878	1797	2904	242	101	87	10	1744	2927	1066
6717	856	1484	183	50	82	2	908	2615	537
7810	933	1190	276	92	147	5	1652	2509	1006
5805	856	1155	139	69	81	2	1339	1676	488
7322	941	1587	216	176	120	1	1215	2535	531
4460	529	996	169	132	60	5	718	1599	252
8658	1362	2256	260	43	88	5	888	3161	595
11188	1156	3344	256	106	217	3	1630	4145	331
56047	**7140**	**5590**	**1739**	**1242**	**975**	**61**	**20247**	**14696**	**4357**
13341	2819	611	444	613	262	27	5613	2024	928
6026	483	427	252	68	170	3	2062	1959	602
4012	251	320	105	49	84	3	1469	1279	452
3248	242	302	133	62	57		1023	1166	263
4981	543	380	193	45	79	5	1941	1597	198
727	59	117	17	6	14	1	236	231	46
6804	649	1149	162	177	118	3	1607	2292	647
8273	964	727	190	64	96	9	3529	2271	423
8635	1130	1557	243	158	95	10	2767	1877	798
42908	**4591**	**2562**	**1564**	**814**	**946**	**28**	**13132**	**13453**	**5818**
5094	533	110	336	177	77	2	2136	1269	454
5127	903	97	187	137	125	1	2260	933	484
5805	655	278	265	105	115		1368	2309	710
3636	346	192	152	80	180	2	855	1649	180
8386	821	575	264	122	123	9	2044	2718	1710
2135	166	183	62	44	34		576	793	277
7517	797	647	209	97	149	7	2711	2045	855
5208	370	480	89	52	143	7	1182	1737	1148
47055	**4645**	**4617**	**1764**	**786**	**1164**	**74**	**14837**	**15759**	**3409**
8664	1182	449	342	220	260	7	3860	1709	635
2663	181	269	149	45	66	5	778	926	244
2548	132	274	107	34	59	3	635	1159	145

表5 续表 11

地 区	16岁及以上人口	各种职业人口总计	国家机关、党群组织、企业、事业单位负责人	专业技术人员	办事人员和有关人员	商业、服务业人员	农、林、牧、渔、水利业生产人员	生产、运输设备操作人员及有关人员	不便分类的其他从业人员
宝山区	9521	3472	52	493	180	522	461	1764	
集贤县	21941	14871	102	669	577	2263	8834	2426	
友谊县	8314	4565	124	464	247	781	2208	741	
宝清县	29605	17741	271	891	662	2011	11517	2388	1
饶河县	12368	7920	64	514	357	1127	4802	864	192
大庆市	**236169**	**154270**	**3589**	**14442**	**8485**	**26329**	**65627**	**35695**	**103**
萨尔图区	26947	16083	621	2110	1863	5600	158	5722	9
龙凤区	29515	16107	525	3018	1623	4087	632	6142	80
让胡路区	45792	28151	1351	5020	2584	6475	1351	11363	7
红岗区	14621	9373	242	947	441	2206	1571	3961	5
大同区	18563	12640	122	833	536	1293	8154	1701	1
肇州县	32025	22070	111	804	313	2163	16119	2560	
肇源县	30867	21770	212	711	520	1956	16190	2181	
林甸县	18229	13871	194	430	253	1085	10792	1117	
杜尔伯特蒙古族自治县	19610	14205	211	569	352	1464	10660	948	1
伊春市	**91003**	**44983**	**1301**	**3666**	**3706**	**9260**	**13278**	**13726**	**46**
伊春区	11539	5439	404	794	907	1722	205	1407	
南岔区	10380	4722	73	407	371	1002	1108	1760	1
友好区	4689	2065	53	161	141	486	339	885	
西林区	4944	2511	74	155	193	382	417	1284	6
翠峦区	3518	1812	76	114	98	509	268	747	
新青区	3609	1784	30	98	141	458	296	736	25
美溪区	3485	1752	4	193	183	21	292	1059	
金山屯区	3274	1564	17	146	121	494	419	367	
五营区	3065	1407	43	181	199	341	176	467	
乌马河区	2695	1330	15	93	94	273	250	601	4
汤旺河区	2584	1154	35	68	102	270	196	483	
带岭区	2791	1198	49	125	89	329	259	347	
乌伊岭区	1739	706	56	54	120	139	212	123	2
红星区	1735	650	30	60	69	122	160	209	
上甘岭区	1724	784	41	65	115	172	177	214	
嘉荫县	5331	3543	58	229	159	473	2333	285	6
铁力市	23901	12562	243	723	604	2067	6171	2752	2
佳木斯市	**211749**	**127639**	**1703**	**8825**	**4401**	**21755**	**75640**	**15211**	**104**
向阳区	20137	9647	369	1826	768	4093	240	2339	12
前进区	13962	6360	141	1491	636	2486	67	1483	56
东风区	13826	7151	36	525	189	2302	1431	2666	2
郊区	25490	16595	239	584	307	2940	10597	1910	18
桦南县	38756	24016	93	967	508	2651	18279	1518	
桦川县	16758	10777	233	675	316	812	7962	779	
汤原县	21409	14139	250	744	566	1633	9403	1541	2
抚远县	9905	6204	85	340	286	981	4197	315	
同江市	14957	9633	131	493	432	1273	6329	975	
富锦市	36549	23117	126	1180	393	2584	17135	1685	14
七台河市	**68381**	**37907**	**939**	**3688**	**1524**	**7233**	**12763**	**11754**	**6**
新兴区	18670	9091	53	509	228	1911	1979	4409	2
桃山区	17504	9632	581	2255	891	2799	101	3003	2
茄子河区	10398	5418	107	288	91	842	1388	2702	
勃利县	21809	13766	198	636	314	1681	9295	1640	2
牡丹江市	**224551**	**138656**	**2292**	**9985**	**5476**	**29183**	**66504**	**25099**	**117**
东安区	16460	8702	129	1335	870	3508	1049	1809	2
阳明区	19644	11337	208	724	314	1551	5630	2904	6
爱民区	21383	8616	185	1387	450	3191	585	2794	24
西安区	19545	9708	361	1529	674	3518	1635	1928	63
东宁县	16977	11166	476	752	421	1681	5595	2241	
林口县	31027	21866	154	820	488	2940	15351	2112	1
绥芬河市	10893	7497	311	504	498	3468	329	2386	1
海林市	28624	17271	295	977	700	2618	9166	3512	3
宁安市	37058	28089	99	1240	626	4503	18605	2999	17
穆棱市	22940	14404	74	717	435	2205	8559	2414	
黑河市	**112666**	**70231**	**1175**	**4672**	**3341**	**9742**	**42704**	**8581**	**16**
爱辉区	16983	9769	69	1120	1066	2581	2953	1980	
嫩江县	33001	22216	226	1234	736	3074	14725	2220	1
逊克县	7498	4942	91	231	191	396	3681	352	
孙吴县	6955	4614	75	323	166	572	2939	539	

单位：人

各种未工作人口总计	在校学生	丧失工作能力	毕业后未工作	因单位原因失去工作	因本人原因失去工作	承包土地被征用	离退休	料理家务	其他
6049	471	433	271	58	125	18	1523	2377	773
7070	665	1224	207	70	322	2	1753	2682	145
3749	338	192	138	103	48	4	1988	756	182
11864	1164	1285	432	214	212	26	3138	4314	1079
4448	512	491	118	42	72	9	1162	1836	206
81899	**15195**	**8641**	**2866**	**1412**	**1963**	**47**	**22479**	**23421**	**5875**
10864	2159	311	397	228	176	6	4306	2270	1011
13408	4181	607	419	283	415	4	3900	2802	797
17641	2973	605	595	196	394	3	7370	4023	1482
5248	943	397	205	29	312	2	2432	773	155
5923	828	1019	270	32	70	4	903	2368	429
9955	1368	1700	353	324	109	8	1058	4323	712
9097	1393	2020	324	94	332	9	937	3424	564
4358	548	916	154	147	55	1	611	1609	317
5405	802	1066	149	79	100	10	962	1829	408
46020	**5364**	**3505**	**1864**	**1107**	**1338**	**15**	**20329**	**10517**	**1981**
6100	1167	371	262	258	299	5	2442	1080	216
5658	636	356	276	103	134	3	2536	1559	55
2624	344	201	82	54	63		1191	528	161
2433	377	109	45	18	24	1	1224	604	31
1706	206	164	83	38	100	1	849	240	25
1825	198	99	54	30	51	1	969	307	116
1733	236	44	14	3			1172	250	14
1710	213	105	99	16	20		770	409	78
1658	82	125	103	68	36		823	339	82
1365	106	104	52	29	15		654	325	80
1430	116	98	66	16	8		645	307	174
1593	180	103	98	31	40		831	289	21
1033	96	103	51	39	43		372	192	137
1085	27	63	62	42	43		600	193	55
940	65	70	51	73	37		506	132	6
1788	133	310	49	54	40		480	605	117
11339	1182	1080	417	235	385	4	4265	3158	613
84110	**12138**	**9003**	**3124**	**2486**	**1873**	**123**	**22216**	**24703**	**8444**
10490	2962	302	227	478	252	2	4435	1070	762
7602	1111	213	307	693	226		3661	845	546
6675	833	390	365	479	275	7	2257	1422	647
8895	1252	1198	389	138	262	41	2462	2362	791
14740	1499	1830	678	103	168	22	2138	5641	2661
5981	1172	1066	137	79	57	1	969	2072	428
7270	720	1308	267	215	257	12	1845	2412	234
3701	349	304	199	18	56	1	481	2013	280
5324	601	737	226	64	130	15	949	2192	410
13432	1639	1655	329	219	190	22	3019	4674	1685
30474	**3120**	**3378**	**1408**	**548**	**1021**	**37**	**5326**	**13451**	**2185**
9579	886	876	579	143	301	11	1725	4328	730
7872	1276	591	362	183	338	4	2026	2787	305
4980	441	537	163	24	153	19	326	2799	518
8043	517	1374	304	198	229	3	1249	3537	632
85895	**13125**	**8885**	**2911**	**3071**	**2167**	**157**	**28424**	**20500**	**6655**
7758	878	376	395	538	240	29	3927	866	509
8307	798	877	404	530	307	12	2812	2025	542
12767	4241	366	368	618	289	7	4190	1851	837
9837	1135	440	453	616	352	26	4333	1599	883
5811	619	750	169	143	134	6	1501	2082	407
9161	1200	1670	279	79	96	14	1770	3268	785
3396	557	166	101	61	87	2	592	1539	291
11353	1260	1380	340	247	380	13	4176	2802	755
8969	1478	1502	194	99	147	11	2885	2128	525
8536	959	1358	208	140	135	37	2238	2340	1121
42435	**4673**	**4945**	**1536**	**1202**	**1049**	**51**	**12110**	**13531**	**3338**
7214	1357	577	252	267	206	9	1992	1939	615
10785	950	1377	353	212	282	16	3180	3617	798
2556	228	371	106	37	64	5	492	919	334
2341	242	395	90	47	58	2	467	938	102

表5 续表 12

地 区	16岁及以上人口	各种职业人口总计	国家机关、党群组织、企业、事业单位负责人	专业技术人员	办事人员和有关人员	商业、服务业人员	农、林、牧、渔、水利业生产人员	生产、运输设备操作人员及有关人员	不便分类的其他从业人员
北安市	26073	14660	375	1029	574	1670	8751	2247	14
五大连池市	22156	14030	339	735	608	1449	9655	1243	1
绥化市	**442579**	**314761**	**1902**	**12619**	**5550**	**32897**	**233042**	**28561**	**190**
北林区	73955	48430	398	3351	1124	7184	32380	3952	41
望奎县	40347	27647	146	694	247	926	23671	1956	7
兰西县	30390	22232	190	671	278	1904	16380	2809	
青冈县	39657	29157	292	941	414	2232	24319	849	110
庆安县	30818	23730	61	835	407	2251	18270	1906	
明水县	26300	18875	60	653	535	2366	12905	2355	1
绥棱县	25417	19313	143	653	542	1929	13851	2195	
安达市	33164	22955	127	1035	423	3276	14918	3174	2
肇东市	77038	55791	155	2434	1054	5710	41434	5001	3
海伦市	65493	46631	330	1352	526	5119	34914	4364	26
大兴安岭地区	**39478**	**21458**	**597**	**2241**	**2311**	**4935**	**4361**	**6871**	**142**
加格达奇	11771	6252	162	732	803	1771	1014	1770	
松岭区	2499	1331	41	110	208	274	94	603	1
新林区	3970	2400	66	183	198	485	440	1027	1
呼中区	3408	1697	28	153	261	363	273	481	138
呼玛县	3963	2252	56	185	175	331	1123	380	2
塔河县	7215	3865	155	458	306	970	684	1292	
漠河县	6652	3661	89	420	360	741	733	1318	
上海市	**2040875**	**1251461**	**65970**	**188155**	**168631**	**357374**	**37847**	**432735**	**749**
市辖区	**1978095**	**1213396**	**65048**	**185123**	**166422**	**351813**	**24297**	**419954**	**739**
黄浦区	38407	20201	1167	3040	3385	10054	15	2522	18
卢湾区	22642	10838	919	2140	2083	4552	8	1131	5
徐汇区	97338	51127	4712	13374	9657	16688	53	6579	64
长宁区	61439	32372	4100	8165	5536	11279	58	3224	10
静安区	22190	11227	436	2525	3085	4207	3	970	1
普陀区	117811	64421	7045	13302	10419	22888	188	10544	35
闸北区	76133	38714	2043	7420	7814	14899	43	6463	32
虹口区	77657	39306	2748	9433	7137	14729	43	5204	12
杨浦区	120569	56512	4543	13573	10573	17363	97	10327	36
闵行区	213045	140431	3528	21290	23063	43496	1308	47744	2
宝山区	169959	102921	3626	15300	13713	32096	940	37246	
嘉定区	131798	94106	4463	8087	8935	21901	2263	48060	397
浦东新区	442465	277718	18338	46148	32831	76753	8136	95508	4
金山区	64461	42054	1439	4101	3444	9555	2089	21404	22
松江区	137794	99519	1613	8540	11692	23429	1368	52868	9
青浦区	90300	66467	2068	4405	7425	14176	3483	34870	40
奉贤区	94087	65462	2260	4280	5630	13748	4202	35290	52
县	**62780**	**38065**	**922**	**3032**	**2209**	**5561**	**13550**	**12781**	**10**
崇明县	62780	38065	922	3032	2209	5561	13550	12781	10
江苏省	**6482159**	**4486706**	**120713**	**358827**	**224317**	**983626**	**1023809**	**1771788**	**3626**
南京市	**658630**	**393167**	**17810**	**57784**	**37049**	**110203**	**44791**	**125161**	**369**
玄武区	48075	24618	2070	6507	3707	7802	126	4404	2
白下区	43588	25074	842	6281	5222	8904	56	3760	9
秦淮区	30169	17484	1277	3165	2297	6941	80	3710	14
建邺区	34390	21099	1790	4159	2662	6947	720	4815	6
鼓楼区	59505	33001	2391	10030	6324	9906	32	4316	2
下关区	38076	23105	594	2781	3041	9840	18	6829	2
浦口区	62089	39899	1635	4368	1956	11193	7169	13523	55
栖霞区	56741	28521	1257	3421	2576	7774	2303	11176	14
雨花台区	33063	19843	875	3640	2065	6255	222	6732	54
江宁区	104944	60900	2676	6893	3449	16000	6724	25088	70
六合区	78099	51045	1285	3822	2371	9184	12011	22335	37
溧水县	34275	23855	599	1443	766	6240	5519	9211	77
高淳县	35616	24723	519	1274	613	3217	9811	9262	27
无锡市	**559316**	**375203**	**14832**	**41286**	**27186**	**82920**	**19141**	**189727**	**111**
崇安区	20470	12537	620	2144	1452	5022	34	3233	32
南长区	33135	18455	688	3589	2582	6180	49	5367	
北塘区	29418	16861	813	2320	2277	5634	33	5783	1
锡山区	61061	45020	1832	3804	2543	8530	1293	27018	
惠山区	60409	42032	1416	4460	1985	8415	1743	23953	60
滨湖区	108127	67648	1515	9155	6019	15178	935	34828	18
江阴市	139669	99683	4859	9007	6162	20188	3640	55827	
宜兴市	107027	72967	3089	6807	4166	13773	11414	33718	

单位：人

各种未工作人口总计	在校学生	丧失工作能力	毕业后未工作	因单位原因失去工作	因本人原因失去工作	承包土地被征用	离退休	料理家务	其他
11413	1211	1175	463	548	351	16	3696	3245	708
8126	685	1050	272	91	88	3	2283	2873	781
127818	**21491**	**26184**	**3180**	**1781**	**2070**	**102**	**22455**	**40703**	**9852**
25525	3935	4131	758	569	568	56	4495	7961	3052
12700	1592	2881	254	68	290	3	1551	4230	1831
8158	1397	1943	217	112	92	9	818	3101	469
10500	2577	2667	231	113	157	2	1246	3308	199
7088	1327	1766	105	74	83	5	1120	1896	712
7425	1318	1598	214	126	95	6	1151	2680	237
6104	953	1538	110	58	34	2	1741	1362	306
10209	1272	1779	357	96	143		2144	3536	882
21247	4119	4015	553	407	338	4	4886	6211	714
18862	3001	3866	381	158	270	15	3303	6418	1450
18020	**2231**	**1449**	**690**	**583**	**554**	**3**	**7076**	**4640**	**794**
5519	928	498	233	217	216	1	1901	1320	205
1168	100	132	34	83	40		507	219	53
1570	245	102	28	9	19		995	143	29
1711	195	117	44	52	18		906	335	44
1711	154	190	55	64	36	2	300	699	211
3350	365	235	110	143	106		1279	969	143
2991	244	175	186	15	119		1188	955	109
789414	**97956**	**20939**	**14017**	**34919**	**46941**	**3641**	**427810**	**108459**	**34732**
764699	**95254**	**15755**	**13563**	**34243**	**46380**	**3088**	**420433**	**102043**	**33940**
18206	1816	294	318	1349	1432	5	11534	1244	214
11804	1276	115	189	659	698	5	7895	629	338
46211	6773	406	753	2239	2766	35	30007	2682	550
29067	3486	282	433	1089	2585	16	19213	1678	285
10963	1066	116	176	588	561	1	7610	542	303
53390	5455	576	826	2564	2634	23	35553	3703	2056
37419	3996	371	694	1645	3130	10	24094	2305	1174
38351	3993	433	670	2398	1894	14	25851	2222	876
64057	10975	595	969	4252	2714	26	39207	2996	2323
72614	8951	637	1270	2307	4840	362	40096	10889	3262
67038	7176	882	1395	2668	3352	60	36461	11090	3954
37692	4337	715	703	1515	2196	119	20172	6522	1413
164747	18868	3289	2932	7985	11481	1613	86572	25475	6532
22407	3024	1763	404	578	978	215	8029	5725	1691
38275	6657	1221	757	1214	2485	286	13742	8783	3130
23833	2595	2964	514	651	1343	206	5284	9196	1080
28625	4810	1096	560	542	1291	92	9113	6362	4759
24715	**2702**	**5184**	**454**	**676**	**561**	**553**	**7377**	**6416**	**792**
24715	2702	5184	454	676	561	553	7377	6416	792
1995453	**452083**	**299794**	**43957**	**37335**	**50938**	**10267**	**496880**	**496583**	**107616**
265463	**91415**	**20051**	**4294**	**6524**	**9481**	**1907**	**85333**	**36959**	**9499**
23457	9838	342	297	531	631	90	9813	1205	710
18514	3971	346	270	632	495	20	11416	871	493
12685	1364	308	338	787	697	83	7172	1425	511
13291	2417	440	342	742	993	205	5972	1647	533
26504	8588	277	403	1018	1495	47	13256	1003	417
14971	2805	347	341	478	1055	7	8004	984	950
22190	12133	2903	145	67	181	88	5125	1435	113
28220	14064	1385	415	551	792	296	5946	3400	1371
13220	3611	711	298	475	658	182	4498	2315	472
44044	23412	4641	508	442	1409	419	5007	7174	1032
27054	5629	4155	568	627	810	323	6520	6987	1435
10420	2021	2009	171	75	108	42	1413	3784	797
10893	1562	2187	198	99	157	105	1191	4729	665
184113	**29854**	**16709**	**4178**	**4867**	**8081**	**1023**	**59000**	**51442**	**8959**
7933	1020	101	161	399	323	7	5055	740	127
14680	1362	157	325	1007	766	5	9590	885	583
12557	1261	147	316	679	1051	3	7354	1211	535
16041	2074	2584	322	196	757	112	2855	6217	924
18377	4050	1774	368	232	858	123	3677	6478	817
40479	10158	2169	776	1253	1781	301	14449	7272	2320
39986	5337	5287	982	642	1563	316	9713	14193	1953
34060	4592	4490	928	459	982	156	6307	14446	1700

表5 续表 13

地 区	16 岁及以上人口	各种职业人口总计	国家机关、党群组织、企业、事业单位负责人	专业技术人员	办事人员和有关人员	商业、服务业人员	农、林、牧、渔、水利业生产人员	生产、运输设备操作人员及有关人员	不便分类的其他从业人员
徐州市	**667053**	**455924**	**5402**	**28796**	**13014**	**88622**	**192741**	**126865**	**484**
鼓楼区	40427	22409	690	3022	1368	8010	1638	7678	3
云龙区	27468	15234	398	2320	1511	5996	1485	3520	4
九里区	10574	5530	80	489	257	1289	731	2684	
贾汪区	35815	22299	188	1230	679	2586	9800	7808	8
泉山区	43348	21044	890	5240	3670	7295	137	3756	56
丰县	74799	54718	460	2144	665	6979	30502	13926	42
沛县	84884	60101	802	3774	1223	8736	28104	17434	28
铜山县	86017	61915	553	3034	912	10799	31291	15207	119
睢宁县	79796	57152	378	2124	891	15899	15872	21878	110
新沂市	72678	51784	634	2424	725	6731	28372	12888	10
邳州市	111247	83738	329	2995	1113	14302	44809	20086	104
常州市	**389440**	**268447**	**9378**	**24497**	**18454**	**57720**	**32094**	**126236**	**68**
天宁区	43838	25885	1630	4036	3037	7929	55	9195	3
钟楼区	41685	24529	1235	4051	3255	7835	46	8068	39
戚墅堰区	9197	5577	297	566	352	1244	81	3037	
新北区	50911	36043	1254	3124	3213	7416	2135	18901	
武进区	133943	98340	2942	7615	4908	19419	9381	54058	17
溧阳市	62525	44494	1048	3006	2174	8378	12275	17610	3
金坛市	47341	33579	972	2099	1515	5499	8121	15367	6
苏州市	**905564**	**662820**	**26413**	**62658**	**49119**	**148602**	**25742**	**349966**	**320**
沧浪区	34319	18982	1072	4274	3853	6218	31	3523	11
平江区	83521	56711	2648	8774	6115	14477	521	24138	38
金阊区	25056	15074	796	2111	2020	4792	66	5285	4
虎丘区	49589	34674	1613	4400	2562	7781	785	17522	11
吴中区	99998	73971	3201	4787	6499	15303	5479	38700	2
相城区	59949	45916	1801	3194	1727	11641	1053	26416	84
常熟市	133726	105188	4263	6175	6354	23570	4409	60292	125
张家港市	107091	75343	2681	8085	4014	15195	4763	40605	
昆山市	140462	109434	3124	11177	7762	24670	1929	60763	9
吴江市	110071	82120	3301	5476	4824	15214	3834	49471	
太仓市	61782	45407	1913	4205	3389	9741	2872	23251	36
南通市	**630094**	**461190**	**9996**	**26203**	**15149**	**85389**	**126002**	**198301**	**150**
崇川区	73915	44519	1337	6390	5528	12726	1389	17135	14
港闸区	23951	15365	510	1033	687	3349	1172	8590	24
通州区	101058	80801	1655	3579	1683	11061	25159	37662	2
海安县	77496	57859	1817	3148	1409	7648	16936	26890	11
如东县	86765	69174	727	2888	1373	14092	20832	29262	
启东市	81658	56805	880	2624	1571	9627	17341	24735	27
如皋市	110274	79264	1125	3714	1647	13463	23969	35282	64
海门市	74977	57403	1945	2827	1251	13423	19204	18745	8
连云港市	**331426**	**228768**	**3302**	**15741**	**7033**	**49159**	**84238**	**69100**	**195**
连云区	18778	10616	471	1374	992	2746	621	4411	1
新浦区	43331	23811	1283	4482	1979	7236	3809	5021	1
海州区	18833	13198	284	794	415	2826	3901	4966	12
赣榆县	73008	52477	363	2403	752	9378	20897	18662	22
东海县	73149	51665	220	3547	1453	13208	19632	13467	138
灌云县	59873	43724	343	1498	641	9627	19544	12056	15
灌南县	44454	33277	338	1643	801	4138	15834	10517	6
淮安市	**377582**	**259823**	**4442**	**16117**	**7920**	**65788**	**84536**	**80882**	**138**
清河区	41833	23081	875	3295	1680	7177	1302	8711	41
楚州区	76797	53271	696	2472	1158	11615	20029	17295	6
淮阴区	61201	43989	693	2628	938	8797	15606	15321	6
清浦区	25381	15477	685	1757	892	4750	2873	4519	1
涟水县	66486	47582	585	1935	831	13528	18805	11831	67
洪泽县	27557	19285	329	1068	374	3815	6921	6776	2
盱眙县	51647	37639	372	1947	1088	12908	11853	9456	15
金湖县	26680	19499	207	1015	959	3198	7147	6973	
盐城市	**569460**	**422540**	**7022**	**20850**	**9343**	**109645**	**147848**	**127155**	**677**
亭湖区	72950	47866	1260	4672	1964	17003	7097	15773	97
盐都区	55421	39950	1081	2232	661	11401	10091	14424	60
响水县	37516	27028	261	1192	558	6828	10415	7761	13
滨海县	68945	51707	410	2322	1031	12195	22187	13373	189
阜宁县	66272	48373	795	1742	356	11793	20305	13335	47

单位：人

各种未工作人口总计	在校学生	丧失工作能力	毕业后未工作	因单位原因失去工作	因本人原因失去工作	承包土地被征用	离退休	料理家务	其他
211129	**55408**	**41529**	**5845**	**3611**	**3049**	**1061**	**37026**	**50496**	**13104**
18018	2734	1059	746	1049	593	283	6757	3762	1035
12234	2868	696	365	437	319	141	5090	1623	695
5044	1609	372	189	76	87	6	851	1543	311
13516	2334	2433	499	176	255	77	2275	4756	711
22304	5108	349	754	1051	534	46	10353	2693	1416
20081	6836	6310	333	120	182	107	1512	3928	753
24783	8727	5749	411	93	143	33	2594	5945	1088
24102	6632	6289	759	146	317	87	1848	6869	1155
22644	6411	6434	395	107	148	49	1964	6194	942
20894	4479	5352	666	196	253	161	1611	5607	2569
27509	7670	6486	728	160	218	71	2171	7576	2429
120993	**20079**	**13869**	**2270**	**2697**	**4964**	**856**	**33921**	**34267**	**8070**
17953	3092	355	346	794	1090	94	9041	2202	939
17156	3212	330	297	740	945	118	8465	2269	780
3620	754	131	57	133	135	29	1749	447	185
14868	2840	1914	287	215	742	192	2042	4667	1969
35603	4934	4744	710	456	1167	272	6940	14096	2284
18031	3473	4088	335	243	313	137	3306	5137	999
13762	1774	2307	238	116	572	14	2378	5449	914
242744	**41641**	**14900**	**4648**	**4043**	**8832**	**1156**	**99791**	**50627**	**17106**
15337	2888	196	263	559	607	20	8617	1209	978
26810	4915	829	513	859	1428	194	11845	4379	1848
9982	1289	249	159	405	506	23	5703	1121	527
14915	4423	778	250	259	623	66	4458	3070	988
26027	6776	1556	521	365	821	77	7987	5926	1998
14033	1853	1555	342	155	924	90	3409	4743	962
28538	5254	819	95	78	189	4	18953	1661	1485
31748	4521	3377	826	311	1009	382	9902	8078	3342
31028	4208	988	771	452	1336	42	14230	6799	2202
27951	3572	3311	528	301	745	173	6289	10801	2231
16375	1942	1242	380	299	644	85	8398	2840	545
168904	**32531**	**38296**	**3096**	**2370**	**2404**	**1142**	**40191**	**42050**	**6824**
29396	9250	1634	610	770	742	456	11759	3204	971
8586	1840	1037	199	282	178	135	2542	2090	283
20257	3601	6503	393	199	239	64	4439	4136	683
19637	3221	5462	317	225	282	104	4340	4882	804
17591	3346	5864	250	181	180	67	3783	3351	569
24853	2807	5150	410	92	262	101	4074	11225	732
31010	5435	8331	563	395	318	119	4771	9378	1700
17574	3031	4315	354	226	203	96	4483	3784	1082
102658	**27419**	**17889**	**3397**	**1677**	**1896**	**203**	**16848**	**25540**	**7789**
8162	1012	474	310	161	257	12	2892	2203	841
19520	5544	850	700	873	415	41	6479	2740	1878
5635	1509	769	192	112	442	9	1603	820	179
20531	7010	4761	456	167	223	17	1274	5466	1157
21484	5489	5059	729	163	169	27	1358	6433	2057
16149	4183	3397	633	149	149	32	2297	4358	951
11177	2672	2579	377	52	241	65	945	3520	726
117759	**33350**	**25907**	**2394**	**1430**	**1435**	**197**	**17077**	**31806**	**4163**
18752	8241	1260	394	546	342	60	4006	3230	673
23526	6072	6298	388	57	119	5	2900	6932	755
17212	5649	4320	318	135	225	50	1735	4316	464
9904	1877	1066	390	319	224	14	3047	2467	500
18904	5730	4790	338	155	135	35	1539	5404	778
8272	1580	2302	162	49	109	9	1047	2822	192
14008	3100	3957	250	123	125	16	1501	4349	587
7181	1101	1914	154	46	156	8	1302	2286	214
146920	**26354**	**33258**	**4141**	**2948**	**2101**	**849**	**26058**	**42314**	**8897**
25084	6838	2788	621	1092	339	217	5854	5672	1663
15471	3422	3584	473	137	125	131	1555	5285	759
10488	1715	2336	490	123	186	16	1673	3181	768
17238	3039	4161	493	202	421	61	2045	5494	1322
17899	2456	5251	528	220	263	180	1697	5931	1373

表5 续表 14

地　区	16岁及以上人口	各种职业人口总计	国家机关、党群组织、企业、事业单位负责人	专业技术人员	办事人员和有关人员	商业、服务业人员	农、林、牧、渔、水利业生产人员	生产、运输设备操作人员及有关人员	不便分类的其他从业人员
射阳县	68112	53379	570	1963	855	15046	21604	13125	216
建湖县	55704	39046	506	1987	1056	7355	13513	14627	2
东台市	84874	66924	1097	2495	1485	15962	24914	20963	8
大丰市	59666	48267	1042	2245	1377	12062	17722	13774	45
扬州市	**382482**	**254939**	**6676**	**20052**	**12317**	**53476**	**53768**	**108035**	**615**
广陵区	29803	16564	225	2156	2047	6052	406	5678	
邗江区	50199	30803	1350	2771	1601	6112	2458	16389	122
维扬区	40554	24389	1083	3776	2351	6721	1091	9332	35
宝应县	62154	45472	731	2275	1343	9357	18940	12813	13
仪征市	48993	32152	478	2213	1565	5772	4491	17423	210
高邮市	63722	47594	1328	2517	1385	10048	12710	19556	50
江都市	87057	57965	1481	4344	2025	9414	13672	26844	185
镇江市	**261785**	**177326**	**4122**	**16195**	**10475**	**42357**	**23876**	**80061**	**240**
京口区	50733	30093	891	4520	3056	7473	1451	12696	6
润州区	24451	14653	554	2058	1339	5054	635	4959	54
丹徒区	25887	18392	519	828	413	4139	4086	8310	97
丹阳市	82681	59906	1022	4868	2579	14239	6367	30751	80
扬中市	28430	19970	560	1966	1830	5068	1418	9126	2
句容市	49603	34312	576	1955	1258	6384	9919	14219	1
泰州市	**390448**	**277166**	**7863**	**16230**	**11751**	**52469**	**77189**	**111609**	**55**
海陵区	50020	29964	1533	3526	2866	7729	2131	12170	9
高港区	24079	16946	530	1045	632	2884	3764	8089	2
兴化市	103232	76550	709	2850	2481	15505	29026	25976	3
靖江市	60098	43878	2296	2971	2304	7110	9345	19851	1
泰兴市	90218	64589	1621	3317	1830	12643	20757	24386	35
姜堰市	62801	45239	1174	2521	1638	6598	12166	21137	5
宿迁市	**358879**	**249393**	**3455**	**12418**	**5507**	**37276**	**111843**	**78690**	**204**
宿城区	61879	41216	1003	3335	1474	7273	13309	14691	131
宿豫区	51701	36494	502	1268	431	10367	11056	12826	44
沭阳县	116424	76473	1128	4701	1553	10422	32335	26306	28
泗阳县	59185	43474	275	1232	965	3797	26075	11130	
泗洪县	69690	51736	547	1882	1084	5417	29068	13737	1
浙江省	**4611756**	**3280387**	**110734**	**254374**	**196985**	**711508**	**491138**	**1514820**	**828**
杭州市	**745347**	**494356**	**19191**	**60024**	**45322**	**125662**	**49433**	**194724**	
上城区	30562	16692	1061	3794	3001	6303	26	2507	
下城区	45736	28081	1792	6440	4581	10034	39	5195	
江干区	85740	53300	1824	7892	5044	17996	395	20149	
拱墅区	51134	32231	801	5489	5484	11536	28	8893	
西湖区	68641	37770	2469	10209	5618	11048	1065	7361	
滨江区	26240	16962	1308	3623	1857	4536	174	5464	
萧山区	131042	93717	3848	7393	6321	19511	8162	48482	
余杭区	102268	76489	1323	5725	6875	18272	6232	38062	
桐庐县	34089	24225	1146	1539	998	4701	3600	12241	
淳安县	27851	19809	364	1049	587	2438	11788	3583	
建德市	36342	24319	761	1594	1136	4289	6304	10235	
富阳市	57666	37672	1435	3164	2277	8684	3631	18481	
临安市	48036	33089	1059	2113	1543	6314	7989	14071	
宁波市	**687825**	**497982**	**15131**	**40052**	**39117**	**109368**	**42719**	**251481**	**114**
海曙区	31520	19052	275	3682	5053	6884	64	3093	1
江东区	34141	23566	1251	4362	4740	8961	33	4214	5
江北区	34676	22679	549	2405	2903	6364	805	9652	1
北仑区	57267	43049	722	3071	3437	8398	2044	25375	2
镇海区	36058	26541	747	2527	1865	5580	1060	14754	8
鄞州区	134118	98121	4771	7169	5566	20849	5069	54697	
象山县	42622	27774	1639	2218	1404	5234	5756	11510	13
宁海县	51542	38444	567	2741	1722	8674	5939	18791	10
余姚市	93871	68804	2280	4547	4298	11813	8537	37274	55
慈溪市	129647	99484	1356	5368	6376	20765	8118	57490	11
奉化市	42363	30468	974	1962	1753	5846	5294	14631	8
温州市	**737868**	**506799**	**12413**	**34332**	**28943**	**128046**	**48792**	**254132**	**141**
鹿城区	110256	78529	3045	8017	7732	22938	1073	35724	
龙湾区	60397	45731	1727	2750	1877	8533	763	30077	4
瓯海区	83290	62200	1048	2771	4211	13705	1986	38453	26
洞头县	7114	4179	96	482	325	1106	830	1340	
永嘉县	61927	41003	804	2375	2945	8603	7681	18594	1

单位：人

各种未工作人口总计	在校学生	丧　失工作能力	毕业后未工作	因单位原因失去工作	因本人原因失去工作	承包土地被征用	离退休	料理家务	其　他
14733	2143	4068	362	332	152	82	2782	4084	728
16658	2573	4087	354	166	174	42	2308	6151	803
17950	2470	4500	494	350	218	74	5040	3948	856
11399	1698	2483	326	326	223	46	3104	2568	625
127543	**27114**	**19119**	**2236**	**2110**	**2774**	**491**	**27843**	**39298**	**6558**
13239	2667	462	259	657	973	165	6468	1344	244
19396	6429	2849	287	79	278	49	2345	5949	1131
16165	4736	988	288	408	320	73	5006	3400	946
16682	2886	3422	285	137	207	35	2784	5684	1242
16841	3324	2931	379	385	301	75	3237	5218	991
16128	3216	3519	271	141	360	26	2912	5295	388
29092	3856	4948	467	303	335	68	5091	12408	1616
84459	**17518**	**10276**	**2096**	**1979**	**2050**	**482**	**21779**	**24314**	**3965**
20640	5343	1191	514	833	484	241	7772	3493	769
9798	2105	392	200	355	359	27	4780	1246	334
7495	1347	1509	208	77	150	66	1156	2594	388
22775	3668	3464	535	421	572	80	4669	8181	1185
8460	1351	1315	221	89	195	21	1496	3277	495
15291	3704	2405	418	204	290	47	1906	5523	794
113282	**18497**	**23423**	**2884**	**2300**	**2390**	**542**	**24072**	**33500**	**5674**
20056	4277	1668	437	611	611	252	6324	4842	1034
7133	914	1667	154	38	135	52	1048	2725	400
26682	4057	7809	1044	301	239	27	3836	8136	1233
16220	2136	2635	387	627	730	135	4359	4404	807
25629	4621	5877	557	439	334	54	4512	7871	1364
17562	2492	3767	305	284	341	22	3993	5522	836
109486	**30903**	**24568**	**2478**	**779**	**1481**	**358**	**7941**	**33970**	**7008**
20663	5433	3497	546	248	452	63	2249	6670	1505
15207	5372	4124	119	63	146	63	583	4225	512
39951	10799	8213	1023	160	459	105	2148	14198	2846
15711	3869	4279	439	221	205	110	1327	4210	1051
17954	5430	4455	351	87	219	17	1634	4667	1094
1331369	**236720**	**202313**	**24990**	**16653**	**78137**	**11829**	**254097**	**452118**	**54512**
250991	**60808**	**24964**	**4229**	**4831**	**39379**	**1993**	**74230**	**40557**	
13870	1203	209	263	636	1985	13	9332	229	
17655	2679	173	404	662	2778	25	10377	557	
32440	15245	583	399	875	4723	302	8413	1900	
18903	4250	366	364	517	4702	26	8004	674	
30871	13009	1023	498	553	4041	203	9057	2487	
9278	3873	286	167	82	1614	232	2024	1000	
37325	5728	4814	814	422	6233	289	9437	9588	
25779	3887	3218	252	285	2431	571	7850	7285	
9864	1435	2164	183	155	1595	77	1638	2617	
8042	1397	2372	88	88	1150	5	1164	1778	
12023	1865	2737	182	168	1490	13	2569	2999	
19994	2632	4030	396	235	4603	129	2565	5404	
14947	3605	2989	219	153	2034	108	1800	4039	
189843	**32286**	**23862**	**2977**	**2425**	**6887**	**1740**	**47747**	**63603**	**8316**
12468	2356	215	109	390	478	90	7127	1363	340
10575	1285	229	109	243	751	35	5908	1664	351
11997	3470	386	145	173	450	88	4561	2287	437
14218	1896	1295	206	120	483	192	4144	5092	790
9517	1114	693	133	154	639	58	3667	2569	490
35997	9267	1648	524	374	1386	250	8481	12475	1592
14848	1453	2775	223	155	593	104	1426	7558	561
13098	2106	3389	98	46	413	91	1667	4620	668
25067	3806	5035	497	289	544	317	4337	8893	1349
30163	3772	5241	804	363	914	364	4722	12613	1370
11895	1761	2956	129	118	236	151	1707	4469	368
231069	**37222**	**33771**	**6076**	**2137**	**11969**	**1693**	**28181**	**96200**	**13820**
31727	4649	1730	621	962	1720	430	10796	7870	2949
14666	2172	1857	433	116	783	286	1136	7114	769
21090	7077	1993	361	169	701	259	1659	7318	1553
2935	227	655	31	20	89	10	236	1476	191
20924	2978	3907	675	115	794	125	1197	9851	1282

表5 续表 15

地　区	16岁及以上人口	各种职业人口总计	国家机关、党群组织、企业、事业单位负责人	专业技术人员	办事人员和有关人员	商业、服务业人员	农、林、牧、渔、水利业生产人员	生产、运输设备操作人员及有关人员	不便分类的其他从业人员
平阳县	62628	39970	987	2393	2389	11228	5682	17233	58
苍南县	92381	59705	1100	3757	2177	17969	8981	25721	
文成县	16397	9201	139	545	462	2099	3655	2300	1
泰顺县	18084	11051	140	653	486	2244	5142	2386	
瑞安市	116502	81361	1127	5503	2672	21374	6659	44009	17
乐清市	108892	73869	2200	5086	3667	18247	6340	38295	34
嘉兴市	**394073**	**305515**	**12703**	**20052**	**16116**	**55974**	**35868**	**164793**	**9**
南湖区	54479	36071	2011	4707	3428	8094	3819	14009	3
秀洲区	50894	40633	1547	2121	1776	7054	3256	24879	
嘉善县	51224	39659	1183	1994	2412	7455	4409	22206	
海盐县	36673	29489	965	2066	1545	4456	5319	15135	3
海宁市	68884	51889	2535	3734	2147	9667	5479	28326	1
平湖市	60597	49429	1434	2719	2047	7489	6034	29705	1
桐乡市	71322	58345	3028	2711	2761	11759	7552	30533	1
湖州市	**246627**	**176913**	**5073**	**11141**	**10866**	**35845**	**35432**	**78463**	**93**
吴兴区	64150	44490	1920	3599	3034	10461	6070	19389	17
南浔区	47295	34656	643	1332	1848	6667	6382	17767	17
德清县	41740	30475	602	1844	2309	5712	4329	15629	50
长兴县	53362	38304	1225	2465	1712	7283	10781	14830	8
安吉县	40080	28988	683	1901	1963	5722	7870	10848	1
绍兴市	**409595**	**294864**	**10174**	**21766**	**12563**	**57932**	**47324**	**144998**	**107**
越城区	74946	48495	2035	6204	4440	13714	1220	20819	63
绍兴县	87719	68472	2670	4009	2241	16696	4820	38006	30
新昌县	32012	23635	690	1365	1214	2806	8043	9517	
诸暨市	95377	69089	1499	5252	1808	11548	11642	37340	
上虞市	65299	46518	2238	3143	1813	7745	8986	22581	12
嵊州市	54242	38655	1042	1793	1047	5423	12613	16735	2
金华市	**454765**	**334478**	**12038**	**22316**	**14965**	**64997**	**60597**	**159410**	**155**
婺城区	61946	41589	2243	4562	4068	9176	8513	13011	16
金东区	26469	19178	433	849	507	3258	6051	8075	5
武义县	29969	22265	1063	1220	666	3136	5868	10299	13
浦江县	37602	28208	961	1894	671	3199	3755	17728	
磐安县	13815	10505	138	551	327	1320	5032	3136	1
兰溪市	46583	31260	674	1499	1012	4149	11870	12052	4
义乌市	108581	86000	3223	5063	4253	23736	5142	44498	85
东阳市	67855	48937	1160	2386	2304	7960	9530	25577	20
永康市	61945	46536	2143	4292	1157	9063	4836	25034	11
衢州市	**167904**	**122421**	**3189**	**6733**	**5549**	**19245**	**53276**	**34353**	**76**
柯城区	37682	25666	1216	2762	2326	6492	6462	6399	9
衢江区	26933	20281	166	337	367	1894	12160	5343	14
常山县	18921	12780	256	682	490	1945	5031	4374	2
开化县	19277	14476	375	611	396	1857	7742	3477	18
龙游县	27886	22014	241	937	865	3228	10432	6279	32
江山市	37205	27204	935	1404	1105	3829	11449	8481	1
舟山市	**98559**	**65904**	**2040**	**6786**	**5515**	**17303**	**9875**	**24376**	**9**
定海区	40216	27626	792	3284	2793	7440	2645	10671	1
普陀区	33630	22199	871	1749	1548	6715	3815	7500	1
岱山县	18086	11866	270	1164	819	1993	2295	5321	4
嵊泗县	6627	4213	107	589	355	1155	1120	884	3
台州市	**502365**	**367108**	**15998**	**23160**	**12582**	**75983**	**61778**	**177591**	**16**
椒江区	56489	40385	1316	3770	2859	10074	2765	19601	
黄岩区	55220	39420	1576	2298	2046	7197	6010	20286	7
路桥区	51640	40271	1507	2084	812	14280	2243	19344	1
玉环县	52298	38868	3510	3385	1113	6417	2167	22273	3
三门县	27258	19122	415	940	718	3124	6482	7442	1
天台县	29978	20831	1240	1246	678	3650	7364	6652	1
仙居县	26431	18080	308	1167	581	2654	8078	5289	3
温岭市	120000	92842	5562	4799	1904	19000	9753	51824	
临海市	83051	57289	564	3471	1871	9587	16916	24880	
丽水市	**166828**	**114047**	**2784**	**8012**	**5447**	**21153**	**46044**	**30499**	**108**
莲都区	36190	24719	762	2784	2005	6160	5691	7288	29
青田县	25439	15430	393	816	627	3674	5057	4811	52
缙云县	28042	19357	478	1242	637	3285	6988	6724	3
遂昌县	15288	10822	142	652	396	1527	6054	2044	7
松阳县	14675	10863	201	594	388	1168	6756	1744	12

单位：人

各种未工作人口总计	在校学生	丧失工作能力	毕业后未工作	因单位原因失去工作	因本人原因失去工作	承包土地被征用	离退休	料理家务	其他
22658	3614	3945	578	181	724	107	1982	10218	1309
32676	5485	5239	1190		3192	98	3971	13481	20
7196	624	1478	179	46	319	3	511	3749	287
7033	782	2082	119	34	325	27	406	2895	363
35141	4417	5498	789	319	1844	167	4002	16104	2001
35023	5197	5387	1100	175	1478	181	2285	16124	3096
88558	**17493**	**11521**	**1442**	**1195**	**4043**	**996**	**24076**	**25370**	**2422**
18408	5162	1116	255	325	792	134	7327	2739	558
10261	1439	1331	154	103	549	49	2301	4065	270
11565	1705	1770	249	134	593	211	2785	3794	324
7184	1333	999	103	98	240	54	1966	2136	255
16995	3037	2298	267	209	755	189	4028	5656	556
11168	2237	1670	200	199	602	173	3104	2710	273
12977	2580	2337	214	127	512	186	2565	4270	186
69714	**12452**	**10360**	**1110**	**726**	**1814**	**453**	**12786**	**27318**	**2695**
19660	4751	1980	276	221	308	164	5743	5475	742
12639	1477	1739	270	62	343	33	1603	6623	489
11265	1602	1725	196	162	461	67	2014	4659	379
15058	2560	2684	245	163	362	106	2115	6220	603
11092	2062	2232	123	118	340	83	1311	4341	482
114731	**21372**	**18942**	**1917**	**1254**	**2952**	**711**	**19511**	**43775**	**4297**
26451	6767	1836	366	436	830	221	7389	7725	881
19247	2866	2924	329	126	589	44	3232	8696	441
8377	1143	1833	182	121	282	91	1632	2815	278
26288	5264	5211	370	194	396	85	2701	10877	1190
18781	3348	3641	296	155	413	127	2637	7471	693
15587	1984	3497	374	222	442	143	1920	6191	814
120287	**19275**	**22170**	**2427**	**1594**	**3041**	**2371**	**14818**	**46019**	**8572**
20357	4226	2303	333	424	627	467	4624	5812	1541
7291	1543	1443	112	50	265	217	470	2733	458
7704	976	1616	132	103	255	62	1012	2967	581
9394	1302	1807	212	44	140	72	688	4278	851
3310	521	1054	45	15	40	31	193	1190	221
15323	2370	3099	264	357	304	85	2274	5667	903
22581	3149	3971	626	225	638	928	1915	8928	2201
18918	3605	4246	306	209	337	221	2194	7034	766
15409	1583	2631	397	167	435	288	1448	7410	1050
45483	**7188**	**12089**	**514**	**397**	**713**	**218**	**7884**	**15214**	**1266**
12016	2356	1858	176	194	223	125	3652	2967	465
6652	971	2632	105	18	68	44	380	2216	218
6141	676	1697	43	54	104	7	752	2667	141
4801	622	1543	56	83	52	5	684	1607	149
5872	1084	1865	33	7	108	24	880	1702	169
10001	1479	2494	101	41	158	13	1536	4055	124
32655	**3873**	**4890**	**445**	**317**	**1860**	**192**	**5116**	**14897**	**1065**
12590	2462	1753	155	205	891	188	2037	4636	263
11431	862	1974	198	67	660	3	1829	5373	465
6220	389	1016	68	30	224	1	799	3466	227
2414	160	147	24	15	85		451	1422	110
135257	**17374**	**27874**	**2987**	**1374**	**4319**	**1068**	**13959**	**58974**	**7328**
16104	2821	2397	339	255	581	176	2591	6195	749
15800	1867	3154	286	189	496	229	2173	6477	929
11369	1162	2148	255	125	306	118	881	5513	861
13430	962	2258	284	131	642	41	1017	6979	1116
8136	966	1906	219	74	295	29	594	3722	331
9147	1379	2623	173	55	213	111	974	3130	489
8351	959	2117	225	56	148	50	856	3548	392
27158	2706	5392	770	237	992	260	2391	13173	1237
25762	4552	5879	436	252	646	54	2482	10237	1224
52781	**7377**	**11870**	**866**	**403**	**1160**	**394**	**5789**	**20191**	**4731**
11471	2872	1691	186	127	402	202	1872	3600	519
10009	739	2348	214	18	138	43	623	4250	1636
8685	1124	2146	124	55	269	34	825	3518	590
4466	537	1122	56	66	90	18	570	1620	387
3812	519	987	51	32	53	34	370	1352	414

表5 续表 16

地区	16岁及以上人口	各种职业人口总计	国家机关、党群组织、企业、事业单位负责人	专业技术人员	办事人员和有关人员	商业、服务业人员	农、林、牧、渔、水利业生产人员	生产、运输设备操作人员及有关人员	不便分类的其他从业人员
云和县	9067	6447	109	284	299	1126	2377	2252	
庆元县	10880	7520	183	523	308	1110	3413	1980	3
景宁畲族自治县	8605	5665	73	414	255	1068	2975	878	2
龙泉市	18642	13224	443	703	532	2035	6733	2778	
安徽省	**4211557**	**2897236**	**52537**	**164690**	**85305**	**414938**	**1567595**	**609463**	**2708**
合肥市	**412709**	**258358**	**9683**	**30354**	**18993**	**62501**	**72084**	**64436**	**307**
瑶海区	64612	38916	3350	4793	3523	14926	754	11547	23
庐阳区	39630	23853	1107	4449	3979	8207	515	5585	11
蜀山区	79915	42852	2438	9446	4933	13008	863	11960	204
包河区	58984	36047	1234	6401	3841	11855	1349	11359	8
长丰县	47494	33431	353	1204	668	3433	22516	5246	11
肥东县	60354	40740	705	1776	874	3749	24689	8912	35
肥西县	61720	42519	496	2285	1175	7323	21398	9827	15
芜湖市	**172146**	**109124**	**3644**	**10229**	**5504**	**24404**	**29787**	**35431**	**125**
镜湖区	37295	20219	1263	3977	2138	6639	1107	5084	11
弋江区	24139	12364	328	1419	1074	4729	1342	3446	26
鸠江区	26681	16704	377	1529	805	3508	1150	9319	16
三山区	11241	8202	178	343	134	1352	3909	2279	7
芜湖县	22324	16211	428	1054	273	2385	7793	4274	4
繁昌县	20499	13797	383	959	488	3145	2896	5865	61
南陵县	29967	21627	687	948	592	2646	11590	5164	
蚌埠市	**228664**	**154653**	**3321**	**7878**	**3922**	**19187**	**96496**	**23755**	**94**
龙子湖区	18784	10600	664	1216	509	3033	2005	3173	
蚌山区	26558	12908	1225	2040	1323	4099	829	3390	2
禹会区	19905	10470	398	1044	709	2974	1302	4022	21
淮上区	10988	8111	101	153	77	1039	4767	1974	
怀远县	69850	49951	325	1498	508	3351	40083	4183	3
五河县	45102	34001	181	1052	451	2655	24984	4614	64
固镇县	37477	28612	427	875	345	2036	22526	2399	4
淮南市	**170204**	**102208**	**1957**	**7983**	**3834**	**16558**	**43636**	**28124**	**116**
大通区	12815	8421	95	360	287	1386	3880	2393	20
田家庵区	45778	23433	845	4061	1957	6538	3632	6327	73
谢家集区	22447	11331	234	817	493	2100	3313	4360	14
八公山区	12384	5776	93	462	287	1126	579	3229	
潘集区	28856	19368	182	621	321	1762	11185	5296	1
凤台县	47924	33879	508	1662	489	3646	21047	6519	8
马鞍山市	**103035**	**61096**	**1850**	**6048**	**3279**	**12496**	**14684**	**22628**	**111**
金家庄区	8913	4870	140	315	279	1558	247	2329	2
花山区	23553	12117	606	2461	1222	3184	364	4208	72
雨山区	24756	12181	425	1506	968	2973	550	5724	35
当涂县	45813	31928	679	1766	810	4781	13523	10367	2
淮北市	**147017**	**90277**	**1115**	**6237**	**2963**	**11388**	**46353**	**21979**	**242**
杜集区	20985	11083	188	632	281	1675	3935	4357	15
相山区	31132	16161	611	2962	1748	4354	1343	5084	59
烈山区	21669	12733	163	859	269	1207	5605	4624	6
濉溪县	73231	50300	153	1784	665	4152	35470	7914	162
铜陵市	**54694**	**31650**	**1317**	**3655**	**2008**	**6718**	**7062**	**10260**	**630**
铜官山区	21917	11439	685	2335	1130	3210	192	3643	244
狮子山区	8594	4429	129	407	204	1186	449	2041	13
郊区	5365	3043	187	279	49	606	537	1385	
铜陵县	18818	12739	316	634	625	1716	5884	3191	373
安庆市	**355205**	**230489**	**5587**	**14354**	**7151**	**35690**	**105397**	**62071**	**239**
迎江区	18889	10874	351	1466	1222	3405	1727	2652	51
大观区	20119	11096	700	1723	1122	3148	1716	2670	17
宜秀区	19547	11094	882	984	525	2746	1881	4071	5
怀宁县	32092	21691	391	1045	457	4552	10420	4817	9
枞阳县	50303	34550	447	1714	500	3899	18050	9907	33
潜山县	34453	20119	529	1198	496	3329	8178	6360	29
太湖县	36692	24542	240	1332	427	2852	12507	7138	46
宿松县	36372	24299	624	1211	463	2005	16020	3969	7
望江县	34722	25683	480	1128	411	3383	13903	6344	34
岳西县	23940	15662	207	790	478	2023	8717	3440	7
桐城市	48076	30879	736	1763	1050	4348	12278	10703	1

单位：人

各种未工作人口总计	在校学生	丧失工作能力	毕业后未工作	因单位原因失去工作	因本人原因失去工作	承包土地被征用	离退休	料理家务	其他
2620	329	664	65	32	33	33	335	840	289
3360	294	879	34	15	50	3	244	1648	193
2940	234	682	40	22	30	2	260	1358	312
5418	729	1351	96	36	95	25	690	2005	391
1314321	**306300**	**267259**	**30663**	**18687**	**18254**	**7569**	**177394**	**395161**	**93034**
154351	**50745**	**17303**	**3164**	**2767**	**3043**	**1696**	**28327**	**36800**	**10506**
25696	5566	1243	729	809	780	349	6758	7328	2134
15777	2619	785	428	535	445	167	6080	3580	1138
37063	19965	1359	552	496	615	307	6294	5148	2327
22937	6225	1461	526	558	587	352	5340	6100	1788
14063	4549	3898	307	100	193	203	844	3304	665
19614	5525	5013	311	141	160	133	1617	5646	1068
19201	6296	3544	311	128	263	185	1394	5694	1386
63022	**15647**	**8452**	**1180**	**1283**	**2079**	**837**	**14789**	**15394**	**3361**
17076	2954	660	333	761	757	7	8488	2244	872
11775	5646	692	183	154	438	111	2516	1657	378
9977	3198	1147	238	159	270	413	1382	2390	780
3039	503	801	85	17	37	115	113	1236	132
6113	1109	1613	102	48	326	89	522	2043	261
6702	948	1351	135	102	164	70	965	2581	386
8340	1289	2188	104	42	87	32	803	3243	552
74011	**16395**	**15175**	**2042**	**1711**	**800**	**378**	**14313**	**17769**	**5428**
8184	831	523	261	399	126	56	3369	1696	923
13650	4998	536	328	484	210	101	4046	1930	1017
9435	1061	598	274	512	134	57	3834	1914	1051
2877	421	784	81	20	36	102	204	1041	188
19899	3905	5605	636	114	167	18	1311	6808	1335
11101	3039	4025	216	104	73	12	750	2315	567
8865	2140	3104	246	78	54	32	799	2065	347
67996	**13896**	**8062**	**2710**	**1378**	**1101**	**329**	**16145**	**20765**	**3610**
4394	598	614	162	53	58	12	1149	1351	397
22345	7048	989	630	778	419	125	7141	4245	970
11116	1326	929	538	191	192	18	3744	3472	706
6608	650	352	391	193	126	8	2159	2285	444
9488	1318	1820	451	57	135	51	786	4427	443
14045	2956	3358	538	106	171	115	1166	4985	650
41939	**7985**	**4255**	**1196**	**1060**	**705**	**339**	**11120**	**11831**	**3448**
4043	445	346	163	119	159	47	1180	1257	327
11436	1973	414	320	436	198	105	4767	2365	858
12575	3558	604	312	313	217	129	3722	2790	930
13885	2009	2891	401	192	131	58	1451	5419	1333
56740	**11407**	**8232**	**2113**	**627**	**760**	**251**	**8510**	**19628**	**5212**
9902	1608	1189	388	63	152	29	1984	3893	596
14971	2765	850	559	335	284	96	3924	4609	1549
8936	1502	1192	318	74	109	43	1395	3593	710
22931	5532	5001	848	155	215	83	1207	7533	2357
23044	**3893**	**2593**	**481**	**756**	**361**	**231**	**6986**	**5992**	**1751**
10478	1589	371	227	522	133	25	4817	1806	988
4165	1143	351	75	72	73	63	1026	1057	305
2322	220	418	61	71	57	48	567	778	102
6079	941	1453	118	91	98	95	576	2351	356
124716	**29314**	**27465**	**1639**	**1430**	**1236**	**368**	**13842**	**40640**	**8782**
8015	1592	599	212	366	139	96	2990	1529	492
9023	1621	558	221	437	129	9	3982	1382	684
8453	3225	1021	152	116	108	104	888	2302	537
10401	2312	3009	82	49	100	21	595	3402	831
15753	3769	3801	190	43	136	37	770	6066	941
14334	2886	3535	110	77	123	10	629	5883	1081
12150	3121	3253	123	54	111	4	713	4025	746
12073	2852	3217	117	106	103	27	1228	3764	659
9039	2645	2260	79	33	86	14	620	2651	651
8278	1212	2238	140	60	78	7	359	3215	969
17197	4079	3974	213	89	123	39	1068	6421	1191

表5 续表 17

地　区	16岁及以上人口	各种职业人口总计	国家机关、党群组织、企业、事业单位负责人	专业技术人员	办事人员和有关人员	商业、服务业人员	农、林、牧、渔、水利业生产人员	生产、运输设备操作人员及有关人员	不便分类的其他从业人员
黄山市	**107093**	**75839**	**1938**	**4436**	**3297**	**12109**	**35521**	**18426**	**112**
屯溪区	17506	9791	592	1354	1241	3732	592	2189	91
黄山区	11802	8281	499	453	534	1654	3359	1780	2
徽州区	7444	5610	87	456	224	802	2468	1572	1
歙县	31039	23271	116	991	534	2365	13805	5454	6
休宁县	19797	15140	149	455	352	2058	7626	4491	9
黟县	6517	4655	136	270	149	616	2468	1016	
祁门县	12988	9091	359	457	263	882	5203	1924	3
滁州市	**282990**	**201248**	**3584**	**9303**	**4912**	**22339**	**120097**	**40923**	**90**
琅琊区	23055	13488	417	1754	1272	3416	2290	4272	67
南谯区	18726	12955	164	708	267	2049	7185	2582	
来安县	31487	22780	275	827	484	2206	14877	4108	3
全椒县	29034	20740	254	963	389	2350	12496	4288	
定远县	52277	37636	263	1331	726	2909	27630	4776	1
凤阳县	45506	33218	249	1167	398	2431	25467	3492	14
天长市	47547	35177	1677	1552	933	4412	12089	14510	4
明光市	35358	25254	285	1001	443	2566	18063	2895	1
阜阳市	**507903**	**378463**	**2642**	**14738**	**5628**	**44840**	**255742**	**54703**	**170**
颍州区	50955	34222	503	3780	1526	8652	11749	8002	10
颍东区	34860	25195	112	874	389	3552	14618	5649	1
颍泉区	39465	30136	493	1176	595	4384	17977	5426	85
临泉县	96820	74894	362	1974	592	6020	59037	6906	3
太和县	94892	75565	493	2114	497	7815	55848	8774	24
阜南县	71163	52116	240	1726	554	4856	38610	6093	37
颍上县	78450	56628	238	1933	845	5489	40324	7797	2
界首市	41298	29707	201	1161	630	4072	17579	6056	8
宿州市	**386022**	**285712**	**2460**	**9790**	**3737**	**20085**	**216755**	**32805**	**80**
埇桥区	118952	83919	1499	4162	1824	8872	53233	14317	12
砀山县	58139	44625	137	1250	471	1913	37895	2959	
萧县	80860	61433	174	1743	454	3392	50406	5243	21
灵璧县	67960	48315	422	1537	527	3327	36134	6368	
泗县	60111	47420	228	1098	461	2581	39087	3918	47
巢湖市	**261088**	**182070**	**2926**	**8403**	**4538**	**32774**	**95621**	**37775**	**33**
居巢区	52837	34997	705	2219	1682	5371	16709	8306	5
庐江县	64705	44044	791	1962	1071	6280	24921	9012	7
无为县	75011	51609	586	2204	753	9990	29731	8332	13
含山县	26386	19048	371	811	448	3374	8539	5498	7
和县	42149	32372	473	1207	584	7759	15721	6627	1
六安市	**387100**	**278683**	**4147**	**12185**	**5459**	**32314**	**162568**	**61831**	**179**
金安区	56208	41953	1010	2182	1064	6125	18874	12686	12
裕安区	59847	42840	474	2366	978	6290	20738	11898	96
寿县	59529	43851	261	1484	478	3153	35519	2956	
霍邱县	96888	72020	794	2288	1055	6686	47193	13966	38
舒城县	53079	34658	701	1771	810	4829	16178	10346	23
金寨县	37109	25477	397	1116	520	2413	15969	5062	
霍山县	24440	17884	510	978	554	2818	8097	4917	10
亳州市	**339638**	**254240**	**1180**	**7764**	**3105**	**29435**	**178266**	**34449**	**41**
谯城区	100694	77768	350	1973	994	9032	59129	6275	15
涡阳县	87339	64388	300	1821	796	9552	41103	10806	10
蒙城县	74181	53842	359	2166	746	4804	35621	10145	1
利辛县	77424	58242	171	1804	569	6047	42413	7223	15
池州市	**105333**	**73540**	**2141**	**4378**	**2252**	**10650**	**32707**	**21374**	**38**
贵池区	46802	32529	1085	2131	1211	5088	12525	10474	15
东至县	32881	24269	433	1274	491	2637	13159	6271	4
石台县	7183	4875	170	260	189	602	2564	1086	4
青阳县	18467	11867	453	713	361	2323	4459	3543	15
宣城市	**190716**	**129586**	**3045**	**6955**	**4723**	**21450**	**54819**	**38493**	**101**
宣州区	55823	39072	613	2102	1393	6498	18841	9597	28
郎溪县	24106	16751	563	803	393	2225	6861	5904	2
广德县	36222	23910	480	1270	714	3988	9254	8134	70
泾县	23591	14835	661	823	609	2766	5582	4393	1
绩溪县	11562	8499	156	364	315	1009	4659	1996	
旌德县	9447	6850	101	411	293	1290	3110	1645	
宁国市	29965	19669	471	1182	1006	3674	6512	6824	

单位：人

各种未工作人口总计	在校学生	丧失工作能力	毕业后未工作	因单位原因失去工作	因本人原因失去工作	承包土地被征用	离退休	料理家务	其他
31254	**5579**	**6880**	**461**	**420**	**604**	**241**	**5375**	**8598**	**3096**
7715	2027	344	145	185	121	136	2222	1734	801
3521	319	1030	45	21	35	11	428	1316	316
1834	211	462	32	24	56	18	243	644	144
7768	1581	2179	89	88	130	51	1041	1898	711
4657	755	1358	74	22	192	19	550	1288	399
1862	241	460	18	18	19	4	332	489	281
3897	445	1047	58	62	51	2	559	1229	444
81742	**16479**	**23382**	**1909**	**1345**	**1021**	**439**	**9887**	**22576**	**4704**
9567	2372	720	269	376	213	101	2560	2051	905
5771	1089	1545	115	73	77	73	428	1857	514
8707	1336	2954	184	108	112	20	819	2638	536
8294	1747	2310	205	142	121	47	1175	2219	328
14641	3252	5015	339	197	86	91	1055	3783	823
12288	3439	3790	377	124	146	41	1096	2861	414
12370	1800	3523	228	212	153	49	1321	4481	603
10104	1444	3525	192	113	113	17	1433	2686	581
129440	**35637**	**31107**	**3433**	**1246**	**1605**	**631**	**8733**	**38152**	**8896**
16733	4148	1939	613	324	281	200	2147	5408	1673
9665	2448	2271	323	74	128	9	884	3089	439
9329	2950	2158	244	171	68	42	1042	2037	617
21926	8516	6074	432	142	196	146	727	4590	1103
19327	4850	4811	539	140	197	89	1053	6282	1366
19047	4841	4895	513	215	343	89	864	5878	1409
21822	4975	6485	569	58	267	23	1112	6878	1455
11591	2909	2474	200	122	125	33	904	3990	834
100310	**26802**	**26442**	**3066**	**1277**	**997**	**383**	**8209**	**26946**	**6188**
35033	7401	7199	1349	678	456	183	4837	10767	2163
13514	5295	3873	376	101	63	62	857	2315	572
19427	5643	6212	529	170	106	58	1049	4697	963
19645	4415	5369	537	165	279	50	811	6317	1702
12691	4048	3789	275	163	93	30	655	2850	788
79018	**14860**	**18267**	**1514**	**924**	**1003**	**430**	**8262**	**28407**	**5351**
17840	3329	3660	336	323	250	187	3029	5522	1204
20661	3840	4568	385	195	231	29	1611	8386	1416
23402	4618	5514	493	220	221	113	1697	8952	1574
7338	1371	1562	122	79	105	20	838	2522	719
9777	1702	2963	178	107	196	81	1087	3025	438
108417	**21902**	**28275**	**1897**	**872**	**936**	**236**	**9251**	**37688**	**7360**
14255	4114	2258	246	226	103	71	2341	4345	551
17007	4061	3841	336	165	221	49	1517	5783	1034
15678	2435	5188	222	75	60	17	1485	5224	972
24868	4941	6862	556	107	177	33	1233	8817	2142
18421	3303	5045	224	155	207	25	1362	6768	1332
11632	1838	3342	223	111	119	29	728	4417	825
6556	1210	1739	90	33	49	12	585	2334	504
85398	**20833**	**20343**	**2607**	**542**	**704**	**247**	**4139**	**28241**	**7742**
22926	5453	4634	839	133	124	129	1257	7747	2610
22951	5680	5490	740	160	205	56	1091	7551	1978
20339	4871	4839	548	107	202	42	1068	6929	1733
19182	4829	5380	480	142	173	20	723	6014	1421
31793	**7394**	**7662**	**377**	**378**	**325**	**134**	**2757**	**10574**	**2192**
14273	4110	3289	180	198	127	84	1322	4165	798
8612	2043	2346	94	121	69	25	708	2614	592
2308	369	703	24	19	47	4	206	793	143
6600	872	1324	79	40	82	21	521	3002	659
61130	**7532**	**13364**	**874**	**671**	**974**	**399**	**6749**	**25160**	**5407**
16751	3140	3833	287	189	234	138	1941	5785	1204
7355	819	1476	96	81	96	46	978	3191	572
12312	1101	2707	206	138	198	81	895	5858	1128
8756	860	1919	99	110	140	51	978	3855	744
3063	323	759	39	62	32	26	541	988	293
2597	306	749	22	7	17	3	299	961	233
10296	983	1921	125	84	257	54	1117	4522	1233

表5 续表 18

地 区	16岁及以上人口	各种职业人口总计	国家机关、党群组织、企业、事业单位负责人	专业技术人员	办事人员和有关人员	商业、服务业人员	农、林、牧、渔、水利业生产人员	生产、运输设备操作人员及有关人员	不便分类的其他从业人员
福建省	**2880394**	**1950006**	**50067**	**148520**	**105659**	**408552**	**557524**	**675964**	**3720**
福州市	**547883**	**318993**	**8585**	**34544**	**24603**	**92689**	**58500**	**98551**	**1521**
鼓楼区	50655	27935	2445	9005	5011	8934	104	2400	36
台江区	32429	16649	1143	3493	2322	7102	71	2505	13
仓山区	59002	33589	1243	5291	3259	8254	1220	13065	1257
马尾区	19125	10970	137	772	532	4361	449	4712	7
晋安区	65736	42892	175	4453	6624	14968	1369	15302	1
闽侯县	52496	29540	386	1629	880	6289	8117	12135	104
连江县	43925	25811	379	1279	829	8516	7843	6906	59
罗源县	16357	8846	210	723	347	1889	2886	2784	7
闽清县	17839	10557	248	838	350	1661	3743	3715	2
永泰县	17586	11891	57	658	323	1602	6617	2634	
平潭县	25178	12250	92	1147	439	2960	4165	3438	9
福清市	95490	59705	908	3597	2546	17221	17720	17692	21
长乐市	52065	28358	1162	1659	1141	8932	4196	11263	5
厦门市	**289240**	**204935**	**11805**	**23803**	**19428**	**55071**	**13710**	**80919**	**199**
思明区	76045	47894	5973	10539	6950	16645	195	7589	3
海沧区	23816	18114	807	1697	1116	4031	738	9697	28
湖里区	76885	60860	3623	6127	6699	19120	116	25095	80
集美区	47629	31069	673	2712	2272	6583	1039	17716	74
同安区	39739	29947	594	1884	2010	5787	5237	14435	
翔安区	25126	17051	135	844	381	2905	6385	6387	14
莆田市	**212080**	**142125**	**2418**	**8542**	**4592**	**25847**	**43504**	**57154**	**68**
城厢区	31025	20863	427	2022	1490	4805	5270	6842	7
涵江区	35381	23821	817	1402	991	5519	3668	11411	13
荔城区	38770	27557	431	1642	849	5380	5620	13631	4
秀屿区	44874	30911	250	1191	433	4211	15453	9345	28
仙游县	62030	38973	493	2285	829	5932	13493	15925	16
三明市	**189992**	**125479**	**3907**	**9463**	**5689**	**21966**	**52390**	**31914**	**150**
梅列区	14360	9298	468	1377	1149	2469	467	3362	6
三元区	15389	9313	302	982	518	2609	1863	3034	5
明溪县	7675	5350	82	335	231	797	2665	1235	5
清流县	9245	6676	150	381	237	804	3693	1408	3
宁化县	20807	15085	154	697	343	1502	9892	2493	4
大田县	23932	15652	277	1006	504	2024	7734	4093	14
尤溪县	26159	15928	523	1139	479	1968	7274	4481	64
沙县	17044	10255	952	910	444	2558	2761	2626	4
将乐县	11118	7269	175	498	378	1335	3257	1626	
泰宁县	8314	5911	142	375	241	1349	2627	1170	7
建宁县	9544	7086	87	389	212	880	4465	1020	33
永安市	26405	17656	595	1374	953	3671	5692	5366	5
泉州市	**651124**	**484377**	**11330**	**28226**	**25040**	**92969**	**85470**	**239980**	**1362**
鲤城区	34066	24986	1495	2548	2333	6354	256	11931	69
丰泽区	45736	31701	597	4139	4769	8978	465	12651	102
洛江区	15274	10968	124	771	662	1566	1517	6273	55
泉港区	24161	16743	236	1307	564	2899	3758	7979	
惠安县	73351	53336	656	2491	2701	8176	7843	31462	7
安溪县	75295	58269	747	1992	600	6895	38300	9715	20
永春县	35687	26897	303	1292	1014	3436	10937	9915	
德化县	22714	16307	417	790	1211	1778	3872	8238	1
石狮市	52745	40289	1353	2140	3091	9662	1224	22819	
晋江市	159305	123016	4198	5708	5675	25686	3195	77608	946
南安市	112790	81865	1204	5048	2420	17539	14103	41389	162
漳州市	**380492**	**277076**	**3815**	**16386**	**8677**	**48556**	**128987**	**70466**	**189**
芗城区	43504	27269	1217	3740	2274	8535	4948	6440	115
龙文区	13480	10218	275	811	412	2716	1833	4150	21
云霄县	32311	22709	85	2255	603	4123	10853	4786	4
漳浦县	63243	47706	169	2098	1091	6444	26126	11774	4
诏安县	48003	38003	89	1130	644	4362	22611	9164	3
长泰县	16355	12438	209	696	363	2463	4429	4267	11
东山县	16703	12156	165	707	556	2619	5002	3107	
南靖县	26983	19841	130	1016	567	2713	10834	4577	4
平和县	35796	26570	98	908	395	2661	19382	3125	1
华安县	12685	10081	251	517	70	1542	6188	1513	
龙海市	71429	50085	1127	2508	1702	10378	16781	17563	26

单位：人

各种未工作人口总计	在校学生	丧失工作能力	毕业后未工作	因单位原因失去工作	因本人原因失去工作	承包土地被征用	离退休	料理家务	其他
930388	**180272**	**122606**	**22791**	**10438**	**22625**	**4143**	**118847**	**367622**	**81044**
228890	**43880**	**21917**	**6814**	**3011**	**5784**	**932**	**38838**	**87020**	**20694**
22720	5135	262	485	728	669	14	10312	3390	1725
15780	2095	297	439	645	453	13	7118	3154	1566
25413	6806	1144	767	427	705	245	5768	7396	2155
8155	1767	736	259	48	213	5	891	3208	1028
22844	2691	646	614	544	690	39	6923	7746	2951
22956	9143	2955	448	56	249	180	1041	7504	1380
18114	1588	2666	490	72	391	86	1261	9901	1659
7511	729	1274	246	30	116	7	455	4144	510
7282	842	1546	215	46	74	1	715	3257	586
5695	1096	1517	111	22	66	4	454	2093	332
12928	2809	1617	548	55	281	8	583	6050	977
35785	6604	4601	1338	268	1181	293	2168	16328	3004
23707	2575	2656	854	70	696	37	1149	12849	2821
84305	**19867**	**3545**	**2136**	**1953**	**5156**	**1299**	**16790**	**26152**	**7407**
28151	5421	541	536	1126	1795	52	10753	6059	1868
5702	713	308	193	82	459	193	724	2386	644
16025	1647	351	504	377	1676	237	2547	7029	1657
16560	8147	506	283	184	621	311	1343	3902	1263
9792	1604	877	299	120	374	268	1018	3961	1271
8075	2335	962	321	64	231	238	405	2815	704
69955	**14656**	**11983**	**1519**	**473**	**911**	**259**	**5395**	**29043**	**5716**
10162	2668	883	228	114	153	9	1136	4042	929
11560	1475	1639	242	87	172	32	1435	5600	878
11213	2332	1893	226	67	133	27	1047	4792	696
13963	3130	3746	373	20	84	55	607	5005	943
23057	5051	3822	450	185	369	136	1170	9604	2270
64513	**9711**	**9312**	**1564**	**951**	**1407**	**155**	**9886**	**25292**	**6235**
5062	785	199	146	179	190	24	2044	1204	291
6076	1513	292	149	146	222	6	1865	1519	364
2325	279	374	43	38	35	4	317	901	334
2569	287	482	41	12	50	2	237	1187	271
5722	1120	1396	86	32	42	12	375	2221	438
8280	1606	1630	312	125	170	35	439	3210	753
10231	1681	1988	288	70	127		658	4384	1035
6789	603	789	126	109	230	24	931	2979	998
3849	333	556	62	42	62	33	387	1959	415
2403	225	365	59	25	44		282	1164	239
2458	238	362	27	22	41	2	242	1173	351
8749	1041	879	225	151	194	13	2109	3391	746
166747	**37841**	**20894**	**3581**	**841**	**3920**	**491**	**12681**	**70886**	**15612**
9080	1965	506	183	291	476	32	2431	2668	528
14035	5469	519	186	61	433	17	2002	4344	1004
4306	1606	391	64	19	104	20	200	1588	314
7418	1268	1197	229	29	178	17	530	3495	475
20015	3841	2664	283	87	605	22	1547	9375	1591
17026	4075	3437	557	53	168	80	886	6394	1376
8790	1482	1806	85	27	118	11	974	3767	520
6407	1712	916	117	45	184	9	446	2406	572
12456	2664	981	296	39	231	24	598	5883	1740
36289	6679	3557	897	88	960	126	1542	17431	5009
30925	7080	4920	684	102	463	133	1525	13535	2483
103416	**22931**	**18436**	**2059**	**966**	**1900**	**347**	**12027**	**37740**	**7010**
16235	5073	894	250	444	404	103	4324	3844	899
3262	629	540	60	13	80	54	175	1505	206
9602	1553	1760	294	68	286	50	883	3631	1077
15537	3142	3240	316	91	275	46	1355	5945	1127
10000	2493	2441	290	69	99	5	715	3150	738
3917	519	759	73	12	69	14	521	1735	215
4547	834	638	74	49	127	4	549	1999	273
7142	1402	1335	146	44	119	9	777	2764	546
9226	1741	2489	175	20	68	4	755	3352	622
2604	358	681	43	20	24	18	239	1060	161
21344	5187	3659	338	136	349	40	1734	8755	1146

表5　续表 19

地　区	16岁及以上人口	各种职业人口总计	国家机关、党群组织、企业、事业单位负责人	专业技术人员	办事人员和有关人员	商业、服务业人员	农、林、牧、渔、水利业生产人员	生产、运输设备操作人员及有关人员	不便分类的其他从业人员
南平市	**200816**	**129112**	**2849**	**9308**	**5630**	**22198**	**60349**	**28730**	**48**
延平区	36263	21957	763	2315	1447	4768	5274	7384	6
顺昌县	15271	9653	272	600	469	1439	4647	2226	
浦城县	21112	13888	179	776	433	1806	8900	1785	9
光泽县	10067	6548	243	396	318	887	3085	1618	1
松溪县	9322	5799	76	417	230	877	3132	1066	1
政和县	12689	8023	151	460	210	1089	5166	946	1
邵武市	21701	14662	237	1033	707	2868	5603	4209	5
武夷山市	18002	11586	213	913	630	2847	4667	2316	
建瓯市	34724	23010	421	1432	595	3289	13558	3699	16
建阳市	21665	13986	294	966	591	2328	6317	3481	9
龙岩市	**200684**	**138541**	**2369**	**9561**	**6903**	**23467**	**56672**	**39519**	**50**
新罗区	52819	35363	1017	3618	3419	9444	5663	12192	10
长汀县	29446	20405	294	1026	584	3027	9298	6172	4
永定县	27715	19577	325	1219	642	2602	8699	6085	5
上杭县	29693	20262	168	1297	688	2708	9948	5450	3
武平县	22283	15860	217	890	475	1931	8996	3347	4
连城县	19722	13364	106	678	471	1781	7200	3121	7
漳平市	19006	13710	242	833	624	1974	6868	3152	17
宁德市	**208083**	**129368**	**2989**	**8687**	**5097**	**25789**	**57942**	**28731**	**133**
蕉城区	32223	19001	361	2001	1394	4938	6153	4152	2
霞浦县	32101	18443	207	1046	593	3839	9649	3029	80
古田县	26637	16169	226	907	432	2626	9274	2696	8
屏南县	10058	6383	79	389	194	1239	3561	921	
寿宁县	13008	9271	24	403	359	1548	5811	1126	
周宁县	8066	4445	124	355	193	762	2364	642	5
柘荣县	6073	3609	92	245	229	591	1502	949	1
福安市	40988	25348	1409	1536	878	4135	10408	6953	29
福鼎市	38929	26699	467	1805	825	6111	9220	8263	8
江西省	**3242397**	**2251205**	**30962**	**129009**	**80629**	**340746**	**996717**	**669811**	**3331**
南昌市	**383560**	**230150**	**5415**	**26143**	**15872**	**59675**	**75640**	**46770**	**635**
东湖区	46684	26781	1425	6746	4641	9988	154	3617	210
西湖区	40237	22859	944	4350	3212	10886	157	3219	91
青云谱区	25205	13647	351	2025	1782	4933	88	4468	
湾里区	5289	2164	45	162	138	447	777	595	
青山湖区	74401	36532	1082	6042	2723	12597	3155	10665	268
南昌县	78236	48513	898	3257	1244	7813	27843	7449	9
新建县	50848	33904	189	1737	1312	6774	20096	3773	23
安义县	12235	7534	142	535	377	1297	3261	1917	5
进贤县	50425	38216	339	1289	443	4940	20109	11067	29
景德镇市	**120384**	**81115**	**1067**	**5089**	**3736**	**13338**	**30835**	**26997**	**53**
昌江区	14305	8641	186	723	478	2472	1733	3011	38
珠山区	21998	12272	511	1649	1601	4259	16	4234	2
浮梁县	24435	16444	173	611	578	1908	8767	4407	
乐平市	59646	43758	197	2106	1079	4699	20319	15345	13
萍乡市	**135200**	**80894**	**1569**	**6138**	**3867**	**15322**	**21338**	**32321**	**339**
安源区	37648	19680	796	3088	2228	6857	1078	5582	51
湘东区	27427	16359	167	757	331	2845	5457	6695	107
莲花县	15862	11229	179	596	425	1177	5552	3219	81
上栗县	34615	22489	241	888	495	2848	5199	12724	94
芦溪县	19648	11137	186	809	388	1595	4052	4101	6
九江市	**361528**	**246572**	**3356**	**14740**	**9654**	**38370**	**88937**	**91215**	**300**
庐山区	25064	13090	329	1562	673	3654	2197	4652	23
浔阳区	30780	16497	416	3032	3194	6179	158	3514	4
九江县	23242	16782	259	716	412	1944	7531	5920	
武宁县	30923	21512	404	1042	848	2765	10587	5658	208
修水县	54966	34486	304	1612	605	4773	15707	11469	16
永修县	28581	21213	472	1010	671	3855	10018	5183	4
德安县	18369	12374	182	819	463	2075	3590	5238	7
星子县	18172	13236	219	535	320	1572	4698	5881	11
都昌县	52225	38913	184	1547	630	3406	13217	19929	
湖口县	20716	15564	202	696	428	1901	5444	6893	
彭泽县	25059	18986	180	984	663	2350	8495	6310	4
瑞昌市	33431	23919	205	1185	747	3896	7295	10568	23
新余市	**83099**	**55508**	**1164**	**3764**	**3099**	**9217**	**22637**	**15621**	**6**
渝水区	63266	41551	934	3074	2651	7484	15256	12148	4
分宜县	19833	13957	230	690	448	1733	7381	3473	2

单位：人

各种未工作人口总计	在校学生	丧失工作能力	毕业后未工作	因单位原因失去工作	因本人原因失去工作	承包土地被征用	离退休	料理家务	其他
71704	**8306**	**11043**	**1398**	**1035**	**1164**	**162**	**10790**	**32115**	**5691**
14306	1512	1648	275	280	348	64	3288	5723	1168
5618	627	838	108	113	70	2	903	2508	449
7224	570	1655	86	54	67	2	893	3400	497
3519	373	570	62	44	93	6	502	1660	209
3523	380	659	74	34	36	5	272	1763	300
4666	588	880	150	48	43	7	249	2261	440
7039	709	911	121	124	137	24	1547	2962	504
6416	1871	699	126	56	82	12	727	2334	509
11714	1004	1947	277	166	139	23	1347	5821	990
7679	672	1236	119	116	149	17	1062	3683	625
62143	**10788**	**11553**	**1150**	**705**	**1039**	**363**	**6810**	**24333**	**5402**
17456	2919	1620	444	368	361	211	2864	6900	1769
9041	1793	1584	93	47	132	13	922	3693	764
8138	1057	1960	169	92	148	55	607	3367	683
9431	1808	2077	148	43	137	51	796	3643	728
6423	1221	1779	68	37	115	12	526	2213	452
6358	1272	1332	139	57	78	10	524	2318	628
5296	718	1201	89	61	68	11	571	2199	378
78715	**12292**	**13923**	**2570**	**503**	**1344**	**135**	**5630**	**35041**	**7277**
13222	2137	1942	441	81	256	42	1125	6027	1171
13658	1389	2397	444	76	191	15	630	7431	1085
10468	1334	1943	331	66	145		853	5086	710
3675	507	830	89	13	50	1	241	1575	369
3737	755	872	125	15	32	1	221	1370	346
3621	470	900	55	9	55	5	172	1486	469
2464	393	454	77	24	57	9	168	1063	219
15640	3348	2364	642	99	237	22	1120	6125	1683
12230	1959	2221	366	120	321	40	1100	4878	1225
991192	**229732**	**150631**	**23044**	**11841**	**15406**	**2766**	**147043**	**327144**	**83585**
153410	**56305**	**11652**	**3287**	**2581**	**2008**	**370**	**37924**	**30093**	**9190**
19903	4460	467	615	629	385	30	9186	2749	1382
17378	2750	526	511	752	394	62	8566	2447	1370
11558	1744	296	324	432	242	16	5316	2171	1017
3125	1711	208	39	39	65	1	453	541	68
37869	22125	1000	443	407	332	102	7595	4290	1575
29723	12500	3289	691	126	299	53	2716	8237	1812
16944	7079	2416	294	119	121	87	2491	3591	746
4701	1246	1137	73	16	52	10	459	1424	284
12209	2690	2313	297	61	118	9	1142	4643	936
39269	**6942**	**3752**	**1374**	**674**	**560**	**84**	**8773**	**13613**	**3497**
5664	610	377	263	126	138	27	1438	2011	674
9726	1759	307	332	363	189	2	4795	1423	556
7991	2253	1191	237	39	55	30	672	2689	825
15888	2320	1877	542	146	178	25	1868	7490	1442
54306	**6531**	**6339**	**1740**	**844**	**1260**	**151**	**8357**	**21722**	**7362**
17968	2505	708	637	520	528	56	5345	5046	2623
11068	1276	1577	344	96	238	32	1148	4761	1596
4633	658	900	97	72	103	14	460	1837	492
12126	1422	1900	429	55	207	40	774	5766	1533
8511	670	1254	233	101	184	9	630	4312	1118
114956	**26799**	**17630**	**2849**	**1658**	**2137**	**414**	**16412**	**37161**	**9896**
11974	4898	931	271	202	185	35	2368	2395	689
14283	2953	326	443	637	238	42	6127	2209	1308
6460	1538	1202	185	60	161	120	690	1999	505
9411	1150	1945	278	90	228	10	651	4026	1033
20480	2885	4205	530	189	438	57	919	9003	2254
7368	1483	1488	135	101	174	5	1437	2075	470
5995	1983	618	137	89	128	24	903	1576	537
4936	1076	903	150	22	73	5	437	1881	389
13312	3813	2497	268	62	191	9	659	4805	1008
5152	1528	711	77	35	75	19	583	1774	350
6073	1483	1146	133	109	83	23	610	2010	476
9512	2009	1658	242	62	163	65	1028	3408	877
27591	**5723**	**3053**	**769**	**480**	**533**	**140**	**5047**	**9300**	**2546**
21715	5244	1935	633	358	429	135	4163	6941	1877
5876	479	1118	136	122	104	5	884	2359	669

表5 续表 20

地 区	16岁及以上人口	各种职业人口总计	国家机关、党群组织、企业、事业单位负责人	专业技术人员	办事人员和有关人员	商业、服务业人员	农、林、牧、渔、水利业生产人员	生产、运输设备操作人员及有关人员	不便分类的其他从业人员
鹰潭市	**79610**	**56707**	**732**	**3265**	**2178**	**10935**	**25547**	**14014**	**36**
月湖区	16071	9733	259	1399	911	3138	1715	2309	2
余江县	23875	17774	182	717	431	3131	8867	4437	9
贵溪市	39664	29200	291	1149	836	4666	14965	7268	25
赣州市	**586281**	**418216**	**5004**	**19486**	**11139**	**47604**	**195820**	**138137**	**1026**
章贡区	49887	27438	1654	4096	2555	8007	3818	7233	75
赣县	37935	29031	123	918	576	2873	13127	11408	6
信丰县	47059	37736	200	1037	578	2789	21254	11878	
大余县	20273	14507	327	777	446	1578	6248	5127	4
上犹县	23494	16254	195	684	320	1408	6422	7155	70
崇义县	14536	9997	74	482	494	1146	4705	3075	21
安远县	22426	16762	101	862	494	1745	8422	5136	2
龙南县	22500	16334	304	827	640	2140	4544	7720	159
定南县	12727	8330	52	534	358	1393	3175	2815	3
全南县	13656	9798	145	458	411	1081	3463	4238	2
宁都县	57986	43440	285	1395	647	5710	24708	10694	1
于都县	51056	35549	263	1793	700	2930	18763	11094	6
兴国县	49625	36071	356	1389	724	2985	17792	12824	1
会昌县	28362	20380	121	700	359	2408	8917	7860	15
寻乌县	20700	15809	29	554	322	1081	11927	1896	
石城县	20993	15262	141	548	376	1909	8214	4027	47
瑞金市	38041	26445	208	936	433	2903	14685	7264	16
南康市	55025	39073	426	1496	706	3518	15636	16693	598
吉安市	**363086**	**273361**	**3148**	**11777**	**8953**	**33027**	**130750**	**85398**	**308**
吉州区	25902	16448	156	1506	1921	4361	4713	3740	51
青原区	16010	10685	210	716	246	1492	4814	3194	13
吉安县	35198	27946	114	1188	982	2780	13608	9105	169
吉水县	35509	28123	67	934	688	2780	12713	10914	27
峡江县	13937	10360	278	400	294	1441	6356	1585	6
新干县	25099	19542	268	830	575	3022	8978	5868	1
永丰县	32100	24833	154	889	589	2785	12845	7571	
泰和县	37568	28722	235	1248	746	2981	14231	9277	4
遂川县	40597	30971	409	985	516	2663	16992	9379	27
万安县	22232	16774	151	839	494	1705	8901	4680	4
安福县	30213	22891	506	833	658	2877	10991	7024	2
永新县	37092	28145	409	963	644	2678	13599	9848	4
井冈山市	11629	7921	191	446	600	1462	2009	3213	
宜春市	**386387**	**286227**	**3500**	**12630**	**7861**	**36504**	**150396**	**75251**	**85**
袁州区	72423	49658	976	2536	2192	7799	22352	13803	
奉新县	19845	14322	180	785	460	1685	7679	3527	6
万载县	33280	23794	175	1041	696	2422	10273	9187	
上高县	25385	19072	278	750	637	2409	9464	5513	21
宜丰县	19426	13915	170	709	545	1868	7099	3518	6
靖安县	9565	6329	95	345	336	1057	2643	1850	3
铜鼓县	9994	6572	91	369	328	1109	2697	1978	
丰城市	100567	79107	619	2727	1409	9903	42992	21428	29
樟树市	42075	33210	245	1500	562	4507	19789	6600	7
高安市	53827	40248	671	1868	696	3745	25408	7847	13
抚州市	**285974**	**210928**	**2178**	**9982**	**6316**	**30302**	**114256**	**47656**	**238**
临川区	78947	54168	498	3755	2029	10000	24743	13057	86
南城县	21099	15230	332	632	398	1653	8642	3573	
黎川县	17389	12518	281	530	405	1952	5070	4263	17
南丰县	21959	17414	74	546	436	1781	12832	1745	
崇仁县	24766	18673	201	637	373	1736	13379	2338	9
乐安县	24646	17863	269	701	426	2099	9785	4494	89
宜黄县	15014	11644	88	398	376	1700	5738	3344	
金溪县	22289	17295	131	932	559	2259	9455	3957	2
资溪县	8449	5895	30	251	262	975	2339	2038	
东乡县	33175	26233	188	1040	706	4332	13397	6535	35
广昌县	18241	13995	86	560	346	1815	8876	2312	
上饶市	**457288**	**311527**	**3829**	**15995**	**7954**	**46452**	**140561**	**96431**	**305**
信州区	31320	17236	882	2037	1689	5376	2644	4607	1
上饶县	47878	29575	311	1510	636	4022	10248	12795	53
广丰县	54685	38192	402	1800	470	6720	15500	13264	36
玉山县	39183	25676	253	1142	624	3877	11486	8276	18

单位：人

各种未工作人口总计	在校学生	丧失工作能力	毕业后未工作	因单位原因失去工作	因本人原因失去工作	承包土地被征用	离退休	料理家务	其他
22903	**3174**	**3409**	**596**	**260**	**325**	**53**	**3735**	**9074**	**2277**
6338	857	329	202	88	95	39	1740	2417	571
6101	1103	1046	128	55	52	9	796	2337	575
10464	1214	2034	266	117	178	5	1199	4320	1131
168065	**36300**	**31416**	**3005**	**1306**	**2527**	**712**	**18182**	**58871**	**15746**
22449	7019	1258	417	480	403	242	6708	4169	1753
8904	1401	2397	173	42	132	16	742	3340	661
9323	1990	1661	163	40	172	11	769	3549	968
5766	939	1130	95	53	125	8	871	1913	632
7240	934	1761	72	67	119	23	541	2938	785
4539	735	882	68	46	115	46	383	1861	403
5664	1390	1289	97	12	66	9	327	2032	442
6166	997	994	130	48	152	7	551	2670	617
4397	571	762	68	34	99	21	324	2011	507
3858	447	636	56	40	81	6	592	1637	363
14546	3664	2919	333	79	116	101	764	5393	1177
15507	3709	3222	165	50	191	23	1095	5437	1615
13554	3179	3431	181	50	181	38	860	4424	1210
7982	1434	1842	140	41	106	9	487	3064	859
4891	1262	1355	174	4	37	2	310	1422	325
5731	1338	866	119	36	75	50	393	2344	510
11596	2357	1937	363	95	136	43	842	4111	1712
15952	2934	3074	191	89	221	57	1623	6556	1207
89725	**22735**	**17240**	**1786**	**995**	**1347**	**184**	**10793**	**27437**	**7208**
9454	1736	771	216	269	176	48	3412	2048	778
5325	2631	701	94	26	50	16	348	1175	284
7252	1578	1692	192	83	116	50	919	2074	548
7386	1911	1535	151	36	84	1	522	2651	495
3577	956	634	114	27	81		294	1127	344
5557	1533	888	110	113	99	6	443	2027	338
7267	1816	1415	97	36	83	2	499	2694	625
8846	2287	1746	180	62	124	8	883	2888	668
9626	2111	2368	193	76	116	18	596	3183	965
5458	1775	1366	98	64	75	10	460	1270	340
7322	1526	1501	139	78	151	15	1004	2265	643
8947	2305	2078	132	68	108	5	800	2687	764
3708	570	545	70	57	84	5	613	1348	416
100160	**21778**	**18426**	**2361**	**1118**	**1964**	**217**	**13687**	**33460**	**7149**
22765	4544	3305	535	414	737	85	3271	7907	1967
5523	730	1159	109	45	62	11	797	2214	396
9486	1333	1940	248	79	274	26	986	3766	834
6313	1511	1125	172	89	134	10	942	1745	585
5511	746	886	92	85	159	2	965	2014	562
3236	334	723	73	53	57	8	507	1288	193
3422	373	646	77	39	43	6	391	1470	377
21460	5842	4535	581	102	207	38	2743	6381	1031
8865	2027	1547	198	102	65	18	1586	2786	536
13579	4338	2560	276	110	226	13	1499	3889	668
75046	**16260**	**11983**	**1864**	**675**	**717**	**162**	**9364**	**27277**	**6744**
24779	5961	3225	582	229	208	61	4265	8402	1846
5869	850	908	156	77	82	4	551	2654	587
4871	681	872	142	51	63	10	402	2135	515
4545	806	702	119	44	29	32	555	1874	384
6093	1802	1035	150	64	48	3	595	1994	402
6783	1302	1352	139	50	50	30	547	2551	762
3370	669	551	60	28	45	11	342	1341	323
4994	1003	1019	141	34	55		414	1850	478
2554	342	367	82	40	28	4	268	1097	326
6942	1810	1303	167	32	57	5	1021	1928	619
4246	1034	649	126	26	52	2	404	1451	502
145761	**27185**	**25731**	**3413**	**1250**	**2028**	**279**	**14769**	**59136**	**11970**
14084	2741	998	482	253	268	50	3505	4624	1163
18303	2453	2610	406	61	202	35	767	10260	1509
16493	4401	3603	329	50	166	39	870	6039	996
13507	2435	2643	195	137	117	28	928	5859	1165

表5 续表 21

地　区	16岁及以上人口	各种职业人口总计	国家机关、党群组织、企业、事业单位负责人	专业技术人员	办事人员和有关人员	商业、服务业人员	农、林、牧、渔、水利业生产人员	生产、运输设备操作人员及有关人员	不便分类的其他从业人员
铅山县	31558	21419	237	1055	642	3761	8833	6827	64
横峰县	13556	8733	56	615	395	1537	3217	2912	1
弋阳县	23985	17194	30	966	461	2193	8370	5174	
余干县	62141	46071	206	1923	638	5792	24452	13055	5
鄱阳县	82897	58246	420	2306	1231	6965	33058	14207	59
万年县	24426	17751	535	773	162	1760	9549	4962	10
婺源县	25027	18100	268	806	406	2521	8448	5595	56
德兴市	20632	13334	229	1062	600	1928	4756	4757	2
山东省	**7688407**	**5694220**	**90576**	**352073**	**172455**	**779130**	**3120161**	**1176785**	**3040**
济南市	**552616**	**354674**	**10815**	**40617**	**20905**	**70169**	**144323**	**67508**	**337**
历下区	53195	30251	2270	9078	4562	9271	108	4916	46
市中区	62191	32397	1677	7393	3768	9841	3342	6316	60
槐荫区	36788	21500	974	4105	2135	8476	1483	4283	44
天桥区	56399	32366	1320	5494	2780	13277	3307	6071	117
历城区	93550	54866	1799	6185	3370	10807	19903	12800	2
长清区	48039	30760	538	1645	874	3709	17936	6058	
平阴县	27373	19732	314	1180	677	1942	11613	4006	
济阳县	41451	33612	146	916	530	1820	27482	2715	3
商河县	47016	39484	401	1093	705	1787	31907	3583	8
章丘市	86614	59706	1376	3528	1504	9239	27242	16760	57
青岛市	**732504**	**492494**	**16364**	**49156**	**28580**	**120736**	**107625**	**169481**	**552**
市南区	42935	22932	534	5656	7686	6491	83	2481	1
市北区	48758	25398	1901	6657	3047	9518	86	4117	72
四方区	40961	20796	920	4047	2081	7926	24	5784	14
黄岛区	45809	29152	1829	3614	1887	7708	1043	13000	71
崂山区	35922	20115	1896	2825	2226	4722	1907	6495	44
李沧区	42369	24119	1144	4351	2169	7985	116	8212	142
城阳区	63415	41885	1732	4122	2067	9696	3774	20365	129
胶州市	69376	49883	1910	3555	1838	11167	9409	21999	5
即墨市	97980	72155	1731	4482	1857	14376	17503	32198	8
平度市	111175	86249	803	3465	1209	18522	40687	21512	51
胶南市	73669	52932	1362	4239	1328	12821	14459	18710	13
莱西市	60135	46878	602	2143	1185	9804	18534	14608	2
淄博市	**364678**	**244816**	**7705**	**22252**	**11158**	**46769**	**85557**	**71101**	**274**
淄川区	57501	35589	1497	3048	1408	8371	5413	15831	21
张店区	73567	46060	2354	7685	4269	15387	1859	14417	89
博山区	37264	22477	923	1973	986	4658	4261	9668	8
临淄区	52144	35161	980	3181	1679	5757	13105	10441	18
周村区	28557	17291	847	1910	911	4289	2916	6321	97
桓台县	42040	28052	846	2267	819	4390	10742	8954	34
高青县	28160	23130	122	784	383	1718	18308	1810	5
沂源县	45445	37056	136	1404	703	2199	28953	3659	2
枣庄市	**286747**	**209930**	**2304**	**11972**	**6697**	**28558**	**106533**	**53833**	**33**
市中区	42427	26998	789	3454	2073	6978	4325	9368	11
薛城区	36522	22839	289	1969	1076	4565	7239	7686	15
峄城区	28463	22671	121	866	440	1638	12795	6811	
台儿庄区	22106	17350	100	810	534	1756	11303	2847	
山亭区	34643	27128	46	345	126	2103	21135	3373	
滕州市	122586	92944	959	4528	2448	11518	49736	23748	7
东营市	**167299**	**120404**	**3464**	**11758**	**7165**	**20550**	**50584**	**26750**	**133**
东营区	62541	41536	1993	6586	3885	11076	7533	10371	92
河口区	20189	14221	200	1370	1377	2473	4426	4345	30
垦利县	19452	15143	316	1015	623	1849	8991	2346	3
利津县	23428	18264	194	835	381	1836	13051	1966	1
广饶县	41689	31240	761	1952	899	3316	16583	7722	7
烟台市	**600792**	**428968**	**8234**	**30692**	**13037**	**59586**	**225391**	**91737**	**291**
芝罘区	68806	39556	1286	7443	3627	14669	1453	10973	105
福山区	51553	38636	1321	3483	1520	6899	9122	16281	10
牟平区	40674	29821	344	1890	752	3754	17767	5303	11
莱山区	30058	16101	735	2359	1128	3449	3365	5040	25
长岛县	3761	2131	73	248	171	449	957	232	1
龙口市	59680	41692	874	3564	1050	6569	17649	11892	94
莱阳市	75293	58949	688	2129	893	4912	43151	7174	2
莱州市	76607	54670	1244	3233	985	6614	30812	11760	22
蓬莱市	40118	30446	440	1558	689	3327	20864	3556	12
招远市	48708	36319	736	1821	1209	3712	20454	8387	

单位：人

各种未工作人口总计	在校学生	丧失工作能力	毕业后未工作	因单位原因失去工作	因本人原因失去工作	承包土地被征用	离退休	料理家务	其他
10139	986	1601	275	53	141	7	784	5438	854
4823	449	747	116	30	119	14	508	2256	584
6791	858	1183	145	79	50		1284	2661	531
16070	4489	3633	429	87	190	42	975	5106	1119
24651	5293	5404	541	252	475	23	2250	8536	1877
6675	1645	1102	169	79	87	6	582	2526	479
6927	930	1312	145	61	117	8	899	2527	928
7298	505	895	181	108	96	27	1417	3304	765
1994187	**444632**	**434864**	**46597**	**35003**	**31706**	**4760**	**349667**	**539261**	**107697**
197942	**57429**	**22231**	**4207**	**4585**	**3444**	**823**	**49685**	**43382**	**12156**
22944	6026	428	598	830	505	211	9979	2837	1530
29794	9464	1065	712	856	590	79	10531	4762	1735
15288	1744	750	440	555	399	140	6226	3671	1363
24033	4052	777	704	1159	661	21	10322	4250	2087
38684	15547	3964	719	611	690	153	6370	9005	1625
17279	7968	2803	181	148	79	133	1090	3998	879
7641	1351	1619	130	157	78	15	1181	2649	461
7839	1365	2918	192	60	65	39	759	2023	418
7532	1612	2887	111	67	56	1	656	1733	409
26908	8300	5020	420	142	321	31	2571	8454	1649
240010	**50285**	**34967**	**4821**	**6197**	**6411**	**261**	**68868**	**53932**	**14268**
20003	2923	568	469	869	947	3	11972	1196	1056
23360	2235	390	656	1507	963	14	13608	2184	1803
20165	3173	420	532	1413	664	4	10814	1622	1523
16657	7357	610	250	188	383	13	3878	3040	938
15807	5723	865	225	124	550	5	5335	2443	537
18250	3408	292	425	802	660	11	8632	2512	1508
21530	6314	2177	369	229	765	55	3739	6566	1316
19493	2985	4528	341	223	410	23	2351	7428	1204
25825	3706	6919	467	130	280	19	2415	10158	1731
24926	4921	8688	510	292	264	52	2302	6690	1207
20737	4985	5227	316	252	355	45	2087	6557	913
13257	2555	4283	261	168	170	17	1735	3536	532
119862	**20344**	**19132**	**2799**	**2750**	**2340**	**236**	**28346**	**36491**	**7424**
21912	3201	3190	420	393	345	10	3638	9125	1590
27507	4718	2161	715	872	729	33	9604	6871	1804
14787	1739	1612	360	367	336	7	5826	4001	539
16983	2192	3029	548	429	297	77	3730	5624	1057
11266	2369	1515	208	396	176	37	2657	2984	924
13988	2739	3319	266	133	314	43	1168	5025	981
5030	650	2030	92	71	69	3	654	1196	265
8389	2736	2276	190	89	74	26	1069	1665	264
76817	**18647**	**15891**	**3234**	**1628**	**961**	**196**	**11469**	**20555**	**4236**
15429	2740	1699	598	855	266	23	4201	4051	996
13683	3190	1683	666	153	141	86	2442	4425	897
5792	1708	1517	144	69	53	4	509	1553	235
4756	1077	1340	258	119	100	27	411	1185	239
7515	2082	2276	246	26	39	15	227	2035	569
29642	7850	7376	1322	406	362	41	3679	7306	1300
46895	**9620**	**8296**	**1146**	**619**	**580**	**183**	**8707**	**15683**	**2061**
21005	5307	1651	533	312	322	24	5031	6703	1122
5968	650	622	187	45	83	1	1743	2349	288
4309	775	1253	105	54	48	11	532	1403	128
5164	1264	1774	107	90	37	15	480	1205	192
10449	1624	2996	214	118	90	132	921	4023	331
171824	**38782**	**36550**	**3591**	**3729**	**3095**	**552**	**35966**	**40999**	**8560**
29250	5571	1043	919	1912	1063	86	12158	4267	2231
12917	1806	1489	250	300	495	283	3818	3458	1018
10853	2372	2985	210	188	129	8	1947	2478	536
13957	7977	1010	178	196	268	71	1395	2426	436
1630	141	307	52	23	15		360	671	61
17988	3902	3991	353	171	264	51	3497	5116	643
16344	4406	5019	316	155	129	7	2135	3661	516
21937	3680	6305	507	262	401	8	3388	6539	847
9672	1871	2843	151	99	64	29	1601	2289	725
12389	2060	4161	334	163	118	3	2447	2655	448

表5 续表 22

地　区	16岁及以上人口	各种职业人口总计	国家机关、党群组织、企业、事业单位负责人	专业技术人员	办事人员和有关人员	商业、服务业人员	农、林、牧、渔、水利业生产人员	生产、运输设备操作人员及有关人员	不便分类的其他从业人员
栖霞市	49040	39117	125	1155	605	2346	31862	3015	9
海阳市	56494	41530	368	1809	408	2886	27935	8124	
潍坊市	**725472**	**539524**	**7847**	**32730**	**12904**	**69800**	**309189**	**106799**	**255**
潍城区	34489	21720	601	2423	1063	7424	3933	6221	55
寒亭区	34258	25225	396	1275	754	2297	15487	5009	7
坊子区	40563	30028	289	1244	651	2821	19039	5934	50
奎文区	51452	32056	1548	6012	3221	10105	2399	8743	28
临朐县	64505	49674	575	2160	761	4720	32954	8504	
昌乐县	49988	39137	352	1706	746	3239	27469	5621	4
青州市	76549	56405	417	2514	900	5611	39699	7244	20
诸城市	86439	63185	970	4256	1022	7466	36630	12800	41
寿光市	95887	74486	1221	3687	1089	8050	47681	12730	28
安丘市	74999	59619	471	2402	984	4404	44513	6830	15
高密市	68597	52370	674	3492	1126	10217	15770	21085	6
昌邑市	47746	35619	333	1559	587	3446	23615	6078	1
济宁市	**633282**	**473426**	**4580**	**23779**	**12514**	**46349**	**304412**	**81620**	**172**
市中区	45641	30949	497	4064	2482	5856	12094	5935	21
任城区	50243	32745	759	3134	1881	6682	9600	10670	19
微山县	50028	35247	277	1235	986	3772	21092	7885	
鱼台县	34173	27535	148	702	444	1179	23613	1415	34
金乡县	50380	41846	300	1216	667	2510	35314	1835	4
嘉祥县	62437	47682	119	1253	567	2604	35824	7314	1
汶上县	53230	41624	342	984	683	2131	29931	7550	3
泗水县	42157	34280	91	906	439	1715	27875	3252	2
梁山县	55219	43339	439	1196	578	2552	33522	5030	22
曲阜市	51350	37813	380	2739	658	5282	21430	7287	37
兖州市	50771	36054	508	2727	1136	4877	17145	9659	2
邹城市	87653	64312	720	3623	1993	7189	36972	13788	27
泰安市	**433919**	**322049**	**4519**	**18693**	**8428**	**56460**	**154393**	**79493**	**63**
泰山区	57494	35157	1646	5542	3470	11222	3866	9404	7
岱岳区	78570	58661	494	2304	868	10100	30657	14229	9
宁阳县	58565	45668	296	2070	818	7577	25937	8950	20
东平县	58001	43518	129	1822	848	6602	23107	11010	
新泰市	103716	81384	1059	3530	1367	14023	40108	21291	6
肥城市	77573	57661	895	3425	1057	6936	30718	14609	21
威海市	**234728**	**161389**	**3587**	**13710**	**5802**	**26927**	**70640**	**40601**	**122**
环翠区	66130	44581	1926	5995	2728	12579	6191	15067	95
文登市	56916	40288	610	2609	865	4957	21422	9812	13
荣成市	61274	42537	379	2972	1301	5869	22803	9213	
乳山市	50408	33983	672	2134	908	3522	20224	6509	14
日照市	**227878**	**167209**	**2312**	**9214**	**4203**	**17874**	**106430**	**27131**	**45**
东港区	76256	48462	1099	4579	2535	9979	19095	11160	15
岚山区	33071	24829	201	856	422	2791	15500	5043	16
五莲县	39901	30838	456	1443	419	2136	21450	4922	12
莒县	78650	63080	556	2336	827	2968	50385	6006	2
莱芜市	**101911**	**76111**	**1038**	**5572**	**2281**	**18046**	**34078**	**15049**	**47**
莱城区	77689	58814	738	4255	1817	13562	28655	9740	47
钢城区	24222	17297	300	1317	464	4484	5423	5309	
临沂市	**795905**	**636250**	**7520**	**26480**	**10582**	**61323**	**410124**	**119969**	**252**
兰山区	87876	59294	2951	7216	2750	17314	7788	21209	66
罗庄区	39833	28444	495	1969	681	6245	7066	11952	36
河东区	50484	39874	593	1760	469	6413	18721	11906	12
沂南县	64563	52440	383	1903	787	2796	39757	6814	
郯城县	75073	60262	195	1426	627	3905	43515	10507	87
沂水县	81304	68394	588	2219	784	4256	52427	8112	8
苍山县	87530	76372	167	1567	773	2682	67738	3444	1
费县	75803	60189	448	1837	858	3661	35042	18325	18
平邑县	73326	58901	712	1771	695	4852	41902	8969	
莒南县	72723	60808	542	1942	744	3169	49260	5140	11
蒙阴县	39756	32296	126	1177	663	2077	24304	3939	10
临沭县	47634	38976	320	1693	751	3953	22604	9652	3
德州市	**435720**	**357756**	**3169**	**14838**	**8230**	**46940**	**230507**	**54028**	**44**
德城区	52885	36362	754	5115	2765	9636	10250	7833	9
陵县	44299	38124	241	849	463	4783	25189	6598	1
宁津县	34740	29595	458	931	317	4112	20071	3706	

单位：人

各种未工作人口总计	在校学生	丧失工作能力	毕业后未工作	因单位原因失去工作	因本人原因失去工作	承包土地被征用	离退休	料理家务	其他
9923	2221	3258	173	207	84	4	1474	2013	489
14964	2775	4139	148	53	65	2	1746	5426	610
185948	**39091**	**49331**	**3076**	**2085**	**2294**	**332**	**28232**	**52710**	**8797**
12769	3657	1400	228	252	302	21	3329	3093	487
9033	1283	2924	172	125	248	87	1478	2358	358
10535	1394	3322	171	80	152	7	1123	3728	558
19396	4494	1310	434	478	441	28	6689	4150	1372
14831	2245	4490	285	186	108	16	1724	5342	435
10851	2416	2929	180	114	92	59	1162	3196	703
20144	4355	6230	337	268	114	41	2652	5262	885
23254	4314	5500	387	127	231	27	2723	8528	1417
21401	5804	7245	315	155	248	24	2050	4946	614
15380	3624	4832	237	162	119	7	1866	3943	590
16227	3491	5008	162	67	144	4	1993	4630	728
12127	2014	4141	168	71	95	11	1443	3534	650
159856	**32114**	**40526**	**5264**	**2770**	**1542**	**472**	**21058**	**47930**	**8180**
14692	2176	1741	556	650	328	19	5401	3052	769
17498	4329	2267	539	339	244	159	2357	6206	1058
14781	2962	3655	667	132	134	18	924	5360	929
6638	2014	2714	162	73	34	70	431	996	144
8534	2305	3642	243	139	27	43	746	1200	189
14755	3968	5319	358	155	59	31	747	3665	453
11606	3311	3884	293	136	71	25	762	2847	277
7877	1247	2677	156	110	52	16	677	2472	470
11880	2263	4025	387	181	93	26	1129	3440	336
13537	2353	3072	330	80	92	6	1320	4985	1299
14717	1634	2912	469	496	186	39	2729	5380	872
23341	3552	4618	1104	279	222	20	3835	8327	1384
111870	**22675**	**22165**	**2420**	**1667**	**1171**	**202**	**18436**	**37786**	**5348**
22337	6971	1628	339	534	344	71	6550	5308	592
19909	5836	4721	294	352	231	96	1376	5925	1078
12897	1825	3371	265	175	191	14	1763	4461	832
14483	2509	3890	258	59	67	3	957	5996	744
22332	3067	4489	670	396	205	4	4182	8306	1013
19912	2467	4066	594	151	133	14	3608	7790	1089
73339	**11387**	**14361**	**1790**	**1687**	**2138**	**59**	**14843**	**22369**	**4705**
21549	3588	1822	653	734	1099	31	6689	5635	1298
16628	2506	4548	427	263	397	8	2406	4958	1115
18737	2256	4548	388	304	404	12	3078	6480	1267
16425	3037	3443	322	386	238	8	2670	5296	1025
60669	**14117**	**13225**	**1170**	**778**	**643**	**85**	**5779**	**21534**	**3338**
27794	8645	3451	585	362	384	66	2976	9583	1742
8242	1330	2488	178	25	81	10	346	3415	369
9063	1545	2481	147	170	77	2	1134	3096	411
15570	2597	4805	260	221	101	7	1323	5440	816
25800	**5183**	**5117**	**610**	**511**	**955**	**32**	**4676**	**7806**	**910**
18875	4217	4096	434	424	810	31	3285	4877	701
6925	966	1021	176	87	145	1	1391	2929	209
159655	**31332**	**41824**	**4029**	**2146**	**2785**	**126**	**15101**	**54249**	**8063**
28582	5040	3036	960	836	789	41	4659	11959	1262
11389	1895	2402	338	109	359	5	806	4921	554
10610	2013	2554	236	34	89	19	462	4633	570
12123	1311	3945	189	186	151	11	1221	4540	569
14811	3387	4181	435	121	101	3	924	4696	963
12910	2354	4462	215	104	158	9	1439	3629	540
11158	3218	4085	266	67	49	2	804	2097	570
15614	3680	3782	394	97	167	1	973	5589	931
14425	2951	3922	277	169	136	14	1045	5049	862
11915	2685	4253	261	206	478	1	1228	2316	487
7460	1207	2082	202	133	129	9	822	2472	404
8658	1591	3120	256	84	179	11	718	2348	351
77964	**18084**	**23983**	**1683**	**924**	**888**	**181**	**11420**	**16532**	**4269**
16523	4684	1510	385	347	279	40	4772	3566	940
6175	1406	1933	107	66	53	7	597	1402	604
5145	1448	2228	80	34	64	1	491	643	156

表5 续表 23

地区	16岁及以上人口	各种职业人口总计	国家机关、党群组织、企业、事业单位负责人	专业技术人员	办事人员和有关人员	商业、服务业人员	农、林、牧、渔、水利业生产人员	生产、运输设备操作人员及有关人员	不便分类的其他从业人员
庆云县	23584	18993	179	469	359	2614	13157	2215	
临邑县	40933	34066	402	1480	610	3461	23676	4436	1
齐河县	50992	42622	204	1067	807	4635	29189	6719	1
平原县	34168	28876	135	1122	484	3506	20056	3573	
夏津县	37733	32438	323	848	567	2632	22323	5745	
武城县	28920	24143	124	667	433	2760	16596	3537	26
乐陵市	47920	39716	240	1208	629	4867	27524	5248	
禹城市	39546	32821	109	1082	796	3934	22476	4418	6
聊城市	**455007**	**360085**	**2090**	**12394**	**7148**	**26633**	**262915**	**48735**	**170**
东昌府区	93408	68903	836	4363	2195	8920	44953	7586	50
阳谷县	60279	46659	149	1295	902	3820	33308	7090	95
莘县	72398	60229	74	1098	757	2186	52160	3954	
茌平县	42752	32743	222	1209	672	2186	22473	5976	5
东阿县	29652	22804	207	992	602	2091	15223	3678	11
冠县	59321	50867	70	793	379	1119	45543	2960	3
高唐县	38946	31367	146	922	651	1816	24093	3736	3
临清市	58251	46513	386	1722	990	4495	25162	13755	3
滨州市	**308081**	**245276**	**2843**	**11765**	**5632**	**32810**	**137793**	**54281**	**152**
滨城区	56830	41662	895	3625	1892	6614	18069	10516	51
惠民县	49504	42432	172	1117	514	5108	28535	6941	45
阳信县	35322	30013	179	837	237	2315	21684	4761	
无棣县	34420	29551	189	1119	583	3435	17939	6278	8
沾化县	30251	24443	45	667	436	5828	15361	2106	
博兴县	38562	28934	629	1771	717	3660	15052	7099	6
邹平县	63192	48241	734	2629	1253	5850	21153	16580	42
菏泽市	**631868**	**503859**	**2185**	**16451**	**7189**	**29600**	**379667**	**68669**	**98**
牡丹区	107812	82607	727	4313	2105	8159	55161	12110	32
曹县	100548	80671	341	1903	894	5716	57745	14062	10
单县	81172	66378	32	1614	647	3144	55392	5549	
成武县	47233	39040	107	2964	569	1304	32750	1343	3
巨野县	60781	49383	117	988	454	2466	39752	5598	8
郓城县	82305	62117	368	2082	691	3516	37904	17538	18
鄄城县	53950	43396	110	848	680	2352	33020	6385	1
定陶县	44272	37385	296	899	419	1566	31150	3049	6
东明县	53795	42882	87	840	730	1377	36793	3035	20
河南省	**7124733**	**5006277**	**42741**	**250215**	**139992**	**545343**	**3324407**	**697733**	**5846**
郑州市	**689938**	**421325**	**11427**	**51411**	**27801**	**110941**	**129086**	**90313**	**346**
中原区	74749	37726	1539	7127	4402	12198	2711	9737	12
二七区	60344	29335	1406	6930	2668	11946	434	5856	95
管城回族区	51779	32518	1041	4435	2273	15254	2696	6760	59
金水区	127794	76850	4233	16455	9999	35066	2001	9094	2
上街区	11014	6835	232	977	441	1927	777	2457	24
惠济区	22111	13473	355	1140	492	3662	5555	2264	5
中牟县	55330	43463	66	2421	798	2272	35506	2389	11
巩义市	64289	35830	681	3396	1423	7712	8874	13701	43
荥阳市	50337	35054	648	1678	1215	4550	17802	9126	35
新密市	64701	38806	536	2290	1524	7902	11368	15158	28
新郑市	56783	37703	368	2441	1316	4253	22191	7119	15
登封市	50707	33732	322	2121	1250	4199	19171	6652	17
开封市	**359813**	**257520**	**1086**	**9817**	**5053**	**17399**	**202018**	**22075**	**72**
龙亭区	10397	4763	74	663	293	1060	1503	1168	2
顺河回族区	20128	9736	130	1704	536	2525	2919	1920	2
鼓楼区	11700	5842	122	857	756	1976	1279	852	
禹王台区	10755	5394	60	437	255	1437	2186	1016	3
金明区	21193	9975	419	1634	992	1646	4332	945	7
杞县	73656	60725	29	997	422	2007	52797	4469	4
通许县	41606	34939	35	622	271	1290	31632	1087	2
尉氏县	67952	50455	82	907	655	2323	41878	4599	11
开封县	52251	39743	48	993	382	1324	34512	2454	30
兰考县	50175	35948	87	1003	491	1811	28980	3565	11
洛阳市	**513794**	**333891**	**4144**	**22387**	**12322**	**43841**	**190208**	**60499**	**490**
老城区	12950	6968	161	851	732	2459	1178	1546	41
西工区	29358	15550	766	3385	2105	4815	927	3526	26
瀍河回族区	14412	6963	158	1343	610	1982	804	2042	24
涧西区	51582	25314	862	5282	2146	6981	1550	8408	85

单位：人

各种未工作人口总计	在校学生	丧失工作能力	毕业后未工作	因单位原因失去工作	因本人原因失去工作	承包土地被征用	离退休	料理家务	其他
4591	936	1196	109	54	87	15	378	1351	465
6867	1220	2069	246	97	73	20	1080	1758	304
8370	2116	3107	110	68	43	19	770	1764	373
5292	855	2393	145	52	113	8	668	935	123
5295	1167	2399	78	42	33	9	524	890	153
4777	998	1853	89	56	31	11	502	975	262
8204	1829	2847	150	20	51	35	949	1804	519
6725	1425	2448	184	88	61	16	689	1444	370
94922	**23611**	**27235**	**2531**	**997**	**786**	**312**	**10533**	**23217**	**5700**
24505	6856	4532	747	408	217	102	3851	5959	1833
13620	3024	3872	468	73	124	10	1054	4080	915
12169	3089	4383	303	39	72	42	679	2742	820
10009	2705	3092	296	61	105	33	891	2454	372
6848	1553	1974	149	101	80	17	772	1842	360
8454	2245	3387	171	46	52	23	381	1670	479
7579	1598	2485	177	80	50	55	863	1856	415
11738	2541	3510	220	189	86	30	2042	2614	506
62805	**14030**	**18802**	**1035**	**773**	**595**	**264**	**7813**	**16466**	**3027**
15168	4308	2619	331	349	210	110	3098	3421	722
7072	1675	2907	77	117	39	20	750	1228	259
5309	1204	2250	73	52	34	30	437	935	294
4869	950	1654	52	71	43	3	586	1340	170
5808	1294	2149	100	46	33	7	583	1356	240
9628	1846	2692	166	73	75	9	1096	3189	482
14951	2753	4531	236	65	161	85	1263	4997	860
128009	**37901**	**41228**	**3191**	**1157**	**1078**	**444**	**8735**	**27620**	**6655**
25205	7563	6296	838	458	289	177	3021	5296	1267
19877	6382	6599	542	158	186	19	1035	4483	473
14794	5915	5392	198	53	155	87	953	1595	446
8193	2808	3169	177	72	58	24	491	1055	339
11398	2628	5062	256	76	79	15	568	2291	423
20188	4532	5844	409	125	80	23	1079	6570	1526
10554	3287	3356	212	50	89	29	479	2409	643
6887	1887	2477	154	52	38	16	457	1403	403
10913	2899	3033	405	113	104	54	652	2518	1135
2118456	**544578**	**373854**	**80615**	**37757**	**26927**	**11302**	**244866**	**578692**	**219865**
268613	**77876**	**25544**	**11268**	**5088**	**5294**	**2145**	**43848**	**70100**	**27450**
37023	12764	1181	1177	1565	870	373	9589	6421	3083
31009	12435	834	870	671	560	162	7612	5064	2801
19261	3729	818	676	444	414	514	4982	5070	2614
50944	17477	1135	1803	1143	1412	203	12002	9295	6474
4179	780	353	131	58	40	2	1477	1025	313
8638	4091	649	275	79	98	162	745	1749	790
11867	4210	2870	400	150	83	25	965	2554	610
28459	4763	4580	1572	383	660	67	1703	11468	3263
15283	3134	2886	808	114	246	91	1195	5145	1664
25895	3215	4504	1711	266	463	217	1698	10999	2822
19080	7409	2750	711	117	247	240	1108	5110	1388
16975	3869	2984	1134	98	201	89	772	6200	1628
102293	**30573**	**16813**	**3493**	**3012**	**1166**	**448**	**16015**	**20773**	**10000**
5634	1480	328	202	248	95	35	1506	977	763
10392	1641	382	459	979	150	20	4550	1376	835
5858	610	265	327	583	101	2	2618	793	559
5361	542	281	271	338	110	2	1970	981	866
11218	5318	514	285	347	202	51	2613	1132	756
12931	5309	3140	367	168	79	97	575	2120	1076
6667	2766	2087	125	44	44	32	354	1022	193
17497	5189	3995	649	72	168	77	533	4870	1944
12508	3635	2645	422	122	95	88	495	3465	1541
14227	4083	3176	386	111	122	44	801	4037	1467
179903	**37878**	**24246**	**8472**	**4570**	**2970**	**1011**	**28515**	**52033**	**20208**
5982	769	305	327	257	144	22	2006	1423	729
13808	2221	345	601	953	503	60	6262	2146	717
7449	1589	250	315	305	97	202	2666	1282	743
26268	5098	795	1047	1648	651	55	9619	5063	2292

表5 续表 24

地　区	16岁及以上人口	各种职业人口总计	国家机关、党群组织、企业、事业单位负责人	专业技术人员	办事人员和有关人员	商业、服务业人员	农、林、牧、渔、水利业生产人员	生产、运输设备操作人员及有关人员	不便分类的其他从业人员
吉利区	5605	3520	76	464	368	637	758	1215	2
洛龙区	42134	24257	524	1638	1085	6221	8056	6682	51
孟津县	32313	21030	179	1045	503	2416	13220	3640	27
新安县	35655	21271	132	843	566	1895	13705	4107	23
栾川县	28062	15719	218	1106	450	2406	8977	2485	77
嵩县	41987	31901	140	775	462	1427	27998	1090	9
汝阳县	29350	22425	58	748	478	1481	17279	2294	87
宜阳县	46819	33501	55	942	663	1891	26570	3376	4
洛宁县	34097	27043	91	655	465	2114	21639	2069	10
伊川县	56330	42487	193	1301	598	3124	30688	6570	13
偃师市	53140	35942	531	2009	1091	3992	16859	11449	11
平顶山市	**375981**	**253954**	**1821**	**12059**	**9748**	**28912**	**160194**	**40952**	**268**
新华区	28681	15558	331	2018	1811	3050	2844	5476	28
卫东区	24619	13444	307	1646	1722	3021	1187	5480	81
石龙区	2956	1724	12	128	185	198	526	675	
湛河区	22410	11581	188	1684	1245	2373	3245	2836	10
宝丰县	36908	24820	103	913	844	2513	17158	3195	94
叶县	61375	46868	104	1202	756	2320	39820	2663	3
鲁山县	61686	40089	113	1057	452	3109	32294	3041	23
郏县	44302	32810	125	1039	808	3230	24489	3117	2
舞钢市	24010	14353	222	751	941	1601	6765	4072	1
汝州市	69034	52707	316	1621	984	7497	31866	10397	26
安阳市	**386734**	**258936**	**2544**	**12688**	**6089**	**30384**	**162188**	**44640**	**403**
文峰区	35850	17369	460	2624	1686	4526	3341	4663	69
北关区	18898	8898	380	1684	948	2449	1106	2329	2
殷都区	19120	10190	164	1331	811	2348	1269	4262	5
龙安区	17010	10828	107	703	298	1686	4991	3034	9
安阳县	62929	42202	323	1430	465	4335	25053	10470	126
汤阴县	31966	23786	302	835	425	1924	17156	3109	35
滑县	94115	68641	210	1614	544	3462	56512	6252	47
内黄县	46762	34236	85	460	283	5888	23182	4238	100
林州市	60084	42786	513	2007	629	3766	29578	6283	10
鹤壁市	**117614**	**80100**	**767**	**4876**	**3221**	**8512**	**47212**	**15486**	**26**
鹤山区	10837	5882	38	353	243	812	2223	2213	
山城区	18089	10669	157	926	631	2236	3303	3403	13
淇滨区	20678	13376	355	1895	1258	2498	5411	1947	12
浚县	48386	36291	129	1012	519	1853	27747	5031	
淇县	19624	13882	88	690	570	1113	8528	2892	1
新乡市	**434410**	**291586**	**2730**	**14937**	**7258**	**29777**	**188169**	**48456**	**259**
红旗区	28369	15007	673	2902	1656	3925	2311	3513	27
卫滨区	15955	8327	172	1247	717	3004	1063	2101	23
凤泉区	10753	6890	65	359	200	721	3162	2379	4
牧野区	25348	11941	357	1756	1046	3137	2494	3075	76
新乡县	26348	18564	280	1053	322	2450	8374	6015	70
获嘉县	30554	19831	208	808	568	1947	12391	3909	
原阳县	48400	38132	39	807	405	1352	33567	1962	
延津县	34036	22342	71	903	393	1441	16658	2872	4
封丘县	55865	40955	194	1167	439	2199	32459	4491	6
长垣县	61287	40563	202	1089	183	4063	27594	7422	10
卫辉市	37343	26719	56	846	527	1369	21143	2767	11
辉县市	60152	42315	413	2000	802	4169	26953	7950	28
焦作市	**274140**	**171155**	**2167**	**11154**	**6208**	**23605**	**85373**	**42434**	**214**
解放区	23725	10712	435	1870	1120	3768	101	3368	50
中站区	8695	3677	28	312	283	736	802	1515	1
马村区	10004	5153	85	307	180	723	1629	2182	47
山阳区	25174	11548	297	2190	1419	2957	1366	3307	12
修武县	21929	14446	251	797	435	1523	6981	4459	
博爱县	33310	20632	162	1077	740	2678	11445	4486	44
武陟县	53519	36654	180	1292	488	2421	26926	5309	38
温县	33623	23366	155	1087	470	2528	13643	5471	12
沁阳市	35323	24447	456	1196	584	3993	9729	8489	
孟州市	28838	20520	118	1026	489	2278	12751	3848	10
濮阳市	**269329**	**194528**	**1363**	**9496**	**5558**	**14928**	**139452**	**23609**	**122**
华龙区	50321	29433	517	4169	3431	6342	8262	6658	54
清丰县	48500	38072	145	987	459	1890	30590	3987	14

单位：人

各种未工作人口总计	在校学生	丧失工作能力	毕业后未工作	因单位原因失去工作	因本人原因失去工作	承包土地被征用	离退休	料理家务	其他
2085	273	216	76	40	36	5	499	745	195
17877	6444	2007	654	253	234	188	1576	5038	1483
11283	1888	2077	394	69	80	31	736	3479	2529
14384	2861	2238	810	101	157	154	700	5493	1870
12343	1738	1430	980	174	190	121	432	5106	2172
10086	1995	2028	540	78	182	38	476	3167	1582
6925	1121	1854	299	143	97	39	511	2235	626
13318	2742	2694	781	83	197	41	762	4496	1522
7054	1566	1872	355	29	102	19	292	2174	645
13843	3997	2668	723	153	142	18	662	4072	1408
17198	3576	3467	570	284	158	18	1316	6114	1695
122027	**20683**	**20613**	**5904**	**1433**	**1449**	**652**	**13325**	**39589**	**18379**
13123	2354	624	816	218	172	214	3266	3614	1845
11175	1721	359	715	190	137	22	3172	3019	1840
1232	155	100	103	23	23	9	135	530	154
10829	2532	643	576	119	129	16	1998	2827	1989
12088	1306	2366	597	137	110	52	744	4632	2144
14507	2934	3549	581	141	329	19	787	4586	1581
21597	2959	4522	986	174	200	45	709	7532	4470
11492	2969	2469	454	97	113	58	597	3096	1639
9657	1013	1731	341	107	110	137	985	3575	1658
16327	2740	4250	735	227	126	80	932	6178	1059
127798	**24549**	**20831**	**5304**	**3968**	**1638**	**622**	**15564**	**40860**	**14462**
18481	5632	885	739	1151	244	242	3872	3851	1865
10000	1604	362	537	1079	124	25	3085	1874	1310
8930	1211	440	443	475	171	27	2938	2242	983
6182	871	704	275	233	101	25	908	2389	676
20727	3273	4300	653	133	262	43	991	9376	1696
8180	1236	1807	382	165	97	66	916	2880	631
25474	5003	5442	876	286	275	91	1263	8660	3578
12526	2362	3148	644	43	177	68	479	3446	2159
17298	3357	3743	755	403	187	35	1112	6142	1564
37514	**7269**	**5641**	**1740**	**703**	**329**	**178**	**5193**	**13041**	**3420**
4955	871	451	353	78	64	17	622	1981	518
7420	1578	415	412	245	83	12	1890	2080	705
7302	1825	676	301	164	49	108	1584	1877	718
12095	2141	2976	434	111	84	33	678	4651	987
5742	854	1123	240	105	49	8	419	2452	492
142824	**30494**	**23556**	**5947**	**3544**	**2169**	**515**	**17851**	**43691**	**15057**
13362	3365	646	580	704	248	57	3960	2607	1195
7628	986	293	396	564	181	2	3094	1552	560
3863	575	408	137	42	78	3	560	1292	768
13407	3648	507	429	977	405	45	4457	1925	1014
7784	1175	1707	443	84	147	23	429	3274	502
10723	1665	1901	492	165	164	36	706	4554	1040
10268	2932	3127	480	103	53	20	524	2197	832
11694	2658	1767	377	114	121	38	467	4081	2071
14910	3326	3766	571	80	103	65	489	4668	1842
20724	5256	3816	910	103	290	98	616	7707	1928
10624	1835	1700	429	414	162	17	1455	3202	1410
17837	3073	3918	703	194	217	111	1094	6632	1895
102985	**22852**	**13620**	**4989**	**2947**	**1551**	**644**	**14441**	**30482**	**11459**
13013	2573	415	610	902	150	174	4376	2224	1589
5018	556	395	312	239	77	20	1148	1414	857
4851	631	358	304	133	55	9	650	1917	794
13626	3934	523	607	794	235	211	3493	2301	1528
7483	1427	1377	330	82	96	18	653	2826	674
12678	2136	1861	727	159	168	78	835	5057	1657
16865	5209	2842	687	126	167	45	727	5474	1588
10257	2202	2081	341	120	96	13	798	3462	1144
10876	2646	1995	675	229	341	48	1012	3255	675
8318	1538	1773	396	163	166	28	749	2552	953
74801	**15646**	**15289**	**2874**	**1097**	**878**	**324**	**8821**	**22391**	**7481**
20888	4295	1639	1042	703	328	177	4934	5465	2305
10428	2072	2917	383	97	110	11	1390	2653	795

表5 续表 25

地　区	16岁及以上人口	各种职业人口总计	国家机关、党群组织、企业、事业单位负责人	专业技术人员	办事人员和有关人员	商业、服务业人员	农、林、牧、渔、水利业生产人员	生产、运输设备操作人员及有关人员	不便分类的其他从业人员
南乐县	33349	23150	103	607	337	1189	16760	4153	1
范县	33555	24829	357	696	369	1263	19853	2291	
台前县	24195	16552	89	455	268	1274	11747	2714	5
濮阳县	79409	62492	152	2582	694	2970	52240	3806	48
许昌市	**325602**	**232275**	**2198**	**12368**	**5703**	**25596**	**147879**	**38161**	**370**
魏都区	35347	15730	578	3351	2093	5163	568	3921	56
许昌县	60300	46659	192	1168	479	3395	34562	6838	25
鄢陵县	40001	32488	82	741	348	1598	27026	2693	
襄城县	49821	39934	94	909	625	3429	32430	2445	2
禹州市	85700	61555	708	4299	1079	5983	38875	10552	59
长葛市	54433	35909	544	1900	1079	6028	14418	11712	228
漯河市	**190371**	**134122**	**949**	**6604**	**4712**	**12949**	**87388**	**21461**	**59**
源汇区	25421	14730	146	1318	1105	3392	5431	3334	4
郾城区	37003	25152	415	1990	1622	3539	11280	6302	4
召陵区	36513	24296	120	1229	450	2770	13916	5767	44
舞阳县	40290	30582	148	695	647	1335	25855	1901	1
临颍县	51144	39362	120	1372	888	1913	30906	4157	6
三门峡市	**173471**	**125484**	**799**	**6104**	**4565**	**12732**	**88525**	**12739**	**20**
湖滨区	24431	13667	317	2069	1780	4012	1828	3653	8
渑池县	25805	19043	79	643	407	1635	14896	1377	6
陕县	26670	20047	71	569	492	1436	15405	2074	
卢氏县	28123	22086	43	552	473	1264	19153	597	4
义马市	10321	5301	93	596	384	1194	1173	1860	1
灵宝市	58121	45340	196	1675	1029	3191	36070	3178	1
南阳市	**760430**	**601142**	**2528**	**19408**	**11163**	**42981**	**477777**	**47073**	**212**
宛城区	68601	50306	380	3135	1807	5734	34820	4416	14
卧龙区	67580	47056	1096	3753	1432	6576	28347	5809	43
南召县	42522	31446	30	908	646	2052	25309	2501	
方城县	67055	57771	114	1306	656	3277	50247	2171	
西峡县	34031	24602	73	792	597	2211	18753	2171	5
镇平县	63090	48802	134	1086	572	4685	34071	8222	32
内乡县	43070	33787	64	996	624	1886	27141	3043	33
淅川县	48869	39920	52	640	651	1381	34283	2912	1
社旗县	47960	40880	39	623	462	1649	36420	1687	
唐河县	97924	80589	161	2280	1487	4567	68378	3708	8
新野县	47416	39330	122	954	532	2012	32194	3481	35
桐柏县	29329	21977	84	966	745	2214	15865	2103	
邓州市	102983	84676	179	1969	952	4737	71949	4849	41
商丘市	**554756**	**397969**	**1520**	**12687**	**7040**	**27834**	**299964**	**46842**	**2082**
梁园区	62431	39902	387	1906	1048	4977	27245	4321	18
睢阳区	58208	41135	143	1799	1577	3192	29233	5180	11
民权县	53108	36753	83	1102	744	1523	30860	2347	94
睢县	51783	35700	89	937	680	1998	27222	4769	5
宁陵县	38762	28367	89	726	308	1724	23001	2518	1
柘城县	56543	43680	36	1204	600	2629	35387	3823	1
虞城县	71664	52008	343	867	272	2126	42026	6374	
夏邑县	69131	53936	148	1709	621	3952	39640	5917	1949
永城市	93126	66488	202	2437	1190	5713	45350	11593	3
信阳市	**453378**	**319195**	**2888**	**14531**	**7693**	**37257**	**216633**	**39907**	**286**
浉河区	47519	30299	683	2990	2065	6761	12500	5176	124
平桥区	47374	32233	542	1468	794	5126	18555	5734	14
罗山县	38550	27818	148	1111	673	2737	20324	2819	6
光山县	41071	29657	431	1027	514	2775	20142	4750	18
新县	19692	12601	182	620	538	1595	7301	2364	1
商城县	35082	22421	214	1247	377	2594	13917	4055	17
固始县	74322	53300	382	2422	870	5985	37836	5756	49
潢川县	46286	31638	145	1626	668	3878	20969	4332	20
淮滨县	44015	32242	58	801	552	1730	26819	2276	6
息县	59467	46986	103	1219	642	4076	38270	2645	31
周口市	**661594**	**495447**	**1559**	**15125**	**6866**	**38844**	**377594**	**55109**	**350**
川汇区	39387	23034	222	2603	1988	6832	7131	4204	54
扶沟县	47200	38273	136	851	473	1222	33395	2000	196
西华县	60206	47178	74	928	680	1929	41959	1608	
商水县	65671	47577	129	1212	502	4157	33360	8206	11
沈丘县	70717	52294	149	1315	896	4910	33547	11467	10

单位：人

各种未工作人口总计	在校学生	丧失工作能力	毕业后未工作	因单位原因失去工作	因本人原因失去工作	承包土地被征用	离退休	料理家务	其他
10199	2154	2305	275	81	95	14	434	4217	624
8726	2019	2116	262	57	98	35	485	2647	1007
7643	1325	1521	270	21	76	17	240	3258	915
16917	3781	4791	642	138	171	70	1338	4151	1835
93327	**19313**	**19554**	**3572**	**1397**	**1144**	**421**	**9511**	**27543**	**10872**
19617	5179	692	730	742	268	182	5156	3372	3296
13641	2756	3638	531	68	214	106	705	4074	1549
7513	3033	2680	74	36	21	10	382	950	327
9887	2172	3490	238	74	87	31	698	2055	1042
24145	3100	5548	1300	347	318	70	1496	9374	2592
18524	3073	3506	699	130	236	22	1074	7718	2066
56249	**13080**	**10684**	**2182**	**1048**	**715**	**514**	**6759**	**14277**	**6990**
10691	2511	982	444	380	154	40	2236	2614	1330
11851	3185	1606	500	120	134	103	1507	3238	1458
12217	2151	2055	474	236	208	80	1308	3727	1978
9708	2084	3073	291	148	65	43	757	2157	1090
11782	3149	2968	473	164	154	248	951	2541	1134
47987	**11269**	**7824**	**2682**	**1117**	**547**	**492**	**6566**	**12926**	**4564**
10764	1513	625	481	578	183	130	3224	2972	1058
6762	1546	1388	427	141	36	29	535	1920	740
6623	1602	1461	339	138	59	156	722	1752	394
6037	1405	1613	359	48	90	47	312	1667	496
5020	794	262	384	97	37	57	938	1768	683
12781	4409	2475	692	115	142	73	835	2847	1193
159288	**37670**	**38104**	**4982**	**2144**	**1451**	**811**	**17936**	**38974**	**17216**
18295	5698	2725	517	374	178	185	3845	3490	1283
20524	4905	2605	792	488	274	151	4224	5175	1910
11076	1373	2454	442	69	92	26	945	4404	1271
9284	1984	3166	263	115	56	67	685	2131	817
9429	1641	1857	480	89	135	19	625	2771	1812
14288	1925	3638	500	140	161	26	790	5187	1921
9283	1973	2777	204	131	112	24	610	2579	873
8949	1880	1845	156	53	26	29	698	930	3332
7080	2228	2465	165	30	34	25	528	1160	445
17335	5379	5094	456	191	91	146	1938	2956	1084
8086	1850	2694	195	137	52	28	817	1753	560
7352	1155	1659	336	76	48	29	852	2340	857
18307	5679	5125	476	251	192	56	1379	4098	1051
156787	**49053**	**30899**	**5494**	**1551**	**1849**	**1043**	**9122**	**39608**	**18168**
22529	5659	2581	1014	573	273	189	3208	4691	4341
17073	5669	2837	663	199	94	320	1500	4370	1421
16355	4818	3124	581	197	132	42	777	4105	2579
16083	4958	2812	338	164	147	35	561	3730	3338
10395	3044	2376	331	76	109	25	352	3107	975
12863	4832	3135	393	50	81	242	578	2683	869
19656	6027	4443	786	116	451	62	341	5371	2059
15195	5598	4138	437	62	119	43	603	3541	654
26638	8448	5453	951	114	443	85	1202	8010	1932
134183	**35993**	**29202**	**3260**	**1230**	**1336**	**377**	**12323**	**39760**	**10702**
17220	3368	2105	492	360	181	78	4092	4684	1860
15141	2366	2948	460	184	255	115	1929	5497	1387
10732	2513	2888	242	102	84	36	787	3212	868
11414	3871	2614	214	55	57	11	625	3235	732
7091	1386	1514	186	76	103	24	367	2862	573
12661	3827	3485	205	75	81	12	640	3579	757
21022	5787	5857	418	181	222	49	1305	6310	893
14648	3275	2483	375	96	191	24	1233	4992	1979
11773	4872	2393	287	75	60	17	680	2465	924
12481	4728	2915	381	26	102	11	665	2924	729
166147	**67066**	**35799**	**4028**	**1415**	**1069**	**570**	**8354**	**37772**	**10074**
16353	5918	1383	465	463	139	224	2704	3754	1303
8927	3484	2392	179	205	41	15	590	1497	524
13028	5233	3014	403	176	106	66	955	2225	850
18094	6940	3739	501	82	147	16	416	4990	1263
18423	5976	4893	301	40	73	7	691	5612	830

表5 续表 26

地　区	16岁及以上人口	各种职业人口总计	国家机关、党群组织、企业、事业单位负责人	专业技术人员	办事人员和有关人员	商业、服务业人员	农、林、牧、渔、水利业生产人员	生产、运输设备操作人员及有关人员	不便分类的其他从业人员
郸城县	74712	56326	56	1486	196	3112	47059	4413	4
淮阳县	82994	61039	370	1142	361	3614	51208	4328	16
太康县	81466	65719	183	1780	613	2598	57359	3185	1
鹿邑县	64324	49475	53	1925	389	4823	35223	7061	1
项城市	74917	54532	187	1883	768	5647	37353	8637	57
驻马店市	**528902**	**402833**	**1940**	**12160**	**7343**	**33314**	**308896**	**38923**	**257**
驿城区	51128	32764	610	2982	2290	7109	14134	5536	103
西平县	53818	41489	188	1034	546	4340	29620	5753	8
上蔡县	78661	60959	161	1263	603	4053	48177	6699	3
平舆县	56049	42456	94	985	257	2604	35451	3044	21
正阳县	46096	36109	69	906	424	1995	30872	1744	99
确山县	29659	23786	153	821	506	2207	18292	1804	3
泌阳县	60097	47842	163	1347	845	3722	38149	3608	8
汝南县	55046	43213	69	887	680	2464	36329	2783	1
遂平县	37552	26261	179	943	612	2092	17186	5243	6
新蔡县	60796	47954	254	992	580	2728	40686	2709	5
省直辖县级行政区划	**54476**	**34815**	**311**	**2403**	**1649**	**5537**	**15851**	**9054**	**10**
济源市	54476	34815	311	2403	1649	5537	15851	9054	10
湖北省	**4391940**	**3035863**	**39893**	**197514**	**110638**	**499244**	**1608253**	**574283**	**6038**
武汉市	**804163**	**442761**	**16188**	**62803**	**34841**	**133802**	**85963**	**108082**	**1082**
江岸区	69939	34668	1608	7388	5013	15127	129	5270	133
江汉区	56191	33188	2562	4760	3612	15159	78	6952	65
硚口区	66565	40837	3045	4560	3351	16136	117	13585	43
汉阳区	49261	24364	1093	3866	2567	9916	574	6329	19
武昌区	94585	45784	2314	12452	6033	16712	415	7370	488
青山区	39811	19107	720	2864	2451	4298	177	8584	13
洪山区	124299	52932	1965	13053	4789	19504	4710	8709	202
东西湖区	37871	22008	768	2737	1903	7335	3211	6049	5
汉南区	9160	6404	78	407	281	1293	2582	1761	2
蔡甸区	49807	31622	815	3167	1460	6426	7974	11740	40
江夏区	67691	32388	392	3094	1317	6398	13172	7998	17
黄陂区	69741	48996	500	2175	1134	8222	23938	12993	34
新洲区	69242	50463	328	2280	930	7276	28886	10742	21
黄石市	**179507**	**109657**	**1835**	**8787**	**5938**	**20105**	**42708**	**30093**	**191**
黄石港区	18290	8871	385	1752	1178	3465	103	1908	80
西塞山区	18664	9645	76	1005	1104	3379	691	3386	4
下陆区	13391	6209	391	966	549	1629	156	2514	4
铁山区	4628	2267	5	153	676	663	20	749	1
阳新县	57616	39480	350	2108	1064	4159	24745	6970	84
大冶市	66918	43185	628	2803	1367	6810	16993	14566	18
十堰市	**250782**	**173014**	**2297**	**11927**	**6357**	**25526**	**90694**	**36023**	**190**
茅箭区	29356	16963	965	3299	1571	6063	459	4586	20
张湾区	27711	16082	167	2344	1632	4162	1670	6107	
郧县	39388	29765	198	972	481	2355	21810	3948	1
郧西县	37176	27828	213	934	445	2509	19456	4162	109
竹山县	31165	21737	143	1049	372	2393	12987	4782	11
竹溪县	23196	16671	120	654	484	1718	10223	3472	
房县	28816	20428	208	892	450	2179	13088	3603	8
丹江口市	33974	23540	283	1783	922	4147	11001	5363	41
宜昌市	**317894**	**228886**	**2717**	**13514**	**8532**	**35398**	**128338**	**40059**	**328**
西陵区	38410	20447	894	3958	2959	7510	440	4582	104
伍家岗区	15901	8851	250	1396	897	3528	469	2215	96
点军区	8630	6345	66	279	80	642	4540	736	2
猇亭区	4468	2763	27	159	71	676	481	1333	16
夷陵区	41088	30525	334	1546	879	4173	18714	4868	11
远安县	14324	10570	120	418	325	1149	6582	1975	1
兴山县	12856	9793	123	409	289	1085	6434	1453	
秭归县	28574	20762	130	774	471	2027	13583	3777	
长阳土家族自治县	31329	24643	82	890	454	2556	16752	3903	6
五峰土家族自治县	15752	13032	105	455	301	1189	9334	1648	
宜都市	30307	22390	179	948	769	3025	11949	5498	22
当阳市	39024	30017	215	1239	687	4043	19213	4610	10
枝江市	37231	28748	192	1043	350	3795	19847	3461	60
襄樊市	**419479**	**315895**	**1673**	**17289**	**10619**	**42287**	**198144**	**45490**	**393**
襄城区	36108	22547	233	2634	1689	4000	10070	3921	
樊城区	64453	41545	423	4491	3462	13251	8454	11235	229

单位：人

各种未工作人口总计	在校学生	丧失工作能力	毕业后未工作	因单位原因失去工作	因本人原因失去工作	承包土地被征用	离退休	料理家务	其他
18386	7943	4283	436	27	205	103	334	3911	1144
21955	10582	4528	605	195	96	64	771	4014	1100
15747	6672	3965	413	92	89	23	623	3072	798
14849	5673	3645	262	32	79	6	524	3515	1113
20385	8645	3957	463	103	94	46	746	5182	1149
126069	**38455**	**32573**	**3248**	**1146**	**996**	**419**	**8873**	**28982**	**11377**
18364	2992	2120	721	464	327	227	3208	5529	2776
12329	3546	3856	265	45	93	28	801	2923	772
17702	6593	4854	448	76	88	37	580	3870	1156
13593	6150	3329	232	35	37	8	405	2751	646
9987	3156	2897	237	81	68	10	539	1887	1112
5873	1817	2031	86	21	34	1	538	1018	327
12255	3830	3721	246	40	62	19	819	2638	880
11833	3305	3406	326	124	65	30	751	2520	1306
11291	2140	2968	288	158	145	19	715	3265	1593
12842	4926	3391	399	102	77	40	517	2581	809
19661	**4859**	**3062**	**1176**	**347**	**376**	**116**	**1849**	**5890**	**1986**
19661	4859	3062	1176	347	376	116	1849	5890	1986
1356077	**330279**	**210565**	**37578**	**29218**	**26662**	**5077**	**290850**	**320026**	**105822**
361402	**120409**	**17865**	**10999**	**11894**	**10109**	**1622**	**119880**	**48460**	**20164**
35271	4580	595	1221	1901	1278	75	18227	4055	3339
23003	3016	512	916	1255	1634	22	11896	2613	1139
25728	4092	577	1024	1811	1092	58	12439	3229	1406
24897	4254	466	838	1447	950	187	12191	2720	1844
48801	13411	653	1511	2125	1567	24	22330	4679	2501
20704	3339	449	826	1076	597	9	11033	2382	993
71367	46580	1191	1203	724	848	473	11806	5590	2952
15863	3485	356	433	506	792	117	6683	2455	1036
2756	416	329	101	50	68	7	878	660	247
18185	5066	2112	451	338	400	90	4244	4419	1065
35303	21425	2354	1323	302	420	345	2662	5036	1436
20745	4360	4668	530	163	283	182	3069	6145	1345
18779	6385	3603	622	196	180	33	2422	4477	861
69850	**13851**	**7997**	**2824**	**1723**	**1655**	**224**	**15998**	**19105**	**6473**
9419	2369	216	245	449	201	6	4039	1049	845
9019	1024	473	281	534	319	16	4080	1601	691
7182	1667	269	230	244	137	23	2607	1454	551
2361	263	77	66	63	39	3	1118	524	208
18136	4209	3398	955	124	375	10	1778	5396	1891
23733	4319	3564	1047	309	584	166	2376	9081	2287
77768	**14054**	**12657**	**2424**	**1296**	**1360**	**238**	**12864**	**24474**	**8401**
12393	2812	408	366	328	265	79	3775	2813	1547
11629	2056	653	318	258	252	29	4057	2816	1190
9623	1869	2242	398	166	162	24	881	2957	924
9348	2057	1945	321	75	103	21	511	3123	1192
9428	1425	2372	215	46	190	11	506	3646	1017
6525	1053	1342	184	95	50	35	492	2595	679
8388	1112	2082	271	84	99	12	698	3201	829
10434	1670	1613	351	244	239	27	1944	3323	1023
89008	**13990**	**19546**	**1827**	**1985**	**1585**	**534**	**23002**	**19585**	**6954**
17963	2937	416	393	628	443	30	9059	2812	1245
7050	613	282	178	435	230	38	3335	1272	667
2285	320	638	53	15	41	3	389	624	202
1705	179	240	47	34	24	124	295	416	346
10563	1766	2828	228	176	163	106	1720	2763	813
3754	497	1090	68	91	82	17	507	1027	375
3063	482	1019	68	36	14	3	473	767	201
7812	1038	2688	176	136	108	69	796	2020	781
6686	1368	2435	92	73	53	21	696	1427	521
2720	544	1051	46	23	36	1	383	503	133
7917	1113	2159	124	123	203	64	1825	1928	378
9007	1691	2372	163	135	111	25	1829	1966	715
8483	1442	2328	191	80	77	33	1695	2060	577
103584	**21004**	**18337**	**3008**	**2504**	**2060**	**249**	**22610**	**24867**	**8945**
13561	3888	1072	327	455	340	20	4215	1983	1261
22908	4156	1311	675	905	741	56	8616	4514	1934

表5 续表 27

地　区	16岁及以上人口	各种职业人口总计	国家机关、党群组织、企业、事业单位负责人	专业技术人员	办事人员和有关人员	商业、服务业人员	农、林、牧、渔、水利业生产人员	生产、运输设备操作人员及有关人员	不便分类的其他从业人员
襄阳区	67663	56268	98	1861	988	3931	45829	3442	119
南漳县	39833	31775	54	1206	649	2687	23857	3318	4
谷城县	38067	27773	370	1576	666	3920	14643	6577	21
保康县	20433	15904	102	775	544	1481	10939	2051	12
老河口市	36030	27710	154	1337	949	3718	16641	4905	6
枣阳市	76246	60536	200	1989	1064	5727	44079	7477	
宜城市	40646	31837	39	1420	608	3572	23632	2564	2
鄂州市	**78607**	**53198**	**525**	**3270**	**1771**	**10050**	**21779**	**15728**	**75**
梁子湖区	12070	8842	30	234	83	1481	5074	1934	6
华容区	18162	14050	82	383	165	1742	7270	4408	
鄂城区	48375	30306	413	2653	1523	6827	9435	9386	69
荆门市	**228708**	**171732**	**1633**	**8833**	**5096**	**24460**	**107626**	**23693**	**391**
东宝区	30103	20362	334	2078	1531	4381	9230	2787	21
掇刀区	21192	14466	274	1202	505	3951	4904	3354	276
京山县	50215	38000	225	2147	826	5369	24277	5120	36
沙洋县	46239	36706	156	1277	1060	4254	26340	3618	1
钟祥市	80959	62198	644	2129	1174	6505	42875	8814	57
孝感市	**331959**	**241251**	**1971**	**11378**	**6464**	**33410**	**141291**	**46313**	**424**
孝南区	65662	42360	869	3728	1977	7868	18892	8965	61
孝昌县	40537	30132	70	794	535	2773	22039	3916	5
大悟县	39054	28485	232	1264	488	3481	19478	3530	12
云梦县	39980	31071	123	1173	811	4515	17717	6729	3
应城市	38567	27502	125	1253	914	4560	14217	6423	10
安陆市	37918	28565	170	1293	846	3607	18477	4172	
汉川市	70241	53136	382	1873	893	6606	30471	12578	333
荆州市	**441791**	**320362**	**2608**	**14845**	**7935**	**49564**	**192139**	**52611**	**660**
沙市区	48338	28211	748	3125	1524	9040	5806	7729	239
荆州区	43187	27721	359	2322	1426	5415	14125	3955	119
公安县	70901	54823	277	1902	1434	7592	34108	9502	8
监利县	79777	58135	191	2039	1000	7477	39421	8003	4
江陵县	25900	19695	74	605	334	1855	14833	1827	167
石首市	49257	37514	236	1364	805	7187	20637	7240	45
洪湖市	66079	49019	401	1838	677	5585	33849	6630	39
松滋市	58352	45244	322	1650	735	5413	29360	7725	39
黄冈市	**451048**	**323658**	**2304**	**15172**	**7002**	**36962**	**198035**	**62736**	**1447**
黄州区	30641	18231	304	2254	1620	3975	5642	4415	21
团风县	21552	15291	46	702	205	1466	10260	2477	135
红安县	34603	24218	133	973	601	1974	16958	3579	
罗田县	33089	23762	152	1188	693	2671	15356	3696	6
英山县	24825	16954	189	980	394	2074	10639	2673	5
浠水县	66440	48752	283	2193	804	5401	29301	9879	891
蕲春县	60151	41932	324	1702	528	5258	26476	7303	341
黄梅县	67195	49959	285	1610	795	4857	28302	14098	12
麻城市	65684	50864	340	1995	669	4255	38790	4799	16
武穴市	46868	33695	248	1575	693	5031	16311	9817	20
咸宁市	**182888**	**121850**	**1576**	**7462**	**4832**	**20916**	**59818**	**26802**	**444**
咸安区	40299	24625	595	2440	1261	5130	9526	5598	75
嘉鱼县	21994	15354	180	684	716	2584	7886	3267	37
通城县	27334	16405	247	929	480	2546	8068	4112	23
崇阳县	33189	26061	218	1066	799	3341	15866	4765	6
通山县	26287	17536	108	954	651	3105	8527	4024	167
赤壁市	33785	21869	228	1389	925	4210	9945	5036	136
随州市	**165014**	**123969**	**1253**	**5933**	**2421**	**18330**	**76944**	**18997**	**91**
曾都区	49588	35140	894	2892	1135	7820	15976	6405	18
随县	61274	49018	135	1392	331	3980	38285	4833	62
广水市	54152	39811	224	1649	955	6530	22683	7759	11
恩施土家族苗族自治州	**253500**	**189061**	**1547**	**7216**	**4373**	**18017**	**132836**	**25026**	**46**
恩施市	54809	38405	606	2158	1401	5477	22525	6238	
利川市	57569	42449	345	1193	529	3104	32626	4648	4
建始县	32848	25908	140	791	553	1993	19101	3322	8
巴东县	33134	25305	106	886	494	1976	19774	2060	9
宣恩县	19814	15578	76	590	307	1361	10348	2886	10
咸丰县	21808	16702	158	676	355	1435	12209	1859	10
来凤县	17541	13020	39	411	412	1518	8092	2548	
鹤峰县	15977	11694	77	511	322	1153	8161	1465	5

单位：人

各种未工作人口总计	在校学生	丧　失工作能力	毕业后未工作	因单位原因失去工作	因本人原因失去工作	承包土地被征用	离退休	料理家务	其　他
11395	2676	2785	375	161	163	16	1457	2670	1092
8058	1604	2124	272	183	151	24	1328	1917	455
10294	1518	2328	294	142	226	47	1191	3582	966
4529	869	1330	72	38	38	3	437	1320	422
8320	1429	1430	237	165	131	10	2107	2051	760
15710	3234	3708	561	305	177	72	1818	4575	1260
8809	1630	2249	195	150	93	1	1441	2255	795
25409	**4538**	**3251**	**1130**	**337**	**503**	**107**	**4818**	**8427**	**2298**
3228	784	608	135	11	62	1	92	1145	390
4112	916	992	174	22	60	68	308	1335	237
18069	2838	1651	821	304	381	38	4418	5947	1671
56976	**12962**	**10659**	**1504**	**1112**	**1002**	**168**	**10231**	**14968**	**4370**
9741	2669	1040	284	198	157	7	2011	2412	963
6726	1057	564	228	114	135	25	1388	2399	816
12215	3125	2288	249	164	197	9	2699	2755	729
9533	1862	2568	277	81	176	15	1349	2436	769
18761	4249	4199	466	555	337	112	2784	4966	1093
90708	**23458**	**18205**	**2292**	**1259**	**1211**	**315**	**12466**	**25336**	**6166**
23302	6770	2859	551	433	371	154	4086	6160	1918
10405	3218	2693	306	55	156	10	309	2827	831
10569	2607	2696	260	113	70	24	864	3301	634
8909	2334	1867	266	192	85	49	1308	2439	369
11065	2395	2139	276	145	180	20	1842	3413	655
9353	2508	2072	172	136	98	39	1372	2394	562
17105	3626	3879	461	185	251	19	2685	4802	1197
121429	**24174**	**24132**	**3071**	**2105**	**1985**	**332**	**24786**	**29594**	**11250**
20127	2496	1287	696	791	358	69	8895	3370	2165
15466	4217	1825	383	364	264	16	3650	3397	1350
16078	3773	4182	274	152	224	26	1868	4550	1029
21642	3975	5391	616	211	270	34	2867	5767	2511
6205	1073	1550	155	68	78	66	1050	1540	625
11743	2692	2755	279	97	256	39	1245	3399	981
17060	3598	3618	466	210	294	11	3262	3804	1797
13108	2350	3524	202	212	241	71	1949	3767	792
127390	**31983**	**26428**	**2537**	**1608**	**1675**	**194**	**13867**	**39917**	**9181**
12410	5052	655	251	223	152	35	2523	2527	992
6261	1079	1700	196	68	122	22	447	2198	429
10385	2178	2322	175	158	132	11	941	3696	772
9327	2093	1979	158	131	104	13	789	3407	653
7871	1331	1834	137	181	103	19	757	2783	726
17688	4332	3426	311	196	342	35	1699	5831	1516
18219	4523	4057	328	106	234	9	1676	5802	1484
17236	4364	4133	385	198	166	20	1925	5156	889
14820	3993	3776	269	189	140	16	1478	3901	1058
13173	3038	2546	327	158	180	14	1632	4616	662
61038	**12626**	**10481**	**1940**	**1062**	**1159**	**296**	**7287**	**19688**	**6499**
15674	4324	1702	430	295	298	139	2186	4541	1759
6640	1233	1447	197	112	194	21	1021	1896	519
10929	1354	2098	295	151	227	28	625	4832	1319
7128	1936	1841	240	143	67	11	661	1839	390
8751	1457	1509	405	108	155	11	583	3112	1411
11916	2322	1884	373	253	218	86	2211	3468	1101
41045	**8491**	**9179**	**1099**	**752**	**807**	**122**	**5437**	**12680**	**2478**
14448	3206	2262	448	462	345	63	3172	3943	547
12256	2489	3853	337	82	175	18	800	3662	840
14341	2796	3064	314	208	287	41	1465	5075	1091
64439	**13983**	**19092**	**1229**	**917**	**697**	**440**	**6232**	**15720**	**6129**
16404	5047	3139	310	317	309	119	2154	3868	1141
15120	2850	4973	318	129	112	197	807	4153	1581
6940	1131	2728	112	144	46	10	732	1452	585
7829	1425	2449	112	121	55	50	729	2062	826
4236	755	1741	81	45	56	22	408	848	280
5106	1048	1565	77	77	40	12	544	1196	547
4521	870	1345	105	23	34	4	388	1022	730
4283	857	1152	114	61	45	26	470	1119	439

表5 续表 28

地区	16岁及以上人口	各种职业人口总计	国家机关、党群组织、企业、事业单位负责人	专业技术人员	办事人员和有关人员	商业、服务业人员	农、林、牧、渔、水利业生产人员	生产、运输设备操作人员及有关人员	不便分类的其他从业人员
省直辖县级行政区划	**286600**	**220569**	**1766**	**9085**	**4457**	**30417**	**131938**	**42630**	**276**
仙桃市	92662	69230	578	3828	1353	10870	39640	12706	255
潜江市	74762	55817	854	2716	1692	8683	29875	11987	10
天门市	113466	91610	307	2289	1192	10201	60246	17366	9
神农架林区	5710	3912	27	252	220	663	2177	571	2
湖南省	**4920101**	**3389354**	**39551**	**184441**	**109533**	**540938**	**1885689**	**623602**	**5600**
长沙市	**578772**	**338624**	**8999**	**38842**	**19612**	**91432**	**114458**	**64805**	**476**
芙蓉区	45464	26187	1803	4982	3294	12985	266	2857	
天心区	41308	20533	804	4675	2538	8708	625	3084	99
岳麓区	63626	29384	768	6149	2799	10028	3809	5738	93
开福区	45162	24529	1107	4850	2693	10783	1107	3864	125
雨花区	60829	33576	1619	7857	3981	14633	311	5032	143
长沙县	86217	52150	752	3733	1318	10847	25810	9689	1
望城县	43453	24678	406	1328	544	5415	11930	5048	7
宁乡县	91022	58661	1058	2306	1043	8535	36702	9014	3
浏阳市	101691	68926	682	2962	1402	9498	33898	20479	5
株洲市	**306722**	**208432**	**4821**	**12212**	**7448**	**37653**	**92055**	**53962**	**281**
荷塘区	26312	16631	548	1725	801	5900	1412	6197	48
芦淞区	19527	11400	174	1912	912	5439	511	2448	4
石峰区	23314	12300	694	1522	666	3597	876	4895	50
天元区	17118	9958	488	1658	1608	3302	807	2033	62
株洲县	30531	21847	177	604	376	2237	14836	3603	14
攸县	52300	36066	721	1235	915	4755	21752	6687	1
茶陵县	46997	36502	282	1045	823	4654	22019	7581	98
炎陵县	13934	9957	133	401	320	979	6416	1706	2
醴陵市	76689	53771	1604	2110	1027	6790	23426	18812	2
湘潭市	**206354**	**130854**	**1758**	**9614**	**6390**	**25488**	**61582**	**25779**	**243**
雨湖区	39015	20003	830	2964	2521	6008	3067	4571	42
岳塘区	32779	17071	591	2451	1314	5518	1122	5945	130
湘潭县	68934	47831	133	2539	1435	6074	31024	6612	14
湘乡市	58801	41434	127	1345	968	6756	24495	7691	52
韶山市	6825	4515	77	315	152	1132	1874	960	5
衡阳市	**519739**	**370569**	**3336**	**17691**	**8965**	**55801**	**216118**	**67992**	**666**
珠晖区	26655	13476	124	1552	718	4807	2855	3402	18
雁峰区	17324	7980	122	1205	758	3096	1043	1719	37
石鼓区	15978	9112	256	1201	839	3820	1203	1791	2
蒸湘区	23746	11913	1054	2367	782	3729	1830	2093	58
南岳区	4315	2787	22	245	185	1329	690	316	
衡阳县	83139	64867	402	2041	886	8068	39728	13673	69
衡南县	66333	51237	162	1448	360	5439	34002	9723	103
衡山县	26639	19073	99	587	489	2585	11692	3594	27
衡东县	43596	33209	201	956	667	4138	22048	5189	10
祁东县	72639	55585	241	1674	925	7497	36540	8517	191
耒阳市	82824	58660	491	3025	1467	7474	38700	7365	138
常宁市	56551	42670	162	1390	889	3819	25787	10610	13
邵阳市	**530704**	**390420**	**3196**	**14082**	**8290**	**51741**	**229412**	**82439**	**1260**
双清区	22876	11887	329	1014	782	4714	2713	2327	8
大祥区	24045	14080	699	1604	1296	2921	5569	1828	163
北塔区	7256	4717	34	237	223	1202	1819	1197	5
邵东县	64755	45207	435	1217	546	9035	25308	8498	168
新邵县	54314	39745	246	1408	404	4928	26028	6672	59
邵阳县	69111	52805	543	1442	670	7280	31091	11625	154
隆回县	85083	64851	259	2162	1038	7877	31723	21175	617
洞口县	58869	45001	292	1323	826	4549	27391	10571	49
绥宁县	27628	21180	79	636	418	1325	16317	2404	1
新宁县	42152	32308	88	1031	607	2689	22141	5728	24
城步苗族自治县	19600	15844	18	437	389	1223	11322	2455	
武冈市	55015	42795	174	1571	1091	3998	27990	7959	12
岳阳市	**394942**	**263720**	**2639**	**13461**	**7622**	**48986**	**144459**	**46105**	**448**
岳阳楼区	58346	32489	984	4388	2469	12361	4348	7601	338
云溪区	12029	7091	152	554	353	1088	3342	1584	18
君山区	15913	11219	122	479	353	1736	7021	1507	1
岳阳县	49458	35048	197	1154	818	5827	20854	6186	12
华容县	52371	42457	265	1322	834	6761	29381	3881	13

单位：人

各种未工作人口总计	在校学生	丧失工作能力	毕业后未工作	因单位原因失去工作	因本人原因失去工作	承包土地被征用	离退休	料理家务	其他
66031	**14756**	**12736**	**1694**	**664**	**854**	**236**	**11372**	**17205**	**6514**
23432	5555	4591	606	210	328	109	2733	7414	1886
18945	2736	2646	427	275	269	43	5850	3859	2840
21856	6260	5074	615	135	240	74	2551	5314	1593
1798	205	425	46	44	17	10	238	618	195
1530747	**259413**	**309523**	**43487**	**25586**	**21018**	**11041**	**224112**	**476996**	**159571**
240148	**56118**	**29836**	**5211**	**4509**	**4690**	**3914**	**43339**	**67869**	**24662**
19277	5094	474	491	698	715	397	6037	3413	1958
20775	7766	532	396	776	414	114	6744	2443	1590
34242	13932	1897	525	540	599	949	5687	6987	3126
20633	2728	1064	665	576	641	92	7468	4246	3153
27253	5747	798	466	893	991	750	9577	4901	3130
34067	10878	5501	652	266	507	829	1904	11419	2111
18775	4374	3780	505	110	226	206	1233	7099	1242
32361	2930	7487	791	382	317	414	2582	13117	4341
32765	2669	8303	720	268	280	163	2107	14244	4011
98290	**13738**	**15442**	**2629**	**2316**	**1660**	**436**	**21264**	**30896**	**9909**
9681	1592	501	258	411	180	32	3746	2134	827
8127	1060	227	282	387	189	44	3738	1158	1042
11014	2434	422	265	391	211	70	4351	1747	1123
7160	1181	415	229	203	180	174	1991	1910	877
8684	766	2232	237	75	148	19	979	3225	1003
16234	1966	3436	399	284	222	34	1632	6738	1523
10495	1722	2416	284	139	132	15	1084	3697	1006
3977	284	943	90	38	106	16	485	1572	443
22918	2733	4850	585	388	292	32	3258	8715	2065
75500	**12257**	**11140**	**1789**	**1840**	**933**	**395**	**17195**	**22314**	**7637**
19012	4976	890	412	659	268	158	6609	3050	1990
15708	2844	718	435	679	280	98	6412	2774	1468
21103	2167	5096	480	159	202	40	1783	8914	2262
17367	2005	4037	405	309	160	94	2077	6637	1643
2310	265	399	57	34	23	5	314	939	274
149170	**31063**	**32470**	**4437**	**2430**	**2129**	**978**	**23144**	**40997**	**11522**
13179	4242	646	289	411	215	73	4191	2206	906
9344	2643	316	257	358	216	62	3307	1479	706
6866	808	442	278	387	133	47	2945	1210	616
11833	4497	517	296	325	193	354	2804	1873	974
1528	112	147	69	23	22	18	209	672	256
18272	4461	6002	642	119	206	34	1173	4823	812
15096	2762	4861	418	67	237	41	903	4767	1040
7566	870	2066	212	97	61	14	762	2964	520
10387	1673	3269	307	124	171	41	962	2932	908
17054	3515	4887	561	134	245	45	1719	4947	1001
24164	3455	6075	707	153	270	194	2513	8291	2506
13881	2025	3242	401	232	160	55	1656	4833	1277
140284	**23275**	**32259**	**4718**	**2407**	**1587**	**935**	**14989**	**44241**	**15873**
10989	1074	794	466	841	220	64	3487	2847	1196
9965	1706	864	341	387	181	316	2916	1865	1389
2539	269	414	98	64	30	95	443	885	241
19548	2585	5091	512	56	178	49	1454	7152	2471
14569	2553	3713	583	104	159	40	875	4897	1645
16306	3430	4817	521	157	153	91	851	4662	1624
20232	2796	4967	797	148	296	46	885	7870	2427
13868	3063	3318	409	199	143	65	1140	4243	1288
6448	1183	1421	250	93	48	29	530	2014	880
9844	1370	2742	224	134	73	94	876	2944	1387
3756	522	1008	153	75	18	3	492	1008	477
12220	2724	3110	364	149	88	43	1040	3854	848
131222	**20200**	**26748**	**3721**	**1854**	**1553**	**470**	**18120**	**47460**	**11096**
25857	5113	2613	855	984	498	210	6483	6809	2292
4938	858	493	176	73	58	57	1529	1263	431
4694	709	569	141	65	59	4	2057	891	199
14410	2225	3608	419	86	154	10	770	5591	1547
9914	2074	3244	197	81	101	51	1027	2504	635

表5 续表 29

地　　区	16岁及以上人口	各种职业人口总计	国家机关、党群组织、企业、事业单位负责人	专业技术人员	办事人员和有关人员	商业、服务业人员	农、林、牧、渔、水利业生产人员	生产、运输设备操作人员及有关人员	不便分类的其他从业人员
湘阴县	45544	27503	130	1143	533	4246	16731	4700	20
平江县	71356	47588	246	1781	1187	5401	30383	8564	26
汨罗市	51558	33829	386	1516	626	6721	18512	6065	3
临湘市	38367	26496	157	1124	449	4845	13887	6017	17
常德市	**436990**	**323698**	**2633**	**15485**	**7803**	**51587**	**195554**	**49959**	**677**
武陵区	47502	28859	689	3790	2388	10494	5284	6155	59
鼎城区	62565	46911	267	1721	574	7035	30633	6267	414
安乡县	39238	30353	142	874	639	5572	19852	3254	20
汉寿县	61871	45963	220	1579	745	7762	29609	6046	2
澧县	61672	48184	353	1723	772	6927	33114	5229	66
临澧县	32551	25483	173	945	542	2797	15875	5143	8
桃源县	66649	49733	399	2453	851	5276	30826	9893	35
石门县	48196	36846	263	1785	635	3835	24396	5876	56
津市市	16746	11366	127	615	657	1889	5965	2096	17
张家界市	**104294**	**73832**	**658**	**3813**	**2388**	**9740**	**47268**	**9570**	**395**
永定区	31983	18950	253	1131	1144	3854	10087	2474	7
武陵源区	3742	2424	66	132	153	915	955	197	6
慈利县	43967	34438	248	1839	625	3327	23691	4326	382
桑植县	24602	18020	91	711	466	1644	12535	2573	
益阳市	**323461**	**210415**	**2002**	**11671**	**5715**	**35998**	**121359**	**33410**	**260**
资阳区	31162	21302	190	878	487	4035	12912	2741	59
赫山区	63807	38276	874	3059	1802	6833	19346	6309	53
南县	55276	40237	379	2611	691	9544	22353	4532	127
桃江县	53882	32863	309	1502	874	4580	17321	8271	6
安化县	69645	45846	14	1732	1102	5577	29492	7928	1
沅江市	49689	31891	236	1889	759	5429	19935	3629	14
郴州市	**341219**	**244136**	**2578**	**10907**	**8586**	**30389**	**147247**	**44316**	**113**
北湖区	31774	19708	324	1853	2090	6228	5010	4190	13
苏仙区	31202	19231	503	1360	1296	4035	7639	4398	
桂阳县	50140	38745	211	1231	881	5034	23156	8227	5
宜章县	41679	30667	342	1185	641	2946	20409	5137	7
永兴县	43921	30656	184	1108	861	3084	21441	3968	10
嘉禾县	22391	15959	346	676	463	1603	9016	3855	
临武县	26572	18355	63	630	580	1725	13615	1742	
汝城县	25648	19646	168	532	329	1042	16198	1369	8
桂东县	12716	10362	27	365	306	776	7254	1634	
安仁县	29118	23462	229	877	477	1482	14809	5525	63
资兴市	26058	17345	181	1090	662	2434	8700	4271	7
永州市	**380141**	**284297**	**2114**	**10749**	**7257**	**29091**	**183273**	**51481**	**332**
零陵区	45339	31846	180	1459	1171	4218	17025	7785	8
冷水滩区	37694	26634	932	1738	1721	5463	10382	6375	23
祁阳县	61139	44469	452	1584	1033	4988	26463	9949	
东安县	38408	29680	158	1491	565	3213	19567	4600	86
双牌县	14024	9975	56	418	302	924	7298	977	
道县	40595	32416	29	677	352	1918	23499	5926	15
江永县	16991	13742	43	513	356	952	9429	2428	21
宁远县	52416	40132	81	1043	612	2508	32756	3132	
蓝山县	22217	16580	18	443	467	1389	10458	3805	
新田县	23486	17179	79	622	310	1968	9159	5017	24
江华瑶族自治县	27832	21644	86	761	368	1550	17237	1487	155
怀化市	**355793**	**256555**	**1873**	**11444**	**8838**	**33362**	**158215**	**42672**	**151**
鹤城区	38400	22622	504	3321	2550	8457	4931	2790	69
中方县	19392	15052	75	317	119	695	12946	896	4
沅陵县	46392	33851	169	1332	1004	3937	18912	8480	17
辰溪县	30397	21390	326	975	601	2480	13474	3524	10
溆浦县	51878	38130	280	1195	1134	3329	26939	5242	11
会同县	23987	18224	55	525	327	2185	12301	2830	1
麻阳苗族自治县	25923	18481	74	577	514	2095	12082	3132	7
新晃侗族自治县	25601	20458	55	470	487	2004	13337	4088	17
芷江侗族自治县	23108	17960	58	699	453	1737	12981	2032	
靖州苗族侗族自治县	18280	13332	104	542	339	1610	8098	2631	8
通道侗族自治县	15647	11523	40	470	319	1119	7926	1647	2
洪江市	36788	25532	133	1021	991	3714	14288	5380	5

单位：人

各种未工作人口总计	在校学生	丧失工作能力	毕业后未工作	因单位原因失去工作	因本人原因失去工作	承包土地被征用	离退休	料理家务	其他
18041	2302	3608	488	101	150	37	1170	8304	1881
23768	2026	6825	579	136	264	25	1283	11140	1490
17729	2580	3436	441	177	126	54	2419	7146	1350
11871	2313	2352	425	151	143	22	1382	3812	1271
113292	**19915**	**30018**	**2662**	**1546**	**1378**	**495**	**18787**	**29111**	**9380**
18643	3905	1689	518	535	328	225	6303	3732	1408
15654	2782	5323	352	97	147	49	1924	3975	1005
8885	1642	2393	234	83	81	28	902	2353	1169
15908	2371	4220	443	125	194	12	2210	4893	1440
13488	2504	3695	321	144	161	63	1701	3611	1288
7068	1369	1964	205	75	84	19	790	1807	755
16916	2655	6348	277	164	149	11	1539	4749	1024
11350	1846	3492	204	171	162	78	1543	2949	905
5380	841	894	108	152	72	10	1875	1042	386
30462	**4801**	**7119**	**822**	**397**	**270**	**292**	**2477**	**9056**	**5228**
13033	2147	1936	467	202	129	143	967	4281	2761
1318	162	260	47	14	13	44	48	404	326
9529	1734	2712	173	133	84	84	947	2597	1065
6582	758	2211	135	48	44	21	515	1774	1076
113046	**14608**	**23647**	**3045**	**1916**	**1638**	**505**	**14720**	**39272**	**13695**
9860	1921	1974	310	179	76	52	1752	2934	662
25531	4501	3741	612	649	348	260	4577	8099	2744
15039	2080	3641	396	199	301	28	3167	4018	1209
21019	1741	4756	531	296	247	65	1417	10076	1890
23799	2222	6316	688	320	262	49	1468	9089	3385
17798	2143	3219	508	273	404	51	2339	5056	3805
97083	**12640**	**17908**	**3045**	**1730**	**1321**	**853**	**12652**	**35659**	**11275**
12066	1330	883	418	539	234	354	3341	3469	1498
11971	2826	1508	351	289	169	59	2265	3337	1167
11395	1335	2432	291	132	137	5	1102	4404	1557
11012	1284	2590	401	193	100	33	880	4116	1415
13265	1020	2611	449	104	208	24	1248	5877	1724
6432	790	1377	190	36	146	15	407	2824	647
8217	840	1444	347	76	103	250	517	3741	899
6002	683	1702	171	73	52	17	467	2188	649
2354	394	639	63	24	6	6	204	615	403
5656	1183	1359	133	65	43	2	343	1987	541
8713	955	1363	231	199	123	88	1878	3101	775
95844	**16989**	**25028**	**2666**	**991**	**1033**	**477**	**9285**	**28862**	**10513**
13493	3994	2690	302	168	104	60	1369	3553	1253
11060	1853	2091	330	194	129	125	2053	2759	1526
16670	2707	4228	408	235	195	164	1695	5440	1598
8728	1187	2699	218	74	68	13	798	2706	965
4049	515	929	207	12	40	9	644	1234	459
8179	1831	2343	209	67	47	18	502	2174	988
3249	431	1091	164	31	26	7	355	812	332
12284	1978	3526	359	110	229	33	597	3997	1455
5637	647	1480	151	18	58	25	405	2025	828
6307	894	1672	159	51	58	17	420	2517	519
6188	952	2279	159	31	79	6	447	1645	590
99238	**12706**	**24688**	**3114**	**1401**	**1080**	**672**	**12110**	**32396**	**11071**
15778	3891	765	568	400	179	444	3304	4060	2167
4340	315	1697	196	20	65	47	185	1358	457
12541	1475	4600	331	104	97	40	1262	3889	743
9007	693	2389	289	109	100	5	1322	3037	1063
13748	1252	3965	353	112	162	42	1049	5707	1106
5763	523	1425	160	99	60	5	475	2290	726
7442	960	1991	289	46	54	9	411	2476	1206
5143	570	2083	200	96	54	3	558	1225	354
5148	627	1432	175	68	44	6	650	1704	442
4948	442	1214	136	83	38	2	477	1666	890
4124	356	942	152	53	80	41	260	1574	666
11256	1602	2185	265	211	147	28	2157	3410	1251

表5 续表 30

地　区	16岁及以上人口	各种职业人口总计	国家机关、党群组织、企业、事业单位负责人	专业技术人员	办事人员和有关人员	商业、服务业人员	农、林、牧、渔、水利业生产人员	生产、运输设备操作人员及有关人员	不便分类的其他从业人员
娄底市	**277583**	**179149**	**2039**	**8999**	**6665**	**26587**	**96582**	**38116**	**161**
娄星区	37146	20550	811	2484	1948	5842	3971	5487	7
双峰县	65921	46094	428	2064	1125	8067	23535	10790	85
新化县	79341	54362	242	1610	1143	4546	41207	5609	5
冷水江市	25227	13213	298	1081	1057	2853	2608	5256	60
涟源市	69948	44930	260	1760	1392	5279	25261	10974	4
湘西土家族苗族自治州	**163387**	**114653**	**905**	**5471**	**3954**	**13083**	**78107**	**12996**	**137**
吉首市	22284	13840	461	1459	1360	3064	5388	2107	1
泸溪县	17000	11996	25	539	306	1328	7093	2639	66
凤凰县	22303	17186	70	536	444	1867	12989	1267	13
花垣县	20771	14981	29	545	320	1415	11103	1527	42
保靖县	16698	11659	56	328	280	1066	8597	1332	
古丈县	7935	5721	37	260	240	537	3896	744	7
永顺县	28180	19867	73	833	521	1921	14629	1889	1
龙山县	28216	19403	154	971	483	1885	14412	1491	7
广东省	**7852679**	**5525078**	**152302**	**404043**	**383867**	**1158603**	**1358469**	**2063108**	**4686**
广州市	**1072063**	**693593**	**32109**	**80639**	**74162**	**210276**	**56092**	**239324**	**991**
荔湾区	75685	41330	302	5228	6810	17660	797	10533	
越秀区	90024	49044	3953	10755	8723	20526	35	5043	9
海珠区	145714	90028	1108	13373	12708	31893	455	30489	2
天河区	117519	69644	6456	15653	9649	28069	209	9545	63
白云区	207330	145291	9599	11169	12625	46900	8110	56078	810
黄埔区	41383	28767	792	2519	3277	7686	298	14193	2
番禺区	144806	101765	6063	9354	8966	22009	9056	46262	55
花都区	72835	48700	1652	4250	3147	13898	5808	19925	20
南沙区	21673	16533	328	966	1137	2999	3091	8008	4
萝岗区	32559	22610	462	2003	1827	3701	1451	13145	21
增城市	79344	54461	1014	3588	3822	10251	16450	19332	4
从化市	43191	25420	380	1781	1471	4684	10332	6771	1
韶关市	**199836**	**128517**	**2440**	**9193**	**6401**	**19883**	**67970**	**22486**	**144**
武江区	23287	14130	481	1913	1331	3615	2898	3892	
浈江区	26188	13062	489	1648	1005	4074	2743	3073	30
曲江区	22972	14624	189	1025	633	2841	6815	3094	27
始兴县	14710	9954	102	495	403	865	6201	1885	3
仁化县	14328	9735	130	539	447	1077	6132	1409	1
翁源县	22906	16117	199	864	424	1352	11378	1900	
乳源瑶族自治县	13085	9364	74	516	428	887	5683	1772	4
新丰县	13252	8483	117	464	387	1207	4632	1676	
乐昌市	26918	18210	305	960	955	2427	11356	2207	
南雄市	22190	14838	354	769	388	1538	10132	1578	79
深圳市	**921563**	**753424**	**29383**	**76105**	**81779**	**204792**	**2425**	**358508**	**432**
罗湖区	82286	58130	5500	7992	7926	27223	66	9411	12
福田区	108960	80679	6056	15870	12238	36346	119	9905	145
南山区	94621	71501	5678	15265	11340	19183	274	19550	211
宝安区	412013	360661	6385	21742	32317	77487	1094	221605	31
龙岗区	206124	168377	5190	13711	15854	40856	808	91925	33
盐田区	17559	14076	574	1525	2104	3697	64	6112	
珠海市	**141518**	**97690**	**2556**	**9729**	**8739**	**30159**	**5603**	**40854**	**50**
香洲区	84463	58443	1391	7248	6083	23348	985	19348	40
斗门区	33458	23973	1019	1356	1475	4138	3071	12914	
金湾区	23597	15274	146	1125	1181	2673	1547	8592	10
汕头市	**367025**	**220237**	**6454**	**14255**	**12562**	**47998**	**39259**	**99554**	**155**
龙湖区	40699	26528	2072	3253	2320	6149	2107	10552	75
金平区	61043	28815	633	4680	4051	10253	1065	8129	4
濠江区	17864	9190	162	542	399	1739	1765	4583	
潮阳区	101626	59556	383	1787	2701	12469	12978	29238	
潮南区	79299	51707	1551	1430	1285	8863	10351	28186	41
澄海区	61792	41884	1608	2336	1618	7938	9830	18519	35
南澳县	4702	2557	45	227	188	587	1163	347	
佛山市	**586547**	**429801**	**17920**	**39401**	**34670**	**104906**	**23594**	**208745**	**565**
禅城区	86339	59171	3273	7710	6002	18320	384	23479	3
南海区	214197	158697	5717	13843	12502	40815	8432	76844	544
顺德区	207280	155698	7699	14020	12380	34358	5449	81774	18
三水区	46647	32613	594	2443	2015	6903	5203	15455	
高明区	32084	23622	637	1385	1771	4510	4126	11193	

单位：人

各种未工作人口总计	在校学生	丧失工作能力	毕业后未工作	因单位原因失去工作	因本人原因失去工作	承包土地被征用	离退休	料理家务	其他
98434	**13174**	**20191**	**3731**	**1278**	**1172**	**399**	**11387**	**36116**	**10986**
16596	2967	1147	659	475	230	214	3546	5743	1615
19827	3029	5054	517	153	240	52	1406	7354	2022
24979	2812	6922	979	149	194	31	2028	9216	2648
12014	1328	1351	580	274	197	40	2328	4645	1271
25018	3038	5717	996	227	311	62	2079	9158	3430
48734	**7929**	**13029**	**1897**	**971**	**574**	**220**	**4643**	**12747**	**6724**
8444	1604	1119	364	248	202	85	1747	1788	1287
5004	905	1201	271	110	75	13	394	1444	591
5117	822	1248	216	63	32	11	507	1441	777
5790	814	1303	323	112	74	47	293	1514	1310
5039	671	1716	139	112	77	12	297	1447	568
2214	237	678	68	45	18	3	183	646	336
8313	1350	2957	248	134	43	16	657	2083	825
8813	1526	2807	268	147	53	33	565	2384	1030
2327601	**596507**	**253330**	**67829**	**39558**	**101449**	**5961**	**376950**	**696797**	**189220**
378470	**99015**	**14430**	**10191**	**10538**	**22067**	**1765**	**111274**	**78536**	**30654**
34355	5192	437	763	2187	3106	87	16908	4654	1021
40980	6460	476	856	1699	2303	9	21694	4185	3298
55686	9788	545	1324	2662	4773	70	26222	7912	2390
47875	22566	428	855	807	1666	58	11426	7068	3001
62039	16787	2543	1875	1265	3397	203	13063	16174	6732
12616	2178	185	422	223	847	31	3319	4016	1395
43041	12904	1757	1008	752	2196	231	9174	10724	4295
24135	5784	2246	904	344	1032	198	2766	8163	2698
5140	989	297	173	103	252	32	1363	1318	613
9949	3000	579	389	115	585	642	808	2629	1202
24883	6452	2702	1036	216	1188	152	2836	7740	2561
17771	6915	2235	586	165	722	52	1695	3953	1448
71319	**14718**	**8775**	**1439**	**1461**	**1581**	**260**	**14802**	**23723**	**4560**
9157	1640	449	185	384	307	153	3329	2083	627
13126	3739	535	270	394	335	18	4326	2750	759
8348	2091	854	184	150	225	21	1762	2589	472
4756	818	756	73	52	75	31	522	2021	408
4593	691	667	87	73	83	2	717	1817	456
6789	1526	1264	166	55	93	19	595	2723	348
3721	773	537	98	33	60	1	474	1449	296
4769	916	829	160	75	140	8	539	1919	183
8708	1390	1509	148	167	158	6	1880	2794	656
7352	1134	1375	68	78	105	1	658	3578	355
168139	**20419**	**2600**	**4196**	**4385**	**15610**	**111**	**28752**	**66584**	**25482**
24156	2541	334	659	980	2886	5	5884	7801	3066
28281	3867	316	647	845	2439	15	8040	8584	3528
23120	6336	281	403	660	1524	9	3922	6751	3234
51352	3781	858	1371	1018	5296	56	5248	24768	8956
37747	3513	733	1033	775	3192	24	5010	17149	6318
3483	381	78	83	107	273	2	648	1531	380
43828	**13245**	**1511**	**1032**	**1117**	**2525**	**120**	**8545**	**10648**	**5085**
26020	7432	496	598	740	1555	63	5437	6409	3290
9485	1499	792	292	222	629	25	1747	3117	1162
8323	4314	223	142	155	341	32	1361	1122	633
146788	**42739**	**20302**	**3684**	**2131**	**3488**	**79**	**16237**	**48798**	**9330**
14171	3605	1385	425	356	499	25	2550	4437	889
32228	6029	1410	1069	1432	1317	18	9732	8749	2472
8674	2809	1203	311	38	237	3	303	3042	728
42070	14938	7174	877	105	551	5	1437	15181	1802
27592	9557	5643	470	43	482	19	369	9163	1846
19908	5478	3210	473	128	368	8	1617	7183	1443
2145	323	277	59	29	34	1	229	1043	150
156746	**34585**	**8669**	**4262**	**4320**	**12336**	**517**	**38530**	**41400**	**12127**
27168	5148	526	590	1337	1855	37	11316	4621	1738
55500	12757	2962	1723	1317	5265	188	11605	15015	4668
51582	11755	2828	1254	1084	3718	183	11789	14902	4069
14034	2995	1382	406	431	956	77	2567	4103	1117
8462	1930	971	289	151	542	32	1253	2759	535

表5 续表 31

地　区	16 岁及以上人口	各种职业人口总计	国家机关、党群组织、企业、事业单位负责人	专业技术人员	办事人员和有关人员	商业、服务业人员	农、林、牧、渔、水利业生产人员	生产、运输设备操作人员及有关人员	不便分类的其他从业人员
江门市	**348571**	**233854**	**5390**	**16100**	**13744**	**45984**	**73248**	**79326**	**62**
蓬江区	56839	36363	1877	4391	3088	9656	2255	15086	10
江海区	19905	13884	444	944	1034	3415	1401	6641	5
新会区	65859	43727	958	3391	2644	8801	10143	17743	47
台山市	73106	48610	667	1681	2047	7022	28631	8562	
开平市	56597	37194	567	2312	2068	6724	12702	12821	
鹤山市	40385	29735	616	1961	1851	4685	6565	14057	
恩平市	35880	24341	261	1420	1012	5681	11551	4416	
湛江市	**452577**	**298912**	**2370**	**14893**	**9029**	**37539**	**201958**	**33108**	**15**
赤坎区	23528	11151	235	1883	2072	4067	717	2174	3
霞山区	38128	19611	718	3455	2190	7040	2154	4054	
坡头区	23391	15346	59	579	485	2060	9155	3002	6
麻章区	33092	21348	56	738	214	2333	16449	1556	2
遂溪县	56230	40349	33	1602	671	3752	31758	2531	2
徐闻县	48224	35668	106	1250	844	3698	27810	1958	2
廉江市	83540	58330	598	1959	1113	4899	42169	7592	
雷州市	89635	62290	260	2042	674	4936	50056	4322	
吴川市	56809	34819	305	1385	766	4754	21690	5919	
茂名市	**368203**	**244576**	**2117**	**12438**	**5922**	**29853**	**162228**	**31988**	**30**
茂南区	53329	33176	538	3114	2401	7106	13001	7000	16
茂港区	27383	21741	65	443	249	2964	14693	3321	6
电白县	77159	49198	435	2544	1100	6358	32565	6194	2
高州市	80643	55359	601	2387	618	4107	41417	6229	
化州市	70550	47248	31	1968	774	6023	34479	3972	1
信宜市	59139	37854	447	1982	780	3295	26073	5272	5
肇庆市	**262749**	**187073**	**1592**	**9437**	**7893**	**26182**	**104111**	**37686**	**172**
端州区	39049	21265	201	3005	3571	7345	671	6472	
鼎湖区	11249	8170	81	358	330	1505	3551	2344	1
广宁县	28187	20757	99	1100	430	2674	14358	2095	1
怀集县	45218	32790	451	1028	475	2583	24901	3352	
封开县	25324	18206	258	697	212	1309	14626	1087	17
德庆县	22874	16900	52	732	396	1250	13325	1143	2
高要市	51088	40053	141	1185	906	3685	24217	9779	140
四会市	39760	28932	309	1332	1573	5831	8462	11414	11
惠州市	**343185**	**242061**	**3302**	**15632**	**19329**	**50765**	**47360**	**105657**	**16**
惠城区	119302	83915	1403	7657	9566	20885	7516	36887	1
惠阳区	62086	45206	347	2581	3545	10429	4049	24251	4
博罗县	73424	52249	553	2701	3214	8933	15122	21722	4
惠东县	68045	47283	878	1934	2335	8504	12858	20769	5
龙门县	20328	13408	121	759	669	2014	7815	2028	2
梅州市	**275581**	**176179**	**1717**	**9949**	**6425**	**28916**	**92517**	**36534**	**121**
梅江区	25458	13934	133	1861	1733	4879	1349	3978	1
梅县	37835	24600	117	988	818	4349	13508	4815	5
大埔县	22792	14460	234	686	528	2558	7685	2727	42
丰顺县	32014	20669	671	924	667	2577	10847	4983	
五华县	60305	36840	318	1252	624	4176	24437	5969	64
平远县	14873	9862	31	800	387	1312	5408	1923	1
蕉岭县	14061	9316	36	576	381	1658	4580	2077	8
兴宁市	68243	46498	177	2862	1287	7407	24703	10062	
汕尾市	**172077**	**94272**	**1159**	**4428**	**3105**	**21815**	**38504**	**24396**	**865**
城区	30826	17433	373	1201	993	4670	3478	6706	12
海丰县	48592	29521	562	1403	1595	5522	9276	11163	
陆河县	16180	7710	70	415	335	2121	2180	2589	
陆丰市	76479	39608	154	1409	182	9502	23570	3938	853
河源市	**169281**	**106331**	**1332**	**6421**	**4504**	**16402**	**56880**	**20751**	**41**
源城区	32590	20082	574	2029	2400	5678	1972	7429	
紫金县	32858	18728	152	1161	516	2763	11256	2880	
龙川县	36984	24028	192	1243	501	2759	15813	3519	1
连平县	20975	14344	73	684	356	1543	9553	2134	1
和平县	23203	14721	117	666	495	1766	9453	2205	19
东源县	22671	14428	224	638	236	1893	8833	2584	20
阳江市	**164504**	**113016**	**2309**	**6852**	**3625**	**18033**	**60466**	**21653**	**78**
江城区	48504	31359	1635	2914	1841	8123	9007	7771	68
阳西县	27582	19461	237	686	161	2912	11662	3795	8
阳东县	29986	21021	343	1444	440	2740	11025	5028	1
阳春市	58432	41175	94	1808	1183	4258	28772	5059	1

单位：人

各种未工作人口总计	在校学生	丧失工作能力	毕业后未工作	因单位原因失去工作	因本人原因失去工作	承包土地被征用	离退休	料理家务	其他
114717	**25671**	**14257**	**3345**	**1916**	**4266**	**225**	**20143**	**34793**	**10101**
20476	5476	846	339	566	934	17	6018	4624	1656
6021	1543	370	144	125	386	26	1269	1728	430
22132	5025	2543	575	459	1066	28	4609	6254	1573
24496	4432	4333	897	210	556	38	2517	8744	2769
19403	3990	2683	573	257	694	10	2482	6963	1751
10650	2335	1531	231	190	367	81	1883	3062	970
11539	2870	1951	586	109	263	25	1365	3418	952
153665	**51584**	**21414**	**7420**	**2238**	**3828**	**277**	**18784**	**35522**	**12598**
12377	4014	253	311	479	328	8	3524	2384	1076
18517	4135	425	760	573	580	47	5678	4385	1934
8045	2334	1258	463	41	335	10	633	2248	723
11744	6058	1476	521	65	252	54	557	1663	1098
15881	5582	3048	770	161	260	14	1410	3389	1247
12556	4024	2439	632	212	231	9	1372	2878	759
25210	7513	4402	1508	278	737	74	2771	6427	1500
27345	11075	5301	1359	264	448	30	1648	4952	2268
21990	6849	2812	1096	165	657	31	1191	7196	1993
123627	**43059**	**18515**	**4733**	**1033**	**1957**	**136**	**11311**	**33685**	**9198**
20153	5416	1607	862	459	576	44	4460	5185	1544
5642	2541	1260	167	7	34	3	178	1176	276
27961	8296	4025	1591	200	484	20	1395	8929	3021
25284	10010	4260	732	116	259	22	2360	6319	1206
23302	9147	3737	821	114	380	18	1719	5921	1445
21285	7649	3626	560	137	224	29	1199	6155	1706
75676	**20633**	**11991**	**1810**	**921**	**1730**	**105**	**10439**	**22555**	**5492**
17784	6184	300	359	474	481	17	5529	3095	1345
3079	925	541	83	13	80	7	210	1060	160
7430	1164	1968	195	78	154	6	628	2732	505
12428	4330	2097	302	63	165	14	499	4333	625
7118	1816	1441	117	42	76	10	671	2265	680
5974	1282	1401	148	74	108	16	642	1708	595
11035	3028	2691	304	84	166	22	670	3176	894
10828	1904	1552	302	93	500	13	1590	4186	688
101124	**20067**	**11081**	**3608**	**1392**	**6533**	**439**	**10445**	**40557**	**7002**
35387	7603	2293	1161	744	2545	135	5280	13939	1687
16880	2387	1827	906	181	2347	123	1129	7725	255
21175	3565	3039	615	212	792	121	2203	8478	2150
20762	5416	2786	665	146	644	40	1200	7662	2203
6920	1096	1136	261	109	205	20	633	2753	707
99402	**24279**	**19504**	**1455**	**634**	**1059**	**126**	**9427**	**33963**	**8955**
11524	3087	890	134	267	198	25	2549	3324	1050
13235	2445	3179	117	58	132	23	1239	4835	1207
8332	1464	1663	94	49	84	19	723	3674	562
11345	2690	2928	154	31	100	5	655	3895	887
23465	6991	5002	521	89	241	19	894	6606	3102
5011	1034	820	49	43	64	3	555	2123	320
4745	808	851	59	24	44	7	808	1870	274
21745	5760	4171	327	73	196	25	2004	7636	1553
77805	**20183**	**11372**	**3199**	**281**	**1321**	**101**	**2948**	**32275**	**6125**
13393	3513	1690	438	78	273	8	707	5840	846
19071	4722	3022	651	67	347	22	969	7841	1430
8470	2179	1319	251	25	64	56	234	3536	806
36871	9769	5341	1859	111	637	15	1038	15058	3043
62950	**14328**	**11885**	**1489**	**431**	**1226**	**474**	**4110**	**23110**	**5897**
12508	3019	941	393	161	322	323	1466	4349	1534
14130	2886	3028	398	50	333	42	694	5421	1278
12956	3098	2848	200	64	189	8	765	4731	1053
6631	1349	1327	171	60	93	11	441	2479	700
8482	2076	1660	169	46	128	46	508	3133	716
8243	1900	2081	158	50	161	44	236	2997	616
51488	**12930**	**10717**	**1833**	**502**	**1099**	**260**	**5031**	**15394**	**3722**
17145	4759	2351	717	141	382	145	2389	5039	1222
8121	2122	1896	339	20	154	14	357	2675	544
8965	2448	2254	301	22	169	17	407	2701	646
17257	3601	4216	476	319	394	84	1878	4979	1310

表5　续表 32

地　区	16岁及以上人口	各种职业人口总计	国家机关、党群组织、企业、事业单位负责人	专业技术人员	办事人员和有关人员	商业、服务业人员	农、林、牧、渔、水利业生产人员	生产、运输设备操作人员及有关人员	不便分类的其他从业人员
清远市	**250611**	**170338**	**3558**	**8808**	**6966**	**23776**	**93645**	**33548**	**37**
清城区	62351	41412	2110	2743	3164	9718	10920	12756	1
佛冈县	21082	14212	229	774	457	1656	8393	2697	6
阳山县	24048	16140	285	741	236	1535	11401	1942	
连山壮族瑶族自治县	6992	4881	50	271	209	429	3520	394	8
连南瑶族自治县	9528	6685	113	378	240	577	4549	827	1
清新县	42897	28839	248	1016	948	3414	16074	7139	
英德市	58176	41175	397	1956	1193	4394	27885	5349	1
连州市	25537	16994	126	929	519	2053	10903	2444	20
东莞市	**729761**	**624553**	**19559**	**32879**	**54394**	**116201**	**6338**	**395182**	
市辖区	729761	624553	19559	32879	54394	116201	6338	395182	
中山市	**268324**	**204144**	**9104**	**15436**	**17412**	**42054**	**10196**	**109416**	**526**
市辖区	268324	204144	9104	15436	17412	42054	10196	109416	526
潮州市	**192177**	**125335**	**3099**	**6547**	**4958**	**20003**	**34613**	**56098**	**17**
湘桥区	35214	19287	593	2340	2152	5303	931	7967	1
潮安县	94906	64029	1797	2264	2254	8981	13512	35211	10
饶平县	62057	42019	709	1943	552	5719	20170	12920	6
揭阳市	**406326**	**266302**	**3973**	**9526**	**5552**	**52046**	**103279**	**91632**	**294**
榕城区	53189	30079	603	2331	1624	10244	2382	12805	90
揭东县	88392	61187	278	1667	998	9455	21737	27042	10
揭西县	56169	36507	188	1544	733	7846	18490	7698	8
惠来县	68460	46028	206	1160	607	8535	25151	10352	17
普宁市	140116	92501	2698	2824	1590	15966	35519	33735	169
云浮市	**160200**	**114870**	**859**	**5375**	**2696**	**11020**	**78183**	**16662**	**75**
云城区	24435	16653	416	2116	1023	3891	5036	4161	10
新兴县	29946	21170	81	917	637	1933	13753	3847	2
郁南县	25362	17547	116	681	501	1890	12333	1996	30
云安县	18577	14283	50	242	102	907	11749	1233	
罗定市	61880	45217	196	1419	433	2399	35312	5425	33
广西壮族自治区	**3301266**	**2447946**	**20971**	**121731**	**67793**	**299579**	**1637835**	**296921**	**3116**
南宁市	**511172**	**369290**	**4607**	**26330**	**16474**	**71648**	**208740**	**40785**	**706**
兴宁区	29977	20250	185	1964	1582	7677	5818	2885	139
青秀区	56361	36140	1970	7533	6036	10873	6230	3430	68
江南区	45361	31259	599	2586	1575	8859	12161	5276	203
西乡塘区	92711	55565	824	6291	3757	22012	13169	9380	132
良庆区	25424	20242	341	1125	460	6390	9463	2344	119
邕宁区	19119	15393	56	566	280	996	12519	975	1
武鸣县	43919	34277	93	1165	557	2661	26757	3031	13
隆安县	23227	18532	74	608	346	1157	15400	946	1
马山县	26623	21145	49	752	267	1170	17127	1774	6
上林县	26545	20962	67	689	303	1361	16971	1562	9
宾阳县	58410	44173	196	1527	740	4581	31866	5261	2
横县	63495	51352	153	1524	571	3911	41259	3921	13
柳州市	**291098**	**203115**	**3966**	**14415**	**8234**	**38968**	**98760**	**38420**	**352**
城中区	13387	7203	451	1453	1091	2283	418	1503	4
鱼峰区	29797	16152	624	2362	1219	6321	347	5266	13
柳南区	40535	23862	1320	2718	1586	8681	1291	8249	17
柳北区	35355	21799	768	2757	1852	6717	2629	7072	4
柳江县	42771	32560	235	1452	540	4713	21165	4412	43
柳城县	26816	21424	108	762	416	2053	15664	2412	9
鹿寨县	29974	22483	120	893	702	3236	13803	3722	7
融安县	20942	16035	60	604	347	1888	10332	2672	132
融水苗族自治县	30613	24823	220	944	302	2267	19056	2033	1
三江侗族自治县	20908	16774	60	470	179	809	14055	1079	122
桂林市	**353945**	**251368**	**2777**	**14480**	**7883**	**36671**	**160845**	**28448**	**264**
秀峰区	12556	7246	223	1041	653	3122	393	1794	20
叠彩区	13874	8004	506	1195	780	2998	1025	1494	6
象山区	22403	13931	306	2084	1360	6387	804	2984	6
七星区	23891	12287	444	2382	1068	4672	1031	2614	76
雁山区	6696	3280	3	96	45	237	2799	87	13
阳朔县	19977	15387	56	485	364	1955	11181	1340	6
临桂县	29916	22753	129	893	416	2811	16317	2187	
灵川县	29256	20674	63	937	654	3039	13250	2706	25
全州县	43151	32600	150	1140	613	2103	26012	2542	40
兴安县	25237	19135	215	704	335	1776	14469	1632	4

单位：人

各种未工作人口总计	在校学生	丧　失工作能力	毕业后未工作	因单位原因失去工作	因本人原因失去工作	承包土地被征用	离退休	料理家务	其　他
80273	**16363**	**13844**	**2334**	**842**	**2577**	**230**	**7720**	**29256**	**7107**
20939	4632	2559	704	208	896	160	2720	7292	1768
6870	1313	1210	269	62	236	13	578	2413	776
7908	1641	1457	182	68	182	5	502	3270	601
2111	260	463	52	24	37	2	258	726	289
2843	467	464	58	31	26		333	1086	378
14058	3403	2697	402	76	572	21	656	4874	1357
17001	3326	3256	502	216	376	25	1751	6294	1255
8543	1321	1738	165	157	252	4	922	3301	683
105208	**22219**	**3139**	**3407**	**2141**	**7989**	**179**	**22425**	**35557**	**8152**
105208	22219	3139	3407	2141	7989	179	22425	35557	8152
64180	**16681**	**2257**	**1544**	**1000**	**3564**	**179**	**17910**	**15732**	**5313**
64180	16681	2257	1544	1000	3564	179	17910	15732	5313
66842	**19215**	**11931**	**1445**	**747**	**1226**	**99**	**7014**	**22133**	**3032**
15927	4746	887	371	429	386	75	4281	3904	848
30877	8576	6710	631	171	538	20	1525	11451	1255
20038	5893	4334	443	147	302	4	1208	6778	929
140024	**52841**	**25002**	**3875**	**1116**	**4527**	**139**	**7254**	**38984**	**6286**
23110	7594	2495	597	229	293	24	2302	8153	1423
27205	11125	6079	524	625	1243	38	595	6851	125
19662	6127	4070	446	115	556	19	1666	5204	1459
22432	8909	4380	478	59	1067	31	882	5822	804
47615	19086	7978	1830	88	1368	27	1809	12954	2475
45330	**11733**	**10134**	**1528**	**412**	**940**	**140**	**3849**	**13592**	**3002**
7782	1664	1092	349	102	190	59	1013	2704	609
8776	2684	1907	293	32	175	13	689	2417	566
7815	1174	1914	214	62	150	12	786	2917	586
4294	1284	1245	146	18	90	13	140	1208	150
16663	4927	3976	526	198	335	43	1221	4346	1091
853320	**194067**	**180890**	**24514**	**12810**	**24328**	**5276**	**132624**	**198104**	**80707**
141882	**42412**	**20334**	**3705**	**2258**	**3559**	**1825**	**30500**	**24242**	**13047**
9727	2123	630	266	226	325	73	3093	1724	1267
20221	5674	798	470	458	957	210	7213	2319	2122
14102	3283	1185	424	344	442	271	4250	2314	1589
37146	16766	1219	862	636	841	1037	8722	3789	3274
5182	840	684	174	56	144	124	714	1446	1000
3726	1099	967	83	29	53	1	620	660	214
9642	2041	2286	291	157	110	41	1791	2305	620
4695	585	1856	122	50	86	8	551	1094	343
5478	1418	1941	149	26	62	4	370	1091	417
5583	1512	1581	95	54	84	1	465	1430	361
14237	4005	2640	495	112	295	40	1464	4105	1081
12143	3066	4547	274	110	160	15	1247	1965	759
87983	**16451**	**12013**	**2181**	**1826**	**3556**	**342**	**24345**	**17454**	**9815**
6184	2117	141	128	153	145	77	2194	614	615
13645	2681	490	416	347	826	48	4683	2474	1680
16673	2029	595	541	458	1492	41	6273	2920	2324
13556	2134	550	333	607	651	58	6303	1583	1337
10211	2572	2087	299	59	113	58	1178	2154	1691
5392	882	1513	78	34	45	2	790	1665	383
7491	1656	1525	128	66	81	55	1084	2435	461
4907	810	1527	97	34	81	3	745	998	612
5790	1029	2179	91	37	52		776	1259	367
4134	541	1406	70	31	70		319	1352	345
102577	**19987**	**21265**	**1975**	**1673**	**1595**	**466**	**19941**	**24274**	**11401**
5310	1020	165	126	142	197	24	1924	908	804
5870	584	306	157	238	168	17	2677	824	899
8472	1153	344	170	311	192	21	4509	1107	665
11604	4461	250	215	220	257	89	2962	1524	1626
3416	2570	321	14	1	11	4	72	321	102
4590	641	1482	108	27	60	25	486	1323	438
7163	1170	2335	145	42	83	58	805	1922	603
8582	2284	1719	136	99	134	52	1108	2196	854
10551	1459	3431	206	161	85	49	1112	2974	1074
6102	844	1654	126	71	91	65	824	1786	641

表5 续表 33

地区	16岁及以上人口	各种职业人口总计	国家机关、党群组织、企业、事业单位负责人	专业技术人员	办事人员和有关人员	商业、服务业人员	农、林、牧、渔、水利业生产人员	生产、运输设备操作人员及有关人员	不便分类的其他从业人员
永福县	16622	11836	69	446	229	1076	9266	744	6
灌阳县	16922	12991	116	442	91	906	10183	1249	4
龙胜各族自治县	12017	9013	147	415	221	904	6135	1181	10
资源县	10310	7849	27	335	164	622	6063	636	2
平乐县	25686	19705	99	661	226	1295	15926	1460	38
荔浦县	25365	19308	170	651	369	1777	13511	2823	7
恭城瑶族自治县	20066	15369	54	573	295	991	12480	975	1
梧州市	**191770**	**137865**	**955**	**6469**	**3745**	**13765**	**92614**	**19910**	**407**
万秀区	11168	6854	120	627	516	1543	2265	1512	271
蝶山区	16383	8945	118	898	876	2102	2305	2562	84
长洲区	14750	10169	259	925	613	1900	3671	2783	18
苍梧县	36961	27680	116	825	443	1669	21891	2725	11
藤县	51557	39059	119	1118	419	2538	32419	2440	6
蒙山县	12444	9051	133	478	224	1292	4699	2221	4
岑溪市	48507	36107	90	1598	654	2721	25364	5667	13
北海市	**118102**	**82908**	**576**	**4570**	**2653**	**15444**	**51636**	**7922**	**107**
海城区	28302	16806	435	2195	1389	6904	2825	2957	101
银海区	13354	9260	26	386	160	1684	5819	1183	2
铁山港区	10838	8241	24	298	70	744	6617	488	
合浦县	65608	48601	91	1691	1034	6112	36375	3294	4
防城港市	**61212**	**43776**	**568**	**2528**	**1617**	**8823**	**23146**	**6985**	**109**
港口区	11123	7978	192	829	713	2050	1865	2235	94
防城区	23409	16403	228	910	429	2736	9070	3027	3
上思县	15832	11803	44	447	275	1055	9118	852	12
东兴市	10848	7592	104	342	200	2982	3093	871	
钦州市	**194029**	**143135**	**778**	**6535**	**3114**	**14641**	**99967**	**18013**	**87**
钦南区	45428	30924	531	2591	1669	5737	14837	5498	61
钦北区	35682	27583	66	732	254	1892	21541	3088	10
灵山县	69670	52630	85	1870	713	4794	39474	5692	2
浦北县	43249	31998	96	1342	478	2218	24115	3735	14
贵港市	**266944**	**199280**	**1114**	**7351**	**3228**	**16297**	**148283**	**22792**	**215**
港北区	38497	26645	433	1732	1103	4835	15031	3504	7
港南区	34364	26402	132	1165	219	1900	19775	3199	12
覃塘区	26215	20602	73	503	161	1041	17343	1480	1
平南县	73030	53819	140	1541	912	3941	40602	6672	11
桂平市	94838	71812	336	2410	833	4580	55532	7937	184
玉林市	**382716**	**300678**	**1075**	**11334**	**5251**	**27274**	**211713**	**43940**	**91**
玉州区	80561	62341	437	3308	2276	11414	30079	14801	26
容县	48179	37494	126	1455	502	3000	26601	5801	9
陆川县	55029	44339	139	1624	680	3670	34499	3726	1
博白县	86100	69208	87	2052	896	3202	58376	4546	49
兴业县	37833	29961	69	756	186	1362	24528	3059	1
北流市	75014	57335	217	2139	711	4626	37630	12007	5
百色市	**251887**	**198690**	**1288**	**7292**	**4225**	**14324**	**154481**	**16807**	**273**
右江区	30096	21654	423	1659	1064	3062	12774	2665	7
田阳县	23294	18713	57	559	382	1334	14909	1374	98
田东县	26184	20146	132	775	347	1548	14976	2349	19
平果县	32275	25900	33	815	540	2220	19453	2831	8
德保县	20319	16094	175	506	260	927	12563	1543	120
靖西县	32001	25651	64	819	463	1410	21143	1752	
那坡县	11645	9284	46	336	208	489	7571	634	
凌云县	13299	10697	46	332	148	643	8757	767	4
乐业县	10533	8139	59	288	133	472	6681	506	
田林县	17121	13852	113	441	269	949	11291	787	2
西林县	10221	8429	75	284	175	468	6940	487	
隆林各族自治县	24899	20131	65	478	236	802	17423	1112	15
贺州市	**135219**	**100819**	**719**	**3912**	**2178**	**8006**	**72476**	**13468**	**60**
八步区	42173	30929	489	1567	851	3369	20942	3677	34
平桂管理区	26435	19366	53	511	215	1483	14963	2122	19
昭平县	22163	16417	98	609	265	859	12117	2469	
钟山县	26571	19869	67	719	568	1387	12914	4214	
富川瑶族自治县	17877	14238	12	506	279	908	11540	986	7
河池市	**247837**	**187752**	**1421**	**7578**	**4415**	**15485**	**139277**	**19310**	**266**
金城江区	27010	19332	386	1539	934	3473	9375	3586	39
南丹县	23156	17846	255	846	713	1388	12531	2030	83
天峨县	11918	8919	61	359	226	690	6951	595	37

单位：人

各种未工作人口总计	在校学生	丧　失工作能力	毕业后未工作	因单位原因失去工作	因本人原因失去工作	承包土地被征用	离退休	料理家务	其　他
4786	431	1330	101	45	81	1	411	1637	749
3931	697	1119	80	38	11	8	332	1213	433
3004	348	845	71	26	43	6	329	948	388
2461	236	668	61	24	17	5	235	862	353
5981	716	2015	86	117	50	29	750	1554	664
6057	773	1699	110	66	79	12	774	1838	706
4697	600	1582	63	45	36	1	631	1337	402
53905	**13350**	**13090**	**1374**	**1223**	**1957**	**191**	**8171**	**10288**	**4261**
4314	485	287	144	191	150	22	1970	565	500
7438	1771	441	185	520	381	6	2684	813	637
4581	1026	402	180	175	318	61	1059	772	588
9281	2399	2795	211	56	211	48	674	2236	651
12498	3214	4347	258	68	584	14	673	2577	763
3393	571	1033	56	44	61	11	341	1008	268
12400	3884	3785	340	169	252	29	770	2317	854
35194	**8897**	**5282**	**1560**	**844**	**1228**	**183**	**6059**	**7306**	**3835**
11496	1862	589	510	531	739	35	3249	2294	1687
4094	1678	489	131	17	75	22	463	812	407
2597	650	681	175	24	33	47	275	493	219
17007	4707	3523	744	272	381	79	2072	3707	1522
17436	**2369**	**3406**	**912**	**288**	**441**	**270**	**2215**	**4958**	**2577**
3145	371	497	192	68	100	149	408	956	404
7006	816	1482	287	117	159	46	942	1961	1196
4029	744	896	210	72	54	38	532	936	547
3256	438	531	223	31	128	37	333	1105	430
50894	**10002**	**11016**	**2178**	**463**	**1179**	**151**	**4402**	**15227**	**6276**
14504	2981	2002	630	267	416	104	1981	4084	2039
8099	1255	2006	344	31	191	1	390	2825	1056
17040	3559	4154	794	100	406	15	1230	4997	1785
11251	2207	2854	410	65	166	31	801	3321	1396
67664	**17192**	**18061**	**2545**	**709**	**4980**	**146**	**5329**	**14390**	**4312**
11852	3581	1801	436	198	1031	18	2013	1909	865
7962	2189	2535	265	67	385	24	534	1515	448
5613	1166	1305	240	19	206	2	285	2064	326
19211	4691	5490	835	212	1655	36	1104	4034	1154
23026	5565	6930	769	213	1703	66	1393	4868	1519
82038	**22081**	**21543**	**2507**	**1136**	**1378**	**409**	**7875**	**20578**	**4531**
18220	5941	3157	539	300	330	270	3256	3432	995
10685	1827	3641	135	140	168	15	1035	3184	540
10690	3122	3224	271	54	189	29	943	2579	279
16892	5941	4172	610	287	161	22	1073	3606	1020
7872	1290	3541	141	55	156	11	361	2015	302
17679	3960	3808	811	300	374	62	1207	5762	1395
53197	**9889**	**13675**	**1565**	**602**	**558**	**491**	**5847**	**15303**	**5267**
8442	2291	940	223	111	136	149	1987	1654	951
4581	601	1171	87	53	43	12	727	1575	312
6038	923	1544	196	114	92	24	785	1688	672
6375	1404	1825	259	70	70	42	510	1750	445
4225	618	1442	94	16	26	52	300	1279	398
6350	1130	2076	199	52	66	22	497	1799	509
2361	292	713	53	34	22	52	216	837	142
2602	544	809	55	37	32	5	158	700	262
2394	535	586	128	16	10	63	131	675	250
3269	309	1011	54	15	18		192	1306	364
1792	323	508	53	21	12	6	122	587	160
4768	919	1050	164	63	31	64	222	1453	802
34400	**7683**	**8353**	**873**	**385**	**452**	**58**	**3334**	**10250**	**3012**
11244	3023	2047	233	110	196	14	1363	3445	813
7069	1112	1532	229	52	70	14	652	2528	880
5746	1055	1861	157	81	42	11	389	1747	403
6702	1578	1790	154	105	112	9	590	1752	612
3639	915	1123	100	37	32	10	340	778	304
60085	**11057**	**16328**	**1411**	**587**	**1004**	**324**	**6666**	**16396**	**6312**
7678	1908	878	184	167	129	55	1816	1524	1017
5310	747	1044	204	52	89	24	582	1584	984
2999	593	975	69	20	29	47	192	866	208

表5 续表 34

地　区	16岁及以上人口	各种职业人口总计	国家机关、党群组织、企业、事业单位负责人	专业技术人员	办事人员和有关人员	商业、服务业人员	农、林、牧、渔、水利业生产人员	生产、运输设备操作人员及有关人员	不便分类的其他从业人员
凤山县	11952	9115	54	318	161	501	7408	662	11
东兰县	15455	12174	96	397	247	625	9806	998	5
罗城仫佬族自治县	19829	14167	111	527	280	1017	11046	1184	2
环江毛南族自治县	20066	15433	49	561	324	1101	11670	1727	1
巴马瑶族自治县	15105	11436	121	408	238	851	8699	1119	
都安瑶族自治县	36832	28472	81	776	358	1582	22947	2699	29
大化瑶族自治县	25383	19060	70	731	299	1251	14773	1927	9
宜州市	41131	31798	137	1116	635	3006	24071	2783	50
来宾市	**147325**	**112037**	**539**	**4477**	**2107**	**8812**	**85391**	**10658**	**53**
兴宾区	63307	48498	247	1854	852	4251	36203	5065	26
忻城县	22302	17774	65	576	231	768	14774	1359	1
象州县	20666	15609	85	629	304	1307	11957	1324	3
武宣县	23206	17354	46	788	317	1178	13501	1509	15
金秀瑶族自治县	9375	7185	54	306	176	664	5469	511	5
合山市	8469	5617	42	324	227	644	3487	890	3
崇左市	**148010**	**117233**	**588**	**4460**	**2669**	**9421**	**90506**	**9463**	**126**
江州区	24697	19513	54	724	622	1722	14930	1455	6
扶绥县	28022	21486	74	882	416	1366	17097	1571	80
宁明县	24107	19379	22	710	371	1405	15661	1209	1
龙州县	19219	14972	93	580	302	1273	11730	956	38
大新县	22701	18398	128	655	298	1200	14673	1443	1
天等县	20489	16732	86	496	265	790	13480	1615	
凭祥市	8775	6753	131	413	395	1665	2935	1214	
海南省	**640690**	**426823**	**5255**	**25353**	**17845**	**76689**	**251721**	**49443**	**517**
海口市	**157885**	**95165**	**2693**	**10743**	**8388**	**28718**	**25112**	**19289**	**222**
秀英区	26726	18635	287	1150	531	3949	8519	4136	63
龙华区	45689	27607	1490	3971	2729	9546	4423	5351	97
琼山区	36464	22082	271	2447	1408	5750	7437	4734	35
美兰区	49006	26841	645	3175	3720	9473	4733	5068	27
三亚市	**52154**	**33429**	**459**	**2126**	**1893**	**9632**	**14730**	**4580**	**9**
市辖区	52154	33429	459	2126	1893	9632	14730	4580	9
省直辖县级行政区划	**430651**	**298229**	**2103**	**12484**	**7564**	**38339**	**211879**	**25574**	**286**
五指山市	7700	4996	126	467	223	687	3003	474	16
琼海市	36496	24268	194	1186	416	3870	15803	2773	26
儋州市	64190	41899	524	2055	1335	6114	26683	5069	119
文昌市	40678	27318	130	1070	581	4704	18593	2222	18
万宁市	40643	27664	133	908	572	4558	18224	3257	12
东方市	28143	20312	78	747	661	2582	14670	1574	
定安县	19888	13888	101	420	291	1731	10180	1115	50
屯昌县	16937	12022	85	553	331	1698	8410	944	1
澄迈县	33767	23473	119	1087	626	2864	16588	2186	3
临高县	29041	20993	114	634	414	2466	15904	1460	1
白沙黎族自治县	11950	8685	127	453	289	610	6747	458	1
昌江黎族自治县	16698	11489	84	655	488	1232	7573	1447	10
乐东黎族自治县	33428	25445	65	750	499	1774	21279	1050	28
陵水黎族自治县	25328	17126	66	492	312	1514	13977	764	1
保亭黎族苗族自治县	11205	8175	48	442	287	827	6240	331	
琼中黎族苗族自治县	14527	10454	109	565	239	1101	7991	449	
西沙群岛	32	22				7	14	1	
南沙群岛									
中沙群岛的岛礁及其海域									
重庆市	**2107266**	**1374581**	**25365**	**93326**	**56607**	**246911**	**689100**	**261982**	**1290**
市辖区	**1216143**	**757591**	**19123**	**67498**	**43753**	**174654**	**276234**	**175410**	**919**
万州区	124686	77011	989	4801	2915	15842	36881	15456	127
涪陵区	73038	49395	699	2977	2115	7359	27023	9211	11
渝中区	50142	30651	1015	5023	5795	13453	42	5321	2
大渡口区	25321	14262	281	1468	1280	3910	1169	6148	6
江北区	57965	30704	1390	5140	3082	12030	1799	7020	243
沙坪坝区	78066	40474	1735	6344	3351	13641	2395	12936	72
九龙坡区	100268	60109	2573	7102	5398	18382	5627	20999	28
南岸区	72739	38689	2384	5947	4070	14275	2193	9726	94
北碚区	52185	31375	704	2819	1594	6713	9043	10425	77
万盛区	17940	9651	173	551	532	1584	3763	3048	
双桥区	3455	2035	96	180	142	399	289	927	2
渝北区	106788	65156	4015	9188	5046	18542	14066	14132	167

单位：人

各种未工作人口总计	在校学生	丧失工作能力	毕业后未工作	因单位原因失去工作	因本人原因失去工作	承包土地被征用	离退休	料理家务	其他
2837	649	921	70	18	13	37	213	660	256
3281	647	1136	47	39	19	24	249	895	225
5662	532	1734	121	45	113	5	486	1885	741
4633	665	1253	72	52	74	3	488	1581	445
3669	702	974	88	28	28	34	262	1214	339
8360	1482	3113	202	46	257	9	513	2084	654
6323	1267	2173	194	34	97	82	335	1675	466
9333	1865	2127	160	86	156	4	1530	2428	977
35288	**6760**	**9088**	**1045**	**319**	**783**	**300**	**3760**	**9310**	**3923**
14809	3810	3288	548	111	251	289	1378	3523	1611
4528	672	1599	102	48	66	3	364	1216	458
5057	743	1577	121	22	164	3	433	1547	447
5852	1139	1554	125	98	171	2	605	1567	591
2190	188	677	61	13	85	1	208	676	281
2852	208	393	88	27	46	2	772	781	535
30777	**5937**	**7436**	**683**	**497**	**1658**	**120**	**4180**	**8128**	**2138**
5184	1356	1043	127	84	262	16	676	1222	398
6536	1587	1332	134	214	292	4	945	1581	447
4728	683	1281	113	62	284	2	598	1268	437
4247	821	1155	92	27	199	3	716	985	249
4303	573	1276	104	46	203	4	568	1276	253
3757	654	1069	39	17	38	11	349	1405	175
2022	263	280	74	47	380	80	328	391	179
213867	**51479**	**28577**	**11937**	**4205**	**5697**	**828**	**36589**	**45548**	**29007**
62720	**17744**	**4639**	**2573**	**1495**	**2034**	**102**	**12683**	**12463**	**8987**
8091	2408	1206	454	71	207	8	1039	1564	1134
18082	4247	1107	640	449	644	43	4212	3777	2963
14382	4565	1162	594	261	390	24	2567	2927	1892
22165	6524	1164	885	714	793	27	4865	4195	2998
18725	**5767**	**1136**	**1074**	**411**	**455**	**188**	**2616**	**4236**	**2842**
18725	5767	1136	1074	411	455	188	2616	4236	2842
132422	**27968**	**22802**	**8290**	**2299**	**3208**	**538**	**21290**	**28849**	**17178**
2704	1019	223	102	119	82	1	367	466	325
12228	2050	2285	547	196	262	46	2109	3202	1531
22291	6112	2618	1706	272	471	69	3314	4779	2950
13360	2023	3519	606	161	209	16	1985	3365	1476
12979	2370	2516	981	258	401	101	2359	2656	1337
7831	2135	1157	562	144	78	19	801	1704	1231
6000	855	1310	362	124	167	3	1123	985	1071
4915	776	818	283	210	414	14	1104	848	448
10294	1822	1656	726	128	273	90	1980	2128	1491
8048	1759	1640	469	105	202	50	976	1813	1034
3265	528	492	163	125	72	8	845	680	352
5209	1196	712	291	121	81	32	964	1306	506
7983	2585	1486	424	55	113	3	752	1630	935
8202	1572	1388	613	139	149	69	640	2027	1605
3030	551	430	203	80	58	11	841	520	336
4073	614	552	252	62	176	6	1130	731	550
10	1							9	
732685	**143463**	**142124**	**15902**	**12391**	**19784**	**9442**	**165794**	**163313**	**60472**
458552	**92042**	**61068**	**9753**	**9339**	**15405**	**6945**	**134472**	**93087**	**36441**
47675	11826	8461	883	1189	1007	683	10255	9691	3680
23643	4666	4707	570	449	700	265	4490	5711	2085
19491	3443	540	251	755	995	29	10736	1951	791
11059	1339	477	316	297	467	208	4874	1981	1100
27261	3249	953	769	873	1289	354	13011	3360	3403
37592	9873	1531	962	1136	1555	571	13445	6087	2432
40159	5504	2250	1181	834	1901	509	14601	8943	4436
34050	8850	1225	729	790	1618	265	12900	4811	2862
20810	4198	2632	446	491	622	532	6848	3712	1329
8289	992	1046	238	144	530	130	2350	2290	569
1420	168	84	33	12	39	28	446	375	235
41632	7388	4666	979	701	1813	1086	11624	9795	3580

表5 续表 35

地　区	16岁及以上人口	各种职业人口总计	国家机关、党群组织、企业、事业单位负责人	专业技术人　员	办事人员和有关人员	商业、服务业人　员	农、林、牧、渔、水利业生产人员	生产、运输设备操作人员及有关人员	不便分类的其他从业人员
巴南区	67298	45554	531	2382	2204	8483	21430	10524	
黔江区	30018	21041	153	1005	681	2555	13523	3106	18
长寿区	57939	40220	231	1928	980	7008	19398	10662	13
江津区	89630	63016	633	3195	1559	9561	35364	12697	7
合川区	86311	57754	664	2601	1434	9097	34042	9896	20
永川区	81740	51957	629	3672	1072	8909	28122	9527	26
南川区	40614	28537	228	1175	503	2911	20065	3649	6
县	**891123**	**616990**	**6242**	**25828**	**12854**	**72257**	**412866**	**86572**	**371**
綦江县	54632	34818	208	1420	955	4345	22412	5477	1
潼南县	41203	28072	284	1198	610	4171	18963	2798	48
铜梁县	49120	35354	358	1452	644	4334	23163	5401	2
大足县	49267	34328	536	1385	544	5020	21890	4945	8
荣昌县	45400	30615	223	1373	773	3965	19879	4374	28
璧山县	43298	30361	1462	1400	922	4070	12263	10231	13
梁平县	47894	33994	412	1469	644	3647	22711	5104	7
城口县	15387	11524	198	508	262	899	8204	1447	6
丰都县	39275	26141	177	1241	589	3170	17416	3522	26
垫江县	44347	31563	184	1395	631	3685	21796	3866	6
武隆县	25393	18142	175	769	455	1814	13320	1586	23
忠县	47417	35297	125	1470	703	4188	22656	6144	11
开县	74409	47608	381	2189	866	5692	31889	6572	19
云阳县	60412	37533	354	1681	627	4421	25482	4939	29
奉节县	54901	38655	212	1541	1075	5617	26018	4143	49
巫山县	37337	26727	207	816	447	2575	20600	2081	1
巫溪县	29279	20878	151	769	456	1729	15079	2689	5
石柱土家族自治县	25721	18981	100	797	435	2150	13456	2035	8
秀山土家族苗族自治县	34039	24869	235	873	444	2571	16747	3987	12
酉阳土家族苗族自治县	37620	26202	100	1028	508	1960	19729	2874	3
彭水苗族土家族自治县	34772	25328	160	1054	264	2234	19193	2357	66
四川省	**6598501**	**4688003**	**49399**	**234909**	**142264**	**679341**	**2815842**	**760965**	**5283**
成都市	**1181963**	**745218**	**19386**	**77884**	**52818**	**206525**	**208620**	**177685**	**2300**
锦江区	55573	29974	1652	6518	3836	12839	224	4789	116
青羊区	63583	37171	1600	9449	5894	14358	132	5592	146
金牛区	104296	62850	3136	10197	6686	27921	346	13788	776
武侯区	116072	73213	2106	13674	11163	26870	161	18936	303
成华区	81298	46363	1213	7342	4944	22848	804	8819	393
龙泉驿区	61945	37489	785	3455	2588	9487	9706	11462	6
青白江区	32317	20818	253	1505	906	3941	6872	7297	44
新都区	67293	43574	1684	2422	1208	10009	13758	14482	11
温江区	36715	21316	1033	1949	1535	5348	6327	5117	7
金堂县	55056	41300	277	1553	595	3968	30139	4522	246
双流县	109281	69698	1466	6476	3817	19443	17057	21335	104
郫县	75531	43102	1869	3021	1824	9748	8132	18498	10
大邑县	43768	27085	330	1198	987	5083	12480	6966	41
蒲江县	21414	15687	74	457	344	1868	11212	1731	1
新津县	25926	17013	283	1242	604	3684	6563	4626	11
都江堰市	55423	36661	715	2363	1873	9898	13169	8637	6
彭州市	66384	48147	282	2026	1552	6828	30400	6994	65
邛崃市	53346	38094	51	1571	1079	5191	26712	3476	14
崇州市	56742	35663	577	1466	1383	7193	14426	10618	
自贡市	**224238**	**154434**	**1382**	**7065**	**3669**	**20736**	**95357**	**25928**	**297**
自流井区	30214	15264	664	2387	1318	4331	3140	3218	206
贡井区	24762	17690	87	876	445	3367	8807	4100	8
大安区	30891	19156	227	1100	520	3020	11153	3102	34
沿滩区	22512	16735	70	327	136	1299	13267	1595	41
荣县	52356	38697	171	1086	541	3634	29774	3486	5
富顺县	63503	46892	163	1289	709	5085	29216	10427	3
攀枝花市	**97569**	**64002**	**1875**	**4921**	**3553**	**10149**	**28049**	**15443**	**12**
东区	29830	17054	1360	2288	1710	4613	274	6801	8
西区	12436	6527	66	658	673	1501	318	3310	1
仁和区	20866	14361	232	873	553	2044	7333	3324	2
米易县	17719	13654	65	483	340	1018	10779	968	1
盐边县	16718	12406	152	619	277	973	9345	1040	
泸州市	**313347**	**226995**	**1638**	**9223**	**4731**	**25467**	**151543**	**34296**	**97**
江阳区	45618	28778	370	2367	1645	5518	14070	4803	5
纳溪区	33436	25285	57	791	612	3388	15129	5306	2

单位：人

各种未工作人口总计	在校学生	丧　失工作能力	毕业后未工作	因单位原因失去工作	因本人原因失去工作	承包土地被征用	离退休	料理家务	其　他
21744	5137	3718	227	234	317	247	6837	3941	1086
8977	2296	2271	232	65	127	97	712	2348	829
17719	3309	3406	287	213	302	615	3891	4278	1418
26614	3574	7956	493	224	786	483	5174	6587	1337
28557	5313	7053	351	308	636	198	5878	7331	1489
29783	8933	4942	508	374	569	357	4839	7102	2159
12077	1984	3150	298	250	132	288	1561	2793	1621
274133	**51421**	**81056**	**6149**	**3052**	**4379**	**2497**	**31322**	**70226**	**24031**
19814	2664	5210	374	243	335	214	4097	5300	1377
13131	1993	4064	220	173	157	86	1321	4000	1117
13766	2795	4489	208	169	145	132	1991	3323	514
14939	3261	4246	393	152	252	177	1896	3343	1219
14785	2771	3613	287	222	441	239	3008	3143	1061
12937	2212	3204	272	170	472	183	1859	3799	766
13900	3023	3846	241	250	149	131	1738	3401	1121
3863	530	1354	90	14	54	7	289	1197	328
13134	2204	3414	319	202	232	174	1380	3794	1415
12784	2639	3726	367	194	164	109	1203	3264	1118
7251	1033	2291	204	111	118	85	655	1896	858
12120	2804	3854	115	109	85	103	1535	2579	936
26801	4406	7466	579	292	350	360	2216	7912	3220
22879	5051	7035	395	126	215	97	1874	6076	2010
16246	3733	4694	403	50	222	74	1823	3672	1575
10610	1987	3750	269	153	265	67	835	2433	851
8401	1955	2254	237	79	112	77	733	2142	812
6740	1254	2255	224	68	106	57	903	1470	403
9170	1823	3413	330	50	134	36	661	1847	876
11418	1837	4130	335	101	265	25	668	2911	1146
9444	1446	2748	287	124	106	64	637	2724	1308
1910498	**388881**	**411643**	**41263**	**23648**	**30747**	**21700**	**364174**	**435558**	**192884**
436745	**95045**	**42772**	**7922**	**6128**	**11825**	**6220**	**125236**	**91963**	**49634**
25599	5675	537	446	449	1012	96	10865	3175	3344
26412	4439	537	472	612	929	227	12390	3490	3316
41446	8619	1081	909	984	1279	313	16015	7028	5218
42859	8795	1317	884	988	1820	531	16630	7537	4357
34935	6288	966	678	808	1173	315	14543	5389	4775
24456	7081	2011	289	390	1172	1192	6807	5122	392
11499	1579	1765	199	145	258	359	3115	3100	979
23719	5546	2327	382	253	339	451	5064	6070	3287
15399	5256	1505	156	87	244	156	4513	2124	1358
13756	1901	3614	218	92	152	235	2480	2868	2196
39583	9127	4503	667	354	1114	924	8793	10143	3958
32429	14700	2267	355	150	461	374	4662	5400	4060
16683	2529	3778	375	94	357	111	1661	5422	2356
5727	1096	1221	86	58	49	61	986	1268	902
8913	1162	1639	168	63	165	191	1825	2694	1006
18762	3141	2599	448	251	399	334	5433	4527	1630
18237	3120	3742	455	138	407	177	3474	5053	1671
15252	2606	3454	343	137	190	94	2740	3898	1790
21079	2385	3909	392	75	305	79	3240	7655	3039
69804	**10840**	**14523**	**1543**	**1995**	**1321**	**588**	**18618**	**14933**	**5443**
14950	3217	817	335	644	363	47	7043	1661	823
7072	854	1226	157	314	169	39	2387	1326	600
11735	1264	1524	359	577	273	207	4474	2259	798
5777	886	1994	116	17	54	71	610	1738	291
13659	1659	4161	264	171	212	167	1750	3664	1611
16611	2960	4801	312	272	250	57	2354	4285	1320
33567	**4334**	**4047**	**733**	**608**	**665**	**388**	**11082**	**8577**	**3133**
12776	1478	342	262	260	311	42	6211	2668	1202
5909	551	169	107	131	150	16	2533	1826	426
6505	831	1011	102	131	124	216	1583	1833	674
4065	628	1259	141	62	37	83	455	1149	251
4312	846	1266	121	24	43	31	300	1101	580
86352	**17850**	**21917**	**1994**	**855**	**1184**	**575**	**14005**	**19934**	**8038**
16840	2943	2447	373	336	411	210	5275	3225	1620
8151	1550	1929	163	102	126	57	1545	1807	872

表5　续表 36

地　区	16岁及以上人口	各种职业人口总计	国家机关、党群组织、企业、事业单位负责人	专业技术人员	办事人员和有关人员	商业、服务业人员	农、林、牧、渔、水利业生产人员	生产、运输设备操作人员及有关人员	不便分类的其他从业人员
龙马潭区	27898	18939	458	1427	956	5130	6575	4388	5
泸县	62649	46781	250	1266	342	4045	31335	9495	48
合江县	53804	39398	189	1780	521	3682	28713	4477	36
叙永县	41567	30782	95	765	410	2202	24485	2824	1
古蔺县	48375	37032	219	827	245	1502	31236	3003	
德阳市	**309075**	**225015**	**2209**	**10939**	**5994**	**30912**	**135191**	**39481**	**289**
旌阳区	62714	39720	1093	4555	2507	8757	12322	10431	55
中江县	100558	82922	204	1637	769	7246	62656	10381	29
罗江县	18409	14201	94	454	164	1284	10569	1633	3
广汉市	50707	34532	266	1738	1189	5721	18225	7242	151
什邡市	36516	24817	248	1194	651	3368	15763	3543	50
绵竹市	40171	28823	304	1361	714	4536	15656	6251	1
绵阳市	**395769**	**281663**	**3546**	**14500**	**7588**	**39500**	**175074**	**41255**	**200**
涪城区	70411	41421	1237	4966	2691	14011	7984	10407	125
游仙区	43033	28912	400	2300	1174	4477	16544	3982	35
三台县	91656	72094	553	1948	751	5312	56415	7110	5
盐亭县	33632	25278	135	720	397	2403	19031	2592	
安县	31038	23904	125	602	357	2713	16242	3861	4
梓潼县	24778	18961	183	848	242	1902	13634	2149	3
北川羌族自治县	17747	11698	150	415	215	1278	7834	1804	2
平武县	16901	12736	34	387	235	1002	9899	1178	1
江油市	66573	46659	729	2314	1526	6402	27491	8172	25
广元市	**207429**	**148283**	**1453**	**6365**	**3288**	**15453**	**104324**	**17275**	**125**
利州区	40824	23733	458	2274	1525	6391	6892	6164	29
元坝区	14100	10956	89	255	80	665	8910	954	3
朝天区	15492	11927	46	306	136	606	10065	768	
旺苍县	30768	21986	199	1017	455	2070	15203	3002	40
青川县	19910	14766	232	400	289	914	11808	1113	10
剑阁县	38003	29460	281	896	377	2056	24061	1782	7
苍溪县	48332	35455	148	1217	426	2751	27385	3492	36
遂宁市	**285695**	**206733**	**648**	**6898**	**3802**	**35586**	**110023**	**49669**	**107**
船山区	54730	34518	168	2236	1474	10038	12540	8014	48
安居区	58811	47377	182	761	282	6476	27397	12268	11
蓬溪县	49191	35369	125	999	583	5372	18890	9399	1
射洪县	80470	57108	123	2088	993	9420	31688	12749	47
大英县	42493	32361	50	814	470	4280	19508	7239	
内江市	**320267**	**238475**	**1386**	**8738**	**4690**	**27793**	**148653**	**47041**	**174**
市中区	40279	25771	183	1416	1251	4423	12860	5617	21
东兴区	63744	46397	211	1970	826	5273	31436	6665	16
威远县	56781	42556	175	1300	1101	5513	24154	10287	26
资中县	105104	84325	473	2555	994	8272	54093	17854	84
隆昌县	54359	39426	344	1497	518	4312	26110	6618	27
乐山市	**279798**	**192159**	**1396**	**8769**	**5391**	**27007**	**117627**	**31865**	**104**
市中区	56438	34345	203	2611	2170	8223	14815	6321	2
沙湾区	16680	11663	87	427	264	1283	7318	2280	4
五通桥区	26235	16176	75	708	382	2667	8167	4157	20
金口河区	4316	3091	71	143	89	326	1713	747	2
犍为县	38997	27078	317	933	378	2335	19366	3748	1
井研县	27278	19220	94	657	303	2109	13481	2546	30
夹江县	28982	21865	101	926	286	2425	14577	3542	8
沐川县	18981	14261	60	356	219	1299	10650	1654	23
峨边彝族自治县	10767	8572	105	275	202	791	6155	1044	
马边彝族自治县	14324	11323	46	275	162	656	9680	503	1
峨眉山市	36800	24565	237	1458	936	4893	11705	5323	13
南充市	**563699**	**407846**	**2847**	**14466**	**8461**	**58877**	**236591**	**86015**	**589**
顺庆区	55187	32781	598	3440	2602	10290	8206	7640	5
高坪区	45493	32913	128	1260	687	5662	16327	8831	18
嘉陵区	58614	43986	156	1224	1008	7059	21874	12665	
南部县	83507	58644	241	1892	561	7803	39198	8729	220
营山县	71041	54977	212	1543	758	6547	35196	10473	248
蓬安县	54506	40760	147	1294	624	3508	25175	10006	6
仪陇县	81686	58827	739	1516	636	7554	34112	14268	2
西充县	51930	38011	227	954	642	5812	21556	8797	23
阆中市	61735	46947	399	1343	943	4642	34947	4606	67

单位：人

各种未工作人口总计	在校学生	丧失工作能力	毕业后未工作	因单位原因失去工作	因本人原因失去工作	承包土地被征用	离退休	料理家务	其他
8959	1658	1345	221	139	152	91	2727	1864	762
15868	4566	5109	290	59	142	36	924	3795	947
14406	2451	3952	270	78	146	116	1572	3857	1964
10785	1591	3517	265	86	112	27	1272	2896	1019
11343	3091	3618	412	55	95	38	690	2490	854
84060	**15140**	**14482**	**1953**	**1438**	**1651**	**1803**	**19374**	**15877**	**12342**
22994	4533	1652	485	415	639	520	7641	4368	2741
17636	4077	5765	334	59	192	104	2408	2802	1895
4208	1131	940	66	18	62	82	597	780	532
16175	2524	2401	444	331	286	400	4145	2989	2655
11699	1647	1663	286	320	199	395	2399	2488	2302
11348	1228	2061	338	295	273	302	2184	2450	2217
114106	**24501**	**22521**	**2619**	**1605**	**2010**	**2805**	**21308**	**26153**	**10584**
28990	8095	1894	664	619	690	732	7102	6067	3127
14121	3661	2468	263	161	220	161	2789	3077	1321
19562	4162	5735	336	195	270	127	3123	4324	1290
8354	1511	2975	152	129	78	91	924	1824	670
7134	1018	1702	163	42	133	490	588	2211	787
5817	1086	2151	143	67	86	181	532	1236	335
6049	975	1252	190	76	115	646	732	1355	708
4165	813	1009	165	13	57	62	310	1182	554
19914	3180	3335	543	303	361	315	5208	4877	1792
59146	**11416**	**15588**	**1360**	**653**	**693**	**712**	**7514**	**15566**	**5644**
17091	2906	1751	459	409	320	290	3856	4923	2177
3144	603	1398	42	9	36	30	160	608	258
3565	793	1541	85	5	24	22	93	730	272
8782	1711	2218	207	95	98	112	1297	2403	641
5144	988	1475	188	47	37	212	312	1334	551
8543	1560	3416	175	52	120	24	627	1898	671
12877	2855	3789	204	36	58	22	1169	3670	1074
78962	**17908**	**20741**	**1640**	**565**	**877**	**537**	**11215**	**18672**	**6807**
20212	4056	2515	541	238	325	301	4571	5377	2288
11434	2994	4468	173	26	111	27	561	2438	636
13822	2749	4782	227	69	105	58	1241	3411	1180
23362	5754	5974	533	199	263	110	3772	4993	1764
10132	2355	3002	166	33	73	41	1070	2453	939
81792	**14048**	**22945**	**1685**	**1404**	**1063**	**598**	**15217**	**18918**	**5914**
14508	1854	2545	347	554	342	150	4864	2676	1176
17347	4220	5220	322	184	138	128	2324	3709	1102
14225	1809	3935	304	194	167	115	2527	4279	895
20779	4091	6864	423	234	210	51	2626	4538	1742
14933	2074	4381	289	238	206	154	2876	3716	999
87639	**13341**	**17570**	**2003**	**1133**	**1485**	**904**	**22034**	**19579**	**9590**
22093	5064	2209	413	219	429	187	7361	3351	2860
5017	633	1085	120	74	157	170	1274	1060	444
10059	766	1405	201	132	136	58	3977	2025	1359
1225	187	325	52	13	21		171	312	144
11919	1271	3152	263	75	161	30	2431	3046	1490
8058	928	2518	137	88	126	67	1302	2347	545
7117	955	2050	204	111	83	80	1233	1707	694
4720	506	1410	119	52	81	17	383	1622	530
2195	424	508	107	28	35	2	219	640	232
3001	487	836	91	20	25	32	352	761	397
12235	2120	2072	296	321	231	261	3331	2708	895
155853	**38204**	**44591**	**2799**	**1084**	**1529**	**784**	**20472**	**33306**	**13084**
22406	5711	2377	434	350	463	72	6696	3881	2422
12580	3210	2692	214	79	134	92	1800	3285	1074
14628	3627	4910	194	48	149	49	1063	3538	1050
24863	5376	8448	564	190	255	209	2072	6237	1512
16064	3773	5805	230	65	79	14	1871	3170	1057
13746	3243	3974	286	107	110	129	1405	3069	1423
22859	6914	6568	368	62	160	49	1732	5061	1945
13919	2813	5793	236	49	125	49	1114	2558	1182
14788	3537	4024	273	134	54	121	2719	2507	1419

表5 续表 37

地　区	16岁及以上人口	各种职业人口总计	国家机关、党群组织、企业、事业单位负责人	专业技术人员	办事人员和有关人员	商业、服务业人员	农、林、牧、渔、水利业生产人员	生产、运输设备操作人员及有关人员	不便分类的其他从业人员
眉山市	**242662**	**175656**	**1368**	**6649**	**3486**	**20750**	**123863**	**19232**	**308**
东坡区	67292	48444	532	2431	1377	7962	29497	6499	146
仁寿县	98724	71404	418	2219	715	6879	56009	5038	126
彭山县	24789	17189	134	749	583	2254	11215	2254	
洪雅县	24955	18614	60	555	421	1660	13604	2296	18
丹棱县	12707	9577	62	352	148	839	6936	1239	1
青神县	14195	10428	162	343	242	1156	6602	1906	17
宜宾市	**363366**	**265830**	**1891**	**9214**	**6429**	**27519**	**190169**	**30532**	**76**
翠屏区	68506	43395	365	3177	3225	9117	18378	9132	1
宜宾县	69738	55031	312	1353	574	3550	45018	4189	35
南溪县	27391	19440	193	690	324	1832	14104	2287	10
江安县	31671	23168	142	647	467	1962	17885	2064	1
长宁县	27870	20556	307	568	313	1826	15333	2199	10
高县	33099	26726	101	508	331	2254	21250	2277	5
珙县	30495	21305	174	661	426	2726	14241	3074	3
筠连县	25151	18571	121	610	290	1573	13864	2112	1
兴文县	28279	20230	120	599	303	1555	15806	1842	5
屏山县	21166	17408	56	401	176	1124	14290	1356	5
广安市	**266365**	**187506**	**649**	**6564**	**3394**	**20670**	**136526**	**19662**	**41**
广安区	72408	48978	198	1923	1365	7258	31414	6807	13
岳池县	65975	48252	148	1345	438	4882	38451	2988	
武胜县	52589	37805	83	913	364	3132	29745	3563	5
邻水县	54710	39438	89	1549	746	3423	29904	3724	3
华蓥市	20683	13033	131	834	481	1975	7012	2580	20
达州市	**392898**	**289071**	**1536**	**10545**	**6351**	**36766**	**195597**	**38065**	**211**
通川区	34256	21114	307	1806	1793	5767	6705	4708	28
达县	83787	62971	182	2419	1170	8483	41775	8900	42
宣汉县	69285	50724	211	1582	465	5253	36947	6203	63
开江县	29309	21634	99	933	401	2271	15398	2460	72
大竹县	63477	47323	150	1393	1003	4635	32885	7254	3
渠县	80637	62108	392	1587	890	8255	45297	5684	3
万源市	32147	23197	195	825	629	2102	16590	2856	
雅安市	**122879**	**85723**	**902**	**3355**	**2616**	**7805**	**60804**	**10219**	**22**
雨城区	29591	16568	378	1196	1307	2689	7770	3218	10
名山县	21121	16631	119	343	250	1003	13518	1398	
荥经县	12057	8550	146	438	184	926	5180	1676	
汉源县	26104	20667	100	509	218	739	18318	772	11
石棉县	9336	6368	50	224	190	793	4520	590	1
天全县	11598	8270	57	387	235	787	5500	1304	
芦山县	8601	5668	10	160	136	652	3852	858	
宝兴县	4471	3001	42	98	96	216	2146	403	
巴中市	**252833**	**189358**	**915**	**7012**	**3416**	**22392**	**122097**	**33401**	**125**
巴州区	87296	64251	525	3152	1639	10216	37812	10879	28
通江县	56310	43297	103	1075	537	3690	28691	9201	
南江县	43840	32389	242	1159	519	2297	21957	6207	8
平昌县	65387	49421	45	1626	721	6189	33637	7114	89
资阳市	**301253**	**226018**	**1315**	**6540**	**3961**	**21445**	**168342**	**24395**	**20**
雁江区	73945	56456	235	2028	1651	6310	37955	8260	17
安岳县	92924	70508	411	1650	823	6071	52888	8662	3
乐至县	47054	34816	50	1023	720	2802	27050	3171	
简阳市	87330	64238	619	1839	767	6262	50449	4302	
阿坝藏族羌族自治州	**66875**	**48804**	**601**	**2618**	**1823**	**5273**	**34907**	**3526**	**56**
汶川县	7018	4684	60	350	190	749	2515	818	2
理县	3577	2368	40	122	88	283	1585	250	
茂县	7974	5825	26	244	154	432	4516	444	9
松潘县	5603	4380	141	196	96	565	2891	491	
九寨沟县	5627	3722	110	245	258	805	1795	507	2
金川县	5244	3906	40	187	124	234	3169	150	2
小金县	6702	5130	17	141	97	446	4300	117	12
黑水县	4402	3680	26	140	89	495	2781	140	9
马尔康县	4707	3507	59	386	451	385	1986	233	7
壤塘县	2943	1764	33	106	48	93	1450	34	
阿坝县	4742	3747	26	211	55	244	3139	60	12
若尔盖县	5190	3654	4	149	98	304	2987	111	1
红原县	3146	2437	19	141	75	238	1793	171	

单位：人

各种未工作人口总计	在校学生	丧失工作能力	毕业后未工作	因单位原因失去工作	因本人原因失去工作	承包土地被征用	离退休	料理家务	其他
67006	**12628**	**17814**	**1427**	**613**	**806**	**989**	**9546**	**17898**	**5285**
18848	3294	3742	355	168	324	665	3596	5076	1628
27320	5696	9004	619	244	215	169	2489	6838	2046
7600	1391	1368	154	86	107	55	1578	2433	428
6341	1000	1688	157	58	64	51	916	1826	581
3130	656	838	73	32	38	43	362	827	261
3767	591	1174	69	25	58	6	605	898	341
97536	**16848**	**22281**	**2860**	**1507**	**1728**	**1145**	**15964**	**23338**	**11865**
25111	4466	2561	649	901	760	420	7990	4104	3260
14707	3110	4364	403	64	182	165	1209	3329	1881
7951	1563	1723	220	168	143	273	1361	1619	881
8503	1431	2502	272	77	85	48	1062	2214	812
7314	1405	2213	222	49	122	35	605	2042	621
6373	1066	1919	201	33	56	23	746	1541	788
9190	1265	1826	293	31	115	13	1394	2937	1316
6580	831	1810	237	95	119	48	502	2131	807
8049	1150	2110	214	63	117	22	728	2557	1088
3758	561	1253	149	26	29	98	367	864	411
78859	**17523**	**24135**	**2101**	**519**	**716**	**607**	**6613**	**18796**	**7849**
23430	5416	7330	352	174	172	211	1974	5753	2048
17723	3405	6587	527	74	98	82	1240	4113	1597
14784	3828	4908	327	70	119	78	1042	2973	1439
15272	3710	3832	549	102	160	167	1229	3547	1976
7650	1164	1478	346	99	167	69	1128	2410	789
103827	**21411**	**27842**	**2200**	**893**	**794**	**482**	**13203**	**27552**	**9450**
13142	2896	1068	387	306	237	23	3661	3406	1158
20816	4444	6649	374	122	87	48	2087	4897	2108
18561	3908	5657	353	82	90	168	1506	5549	1248
7675	1355	2437	164	51	55	30	849	1938	796
16154	2774	4838	385	151	172	158	1502	4745	1429
18529	4272	5043	309	84	73	52	2554	4393	1749
8950	1762	2150	228	97	80	3	1044	2624	962
37156	**6625**	**8641**	**1268**	**703**	**533**	**761**	**6570**	**8262**	**3793**
13023	3082	1495	313	327	261	211	3844	2181	1309
4490	644	1525	130	52	58	27	472	1228	354
3507	452	944	189	48	56	41	483	985	309
5437	1158	2129	168	107	23	34	549	886	383
2968	360	743	140	75	56	208	567	599	220
3328	333	876	123	68	42	44	359	1000	483
2933	400	581	138	15	23	148	185	891	552
1470	196	348	67	11	14	48	111	492	183
63475	**19164**	**16693**	**1181**	**513**	**396**	**221**	**5565**	**14694**	**5048**
23045	6736	5761	370	227	126	69	2467	5421	1868
13013	4478	4313	244	21	93	77	843	2248	696
11451	3283	2557	220	105	28	20	885	2894	1459
15966	4667	4062	347	160	149	55	1370	4131	1025
75235	**11281**	**24710**	**1082**	**525**	**729**	**563**	**10256**	**19092**	**6997**
17489	3003	4814	285	136	186	133	3158	4413	1361
22416	3249	8263	354	184	234	195	2079	5620	2238
12238	1496	4035	153	85	51	47	1662	3523	1186
23092	3533	7598	290	120	258	188	3357	5536	2212
18071	**3780**	**4891**	**628**	**96**	**175**	**427**	**1137**	**4164**	**2773**
2334	548	467	94	24	102	174	285	506	134
1209	180	289	54	6	1	27	62	320	270
2149	426	494	69	11	11	127	126	510	375
1223	267	409	37	16	8	4	54	312	116
1905	313	333	85	6	18	16	89	632	413
1338	288	540	40	3	9		124	216	118
1572	507	532	28	3	1	8	87	243	163
722	114	223	34	3	4	7	46	176	115
1200	362	295	33	15	7	11	139	247	91
1179	87	314	22	3			17	384	352
995	182	300	32	2	1	52	11	171	244
1536	322	439	46	2	3	1	42	361	320
709	184	256	54	2	10		55	86	62

表5 续表 38

地　区	16岁及以上人口	各种职业人口总计	国家机关、党群组织、企业、事业单位负责人	专业技术人员	办事人员和有关人员	商业、服务业人员	农、林、牧、渔、水利业生产人员	生产、运输设备操作人员及有关人员	不便分类的其他从业人员
甘孜藏族自治州	**79648**	**61752**	**747**	**4400**	**2129**	**3976**	**47298**	**3146**	**56**
康定县	9377	7187	164	639	525	979	4007	873	
泸定县	6284	4605	48	266	155	470	3175	479	12
丹巴县	4542	3518	58	158	117	191	2866	128	
九龙县	4310	3318	85	171	131	196	2311	424	
雅江县	3818	2878	20	325	114	130	2206	83	
道孚县	4077	3036	25	106	124	196	2494	79	12
炉霍县	3251	2745	11	235	91	118	2243	47	
甘孜县	5045	4066	18	119	75	242	3504	108	
新龙县	3612	2764	21	240	103	103	2276	20	1
德格县	5705	4823	33	194	92	171	4267	66	
白玉县	3956	3272	38	421	66	53	2579	115	
石渠县	5530	3494	28	302	57	160	2812	104	31
色达县	4381	3559	22	689	55	128	2639	26	
理塘县	5330	4274	49	130	95	472	3201	327	
巴塘县	3641	2684	66	139	108	159	2159	53	
乡城县	2725	2237	24	122	67	106	1744	174	
稻城县	2109	1800	22	83	95	72	1515	13	
得荣县	1955	1492	15	61	59	30	1300	27	
凉山彝族自治州	**330873**	**267462**	**1709**	**8244**	**4674**	**14740**	**225187**	**12834**	**74**
西昌市	54566	37182	497	2393	2107	5376	22771	4038	
木里藏族自治县	10501	8785	112	250	109	297	7552	456	9
盐源县	26680	21468	51	663	242	746	18746	1015	5
德昌县	17443	13874	33	421	203	1508	10803	906	
会理县	34410	27327	184	792	344	1675	22419	1909	4
会东县	28074	22182	22	374	228	743	20276	539	
宁南县	12664	9924	71	272	111	406	8764	299	1
普格县	10393	9042	79	254	123	326	8004	256	
布拖县	11161	9927	70	168	120	182	9252	131	4
金阳县	10949	9876	68	190	127	257	9165	68	1
昭觉县	16238	14564	126	299	31	363	13525	220	
喜德县	10773	9390	25	195	85	239	8662	176	8
冕宁县	24854	20802	95	520	294	851	18107	934	1
越西县	17281	14562	67	464	96	589	12681	633	32
甘洛县	13709	11509	77	349	190	580	9862	448	3
美姑县	13432	11994	57	232	110	211	11231	153	
雷波县	17745	15054	75	408	154	391	13367	653	6
贵州省	**2404526**	**1676240**	**16720**	**83962**	**51283**	**169623**	**1152001**	**200975**	**1676**
贵阳市	**329093**	**198037**	**5910**	**21203**	**15254**	**47270**	**65856**	**41598**	**946**
南明区	65554	34210	1806	5923	3642	12675	1882	8009	273
云岩区	78699	40186	1277	7064	5469	15777	489	9539	571
花溪区	26808	16573	366	1014	862	2322	9705	2284	20
乌当区	27597	17586	1054	1568	1189	3157	6161	4455	2
白云区	20090	12005	356	1122	840	2738	2737	4169	43
小河区	18943	10766	516	1572	1121	3349	599	3604	5
开阳县	26184	19376	137	803	544	1959	13965	1967	1
息烽县	15367	11170	68	551	474	1079	7347	1643	8
修文县	17395	12533	136	498	338	1208	8592	1754	7
清镇市	32456	23632	194	1088	775	3006	14379	4174	16
六盘水市	**195013**	**134064**	**1033**	**6526**	**3876**	**13185**	**88400**	**20927**	**117**
钟山区	41173	23047	354	2298	2195	6221	4393	7580	6
六枝特区	32715	21482	126	936	583	1716	15341	2764	16
水城县	44827	33576	94	708	266	1054	28502	2896	56
盘县	76298	55959	459	2584	832	4194	40164	7687	39
遵义市	**426982**	**294846**	**2772**	**14140**	**8677**	**31228**	**199925**	**37964**	**140**
红花岗区	46088	26262	301	2442	2399	8288	5867	6962	3
汇川区	33067	19029	467	2248	1225	4187	6281	4612	9
遵义县	65381	47500	468	1736	845	3851	35730	4870	
桐梓县	35821	24697	261	804	464	1784	18355	3021	8
绥阳县	26354	18849	104	588	311	1213	15151	1480	2
正安县	27140	19525	193	692	321	1101	15696	1522	
道真仡佬族苗族自治县	16909	12142	113	611	278	834	9298	994	14
务川仡佬族苗族自治县	21728	15549	115	723	315	1039	11534	1822	1
凤冈县	21533	15293	94	659	260	1127	11842	1285	26
湄潭县	25603	19220	109	792	355	1490	14688	1728	58

单位：人

各种未工作人口总计	在校学生	丧失工作能力	毕业后未工作	因单位原因失去工作	因本人原因失去工作	承包土地被征用	离退休	料理家务	其他
17896	**2996**	**5521**	**505**	**138**	**71**	**129**	**1378**	**4058**	**3100**
2190	665	369	85	46	15	34	428	311	237
1679	314	487	64	35	3	65	265	326	120
1024	269	421	44	22	2	1	81	137	47
992	245	360	29	9	14	10	63	222	40
940	174	255	30	2		1	46	364	68
1041	124	276	45	12	10	4	122	170	278
506	109	260	13	1	1	1	30	62	29
979	92	300	19	3	14	1	54	184	312
848	119	325	21		1		10	212	160
882	74	374	25	1	3		41	221	143
684	85	274	7	1	1	2	27	182	105
2036	90	352	10	2		2	24	652	904
822	41	393	50	1	4		71	155	107
1056	154	328	21	2	2		22	338	189
957	218	215	20	1	1	8	39	290	165
488	129	190	8				12	75	74
309	33	164	7				14	47	44
463	61	178	7				29	110	78
63411	**13998**	**17418**	**1760**	**673**	**496**	**462**	**7867**	**14226**	**6511**
17384	3904	2529	467	286	163	257	4293	3569	1916
1716	329	759	36	23	3	1	152	311	102
5212	1750	1817	117	13	25	6	208	849	427
3569	889	872	105	39	17	16	383	962	286
7083	1172	2007	163	73	67	26	965	2036	574
5892	830	2311	131	38	33	51	291	1258	949
2740	504	784	105	32	21	12	214	778	290
1351	376	375	35	8	7	2	97	260	191
1234	200	508	41	11	4	1	53	237	179
1073	243	404	23	4	11		38	234	116
1674	548	502	56	4	23		67	347	127
1383	449	330	48	9	2	11	113	253	168
4052	1016	1311	118	71	31	47	450	798	210
2719	596	763	101	30	16	25	190	786	212
2200	405	724	82	9	37		138	523	282
1438	304	498	35	4	8	1	56	344	188
2691	483	924	97	19	28	6	159	681	294
728286	**148294**	**172879**	**23627**	**8260**	**12824**	**5213**	**81685**	**191042**	**84462**
131056	**29289**	**11080**	**4393**	**3030**	**5008**	**1433**	**33668**	**29307**	**13848**
31344	5927	864	1149	922	1168	269	10427	6268	4350
38513	10764	931	1379	1283	2104	219	11282	6972	3579
10235	4418	1102	241	99	223	131	1606	1665	750
10011	1515	1164	306	172	300	347	2195	2993	1019
8085	1514	507	222	114	408	38	2034	2302	946
8177	833	220	208	232	309	118	3270	1829	1158
6808	1293	1840	265	64	164	81	589	2210	302
4197	548	1211	148	40	70	77	417	1250	436
4862	903	1156	158	22	89	46	436	1525	527
8824	1574	2085	317	82	173	107	1412	2293	781
60949	**11511**	**14154**	**2359**	**390**	**783**	**393**	**6369**	**17648**	**7342**
18126	2862	1338	799	182	333	213	3396	6211	2792
11233	1680	2757	352	91	176	26	1290	3598	1263
11251	2251	4008	349	23	106	51	262	2882	1319
20339	4718	6051	859	94	168	103	1421	4957	1968
132136	**24243**	**33911**	**4140**	**1540**	**2101**	**941**	**12551**	**37790**	**14919**
19826	3036	1352	810	547	509	246	4519	5709	3098
14038	4003	1321	413	316	349	226	2409	3543	1458
17881	3047	5707	567	129	355	180	969	5109	1818
11124	1320	3346	376	98	115	99	714	3629	1427
7505	1143	2407	241	41	110	29	360	2419	755
7615	1451	2932	138	18	75	9	338	2026	628
4767	695	1775	48	12	63	2	292	1400	480
6179	1425	1972	137	31	59	7	240	1821	487
6240	1432	1942	117	33	100	1	264	1617	734
6383	1162	1863	178	84	93	39	544	1726	694

表5 续表 39

地区	16岁及以上人口	各种职业人口总计	国家机关、党群组织、企业、事业单位负责人	专业技术人员	办事人员和有关人员	商业、服务业人员	农、林、牧、渔、水利业生产人员	生产、运输设备操作人员及有关人员	不便分类的其他从业人员
余庆县	16528	12202	64	456	397	1195	8468	1622	
习水县	37447	26681	256	880	459	1768	20373	2938	7
赤水市	16823	11124	103	629	349	1345	7500	1193	5
仁怀市	36560	26773	124	880	699	2006	19142	3915	7
安顺市	**154433**	**113089**	**456**	**4934**	**4070**	**11416**	**75877**	**16267**	**69**
西秀区	52974	35645	174	2228	2297	5160	20610	5139	37
平坝县	21232	15262	91	765	626	1494	9725	2559	2
普定县	23184	18103	56	473	324	1149	13884	2212	5
镇宁布依族苗族自治县	18732	14145	36	512	312	1359	10742	1175	9
关岭布依族苗族自治县	20651	16416	49	535	299	1559	10032	3929	13
紫云苗族布依族自治县	17660	13518	50	421	212	695	10884	1253	3
铜仁地区	**205819**	**141126**	**842**	**6596**	**3836**	**11999**	**103987**	**13806**	**60**
铜仁市	23838	14849	173	1293	894	2934	7117	2432	6
江口县	12102	7838	16	312	282	701	5681	840	6
玉屏侗族自治县	8584	5653	161	334	178	753	3129	1093	5
石阡县	21506	15464	100	563	314	855	12246	1386	
思南县	33643	23648	49	991	573	2277	17808	1950	
印江土家族苗族自治县	19069	12824	96	667	303	986	9222	1550	
德江县	23202	15789	48	735	397	1357	11750	1499	3
沿河土家族自治县	28079	20272	57	793	439	998	16474	1499	12
松桃苗族自治县	32321	22855	124	794	348	955	19301	1305	28
万山特区	3475	1934	18	114	108	183	1259	252	
黔西南布依族苗族自治州	**190779**	**139953**	**809**	**5786**	**3039**	**10661**	**107621**	**11975**	**62**
兴义市	56035	41073	351	2219	1407	4910	27222	4932	32
兴仁县	27759	20808	94	816	404	1456	16387	1648	3
普安县	16428	12622	21	472	241	734	10419	735	
晴隆县	16130	11527	64	452	130	607	9424	850	
贞丰县	20244	14353	29	681	224	942	11253	1224	
望谟县	16205	11203	156	192	198	328	9839	490	
册亨县	13199	10123	54	300	185	535	8436	599	14
安龙县	24779	18244	40	654	250	1149	14641	1497	13
毕节地区	**428650**	**310589**	**2399**	**9926**	**4232**	**16020**	**252804**	**25111**	**97**
毕节市	73142	50889	710	2583	1013	3461	38857	4259	6
大方县	51819	38477	225	1189	403	2221	31095	3316	28
黔西县	47611	35273	310	1154	479	2571	26546	4212	1
金沙县	36561	24572	303	945	605	1894	16558	4266	1
织金县	55582	41103	262	1064	501	1884	34364	3028	
纳雍县	43706	29469	138	911	342	1527	24266	2236	49
威宁彝族回族苗族自治县	79675	61715	337	1081	489	1484	56492	1823	9
赫章县	40554	29091	114	999	400	978	24626	1971	3
黔东南苗族侗族自治州	**244282**	**177197**	**1580**	**7852**	**4184**	**14619**	**132508**	**16299**	**155**
凯里市	35169	22259	472	1846	1381	4247	10752	3561	
黄平县	16957	12604	50	409	187	796	10385	767	10
施秉县	8625	6516	65	266	139	458	5088	500	
三穗县	10468	7285	129	337	225	851	4485	1258	
镇远县	13757	10293	107	438	265	1023	6819	1622	19
岑巩县	11123	7914	40	386	174	601	5905	768	40
天柱县	18747	13034	44	538	235	951	10154	1108	4
锦屏县	10701	7194	61	397	181	667	4958	873	57
剑河县	12672	9158	45	376	262	548	7293	626	8
台江县	7216	4824	45	233	95	360	3527	564	
黎平县	28510	21496	191	719	249	945	17945	1445	2
榕江县	19394	14853	43	517	192	976	12424	698	3
从江县	21866	17559	91	555	195	783	15314	621	
雷山县	8392	6453	93	250	119	457	5043	491	
麻江县	11986	9381	44	301	173	613	7402	839	9
丹寨县	8699	6374	60	284	112	343	5014	558	3
黔南布依族苗族自治州	**229475**	**167339**	**919**	**6999**	**4115**	**13225**	**125023**	**17028**	**30**
都匀市	32069	20518	240	1632	1051	2825	12404	2362	4
福泉市	19905	14288	55	698	378	1597	9629	1931	
荔波县	10600	8044	60	296	237	587	6231	633	
贵定县	15911	11567	76	575	346	941	8406	1223	
瓮安县	26785	19380	89	735	356	1687	14201	2306	6
独山县	20888	15828	76	514	274	987	12613	1364	
平塘县	16221	12288	85	381	260	558	9702	1301	1

单位：人

各种未工作人口总计	在校学生	丧失工作能力	毕业后未工作	因单位原因失去工作	因本人原因失去工作	承包土地被征用	离退休	料理家务	其他
4326	973	1067	59	12	48	7	228	1579	353
10766	1713	3967	467	68	81	17	531	2852	1070
5699	439	1288	216	119	63	21	686	2022	845
9787	2404	2972	373	32	81	58	457	2338	1072
41344	**7080**	**10058**	**1364**	**612**	**636**	**304**	**5919**	**10589**	**4782**
17329	2899	2819	672	425	349	213	3852	4076	2024
5970	792	1663	177	72	77	16	1033	1565	575
5081	994	1895	156	33	39	15	339	1158	452
4587	673	1172	150	48	57	21	310	1467	689
4235	863	1189	106	14	49	7	231	1176	600
4142	859	1320	103	20	65	32	154	1147	442
64693	**13643**	**17310**	**2245**	**473**	**619**	**302**	**3727**	**18021**	**8353**
8989	1933	1494	388	136	107	66	1313	2354	1198
4264	523	1235	141	19	54	21	144	1439	688
2931	307	771	80	46	26	9	305	1019	368
6042	1470	1798	162	40	51	6	252	1554	709
9995	2544	2723	231	39	77	39	349	2842	1151
6245	905	1920	186	43	71	35	248	1998	839
7413	1870	1991	261	32	62	42	270	1967	918
7807	2053	2321	341	45	67	48	294	1738	900
9466	1902	2785	410	54	96	24	346	2630	1219
1541	136	272	45	19	8	12	206	480	363
50826	**9594**	**13387**	**1595**	**232**	**418**	**469**	**2574**	**15161**	**7396**
14962	3438	3233	621	128	169	358	1258	4213	1544
6951	1618	2063	154	35	55	30	272	1779	945
3806	768	1455	168	5	29	5	192	812	372
4603	848	1173	128	23	24	7	169	1558	673
5891	879	1711	119	9	49	12	125	1879	1108
5002	744	1404	121	7	19	48	137	1877	645
3076	515	852	78	4	21	2	114	1000	490
6535	784	1496	206	21	52	7	307	2043	1619
118061	**28105**	**36174**	**3174**	**702**	**1847**	**511**	**4546**	**30057**	**12945**
22253	5566	7105	764	279	756	251	1471	5160	901
13342	3383	4399	316	44	149	17	490	3284	1260
12338	2567	3928	371	101	146	87	594	3134	1410
11989	1296	3134	290	65	302	47	419	4642	1794
14479	3149	4976	396	46	113	21	459	3719	1600
14237	2810	4017	377	37	166	39	336	3696	2759
17960	6688	5060	311	50	63	17	330	3500	1941
11463	2646	3555	349	80	152	32	447	2922	1280
67085	**13336**	**19280**	**2009**	**558**	**606**	**364**	**5834**	**17479**	**7619**
12910	3405	1302	457	262	112	180	2500	3136	1556
4353	873	1400	118	18	18	36	260	1008	622
2109	384	653	66	9	15	5	193	634	150
3183	381	1069	95	21	61	6	185	1062	303
3464	331	1159	88	29	93	4	381	1009	370
3209	562	1174	86	18	11	1	173	802	382
5713	1039	1819	161	38	29	33	253	1554	787
3507	620	913	92	24	53	22	185	1224	374
3514	749	1044	129	18	39	7	231	869	428
2392	386	665	76	16	44	15	163	582	445
7014	1431	2483	215	48	38	6	333	1862	598
4541	839	1409	159	21	22	22	263	1113	693
4307	779	2062	87	18	15	4	189	910	243
1939	392	612	51	10	20	8	149	501	196
2605	656	846	71	5	19	11	214	573	210
2325	509	670	58	3	17	4	162	640	262
62136	**11493**	**17525**	**2348**	**723**	**806**	**496**	**6497**	**14990**	**7258**
11551	2132	1781	435	336	213	122	2948	2044	1540
5617	909	1246	279	52	93	44	432	1722	840
2556	642	814	67	9	21	40	183	514	266
4344	632	1116	168	111	65	36	593	1066	557
7405	1681	2127	231	54	112	92	436	2018	654
5060	997	1822	221	45	46	17	428	944	540
3933	611	1568	89	8	23	4	174	1023	433

表5 续表 40

地　区	16岁及以上人口	各种职业人口总计	国家机关、党群组织、企业、事业单位负责人	专业技术人员	办事人员和有关人员	商业、服务业人员	农、林、牧、渔、水利业生产人员	生产、运输设备操作人员及有关人员	不便分类的其他从业人员
罗甸县	18406	13354	32	403	206	702	10600	1406	5
长顺县	12865	9680	38	412	150	549	8049	479	3
龙里县	12579	9358	64	366	227	705	6928	1067	1
惠水县	23778	17884	65	547	399	1465	13187	2211	10
三都水族自治县	19468	15150	39	440	231	622	13073	745	
云南省	**3438510**	**2668421**	**22062**	**127897**	**71814**	**281365**	**1845869**	**318598**	**816**
昆明市	**490351**	**315636**	**7482**	**33327**	**21457**	**64256**	**138561**	**50344**	**209**
五华区	66802	32632	921	8247	5695	9263	1877	6627	2
盘龙区	60119	33711	863	6145	4336	11495	4547	6305	20
官渡区	69181	42596	2242	4750	3574	16214	4503	11292	21
西山区	59086	32253	1724	6157	3638	10890	2793	6948	103
东川区	20913	13955	161	672	438	1028	10268	1386	2
呈贡县	22154	12817	164	664	530	2641	6139	2667	12
晋宁县	21255	16087	153	763	375	1565	10993	2236	2
富民县	11163	9054	178	384	200	600	6875	817	
宜良县	32018	24853	356	928	401	2198	18760	2208	2
石林彝族自治县	18090	14378	114	543	281	1322	11252	865	1
嵩明县	21031	15834	111	730	386	1522	11038	2047	
禄劝彝族苗族自治县	29837	24324	152	758	278	926	21587	623	
寻甸回族彝族自治县	34370	27520	103	1015	305	1542	23649	906	
安宁市	24332	15622	240	1571	1020	3050	4280	5417	44
曲靖市	**431936**	**337886**	**2455**	**14139**	**6544**	**32494**	**240833**	**41325**	**96**
麒麟区	65801	44107	1127	3924	2635	9513	15900	10989	19
马龙县	14078	11489	78	544	254	956	8968	688	1
陆良县	44683	34511	171	1356	416	2819	26571	3177	1
师宗县	27847	22607	134	862	283	1533	17764	2029	2
罗平县	39882	32141	112	1256	468	2452	25251	2588	14
富源县	49208	38745	129	1339	567	2425	28366	5919	
会泽县	63657	53074	370	1887	565	5783	39965	4470	34
沾益县	31948	25891	63	804	416	1673	20472	2456	7
宣威市	94832	75321	271	2167	940	5340	57576	9009	18
玉溪市	**181501**	**137707**	**1493**	**8205**	**4356**	**17376**	**86354**	**19908**	**15**
红塔区	40227	26410	618	3162	1814	6440	6659	7716	1
江川县	21564	16514	160	766	328	1640	12110	1507	3
澄江县	12874	10354	81	384	225	1097	7857	710	
通海县	23240	17724	149	776	412	2029	11845	2511	2
华宁县	16036	13111	65	582	263	1053	10116	1032	
易门县	13957	10713	83	609	276	1129	6978	1636	2
峨山彝族自治县	13251	10236	109	546	279	1062	6748	1485	7
新平彝族傣族自治县	24137	19617	137	811	472	1925	13927	2345	
元江哈尼族彝族傣族自治县	16215	13028	91	569	287	1001	10114	966	
保山市	**193784**	**154533**	**882**	**5316**	**2634**	**12702**	**116705**	**16283**	**11**
隆阳区	72270	56353	292	2041	1166	5708	40285	6859	2
施甸县	23172	18594	99	671	262	995	14807	1754	6
腾冲县	50370	39630	303	1322	580	3320	29319	4786	
龙陵县	21723	17992	70	575	295	1345	14671	1036	
昌宁县	26249	21964	118	707	331	1334	17623	1848	3
昭通市	**365067**	**297659**	**1359**	**9261**	**4924**	**25783**	**191554**	**64726**	**52**
昭阳区	52656	39485	222	1825	1323	3881	26323	5907	4
鲁甸县	26120	21897	58	725	282	2421	15026	3384	1
巧家县	36719	31111	173	767	322	2577	23409	3863	
盐津县	26362	22094	94	606	350	1943	13582	5519	
大关县	19287	16303	66	413	279	1408	10620	3488	29
永善县	28631	23508	125	824	373	1926	15149	5110	1
绥江县	11288	8531	195	399	194	1071	4720	1952	
镇雄县	92536	76188	183	1773	816	5677	43646	24084	9
彝良县	39367	33882	116	808	450	2299	24504	5705	
威信县	24787	19343	100	686	290	1582	12396	4281	8
水富县	7314	5317	27	435	245	998	2179	1433	
丽江市	**97243**	**76230**	**472**	**3509**	**2084**	**9643**	**53852**	**6659**	**11**
古城区	17619	12766	214	1254	1013	4219	4203	1857	6
玉龙纳西族自治县	17564	14346	59	487	297	1014	11662	827	
永胜县	31203	25240	46	676	353	2409	20193	1559	4
华坪县	12699	9554	89	401	179	850	6736	1299	
宁蒗彝族自治县	18158	14324	64	691	242	1151	11058	1117	1

单位：人

各种未工作人口总计	在校学生	丧失工作能力	毕业后未工作	因单位原因失去工作	因本人原因失去工作	承包土地被征用	离退休	料理家务	其他
5052	780	1655	289	17	48	37	206	1446	574
3185	506	1064	128	23	35	35	228	746	420
3221	465	1044	112	10	31	21	232	1030	276
5894	1134	1778	173	48	93	35	476	1558	599
4318	1004	1510	156	10	26	13	161	879	559
770089	**163678**	**194101**	**20019**	**12092**	**12618**	**12066**	**121924**	**175655**	**57936**
174715	**38505**	**20499**	**4111**	**4017**	**4833**	**6695**	**49315**	**31632**	**15108**
34170	11011	838	823	689	1035	260	12238	3717	3559
26408	5647	1136	668	805	1168	976	9667	4130	2211
26585	4209	1317	610	723	756	1917	8353	6002	2698
26833	4011	1203	623	798	903	747	10789	4440	3319
6958	564	1751	352	320	188	439	1135	1957	252
9337	4917	921	121	70	100	1221	498	1076	413
5168	619	1600	137	77	95	82	837	1330	391
2109	430	734	30	39	14	28	255	495	84
7165	961	2132	130	83	115	112	1133	2053	446
3712	820	1140	96	60	37	220	385	691	263
5197	1390	1577	109	57	35	107	524	1101	297
5513	1012	2266	82	24	20	243	293	1198	375
6850	1703	2696	128	88	45	157	466	1284	283
8710	1211	1188	202	184	322	186	2742	2158	517
94050	**28268**	**25083**	**2600**	**1101**	**998**	**478**	**10132**	**20637**	**4753**
21694	6542	2669	599	422	404	94	4599	5081	1284
2589	609	860	73	39	22	15	216	629	126
10172	3520	2644	329	203	110	12	748	2123	483
5240	1511	1574	155	50	34	26	311	1178	401
7741	1873	2350	220	55	64	53	480	2106	540
10463	3019	3405	345	43	79	71	519	2487	495
10583	2107	4220	286	83	61	128	1017	2108	573
6057	1856	2017	151	53	84	30	645	1078	143
19511	7231	5344	442	153	140	49	1597	3847	708
43794	**8782**	**11314**	**1401**	**815**	**877**	**569**	**5912**	**11318**	**2806**
13817	3153	2039	394	272	510	229	2398	3950	872
5050	1221	1700	160	73	96	31	535	974	260
2520	538	770	83	45	31	6	291	609	147
5516	983	1709	165	114	51	44	823	1199	428
2925	433	999	128	49	43	55	295	790	133
3244	792	990	84	51	23	69	448	646	141
3015	636	769	126	103	47	46	345	781	162
4520	564	1408	121	49	27	70	355	1485	441
3187	462	930	140	59	49	19	422	884	222
39251	**6738**	**13037**	**645**	**506**	**340**	**464**	**3839**	**10984**	**2698**
15917	2905	4299	352	246	155	306	1731	4427	1496
4578	555	1942	51	37	42	13	341	1398	199
10740	1943	3677	160	150	82	108	1044	2975	601
3731	604	1597	39	28	37	29	304	837	256
4285	731	1522	43	45	24	8	419	1347	146
67408	**18880**	**23142**	**1681**	**891**	**1184**	**734**	**3994**	**13226**	**3676**
13171	3738	3232	425	349	221	214	1543	2620	829
4223	1622	1616	66	14	17	9	146	559	174
5608	1245	2435	107	38	66	17	299	1131	270
4268	1042	1473	126	36	55	17	253	959	307
2984	803	997	70	11	31		191	573	308
5123	1384	1809	138	72	69	194	202	974	281
2757	478	845	91	57	111	121	230	677	147
16348	5358	6593	376	194	340	28	418	2593	448
5485	1331	2098	98	43	54	18	274	1110	459
5444	1440	1594	145	45	111	18	234	1500	357
1997	439	450	39	32	109	98	204	530	96
21013	**4939**	**6550**	**533**	**266**	**175**	**246**	**2312**	**4605**	**1387**
4853	1093	524	187	134	93	147	1228	1028	419
3218	644	1370	54	9	6	38	274	720	103
5963	1549	2494	118	68	28	18	401	962	325
3145	416	974	89	27	22	19	217	1105	276
3834	1237	1188	85	28	26	24	192	790	264

表5 续表 41

地　区	16岁及以上人口	各种职业人口总计	国家机关、党群组织、企业、事业单位负责人	专业技术人　员	办事人员和有关人员	商业、服务业　人　员	农、林、牧、渔、水利业生产人员	生产、运输设备操作人员及有关人员	不便分类的其他从业人员
普洱市	**203895**	**168458**	**1011**	**6352**	**3734**	**17564**	**123536**	**16252**	**9**
思茅区	23621	17061	204	1419	1163	2964	8421	2888	2
宁洱哈尼族彝族自治县	14879	11688	102	541	273	1524	7759	1489	
墨江哈尼族自治县	29104	24478	87	655	341	2548	18956	1886	5
景东彝族自治县	28623	24054	118	690	417	2238	18725	1866	
景谷傣族彝族自治县	23118	19858	73	638	361	1655	15586	1545	
镇沅彝族哈尼族拉祜族自治县	16918	13656	75	600	252	1413	10235	1081	
江城哈尼族彝族自治县	9434	7510	50	373	146	880	5445	616	
孟连傣族拉祜族佤族自治县	10788	9287	49	297	240	941	5921	1839	
澜沧拉祜族自治县	40423	35029	195	880	445	2910	28422	2175	2
西盟佤族自治县	6987	5837	58	259	96	491	4066	867	
临沧市	**171396**	**143160**	**619**	**4879**	**2589**	**9180**	**114995**	**10836**	**62**
临翔区	21286	16490	71	824	661	1251	12221	1418	44
凤庆县	33045	27852	117	737	371	1912	22243	2472	
云县	30517	25726	111	906	352	1818	20891	1648	
永德县	25491	21865	45	584	318	866	18695	1357	
镇康县	12620	10624	32	309	186	519	8940	638	
双江拉祜族佤族布朗族傣族自治县	13059	11318	71	368	121	689	9124	927	18
耿马傣族佤族自治县	21213	17277	119	606	298	1154	14154	946	
沧源佤族自治县	14165	12008	53	545	282	971	8727	1430	
楚雄彝族自治州	**212422**	**167339**	**1360**	**7817**	**4461**	**19551**	**115707**	**18370**	**73**
楚雄市	45947	31909	409	2553	1467	5288	18032	4128	32
双柏县	12640	10459	96	405	242	1007	7574	1135	
牟定县	17277	13943	96	604	334	2489	8273	2136	11
南华县	18927	15657	112	544	361	948	12108	1583	1
姚安县	15587	12332	79	502	276	1369	8423	1681	2
大姚县	21651	17685	139	700	272	1966	13048	1550	10
永仁县	8721	7096	87	376	151	688	5386	408	
元谋县	16358	13428	97	434	222	1041	10820	805	9
武定县	21330	17997	183	627	582	2083	12684	1834	4
禄丰县	33984	26833	62	1072	554	2672	19359	3110	4
红河哈尼族彝族自治州	**342532**	**268009**	**1510**	**10759**	**6170**	**24059**	**195737**	**29629**	**145**
个旧市	36618	22685	196	2200	1484	3545	8247	6984	29
开远市	25631	18444	239	1246	729	2736	10246	3243	5
蒙自县	33541	25494	303	1190	854	2664	17203	3274	6
屏边苗族自治县	11542	9903	40	233	99	346	8860	325	
建水县	39745	31550	141	1197	591	3190	24093	2307	31
石屏县	23128	18410	55	646	321	1326	14126	1932	4
弥勒县	43340	35438	92	998	608	3354	27152	3229	5
泸西县	29037	23272	136	916	357	1756	17977	2130	
元阳县	27960	23286	96	443	255	1266	18478	2728	20
红河县	20892	17314	44	300	151	960	14549	1308	2
金平苗族瑶族傣族自治县	26454	22135	39	459	226	941	19692	735	43
绿春县	16389	13612	63	614	231	1010	10800	894	
河口瑶族自治县	8255	6466	66	317	264	965	4314	540	
文山壮族苗族自治州	**237781**	**199907**	**522**	**5716**	**2724**	**9529**	**170998**	**10383**	**35**
文山县	31260	24669	128	1597	913	2689	16910	2429	3
砚山县	30120	25844	61	653	297	1040	22448	1335	10
西畴县	19042	16142	40	460	176	692	14465	305	4
麻栗坡县	20194	17332	65	502	199	877	14386	1303	
马关县	24125	20658	30	540	233	779	17994	1081	1
丘北县	32842	28301	39	630	349	909	25311	1063	
广南县	54156	46588	30	791	251	1056	43594	853	13
富宁县	26042	20373	129	543	306	1487	15890	2014	4
西双版纳傣族自治州	**85009**	**65123**	**533**	**2831**	**1653**	**6534**	**49595**	**3970**	**7**
景洪市	37250	27148	241	1423	1074	3542	18709	2153	6
勐海县	27266	22457	89	714	298	1611	18730	1014	1
勐腊县	20493	15518	203	694	281	1381	12156	803	
大理白族自治州	**262979**	**205569**	**1398**	**9075**	**4659**	**18138**	**152872**	**19362**	**65**
大理市	51612	34517	386	3063	1846	7072	15359	6781	10
漾濞彝族自治县	8369	6889	81	300	146	405	5757	199	1
祥云县	33596	26315	282	1027	440	2357	18037	4148	24
宾川县	27116	22080	105	724	381	1147	18941	766	16
弥渡县	22370	17956	64	617	245	1486	14230	1304	10
南涧彝族自治县	15615	13274	50	623	306	1121	10326	848	

单位：人

各种未工作人口总计	在校学生	丧失工作能力	毕业后未工作	因单位原因失去工作	因本人原因失去工作	承包土地被征用	离退休	料理家务	其他
35437	**6424**	**10449**	**907**	**489**	**403**	**141**	**4396**	**8975**	**3253**
6560	1668	707	199	206	170	92	1425	1544	549
3191	471	899	83	61	59	12	528	772	306
4626	989	1770	108	32	38	6	403	897	383
4569	657	1593	70	37	26	5	394	1411	376
3260	487	1057	77	52	25	1	438	877	246
3262	500	1127	50	17	10	12	205	1041	300
1924	298	518	85	24	16	7	205	532	239
1501	201	417	59	17	20	3	167	439	178
5394	910	2046	120	30	31	3	532	1184	538
1150	243	315	56	13	8		99	278	138
28236	**3750**	**10599**	**575**	**251**	**201**	**157**	**2863**	**7332**	**2508**
4796	468	1387	96	60	50	99	721	1271	644
5193	749	2483	103	27	16	19	344	1133	319
4791	715	2032	72	28	41	17	303	1271	312
3626	487	1695	55	29	28	4	314	833	181
1996	245	780	34	19	9		123	511	275
1741	256	675	25	18	8	14	217	411	117
3936	444	900	122	44	27	3	589	1351	456
2157	386	647	68	26	22	1	252	551	204
45083	**9578**	**11636**	**969**	**523**	**711**	**727**	**6545**	**11858**	**2536**
14038	3399	1928	365	295	317	385	2963	3470	916
2181	453	785	50	14	31	8	218	493	129
3334	804	1111	51	21	51	2	399	728	167
3270	552	1100	54	23	38	33	326	996	148
3255	670	1006	100	22	35	5	349	874	194
3966	754	1448	71	43	31	59	374	1021	165
1625	321	471	27	25	7	20	229	425	100
2930	488	980	61	26	23	18	263	947	124
3333	818	949	56	20	46	29	284	978	153
7151	1319	1858	134	34	132	168	1140	1926	440
74523	**11468**	**20818**	**2425**	**1212**	**1319**	**873**	**13572**	**16340**	**6496**
13933	1727	1304	651	561	322	124	4630	3122	1492
7187	1011	875	230	78	421	142	2259	1634	537
8047	1575	1794	262	179	122	284	1667	1602	562
1639	206	724	42	3	8	3	134	388	131
8195	1093	2754	263	95	102	99	1477	1655	657
4718	667	1610	161	67	58	83	707	1013	352
7902	1822	2520	192	35	100	63	1005	1550	615
5765	1270	2302	106	46	48	16	502	1073	402
4674	582	2105	109	54	30	35	138	1229	392
3578	455	1921	82	7	21		146	687	259
4319	307	1635	94	17	31	12	208	1441	574
2777	605	1072	88	25	12	6	107	591	271
1789	148	202	145	45	44	6	592	355	252
37874	**6424**	**10897**	**1190**	**245**	**300**	**345**	**3100**	**11398**	**3975**
6591	1240	1147	265	91	99	192	1094	1632	831
4276	694	1180	165	23	35	17	383	1255	524
2900	479	1245	105	6	10		202	602	251
2862	405	1025	73	19	25	6	255	755	299
3467	474	1253	90	42	20	11	305	1090	182
4541	897	1384	124	27	33	9	349	1348	370
7568	1588	2179	219	19	24	23	281	2390	845
5669	647	1484	149	18	54	87	231	2326	673
19886	**1693**	**3506**	**893**	**504**	**384**	**79**	**4220**	**6400**	**2207**
10102	762	1530	440	319	233	71	2497	2831	1419
4809	517	1173	156	53	69	2	687	1767	385
4975	414	803	297	132	82	6	1036	1802	403
57410	**12352**	**17720**	**1257**	**886**	**541**	**398**	**7321**	**13525**	**3410**
17095	4220	2267	531	593	319	214	3925	3934	1092
1480	257	581	50	22	19	25	135	269	122
7281	1225	2832	107	62	67	16	779	1900	293
5036	995	1790	116	19	17	27	336	1404	332
4414	865	1765	95	46	14	14	342	1055	218
2341	509	879	46	12	14	8	142	586	145

表5　续表 42

地　区	16岁及以上人口	各种职业人口总计	国家机关、党群组织、企业、事业单位负责人	专业技术人员	办事人员和有关人员	商业、服务业人员	农、林、牧、渔、水利业生产人员	生产、运输设备操作人员及有关人员	不便分类的其他从业人员
巍山彝族回族自治县	22177	18492	54	560	285	1044	15353	1196	
永平县	13747	11062	104	457	207	613	9194	487	
云龙县	15429	12829	56	410	199	668	10778	717	1
洱源县	20154	16521	54	423	216	652	14352	824	
剑川县	12866	9845	59	299	152	587	7382	1365	1
鹤庆县	19928	15789	103	572	236	986	13163	727	2
德宏傣族景颇族自治州	**92007**	**72778**	**539**	**3556**	**2226**	**9741**	**49556**	**7149**	**11**
瑞丽市	14514	11080	144	598	505	3466	4654	1711	2
潞西市	30195	23209	165	1356	967	2644	15963	2107	7
梁河县	12055	9749	55	405	177	831	7216	1064	1
盈江县	22429	18265	102	715	326	1978	13407	1736	1
陇川县	12814	10475	73	482	251	822	8316	531	
怒江傈僳族自治州	**39356**	**32956**	**249**	**1448**	**874**	**2042**	**26016**	**2321**	**6**
泸水县	12862	10928	41	593	462	690	8692	450	
福贡县	7245	5820	86	228	100	234	4762	410	
贡山独龙族怒族自治县	3057	2619	28	121	60	190	2034	183	3
兰坪白族普米族自治县	16192	13589	94	506	252	928	10528	1278	3
迪庆藏族自治州	**31251**	**25471**	**178**	**1707**	**725**	**2773**	**18998**	**1081**	**9**
香格里拉县	13748	11022	68	1109	468	1626	7281	464	6
德钦县	5468	4373	46	224	115	381	3379	228	
维西傈僳族自治县	12035	10076	64	374	142	766	8338	389	3
西藏自治区	**195270**	**147821**	**1499**	**7584**	**5690**	**14976**	**110447**	**7497**	**128**
拉萨市	**41974**	**30156**	**553**	**2953**	**1940**	**7254**	**13850**	**3490**	**116**
城关区	21651	13949	440	2304	1571	5997	853	2689	95
林周县	3377	2766		38	17	81	2608	22	
当雄县	3275	2519	29	74	42	202	2086	71	15
尼木县	2067	1797	9	84	37	115	1521	28	3
曲水县	2331	1842	5	106	29	159	1362	181	
堆龙德庆县	3665	2553	48	165	130	500	1330	377	3
达孜县	2145	1783	7	120	57	73	1481	45	
墨竹工卡县	3463	2947	15	62	57	127	2609	77	
昌都地区	**34247**	**26867**	**309**	**708**	**562**	**1446**	**23465**	**377**	
昌都县	5283	3908	150	362	289	878	2028	201	
江达县	4287	3363		28	37	26	3260	12	
贡觉县	1619	1350	49	1	2	71	1205	22	
类乌齐县	1976	1412	16	49	19	26	1281	21	
丁青县	3020	1985	1	72	33	93	1766	20	
察雅县	3343	2637	16	33	17	34	2535	2	
八宿县	2798	2255	17	22	56	52	2096	12	
左贡县	2453	1978	10	47	35	79	1798	9	
芒康县	5327	4496	7	36	34	75	4302	42	
洛隆县	2311	2025	33	24	22	50	1879	17	
边坝县	1830	1458	10	34	18	62	1315	19	
山南地区	**24650**	**20041**	**171**	**979**	**808**	**1095**	**16298**	**687**	**3**
乃东县	4528	3699	69	341	415	547	2087	240	
扎朗县	2674	2068	5	55	33	29	1920	26	
贡嘎县	3395	2703	4	52	89	110	2205	243	
桑日县	1276	995		21	39		935		
琼结县	1288	1037	6	40	39	24	917	11	
曲松县	1114	838	24	13	5	57	720	19	
措美县	1010	771	16	40	44	86	556	26	3
洛扎县	1408	1210	12	31	21	42	1085	19	
加查县	1812	1560	9	177	63	98	1156	57	
隆子县	2775	2377	6	124	22	64	2140	21	
错那县	982	826	12	31	17	27	725	14	
浪卡子县	2388	1957	8	54	21	11	1852	11	
日喀则地区	**47103**	**36771**	**164**	**1579**	**885**	**2387**	**30017**	**1739**	
日喀则市	8402	6207	46	591	415	1283	3408	464	
南木林县	4625	3588	11	108	47	81	3299	42	
江孜县	4549	3170	7	108	40	158	2703	154	
定日县	3138	2552	7	64	26	55	2317	83	
萨迦县	3801	2853	7	58	14	76	2634	64	
拉孜县	2790	2183	3	94	33	82	1626	345	
昂仁县	3036	2333		71	43	48	2159	12	
谢通门县	2367	2004	9	85	29	28	1800	53	

单位：人

各种未工作人口总计	在校学生	丧失工作能力	毕业后未工作	因单位原因失去工作	因本人原因失去工作	承包土地被征用	离退休	料理家务	其他
3685	786	1501	63	30	13	3	326	718	245
2685	488	1075	54	15	5	21	226	593	208
2600	510	1014	70	11	35	5	207	559	189
3633	901	1461	40	13	5	13	283	709	208
3021	763	905	41	28	10	1	283	849	141
4139	833	1650	44	35	23	51	337	949	217
19229	**3175**	**4608**	**496**	**322**	**262**	**125**	**3149**	**4950**	**2142**
3434	316	419	134	77	96	82	636	1066	608
6986	1503	1527	153	143	69	25	1265	1622	679
2306	458	884	32	30	32	16	229	466	159
4164	633	1021	94	37	34	1	520	1345	479
2339	265	757	83	35	31	1	499	451	217
6400	**1329**	**2095**	**209**	**34**	**59**	**14**	**602**	**1559**	**499**
1934	457	803	72	18	27	5	246	298	8
1425	241	359	30	3	10	3	74	487	218
438	82	103	16	2	6		44	124	61
2603	549	830	91	11	16	6	238	650	212
5780	**1373**	**2148**	**127**	**30**	**31**	**21**	**652**	**916**	**482**
2726	685	919	77	15	12	19	359	379	261
1095	275	388	19	5	4	2	80	218	104
1959	413	841	31	10	15		213	319	117
47449	**9462**	**10996**	**781**	**58**	**237**	**54**	**3289**	**15138**	**7434**
11818	**2675**	**1503**	**298**	**38**	**121**	**20**	**1880**	**3394**	**1889**
7702	1655	199	209	37	98	15	1722	2380	1387
611	183	219	7		5		6	79	112
756	119	198	25		1		12	266	135
270	47	130	1				2	62	28
489	149	145	6		3		16	117	53
1112	244	243	27		11	5	90	379	113
362	121	134	6		1		26	53	21
516	157	235	17	1	2		6	58	40
7380	**722**	**2227**	**121**	**5**	**23**	**1**	**282**	**2145**	**1854**
1375	203	340	39	1	19	1	181	470	121
924	30	279	11		2		16	359	227
269	21	135						57	56
564	44	114	20	3			19	148	216
1035	16	88	21				8	312	590
706	84	271	1				1	88	261
543	76	150	1				10	212	94
475	67	140	10				9	213	36
831	105	431	4	1	1		20	171	98
286	44	133	6		1		15	50	37
372	32	146	8				3	65	118
4609	**1318**	**1528**	**78**		**15**	**2**	**269**	**1068**	**331**
829	256	128	35		4	2	168	187	49
606	177	383	6				9	26	5
692	262	163	11		4		10	194	48
281	93	99	1				2	59	27
251	78	93	3				8	62	7
276	27	89	4				7	130	19
239	42	77			1		4	76	39
198	77	61	1				8	41	10
252	60	96	10				11	51	24
398	124	140	2		5		20	58	49
156	45	60	2				13	32	4
431	77	139	3		1		9	152	50
10332	**2163**	**2968**	**150**	**4**	**24**	**3**	**390**	**3828**	**802**
2195	480	432	40		3	2	238	762	238
1037	276	295	2		2		5	385	72
1379	220	350	22		5		26	649	107
586	125	202	1	1			11	213	33
948	143	312	10		4		4	355	120
607	92	142	12	1		1	17	298	44
703	64	188	6		1		5	353	86
363	112	142	3		4		8	70	24

表5 续表 43

地　区	16岁及以上人口	各种职业人口总计	国家机关、党群组织、企业、事业单位负责人	专业技术人员	办事人员和有关人员	商业、服务业人员	农、林、牧、渔、水利业生产人员	生产、运输设备操作人员及有关人员	不便分类的其他从业人员
白朗县	4011	3198		158	36	45	2823	136	
仁布县	1901	1606		23	22	57	1307	197	
康马县	1373	1145	21	45	23	20	996	40	
定结县	1083	874	2	25	24	29	783	11	
仲巴县	1258	1021	10	24	13	54	910	10	
亚东县	833	661	15	29	12	55	511	39	
吉隆县	1092	958	1	23	27	19	864	24	
聂拉木县	1049	881	12	41	8	198	614	8	
萨嘎县	1238	1049			67	76	906		
岗巴县	557	488	13	32	6	23	357	57	
那曲地区	**27098**	**18691**	**124**	**606**	**674**	**1074**	**15962**	**247**	**4**
那曲县	7353	4338	21	237	345	642	2995	94	4
嘉黎县	1642	1336	3	38	54	35	1199	7	
比如县	3028	2534	16	9	10	61	2434	4	
聂荣县	2034	1348	11	49	53	29	1199	7	
安多县	2302	1561	30	50	26	71	1353	31	
申扎县	1090	867	12	48	47	46	712	2	
索县	1861	1582	11	41	39	55	1432	4	
班戈县	2000	1326	8	44	23	9	1239	3	
巴青县	3077	1777	9	46	25	92	1524	81	
尼玛县	2711	2022	3	44	52	34	1875	14	
阿里地区	**5930**	**4460**	**77**	**217**	**282**	**290**	**3522**	**70**	**2**
普兰县	638	502	6	32	27	46	388	3	
札达县	439	342	5	19	6	26	284	2	
噶尔县	976	693	44	92	133	110	293	20	1
日土县	645	540	9	22	49	5	455		
革吉县	1031	840		11	19	15	793	2	
改则县	1362	894	10	19	29	61	732	43	
措勤县	839	649	3	22	19	27	577		1
林芝地区	**14268**	**10835**	**101**	**542**	**539**	**1430**	**7333**	**887**	**3**
林芝县	4152	2952	28	270	290	809	1015	538	2
工布江达县	1987	1572	11	41	60	118	1299	43	
米林县	1805	1402	24	49	48	150	1035	96	
墨脱县	768	676		22	21	60	548	25	
波密县	2286	1870	17	97	49	129	1461	117	
察隅县	1940	1342	14	34	24	85	1134	51	
朗县	1330	1021	7	29	47	79	841	17	1
陕西省	**3012481**	**1996061**	**27167**	**140723**	**76378**	**324459**	**1097695**	**328156**	**1483**
西安市	**700560**	**409485**	**12178**	**50981**	**28134**	**125764**	**108542**	**83384**	**502**
新城区	41337	22494	998	4225	2533	10857	34	3846	1
碑林区	53613	25039	524	7289	4866	9544	119	2693	4
莲湖区	61212	33640	2278	6762	3634	14689	121	6077	79
灞桥区	52474	30560	838	2932	1329	10189	7201	8021	50
未央区	67030	38468	2490	5194	3379	15966	1554	9872	13
雁塔区	100801	59431	3077	13000	6094	26793	299	9916	252
阎良区	20556	13269	301	1547	618	2059	5954	2770	20
临潼区	51116	35464	153	1290	696	5582	21176	6563	4
长安区	103179	51270	584	4208	2292	16640	14189	13314	43
蓝田县	38549	26362	164	765	364	3163	18553	3353	
周至县	43086	30712	142	1263	588	2946	21981	3777	15
户县	43475	26685	381	1449	813	4450	11925	7648	19
高陵县	24132	16091	248	1057	928	2886	5436	5534	2
铜川市	**64432**	**38190**	**606**	**3180**	**1941**	**6801**	**18468**	**7121**	**73**
王益区	13730	6300	202	952	472	2004	1129	1521	20
印台区	16943	8620	130	795	475	1487	3558	2175	
耀州区	25497	16683	224	1167	774	2540	8864	3061	53
宜君县	8262	6587	50	266	220	770	4917	364	
宝鸡市	**297820**	**200904**	**2393**	**15626**	**5461**	**33122**	**98708**	**45469**	**125**
渭滨区	34281	19342	770	3680	1168	5466	2282	5958	18
金台区	31184	17534	452	2173	1112	5460	2780	5480	77
陈仓区	49870	32002	364	1568	452	5878	14273	9460	7
凤翔县	38487	27159	189	1234	595	3165	16383	5590	3
岐山县	37700	24412	201	1795	420	4348	10848	6799	1
扶风县	31166	22700	40	2303	287	3242	13616	3208	4
眉县	23918	17132	107	801	435	1882	11234	2666	7

单位：人

各种未工作人口总计	在校学生	丧　失工作能力	毕业后未工作	因单位原因失去工作	因本人原因失去工作	承包土地被征用	离退休	料理家务	其　他
813	190	261	29				3	311	19
295	41	195	2		1		3	44	9
228	49	94	5	1			9	59	11
209	43	65	5				14	77	5
237	62	76			1		5	78	15
172	53	31	12		1		25	42	8
134	76	33					2	23	
168	42	51		1	1		2	64	7
189	77	80					10	19	3
69	18	19	1		1		3	26	1
8407	**1257**	**1638**	**72**	**6**	**32**	**2**	**134**	**3246**	**2020**
3015	509	401	32	5	18	1	69	1281	699
306	43	113	7				14	48	81
494	99	163		1	1		2	85	143
686	118	111	7		1		9	310	130
741	86	89	9		2		18	404	133
223	50	81	3		6	1	9	59	14
279	47	207	1				2	10	12
674	96	113	3		2		5	313	142
1300	112	191	1		2			643	351
689	97	169	9				6	93	315
1470	**358**	**415**	**14**		**4**		**98**	**465**	**116**
136	47	57	1				3	25	3
97	31	39	2				4	21	
283	63	44	7		1		58	82	28
105	36	26					19	22	2
191	56	77	1		2		9	31	15
468	64	89	2		1		2	258	52
190	61	83	1				3	26	16
3433	**969**	**717**	**48**	**5**	**18**	**26**	**236**	**992**	**422**
1200	552	119	20	3	9		115	302	80
415	49	145	3		1		10	148	59
403	93	115	6	2	1	25	31	80	50
92	26	38	1				1	16	10
416	99	79	11		5		46	101	75
598	103	131	4		2		27	227	104
309	47	90	3			1	6	118	44
1016420	**286476**	**159253**	**32006**	**14876**	**15460**	**6473**	**152148**	**264978**	**84750**
291075	**102699**	**21604**	**8053**	**6694**	**5151**	**3039**	**69256**	**51709**	**22870**
18843	3175	458	715	987	400	14	10206	1429	1459
28574	11048	502	783	980	511	31	11283	1766	1670
27572	4894	757	1078	1440	581	107	13787	2476	2452
21914	7686	1347	590	623	368	619	5508	3713	1460
28562	10017	1072	821	853	776	621	7211	4765	2426
41370	18083	1102	1027	752	1132	638	9483	5200	3953
7287	2061	897	216	84	82	61	1728	1560	598
15652	4274	2822	636	229	223	80	1606	4506	1276
51909	28486	4157	1020	216	558	527	3267	10536	3142
12187	2992	2476	310	73	136	26	976	3961	1237
12374	3525	2588	333	128	117	26	806	3882	969
16790	4844	2311	318	282	194	81	1830	5317	1613
8041	1614	1115	206	47	73	208	1565	2598	615
26242	**4180**	**2808**	**918**	**329**	**285**	**39**	**5724**	**8858**	**3101**
7430	821	426	155	87	29	3	2709	2240	960
8323	1023	684	361	88	101	8	1699	3261	1098
8814	1798	1276	341	148	143	24	1192	2959	933
1675	538	422	61	6	12	4	124	398	110
96916	**24192**	**15065**	**2186**	**1423**	**1033**	**260**	**17372**	**28739**	**6646**
14939	2093	854	462	343	184	80	6165	3488	1270
13650	2259	805	383	407	181	68	5181	3357	1009
17868	4695	2922	429	231	269	22	1722	6438	1140
11328	3436	2301	117	83	80	18	847	3765	681
13288	3530	2084	250	98	127	24	1725	4593	857
8466	3012	1907	118	93	73	4	548	2190	521
6786	2224	1290	184	59	41	9	354	2029	596

表5 续表 44

地区	16岁及以上人口	各种职业人口总计	国家机关、党群组织、企业、事业单位负责人	专业技术人员	办事人员和有关人员	商业、服务业人员	农、林、牧、渔、水利业生产人员	生产、运输设备操作人员及有关人员	不便分类的其他从业人员
陇县	20449	16681	61	737	306	883	12181	2513	
千阳县	9882	7406	47	275	140	675	5113	1152	4
麟游县	7761	5995	60	285	169	707	3652	1122	
凤县	8876	7338	63	387	234	1027	4282	1342	3
太白县	4246	3203	39	388	143	389	2064	179	1
咸阳市	**400768**	**266640**	**2285**	**16492**	**8715**	**35067**	**162602**	**41281**	**198**
秦都区	43077	23385	382	3136	1822	4911	7409	5654	71
杨陵区	16725	8002	137	1078	304	1836	3076	1501	70
渭城区	35149	17888	325	2752	1423	3829	5294	4251	14
三原县	33481	23552	190	1240	743	2377	15848	3152	2
泾阳县	38186	26270	189	1937	588	3445	16718	3387	6
乾县	39959	30145	69	822	341	1936	24141	2835	1
礼泉县	35810	26752	60	644	555	1626	22507	1359	1
永寿县	13156	9025	94	423	178	909	6492	927	2
彬县	26363	19728	223	850	524	2941	12223	2963	4
长武县	12330	8620	57	351	250	952	6189	818	3
旬邑县	19780	15131	58	522	285	2113	10399	1754	
淳化县	15150	12243	78	384	272	1511	8965	1032	1
武功县	30822	19264	175	949	610	2934	9891	4682	23
兴平市	40780	26635	248	1404	820	3747	13450	6966	
渭南市	**410866**	**288947**	**1392**	**12459**	**6695**	**29064**	**208992**	**30201**	**144**
临渭区	67626	46040	268	2997	1466	5639	31177	4457	36
华县	26612	18745	25	723	662	2436	12756	2143	
潼关县	12773	8997	34	495	465	1232	6090	681	
大荔县	54425	41271	150	1117	540	3712	32654	3081	17
合阳县	33926	24768	209	993	469	2240	17958	2887	12
澄城县	30961	20699	158	996	413	2507	14531	2086	8
蒲城县	58078	43248	196	1527	680	3869	33717	3255	4
白水县	21190	15127	68	570	517	1213	11640	1112	7
富平县	55794	38487	128	1218	563	2608	29869	4087	14
韩城市	31432	20327	116	1113	721	2213	11563	4555	46
华阴市	18049	11238	40	710	199	1395	7037	1857	
延安市	**177981**	**116943**	**859**	**8207**	**5700**	**15738**	**67945**	**18359**	**135**
宝塔区	36603	21073	92	3006	2181	4226	8246	3322	
延长县	11020	7454	76	426	213	726	4949	1063	1
延川县	13547	7870	48	566	312	1435	3813	1695	1
子长县	17632	10184	97	468	414	1434	4951	2742	78
安塞县	13665	9594	92	522	405	1605	4399	2568	3
志丹县	13132	8686	45	352	260	1007	5764	1258	
吴起县	12752	8862	70	459	307	1164	4750	2112	
甘泉县	6193	3757	59	298	213	503	1936	748	
富县	11126	8221	66	402	229	772	6321	431	
洛川县	17311	13645	62	725	314	1179	10893	471	1
宜川县	10435	7219	47	284	201	624	5688	324	51
黄龙县	4341	3200	77	170	131	162	2518	142	
黄陵县	10224	7178	28	529	520	901	3717	1483	
汉中市	**281577**	**205299**	**2112**	**10264**	**5815**	**21826**	**136754**	**28447**	**81**
汉台区	43379	26586	927	3013	1502	6093	10290	4751	10
南郑县	37039	27365	40	864	782	2259	20223	3176	21
城固县	36887	28866	321	1455	755	2693	20109	3529	4
洋县	32658	25356	91	720	544	1637	18807	3552	5
西乡县	26906	19657	76	701	440	2114	13350	2973	3
勉县	34933	25885	233	1540	460	2336	17032	4265	19
宁强县	25598	19251	92	574	354	1423	14243	2550	15
略阳县	17056	11971	169	615	504	1694	7131	1858	
镇巴县	19772	15267	72	487	282	1005	12084	1337	
留坝县	4319	3060	18	155	111	302	2239	231	4
佛坪县	3030	2035	73	140	81	270	1246	225	
榆林市	**267086**	**171509**	**3219**	**11237**	**6662**	**24012**	**97960**	**28285**	**134**
榆阳区	49533	31203	763	2954	1859	6861	12013	6750	3
神木县	36693	20967	619	2660	1167	4526	6133	5748	114
府谷县	22352	15129	283	1053	784	2550	5915	4542	2
横山县	24604	16322	265	509	297	1230	12282	1730	9
靖边县	26351	17374	706	959	496	2020	10697	2495	1
定边县	26824	19188	195	606	443	2051	13873	2020	

单位：人

各种未工作人口总计	在校学生	丧　失工作能力	毕业后未工作	因单位原因失去工作	因本人原因失去工作	承包土地被征用	离退休	料理家务	其　他
3768	1145	938	102	50	26	13	275	986	233
2476	594	646	59	33	21	2	175	839	107
1766	542	526	37	11	12	1	72	466	99
1538	397	542	7	5			248	300	39
1043	265	250	38	10	19	19	60	288	94
134128	**46276**	**20801**	**3241**	**1544**	**1401**	**675**	**17708**	**32809**	**9673**
19692	6939	1118	498	579	223	295	5460	2917	1663
8723	5517	603	98	19	67	97	549	1489	284
17261	5771	1132	430	317	218	31	4199	3580	1583
9929	2394	1958	220	159	104	39	1846	2476	733
11916	3461	2226	256	48	158	60	833	3871	1003
9814	4328	2387	233	59	39	2	369	1906	491
9058	3684	2053	193	43	45	71	473	1977	519
4131	1198	873	133	35	47	2	141	1479	223
6635	2468	1265	194	64	76	30	289	1863	386
3710	816	874	141	18	35	16	131	1434	245
4649	1535	1082	118	22	53	7	220	1225	387
2907	1219	898	87	12	24	7	158	344	158
11558	3545	2005	235	62	138	2	648	3990	933
14145	3401	2327	405	107	174	16	2392	4258	1065
121919	**33485**	**22102**	**3536**	**1567**	**1055**	**642**	**13774**	**32791**	**12967**
21586	5729	3083	533	346	228	311	3577	5375	2404
7867	1608	1092	274	128	88	32	1062	2439	1144
3776	1143	421	187	31	98	8	348	949	591
13154	3783	3414	334	339	74	8	1155	2845	1202
9158	3890	1743	182	40	41	9	578	2029	646
10262	3152	1734	332	148	101	41	867	3015	872
14830	4199	3495	341	82	117	27	1525	3990	1054
6063	1749	1130	172	53	34	39	576	1635	675
17307	4831	3494	375	138	143	42	1252	5268	1764
11105	2521	1728	411	89	92	106	1511	3419	1228
6811	880	768	395	173	39	19	1323	1827	1387
61038	**14830**	**10491**	**3813**	**597**	**3033**	**356**	**4268**	**20511**	**3139**
15530	3527	1364	786	268	1118	151	1889	5378	1049
3566	742	770	229	23	87	5	212	1486	12
5677	1548	744	288	20	94	26	238	2236	483
7448	1549	1205	388	40	145	3	271	3201	646
4071	1065	853	158	16	42	25	128	1497	287
4446	954	979	254	13	59	14	153	1650	370
3890	1035	867	730	2	106	13	186	780	171
2436	429	393	196	11	527	1	116	758	5
2905	759	809	202	41	67	15	200	812	
3666	1530	846	169	48	40	12	216	711	94
3216	974	750	90	34	600	29	182	557	
1141	233	369	47	24	9	3	136	298	22
3046	485	542	276	57	139	59	341	1147	
76278	**15229**	**20080**	**1997**	**1197**	**849**	**668**	**11465**	**19233**	**5560**
16793	4236	1868	424	461	384	149	4870	3280	1121
9674	2248	2345	298	166	80	152	1037	2361	987
8021	1525	2428	162	103	51	34	1487	1977	254
7302	1637	2485	165	86	38	13	777	1662	439
7249	1202	2222	156	64	76	40	588	2364	537
9048	1677	2521	285	158	64	218	1261	2109	755
6347	999	2246	163	45	63	30	414	1909	478
5085	735	1425	122	55	31	16	628	1716	357
4505	639	1775	177	39	36	14	278	1181	366
1259	200	463	18	2	16	2	71	320	167
995	131	302	27	18	10		54	354	99
95577	**22554**	**17755**	**4599**	**659**	**1353**	**255**	**4599**	**34718**	**9085**
18330	4936	2066	722	199	410	34	1788	6786	1389
15726	3305	1903	890	69	261	35	518	6623	2122
7223	2041	1440	337	30	117	19	248	2502	489
8282	2535	1935	435	32	75	4	167	2409	690
8977	2503	1462	640	56	125	29	302	3321	539
7636	2085	1749	255	48	80	28	321	2492	578

表5 续表 45

地区	16 岁及以上人口	各种职业人口总计	国家机关、党群组织、企业、事业单位负责人	专业技术人员	办事人员和有关人员	商业、服务业人员	农、林、牧、渔、水利业生产人员	生产、运输设备操作人员及有关人员	不便分类的其他从业人员
绥德县	22355	13057	143	649	354	1360	8953	1596	2
米脂县	11587	7337	71	422	340	518	5005	980	1
佳县	16120	11645	30	437	346	1009	9230	593	
吴堡县	5866	3445	58	304	176	354	2129	422	2
清涧县	10808	7181	28	322	157	652	5457	565	
子洲县	13993	8661	58	362	243	881	6273	844	
安康市	**223739**	**159652**	**1435**	**6717**	**4445**	**19500**	**98629**	**28879**	**47**
汉滨区	72655	49400	603	2825	1745	7658	27183	9362	24
汉阴县	21933	15649	175	620	410	2057	7875	4507	5
石泉县	14837	11136	43	458	388	2190	5598	2457	2
宁陕县	5989	4429	94	192	119	693	2670	661	
紫阳县	23528	16294	109	515	232	945	13144	1348	1
岚皋县	14584	10499	84	439	292	1496	6222	1966	
平利县	16495	11372	84	351	296	1415	6848	2378	
镇坪县	4661	3492	54	188	234	221	2381	414	
旬阳县	36163	27988	99	827	528	2113	20354	4052	15
白河县	12894	9393	90	302	201	712	6354	1734	
商洛市	**187652**	**138492**	**688**	**5560**	**2810**	**13565**	**99095**	**16730**	**44**
商州区	41698	32250	113	1643	945	4015	21659	3871	4
洛南县	38968	30843	67	1105	415	1933	24717	2593	13
丹凤县	23449	17023	45	357	291	2066	11650	2614	
商南县	17118	12403	149	603	268	1107	8783	1493	
山阳县	32089	22956	86	705	368	1549	17814	2434	
镇安县	21992	15622	160	753	218	1944	10353	2174	20
柞水县	12338	7395	68	394	305	951	4119	1551	7
甘肃省	**2077912**	**1414319**	**14101**	**78766**	**40331**	**138567**	**1012815**	**128948**	**791**
兰州市	**300109**	**173907**	**4881**	**22814**	**13919**	**46622**	**49226**	**36308**	**137**
城关区	106934	63397	3209	12007	7836	26063	984	13263	35
七里河区	45354	23979	480	3446	2311	7505	4142	6090	5
西固区	30493	16830	458	2522	1182	4387	1817	6423	41
安宁区	25009	9588	319	2086	1194	3196	289	2487	17
红古区	10529	6126	58	564	462	1140	2221	1671	10
永登县	33591	23908	176	1053	440	2404	15899	3915	21
皋兰县	10715	7314	57	352	217	382	5568	738	
榆中县	37484	22765	124	784	277	1545	18306	1721	8
嘉峪关市	**17963**	**10380**	**445**	**1171**	**635**	**2752**	**1033**	**4335**	**9**
市辖区	17963	10380	445	1171	635	2752	1033	4335	9
金昌市	**36822**	**22526**	**461**	**2475**	**809**	**3196**	**9877**	**5589**	**119**
金川区	17530	10318	290	1729	561	1875	2011	3832	20
永昌县	19292	12208	171	746	248	1321	7866	1757	99
白银市	**132866**	**87321**	**1236**	**4871**	**2288**	**7842**	**62452**	**8617**	**15**
白银区	22819	12505	160	1826	1075	2853	3311	3280	
平川区	15116	9005	160	956	392	1296	4692	1494	15
靖远县	34325	23354	247	690	225	742	20860	590	
会宁县	43409	30905	508	851	371	1864	25108	2203	
景泰县	17197	11552	161	548	225	1087	8481	1050	
天水市	**247510**	**161952**	**564**	**6636**	**2895**	**12181**	**126413**	**13221**	**42**
秦州区	48915	29584	191	2637	1252	3711	17594	4184	15
麦积区	41030	24777	127	1196	694	2265	17685	2805	5
清水县	20545	15382	32	536	226	536	13410	642	
秦安县	39646	27757	50	607	190	1309	24670	930	1
甘谷县	42494	27052	55	684	224	1982	21459	2630	18
武山县	33196	22125	68	503	160	1235	18766	1392	1
张家川回族自治县	21684	15275	41	473	149	1143	12829	638	2
武威市	**151058**	**105704**	**518**	**4772**	**1746**	**7248**	**85964**	**5303**	**153**
凉州区	80160	56263	277	3001	1088	4795	43826	3169	107
民勤县	23051	16506	101	674	255	623	14531	322	
古浪县	33311	22660	56	588	174	1076	19675	1090	1
天祝藏族自治县	14536	10275	84	509	229	754	7932	722	45
张掖市	**96404**	**72754**	**783**	**3793**	**1718**	**6327**	**55236**	**4886**	**11**
甘州区	41926	30337	479	1853	776	3200	21772	2250	7
肃南裕固族自治县	2580	2006	31	165	79	190	1424	114	3
民乐县	14687	12270	30	379	218	581	10514	548	
临泽县	11011	9050	64	453	182	490	7537	324	
高台县	13223	10583	53	483	248	980	8477	342	
山丹县	12977	8508	126	460	215	886	5512	1308	1

单位：人

各种未工作人口总计	在校学生	丧失工作能力	毕业后未工作	因单位原因失去工作	因本人原因失去工作	承包土地被征用	离退休	料理家务	其他
9298	1321	1933	441	104	95	77	426	3794	1107
4250	798	1035	166	27	23	4	214	1528	455
4475	1151	1487	217	29	49		186	1054	302
2421	404	324	138	7	33	10	89	966	450
3627	529	997	171	41	25	8	187	1351	318
5332	946	1424	187	17	60	7	153	1892	646
64087	**11636**	**17453**	**1851**	**515**	**782**	**255**	**5547**	**20168**	**5880**
23255	4370	5341	790	309	312	138	3053	6675	2267
6284	865	1607	149	41	99	18	423	2514	568
3701	803	1119	80	32	37	21	427	1063	119
1560	244	429	70	5	12	2	148	495	155
7234	995	2363	208	15	59	11	353	2415	815
4085	619	1332	93	27	58	13	196	1369	378
5123	610	1526	111	35	101	8	289	1930	513
1169	274	314	44	4	8		75	346	104
8175	2043	2328	244	28	62	23	381	2318	748
3501	813	1094	62	19	34	21	202	1043	213
49160	**11395**	**11094**	**1812**	**351**	**518**	**284**	**2435**	**15442**	**5829**
9448	2694	2143	292	99	84	17	881	2520	718
8125	2450	1691	322	72	94	35	362	2074	1025
6426	1272	1805	261	20	56	25	194	1893	900
4715	984	973	170	38	44	84	236	1612	574
9133	2189	1993	364	60	124	22	295	2990	1096
6370	1206	1499	184	28	41	43	296	2244	829
4943	600	990	219	34	75	58	171	2109	687
663593	**194788**	**133178**	**15803**	**11175**	**8012**	**2734**	**76044**	**162695**	**59164**
126202	**41787**	**8914**	**2574**	**3619**	**2231**	**743**	**34671**	**23803**	**7860**
43537	12079	986	370	1456	1074	230	17189	6757	3396
21375	5204	826	779	916	448	71	7022	4561	1548
13663	2515	646	543	513	281	71	5329	2851	914
15421	9855	297	244	294	109	235	2598	1471	318
4403	471	358	174	156	148	64	1083	1680	269
9683	2458	2144	215	138	100	18	751	3192	667
3401	820	921	92	33	13	4	263	1017	238
14719	8385	2736	157	113	58	50	436	2274	510
7583	**1146**	**363**	**193**	**159**	**99**	**2**	**2475**	**2621**	**525**
7583	1146	363	193	159	99	2	2475	2621	525
14296	**2113**	**1582**	**315**	**244**	**188**	**27**	**2939**	**4965**	**1923**
7212	803	361	189	174	151	15	2287	2466	766
7084	1310	1221	126	70	37	12	652	2499	1157
45545	**16505**	**8598**	**993**	**759**	**897**	**105**	**5591**	**9214**	**2883**
10314	1614	847	248	296	468	15	3707	2526	593
6111	1765	725	191	183	33	1	956	1790	467
10971	4473	2699	261	150	334	44	348	1948	714
12504	6690	3155	167	97	24	36	224	1683	428
5645	1963	1172	126	33	38	9	356	1267	681
85558	**24650**	**18901**	**2148**	**1430**	**918**	**321**	**6680**	**21432**	**9078**
19331	4943	2326	612	659	316	71	3621	4751	2032
16253	3587	2984	406	390	163	77	1903	4829	1914
5163	1369	1758	106	64	23	2	118	1424	299
11889	4327	3646	221	133	184	44	262	2479	593
15442	5454	3389	316	89	52	12	340	3358	2432
11071	3136	2610	338	57	119	93	343	3110	1265
6409	1834	2188	149	38	61	22	93	1481	543
45354	**16613**	**8643**	**1294**	**993**	**786**	**262**	**2883**	**10735**	**3145**
23897	8237	3901	846	735	669	232	2318	5246	1713
6545	2840	1425	115	143	41	7	260	1408	306
10651	4307	2252	210	56	31	10	114	2806	865
4261	1229	1065	123	59	45	13	191	1275	261
23650	**6345**	**4955**	**438**	**325**	**204**	**95**	**3039**	**6281**	**1968**
11589	3563	1657	218	235	134	68	1946	2779	989
574	97	212	9	4			50	154	48
2417	732	720	34	15	5		133	716	62
1961	443	627	39	25	16		211	439	161
2640	707	855	53	13	20	24	215	493	260
4469	803	884	85	33	29	3	484	1700	448

表5 续表 46

地区	16岁及以上人口	各种职业人口总计	国家机关、党群组织、企业、事业单位负责人	专业技术人员	办事人员和有关人员	商业、服务业人员	农、林、牧、渔、水利业生产人员	生产、运输设备操作人员及有关人员	不便分类的其他从业人员
平凉市	**167956**	**115841**	**771**	**5357**	**2551**	**8404**	**89536**	**9113**	**109**
崆峒区	40405	24526	204	1897	1033	3412	15546	2338	96
泾川县	21930	16742	62	489	240	1112	13872	964	3
灵台县	15529	11123	116	432	187	808	8911	669	
崇信县	8467	6144	41	240	182	470	4163	1045	3
华亭县	15692	10839	150	647	386	1153	6496	2000	7
庄浪县	30251	21648	99	739	255	612	18985	958	
静宁县	35682	24819	99	913	268	837	21563	1139	
酒泉市	**85402**	**61873**	**1044**	**4750**	**2090**	**8482**	**39189**	**6306**	**12**
肃州区	34577	23808	547	2090	968	3884	13622	2692	5
金塔县	12215	9608	64	341	153	576	8138	334	2
瓜州县	11132	8331	132	530	137	787	6019	726	
肃北蒙古族自治县	1236	938	27	107	53	90	303	358	
阿克塞哈萨克族自治县	682	472	23	60	70	76	90	153	
玉门市	10720	8022	43	571	243	986	5444	732	3
敦煌市	14840	10694	208	1051	466	2083	5573	1311	2
庆阳市	**173061**	**118393**	**656**	**5033**	**2433**	**8262**	**96321**	**5600**	**88**
西峰区	28702	17103	248	1680	886	2961	9521	1794	13
庆城县	21863	15055	83	683	284	974	11887	1137	7
环县	25001	18062	24	597	269	1230	15606	336	
华池县	10361	7620	68	226	236	372	6407	311	
合水县	11010	8120	34	235	141	412	7051	246	1
正宁县	13632	8671	48	375	198	572	7169	294	15
宁县	30372	19503	75	750	188	986	16624	853	27
镇原县	32120	24259	76	487	231	755	22056	629	25
定西市	**225477**	**166909**	**373**	**5125**	**2519**	**9266**	**140886**	**8702**	**38**
安定区	38060	26442	142	1390	883	1766	20238	2023	
通渭县	27237	19967	53	625	292	901	16924	1172	
陇西县	36892	25523	48	871	456	2820	18480	2845	3
渭源县	27291	20962	33	411	157	500	19452	403	6
临洮县	45949	34354	51	1115	315	2205	29139	1527	2
漳县	16175	12538	27	232	70	196	11745	268	
岷县	33873	27123	19	481	346	878	24908	464	27
陇南市	**215651**	**150292**	**986**	**4891**	**2659**	**6523**	**126384**	**8795**	**54**
武都区	45951	34074	304	1385	569	2048	27283	2456	29
成县	21474	15060	173	574	267	773	12164	1102	7
文县	18658	13094	75	380	296	491	11155	695	2
宕昌县	22801	16444	87	577	188	435	14371	773	13
康县	16946	13036	71	329	192	523	11073	848	
西和县	31144	17823	107	458	380	463	15701	713	1
礼县	37464	24747	40	565	334	1000	21563	1245	
徽县	16656	12887	92	430	316	637	10598	812	2
两当县	4557	3127	37	193	117	153	2476	151	
临夏回族自治州	**170354**	**126477**	**977**	**4367**	**2622**	**9381**	**99231**	**9898**	**1**
临夏市	21564	12969	350	1732	1366	3333	3479	2708	1
临夏县	29159	22925	108	325	100	1608	19031	1753	
康乐县	21474	17280	121	463	218	625	14612	1241	
永靖县	16421	12131	157	535	350	830	8921	1338	
广河县	17727	12831	111	326	129	988	10758	519	
和政县	18551	13473	52	371	192	1013	10629	1216	
东乡族自治县	25520	21321	62	212	124	404	20167	352	
积石山保安族东乡族撒拉族自治县	19938	13547	16	403	143	580	11634	771	
甘南藏族自治州	**57279**	**39990**	**406**	**2711**	**1447**	**2081**	**31067**	**2275**	**3**
合作市	7801	4400	109	713	406	632	2076	461	3
临潭县	11381	7726	56	196	99	221	6546	608	
卓尼县	8682	6779	36	336	287	102	5921	97	
舟曲县	10516	7581	56	338	211	325	6151	500	
迭部县	4262	2836	34	135	133	65	2414	55	
玛曲县	4519	3746	27	331	127	257	2836	168	
碌曲县	2636	1877	15	192	73	169	1349	79	
夏河县	7482	5045	73	470	111	310	3774	307	

单位：人

各种未工作人口总计	在校学生	丧失工作能力	毕业后未工作	因单位原因失去工作	因本人原因失去工作	承包土地被征用	离退休	料理家务	其他
52115	**17259**	**12499**	**1259**	**805**	**459**	**179**	**3462**	**12639**	**3554**
15879	3940	2266	489	466	198	145	2142	4451	1782
5188	1928	1522	116	45	21	10	229	1049	268
4406	1287	1235	83	28	43	11	160	1348	211
2323	731	457	90	15	13	1	78	783	155
4853	1275	793	154	108	75	6	449	1613	380
8603	3930	2797	96	47	52	1	146	1241	293
10863	4168	3429	231	96	57	5	258	2154	465
23529	**5522**	**3922**	**701**	**666**	**471**	**171**	**3547**	**6533**	**1996**
10769	2614	1325	273	457	339	118	2069	2961	613
2607	995	594	73	32	32	1	178	508	194
2801	558	803	60	20	21	1	137	833	368
298	36	53	14	4	1	2	26	94	68
210	7	35	17	1	3		31	97	19
2698	472	655	106	53	34	4	286	776	312
4146	840	457	158	99	41	45	820	1264	422
54668	**15983**	**13085**	**1529**	**862**	**514**	**232**	**2275**	**15733**	**4455**
11599	3628	1257	401	367	167	83	1077	3677	942
6808	1682	1470	251	58	71	16	251	2356	653
6939	2347	2185	92	27	31	13	126	1567	551
2741	728	851	98	36	30	8	87	611	292
2890	826	786	105	112	17	18	168	604	254
4961	1285	904	126	47	43	27	150	1946	433
10869	2758	2921	322	121	126	30	221	3330	1040
7861	2729	2711	134	94	29	37	195	1642	290
58568	**21017**	**16384**	**1035**	**586**	**455**	**275**	**3521**	**11477**	**3818**
11618	4139	2506	264	237	144	107	970	2469	782
7270	3142	2418	77	38	44	13	242	985	311
11369	4234	2457	184	72	82	77	1287	2368	608
6329	2224	2105	107	57	33	22	94	1085	602
11595	3854	3716	178	118	100	35	580	2264	750
3637	1526	1225	57	29	20	4	81	548	147
6750	1898	1957	168	35	32	17	267	1758	618
65359	**13896**	**16162**	**1905**	**502**	**428**	**193**	**2198**	**19047**	**11028**
11877	2925	3226	388	122	94	42	609	3389	1082
6414	1636	1631	207	66	60	7	310	1724	773
5564	1103	1253	213	75	36	7	237	1489	1151
6357	1052	1600	155	57	50	111	127	1810	1395
3910	659	1625	93	32	44	2	155	1039	261
13321	2717	2410	384	38	81	8	163	3775	3745
12717	2904	2750	294	40	34	10	282	4286	2117
3769	701	1115	121	59	20	4	243	1207	299
1430	199	552	50	13	9	2	72	328	205
43877	**7751**	**14279**	**1006**	**148**	**271**	**85**	**2224**	**13663**	**4450**
8595	1280	1252	315	83	106	48	1117	3359	1035
6234	1207	2769	122	10	49	5	154	1573	345
4194	917	1577	51	16	19	16	137	1079	382
4290	930	1300	114	16	33		482	1121	294
4896	662	1615	103	3	21	2	97	1646	747
5078	655	1756	117	12	14	3	123	1686	712
4199	1057	2121	38	1	6	3	29	773	171
6391	1043	1889	146	7	23	8	85	2426	764
17289	**4201**	**4891**	**413**	**77**	**91**	**44**	**539**	**4552**	**2481**
3401	1123	523	95	41	37	38	169	918	457
3655	812	1233	85	5	8	4	60	1029	419
1903	444	767	53	6	15		49	377	192
2935	744	808	89	6	15	1	90	799	383
1426	288	447	26	9	6	1	60	300	289
773	332	242	4		1		17	86	91
759	151	150	13	5	1		28	318	93
2437	307	721	48	5	8		66	725	557

表5 续表 47

地　区	16岁及以上人口	各种职业人口总计	国家机关、党群组织、企业、事业单位负责人	专业技术人员	办事人员和有关人员	商业、服务业人员	农、林、牧、渔、水利业生产人员	生产、运输设备操作人员及有关人员	不便分类的其他从业人员
青海省	**411514**	**290469**	**5281**	**21736**	**11385**	**39590**	**169810**	**42426**	**241**
西宁市	**172269**	**113170**	**3237**	**11001**	**6856**	**23812**	**43536**	**24615**	**113**
城东区	27623	14429	477	1797	1408	6301	123	4320	3
城中区	23702	13635	290	2288	2028	4747	541	3730	11
城西区	19638	11531	663	2842	1679	3675	59	2594	19
城北区	24856	14216	1309	1832	972	4054	775	5230	44
大通回族土族自治县	33420	25733	221	986	407	1922	18081	4096	20
湟中县	32681	26227	221	801	219	2276	19072	3629	9
湟源县	10349	7399	56	455	143	837	4885	1016	7
海东地区	**102443**	**75470**	**636**	**3605**	**1237**	**5536**	**58276**	**6129**	**51**
平安县	7649	5111	202	459	248	973	2297	932	
民和回族土族自治县	25875	18827	93	710	317	1217	14867	1623	
乐都县	19371	14024	92	697	203	1208	10374	1411	39
互助土族自治县	27132	22192	74	904	206	843	19240	925	
化隆回族自治县	13750	10079	145	456	163	805	7570	929	11
循化撒拉族自治县	8666	5237	30	379	100	490	3928	309	1
海北藏族自治州	**19360**	**15094**	**150**	**894**	**493**	**1181**	**11277**	**1095**	**4**
门源回族自治县	10074	8464	38	347	111	362	7081	524	1
祁连县	3486	2661	37	156	102	239	1918	209	
海晏县	2890	2006	38	240	243	350	903	229	3
刚察县	2910	1963	37	151	37	230	1375	133	
黄南藏族自治州	**17661**	**12680**	**124**	**796**	**287**	**958**	**9966**	**548**	**1**
同仁县	6795	4567	45	472	169	352	3272	256	1
尖扎县	3615	2609	32	143	37	215	2045	137	
泽库县	4232	3354	36	95	48	178	2904	93	
河南蒙古族自治县	3019	2150	11	86	33	213	1745	62	
海南藏族自治州	**31556**	**23987**	**187**	**1492**	**590**	**2041**	**17922**	**1738**	**17**
共和县	9020	6748	71	474	246	708	4637	595	17
同德县	4499	3312	13	252	51	223	2679	94	
贵德县	7771	5930	34	338	135	520	4212	691	
兴海县	5216	4037	46	212	75	355	3107	242	
贵南县	5050	3960	23	216	83	235	3287	116	
果洛藏族自治州	**12651**	**9883**	**149**	**967**	**291**	**768**	**7408**	**299**	**1**
玛沁县	3399	2536	63	259	98	329	1603	184	
班玛县	2072	1618	26	152	42	72	1294	32	
甘德县	2545	2136	16	212	24	110	1742	31	1
达日县	2051	1593	13	139	43	94	1276	28	
久治县	1738	1312	21	163	28	91	997	12	
玛多县	846	688	10	42	56	72	496	12	
玉树藏族自治州	**21831**	**15434**	**102**	**687**	**410**	**762**	**13034**	**438**	**1**
玉树县	5948	3670	14	265	202	304	2649	236	
杂多县	3280	2590	10	33	19	124	2379	25	
称多县	3771	2821	12	206	22	87	2367	127	
治多县	2039	1382	20	51	45	58	1202	5	1
囊谦县	5056	3588	24	73	82	109	3280	20	
曲麻莱县	1737	1383	22	59	40	80	1157	25	
海西蒙古族藏族自治州	**33743**	**24751**	**696**	**2294**	**1221**	**4532**	**8391**	**7564**	**53**
格尔木市	14435	9931	291	1088	551	2661	2063	3265	12
德令哈市	5761	4118	154	330	321	637	1417	1230	29
乌兰县	2949	2229	40	179	61	264	979	706	
都兰县	5419	4152	57	191	90	271	3123	419	1
天峻县	2511	1915	54	223	46	266	728	597	1
芒崖行委	1353	1230	39	162	70	258	24	670	7
柴旦行委	1079	957	42	89	64	138	57	567	
冷湖行委	236	219	19	32	18	37		110	3
宁夏回族自治区	**467146**	**327094**	**5495**	**25114**	**14558**	**51487**	**167050**	**63337**	**53**
银川市	**153950**	**100799**	**3381**	**12564**	**8722**	**25544**	**25785**	**24791**	**12**
兴庆区	53700	34351	2152	6079	4794	11456	2737	7129	4
西夏区	26132	13888	169	1995	842	3762	2990	4129	1
金凤区	21759	13736	516	2320	1878	4005	1670	3347	
永宁县	16045	11900	132	509	274	1334	7209	2440	2
贺兰县	16724	12237	171	677	409	1864	6326	2789	1
灵武市	19590	14687	241	984	525	3123	4853	4957	4
石嘴山市	**57142**	**37639**	**468**	**3140**	**1701**	**7439**	**12458**	**12426**	**7**
大武口区	22405	13078	98	1623	911	3761	878	5805	2
惠农区	14946	9549	158	808	454	1912	2170	4043	4
平罗县	19791	15012	212	709	336	1766	9410	2578	1

单位：人

各种未工作人口总计	在校学生	丧失工作能力	毕业后未工作	因单位原因失去工作	因本人原因失去工作	承包土地被征用	离退休	料理家务	其他
121045	**25532**	**19403**	**2796**	**1888**	**2040**	**602**	**19131**	**37192**	**12461**
59099	**13206**	**5203**	**1317**	**1334**	**1545**	**514**	**15892**	**16588**	**3500**
13194	2491	736	309	209	548	104	3973	4265	559
10067	1667	436	235	346	311	14	3765	2710	583
8107	1951	207	184	257	167	158	3057	1647	479
10640	2436	447	187	322	279	191	3484	2539	755
7687	1820	1379	223	103	137	4	1015	2492	514
6454	1992	1511	123	52	36	38	331	1999	372
2950	849	487	56	45	67	5	267	936	238
26973	**6125**	**6783**	**545**	**298**	**162**	**49**	**1503**	**8417**	**3091**
2538	551	376	53	55	30	10	329	918	216
7048	2040	2023	135	70	46	5	281	1938	510
5347	1228	1362	113	106	26	4	457	1472	579
4940	1447	1367	89	29	12	2	306	1324	364
3671	431	1078	57	33	29	3	63	1380	597
3429	428	577	98	5	19	25	67	1385	825
4266	**956**	**769**	**101**	**37**	**52**	**6**	**251**	**1817**	**277**
1610	419	395	37	5	21	1	102	558	72
825	198	170	23	14	15	2	52	289	62
884	212	79	23	14	12	3	64	407	70
947	127	125	18	4	4		33	563	73
4981	**980**	**1275**	**156**	**42**	**23**	**13**	**197**	**1416**	**879**
2228	475	525	83	30	17	5	126	643	324
1006	199	258	25	6	3	1	38	303	173
878	213	341	27	4	1	7	19	171	95
869	93	151	21	2	2		14	299	287
7569	**1501**	**1842**	**162**	**61**	**29**	**7**	**406**	**2542**	**1019**
2272	609	433	59	39	17	3	138	654	320
1187	230	277	20	3			43	359	255
1841	299	443	48	6	6	2	170	719	148
1179	173	262	16	3	3	1	17	480	224
1090	190	427	19	10	3	1	38	330	72
2768	**439**	**846**	**52**	**8**	**33**		**83**	**672**	**635**
863	158	171	15	4	23		35	227	230
454	63	196	7	4	3		18	103	60
409	85	185	10		3		7	80	39
458	52	152	11		3		10	75	155
426	58	97	7		1		11	126	126
158	23	45	2				2	61	25
6397	**769**	**1753**	**150**	**5**	**10**	**11**	**121**	**1774**	**1804**
2278	101	431	75	5	7	1	80	596	982
690	159	326	10		1	8	11	110	65
950	121	218	17				14	330	250
657	99	150	8				2	284	114
1468	197	538	36		2	2	9	367	317
354	92	90	4				5	87	76
8992	**1556**	**932**	**313**	**103**	**186**	**2**	**678**	**3966**	**1256**
4504	683	302	175	50	115		376	2160	643
1643	295	192	62	21	30	1	180	676	186
720	139	118	24	5	11		35	278	110
1267	284	249	34	12	6		48	476	158
596	107	65	8		13		17	247	139
123	30	2	2	4	9		12	53	11
122	18	4	5	10	2	1	8	67	7
17			3	1			2	9	2
140052	**34390**	**18607**	**3235**	**1750**	**2450**	**1264**	**26418**	**41205**	**10733**
53151	**13128**	**3558**	**1369**	**996**	**1269**	**893**	**14805**	**12802**	**4331**
19349	3175	626	552	511	483	428	7362	4603	1609
12244	6024	360	171	177	228	32	3405	1423	424
8023	1409	504	244	176	339	154	2142	2230	825
4145	1106	574	101	50	73	86	494	1156	505
4487	721	713	144	35	68	167	628	1494	517
4903	693	781	157	47	78	26	774	1896	451
19503	**2828**	**2046**	**442**	**238**	**388**	**108**	**5699**	**6265**	**1489**
9327	1372	535	202	89	192	13	2944	3233	747
5397	583	517	134	109	152	19	2055	1428	400
4779	873	994	106	40	44	76	700	1604	342

表5 续表 48

地　区	16岁及以上人口	各种职业人口总计	国家机关、党群组织、企业、事业单位负责人	专业技术人员	办事人员和有关人员	商业、服务业人员	农、林、牧、渔、水利业生产人员	生产、运输设备操作人员及有关人员	不便分类的其他从业人员
吴忠市	**90153**	**65761**	**707**	**3840**	**1804**	**8022**	**40034**	**11332**	**22**
利通区	28231	18870	319	1617	834	4173	7300	4611	16
红寺堡区	10256	7867	31	193	71	513	6312	747	
盐池县	10969	7914	104	584	203	960	4540	1521	2
同心县	21220	16541	92	508	171	721	13923	1126	
青铜峡市	19477	14569	161	938	525	1655	7959	3327	4
固原市	**89376**	**65655**	**521**	**3321**	**1117**	**5013**	**48964**	**6716**	**3**
原州区	29865	21138	219	1594	601	2724	12967	3032	1
西吉县	26340	20530	77	651	200	746	18019	835	2
隆德县	11947	8626	53	419	128	648	6153	1225	
泾源县	7037	4713	88	271	48	334	3282	690	
彭阳县	14187	10648	84	386	140	561	8543	934	
中卫市	**76525**	**57240**	**418**	**2249**	**1214**	**5469**	**39809**	**8072**	**9**
沙坡头区	27681	20514	203	1172	667	3003	10901	4566	2
中宁县	23351	17528	153	691	344	1609	12396	2335	
海原县	25493	19198	62	386	203	857	16512	1171	7
新疆维吾尔自治区	**1608023**	**1133002**	**19657**	**92055**	**46681**	**150622**	**690112**	**132171**	**1704**
乌鲁木齐市	**251144**	**146362**	**7372**	**24864**	**12418**	**53798**	**9133**	**38578**	**199**
天山区	55190	29109	1912	7328	3239	11223	212	5113	82
沙依巴克区	56150	31845	1984	5756	2748	14509	574	6252	22
新市区	60229	35333	1799	6316	3325	12702	402	10779	10
水磨沟区	32090	20449	993	2889	1806	8481	298	5966	16
头屯河区	13797	8309	207	648	336	1961	1206	3940	11
达坂城区	3289	2209	42	117	130	298	762	860	
米东区	24634	15114	390	1612	740	4172	3095	5048	57
乌鲁木齐县	5765	3994	45	198	94	452	2584	620	1
克拉玛依市	**32806**	**22423**	**643**	**3233**	**2707**	**5099**	**2317**	**8421**	**3**
独山子区	5778	3966	220	614	275	896	41	1917	3
克拉玛依区	21786	15100	286	2091	2230	3449	1883	5161	
白碱滩区	4375	2783	131	489	178	640	113	1232	
乌尔禾区	867	574	6	39	24	114	280	111	
吐鲁番地区	**44128**	**33700**	**551**	**2374**	**1113**	**3109**	**23063**	**3465**	**25**
吐鲁番市	19018	13957	297	1125	407	1356	9609	1160	3
鄯善县	16816	13460	206	852	406	1294	9019	1661	22
托克逊县	8294	6283	48	397	300	459	4435	644	
哈密地区	**44165**	**28500**	**691**	**3312**	**1824**	**4378**	**11488**	**6765**	**42**
哈密市	37261	23662	527	2924	1560	3947	8621	6041	42
巴里坤哈萨克自治县	5080	3354	126	257	179	268	2182	342	
伊吾县	1824	1484	38	131	85	163	685	382	
昌吉回族自治州	**108402**	**73288**	**1401**	**6531**	**3861**	**11757**	**37958**	**11732**	**48**
昌吉市	33226	20748	285	2740	2055	4879	6118	4671	
阜康市	11855	8051	369	747	448	1275	3045	2167	
呼图壁县	15162	10571	78	703	329	1329	6943	1153	36
玛纳斯县	18485	13237	171	940	389	1433	8773	1524	7
奇台县	16021	10932	287	753	260	1711	6829	1087	5
吉木萨尔县	8596	6283	137	390	205	787	3980	784	
木垒哈萨克自治县	5057	3466	74	258	175	343	2270	346	
博尔塔拉蒙古自治州	**33835**	**23822**	**510**	**2143**	**1051**	**2577**	**15746**	**1664**	**131**
博乐市	18709	12508	297	1401	627	1729	7130	1223	101
精河县	10115	7805	79	546	271	633	5934	312	30
温泉县	5011	3509	134	196	153	215	2682	129	
巴音郭楞蒙古自治州	**96267**	**68710**	**1831**	**7106**	**2933**	**10867**	**37616**	**8291**	**66**
库尔勒市	42092	27508	1187	4394	1558	7165	7875	5290	39
轮台县	8519	7368	153	479	263	659	5551	262	1
尉犁县	7190	5381	118	334	227	417	3987	298	
若羌县	2805	2186	64	165	151	236	1155	410	5
且末县	5001	3811	51	235	138	197	3032	154	4
焉耆回族自治县	8653	6417	45	472	172	922	4365	440	1
和静县	12691	9188	138	621	199	769	6355	1096	10
和硕县	5351	3912	47	233	119	328	2950	235	
博湖县	3965	2939	28	173	106	174	2346	106	6
阿克苏地区	**165630**	**131225**	**872**	**7414**	**3056**	**11477**	**97170**	**10489**	**747**
阿克苏市	37522	27632	286	2706	1044	5349	13679	4182	386
温宿县	16500	12712	96	639	157	636	10338	805	41
库车县	34248	28167	109	1473	569	2336	21339	2340	1

单位：人

各种未工作人口总计	在校学生	丧失工作能力	毕业后未工作	因单位原因失去工作	因本人原因失去工作	承包土地被征用	离退休	料理家务	其他
24392	**5812**	**4258**	**556**	**299**	**344**	**147**	**2959**	**8356**	**1661**
9361	1934	1240	215	201	165	121	1733	2942	810
2389	665	501	59	1	10		25	855	273
3055	442	773	75	16	85	2	178	1375	109
4679	1818	816	67	16	30	7	165	1621	139
4908	953	928	140	65	54	17	858	1563	330
23721	**7435**	**5166**	**438**	**87**	**207**	**64**	**1160**	**7628**	**1536**
8727	2670	1551	212	31	134	12	653	2852	612
5810	2332	1238	61	15	22	4	173	1722	243
3321	1095	788	47	24	15	27	171	968	186
2324	304	578	78	9	12	6	80	1031	226
3539	1034	1011	40	8	24	15	83	1055	269
19285	**5187**	**3579**	**430**	**130**	**242**	**52**	**1795**	**6154**	**1716**
7167	1417	1248	144	68	134	10	1042	2636	468
5823	1678	1090	103	29	55	11	629	1752	476
6295	2092	1241	183	33	53	31	124	1766	772
475021	**96232**	**42526**	**17884**	**7194**	**9632**	**1618**	**114698**	**141121**	**44116**
104782	**25450**	**3583**	**3392**	**3243**	**4226**	**230**	**33973**	**21715**	**8970**
26081	7082	608	1143	816	1227	42	8493	4436	2234
24305	5917	536	747	958	1113	72	8770	4556	1636
24896	6825	585	566	551	833	45	8277	4724	2490
11641	2023	371	427	534	593	45	3747	2942	959
5488	1273	187	164	164	191	3	2036	1171	299
1080	98	115	28	15	32	1	301	424	66
9520	2001	818	242	197	206	19	2256	2708	1073
1771	231	363	75	8	31	3	93	754	213
10383	**1530**	**162**	**497**	**121**	**367**	**3**	**5294**	**2007**	**402**
1812	355	21	31	5	92		893	329	86
6686	939	105	343	94	229	3	3593	1180	200
1592	202	26	110	21	45		682	422	84
293	34	10	13	1	1		126	76	32
10428	**1605**	**1487**	**348**	**110**	**133**	**23**	**1477**	**4386**	**859**
5061	652	693	181	59	55	9	866	2115	431
3356	563	548	96	33	66	11	421	1410	208
2011	390	246	71	18	12	3	190	861	220
15665	**2381**	**1258**	**574**	**290**	**261**	**54**	**4893**	**4685**	**1269**
13599	2097	895	496	281	245	54	4496	3907	1128
1726	207	311	60	9	13		303	699	124
340	77	52	18		3		94	79	17
35114	**7168**	**3709**	**944**	**474**	**639**	**105**	**9625**	**9161**	**3289**
12478	3467	682	281	247	250	59	3579	2745	1168
3804	528	300	114	65	100	8	1159	1246	284
4591	886	402	145	30	60	6	1602	1032	428
5248	793	718	144	63	137	10	1872	1297	214
5089	922	797	140	38	67	13	912	1506	694
2313	373	530	62	16	18	2	269	770	273
1591	199	280	58	15	7	7	232	565	228
10013	**1916**	**990**	**491**	**117**	**191**	**23**	**2598**	**2361**	**1326**
6201	1078	528	299	85	117	21	1619	1367	1087
2310	588	295	87	22	23	2	630	531	132
1502	250	167	105	10	51		349	463	107
27557	**5040**	**2132**	**1012**	**288**	**431**	**62**	**8363**	**6886**	**3343**
14584	2443	463	472	206	289	43	4807	3636	2225
1151	226	258	58	5	8	2	173	337	84
1809	386	271	96	14	39	1	500	398	104
619	129	51	36	2	6	2	154	194	45
1190	275	115	57	3	6	1	139	481	113
2236	394	321	85	27	37	3	570	529	270
3503	678	343	125	12	34	8	1192	843	268
1439	288	143	56	11	6	2	504	278	151
1026	221	167	27	8	6		324	190	83
34405	**5806**	**5299**	**1191**	**239**	**347**	**203**	**5832**	**11215**	**4273**
9890	1664	646	402	95	116	51	2932	2761	1223
3788	495	718	127	20	41	2	648	1336	401
6081	1043	1159	125	36	51	2	833	2189	643

表5 续表 49

地区	16岁及以上人口	各种职业人口总计	国家机关、党群组织、企业、事业单位负责人	专业技术人员	办事人员和有关人员	商业、服务业人员	农、林、牧、渔、水利业生产人员	生产、运输设备操作人员及有关人员	不便分类的其他从业人员
沙雅县	16748	14344	110	572	315	800	11767	480	300
新和县	12207	10203	81	421	178	639	8268	614	2
拜城县	15677	12427	92	493	315	723	9811	993	
乌什县	13303	9610	50	335	155	302	8451	300	17
阿瓦提县	16399	13888	8	544	263	557	11821	695	
柯坪县	3026	2242	40	231	60	135	1696	80	
克孜勒苏柯尔克孜自治州	**37367**	**27233**	**343**	**2001**	**1012**	**1344**	**21131**	**1402**	
阿图什市	17146	12286	113	1164	502	798	9001	708	
阿克陶县	13411	11412	161	480	228	266	10104	173	
阿合奇县	3407	946	32	200	95	83	210	326	
乌恰县	3403	2589	37	157	187	197	1816	195	
喀什地区	**281115**	**219163**	**1100**	**8932**	**3821**	**10477**	**184543**	**10051**	**239**
喀什市	38764	20410	502	2772	1027	4357	6594	5144	14
疏附县	22000	18092	12	546	183	432	16595	324	
疏勒县	22987	19762	108	514	100	478	18179	383	
英吉沙县	17946	15287	21	341	215	336	14127	247	
泽普县	14557	12194	68	684	378	657	9815	584	8
莎车县	51597	38581	154	1227	608	1293	34382	917	
叶城县	31243	25672	82	719	237	1147	22425	1052	10
麦盖提县	17344	14378	25	544	288	536	12494	288	203
岳普湖县	11176	9706	18	350	240	199	8739	156	4
伽师县	26355	23208	28	542	227	208	21840	363	
巴楚县	24394	20440	63	545	270	769	18229	564	
塔什库尔干塔吉克自治县	2752	1433	19	148	48	65	1124	29	
和田地区	**143778**	**119833**	**504**	**4022**	**2023**	**5472**	**103315**	**4493**	**4**
和田市	22720	15589	102	1269	913	2085	9676	1542	2
和田县	19195	17943	4	98	34	149	17345	313	
墨玉县	34347	30260	94	695	173	496	28302	498	2
皮山县	19015	15158	100	520	185	732	13214	407	
洛浦县	17116	15055	40	468	262	662	13102	521	
策勒县	10491	8971	89	344	107	378	7709	344	
于田县	18355	15328	33	458	269	790	13156	622	
民丰县	2539	1529	42	170	80	180	811	246	
伊犁哈萨克自治州	**180340**	**116567**	**1184**	**8904**	**5154**	**14832**	**75924**	**10467**	**102**
伊宁市	39490	19406	436	3271	2187	5788	4167	3464	93
奎屯市	12759	7764	262	1350	735	2303	1296	1815	3
伊宁县	25704	19070	24	701	383	802	16444	715	1
察布查尔锡伯自治县	12913	9071	33	373	275	746	7223	419	2
霍城县	25310	18433	133	886	389	1686	14058	1280	1
巩留县	11213	8793	23	360	229	585	7237	359	
新源县	21047	14899	109	729	346	1452	10863	1400	
昭苏县	10974	5998	59	365	178	344	4773	279	
特克斯县	9983	6795	64	477	210	547	5133	363	1
尼勒克县	10947	6338	41	392	222	579	4730	373	1
塔城地区	**85354**	**57062**	**1079**	**4445**	**2275**	**6164**	**37365**	**5725**	**9**
塔城市	10815	6788	189	826	451	995	3661	660	6
乌苏市	21521	15747	196	1063	435	1403	11415	1235	
额敏县	12796	8067	170	649	418	1079	5045	704	2
沙湾县	25743	18412	312	1034	465	1626	13258	1716	1
托里县	6199	2900	45	401	146	497	1324	487	
裕民县	3611	2352	57	166	149	206	1581	193	
和布克赛尔蒙古自治县	4669	2796	110	306	211	358	1081	730	
阿勒泰地区	**43578**	**28308**	**512**	**2968**	**1590**	**3155**	**17473**	**2571**	**39**
阿勒泰市	14270	9146	173	1204	712	1238	4686	1129	4
布尔津县	4771	3356	56	280	139	273	2449	150	9
富蕴县	6523	3786	43	392	139	399	2393	420	
福海县	6128	4313	75	307	196	445	2972	312	6
哈巴河县	5522	3966	41	322	174	333	2813	283	
青河县	3846	2262	59	240	82	319	1416	126	20
吉木乃县	2518	1479	65	223	148	148	744	151	
自治区直辖县级行政区划	**60114**	**36806**	**1064**	**3806**	**1843**	**6116**	**15870**	**8057**	**50**
石河子市	31506	17224	671	2427	1147	4350	2673	5954	2
阿拉尔市	12324	8388	216	653	174	673	5952	684	36
图木舒克市	9091	6906	34	262	284	270	5840	204	12
五家渠市	7193	4288	143	464	238	823	1405	1215	

单位：人

各种未工作人口总计	在校学生	丧失工作能力	毕业后未工作	因单位原因失去工作	因本人原因失去工作	承包土地被征用	离退休	料理家务	其他
2404	620	643	101	16	27	6	236	631	124
2004	275	430	62	18	14	4	240	778	183
3250	716	774	157	34	27	2	291	1016	233
3693	345	478	97	7	49	133	207	1266	1111
2511	542	302	101	12	22	3	358	843	328
784	106	149	19	1			87	395	27
10134	**2252**	**885**	**515**	**90**	**92**	**14**	**1013**	**4309**	**964**
4860	1346	493	252	56	74	2	497	1839	301
1999	601	256	122	11	4	2	231	581	191
2461	130	27	95	4	2	10	152	1665	376
814	175	109	46	19	12		133	224	96
61952	**13186**	**7551**	**2490**	**340**	**598**	**452**	**5340**	**25295**	**6700**
18354	3920	1132	667	99	138	26	2335	7838	2199
3908	1056	686	138	18	18	2	224	1608	158
3225	932	566	112	14	63	6	344	1063	125
2659	560	626	102	18	10	10	165	938	230
2363	827	219	136	15	36	4	300	570	256
13016	1590	976	556	79	106	345	364	6834	2166
5571	1238	1330	251	25	38	5	356	2050	278
2966	875	473	116	14	20	11	414	753	290
1470	452	273	54	19	1	3	228	353	87
3147	780	431	93	8	28	9	222	1176	400
3954	775	677	226	30	137	31	295	1423	360
1319	181	162	39	1	3		93	689	151
23945	**5437**	**4130**	**828**	**191**	**116**	**46**	**2119**	**8983**	**2095**
7131	1214	634	347	122	83	18	755	3037	921
1252	403	578	4	1			42	204	20
4087	1444	641	119	22	5	4	217	1150	485
3857	802	722	89	17	9	5	463	1599	151
2061	406	502	59	7	5	1	189	697	195
1520	281	441	68	8	4	2	157	486	73
3027	767	493	102	11	7	4	192	1242	209
1010	120	119	40	3	3	12	104	568	41
63773	**10756**	**5710**	**2822**	**554**	**714**	**266**	**12441**	**23180**	**7330**
20084	3110	1075	1000	280	304	160	3636	6616	3903
4995	679	173	99	94	195	1	2620	876	258
6634	1228	1078	115	15	13	18	699	3118	350
3842	797	360	150	20	29	28	803	1231	424
6877	1060	1025	190	29	64	3	1640	2242	624
2420	655	376	67	10	16	3	401	651	241
6148	1206	764	269	40	34	9	1230	2240	356
4976	758	169	603	17	11	23	666	2326	403
3188	553	266	136	20	17		330	1621	245
4609	710	424	193	29	31	21	416	2259	526
28292	**4138**	**2862**	**1252**	**276**	**479**	**66**	**8914**	**8475**	**1830**
4027	556	427	180	46	61	6	1243	1047	461
5774	1089	660	166	81	136	25	2227	1286	104
4729	578	380	225	58	85	21	1439	1431	512
7331	1178	836	184	46	103	4	2995	1629	356
3299	336	246	179	10	26		375	1894	233
1259	173	126	75	10	17	2	269	503	84
1873	228	187	243	25	51	8	366	685	80
15270	**2658**	**1837**	**873**	**285**	**385**	**25**	**3151**	**5508**	**548**
5124	1011	481	234	123	235	1	1595	1342	102
1415	295	171	74	38	35	2	206	469	125
2737	418	326	183	44	30		290	1380	66
1815	329	211	145	22	21	15	476	449	147
1556	289	299	66	12	45	4	225	586	30
1584	209	228	106	27	2	2	182	813	15
1039	107	121	65	19	17	1	177	469	63
23308	**6909**	**931**	**655**	**576**	**653**	**46**	**9665**	**2955**	**918**
14282	3748	394	344	489	515	35	6576	1857	324
3936	1758	196	171	14	62		1115	343	277
2185	644	240	95	4	25	9	490	481	197
2905	759	101	45	69	51	2	1484	274	120

长表数据

表6 各行业门类人口及三次产业人口比重

表6　各行业门类人口及

地　区	16岁及以上人口总　计	各种行业人口总计	农　林牧渔业	采矿业	制造业	电力、燃气及水的生产和供应业	建筑业	仓储和邮政业	交通运输、计算机服务和 软件业	信息传输、批发和零售业	住宿和餐饮业
北京市	**1672749**	**977387**	**53312**	**3330**	**152617**	**9320**	**65813**	**61509**	**39806**	**194595**	**57901**
市辖区	**1604550**	**936068**	**41263**	**2829**	**147265**	**8945**	**62932**	**58063**	**39510**	**190911**	**56233**
东城区	49226	22605	17	66	1817	274	712	1318	973	3659	2515
西城区	57730	31753	34	49	1901	287	1028	1296	1525	5647	3521
崇文区	31554	14227	9	35	1306	192	444	1056	631	2869	985
宣武区	48998	25854	14	31	2049	541	822	1599	1335	4970	2287
朝阳区	307622	184723	516	285	20121	1688	15350	11167	8355	43973	12292
丰台区	180042	105696	485	30	13221	1139	6022	7708	3643	30222	5769
石景山区	52890	29043	77	309	4918	687	2135	1768	1375	5261	1388
海淀区	272407	154628	1208	301	11732	1055	7455	5078	11615	35235	12818
门头沟区	25523	11665	396	647	1575	189	707	1314	230	1749	545
房山区	78742	42099	3707	776	7628	613	4335	4185	554	6267	1782
通州区	107119	65310	6730	19	19378	473	4217	4045	1575	11219	1867
顺义区	76941	49050	4348	41	14247	405	4715	5392	511	6118	2072
昌平区	137553	82902	2721	152	14143	505	6070	4021	5835	18828	4316
大兴区	111090	73983	11095	54	24495	511	5136	4508	1011	10459	2169
怀柔区	31185	19499	2467	14	4424	210	2008	1485	159	2341	1220
平谷区	35928	23031	7439	20	4310	176	1776	2123	183	2094	687
县	**68199**	**41319**	**12049**	**501**	**5352**	**375**	**2881**	**3446**	**296**	**3684**	**1668**
密云县	40520	25071	7306	490	4168	220	2003	2023	167	2315	970
延庆县	27679	16248	4743	11	1184	155	878	1423	129	1369	698
天津市	**992504**	**550787**	**112500**	**7692**	**148549**	**7104**	**49434**	**40218**	**5518**	**56293**	**16454**
市辖区	**846109**	**453050**	**62235**	**7500**	**131439**	**6378**	**43340**	**34804**	**5151**	**50412**	**14772**
和平区	20358	9128	23	30	1622	196	1055	474	202	1169	706
河东区	72923	31056	102	171	9317	1262	1490	2685	651	4182	958
河西区	70692	30696	109	108	7622	566	1360	2023	615	4625	1440
南开区	80863	32538	160	175	8492	747	1311	1754	1157	4410	1248
河北区	59814	28228	246	83	7929	699	1332	2730	581	5236	1432
红桥区	44890	19145	116	73	5620	350	946	1240	365	4091	958
东丽区	50022	28101	1118	174	10504	215	4200	3466	148	3412	968
西青区	59278	30421	1711	45	13809	201	2222	1402	310	2554	801
津南区	44239	25974	691	86	9556	220	5587	2225	130	2793	677
北辰区	56303	26785	3535	51	10451	171	671	2760	189	3233	881
武清区	72680	52730	27125	109	12525	277	2732	1761	107	2885	680
宝坻区	61950	45086	23062	36	11412	152	2960	972	71	1891	417
滨海新区	152097	93162	4237	6359	22580	1322	17474	11312	625	9931	3606
市辖县	**146395**	**97737**	**50265**	**192**	**17110**	**726**	**6094**	**5414**	**367**	**5881**	**1682**
宁河县	31540	20912	13044	17	2640	110	1047	843	54	986	257
静海县	50940	31478	13801	29	8880	179	793	1216	193	2179	634
蓟县	63915	45347	23420	146	5590	437	4254	3355	120	2716	791
河北省	**5759327**	**4004477**	**2E+06**	**52704**	**510753**	**26590**	**195871**	**131610**	**15151**	**263577**	**62431**
石家庄市	**822077**	**561374**	**286124**	**2213**	**87844**	**4404**	**27829**	**21680**	**3898**	**50442**	**9781**
长安区	39692	23149	920	23	6742	316	2076	1112	432	5165	808
桥东区	31261	17737	351	43	3482	294	555	1284	501	4986	769
桥西区	49404	25641	76	18	3523	568	1177	1613	561	6621	1097
新华区	48432	27793	584	30	5562	640	1344	2261	561	7087	1125
井陉矿区	7673	3973	113	676	1610	50	163	215	27	293	116
裕华区	52012	26816	944	44	6050	776	2730	1428	722	4700	772
井陉县	24795	16964	8990	488	2691	148	731	1015	65	1081	367
正定县	38532	25417	11121	34	5267	128	2080	1580	101	2087	548
栾城县	29357	20547	8033	1	5313	163	1845	875	84	1780	343
行唐县	31483	25900	22028	43	609	39	495	328	45	918	154
灵寿县	26010	18780	14991	82	1334	50	222	298	50	537	212
高邑县	15157	10728	4753	17	3069	35	497	583	26	734	161
深泽县	19331	14487	8235	60	2807	33	1156	381	21	790	88
赞皇县	20104	16040	13780	21	394	26	271	289	23	379	125
无极县	39523	29159	19888	6	4055	80	1496	480	24	1186	430
平山县	34281	26542	19187	194	2078	195	732	588	74	1000	519
元氏县	33543	24494	18143	16	2004	60	795	1276	41	770	183
赵县	46433	35742	27132	4	3044	87	1401	727	52	1183	190
辛集市	51736	39820	28473	184	5673	107	698	579	91	1541	292
藁城市	64348	46619	29865	22	6910	200	2950	1637	188	2181	492
晋州市	45319	33741	19232	81	8656	97	1061	845	48	1841	232
新乐市	37724	28153	20683	15	2517	60	1123	813	39	1129	220
鹿泉市	35927	23132	8602	111	4454	252	2231	1473	122	2453	538

三次产业人口比重(长表数据)

金融业	房地产业	租赁和商务服务业	科学研究、技术服务和地质勘察业	水利、环境和公共设施管理业	居民服务和其他服务业	教育	卫生、社会保障和社会福利业	文化、体育和娱乐业	公共管理和社会组织	国际组织	三次产业人口占行业人口比重(%) 第一产业	第二产业	第三产业
26898	**34711**	**49023**	**30488**	**12292**	**29794**	**45991**	**25288**	**27454**	**57014**	**231**	**5.45**	**23.64**	**70.90**
26398	**34184**	**48299**	**30220**	**10566**	**29038**	**44390**	**24412**	**27223**	**53156**	**231**	**4.41**	**23.71**	**71.88**
1084	1154	1889	774	304	675	950	959	1256	2196	13	0.08	12.69	87.23
1984	1352	2692	1751	327	1140	1680	1275	1581	2675	8	0.11	10.28	89.61
918	670	1006	336	219	411	569	569	756	1238	8	0.06	13.90	86.04
1482	1195	1908	1197	283	871	1043	986	1268	1964	9	0.05	13.32	86.63
6023	9022	12808	5798	2157	7209	7155	4222	7455	9015	112	0.28	20.27	79.45
3507	4048	5333	3989	1504	3169	3747	3214	3184	5744	18	0.46	19.31	80.23
919	1106	1576	1171	327	883	1508	1088	1107	1436	4	0.27	27.71	72.02
4914	6173	9214	10404	1658	5072	13011	4508	5159	7985	33	0.78	13.29	85.93
242	387	380	128	147	225	637	429	161	1577		3.39	26.73	69.88
589	969	1266	692	293	1206	1820	1249	445	3723		8.81	31.72	59.48
1193	1973	2832	585	563	1719	2110	1116	1380	2306	10	10.30	36.88	52.81
550	1347	1172	370	480	1652	1624	895	528	2581	2	8.86	39.57	51.57
1622	3130	3682	2160	989	2265	4505	1808	1737	4403	10	3.28	25.17	71.54
845	1251	2033	648	773	1639	2416	1241	912	2783	4	15.00	40.81	44.19
260	267	329	127	281	463	798	412	218	2016		12.65	34.14	53.21
266	140	179	90	261	439	817	441	76	1514		32.30	27.28	40.42
500	**527**	**724**	**268**	**1726**	**756**	**1601**	**876**	**231**	**3858**		**29.16**	**22.05**	**48.79**
274	363	505	152	370	553	835	482	101	1774		29.14	27.45	43.41
226	164	219	116	1356	203	766	394	130	2084		29.19	13.71	57.10
9660	**8457**	**6151**	**4687**	**5449**	**14273**	**19380**	**10942**	**4237**	**23778**	**11**	**20.43**	**38.63**	**40.94**
8883	**8258**	**5873**	**4525**	**4993**	**12668**	**17077**	**9830**	**4032**	**20869**	**11**	**13.74**	**41.64**	**44.62**
429	298	209	187	206	363	608	506	228	615	2	0.25	31.80	67.94
1079	897	570	660	672	919	1809	1240	476	1914	2	0.33	39.41	60.26
1460	1047	876	684	707	1128	1941	1315	709	2360	1	0.36	31.46	68.19
1553	1091	720	783	630	951	2973	1632	725	2022	4	0.49	32.96	66.55
791	788	414	339	477	1617	1213	898	342	1080	1	0.87	35.58	63.55
550	543	403	275	271	637	914	574	239	980		0.61	36.51	62.89
251	310	330	122	229	826	609	260	180	778	1	3.98	53.71	42.31
422	431	352	190	387	973	1057	379	233	2942		5.62	53.51	40.87
262	245	227	89	201	752	661	265	76	1231		2.66	59.48	37.86
372	410	273	299	183	830	848	486	149	993		13.20	42.35	44.45
279	284	175	34	122	464	1138	569	107	1357		51.44	29.67	18.89
223	140	109	31	91	482	1036	302	60	1639		51.15	32.29	16.56
1212	1774	1215	832	817	2726	2270	1404	508	2958		4.55	51.24	44.21
777	**199**	**278**	**162**	**456**	**1605**	**2303**	**1112**	**205**	**2909**		**51.43**	**24.68**	**23.89**
126	33	34	25	67	290	525	234	40	540		62.38	18.24	19.39
330	42	109	82	99	420	734	383	77	1298		43.84	31.39	24.77
321	124	135	55	290	895	1044	495	88	1071		51.65	22.99	25.36
25204	**13263**	**14179**	**8600**	**9225**	**48544**	**81016**	**44106**	**9683**	**101488**	**3**	**59.70**	**19.63**	**20.68**
5630	**3686**	**3315**	**2989**	**1759**	**8022**	**13719**	**7674**	**2666**	**17699**		**50.97**	**21.78**	**27.25**
455	553	486	380	148	500	952	621	411	1049		3.97	39.56	56.47
689	457	337	240	222	529	909	586	237	1266		1.98	24.66	73.36
1215	705	693	919	213	670	1754	947	408	2863		0.30	20.62	79.09
805	581	492	557	261	781	1588	1033	356	2145		2.10	27.26	70.64
46	11	23	10	20	115	124	101	18	242		2.84	62.90	34.26
670	837	554	618	327	741	1837	813	655	1598		3.52	35.80	60.68
123	11	50	17	18	249	287	181	20	432		52.99	23.92	23.08
131	83	157	21	42	551	530	386	50	520		43.75	29.54	26.70
102	100	78	24	34	501	433	221	48	569		39.10	35.64	25.27
62	2	33	1	15	183	397	143	17	388		85.05	4.58	10.37
58	6	19	9	25	147	244	151	27	318		79.82	8.99	11.19
57	12	5	2	24	175	218	83	5	272		44.30	33.72	21.97
64	4	18	4	66	207	186	82	26	259		56.84	28.00	15.16
30	5	12	3	4	92	189	87	5	305		85.91	4.44	9.65
109	1	13	7	5	189	369	204	37	580		68.21	19.33	12.46
99	38	45	11	45	294	383	250	85	725		72.29	12.05	15.66
69	8	19	2	9	192	352	157	11	387		74.07	11.74	14.19
101	20	21	7	6	207	575	294	12	679		75.91	12.69	11.40
152	34	58	14	46	297	490	318	37	736		71.50	16.73	11.77
188	36	12	24	22	363	545	302	62	620		64.06	21.63	14.31
113	12	28	30	26	351	365	184	28	511		57.00	29.33	13.67
95	12	39	33	14	253	416	221	17	454		73.47	13.20	13.34
197	158	123	56	167	435	576	309	94	781		37.19	30.47	32.34

表6 续表 1

地 区	16岁及以上人口总 计	各种行业人口总计	农 林 牧渔业	采矿业	制造业	电力、燃气及水的生产和供应业	建筑业	仓储和邮政业	交通运输、计算机服务和 软件业	信息传输、批发和零售业	住宿和餐饮业
唐山市	**627707**	**402123**	**195625**	**15098**	**66537**	**3943**	**20007**	**19794**	**1422**	**30163**	**6549**
路南区	26800	14776	3251	825	2533	251	914	1032	99	2774	441
路北区	63907	30297	1307	1977	8240	1433	1095	2034	447	4599	933
古冶区	31280	13546	1762	3679	3120	282	323	964	41	959	252
开平区	22251	11066	878	930	4210	210	503	958	54	1389	273
丰南区	49369	32633	16523	682	8298	179	964	1171	96	1658	401
丰润区	74967	50126	22246	679	9726	359	4095	2842	182	4212	969
滦县	45736	32202	18778	998	3073	96	2422	1778	56	2305	377
滦南县	47942	35785	28388	69	2717	99	403	781	37	1268	177
乐亭县	43697	33859	26779	296	1478	119	502	966	58	1256	275
迁西县	30937	19608	11162	1424	1868	179	947	695	43	1001	318
玉田县	56481	39623	22709	231	7463	167	1439	1739	92	2475	518
唐海县	16052	10771	3212	171	1779	155	1481	976	58	887	357
遵化市	60234	43279	27374	1080	3026	153	2312	2131	79	2880	675
迁安市	58054	34552	11256	2057	9006	261	2607	1727	80	2500	583
秦皇岛市	**248570**	**162750**	**93215**	**1980**	**15220**	**1566**	**8306**	**8298**	**719**	**11428**	**3603**
海港区	65106	32117	1498	204	5972	1086	2391	4471	384	5981	1426
山海关区	14673	7533	1304	15	2786	91	421	858	45	720	207
北戴河区	7499	3459	303	5	332	60	494	228	52	499	322
青龙满族自治县	40116	28662	20946	1228	706	96	1616	594	72	1003	680
昌黎县	46355	34575	26791	34	2118	84	868	815	48	1372	287
抚宁县	43586	32173	22743	317	2478	80	1641	930	88	1191	469
卢龙县	31235	24231	19630	177	828	69	875	402	30	662	212
邯郸市	**696087**	**500435**	**339365**	**10587**	**47754**	**3093**	**21342**	**12696**	**1314**	**25601**	**5433**
邯山区	31209	15642	831	381	3446	464	697	1115	224	3618	447
丛台区	27271	14820	106	234	3290	736	884	798	306	3224	522
复兴区	14985	7863	53	95	3575	122	697	690	59	1149	264
峰峰矿区	39252	18874	3410	4183	4318	283	619	949	91	1649	657
邯郸县	36347	23720	12855	533	2494	211	1663	1106	92	2067	318
临漳县	45603	35464	29646	24	610	139	2548	359	21	842	123
成安县	27844	21748	17416	13	929	57	1167	335	28	611	117
大名县	56290	47486	42984	36	853	41	1144	196	48	903	236
涉县	32775	23423	14629	348	2334	212	1364	909	83	1247	493
磁县	53216	34432	17888	1706	4812	157	3795	1396	57	1835	485
肥乡县	26419	22324	20132	5	205	21	268	995	21	115	74
永年县	68949	51648	33525	60	9351	97	2184	1534	67	2157	512
邱县	16900	14042	12283		316	28	163	59	12	480	89
鸡泽县	20802	16423	14353	7	835	49	331	101	19	221	34
广平县	21658	17660	15211	4	630	59	468	128	26	315	42
馆陶县	22284	18432	15504	5	663	27	515	242	29	556	108
魏县	59079	46479	39901	11	1260	43	1551	402	24	1894	287
曲周县	32245	27123	25453	6	344	32	181	51	16	273	66
武安市	62959	42832	23185	2936	7489	315	1103	1331	91	2445	559
邢台市	**560084**	**425047**	**304590**	**5238**	**44105**	**1924**	**11864**	**8388**	**977**	**19204**	**4056**
桥东区	21968	11125	547	117	2188	326	577	796	134	2722	580
桥西区	30861	15986	950	2094	3132	600	657	646	223	1947	463
邢台县	37506	28607	17838	470	4749	80	1000	902	60	1575	429
临城县	16289	12074	10086	222	292	46	155	270	17	272	108
内邱县	21182	16779	13828	256	790	57	346	251	37	362	179
柏乡县	14875	11350	7255	4	1778	41	697	404	16	443	86
隆尧县	39598	32898	29195	95	1876	26	434	377	14	421	62
任县	25937	18958	13328	20	2830	17	866	301	9	709	137
南和县	25834	17422	10288	24	3586	79	974	833	34	633	150
宁晋县	60407	45705	29450	11	9339	113	2193	750	77	1664	273
巨鹿县	28797	24096	21053	10	779	38	195	158	31	949	166
新河县	13439	11409	9766	3	402	31	99	43	26	331	68
广宗县	21621	18747	17573	6	222	26	147	82	16	166	39
平乡县	24007	18379	14047	2	2596	35	82	137	55	585	63
威县	42953	37418	34754	22	452	75	314	115	43	458	145
清河县	30554	23828	17498	17	1860	64	667	299	49	1863	170
临西县	25924	22622	19216	4	1269	24	340	229	21	694	170
南宫市	39338	32296	25876	7	2059	63	651	301	83	1589	318
沙河市	38994	25348	12042	1854	3906	183	1470	1494	32	1821	450

金融业	房地产业	租赁和商务服务业	科学研究、技术服务和地质勘察业	水利、环境和公共设施管理业	居民服务和其他服务业	教育	卫生、社会保障和社会福利业	文化、体育和娱乐业	公共管理和社会组织	国际组织	三次产业人口占行业人口比重(%) 第一产业	第二产业	第三产业
2962	**1226**	**2104**	**562**	**1279**	**5902**	**9602**	**6062**	**899**	**12387**		**48.65**	**26.26**	**25.10**
164	167	169	40	118	262	572	416	79	669		22.00	30.61	47.39
976	300	214	210	334	531	1694	1473	293	2207		4.31	42.07	53.62
109	39	286	12	63	194	477	381	21	582		13.01	54.66	32.33
101	68	128	10	58	292	304	187	25	488		7.93	52.89	39.17
148	42	99	17	102	416	634	343	49	811		50.63	31.02	18.35
277	154	266	42	60	1030	991	639	62	1295		44.38	29.64	25.98
130	39	30	14	37	331	686	316	24	712		58.31	20.46	21.23
106	13	29	16	21	202	566	249	23	621		79.33	9.19	11.48
128	66	104	37	101	198	525	200	44	727		79.09	7.07	13.84
139	8	61	8	69	247	487	244	35	673		56.93	22.53	20.54
173	64	84	13	51	592	682	461	48	622		57.31	23.47	19.22
102	120	236	89	112	198	209	124	33	472		29.82	33.29	36.89
183	90	119	19	33	674	728	482	94	1147		63.25	15.18	21.57
226	56	279	35	120	735	1047	547	69	1361		32.58	40.32	27.10
1462	**900**	**691**	**347**	**676**	**2206**	**4226**	**2226**	**662**	**5019**		**57.27**	**16.63**	**26.09**
939	704	364	304	389	910	1786	861	361	2086		4.66	30.06	65.28
60	35	43	9	66	154	246	127	41	305		17.31	43.98	38.71
54	16	60	9	122	114	163	322	34	270		8.76	25.76	65.48
85	28	46	7	29	207	473	271	22	553		73.08	12.72	14.20
134	13	41	7	27	261	608	265	21	781		77.49	8.98	13.54
122	94	119	6	30	356	527	233	166	583		70.69	14.04	15.27
68	10	18	5	13	204	423	147	17	441		81.01	8.04	10.94
2145	**923**	**1156**	**564**	**911**	**3874**	**7804**	**4360**	**808**	**10705**		**67.81**	**16.54**	**15.65**
340	206	218	128	172	293	966	615	133	1348		5.31	31.89	62.80
557	233	243	253	283	327	831	578	164	1251		0.72	34.71	64.57
67	46	99	40	32	121	242	129	26	357		0.67	57.09	42.24
141	19	37	17	44	376	649	475	85	872		18.07	49.82	32.11
160	170	105	28	52	291	459	241	74	801		54.19	20.66	25.14
31	1	44	2	6	142	378	184	6	358		83.59	9.36	7.04
61	16	17	8	12	116	288	137	5	415		80.08	9.96	9.96
66		21	1	18	78	375	133	7	346		90.52	4.37	5.11
101	54	41	9	28	241	389	263	53	625		62.46	18.18	19.37
109	21	91	11	49	434	457	337	38	754		51.95	30.41	17.64
29	30	35	22	16	46	114	62	21	113		90.18	2.24	7.58
77	33	44	17	14	392	610	288	61	625		64.91	22.64	12.45
39	7	12		4	70	155	85	11	229		87.47	3.61	8.92
17	3	4	7	1	37	128	63	14	199		87.40	7.44	5.16
32		6	1	14	137	204	59	11	313		86.13	6.57	7.29
41	7	22	1	1	88	175	116	13	319		84.11	6.56	9.32
59	2	26	4	12	223	326	136	10	308		85.85	6.16	7.99
37	2	9	1	1	60	242	76	18	255		93.84	2.08	4.08
181	73	82	14	152	402	816	383	58	1217		54.13	27.65	18.22
1780	**651**	**682**	**359**	**695**	**3379**	**6058**	**3006**	**546**	**7544**	**1**	**71.66**	**14.85**	**13.49**
275	196	129	41	152	422	548	382	103	890		4.92	28.84	66.25
505	271	126	214	174	318	1145	619	157	1744	1	5.94	40.55	53.50
52	36	63	7	91	293	482	163	31	286		62.36	22.02	15.63
45	7	23	1	9	72	159	81	12	197		83.53	5.92	10.54
53	4	2	7	15	58	214	77	14	229		82.41	8.64	8.95
45	1	22	3	8	67	222	76	4	178		63.92	22.20	13.88
14	11	4	23	8	125	102	40	18	53		88.74	7.39	3.87
31	1	1	2	8	145	203	90	9	251		70.30	19.69	10.01
35	4	49		15	170	190	103	12	243		59.05	26.77	14.18
152	14	75	11	21	288	462	281	45	486		64.43	25.50	10.06
46	8	17	16	14	128	199	83	6	200		87.37	4.24	8.39
30	10	7		14	28	147	77	11	316		85.60	4.69	9.71
24	10	3	2	11	57	120	77	14	152		93.74	2.14	4.12
55	2	22	1	16	51	183	111	11	325		76.43	14.77	8.80
68	14	8	3	6	53	358	119	8	403		92.88	2.31	4.81
75	7	40	11	11	402	213	175	24	383		73.43	10.95	15.62
42		10	6	6	108	177	98	14	194		84.94	7.24	7.82
119	32	38	1	43	182	379	166	19	370		80.12	8.61	11.27
114	23	43	10	73	412	555	188	34	644		47.51	29.24	23.25

表6 续表 2

地　区	16岁及以上人口总　计	各种行业人口总计	农　林牧渔业	采矿业	制造业	电力、燃气及水的生产和供应业	建筑业	仓储和邮政业	交通运输、计算机服务和 软件业	信息传输、批发和零售业	住宿和餐饮业
保定市	**896011**	**627513**	**363804**	**1638**	**94000**	**3638**	**44558**	**17793**	**1884**	**41652**	**9411**
新市区	38596	22022	3183	119	6286	770	1181	1220	377	2974	796
北市区	33635	14187	1103	34	2395	476	708	548	249	2876	555
南市区	24650	11678	1864	25	3023	173	479	924	109	2456	456
满城县	31529	22234	13104	86	3086	120	1706	902	34	1086	326
清苑县	51511	40051	28273	12	3989	112	2825	774	63	1747	373
涞水县	28270	18716	10386	92	1194	119	3152	713	101	974	564
阜平县	15392	9008	6722	103	162	39	278	288	43	454	109
徐水县	45747	32022	14459	132	5894	148	3927	1397	59	2864	590
定兴县	41949	31433	20118	37	3695	138	3196	639	62	1314	423
唐县	40367	29104	20312	132	2259	55	2751	728	30	1117	251
高阳县	28100	20658	9867	12	7066	69	339	421	37	1321	229
容城县	20026	14579	4261	9	6296	53	1114	387	36	1002	251
涞源县	21064	14339	10736	424	262	98	438	401	21	611	183
望都县	20367	14956	9784	5	1713	51	1174	315	28	682	173
安新县	34955	24170	9332	11	9331	89	1046	701	47	1563	418
易县	43963	30289	21806	126	1657	132	2236	574	47	1368	468
曲阳县	44392	29162	20231	92	2106	153	1857	1611	40	1429	220
蠡县	40273	32480	25551	6	3748	118	382	298	42	763	153
顺平县	22210	17475	12924	10	1642	46	689	273	35	777	144
博野县	19441	15557	11999	4	1382	48	711	211	21	450	92
雄县	28196	19141	10491	11	4888	72	699	446	26	1029	270
涿州市	49438	34021	14716	96	4238	180	4253	1677	170	3340	876
定州市	91510	69454	51153	25	3882	181	5483	1042	70	4065	614
安国市	30187	23054	17479	2	1888	47	901	263	31	1209	135
高碑店市	50243	37723	13950	33	11918	151	3033	1040	106	4181	742
张家口市	**351071**	**211054**	**113541**	**4219**	**15646**	**2171**	**15677**	**11473**	**855**	**16760**	**5434**
桥东区	27775	13069	639	29	2329	371	1270	1551	191	2393	633
桥西区	22960	10543	719	51	1311	192	1566	969	109	2272	449
宣化区	29815	13816	1491	439	3848	492	984	1016	81	2104	438
下花园区	5314	2480	556	321	203	229	157	201	11	266	75
宣化县	22095	13313	9014	330	795	73	1050	604	20	580	196
张北县	25945	17419	10361	34	688	111	1828	1108	57	1204	401
康保县	17675	11925	6957	179	441	65	1388	573	26	941	283
沽源县	14312	10071	6966	52	271	57	284	411	38	658	380
尚义县	12508	8570	4970	96	210	45	1215	326	25	570	447
蔚县	35257	20914	14285	1379	430	66	732	669	49	1168	230
阳原县	20723	14804	9119	48	2068	45	962	517	33	655	232
怀安县	17306	12009	8421	70	330	72	849	451	26	490	184
万全县	17154	10310	6481	11	623	44	737	636	30	680	149
怀来县	27508	16799	9202	419	1029	99	821	1386	75	1321	502
涿鹿县	26559	17240	12705	277	786	74	531	304	44	733	369
赤城县	19314	12119	8673	298	117	92	573	371	22	487	238
崇礼县	8851	5653	2982	186	167	44	730	380	18	238	228
承德市	**273113**	**172263**	**98202**	**6205**	**10850**	**1198**	**12159**	**7177**	**782**	**10522**	**4734**
双桥区	33279	15864	2283	103	1654	358	1576	1355	264	2187	756
双滦区	12149	6049	996	244	2127	164	527	523	32	395	195
鹰手营子矿区	5284	2003	47	449	517	44	102	146	13	183	93
承德县	31231	19359	10448	612	1562	109	2145	730	49	1110	685
兴隆县	25089	15668	9724	467	1061	89	820	636	44	801	360
平泉县	33443	23407	15106	659	1004	123	1935	712	96	1162	591
滦平县	22852	15545	8587	883	483	58	1619	805	51	1091	461
隆化县	28792	20079	14041	393	549	75	1093	622	54	1053	415
丰宁满族自治县	27506	19483	14228	388	537	56	863	442	67	756	529
宽城满族自治县	19908	9185	3216	1874	873	53	666	353	52	621	240
围场满族蒙古族自治县	33580	25621	19526	133	483	69	813	853	60	1163	409
沧州市	**570116**	**420899**	**266464**	**3814**	**56782**	**1774**	**17043**	**12028**	**1296**	**24805**	**5900**
新华区	17388	9800	1032	56	1802	117	537	1213	97	1970	466
运河区	25058	13585	1728	34	2036	319	799	773	250	2533	584
沧县	54011	44515	30302	51	5346	65	4130	1241	29	1728	503
青县	34309	25109	14657	16	4511	99	887	1031	45	1709	367
东光县	28579	23245	19730	2	1214	24	186	267	41	542	154
海兴县	15702	11386	8850	112	720	47	237	186	32	302	131
盐山县	34894	27334	22521	1	2420	48	309	144	27	806	106
肃宁县	27402	20301	13324	18	2527	84	649	764	38	1416	229
南皮县	28629	23391	19011	11	1745	54	385	237	32	670	134

金融业	房地产业	租赁和商务服务业	科学研究、技术服务和地质勘察业	水利、环境和公共设施管理业	居民服务和其他服务业	教育	卫生、社会保障和社会福利业	文化、体育和娱乐业	公共管理和社会组织	国际组织	三次产业人口占行业人口比重(%) 第一产业	第二产业	第三产业
2978	**1203**	**1689**	**1652**	**1197**	**7317**	**12135**	**6720**	**1176**	**13067**	**1**	**57.98**	**22.92**	**19.10**
536	250	212	268	183	598	881	651	255	1282		14.45	37.94	47.60
393	249	318	148	207	489	1364	776	183	1115	1	7.77	25.47	66.76
159	73	66	43	89	283	652	387	65	352		15.96	31.68	52.35
122	19	34	7	55	255	413	251	25	603		58.94	22.48	18.58
92	11	28	81	22	328	560	226	49	486		70.59	17.32	12.08
57	28	46	7	33	289	353	206	31	371		55.49	24.35	20.16
53	3	14	4	4	84	180	84	3	381		74.62	6.46	18.92
119	60	248	90	17	429	603	350	16	620		45.15	31.54	23.30
84	19	11	9	6	355	526	225	20	556		64.00	22.48	13.52
79	4	6	3	24	253	439	231	28	402		69.79	17.86	12.35
77	8	29	5	18	149	340	212	21	438		47.76	36.24	16.00
63	3	28	8	114	236	262	140	29	287		29.23	51.25	19.52
44	8	9	9	10	115	268	135	7	560		74.87	8.52	16.61
48	17	3	9	6	110	297	131	24	386		65.42	19.68	14.90
76	14	75	11	56	287	449	199	11	454		38.61	43.35	18.04
95	41	54	9	39	336	429	282	20	570		71.99	13.70	14.30
60	6	15	9	17	224	433	247	19	393		69.37	14.43	16.20
102	7	7	4	6	177	420	181	27	488		78.67	13.10	8.24
56	15	9	4	14	55	292	110	9	371		73.96	13.66	12.38
31	1	5		3	74	164	76	3	282		77.13	13.79	9.08
73	10	54	5	15	242	315	141	38	316		54.81	29.62	15.57
258	230	221	852	188	470	754	572	172	758		43.26	25.77	30.97
120	17	89	7	22	782	755	440	54	653		73.65	13.78	12.57
66	5	17	12	25	149	401	152	19	253		75.82	12.31	11.87
115	105	91	48	24	548	585	315	48	690		36.98	40.12	22.90
1573	**1112**	**562**	**315**	**621**	**3950**	**5425**	**2721**	**611**	**8388**		**53.80**	**17.87**	**28.33**
337	208	122	60	127	329	676	429	154	1221		4.89	30.60	64.51
263	126	83	69	108	386	535	393	96	846		6.82	29.59	63.59
207	178	101	92	78	329	606	338	57	937		10.79	41.71	47.50
23	39	15	5	19	49	75	46	8	182		22.42	36.69	40.89
13	10	7	6	15	213	200	62	12	113		67.71	16.89	15.41
60	78	43	13	30	261	416	163	17	546		59.48	15.28	25.24
55	12	42	3	23	238	277	122	13	287		58.34	17.38	24.28
43	167	13	3	29	129	193	70	21	286		69.17	6.59	24.24
23	10	7	1	10	147	155	57	6	250		57.99	18.27	23.73
113	33	9	2	42	324	427	242	27	687		68.30	12.47	19.23
63	9	16	7	17	173	301	101	20	418		61.60	21.10	17.31
43	18	6	2	16	144	266	76	21	524		70.12	11.00	18.88
52	15	14	5	9	182	223	88	10	321		62.86	13.72	23.41
100	67	55	7	28	481	378	217	68	544		54.78	14.10	31.13
80	82	18	2	28	207	339	156	16	489		73.69	9.68	16.63
54	52	5	6	17	300	222	77	10	505		71.57	8.91	19.52
44	8	6	32	25	58	136	84	55	232		52.75	19.94	27.31
1100	**545**	**908**	**286**	**412**	**2844**	**4528**	**2486**	**495**	**6830**		**57.01**	**17.65**	**25.34**
443	199	470	189	168	364	927	661	225	1682		14.39	23.27	62.34
32	22	27	13	9	190	191	94	20	248		16.47	50.62	32.91
26	10	40	3	5	53	68	55	8	141		2.35	55.52	42.14
75	48	62	17	36	358	419	228	27	639		53.97	22.87	23.16
63	50	20	15	17	313	375	196	36	581		62.06	15.55	22.38
93	53	25	5	12	307	595	225	38	666		64.54	15.90	19.57
73	44	46	11	37	235	382	209	21	449		55.24	19.58	25.18
82	46	67	18	43	269	428	220	25	586		69.93	10.51	19.56
63	18	35	5	12	209	371	206	26	672		73.03	9.46	17.51
76	27	19	6	24	133	316	150	43	443		35.01	37.74	27.25
74	28	97	4	49	413	456	242	26	723		76.21	5.85	17.94
2190	**695**	**966**	**463**	**792**	**5173**	**7191**	**3996**	**698**	**8829**		**63.31**	**18.87**	**17.82**
264	77	92	43	117	303	389	339	61	825		10.53	25.63	63.84
549	187	111	93	136	385	764	662	165	1477		12.72	23.47	63.81
39	2	46	10	4	348	398	151	22	100		68.07	21.55	10.38
136	32	47	19	45	265	444	183	20	596		58.37	21.96	19.67
57	17	12	1	50	136	296	113	22	381		84.88	6.13	8.99
37	12	27	4	14	94	164	100	11	306		77.73	9.80	12.47
45	9	16		6	183	195	148	4	346		82.39	10.16	7.44
52	11	35	8	35	174	386	129	39	383		65.63	16.15	18.22
67	3	11		15	138	302	158	29	389		81.27	9.38	9.34

表6 续表 3

地 区	16岁及以上人口总 计	各种行业人口总计	农 林 牧渔业	采矿业	制造业	电力、燃气及水的生产和供应业	建筑业	仓储和邮政业	交通运输、计算机服务和 软件业	信息传输、批发和零售业	住宿和餐饮业
吴桥县	21711	17032	14553	15	573	41	205	280	29	464	105
献县	45934	36196	27844	124	4190	77	581	296	103	1161	176
孟村回族自治县	15248	10480	5542	2	3012	38	283	191	16	527	139
泊头市	45856	34314	20991	29	6352	111	910	1164	73	2011	481
任丘市	67971	47028	22326	2360	8396	263	2741	1493	291	3501	803
黄骅市	43429	28560	15281	462	3925	218	1189	1493	118	2355	690
河间市	63995	48623	28772	521	8013	169	3015	1255	75	3110	832
廊坊市	**362789**	**248102**	**120568**	**1628**	**48108**	**1761**	**11724**	**9050**	**1395**	**21828**	**4715**
安次区	31622	21460	11347	28	4663	121	697	598	90	1802	318
广阳区	43449	24983	6283	1141	3558	484	1349	1336	463	3110	681
固安县	34410	26345	20639	12	1387	89	571	437	48	1122	464
永清县	29253	23246	19108	4	1253	45	435	379	44	695	159
香河县	28916	20919	7213	3	5577	146	1121	626	102	3252	546
大城县	38351	28689	20656	4	2882	156	1080	501	79	1260	234
文安县	40754	28017	13854	8	8298	102	626	839	50	2171	296
大厂回族自治县	10466	7095	3228	2	1548	59	348	452	30	423	170
霸州市	49571	33342	10920	317	12116	166	1567	1141	103	3328	852
三河市	55997	34006	7320	109	6826	393	3930	2741	386	4665	995
衡水市	**351702**	**272917**	**208981**	**84**	**23907**	**1118**	**5362**	**3233**	**609**	**11172**	**2815**
桃城区	42769	26058	9924	18	4409	440	937	1221	254	3145	688
枣强县	31217	24925	17547	5	4953	47	172	163	36	780	198
武邑县	26093	20165	17606	15	603	34	211	146	41	475	152
武强县	17957	14444	11914	2	690	62	469	88	27	407	115
饶阳县	24012	19645	16139	5	988	59	408	220	24	761	175
安平县	26196	19901	12508	1	4573	65	257	265	23	1001	98
故城县	38232	31315	25353	10	1888	71	962	271	46	1059	315
景县	42272	34784	29632	3	1699	61	553	196	30	1256	278
阜城县	26166	21439	18821	4	707	49	435	105	13	454	189
冀州市	30085	23023	18518	3	1717	138	339	170	52	731	129
深州市	46703	37218	31019	18	1680	92	619	388	63	1103	478
山西省	**2810549**	**1729275**	**847304**	**94868**	**150467**	**20725**	**77632**	**97812**	**8828**	**148788**	**52925**
太原市	**350907**	**177281**	**22420**	**8260**	**30860**	**3732**	**11727**	**13812**	**2311**	**30894**	**8601**
小店区	68159	35458	3257	158	8511	591	3000	2137	633	5618	2198
迎泽区	50403	27565	161	234	2786	785	1450	2521	611	7622	1636
杏花岭区	54695	26078	206	647	5197	763	1545	2577	428	5043	1152
尖草坪区	36053	15050	1640	244	4202	432	1089	1441	134	2460	477
万柏林区	63990	31889	186	3087	5370	556	3021	1950	354	7016	2250
晋源区	17481	8119	1448	87	1744	297	519	917	49	1078	284
清徐县	25642	16670	8977	258	2432	94	401	1159	33	1223	265
阳曲县	9789	5701	3612	57	310	43	209	487	20	263	76
娄烦县	8187	3494	1761	381	153	26	184	194	17	138	94
古交市	16508	7257	1172	3107	155	145	309	429	32	433	169
大同市	**260380**	**142998**	**62960**	**13569**	**8650**	**2270**	**6611**	**12943**	**752**	**12201**	**3812**
城区	56588	26569	175	1566	4114	1464	1107	4599	363	4325	879
矿区	41326	14902	42	9082	1168	269	533	567	63	821	291
南郊区	32607	18464	5384	1055	1059	149	1411	3560	137	2733	729
新荣区	8176	4763	3189	340	102	14	124	416	11	182	103
阳高县	21754	15682	12692	88	326	47	475	344	22	549	156
天镇县	15952	10588	7956	53	167	37	510	512	16	451	156
广灵县	13342	8508	6284	141	285	97	286	172	15	418	94
灵丘县	17832	9948	6551	480	252	33	395	481	26	585	189
浑源县	26526	18149	12356	246	497	63	1113	629	31	982	767
左云县	12265	6573	3235	495	107	52	189	648	47	589	216
大同县	14012	8852	5096	23	573	45	468	1015	21	566	232
阳泉市	**109453**	**59752**	**14387**	**10466**	**5574**	**1877**	**2752**	**5544**	**419**	**5763**	**2047**
城区	16311	9199	4	979	985	600	391	1048	116	1734	356
矿区	20589	10569	24	4858	952	707	824	378	56	633	268
郊区	23080	11801	970	2233	1798	276	530	1627	109	1398	554
平定县	24434	13019	5202	1106	1057	222	618	1482	56	903	548
盂县	25039	15164	8187	1290	782	72	389	1009	82	1095	321
长治市	**263034**	**175056**	**94690**	**11237**	**12638**	**2303**	**6642**	**8051**	**716**	**13666**	**4153**
城区	39983	20819	278	341	3457	510	1015	1511	282	5710	1069
郊区	22343	14106	3333	1611	2187	783	583	1503	53	1525	420
长治县	27476	19751	12242	1754	781	153	905	929	49	1101	341
襄垣县	20903	13296	7248	1852	630	185	199	521	57	646	257

金融业	房地产业	租赁和商务服务业	科学研究、技术服务和地质勘察业	水利、环境和公共设施管理业	居民服务和其他服务业	教育	卫生、社会保障和社会福利业	文化、体育和娱乐业	公共管理和社会组织	国际组织	三次产业人口占行业人口比重(%) 第一产业	第二产业	第三产业
56	12	32	2	28	56	243	95	39	204		85.45	4.90	9.66
80	12	203	4	23	157	446	230	31	458		76.93	13.74	9.34
55		6	3	6	86	172	76	12	314		52.88	31.82	15.30
173	41	50	14	56	416	568	289	29	556		61.17	21.57	17.26
261	203	118	221	79	1115	1115	641	83	1018		47.47	29.26	23.27
183	44	79	15	141	481	623	332	93	838		53.50	20.29	26.21
136	33	81	26	37	836	686	350	38	638		59.17	24.10	16.73
1949	**2009**	**1670**	**793**	**605**	**4238**	**6242**	**2919**	**795**	**6105**		**48.60**	**25.48**	**25.92**
106	155	77	26	61	262	549	163	39	358		52.88	25.67	21.45
665	593	313	359	223	723	1222	710	269	1501		25.15	26.15	48.71
79	116	44	15	22	318	452	170	36	324		78.34	7.82	13.84
47	16	17	3	12	101	349	108	10	461		82.20	7.47	10.33
174	138	468	6	27	272	438	246	34	530		34.48	32.73	32.79
150	21	25	1	24	523	550	267	28	248		72.00	14.37	13.63
125	10	73	41	47	341	434	192	26	484		49.45	32.24	18.31
51	87	17		12	99	151	59	44	315		45.50	27.58	26.92
164	108	72	41	78	718	613	329	49	660		32.75	42.49	24.76
388	765	564	301	99	881	1484	675	260	1224		21.53	33.11	45.37
1435	**313**	**436**	**270**	**278**	**1639**	**4086**	**1936**	**327**	**4915**	**1**	**76.57**	**11.16**	**12.26**
613	209	200	117	156	373	1084	656	144	1469	1	38.08	22.27	39.64
83	6	18	57	5	127	298	100	21	309		70.40	20.77	8.83
48	9	52	4	12	95	266	70	10	316		87.31	4.28	8.41
50	5	20	4	4	54	197	72	21	243		82.48	8.47	9.05
57		17	13	23	160	209	101	19	267		82.15	7.43	10.41
133	12	17	26	27	80	293	141	25	356		62.85	24.60	12.55
87	12	32	8	8	191	379	189	26	408		80.96	9.36	9.68
112	10	13	9	8	163	303	141	11	306		85.19	6.66	8.15
48	3	15	3	3	30	158	81	8	313		87.79	5.57	6.64
94	14	14	2	3	111	373	171	17	427		80.43	9.54	10.02
110	33	38	27	29	255	526	214	25	501		83.34	6.47	10.18
16702	**6065**	**8978**	**4326**	**7053**	**36207**	**54185**	**24071**	**7889**	**64447**	**3**	**49.00**	**19.87**	**31.13**
4205	**2460**	**2331**	**2296**	**1783**	**5012**	**9348**	**5086**	**2449**	**9692**	**2**	**12.65**	**30.79**	**56.57**
754	548	481	703	292	1174	2219	802	496	1885	1	9.19	34.58	56.24
1261	387	494	617	421	654	1631	1313	837	2144		0.58	19.06	80.35
877	600	579	415	421	661	1446	1213	421	1886	1	0.79	31.26	67.95
188	119	176	78	155	390	820	314	133	558		10.90	39.65	49.46
740	600	441	411	199	1194	1788	894	400	1432		0.58	37.74	61.68
92	152	78	49	111	239	361	105	59	450		17.83	32.60	49.56
157	21	51	11	97	300	472	143	45	531		53.85	19.11	27.04
42	10	6	2	16	70	157	69	18	234		63.36	10.86	25.78
30	4	7	5	27	61	141	50	14	207		50.40	21.29	28.31
64	19	18	5	44	269	313	183	26	365		16.15	51.21	32.64
1338	**588**	**325**	**312**	**626**	**3648**	**4824**	**2093**	**457**	**5019**		**44.03**	**21.75**	**34.22**
837	229	151	189	281	930	1530	987	294	2549		0.66	31.05	68.29
66	228	57	71	51	121	810	361	31	270		0.28	74.16	25.55
101	59	19	4	95	1215	368	125	19	242		29.16	19.90	50.94
13	6	2	1	3	42	108	23	4	80		66.95	12.18	20.87
49	23	16	12	23	155	323	83	25	274		80.93	5.97	13.10
26	7	4	13	11	184	238	62	12	173		75.14	7.24	17.61
39	3	9	3	28	97	264	53	15	205		73.86	9.51	16.63
27	4	14	4	15	124	300	128	20	320		65.85	11.66	22.49
46	14	9	4	59	396	384	117	9	427		68.08	10.57	21.35
94	3	24	2	35	187	282	87	12	269		49.22	12.83	37.96
40	12	20	9	25	197	217	67	16	210		57.57	12.53	29.90
840	**441**	**673**	**90**	**262**	**1527**	**2200**	**1149**	**341**	**3400**		**24.08**	**34.59**	**41.33**
286	105	98	9	37	316	481	368	103	1183		0.04	32.12	67.83
100	163	276	44	58	139	433	256	80	320		0.23	69.46	30.32
183	76	71	21	83	453	434	192	66	727		8.22	40.99	50.79
128	71	34	4	56	312	453	154	47	566		39.96	23.07	36.98
143	26	194	12	28	307	399	179	45	604		53.99	16.70	29.31
1439	**311**	**650**	**293**	**897**	**3233**	**4764**	**2262**	**686**	**6425**		**54.09**	**18.75**	**27.16**
715	221	252	175	194	485	1352	827	292	2133		1.34	25.57	73.10
87	17	44	15	260	558	349	164	64	550		23.63	36.61	39.76
88	8	26	22	64	204	419	130	41	494		61.98	18.19	19.83
70	5	183	44	50	219	380	239	56	455		54.51	21.56	23.93

表6 续表 4

地　区	16岁及以上人口总 计	各种行业人口总计	农 林 牧渔业	采矿业	制造业	电力、燃气及水的生产和供应业	建筑业	仓储和邮政业	交通运输、计算机服务和 软件业	信息传输、批发和零售业	住宿和餐饮业
屯留县	20878	16066	11672	1129	767	122	273	262	48	538	264
平顺县	11652	8153	6122	191	158	35	397	204	21	225	223
黎城县	12173	8918	6019	123	670	38	253	424	22	373	109
壶关县	22566	15406	10860	289	840	72	1057	542	22	601	223
长子县	26578	18324	12749	1574	403	27	530	500	35	783	290
武乡县	14261	9949	7069	288	270	90	279	307	27	374	296
沁县	13909	9692	7558	70	112	23	305	278	23	390	179
沁源县	12734	8510	3722	1581	514	74	226	321	32	557	288
潞城市	17578	12066	5818	434	1849	191	620	749	45	843	194
晋城市	**177234**	**115173**	**51325**	**11579**	**10033**	**1351**	**5051**	**6112**	**510**	**9701**	**3201**
城区	36859	22579	611	2945	3078	699	1162	1578	198	4411	1105
沁水县	16680	10902	5651	1866	241	94	423	602	29	539	222
阳城县	29807	19625	9566	1598	2146	187	911	884	65	1227	568
陵川县	18374	12676	8762	279	523	63	514	402	53	589	245
泽州县	37723	25478	15305	2192	2257	221	553	1471	71	1078	465
高平市	37791	23913	11430	2699	1788	87	1488	1175	94	1857	596
朔州市	**130840**	**77065**	**36246**	**4829**	**5295**	**1048**	**3062**	**5152**	**259**	**9103**	**2019**
朔城区	36894	22429	9168	1406	564	703	1227	1614	117	2989	764
平鲁区	15583	8605	4860	979	183	67	172	637	25	513	154
山阴县	19232	10538	5801	518	383	116	353	742	40	804	302
应县	24786	15773	8960	13	2332	25	388	474	22	2628	144
右玉县	8850	5830	3283	466	164	21	291	362	17	333	226
怀仁县	25495	13890	4174	1447	1669	116	631	1323	38	1836	429
晋中市	**255808**	**158712**	**67268**	**11117**	**17403**	**1699**	**8839**	**10359**	**724**	**13194**	**4970**
榆次区	51512	28466	7589	555	4443	510	1584	2438	294	3927	1017
榆社县	10861	6355	3265	50	646	166	422	254	30	307	377
左权县	12978	9665	5768	654	238	165	600	348	28	630	210
和顺县	11792	7127	3719	899	77	20	189	393	11	412	243
昔阳县	18113	13320	8187	1216	371	108	369	613	40	637	541
寿阳县	17363	11289	6168	1512	431	40	302	716	39	577	246
太谷县	23902	14922	7228	50	2642	56	594	944	32	1044	247
祁县	20582	13721	5983	17	2928	47	717	1014	43	958	274
平遥县	37527	22204	11279	740	2784	68	1776	1073	58	1554	535
灵石县	19751	11106	2495	2603	698	248	421	907	76	1082	629
介休市	31427	20537	5587	2821	2145	271	1865	1659	73	2066	651
运城市	**403949**	**296703**	**209851**	**1542**	**24218**	**1626**	**6238**	**6330**	**862**	**15309**	**8522**
盐湖区	56380	38015	20643	70	2712	270	735	1513	365	4673	1235
临猗县	44739	37200	32902	6	1561	41	82	227	25	960	180
万荣县	33839	26656	22462	14	1089	51	401	417	64	820	223
闻喜县	32204	23123	11919	91	6149	54	688	722	71	1220	529
稷山县	27060	18939	12687	157	1750	65	886	661	24	906	444
新绛县	24446	18756	13831	35	1576	63	385	336	25	950	291
绛县	21385	15343	10131	63	1580	108	445	289	40	962	620
垣曲县	17797	11950	7470	665	575	79	475	272	43	616	448
夏县	28224	22730	19188	14	712	25	257	124	50	533	949
平陆县	20656	14187	11954	13	356	42	222	250	15	207	381
芮城县	30516	24205	19052	12	869	116	518	356	48	990	718
永济市	35642	27007	19081	18	2079	312	204	275	37	1168	2188
河津市	31061	18592	8531	384	3210	400	940	888	55	1304	316
忻州市	**242572**	**148718**	**89734**	**4472**	**6288**	**1495**	**7357**	**7984**	**510**	**9991**	**4241**
忻府区	43533	26708	13189	93	1411	420	2016	1409	161	2532	1017
定襄县	16883	10699	6072	57	1966	42	491	345	27	530	196
五台县	24169	13512	9159	150	336	123	971	365	34	516	529
代县	16630	10138	6525	664	164	40	395	342	28	669	300
繁峙县	21251	12354	8240	504	206	23	409	660	43	997	252
宁武县	12739	6918	3733	626	116	37	163	583	30	588	192
静乐县	12932	7857	5198	223	203	67	385	358	25	333	266
神池县	8457	5425	4186	22	69	35	50	363	6	273	72
五寨县	9094	6002	4283	11	81	13	127	307	19	338	142
岢岚县	6813	4684	3315	23	63	20	263	207	10	205	140
河曲县	11813	7440	3897	356	252	210	671	452	25	483	145
保德县	12142	7615	3546	329	121	157	519	1017	16	656	307
偏关县	8607	5434	3806	32	100	48	178	321	25	200	75
原平市	37509	23932	14585	1382	1200	260	719	1255	61	1671	608

金融业	房地产业	租赁和商务服务业	科学研究、技术服务和地质勘察业	水利、环境和公共设施管理业	居民服务和其他服务业	教育	卫生、社会保障和社会福利业	文化、体育和娱乐业	公共管理和社会组织	国际组织	三次产业人口占行业人口比重(%) 第一产业	第二产业	第三产业
41	1	4	2	40	159	252	103	39	350		72.65	14.26	13.09
30	1	1		24	24	159	67	18	253		75.09	9.58	15.33
72	6	9	1	16	112	212	84	9	366		67.49	12.16	20.35
53	3	18	2	71	121	277	128	34	193		70.49	14.66	14.85
38	7	14	4	20	664	300	88	40	258		69.58	13.83	16.60
48	12	34	5	48	165	224	99	24	290		71.05	9.32	19.63
55	4	13	2	31	110	218	93	13	215		77.98	5.26	16.76
55	11	40	6	38	208	273	112	28	424		43.74	28.14	28.12
87	15	12	15	41	204	349	128	28	444		48.22	25.64	26.14
1122	**448**	**920**	**121**	**502**	**2432**	**3418**	**1552**	**563**	**5232**		**44.56**	**24.32**	**31.11**
570	316	531	72	215	799	1141	609	293	2246		2.71	34.92	62.38
63	8	33	7	21	192	323	109	49	430		51.83	24.07	24.10
158	31	124	21	118	300	615	281	76	749		48.74	24.67	26.58
66	13	42	7	37	216	270	116	28	451		69.12	10.88	20.00
62	63	128	11	47	414	419	158	51	512		60.07	20.50	19.43
203	17	62	3	64	511	650	279	66	844		47.80	25.35	26.85
612	**147**	**626**	**18**	**210**	**1907**	**2688**	**753**	**201**	**2890**		**47.03**	**18.47**	**34.50**
336	127	517	2	101	666	768	336	89	935		40.88	17.39	41.74
47	3	17	9	27	118	251	59	18	466		56.48	16.28	27.24
92	8	17	2	29	418	368	103	23	419		55.05	13.00	31.95
37		3	1	15	131	277	75	22	226		56.81	17.49	25.71
21	2	26	2	3	148	101	43	6	315		56.31	16.16	27.53
79	7	46	2	35	426	923	137	43	529		30.05	27.81	42.14
1613	**431**	**949**	**361**	**652**	**3802**	**5439**	**2238**	**836**	**6818**		**42.38**	**24.61**	**33.01**
634	202	266	233	163	682	1236	526	268	1899		26.66	24.91	48.43
47	2	40	7	23	123	205	100	9	282		51.38	20.20	28.42
75	17	35	16	18	110	274	85	31	363		59.68	17.14	23.18
30	6	13	1	22	308	221	58	16	489		52.18	16.63	31.19
98	10	26	19	43	150	287	124	66	415		61.46	15.50	23.04
74	35	26	6	13	148	274	182	48	452		54.64	20.24	25.12
125	35	62	56	63	334	701	243	78	388		48.44	22.40	29.16
103	28	63	4	66	400	388	147	39	502		43.60	27.03	29.36
116	13	61	6	80	415	726	195	66	659		50.80	24.18	25.03
120	34	45	5	31	379	431	201	79	622		22.47	35.75	41.79
191	49	312	8	130	753	696	377	136	747		27.20	34.58	38.21
1606	**548**	**810**	**297**	**505**	**3444**	**5719**	**2768**	**728**	**5779**	**1**	**70.73**	**11.33**	**17.94**
626	221	150	184	177	748	1272	722	262	1437		54.30	9.96	35.74
99	24	10		42	161	333	176	25	346		88.45	4.54	7.01
55	9	9	6	7	184	400	130	31	284		84.27	5.83	9.90
96	9	24	7	15	389	485	247	32	376		51.55	30.20	18.26
81	11	46	10	25	274	344	207	88	272	1	66.99	15.09	17.92
88	13	20	2	15	197	425	139	55	310		73.74	10.98	15.28
63	11	20		13	272	225	123	16	362		66.03	14.31	19.66
72	44	89	20	19	183	318	142	27	393		62.51	15.01	22.48
72	5	16	16	13	125	245	155	18	213		84.42	4.43	11.15
61	10	148		2	88	161	49	8	220		84.26	4.46	11.28
79	10	70	3	38	308	449	187	32	350		78.71	6.26	15.03
95	60	48	10	77	194	495	172	51	443		70.65	9.68	19.67
119	121	160	39	62	321	567	319	83	773		45.89	26.54	27.58
1107	**123**	**333**	**121**	**460**	**2605**	**4306**	**1579**	**489**	**5523**		**60.34**	**13.19**	**26.47**
403	57	86	74	147	604	1070	391	174	1454		49.38	14.75	35.87
60	10	9	10	19	108	258	107	52	340		56.75	23.89	19.36
72	2	75	1	34	170	369	116	24	466		67.78	11.69	20.52
48	4	13	4	14	218	239	73	11	387		64.36	12.46	23.18
49	6	19	7	73	216	322	91	57	180		66.70	9.24	24.06
59	7	22	9	34	111	198	94	22	294		53.96	13.62	32.42
51	4	22	2	3	110	227	65	15	300		66.16	11.17	22.67
10			2	16	67	115	25	3	111		77.16	3.24	19.59
32	1	10	1	4	127	208	55	17	226		71.36	3.87	24.78
29	1	8	1	5	56	89	48	10	191		70.77	7.88	21.35
75	8	3	2	10	145	272	87	20	327		52.38	20.01	27.61
42	2	15	2	17	203	209	81	13	363		46.57	14.79	38.65
31	1	9	1	13	82	162	58	24	268		70.04	6.59	23.37
146	20	42	5	71	388	568	288	47	616		60.94	14.88	24.18

表6　续表 5

地　区	16岁及以上人口总　计	各种行业人口总计	农　林牧渔业	采矿业	制造业	电力、燃气及水的生产和供应业	建筑业	仓储和邮政业	交通运输、计算机服务和 软件业	信息传输、批发和零售业	住宿和餐饮业
临汾市	**336694**	**217022**	**120106**	**7338**	**15338**	**2023**	**9733**	**10992**	**1133**	**17205**	**6388**
尧都区	72362	41143	13364	730	3732	870	2151	3684	364	5814	2048
曲沃县	18774	12976	7717	88	1454	65	580	540	70	859	309
翼城县	25192	16771	10604	344	1808	67	538	577	40	926	232
襄汾县	35672	25303	19508	114	1820	36	411	695	71	937	315
洪洞县	56210	38703	22784	1022	2658	153	2211	1847	115	2976	1200
古县	7587	5122	2543	818	332	27	192	170	72	209	106
安泽县	6244	4790	2947	231	280	28	201	169	11	241	116
浮山县	9754	6518	4088	490	169	30	187	195	31	357	231
吉县	8154	5854	4365	37	45	13	278	181	18	238	167
乡宁县	18584	12735	8259	1196	178	61	385	505	32	563	194
大宁县	5079	2783	1874	1	71	16	96	76	13	118	89
隰县	7840	5281	3882	5	49	12	170	173	20	273	130
永和县	5149	3509	2452	1	76	5	172	145	10	119	161
蒲县	7512	4860	2911	442	68	53	133	157	15	223	145
汾西县	10736	6306	4601	49	153	14	115	237	27	251	153
侯马市	19661	12172	3260	20	1835	189	1143	975	168	2161	434
霍州市	22184	12196	4947	1750	610	384	770	666	56	940	358
吕梁市	**279678**	**160795**	**78317**	**10459**	**14170**	**1301**	**9620**	**10533**	**632**	**11761**	**4971**
离石区	24787	11091	1858	824	637	260	1121	1151	146	1332	475
文水县	31241	18570	10223	91	2988	70	729	1190	55	1164	274
交城县	17802	9073	2351	466	2742	103	306	847	15	858	207
兴县	21646	15124	9301	596	367	51	957	883	47	1055	609
临县	44481	30339	19617	606	452	61	3056	1334	71	2167	1068
柳林县	23206	11485	4223	2554	675	194	394	862	41	797	276
石楼县	7892	5529	4094	51	138	8	303	176	11	195	201
岚县	12517	7688	5478	80	165	25	355	411	27	340	211
方山县	10698	6339	4189	380	160	37	332	276	19	210	124
中阳县	10312	5082	1309	848	981	67	320	414	23	196	119
交口县	9107	4409	2434	166	339	60	41	287	24	349	94
孝义市	35153	16897	3774	3608	2080	270	769	1421	98	1490	644
汾阳市	30836	19169	9466	189	2446	95	937	1281	55	1608	669
内蒙古自治区	**1948123**	**1285021**	**646857**	**34393**	**81734**	**17951**	**83364**	**74379**	**7461**	**111694**	**40535**
呼和浩特市	**236602**	**134300**	**39425**	**826**	**11123**	**2655**	**13949**	**9419**	**1742**	**18143**	**6650**
新城区	46382	24660	451	229	2051	527	4213	2531	601	4358	1542
回民区	32675	16334	232	31	1735	569	1883	1850	272	4192	1196
玉泉区	31289	17981	1217	53	2279	371	3129	1610	219	4034	1223
赛罕区	52966	27142	4567	292	2007	827	2931	1336	488	3413	1651
土默特左旗	26414	16821	11416	121	1211	100	574	583	71	799	386
托克托县	15210	9811	6446	12	627	155	452	569	28	507	190
和林格尔县	14258	10004	7145	20	731	33	308	216	18	421	223
清水河县	7928	5283	3539	26	287	16	241	486	19	138	72
武川县	9480	6264	4412	42	195	57	218	238	26	281	167
包头市	**217615**	**123206**	**25118**	**3511**	**19466**	**3261**	**12020**	**11817**	**942**	**16901**	**5759**
东河区	43532	21165	1822	282	3368	406	1469	3778	175	4352	1156
昆都仑区	60033	32649	618	984	7469	911	3881	2968	323	4905	1373
青山区	49818	27174	763	391	6009	1356	3746	1808	296	4511	1838
石拐区	1947	853	245	73	209	2	34	43	2	37	28
白云鄂博矿区	2052	1315	4	493	113	60	147	164	6	101	69
九原区	15438	9362	2191	234	1367	103	1350	1315	41	1125	353
土默特右旗	21671	15031	9706	389	397	323	660	1041	36	956	296
固阳县	14395	9677	6609	334	237	63	506	378	48	531	275
达尔罕茂明安联合旗	8729	5980	3160	331	297	37	227	322	15	383	371
乌海市	**42627**	**25101**	**1452**	**4165**	**4236**	**748**	**2627**	**2536**	**226**	**3152**	**1045**
海勃湾区	23501	14330	527	1764	1939	428	1966	1561	172	2148	638
海南区	8306	5196	611	1485	939	171	222	482	23	424	191
乌达区	10820	5575	314	916	1358	149	439	493	31	580	216
赤峰市	**343535**	**249392**	**166488**	**5624**	**9392**	**2204**	**12188**	**8187**	**865**	**15134**	**4005**
红山区	33508	19518	2467	115	2749	544	1436	2000	226	4135	878
元宝山区	25248	14091	4362	2286	1116	517	1127	923	94	1192	289
松山区	45958	32380	19769	326	1055	294	2919	1187	114	2262	573
阿鲁科尔沁旗	21161	16882	13659	139	274	67	250	286	40	704	179
巴林左旗	25962	19768	15126	512	402	68	575	605	57	777	198
巴林右旗	12664	9336	5949	60	237	124	449	498	37	532	205
林西县	16405	11704	8136	294	314	64	400	356	37	668	155
克什克腾旗	17769	12993	7892	680	370	142	1249	369	32	566	365

金融业	房地产业	租赁和商务服务业	科学研究、技术服务和地质勘察业	水利、环境和公共设施管理业	居民服务和其他服务业	教育	卫生、社会保障和社会福利业	文化、体育和娱乐业	公共管理和社会组织	国际组织	三次产业人口占行业人口比重(%)		
											第一产业	第二产业	第三产业
1754	**330**	**1072**	**330**	**729**	**4841**	**6351**	**2757**	**630**	**7972**		**55.34**	**15.87**	**28.79**
754	189	394	166	252	1574	1889	928	255	1985		32.48	18.19	49.33
69	1	6	3	31	273	319	113	14	465		59.47	16.85	23.67
96	16	17	9	26	318	423	181	52	497		63.23	16.44	20.33
79	2	37	10	39	144	454	180	16	435		77.10	9.41	13.49
244	21	136	18	134	1069	987	386	80	662		58.87	15.62	25.51
31	1		5	51	59	163	55	14	274		49.65	26.73	23.62
31	3	22		4	67	104	53	14	268		61.52	15.45	23.03
30	5	6	6	19	86	200	82	20	286		62.72	13.44	23.84
22				17	70	118	44	15	226		74.56	6.37	19.06
70	5	59	16	38	208	442	128	19	377		64.85	14.29	20.86
17		10	1	7	54	74	31	6	229		67.34	6.61	26.05
21		1	1	12	61	154	50	16	251		73.51	4.47	22.02
24		5			97	59	17	5	161		69.88	7.24	22.88
31	4	5	1	2	77	105	47	5	436		59.90	14.32	25.78
19	22	5	5	2	75	167	77	21	313		72.96	5.25	21.79
139	54	57	86	39	345	334	211	50	672		26.78	26.18	47.03
77	7	312	3	56	264	359	174	28	435		40.56	28.81	30.62
1066	**238**	**289**	**87**	**427**	**3756**	**5128**	**1834**	**509**	**5697**		**48.71**	**22.11**	**29.18**
263	33	48	32	63	415	737	241	111	1344		16.75	25.62	57.62
92	49	13	1	21	286	571	203	50	500		55.05	20.88	24.07
76	14	22	3	13	193	353	90	42	372		25.91	39.87	34.22
67	3	12	2	12	329	347	140	19	327		61.50	13.03	25.47
89	13	21	7	56	614	523	159	69	356		64.66	13.76	21.58
56	2	17	2	42	313	475	141	31	390		36.77	33.23	30.00
14	1	9	1	4	70	90	30	4	129		74.05	9.04	16.91
25	5	4	3	8	124	164	37	15	211		71.25	8.13	20.62
28	1	32	9	13	115	166	63	14	171		66.08	14.34	19.58
41	8	15		10	141	245	68	8	269		25.76	43.60	30.64
43	3	22		17	127	146	64	10	183		55.21	13.74	31.05
157	67	35	7	105	577	635	248	73	839		22.34	39.81	37.85
115	39	39	20	63	452	676	350	63	606		49.38	19.13	31.49
12869	**9195**	**6537**	**4770**	**5927**	**37067**	**37184**	**17697**	**6408**	**48996**	**3**	**50.34**	**16.92**	**32.74**
2453	**1631**	**1930**	**1614**	**963**	**4028**	**6028**	**2610**	**1584**	**7525**	**2**	**29.36**	**21.26**	**49.38**
913	382	452	427	282	1075	1551	649	505	1919	2	1.83	28.47	69.70
303	281	351	150	102	684	770	502	326	905		1.42	25.82	72.76
235	324	232	209	219	803	559	323	196	746		6.77	32.43	60.80
756	592	843	787	240	883	1927	762	477	2363		16.83	22.32	60.86
70	34	25	30	51	178	459	142	25	546		67.87	11.93	20.21
40		7	4	44	127	278	72	25	228		65.70	12.70	21.60
54	6	15	3	14	149	216	71	9	352		71.42	10.92	17.66
27	6	4	1	6	38	125	30	3	219		66.99	10.79	22.22
55	6	1	3	5	91	143	59	18	247		70.43	8.17	21.39
1915	**1040**	**776**	**922**	**1006**	**7538**	**3803**	**2392**	**784**	**4234**	**1**	**20.39**	**31.05**	**48.56**
288	180	132	92	156	1575	689	542	116	587		8.61	26.10	65.29
590	488	287	467	300	3682	1169	812	317	1104	1	1.89	40.57	57.54
780	292	246	314	346	1081	1117	606	247	1427		2.81	42.33	54.86
6		10		7	44	12	23	2	76		28.72	37.28	34.00
9	9	1	2	8	18	44	23	3	41		0.30	61.83	37.87
83	28	50	18	46	367	253	127	32	279		23.40	32.62	43.98
92	33	26	21	43	254	273	126	32	327		64.57	11.77	23.66
36	10	7	2	31	208	129	76	21	176		68.30	11.78	19.92
31		17	6	69	309	117	57	14	217		52.84	14.92	32.24
373	**342**	**135**	**91**	**259**	**1210**	**754**	**399**	**180**	**1171**		**5.78**	**46.91**	**47.30**
285	227	102	85	161	582	506	293	135	811		3.68	42.55	53.78
30	76	15	5	54	198	85	38	8	139		11.76	54.21	34.03
58	39	18	1	44	430	163	68	37	221		5.63	51.34	43.03
1557	**613**	**756**	**377**	**526**	**5214**	**6671**	**2821**	**629**	**6141**		**66.76**	**11.79**	**21.45**
510	135	159	110	204	1291	785	595	207	972		12.64	24.82	62.54
129	58	199	45	39	492	581	247	28	367		30.96	35.81	33.23
244	178	110	167	87	625	1001	370	80	1019		61.05	14.19	24.76
48	78	13	1	3	181	383	140	21	416		80.91	4.32	14.77
81	11	21	5	9	272	545	159	19	326		76.52	7.88	15.61
37	11	29	1	33	506	265	80	24	259		63.72	9.32	26.96
47	17	19	6	16	384	317	142	29	303		69.51	9.16	21.33
76	10	100	5	42	201	334	149	53	358		60.74	18.79	20.47

表6 续表 6

地区	16岁及以上人口总计	各种行业人口总计	农林牧渔业	采矿业	制造业	电力、燃气及水的生产和供应业	建筑业	仓储和邮政业	交通运输、计算机服务和软件业	信息传输、批发和零售业	住宿和餐饮业
翁牛特旗	35300	27393	22789	52	382	95	816	361	40	1062	186
喀喇沁旗	22262	16854	12853	192	560	56	765	360	19	586	164
宁城县	43815	33826	26259	421	1134	110	1221	628	93	1289	385
敖汉旗	43483	34647	27227	547	799	123	981	614	76	1361	428
通辽市	**239426**	**179423**	**133508**	**1086**	**5238**	**1394**	**3683**	**6568**	**569**	**9353**	**2836**
科尔沁区	67522	45929	26132	68	2675	754	1332	3464	290	4184	902
科尔沁左翼中旗	37480	28874	25022	18	189	91	359	633	40	771	402
科尔沁左翼后旗	29486	23133	18845	200	277	94	337	374	49	867	391
开鲁县	30872	25393	21554	12	458	69	291	426	49	1027	258
库伦旗	13211	10777	8838	13	214	25	127	198	29	417	116
奈曼旗	30808	24464	20633	23	458	78	477	398	44	765	230
扎鲁特旗	21811	16339	12153	104	310	33	395	500	31	803	296
霍林郭勒市	8236	4514	331	648	657	250	365	575	37	519	241
鄂尔多斯市	**152664**	**103865**	**26264**	**10520**	**7015**	**1908**	**14753**	**8530**	**595**	**10216**	**4587**
东胜区	45450	30738	868	2001	2588	478	8183	1986	281	4478	1551
达拉特旗	25385	17192	7999	357	728	186	1278	2135	57	1485	726
准格尔旗	27679	16629	4088	3489	686	556	1218	1821	69	1246	705
鄂托克前旗	5865	4206	2208	430	103	60	201	173	25	285	134
鄂托克旗	11178	8145	1936	870	1627	190	633	589	30	817	353
杭锦旗	8982	6227	3224	33	267	70	491	311	21	479	215
乌审旗	9484	7173	3723	342	326	80	540	429	30	438	282
伊金霍洛旗	18641	13555	2218	2998	690	288	2209	1086	82	988	621
呼伦贝尔市	**195631**	**111810**	**51801**	**2880**	**6154**	**1851**	**4371**	**8418**	**768**	**10916**	**4204**
海拉尔区	25275	13906	1314	172	1132	305	829	2112	215	2625	870
阿荣旗	22611	17000	12981	23	411	68	596	472	43	847	297
莫力达瓦达斡尔族自治旗	20971	14010	11464	3	169	46	128	262	42	477	207
鄂伦春自治旗	17173	8778	4535	53	362	53	415	587	70	806	320
鄂温克族自治旗	10708	5549	1606	632	173	440	382	354	37	359	236
陈巴尔虎旗	4890	3063	1409	222	60	27	62	150	13	158	112
新巴尔虎左旗	3296	2380	1542	21	29	18	46	127	19	131	90
新巴尔虎右旗	2907	1984	745	185	52	22	116	104	8	153	100
满洲里市	19544	10796	318	922	1441	313	372	1895	78	2785	553
牙克石市	27126	10420	2226	468	953	289	486	1095	118	1017	628
扎兰屯市	26296	16467	10944	72	711	109	704	714	52	948	454
额尔古纳市	6076	3572	1636	86	150	50	53	204	26	295	157
根河市	8758	3885	1081	21	511	111	182	342	47	315	180
巴彦淖尔市	**132111**	**97676**	**52253**	**1747**	**6285**	**973**	**5270**	**5835**	**485**	**9140**	**3100**
临河区	44002	31071	12158	94	2274	362	2866	2425	263	3803	1349
五原县	22233	17146	10160	47	934	126	689	1143	45	1838	569
磴口县	9251	6689	4026	7	452	57	304	297	29	510	177
乌拉特前旗	22342	16139	9580	478	1240	204	479	807	46	1161	329
乌拉特中旗	9268	6938	4054	342	134	78	244	517	27	441	211
乌拉特后旗	4885	3610	1248	761	360	67	110	149	23	210	125
杭锦后旗	20130	16083	11027	18	891	79	578	497	52	1177	340
乌兰察布市	**175513**	**115768**	**70852**	**392**	**6186**	**1112**	**8001**	**6139**	**449**	**6966**	**3175**
集宁区	29145	15223	1309	39	1334	308	2211	2338	218	2632	915
卓资县	11538	7719	5406	43	223	76	435	272	26	259	212
化德县	10702	7313	4462	2	937	11	532	233	26	333	116
商都县	18963	13118	8574	63	549	34	1082	401	20	650	296
兴和县	17596	11863	7064	58	605	44	1235	902	24	509	410
凉城县	15191	10879	8868	10	158	120	295	185	17	296	130
察哈尔右翼前旗	13073	9005	6260	28	465	43	691	290	12	373	212
察哈尔右翼中旗	12740	9026	7528	2	163	34	188	168	22	260	120
察哈尔右翼后旗	13081	8836	6366	25	541	18	263	427	32	328	148
四子王旗	14299	10098	8136	84	228	25	304	170	18	380	150
丰镇市	19185	12688	6879	38	983	399	765	753	34	946	466
兴安盟	**113312**	**78475**	**54325**	**339**	**2289**	**573**	**2393**	**2552**	**278**	**4706**	**1774**
乌兰浩特市	23672	13705	3981	19	1075	253	906	966	140	2004	605
阿尔山市	3222	1412	515	3	72	19	69	160	12	104	123
科尔沁右翼前旗	22217	16537	14339	19	363	25	200	141	22	413	239
科尔沁右翼中旗	19795	14241	9906	168	266	134	400	586	41	837	353
扎赉特旗	26592	19417	15779	24	279	87	465	301	36	583	255
突泉县	17814	13163	9805	106	234	55	353	398	27	765	199

金融业	房地产业	租赁和商务服务业	科学研究、技术服务和地质勘察业	水利、环境和公共设施管理业	居民服务和其他服务业	教育	卫生、社会保障和社会福利业	文化、体育和娱乐业	公共管理和社会组织	国际组织	三次产业人口占行业人口比重(%) 第一产业	第二产业	第三产业
79	16	20	5	27	233	602	165	37	426		83.19	4.91	11.90
70	46	17	4	12	189	390	148	37	386		76.26	9.33	14.41
139	28	31	19	18	319	760	376	39	557		77.63	8.53	13.84
97	25	38	9	36	521	708	250	55	752		78.58	7.07	14.34
920	**535**	**251**	**226**	**388**	**2811**	**4132**	**1666**	**443**	**3816**		**74.41**	**6.35**	**19.24**
493	267	98	163	206	930	1498	762	214	1497		56.90	10.51	32.59
63	9	12	10	31	213	518	129	24	340		86.66	2.28	11.07
72	33	12	14	40	442	473	170	44	399		81.46	3.93	14.61
68	12	8	5	10	265	416	135	29	301		84.88	3.27	11.85
31	5	8		9	137	234	80	13	283		82.01	3.52	14.48
76	17	39	11	36	208	451	157	36	327		84.34	4.23	11.42
62	169	6	2	8	377	420	170	54	446		74.38	5.15	20.47
55	23	68	21	48	239	122	63	29	223		7.33	42.53	50.13
1248	**3019**	**768**	**338**	**613**	**3480**	**2595**	**1200**	**560**	**5656**		**25.29**	**32.92**	**41.79**
609	2477	321	179	233	847	763	491	295	2109		2.82	43.11	54.07
139	139	55	8	58	654	437	206	43	502		46.53	14.83	38.65
191	77	113	42	118	832	433	187	56	702		24.58	35.77	39.64
18	5	17	11	11	121	108	35	23	238		52.50	18.88	28.63
61	42	30	7	26	211	200	41	36	446		23.77	40.76	35.47
38	95	11	21	31	218	208	65	22	407		51.77	13.83	34.40
45	54	18	4	34	166	210	83	40	329		51.90	17.96	30.14
147	130	203	66	102	431	236	92	45	923		16.36	45.63	38.01
1172	**669**	**962**	**434**	**494**	**4365**	**3935**	**2260**	**786**	**5370**		**46.33**	**13.64**	**40.03**
398	264	169	234	116	700	680	430	212	1129		9.45	17.53	73.02
69	39	12	3	24	366	295	125	34	295		76.36	6.46	17.18
62	15	25	9	11	179	377	158	36	340		81.83	2.47	15.70
51	32	178	3	44	251	362	176	54	426		51.66	10.06	38.28
45	69	118	28	24	260	219	155	59	353		28.94	29.32	41.74
27	4	21		12	339	68	40	8	331		46.00	12.11	41.89
12	1	1	2	6	42	80	41	21	151		64.79	4.79	30.42
16	9	1	4	13	100	83	42	27	204		37.55	18.90	43.55
172	92	123	31	57	361	324	225	96	638		2.95	28.23	68.82
126	102	149	69	56	1005	587	416	105	525		21.36	21.07	57.56
105	22	18	33	76	331	439	253	56	426		66.46	9.69	23.85
37	12	22	11	12	302	169	75	42	233		45.80	9.49	44.71
52	8	125	7	43	129	252	124	36	319		27.82	21.24	50.94
1028	**555**	**242**	**126**	**558**	**2432**	**2218**	**1229**	**332**	**3868**		**53.50**	**14.61**	**31.89**
513	374	152	98	208	876	920	554	141	1641		39.13	18.01	42.86
118	45	31	1	60	449	289	173	34	395		59.26	10.47	30.27
51	11	7	9	84	109	150	61	20	328		60.19	12.26	27.55
163	64	21	8	92	340	380	179	51	517		59.36	14.88	25.76
56	14	12	5	16	166	125	61	32	403		58.43	11.50	30.07
21	11	2	1	17	108	78	39	20	260		34.57	35.96	29.47
106	36	17	4	81	384	276	162	34	324		68.56	9.74	21.70
784	**215**	**147**	**193**	**418**	**2413**	**2741**	**1058**	**364**	**4163**		**61.20**	**13.55**	**25.24**
310	158	40	123	197	494	774	417	167	1239		8.60	25.57	65.83
53	1	9	16	15	129	211	62	24	247		70.03	10.07	19.90
32	1	3		3	87	169	65	19	282		61.01	20.27	18.72
49	12	21	11	42	581	240	84	46	363		65.36	13.17	21.47
54	10	21	16	28	298	206	85	14	280		59.55	16.37	24.08
56	4	22	4	32	84	190	57	16	335		81.51	5.36	13.13
39	12	3	3	12	127	168	50	7	210		69.52	13.63	16.86
38	1	1		27	60	166	38	5	205		83.40	4.29	12.31
52		13	11	24	133	139	62	13	241		72.05	9.59	18.37
30	5	6	2	9	95	154	53	16	233		80.57	6.35	13.08
71	11	8	7	29	325	324	85	37	528		54.22	17.22	28.56
525	**185**	**184**	**180**	**209**	**1468**	**2351**	**1037**	**238**	**2869**		**69.23**	**7.13**	**23.65**
290	134	124	160	76	504	761	458	115	1134		29.05	16.44	54.51
22	3	13	2	24	41	50	43	12	125		36.47	11.54	51.98
12	8	2		15	123	320	80	20	196		86.71	3.67	9.62
78	26	25	9	49	260	463	187	30	423		69.56	6.80	23.64
59	6	14		23	234	426	161	32	653		81.26	4.40	14.33
64	8	6	9	22	306	331	108	29	338		74.49	5.68	19.83

表6 续表 7

地 区	16岁及以上人口总计	各种行业人口总计	农林牧渔业	采矿业	制造业	电力、燃气及水的生产和供应业	建筑业	仓储和邮政业	交通运输、计算机服务和软件业	信息传输、批发和零售业	住宿和餐饮业
锡林郭勒盟	**79991**	**52902**	**22484**	**1753**	**3003**	**1006**	**3294**	**3415**	**395**	**5736**	**2693**
二连浩特市	5746	3714	145	22	114	39	486	453	23	1521	272
锡林浩特市	17934	10949	1603	655	986	262	1154	1107	147	1404	722
阿巴嘎旗	3257	2188	1249	63	36	24	91	92	6	165	75
苏尼特左旗	2517	1847	1032	20	49	22	66	60	23	163	89
苏尼特右旗	5927	3744	1273	206	390	80	192	287	37	372	171
东乌珠穆沁旗	7095	4497	2257	217	198	54	112	263	33	407	216
西乌珠穆沁旗	6716	4605	2476	307	197	106	99	166	18	348	221
太仆寺旗	9573	6398	4599	7	230	23	274	212	32	247	118
镶黄旗	2224	1492	766	30	65	8	79	52	16	151	74
正镶白旗	4138	2755	1575	27	95	25	184	162	15	161	109
正蓝旗	6568	4713	2556	25	153	284	110	211	23	320	295
多伦县	8296	6000	2953	174	490	79	447	350	22	477	331
阿拉善盟	**19096**	**13103**	**2887**	**1550**	**1347**	**266**	**815**	**963**	**147**	**1331**	**707**
阿拉善左旗	14387	10027	2170	1169	1174	185	637	757	104	1020	528
阿拉善右旗	2208	1408	331	241	143	52	45	82	22	83	65
额济纳旗	2501	1668	386	140	30	29	133	124	21	228	114
辽宁省	**3713575**	**2345361**	**1036220**	**45561**	**316707**	**28831**	**93616**	**125852**	**19971**	**266412**	**65773**
沈阳市	**718072**	**424833**	**124638**	**3004**	**68026**	**5230**	**15960**	**24245**	**6083**	**76324**	**15100**
和平区	58583	28216	340	53	3639	837	2004	2052	758	6623	2108
沈河区	75282	42986	284	237	5820	773	1541	2720	1269	14613	2485
大东区	72117	35764	252	154	9749	527	1094	2883	678	9413	1300
皇姑区	84397	42167	179	136	9281	579	2363	2907	862	10011	2233
铁西区	91922	51374	1978	123	13599	988	1987	3430	1052	13331	2046
苏家屯区	42335	26625	9271	1365	4225	289	580	2344	187	3843	1083
东陵区	36268	20262	6693	72	3303	182	1532	1489	394	2565	509
沈北新区	39370	17361	7085	531	3478	155	690	791	105	1425	480
于洪区	59845	38840	6590	47	9196	368	2296	2519	532	7144	1264
辽中县	39962	29296	20296	19	1826	114	680	1087	53	2449	386
康平县	26800	20514	16369	177	428	139	280	463	48	933	214
法库县	34840	25666	20426	76	1420	102	394	365	51	904	357
新民市	56351	45762	34875	14	2062	177	519	1195	94	3070	635
大连市	**580793**	**349869**	**117533**	**1007**	**79404**	**3284**	**15655**	**20342**	**5637**	**42970**	**9914**
中山区	29458	14239	67	40	1706	221	567	1772	431	3278	1093
西岗区	27158	14323	53	9	3087	191	423	1316	365	3804	712
沙河口区	62586	30544	104	68	5775	751	1181	2360	1582	6488	1487
甘井子区	112563	59826	1741	244	18826	749	4479	5402	2410	10903	2028
旅顺口区	28879	14837	2639	77	5241	174	855	775	139	2013	498
金州区	96906	59520	11442	142	23195	456	3027	3583	370	6798	1973
长海县	6638	3673	1989		191	24	156	233	36	379	102
瓦房店市	79259	54691	32608	218	9331	289	1640	2292	99	3864	857
普兰店市	65193	45127	31050	95	6127	206	1160	1233	104	2147	477
庄河市	72153	53089	35840	114	5925	223	2167	1376	101	3296	687
鞍山市	**307573**	**184141**	**67719**	**3748**	**32736**	**2763**	**7724**	**11187**	**1175**	**24416**	**4837**
铁东区	47880	22772	29	491	5044	1060	921	1311	362	3886	844
铁西区	25304	11282	37	163	3051	328	554	914	109	2650	542
立山区	39279	19345	260	580	7030	417	1565	1353	174	3154	849
千山区	23752	12694	2860	1057	2351	46	1046	1706	73	2046	407
台安县	27335	20580	16340	10	463	105	483	650	49	903	266
岫岩满族自治县	39059	26169	16766	221	2683	118	815	901	69	2033	388
海城市	104964	71299	31427	1226	12114	689	2340	4352	339	9744	1541
抚顺市	**181496**	**101327**	**31857**	**3657**	**16328**	**2457**	**4638**	**6593**	**759**	**12030**	**4499**
新抚区	21586	11658	201	300	1977	723	454	817	144	2657	585
东洲区	28145	12620	639	1264	2973	596	1037	1181	129	1995	775
望花区	33112	13314	701	681	4617	212	714	764	129	1859	795
顺城区	40104	21465	1086	409	4906	734	1195	1969	269	3255	1228
抚顺县	14027	10280	8240	165	397	11	307	316	12	277	180
新宾满族自治县	21061	14792	9993	141	797	69	377	727	49	824	456
清原满族自治县	23461	17198	10997	697	661	112	554	819	27	1163	480
本溪市	**141061**	**80857**	**22721**	**4254**	**13376**	**1869**	**3807**	**5763**	**609**	**9251**	**2999**
平山区	30649	16419	415	480	5098	683	546	1826	195	2615	602
溪湖区	19027	8631	1222	805	1950	161	370	803	79	1183	294
明山区	32239	17557	1040	589	3644	559	536	1352	166	2712	714
南芬区	7013	3655	1160	1060	435	34	113	138	9	216	101
本溪满族自治县	24394	14227	5781	919	1549	173	702	1052	110	1383	621
桓仁满族自治县	27739	20368	13103	401	700	259	1540	592	50	1142	667

金融业	房地产业	租赁和商务服务业	科学研究、技术服务和地质勘察业	水利、环境和公共设施管理业	居民服务和其他服务业	教育	卫生、社会保障和社会福利业	文化、体育和娱乐业	公共管理和社会组织	国际组织	三次产业人口占行业人口比重(%) 第一产业	第二产业	第三产业
663	**286**	**199**	**137**	**299**	**1698**	**1515**	**748**	**369**	**3209**		**42.50**	**17.12**	**40.38**
46	34	16	6	37	143	89	36	26	206		3.90	17.80	78.30
257	124	71	88	123	396	537	289	162	862		14.64	27.92	57.44
31	2	8	5	11	53	39	37	13	188		57.08	9.78	33.14
31	2	3		8	39	55	20	13	152		55.87	8.50	35.63
34		18	5	18	221	114	59	17	250		34.00	23.18	42.82
47	30	16	11	35	205	96	47	31	222		50.19	12.92	36.89
29	23	21	3	12	124	102	50	19	284		53.77	15.40	30.84
54	11	6	7	5	94	145	42	19	273		71.88	8.35	19.77
20					28	37	25	6	135		51.34	12.20	36.46
21	7	11	2	3	72	78	29	10	169		57.17	12.01	30.82
49	33	14	2	32	162	113	65	26	240		54.23	12.14	33.63
44	20	15	8	15	161	110	49	27	228		49.22	19.83	30.95
231	**105**	**187**	**132**	**194**	**410**	**441**	**277**	**139**	**974**		**22.03**	**30.36**	**47.61**
186	77	176	94	139	269	327	195	101	719		21.64	31.56	46.79
17	14	5	29	25	25	51	36	10	132		23.51	34.16	42.33
28	14	6	9	30	116	63	46	28	123		23.14	19.90	56.95
31464	**23114**	**20858**	**10119**	**12897**	**62756**	**63977**	**36575**	**12079**	**72554**	**25**	**44.18**	**20.67**	**35.15**
8177	**7514**	**4936**	**3727**	**3596**	**13331**	**16143**	**8896**	**3791**	**16098**	**14**	**29.34**	**21.71**	**48.95**
1159	887	573	530	333	1031	1694	1206	593	1795	1	1.20	23.15	75.64
1710	1135	655	997	632	1756	2095	1249	748	2262	5	0.66	19.47	79.87
946	971	717	306	458	1479	1638	990	389	1818	2	0.70	32.22	67.07
1393	1239	778	689	347	1442	2840	1462	678	2745	3	0.42	29.31	70.27
1158	1294	960	559	583	2060	1937	1456	635	2196	2	3.85	32.50	63.65
281	266	157	38	253	956	566	383	64	474		34.82	24.26	40.92
237	414	251	105	144	587	765	254	176	590		33.03	25.12	41.85
121	188	161	123	245	325	757	195	66	440		40.81	27.96	31.23
677	931	480	312	267	1986	1834	694	286	1416	1	16.97	30.66	52.38
129	22	39	12	44	701	549	285	37	568		69.28	9.01	21.71
88	19	28	25	55	156	388	174	32	498		79.79	4.99	15.21
114	23	38	16	42	289	388	156	40	465		79.58	7.76	12.65
164	125	99	15	193	563	692	392	47	831		76.21	6.06	17.73
6028	**6158**	**4006**	**1870**	**1945**	**7429**	**10304**	**5510**	**2234**	**8634**	**5**	**33.59**	**28.40**	**38.01**
814	653	436	141	143	587	589	487	302	911	1	0.47	17.80	81.73
574	557	443	216	132	420	588	424	218	791		0.37	25.90	73.73
1562	1230	916	483	285	925	2148	1102	496	1600	1	0.34	25.46	74.20
1406	2062	957	511	505	1598	2578	1184	568	1673	2	2.91	40.61	56.48
182	214	94	51	211	378	463	265	98	469	1	17.79	42.78	39.44
662	1083	832	320	309	1576	1569	637	351	1195		19.22	45.06	35.72
52	7	20	7	38	61	121	48	16	193		54.15	10.10	35.75
272	130	81	20	110	730	826	476	88	760		59.62	20.99	19.39
244	88	83	41	76	414	646	385	44	507		68.81	16.81	14.38
260	134	144	80	136	740	776	502	53	535		67.51	15.88	16.61
2967	**1667**	**1297**	**800**	**862**	**5666**	**4939**	**3379**	**933**	**5326**		**36.78**	**25.51**	**37.72**
1201	589	240	491	209	789	1485	1156	384	2280		0.13	33.01	66.87
171	188	348	110	92	969	364	227	104	361		0.33	36.31	63.37
364	400	467	129	185	907	500	448	120	443		1.34	49.58	49.07
50	51	52	10	61	316	164	91	30	277		22.53	35.45	42.02
108	15	17	5	54	275	335	154	25	323		79.40	5.16	15.45
171	24	18	13	54	363	541	248	74	669		64.07	14.66	21.27
902	400	155	42	207	2047	1550	1055	196	973		44.08	22.96	32.96
1694	**726**	**1076**	**522**	**671**	**4229**	**3099**	**1692**	**628**	**4172**		**31.44**	**26.73**	**41.83**
461	131	386	90	117	615	512	438	135	915		1.72	29.63	68.65
161	123	113	77	160	654	243	153	69	278		5.06	46.51	48.42
165	165	275	193	133	644	552	212	90	413		5.27	46.75	47.99
643	276	229	142	198	1403	993	560	240	1730		5.06	33.75	61.19
22	4	11	4	8	92	104	46	11	73		80.16	8.56	11.28
113	7	18	9	23	382	311	120	43	333		67.56	9.36	23.09
129	20	44	7	32	439	384	163	40	430		63.94	11.77	24.29
1228	**835**	**2167**	**368**	**710**	**2371**	**2354**	**1863**	**491**	**3820**	**1**	**28.10**	**28.82**	**43.08**
332	227	692	159	145	423	515	548	110	808		2.53	41.46	56.01
86	90	101	20	113	600	129	130	61	434		14.16	38.07	47.77
502	379	1217	130	219	480	900	718	201	1498	1	5.92	30.35	63.73
13	3	2	3	11	149	52	47	6	103		31.74	44.92	23.34
133	53	65	42	128	352	360	222	61	521		40.63	23.50	35.87
162	83	90	14	94	367	398	198	52	456		64.33	14.24	21.43

表6 续表 8

地 区	16岁及以上人口总 计	各种行业人口总计	农 林牧渔业	采矿业	制造业	电力、燃气及水的生产和供应业	建筑业	仓储和邮政业	交通运输、计算机服务和 软件业	信息传输、批发和零售业	住宿和餐饮业
丹东市	**205372**	**137355**	**60577**	**3058**	**18653**	**1541**	**6997**	**8492**	**824**	**15630**	**4267**
元宝区	18344	9981	397	32	1973	165	623	755	166	2668	625
振兴区	38637	22339	1413	104	5597	724	1499	2220	353	3936	1073
振安区	16116	9280	3049	157	1552	110	1226	611	31	979	363
宽甸满族自治县	33754	24871	16568	545	1201	180	1253	957	59	1573	508
东港市	52607	38915	21771	90	5299	185	1571	2006	123	3956	817
凤城市	45914	31969	17379	2130	3031	177	825	1943	92	2518	881
锦州市	**264765**	**174591**	**107466**	**1008**	**12218**	**2133**	**6390**	**9329**	**861**	**13831**	**3055**
古塔区	24186	10781	90	15	2519	436	496	956	169	2273	552
凌河区	34245	15173	288	23	2540	708	918	2335	315	2814	567
太和区	33759	19403	8056	63	2601	480	1963	1388	99	1905	482
黑山县	53528	40086	30816	470	1117	193	577	1584	94	2467	493
义县	33770	25815	21229	127	577	71	470	593	42	911	243
凌海市	42231	29817	20843	279	1558	129	1265	1327	85	1717	395
北镇市	43046	33516	26144	31	1306	116	701	1146	57	1744	323
营口市	**198235**	**132354**	**52258**	**771**	**23334**	**1139**	**5410**	**11294**	**658**	**16395**	**4317**
站前区	24561	12828	39	13	3259	382	375	1045	214	2833	578
西市区	13355	6259	67	5	2047	116	191	686	81	1167	262
鲅鱼圈区	34644	22345	4179	24	4701	297	1307	3290	84	3762	1351
老边区	9909	6542	1235	27	2160	35	478	712	33	848	164
盖州市	58935	44238	29359	114	3827	131	1428	2124	123	3417	917
大石桥市	56831	40142	17379	588	7340	178	1631	3437	123	4368	1045
阜新市	**155445**	**100561**	**62203**	**3996**	**4614**	**1281**	**1993**	**4257**	**418**	**6451**	**1977**
海州区	22338	9422	282	937	808	437	300	1124	92	1286	295
新邱区	7104	2996	589	525	457	26	123	297	12	361	123
太平区	14526	6049	368	549	790	273	207	656	53	1096	290
清河门区	5150	2341	533	903	68	32	53	166	22	231	61
细河区	18369	8386	658	263	997	322	466	764	106	1350	301
阜新蒙古族自治县	56676	46340	38982	797	1056	109	619	594	87	1128	657
彰武县	31282	25027	20791	22	438	82	225	656	46	999	250
辽阳市	**153349**	**105401**	**44440**	**3108**	**14773**	**1276**	**5194**	**5941**	**691**	**11953**	**3354**
白塔区	19446	10918	205	52	1662	283	740	940	246	2513	686
文圣区	16111	9033	93	29	2019	235	351	647	84	2004	513
宏伟区	12471	7413	697	37	2686	298	716	432	34	789	224
弓长岭区	7435	4158	733	1297	226	26	183	404	30	356	263
太子河区	11355	7582	1465	7	1522	164	814	484	77	1170	269
辽阳县	46437	36011	22892	280	4163	91	1390	1467	170	2235	893
灯塔市	40094	30286	18355	1406	2495	179	1000	1567	50	2886	506
盘锦市	**111531**	**69811**	**26832**	**7421**	**4875**	**1211**	**2554**	**3447**	**456**	**7441**	**2012**
双台子区	17163	9470	400	56	1471	245	593	1027	102	2172	486
兴隆台区	38444	22802	491	7131	1915	771	918	1148	248	2487	749
大洼县	32267	20782	12824	143	905	138	650	785	80	1927	521
盘山县	23657	16757	13117	91	584	57	393	487	26	855	256
铁岭市	**232099**	**166458**	**112336**	**3646**	**6737**	**2268**	**4208**	**4657**	**821**	**9762**	**4559**
银州区	31808	18477	1331	61	2346	853	695	1389	382	3495	1298
清河区	7715	4791	2803	6	255	447	386	114	14	172	120
铁岭县	28469	22375	18872	107	405	57	943	281	34	510	310
西丰县	24557	17608	15065	11	219	46	151	255	39	578	251
昌图县	71691	59465	50722	31	835	230	691	1006	93	2081	684
调兵山市	20465	10760	2389	3409	748	304	615	530	49	571	776
开原市	47394	32982	21154	21	1929	331	727	1082	210	2355	1120
朝阳市	**250659**	**176622**	**117541**	**4134**	**8943**	**1238**	**7734**	**5042**	**500**	**10634**	**2768**
双塔区	34151	20140	2967	131	2586	452	1443	1199	219	3826	850
龙城区	16403	10269	4317	46	1148	131	1433	540	27	1183	191
朝阳县	39344	29807	26157	866	281	24	895	199	27	441	159
建平县	42268	31799	23015	1232	866	145	997	1115	73	1370	409
喀喇沁左翼蒙古族自治县	30227	23546	17170	496	899	50	992	494	38	1132	305
北票市	43075	29093	21132	1154	1338	236	767	722	48	1093	469
凌源市	45191	31968	22783	209	1825	200	1207	773	68	1589	385
葫芦岛市	**213125**	**141181**	**88099**	**2749**	**12690**	**1141**	**5352**	**5263**	**479**	**9324**	**2115**
连山区	50586	31375	14560	992	3951	287	1212	1760	141	3783	588
龙港区	20124	11402	524	35	4945	171	596	500	150	1224	307
南票区	9451	4880	2452	1044	154	132	75	145	11	261	63
绥中县	47307	35051	28976	43	586	298	637	1048	40	1311	336
建昌县	40572	29324	22405	576	748	100	1391	576	48	1066	396
兴城市	45085	29149	19182	59	2306	153	1441	1234	89	1679	425

金融业	房地产业	租赁和商务服务业	科学研究、技术服务和地质勘察业	水利、环境和公共设施管理业	居民服务和其他服务业	教育	卫生、社会保障和社会福利业	文化、体育和娱乐业	公共管理和社会组织	国际组织	三次产业人口占行业人口比重(%) 第一产业	第二产业	第三产业
1695	**1327**	**434**	**335**	**684**	**3631**	**3130**	**1985**	**621**	**3472**	**2**	**44.10**	**22.02**	**33.87**
363	299	70	39	117	505	305	278	121	480		3.98	27.98	68.04
592	614	168	124	230	1060	747	657	249	979		6.33	35.47	58.20
80	143	26	13	40	282	222	115	35	244	2	32.86	32.81	34.33
150	80	35	21	98	293	514	229	56	551		66.62	12.78	20.60
298	120	78	30	118	786	656	353	78	580		55.95	18.36	25.69
212	71	57	108	81	705	686	353	82	638		54.36	19.28	26.36
1520	**552**	**570**	**481**	**536**	**3502**	**3847**	**2231**	**605**	**4456**		**61.55**	**12.46**	**25.99**
376	110	164	79	116	565	587	502	143	633		0.83	32.15	67.02
413	203	180	265	159	751	909	575	212	998		1.90	27.61	70.49
180	109	40	72	76	453	504	238	72	622		41.52	26.32	32.16
173	50	14	31	44	442	559	326	84	552		76.87	5.88	17.25
91	8	15	1	25	350	391	151	26	494		82.24	4.82	12.94
128	14	128	10	29	562	415	210	38	685		69.90	10.84	19.26
159	58	29	23	87	379	482	229	30	472		78.00	6.43	15.57
1345	**920**	**1184**	**229**	**582**	**4096**	**2666**	**1611**	**489**	**3656**		**39.48**	**23.16**	**37.36**
410	228	561	77	110	471	510	356	161	1206		0.30	31.41	68.29
191	86	120	28	69	239	251	139	72	442		1.07	37.69	61.24
246	388	231	61	239	846	559	260	90	430		18.70	28.32	52.97
42	28	58	11	64	243	123	50	14	217		18.88	41.27	39.85
163	92	20	9	15	1046	519	365	49	520		66.37	12.43	21.20
293	98	194	43	85	1251	704	441	103	841		43.29	24.26	32.45
723	**368**	**1046**	**222**	**425**	**2560**	**2537**	**1273**	**355**	**3862**		**61.86**	**11.82**	**26.33**
219	136	812	80	68	323	464	376	99	1284		2.99	26.34	70.66
12	18	11	1	36	103	57	41	10	194		19.66	37.75	42.59
41	53	58	12	123	989	146	95	48	202		6.08	30.07	63.85
10	4	10	2	4	94	55	18	4	71		22.77	45.11	32.12
236	116	94	83	149	464	628	332	96	961		7.85	24.42	67.73
110	29	48	37	23	358	804	257	55	590		84.12	5.57	10.31
95	12	13	7	22	229	383	154	43	560		83.07	3.06	13.86
1339	**445**	**932**	**286**	**620**	**3624**	**2667**	**1627**	**423**	**2708**		**42.16**	**23.10**	**34.73**
462	143	152	116	153	661	551	454	139	760		1.88	25.07	73.05
286	124	80	49	103	787	425	355	107	742		1.03	29.16	69.81
74	34	91	69	153	378	265	118	25	293		9.40	50.41	40.19
49	4	21	3	39	224	87	72	15	126		17.63	41.65	40.72
95	39	474	12	72	294	177	137	48	262		19.32	33.07	47.61
205	78	38	28	65	837	571	268	57	283		63.57	16.45	19.98
168	23	76	9	35	443	591	223	32	242		60.61	16.77	22.62
784	**881**	**955**	**805**	**781**	**1864**	**1976**	**1206**	**368**	**3939**	**3**	**38.44**	**23.01**	**38.56**
205	96	80	55	384	702	386	317	84	609		4.22	24.97	70.80
409	729	367	717	154	429	882	576	187	2491	3	2.15	47.08	50.77
143	37	499	29	208	514	434	208	87	650		61.71	8.83	29.46
27	19	9	4	35	219	274	105	10	189		78.28	6.71	15.01
1708	**866**	**1187**	**76**	**422**	**4310**	**3392**	**1716**	**502**	**3285**		**67.49**	**10.13**	**22.39**
902	369	435	38	165	1413	1080	538	247	1440		7.20	21.40	71.39
32	6	2	1	35	69	88	58	12	171		58.51	22.83	18.66
40	9	72	2	52	340	150	75	18	98		84.34	6.76	8.90
95	38	10	2	14	53	287	87	13	394		85.56	2.43	12.02
200	83	130	7	68	820	825	283	54	622		85.30	3.01	11.70
112	63	88	10	16	336	303	211	27	203		22.20	47.17	30.62
327	298	450	16	72	1279	659	464	131	357		64.14	9.12	26.74
1115	**459**	**347**	**162**	**590**	**3906**	**4010**	**1990**	**323**	**5186**		**66.55**	**12.48**	**20.97**
543	296	99	112	179	1638	1072	584	173	1771		14.73	22.90	62.37
36	27	21	8	161	506	181	110	9	194		42.04	26.86	31.10
23	4	10		8	132	330	111	7	133		87.75	6.93	5.31
146	26	55	7	43	569	624	283	30	794		72.38	10.19	17.43
93	58	26	10	99	304	537	203	25	615		72.92	10.35	16.73
119	26	50	20	51	298	570	315	44	641		72.64	12.01	15.35
155	22	86	5	49	459	696	384	35	1038		71.27	10.76	17.97
1141	**396**	**721**	**236**	**473**	**2237**	**2913**	**1596**	**316**	**3940**		**62.40**	**15.53**	**22.06**
327	127	140	58	181	873	598	440	99	1258		46.41	20.53	33.06
308	207	89	100	135	331	438	279	98	965		4.60	50.40	45.00
18	2	3	3	10	118	92	72	17	208		50.25	28.79	20.96
98	18	87	8	32	208	483	183	19	640		82.67	4.46	12.87
109	20	261	22	24	236	603	222	25	496		76.40	9.60	14.00
281	22	141	45	91	471	699	400	58	373		65.81	13.58	20.61

表6 续表 9

地 区	16岁及以上人口总 计	各种行业人口总计	农 林牧渔业	采矿业	制造业	电力、燃气及水的生产和供应业	建筑业	仓储和邮政业	交通运输、计算机服务和 软件业	信息传输、批发和零售业	住宿和餐饮业
吉林省	**2209254**	**1429001**	**849219**	**17953**	**97181**	**13860**	**38715**	**60323**	**8033**	**125501**	**40178**
长春市	**650180**	**414564**	**238518**	**1383**	**34782**	**3941**	**9544**	**16107**	**3018**	**42665**	**8388**
南关区	76787	34547	3365	149	4181	1230	1332	2080	633	7093	1617
宽城区	57129	33393	11100	49	4441	366	1248	3109	271	7171	1053
朝阳区	68206	31978	2796	125	5754	665	987	1564	906	5780	1458
二道区	51157	30111	10040	446	4578	602	1033	1839	273	5844	698
绿园区	72083	39766	3559	219	11712	546	1844	2981	558	7467	1370
双阳区	32812	22302	17635	139	590	90	263	549	51	1010	207
农安县	82387	63964	56634	43	659	75	278	1167	83	2042	392
九台市	52795	38198	31427	157	679	117	628	708	80	1418	468
榆树市	93451	72675	62681	38	857	133	1178	1273	88	2839	661
德惠市	63373	47630	39281	18	1331	117	753	837	75	2001	464
吉林市	**351810**	**224745**	**123512**	**2644**	**19761**	**2766**	**8332**	**9134**	**1240**	**20460**	**6669**
昌邑区	57241	31241	7413	61	5865	630	1858	2485	367	5285	1111
龙潭区	40103	21842	8784	187	4073	590	1503	877	148	1866	759
船营区	37891	19051	5224	16	1873	392	1360	1150	220	3459	751
丰满区	25443	13352	3794	33	1995	332	621	588	108	1746	512
永吉县	31383	24083	17840	118	598	69	1191	450	72	1341	777
蛟河市	37059	26530	18259	211	1218	171	606	1090	80	1744	900
桦甸市	33283	22526	14347	884	775	302	408	882	78	1196	380
舒兰市	54024	40328	29616	891	1600	154	365	947	119	2445	877
磐石市	35383	25792	18235	243	1764	126	420	665	48	1378	602
四平市	**275710**	**193816**	**144816**	**445**	**8120**	**1094**	**1992**	**6340**	**626**	**11655**	**3003**
铁西区	22960	12435	2291	22	1897	296	306	1035	211	1822	635
铁东区	28530	14894	5223	63	2756	249	340	894	142	1994	494
梨树县	61338	46879	40204	67	827	59	273	852	75	1587	507
伊通满族自治县	38067	29091	24141	79	668	44	339	679	41	1186	428
公主岭市	91623	66520	55346	188	1485	140	356	1419	98	3715	533
双辽市	33192	23997	17611	26	487	306	378	1461	59	1351	406
辽源市	**102311**	**64977**	**42939**	**945**	**3814**	**488**	**1509**	**1910**	**235**	**3560**	**1583**
龙山区	24231	11626	2622	86	1740	338	469	688	115	1406	445
西安区	14315	5299	1239	676	845	62	173	251	19	550	276
东丰县	31343	24128	19768	19	585	59	275	498	70	866	345
东辽县	32422	23924	19310	164	644	29	592	473	31	738	517
通化市	**189692**	**121902**	**66467**	**2171**	**10104**	**1481**	**4307**	**5965**	**677**	**11664**	**4518**
东昌区	29371	15660	1349	45	2410	601	1020	1836	255	3399	689
二道江区	12357	5479	700	380	2141	178	470	287	41	373	201
通化县	19712	13432	8177	289	869	92	604	549	64	939	453
辉南县	28416	19592	12675	197	1380	98	397	704	68	1363	625
柳河县	30508	21406	15493	114	1081	53	574	433	61	1190	885
梅河口市	50520	32357	18919	1088	1654	375	673	1630	143	3544	1070
集安市	18808	13976	9154	58	569	84	569	526	45	856	595
白山市	**105590**	**56648**	**17425**	**4096**	**5563**	**1099**	**2760**	**4120**	**467**	**6484**	**3244**
浑江区	30185	15960	1370	1733	1283	512	1159	1345	241	3027	1055
江源区	20322	9157	1682	1958	1494	122	348	657	49	761	588
抚松县	25261	13962	6306	30	1571	188	542	891	89	1212	588
靖宇县	10971	7241	3828	122	286	69	274	537	30	552	391
长白朝鲜族自治县	5973	3763	1687	20	228	94	135	278	23	309	250
临江市	12878	6565	2552	233	701	114	302	412	35	623	372
松原市	**208018**	**141818**	**106812**	**4376**	**2367**	**1009**	**2404**	**4000**	**287**	**6448**	**2218**
宁江区	48576	25880	9529	3922	820	523	989	1779	113	2325	665
前郭尔罗斯蒙古族自治县	41517	29071	23123	280	529	359	428	518	62	1263	451
长岭县	46389	33756	28938	30	427	46	316	571	33	1054	465
乾安县	20569	14001	11093	137	233	36	190	371	20	503	226
扶余县	50967	39110	34129	7	358	45	481	761	59	1303	411
白城市	**152678**	**102139**	**67327**	**322**	**3466**	**765**	**3273**	**5799**	**343**	**7576**	**2310**
洮北区	39469	23760	12018	39	898	395	1224	2140	151	2412	674
镇赉县	20213	13942	9681	98	542	53	337	696	32	709	290
通榆县	29305	21065	15607	19	571	95	411	931	49	1260	417
洮南市	37231	25931	18023	45	1006	165	613	1205	58	2187	497
大安市	26460	17441	11998	121	449	57	688	827	53	1008	432
延边朝鲜族自治州	**173265**	**108392**	**41403**	**1571**	**9204**	**1217**	**4594**	**6948**	**1140**	**14989**	**8245**
延吉市	45982	29328	2644	126	2264	333	2036	2453	648	7747	3172
图们市	9764	5795	966	49	992	73	111	939	146	1050	587
敦化市	36502	24383	13775	26	2736	174	457	1061	96	2264	801

金融业	房地产业	租赁和商务服务业	科学研究、技术服务和地质勘察业	水利、环境和公共设施管理业	居民服务和其他服务业	教育	卫生、社会保障和社会福利业	文化、体育和娱乐业	公共管理和社会组织	国际组织	三次产业人口占行业人口比重(%) 第一产业	第二产业	第三产业
13839	**6697**	**5185**	**4047**	**6445**	**31953**	**41481**	**20346**	**6021**	**42012**	**12**	**59.43**	**11.74**	**28.84**
4741	**2963**	**2334**	**2430**	**2207**	**7480**	**15050**	**6361**	**2519**	**10131**	**2**	**57.53**	**11.98**	**30.49**
1214	669	724	699	375	1445	2991	1098	801	2851		9.74	19.95	70.31
376	380	181	58	157	1020	965	455	203	789	1	33.24	18.28	48.48
1116	584	456	763	497	1029	3570	1413	672	1843		8.74	23.55	67.71
433	460	205	147	225	771	1092	514	223	688		33.34	22.11	44.54
852	646	441	643	423	1173	2321	1292	407	1311	1	8.95	36.01	55.04
96	20	9	5	103	355	465	214	27	474		79.07	4.85	16.07
145	19	47	13	105	375	1072	296	25	494		88.54	1.65	9.81
158	55	44	41	91	341	779	370	51	586		82.27	4.14	13.59
184	54	46	22	155	529	1058	347	50	482		86.25	3.04	10.72
167	76	181	39	76	442	737	362	60	613		82.47	4.66	12.87
2172	**1433**	**851**	**511**	**1087**	**5806**	**6601**	**3490**	**831**	**7437**	**8**	**54.96**	**14.91**	**30.14**
489	517	203	167	231	1264	1311	764	203	1017		23.73	26.93	49.34
129	251	178	65	166	797	624	348	80	415	2	40.22	29.09	30.70
562	197	168	84	199	671	874	579	165	1106	1	27.42	19.11	53.47
271	196	124	96	110	727	741	347	102	909		28.42	22.33	49.26
90	38	45	31	44	466	407	185	44	277		74.08	8.20	17.72
134	44	21	15	44	459	579	336	78	541		68.82	8.32	22.86
175	63	27	29	51	346	536	209	49	1784	5	63.69	10.52	25.79
187	57	11	3	184	544	956	432	58	882		73.44	7.46	19.10
135	70	74	21	58	532	573	290	52	506		70.70	9.90	19.40
1173	**302**	**181**	**347**	**430**	**3157**	**4052**	**2045**	**337**	**3700**	**1**	**74.72**	**6.01**	**19.27**
451	150	53	104	125	440	861	624	79	1032	1	18.42	20.27	61.30
152	72	33	38	84	1094	556	288	47	375		35.07	22.88	42.05
146	27	7	38	53	361	749	289	82	676		85.76	2.62	11.62
97	8	5	6	35	270	427	217	34	387		82.98	3.88	13.13
205	20	65	142	66	678	913	414	60	677		83.20	3.26	13.54
122	25	18	19	67	314	546	213	35	553		73.39	4.99	21.62
573	**226**	**105**	**52**	**215**	**2372**	**1476**	**835**	**172**	**1968**		**66.08**	**10.40**	**23.52**
347	139	49	44	104	987	506	397	91	1053		22.55	22.65	54.80
43	20	30	2	35	719	117	89	27	126		23.38	33.14	43.48
127	57	15	3	48	203	441	219	26	504		81.93	3.89	14.18
56	10	11	3	28	463	412	130	28	285		80.71	5.97	13.31
1479	**309**	**352**	**193**	**476**	**2574**	**3020**	**1737**	**366**	**4042**		**54.52**	**14.82**	**30.66**
571	89	137	100	172	457	647	458	153	1272		8.61	26.03	65.36
47	4	8	5	8	185	184	87	21	159		12.78	57.84	29.38
80	47	21	16	50	267	323	132	30	430		60.88	13.80	25.32
187	25	65	9	67	423	457	236	31	585		64.69	10.58	24.73
115	28	41	9	79	313	333	181	41	382		72.38	8.51	19.11
300	100	45	47	66	663	694	483	68	795		58.47	11.71	29.82
179	16	35	7	34	266	382	160	22	419		65.50	9.16	25.34
856	**279**	**283**	**122**	**367**	**2187**	**2137**	**1227**	**286**	**3645**	**1**	**30.76**	**23.86**	**45.38**
454	119	153	53	166	727	722	469	112	1259	1	8.58	29.37	62.05
101	32	6	5	82	437	277	160	37	361		18.37	42.83	38.80
149	41	79	32	44	353	589	342	45	871		45.17	16.70	38.14
41	56	29	15	15	232	209	114	26	415		52.87	10.37	36.76
44	9	10	7	22	122	128	45	26	326		44.83	12.68	42.49
67	22	6	10	38	316	212	97	40	413		38.87	20.56	40.56
728	**482**	**250**	**119**	**359**	**2356**	**2782**	**1409**	**257**	**3155**		**75.32**	**7.16**	**17.52**
368	415	159	93	185	1102	921	604	129	1239		36.82	24.17	39.01
116	40	25	11	64	198	609	261	43	691		79.54	5.49	14.97
106	15	30	8	37	467	495	221	35	462		85.73	2.43	11.85
63		14	6	39	226	298	162	25	359		79.23	4.26	16.51
75	12	22	1	34	363	459	161	25	404		87.26	2.28	10.46
621	**126**	**118**	**85**	**488**	**2020**	**2744**	**1325**	**252**	**3179**		**65.92**	**7.66**	**26.42**
290	66	66	40	149	561	878	485	124	1150		50.58	10.76	38.66
68	9	18	15	118	214	332	170	28	532		69.44	7.39	23.17
62	6	27	7	67	456	419	180	34	447		74.09	5.20	20.71
96	27	2	15	71	465	555	284	53	564		69.50	7.05	23.44
105	18	5	8	83	324	560	206	13	486		68.79	7.54	23.67
1496	**577**	**711**	**188**	**816**	**4001**	**3619**	**1917**	**1001**	**4755**		**38.20**	**15.30**	**46.50**
814	394	442	113	284	1657	1378	826	633	1364		9.02	16.23	74.76
85	33	13	5	29	182	168	75	15	277		16.67	21.14	62.19
200	47	60	6	158	436	693	316	138	939		56.49	13.92	29.59

表6 续表 10

地 区	16岁及以上人口总 计	各种行业人口总计	农 林牧渔业	采矿业	制造业	电力、燃气及水的生产和供应业	建筑业	仓储和邮政业	交通运输、计算机服务和 软件业	信息传输、批发和零售业	住宿和餐饮业
珲春市	17303	9493	2885	782	800	221	551	576	66	1122	811
龙井市	11730	6154	2640	33	382	88	367	343	25	497	858
和龙市	14626	9009	4692	314	605	72	451	528	38	563	561
汪清县	20113	12317	7377	101	866	148	259	497	54	922	467
安图县	17245	11913	6424	140	559	108	362	551	67	824	988
黑龙江省	**3000940**	**1868107**	**1033174**	**51665**	**132186**	**21072**	**64997**	**95563**	**11690**	**165350**	**54582**
哈尔滨市	**841104**	**508457**	**258585**	**1499**	**46891**	**4806**	**19351**	**25150**	**4357**	**58353**	**15253**
道里区	75568	37117	5050	25	5240	1081	2106	2482	526	8545	1489
南岗区	103746	47724	1908	64	6051	981	1846	3986	1226	11221	2662
道外区	69189	37706	5805	30	4887	385	1248	4130	484	10989	1424
平房区	14704	7739	609	1	4062	135	499	393	40	759	176
松北区	20661	10396	6045	10	811	131	577	369	40	891	283
香坊区	79168	38724	2582	97	10054	751	3096	3068	759	6648	1561
呼兰区	65420	38443	22002	31	2645	186	3289	1596	284	3497	1744
阿城区	48572	29958	16913	429	2841	350	1180	1762	184	2019	844
依兰县	32785	21498	14215	658	1113	157	344	979	57	1430	558
方正县	14399	8927	6034	17	369	77	133	378	37	467	201
宾县	38095	28884	22882	21	669	19	924	597	97	992	483
巴彦县	44078	34885	28227	37	619	112	809	829	47	1691	544
木兰县	23381	19070	15949	3	475	38	233	321	28	821	275
通河县	17251	11577	7280	2	451	70	181	597	43	903	438
延寿县	16381	12168	9883	9	323	36	214	300	22	452	204
双城市	66317	43434	32571	18	2418	93	1193	1256	81	2397	785
尚志市	41726	28257	20320	22	2182	119	523	714	137	1286	632
五常市	69663	51950	40310	25	1681	85	956	1393	265	3345	950
齐齐哈尔市	**398607**	**261102**	**174682**	**287**	**18922**	**2094**	**6980**	**10872**	**1001**	**16836**	**6198**
龙沙区	27531	13262	1045	17	2764	387	673	906	203	2989	631
建华区	22710	9525	622	26	1701	219	431	713	186	2039	415
铁锋区	27332	12925	1049	25	4240	172	634	2044	106	2220	538
昂昂溪区	6288	3267	1552	23	521	11	163	277	20	236	108
富拉尔基区	20352	9773	1963	13	3686	626	373	623	36	716	357
碾子山区	5550	2603	946	43	627	31	143	166	18	143	113
梅里斯达斡尔族区	11894	9213	7928	2	132	17	152	129	10	245	136
龙江县	49426	35848	27742	58	1115	106	1060	1102	52	1669	884
依安县	42031	31153	26171	2	512	84	770	792	81	984	455
泰来县	22741	16024	12535	11	390	46	246	528	35	591	329
甘南县	26567	18757	15052	8	382	75	367	548	36	828	332
富裕县	19374	13569	10090	10	609	65	317	561	37	625	311
克山县	26265	18943	14756	13	648	62	472	443	46	941	351
克东县	15364	10904	8450	10	493	46	242	270	22	392	143
拜泉县	36629	27971	23224	5	426	61	455	923	76	930	582
讷河市	38553	27365	21557	21	676	86	482	847	37	1288	513
鸡西市	**138478**	**82431**	**38703**	**8273**	**4315**	**1384**	**1632**	**5907**	**620**	**7318**	**2945**
鸡冠区	28242	14901	745	1276	1536	813	640	1889	297	2845	811
恒山区	10715	4689	1251	1690	178	28	34	358	55	315	297
滴道区	7167	3155	1106	742	80	92	152	315	29	189	144
梨树区	5642	2394	690	970	70	31	79	129	17	84	119
城子河区	9812	4831	644	1987	382	22	46	546	26	452	260
麻山区	2078	1351	724	209	79	2	27	66	11	51	75
鸡东县	19434	12630	7966	1273	284	71	189	569	44	621	350
虎林市	24755	16482	10177	27	798	187	209	1293	54	1325	402
密山市	30633	21998	15400	99	908	138	256	742	87	1436	487
鹤岗市	**87474**	**44566**	**13584**	**9124**	**2476**	**1043**	**1270**	**2809**	**422**	**3997**	**1592**
向阳区	9336	4242	54	1150	246	312	194	383	84	474	177
工农区	12026	6899	123	857	809	384	95	508	156	1016	233
南山区	10715	4910	29	2561	257	77	168	246	65	687	240
兴安区	6376	2740	71	1642	110	39	50	114	24	251	153
东山区	15188	6802	2243	1934	281	71	244	290	30	575	239
兴山区	3406	1271	18	751	70	22	57	44	9	103	74
萝北县	17610	10093	5574	229	557	80	364	902	43	580	334
绥滨县	12817	7609	5472		146	58	98	322	11	311	142
双鸭山市	**108701**	**61646**	**29785**	**4717**	**2764**	**1037**	**1978**	**3945**	**447**	**5444**	**1879**
尖山区	18037	9373	533	690	779	331	490	954	132	1559	400
岭东区	4289	1626	430	438	151	27	119	56	68	79	57
四方台区	4626	2078	516	914	106	23	40	84	4	133	76

金融业	房地产业	租赁和商务服务业	科学研究、技术服务和地质勘察业	水利、环境和公共设施管理业	居民服务和其他服务业	教育	卫生、社会保障和社会福利业	文化、体育和娱乐业	公共管理和社会组织	国际组织	三次产业人口占行业人口比重(%) 第一产业	第二产业	第三产业
80	44	67	15	63	400	280	153	73	504		30.39	24.80	44.81
70	20	12	9	20	268	179	84	32	227		42.90	14.14	42.96
62	2	10	4	57	248	251	141	42	368		52.08	16.01	31.91
89	17	67	11	48	371	340	181	25	477		59.89	11.16	28.95
96	20	40	25	157	439	330	141	43	599		53.92	9.81	36.26
18639	**10249**	**8794**	**5423**	**8253**	**50987**	**51807**	**25425**	**7497**	**50752**	**2**	**55.31**	**14.45**	**30.25**
6836	**3956**	**2958**	**2657**	**2105**	**14447**	**17497**	**7739**	**2737**	**13280**		**50.86**	**14.27**	**34.88**
1365	899	670	334	216	1274	1744	953	498	2620		13.61	22.77	63.62
1949	1065	735	1192	350	1535	4754	2083	833	3283		4.00	18.74	77.27
724	570	414	154	276	2677	1460	786	314	949		15.40	17.37	67.23
74	93	18	31	102	122	254	149	19	203		7.87	60.69	31.44
68	102	65	23	32	287	327	104	51	180		58.15	14.71	27.15
730	634	503	622	377	1685	2474	1116	532	1435		6.67	36.15	57.18
292	121	121	17	50	1217	577	412	66	296		57.23	16.00	26.77
403	104	67	60	135	966	784	332	97	488		56.46	16.02	27.52
118	29	15	12	84	555	517	171	34	452		66.12	10.57	23.31
91	4	12	4	48	386	222	101	44	302		67.59	6.68	25.73
106	20	16	97	63	964	444	151	27	312		79.22	5.65	15.13
120	39	79	5	9	318	653	207	18	522		80.91	4.52	14.56
49	3	17	6	64	188	267	79	23	231		83.63	3.93	12.44
122	31	26	7	61	390	309	137	33	496		62.88	6.08	31.04
47	6		8	19	84	201	84	19	257		81.22	4.78	14.00
139	58	58	61	24	833	746	248	46	409		74.99	8.57	16.44
172	140	25	16	66	267	768	260	44	564		71.91	10.07	18.02
267	38	117	8	129	699	996	366	39	281		77.59	5.29	17.12
1864	**571**	**643**	**442**	**805**	**4997**	**5571**	**2756**	**680**	**4901**		**66.90**	**10.83**	**22.27**
473	154	109	77	165	594	612	422	190	851		7.88	28.96	63.16
341	120	105	151	103	285	815	477	106	670		6.53	24.96	68.51
179	127	18	27	77	411	406	316	65	271		8.12	39.23	52.65
20	17	5	7	24	117	64	33	7	62		47.51	21.98	30.52
115	23	160	27	50	304	298	175	26	202		20.09	48.07	31.84
21	23	20	3	19	71	79	54	9	74		36.34	32.42	31.23
17		2	3	8	82	159	43	6	142		86.05	3.29	10.66
110	14	74	26	31	771	478	210	48	298		77.39	6.52	16.09
80	1	5	2	36	420	383	177	22	176		84.01	4.39	11.60
55	5	50	31	48	302	269	103	48	402		78.23	4.32	17.45
53	7	12	23	37	289	309	117	12	270		80.25	4.44	15.32
81	18	11	10	58	154	210	133	22	247		74.36	7.38	18.26
78	12	25	32	40	195	358	141	16	314		77.90	6.31	15.79
62	18	9	5	23	116	233	79	40	251		77.49	7.25	15.25
60	15	9	9	38	439	320	106	21	272		83.03	3.39	13.59
119	17	29	9	48	447	578	170	42	399		78.78	4.62	16.60
897	**182**	**307**	**127**	**419**	**2964**	**2070**	**1158**	**281**	**2929**		**46.95**	**18.93**	**34.12**
473	108	58	70	113	690	724	416	98	1299		5.00	28.62	66.38
21	7	24	2	24	268	38	31	19	49		26.68	41.16	32.16
36	1	3	25	11	115	34	35	3	43		35.06	33.79	31.16
1	5	2	1	10	69	38	20	9	50		28.82	48.04	23.14
24	3	8	1	13	200	86	44	14	73		13.33	50.45	36.22
1	1	4		3	37	24	5	4	28		53.59	23.46	22.95
65	7	20	8	53	297	277	133	20	383		63.07	14.39	22.54
128	35	137	7	117	378	384	246	72	506		61.75	7.41	30.85
148	15	51	13	75	910	465	228	42	498		70.01	6.37	23.62
823	**200**	**396**	**150**	**358**	**1999**	**1600**	**1055**	**175**	**1492**	**1**	**30.48**	**31.22**	**38.30**
126	16	5	38	30	273	249	233	32	166		1.27	44.84	53.89
460	133	200	79	137	256	585	292	67	509		1.78	31.09	67.13
19		115	3	29	160	99	59	6	90		0.59	62.38	37.03
11	4	10	1	16	105	61	50	2	26		2.59	67.19	30.22
26	15	6	4	42	530	103	78	9	81	1	32.98	37.19	29.83
18	2		2	18	44	12	19	1	7		1.42	70.81	27.77
87	26	37	20	50	273	325	221	41	350		55.23	12.19	32.59
76	4	23	3	36	358	166	103	17	263		71.91	3.97	24.12
738	**158**	**316**	**124**	**322**	**1930**	**1733**	**1167**	**298**	**2864**		**48.32**	**17.03**	**34.66**
323	69	221	87	83	690	470	420	115	1027		5.69	24.43	69.88
4	2	3	2	2	117	21	22	6	22		26.45	45.20	28.35
7	11	36	3	16	45	18	14	9	23		24.83	52.12	23.05

表6 续表 11

地　区	16岁及以上人口总计	各种行业人口总计	农林牧渔业	采矿业	制造业	电力、燃气及水的生产和供应业	建筑业	仓储和邮政业	交通运输、计算机服务和软件业	信息传输、批发和零售业	住宿和餐饮业
宝山区	9521	3472	479	1767	68	289	66	108	14	201	134
集贤县	21941	14871	8844	439	678	70	393	1106	97	1361	391
友谊县	8314	4565	2243	32	245	64	179	452	33	291	192
宝清县	29605	17741	11637	419	516	157	515	887	57	1224	379
饶河县	12368	7920	5103	18	221	76	176	298	42	596	250
大庆市	**236169**	**154270**	**65790**	**16543**	**9530**	**3226**	**6925**	**7586**	**975**	**14884**	**4649**
萨尔图区	26947	16083	215	2202	1659	464	883	1172	284	3979	776
龙凤区	29515	16107	633	952	2630	786	1151	1476	197	2326	465
让胡路区	45792	28151	1359	8382	2049	1391	1600	1905	274	3729	830
红岗区	14621	9373	1583	3407	962	120	317	525	45	742	322
大同区	18563	12640	8161	1064	476	239	330	397	49	602	275
肇州县	32025	22070	16130	390	482	67	1224	547	32	1089	529
肇源县	30867	21770	16200	120	568	42	924	577	38	1163	555
林甸县	18229	13871	10801	12	388	55	279	534	35	569	292
杜尔伯特蒙古族自治县	19610	14205	10708	14	316	62	217	453	21	685	605
伊春市	**91003**	**44983**	**14211**	**376**	**7991**	**968**	**2020**	**3724**	**366**	**3841**	**2204**
伊春区	11539	5439	230	67	381	223	254	779	137	983	328
南岔区	10380	4722	1231	6	1017	73	158	734	29	357	216
友好区	4689	2065	422	15	560	53	150	287	14	121	103
西林区	4944	2511	430	48	1215	51	44	126	21	110	120
翠峦区	3518	1812	350	3	261	24	345	160	28	158	169
新青区	3609	1784	300		514	45	49	193	14	194	120
美溪区	3485	1752	305	32	932	2	61	8		9	
金山屯区	3274	1564	426	1	163	24	16	113	5	115	151
五营区	3065	1407	297	31	218	67	87	75	15	90	80
乌马河区	2695	1330	290	7	188	79	90	70	5	98	73
汤旺河区	2584	1154	253	4	308	30	53	103	2	95	97
带岭区	2791	1198	297		252	56	11	65	12	106	70
乌伊岭区	1739	706	226	1	145	35	4	25	9	42	21
红星区	1735	650	214		152	17	21	27	5	48	18
上甘岭区	1724	784	192	2	163	23	24	26	7	57	34
嘉荫县	5331	3543	2337	54	107	39	31	82	11	165	94
铁力市	23901	12562	6411	105	1415	127	622	851	52	1093	510
佳木斯市	**211749**	**127639**	**75989**	**340**	**6645**	**1488**	**4644**	**7525**	**776**	**11514**	**3634**
向阳区	20137	9647	244	19	1009	221	715	1045	161	2509	660
前进区	13962	6360	112	15	983	383	392	1200	146	1069	326
东风区	13826	7151	1412	6	1252	297	484	889	89	1252	331
郊区	25490	16595	10699	18	1172	61	807	670	70	1468	466
桦南县	38756	24016	18341	167	569	89	458	1023	72	1211	413
桦川县	16758	10777	7999	9	298	59	390	262	32	501	204
汤原县	21409	14139	9436	87	554	127	448	511	40	1027	365
抚远县	9905	6204	4200	4	47	55	177	183	30	522	167
同江市	14957	9633	6377	4	209	54	295	599	39	689	272
富锦市	36549	23117	17169	11	552	142	478	1143	97	1266	430
七台河市	**68381**	**37907**	**13107**	**8194**	**2370**	**711**	**960**	**2082**	**207**	**3118**	**1302**
新兴区	18670	9091	2225	3419	1069	78	96	329	41	424	318
桃山区	17504	9632	132	2348	536	396	440	832	105	1538	418
茄子河区	10398	5418	1389	1883	197	162	228	291	12	460	210
勃利县	21809	13766	9361	544	568	75	196	630	49	696	356
牡丹江市	**224551**	**138656**	**66930**	**1075**	**14658**	**1693**	**4224**	**8984**	**925**	**16323**	**5822**
东安区	16460	8702	1051	11	893	348	347	619	169	2396	454
阳明区	19644	11337	5656	19	2360	259	273	392	65	917	250
爱民区	21383	8616	602	39	1571	163	705	1645	147	1387	431
西安区	19545	9708	1657	50	1423	299	379	1023	143	1992	443
东宁县	16977	11166	5650	373	691	173	329	658	56	1202	385
林口县	31027	21866	15457	371	693	83	396	1035	75	1360	821
绥芬河市	10893	7497	283	6	1546	84	277	741	38	2854	282
海林市	28624	17271	9222	69	2301	88	580	848	66	1285	823
宁安市	37058	28089	18672	26	1755	77	707	1193	94	1972	1326
穆棱市	22940	14404	8680	111	1425	119	231	830	72	958	607
黑河市	**112666**	**70231**	**43087**	**829**	**2102**	**843**	**1735**	**3155**	**423**	**5059**	**1933**
爱辉区	16983	9769	2995	551	365	226	329	627	136	1439	423
嫩江县	33001	22216	14820	260	595	210	513	1184	104	1523	670
逊克县	7498	4942	3702	5	81	53	101	91	25	194	74
孙吴县	6955	4614	2957	5	92	40	78	356	26	329	106

金融业	房地产业	租赁和商务服务业	科学研究、技术服务和地质勘察业	水利、环境和公共设施管理业	居民服务和其他服务业	教育	卫生、社会保障和社会福利业	文化、体育和娱乐业	公共管理和社会组织	国际组织	三次产业人口占行业人口比重(%) 第一产业	第二产业	第三产业
29		3		16	46	104	61	12	75		13.80	63.08	23.13
104	32	14	8	45	306	281	181	32	489		59.47	10.62	29.90
72	6	9	11	15	97	176	139	19	290		49.13	11.39	39.47
124	27	7	6	66	325	434	248	65	648		65.59	9.06	25.35
75	11	23	7	79	304	229	82	40	290		64.43	6.20	29.37
1318	**3147**	**1240**	**856**	**859**	**4645**	**4912**	**2385**	**821**	**3978**	**1**	**42.65**	**23.48**	**33.87**
414	659	177	88	117	657	703	383	322	928	1	1.34	32.38	66.28
330	601	519	162	122	1356	1110	405	121	765		3.93	34.26	61.81
236	1430	384	454	295	904	1210	898	234	587		4.83	47.68	47.49
39	249	54	91	153	210	239	140	15	160		16.89	51.27	31.84
43	131	27	23	29	169	228	108	25	264		64.56	16.69	18.75
76	14	13	12	27	529	408	143	18	340		73.09	9.80	17.11
58	35	34	5	50	399	475	111	19	397		74.41	7.60	17.99
60	9	14	13	53	195	231	98	28	205		77.87	5.29	16.84
62	19	18	8	13	226	308	99	39	332		75.38	4.29	20.33
554	**179**	**132**	**93**	**858**	**1827**	**1608**	**820**	**182**	**3029**		**31.59**	**25.24**	**43.17**
210	75	22	32	82	232	340	158	73	833		4.23	17.01	78.76
36	35	3	5	83	215	159	157	10	198		26.07	26.56	47.37
18	1	1		43	45	66	46	7	113		20.44	37.68	41.89
18	23	21		65	34	47	44		94		17.12	54.08	28.79
10	6	1	1	52	79	33	29	10	93		19.32	34.93	45.75
16			2	43	64	55	21	3	151		16.82	34.08	49.10
3	2	1		30	3	174	4	1	185		17.41	58.62	23.97
17				63	230	61	27	2	150		27.24	13.04	59.72
51	8	4	15	65	91	62	28	5	118		21.11	28.64	50.25
6	4	2		25	253	37	18	6	79		21.80	27.37	50.83
8		1		38	22	43	11		86		21.92	34.23	43.85
11	2		3	71	55	48	18	6	115		24.79	26.63	48.58
6				24	17	25	11	4	111		32.01	26.20	41.78
2			1	20	18	23	30	2	52		32.92	29.23	37.85
6		12	8	76	6	20	29	3	96		24.49	27.04	48.47
37	3	29	14	19	189	87	47	13	185		65.96	6.52	27.52
99	20	35	12	59	274	328	142	37	370		51.03	18.06	30.90
1214	**327**	**463**	**248**	**623**	**3354**	**3224**	**1626**	**403**	**3602**		**59.53**	**10.28**	**30.19**
344	78	43	35	162	589	704	394	90	625		2.53	20.36	77.11
197	72	61	79	37	288	345	246	57	352		1.76	27.88	70.36
58	41	6	28	25	682	155	75	34	35		19.75	28.51	51.74
75	19	184	5	13	388	117	87	28	248		64.47	12.40	23.13
123	18	25	17	104	407	394	190	22	373		76.37	5.34	18.29
54	12	4	9	20	148	301	128	10	337		74.22	7.01	18.76
114	48	64	18	80	216	351	158	35	460		66.74	8.60	24.66
37	11	10	10	42	151	131	69	26	332		67.70	4.56	27.74
73	5	18	5	68	201	182	98	32	413		66.20	5.83	27.97
139	23	48	42	72	284	544	181	69	427		74.27	5.12	20.61
442	**72**	**369**	**115**	**187**	**1646**	**1023**	**625**	**209**	**1168**		**34.58**	**32.28**	**33.15**
24	9	206	23	68	494	112	72	23	61		24.47	51.28	24.24
312	52	111	72	64	480	562	362	111	761		1.37	38.62	60.01
15	3	8	1	7	322	102	44	26	58		25.64	45.59	28.77
91	8	44	19	48	350	247	147	49	288		68.00	10.05	21.95
1468	**543**	**448**	**260**	**576**	**4266**	**3587**	**2094**	**653**	**4127**		**48.27**	**15.61**	**36.12**
332	149	104	66	54	372	357	252	99	629		12.08	18.38	69.55
97	40	43	14	34	214	276	160	44	224		49.89	25.68	24.43
87	79	50	57	111	390	488	344	90	230		6.99	28.76	64.25
238	69	48	28	99	429	440	325	95	528		17.07	22.16	60.77
113	14	30	10	19	474	297	147	68	477		50.60	14.02	35.38
110	41	19	12	27	427	339	162	57	381		70.69	7.06	22.25
115	43	76	39	64	486	159	48	30	326		3.77	25.52	70.71
124	64	32	12	37	461	425	230	43	561		53.40	17.59	29.01
168	20	40	22	71	653	518	257	75	443		66.47	9.13	24.39
84	24	6		60	360	288	169	52	328		60.26	13.09	26.65
638	**130**	**573**	**57**	**287**	**2650**	**1917**	**1060**	**290**	**3463**		**61.35**	**7.84**	**30.81**
239	15	79	17	36	669	440	174	83	926		30.66	15.06	54.28
129	52	115	10	116	486	464	270	93	602		66.71	7.10	26.19
42	10	3	4	8	113	103	43	16	274		74.91	4.86	20.23
50	5	5	4	25	89	144	51	17	235		64.09	4.66	31.25

表6 续表 12

地 区	16岁及以上人口总 计	各种行业人口总计	农 林 牧渔业	采矿业	制造业	电力、燃气及水的生产和供应业	建筑业	仓储和邮政业	交通运输、计算机服务和 软件业	信息传输、批发和零售业	住宿和餐饮业
北安市	26073	14660	8778	4	632	248	376	459	74	900	354
五大连池市	22156	14030	9835	4	337	66	338	438	58	674	306
绥化市	**442579**	**314761**	**232973**	**175**	**10962**	**1204**	**12145**	**11349**	**926**	**16678**	**6085**
北林区	73955	48430	32230	46	1445	269	2021	2763	292	3160	1047
望奎县	40347	27647	23581	7	312	82	1175	503	33	530	236
兰西县	30390	22232	16405	5	1052	16	947	616	56	1186	416
青冈县	39657	29157	24342	7	642	88	346	756	53	1093	385
庆安县	30818	23730	18260	3	904	133	270	874	67	1225	533
明水县	26300	18875	12894	10	595	68	1367	770	51	1085	599
绥棱县	25417	19313	14009	18	861	90	1035	413	50	1171	348
安达市	33164	22955	14852	23	1076	100	685	1719	85	1844	467
肇东市	77038	55791	41423	31	2561	207	1566	1778	140	3060	1037
海伦市	65493	46631	34977	25	1514	151	2733	1157	99	2324	1017
大兴安岭地区	**39478**	**21458**	**5748**	**233**	**2560**	**575**	**1133**	**2475**	**245**	**1985**	**1086**
加格达奇	11771	6252	1104	14	366	211	596	872	118	789	328
松岭区	2499	1331	214	73	216	26	175	128	10	104	81
新林区	3970	2400	567	48	773	21	62	178	24	173	127
呼中区	3408	1697	676		210	34	49	111	16	109	118
呼玛县	3963	2252	1221	7	70	56	84	87	17	130	89
塔河县	7215	3865	1046	4	526	127	142	524	34	377	169
漠河县	6652	3661	920	87	399	100	25	575	26	303	174
上海市	**2040875**	**1251461**	**36738**	**372**	**443178**	**9920**	**79026**	**94280**	**27803**	**195249**	**60943**
市辖区	**1978095**	**1213396**	**23075**	**368**	**432561**	**9552**	**76187**	**92854**	**27663**	**192614**	**60047**
黄浦区	38407	20201	10	6	2441	164	537	1264	432	5959	2772
卢湾区	22642	10838	6	2	1425	72	324	684	302	2341	1331
徐汇区	97338	51127	80	74	9858	513	2312	3155	2270	9531	3608
长宁区	61439	32372	39	21	4602	241	1348	2466	1427	6169	2618
静安区	22190	11227	2	2	1274	59	453	664	352	2030	1250
普陀区	117811	64421	116	42	12221	526	3087	6044	2528	14562	4140
闸北区	76133	38714	32	22	6899	460	1766	3903	1373	9952	2203
虹口区	77657	39306	30	13	6137	422	1583	3483	1424	8967	2741
杨浦区	120569	56512	60	37	11634	782	2617	5634	1943	9744	3369
闵行区	213045	140431	1079	50	51521	1001	8662	10459	3191	23732	6937
宝山区	169959	102921	992		31006	1033	7634	14710	2156	18495	4038
嘉定区	131798	94106	2135	20	51134	370	5803	5658	817	11871	2984
浦东新区	442465	277718	7362	17	93538	2116	21166	22798	7718	40751	13341
金山区	64461	42054	2097	20	21566	641	2831	1978	282	3953	1393
松江区	137794	99519	1310	11	56361	400	6185	4355	845	11393	3166
青浦区	90300	66467	3542	14	35571	356	4775	3070	304	6642	2023
奉贤区	94087	65462	4183	17	35373	396	5104	2529	299	6522	2133
县	**62780**	**38065**	**13663**	**4**	**10617**	**368**	**2839**	**1426**	**140**	**2635**	**896**
崇明县	62780	38065	13663	4	10617	368	2839	1426	140	2635	896
江苏省	**6482159**	**4486706**	**1021904**	**16509**	**1527814**	**30690**	**400328**	**180597**	**29582**	**556554**	**139764**
南京市	**658630**	**393167**	**45078**	**2085**	**97671**	**4025**	**38433**	**22227**	**8403**	**65601**	**19595**
玄武区	48075	24618	132	95	4739	301	1184	1399	857	4709	1848
白下区	43588	25074	59	66	4450	281	963	1286	933	5844	1925
秦淮区	30169	17484	87	33	3677	151	1106	969	564	4549	1232
建邺区	34390	21099	688	40	3236	221	2787	983	638	4898	1048
鼓楼区	59505	33001	28	17	3391	509	1542	1572	1202	6405	2647
下关区	38076	23105	20	41	3392	216	2512	2465	498	6661	1640
浦口区	62089	39899	7324	144	11031	380	3310	2492	568	6136	1928
栖霞区	56741	28521	2267	171	9625	250	2076	2130	512	4688	1120
雨花台区	33063	19843	208	363	5192	242	2255	1164	1128	3773	806
江宁区	104944	60900	6867	490	22530	569	6470	3070	930	7459	2053
六合区	78099	51045	12053	553	14080	616	7470	2728	369	4819	1712
溧水县	34275	23855	5484	54	7366	174	2304	1076	108	3868	1097
高淳县	35616	24723	9861	18	4962	115	4454	893	96	1792	539
无锡市	**559316**	**375203**	**18652**	**401**	**195289**	**3096**	**27726**	**15355**	**2882**	**48248**	**11707**
崇安区	20470	12537	7		3146	82	864	921	230	3591	727
南长区	33135	18455	24		6282	232	1136	851	328	3637	982
北塘区	29418	16861	8		5408	119	1228	1235	270	3966	863
锡山区	61061	45020	1252	2	27531	215	3776	1863	209	4861	1071
惠山区	60409	42032	1706	7	25704	293	3232	1817	175	4093	966
滨湖区	108127	67648	853	3	36279	426	5036	2534	869	7801	2412
江阴市	139669	99683	3575	92	57940	1046	6528	3309	481	12001	2822
宜兴市	107027	72967	11227	297	32999	683	5926	2825	320	8298	1864

金融业	房地产业	租赁和商务服务业	科学研究、技术服务和地质勘察业	水利、环境和公共设施管理业	居民服务和其他服务业	教育	卫生、社会保障和社会福利业	文化、体育和娱乐业	公共管理和社会组织	国际组织	三次产业人口占行业人口比重(%) 第一产业	第二产业	第三产业
82	20	215	16	33	1051	461	294	44	619		59.88	8.59	31.53
96	28	156	6	69	242	305	228	37	807		70.10	5.31	24.59
1503	**630**	**685**	**169**	**553**	**5161**	**6162**	**2461**	**594**	**4346**		**74.02**	**7.78**	**18.20**
426	140	38	80	93	1274	1295	614	237	960		66.55	7.81	25.64
51	3	1	3	16	172	482	120	15	325		85.29	5.70	9.01
43	21	375	22	28	228	379	129	21	287		73.79	9.09	17.12
85	16	18	10	13	315	457	127	14	390		83.49	3.71	12.80
141	48	28	7	32	290	396	231	42	246		76.95	5.52	17.53
55	40	22	8	30	342	322	153	41	423		68.31	10.81	20.88
58	88	4	5	46	268	323	160	29	337		72.54	10.38	17.09
161	49	40	13	111	603	441	211	64	411		64.70	8.21	27.09
303	192	81	2	101	1035	1241	418	82	533		74.25	7.82	17.93
180	33	78	19	83	634	826	298	49	434		75.01	9.49	15.51
344	**154**	**264**	**125**	**301**	**1101**	**903**	**479**	**174**	**1573**		**26.79**	**20.98**	**52.24**
133	59	69	64	90	301	267	153	62	656		17.66	18.99	63.36
17	2	7	24	6	63	41	17	7	120		16.08	36.81	47.11
19	27	2		53	61	96	39	9	121		23.63	37.67	38.71
26	15	4	5	18	45	80	40	13	128		39.84	17.27	42.90
26	1	130	3	25	52	76	35	11	132		54.22	9.64	36.15
70	13	22	4	24	205	188	124	23	243		27.06	20.67	52.26
53	37	30	25	85	374	155	71	49	173		25.13	16.69	58.18
27616	**38539**	**47038**	**16954**	**16170**	**45627**	**35686**	**24977**	**15246**	**36003**	**96**	**2.94**	**42.55**	**54.51**
27336	**38291**	**46548**	**16885**	**15529**	**44869**	**34812**	**24166**	**15022**	**34921**	**96**	**1.90**	**42.75**	**55.35**
735	828	1170	304	320	1328	430	449	334	718		0.05	15.58	84.37
463	542	619	215	141	810	343	401	312	500	5	0.06	16.82	83.12
1795	2368	3129	1480	561	2296	2715	2124	1219	2032	7	0.16	24.95	74.89
1393	1861	2542	971	358	1816	1237	1138	844	1269	12	0.12	19.19	80.69
587	639	1037	342	110	756	368	398	385	508	11	0.02	15.93	84.06
2086	3483	3670	1183	654	2797	2243	1625	1252	2150	12	0.18	24.64	75.18
1287	1654	1984	510	479	1693	1258	1007	695	1533	4	0.08	23.63	76.29
1688	1776	2169	1102	502	2010	1693	1209	728	1623	6	0.08	20.75	79.18
2156	2581	2639	1646	760	2274	3252	2191	782	2408	3	0.11	26.67	73.23
1972	4323	6095	2760	1686	5334	4256	2238	1677	3451	7	0.77	43.60	55.63
1749	2763	3631	1134	1567	3419	2606	1990	1015	2982	1	0.96	38.55	60.49
656	1521	1843	610	995	2512	1598	935	674	1965	5	2.27	60.92	36.81
8887	9438	10803	3581	4085	10863	7213	4984	2843	6193	21	2.65	42.07	55.28
406	497	877	243	671	1127	995	867	294	1316		4.99	59.59	35.43
710	2325	1890	430	1182	2301	2042	1099	1021	2492	1	1.32	63.26	35.42
378	890	1433	150	695	1982	1256	665	601	2119	1	5.33	61.26	33.41
388	802	1017	224	763	1551	1307	846	346	1662		6.39	62.46	31.15
280	**248**	**490**	**69**	**641**	**758**	**874**	**811**	**224**	**1082**		**35.89**	**36.33**	**27.78**
280	248	490	69	641	758	874	811	224	1082		35.89	36.33	27.78
38091	**38786**	**43533**	**14743**	**24491**	**142948**	**102785**	**51091**	**20533**	**105960**	**3**	**22.78**	**44.03**	**33.20**
7528	**9378**	**8644**	**5522**	**3620**	**11786**	**17186**	**7295**	**4558**	**14532**		**11.47**	**36.17**	**52.36**
880	777	887	703	379	702	2202	700	637	1487		0.54	25.67	73.80
1302	963	1003	719	265	924	1444	687	649	1311		0.24	22.97	76.79
553	564	543	261	198	826	615	402	411	743		0.50	28.41	71.09
714	751	577	407	231	866	1007	518	409	1080		3.26	29.78	66.96
1319	929	1385	1323	290	1342	3911	1471	891	2827		0.08	16.54	83.37
411	1174	763	359	197	779	610	441	280	646		0.09	26.67	73.25
409	864	435	240	492	988	1446	522	201	989		18.36	37.26	44.39
339	630	932	411	222	658	1091	359	210	830		7.95	42.50	49.55
333	690	758	261	205	602	715	305	181	662		1.05	40.58	58.37
648	1436	644	412	636	1747	2128	751	378	1682		11.28	49.36	39.37
326	429	544	360	325	1496	1108	678	185	1194		23.61	44.51	31.88
158	125	86	27	90	542	478	218	83	517		22.99	41.49	35.52
136	46	87	39	90	314	431	243	43	564		39.89	38.62	21.49
4052	**4494**	**4136**	**1809**	**2760**	**9134**	**8618**	**4529**	**1948**	**10364**	**3**	**4.97**	**60.37**	**34.66**
362	372	320	100	113	383	321	333	154	510	1	0.06	32.64	67.30
573	523	571	215	207	588	693	473	245	895		0.13	41.45	58.42
339	410	452	156	188	506	450	393	127	743		0.05	40.06	59.89
301	346	366	72	118	866	738	334	113	985	1	2.78	70.02	27.20
203	323	217	118	202	870	894	337	142	733		4.06	69.56	26.38
777	1343	1117	776	723	1470	1909	915	300	2105		1.26	61.71	37.03
858	705	641	260	606	2856	2099	930	523	2410	1	3.59	65.81	30.60
639	472	452	112	603	1595	1514	814	344	1983		15.39	54.69	29.92

表6 续表 13

地 区	16岁及以上人口总计	各种行业人口总计	农林牧渔业	采矿业	制造业	电力、燃气及水的生产和供应业	建筑业	仓储和邮政业	交通运输、计算机服务和软件业	信息传输、批发和零售业	住宿和餐饮业
徐州市	**667053**	**455924**	**191647**	**7776**	**85208**	**3101**	**32996**	**18357**	**1784**	**60710**	**9852**
鼓楼区	40427	22409	1637	487	5987	509	1137	2499	206	5019	937
云龙区	27468	15234	1325	156	2759	281	520	1511	191	4087	662
九里区	10574	5530	725	1640	770	33	600	332	43	594	168
贾汪区	35815	22299	9193	945	5328	195	1339	999	100	1463	347
泉山区	43348	21044	170	470	3175	612	743	1221	336	5286	1107
丰县	74799	54718	30459	189	9657	109	3539	1720	94	4864	889
沛县	84884	60101	28057	1161	9892	355	6719	1956	177	5460	1143
铜山县	86017	61915	30825	1291	9272	342	5529	2690	176	4587	1515
睢宁县	79796	57152	15920	39	16002	156	5221	1889	140	12046	1625
新沂市	72678	51784	28434	294	6988	205	4722	1763	199	4752	867
邳州市	111247	83738	44902	1104	15378	304	2927	1777	122	12552	592
常州市	**389440**	**268447**	**32213**	**452**	**121984**	**1867**	**24176**	**9861**	**1710**	**33512**	**8282**
天宁区	43838	25885	58	20	9519	381	1699	1473	363	5129	1211
钟楼区	41685	24529	62	17	8526	237	1872	1319	377	4798	1334
戚墅堰区	9197	5577	79	4	3525	76	292	193	44	543	121
新北区	50911	36043	2130		20112	181	2919	1198	243	4051	1093
武进区	133943	98340	9435	82	55567	450	6886	3169	347	11260	2003
溧阳市	62525	44494	12287	191	12403	315	6593	1454	188	4691	1707
金坛市	47341	33579	8162	138	12332	227	3915	1055	148	3040	813
苏州市	**905564**	**662820**	**25579**	**352**	**379833**	**4318**	**40695**	**22124**	**4592**	**78775**	**19825**
沧浪区	34319	18982	38	13	4413	277	1284	863	454	3892	1147
平江区	83521	56711	457	24	30631	261	3031	2072	878	7140	2036
金阊区	25056	15074	66	17	5108	182	1117	922	250	3024	762
虎丘区	49589	34674	619	151	19698	259	2430	1272	330	3856	968
吴中区	99998	73971	5518	18	39210	399	5415	2045	346	9171	2530
相城区	59949	45916	1086	58	27720	283	2543	1905	201	6687	1051
常熟市	133726	105188	4376	13	61540	680	6716	3198	370	14453	3041
张家港市	107091	75343	4838	39	43563	524	5332	2527	413	6549	1741
昆山市	140462	109434	1873		69255	493	5718	3161	886	11524	3440
吴江市	110071	82120	3911	18	53878	497	4258	2254	265	7897	1734
太仓市	61782	45407	2797	1	24817	463	2851	1905	199	4582	1375
南通市	**630094**	**461190**	**124934**	**112**	**158320**	**2659**	**52179**	**13574**	**1925**	**49641**	**9343**
崇川区	73915	44519	1348	7	17682	688	2425	2360	720	7876	1740
港闸区	23951	15365	1160	2	7551	80	1311	1051	108	2270	321
通州区	101058	80801	24906	3	29878	356	10541	1613	239	6971	758
海安县	77496	57859	16932	24	22030	254	6240	1503	237	5148	879
如东县	86765	69174	20563	19	21329	289	8157	2187	161	8163	1868
启东市	81658	56805	16832	11	18831	343	7362	1415	118	5466	620
如皋市	110274	79264	24289	36	25697	293	10412	2393	185	7865	1870
海门市	74977	57403	18904	10	15322	356	5731	1052	157	5882	1287
连云港市	**331426**	**228768**	**83004**	**1428**	**43756**	**1644**	**24867**	**10017**	**1061**	**28675**	**8024**
连云区	18778	10616	560	307	2388	260	1056	2189	92	1428	470
新浦区	43331	23811	3846	238	3540	532	1794	1557	378	4171	1087
海州区	18833	13198	3898	95	2673	218	1973	679	96	1763	408
赣榆县	73008	52477	19590	155	11146	153	8142	1607	89	5547	1304
东海县	73149	51665	19682	353	9670	152	5641	1377	96	7578	2754
灌云县	59873	43724	19532	275	7979	171	3042	1549	149	5933	1335
灌南县	44454	33277	15896	5	6360	158	3219	1059	161	2255	666
淮安市	**377582**	**259823**	**84561**	**772**	**49060**	**1466**	**28202**	**10559**	**1036**	**36297**	**9811**
清河区	41833	23081	1281	26	6640	222	2061	1118	363	4749	1319
楚州区	76797	53271	20066	4	9859	188	6722	2090	146	7141	2279
淮阴区	61201	43989	15614	63	7259	189	6986	1903	169	4460	1178
清浦区	25381	15477	2868	26	2867	326	1372	831	135	2518	775
涟水县	66486	47582	18869	20	6447	135	4795	1128	71	6885	1131
洪泽县	27557	19285	6895	202	4538	158	2115	850	70	1928	907
盱眙县	51647	37639	11796	237	6254	133	2399	2192	55	6763	1627
金湖县	26680	19499	7172	194	5196	115	1752	447	27	1853	595
盐城市	**569460**	**422540**	**148434**	**781**	**101802**	**2166**	**26754**	**21521**	**1438**	**47985**	**16154**
亭湖区	72950	47866	7187	34	12379	537	3920	3023	434	8270	2459
盐都区	55421	39950	10128	22	11512	192	3920	2039	158	4821	1615
响水县	37516	27028	10505	274	5726	200	1667	1502	62	2908	952
滨海县	68945	51707	22376	311	10680	186	2484	2713	76	5139	1948
阜宁县	66272	48373	19890	27	10890	141	3115	2322	164	4390	1837

金融业	房地产业	租赁和商务服务业	科学研究、技术服务和地质勘察业	水利、环境和公共设施管理业	居民服务和其他服务业	教育	卫生、社会保障和社会福利业	文化、体育和娱乐业	公共管理和社会组织	国际组织	三次产业人口占行业人口比重(%) 第一产业	第二产业	第三产业
2850	**1924**	**2426**	**649**	**2247**	**8603**	**10754**	**5209**	**1147**	**8684**		**42.03**	**28.31**	**29.65**
296	409	299	109	201	588	788	475	132	694		7.31	36.24	56.46
351	247	277	62	318	543	587	436	136	785		8.70	24.39	66.91
35	31	62	14	42	140	136	47	24	94		13.11	55.03	31.86
106	49	91	8	46	340	530	231	20	969		41.23	35.01	23.76
764	555	452	308	231	742	1785	1141	335	1611		0.81	23.76	75.43
184	65	109	18	91	675	951	403	49	653		55.67	24.66	19.67
322	82	227	41	254	1127	1385	661	150	932		46.68	30.16	23.16
232	155	371	33	741	1719	1271	400	107	659		49.79	26.54	23.67
169	174	277	13	82	1229	1099	390	72	609		27.86	37.48	34.67
176	78	133	21	110	841	883	462	52	804		54.91	23.58	21.51
215	79	128	22	131	659	1339	563	70	874		53.62	23.54	22.84
2683	**2753**	**2850**	**790**	**1631**	**6549**	**5881**	**3020**	**1541**	**6692**		**12.00**	**55.31**	**32.69**
690	613	729	190	209	696	897	739	220	1049		0.22	44.89	54.89
607	734	593	174	235	845	899	513	389	998		0.25	43.43	56.32
60	76	25	14	67	115	112	83	28	120		1.42	69.88	28.71
263	435	335	127	241	828	654	264	284	685		5.91	64.40	29.69
544	558	770	183	444	2229	1721	648	302	1742		9.59	64.05	26.36
288	207	225	44	240	1052	911	437	125	1136		27.61	43.83	28.55
231	130	173	58	195	784	687	336	193	962		24.31	49.47	26.22
5966	**8943**	**9460**	**2348**	**6010**	**15542**	**11588**	**6387**	**4464**	**16019**		**3.86**	**64.15**	**31.99**
756	619	829	379	208	656	1001	605	399	1149		0.20	31.54	68.26
748	1732	1319	399	653	1234	1485	611	446	1554		0.81	59.86	39.33
392	396	618	122	156	495	457	281	170	539		0.44	42.62	56.95
329	748	534	210	521	718	861	311	205	654		1.79	65.00	33.22
570	1054	712	195	742	1619	1274	492	688	1973		7.46	60.89	31.65
235	293	333	50	483	1048	610	319	235	776		2.37	66.65	30.98
702	515	1085	193	780	2253	1634	971	580	2088		4.16	65.55	30.29
632	276	1560	284	581	2201	1237	813	404	1829		6.42	65.64	27.93
732	1870	1708	318	1052	2082	1303	968	754	2297		1.71	68.96	29.33
472	443	438	101	498	1645	1053	563	300	1895		4.76	71.42	23.82
398	997	324	97	336	1591	673	453	283	1265		6.16	61.96	31.88
2889	**2059**	**3717**	**708**	**1542**	**15360**	**8261**	**4478**	**1023**	**8466**		**27.09**	**46.24**	**26.67**
969	792	732	331	404	1003	1856	1107	378	2101		3.03	46.73	50.25
106	78	111	15	94	398	264	150	44	251		7.55	58.21	34.24
349	151	255	53	228	1561	1198	597	61	1083		30.82	50.47	18.71
345	222	190	80	219	937	1029	485	119	986		29.26	49.34	21.40
293	103	160	59	175	3328	894	484	85	857		29.73	43.07	27.20
302	135	141	52	97	2722	918	487	73	880		29.63	46.73	23.64
267	251	295	87	134	1833	1155	696	162	1344		30.64	45.97	23.39
258	327	1833	31	191	3578	947	472	101	964		32.93	37.31	29.75
1369	**1731**	**1793**	**536**	**711**	**6390**	**5563**	**2812**	**581**	**4806**		**36.28**	**31.34**	**32.38**
153	150	164	40	145	270	324	188	48	384		5.28	37.78	56.94
638	687	371	271	267	882	1270	629	267	1386		16.15	25.64	58.21
77	92	84	22	32	324	327	151	30	256		29.53	37.57	32.89
153	65	109	20	75	1834	1186	416	78	808		37.33	37.34	25.33
173	387	135	56	70	1149	1127	456	40	769		38.10	30.61	31.29
75	115	290	108	55	1486	661	328	70	571		44.67	26.23	29.10
100	235	640	19	67	445	668	644	48	632		47.77	29.28	22.96
1395	**1090**	**3975**	**246**	**832**	**14941**	**6401**	**2797**	**594**	**5788**		**32.55**	**30.60**	**36.86**
441	347	333	68	203	777	1230	447	129	1327		5.55	38.77	55.68
188	129	125	17	164	1498	1105	462	118	970		37.67	31.49	30.85
201	163	509	33	146	2788	1008	507	65	748		35.50	32.96	31.55
182	203	362	54	92	1427	515	326	46	552		18.53	29.66	51.81
74	63	1159	18	38	4772	950	370	44	613		39.66	23.95	36.39
74	43	60	20	79	422	388	163	31	342		35.75	36.37	27.88
104	84	1358	23	70	2627	875	339	78	625		31.34	23.97	44.69
131	58	69	13	40	630	330	183	83	611		36.78	37.22	26.00
2245	**1138**	**1198**	**504**	**1157**	**29406**	**7495**	**4073**	**1128**	**7161**		**35.13**	**31.12**	**33.75**
675	403	299	170	277	3817	1574	773	244	1391		15.01	35.24	49.74
273	164	182	70	112	2839	649	392	143	719		25.35	39.16	35.48
88	52	78	29	66	1737	493	262	48	379		38.87	29.11	32.03
114	86	67	6	172	3490	803	390	67	599		43.27	26.42	30.31
178	81	71	49	78	3274	681	358	204	623		41.12	29.30	29.58

表6 续表 14

地 区	16岁及以上人口总 计	各种行业人口总计	农 林牧渔业	采矿业	制造业	电力、燃气及水的生产和供应业	建筑业	仓储和邮政业	交通运输、计算机服务和 软件业	信息传输、批发和零售业	住宿和餐饮业
射阳县	68112	53379	21788	47	11094	229	1770	2736	164	6099	2298
建湖县	55704	39046	13495	5	11551	205	3243	1592	91	3644	1085
东台市	84874	66924	25075	53	15942	268	4380	3351	169	7554	2203
大丰市	59666	48267	17990	8	12028	208	2255	2243	120	5160	1757
扬州市	**382482**	**254939**	**54174**	**1229**	**85470**	**2029**	**31321**	**9371**	**1396**	**27811**	**8406**
广陵区	29803	16564	409	39	5092	251	973	913	251	4052	890
邗江区	50199	30803	2503	42	14934	205	4126	978	153	2709	788
维扬区	40554	24389	1131	295	9160	444	2262	936	292	3271	1036
宝应县	62154	45472	18927	15	8997	243	4481	1251	186	5663	945
仪征市	48993	32152	4511	184	11891	282	6102	1303	149	2567	957
高邮市	63722	47594	12810	28	15621	206	4754	2013	111	4928	2429
江都市	87057	57965	13883	626	19775	398	8623	1977	254	4621	1361
镇江市	**261785**	**177326**	**23897**	**588**	**68406**	**1927**	**18445**	**7940**	**1261**	**21688**	**7044**
京口区	50733	30093	1381	97	9053	755	4099	1838	388	4278	1370
润州区	24451	14653	648	188	3979	298	1172	1081	256	2698	871
丹徒区	25887	18392	4065	147	6667	133	1737	673	66	2102	625
丹阳市	82681	59906	6482	5	30051	346	4166	2222	281	7240	1778
扬中市	28430	19970	1436	14	10235	134	1440	747	125	2165	910
句容市	49603	34312	9885	137	8421	261	5831	1379	145	3205	1490
泰州市	**390448**	**277166**	**76883**	**221**	**87147**	**1543**	**30375**	**10322**	**1236**	**35943**	**5824**
海陵区	50020	29964	2152	93	9686	329	3571	1426	371	4906	1294
高港区	24079	16946	3774	9	6159	103	2760	613	56	1451	390
兴化市	103232	76550	28831	78	21257	280	4973	2270	199	12014	1234
靖江市	60098	43878	9262	3	18268	292	3890	1737	220	4457	1111
泰兴市	90218	64589	20619	25	17733	383	7809	2249	239	9044	859
姜堰市	62801	45239	12245	13	14044	156	7372	2027	151	4071	936
宿迁市	**358879**	**249393**	**112848**	**312**	**53868**	**849**	**24159**	**9369**	**858**	**21668**	**5897**
宿城区	61879	41216	13566	63	11062	259	4025	1889	382	4043	992
宿豫区	51701	36494	11050	126	7814	129	4594	2168	105	5390	2143
沭阳县	116424	76473	32817	96	19033	275	7395	3338	205	6085	1214
泗阳县	59185	43474	26296	10	6781	78	3694	1038	66	2373	560
泗洪县	69690	51736	29119	17	9178	108	4451	936	100	3777	988
浙江省	**4611756**	**3280387**	**483757**	**7714**	**1437674**	**22029**	**232138**	**128575**	**22768**	**419929**	**108269**
杭州市	**745347**	**494356**	**49637**	**1107**	**175662**	**3626**	**43281**	**21883**	**8931**	**75759**	**20234**
上城区	30562	16692	14	1	2002	217	703	1218	508	4434	1232
下城区	45736	28081	47	27	4905	196	1431	2073	832	6525	1737
江干区	85740	53300	364	4	17436	279	4883	2840	1062	12638	2765
拱墅区	51134	32231	46	5	6732	336	2866	1952	1219	8182	2007
西湖区	68641	37770	1057	41	6060	207	3152	1295	2202	6675	2403
滨江区	26240	16962	176	3	5135	115	1912	403	1243	2810	746
萧山区	131042	93717	8279	133	47446	594	9256	3538	598	10531	2284
余杭区	102268	76489	6293	233	35392	451	7400	3083	611	10507	2247
桐庐县	34089	24225	3628	62	10766	258	2418	913	144	2366	880
淳安县	27851	19809	11800	49	1885	128	1433	558	78	1118	736
建德市	36342	24319	6308	129	8588	260	1946	1057	81	2139	909
富阳市	57666	37672	3608	270	16752	341	3421	1742	195	4563	1183
临安市	48036	33089	8017	150	12563	244	2460	1211	158	3271	1105
宁波市	**687825**	**497982**	**40998**	**573**	**247406**	**3425**	**35144**	**22517**	**2876**	**62819**	**16462**
海曙区	31520	19052	43	1	3352	283	859	1468	380	5006	1248
江东区	34141	23566	21		4259	233	1543	1538	403	6100	1825
江北区	34676	22679	795	19	8824	153	1249	2042	188	4192	930
北仑区	57267	43049	1926	41	24333	290	3052	3045	185	4013	1134
镇海区	36058	26541	1007	8	13720	324	2654	1661	178	2666	825
鄞州区	134118	98121	4507	206	53448	494	8243	3849	555	12236	2852
象山县	42622	27774	5479	63	9737	234	3498	1238	109	3257	833
宁海县	51542	38444	5882	55	16745	313	3114	1321	191	4116	2031
余姚市	93871	68804	8166	101	38779	368	4054	2078	240	6962	1535
慈溪市	129647	99484	7972	32	59922	446	5235	3111	293	11038	2337
奉化市	42363	30468	5200	47	14287	287	1643	1166	154	3233	912
温州市	**737868**	**506799**	**48106**	**1186**	**257144**	**2333**	**23725**	**19689**	**2429**	**74311**	**17551**
鹿城区	110256	78529	1047	23	36551	503	2845	3291	764	13974	4033
龙湾区	60397	45731	735	47	32208	153	1830	1365	170	4773	1078
瓯海区	83290	62200	1950	21	40389	116	2395	1828	214	8364	2030
洞头县	7114	4179	899	9	778	43	507	336	33	569	182
永嘉县	61927	41003	7705	46	19380	202	1998	1303	180	5077	1301

金融业	房地产业	租赁和商务服务业	科学研究、技术服务和地质勘察业	水利、环境和公共设施管理业	居民服务和其他服务业	教育	卫生、社会保障和社会福利业	文化、体育和娱乐业	公共管理和社会组织	国际组织	三次产业人口占行业人口比重(%)		
											第一产业	第二产业	第三产业
224	41	58	28	74	4674	879	436	81	659		40.82	24.62	34.57
239	88	118	17	121	1675	736	387	77	677		34.56	38.43	27.01
222	88	209	59	83	4532	970	560	129	1077		37.47	30.85	31.69
232	135	116	76	174	3368	710	515	135	1037		37.27	30.04	32.69
2142	**1685**	**1686**	**630**	**1230**	**9036**	**6171**	**3090**	**1248**	**6814**		**21.25**	**47.09**	**31.66**
293	368	272	120	103	626	605	369	184	754		2.47	38.37	59.16
328	338	167	110	121	1081	851	301	164	904		8.13	62.68	29.20
441	383	390	203	228	949	1154	470	257	1087		4.64	49.86	45.50
207	126	279	40	101	1470	977	475	116	973		41.62	30.21	28.17
253	100	202	67	187	1519	616	356	148	758		14.03	57.41	28.56
229	138	128	18	180	1464	891	431	154	1061		26.92	43.30	29.78
391	232	248	72	310	1927	1077	688	225	1277		23.95	50.76	25.29
1998	**1537**	**1595**	**380**	**876**	**6441**	**4420**	**2143**	**1049**	**5691**		**13.48**	**50.40**	**36.13**
653	577	475	159	227	726	1503	700	282	1532		4.59	46.54	48.88
285	354	246	130	153	477	491	318	171	837		4.42	38.47	57.11
76	83	59	9	42	1141	257	123	32	355		22.10	47.22	30.68
538	323	539	45	252	2423	1097	517	372	1229		10.82	57.70	31.48
232	80	127	3	27	907	408	209	58	713		7.19	59.20	33.61
214	120	149	34	175	767	664	276	134	1025		28.81	42.70	28.49
2009	**1175**	**1312**	**378**	**900**	**5904**	**5470**	**3023**	**809**	**6692**		**27.74**	**43.04**	**29.22**
652	446	310	114	233	898	1044	584	310	1545		7.18	45.65	47.17
90	46	78	27	69	336	357	149	37	442		22.27	53.29	24.44
279	174	319	58	113	1301	1121	675	136	1238		37.66	34.73	27.60
419	216	228	80	131	865	810	510	134	1245		21.11	51.17	27.72
303	107	160	51	165	1718	1216	635	122	1152		31.92	40.18	27.90
266	186	217	48	189	786	922	470	70	1070		27.07	47.71	25.22
965	**879**	**741**	**243**	**975**	**3856**	**4977**	**2235**	**443**	**4251**		**45.25**	**31.75**	**23.00**
388	233	209	95	201	766	1117	546	166	1214		32.91	37.39	29.70
62	107	102	85	328	1068	591	211	44	377		30.28	34.70	35.02
293	294	244	30	214	1046	1767	794	125	1208		42.91	35.04	22.04
70	59	122	17	135	602	634	318	46	575		60.49	24.30	15.22
152	186	64	16	97	374	868	366	62	877		56.28	26.58	17.13
33581	**30121**	**32357**	**12494**	**15487**	**76528**	**72020**	**36777**	**22699**	**85465**	**5**	**14.75**	**51.81**	**33.44**
8097	**7989**	**10439**	**6066**	**3852**	**12178**	**15280**	**7827**	**5463**	**17043**	**2**	**10.04**	**45.25**	**44.71**
813	545	936	496	214	453	737	698	394	1077		0.08	17.51	82.40
1336	752	1548	861	334	1045	1211	810	676	1734	1	0.17	23.36	76.48
820	958	1516	824	375	1481	1595	1014	467	1979		0.68	42.41	56.91
824	810	1250	677	299	1286	1095	613	683	1348	1	0.14	30.84	69.02
1104	1197	1939	1576	479	998	3107	1058	940	2280		2.80	25.05	72.16
343	644	638	575	121	468	636	320	179	495		1.04	42.24	56.72
947	772	775	307	519	1900	2040	955	595	2248		8.83	61.28	29.89
718	1219	870	332	657	1530	1538	774	632	2002		8.23	56.84	34.93
195	154	224	78	201	513	448	243	121	613		14.98	55.74	29.28
133	119	151	34	108	224	414	227	104	510		59.57	17.64	22.79
179	122	126	40	113	566	562	311	155	728		25.94	44.92	29.15
441	443	313	216	244	868	1062	478	343	1189		9.58	55.17	35.25
244	254	153	50	188	846	835	326	174	840		24.23	46.59	29.18
5879	**6171**	**5334**	**1854**	**2626**	**11265**	**10155**	**5568**	**3073**	**13837**		**8.23**	**57.54**	**34.23**
806	690	645	314	184	738	859	632	335	1209		0.23	23.59	76.18
1024	1045	717	411	149	838	838	581	570	1471		0.09	25.61	74.30
419	455	566	139	147	552	552	399	171	887		3.51	45.17	51.32
308	506	388	177	281	922	696	430	234	1088		4.47	64.38	31.14
269	358	277	183	179	542	516	335	163	676		3.79	62.94	33.26
900	1657	913	309	511	1892	2064	789	439	2257		4.59	63.59	31.82
291	191	148	31	196	566	542	304	142	915		19.73	48.72	31.55
411	297	345	33	137	1120	734	394	203	1002		15.30	52.61	32.09
533	305	357	99	270	1297	1191	545	258	1666		11.87	62.94	25.20
647	530	719	130	368	2081	1610	784	345	1884		8.01	65.98	26.01
271	137	259	28	204	717	553	375	213	782		17.07	53.38	29.55
4061	**4062**	**3551**	**984**	**1437**	**13791**	**11751**	**5283**	**3537**	**11867**	**1**	**9.49**	**56.11**	**34.39**
1548	1653	1073	428	267	2949	2130	1578	1032	2839	1	1.33	50.84	47.83
266	190	235	44	99	803	693	295	125	622		1.61	74.87	23.52
272	628	278	110	114	1151	1014	364	216	746		3.14	69.00	27.86
34	41	25	10	36	161	132	57	49	278		21.51	31.99	46.49
210	120	160	50	83	926	885	386	114	877		18.79	52.74	28.47

表6　续表 15

地　区	16岁及以上人口总　计	各种行业人口总计	农　林牧渔业	采矿业	制造业	电力、燃气及水的生产和供应业	建筑业	仓储和邮政业	交通运输、计算机服务和 软件业	信息传输、批发和零售业	住宿和餐饮业
平阳县	62628	39970	5688	167	16862	186	2640	1752	160	6497	1185
苍南县	92381	59705	8529	589	24590	193	2577	3521	278	10311	2017
文成县	16397	9201	3651	31	1636	128	489	295	44	1095	469
泰顺县	18084	11051	5081	158	1052	113	939	367	64	1127	384
瑞安市	116502	81361	6478	29	44539	310	3031	2953	286	12343	2474
乐清市	108892	73869	6343	66	39159	386	4474	2678	236	10181	2398
嘉兴市	**394073**	**305515**	**35814**	**116**	**159334**	**2400**	**22915**	**9234**	**1291**	**33747**	**9037**
南湖区	54479	36071	3796		13150	424	2720	1412	386	5639	1570
秀洲区	50894	40633	3274	1	23393	188	3286	1279	230	4499	910
嘉善县	51224	39659	4404	1	21469	154	2558	1696	127	4380	1284
海盐县	36673	29489	5324	49	14212	835	2445	803	80	2387	637
海宁市	68884	51889	5478	55	28547	260	3996	1365	161	5693	1246
平湖市	60597	49429	6046	10	28508	273	3748	1370	167	3875	1344
桐乡市	71322	58345	7492		30055	266	4162	1309	140	7274	2046
湖州市	**246627**	**176913**	**34190**	**1911**	**71219**	**1432**	**12816**	**7021**	**843**	**20011**	**6433**
吴兴区	64150	44490	5954	490	17422	434	3163	1601	347	6024	1635
南浔区	47295	34656	6421	25	17407	171	2123	1018	96	4107	760
德清县	41740	30475	4142	686	14333	222	2362	1095	150	2912	1237
长兴县	53362	38304	10801	465	11670	351	3042	1968	139	3825	1482
安吉县	40080	28988	6872	245	10387	254	2126	1339	111	3143	1319
绍兴市	**409595**	**294864**	**47376**	**755**	**132446**	**1922**	**26354**	**8953**	**1362**	**35556**	**8484**
越城区	74946	48495	1283	114	18509	640	5260	1884	587	8427	2158
绍兴县	87719	68472	4717	196	36588	395	5225	2152	206	11462	1571
新昌县	32012	23635	7990	24	9238	145	1171	601	82	1700	566
诸暨市	95377	69089	11741	199	33575	327	6077	1908	184	6898	1763
上虞市	65299	46518	9088	75	19496	223	6060	1273	165	4242	1311
嵊州市	54242	38655	12557	147	15040	192	2561	1135	138	2827	1115
金华市	**454765**	**334478**	**60586**	**539**	**148763**	**1710**	**22907**	**11327**	**1714**	**42548**	**9715**
婺城区	61946	41589	8627	64	10367	464	3178	2178	638	6219	2008
金东区	26469	19178	6049	35	6841	77	1414	802	113	2009	413
武义县	29969	22265	5857	108	10167	146	1089	632	56	1667	626
浦江县	37602	28208	3755	42	17338	73	1523	634	69	2288	519
磐安县	13815	10505	5028	3	2636	74	631	218	45	732	187
兰溪市	46583	31260	11787	85	9961	163	2517	922	105	2177	901
义乌市	108581	86000	5131	63	43590	296	4248	3599	458	16760	2610
东阳市	67855	48937	9560	84	20700	256	6191	982	95	5114	1212
永康市	61945	46536	4792	55	27163	161	2116	1360	135	5582	1239
衢州市	**167904**	**122421**	**52749**	**299**	**25507**	**875**	**8747**	**4520**	**556**	**11797**	**3443**
柯城区	37682	25666	6468	28	4910	377	1672	1290	273	3896	1247
衢江区	26933	20281	12157	51	4022	77	1019	522	21	1108	365
常山县	18921	12780	5026	72	3039	82	1142	508	68	1096	443
开化县	19277	14476	7718	26	1886	88	1312	458	58	1131	347
龙游县	27886	22014	10010	75	5206	119	1344	727	67	1926	499
江山市	37205	27204	11370	47	6444	132	2258	1015	69	2640	542
舟山市	**98559**	**65904**	**8651**	**397**	**18229**	**782**	**6709**	**6226**	**555**	**9354**	**3234**
定海区	40216	27626	2227	95	7090	386	3756	2425	328	4238	1305
普陀区	33630	22199	2696	63	6319	199	2065	2372	159	3173	1406
岱山县	18086	11866	2545	190	4327	135	682	932	43	1280	325
嵊泗县	6627	4213	1183	49	493	62	206	497	25	663	198
台州市	**502365**	**367108**	**59638**	**468**	**178491**	**2368**	**22726**	**13665**	**1505**	**41973**	**9809**
椒江区	56489	40385	2690	31	18177	466	3119	1772	471	5887	1578
黄岩区	55220	39420	5977	32	20531	281	2228	1314	175	4152	1021
路桥区	51640	40271	2244	14	22987	107	1693	1680	110	6752	1201
玉环县	52298	38868	2213	54	24464	291	1649	1464	120	3899	876
三门县	27258	19122	6186	63	5664	239	1992	711	88	1726	548
天台县	29978	20831	7302	50	5708	150	1348	572	72	2403	612
仙居县	26431	18080	8077	47	4801	139	783	447	70	1280	436
温岭市	120000	92842	8787	55	55203	304	4813	3738	194	10214	2202
临海市	83051	57289	16162	122	20956	391	5101	1967	205	5660	1335
丽水市	**166828**	**114047**	**46012**	**363**	**23473**	**1156**	**6814**	**3540**	**706**	**12054**	**3867**
莲都区	36190	24719	5676	28	5339	320	1888	979	364	3851	1269
青田县	25439	15430	5063	109	3625	124	907	474	50	1929	668
缙云县	28042	19357	6951	60	5853	140	1228	533	57	1824	535
遂昌县	15288	10822	6063	44	1612	86	518	276	46	752	267
松阳县	14675	10863	6755	30	1140	95	509	276	41	730	216

金融业	房地产业	租赁和商务服务业	科学研究、技术服务和地质勘察业	水利、环境和公共设施管理业	居民服务和其他服务业	教育	卫生、社会保障和社会福利业	文化、体育和娱乐业	公共管理和社会组织	国际组织	三次产业人口占行业人口比重(%)		
											第一产业	第二产业	第三产业
251	201	215	56	90	1324	1096	403	188	1009		14.23	49.67	36.09
362	249	501	114	160	1588	1621	569	516	1420		14.29	46.81	38.90
90	19	65	10	49	269	264	114	56	427		39.68	24.82	35.50
96	80	65	10	47	524	386	99	43	416		45.98	20.47	33.55
558	545	509	124	208	2051	1893	819	592	1619		7.96	58.88	33.15
374	336	425	28	284	2045	1637	599	606	1614		8.59	59.68	31.73
2308	**2731**	**3238**	**978**	**1252**	**5518**	**4905**	**2633**	**1921**	**6143**		**11.72**	**60.48**	**27.80**
632	772	834	389	252	843	992	659	436	1165		10.52	45.17	44.30
253	331	354	149	104	746	517	260	186	673		8.06	66.12	25.82
242	218	294	64	118	744	536	246	277	847		11.10	60.97	27.92
218	125	232	54	98	489	519	222	116	644		18.05	59.48	22.46
358	413	466	133	247	888	839	471	287	986		10.56	63.32	26.12
251	328	362	82	169	804	691	316	266	819		12.23	65.83	21.94
354	544	696	107	264	1004	811	459	353	1009		12.84	59.10	28.06
1518	**1874**	**1480**	**365**	**826**	**3763**	**3230**	**1804**	**1087**	**5090**		**19.33**	**49.39**	**31.28**
654	933	565	228	244	1073	996	671	419	1637		13.38	48.35	38.27
159	118	80	17	121	677	461	207	147	541		18.53	56.92	24.55
257	174	188	51	111	625	543	291	168	928		13.59	57.76	28.65
261	482	424	51	190	734	743	401	235	1040		28.20	40.54	31.26
187	167	223	18	160	654	487	234	118	944		23.71	44.89	31.41
2841	**1890**	**2076**	**647**	**1349**	**6214**	**5984**	**2913**	**1520**	**6221**	**1**	**16.07**	**54.76**	**29.17**
1224	694	744	261	384	1344	1628	884	583	1886	1	2.65	50.57	46.79
365	449	508	188	235	1720	928	392	191	984		6.89	61.93	31.18
195	95	105	33	78	334	507	228	74	469		33.81	44.76	21.44
469	272	385	97	365	1335	1354	720	265	1155		16.99	58.15	24.85
349	296	168	55	191	936	909	407	228	1046		19.54	55.58	24.88
239	84	166	13	96	545	658	282	179	681		32.48	46.41	21.10
2596	**1791**	**2275**	**483**	**1510**	**8404**	**6167**	**3195**	**1799**	**6448**	**1**	**18.11**	**52.00**	**29.89**
693	633	547	276	233	1167	1493	790	421	1593		20.74	33.84	45.42
73	82	105	17	78	340	290	124	58	258		31.54	43.63	24.83
136	48	93	18	111	396	346	178	102	489		26.31	51.70	22.00
140	53	66	11	97	445	404	228	67	456		13.31	67.27	19.42
84	4	56	7	36	178	185	95	20	286		47.86	31.83	20.30
180	86	105	17	133	480	508	315	117	700	1	37.71	40.71	21.58
638	617	786	80	434	2931	1443	565	372	1379		5.97	56.04	37.99
319	110	262	18	191	1529	779	478	420	637		19.54	55.65	24.82
333	158	255	39	197	938	719	422	222	650		10.30	63.38	26.32
1202	**676**	**727**	**170**	**499**	**2431**	**2645**	**1325**	**588**	**3665**		**43.09**	**28.94**	**27.97**
600	368	364	63	182	748	995	525	342	1318		25.20	27.22	47.58
27	34	48	26	44	299	121	69	17	254		59.94	25.49	14.57
92	48	53	19	41	249	281	119	51	351		39.33	33.92	26.75
88	32	50	15	32	264	319	155	45	452		53.32	22.88	23.80
125	30	98	11	116	346	395	210	57	653		45.47	30.64	23.89
270	164	114	36	84	525	534	247	76	637		41.80	32.65	25.56
896	**723**	**673**	**289**	**539**	**1764**	**1544**	**908**	**827**	**3604**		**13.13**	**39.63**	**47.24**
503	348	301	199	181	872	839	468	353	1712		8.06	41.00	50.94
228	268	294	70	253	616	401	257	308	1052		12.14	38.95	48.91
105	75	38	15	58	187	205	124	102	498		21.45	44.95	33.60
60	32	40	5	47	89	99	59	64	342		28.08	19.23	52.69
2981	**1411**	**2000**	**428**	**1186**	**7757**	**7331**	**3704**	**2182**	**7485**		**16.25**	**55.58**	**28.17**
702	425	410	132	200	956	1048	535	420	1366		6.66	53.96	39.38
306	132	189	54	112	749	664	419	276	808		15.16	58.53	26.31
338	79	307	16	121	969	638	277	146	592		5.57	61.59	32.84
260	61	253	46	142	880	651	335	276	934		5.69	68.07	26.23
130	68	133	22	80	377	385	152	99	459		32.35	41.62	26.03
182	87	93	14	42	745	527	281	100	543		35.05	34.83	30.11
123	193	54	4	54	354	449	235	49	485		44.67	31.91	23.41
551	160	333	84	224	1812	1542	808	501	1317		9.46	65.03	25.51
389	206	228	56	211	915	1427	662	315	981		28.21	46.38	25.41
1202	**803**	**564**	**230**	**411**	**3443**	**3028**	**1617**	**702**	**4062**		**40.34**	**27.89**	**31.77**
455	530	218	154	147	724	857	616	246	1058		22.96	30.64	46.39
130	86	60	1	42	961	370	141	122	568		32.81	30.88	36.31
163	41	66	24	46	518	484	224	111	499		35.91	37.61	26.48
78	44	63	11	36	189	250	108	36	343		56.02	20.88	23.09
79	11	24	8	25	180	262	129	37	316		62.18	16.33	21.49

表6 续表 16

地　区	16岁及以上人口总　计	各种行业人口总计	农　林牧渔业	采矿业	制造业	电力、燃气及水的生产和供应业	建筑业	仓储和邮政业	交通运输、计算机服务和 软件业	信息传输、批发和零售业	住宿和餐饮业
云和县	9067	6447	2372	7	1866	91	318	204	32	486	180
庆元县	10880	7520	3413	9	1373	82	499	233	42	692	210
景宁畲族自治县	8605	5665	2966	18	428	122	353	240	41	498	174
龙泉市	18642	13224	6753	58	2237	96	594	325	33	1292	348
安徽省	**4211557**	**2897236**	**1570071**	**37504**	**340464**	**16417**	**230010**	**96181**	**12429**	**237899**	**80012**
合肥市	**412709**	**258358**	**72278**	**309**	**43110**	**2019**	**27008**	**12035**	**3402**	**37758**	**11905**
瑶海区	64612	38916	773	48	7848	253	4398	3492	576	10619	2404
庐阳区	39630	23853	522	12	3569	385	2134	1450	541	5205	1669
蜀山区	79915	42852	822	90	12080	422	4212	1656	1321	6783	2659
包河区	58984	36047	1372	32	6646	539	5554	1663	573	7815	2224
长丰县	47494	33431	22528	3	3096	123	1841	894	96	1977	735
肥东县	60354	40740	24766	104	3288	134	5181	1151	91	2116	826
肥西县	61720	42519	21495	20	6583	163	3688	1729	204	3243	1388
芜湖市	**172146**	**109124**	**29993**	**851**	**27236**	**1058**	**10459**	**6438**	**657**	**12042**	**4333**
镜湖区	37295	20219	1089	55	4163	415	1420	1978	295	3645	1157
弋江区	24139	12364	1388	28	3028	164	1405	832	128	2130	654
鸠江区	26681	16704	1174	7	8886	167	1558	1012	69	1481	595
三山区	11241	8202	3904	25	1476	74	939	244	28	731	273
芜湖县	22324	16211	7878	19	2564	73	1583	819	29	1215	458
繁昌县	20499	13797	2872	630	4271	90	1609	796	42	1209	598
南陵县	29967	21627	11688	87	2848	75	1945	757	66	1631	598
蚌埠市	**228664**	**154653**	**96431**	**82**	**14338**	**763**	**6960**	**5809**	**562**	**12484**	**3532**
龙子湖区	18784	10600	2020	5	2392	102	540	1007	74	1939	475
蚌山区	26558	12908	828	4	2205	199	1025	1296	216	2618	732
禹会区	19905	10470	1294	14	3328	186	504	777	74	1918	585
淮上区	10988	8111	4777	2	877	24	831	279	19	766	205
怀远县	69850	49951	40100	29	1697	123	1498	1136	64	2239	588
五河县	45102	34001	24883	15	2693	56	1700	763	40	1505	610
固镇县	37477	28612	22529	13	1146	73	862	551	75	1499	337
淮南市	**170204**	**102208**	**43470**	**13936**	**7507**	**1580**	**6836**	**4129**	**449**	**9075**	**3008**
大通区	12815	8421	3599	387	1127	169	648	421	30	757	202
田家庵区	45778	23433	3648	1677	2393	1034	2114	1777	244	3674	1110
谢家集区	22447	11331	3323	3327	853	75	318	494	52	1149	399
八公山区	12384	5776	595	2619	537	48	207	276	25	480	264
潘集区	28856	19368	11198	2914	835	149	1431	392	47	1058	344
凤台县	47924	33879	21107	3012	1762	105	2118	769	51	1957	689
马鞍山市	**103035**	**61096**	**14837**	**1311**	**16526**	**1004**	**6513**	**2991**	**401**	**6386**	**2158**
金家庄区	8913	4870	246	34	1738	95	449	486	34	882	250
花山区	23553	12117	380	310	3414	473	845	860	153	1683	583
雨山区	24756	12181	574	621	3816	279	1526	719	117	1525	598
当涂县	45813	31928	13637	346	7558	157	3693	926	97	2296	727
淮北市	**147017**	**90277**	**46098**	**9544**	**7491**	**819**	**6926**	**3169**	**349**	**5329**	**1811**
杜集区	20985	11083	3950	3321	1136	31	487	344	35	685	259
相山区	31132	16161	1359	1811	2205	511	1606	942	183	2307	637
烈山区	21669	12733	5633	3275	1253	115	706	420	38	415	189
濉溪县	73231	50300	35156	1137	2897	162	4127	1463	93	1922	726
铜陵市	**54694**	**31650**	**7204**	**1835**	**6884**	**491**	**2741**	**1932**	**327**	**3358**	**1280**
铜官山区	21917	11439	207	741	3216	334	621	794	207	1620	549
狮子山区	8594	4429	475	397	1176	40	543	264	44	557	204
郊区	5365	3043	528	336	737	47	345	252	26	306	126
铜陵县	18818	12739	5994	361	1755	70	1232	622	50	875	401
安庆市	**355205**	**230489**	**106231**	**582**	**37310**	**1616**	**23991**	**7271**	**999**	**21256**	**7021**
迎江区	18889	10874	1721	61	1580	227	882	724	111	2234	661
大观区	20119	11096	1758	63	2206	159	606	755	155	1898	568
宜秀区	19547	11094	1900	77	2431	115	1519	732	81	2033	576
怀宁县	32092	21691	10619	93	2713	115	1755	515	36	2626	1340
枞阳县	50303	34550	18117	61	4571	138	5155	942	108	2333	617
潜山县	34453	20119	8246	60	4525	147	1773	594	71	2031	523
太湖县	36692	24542	12524	40	4121	176	2771	517	133	1555	507
宿松县	36372	24299	16104	38	2303	108	1474	581	56	1360	309
望江县	34722	25683	14080	7	4036	131	2495	479	79	1643	876
岳西县	23940	15662	8773	53	2002	138	1319	484	62	1043	312
桐城市	48076	30879	12389	29	6822	162	4242	948	107	2500	732

金融业	房地产业	租赁和商务服务业	科学研究、技术服务和地质勘察业	水利、环境和公共设施管理业	居民服务和其他服务业	教育	卫生、社会保障和社会福利业	文化、体育和娱乐业	公共管理和社会组织	国际组织	三次产业人口占行业人口比重(%) 第一产业	第二产业	第三产业
46	15	36	1	33	296	114	72	24	254		36.79	35.40	27.81
94	11	31	10	21	160	218	87	30	305		45.39	26.10	28.51
65	12	34	9	22	132	165	87	36	263		52.36	16.26	31.39
92	53	32	12	39	283	308	153	60	456		51.07	22.57	26.36
16951	**15440**	**12245**	**6240**	**7885**	**48605**	**65857**	**32240**	**9886**	**60900**		**54.19**	**21.55**	**24.26**
3686	**6036**	**3677**	**2423**	**1228**	**6303**	**9520**	**4389**	**2600**	**8672**		**27.98**	**28.04**	**43.98**
551	1657	787	314	199	1417	1213	688	472	1207		1.99	32.24	65.77
942	872	632	473	164	955	1168	743	503	1914		2.19	25.57	72.24
1026	1853	1024	882	471	1154	2539	1375	584	1899		1.92	39.21	58.87
744	1206	746	602	154	1203	1938	740	783	1513		3.81	35.43	60.77
101	90	61	20	42	364	652	192	53	563		67.39	15.14	17.47
125	140	110	23	56	467	1002	297	53	810		60.79	21.37	17.84
197	218	317	109	142	743	1008	354	152	766		50.55	24.59	24.86
1131	**1124**	**704**	**350**	**713**	**3193**	**3226**	**1746**	**824**	**3046**		**27.49**	**36.29**	**36.22**
574	486	290	171	192	837	1218	779	387	1068		5.39	29.94	64.68
203	253	158	57	78	552	464	255	156	431		11.23	37.41	51.37
45	152	119	40	297	334	324	119	85	240		7.03	63.57	29.41
23	25	16	11	13	164	126	43	9	78		47.60	30.65	21.75
112	60	29	25	61	372	356	138	48	372		48.60	26.15	25.25
78	65	55	42	56	411	306	189	79	399		20.82	47.84	31.35
96	83	37	4	16	523	432	223	60	458		54.04	22.91	23.05
871	**602**	**495**	**358**	**517**	**1958**	**3476**	**1986**	**416**	**3013**		**62.35**	**14.32**	**23.33**
120	99	79	95	173	273	382	367	84	374		19.06	28.67	52.27
343	211	228	104	151	340	827	467	137	977		6.41	26.60	66.99
135	151	58	123	50	315	328	252	83	295		12.36	38.51	49.13
13	5	22		9	99	86	42	9	46		58.90	21.38	19.73
114	50	32	8	65	372	828	419	43	546		80.28	6.70	13.02
82	67	46	15	43	318	540	212	24	389		73.18	13.13	13.69
64	19	30	13	26	241	485	227	36	386		78.74	7.32	13.94
771	**880**	**536**	**267**	**463**	**1684**	**2856**	**1705**	**467**	**2589**		**42.53**	**29.21**	**28.26**
32	70	60	8	22	164	141	95	28	461		42.74	27.68	29.58
494	421	261	113	242	612	1317	872	270	1160		15.57	30.80	53.63
73	123	77	93	36	187	299	236	34	183		29.33	40.36	30.32
46	81	14	29	16	108	183	89	34	125		10.30	59.05	30.64
43	57	38	3	16	175	280	147	22	219		57.82	27.51	14.67
83	128	86	21	131	438	636	266	79	441		62.30	20.65	17.05
605	**504**	**546**	**489**	**298**	**1704**	**1749**	**926**	**348**	**1800**		**24.28**	**41.50**	**34.22**
34	54	38	34	43	204	74	50	32	93		5.05	47.56	47.39
298	205	216	212	127	415	717	386	145	695		3.14	41.61	55.25
149	136	220	219	77	499	387	243	99	377		4.71	51.24	44.04
124	109	72	24	51	586	571	247	72	635		42.71	36.81	20.47
540	**296**	**671**	**227**	**272**	**1188**	**2178**	**1263**	**210**	**1896**		**51.06**	**27.45**	**21.49**
29	30	24	55	27	165	252	140	21	92		35.64	44.89	19.47
364	214	233	127	152	448	1049	678	117	1218		8.41	37.95	53.64
31	38	28	15	16	154	196	132	17	62		44.24	42.01	13.75
116	14	386	30	77	421	681	313	55	524		69.89	16.55	13.56
374	**372**	**231**	**172**	**197**	**839**	**1020**	**569**	**274**	**1550**		**22.76**	**37.76**	**39.48**
275	216	152	90	142	360	578	393	165	779		1.81	42.94	55.25
34	86	39	49	42	149	107	59	42	122		10.72	48.68	40.60
23	17	15	25	6	90	41	27	16	80		17.35	48.14	34.51
42	53	25	8	7	240	294	90	51	569		47.05	26.83	26.12
1443	**954**	**825**	**335**	**611**	**4324**	**6359**	**2858**	**855**	**5648**		**46.09**	**27.55**	**26.36**
282	202	78	82	136	344	454	376	145	574		15.83	25.29	58.88
262	184	161	64	58	470	545	298	154	732		15.84	27.34	56.81
103	107	75	54	76	289	414	131	74	307		17.13	37.34	45.54
84	46	50	17	29	348	568	228	65	444		48.96	21.56	29.49
79	41	58	8	40	441	851	313	39	638		52.44	28.73	18.84
135	68	74	27	53	354	576	258	80	524		40.99	32.33	26.68
88	50	103	18	66	564	557	255	52	445		51.03	28.96	20.01
114	21	40	16	33	285	648	277	46	486		66.27	16.14	17.58
68	112	53	17	35	345	580	205	69	373		54.82	25.97	19.21
76	12	35	8	25	265	366	180	54	455		56.01	22.42	21.56
152	111	98	24	60	619	800	337	77	670		40.12	36.45	23.43

表6 续表 17

地　区	16岁及以上人口总　计	各种行业人口总计	农　林牧渔业	采矿业	制造业	电力、燃气及水的生产和供应业	建筑业	仓储和邮政业	交通运输、计算机服务和 软件业	信息传输、批发和零售业	住宿和餐饮业
黄山市	**107093**	**75839**	**35678**	**192**	**9281**	**390**	**8680**	**2359**	**442**	**6142**	**3430**
屯溪区	17506	9791	628	21	948	106	1328	597	188	1935	1082
黄山区	11802	8281	3342	25	511	42	1033	312	55	750	750
徽州区	7444	5610	2584	3	1132	23	742	117	13	370	131
歙县	31039	23271	13834	26	2985	95	2102	568	76	1242	508
休宁县	19797	15140	7605	88	2080	56	2257	358	41	985	543
黟县	6517	4655	2467	9	580	29	440	122	24	281	213
祁门县	12988	9091	5218	20	1045	39	778	285	45	579	203
滁州市	**282990**	**201248**	**119976**	**888**	**27553**	**786**	**11314**	**6782**	**648**	**12942**	**4159**
琅琊区	23055	13488	2321	127	3086	228	885	990	143	1908	625
南谯区	18726	12955	7244	37	1839	49	1032	493	81	812	292
来安县	31487	22780	14940	22	2317	69	1460	717	51	1200	467
全椒县	29034	20740	12612	26	3041	105	870	745	51	1226	438
定远县	52277	37636	27546	214	2408	63	1455	903	91	1878	696
凤阳县	45506	33218	25108	180	2039	76	806	1332	60	1415	425
天长市	47547	35177	12137	241	11157	121	3941	962	92	2980	717
明光市	35358	25254	18068	41	1666	75	865	640	79	1523	499
阜阳市	**507903**	**378463**	**256138**	**1206**	**24617**	**1018**	**27149**	**10251**	**881**	**27026**	**6762**
颍州区	50955	34222	11715	55	3963	296	4281	1648	244	4799	1319
颍东区	34860	25195	14637	230	2257	56	2618	1262	48	1905	576
颍泉区	39465	30136	18133	15	1693	133	3553	1033	86	2758	698
临泉县	96820	74894	59153	27	3372	130	3562	1209	92	3527	851
太和县	94892	75565	55899	35	3347	95	5094	1412	105	5316	1132
阜南县	71163	52116	38580	50	3037	95	2674	1339	91	2808	746
颍上县	78450	56628	40378	777	3475	117	3299	1401	127	3138	874
界首市	41298	29707	17643	17	3473	96	2068	947	88	2775	566
宿州市	**386022**	**285712**	**216951**	**3256**	**13449**	**860**	**13881**	**5109**	**573**	**12633**	**3499**
埇桥区	118952	83919	53200	2804	5709	492	5400	2083	281	5410	1805
砀山县	58139	44625	37939	13	1685	94	802	656	33	1269	352
萧县	80860	61433	50408	378	1931	109	2481	876	88	2259	436
灵璧县	67960	48315	36266	36	2359	109	3073	982	79	2376	506
泗县	60111	47420	39138	25	1765	56	2125	512	92	1319	400
巢湖市	**261088**	**182070**	**95450**	**692**	**21778**	**963**	**16399**	**5209**	**610**	**14247**	**10240**
居巢区	52837	34997	16081	102	5439	311	2829	1508	211	3071	1033
庐江县	64705	44044	25047	201	4281	253	4511	1236	137	3667	984
无为县	75011	51609	29917	135	4777	183	4269	1178	136	4212	2488
含山县	26386	19048	8635	69	2673	96	2542	579	61	1285	1392
和县	42149	32372	15770	185	4608	120	2248	708	65	2012	4343
六安市	**387100**	**278683**	**162748**	**692**	**33707**	**1224**	**24286**	**8445**	**745**	**19666**	**6215**
金安区	56208	41953	18907	46	7592	198	4549	1469	167	3635	1317
裕安区	59847	42840	20790	146	5647	220	6186	1234	150	3609	1054
寿县	59529	43851	35529	27	1493	112	674	1011	72	2061	582
霍邱县	96888	72020	47369	224	8400	190	4316	2027	126	4319	1339
舒城县	53079	34658	16121	121	5252	156	4326	1396	119	3069	855
金寨县	37109	25477	16001	52	2129	176	2410	722	45	1535	484
霍山县	24440	17884	8031	76	3194	172	1825	586	66	1438	584
亳州市	**339638**	**254240**	**178659**	**700**	**14087**	**522**	**16605**	**6160**	**439**	**20334**	**3454**
谯城区	100694	77768	59193	44	3611	166	2675	1446	174	5547	908
涡阳县	87339	64388	41198	255	4361	130	5028	1639	71	7237	991
蒙城县	74181	53842	35761	330	3543	114	4971	1661	118	3245	714
利辛县	77424	58242	42507	71	2572	112	3931	1414	76	4305	841
池州市	**105333**	**73540**	**32803**	**578**	**11059**	**457**	**8483**	**2581**	**356**	**5883**	**2751**
贵池区	46802	32529	12602	300	5067	249	4553	1182	210	2860	1286
东至县	32881	24269	13207	67	3924	101	1915	676	75	1636	581
石台县	7183	4875	2566	19	598	26	447	137	20	321	161
青阳县	18467	11867	4428	192	1470	81	1568	586	51	1066	723
宣城市	**190716**	**129586**	**55126**	**850**	**24531**	**847**	**11779**	**5511**	**589**	**11338**	**4454**
宣州区	55823	39072	18865	287	5417	251	3050	1684	211	3602	1260
郎溪县	24106	16751	6837	42	3272	86	2240	729	68	1366	491
广德县	36222	23910	9314	187	5535	110	2390	1263	90	1927	702
泾县	23591	14835	5641	194	2776	135	1358	578	68	1373	682
绩溪县	11562	8499	4734	33	1258	45	671	201	29	491	283
旌德县	9447	6850	3148	42	848	53	600	246	41	501	305
宁国市	29965	19669	6587	65	5425	167	1470	810	82	2078	731

金融业	房地产业	租赁和商务服务业	科学研究、技术服务和地质勘察业	水利、环境和公共设施管理业	居民服务和其他服务业	教育	卫生、社会保障和社会福利业	文化、体育和娱乐业	公共管理和社会组织	国际组织	三次产业人口占行业人口比重(%)		
											第一产业	第二产业	第三产业
694	**512**	**586**	**95**	**305**	**1650**	**1637**	**838**	**357**	**2571**		**47.04**	**24.45**	**28.51**
293	220	268	48	51	427	465	253	110	823		6.41	24.54	69.04
109	71	140	8	145	230	150	72	74	462		40.36	19.45	40.19
29	16	26	5	13	110	73	50	22	151		46.06	33.87	20.07
111	120	74	16	39	371	476	211	40	377		59.45	22.38	18.17
56	50	60	9	25	296	181	106	30	314		50.23	29.60	20.17
51	13	5	1	12	85	72	38	45	168		53.00	22.73	24.27
45	22	13	8	20	131	220	108	36	276		57.40	20.70	21.90
909	**526**	**534**	**263**	**475**	**2885**	**4214**	**1929**	**490**	**3975**		**59.62**	**20.14**	**20.24**
262	136	148	83	113	538	602	355	103	835		17.21	32.07	50.72
66	43	38	10	53	247	230	121	36	232		55.92	22.83	21.26
77	21	40	5	33	312	390	218	35	406		65.58	16.98	17.44
97	100	35	4	44	206	448	170	54	468		60.81	19.49	19.70
103	56	55	73	34	365	770	292	55	579		73.19	11.00	15.81
74	51	44	35	71	267	670	204	42	319		75.59	9.34	15.08
145	83	142	44	61	644	628	318	107	657		34.50	43.95	21.55
85	36	32	9	66	306	476	251	58	479		71.55	10.48	17.97
1373	**549**	**685**	**403**	**734**	**4210**	**6560**	**3133**	**659**	**5109**		**67.68**	**14.27**	**18.06**
508	263	191	72	226	947	1280	775	248	1392		34.23	25.12	40.65
70	36	56	4	104	418	452	181	30	255		58.09	20.48	21.42
128	54	53	14	51	394	494	251	32	563		60.17	17.90	21.93
152	34	88	64	40	686	931	390	43	543		78.98	9.47	11.55
150	54	71	148	51	494	948	524	69	621		73.97	11.34	14.68
130	28	96	29	120	410	921	386	58	518		74.03	11.24	14.74
133	66	84	67	101	452	956	348	119	716		71.30	13.54	15.16
102	14	46	5	41	409	578	278	60	501		59.39	19.03	21.58
703	**500**	**291**	**219**	**385**	**2226**	**4988**	**2251**	**368**	**3570**		**75.93**	**11.01**	**13.06**
394	243	166	163	219	943	1798	1050	207	1552		63.39	17.17	19.44
77	17	26	7	50	183	689	291	24	418		85.02	5.81	9.17
77	28	24	5	65	378	1032	332	47	479		82.05	7.97	9.97
90	100	48	32	14	442	819	345	50	589		75.06	11.54	13.40
65	112	27	12	37	280	650	233	40	532		82.53	8.37	9.09
777	**625**	**558**	**101**	**311**	**4214**	**3778**	**1798**	**358**	**3962**		**52.42**	**21.88**	**25.70**
288	275	129	37	91	631	963	504	155	1339		45.95	24.80	29.25
132	165	231	26	43	761	797	477	77	1018		56.87	20.99	22.14
160	91	126	16	79	1617	1140	392	51	642		57.97	18.14	23.89
103	34	41	5	38	534	380	167	27	387		45.33	28.24	26.42
94	60	31	17	60	671	498	258	48	576		48.71	22.12	29.16
983	**745**	**761**	**242**	**641**	**3843**	**5545**	**2699**	**586**	**4910**		**58.40**	**21.50**	**20.10**
253	210	216	96	98	736	885	521	127	931		45.07	29.52	25.41
210	240	166	39	119	562	903	455	118	992		48.53	28.48	22.99
86	60	12	14	91	291	863	317	71	485		81.02	5.26	13.72
147	57	98	15	177	756	1024	576	86	774		65.77	18.23	16.00
110	85	133	13	105	685	875	402	111	724		46.51	28.43	25.05
95	41	94	50	24	313	567	212	33	494		62.81	18.71	18.48
82	52	42	15	27	500	428	216	40	510		44.91	29.45	25.64
678	**232**	**230**	**84**	**170**	**2978**	**4141**	**1711**	**292**	**2764**		**70.27**	**12.55**	**17.18**
253	84	107	10	54	1064	1074	422	106	830		76.11	8.35	15.53
123	9	34	58	19	867	1088	467	91	722		63.98	15.18	20.84
187	119	53	10	64	661	1098	460	52	681		66.42	16.64	16.94
115	20	36	6	33	386	881	362	43	531		72.98	11.48	15.54
581	**476**	**441**	**114**	**279**	**1704**	**1771**	**907**	**269**	**2047**		**44.61**	**27.98**	**27.41**
318	362	217	82	143	790	805	440	171	892		38.74	31.26	30.00
152	73	45	17	55	402	560	273	42	468		54.42	24.75	20.83
35	2	24	4	30	72	119	59	14	221		52.64	22.36	25.01
76	39	155	11	51	440	287	135	42	466		37.31	27.90	34.79
832	**507**	**474**	**98**	**286**	**3702**	**2839**	**1532**	**513**	**3778**		**42.54**	**29.33**	**28.13**
271	173	164	48	98	935	956	458	148	1194		48.28	23.05	28.67
68	48	40	5	29	430	359	174	41	426		40.82	33.67	25.51
120	63	56	9	75	649	499	272	99	550		38.95	34.39	26.66
96	56	78	19	44	680	317	194	77	469		38.02	30.08	31.89
69	17	31		14	123	136	64	27	273		55.70	23.61	20.68
44	27	22	3	9	404	147	87	21	302		45.96	22.53	31.52
164	123	83	14	17	481	425	283	100	564		33.49	36.23	30.28

表6 续表 18

地　区	16岁及以上人口总　计	各种行业人口总计	农　林牧渔业	采矿业	制造业	电力、燃气及水的生产和供应业	建筑业	仓储和邮政业	交通运输、计算机服务和 软件业	信息传输、批发和零售业	住宿和餐饮业
福建省	**2880394**	**1950006**	**551508**	**15571**	**558042**	**14738**	**139774**	**83861**	**15617**	**243454**	**72908**
福州市	**547883**	**318993**	**57901**	**864**	**70737**	**2879**	**32226**	**17243**	**5197**	**50583**	**23038**
鼓楼区	50655	27935	155	102	2649	464	1195	1176	1654	5296	1849
台江区	32429	16649	68	22	1936	284	922	1349	614	5031	1015
仓山区	59002	33589	1272	68	12063	350	3275	1903	793	5136	1012
马尾区	19125	10970	444	6	4575	46	875	537	48	1032	2225
晋安区	65736	42892	1365	40	9326	460	5062	3541	805	10084	2464
闽侯县	52496	29540	8183	55	8885	152	3245	1609	140	2962	1035
连江县	43925	25811	7307	96	4071	225	3241	1404	630	3128	2813
罗源县	16357	8846	2868	121	1847	103	772	550	68	993	283
闽清县	17839	10557	3752	13	2401	165	1093	547	54	1018	275
永泰县	17586	11891	6558	21	1129	91	1489	264	34	975	239
平潭县	25178	12250	4198	54	439	70	2495	1350	84	1615	309
福清市	95490	59705	17616	194	12284	275	5964	1783	184	9466	5606
长乐市	52065	28358	4115	72	9132	194	2598	1230	89	3847	3913
厦门市	**289240**	**204935**	**13546**	**407**	**81037**	**1201**	**13742**	**11694**	**3019**	**31576**	**10137**
思明区	76045	47894	162	79	6862	522	2218	3527	1642	10683	4054
海沧区	23816	18114	711	39	10002	79	1263	836	130	2147	532
湖里区	76885	60860	110	56	25072	196	5980	4282	898	11398	3334
集美区	47629	31069	1075	22	18817	168	1798	1174	153	2876	1188
同安区	39739	29947	5120	105	14542	164	1469	1214	139	2984	620
翔安区	25126	17051	6368	106	5742	72	1014	661	57	1488	409
莆田市	**212080**	**142125**	**43223**	**478**	**49537**	**798**	**9349**	**5099**	**647**	**14932**	**3514**
城厢区	31025	20863	5276	49	5058	208	1605	753	200	3045	918
涵江区	35381	23821	3689	18	10952	96	1369	1018	107	3190	930
荔城区	38770	27557	5693	14	12789	138	1555	860	148	3034	482
秀屿区	44874	30911	15081	318	7565	108	2152	1079	65	2324	275
仙游县	62030	38973	13484	79	13173	248	2668	1389	127	3339	909
三明市	**189992**	**125479**	**52495**	**3353**	**18445**	**1616**	**8143**	**5467**	**752**	**12312**	**5788**
梅列区	14360	9298	480	40	2193	204	940	512	192	1646	509
三元区	15389	9313	1899	118	1971	68	638	714	89	1773	484
明溪县	7675	5350	2675	32	930	78	213	125	36	408	185
清流县	9245	6676	3700	161	598	84	489	196	32	477	147
宁化县	20807	15085	9937	133	1277	78	664	431	50	930	317
大田县	23932	15652	7746	1187	1836	112	845	632	55	1086	477
尤溪县	26159	15928	7196	250	3060	213	996	562	82	1100	512
沙县	17044	10255	2709	67	1813	152	816	394	45	1034	1703
将乐县	11118	7269	3301	268	775	84	423	295	29	697	360
泰宁县	8314	5911	2655	46	502	80	582	257	41	589	273
建宁县	9544	7086	4444	36	516	77	389	195	22	478	174
永安市	26405	17656	5753	1015	2974	386	1148	1154	79	2094	647
泉州市	**651124**	**484377**	**85556**	**3131**	**224890**	**2281**	**30839**	**16043**	**2548**	**60272**	**12142**
鲤城区	34066	24986	249	17	12918	122	948	718	250	4556	1025
丰泽区	45736	31701	457	55	10738	269	2525	1743	582	5951	1624
洛江区	15274	10968	1539	9	6279	28	642	328	42	965	204
泉港区	24161	16743	3800	274	4455	133	2640	1323	100	1810	410
惠安县	73351	53336	7739	481	22788	131	9640	1322	232	4881	867
安溪县	75295	58269	38391	119	7516	199	1443	923	122	5614	600
永春县	35687	26897	10248	907	7457	170	1717	1106	128	2361	508
德化县	22714	16307	3904	175	7961	168	680	350	72	1083	362
石狮市	52745	40289	1265	97	23451	250	1126	1265	118	7234	1518
晋江市	159305	123016	3234	342	81418	333	4433	4023	337	16514	3108
南安市	112790	81865	14730	655	39909	478	5045	2942	565	9303	1916
漳州市	**380492**	**277076**	**125817**	**1247**	**57855**	**1597**	**16574**	**10251**	**1230**	**29267**	**6091**
芗城区	43504	27269	4972	44	5843	224	1661	1521	370	5105	1160
龙文区	13480	10218	1915	33	4082	10	928	503	68	1452	187
云霄县	32311	22709	11856	29	3012	143	1544	711	76	2310	412
漳浦县	63243	47706	25927	370	8595	189	2349	1667	142	4369	735
诏安县	48003	38003	22076	98	7205	113	2240	571	89	2762	655
长泰县	16355	12438	4443	142	4122	94	717	546	47	962	202
东山县	16703	12156	3910	200	2829	102	955	533	65	1725	342
南靖县	26983	19841	10585	42	3234	185	847	1062	91	1547	423
平和县	35796	26570	19296	13	2013	118	841	496	80	1773	408
华安县	12685	10081	4692	32	2558	145	515	364	31	593	295
龙海市	71429	50085	16145	244	14362	274	3977	2277	171	6669	1272

金融业	房地产业	租赁和商务服务业	科学研究、技术服务和地质勘察业	水利、环境和公共设施管理业	居民服务和其他服务业	教育	卫生、社会保障和社会福利业	文化、体育和娱乐业	公共管理和社会组织	国际组织	三次产业人口占行业人口比重(%)		
											第一产业	第二产业	第三产业
19013	**13927**	**13746**	**5734**	**6272**	**51829**	**52541**	**22734**	**14167**	**54548**	**22**	**28.28**	**37.34**	**34.38**
5329	**3855**	**2948**	**1783**	**1538**	**9508**	**11564**	**5259**	**4180**	**12350**	**11**	**18.15**	**33.45**	**48.40**
1832	914	854	727	340	1081	2069	1275	1263	3038	2	0.55	15.79	83.66
669	506	264	119	197	678	833	629	421	1092		0.41	19.00	80.59
651	775	429	221	208	766	1956	656	373	1680	2	3.79	46.91	49.30
99	91	54	20	68	285	229	45	39	252		4.05	50.15	45.80
952	797	708	568	237	1819	1136	814	892	1819	3	3.18	34.71	62.11
120	125	218	33	93	795	860	246	195	588	1	27.70	41.76	30.53
138	153	53	6	26	927	526	219	239	609		28.31	29.57	42.12
71	34	20	13	29	293	292	111	50	328		32.42	32.14	35.44
87	13	22	4	21	197	383	140	44	328		35.54	34.78	29.68
76	7	11	4	58	181	321	85	23	325		55.15	22.96	21.89
91	112	64	4	36	272	464	156	54	382	1	34.27	24.96	40.77
368	267	190	19	180	1258	1862	589	427	1172	1	29.51	31.35	39.15
175	61	61	45	45	956	633	294	160	737	1	14.51	42.30	43.19
3260	**4723**	**4052**	**1532**	**1419**	**7762**	**5554**	**2555**	**2280**	**5433**	**6**	**6.61**	**47.03**	**46.36**
1939	2229	2166	1167	521	2860	2280	1184	1102	2695	2	0.34	20.21	79.45
159	376	241	59	157	418	301	207	103	354		3.93	62.84	33.23
726	1569	1051	204	357	2583	965	478	673	924	4	0.18	51.44	48.38
186	332	231	58	226	737	1075	240	166	547		3.46	66.96	29.58
202	161	295	22	85	895	694	298	185	753		17.10	54.36	28.54
48	56	68	22	73	269	239	148	51	160		37.35	40.67	21.99
814	**418**	**437**	**100**	**292**	**2872**	**4013**	**1569**	**812**	**3217**	**4**	**30.41**	**42.33**	**27.26**
350	141	136	32	53	511	922	324	177	1105		25.29	33.17	41.54
123	54	92	18	36	530	548	251	218	581	1	15.49	52.20	32.31
160	152	81	20	59	593	655	378	147	596	3	20.66	52.60	26.74
38	26	39	15	94	460	638	289	56	289		48.79	32.81	18.40
143	45	89	15	50	778	1250	327	214	646		34.60	41.49	23.92
1275	**521**	**683**	**322**	**430**	**2833**	**3951**	**1614**	**652**	**4827**		**41.84**	**25.15**	**33.02**
324	110	224	100	62	310	396	192	139	725		5.16	36.32	58.52
129	79	74	46	92	246	363	149	77	304		20.39	30.01	49.60
54	10	2	11	12	109	157	55	18	240		50.00	23.42	26.58
54	28	23	11	7	110	189	60	23	287		55.42	19.95	24.63
62	21	42	8	21	221	353	126	25	389		65.87	14.27	19.86
92	26	40	12	30	323	501	167	27	458		49.49	25.43	25.08
86	31	22	11	17	326	568	199	68	629		45.18	28.37	26.45
104	66	58	45	36	224	405	139	60	385		26.42	27.77	45.81
76	18	34	9	37	158	218	102	54	331		45.41	21.32	33.26
73	18	66	8	22	171	129	80	33	286		44.92	20.47	34.61
32	8	8	10	13	209	172	69	30	204		62.72	14.37	22.92
189	106	90	51	81	426	500	276	98	589		32.58	31.28	36.14
3128	**1906**	**2298**	**1088**	**861**	**12536**	**9369**	**3990**	**2912**	**8587**		**17.66**	**53.91**	**28.42**
335	263	285	59	101	938	732	424	166	880		1.00	56.05	42.95
815	572	549	253	222	1058	1345	697	546	1700		1.44	42.86	55.70
38	87	29	14	17	183	333	59	33	139		14.03	63.44	22.53
108	78	122	7	17	434	483	149	71	329		22.70	44.81	32.50
256	275	330	34	94	1735	1162	435	201	733		14.51	61.95	23.54
207	137	66	12	50	869	1004	305	81	611		65.89	15.92	18.19
122	30	78	14	29	620	629	216	66	491		38.10	38.11	23.79
85	24	29	7	39	295	397	137	74	465		23.94	55.09	20.97
242	104	211	34	85	1523	665	246	190	665		3.14	61.86	35.00
543	191	285	84	117	3668	1509	722	561	1594		2.63	70.34	27.03
377	145	314	570	90	1213	1110	600	923	980		17.99	56.30	25.71
1667	**1022**	**1139**	**292**	**646**	**6626**	**5925**	**2629**	**1273**	**5927**	**1**	**45.41**	**27.89**	**26.70**
649	410	331	155	120	986	1189	701	370	1457	1	18.23	28.50	53.27
55	79	41	16	11	291	177	85	35	250		18.74	49.45	31.81
96	30	217	7	45	913	527	212	93	476		52.21	20.82	26.97
136	66	105	36	95	904	879	335	134	673		54.35	24.11	21.54
86	32	31	2	11	734	479	228	110	481		58.09	25.41	16.50
69	44	29	1	25	296	264	98	48	289		35.72	40.80	23.48
87	36	51	6	38	324	291	112	87	463		32.17	33.61	34.22
91	34	60	6	46	501	418	187	61	421		53.35	21.71	24.94
65	25	62	6	53	339	455	170	14	343		72.62	11.23	16.14
47	18	7	1	9	231	208	75	21	239		46.54	32.24	21.22
286	248	205	56	193	1107	1038	426	300	835		32.24	37.65	30.11

表6 续表 19

地　区	16岁及以上人口总计	各种行业人口总计	农林牧渔业	采矿业	制造业	电力、燃气及水的生产和供应业	建筑业	仓储和邮政业	交通运输、计算机服务和软件业	信息传输、批发和零售业	住宿和餐饮业
南平市	**200816**	**129112**	**60440**	**620**	**17990**	**1438**	**7530**	**6229**	**759**	**13061**	**3877**
延平区	36263	21957	5291	123	4937	360	1861	1406	249	2818	778
顺昌县	15271	9653	4715	64	1412	159	453	487	51	907	247
浦城县	21112	13888	8850	32	1156	120	575	421	50	1022	252
光泽县	10067	6548	3084	4	1206	81	349	315	31	542	157
松溪县	9322	5799	3136	13	680	64	284	226	44	536	146
政和县	12689	8023	5196	31	635	63	290	156	32	667	142
邵武市	21701	14662	5676	156	2513	190	866	1024	67	1772	502
武夷山市	18002	11586	4650	40	1067	106	843	504	57	1504	721
建瓯市	34724	23010	13560	76	2341	159	991	1050	100	1922	520
建阳市	21665	13986	6282	81	2043	136	1018	640	78	1371	412
龙岩市	**200684**	**138541**	**56388**	**4774**	**18474**	**1257**	**12932**	**6299**	**748**	**15127**	**4225**
新罗区	52819	35363	5683	1956	5646	401	3788	2377	382	6419	1643
长汀县	29446	20405	9293	70	4281	95	1624	691	71	1814	546
永定县	27715	19577	8707	1684	1715	156	1668	942	76	1700	483
上杭县	29693	20262	9883	264	2245	158	2751	647	81	1647	414
武平县	22283	15860	8799	222	1863	108	1036	462	48	1130	361
连城县	19722	13364	7149	202	1557	95	1020	480	41	1135	389
漳平市	19006	13710	6874	376	1167	244	1045	700	49	1282	389
宁德市	**208083**	**129368**	**56142**	**697**	**19077**	**1671**	**8439**	**5536**	**717**	**16324**	**4096**
蕉城区	32223	19001	5757	76	1995	283	1641	1201	229	3216	742
霞浦县	32101	18443	9107	33	2151	122	907	961	75	2348	573
古田县	26637	16169	9253	189	1493	190	542	642	69	1732	397
屏南县	10058	6383	3602	13	589	99	256	199	26	567	257
寿宁县	13008	9271	5785	30	537	116	544	180	48	901	200
周宁县	8066	4445	2387	40	195	41	477	83	22	573	82
柘荣县	6073	3609	1478	41	545	50	353	99	18	364	115
福安市	40988	25348	10380	42	5664	293	1273	993	119	3235	705
福鼎市	38929	26699	8393	233	5908	477	2446	1178	111	3388	1025
江西省	**3242397**	**2251205**	**999126**	**24135**	**477371**	**13724**	**172558**	**76863**	**11727**	**195839**	**56711**
南昌市	**383560**	**230150**	**76126**	**453**	**36546**	**2025**	**15093**	**12240**	**3146**	**34377**	**8347**
东湖区	46684	26781	278	84	3348	645	1195	1636	711	5552	1687
西湖区	40237	22859	187	53	3122	411	1106	2241	769	6923	1257
青云谱区	25205	13647	101	23	4117	127	1042	1212	287	3331	619
湾里区	5289	2164	758	1	310	11	181	107	22	220	116
青山湖区	74401	36532	3192	87	10327	337	2567	2433	883	6484	1826
南昌县	78236	48513	27981	84	5244	207	2753	2308	157	4004	944
新建县	50848	33904	20161	52	1885	112	1457	1348	179	3788	1165
安义县	12235	7534	3271	30	777	72	932	248	36	837	190
进贤县	50425	38216	20197	39	7416	103	3860	707	102	3238	543
景德镇市	**120384**	**81115**	**31016**	**1236**	**18884**	**712**	**6868**	**3321**	**491**	**7051**	**2438**
昌江区	14305	8641	1793	52	2635	133	616	453	89	1137	373
珠山区	21998	12272	24	53	4340	228	361	891	131	2654	631
浮梁县	24435	16444	8866	545	3166	63	592	501	40	688	486
乐平市	59646	43758	20333	586	8743	288	5299	1476	231	2572	948
萍乡市	**135200**	**80894**	**21377**	**4493**	**23851**	**763**	**5547**	**3862**	**898**	**7914**	**2001**
安源区	37648	19680	1017	1940	3449	478	970	1348	673	3692	809
湘东区	27427	16359	5518	812	5019	102	1294	745	58	1220	455
莲花县	15862	11229	5555	233	2819	73	311	390	50	638	138
上栗县	34615	22489	5215	878	9795	64	2043	868	56	1610	396
芦溪县	19648	11137	4072	630	2769	46	929	511	61	754	203
九江市	**361528**	**246572**	**89196**	**1344**	**64225**	**1729**	**26119**	**8575**	**1163**	**20445**	**7512**
庐山区	25064	13090	2164	81	3614	107	1277	961	72	1504	1073
浔阳区	30780	16497	172	62	2842	765	1251	1336	288	3592	888
九江县	23242	16782	7538	102	3504	51	1816	657	50	1166	460
武宁县	30923	21512	10650	156	3789	72	2208	559	94	1362	588
修水县	54966	34486	15771	240	8258	222	2249	1165	126	2774	761
永修县	28581	21213	10081	42	3960	89	1309	617	121	1722	1092
德安县	18369	12374	3613	156	4077	71	991	531	63	1093	381
星子县	18172	13236	4701	162	3523	50	2109	403	37	832	475
都昌县	52225	38913	13213	87	13175	86	6577	713	101	2128	453
湖口县	20716	15564	5450	31	4445	50	2452	389	55	1230	312
彭泽县	25059	18986	8545	44	5281	94	1214	462	70	1261	466
瑞昌市	33431	23919	7298	181	7757	72	2666	782	86	1781	563
新余市	**83099**	**55508**	**22385**	**1243**	**8360**	**714**	**5226**	**2860**	**270**	**5548**	**1915**
渝水区	63266	41551	14972	642	6531	549	4430	2280	222	4671	1573
分宜县	19833	13957	7413	601	1829	165	796	580	48	877	342

金融业	房地产业	租赁和商务服务业	科学研究、技术服务和地质勘察业	水利、环境和公共设施管理业	居民服务和其他服务业	教育	卫生、社会保障和社会福利业	文化、体育和娱乐业	公共管理和社会组织	国际组织	三次产业人口占行业人口比重(%)		
											第一产业	第二产业	第三产业
1272	**521**	**782**	**237**	**572**	**2790**	**3917**	**1762**	**742**	**4573**		**46.81**	**21.36**	**31.83**
445	257	172	68	95	620	742	431	228	1076		24.10	33.16	42.74
93	30	25	12	19	184	309	113	49	324		48.84	21.63	29.52
85	12	33	13	27	253	385	164	35	403		63.72	13.56	22.72
32	9	21	10	10	99	190	82	39	287		47.10	25.05	27.86
44	8	11	4	20	119	184	87	27	166		54.08	17.95	27.97
49	7	12	9	12	87	223	98	29	285		64.76	12.70	22.54
119	54	77	40	53	372	453	200	78	450		38.71	25.41	35.88
111	55	306	33	237	184	412	138	76	542		40.13	17.75	42.12
167	39	58	15	54	524	556	247	96	535		58.93	15.50	25.57
127	50	67	33	45	348	463	202	85	505		44.92	23.44	31.65
1201	**577**	**777**	**285**	**238**	**3366**	**4263**	**1722**	**728**	**5160**		**40.70**	**27.02**	**32.28**
655	361	407	204	101	1219	1222	687	444	1768		16.07	33.34	50.59
95	28	60	8	20	390	527	178	79	535		45.54	29.75	24.71
109	42	96	10	15	569	679	212	33	681		44.48	26.68	28.85
108	38	102	7	39	393	617	214	68	586		48.78	26.74	24.48
74	45	38	23	35	337	440	171	30	638		55.48	20.36	24.16
75	10	37	19	14	195	375	121	25	425		53.49	21.51	25.00
85	53	37	14	14	263	403	139	49	527		50.14	20.66	29.20
1067	**384**	**630**	**95**	**276**	**3536**	**3985**	**1634**	**588**	**4474**		**43.40**	**23.10**	**33.50**
371	129	124	58	97	591	781	354	162	1194		30.30	21.03	48.68
89	58	86	13	31	562	520	202	118	487		49.38	17.42	33.20
108	21	54	1	21	333	493	210	32	389		57.23	14.93	27.84
51	22	35		15	165	222	49	12	204		56.43	14.99	28.58
40	17	77	1	5	153	251	72	9	305		62.40	13.23	24.37
14	2	4	2	15	75	145	63	15	210		53.70	16.94	29.36
27	2	12	1	6	76	146	38	10	228		40.95	27.40	31.64
215	30	64	10	24	519	724	291	62	705		40.95	28.69	30.36
152	103	174	9	62	1062	703	355	168	752		31.44	33.95	34.62
14510	**8459**	**7907**	**4359**	**5425**	**42233**	**52145**	**25530**	**6738**	**55829**	**16**	**44.38**	**30.55**	**25.07**
3592	**3230**	**1807**	**1402**	**1352**	**5946**	**9824**	**4132**	**2006**	**8496**	**10**	**33.08**	**23.51**	**43.41**
1189	756	524	404	337	1468	2051	1436	803	2671	6	1.04	19.69	79.28
1007	542	485	259	293	792	1052	594	387	1376	3	0.82	20.53	78.66
240	269	190	182	89	395	550	301	96	476		0.74	38.90	60.36
17	43	8	4	75	50	129	10	6	96		35.03	23.24	41.73
556	669	353	344	316	1097	2707	656	434	1263	1	8.74	36.46	54.81
165	405	120	164	60	937	1419	462	104	995		57.68	17.08	25.24
251	488	47	17	99	571	1009	304	106	865		59.46	10.34	30.19
81	32	3	3	32	216	292	106	13	363		43.42	24.04	32.55
86	26	77	25	51	420	615	263	57	391		52.85	29.88	17.27
505	**265**	**218**	**141**	**189**	**1691**	**2017**	**892**	**258**	**2921**	**1**	**38.24**	**34.15**	**27.61**
113	29	55	15	36	381	205	97	39	390		20.75	39.76	39.49
242	177	109	112	65	347	602	303	142	860		0.20	40.60	59.21
24	8	20	3	11	276	363	104	4	684		53.92	26.55	19.53
126	51	34	11	77	687	847	388	73	987	1	46.47	34.09	19.45
572	**185**	**283**	**182**	**193**	**1976**	**2174**	**1363**	**388**	**2872**		**26.43**	**42.84**	**30.74**
382	139	126	93	115	934	905	754	235	1621		5.17	34.74	60.09
31	6	33	27	20	351	305	154	31	178		33.73	44.18	22.09
55	15	62	26	9	101	249	116	17	372		49.47	30.60	19.93
52	11	34	11	18	410	408	183	52	385		23.19	56.83	19.98
52	14	28	25	31	180	307	156	53	316		36.56	39.27	24.16
1566	**784**	**943**	**703**	**636**	**5826**	**5641**	**3280**	**801**	**6083**	**1**	**36.17**	**37.89**	**25.94**
106	96	78	98	171	385	540	211	125	427		16.53	38.80	44.67
667	306	248	89	51	454	910	654	225	1697		1.04	29.82	69.13
47	21	48	160	52	285	336	158	31	300		44.92	32.61	22.47
101	28	40	277	41	548	332	208	41	418		49.51	28.94	21.56
99	44	80	16	54	866	700	424	47	590		45.73	31.81	22.46
98	71	45	7	57	680	447	211	128	436		47.52	25.46	27.02
89	52	50	6	43	276	334	146	53	349		29.20	42.79	28.01
40	26	19	6	45	181	219	108	18	282		35.52	44.15	20.33
79	47	83	8	36	545	593	597	22	369	1	33.96	51.20	14.84
53	27	54	10	19	185	322	123	39	318		35.02	44.83	20.15
73	20	91	13	37	329	436	180	37	333		45.01	34.94	20.06
114	46	107	13	30	1092	472	260	35	564		30.51	44.63	24.85
470	**245**	**405**	**251**	**231**	**1114**	**1595**	**747**	**247**	**1682**		**40.33**	**28.00**	**31.67**
414	232	380	208	215	879	1314	608	175	1256		36.03	29.25	34.72
56	13	25	43	16	235	281	139	72	426		53.11	24.30	22.59

表6 续表 20

地区	16岁及以上人口总计	各种行业人口总计	农林牧渔业	采矿业	制造业	电力、燃气及水的生产和供应业	建筑业	交通运输、仓储和邮政业	信息传输、计算机服务和软件业	批发和零售业	住宿和餐饮业
鹰潭市	**79610**	**56707**	**25613**	**207**	**9833**	**551**	**3536**	**2544**	**247**	**6240**	**1731**
月湖区	16071	9733	1707	70	1231	181	652	1262	119	1684	529
余江县	23875	17774	8892	35	3182	83	1157	346	47	2415	320
贵溪市	39664	29200	15014	102	5420	287	1727	936	81	2141	882
赣州市	**586281**	**418216**	**196437**	**5880**	**104579**	**1779**	**28141**	**10569**	**1466**	**27978**	**8176**
章贡区	49887	27438	3902	170	4103	377	3538	1682	361	4883	1547
赣县	37935	29031	13121	212	8003	118	2816	728	73	1672	595
信丰县	47059	37736	21286	350	9121	96	1844	769	54	1821	551
大余县	20273	14507	6269	970	3385	83	1036	462	46	835	235
上犹县	23494	16254	6462	472	5614	93	1072	346	75	728	315
崇义县	14536	9997	4762	574	2036	75	378	219	57	668	239
安远县	22426	16762	8460	45	4326	74	682	396	67	980	314
龙南县	22500	16334	4659	529	6073	94	1365	570	71	1220	316
定南县	12727	8330	3203	313	1784	65	671	322	34	686	212
全南县	13656	9798	3478	217	3655	45	482	208	45	582	259
宁都县	57986	43440	24738	282	8686	122	2491	1173	83	2568	843
于都县	51056	35549	18807	515	8800	89	1846	448	97	1879	373
兴国县	49625	36071	17819	322	10251	105	2326	558	83	1957	531
会昌县	28362	20380	8972	386	5277	62	1728	403	46	1637	354
寻乌县	20700	15809	11929	13	1186	59	361	262	54	732	185
石城县	20993	15262	8226	41	3312	44	787	411	56	1041	278
瑞金市	38041	26445	14638	225	5124	55	1481	726	68	1983	494
南康市	55025	39073	15706	244	13843	123	3237	886	96	2106	535
吉安市	**363086**	**273361**	**131074**	**1545**	**70849**	**1396**	**15164**	**7054**	**881**	**19062**	**5480**
吉州区	25902	16448	4718	41	2475	193	795	878	206	3291	661
青原区	16010	10685	4810	58	2365	63	977	341	49	839	307
吉安县	35198	27946	13609	328	8625	70	1239	409	32	1370	514
吉水县	35509	28123	12755	81	7943	125	2537	669	72	1689	454
峡江县	13937	10360	6397	36	1695	30	194	467	27	607	170
新干县	25099	19542	9038	47	4359	87	1293	814	62	1695	534
永丰县	32100	24833	12866	98	6378	81	925	586	81	1831	391
泰和县	37568	28722	14257	85	7940	88	1353	649	60	1705	445
遂川县	40597	30971	16917	208	7770	155	1530	640	81	1560	390
万安县	22232	16774	8922	55	4512	167	537	298	41	781	233
安福县	30213	22891	11094	393	5755	117	995	545	82	1622	553
永新县	37092	28145	13601	103	8572	107	2135	497	52	1389	354
井冈山市	11629	7921	2090	12	2460	113	654	261	36	683	474
宜春市	**386387**	**286227**	**150843**	**3794**	**49019**	**1443**	**20413**	**9718**	**1044**	**21854**	**5634**
袁州区	72423	49658	22361	451	8953	200	3946	1732	295	5085	1453
奉新县	19845	14322	7692	39	2482	134	571	636	59	978	280
万载县	33280	23794	10289	70	8136	94	954	614	72	1477	313
上高县	25385	19072	9474	94	4569	75	889	664	70	1373	410
宜丰县	19426	13915	7118	170	2550	110	472	605	69	1184	322
靖安县	9565	6329	2660	61	952	101	679	290	35	635	185
铜鼓县	9994	6572	2767	25	1168	97	469	304	42	611	202
丰城市	100567	79107	43137	2435	9156	349	9148	2053	190	6566	1627
樟树市	42075	33210	19847	77	5520	154	1990	933	84	1782	222
高安市	53827	40248	25498	372	5533	129	1295	1887	128	2163	620
抚州市	**285974**	**210928**	**114449**	**526**	**31102**	**903**	**15840**	**6024**	**860**	**19097**	**4744**
临川区	78947	54168	24733	111	4831	333	8234	1503	446	6299	1620
南城县	21099	15230	8652	39	1698	78	991	886	43	1261	235
黎川县	17389	12518	5141	11	3979	46	567	349	45	960	386
南丰县	21959	17414	12837	10	931	72	342	471	33	1350	263
崇仁县	24766	18673	13444	25	1362	51	1117	367	50	1044	201
乐安县	24646	17863	9805	167	3536	56	874	359	32	1314	330
宜黄县	15014	11644	5752	5	2368	45	889	310	35	974	405
金溪县	22289	17295	9440	23	4136	74	654	296	42	1159	287
资溪县	8449	5895	2343	13	1780	29	161	179	30	590	217
东乡县	33175	26233	13405	107	4716	70	1660	777	67	2931	575
广昌县	18241	13995	8897	15	1765	49	351	527	37	1215	225
上饶市	**457288**	**311527**	**140610**	**3414**	**60123**	**1709**	**30611**	**10096**	**1261**	**26273**	**8733**
信州区	31320	17236	2578	37	2291	293	1911	1124	244	3454	1038
上饶县	47878	29575	10252	624	7842	136	3813	938	69	2436	676
广丰县	54685	38192	15568	253	7856	172	5684	1186	101	3312	787
玉山县	39183	25676	11470	128	4601	167	3258	901	107	2090	825

金融业	房地产业	租赁和商务服务业	科学研究、技术服务和地质勘察业	水利、环境和公共设施管理业	居民服务和其他服务业	教育	卫生、社会保障和社会福利业	文化、体育和娱乐业	公共管理和社会组织	国际组织	三次产业人口占行业人口比重(%)		
											第一产业	第二产业	第三产业
483	**130**	**211**	**161**	**232**	**1235**	**1242**	**671**	**175**	**1665**		**45.17**	**24.91**	**29.92**
258	78	71	135	87	243	342	254	88	742		17.54	21.93	60.54
90	22	24	16	34	226	365	157	20	343		50.03	25.08	24.90
135	30	116	10	111	766	535	260	67	580		51.42	25.81	22.77
1905	**885**	**1150**	**411**	**644**	**6216**	**8473**	**4161**	**771**	**8594**	**1**	**46.97**	**33.57**	**19.46**
666	506	326	212	159	925	1361	792	264	1664		14.22	29.84	55.94
90	26	54	4	20	424	395	193	37	450		45.20	38.40	16.40
106	46	75	11	15	402	545	220	31	393		56.41	30.24	13.35
65	18	32	4	41	192	288	135	45	366		43.21	37.73	19.05
49	16	17	8	15	210	268	140	31	323		39.76	44.61	15.63
50	12	23	1	18	190	204	125	20	346		47.63	30.64	21.73
59	14	22		25	260	418	164	22	434		50.47	30.59	18.94
95	18	78	8	27	291	281	166	23	450		28.52	49.35	22.13
40	9	25	13	12	186	239	150	48	318		38.45	34.01	27.54
50	10	29	6	11	173	194	101	10	243		35.50	44.90	19.61
107	20	75	27	36	600	580	296	55	658		56.95	26.66	16.39
93	25	46	9	31	423	1084	327	43	613	1	52.90	31.65	15.45
133	31	73	9	56	407	618	318	31	443		49.40	36.05	14.55
43	14	76	28	23	327	375	190	26	413		44.02	36.57	19.41
33	9	47	4	13	205	301	109	13	294		75.46	10.24	14.30
43	25	14	4	31	272	257	103	19	298		53.90	27.41	18.69
71	27	62	40	32	319	421	231	25	423		55.35	26.04	18.61
112	59	76	23	79	410	644	401	28	465		40.20	44.65	15.15
1382	**601**	**698**	**344**	**534**	**4172**	**4551**	**2311**	**511**	**5749**	**3**	**47.95**	**32.54**	**19.51**
364	208	111	60	65	406	513	328	107	1028		28.68	21.30	50.01
26	30	51	17	26	228	219	65	36	178		45.02	32.41	22.57
120	20	42	21	41	338	439	195	42	489	3	48.70	36.72	14.58
84	53	25	142	66	384	455	198	28	363		45.35	38.00	16.65
59	2	9	4	16	140	131	80	8	288		61.75	18.87	19.38
85	86	83	19	43	430	348	155	48	316		46.25	29.61	24.14
96	16	24	5	32	325	382	213	18	485		51.81	30.13	18.06
105	25	56	14	55	494	497	265	37	592		49.64	32.96	17.40
118	38	81	23	19	319	376	237	29	480		54.62	31.20	14.18
74	18	20	6	16	240	312	133	24	385		53.19	31.42	15.39
90	26	71	12	21	480	371	199	52	413		48.46	31.72	19.82
89	38	36	15	38	242	323	164	29	361		48.32	38.79	12.89
72	41	89	6	96	146	185	79	53	371		26.39	40.89	32.72
1229	**791**	**625**	**261**	**516**	**4201**	**5586**	**2763**	**518**	**5975**		**52.70**	**26.09**	**21.21**
372	267	221	122	88	863	1097	597	156	1399		45.03	27.29	27.68
77	39	33	8	32	302	331	185	27	417		53.71	22.52	23.77
90	22	18	6	20	259	513	283	43	521		43.24	38.89	17.87
88	40	35	18	22	190	386	167	36	472		49.67	29.50	20.82
62	22	30	11	19	201	358	147	27	438		51.15	23.73	25.12
61	17	14	1	12	119	133	55	13	306		42.03	28.33	29.64
43	14	41	2	13	183	175	106	24	286		42.10	26.77	31.13
194	207	86	45	76	836	1228	624	82	1068		54.53	26.66	18.81
136	121	60	30	160	815	523	238	64	454		59.76	23.31	16.93
106	42	87	18	74	433	842	361	46	614		63.35	18.21	18.44
1317	**559**	**441**	**158**	**458**	**3151**	**4165**	**1998**	**388**	**4748**		**54.26**	**22.93**	**22.81**
644	229	187	71	169	915	1549	710	193	1391		45.66	24.94	29.40
84	26	18	6	37	257	300	183	17	419		56.81	18.42	24.77
41	27	60	5	34	225	238	91	20	293		41.07	36.77	22.16
65	17	9	13	15	230	214	180	30	332		73.72	7.78	18.50
57	6	11	3	15	165	318	113	22	302		72.00	13.68	14.32
66	10	29	3	22	356	340	162	12	390		54.89	25.94	19.17
57	28	31	9	16	172	192	84	17	255		49.40	28.40	22.20
85	30	46	34	28	168	253	133	24	383		54.58	28.26	17.16
50	10	2		14	72	110	52	16	227		39.75	33.64	26.62
97	151	32	10	99	426	421	194	22	473		51.10	24.98	23.92
71	25	16	4	9	165	230	96	15	283		63.57	15.58	20.85
1489	**784**	**1126**	**345**	**440**	**6705**	**6877**	**3212**	**675**	**7044**		**45.14**	**30.77**	**24.09**
385	205	138	69	61	548	718	550	177	1415		14.96	26.29	58.75
85	99	85	26	34	874	702	261	31	592		34.66	41.98	23.36
130	53	197	67	28	1238	730	332	49	449		40.76	36.57	22.67
97	70	109	12	58	540	483	230	69	461		44.67	31.76	23.57

表6 续表 21

地 区	16岁及以上人口总计	各种行业人口总计	农林牧渔业	采矿业	制造业	电力、燃气及水的生产和供应业	建筑业	仓储和邮政业	交通运输、计算机服务和软件业	信息传输、批发和零售业	住宿和餐饮业
铅山县	31558	21419	8870	723	4911	119	1318	703	96	1465	913
横峰县	13556	8733	3219	255	2101	68	538	388	51	868	330
弋阳县	23985	17194	8373	92	3157	53	1236	826	81	1277	463
余干县	62141	46071	24532	20	9378	168	2947	1080	132	4563	674
鄱阳县	82897	58246	33009	70	8324	227	5498	1409	189	3707	1648
万年县	24426	17751	9532	76	3244	40	1743	474	46	992	302
婺源县	25027	18100	8434	130	3914	102	1424	533	76	1259	660
德兴市	20632	13334	4773	1006	2504	164	1241	534	69	850	417
山东省	**7688407**	**5694220**	**3104115**	**71420**	**924815**	**35099**	**271870**	**171013**	**21966**	**452682**	**111946**
济南市	**552616**	**354674**	**144543**	**3160**	**51124**	**3018**	**21767**	**14658**	**4226**	**43753**	**9941**
历下区	53195	30251	143	68	4622	476	2499	1113	1129	5785	1999
市中区	62191	32397	3093	53	4981	533	2532	2366	795	5616	1513
槐荫区	36788	21500	1529	50	4002	265	1300	1702	589	5660	844
天桥区	56399	32366	3366	73	6091	370	1599	2631	599	9365	1302
历城区	93550	54866	19967	209	9433	615	3954	2722	709	6638	1564
长清区	48039	30760	17958	79	2568	118	3028	1010	113	1973	759
平阴县	27373	19732	11617	215	2866	133	894	590	48	1141	308
济阳县	41451	33612	27509	89	1577	74	862	355	51	1167	273
商河县	47016	39484	32037	81	1939	83	1549	315	37	1281	296
章丘市	86614	59706	27324	2243	13045	351	3550	1854	156	5127	1083
青岛市	**732504**	**492494**	**106616**	**1414**	**161827**	**3495**	**25945**	**23283**	**3624**	**71124**	**19303**
市南区	42935	22932	58	24	2923	368	831	2633	692	4578	1670
市北区	48758	25398	138	52	4722	274	962	3047	659	6041	1438
四方区	40961	20796	54	30	5680	350	951	2523	446	4953	923
黄岛区	45809	29152	916	189	12452	377	2076	2867	178	3981	1139
崂山区	35922	20115	1673	59	5118	153	2154	904	256	2682	813
李沧区	42369	24119	144	36	9006	234	1375	1787	357	4990	786
城阳区	63415	41885	3371	114	22765	242	1665	2128	185	4766	1394
胶州市	69376	49883	9297	334	20804	254	3151	1772	154	6355	1741
即墨市	97980	72155	17482	62	29647	342	4079	2192	168	9849	1680
平度市	111175	86249	40716	350	18962	316	3290	1126	164	9993	3752
胶南市	73669	52932	14307	61	17245	349	3196	1496	255	7508	1974
莱西市	60135	46878	18460	103	12503	236	2215	808	110	5428	1993
淄博市	**364678**	**244816**	**85656**	**3408**	**63529**	**2984**	**11742**	**11103**	**1460**	**26153**	**6404**
淄川区	57501	35589	5415	1147	14669	234	1258	2114	168	5116	1078
张店区	73567	46060	1883	855	13747	1068	2080	3149	693	9216	2065
博山区	37264	22477	4244	225	9840	318	800	963	106	2167	888
临淄区	52144	35161	13051	678	7927	816	1671	2333	186	3057	746
周村区	28557	17291	2937	71	6679	130	1113	806	107	2409	545
桓台县	42040	28052	10766	164	5981	177	3741	1157	90	2393	498
高青县	28160	23130	18335	77	1593	128	484	319	39	718	255
沂源县	45445	37056	29025	191	3093	113	595	262	71	1077	329
枣庄市	**286747**	**209930**	**106615**	**8415**	**28355**	**1409**	**17563**	**7068**	**806**	**17130**	**4648**
市中区	42427	26998	4346	1196	5542	582	2290	1937	340	4224	1010
薛城区	36522	22839	7244	2674	2937	203	2756	957	99	2588	709
峄城区	28463	22671	12855	750	3463	62	2197	784	153	784	305
台儿庄区	22106	17350	11329	268	1573	62	1097	489	32	941	315
山亭区	34643	27128	21115	68	2285	11	1157	377	6	1371	246
滕州市	122586	92944	49726	3459	12555	489	8066	2524	176	7222	2063
东营市	**167299**	**120404**	**50674**	**11214**	**15566**	**1753**	**4320**	**4308**	**723**	**11187**	**2958**
东营区	62541	41536	7497	5725	4947	998	1761	2046	510	6133	1703
河口区	20189	14221	4470	4426	840	283	497	316	67	1127	353
垦利县	19452	15143	8991	696	1684	146	295	604	43	989	241
利津县	23428	18264	13060	138	1258	81	393	543	36	1051	213
广饶县	41689	31240	16656	229	6837	245	1374	799	67	1887	448
烟台市	**600792**	**428968**	**223318**	**6554**	**85234**	**3051**	**13605**	**12861**	**1762**	**34503**	**7820**
芝罘区	68806	39556	1399	73	11567	621	2318	3420	620	8487	1694
福山区	51553	38636	8443	92	18708	258	1199	1091	190	3367	922
牟平区	40674	29821	17682	113	5345	178	757	610	86	2132	487
莱山区	30058	16101	3237	72	4788	223	1113	731	136	1652	671
长岛县	3761	2131	930	4	158	32	71	104	15	234	114
龙口市	59680	41692	16971	1286	9692	803	1903	2161	108	3696	901
莱阳市	75293	58949	42680	73	7061	193	1132	1018	108	3276	493
莱州市	76607	54670	30881	1815	10165	268	1465	1413	127	3829	932
蓬莱市	40118	30446	20835	215	2998	149	702	591	87	2031	612
招远市	48708	36319	20453	2511	5398	120	1137	632	79	2467	410

金融业	房地产业	租赁和商务服务业	科学研究、技术服务和地质勘察业	水利、环境和公共设施管理业	居民服务和其他服务业	教育	卫生、社会保障和社会福利业	文化、体育和娱乐业	公共管理和社会组织	国际组织	三次产业人口占行业人口比重(%) 第一产业	第二产业	第三产业
73	44	92	74	33	771	398	197	53	566		41.41	33.01	25.58
45	6	13	6	21	220	159	83	27	335		36.86	33.92	29.22
137	40	60	8	26	262	463	194	51	395		48.70	26.39	24.91
102	19	89	17	24	578	837	364	45	502		53.25	27.16	19.59
175	141	90	33	51	853	1270	472	79	1001		56.67	24.24	19.09
72	15	25	4	14	192	379	143	21	437		53.70	28.75	17.55
94	22	102	7	60	318	344	190	39	392		46.60	30.77	22.63
94	70	126	22	30	311	394	196	34	499		35.80	36.86	27.34
40737	**26529**	**28189**	**10842**	**18309**	**83123**	**110255**	**61114**	**14195**	**135979**	**22**	**54.51**	**22.89**	**22.60**
5450	**3753**	**4130**	**2562**	**2310**	**5937**	**12060**	**6562**	**2494**	**13219**	**7**	**40.75**	**22.29**	**36.95**
1169	798	948	992	455	765	2830	1254	736	2468	2	0.47	25.34	74.19
1449	689	662	404	271	896	1896	1055	709	2884		9.55	25.00	65.45
563	519	572	178	310	520	799	888	214	995	1	7.11	26.13	66.76
786	609	723	357	362	785	1064	862	289	1131	2	10.40	25.13	64.47
622	694	631	493	447	1007	2159	802	288	1911	1	36.39	25.90	37.71
195	188	205	42	98	518	747	309	94	758		58.38	18.83	22.79
147	37	53	9	69	180	460	257	25	683		58.87	20.82	20.31
97	38	56	21	50	200	443	231	18	501		81.84	7.74	10.42
112	28	37	8	15	384	485	184	10	603		81.14	9.25	9.61
310	153	243	58	233	682	1177	720	111	1285	1	45.76	32.14	22.10
6043	**5823**	**5238**	**1874**	**2609**	**15526**	**13084**	**6641**	**2446**	**16576**	**3**	**21.65**	**39.12**	**39.23**
1384	822	751	246	234	699	1242	999	456	2322		0.25	18.08	81.67
1084	790	764	359	257	818	1265	905	452	1369	2	0.54	23.66	75.79
505	532	554	170	181	732	787	477	193	755		0.26	33.71	66.03
310	580	569	170	194	593	1150	329	132	950		3.14	51.78	45.08
521	482	415	237	238	482	915	294	228	2491		8.32	37.21	54.48
464	493	509	207	214	718	939	535	190	1134	1	0.60	44.16	55.24
249	428	457	152	405	914	1085	455	176	934		8.05	59.18	32.78
261	574	244	30	95	1755	1021	508	71	1462		18.64	49.20	32.16
350	241	359	58	245	1658	1284	634	136	1689		24.23	47.30	28.47
359	160	182	51	160	3635	1334	563	121	1015		47.21	26.57	26.22
310	454	328	148	196	1621	1342	549	195	1398		27.03	39.39	33.58
246	267	106	46	190	1901	720	393	96	1057		39.38	32.12	28.50
2785	**1592**	**2673**	**627**	**1079**	**4968**	**6484**	**3732**	**1019**	**7418**		**34.99**	**33.36**	**31.66**
315	160	308	33	91	864	976	584	81	978		15.22	48.63	36.15
1183	852	1072	293	404	1372	1961	1040	550	2577		4.09	38.54	57.38
224	77	275	57	70	415	602	457	62	687		18.88	49.75	31.37
378	236	537	178	254	714	902	509	116	872		37.12	31.55	31.34
191	80	131	14	79	500	437	339	56	667		16.99	46.23	36.79
256	144	232	41	89	598	623	441	61	600		38.38	35.87	25.75
98	8	27	4	9	211	326	127	18	354		79.27	9.87	10.86
140	35	91	7	83	294	657	235	75	683		78.33	10.77	10.90
1241	**454**	**603**	**169**	**562**	**2994**	**4041**	**2384**	**375**	**5098**		**50.79**	**26.55**	**22.66**
532	155	207	80	243	775	973	700	164	1702		16.10	35.60	48.31
179	75	112	19	124	358	705	348	40	712		31.72	37.52	30.76
75	9	10	2	6	177	459	178	17	385		56.70	28.55	14.75
73	8	28	10	29	150	301	142	16	487		65.30	17.29	17.41
8	1	22	1	5	117	138	91	4	105		77.83	12.98	9.19
374	206	224	57	155	1417	1465	925	134	1707		53.50	26.43	20.06
1156	**1336**	**1254**	**853**	**713**	**2623**	**3592**	**1812**	**452**	**3910**		**42.09**	**27.29**	**30.63**
668	1061	870	751	358	1260	1927	960	280	2081		18.05	32.34	49.61
120	115	136	28	70	405	368	150	44	406		31.43	42.51	26.05
96	65	60	18	109	198	285	168	32	423		59.37	18.63	22.00
84	18	75	12	72	293	374	185	24	354		71.51	10.24	18.25
188	77	113	44	104	467	638	349	72	646		53.32	27.80	18.88
3671	**2743**	**2494**	**1033**	**1415**	**5737**	**8784**	**4407**	**1272**	**8703**	**1**	**52.06**	**25.28**	**22.66**
1263	811	638	403	398	1274	1626	942	392	1609	1	3.54	36.86	59.61
329	520	454	95	204	617	680	318	135	1014		21.85	52.43	25.72
198	70	92	31	134	357	553	304	65	627		59.29	21.44	19.27
287	401	272	138	121	317	890	243	90	719		20.10	38.48	41.41
43	7	16	3	27	43	43	52	12	223		43.64	12.44	43.92
345	304	297	49	138	709	1006	475	178	670		40.71	32.82	26.47
222	110	122	38	54	491	754	415	59	650		72.40	14.35	13.25
267	196	93	82	79	682	898	586	95	797		56.49	25.08	18.43
195	171	83	26	110	302	453	216	74	596		68.43	13.35	18.22
253	76	192	91	94	461	651	334	75	885		56.31	25.24	18.45

表6 续表 22

地　区	16岁及以上人口总　计	各种行业人口总计	农　林牧渔业	采矿业	制造业	电力、燃气及水的生产和供应业	建筑业	仓储和邮政业	交通运输、计算机服务和 软件业	信息传输、批发和零售业	住宿和餐饮业
栖霞市	49040	39117	31875	198	2307	93	310	563	84	1582	267
海阳市	56494	41530	27932	102	7047	113	1498	527	122	1750	317
潍坊市	**725472**	**539524**	**301166**	**2572**	**93527**	**2596**	**18915**	**15071**	**1456**	**40052**	**9319**
潍城区	34489	21720	3937	48	5230	151	1319	1407	162	4886	834
寒亭区	34258	25225	14739	461	4259	102	703	514	48	1248	330
坊子区	40563	30028	18987	382	5148	100	978	775	52	1275	391
奎文区	51452	32056	2361	32	8582	661	1646	1546	486	6047	1578
临朐县	64505	49674	32944	164	6732	153	2354	1341	61	2409	657
昌乐县	49988	39137	20078	126	4299	176	1038	935	59	1668	422
青州市	76549	56405	39723	93	4732	171	1869	1642	80	3526	791
诸城市	86439	63185	36677	75	13362	240	2409	1272	138	3283	789
寿光市	95887	74486	47723	943	8980	305	2093	2268	172	5153	1049
安丘市	74999	59619	44490	50	5544	175	1527	1120	91	2420	789
高密市	68597	52370	15866	41	20567	218	2378	1739	77	6364	1297
昌邑市	47746	35619	23641	157	6092	144	601	512	30	1773	392
济宁市	**633282**	**473426**	**299828**	**12889**	**45455**	**3167**	**26443**	**14668**	**1230**	**24856**	**7370**
市中区	45641	30949	12101	656	5205	576	1437	1182	287	3256	762
任城区	50243	32745	9670	2307	5008	549	4329	1523	275	3341	1251
微山县	50028	35247	21102	1554	2665	153	2493	2234	73	2078	702
鱼台县	34173	27535	23633	261	654	92	302	458	45	826	163
金乡县	50380	41846	35221	318	1027	86	527	586	56	1765	338
嘉祥县	62437	47682	35779	505	4341	155	2027	1348	25	1198	328
汶上县	53230	41624	29918	132	3900	69	3332	644	56	1420	372
泗水县	42157	34280	24492	73	2350	68	945	390	23	897	276
梁山县	55219	43339	31938	19	3971	98	1095	2189	40	1529	350
曲阜市	51350	37813	21726	444	4313	177	3433	903	104	2583	980
兖州市	50771	36054	17165	2186	6020	251	2328	1420	79	2450	734
邹城市	87653	64312	37083	4434	6001	893	4195	1791	167	3513	1114
泰安市	**433919**	**322049**	**154330**	**11593**	**41385**	**2044**	**28347**	**10413**	**958**	**34064**	**10772**
泰山区	57494	35157	3785	101	7925	456	2837	1935	381	6573	1956
岱岳区	78570	58661	30576	259	7725	126	6284	1716	149	5445	3268
宁阳县	58565	45668	25972	1802	4718	205	2740	790	66	5009	1141
东平县	58001	43518	22918	130	6383	135	3147	2423	72	3513	2149
新泰市	103716	81384	40286	6476	8432	375	6901	2273	143	10000	1411
肥城市	77573	57661	30793	2825	6202	747	6438	1276	147	3524	847
威海市	**234728**	**161389**	**68720**	**539**	**39593**	**1344**	**7291**	**5350**	**767**	**15721**	**4075**
环翠区	66130	44581	6158	83	15796	636	2476	2221	455	7098	1793
文登市	56916	40288	21317	75	8744	235	1698	1131	97	2842	823
荣成市	61274	42537	21102	62	9743	291	1845	1255	125	3570	868
乳山市	50408	33983	20143	319	5310	182	1272	743	90	2211	591
日照市	**227878**	**167209**	**105374**	**467**	**20364**	**862**	**7265**	**5909**	**503**	**10215**	**2671**
东港区	76256	48462	18628	95	7179	489	3771	3211	320	5794	1641
岚山区	33071	24829	14836	67	3720	55	1583	1312	67	1465	385
五莲县	39901	30838	21495	201	4774	149	607	424	55	1163	295
莒县	78650	63080	50415	104	4691	169	1304	962	61	1793	350
莱芜市	**101911**	**76111**	**34147**	**2255**	**15298**	**1242**	**4337**	**2130**	**530**	**6547**	**1671**
莱城区	77689	58814	28724	1678	10755	869	2763	1412	371	4984	1239
钢城区	24222	17297	5423	577	4543	373	1574	718	159	1563	432
临沂市	**795905**	**636250**	**410151**	**2331**	**91708**	**2204**	**27730**	**15413**	**1229**	**37941**	**6758**
兰山区	87876	59294	7797	105	17904	518	4874	3499	522	12247	1567
罗庄区	39833	28444	7005	439	9881	376	2486	1841	71	3187	677
河东区	50484	39874	18626	22	10013	72	3261	1564	70	3244	495
沂南县	64563	52440	39847	311	4779	153	1781	636	58	1782	388
郯城县	75073	60262	45077	173	5533	83	3067	1334	44	1910	395
沂水县	81304	68394	52380	395	6443	140	1770	643	60	2703	617
苍山县	87530	76372	67315	187	2329	109	660	985	72	1858	409
费县	75803	60189	35070	30	15820	157	2569	1164	57	2063	476
平邑县	73326	58901	41865	381	5738	183	2333	1028	99	3596	552
莒南县	72723	60808	48269	77	3501	130	1485	908	60	1810	405
蒙阴县	39756	32296	24314	67	1975	113	1344	869	47	1256	350
临沭县	47634	38976	22586	144	7792	170	2100	942	69	2285	427
德州市	**435720**	**357756**	**230642**	**1367**	**39440**	**1446**	**15245**	**8998**	**793**	**26939**	**6716**
德城区	52885	36362	10260	109	7721	532	1684	2093	373	5528	1185
陵县	44299	38124	25159	16	4205	51	2446	589	37	2161	225
宁津县	34740	29595	20059	6	3356	59	506	544	22	2568	770

金融业	房地产业	租赁和商务服务业	科学研究、技术服务和地质勘察业	水利、环境和公共设施管理业	居民服务和其他服务业	教育	卫生、社会保障和社会福利业	文化、体育和娱乐业	公共管理和社会组织	国际组织	三次产业人口占行业人口比重(%) 第一产业	第二产业	第三产业
134	37	42	17	30	226	510	242	55	545		81.49	7.43	11.08
135	40	193	60	26	258	720	280	42	368		67.26	21.09	11.65
3912	**2126**	**2562**	**730**	**1475**	**7854**	**10560**	**5949**	**1253**	**18426**	**3**	**55.82**	**21.80**	**22.38**
372	303	225	93	250	639	764	351	154	592	3	18.13	31.07	50.81
138	63	55	71	88	371	452	196	43	1344		58.43	21.90	19.67
143	60	51	25	82	373	416	273	40	477		63.23	22.01	14.76
1039	805	754	208	306	947	1603	975	403	2077		7.37	34.07	58.57
195	39	154	44	98	465	708	467	63	626		66.32	18.93	14.75
133	81	58	31	109	540	690	391	88	8215		51.30	14.41	34.29
265	130	117	17	86	826	904	592	60	781		70.42	12.17	17.40
618	187	104	71	110	868	1153	738	84	1007		58.05	25.46	16.49
309	175	542	41	150	1177	1509	735	127	1035		64.07	16.54	19.39
257	114	79	41	60	466	987	506	98	805		74.62	12.24	13.14
261	130	221	61	54	841	900	448	64	843		30.30	44.31	25.40
182	39	202	27	82	341	474	277	29	624		66.37	19.64	13.99
2302	**1228**	**1399**	**476**	**1252**	**5090**	**7619**	**4631**	**870**	**12652**	**1**	**63.33**	**18.58**	**18.09**
570	276	324	105	112	563	929	846	184	1578		39.10	25.44	35.46
405	369	229	89	169	621	790	545	118	1156	1	29.53	37.24	33.23
106	10	88	9	21	452	510	264	22	711		59.87	19.48	20.65
90	7	20	10	20	130	245	134	19	426		85.83	4.75	9.42
119	15	34	5	4	236	541	297	23	648		84.17	4.68	11.15
96	13	46	25	19	311	592	279	38	557		75.04	14.74	10.22
91	35	56	5	10	208	474	204	21	677		71.88	17.86	10.27
76	21	24	4	36	217	358	217	21	3792		71.45	10.02	18.53
106	12	52	56	192	249	487	247	71	638		73.69	11.96	14.35
220	115	248	21	176	651	715	360	156	488		57.46	22.13	20.42
178	85	82	81	136	556	822	474	83	924		47.61	29.91	22.48
245	270	196	66	357	896	1156	764	114	1057		57.66	24.14	18.20
1947	**1317**	**1070**	**505**	**871**	**5076**	**6373**	**4030**	**585**	**6367**	**2**	**47.92**	**25.89**	**26.19**
949	595	483	165	322	955	1827	1119	314	2479		10.77	32.20	57.04
114	69	120	82	95	579	927	426	45	656		52.12	24.54	23.34
153	28	78	39	81	692	876	464	40	774		56.87	20.73	22.40
113	93	23	17	30	729	475	368	35	765		52.66	22.51	24.83
315	315	199	183	226	839	1160	810	62	978		49.50	27.26	23.24
303	217	167	19	117	1282	1108	843	89	715	2	53.40	28.12	18.48
1575	**1707**	**913**	**352**	**633**	**2513**	**3603**	**2098**	**610**	**3984**	**1**	**42.58**	**30.22**	**27.20**
818	866	515	229	298	1152	1433	777	330	1446	1	13.81	42.60	43.59
243	316	137	36	99	481	638	453	99	824		52.91	26.69	20.40
310	187	120	48	154	495	789	508	109	956		49.61	28.07	22.32
204	338	141	39	82	385	743	360	72	758		59.27	20.84	19.88
1008	**714**	**719**	**266**	**495**	**1803**	**3314**	**1658**	**314**	**3286**	**2**	**63.02**	**17.32**	**19.66**
641	611	517	171	289	911	1447	708	204	1833	2	38.44	23.80	37.76
92	31	67	10	69	289	329	159	20	273		59.75	21.85	18.40
119	29	44	13	67	166	502	237	47	451		69.70	18.58	11.71
156	43	91	72	70	437	1036	554	43	729		79.92	9.94	10.14
544	**551**	**307**	**185**	**257**	**1937**	**1460**	**993**	**125**	**1595**		**44.86**	**30.39**	**24.74**
434	403	163	67	196	1384	1173	754	100	1345		48.84	27.31	23.85
110	148	144	118	61	553	287	239	25	250		31.35	40.86	27.79
2747	**1120**	**1565**	**416**	**1286**	**6099**	**9989**	**5571**	**910**	**11081**	**1**	**64.46**	**19.48**	**16.05**
1072	592	443	228	495	1253	2001	1368	382	2426	1	13.15	39.47	47.38
157	113	117	24	73	735	501	276	75	410		24.63	46.34	29.03
148	58	145	34	85	592	578	357	106	404		46.71	33.53	19.76
134	32	79	27	45	424	867	412	35	650		75.99	13.39	10.62
135	13	243	5	28	507	635	306	57	717		74.80	14.70	10.50
169	57	109	20	86	435	946	505	47	869		76.59	12.79	10.62
139	59	41	11	74	315	693	388	31	697		88.14	4.30	7.56
147	48	69	12	127	427	806	384	22	741		58.27	30.86	10.87
167	38	126	2	38	372	879	466	43	995		71.08	14.66	14.26
173	46	72	36	136	391	862	430	41	1976		79.38	8.54	12.08
136	26	72	7	30	268	508	306	31	577		75.28	10.83	13.88
170	38	49	10	69	380	713	373	40	619		57.95	26.19	15.87
2443	**571**	**639**	**202**	**1463**	**6466**	**4694**	**2546**	**348**	**6797**	**1**	**64.47**	**16.07**	**19.46**
984	272	220	88	607	765	1181	735	156	1869		28.22	27.63	44.16
67	12	21	10	29	2118	334	199	23	422		65.99	17.62	16.39
202	4	12	5	74	589	247	125	16	431		67.78	13.27	18.95

表6 续表 23

地　区	16岁及以上人口总　计	各种行业人口总计	农　林牧渔业	采矿业	制造业	电力、燃气及水的生产和供应业	建筑业	仓储和邮政业	交通运输、计算机服务和 软件业	信息传输、批发和零售业	住宿和餐饮业
庆云县	23584	18993	13170	2	1467	49	661	357	30	1866	379
临邑县	40933	34066	23685	902	2288	234	1214	887	72	1915	511
齐河县	50992	42622	29221	260	2907	50	3211	899	49	2721	1012
平原县	34168	28876	20062	12	2450	96	936	853	30	1794	657
夏津县	37733	32438	22347	3	4244	117	1133	813	29	1924	190
武城县	28920	24143	16618	6	3347	44	401	226	30	1668	548
乐陵市	47920	39716	27576	30	4066	57	1497	975	61	2780	755
禹城市	39546	32821	22485	21	3389	157	1556	762	60	2014	484
聊城市	**455007**	**360085**	**262726**	**309**	**41253**	**1817**	**9705**	**5936**	**670**	**15134**	**3227**
东昌府区	93408	68903	45013	66	6246	567	2133	1610	360	5605	907
阳谷县	60279	46659	33178	44	5300	144	1771	1111	103	2049	442
莘县	72398	60229	52053	168	3059	86	900	410	24	1423	290
茌平县	42752	32743	22542	5	4786	457	1341	540	26	999	320
东阿县	29652	22804	15167	5	2640	120	1239	643	27	955	280
冠县	59321	50867	45556	11	2827	85	322	185	30	616	166
高唐县	38946	31367	24049	2	3793	113	320	315	48	814	255
临清市	58251	46513	25168	8	12602	245	1679	1122	52	2673	567
滨州市	**308081**	**245276**	**137662**	**1907**	**44616**	**1455**	**9374**	**7670**	**522**	**20027**	**3960**
滨城区	56830	41662	18088	911	7908	302	2075	1664	184	3876	979
惠民县	49504	42432	28581	25	4844	51	1666	1365	43	2845	931
阳信县	35322	30013	21671	6	4031	37	725	239	90	1726	415
无棣县	34420	29551	17652	440	4083	221	1843	745	38	2380	378
沾化县	30251	24443	15349	33	1661	138	566	1201	30	4178	197
博兴县	38562	28934	15071	421	5847	127	1356	1215	74	2087	361
邹平县	63192	48241	21250	71	16242	579	1143	1241	63	2935	699
菏泽市	**631868**	**503859**	**381947**	**1026**	**46541**	**1212**	**22276**	**6174**	**707**	**17336**	**4333**
牡丹区	107812	82607	55262	38	7313	401	4470	1751	278	5286	1269
曹县	100548	80671	57755	76	10230	137	4513	908	160	3128	722
单县	81172	66378	55414	44	3374	87	1938	506	35	2119	575
成武县	47233	39040	34751	14	978	83	577	159	28	865	182
巨野县	60781	49383	39768	116	2429	83	2666	1015	36	1365	307
郓城县	82305	62117	37955	537	13933	211	3522	886	55	1657	576
鄄城县	53950	43396	33023	19	4859	91	1966	362	32	1140	286
定陶县	44272	37385	31187	13	1824	52	1260	286	54	998	216
东明县	53795	42882	36832	169	1601	67	1364	301	29	778	200
河南省	**7124733**	**5006277**	**3328227**	**62618**	**416058**	**25254**	**240449**	**125731**	**16370**	**319221**	**79906**
郑州市	**689938**	**421325**	**130410**	**12444**	**64409**	**4068**	**20591**	**22142**	**4850**	**70347**	**15588**
中原区	74749	37726	2788	183	8857	1043	2863	1958	576	7094	1828
二七区	60344	29335	520	197	4606	520	1631	3757	587	7864	1361
管城回族区	51779	32518	2452	105	6280	184	1708	2612	378	10573	1547
金水区	127794	76850	2058	137	5705	474	4320	3295	2311	25557	5895
上街区	11014	6835	797	168	2216	252	336	412	67	914	240
惠济区	22111	13473	5558	12	1975	52	581	610	131	2164	457
中牟县	55330	43463	36609	170	1436	89	812	497	62	1222	292
巩义市	64289	35830	8793	1608	11963	432	1792	2195	188	3770	1030
荥阳市	50337	35054	17858	480	6526	217	2033	1283	127	2607	610
新密市	64701	38806	11383	3828	8716	336	2023	2716	185	4201	1139
新郑市	56783	37703	22878	324	4489	148	1923	1466	105	2431	593
登封市	50707	33732	18716	5232	1640	321	569	1341	133	1950	596
开封市	**359813**	**257520**	**201994**	**294**	**12633**	**804**	**10477**	**3539**	**529**	**9800**	**2579**
龙亭区	10397	4763	1506	9	394	38	867	186	37	523	194
顺河回族区	20128	9736	2847	7	1643	215	764	353	86	1284	459
鼓楼区	11700	5842	1302	9	830	67	176	325	72	1131	300
禹王台区	10755	5394	2191	9	774	60	146	464	57	781	179
金明区	21193	9975	4337	21	912	164	231	421	114	878	263
杞县	73656	60725	52774	22	1619	46	2948	386	31	1340	249
通许县	41606	34939	31584	4	569	68	484	246	23	890	150
尉氏县	67952	50455	41910	8	2791	52	1917	392	38	1384	350
开封县	52251	39743	34516	11	1113	47	1447	416	40	581	217
兰考县	50175	35948	29027	194	1988	47	1497	350	31	1008	218
洛阳市	**513794**	**333891**	**190782**	**4899**	**41246**	**2732**	**18405**	**10866**	**1406**	**23571**	**7009**
老城区	12950	6968	1200	19	1066	28	270	796	130	1471	310
西工区	29358	15550	953	63	3279	376	1099	1243	255	3045	731
瀍河回族区	14412	6963	821	38	1161	89	633	1455	118	856	291
涧西区	51582	25314	1580	158	10298	629	1319	765	254	3620	1041

金融业	房地产业	租赁和商务服务业	科学研究、技术服务和地质勘察业	水利、环境和公共设施管理业	居民服务和其他服务业	教育	卫生、社会保障和社会福利业	文化、体育和娱乐业	公共管理和社会组织	国际组织	三次产业人口占行业人口比重(%)		
											第一产业	第二产业	第三产业
70	14	22	4	85	147	213	99	12	345	1	69.34	11.47	19.19
215	43	154	28	170	382	559	326	29	452		69.53	13.61	16.86
146	12	46	29	156	422	472	210	16	783		68.56	15.08	16.36
210	23	21	14	90	680	366	196	11	375		69.48	12.10	18.42
134	17	24	4	37	364	286	184	36	552		68.89	16.95	14.16
97	113	17	8	9	147	254	165	15	430		68.83	15.73	15.44
214	28	28	3	161	391	384	139	20	551		69.43	14.23	16.34
104	33	74	9	45	461	398	168	14	587		68.51	15.61	15.88
1361	**517**	**486**	**190**	**545**	**2858**	**4572**	**2712**	**381**	**5686**		**72.96**	**14.74**	**12.30**
656	347	202	88	225	589	1363	929	245	1752		65.33	13.08	21.59
111	19	51	14	29	651	554	317	19	752		71.11	15.56	13.34
59	22	40	9	13	199	588	242	13	631		86.43	6.99	6.58
114	38	40	8	38	276	470	215	11	517		68.85	20.12	11.03
112	24	50	23	116	302	344	200	36	521		66.51	17.56	15.93
74	11	48	13	19	159	305	162	6	272		89.56	6.38	4.06
93	22	29	12	37	295	358	224	20	568		76.67	13.48	9.85
142	34	26	23	68	387	590	423	31	673		54.11	31.25	14.64
1188	**558**	**1648**	**274**	**654**	**2731**	**4238**	**2241**	**333**	**4218**		**56.13**	**23.38**	**20.49**
480	369	285	77	289	669	1206	705	137	1458		43.42	26.87	29.71
93	17	31	25	68	627	400	344	35	441		67.36	15.52	17.12
123	4	6	51	28	70	373	123	26	269		72.21	15.99	11.80
125	44	60	18	54	307	448	234	27	454		59.73	22.29	17.98
92	9	33	13	21	111	281	134	10	386		62.80	9.81	27.39
112	37	232	31	90	474	619	241	44	495		52.09	26.79	21.12
163	78	1001	59	104	473	911	460	54	715		44.05	37.39	18.57
1364	**419**	**489**	**128**	**690**	**2911**	**5788**	**3147**	**408**	**6963**		**75.80**	**14.10**	**10.09**
548	252	206	55	329	784	1292	847	175	2051		66.90	14.80	18.31
141	36	48	10	110	581	790	485	23	818		71.59	18.54	9.87
126	47	77	6	38	291	735	353	40	573		83.48	8.20	8.32
71	20	16	7	51	98	441	187	10	502		89.01	4.23	6.75
88	14	16	3	24	258	436	288	25	446		80.53	10.72	8.75
130	16	39	11	59	325	996	432	66	711		61.10	29.30	9.59
111	5	37	16	26	259	347	177	27	613		76.10	15.98	7.92
65	10	33	11	16	163	389	170	29	609		83.42	8.42	8.16
84	19	17	9	37	152	362	208	13	640		85.89	7.46	6.64
26586	**11973**	**15707**	**7339**	**13349**	**55123**	**93031**	**50346**	**11747**	**107231**	**11**	**66.48**	**14.87**	**18.65**
6241	**5209**	**4982**	**2930**	**2638**	**9978**	**15356**	**7994**	**3933**	**17214**	**1**	**30.95**	**24.09**	**44.95**
703	838	561	802	464	1107	2316	1089	461	2195		7.39	34.32	58.29
623	479	409	326	273	867	2108	1219	395	1593		1.77	23.71	74.52
560	582	546	304	355	909	985	567	399	1472		7.54	25.45	67.01
3097	2652	2725	1174	680	2896	4555	2288	1974	5057		2.68	13.84	83.48
91	65	143	110	58	215	257	153	50	291		11.66	43.48	44.86
160	293	104	37	69	300	397	183	108	282		41.25	19.45	39.30
112	33	59	21	93	227	657	279	33	760		84.23	5.77	10.00
234	72	87	44	151	835	956	518	138	1024		24.54	44.08	31.38
160	50	75	30	166	583	689	402	63	1095		50.94	26.40	22.65
239	62	128	28	68	1051	868	542	129	1163	1	29.33	38.40	32.26
135	65	89	45	101	541	781	376	80	1133		60.68	18.26	21.06
127	18	56	9	160	447	787	378	103	1149		55.48	23.01	21.50
1005	**221**	**339**	**140**	**497**	**1832**	**3926**	**2264**	**386**	**4260**	**1**	**78.44**	**9.40**	**12.16**
83	27	27	6	38	93	293	177	35	230		31.62	27.46	40.92
199	26	75	67	134	176	637	315	88	361		29.24	27.00	43.76
192	39	36	13	55	196	282	260	58	498	1	22.29	18.52	59.19
39	22	23	8	49	143	162	136	26	125		40.62	18.34	41.05
229	83	68	22	101	216	573	333	65	944		43.48	13.31	43.21
33	5	31	4	15	276	447	206	25	268		86.91	7.63	5.46
31	10	11	2	34	172	257	139	16	249		90.40	3.22	6.38
85		17	8	6	198	402	237	24	636		83.06	9.45	7.49
50	3	24	6	24	168	453	172	15	440		86.85	6.59	6.56
64	6	27	4	41	194	420	289	34	509		80.75	10.36	8.89
2300	**1255**	**1304**	**953**	**1382**	**4929**	**7125**	**4200**	**1137**	**8390**		**57.14**	**20.15**	**22.71**
117	73	88	35	134	225	247	190	144	425		17.22	19.85	62.93
568	267	166	186	187	403	667	586	229	1247		6.13	30.98	62.89
67	104	47	40	49	148	372	324	43	307		11.79	27.59	60.62
560	340	319	463	285	556	1244	744	194	945		6.24	49.00	44.76

表6 续表 24

地　区	16岁及以上人口总　计	各种行业人口总计	农　林牧渔业	采矿业	制造业	电力、燃气及水的生产和供应业	建筑业	仓储和邮政业	交通运输、计算机服务和 软件业	信息传输、批发和零售业	住宿和餐饮业
吉利区	5605	3520	757	14	925	68	290	244	17	261	125
洛龙区	42134	24257	8013	254	4469	101	2066	1212	136	3884	867
孟津县	32313	21030	13260	65	1975	110	1737	529	62	1181	384
新安县	35655	21271	13736	1003	1737	373	1081	637	35	887	349
栾川县	28062	15719	9002	1682	488	112	511	524	56	1010	580
嵩县	41987	31901	28201	306	437	82	382	261	60	650	284
汝阳县	29350	22425	17283	101	1159	58	1078	344	43	798	202
宜阳县	46819	33501	26689	332	1175	78	1810	517	73	914	442
洛宁县	34097	27043	21651	191	1247	87	743	367	34	941	321
伊川县	56330	42487	30765	209	2323	190	3640	769	39	1909	499
偃师市	53140	35942	16871	464	9507	351	1746	1203	94	2144	583
平顶山市	**375981**	**253954**	**160060**	**14721**	**17574**	**1872**	**10656**	**6895**	**808**	**15809**	**4646**
新华区	28681	15558	2830	4656	1339	318	591	468	71	1600	546
卫东区	24619	13444	1200	3731	2185	358	356	830	80	1588	329
石龙区	2956	1724	539	493	254	9	6	47	4	83	31
湛河区	22410	11581	3242	564	2252	667	539	552	87	1084	400
宝丰县	36908	24820	17161	650	1461	69	1143	639	54	1432	401
叶县	61375	46868	39928	83	1210	68	1418	521	43	1319	416
鲁山县	61686	40089	32255	262	1727	66	1128	793	66	1571	442
郏县	44302	32810	24471	179	2174	101	683	712	60	1969	415
舞钢市	24010	14353	6761	250	2853	69	1341	402	52	859	292
汝州市	69034	52707	31673	3853	2119	147	3451	1931	291	4304	1374
安阳市	**386734**	**258936**	**162244**	**1704**	**25132**	**1491**	**19677**	**6631**	**797**	**17567**	**3638**
文峰区	35850	17369	3375	61	2811	333	2255	647	211	2217	594
北关区	18898	8898	1165	33	1521	163	730	369	122	1519	433
殷都区	19120	10190	1252	139	3473	462	882	756	114	1005	200
龙安区	17010	10828	4976	171	2176	81	827	647	28	797	214
安阳县	62929	42202	25094	1063	5226	48	4372	1700	77	2225	438
汤阴县	31966	23786	17123	19	1559	60	1522	532	45	1104	203
滑县	94115	68641	56522	60	3139	98	3685	632	86	1678	482
内黄县	46762	34236	23130	64	978	98	3340	250	49	4657	707
林州市	60084	42786	29607	94	4249	148	2064	1098	65	2365	367
鹤壁市	**117614**	**80100**	**47332**	**4735**	**6914**	**756**	**5145**	**1965**	**283**	**4666**	**1085**
鹤山区	10837	5882	2252	1930	569	17	148	191	20	325	132
山城区	18089	10669	3290	1409	2164	294	316	443	87	1177	280
淇滨区	20678	13376	5467	1179	919	249	700	436	96	1322	211
浚县	48386	36291	27817	186	1440	101	2962	578	35	1153	310
淇县	19624	13882	8506	31	1822	95	1019	317	45	689	152
新乡市	**434410**	**291586**	**186167**	**651**	**34058**	**1426**	**18243**	**9395**	**767**	**15596**	**3926**
红旗区	28369	15007	2312	137	2926	290	1222	720	179	2368	494
卫滨区	15955	8327	1040	44	1464	98	281	1364	95	1823	318
凤泉区	10753	6890	3189	18	2063	113	355	244	16	255	56
牧野区	25348	11941	2565	12	3525	177	536	505	130	1727	325
新乡县	26348	18564	8408	6	5452	78	1431	522	53	1122	246
获嘉县	30554	19831	12450	15	1869	88	2117	528	43	1036	262
原阳县	48400	38132	31153	5	838	42	1190	2706	36	685	244
延津县	34036	22342	16691	12	1462	89	1652	278	28	755	215
封丘县	55865	40955	32505	19	1612	99	3174	331	61	1163	417
长垣县	61287	40563	27697	6	5447	70	3192	433	14	1824	556
卫辉市	37343	26719	21144	37	1744	59	989	338	48	703	167
辉县市	60152	42315	27013	340	5656	223	2104	1426	64	2135	626
焦作市	**274140**	**171155**	**85560**	**3625**	**28041**	**1785**	**9473**	**8406**	**626**	**12941**	**3364**
解放区	23725	10712	106	398	2532	658	502	979	140	2055	424
中站区	8695	3677	801	332	866	87	116	256	24	403	122
马村区	10004	5153	1630	1225	799	43	255	317	34	283	111
山阳区	25174	11548	1376	478	2641	337	516	671	131	1661	388
修武县	21929	14446	6993	687	1848	90	1162	781	50	925	359
博爱县	33310	20632	11369	252	3232	111	1205	1038	43	1344	433
武陟县	53519	36654	27027	31	3518	102	1471	1193	59	1252	291
温县	33623	23366	13700	39	4213	106	1226	867	28	1332	353
沁阳市	35323	24447	9784	162	5052	140	2313	1508	67	2698	619
孟州市	28838	20520	12774	21	3340	111	707	796	50	988	264
濮阳市	**269329**	**194528**	**139886**	**4766**	**9707**	**1140**	**10769**	**3658**	**512**	**8452**	**1724**
华龙区	50321	29433	8298	2845	2491	837	1763	1315	295	3488	826
清丰县	48500	38072	30388	534	1326	72	2130	435	52	1056	290

金融业	房地产业	租赁和商务服务业	科学研究、技术服务和地质勘察业	水利、环境和公共设施管理业	居民服务和其他服务业	教育	卫生、社会保障和社会福利业	文化、体育和娱乐业	公共管理和社会组织	国际组织	三次产业人口占行业人口比重(%) 第一产业	第二产业	第三产业
46	66	51	26	65	125	87	56	35	262		21.51	36.85	41.65
179	280	180	113	286	585	731	253	111	537		33.03	28.40	38.56
64	14	18	8	39	407	380	277	78	442		63.05	18.48	18.46
66	10	57	13	19	241	347	196	25	459		64.58	19.72	15.71
88	6	86	15	135	396	356	205	60	407		57.27	17.77	24.96
55	16	31	8	64	102	373	201	30	358		88.40	3.78	7.81
49	3	58	9	13	215	386	207	19	400		77.07	10.68	12.25
80	15	32	5	17	224	363	171	22	542		79.67	10.13	10.20
82	12	41	4	36	357	284	190	22	433		80.06	8.39	11.55
106	13	98	9	20	479	590	257	20	552		72.41	14.97	12.62
173	36	32	19	33	466	698	343	105	1074		46.94	33.58	19.48
1252	**419**	**567**	**287**	**538**	**3229**	**4348**	**2942**	**479**	**6852**		**63.03**	**17.65**	**19.32**
256	101	68	42	136	223	655	478	69	1111		18.19	44.38	37.43
258	91	72	98	64	214	462	417	98	1013		8.93	49.32	41.76
20	1	2		2	16	48	25		144		31.26	44.20	24.54
180	92	101	36	122	123	524	255	55	706		27.99	34.73	37.28
80	15	28	3	16	328	358	254	31	697		69.14	13.39	17.47
66	6	28	3	19	218	490	224	22	786		85.19	5.93	8.88
91	6	55	23	37	435	378	224	78	452		80.46	7.94	11.60
111	17	109	58	46	231	460	356	30	628		74.58	9.56	15.85
78	23	11	13	15	172	310	177	36	639		47.11	31.44	21.45
112	67	93	11	81	1269	663	532	60	676		60.09	18.16	21.75
1414	**540**	**715**	**292**	**776**	**2780**	**4751**	**2780**	**678**	**5328**	**1**	**62.66**	**18.54**	**18.80**
350	201	201	78	221	511	1021	522	226	1533	1	19.43	31.44	49.13
279	131	77	21	125	241	494	442	80	953		13.09	27.50	59.41
143	56	114	95	142	308	341	275	57	376		12.29	48.64	39.08
89	26	34	36	70	155	213	92	27	169		45.95	30.06	23.98
75	37	69	17	53	411	602	310	48	337		59.46	25.38	15.16
87	22	33	5	33	283	434	237	39	446		71.99	13.29	14.73
87	38	74	19	53	321	737	322	88	520		82.34	10.17	7.48
65	1	29	3	10	192	216	111	30	306		67.56	13.09	19.35
239	28	84	18	69	358	693	469	83	688		69.20	15.32	15.48
600	**119**	**261**	**87**	**252**	**829**	**1738**	**1091**	**218**	**2024**		**59.09**	**21.91**	**19.00**
15	3	39	3	8	34	100	68	6	22		38.29	45.29	16.42
106	15	108	26	73	144	301	194	45	197		30.84	39.21	29.96
312	80	77	34	97	227	560	360	97	953		40.87	22.78	36.35
94	15	16	23	61	256	483	296	45	420		76.65	12.92	10.43
73	6	21	1	13	168	294	173	25	432		61.27	21.37	17.35
1548	**450**	**582**	**283**	**768**	**2898**	**5608**	**2960**	**620**	**5640**		**63.85**	**18.65**	**17.50**
520	156	96	135	245	327	1094	407	130	1249		15.41	30.49	54.11
188	87	58	32	83	240	309	370	62	371		12.49	22.66	64.85
39	7	34	3	12	126	119	64	19	158		46.28	37.00	16.72
184	94	110	41	91	321	686	317	93	502		21.48	35.59	42.93
81	26	42	9	68	282	346	187	18	187		45.29	37.53	17.18
84	18	28	3	22	222	348	194	27	477		62.78	20.62	16.60
59	6	23	11	35	90	324	196	59	430		81.70	5.44	12.86
50	5	41	5	17	132	325	163	28	394		74.71	14.39	10.90
72	8	13	19	51	173	446	264	27	501		79.37	11.97	8.66
8	20	12	3	26	439	626	101	5	84		68.28	21.49	10.23
71	8	25	3	26	138	357	355	34	473		79.13	10.59	10.28
192	15	100	19	92	408	628	342	118	814		63.84	19.67	16.49
1379	**291**	**541**	**156**	**955**	**2178**	**4167**	**2441**	**409**	**4817**		**49.99**	**25.08**	**24.93**
287	112	127	55	185	260	642	439	72	739		0.99	38.18	60.83
31	51	34	3	45	85	168	73	9	171		21.78	38.10	40.11
29	4	14	2	15	59	128	52	13	140		31.63	45.06	23.31
349	62	94	29	203	260	803	417	85	1047		11.92	34.40	53.69
80	2	53	3	157	148	386	185	42	495		48.41	26.21	25.38
98	11	44	10	86	230	432	247	36	411		55.10	23.26	21.63
103	13	21	10	105	273	492	309	6	378		73.74	13.97	12.29
117	12	40	5	49	229	351	249	30	420		58.63	23.90	17.47
166	19	51	12	76	357	461	282	86	594		40.02	31.36	28.62
119	5	63	27	34	277	304	188	30	422		62.25	20.37	17.38
954	**566**	**383**	**399**	**557**	**1888**	**3233**	**1605**	**293**	**4035**	**1**	**71.91**	**13.56**	**14.53**
647	413	228	378	437	862	1438	721	180	1970	1	28.19	26.96	44.84
73	30	61	6	73	268	395	234	22	627		79.82	10.67	9.51

表6 续表 25

地　　区	16岁及以上人口总　计	各种行业人口总计	农　林牧渔业	采矿业	制造业	电力、燃气及水的生产和供应业	建筑业	仓储和邮政业	交通运输、计算机服务和 软件业	信息传输、批发和零售业	住宿和餐饮业
南乐县	33349	23150	16776	9	1575	62	2131	495	30	813	162
范县	33555	24829	19981	474	1050	12	996	321	22	703	145
台前县	24195	16552	12039	13	1289	33	1222	467	59	592	87
濮阳县	79409	62492	52404	891	1976	124	2527	625	54	1800	214
许昌市	**325602**	**232275**	**150021**	**3164**	**27827**	**1082**	**9695**	**5469**	**652**	**14076**	**4018**
魏都区	35347	15730	594	94	4060	376	647	1122	262	2688	765
许昌县	60300	46659	34574	311	3601	66	3341	781	45	1611	784
鄢陵县	40001	32488	27064	4	1661	35	1071	212	41	1106	207
襄城县	49821	39934	32487	281	1159	63	804	514	67	1954	702
禹州市	85700	61555	40767	2454	6802	362	1708	1684	140	3174	916
长葛市	54433	35909	14535	20	10544	180	2124	1156	97	3543	644
漯河市	**190371**	**134122**	**87429**	**92**	**14354**	**543**	**7064**	**3208**	**453**	**7514**	**2105**
源汇区	25421	14730	5404	15	2034	148	1159	887	156	1890	652
郾城区	37003	25152	11310	34	3737	141	2482	781	117	2120	537
召陵区	36513	24296	13929	15	4400	63	1801	933	43	1347	381
舞阳县	40290	30582	25888	8	1162	36	814	237	42	784	259
临颍县	51144	39362	30898	20	3021	155	808	370	95	1373	276
三门峡市	**173471**	**125484**	**88674**	**3965**	**5824**	**963**	**2512**	**3460**	**423**	**6740**	**2518**
湖滨区	24431	13667	1824	127	2099	393	989	1096	191	2390	748
渑池县	25805	19043	14949	566	588	41	137	535	20	797	276
陕县	26670	20047	15417	509	960	113	216	754	41	744	334
卢氏县	28123	22086	19178	106	246	76	319	186	34	650	235
义马市	10321	5301	1183	1934	367	208	222	160	30	378	98
灵宝市	58121	45340	36123	723	1564	132	629	729	107	1781	827
南阳市	**760430**	**601142**	**478823**	**2683**	**32625**	**1738**	**12614**	**8959**	**1201**	**24480**	**5584**
宛城区	68601	50306	34768	719	3345	345	1030	1239	262	3059	611
卧龙区	67580	47056	28509	127	3865	527	2138	1788	296	3896	716
南召县	42522	31446	25467	17	1490	116	927	454	45	1049	237
方城县	67055	57771	50411	36	1716	20	846	495	46	1796	374
西峡县	34031	24602	18846	94	1887	73	412	375	40	1025	288
镇平县	63090	48802	34882	140	6092	113	1669	652	108	2782	392
内乡县	43070	33787	27180	99	1012	20	1603	549	56	1003	351
淅川县	48869	39920	34284	41	2140	23	693	352	13	758	287
社旗县	47960	40880	36421	18	1132	55	370	248	56	1089	291
唐河县	97924	80589	68572	402	2559	138	692	695	95	2593	658
新野县	47416	39330	32283	34	3126	72	464	300	80	1164	295
桐柏县	29329	21977	15816	713	539	82	764	383	38	1349	391
邓州市	102983	84676	71384	243	3722	154	1006	1429	66	2917	693
商丘市	**554756**	**397969**	**300029**	**2879**	**22138**	**1037**	**21913**	**6239**	**632**	**18435**	**3714**
梁园区	62431	39902	27250	25	1957	123	1913	1445	113	3216	725
睢阳区	58208	41135	29179	19	2485	308	2437	681	187	1901	414
民权县	53108	36753	30915	5	1281	41	1360	304	56	876	177
睢县	51783	35700	27228	18	1232	87	3127	373	31	1571	246
宁陵县	38762	28367	23024	7	1255	46	1217	313	44	1105	200
柘城县	56543	43680	35403	14	1259	92	2154	441	26	1757	421
虞城县	71664	52008	42034	23	3616	37	2652	420	36	1449	170
夏邑县	69131	53936	39641	14	5206	79	2749	639	55	2806	477
永城市	93126	66488	45355	2754	3847	224	4304	1623	84	3754	884
信阳市	**453378**	**319195**	**215594**	**596**	**17951**	**1454**	**18633**	**10005**	**799**	**22504**	**6428**
浉河区	47519	30299	12494	113	2553	377	2242	1470	266	4170	1407
平桥区	47374	32233	18562	156	2355	243	2213	1709	57	2955	904
罗山县	38550	27818	20314	33	1105	96	1255	492	38	1859	536
光山县	41071	29657	20158	23	2858	126	1461	588	44	2070	441
新县	19692	12601	7318	14	660	79	1467	331	32	1068	299
商城县	35082	22421	13992	31	1105	111	2599	588	41	1472	462
固始县	74322	53300	37915	99	3118	169	2876	1328	148	3394	685
潢川县	46286	31638	21052	78	1788	115	2346	973	82	2270	620
淮滨县	44015	32242	25464	5	946	76	1052	1752	34	1013	363
息县	59467	46986	38325	44	1463	62	1122	774	57	2233	711
周口市	**661594**	**495447**	**378053**	**150**	**28974**	**896**	**25277**	**7340**	**779**	**23501**	**6367**
川汇区	39387	23034	7152	22	2408	267	1745	1322	309	3863	1202
扶沟县	47200	38273	33398	8	1419	37	406	333	93	859	240
西华县	60206	47178	42019	16	837	48	672	417	28	903	390
商水县	65671	47577	33498	18	4061	63	4161	647	61	2160	674
沈丘县	70717	52294	33546	14	5501	101	5309	1279	62	3283	686

金融业	房地产业	租赁和商务服务业	科学研究、技术服务和地质勘察业	水利、环境和公共设施管理业	居民服务和其他服务业	教育	卫生、社会保障和社会福利业	文化、体育和娱乐业	公共管理和社会组织	国际组织	三次产业人口占行业人口比重(%) 第一产业	第二产业	第三产业
42	7	10	1	1	170	319	168	7	372		72.47	16.32	11.22
69	2	19		1	216	300	154	10	354		80.47	10.20	9.33
59	2	7		25	65	178	103	41	271		72.73	15.45	11.82
64	112	58	14	20	307	603	225	33	441		83.86	8.83	7.31
1139	**386**	**469**	**149**	**683**	**2557**	**3711**	**2090**	**463**	**4624**		**64.59**	**17.98**	**17.43**
579	240	182	76	306	361	968	654	207	1549		3.78	32.91	63.31
77	26	36	9	66	386	374	167	36	368		74.10	15.69	10.21
73	8	9	1	4	171	321	132	14	354		83.30	8.53	8.17
70	7	21	27	74	416	437	200	46	605		81.35	5.78	12.87
179	63	64	27	141	745	860	537	100	832		66.23	18.40	15.37
161	42	157	9	92	478	751	400	60	916		40.48	35.84	23.69
964	**284**	**409**	**61**	**306**	**1311**	**2481**	**1352**	**295**	**3897**		**65.19**	**16.44**	**18.37**
216	81	111	10	168	194	456	272	69	808		36.69	22.78	40.53
415	149	103	31	66	344	736	365	120	1564		44.97	25.42	29.61
93	34	81	13	46	306	275	258	30	248		57.33	25.84	16.83
85	19	40	5	10	108	352	148	12	573		84.65	6.61	8.74
155	1	74	2	16	359	662	309	64	704		78.50	10.17	11.33
822	**248**	**499**	**71**	**493**	**1316**	**2204**	**1244**	**253**	**3254**	**1**	**70.67**	**10.57**	**18.76**
427	188	110	40	338	323	583	401	115	1284	1	13.35	26.40	60.25
61	4	21	9	14	152	252	102	14	505		78.50	6.99	14.50
53	13	31	2	12	154	304	111	14	265		76.90	8.97	14.13
47	6	11	2	10	110	243	152	26	449		86.83	3.38	9.78
34	1	23	4	11	195	173	113	17	150		22.32	51.52	26.16
200	36	303	14	108	382	649	365	67	601		79.67	6.72	13.61
1951	**632**	**877**	**501**	**1171**	**4827**	**7736**	**4711**	**899**	**9129**	**1**	**79.65**	**8.26**	**12.09**
365	207	186	166	373	731	921	696	207	1076		69.11	10.81	20.08
552	158	165	141	245	664	1128	814	197	1130		60.59	14.15	25.27
101	37	70	6	25	243	397	191	41	533		80.99	8.11	10.90
94	26	23	35	44	428	497	410	12	462		87.26	4.53	8.21
93	44	51	15	20	207	364	211	23	534		76.60	10.02	13.37
82	21	36	12	55	430	401	275	80	579	1	71.48	16.42	12.10
106	8	32	4	30	366	501	220	40	607		80.45	8.09	11.46
7	6	79		12	187	344	143	14	537		85.88	7.26	6.86
53	6	13	4	15	216	255	209	27	402		89.09	3.85	7.05
170	42	75	36	128	472	1285	554	60	1363		85.09	4.70	10.21
79	36	22	11	61	185	392	251	36	439		82.08	9.40	8.52
97	17	48	9	64	222	449	209	105	682		71.97	9.55	18.49
152	24	77	62	99	476	802	528	57	785		84.30	6.05	9.64
995	**212**	**542**	**101**	**389**	**2785**	**5756**	**2656**	**332**	**7180**	**5**	**75.39**	**12.05**	**12.56**
318	46	149	19	154	426	610	339	78	995	1	68.29	10.07	21.64
216	50	156	44	69	322	744	415	75	1429	4	70.93	12.76	16.30
61		36	4	17	64	535	228	17	776		84.12	7.31	8.57
57	1	27	4	5	239	557	227	7	663		76.27	12.50	11.23
41	12	27	14	31	203	345	158	29	296		81.16	8.90	9.93
55	34	31	2	26	306	717	261	28	653		81.05	8.06	10.89
37	10	13	5	15	248	419	235	28	561		80.82	12.17	7.01
96	22	40	6	19	342	775	205	30	735		73.50	14.92	11.58
114	37	63	3	53	635	1054	588	40	1072		68.22	16.74	15.05
1333	**599**	**795**	**312**	**775**	**4306**	**7123**	**2831**	**422**	**6735**		**67.54**	**12.10**	**20.35**
510	254	183	180	293	590	1092	556	133	1416		41.24	17.44	41.32
116	56	57	18	95	830	734	328	34	811		57.59	15.41	27.00
77	35	85	9	40	312	650	243	19	620		73.02	8.95	18.03
68	25	33	8	66	376	620	240	19	433		67.97	15.07	16.96
56	19	32	2	10	175	362	135	24	518		58.07	17.62	24.31
81	26	40	16	54	321	706	229	36	511		62.41	17.15	20.44
140	71	204	43	138	694	1040	470	61	707		71.14	11.75	17.12
119	69	65	19	47	368	828	194	41	564		66.54	13.68	19.78
65	4	16	10	3	183	476	179	23	578		78.98	6.45	14.57
101	40	80	7	29	457	615	257	32	577		81.57	5.73	12.71
1124	**258**	**1249**	**350**	**457**	**3565**	**7245**	**3484**	**363**	**6015**		**76.31**	**11.16**	**12.53**
443	114	193	41	201	596	850	611	161	1534		31.05	19.28	49.67
67	2	6	14	5	164	498	196	31	497		87.26	4.89	7.85
56	7	16	6	88	312	515	211	16	621		89.06	3.33	7.60
51	2	376	18	46	318	663	302	17	441		70.41	17.45	12.14
87	11	62	2	55	463	749	428	23	633		64.15	20.89	14.96

表6 续表 26

地　区	16岁及以上人口总　计	各种行业人口总计	农　林牧渔业	采矿业	制造业	电力、燃气及水的生产和供应业	建筑业	仓储和邮政业	交通运输、计算机服务和 软件业	信息传输、批发和零售业	住宿和餐饮业
郸城县	74712	56326	47174	22	2427	21	2340	613	21	1735	448
淮阳县	82994	61039	51148	3	1961	18	2185	607	40	2517	545
太康县	81466	65719	57524	12	1796	52	1440	564	32	1686	449
鹿邑县	64324	49475	35150	23	3537	33	4021	600	37	2804	761
项城市	74917	54532	37444	12	5027	256	2998	958	96	3691	972
驻马店市	**528902**	**402833**	**309287**	**704**	**20513**	**971**	**17371**	**5960**	**723**	**20281**	**4649**
驿城区	51128	32764	14234	119	2989	325	2436	1416	311	4064	1101
西平县	53818	41489	29610	18	2255	104	3441	726	34	2687	592
上蔡县	78661	60959	48222	19	3212	54	3062	614	38	2881	473
平舆县	56049	42456	35537	18	2049	59	1320	371	45	1238	323
正阳县	46096	36109	30923	30	740	59	1031	336	35	1235	258
确山县	29659	23786	18373	60	814	54	841	466	38	1185	259
泌阳县	60097	47842	38158	397	2187	70	875	552	32	2611	480
汝南县	55046	43213	36279	22	1369	71	1323	355	45	1586	398
遂平县	37552	26261	17223	8	3427	101	2039	451	38	1111	372
新蔡县	60796	47954	40728	13	1471	74	1003	673	107	1683	393
省直辖县级行政区划	**54476**	**34815**	**15882**	**546**	**6138**	**496**	**1934**	**1594**	**130**	**2941**	**964**
济源市	54476	34815	15882	546	6138	496	1934	1594	130	2941	964
湖北省	**4391940**	**3035863**	**1611757**	**17186**	**394652**	**19516**	**175448**	**106983**	**17524**	**279171**	**85230**
武汉市	**804163**	**442761**	**85297**	**997**	**85494**	**5301**	**31905**	**28633**	**6668**	**80792**	**21254**
江岸区	69939	34668	125	61	4933	562	1717	3156	900	8812	2199
江汉区	56191	33188	67	46	5062	512	2284	2597	756	10720	2463
硚口区	66565	40837	112	45	12777	319	1370	3025	584	12650	1995
汉阳区	49261	24364	449	68	6228	386	1224	2175	431	6422	1122
武昌区	94585	45784	308	107	7901	955	2348	3642	1204	9001	2698
青山区	39811	19107	109	51	7600	649	1004	1563	234	2580	629
洪山区	124299	52932	4663	124	9467	854	3486	2476	1512	10199	3540
东西湖区	37871	22008	2843	17	4910	199	1392	2179	306	4239	863
汉南区	9160	6404	2587		1192	64	373	315	26	750	226
蔡甸区	49807	31622	8032	125	10951	173	2128	1789	162	2898	1181
江夏区	67691	32388	13156	290	4724	277	2937	1958	209	2962	1340
黄陂区	69741	48996	23985	41	6038	201	5848	1962	175	4705	1725
新洲区	69242	50463	28861	22	3711	150	5794	1796	169	4854	1273
黄石市	**179507**	**109657**	**42889**	**3710**	**18277**	**913**	**10519**	**4765**	**560**	**10295**	**3545**
黄石港区	18290	8871	125	85	1840	443	373	661	126	1885	511
西塞山区	18664	9645	697	232	2932	93	630	596	101	1864	627
下陆区	13391	6209	190	331	2283	128	560	340	78	630	241
铁山区	4628	2267	22	607	525	7	134	157	30	351	98
阳新县	57616	39480	24802	478	3620	86	3024	1163	95	2156	695
大冶市	66918	43185	17053	1977	7077	156	5798	1848	130	3409	1373
十堰市	**250782**	**173014**	**91163**	**1673**	**22705**	**1272**	**12941**	**5661**	**1041**	**13966**	**4800**
茅箭区	29356	16963	505	54	4311	238	992	965	228	4253	866
张湾区	27711	16082	1671	17	6407	202	1214	737	87	2693	563
郧县	39388	29765	21931	136	2457	84	924	635	227	1154	570
郧西县	37176	27828	19404	510	1812	79	2050	572	53	1252	669
竹山县	31165	21737	13049	326	1297	116	3028	686	236	816	474
竹溪县	23196	16671	10377	349	1548	101	1278	449	40	747	304
房县	28816	20428	13165	151	1552	134	1675	586	79	1115	374
丹江口市	33974	23540	11061	130	3321	318	1780	1031	91	1936	980
宜昌市	**317894**	**228886**	**128340**	**2887**	**26390**	**2337**	**10384**	**7811**	**1074**	**19431**	**6804**
西陵区	38410	20447	473	48	3162	749	2333	1092	346	4555	1377
伍家岗区	15901	8851	476	44	1624	195	736	771	121	2027	521
点军区	8630	6345	4541	10	505	137	173	133	8	323	168
猇亭区	4468	2763	459	14	1380	8	74	131	3	369	123
夷陵区	41088	30525	18627	695	2623	241	1357	1155	136	2253	810
远安县	14324	10570	6608	547	827	86	504	261	39	631	259
兴山县	12856	9793	6427	134	698	119	350	306	35	534	282
秭归县	28574	20762	13625	250	2183	141	927	588	60	1088	469
长阳土家族自治县	31329	24643	16783	328	2018	142	1297	498	94	1207	673
五峰土家族自治县	15752	13032	9337	103	967	105	388	281	40	660	277
宜都市	30307	22390	11949	400	3924	190	968	872	63	1570	554
当阳市	39024	30017	19205	283	3425	127	711	775	72	2259	755
枝江市	37231	28748	19830	31	3054	97	566	948	57	1955	536
襄樊市	**419479**	**315895**	**198439**	**988**	**32616**	**1599**	**12282**	**10405**	**1187**	**22828**	**6316**
襄城区	36108	22547	9784	30	3047	238	1259	600	157	2091	784
樊城区	64453	41545	8622	87	9373	566	2573	3312	398	7705	1764

金融业	房地产业	租赁和商务服务业	科学研究、技术服务和地质勘察业	水利、环境和公共设施管理业	居民服务和其他服务业	教育	卫生、社会保障和社会福利业	文化、体育和娱乐业	公共管理和社会组织	国际组织	三次产业人口占行业人口比重(%) 第一产业	第二产业	第三产业
81	1	17	3	7	144	743	415	13	101		83.75	8.54	7.71
84		42	4	10	358	585	252	19	661		83.80	6.83	9.38
101	55	14		29	296	712	303	28	626		87.53	5.02	7.45
10	15	470	228	8	241	799	383	12	343		71.05	15.39	13.56
144	51	53	34	8	673	1131	383	43	558		68.66	15.21	16.13
1289	**243**	**1029**	**247**	**539**	**3323**	**5616**	**3236**	**465**	**6387**		**76.78**	**9.82**	**13.40**
540	127	507	151	203	548	962	817	170	1744		43.44	17.91	38.64
76	17	62	8	44	405	576	322	44	468		71.37	14.02	14.61
69	11	74	8	36	448	717	370	54	597		79.11	10.41	10.48
50	12	68	9	30	250	419	228	35	395		83.70	8.12	8.18
82	18	66	14	36	155	524	184	30	353		85.64	5.15	9.21
89	8	28	7	60	323	362	213	21	585		77.24	7.44	15.32
145	22	63	17	42	271	758	329	15	818		79.76	7.38	12.87
92	5	94	7	37	201	451	273	28	577		83.95	6.44	9.60
67	19	35	18	25	244	342	247	28	466		65.58	21.23	13.19
79	4	32	8	26	478	505	253	40	384		84.93	5.34	9.73
276	**41**	**164**	**20**	**173**	**592**	**907**	**465**	**102**	**1450**		**45.62**	**26.18**	**28.20**
276	41	164	20	173	592	907	465	102	1450		45.62	26.18	28.20
21951	**15064**	**15612**	**9031**	**10857**	**57701**	**71404**	**39211**	**13066**	**74478**	**21**	**53.09**	**19.99**	**26.92**
7750	**8005**	**6447**	**5350**	**4103**	**13642**	**20162**	**9524**	**4856**	**16571**	**10**	**19.26**	**27.94**	**52.80**
1475	1148	799	460	767	1750	1560	1233	720	2287	4	0.36	20.98	78.66
949	907	765	309	349	1599	892	902	652	1356	1	0.20	23.82	75.98
572	892	619	309	349	1303	1159	1147	388	1222		0.27	35.53	64.19
529	542	439	320	392	903	835	540	251	1108		1.84	32.45	65.71
1716	1158	1170	1568	595	1718	3756	1756	1107	3074	2	0.67	24.71	74.62
300	303	633	630	197	515	791	556	165	598		0.57	48.69	50.74
1084	1555	1051	1287	511	1774	5839	1117	859	1533	1	8.81	26.32	64.87
322	507	338	136	187	722	756	389	191	1512		12.92	29.62	57.47
37	35	45	9	26	233	136	92	15	243		40.40	25.44	34.17
220	410	173	141	211	722	859	418	135	893	1	25.40	42.30	32.30
204	223	167	101	168	824	1251	404	172	1021		40.62	25.40	33.98
173	225	169	40	242	1025	992	457	116	876	1	48.95	24.75	26.29
169	100	79	40	109	554	1336	513	85	848		57.19	19.18	23.63
835	**504**	**436**	**286**	**401**	**2191**	**3276**	**1902**	**592**	**3761**		**39.11**	**30.48**	**30.41**
251	143	91	44	84	358	557	399	205	690		1.41	30.90	67.69
187	123	74	21	76	324	292	222	143	411		7.23	40.30	52.47
100	99	62	64	74	105	314	231	56	323		3.06	53.18	43.76
11	8	9	30	3	55	56	56	6	102		0.97	56.15	42.88
83	29	51	8	37	518	953	473	72	1137		62.82	18.26	18.92
203	102	149	119	127	831	1104	521	110	1098		39.49	34.75	25.76
1304	**715**	**798**	**463**	**455**	**2556**	**3644**	**2501**	**787**	**4568**	**1**	**52.69**	**22.31**	**25.00**
597	315	195	72	133	486	815	681	140	1117		2.98	32.98	64.04
177	195	113	82	43	465	537	332	84	462	1	10.39	48.75	40.86
107	28	88	6	43	239	463	220	41	412		73.68	12.10	14.22
49	23	22	6	25	260	351	195	22	474		69.73	15.99	14.28
70	53	46	210	27	175	207	267	328	326		60.03	21.93	18.04
58	5	87	7	39	275	268	176	36	527		62.25	19.65	18.10
93	10	49	27	27	233	380	259	52	467		64.45	17.19	18.36
153	86	198	53	118	423	623	371	84	783		46.99	23.57	29.44
1776	**1190**	**1274**	**659**	**832**	**4164**	**4369**	**2945**	**853**	**5366**		**56.07**	**18.35**	**25.58**
655	536	464	250	263	689	1098	654	347	1356		2.31	30.77	66.91
252	229	193	100	124	358	269	352	99	360		5.38	29.36	65.26
21	28	24	7	9	66	88	36	11	57		71.57	13.00	15.43
13	7	24	7	9	37	33	29	1	42		16.61	53.42	29.97
139	131	137	105	144	470	591	281	79	551		61.02	16.10	22.87
57	1	35	4	10	122	122	133	7	317		62.52	18.58	18.90
45	18	28	22	19	207	149	131	22	267		65.63	13.28	21.09
75	36	66	13	27	221	317	195	36	445		65.62	16.86	17.51
85	37	26	19	32	330	401	198	44	431		68.10	15.36	16.54
52	15	40	2	10	178	178	114	30	255		71.65	11.99	16.36
133	54	98	33	54	448	296	262	61	461		53.37	24.48	22.15
137	77	83	79	66	648	450	328	64	473		63.98	15.14	20.87
112	21	56	18	65	390	377	232	52	351		68.98	13.04	17.98
1830	**928**	**1158**	**416**	**875**	**4885**	**6433**	**3686**	**1081**	**7943**		**62.82**	**15.03**	**22.15**
271	144	119	20	151	491	1014	541	234	1572		43.39	20.29	36.32
644	533	301	253	285	1266	1189	868	283	1523		20.75	30.33	48.92

表6 续表 27

地 区	16岁及以上人口总 计	各种行业人口总计	农 林 牧渔业	采矿业	制造业	电力、燃气及水的生产和供应业	建筑业	仓储和邮政业	交通运输、计算机服务和 软件业	信息传输、批发和零售业	住宿和餐饮业
襄阳区	67663	56268	46143	56	2518	62	912	1020	74	2180	442
南漳县	39833	31775	23833	132	1871	130	960	663	55	1365	438
谷城县	38067	27773	14687	252	4096	131	2688	1053	101	1906	583
保康县	20433	15904	11032	330	882	98	612	452	56	803	308
老河口市	36030	27710	16670	54	4130	133	1096	728	108	1643	588
枣阳市	76246	60536	43972	16	4804	138	1506	1742	142	3518	912
宜城市	40646	31837	23696	31	1895	103	676	835	96	1617	497
鄂州市	**78607**	**53198**	**21761**	**580**	**8719**	**428**	**6590**	**2150**	**248**	**5289**	**1772**
梁子湖区	12070	8842	5075	12	858	20	1038	263	23	804	315
华容区	18162	14050	7270	9	2716	72	1523	465	35	781	349
鄂城区	48375	30306	9416	559	5145	336	4029	1422	190	3704	1108
荆门市	**228708**	**171732**	**108092**	**1105**	**19507**	**941**	**4397**	**5237**	**731**	**12515**	**4011**
东宝区	30103	20362	9315	414	2317	238	659	786	228	2232	818
掇刀区	21192	14466	4919	267	2585	222	748	916	105	2004	554
京山县	50215	38000	24369	99	4272	134	915	1141	177	3021	822
沙洋县	46239	36706	26567	24	3183	164	496	821	92	1941	657
钟祥市	80959	62198	42922	301	7150	183	1579	1573	129	3317	1160
孝感市	**331959**	**241251**	**141585**	**865**	**27671**	**947**	**18619**	**6106**	**889**	**19774**	**5680**
孝南区	65662	42360	18893	18	4342	272	5344	1448	322	4580	1474
孝昌县	40537	30132	22027	10	1378	34	2495	388	73	1914	417
大悟县	39054	28485	19591	117	1522	93	1948	616	76	2033	506
云梦县	39980	31071	17725	196	2657	66	3958	566	104	2899	827
应城市	38567	27502	14233	433	3912	133	1354	1250	92	2644	938
安陆市	37918	28565	18560	71	2822	115	1568	660	67	1986	539
汉川市	70241	53136	30556	20	11038	234	1952	1178	155	3718	979
荆州市	**441791**	**320362**	**193049**	**576**	**39393**	**1417**	**11652**	**9477**	**1356**	**26784**	**10051**
沙市区	48338	28211	6007	92	6950	445	1284	1570	339	5732	1122
荆州区	43187	27721	14338	90	2667	125	997	1149	206	2842	1141
公安县	70901	54823	34146	36	7506	128	1881	1282	200	3902	1832
监利县	79777	58135	39531	22	5038	181	1561	1506	112	4250	1883
江陵县	25900	19695	14971	15	1379	80	432	439	80	841	333
石首市	49257	37514	20765	30	5676	113	1797	1213	146	3418	1738
洪湖市	66079	49019	33857	21	4506	154	1819	1361	137	3197	868
松滋市	58352	45244	29434	270	5671	191	1881	957	136	2602	1134
黄冈市	**451048**	**323658**	**198820**	**597**	**33731**	**1292**	**27273**	**8245**	**1190**	**20433**	**5629**
黄州区	30641	18231	5683	48	2256	239	1586	843	248	2422	770
团风县	21552	15291	10306	47	1176	64	1321	424	63	723	210
红安县	34603	24218	16987	16	1540	84	1623	526	61	1239	350
罗田县	33089	23762	15417	36	1756	141	1508	654	49	1601	480
英山县	24825	16954	10673	68	1108	80	1143	479	87	1080	267
浠水县	66440	48752	29531	75	5530	134	4595	1384	175	2996	812
蕲春县	60151	41932	26480	122	5212	81	2726	973	88	2810	598
黄梅县	67195	49959	28468	60	6745	102	6890	1100	141	2628	885
麻城市	65684	50864	38896	65	2545	225	1977	935	102	2480	640
武穴市	46868	33695	16379	60	5863	142	3904	927	176	2454	617
咸宁市	**182888**	**121850**	**59317**	**562**	**19146**	**827**	**6921**	**4978**	**701**	**11557**	**3894**
咸安区	40299	24625	9526	26	3626	224	2024	1375	223	2395	966
嘉鱼县	21994	15354	7216	118	3045	99	652	605	57	1475	624
通城县	27334	16405	8114	114	2905	139	1076	551	84	1507	333
崇阳县	33189	26061	15896	61	3345	67	996	757	99	1966	794
通山县	26287	17536	8565	126	2624	103	1244	641	94	1652	432
赤壁市	33785	21869	10000	117	3601	195	929	1049	144	2562	745
随州市	**165014**	**123969**	**77456**	**191**	**14465**	**391**	**5750**	**3584**	**469**	**9375**	**3088**
曾都区	49588	35140	16225	75	5529	186	1882	1630	285	3776	1295
随县	61274	49018	38484	89	4154	72	804	764	80	2142	595
广水市	54152	39811	22747	27	4782	133	3064	1190	104	3457	1198
恩施土家族苗族自治州	**253500**	**189061**	**133262**	**1256**	**11414**	**1119**	**8064**	**4912**	**667**	**10429**	**3477**
恩施市	54809	38405	22583	160	2188	402	2523	1326	231	3037	1384
利川市	57569	42449	32682	185	2335	154	1728	850	58	1808	511
建始县	32848	25908	19145	329	1498	113	871	514	99	1333	304
巴东县	33134	25305	19958	151	631	98	736	614	76	973	386
宣恩县	19814	15578	10349	95	2022	79	538	361	54	797	224
咸丰县	21808	16702	12317	209	777	92	548	354	51	853	219
来凤县	17541	13020	8104	67	1266	95	690	446	64	1019	231
鹤峰县	15977	11694	8124	60	697	86	430	447	34	609	218

金融业	房地产业	租赁和商务服务业	科学研究、技术服务和地质勘察业	水利、环境和公共设施管理业	居民服务和其他服务业	教育	卫生、社会保障和社会福利业	文化、体育和娱乐业	公共管理和社会组织	国际组织	三次产业人口占行业人口比重(%) 第一产业	第二产业	第三产业
178	71	64	21	60	327	910	321	70	839		82.01	6.31	11.69
108	24	185	25	87	480	459	341	56	563		75.01	9.73	15.26
111	35	80	28	76	383	554	358	89	562		52.88	25.81	21.31
67	6	34	27	14	220	269	170	49	475		69.37	12.09	18.55
129	37	141	13	114	639	433	293	142	619		60.16	19.53	20.31
219	49	106	24	76	657	991	532	116	1016		72.64	10.68	16.68
103	29	128	5	12	422	614	262	42	774		74.43	8.50	17.07
389	**225**	**188**	**77**	**244**	**1116**	**1215**	**616**	**189**	**1402**		**40.91**	**30.67**	**28.42**
11	9	11	5	8	112	112	46	19	101		57.40	21.81	20.80
28	21	25	4	36	301	193	91	16	115		51.74	30.75	17.51
350	195	152	68	200	703	910	479	154	1186		31.07	33.22	35.71
1025	**471**	**609**	**146**	**534**	**2845**	**3269**	**1963**	**531**	**3803**		**62.94**	**15.11**	**21.95**
343	127	145	32	109	394	602	474	171	958		45.75	17.82	36.44
116	116	122	16	121	628	423	211	99	294		34.00	26.42	39.58
232	77	150	34	116	574	760	389	95	623		64.13	14.26	21.61
132	95	103	35	71	480	519	299	60	967		72.38	10.54	17.09
202	56	89	29	117	769	965	590	106	961		69.01	14.81	16.18
1059	**508**	**1036**	**167**	**341**	**3536**	**4287**	**2463**	**625**	**5091**	**2**	**58.69**	**19.94**	**21.37**
401	216	603	87	122	936	1052	688	223	1337	2	44.60	23.55	31.85
61	24	92	3	15	174	390	154	33	450		73.10	13.00	13.90
96	42	63	8	16	315	580	237	35	591		68.78	12.92	18.30
109	76	60	10	43	486	431	263	41	554		57.05	22.13	20.82
132	54	70	17	43	529	490	353	123	702		51.75	21.21	27.04
62	35	11	10	21	442	539	288	17	752		64.97	16.02	19.01
198	61	137	32	81	654	805	480	153	705		57.51	24.92	17.57
1557	**633**	**879**	**409**	**1040**	**5843**	**6011**	**3420**	**1053**	**5760**	**2**	**60.26**	**16.56**	**23.18**
493	257	178	85	262	750	802	652	266	923	2	21.29	31.09	47.62
295	85	143	97	144	637	1091	456	161	1057		51.72	13.99	34.28
171	107	127	54	127	1014	844	458	175	833		62.28	17.42	20.29
153	19	92	21	154	1047	1076	484	133	872		68.00	11.70	20.30
44	9	31	5	37	228	246	188	27	310		76.01	9.68	14.31
90	40	81	58	84	783	526	331	104	521		55.35	20.30	24.35
160	47	94	37	116	602	811	431	111	690		69.07	13.26	17.67
151	69	133	52	116	782	615	420	76	554		65.06	17.71	17.23
1453	**352**	**901**	**340**	**692**	**5380**	**6366**	**3286**	**895**	**6778**	**5**	**61.43**	**19.43**	**19.14**
361	124	122	56	117	492	997	491	182	1192	2	31.17	22.65	46.18
65	17	40	10	32	145	260	155	15	218		67.40	17.06	15.55
90	20	56	21	63	213	443	222	62	602		70.14	13.47	16.38
132	33	41	19	31	300	599	304	63	598		64.88	14.48	20.64
119	13	64	12	15	562	364	223	58	539		62.95	14.15	22.90
160	25	122	65	96	1085	781	379	127	679	1	60.57	21.20	18.23
131	12	109	22	74	655	740	255	85	759		63.15	19.41	17.44
124	18	79	55	85	662	674	397	125	719	2	56.98	27.62	15.40
156	34	199	36	97	392	821	490	90	684		76.47	9.46	14.07
115	56	69	44	82	874	687	370	88	788		48.61	29.59	21.80
860	**365**	**606**	**149**	**359**	**2753**	**2949**	**1727**	**389**	**3789**	**1**	**48.68**	**22.53**	**28.79**
320	133	261	81	161	664	943	510	140	1026	1	38.68	23.96	37.36
84	33	44	13	35	352	300	177	28	397		47.00	25.49	27.51
109	9	32	7	25	306	360	198	45	491		49.46	25.81	24.73
87	53	46	4	19	510	436	289	60	576		61.00	17.15	21.86
75	45	146	6	29	502	356	234	58	604		48.84	23.36	27.79
185	92	77	38	90	419	554	319	58	695		45.73	22.14	32.13
536	**344**	**357**	**115**	**276**	**1925**	**2306**	**1173**	**303**	**1865**		**62.48**	**16.78**	**20.74**
319	264	213	73	144	679	893	528	197	947		46.17	21.83	31.99
84	35	87	22	79	484	612	245	59	127		78.51	10.44	11.05
133	45	57	20	53	762	801	400	47	791		57.14	20.11	22.75
698	**159**	**374**	**111**	**270**	**2798**	**3560**	**1914**	**346**	**4231**		**70.49**	**11.56**	**17.96**
267	75	148	23	68	925	1050	582	128	1305		58.80	13.73	27.47
79	20	54	15	46	415	619	319	59	512		76.99	10.37	12.64
45	22	63	7	12	314	435	211	22	571		73.90	10.85	15.25
90	5	26	16	45	294	445	228	55	478		78.87	6.39	14.74
59	11	15	24	24	176	289	137	22	302		66.43	17.55	16.02
62	16	15	5	23	256	281	192	30	402		73.75	9.74	16.52
39	5	12	10	40	249	209	141	17	316		62.24	16.27	21.49
57	5	41	11	12	169	232	104	13	345		69.47	10.89	19.64

表6　续表 28

地　区	16岁及以上人口总　计	各种行业人口总计	农　林牧渔业	采矿业	制造业	电力、燃气及水的生产和供应业	建筑业	仓储和邮政业	交通运输、计算机服务和 软件业	信息传输、批发和零售业	住宿和餐饮业
省直辖县级行政区划	**286600**	**220569**	**132287**	**1199**	**35124**	**732**	**8151**	**5019**	**743**	**15703**	**4909**
仙桃市	92662	69230	39866	25	11649	220	2738	1863	347	5918	1339
潜江市	74762	55817	29990	1105	9995	265	1416	1477	201	3716	1320
天门市	113466	91610	60239	21	13294	161	3677	1522	166	5873	2071
神农架林区	5710	3912	2192	48	186	86	320	157	29	196	179
湖南省	**4920101**	**3389354**	**1894114**	**31138**	**434972**	**17952**	**171235**	**107534**	**17510**	**305812**	**93628**
长沙市	**578772**	**338624**	**115941**	**2064**	**50235**	**2529**	**22038**	**14367**	**4502**	**49751**	**17122**
芙蓉区	45464	26187	311	51	2604	129	1176	1687	880	7669	2869
天心区	41308	20533	690	90	2801	745	1248	1287	671	4706	1471
岳麓区	63626	29384	3871	148	4943	181	2599	1179	591	5293	1757
开福区	45162	24529	1109	67	3031	177	1935	1439	711	6045	2199
雨花区	60829	33576	392	199	4458	463	2170	2827	1009	8980	2553
长沙县	86217	52150	25932	89	7476	277	3418	1789	209	5658	1981
望城县	43453	24678	11980	47	2649	140	2599	854	85	2527	1228
宁乡县	91022	58661	37600	978	4232	207	4165	1361	141	4217	1470
浏阳市	101691	68926	34056	395	18041	210	2728	1944	205	4656	1594
株洲市	**306722**	**208432**	**92735**	**2469**	**42310**	**1521**	**11412**	**8246**	**1184**	**22489**	**5796**
荷塘区	26312	16631	1432	40	5816	248	749	1183	141	3555	760
芦淞区	19527	11400	536	54	2880	192	347	466	118	4025	551
石峰区	23314	12300	1162	41	5577	171	574	583	149	1928	496
天元区	17118	9958	833	36	1523	236	917	592	222	1646	695
株洲县	30531	21847	14853	51	1680	131	1447	582	86	1166	544
攸县	52300	36066	21854	1361	2543	113	1623	1570	143	3177	996
茶陵县	46997	36502	22170	565	4599	68	2429	1202	81	2561	485
炎陵县	13934	9957	6435	28	1131	155	395	271	25	557	207
醴陵市	76689	53771	23460	293	16561	207	2931	1797	219	3874	1062
湘潭市	**206354**	**130854**	**61843**	**897**	**18664**	**689**	**9860**	**4541**	**737**	**12969**	**5152**
雨湖区	39015	20003	3076	96	4234	203	834	1082	231	4063	1191
岳塘区	32779	17071	1108	128	6555	357	918	772	225	2659	844
湘潭县	68934	47831	31149	620	3799	45	3953	1194	153	2727	1409
湘乡市	58801	41434	24625	41	3604	52	3695	1313	95	3070	1360
韶山市	6825	4515	1885	12	472	32	460	180	33	450	348
衡阳市	**519739**	**370569**	**216379**	**4521**	**42049**	**1450**	**21600**	**11868**	**1409**	**33001**	**8898**
珠晖区	26655	13476	2855	156	2708	142	1093	1353	103	2313	856
雁峰区	17324	7980	1044	47	1848	100	381	495	107	1507	525
石鼓区	15978	9112	1234	32	1289	119	452	529	154	2348	670
蒸湘区	23746	11913	1836	58	1688	160	783	900	178	1727	663
南岳区	4315	2787	692	2	162	24	175	88	19	596	361
衡阳县	83139	64867	39713	84	8351	155	4980	1513	125	5092	1333
衡南县	66333	51237	34264	294	4578	68	4217	1522	65	3101	905
衡山县	26639	19073	11691	108	2013	43	1119	678	55	1717	500
衡东县	43596	33209	21953	48	3707	80	1519	829	77	2386	621
祁东县	72639	55585	36561	145	5097	76	3230	1327	264	5010	807
耒阳市	82824	58660	38748	2487	3344	408	1418	1668	164	4649	1229
常宁市	56551	42670	25788	1060	7264	75	2233	966	98	2555	428
邵阳市	**530704**	**390420**	**231902**	**2337**	**61332**	**1468**	**21014**	**9598**	**1342**	**31438**	**6068**
双清区	22876	11887	2727	116	1776	157	647	1059	187	2789	496
大祥区	24045	14080	5622	30	1228	150	421	577	194	2178	689
北塔区	7256	4717	1827	7	734	35	410	204	21	715	202
邵东县	64755	45207	25457	499	6085	126	1652	1289	111	7164	523
新邵县	54314	39745	27420	287	4286	49	2412	701	87	2295	400
邵阳县	69111	52805	31153	418	9481	119	2436	982	139	4803	678
隆回县	85083	64851	32529	351	15363	215	6927	1286	144	3691	1382
洞口县	58869	45001	27349	125	7459	162	2824	1488	177	2428	480
绥宁县	27628	21180	16296	9	1943	78	290	327	63	822	192
新宁县	42152	32308	22165	93	5001	125	907	565	78	1217	410
城步苗族自治县	19600	15844	11310	8	2120	78	238	254	31	679	168
武冈市	55015	42795	28047	394	5856	174	1850	866	110	2657	448
岳阳市	**394942**	**263720**	**145112**	**799**	**33310**	**1509**	**12934**	**9072**	**1360**	**25737**	**9063**
岳阳楼区	58346	32489	4494	40	5280	512	2631	2333	463	7593	1984
云溪区	12029	7091	3400	7	1390	117	244	406	68	502	158
君山区	15913	11219	6999	8	1423	58	220	302	53	838	371
岳阳县	49458	35048	20905	46	4910	76	1389	1294	91	2686	1091
华容县	52371	42457	29433	41	3704	117	701	670	199	3333	1722

金融业	房地产业	租赁和商务服务业	科学研究、技术服务和地质勘察业	水利、环境和公共设施管理业	居民服务和其他服务业	教育	卫生、社会保障和社会福利业	文化、体育和娱乐业	公共管理和社会组织	国际组织	三次产业人口占行业人口比重(%)		
											第一产业	第二产业	第三产业
879	**665**	**549**	**343**	**435**	**4067**	**3557**	**2091**	**566**	**3550**		**59.98**	**20.50**	**19.53**
299	88	190	90	161	998	1348	773	180	1138		57.58	21.14	21.28
345	494	278	205	163	1878	975	629	176	1189		53.73	22.90	23.37
190	81	68	47	79	1123	1166	645	186	1001		65.76	18.72	15.52
45	2	13	1	32	68	68	44	24	222		56.03	16.36	27.61
20283	**13005**	**14601**	**5512**	**8786**	**60863**	**67592**	**37144**	**13149**	**74503**	**21**	**55.88**	**19.33**	**24.78**
5545	**4654**	**3492**	**2413**	**1614**	**9433**	**11917**	**6437**	**4595**	**9962**	**13**	**34.24**	**22.70**	**43.06**
1055	766	621	418	211	1144	1190	791	629	1986		1.19	15.12	83.69
944	513	491	340	207	813	1580	544	569	823		3.36	23.79	72.85
561	685	413	216	236	1107	2794	991	457	1362		13.17	26.79	60.04
825	708	426	232	186	1133	1035	1026	1138	1107		4.52	21.24	74.24
1196	1056	758	967	347	1042	1820	1106	754	1479		1.17	21.71	77.12
296	433	307	100	160	1300	1142	358	409	814	2	49.73	21.59	28.68
106	127	87	9	49	531	502	397	232	519	10	48.55	22.02	29.43
201	164	189	51	117	1213	839	484	187	844	1	64.10	16.33	19.57
361	202	200	80	101	1150	1015	740	220	1028		49.41	31.01	19.58
1372	**1224**	**716**	**241**	**713**	**3862**	**3857**	**2300**	**835**	**5150**		**44.49**	**27.69**	**27.82**
198	274	170	109	130	528	555	253	114	376		8.61	41.21	50.18
143	263	76	22	122	269	369	319	159	489		4.70	30.46	64.83
104	192	61	12	62	313	338	217	62	258		9.45	51.73	38.82
376	260	119	58	168	337	421	218	122	1179		8.37	27.23	64.40
80	59	36	6	51	232	291	115	74	363		67.99	15.15	16.87
134	38	72	8	58	593	502	346	76	859		60.59	15.64	23.77
91	22	88	3	20	694	476	302	47	599		60.74	20.99	18.28
53	8	13	11	30	109	141	94	15	279		64.63	17.16	18.21
193	108	81	12	72	787	764	436	166	748		43.63	37.18	19.19
972	**529**	**659**	**213**	**410**	**3460**	**3143**	**1807**	**688**	**3618**	**3**	**47.26**	**23.01**	**29.73**
419	298	268	109	177	687	1090	537	307	1101		15.38	26.83	57.79
318	161	173	79	131	664	631	396	198	752	2	6.49	46.62	46.89
114	37	96	11	42	671	711	347	88	665		65.12	17.60	17.28
73	27	63	11	31	1332	607	475	38	921	1	59.43	17.84	22.73
48	6	59	3	29	106	104	52	57	179		41.75	21.62	36.63
1872	**1133**	**1123**	**354**	**920**	**5400**	**6774**	**3675**	**976**	**7164**	**3**	**58.39**	**18.79**	**22.82**
111	95	70	8	42	387	384	378	77	343	2	21.19	30.42	48.40
168	100	84	34	67	242	455	249	113	414		13.08	29.77	57.14
233	102	72	20	50	479	268	253	171	637		13.54	20.76	65.69
517	155	123	128	57	215	774	459	166	1326		15.41	22.57	62.02
28	11	38	2	15	197	100	89	7	181		24.83	13.02	62.15
182	56	95	19	161	906	864	404	79	755		61.22	20.92	17.86
86	264	88	25	73	524	647	274	44	198		66.87	17.87	15.25
68	50	24	8	38	296	246	130	13	276		61.30	17.21	21.49
48	31	87	20	75	430	439	232	49	577	1	66.11	16.12	17.77
108	62	168	14	84	706	871	329	36	690		65.77	15.38	18.85
238	172	190	60	200	626	1196	563	168	1132		66.06	13.05	20.89
85	35	84	16	58	392	530	315	53	635		60.44	24.92	14.65
1318	**563**	**1340**	**360**	**649**	**4906**	**5481**	**3312**	**555**	**5437**		**59.40**	**22.07**	**18.54**
130	69	69	57	77	574	246	278	49	384		22.94	22.68	54.38
299	67	84	42	29	247	647	483	150	943		39.93	12.99	47.08
63	6	13	10	8	147	80	67	17	151		38.73	25.14	36.12
119	48	140	16	40	578	604	253	38	465		56.31	18.50	25.19
95	73	96	56	30	291	534	217	21	395		68.99	17.70	13.31
119	27	254	22	100	607	544	377	58	488		59.00	23.58	17.42
109	172	187	86	114	825	598	302	52	518		50.16	35.24	14.60
94	25	254	31	89	550	566	449	34	417		60.77	23.49	15.74
65	8	31	1	7	159	322	140	32	395		76.94	10.95	12.11
78	13	66	29	40	343	416	260	33	469		68.61	18.96	12.43
56	16	94	2	18	177	199	104	9	283		71.38	15.43	13.19
91	39	52	8	97	408	725	382	62	529		65.54	19.33	15.13
1572	**874**	**1249**	**244**	**805**	**5792**	**5206**	**2875**	**892**	**5314**	**1**	**55.03**	**18.41**	**26.56**
804	308	531	88	267	1193	1254	802	312	1600		13.83	26.05	60.12
41	37	83	49	3	95	146	82	12	251		47.95	24.79	27.26
29	25	24	11	27	232	200	108	16	275		62.39	15.23	22.38
88	55	156	37	99	700	575	205	53	592		59.65	18.32	22.03
98	87	39	4	77	860	554	304	93	421		69.32	10.75	19.93

表6　续表 29

地　区	16岁及以上人口总　计	各种行业人口总计	农　林牧渔业	采矿业	制造业	电力、燃气及水的生产和供应业	建筑业	仓储和邮政业	交通运输、计算机服务和 软件业	信息传输、批发和零售业	住宿和餐饮业
湘阴县	45544	27503	16865	24	2039	93	2507	674	113	2159	847
平江县	71356	47588	30474	175	5709	189	2018	1244	107	3128	1098
汨罗市	51558	33829	18790	177	3663	185	2230	1279	156	2909	982
临湘市	38367	26496	13752	281	5192	162	994	870	110	2589	810
常德市	**436990**	**323698**	**196158**	**1244**	**39781**	**1476**	**11310**	**8921**	**1443**	**28040**	**9621**
武陵区	47502	28859	5434	26	4711	352	1588	1475	414	5872	1944
鼎城区	62565	46911	30775	79	4726	131	1595	1506	210	3491	1359
安乡县	39238	30353	19896	38	2858	75	730	727	129	2624	1344
汉寿县	61871	45963	29591	34	4152	125	2012	1047	152	4849	1153
澧县	61672	48184	33151	274	3491	151	1622	978	170	4404	1177
临澧县	32551	25483	15857	120	4166	123	853	666	89	1449	599
桃源县	66649	49733	31060	205	9574	214	1200	1184	129	2506	845
石门县	48196	36846	24416	342	4399	252	1439	984	116	1807	741
津市市	16746	11366	5978	126	1704	53	271	354	34	1038	459
张家界市	**104294**	**73832**	**47337**	**485**	**6038**	**506**	**2751**	**2321**	**305**	**4712**	**2264**
永定区	31983	18950	10097	83	740	153	833	979	115	2093	962
武陵源区	3742	2424	954	5	50	22	74	142	18	228	317
慈利县	43967	34438	23724	228	3714	221	1217	755	120	1567	667
桑植县	24602	18020	12562	169	1534	110	627	445	52	824	318
益阳市	**323461**	**210415**	**122829**	**682**	**23858**	**1063**	**8896**	**7145**	**1260**	**18532**	**7076**
资阳区	31162	21302	12906	8	2091	82	683	679	125	2340	761
赫山区	63807	38276	19153	87	4762	417	2050	1660	290	3961	1281
南县	55276	40237	23214	25	3901	119	1211	1228	235	4131	2082
桃江县	53882	32863	16616	234	6852	203	1956	1136	94	2317	1009
安化县	69645	45846	31021	324	3653	168	2143	1347	250	2697	791
沅江市	49689	31891	19919	4	2599	74	853	1095	266	3086	1152
郴州市	**341219**	**244136**	**147494**	**7227**	**22970**	**1542**	**9452**	**8639**	**905**	**18704**	**5451**
北湖区	31774	19708	4992	451	1932	216	971	1440	209	4234	1003
苏仙区	31202	19231	7677	820	2027	230	672	1368	143	2314	956
桂阳县	50140	38745	23259	1041	4892	145	1566	925	115	3281	847
宜章县	41679	30667	20403	835	2720	151	725	1128	91	1943	543
永兴县	43921	30656	21512	1217	2022	109	845	635	61	1516	440
嘉禾县	22391	15959	9011	558	2079	58	668	749	34	1213	311
临武县	26572	18355	13579	698	387	123	271	834	24	771	210
汝城县	25648	19646	16185	142	431	116	521	283	40	768	187
桂东县	12716	10362	7360	174	1165	62	276	205	37	388	104
安仁县	29118	23462	14795	34	3267	50	2315	372	76	942	301
资兴市	26058	17345	8721	1257	2048	282	622	700	75	1334	549
永州市	**380141**	**284297**	**183305**	**1088**	**38253**	**825**	**12522**	**5902**	**723**	**17453**	**4963**
零陵区	45339	31846	17015	372	4626	107	2361	776	89	2427	818
冷水滩区	37694	26634	10390	74	5356	64	1407	945	197	3913	1398
祁阳县	61139	44469	26381	217	7521	167	2680	1155	123	2613	744
东安县	38408	29680	19664	94	3830	112	1095	619	74	1838	515
双牌县	14024	9975	7299	5	440	61	269	272	29	711	116
道县	40595	32416	23507	237	4733	14	790	359	21	1153	364
江永县	16991	13742	9416	11	2118	46	423	152	16	533	89
宁远县	52416	40132	32783	29	2158	63	1005	481	35	1385	258
蓝山县	22217	16580	10427	39	2784	61	669	498	37	857	168
新田县	23486	17179	9195	3	3487	38	1376	406	48	1130	289
江华瑶族自治县	27832	21644	17228	7	1200	92	447	239	54	893	204
怀化市	**355793**	**256555**	**158322**	**1651**	**29072**	**1457**	**10399**	**7964**	**1060**	**19419**	**6106**
鹤城区	38400	22622	4978	30	1656	281	830	2504	371	5241	1168
中方县	19392	15052	12901	33	668	30	157	238	15	407	109
沅陵县	46392	33851	18956	552	6008	225	1420	824	141	2703	727
辰溪县	30397	21390	13524	480	2321	106	878	456	77	1383	570
溆浦县	51878	38130	26963	121	4037	112	1516	785	64	1674	509
会同县	23987	18224	12248	40	2339	66	496	494	32	1059	279
麻阳苗族自治县	25923	18481	12089	41	1848	81	1083	293	50	1427	437
新晃侗族自治县	25601	20458	13348	44	2591	96	1204	426	62	1044	549
芷江侗族自治县	23108	17960	13027	23	1361	91	603	399	43	939	310
靖州苗族侗族自治县	18280	13332	8041	77	1891	78	472	419	42	892	369
通道侗族自治县	15647	11523	7959	44	1104	96	493	221	43	538	181
洪江市	36788	25532	14288	166	3248	195	1247	905	120	2112	898

金融业	房地产业	租赁和商务服务业	科学研究、技术服务和地质勘察业	水利、环境和公共设施管理业	居民服务和其他服务业	教育	卫生、社会保障和社会福利业	文化、体育和娱乐业	公共管理和社会组织	国际组织	三次产业人口占行业人口比重(%) 第一产业	第二产业	第三产业
87	77	68	21	94	465	517	261	146	445	1	61.32	16.95	21.72
137	44	97	19	55	960	736	556	145	697		64.04	17.00	18.96
174	209	227	10	68	947	689	300	66	768		55.54	18.49	25.97
114	32	24	5	115	340	535	257	49	265		51.90	25.02	23.08
1809	**962**	**1236**	**504**	**773**	**5712**	**5461**	**3038**	**1151**	**5057**	**1**	**60.60**	**16.62**	**22.78**
684	524	498	126	275	984	1306	769	364	1513		18.83	23.14	58.03
174	59	174	123	86	1073	617	272	150	311		65.60	13.92	20.47
94	45	64	15	39	717	320	184	106	348		65.55	12.19	22.26
135	116	64	33	52	773	660	384	102	529		64.38	13.76	21.86
162	80	119	21	152	513	664	437	113	505		68.80	11.49	19.71
73	19	51	23	17	329	343	189	48	469		62.23	20.65	17.13
170	49	162	108	72	657	696	333	140	428	1	62.45	22.51	15.04
252	58	70	52	47	446	599	308	80	438		66.26	17.46	16.28
65	12	34	3	33	220	256	162	48	516		52.60	18.95	28.45
382	**156**	**530**	**30**	**354**	**1099**	**1577**	**743**	**231**	**2011**		**64.11**	**13.25**	**22.64**
175	44	361	10	82	379	521	296	88	939		53.28	9.55	37.17
16	14	77	2	151	104	61	24	18	147		39.36	6.23	54.41
130	69	30	13	96	392	621	270	80	524		68.89	15.62	15.49
61	29	62	5	25	224	374	153	45	401		69.71	13.54	16.75
976	**472**	**839**	**211**	**566**	**5033**	**3873**	**2451**	**730**	**3923**		**58.37**	**16.40**	**25.23**
68	60	79	17	47	404	350	183	88	331		60.59	13.44	25.97
423	178	172	64	129	570	942	623	197	1317		50.04	19.11	30.85
151	64	222	33	56	1741	676	321	170	657		57.69	13.06	29.24
103	47	115	14	82	425	590	381	111	578		50.56	28.13	21.31
125	72	100	50	129	1166	594	564	62	590		67.66	13.72	18.62
106	51	151	33	123	727	721	379	102	450		62.46	11.07	26.47
1048	**832**	**681**	**293**	**514**	**4113**	**4501**	**2658**	**500**	**6612**		**60.41**	**16.87**	**22.71**
233	380	262	172	115	619	538	555	152	1234		25.33	18.11	56.56
196	269	63	49	71	395	699	332	60	890		39.92	19.49	40.59
88	39	58	18	37	881	573	312	80	588		60.03	19.73	20.24
93	13	47	8	60	518	510	312	15	552		66.53	14.45	19.02
71	36	71	15	69	510	495	296	22	714		70.17	13.68	16.15
52	1	4	2	13	291	279	163	6	467		56.46	21.07	22.46
66	5	24	11	41	288	295	154	53	521		73.98	8.06	17.96
48	13	21		6	109	255	123	5	393		82.38	6.16	11.46
27	2	31	2	3	50	125	47	14	290		71.03	16.18	12.79
77	20	20		24	204	334	152	16	463		63.06	24.15	12.79
97	54	80	16	75	248	398	212	77	500		50.28	24.27	25.45
925	**425**	**752**	**206**	**274**	**3450**	**4890**	**2127**	**413**	**5801**		**64.48**	**18.53**	**16.99**
155	68	175	38	58	771	784	358	88	760		53.43	23.44	23.13
192	147	89	36	22	558	514	274	49	1009		39.01	25.91	35.08
157	49	54	45	49	439	711	329	89	946		59.32	23.80	16.87
100	68	111	39	38	299	517	213	30	424		66.25	17.29	16.46
39	4	9			106	195	62	10	348		73.17	7.77	19.06
53	3	45	15	42	227	348	176	29	300		72.52	17.81	9.67
27	4	30	10	13	102	232	102	29	389		68.52	18.91	12.57
77	10	116	3	9	206	720	204	22	568		81.69	8.11	10.20
25	7	27	2	2	194	229	123	30	401		62.89	21.43	15.68
52	47	53	11	22	285	301	124	21	291		53.52	28.55	17.93
48	18	43	7	19	263	339	162	16	365		79.60	8.07	12.34
1225	**634**	**973**	**131**	**469**	**3449**	**4645**	**2493**	**613**	**6473**		**61.71**	**16.60**	**21.69**
540	273	398	50	120	600	1143	761	253	1425		22.01	12.36	65.63
12	4	40	1		73	180	42	11	131		85.71	5.90	8.39
101	50	152	10	53	462	533	248	41	645		56.00	24.24	19.76
62	37	46	12	51	196	364	188	48	591		63.23	17.70	19.08
84	54	94	9	57	323	460	318	23	927		70.71	15.17	14.11
58	68	13	9	6	206	346	108	29	328		67.21	16.14	16.65
46	16	51	10	32	185	284	110	26	372		65.41	16.52	18.07
45	13	33	5	24	314	197	99	28	336		65.25	19.23	15.52
83	26	10	7	11	190	272	129	27	409		72.53	11.57	15.90
55	11	19	1	20	244	215	124	32	330		60.31	18.89	20.80
43	4	8	3	30	126	205	100	18	307		69.07	15.07	15.86
96	78	109	14	65	530	446	266	77	672		55.96	19.02	25.02

表6 续表 30

地 区	16岁及以上人口总计	各种行业人口总计	农林牧渔业	采矿业	制造业	电力、燃气及水的生产和供应业	建筑业	仓储和邮政业	交通运输、计算机服务和软件业	信息传输、批发和零售业	住宿和餐饮业
娄底市	**277583**	**179149**	**96678**	**4993**	**20104**	**1156**	**13622**	**6343**	**738**	**15960**	**3603**
娄星区	37146	20550	3993	147	3185	434	1857	1353	264	3740	938
双峰县	65921	46094	23615	588	8141	116	3227	1493	181	4402	1125
新化县	79341	54362	41175	852	2582	86	2875	1114	125	2339	561
冷水江市	25227	13213	2633	1736	2616	369	698	800	78	1774	316
涟源市	69948	44930	25262	1670	3580	151	4965	1583	90	3705	663
湘西土家族苗族自治州	**163387**	**114653**	**78079**	**681**	**6996**	**761**	**3425**	**2607**	**542**	**7607**	**2445**
吉首市	22284	13840	5364	59	893	165	591	820	164	1973	554
泸溪县	17000	11996	7082	58	2158	84	528	198	32	666	275
凤凰县	22303	17186	12998	42	480	68	503	227	88	988	434
花垣县	20771	14981	11069	204	946	104	308	208	102	780	269
保靖县	16698	11659	8606	125	736	53	228	216	40	697	210
古丈县	7935	5721	3908	61	393	42	102	151	20	264	108
永顺县	28180	19867	14637	51	879	79	597	441	50	1212	299
龙山县	28216	19403	14415	81	511	166	568	346	46	1027	296
广东省	**7852679**	**5525078**	**1357902**	**7338**	**2170002**	**29185**	**202596**	**164227**	**43642**	**717218**	**189361**
广州市	**1072063**	**693593**	**55887**	**515**	**240755**	**4371**	**22889**	**39721**	**12077**	**142018**	**38079**
荔湾区	75685	41330	755	4	8969	352	1090	3028	822	13093	2638
越秀区	90024	49044	49	49	4132	537	1263	3522	1450	13908	4539
海珠区	145714	90028	302	77	29598	634	2742	4667	2372	21861	4965
天河区	117519	69644	296	80	10532	587	2323	3698	3607	20426	5870
白云区	207330	145291	8164	93	55065	517	4302	11622	1590	33972	8400
黄埔区	41383	28767	244	5	13396	221	1359	3366	290	4212	1249
番禺区	144806	101765	8967	82	51279	610	3800	2937	942	13842	3871
花都区	72835	48700	5772	52	19533	211	2146	2612	249	8960	2431
南沙区	21673	16533	3106	44	8060	143	659	534	126	1465	562
萝岗区	32559	22610	1421	2	14463	79	520	1189	190	1527	623
增城市	79344	54461	16497	12	20263	253	1448	1756	317	6153	1775
从化市	43191	25420	10314	15	5465	227	1237	790	122	2599	1156
韶关市	**199836**	**128517**	**68210**	**1339**	**14735**	**1776**	**4722**	**4953**	**776**	**11721**	**3567**
武江区	23287	14130	2890	59	2928	254	860	619	241	2258	609
浈江区	26188	13062	2723	247	1806	209	703	1141	115	2691	627
曲江区	22972	14624	6861	227	2232	246	498	857	99	1260	546
始兴县	14710	9954	6250	77	1419	70	284	165	31	542	120
仁化县	14328	9735	6127	385	722	110	248	195	41	488	257
翁源县	22906	16117	11396	133	1189	133	421	363	37	811	285
乳源瑶族自治县	13085	9364	5753	12	1343	221	230	163	56	509	177
新丰县	13252	8483	4658	17	894	135	360	387	46	809	271
乐昌市	26918	18210	11381	122	1327	252	539	664	43	1427	425
南雄市	22190	14838	10171	60	875	146	579	399	67	926	250
深圳市	**921563**	**753424**	**2144**	**457**	**416841**	**2761**	**21441**	**28569**	**11526**	**123761**	**32457**
罗湖区	82286	58130	54	23	8384	343	1989	3977	1303	19239	5191
福田区	108960	80679	119	28	9751	599	3458	4349	2651	24430	6357
南山区	94621	71501	197	278	28100	563	3247	4798	3249	11592	3196
宝安区	412013	360661	1075	73	257819	616	7713	8449	2848	42574	10751
龙岗区	206124	168377	672	51	107834	584	4475	4342	1382	24355	5967
盐田区	17559	14076	27	4	4953	56	559	2654	93	1571	995
珠海市	**141518**	**97690**	**5503**	**67**	**40881**	**732**	**5582**	**3405**	**1260**	**15876**	**6285**
香洲区	84463	58443	918	50	19220	516	3675	2076	1062	12012	4860
斗门区	33458	23973	3071	9	12546	101	1132	966	118	2620	804
金湾区	23597	15274	1514	8	9115	115	775	363	80	1244	621
汕头市	**367025**	**220237**	**39045**	**214**	**97757**	**1274**	**15274**	**5374**	**1289**	**33947**	**4043**
龙湖区	40699	26528	2039	13	10615	273	1535	1039	356	4855	904
金平区	61043	28815	1046	26	7826	406	1571	1839	520	7486	987
濠江区	17864	9190	1787	39	2928	50	1843	224	26	1097	176
潮阳区	101626	59556	12859	35	26653	217	7298	941	150	6943	765
潮南区	79299	51707	10246	44	29013	87	1967	502	68	7484	562
澄海区	61792	41884	9922	15	20578	195	980	721	155	5681	556
南澳县	4702	2557	1146	42	144	46	80	108	14	401	93
佛山市	**586547**	**429801**	**23745**	**295**	**241835**	**2606**	**16365**	**12138**	**3318**	**59465**	**15522**
禅城区	86339	59171	378	27	27168	502	2349	2025	1041	11313	2828
南海区	214197	158697	8629	158	90505	1009	5104	4461	1194	23642	5407
顺德区	207280	155698	5377	45	97638	635	6313	3643	812	18599	5021
三水区	46647	32613	5224	40	14786	300	1778	1399	136	3515	1289
高明区	32084	23622	4137	25	11738	160	821	610	135	2396	977

金融业	房地产业	租赁和商务服务业	科学研究、技术服务和地质勘察业	水利、环境和公共设施管理业	居民服务和其他服务业	教育	卫生、社会保障和社会福利业	文化、体育和娱乐业	公共管理和社会组织	国际组织	三次产业人口占行业人口比重(%) 第一产业	第二产业	第三产业
730	**408**	**554**	**197**	**460**	**3252**	**3615**	**1945**	**488**	**4303**		**53.97**	**22.26**	**23.78**
303	187	203	114	166	692	921	528	119	1406		19.43	27.36	53.21
121	73	146	49	74	1018	657	346	117	605		51.23	26.19	22.58
112	16	60	6	73	491	747	348	49	751		75.74	11.76	12.49
82	83	85	12	60	460	413	243	77	678		19.93	41.01	39.06
112	49	60	16	87	591	877	480	126	863		56.23	23.07	20.70
537	**139**	**457**	**115**	**265**	**1902**	**2652**	**1283**	**482**	**3678**		**68.10**	**10.35**	**21.55**
265	86	99	78	37	393	639	345	230	1085		38.76	12.34	48.90
36	9	11	2	11	149	267	95	39	296		59.04	23.57	17.39
42	13	56	1	64	287	299	106	39	451		75.63	6.36	18.01
30		8	4	44	221	166	143	18	357		73.89	10.43	15.69
26	3	36	1	17	174	169	79	34	209		73.81	9.80	16.39
26	3	13	1	9	134	162	48	16	260		68.31	10.45	21.24
54	13	33	14	34	210	432	238	48	546		73.67	8.08	18.24
58	12	201	14	49	334	518	229	58	474		74.29	6.83	18.87
53492	**60691**	**50803**	**16722**	**18070**	**116422**	**115486**	**54280**	**29374**	**128223**	**44**	**24.58**	**43.60**	**31.82**
12884	**15852**	**14056**	**5520**	**4175**	**21185**	**21644**	**11387**	**6745**	**23800**	**33**	**8.06**	**38.72**	**53.23**
1125	1433	1207	543	355	1537	1274	945	449	1709	2	1.83	25.20	72.97
2298	2105	2233	1041	428	2080	2205	2132	1234	3834	5	0.10	12.20	87.70
2544	2489	2889	1248	423	3461	3370	1931	1220	3225	10	0.34	36.71	62.95
2438	2799	2534	1210	612	2548	4677	1360	1249	2795	3	0.43	19.42	80.16
1404	2601	2258	426	608	4211	3238	1998	1226	3587	9	5.62	41.28	53.10
337	346	555	198	148	847	542	292	193	967		0.85	52.08	47.07
1305	2159	1133	362	707	2760	2368	1050	554	3036	1	8.81	54.80	36.38
566	556	356	130	273	1457	1208	575	276	1334	3	11.85	45.06	43.09
198	228	135	31	131	244	234	121	107	405		18.79	53.87	27.35
85	202	328	237	95	317	420	206	29	677		6.28	66.63	27.09
420	585	317	58	233	1255	1171	441	135	1372		30.29	40.35	29.36
164	349	111	36	162	468	937	336	73	859		40.57	27.32	32.11
1084	**714**	**566**	**263**	**396**	**2421**	**3973**	**1899**	**464**	**4938**		**53.07**	**17.56**	**29.36**
363	304	117	116	25	426	637	419	136	869		20.45	29.02	50.52
224	147	131	31	95	466	540	244	116	806		20.85	22.70	56.45
109	68	123	78	67	329	429	187	46	362		46.92	21.90	31.18
49	9	16	5	20	164	256	100	25	352		62.79	18.59	18.63
53	22	63	11	59	126	243	137	16	432		62.94	15.05	22.01
53	12	7	3	34	201	426	165	20	428		70.71	11.64	17.65
37	11	31	8	36	80	253	97	12	335		61.44	19.29	19.28
58	14	22	5	13	95	265	117	16	301		54.91	16.57	28.52
72	70	54	3	21	335	503	263	56	653		62.50	12.30	25.20
66	57	2	3	26	199	421	170	21	400		68.55	11.19	20.27
12265	**18203**	**14047**	**5824**	**2778**	**21015**	**10717**	**6312**	**7685**	**14616**	**5**	**0.28**	**58.60**	**41.12**
2217	2984	2267	643	344	3764	1194	976	1286	1952		0.09	18.47	81.43
4381	4591	3630	1746	524	4789	2348	1414	2198	3313	3	0.15	17.15	82.70
1989	2660	2371	1367	394	2286	1926	772	844	1672		0.28	45.02	54.71
2080	4800	3225	1109	700	6016	2876	1812	2069	4054	2	0.30	73.81	25.89
1460	2633	2193	727	458	3505	2127	1218	1195	3199		0.40	67.08	32.52
138	535	361	232	358	655	246	120	93	426		0.19	39.59	60.22
1217	**2707**	**1559**	**491**	**559**	**3263**	**2662**	**1332**	**1323**	**2986**		**5.63**	**48.38**	**45.99**
1063	2325	1299	391	353	2524	1890	1031	1121	2057		1.57	40.14	58.29
105	207	150	55	133	514	469	214	129	630		12.81	57.51	29.68
49	175	110	45	73	225	303	87	73	299		9.91	65.56	24.53
1581	**1486**	**1143**	**364**	**425**	**4237**	**4796**	**2022**	**1051**	**4915**		**17.73**	**52.00**	**30.27**
577	436	353	99	78	671	818	398	306	1163		7.69	46.88	45.44
581	581	527	186	201	957	1519	783	300	1473		3.63	34.11	62.26
31	154	34	8	15	125	308	61	42	242		19.45	52.88	27.67
158	165	52	18	75	1018	950	289	267	703		21.59	57.43	20.98
20	11	32	31	8	775	372	138	19	328		19.82	60.17	20.02
194	132	110	19	33	652	722	320	85	814		23.69	51.97	24.34
20	7	35	3	15	39	107	33	32	192		44.82	12.20	42.98
5722	**4830**	**3992**	**1027**	**2180**	**11020**	**8694**	**4615**	**2231**	**10200**	**1**	**5.52**	**60.75**	**33.73**
1538	970	1041	253	408	1992	1403	1183	572	2179	1	0.64	50.78	48.58
1895	1621	1378	353	859	3780	3016	1410	780	3496		5.44	60.98	33.58
1811	1861	1277	339	572	3971	2938	1376	625	2845		3.45	67.20	29.35
271	225	173	70	237	769	815	402	156	1028		16.02	51.83	32.15
207	153	123	12	104	508	522	244	98	652		17.51	53.95	28.54

表6 续表 31

地　区	16岁及以上人口总计	各种行业人口总计	农林牧渔业	采矿业	制造业	电力、燃气及水的生产和供应业	建筑业	仓储和邮政业	交通运输、计算机服务和软件业	信息传输、批发和零售业	住宿和餐饮业
江门市	**348571**	**233854**	**73330**	**316**	**80823**	**1419**	**10639**	**5954**	**1558**	**24975**	**10508**
蓬江区	56839	36363	2165	44	17248	282	1718	1109	480	5523	1500
江海区	19905	13884	1392	12	6989	50	964	479	103	1793	610
新会区	65859	43727	10150	122	17710	339	2316	1371	186	4997	1418
台山市	73106	48610	28556	24	7629	311	1410	980	209	3620	2635
开平市	56597	37194	12781	14	11554	145	2693	868	215	4021	1694
鹤山市	40385	29735	6557	12	15005	132	873	637	139	2461	1028
恩平市	35880	24341	11729	88	4688	160	665	510	226	2560	1623
湛江市	**452577**	**298912**	**201535**	**877**	**21558**	**1115**	**9431**	**7722**	**968**	**24691**	**6699**
赤坎区	23528	11151	720	23	1524	237	562	746	195	2738	691
霞山区	38128	19611	1851	108	2820	321	731	2367	290	4675	1143
坡头区	23391	15346	9100	592	1140	35	1607	315	43	1155	444
麻章区	33092	21348	16099	11	1524	31	477	380	20	1293	396
遂溪县	56230	40349	31744	29	1539	64	473	649	88	2461	908
徐闻县	48224	35668	27906	14	1199	69	250	861	68	2196	685
廉江市	83540	58330	42297	61	6444	141	1270	818	102	3181	1188
雷州市	89635	62290	50113	21	2714	122	890	882	91	3439	744
吴川市	56809	34819	21705	18	2654	95	3171	704	71	3553	500
茂名市	**368203**	**244576**	**162086**	**398**	**18419**	**1189**	**11530**	**5659**	**648**	**21074**	**3931**
茂南区	53329	33176	13024	190	3927	431	1773	1858	275	5013	1102
茂港区	27383	21741	14696	15	2071	21	1210	526	15	1916	367
电白县	77159	49198	32576	49	2662	170	3360	979	105	4773	847
高州市	80643	55359	41594	59	4285	214	1278	796	109	3122	469
化州市	70550	47248	34545	17	1527	100	2435	813	43	3927	643
信宜市	59139	37854	25651	68	3947	253	1474	687	101	2323	503
肇庆市	**262749**	**187073**	**104365**	**263**	**32897**	**831**	**7406**	**4076**	**634**	**14510**	**5434**
端州区	39049	21265	703	39	5585	289	1039	1343	333	4689	1299
鼎湖区	11249	8170	3628	21	1999	57	608	176	23	691	315
广宁县	28187	20757	14415	24	1677	96	861	407	70	1187	674
怀集县	45218	32790	24809	36	2448	65	808	380	32	1361	641
封开县	25324	18206	14740	36	916	88	205	232	10	616	279
德庆县	22874	16900	13386	11	789	46	313	186	51	772	273
高要市	51088	40053	24223	70	8551	50	1987	515	60	1932	952
四会市	39760	28932	8461	26	10932	140	1585	837	55	3262	1001
惠州市	**343185**	**242061**	**47560**	**347**	**109005**	**1502**	**9869**	**6472**	**1399**	**30101**	**9302**
惠城区	119302	83915	7552	104	39713	493	4168	2490	827	12933	3140
惠阳区	62086	45206	4080	52	25005	254	2188	1346	197	5567	2213
博罗县	73424	52249	15169	99	22194	359	1810	1176	167	4838	1726
惠东县	68045	47283	12924	45	20646	250	1386	1065	161	5695	1599
龙门县	20328	13408	7835	47	1447	146	317	395	47	1068	624
梅州市	**275581**	**176179**	**92858**	**440**	**24010**	**1515**	**9051**	**5685**	**813**	**19424**	**3920**
梅江区	25458	13934	1374	44	2008	283	1052	793	233	3233	823
梅县	37835	24600	13511	64	3051	195	1158	753	88	2881	683
大埔县	22792	14460	7728	17	1731	130	857	331	59	1458	396
丰顺县	32014	20669	10914	39	3969	156	906	394	53	1824	424
五华县	60305	36840	24505	50	2696	107	2595	904	48	3343	374
平远县	14873	9862	5442	124	1171	147	475	342	52	828	172
蕉岭县	14061	9316	4580	57	1471	120	387	392	42	1009	182
兴宁市	68243	46498	24804	45	7913	377	1621	1776	238	4848	866
汕尾市	**172077**	**94272**	**38287**	**64**	**21275**	**500**	**4458**	**2328**	**373**	**15709**	**2211**
城区	30826	17433	3450	12	5519	129	1268	773	143	3107	625
海丰县	48592	29521	9245	8	10113	137	1092	855	131	4328	800
陆河县	16180	7710	2224	9	818	94	1406	168	26	1788	190
陆丰市	76479	39608	23368	35	4825	140	692	532	73	6486	596
河源市	**169281**	**106331**	**56932**	**297**	**16676**	**890**	**3826**	**2882**	**502**	**9396**	**3216**
源城区	32590	20082	1968	52	6647	276	959	857	243	3290	1269
紫金县	32858	18728	11269	27	1991	148	1013	493	61	1495	531
龙川县	36984	24028	15846	3	2714	155	651	612	55	1776	306
连平县	20975	14344	9592	51	1424	111	404	258	49	999	296
和平县	23203	14721	9282	3	1616	85	494	272	48	1001	441
东源县	22671	14428	8975	161	2284	115	305	390	46	835	373
阳江市	**164504**	**113016**	**60449**	**111**	**16792**	**452**	**7741**	**2341**	**463**	**10616**	**3770**
江城区	48504	31359	8953	48	6702	124	2802	941	330	5128	1824
阳西县	27582	19461	11664	11	2221	35	1816	315	22	1665	486
阳东县	29986	21021	11058	8	4068	13	1958	294	36	1397	807
阳春市	58432	41175	28774	44	3801	280	1165	791	75	2426	653

金融业	房地产业	租赁和商务服务业	科学研究、技术服务和地质勘察业	水利、环境和公共设施管理业	居民服务和其他服务业	教育	卫生、社会保障和社会福利业	文化、体育和娱乐业	公共管理和社会组织	国际组织	三次产业人口占行业人口比重(%) 第一产业	第二产业	第三产业
2228	**1324**	**1291**	**367**	**840**	**4722**	**4828**	**2382**	**831**	**5517**	**2**	**31.36**	**39.85**	**28.79**
627	546	438	174	203	1030	1023	623	245	1385		5.95	53.05	40.99
109	89	79	33	115	346	240	105	70	306		10.03	57.73	32.25
447	201	307	59	176	1081	1045	503	158	1140	1	23.21	46.85	29.94
212	100	86	27	61	610	740	342	135	922	1	58.75	19.28	21.97
343	114	183	39	56	719	756	339	68	592		34.36	38.73	26.90
318	245	148	21	90	633	509	245	61	621		22.05	53.88	24.07
172	29	50	14	139	303	515	225	94	551		48.19	23.01	28.80
1643	**741**	**1084**	**326**	**546**	**3748**	**7359**	**2874**	**791**	**5204**		**67.42**	**11.03**	**21.54**
433	216	140	37	94	450	776	381	187	1001		6.46	21.04	72.50
528	321	350	138	128	634	1128	728	217	1133		9.44	20.29	70.27
41	33	17	5	9	259	260	112	16	163		59.30	21.99	18.71
29	9	87	11	34	261	485	89	22	90		75.41	9.57	15.02
130	14	62	8	49	321	873	265	63	609		78.67	5.22	16.11
64	39	120	18	63	405	716	283	65	647		78.24	4.30	17.47
179	25	93	41	80	347	1121	356	92	494		72.51	13.57	13.92
93	47	154	36	59	609	1303	385	46	542		80.45	6.02	13.53
146	37	61	32	30	462	697	275	83	525		62.34	17.05	20.61
1088	**412**	**449**	**115**	**351**	**3295**	**6706**	**2171**	**443**	**4612**		**66.27**	**12.89**	**20.83**
512	199	218	63	178	807	1265	580	218	1543		39.26	19.05	41.69
20	12	38	1	21	256	294	71	23	168		67.60	15.26	17.15
141	54	80	3	45	701	1324	402	53	874		66.21	12.69	21.10
161	66	40	25	50	454	1468	426	68	675		75.14	10.54	14.32
96	18	17	1	3	733	1265	340	21	704		73.11	8.63	18.25
158	63	56	22	54	344	1090	352	60	648		67.76	15.17	17.07
1036	**827**	**1010**	**189**	**718**	**2411**	**4069**	**1783**	**506**	**4107**	**1**	**55.79**	**22.13**	**22.08**
605	456	352	105	214	712	1135	614	302	1451		3.31	32.69	64.00
38	38	19	8	54	106	163	59	11	156		44.41	32.86	22.73
67	39	31	11	40	233	373	197	39	315	1	69.45	12.81	17.75
17	50	302	10	40	383	603	213	8	584		75.66	10.24	14.10
41	21	61	6	50	48	432	135	19	271		80.96	6.84	12.20
70	19	37	1	33	111	353	117	41	291		79.21	6.86	13.93
91	51	96	28	40	287	466	209	19	426		60.48	26.61	12.91
107	153	112	20	247	531	544	239	67	613		29.24	43.84	26.92
1735	**2577**	**1516**	**512**	**719**	**4692**	**5134**	**2252**	**1004**	**6363**		**19.65**	**49.87**	**30.48**
1087	1572	866	395	321	1966	2064	1031	515	2678		9.00	53.00	38.00
202	595	226	52	143	958	706	321	155	946		9.03	60.83	30.14
180	175	209	6	124	914	1193	449	202	1259		29.03	46.82	24.15
197	191	195	42	49	642	814	281	110	991		27.33	47.22	25.45
69	44	20	17	82	212	357	170	22	489		58.44	14.60	26.97
1057	**585**	**570**	**117**	**465**	**4076**	**4647**	**1945**	**457**	**4543**	**1**	**52.71**	**19.88**	**27.42**
401	208	225	52	150	687	807	424	167	970		9.86	24.31	65.83
111	72	34	3	109	488	534	244	58	563		54.92	18.16	26.91
77	52	33	4	37	534	391	130	24	471		53.44	18.91	27.64
120	64	14	1	27	667	453	151	18	475		52.80	24.53	22.67
65	12	37	3	21	684	599	312	27	458		66.52	14.79	18.69
56	62	18	6	33	220	230	105	19	359	1	55.18	19.44	25.38
58	13	8	8	19	219	254	90	102	305		49.16	21.84	28.99
169	102	201	40	69	577	1379	489	42	942		53.34	21.41	25.24
303	**317**	**331**	**44**	**135**	**1971**	**2266**	**789**	**1018**	**1893**		**40.61**	**27.89**	**31.49**
113	166	88	26	28	600	490	231	64	601		19.79	39.74	40.47
95	86	141	13	44	608	682	311	113	719		31.32	38.45	30.24
29	20	46		8	212	308	56	14	294		28.85	30.18	40.97
66	45	56	5	55	551	786	191	827	279		59.00	14.37	26.63
646	**463**	**548**	**104**	**333**	**1723**	**3279**	**1144**	**222**	**3252**		**53.54**	**20.40**	**26.06**
370	338	347	46	144	533	857	366	117	1403		9.80	39.51	50.69
68	18	34	2	17	291	633	177	18	442		60.17	16.97	22.85
107	39	63	10	35	303	719	215	14	405		65.95	14.66	19.39
38	22	40	35	63	201	329	140	31	261		66.87	13.87	19.26
49	8	24	7	29	191	432	137	29	573		63.05	14.93	22.02
14	38	40	4	45	204	309	109	13	168		62.21	19.86	17.94
720	**397**	**496**	**91**	**161**	**1810**	**2564**	**1039**	**238**	**2765**		**53.49**	**22.21**	**24.31**
476	245	314	53	126	681	826	443	139	1204		28.55	30.86	40.59
41	40	38	7	6	323	330	130	13	298		59.94	20.98	19.08
51	21	29	20	8	329	489	86	31	318		52.60	28.77	18.63
152	91	115	11	21	477	919	380	55	945		69.88	12.85	17.27

表6　续表 32

地　区	16岁及以上人口总　计	各种行业人口总计	农　林牧渔业	采矿业	制造业	电力、燃气及水的生产和供应业	建筑业	仓储和邮政业	交通运输、计算机服务和 软件业	信息传输、批发和零售业	住宿和餐饮业
清远市	**250611**	**170338**	**93514**	**479**	**25583**	**1319**	**7353**	**4822**	**622**	**14230**	**5230**
清城区	62351	41412	10742	106	11385	169	2863	1703	284	5890	2056
佛冈县	21082	14212	8413	34	2092	81	554	372	51	924	467
阳山县	24048	16140	11409	36	801	325	598	327	48	850	372
连山壮族瑶族自治县	6992	4881	3503	44	148	120	78	80	23	258	93
连南瑶族自治县	9528	6685	4532	68	432	147	179	116	28	341	124
清新县	42897	28839	16038	18	5907	128	1377	670	23	1995	751
英德市	58176	41175	27939	81	3509	181	946	1121	96	2872	883
连州市	25537	16994	10938	92	1309	168	758	433	69	1100	484
东莞市	**729761**	**624553**	**6312**	**81**	**464045**	**2047**	**9291**	**8330**	**2761**	**62328**	**20490**
市辖区	729761	624553	6312	81	464045	2047	9291	8330	2761	62328	20490
中山市	**268324**	**204144**	**9988**	**121**	**131280**	**873**	**6430**	**4337**	**1121**	**22439**	**6124**
市辖区	268324	204144	9988	121	131280	873	6430	4337	1121	22439	6124
潮州市	**192177**	**125335**	**34699**	**187**	**55425**	**732**	**5774**	**2504**	**511**	**13948**	**1992**
湘桥区	35214	19287	950	141	7744	257	1310	698	285	3479	568
潮安县	94906	64029	13663	25	35413	224	2613	1174	133	6684	960
饶平县	62057	42019	20086	21	12268	251	1851	632	93	3785	464
揭阳市	**406326**	**266302**	**103177**	**133**	**84253**	**776**	**10340**	**5113**	**630**	**41078**	**4697**
榕城区	53189	30079	2423	6	12703	204	1889	927	248	7271	619
揭东县	88392	61187	21710	28	24141	153	2766	1349	124	7022	863
揭西县	56169	36507	18457	38	6029	160	1618	931	76	6137	533
惠来县	68460	46028	25047	18	8777	111	1573	695	49	6704	875
普宁市	140116	92501	35540	43	32603	148	2494	1211	133	13944	1807
云浮市	**160200**	**114870**	**78276**	**337**	**15157**	**505**	**3184**	**1842**	**393**	**5911**	**1884**
云城区	24435	16653	5079	282	4995	233	715	536	126	1776	616
新兴县	29946	21170	13823	4	3342	60	587	227	64	1179	416
郁南县	25362	17547	12309	16	1591	50	546	425	44	1067	327
云安县	18577	14283	11776	7	807	16	437	212	3	469	93
罗定市	61880	45217	35289	28	4422	146	899	442	156	1420	432
广西壮族自治区	**3301266**	**2447946**	**1639920**	**9210**	**190463**	**11248**	**78104**	**62718**	**9903**	**190452**	**42972**
南宁市	**511172**	**369290**	**209276**	**707**	**22743**	**2084**	**14551**	**12098**	**2789**	**48395**	**9259**
兴宁区	29977	20250	5848	35	1220	134	1342	1184	266	5227	784
青秀区	56361	36140	6335	142	1449	496	2410	801	699	7667	2378
江南区	45361	31259	12263	87	3476	391	1692	1432	345	5923	1051
西乡塘区	92711	55565	13331	97	5186	376	3241	3971	812	14719	2488
良庆区	25424	20242	9487	35	1528	201	731	732	252	4514	734
邕宁区	19119	15393	12559	3	684	45	186	203	25	657	128
武鸣县	43919	34277	26840	13	1670	103	764	653	49	1877	300
隆安县	23227	18532	15427	46	632	49	216	206	33	690	160
马山县	26623	21145	17148	32	666	33	930	298	51	741	124
上林县	26545	20962	17000	111	762	61	482	320	31	833	149
宾阳县	58410	44173	31898	31	3371	54	1181	1127	146	3137	481
横县	63495	51352	41140	75	2099	141	1376	1171	80	2410	482
柳州市	**291098**	**203115**	**99120**	**655**	**28091**	**1215**	**9854**	**8343**	**1117**	**24126**	**5384**
城中区	13387	7203	467	43	983	121	782	301	133	1348	403
鱼峰区	29797	16152	362	43	4248	169	1189	993	179	4206	773
柳南区	40535	23862	1272	50	6717	238	2042	2278	231	6006	937
柳北区	35355	21799	2693	102	5326	262	1971	1316	231	4023	816
柳江县	42771	32560	21099	137	3097	70	1260	1005	69	2727	586
柳城县	26816	21424	15768	82	1524	68	422	441	51	1278	284
鹿寨县	29974	22483	13893	40	2438	104	828	752	88	1747	577
融安县	20942	16035	10289	29	1905	61	522	529	48	1004	450
融水苗族自治县	30613	24823	19216	112	1223	80	503	524	53	1266	354
三江侗族自治县	20908	16774	14061	17	630	42	335	204	34	521	204
桂林市	**353945**	**251368**	**160824**	**957**	**18045**	**1360**	**7734**	**7295**	**1155**	**21127**	**7056**
秀峰区	12556	7246	418	16	1265	43	739	357	102	1679	688
叠彩区	13874	8004	1043	24	1086	47	458	691	139	1924	520
象山区	22403	13931	801	21	2256	179	726	908	171	3651	1164
七星区	23891	12287	978	45	2189	114	1098	512	180	2246	1032
雁山区	6696	3280	2814	2	74	1	41	26	10	96	64
阳朔县	19977	15387	11151	30	537	51	372	492	30	889	647
临桂县	29916	22753	16292	100	1328	57	498	572	61	1769	574
灵川县	29256	20674	13204	67	1408	97	862	714	84	1946	505
全州县	43151	32600	26040	106	1374	162	531	714	71	1406	278
兴安县	25237	19135	14376	49	980	90	358	553	57	1035	336

金融业	房地产业	租赁和商务服务业	科学研究、技术服务和地质勘察业	水利、环境和公共设施管理业	居民服务和其他服务业	教育	卫生、社会保障和社会福利业	文化、体育和娱乐业	公共管理和社会组织	国际组织	三次产业人口占行业人口比重(%)		
											第一产业	第二产业	第三产业
940	**996**	**637**	**127**	**383**	**2947**	**4129**	**1670**	**401**	**4956**		**54.90**	**20.39**	**24.71**
460	656	299	94	108	1119	944	481	185	1868		25.94	35.07	38.99
47	39	29	5	58	153	367	122	8	396		59.20	19.43	21.38
51	20	22	4	49	168	458	169	25	408		70.69	10.90	18.41
21	4	6		22	64	152	68	9	188		71.77	7.99	20.24
40	7	13	1	15	70	188	64	14	306		67.79	12.36	19.85
79	172	136	3	26	423	480	174	50	389		55.61	25.76	18.62
159	80	105	14	55	595	1132	358	64	985		67.85	11.46	20.69
83	18	27	6	50	355	408	234	46	416		64.36	13.69	21.94
3868	**5039**	**3420**	**636**	**1555**	**9457**	**6461**	**3830**	**2286**	**12315**	**1**	**1.01**	**76.13**	**22.86**
3868	5039	3420	636	1555	9457	6461	3830	2286	12315	1	1.01	76.13	22.86
1655	**2270**	**2886**	**399**	**626**	**4180**	**2927**	**1418**	**980**	**4090**		**4.89**	**67.94**	**27.16**
1655	2270	2886	399	626	4180	2927	1418	980	4090		4.89	67.94	27.16
606	**399**	**294**	**61**	**259**	**2124**	**2352**	**1062**	**255**	**2151**		**27.69**	**49.56**	**22.75**
364	256	146	30	142	449	894	437	123	1014		4.93	49.01	46.07
144	93	80	13	38	1003	789	318	80	582		21.34	59.78	18.88
98	50	68	18	79	672	669	307	52	555		47.80	34.25	17.95
770	**368**	**626**	**89**	**326**	**4996**	**4100**	**1510**	**317**	**3003**		**38.74**	**35.86**	**25.39**
330	208	153	53	97	628	762	375	110	1073		8.06	49.21	42.73
84	31	113	5	109	1158	752	304	55	420		35.48	44.27	20.25
165	30	63	5	19	571	812	222	45	596		50.56	21.49	27.95
56	36	111	8	48	788	533	155	25	419		54.42	22.77	22.82
135	63	186	18	53	1851	1241	454	82	495		38.42	38.15	23.43
444	**184**	**282**	**56**	**140**	**1129**	**2179**	**844**	**126**	**1997**		**68.14**	**16.70**	**15.16**
249	91	91	25	52	365	344	225	58	795		30.50	37.38	32.12
61	58	121	2	5	235	412	186	19	369		65.30	18.86	15.84
45	10	24	19	25	126	392	120	15	396		70.15	12.55	17.30
10		5		1	141	189	43	1	73		82.45	8.87	8.68
79	25	41	10	57	262	842	270	33	364		78.04	12.15	9.80
12433	**9997**	**10588**	**4188**	**6033**	**33016**	**55454**	**25076**	**7611**	**48548**	**12**	**66.99**	**11.81**	**21.20**
3512	**4138**	**3031**	**1739**	**1287**	**7341**	**9996**	**5007**	**2580**	**8752**	**5**	**56.67**	**10.85**	**32.48**
241	352	315	343	176	1070	637	304	259	513		28.88	13.49	57.63
1586	1437	1060	674	212	803	1821	1546	1151	3472	1	17.53	12.44	70.03
362	609	336	201	122	997	775	408	287	501	1	39.23	18.06	42.71
758	1209	831	399	439	2326	2586	1010	574	1212		23.99	16.02	59.99
87	254	194	16	35	468	408	171	78	317		46.87	12.33	40.81
41	24	19	12	24	110	353	121	21	178		81.59	5.96	12.45
100	105	73	26	51	305	633	190	36	489		78.30	7.44	14.26
42	21	10	3	45	127	353	177	15	280		83.25	5.09	11.67
32	11	46	3	14	152	435	131	21	274	3	81.10	7.86	11.05
53	12	14	3	19	186	381	186	33	326		81.10	6.76	12.15
105	61	41	15	71	382	833	426	55	758		72.21	10.50	17.29
105	43	92	44	79	415	781	337	50	432		80.11	7.19	12.70
1578	**1320**	**1725**	**694**	**1026**	**4810**	**5111**	**2734**	**1100**	**5112**		**48.80**	**19.60**	**31.60**
284	158	120	55	92	382	487	206	119	719		6.48	26.78	66.74
246	317	274	179	235	743	632	596	219	549		2.24	34.97	62.78
298	269	361	92	243	780	693	456	163	736		5.33	37.91	56.76
372	421	600	140	217	989	722	488	330	780		12.35	35.14	52.50
102	39	54	169	67	651	691	219	39	479		64.80	14.02	21.18
45	23	84	28	38	327	397	159	34	371		73.60	9.78	16.62
86	40	93	18	76	361	486	194	101	561		61.79	15.17	23.04
53	22	39	2	16	286	285	132	21	342		64.17	15.70	20.14
64	23	91	9	29	226	470	175	46	359		77.41	7.73	14.86
28	8	9	2	13	65	248	109	28	216		83.83	6.10	10.07
1520	**1057**	**1938**	**592**	**1024**	**3891**	**6012**	**3096**	**1176**	**5509**		**63.98**	**11.18**	**24.84**
175	107	203	55	106	275	296	201	151	370		5.77	28.47	65.76
188	123	202	52	78	240	324	306	116	443		13.03	20.18	66.79
307	355	525	146	226	715	521	485	220	554		5.75	22.84	71.41
257	155	401	162	169	502	1126	284	221	616		7.96	28.05	63.99
2	5	10	19	5	10	82	10	2	7		85.79	3.60	10.61
43	5	207	11	66	166	255	104	83	248		72.47	6.43	21.10
43	106	47	75	63	223	426	186	66	267		71.60	8.72	19.68
89	81	70	15	49	355	454	195	56	423		63.87	11.77	24.36
72	10	43	14	46	265	618	273	32	545		79.88	6.67	13.46
68	32	30	8	44	199	252	219	96	353		75.13	7.72	17.15

表6　续表 33

地　区	16岁及以上人口总　计	各种行业人口总计	农　林牧渔业	采矿业	制造业	电力、燃气及水的生产和供应业	建筑业	仓储和邮政业	交通运输、计算机服务和 软件业	信息传输、批发和零售业	住宿和餐饮业
永福县	16622	11836	9320	33	417	65	229	238	36	575	194
灌阳县	16922	12991	10187	110	939	72	179	138	19	563	104
龙胜各族自治县	12017	9013	6196	118	538	94	357	253	33	459	235
资源县	10310	7849	6050	32	232	83	186	160	23	411	78
平乐县	25686	19705	15949	31	1009	56	338	263	48	736	213
荔浦县	25365	19308	13524	29	1968	63	466	538	44	1160	270
恭城瑶族自治县	20066	15369	12481	144	445	86	296	166	47	582	154
梧州市	**191770**	**137865**	**92937**	**405**	**14029**	**725**	**3718**	**3092**	**451**	**8587**	**2378**
万秀区	11168	6854	2382	14	1101	33	152	300	52	1171	269
蝶山区	16383	8945	2335	9	2047	138	317	452	82	1338	325
长洲区	14750	10169	3681	9	2127	100	510	426	91	1263	276
苍梧县	36961	27680	21922	90	1800	101	429	427	52	1013	375
藤县	51557	39059	32438	83	1449	123	490	585	52	1601	403
蒙山县	12444	9051	4771	77	1558	38	554	260	40	549	341
岑溪市	48507	36107	25408	123	3947	192	1266	642	82	1652	389
北海市	**118102**	**82908**	**50620**	**216**	**6772**	**365**	**2195**	**2485**	**500**	**8969**	**1760**
海城区	28302	16806	2134	40	2941	211	914	1005	286	3836	1000
银海区	13354	9260	5681	51	930	33	321	305	22	814	272
铁山港区	10838	8241	6620	24	317	21	163	147	14	455	70
合浦县	65608	48601	36185	101	2584	100	797	1028	178	3864	418
防城港市	**61212**	**43776**	**23225**	**207**	**2407**	**265**	**2463**	**3160**	**230**	**5226**	**1211**
港口区	11123	7978	1819	32	743	102	841	1278	76	978	254
防城区	23409	16403	9150	146	878	97	1129	1050	83	1563	490
上思县	15832	11803	9136	9	585	48	147	201	42	649	138
东兴市	10848	7592	3120	20	201	18	346	631	29	2036	329
钦州市	**194029**	**143135**	**100424**	**499**	**8360**	**399**	**6970**	**3414**	**444**	**10070**	**1720**
钦南区	45428	30924	14953	195	1980	180	2302	1689	237	3967	835
钦北区	35682	27583	21896	181	1488	72	914	476	23	1251	173
灵山县	69670	52630	39537	44	3026	82	2029	837	96	3315	496
浦北县	43249	31998	24038	79	1866	65	1725	412	88	1537	216
贵港市	**266944**	**199280**	**148738**	**486**	**16933**	**485**	**4720**	**3699**	**531**	**10604**	**2039**
港北区	38497	26645	15146	71	2317	157	822	1067	205	3200	583
港南区	34364	26402	19825	25	2819	30	566	519	53	1292	127
覃塘区	26215	20602	17362	16	1188	26	267	177	19	688	120
平南县	73030	53819	40707	208	4720	90	1302	922	116	2558	512
桂平市	94838	71812	55698	166	5889	182	1763	1014	138	2866	697
玉林市	**382716**	**300678**	**212054**	**193**	**32761**	**737**	**8616**	**5429**	**634**	**18587**	**3402**
玉州区	80561	62341	30162	34	11822	218	2060	2130	263	7627	1840
容县	48179	37494	26684	10	4441	118	1311	650	46	1493	310
陆川县	55029	44339	34479	40	2201	114	885	753	141	3030	286
博白县	86100	69208	58457	48	3080	84	1061	540	75	2376	387
兴业县	37833	29961	24591	33	2061	34	666	405	31	794	167
北流市	75014	57335	37681	28	9156	169	2633	951	78	3267	412
百色市	**251887**	**198690**	**154764**	**1153**	**9665**	**1046**	**4053**	**3805**	**628**	**8611**	**2213**
右江区	30096	21654	12718	174	1483	298	580	679	193	1963	562
田阳县	23294	18713	14941	106	775	73	341	300	63	830	160
田东县	26184	20146	14988	515	1251	124	347	427	52	953	197
平果县	32275	25900	19456	16	1641	119	718	721	60	1313	303
德保县	20319	16094	12557	142	1170	47	309	214	29	636	182
靖西县	32001	25651	21153	83	1277	78	360	334	50	791	225
那坡县	11645	9284	7615	11	278	41	156	196	21	317	93
凌云县	13299	10697	8774	13	206	41	497	137	27	406	57
乐业县	10533	8139	6727	8	193	23	211	144	16	290	54
田林县	17121	13852	11450	32	434	58	177	348	58	346	175
西林县	10221	8429	6935	16	249	51	92	125	17	327	84
隆林各族自治县	24899	20131	17450	37	708	93	265	180	42	439	121
贺州市	**135219**	**100819**	**72495**	**550**	**9658**	**471**	**2209**	**1700**	**195**	**5127**	**1378**
八步区	42173	30929	20983	127	2510	263	525	715	105	2151	667
平桂管理区	26435	19366	14927	295	1236	40	512	347	14	937	168
昭平县	22163	16417	12114	39	1895	83	277	259	31	598	115
钟山县	26571	19869	12912	70	3420	68	605	261	33	817	319
富川瑶族自治县	17877	14238	11559	19	597	17	290	118	12	624	109
河池市	**247837**	**187752**	**139409**	**2009**	**9958**	**896**	**6339**	**3954**	**604**	**9245**	**2444**
金城江区	27010	19332	9421	180	2332	195	832	970	228	1964	612
南丹县	23156	17846	12676	1081	957	80	426	322	38	810	242
天峨县	11918	8919	7030	35	263	47	212	167	16	363	123

金融业	房地产业	租赁和商务服务业	科学研究、技术服务和地质勘察业	水利、环境和公共设施管理业	居民服务和其他服务业	教育	卫生、社会保障和社会福利业	文化、体育和娱乐业	公共管理和社会组织	国际组织	三次产业人口占行业人口比重(%) 第一产业	第二产业	第三产业
37	13	25	2	23	109	174	99	16	231		78.74	6.29	14.97
29	6	24	6	9	91	201	100	11	203		78.42	10.01	11.58
45	8	16	3	29	104	184	87	21	233		68.75	12.28	18.97
30	5	11	9	16	78	146	82	16	201		77.08	6.79	16.13
40	8	38	4	23	193	326	182	24	224		80.94	7.28	11.78
48	28	56	6	55	229	333	179	32	280		70.04	13.08	16.87
47	10	30	5	17	137	294	104	13	311		81.21	6.32	12.47
718	**395**	**645**	**154**	**229**	**1689**	**3211**	**1605**	**397**	**2500**		**67.41**	**13.69**	**18.90**
87	80	191	7	10	196	189	243	73	304		34.75	18.97	46.28
158	129	90	41	57	359	374	229	122	343		26.10	28.07	45.82
156	119	90	49	59	185	321	221	67	419		36.20	27.00	36.80
78	11	28	9	29	231	435	215	42	393		79.20	8.74	12.06
70	7	82	17	21	258	697	249	43	391		83.05	5.49	11.46
30	24	67	7	21	142	242	108	20	202		52.71	24.61	22.68
139	25	97	24	32	318	953	340	30	448		70.37	15.31	14.32
512	**617**	**537**	**106**	**290**	**1817**	**2018**	**904**	**294**	**1927**	**4**	**61.06**	**11.52**	**27.43**
345	511	357	101	208	724	675	372	222	920	4	12.70	24.43	62.87
24	76	137	2	22	208	189	67	11	95		61.35	14.42	24.23
20	3	12		8	58	180	46	3	80		80.33	6.37	13.30
123	27	31	3	52	827	974	419	58	832		74.45	7.37	18.18
248	**454**	**301**	**60**	**192**	**1111**	**983**	**502**	**126**	**1405**		**53.05**	**12.20**	**34.74**
100	361	107	43	62	359	185	65	38	535		22.80	21.53	55.67
85	51	120	4	64	362	405	262	43	421		55.78	13.72	30.50
24	7	27	5	35	132	247	80	27	264		77.40	6.68	15.91
39	35	47	8	31	258	146	95	18	185		41.10	7.71	51.20
476	**323**	**327**	**160**	**281**	**1541**	**3487**	**1442**	**254**	**2544**		**70.16**	**11.34**	**18.50**
257	254	181	132	148	587	1029	510	111	1377		48.35	15.06	36.59
25	17	11	4	40	179	502	151	16	164		79.38	9.63	10.99
107	42	76	8	75	559	1169	447	108	577		75.12	9.84	15.03
87	10	59	16	18	216	787	334	19	426		75.12	11.67	13.20
541	**281**	**310**	**91**	**233**	**1555**	**3868**	**1449**	**207**	**2510**		**74.64**	**11.35**	**14.01**
218	175	138	58	80	356	744	361	78	869		56.84	12.64	30.52
37	31	8	6	26	212	538	141	21	126		75.09	13.03	11.88
24	7	8	1	15	123	363	109	1	88		84.27	7.27	8.46
96	27	55	4	42	423	978	346	45	668		75.64	11.74	12.62
166	41	101	22	70	441	1245	492	62	759		77.56	11.14	11.30
986	**605**	**466**	**100**	**307**	**2785**	**6052**	**2446**	**402**	**4116**		**70.53**	**14.07**	**15.40**
430	434	213	51	100	1002	1422	847	209	1477		48.38	22.67	28.95
102	6	60	24	44	584	695	350	72	494		71.17	15.68	13.15
152	21	80	1	56	288	949	315	17	531		77.76	7.31	14.93
105	68	39	13	38	308	1416	334	40	739		84.47	6.17	9.36
56	7	28	1	30	190	479	177	17	194		82.08	9.33	8.60
141	69	46	10	39	413	1091	423	47	681		65.72	20.91	13.37
732	**207**	**384**	**57**	**296**	**1375**	**3840**	**1542**	**342**	**3976**	**1**	**77.89**	**8.01**	**14.10**
276	104	153	5	63	259	746	381	107	910		58.73	11.71	29.56
77	21	44	8	30	154	286	140	17	347		79.84	6.92	13.24
57	8	81	6	24	181	408	179	19	329		74.40	11.10	14.50
83	34	8	4	47	219	482	173	81	422		75.12	9.63	15.25
50	10	14	4	10	87	290	109	13	220	1	78.02	10.36	11.61
62	16	23	9	28	145	456	165	20	376		82.46	7.01	10.53
10		9		4	37	168	61	19	248		82.02	5.23	12.74
20	2	4	2	20	52	176	67	7	189		82.02	7.08	10.90
13	3	16	3	18	35	150	60	15	160		82.65	5.34	12.00
23	3	11	5	15	112	229	76	23	277		82.66	5.06	12.28
26		8	4	5	31	162	58	4	235		82.28	4.84	12.88
35	6	13	7	32	63	287	73	17	263		86.68	5.48	7.84
279	**103**	**173**	**102**	**144**	**1217**	**2052**	**947**	**181**	**1838**		**71.91**	**12.78**	**15.31**
155	75	95	44	35	505	777	358	116	723		67.84	11.07	21.08
14	6	18	4	41	243	268	139	9	148		77.08	10.76	12.17
32	3	29	27	18	83	327	164	20	303		73.79	13.97	12.24
53	17	22	11	44	273	357	169	22	396		64.99	20.95	14.06
25	2	9	16	6	113	323	117	14	268		81.18	6.48	12.33
675	**174**	**338**	**106**	**281**	**1730**	**3873**	**1521**	**260**	**3934**	**2**	**74.25**	**10.23**	**15.52**
250	85	102	33	46	397	503	320	98	763	1	48.73	18.31	32.96
60	8	30	4	39	181	365	142	28	356	1	71.03	14.26	14.71
29	5	9	7	17	111	153	65	9	258		78.82	6.25	14.93

表6 续表 34

地 区	16岁及以上人口总 计	各种行业人口总计	农 林牧渔业	采矿业	制造业	电力、燃气及水的生产和供应业	建筑业	仓储和邮政业	交通运输、计算机服务和 软件业	信息传输、批发和零售业	住宿和餐饮业
凤山县	11952	9115	7408	42	227	26	283	194	26	276	69
东兰县	15455	12174	9816	68	427	34	299	191	47	457	78
罗城仫佬族自治县	19829	14167	11058	78	724	55	355	326	24	590	119
环江毛南族自治县	20066	15433	11699	258	689	36	500	306	19	724	165
巴马瑶族自治县	15105	11436	8703	19	506	77	408	209	31	476	204
都安瑶族自治县	36832	28472	22703	89	1284	92	1418	298	44	1040	187
大化瑶族自治县	25383	19060	14793	62	692	155	961	276	50	836	142
宜州市	41131	31798	24102	97	1857	99	645	695	81	1709	503
来宾市	**147325**	**112037**	**85447**	**846**	**5123**	**641**	**3107**	**1956**	**343**	**5817**	**1273**
兴宾区	63307	48498	36208	73	2530	250	1765	889	151	2925	558
忻城县	22302	17774	14763	207	710	61	370	173	34	468	108
象州县	20666	15609	11949	80	692	40	345	259	48	833	254
武宣县	23206	17354	13542	88	722	50	338	399	51	807	156
金秀瑶族自治县	9375	7185	5481	21	245	48	154	108	28	362	127
合山市	8469	5617	3504	377	224	192	135	128	31	422	70
崇左市	**148010**	**117233**	**90587**	**327**	**5918**	**559**	**1575**	**2288**	**282**	**5961**	**1455**
江州区	24697	19513	14944	12	931	97	263	342	67	986	291
扶绥县	28022	21486	17046	83	1093	57	269	371	31	895	189
宁明县	24107	19379	15739	11	700	65	148	406	29	888	192
龙州县	19219	14972	11766	38	637	93	160	206	30	773	214
大新县	22701	18398	14667	41	1089	163	135	254	31	753	183
天等县	20489	16732	13516	100	971	55	331	209	46	495	158
凭祥市	8775	6753	2909	42	497	29	269	500	48	1171	228
海南省	**640690**	**426823**	**252313**	**1579**	**19605**	**2391**	**16593**	**16279**	**2369**	**41319**	**20128**
海口市	**157885**	**95165**	**25167**	**168**	**8420**	**761**	**6721**	**5923**	**1313**	**16806**	**6673**
秀英区	26726	18635	8438	13	2326	68	1012	1464	69	2072	591
龙华区	45689	27607	4468	64	2582	277	1820	1565	544	5788	2340
琼山区	36464	22082	7513	30	1914	149	1667	1311	254	3477	1251
美兰区	49006	26841	4748	61	1598	267	2222	1583	446	5469	2491
三亚市	**52154**	**33429**	**14545**	**55**	**1175**	**279**	**2105**	**1640**	**183**	**4224**	**3717**
市辖区	52154	33429	14545	55	1175	279	2105	1640	183	4224	3717
省直辖县级行政区划	**430651**	**298229**	**212601**	**1356**	**10010**	**1351**	**7767**	**8716**	**873**	**20289**	**9738**
五指山市	7700	4996	2957	8	219	93	185	136	14	279	183
琼海市	36496	24268	15903	32	847	164	1097	712	93	2030	1026
儋州市	64190	41899	26432	304	2636	228	1378	1934	178	3499	1139
文昌市	40678	27318	18532	36	966	106	774	673	76	2214	1360
万宁市	40643	27664	18239	97	1012	59	1231	1109	67	2502	1309
东方市	28143	20312	14706	49	369	82	587	905	62	1098	675
定安县	19888	13888	10045	3	311	29	298	299	33	903	657
屯昌县	16937	12022	8427	10	463	49	255	404	40	873	415
澄迈县	33767	23473	16804	15	1079	128	365	583	70	1583	782
临高县	29041	20993	16245	47	586	53	330	456	46	1548	504
白沙黎族自治县	11950	8685	6888	4	148	39	129	112	20	342	129
昌江黎族自治县	16698	11489	7679	605	480	91	265	314	48	666	259
乐东黎族自治县	33428	25445	21347	111	329	63	359	439	39	1036	408
陵水黎族自治县	25328	17126	13941	7	247	53	232	280	32	862	467
保亭黎族苗族自治县	11205	8175	6250	20	115	40	149	135	28	324	207
琼中黎族苗族自治县	14527	10454	8192	8	203	74	133	225	27	524	216
西沙群岛	32	22	14							6	2
南沙群岛											
中沙群岛的岛礁及其海域											
重庆市	**2107266**	**1374581**	**690918**	**18600**	**156803**	**9642**	**89392**	**48306**	**8605**	**141047**	**46475**
市辖区	**1216143**	**757591**	**277179**	**9761**	**117873**	**6301**	**56784**	**33237**	**6678**	**100871**	**32259**
万州区	124686	77011	36996	375	7674	586	6611	2827	490	8421	3658
涪陵区	73038	49395	27031	214	5058	536	3150	1784	202	4046	1743
渝中区	50142	30651	48	46	2028	276	2520	2174	746	9817	2157
大渡口区	25321	14262	1211	115	5882	107	742	943	146	2324	524
江北区	57965	30704	1871	294	6951	367	1970	1778	672	7361	1958
沙坪坝区	78066	40474	2480	205	12493	438	2440	2468	596	7902	1842
九龙坡区	100268	60109	5628	311	17478	579	4667	4238	850	12235	2862
南岸区	72739	38689	2313	215	8307	536	3015	2351	600	8384	2634
北碚区	52185	31375	9041	809	8480	231	2051	1390	186	3338	1376
万盛区	17940	9651	3758	1681	594	128	740	391	47	773	397
双桥区	3455	2035	284	59	847	17	111	98	13	157	100
渝北区	106788	65156	14127	837	11526	572	5153	3523	1032	10146	3180

金融业	房地产业	租赁和商务服务业	科学研究、技术服务和地质勘察业	水利、环境和公共设施管理业	居民服务和其他服务业	教育	卫生、社会保障和社会福利业	文化、体育和娱乐业	公共管理和社会组织	国际组织	三次产业人口占行业人口比重(%) 第一产业	第二产业	第三产业
18	4	8	2	17	46	175	65	14	215		81.27	6.34	12.39
34	3	5	15	5	77	268	82	12	256		80.63	6.80	12.57
33	2	29	6	25	69	268	111	17	278		78.05	8.56	13.39
48	8	17	2	33	144	344	106	15	320		75.81	9.61	14.59
25	4	31	1	16	91	261	85	17	272		76.10	8.83	15.07
46	5	16	10	15	190	476	164	15	380		79.74	10.13	10.14
46	5	23	4	24	136	433	100	22	300		77.61	9.81	12.58
86	45	68	22	44	288	627	281	13	536		75.80	8.48	15.72
287	**136**	**176**	**89**	**186**	**1052**	**2497**	**919**	**153**	**1989**		**76.27**	**8.67**	**15.06**
125	92	93	67	80	539	1045	372	69	667		74.66	9.52	15.82
27	5	8	6	23	70	354	115	7	265		83.06	7.58	9.36
44	11	25	9	38	157	346	111	24	344		76.55	7.41	16.04
33	11	28		16	167	435	183	22	306		78.03	6.90	15.06
23	7	15	6	20	66	169	64	20	221		76.28	6.51	17.20
35	10	7	1	9	53	148	74	11	186		62.38	16.52	21.10
369	**187**	**237**	**138**	**257**	**1102**	**2454**	**962**	**139**	**2436**		**77.27**	**7.15**	**15.58**
70	65	41	12	79	210	400	162	27	514		76.58	6.68	16.74
76	14	29	32	54	184	530	154	16	363		79.34	6.99	13.67
39	10	21	5	26	144	401	160	18	377		81.22	4.77	14.02
58	12	37	17	24	158	304	120	15	310		78.59	6.20	15.22
47	14	10	5	29	179	333	163	18	284		79.72	7.76	12.52
31	15	16	1	16	62	316	140	7	247		80.78	8.71	10.51
48	57	83	66	29	165	170	63	38	341		43.08	12.39	44.53
3009	**4572**	**4007**	**1224**	**2094**	**8870**	**11527**	**4959**	**2634**	**11351**		**59.11**	**9.41**	**31.47**
1883	**2806**	**2201**	**621**	**620**	**3557**	**3861**	**1938**	**1437**	**4289**		**26.45**	**16.89**	**56.67**
140	342	148	70	97	560	383	325	187	330		45.28	18.35	36.37
762	915	834	245	121	1585	1030	703	496	1468		16.18	17.18	66.64
307	386	441	137	127	433	1202	360	264	859		34.02	17.03	48.95
674	1163	778	169	275	979	1246	550	490	1632		17.69	15.45	66.86
223	**778**	**682**	**69**	**323**	**607**	**921**	**434**	**347**	**1122**		**43.51**	**10.81**	**45.68**
223	778	682	69	323	607	921	434	347	1122		43.51	10.81	45.68
903	**988**	**1124**	**534**	**1151**	**4706**	**6745**	**2587**	**850**	**5940**		**71.29**	**6.87**	**21.84**
28	145	16	10	46	57	267	109	24	220		59.19	10.11	30.70
115	100	109	31	128	621	584	238	81	357		65.53	8.82	25.65
132	231	160	353	162	506	1121	414	192	900		63.09	10.85	26.07
88	85	95	29	33	831	590	229	99	502		67.84	6.89	25.27
71	28	75	23	143	537	474	211	63	414		65.93	8.67	25.40
56	8	127	22	74	383	406	146	38	519		72.40	5.35	22.25
31	35	26		33	526	275	126	12	246		72.33	4.62	23.06
41	7	39	7	42	178	334	100	58	280		70.10	6.46	23.44
64	180	119	24	81	281	561	177	79	498		71.59	6.76	21.65
45	9	45	2	57	152	362	121	35	350		77.38	4.84	17.78
25	3	46	16	64	64	253	111	29	263		79.31	3.68	17.01
43	23	38	2	43	201	298	142	30	262		66.84	12.54	20.62
63	38	72	1	23	115	452	145	13	392		83.89	3.39	12.72
39	62	80	1	75	123	214	100	34	277		81.40	3.15	15.45
16	28	50	3	127	59	246	80	34	264		76.45	3.96	19.58
46	6	27	10	20	72	308	138	29	196		78.36	4.00	17.64
											63.64		36.36
11560	**14956**	**9492**	**3616**	**4309**	**32379**	**35905**	**16694**	**7051**	**28819**	**12**	**50.26**	**19.97**	**29.77**
9132	**13358**	**7987**	**3340**	**3352**	**22612**	**21988**	**11217**	**5460**	**18191**	**11**	**36.59**	**25.17**	**38.24**
652	890	380	83	236	2241	1964	1098	337	1491	1	48.04	19.80	32.16
389	387	174	42	79	1149	1248	580	153	1430		54.72	18.14	27.14
1059	1260	1289	515	316	1948	1054	1226	695	1475	2	0.16	15.89	83.95
200	310	162	24	103	442	319	239	117	349	3	8.49	48.00	43.51
882	1176	812	234	197	1246	924	633	365	1012	1	6.09	31.21	62.70
706	1216	758	249	229	1524	2319	1098	392	1119		6.13	38.48	55.39
766	1403	989	507	266	2322	1946	1015	770	1276	1	9.36	38.32	52.31
1021	1573	918	516	280	1698	1665	711	576	1374	2	5.98	31.21	62.82
277	355	144	172	144	731	1265	464	194	727		28.82	36.88	34.30
48	69	53	11	54	212	212	136	42	305		38.94	32.57	28.49
11	32	6	1	17	56	80	32	14	100		13.96	50.81	35.23
1488	2444	1135	582	603	2530	2033	928	696	2621		21.68	27.76	50.56

表6 续表 35

地区	16岁及以上人口总计	各种行业人口总计	农林牧渔业	采矿业	制造业	电力、燃气及水的生产和供应业	建筑业	交通运输、仓储和邮政业	信息传输、计算机服务和软件业	批发和零售业	住宿和餐饮业
巴南区	67298	45554	21471	103	8695	193	2091	1673	232	4603	1763
黔江区	30018	21041	13521	198	824	134	1520	680	124	1557	451
长寿区	57939	40220	19341	154	4073	398	6139	1381	105	3594	1519
江津区	89630	63016	35375	187	6885	403	5815	1865	190	5057	2026
合川区	86311	57754	34108	946	4655	299	3849	1623	181	5019	1908
永川区	81740	51957	28465	2375	4117	362	2823	1358	215	4616	1591
南川区	40614	28537	20110	637	1306	139	1377	692	51	1521	570
县	**891123**	**616990**	**413739**	**8839**	**38930**	**3341**	**32608**	**15069**	**1927**	**40176**	**14216**
綦江县	54632	34818	22449	1829	1887	240	1437	912	101	2397	764
潼南县	41203	28072	19005	37	1090	111	1486	535	116	2258	814
铜梁县	49120	35354	23193	320	2451	146	2324	762	98	2595	883
大足县	49267	34328	21925	348	2993	120	1384	846	94	3117	1046
荣昌县	45400	30615	19938	728	2276	150	1277	709	84	2109	869
璧山县	43298	30361	12330	168	8838	167	1481	924	104	2659	900
梁平县	47894	33994	22752	565	3466	112	1369	751	67	1626	706
城口县	15387	11524	8245	509	332	81	527	247	40	382	223
丰都县	39275	26141	17422	98	1134	168	1885	836	66	1624	613
垫江县	44347	31563	21842	172	1647	180	1979	575	116	1879	752
武隆县	25393	18142	13375	216	419	178	871	326	39	809	495
忠县	47417	35297	22761	61	2459	280	3062	655	68	2351	779
开县	74409	47608	31976	842	2436	255	2418	1173	176	3372	1252
云阳县	60412	37533	25435	159	1558	214	2350	962	137	2860	751
奉节县	54901	38655	26071	1312	1096	185	1473	1376	170	2934	1050
巫山县	37337	26727	20747	453	550	154	593	567	103	1352	368
巫溪县	29279	20878	15105	301	829	124	930	481	82	1047	337
石柱土家族自治县	25721	18981	13510	157	697	135	969	442	90	1044	411
秀山土家族苗族自治县	34039	24869	16735	329	1262	120	1934	748	66	1525	467
酉阳土家族苗族自治县	37620	26202	19741	95	868	128	1362	574	62	1107	346
彭水苗族土家族自治县	34772	25328	19182	140	642	93	1497	668	48	1129	390
四川省	**6598501**	**4688003**	**2823598**	**38619**	**411050**	**27411**	**315591**	**118640**	**23159**	**374173**	**133918**
成都市	**1181963**	**745218**	**210259**	**2145**	**127288**	**5278**	**70870**	**30604**	**10262**	**119053**	**36350**
锦江区	55573	29974	269	95	3791	455	2392	1258	1049	8114	2403
青羊区	63583	37171	130	126	5469	364	3069	1420	1204	8129	2776
金牛区	104296	62850	444	124	8253	370	7664	5034	1408	19305	3813
武侯区	116072	73213	133	58	14064	639	7734	3744	2717	16923	4957
成华区	81298	46363	932	425	6859	484	3997	3865	1279	14971	2349
龙泉驿区	61945	37489	9596	28	9478	213	3247	1371	263	5335	1875
青白江区	32317	20818	6928	21	5723	108	2346	764	88	1763	713
新都区	67293	43574	13876	76	11232	122	3910	1790	153	6061	1607
温江区	36715	21316	6643	48	3748	217	1445	710	181	3036	1280
金堂县	55056	41300	30307	34	3109	119	1797	582	93	2045	866
双流县	109281	69698	17114	362	14687	475	8108	3025	914	10015	3569
郫县	75531	43102	8321	47	15117	218	5963	1151	310	4570	1873
大邑县	43768	27085	12649	113	3311	113	3909	651	37	2365	1073
蒲江县	21414	15687	11250	15	770	80	816	236	18	1019	403
新津县	25926	17013	6579	182	3139	95	1632	651	36	1572	777
都江堰市	55423	36661	13190	76	3265	535	4809	1453	131	4681	2393
彭州市	66384	48147	30435	156	5195	313	2365	1247	153	3288	1482
邛崃市	53346	38094	26702	24	2357	129	2190	727	152	2398	958
崇州市	56742	35663	14761	135	7721	229	3477	925	76	3463	1183
自贡市	**224238**	**154434**	**95518**	**1890**	**17659**	**864**	**7531**	**3685**	**572**	**11050**	**3695**
自流井区	30214	15264	3156	235	2801	376	873	879	174	2497	639
贡井区	24762	17690	8819	51	3486	63	1074	547	78	1516	692
大安区	30891	19156	11189	128	2780	103	601	554	116	1534	456
沿滩区	22512	16735	13266	52	790	39	833	262	48	537	266
荣县	52356	38697	29798	1255	1014	102	1027	612	72	1938	698
富顺县	63503	46892	29290	169	6788	181	3123	831	84	3028	944
攀枝花市	**97569**	**64002**	**28154**	**4056**	**7047**	**1006**	**3002**	**3587**	**558**	**5541**	**2011**
东区	29830	17054	275	955	3681	477	1624	1544	354	2793	872
西区	12436	6527	316	1626	1177	239	378	532	41	747	222
仁和区	20866	14361	7341	488	1639	128	592	943	103	1152	407
米易县	17719	13654	10806	222	329	63	251	240	37	534	249
盐边县	16718	12406	9416	765	221	99	157	328	23	315	261
泸州市	**313347**	**226995**	**152294**	**1923**	**16614**	**1276**	**13904**	**5053**	**811**	**15223**	**4456**
江阳区	45618	28778	14072	280	2852	340	1654	926	295	3227	906
纳溪区	33436	25285	15157	89	2977	101	2148	609	89	1747	773

金融业	房地产业	租赁和商务服务业	科学研究、技术服务和地质勘察业	水利、环境和公共设施管理业	居民服务和其他服务业	教育	卫生、社会保障和社会福利业	文化、体育和娱乐业	公共管理和社会组织	国际组织	三次产业人口占行业人口比重(%)		
											第一产业	第二产业	第三产业
316	593	166	70	158	1015	958	481	183	789	1	47.13	24.33	28.54
107	74	64	25	54	394	527	200	55	532		64.26	12.72	23.02
229	340	145	24	115	819	754	321	152	617		48.09	26.76	25.15
296	346	183	136	140	1328	1250	515	176	843		56.14	21.09	22.77
266	327	212	40	149	1161	1314	578	237	882		59.06	16.88	24.06
299	493	266	90	174	1388	1620	690	247	768		54.79	18.63	26.59
120	70	131	19	38	408	536	272	59	481		70.47	12.12	17.41
2428	**1598**	**1505**	**276**	**957**	**9767**	**13917**	**5477**	**1591**	**10628**	**1**	**67.06**	**13.57**	**19.37**
167	222	41	17	7	544	756	342	173	533		64.48	15.49	20.04
107	94	128	10	39	639	662	297	94	550		67.70	9.70	22.60
154	205	103	18	68	435	725	332	54	488		65.60	14.82	19.57
116	122	66	6	57	502	670	277	195	444		63.87	14.11	22.02
108	160	77	46	74	416	700	310	94	490		65.12	14.47	20.40
150	140	136	31	41	607	593	281	155	656		40.61	35.09	24.30
173	66	46	22	24	500	772	335	70	572		66.93	16.21	16.86
48	7	16	3	8	187	205	104	33	327		71.55	12.57	15.88
125	78	138	13	69	399	632	217	91	533		66.65	12.57	20.79
117	57	51	9	45	430	766	314	53	579		69.20	12.60	18.20
80	22	72	13	39	208	404	106	25	445		73.72	9.28	16.99
156	94	64	6	33	579	934	358	74	523		64.48	16.61	18.91
201	50	130	14	69	776	1162	519	79	708		67.17	12.50	20.33
160	53	59	6	87	690	985	409	78	580		67.77	11.41	20.83
128	60	97	5	37	759	826	318	101	657		67.45	10.52	22.04
91	22	54	16	39	548	448	147	41	434		77.63	6.55	15.83
46	4	31	1	8	423	449	153	39	488		72.35	10.46	17.19
83	10	48	5	28	350	437	150	29	386		71.18	10.32	18.51
59	50	50	12	52	295	533	153	32	446	1	67.29	14.66	18.05
81	43	32	11	38	295	668	188	34	529		75.34	9.36	15.30
78	39	66	12	95	185	590	167	47	260		75.73	9.37	14.90
28405	**27238**	**22941**	**11250**	**12123**	**85298**	**85560**	**43682**	**19079**	**86240**	**28**	**60.23**	**16.91**	**22.86**
11744	**14538**	**11285**	**6381**	**4041**	**25768**	**21222**	**11127**	**7908**	**19076**	**19**	**28.21**	**27.59**	**44.20**
1432	1412	952	544	256	1344	1580	628	729	1270	1	0.90	22.46	76.64
1861	1471	1485	1068	282	2008	1853	1261	1171	2021	3	0.35	24.29	75.36
1524	1855	1709	1124	457	3419	2262	1275	999	1808	3	0.71	26.11	73.18
2280	2597	2394	1538	528	3581	3323	1971	1420	2607	5	0.18	30.73	69.09
1353	1401	1103	619	274	2153	1650	836	782	1028	3	2.01	25.38	72.61
301	914	349	310	266	1033	1140	495	303	972		25.60	34.59	39.82
154	162	171	27	113	522	401	241	147	426		33.28	39.38	27.34
276	570	215	79	155	1041	1009	478	160	762	2	31.84	35.20	32.95
188	550	329	118	126	878	635	354	209	620	1	31.16	25.61	43.23
124	129	87	26	55	567	588	281	102	389		73.38	12.25	14.37
628	1601	962	448	547	2296	1910	782	861	1393	1	24.55	33.91	41.54
215	498	275	122	306	1274	1278	373	286	905		19.31	49.52	31.17
250	97	149	32	90	774	401	246	155	670		46.70	27.49	25.81
49	39	34	6	6	319	200	110	21	296		71.72	10.72	17.57
156	122	141	105	82	524	452	221	61	486		38.67	29.67	31.66
269	550	434	96	278	1562	825	508	231	1375		35.98	23.69	40.33
266	223	112	41	60	938	645	407	134	687		63.21	16.68	20.11
193	255	154	31	43	586	447	227	56	465		70.10	12.34	17.57
225	92	230	47	117	949	623	433	81	896		41.39	32.42	26.19
704	**575**	**460**	**130**	**406**	**2425**	**2436**	**1739**	**595**	**2500**		**61.85**	**18.09**	**20.06**
300	229	121	71	109	429	680	529	207	959		20.68	28.07	51.25
80	69	126	17	27	401	189	166	96	193		49.85	26.42	23.73
95	110	73	16	77	378	325	243	100	278		58.41	18.86	22.73
21	14	13	6	24	183	146	100	37	98		79.27	10.24	10.49
111	70	67	12	61	578	489	303	67	423		77.00	8.78	14.22
97	83	60	8	108	456	607	398	88	549		62.46	21.88	15.66
489	**457**	**905**	**372**	**236**	**1328**	**1602**	**1080**	**392**	**2179**		**43.99**	**23.61**	**32.40**
293	297	530	225	115	521	673	526	257	1042		1.61	39.50	58.88
51	89	236	33	46	193	170	166	59	206		4.84	52.40	42.76
66	51	92	78	46	279	366	180	35	375		51.12	19.82	29.06
45	15	34	19	9	154	233	111	27	276		79.14	6.34	14.52
34	5	13	17	20	181	160	97	14	280		75.90	10.01	14.09
914	**548**	**659**	**195**	**360**	**3438**	**3889**	**1844**	**508**	**3086**		**67.09**	**14.85**	**18.06**
369	225	209	82	135	773	791	546	161	935		48.90	17.81	33.29
79	53	62	21	74	492	341	181	35	257		59.94	21.02	19.04

表6　续表 36

地　区	16岁及以上人口总　计	各种行业人口总计	农　林牧渔业	采矿业	制造业	电力、燃气及水的生产和供应业	建筑业	仓储和邮政业	交通运输、计算机服务和 软件业	信息传输、批发和零售业	住宿和餐饮业
龙马潭区	27898	18939	6600	146	2464	189	1798	1005	219	3238	772
泸县	62649	46781	31293	437	4382	123	4340	732	50	2652	687
合江县	53804	39398	29374	94	1660	294	2350	667	65	2211	707
叙永县	41567	30782	24519	419	953	141	689	702	45	1287	356
古蔺县	48375	37032	31279	458	1326	88	925	412	48	861	255
德阳市	**309075**	**225015**	**135594**	**1222**	**25644**	**849**	**14648**	**5879**	**915**	**16078**	**5520**
旌阳区	62714	39720	12429	286	7860	313	3419	1535	392	5033	1634
中江县	100558	82922	62677	111	5565	123	4351	1276	122	3974	1176
罗江县	18409	14201	10665	41	1034	62	461	382	29	565	195
广汉市	50707	34532	18275	207	4947	93	2899	1134	171	2756	1015
什邡市	36516	24817	15777	237	2740	121	1069	613	86	1616	572
绵竹市	40171	28823	15771	340	3498	137	2449	939	115	2134	928
绵阳市	**395769**	**281663**	**175382**	**1052**	**21070**	**1669**	**18526**	**7738**	**1115**	**20626**	**8357**
涪城区	70411	41421	8267	315	7554	447	4274	2323	484	6949	2489
游仙区	43033	28912	16601	57	2224	163	1809	721	140	2141	856
三台县	91656	72094	56350	100	2897	198	3433	1004	118	3198	1270
盐亭县	33632	25278	19045	44	1074	83	1239	402	41	1394	603
安县	31038	23904	16271	65	1664	80	1728	596	49	1496	538
梓潼县	24778	18961	13678	36	883	36	1125	454	56	839	484
北川羌族自治县	17747	11698	7869	82	500	49	781	407	31	635	300
平武县	16901	12736	9903	69	318	85	673	281	21	368	248
江油市	66573	46659	27398	284	3956	528	3464	1550	175	3606	1569
广元市	**207429**	**148283**	**104940**	**1868**	**4281**	**840**	**9393**	**4167**	**499**	**7658**	**3229**
利州区	40824	23733	6912	576	1858	371	3596	1628	232	2946	1288
元坝区	14100	10956	8930	45	260	48	489	227	14	287	177
朝天区	15492	11927	10110	71	197	19	505	153	11	196	191
旺苍县	30768	21986	15271	1040	611	113	1166	824	47	1061	358
青川县	19910	14766	11876	43	238	50	693	288	43	538	189
剑阁县	38003	29460	24125	35	498	98	854	474	49	1070	499
苍溪县	48332	35455	27716	58	619	141	2090	573	103	1560	527
遂宁市	**285695**	**206733**	**110362**	**740**	**20669**	**1001**	**26733**	**4821**	**554**	**19659**	**7471**
船山区	54730	34518	12631	444	3056	323	3915	1259	236	6291	1579
安居区	58811	47377	27423	53	3940	43	7948	949	36	3387	1606
蓬溪县	49191	35369	18931	53	4206	97	4740	796	53	2888	1365
射洪县	80470	57108	31783	116	6005	473	6431	1127	164	4869	2248
大英县	42493	32361	19594	74	3462	65	3699	690	65	2224	673
内江市	**320267**	**238475**	**148917**	**2512**	**24023**	**1004**	**20609**	**4949**	**808**	**15178**	**5494**
市中区	40279	25771	12870	15	1945	357	2840	1149	208	2844	775
东兴区	63744	46397	31463	21	3424	186	3393	702	246	2929	1024
威远县	56781	42556	24199	1673	5978	195	2194	1171	125	2857	1136
资中县	105104	84325	54246	372	7758	182	10617	1126	143	4198	1719
隆昌县	54359	39426	26139	431	4918	84	1565	801	86	2350	840
乐山市	**279798**	**192159**	**118099**	**4268**	**16980**	**1996**	**9058**	**5641**	**971**	**13161**	**5620**
市中区	56438	34345	14900	74	2808	483	2409	1414	512	4895	1432
沙湾区	16680	11663	7307	546	1314	142	488	260	22	610	318
五通桥区	26235	16176	8274	848	2344	106	939	475	74	1123	671
金口河区	4316	3091	1716	38	468	134	138	108	8	123	81
犍为县	38997	27078	19357	1346	1509	241	916	617	102	1214	421
井研县	27278	19220	13479	48	1349	64	1147	426	47	1005	374
夹江县	28982	21865	14636	97	3265	111	621	437	73	951	459
沐川县	18981	14261	10670	504	482	83	560	263	13	553	271
峨边彝族自治县	10767	8572	6154	97	478	272	213	187	16	339	226
马边彝族自治县	14324	11323	9634	79	120	71	239	137	13	294	193
峨眉山市	36800	24565	11972	591	2843	289	1388	1317	91	2054	1174
南充市	**563699**	**407846**	**237150**	**743**	**43460**	**1654**	**40398**	**8486**	**1286**	**31570**	**13243**
顺庆区	55187	32781	8221	182	3393	320	3210	1554	435	5947	2107
高坪区	45493	32913	16303	116	5668	116	3233	793	123	2705	1282
嘉陵区	58614	43986	21905	68	5927	147	6210	923	99	4114	1688
南部县	83507	58644	39519	77	2896	226	5686	1237	152	3448	1844
营山县	71041	54977	35223	52	6996	118	4059	863	78	3433	1288
蓬安县	54506	40760	25191	70	5599	172	4120	683	89	1955	741
仪陇县	81686	58827	34136	128	5803	198	7908	1216	126	4845	1443
西充县	51930	38011	21591	28	5152	97	3740	630	96	2677	1719
阆中市	61735	46947	35061	22	2026	260	2232	587	88	2446	1131

金融业	房地产业	租赁和商务服务业	科学研究、技术服务和地质勘察业	水利、环境和公共设施管理业	居民服务和其他服务业	教育	卫生、社会保障和社会福利业	文化、体育和娱乐业	公共管理和社会组织	国际组织	三次产业人口占行业人口比重(%) 第一产业	第二产业	第三产业
186	181	154	51	54	593	431	280	98	480		34.85	24.27	40.88
68	24	59	14	24	414	801	267	65	349		66.89	19.84	13.27
83	42	69	15	45	421	638	214	63	386		74.56	11.16	14.28
65	17	34	3	13	490	451	188	50	360		79.65	7.15	13.19
64	6	72	9	15	255	436	168	36	319		84.46	7.55	7.98
1264	**1026**	**832**	**358**	**585**	**4249**	**3574**	**2087**	**972**	**3718**	**1**	**60.26**	**18.83**	**20.91**
593	655	381	233	227	1159	1109	657	456	1348	1	31.29	29.90	38.80
149	77	109	36	97	1066	833	390	95	695		75.59	12.24	12.17
43	9	44	11	31	222	161	73	27	146		75.10	11.25	13.65
182	154	118	52	61	785	656	342	165	520		52.92	23.59	23.49
152	50	77	11	58	374	356	297	116	495		63.57	16.79	19.64
145	81	103	15	111	643	459	328	113	514		54.72	22.29	23.00
1665	**1608**	**1206**	**1634**	**758**	**4901**	**5570**	**2804**	**1053**	**4929**		**62.27**	**15.02**	**22.71**
697	818	466	312	282	1547	1526	755	489	1427		19.96	30.40	49.65
200	332	172	1066	131	480	778	344	137	560		57.42	14.71	27.87
203	133	125	32	69	767	1025	489	80	603		78.16	9.19	12.64
94	43	26	3	12	237	401	150	35	352		75.34	9.65	15.01
45	16	53	7	41	296	309	163	138	349		68.07	14.80	17.14
75	16	36	5	41	341	302	158	21	375		72.14	10.97	16.89
38	97	47	7	81	190	227	73	54	230		67.27	12.07	20.66
43	3	25	2	12	135	202	111	23	214		77.76	8.99	13.25
270	150	256	200	89	908	800	561	76	819		58.72	17.64	23.64
646	**253**	**382**	**107**	**380**	**1941**	**2587**	**1347**	**444**	**3321**		**70.77**	**11.05**	**18.18**
318	144	218	50	155	801	707	448	215	1270		29.12	26.97	43.91
18	1	8	3	4	92	138	50	13	152		81.51	7.69	10.81
22	2	12	1	8	46	118	63	9	193		84.77	6.64	8.59
85	33	54	13	27	286	313	185	24	475		69.46	13.33	17.22
23	16	11	1	26	109	177	94	14	337		80.43	6.93	12.64
78	21	35	3	58	270	532	222	97	442		81.89	5.04	13.07
102	36	44	36	102	337	602	285	72	452		78.17	8.20	13.63
931	**742**	**801**	**42**	**391**	**4504**	**3001**	**1603**	**413**	**2295**		**53.38**	**23.77**	**22.84**
426	310	303	12	104	986	832	559	196	1056		36.59	22.42	40.99
54	61	157	4	26	977	407	195	22	89		57.88	25.29	16.82
73	67	50	5	37	810	575	196	28	399		53.52	25.72	20.76
300	253	200	10	98	1171	804	480	103	473		55.65	22.81	21.54
78	51	91	11	126	560	383	173	64	278		60.55	22.56	16.89
1106	**618**	**548**	**148**	**365**	**4189**	**3209**	**1554**	**525**	**2718**	**1**	**62.45**	**20.19**	**17.36**
298	88	99	28	58	544	473	346	137	697		49.94	20.01	30.05
357	112	55	22	49	776	688	316	103	531		67.81	15.14	17.05
127	173	70	30	70	1073	604	320	150	411		56.86	23.59	19.54
183	125	241	46	121	1331	870	301	74	671	1	64.33	22.45	13.22
141	120	83	22	67	465	574	271	61	408		66.30	17.75	15.95
1021	**620**	**630**	**294**	**702**	**3524**	**3341**	**1727**	**618**	**3888**		**61.46**	**16.81**	**21.73**
507	354	193	95	264	968	910	555	245	1327		43.38	16.81	39.80
40	6	26	2	21	156	119	73	16	197		62.65	21.35	16.00
69	72	36	11	51	431	249	138	57	208		51.15	26.19	22.66
17	5	8	4	7	43	69	24	3	97		55.52	25.17	19.31
79	20	19	4	16	267	440	190	27	293		71.49	14.82	13.70
71	47	31	7	35	304	311	161	41	273		70.13	13.57	16.30
57	12	63	119	27	241	238	118	99	241		66.94	18.72	14.34
28	4	71	1	4	243	195	58	8	250		74.82	11.42	13.76
27	5	6		18	94	168	57	11	204		71.79	12.37	15.84
15		13	3	4	98	150	58	13	189		85.08	4.50	10.42
111	95	164	48	255	679	492	295	98	609		48.74	20.81	30.46
1597	**2084**	**1338**	**315**	**589**	**8322**	**6190**	**3074**	**1239**	**5107**	**1**	**58.15**	**21.15**	**20.70**
554	620	337	114	103	1538	1451	722	445	1527	1	25.08	21.67	53.25
79	112	91	12	114	967	534	184	65	416		49.53	27.75	22.72
92	257	107	48	94	1115	529	200	75	388		49.80	28.08	22.12
173	211	116	43	65	1160	759	429	178	425		67.39	15.15	17.46
134	154	110	41	59	795	618	354	134	468		64.07	20.42	15.51
110	77	157	16	31	422	561	265	31	470		61.80	24.44	13.76
197	143	132	9	21	958	710	386	120	348		58.03	23.86	18.11
110	184	138	22	39	756	415	173	97	347		56.80	23.72	19.48
148	326	150	10	63	611	613	361	94	718		74.68	9.67	15.65

表6 续表 37

地区	16岁及以上人口总计	各种行业人口总计	农林牧渔业	采矿业	制造业	电力、燃气及水的生产和供应业	建筑业	仓储和邮政业	交通运输、计算机服务和软件业	信息传输、批发和零售业	住宿和餐饮业
眉山市	**242662**	**175656**	**124480**	**1066**	**10403**	**909**	**7518**	**3530**	**543**	**10902**	**4283**
东坡区	67292	48444	29555	73	3713	214	2888	1210	276	4250	1861
仁寿县	98724	71404	56560	724	2175	215	2049	1059	113	3813	1053
彭山县	24789	17189	11213	84	1098	80	1021	510	71	1148	495
洪雅县	24955	18614	13629	120	1167	288	667	357	39	753	444
丹棱县	12707	9577	6894	53	895	81	330	214	24	334	193
青神县	14195	10428	6629	12	1355	31	563	180	20	604	237
宜宾市	**363366**	**265830**	**190463**	**4342**	**16819**	**1280**	**8858**	**5236**	**692**	**14555**	**4783**
翠屏区	68506	43395	18406	198	6599	491	1969	1732	323	5280	1536
宜宾县	69738	55031	45027	98	2361	213	1619	589	73	1988	645
南溪县	27391	19440	14168	47	1508	54	651	368	79	875	396
江安县	31671	23168	17912	203	1164	54	663	327	28	1042	414
长宁县	27870	20556	15340	181	970	76	965	324	37	1003	450
高县	33099	26726	21265	417	1011	84	872	426	36	963	287
珙县	30495	21305	14271	1655	1000	81	673	573	33	1322	304
筠连县	25151	18571	13895	964	587	62	525	359	25	765	296
兴文县	28279	20230	15842	506	680	72	530	327	29	881	203
屏山县	21166	17408	14337	73	939	93	391	211	29	436	252
广安市	**266365**	**187506**	**137008**	**1782**	**8699**	**934**	**7901**	**3056**	**507**	**11623**	**4311**
广安区	72408	48978	31443	336	3193	401	2636	1077	175	4140	1447
岳池县	65975	48252	38726	26	1064	226	1494	604	124	2835	1142
武胜县	52589	37805	29740	53	1819	83	1688	504	81	1453	695
邻水县	54710	39438	30085	526	1659	142	1089	541	87	2111	558
华蓥市	20683	13033	7014	841	964	82	994	330	40	1084	469
达州市	**392898**	**289071**	**195797**	**4347**	**19266**	**1708**	**11923**	**6643**	**727**	**20290**	**8571**
通川区	34256	21114	6715	395	2099	349	1249	1412	168	3385	1486
达县	83787	62971	41752	1337	4440	361	2643	1631	139	4856	1646
宣汉县	69285	50724	37004	921	2388	196	2431	870	60	2756	1505
开江县	29309	21634	15422	266	1308	109	1045	323	83	1357	364
大竹县	63477	47323	32890	836	4530	204	1630	761	45	2582	1131
渠县	80637	62108	45423	156	3737	397	1742	934	177	4164	1966
万源市	32147	23197	16591	436	764	92	1183	712	55	1190	473
雅安市	**122879**	**85723**	**60843**	**1128**	**4550**	**1020**	**3083**	**2154**	**306**	**4050**	**1704**
雨城区	29591	16568	7791	88	1870	234	948	577	146	1587	611
名山县	21121	16631	13534	12	674	62	598	206	28	581	214
荥经县	12057	8550	5216	496	458	155	432	386	16	429	223
汉源县	26104	20667	18289	121	264	83	238	220	34	469	124
石棉县	9336	6368	4495	123	281	279	58	168	22	312	135
天全县	11598	8270	5510	149	511	102	358	308	40	332	204
芦山县	8601	5668	3865	115	319	54	373	170	6	228	136
宝兴县	4471	3001	2143	24	173	51	78	119	14	112	57
巴中市	**252833**	**189358**	**122327**	**822**	**8059**	**820**	**23271**	**4041**	**592**	**13399**	**4310**
巴州区	87296	64251	37873	111	2695	302	7398	1799	340	6177	1951
通江县	56310	43297	28716	122	1964	197	6828	648	97	2139	693
南江县	43840	32389	21986	532	976	174	4320	760	77	1364	534
平昌县	65387	49421	33752	57	2424	147	4725	834	78	3719	1132
资阳市	**301253**	**226018**	**168534**	**252**	**12781**	**555**	**10739**	**3678**	**584**	**11988**	**4438**
雁江区	73945	56456	38002	54	3963	197	4285	996	214	3615	1337
安岳县	92924	70508	52932	68	4678	147	3392	1065	130	3560	1200
乐至县	47054	34816	27081	22	1249	50	1419	609	71	1620	655
简阳市	87330	64238	50519	108	2891	161	1643	1008	169	3193	1246
阿坝藏族羌族自治州	**66875**	**48804**	**34935**	**100**	**946**	**300**	**1542**	**1369**	**201**	**2487**	**1654**
汶川县	7018	4684	2500	32	310	70	342	202	37	378	216
理县	3577	2368	1594	4	33	44	101	96	13	136	84
茂县	7974	5825	4507	6	96	30	191	138	2	173	148
松潘县	5603	4380	2896	29	74	23	166	236	7	264	266
九寨沟县	5627	3722	1797	9	37	30	240	246	17	296	404
金川县	5244	3906	3179	11	32	15	43	86	18	101	74
小金县	6702	5130	4291	3	44	24	105	72	10	107	180
黑水县	4402	3680	2786		30	17	108	38	5	416	35
马尔康县	4707	3507	2005	3	81	25	72	83	75	159	82
壤塘县	2943	1764	1455		5	9	22	14	7	47	6
阿坝县	4742	3747	3142		43	5	19	41		168	24
若尔盖县	5190	3654	2992	1	38		76	66	6	124	88
红原县	3146	2437	1791	2	123	8	57	51	4	118	47

金融业	房地产业	租赁和商务服务业	科学研究、技术服务和地质勘察业	水利、环境和公共设施管理业	居民服务和其他服务业	教育	卫生、社会保障和社会福利业	文化、体育和娱乐业	公共管理和社会组织	国际组织	三次产业人口占行业人口比重(%) 第一产业	第二产业	第三产业
725	**578**	**312**	**109**	**350**	**2679**	**2781**	**1388**	**423**	**2677**		**70.87**	**11.33**	**17.81**
314	275	138	44	121	1121	793	487	104	1007		61.01	14.22	24.77
183	191	87	21	95	706	1168	462	146	584		79.21	7.23	13.56
85	60	48	18	43	285	334	147	60	389		65.23	13.28	21.48
63	34	20	5	48	246	237	144	44	309		73.22	12.04	14.74
36	6	9	12	23	165	95	70	18	125		71.98	14.19	13.82
44	12	10	9	20	156	154	78	51	263		63.57	18.81	17.63
1033	**807**	**932**	**201**	**368**	**3793**	**4247**	**2167**	**638**	**4616**		**71.65**	**11.77**	**16.58**
522	522	486	126	170	1201	1201	744	341	1548		42.42	21.33	36.25
108	156	97	11	44	458	681	303	97	463		81.82	7.80	10.38
71	24	17	13	32	311	324	140	20	342		72.88	11.63	15.49
69	24	46	9	13	239	346	180	31	404		77.31	9.00	13.69
57	41	56	3	50	254	266	155	24	304		74.63	10.66	14.71
42	4	136	8	4	382	300	149	26	314		79.57	8.92	11.51
66	16	47	10	19	292	277	164	47	455		66.98	16.00	17.01
30	6	10	10	10	268	336	111	13	299		74.82	11.51	13.67
33	12	25	4	20	285	327	136	24	294		78.31	8.84	12.85
35	2	12	7	6	103	189	85	15	193		82.36	8.59	9.05
720	**607**	**352**	**66**	**430**	**2451**	**3277**	**1073**	**410**	**2299**		**73.07**	**10.30**	**16.63**
281	145	163	13	217	832	936	380	164	999		64.20	13.41	22.40
128	178	62	8	49	325	600	217	77	367		80.26	5.82	13.92
109	52	67	8	53	387	567	115	47	284		78.67	9.64	11.70
138	125	30	34	75	662	915	219	88	354		76.28	8.66	15.05
64	107	30	3	36	245	259	142	34	295		53.82	22.11	24.08
1175	**881**	**667**	**197**	**521**	**3749**	**4909**	**2518**	**1097**	**4085**		**67.73**	**12.88**	**19.38**
341	231	176	51	146	592	531	457	259	1072		31.80	19.38	48.82
262	299	139	76	155	783	1061	438	203	750		66.30	13.94	19.75
157	42	98	18	65	578	721	348	134	432		72.95	11.70	15.35
46	43	24	2	12	247	492	134	44	313		71.29	12.61	16.10
112	118	70	3	62	508	774	288	170	609		69.50	15.21	15.28
190	117	94	42	48	730	853	630	252	456		73.14	9.71	17.15
67	31	66	5	33	311	477	223	35	453		71.52	10.67	17.81
408	**97**	**186**	**53**	**191**	**1177**	**1574**	**766**	**189**	**2244**		**70.98**	**11.41**	**17.61**
211	81	82	34	115	418	573	267	94	841		47.02	18.95	34.02
29	7	18	3	5	139	183	89	6	243		81.38	8.09	10.53
37	3	15	5	14	174	155	79	17	240		61.01	18.02	20.97
34	2	17	7	18	100	271	121	11	244		88.49	3.42	8.09
42	2	8		18	90	75	49	34	177		70.59	11.64	17.78
27		18	2	8	155	187	104	17	238		66.63	13.54	19.83
13	2	16	1	2	86	87	40	6	149		68.19	15.19	16.62
15		12	1	11	15	43	17	4	112		71.41	10.86	17.73
530	**353**	**427**	**54**	**433**	**2165**	**3174**	**1375**	**363**	**2843**		**64.60**	**17.41**	**17.99**
291	218	181	23	182	1179	1339	623	213	1356		58.95	16.35	24.70
58	44	72	11	26	377	550	242	21	492		66.32	21.04	12.63
64	42	50	18	30	283	493	214	58	414		67.88	18.53	13.59
117	49	124	2	195	326	792	296	71	581		68.29	14.88	16.83
625	**534**	**419**	**86**	**237**	**2327**	**3209**	**1640**	**442**	**2950**		**74.57**	**10.76**	**14.67**
216	260	126	48	88	650	794	433	80	1098		67.31	15.05	17.63
151	83	99	15	50	790	833	477	200	638		75.07	11.75	13.18
93	38	130	4	14	393	572	250	32	514		77.78	7.87	14.35
165	153	64	19	85	494	1010	480	130	700		78.64	7.48	13.88
198	**49**	**131**	**60**	**322**	**621**	**974**	**494**	**172**	**2243**	**6**	**71.58**	**5.92**	**22.50**
44	23	23	16	15	61	145	65	15	190		53.37	16.10	30.53
8	2	4	2	3	42	48	28	11	115		67.31	7.69	25.00
11	13	11		3	164	126	60	8	132	6	77.37	5.55	17.08
20		8	1	96	32	59	26	8	169		66.12	6.67	27.21
16	3	32		117	81	77	45	35	240		48.28	8.49	43.23
17	3	4	8	11	16	67	44	15	162		81.39	2.59	16.03
2	2	9	1	23	58	57	21	9	112		83.65	3.43	12.92
4		3	3	36	17	36	30	8	108		75.71	4.21	20.08
51	2	20	18	16	88	132	99	39	457		57.17	5.16	37.67
10	1	4	2		10	46	16	6	104		82.48	2.04	15.48
3		2	4	2	11	45	15	13	210		83.85	1.79	14.36
7		4	4		23	77	17	2	129		81.88	3.15	14.97
5		7	1		18	59	28	3	115		73.49	7.80	18.71

表6 续表 38

地　区	16岁及以上人口总　计	各种行业人口总计	农　林牧渔业	采矿业	制造业	电力、燃气及水的生产和供应业	建筑业	仓储和邮政业	交通运输、计算机服务和软件业	信息传输、批发和零售业	住宿和餐饮业
甘孜藏族自治州	**79648**	**61752**	**47327**	**346**	**457**	**442**	**1896**	**717**	**179**	**2073**	**1218**
康定县	9377	7187	4017	107	142	75	553	188	77	456	370
泸定县	6284	4605	3173	19	56	108	231	102	22	204	157
丹巴县	4542	3518	2854	16	21	15	48	39	2	87	90
九龙县	4310	3318	2314	94	20	133	253	40	7	96	53
雅江县	3818	2878	2204	42	3	5	203	6	13	70	27
道孚县	4077	3036	2492	2	4	17	21	54	9	111	65
炉霍县	3251	2745	2233		5	6	55	23	8	74	4
甘孜县	5045	4066	3514	3	58	6	34	19	6	143	55
新龙县	3612	2764	2281	4		9	11	24	6	37	25
德格县	5705	4823	4264	1	9	7	63	8		103	54
白玉县	3956	3272	2583	46	15	9	38	13	2	40	6
石渠县	5530	3494	2819		6	8	7	30	2	99	52
色达县	4381	3559	2634		19	3	1	13	5	51	54
理塘县	5330	4274	3201	1	38	7	261	64	3	312	126
巴塘县	3641	2684	2166	11	24	16	26	48	12	85	42
乡城县	2725	2237	1760		11	5	84	28	1	58	10
稻城县	2109	1800	1520		25	6	2	7	4	27	21
得荣县	1955	1492	1298		1	7	5	11		20	7
凉山彝族自治州	**330873**	**267462**	**225215**	**2015**	**4335**	**2006**	**4188**	**3606**	**477**	**8009**	**3200**
西昌市	54566	37182	22776	227	1686	362	1333	1183	254	3190	1214
木里藏族自治县	10501	8785	7564	23	46	212	229	84	8	130	75
盐源县	26680	21468	18726	196	173	806	206	140	19	342	135
德昌县	17443	13874	10821	26	438	76	309	465	18	636	315
会理县	34410	27327	22472	933	461	80	476	464	43	812	388
会东县	28074	22182	20295	120	132	33	254	170	20	349	132
宁南县	12664	9924	8765	10	186	31	91	57	17	211	77
普格县	10393	9042	8006	1	111	41	50	69	6	216	54
布拖县	11161	9927	9248	7	58	17	42	28	10	153	29
金阳县	10949	9876	9163	16	23	13	41	25	5	172	47
昭觉县	16238	14564	13465		190	35	65	67	1	228	90
喜德县	10773	9390	8658	19	90	23	23	90	9	120	46
冕宁县	24854	20802	18106	230	253	77	231	305	19	469	186
越西县	17281	14562	12679	14	172	74	247	167	18	342	139
甘洛县	13709	11509	9857	139	109	43	127	146	14	303	136
美姑县	13432	11994	11237	6	54	29	29	50	7	135	29
雷波县	17745	15054	13377	48	153	54	435	96	9	201	108
贵州省	**2404526**	**1676240**	**1154451**	**24674**	**94058**	**9606**	**60754**	**41768**	**5783**	**101171**	**29267**
贵阳市	**329093**	**198037**	**66077**	**1941**	**24210**	**2590**	**14369**	**10445**	**2053**	**29123**	**8285**
南明区	65554	34210	1930	176	4213	1013	3216	3126	573	7854	1964
云岩区	78699	40186	655	178	4196	508	4298	3093	878	10597	2704
花溪区	26808	16573	9692	79	1766	79	510	352	50	1196	627
乌当区	27597	17586	6127	284	2751	119	1650	772	162	2021	656
白云区	20090	12005	2738	101	3000	112	1446	591	88	1416	476
小河区	18943	10766	582	53	3143	79	913	766	146	2238	446
开阳县	26184	19376	13979	375	1081	83	572	364	38	1038	284
息烽县	15367	11170	7368	150	1088	50	340	311	30	540	227
修文县	17395	12533	8587	197	827	32	409	382	39	676	212
清镇市	32456	23632	14419	348	2145	515	1015	688	49	1547	689
六盘水市	**195013**	**134064**	**88465**	**9227**	**5179**	**1106**	**4204**	**3907**	**326**	**7575**	**2368**
钟山区	41173	23047	4410	2277	2297	542	1431	1628	178	3742	1053
六枝特区	32715	21482	15352	735	917	101	767	607	39	977	275
水城县	44827	33576	28481	1285	585	84	752	374	10	722	240
盘县	76298	55959	40222	4930	1380	379	1254	1298	99	2134	800
遵义市	**426982**	**294846**	**200285**	**2412**	**18881**	**1692**	**11481**	**8069**	**883**	**18887**	**4999**
红花岗区	46088	26262	6032	136	3454	418	2056	1946	208	5489	1103
汇川区	33067	19029	6293	145	2675	246	1492	1228	182	2164	820
遵义县	65381	47500	35797	535	2517	147	996	958	109	2377	675
桐梓县	35821	24697	18400	416	1071	86	1086	577	57	1036	349
绥阳县	26354	18849	15150	126	753	32	397	288	36	778	196
正安县	27140	19525	15704	82	698	57	546	230	34	702	158
道真仡佬族苗族自治县	16909	12142	9304	53	392	84	478	189	17	450	137
务川仡佬族苗族自治县	21728	15549	11599	108	600	47	684	466	22	594	187
凤冈县	21533	15293	11874	39	682	50	443	230	28	643	134
湄潭县	25603	19220	14679	29	1064	42	515	347	39	911	210

金融业	房地产业	租赁和商务服务业	科学研究、技术服务和地质勘察业	水利、环境和公共设施管理业	居民服务和其他服务业	教育	卫生、社会保障和社会福利业	文化、体育和娱乐业	公共管理和社会组织	国际组织	三次产业人口占行业人口比重(%) 第一产业	第二产业	第三产业
180	**72**	**48**	**73**	**181**	**400**	**1041**	**478**	**179**	**4445**		**76.64**	**5.09**	**18.27**
59	42	25	29	17	83	215	95	45	592		55.89	12.20	31.90
15	28	5	12	2	48	122	51	20	230		68.90	8.99	22.11
12				3	10	76	21	15	209		81.13	2.84	16.03
9		3	2	6	25	73	21	9	160		69.74	15.07	15.19
8		1	22	1	19	45	16	26	167		76.58	8.79	14.63
7			1	4	4	51	16	6	172		82.08	1.45	16.47
18		1		3	12	40	15	2	246		81.35	2.40	16.25
4		10		8	26	44	8	5	123		86.42	2.48	11.09
4		1		2	5	41	27	8	279		82.53	0.87	16.61
2					16	60	23	3	210		88.41	1.66	9.93
4				1	14	43	18	1	439		78.94	3.30	17.76
				3	68	27	30	12	331		80.68	0.60	18.72
5	1				7	25	24	6	711		74.01	0.65	25.34
12		1		14	25	31	21	10	147		74.89	7.18	17.92
10	1			2	5	61	30	8	137		80.70	2.87	16.43
4			1	109	21	41	28	2	74		78.68	4.47	16.85
6		1	1	3	9	22	22	1	123		84.44	1.83	13.72
1			5	3	3	24	12		95		87.00	0.87	12.13
730	**191**	**421**	**375**	**277**	**1347**	**3753**	**1797**	**499**	**5021**		**84.20**	**4.69**	**11.11**
364	116	276	258	126	480	957	628	261	1491		61.26	9.70	29.04
15		21	3	4	26	86	43	22	194		86.10	5.81	8.09
36	35	6	1	8	70	236	75	34	224		87.23	6.43	6.34
53	10	42		17	136	206	78	22	206		77.99	6.12	15.89
69	2	14	5	30	148	368	136	67	359		82.23	7.14	10.63
29		22	77	10	62	166	88	9	214		91.49	2.43	6.08
23		2	3	14	40	139	54	10	194		88.32	3.20	8.47
9	12	2	4	18	31	122	53	13	224		88.54	2.25	9.21
14		1	1	2	12	80	37	1	187		93.16	1.25	5.59
13		1		2	18	97	42	5	193		92.78	0.94	6.28
14		15			32	152	44	2	164		92.45	1.99	5.55
10		2		4	23	122	32	5	114		92.20	1.65	6.14
25	4	11	9	6	91	280	132	16	352		87.04	3.80	9.16
14	10		1	1	73	244	150	3	214		87.07	3.48	9.45
14	1	1	1	7	52	205	80	8	266		85.65	3.63	10.72
7	1	3	1		5	152	41	5	203		93.69	0.98	5.33
21		2	11	28	48	141	84	16	222		88.86	4.58	6.56
7452	**5760**	**4636**	**3323**	**3828**	**24489**	**39998**	**15758**	**4996**	**44459**	**9**	**68.87**	**11.28**	**19.85**
2652	**2992**	**1899**	**1802**	**1254**	**6518**	**6899**	**3804**	**2142**	**8974**	**8**	**33.37**	**21.77**	**44.87**
854	565	523	543	404	1999	1507	1065	623	2054	8	5.64	25.19	69.17
1129	1333	711	719	391	1845	1988	1301	975	2687		1.63	22.84	75.53
91	75	78	66	81	292	708	149	56	626		58.48	14.69	26.83
137	347	176	175	102	382	477	231	104	913		34.84	27.32	37.84
90	191	110	28	85	298	394	180	126	535		22.81	38.81	38.38
172	322	143	140	44	362	358	257	91	511		5.41	38.90	55.69
47	15	27	19	47	299	436	184	41	447		72.15	10.89	16.96
24	69	36	8	22	202	248	127	19	311		65.96	14.57	19.46
48	12	33	21	35	272	279	97	31	344		68.52	11.69	19.80
60	63	62	83	43	567	504	213	76	546		61.01	17.02	21.96
477	**245**	**503**	**179**	**237**	**2120**	**2946**	**1231**	**297**	**3472**		**65.99**	**14.71**	**19.31**
319	206	389	98	82	1063	882	541	188	1721		19.13	28.41	52.46
64	20	30	18	29	247	538	188	30	548		71.46	11.73	16.80
4	6	6		3	171	425	71	18	339		84.83	8.06	7.12
90	13	78	63	123	639	1101	431	61	864		71.88	14.19	13.93
1225	**1039**	**738**	**424**	**599**	**4544**	**7128**	**2893**	**974**	**7693**		**67.93**	**11.69**	**20.38**
366	435	219	133	168	1245	767	444	346	1297		22.97	23.09	53.94
243	225	151	94	102	572	765	580	144	908		33.07	23.95	42.98
96	159	89	45	52	559	1068	309	118	894		75.36	8.83	15.81
49	24	36	16	36	289	466	166	64	473		74.50	10.77	14.73
37	20	20	5	5	158	376	101	25	346		80.38	6.94	12.69
43	30	20	13	12	138	445	142	40	431		80.43	7.08	12.49
33	3	7	2	20	158	323	120	8	364		76.63	8.29	15.08
35	15	10	7	26	156	479	138	23	353		74.60	9.25	16.15
44	11	25	8	13	154	406	126	17	366		77.64	7.94	14.42
65	29	45	8	14	159	427	146	41	450		76.37	8.58	15.04

表6 续表 39

地 区	16岁及以上人口总计	各种行业人口总计	农林牧渔业	采矿业	制造业	电力、燃气及水的生产和供应业	建筑业	仓储和邮政业	交通运输、计算机服务和软件业	信息传输、批发和零售业	住宿和餐饮业
余庆县	16528	12202	8480	58	600	76	710	312	33	758	151
习水县	37447	26681	20375	439	1087	165	928	552	31	1098	317
赤水市	16823	11124	7444	65	655	118	289	310	37	789	214
仁怀市	36560	26773	19154	181	2633	124	861	436	50	1098	348
安顺市	**154433**	**113089**	**75912**	**1213**	**9721**	**556**	**3756**	**2419**	**304**	**6805**	**2389**
西秀区	52974	35645	20607	367	2793	308	1221	1088	165	3265	901
平坝县	21232	15262	9739	440	1590	67	528	395	37	808	301
普定县	23184	18103	13893	183	1255	42	530	263	28	678	220
镇宁布依族苗族自治县	18732	14145	10737	46	534	42	360	275	33	832	257
关岭布依族苗族自治县	20651	16416	10038	111	3032	58	640	212	22	799	585
紫云苗族布依族自治县	17660	13518	10898	66	517	39	477	186	19	423	125
铜仁地区	**205819**	**141126**	**104191**	**595**	**5352**	**577**	**5835**	**2767**	**417**	**7144**	**2020**
铜仁市	23838	14849	7146	59	768	141	1042	594	134	1867	550
江口县	12102	7838	5685	16	368	22	357	144	28	368	139
玉屏侗族自治县	8584	5653	3125	40	537	85	337	254	40	399	114
石阡县	21506	15464	12301	25	470	48	683	166	21	496	173
思南县	33643	23648	17816	84	760	63	953	467	35	1280	329
印江土家族苗族自治县	19069	12824	9221	69	568	38	785	269	17	581	173
德江县	23202	15789	11780	34	595	52	597	316	35	927	178
沿河土家族自治县	28079	20272	16515	125	574	62	550	280	30	599	176
松桃苗族自治县	32321	22855	19344	82	637	50	461	227	67	527	174
万山特区	3475	1934	1258	61	75	16	70	50	10	100	14
黔西南布依族苗族自治州	**190779**	**139953**	**107894**	**1605**	**4984**	**698**	**3471**	**2560**	**310**	**6382**	**1830**
兴义市	56035	41073	27255	198	1810	386	1712	1222	148	3189	1012
兴仁县	27759	20808	16534	337	680	42	374	390	44	884	236
普安县	16428	12622	10421	278	240	77	205	138	18	399	90
晴隆县	16130	11527	9446	248	332	34	250	153	18	281	108
贞丰县	20244	14353	11256	247	692	45	281	215	33	545	118
望谟县	16205	11203	9855	2	250	7	160	105	2	199	48
册亨县	13199	10123	8452	50	295	59	81	104	12	260	47
安龙县	24779	18244	14675	245	685	48	408	233	35	625	171
毕节地区	**428650**	**310589**	**253414**	**5926**	**8650**	**960**	**6854**	**4677**	**446**	**9851**	**2679**
毕节市	73142	50889	39064	181	2459	199	1365	930	112	2077	653
大方县	51819	38477	31163	972	1083	128	1079	624	68	1222	284
黔西县	47611	35273	26656	1001	1025	147	1056	643	42	1606	402
金沙县	36561	24572	16591	1753	812	224	1073	739	43	1178	359
织金县	55582	41103	34411	671	752	75	835	624	34	1347	344
纳雍县	43706	29469	24263	763	947	70	502	411	56	780	165
威宁彝族回族苗族自治县	79675	61715	56664	345	771	60	463	325	45	1039	283
赫章县	40554	29091	24602	240	801	57	481	381	46	602	189
黔东南苗族侗族自治州	**244282**	**177197**	**132979**	**610**	**8038**	**824**	**5670**	**3609**	**590**	**7625**	**2627**
凯里市	35169	22259	10749	210	1468	263	1340	1068	260	2235	675
黄平县	16957	12604	10462	12	306	35	271	174	15	441	121
施秉县	8625	6516	5091	19	245	30	193	111	14	238	86
三穗县	10468	7285	4528	26	687	25	434	204	36	392	166
镇远县	13757	10293	6805	51	682	93	560	354	32	524	233
岑巩县	11123	7914	5923	11	487	45	308	135	16	318	81
天柱县	18747	13034	10276	53	569	34	286	222	25	507	161
锦屏县	10701	7194	4993	49	431	35	305	199	24	328	113
剑河县	12672	9158	7318	28	324	25	196	120	24	289	119
台江县	7216	4824	3523	4	305	37	218	101	16	173	42
黎平县	28510	21496	18020	26	667	47	522	250	32	571	262
榕江县	19394	14853	12431	16	475	33	223	213	28	492	170
从江县	21866	17559	15379	25	459	49	151	146	29	444	109
雷山县	8392	6453	5051	1	265	34	183	79	13	186	101
麻江县	11986	9381	7403	52	405	24	274	140	14	295	141
丹寨县	8699	6374	5027	27	263	15	206	93	12	192	47
黔南布依族苗族自治州	**229475**	**167339**	**125234**	**1145**	**9043**	**603**	**5114**	**3315**	**454**	**7779**	**2070**
都匀市	32069	20518	12469	188	1067	147	699	792	204	1608	420
福泉市	19905	14288	9639	198	1189	55	446	413	32	973	243
荔波县	10600	8044	6232	151	229	13	198	121	21	310	108
贵定县	15911	11567	8411	48	783	34	334	254	28	469	186
瓮安县	26785	19380	14234	233	1388	55	605	369	38	933	212
独山县	20888	15828	12628	56	696	62	318	359	17	656	163
平塘县	16221	12288	9742	64	599	24	473	144	15	381	74

金融业	房地产业	租赁和商务服务业	科学研究、技术服务和地质勘察业	水利、环境和公共设施管理业	居民服务和其他服务业	教育	卫生、社会保障和社会福利业	文化、体育和娱乐业	公共管理和社会组织	国际组织	三次产业人口占行业人口比重(%) 第一产业	第二产业	第三产业
32	7	14	19	19	167	270	114	28	354		69.50	11.83	18.67
59	36	30	6	61	233	527	180	36	521		76.37	9.82	13.82
46	36	44	67	45	119	242	171	58	375		66.92	10.13	22.95
77	9	28	1	26	437	567	156	26	561		71.54	14.19	14.27
425	**201**	**172**	**180**	**306**	**1712**	**2561**	**962**	**275**	**3220**		**67.13**	**13.48**	**19.39**
247	138	75	146	125	868	1000	461	181	1689		57.81	13.15	29.03
54	19	27	18	53	223	358	148	42	415		63.81	17.20	18.99
33	17	20	12	29	170	297	119	20	294		76.74	11.10	12.15
42	15	25	1	66	164	344	87	15	270		75.91	6.94	17.15
31	4	13		20	190	266	81	9	305		61.15	23.40	15.45
18	8	12	3	13	97	296	66	8	247		80.62	8.13	11.25
446	**176**	**278**	**144**	**262**	**1469**	**3863**	**1185**	**205**	**4200**		**73.83**	**8.76**	**17.41**
177	102	107	96	67	335	566	252	67	779		48.12	13.54	38.34
19	6	10	5	24	98	215	57	11	266		72.53	9.73	17.73
27	15	14	7	7	122	154	68	6	302		55.28	17.67	27.05
29	3	30	6	22	82	384	116	10	399		79.55	7.93	12.53
33	22	51	11	50	300	660	150	29	555		75.34	7.87	16.80
40	4	29	6	19	120	369	108	21	387		71.90	11.38	16.71
51	5	18	4	19	116	428	146	21	467		74.61	8.09	17.30
24	6	10	5	20	142	526	108	5	515		81.47	6.47	12.07
40	13	7	3	31	126	509	145	30	382		84.64	5.38	9.98
6		2	1	3	28	52	35	5	148		65.05	11.48	23.47
456	**409**	**196**	**154**	**207**	**1545**	**3192**	**985**	**170**	**2905**		**77.09**	**7.69**	**15.22**
248	136	141	93	107	722	1073	439	113	1069		66.36	10.00	23.65
49	12	23	6	27	186	444	107	22	411		79.46	6.89	13.65
36	3	6	4	1	98	270	81	5	252		82.56	6.34	11.10
22	2	9	1	21	69	277	64	3	189		81.95	7.50	10.56
23	41	5	20	10	153	324	92	5	248		78.42	8.81	12.76
15	1	1	1	27	22	227	52	3	226		87.97	3.74	8.29
27	214	6	13	7	30	192	45	7	222		83.49	4.79	11.72
36		5	16	7	265	385	105	12	288		80.44	7.60	11.97
528	**154**	**226**	**128**	**323**	**3096**	**5726**	**1817**	**258**	**4876**		**81.59**	**7.21**	**11.20**
183	60	50	38	117	385	1233	474	92	1217		76.76	8.26	14.98
47	24	51	30	18	365	602	201	23	493		80.99	8.48	10.53
50	11	26	4	35	917	719	269	21	643		75.57	9.15	15.28
71	10	33	8	28	315	501	227	38	569		67.52	15.72	16.76
49	2	15	28	17	477	727	158	13	524		83.72	5.68	10.61
35	36	25	5	32	215	550	136	28	450		82.33	7.74	9.92
42	2	11	7	63	161	725	181	25	503		91.82	2.66	5.53
51	9	15	8	13	261	669	171	18	477		84.57	5.43	10.00
653	**346**	**340**	**137**	**327**	**1924**	**4048**	**1620**	**335**	**4894**	**1**	**75.05**	**8.55**	**16.41**
264	174	115	78	77	461	675	452	162	1533		48.29	14.74	36.97
27	3	6	1	18	152	256	73	12	219		83.01	4.95	12.04
25	4	15	11	17	39	149	49	11	169		78.13	7.47	14.40
24	112	12		2	120	171	56	1	289		62.16	16.09	21.76
41	12	34	16	37	141	229	104	31	314		66.11	13.47	20.42
31	1	12	7	24	76	203	62	8	166		74.84	10.75	14.40
26	2	10	2	7	155	283	129	10	276	1	78.84	7.23	13.93
14	3	13	2	19	111	218	98	9	230		69.41	11.40	19.20
27	3	15		3	89	237	59	10	272		79.91	6.26	13.83
11	6	11	3	38	38	128	35	8	127		73.03	11.69	15.28
35	9	20	5	21	111	410	160	14	314		83.83	5.87	10.30
47	5	16	3	13	73	307	109	20	179		83.69	5.03	11.28
23	2	21	2	14	117	283	92	9	205		87.58	3.90	8.52
21	1	10		14	69	150	52	12	211		78.27	7.48	14.24
22	8	16	3	12	123	192	47	6	204		78.91	8.05	13.04
15	1	14	4	11	49	157	43	12	186		78.87	8.02	13.12
590	**198**	**284**	**175**	**313**	**1561**	**3635**	**1261**	**340**	**4225**		**74.84**	**9.50**	**15.66**
212	111	112	94	75	333	626	337	127	897		60.77	10.24	28.99
47	13	14	3	30	162	302	102	58	369		67.46	13.21	19.32
22	3	33	1	20	81	165	53	7	276		77.47	7.35	15.18
31	25	16	20	30	106	309	127	27	329		72.72	10.37	16.92
79	16	17	20	44	196	372	125	25	419		73.45	11.77	14.78
35	3	24	14	13	112	305	95	16	256		79.78	7.15	13.07
30		10	1	25	58	251	63	12	322		79.28	9.44	11.28

表6 续表 40

地　区	16岁及以上人口总　计	各种行业人口总计	农　林牧渔业	采矿业	制造业	电力、燃气及水的生产和供应业	建筑业	仓储和邮政业	交通运输、计算机服务和 软件业	信息传输、批发和零售业	住宿和餐饮业
罗甸县	18406	13354	10598	19	397	63	762	181	11	491	117
长顺县	12865	9680	8041	59	369	25	167	107	14	242	75
龙里县	12579	9358	6943	18	485	44	435	166	30	375	145
惠水县	23778	17884	13218	95	1420	61	387	330	24	932	230
三都水族自治县	19468	15150	13079	16	421	20	290	79	20	409	97
云南省	**3438510**	**2668421**	**1849720**	**39117**	**150245**	**14166**	**109219**	**57698**	**8579**	**152124**	**65335**
昆明市	**490351**	**315636**	**138597**	**2834**	**29652**	**2866**	**17973**	**13218**	**2971**	**40824**	**11243**
五华区	66802	32632	1838	182	4855	453	2414	1766	725	6226	1584
盘龙区	60119	33711	4584	190	3600	479	3362	1521	831	7027	2050
官渡区	69181	42596	4458	99	6400	599	3799	3688	526	12164	2421
西山区	59086	32253	2840	351	5236	406	2495	1916	512	6845	1870
东川区	20913	13955	10281	733	472	99	366	191	25	433	219
呈贡县	22154	12817	6102	26	1520	29	949	460	36	1450	452
晋宁县	21255	16087	10980	395	1048	44	683	555	43	913	266
富民县	11163	9054	6890	24	409	60	271	154	26	416	113
宜良县	32018	24853	18782	117	1056	162	532	589	45	1259	511
石林彝族自治县	18090	14378	11240	45	384	41	318	306	31	638	263
嵩明县	21031	15834	11072	67	699	72	918	550	21	840	250
禄劝彝族苗族自治县	29837	24324	21644	65	123	86	222	187	47	445	296
寻甸回族彝族自治县	34370	27520	23699	78	477	77	322	376	20	789	299
安宁市	24332	15622	4187	462	3373	259	1322	959	83	1379	649
曲靖市	**431936**	**337886**	**241207**	**11652**	**14470**	**2046**	**12450**	**6934**	**644**	**17766**	**7556**
麒麟区	65801	44107	15880	1635	4412	508	4068	2079	249	5571	2257
马龙县	14078	11489	9006	26	531	36	203	183	27	406	267
陆良县	44683	34511	26761	109	1615	181	1109	592	52	1582	451
师宗县	27847	22607	17794	808	661	70	325	417	25	789	284
罗平县	39882	32141	25248	392	1359	168	616	403	48	1484	491
富源县	49208	38745	28396	4684	678	376	458	641	26	1160	479
会泽县	63657	53074	39973	492	2084	254	1948	920	95	2687	1822
沾益县	31948	25891	20499	62	1383	89	940	471	35	849	339
宣威市	94832	75321	57650	3444	1747	364	2783	1228	87	3238	1166
玉溪市	**181501**	**137707**	**86450**	**2095**	**11872**	**676**	**5367**	**3761**	**625**	**9167**	**3615**
红塔区	40227	26410	6682	187	4520	170	2840	1306	276	3550	1253
江川县	21564	16514	12077	34	1167	36	408	354	41	824	391
澄江县	12874	10354	7850	30	296	43	186	216	43	605	224
通海县	23240	17724	11857	40	2158	46	384	549	29	1108	311
华宁县	16036	13111	10187	74	447	73	289	316	46	577	228
易门县	13957	10713	7004	306	972	49	256	258	35	559	262
峨山彝族自治县	13251	10236	6752	361	888	54	216	266	31	539	231
新平彝族傣族自治县	24137	19617	13964	943	1005	89	520	273	94	876	461
元江哈尼族彝族傣族自治县	16215	13028	10077	120	419	116	268	223	30	529	254
保山市	**193784**	**154533**	**116469**	**952**	**6050**	**396**	**7642**	**3168**	**320**	**7186**	**2564**
隆阳区	72270	56353	40291	145	2057	160	3982	1246	120	3514	1142
施甸县	23172	18594	14700	36	832	48	791	274	34	547	207
腾冲县	50370	39630	29274	526	1619	63	1929	1040	99	1678	732
龙陵县	21723	17992	14626	180	581	70	336	272	26	692	228
昌宁县	26249	21964	17578	65	961	55	604	336	41	755	255
昭通市	**365067**	**297659**	**191629**	**4881**	**34511**	**1241**	**21878**	**5682**	**488**	**13597**	**6793**
昭阳区	52656	39485	26332	373	1665	201	2965	950	122	2437	661
鲁甸县	26120	21897	15060	290	1102	66	1758	328	28	1066	1031
巧家县	36719	31111	23464	324	982	87	2164	445	24	1404	871
盐津县	26362	22094	13557	623	3275	97	1538	458	31	838	499
大关县	19287	16303	10628	376	1795	70	1232	277	27	620	433
永善县	28631	23508	15167	364	2692	121	1762	369	48	840	657
绥江县	11288	8531	4740	303	825	43	803	217	19	548	320
镇雄县	92536	76188	43597	1081	15756	259	6293	1582	103	3363	1098
彝良县	39367	33882	24504	620	3365	111	1556	457	47	1143	632
威信县	24787	19343	12391	459	2456	136	1053	430	20	879	311
水富县	7314	5317	2189	68	598	50	754	169	19	459	280
丽江市	**97243**	**76230**	**53957**	**1037**	**1915**	**430**	**2790**	**1667**	**231**	**3935**	**3512**
古城区	17619	12766	4190	33	478	111	1044	508	119	1684	1703
玉龙纳西族自治县	17564	14346	11667	10	160	123	432	288	31	313	442
永胜县	31203	25240	20231	111	523	65	761	308	45	1048	800
华坪县	12699	9554	6737	746	222	68	147	319	17	413	177
宁蒗彝族自治县	18158	14324	11132	137	532	63	406	244	19	477	390

金融业	房地产业	租赁和商务服务业	科学研究、技术服务和地质勘察业	水利、环境和公共设施管理业	居民服务和其他服务业	教育	卫生、社会保障和社会福利业	文化、体育和娱乐业	公共管理和社会组织	国际组织	三次产业人口占行业人口比重(%) 第一产业	第二产业	第三产业
26	4	17	3	16	80	239	93	2	235		79.36	9.29	11.34
25		10	4	13	67	182	62	11	207		83.07	6.40	10.53
25	8	8		11	95	255	50	28	237		74.19	10.49	15.31
42	14	16	3	16	223	343	102	21	407		73.91	10.98	15.11
16	1	7	12	20	48	286	52	6	271		86.33	4.93	8.74
11928	**8079**	**11544**	**5561**	**7035**	**33435**	**53540**	**23738**	**9044**	**58303**	**11**	**69.32**	**11.72**	**18.96**
4347	**3999**	**4421**	**2988**	**2186**	**6188**	**10522**	**5517**	**3289**	**11993**	**8**	**43.91**	**16.89**	**39.20**
1203	928	985	959	334	830	2887	1238	730	2491	4	5.63	24.22	70.15
931	1117	1083	703	426	1207	1625	786	675	1514		13.60	22.64	63.77
627	778	832	496	242	1379	1147	732	481	1728		10.47	25.58	63.95
929	756	776	510	393	887	1224	1353	948	2002	4	8.81	26.32	64.88
60	24	17	13	25	135	342	117	36	367		73.67	11.97	14.36
82	87	120	50	166	207	411	104	30	536		47.61	19.69	32.70
64	34	28	30	27	134	274	134	19	416		68.25	13.49	18.26
26	7	18	17	8	61	158	103	21	272		76.10	8.44	15.46
103	52	50	21	61	345	386	182	94	506		75.57	7.51	16.92
49	35	49	20	170	162	270	83	37	237		78.17	5.48	16.34
59	5	104	14	25	168	345	161	29	435		69.93	11.09	18.98
37	10	63	7	31	121	444	125	27	344		88.98	2.04	8.98
64	14	39	18	57	152	517	156	32	334		86.12	3.47	10.42
113	152	257	130	221	400	492	243	130	811		26.80	34.67	38.53
1117	**782**	**947**	**379**	**555**	**3785**	**6671**	**2628**	**876**	**5420**	**1**	**71.39**	**12.02**	**16.59**
505	520	384	218	173	1037	1438	868	476	1829		36.00	24.08	39.91
36	10	23	9	20	92	227	87	8	292		78.39	6.93	14.68
91	38	43	21	47	373	685	241	34	486		77.54	8.73	13.72
59	7	106	9	15	247	455	130	55	351		78.71	8.25	13.04
70	40	54	13	27	349	658	220	57	444		78.55	7.89	13.56
73	23	44	1	27	255	659	187	27	551		73.29	15.99	10.72
100	46	143	41	116	587	933	309	76	448		75.32	9.00	15.68
66	63	24	6	27	204	396	116	71	251		79.17	9.56	11.27
117	35	126	61	103	641	1220	470	72	768	1	76.54	11.07	12.39
967	**357**	**641**	**291**	**497**	**2183**	**3073**	**1753**	**615**	**3702**		**62.78**	**14.53**	**22.69**
471	268	244	215	224	890	920	683	385	1326		25.30	29.22	45.48
84	7	49	10	19	158	293	163	32	367		73.13	9.96	16.91
55	18	24	5	38	137	168	104	34	278		75.82	5.36	18.82
106	11	53	20	30	218	348	181	28	247		66.90	14.83	18.27
54	11	56	4	26	141	193	100	11	278		77.70	6.73	15.57
56	22	19	7	60	178	233	175	49	213		65.38	14.78	19.85
50	3	26	9	32	142	256	88	26	266		65.96	14.84	19.20
45	13	136	14	34	215	333	150	18	434		71.18	13.03	15.78
46	4	34	7	34	104	329	109	32	293		77.35	7.08	15.57
398	**197**	**286**	**119**	**323**	**1822**	**2551**	**1155**	**195**	**2740**		**75.37**	**9.73**	**14.90**
179	78	124	36	85	692	903	438	101	1060		71.50	11.26	17.24
26	5	13	12	29	141	385	139	18	357		79.06	9.18	11.76
103	80	95	11	152	631	550	322	24	702		73.87	10.44	15.69
43	18	25	21	21	128	291	105	18	311		81.29	6.49	12.22
47	16	29	39	36	230	422	151	34	310		80.03	7.67	12.30
542	**261**	**490**	**172**	**414**	**3217**	**5265**	**1666**	**390**	**4542**		**64.38**	**21.00**	**14.62**
194	77	108	30	106	577	969	439	125	1154		66.69	13.18	20.13
18	12	19	16	47	201	437	115	45	258		68.78	14.69	16.54
28	9	28	13	19	253	459	126	39	372		75.42	11.43	13.15
37	11	18	3	65	223	384	125	23	289		61.36	25.04	13.60
28	5	10	2	10	186	258	66	19	261		65.19	21.30	13.51
55	27	24	60	29	267	428	192	30	376		64.52	21.01	14.47
21	18	16	3	11	117	197	44	27	259		55.56	23.14	21.30
55	50	67	7	77	817	1154	234	9	586		57.22	30.70	12.08
40	17	144	15	28	172	428	150	38	415		72.32	16.68	11.00
30	6	23	10	8	275	407	101	12	336		64.06	21.22	14.72
36	29	33	13	14	129	144	74	23	236		41.17	27.65	31.18
311	**158**	**661**	**91**	**282**	**1034**	**1420**	**540**	**318**	**1940**	**1**	**70.78**	**8.10**	**21.12**
165	100	419	24	139	239	468	187	168	987		32.82	13.05	54.13
17	29	164	13	103	79	193	63	65	154		81.33	5.05	13.62
66	20	40	43	17	307	354	152	27	321	1	80.15	5.78	14.06
38	8	3	7	8	163	164	62	12	243		70.51	12.38	17.10
25	1	35	4	15	246	241	76	46	235		77.72	7.94	14.34

表6 续表 41

地区	16岁及以上人口总计	各种行业人口总计	农林牧渔业	采矿业	制造业	电力、燃气及水的生产和供应业	建筑业	仓储和邮政业	交通运输、计算机服务和软件业	信息传输、批发和零售业	住宿和餐饮业
普洱市	**203895**	**168458**	**125054**	**945**	**6036**	**802**	**5985**	**3001**	**429**	**8975**	**5138**
思茅区	23621	17061	8486	110	806	165	1653	568	126	1677	674
宁洱哈尼族彝族自治县	14879	11688	7775	104	648	72	492	325	44	798	397
墨江哈尼族自治县	29104	24478	18988	50	652	86	839	331	54	1303	886
景东彝族自治县	28623	24054	18668	66	823	73	566	452	34	1313	597
景谷傣族彝族自治县	23118	19858	15661	80	805	118	396	339	39	829	429
镇沅彝族哈尼族拉祜族自治县	16918	13656	10256	131	408	67	435	305	31	740	383
江城哈尼族彝族自治县	9434	7510	5462	36	233	70	287	140	30	398	301
孟连傣族拉祜族佤族自治县	10788	9287	7300	8	301	34	152	145	16	431	147
澜沧拉祜族自治县	40423	35029	28386	339	836	75	869	302	44	1339	1158
西盟佤族自治县	6987	5837	4072	21	524	42	296	94	11	147	166
临沧市	**171396**	**143160**	**114925**	**486**	**5464**	**516**	**4454**	**1873**	**311**	**4215**	**2427**
临翔区	21286	16490	12239	112	386	112	594	403	77	679	314
凤庆县	33045	27852	22151	56	1062	86	1273	312	62	868	583
云县	30517	25726	20935	44	905	140	788	234	56	857	405
永德县	25491	21865	18705	55	649	38	502	245	23	385	232
镇康县	12620	10624	8970	46	351	26	133	166	24	279	101
双江拉祜族佤族布朗族傣族自治县	13059	11318	9155	16	414	27	476	140	8	265	229
耿马傣族佤族自治县	21213	17277	14050	52	695	53	299	232	27	517	255
沧源佤族自治县	14165	12008	8720	105	1002	34	389	141	34	365	308
楚雄彝族自治州	**212422**	**167339**	**116219**	**2076**	**8219**	**759**	**7113**	**3517**	**517**	**8889**	**5843**
楚雄市	45947	31909	18245	180	2107	257	1764	876	172	2637	1269
双柏县	12640	10459	7610	165	464	47	374	167	24	445	348
牟定县	17277	13943	8284	135	921	27	1199	278	28	1003	822
南华县	18927	15657	12194	133	773	69	435	251	20	564	311
姚安县	15587	12332	8460	68	750	45	762	177	42	541	615
大姚县	21651	17685	13153	418	400	81	819	302	41	719	626
永仁县	8721	7096	5359	57	195	29	191	132	28	302	196
元谋县	16358	13428	10839	53	391	49	216	215	27	601	233
武定县	21330	17997	12679	268	771	55	645	319	72	880	779
禄丰县	33984	26833	19396	599	1447	100	708	800	63	1197	644
红河哈尼族彝族自治州	**342532**	**268009**	**195831**	**9048**	**11148**	**1671**	**7840**	**5489**	**570**	**12263**	**5534**
个旧市	36618	22685	8101	4789	2721	309	969	836	116	1732	623
开远市	25631	18444	10240	571	1618	466	588	933	79	1430	606
蒙自县	33541	25494	17166	665	1019	109	1027	441	60	1575	520
屏边苗族自治县	11542	9903	8860	24	79	51	133	65	13	181	86
建水县	39745	31550	24126	341	1042	74	707	833	62	1628	533
石屏县	23128	18410	14160	83	853	52	440	429	31	750	320
弥勒县	43340	35438	27185	209	1564	218	979	541	57	1558	809
泸西县	29037	23272	18005	502	640	121	846	308	32	954	328
元阳县	27960	23286	18470	1147	555	63	730	357	15	539	494
红河县	20892	17314	14569	375	231	30	631	187	31	290	415
金平苗族瑶族傣族自治县	26454	22135	19741	232	264	89	228	150	30	523	191
绿春县	16389	13612	10861	69	456	39	336	224	28	484	348
河口瑶族自治县	8255	6466	4347	41	106	50	226	185	16	619	261
文山壮族苗族自治州	**237781**	**199907**	**171381**	**927**	**4652**	**576**	**3690**	**1789**	**277**	**5350**	**1882**
文山县	31260	24669	16961	65	1032	202	957	452	122	1617	525
砚山县	30120	25844	22439	64	718	46	333	249	28	645	215
西畴县	19042	16142	14497	11	136	52	166	124	22	392	93
麻栗坡县	20194	17332	14494	208	439	73	422	164	22	486	223
马关县	24125	20658	18091	281	301	64	243	232	13	417	183
丘北县	32842	28301	25326	26	555	30	392	125	12	555	216
广南县	54156	46588	43615	72	330	54	476	173	26	594	193
富宁县	26042	20373	15958	200	1141	55	701	270	32	644	234
西双版纳傣族自治州	**85009**	**65123**	**50181**	**126**	**1928**	**301**	**1315**	**909**	**209**	**3247**	**1597**
景洪市	37250	27148	19085	43	865	179	717	533	100	1789	814
勐海县	27266	22457	18764	43	782	64	284	171	46	761	395
勐腊县	20493	15518	12332	40	281	58	314	205	63	697	388
大理白族自治州	**262979**	**205569**	**153180**	**932**	**9434**	**981**	**7142**	**4190**	**491**	**9325**	**4117**
大理市	51612	34517	15383	43	2630	378	3117	1519	206	4056	1404
漾濞彝族自治县	8369	6889	5756	18	180	33	89	66	10	173	82
祥云县	33596	26315	18012	429	2458	79	1036	677	56	1202	524
宾川县	27116	22080	18995	38	375	77	175	224	40	647	318
弥渡县	22370	17956	14249	40	615	40	482	374	22	773	371
南涧彝族自治县	15615	13274	10349	57	421	80	589	244	17	344	211

金融业	房地产业	租赁和商务服务业	科学研究、技术服务和地质勘察业	水利、环境和公共设施管理业	居民服务和其他服务业	教育	卫生、社会保障和社会福利业	文化、体育和娱乐业	公共管理和社会组织	国际组织	三次产业人口占行业人口比重(%) 第一产业	第二产业	第三产业
495	**286**	**488**	**218**	**333**	**2354**	**2829**	**1220**	**435**	**3435**		**74.23**	**8.17**	**17.59**
201	115	190	82	53	397	531	304	109	814		49.74	16.02	34.24
49	10	33	28	28	187	265	118	29	286		66.52	11.26	22.22
32	67	48	17	22	259	333	142	32	337		77.57	6.65	15.78
38	18	43	36	95	294	346	134	35	423		77.61	6.35	16.04
40	18	30	4	23	229	291	138	53	336		78.86	7.05	14.09
29	6	23	26	15	196	232	97	17	259		75.10	7.62	17.27
24	3	28	8	20	111	113	55	18	173		72.73	8.34	18.93
21	11	21		20	236	129	57	37	221		78.60	5.33	16.07
39	36	48	14	41	358	494	145	48	458		81.04	6.05	12.92
22	2	24	3	16	87	95	30	57	128		69.76	15.13	15.11
288	**112**	**305**	**43**	**141**	**1189**	**2442**	**838**	**309**	**2822**		**80.28**	**7.63**	**12.09**
92	20	70	6	36	100	417	165	51	617		74.22	7.30	18.48
28	18	78	2	30	349	350	107	23	414		79.53	8.89	11.58
37	30	13	7	11	213	474	131	35	411		81.38	7.30	11.33
43	2	30	6	5	128	314	118	25	360		85.55	5.69	8.76
5	4	32	3	9	45	162	54	17	197		84.43	5.23	10.34
19	3	21	6	8	108	174	49	17	183		80.89	8.24	10.87
40	12	42	8	25	133	320	132	35	350		81.32	6.36	12.32
24	23	19	5	17	113	231	82	106	290		72.62	12.74	14.64
709	**497**	**897**	**246**	**498**	**2231**	**3327**	**1589**	**414**	**3779**		**69.45**	**10.86**	**19.69**
302	287	296	138	181	525	919	479	175	1100		57.18	13.50	29.32
21	14	50	5	24	165	189	91	20	236		72.76	10.04	17.20
56	27	86	33	29	290	285	111	42	287		59.41	16.37	24.22
47	9	33	11	13	113	234	92	17	338		77.88	9.01	13.11
38	12	58	15	27	159	223	105	22	213		68.60	13.18	18.22
49	13	120	7	55	208	261	136	28	249		74.37	9.71	15.91
31	3	29	4	11	85	145	50	10	239		75.52	6.65	17.83
45	18	32	5	10	125	212	99	18	240		80.72	5.28	14.00
50	75	119	19	56	284	348	162	36	380		70.45	9.66	19.89
70	39	74	9	92	277	511	264	46	497		72.28	10.64	17.08
798	**538**	**553**	**300**	**598**	**3605**	**4613**	**2110**	**712**	**4787**	**1**	**73.07**	**11.08**	**15.85**
150	143	54	72	93	369	521	337	213	537		35.71	38.74	25.55
76	83	101	32	67	262	390	386	71	445		55.52	17.58	26.90
150	128	56	112	73	535	560	248	145	905		67.33	11.06	21.61
8	1	3	3	6	40	142	39	24	145		89.47	2.90	7.63
104	68	84	23	80	332	605	272	66	570		76.47	6.86	16.67
60	27	84	1	47	275	360	133	34	271		76.91	7.76	15.33
83	35	49	19	94	816	570	222	47	383		76.71	8.38	14.91
63	34	11	19	34	294	445	176	46	414		77.37	9.06	13.57
23	1	23	2	23	203	262	76	21	281	1	79.32	10.71	9.97
15	3	26	2	8	89	165	58	6	183		84.15	7.32	8.54
9	3	21		20	97	252	58	12	215		89.18	3.67	7.14
14	4	12	9	52	201	217	44	15	199		79.79	6.61	13.60
43	8	29	6	1	92	124	61	12	239		67.23	6.54	26.23
383	**106**	**154**	**78**	**138**	**1286**	**3207**	**962**	**240**	**2829**		**85.73**	**4.92**	**9.34**
182	67	81	41	52	461	672	260	117	803		68.75	9.15	22.10
48	8	15	4	21	152	391	140	25	303		86.82	4.49	8.68
15	2	15	10	1	69	279	68	2	188		89.81	2.26	7.93
26	2	8	5	12	70	319	69	16	274		83.63	6.59	9.79
21	4	5		9	114	306	107	6	261		87.57	4.30	8.12
24	9	10	2	8	85	434	98	13	381		89.49	3.54	6.97
31	6	6	11	24	85	484	131	23	254		93.62	2.00	4.38
36	8	14	5	11	250	322	89	38	365		78.33	10.29	11.38
248	**142**	**298**	**166**	**262**	**687**	**1207**	**646**	**276**	**1378**		**77.06**	**5.64**	**17.31**
143	103	240	87	186	370	614	340	178	762		70.30	6.65	23.06
50	8	22	45	27	180	285	165	63	302		83.56	5.22	11.22
55	31	36	34	49	137	308	141	35	314		79.47	4.47	16.07
806	**438**	**832**	**312**	**458**	**2309**	**3777**	**1925**	**491**	**4429**		**74.52**	**8.99**	**16.49**
362	314	462	149	225	767	1063	687	337	1415		44.57	17.87	37.56
21	1	2	8	7	50	113	57	9	214		83.55	4.65	11.80
72	33	105	31	40	437	490	211	17	406		68.45	15.21	16.34
54	7	63	24	28	156	304	136	18	401		86.03	3.01	10.96
40	12	22	3	21	190	305	131	14	252		79.36	6.55	14.09
24	13	37	4	22	157	233	101	10	361		77.96	8.64	13.39

表6 续表 42

地　区	16岁及以上人口总　计	各种行业人口总计	农　林牧渔业	采矿业	制造业	电力、燃气及水的生产和供应业	建筑业	仓储和邮政业	交通运输、计算机服务和 软件业	信息传输、批发和零售业	住宿和餐饮业
巍山彝族回族自治县	22177	18492	15383	51	697	30	410	140	33	478	304
永平县	13747	11062	9139	13	229	48	227	132	32	298	190
云龙县	15429	12829	10942	75	215	21	159	211	16	315	201
洱源县	20154	16521	14377	86	263	88	220	211	14	321	193
剑川县	12866	9845	7385	50	812	38	331	240	18	275	174
鹤庆县	19928	15789	13210	32	539	69	307	152	27	443	145
德宏傣族景颇族自治州	**92007**	**72778**	**49617**	**232**	**3867**	**431**	**2360**	**1532**	**271**	**5411**	**2102**
瑞丽市	14514	11080	4701	23	1038	54	587	544	33	2175	515
潞西市	30195	23209	15958	58	971	111	793	445	153	1379	681
梁河县	12055	9749	7209	106	524	41	274	143	20	449	219
盈江县	22429	18265	13409	35	985	177	470	294	49	1080	461
陇川县	12814	10475	8340	10	349	48	236	106	16	328	226
怒江傈僳族自治州	**39356**	**32956**	**25962**	**642**	**624**	**253**	**539**	**589**	**127**	**1116**	**485**
泸水县	12862	10928	8680	66	131	75	107	168	60	380	168
福贡县	7245	5820	4747	6	175	56	154	100	7	151	33
贡山独龙族怒族自治县	3057	2619	2038	43	45	19	53	55	6	103	51
兰坪白族普米族自治县	16192	13589	10497	527	273	103	225	266	54	482	233
迪庆藏族自治州	**31251**	**25471**	**19061**	**252**	**403**	**221**	**681**	**379**	**98**	**858**	**927**
香格里拉县	13748	11022	7315	163	276	130	345	239	66	465	422
德钦县	5468	4373	3387	45	13	22	159	53	16	123	168
维西傈僳族自治县	12035	10076	8359	44	114	69	177	87	16	270	337
西藏自治区	**195270**	**147821**	**110770**	**324**	**3196**	**746**	**3467**	**2239**	**485**	**8262**	**3534**
拉萨市	**41974**	**30156**	**13911**	**138**	**1724**	**254**	**1445**	**952**	**258**	**3868**	**1620**
城关区	21651	13949	849	100	1359	243	1022	559	242	3386	1325
林周县	3377	2766	2609	1	13		9	9	1	60	15
当雄县	3275	2519	2079	4	21	5	35	103		72	42
尼木县	2067	1797	1557	9	8		56	13	4	25	44
曲水县	2331	1842	1359	8	54		135	46	4	42	42
堆龙德庆县	3665	2553	1337	15	229	4	165	194	4	173	76
达孜县	2145	1783	1484		27		9	10		58	12
墨竹工卡县	3463	2947	2637	1	13	2	14	18	3	52	64
昌都地区	**34247**	**26867**	**23527**	**9**	**128**	**46**	**83**	**251**	**36**	**910**	**252**
昌都县	5283	3908	2042	7	43	28	74	184	28	529	133
江达县	4287	3363	3265		1			29		20	
贡觉县	1619	1350	1227	2	1			1	1	68	
类乌齐县	1976	1412	1259		24	2	2	15	1	19	6
丁青县	3020	1985	1774		11			1		86	6
察雅县	3343	2637	2536		7	1				23	4
八宿县	2798	2255	2097		3	8	1		2	15	23
左贡县	2453	1978	1801		15	1		4	3	42	24
芒康县	5327	4496	4323		12			4		59	9
洛隆县	2311	2025	1889		8	2	2	1		21	25
边坝县	1830	1458	1314		3	4	4	12	1	28	22
山南地区	**24650**	**20041**	**16383**	**140**	**190**	**263**	**354**	**157**	**43**	**519**	**393**
乃东县	4528	3699	2085	51	80	67	117	43	29	323	158
扎朗县	2674	2068	1923		4		8	13		7	16
贡嘎县	3395	2703	2270	5	75	8	110	34	6	45	53
桑日县	1276	995	933		1			1			
琼结县	1288	1037	917		7		2	3		7	12
曲松县	1114	838	728					11		7	49
措美县	1010	771	557				64		1	2	50
洛扎县	1408	1210	1084		5	1	13	7		17	12
加查县	1812	1560	1162	20	16	182	23	7	1	64	19
隆子县	2775	2377	2144	61	1		5	28	1	34	7
错那县	982	826	723		1	5		5	5	11	9
浪卡子县	2388	1957	1857	3			12	5		2	8
日喀则地区	**47103**	**36771**	**29976**	**10**	**948**	**67**	**1129**	**382**	**56**	**1299**	**620**
日喀则市	8402	6207	3418	3	415	27	196	207	37	721	327
南木林县	4625	3588	3307		5	4	68	6	3	16	58
江孜县	4549	3170	2705	2	105	1	50	31	3	90	34
定日县	3138	2552	2322		15	2	61	6		16	21
萨迦县	3801	2853	2634	1	14	5	44	9		38	17
拉孜县	2790	2183	1625	1	23	1	336	19	2	34	27
昂仁县	3036	2333	2159	1	9			4		24	4
谢通门县	2367	2004	1801	1	12	2	38	5	1	11	8

金融业	房地产业	租赁和商务服务业	科学研究、技术服务和地质勘察业	水利、环境和公共设施管理业	居民服务和其他服务业	教育	卫生、社会保障和社会福利业	文化、体育和娱乐业	公共管理和社会组织	国际组织	三次产业人口占行业人口比重(%)		
											第一产业	第二产业	第三产业
53	34	13	10	13	118	285	129	14	297		83.19	6.42	10.39
29	3	16	13	9	77	234	100	14	259		82.62	4.67	12.71
32	8	41	32	7	76	213	56	14	195		85.29	3.66	11.05
49	1	37	14	12	89	215	109	13	209		87.02	3.98	9.00
21	7	10	7	21	99	136	61	13	147		75.01	12.50	12.48
49	5	24	17	53	93	186	147	18	273		83.67	6.00	10.34
303	**174**	**404**	**87**	**159**	**957**	**1521**	**731**	**298**	**2321**		**68.18**	**9.47**	**22.36**
65	82	134	27	81	171	222	116	83	429		42.43	15.36	42.21
126	60	167	40	50	333	547	323	108	906		68.76	8.33	22.91
31	4	39	3	10	115	209	88	20	245		73.95	9.69	16.36
51	17	25	11	11	264	345	120	56	405		73.41	9.13	17.46
30	11	39	6	7	74	198	84	31	336		79.62	6.14	14.24
126	**9**	**36**	**33**	**80**	**310**	**655**	**272**	**64**	**1034**		**78.78**	**6.24**	**14.98**
65	8	20	11	12	110	311	111	14	431		79.43	3.47	17.10
6		6	4	7	20	110	38	15	185		81.56	6.72	11.72
8		3	8	6	10	34	24	10	103		77.82	6.11	16.07
47	1	7	10	55	170	200	99	25	315		77.25	8.30	14.45
90	**23**	**131**	**38**	**111**	**278**	**460**	**186**	**122**	**1152**		**74.83**	**6.11**	**19.05**
52	20	102	5	86	208	238	98	67	725		66.37	8.29	25.34
11	2	5	6	17	8	74	32	30	202		77.45	5.47	17.08
27	1	24	27	8	62	148	56	25	225		82.96	4.01	13.03
644	**164**	**395**	**305**	**337**	**1271**	**2891**	**1014**	**826**	**6950**	**1**	**74.94**	**5.23**	**19.83**
300	**161**	**292**	**247**	**187**	**651**	**862**	**337**	**579**	**2370**		**46.13**	**11.81**	**42.06**
292	142	275	231	167	532	605	276	549	1795		6.09	19.53	74.39
1				1	11	23		1	12		94.32	0.83	4.84
					24	50	9	6	69		82.53	2.58	14.89
1		1	1		4	28	2	4	40		86.64	4.06	9.29
1				12	8	25	11	5	90		73.78	10.69	15.53
3	19	14	15	5	52	69	22	10	147		52.37	16.18	31.45
1					1	35	9	1	136		83.23	2.02	14.75
1		2		2	19	27	8	3	81		89.48	1.02	9.50
46		**18**	**3**	**16**	**130**	**373**	**125**	**42**	**872**		**87.57**	**0.99**	**11.44**
31		11	3	1	93	163	82	22	434		52.25	3.89	43.86
						11	3		34		97.09	0.03	2.88
									50		90.89	0.22	8.89
		2		1		29	3	2	47		89.16	1.98	8.85
2				5	4	40	7	1	48		89.37	0.55	10.08
4					6	18	2		36		96.17	0.30	3.53
3					11	23	2	1	66		92.99	0.53	6.47
4		1			9	33	7	5	29		91.05	0.81	8.14
1				4		18	9	7	50		96.15	0.27	3.58
1				5	2	18	1	1	49		93.28	0.59	6.12
		4			5	20	9	3	29		90.12	0.75	9.12
70	**1**	**20**	**4**	**7**	**142**	**335**	**115**	**63**	**842**		**81.75**	**4.73**	**13.53**
37	1	6	4	4	61	135	66	33	399		56.37	8.52	35.12
7				1	7	32	3	2	45		92.99	0.58	6.43
5		1			11	22	5	8	45		83.98	7.33	8.69
7						12	1		40		93.77	0.10	6.13
		1		1	2	21	4		60		88.43	0.87	10.70
4					3	15	2	2	17		86.87		13.13
					38	2			57		72.24	8.30	19.46
2		1		1	3	11	9	1	43		89.59	1.57	8.84
1		1			9	11	11		33		74.49	15.45	10.06
6		4			7	22	9	12	36		90.20	2.82	6.98
						19	2	1	45		87.53	0.73	11.74
1		6			1	33	3	4	22		94.89	0.77	4.34
104	**2**	**9**	**34**	**55**	**116**	**652**	**161**	**49**	**1101**	**1**	**81.52**	**5.86**	**12.62**
56	2	5	26	39	57	163	64	31	412	1	55.07	10.33	34.61
					8	52	7	1	53		92.17	2.15	5.69
1		2	1	1	9	82	9	2	42		85.33	4.98	9.68
			7		2	40	10	2	48		90.99	3.06	5.96
3					16	35	11		26		92.32	2.24	5.43
3						38	7	1	66		74.44	16.54	9.02
10				7	5	51	8	4	47		92.54	0.43	7.03
5		1			7	58	8	2	44		89.87	2.64	7.49

表6 续表 43

地　区	16岁及以上人口总　计	各种行业人口总计	农　林牧渔业	采矿业	制造业	电力、燃气及水的生产和供应业	建筑业	仓储和邮政业	交通运输、计算机服务和 软件业	信息传输、批发和零售业	住宿和餐饮业
白朗县	4011	3198	2824		178		86	11	5	21	16
仁布县	1901	1606	1224	1	102	1	186	8		29	15
康马县	1373	1145	1009		34	4	4	6	1	13	
定结县	1083	874	784			3		8		6	5
仲巴县	1258	1021	911		3	4	4			48	5
亚东县	833	661	512		21	5		29	3	19	14
吉隆县	1092	958	863		2		15	8	1	11	6
聂拉木县	1049	881	614		2	3	9	10		127	53
萨嘎县	1238	1049	907					1		73	
岗巴县	557	488	357		8	5	32	14		2	10
那曲地区	**27098**	**18691**	**16036**	**6**	**43**	**36**	**17**	**212**	**34**	**787**	**172**
那曲县	7353	4338	3006	4	28	20	14	69	21	501	92
嘉黎县	1642	1336	1196					4	1	30	4
比如县	3028	2534	2452					17		51	3
聂荣县	2034	1348	1199			1	1	1		22	4
安多县	2302	1561	1364	2	3		2	24	3	24	33
申扎县	1090	867	720		2	5		9		27	4
索县	1861	1582	1433		3			1	2	35	9
班戈县	2000	1326	1243		1	4				7	
巴青县	3077	1777	1534		5	5		83		62	19
尼玛县	2711	2022	1889		1	1		4	7	28	4
阿里地区	**5930**	**4460**	**3532**	**3**	**14**	**7**	**22**	**61**	**21**	**163**	**83**
普兰县	638	502	391	1	2		1		1	31	13
札达县	439	342	284		3				1	12	10
噶尔县	976	693	291	1	8	3	21	17	19	55	25
日土县	645	540	459			1				1	3
革吉县	1031	840	792		1			1		16	
改则县	1362	894	732	1				43		36	23
措勤县	839	649	583			3				12	9
林芝地区	**14268**	**10835**	**7405**	**18**	**149**	**73**	**417**	**224**	**37**	**716**	**394**
林芝县	4152	2952	1103	8	91	46	241	99	26	401	222
工布江达县	1987	1572	1301		12	5	5	12	1	49	46
米林县	1805	1402	1036		16	6	59	20	5	83	27
墨脱县	768	676	550		6	1	10	10		39	9
波密县	2286	1870	1461	10	5	10	87	29	4	55	49
察隅县	1940	1342	1131		9	3	15	20		58	19
朗县	1330	1021	823		10	2		34	1	31	22
陕西省	**3012481**	**1996061**	**1091832**	**34478**	**163692**	**13216**	**128071**	**72301**	**12619**	**176973**	**75147**
西安市	**700560**	**409485**	**109641**	**2812**	**54007**	**3262**	**35153**	**19310**	**5862**	**78426**	**24172**
新城区	41337	22494	26	25	4065	415	834	1609	372	7551	1836
碑林区	53613	25039	105	106	2267	402	1312	1271	618	6359	1830
莲湖区	61212	33640	158	128	6447	565	1409	2520	837	9749	2378
灞桥区	52474	30560	7291	93	4966	301	2424	2260	281	6980	1375
未央区	67030	38468	1554	1142	7496	297	3138	2745	600	11536	2523
雁塔区	100801	59431	321	362	9010	531	5226	2151	2397	15905	5284
阎良区	20556	13269	5976	19	2390	75	855	299	51	999	447
临潼区	51116	35464	21206	134	2411	130	4073	1081	93	2622	1444
长安区	103179	51270	15110	134	5119	82	7043	2036	311	9795	3692
蓝田县	38549	26362	18660	72	957	52	1679	693	45	1467	958
周至县	43086	30712	21807	65	1113	76	2172	861	94	1780	559
户县	43475	26685	11981	42	4320	232	3008	1096	86	2585	827
高陵县	24132	16091	5446	490	3446	104	1980	688	77	1098	1019
铜川市	**64432**	**38190**	**18443**	**2611**	**2688**	**318**	**1764**	**2101**	**235**	**2680**	**2098**
王益区	13730	6300	1137	362	860	45	473	651	90	742	512
印台区	16943	8620	3569	1396	560	86	326	475	29	528	549
耀州区	25497	16683	8914	759	1101	168	839	749	93	1131	795
宜君县	8262	6587	4823	94	167	19	126	226	23	279	242
宝鸡市	**297820**	**200904**	**99400**	**1353**	**28665**	**1295**	**18026**	**8242**	**1294**	**14888**	**8024**
渭滨区	34281	19342	2415	146	5557	294	1932	1074	252	2632	1159
金台区	31184	17534	3077	128	3411	430	1549	2218	183	3000	575
陈仓区	49870	32002	14360	65	4432	109	4512	1371	302	2463	1527
凤翔县	38487	27159	16409	34	2738	93	2366	702	85	1569	997
岐山县	37700	24412	10871	30	5171	81	2307	739	102	1680	1261
扶风县	31166	22700	13594	28	2471	82	2349	741	106	1273	653
眉县	23918	17132	11266	35	1828	71	779	397	135	929	424

金融业	房地产业	租赁和商务服务业	科学研究、技术服务和地质勘察业	水利、环境和公共设施管理业	居民服务和其他服务业	教育	卫生、社会保障和社会福利业	文化、体育和娱乐业	公共管理和社会组织	国际组织	三次产业人口占行业人口比重(%) 第一产业	第二产业	第三产业
6				4		6	6	1	34		88.31	8.26	3.44
1				1	4	4			30		76.21	18.06	5.73
2					1	25	8		38		88.12	3.67	8.21
				2		12	9	1	44		89.70	0.34	9.95
7					1	9	3		26		89.23	1.08	9.70
5		1			3	13	6	1	29		77.46	3.93	18.61
				1	2	18	1	2	28		90.08	1.77	8.14
3						31	1		28		69.69	1.59	28.72
									68		86.46		13.54
2					1	15	3	1	38		73.16	9.22	17.62
39		**14**	**4**	**24**	**45**	**316**	**128**	**26**	**752**		**85.80**	**0.55**	**13.66**
20		11	2	6	21	115	54	10	344		69.29	1.52	29.18
2			2		2	29	5		61		89.52		10.48
								9	2		96.76		3.24
2				3		39	8		68		88.95	0.15	10.91
		1		7	5	27	10	2	54		87.38	0.45	12.17
4					7	18	13	2	56		83.04	0.81	16.15
				7	9	24	2	1	56		90.58	0.19	9.23
1		2				16	14		38		93.74	0.38	5.88
6						29	8		26		86.33	0.56	13.11
4				1	1	19	14	2	47		93.42	0.10	6.48
33		**11**	**4**	**19**	**18**	**70**	**68**	**7**	**324**		**79.19**	**1.03**	**19.78**
1			3		2	12	10	1	33		77.89	0.80	21.31
5					2	2	6		17		83.04	0.88	16.08
20		11	1	18	11	20	29	5	138		41.99	4.76	53.25
3						12	7		54		85.00	0.19	14.81
						8			22		94.29	0.12	5.60
						12	7	1	39		81.88	0.11	18.01
4				1	3	4	9		21		89.83	0.46	9.71
52		**31**	**9**	**29**	**169**	**283**	**80**	**60**	**689**		**68.34**	**6.06**	**25.59**
32		19	1	16	90	152	35	43	327		37.36	13.08	49.56
5		6		2	15	25	6	6	76		82.76	1.40	15.84
3		3	2	3	25	32	9	2	71		73.89	5.78	20.33
2				3	6	17	2	2	19		81.36	2.51	16.12
3		2	6	3	11	38	16	1	80		78.13	5.99	15.88
7		1		2	10	11	4		52		84.28	2.01	13.71
					12	8	8	6	64		80.61	1.18	18.22
14329	**10222**	**8464**	**6126**	**6526**	**36330**	**49271**	**24669**	**8200**	**63587**	**8**	**54.70**	**17.01**	**28.29**
6140	**6943**	**4321**	**4543**	**2255**	**11813**	**16771**	**7732**	**4092**	**12226**	**4**	**26.78**	**23.26**	**49.97**
619	478	324	421	192	673	1096	747	257	953	1	0.12	23.74	76.15
1148	834	673	1234	158	878	2481	887	745	1731		0.42	16.32	83.26
1155	1017	595	513	335	1295	1402	911	582	1644		0.47	25.41	74.12
285	381	241	303	266	747	991	576	203	595	1	23.86	25.47	50.67
512	1010	454	212	287	1246	1325	714	378	1299		4.04	31.38	64.58
1629	1853	1494	930	491	2295	4415	1633	1287	2215	2	0.54	25.46	74.00
90	93	41	632	22	259	445	197	53	326		45.04	25.16	29.80
101	66	49	42	169	453	500	349	129	412		59.80	19.03	21.18
195	861	184	126	91	2376	2040	723	222	1130		29.47	24.14	46.39
86	79	57	27	72	503	426	183	39	307		70.78	10.47	18.75
99	24	68	30	73	370	695	285	65	476		71.00	11.16	17.84
159	48	70	56	58	433	615	318	82	669		44.90	28.49	26.61
62	199	71	17	41	285	340	209	50	469		33.85	37.41	28.74
329	**135**	**130**	**89**	**210**	**749**	**1038**	**724**	**133**	**1714**	**1**	**48.29**	**19.33**	**32.38**
111	34	49	29	49	154	282	310	38	371	1	18.05	27.62	54.33
60	45	17	20	33	117	209	144	20	437		41.40	27.47	31.13
131	43	51	38	121	365	438	215	60	672		53.43	17.19	29.38
27	13	13	2	7	113	109	55	15	234		73.22	6.16	20.62
1407	**532**	**698**	**213**	**723**	**3880**	**4413**	**2917**	**662**	**4271**	**1**	**49.48**	**24.56**	**25.97**
493	158	139	68	181	385	895	553	195	814		12.49	40.99	46.52
193	176	130	27	143	484	520	448	91	751		17.55	31.47	50.98
141	55	222	45	88	779	622	338	86	485		44.87	28.49	26.64
95	40	30	10	44	641	568	278	51	409		60.42	19.26	20.32
195	24	46	16	28	591	492	366	49	363		44.53	31.09	24.38
71	22	32	2	80	295	312	294	42	252	1	59.89	21.72	18.40
82	23	46	10	54	177	327	197	44	308		65.76	15.84	18.40

表6 续表 44

地区	16岁及以上人口总计	各种行业人口总计	农林牧渔业	采矿业	制造业	电力、燃气及水的生产和供应业	建筑业	仓储和邮政业	交通运输、计算机服务和软件业	信息传输、批发和零售业	住宿和餐饮业
陇县	20449	16681	12290	213	1164	34	965	279	35	293	446
千阳县	9882	7406	5110	4	412	20	502	258	20	243	279
麟游县	7761	5995	3666	164	372	21	461	142	13	306	316
凤县	8876	7338	4281	312	928	45	192	207	40	393	313
太白县	4246	3203	2061	194	181	15	112	114	21	107	74
咸阳市	**400768**	**266640**	**162234**	**1987**	**23361**	**1746**	**14646**	**9173**	**1237**	**18883**	**8470**
秦都区	43077	23385	7209	73	4737	375	1105	1061	295	2780	673
杨陵区	16725	8002	3150	40	575	47	1052	344	51	806	386
渭城区	35149	17888	5281	134	2691	624	1515	1105	177	2108	866
三原县	33481	23552	16219	20	1387	121	739	1302	113	1075	455
泾阳县	38186	26270	16100	65	1671	54	1863	1679	69	1828	822
乾县	39959	30145	24090	62	1531	68	1006	398	67	1112	467
礼泉县	35810	26752	22547	75	813	52	206	334	37	1165	379
永寿县	13156	9025	6489	13	297	11	460	230	14	463	253
彬县	26363	19728	12222	1094	743	117	668	647	104	1524	976
长武县	12330	8620	6195	175	271	102	278	165	21	447	363
旬邑县	19780	15131	10405	150	929	23	731	275	37	1027	673
淳化县	15150	12243	8982	17	702	25	262	140	26	667	603
武功县	30822	19264	9910	33	2453	48	2306	586	80	1588	703
兴平市	40780	26635	13435	36	4561	79	2455	907	146	2293	851
渭南市	**410866**	**288947**	**209589**	**5007**	**14514**	**1930**	**8552**	**6973**	**800**	**14216**	**7262**
临渭区	67626	46040	31412	147	2639	427	1445	1421	192	2983	916
华县	26612	18745	12785	551	1315	48	695	319	56	804	689
潼关县	12773	8997	6104	372	213	26	152	158	52	634	372
大荔县	54425	41271	32795	56	2368	75	778	628	144	1454	1008
合阳县	33926	24768	17991	462	547	24	1555	557	10	1350	535
澄城县	30961	20699	14554	680	781	128	487	679	47	1227	569
蒲城县	58078	43248	33755	381	1828	303	833	879	136	1802	1053
白水县	21190	15127	11574	382	205	69	235	279	47	800	323
富平县	55794	38487	29978	126	2279	72	1453	771	48	1060	881
韩城市	31432	20327	11568	1844	1424	437	540	928	43	1379	386
华阴市	18049	11238	7073	6	915	321	379	354	25	723	530
延安市	**177981**	**116943**	**59682**	**6762**	**2865**	**624**	**6703**	**4821**	**548**	**7428**	**4371**
宝塔区	36603	21073	128	1459	508	259	1625	1070	235	1781	928
延长县	11020	7454	4953	394	67	18	460	240	21	331	216
延川县	13547	7870	3816	234	338	36	596	636	47	822	390
子长县	17632	10184	5042	671	217	32	1337	597	20	735	436
安塞县	13665	9594	4428	816	255	64	1006	495	51	626	585
志丹县	13132	8686	5760	571	127	20	292	377	7	575	218
吴起县	12752	8862	4790	1302	105	45	406	369	43	604	402
甘泉县	6193	3757	1939	252	93	24	201	245	28	219	138
富县	11126	8221	6340	117	73	14	190	112	17	398	228
洛川县	17311	13645	10884	23	496	39	107	147	24	608	247
宜川县	10435	7219	5341	31	412	8	165	128	20	303	215
黄龙县	4341	3200	2526	3	29	12	69	57	12	80	39
黄陵县	10224	7178	3735	889	145	53	249	348	23	346	329
汉中市	**281577**	**205299**	**136811**	**2064**	**16050**	**963**	**11459**	**4727**	**741**	**11281**	**5018**
汉台区	43379	26586	10414	140	3032	310	1858	1221	262	3625	1154
南郑县	37039	27365	20147	72	1513	58	1491	350	95	1126	588
城固县	36887	28866	20124	101	2866	44	1161	421	63	1611	645
洋县	32658	25356	18828	72	2180	61	1420	327	42	757	367
西乡县	26906	19657	13353	284	1412	64	1190	409	45	1099	510
勉县	34933	25885	17072	266	2959	97	1343	717	81	979	637
宁强县	25598	19251	14143	209	856	77	1401	425	47	643	437
略阳县	17056	11971	7168	542	764	196	697	492	61	691	347
镇巴县	19772	15267	12074	295	303	32	705	244	17	517	161
留坝县	4319	3060	2239	56	63	7	86	71	12	115	95
佛坪县	3030	2035	1249	27	102	17	107	50	16	118	77
榆林市	**267086**	**171509**	**98013**	**6646**	**5370**	**1725**	**10407**	**9213**	**816**	**13384**	**5999**
榆阳区	49533	31203	12045	788	1241	468	3486	2085	257	3652	1486
神木县	36693	20967	6132	2682	1304	611	1548	1783	116	2300	1176
府谷县	22352	15129	5945	1565	1078	341	666	1390	77	1537	567
横山县	24604	16322	12312	211	137	37	873	454	33	811	286
靖边县	26351	17374	10705	635	325	84	924	833	53	1439	571
定边县	26824	19188	13883	546	115	28	735	765	72	999	592

金融业	房地产业	租赁和商务服务业	科学研究、技术服务和地质勘察业	水利、环境和公共设施管理业	居民服务和其他服务业	教育	卫生、社会保障和社会福利业	文化、体育和娱乐业	公共管理和社会组织	国际组织	三次产业人口占行业人口比重(%) 第一产业	第二产业	第三产业
30	10	11	3	28	153	306	156	26	239		73.68	14.24	12.08
37	5	4	6	37	127	97	87	15	143		69.00	12.67	18.34
21	10	21	2	8	84	119	92	27	150		61.15	16.98	21.87
34	8	16	17	25	139	89	83	30	186		58.34	20.13	21.53
15	1	1	7	7	25	66	25	6	171		64.35	15.67	19.98
1605	**893**	**705**	**459**	**831**	**4006**	**6229**	**2822**	**681**	**6672**		**60.84**	**15.65**	**23.50**
546	390	119	141	198	449	935	546	168	1585		30.83	26.90	42.27
51	50	63	13	88	184	727	115	54	206		39.37	21.42	39.22
279	213	100	186	149	437	842	406	99	676		29.52	27.75	42.73
140	36	112	39	109	217	443	266	73	686		68.86	9.63	21.51
97	20	40	9	48	465	599	285	25	531		61.29	13.91	24.81
67	30	27	7	29	388	317	140	42	297		79.91	8.85	11.24
48	13	7	1	3	113	309	153	14	483		84.28	4.28	11.43
27	7	15	3	5	135	207	95	16	285		71.90	8.65	19.45
54	52	30	9	45	559	389	117	31	347		61.95	13.29	24.76
23	4	6	5	11	105	129	53	9	258		71.87	9.58	18.55
43	9	26	14	13	220	189	88	30	249		68.77	12.11	19.12
25	16	13	5	75	141	214	70	39	221		73.36	8.22	18.42
64	18	70	21	16	281	366	211	38	472		51.44	25.12	23.43
141	35	77	6	42	312	563	277	43	376		50.44	26.77	22.79
1090	**421**	**767**	**187**	**423**	**3412**	**4680**	**2544**	**603**	**5977**		**72.54**	**10.38**	**17.08**
316	246	246	50	131	681	741	545	131	1371		68.23	10.12	21.66
60	18	22	1	10	321	321	152	44	534		68.20	13.92	17.88
38	10	17	6	21	82	168	149	26	397		67.84	8.48	23.67
90	20	141	36	16	571	464	246	62	319		79.46	7.94	12.60
58	34	12	11	32	257	527	185	35	586		72.64	10.45	16.91
91	22	79	3	35	358	400	190	48	321		70.31	10.03	19.66
109	10	102	27	79	358	543	301	55	694		78.05	7.73	14.22
43	14	14	2	4	200	345	152	28	411		76.51	5.89	17.60
68	12	71	10	49	241	506	253	70	539		77.89	10.21	11.90
92	23	23	32	27	191	433	234	39	684		56.91	20.88	22.21
125	12	40	9	19	152	232	137	65	121		62.94	14.42	22.64
652	**109**	**242**	**114**	**424**	**2252**	**3204**	**1389**	**385**	**14368**		**51.04**	**14.50**	**34.47**
218	52	40	11	163	457	868	496	135	10640		0.61	18.27	81.12
18	5	20		12	159	180	54	9	297		66.45	12.60	20.96
29	4	21	14	13	271	270	81	14	238		48.49	15.30	36.21
30	2	24	6	10	229	194	102	52	448		49.51	22.16	28.33
31	11	18	23	55	235	285	73	22	515		46.15	22.32	31.53
44	1	3	2	16	140	127	84	18	304		66.31	11.63	22.06
32	9	4	13	22	206	175	86	33	216		54.05	20.97	24.98
20	2		7	11	111	161	53	13	240		51.61	15.17	33.22
21	2	11	11	7	89	228	67	13	283		77.12	4.79	18.09
94	13	60	5	36	143	297	88	31	303		79.77	4.87	15.36
37	1	9	7	35	87	126	51	18	225		73.99	8.53	17.48
28	1	4	3	10	16	80	36	10	185		78.94	3.53	17.53
50	6	28	12	34	109	213	118	17	474		52.03	18.61	29.35
1007	**394**	**536**	**190**	**456**	**2428**	**3583**	**2176**	**459**	**4955**	**1**	**66.64**	**14.87**	**18.49**
373	181	134	64	236	594	911	719	182	1176		39.17	20.09	40.74
93	39	23	8	28	316	427	203	93	695		73.62	11.45	14.92
70	41	70	23	34	335	433	250	31	543		69.72	14.45	15.83
104	31	65	5	18	183	325	171	13	387		74.25	14.72	11.02
78	28	30	17	46	240	261	204	21	365	1	67.93	15.01	17.06
87	36	142	45	60	330	433	197	32	372		65.95	18.02	16.02
76	11	32	3	11	125	272	134	13	336		73.47	13.21	13.32
53	12	21	13	8	151	178	114	40	423		59.88	18.37	21.75
36	12	4	7	9	87	266	111	13	374		79.09	8.74	12.17
24	3	6	1	3	38	42	46	13	140		73.17	6.93	19.90
13		9	4	3	29	35	27	8	144		61.38	12.43	26.19
954	**295**	**597**	**172**	**706**	**4026**	**4026**	**1844**	**628**	**6688**		**57.15**	**14.08**	**28.77**
373	157	202	92	273	837	1078	544	270	1869		38.60	19.17	42.22
134	73	177	38	138	948	509	291	114	893		29.25	29.31	41.45
99	10	69	1	95	478	324	160	34	693		39.30	24.13	36.58
38	9	25	4	17	383	257	96	19	320		75.43	7.71	16.86
60	21	37	1	64	417	412	157	28	608		61.62	11.33	27.06
46	7	9	1	22	359	335	103	23	548		72.35	7.42	20.23

表6 续表 45

地 区	16岁及以上人口总 计	各种行业人口总计	农 林牧渔业	采矿业	制造业	电力、燃气及水的生产和供应业	建筑业	仓储和邮政业	交通运输、计算机服务和 软件业	信息传输、批发和零售业	住宿和餐饮业
绥德县	22355	13057	8913	63	305	49	614	674	42	754	418
米脂县	11587	7337	5019	48	306	23	394	360	25	282	152
佳县	16120	11645	9224	24	133	26	348	187	40	574	227
吴堡县	5866	3445	2131	8	135	19	118	252	28	198	81
清涧县	10808	7181	5430	20	131	19	224	239	32	355	198
子洲县	13993	8661	6274	56	160	20	477	191	41	483	245
安康市	**223739**	**159652**	**98880**	**3244**	**11421**	**918**	**11903**	**4903**	**678**	**10082**	**5026**
汉滨区	72655	49400	27247	551	4339	393	3717	2156	262	4373	1654
汉阴县	21933	15649	7889	330	2276	64	1819	397	91	935	616
石泉县	14837	11136	5577	417	932	98	938	369	73	1085	679
宁陕县	5989	4429	2668	46	119	42	338	208	31	222	263
紫阳县	23528	16294	13182	142	320	47	546	326	48	589	220
岚皋县	14584	10499	6278	469	789	89	577	290	34	662	498
平利县	16495	11372	6878	520	1139	38	728	221	44	626	367
镇坪县	4661	3492	2393	113	74	42	140	106	14	106	43
旬阳县	36163	27988	20391	416	984	78	2280	568	67	1102	524
白河县	12894	9393	6377	240	449	27	820	262	14	382	162
商洛市	**187652**	**138492**	**99139**	**1992**	**4751**	**435**	**9458**	**2838**	**408**	**5705**	**4707**
商州区	41698	32250	21667	75	686	142	2824	947	167	1677	1323
洛南县	38968	30843	24680	368	1189	50	1206	382	84	714	784
丹凤县	23449	17023	11690	361	769	64	1312	313	32	760	964
商南县	17118	12403	8821	209	597	33	635	198	37	540	281
山阳县	32089	22956	17821	268	512	40	1456	380	25	803	476
镇安县	21992	15622	10368	443	521	69	1252	412	39	832	594
柞水县	12338	7395	4092	268	477	37	773	206	24	379	285
甘肃省	**2077912**	**1414319**	**1013880**	**14202**	**57466**	**9930**	**49764**	**33798**	**4981**	**75330**	**27388**
兰州市	**300109**	**173907**	**49135**	**1705**	**21179**	**3038**	**10182**	**10628**	**2230**	**29612**	**8214**
城关区	106934	63397	928	287	6422	766	4784	4699	1637	18485	4245
七里河区	45354	23979	4113	276	3372	832	1507	2260	274	5076	1140
西固区	30493	16830	1784	45	5501	642	1369	1066	102	2026	629
安宁区	25009	9588	280	40	1813	353	538	651	106	1549	791
红古区	10529	6126	2222	890	625	110	200	237	16	509	241
永登县	33591	23908	15898	124	2194	242	1132	974	65	1004	700
皋兰县	10715	7314	5596	22	308	37	181	264	9	206	69
榆中县	37484	22765	18314	21	944	56	471	477	21	757	399
嘉峪关市	**17963**	**10380**	**1073**	**375**	**2747**	**533**	**656**	**1369**	**64**	**1101**	**364**
市辖区	17963	10380	1073	375	2747	533	656	1369	64	1101	364
金昌市	**36822**	**22526**	**9963**	**1014**	**3195**	**537**	**1422**	**1053**	**135**	**1367**	**671**
金川区	17530	10318	1967	892	2354	282	928	574	90	890	323
永昌县	19292	12208	7996	122	841	255	494	479	45	477	348
白银市	**132866**	**87321**	**61642**	**1981**	**4156**	**984**	**2409**	**2536**	**236**	**4463**	**1521**
白银区	22819	12505	3307	374	2466	334	416	788	131	1456	415
平川区	15116	9005	4658	1462	223	412	177	267	21	538	225
靖远县	34325	23354	20104	42	226	69	167	817	22	694	129
会宁县	43409	30905	25129	73	815	79	1305	283	30	1221	529
景泰县	17197	11552	8444	30	426	90	344	381	32	554	223
天水市	**247510**	**161952**	**126928**	**344**	**6300**	**504**	**6529**	**2721**	**314**	**6596**	**2380**
秦州区	48915	29584	18029	119	2421	219	1959	718	128	1930	651
麦积区	41030	24777	17681	147	1413	88	900	981	42	1183	512
清水县	20545	15382	13409	14	127	38	419	70	12	256	190
秦安县	39646	27757	24682	13	380	36	471	231	29	852	175
甘谷县	42494	27052	21503	15	1068	84	1624	292	60	1153	234
武山县	33196	22125	18759	21	660	16	811	300	20	647	193
张家川回族自治县	21684	15275	12865	15	231	23	345	129	23	575	425
武威市	**151058**	**105704**	**86122**	**755**	**2375**	**374**	**2013**	**2382**	**198**	**3304**	**1313**
凉州区	80160	56263	43927	362	1670	245	978	1791	148	2190	801
民勤县	23051	16506	14576	69	96	43	48	137	23	366	60
古浪县	33311	22660	19656	46	383	31	676	289	15	474	288
天祝藏族自治县	14536	10275	7963	278	226	55	311	165	12	274	164
张掖市	**96404**	**72754**	**55273**	**397**	**2071**	**459**	**2173**	**1639**	**230**	**3256**	**1013**
甘州区	41926	30337	21725	115	1055	263	986	919	126	1688	463
肃南裕固族自治县	2580	2006	1444	49	26	20	14	39	10	70	48
民乐县	14687	12270	10533	25	201	49	214	124	23	354	89
临泽县	11011	9050	7581	10	157	28	95	113	15	296	65
高台县	13223	10583	8449	78	178	37	216	179	31	452	174
山丹县	12977	8508	5541	120	454	62	648	265	25	396	174

金融业	房地产业	租赁和商务服务业	科学研究、技术服务和地质勘察业	水利、环境和公共设施管理业	居民服务和其他服务业	教育	卫生、社会保障和社会福利业	文化、体育和娱乐业	公共管理和社会组织	国际组织	三次产业人口占行业人口比重(%) 第一产业	第二产业	第三产业
58	10	24	18	42	201	321	176	34	341		68.26	7.90	23.84
30	1	21	2	21	38	190	67	31	327		68.41	10.51	21.08
24	3	11	5	17	108	227	84	34	349		79.21	4.56	16.23
23	4	2	1	2	49	97	45	11	241		61.86	8.13	30.01
36		8	4	1	73	106	55	5	245		75.62	5.49	18.90
33		12	5	14	135	170	66	25	254		72.44	8.23	19.33
621	**407**	**222**	**77**	**190**	**2125**	**3081**	**1430**	**309**	**4135**		**61.93**	**17.22**	**20.85**
274	272	79	36	63	520	1217	565	135	1547		55.16	18.22	26.63
48	34	22	7	26	336	258	150	29	322		50.41	28.69	20.90
54	17	30	8	12	231	212	91	35	278		50.08	21.42	28.50
29	4	12		9	101	77	62	18	180		60.24	12.31	27.46
38	4	6	1	5	107	311	97	6	299		80.90	6.47	12.62
42	17	6	3	15	182	166	66	18	298		59.80	18.33	21.88
34	12	19	1	21	218	164	76	26	240		60.48	21.32	18.19
17	1	2	3	1	37	89	57	10	244		68.53	10.57	20.90
67	28	37	17	36	275	390	201	25	502		72.86	13.43	13.72
18	18	9	1	2	118	197	65	7	225		67.89	16.35	15.76
524	**93**	**246**	**82**	**308**	**1639**	**2246**	**1091**	**248**	**2581**	**1**	**71.58**	**12.01**	**16.40**
180	42	68	50	117	550	541	275	75	843	1	67.18	11.56	21.26
94	12	88	9	63	186	449	198	37	250		80.02	9.12	10.86
59	3	25	2	18	222	155	90	17	167		68.67	14.72	16.61
56	9	20	6	21	145	314	114	30	337		71.12	11.88	17.00
41	4	11	2	6	183	377	171	14	366		77.63	9.91	12.45
50	12	22	9	54	221	232	142	46	304		66.37	14.63	19.01
44	11	12	4	29	132	178	101	29	314		55.33	21.03	23.64
8773	**4124**	**5735**	**3501**	**3704**	**14422**	**32153**	**12927**	**4086**	**38152**	**3**	**71.69**	**9.29**	**19.03**
3359	**2213**	**2879**	**1989**	**981**	**4044**	**7754**	**3354**	**1857**	**9552**	**2**	**28.25**	**20.76**	**50.99**
2301	1305	1726	1195	421	2064	3198	1656	1304	5972	2	1.46	19.34	79.20
329	275	388	358	115	527	1114	615	261	1147		17.15	24.97	57.88
269	391	379	238	117	582	722	333	116	519		10.60	44.90	44.50
182	135	173	142	131	344	1328	218	107	707		2.92	28.62	68.46
53	37	144	5	12	100	234	106	13	372		36.27	29.79	33.94
75	34	42	17	95	219	561	186	31	315		66.50	15.44	18.06
42	8	7	2	24	59	185	83	7	205		76.51	7.49	16.00
108	28	20	32	66	149	412	157	18	315		80.45	6.55	13.00
171	**243**	**219**	**54**	**53**	**241**	**309**	**228**	**113**	**467**		**10.34**	**41.53**	**48.13**
171	243	219	54	53	241	309	228	113	467		10.34	41.53	48.13
306	**57**	**301**	**171**	**231**	**385**	**580**	**366**	**102**	**670**		**44.23**	**27.38**	**28.39**
229	44	173	122	127	279	321	186	75	462		19.06	43.19	37.75
77	13	128	49	104	106	259	180	27	208		65.50	14.02	20.48
518	**166**	**440**	**140**	**288**	**941**	**2010**	**744**	**147**	**1999**		**70.59**	**10.91**	**18.49**
278	84	221	75	69	294	455	267	62	1013		26.45	28.71	44.85
39	46	42	29	25	85	315	138	12	291		51.73	25.25	23.02
61	11	35	9	42	125	427	104	25	245		86.08	2.16	11.76
69	10	96	21	23	258	559	129	20	256		81.31	7.35	11.34
71	15	46	6	129	179	254	106	28	194		73.10	7.70	19.20
530	**190**	**154**	**198**	**217**	**1175**	**3058**	**1098**	**198**	**2518**		**78.37**	**8.45**	**13.18**
247	125	60	86	144	435	812	442	115	944		60.94	15.95	23.11
88	37	24	72	25	254	554	200	29	547		71.36	10.28	18.36
28	6	3			64	397	72	6	271		87.17	3.89	8.94
55	7	17	5	22	122	331	110	13	206		88.92	3.24	7.84
48	9	23	24	10	185	393	120	14	193		79.49	10.32	10.20
34	6	15	8	7	78	291	75	11	173		84.79	6.82	8.40
30		12	3	9	37	280	79	10	184		84.22	4.02	11.76
412	**112**	**321**	**109**	**349**	**739**	**2156**	**861**	**175**	**1634**		**81.47**	**5.22**	**13.31**
294	99	254	86	236	454	1105	594	113	916		78.07	5.79	16.14
47	4	25	8	42	130	407	100	16	309		88.31	1.55	10.14
29	8	12	8	40	110	324	75	19	177		86.74	5.01	8.24
42	1	30	7	31	45	320	92	27	232		77.50	8.47	14.03
553	**105**	**202**	**88**	**325**	**523**	**1600**	**684**	**182**	**1981**		**75.97**	**7.01**	**17.02**
317	81	94	56	173	236	690	357	109	884		71.61	7.97	20.41
24	3	2	5	5	16	54	28	20	129		71.98	5.43	22.58
48		2	3	2	57	218	61	3	264		85.84	3.99	10.17
48	5	14		48	66	239	63	6	201		83.77	3.20	13.03
72	10	14	20	43	80	194	76	24	256		79.84	4.81	15.35
44	6	76	4	54	68	205	99	20	247		65.13	15.09	19.78

表6 续表 46

地 区	16岁及以上人口总 计	各种行业人口总计	农 林牧渔业	采矿业	制造业	电力、燃气及水的生产和供应业	建筑业	仓储和邮政业	交通运输、计算机服务和 软件业	信息传输、批发和零售业	住宿和餐饮业
平凉市	**167956**	**115841**	**89612**	**2478**	**2793**	**725**	**3516**	**1982**	**315**	**4030**	**1612**
崆峒区	40405	24526	15578	129	1077	387	837	990	176	1776	505
泾川县	21930	16742	13872	20	323	25	560	224	29	400	445
灵台县	15529	11123	8938	31	130	27	399	160	24	407	204
崇信县	8467	6144	4171	735	122	94	229	61	15	210	122
华亭县	15692	10839	6463	1465	398	111	273	279	30	372	159
庄浪县	30251	21648	19005	64	316	41	635	95	17	305	77
静宁县	35682	24819	21585	34	427	40	583	173	24	560	100
酒泉市	**85402**	**61873**	**39506**	**2299**	**2225**	**736**	**1763**	**1967**	**288**	**4123**	**1488**
肃州区	34577	23808	13728	717	1389	279	733	764	141	2314	562
金塔县	12215	9608	8153	44	128	53	89	144	17	298	83
瓜州县	11132	8331	6140	147	140	106	254	281	37	381	210
肃北蒙古族自治县	1236	938	315	315	13	26	12	18	3	31	11
阿克塞哈萨克族自治县	682	472	91	60	18	9	54	17	6	29	14
玉门市	10720	8022	5474	71	280	99	294	401	17	367	222
敦煌市	14840	10694	5605	945	257	164	327	342	67	703	386
庆阳市	**173061**	**118393**	**96565**	**1461**	**2128**	**354**	**2017**	**1499**	**227**	**4085**	**1681**
西峰区	28702	17103	9542	202	708	164	711	610	91	1577	590
庆城县	21863	15055	11914	906	225	49	126	251	30	398	244
环县	25001	18062	15607	95	67	17	245	136	26	663	134
华池县	10361	7620	6422	126	64	32	75	98	7	181	103
合水县	11010	8120	7058	43	86	18	59	60	6	241	97
正宁县	13632	8671	7237	16	223	15	118	63	10	280	85
宁县	30372	19503	16718	36	470	40	387	173	31	400	252
镇原县	32120	24259	22067	37	285	19	296	108	26	345	176
定西市	**225477**	**166909**	**141033**	**165**	**2781**	**387**	**5004**	**1841**	**230**	**4965**	**1924**
安定区	38060	26442	20271	24	618	149	872	592	96	885	436
通渭县	27237	19967	16948	28	366	35	680	135	22	571	141
陇西县	36892	25523	18485	46	1084	50	1608	541	32	1504	614
渭源县	27291	20962	19478	1	110	20	286	74	17	265	111
临洮县	45949	34354	29164	56	396	72	1050	346	31	1027	406
漳县	16175	12538	11757	3	81	21	111	33	8	111	73
岷县	33873	27123	24930	7	126	40	397	120	24	602	143
陇南市	**215651**	**150292**	**126502**	**889**	**2254**	**486**	**4980**	**1811**	**238**	**3117**	**1488**
武都区	45951	34074	27362	83	374	104	1843	597	98	994	440
成县	21474	15060	12159	169	460	76	345	192	25	455	143
文县	18658	13094	11192	62	132	119	260	196	20	241	109
宕昌县	22801	16444	14394	12	87	11	864	113	17	152	85
康县	16946	13036	11126	63	265	33	425	165	16	223	131
西和县	31144	17823	15686	183	294	34	273	74	25	265	144
礼县	37464	24747	21558	106	289	37	647	226	12	386	262
徽县	16656	12887	10565	186	297	50	254	196	18	326	131
两当县	4557	3127	2460	25	56	22	69	52	7	75	43
临夏回族自治州	**170354**	**126477**	**99366**	**196**	**2734**	**595**	**5799**	**1824**	**216**	**4284**	**3210**
临夏市	21564	12969	3490	15	975	230	1265	689	104	1873	794
临夏县	29159	22925	19021	66	482	31	1224	212	18	651	644
康乐县	21474	17280	14619	41	180	54	803	218	15	284	272
永靖县	16421	12131	8916	24	572	222	509	201	22	351	266
广河县	17727	12831	10785	11	166	17	196	207	8	316	514
和政县	18551	13473	10626	16	206	21	1005	149	23	347	384
东乡族自治县	25520	21321	20169	6	33	12	258	68	16	147	208
积石山保安族东乡族撒拉族自治县	19938	13547	11740	17	120	8	539	80	10	315	128
甘南藏族自治州	**57279**	**39990**	**31160**	**143**	**528**	**218**	**1301**	**546**	**60**	**1027**	**509**
合作市	7801	4400	2081	8	128	80	247	185	10	225	159
临潭县	11381	7726	6552	6	34	26	491	60	7	134	66
卓尼县	8682	6779	5966	2	26	5	46	30	3	59	34
舟曲县	10516	7581	6171	22	57	43	349	78	9	183	77
迭部县	4262	2836	2414	1	17	12	20	16	4	33	11
玛曲县	4519	3746	2871	88	57	12	37	24	9	139	52
碌曲县	2636	1877	1350	9	41	12	18	42	11	86	38
夏河县	7482	5045	3755	7	168	28	93	111	7	168	72

金融业	房地产业	租赁和商务服务业	科学研究、技术服务和地质勘察业	水利、环境和公共设施管理业	居民服务和其他服务业	教育	卫生、社会保障和社会福利业	文化、体育和娱乐业	公共管理和社会组织	国际组织	三次产业人口占行业人口比重(%)		
											第一产业	第二产业	第三产业
538	**283**	**242**	**84**	**180**	**855**	**2717**	**927**	**199**	**2753**		**77.36**	**8.21**	**14.43**
282	191	72	49	127	247	770	370	75	888		63.52	9.91	26.58
33	4	35	16	18	102	278	110	16	232		82.86	5.54	11.60
42	1	11	2	5	105	260	74	27	276		80.36	5.28	14.37
17	1			4	45	95	25	15	183		67.89	19.21	12.91
72	71	118	12	12	214	222	125	43	400		59.63	20.73	19.64
36	6	2	3	2	58	447	106	10	423		87.79	4.88	7.33
56	9	4	2	12	84	645	117	13	351		86.97	4.37	8.66
648	**305**	**311**	**351**	**334**	**1120**	**1450**	**757**	**295**	**1907**		**63.85**	**11.35**	**24.80**
358	237	123	125	86	314	631	374	126	807		57.66	13.10	29.24
50	12	9	12	58	52	162	69	13	162		84.86	3.27	11.88
53	29	12	2	52	113	152	51	13	158		73.70	7.77	18.53
6		1	1	4	8	41	15	17	101		33.58	39.02	27.40
2		7	5	12	13	12	12	8	103		19.28	29.87	50.85
50	7	22	5	29	149	150	69	29	287		68.24	9.27	22.49
129	20	137	201	93	471	302	167	89	289		52.41	15.83	31.76
457	**125**	**145**	**66**	**106**	**1251**	**2403**	**908**	**233**	**2681**	**1**	**81.56**	**5.03**	**13.40**
205	59	76	36	60	323	715	334	106	993	1	55.79	10.44	33.77
62	27	10	9	7	173	251	107	44	222		79.14	8.67	12.19
52	16	7	4	7	337	266	90	5	288		86.41	2.35	11.24
18	1	8		4	55	123	53	8	242		84.28	3.90	11.82
27	3	5	5	6	43	140	50	17	156		86.92	2.54	10.54
25	10	5	1	10	54	218	65	15	221		83.46	4.29	12.25
41	3	17	5	5	155	407	109	29	225		85.72	4.78	9.50
27	6	17	6	7	111	283	100	9	334		90.96	2.63	6.41
404	**118**	**219**	**78**	**218**	**1083**	**2854**	**897**	**132**	**2576**		**84.50**	**4.99**	**10.51**
168	47	36	10	44	172	701	270	40	1011		76.66	6.29	17.05
35	6	11	11	14	144	354	111	18	337		84.88	5.55	9.57
55	16	123	23	27	300	495	166	21	333		72.42	10.92	16.65
23	1	4	1	24	50	252	77	10	158		92.92	1.99	5.09
62	41	39	28	90	360	645	184	30	327		84.89	4.58	10.53
26	2	3	1	10	14	150	27	3	104		93.77	1.72	4.51
35	5	3	4	9	43	257	62	10	306		91.91	2.10	5.98
393	**64**	**188**	**68**	**228**	**929**	**2372**	**907**	**187**	**3191**		**84.17**	**5.73**	**10.10**
148	44	73	44	86	176	574	278	69	687		80.30	7.06	12.64
64	3	29	4	15	106	304	114	8	389		80.74	6.97	12.29
28	4	3	5	33	76	213	76	12	313		85.47	4.38	10.15
15	2	3		10	74	201	96	17	291		87.53	5.92	6.54
32	2	8	8	26	42	147	59	21	244		85.35	6.03	8.62
31	2	2		2	50	295	55	15	393		88.01	4.40	7.59
24	1	51		25	323	322	102	19	357		87.11	4.36	8.53
33	5	16	4	23	75	250	84	17	357		81.98	6.11	11.91
18	1	3	3	8	7	66	43	9	160		78.67	5.50	15.83
344	**136**	**94**	**77**	**124**	**970**	**1976**	**812**	**158**	**3562**		**78.56**	**7.37**	**14.06**
182	74	49	49	38	387	652	354	100	1649		26.91	19.16	53.93
12	11	6	2	13	147	163	66	2	154		82.97	7.86	9.16
30	4	1	2	28	37	252	94	3	343		84.60	6.24	9.16
55	44	18	16	13	101	255	102	22	422		73.50	10.94	15.56
27		2	6	9	151	91	40	6	279		84.05	3.04	12.91
15	1	13	2	14	93	211	74	19	254		78.87	9.26	11.87
10	1	3		2	22	113	18	4	231		94.60	1.45	3.95
13	1	2		7	32	239	64	2	230		86.66	5.05	8.29
140	**7**	**20**	**28**	**70**	**166**	**914**	**384**	**108**	**2661**		**77.92**	**5.48**	**16.60**
49	3	8	16	18	50	284	93	62	694		47.30	10.52	42.18
6		2		3	11	127	32	4	165		84.80	7.21	7.99
9				12	9	129	45	5	399		88.01	1.17	10.83
35	3	2	1	7	28	167	70	6	273		81.40	6.21	12.39
12	1	1		11	2	51	21	3	206		85.12	1.76	13.12
4			6	3	29	34	32	5	344		76.64	5.18	18.18
		3		4	14	65	24	4	156		71.92	4.26	23.81
25		4	5	12	23	57	67	19	424		74.43	5.87	19.70

表6 续表 47

地区	16岁及以上人口总计	各种行业人口总计	农林牧渔业	采矿业	制造业	电力、燃气及水的生产和供应业	建筑业	仓储和邮政业	交通运输、计算机服务和软件业	信息传输、批发和零售业	住宿和餐饮业
青海省	**411514**	**290469**	**167732**	**4485**	**15606**	**3214**	**16251**	**11484**	**1429**	**21796**	**9251**
西宁市	**172269**	**113170**	**43973**	**1200**	**9479**	**1873**	**9150**	**7221**	**919**	**14663**	**5241**
城东区	27623	14429	117	61	1278	135	1089	2622	185	4254	1174
城中区	23702	13635	590	156	1212	252	1713	1119	243	2726	984
城西区	19638	11531	58	75	662	465	1461	679	225	2433	849
城北区	24856	14216	901	131	2597	676	1883	1095	133	3026	734
大通回族土族自治县	33420	25733	18125	495	2216	218	1068	593	53	843	576
湟中县	32681	26227	19268	162	1203	85	1468	847	47	1007	665
湟源县	10349	7399	4914	120	311	42	468	266	33	374	259
海东地区	**102443**	**75470**	**58410**	**229**	**2086**	**389**	**3329**	**1440**	**138**	**2130**	**2002**
平安县	7649	5111	2324	30	408	63	444	280	31	353	185
民和回族土族自治县	25875	18827	14885	58	353	129	921	333	23	665	389
乐都县	19371	14024	10384	89	561	61	857	349	27	399	295
互助土族自治县	27132	22192	19310	20	478	80	423	201	19	318	212
化隆回族自治县	13750	10079	7581	28	189	37	582	147	21	258	581
循化撒拉族自治县	8666	5237	3926	4	97	19	102	130	17	137	340
海北藏族自治州	**19360**	**15094**	**11268**	**183**	**235**	**111**	**534**	**284**	**53**	**464**	**254**
门源回族自治县	10074	8464	7102	56	85	27	382	45	14	138	95
祁连县	3486	2661	1927	53	30	9	56	89	10	110	56
海晏县	2890	2006	869	16	103	71	61	64	25	112	43
刚察县	2910	1963	1370	58	17	4	35	86	4	104	60
黄南藏族自治州	**17661**	**12680**	**7093**	**5**	**285**	**72**	**190**	**97**	**29**	**567**	**200**
同仁县	6795	4567	3270	4	163	27	107	44	15	196	82
尖扎县	3615	2609	2063	1	38	39	51	31	11	88	70
泽库县	4232	3354	11		60	2	19	13	1	149	15
河南蒙古族自治县	3019	2150	1749		24	4	13	9	2	134	33
海南藏族自治州	**31556**	**23987**	**18007**	**95**	**470**	**347**	**654**	**411**	**58**	**1009**	**538**
共和县	9020	6748	4652	7	221	114	183	146	19	362	175
同德县	4499	3312	2695	1	9	14	30	32	1	138	32
贵德县	7771	5930	4224	11	135	200	315	132	18	214	172
兴海县	5216	4037	3132	76	48	8	65	78	16	203	83
贵南县	5050	3960	3304		57	11	61	23	4	92	76
果洛藏族自治州	**12651**	**9883**	**7402**	**76**	**100**	**9**	**89**	**54**	**37**	**433**	**122**
玛沁县	3399	2536	1604	76	69	1	66	31	26	193	34
班玛县	2072	1618	1320		6	4	9	14	5	25	15
甘德县	2545	2136	1687		14					52	21
达日县	2051	1593	1284		9		5	9	1	75	17
久治县	1738	1312	1006		2	1	2		4	54	7
玛多县	846	688	501			3	7		1	34	28
玉树藏族自治州	**21831**	**15434**	**13112**	**6**	**132**	**27**	**156**	**149**	**19**	**562**	**95**
玉树县	5948	3670	2656	5	69	12	79	96	12	206	43
杂多县	3280	2590	2383		11		2	10	2	97	9
称多县	3771	2821	2376		21	6	74	32	1	59	6
治多县	2039	1382	1201		6	1	1	2		32	18
囊谦县	5056	3588	3335	1	20			5	2	101	11
曲麻莱县	1737	1383	1161		5	8		4	2	67	8
海西蒙古族藏族自治州	**33743**	**24751**	**8467**	**2691**	**2819**	**386**	**2149**	**1828**	**176**	**1968**	**799**
格尔木市	14435	9931	2078	540	1648	154	906	1224	113	1229	372
德令哈市	5761	4118	1440	59	567	63	439	261	26	299	182
乌兰县	2949	2229	971	135	265	39	300	111	16	114	56
都兰县	5419	4152	3141	95	106	90	116	73	7	120	75
天峻县	2511	1915	758	569	37	15	220	38	5	93	15
芒崖行委	1353	1230	20	799	14	10	65	52	4	70	69
柴旦行委	1079	957	58	457	82	11	85	65	5	40	23
冷湖行委	236	219	1	37	100	4	18	4		3	7
宁夏回族自治区	**467146**	**327094**	**167209**	**8835**	**24297**	**4647**	**23398**	**14762**	**1827**	**31095**	**8504**
银川市	**153950**	**100799**	**25840**	**4474**	**9933**	**2127**	**9677**	**6142**	**1099**	**16776**	**3885**
兴庆区	53700	34351	2790	1787	2284	939	2789	2055	520	9151	1976
西夏区	26132	13888	3031	201	2754	209	1339	1225	150	1925	533
金凤区	21759	13736	1674	211	1170	431	1400	932	293	2667	551
永宁县	16045	11900	7249	31	1176	62	816	485	28	728	198
贺兰县	16724	12237	6305	142	1050	70	1229	711	59	1243	247
灵武市	19590	14687	4791	2102	1499	416	2104	734	49	1062	380
石嘴山市	**57142**	**37639**	**12379**	**3177**	**5940**	**1032**	**2356**	**2034**	**197**	**4227**	**1208**
大武口区	22405	13078	758	1977	2160	463	1364	829	110	2137	630
惠农区	14946	9549	2202	821	2544	452	423	633	49	1055	279
平罗县	19791	15012	9419	379	1236	117	569	572	38	1035	299

金融业	房地产业	租赁和商务服务业	科学研究、技术服务和地质勘察业	水利、环境和公共设施管理业	居民服务和其他服务业	教育	卫生、社会保障和社会福利业	文化、体育和娱乐业	公共管理和社会组织	国际组织	三次产业人口占行业人口比重(%)		
											第一产业	第二产业	第三产业
2281	**1445**	**1349**	**1394**	**1103**	**3988**	**7398**	**3973**	**1291**	**14999**		**57.75**	**13.62**	**28.64**
1559	**1271**	**861**	**1095**	**625**	**2402**	**3470**	**2298**	**816**	**5054**		**38.86**	**19.18**	**41.97**
198	308	196	140	117	479	506	591	138	841		0.81	17.76	81.43
450	358	192	132	115	501	590	592	227	1483		4.33	24.44	71.23
546	272	221	602	121	273	751	415	243	1180		0.50	23.09	76.40
235	266	155	178	102	458	584	294	116	652		6.34	37.19	56.47
54	52	33	8	67	222	494	198	44	374		70.43	15.53	14.03
36	13	54	31	54	412	374	123	27	351		73.47	11.13	15.41
40	2	10	4	49	57	171	85	21	173		66.41	12.72	20.87
236	**93**	**258**	**71**	**140**	**434**	**1673**	**520**	**77**	**1815**		**77.39**	**7.99**	**14.61**
48	19	159	29	62	52	181	62	19	362		45.47	18.49	36.04
47	31	16	12	7	107	398	109	10	334		79.06	7.76	13.18
47	26	27	19	20	124	339	101	21	278		74.04	11.18	14.77
56	15	45	2	34	88	422	156	10	303		87.01	4.51	8.48
28	2	5	5	14	26	186	47	10	332		75.22	8.29	16.49
10		6	4	3	37	147	45	7	206		74.97	4.24	20.79
71	**5**	**20**	**17**	**86**	**112**	**371**	**198**	**67**	**761**		**74.65**	**7.04**	**18.31**
21	2	4	5	12	35	166	78	23	174		83.91	6.50	9.59
17	2	4	2	27	30	53	39	10	137		72.42	5.56	22.02
27	1	10	10	34	30	103	70	29	328		43.32	12.51	44.17
6		2		13	17	49	11	5	122		69.79	5.81	24.40
61	**6**	**7**	**6**	**47**	**86**	**287**	**182**	**56**	**3404**		**55.94**	**4.35**	**39.71**
43	6	3	3	30	21	171	91	25	266		71.60	6.59	21.81
6		2	1	13	21	59	32	3	80		79.07	4.94	15.98
3		2	2	2	21	30	33	6	2985		0.33	2.42	97.26
9				2	23	27	26	22	73		81.35	1.91	16.74
93	**11**	**47**	**21**	**49**	**252**	**596**	**226**	**62**	**1041**		**75.07**	**6.53**	**18.40**
36	5	12	11	16	87	220	103	41	338		68.94	7.78	23.28
10		1		10	41	89	23	4	182		81.37	1.63	17.00
37	6	22	2	14	75	122	43	11	177		71.23	11.15	17.62
7		10	5	8	22	69	31	4	172		77.58	4.88	17.54
3		2	3	1	27	96	26	2	172		83.43	3.26	13.31
42		**15**	**19**	**11**	**71**	**233**	**117**	**19**	**1034**		**74.90**	**2.77**	**22.33**
30		1	8	9	30	76	66	14	202		63.25	8.36	28.39
			2		17	28	14	1	158		81.58	1.17	17.24
4		7			8	31	13	3	296		78.98	0.66	20.37
8			4		3	37	6		135		80.60	0.88	18.52
		1	1	1	5	41	16	1	170		76.68	0.38	22.94
		6	4	1	8	20	2		73		72.82	1.45	25.73
19		**7**	**14**	**2**	**85**	**219**	**102**	**20**	**708**		**84.96**	**2.08**	**12.96**
18		7	3	1	31	101	41	11	279		72.37	4.50	23.13
			2		16	8	13	3	34		92.01	0.50	7.49
			4		16	48	13	2	163		84.23	3.58	12.19
					6	29	18	1	67		86.90	0.58	12.52
1				1	4	11	5		91		92.95	0.59	6.47
			5		12	22	12	3	74		83.95	0.94	15.11
200	**59**	**134**	**151**	**143**	**546**	**549**	**330**	**174**	**1182**		**34.21**	**32.50**	**33.29**
104	48	106	95	46	359	266	156	103	384		20.92	32.71	46.37
60	10	12	19	38	65	117	68	32	361		34.97	27.39	37.64
6			2	12	13	51	23	10	105		43.56	33.15	23.28
17	1	7	3	25	45	74	28	13	116		75.65	9.80	14.55
7		4	1	4	9	16	22	8	94		39.58	43.92	16.50
			3	13	35	10	11	2	53		1.63	72.20	26.18
6		3	28	4	13	11	17	6	43		6.06	66.35	27.59
		2		1	7	4	5		26		0.46	72.60	26.94
3317	**3190**	**2152**	**1034**	**1980**	**5441**	**8817**	**4295**	**1893**	**10400**	**1**	**51.12**	**18.70**	**30.18**
1902	**2345**	**1168**	**718**	**656**	**2423**	**3547**	**1981**	**1162**	**4944**		**25.64**	**26.00**	**48.36**
1175	1169	537	261	230	969	1369	1084	659	2607		8.12	22.70	69.17
119	226	88	113	139	357	833	241	121	284		21.82	32.42	45.75
412	622	274	282	182	416	649	317	273	980		12.19	23.38	64.43
42	64	127	8	39	196	226	120	26	279		60.92	17.52	21.56
51	138	65	22	24	170	237	103	49	322		51.52	20.36	28.12
103	126	77	32	42	315	233	116	34	472		32.62	41.68	25.70
401	**351**	**210**	**103**	**395**	**650**	**962**	**638**	**150**	**1229**		**32.89**	**33.22**	**33.89**
209	240	112	56	265	253	458	291	97	669		5.80	45.60	48.60
90	70	37	26	40	190	232	161	32	213		23.06	44.40	32.54
102	41	61	21	90	207	272	186	21	347		62.74	15.33	21.93

表6　续表 48

地　区	16岁及以上人口总　计	各种行业人口总计	农　林牧渔业	采矿业	制造业	电力、燃气及水的生产和供应业	建筑业	仓储和邮政业	交通运输、计算机服务和 软件业	信息传输、批发和零售业	住宿和餐饮业
吴忠市	**90153**	**65761**	**40229**	**682**	**4019**	**743**	**4466**	**2832**	**207**	**4204**	**1329**
利通区	28231	18870	7373	329	1834	272	1793	1118	122	2185	578
红寺堡区	10256	7867	6294	34	111	16	527	125	5	305	111
盐池县	10969	7914	4668	226	252	50	605	551	19	449	220
同心县	21220	16541	13899	13	136	30	703	325	17	445	124
青铜峡市	19477	14569	7995	80	1686	375	838	713	44	820	296
固原市	**89376**	**65655**	**48964**	**363**	**1306**	**419**	**3800**	**1460**	**193**	**2713**	**1151**
原州区	29865	21138	12915	80	529	268	1508	926	120	1522	563
西吉县	26340	20530	18008	20	196	38	444	230	17	475	152
隆德县	11947	8626	6185	30	280	62	876	118	30	261	157
泾源县	7037	4713	3308	55	141	22	468	75	10	135	145
彭阳县	14187	10648	8548	178	160	29	504	111	16	320	134
中卫市	**76525**	**57240**	**39797**	**139**	**3099**	**326**	**3099**	**2294**	**131**	**3175**	**931**
沙坡头区	27681	20514	10887	55	2074	180	1669	1244	86	1619	547
中宁县	23351	17528	12386	66	867	117	916	489	27	1070	246
海原县	25493	19198	16524	18	158	29	514	561	18	486	138
新疆维吾尔自治区	**1608023**	**1133002**	**693592**	**15556**	**57523**	**9797**	**44384**	**41600**	**6277**	**87957**	**21809**
乌鲁木齐市	**251144**	**146362**	**9442**	**2660**	**18404**	**2663**	**13512**	**13542**	**2619**	**34844**	**8125**
天山区	55190	29109	252	108	2601	792	1837	1988	692	7226	1876
沙依巴克区	56150	31845	627	433	2926	494	1914	2692	744	10392	2133
新市区	60229	35333	450	581	4328	563	4814	4134	681	8534	1779
水磨沟区	32090	20449	369	431	2443	302	2688	1561	358	5784	1255
头屯河区	13797	8309	1316	44	2147	160	627	1644	47	757	271
达坂城区	3289	2209	750	340	343	39	179	104	4	113	67
米东区	24634	15114	3082	594	3286	303	1390	1235	88	1868	553
乌鲁木齐县	5765	3994	2596	129	330	10	63	184	5	170	191
克拉玛依市	**32806**	**22423**	**2401**	**3487**	**2848**	**722**	**2444**	**1403**	**253**	**2268**	**794**
独山子区	5778	3966	47	12	1375	201	439	269	32	346	208
克拉玛依区	21786	15100	1993	2370	1256	417	1817	921	186	1680	474
白碱滩区	4375	2783	81	1081	207	98	141	170	32	194	95
乌尔禾区	867	574	280	24	10	6	47	43	3	48	17
吐鲁番地区	**44128**	**33700**	**23174**	**933**	**1458**	**309**	**442**	**1112**	**129**	**1517**	**544**
吐鲁番市	19018	13957	9681	74	604	137	156	400	73	791	238
鄯善县	16816	13460	9038	802	487	119	200	497	40	534	182
托克逊县	8294	6283	4455	57	367	53	86	215	16	192	124
哈密地区	**44165**	**28500**	**11696**	**2167**	**1593**	**480**	**1532**	**2259**	**164**	**2365**	**766**
哈密市	37261	23662	8759	2047	1314	446	1342	2090	158	2174	666
巴里坤哈萨克自治县	5080	3354	2233	61	92	23	39	135	4	166	63
伊吾县	1824	1484	704	59	187	11	151	34	2	25	37
昌吉回族自治州	**108402**	**73288**	**38786**	**1495**	**5291**	**976**	**3102**	**3793**	**382**	**6032**	**2033**
昌吉市	33226	20748	6237	355	1921	329	1433	1489	200	2873	835
阜康市	11855	8051	3050	670	941	187	489	417	46	616	310
呼图壁县	15162	10571	7113	181	460	59	211	391	35	688	190
玛纳斯县	18485	13237	8940	93	1008	245	322	468	28	579	193
奇台县	16021	10932	7099	81	614	69	380	570	24	696	255
吉木萨尔县	8596	6283	4013	98	186	70	193	335	26	412	187
木垒哈萨克自治县	5057	3466	2334	17	161	17	74	123	23	168	63
博尔塔拉蒙古自治州	**33835**	**23822**	**15865**	**48**	**871**	**313**	**743**	**895**	**101**	**1142**	**335**
博乐市	18709	12508	7167	35	653	212	570	649	73	747	183
精河县	10115	7805	5985	13	166	67	146	160	19	287	98
温泉县	5011	3509	2713		52	34	27	86	9	108	54
巴音郭楞蒙古自治州	**96267**	**68710**	**38341**	**1427**	**4264**	**598**	**2706**	**3173**	**366**	**5855**	**1471**
库尔勒市	42092	27508	8237	790	2787	398	2026	2218	228	3944	821
轮台县	8519	7368	5567	102	110	12	126	120	29	421	133
尉犁县	7190	5381	4070	5	107	17	57	94	20	230	78
若羌县	2805	2186	1145	269	31	37	136	43	12	109	50
且末县	5001	3811	3041	24	194	19	24	103	16	53	31
焉耆回族自治县	8653	6417	4389	41	215	28	80	258	14	476	115
和静县	12691	9188	6552	179	638	42	156	233	27	370	162
和硕县	5351	3912	2966	17	124	31	71	80	15	169	48
博湖县	3965	2939	2374		58	14	30	24	5	83	33
阿克苏地区	**165630**	**131225**	**95951**	**1078**	**4211**	**585**	**4506**	**2644**	**444**	**6043**	**1264**
阿克苏市	37522	27632	13993	85	1792	267	2391	1064	263	3142	528
温宿县	16500	12712	8526	34	341	46	264	165	17	264	89
库车县	34248	28167	21236	550	819	122	1181	635	36	663	142

金融业	房地产业	租赁和商务服务业	科学研究、技术服务和地质勘察业	水利、环境和公共设施管理业	居民服务和其他服务业	教育	卫生、社会保障和社会福利业	文化、体育和娱乐业	公共管理和社会组织	国际组织	三次产业人口占行业人口比重(%) 第一产业	第二产业	第三产业
479	**209**	**550**	**66**	**357**	**1139**	**1581**	**621**	**220**	**1828**		**61.17**	**15.07**	**23.76**
257	121	451	32	178	518	502	266	122	819		39.07	22.41	38.52
9	4	4		11	41	132	30	8	100		80.01	8.75	11.25
37	7	17	16	44	212	228	89	24	200		58.98	14.32	26.70
40	4	16	7	55	66	306	86	20	249		84.03	5.33	10.64
136	73	62	11	69	302	413	150	46	460		54.88	20.45	24.68
238	**83**	**71**	**130**	**252**	**567**	**1714**	**646**	**184**	**1400**	**1**	**74.58**	**8.97**	**16.45**
135	71	44	87	147	357	736	353	116	661		61.10	11.28	27.62
38	2	5	17	24	47	431	109	24	253		87.72	3.40	8.88
17	6	10	7	33	84	214	74	25	157		71.70	14.47	13.83
18	1	6	12	32	17	87	42	7	132		70.19	14.56	15.26
30	3	6	7	16	62	246	68	12	197	1	80.28	8.18	11.54
297	**202**	**153**	**17**	**320**	**662**	**1013**	**409**	**177**	**999**		**69.53**	**11.64**	**18.83**
162	81	85	15	210	392	452	213	139	404		53.07	19.39	27.54
100	117	48		106	151	328	120	32	342		70.66	11.22	18.12
35	4	20	2	4	119	233	76	6	253		86.07	3.75	10.18
8945	**6989**	**8576**	**5663**	**5850**	**16468**	**34662**	**17361**	**5722**	**44249**	**22**	**61.22**	**11.23**	**27.55**
3330	**3501**	**3132**	**2513**	**1423**	**4518**	**6458**	**4521**	**2313**	**8825**	**17**	**6.45**	**25.44**	**68.11**
1438	711	518	541	385	900	1942	1354	935	3013		0.87	18.34	80.80
616	885	653	767	432	1129	1537	1047	565	1850	9	1.97	18.11	79.92
596	1032	1058	788	240	948	1597	1221	375	1614		1.27	29.11	69.61
468	448	469	215	135	707	542	478	274	1514	8	1.80	28.68	69.52
45	191	256	104	27	187	205	98	39	144		15.84	35.84	48.32
6	29	11	3	19	30	38	17	26	91		33.95	40.79	25.26
157	201	149	90	161	575	514	283	83	502		20.39	36.87	42.74
4	4	18	5	24	42	83	23	16	97		65.00	13.32	21.68
321	**774**	**749**	**400**	**306**	**521**	**887**	**526**	**221**	**1098**		**10.71**	**42.37**	**46.92**
59	100	153	71	99	98	166	93	43	155		1.19	51.11	47.71
235	543	466	319	146	340	601	377	143	816		13.20	38.81	47.99
24	129	129	10	39	69	107	47	32	98		2.91	54.87	42.22
3	2	1		22	14	13	9	3	29		48.78	15.16	36.06
233	**82**	**92**	**142**	**131**	**532**	**1003**	**436**	**153**	**1278**		**68.77**	**9.32**	**21.91**
127	14	60	39	95	150	450	193	81	594		69.36	6.96	23.68
73	53	28	99	22	288	337	155	58	448		67.15	11.95	20.91
33	15	4	4	14	94	216	88	14	236		70.91	8.96	20.13
327	**367**	**263**	**284**	**314**	**555**	**1051**	**602**	**192**	**1523**		**41.04**	**20.25**	**38.71**
303	364	259	266	261	504	858	527	151	1173		37.02	21.76	41.22
16	3	1	18	29	39	129	50	22	231		66.58	6.41	27.01
8		3		24	12	64	25	19	119		47.44	27.49	25.07
756	**591**	**551**	**476**	**446**	**1377**	**2468**	**1361**	**396**	**2976**		**52.92**	**14.82**	**32.25**
424	370	260	412	140	498	941	559	178	1294		30.06	19.46	50.48
59	69	141	28	70	171	326	135	35	291		37.88	28.41	33.71
74	39	68	9	56	202	306	168	45	276		67.29	8.62	24.09
78	25	21	12	121	166	358	204	48	328		67.54	12.60	19.86
81	27	41	10	31	210	253	158	43	290		64.94	10.46	24.60
24	60	6	2	12	92	163	82	33	289		63.87	8.71	27.42
16	1	14	3	16	38	121	55	14	208		67.34	7.76	24.90
228	**44**	**121**	**88**	**178**	**341**	**861**	**439**	**106**	**1103**		**66.60**	**8.29**	**25.11**
167	40	47	79	115	222	497	291	72	689		57.30	11.75	30.95
48	3	37	7	43	77	273	112	25	239		76.68	5.02	18.30
13	1	37	2	20	42	91	36	9	175		77.32	3.22	19.46
644	**463**	**733**	**427**	**438**	**1070**	**2048**	**1222**	**441**	**3023**		**55.80**	**13.09**	**31.11**
440	416	602	403	256	630	1036	718	293	1265		29.94	21.82	48.24
28	1	15		12	117	176	65	33	301		75.56	4.75	19.69
35	8	14	3	34	71	117	74	13	334		75.64	3.46	20.91
16	2	9	4	14	25	58	28	12	186		52.38	21.64	25.98
14		3	4	9	12	39	35	8	182		79.80	6.85	13.36
39	24	27	7	50	86	212	111	27	218		68.40	5.67	25.93
40	2	32	3	25	68	230	102	25	302		71.31	11.05	17.64
24	6	24	1	14	39	94	48	20	121		75.82	6.21	17.97
8	4	7	2	24	22	86	41	10	114		80.78	3.47	15.75
519	**239**	**1555**	**317**	**453**	**1628**	**2947**	**1219**	**328**	**5293**	**1**	**73.12**	**7.91**	**18.97**
291	178	225	99	175	577	868	539	116	1038	1	50.64	16.41	32.95
17	7	19	160	28	151	285	102	29	2168		67.07	5.39	27.54
58	25	1242	26	93	223	462	157	79	418		75.39	9.49	15.12

表6 续表 49

地　区	16岁及以上人口总　计	各种行业人口总计	农　林牧渔业	采矿业	制造业	电力、燃气及水的生产和供应业	建筑业	仓储和邮政业	交通运输、计算机服务和 软件业	信息传输、批发和零售业	住宿和餐饮业
沙雅县	16748	14344	11845	47	292	18	140	125	24	577	38
新和县	12207	10203	8278	5	256	14	157	216	22	434	106
拜城县	15677	12427	9799	338	272	92	228	221	40	360	159
乌什县	13303	9610	8529	7	113	8	93	65	6	144	62
阿瓦提县	16399	13888	12026	11	303	14	43	131	34	352	127
柯坪县	3026	2242	1719	1	23	4	9	22	2	107	13
克孜勒苏柯尔克孜自治州	**37367**	**27233**	**21215**	**38**	**422**	**91**	**805**	**538**	**71**	**686**	**254**
阿图什市	17146	12286	9060	15	221	63	358	335	42	436	163
阿克陶县	13411	11412	10137	6	99	18	68	167	11	119	41
阿合奇县	3407	946	211		60	4	277	15	15	29	11
乌恰县	3403	2589	1807	17	42	6	102	21	3	102	39
喀什地区	**281115**	**219163**	**184564**	**220**	**4643**	**497**	**4467**	**2791**	**330**	**6744**	**913**
喀什市	38764	20410	6806	70	1949	178	2334	1331	147	2967	279
疏附县	22000	18092	16588	1	236	16	185	116	5	205	19
疏勒县	22987	19762	18186	2	257	28	219	98	16	162	33
英吉沙县	17946	15287	14116	2	128	28	114	42	15	172	52
泽普县	14557	12194	9548	38	667	52	392	120	25	350	89
莎车县	51597	38581	34378	23	518	89	317	325	43	802	180
叶城县	31243	25672	22476	8	383	46	378	251	24	860	93
麦盖提县	17344	14378	12508	31	120	7	142	100	2	394	59
岳普湖县	11176	9706	8715	8	48	7	67	87	12	109	37
伽师县	26355	23208	21884	4	173	22	96	88	19	155	5
巴楚县	24394	20440	18227	29	142	23	211	210	21	557	54
塔什库尔干塔吉克自治县	2752	1433	1132	4	22	1	12	23	1	11	13
和田地区	**143778**	**119833**	**103527**	**251**	**2187**	**217**	**1499**	**1070**	**192**	**3383**	**718**
和田市	22720	15589	9674	121	513	118	517	324	106	1657	171
和田县	19195	17943	17355		194	1	82	28		138	12
墨玉县	34347	30260	28412	11	195	4	203	115	39	256	177
皮山县	19015	15158	13279	16	251	32	118	207	11	321	70
洛浦县	17116	15055	13102	92	309	15	187	194	9	243	70
策勒县	10491	8971	7714	5	164	17	85	80	13	236	64
于田县	18355	15328	13193	4	513	24	156	75	8	455	84
民丰县	2539	1529	798	2	48	6	151	47	6	77	70
伊犁哈萨克自治州	**180340**	**116567**	**76396**	**548**	**4114**	**718**	**4096**	**3926**	**538**	**9012**	**2201**
伊宁市	39490	19406	4217	209	1106	280	1757	1204	239	4076	691
奎屯市	12759	7764	1389	66	882	181	583	768	110	1516	311
伊宁县	25704	19070	16508	60	250	60	270	187	28	372	165
察布查尔锡伯自治县	12913	9071	7306	33	159	20	183	208	28	283	120
霍城县	25310	18433	14082	56	454	43	239	759	46	998	350
巩留县	11213	8793	7241	6	197	15	114	120	9	268	111
新源县	21047	14899	10875	87	764	64	414	356	20	733	217
昭苏县	10974	5998	4815	6	66	25	87	89	24	219	53
特克斯县	9983	6795	5218	7	89	12	218	94	14	298	114
尼勒克县	10947	6338	4745	18	147	18	231	141	20	249	69
塔城地区	**85354**	**57062**	**38015**	**770**	**1861**	**542**	**1320**	**1842**	**250**	**3106**	**930**
塔城市	10815	6788	3734	4	139	89	208	329	81	480	147
乌苏市	21521	15747	11575	178	405	199	304	432	48	772	211
额敏县	12796	8067	5043	4	275	45	114	244	18	478	173
沙湾县	25743	18412	13488	182	759	118	298	505	62	872	258
托里县	6199	2900	1497	154	120	41	84	114	8	248	47
裕民县	3611	2352	1579	2	38	9	83	56	16	101	32
和布克赛尔蒙古自治县	4669	2796	1099	246	125	41	229	162	17	155	62
阿勒泰地区	**43578**	**28308**	**17730**	**388**	**699**	**299**	**651**	**1177**	**184**	**1578**	**549**
阿勒泰市	14270	9146	4763	27	233	147	332	500	84	690	237
布尔津县	4771	3356	2473	8	67	20	58	104	16	133	80
富蕴县	6523	3786	2425	225	187	45	32	131	32	150	62
福海县	6128	4313	3040	8	76	25	94	143	23	198	74
哈巴河县	5522	3966	2840	75	69	20	62	108	9	203	41
青河县	3846	2262	1430	31	40	21	30	126	8	115	39
吉木乃县	2518	1479	759	14	27	21	43	65	12	89	16
自治区直辖县级行政区划	**60114**	**36806**	**16489**	**46**	**4657**	**787**	**2559**	**1435**	**254**	**3382**	**912**
石河子市	31506	17224	3019	28	3696	628	1609	1125	196	2517	595
阿拉尔市	12324	8388	6209	2	363	60	224	61	30	365	125
图木舒克市	9091	6906	5863	1	63	31	128	37	5	121	54
五家渠市	7193	4288	1398	15	535	68	598	212	23	379	138

金融业	房地产业	租赁和商务服务业	科学研究、技术服务和地质勘察业	水利、环境和公共设施管理业	居民服务和其他服务业	教育	卫生、社会保障和社会福利业	文化、体育和娱乐业	公共管理和社会组织	国际组织	三次产业人口占行业人口比重(%)		
											第一产业	第二产业	第三产业
38	8	9	14	23	347	263	77	21	438		82.58	3.46	13.96
24	13	27	8	35	82	186	70	11	259		81.13	4.23	14.63
31	2	15	3	52	95	259	79	24	358		78.85	7.48	13.66
22	2	9	3	11	63	199	63	17	194		88.75	2.30	8.95
34		8	1	32	67	311	101	21	272		86.59	2.67	10.74
4	4	1	3	4	23	114	31	10	148		76.67	1.65	21.68
73	**3**	**15**	**14**	**50**	**153**	**1010**	**380**	**89**	**1326**		**77.90**	**4.98**	**17.12**
57		5	7	24	58	497	236	36	673		73.74	5.35	20.91
11	1	9	6	25	11	303	76	40	264		88.83	1.67	9.50
3	2	1		1	12	107	35	5	158		22.30	36.05	41.65
2			1		72	103	33	8	231		69.80	6.45	23.75
519	**159**	**379**	**214**	**434**	**1601**	**4839**	**1579**	**308**	**3961**	**1**	**84.21**	**4.48**	**11.30**
264	60	250	174	130	511	1159	596	115	1090		33.35	22.20	44.45
15		30		9	33	390	88	7	149		91.69	2.42	5.89
24	7	2	3	22	91	336	68	7	201		92.03	2.56	5.41
17		12		14	47	234	52	10	232		92.34	1.78	5.88
22	65	6	4	8	83	302	68	9	346		78.30	9.42	12.28
46	14	44	15	77	314	665	224	46	461		89.11	2.45	8.44
43	4	18	7	34	127	479	87	64	290		87.55	3.17	9.27
3		2		23	230	327	103	4	323		86.99	2.09	10.92
17	1			13	62	223	58	15	227		89.79	1.34	8.87
13		5	1	24	25	376	80	12	226		94.30	1.27	4.43
53	8	2	5	56	70	293	127	15	337		89.17	1.98	8.85
2		8	5	24	8	55	28	4	79	1	79.00	2.72	18.28
167	**21**	**61**	**60**	**134**	**570**	**2271**	**906**	**108**	**2491**		**86.39**	**3.47**	**10.14**
89	19	15	35	26	141	688	297	42	1036		62.06	8.14	29.80
					5	80	16	2	30		96.72	1.54	1.73
12	1	3	5	42	38	338	159	14	236		93.89	1.36	4.74
15		27		8	153	312	92	12	234		87.60	2.75	9.65
12		1	1	12	70	280	136	8	314		87.03	4.01	8.97
11		5	7	22	45	204	99	10	190		85.99	3.02	10.99
18	1	6	7	17	96	280	80	9	302		86.07	4.55	9.38
10		4	5	7	22	89	27	11	149		52.19	13.54	34.27
779	**326**	**337**	**201**	**354**	**1424**	**4157**	**1826**	**468**	**5144**	**2**	**65.54**	**8.13**	**26.33**
371	183	113	50	78	493	1270	720	230	2118	1	21.73	17.27	61.00
148	111	78	82	87	211	384	235	71	551		17.89	22.05	60.06
26	4	22	2	13	93	448	201	6	355		86.57	3.36	10.08
17	10	18		28	84	238	67	24	245		80.54	4.35	15.10
59	11	49	4	49	132	471	169	25	437		76.40	4.30	19.31
28	2		1	20	94	226	56	3	282		82.35	3.78	13.87
65	2	25	7	19	190	420	143	61	437		72.99	8.92	18.09
22	2	13	2	24	36	201	74	17	223		80.28	3.07	16.66
18	1	18	52	23	33	280	77	25	203	1	76.79	4.80	18.41
25		1	1	13	58	219	84	6	293		74.87	6.53	18.60
402	**105**	**142**	**73**	**446**	**1262**	**1922**	**978**	**260**	**2835**	**1**	**66.62**	**7.87**	**25.51**
107	19	46	15	43	179	307	169	52	640		55.01	6.48	38.51
81	26	37	33	80	153	421	238	50	504		73.51	6.90	19.60
65	6	7	11	72	483	299	175	39	515	1	62.51	5.43	32.06
104	42	30	9	174	227	536	202	70	476		73.26	7.37	19.37
13		8	1	12	127	148	65	16	197		51.62	13.76	34.62
16	7			22	36	75	38	9	233		67.13	5.61	27.25
16	5	14	4	43	57	136	91	24	270		39.31	22.93	37.77
264	**61**	**107**	**138**	**229**	**374**	**1215**	**605**	**142**	**1918**		**62.63**	**7.20**	**30.17**
130	37	65	97	98	124	472	254	57	799		52.08	8.08	39.84
29	3	9		44	17	100	41	8	146		73.69	4.56	21.75
25	9	11	22	21	40	180	58	17	114		64.05	12.92	23.03
28	8	10	4	27	71	120	85	14	265		70.48	4.71	24.81
19	3	6	4	16	41	133	93	19	205		71.61	5.70	22.69
15	1	4	6	11	60	121	47	16	141		63.22	5.39	31.39
18		2	5	12	21	89	27	11	248		51.32	7.10	41.58
383	**253**	**339**	**316**	**514**	**542**	**1525**	**761**	**197**	**1455**		**44.80**	**21.87**	**33.33**
289	186	252	259	234	293	832	531	160	775		17.53	34.61	47.86
26	18	63	17	164	104	335	107	10	105		74.02	7.74	18.24
13	1	4	9	46	37	157	39	2	295		84.90	3.23	11.87
55	48	20	31	70	108	201	84	25	280		32.60	28.36	39.04

长表数据

表7 人口婚姻状况和妇女生育状况

表7　人口婚姻状况和

地区	15岁及以上人口			未婚			有配偶		
	合计	男	女	小计	男	女	小计	男	女
北京市	**1683936**	**853989**	**829947**	**441592**	**240799**	**200793**	**1146869**	**583608**	**563261**
市辖区	**1614869**	**819204**	**795665**	**427722**	**232910**	**194812**	**1096159**	**558239**	**537920**
东城区	49542	23560	25982	10997	5795	5202	33848	16392	17456
西城区	58123	28286	29837	15276	8036	7240	38126	18849	19277
崇文区	31758	15160	16598	6816	3500	3316	21855	10729	11126
宣武区	49324	23953	25371	11443	5961	5482	33611	16693	16918
朝阳区	309103	156454	152649	84417	44036	40381	208793	107555	101238
丰台区	181025	90590	90435	40035	21385	18650	130302	65983	64319
石景山区	53195	26915	26280	12156	6865	5291	37461	18976	18485
海淀区	273966	138947	135019	101234	55048	46186	160400	80346	80054
门头沟区	25793	13023	12770	4516	2622	1894	19032	9660	9372
房山区	79503	40019	39484	15897	8855	7042	58266	29397	28869
通州区	107839	55246	52593	25508	13891	11617	76907	39659	37248
顺义区	77492	40280	37212	17488	10037	7451	56035	28976	27059
昌平区	138326	72227	66099	40483	22694	17789	92016	47714	44302
大兴区	111902	59783	52119	28778	16718	12060	78526	41510	37016
怀柔区	31580	16309	15271	5739	3418	2321	23918	12212	11706
平谷区	36398	18452	17946	6939	4049	2890	27063	13588	13475
县	**69067**	**34785**	**34282**	**13870**	**7889**	**5981**	**50710**	**25369**	**25341**
密云县	41066	20586	20480	7117	4107	3010	31193	15621	15572
延庆县	28001	14199	13802	6753	3782	2971	19517	9748	9769
天津市	**1002376**	**514860**	**487516**	**230422**	**128591**	**101831**	**709067**	**365306**	**343761**
市辖区	**853545**	**439410**	**414135**	**205562**	**114000**	**91562**	**593813**	**307670**	**286143**
和平区	20511	10010	10501	4807	2685	2122	13656	6747	6909
河东区	73443	36274	37169	15293	8432	6861	52358	26024	26334
河西区	71168	34052	37116	18223	8909	9314	47186	23394	23792
南开区	81348	39929	41419	21840	11493	10347	53509	26575	26934
河北区	60175	30195	29980	13679	7592	6087	41616	21124	20492
红桥区	45150	22623	22527	11289	6219	5070	30136	15221	14915
东丽区	50432	27992	22440	12219	8068	4151	35622	18996	16626
西青区	59847	29471	30376	20463	9517	10946	36880	19117	17763
津南区	44724	24122	20602	9166	5199	3967	33360	18189	15171
北辰区	56748	29141	27607	14636	8310	6326	38678	19635	19043
武清区	73616	37412	36204	12071	6933	5138	57042	28850	28192
宝坻区	62957	33169	29788	13481	7960	5521	46285	23968	22317
滨海新区	153426	85020	68406	38395	22683	15712	107485	59830	47655
县	**148831**	**75450**	**73381**	**24860**	**14591**	**10269**	**115254**	**57636**	**57618**
宁河县	31984	16267	15717	5550	3226	2324	24709	12416	12293
静海县	51790	26350	25440	8622	5054	3568	40286	20282	20004
蓟县	65057	32833	32224	10688	6311	4377	50259	24938	25321
河北省	**5834172**	**2908777**	**2925395**	**1190621**	**659464**	**531157**	**4287295**	**2119688**	**2167607**
石家庄市	**833008**	**410983**	**422025**	**189028**	**100089**	**88939**	**594011**	**293996**	**300015**
长安区	40085	19402	20683	8726	4178	4548	28841	14481	14360
桥东区	31571	15735	15836	7401	4036	3365	22383	11161	11222
桥西区	49844	23208	26636	14230	6215	8015	33452	16438	17014
新华区	48931	23450	25481	11355	5319	6036	35253	17477	17776
井陉矿区	7787	3881	3906	1207	711	496	5957	2974	2983
裕华区	52550	25865	26685	15779	7903	7876	34600	17350	17250
井陉县	25226	12758	12468	5090	3104	1986	18056	8854	9202
正定县	39259	19242	20017	9414	4896	4518	27428	13567	13861
栾城县	29949	14747	15202	7950	4234	3716	20228	9970	10258
行唐县	31969	15840	16129	6239	3440	2799	23481	11576	11905
灵寿县	26409	13288	13121	6514	3491	3023	18311	9177	9134
高邑县	15334	7627	7707	3054	1705	1349	11374	5629	5745
深泽县	19620	9829	9791	3256	1871	1385	15072	7473	7599
赞皇县	20328	10244	10084	4598	2614	1984	14479	7134	7345
无极县	40111	19868	20243	7424	4213	3211	30103	14767	15336
平山县	34806	17645	17161	6838	4181	2657	25503	12501	13002
元氏县	33994	16787	17207	8404	4487	3917	23504	11564	11940
赵县	47183	23691	23492	10716	6058	4658	33572	16570	17002
辛集市	52376	25902	26474	8952	4944	4008	39986	19802	20184
藁城市	65174	32327	32847	14924	8013	6911	46011	22890	23121
晋州市	45872	22865	23007	9324	5209	4115	33891	16704	17187
新乐市	38294	18970	19324	8401	4470	3931	27593	13627	13966
鹿泉市	36336	17812	18524	9232	4797	4435	24933	12310	12623

妇女生育状况(长表数据)

单位：人

离婚			丧偶			15—64岁妇女	
小计	男	女	小计	男	女	平均活产子女数	平均存活子女数
31017	**13352**	**17665**	**64458**	**16230**	**48228**	**0.83**	**0.83**
30006	**12813**	**17193**	**60982**	**15242**	**45740**	**0.82**	**0.81**
1626	696	930	3071	677	2394	0.74	0.73
1732	729	1003	2989	672	2317	0.72	0.72
1147	492	655	1940	439	1501	0.74	0.74
1567	656	911	2703	643	2060	0.73	0.73
5778	2314	3464	10115	2549	7566	0.73	0.73
3802	1590	2212	6886	1632	5254	0.82	0.82
1307	567	740	2271	507	1764	0.80	0.79
4520	1794	2726	7812	1759	6053	0.64	0.63
647	330	317	1598	411	1187	1.04	1.03
1386	673	713	3954	1094	2860	1.11	1.10
1451	640	811	3973	1056	2917	0.91	0.90
901	420	481	3068	847	2221	1.03	1.02
1884	800	1084	3943	1019	2924	0.79	0.79
1281	602	679	3317	953	2364	0.98	0.98
522	267	255	1401	412	989	1.10	1.09
455	243	212	1941	572	1369	1.28	1.27
1011	**539**	**472**	**3476**	**988**	**2488**	**1.15**	**1.14**
547	272	275	2209	586	1623	1.15	1.14
464	267	197	1267	402	865	1.14	1.13
15442	**7162**	**8280**	**47445**	**13801**	**33644**	**0.98**	**0.97**
14008	**6320**	**7688**	**40162**	**11420**	**28742**	**0.90**	**0.89**
563	221	342	1485	357	1128	0.78	0.78
1505	662	843	4287	1156	3131	0.80	0.79
1669	664	1005	4090	1085	3005	0.71	0.70
1536	618	918	4463	1243	3220	0.71	0.70
1224	539	685	3656	940	2716	0.77	0.77
866	396	470	2859	787	2072	0.75	0.75
754	369	385	1837	559	1278	1.01	1.00
611	298	313	1893	539	1354	0.77	0.77
514	236	278	1684	498	1186	1.06	1.05
913	450	463	2521	746	1775	0.89	0.88
723	456	267	3780	1173	2607	1.22	1.22
491	311	180	2700	930	1770	1.29	1.28
2639	1100	1539	4907	1407	3500	0.92	0.91
1434	**842**	**592**	**7283**	**2381**	**4902**	**1.41**	**1.39**
312	165	147	1413	460	953	1.39	1.37
486	253	233	2396	761	1635	1.34	1.33
636	424	212	3474	1160	2314	1.47	1.46
55677	**34094**	**21583**	**300579**	**95531**	**205048**	**1.37**	**1.36**
7428	**4360**	**3068**	**42541**	**12538**	**30003**	**1.27**	**1.27**
599	260	339	1919	483	1436	0.91	0.90
481	193	288	1306	345	961	0.86	0.85
534	180	354	1628	375	1253	0.77	0.76
647	234	413	1676	420	1256	0.86	0.86
103	46	57	520	150	370	1.26	1.24
516	190	326	1655	422	1233	0.82	0.81
291	209	82	1789	591	1198	1.53	1.51
259	177	82	2158	602	1556	1.29	1.28
189	125	64	1582	418	1164	1.34	1.33
231	181	50	2018	643	1375	1.59	1.58
192	154	38	1392	466	926	1.46	1.45
103	72	31	803	221	582	1.52	1.50
158	100	58	1134	385	749	1.50	1.49
123	83	40	1128	413	715	1.66	1.64
270	205	65	2314	683	1631	1.50	1.48
311	237	74	2154	726	1428	1.59	1.57
228	174	54	1858	562	1296	1.50	1.49
305	231	74	2590	832	1758	1.52	1.51
445	289	156	2993	867	2126	1.35	1.34
440	314	126	3799	1110	2689	1.36	1.35
351	251	100	2306	701	1605	1.41	1.40
371	274	97	1929	599	1330	1.49	1.48
281	181	100	1890	524	1366	1.25	1.24

表7 续表 1

地区	15岁及以上人口			未婚			有配偶		
	合计	男	女	小计	男	女	小计	男	女
唐山市	**635079**	**320636**	**314443**	**114842**	**65622**	**49220**	**480639**	**240022**	**240617**
路南区	27102	13721	13381	5576	3033	2543	19686	10064	9622
路北区	64478	31690	32788	15131	7856	7275	45452	22579	22873
古冶区	31612	15782	15830	4799	2678	2121	24149	12192	11957
开平区	22507	11275	11232	3333	1849	1484	17644	8894	8750
丰南区	50037	25258	24779	9345	5236	4109	37867	18872	18995
丰润区	75770	38150	37620	11768	6878	4890	58953	29318	29635
滦县	46291	23538	22753	8442	4968	3474	34897	17359	17538
滦南县	48630	24404	24226	7400	4305	3095	38109	18855	19254
乐亭县	44259	22414	21845	7230	4240	2990	34453	17180	17273
迁西县	31338	15767	15571	5364	3201	2163	24056	11861	12195
玉田县	57144	28957	28187	9759	5781	3978	44026	21752	22274
唐海县	16288	9320	6968	3565	2338	1227	11943	6692	5251
遵化市	60957	30572	30385	11383	6398	4985	45858	22737	23121
迁安市	58666	29788	28878	11747	6861	4886	43546	21667	21879
秦皇岛市	**251792**	**126313**	**125479**	**49950**	**28048**	**21902**	**186095**	**92312**	**93783**
海港区	65698	32393	33305	16872	8825	8047	45176	22457	22719
山海关区	14847	7588	7259	2562	1559	1003	11203	5653	5550
北戴河区	7560	3399	4161	2281	856	1425	4848	2422	2426
青龙满族自治县	40710	20970	19740	7332	4594	2738	30730	15233	15497
昌黎县	47010	23667	23343	7954	4603	3351	35971	17796	18175
抚宁县	44187	22249	21938	7953	4557	3396	33492	16636	16856
卢龙县	31780	16047	15733	4996	3054	1942	24675	12115	12560
邯郸市	**705400**	**345570**	**359830**	**148253**	**79473**	**68780**	**513761**	**250960**	**262801**
邯山区	31530	15508	16022	7823	4170	3653	22061	10863	11198
丛台区	27673	13323	14350	4785	2404	2381	21220	10473	10747
复兴区	15164	7582	7582	2662	1475	1187	11596	5840	5756
峰峰矿区	39769	19808	19961	7968	4376	3592	28926	14469	14457
邯郸县	36832	18209	18623	7760	4130	3630	27023	13444	13579
临漳县	45957	21582	24375	9502	4962	4540	33570	15531	18039
成安县	28172	13118	15054	5153	2644	2509	21210	9866	11344
大名县	56865	27619	29246	11130	5751	5379	42331	20657	21674
涉县	33151	16720	16431	8318	4763	3555	22551	11093	11458
磁县	53803	26437	27366	11408	6142	5266	39016	19067	19949
肥乡县	26825	13483	13342	5979	3179	2800	19409	9727	9682
永年县	70252	35020	35232	15486	8537	6949	50411	24868	25543
邱县	17119	8281	8838	3341	1723	1618	12762	6243	6519
鸡泽县	21129	10497	10632	4752	2571	2181	15209	7465	7744
广平县	21832	10474	11358	4608	2347	2261	15860	7631	8229
馆陶县	22510	10875	11635	4137	2200	1937	17004	8204	8800
魏县	60047	28998	31049	13014	6770	6244	43560	20900	22660
曲周县	32590	16089	16501	6652	3649	3003	23965	11779	12186
武安市	64180	31947	32233	13775	7680	6095	46077	22840	23237
邢台市	**567297**	**281324**	**285973**	**123545**	**67625**	**55920**	**409526**	**201930**	**207596**
桥东区	22280	10708	11572	5432	2574	2858	15649	7791	7858
桥西区	31276	15453	15823	6683	3509	3174	23232	11553	11679
邢台县	37854	19008	18846	7862	4563	3299	27433	13533	13900
临城县	16499	8279	8220	3448	1934	1514	12070	5964	6106
内丘县	21342	10575	10767	4335	2444	1891	15692	7658	8034
柏乡县	15051	7397	7654	2990	1658	1332	11129	5431	5698
隆尧县	39915	19810	20105	8844	4810	4034	28759	14175	14584
任县	26210	13043	13167	5418	3064	2354	19267	9462	9805
南和县	26172	13009	13163	6042	3318	2724	18608	9133	9475
宁晋县	61237	30360	30877	13097	7423	5674	44120	21597	22523
巨鹿县	29126	14422	14704	6281	3402	2879	21049	10358	10691
新河县	13633	6672	6961	2891	1567	1324	9799	4781	5018
广宗县	21850	10681	11169	4137	2211	1926	16437	8033	8404
平乡县	24319	12260	12059	5252	2848	2404	17788	8865	8923
威县	43460	21564	21896	9550	5179	4371	31159	15456	15703
清河县	30897	15392	15505	6527	3645	2882	22634	11195	11439
临西县	26287	13091	13196	5259	2919	2340	19415	9632	9783
南宫市	40147	19977	20170	9405	5128	4277	27983	13887	14096
沙河市	39742	19623	20119	10092	5429	4663	27303	13426	13877

单位：人

离婚			丧偶			15—64岁妇女	
小计	男	女	小计	男	女	平均活产子女数	平均存活子女数
7955	**4338**	**3617**	**31643**	**10654**	**20989**	**1.23**	**1.22**
554	254	300	1286	370	916	0.99	0.98
1337	528	809	2558	727	1831	0.82	0.82
673	353	320	1991	559	1432	1.06	1.05
414	203	211	1116	329	787	1.13	1.11
532	306	226	2293	844	1449	1.25	1.24
1002	554	448	4047	1400	2647	1.29	1.28
452	303	149	2500	908	1592	1.38	1.37
466	299	167	2655	945	1710	1.31	1.30
400	259	141	2176	735	1441	1.18	1.17
243	138	105	1675	567	1108	1.43	1.42
561	367	194	2798	1057	1741	1.37	1.36
182	99	83	598	191	407	1.12	1.11
611	372	239	3105	1065	2040	1.36	1.35
528	303	225	2845	957	1888	1.38	1.37
3562	**1807**	**1755**	**12185**	**4146**	**8039**	**1.20**	**1.19**
1349	485	864	2301	626	1675	0.84	0.83
352	180	172	730	196	534	1.03	1.02
142	63	79	289	58	231	0.77	0.76
331	227	104	2317	916	1401	1.58	1.56
593	360	233	2492	908	1584	1.27	1.26
485	283	202	2257	773	1484	1.31	1.30
310	209	101	1799	669	1130	1.44	1.43
5407	**3449**	**1958**	**37979**	**11688**	**26291**	**1.53**	**1.52**
375	155	220	1271	320	951	0.99	0.99
413	173	240	1255	273	982	0.99	0.99
229	85	144	677	182	495	1.08	1.07
495	282	213	2380	681	1699	1.23	1.22
274	163	111	1775	472	1303	1.53	1.52
312	230	82	2573	859	1714	1.61	1.60
181	128	53	1628	480	1148	1.71	1.70
324	226	98	3080	985	2095	1.66	1.64
273	184	89	2009	680	1329	1.49	1.47
437	321	116	2942	907	2035	1.60	1.59
170	124	46	1267	453	814	1.55	1.54
509	369	140	3846	1246	2600	1.71	1.70
97	62	35	919	253	666	1.67	1.65
100	85	15	1068	376	692	1.76	1.74
136	92	44	1228	404	824	1.57	1.56
112	79	33	1257	392	865	1.73	1.71
316	252	64	3157	1076	2081	1.58	1.57
182	126	56	1791	535	1256	1.73	1.72
472	313	159	3856	1114	2742	1.50	1.48
4113	**2841**	**1272**	**30113**	**8928**	**21185**	**1.48**	**1.47**
314	142	172	885	201	684	0.99	0.98
349	138	211	1012	253	759	1.08	1.07
303	215	88	2256	697	1559	1.54	1.52
155	119	36	826	262	564	1.49	1.48
161	120	41	1154	353	801	1.50	1.49
94	73	21	838	235	603	1.59	1.57
259	205	54	2053	620	1433	1.42	1.41
160	119	41	1365	398	967	1.60	1.58
165	126	39	1357	432	925	1.61	1.60
471	354	117	3549	986	2563	1.50	1.49
216	166	50	1580	496	1084	1.52	1.51
98	75	23	845	249	596	1.36	1.35
117	76	41	1159	361	798	1.69	1.67
156	121	35	1123	426	697	1.64	1.63
213	163	50	2538	766	1772	1.48	1.47
171	112	59	1565	440	1125	1.58	1.57
139	109	30	1474	431	1043	1.60	1.58
295	206	89	2464	756	1708	1.31	1.30
277	202	75	2070	566	1504	1.64	1.63

表7 续表 2

地区	15岁及以上人口			未婚			有配偶		
	合计	男	女	小计	男	女	小计	男	女
保定市	**906854**	**451022**	**455832**	**184902**	**102783**	**82119**	**666590**	**327640**	**338950**
新市区	38992	18981	20011	7000	3611	3389	29745	14671	15074
北市区	33979	16372	17607	12901	6369	6532	19536	9590	9946
南市区	24864	11923	12941	8363	4054	4309	15274	7558	7716
满城县	31947	16119	15828	5910	3384	2526	24167	12028	12139
清苑县	52069	26183	25886	10149	5769	4380	38978	19297	19681
涞水县	28660	14528	14132	6089	3458	2631	20792	10351	10441
阜平县	15620	7931	7689	2799	1720	1079	11600	5708	5892
徐水县	46169	23024	23145	8277	4696	3581	35187	17401	17786
定兴县	42581	20921	21660	8918	5094	3824	30974	14824	16150
唐县	40979	19636	21343	7701	4167	3534	30423	14369	16054
高阳县	28409	14107	14302	4999	2759	2240	21670	10727	10943
容城县	20258	10079	10179	3635	2007	1628	15428	7605	7823
涞源县	21305	11146	10159	4338	2764	1574	15451	7696	7755
望都县	20554	10240	10314	3601	2043	1558	15732	7722	8010
安新县	35324	17834	17490	7945	4600	3345	25417	12524	12893
易县	44518	22528	21990	9344	5494	3850	32138	15790	16348
曲阳县	45024	22316	22708	9673	5197	4476	32554	15985	16569
蠡县	40790	20406	20384	6924	4040	2884	31485	15536	15949
顺平县	22405	11267	11138	3469	2114	1355	17439	8570	8869
博野县	19591	9782	9809	3326	1903	1423	15078	7411	7667
雄县	28557	14292	14265	5308	2927	2381	21581	10765	10816
涿州市	50128	24842	25286	9514	5360	4154	37505	18372	19133
定州市	92755	46126	46629	18124	10051	8073	68353	33615	34738
安国市	30555	15142	15413	5236	2970	2266	23234	11366	11868
高碑店市	50821	25297	25524	11359	6232	5127	36849	18159	18690
张家口市	**356251**	**181092**	**175159**	**64149**	**38903**	**25246**	**267962**	**132945**	**135017**
桥东区	28109	13864	14245	5742	3120	2622	20517	10175	10342
桥西区	23328	11296	12032	5007	2545	2462	16847	8298	8549
宣化区	30240	14869	15371	4588	2531	2057	23589	11715	11874
下花园区	5386	2723	2663	876	532	344	3980	1991	1989
宣化县	22435	11614	10821	4374	2700	1674	16569	8241	8328
张北县	26343	13416	12927	4508	2771	1737	20177	10031	10146
康保县	17908	9099	8809	3129	1901	1228	13649	6773	6876
沽源县	14503	7474	7029	2591	1618	973	10968	5450	5518
尚义县	12719	6364	6355	1934	1106	828	9988	4949	5039
蔚县	35885	18836	17049	7211	4725	2486	25888	12947	12941
阳原县	21106	10624	10482	3769	2324	1445	15886	7767	8119
怀安县	17544	8940	8604	2792	1738	1054	13546	6714	6832
万全县	17426	8810	8616	2881	1717	1164	13415	6684	6731
怀来县	27850	14218	13632	4957	3086	1871	21186	10470	10716
涿鹿县	26918	14047	12871	4929	3249	1680	20035	9930	10105
赤城县	19565	10251	9314	3260	2250	1010	14919	7372	7547
崇礼县	8986	4647	4339	1601	990	611	6803	3438	3365
承德市	**277527**	**140020**	**137507**	**50477**	**29863**	**20614**	**208135**	**102879**	**105256**
双桥区	33675	16164	17511	8897	4179	4718	22806	11326	11480
双滦区	12329	6376	5953	2339	1443	896	9208	4648	4560
鹰手营子矿区	5356	2692	2664	740	451	289	4122	2070	2052
承德县	31760	16423	15337	5984	3842	2142	23483	11685	11798
兴隆县	25484	13004	12480	4255	2634	1621	19468	9670	9798
平泉县	34048	17082	16966	5680	3434	2246	26045	12790	13255
滦平县	23267	11851	11416	4148	2474	1674	17525	8700	8825
隆化县	29308	14889	14419	4869	3136	1733	22301	10883	11418
丰宁满族自治县	27995	14209	13786	5024	3032	1992	20979	10354	10625
宽城满族自治县	20138	10337	9801	3451	2113	1338	15512	7757	7755
围场满族蒙古族自治县	34167	16993	17174	5090	3125	1965	26686	12996	13690
沧州市	**577122**	**288858**	**288264**	**108872**	**60827**	**48045**	**435163**	**215633**	**219530**
新华区	17614	8737	8877	2802	1526	1276	13926	6953	6973
运河区	25384	12439	12945	5514	2859	2655	18678	9231	9447
沧县	54544	27498	27046	9845	5580	4265	41650	20694	20956
青县	34756	17441	17315	6536	3622	2914	26250	13056	13194
东光县	28941	14529	14412	5738	3223	2515	21476	10608	10868
海兴县	15927	7919	8008	2974	1652	1322	12043	5916	6127
盐山县	35388	17921	17467	8327	4451	3876	24997	12563	12434
肃宁县	27726	13978	13748	5012	2987	2025	21026	10378	10648
南皮县	29010	14552	14458	5431	3041	2390	21858	10807	11051

单位：人

离婚			丧偶			15—64岁妇女	
小计	男	女	小计	男	女	平均活产子女数	平均存活子女数
8279	**5322**	**2957**	**47083**	**15277**	**31806**	**1.39**	**1.38**
597	246	351	1650	453	1197	0.98	0.98
405	144	261	1137	269	868	0.70	0.69
266	97	169	961	214	747	0.82	0.81
213	137	76	1657	570	1087	1.50	1.49
430	309	121	2512	808	1704	1.46	1.45
275	204	71	1504	515	989	1.33	1.32
173	127	46	1048	376	672	1.65	1.64
326	218	108	2379	709	1670	1.47	1.46
327	249	78	2362	754	1608	1.48	1.46
302	240	62	2553	860	1693	1.58	1.57
307	198	109	1433	423	1010	1.43	1.42
166	118	48	1029	349	680	1.48	1.47
357	260	97	1159	426	733	1.53	1.51
174	124	50	1047	351	696	1.43	1.42
278	177	101	1684	533	1151	1.43	1.42
385	261	124	2651	983	1668	1.41	1.39
383	275	108	2414	859	1555	1.62	1.61
297	201	96	2084	629	1455	1.57	1.57
174	124	50	1323	459	864	1.49	1.47
162	106	56	1025	362	663	1.51	1.48
217	149	68	1451	451	1000	1.48	1.47
578	338	240	2531	772	1759	1.23	1.22
834	598	236	5444	1862	3582	1.44	1.43
314	218	96	1771	588	1183	1.38	1.37
339	204	135	2274	702	1572	1.33	1.32
4947	**3195**	**1752**	**19193**	**6049**	**13144**	**1.37**	**1.36**
535	248	287	1315	321	994	0.96	0.95
445	221	224	1029	232	797	0.96	0.95
584	280	304	1479	343	1136	1.07	1.07
133	86	47	397	114	283	1.26	1.24
286	227	59	1206	446	760	1.51	1.49
215	146	69	1443	468	975	1.47	1.45
136	96	40	994	329	665	1.44	1.43
197	135	62	747	271	476	1.42	1.41
99	60	39	698	249	449	1.49	1.48
549	459	90	2237	705	1532	1.60	1.58
215	160	55	1236	373	863	1.58	1.57
225	166	59	981	322	659	1.57	1.56
220	146	74	910	263	647	1.49	1.47
336	210	126	1371	452	919	1.41	1.39
409	299	110	1545	569	976	1.39	1.38
257	183	74	1129	446	683	1.59	1.57
106	73	33	476	146	330	1.40	1.39
3448	**2174**	**1274**	**15467**	**5104**	**10363**	**1.42**	**1.40**
570	255	315	1402	404	998	0.93	0.92
201	107	94	581	178	403	1.23	1.21
130	71	59	364	100	264	1.24	1.22
394	280	114	1899	616	1283	1.47	1.45
374	246	128	1387	454	933	1.46	1.44
316	199	117	2007	659	1348	1.49	1.47
287	198	89	1307	479	828	1.45	1.43
350	246	104	1788	624	1164	1.59	1.57
333	216	117	1659	607	1052	1.49	1.47
191	132	59	984	335	649	1.53	1.51
302	224	78	2089	648	1441	1.61	1.58
4783	**2999**	**1784**	**28304**	**9399**	**18905**	**1.43**	**1.42**
234	85	149	652	173	479	1.12	1.11
313	124	189	879	225	654	1.04	1.03
359	266	93	2690	958	1732	1.53	1.52
270	171	99	1700	592	1108	1.38	1.36
230	160	70	1497	538	959	1.37	1.36
108	80	28	802	271	531	1.61	1.59
218	160	58	1846	747	1099	1.42	1.41
221	150	71	1467	463	1004	1.47	1.46
209	152	57	1512	552	960	1.45	1.44

表7 续表 3

地 区	15岁及以上人口			未 婚			有 配 偶		
	合 计	男	女	小 计	男	女	小 计	男	女
吴桥县	21977	10775	11202	3844	2046	1798	16632	8166	8466
献县	46593	23179	23414	9552	5223	4329	34428	16933	17495
孟村回族自治县	15527	7821	7706	3066	1678	1388	11517	5752	5765
泊头市	46455	23150	23305	8516	4753	3763	35226	17387	17839
任丘市	68454	34188	34266	12113	6916	5197	52447	25960	26487
黄骅市	44239	22567	21672	8660	5075	3585	33362	16723	16639
河间市	64587	32164	32423	10942	6195	4747	49647	24506	25141
廊坊市	**367196**	**185150**	**182046**	**83298**	**45878**	**37420**	**263105**	**131702**	**131403**
安次区	31930	15887	16043	9407	4890	4517	20757	10361	10396
广阳区	43915	21621	22294	10536	5431	5105	31234	15446	15788
固安县	34775	17360	17415	7679	4223	3456	24916	12332	12584
永清县	29692	15011	14681	6260	3567	2693	21425	10672	10753
香河县	29276	14810	14466	5589	3156	2433	21826	10970	10856
大城县	38868	19550	19318	8781	4820	3961	27937	13884	14053
文安县	41294	21012	20282	8361	4663	3698	30786	15558	15228
大厂回族自治县	10664	5420	5244	2228	1298	930	7768	3925	3843
霸州市	50203	25415	24788	9943	5568	4375	37124	18706	18418
三河市	56579	29064	27515	14514	8262	6252	39332	19848	19484
衡水市	**356646**	**177809**	**178837**	**73305**	**40353**	**32952**	**262308**	**129669**	**132639**
桃城区	43535	21263	22272	10426	5194	5232	31046	15380	15666
枣强县	31683	15662	16021	5262	2900	2362	24457	12094	12363
武邑县	26526	13381	13145	6404	3675	2729	19873	9606	10267
武强县	18129	9104	9025	3703	2052	1651	13274	6605	6669
饶阳县	24306	12118	12188	4938	2729	2209	17788	8740	9048
安平县	26444	13357	13087	4584	2588	1996	20052	10054	9998
故城县	38791	19301	19490	7519	4153	3366	29014	14342	14672
景县	42954	21574	21380	9274	5104	4170	30797	15329	15468
阜城县	26547	13240	13307	5305	2907	2398	19612	9721	9891
冀州市	30430	15191	15239	6345	3573	2772	21918	10883	11035
深州市	47301	23618	23683	9545	5478	4067	34477	16915	17562
山西省	**2875002**	**1455922**	**1419080**	**649273**	**367875**	**281398**	**2050731**	**1024451**	**1026280**
太原市	**356410**	**179604**	**176806**	**100459**	**54269**	**46190**	**237346**	**119411**	**117935**
小店区	68999	34836	34163	26840	14045	12795	39834	20134	19700
迎泽区	51082	24241	26841	12922	5856	7066	35290	17561	17729
杏花岭区	55448	27532	27916	11911	6578	5333	39863	19840	20023
尖草坪区	36625	18792	17833	11530	6559	4971	23089	11534	11555
万柏林区	64801	33541	31260	18805	10667	8138	42824	21849	20975
晋源区	17835	8906	8929	4837	2564	2273	12019	6069	5950
清徐县	26295	13344	12951	5828	3304	2524	18951	9551	9400
阳曲县	9984	5219	4765	2002	1280	722	7205	3627	3578
娄烦县	8423	4389	4034	1825	1079	746	6060	3060	3000
古交市	16918	8804	8114	3959	2337	1622	12211	6186	6025
大同市	**266000**	**134162**	**131838**	**58821**	**33009**	**25812**	**191272**	**95405**	**95867**
城区	57556	28450	29106	10938	5794	5144	43718	21765	21953
矿区	41955	21222	20733	8445	4862	3583	30949	15602	15347
南郊区	33259	16883	16376	7865	4229	3636	23989	12190	11799
新荣区	8398	4360	4038	1786	1055	731	6074	3098	2976
阳高县	22299	11284	11015	5347	3041	2306	15365	7599	7766
天镇县	16367	8068	8299	3673	2015	1658	11706	5677	6029
广灵县	13766	7076	6690	3268	1960	1308	9442	4631	4811
灵丘县	18290	9590	8700	4232	2592	1640	12751	6391	6360
浑源县	27208	13610	13598	7332	4064	3268	17925	8820	9105
左云县	12556	6305	6251	2993	1702	1291	8790	4318	4472
大同县	14346	7314	7032	2942	1695	1247	10563	5314	5249
阳泉市	**111437**	**56874**	**54563**	**21132**	**12779**	**8353**	**82406**	**41293**	**41113**
城区	16570	8218	8352	2667	1460	1207	12826	6419	6407
矿区	20909	10766	10143	3670	2185	1485	15968	8108	7860
郊区	23432	12091	11341	4575	2877	1698	17145	8602	8543
平定县	24906	12676	12230	4776	3028	1748	18012	8896	9116
盂县	25620	13123	12497	5444	3229	2215	18455	9268	9187
长治市	**268881**	**136457**	**132424**	**58230**	**33922**	**24308**	**192376**	**95675**	**96701**
城区	40897	19892	21005	10552	5300	5252	28410	14021	14389
郊区	22741	11572	11169	4349	2536	1813	16982	8535	8447
长治县	28009	14022	13987	5089	2920	2169	21026	10439	10587
襄垣县	21280	10996	10284	4352	2663	1689	15372	7671	7701

单位：人

离婚			丧偶			15—64岁妇女	
小计	男	女	小计	男	女	平均活产子女数	平均存活子女数
174	122	52	1327	441	886	1.32	1.30
316	244	72	2297	779	1518	1.52	1.50
124	89	35	820	302	518	1.56	1.55
362	250	112	2351	760	1591	1.43	1.42
824	425	399	3070	887	2183	1.41	1.40
290	165	125	1927	604	1323	1.49	1.48
531	356	175	3467	1107	2360	1.53	1.52
3347	**1925**	**1422**	**17446**	**5645**	**11801**	**1.28**	**1.27**
278	157	121	1488	479	1009	1.07	1.07
532	221	311	1613	523	1090	0.99	0.99
249	171	78	1931	634	1297	1.34	1.33
248	172	76	1759	600	1159	1.39	1.38
253	151	102	1608	533	1075	1.23	1.22
302	201	101	1848	645	1203	1.56	1.56
297	197	100	1850	594	1256	1.47	1.46
110	65	45	558	132	426	1.22	1.22
468	272	196	2668	869	1799	1.41	1.40
610	318	292	2123	636	1487	1.10	1.10
2408	**1684**	**724**	**18625**	**6103**	**12522**	**1.35**	**1.34**
336	176	160	1727	513	1214	1.06	1.05
201	147	54	1763	521	1242	1.48	1.46
25	17	8	224	83	141	1.32	1.32
95	69	26	1057	378	679	1.37	1.36
196	159	37	1384	490	894	1.33	1.32
259	159	100	1549	556	993	1.38	1.36
211	169	42	2047	637	1410	1.52	1.51
311	221	90	2572	920	1652	1.41	1.40
202	141	61	1428	471	957	1.46	1.45
211	158	53	1956	577	1379	1.28	1.27
361	268	93	2918	957	1961	1.36	1.35
30794	**19671**	**11123**	**144204**	**43925**	**100279**	**1.42**	**1.41**
4497	**2253**	**2244**	**14108**	**3671**	**10437**	**1.01**	**1.01**
566	249	317	1759	408	1351	0.81	0.80
773	328	445	2097	496	1601	0.84	0.83
942	449	493	2732	665	2067	0.95	0.95
541	294	247	1465	405	1060	0.94	0.94
900	408	492	2272	617	1655	0.93	0.93
183	107	76	796	166	630	1.20	1.19
200	141	59	1316	348	968	1.54	1.53
138	97	41	639	215	424	1.63	1.61
90	71	19	448	179	269	1.78	1.76
164	109	55	584	172	412	1.41	1.40
3628	**2156**	**1472**	**12279**	**3592**	**8687**	**1.36**	**1.36**
916	380	536	1984	511	1473	0.99	0.98
656	323	333	1905	435	1470	1.18	1.18
281	181	100	1124	283	841	1.40	1.39
84	62	22	454	145	309	1.54	1.53
318	248	70	1269	396	873	1.58	1.57
130	97	33	858	279	579	1.61	1.60
284	219	65	772	266	506	1.59	1.58
279	193	86	1028	414	614	1.59	1.58
383	273	110	1568	453	1115	1.60	1.58
180	88	92	593	197	396	1.54	1.52
117	92	25	724	213	511	1.60	1.59
1361	**838**	**523**	**6538**	**1964**	**4574**	**1.34**	**1.33**
314	149	165	763	190	573	1.03	1.03
327	173	154	944	300	644	1.15	1.14
270	185	85	1442	427	1015	1.33	1.32
208	156	52	1910	596	1314	1.54	1.53
242	175	67	1479	451	1028	1.49	1.49
2774	**1843**	**931**	**15501**	**5017**	**10484**	**1.48**	**1.46**
489	194	295	1446	377	1069	0.99	0.99
268	169	99	1142	332	810	1.43	1.42
236	161	75	1658	502	1156	1.48	1.47
287	207	80	1269	455	814	1.51	1.50

表7 续表 4

地　区	15岁及以上人口			未　婚			有 配 偶		
	合 计	男	女	小 计	男	女	小 计	男	女
屯留县	21409	10993	10416	4641	2768	1873	15381	7723	7658
平顺县	11946	6029	5917	2715	1550	1165	8216	4052	4164
黎城县	12489	6416	6073	2212	1391	821	9257	4594	4663
壶关县	23168	11491	11677	5090	2937	2153	16395	7960	8435
长子县	27125	13819	13306	5427	3160	2267	19772	9916	9856
武乡县	14589	7732	6857	3462	2289	1173	9985	4944	5041
沁县	14216	7377	6839	3813	2338	1475	9267	4595	4672
沁源县	12977	7009	5968	3095	2021	1074	8995	4655	4340
潞城市	18035	9109	8926	3433	2049	1384	13318	6570	6748
晋城市	**181236**	**90539**	**90697**	**33156**	**18695**	**14461**	**135610**	**67445**	**68165**
城区	37627	18670	18957	8869	4553	4316	27310	13705	13605
沁水县	16987	8805	8182	2660	1612	1048	13035	6685	6350
阳城县	30533	15139	15394	4885	2802	2083	23296	11490	11806
陵川县	18769	9520	9249	3346	2106	1240	13886	6766	7120
泽州县	38635	19526	19109	7249	4204	3045	28354	14236	14118
高平市	38685	18879	19806	6147	3418	2729	29729	14563	15166
朔州市	**134505**	**69117**	**65388**	**32927**	**18607**	**14320**	**95128**	**48075**	**47053**
朔城区	37868	19425	18443	9112	5088	4024	27147	13773	13374
平鲁区	16104	8299	7805	4511	2482	2029	10839	5530	5309
山阴县	19707	10146	9561	4649	2669	1980	14059	7107	6952
应县	25488	13022	12466	6229	3593	2636	17809	8828	8981
右玉县	9026	4778	4248	1803	1022	781	6741	3548	3193
怀仁县	26312	13447	12865	6623	3753	2870	18533	9289	9244
晋中市	**260664**	**133723**	**126941**	**52281**	**31485**	**20796**	**191418**	**96162**	**95256**
榆次区	52306	26042	26264	11082	5963	5119	38125	19040	19085
榆社县	11075	5806	5269	2707	1723	984	7631	3789	3842
左权县	13190	6971	6219	2589	1623	966	9684	4963	4721
和顺县	11961	6334	5627	2310	1484	826	8840	4543	4297
昔阳县	18418	9619	8799	3139	2073	1066	13843	6994	6849
寿阳县	17614	9577	8037	3037	2123	914	13296	6874	6422
太谷县	24421	12459	11962	5677	3415	2262	17263	8582	8681
祁县	21030	10704	10326	3561	2209	1352	16105	7998	8107
平遥县	38510	19559	18951	8589	5204	3385	27305	13473	13832
灵石县	20121	10431	9690	3611	2149	1462	15221	7823	7398
介休市	32018	16221	15797	5979	3519	2460	24105	12083	12022
运城市	**414429**	**208046**	**206383**	**86766**	**49138**	**37628**	**302033**	**149615**	**152418**
盐湖区	58134	28463	29671	15015	7652	7363	40130	19847	20283
临猗县	45736	22966	22770	8407	4830	3577	34348	17013	17335
万荣县	34688	17426	17262	7011	4047	2964	25366	12528	12838
闻喜县	33025	16771	16254	6095	3572	2523	24834	12380	12454
稷山县	27793	13846	13947	5715	3237	2478	20413	10058	10355
新绛县	25224	12638	12586	4642	2764	1878	18941	9345	9596
绛县	21843	10992	10851	4032	2325	1707	16306	8091	8215
垣曲县	18152	9257	8895	3778	2247	1531	13058	6505	6553
夏县	28886	14672	14214	6438	3789	2649	20660	10204	10456
平陆县	21129	10705	10424	4680	2702	1978	15071	7466	7605
芮城县	31376	15669	15707	6547	3651	2896	22935	11300	11635
永济市	36476	18259	18217	7368	4178	3190	26697	13217	13480
河津市	31967	16382	15585	7038	4144	2894	23274	11661	11613
忻州市	**248325**	**126861**	**121464**	**57347**	**33536**	**23811**	**174873**	**86989**	**87884**
忻府区	44850	21937	22913	11162	5702	5460	31059	15352	15707
定襄县	17194	8663	8531	3131	1895	1236	12892	6370	6522
五台县	24646	12583	12063	5950	3574	2376	16977	8372	8605
代县	17037	8613	8424	3747	2165	1582	11971	5930	6041
繁峙县	21805	11228	10577	5541	3210	2331	14796	7326	7470
宁武县	13000	6937	6063	3236	2063	1173	8882	4492	4390
静乐县	13222	7028	6194	3712	2317	1395	8725	4359	4366
神池县	8608	4571	4037	2218	1397	821	5798	2929	2869
五寨县	9294	4666	4628	2154	1184	970	6639	3286	3353
岢岚县	6970	3694	3276	1747	1129	618	4776	2351	2425
河曲县	12082	6336	5746	2358	1473	885	9008	4552	4456
保德县	12506	6517	5989	3085	1779	1306	8786	4477	4309
偏关县	8814	4501	4313	1857	1093	764	6458	3198	3260
原平市	38297	19587	18710	7449	4555	2894	28106	13995	14111

单位：人

离　婚			丧　偶			15—64岁妇女	
小　计	男	女	小　计	男	女	平均活产子女数	平均存活子女数
147	106	41	1240	396	844	1.60	1.58
121	100	21	894	327	567	1.56	1.55
186	138	48	834	293	541	1.64	1.62
193	145	48	1490	449	1041	1.60	1.59
249	181	68	1677	562	1115	1.59	1.57
156	125	31	986	374	612	1.83	1.80
153	119	34	983	325	658	1.56	1.54
91	61	30	796	272	524	1.68	1.65
198	137	61	1086	353	733	1.54	1.52
1658	**1102**	**556**	**10812**	**3297**	**7515**	**1.46**	**1.44**
335	146	189	1113	266	847	1.15	1.14
178	131	47	1114	377	737	1.54	1.52
300	210	90	2052	637	1415	1.48	1.46
204	169	35	1333	479	854	1.67	1.64
358	257	101	2674	829	1845	1.61	1.59
283	189	94	2526	709	1817	1.50	1.48
1088	**736**	**352**	**5362**	**1699**	**3663**	**1.52**	**1.51**
288	175	113	1321	389	932	1.48	1.47
86	60	26	668	227	441	1.68	1.66
149	116	33	850	254	596	1.58	1.57
300	202	98	1150	399	751	1.50	1.49
66	41	25	416	167	249	1.59	1.59
199	142	57	957	263	694	1.45	1.44
2686	**1807**	**879**	**14279**	**4269**	**10010**	**1.49**	**1.48**
669	368	301	2430	671	1759	1.17	1.16
92	75	17	645	219	426	1.74	1.72
126	94	32	791	291	500	1.51	1.49
109	80	29	702	227	475	1.49	1.48
187	137	50	1249	415	834	1.58	1.55
214	170	44	1067	410	657	1.53	1.51
210	136	74	1271	326	945	1.32	1.31
225	151	74	1139	346	793	1.62	1.61
309	242	67	2307	640	1667	1.70	1.69
220	140	80	1069	319	750	1.72	1.71
325	214	111	1609	405	1204	1.55	1.53
4098	**2688**	**1410**	**21532**	**6605**	**14927**	**1.46**	**1.45**
605	287	318	2384	677	1707	1.22	1.21
458	324	134	2523	799	1724	1.47	1.46
362	276	86	1949	575	1374	1.62	1.61
337	239	98	1759	580	1179	1.48	1.47
191	135	56	1474	416	1058	1.56	1.55
241	152	89	1400	377	1023	1.56	1.55
258	179	79	1247	397	850	1.46	1.45
229	128	101	1087	377	710	1.49	1.48
275	210	65	1513	469	1044	1.48	1.47
200	137	63	1178	400	778	1.45	1.44
301	209	92	1593	509	1084	1.49	1.48
397	248	149	2014	616	1398	1.40	1.39
244	164	80	1411	413	998	1.57	1.56
3063	**2276**	**787**	**13042**	**4060**	**8982**	**1.52**	**1.50**
424	285	139	2205	598	1607	1.29	1.28
156	118	38	1015	280	735	1.54	1.52
224	192	32	1495	445	1050	1.59	1.58
286	223	63	1033	295	738	1.49	1.47
412	300	112	1056	392	664	1.57	1.57
184	142	42	698	240	458	1.63	1.62
152	115	37	633	237	396	1.63	1.62
148	93	55	444	152	292	1.42	1.41
103	77	26	398	119	279	1.46	1.45
95	74	21	352	140	212	1.60	1.58
142	109	33	574	202	372	1.66	1.64
108	75	33	527	186	341	1.68	1.68
73	58	15	426	152	274	1.71	1.69
556	415	141	2186	622	1564	1.52	1.51

表7　续表 5

地　区	15岁及以上人口			未　婚			有　配　偶		
	合　计	男	女	小　计	男	女	小　计	男	女
临汾市	**345526**	**173793**	**171733**	**75234**	**41389**	**33845**	**249640**	**124973**	**124667**
尧都区	74404	36254	38150	18645	9193	9452	51877	25786	26091
曲沃县	19229	9653	9576	3740	2098	1642	14259	7088	7171
翼城县	25871	12896	12975	4873	2728	2145	19170	9507	9663
襄汾县	36672	18317	18355	6794	3893	2901	27373	13583	13790
洪洞县	57639	28805	28834	12503	6884	5619	41584	20679	20905
古县	7796	4290	3506	1722	1040	682	5592	3042	2550
安泽县	6397	3384	3013	1258	791	467	4745	2441	2304
浮山县	9949	5055	4894	1709	1027	682	7494	3727	3767
吉县	8369	4271	4098	1752	1006	746	6178	3079	3099
乡宁县	19153	10053	9100	4476	2585	1891	13753	7137	6616
大宁县	5213	2656	2557	1431	810	621	3461	1716	1745
隰县	8022	4117	3905	1979	1147	832	5523	2748	2775
永和县	5269	2733	2536	1358	805	553	3616	1793	1823
蒲县	7677	4085	3592	1718	1019	699	5546	2920	2626
汾西县	11013	5645	5368	2707	1532	1175	7735	3869	3866
侯马市	20110	9942	10168	3437	1890	1547	15450	7635	7815
霍州市	22743	11637	11106	5132	2941	2191	16284	8223	8061
吕梁市	**287589**	**146746**	**140843**	**72920**	**41046**	**31874**	**198629**	**99408**	**99221**
离石区	25645	12754	12891	7754	3849	3905	16964	8550	8414
文水县	32234	16048	16186	7549	4132	3417	22786	11277	11509
交城县	18291	9211	9080	4577	2599	1978	12652	6290	6362
兴县	22178	11599	10579	6255	3594	2661	14758	7476	7282
临县	45638	23397	22241	11996	6986	5010	30745	15114	15631
柳林县	23890	12514	11376	6126	3586	2540	16373	8363	8010
石楼县	8145	4176	3969	2007	1098	909	5689	2839	2850
岚县	12846	6585	6261	3195	1893	1302	8962	4401	4561
方山县	10973	5778	5195	2778	1649	1129	7514	3807	3707
中阳县	10638	5602	5036	2449	1424	1025	7701	3958	3743
交口县	9309	4869	4440	2261	1317	944	6508	3319	3189
孝义市	36158	18348	17810	8838	4912	3926	25372	12775	12597
汾阳市	31644	15865	15779	7135	4007	3128	22605	11239	11366
内蒙古自治区	**1978474**	**1012295**	**966179**	**371091**	**218674**	**152417**	**1483349**	**749171**	**734178**
呼和浩特市	**240089**	**120888**	**119201**	**59143**	**32111**	**27032**	**168715**	**84390**	**84325**
新城区	47080	23143	23937	11905	6156	5749	32847	16305	16542
回民区	33124	16292	16832	8813	4422	4391	22591	11304	11287
玉泉区	31778	16067	15711	7017	3896	3121	23306	11688	11618
赛罕区	53711	27045	26666	16666	8932	7734	34744	17373	17371
土默特左旗	26779	13947	12832	5916	3555	2361	19259	9676	9583
托克托县	15455	7907	7548	2486	1503	983	12056	6043	6013
和林格尔县	14445	7287	7158	3548	1914	1634	10072	5036	5036
清水河县	8076	4184	3892	1437	845	592	6214	3151	3063
武川县	9641	5016	4625	1355	888	467	7626	3814	3812
包头市	**220702**	**112682**	**108020**	**43523**	**25307**	**18216**	**163826**	**82523**	**81303**
东河区	44097	22136	21961	8529	4821	3708	32389	16218	16171
昆都仑区	60883	31088	29795	12546	7406	5140	44888	22530	22358
青山区	50544	25528	25016	11573	6357	5216	36255	18263	17992
石拐区	1964	1045	919	334	225	109	1426	741	685
白云鄂博矿区	2079	1060	1019	274	165	109	1659	842	817
九原区	15721	8224	7497	2464	1578	886	12501	6364	6137
土默特右旗	21947	11299	10648	3464	2018	1446	17100	8700	8400
固阳县	14616	7683	6933	2791	1770	1021	10869	5465	5404
达尔罕茂明安联合旗	8851	4619	4232	1548	967	581	6739	3400	3339
乌海市	**43239**	**22729**	**20510**	**7682**	**4739**	**2943**	**33122**	**17149**	**15973**
海勃湾区	23848	12526	11322	4636	2783	1853	17993	9358	8635
海南区	8412	4594	3818	1161	817	344	6857	3627	3230
乌达区	10979	5609	5370	1885	1139	746	8272	4164	4108
赤峰市	**349225**	**175310**	**173915**	**59591**	**34763**	**24828**	**267314**	**133047**	**134267**
红山区	34002	16627	17375	6746	3479	3267	25064	12516	12548
元宝山区	25700	12677	13023	3523	2042	1481	20345	10072	10273
松山区	46719	23403	23316	8820	5060	3760	35347	17529	17818
阿鲁科尔沁旗	21583	10865	10718	3117	1922	1195	16997	8449	8548
巴林左旗	26381	13312	13069	4311	2577	1734	20440	10162	10278
巴林右旗	12889	6478	6411	2020	1210	810	10096	5052	5044
林西县	16658	8291	8367	2480	1436	1044	12991	6457	6534
克什克腾旗	18052	9638	8414	3147	2056	1091	13798	7193	6605

单位：人

离婚			丧偶			15—64岁妇女	
小计	男	女	小计	男	女	平均活产子女数	平均存活子女数
3209	**1997**	**1212**	**17443**	**5434**	**12009**	**1.48**	**1.47**
784	384	400	3098	891	2207	1.20	1.19
199	151	48	1031	316	715	1.41	1.40
273	190	83	1555	471	1084	1.42	1.41
334	235	99	2171	606	1565	1.57	1.56
414	271	143	3138	971	2167	1.59	1.58
60	43	17	422	165	257	1.56	1.55
41	31	10	353	121	232	1.55	1.54
115	87	28	631	214	417	1.58	1.56
63	44	19	376	142	234	1.61	1.60
95	72	23	829	259	570	1.78	1.77
58	34	24	263	96	167	1.67	1.64
114	70	44	406	152	254	1.54	1.53
43	26	17	252	109	143	1.53	1.52
47	31	16	366	115	251	1.76	1.75
81	52	29	490	192	298	1.81	1.80
303	166	137	920	251	669	1.29	1.28
185	110	75	1142	363	779	1.58	1.57
2732	**1975**	**757**	**13308**	**4317**	**8991**	**1.65**	**1.63**
210	113	97	717	242	475	1.34	1.33
252	194	58	1647	445	1202	1.66	1.65
127	89	38	935	233	702	1.60	1.59
184	133	51	981	396	585	1.62	1.61
578	470	108	2319	827	1492	1.74	1.73
210	141	69	1181	424	757	1.81	1.79
96	70	26	353	169	184	1.81	1.80
122	100	22	567	191	376	1.72	1.71
177	139	38	504	183	321	1.77	1.75
66	48	18	422	172	250	1.84	1.82
91	63	28	449	170	279	1.67	1.67
345	218	127	1603	443	1160	1.58	1.57
274	197	77	1630	422	1208	1.58	1.57
29268	**16407**	**12861**	**94766**	**28043**	**66723**	**1.32**	**1.30**
3135	**1629**	**1506**	**9096**	**2758**	**6338**	**1.11**	**1.11**
760	303	457	1568	379	1189	0.92	0.91
508	256	252	1212	310	902	0.90	0.90
473	226	247	982	257	725	1.03	1.03
641	276	365	1660	464	1196	0.92	0.92
280	218	62	1324	498	826	1.44	1.42
175	117	58	738	244	494	1.56	1.55
143	107	36	682	230	452	1.43	1.41
58	46	12	367	142	225	1.86	1.84
97	80	17	563	234	329	1.62	1.60
3874	**2051**	**1823**	**9479**	**2801**	**6678**	**1.14**	**1.13**
888	457	431	2291	640	1651	1.06	1.06
1188	563	625	2261	589	1672	1.01	1.01
951	432	519	1765	476	1289	0.97	0.96
48	27	21	156	52	104	1.46	1.45
55	29	26	91	24	67	1.14	1.13
192	119	73	564	163	401	1.32	1.30
221	171	50	1162	410	752	1.60	1.59
195	156	39	761	292	469	1.42	1.40
136	97	39	428	155	273	1.38	1.36
847	**435**	**412**	**1588**	**406**	**1182**	**1.19**	**1.18**
434	196	238	785	189	596	1.10	1.09
118	70	48	276	80	196	1.38	1.37
295	169	126	527	137	390	1.23	1.22
3843	**2213**	**1630**	**18477**	**5287**	**13190**	**1.41**	**1.39**
652	278	374	1540	354	1186	1.05	1.04
503	245	258	1329	318	1011	1.37	1.35
409	223	186	2143	591	1552	1.38	1.37
210	136	74	1259	358	901	1.48	1.46
314	193	121	1316	380	936	1.47	1.45
117	64	53	656	152	504	1.39	1.38
188	115	73	999	283	716	1.35	1.33
181	116	65	926	273	653	1.43	1.41

表7 续表 6

地　区	15岁及以上人口			未　婚			有　配　偶		
	合　计	男	女	小　计	男	女	小　计	男	女
翁牛特旗	35892	17985	17907	6490	3704	2786	27094	13507	13587
喀喇沁旗	22566	11328	11238	3267	2033	1234	17693	8714	8979
宁城县	44510	22400	22110	7712	4625	3087	33870	16698	17172
敖汉旗	44273	22306	21967	7958	4619	3339	33579	16698	16881
通辽市	**243894**	**122782**	**121112**	**45507**	**26330**	**19177**	**182061**	**90690**	**91371**
科尔沁区	68745	34187	34558	13684	7408	6276	50471	25203	25268
科尔沁左翼中旗	38230	19371	18859	8400	4942	3458	27185	13448	13737
科尔沁左翼后旗	30038	15378	14660	5034	3160	1874	22755	11356	11399
开鲁县	31439	15658	15781	5465	3067	2398	24030	11938	12092
库伦旗	13428	6910	6518	2130	1368	762	10384	5200	5184
奈曼旗	31439	15703	15736	5114	2953	2161	24258	12038	12220
扎鲁特旗	22205	11216	10989	3978	2389	1589	16761	8351	8410
霍林郭勒市	8370	4359	4011	1702	1043	659	6217	3156	3061
鄂尔多斯市	**154590**	**86901**	**67689**	**28554**	**18574**	**9980**	**119762**	**65991**	**53771**
东胜区	46034	26684	19350	10998	6934	4064	33744	19301	14443
达拉特旗	25736	13480	12256	3891	2390	1501	20712	10644	10068
准格尔旗	28046	15817	12229	4492	3082	1410	22345	12233	10112
鄂托克前旗	5942	3224	2718	974	633	341	4601	2477	2124
鄂托克旗	11334	6331	5003	2170	1448	722	8653	4702	3951
杭锦旗	9101	4795	4306	1243	814	429	7315	3777	3538
乌审旗	9590	5099	4491	1492	929	563	7520	3974	3546
伊金霍洛旗	18807	11471	7336	3294	2344	950	14872	8883	5989
呼伦贝尔市	**198525**	**100422**	**98103**	**32916**	**19638**	**13278**	**148930**	**74531**	**74399**
海拉尔区	25685	12546	13139	5660	2985	2675	17963	8919	9044
阿荣旗	22918	11781	11137	3885	2374	1511	17563	8756	8807
莫力达瓦达斡尔族自治旗	21364	10968	10396	3681	2225	1456	16168	8085	8083
鄂伦春自治旗	17430	8775	8655	2339	1394	945	13505	6752	6753
鄂温克族自治旗	10833	5495	5338	1723	1097	626	8129	4071	4058
陈巴尔虎旗	4950	2505	2445	795	496	299	3758	1877	1881
新巴尔虎左旗	3339	1713	1626	570	385	185	2467	1241	1226
新巴尔虎右旗	2932	1559	1373	539	350	189	2117	1125	992
满洲里市	19815	10159	9656	3750	2210	1540	14587	7407	7180
牙克石市	27563	13856	13707	4436	2692	1744	20172	10054	10118
扎兰屯市	26690	13539	13151	3942	2421	1521	20593	10276	10317
额尔古纳市	6149	3074	3075	684	421	263	4963	2474	2489
根河市	8857	4452	4405	912	588	324	6945	3494	3451
巴彦淖尔市	**134120**	**69405**	**64715**	**21698**	**13159**	**8539**	**105046**	**53346**	**51700**
临河区	44765	22893	21872	8322	4870	3452	34177	17204	16973
五原县	22526	11549	10977	3527	2047	1480	17893	9037	8856
磴口县	9398	4819	4579	1352	816	536	7390	3728	3662
乌拉特前旗	22672	11748	10924	2888	1852	1036	18440	9358	9082
乌拉特中旗	9374	5066	4308	1162	830	332	7672	4021	3651
乌拉特后旗	4925	2792	2133	843	573	270	3839	2112	1727
杭锦后旗	20460	10538	9922	3604	2171	1433	15635	7886	7749
乌兰察布市	**178343**	**91046**	**87297**	**35089**	**21159**	**13930**	**131533**	**65426**	**66107**
集宁区	29732	14393	15339	6343	3070	3273	21811	10837	10974
卓资县	11694	6260	5434	2876	1932	944	7918	3957	3961
化德县	10868	5525	5343	1976	1160	816	8182	4074	4108
商都县	19260	9834	9426	3133	2008	1125	14797	7338	7459
兴和县	17883	9292	8591	3405	2185	1220	13292	6638	6654
凉城县	15444	8050	7394	3442	2213	1229	10969	5423	5546
察哈尔右翼前旗	13238	6814	6424	2464	1581	883	9797	4880	4917
察哈尔右翼中旗	12915	6685	6230	2884	1779	1105	9204	4552	4652
察哈尔右翼后旗	13241	6748	6493	2288	1405	883	10083	4986	5097
四子王旗	14538	7435	7103	2389	1474	915	11199	5579	5620
丰镇市	19530	10010	9520	3889	2352	1537	14281	7162	7119
兴安盟	**115195**	**58315**	**56880**	**19485**	**11992**	**7493**	**87020**	**43313**	**43707**
乌兰浩特市	24075	11870	12205	4573	2552	2021	17487	8707	8780
阿尔山市	3262	1640	1622	450	266	184	2524	1261	1263
科尔沁右翼前旗	22601	11612	10989	3927	2540	1387	17024	8470	8554
科尔沁右翼中旗	20191	10314	9877	3814	2363	1451	14853	7416	7437
扎赉特旗	26941	13837	13104	4404	2876	1528	20696	10298	10398
突泉县	18125	9042	9083	2317	1395	922	14436	7161	7275

单位：人

离婚			丧偶			15—64岁妇女	
小计	男	女	小计	男	女	平均活产子女数	平均存活子女数
334	211	123	1974	563	1411	1.45	1.43
211	143	68	1395	438	957	1.65	1.63
380	260	120	2548	817	1731	1.48	1.46
344	229	115	2392	760	1632	1.47	1.45
3236	**1814**	**1422**	**13090**	**3948**	**9142**	**1.39**	**1.37**
1176	605	571	3414	971	2443	1.17	1.16
469	279	190	2176	702	1474	1.49	1.48
368	231	137	1881	631	1250	1.53	1.52
408	232	176	1536	421	1115	1.40	1.38
131	90	41	783	252	531	1.51	1.50
248	156	92	1819	556	1263	1.53	1.52
268	141	127	1198	335	863	1.51	1.50
168	80	88	283	80	203	1.07	1.07
1577	**838**	**739**	**4697**	**1498**	**3199**	**1.35**	**1.34**
502	233	269	790	216	574	1.06	1.05
191	114	77	942	332	610	1.51	1.50
244	136	108	965	366	599	1.51	1.49
96	54	42	271	60	211	1.59	1.56
168	93	75	343	88	255	1.25	1.24
122	74	48	421	130	291	1.59	1.58
130	71	59	448	125	323	1.47	1.46
124	63	61	517	181	336	1.37	1.35
5252	**2918**	**2334**	**11427**	**3335**	**8092**	**1.28**	**1.26**
742	331	411	1320	311	1009	0.97	0.96
372	235	137	1098	416	682	1.50	1.49
398	230	168	1117	428	689	1.51	1.49
496	307	189	1090	322	768	1.37	1.35
333	183	150	648	144	504	1.30	1.29
100	54	46	297	78	219	1.31	1.30
81	53	28	221	34	187	1.44	1.41
75	44	31	201	40	161	1.43	1.40
558	286	272	920	256	664	1.02	1.01
1001	561	440	1954	549	1405	1.12	1.11
571	325	246	1584	517	1067	1.46	1.44
175	99	76	327	80	247	1.30	1.27
350	210	140	650	160	490	1.23	1.21
1786	**1166**	**620**	**5590**	**1734**	**3856**	**1.42**	**1.41**
623	356	267	1643	463	1180	1.27	1.26
233	166	67	873	299	574	1.48	1.47
185	122	63	471	153	318	1.41	1.40
278	198	80	1066	340	726	1.58	1.57
139	89	50	401	126	275	1.59	1.58
91	57	34	152	50	102	1.33	1.32
237	178	59	984	303	681	1.47	1.45
2008	**1307**	**701**	**9713**	**3154**	**6559**	**1.39**	**1.38**
426	232	194	1152	254	898	1.01	1.01
137	90	47	763	281	482	1.47	1.46
157	97	60	553	194	359	1.36	1.35
173	119	54	1157	369	788	1.53	1.51
139	100	39	1047	369	678	1.62	1.60
185	138	47	848	276	572	1.45	1.43
121	82	39	856	271	585	1.52	1.49
129	87	42	698	267	431	1.40	1.39
169	105	64	701	252	449	1.43	1.42
178	119	59	772	263	509	1.46	1.45
194	138	56	1166	358	808	1.42	1.41
1913	**1072**	**841**	**6777**	**1938**	**4839**	**1.46**	**1.44**
684	297	387	1331	314	1017	1.16	1.15
96	62	34	192	51	141	1.13	1.12
238	167	71	1412	435	977	1.58	1.57
287	152	135	1237	383	854	1.53	1.51
371	243	128	1470	420	1050	1.53	1.51
237	151	86	1135	335	800	1.59	1.57

表7 续表 7

地　区	15岁及以上人口			未　婚			有　配　偶		
	合　计	男	女	小　计	男	女	小　计	男	女
锡林郭勒盟	**81202**	**41469**	**39733**	**14583**	**8833**	**5750**	**61192**	**30875**	**30317**
二连浩特市	5887	2968	2919	1100	590	510	4590	2316	2274
锡林浩特市	18219	9126	9093	3181	1817	1364	13902	6949	6953
阿巴嘎旗	3307	1707	1600	567	399	168	2430	1217	1213
苏尼特左旗	2543	1321	1222	426	275	151	1930	988	942
苏尼特右旗	6011	3137	2874	936	587	349	4683	2424	2259
东乌珠穆沁旗	7188	3684	3504	1268	780	488	5464	2785	2679
西乌珠穆沁旗	6825	3612	3213	1631	1029	602	4659	2404	2255
太仆寺旗	9699	4903	4796	1225	788	437	7748	3852	3896
镶黄旗	2247	1128	1119	431	260	171	1651	824	827
正镶白旗	4192	2092	2100	684	415	269	3183	1589	1594
正蓝旗	6662	3369	3293	1446	875	571	4734	2345	2389
多伦县	8422	4422	4000	1688	1018	670	6218	3182	3036
阿拉善盟	**19350**	**10346**	**9004**	**3320**	**2069**	**1251**	**14828**	**7890**	**6938**
阿拉善左旗	14585	7812	6773	2467	1538	929	11213	5978	5235
阿拉善右旗	2234	1225	1009	348	218	130	1726	960	766
额济纳旗	2531	1309	1222	505	313	192	1889	952	937
辽宁省	**3758493**	**1878201**	**1880292**	**714427**	**404792**	**309635**	**2722496**	**1354359**	**1368137**
沈阳市	**725367**	**362561**	**362806**	**158165**	**88373**	**69792**	**503409**	**251470**	**251939**
和平区	59006	29065	29941	15217	8218	6999	37943	18927	19016
沈河区	75898	37237	38661	18626	9918	8708	50231	25031	25200
大东区	72699	35913	36786	15967	8807	7160	49122	24431	24691
皇姑区	85122	42137	42985	20658	11330	9328	56161	28024	28137
铁西区	92605	45924	46681	18534	10528	8006	64578	32208	32370
苏家屯区	42869	21598	21271	8599	4823	3776	30319	15220	15099
东陵区	36639	18654	17985	9713	5498	4215	24539	12317	12222
沈北新区	40087	20273	19814	15456	8181	7275	22219	11196	11023
于洪区	60361	30944	29417	13139	7796	5343	42881	21595	21286
辽中县	40476	20325	20151	5131	3064	2067	32300	16069	16231
康平县	27244	13638	13606	4081	2355	1726	20960	10434	10526
法库县	35344	17938	17406	5010	3023	1987	27550	13753	13797
新民市	57017	28915	28102	8034	4832	3202	44606	22265	22341
大连市	**586640**	**292646**	**293994**	**132744**	**72793**	**59951**	**410552**	**204712**	**205840**
中山区	29677	14028	15649	6560	3255	3305	20126	9837	10289
西岗区	27401	13788	13613	6363	3677	2686	18350	9265	9085
沙河口区	63074	30133	32941	17322	8623	8699	40608	19977	20631
甘井子区	113439	57838	55601	28238	16378	11860	77616	39079	38537
旅顺口区	29121	14450	14671	7780	4148	3632	19328	9631	9697
金州区	97870	48098	49772	28068	14100	13968	64278	32204	32074
长海县	6748	3455	3293	894	567	327	5319	2715	2604
瓦房店市	80137	40998	39139	13626	8300	5326	60137	30110	30027
普兰店市	66077	33314	32763	11466	6577	4889	49530	24664	24866
庄河市	73096	36544	36552	12427	7168	5259	55260	27230	28030
鞍山市	**311154**	**155992**	**155162**	**57073**	**32753**	**24320**	**223797**	**111256**	**112541**
铁东区	48295	23551	24744	10834	5833	5001	32415	15987	16428
铁西区	25502	12620	12882	4808	2722	2086	17112	8523	8589
立山区	39578	19724	19854	7191	4095	3096	26946	13453	13493
千山区	24032	12084	11948	4504	2486	2018	17145	8628	8517
台安县	27688	13984	13704	4182	2440	1742	21579	10757	10822
岫岩满族自治县	39650	20153	19497	7700	4513	3187	28931	14424	14507
海城市	106409	53876	52533	17854	10664	7190	79669	39484	40185
抚顺市	**183226**	**91758**	**91468**	**33960**	**20050**	**13910**	**127502**	**63550**	**63952**
新抚区	21753	10515	11238	4011	2202	1809	14798	7351	7447
东洲区	28375	14254	14121	5452	3259	2193	18459	9241	9218
望花区	33376	16900	16476	7991	4733	3258	21287	10612	10675
顺城区	40482	19832	20650	7127	4009	3118	28352	14074	14278
抚顺县	14202	7346	6856	2126	1357	769	10800	5423	5377
新宾满族自治县	21292	10794	10498	3510	2174	1336	15926	7922	8004
清原满族自治县	23746	12117	11629	3743	2316	1427	17880	8927	8953
本溪市	**142789**	**71743**	**71046**	**27089**	**16004**	**11085**	**100918**	**50407**	**50511**
平山区	31005	15414	15591	5459	3170	2289	21997	10935	11062
溪湖区	19253	9805	9448	4081	2519	1562	12889	6439	6450
明山区	32604	15913	16691	5151	2884	2267	24056	11914	12142
南芬区	7084	3558	3526	1230	736	494	5052	2525	2527
本溪满族自治县	24771	12486	12285	4492	2731	1761	18155	9012	9143
桓仁满族自治县	28072	14567	13505	6676	3964	2712	18769	9582	9187

单位：人

离婚			丧偶			15—64岁妇女	
小计	男	女	小计	男	女	平均活产子女数	平均存活子女数
1382	**758**	**624**	**4045**	**1003**	**3042**	**1.34**	**1.33**
63	30	33	134	32	102	1.12	1.11
387	182	205	749	178	571	1.17	1.15
85	50	35	225	41	184	1.46	1.43
49	28	21	138	30	108	1.46	1.44
89	57	32	303	69	234	1.40	1.39
90	50	40	366	69	297	1.41	1.40
133	68	65	402	111	291	1.31	1.30
132	85	47	594	178	416	1.61	1.58
41	19	22	124	25	99	1.30	1.29
61	40	21	264	48	216	1.46	1.44
126	66	60	356	83	273	1.35	1.34
126	83	43	390	139	251	1.42	1.41
415	**206**	**209**	**787**	**181**	**606**	**1.30**	**1.28**
329	155	174	576	141	435	1.32	1.30
37	23	14	123	24	99	1.30	1.29
49	28	21	88	16	72	1.16	1.15
106526	**54261**	**52265**	**215044**	**64789**	**150255**	**1.08**	**1.07**
24223	**11816**	**12407**	**39570**	**10902**	**28668**	**0.93**	**0.92**
2428	1086	1342	3418	834	2584	0.75	0.75
2830	1265	1565	4211	1023	3188	0.77	0.77
3248	1554	1694	4362	1121	3241	0.80	0.80
3453	1575	1878	4850	1208	3642	0.76	0.76
3915	1775	2140	5578	1413	4165	0.82	0.82
1664	890	774	2287	665	1622	1.00	0.99
893	435	458	1494	404	1090	0.96	0.95
822	436	386	1590	460	1130	0.79	0.78
1887	889	998	2454	664	1790	0.90	0.90
817	469	348	2228	723	1505	1.28	1.27
441	273	168	1762	576	1186	1.28	1.27
592	413	179	2192	749	1443	1.31	1.30
1233	756	477	3144	1062	2082	1.30	1.29
12796	**6168**	**6628**	**30548**	**8973**	**21575**	**0.94**	**0.93**
1111	510	601	1880	426	1454	0.76	0.76
1053	480	573	1635	366	1269	0.77	0.77
1886	776	1110	3258	757	2501	0.69	0.69
2752	1235	1517	4833	1146	3687	0.80	0.79
576	293	283	1437	378	1059	0.90	0.89
1681	784	897	3843	1010	2833	0.83	0.82
151	86	65	384	87	297	1.33	1.32
1601	881	720	4773	1707	3066	1.19	1.18
1006	576	430	4075	1497	2578	1.18	1.17
979	547	432	4430	1599	2831	1.20	1.19
11624	**5941**	**5683**	**18660**	**6042**	**12618**	**1.09**	**1.08**
2292	945	1347	2754	786	1968	0.78	0.78
1714	844	870	1868	531	1337	0.85	0.85
2659	1363	1296	2782	813	1969	0.86	0.86
913	521	392	1470	449	1021	1.04	1.03
394	247	147	1533	540	993	1.29	1.28
647	389	258	2372	827	1545	1.39	1.38
3005	1632	1373	5881	2096	3785	1.22	1.21
9144	**4760**	**4384**	**12620**	**3398**	**9222**	**1.04**	**1.03**
1409	599	810	1535	363	1172	0.85	0.84
1974	1054	920	2490	700	1790	0.91	0.90
1900	1000	900	2198	555	1643	0.87	0.86
2301	1099	1202	2702	650	2052	0.91	0.90
348	257	91	928	309	619	1.30	1.29
567	342	225	1289	356	933	1.38	1.36
645	409	236	1478	465	1013	1.34	1.33
5994	**2983**	**3011**	**8788**	**2349**	**6439**	**1.05**	**1.04**
1582	773	809	1967	536	1431	0.90	0.89
973	497	476	1310	350	960	0.94	0.93
1428	633	795	1969	482	1487	0.94	0.93
300	153	147	502	144	358	1.08	1.08
611	341	270	1513	402	1111	1.27	1.26
1100	586	514	1527	435	1092	1.22	1.21

表7 续表 8

地区	15岁及以上人口			未婚			有配偶		
	合计	男	女	小计	男	女	小计	男	女
丹东市	**208112**	**103731**	**104381**	**36716**	**20874**	**15842**	**152700**	**76038**	**76662**
元宝区	18484	8948	9536	3928	2076	1852	12485	6172	6313
振兴区	39058	19089	19969	7673	4210	3463	27261	13468	13793
振安区	16315	7967	8348	3030	1535	1495	11614	5807	5807
宽甸满族自治县	34300	17453	16847	5677	3429	2248	25979	13042	12937
东港市	53336	26789	26547	8992	5190	3802	40276	20047	20229
凤城市	46619	23485	23134	7416	4434	2982	35085	17502	17583
锦州市	**267888**	**132584**	**135304**	**46081**	**25563**	**20518**	**199757**	**98867**	**100890**
古塔区	24406	12021	12385	5447	3071	2376	16547	8155	8392
凌河区	34601	16543	18058	6424	3231	3193	24599	12126	12473
太和区	34136	16409	17727	7197	3408	3789	24468	12134	12334
黑山县	54194	26935	27259	8190	4724	3466	41756	20542	21214
义县	34183	17335	16848	5632	3398	2234	25673	12780	12893
凌海市	42785	21451	21334	6332	3746	2586	33296	16514	16782
北镇市	43583	21890	21693	6859	3985	2874	33418	16616	16802
营口市	**200441**	**101033**	**99408**	**37779**	**21641**	**16138**	**146257**	**73008**	**73249**
站前区	24791	11923	12868	5182	2616	2566	17015	8447	8568
西市区	13492	6656	6836	2355	1348	1007	9613	4788	4825
鲅鱼圈区	35033	17759	17274	7166	3948	3218	25699	12971	12728
老边区	10029	5119	4910	1703	995	708	7603	3842	3761
盖州市	59613	30254	29359	11371	6660	4711	43163	21445	21718
大石桥市	57483	29322	28161	10002	6074	3928	43164	21515	21649
阜新市	**157841**	**78662**	**79179**	**24842**	**14476**	**10366**	**119154**	**59315**	**59839**
海州区	22581	10832	11749	3688	1943	1745	16515	8183	8332
新邱区	7181	3518	3663	1211	672	539	5082	2531	2551
太平区	14697	7275	7422	2517	1447	1070	10400	5195	5205
清河门区	5221	2565	2656	711	415	296	3908	1962	1946
细河区	18626	9321	9305	4461	2606	1855	12646	6250	6396
阜新蒙古族自治县	57747	29191	28556	8390	5089	3301	45057	22459	22598
彰武县	31788	15960	15828	3864	2304	1560	25546	12735	12811
辽阳市	**155476**	**78078**	**77398**	**25848**	**15021**	**10827**	**116098**	**57840**	**58258**
白塔区	19643	9427	10216	3926	2018	1908	13675	6735	6940
文圣区	16291	7886	8405	2601	1369	1232	11863	5881	5982
宏伟区	12624	6332	6292	2191	1293	898	9321	4641	4680
弓长岭区	7495	3769	3726	1038	629	409	5530	2776	2754
太子河区	11542	5832	5710	2182	1301	881	8434	4199	4235
辽阳县	47173	24188	22985	7882	4789	3093	35562	17824	17738
灯塔市	40708	20644	20064	6028	3622	2406	31713	15784	15929
盘锦市	**113041**	**55881**	**57160**	**18551**	**10200**	**8351**	**86763**	**43060**	**43703**
双台子区	17378	8501	8877	2830	1547	1283	13185	6528	6657
兴隆台区	38939	19106	19833	6194	3329	2865	30243	15046	15197
大洼县	32728	16330	16398	5646	3138	2508	24917	12360	12557
盘山县	23996	11944	12052	3881	2186	1695	18418	9126	9292
铁岭市	**235508**	**118831**	**116677**	**37343**	**21653**	**15690**	**178367**	**88910**	**89457**
银州区	32184	15946	16238	5638	3087	2551	23469	11711	11758
清河区	7823	3955	3868	1212	728	484	5954	2977	2977
铁岭县	28922	14868	14054	4945	2940	2005	21805	10966	10839
西丰县	24910	12622	12288	4601	2609	1992	18239	9077	9162
昌图县	72872	36525	36347	9099	5370	3729	58534	29008	29526
调兵山市	20744	10430	10314	3595	2044	1551	15122	7549	7573
开原市	48053	24485	23568	8253	4875	3378	35244	17622	17622
朝阳市	**254694**	**126474**	**128220**	**40457**	**23224**	**17233**	**195448**	**96130**	**99318**
双塔区	34760	17019	17741	6447	3409	3038	25841	12819	13022
龙城区	16647	8421	8226	2704	1598	1106	12771	6372	6399
朝阳县	39932	20109	19823	6977	4117	2860	29986	14687	15299
建平县	42942	21176	21766	6321	3561	2760	33573	16521	17052
喀喇沁左翼蒙古族自治县	30708	15078	15630	4403	2627	1776	24013	11565	12448
北票市	43717	21775	21942	6209	3557	2652	33926	16839	17087
凌源市	45988	22896	23092	7396	4355	3041	35338	17327	18011
葫芦岛市	**216316**	**108227**	**108089**	**37779**	**22167**	**15612**	**161774**	**79796**	**81978**
连山区	51101	25107	25994	8144	4587	3557	38103	18869	19234
龙港区	20388	10242	10146	3520	2132	1388	15626	7730	7896
南票区	9580	4756	4824	1220	700	520	7470	3734	3736
绥中县	48125	24608	23517	8670	5266	3404	36120	17977	18143
建昌县	41333	20672	20661	7843	4837	3006	30301	14584	15717
兴城市	45789	22842	22947	8382	4645	3737	34154	16902	17252

单位：人

离婚			丧偶			15—64岁妇女	
小计	男	女	小计	男	女	平均活产子女数	平均存活子女数
6030	**3069**	**2961**	**12666**	**3750**	**8916**	**1.13**	**1.12**
952	420	532	1119	280	839	0.84	0.84
1681	780	901	2443	631	1812	0.90	0.89
614	336	278	1057	289	768	1.05	1.04
632	358	274	2012	624	1388	1.33	1.31
1002	548	454	3066	1004	2062	1.18	1.17
1149	627	522	2969	922	2047	1.27	1.26
6207	**3212**	**2995**	**15843**	**4942**	**10901**	**1.10**	**1.09**
1071	436	635	1341	359	982	0.82	0.81
1478	641	837	2100	545	1555	0.84	0.83
752	377	375	1719	490	1229	0.97	0.96
973	575	398	3275	1094	2181	1.17	1.16
586	381	205	2292	776	1516	1.29	1.28
692	410	282	2465	781	1684	1.22	1.21
655	392	263	2651	897	1754	1.24	1.23
5724	**2936**	**2788**	**10681**	**3448**	**7233**	**1.15**	**1.14**
1164	490	674	1430	370	1060	0.84	0.84
707	315	392	817	205	612	0.90	0.90
842	399	443	1326	441	885	1.01	1.01
239	138	101	484	144	340	1.17	1.16
1498	911	587	3581	1238	2343	1.27	1.26
1274	683	591	3043	1050	1993	1.30	1.28
3697	**1956**	**1741**	**10148**	**2915**	**7233**	**1.15**	**1.14**
866	403	463	1512	303	1209	0.91	0.91
312	164	148	576	151	425	0.99	0.98
705	357	348	1075	276	799	0.91	0.90
172	80	92	430	108	322	1.16	1.15
556	226	330	963	239	724	0.87	0.86
668	458	210	3632	1185	2447	1.33	1.31
418	268	150	1960	653	1307	1.31	1.30
4799	**2594**	**2205**	**8731**	**2623**	**6108**	**1.14**	**1.13**
878	375	503	1164	299	865	0.88	0.87
818	386	432	1009	250	759	0.92	0.92
505	233	272	607	165	442	1.00	0.99
386	209	177	541	155	386	1.09	1.09
344	178	166	582	154	428	1.08	1.07
976	642	334	2753	933	1820	1.27	1.26
892	571	321	2075	667	1408	1.27	1.26
2699	**1209**	**1490**	**5028**	**1412**	**3616**	**1.10**	**1.09**
595	228	367	768	198	570	1.00	0.99
1213	452	761	1289	279	1010	0.99	0.99
536	316	220	1629	516	1113	1.17	1.16
355	213	142	1342	419	923	1.26	1.25
6227	**3534**	**2693**	**13571**	**4734**	**8837**	**1.21**	**1.20**
1393	639	754	1684	509	1175	0.92	0.92
208	107	101	449	143	306	1.17	1.16
535	375	160	1637	587	1050	1.28	1.27
632	404	228	1438	532	906	1.25	1.23
1035	676	359	4204	1471	2733	1.35	1.34
850	439	411	1177	398	779	1.02	1.02
1574	894	680	2982	1094	1888	1.23	1.22
3393	**1970**	**1423**	**15396**	**5150**	**10246**	**1.31**	**1.30**
865	340	525	1607	451	1156	0.99	0.98
238	147	91	934	304	630	1.27	1.26
327	243	84	2642	1062	1580	1.48	1.46
477	287	190	2571	807	1764	1.38	1.36
275	184	91	2017	702	1315	1.38	1.37
680	438	242	2902	941	1961	1.24	1.22
531	331	200	2723	883	1840	1.38	1.37
3969	**2113**	**1856**	**12794**	**4151**	**8643**	**1.27**	**1.26**
1526	696	830	3328	955	2373	1.11	1.10
466	185	281	776	195	581	0.98	0.97
202	135	67	688	187	501	1.32	1.31
662	412	250	2673	953	1720	1.34	1.33
410	302	108	2779	949	1830	1.58	1.57
703	383	320	2550	912	1638	1.21	1.21

表7 续表 9

地　区	15岁及以上人口			未　婚			有配偶		
	合　计	男	女	小　计	男	女	小　计	男	女
吉林省	**2235899**	**1121232**	**1114667**	**434799**	**245438**	**189361**	**1613578**	**801539**	**812039**
长春市	**657801**	**329075**	**328726**	**153388**	**83692**	**69696**	**456602**	**226637**	**229965**
南关区	77453	37429	40024	25366	12565	12801	46776	23214	23562
宽城区	57804	29043	28761	11990	6774	5216	41207	20558	20649
朝阳区	68754	34761	33993	23487	13031	10456	40444	20044	20400
二道区	51693	25305	26388	11601	5933	5668	36221	17926	18295
绿园区	72836	36576	36260	16261	9230	7031	51057	25437	25620
双阳区	33152	16560	16592	7370	4002	3368	23348	11528	11820
农安县	83499	42311	41188	18091	9862	8229	60167	29959	30208
九台市	53458	26978	26480	10073	5830	4243	38859	19281	19578
榆树市	94866	47749	47117	16421	9456	6965	71151	35187	35964
德惠市	64286	32363	31923	12728	7009	5719	47372	23503	23869
吉林市	**355547**	**178178**	**177369**	**66978**	**38716**	**28262**	**255316**	**126645**	**128671**
昌邑区	57786	28528	29258	11094	6285	4809	40756	20186	20570
龙潭区	40476	20440	20036	8502	5139	3363	27773	13732	14041
船营区	38327	19079	19248	8225	4723	3502	26191	12956	13235
丰满区	25747	12322	13425	6216	3008	3208	17455	8623	8832
永吉县	31640	16014	15626	5906	3529	2377	23110	11402	11708
蛟河市	37420	18908	18512	6351	3828	2523	27509	13635	13874
桦甸市	33637	17098	16539	6009	3578	2431	24837	12388	12449
舒兰市	54683	27617	27066	9041	5246	3795	40297	20063	20234
磐石市	35831	18172	17659	5634	3380	2254	27388	13660	13728
四平市	**279287**	**139667**	**139620**	**50294**	**27679**	**22615**	**208262**	**103149**	**105113**
铁西区	23249	10958	12291	5645	2437	3208	15813	7826	7987
铁东区	28901	14477	14424	4912	2813	2099	21312	10601	10711
梨树县	62126	31242	30884	9120	5259	3861	48706	24160	24546
伊通满族自治县	38673	19687	18986	6678	4016	2662	29235	14418	14817
公主岭市	92606	46280	46326	18963	10238	8725	67138	33194	33944
双辽市	33732	17023	16709	4976	2916	2060	26058	12950	13108
辽源市	**103583**	**52340**	**51243**	**17654**	**10423**	**7231**	**76095**	**37740**	**38355**
龙山区	24510	11949	12561	3950	2162	1788	17989	8872	9117
西安区	14472	7435	7037	3137	1878	1259	9390	4692	4698
东丰县	31747	16215	15532	4994	3006	1988	24121	12031	12090
东辽县	32854	16741	16113	5573	3377	2196	24595	12145	12450
通化市	**191885**	**97226**	**94659**	**35350**	**20746**	**14604**	**138969**	**69283**	**69686**
东昌区	29663	14491	15172	5458	2911	2547	21212	10500	10712
二道江区	12518	6291	6227	2115	1282	833	9001	4499	4502
通化县	19954	10169	9785	3788	2271	1517	14347	7167	7180
辉南县	28758	14738	14020	4814	2891	1923	21309	10702	10607
柳河县	30824	15777	15047	6606	3969	2637	21667	10710	10957
梅河口市	51123	26053	25070	9214	5335	3879	37675	18820	18855
集安市	19045	9707	9338	3355	2087	1268	13758	6885	6873
白山市	**106989**	**54055**	**52934**	**18051**	**10826**	**7225**	**76235**	**38206**	**38029**
浑江区	30634	15257	15377	5765	3277	2488	20714	10369	10345
江源区	20561	10525	10036	3530	2186	1344	14116	7106	7010
抚松县	25583	12909	12674	3887	2353	1534	19209	9614	9595
靖宇县	11081	5714	5367	1962	1219	743	8074	4058	4016
长白朝鲜族自治县	6059	3090	2969	855	536	319	4665	2340	2325
临江市	13071	6560	6511	2052	1255	797	9457	4719	4738
松原市	**210848**	**105507**	**105341**	**35334**	**19960**	**15374**	**162286**	**80413**	**81873**
宁江区	49341	24303	25038	8912	4850	4062	37224	18408	18816
前郭尔罗斯蒙古族自治县	42007	21022	20985	6618	3734	2884	32781	16260	16521
长岭县	46979	23819	23160	8731	5007	3724	35471	17621	17850
乾安县	20770	10424	10346	3507	2023	1484	15994	7876	8118
扶余县	51751	25939	25812	7566	4346	3220	40816	20248	20568
白城市	**154727**	**77637**	**77090**	**22385**	**13092**	**9293**	**119940**	**59691**	**60249**
洮北区	39967	19713	20254	5931	3323	2608	30760	15260	15500
镇赉县	20502	10360	10142	2503	1504	999	16546	8282	8264
通榆县	29717	14993	14724	4661	2778	1883	22764	11290	11474
洮南市	37716	19052	18664	5874	3450	2424	28408	14190	14218
大安市	26825	13519	13306	3416	2037	1379	21462	10669	10793
延边朝鲜族自治州	**175232**	**87547**	**87685**	**35365**	**20304**	**15061**	**119873**	**59775**	**60098**
延吉市	46490	22607	23883	11284	6023	5261	30215	14909	15306
图们市	9840	4885	4955	2013	1152	861	6361	3186	3175
敦化市	36977	18596	18381	5919	3511	2408	27520	13717	13803

单位：人

离婚			丧偶			15—64岁妇女	
小计	男	女	小计	男	女	平均活产子女数	平均存活子女数
64446	**34803**	**29643**	**123076**	**39452**	**83624**	**1.15**	**1.14**
15374	**7771**	**7603**	**32437**	**10975**	**21462**	**1.05**	**1.05**
1980	830	1150	3331	820	2511	0.71	0.70
1698	847	851	2909	864	2045	1.01	1.01
1851	813	1038	2972	873	2099	0.70	0.70
1427	696	731	2444	750	1694	0.95	0.95
2181	957	1224	3337	952	2385	0.86	0.86
758	412	346	1676	618	1058	1.14	1.13
1258	792	466	3983	1698	2285	1.25	1.24
1364	760	604	3162	1107	2055	1.27	1.25
1907	1112	795	5387	1994	3393	1.32	1.31
950	552	398	3236	1299	1937	1.31	1.30
12210	**6569**	**5641**	**21043**	**6248**	**14795**	**1.13**	**1.12**
2497	1198	1299	3439	859	2580	0.95	0.94
1715	898	817	2486	671	1815	1.02	1.01
1651	780	871	2260	620	1640	0.96	0.96
765	368	397	1311	323	988	0.91	0.90
770	454	316	1854	629	1225	1.24	1.23
1171	696	475	2389	749	1640	1.26	1.25
887	538	349	1904	594	1310	1.31	1.30
1989	1150	839	3356	1158	2198	1.22	1.21
765	487	278	2044	645	1399	1.38	1.36
6359	**3595**	**2764**	**14372**	**5244**	**9128**	**1.19**	**1.18**
789	380	409	1002	315	687	0.83	0.83
1038	524	514	1639	539	1100	1.04	1.03
1216	716	500	3084	1107	1977	1.33	1.31
807	511	296	1953	742	1211	1.26	1.24
1827	1036	791	4678	1812	2866	1.19	1.19
682	428	254	2016	729	1287	1.23	1.22
3639	**2114**	**1525**	**6195**	**2063**	**4132**	**1.19**	**1.17**
1154	534	620	1417	381	1036	1.04	1.03
956	550	406	989	315	674	0.96	0.96
816	524	292	1816	654	1162	1.30	1.29
713	506	207	1973	713	1260	1.28	1.26
6501	**3567**	**2934**	**11065**	**3630**	**7435**	**1.18**	**1.17**
1265	597	668	1728	483	1245	0.93	0.93
576	286	290	826	224	602	1.04	1.03
641	357	284	1178	374	804	1.30	1.28
950	564	386	1685	581	1104	1.26	1.25
884	536	348	1667	562	1105	1.30	1.29
1499	860	639	2735	1038	1697	1.19	1.18
686	367	319	1246	368	878	1.20	1.19
5373	**2916**	**2457**	**7330**	**2107**	**5223**	**1.19**	**1.18**
2096	1034	1062	2059	577	1482	1.03	1.02
1202	688	514	1713	545	1168	1.16	1.15
877	501	376	1610	441	1169	1.31	1.29
417	235	182	628	202	426	1.41	1.39
195	119	76	344	95	249	1.28	1.27
586	339	247	976	247	729	1.21	1.20
3142	**1760**	**1382**	**10086**	**3374**	**6712**	**1.31**	**1.30**
1041	467	574	2164	578	1586	1.09	1.09
534	315	219	2074	713	1361	1.36	1.35
600	379	221	2177	812	1365	1.45	1.44
355	203	152	914	322	592	1.27	1.26
612	396	216	2757	949	1808	1.38	1.37
3577	**1918**	**1659**	**8825**	**2936**	**5889**	**1.23**	**1.22**
1001	487	514	2275	643	1632	1.13	1.12
360	204	156	1093	370	723	1.27	1.26
663	368	295	1629	557	1072	1.26	1.25
1056	586	470	2378	826	1552	1.25	1.24
497	273	224	1450	540	910	1.27	1.25
8271	**4593**	**3678**	**11723**	**2875**	**8848**	**1.09**	**1.09**
2318	1161	1157	2673	514	2159	0.93	0.92
633	342	291	833	205	628	0.96	0.96
1274	709	565	2264	659	1605	1.24	1.23

表7 续表 10

地 区	15岁及以上人口			未 婚			有 配 偶		
	合 计	男	女	小 计	男	女	小 计	男	女
珲春市	17517	8873	8644	3174	1890	1284	12505	6283	6222
龙井市	11832	5929	5903	2219	1321	898	7789	3892	3897
和龙市	14756	7486	7270	3056	1880	1176	9538	4812	4726
汪清县	20333	10381	9952	3965	2385	1580	13959	7023	6936
安图县	17487	8790	8697	3735	2142	1593	11986	5953	6033
黑龙江省	**3037416**	**1525783**	**1511633**	**561872**	**317031**	**244841**	**2221556**	**1107380**	**1114176**
哈尔滨市	**849963**	**424995**	**424968**	**183561**	**101440**	**82121**	**595484**	**296313**	**299171**
道里区	76203	37304	38899	15999	8611	7388	52279	26052	26227
南岗区	104633	52164	52469	32008	17786	14222	64390	31856	32534
道外区	69818	34414	35404	13472	7605	5867	49223	24501	24722
平房区	14826	7403	7423	2606	1554	1052	10576	5282	5294
松北区	20823	10826	9997	7487	4342	3145	12239	6118	6121
香坊区	79970	39107	40863	20481	10647	9834	52323	26099	26224
呼兰区	65947	32340	33607	19851	9740	10111	41617	20715	20902
阿城区	49056	24582	24474	8450	4838	3612	36006	17887	18119
依兰县	33181	16770	16411	5711	3352	2359	24224	12049	12175
方正县	14539	7421	7118	2350	1415	935	11010	5455	5555
宾县	38504	19345	19159	5622	3174	2448	30191	14992	15199
巴彦县	44762	22326	22436	7815	4282	3533	33852	16739	17113
木兰县	23624	12099	11525	4824	2802	2022	16933	8403	8530
通河县	17475	8834	8641	2293	1358	935	13768	6897	6871
延寿县	16554	8552	8002	2875	1727	1148	12465	6240	6225
双城市	67122	34404	32718	12040	7047	4993	49780	24854	24926
尚志市	42340	21610	20730	7827	4516	3311	31393	15709	15684
五常市	70586	35494	35092	11850	6644	5206	53215	26465	26750
齐齐哈尔市	**403562**	**202507**	**201055**	**69512**	**39108**	**30404**	**300543**	**149431**	**151112**
龙沙区	27814	13730	14084	6000	3271	2729	18671	9309	9362
建华区	22965	11114	11851	5988	2994	2994	14935	7434	7501
铁锋区	27550	14000	13550	5798	3414	2384	18423	9237	9186
昂昂溪区	6352	3207	3145	893	536	357	4822	2419	2403
富拉尔基区	20539	10335	10204	3428	2007	1421	14849	7432	7417
碾子山区	5597	2779	2818	760	430	330	4149	2069	2080
梅里斯达斡尔族区	12060	6064	5996	1480	892	588	9706	4806	4900
龙江县	50049	25508	24541	7905	4627	3278	38229	19147	19082
依安县	42529	21686	20843	8702	4766	3936	30637	15409	15228
泰来县	23016	11611	11405	3634	2151	1483	17732	8803	8929
甘南县	26866	13602	13264	3996	2358	1638	20982	10415	10567
富裕县	19640	9953	9687	2952	1737	1215	15338	7632	7706
克山县	26664	13218	13446	4050	2239	1811	20764	10168	10596
克东县	15615	7847	7768	2044	1152	892	12418	6178	6240
拜泉县	37111	18695	18416	7487	4034	3453	26877	13390	13487
讷河市	39195	19158	20037	4395	2500	1895	32011	15583	16428
鸡西市	**140130**	**71124**	**69006**	**23129**	**13840**	**9289**	**103468**	**51829**	**51639**
鸡冠区	28608	14351	14257	6003	3461	2542	19594	9757	9837
恒山区	10834	5594	5240	2023	1269	754	7450	3757	3693
滴道区	7235	3764	3471	1322	856	466	5083	2571	2512
梨树区	5708	2921	2787	932	572	360	4046	2031	2015
城子河区	9924	5015	4909	1821	1065	756	6875	3442	3433
麻山区	2101	1047	1054	346	215	131	1531	753	778
鸡东县	19699	10091	9608	2871	1783	1088	15122	7563	7559
虎林市	25026	12690	12336	3311	1961	1350	19734	9927	9807
密山市	30995	15651	15344	4500	2658	1842	24033	12028	12005
鹤岗市	**88580**	**44552**	**44028**	**14604**	**8423**	**6181**	**65656**	**32850**	**32806**
向阳区	9463	4638	4825	1708	907	801	6682	3333	3349
工农区	12205	6037	6168	2279	1236	1043	8701	4347	4354
南山区	10834	5426	5408	2078	1174	904	7571	3783	3788
兴安区	6456	3258	3198	1188	697	491	4603	2305	2298
东山区	15371	7852	7519	2759	1611	1148	11246	5644	5602
兴山区	3445	1753	1692	648	391	257	2368	1183	1185
萝北县	17823	8993	8830	2381	1438	943	14016	7019	6997
绥滨县	12983	6595	6388	1563	969	594	10469	5236	5233
双鸭山市	**110017**	**55417**	**54600**	**15864**	**9429**	**6435**	**84856**	**42367**	**42489**
尖山区	18247	8977	9270	3068	1708	1360	13266	6611	6655
岭东区	4330	2271	2059	842	551	291	2908	1470	1438
四方台区	4673	2389	2284	620	402	218	3579	1805	1774

单位：人

离婚			丧偶			15—64岁妇女	
小计	男	女	小计	男	女	平均活产子女数	平均存活子女数
788	459	329	1050	241	809	1.12	1.11
773	459	314	1051	257	794	1.10	1.10
819	477	342	1343	317	1026	1.13	1.12
1022	601	421	1387	372	1015	1.16	1.14
644	385	259	1122	310	812	1.19	1.18
88710	**48105**	**40605**	**165278**	**53267**	**112011**	**1.15**	**1.14**
25236	**13127**	**12109**	**45682**	**14115**	**31567**	**1.05**	**1.05**
3186	1365	1821	4739	1276	3463	0.85	0.84
3234	1320	1914	5001	1202	3799	0.71	0.71
2789	1274	1515	4334	1034	3300	0.89	0.89
633	295	338	1011	272	739	0.91	0.91
293	159	134	804	207	597	0.94	0.93
2864	1291	1573	4302	1070	3232	0.79	0.78
1449	839	610	3030	1046	1984	0.99	0.98
1719	915	804	2881	942	1939	1.17	1.16
1326	766	560	1920	603	1317	1.30	1.28
452	299	153	727	252	475	1.35	1.33
662	432	230	2029	747	1282	1.34	1.32
738	451	287	2357	854	1503	1.40	1.39
630	415	215	1237	479	758	1.23	1.21
479	301	178	935	278	657	1.29	1.28
390	273	117	824	312	512	1.35	1.33
1626	1018	608	3676	1485	2191	1.22	1.21
1003	642	361	2117	743	1374	1.23	1.22
1763	1072	691	3758	1313	2445	1.27	1.26
10477	**5839**	**4638**	**23030**	**8129**	**14901**	**1.23**	**1.22**
1451	673	778	1692	477	1215	0.86	0.86
819	368	451	1223	318	905	0.78	0.78
1283	651	632	2046	698	1348	0.87	0.86
233	124	109	404	128	276	1.21	1.20
866	446	420	1396	450	946	0.98	0.97
259	146	113	429	134	295	1.13	1.12
235	155	80	639	211	428	1.36	1.34
1095	702	393	2820	1032	1788	1.36	1.34
1010	599	411	2180	912	1268	1.23	1.22
357	230	127	1293	427	866	1.28	1.27
567	348	219	1321	481	840	1.37	1.35
363	217	146	987	367	620	1.33	1.32
420	282	138	1430	529	901	1.37	1.36
292	166	126	861	351	510	1.45	1.43
686	429	257	2061	842	1219	1.34	1.33
541	303	238	2248	772	1476	1.42	1.41
5262	**3029**	**2233**	**8271**	**2426**	**5845**	**1.16**	**1.15**
1489	688	801	1522	445	1077	0.94	0.92
566	333	233	795	235	560	1.10	1.09
296	197	99	534	140	394	1.20	1.18
291	193	98	439	125	314	1.16	1.14
524	325	199	704	183	521	1.10	1.09
70	41	29	154	38	116	1.40	1.39
582	400	182	1124	345	779	1.36	1.34
650	395	255	1331	407	924	1.18	1.17
794	457	337	1668	508	1160	1.25	1.24
3144	**1759**	**1385**	**5176**	**1520**	**3656**	**1.07**	**1.06**
452	203	249	621	195	426	0.88	0.87
545	229	316	680	225	455	0.86	0.85
495	278	217	690	191	499	0.97	0.97
263	159	104	402	97	305	1.05	1.05
453	302	151	913	295	618	1.12	1.11
168	109	59	261	70	191	0.98	0.97
483	300	183	943	236	707	1.17	1.15
285	179	106	666	211	455	1.36	1.34
3404	**1914**	**1490**	**5893**	**1707**	**4186**	**1.22**	**1.21**
874	377	497	1039	281	758	1.00	0.99
239	153	86	341	97	244	1.18	1.16
165	104	61	309	78	231	1.26	1.24

表7 续表 11

地区	15岁及以上人口			未婚			有配偶		
	合计	男	女	小计	男	女	小计	男	女
宝山区	9632	4882	4750	1508	890	618	7129	3589	3540
集贤县	22214	11154	11060	2634	1585	1049	17903	8928	8975
友谊县	8405	4246	4159	1006	615	391	6681	3319	3362
宝清县	29988	15138	14850	4313	2563	1750	23586	11744	11842
饶河县	12528	6360	6168	1873	1115	758	9804	4901	4903
大庆市	**239432**	**119542**	**119890**	**42484**	**23860**	**18624**	**179851**	**89728**	**90123**
萨尔图区	27418	13627	13791	5832	3174	2658	19486	9826	9660
龙凤区	29837	14857	14980	6818	3703	3115	21049	10546	10503
让胡路区	46406	22998	23408	7839	4386	3453	35193	17591	17602
红岗区	14858	7504	7354	2781	1585	1196	10895	5553	5342
大同区	18821	9351	9470	2996	1687	1309	14506	7218	7288
肇州县	32458	16365	16093	5351	3049	2302	24888	12362	12526
肇源县	31333	15654	15679	5291	3027	2264	23823	11749	12074
林甸县	18467	9234	9233	2547	1428	1119	14789	7322	7467
杜尔伯特蒙古族自治县	19834	9952	9882	3029	1821	1208	15222	7561	7661
伊春市	**92114**	**46066**	**46048**	**13952**	**8035**	**5917**	**68000**	**34143**	**33857**
伊春区	11656	5649	6007	2179	1151	1028	8228	4092	4136
南岔区	10511	5214	5297	1678	942	736	7538	3783	3755
友好区	4778	2365	2413	796	425	371	3435	1728	1707
西林区	5009	2529	2480	775	454	321	3808	1899	1909
翠峦区	3554	1788	1766	662	402	260	2364	1185	1179
新青区	3649	1820	1829	576	342	234	2604	1304	1300
美溪区	3507	1855	1652	443	261	182	2770	1462	1308
金山屯区	3311	1669	1642	606	356	250	2261	1147	1114
五营区	3098	1552	1546	389	227	162	2294	1165	1129
乌马河区	2726	1359	1367	378	231	147	2093	1046	1047
汤旺河区	2609	1323	1286	349	212	137	1902	961	941
带岭区	2819	1387	1432	413	235	178	2045	1015	1030
乌伊岭区	1760	875	885	250	144	106	1266	632	634
红星区	1753	885	868	192	127	65	1227	611	616
上甘岭区	1745	857	888	184	108	76	1313	660	653
嘉荫县	5400	2737	2663	623	390	233	4340	2176	2164
铁力市	24229	12202	12027	3459	2028	1431	18512	9277	9235
佳木斯市	**214508**	**108283**	**106225**	**38274**	**21690**	**16584**	**158032**	**78994**	**79038**
向阳区	20376	9930	10446	4824	2510	2314	13651	6767	6884
前进区	14108	7000	7108	2581	1395	1186	10269	5158	5111
东风区	13971	7037	6934	2856	1541	1315	9588	4839	4749
郊区	25775	13004	12771	5069	2807	2262	18273	9146	9127
桦南县	39335	19891	19444	7511	4283	3228	28548	14181	14367
桦川县	17094	8758	8336	2851	1754	1097	13125	6546	6579
汤原县	21645	10941	10704	3368	2017	1351	16055	8034	8021
抚远县	10040	5113	4927	1501	883	618	7975	3994	3981
同江市	15148	7746	7402	2210	1291	919	11990	6027	5963
富锦市	37016	18863	18153	5503	3209	2294	28558	14302	14256
七台河市	**69226**	**35191**	**34035**	**11627**	**6965**	**4662**	**51453**	**25745**	**25708**
新兴区	18873	9701	9172	3608	2178	1430	13476	6762	6714
桃山区	17772	8826	8946	3136	1782	1354	13168	6563	6605
茄子河区	10527	5483	5044	1728	1081	647	8028	4029	3999
勃利县	22054	11181	10873	3155	1924	1231	16781	8391	8390
牡丹江市	**227074**	**113681**	**113393**	**43761**	**24736**	**19025**	**163184**	**81307**	**81877**
东安区	16619	8071	8548	3057	1693	1364	11846	5868	5978
阳明区	19849	9930	9919	3633	2103	1530	14290	7122	7168
爱民区	21615	10396	11219	6441	3094	3347	13241	6608	6633
西安区	19709	9733	9976	3331	1905	1426	14281	7116	7165
东宁县	17230	8734	8496	2790	1683	1107	13100	6563	6537
林口县	31373	16062	15311	6384	3775	2609	22230	11041	11189
绥芬河市	11042	5620	5422	1952	1088	864	8532	4340	4192
海林市	28970	14556	14414	4908	2897	2011	21403	10638	10765
宁安市	37459	18650	18809	6533	3753	2780	27774	13731	14043
穆棱市	23208	11929	11279	4732	2745	1987	16487	8280	8207
黑河市	**114184**	**57179**	**57005**	**15344**	**8851**	**6493**	**90232**	**44957**	**45275**
爱辉区	17214	8567	8647	3075	1674	1401	12819	6446	6373
嫩江县	33395	16901	16494	3978	2446	1532	26940	13447	13493
逊克县	7595	3812	3783	1023	612	411	6078	3022	3056
孙吴县	7061	3553	3508	935	548	387	5633	2804	2829

单位：人

离婚			丧偶			15—64岁妇女	
小计	男	女	小计	男	女	平均活产子女数	平均存活子女数
379	245	134	616	158	458	1.10	1.09
526	307	219	1151	334	817	1.35	1.34
278	167	111	440	145	295	1.11	1.11
634	373	261	1455	458	997	1.34	1.32
309	188	121	542	156	386	1.20	1.19
6035	**2783**	**3252**	**11062**	**3171**	**7891**	**1.14**	**1.13**
954	359	595	1146	268	878	0.91	0.91
880	337	543	1090	271	819	0.92	0.92
1445	565	880	1929	456	1473	0.94	0.94
477	208	269	705	158	547	1.03	1.03
421	196	225	898	250	648	1.31	1.30
637	388	249	1582	566	1016	1.35	1.34
571	332	239	1648	546	1102	1.35	1.33
263	164	99	868	320	548	1.38	1.37
387	234	153	1196	336	860	1.28	1.26
3673	**2061**	**1612**	**6489**	**1827**	**4662**	**1.08**	**1.08**
514	229	285	735	177	558	0.93	0.93
478	252	226	817	237	580	1.01	1.01
160	99	61	387	113	274	0.97	0.96
187	105	82	239	71	168	1.02	1.01
216	120	96	312	81	231	1.02	1.01
181	105	76	288	69	219	1.04	1.03
56	33	23	238	99	139	0.93	0.93
183	95	88	261	71	190	1.01	1.01
180	101	79	235	59	176	1.06	1.05
77	42	35	178	40	138	1.14	1.14
145	83	62	213	67	146	1.09	1.08
138	82	56	223	55	168	1.04	1.03
91	56	35	153	43	110	1.06	1.05
120	79	41	214	68	146	1.20	1.19
63	39	24	185	50	135	1.06	1.06
144	90	54	293	81	212	1.42	1.41
740	451	289	1518	446	1072	1.19	1.18
6959	**3786**	**3173**	**11243**	**3813**	**7430**	**1.17**	**1.16**
840	377	463	1061	276	785	0.84	0.83
548	252	296	710	195	515	0.87	0.87
705	381	324	822	276	546	0.92	0.92
985	562	423	1448	489	959	1.10	1.10
1182	698	484	2094	729	1365	1.27	1.26
302	178	124	816	280	536	1.30	1.29
820	454	366	1402	436	966	1.30	1.28
203	108	95	361	128	233	1.23	1.23
362	208	154	586	220	366	1.23	1.22
1012	568	444	1943	784	1159	1.31	1.30
2526	**1399**	**1127**	**3620**	**1082**	**2538**	**1.25**	**1.24**
749	465	284	1040	296	744	1.22	1.21
710	304	406	758	177	581	1.08	1.07
296	199	97	475	174	301	1.37	1.35
771	431	340	1347	435	912	1.36	1.35
7326	**3915**	**3411**	**12803**	**3723**	**9080**	**1.14**	**1.13**
730	279	451	986	231	755	0.94	0.94
713	392	321	1213	313	900	1.14	1.13
790	378	412	1143	316	827	0.77	0.76
822	389	433	1275	323	952	0.99	0.98
446	247	199	894	241	653	1.30	1.29
935	591	344	1824	655	1169	1.28	1.26
239	107	132	319	85	234	1.07	1.06
935	533	402	1724	488	1236	1.24	1.23
1103	625	478	2049	541	1508	1.25	1.24
613	374	239	1376	530	846	1.24	1.22
2583	**1471**	**1112**	**6025**	**1900**	**4125**	**1.25**	**1.23**
504	253	251	816	194	622	1.04	1.03
686	405	281	1791	603	1188	1.30	1.29
160	85	75	334	93	241	1.32	1.30
148	82	66	345	119	226	1.34	1.33

表7 续表 12

地 区	15岁及以上人口			未 婚			有 配 偶		
	合 计	男	女	小 计	男	女	小 计	男	女
北安市	26420	13127	13293	3600	2017	1583	20656	10231	10425
五大连池市	22499	11219	11280	2733	1554	1179	18106	9007	9099
绥化市	**448573**	**226939**	**221634**	**83247**	**46866**	**36381**	**331553**	**164925**	**166628**
北林区	74819	37256	37563	13733	7402	6331	54839	27231	27608
望奎县	40816	20641	20175	7867	4419	3448	30099	14938	15161
兰西县	30859	15617	15242	5147	3018	2129	23731	11744	11987
青冈县	40251	20487	19764	8432	4639	3793	28821	14360	14461
庆安县	31233	15870	15363	5315	3062	2253	23810	11850	11960
明水县	26683	13638	13045	4830	2826	2004	19911	9918	9993
绥棱县	25690	13045	12645	4247	2473	1774	19587	9713	9874
安达市	33625	16985	16640	5550	3243	2307	25491	12696	12795
肇东市	78149	39668	38481	15276	8554	6722	57088	28454	28634
海伦市	66448	33732	32716	12850	7230	5620	48176	24021	24155
大兴安岭地区	**40053**	**20307**	**19746**	**6513**	**3788**	**2725**	**29244**	**14791**	**14453**
加格达奇	11996	5919	6077	2195	1156	1039	8538	4262	4276
松岭区	2537	1368	1169	346	231	115	1920	1032	888
新林区	4028	2040	1988	701	397	304	2878	1463	1415
呼中区	3447	1765	1682	552	339	213	2497	1271	1226
呼玛县	4013	2061	1952	579	364	215	3114	1573	1541
塔河县	7303	3709	3594	1153	690	463	5314	2679	2635
漠河县	6729	3445	3284	987	611	376	4983	2511	2472
上海市	**2052771**	**1044505**	**1008266**	**439304**	**246813**	**192491**	**1484064**	**757811**	**726253**
市辖区	**1989493**	**1012586**	**976907**	**431364**	**241744**	**189620**	**1434324**	**732577**	**701747**
黄浦区	38682	18889	19793	9178	5008	4170	25948	12811	13137
卢湾区	22774	10918	11856	5502	2888	2614	15058	7372	7686
徐汇区	97869	48255	49614	24657	13329	11328	65878	32810	33068
长宁区	61703	29250	32453	16020	7828	8192	40630	19967	20663
静安区	22333	10614	11719	5537	2795	2742	14585	7197	7388
普陀区	118392	59508	58884	26708	14701	12007	82749	42038	40711
闸北区	76581	38506	38075	17413	9921	7492	52711	26605	26106
虹口区	78090	38058	40032	17541	9316	8225	53495	26607	26888
杨浦区	121192	60588	60604	30360	17092	13268	80244	40240	40004
闵行区	214110	109582	104528	46537	25852	20685	157395	80614	76781
宝山区	170922	90069	80853	32181	19410	12771	129389	67635	61754
嘉定区	132462	70603	61859	25888	15710	10178	100663	52997	47666
浦东新区	445145	227138	218007	92244	52140	40104	326890	166984	159906
金山区	64982	32748	32234	10373	5816	4557	50216	25527	24689
松江区	138595	71206	67389	36909	19985	16924	96209	49501	46708
青浦区	90886	47529	43357	16746	9777	6969	70122	36345	33777
奉贤区	94775	49125	45650	17570	10176	7394	72142	37327	34815
县	**63278**	**31919**	**31359**	**7940**	**5069**	**2871**	**49740**	**25234**	**24506**
崇明县	63278	31919	31359	7940	5069	2871	49740	25234	24506
江苏省	**6569375**	**3241556**	**3327819**	**1253715**	**703478**	**550237**	**4856390**	**2388092**	**2468298**
南京市	**664780**	**337741**	**327039**	**175823**	**97572**	**78251**	**447430**	**226723**	**220707**
玄武区	48453	24556	23897	16147	8933	7214	29733	14833	14900
白下区	43955	21618	22337	10845	5866	4979	30027	14814	15213
秦淮区	30389	15128	15261	6462	3522	2940	21512	10835	10677
建邺区	34800	18014	16786	7202	3891	3311	25648	13488	12160
鼓楼区	60020	29221	30799	17559	8870	8689	38878	19293	19585
下关区	38392	20679	17713	9441	5643	3798	26252	14097	12155
浦口区	62674	32188	30486	18760	10478	8282	40412	20584	19828
栖霞区	57168	28811	28357	21813	11095	10718	32509	16823	15686
雨花台区	33344	17901	15443	8026	4730	3296	23536	12588	10948
江宁区	105844	54158	51686	34665	19534	15131	65790	32961	32829
六合区	78945	39631	39314	13955	8112	5843	58977	29500	29477
溧水县	34678	17589	17089	5553	3398	2155	26452	13221	13231
高淳县	36118	18247	17871	5395	3500	1895	27704	13686	14018
无锡市	**564905**	**289894**	**275011**	**104504**	**60384**	**44120**	**426412**	**218705**	**207707**
崇安区	20628	10458	10170	3939	2141	1798	15324	7877	7447
南长区	33449	16615	16834	6112	3341	2771	24845	12496	12349
北塘区	29689	15023	14666	5147	2892	2255	22376	11425	10951
锡山区	61536	32011	29525	11453	6672	4781	46932	24343	22589
惠山区	60970	32357	28613	11242	6912	4330	46577	24398	22179
滨湖区	109063	56622	52441	27748	15526	12222	75916	39403	36513
江阴市	141283	72100	69183	23120	13538	9582	109563	55905	53658
宜兴市	108287	54708	53579	15743	9362	6381	84879	42858	42021

单位：人

离婚			丧偶			15—64岁妇女	
小计	男	女	小计	男	女	平均活产子女数	平均存活子女数
655	381	274	1509	498	1011	1.23	1.22
430	265	165	1230	393	837	1.28	1.27
10383	**6093**	**4290**	**23390**	**9055**	**14335**	**1.25**	**1.24**
2121	1154	967	4126	1469	2657	1.17	1.17
804	492	312	2046	792	1254	1.25	1.24
478	300	178	1503	555	948	1.41	1.40
968	579	389	2030	909	1121	1.22	1.21
618	345	273	1490	613	877	1.21	1.21
591	356	235	1351	538	813	1.38	1.36
619	370	249	1237	489	748	1.24	1.23
774	424	350	1810	622	1188	1.24	1.23
1807	1086	721	3978	1574	2404	1.23	1.22
1603	987	616	3819	1494	2325	1.29	1.28
1702	**929**	**773**	**2594**	**799**	**1795**	**1.14**	**1.13**
500	250	250	763	251	512	1.05	1.04
84	54	30	187	51	136	1.30	1.28
162	94	68	287	86	201	1.16	1.15
151	84	67	247	71	176	1.21	1.21
101	56	45	219	68	151	1.28	1.27
364	204	160	472	136	336	1.18	1.17
340	187	153	419	136	283	1.10	1.10
41070	**19445**	**21625**	**88333**	**20436**	**67897**	**0.93**	**0.92**
40209	**18950**	**21259**	**83596**	**19315**	**64281**	**0.92**	**0.92**
1158	579	579	2398	491	1907	0.85	0.85
699	339	360	1515	319	1196	0.78	0.78
2285	1033	1252	5049	1083	3966	0.77	0.77
1757	738	1019	3296	717	2579	0.73	0.73
738	309	429	1473	313	1160	0.76	0.76
3054	1396	1658	5881	1373	4508	0.81	0.81
2200	1059	1141	4257	921	3336	0.82	0.82
2459	1154	1305	4595	981	3614	0.80	0.80
3730	1786	1944	6858	1470	5388	0.78	0.77
3520	1543	1977	6658	1573	5085	0.93	0.92
3171	1559	1612	6181	1465	4716	0.95	0.94
1711	870	841	4200	1026	3174	1.04	1.04
8031	3816	4215	17980	4198	13782	0.94	0.94
1245	624	621	3148	781	2367	1.06	1.05
1723	824	899	3754	896	2858	0.95	0.94
1200	607	593	2818	800	2018	1.11	1.11
1528	714	814	3535	908	2627	1.12	1.11
861	**495**	**366**	**4737**	**1121**	**3616**	**1.15**	**1.14**
861	495	366	4737	1121	3616	1.15	1.14
73878	**41815**	**32063**	**385392**	**108171**	**277221**	**1.17**	**1.15**
11593	**5822**	**5771**	**29934**	**7624**	**22310**	**0.91**	**0.90**
900	390	510	1673	400	1273	0.70	0.70
1172	532	640	1911	406	1505	0.78	0.77
969	444	525	1446	327	1119	0.85	0.85
754	356	398	1196	279	917	0.88	0.88
1365	556	809	2218	502	1716	0.72	0.71
1154	573	581	1545	366	1179	0.85	0.85
785	430	355	2717	696	2021	0.93	0.92
916	440	476	1930	453	1477	0.70	0.70
605	297	308	1177	286	891	0.90	0.89
969	545	424	4420	1118	3302	0.89	0.88
1135	634	501	4878	1385	3493	1.19	1.17
434	305	129	2239	665	1574	1.26	1.24
435	320	115	2584	741	1843	1.24	1.22
8234	**4405**	**3829**	**25755**	**6400**	**19355**	**1.05**	**1.04**
474	222	252	891	218	673	0.91	0.91
843	403	440	1649	375	1274	0.91	0.91
736	349	387	1430	357	1073	0.97	0.96
662	376	286	2489	620	1869	1.07	1.06
788	439	349	2363	608	1755	1.12	1.11
1452	746	706	3947	947	3000	0.91	0.91
1797	976	821	6803	1681	5122	1.15	1.13
1482	894	588	6183	1594	4589	1.11	1.10

表7 续表 13

地区	15岁及以上人口			未婚			有配偶		
	合计	男	女	小计	男	女	小计	男	女
徐州市	**678181**	**329779**	**348402**	**144945**	**80912**	**64033**	**484927**	**232474**	**252453**
鼓楼区	40822	20078	20744	7666	4151	3515	30495	15121	15374
云龙区	27705	13486	14219	5846	3039	2807	20098	9914	10184
九里区	10720	5612	5108	2865	1609	1256	7316	3844	3472
贾汪区	36276	18106	18170	7588	4394	3194	26174	12865	13309
泉山区	43771	21814	21957	9675	5437	4238	31378	15555	15823
丰县	76502	37117	39385	15870	9037	6833	54992	26154	28838
沛县	86628	41337	45291	20731	11591	9140	60045	27862	32183
铜山县	87217	41760	45457	18336	10267	8069	62396	29267	33129
睢宁县	81906	38739	43167	15709	9181	6528	59162	27060	32102
新沂市	73660	36211	37449	15010	8370	6640	53228	25968	27260
邳州市	112974	55519	57455	25649	13836	11813	79643	38864	40779
常州市	**394123**	**198514**	**195609**	**67524**	**39089**	**28435**	**301076**	**151242**	**149834**
天宁区	44308	22013	22295	8514	4560	3954	32960	16618	16342
钟楼区	42138	21448	20690	8452	4816	3636	31024	15798	15226
戚墅堰区	9315	4868	4447	1925	1190	735	6770	3484	3286
新北区	51481	26644	24837	10100	5958	4142	38250	19699	18551
武进区	135350	69585	65765	22529	13297	9232	105221	53816	51405
溧阳市	63611	30731	32880	9367	5434	3933	49307	23692	25615
金坛市	47920	23225	24695	6637	3834	2803	37544	18135	19409
苏州市	**912714**	**462783**	**449931**	**208069**	**112361**	**95708**	**658867**	**336550**	**322317**
沧浪区	34597	17087	17510	7824	4192	3632	24605	12250	12355
平江区	84064	42623	41441	25675	13519	12156	54491	27930	26561
金阊区	25269	12594	12675	5279	2788	2491	18397	9316	9081
虎丘区	49972	25311	24661	15374	8058	7316	32592	16641	15951
吴中区	100765	51045	49720	26401	13983	12418	70274	35873	34401
相城区	60469	31036	29433	11513	6430	5083	46387	23829	22558
常熟市	134977	67704	67273	24849	13565	11284	101775	51767	50008
张家港市	108043	54200	53843	17421	9570	7851	84533	42806	41727
昆山市	141287	74062	67225	40026	22410	17616	96318	50104	46214
吴江市	110990	55465	55525	24556	12544	12012	80297	40926	39371
太仓市	62281	31656	30625	9151	5302	3849	49198	25108	24090
南通市	**638671**	**295926**	**342745**	**87331**	**48239**	**39092**	**493843**	**230514**	**263329**
崇川区	74704	36953	37751	17723	9199	8524	52894	26562	26332
港闸区	24197	12224	11973	4678	2612	2066	17859	9159	8700
通州区	102335	46489	55846	13051	7217	5834	79591	36532	43059
海安县	78770	35941	42829	9127	5203	3924	62260	28408	33852
如东县	87833	41493	46340	9498	5332	4166	69920	33471	36449
启东市	82731	37093	45638	9181	5148	4033	65498	29617	35881
如皋市	112038	52563	59475	14708	8463	6245	86219	40596	45623
海门市	76063	33170	42893	9365	5065	4300	59602	26169	33433
连云港市	**338517**	**164964**	**173553**	**71981**	**39665**	**32316**	**244593**	**117304**	**127289**
连云区	19051	9694	9357	3340	1924	1416	14568	7382	7186
新浦区	43981	21944	22037	10546	5521	5025	31208	15711	15497
海州区	19210	9565	9645	4076	2253	1823	13972	6942	7030
赣榆县	74938	35478	39460	17179	9658	7521	52588	23879	28709
东海县	74960	35784	39176	16456	8699	7757	53330	25183	28147
灌云县	61184	30379	30805	12299	6972	5327	44796	21873	22923
灌南县	45193	22120	23073	8085	4638	3447	34131	16334	17797
淮安市	**384973**	**186271**	**198702**	**74394**	**41225**	**33169**	**281840**	**134965**	**146875**
清河区	42445	21657	20788	13922	7591	6331	26525	13387	13138
楚州区	78715	38062	40653	14707	8597	6110	57314	27090	30224
淮阴区	62421	29908	32513	12513	6720	5793	45226	21503	23723
清浦区	25872	12625	13247	4517	2457	2060	19525	9574	9951
涟水县	67758	31686	36072	13780	7435	6345	48712	22419	26293
洪泽县	28041	13562	14479	3712	2127	1585	22168	10701	11467
盱眙县	52673	25815	26858	8257	4611	3646	40488	19751	20737
金湖县	27048	12956	14092	2986	1687	1299	21882	10540	11342
盐城市	**576343**	**281855**	**294488**	**80741**	**47450**	**33291**	**450240**	**218723**	**231517**
亭湖区	73928	37096	36832	13771	7966	5805	55787	27625	28162
盐都区	56061	27761	28300	8916	5412	3504	42499	20722	21777
响水县	38103	18670	19433	6190	3536	2654	29309	14210	15099
滨海县	69882	34443	35439	12062	6857	5205	52706	25729	26977
阜宁县	67074	32836	34238	10329	6099	4230	51180	24731	26449

单位：人

离婚			丧偶			15—64岁妇女	
小计	男	女	小计	男	女	平均活产子女数	平均存活子女数
6759	**4113**	**2646**	**41550**	**12280**	**29270**	**1.45**	**1.44**
648	286	362	2013	520	1493	1.08	1.08
425	196	229	1336	337	999	0.99	0.98
90	49	41	449	110	339	1.16	1.15
304	211	93	2210	636	1574	1.46	1.44
847	344	503	1871	478	1393	0.90	0.89
585	406	179	5055	1520	3535	1.62	1.60
681	416	265	5171	1468	3703	1.54	1.53
716	509	207	5769	1717	4052	1.52	1.51
686	485	201	6349	2013	4336	1.63	1.62
808	512	296	4614	1361	3253	1.51	1.50
969	699	270	6713	2120	4593	1.52	1.50
5936	**3201**	**2735**	**19587**	**4982**	**14605**	**1.09**	**1.08**
1033	458	575	1801	377	1424	0.93	0.92
943	414	529	1719	420	1299	0.92	0.92
203	100	103	417	94	323	1.00	1.00
588	334	254	2543	653	1890	1.09	1.08
1598	927	671	6002	1545	4457	1.14	1.13
907	561	346	4030	1044	2986	1.21	1.20
664	407	257	3075	849	2226	1.12	1.11
9969	**4841**	**5128**	**35809**	**9031**	**26778**	**0.95**	**0.94**
730	313	417	1438	332	1106	0.84	0.84
1130	502	628	2768	672	2096	0.76	0.76
533	255	278	1060	235	825	0.92	0.92
425	213	212	1581	399	1182	0.82	0.81
808	406	402	3282	783	2499	0.92	0.91
455	251	204	2114	526	1588	1.07	1.06
1303	656	647	7050	1716	5334	1.01	1.00
1143	578	565	4946	1246	3700	1.05	1.04
1329	593	736	3614	955	2659	0.88	0.87
1257	666	591	4880	1329	3551	0.98	0.98
856	408	448	3076	838	2238	1.09	1.08
5811	**3281**	**2530**	**51686**	**13892**	**37794**	**1.05**	**1.04**
969	421	548	3118	771	2347	0.83	0.82
239	119	120	1421	334	1087	0.94	0.94
763	423	340	8930	2317	6613	1.07	1.06
596	335	261	6787	1995	4792	1.09	1.07
864	528	336	7551	2162	5389	1.05	1.04
864	523	341	7188	1805	5383	1.06	1.05
932	610	322	10179	2894	7285	1.16	1.14
584	322	262	6512	1614	4898	1.08	1.07
3278	**2020**	**1258**	**18665**	**5975**	**12690**	**1.52**	**1.50**
296	162	134	847	226	621	1.19	1.18
637	288	349	1590	424	1166	1.09	1.08
230	120	110	932	250	682	1.42	1.41
499	334	165	4672	1607	3065	1.62	1.60
624	404	220	4550	1498	3052	1.61	1.59
588	415	173	3501	1119	2382	1.67	1.65
404	297	107	2573	851	1722	1.60	1.58
3570	**2379**	**1191**	**25169**	**7702**	**17467**	**1.31**	**1.30**
517	257	260	1481	422	1059	0.86	0.85
584	437	147	6110	1938	4172	1.35	1.33
552	419	133	4130	1266	2864	1.42	1.41
388	194	194	1442	400	1042	1.15	1.14
579	434	145	4687	1398	3289	1.55	1.53
229	150	79	1932	584	1348	1.23	1.22
492	348	144	3436	1105	2331	1.40	1.38
229	140	89	1951	589	1362	1.19	1.17
4458	**2989**	**1469**	**40904**	**12693**	**28211**	**1.32**	**1.29**
662	377	285	3708	1128	2580	1.09	1.07
294	197	97	4352	1430	2922	1.31	1.29
316	223	93	2288	701	1587	1.59	1.57
561	403	158	4553	1454	3099	1.56	1.54
556	403	153	5009	1603	3406	1.44	1.41

表7 续表 14

地 区	15岁及以上人口			未 婚			有 配 偶		
	合 计	男	女	小 计	男	女	小 计	男	女
射阳县	68854	33680	35174	8094	4711	3383	55466	27124	28342
建湖县	56391	27368	29023	7321	4437	2884	44392	21279	23113
东台市	85731	40447	45284	8238	4994	3244	69255	32777	36478
大丰市	60319	29554	30765	5820	3438	2382	49646	24526	25120
扬州市	**387827**	**187413**	**200414**	**60933**	**34555**	**26378**	**295925**	**143022**	**152903**
广陵区	30293	15178	15115	5833	3341	2492	22514	11244	11270
邗江区	50869	25341	25528	11093	6142	4951	36295	18140	18155
维扬区	41122	20264	20858	9441	4966	4475	29385	14628	14757
宝应县	63131	29603	33528	7721	4552	3169	49479	23055	26424
仪征市	49650	24803	24847	8136	4794	3342	37668	18777	18891
高邮市	64627	30748	33879	8002	4435	3567	51067	24478	26589
江都市	88135	41476	46659	10707	6325	4382	69517	32700	36817
镇江市	**265206**	**133386**	**131820**	**45205**	**26024**	**19181**	**200941**	**101252**	**99689**
京口区	51208	26781	24427	10854	6416	4438	37135	19339	17796
润州区	24813	12570	12243	4671	2681	1990	18460	9326	9134
丹徒区	26186	12981	13205	3947	2211	1736	20062	10024	10038
丹阳市	83900	41924	41976	12787	7449	5338	65086	32611	32475
扬中市	28826	14389	14437	4173	2449	1724	22543	11321	11222
句容市	50273	24741	25532	8773	4818	3955	37655	18631	19024
泰州市	**395971**	**193645**	**202326**	**52848**	**32643**	**20205**	**308369**	**150078**	**158291**
海陵区	50533	24602	25931	8667	4606	4061	38309	18943	19366
高港区	24406	11965	12441	3134	2051	1083	18952	9256	9696
兴化市	104709	52438	52271	14195	9343	4852	81479	40040	41439
靖江市	60744	30563	30181	7310	4550	2760	48466	24535	23931
泰兴市	91864	43676	48188	12140	7508	4632	70782	33426	37356
姜堰市	63715	30401	33314	7402	4585	2817	50381	23878	26503
宿迁市	**367164**	**179385**	**187779**	**79417**	**43359**	**36058**	**261927**	**126540**	**135387**
宿城区	63196	30984	32212	13745	7516	6229	44981	21890	23091
宿豫区	52873	25980	26893	12647	7014	5633	36344	17625	18719
沭阳县	119775	57821	61954	26679	14297	12382	85316	40601	44715
泗阳县	60407	29559	30848	12174	6822	5352	43426	20966	22460
泗洪县	70913	35041	35872	14172	7710	6462	51860	25458	26402
浙江省	**4670702**	**2372829**	**2297873**	**901314**	**529979**	**371335**	**3473628**	**1749718**	**1723910**
杭州市	**752845**	**381437**	**371408**	**171590**	**95811**	**75779**	**536568**	**272281**	**264287**
上城区	30803	15184	15619	6211	3302	2909	21959	11091	10868
下城区	46050	23049	23001	11253	6014	5239	32109	16274	15835
江干区	86106	44584	41522	32674	17257	15417	50657	26493	24164
拱墅区	51475	26501	24974	13985	7690	6295	34991	18007	16984
西湖区	69231	35355	33876	23553	12857	10696	42570	21576	20994
滨江区	26404	13669	12735	9608	5251	4357	16026	8213	7813
萧山区	132632	66775	65857	22978	13039	9939	102070	51761	50309
余杭区	103203	52394	50809	16913	9679	7234	80243	40873	39370
桐庐县	34609	17456	17153	5776	3594	2182	26065	13044	13021
淳安县	28348	13662	14686	3869	2248	1621	21573	10456	11117
建德市	36937	18614	18323	5673	3600	2073	27960	13976	13984
富阳市	58471	29704	28767	9825	5927	3898	44642	22516	22126
临安市	48576	24490	24086	9272	5353	3919	35703	18001	17702
宁波市	**695378**	**352319**	**343059**	**129196**	**74083**	**55113**	**525771**	**265681**	**260090**
海曙区	31749	15568	16181	7032	3793	3239	22534	11196	11338
江东区	34423	16854	17569	7683	4002	3681	24730	12312	12418
江北区	34956	17876	17080	8194	4551	3643	25003	12783	12220
北仑区	57766	29834	27932	13684	7605	6079	41452	21376	20076
镇海区	36387	18958	17429	6059	3689	2370	28416	14636	13780
鄞州区	135366	69025	66341	28299	15656	12643	101093	51433	49660
象山县	43183	21565	21618	6392	3957	2435	33534	16622	16912
宁海县	52194	26255	25939	8872	5431	3441	39700	19676	20024
余姚市	95169	47975	47194	15589	9119	6470	73118	36873	36245
慈溪市	131276	66732	64544	21018	12407	8611	103048	52138	50910
奉化市	42909	21677	21232	6374	3873	2501	33143	16636	16507
温州市	**749115**	**388461**	**360654**	**167028**	**101067**	**65961**	**542355**	**274304**	**268051**
鹿城区	111311	57983	53328	29058	17292	11766	77306	39309	37997
龙湾区	61056	32638	28418	13990	8717	5273	45223	23376	21847
瓯海区	84197	45334	38863	24989	15039	9950	56811	29480	27331
洞头县	7188	3479	3709	907	628	279	5482	2687	2795
永嘉县	63103	32677	30426	12957	7959	4998	46284	23333	22951

单位：人

离婚			丧偶			15—64岁妇女	
小计	男	女	小计	男	女	平均活产子女数	平均存活子女数
587	408	179	4707	1437	3270	1.32	1.29
369	248	121	4309	1404	2905	1.35	1.33
617	427	190	7621	2249	5372	1.18	1.16
496	303	193	4357	1287	3070	1.15	1.13
3546	**2033**	**1513**	**27423**	**7803**	**19620**	**1.11**	**1.09**
459	230	229	1487	363	1124	0.92	0.92
378	226	152	3103	833	2270	1.00	0.99
416	182	234	1880	488	1392	0.90	0.89
412	268	144	5519	1728	3791	1.25	1.23
553	324	229	3293	908	2385	1.15	1.13
480	302	178	5078	1533	3545	1.16	1.14
848	501	347	7063	1950	5113	1.15	1.13
3672	**2038**	**1634**	**15388**	**4072**	**11316**	**1.06**	**1.05**
908	423	485	2311	603	1708	0.92	0.91
539	260	279	1143	303	840	0.96	0.95
364	224	140	1813	522	1291	1.11	1.09
959	560	399	5068	1304	3764	1.12	1.11
276	148	128	1834	471	1363	1.06	1.05
626	423	203	3219	869	2350	1.12	1.10
3447	**2095**	**1352**	**31307**	**8829**	**22478**	**1.19**	**1.17**
612	270	342	2945	783	2162	0.99	0.98
205	128	77	2115	530	1585	1.21	1.19
740	509	231	8295	2546	5749	1.29	1.27
619	337	282	4349	1141	3208	1.16	1.15
738	499	239	8204	2243	5961	1.22	1.21
533	352	181	5399	1586	3813	1.16	1.15
3605	**2598**	**1007**	**22215**	**6888**	**15327**	**1.47**	**1.46**
717	470	247	3753	1108	2645	1.39	1.38
463	363	100	3419	978	2441	1.43	1.41
1035	779	256	6745	2144	4601	1.52	1.50
554	423	131	4253	1348	2905	1.56	1.55
836	563	273	4045	1310	2735	1.43	1.41
61086	**34610**	**26476**	**234674**	**58522**	**176152**	**1.27**	**1.25**
11097	**5640**	**5457**	**33590**	**7705**	**25885**	**1.06**	**1.04**
966	434	532	1667	357	1310	0.85	0.85
962	393	569	1726	368	1358	0.82	0.82
976	445	531	1799	389	1410	0.75	0.74
985	490	495	1514	314	1200	0.83	0.83
1024	428	596	2084	494	1590	0.76	0.75
206	92	114	564	113	451	0.83	0.82
1221	632	589	6363	1343	5020	1.21	1.20
1303	697	606	4744	1145	3599	1.12	1.11
621	336	285	2147	482	1665	1.34	1.33
426	272	154	2480	686	1794	1.44	1.42
652	401	251	2652	637	2015	1.36	1.34
878	492	386	3126	769	2357	1.34	1.33
877	528	349	2724	608	2116	1.21	1.19
9905	**5368**	**4537**	**30506**	**7187**	**23319**	**1.18**	**1.17**
806	301	505	1377	278	1099	0.89	0.88
789	309	480	1221	231	990	0.90	0.89
499	263	236	1260	279	981	1.04	1.03
757	413	344	1873	440	1433	1.04	1.03
640	361	279	1272	272	1000	1.18	1.17
1359	770	589	4615	1166	3449	1.13	1.12
634	375	259	2623	611	2012	1.39	1.38
764	434	330	2858	714	2144	1.42	1.40
1242	727	515	5220	1256	3964	1.23	1.22
1531	865	666	5679	1322	4357	1.26	1.25
884	550	334	2508	618	1890	1.26	1.25
8086	**4743**	**3343**	**31646**	**8347**	**23299**	**1.45**	**1.44**
1537	661	876	3410	721	2689	1.13	1.13
395	230	165	1448	315	1133	1.41	1.40
459	277	182	1938	538	1400	1.23	1.22
90	56	34	709	108	601	1.72	1.69
602	404	198	3260	981	2279	1.64	1.62

表7 续表 15

地区	15岁及以上人口			未婚			有配偶		
	合计	男	女	小计	男	女	小计	男	女
平阳县	63985	32598	31387	12954	7750	5204	46690	23332	23358
苍南县	94398	48173	46225	19280	11625	7655	69314	34535	34779
文成县	16634	8614	8020	2832	1852	980	12026	6031	5995
泰顺县	18468	9805	8663	3214	2073	1141	13344	6850	6494
瑞安市	117962	60773	57189	22549	13812	8737	89200	45021	44179
乐清市	110813	56387	54426	24298	14320	9978	80675	40350	40325
嘉兴市	**399180**	**199813**	**199367**	**71441**	**39446**	**31995**	**302237**	**152203**	**150034**
南湖区	55105	27574	27531	12493	6822	5671	38928	19594	19334
秀洲区	51513	26267	25246	8903	5259	3644	39859	20116	19743
嘉善县	52006	26590	25416	9256	5507	3749	39656	20103	19553
海盐县	37224	18486	18738	5319	2968	2351	29293	14687	14606
海宁市	69693	34731	34962	10990	6058	4932	54075	27266	26809
平湖市	61301	30060	31241	13269	6509	6760	44155	22255	21900
桐乡市	72338	36105	36233	11211	6323	4888	56271	28182	28089
湖州市	**249885**	**125986**	**123899**	**41643**	**23940**	**17703**	**189872**	**95924**	**93948**
吴兴区	64956	32160	32796	14098	7338	6760	46597	23452	23145
南浔区	47888	24274	23614	6231	3774	2457	37688	19194	18494
德清县	42264	21431	20833	6275	3823	2452	32958	16639	16319
长兴县	54198	27603	26595	8491	5115	3376	41640	21016	20624
安吉县	40579	20518	20061	6548	3890	2658	30989	15623	15366
绍兴市	**415596**	**206910**	**208686**	**74639**	**43122**	**31517**	**312420**	**155487**	**156933**
越城区	75984	37121	38863	16564	8643	7921	55348	27432	27916
绍兴县	89015	44913	44102	15596	9140	6456	68507	34506	34001
新昌县	32394	16441	15953	4270	2870	1400	25384	12703	12681
诸暨市	96949	47978	48971	19173	10863	8310	70854	35068	35786
上虞市	66319	32457	33862	10829	6290	4539	50265	24697	25568
嵊州市	54935	28000	26935	8207	5316	2891	42062	21081	20981
金华市	**460932**	**235565**	**225367**	**92384**	**56508**	**35876**	**340225**	**170275**	**169950**
婺城区	62615	31534	31081	13266	7694	5572	45391	22706	22685
金东区	26858	13901	12957	5022	3261	1761	19894	10046	9848
武义县	30356	15836	14520	5147	3310	1837	23176	11782	11394
浦江县	38248	19820	18428	7258	4742	2516	28602	14379	14223
磐安县	14050	6904	7146	1893	1150	743	10970	5309	5661
兰溪市	47274	23651	23623	7599	4889	2710	35253	17378	17875
义乌市	109956	56955	53001	27529	16093	11436	78063	39510	38553
东阳市	68870	33920	34950	12990	7786	5204	51098	24734	26364
永康市	62705	33044	29661	11680	7583	4097	47778	24431	23347
衢州市	**170398**	**84739**	**85659**	**23604**	**14913**	**8691**	**132241**	**65225**	**67016**
柯城区	38147	19017	19130	6536	3770	2766	28904	14396	14508
衢江区	27286	14002	13284	3985	2722	1263	20858	10440	10418
常山县	19194	9474	9720	2151	1354	797	15332	7560	7772
开化县	19580	9304	10276	2064	1329	735	15642	7455	8187
龙游县	28288	14230	14058	3773	2443	1330	22084	11005	11079
江山市	37903	18712	19191	5095	3295	1800	29421	14369	15052
舟山市	**99408**	**52151**	**47257**	**16199**	**10707**	**5492**	**74850**	**38831**	**36019**
定海区	40570	21012	19558	7716	4848	2868	29784	15187	14597
普陀区	33888	17790	16098	5191	3448	1743	25853	13398	12455
岱山县	18242	9949	8293	2579	1930	649	13945	7539	6406
嵊泗县	6708	3400	3308	713	481	232	5268	2707	2561
台州市	**508532**	**259031**	**249501**	**85898**	**53166**	**32732**	**389237**	**195629**	**193608**
椒江区	57103	29087	28016	11466	6578	4888	42660	21620	21040
黄岩区	55941	28117	27824	9638	5883	3755	42603	21226	21377
路桥区	52253	27193	25060	8641	5516	3125	40947	20842	20105
玉环县	52777	27691	25086	8653	5708	2945	41287	21055	20232
三门县	27582	13984	13598	4242	2730	1512	21175	10584	10591
天台县	30428	14929	15499	4738	2952	1786	22548	11044	11504
仙居县	26868	13275	13593	3612	2155	1457	20832	10264	10568
温岭市	121426	62674	58752	20951	13252	7699	93149	47246	45903
临海市	84154	42081	42073	13957	8392	5565	64036	31748	32288
丽水市	**169433**	**86417**	**83016**	**27692**	**17216**	**10476**	**127852**	**63878**	**63974**
莲都区	36614	18642	17972	8097	4579	3518	26147	13198	12949
青田县	25904	13353	12551	4736	3039	1697	18747	9490	9257
缙云县	28492	14257	14235	4505	2862	1643	21528	10542	10986
遂昌县	15562	7975	7587	2152	1477	675	11995	5947	6048
松阳县	14890	7574	7316	1976	1300	676	11599	5762	5837

单位：人

离婚			丧偶			15—64岁妇女	
小计	男	女	小计	男	女	平均活产子女数	平均存活子女数
929	580	349	3412	936	2476	1.52	1.51
1077	671	406	4727	1342	3385	1.63	1.61
320	225	95	1456	506	950	1.86	1.83
437	348	89	1473	534	939	1.74	1.72
1187	709	478	5026	1231	3795	1.50	1.49
1053	582	471	4787	1135	3652	1.50	1.49
5501	**2940**	**2561**	**20001**	**5224**	**14777**	**1.15**	**1.13**
1134	549	585	2550	609	1941	1.00	0.99
549	310	239	2202	582	1620	1.23	1.21
740	409	331	2354	571	1783	1.17	1.15
502	265	237	2110	566	1544	1.18	1.16
863	471	392	3765	936	2829	1.19	1.17
783	416	367	3094	880	2214	1.03	1.01
930	520	410	3926	1080	2846	1.25	1.23
3962	**2375**	**1587**	**14408**	**3747**	**10661**	**1.20**	**1.19**
1076	549	527	3185	821	2364	1.01	1.00
666	429	237	3303	877	2426	1.23	1.22
642	357	285	2389	612	1777	1.25	1.23
889	601	288	3178	871	2307	1.31	1.29
689	439	250	2353	566	1787	1.30	1.28
4577	**2726**	**1851**	**23960**	**5575**	**18385**	**1.22**	**1.21**
788	366	422	3284	680	2604	1.06	1.05
627	396	231	4285	871	3414	1.29	1.28
397	261	136	2343	607	1736	1.37	1.35
1286	744	542	5636	1303	4333	1.21	1.20
762	453	309	4463	1017	3446	1.22	1.21
717	506	211	3949	1097	2852	1.29	1.27
5009	**3036**	**1973**	**23314**	**5746**	**17568**	**1.33**	**1.32**
1007	493	514	2951	641	2310	1.17	1.15
297	200	97	1645	394	1251	1.41	1.39
381	247	134	1652	497	1155	1.38	1.35
384	254	130	2004	445	1559	1.45	1.43
168	124	44	1019	321	698	1.47	1.45
670	495	175	3752	889	2863	1.42	1.40
981	544	437	3383	808	2575	1.24	1.23
577	344	233	4205	1056	3149	1.35	1.33
544	335	209	2703	695	2008	1.46	1.44
2420	**1552**	**868**	**12133**	**3049**	**9084**	**1.46**	**1.44**
675	355	320	2032	496	1536	1.18	1.16
337	260	77	2106	580	1526	1.51	1.49
245	168	77	1466	392	1074	1.64	1.60
232	155	77	1642	365	1277	1.62	1.59
424	280	144	2007	502	1505	1.45	1.42
507	334	173	2880	714	2166	1.57	1.54
2373	**1356**	**1017**	**5986**	**1257**	**4729**	**1.22**	**1.20**
918	501	417	2152	476	1676	1.15	1.14
915	535	380	1929	409	1520	1.23	1.22
371	219	152	1347	261	1086	1.32	1.30
169	101	68	558	111	447	1.28	1.25
5654	**3273**	**2381**	**27743**	**6963**	**20780**	**1.41**	**1.39**
671	326	345	2306	563	1743	1.25	1.24
602	315	287	3098	693	2405	1.30	1.29
509	298	211	2156	537	1619	1.38	1.36
748	429	319	2089	499	1590	1.43	1.42
267	167	100	1898	503	1395	1.56	1.54
386	234	152	2756	699	2057	1.64	1.62
337	233	104	2087	623	1464	1.58	1.56
1179	709	470	6147	1467	4680	1.38	1.37
955	562	393	5206	1379	3827	1.44	1.42
2502	**1601**	**901**	**11387**	**3722**	**7665**	**1.52**	**1.50**
680	359	321	1690	506	1184	1.24	1.22
321	214	107	2100	610	1490	1.81	1.79
412	265	147	2047	588	1459	1.54	1.51
242	173	69	1173	378	795	1.50	1.47
187	124	63	1128	388	740	1.55	1.52

表7 续表 16

地 区	15岁及以上人口			未 婚			有 配 偶		
	合 计	男	女	小 计	男	女	小 计	男	女
云和县	9169	4725	4444	1346	868	478	7068	3525	3543
庆元县	11053	5584	5469	1168	752	416	9010	4474	4536
景宁畲族自治县	8735	4591	4144	1083	735	348	6799	3440	3359
龙泉市	19014	9716	9298	2629	1604	1025	14959	7500	7459
安徽省	**4300760**	**2116499**	**2184261**	**836138**	**477660**	**358478**	**3149304**	**1528633**	**1620671**
合肥市	**420033**	**212299**	**207734**	**110383**	**62186**	**48197**	**286758**	**142503**	**144255**
瑶海区	65618	33118	32500	14911	8172	6739	47536	23905	23631
庐阳区	40123	19754	20369	8874	4634	4240	28929	14436	14493
蜀山区	80804	42230	38574	33506	18680	14826	44854	22785	22069
包河区	59632	31314	28318	15809	9323	6486	41232	21140	20092
长丰县	48766	24350	24416	10609	6024	4585	34743	17045	17698
肥东县	62197	30229	31968	11959	7185	4774	45239	21474	23765
肥西县	62893	31304	31589	14715	8168	6547	44225	21718	22507
芜湖市	**174920**	**88741**	**86179**	**38599**	**23171**	**15428**	**123145**	**61095**	**62050**
镜湖区	37805	18747	19058	7493	4159	3334	27158	13573	13585
弋江区	24401	12344	12057	8133	4406	3727	14978	7495	7483
鸠江区	26979	15156	11823	9379	6362	3017	16204	8339	7865
三山区	11473	5818	5655	2091	1248	843	8426	4225	4201
芜湖县	22840	11387	11453	3616	2248	1368	17384	8532	8852
繁昌县	20858	10604	10254	3566	2240	1326	15623	7785	7838
南陵县	30564	14685	15879	4321	2508	1813	23372	11146	12226
蚌埠市	**233520**	**115789**	**117731**	**46927**	**26485**	**20442**	**170069**	**83103**	**86966**
龙子湖区	19087	9392	9695	3344	1877	1467	14230	7032	7198
蚌山区	26892	13284	13608	7543	4049	3494	17706	8726	8980
禹会区	20177	9951	10226	3537	2001	1536	15058	7425	7633
淮上区	11195	5585	5610	2070	1226	844	8348	4085	4263
怀远县	71519	35393	36126	13637	7838	5799	52666	25420	27246
五河县	46421	23129	23292	9504	5333	4171	33819	16587	17232
固镇县	38229	19055	19174	7292	4161	3131	28242	13828	14414
淮南市	**173010**	**87464**	**85546**	**36470**	**21271**	**15199**	**124662**	**61941**	**62721**
大通区	13056	6559	6497	2623	1494	1129	9436	4686	4750
田家庵区	46430	23296	23134	11878	6814	5064	31764	15606	16158
谢家集区	22785	11309	11476	4227	2408	1819	16593	8221	8372
八公山区	12527	6182	6345	2228	1253	975	9245	4605	4640
潘集区	29347	15089	14258	6059	3597	2462	21422	10778	10644
凤台县	48865	25029	23836	9455	5705	3750	36202	18045	18157
马鞍山市	**104874**	**52731**	**52143**	**20218**	**12077**	**8141**	**76815**	**38160**	**38655**
金家庄区	9066	4528	4538	1522	880	642	6795	3422	3373
花山区	23869	11908	11961	4120	2412	1708	18041	8980	9061
雨山区	25111	12949	12162	6309	3809	2500	17089	8571	8518
当涂县	46828	23346	23482	8267	4976	3291	34890	17187	17703
淮北市	**150289**	**73070**	**77219**	**30871**	**16268**	**14603**	**110277**	**53676**	**56601**
杜集区	21389	10436	10953	4316	2333	1983	15762	7722	8040
相山区	31727	15298	16429	5994	2981	3013	24163	11822	12341
烈山区	22078	10874	11204	4486	2508	1978	16163	7888	8275
濉溪县	75095	36462	38633	16075	8446	7629	54189	26244	27945
铜陵市	**55587**	**27797**	**27790**	**9267**	**5389**	**3878**	**42241**	**21051**	**21190**
铜官山区	22263	10986	11277	3645	2014	1631	17021	8431	8590
狮子山区	8691	4484	4207	2035	1223	812	6155	3109	3046
郊区	5462	2784	2678	786	516	270	4212	2131	2081
铜陵县	19171	9543	9628	2801	1636	1165	14853	7380	7473
安庆市	**363494**	**175532**	**187962**	**66547**	**38214**	**28333**	**264882**	**126934**	**137948**
迎江区	19199	9378	9821	3488	1911	1577	14185	7053	7132
大观区	20480	9858	10622	3551	1900	1651	15223	7474	7749
宜秀区	19895	9823	10072	5235	2773	2462	13453	6671	6782
怀宁县	32883	16363	16520	5434	3153	2281	24316	12151	12165
枞阳县	51563	24179	27384	9191	5229	3962	37574	17417	20157
潜山县	35354	17125	18229	6098	3628	2470	26037	12440	13597
太湖县	37564	18526	19038	7727	4600	3127	26563	12727	13836
宿松县	37586	17831	19755	6207	3629	2578	27690	12978	14712
望江县	35568	17062	18506	6151	3458	2693	26316	12581	13735
岳西县	24404	12504	11900	4179	2677	1502	18068	8974	9094
桐城市	48998	22883	26115	9286	5256	4030	35457	16468	18989

单位：人

离　婚			丧　偶			15—64岁妇女	
小　计	男	女	小　计	男	女	平均活产子女数	平均存活子女数
153	101	52	602	231	371	1.42	1.41
130	88	42	745	270	475	1.78	1.76
149	108	41	704	308	396	1.68	1.66
228	169	59	1198	443	755	1.52	1.50
42512	**25964**	**16548**	**272806**	**84242**	**188564**	**1.50**	**1.48**
4373	**2292**	**2081**	**18519**	**5318**	**13201**	**1.17**	**1.16**
996	461	535	2175	580	1595	1.02	1.01
708	318	390	1612	366	1246	0.98	0.98
730	325	405	1714	440	1274	0.74	0.74
717	342	375	1874	509	1365	1.02	1.01
350	258	92	3064	1023	2041	1.60	1.58
451	305	146	4548	1265	3283	1.60	1.58
421	283	138	3532	1135	2397	1.42	1.40
2718	**1565**	**1153**	**10458**	**2910**	**7548**	**1.21**	**1.19**
1028	500	528	2126	515	1611	0.95	0.95
368	185	183	922	258	664	0.88	0.87
295	182	113	1101	273	828	0.97	0.95
109	85	24	847	260	587	1.49	1.46
250	173	77	1590	434	1156	1.50	1.47
315	195	120	1354	384	970	1.35	1.33
353	245	108	2518	786	1732	1.55	1.52
3024	**1794**	**1230**	**13500**	**4407**	**9093**	**1.49**	**1.48**
455	227	228	1058	256	802	1.14	1.13
571	242	329	1072	267	805	0.93	0.92
504	218	286	1078	307	771	1.13	1.12
108	73	35	669	201	468	1.57	1.55
664	503	161	4552	1632	2920	1.76	1.75
383	278	105	2715	931	1784	1.56	1.55
339	253	86	2356	813	1543	1.63	1.62
2710	**1546**	**1164**	**9168**	**2706**	**6462**	**1.36**	**1.35**
200	119	81	797	260	537	1.44	1.43
866	401	465	1922	475	1447	1.07	1.07
496	287	209	1469	393	1076	1.26	1.25
310	166	144	744	158	586	1.18	1.17
338	216	122	1528	498	1030	1.58	1.56
500	357	143	2708	922	1786	1.58	1.56
1978	**1069**	**909**	**5863**	**1425**	**4438**	**1.22**	**1.20**
251	124	127	498	102	396	1.12	1.11
639	291	348	1069	225	844	1.01	1.00
590	313	277	1123	256	867	0.99	0.99
498	341	157	3173	842	2331	1.47	1.45
1510	**838**	**672**	**7631**	**2288**	**5343**	**1.42**	**1.41**
201	115	86	1110	266	844	1.46	1.45
487	199	288	1083	296	787	1.15	1.14
227	129	98	1202	349	853	1.40	1.39
595	395	200	4236	1377	2859	1.53	1.52
1000	**537**	**463**	**3079**	**820**	**2259**	**1.25**	**1.23**
593	295	298	1004	246	758	1.01	1.01
136	71	65	365	81	284	1.17	1.15
81	45	36	383	92	291	1.41	1.39
190	126	64	1327	401	926	1.53	1.50
2871	**1690**	**1181**	**29194**	**8694**	**20500**	**1.54**	**1.50**
330	141	189	1196	273	923	1.12	1.11
422	179	243	1284	305	979	1.13	1.12
133	72	61	1074	307	767	1.19	1.16
211	141	70	2922	918	2004	1.64	1.60
324	221	103	4474	1312	3162	1.66	1.62
245	155	90	2974	902	2072	1.56	1.50
254	169	85	3020	1030	1990	1.56	1.52
251	157	94	3438	1067	2371	1.86	1.83
235	153	82	2866	870	1996	1.64	1.60
161	108	53	1996	745	1251	1.59	1.53
305	194	111	3950	965	2985	1.47	1.43

表7 续表 17

地　区	15岁及以上人口			未　婚			有 配 偶		
	合 计	男	女	小 计	男	女	小 计	男	女
黄山市	**108791**	**54156**	**54635**	**18692**	**11475**	**7217**	**80329**	**39677**	**40652**
屯溪区	17742	8698	9044	4094	2192	1902	12420	6126	6294
黄山区	11993	6238	5755	1859	1251	608	9028	4605	4423
徽州区	7540	3761	3779	1170	721	449	5746	2853	2893
歙县	31606	15650	15956	5380	3389	1991	22974	11264	11710
休宁县	20140	10103	10037	3573	2204	1369	14797	7349	7448
黟县	6604	3253	3351	889	581	308	5140	2526	2614
祁门县	13166	6453	6713	1727	1137	590	10224	4954	5270
滁州市	**289442**	**143024**	**146418**	**48697**	**27967**	**20730**	**219787**	**107766**	**112021**
琅琊区	23431	11427	12004	5039	2680	2359	16951	8330	8621
南谯区	19047	9685	9362	3179	1905	1274	14635	7339	7296
来安县	32183	15721	16462	4842	2766	2076	24893	12147	12746
全椒县	29766	14517	15249	4383	2640	1743	23098	11159	11939
定远县	53752	26897	26855	9946	5783	4163	39899	19661	20238
凤阳县	46606	23400	23206	9864	5707	4157	33724	16537	17187
天长市	48565	23893	24672	6613	3780	2833	38210	18828	19382
明光市	36092	17484	18608	4831	2706	2125	28377	13765	14612
阜阳市	**520719**	**248339**	**272380**	**102051**	**55830**	**46221**	**381907**	**179872**	**202035**
颍州区	52011	25119	26892	10584	5582	5002	38244	18523	19721
颍东区	35630	17284	18346	7187	3997	3190	25735	12301	13434
颍泉区	40417	19057	21360	8298	4539	3759	29035	13435	15600
临泉县	99805	46551	53254	21414	11293	10121	71437	32973	38464
太和县	96997	46811	50186	17568	9838	7730	73127	34792	38335
阜南县	73224	34224	39000	14253	7620	6633	52999	24489	28510
颍上县	80360	39327	41033	15316	8693	6623	59822	28772	31050
界首市	42275	19966	22309	7431	4268	3163	31508	14587	16921
宿州市	**395277**	**192427**	**202850**	**80570**	**44797**	**35773**	**287068**	**137613**	**149455**
埇桥区	121516	59724	61792	23429	13234	10195	89832	43562	46270
砀山县	59748	28957	30791	13391	7310	6081	42388	20329	22059
萧县	82980	39777	43203	17916	9909	8007	59130	27801	31329
灵璧县	69520	33746	35774	13352	7451	5901	50971	24245	26726
泗县	61513	30223	31290	12482	6893	5589	44747	21676	23071
巢湖市	**267167**	**129470**	**137697**	**44394**	**25752**	**18642**	**200265**	**96359**	**103906**
居巢区	53878	25899	27979	8441	4992	3449	41088	19579	21509
庐江县	66086	31058	35028	10466	5955	4511	49789	23210	26579
无为县	76994	37563	39431	13918	8059	5859	56281	27232	29049
含山县	27070	13333	13737	4708	2723	1985	20278	9917	10361
和县	43139	21617	21522	6861	4023	2838	32829	16421	16408
六安市	**395168**	**195155**	**200013**	**68238**	**40551**	**27687**	**296290**	**142763**	**153527**
金安区	57503	28403	29100	11045	6256	4789	42571	20658	21913
裕安区	61091	30299	30792	11491	6946	4545	45200	21648	23552
寿县	60756	30114	30642	9229	5578	3651	46348	22465	23883
霍邱县	98698	49700	48998	17743	10355	7388	74211	36508	37703
舒城县	54303	25665	28638	9061	5447	3614	40106	18543	21563
金寨县	37938	18655	19283	5815	3615	2200	28927	13774	15153
霍山县	24879	12319	12560	3854	2354	1500	18927	9167	9760
亳州市	**347276**	**170049**	**177227**	**66194**	**36807**	**29387**	**256194**	**123686**	**132508**
谯城区	102681	50686	51995	18817	10403	8414	76847	37632	39215
涡阳县	89184	43969	45215	17107	9600	7507	65691	31858	33833
蒙城县	75998	36998	39000	14426	8023	6403	56003	26868	29135
利辛县	79413	38396	41017	15844	8781	7063	57653	27328	30325
池州市	**107263**	**52704**	**54559**	**18812**	**10994**	**7818**	**79809**	**39014**	**40795**
贵池区	47611	23420	24191	9380	5270	4110	34804	17126	17678
东至县	33527	16277	17250	5501	3201	2300	25098	12154	12944
石台县	7317	3663	3654	1137	771	366	5500	2692	2808
青阳县	18808	9344	9464	2794	1752	1042	14407	7042	7365
宣城市	**193930**	**97752**	**96178**	**29208**	**18426**	**10782**	**148806**	**73420**	**75386**
宣州区	56921	28222	28699	8921	5173	3748	43499	21398	22101
郎溪县	24532	12185	12347	3576	2162	1414	19147	9334	9813
广德县	36798	18688	18110	5223	3376	1847	28808	14235	14573
泾县	24008	12428	11580	3942	2739	1203	17774	8839	8935
绩溪县	11702	5837	5865	1441	927	514	9180	4554	4626
旌德县	9572	4872	4700	1391	934	457	7214	3561	3653
宁国市	30397	15520	14877	4714	3115	1599	23184	11499	11685

单位：人

离婚			丧偶			15—64岁妇女	
小计	男	女	小计	男	女	平均活产子女数	平均存活子女数
1492	**893**	**599**	**8278**	**2111**	**6167**	**1.38**	**1.35**
414	198	216	814	182	632	0.98	0.96
220	139	81	886	243	643	1.39	1.36
80	55	25	544	132	412	1.39	1.36
337	230	107	2915	767	2148	1.51	1.48
223	150	73	1547	400	1147	1.37	1.34
67	47	20	508	99	409	1.49	1.46
151	74	77	1064	288	776	1.59	1.54
2821	**1790**	**1031**	**18137**	**5501**	**12636**	**1.50**	**1.48**
419	186	233	1022	231	791	1.07	1.06
177	105	72	1056	336	720	1.44	1.42
258	166	92	2190	642	1548	1.53	1.50
246	161	85	2039	557	1482	1.49	1.47
435	304	131	3472	1149	2323	1.70	1.68
453	321	132	2565	835	1730	1.58	1.56
401	269	132	3341	1016	2325	1.39	1.36
432	278	154	2452	735	1717	1.56	1.54
2664	**1582**	**1082**	**34097**	**11055**	**23042**	**1.73**	**1.71**
622	286	336	2561	728	1833	1.42	1.40
309	201	108	2399	785	1614	1.57	1.55
347	202	145	2737	881	1856	1.59	1.58
208	122	86	6746	2163	4583	1.81	1.80
199	116	83	6103	2065	4038	1.74	1.72
509	339	170	5463	1776	3687	1.94	1.92
194	143	51	5028	1719	3309	1.76	1.75
276	173	103	3060	938	2122	1.71	1.69
3277	**2209**	**1068**	**24362**	**7808**	**16554**	**1.64**	**1.63**
1273	770	503	6982	2158	4824	1.54	1.53
388	254	134	3581	1064	2517	1.68	1.67
591	431	160	5343	1636	3707	1.73	1.71
528	409	119	4669	1641	3028	1.75	1.73
497	345	152	3787	1309	2478	1.58	1.56
2193	**1446**	**747**	**20315**	**5913**	**14402**	**1.53**	**1.51**
529	312	217	3820	1016	2804	1.44	1.42
408	270	138	5423	1623	3800	1.59	1.56
645	445	200	6150	1827	4323	1.56	1.53
220	141	79	1864	552	1312	1.51	1.48
391	278	113	3058	895	2163	1.51	1.49
3095	**2167**	**928**	**27545**	**9674**	**17871**	**1.55**	**1.53**
498	313	185	3389	1176	2213	1.38	1.36
459	304	155	3941	1401	2540	1.48	1.46
495	374	121	4684	1697	2987	1.75	1.73
823	634	189	5921	2203	3718	1.64	1.62
391	258	133	4745	1417	3328	1.52	1.49
221	156	65	2975	1110	1865	1.57	1.54
208	128	80	1890	670	1220	1.36	1.34
3088	**2170**	**918**	**21800**	**7386**	**14414**	**1.71**	**1.70**
925	611	314	6092	2040	4052	1.57	1.55
858	622	236	5528	1889	3639	1.73	1.72
618	437	181	4951	1670	3281	1.75	1.74
687	500	187	5229	1787	3442	1.85	1.84
913	**558**	**355**	**7729**	**2138**	**5591**	**1.48**	**1.44**
359	205	154	3068	819	2249	1.41	1.38
260	158	102	2668	764	1904	1.60	1.55
58	42	16	622	158	464	1.51	1.46
236	153	83	1371	397	974	1.45	1.41
2785	**1818**	**967**	**13131**	**4088**	**9043**	**1.45**	**1.41**
694	454	240	3807	1197	2610	1.44	1.41
296	194	102	1513	495	1018	1.55	1.52
482	332	150	2285	745	1540	1.48	1.45
427	298	129	1865	552	1313	1.45	1.41
152	97	55	929	259	670	1.42	1.39
190	118	72	777	259	518	1.44	1.42
544	325	219	1955	581	1374	1.34	1.31

表7 续表 18

地 区	15岁及以上人口			未 婚			有 配 偶		
	合 计	男	女	小 计	男	女	小 计	男	女
福建省	**2924159**	**1469983**	**1454176**	**671797**	**384175**	**287622**	**2063142**	**1027834**	**1035308**
福州市	**555732**	**275606**	**280126**	**137275**	**76179**	**61096**	**382210**	**188166**	**194044**
鼓楼区	51177	24461	26716	14300	7197	7103	34094	16515	17579
台江区	32766	15911	16855	7665	4058	3607	22622	11141	11481
仓山区	59696	30101	29595	16123	8889	7234	40765	20381	20384
马尾区	19315	9512	9803	5715	3097	2618	12504	6110	6394
晋安区	66392	33712	32680	15407	8639	6768	48116	24187	23929
闽侯县	53121	27114	26007	15571	8722	6849	34131	17224	16907
连江县	44449	21873	22576	8608	5163	3445	32042	15654	16388
罗源县	16646	8649	7997	3192	1984	1208	12142	6142	6000
闽清县	18122	9073	9049	2768	1690	1078	14005	6864	7141
永泰县	17959	8804	9155	3412	2029	1383	12936	6181	6755
平潭县	25992	12336	13656	6984	3658	3326	17174	8173	9001
福清市	97232	47869	49363	24403	13460	10943	65741	32060	33681
长乐市	52865	26191	26674	13127	7593	5534	35938	17534	18404
厦门市	**291779**	**148567**	**143212**	**90012**	**49936**	**40076**	**189981**	**95587**	**94394**
思明区	76763	36653	40110	21918	10881	11037	50340	24715	25625
海沧区	23993	12870	11123	6904	4202	2702	16320	8446	7874
湖里区	77489	40229	37260	25541	14175	11366	50375	25536	24839
集美区	48011	25216	22795	18902	10708	8194	27868	14156	13712
同安区	40144	20614	19530	9688	5674	4014	28466	14403	14063
翔安区	25379	12985	12394	7059	4296	2763	16612	8331	8281
莆田市	**216672**	**103059**	**113613**	**46566**	**24441**	**22125**	**153791**	**74015**	**79776**
城厢区	31552	15074	16478	7145	3695	3450	22498	10833	11665
涵江区	35921	17439	18482	6650	3702	2948	26546	12959	13587
荔城区	39320	18998	20322	8629	4549	4080	28101	13693	14408
秀屿区	46016	20931	25085	10371	5141	5230	31745	14870	16875
仙游县	63863	30617	33246	13771	7354	6417	44901	21660	23241
三明市	**192875**	**98258**	**94617**	**32688**	**19902**	**12786**	**145443**	**72988**	**72455**
梅列区	14577	7382	7195	2874	1644	1230	10762	5429	5333
三元区	15596	7883	7713	3534	1935	1599	10963	5549	5414
明溪县	7760	3969	3791	1189	763	426	5893	2957	2936
清流县	9370	4736	4634	1249	797	452	7360	3683	3677
宁化县	21082	10410	10672	3292	1900	1392	15984	7871	8113
大田县	24435	12538	11897	5157	3070	2087	17532	8787	8745
尤溪县	26669	13740	12929	4728	3009	1719	19936	9878	10058
沙县	17286	8827	8459	2752	1653	1099	13182	6674	6508
将乐县	11260	5731	5529	1481	932	549	8920	4496	4424
泰宁县	8427	4244	4183	1206	772	434	6536	3255	3281
建宁县	9688	4811	4877	1017	618	399	7893	3957	3936
永安市	26725	13987	12738	4209	2809	1400	20482	10452	10030
泉州市	**661553**	**334686**	**326867**	**169865**	**96495**	**73370**	**454635**	**228169**	**226466**
鲤城区	34413	17319	17094	10319	5613	4706	22235	11296	10939
丰泽区	46300	23732	22568	14401	7952	6449	30248	15390	14858
洛江区	15449	7710	7739	4178	2356	1822	10386	5105	5281
泉港区	24768	11761	13007	5330	2972	2358	17481	8288	9193
惠安县	74863	34658	40205	16651	8821	7830	52483	24574	27909
安溪县	76698	38251	38447	18934	10373	8561	52990	26209	26781
永春县	36152	17890	18262	5850	3419	2431	27463	13531	13932
德化县	23011	11474	11537	4200	2308	1892	17380	8647	8733
金门县									
石狮市	53312	28248	25064	15885	9344	6541	35449	18392	17057
晋江市	161628	85771	75857	46088	27590	18498	109078	56604	52474
南安市	114959	57872	57087	28029	15747	12282	79442	40133	39309
漳州市	**386312**	**194812**	**191500**	**83318**	**48807**	**34511**	**277675**	**138698**	**138977**
芗城区	44009	21658	22351	11159	5854	5305	30234	15073	15161
龙文区	13638	7010	6628	3025	1784	1241	9965	5057	4908
云霄县	32923	16713	16210	7035	4283	2752	23746	11784	11962
漳浦县	64143	32084	32059	12670	7496	5174	47384	23477	23907
诏安县	48895	24890	24005	12499	7391	5108	33079	16511	16568
长泰县	16559	8478	8081	2938	1787	1151	12589	6386	6203
东山县	16967	8439	8528	3599	2156	1443	11993	5988	6005
南靖县	27405	13821	13584	4772	2851	1921	20802	10397	10405
平和县	36504	18508	17996	7031	4429	2602	26587	13151	13436
华安县	12830	6589	6241	2303	1402	901	9673	4891	4782
龙海市	72439	36622	35817	16287	9374	6913	51623	25983	25640

单位：人

离婚			丧偶			15—64岁妇女	
小计	男	女	小计	男	女	平均活产子女数	平均存活子女数
30949	**18074**	**12875**	**158271**	**39900**	**118371**	**1.41**	**1.40**
7968	**4462**	**3506**	**28279**	**6799**	**21480**	**1.30**	**1.29**
815	345	470	1968	404	1564	0.81	0.81
719	344	375	1760	368	1392	0.95	0.94
709	350	359	2099	481	1618	1.03	1.02
210	115	95	886	190	696	1.20	1.19
869	385	484	2000	501	1499	1.06	1.06
550	403	147	2869	765	2104	1.22	1.20
595	361	234	3204	695	2509	1.60	1.58
235	177	58	1077	346	731	1.60	1.58
231	174	57	1118	345	773	1.70	1.69
209	148	61	1402	446	956	1.77	1.75
331	181	150	1503	324	1179	1.62	1.61
1842	1076	766	5246	1273	3973	1.54	1.53
653	403	250	3147	661	2486	1.52	1.50
3221	**1434**	**1787**	**8565**	**1610**	**6955**	**1.03**	**1.02**
1596	601	995	2909	456	2453	0.90	0.90
199	103	96	570	119	451	1.11	1.10
675	327	348	898	191	707	0.97	0.97
316	162	154	925	190	735	0.93	0.92
299	154	145	1691	383	1308	1.27	1.26
136	87	49	1572	271	1301	1.36	1.34
1779	**990**	**789**	**14536**	**3613**	**10923**	**1.49**	**1.47**
261	133	128	1648	413	1235	1.30	1.28
374	211	163	2351	567	1784	1.33	1.31
238	126	112	2352	630	1722	1.38	1.37
266	145	121	3634	775	2859	1.70	1.68
640	375	265	4551	1228	3323	1.59	1.58
2705	**1662**	**1043**	**12039**	**3706**	**8333**	**1.57**	**1.55**
367	176	191	574	133	441	1.14	1.13
356	200	156	743	199	544	1.20	1.19
130	77	53	548	172	376	1.58	1.55
101	67	34	660	189	471	1.67	1.64
173	115	58	1633	524	1109	1.65	1.62
195	144	51	1551	537	1014	1.85	1.82
297	234	63	1708	619	1089	1.74	1.72
255	158	97	1097	342	755	1.57	1.55
110	66	44	749	237	512	1.65	1.62
102	62	40	583	155	428	1.64	1.62
88	50	38	690	186	504	1.63	1.61
531	313	218	1503	413	1090	1.45	1.43
4513	**2716**	**1797**	**32540**	**7306**	**25234**	**1.43**	**1.41**
403	193	210	1456	217	1239	1.02	1.01
415	176	239	1236	214	1022	1.03	1.02
108	74	34	777	175	602	1.39	1.37
207	122	85	1750	379	1371	1.73	1.71
599	366	233	5130	897	4233	1.49	1.47
398	300	98	4376	1369	3007	1.67	1.66
278	191	87	2561	749	1812	1.66	1.64
137	85	52	1294	434	860	1.65	1.63
316	187	129	1662	325	1337	1.27	1.25
893	536	357	5569	1041	4528	1.33	1.32
759	486	273	6729	1506	5223	1.53	1.52
2786	**1702**	**1084**	**22533**	**5605**	**16928**	**1.43**	**1.41**
595	270	325	2021	461	1560	1.06	1.05
59	38	21	589	131	458	1.30	1.29
203	125	78	1939	521	1418	1.56	1.54
338	208	130	3751	903	2848	1.53	1.51
280	192	88	3037	796	2241	1.46	1.44
93	63	30	939	242	697	1.44	1.42
173	100	73	1202	195	1007	1.38	1.37
203	134	69	1628	439	1189	1.45	1.43
241	178	63	2645	750	1895	1.71	1.69
110	77	33	744	219	525	1.49	1.47
491	317	174	4038	948	3090	1.36	1.35

表7 续表 19

地区	15岁及以上人口			未婚			有配偶		
	合计	男	女	小计	男	女	小计	男	女
南平市	**203616**	**102771**	**100845**	**28642**	**17592**	**11050**	**159371**	**79641**	**79730**
延平区	36743	18385	18358	5555	3319	2236	28431	14148	14283
顺昌县	15524	7792	7732	1989	1248	741	12265	6124	6141
浦城县	21449	10799	10650	2310	1527	783	17221	8516	8705
光泽县	10232	5163	5069	1321	831	490	8090	4041	4049
松溪县	9407	4748	4659	1316	802	514	7409	3657	3752
政和县	12909	6610	6299	2432	1468	964	9577	4783	4794
邵武市	21980	11074	10906	2628	1685	943	17638	8870	8768
武夷山市	18244	9299	8945	4133	2380	1753	12961	6514	6447
建瓯市	35132	17788	17344	4153	2596	1557	28386	14256	14130
建阳市	21996	11113	10883	2805	1736	1069	17393	8732	8661
龙岩市	**203658**	**102303**	**101355**	**35700**	**21531**	**14169**	**152367**	**76284**	**76083**
新罗区	53358	27692	25666	11385	6862	4523	39016	19945	19071
长汀县	30012	14454	15558	5542	3118	2424	21836	10598	11238
永定县	28000	14273	13727	3716	2351	1365	22031	11283	10748
上杭县	30255	14801	15454	4930	2939	1991	22584	11132	11452
武平县	22726	11147	11579	3696	2194	1502	17171	8443	8728
连城县	20100	9952	10148	3706	2199	1507	14639	7240	7399
漳平市	19207	9984	9223	2725	1868	857	15090	7643	7447
宁德市	**211962**	**109921**	**102041**	**47731**	**29292**	**18439**	**147669**	**74286**	**73383**
蕉城区	32787	16860	15927	8307	4808	3499	22102	11105	10997
霞浦县	32597	17052	15545	6906	4454	2452	23091	11563	11528
古田县	26985	14061	12924	5307	3382	1925	19636	9891	9745
屏南县	10219	5289	4930	2101	1290	811	7309	3670	3639
寿宁县	13310	6879	6431	2555	1512	1043	9682	4890	4792
周宁县	8267	4289	3978	1554	970	584	5921	2992	2929
柘荣县	6199	3241	2958	1461	899	562	4196	2125	2071
福安市	41892	21704	20188	11138	6655	4483	27659	13927	13732
福鼎市	39706	20546	19160	8402	5322	3080	28073	14123	13950
江西省	**3305199**	**1653147**	**1652052**	**709337**	**411348**	**297989**	**2372276**	**1168753**	**1203523**
南昌市	**390239**	**197130**	**193109**	**107198**	**61712**	**45486**	**258913**	**127903**	**131010**
东湖区	47407	22917	24490	11252	5839	5413	33007	16174	16833
西湖区	40736	19906	20830	8752	4835	3917	28710	14136	14574
青云谱区	25525	12945	12580	5213	3148	2065	18744	9305	9439
湾里区	5358	2767	2591	2190	1271	919	2844	1390	1454
青山湖区	75421	39712	35709	31036	18139	12897	41170	20525	20645
南昌县	79732	40375	39357	21975	12776	9199	52672	26084	26588
新建县	52085	26852	25233	14532	8616	5916	34614	17213	17401
安义县	12544	6283	6261	2786	1635	1151	8734	4277	4457
进贤县	51431	25373	26058	9462	5453	4009	38418	18799	19619
景德镇市	**122565**	**61649**	**60916**	**25100**	**14687**	**10413**	**88782**	**43960**	**44822**
昌江区	14559	7312	7247	2524	1507	1017	10995	5451	5544
珠山区	22365	11056	11309	4525	2545	1980	15866	7860	8006
浮梁县	24869	12819	12050	6584	3867	2717	16617	8362	8255
乐平市	60772	30462	30310	11467	6768	4699	45304	22287	23017
萍乡市	**137636**	**68371**	**69265**	**25484**	**14916**	**10568**	**102374**	**50230**	**52144**
安源区	38165	18650	19515	7245	4000	3245	28212	13861	14351
湘东区	27938	13951	13987	5452	3181	2271	20474	10095	10379
莲花县	16162	7783	8379	2797	1642	1155	12195	5796	6399
上栗县	35437	17963	17474	6654	4026	2628	26370	13022	13348
芦溪县	19934	10024	9910	3336	2067	1269	15123	7456	7667
九江市	**367980**	**184486**	**183494**	**79639**	**45707**	**33932**	**263179**	**129812**	**133367**
庐山区	25400	13019	12381	7879	4489	3390	16032	8021	8011
浔阳区	31239	15115	16124	6554	3368	3186	22485	11099	11386
九江县	23661	11809	11852	4855	2804	2051	17247	8441	8806
武宁县	31299	15747	15552	6976	4097	2879	21853	10759	11094
修水县	55766	28153	27613	11364	6556	4808	40187	19814	20373
永修县	29083	14578	14505	5976	3391	2585	21130	10465	10665
德安县	18572	9273	9299	4363	2455	1908	13114	6450	6664
星子县	18552	9323	9229	3548	2131	1417	13875	6824	7051
都昌县	53799	26999	26800	11869	6852	5017	38400	18900	19500
湖口县	21151	10660	10491	4347	2553	1794	15385	7599	7786
彭泽县	25446	12667	12779	5069	2950	2119	18595	9135	9460
瑞昌市	34012	17143	16869	6839	4061	2778	24876	12305	12571
新余市	**84190**	**42454**	**41736**	**15209**	**9169**	**6040**	**63853**	**31713**	**32140**
渝水区	64169	32361	31808	12081	7253	4828	48444	24040	24404
分宜县	20021	10093	9928	3128	1916	1212	15409	7673	7736

单位：人

离婚			丧偶			15—64岁妇女	
小计	男	女	小计	男	女	平均活产子女数	平均存活子女数
2853	**1726**	**1127**	**12750**	**3812**	**8938**	**1.59**	**1.57**
679	362	317	2078	556	1522	1.39	1.38
235	147	88	1035	273	762	1.61	1.59
271	202	69	1647	554	1093	1.70	1.67
130	71	59	691	220	471	1.70	1.68
102	72	30	580	217	363	1.76	1.73
133	89	44	767	270	497	1.84	1.82
350	189	161	1364	330	1034	1.52	1.50
220	124	96	930	281	649	1.40	1.38
376	251	125	2217	685	1532	1.66	1.64
357	219	138	1441	426	1015	1.64	1.61
2093	**1286**	**807**	**13498**	**3202**	**10296**	**1.61**	**1.59**
690	359	331	2267	526	1741	1.29	1.28
306	180	126	2328	558	1770	1.60	1.58
238	169	69	2015	470	1545	1.84	1.82
254	171	83	2487	559	1928	1.69	1.66
210	149	61	1649	361	1288	1.74	1.71
189	136	53	1566	377	1189	1.75	1.72
206	122	84	1186	351	835	1.80	1.78
3031	**2096**	**935**	**13531**	**4247**	**9284**	**1.63**	**1.62**
594	368	226	1784	579	1205	1.49	1.48
426	316	110	2174	719	1455	1.65	1.63
438	296	142	1604	492	1112	1.64	1.63
123	96	27	686	233	453	1.72	1.70
142	116	26	931	361	570	1.88	1.86
95	75	20	697	252	445	1.92	1.91
118	79	39	424	138	286	1.70	1.69
503	334	169	2592	788	1804	1.55	1.54
592	416	176	2639	685	1954	1.65	1.63
35726	**21704**	**14022**	**187860**	**51342**	**136518**	**1.58**	**1.56**
5359	**2804**	**2555**	**18769**	**4711**	**14058**	**1.33**	**1.32**
1141	488	653	2007	416	1591	1.00	0.99
1182	517	665	2092	418	1674	1.07	1.06
516	262	254	1052	230	822	1.15	1.14
40	29	11	284	77	207	1.36	1.33
852	434	418	2363	614	1749	0.97	0.96
614	432	182	4471	1083	3388	1.50	1.49
429	264	165	2510	759	1751	1.71	1.68
145	88	57	879	283	596	1.76	1.73
440	290	150	3111	831	2280	1.75	1.73
2141	**1236**	**905**	**6542**	**1766**	**4776**	**1.49**	**1.47**
319	169	150	721	185	536	1.43	1.42
784	391	393	1190	260	930	1.03	1.02
293	186	107	1375	404	971	1.41	1.39
745	490	255	3256	917	2339	1.71	1.68
1666	**906**	**760**	**8112**	**2319**	**5793**	**1.58**	**1.55**
818	360	458	1890	429	1461	1.20	1.18
292	175	117	1720	500	1220	1.58	1.55
127	69	58	1043	276	767	1.76	1.74
264	193	71	2149	722	1427	1.83	1.80
165	109	56	1310	392	918	1.75	1.71
4919	**3027**	**1892**	**20243**	**5940**	**14303**	**1.57**	**1.55**
341	194	147	1148	315	833	1.18	1.17
880	354	526	1320	294	1026	1.00	0.99
228	154	74	1331	410	921	1.71	1.69
538	343	195	1932	548	1384	1.58	1.55
801	574	227	3414	1209	2205	1.67	1.63
396	264	132	1581	458	1123	1.66	1.64
281	140	141	814	228	586	1.45	1.43
152	101	51	977	267	710	1.78	1.76
455	351	104	3075	896	2179	1.81	1.78
196	128	68	1223	380	843	1.61	1.58
242	156	86	1540	426	1114	1.61	1.58
409	268	141	1888	509	1379	1.61	1.59
912	**492**	**420**	**4216**	**1080**	**3136**	**1.45**	**1.43**
660	340	320	2984	728	2256	1.39	1.37
252	152	100	1232	352	880	1.63	1.60

表7 续表 20

地区	15岁及以上人口			未婚			有配偶		
	合计	男	女	小计	男	女	小计	男	女
鹰潭市	**80999**	**40746**	**40253**	**14149**	**8367**	**5782**	**61379**	**30538**	**30841**
月湖区	16370	8068	8302	2897	1601	1296	12479	6185	6294
余江县	24412	12148	12264	4200	2436	1764	18489	9125	9364
贵溪市	40217	20530	19687	7052	4330	2722	30411	15228	15183
赣州市	**599593**	**295024**	**304569**	**126315**	**72309**	**54006**	**430135**	**209616**	**220519**
章贡区	50542	25054	25488	13440	7378	6062	33822	16728	17094
赣县	38673	19270	19403	7859	4623	3236	27986	13750	14236
信丰县	48100	23427	24673	10132	5664	4468	34538	16720	17818
大余县	20537	10108	10429	3558	2026	1532	15483	7657	7826
上犹县	23860	11798	12062	4178	2531	1647	17760	8661	9099
崇义县	14738	7401	7337	2445	1463	982	11277	5608	5669
安远县	23045	11523	11522	4973	2888	2085	16536	8176	8360
龙南县	23072	11017	12055	4661	2598	2063	16726	8001	8725
定南县	13002	6349	6653	2248	1297	951	9695	4732	4963
全南县	13824	6778	7046	2544	1507	1037	10193	4939	5254
宁都县	58968	29802	29166	13600	7813	5787	41817	20753	21064
于都县	52783	24612	28171	11271	6209	5062	37306	17274	20032
兴国县	51043	25362	25681	10894	6381	4513	36449	17691	18758
会昌县	29243	14486	14757	5730	3359	2371	21416	10512	10904
寻乌县	21239	10614	10625	4564	2637	1927	15209	7510	7699
石城县	21454	10827	10627	5212	3009	2203	14804	7331	7473
瑞金市	39242	19369	19873	9103	5196	3907	27251	13251	14000
南康市	56228	27227	29001	9903	5730	4173	41867	20322	21545
吉安市	**369335**	**185754**	**183581**	**79788**	**46911**	**32877**	**266368**	**131413**	**134955**
吉州区	26387	12755	13632	5127	2637	2490	19534	9611	9923
青原区	16374	8294	8080	4820	2744	2076	10691	5280	5411
吉安县	35763	17859	17904	7521	4353	3168	26029	12820	13209
吉水县	36153	18435	17718	7366	4592	2774	26624	13197	13427
峡江县	14216	7261	6955	3218	1878	1340	10318	5138	5180
新干县	25400	12936	12464	4952	3037	1915	18801	9359	9442
永丰县	32779	16719	16060	7083	4277	2806	23878	11803	12075
泰和县	38205	19090	19115	8197	4843	3354	27503	13471	14032
遂川县	41289	20949	20340	9025	5456	3569	29392	14516	14876
万安县	22614	11326	11288	5409	3088	2321	15742	7770	7972
安福县	30546	15413	15133	6468	3792	2676	22077	10928	11149
永新县	37767	18925	18842	8537	5024	3513	26788	13145	13643
井冈山市	11842	5792	6050	2065	1190	875	8991	4375	4616
宜春市	**394388**	**198900**	**195488**	**80059**	**47644**	**32415**	**287249**	**142239**	**145010**
袁州区	73929	36815	37114	16410	9297	7113	52667	25934	26733
奉新县	20220	10127	10093	3450	2087	1363	15319	7515	7804
万载县	33945	17040	16905	6655	4038	2617	24614	12062	12552
上高县	25844	12816	13028	5144	2920	2224	18953	9336	9617
宜丰县	19713	9984	9729	3308	2024	1284	14975	7458	7517
靖安县	9677	4891	4786	1729	1084	645	7121	3520	3601
铜鼓县	10111	5206	4905	2053	1261	792	7267	3628	3639
丰城市	103134	52863	50271	22023	13484	8539	74278	37084	37194
樟树市	42808	21527	21281	8644	5131	3513	31192	15481	15711
高安市	55007	27631	27376	10643	6318	4325	40863	20221	20642
抚州市	**291048**	**146061**	**144987**	**58603**	**34316**	**24287**	**213049**	**105511**	**107538**
临川区	80645	40268	40377	16152	9572	6580	58998	28947	30051
南城县	21390	10426	10964	3470	1960	1510	16366	8061	8305
黎川县	17690	8918	8772	3469	2068	1401	12988	6456	6532
南丰县	22286	11233	11053	4039	2451	1588	16834	8344	8490
崇仁县	25432	12692	12740	5876	3367	2509	17976	8817	9159
乐安县	24960	12723	12237	5416	3189	2227	17970	8969	9001
宜黄县	15259	7660	7599	3203	1859	1344	10968	5425	5543
金溪县	22578	11432	11146	4495	2620	1875	16617	8288	8329
资溪县	8553	4306	4247	1561	869	692	6378	3224	3154
东乡县	33707	17027	16680	6351	3735	2616	25194	12602	12592
广昌县	18548	9376	9172	4571	2626	1945	12760	6378	6382
上饶市	**467226**	**232572**	**234654**	**97793**	**55610**	**42183**	**336995**	**165818**	**171177**
信州区	31939	15304	16635	7330	3615	3715	22516	11085	11431
上饶县	49020	24510	24510	10359	5852	4507	35395	17564	17831
广丰县	56164	27966	28198	15059	8309	6750	37495	18480	19015
玉山县	39898	19774	20124	7900	4660	3240	28940	14094	14846

单位：人

离婚			丧偶			15—64岁妇女	
小计	男	女	小计	男	女	平均活产子女数	平均存活子女数
1044	**616**	**428**	**4427**	**1225**	**3202**	**1.63**	**1.61**
304	128	176	690	154	536	1.35	1.33
241	165	76	1482	422	1060	1.75	1.73
499	323	176	2255	649	1606	1.68	1.65
4915	**3089**	**1826**	**38228**	**10010**	**28218**	**1.63**	**1.61**
843	415	428	2437	533	1904	1.08	1.07
256	172	84	2572	725	1847	1.70	1.68
413	263	150	3017	780	2237	1.58	1.56
194	119	75	1302	306	996	1.56	1.54
149	120	29	1773	486	1287	1.69	1.64
91	52	39	925	278	647	1.65	1.62
105	73	32	1431	386	1045	1.75	1.73
189	113	76	1496	305	1191	1.53	1.51
143	91	52	916	229	687	1.70	1.68
160	104	56	927	228	699	1.58	1.56
388	243	145	3163	993	2170	1.69	1.67
299	173	126	3907	956	2951	1.79	1.75
442	308	134	3258	982	2276	1.68	1.65
197	129	68	1900	486	1414	1.83	1.79
187	139	48	1279	328	951	1.73	1.71
194	111	83	1244	376	868	1.65	1.62
350	237	113	2538	685	1853	1.66	1.63
315	227	88	4143	948	3195	1.70	1.67
2908	**1843**	**1065**	**20271**	**5587**	**14684**	**1.60**	**1.57**
396	201	195	1330	306	1024	1.28	1.26
108	77	31	755	193	562	1.54	1.51
278	183	95	1935	503	1432	1.58	1.56
198	145	53	1965	501	1464	1.71	1.67
71	55	16	609	190	419	1.62	1.61
208	137	71	1439	403	1036	1.71	1.68
213	143	70	1605	496	1109	1.74	1.70
295	189	106	2210	587	1623	1.62	1.59
253	172	81	2619	805	1814	1.64	1.61
147	95	52	1316	373	943	1.56	1.54
306	193	113	1695	500	1195	1.50	1.48
307	186	121	2135	570	1565	1.57	1.55
128	67	61	658	160	498	1.66	1.62
3994	**2631**	**1363**	**23086**	**6386**	**16700**	**1.64**	**1.62**
790	460	330	4062	1124	2938	1.63	1.59
236	164	72	1215	361	854	1.81	1.79
459	323	136	2217	617	1600	1.83	1.80
241	149	92	1506	411	1095	1.52	1.50
274	177	97	1156	325	831	1.68	1.65
175	103	72	652	184	468	1.66	1.62
202	142	60	589	175	414	1.59	1.56
874	608	266	5959	1687	4272	1.63	1.61
417	291	126	2555	624	1931	1.52	1.50
326	214	112	3175	878	2297	1.65	1.63
2713	**1719**	**994**	**16683**	**4515**	**12168**	**1.63**	**1.61**
809	517	292	4686	1232	3454	1.60	1.58
188	107	81	1366	298	1068	1.64	1.62
137	82	55	1096	312	784	1.56	1.53
218	124	94	1195	314	881	1.62	1.60
214	149	65	1366	359	1007	1.77	1.75
206	129	77	1368	436	932	1.73	1.71
167	103	64	921	273	648	1.60	1.57
221	156	65	1245	368	877	1.65	1.63
102	73	29	512	140	372	1.55	1.53
288	185	103	1874	505	1369	1.64	1.62
163	94	69	1054	278	776	1.55	1.53
5155	**3341**	**1814**	**27283**	**7803**	**19480**	**1.68**	**1.65**
572	261	311	1521	343	1178	1.27	1.26
452	309	143	2814	785	2029	1.79	1.75
448	334	114	3162	843	2319	1.70	1.68
469	317	152	2589	703	1886	1.70	1.67

表7 续表 21

地　区	15岁及以上人口			未　婚			有　配　偶		
	合　计	男	女	小　计	男	女	小　计	男	女
铅山县	31999	16225	15774	6180	3658	2522	23735	11834	11901
横峰县	13741	6882	6859	2228	1335	893	10511	5191	5320
弋阳县	24368	12265	12103	4041	2433	1608	18700	9216	9484
余干县	63601	31845	31756	14849	8323	6526	44634	22017	22617
鄱阳县	85245	42220	43025	17258	10009	7249	61770	30074	31696
万年县	24903	12358	12545	4611	2594	2017	18525	9113	9412
婺源县	25384	12672	12712	4970	2945	2025	18428	9029	9399
德兴市	20964	10551	10413	3008	1877	1131	16346	8121	8225
山东省	**7779717**	**3856622**	**3923095**	**1470047**	**817937**	**652110**	**5788458**	**2862548**	**2925910**
济南市	**559031**	**275780**	**283251**	**120790**	**65189**	**55601**	**401746**	**199583**	**202163**
历下区	53587	26575	27012	14159	7249	6910	36618	18529	18089
市中区	62714	30995	31719	16731	8905	7826	42388	21048	21340
槐荫区	37121	18236	18885	6366	3351	3015	28417	14218	14199
天桥区	56849	28628	28221	11940	6795	5145	41412	20814	20598
历城区	95090	47347	47743	26066	14125	11941	63496	31644	31852
长清区	48649	23788	24861	12131	6305	5826	33319	16525	16794
平阴县	27696	13388	14308	3675	2065	1610	21824	10653	11171
济阳县	41869	20426	21443	6119	3424	2695	32491	15959	16532
商河县	47487	23444	24043	7133	4154	2979	36686	17959	18727
章丘市	87969	42953	45016	16470	8816	7654	65095	32234	32861
青岛市	**741071**	**369970**	**371101**	**163461**	**89601**	**73860**	**527146**	**263594**	**263552**
市南区	43296	20825	22471	10591	5484	5107	29701	14527	15174
市北区	49179	23774	25405	10107	5231	4876	35027	17328	17699
四方区	41263	20704	20559	9956	5588	4368	28007	14103	13904
黄岛区	46155	25245	20910	17188	10493	6695	27539	14294	13245
崂山区	36330	17995	18335	10836	5498	5338	23564	11954	11610
李沧区	42740	21083	21657	9736	5020	4716	30478	15328	15150
城阳区	64069	31472	32597	21402	10566	10836	39572	20012	19560
胶州市	70446	34614	35832	12493	6620	5873	52827	26302	26525
即墨市	99349	49676	49673	17384	9548	7836	75130	37645	37485
平度市	112653	56150	56503	20247	11650	8597	83596	41380	42216
胶南市	74596	38101	36495	13306	8114	5192	55583	27826	27757
莱西市	60995	30331	30664	10215	5789	4426	46122	22895	23227
淄博市	**370125**	**183424**	**186701**	**57840**	**32024**	**25816**	**287402**	**143510**	**143892**
淄川区	58425	28568	29857	9576	5070	4506	44863	22381	22482
张店区	74617	37446	37171	13202	7345	5857	57342	28903	28439
博山区	37728	18641	19087	5244	2966	2278	29391	14709	14682
临淄区	52936	26292	26644	7472	4179	3293	41903	20940	20963
周村区	28944	14115	14829	4978	2579	2399	21990	10959	11031
桓台县	42734	21074	21660	6627	3713	2914	33144	16402	16742
高青县	28569	14173	14396	2977	1739	1238	23460	11643	11817
沂源县	46172	23115	23057	7764	4433	3331	35309	17573	17736
枣庄市	**290512**	**146074**	**144438**	**63268**	**36747**	**26521**	**208483**	**103086**	**105397**
市中区	42885	21173	21712	8155	4440	3715	32190	15960	16230
薛城区	37132	18597	18535	8498	4909	3589	26365	12993	13372
峄城区	28779	14449	14330	5942	3353	2589	21081	10502	10579
台儿庄区	22354	11391	10963	4666	2792	1874	16230	8071	8159
山亭区	35182	17867	17315	8949	5184	3765	23736	11738	11998
滕州市	124180	62597	61583	27058	16069	10989	88881	43822	45059
东营市	**169361**	**84600**	**84761**	**28071**	**15814**	**12257**	**131253**	**65819**	**65434**
东营区	63228	31661	31567	12389	6774	5615	47702	24084	23618
河口区	20437	10284	10153	2501	1468	1033	16803	8482	8321
垦利县	19684	9805	9879	3074	1772	1302	15300	7639	7661
利津县	23811	11667	12144	3769	2072	1697	18311	9062	9249
广饶县	42201	21183	21018	6338	3728	2610	33137	16552	16585
烟台市	**608055**	**304101**	**303954**	**122746**	**67511**	**55235**	**443244**	**221734**	**221510**
芝罘区	69547	34203	35344	15907	8324	7583	49512	24669	24843
福山区	52019	26714	25305	16733	9503	7230	32695	16406	16289
牟平区	41236	20453	20783	6841	3685	3156	31544	15764	15780
莱山区	30352	14774	15578	11964	5798	6166	17132	8600	8532
长岛县	3823	1903	1920	519	301	218	3017	1513	1504
龙口市	60518	30302	30216	11361	6351	5010	45062	22726	22336
莱阳市	76144	38064	38080	15386	8526	6860	55203	27377	27826
莱州市	77505	38927	38578	12515	7343	5172	59139	29674	29465
蓬莱市	40635	20118	20517	6862	3690	3172	30570	15242	15328
招远市	49351	24746	24605	7508	4383	3125	37800	18988	18812

单位：人

离婚			丧偶			15—64岁妇女	
小计	男	女	小计	男	女	平均活产子女数	平均存活子女数
388	263	125	1696	470	1226	1.62	1.60
202	129	73	800	227	573	1.66	1.63
295	206	89	1332	410	922	1.70	1.67
581	387	194	3537	1118	2419	1.72	1.69
842	549	293	5375	1588	3787	1.77	1.74
287	199	88	1480	452	1028	1.66	1.64
268	175	93	1718	523	1195	1.60	1.57
351	212	139	1259	341	918	1.67	1.63
62242	**37347**	**24895**	**458970**	**138790**	**320180**	**1.28**	**1.27**
5104	**2678**	**2426**	**31391**	**8330**	**23061**	**1.06**	**1.05**
689	303	386	2121	494	1627	0.75	0.74
802	351	451	2793	691	2102	0.83	0.82
502	217	285	1836	450	1386	0.94	0.93
758	357	401	2739	662	2077	0.92	0.91
783	394	389	4745	1184	3561	0.95	0.94
271	186	85	2928	772	2156	1.09	1.08
169	111	58	2028	559	1469	1.40	1.39
211	158	53	3048	885	2163	1.43	1.41
286	210	76	3382	1121	2261	1.42	1.41
633	391	242	5771	1512	4259	1.16	1.15
8657	**4610**	**4047**	**41807**	**12165**	**29642**	**1.04**	**1.04**
881	382	499	2123	432	1691	0.77	0.76
1236	530	706	2809	685	2124	0.80	0.80
906	417	489	2394	596	1798	0.78	0.78
324	145	179	1104	313	791	0.80	0.79
351	173	178	1579	370	1209	0.86	0.85
670	278	392	1856	457	1399	0.83	0.83
425	218	207	2670	676	1994	0.85	0.84
661	392	269	4465	1300	3165	1.18	1.17
852	542	310	5983	1941	4042	1.19	1.18
1021	710	311	7789	2410	5379	1.27	1.26
692	437	255	5015	1724	3291	1.25	1.24
638	386	252	4020	1261	2759	1.22	1.21
3701	**1983**	**1718**	**21182**	**5907**	**15275**	**1.16**	**1.15**
500	268	232	3486	849	2637	1.18	1.17
1035	447	588	3038	751	2287	0.99	0.99
445	251	194	2648	715	1933	1.13	1.12
604	314	290	2957	859	2098	1.19	1.18
309	162	147	1667	415	1252	1.06	1.05
330	214	116	2633	745	1888	1.24	1.23
188	135	53	1944	656	1288	1.39	1.37
290	192	98	2809	917	1892	1.27	1.26
2141	**1396**	**745**	**16620**	**4845**	**11775**	**1.39**	**1.38**
514	250	264	2026	523	1503	1.28	1.27
252	161	91	2017	534	1483	1.38	1.37
135	106	29	1621	488	1133	1.56	1.55
137	103	34	1321	425	896	1.51	1.49
295	212	83	2202	733	1469	1.48	1.46
808	564	244	7433	2142	5291	1.35	1.34
1670	**842**	**828**	**8367**	**2125**	**6242**	**1.23**	**1.22**
825	316	509	2312	487	1825	1.06	1.05
289	139	150	844	195	649	1.26	1.25
153	94	59	1157	300	857	1.35	1.33
145	109	36	1586	424	1162	1.33	1.31
258	184	74	2468	719	1749	1.35	1.35
7357	**4047**	**3310**	**34708**	**10809**	**23899**	**1.05**	**1.05**
1260	516	744	2868	694	2174	0.81	0.81
508	227	281	2083	578	1505	0.82	0.82
470	243	227	2381	761	1620	1.06	1.05
241	108	133	1015	268	747	0.69	0.68
59	34	25	228	55	173	1.24	1.21
785	414	371	3310	811	2499	1.09	1.08
650	421	229	4905	1740	3165	1.20	1.19
1058	630	428	4793	1280	3513	1.15	1.14
590	324	266	2613	862	1751	1.07	1.06
648	405	243	3395	970	2425	1.22	1.21

表7 续表 22

地区	15岁及以上人口			未婚			有配偶		
	合计	男	女	小计	男	女	小计	男	女
栖霞市	49727	24999	24728	7535	4235	3300	38354	19135	19219
海阳市	57198	28898	28300	9615	5372	4243	43216	21640	21576
潍坊市	**735587**	**366523**	**369064**	**132957**	**74767**	**58190**	**553381**	**275351**	**278030**
潍城区	34993	17198	17795	8133	4054	4079	24873	12512	12361
寒亭区	34694	17291	17403	5292	3093	2199	27091	13472	13619
坊子区	41123	20366	20757	6751	3872	2879	31316	15523	15793
奎文区	52123	25947	26176	10882	5928	4954	38807	19324	19483
临朐县	65219	32616	32603	10850	6355	4495	49942	24736	25206
昌乐县	50691	25408	25283	10033	5765	4268	37234	18528	18706
青州市	77613	38592	39021	14011	7915	6096	58412	28959	29453
诸城市	88036	43945	44091	15027	8672	6355	66543	33077	33466
寿光市	97261	49245	48016	18897	10792	8105	72473	36410	36063
安丘市	75856	37772	38084	14844	8365	6479	55773	27638	28135
高密市	69480	34183	35297	11051	5948	5103	53336	26468	26868
昌邑市	48498	23960	24538	7186	4008	3178	37581	18704	18877
济宁市	**640959**	**316513**	**324446**	**118808**	**67301**	**51507**	**479016**	**235449**	**243567**
市中区	46248	22659	23589	7760	4175	3585	35628	17661	17967
任城区	50813	25284	25529	10510	5679	4831	37619	18891	18728
微山县	50699	25472	25227	10554	6215	4339	36785	18157	18628
鱼台县	34779	17195	17584	7249	4106	3143	25278	12380	12898
金乡县	51051	25438	25613	9788	5351	4437	38111	18996	19115
嘉祥县	63367	31399	31968	13084	7216	5868	45948	22684	23264
汶上县	54084	25871	28213	10111	5708	4403	40140	18900	21240
泗水县	42544	20987	21557	6780	4097	2683	32585	15795	16790
梁山县	55953	27433	28520	10055	5416	4639	42351	20702	21649
曲阜市	51790	25396	26394	8546	4952	3594	39276	19233	20043
兖州市	51223	25273	25950	7750	4543	3207	39766	19688	20078
邹城市	88408	44106	44302	16621	9843	6778	65529	32362	33167
泰安市	**437234**	**213706**	**223528**	**75104**	**42552**	**32552**	**331542**	**161941**	**169601**
泰山区	57994	28759	29235	12453	6835	5618	42517	21108	21409
岱岳区	79322	38780	40542	14783	8122	6661	58653	28850	29803
宁阳县	58949	28385	30564	9121	5457	3664	45029	21568	23461
东平县	58420	28294	30126	10276	5689	4587	43831	21274	22557
新泰市	104344	51499	52845	16322	9511	6811	81114	39685	41429
肥城市	78205	37989	40216	12149	6938	5211	60398	29456	30942
威海市	**237582**	**118643**	**118939**	**42678**	**23672**	**19006**	**179447**	**89499**	**89948**
环翠区	66829	33206	33623	14734	7901	6833	49065	24421	24644
文登市	57597	28849	28748	9933	5514	4419	43544	21757	21787
荣成市	62086	31070	31016	9573	5588	3985	47971	23937	24034
乳山市	51070	25518	25552	8438	4669	3769	38867	19384	19483
日照市	**230934**	**115127**	**115807**	**40389**	**22697**	**17692**	**175225**	**86819**	**88406**
东港区	77242	38444	38798	17100	9085	8015	56167	27958	28209
岚山区	33448	17043	16405	5549	3421	2128	25428	12726	12702
五莲县	40611	20530	20081	5567	3404	2163	31978	15966	16012
莒县	79633	39110	40523	12173	6787	5386	61652	30169	31483
莱芜市	**103237**	**51332**	**51905**	**15011**	**8669**	**6342**	**81682**	**40504**	**41178**
莱城区	78771	39020	39751	11503	6569	4934	62184	30766	31418
钢城区	24466	12312	12154	3508	2100	1408	19498	9738	9760
临沂市	**805018**	**401394**	**403624**	**148197**	**82774**	**65423**	**604617**	**299008**	**305609**
兰山区	89015	44377	44638	19153	10058	9095	65722	32980	32742
罗庄区	40359	20342	20017	8487	4758	3729	29522	14756	14766
河东区	51102	25592	25510	9514	5219	4295	38525	19202	19323
沂南县	65050	32150	32900	8854	5088	3766	51743	25411	26332
郯城县	76055	37670	38385	16702	9052	7650	53948	26664	27284
沂水县	82028	40529	41499	13652	7530	6122	62270	30592	31678
苍山县	88312	44239	44073	18389	10124	8265	64423	31972	32451
费县	76677	38724	37953	16104	9300	6804	55892	27686	28206
平邑县	74346	37179	37167	13501	8021	5480	55574	27270	28304
莒南县	73520	36639	36881	11044	6293	4751	57295	28182	29113
蒙阴县	40229	19884	20345	5654	3229	2425	31950	15705	16245
临沭县	48325	24069	24256	7143	4102	3041	37753	18588	19165
德州市	**439579**	**218376**	**221203**	**72431**	**40962**	**31469**	**336968**	**166493**	**170475**
德城区	53425	26868	26557	10311	5873	4438	40301	20084	20217
陵县	44723	22173	22550	7123	3985	3138	34857	17144	17713
宁津县	35044	17341	17703	6209	3434	2775	26368	12983	13385

单位：人

离婚			丧偶			15—64岁妇女	
小计	男	女	小计	男	女	平均活产子女数	平均存活子女数
485	330	155	3353	1299	2054	1.22	1.21
603	395	208	3764	1491	2273	1.13	1.12
4743	**2989**	**1754**	**44506**	**13416**	**31090**	**1.27**	**1.26**
327	175	152	1660	457	1203	0.97	0.96
240	151	89	2071	575	1496	1.27	1.26
280	199	81	2776	772	2004	1.39	1.38
479	213	266	1955	482	1473	0.95	0.94
252	181	71	4175	1344	2831	1.51	1.50
252	179	73	3172	936	2236	1.32	1.31
399	237	162	4791	1481	3310	1.24	1.23
568	369	199	5898	1827	4071	1.32	1.30
509	323	186	5382	1720	3662	1.23	1.23
493	330	163	4746	1439	3307	1.37	1.36
557	383	174	4536	1384	3152	1.29	1.28
387	249	138	3344	999	2345	1.22	1.22
4347	**2753**	**1594**	**38788**	**11010**	**27778**	**1.41**	**1.40**
527	243	284	2333	580	1753	1.16	1.15
368	176	192	2316	538	1778	1.19	1.18
317	237	80	3043	863	2180	1.49	1.48
177	129	48	2075	580	1495	1.47	1.46
324	217	107	2828	874	1954	1.46	1.46
368	268	100	3967	1231	2736	1.60	1.59
254	180	74	3579	1083	2496	1.47	1.47
277	204	73	2902	891	2011	1.48	1.47
310	227	83	3237	1088	2149	1.57	1.56
357	231	126	3611	980	2631	1.30	1.29
382	216	166	3325	826	2499	1.30	1.29
686	425	261	5572	1476	4096	1.36	1.35
2474	**1526**	**948**	**28114**	**7687**	**20427**	**1.31**	**1.30**
473	208	265	2551	608	1943	0.98	0.97
358	258	100	5528	1550	3978	1.22	1.21
245	168	77	4554	1192	3362	1.47	1.46
246	179	67	4067	1152	2915	1.38	1.37
722	467	255	6186	1836	4350	1.39	1.38
430	246	184	5228	1349	3879	1.34	1.33
2651	**1418**	**1233**	**12806**	**4054**	**8752**	**1.05**	**1.04**
729	300	429	2301	584	1717	0.91	0.90
594	352	242	3526	1226	2300	1.09	1.08
731	397	334	3811	1148	2663	1.14	1.13
597	369	228	3168	1096	2072	1.11	1.09
1417	**943**	**474**	**13903**	**4668**	**9235**	**1.32**	**1.31**
507	263	244	3468	1138	2330	1.09	1.08
201	154	47	2270	742	1528	1.36	1.34
290	212	78	2776	948	1828	1.34	1.32
419	314	105	5389	1840	3549	1.53	1.52
510	**295**	**215**	**6034**	**1864**	**4170**	**1.22**	**1.21**
330	197	133	4754	1488	3266	1.22	1.21
180	98	82	1280	376	904	1.22	1.21
5562	**3813**	**1749**	**46642**	**15799**	**30843**	**1.45**	**1.44**
761	371	390	3379	968	2411	1.26	1.25
313	208	105	2037	620	1417	1.39	1.38
352	267	85	2711	904	1807	1.50	1.49
397	283	114	4056	1368	2688	1.58	1.57
561	378	183	4844	1576	3268	1.42	1.41
468	329	139	5638	2078	3560	1.46	1.45
620	457	163	4880	1686	3194	1.60	1.60
461	323	138	4220	1415	2805	1.47	1.46
491	378	113	4780	1510	3270	1.42	1.40
465	353	112	4716	1811	2905	1.46	1.45
174	126	48	2451	824	1627	1.43	1.42
499	340	159	2930	1039	1891	1.48	1.47
3032	**1985**	**1047**	**27148**	**8936**	**18212**	**1.36**	**1.35**
585	265	320	2228	646	1582	1.07	1.06
265	203	62	2478	841	1637	1.41	1.40
222	168	54	2245	756	1489	1.37	1.36

表7 续表 23

地区	15岁及以上人口			未婚			有配偶		
	合计	男	女	小计	男	女	小计	男	女
庆云县	23754	11969	11785	4403	2508	1895	17816	8836	8980
临邑县	41366	20405	20961	6027	3397	2630	32333	15926	16407
齐河县	51419	25726	25693	8870	5233	3637	38698	19193	19505
平原县	34511	17061	17450	4360	2445	1915	27748	13715	14033
夏津县	38028	18796	19232	5491	3057	2434	29631	14658	14973
武城县	29196	14456	14740	4518	2569	1949	22670	11205	11465
乐陵市	48309	23974	24335	8724	4784	3940	36122	17817	18305
禹城市	39804	19607	20197	6395	3677	2718	30424	14932	15492
聊城市	**458888**	**227012**	**231876**	**84120**	**46865**	**37255**	**344229**	**170056**	**174173**
东昌府区	94161	46560	47601	18189	10022	8167	70436	34794	35642
阳谷县	60712	30029	30683	10736	6115	4621	45876	22575	23301
莘县	73258	36214	37044	13875	7746	6129	54428	26720	27708
茌平县	43054	21220	21834	8033	4427	3606	32108	15874	16234
东阿县	29940	14623	15317	4874	2701	2173	22928	11244	11684
冠县	59735	29758	29977	11768	6625	5143	43956	21800	22156
高唐县	39211	19234	19977	6118	3342	2776	30249	14977	15272
临清市	58817	29374	29443	10527	5887	4640	44248	22072	22176
滨州市	**311591**	**154504**	**157087**	**51033**	**28319**	**22714**	**239287**	**118699**	**120588**
滨城区	57407	28142	29265	11444	6018	5426	42377	20997	21380
惠民县	49937	24586	25351	7688	4230	3458	38353	18930	19423
阳信县	35637	17922	17715	6160	3503	2657	26773	13343	13430
无棣县	34669	17401	17268	4580	2650	1930	27921	13891	14030
沾化县	30500	15130	15370	5146	2874	2272	23114	11437	11677
博兴县	39258	19403	19855	5444	3088	2356	31201	15466	15735
邹平县	64183	31920	32263	10571	5956	4615	49548	24635	24913
菏泽市	**640953**	**309543**	**331410**	**133143**	**72473**	**60670**	**463790**	**221403**	**242387**
牡丹区	109536	53696	55840	25149	13748	11401	77654	37663	39991
曹县	102133	48783	53350	22353	11701	10652	72894	34710	38184
单县	82447	39800	42647	17911	9382	8529	58579	28319	30260
成武县	47801	23130	24671	9714	5108	4606	34687	16810	17877
巨野县	61586	29086	32500	10815	5976	4839	46312	21461	24851
郓城县	83371	40039	43332	15250	8504	6746	61909	29298	32611
鄄城县	54802	26429	28373	11628	6493	5135	39217	18409	20808
定陶县	44799	21813	22986	8970	5045	3925	32782	15712	17070
东明县	54478	26767	27711	11353	6516	4837	39756	19021	20735
河南省	**7248069**	**3545580**	**3702489**	**1628960**	**899057**	**729903**	**5142657**	**2473871**	**2668786**
郑州市	**698964**	**351317**	**347647**	**194966**	**105404**	**89562**	**467617**	**233645**	**233972**
中原区	75645	38272	37373	22919	12453	10466	48901	24667	24234
二七区	61078	30973	30105	20497	11270	9227	37776	18866	18910
管城回族区	52451	26551	25900	12942	6821	6121	37175	19081	18094
金水区	129066	65011	64055	48557	25157	23400	76106	38651	37455
上街区	11152	5489	5663	1888	1026	862	8440	4203	4237
惠济区	22336	10737	11599	7427	3417	4010	13998	7061	6937
中牟县	56186	27953	28233	11812	6643	5169	41200	20130	21070
巩义市	65144	32410	32734	16314	8813	7501	44579	22055	22524
荥阳市	51032	25511	25521	10868	6215	4653	36877	18124	18753
新密市	65877	33140	32737	14315	8243	6072	47256	23353	23903
新郑市	57490	28837	28653	15526	8451	7075	38812	19190	19622
登封市	51507	26433	25074	11901	6895	5006	36497	18264	18233
开封市	**365903**	**180241**	**185662**	**85926**	**47490**	**38436**	**256910**	**124661**	**132249**
龙亭区	10548	4942	5606	2648	1211	1437	7125	3515	3610
顺河回族区	20354	9825	10529	3970	2086	1884	14719	7248	7471
鼓楼区	11838	5659	6179	2022	1038	984	8793	4332	4461
禹王台区	10891	5237	5654	1975	1023	952	7943	3893	4050
金明区	21456	10485	10971	7105	3610	3495	13345	6576	6769
杞县	74854	37906	36948	19488	11667	7821	51171	24633	26538
通许县	42523	21050	21473	9102	5043	4059	30810	15066	15744
尉氏县	69098	34563	34535	16088	9029	7059	48669	23932	24737
开封县	53163	26343	26820	11863	6541	5322	38029	18615	19414
兰考县	51178	24231	26947	11665	6242	5423	36306	16851	19455
洛阳市	**523281**	**260030**	**263251**	**121585**	**67575**	**54010**	**367761**	**180075**	**187686**
老城区	13112	6306	6806	2356	1213	1143	9856	4842	5014
西工区	29762	14634	15128	5855	3161	2694	21971	10891	11080
瀍河回族区	14702	7379	7323	3394	1952	1442	10306	5109	5197
涧西区	52162	26013	26149	11148	6233	4915	37791	18712	19079

单位：人

离婚			丧偶			15—64岁妇女	
小计	男	女	小计	男	女	平均活产子女数	平均存活子女数
141	104	37	1394	521	873	1.43	1.41
287	173	114	2719	909	1810	1.37	1.36
296	225	71	3555	1075	2480	1.35	1.33
232	154	78	2171	747	1424	1.42	1.41
291	200	91	2615	881	1734	1.50	1.49
187	131	56	1821	551	1270	1.43	1.42
304	209	95	3159	1164	1995	1.40	1.39
222	153	69	2763	845	1918	1.38	1.37
2587	**1792**	**795**	**27952**	**8299**	**19653**	**1.44**	**1.43**
512	315	197	5024	1429	3595	1.33	1.33
348	243	105	3752	1096	2656	1.49	1.48
393	297	96	4562	1451	3111	1.53	1.52
227	171	56	2686	748	1938	1.46	1.45
151	104	47	1987	574	1413	1.44	1.43
283	219	64	3728	1114	2614	1.50	1.49
243	151	92	2601	764	1837	1.40	1.39
430	292	138	3612	1123	2489	1.41	1.40
2047	**1397**	**650**	**19224**	**6089**	**13135**	**1.27**	**1.26**
467	257	210	3119	870	2249	1.12	1.11
329	244	85	3567	1182	2385	1.31	1.30
270	204	66	2434	872	1562	1.30	1.28
191	148	43	1977	712	1265	1.44	1.44
174	133	41	2066	686	1380	1.39	1.38
229	146	83	2384	703	1681	1.32	1.31
387	265	122	3677	1064	2613	1.21	1.20
4242	**2880**	**1362**	**39778**	**12787**	**26991**	**1.54**	**1.53**
834	549	285	5899	1736	4163	1.43	1.42
605	407	198	6281	1965	4316	1.61	1.60
658	414	244	5299	1685	3614	1.44	1.43
300	203	97	3100	1009	2091	1.54	1.53
432	310	122	4027	1339	2688	1.67	1.66
521	361	160	5691	1876	3815	1.55	1.54
402	287	115	3555	1240	2315	1.50	1.49
229	168	61	2818	888	1930	1.55	1.54
261	181	80	3108	1049	2059	1.63	1.62
65650	**40601**	**25049**	**410802**	**132051**	**278751**	**1.48**	**1.47**
8116	**4005**	**4111**	**28265**	**8263**	**20002**	**1.17**	**1.17**
1338	556	782	2487	596	1891	0.91	0.91
927	364	563	1878	473	1405	0.87	0.86
728	292	436	1606	357	1249	1.06	1.05
1567	563	1004	2836	640	2196	0.75	0.75
257	112	145	567	148	419	1.13	1.13
180	82	98	731	177	554	0.99	0.99
332	238	94	2842	942	1900	1.60	1.59
642	402	240	3609	1140	2469	1.43	1.42
458	299	159	2829	873	1956	1.44	1.42
705	441	264	3601	1103	2498	1.55	1.54
486	314	172	2666	882	1784	1.34	1.33
496	342	154	2613	932	1681	1.53	1.52
3299	**1980**	**1319**	**19768**	**6110**	**13658**	**1.51**	**1.50**
188	76	112	587	140	447	1.06	1.05
491	212	279	1174	279	895	1.06	1.05
302	145	157	721	144	577	1.04	1.04
263	147	116	710	174	536	1.08	1.07
246	102	144	760	197	563	0.94	0.94
442	329	113	3753	1277	2476	1.64	1.62
272	191	81	2339	750	1589	1.65	1.64
447	304	143	3894	1298	2596	1.54	1.53
333	245	88	2938	942	1996	1.67	1.66
315	229	86	2892	909	1983	1.72	1.71
5585	**3359**	**2226**	**28350**	**9021**	**19329**	**1.47**	**1.45**
236	102	134	664	149	515	1.11	1.11
609	250	359	1327	332	995	1.00	0.99
230	118	112	772	200	572	0.99	0.98
993	461	532	2230	607	1623	0.99	0.98

表7 续表 24

地区	15岁及以上人口			未婚			有配偶		
	合计	男	女	小计	男	女	小计	男	女
吉利区	5665	2782	2883	879	522	357	4389	2134	2255
洛龙区	42753	20804	21949	12893	6627	6266	27530	13445	14085
孟津县	32954	16131	16823	6856	3862	2994	23786	11487	12299
新安县	36463	18420	18043	8721	4815	3906	25337	12542	12795
栾川县	28475	14603	13872	6430	3899	2531	20180	9990	10190
嵩县	42885	21990	20895	10912	6528	4384	29115	14281	14834
汝阳县	29816	14780	15036	5831	3352	2479	21933	10630	11303
宜阳县	47980	23652	24328	11586	6331	5255	33218	16128	17090
洛宁县	34702	17057	17645	8065	4451	3614	24015	11510	12505
伊川县	57652	28725	28927	15057	8108	6949	39299	19288	20011
偃师市	54198	26754	27444	11602	6521	5081	39035	19086	19949
平顶山市	**380276**	**190688**	**189588**	**83381**	**47413**	**35968**	**271966**	**133979**	**137987**
新华区	28987	14655	14332	6405	3476	2929	20995	10675	10320
卫东区	24875	12332	12543	4682	2481	2201	18849	9423	9426
石龙区	2981	1519	1462	600	334	266	2191	1117	1074
湛河区	22673	11229	11444	5467	2929	2538	16098	7945	8153
宝丰县	37231	18756	18475	7916	4601	3315	26913	13222	13691
叶县	62066	30898	31168	13911	7863	6048	43973	21443	22530
鲁山县	62412	31877	30535	14987	8913	6074	42895	21063	21832
郏县	44924	22499	22425	10107	5744	4363	31810	15625	16185
舞钢市	24220	12277	11943	4401	2735	1666	18048	8884	9164
汝州市	69907	34646	35261	14905	8337	6568	50194	24582	25612
安阳市	**392032**	**181537**	**210495**	**79067**	**41788**	**37279**	**286037**	**130604**	**155433**
文峰区	36214	17297	18917	9335	4448	4887	24768	12221	12547
北关区	19229	9148	10081	3668	1756	1912	14262	7017	7245
殷都区	19363	9591	9772	3226	1757	1469	14873	7464	7409
龙安区	17211	8601	8610	3548	1951	1597	12614	6279	6335
安阳县	63876	28574	35302	11790	6215	5575	47302	20759	26543
汤阴县	32375	14884	17491	4962	2654	2308	25066	11423	13643
滑县	95173	45967	49206	18277	9578	8699	71056	34273	36783
内黄县	47556	24166	23390	12864	7712	5152	31617	15353	16264
林州市	61035	23309	37726	11397	5717	5680	44479	15815	28664
鹤壁市	**119664**	**59332**	**60332**	**22784**	**12512**	**10272**	**89440**	**44165**	**45275**
鹤山区	10989	5491	5498	2667	1409	1258	7561	3800	3761
山城区	18384	9219	9165	4055	2199	1856	13177	6614	6563
淇滨区	21065	10346	10719	4149	2113	2036	15838	7846	7992
浚县	49296	24452	24844	8591	4905	3686	37634	18423	19211
淇县	19930	9824	10106	3322	1886	1436	15230	7482	7748
新乡市	**440976**	**215164**	**225812**	**94261**	**50572**	**43689**	**319150**	**154653**	**164497**
红旗区	28742	13977	14765	6521	3234	3287	20629	10223	10406
卫滨区	16156	7884	8272	2860	1543	1317	12182	5989	6193
凤泉区	10882	5436	5446	2158	1185	973	8065	4013	4052
牧野区	25624	12090	13534	6389	2863	3526	17465	8657	8808
新乡县	26683	13258	13425	5243	2883	2360	19785	9796	9989
获嘉县	31013	15215	15798	6178	3383	2795	22788	11065	11723
原阳县	49347	23985	25362	11064	5976	5088	35288	16881	18407
延津县	34604	17134	17470	7258	3935	3323	25272	12397	12875
封丘县	56702	28040	28662	11893	6544	5349	41382	20248	21134
长垣县	62524	29698	32826	14916	7992	6924	44077	20442	23635
卫辉市	37803	18791	19012	7059	3930	3129	28156	13928	14228
辉县市	60896	29656	31240	12722	7104	5618	44061	21014	23047
焦作市	**279147**	**137167**	**141980**	**60825**	**32654**	**28171**	**200855**	**98827**	**102028**
解放区	24028	11567	12461	4873	2460	2413	17558	8625	8933
中站区	8813	4326	4487	1637	882	755	6538	3265	3273
马村区	10183	5115	5068	2110	1158	952	7513	3773	3740
山阳区	25567	12447	13120	6561	3315	3246	17636	8689	8947
修武县	22355	11195	11160	4302	2413	1889	16702	8294	8408
博爱县	33893	16857	17036	6652	3793	2859	25033	12324	12709
武陟县	54861	26910	27951	13729	7224	6505	37912	18573	19339
温县	34224	16675	17549	7606	4052	3554	24500	11998	12502
沁阳市	35897	17684	18213	7338	4090	3248	26165	12809	13356
孟州市	29326	14391	14935	6017	3267	2750	21298	10477	10821
濮阳市	**273786**	**131637**	**142149**	**56592**	**30109**	**26483**	**200700**	**95922**	**104778**
华龙区	51157	24910	26247	10352	5330	5022	38345	18833	19512
清丰县	49145	23713	25432	9624	5182	4442	36435	17535	18900

单位: 人

离婚			丧偶			15—64岁妇女	
小计	男	女	小计	男	女	平均活产子女数	平均存活子女数
97	37	60	300	89	211	1.35	1.34
391	205	186	1939	527	1412	1.28	1.27
289	213	76	2023	569	1454	1.54	1.53
361	278	83	2044	785	1259	1.60	1.58
235	168	67	1630	546	1084	1.51	1.50
318	245	73	2540	936	1604	1.66	1.64
206	164	42	1846	634	1212	1.85	1.84
392	274	118	2784	919	1865	1.68	1.67
411	285	126	2211	811	1400	1.62	1.60
429	316	113	2867	1013	1854	1.67	1.66
388	243	145	3173	904	2269	1.52	1.51
4024	**2592**	**1432**	**20905**	**6704**	**14201**	**1.46**	**1.45**
426	180	246	1161	324	837	1.10	1.10
447	190	257	897	238	659	1.06	1.05
48	23	25	142	45	97	1.50	1.49
283	135	148	825	220	605	1.10	1.09
342	273	69	2060	660	1400	1.52	1.51
544	418	126	3638	1174	2464	1.46	1.45
652	496	156	3878	1405	2473	1.61	1.59
385	269	116	2622	861	1761	1.50	1.49
332	211	121	1439	447	992	1.36	1.35
565	397	168	4243	1330	2913	1.71	1.69
3465	**2143**	**1322**	**23463**	**7002**	**16461**	**1.52**	**1.50**
515	244	271	1596	384	1212	1.09	1.08
327	136	191	972	239	733	1.09	1.09
315	134	181	949	236	713	1.20	1.19
174	109	65	875	262	613	1.42	1.41
516	379	137	4268	1221	3047	1.64	1.63
202	151	51	2145	656	1489	1.65	1.63
687	525	162	5153	1591	3562	1.67	1.65
234	181	53	2841	920	1921	1.50	1.48
495	284	211	4664	1493	3171	1.58	1.57
1203	**762**	**441**	**6237**	**1893**	**4344**	**1.53**	**1.52**
175	111	64	586	171	415	1.29	1.29
323	157	166	829	249	580	1.21	1.20
214	117	97	864	270	594	1.34	1.33
323	262	61	2748	862	1886	1.71	1.70
168	115	53	1210	341	869	1.70	1.68
3998	**2564**	**1434**	**23567**	**7375**	**16192**	**1.50**	**1.49**
445	202	243	1147	318	829	1.09	1.08
294	126	168	820	226	594	1.12	1.12
86	56	30	573	182	391	1.47	1.46
473	240	233	1297	330	967	0.99	0.98
158	116	42	1497	463	1034	1.62	1.61
253	180	73	1794	587	1207	1.64	1.62
278	212	66	2717	916	1801	1.67	1.66
273	198	75	1801	604	1197	1.64	1.63
400	300	100	3027	948	2079	1.64	1.63
448	306	142	3083	958	2125	1.56	1.55
412	275	137	2176	658	1518	1.54	1.52
478	353	125	3635	1185	2450	1.46	1.44
2683	**1587**	**1096**	**14784**	**4099**	**10685**	**1.43**	**1.42**
490	209	281	1107	273	834	1.03	1.03
114	63	51	524	116	408	1.30	1.29
102	62	40	458	122	336	1.49	1.47
407	195	212	963	248	715	1.06	1.05
165	115	50	1186	373	813	1.62	1.61
302	199	103	1906	541	1365	1.56	1.54
291	207	84	2929	906	2023	1.57	1.56
220	152	68	1898	473	1425	1.53	1.52
303	193	110	2091	592	1499	1.46	1.45
289	192	97	1722	455	1267	1.42	1.41
1901	**1181**	**720**	**14593**	**4425**	**10168**	**1.59**	**1.58**
588	232	356	1872	515	1357	1.32	1.31
243	169	74	2843	827	2016	1.66	1.65

表7 续表 25

地区	15岁及以上人口			未婚			有配偶		
	合计	男	女	小计	男	女	小计	男	女
南乐县	33951	15585	18366	6943	3495	3448	24777	11316	13461
范县	34231	16312	17919	7362	3978	3384	24767	11587	13180
台前县	24668	11759	12909	4762	2569	2193	18362	8663	9699
濮阳县	80634	39358	41276	17549	9555	7994	58014	27988	30026
许昌市	**330219**	**163858**	**166361**	**66767**	**38281**	**28486**	**240924**	**117591**	**123333**
魏都区	35747	16989	18758	9660	4490	5170	24052	11927	12125
许昌县	61073	30478	30595	12314	7270	5044	44562	21736	22826
鄢陵县	40816	20330	20486	9122	5604	3518	28932	13692	15240
襄城县	50399	24736	25663	9312	5325	3987	37186	17939	19247
禹州市	86993	43831	43162	16090	9697	6393	64888	31960	32928
长葛市	55191	27494	27697	10269	5895	4374	41304	20337	20967
漯河市	**193044**	**95362**	**97682**	**42382**	**23569**	**18813**	**137822**	**67420**	**70402**
源汇区	25682	12419	13263	5996	3049	2947	17997	8842	9155
郾城区	37556	18546	19010	8609	4707	3902	26661	13086	13575
召陵区	37134	18396	18738	8155	4523	3632	26570	13060	13510
舞阳县	40758	20096	20662	8361	4796	3565	29172	14147	15025
临颍县	51914	25905	26009	11261	6494	4767	37422	18285	19137
三门峡市	**176033**	**88839**	**87194**	**40323**	**22937**	**17386**	**123568**	**61245**	**62323**
湖滨区	24738	12277	12461	4500	2511	1989	18732	9310	9422
渑池县	26131	13066	13065	5941	3344	2597	18351	9051	9300
陕县	27035	13732	13303	5733	3278	2455	19391	9685	9706
卢氏县	28505	14764	13741	6761	4140	2621	19458	9602	9856
义马市	10466	5234	5232	2300	1223	1077	7589	3825	3764
灵宝市	59158	29766	29392	15088	8441	6647	40047	19772	20275
南阳市	**770114**	**385655**	**384459**	**154965**	**91551**	**63414**	**559899**	**272649**	**287250**
宛城区	69459	34664	34795	14715	8469	6246	50194	24646	25548
卧龙区	68348	33543	34805	13735	7431	6304	50199	24505	25694
南召县	42924	22234	20690	8866	5594	3272	30948	15256	15692
方城县	67518	33886	33632	13771	8236	5535	48973	23690	25283
西峡县	34445	17767	16678	6382	4102	2280	25455	12594	12861
镇平县	63855	31989	31866	11004	6632	4372	47876	23362	24514
内乡县	43847	21856	21991	7746	4875	2871	32252	15519	16733
淅川县	49690	24681	25009	10686	6181	4505	35168	17037	18131
社旗县	48641	24742	23899	10955	6585	4370	34359	16853	17506
唐河县	99422	50458	48964	22781	13436	9345	70059	34226	35833
新野县	47835	23489	24346	7906	4753	3153	36226	17412	18814
桐柏县	29636	14889	14747	5255	3079	2176	22341	11004	11337
邓州市	104494	51457	53037	21163	12178	8985	75849	36545	39304
商丘市	**568137**	**273965**	**294172**	**138983**	**75456**	**63527**	**393489**	**185008**	**208481**
梁园区	63577	31944	31633	17098	9200	7898	42955	21426	21529
睢阳区	59401	28823	30578	14935	7999	6936	41000	19576	21424
民权县	54575	26063	28512	14201	7556	6645	37248	17313	19935
睢县	53267	25274	27993	13227	6978	6249	36895	17102	19793
宁陵县	39666	18904	20762	9443	5063	4380	27686	12890	14796
柘城县	58294	27501	30793	13584	7602	5982	40782	18361	22421
虞城县	73526	35915	37611	18867	10440	8427	50328	23737	26591
夏邑县	70900	33902	36998	16630	9127	7503	49215	22957	26258
永城市	94931	45639	49292	20998	11491	9507	67380	31646	35734
信阳市	**463228**	**223110**	**240118**	**94861**	**52625**	**42236**	**332514**	**157238**	**175276**
浉河区	48100	23724	24376	9415	5057	4358	35488	17449	18039
平桥区	47951	23358	24593	7603	4236	3367	36789	17865	18924
罗山县	39175	18900	20275	7091	4114	2977	28861	13663	15198
光山县	42058	20625	21433	9061	5310	3751	29496	14015	15481
新县	20092	9627	10465	3647	2256	1391	14726	6701	8025
商城县	36324	16706	19618	8022	4662	3360	25031	10785	14246
固始县	76014	36299	39715	14217	7981	6236	55223	25850	29373
潢川县	47459	22497	24962	9643	5223	4420	34381	16132	18249
淮滨县	45195	21544	23651	11986	6175	5811	29968	14174	15794
息县	60860	29830	31030	14176	7611	6565	42551	20604	21947
周口市	**678520**	**320490**	**358030**	**166630**	**90008**	**76622**	**466804**	**213927**	**252877**
川汇区	40002	19398	20604	10655	5437	5218	27032	13243	13789
扶沟县	48299	23426	24873	10471	5775	4696	34642	16527	18115
西华县	61649	30380	31269	14364	7991	6373	43370	20993	22377
商水县	67676	31161	36515	16845	9043	7802	45851	20326	25525
沈丘县	72506	33637	38869	16867	9321	7546	50233	22418	27815

单位：人

离婚			丧偶			15—64岁妇女	
小计	男	女	小计	男	女	平均活产子女数	平均存活子女数
170	122	48	2061	652	1409	1.69	1.68
236	169	67	1866	578	1288	1.61	1.60
160	126	34	1384	401	983	1.66	1.64
504	363	141	4567	1452	3115	1.65	1.63
2828	**1763**	**1065**	**19700**	**6223**	**13477**	**1.48**	**1.47**
639	243	396	1396	329	1067	0.89	0.88
449	319	130	3748	1153	2595	1.51	1.50
231	176	55	2531	858	1673	1.57	1.56
379	259	120	3522	1213	2309	1.56	1.56
661	459	202	5354	1715	3639	1.61	1.60
469	307	162	3149	955	2194	1.51	1.50
1773	**1111**	**662**	**11067**	**3262**	**7805**	**1.38**	**1.37**
344	175	169	1345	353	992	1.12	1.11
291	164	127	1995	589	1406	1.30	1.29
343	226	117	2066	587	1479	1.43	1.42
403	306	97	2822	847	1975	1.40	1.38
392	240	152	2839	886	1953	1.52	1.50
2164	**1279**	**885**	**9978**	**3378**	**6600**	**1.35**	**1.33**
451	181	270	1055	275	780	1.10	1.09
283	159	124	1556	512	1044	1.46	1.45
281	204	77	1630	565	1065	1.36	1.35
325	234	91	1961	788	1173	1.44	1.42
166	82	84	411	104	307	1.28	1.26
658	419	239	3365	1134	2231	1.36	1.35
7140	**5010**	**2130**	**48110**	**16445**	**31665**	**1.51**	**1.49**
780	430	350	3770	1119	2651	1.35	1.34
702	425	277	3712	1182	2530	1.35	1.34
538	392	146	2572	992	1580	1.56	1.56
654	489	165	4120	1471	2649	1.64	1.62
330	242	88	2278	829	1449	1.46	1.44
589	465	124	4386	1530	2856	1.55	1.53
415	316	99	3434	1146	2288	1.60	1.58
448	301	147	3388	1162	2226	1.58	1.57
445	327	118	2882	977	1905	1.50	1.49
855	638	217	5727	2158	3569	1.46	1.45
363	258	105	3340	1066	2274	1.57	1.56
301	196	105	1739	610	1129	1.61	1.59
720	531	189	6762	2203	4559	1.51	1.50
4142	**2556**	**1586**	**31523**	**10945**	**20578**	**1.58**	**1.57**
731	401	330	2793	917	1876	1.29	1.28
390	200	190	3076	1048	2028	1.45	1.44
296	174	122	2830	1020	1810	1.62	1.60
208	148	60	2937	1046	1891	1.60	1.59
288	171	117	2249	780	1469	1.63	1.62
360	255	105	3568	1283	2285	1.75	1.74
469	317	152	3862	1421	2441	1.59	1.58
558	360	198	4497	1458	3039	1.69	1.68
842	530	312	5711	1972	3739	1.63	1.61
3740	**2396**	**1344**	**32113**	**10851**	**21262**	**1.59**	**1.57**
702	392	310	2495	826	1669	1.26	1.25
466	290	176	3093	967	2126	1.55	1.53
269	184	85	2954	939	2015	1.63	1.61
233	171	62	3268	1129	2139	1.69	1.66
135	86	49	1584	584	1000	1.66	1.63
202	126	76	3069	1133	1936	1.69	1.67
468	324	144	6106	2144	3962	1.71	1.68
321	196	125	3114	946	2168	1.57	1.55
381	248	133	2860	947	1913	1.55	1.53
563	379	184	3570	1236	2334	1.59	1.57
4127	**2697**	**1430**	**40959**	**13858**	**27101**	**1.61**	**1.60**
536	249	287	1779	469	1310	1.19	1.18
207	155	52	2979	969	2010	1.64	1.63
382	259	123	3533	1137	2396	1.58	1.57
416	305	111	4564	1487	3077	1.62	1.61
450	286	164	4956	1612	3344	1.68	1.67

表7 续表 26

地　区	15岁及以上人口			未　婚			有　配　偶		
	合　计	男	女	小　计	男	女	小　计	男	女
郸城县	76760	36592	40168	19224	10521	8703	52522	23985	28537
淮阳县	85400	40159	45241	23444	12327	11117	56526	25879	30647
太康县	83287	40226	43061	19615	10829	8786	58468	27455	31013
鹿邑县	66272	29495	36777	16257	8603	7654	45222	19140	26082
项城市	76669	36016	40653	18888	10161	8727	52938	23961	28977
驻马店市	**539444**	**259433**	**280011**	**111578**	**61698**	**49880**	**388347**	**183090**	**205257**
驿城区	51784	25461	26323	8889	4870	4019	39369	19429	19940
西平县	54863	26388	28475	10157	5746	4411	40348	19109	21239
上蔡县	80766	37696	43070	18578	9934	8644	56130	25580	30550
平舆县	57576	27191	30385	13622	7577	6045	39761	18081	21680
正阳县	46968	21911	25057	8952	4803	4149	34592	15824	18768
确山县	30175	13912	16263	4952	2674	2278	22907	10389	12518
泌阳县	61061	31193	29868	13560	8037	5523	43425	21422	22003
汝南县	56025	27541	28484	10399	5788	4611	41725	20282	21443
遂平县	38059	18869	19190	7090	4125	2965	28054	13658	14396
新蔡县	62167	29271	32896	15379	8144	7235	42036	19316	22720
省直辖县级行政区划	**55301**	**27755**	**27546**	**13084**	**7415**	**5669**	**38854**	**19172**	**19682**
济源市	55301	27755	27546	13084	7415	5669	38854	19172	19682
湖北省	**4460629**	**2233792**	**2226837**	**946283**	**553241**	**393042**	**3188005**	**1563100**	**1624905**
武汉市	**813158**	**409840**	**403318**	**240075**	**134103**	**105972**	**521021**	**259037**	**261984**
江岸区	70692	34327	36365	15157	8076	7081	49644	24465	25179
江汉区	56718	28183	28535	13331	7126	6205	39339	19706	19633
硚口区	67221	33653	33568	17441	9548	7893	45357	22710	22647
汉阳区	49739	25417	24322	11934	7150	4784	33974	17105	16869
武昌区	95344	47515	47829	25912	14152	11760	62625	31192	31433
青山区	40167	20322	19845	8516	5007	3509	28099	14132	13967
洪山区	125291	65854	59437	61507	34478	27029	59896	30140	29756
东西湖区	38297	19581	18716	8105	4769	3336	28142	14216	13926
汉南区	9249	4816	4433	1690	1056	634	6987	3555	3432
蔡甸区	50341	25295	25046	12594	7175	5419	34702	17242	17460
江夏区	68416	34238	34178	29715	15402	14313	35450	17820	17630
黄陂区	70978	35179	35799	16250	9438	6812	49415	23882	25533
新洲区	70705	35460	35245	17923	10726	7197	47391	22872	24519
黄石市	**183383**	**91155**	**92228**	**41736**	**24220**	**17516**	**128383**	**62600**	**65783**
黄石港区	18519	8841	9678	4287	2146	2141	12789	6262	6527
西塞山区	18935	9421	9514	3347	1986	1361	13809	6844	6965
下陆区	13664	6789	6875	3229	1787	1442	9560	4720	4840
铁山区	4693	2343	2350	760	473	287	3485	1730	1755
阳新县	59099	29192	29907	14571	8465	6106	40391	19351	21040
大冶市	68473	34569	33904	15542	9363	6179	48349	23693	24656
十堰市	**254297**	**130799**	**123498**	**56768**	**35486**	**21282**	**179497**	**88245**	**91252**
茅箭区	29726	15015	14711	6716	3770	2946	21601	10786	10815
张湾区	28119	14305	13814	5598	3325	2273	20915	10428	10487
郧县	39890	20353	19537	9631	5825	3806	27193	13289	13904
郧西县	37850	19742	18108	9656	6165	3491	25467	12528	12939
竹山县	31587	16744	14843	7240	4929	2311	21905	10783	11122
竹溪县	23557	12342	11215	5293	3515	1778	16366	8024	8342
房县	29175	14919	14256	5694	3724	1970	21039	10095	10944
丹江口市	34393	17379	17014	6940	4233	2707	25011	12312	12699
宜昌市	**321849**	**162695**	**159154**	**53636**	**33235**	**20401**	**240880**	**119123**	**121757**
西陵区	38853	19130	19723	7531	4340	3191	28531	13930	14601
伍家岗区	16066	7985	8081	2468	1396	1072	12332	6145	6187
点军区	8728	4416	4312	1464	937	527	6438	3183	3255
猇亭区	4506	2379	2127	953	654	299	3241	1626	1615
夷陵区	41676	21224	20452	7071	4439	2632	31205	15454	15751
远安县	14545	7405	7140	2199	1427	772	11045	5473	5572
兴山县	13010	6755	6255	2375	1587	788	9420	4681	4739
秭归县	28991	14890	14101	5204	3294	1910	21137	10504	10633
长阳土家族自治县	31771	16439	15332	5909	3879	2030	22954	11310	11644
五峰土家族自治县	15954	8379	7575	2889	1954	935	11576	5728	5848
宜都市	30615	15339	15276	4562	2843	1719	23161	11416	11745
当阳市	39464	19642	19822	6117	3598	2519	30414	15040	15374
枝江市	37670	18712	18958	4894	2887	2007	29426	14633	14793
襄樊市	**425909**	**212033**	**213876**	**81263**	**46327**	**34936**	**315345**	**154809**	**160536**
襄城区	36719	18148	18571	8089	4395	3694	26262	12927	13335
樊城区	65598	32488	33110	12396	6876	5520	49281	24361	24920

单位：人

离婚			丧偶			15—64岁妇女	
小 计	男	女	小 计	男	女	平均活产子女数	平均存活子女数
395	275	120	4619	1811	2808	1.67	1.66
501	325	176	4929	1628	3301	1.60	1.59
412	282	130	4792	1660	3132	1.76	1.75
356	231	125	4437	1521	2916	1.71	1.70
472	330	142	4371	1564	2807	1.49	1.49
5069	**3359**	**1710**	**34450**	**11286**	**23164**	**1.51**	**1.50**
830	397	433	2696	765	1931	1.29	1.28
507	359	148	3851	1174	2677	1.45	1.44
597	422	175	5461	1760	3701	1.63	1.62
457	318	139	3736	1215	2521	1.46	1.45
377	282	95	3047	1002	2045	1.58	1.57
261	162	99	2055	687	1368	1.57	1.55
584	408	176	3492	1326	2166	1.57	1.56
429	318	111	3472	1153	2319	1.51	1.49
406	264	142	2509	822	1687	1.46	1.45
621	429	192	4131	1382	2749	1.54	1.53
393	**257**	**136**	**2970**	**911**	**2059**	**1.45**	**1.43**
393	257	136	2970	911	2059	1.45	1.43
55425	**31421**	**24004**	**270916**	**86030**	**184886**	**1.35**	**1.33**
14348	**6915**	**7433**	**37714**	**9785**	**27929**	**0.98**	**0.97**
2190	987	1203	3701	799	2902	0.88	0.88
1515	706	809	2533	645	1888	0.91	0.90
1459	723	736	2964	672	2292	0.93	0.92
1337	619	718	2494	543	1951	0.90	0.89
2567	1177	1390	4240	994	3246	0.81	0.80
1347	650	697	2205	533	1672	0.92	0.91
1195	543	652	2693	693	2000	0.64	0.63
562	250	312	1488	346	1142	1.10	1.09
110	71	39	462	134	328	1.27	1.26
457	251	206	2588	627	1961	1.19	1.18
541	292	249	2710	724	1986	1.00	0.99
594	373	221	4719	1486	3233	1.42	1.41
474	273	201	4917	1589	3328	1.44	1.42
2888	**1588**	**1300**	**10376**	**2747**	**7629**	**1.52**	**1.50**
621	256	365	822	177	645	0.95	0.94
635	324	311	1144	267	877	1.19	1.17
244	118	126	631	164	467	1.10	1.09
158	76	82	290	64	226	1.17	1.16
508	349	159	3629	1027	2602	1.80	1.77
722	465	257	3860	1048	2812	1.63	1.60
2620	**1533**	**1087**	**15412**	**5535**	**9877**	**1.41**	**1.38**
491	206	285	918	253	665	1.02	1.01
488	233	255	1118	319	799	1.15	1.14
261	191	70	2805	1048	1757	1.54	1.51
231	161	70	2496	888	1608	1.47	1.45
228	175	53	2214	857	1357	1.55	1.51
251	179	72	1647	624	1023	1.50	1.48
260	175	85	2182	925	1257	1.59	1.55
410	213	197	2032	621	1411	1.42	1.40
5114	**2937**	**2177**	**22219**	**7400**	**14819**	**1.21**	**1.18**
988	463	525	1803	397	1406	0.95	0.94
527	268	259	739	176	563	0.99	0.97
114	71	43	712	225	487	1.17	1.15
74	47	27	238	52	186	1.05	1.04
533	326	207	2867	1005	1862	1.24	1.22
227	135	92	1074	370	704	1.35	1.31
151	91	60	1064	396	668	1.33	1.31
284	182	102	2366	910	1456	1.28	1.25
388	257	131	2520	993	1527	1.34	1.32
254	178	76	1235	519	716	1.37	1.34
469	281	188	2423	799	1624	1.16	1.14
497	277	220	2436	727	1709	1.24	1.22
608	361	247	2742	831	1911	1.24	1.22
4288	**2556**	**1732**	**25013**	**8341**	**16672**	**1.37**	**1.35**
494	249	245	1874	577	1297	1.13	1.12
1083	494	589	2838	757	2081	1.11	1.10

表7 续表 27

地 区	15岁及以上人口			未 婚			有 配 偶		
	合 计	男	女	小 计	男	女	小 计	男	女
襄阳区	68775	34241	34534	13350	7503	5847	50614	25002	25612
南漳县	40351	20573	19778	8298	5023	3275	28951	14244	14707
谷城县	38657	18933	19724	7169	4251	2918	28380	13564	14816
保康县	20715	10734	9981	4019	2601	1418	14984	7328	7656
老河口市	36574	17842	18732	6699	3700	2999	27128	13215	13913
枣阳市	77312	38494	38818	14250	7985	6265	58134	28566	29568
宜城市	41208	20580	20628	6993	3993	3000	31611	15602	16009
鄂州市	**79965**	**40523**	**39442**	**17417**	**10614**	**6803**	**57242**	**28185**	**29057**
梁子湖区	12313	6207	6106	3159	1893	1266	8313	4032	4281
华容区	18457	9422	9035	4263	2641	1622	12894	6342	6552
鄂城区	49195	24894	24301	9995	6080	3915	36035	17811	18224
荆门市	**232101**	**116372**	**115729**	**41639**	**23925**	**17714**	**175400**	**87027**	**88373**
东宝区	30580	15365	15215	6183	3408	2775	22462	11222	11240
掇刀区	21605	10911	10694	3521	2063	1458	16902	8424	8478
京山县	50983	25528	25455	9305	5387	3918	38154	18884	19270
沙洋县	46855	23566	23289	7653	4518	3135	35975	17851	18124
钟祥市	82078	41002	41076	14977	8549	6428	61907	30646	31261
孝感市	**337874**	**167916**	**169958**	**72319**	**42489**	**29830**	**241836**	**116793**	**125043**
孝南区	66859	32650	34209	15664	8790	6874	46798	22381	24417
孝昌县	41454	20248	21206	10156	5795	4361	28535	13411	15124
大悟县	39784	19789	19995	9286	5624	3662	27507	12983	14524
云梦县	40730	20651	20079	8907	5376	3531	28879	14177	14702
应城市	39178	19552	19626	7151	4295	2856	29029	14199	14830
安陆市	38496	18880	19616	6514	3879	2635	29128	14003	15125
汉川市	71373	36146	35227	14641	8730	5911	51960	25639	26321
荆州市	**448331**	**223350**	**224981**	**76524**	**44937**	**31587**	**335255**	**165760**	**169495**
沙市区	48912	24351	24561	7813	4594	3219	37070	18417	18653
荆州区	43872	21913	21959	8322	4766	3556	32184	16044	16140
公安县	72079	35430	36649	12297	6941	5356	53545	26375	27170
监利县	80907	40089	40818	12578	7442	5136	61730	30376	31354
江陵县	26322	13165	13157	3650	2193	1457	20422	10186	10236
石首市	50013	24850	25163	9507	5459	4048	36421	17929	18492
洪湖市	67044	34025	33019	13556	8329	5227	49165	24216	24949
松滋市	59182	29527	29655	8801	5213	3588	44718	22217	22501
黄冈市	**460597**	**226148**	**234449**	**96024**	**57566**	**38458**	**325180**	**154216**	**170964**
黄州区	31367	15624	15743	9123	5039	4084	20306	9934	10372
团风县	21952	10925	11027	4275	2817	1458	15653	7395	8258
红安县	35456	17189	18267	7278	4411	2867	25139	11644	13495
罗田县	33816	16864	16952	6482	4087	2395	24077	11520	12557
英山县	25228	12197	13031	4306	2730	1576	18421	8466	9955
浠水县	67645	32936	34709	14021	8320	5701	47755	22543	25212
蕲春县	61601	30082	31519	13508	7897	5611	42545	20152	22393
黄梅县	68586	33652	34934	14709	8405	6304	48761	23510	25251
麻城市	66992	32890	34102	12006	7575	4431	48494	22808	25686
武穴市	47954	23789	24165	10316	6285	4031	34029	16244	17785
咸宁市	**186571**	**93520**	**93051**	**40458**	**23446**	**17012**	**134697**	**66101**	**68596**
咸安区	41108	20428	20680	10137	5715	4422	28369	13856	14513
嘉鱼县	22447	11213	11234	4249	2446	1803	16476	8173	8303
通城县	27773	13789	13984	4853	2847	2006	20470	10061	10409
崇阳县	33945	17197	16748	7870	4557	3313	26016	12615	13401
通山县	26904	13528	13376	6260	3644	2616	18630	9158	9472
赤壁市	34394	17365	17029	7089	4237	2852	24736	12238	12498
随州市	**167060**	**83077**	**83983**	**31854**	**18362**	**13492**	**123617**	**60263**	**63354**
曾都区	50180	24770	25410	9910	5475	4435	37058	18213	18845
随县	62001	31352	30649	12078	7052	5026	45441	22434	23007
广水市	54879	26955	27924	9866	5835	4031	41118	19616	21502
恩施土家族苗族自治州	**258638**	**129598**	**129040**	**44840**	**27006**	**17834**	**190319**	**92851**	**97468**
恩施市	55943	27815	28128	11327	6428	4899	40039	19610	20429
利川市	58689	29468	29221	9976	6037	3939	43607	21105	22502
建始县	33384	16609	16775	4966	3059	1907	25243	12267	12976
巴东县	33739	17059	16680	5380	3391	1989	25068	12228	12840
宣恩县	20245	10263	9982	3343	2138	1205	15039	7364	7675
咸丰县	22304	11142	11162	3498	2170	1328	16630	8092	8538
来凤县	18029	8997	9032	3678	2174	1504	12619	6157	6462
鹤峰县	16305	8245	8060	2672	1609	1063	12074	6028	6046

单位：人

离婚			丧偶			15—64岁妇女	
小计	男	女	小计	男	女	平均活产子女数	平均存活子女数
540	359	181	4271	1377	2894	1.52	1.50
381	273	108	2721	1033	1688	1.39	1.36
308	201	107	2800	917	1883	1.43	1.40
209	158	51	1503	647	856	1.42	1.38
310	196	114	2437	731	1706	1.43	1.42
597	405	192	4331	1538	2793	1.46	1.44
366	221	145	2238	764	1474	1.39	1.37
794	**490**	**304**	**4512**	**1234**	**3278**	**1.48**	**1.46**
81	65	16	760	217	543	1.71	1.69
119	92	27	1181	347	834	1.56	1.54
594	333	261	2571	670	1901	1.40	1.38
2735	**1496**	**1239**	**12327**	**3924**	**8403**	**1.30**	**1.28**
524	265	259	1411	470	941	1.14	1.12
379	188	191	803	236	567	1.20	1.18
606	328	278	2918	929	1989	1.34	1.31
482	293	189	2745	904	1841	1.37	1.35
744	422	322	4450	1385	3065	1.32	1.30
2765	**1772**	**993**	**20954**	**6862**	**14092**	**1.47**	**1.46**
657	371	286	3740	1108	2632	1.34	1.32
220	158	62	2543	884	1659	1.59	1.57
245	175	70	2746	1007	1739	1.53	1.52
443	287	156	2501	811	1690	1.43	1.41
406	265	141	2592	793	1799	1.51	1.50
263	157	106	2591	841	1750	1.48	1.46
531	359	172	4241	1418	2823	1.50	1.49
7142	**4119**	**3023**	**29410**	**8534**	**20876**	**1.36**	**1.34**
1393	664	729	2636	676	1960	1.08	1.06
851	455	396	2515	648	1867	1.13	1.11
1286	738	548	4951	1376	3575	1.34	1.31
809	533	276	5790	1738	4052	1.68	1.65
350	228	122	1900	558	1342	1.42	1.39
850	506	344	3235	956	2279	1.34	1.31
627	402	225	3696	1078	2618	1.45	1.43
976	593	383	4687	1504	3183	1.28	1.26
3968	**2654**	**1314**	**35425**	**11712**	**23713**	**1.53**	**1.50**
463	248	215	1475	403	1072	1.06	1.04
203	144	59	1821	569	1252	1.57	1.54
202	135	67	2837	999	1838	1.60	1.57
295	201	94	2962	1056	1906	1.49	1.46
245	173	72	2256	828	1428	1.41	1.37
580	372	208	5289	1701	3588	1.53	1.50
607	436	171	4941	1597	3344	1.61	1.59
543	378	165	4573	1359	3214	1.59	1.56
376	270	106	6116	2237	3879	1.56	1.53
454	297	157	3155	963	2192	1.65	1.62
1963	**1157**	**806**	**9453**	**2816**	**6637**	**1.61**	**1.58**
455	255	200	2147	602	1545	1.48	1.46
299	171	128	1423	423	1000	1.50	1.48
314	207	107	2136	674	1462	1.78	1.74
8	7	1	51	18	33	1.68	1.65
371	235	136	1643	491	1152	1.74	1.70
516	282	234	2053	608	1445	1.53	1.51
1121	**691**	**430**	**10468**	**3761**	**6707**	**1.47**	**1.45**
394	202	192	2818	880	1938	1.29	1.28
382	269	113	4100	1597	2503	1.50	1.47
345	220	125	3550	1284	2266	1.60	1.58
3077	**1964**	**1113**	**20402**	**7777**	**12625**	**1.57**	**1.53**
669	389	280	3908	1388	2520	1.37	1.34
609	415	194	4497	1911	2586	1.76	1.72
385	249	136	2790	1034	1756	1.54	1.51
354	240	114	2937	1200	1737	1.55	1.51
243	161	82	1620	600	1020	1.67	1.62
270	168	102	1906	712	1194	1.68	1.64
239	154	85	1493	512	981	1.57	1.54
308	188	120	1251	420	831	1.45	1.42

表7 续表 28

地区	15岁及以上人口			未婚			有配偶		
	合计	男	女	小计	男	女	小计	男	女
省直辖县级行政区划	**290896**	**146766**	**144130**	**51730**	**31525**	**20205**	**219333**	**108090**	**111243**
仙桃市	94104	47338	46766	15537	9595	5942	72320	35469	36851
潜江市	75783	37562	38221	12136	7036	5100	58511	28844	29667
天门市	115230	58856	56374	22999	14189	8810	84246	41646	42600
神农架林区	5779	3010	2769	1058	705	353	4256	2131	2125
湖南省	**4989317**	**2506462**	**2482855**	**1021150**	**602282**	**418868**	**3562672**	**1756419**	**1806253**
长沙市	**584470**	**293247**	**291223**	**139232**	**78623**	**60609**	**402736**	**199755**	**202981**
芙蓉区	45835	22597	23238	13461	6943	6518	29962	14945	15017
天心区	41792	20556	21236	13717	7062	6655	25345	12574	12771
岳麓区	64106	31643	32463	21717	11272	10445	38925	19239	19686
开福区	45669	22755	22914	10674	5978	4696	31483	15667	15816
雨花区	61466	30498	30968	14869	7702	7167	43042	21640	21402
长沙县	87215	45317	41898	22999	14036	8963	58545	29276	29269
望城县	43832	21869	21963	10146	5726	4420	30380	14951	15429
宁乡县	92030	45831	46199	14117	8852	5265	69030	33851	35179
浏阳市	102525	52181	50344	17532	11052	6480	76024	37612	38412
株洲市	**309848**	**155369**	**154479**	**58548**	**34550**	**23998**	**226951**	**112273**	**114678**
荷塘区	26581	13371	13210	5762	3300	2462	19081	9474	9607
芦淞区	19734	9636	10098	4109	2114	1995	14166	7047	7119
石峰区	23535	12213	11322	5507	3368	2139	16173	8151	8022
天元区	17291	8654	8637	3407	1927	1480	12987	6437	6550
株洲县	30796	15671	15125	5538	3444	2094	22544	11172	11372
攸县	52892	26120	26772	7678	4445	3233	40738	20110	20628
茶陵县	47401	23522	23879	9801	5761	4040	33974	16761	17213
炎陵县	14059	6989	7070	2004	1297	707	10822	5307	5515
醴陵市	77559	39193	38366	14742	8894	5848	56466	27814	28652
湘潭市	**208978**	**104099**	**104879**	**37853**	**23040**	**14813**	**152235**	**74584**	**77651**
雨湖区	39498	19800	19698	9871	5571	4300	26293	13123	13170
岳塘区	33103	16801	16302	6669	4193	2476	23624	11704	11920
湘潭县	69853	34783	35070	10571	6739	3832	53030	25800	27230
湘乡市	59608	29361	30247	9766	5978	3788	43990	21364	22626
韶山市	6916	3354	3562	976	559	417	5298	2593	2705
衡阳市	**529163**	**265750**	**263413**	**119603**	**69557**	**50046**	**366763**	**180734**	**186029**
珠晖区	26958	13138	13820	7245	3768	3477	17672	8741	8931
雁峰区	17605	8368	9237	4717	2338	2379	11475	5613	5862
石鼓区	16184	7918	8266	2980	1659	1321	11726	5806	5920
蒸湘区	24040	11865	12175	7022	3794	3228	15685	7679	8006
南岳区	4373	2143	2230	812	458	354	3268	1591	1677
衡阳县	84968	43525	41443	19815	12120	7695	58296	28830	29466
衡南县	67618	34753	32865	15186	9331	5855	46982	23410	23572
衡山县	27038	13291	13747	4669	2787	1882	19970	9657	10313
衡东县	44347	22180	22167	8362	4892	3470	32016	15730	16286
祁东县	74012	37236	36776	17405	10004	7401	50565	24889	25676
耒阳市	84432	42270	42162	18007	10540	7467	59559	29266	30293
常宁市	57588	29063	28525	13383	7866	5517	39549	19522	20027
邵阳市	**538708**	**271904**	**266804**	**113083**	**67908**	**45175**	**383400**	**188788**	**194612**
双清区	23146	11507	11639	4103	2386	1717	17045	8435	8610
大祥区	24348	11970	12378	5107	2776	2331	17378	8560	8818
北塔区	7338	3586	3752	1371	794	577	5456	2635	2821
邵东县	65856	33091	32765	12361	7432	4929	47830	23650	24180
新邵县	55188	27903	27285	12626	7574	5052	37787	18654	19133
邵阳县	70376	35837	34539	16432	9760	6672	48706	24085	24621
隆回县	86224	44079	42145	18675	11529	7146	60887	30026	30861
洞口县	59889	30073	29816	12188	7446	4742	43201	21108	22093
绥宁县	27933	14021	13912	6130	3610	2520	19789	9707	10082
新宁县	42583	21600	20983	8644	5231	3413	30619	15125	15494
城步苗族自治县	19814	10077	9737	4452	2754	1698	13921	6811	7110
武冈市	56013	28160	27853	10994	6616	4378	40781	19992	20789
岳阳市	**400587**	**201460**	**199127**	**79281**	**45870**	**33411**	**290648**	**143657**	**146991**
岳阳楼区	59294	29160	30134	12539	6427	6112	42842	21300	21542
云溪区	12243	6176	6067	2306	1414	892	9050	4478	4572
君山区	16123	8105	8018	2834	1655	1179	12171	6026	6145
岳阳县	50118	25740	24378	10290	6080	4210	36031	18081	17950
华容县	52972	26712	26260	10808	6150	4658	38200	19001	19199

单位：人

离婚			丧偶			15—64岁妇女	
小计	男	女	小计	男	女	平均活产子女数	平均存活子女数
2602	**1549**	**1053**	**17231**	**5602**	**11629**	**1.46**	**1.43**
716	441	275	5531	1833	3698	1.55	1.53
985	507	478	4151	1175	2976	1.35	1.33
831	565	266	7154	2456	4698	1.45	1.43
70	36	34	395	138	257	1.47	1.44
72299	**43440**	**28859**	**333196**	**104321**	**228875**	**1.43**	**1.40**
9103	**4858**	**4245**	**33399**	**10011**	**23388**	**1.12**	**1.10**
961	395	566	1451	314	1137	0.83	0.83
1078	525	553	1652	395	1257	0.75	0.75
938	432	506	2526	700	1826	0.85	0.84
1261	576	685	2251	534	1717	0.90	0.89
1404	626	778	2151	530	1621	0.89	0.88
662	417	245	5009	1588	3421	1.17	1.16
339	209	130	2967	983	1984	1.28	1.26
986	671	315	7897	2457	5440	1.43	1.41
1474	1007	467	7495	2510	4985	1.46	1.44
4811	**2658**	**2153**	**19538**	**5888**	**13650**	**1.35**	**1.33**
697	335	362	1041	262	779	1.06	1.05
548	238	310	911	237	674	0.97	0.95
692	364	328	1163	330	833	1.00	0.98
296	130	166	601	160	441	1.07	1.05
442	293	149	2272	762	1510	1.50	1.47
542	338	204	3934	1227	2707	1.47	1.43
429	238	191	3197	762	2435	1.54	1.51
143	91	52	1090	294	796	1.58	1.54
1022	631	391	5329	1854	3475	1.43	1.41
3731	**2072**	**1659**	**15159**	**4403**	**10756**	**1.35**	**1.32**
1156	572	584	2178	534	1644	0.97	0.95
986	437	549	1824	467	1357	1.04	1.03
711	513	198	5541	1731	3810	1.56	1.53
777	491	286	5075	1528	3547	1.52	1.49
101	59	42	541	143	398	1.40	1.36
6263	**3788**	**2475**	**36534**	**11671**	**24863**	**1.48**	**1.45**
600	298	302	1441	331	1110	1.05	1.03
527	222	305	886	195	691	0.94	0.93
517	237	280	961	216	745	1.15	1.14
427	194	233	906	198	708	1.00	0.99
58	29	29	235	65	170	1.36	1.32
794	574	220	6063	2001	4062	1.55	1.52
510	374	136	4940	1638	3302	1.61	1.58
265	179	86	2134	668	1466	1.62	1.59
404	277	127	3565	1281	2284	1.52	1.49
908	600	308	5134	1743	3391	1.53	1.51
756	460	296	6110	2004	4106	1.61	1.58
497	344	153	4159	1331	2828	1.56	1.54
6493	**4296**	**2197**	**35732**	**10912**	**24820**	**1.60**	**1.57**
614	318	296	1384	368	1016	1.32	1.31
587	299	288	1276	335	941	1.27	1.25
102	56	46	409	101	308	1.49	1.47
736	507	229	4929	1502	3427	1.65	1.63
613	445	168	4162	1230	2932	1.62	1.60
720	521	199	4518	1471	3047	1.71	1.68
908	657	251	5754	1867	3887	1.63	1.60
661	474	187	3839	1045	2794	1.60	1.57
303	193	110	1711	511	1200	1.57	1.54
453	317	136	2867	927	1940	1.63	1.60
193	113	80	1248	399	849	1.62	1.59
603	396	207	3635	1156	2479	1.60	1.58
6268	**3815**	**2453**	**24390**	**8118**	**16272**	**1.42**	**1.40**
1585	735	850	2328	698	1630	1.10	1.09
266	137	129	621	147	474	1.29	1.28
233	136	97	885	288	597	1.46	1.43
706	484	222	3091	1095	1996	1.50	1.48
693	450	243	3271	1111	2160	1.41	1.39

表7 续表 29

地区	15岁及以上人口			未婚			有配偶		
	合计	男	女	小计	男	女	小计	男	女
湘阴县	46188	22722	23466	8764	5063	3701	33904	16346	17558
平江县	72307	36818	35489	14210	8720	5490	51667	25480	26187
汨罗市	52368	26190	26178	9394	5618	3776	38698	18962	19736
临湘市	38974	19837	19137	8136	4743	3393	28085	13983	14102
常德市	**443264**	**220818**	**222446**	**74649**	**43268**	**31381**	**329508**	**162754**	**166754**
武陵区	48220	23293	24927	9621	4940	4681	34947	17203	17744
鼎城区	63477	31501	31976	11184	6383	4801	46458	22973	23485
安乡县	39797	20031	19766	7352	4295	3057	29209	14456	14753
汉寿县	62788	31483	31305	11566	6716	4850	46216	22860	23356
澧县	62670	30888	31782	8752	5034	3718	48452	23810	24642
临澧县	33015	16362	16653	5028	2905	2123	25092	12392	12700
桃源县	67510	34079	33431	11064	6641	4423	49682	24703	24979
石门县	48858	24718	24140	7529	4783	2746	36814	18132	18682
津市市	16929	8463	8466	2553	1571	982	12638	6225	6413
张家界市	**105879**	**52793**	**53086**	**18479**	**10915**	**7564**	**77572**	**38057**	**39515**
永定区	32457	16191	16266	6858	3811	3047	23073	11391	11682
武陵源区	3796	1882	1914	640	350	290	2876	1421	1455
慈利县	44686	22342	22344	6986	4314	2672	33263	16296	16967
桑植县	24940	12378	12562	3995	2440	1555	18360	8949	9411
益阳市	**326913**	**164345**	**162568**	**62582**	**36866**	**25716**	**237336**	**116976**	**120360**
资阳区	31486	15740	15746	6649	3789	2860	22278	10986	11292
赫山区	64411	32068	32343	12000	6874	5126	47467	23341	24126
南县	56005	28115	27890	10630	6128	4502	40794	20196	20598
桃江县	54492	27261	27231	9168	5546	3622	40603	19892	20711
安化县	70281	35952	34329	14357	8896	5461	49838	24562	25276
沅江市	50238	25209	25029	9778	5633	4145	36356	17999	18357
郴州市	**345376**	**174520**	**170856**	**69763**	**42297**	**27466**	**248086**	**122893**	**125193**
北湖区	32097	16051	16046	5654	3335	2319	24169	12013	12156
苏仙区	31676	15760	15916	7703	4295	3408	21623	10713	10910
桂阳县	50758	25769	24989	9678	6013	3665	36781	18260	18521
宜章县	42266	21290	20976	9137	5468	3669	30008	14806	15202
永兴县	44387	22515	21872	9076	5648	3428	31683	15625	16058
嘉禾县	22814	11417	11397	4144	2443	1701	16528	8241	8287
临武县	26824	13641	13183	5553	3381	2172	19256	9512	9744
汝城县	25890	13205	12685	4969	3157	1812	18816	9301	9515
桂东县	12838	6730	6108	3018	1887	1131	8736	4472	4264
安仁县	29436	14741	14695	6199	3681	2518	21135	10345	10790
资兴市	26390	13401	12989	4632	2989	1643	19351	9605	9746
永州市	**386421**	**195412**	**191009**	**85525**	**51564**	**33961**	**270858**	**132604**	**138254**
零陵区	45987	23129	22858	11709	6695	5014	30848	15202	15646
冷水滩区	38350	19251	19099	8294	4875	3419	30005	14356	15649
祁阳县	62257	30949	31308	12316	7489	4827	44364	21577	22787
东安县	38795	19590	19205	8224	4986	3238	27333	13444	13889
双牌县	14184	7272	6912	2885	1760	1125	10120	5032	5088
道县	41395	21617	19778	9482	6078	3404	28341	14045	14296
江永县	17181	8769	8412	3785	2260	1525	12110	6029	6081
宁远县	53316	27406	25910	13251	8114	5137	35421	17426	17995
蓝山县	22656	11178	11478	4553	2601	1952	16033	7837	8196
新田县	23895	11985	11910	4973	2947	2026	16729	8182	8547
江华瑶族自治县	28405	14266	14139	6053	3759	2294	19554	9474	10080
怀化市	**360699**	**182936**	**177763**	**70588**	**43333**	**27255**	**258759**	**127598**	**131161**
鹤城区	39024	19359	19665	8996	4706	4290	27678	13730	13948
中方县	19573	10020	9553	3778	2383	1395	14232	7041	7191
沅陵县	46889	24045	22844	9709	6127	3582	33079	16239	16840
辰溪县	30699	15666	15033	5573	3409	2164	22318	11225	11093
溆浦县	52455	26260	26195	8977	5507	3470	38641	18906	19735
会同县	24328	12186	12142	4209	2628	1581	17975	8814	9161
麻阳苗族自治县	26438	13266	13172	5601	3300	2301	18417	8998	9419
新晃侗族自治县	25913	13731	12182	5770	3968	1802	17248	8529	8719
芷江侗族自治县	23550	11908	11642	3867	2451	1416	17511	8583	8928
靖州苗族侗族自治县	18509	9386	9123	3746	2254	1492	13259	6610	6649
通道侗族自治县	15859	8071	7788	3222	2045	1177	11387	5592	5795
洪江市	37462	19038	18424	7140	4555	2585	27014	13331	13683

单位：人

离婚			丧偶			15—64岁妇女	
小计	男	女	小计	男	女	平均活产子女数	平均存活子女数
464	296	168	3056	1017	2039	1.50	1.47
1136	810	326	5294	1808	3486	1.58	1.56
581	373	208	3695	1237	2458	1.42	1.40
604	394	210	2149	717	1432	1.50	1.47
8008	**4860**	**3148**	**31099**	**9936**	**21163**	**1.25**	**1.22**
1293	584	709	2359	566	1793	0.97	0.96
1063	684	379	4772	1461	3311	1.26	1.23
713	439	274	2523	841	1682	1.28	1.25
966	590	376	4040	1317	2723	1.41	1.36
868	539	329	4598	1505	3093	1.26	1.23
551	349	202	2344	716	1628	1.27	1.23
1310	900	410	5454	1835	3619	1.26	1.23
768	498	270	3747	1305	2442	1.27	1.23
476	277	199	1262	390	872	1.24	1.21
1651	**1048**	**603**	**8177**	**2773**	**5404**	**1.44**	**1.41**
560	319	241	1966	670	1296	1.34	1.32
61	33	28	219	78	141	1.39	1.37
703	476	227	3734	1256	2478	1.38	1.35
327	220	107	2258	769	1489	1.70	1.65
5072	**3167**	**1905**	**21923**	**7336**	**14587**	**1.39**	**1.36**
518	305	213	2041	660	1381	1.36	1.34
960	553	407	3984	1300	2684	1.31	1.29
915	565	350	3666	1226	2440	1.32	1.29
686	465	221	4035	1358	2677	1.49	1.46
1111	747	364	4975	1747	3228	1.46	1.43
882	532	350	3222	1045	2177	1.38	1.35
4489	**2628**	**1861**	**23038**	**6702**	**16336**	**1.62**	**1.60**
693	294	399	1581	409	1172	1.32	1.30
526	265	261	1824	487	1337	1.26	1.24
577	363	214	3722	1133	2589	1.75	1.72
447	277	170	2674	739	1935	1.78	1.75
418	274	144	3210	968	2242	1.70	1.68
348	214	134	1794	519	1275	1.82	1.80
385	263	122	1630	485	1145	1.77	1.75
270	193	77	1835	554	1281	1.73	1.70
105	72	33	979	299	680	1.47	1.43
239	155	84	1863	560	1303	1.65	1.62
481	258	223	1926	549	1377	1.42	1.39
4452	**2958**	**1494**	**25586**	**8286**	**17300**	**1.55**	**1.53**
557	322	235	2873	910	1963	1.37	1.36
6	4	2	45	16	29	1.33	1.32
805	525	280	4772	1358	3414	1.57	1.54
522	339	183	2716	821	1895	1.50	1.48
213	127	86	966	353	613	1.47	1.45
557	404	153	3015	1090	1925	1.69	1.67
183	113	70	1103	367	736	1.57	1.54
636	456	180	4008	1410	2598	1.61	1.59
316	223	93	1754	517	1237	1.69	1.66
255	178	77	1938	678	1260	1.67	1.66
402	267	135	2396	766	1630	1.68	1.66
6116	**3740**	**2376**	**25236**	**8265**	**16971**	**1.45**	**1.42**
894	396	498	1456	527	929	1.04	1.03
255	193	62	1308	403	905	1.51	1.48
730	460	270	3371	1219	2152	1.44	1.42
542	349	193	2266	683	1583	1.57	1.55
845	566	279	3992	1281	2711	1.61	1.57
322	212	110	1822	532	1290	1.55	1.52
384	249	135	2036	719	1317	1.49	1.47
470	329	141	2425	905	1520	1.42	1.39
455	273	182	1717	601	1116	1.53	1.49
275	151	124	1229	371	858	1.51	1.49
164	95	69	1086	339	747	1.62	1.59
780	467	313	2528	685	1843	1.33	1.30

表7 续表 30

地区	15岁及以上人口			未婚			有配偶		
	合计	男	女	小计	男	女	小计	男	女
娄底市	**281999**	**140628**	**141371**	**56578**	**33873**	**22705**	**201808**	**98948**	**102860**
娄星区	37759	18593	19166	7573	4212	3361	27835	13634	14201
双峰县	66763	33372	33391	13179	7867	5312	47947	23676	24271
新化县	80546	40256	40290	16498	10078	6420	56865	27648	29217
冷水江市	25637	12673	12964	4773	2814	1959	18818	9301	9517
涟源市	71294	35734	35560	14555	8902	5653	50343	24689	25654
湘西土家族苗族自治州	**167012**	**83181**	**83831**	**35386**	**20618**	**14768**	**116012**	**56798**	**59214**
吉首市	22751	11228	11523	5090	2791	2299	15816	7837	7979
泸溪县	17483	8659	8824	4227	2369	1858	11768	5744	6024
凤凰县	22772	11444	11328	4830	2893	1937	15798	7743	8055
花垣县	21203	10758	10445	4876	2881	1995	14543	7185	7358
保靖县	16987	8617	8370	3408	2130	1278	11811	5841	5970
古丈县	8082	4126	3956	1567	992	575	5736	2835	2901
永顺县	28791	14181	14610	5609	3221	2388	20308	9845	10463
龙山县	28943	14168	14775	5779	3341	2438	20232	9768	10464
广东省	**8010839**	**4102831**	**3908008**	**2519144**	**1426409**	**1092735**	**5094474**	**2562273**	**2532201**
广州市	**1084144**	**559361**	**524783**	**351206**	**198616**	**152590**	**683103**	**347406**	**335697**
荔湾区	76524	38186	38338	20327	11286	9041	50203	25365	24838
越秀区	90890	44422	46468	25221	13463	11758	58968	29224	29744
海珠区	146944	74380	72564	42238	23493	18745	96718	48843	47875
天河区	118520	61932	56588	50409	27976	22433	64747	33013	31734
白云区	209223	112061	97162	71714	41841	29873	130645	68361	62284
黄埔区	41710	22516	19194	13215	7912	5303	27183	14215	12968
番禺区	146382	74596	71786	45064	25194	19870	95742	47961	47781
花都区	73792	37415	36377	22402	12692	9710	47798	23792	24006
南沙区	21932	11877	10055	6499	4065	2434	14523	7557	6966
萝岗区	32877	17541	15336	14947	8356	6591	17011	8926	8085
增城市	81048	42092	38956	24752	14144	10608	52486	26814	25672
从化市	44302	22343	21959	14418	8194	6224	27079	13335	13744
韶关市	**204067**	**99879**	**104188**	**40217**	**23178**	**17039**	**146286**	**71631**	**74655**
武江区	23673	11411	12262	5081	2695	2386	16812	8205	8607
浈江区	26661	13092	13569	7038	3787	3251	17725	8810	8915
曲江区	23420	11836	11584	5495	3272	2223	16169	8090	8079
始兴县	15000	7161	7839	2476	1451	1025	10991	5312	5679
仁化县	14566	7248	7318	2389	1480	909	10881	5400	5481
翁源县	23414	11546	11868	4844	2811	2033	16549	8117	8432
乳源瑶族自治县	13354	6617	6737	2901	1679	1222	9316	4579	4737
新丰县	13651	6666	6985	2863	1691	1172	9438	4570	4868
乐昌市	27500	13395	14105	4171	2502	1669	20889	10103	10786
南雄市	22828	10907	11921	2959	1810	1149	17516	8445	9071
深圳市	**927645**	**499181**	**428464**	**362283**	**206742**	**155541**	**552444**	**288599**	**263845**
罗湖区	83042	41051	41991	28876	14562	14314	52015	25924	26091
福田区	109923	56026	53897	39724	21366	18358	67538	34008	33530
南山区	95289	51201	44088	32174	18127	14047	61508	32594	28914
宝安区	413974	229361	184613	180592	105802	74790	230202	122397	107805
龙岗区	207726	111910	95816	74825	43302	31523	129974	67753	62221
盐田区	17691	9632	8059	6092	3583	2509	11207	5923	5284
珠海市	**143181**	**75465**	**67716**	**52978**	**29571**	**23407**	**85510**	**44486**	**41024**
香洲区	85371	44592	40779	30984	16830	14154	51909	27057	24852
斗门区	33993	18085	15908	11402	6880	4522	21022	10698	10324
金湾区	23817	12788	11029	10592	5861	4731	12579	6731	5848
汕头市	**379316**	**185428**	**193888**	**122898**	**64589**	**58309**	**233891**	**115159**	**118732**
龙湖区	41720	20581	21139	10938	5804	5134	28957	14359	14598
金平区	62371	30325	32046	16131	8627	7504	41993	20726	21267
濠江区	18547	8646	9901	6773	3509	3264	10606	4900	5706
潮阳区	106171	51501	54670	39930	20733	19197	60303	29130	31173
潮南区	82640	40595	42045	30866	15760	15106	47140	23534	23606
澄海区	63069	31456	31613	17390	9644	7746	41443	20810	20633
南澳县	4798	2324	2474	870	512	358	3449	1700	1749
佛山市	**593759**	**315166**	**278593**	**171131**	**101856**	**69275**	**399238**	**207876**	**191362**
禅城区	87260	44391	42869	24463	13306	11157	58963	30229	28734
南海区	216663	117181	99482	64505	38992	25513	144863	76473	68390
顺德区	209871	111971	97900	63336	38440	24896	138348	71687	66661
三水区	47354	24778	22576	11288	6661	4627	33586	17524	16062
高明区	32611	16845	15766	7539	4457	3082	23478	11963	11515

单位：人

离婚			丧偶			15—64岁妇女	
小计	男	女	小计	男	女	平均活产子女数	平均存活子女数
3344	**2058**	**1286**	**20269**	**5749**	**14520**	**1.59**	**1.57**
620	302	318	1731	445	1286	1.25	1.23
570	374	196	5067	1455	3612	1.58	1.56
896	610	286	6287	1920	4367	1.71	1.68
454	225	229	1592	333	1259	1.49	1.47
804	547	257	5592	1596	3996	1.68	1.66
2498	**1494**	**1004**	**13116**	**4271**	**8845**	**1.65**	**1.62**
491	238	253	1354	362	992	1.30	1.29
216	140	76	1272	406	866	1.64	1.62
297	175	122	1847	633	1214	1.75	1.72
320	209	111	1464	483	981	1.63	1.61
275	180	95	1493	466	1027	1.69	1.67
119	78	41	660	221	439	1.78	1.75
401	244	157	2473	871	1602	1.72	1.69
379	230	149	2553	829	1724	1.74	1.71
64814	**33510**	**31304**	**332407**	**80639**	**251768**	**1.31**	**1.30**
13382	**5759**	**7623**	**36453**	**7580**	**28873**	**0.99**	**0.99**
1715	723	992	4279	812	3467	0.91	0.90
2060	842	1218	4641	893	3748	0.81	0.80
2612	999	1613	5376	1045	4331	0.86	0.86
1297	509	788	2067	434	1633	0.70	0.70
1773	816	957	5091	1043	4048	1.02	1.01
412	196	216	900	193	707	0.98	0.98
1333	584	749	4243	857	3386	1.07	1.06
660	284	376	2932	647	2285	1.21	1.20
180	84	96	730	171	559	1.14	1.13
197	97	100	722	162	560	0.91	0.91
646	354	292	3164	780	2384	1.33	1.32
497	271	226	2308	543	1765	1.42	1.41
3010	**1551**	**1459**	**14554**	**3519**	**11035**	**1.55**	**1.54**
586	248	338	1194	263	931	1.16	1.15
475	220	255	1423	275	1148	1.13	1.12
343	180	163	1413	294	1119	1.37	1.36
199	108	91	1334	290	1044	1.73	1.70
163	91	72	1133	277	856	1.76	1.73
355	214	141	1666	404	1262	1.73	1.71
172	101	71	965	258	707	1.59	1.58
210	126	84	1140	279	861	1.74	1.72
319	166	153	2121	624	1497	1.81	1.78
188	97	91	2165	555	1610	1.82	1.79
6605	**2522**	**4083**	**6313**	**1318**	**4995**	**0.87**	**0.86**
1171	377	794	980	188	792	0.88	0.88
1534	459	1075	1127	193	934	0.83	0.82
979	361	618	628	119	509	0.81	0.80
1441	710	731	1739	452	1287	0.84	0.83
1262	526	736	1665	329	1336	0.96	0.95
218	89	129	174	37	137	1.00	1.00
1609	**669**	**940**	**3084**	**739**	**2345**	**0.94**	**0.93**
1085	406	679	1393	299	1094	0.87	0.87
324	163	161	1245	344	901	1.18	1.17
200	100	100	446	96	350	0.85	0.83
2174	**1181**	**993**	**20353**	**4499**	**15854**	**1.58**	**1.57**
240	80	160	1585	338	1247	1.29	1.28
733	295	438	3514	677	2837	1.20	1.19
66	43	23	1102	194	908	1.75	1.74
405	285	120	5533	1353	4180	1.78	1.77
363	269	94	4271	1032	3239	1.81	1.80
326	185	141	3910	817	3093	1.43	1.42
41	24	17	438	88	350	1.66	1.65
5105	**2167**	**2938**	**18285**	**3267**	**15018**	**1.15**	**1.15**
1100	422	678	2734	434	2300	1.01	1.01
1488	640	848	5807	1076	4731	1.17	1.16
1759	779	980	6428	1065	5363	1.16	1.15
489	216	273	1991	377	1614	1.28	1.27
269	110	159	1325	315	1010	1.24	1.23

表7 续表 31

地 区	15岁及以上人口			未 婚			有 配 偶		
	合 计	男	女	小 计	男	女	小 计	男	女
江门市	**354714**	**177775**	**176939**	**90714**	**52565**	**38149**	**240066**	**118861**	**121205**
蓬江区	57650	29171	28479	14785	8481	6304	39696	19891	19805
江海区	20194	10166	10028	5447	3040	2407	13737	6874	6863
新会区	66923	33562	33361	15716	9074	6642	46805	23322	23483
台山市	74401	36833	37568	18580	10946	7634	49529	24266	25263
开平市	57769	28233	29536	14536	8265	6271	38984	18947	20037
鹤山市	41006	21023	19983	11184	6475	4709	27490	13843	13647
恩平市	36771	18787	17984	10466	6284	4182	23825	11718	12107
湛江市	**467696**	**235211**	**232485**	**145207**	**82450**	**62757**	**295167**	**143592**	**151575**
赤坎区	23984	11671	12313	7708	3940	3768	14997	7361	7636
霞山区	38853	19612	19241	10467	6101	4366	26299	12861	13438
坡头区	24173	12142	12031	8274	4740	3534	14543	6970	7573
麻章区	34153	17633	16520	13795	7929	5866	18731	9183	9548
遂溪县	58119	29267	28852	17074	9701	7373	37519	18399	19120
徐闻县	49479	25005	24474	13240	7659	5581	33362	16483	16879
廉江市	86571	44059	42512	24340	14142	10198	56425	27754	28671
雷州市	93322	47091	46231	30133	16828	13305	57904	28398	29506
吴川市	59042	28731	30311	20176	11410	8766	35387	16183	19204
茂名市	**382529**	**189753**	**192776**	**111762**	**64048**	**47714**	**245041**	**116808**	**128233**
茂南区	54798	27551	27247	14668	8389	6279	37179	18261	18918
茂港区	28498	14345	14153	9259	5421	3838	17458	8332	9126
电白县	80012	39997	40015	25166	14599	10567	50279	23738	26541
高州市	83780	41312	42468	22404	12969	9435	54956	26141	28815
化州市	73525	36698	36827	22181	12758	9423	46090	22018	24072
信宜市	61916	29850	32066	18084	9912	8172	39079	18318	20761
肇庆市	**269949**	**132365**	**137584**	**67819**	**38572**	**29247**	**181289**	**87851**	**93438**
端州区	39701	19287	20414	11918	6261	5657	25627	12484	13143
鼎湖区	11516	5792	5724	2825	1662	1163	7877	3958	3919
广宁县	28834	13970	14864	5700	3449	2251	20372	9708	10664
怀集县	47294	21431	25863	13808	7271	6537	29448	12962	16486
封开县	26176	12715	13461	5732	3299	2433	17971	8708	9263
德庆县	23507	11907	11600	5570	3440	2130	15814	7722	8092
高要市	52376	26377	25999	13015	7567	5448	35471	17695	17776
四会市	40545	20886	19659	9251	5623	3628	28709	14614	14095
惠州市	**350374**	**181581**	**168793**	**106003**	**61049**	**44954**	**229329**	**116458**	**112871**
惠城区	121298	61337	59961	39233	21093	18140	78140	39224	38916
惠阳区	63143	34313	28830	21044	12740	8304	39950	21060	18890
博罗县	74959	38883	36076	18831	11367	7464	52414	26502	25912
惠东县	70181	36663	33518	22717	13375	9342	43791	22224	21567
龙门县	20793	10385	10408	4178	2474	1704	15034	7448	7586
梅州市	**283592**	**136715**	**146877**	**67753**	**37935**	**29818**	**192288**	**92412**	**99876**
梅江区	25973	12504	13469	6101	3243	2858	18191	8870	9321
梅县	38637	18591	20046	7376	4264	3112	27734	13485	14249
大埔县	23403	11358	12045	4579	2654	1925	16414	7986	8428
丰顺县	32990	16163	16827	8178	4671	3507	22067	10617	11450
五华县	62823	29988	32835	18926	10098	8828	39126	18472	20654
平远县	15253	7434	7819	2466	1479	987	11480	5625	5855
蕉岭县	14302	7045	7257	2363	1449	914	10566	5186	5380
兴宁市	70211	33632	36579	17764	10077	7687	46710	22171	24539
汕尾市	**179181**	**89945**	**89236**	**64697**	**35515**	**29182**	**104574**	**51095**	**53479**
城区	31868	16067	15801	11247	6233	5014	18949	9370	9579
海丰县	50102	25584	24518	17088	9691	7397	30292	14990	15302
陆河县	16937	8290	8647	5386	2947	2439	10371	4895	5476
陆丰市	80274	40004	40270	30976	16644	14332	44962	21840	23122
河源市	**174238**	**84260**	**89978**	**39430**	**22024**	**17406**	**120663**	**58074**	**62589**
源城区	33257	16395	16862	9217	5037	4180	22466	10934	11532
紫金县	34022	16330	17692	7524	4167	3357	23595	11380	12215
龙川县	38173	18060	20113	7836	4386	3450	26841	12577	14264
连平县	21506	10255	11251	4471	2520	1951	15179	7237	7942
和平县	23883	11428	12455	5102	2790	2312	16599	7964	8635
东源县	23397	11792	11605	5280	3124	2156	15983	7982	8001
阳江市	**168497**	**85921**	**82576**	**43221**	**26030**	**17191**	**113308**	**55912**	**57396**
江城区	49622	24995	24627	13878	8065	5813	32705	16066	16639
阳西县	28398	14945	13453	8289	5214	3075	18236	9075	9161
阳东县	30649	16085	14564	8655	5327	3328	19880	9985	9895
阳春市	59828	29896	29932	12399	7424	4975	42487	20786	21701

单位：人

离婚			丧偶			15—64岁妇女	
小计	男	女	小计	男	女	平均活产子女数	平均存活子女数
3455	**1825**	**1630**	**20479**	**4524**	**15955**	**1.25**	**1.24**
821	329	492	2348	470	1878	1.07	1.06
210	89	121	800	163	637	1.13	1.12
597	317	280	3805	849	2956	1.31	1.30
776	466	310	5516	1155	4361	1.31	1.30
456	242	214	3793	779	3014	1.32	1.31
305	181	124	2027	524	1503	1.14	1.13
290	201	89	2190	584	1606	1.39	1.38
3527	**2247**	**1280**	**23795**	**6922**	**16873**	**1.74**	**1.73**
396	170	226	883	200	683	0.95	0.94
691	315	376	1396	335	1061	1.11	1.10
147	89	58	1209	343	866	1.68	1.67
169	127	42	1458	394	1064	1.55	1.52
333	243	90	3193	924	2269	1.83	1.82
332	238	94	2545	625	1920	1.80	1.78
619	451	168	5187	1712	3475	1.90	1.89
560	423	137	4725	1442	3283	2.01	1.99
280	191	89	3199	947	2252	1.86	1.85
2391	**1592**	**799**	**23335**	**7305**	**16030**	**1.78**	**1.76**
515	226	289	2436	675	1761	1.51	1.50
124	95	29	1657	497	1160	1.94	1.93
408	301	107	4159	1359	2800	1.85	1.83
488	349	139	5932	1853	4079	1.73	1.72
409	308	101	4845	1614	3231	1.89	1.87
447	313	134	4306	1307	2999	1.78	1.75
2255	**1186**	**1069**	**18586**	**4756**	**13830**	**1.54**	**1.52**
673	244	429	1483	298	1185	0.91	0.90
54	26	28	760	146	614	1.43	1.42
212	135	77	2550	678	1872	1.67	1.65
300	187	113	3738	1011	2727	1.96	1.94
169	103	66	2304	605	1699	1.82	1.80
206	142	64	1917	603	1314	1.66	1.64
262	171	91	3628	944	2684	1.53	1.51
379	178	201	2206	471	1735	1.37	1.36
2155	**1138**	**1017**	**12887**	**2936**	**9951**	**1.37**	**1.36**
744	344	400	3181	676	2505	1.14	1.14
345	164	181	1804	349	1455	1.26	1.25
446	265	181	3268	749	2519	1.55	1.54
436	257	179	3237	807	2430	1.56	1.55
184	108	76	1397	355	1042	1.83	1.81
2743	**1765**	**978**	**20808**	**4603**	**16205**	**1.65**	**1.64**
270	128	142	1411	263	1148	1.19	1.18
425	261	164	3102	581	2521	1.59	1.58
307	238	69	2103	480	1623	1.75	1.73
288	205	83	2457	670	1787	1.80	1.79
526	356	170	4245	1062	3183	1.76	1.75
109	70	39	1198	260	938	1.78	1.76
227	158	69	1146	252	894	1.57	1.56
591	349	242	5146	1035	4111	1.66	1.64
1279	**893**	**386**	**8631**	**2442**	**6189**	**1.81**	**1.80**
242	140	102	1430	324	1106	1.60	1.59
440	308	132	2282	595	1687	1.60	1.59
118	83	35	1062	365	697	1.83	1.82
479	362	117	3857	1158	2699	2.02	2.01
1684	**1071**	**613**	**12461**	**3091**	**9370**	**1.79**	**1.77**
336	152	184	1238	272	966	1.32	1.31
299	197	102	2604	586	2018	1.98	1.96
312	210	102	3184	887	2297	1.92	1.90
213	130	83	1643	368	1275	1.82	1.80
253	182	71	1929	492	1437	1.90	1.87
271	200	71	1863	486	1377	1.88	1.86
1560	**972**	**588**	**10408**	**3007**	**7401**	**1.55**	**1.54**
476	251	225	2563	613	1950	1.31	1.30
225	151	74	1648	505	1143	1.69	1.67
258	182	76	1856	591	1265	1.51	1.49
601	388	213	4341	1298	3043	1.72	1.70

表7　续表 32

地　区	15岁及以上人口			未　婚			有　配　偶		
	合　计	男	女	小　计	男	女	小　计	男	女
清远市	**257094**	**128315**	**128779**	**59948**	**34908**	**25040**	**176496**	**87082**	**89414**
清城区	63540	32236	31304	15752	9124	6628	44048	22062	21986
佛冈县	21690	10750	10940	5394	3113	2281	14624	7155	7469
阳山县	24944	12140	12804	5861	3370	2491	16405	7937	8468
连山壮族瑶族自治县	7164	3674	3490	1315	878	437	5212	2587	2625
连南瑶族自治县	9751	4760	4991	1567	964	603	7210	3499	3711
清新县	44099	22089	22010	11742	6777	4965	29167	14339	14828
英德市	59799	29849	29950	13488	7868	5620	41175	20335	20840
连州市	26107	12817	13290	4829	2814	2015	18655	9168	9487
东莞市	**735017**	**395048**	**339969**	**291036**	**163978**	**127058**	**432704**	**227845**	**204859**
市辖区	735017	395048	339969	291036	163978	127058	432704	227845	204859
中山市	**271244**	**142663**	**128581**	**86948**	**50040**	**36908**	**174909**	**90124**	**84785**
市辖区	271244	142663	128581	86948	50040	36908	174909	90124	84785
潮州市	**197124**	**97011**	**100113**	**52658**	**28687**	**23971**	**130444**	**64815**	**65629**
湘桥区	35947	17181	18766	9573	4637	4936	24353	12098	12255
潮安县	97365	48819	48546	26255	14672	11583	64208	32464	31744
饶平县	63812	31011	32801	16830	9378	7452	41883	20253	21630
揭阳市	**422361**	**210909**	**211452**	**148598**	**79535**	**69063**	**248445**	**123731**	**124714**
榕城区	55064	27345	27719	18910	10056	8854	33162	16489	16673
揭东县	91447	45928	45519	29580	16168	13412	55700	27995	27705
揭西县	58064	29383	28681	18673	10246	8427	35508	17764	17744
惠来县	71634	35247	36387	26771	14351	12420	40651	19743	20908
普宁市	146152	73006	73146	54664	28714	25950	83424	41740	41684
云浮市	**165117**	**80879**	**84238**	**42637**	**24521**	**18116**	**109279**	**52456**	**56823**
云城区	25037	12618	12419	6529	3793	2736	16926	8422	8504
新兴县	30806	14853	15953	8168	4367	3801	20242	9854	10388
郁南县	26095	13034	13061	5256	3344	1912	18320	8914	9406
云安县	19142	9396	9746	5274	3008	2266	12417	5975	6442
罗定市	64037	30978	33059	17410	10009	7401	41374	19291	22083
广西壮族自治区	**3365909**	**1708272**	**1657637**	**800368**	**487927**	**312441**	**2296627**	**1130402**	**1166225**
南宁市	**519229**	**262450**	**256779**	**140009**	**81026**	**58983**	**341655**	**170175**	**171480**
兴宁区	30320	15400	14920	8662	5109	3553	19664	9765	9899
青秀区	56960	27981	28979	17486	8922	8564	36240	18206	18034
江南区	45947	23532	22415	12486	7362	5124	30673	15401	15272
西乡塘区	93714	47239	46475	35359	18832	16527	53501	27115	26386
良庆区	25778	13536	12242	6380	3985	2395	18093	9088	9005
邕宁区	19517	10101	9416	4976	3038	1938	12999	6496	6503
武鸣县	44578	22908	21670	9332	6134	3198	31375	15661	15714
隆安县	23538	11970	11568	4189	2823	1366	17167	8506	8661
马山县	27165	13239	13926	6014	3565	2449	18300	8760	9540
上林县	27075	13469	13606	6222	3715	2507	18311	9006	9305
宾阳县	59693	30419	29274	14961	8980	5981	40097	19935	20162
横县	64944	32656	32288	13942	8561	5381	45235	22236	22999
柳州市	**295155**	**151479**	**143676**	**68382**	**43180**	**25202**	**203724**	**100785**	**102939**
城中区	13576	6887	6689	4227	2471	1756	8451	4169	4282
鱼峰区	30124	15179	14945	8210	4791	3419	19619	9735	9884
柳南区	41046	20895	20151	9190	5687	3503	28800	14319	14481
柳北区	35726	18119	17607	8150	4995	3155	24736	12354	12382
柳江县	43447	22652	20795	12157	7668	4489	28369	14005	14364
柳城县	27238	14051	13187	5846	3756	2090	19274	9528	9746
鹿寨县	30367	15833	14534	6597	4374	2223	21201	10584	10617
融安县	21268	11235	10033	4553	3175	1378	14872	7349	7523
融水苗族自治县	31100	15941	15159	5959	3969	1990	22462	11035	11427
三江侗族自治县	21263	10687	10576	3493	2294	1199	15940	7707	8233
桂林市	**358294**	**182680**	**175614**	**75353**	**47290**	**28063**	**253092**	**124975**	**128117**
秀峰区	12670	6030	6640	3179	1591	1588	8560	4183	4377
叠彩区	14016	6900	7116	2766	1580	1186	10033	4960	5073
象山区	22620	11000	11620	4880	2687	2193	15923	7788	8135
七星区	24120	11975	12145	8382	4534	3848	14431	7103	7328
雁山区	6776	3106	3670	3392	1531	1861	3023	1484	1539
阳朔县	20232	10365	9867	3771	2429	1342	14689	7269	7420
临桂县	30382	15761	14621	6791	4411	2380	21037	10484	10553
灵川县	29538	15405	14133	6596	4425	2171	20596	10211	10385
全州县	43667	22504	21163	7592	5190	2402	32219	15825	16394
兴安县	25549	13065	12484	4847	3104	1743	18618	9201	9417

单位：人

离婚			丧偶			15—64岁妇女	
小计	男	女	小计	男	女	平均活产子女数	平均存活子女数
2820	**1736**	**1084**	**17830**	**4589**	**13241**	**1.62**	**1.60**
682	333	349	3058	717	2341	1.37	1.36
221	144	77	1451	338	1113	1.69	1.67
229	160	69	2449	673	1776	1.83	1.81
78	54	24	559	155	404	1.99	1.96
144	90	54	830	207	623	1.86	1.84
395	256	139	2795	717	2078	1.59	1.58
748	479	269	4388	1167	3221	1.69	1.67
323	220	103	2300	615	1685	1.69	1.67
2658	**1326**	**1332**	**8619**	**1899**	**6720**	**0.95**	**0.94**
2658	1326	1332	8619	1899	6720	0.95	0.94
1890	**890**	**1000**	**7497**	**1609**	**5888**	**1.09**	**1.09**
1890	890	1000	7497	1609	5888	1.09	1.09
961	**615**	**346**	**13061**	**2894**	**10167**	**1.47**	**1.45**
202	86	116	1819	360	1459	1.10	1.10
415	289	126	6487	1394	5093	1.52	1.51
344	240	104	4755	1140	3615	1.60	1.59
2164	**1490**	**674**	**23154**	**6153**	**17001**	**1.62**	**1.61**
219	125	94	2773	675	2098	1.38	1.37
450	326	124	5717	1439	4278	1.53	1.52
360	267	93	3523	1106	2417	1.54	1.53
277	189	88	3935	964	2971	1.86	1.85
858	583	275	7206	1969	5237	1.68	1.67
1387	**915**	**472**	**11814**	**2987**	**8827**	**1.70**	**1.68**
234	114	120	1348	289	1059	1.40	1.39
145	92	53	2251	540	1711	1.53	1.51
254	155	99	2265	621	1644	1.85	1.83
135	100	35	1316	313	1003	1.74	1.72
619	454	165	4634	1224	3410	1.83	1.81
39214	**23555**	**15659**	**229700**	**66388**	**163312**	**1.65**	**1.63**
6281	**3289**	**2992**	**31284**	**7960**	**23324**	**1.39**	**1.37**
529	234	295	1465	292	1173	1.13	1.12
1084	414	670	2150	439	1711	0.91	0.90
724	307	417	2064	462	1602	1.18	1.17
1420	570	850	3434	722	2712	0.88	0.87
182	103	79	1123	360	763	1.44	1.43
191	144	47	1351	423	928	1.73	1.70
372	245	127	3499	868	2631	1.61	1.60
134	80	54	2048	561	1487	1.82	1.80
279	192	87	2572	722	1850	1.86	1.83
231	159	72	2311	589	1722	1.77	1.75
514	377	137	4121	1127	2994	1.83	1.81
621	464	157	5146	1395	3751	1.75	1.72
6056	**3057**	**2999**	**16993**	**4457**	**12536**	**1.42**	**1.40**
372	139	233	526	108	418	0.90	0.89
1003	419	584	1292	234	1058	0.99	0.99
1259	544	715	1797	345	1452	1.12	1.12
1155	486	669	1685	284	1401	1.08	1.07
495	312	183	2426	667	1759	1.55	1.54
390	255	135	1728	512	1216	1.64	1.62
511	310	201	2058	565	1493	1.68	1.66
358	250	108	1485	461	1024	1.72	1.70
335	213	122	2344	724	1620	1.78	1.75
178	129	49	1652	557	1095	1.91	1.89
5684	**3154**	**2530**	**24165**	**7261**	**16904**	**1.42**	**1.40**
373	149	224	558	107	451	0.95	0.94
460	195	265	757	165	592	1.03	1.03
794	316	478	1023	209	814	0.98	0.98
548	197	351	759	141	618	0.82	0.81
32	18	14	329	73	256	0.87	0.86
246	168	78	1526	499	1027	1.58	1.55
332	222	110	2222	644	1578	1.65	1.62
397	240	157	1949	529	1420	1.42	1.40
441	315	126	3415	1174	2241	1.72	1.70
322	190	132	1762	570	1192	1.49	1.47

表7 续表 33

地　区	15岁及以上人口			未　婚			有配偶		
	合　计	男	女	小　计	男	女	小　计	男	女
永福县	16824	8792	8032	3152	2195	957	12162	6040	6122
灌阳县	17195	8951	8244	3187	2160	1027	12581	6193	6388
龙胜各族自治县	12170	6195	5975	1941	1296	645	8979	4427	4552
资源县	10425	5337	5088	1590	1069	521	7964	3921	4043
平乐县	26033	13408	12625	5122	3372	1750	18534	9143	9391
荔浦县	25697	13210	12487	4360	3027	1333	18895	9326	9569
恭城瑶族自治县	20380	10676	9704	3805	2689	1116	14848	7417	7431
梧州市	**196719**	**99238**	**97481**	**55570**	**32597**	**22973**	**124165**	**60679**	**63486**
万秀区	11331	5602	5729	2896	1684	1212	7329	3596	3733
蝶山区	16600	8219	8381	4355	2487	1868	10764	5313	5451
长洲区	15007	7488	7519	3966	2241	1725	10083	4971	5112
苍梧县	38064	19408	18656	11252	6716	4536	23564	11528	12036
藤县	53126	27143	25983	16217	9645	6572	32115	15616	16499
蒙山县	12645	6522	6123	2790	1752	1038	8654	4345	4309
岑溪市	49946	24856	25090	14094	8072	6022	31656	15310	16346
北海市	**120599**	**61498**	**59101**	**31855**	**18932**	**12923**	**81565**	**40393**	**41172**
海城区	28670	14117	14553	7408	4072	3336	19582	9638	9944
银海区	13571	6986	6585	3855	2192	1663	9024	4591	4433
铁山港区	11141	5696	5445	2803	1685	1118	7689	3820	3869
合浦县	67217	34699	32518	17789	10983	6806	45270	22344	22926
防城港市	**62408**	**33422**	**28986**	**13806**	**9327**	**4479**	**44722**	**22785**	**21937**
港口区	11297	6307	4990	2631	1794	837	8157	4356	3801
防城区	23844	12582	11262	4970	3373	1597	17243	8635	8608
上思县	16187	8648	7539	3665	2522	1143	11346	5723	5623
东兴市	11080	5885	5195	2540	1638	902	7976	4071	3905
钦州市	**199539**	**102933**	**96606**	**47014**	**30166**	**16848**	**137189**	**67059**	**70130**
钦南区	46304	24319	21985	11175	7138	4037	32458	16290	16168
钦北区	36659	19494	17165	7904	5509	2395	25828	12824	13004
灵山县	72060	36462	35598	17524	10935	6589	48422	23261	25161
浦北县	44516	22658	21858	10411	6584	3827	30481	14684	15797
贵港市	**274514**	**137981**	**136533**	**71765**	**42325**	**29440**	**181917**	**88107**	**93810**
港北区	39626	19703	19923	11183	6270	4913	25904	12649	13255
港南区	35230	17603	17627	8348	5049	3299	24010	11585	12425
覃塘区	26907	13006	13901	5587	3166	2421	18977	9084	9893
平南县	75102	38300	36802	20527	12367	8160	48876	23724	25152
桂平市	97649	49369	48280	26120	15473	10647	64150	31065	33085
玉林市	**392387**	**198009**	**194378**	**98998**	**59705**	**39293**	**265311**	**128485**	**136826**
玉州区	81980	42123	39857	22789	13637	9152	54500	27027	27473
容县	49349	24467	24882	9693	6196	3497	35165	16661	18504
陆川县	56571	28724	27847	15647	9362	6285	36800	17886	18914
博白县	88766	44885	43881	24505	14439	10066	58856	28298	30558
兴业县	38660	19424	19236	7290	4793	2497	27931	13544	14387
北流市	77061	38386	38675	19074	11278	7796	52059	25069	26990
百色市	**256088**	**128659**	**127429**	**49170**	**30890**	**18280**	**182478**	**89784**	**92694**
右江区	30450	15354	15096	7075	4185	2890	21026	10455	10571
田阳县	23559	11760	11799	4112	2660	1452	17138	8453	8685
田东县	26522	13279	13243	4750	3007	1743	19228	9512	9716
平果县	32821	16261	16560	6892	4111	2781	22732	11176	11556
德保县	20653	10591	10062	4149	2796	1353	14177	6957	7220
靖西县	32710	16491	16219	6218	3903	2315	22774	11194	11580
那坡县	11805	5939	5866	1829	1223	606	8657	4244	4413
凌云县	13612	6941	6671	2750	1757	993	9733	4789	4944
乐业县	10758	5455	5303	2182	1361	821	7741	3804	3937
田林县	17401	8678	8723	2553	1709	844	13292	6505	6787
西林县	10414	5227	5187	1664	1053	611	7849	3882	3967
隆林各族自治县	25383	12683	12700	4996	3125	1871	18131	8813	9318
贺州市	**138226**	**70169**	**68057**	**35696**	**21316**	**14380**	**91041**	**44658**	**46383**
八步区	43109	21494	21615	10769	6122	4647	29043	14294	14749
平桂管理区	27034	13933	13101	7036	4307	2729	17760	8805	8955
昭平县	22604	11637	10967	5428	3502	1926	15070	7355	7715
钟山县	27223	14046	13177	8335	4988	3347	16624	8109	8515
富川瑶族自治县	18256	9059	9197	4128	2397	1731	12544	6095	6449
河池市	**252662**	**126717**	**125945**	**52063**	**32780**	**19283**	**176412**	**86366**	**90046**
金城江区	27442	13952	13490	6544	3931	2613	18756	9321	9435
南丹县	23560	12219	11341	4756	3136	1620	16832	8430	8402
天峨县	12215	6185	6030	2212	1390	822	9106	4512	4594

单位：人

离婚			丧偶			15—64岁妇女	
小计	男	女	小计	男	女	平均活产子女数	平均存活子女数
198	146	52	1312	411	901	1.65	1.63
170	124	46	1257	474	783	1.59	1.57
218	151	67	1032	321	711	1.54	1.51
116	78	38	755	269	486	1.71	1.68
321	204	117	2056	689	1367	1.65	1.63
507	305	202	1935	552	1383	1.47	1.45
209	136	73	1518	434	1084	1.55	1.52
2691	**1711**	**980**	**14293**	**4251**	**10042**	**1.69**	**1.67**
293	144	149	813	178	635	1.17	1.16
452	191	261	1029	228	801	1.08	1.07
202	77	125	756	199	557	1.22	1.21
282	219	63	2966	945	2021	1.87	1.85
665	527	138	4129	1355	2774	1.93	1.92
198	145	53	1003	280	723	1.66	1.64
599	408	191	3597	1066	2531	1.79	1.77
1056	**596**	**460**	**6123**	**1577**	**4546**	**1.59**	**1.58**
490	204	286	1190	203	987	1.09	1.09
95	64	31	597	139	458	1.56	1.54
42	33	9	607	158	449	1.85	1.84
429	295	134	3729	1077	2652	1.79	1.77
654	**401**	**253**	**3226**	**909**	**2317**	**1.76**	**1.74**
119	64	55	390	93	297	1.45	1.43
250	160	90	1381	414	967	1.90	1.87
173	118	55	1003	285	718	1.90	1.88
112	59	53	452	117	335	1.58	1.56
1624	**1257**	**367**	**13712**	**4451**	**9261**	**2.01**	**1.99**
392	238	154	2279	653	1626	1.64	1.63
294	260	34	2633	901	1732	2.24	2.21
599	488	111	5515	1778	3737	2.16	2.14
339	271	68	3285	1119	2166	1.95	1.93
2295	**1683**	**612**	**18537**	**5866**	**12671**	**1.82**	**1.80**
324	186	138	2215	598	1617	1.55	1.54
279	206	73	2593	763	1830	1.83	1.81
193	146	47	2150	610	1540	2.05	2.03
718	562	156	4981	1647	3334	1.82	1.80
781	583	198	6598	2248	4350	1.87	1.85
3139	**2209**	**930**	**24939**	**7610**	**17329**	**1.87**	**1.86**
585	337	248	4106	1122	2984	1.49	1.48
557	406	151	3934	1204	2730	2.00	1.98
535	357	178	3589	1119	2470	1.99	1.98
604	464	140	4801	1684	3117	2.09	2.07
241	197	44	3198	890	2308	1.93	1.91
617	448	169	5311	1591	3720	1.85	1.83
2620	**1608**	**1012**	**21820**	**6377**	**15443**	**1.60**	**1.58**
461	230	231	1888	484	1404	1.21	1.19
220	136	84	2089	511	1578	1.42	1.40
231	136	95	2313	624	1689	1.67	1.65
314	173	141	2883	801	2082	1.59	1.58
209	153	56	2118	685	1433	1.53	1.51
292	207	85	3426	1187	2239	1.72	1.69
124	92	32	1195	380	815	1.59	1.57
130	90	40	999	305	694	1.83	1.80
101	65	36	734	225	509	1.90	1.87
159	96	63	1397	368	1029	1.71	1.69
110	61	49	791	231	560	1.78	1.74
269	169	100	1987	576	1411	1.75	1.71
1526	**1066**	**460**	**9963**	**3129**	**6834**	**1.78**	**1.76**
443	280	163	2854	798	2056	1.72	1.70
348	257	91	1890	564	1326	1.84	1.82
266	205	61	1840	575	1265	1.91	1.89
317	228	89	1947	721	1226	1.74	1.72
152	96	56	1432	471	961	1.72	1.71
2725	**1697**	**1028**	**21462**	**5874**	**15588**	**1.72**	**1.70**
467	247	220	1675	453	1222	1.33	1.31
298	173	125	1674	480	1194	1.69	1.66
78	55	23	819	228	591	1.75	1.73

表7 续表 34

地区	15岁及以上人口			未婚			有配偶		
	合计	男	女	小计	男	女	小计	男	女
凤山县	12266	5963	6303	2522	1465	1057	8625	4164	4461
东兰县	15774	7685	8089	2366	1560	806	11677	5639	6038
罗城仫佬族自治县	20177	10241	9936	3590	2330	1260	14450	7120	7330
环江毛南族自治县	20409	10521	9888	3640	2544	1096	14872	7325	7547
巴马瑶族自治县	15436	7387	8049	2828	1692	1136	11062	5281	5781
都安瑶族自治县	37642	18590	19052	8903	5632	3271	24497	11733	12764
大化瑶族自治县	25932	12842	13090	6517	3895	2622	16578	8110	8468
宜州市	41809	21132	20677	8185	5205	2980	29957	14731	15226
来宾市	**149988**	**76448**	**73540**	**32576**	**20224**	**12352**	**104926**	**51897**	**53029**
兴宾区	64514	32856	31658	16835	9829	7006	43172	21336	21836
忻城县	22623	11354	11269	4098	2728	1370	16047	7835	8212
象州县	21008	10749	10259	3576	2376	1200	15491	7721	7770
武宣县	23766	12117	11649	4928	3125	1803	16886	8357	8529
金秀瑶族自治县	9501	4945	4556	1507	1095	412	7053	3507	3546
合山市	8576	4427	4149	1632	1071	561	6277	3141	3136
崇左市	**150101**	**76589**	**73512**	**28111**	**18169**	**9942**	**108430**	**54254**	**54176**
江州区	24973	13079	11894	5399	3587	1812	17609	8900	8709
扶绥县	28368	14754	13614	5841	3975	1866	20190	10116	10074
宁明县	24466	12718	11748	4808	3106	1702	17638	8918	8720
龙州县	19499	9766	9733	3717	2241	1476	13887	6950	6937
大新县	23040	11353	11687	3394	2125	1269	17378	8570	8808
天等县	20851	10229	10622	3067	1949	1118	15344	7495	7849
凭祥市	8904	4690	4214	1885	1186	699	6384	3305	3079
海南省	**655392**	**336522**	**318870**	**182575**	**108999**	**73576**	**434730**	**216210**	**218520**
海口市	**161211**	**80558**	**80653**	**50323**	**27199**	**23124**	**103568**	**51375**	**52193**
秀英区	27504	14359	13145	8664	5002	3662	17536	8944	8592
龙华区	46649	23142	23507	14402	7615	6787	30259	14973	15286
琼山区	37217	18575	18642	11005	6020	4985	24532	12097	12435
美兰区	49841	24482	25359	16252	8562	7690	31241	15361	15880
三亚市	**53197**	**27368**	**25829**	**19048**	**10788**	**8260**	**31804**	**15947**	**15857**
市辖区	53197	27368	25829	19048	10788	8260	31804	15947	15857
省直辖县级行政区划	**440984**	**228596**	**212388**	**113204**	**71012**	**42192**	**299358**	**148888**	**150470**
五指山市	7874	4120	3754	2509	1493	1016	4928	2494	2434
琼海市	37105	18970	18135	7677	4928	2749	26833	13307	13526
儋州市	66128	33955	32173	18842	11076	7766	43438	21621	21817
文昌市	41430	20488	20942	8443	5038	3405	29687	14642	15045
万宁市	41480	21572	19908	10003	6421	3582	28908	14354	14554
东方市	28988	14714	14274	8712	5025	3687	18633	9230	9403
定安县	20266	10583	9683	4440	2987	1453	14452	7159	7293
屯昌县	17323	8955	8368	3492	2248	1244	12674	6307	6367
澄迈县	34575	18621	15954	8681	5903	2778	23769	11975	11794
临高县	29848	15432	14416	7532	4676	2856	20365	10125	10240
白沙黎族自治县	12227	6524	5703	2754	1952	802	8625	4297	4328
昌江黎族自治县	17126	8947	8179	4846	3005	1841	11239	5635	5604
乐东黎族自治县	34356	17879	16477	10669	6597	4072	21582	10676	10906
陵水黎族自治县	25957	13702	12255	7636	4896	2740	16614	8267	8347
保亭黎族苗族自治县	11434	6217	5217	3253	2250	1003	7395	3702	3693
琼中黎族苗族自治县	14835	7899	6936	3712	2514	1198	10187	5082	5105
西沙群岛	32	18	14	3	3		29	15	14
南沙群岛									
中沙群岛的岛礁及其海域									
重庆市	**2149383**	**1066695**	**1082688**	**398558**	**233569**	**164989**	**1548958**	**757378**	**791580**
市辖区	**1235231**	**615309**	**619922**	**246282**	**142446**	**103836**	**877115**	**432662**	**444453**
万州区	127448	62305	65143	25569	13868	11701	90318	44010	46308
涪陵区	74616	37006	37610	12168	7059	5109	55488	27311	28177
渝中区	50661	24775	25886	12913	6937	5976	32549	16145	16404
大渡口区	25611	12916	12695	4760	2809	1951	18142	9113	9029
江北区	58542	29149	29393	13408	7423	5985	39981	19922	20059
沙坪坝区	78862	39346	39516	20443	11178	9265	51984	25908	26076
九龙坡区	101271	51727	49544	21329	12658	8671	72025	36302	35723
南岸区	73433	36678	36755	19131	10619	8512	48502	24149	24353
北碚区	52753	26270	26483	9970	5920	4050	37624	18638	18986
万盛区	18301	9105	9196	2800	1719	1081	13486	6694	6792
双桥区	3533	1720	1813	508	288	220	2745	1364	1381
渝北区	108031	53917	54114	22126	12596	9530	77768	38536	39232

单位：人

离婚			丧偶			15—64岁妇女	
小计	男	女	小计	男	女	平均活产子女数	平均存活子女数
106	67	39	1013	267	746	1.86	1.82
107	62	45	1624	424	1200	1.92	1.89
292	198	94	1845	593	1252	1.77	1.74
230	165	65	1667	487	1180	1.92	1.90
129	68	61	1417	346	1071	1.84	1.80
252	189	63	3990	1036	2954	1.91	1.89
226	140	86	2611	697	1914	1.66	1.64
540	333	207	3127	863	2264	1.61	1.59
1677	**1103**	**574**	**10809**	**3224**	**7585**	**1.84**	**1.82**
593	381	212	3914	1310	2604	1.83	1.82
227	157	70	2251	634	1617	1.84	1.81
289	194	95	1652	458	1194	1.82	1.80
248	167	81	1704	468	1236	1.96	1.95
192	125	67	749	218	531	1.77	1.74
128	79	49	539	136	403	1.66	1.64
1186	**724**	**462**	**12374**	**3442**	**8932**	**1.69**	**1.67**
193	129	64	1772	463	1309	1.63	1.61
200	119	81	2137	544	1593	1.71	1.70
229	149	80	1791	545	1246	1.87	1.85
209	127	82	1686	448	1238	1.48	1.46
138	70	68	2130	588	1542	1.62	1.60
97	72	25	2343	713	1630	1.87	1.85
120	58	62	515	141	374	1.51	1.49
5379	**3098**	**2281**	**32708**	**8215**	**24493**	**1.58**	**1.57**
1521	**654**	**867**	**5799**	**1330**	**4469**	**1.14**	**1.13**
163	81	82	1141	332	809	1.35	1.34
527	225	302	1461	329	1132	1.03	1.02
267	122	145	1413	336	1077	1.25	1.24
564	226	338	1784	333	1451	1.05	1.04
432	**211**	**221**	**1913**	**422**	**1491**	**1.33**	**1.32**
432	211	221	1913	422	1491	1.33	1.32
3426	**2233**	**1193**	**24996**	**6463**	**18533**	**1.79**	**1.77**
75	50	25	362	83	279	1.53	1.50
283	195	88	2312	540	1772	1.59	1.57
572	338	234	3276	920	2356	1.82	1.80
267	164	103	3033	644	2389	1.59	1.58
302	191	111	2267	606	1661	1.80	1.79
244	138	106	1399	321	1078	1.79	1.77
113	85	28	1261	352	909	1.89	1.87
136	98	38	1021	302	719	1.93	1.91
247	198	49	1878	545	1333	1.97	1.95
235	171	64	1716	460	1256	1.95	1.93
129	86	43	719	189	530	1.96	1.93
150	78	72	891	229	662	1.76	1.75
222	137	85	1883	469	1414	1.79	1.78
176	121	55	1531	418	1113	1.75	1.73
129	81	48	657	184	473	1.70	1.68
146	102	44	790	201	589	1.79	1.77
						1.71	1.71
46302	**25051**	**21251**	**155565**	**50697**	**104868**	**1.29**	**1.26**
34305	**17775**	**16530**	**77529**	**22426**	**55103**	**1.09**	**1.07**
2491	1275	1216	9070	3152	5918	1.11	1.08
1503	843	660	5457	1793	3664	1.31	1.28
2593	1217	1376	2606	476	2130	0.84	0.83
1411	697	714	1298	297	1001	0.96	0.95
2263	1095	1168	2890	709	2181	0.84	0.83
2919	1461	1458	3516	799	2717	0.84	0.83
3561	1762	1799	4356	1005	3351	0.98	0.96
2602	1212	1390	3198	698	2500	0.83	0.83
1763	939	824	3396	773	2623	1.03	1.01
653	338	315	1362	354	1008	1.34	1.30
100	42	58	180	26	154	1.32	1.29
2861	1350	1511	5276	1435	3841	1.00	0.98

表7 续表 35

地　区	15岁及以上人口			未　婚			有配偶		
	合　计	男	女	小　计	男	女	小　计	男	女
巴南区	68282	35060	33222	13637	8729	4908	47734	23758	23976
黔江区	31121	15558	15563	5832	3478	2354	22645	10915	11730
长寿区	59058	29349	29709	10108	5858	4250	43633	21442	22191
江津区	91009	45755	45254	14304	9330	4974	67283	32966	34317
合川区	88062	43161	44901	14398	8528	5870	64597	31412	33185
永川区	83208	41002	42206	17071	10003	7068	58864	28569	30295
南川区	41429	20510	20919	5807	3446	2361	31747	15508	16239
县	**914152**	**451386**	**462766**	**152276**	**91123**	**61153**	**671843**	**324716**	**347127**
綦江县	55824	27843	27981	9157	5750	3407	40665	19896	20769
潼南县	42324	20405	21919	6611	3875	2736	31261	14879	16382
铜梁县	50209	24287	25922	7593	4656	2937	37372	17758	19614
大足县	50148	24912	25236	8912	5350	3562	36440	17829	18611
荣昌县	46233	22705	23528	7410	4511	2899	34085	16607	17478
璧山县	43981	22115	21866	6813	4399	2414	33141	16275	16866
梁平县	49165	24241	24924	7984	4655	3329	36248	17663	18585
城口县	15721	7890	7831	2332	1520	812	11962	5749	6213
丰都县	40276	19707	20569	6285	3713	2572	29718	14257	15461
垫江县	45484	21969	23515	7334	4269	3065	33766	16069	17697
武隆县	25999	13308	12691	3918	2485	1433	19625	9694	9931
忠县	48633	23599	25034	7363	4296	3067	36262	17260	19002
开县	76438	37122	39316	12649	7383	5266	55896	26610	29286
云阳县	62344	30464	31880	12093	6882	5211	43823	20986	22837
奉节县	56361	28343	28018	10293	6069	4224	41146	20220	20926
巫山县	38208	19359	18849	7018	4238	2780	27699	13560	14139
巫溪县	30213	15115	15098	5601	3281	2320	21985	10636	11349
石柱土家族自治县	26549	12965	13584	3796	2149	1647	20177	9746	10431
秀山土家族苗族自治县	35210	17774	17436	7219	4286	2933	24739	12176	12563
酉阳土家族苗族自治县	38940	19373	19567	6566	3992	2574	28570	13805	14765
彭水苗族土家族自治县	35892	17890	18002	5329	3364	1965	27263	13041	14222
四川省	**6731515**	**3364517**	**3366998**	**1326554**	**780444**	**546110**	**4799597**	**2353793**	**2445804**
成都市	**1196707**	**600353**	**596354**	**253773**	**142539**	**111234**	**855544**	**426231**	**429313**
锦江区	56177	27327	28850	15648	7840	7808	36943	18354	18589
青羊区	64196	30897	33299	16333	7965	8368	43770	21640	22130
金牛区	105250	53286	51964	26956	14890	12066	72122	36311	35811
武侯区	117083	59008	58075	30220	16603	13617	80853	40558	40295
成华区	82120	41875	40245	19531	11111	8420	57151	28834	28317
龙泉驿区	62723	31234	31489	13398	7285	6113	45290	22489	22801
青白江区	32874	16546	16328	5059	3143	1916	24693	12337	12356
新都区	68226	34395	33831	12644	7394	5250	50429	25129	25300
温江区	37104	18229	18875	8444	4472	3972	25953	12817	13136
金堂县	56058	27902	28156	9044	5689	3355	41493	20158	21335
双流县	110625	56566	54059	21426	12533	8893	81926	41295	40631
郫县	76426	40396	36030	24237	13689	10548	47892	25136	22756
大邑县	44531	22303	22228	7368	4509	2859	32978	16131	16847
蒲江县	21742	10648	11094	3132	1826	1306	16717	8118	8599
新津县	26272	13003	13269	3898	2278	1620	20085	9869	10216
都江堰市	56174	27892	28282	9471	5448	4023	41738	20630	21108
彭州市	67363	33381	33982	9905	5771	4134	51237	25313	25924
邛崃市	54303	26946	27357	8686	5182	3504	40364	19601	20763
崇州市	57460	28519	28941	8373	4911	3462	43910	21511	22399
自贡市	**228299**	**112677**	**115622**	**38777**	**23070**	**15707**	**166165**	**81524**	**84641**
自流井区	30565	14897	15668	6121	3473	2648	21393	10464	10929
贡井区	25105	12581	12524	3972	2445	1527	18496	9162	9334
大安区	31416	15364	16052	5381	3160	2221	22391	10948	11443
沿滩区	22961	11258	11703	3819	2298	1521	16671	8108	8563
荣县	53219	26496	26723	7252	4606	2646	40691	19996	20695
富顺县	65033	32081	32952	12232	7088	5144	46523	22846	23677
攀枝花市	**99217**	**50489**	**48728**	**16177**	**9978**	**6199**	**75071**	**37513**	**37558**
东区	30177	15316	14861	4842	2936	1906	23010	11502	11508
西区	12602	6392	6210	1680	1049	631	9734	4919	4815
仁和区	21239	10942	10297	3362	2162	1200	16275	8159	8116
米易县	18055	9042	9013	2946	1783	1163	13612	6710	6902
盐边县	17144	8797	8347	3347	2048	1299	12440	6223	6217
泸州市	**320112**	**159664**	**160448**	**60548**	**36293**	**24255**	**227947**	**111411**	**116536**
江阳区	46379	22687	23692	8506	4972	3534	33269	16152	17117
纳溪区	34027	17422	16605	6225	3932	2293	24499	12164	12335

单位：人

离婚			丧偶			15—64岁妇女	
小计	男	女	小计	男	女	平均活产子女数	平均存活子女数
2092	1167	925	4819	1406	3413	1.10	1.08
322	205	117	2322	960	1362	1.59	1.56
1279	702	577	4038	1347	2691	1.19	1.17
2047	1229	818	7375	2230	5145	1.27	1.24
1648	986	662	7419	2235	5184	1.29	1.26
1481	822	659	5792	1608	4184	1.25	1.22
716	433	283	3159	1123	2036	1.35	1.32
11997	**7276**	**4721**	**78036**	**28271**	**49765**	**1.55**	**1.52**
1288	770	518	4714	1427	3287	1.38	1.35
494	294	200	3958	1357	2601	1.61	1.59
796	480	316	4448	1393	3055	1.40	1.37
674	427	247	4122	1306	2816	1.49	1.47
778	428	350	3960	1159	2801	1.44	1.41
950	574	376	3077	867	2210	1.28	1.26
673	408	265	4260	1515	2745	1.44	1.40
150	108	42	1277	513	764	1.77	1.72
628	346	282	3645	1391	2254	1.54	1.50
509	306	203	3875	1325	2550	1.62	1.58
358	235	123	2098	894	1204	1.49	1.45
568	321	247	4440	1722	2718	1.50	1.46
878	523	355	7015	2606	4409	1.58	1.54
624	368	256	5804	2228	3576	1.55	1.51
510	319	191	4412	1735	2677	1.67	1.62
480	299	181	3011	1262	1749	1.59	1.56
249	174	75	2378	1024	1354	1.61	1.56
401	230	171	2175	840	1335	1.63	1.59
331	219	112	2921	1093	1828	1.66	1.63
349	229	120	3455	1347	2108	1.83	1.79
309	218	91	2991	1267	1724	1.83	1.77
118731	**67776**	**50955**	**486633**	**162504**	**324129**	**1.32**	**1.29**
26270	**13455**	**12815**	**61120**	**18128**	**42992**	**0.96**	**0.95**
1340	586	754	2246	547	1699	0.75	0.74
1810	775	1035	2283	517	1766	0.78	0.77
2490	1157	1333	3682	928	2754	0.87	0.86
2635	1133	1502	3375	714	2661	0.85	0.84
2222	1042	1180	3216	888	2328	0.86	0.85
1135	582	553	2900	878	2022	1.00	0.99
869	450	419	2253	616	1637	1.09	1.06
1491	764	727	3662	1108	2554	0.99	0.97
795	401	394	1912	539	1373	0.90	0.88
898	532	366	4623	1523	3100	1.36	1.33
1953	1077	876	5320	1661	3659	1.04	1.02
1268	703	565	3029	868	2161	0.82	0.81
918	549	369	3267	1114	2153	1.08	1.07
427	274	153	1466	430	1036	1.13	1.11
611	340	271	1678	516	1162	1.05	1.02
1439	752	687	3526	1062	2464	1.07	1.04
1538	917	621	4683	1380	3303	1.07	1.05
1312	781	531	3941	1382	2559	1.05	1.04
1119	640	479	4058	1457	2601	1.04	1.02
4992	**2831**	**2161**	**18365**	**5252**	**13113**	**1.33**	**1.29**
1147	547	600	1904	413	1491	1.00	0.98
755	437	318	1882	537	1345	1.21	1.17
945	528	417	2699	728	1971	1.27	1.24
332	219	113	2139	633	1506	1.48	1.45
894	540	354	4382	1354	3028	1.37	1.32
919	560	359	5359	1587	3772	1.48	1.45
2835	**1488**	**1347**	**5134**	**1510**	**3624**	**1.31**	**1.28**
1217	593	624	1108	285	823	1.10	1.09
540	280	260	648	144	504	1.24	1.22
514	299	215	1088	322	766	1.34	1.32
311	170	141	1186	379	807	1.42	1.39
253	146	107	1104	380	724	1.55	1.52
5874	**3465**	**2409**	**25743**	**8495**	**17248**	**1.40**	**1.37**
1299	644	655	3305	919	2386	1.19	1.17
695	430	265	2608	896	1712	1.34	1.30

表7 续表 36

地 区	15岁及以上人口			未 婚			有 配 偶		
	合 计	男	女	小 计	男	女	小 计	男	女
龙马潭区	28315	13704	14611	4648	2581	2067	21043	10240	10803
泸县	64194	31400	32794	11596	6888	4708	45981	22251	23730
合江县	54805	27384	27421	9152	5795	3357	39768	19283	20485
叙永县	42580	21699	20881	7855	4857	2998	30528	15152	15376
古蔺县	49812	25368	24444	12566	7268	5298	32859	16169	16690
德阳市	**314201**	**157232**	**156969**	**54602**	**33694**	**20908**	**229779**	**112722**	**117057**
旌阳区	63607	32043	31564	11508	7046	4462	47106	23348	23758
中江县	102714	52094	50620	21932	13879	8053	70185	33967	36218
罗江县	18769	9389	9380	3123	1876	1247	13953	6858	7095
广汉市	51394	25193	26201	7716	4569	3147	38874	19088	19786
什邡市	37034	18423	18611	5252	3216	2036	28188	13929	14259
绵竹市	40683	20090	20593	5071	3108	1963	31473	15532	15941
绵阳市	**403303**	**202357**	**200946**	**74695**	**44764**	**29931**	**289697**	**142118**	**147579**
涪城区	71545	36010	35535	17399	9781	7618	49222	24419	24803
游仙区	43646	21986	21660	8281	4896	3385	31492	15531	15961
三台县	93714	46853	46861	17295	10907	6388	65852	31686	34166
盐亭县	34284	17147	17137	5724	3493	2231	24747	12113	12634
安县	31652	15763	15889	4321	2664	1657	24341	11944	12397
梓潼县	25247	12704	12543	3897	2311	1586	18551	9240	9311
北川羌族自治县	18184	9323	8861	3448	2148	1300	13002	6456	6546
平武县	17328	9018	8310	3915	2513	1402	11923	5934	5989
江油市	67703	33553	34150	10415	6051	4364	50567	24795	25772
广元市	**212514**	**105247**	**107267**	**34232**	**20371**	**13861**	**157969**	**76961**	**81008**
利州区	41815	20832	20983	7987	4558	3429	30731	15195	15536
元坝区	14447	7191	7256	1855	1136	719	11108	5445	5663
朝天区	15931	7980	7951	2724	1679	1045	11771	5748	6023
旺苍县	31547	15619	15928	4970	2986	1984	23774	11512	12262
青川县	20408	10525	9883	4002	2515	1487	14600	7262	7338
剑阁县	38950	19451	19499	5726	3443	2283	28820	14227	14593
苍溪县	49416	23649	25767	6968	4054	2914	37165	17572	19593
遂宁市	**291362**	**145614**	**145748**	**64583**	**37876**	**26707**	**199825**	**97249**	**102576**
船山区	55743	27665	28078	11902	6786	5116	39393	19237	20156
安居区	60066	30494	29572	13270	7855	5415	41218	20382	20836
蓬溪县	50210	25517	24693	11148	6811	4337	34276	16693	17583
射洪县	81939	40346	41593	18279	10666	7613	55452	26633	28819
大英县	43404	21592	21812	9984	5758	4226	29486	14304	15182
内江市	**325537**	**163756**	**161781**	**65833**	**39995**	**25838**	**229480**	**113101**	**116379**
市中区	40931	20162	20769	7877	4702	3175	29063	14148	14915
东兴区	64894	32463	32431	14618	8390	6228	44798	22082	22716
威远县	57600	28965	28635	9222	5803	3419	42884	21207	21677
资中县	106971	54865	52106	24326	15134	9192	73010	36088	36922
隆昌县	55141	27301	27840	9790	5966	3824	39725	19576	20149
乐山市	**284671**	**142057**	**142614**	**47129**	**28376**	**18753**	**210850**	**103608**	**107242**
市中区	57350	28139	29211	12027	6642	5385	40497	19805	20692
沙湾区	16940	8637	8303	2724	1700	1024	12440	6191	6249
五通桥区	26591	13269	13322	3920	2470	1450	20021	9882	10139
金口河区	4407	2235	2172	778	471	307	3224	1612	1612
犍为县	39644	19869	19775	5790	3675	2115	29766	14600	15166
井研县	27745	13574	14171	3502	2227	1275	21366	10242	11124
夹江县	29377	14579	14798	3948	2405	1543	22713	11129	11584
沐川县	19409	10074	9335	3537	2353	1184	14034	6937	7097
峨边彝族自治县	11106	5624	5482	2207	1295	912	7964	3989	3975
马边彝族自治县	14748	7427	7321	3066	1786	1280	10472	5187	5285
峨眉山市	37354	18630	18724	5630	3352	2278	28353	14034	14319
南充市	**576865**	**287074**	**289791**	**119834**	**70060**	**49774**	**405057**	**196232**	**208825**
顺庆区	56264	27423	28841	12526	6588	5938	39255	19120	20135
高坪区	46501	23475	23026	9837	5768	4069	32897	16224	16673
嘉陵区	59833	30715	29118	13987	8454	5533	40726	20170	20556
南部县	85723	41001	44722	16222	9549	6673	60552	28171	32381
营山县	72725	36282	36443	15093	8731	6362	50847	24762	26085
蓬安县	55779	28144	27635	11698	7051	4647	39324	19098	20226
仪陇县	84123	42657	41466	19859	11847	8012	57232	27741	29491
西充县	52911	26618	26293	10247	6169	4078	37648	18311	19337
阆中市	63006	30759	32247	10365	5903	4462	46576	22635	23941

单位：人

离婚			丧偶			15—64岁妇女	
小计	男	女	小计	男	女	平均活产子女数	平均存活子女数
793	388	405	1831	495	1336	1.09	1.07
774	494	280	5843	1767	4076	1.32	1.29
1035	651	384	4850	1655	3195	1.43	1.39
723	472	251	3474	1218	2256	1.62	1.59
555	386	169	3832	1545	2287	1.73	1.70
6635	**3823**	**2812**	**23185**	**6993**	**16192**	**1.15**	**1.13**
1532	773	759	3461	876	2585	1.01	0.99
1581	1078	503	9016	3170	5846	1.36	1.34
330	208	122	1363	447	916	1.13	1.10
1206	643	563	3598	893	2705	1.05	1.03
977	550	427	2617	728	1889	1.05	1.03
1009	571	438	3130	879	2251	1.09	1.06
8713	**5307**	**3406**	**30198**	**10168**	**20030**	**1.23**	**1.20**
1984	975	1009	2940	835	2105	0.91	0.89
953	557	396	2920	1002	1918	1.06	1.04
1524	1084	440	9043	3176	5867	1.48	1.44
569	370	199	3244	1171	2073	1.32	1.30
600	399	201	2390	756	1634	1.28	1.24
560	380	180	2239	773	1466	1.29	1.24
362	240	122	1372	479	893	1.41	1.35
238	148	90	1252	423	829	1.51	1.46
1923	1154	769	4798	1553	3245	1.15	1.12
2869	**1773**	**1096**	**17444**	**6142**	**11302**	**1.44**	**1.40**
856	439	417	2241	640	1601	1.15	1.13
151	108	43	1333	502	831	1.61	1.54
84	65	19	1352	488	864	1.64	1.59
394	246	148	2409	875	1534	1.51	1.47
281	177	104	1525	571	954	1.47	1.45
535	359	176	3869	1422	2447	1.63	1.57
568	379	189	4715	1644	3071	1.39	1.35
4275	**2690**	**1585**	**22679**	**7799**	**14880**	**1.35**	**1.33**
1025	544	481	3423	1098	2325	1.21	1.19
751	540	211	4827	1717	3110	1.47	1.45
581	424	157	4205	1589	2616	1.48	1.46
1317	789	528	6891	2258	4633	1.26	1.24
601	393	208	3333	1137	2196	1.39	1.37
5677	**3347**	**2330**	**24547**	**7313**	**17234**	**1.38**	**1.35**
1160	587	573	2831	725	2106	1.21	1.20
886	517	369	4592	1474	3118	1.34	1.33
1072	664	408	4422	1291	3131	1.42	1.38
1660	1057	603	7975	2586	5389	1.43	1.41
899	522	377	4727	1237	3490	1.38	1.36
6123	**3434**	**2689**	**20569**	**6639**	**13930**	**1.26**	**1.23**
1552	765	787	3274	927	2347	0.93	0.91
508	276	232	1268	470	798	1.21	1.18
724	395	329	1926	522	1404	1.10	1.08
70	48	22	335	104	231	1.61	1.57
702	434	268	3386	1160	2226	1.39	1.34
364	217	147	2513	888	1625	1.41	1.36
596	341	255	2120	704	1416	1.16	1.14
338	235	103	1500	549	951	1.60	1.56
146	96	50	789	244	545	1.72	1.68
171	114	57	1039	340	699	1.93	1.89
952	513	439	2419	731	1688	1.13	1.11
7601	**4678**	**2923**	**44373**	**16104**	**28269**	**1.35**	**1.33**
1363	673	690	3120	1042	2078	1.07	1.06
645	376	269	3122	1107	2015	1.24	1.22
736	490	246	4384	1601	2783	1.42	1.40
1095	683	412	7854	2598	5256	1.49	1.45
699	470	229	6086	2319	3767	1.41	1.37
664	451	213	4093	1544	2549	1.38	1.35
870	627	243	6162	2442	3720	1.49	1.46
639	389	250	4377	1749	2628	1.37	1.35
890	519	371	5175	1702	3473	1.15	1.14

表7 续表 37

地区	15岁及以上人口			未婚			有配偶		
	合计	男	女	小计	男	女	小计	男	女
眉山市	**247395**	**122244**	**125151**	**43155**	**25447**	**17708**	**181370**	**87966**	**93404**
东坡区	68324	33652	34672	10759	6136	4623	51838	25392	26446
仁寿县	101102	50272	50830	20529	12224	8305	70926	34202	36724
彭山县	25145	12370	12775	4091	2384	1707	18619	9054	9565
洪雅县	25447	12493	12954	3649	2223	1426	19396	9350	10046
丹棱县	12925	6395	6530	2055	1230	825	9672	4711	4961
青神县	14452	7062	7390	2072	1250	822	10919	5257	5662
宜宾市	**372698**	**189008**	**183690**	**71916**	**43455**	**28461**	**263744**	**131165**	**132579**
翠屏区	69849	34753	35096	13072	7599	5473	50141	24871	25270
宜宾县	71407	36293	35114	14074	8481	5593	50217	24850	25367
南溪县	28164	14212	13952	5696	3373	2323	19639	9749	9890
江安县	32628	16586	16042	7341	4425	2916	21847	10809	11038
长宁县	28645	14629	14016	5656	3512	2144	19860	9899	9961
高县	33870	17184	16686	5986	3714	2272	24418	12169	12249
珙县	31304	16008	15296	5983	3613	2370	22371	11235	11136
筠连县	25933	13226	12707	4514	2780	1734	19007	9498	9509
兴文县	29084	14904	14180	5294	3295	1999	20788	10441	10347
屏山县	21814	11213	10601	4300	2663	1637	15456	7644	7812
广安市	**273997**	**133703**	**140294**	**55553**	**32255**	**23298**	**191505**	**91129**	**100376**
广安区	74682	36247	38435	14690	8561	6129	52199	24844	27355
岳池县	67678	32759	34919	12511	7372	5139	48245	22692	25553
武胜县	54024	26382	27642	11488	6728	4760	37331	17652	19679
邻水县	56361	27989	28372	12598	7108	5490	38562	18749	19813
华蓥市	21252	10326	10926	4266	2486	1780	15168	7192	7976
达州市	**402297**	**200738**	**201559**	**75517**	**44170**	**31347**	**289480**	**141216**	**148264**
通川区	35047	17040	18007	6802	3535	3267	25956	12737	13219
达县	85710	42876	42834	14328	8464	5864	63274	31138	32136
宣汉县	71055	35665	35390	13552	7951	5601	51211	24836	26375
开江县	29978	14911	15067	5374	3278	2096	21500	10358	11142
大竹县	64919	32636	32283	12133	7457	4676	46411	22660	23751
渠县	82582	41276	41306	17804	10282	7522	56477	27575	28902
万源市	33006	16334	16672	5524	3203	2321	24651	11912	12739
雅安市	**125271**	**62865**	**62406**	**23166**	**13836**	**9330**	**91151**	**44693**	**46458**
雨城区	30105	14818	15287	6468	3552	2916	21091	10251	10840
名山县	21433	10714	10719	3023	1901	1122	16566	8058	8508
荥经县	12262	6211	6051	1886	1124	762	9383	4690	4693
汉源县	26640	13647	12993	5720	3565	2155	18484	9076	9408
石棉县	9496	4792	4704	1791	1075	716	6791	3390	3401
天全县	11916	5933	5983	1798	1112	686	9026	4425	4601
芦山县	8826	4388	4438	1574	952	622	6505	3154	3351
宝兴县	4593	2362	2231	906	555	351	3305	1649	1656
巴中市	**260341**	**129351**	**130990**	**53095**	**30648**	**22447**	**185840**	**89563**	**96277**
巴州区	89829	44438	45391	16958	9939	7019	65211	31472	33739
通江县	57957	29129	28828	12421	7115	5306	40805	19877	20928
南江县	45246	22503	22743	9320	5417	3903	32300	15455	16845
平昌县	67309	33281	34028	14396	8177	6219	47524	22759	24765
资阳市	**306858**	**151071**	**155787**	**50261**	**30651**	**19610**	**223945**	**107678**	**116267**
雁江区	75265	37378	37887	14299	8617	5682	53751	25979	27772
安岳县	94668	46606	48062	15443	9149	6294	69510	33605	35905
乐至县	47878	23328	24550	6404	4137	2267	35432	16799	18633
简阳市	89047	43759	45288	14115	8748	5367	65252	31295	33957
阿坝藏族羌族自治州	**68444**	**34920**	**33524**	**18152**	**10859**	**7293**	**44504**	**22220**	**22284**
汶川县	7162	3728	3434	1721	1028	693	4897	2468	2429
理县	3637	1841	1796	815	471	344	2516	1272	1244
茂县	8194	4172	4022	1835	1147	688	5725	2810	2915
松潘县	5749	2986	2763	1527	979	548	3768	1878	1890
九寨沟县	5758	3004	2754	1473	848	625	3964	2030	1934
金川县	5381	2674	2707	1216	715	501	3723	1819	1904
小金县	6854	3523	3331	1873	1135	738	4535	2237	2298
黑水县	4494	2256	2238	837	515	322	3209	1619	1590
马尔康县	4769	2400	2369	1318	747	571	3069	1552	1517
壤塘县	3040	1545	1495	1172	675	497	1527	753	774
阿坝县	4863	2491	2372	1790	1081	709	2542	1261	1281
若尔盖县	5331	2657	2674	1555	916	639	3213	1605	1608
红原县	3212	1643	1569	1020	602	418	1816	916	900

单位：人

离　婚			丧　偶			15—64岁妇女	
小　计	男	女	小　计	男	女	平均活产子女数	平均存活子女数
4331	**2559**	**1772**	**18539**	**6272**	**12267**	**1.24**	**1.21**
1342	737	605	4385	1387	2998	1.11	1.09
1407	873	534	8240	2973	5267	1.38	1.35
569	340	229	1866	592	1274	1.09	1.07
437	263	174	1965	657	1308	1.19	1.16
237	136	101	961	318	643	1.21	1.19
339	210	129	1122	345	777	1.15	1.12
7226	**4233**	**2993**	**29812**	**10155**	**19657**	**1.49**	**1.45**
2213	1073	1140	4423	1210	3213	1.23	1.20
1188	753	435	5928	2209	3719	1.51	1.47
574	325	249	2255	765	1490	1.41	1.37
551	354	197	2889	998	1891	1.48	1.45
499	302	197	2630	916	1714	1.50	1.46
546	334	212	2920	967	1953	1.61	1.57
566	365	201	2384	795	1589	1.53	1.50
362	239	123	2050	709	1341	1.83	1.78
413	271	142	2589	897	1692	1.59	1.55
314	217	97	1744	689	1055	1.68	1.63
2930	**1812**	**1118**	**24009**	**8507**	**15502**	**1.49**	**1.46**
761	464	297	7032	2378	4654	1.43	1.40
716	455	261	6206	2240	3966	1.47	1.44
546	346	200	4659	1656	3003	1.44	1.42
677	411	266	4524	1721	2803	1.65	1.61
230	136	94	1588	512	1076	1.42	1.40
5305	**3273**	**2032**	**31995**	**12079**	**19916**	**1.47**	**1.44**
701	325	376	1588	443	1145	1.14	1.12
1085	663	422	7023	2611	4412	1.43	1.40
806	519	287	5486	2359	3127	1.61	1.57
352	240	112	2752	1035	1717	1.55	1.51
912	601	311	5463	1918	3545	1.43	1.41
1140	725	415	7161	2694	4467	1.43	1.41
309	200	109	2522	1019	1503	1.69	1.65
2681	**1615**	**1066**	**8273**	**2721**	**5552**	**1.33**	**1.31**
828	459	369	1718	556	1162	1.10	1.09
372	238	134	1472	517	955	1.31	1.28
218	133	85	775	264	511	1.36	1.33
608	377	231	1828	629	1199	1.36	1.33
245	142	103	669	185	484	1.46	1.43
218	146	72	874	250	624	1.59	1.56
133	81	52	614	201	413	1.50	1.47
59	39	20	323	119	204	1.53	1.49
2869	**1775**	**1094**	**18537**	**7365**	**11172**	**1.53**	**1.50**
983	599	384	6677	2428	4249	1.50	1.47
619	380	239	4112	1757	2355	1.51	1.49
547	371	176	3079	1260	1819	1.56	1.53
720	425	295	4669	1920	2749	1.57	1.54
4103	**2592**	**1511**	**28549**	**10150**	**18399**	**1.51**	**1.47**
1034	602	432	6181	2180	4001	1.41	1.38
1089	728	361	8626	3124	5502	1.63	1.59
603	406	197	5439	1986	3453	1.51	1.48
1377	856	521	8303	2860	5443	1.46	1.42
1119	**466**	**653**	**4669**	**1375**	**3294**	**1.56**	**1.53**
108	56	52	436	176	260	1.48	1.44
36	23	13	270	75	195	1.49	1.47
80	45	35	554	170	384	1.72	1.69
46	22	24	408	107	301	1.76	1.70
43	28	15	278	98	180	1.56	1.55
70	32	38	372	108	264	1.63	1.60
43	25	18	403	126	277	1.55	1.52
55	23	32	393	99	294	1.53	1.49
90	31	59	292	70	222	1.20	1.18
74	29	45	267	88	179	1.47	1.44
167	55	112	364	94	270	1.62	1.59
139	32	107	424	104	320	1.62	1.59
168	65	103	208	60	148	1.44	1.42

表7　续表 38

地　区	15岁及以上人口			未　婚			有　配　偶		
	合　计	男	女	小　计	男	女	小　计	男	女
甘孜藏族自治州	**81428**	**41812**	**39616**	**27328**	**15936**	**11392**	**46079**	**23283**	**22796**
康定县	9564	5142	4422	2669	1674	995	6117	3222	2895
泸定县	6415	3320	3095	1251	797	454	4609	2315	2294
丹巴县	4637	2361	2276	1092	692	400	3126	1545	1581
九龙县	4434	2422	2012	995	655	340	3154	1671	1483
雅江县	3892	2105	1787	1125	706	419	2358	1248	1110
道孚县	4169	2069	2100	1477	850	627	2242	1076	1166
炉霍县	3320	1685	1635	1093	670	423	1819	910	909
甘孜县	5148	2557	2591	2102	1150	952	2532	1248	1284
新龙县	3681	1880	1801	1582	902	680	1752	857	895
德格县	5837	2976	2861	2659	1552	1107	2387	1160	1227
白玉县	4040	1937	2103	1865	932	933	1753	882	871
石渠县	5667	2877	2790	2318	1322	996	2793	1389	1404
色达县	4487	2224	2263	2314	1203	1111	1679	846	833
理塘县	5473	2872	2601	1743	1043	700	3205	1624	1581
巴塘县	3729	1833	1896	1248	673	575	2100	1046	1054
乡城县	2782	1513	1269	796	500	296	1753	930	823
稻城县	2164	1061	1103	479	302	177	1449	713	736
得荣县	1989	978	1011	520	313	207	1251	601	650
凉山彝族自治州	**339998**	**172285**	**167713**	**78228**	**46171**	**32057**	**234595**	**116210**	**118385**
西昌市	55811	27697	28114	12074	6758	5316	39446	19418	20028
木里藏族自治县	10762	5681	5081	2674	1712	962	7250	3727	3523
盐源县	27523	14343	13180	6580	4038	2542	19103	9630	9473
德昌县	17864	9015	8849	3905	2296	1609	12535	6186	6349
会理县	35322	18169	17153	7061	4477	2584	25285	12591	12694
会东县	28717	15035	13682	5930	3891	2039	20400	10123	10277
宁南县	13016	6531	6485	2480	1484	996	9426	4655	4771
普格县	10719	5447	5272	2390	1410	980	7433	3722	3711
布拖县	11494	5616	5878	2573	1441	1132	7809	3805	4004
金阳县	11294	5716	5578	2717	1562	1155	7686	3799	3887
昭觉县	16743	8321	8422	5024	2717	2307	10212	5048	5164
喜德县	11090	5612	5478	2543	1476	1067	7810	3867	3943
冕宁县	25560	12850	12710	5370	3178	2192	18382	9032	9350
越西县	17841	8847	8994	4192	2402	1790	12201	5957	6244
甘洛县	14095	7256	6839	3187	1989	1198	9681	4826	4855
美姑县	13915	6796	7119	4906	2555	2351	7824	3827	3997
雷波县	18232	9353	8879	4622	2785	1837	12112	5997	6115
贵州省	**2471843**	**1250892**	**1220951**	**494275**	**299268**	**195007**	**1769896**	**874302**	**895594**
贵阳市	**335005**	**170067**	**164938**	**79578**	**46419**	**33159**	**229107**	**114525**	**114582**
南明区	66526	33370	33156	16273	9202	7071	44526	22339	22187
云岩区	79743	40011	39732	24626	13615	11011	48710	24347	24363
花溪区	27259	13978	13281	8223	4832	3391	17152	8500	8652
乌当区	28087	14454	13633	5368	3323	2045	20761	10466	10295
白云区	20420	10377	10043	4232	2473	1759	14639	7335	7304
小河区	19187	9624	9563	3540	2063	1477	14262	7123	7139
开阳县	26942	13880	13062	4501	2846	1655	20215	10068	10147
息烽县	15739	8131	7608	2535	1630	905	11914	5950	5964
修文县	17814	9178	8636	3392	2124	1268	13091	6543	6548
清镇市	33288	17064	16224	6888	4311	2577	23837	11854	11983
六盘水市	**200760**	**103494**	**97266**	**43490**	**27088**	**16402**	**142536**	**71142**	**71394**
钟山区	42167	21272	20895	8949	5252	3697	30169	15071	15098
六枝特区	33630	16850	16780	5917	3646	2271	24633	12105	12528
水城县	46167	24309	21858	10166	6670	3496	32581	16340	16241
盘县	78796	41063	37733	18458	11520	6938	55153	27626	27527
遵义市	**439349**	**219212**	**220137**	**75778**	**44568**	**31210**	**325653**	**159562**	**166091**
红花岗区	47077	23487	23590	9149	5154	3995	34148	16991	17157
汇川区	33722	16556	17166	7830	4061	3769	23637	11739	11898
遵义县	67301	34017	33284	10714	6495	4219	50848	25222	25626
桐梓县	36903	18611	18292	6337	3893	2444	27282	13367	13915
绥阳县	27157	13419	13738	4353	2571	1782	20371	9873	10498
正安县	28123	13886	14237	4352	2611	1741	20795	10007	10788
道真仡佬族苗族自治县	17334	8288	9046	2066	1251	815	13590	6343	7247
务川仡佬族苗族自治县	22619	11194	11425	3729	2180	1549	16854	8118	8736
凤冈县	22396	11139	11257	3672	2209	1463	16841	8190	8651
湄潭县	26319	13052	13267	3737	2261	1476	20328	9930	10398

单位：人

离婚			丧偶			15—64岁妇女	
小计	男	女	小计	男	女	平均活产子女数	平均存活子女数
1880	**702**	**1178**	**6141**	**1891**	**4250**	**1.42**	**1.39**
212	89	123	566	157	409	1.35	1.33
119	73	46	436	135	301	1.62	1.59
68	32	36	351	92	259	1.60	1.57
41	20	21	244	76	168	1.99	1.96
107	36	71	302	115	187	1.47	1.44
119	41	78	331	102	229	1.41	1.40
109	37	72	299	68	231	1.47	1.46
114	38	76	400	121	279	1.27	1.25
56	25	31	291	96	195	1.49	1.47
267	77	190	524	187	337	1.30	1.28
72	18	54	350	105	245	1.10	1.09
179	50	129	377	116	261	1.40	1.38
139	60	79	355	115	240	1.07	1.06
131	57	74	394	148	246	1.42	1.39
41	12	29	340	102	238	1.30	1.27
35	16	19	198	67	131	1.47	1.44
40	9	31	196	37	159	1.40	1.36
31	12	19	187	52	135	1.50	1.46
4423	**2458**	**1965**	**22752**	**7446**	**15306**	**1.78**	**1.74**
1245	617	628	3046	904	2142	1.39	1.37
70	30	40	768	212	556	1.76	1.74
250	150	100	1590	525	1065	1.85	1.82
230	129	101	1194	404	790	1.52	1.50
507	311	196	2469	790	1679	1.60	1.57
315	193	122	2072	828	1244	1.72	1.70
168	92	76	942	300	642	1.61	1.58
147	75	72	749	240	509	1.97	1.91
84	45	39	1028	325	703	2.14	1.97
77	48	29	814	307	507	2.15	2.07
198	92	106	1309	464	845	1.85	1.80
102	64	38	635	205	430	2.09	2.05
254	161	93	1554	479	1075	1.89	1.86
249	145	104	1199	343	856	2.21	2.16
230	146	84	997	295	702	2.11	2.03
116	58	58	1069	356	713	1.89	1.83
181	102	79	1317	469	848	1.95	1.90
37069	**21724**	**15345**	**170603**	**55598**	**115005**	**1.86**	**1.81**
9927	**4927**	**5000**	**16393**	**4196**	**12197**	**1.29**	**1.27**
2741	1238	1503	2986	591	2395	1.06	1.05
3142	1400	1742	3265	649	2616	0.94	0.93
454	256	198	1430	390	1040	1.29	1.27
607	317	290	1351	348	1003	1.39	1.37
671	322	349	878	247	631	1.29	1.27
627	282	345	758	156	602	1.15	1.14
430	302	128	1796	664	1132	1.79	1.75
307	217	90	983	334	649	1.80	1.75
293	197	96	1038	314	724	1.78	1.74
655	396	259	1908	503	1405	1.76	1.72
2911	**1671**	**1240**	**11823**	**3593**	**8230**	**1.91**	**1.86**
1233	597	636	1816	352	1464	1.52	1.49
515	302	213	2565	797	1768	2.13	2.07
446	315	131	2974	984	1990	2.15	2.08
717	457	260	4468	1460	3008	1.90	1.85
6128	**3485**	**2643**	**31790**	**11597**	**20193**	**1.81**	**1.76**
1566	762	804	2214	580	1634	1.32	1.30
706	315	391	1549	441	1108	1.27	1.26
823	530	293	4916	1770	3146	1.91	1.86
472	286	186	2812	1065	1747	1.99	1.94
250	150	100	2183	825	1358	1.95	1.89
202	123	79	2774	1145	1629	2.05	1.98
120	59	61	1558	635	923	1.98	1.90
165	107	58	1871	789	1082	2.09	2.01
194	111	83	1689	629	1060	1.93	1.87
344	196	148	1910	665	1245	1.86	1.80

表7 续表 39

地区	15岁及以上人口			未婚			有配偶		
	合计	男	女	小计	男	女	小计	男	女
余庆县	16975	8453	8522	2241	1357	884	13401	6558	6843
习水县	38489	19486	19003	7164	4378	2786	27972	13717	14255
赤水市	17154	8538	8616	2301	1421	880	12839	6349	6490
仁怀市	37780	19086	18694	8133	4726	3407	26747	13158	13589
安顺市	**158671**	**80124**	**78547**	**30167**	**18222**	**11945**	**115096**	**57023**	**58073**
西秀区	54316	27077	27239	10325	5990	4335	39382	19465	19917
平坝县	21683	10966	10717	3261	2054	1207	16711	8336	8375
普定县	23881	12159	11722	4933	2935	1998	17048	8471	8577
镇宁布依族苗族自治县	19253	9834	9419	3594	2286	1308	13834	6859	6975
关岭布依族苗族自治县	21210	10861	10349	4585	2825	1760	14938	7394	7544
紫云苗族布依族自治县	18328	9227	9101	3469	2132	1337	13183	6498	6685
铜仁地区	**212491**	**105670**	**106821**	**41241**	**24264**	**16977**	**151264**	**73211**	**78053**
铜仁市	24427	12148	12279	5292	2947	2345	17022	8431	8591
江口县	12405	6343	6062	2210	1411	799	9067	4467	4600
玉屏侗族自治县	8745	4474	4271	1311	866	445	6647	3305	3342
石阡县	22165	10920	11245	3961	2330	1631	16047	7686	8361
思南县	34928	17138	17790	6413	3726	2687	24946	11996	12950
印江土家族苗族自治县	19601	9578	10023	3160	1881	1279	14368	6831	7537
德江县	24038	11733	12305	4625	2607	2018	17309	8237	9072
沿河土家族自治县	29164	14383	14781	5758	3289	2469	20884	10011	10873
松桃苗族自治县	33489	17115	16374	8015	4864	3151	22340	10916	11424
万山特区	3529	1838	1691	496	343	153	2634	1331	1303
黔西南布依族苗族自治州	**196230**	**98672**	**97558**	**36713**	**22163**	**14550**	**143915**	**71021**	**72894**
兴义市	57537	29153	28384	11809	7029	4780	41723	20716	21007
兴仁县	28553	14489	14064	5259	3203	2056	21256	10529	10727
普安县	16942	8624	8318	3397	2074	1323	12282	6109	6173
晴隆县	16637	8384	8253	3015	1875	1140	12339	6053	6286
贞丰县	20862	10176	10686	3713	2152	1561	15266	7402	7864
望谟县	16712	8232	8480	3006	1817	1189	11836	5741	6095
册亨县	13569	6732	6837	2343	1392	951	10051	4956	5095
安龙县	25418	12882	12536	4171	2621	1550	19162	9515	9647
毕节地区	**443040**	**227541**	**215499**	**95323**	**58682**	**36641**	**314429**	**156248**	**158181**
毕节市	75613	38030	37583	16052	9461	6591	53462	26354	27108
大方县	53409	27561	25848	11602	7123	4479	37693	18866	18827
黔西县	49080	25433	23647	9670	6146	3524	35403	17700	17703
金沙县	37316	19580	17736	5580	3741	1839	28683	14572	14111
织金县	57397	29615	27782	13000	7994	5006	39964	19873	20091
纳雍县	45237	22917	22320	9251	5575	3676	32633	16174	16459
威宁彝族回族苗族自治县	82798	43107	39691	21222	13258	7964	56416	27906	28510
赫章县	42190	21298	20892	8946	5384	3562	30175	14803	15372
黔东南苗族侗族自治州	**250459**	**127246**	**123213**	**45683**	**29460**	**16223**	**181489**	**89414**	**92075**
凯里市	35900	18308	17592	8249	5126	3123	24628	12218	12410
黄平县	17464	8689	8775	3105	1899	1206	12530	6166	6364
施秉县	8832	4486	4346	1449	951	498	6569	3239	3330
三穗县	10728	5425	5303	1687	1095	592	8012	3942	4070
镇远县	14029	7223	6806	1887	1336	551	10822	5363	5459
岑巩县	11435	5746	5689	1906	1226	680	8479	4123	4356
天柱县	19200	9750	9450	3238	2088	1150	13931	6917	7014
锦屏县	11030	5435	5595	1837	1149	688	8179	3947	4232
剑河县	12997	6686	6311	2329	1553	776	9413	4636	4777
台江县	7397	3727	3670	1428	924	504	5331	2616	2715
黎平县	29273	14757	14516	5264	3273	1991	21177	10401	10776
榕江县	19981	10265	9716	3780	2455	1325	14576	7182	7394
从江县	22407	11383	11024	3971	2568	1403	16547	8131	8416
雷山县	8625	4566	4059	1607	1183	424	6215	3097	3118
麻江县	12312	6287	6025	2363	1562	801	8724	4319	4405
丹寨县	8849	4513	4336	1583	1072	511	6356	3117	3239
黔南布依族苗族自治州	**235838**	**118866**	**116972**	**46302**	**28402**	**17900**	**166407**	**82156**	**84251**
都匀市	32805	16143	16662	6947	3985	2962	22346	11004	11342
福泉市	20472	10550	9922	4152	2617	1535	14767	7344	7423
荔波县	10904	5529	5375	2208	1375	833	7580	3769	3811
贵定县	16328	8230	8098	2958	1881	1077	11671	5746	5925
瓮安县	27542	13790	13752	5067	3004	2063	20281	9937	10344
独山县	21575	10906	10669	4139	2561	1578	15129	7535	7594
平塘县	16747	8391	8356	2700	1678	1022	12129	5997	6132

单位：人

离婚			丧偶			15—64岁妇女	
小计	男	女	小计	男	女	平均活产子女数	平均存活子女数
208	143	65	1125	395	730	1.78	1.72
343	230	113	3010	1161	1849	2.01	1.96
374	242	132	1640	526	1114	1.59	1.54
361	231	130	2539	971	1568	1.85	1.83
2403	**1441**	**962**	**11005**	**3438**	**7567**	**1.89**	**1.85**
1147	608	539	3462	1014	2448	1.66	1.63
336	189	147	1375	387	988	1.86	1.81
278	204	74	1622	549	1073	2.13	2.07
266	174	92	1559	515	1044	2.05	2.00
223	165	58	1464	477	987	1.94	1.90
153	101	52	1523	496	1027	2.10	2.04
2359	**1487**	**872**	**17627**	**6708**	**10919**	**1.90**	**1.86**
489	257	232	1624	513	1111	1.44	1.41
179	126	53	949	339	610	1.80	1.77
131	79	52	656	224	432	1.69	1.65
235	157	78	1922	747	1175	1.83	1.78
282	184	98	3287	1232	2055	1.84	1.80
164	113	51	1909	753	1156	1.93	1.89
257	141	116	1847	748	1099	2.04	1.99
189	124	65	2333	959	1374	2.23	2.17
346	253	93	2788	1082	1706	2.08	2.03
87	53	34	312	111	201	1.76	1.68
1948	**1275**	**673**	**13654**	**4213**	**9441**	**1.97**	**1.93**
756	470	286	3249	938	2311	1.68	1.66
229	154	75	1809	603	1206	2.19	2.14
138	84	54	1125	357	768	2.17	2.14
121	85	36	1162	371	791	2.28	2.23
179	119	60	1704	503	1201	2.06	2.02
156	103	53	1714	571	1143	1.97	1.93
102	71	31	1073	313	760	1.94	1.90
267	189	78	1818	557	1261	1.98	1.93
4569	**3160**	**1409**	**28719**	**9451**	**19268**	**2.27**	**2.22**
825	508	317	5274	1707	3567	2.26	2.21
557	415	142	3557	1157	2400	2.30	2.26
710	496	214	3297	1091	2206	2.13	2.07
543	372	171	2510	895	1615	2.02	1.97
633	478	155	3800	1270	2530	2.26	2.21
361	251	110	2992	917	2075	2.45	2.39
548	367	181	4612	1576	3036	2.30	2.27
392	273	119	2677	838	1839	2.37	2.30
3161	**2027**	**1134**	**20126**	**6345**	**13781**	**1.88**	**1.83**
883	427	456	2140	537	1603	1.51	1.48
180	129	51	1649	495	1154	1.96	1.93
111	75	36	703	221	482	1.98	1.92
162	104	58	867	284	583	2.03	1.96
191	143	48	1129	381	748	2.06	1.96
102	75	27	948	322	626	1.96	1.91
241	173	68	1790	572	1218	1.91	1.87
100	71	29	914	268	646	1.99	1.94
128	82	46	1127	415	712	2.03	1.98
66	39	27	572	148	424	1.97	1.92
311	227	84	2521	856	1665	1.91	1.87
199	146	53	1426	482	944	1.94	1.91
160	109	51	1729	575	1154	1.85	1.79
86	59	27	717	227	490	2.00	1.94
154	111	43	1071	295	776	1.91	1.86
87	57	30	823	267	556	1.83	1.79
3663	**2251**	**1412**	**19466**	**6057**	**13409**	**1.77**	**1.73**
989	522	467	2523	632	1891	1.35	1.33
313	200	113	1240	389	851	1.77	1.73
115	72	43	1001	313	688	1.78	1.73
349	210	139	1350	393	957	1.88	1.83
418	245	173	1776	604	1172	1.83	1.79
283	182	101	2024	628	1396	1.77	1.73
216	150	66	1702	566	1136	1.83	1.79

表7　续表 40

地　区	15岁及以上人口			未　婚			有　配　偶		
	合　计	男	女	小　计	男	女	小　计	男	女
罗甸县	18857	9372	9485	3683	2279	1404	13084	6370	6714
长顺县	13223	6755	6468	2444	1559	885	9502	4696	4806
龙里县	12902	6704	6198	2483	1681	802	9275	4595	4680
惠水县	24474	12305	12169	5008	3005	2003	16984	8414	8570
三都水族自治县	20009	10191	9818	4513	2777	1736	13659	6749	6910
云南省	**3512312**	**1795180**	**1717132**	**746903**	**462448**	**284455**	**2506853**	**1241724**	**1265129**
昆明市	**498341**	**250468**	**247873**	**110215**	**62813**	**47402**	**353568**	**175973**	**177595**
五华区	67650	33005	34645	21247	10873	10374	41854	20684	21170
盘龙区	60807	30433	30374	16152	8869	7283	40824	20252	20572
官渡区	69946	36111	33835	15947	9341	6606	50030	25422	24608
西山区	59777	29744	30033	13401	7314	6087	41987	20976	21011
东川区	21365	10846	10519	3814	2470	1344	15659	7724	7935
呈贡县	22439	11599	10840	7356	4119	3237	14107	7178	6929
晋宁县	21640	10892	10748	2902	1749	1153	17056	8519	8537
富民县	11377	5653	5724	1741	1047	694	8767	4328	4439
宜良县	32650	16336	16314	5059	3154	1905	24943	12273	12670
石林彝族自治县	18537	9355	9182	3271	2002	1269	13947	6912	7035
嵩明县	21563	10689	10874	4033	2344	1689	16029	7845	8184
禄劝彝族苗族自治县	30484	15114	15370	4686	2899	1787	23175	11341	11834
寻甸回族彝族自治县	35412	17781	17631	6422	3861	2561	26582	13051	13531
安宁市	24694	12910	11784	4184	2771	1413	18608	9468	9140
曲靖市	**443265**	**227351**	**215914**	**93617**	**57449**	**36168**	**323008**	**159877**	**163131**
麒麟区	67411	33950	33461	15441	8602	6839	48288	24090	24198
马龙县	14401	7261	7140	2214	1347	867	11344	5601	5743
陆良县	46098	23287	22811	9217	5443	3774	34502	16956	17546
师宗县	28504	14648	13856	5260	3271	1989	21594	10730	10864
罗平县	40997	21082	19915	7785	5018	2767	30783	15168	15615
富源县	50730	26266	24464	11064	6762	4302	36718	18377	18341
会泽县	65006	33795	31211	12987	8612	4375	47507	23460	24047
沾益县	32698	16633	16065	6776	4074	2702	23910	11842	12068
宣威市	97420	50429	46991	22873	14320	8553	68362	33653	34709
玉溪市	**185153**	**93563**	**91590**	**36200**	**21830**	**14370**	**135565**	**67401**	**68164**
红塔区	40886	20286	20600	9166	4987	4179	29059	14513	14546
江川县	22198	11122	11076	4470	2606	1864	16273	8016	8257
澄江县	13132	6606	6526	2340	1437	903	9823	4856	4967
通海县	23711	11834	11877	4239	2524	1715	17772	8840	8932
华宁县	16375	8444	7931	2713	1776	937	12481	6214	6267
易门县	14294	7276	7018	2946	1825	1121	10269	5087	5182
峨山彝族自治县	13539	6816	6723	2712	1623	1089	9776	4856	4920
新平彝族傣族自治县	24486	12804	11682	4478	3061	1417	18150	9122	9028
元江哈尼族彝族傣族自治县	16532	8375	8157	3136	1991	1145	11962	5897	6065
保山市	**198271**	**100202**	**98069**	**34784**	**21527**	**13257**	**148237**	**73456**	**74781**
隆阳区	73983	36552	37431	14109	8025	6084	54095	26572	27523
施甸县	23750	11946	11804	3625	2359	1266	18172	8963	9209
腾冲县	51571	26495	25076	8829	5653	3176	38972	19472	19500
龙陵县	22120	11539	10581	3540	2483	1057	16933	8461	8472
昌宁县	26847	13670	13177	4681	3007	1674	20065	9988	10077
昭通市	**376672**	**195645**	**181027**	**101548**	**62299**	**39249**	**247190**	**122353**	**124837**
昭阳区	54323	27418	26905	13195	7771	5424	37378	18397	18981
鲁甸县	26928	13842	13086	8227	4788	3439	17064	8458	8606
巧家县	37583	20111	17472	8770	6156	2614	25762	12709	13053
盐津县	27070	14181	12889	7185	4498	2687	17703	8753	8950
大关县	19800	10413	9387	5739	3653	2086	12554	6121	6433
永善县	29392	15515	13877	7205	4664	2541	19713	9856	9857
绥江县	11620	5945	5675	2610	1593	1017	8029	3969	4060
镇雄县	96148	50030	46118	30338	17797	12541	59140	29564	29576
彝良县	40523	21078	19445	10052	6435	3617	27385	13403	13982
威信县	25752	13219	12533	6659	3988	2671	17125	8434	8691
水富县	7533	3893	3640	1568	956	612	5337	2689	2648
丽江市	**99183**	**50611**	**48572**	**22364**	**13592**	**8772**	**69130**	**34394**	**34736**
古城区	17846	8961	8885	4509	2464	2045	12288	6152	6136
玉龙纳西族自治县	17942	9266	8676	4067	2627	1440	12246	6074	6172
永胜县	31830	16073	15757	6705	4087	2618	22399	11067	11332
华坪县	12905	6782	6123	2599	1695	904	9233	4676	4557
宁蒗彝族自治县	18660	9529	9131	4484	2719	1765	12964	6425	6539

单位：人

离婚			丧偶			15—64岁妇女	
小计	男	女	小计	男	女	平均活产子女数	平均存活子女数
226	136	90	1864	587	1277	1.75	1.72
132	95	37	1145	405	740	1.95	1.91
177	127	50	967	301	666	1.84	1.80
262	175	87	2220	711	1509	1.85	1.81
183	137	46	1654	528	1126	1.95	1.92
50253	**27666**	**22587**	**208303**	**63342**	**144961**	**1.60**	**1.56**
10840	**5300**	**5540**	**23718**	**6382**	**17336**	**1.18**	**1.16**
2108	932	1176	2441	516	1925	0.76	0.75
1621	754	867	2210	558	1652	0.92	0.91
1579	736	843	2390	612	1778	1.01	1.00
1862	831	1031	2527	623	1904	0.92	0.91
457	251	206	1435	401	1034	1.64	1.61
277	135	142	699	167	532	0.99	0.98
409	237	172	1273	387	886	1.34	1.32
162	94	68	707	184	523	1.47	1.45
602	337	265	2046	572	1474	1.48	1.46
245	136	109	1074	305	769	1.59	1.56
295	161	134	1206	339	867	1.50	1.47
251	164	87	2372	710	1662	1.73	1.71
252	164	88	2156	705	1451	1.70	1.67
720	368	352	1182	303	879	1.26	1.24
3745	**2132**	**1613**	**22895**	**7893**	**15002**	**1.76**	**1.73**
1014	464	550	2668	794	1874	1.33	1.30
68	38	30	775	275	500	1.77	1.74
317	188	129	2062	700	1362	1.76	1.73
183	112	71	1467	535	932	1.90	1.86
242	159	83	2187	737	1450	1.94	1.89
265	169	96	2683	958	1725	2.04	2.02
591	384	207	3921	1339	2582	1.81	1.78
291	156	135	1721	561	1160	1.60	1.58
774	462	312	5411	1994	3417	1.82	1.80
2805	**1493**	**1312**	**10583**	**2839**	**7744**	**1.49**	**1.46**
762	368	394	1899	418	1481	1.25	1.23
297	155	142	1158	345	813	1.52	1.49
233	112	121	736	201	535	1.54	1.52
352	192	160	1348	278	1070	1.52	1.49
239	143	96	942	311	631	1.68	1.64
152	94	58	927	270	657	1.48	1.46
183	100	83	868	237	631	1.45	1.43
291	168	123	1567	453	1114	1.64	1.59
296	161	135	1138	326	812	1.63	1.59
1992	**1141**	**851**	**13258**	**4078**	**9180**	**1.60**	**1.56**
1002	551	451	4777	1404	3373	1.44	1.42
178	113	65	1775	511	1264	1.71	1.64
443	264	179	3327	1106	2221	1.74	1.69
150	90	60	1497	505	992	1.79	1.72
219	123	96	1882	552	1330	1.56	1.52
4734	**3073**	**1661**	**23200**	**7920**	**15280**	**1.98**	**1.93**
710	382	328	3040	868	2172	1.90	1.85
175	115	60	1462	481	981	2.07	2.03
497	301	196	2554	945	1609	1.91	1.87
404	300	104	1778	630	1148	1.94	1.87
259	194	65	1248	445	803	1.90	1.84
451	272	179	2023	723	1300	1.93	1.87
201	114	87	780	269	511	1.75	1.69
1061	758	303	5609	1911	3698	2.11	2.07
470	322	148	2616	918	1698	2.05	2.00
324	213	111	1644	584	1060	1.96	1.92
182	102	80	446	146	300	1.59	1.53
1299	**667**	**632**	**6390**	**1958**	**4432**	**1.48**	**1.45**
244	110	134	805	235	570	1.13	1.11
204	120	84	1425	445	980	1.51	1.47
485	248	237	2241	671	1570	1.49	1.46
225	128	97	848	283	565	1.51	1.49
141	61	80	1071	324	747	1.76	1.73

表7 续表 41

地区	15岁及以上人口			未婚			有配偶		
	合计	男	女	小计	男	女	小计	男	女
普洱市	**207192**	**108442**	**98750**	**49748**	**33372**	**16376**	**141559**	**69622**	**71937**
思茅区	24014	12349	11665	5892	3453	2439	16759	8443	8316
宁洱哈尼族彝族自治县	15124	7855	7269	3133	2134	999	10736	5298	5438
墨江哈尼族自治县	29566	15763	13803	8242	5713	2529	19032	9242	9790
景东彝族自治县	29059	15044	14015	6302	4382	1920	20404	9960	10444
景谷傣族彝族自治县	23396	12527	10869	4696	3465	1231	16904	8436	8468
镇沅彝族哈尼族拉祜族自治县	17136	9038	8098	4000	2810	1190	11894	5782	6112
江城哈尼族彝族自治县	9622	5002	4620	2210	1447	763	6769	3312	3457
孟连傣族拉祜族佤族自治县	10950	5615	5335	2083	1337	746	8016	3971	4045
澜沧拉祜族自治县	41171	21550	19621	11110	7305	3805	26546	12991	13555
西盟佤族自治县	7154	3699	3455	2080	1326	754	4499	2187	2312
临沧市	**174787**	**90815**	**83972**	**38147**	**25590**	**12557**	**122798**	**60509**	**62289**
临翔区	21623	11182	10441	4221	2872	1349	15442	7633	7809
凤庆县	33644	17259	16385	6831	4554	2277	23868	11670	12198
云县	31156	16135	15021	6635	4566	2069	22101	10712	11389
永德县	26007	13701	12306	5570	3831	1739	18501	9192	9309
镇康县	12895	6955	5940	3057	2096	961	9002	4555	4447
双江拉祜族佤族布朗族傣族自治县	13290	6957	6333	3505	2334	1171	8753	4297	4456
耿马傣族佤族自治县	21684	11118	10566	4357	2830	1527	15717	7784	7933
沧源佤族自治县	14488	7508	6980	3971	2507	1464	9414	4666	4748
楚雄彝族自治州	**216674**	**110298**	**106376**	**42950**	**26792**	**16158**	**156523**	**77307**	**79216**
楚雄市	46829	23772	23057	10438	6125	4313	32977	16433	16544
双柏县	12882	6788	6094	2929	2014	915	8910	4388	4522
牟定县	17637	8965	8672	3702	2244	1458	12522	6169	6353
南华县	19322	9733	9589	3239	2014	1225	14500	7139	7361
姚安县	15964	8037	7927	3201	1905	1296	11474	5633	5841
大姚县	22043	11367	10676	4403	2936	1467	15670	7702	7968
永仁县	8890	4562	4328	1791	1179	612	6322	3092	3230
元谋县	16691	8463	8228	2998	1922	1076	12319	6078	6241
武定县	21767	11035	10732	4415	2757	1658	15679	7728	7951
禄丰县	34649	17576	17073	5834	3696	2138	26150	12945	13205
红河哈尼族彝族自治州	**349301**	**178730**	**170571**	**69018**	**44391**	**24627**	**253204**	**125273**	**127931**
个旧市	37152	19210	17942	7662	4902	2760	26173	13233	12940
开远市	26044	13143	12901	5188	3244	1944	18703	9246	9457
蒙自县	34210	17515	16695	7295	4567	2728	24549	12195	12354
屏边苗族自治县	11739	6187	5552	2950	1921	1029	7839	3901	3938
建水县	40547	20409	20138	6942	4366	2576	30563	15060	15503
石屏县	23560	11805	11755	4180	2784	1396	17534	8476	9058
弥勒县	44167	22494	21673	9339	5806	3533	31735	15646	16089
泸西县	29708	15333	14375	5700	3657	2043	22151	10970	11181
元阳县	28577	14785	13792	5300	3664	1636	20751	10214	10537
红河县	21389	10936	10453	4256	2746	1510	15302	7544	7758
金平苗族瑶族傣族自治县	27009	13903	13106	4716	3196	1520	20063	9947	10116
绿春县	16819	8687	8132	3824	2464	1360	11779	5796	5983
河口瑶族自治县	8380	4323	4057	1666	1074	592	6062	3045	3017
文山壮族苗族自治州	**243296**	**125380**	**117916**	**48694**	**31108**	**17586**	**175424**	**86975**	**88449**
文山县	31885	16539	15346	6807	4178	2629	22647	11525	11122
砚山县	30913	15903	15010	5831	3557	2274	22746	11462	11284
西畴县	19409	10070	9339	4106	2635	1471	13745	6815	6930
麻栗坡县	20580	10572	10008	3974	2555	1419	14852	7329	7523
马关县	24562	12811	11751	4447	3130	1317	18091	8922	9169
丘北县	33867	17592	16275	7828	4964	2864	23973	11864	12109
广南县	55468	28680	26788	11343	7275	4068	39821	19648	20173
富宁县	26612	13213	13399	4358	2814	1544	19549	9410	10139
西双版纳傣族自治州	**86305**	**44454**	**41851**	**15780**	**10410**	**5370**	**63903**	**31778**	**32125**
景洪市	37751	19346	18405	6827	4421	2406	28016	13977	14039
勐海县	27730	14288	13442	5330	3537	1793	20114	9950	10164
勐腊县	20824	10820	10004	3623	2452	1171	15773	7851	7922
大理白族自治州	**267907**	**134357**	**133550**	**48566**	**29311**	**19255**	**199098**	**98143**	**100955**
大理市	52447	25755	26692	10811	5789	5022	37962	18838	19124
漾濞彝族自治县	8484	4378	4106	1773	1131	642	6111	3047	3064
祥云县	34420	17296	17124	5360	3303	2057	26570	13090	13480
宾川县	27532	14088	13444	5066	3190	1876	20500	10138	10362
弥渡县	22867	11433	11434	3736	2315	1421	17414	8518	8896
南涧彝族自治县	15920	8039	7881	2616	1714	902	11956	5899	6057

单位：人

离婚			丧偶			15—64岁妇女	
小 计	男	女	小 计	男	女	平均活产子女数	平均存活子女数
2807	**1549**	**1258**	**13078**	**3899**	**9179**	**1.59**	**1.52**
371	171	200	992	282	710	1.23	1.22
253	148	105	1002	275	727	1.54	1.50
267	166	101	2025	642	1383	1.71	1.63
280	140	140	2073	562	1511	1.60	1.57
235	140	95	1561	486	1075	1.75	1.69
162	86	76	1080	360	720	1.63	1.58
157	88	69	486	155	331	1.64	1.59
250	136	114	601	171	430	1.57	1.49
708	409	299	2807	845	1962	1.61	1.49
124	65	59	451	121	330	1.59	1.51
1727	**995**	**732**	**12115**	**3721**	**8394**	**1.74**	**1.68**
332	183	149	1628	494	1134	1.66	1.62
235	131	104	2710	904	1806	1.68	1.63
202	121	81	2218	736	1482	1.75	1.71
247	161	86	1689	517	1172	1.73	1.68
104	64	40	732	240	492	1.83	1.78
137	83	54	895	243	652	1.70	1.65
280	148	132	1330	356	974	1.82	1.75
190	104	86	913	231	682	1.80	1.61
3099	**1744**	**1355**	**14102**	**4455**	**9647**	**1.48**	**1.45**
763	374	389	2651	840	1811	1.29	1.27
140	85	55	903	301	602	1.55	1.51
267	145	122	1146	407	739	1.45	1.42
179	107	72	1404	473	931	1.56	1.53
213	126	87	1076	373	703	1.44	1.40
344	201	143	1626	528	1098	1.50	1.47
165	107	58	612	184	428	1.49	1.46
260	156	104	1114	307	807	1.58	1.55
252	140	112	1421	410	1011	1.57	1.54
516	303	213	2149	632	1517	1.57	1.54
5990	**3365**	**2625**	**21089**	**5701**	**15388**	**1.62**	**1.58**
1228	612	616	2089	463	1626	1.32	1.29
747	348	399	1406	305	1101	1.38	1.36
592	321	271	1774	432	1342	1.47	1.45
194	126	68	756	239	517	1.57	1.55
574	333	241	2468	650	1818	1.55	1.53
286	161	125	1560	384	1176	1.62	1.60
657	381	276	2436	661	1775	1.54	1.52
301	172	129	1556	534	1022	1.77	1.74
357	238	119	2169	669	1500	1.89	1.80
265	189	76	1566	457	1109	2.00	1.90
419	268	151	1811	492	1319	1.82	1.75
158	105	53	1058	322	736	1.85	1.79
212	111	101	440	93	347	1.53	1.50
2836	**1856**	**980**	**16342**	**5441**	**10901**	**1.78**	**1.74**
594	335	259	1837	501	1336	1.60	1.58
396	254	142	1940	630	1310	1.85	1.81
286	203	83	1272	417	855	1.60	1.57
259	180	79	1495	508	987	1.66	1.63
345	232	113	1679	527	1152	1.82	1.76
242	159	83	1824	605	1219	1.99	1.95
457	323	134	3847	1434	2413	1.81	1.77
257	170	87	2448	819	1629	1.75	1.71
2081	**1060**	**1021**	**4541**	**1206**	**3335**	**1.54**	**1.48**
1022	489	533	1886	459	1427	1.43	1.39
649	350	299	1637	451	1186	1.66	1.57
410	221	189	1018	296	722	1.58	1.54
3403	**1837**	**1566**	**16840**	**5066**	**11774**	**1.57**	**1.53**
942	408	534	2732	720	2012	1.27	1.25
89	46	43	511	154	357	1.62	1.59
391	232	159	2099	671	1428	1.66	1.59
396	235	161	1570	525	1045	1.60	1.57
251	152	99	1466	448	1018	1.61	1.57
126	84	42	1222	342	880	1.70	1.64

表7　续表 42

地　区	15岁及以上人口			未　婚			有　配　偶		
	合　计	男	女	小　计	男	女	小　计	男	女
巍山彝族回族自治县	22628	11296	11332	3791	2352	1439	17014	8335	8679
永平县	14043	7156	6887	2679	1711	968	10209	5033	5176
云龙县	15678	8214	7464	3481	2375	1106	10893	5400	5493
洱源县	20504	10173	10331	3397	1955	1442	15478	7625	7853
剑川县	13154	6516	6638	2593	1528	1065	9679	4699	4980
鹤庆县	20230	10013	10217	3263	1948	1315	15312	7521	7791
德宏傣族景颇族自治州	**93913**	**47430**	**46483**	**17965**	**11059**	**6906**	**69046**	**34341**	**34705**
瑞丽市	14770	7468	7302	2906	1754	1152	10702	5390	5312
潞西市	30816	15521	15295	6011	3603	2408	22716	11313	11403
梁河县	12367	6297	6070	2411	1515	896	9107	4498	4609
盈江县	22895	11563	11332	4385	2714	1671	16807	8353	8454
陇川县	13065	6581	6484	2252	1473	779	9714	4787	4927
怒江傈僳族自治州	**40226**	**20886**	**19340**	**9252**	**5875**	**3377**	**27492**	**13676**	**13816**
泸水县	13118	6806	6312	3091	1940	1151	8881	4408	4473
福贡县	7434	3804	3630	1804	1085	719	4968	2470	2498
贡山独龙族怒族自治县	3131	1652	1479	812	545	267	1967	967	1000
兰坪白族普米族自治县	16543	8624	7919	3545	2305	1240	11676	5831	5845
迪庆藏族自治州	**31826**	**16548**	**15278**	**8055**	**5030**	**3025**	**21108**	**10646**	**10462**
香格里拉县	13985	7268	6717	3441	2078	1363	9478	4861	4617
德钦县	5569	2857	2712	1453	905	548	3545	1791	1754
维西傈僳族自治县	12272	6423	5849	3161	2047	1114	8085	3994	4091
西藏自治区	**199755**	**100229**	**99526**	**68184**	**37547**	**30637**	**113521**	**56917**	**56604**
拉萨市	**42740**	**21577**	**21163**	**13334**	**7272**	**6062**	**26571**	**13434**	**13137**
城关区	21915	11146	10769	6437	3398	3039	14409	7412	6997
林周县	3459	1684	1775	1152	635	517	2010	963	1047
当雄县	3355	1677	1678	1216	705	511	1794	886	908
尼木县	2134	1052	1082	701	347	354	1259	643	616
曲水县	2378	1132	1246	702	368	334	1459	694	765
堆龙德庆县	3755	1886	1869	1029	569	460	2462	1242	1220
达孜县	2198	1138	1060	765	458	307	1248	619	629
墨竹工卡县	3546	1862	1684	1332	792	540	1930	975	955
昌都地区	**35088**	**17282**	**17806**	**14182**	**7539**	**6643**	**16757**	**8421**	**8336**
昌都县	5381	2635	2746	1758	965	793	3032	1516	1516
江达县	4414	2202	2212	1950	1054	896	1897	960	937
贡觉县	1653	794	859	699	330	369	670	366	304
类乌齐县	2017	923	1094	935	458	477	849	413	436
丁青县	3123	1558	1565	1434	760	674	1425	722	703
察雅县	3412	1692	1720	1665	870	795	1401	704	697
八宿县	2862	1430	1432	1144	605	539	1355	677	678
左贡县	2513	1225	1288	849	448	401	1324	667	657
芒康县	5477	2740	2737	2215	1210	1005	2646	1322	1324
洛隆县	2367	1160	1207	883	470	413	1152	574	578
边坝县	1869	923	946	650	369	281	1006	500	506
山南地区	**25211**	**12514**	**12697**	**8512**	**4801**	**3711**	**14361**	**6965**	**7396**
乃东县	4627	2293	2334	1393	760	633	2866	1406	1460
扎朗县	2724	1302	1422	1052	553	499	1354	638	716
贡嘎县	3479	1743	1736	1385	794	591	1759	835	924
桑日县	1311	620	691	535	275	260	719	332	387
琼结县	1317	623	694	462	253	209	743	343	400
曲松县	1139	570	569	357	219	138	652	308	344
措美县	1029	517	512	323	195	128	598	293	305
洛扎县	1436	708	728	418	246	172	869	418	451
加查县	1858	994	864	490	292	198	1219	656	563
隆子县	2832	1428	1404	895	539	356	1648	806	842
错那县	1010	487	523	270	146	124	649	310	339
浪卡子县	2449	1229	1220	932	529	403	1285	620	665
日喀则地区	**48263**	**24159**	**24104**	**15897**	**8624**	**7273**	**28065**	**14224**	**13841**
日喀则市	8579	4268	4311	2569	1346	1223	5440	2748	2692
南木林县	4743	2404	2339	1785	1036	749	2550	1272	1278
江孜县	4645	2282	2363	1243	630	613	3060	1557	1503
定日县	3220	1584	1636	1171	637	534	1665	832	833
萨迦县	3889	2013	1876	1299	689	610	2239	1172	1067
拉孜县	2870	1351	1519	1043	544	499	1480	721	759
昂仁县	3115	1562	1553	1018	558	460	1764	904	860
谢通门县	2446	1189	1257	794	441	353	1353	674	679

单位：人

离婚			丧偶			15—64岁妇女	
小计	男	女	小计	男	女	平均活产子女数	平均存活子女数
250	133	117	1573	476	1097	1.65	1.60
198	104	94	957	308	649	1.57	1.54
180	102	78	1124	337	787	1.72	1.66
245	151	94	1384	442	942	1.70	1.67
83	45	38	799	244	555	1.66	1.63
252	145	107	1403	399	1004	1.64	1.61
1625	**766**	**859**	**5277**	**1264**	**4013**	**1.66**	**1.61**
433	196	237	729	128	601	1.37	1.33
499	212	287	1590	393	1197	1.58	1.53
134	72	62	715	212	503	1.80	1.76
315	166	149	1388	330	1058	1.80	1.74
244	120	124	855	201	654	1.84	1.76
821	**455**	**366**	**2661**	**880**	**1781**	**1.75**	**1.66**
305	168	137	841	290	551	1.61	1.57
191	104	87	471	145	326	1.95	1.76
103	59	44	249	81	168	1.69	1.50
222	124	98	1100	364	736	1.79	1.73
449	**233**	**216**	**2214**	**639**	**1575**	**1.54**	**1.49**
166	78	88	900	251	649	1.45	1.42
83	38	45	488	123	365	1.46	1.43
200	117	83	826	265	561	1.67	1.60
4644	**1449**	**3195**	**13406**	**4316**	**9090**	**1.38**	**1.33**
791	**274**	**517**	**2044**	**597**	**1447**	**1.21**	**1.18**
404	165	239	665	171	494	0.91	0.89
59	17	42	238	69	169	1.70	1.66
117	28	89	228	58	170	1.82	1.79
39	13	26	135	49	86	1.48	1.44
44	13	31	173	57	116	1.52	1.44
46	12	34	218	63	155	1.43	1.37
50	13	37	135	48	87	1.54	1.47
32	13	19	252	82	170	1.24	1.21
911	**264**	**647**	**3238**	**1058**	**2180**	**1.25**	**1.23**
201	59	142	390	95	295	1.02	1.00
84	27	57	483	161	322	1.39	1.36
17	7	10	267	91	176	0.89	0.87
108	16	92	125	36	89	1.02	1.00
59	11	48	205	65	140	1.16	1.13
41	12	29	305	106	199	1.11	1.10
85	33	52	278	115	163	1.30	1.29
56	14	42	284	96	188	1.09	1.07
104	48	56	512	160	352	1.66	1.61
106	28	78	226	88	138	1.49	1.48
50	9	41	163	45	118	1.39	1.35
576	**173**	**403**	**1762**	**575**	**1187**	**1.32**	**1.27**
103	41	62	265	86	179	1.12	1.11
84	29	55	234	82	152	1.21	1.19
63	17	46	272	97	175	1.43	1.40
13	2	11	44	11	33	1.20	1.17
32	6	26	80	21	59	1.31	1.27
23	7	16	107	36	71	1.57	1.52
33	9	24	75	20	55	1.26	1.22
37	10	27	112	34	78	1.50	1.39
19	7	12	130	39	91	1.39	1.37
76	21	55	213	62	151	1.54	1.34
27	6	21	64	25	39	1.20	1.15
66	18	48	166	62	104	1.32	1.29
1009	**267**	**742**	**3292**	**1044**	**2248**	**1.58**	**1.50**
113	32	81	457	142	315	1.36	1.33
100	18	82	308	78	230	1.78	1.68
61	11	50	281	84	197	1.59	1.52
99	32	67	285	83	202	1.78	1.56
72	29	43	279	123	156	1.70	1.64
107	24	83	240	62	178	1.56	1.49
111	31	80	222	69	153	1.54	1.35
96	12	84	203	62	141	1.58	1.46

表7 续表 43

地区	15岁及以上人口 合计	男	女	未婚 小计	男	女	有配偶 小计	男	女
白朗县	4102	2274	1828	1790	1051	739	2077	1114	963
仁布县	1934	939	995	644	331	313	1112	545	567
康马县	1411	661	750	327	155	172	956	476	480
定结县	1108	518	590	331	179	152	636	310	326
仲巴县	1288	633	655	374	195	179	788	396	392
亚东县	852	396	456	174	85	89	613	299	314
吉隆县	1124	589	535	413	236	177	580	301	279
聂拉木县	1083	582	501	355	210	145	652	346	306
萨嘎县	1277	661	616	444	250	194	717	367	350
岗巴县	577	253	324	123	51	72	383	190	193
那曲地区	**27810**	**14324**	**13486**	**10129**	**5860**	**4269**	**14982**	**7505**	**7477**
那曲县	7577	3975	3602	2823	1650	1173	4135	2070	2065
嘉黎县	1684	849	835	557	319	238	900	459	441
比如县	3090	1628	1462	1211	707	504	1647	827	820
聂荣县	2089	1032	1057	738	378	360	1161	587	574
安多县	2372	1211	1161	847	496	351	1213	599	614
申扎县	1123	583	540	412	247	165	574	290	284
索县	1903	913	990	804	429	375	844	422	422
班戈县	2049	993	1056	638	333	305	1144	564	580
巴青县	3153	1743	1410	1124	742	382	1861	940	921
尼玛县	2770	1397	1373	975	559	416	1503	747	756
阿里地区	**6077**	**3028**	**3049**	**1744**	**960**	**784**	**3800**	**1904**	**1896**
普兰县	651	317	334	187	104	83	406	200	206
札达县	449	214	235	142	72	70	247	126	121
噶尔县	991	495	496	186	94	92	744	379	365
日土县	665	331	334	153	90	63	464	228	236
革吉县	1060	541	519	377	216	161	583	292	291
改则县	1399	684	715	423	220	203	861	429	432
措勤县	862	446	416	276	164	112	495	250	245
林芝地区	**14566**	**7345**	**7221**	**4386**	**2491**	**1895**	**8985**	**4464**	**4521**
林芝县	4201	2157	2044	1267	727	540	2736	1368	1368
工布江达县	2050	976	1074	538	288	250	1321	641	680
米林县	1844	936	908	454	264	190	1232	617	615
墨脱县	792	426	366	282	178	104	438	220	218
波密县	2332	1174	1158	810	452	358	1308	639	669
察隅县	1993	997	996	608	340	268	1134	575	559
朗县	1354	679	675	427	242	185	816	404	412
陕西省	**3068634**	**1551941**	**1516693**	**733201**	**423078**	**310123**	**2128504**	**1051097**	**1077407**
西安市	**710474**	**356719**	**353755**	**199512**	**110500**	**89012**	**468863**	**232160**	**236703**
新城区	41787	20638	21149	8524	4757	3767	29920	14788	15132
碑林区	54120	27351	26769	17213	9652	7561	33389	16608	16781
莲湖区	61847	30686	31161	13128	7251	5877	44414	22050	22364
灞桥区	53184	27089	26095	14612	8497	6115	35419	17587	17832
未央区	67650	34889	32761	18749	10534	8215	45943	23445	22498
雁塔区	101695	51582	50113	37302	19473	17829	60946	30990	29956
阎良区	20843	10519	10324	4476	2627	1849	15055	7442	7613
临潼区	52240	25889	26351	11580	6631	4949	37070	18105	18965
长安区	104700	52079	52621	41865	22027	19838	57577	28250	29327
蓝田县	39398	19451	19947	8310	5052	3258	27828	13184	14644
周至县	44183	22070	22113	8941	5343	3598	31872	15432	16440
户县	44301	22084	22217	9715	5722	3993	31426	15243	16183
高陵县	24526	12392	12134	5097	2934	2163	18004	9036	8968
铜川市	**65565**	**33138**	**32427**	**13959**	**8114**	**5845**	**46840**	**23245**	**23595**
王益区	13947	6835	7112	2546	1420	1126	10250	5049	5201
印台区	17211	8739	8472	3607	2098	1509	12276	6144	6132
耀州区	26022	13160	12862	5584	3217	2367	18762	9285	9477
宜君县	8385	4404	3981	2222	1379	843	5552	2767	2785
宝鸡市	**303749**	**152820**	**150929**	**66509**	**38923**	**27586**	**216334**	**106507**	**109827**
渭滨区	34951	17347	17604	6131	3436	2695	26621	13149	13472
金台区	31676	15587	16089	5870	3166	2704	23650	11724	11926
陈仓区	50921	25781	25140	12840	7418	5422	34554	17110	17444
凤翔县	39228	19520	19708	8716	5124	3592	27714	13544	14170
岐山县	38483	19394	19089	8777	5225	3552	27107	13325	13782
扶风县	31766	15920	15846	7212	4301	2911	22625	10959	11666
眉县	24391	12394	11997	5470	3301	2169	17256	8466	8790

单位：人

离婚			丧偶			15—64岁妇女	
小计	男	女	小计	男	女	平均活产子女数	平均存活子女数
21	8	13	214	101	113	1.83	1.79
36	9	27	142	54	88	1.45	1.41
23	1	22	105	29	76	1.61	1.43
31	3	28	110	26	84	1.47	1.37
29	12	17	97	30	67	1.60	1.54
12	4	8	53	8	45	1.27	1.21
33	15	18	98	37	61	1.58	1.56
10	7	3	66	19	47	1.66	1.61
30	14	16	86	30	56	1.46	1.44
25	5	20	46	7	39	1.35	1.18
924	**312**	**612**	**1775**	**647**	**1128**	**1.53**	**1.48**
189	80	109	430	175	255	1.40	1.38
61	20	41	166	51	115	1.55	1.53
75	35	40	157	59	98	1.52	1.51
36	11	25	154	56	98	1.48	1.37
121	48	73	191	68	123	1.56	1.48
55	16	39	82	30	52	1.36	1.30
123	30	93	132	32	100	1.32	1.27
114	35	79	153	61	92	1.50	1.39
38	8	30	130	53	77	2.13	2.10
112	29	83	180	62	118	1.44	1.37
160	**56**	**104**	**373**	**108**	**265**	**1.54**	**1.47**
14	3	11	44	10	34	1.46	1.43
23	8	15	37	8	29	1.41	1.40
18	8	10	43	14	29	1.38	1.26
14	3	11	34	10	24	1.83	1.72
26	7	19	74	26	48	1.44	1.40
38	14	24	77	21	56	1.81	1.70
27	13	14	64	19	45	1.28	1.25
273	**103**	**170**	**922**	**287**	**635**	**1.33**	**1.28**
47	15	32	151	47	104	1.08	1.08
47	10	37	144	37	107	1.45	1.37
33	18	15	125	37	88	1.41	1.38
7	4	3	65	24	41	1.72	1.63
54	26	28	160	57	103	1.39	1.37
55	19	36	196	63	133	1.41	1.33
30	11	19	81	22	59	1.32	1.26
33754	**20964**	**12790**	**173175**	**56802**	**116373**	**1.35**	**1.34**
9364	**4878**	**4486**	**32735**	**9181**	**23554**	**1.08**	**1.07**
1100	514	586	2243	579	1664	0.90	0.89
1144	539	605	2374	552	1822	0.73	0.73
1379	670	709	2926	715	2211	0.88	0.87
730	372	358	2423	633	1790	1.08	1.07
898	402	496	2060	508	1552	0.94	0.94
1248	549	699	2199	570	1629	0.72	0.72
305	169	136	1007	281	726	1.22	1.21
531	328	203	3059	825	2234	1.43	1.42
746	459	287	4512	1343	3169	1.01	1.00
254	184	70	3006	1031	1975	1.67	1.65
422	314	108	2948	981	1967	1.65	1.63
396	264	132	2764	855	1909	1.40	1.39
211	114	97	1214	308	906	1.31	1.30
937	**566**	**371**	**3829**	**1213**	**2616**	**1.33**	**1.31**
294	152	142	857	214	643	1.14	1.13
307	191	116	1021	306	715	1.34	1.33
268	174	94	1408	484	924	1.38	1.36
68	49	19	543	209	334	1.44	1.43
3493	**2281**	**1212**	**17413**	**5109**	**12304**	**1.42**	**1.40**
641	318	323	1558	444	1114	1.11	1.11
590	317	273	1566	380	1186	1.12	1.11
513	354	159	3014	899	2115	1.40	1.39
310	234	76	2488	618	1870	1.50	1.49
405	283	122	2194	561	1633	1.45	1.44
246	181	65	1683	479	1204	1.66	1.64
256	188	68	1409	439	970	1.49	1.48

表7 续表 44

地区	15岁及以上人口			未婚			有配偶		
	合计	男	女	小计	男	女	小计	男	女
陇县	20926	10570	10356	4320	2579	1741	14986	7295	7691
千阳县	10096	5097	4999	2015	1244	771	7292	3562	3730
麟游县	7975	4170	3805	2086	1213	873	5359	2720	2639
凤县	9011	4780	4231	2003	1290	713	6239	3164	3075
太白县	4325	2260	2065	1069	626	443	2931	1489	1442
咸阳市	**409439**	**204354**	**205085**	**100804**	**56087**	**44717**	**282178**	**138596**	**143582**
秦都区	43762	21368	22394	11773	5913	5860	29639	14658	14981
杨陵区	17052	8614	8438	7123	3860	3263	9252	4503	4749
渭城区	35628	17405	18223	10037	5101	4936	23459	11628	11831
三原县	34209	16942	17267	6892	3838	3054	25062	12321	12741
泾阳县	38918	19215	19703	8311	4643	3668	28112	13740	14372
乾县	40975	20552	20423	10429	6054	4375	27680	13431	14249
礼泉县	36806	18605	18201	8696	5108	3588	25695	12665	13030
永寿县	13502	6769	6733	3008	1729	1279	9460	4600	4860
彬县	26977	14038	12939	6391	3749	2642	18902	9518	9384
长武县	12572	6449	6123	2547	1610	937	9066	4462	4604
旬邑县	20239	10284	9955	4821	2740	2081	14078	6940	7138
淳化县	15517	7918	7599	4371	2430	1941	10146	5026	5120
武功县	31559	15676	15883	8093	4626	3467	21423	10366	11057
兴平市	41723	20519	21204	8312	4686	3626	30204	14738	15466
渭南市	**418921**	**208309**	**210612**	**89842**	**50594**	**39248**	**300122**	**147358**	**152764**
临渭区	68843	33845	34998	14015	7864	6151	50097	24379	25718
华县	27079	13485	13594	6046	3390	2656	19062	9353	9709
潼关县	13098	6492	6606	3489	1817	1672	8824	4376	4448
大荔县	55281	27362	27919	11579	6512	5067	39993	19618	20375
合阳县	34672	16937	17735	7769	4217	3552	24396	11819	12577
澄城县	31581	15563	16018	6781	3754	3027	22707	11087	11620
蒲城县	59186	29601	29585	12098	6901	5197	42986	21261	21725
白水县	21744	11053	10691	4766	2761	2005	15616	7698	7918
富平县	57125	28323	28802	12830	7285	5545	40238	19599	20639
韩城市	31964	16268	15696	6428	3793	2635	23270	11649	11621
华阴市	18348	9380	8968	4041	2300	1741	12933	6519	6414
延安市	**181165**	**93188**	**87977**	**40961**	**23356**	**17605**	**130564**	**65769**	**64795**
宝塔区	37233	18685	18548	8901	4715	4186	26574	13272	13302
延长县	11157	5852	5305	2334	1464	870	8057	4044	4013
延川县	13829	7173	6656	3737	2181	1556	9411	4715	4696
子长县	18004	9128	8876	4374	2460	1914	12744	6349	6395
安塞县	13889	7242	6647	2908	1696	1212	10295	5281	5014
志丹县	13332	6816	6516	2765	1564	1201	9867	4949	4918
吴起县	12932	6687	6245	2760	1517	1243	9545	4874	4671
甘泉县	6302	3210	3092	1255	710	545	4708	2365	2343
富县	11315	5878	5437	2459	1455	1004	8142	4104	4038
洛川县	17714	9187	8527	4198	2420	1778	12553	6321	6232
宜川县	10620	5450	5170	2442	1442	1000	7596	3760	3836
黄龙县	4414	2350	2064	863	543	320	3218	1642	1576
黄陵县	10424	5530	4894	1965	1189	776	7854	4093	3761
汉中市	**286929**	**145378**	**141551**	**53631**	**33342**	**20289**	**208424**	**101823**	**106601**
汉台区	44128	21754	22374	8680	4866	3814	32263	15796	16467
南郑县	37881	18981	18900	7046	4214	2832	27548	13415	14133
城固县	37634	18739	18895	5842	3691	2151	28486	13762	14724
洋县	33295	16766	16529	5859	3779	2080	24449	11804	12645
西乡县	27331	13885	13446	4850	3132	1718	20002	9614	10388
勉县	35508	17947	17561	6623	3992	2631	25904	12769	13135
宁强县	26117	13382	12735	5158	3332	1826	18543	9049	9494
略阳县	17365	9288	8077	3738	2430	1308	11985	6128	5857
镇巴县	20183	10628	9555	4081	2723	1358	14192	6968	7224
留坝县	4408	2367	2041	1067	713	354	2918	1464	1454
佛坪县	3079	1641	1438	687	470	217	2134	1054	1080
榆林市	**272368**	**139539**	**132829**	**62327**	**35547**	**26780**	**195211**	**98235**	**96976**
榆阳区	50515	25235	25280	11925	6498	5427	36306	18004	18302
神木县	37444	20219	17225	8777	5325	3452	26964	14243	12721
府谷县	22745	12450	10295	5344	3175	2169	16263	8757	7506
横山县	25107	12631	12476	6019	3317	2702	17751	8794	8957
靖边县	26859	13492	13367	6027	3279	2748	19732	9814	9918
定边县	27347	13901	13446	5997	3368	2629	20044	9999	10045

单位：人

离婚			丧偶			15—64岁妇女	
小计	男	女	小计	男	女	平均活产子女数	平均存活子女数
196	154	42	1424	542	882	1.59	1.58
94	66	28	695	225	470	1.58	1.57
58	46	12	472	191	281	1.53	1.52
131	100	31	638	226	412	1.42	1.39
53	40	13	272	105	167	1.47	1.45
4176	**2624**	**1552**	**22281**	**7047**	**15234**	**1.37**	**1.36**
658	324	334	1692	473	1219	1.00	1.00
110	78	32	567	173	394	1.10	1.09
536	259	277	1596	417	1179	0.99	0.98
376	219	157	1879	564	1315	1.30	1.29
346	239	107	2149	593	1556	1.42	1.41
324	235	89	2542	832	1710	1.52	1.51
280	196	84	2135	636	1499	1.51	1.50
120	83	37	914	357	557	1.60	1.59
229	173	56	1455	598	857	1.56	1.54
133	111	22	826	266	560	1.55	1.54
178	138	40	1162	466	696	1.53	1.51
162	123	39	838	339	499	1.43	1.42
245	157	88	1798	527	1271	1.56	1.55
479	289	190	2728	806	1922	1.47	1.46
4557	**3037**	**1520**	**24400**	**7320**	**17080**	**1.41**	**1.39**
756	460	296	3975	1142	2833	1.32	1.31
333	203	130	1638	539	1099	1.31	1.30
139	95	44	646	204	442	1.39	1.37
582	397	185	3127	835	2292	1.39	1.38
378	274	104	2129	627	1502	1.40	1.39
322	224	98	1771	498	1273	1.46	1.45
582	402	180	3520	1037	2483	1.46	1.45
255	184	71	1107	410	697	1.56	1.55
590	420	170	3467	1019	2448	1.45	1.43
390	220	170	1876	606	1270	1.41	1.40
230	158	72	1144	403	741	1.35	1.34
1507	**941**	**566**	**8133**	**3122**	**5011**	**1.53**	**1.52**
439	225	214	1319	473	846	1.27	1.26
104	67	37	662	277	385	1.61	1.60
79	45	34	602	232	370	1.63	1.62
102	74	28	784	245	539	1.80	1.79
88	51	37	598	214	384	1.75	1.74
84	41	43	616	262	354	1.63	1.62
82	55	27	545	241	304	1.49	1.48
43	26	17	296	109	187	1.63	1.62
89	64	25	625	255	370	1.54	1.53
143	117	26	820	329	491	1.47	1.46
85	63	22	497	185	312	1.44	1.43
73	50	23	260	115	145	1.59	1.58
96	63	33	509	185	324	1.54	1.53
3925	**2624**	**1301**	**20949**	**7589**	**13360**	**1.32**	**1.30**
780	433	347	2405	659	1746	1.10	1.09
549	371	178	2738	981	1757	1.28	1.25
552	406	146	2754	880	1874	1.36	1.34
322	223	99	2665	960	1705	1.46	1.44
358	253	105	2121	886	1235	1.44	1.42
469	322	147	2512	864	1648	1.19	1.17
289	196	93	2127	805	1322	1.44	1.42
253	159	94	1389	571	818	1.30	1.29
221	171	50	1689	766	923	1.52	1.50
88	56	32	335	134	201	1.38	1.36
44	34	10	214	83	131	1.49	1.46
1717	**1073**	**644**	**13113**	**4684**	**8429**	**1.59**	**1.58**
352	184	168	1932	549	1383	1.38	1.37
228	133	95	1475	518	957	1.47	1.46
111	69	42	1027	449	578	1.50	1.50
90	66	24	1247	454	793	1.72	1.70
135	73	62	965	326	639	1.59	1.58
258	147	111	1048	387	661	1.55	1.54

表7 续表 45

地　区	15岁及以上人口			未　婚			有　配　偶		
	合　计	男	女	小　计	男	女	小　计	男	女
绥德县	22767	11518	11249	5019	2989	2030	16232	7961	8271
米脂县	11830	5912	5918	2301	1350	951	8724	4267	4457
佳县	16512	8422	8090	4011	2274	1737	11158	5539	5619
吴堡县	5982	3037	2945	1376	786	590	4179	2071	2108
清涧县	10950	5648	5302	2299	1380	919	7796	3905	3891
子洲县	14310	7074	7236	3232	1806	1426	10062	4881	5181
安康市	**228667**	**119764**	**108903**	**57070**	**36638**	**20432**	**152010**	**74787**	**77223**
汉滨区	74291	38185	36106	18624	11413	7211	49519	24279	25240
汉阴县	22373	11828	10545	5440	3580	1860	15047	7421	7626
石泉县	15103	8003	7100	3938	2557	1381	9876	4851	5025
宁陕县	6107	3288	2819	1630	1112	518	3929	1940	1989
紫阳县	24051	12735	11316	6109	4017	2092	15636	7644	7992
岚皋县	14835	8050	6785	3845	2631	1214	9630	4784	4846
平利县	16812	8854	7958	4033	2631	1402	11354	5624	5730
镇坪县	4763	2439	2324	1013	632	381	3410	1662	1748
旬阳县	37082	19542	17540	9479	6126	3353	24541	12176	12365
白河县	13250	6840	6410	2959	1939	1020	9068	4406	4662
商洛市	**191357**	**98732**	**92625**	**48586**	**29977**	**18609**	**127958**	**62617**	**65341**
商州区	42546	21777	20769	11034	6798	4236	28197	13686	14511
洛南县	39681	20380	19301	9793	5974	3819	26872	13193	13679
丹凤县	23966	12376	11590	6494	3923	2571	15547	7620	7927
商南县	17384	8797	8587	3642	2196	1446	12479	6105	6374
山阳县	32806	17103	15703	9155	5606	3549	21188	10424	10764
镇安县	22440	11750	10690	5413	3564	1849	15189	7425	7764
柞水县	12534	6549	5985	3055	1916	1139	8486	4164	4322
甘肃省	**2131599**	**1067648**	**1063951**	**495825**	**281886**	**213939**	**1485444**	**729194**	**756250**
兰州市	**304890**	**152356**	**152534**	**80094**	**43806**	**36288**	**205055**	**102138**	**102917**
城关区	108243	53637	54606	28583	14777	13806	73210	36897	36313
七里河区	45922	23517	22405	11120	6626	4494	31488	15778	15710
西固区	30994	15460	15534	6286	3558	2728	22292	11121	11171
安宁区	25236	12818	12418	11806	6319	5487	12502	6240	6262
红古区	10735	5400	5335	1669	969	700	8228	4142	4086
永登县	34413	16831	17582	6094	3428	2666	25705	12535	13170
皋兰县	11025	5463	5562	2058	1187	871	8200	4031	4169
榆中县	38322	19230	19092	12478	6942	5536	23430	11394	12036
嘉峪关市	**18210**	**9496**	**8714**	**3077**	**2014**	**1063**	**13883**	**7060**	**6823**
市辖区	18210	9496	8714	3077	2014	1063	13883	7060	6823
金昌市	**37492**	**18891**	**18601**	**5777**	**3359**	**2418**	**29345**	**14733**	**14612**
金川区	17807	9005	8802	2597	1524	1073	14078	7091	6987
永昌县	19685	9886	9799	3180	1835	1345	15267	7642	7625
白银市	**137191**	**68879**	**68312**	**36641**	**20095**	**16546**	**92531**	**45909**	**46622**
白银区	23228	11697	11531	4052	2405	1647	17356	8658	8698
平川区	15563	7858	7705	4005	2159	1846	10744	5441	5303
靖远县	35530	17942	17588	10401	5707	4694	23281	11561	11720
会宁县	45113	22584	22529	14065	7632	6433	28488	13970	14518
景泰县	17757	8798	8959	4118	2192	1926	12662	6279	6383
天水市	**254763**	**125887**	**128876**	**64442**	**35487**	**28955**	**171931**	**82616**	**89315**
秦州区	50067	24776	25291	12777	6952	5825	33732	16424	17308
麦积区	41954	20985	20969	9782	5474	4308	29127	14217	14910
清水县	21194	10422	10772	4767	2593	2174	14602	7059	7543
秦安县	41132	20173	20959	10505	5693	4812	27685	13281	14404
甘谷县	43914	21093	22821	12294	6520	5774	28604	13286	15318
武山县	34158	17527	16631	9117	5489	3628	22527	10810	11717
张家川回族自治县	22344	10911	11433	5200	2766	2434	15654	7539	8115
武威市	**155193**	**77544**	**77649**	**36651**	**20430**	**16221**	**108902**	**53878**	**55024**
凉州区	82133	40900	41233	19712	11009	8703	57488	28315	29173
民勤县	23817	11939	11878	4589	2625	1964	17637	8793	8844
古浪县	34296	17200	17096	9124	4991	4133	23090	11450	11640
天祝藏族自治县	14947	7505	7442	3226	1805	1421	10687	5320	5367
张掖市	**98372**	**48562**	**49810**	**15926**	**9044**	**6882**	**75536**	**37249**	**38287**
甘州区	42782	21195	21587	7874	4355	3519	32020	15896	16124
肃南裕固族自治县	2622	1344	1278	457	292	165	1992	1007	985
民乐县	14998	7434	7564	2177	1265	912	11692	5769	5923
临泽县	11218	5554	5664	1405	828	577	9026	4462	4564
高台县	13502	6703	6799	1995	1149	846	10610	5255	5355
山丹县	13250	6332	6918	2018	1155	863	10196	4860	5336

单位: 人

离婚			丧偶			15—64岁妇女	
小计	男	女	小计	男	女	平均活产子女数	平均存活子女数
146	107	39	1370	461	909	1.70	1.69
75	46	29	730	249	481	1.73	1.71
137	112	25	1206	497	709	1.72	1.71
65	46	19	362	134	228	1.63	1.61
56	42	14	799	321	478	1.95	1.93
64	48	16	952	339	613	1.90	1.88
2525	**1802**	**723**	**17062**	**6537**	**10525**	**1.46**	**1.44**
763	497	266	5385	1996	3389	1.47	1.45
269	199	70	1617	628	989	1.56	1.53
304	221	83	985	374	611	1.35	1.33
123	84	39	425	152	273	1.45	1.41
282	217	65	2024	857	1167	1.51	1.49
211	154	57	1149	481	668	1.39	1.36
183	140	43	1242	459	783	1.42	1.39
29	21	8	311	124	187	1.48	1.44
256	191	65	2806	1049	1757	1.40	1.38
105	78	27	1118	417	701	1.62	1.59
1553	**1138**	**415**	**13260**	**5000**	**8260**	**1.54**	**1.52**
406	284	122	2909	1009	1900	1.51	1.50
320	248	72	2696	965	1731	1.48	1.45
215	154	61	1710	679	1031	1.50	1.48
104	62	42	1159	434	725	1.63	1.60
220	169	51	2243	904	1339	1.60	1.58
186	146	40	1652	615	1037	1.60	1.56
102	75	27	891	394	497	1.55	1.52
22886	**13753**	**9133**	**127444**	**42815**	**84629**	**1.49**	**1.47**
5153	**2648**	**2505**	**14588**	**3764**	**10824**	**1.07**	**1.06**
2108	954	1154	4342	1009	3333	0.85	0.84
994	521	473	2320	592	1728	1.02	1.01
813	385	428	1603	396	1207	1.02	1.01
270	134	136	658	125	533	0.66	0.66
273	147	126	565	142	423	1.35	1.34
311	221	90	2303	647	1656	1.60	1.58
76	61	15	691	184	507	1.69	1.67
308	225	83	2106	669	1437	1.30	1.29
496	**241**	**255**	**754**	**181**	**573**	**1.12**	**1.11**
496	241	255	754	181	573	1.12	1.11
543	**297**	**246**	**1827**	**502**	**1325**	**1.38**	**1.36**
374	203	171	758	187	571	1.22	1.21
169	94	75	1069	315	754	1.52	1.50
1340	**748**	**592**	**6679**	**2127**	**4552**	**1.56**	**1.55**
632	314	318	1188	320	868	1.23	1.22
198	94	104	616	164	452	1.43	1.42
197	139	58	1651	535	1116	1.72	1.71
183	122	61	2377	860	1517	1.65	1.64
130	79	51	847	248	599	1.56	1.55
2059	**1332**	**727**	**16331**	**6452**	**9879**	**1.60**	**1.59**
545	305	240	3013	1095	1918	1.36	1.35
388	245	143	2657	1049	1608	1.54	1.52
124	90	34	1701	680	1021	1.73	1.71
177	122	55	2765	1077	1688	1.74	1.73
377	246	131	2639	1041	1598	1.66	1.64
321	235	86	2193	993	1200	1.62	1.60
127	89	38	1363	517	846	1.77	1.75
891	**569**	**322**	**8749**	**2667**	**6082**	**1.47**	**1.46**
523	316	207	4410	1260	3150	1.37	1.35
100	63	37	1491	458	1033	1.64	1.63
160	111	49	1922	648	1274	1.59	1.58
108	79	29	926	301	625	1.51	1.49
902	**606**	**296**	**6008**	**1663**	**4345**	**1.44**	**1.42**
445	280	165	2443	664	1779	1.31	1.29
25	11	14	148	34	114	1.50	1.47
137	105	32	992	295	697	1.64	1.62
79	55	24	708	209	499	1.50	1.49
96	72	24	801	227	574	1.50	1.48
120	83	37	916	234	682	1.51	1.49

表7 续表 46

地区	15岁及以上人口			未婚			有配偶		
	合计	男	女	小计	男	女	小计	男	女
平凉市	**172953**	**85017**	**87936**	**40377**	**22280**	**18097**	**120088**	**57852**	**62236**
崆峒区	41334	20583	20751	9402	5030	4372	29299	14574	14725
泾川县	22575	10866	11709	4668	2647	2021	15923	7443	8480
灵台县	16024	7823	8201	3011	1681	1330	11635	5572	6063
崇信县	8701	4555	4146	1989	1185	804	6163	3164	2999
华亭县	16163	8357	7806	3468	1933	1535	11510	5901	5609
庄浪县	31227	14745	16482	8565	4733	3832	20402	9131	11271
静宁县	36929	18088	18841	9274	5071	4203	25156	12067	13089
酒泉市	**87123**	**44210**	**42913**	**15569**	**9228**	**6341**	**65853**	**33052**	**32801**
肃州区	35249	17513	17736	6301	3677	2624	26587	13117	13470
金塔县	12507	6368	6139	2364	1420	944	9357	4684	4673
瓜州县	11373	5957	5416	2231	1335	896	8470	4340	4130
肃北蒙古族自治县	1256	785	471	256	187	69	942	575	367
阿克塞哈萨克族自治县	686	387	299	101	65	36	540	308	232
玉门市	10922	5645	5277	1820	1111	709	8349	4225	4124
敦煌市	15130	7555	7575	2496	1433	1063	11608	5803	5805
庆阳市	**177536**	**88070**	**89466**	**38800**	**21801**	**16999**	**126013**	**60958**	**65055**
西峰区	29330	14591	14739	7067	3839	3228	20477	10117	10360
庆城县	22330	11321	11009	5080	2855	2225	15728	7782	7946
环县	25650	13049	12601	5692	3319	2373	18309	8992	9317
华池县	10583	5402	5181	2149	1272	877	7755	3827	3928
合水县	11302	5649	5653	2391	1379	1012	8089	3910	4179
正宁县	14012	6830	7182	2751	1562	1189	10258	4852	5406
宁县	31266	15018	16248	6679	3672	3007	22106	10384	11722
镇原县	33063	16210	16853	6991	3903	3088	23291	11094	12197
定西市	**232281**	**116946**	**115335**	**54544**	**31970**	**22574**	**160433**	**78265**	**82168**
安定区	39085	19707	19378	8992	5190	3802	27601	13570	14031
通渭县	28362	13694	14668	6481	3592	2889	19770	9360	10410
陇西县	38130	19275	18855	9392	5464	3928	25863	12625	13238
渭源县	28023	14387	13636	6593	4134	2459	19168	9407	9761
临洮县	47216	23726	23490	11155	6524	4631	32565	15925	16640
漳县	16700	8624	8076	4507	2631	1876	10910	5396	5514
岷县	34765	17533	17232	7424	4435	2989	24556	11982	12574
陇南市	**221500**	**114809**	**106691**	**53501**	**32753**	**20748**	**149723**	**74177**	**75546**
武都区	47202	24400	22802	11650	7044	4606	32121	15907	16214
成县	22059	11292	10767	5401	3183	2218	14762	7303	7459
文县	19084	9921	9163	4372	2787	1585	13297	6569	6728
宕昌县	23405	12165	11240	5480	3517	1963	15771	7811	7960
康县	17320	9310	8010	3991	2811	1180	11574	5727	5847
西和县	32142	16446	15696	8723	4992	3731	21012	10362	10650
礼县	38508	19944	18564	9357	5531	3826	25753	12834	12919
徽县	17105	8813	8292	3399	2114	1285	12292	6088	6204
两当县	4675	2518	2157	1128	774	354	3141	1576	1565
临夏回族自治州	**175280**	**86930**	**88350**	**36027**	**20724**	**15303**	**127042**	**61844**	**65198**
临夏市	22091	10926	11165	4165	2429	1736	16304	8060	8244
临夏县	30062	14873	15189	5685	3379	2306	22058	10611	11447
康乐县	22063	10768	11295	4195	2395	1800	16306	7801	8505
永靖县	16876	8511	8365	3513	2089	1424	12136	6025	6111
广河县	18303	8976	9327	3957	2187	1770	13276	6464	6812
和政县	19160	9465	9695	3804	2170	1634	14013	6778	7235
东乡族自治县	26216	13124	13092	6035	3358	2677	18661	9164	9497
积石山保安族东乡族撒拉族自治县	20509	10287	10222	4673	2717	1956	14288	6941	7347
甘南藏族自治州	**58815**	**30051**	**28764**	**14399**	**8895**	**5504**	**39109**	**19463**	**19646**
合作市	7954	3988	3966	2274	1286	988	5046	2526	2520
临潭县	11719	6001	5718	2440	1527	913	8312	4081	4231
卓尼县	8919	4591	4328	1947	1215	732	6181	3081	3100
舟曲县	10847	5578	5269	2722	1692	1030	7242	3581	3661
迭部县	4379	2203	2176	1147	702	445	2783	1389	1394
玛曲县	4655	2465	2190	1493	966	527	2695	1384	1311
碌曲县	2685	1365	1320	548	365	183	1854	936	918
夏河县	7657	3860	3797	1828	1142	686	4996	2485	2511

单位：人

离婚			丧偶			15—64岁妇女	
小计	男	女	小计	男	女	平均活产子女数	平均存活子女数
1519	**1015**	**504**	**10969**	**3870**	**7099**	**1.55**	**1.53**
579	326	253	2054	653	1401	1.33	1.32
215	164	51	1769	612	1157	1.66	1.65
138	112	26	1240	458	782	1.66	1.64
70	41	29	479	165	314	1.46	1.44
234	159	75	951	364	587	1.38	1.37
128	99	29	2132	782	1350	1.64	1.64
155	114	41	2344	836	1508	1.67	1.66
1108	**641**	**467**	**4593**	**1289**	**3304**	**1.38**	**1.37**
466	264	202	1895	455	1440	1.29	1.28
86	63	23	700	201	499	1.52	1.51
104	69	35	568	213	355	1.46	1.45
18	14	4	40	9	31	1.36	1.34
8	5	3	37	9	28	1.74	1.71
145	98	47	608	211	397	1.48	1.46
281	128	153	745	191	554	1.36	1.35
1599	**1115**	**484**	**11124**	**4196**	**6928**	**1.65**	**1.64**
369	198	171	1417	437	980	1.41	1.40
227	164	63	1295	520	775	1.59	1.56
163	123	40	1486	615	871	1.77	1.76
73	61	12	606	242	364	1.68	1.66
143	98	45	679	262	417	1.64	1.62
88	64	24	915	352	563	1.73	1.72
272	202	70	2209	760	1449	1.71	1.70
264	205	59	2517	1008	1509	1.72	1.70
2181	**1547**	**634**	**15123**	**5164**	**9959**	**1.60**	**1.59**
333	223	110	2159	724	1435	1.53	1.52
111	84	27	2000	658	1342	1.94	1.93
415	261	154	2460	925	1535	1.61	1.60
287	220	67	1975	626	1349	1.55	1.53
468	355	113	3028	922	2106	1.47	1.46
137	103	34	1146	494	652	1.66	1.64
430	301	129	2355	815	1540	1.60	1.58
1966	**1364**	**602**	**16310**	**6515**	**9795**	**1.56**	**1.54**
362	232	130	3069	1217	1852	1.51	1.48
187	145	42	1709	661	1048	1.49	1.47
112	77	35	1303	488	815	1.57	1.55
304	203	101	1850	634	1216	1.58	1.56
196	132	64	1559	640	919	1.54	1.51
246	178	68	2161	914	1247	1.63	1.61
338	248	90	3060	1331	1729	1.65	1.63
172	119	53	1242	492	750	1.50	1.49
49	30	19	357	138	219	1.53	1.52
2087	**1199**	**888**	**10124**	**3163**	**6961**	**1.67**	**1.63**
379	161	218	1243	276	967	1.43	1.39
378	260	118	1941	623	1318	1.69	1.62
221	149	72	1341	423	918	1.74	1.71
179	100	79	1048	297	751	1.54	1.51
225	88	137	845	237	608	1.93	1.84
165	114	51	1178	403	775	1.65	1.60
262	145	117	1258	457	801	1.73	1.69
278	182	96	1270	447	823	1.67	1.64
1042	**431**	**611**	**4265**	**1262**	**3003**	**1.59**	**1.57**
173	65	108	461	111	350	1.31	1.29
132	98	34	835	295	540	1.64	1.61
102	67	35	689	228	461	1.68	1.65
60	35	25	823	270	553	1.71	1.68
62	18	44	387	94	293	1.65	1.64
206	67	139	261	48	213	1.60	1.58
81	18	63	202	46	156	1.59	1.55
226	63	163	607	170	437	1.54	1.50

表7 续表 47

地区	15岁及以上人口			未婚			有配偶		
	合计	男	女	小计	男	女	小计	男	女
青海省	**420779**	**214361**	**206418**	**94104**	**55409**	**38695**	**292150**	**146655**	**145495**
西宁市	**175458**	**88812**	**86646**	**36677**	**21430**	**15247**	**125705**	**62833**	**62872**
城东区	28073	13967	14106	5766	3227	2539	20065	10035	10030
城中区	24073	11918	12155	4670	2615	2055	17489	8700	8789
城西区	19905	9977	9928	4591	2455	2136	13920	7110	6810
城北区	25206	12824	12382	5617	3246	2371	17808	8990	8818
大通回族土族自治县	34219	17439	16780	6784	4120	2664	24998	12389	12609
湟中县	33404	17277	16127	6889	4359	2530	24014	11926	12088
湟源县	10578	5410	5168	2360	1408	952	7411	3683	3728
海东地区	**105151**	**53072**	**52079**	**21567**	**12738**	**8829**	**75213**	**37164**	**38049**
平安县	7846	3931	3915	1392	809	583	5870	2908	2962
民和回族土族自治县	26631	13470	13161	6208	3584	2624	18423	9089	9334
乐都县	19890	10107	9783	3925	2394	1531	14317	7087	7230
互助土族自治县	27771	14273	13498	5586	3381	2205	20049	10001	10048
化隆回族自治县	14141	7000	7141	2533	1490	1043	10423	5072	5351
循化撒拉族自治县	8872	4291	4581	1923	1080	843	6131	3007	3124
海北藏族自治州	**19849**	**9976**	**9873**	**3836**	**2200**	**1636**	**14287**	**7141**	**7146**
门源回族自治县	10341	5202	5139	1945	1110	835	7663	3808	3855
祁连县	3573	1795	1778	678	383	295	2559	1293	1266
海晏县	2958	1475	1483	574	336	238	2143	1061	1082
刚察县	2977	1504	1473	639	371	268	1922	979	943
黄南藏族自治州	**18182**	**8995**	**9187**	**4445**	**2546**	**1899**	**11962**	**5917**	**6045**
同仁县	6959	3427	3532	1837	1046	791	4430	2180	2250
尖扎县	3731	1834	1897	875	484	391	2477	1241	1236
泽库县	4393	2182	2211	882	517	365	3152	1544	1608
河南蒙古族自治县	3099	1552	1547	851	499	352	1903	952	951
海南藏族自治州	**32337**	**16239**	**16098**	**7524**	**4387**	**3137**	**21643**	**10776**	**10867**
共和县	9244	4581	4663	2275	1256	1019	6051	3009	3042
同德县	4607	2362	2245	1226	755	471	2992	1480	1512
贵德县	7957	3994	3963	1594	965	629	5526	2744	2782
兴海县	5353	2738	2615	1310	753	557	3518	1783	1735
贵南县	5176	2564	2612	1119	658	461	3556	1760	1796
果洛藏族自治州	**13010**	**6852**	**6158**	**4315**	**2646**	**1669**	**6991**	**3603**	**3388**
玛沁县	3487	1885	1602	973	622	351	2180	1154	1026
班玛县	2134	1119	1015	841	517	324	982	495	487
甘德县	2621	1375	1246	906	553	353	1313	670	643
达日县	2106	1111	995	744	449	295	1106	558	548
久治县	1794	912	882	584	361	223	919	458	461
玛多县	868	450	418	267	144	123	491	268	223
玉树藏族自治州	**22375**	**11399**	**10976**	**8256**	**4681**	**3575**	**11321**	**5684**	**5637**
玉树县	6053	3073	2980	2188	1256	932	2899	1457	1442
杂多县	3378	1751	1627	1173	655	518	1920	966	954
称多县	3868	1999	1869	1524	895	629	1885	946	939
治多县	2103	1041	1062	615	329	286	1265	631	634
囊谦县	5186	2626	2560	2230	1239	991	2322	1175	1147
曲麻莱县	1787	909	878	526	307	219	1030	509	521
海西蒙古族藏族自治州	**34417**	**19016**	**15401**	**7484**	**4781**	**2703**	**25028**	**13537**	**11491**
格尔木市	14722	7858	6864	3002	1864	1138	11031	5745	5286
德令哈市	5879	3086	2793	1259	758	501	4249	2193	2056
乌兰县	3010	1708	1302	747	504	243	2059	1135	924
都兰县	5568	2910	2658	1272	750	522	3889	2016	1873
天峻县	2550	1629	921	665	477	188	1749	1102	647
芒崖行委	1367	890	477	287	221	66	1027	642	385
柴旦行委	1085	770	315	200	163	37	849	586	263
冷湖行委	236	165	71	52	44	8	175	118	57
宁夏回族自治区	**477813**	**241024**	**236789**	**96358**	**54397**	**41961**	**355150**	**178160**	**176990**
银川市	**156526**	**79860**	**76666**	**34205**	**19135**	**15070**	**113890**	**58188**	**55702**
兴庆区	54459	26940	27519	11019	5713	5306	40123	20255	19868
西夏区	26576	13306	13270	8942	4703	4239	16308	8163	8145
金凤区	22139	11182	10957	4284	2388	1896	16698	8436	8262
永宁县	16370	8411	7959	3201	1904	1297	12346	6248	6098
贺兰县	17039	8861	8178	3062	1890	1172	13089	6717	6372
灵武市	19943	11160	8783	3697	2537	1160	15326	8369	6957
石嘴山市	**58098**	**29544**	**28554**	**9110**	**5372**	**3738**	**45034**	**22896**	**22138**
大武口区	22790	11623	11167	4066	2364	1702	17219	8787	8432
惠农区	15180	7753	7427	2148	1311	837	11845	6060	5785
平罗县	20128	10168	9960	2896	1697	1199	15970	8049	7921

单位：人

离婚			丧偶			15—64岁妇女	
小计	男	女	小计	男	女	平均活产子女数	平均存活子女数
10806	**5128**	**5678**	**23719**	**7169**	**16550**	**1.48**	**1.45**
3930	**2006**	**1924**	**9146**	**2543**	**6603**	**1.34**	**1.31**
892	401	491	1350	304	1046	1.22	1.20
704	329	375	1210	274	936	1.09	1.08
520	223	297	874	189	685	0.97	0.96
632	315	317	1149	273	876	1.08	1.07
575	339	236	1862	591	1271	1.66	1.61
438	295	143	2063	697	1366	1.66	1.61
169	104	65	638	215	423	1.48	1.45
1937	**1080**	**857**	**6434**	**2090**	**4344**	**1.71**	**1.67**
162	93	69	422	121	301	1.63	1.58
425	267	158	1575	530	1045	1.71	1.69
310	210	100	1338	416	922	1.65	1.62
371	260	111	1765	631	1134	1.66	1.63
384	168	216	801	270	531	1.95	1.85
285	82	203	533	122	411	1.64	1.61
640	**301**	**339**	**1086**	**334**	**752**	**1.60**	**1.57**
200	113	87	533	171	362	1.74	1.70
156	74	82	180	45	135	1.59	1.57
97	39	58	144	39	105	1.34	1.31
187	75	112	229	79	150	1.35	1.34
556	**192**	**364**	**1219**	**340**	**879**	**1.51**	**1.50**
199	64	135	493	137	356	1.43	1.40
124	42	82	255	67	188	1.42	1.40
109	49	60	250	72	178	1.75	1.73
124	37	87	221	64	157	1.48	1.47
1180	**469**	**711**	**1990**	**607**	**1383**	**1.50**	**1.48**
396	154	242	522	162	360	1.38	1.36
124	45	79	265	82	183	1.51	1.47
249	122	127	588	163	425	1.57	1.54
202	86	116	323	116	207	1.55	1.53
209	62	147	292	84	208	1.58	1.56
781	**295**	**486**	**923**	**308**	**615**	**1.44**	**1.41**
177	64	113	157	45	112	1.40	1.38
121	42	79	190	65	125	1.35	1.35
176	74	102	226	78	148	1.52	1.47
90	35	55	166	69	97	1.40	1.34
164	63	101	127	30	97	1.70	1.64
53	17	36	57	21	36	1.20	1.16
1030	**395**	**635**	**1768**	**639**	**1129**	**1.46**	**1.43**
415	160	255	551	200	351	1.27	1.25
68	32	36	217	98	119	1.83	1.82
167	67	100	292	91	201	1.21	1.20
94	35	59	129	46	83	1.46	1.42
184	55	129	450	157	293	1.55	1.52
102	46	56	129	47	82	1.64	1.60
752	**390**	**362**	**1153**	**308**	**845**	**1.37**	**1.35**
294	142	152	395	107	288	1.31	1.30
131	73	58	240	62	178	1.38	1.36
71	42	29	133	27	106	1.42	1.39
117	65	52	290	79	211	1.56	1.52
65	23	42	71	27	44	1.40	1.34
45	25	20	8	2	6	0.99	0.98
24	18	6	12	3	9	1.20	1.18
5	2	3	4	1	3	1.06	1.06
6899	**3371**	**3528**	**19406**	**5096**	**14310**	**1.64**	**1.62**
3044	**1364**	**1680**	**5387**	**1173**	**4214**	**1.24**	**1.23**
1490	611	879	1827	361	1466	1.06	1.06
498	231	267	828	209	619	0.98	0.98
487	208	279	670	150	520	1.15	1.14
163	98	65	660	161	499	1.63	1.61
171	95	76	717	159	558	1.50	1.48
235	121	114	685	133	552	1.70	1.67
1156	**600**	**556**	**2798**	**676**	**2122**	**1.43**	**1.41**
524	243	281	981	229	752	1.28	1.27
385	202	183	802	180	622	1.39	1.37
247	155	92	1015	267	748	1.63	1.61

表7 续表 48

地 区	15岁及以上人口			未 婚			有 配 偶		
	合 计	男	女	小 计	男	女	小 计	男	女
吴忠市	**92403**	**46309**	**46094**	**17109**	**9757**	**7352**	**70511**	**35109**	**35402**
利通区	28813	14311	14502	4957	2762	2195	22191	11099	11092
红寺堡区	10629	5388	5241	2432	1387	1045	7817	3868	3949
盐池县	11212	5668	5544	1553	928	625	9089	4531	4558
同心县	21931	10935	10996	5287	2947	2340	15681	7720	7961
青铜峡市	19818	10007	9811	2880	1733	1147	15733	7891	7842
固原市	**92209**	**45791**	**46418**	**19967**	**11063**	**8904**	**67038**	**32821**	**34217**
原州区	30723	15237	15486	6788	3660	3128	22307	11024	11283
西吉县	27340	13586	13754	6402	3523	2879	19597	9548	10049
隆德县	12296	6131	6165	2912	1669	1243	8548	4153	4395
泾源县	7230	3633	3597	1250	749	501	5516	2703	2813
彭阳县	14620	7204	7416	2615	1462	1153	11070	5393	5677
中卫市	**78577**	**39520**	**39057**	**15967**	**9070**	**6897**	**58677**	**29146**	**29531**
沙坡头区	28340	14351	13989	4946	2928	2018	21828	10931	10897
中宁县	23963	11966	11997	4797	2690	2107	17921	8873	9048
海原县	26274	13203	13071	6224	3452	2772	18928	9342	9586
新疆维吾尔自治区	**1640004**	**831304**	**808700**	**364609**	**212302**	**152307**	**1146418**	**574623**	**571795**
乌鲁木齐市	**254572**	**129082**	**125490**	**63823**	**35741**	**28082**	**173655**	**87916**	**85739**
天山区	56059	27432	28627	15639	8300	7339	36225	17946	18279
沙依巴克区	56790	28311	28479	14443	7872	6571	38365	19193	19172
新市区	60955	31272	29683	16135	9070	7065	41415	21090	20325
水磨沟区	32534	16702	15832	7608	4268	3340	22882	11738	11144
头屯河区	14027	7208	6819	3023	1746	1277	9932	5121	4811
达坂城区	3336	1846	1490	584	409	175	2514	1351	1163
米东区	25011	13208	11803	5353	3405	1948	17921	9203	8718
乌鲁木齐县	5860	3103	2757	1038	671	367	4401	2274	2127
克拉玛依市	**33288**	**17242**	**16046**	**5969**	**3677**	**2292**	**24808**	**12812**	**11996**
独山子区	5868	3058	2810	1245	790	455	4172	2137	2035
克拉玛依区	22110	11406	10704	3801	2295	1506	16646	8608	8038
白碱滩区	4434	2312	2122	787	494	293	3303	1717	1586
乌尔禾区	876	466	410	136	98	38	687	350	337
吐鲁番地区	**44887**	**23017**	**21870**	**8442**	**5222**	**3220**	**33116**	**16831**	**16285**
吐鲁番市	19347	9729	9618	3643	2213	1430	14188	7094	7094
鄯善县	17076	8928	8148	3040	1927	1113	12870	6665	6205
托克逊县	8464	4360	4104	1759	1082	677	6058	3072	2986
哈密地区	**44908**	**23219**	**21689**	**8477**	**5150**	**3327**	**33387**	**17029**	**16358**
哈密市	37900	19545	18355	7056	4290	2766	28220	14380	13840
巴里坤哈萨克自治县	5159	2603	2556	833	467	366	3963	1999	1964
伊吾县	1849	1071	778	588	393	195	1204	650	554
昌吉回族自治州	**110273**	**56193**	**54080**	**19454**	**11480**	**7974**	**83546**	**42092**	**41454**
昌吉市	33834	16865	16969	7423	3991	3432	24406	12220	12186
阜康市	12053	6224	5829	2037	1276	761	9210	4649	4561
呼图壁县	15446	7873	7573	2621	1604	1017	11858	5913	5945
玛纳斯县	18791	9662	9129	2714	1726	988	14655	7420	7235
奇台县	16282	8420	7862	2597	1584	1013	12574	6393	6181
吉木萨尔县	8727	4547	4180	1255	811	444	6836	3483	3353
木垒哈萨克自治县	5140	2602	2538	807	488	319	4007	2014	1993
博尔塔拉蒙古自治州	**34467**	**17471**	**16996**	**6458**	**3771**	**2687**	**25936**	**13004**	**12932**
博乐市	19053	9693	9360	3615	2105	1510	14304	7201	7103
精河县	10322	5219	5103	1900	1127	773	7827	3885	3942
温泉县	5092	2559	2533	943	539	404	3805	1918	1887
巴音郭楞蒙古自治州	**97958**	**49924**	**48034**	**20246**	**11906**	**8340**	**70787**	**35596**	**35191**
库尔勒市	42810	21491	21319	8650	4882	3768	31425	15717	15708
轮台县	8652	4463	4189	1878	1193	685	5979	3022	2957
尉犁县	7346	3729	3617	1393	818	575	5383	2697	2686
若羌县	2847	1550	1297	633	387	246	2006	1075	931
且末县	5086	2598	2488	1367	768	599	3346	1690	1656
焉耆回族自治县	8800	4526	4274	1693	1084	609	6469	3219	3250
和静县	12932	6700	6232	2898	1726	1172	9023	4580	4443
和硕县	5452	2817	2635	1016	619	397	4091	2060	2031
博湖县	4033	2050	1983	718	429	289	3065	1536	1529
阿克苏地区	**169126**	**86300**	**82826**	**37090**	**22268**	**14822**	**116690**	**58357**	**58333**
阿克苏市	38216	19305	18911	7362	4344	3018	27840	13877	13963
温宿县	16835	8593	8242	3769	2257	1512	11618	5806	5812
库车县	34953	17997	16956	8111	4931	3180	23518	11868	11650

单位：人

离婚			丧偶			15—64岁妇女	
小计	男	女	小计	男	女	平均活产子女数	平均存活子女数
1252	**557**	**695**	**3531**	**886**	**2645**	**1.79**	**1.77**
540	217	323	1125	233	892	1.58	1.56
48	25	23	332	108	224	1.95	1.93
107	60	47	463	149	314	1.93	1.90
259	90	169	704	178	526	2.06	2.04
298	165	133	907	218	689	1.64	1.63
691	**423**	**268**	**4513**	**1484**	**3029**	**2.03**	**2.00**
312	157	155	1316	396	920	1.80	1.77
139	94	45	1202	421	781	2.29	2.26
92	62	30	744	247	497	1.84	1.81
73	52	21	391	129	262	2.11	2.07
75	58	17	860	291	569	2.15	2.13
756	**427**	**329**	**3177**	**877**	**2300**	**1.91**	**1.88**
335	191	144	1231	301	930	1.76	1.74
238	134	104	1007	269	738	1.84	1.82
183	102	81	939	307	632	2.12	2.09
52815	**25043**	**27772**	**76162**	**19336**	**56826**	**1.46**	**1.43**
7798	**3365**	**4433**	**9296**	**2060**	**7236**	**1.01**	**1.00**
2047	782	1265	2148	404	1744	0.94	0.93
1799	772	1027	2183	474	1709	0.95	0.94
1539	644	895	1866	468	1398	0.89	0.89
1031	482	549	1013	214	799	0.98	0.97
461	215	246	611	126	485	1.18	1.16
95	52	43	143	34	109	1.59	1.56
723	343	380	1014	257	757	1.32	1.30
103	75	28	318	83	235	1.68	1.65
1330	**508**	**822**	**1181**	**245**	**936**	**1.11**	**1.10**
238	88	150	213	43	170	1.01	1.01
873	335	538	790	168	622	1.10	1.09
205	75	130	139	26	113	1.21	1.20
14	10	4	39	8	31	1.46	1.43
1164	**528**	**636**	**2165**	**436**	**1729**	**1.67**	**1.62**
546	237	309	970	185	785	1.72	1.65
394	181	213	772	155	617	1.66	1.61
224	110	114	423	96	327	1.59	1.55
971	**468**	**503**	**2073**	**572**	**1501**	**1.31**	**1.29**
912	434	478	1712	441	1271	1.26	1.24
41	24	17	322	113	209	1.69	1.68
18	10	8	39	18	21	1.28	1.27
2091	**1182**	**909**	**5182**	**1439**	**3743**	**1.41**	**1.39**
712	340	372	1293	314	979	1.16	1.15
252	151	101	554	148	406	1.42	1.40
266	162	104	701	194	507	1.50	1.48
406	234	172	1016	282	734	1.47	1.45
275	170	105	836	273	563	1.55	1.52
126	86	40	510	167	343	1.65	1.62
54	39	15	272	61	211	1.73	1.70
660	**353**	**307**	**1413**	**343**	**1070**	**1.48**	**1.46**
416	223	193	718	164	554	1.40	1.38
170	89	81	425	118	307	1.59	1.57
74	41	33	270	61	209	1.57	1.55
2839	**1352**	**1487**	**4086**	**1070**	**3016**	**1.34**	**1.31**
1229	529	700	1506	363	1143	1.15	1.13
334	142	192	461	106	355	1.52	1.48
228	116	112	342	98	244	1.46	1.45
95	46	49	113	42	71	1.42	1.39
169	86	83	204	54	150	1.44	1.42
226	112	114	412	111	301	1.53	1.50
356	204	152	655	190	465	1.41	1.38
122	72	50	223	66	157	1.53	1.51
80	45	35	170	40	130	1.63	1.61
7233	**3525**	**3708**	**8113**	**2150**	**5963**	**1.62**	**1.57**
1399	637	762	1615	447	1168	1.40	1.37
578	303	275	870	227	643	1.64	1.59
1618	794	824	1706	404	1302	1.59	1.55

表7 续表 49

地　区	15岁及以上人口			未　婚			有 配 偶		
	合　计	男	女	小　计	男	女	小　计	男	女
沙雅县	17128	8743	8385	4028	2376	1652	11376	5651	5725
新和县	12430	6346	6084	2383	1512	871	8754	4375	4379
拜城县	16025	8305	7720	4154	2538	1616	10451	5234	5217
乌什县	13601	6971	6630	3349	1947	1402	8967	4492	4475
阿瓦提县	16832	8466	8366	3325	1975	1350	11922	5934	5988
柯坪县	3106	1574	1532	609	388	221	2244	1120	1124
克孜勒苏柯尔克孜自治州	**38213**	**19316**	**18897**	**9605**	**5609**	**3996**	**25875**	**12938**	**12937**
阿图什市	17527	8805	8722	4384	2551	1833	12136	6043	6093
阿克陶县	13774	6933	6841	3439	2044	1395	9150	4521	4629
阿合奇县	3450	1816	1634	1018	572	446	2190	1150	1040
乌恰县	3462	1762	1700	764	442	322	2399	1224	1175
喀什地区	**288481**	**144975**	**143506**	**68690**	**39872**	**28818**	**193021**	**95703**	**97318**
喀什市	39640	19549	20091	10054	5438	4616	26283	13102	13181
疏附县	22657	11530	11127	5121	3199	1922	15640	7733	7907
疏勒县	23672	11844	11828	5629	3298	2331	15858	7816	8042
英吉沙县	18467	9474	8993	4726	2863	1863	11949	5929	6020
泽普县	14885	7375	7510	3461	1913	1548	10054	4984	5070
莎车县	52971	26658	26313	11305	6732	4573	36662	18072	18590
叶城县	32205	16142	16063	8393	4787	3606	20550	10135	10415
麦盖提县	17746	9080	8666	3680	2222	1458	12163	6153	6010
岳普湖县	11447	5741	5706	2735	1560	1175	7677	3804	3873
伽师县	27029	13547	13482	6414	3724	2690	18473	9123	9350
巴楚县	24942	12580	12362	6334	3647	2687	15938	7966	7972
塔什库尔干塔吉克自治县	2820	1455	1365	838	489	349	1774	886	888
和田地区	**147209**	**74376**	**72833**	**33247**	**19830**	**13417**	**98378**	**48843**	**49535**
和田市	23206	11503	11703	5307	3001	2306	15456	7684	7772
和田县	19676	9981	9695	4556	2612	1944	12949	6461	6488
墨玉县	35390	17895	17495	7852	4750	3102	23347	11584	11763
皮山县	19426	9780	9646	4577	2663	1914	13023	6455	6568
洛浦县	17510	8874	8636	3481	2205	1276	11948	5920	6028
策勒县	10651	5472	5179	2152	1379	773	7416	3697	3719
于田县	18774	9551	9223	4700	2854	1846	12546	6196	6350
民丰县	2576	1320	1256	622	366	256	1693	846	847
伊犁哈萨克自治州	**184029**	**92474**	**91555**	**42492**	**24052**	**18440**	**128982**	**64199**	**64783**
伊宁市	40316	19451	20865	9455	4914	4541	27528	13567	13961
奎屯市	12978	6427	6551	1963	1131	832	9990	4983	5007
伊宁县	26236	13396	12840	6386	3783	2603	18181	9027	9154
察布查尔锡伯自治县	13166	6747	6419	3231	1862	1369	9154	4598	4556
霍城县	25820	13176	12644	5012	3037	1975	19137	9534	9603
巩留县	11499	5807	5692	2773	1564	1209	7927	3942	3985
新源县	21443	10862	10581	5305	3026	2279	14760	7372	7388
昭苏县	11198	5721	5477	2802	1564	1238	7714	3884	3830
特克斯县	10193	5184	5009	2666	1499	1167	6971	3491	3480
尼勒克县	11180	5703	5477	2899	1672	1227	7620	3801	3819
塔城地区	**86894**	**44318**	**42576**	**15372**	**9335**	**6037**	**65205**	**32749**	**32456**
塔城市	10990	5553	5437	1918	1155	763	8258	4104	4154
乌苏市	21920	11263	10657	3782	2316	1466	16581	8382	8199
额敏县	13025	6598	6427	2457	1490	967	9587	4774	4813
沙湾县	26193	13337	12856	3953	2474	1479	20240	10136	10104
托里县	6348	3198	3150	1496	805	691	4436	2253	2183
裕民县	3678	1917	1761	752	472	280	2667	1345	1322
和布克赛尔蒙古自治县	4740	2452	2288	1014	623	391	3436	1755	1681
阿勒泰地区	**44318**	**22302**	**22016**	**10547**	**5950**	**4597**	**30815**	**15441**	**15374**
阿勒泰市	14523	7224	7299	3320	1863	1457	10143	5064	5079
布尔津县	4854	2430	2424	1244	698	546	3265	1628	1637
富蕴县	6631	3362	3269	1827	992	835	4408	2221	2187
福海县	6226	3190	3036	1295	756	539	4558	2295	2263
哈巴河县	5621	2863	2758	1376	801	575	3887	1950	1937
青河县	3902	1935	1967	941	507	434	2747	1371	1376
吉木乃县	2561	1298	1263	544	333	211	1807	912	895
自治区直辖县级行政区划	**61381**	**31095**	**30286**	**14697**	**8439**	**6258**	**42217**	**21113**	**21104**
石河子市	32091	16086	16005	7876	4445	3431	21738	10854	10884
阿拉尔市	12630	6438	6192	3155	1845	1310	8813	4347	4466
图木舒克市	9338	4743	4595	2157	1226	931	6391	3193	3198
五家渠市	7322	3828	3494	1509	923	586	5275	2719	2556

单位：人

离婚			丧偶			15—64岁妇女	
小计	男	女	小计	男	女	平均活产子女数	平均存活子女数
953	481	472	771	235	536	1.62	1.59
700	330	370	593	129	464	1.86	1.73
577	303	274	843	230	613	1.72	1.62
494	260	234	791	272	519	1.66	1.61
833	378	455	752	179	573	1.80	1.74
81	39	42	172	27	145	2.20	2.14
975	**424**	**551**	**1758**	**345**	**1413**	**1.89**	**1.80**
300	110	190	707	101	606	1.96	1.86
487	215	272	698	153	545	1.96	1.87
81	46	35	161	48	113	1.45	1.41
107	53	54	192	43	149	1.63	1.59
11405	**5446**	**5959**	**15365**	**3954**	**11411**	**1.68**	**1.62**
1384	605	779	1919	404	1515	1.47	1.40
705	366	339	1191	232	959	2.07	1.89
768	380	388	1417	350	1067	1.79	1.70
808	399	409	984	283	701	1.80	1.74
571	252	319	799	226	573	1.49	1.45
2106	1010	1096	2898	844	2054	1.66	1.61
1442	696	746	1820	524	1296	1.69	1.65
991	466	525	912	239	673	1.66	1.63
401	213	188	634	164	470	1.75	1.68
813	394	419	1329	306	1023	1.82	1.75
1361	636	725	1309	331	978	1.52	1.50
55	29	26	153	51	102	1.73	1.66
7862	**3631**	**4231**	**7722**	**2072**	**5650**	**1.70**	**1.66**
1237	526	711	1206	292	914	1.43	1.42
1071	554	517	1100	354	746	1.98	1.96
2326	1047	1279	1865	514	1351	1.78	1.73
790	394	396	1036	268	768	1.57	1.52
1115	525	590	966	224	742	1.80	1.74
531	253	278	552	143	409	1.80	1.74
676	269	407	852	232	620	1.60	1.57
116	63	53	145	45	100	1.54	1.52
4273	**2012**	**2261**	**8282**	**2211**	**6071**	**1.51**	**1.49**
1470	550	920	1863	420	1443	1.32	1.29
441	182	259	584	131	453	1.15	1.14
528	280	248	1141	306	835	1.74	1.71
276	147	129	505	140	365	1.52	1.49
530	296	234	1141	309	832	1.56	1.54
252	134	118	547	167	380	1.64	1.62
326	174	152	1052	290	762	1.54	1.53
187	107	80	495	166	329	1.48	1.46
115	64	51	441	130	311	1.65	1.62
148	78	70	513	152	361	1.69	1.67
1793	**1057**	**736**	**4524**	**1177**	**3347**	**1.50**	**1.48**
258	145	113	556	149	407	1.42	1.40
448	271	177	1109	294	815	1.51	1.49
282	168	114	699	166	533	1.52	1.50
585	361	224	1415	366	1049	1.49	1.47
84	43	41	332	97	235	1.56	1.54
73	39	34	186	61	125	1.57	1.55
63	30	33	227	44	183	1.40	1.39
636	**325**	**311**	**2320**	**586**	**1734**	**1.46**	**1.45**
275	129	146	785	168	617	1.32	1.31
55	25	30	290	79	211	1.48	1.46
83	46	37	313	103	210	1.38	1.37
99	61	38	274	78	196	1.49	1.48
52	28	24	306	84	222	1.63	1.61
22	10	12	192	47	145	1.65	1.63
50	26	24	160	27	133	1.67	1.63
1785	**867**	**918**	**2682**	**676**	**2006**	**1.20**	**1.19**
980	449	531	1497	338	1159	1.02	1.01
233	132	101	429	114	315	1.23	1.22
386	181	205	404	143	261	1.72	1.71
186	105	81	352	81	271	1.19	1.17

表8　家庭户住房状况

表8 家庭户住房状况

地区	全部数据			长表数据		
	家庭户	平均每户住房间数(间/户)	人均住房建筑面积(平方米/人)	家庭户	住房内有无管道自来水	
					有	无
北京市	**6680552**	**2.33**	**29.28**	**655178**	**575287**	**79891**
市辖区	**6394889**	**2.31**	**29.20**	**626591**	**547700**	**78891**
东城区	190192	1.87	18.63	19880	18825	1055
西城区	228304	1.94	22.00	21702	21690	12
崇文区	124210	1.86	23.81	13028	11754	1274
宣武区	212781	1.80	23.54	20245	18830	1415
朝阳区	1317845	1.99	29.53	128755	106341	22414
丰台区	795168	2.04	26.80	76260	64712	11548
石景山区	219907	1.96	25.08	21335	18824	2511
海淀区	976376	2.17	28.51	95449	85421	10028
门头沟区	107009	2.64	26.34	10972	10121	851
房山区	314012	2.78	33.30	30458	26914	3544
通州区	419109	2.73	33.40	41828	33685	8143
顺义区	294614	3.41	33.24	29728	28892	836
昌平区	496867	2.58	34.54	50534	43155	7379
大兴区	425156	2.90	33.75	39542	31973	7569
怀柔区	135644	2.45	30.10	13229	13009	220
平谷区	137695	2.81	27.75	13646	13554	92
县	**285663**	**2.86**	**31.01**	**28587**	**27587**	**1000**
密云县	179493	2.52	32.32	17989	17073	916
延庆县	106170	3.44	29.03	10598	10514	84
天津市	**3661992**	**2.24**	**26.07**	**355868**	**323419**	**32449**
市辖区	**3108605**	**2.07**	**25.74**	**300734**	**278581**	**22153**
和平区	90152	1.57	20.67	8136	7568	568
河东区	310544	1.68	23.90	29374	29111	263
河西区	293578	1.77	24.42	27088	26924	164
南开区	312388	1.81	26.71	30312	30071	241
河北区	250192	1.58	21.33	22412	22088	324
红桥区	173507	1.62	22.30	16704	16332	372
东丽区	180448	2.18	26.18	17929	15452	2477
西青区	187212	2.09	29.13	19059	18308	751
津南区	150048	2.30	25.95	14528	13542	986
北辰区	199916	2.16	28.19	19837	18107	1730
武清区	252847	3.26	27.17	25211	24601	610
宝坻区	212266	2.80	24.06	21448	9668	11780
滨海新区	495507	2.07	28.70	48696	46809	1887
县	**553387**	**3.21**	**27.66**	**55134**	**44838**	**10296**
宁河县	115808	3.56	26.86	11500	9245	2255
静海县	203142	2.69	26.36	20264	16905	3359
蓟县	234437	3.50	29.09	23370	18688	4682
河北省	**20395116**	**3.57**	**30.24**	**2035826**	**1447673**	**588153**
石家庄市	**2720331**	**3.94**	**34.07**	**272599**	**191579**	**81020**
长安区	146881	2.62	29.90	14450	13593	857
桥东区	124846	2.23	28.30	11765	11512	253
桥西区	170458	2.52	32.59	17289	16806	483
新华区	181298	2.47	29.54	18068	17560	508
井陉矿区	30383	3.26	33.20	3061	3059	2
裕华区	161849	3.09	36.16	16137	15872	265
井陉县	87786	4.75	34.13	8936	7351	1585
正定县	116113	4.12	34.42	11653	8136	3517
栾城县	83475	8.11	48.75	8274	7584	690
行唐县	115177	4.06	30.62	11525	3507	8018
灵寿县	84405	4.31	30.22	8414	2046	6368
高邑县	46959	3.48	32.46	4731	1787	2944
深泽县	67264	3.99	34.40	6770	5155	1615
赞皇县	65677	4.61	29.18	7158	1842	5316
无极县	129011	3.79	36.16	12770	10441	2329
平山县	122297	3.99	34.60	12263	4244	8019
元氏县	95829	5.43	34.49	9650	1934	7716
赵县	148326	4.60	37.58	14878	12624	2254
辛集市	176891	4.27	33.62	18159	13712	4447
藁城市	197063	4.72	34.81	19798	4888	14910
晋州市	144670	4.18	32.12	14508	12975	1533
新乐市	117416	4.40	29.27	11605	4729	6876
鹿泉市	106257	4.38	44.72	10737	10222	515

(全部数据、长表数据)

长表数据									
住房内有无厨房		住房内有无厕所		住房内有无洗澡设施		住房来源			
有	无	有	无	有	无	租赁	自建	购买	其他
548624	**106554**	**524039**	**131139**	**494084**	**161094**	**223488**	**108408**	**286449**	**36833**
521869	**104722**	**497720**	**128871**	**472333**	**154258**	**220124**	**91945**	**278257**	**36265**
17459	2421	11845	8035	15485	4395	9177	901	9071	731
19351	2351	17751	3951	17530	4172	8716	708	10864	1414
11112	1916	9781	3247	9902	3126	4248	547	7579	654
16584	3661	15247	4998	15685	4560	7841	294	10606	1504
105057	23698	98191	30564	96624	32131	49393	4948	66868	7546
61609	14651	58738	17522	57668	18592	30998	4596	34837	5829
17963	3372	17284	4051	17038	4297	6597	818	12651	1269
78875	16574	77570	17879	73381	22068	38924	5374	47564	3587
9037	1935	6320	4652	7415	3557	2816	4033	3559	564
27611	2847	27230	3228	21425	9033	4915	14047	10323	1173
35279	6549	33565	8263	33037	8791	10729	12376	13795	4928
25284	4444	27928	1800	22773	6955	9264	10934	8150	1380
41199	9335	41322	9212	36645	13889	18011	8459	21706	2358
30459	9083	29615	9927	25950	13592	13793	9476	13556	2717
11716	1513	11836	1393	8970	4259	3432	5758	3548	491
13274	372	13497	149	12805	841	1270	8676	3580	120
26755	**1832**	**26319**	**2268**	**21751**	**6836**	**3364**	**16463**	**8192**	**568**
16587	1402	16693	1296	15175	2814	2391	10124	5064	410
10168	430	9626	972	6576	4022	973	6339	3128	158
317875	**37993**	**271497**	**84371**	**279492**	**76376**	**78407**	**107398**	**145719**	**24344**
271156	**29578**	**241480**	**59254**	**243908**	**56826**	**75530**	**63927**	**137553**	**23724**
7123	1013	7283	853	6351	1785	2001	18	2306	3811
28741	633	28441	933	26916	2458	9792	107	18486	989
26613	475	26451	637	24782	2306	13551	101	12284	1152
29920	392	29980	332	28717	1595	12249	59	16454	1550
21437	975	21330	1082	20265	2147	6805	252	12561	2794
15331	1373	14753	1951	13598	3106	5361	1001	9151	1191
14463	3466	10184	7745	11086	6843	5419	4375	5022	3113
16418	2641	12765	6294	14075	4984	3842	4546	6697	3974
12699	1829	7640	6888	8945	5583	2559	5329	4300	2340
17780	2057	13527	6310	15156	4681	3341	5861	9378	1257
23914	1297	20554	4657	22221	2990	1481	19063	4236	431
11686	9762	9313	12135	13142	8306	560	17358	3397	133
45031	3665	39259	9437	38654	10042	8569	5857	33281	989
46719	**8415**	**30017**	**25117**	**35584**	**19550**	**2877**	**43471**	**8166**	**620**
7622	3878	4035	7465	7368	4132	242	9087	1804	367
17204	3060	6713	13551	8773	11491	2237	14501	3394	132
21893	1477	19269	4101	19443	3927	398	19883	2968	121
1743719	**292107**	**1446815**	**589011**	**1031022**	**1004804**	**81603**	**1542698**	**387636**	**23889**
225285	**47314**	**207595**	**65004**	**174129**	**98470**	**15292**	**179565**	**73465**	**4277**
13623	827	13174	1276	12142	2308	2224	2191	9602	433
11497	268	11466	299	10822	943	1843	456	8596	870
16781	508	16777	512	15505	1784	3289	989	12659	352
17300	768	17414	654	15734	2334	3623	1367	11570	1508
3039	22	2899	162	2144	917	412	1189	1291	169
15913	224	15619	518	15424	713	1702	2792	11456	187
7212	1724	4932	4004	3730	5206	124	7978	782	52
10980	673	8495	3158	7442	4211	173	9973	1412	95
7927	347	7643	631	7395	879	107	7478	677	12
5469	6056	8625	2900	2195	9330	156	10682	639	48
3370	5044	3208	5206	2086	6328	130	7700	550	34
2917	1814	4123	608	2105	2626	87	4327	288	29
5872	898	5093	1677	4754	2016	23	6055	678	14
3443	3715	2351	4807	829	6329	131	6769	234	24
11212	1558	9661	3109	7897	4873	39	11648	1063	20
5652	6611	3904	8359	3079	9184	280	10765	1072	146
5258	4392	4425	5225	3035	6615	40	8830	724	56
13684	1194	13213	1665	9985	4893	81	13777	989	31
14833	3326	14009	4150	13579	4580	279	14782	3053	45
15554	4244	11350	8448	9426	10372	80	17864	1845	9
13108	1400	12736	1772	11318	3190	112	13125	1241	30
10264	1341	6787	4818	5111	6494	107	10353	1109	36
10377	360	9691	1046	8392	2345	250	8475	1935	77

表8 续表 1

地区	全部数据			长表数据		
	家庭户	平均每户住房间数（间/户）	人均住房建筑面积（平方米/人）	家庭户	住房内有无管道自来水	
					有	无
唐山市	**2375634**	**2.60**	**28.04**	**236944**	**200102**	**36842**
路南区	95975	2.38	25.57	9597	9348	249
路北区	229744	2.18	24.30	22827	22087	740
古冶区	126504	2.23	22.87	12630	12334	296
开平区	89942	2.46	27.12	8984	7764	1220
丰南区	189128	3.10	30.61	18776	18232	544
丰润区	307903	2.30	28.20	30677	28140	2537
滦县	174418	2.86	28.97	17487	11029	6458
滦南县	184264	2.56	30.99	18555	17240	1315
乐亭县	175202	2.51	30.70	17300	17160	140
迁西县	112491	2.66	27.43	11347	4633	6714
玉田县	210772	2.87	27.51	21045	17808	3237
唐海县	53466	2.17	30.90	5389	5209	180
遵化市	212087	3.10	28.18	21358	11759	9599
迁安市	213738	2.61	28.28	20972	17359	3613
秦皇岛市	**957621**	**2.60**	**30.52**	**95296**	**52078**	**43218**
海港区	247093	2.36	30.42	24321	22942	1379
山海关区	59789	2.30	27.92	5902	5408	494
北戴河区	26729	3.08	39.55	2622	2585	37
青龙满族自治县	142295	2.32	26.12	14209	2752	11457
昌黎县	184921	2.81	33.45	18502	9175	9327
抚宁县	165945	3.10	32.29	16629	6465	10164
卢龙县	130849	2.50	29.35	13111	2751	10360
邯郸市	**2359454**	**4.84**	**30.55**	**234739**	**147985**	**86754**
邯山区	112677	2.92	26.16	11024	9881	1143
丛台区	111469	2.60	23.96	10390	9910	480
复兴区	58032	2.64	24.31	5690	5511	179
峰峰矿区	137060	3.11	28.44	13442	12568	874
邯郸县	118489	5.33	35.43	11983	7516	4467
临漳县	148696	8.28	39.54	15049	8025	7024
成安县	97755	2.71	26.61	9615	8540	1075
大名县	183536	6.62	33.85	18144	5115	13029
涉县	122001	6.00	31.67	12101	6884	5217
磁县	168158	4.46	34.01	16990	5732	11258
肥乡县	85056	5.92	27.66	8499	6708	1791
永年县	231986	5.57	26.04	23068	14582	8486
邱县	62902	5.49	36.17	6403	2359	4044
鸡泽县	69422	4.75	27.90	7052	3874	3178
广平县	63560	3.47	27.69	6635	4716	1919
馆陶县	85455	4.95	32.29	8382	5981	2401
魏县	184480	5.61	25.22	18173	12411	5762
曲周县	109357	3.73	26.58	10961	3611	7350
武安市	209363	4.03	37.40	21138	14061	7077
邢台市	**1916890**	**4.29**	**31.31**	**191020**	**129405**	**61615**
桥东区	80650	3.06	29.25	7932	7047	885
桥西区	113827	2.82	32.80	11188	10939	249
邢台县	131094	4.57	35.42	13320	8176	5144
临城县	55073	4.49	32.64	5540	1046	4494
内邱县	70240	3.84	39.23	7071	4124	2947
柏乡县	48063	5.24	30.90	4789	909	3880
隆尧县	120083	5.74	35.66	11958	7853	4105
任县	80019	5.90	33.87	8051	2479	5572
南和县	85892	3.60	24.55	8608	2100	6508
宁晋县	193646	4.18	24.29	19307	15864	3443
巨鹿县	103684	4.27	29.36	10127	8745	1382
新河县	51303	4.43	26.63	5000	3766	1234
广宗县	82776	3.35	32.65	8227	6337	1890
平乡县	80347	3.04	25.67	8012	5290	2722
威县	161699	4.21	32.39	15653	11044	4609
清河县	105896	5.67	35.68	10679	7611	3068
临西县	89496	4.61	33.09	9007	7408	1599
南宫市	138331	4.96	33.97	13922	12605	1317
沙河市	124771	3.49	29.66	12629	6062	6567

长表数据									
住房内有无厨房		住房内有无厕所		住房内有无洗澡设施		住房来源			
有	无	有	无	有	无	租赁	自建	购买	其他
220418	**16526**	**196160**	**40784**	**159933**	**77011**	**8705**	**166650**	**59174**	**2415**
8868	729	6934	2663	8019	1578	961	2729	5581	326
21982	845	20807	2020	20946	1881	1346	2151	18809	521
11655	975	10599	2031	7258	5372	979	3972	7568	111
7655	1329	6335	2649	5860	3124	734	4853	3229	168
16870	1906	16589	2187	16128	2648	841	14435	3179	321
29518	1159	27581	3096	21523	9154	1274	22559	6714	130
16405	1082	15130	2357	9221	8266	187	15582	1622	96
18179	376	17488	1067	8177	10378	207	17056	1263	29
17010	290	13726	3574	12641	4659	399	14803	1911	187
10783	564	10591	756	6332	5015	267	9999	1028	53
17244	3801	15755	5290	12975	8070	328	18690	1946	81
5092	297	3748	1641	2856	2533	301	3866	1057	165
18339	3019	10525	10833	10502	10856	300	18819	2189	50
20818	154	20352	620	17495	3477	581	17136	3078	177
85601	**9695**	**68697**	**26599**	**41734**	**53562**	**5835**	**61134**	**26625**	**1702**
23994	327	22719	1602	19189	5132	3537	2825	17332	627
5824	78	4732	1170	4012	1890	683	1660	3219	340
2570	52	2157	465	1946	676	296	958	1185	183
13318	891	10829	3380	1820	12389	449	12905	727	128
16587	1915	9816	8686	7442	11060	370	16324	1589	219
11032	5597	10019	6610	4739	11890	352	14283	1833	161
12276	835	8425	4686	2586	10525	148	12179	740	44
193918	**40821**	**171374**	**63365**	**98300**	**136439**	**6069**	**190045**	**36441**	**2184**
10166	858	9296	1728	9052	1972	1098	1861	7737	328
9635	755	9058	1332	8739	1651	1102	1205	7696	387
5410	280	5017	673	4694	996	408	733	4365	184
12850	592	8753	4689	7426	6016	486	5743	6979	234
9982	2001	8433	3550	6095	5888	256	9660	1972	95
10964	4085	8225	6824	5532	9517	42	14680	294	33
8751	864	8583	1032	3900	5715	56	9151	389	19
15757	2387	13767	4377	6834	11310	93	17474	521	56
10819	1282	11312	789	2970	9131	510	10174	1172	245
11828	5162	8729	8261	4742	12248	197	16080	635	78
6756	1743	4822	3677	3064	5435	23	8163	255	58
19045	4023	18156	4912	8754	14314	117	22056	728	167
2934	3469	2336	4067	767	5636	109	6075	183	36
4989	2063	4685	2367	1748	5304	29	6827	184	12
5945	690	5944	691	2438	4197	43	6362	219	11
6767	1615	6346	2036	2480	5902	178	7812	354	38
15244	2929	15405	2768	4590	13583	152	17549	447	25
7194	3767	4310	6651	2454	8507	41	10748	164	8
18882	2256	18197	2941	12021	9117	1129	17692	2147	170
149800	**41220**	**123832**	**67188**	**86211**	**104809**	**3808**	**166075**	**19233**	**1904**
6818	1114	5893	2039	5833	2099	1096	1927	4378	531
10746	442	9594	1594	9820	1368	864	1634	8096	594
8864	4456	1892	11428	6389	6931	342	12366	427	185
2112	3428	696	4844	1064	4476	104	5147	241	48
5490	1581	3972	3099	3868	3203	79	6506	433	53
3388	1401	2405	2384	1250	3539	20	4603	156	10
9972	1986	8383	3575	6064	5894	13	11723	137	85
3727	4324	2095	5956	2245	5806	38	7843	163	7
4707	3901	4153	4455	3043	5565	37	8166	386	19
16822	2485	16090	3217	12098	7209	119	18277	849	62
7661	2466	6764	3363	3804	6323	95	9770	247	15
4222	778	3692	1308	1780	3220	57	4697	235	11
7345	882	7312	915	1580	6647	75	7934	208	10
6129	1883	6054	1958	3058	4954	135	7544	326	7
12480	3173	10416	5237	4679	10974	20	15220	316	97
7355	3324	4944	5735	3691	6988	281	9929	452	17
8379	628	7731	1276	4385	4622	160	8594	227	26
13081	841	12221	1701	6215	7707	68	13356	474	24
10502	2127	9525	3104	5345	7284	205	10839	1482	103

表8 续表 2

地区	全部数据			长表数据		
	家庭户	平均每户住房间数（间/户）	人均住房建筑面积（平方米/人）	家庭户	住房内有无管道自来水	
					有	无
保定市	**3039158**	**3.59**	**32.38**	**303344**	**180536**	**122808**
新市区	149147	2.72	33.35	14685	13560	1125
北市区	99772	2.82	34.53	10024	9580	444
南市区	73610	2.69	29.86	7346	6516	830
满城县	108017	3.63	31.93	10769	8729	2040
清苑县	169242	2.79	31.63	16882	12568	4314
涞水县	96562	2.85	37.57	9616	3176	6440
阜平县	61404	3.83	27.23	6019	1711	4308
徐水县	155050	3.00	34.74	15398	10033	5365
定兴县	136860	3.31	35.84	13791	2217	11574
唐县	140291	4.69	29.48	14094	3789	10305
高阳县	93488	3.35	30.85	9534	8318	1216
容城县	63986	3.71	37.17	6436	3935	2501
涞源县	81197	3.77	22.84	8395	3887	4508
望都县	68642	2.66	36.64	6757	5233	1524
安新县	119584	3.34	27.22	11975	10613	1362
易县	148668	3.79	31.78	14856	5800	9056
曲阳县	153570	4.52	30.55	15397	4506	10891
蠡县	130192	3.57	30.68	13115	11086	2029
顺平县	81232	2.65	27.74	7908	3628	4280
博野县	68307	4.62	32.90	6750	5412	1338
雄县	94953	4.52	26.52	9447	6156	3291
涿州市	176029	3.85	37.89	17414	10720	6694
定州市	300607	3.16	32.21	29889	14819	15070
安国市	108016	4.66	33.88	10786	6771	4015
高碑店市	160732	5.17	36.87	16061	7773	8288
张家口市	**1481690**	**2.77**	**23.18**	**146936**	**103605**	**43331**
桥东区	115991	2.24	26.14	11427	11147	280
桥西区	100044	2.16	23.50	9352	8674	678
宣化区	135710	2.23	25.44	13346	12679	667
下花园区	24253	2.57	24.48	2446	2329	117
宣化县	94185	3.71	25.86	9377	6935	2442
张北县	110037	2.76	20.48	10856	4563	6293
康保县	69030	2.80	18.68	7040	2415	4625
沽源县	60792	1.91	19.57	5977	1654	4323
尚义县	55596	3.02	20.82	5638	3633	2005
蔚县	145376	3.30	21.86	14651	6988	7663
阳原县	84856	2.78	19.48	8585	4359	4226
怀安县	71247	2.36	23.00	7175	5318	1857
万全县	71695	2.76	22.17	7191	5988	1203
怀来县	117033	3.10	27.51	11102	8729	2373
涿鹿县	105710	2.90	24.94	10622	9968	654
赤城县	82641	3.25	23.50	8495	4923	3572
崇礼县	37494	2.87	21.45	3656	3303	353
承德市	**1024783**	**2.62**	**23.75**	**101152**	**40559**	**60593**
双桥区	121817	2.43	26.82	11430	9193	2237
双滦区	46584	2.51	27.41	4680	2634	2046
鹰手营子矿区	22720	2.14	22.41	2281	1944	337
承德县	111146	2.64	22.31	11031	4568	6463
兴隆县	90363	2.49	24.02	8817	2164	6653
平泉县	129228	2.18	21.93	12526	3850	8676
滦平县	83476	3.41	21.69	8363	2187	6176
隆化县	109424	2.74	23.68	10903	2685	8218
丰宁满族自治县	105945	2.75	21.59	10556	4387	6169
宽城满族自治县	70737	3.09	25.22	7163	3058	4105
围场满族蒙古族自治县	133343	2.44	25.49	13402	3889	9513
沧州市	**2056649**	**3.35**	**28.78**	**205703**	**177492**	**28211**
新华区	73154	2.59	30.91	6965	6750	215
运河区	91690	2.90	33.83	9195	9061	134
沧县	200188	3.81	30.71	20290	18279	2011
青县	125279	3.09	31.47	13031	12193	838
东光县	108615	3.87	27.73	10696	6312	4384
海兴县	59986	2.89	27.73	6010	5087	923
盐山县	113690	3.36	25.55	11647	7658	3989
肃宁县	90820	3.19	35.60	9029	8603	426
南皮县	104236	4.32	28.65	10238	6543	3695

长表数据									
住房内有无厨房		住房内有无厕所		住房内有无洗澡设施		住房来源			
有	无	有	无	有	无	租赁	自建	购买	其他
258113	**45231**	**204869**	**98475**	**157844**	**145500**	**8416**	**247348**	**44370**	**3210**
13658	1027	13181	1504	11979	2706	1373	3009	9893	410
9585	439	9264	760	8857	1167	996	1647	6711	670
6529	817	6220	1126	5765	1581	863	2171	3487	825
10006	763	8109	2660	5974	4795	100	9350	1289	30
15174	1708	14173	2709	11674	5208	163	15488	1181	50
8130	1486	6414	3202	4105	5511	139	8759	678	40
2325	3694	1027	4992	1436	4583	179	5351	453	36
14147	1251	14527	871	10206	5192	182	13607	1519	90
10567	3224	10146	3645	6514	7277	73	12827	860	31
12613	1481	13682	412	5569	8525	82	13300	690	22
8550	984	8237	1297	4273	5261	379	8232	859	64
4699	1737	3356	3080	2636	3800	84	5919	411	22
5776	2619	3604	4791	1324	7071	400	6889	1029	77
6539	218	5719	1038	4650	2107	75	6096	557	29
9244	2731	5782	6193	4619	7356	124	11042	724	85
13379	1477	11799	3057	4949	9907	336	13757	719	44
10791	4606	8334	7063	6431	8966	84	14671	583	59
12437	678	11031	2084	7568	5547	103	12457	499	56
5298	2610	911	6997	2313	5595	63	7349	483	13
5977	773	5118	1632	3550	3200	25	6469	247	9
7492	1955	3400	6047	3474	5973	144	8658	617	28
15456	1958	14220	3194	10433	6981	759	11800	4556	299
26827	3062	12921	16968	13643	16246	359	27191	2248	91
8935	1851	2586	8200	5333	5453	119	9779	853	35
13979	2082	11108	4953	10569	5492	1212	11530	3224	95
105512	**41424**	**74872**	**72064**	**33808**	**113128**	**14504**	**91896**	**37650**	**2886**
9976	1451	9052	2375	6013	5414	2193	1299	7593	342
7228	2124	7080	2272	4881	4471	1812	1335	5766	439
11335	2011	10455	2891	7305	6041	2280	1945	8689	432
1745	701	1722	724	861	1585	257	1037	1069	83
7253	2124	5145	4232	744	8633	580	7996	682	119
4342	6514	1621	9235	1410	9446	1397	7336	2006	117
4667	2373	612	6428	586	6454	432	5740	817	51
5272	705	620	5357	625	5352	446	4606	837	88
5416	222	4230	1408	397	5241	555	4435	608	40
8161	6490	6851	7800	1570	13081	1071	11603	1541	436
4228	4357	1856	6729	707	7878	446	7003	1018	118
3413	3762	1356	5819	822	6353	281	5965	825	104
6585	606	5547	1644	1179	6012	499	5622	992	78
8781	2321	4683	6419	2779	8323	836	8002	2037	227
10148	474	9143	1479	2254	8368	419	8828	1291	84
3768	4727	3493	5002	911	7584	710	6658	1038	89
3194	462	1406	2250	764	2892	290	2486	841	39
89820	**11332**	**55965**	**45187**	**23344**	**77808**	**6743**	**73234**	**19605**	**1570**
10961	469	8987	2443	6961	4469	1501	3046	6326	557
4143	537	2435	2245	1859	2821	405	1945	2200	130
2067	214	1044	1237	633	1648	110	631	1438	102
10772	259	9289	1742	2582	8449	574	9122	1240	95
7564	1253	4102	4715	1934	6883	274	7364	1137	42
11264	1262	8904	3622	1610	10916	510	10333	1588	95
5650	2713	2099	6264	1341	7022	586	6806	914	57
9087	1816	4225	6678	1545	9358	605	9155	1031	112
9873	683	6497	4059	1458	9098	810	8314	1337	95
6520	643	3401	3762	1831	5332	410	5723	916	114
11919	1483	4982	8420	1590	11812	958	10795	1478	171
185743	**19960**	**140785**	**64918**	**92614**	**113089**	**4136**	**170715**	**29345**	**1507**
6594	371	5185	1780	5586	1379	442	1687	4665	171
8837	358	6437	2758	6896	2299	708	2854	5114	519
17114	3176	11709	8581	6207	14083	24	20119	85	62
11488	1543	8017	5014	6014	7017	285	11285	1401	60
8606	2090	4294	6402	2692	8004	87	9646	933	30
5582	428	5060	950	922	5088	103	5327	552	28
9417	2230	4504	7143	2489	9158	99	10753	771	24
8833	196	8210	819	5992	3037	108	8248	604	69
9127	1111	6241	3997	2432	7806	107	9328	736	67

表8 续表 3

地区	全部数据 家庭户	全部数据 平均每户住房间数（间/户）	全部数据 人均住房建筑面积（平方米/人）	长表数据 家庭户	长表数据 住房内有无管道自来水 有	长表数据 住房内有无管道自来水 无
吴桥县	84274	3.87	31.41	8335	5626	2709
献县	158888	3.45	25.79	15951	13079	2872
孟村回族自治县	56416	4.03	24.72	5483	5028	455
泊头市	172378	2.89	26.03	16801	15597	1204
任丘市	236492	3.14	28.18	23720	22356	1364
黄骅市	160879	2.80	28.78	16219	15235	984
河间市	219664	3.54	28.05	22093	20085	2008
廊坊市	**1204601**	**3.81**	**31.23**	**122797**	**115451**	**7346**
安次区	95083	3.82	33.84	9749	9165	584
广阳区	144762	3.90	37.77	15079	14275	804
固安县	105326	5.51	32.47	10563	9282	1281
永清县	95471	4.71	32.35	9619	7992	1627
香河县	95063	4.15	30.73	9857	9715	142
大城县	137393	3.36	27.16	13922	13497	425
文安县	140655	2.97	28.37	14340	13184	1156
大厂回族自治县	37958	4.54	30.06	3918	3888	30
霸州市	168009	3.68	30.40	16950	15963	987
三河市	184881	3.05	30.23	18800	18490	310
衡水市	**1258305**	**3.67**	**30.99**	**125296**	**108881**	**16415**
桃城区	154407	3.01	30.72	15363	14629	734
枣强县	120348	3.80	31.62	12134	10443	1691
武邑县	91936	3.02	22.76	9198	6291	2907
武强县	56148	4.22	25.71	5743	5039	704
饶阳县	80355	3.34	30.94	7978	7384	594
安平县	93142	4.28	33.72	9112	7772	1340
故城县	136141	3.85	29.90	13598	10150	3448
景县	147807	3.67	29.56	14916	12821	2095
阜城县	102326	4.12	31.16	10013	9515	498
冀州市	116821	3.62	37.39	11536	9958	1578
深州市	158874	3.78	34.21	15705	14879	826
山西省	**10330207**	**2.98**	**25.33**	**1029717**	**680727**	**348990**
太原市	**1296291**	**2.47**	**24.90**	**129519**	**102395**	**27124**
小店区	231500	2.29	26.73	22924	21274	1650
迎泽区	194429	2.19	25.11	19335	17753	1582
杏花岭区	215005	2.20	23.55	21435	19193	2242
尖草坪区	119630	2.55	28.10	12066	9705	2361
万柏林区	247395	2.14	23.56	24775	18212	6563
晋源区	59315	3.17	29.14	5913	5179	734
清徐县	94680	4.01	23.48	9346	3573	5773
阳曲县	39068	3.14	25.54	3982	1861	2121
娄烦县	31230	2.27	20.50	3242	1207	2035
古交市	64039	2.69	21.61	6501	4438	2063
大同市	**1086073**	**2.30**	**19.87**	**106101**	**73470**	**32631**
城区	250629	1.97	23.68	23694	23422	272
矿区	169227	1.97	19.96	16498	15111	1387
南郊区	128398	2.27	18.96	12805	11516	1289
新荣区	36333	2.39	18.20	3461	1853	1608
阳高县	88012	2.14	18.17	8841	7302	1539
天镇县	68158	2.07	18.07	6689	2567	4122
广灵县	56225	2.87	17.31	5502	1837	3665
灵丘县	75712	3.06	19.30	7543	1589	5954
浑源县	101065	2.67	16.93	10041	2013	8028
左云县	55608	2.49	20.66	5384	1807	3577
大同县	56706	2.83	20.57	5643	4453	1190
阳泉市	**428541**	**2.94**	**25.26**	**42738**	**31828**	**10910**
城区	66626	2.17	25.91	6751	6517	234
矿区	78871	2.05	20.99	7883	7170	713
郊区	87674	3.17	30.23	8834	6599	2235
平定县	101226	3.07	25.06	9726	5506	4220
盂县	94144	3.89	24.03	9544	6036	3508
长治市	**923466**	**3.03**	**27.78**	**92838**	**67109**	**25729**
城区	139805	2.69	30.64	14106	13453	653
郊区	76092	2.96	29.43	7580	6615	965
长治县	91303	3.45	28.28	9144	7835	1309
襄垣县	74233	3.82	32.87	7254	5068	2186

长表数据									
住房内有无厨房		住房内有无厕所		住房内有无洗澡设施		住房来源			
有	无	有	无	有	无	租赁	自建	购买	其他
6482	1853	3739	4596	2640	5695	32	7622	668	13
14089	1862	10188	5763	5330	10621	103	15055	753	40
4933	550	4134	1349	3523	1960	98	4941	416	28
14826	1975	11767	5034	7816	8985	163	14782	1794	62
22850	870	20405	3315	14921	8799	859	16603	6100	158
15494	725	11824	4395	5871	10348	713	12417	2995	94
21471	622	19071	3022	13283	8810	205	20048	1758	82
117031	**5766**	**100464**	**22333**	**94372**	**28425**	**5831**	**88098**	**27708**	**1160**
9216	533	8020	1729	7360	2389	510	6941	2175	123
14445	634	13780	1299	12985	2094	1245	4674	8764	396
10200	363	9532	1031	7490	3073	214	9394	927	28
8953	666	7951	1668	6263	3356	28	8844	720	27
9724	133	9456	401	9405	452	525	7413	1897	22
13733	189	12378	1544	9070	4852	64	12494	1333	31
12992	1348	8228	6112	8730	5610	240	12824	1221	55
3896	22	3855	63	3734	184	82	3196	621	19
15425	1525	8924	8026	11488	5462	1196	13483	2103	168
18447	353	18340	460	17847	953	1727	8835	7947	291
112478	**12818**	**102202**	**23094**	**68733**	**56563**	**2264**	**107938**	**14020**	**1074**
14720	643	14128	1235	11500	3863	771	6735	7282	575
9626	2508	8858	3276	6833	5301	256	11121	721	36
7319	1879	6538	2660	4653	4545	113	8579	484	22
5058	685	4535	1208	3173	2570	26	5332	325	60
7594	384	7090	888	4710	3268	118	7457	363	40
8541	571	7838	1274	6163	2949	161	7873	1055	23
12404	1194	9289	4309	6161	7437	117	12808	618	55
12844	2072	10783	4133	5601	9315	145	13898	835	38
8860	1153	8678	1335	3517	6496	106	9371	509	27
10796	740	10335	1201	6554	4982	262	10010	1162	102
14716	989	14130	1575	9868	5837	189	14754	666	96
756066	**273651**	**729498**	**300219**	**289466**	**740251**	**108913**	**641081**	**248653**	**31070**
108984	**20535**	**99684**	**29835**	**61676**	**67843**	**28666**	**29466**	**64351**	**7036**
20775	2149	20470	2454	12947	9977	6836	4192	10739	1157
17446	1889	17078	2257	12566	6769	5024	873	12008	1430
19200	2235	18303	3132	12754	8681	4414	1203	14053	1765
10332	1734	9488	2578	5354	6712	2044	2871	6603	548
20928	3847	20643	4132	10738	14037	7627	2149	14070	929
5312	601	4569	1344	2884	3029	647	3102	1756	408
5626	3720	3268	6078	1966	7380	336	7572	1103	335
2532	1450	1193	2789	493	3489	292	2955	635	100
1681	1561	841	2401	561	2681	388	2083	636	135
5152	1349	3831	2670	1413	5088	1058	2466	2748	229
60632	**45469**	**61824**	**44277**	**20249**	**85852**	**10422**	**51900**	**39995**	**3784**
21589	2105	21017	2677	10560	13134	2514	302	18856	2022
13835	2663	13284	3214	4428	12070	943	1637	13536	382
6375	6430	8465	4340	1702	11103	3557	7064	1973	211
1026	2435	1080	2381	153	3308	270	2732	388	71
2457	6384	4901	3940	511	8330	322	7506	861	152
3414	3275	1935	4754	398	6291	165	5617	829	78
2814	2688	4208	1294	367	5135	349	4648	381	124
2921	4622	1090	6453	752	6791	360	6268	755	160
1946	8095	1191	8850	470	9571	656	8171	912	302
1312	4072	570	4814	439	4945	651	3737	814	182
2943	2700	4083	1560	469	5174	635	4218	690	100
40027	**2711**	**36904**	**5834**	**15718**	**27020**	**3698**	**20945**	**16941**	**1154**
6466	285	6216	535	4621	2130	1217	19	5077	438
7345	538	6735	1148	3398	4485	1011	370	6419	83
8359	475	7836	998	2964	5870	973	5194	2384	283
9317	409	8512	1214	2127	7599	243	7699	1557	227
8540	1004	7605	1939	2608	6936	254	7663	1504	123
74500	**18338**	**78050**	**14788**	**22478**	**70360**	**6256**	**65504**	**18468**	**2610**
13086	1020	12945	1161	9016	5090	2150	2419	8527	1010
6911	669	6328	1252	2286	5294	556	4206	2635	183
7975	1169	7228	1916	1829	7315	232	7956	836	120
6760	494	6658	596	2249	5005	147	5313	1635	159

表8 续表 4

地区	全部数据			长表数据		
	家庭户	平均每户住房间数(间/户)	人均住房建筑面积(平方米/人)	家庭户	住房内有无管道自来水	
					有	无
屯留县	70331	3.19	29.47	7088	3818	3270
平顺县	45474	3.51	25.43	4523	2201	2322
黎城县	48043	2.64	27.63	4854	3182	1672
壶关县	77295	2.71	25.78	7889	3680	4209
长子县	87667	3.47	29.73	8748	4894	3854
武乡县	55549	2.61	21.26	5620	4327	1293
沁县	49355	2.59	18.64	5112	2746	2366
沁源县	45874	2.50	18.33	4662	3957	705
潞城市	62445	3.02	31.25	6258	5333	925
晋城市	**662706**	**3.61**	**29.26**	**66187**	**57967**	**8220**
城区	139871	2.79	26.17	13743	12484	1259
沁水县	66935	3.68	29.12	6773	5661	1112
阳城县	116294	3.24	41.02	11520	10563	957
陵川县	68424	3.92	27.22	6910	5188	1722
泽州县	136056	4.64	26.56	13610	11238	2372
高平市	135126	3.57	26.54	13631	12833	798
朔州市	**485730**	**2.82**	**21.18**	**48250**	**24579**	**23671**
朔城区	143869	2.68	21.68	14136	9016	5120
平鲁区	53194	2.97	22.27	5425	2129	3296
山阴县	69156	3.10	22.16	6833	1802	5031
应县	92102	3.10	18.80	9062	2907	6155
右玉县	34235	2.55	18.84	3518	2120	1398
怀仁县	93174	2.58	22.28	9276	6605	2671
晋中市	**1002346**	**2.74**	**26.73**	**100498**	**77345**	**23153**
榆次区	194449	2.84	29.74	19493	14145	5348
榆社县	42231	1.95	20.79	4336	3351	985
左权县	48307	2.74	26.43	4920	4209	711
和顺县	44496	4.71	22.68	4499	3741	758
昔阳县	78404	2.49	24.95	7863	5840	2023
寿阳县	69811	2.98	28.08	7093	4836	2257
太谷县	87805	3.08	27.33	8766	3097	5669
祁县	81233	2.93	29.32	8198	7366	832
平遥县	144866	2.63	21.69	14422	11018	3404
灵石县	79074	2.27	27.22	8078	7431	647
介休市	131670	2.27	29.94	12830	12311	519
运城市	**1336278**	**3.97**	**30.18**	**132738**	**93024**	**39714**
盐湖区	189187	3.69	34.07	19119	15549	3570
临猗县	143813	4.44	36.64	14536	13137	1399
万荣县	110566	3.89	26.52	10801	2515	8286
闻喜县	102652	4.23	31.65	10190	7390	2800
稷山县	82856	3.82	26.62	8295	4518	3777
新绛县	79338	2.82	28.20	7703	6581	1122
绛县	74984	4.54	28.31	7037	5528	1509
垣曲县	67872	3.80	25.09	6765	4573	2192
夏县	81594	6.57	32.24	8057	5698	2359
平陆县	70616	3.27	23.87	7092	1614	5478
芮城县	106780	4.20	27.44	10534	7523	3011
永济市	118869	3.90	34.77	11847	10675	1172
河津市	107151	2.73	26.19	10762	7723	3039
忻州市	**921407**	**3.24**	**20.93**	**93598**	**41028**	**52570**
忻府区	162405	3.27	26.09	16530	6801	9729
定襄县	65371	4.31	25.16	6461	5689	772
五台县	87665	3.90	18.66	8976	5157	3819
代县	62698	3.23	19.16	6322	2982	3340
繁峙县	76977	3.44	18.48	7981	2365	5616
宁武县	49242	2.58	16.24	5072	1604	3468
静乐县	43101	2.83	15.79	4498	1197	3301
神池县	32013	3.08	20.25	3221	806	2415
五寨县	33540	2.97	21.06	3485	1464	2021
岢岚县	24861	2.53	17.91	2561	1202	1359
河曲县	47457	2.73	21.67	4909	2841	2068
保德县	46673	1.97	19.02	4766	1543	3223
偏关县	36274	1.87	15.79	3609	332	3277
原平市	153130	3.70	22.58	15207	7045	8162

长表数据									
住房内有无厨房		住房内有无厕所		住房内有无洗澡设施		住房来源			
有	无	有	无	有	无	租赁	自建	购买	其他
6630	458	6526	562	1115	5973	267	6154	566	101
2754	1769	2737	1786	299	4224	216	3979	244	84
4193	661	3915	939	680	4174	334	3896	529	95
6357	1532	7530	359	774	7115	286	6901	620	82
6338	2410	5672	3076	959	7789	230	8075	320	123
2940	2680	5020	600	530	5090	420	4520	482	198
2417	2695	3752	1360	591	4521	332	4159	488	133
2292	2370	3886	776	426	4236	623	3419	441	179
5847	411	5853	405	1724	4534	463	4507	1145	143
54540	**11647**	**35912**	**30275**	**16228**	**49959**	**7619**	**44517**	**11529**	**2522**
11617	2126	10356	3387	6595	7148	3665	2619	6724	735
4782	1991	4020	2753	1747	5026	1038	4765	636	334
9918	1602	2834	8686	3055	8465	970	8774	1281	495
5118	1792	4486	2424	330	6580	328	6143	293	146
11222	2388	5726	7884	1819	11791	321	11552	1274	463
11883	1748	8490	5141	2682	10949	1297	10664	1321	349
20092	**28158**	**25452**	**22798**	**8083**	**40167**	**5699**	**30152**	**10894**	**1505**
8267	5869	10008	4128	4118	10018	2242	6834	4547	513
1634	3791	2891	2534	679	4746	991	3387	876	171
2074	4759	3522	3311	618	6215	554	4976	1108	195
3070	5992	2074	6988	645	8417	413	7483	1092	74
1130	2388	1370	2148	339	3179	396	2465	566	91
3917	5359	5587	3689	1684	7592	1103	5007	2705	461
80170	**20328**	**74776**	**25722**	**27715**	**72783**	**9083**	**65490**	**22533**	**3392**
15582	3911	12155	7338	7493	12000	2007	7789	8886	811
1442	2894	4001	335	546	3790	385	3323	456	172
4324	596	4536	384	995	3925	371	3809	721	19
3996	503	2799	1700	838	3661	583	3330	499	87
7318	545	5985	1878	1430	6433	758	5887	1072	146
5698	1395	1303	5790	1422	5671	918	5151	736	288
7464	1302	6887	1879	2178	6588	592	6079	1915	180
7774	424	7406	792	2938	5260	527	6184	1248	239
8862	5560	9781	4641	2142	12280	947	11529	1379	567
6629	1449	7643	435	2567	5511	1190	4260	2178	450
11081	1749	12280	550	5166	7664	805	8149	3443	433
107133	**25605**	**99258**	**33480**	**54583**	**78155**	**7433**	**105209**	**18439**	**1657**
15859	3260	14408	4711	11378	7741	1838	11258	5497	526
14151	385	13519	1017	9915	4621	486	12700	1230	120
8922	1879	9370	1431	3033	7768	340	9887	542	32
8695	1495	7442	2748	4424	5766	533	8388	1178	91
5815	2480	4520	3775	2601	5694	261	7499	458	77
6744	959	6519	1184	3674	4029	322	6722	594	65
5817	1220	5694	1343	2022	5015	247	5591	1129	70
5211	1554	4549	2216	1740	5025	681	4654	1329	101
6584	1473	5904	2153	1786	6271	145	7593	229	90
2128	4964	1344	5748	957	6135	354	6167	463	108
7287	3247	7050	3484	2077	8457	1110	8572	663	189
11030	817	10481	1366	6463	5384	369	8921	2439	118
8890	1872	8458	2304	4513	6249	747	7257	2688	70
65980	**27618**	**67124**	**26474**	**15182**	**78416**	**8843**	**68815**	**13854**	**2086**
13890	2640	14765	1765	3844	12686	1178	10568	4272	512
5818	643	5982	479	2250	4211	197	5582	552	130
6000	2976	6274	2702	898	8078	432	7802	604	138
5360	962	5253	1069	884	5438	470	5105	649	98
6805	1176	6920	1061	878	7103	898	6008	1005	70
2241	2831	2165	2907	575	4497	588	3604	745	135
4008	490	3420	1078	489	4009	630	3338	387	143
972	2249	1283	1938	274	2947	204	2540	435	42
2494	991	2459	1026	495	2990	336	2696	389	64
1873	688	1495	1066	274	2287	197	2027	311	26
4227	682	4220	689	665	4244	830	3280	661	138
1322	3444	921	3845	637	4129	1153	3003	539	71
322	3287	214	3395	192	3417	651	2627	267	64
10648	4559	11753	3454	2827	12380	1079	10635	3038	455

表8 续表 5

地区	全部数据			长表数据		
	家庭户	平均每户住房间数(间/户)	人均住房建筑面积(平方米/人)	家庭户	住房内有无管道自来水	
					有	无
临汾市	**1148571**	**3.16**	**27.89**	**114476**	**52062**	**62414**
尧都区	244180	3.02	31.59	24303	15007	9296
曲沃县	59032	4.00	27.80	5801	2026	3775
翼城县	81815	3.78	27.10	8214	4008	4206
襄汾县	117929	4.29	28.88	11978	2015	9963
洪洞县	190388	3.22	30.56	18609	6575	12034
古县	24872	3.29	27.81	2508	1334	1174
安泽县	25157	1.93	26.44	2510	2190	320
浮山县	39850	2.94	25.56	3710	914	2796
吉县	30362	1.63	13.74	3088	1044	2044
乡宁县	58912	3.17	27.84	6121	1335	4786
大宁县	18008	1.93	20.40	1817	517	1300
隰县	29403	2.36	20.84	2835	1337	1498
永和县	17727	1.68	14.29	1783	581	1202
蒲县	27341	3.04	28.37	2688	879	1809
汾西县	37635	2.67	22.15	3775	1101	2674
侯马市	69786	3.20	29.20	7043	6144	899
霍州市	76174	2.64	25.37	7693	5055	2638
吕梁市	**1038798**	**2.47**	**20.87**	**102774**	**59920**	**42854**
离石区	90748	1.97	20.61	9113	6127	2986
文水县	110756	3.48	22.73	10756	9581	1175
交城县	65104	3.23	18.59	6580	2406	4174
兴县	77057	1.69	16.87	7610	5302	2308
临县	158218	2.05	17.63	15880	3672	12208
柳林县	87442	1.80	18.44	8805	4272	4533
石楼县	31214	1.63	14.29	3036	793	2243
岚县	46323	3.15	18.01	4386	1195	3191
方山县	41213	1.88	17.07	4009	3293	716
中阳县	39100	2.01	21.98	3967	2578	1389
交口县	32683	2.68	23.13	3240	1549	1691
孝义市	139021	2.54	25.97	13671	8817	4854
汾阳市	119919	3.23	27.48	11721	10335	1386
内蒙古自治区	**8205498**	**2.07**	**23.52**	**782992**	**495500**	**287492**
呼和浩特市	**952872**	**2.01**	**24.20**	**93981**	**73969**	**20012**
新城区	192500	1.90	25.40	18811	17039	1772
回民区	132298	1.80	23.15	12928	11672	1256
玉泉区	132375	1.69	21.68	13157	11211	1946
赛罕区	198301	2.14	27.47	19281	15889	3392
土默特左旗	103816	2.20	22.71	10323	7082	3241
托克托县	65747	2.23	27.32	6386	5156	1230
和林格尔县	53063	2.57	22.10	5356	3009	2347
清水河县	33487	2.32	21.69	3460	1591	1869
武川县	41285	1.76	17.93	4279	1320	2959
包头市	**939459**	**1.84**	**22.51**	**92118**	**82380**	**9738**
东河区	187204	1.87	22.11	18508	16952	1556
昆都仑区	256018	1.87	23.66	25367	23362	2005
青山区	209475	1.89	26.11	20553	19411	1142
石拐区	15039	1.90	17.14	921	806	115
白云鄂博矿区	9605	1.88	19.86	935	808	127
九原区	69806	1.63	22.39	6819	5752	1067
土默特右旗	97275	1.84	21.20	9615	8908	707
固阳县	58908	1.69	13.97	5774	4214	1560
达尔罕茂明安联合旗	36129	1.77	18.04	3626	2167	1459
乌海市	**187773**	**2.18**	**27.80**	**18017**	**17358**	**659**
海勃湾区	103673	2.25	28.42	9655	9329	326
海南区	35072	1.95	25.56	3536	3324	212
乌达区	49028	2.17	28.06	4826	4705	121
赤峰市	**1373247**	**2.24**	**23.46**	**133070**	**72198**	**60872**
红山区	143197	2.30	24.95	13093	12247	846
元宝山区	105657	2.60	24.74	10329	9427	902
松山区	169485	2.67	24.96	16777	10508	6269
阿鲁科尔沁旗	94559	2.12	22.75	9088	4944	4144
巴林左旗	105380	2.00	21.52	10110	4725	5385
巴林右旗	59420	1.95	21.55	5266	2362	2904
林西县	72555	1.85	22.78	7058	4561	2497
克什克腾旗	69972	1.56	21.97	7043	3294	3749

长表数据									
住房内有无厨房		住房内有无厕所		住房内有无洗澡设施		住房来源			
有	无	有	无	有	无	租赁	自建	购买	其他
82632	**31844**	**81263**	**33213**	**29311**	**85165**	**9444**	**83298**	**18742**	**2992**
20243	4060	18839	5464	10273	14030	3816	11937	7463	1087
4537	1264	4468	1333	1806	3995	252	4998	464	87
6364	1850	5820	2394	1914	6300	412	6788	792	222
6611	5367	5439	6539	2105	9873	207	10789	888	94
14383	4226	15537	3072	2868	15741	393	16206	1772	238
1472	1036	1488	1020	458	2050	176	2003	297	32
1731	779	2151	359	316	2194	303	1894	222	91
2392	1318	3093	617	369	3341	555	2803	256	96
1418	1670	1774	1314	457	2631	313	2537	200	38
4088	2033	4725	1396	634	5487	734	4889	292	206
525	1292	274	1543	226	1591	165	1364	165	123
2139	696	1095	1740	440	2395	244	2217	344	30
670	1113	588	1195	165	1618	223	1425	107	28
1853	835	1665	1023	450	2238	238	2116	216	118
3013	762	3576	199	320	3455	383	2985	324	83
6320	723	6162	881	4371	2672	507	3072	3295	169
4873	2820	4569	3124	2139	5554	523	5275	1645	250
61376	**41398**	**69251**	**33523**	**18243**	**84531**	**11750**	**75785**	**12907**	**2332**
6334	2779	4919	4194	2756	6357	2953	3728	2111	321
9471	1285	10097	659	1642	9114	328	9399	931	98
3116	3464	2766	3814	918	5662	579	5080	840	81
3444	4166	4274	3336	884	6726	780	6019	694	117
6513	9367	10742	5138	666	15214	949	13922	687	322
2648	6157	5902	2903	1308	7497	1757	6372	431	245
659	2377	334	2702	209	2827	441	2375	166	54
1837	2549	2683	1703	440	3946	499	3473	341	73
3800	209	3540	469	716	3293	284	3363	281	81
2421	1546	3634	333	637	3330	818	2590	381	178
1701	1539	1154	2086	566	2674	497	2289	305	149
10019	3652	8156	5515	4590	9081	1227	7975	4035	434
9413	2308	11050	671	2911	8810	638	9200	1704	179
627966	**155026**	**350762**	**432230**	**186873**	**596119**	**116447**	**393795**	**251348**	**21402**
64323	**29658**	**43476**	**50505**	**33801**	**60180**	**22130**	**31562**	**36359**	**3930**
15379	3432	12616	6195	9761	9050	5644	2037	10140	990
10473	2455	8741	4187	6639	6289	3793	1145	7178	812
9523	3634	7105	6052	4847	8310	4359	2341	5807	650
14967	4314	11633	7648	9600	9681	5006	4059	9144	1072
5031	5292	1406	8917	1185	9138	890	7815	1458	160
4032	2354	706	5680	613	5773	861	4602	844	79
2498	2858	603	4753	528	4828	533	4130	659	34
795	2665	202	3258	192	3268	540	2531	338	51
1625	2654	464	3815	436	3843	504	2902	791	82
69858	**22260**	**49176**	**42942**	**33027**	**59091**	**20461**	**24857**	**43849**	**2951**
14040	4468	10097	8411	6428	12080	2861	4429	10412	806
20599	4768	17429	7938	11344	14023	7753	1913	15094	607
17369	3184	15919	4634	11179	9374	5343	1581	12700	929
499	422	97	824	46	875	99	460	325	37
812	123	649	286	310	625	205	57	661	12
4924	1895	1803	5016	1505	5314	2123	2746	1706	244
7054	2561	2070	7545	1161	8454	1005	6979	1495	136
2734	3040	578	5196	538	5236	600	4365	705	104
1827	1799	534	3092	516	3110	472	2327	751	76
15233	**2784**	**8341**	**9676**	**7833**	**10184**	**4020**	**3128**	**10308**	**561**
8053	1602	5539	4116	5139	4516	2429	1345	5580	301
2935	601	1037	2499	984	2552	872	766	1748	150
4245	581	1765	3061	1710	3116	719	1017	2980	110
124885	**8185**	**79841**	**53229**	**22239**	**110831**	**11246**	**88468**	**31737**	**1619**
12471	622	8755	4338	4132	8961	2677	2421	7793	202
10123	206	6683	3646	2611	7718	842	4032	5359	96
16235	542	13454	3323	4235	12542	1965	9804	4550	458
8015	1073	2327	6761	1290	7798	597	7104	1321	66
9309	801	3748	6362	1094	9016	806	7572	1628	104
3732	1534	1186	4080	699	4567	528	3381	1299	58
6662	396	2218	4840	685	6373	688	4897	1396	77
6169	874	1243	5800	957	6086	638	4563	1707	135

表8 续表 6

地区	全部数据 家庭户	全部数据 平均每户住房间数（间/户）	全部数据 人均住房建筑面积（平方米/人）	长表数据 家庭户	长表数据 住房内有无管道自来水 有	长表数据 住房内有无管道自来水 无
翁牛特旗	132851	2.24	21.16	13114	5306	7808
喀喇沁旗	93773	2.01	24.28	8911	4429	4482
宁城县	160864	2.01	23.12	16180	4652	11528
敖汉旗	165534	2.64	24.69	16101	5743	10358
通辽市	**948038**	**2.48**	**23.16**	**88749**	**52654**	**36095**
科尔沁区	278703	2.12	23.56	24699	21404	3295
科尔沁左翼中旗	146676	2.59	21.07	13101	5884	7217
科尔沁左翼后旗	116319	2.39	22.89	11257	3711	7546
开鲁县	113971	2.99	23.04	11059	8195	2864
库伦旗	50769	2.87	23.49	5040	1568	3472
奈曼旗	116762	2.85	25.20	11476	5791	5685
扎鲁特旗	90314	2.40	23.63	8803	3686	5117
霍林郭勒市	34524	2.05	21.92	3314	2415	899
鄂尔多斯市	**604414**	**2.06**	**27.42**	**59147**	**38672**	**20475**
东胜区	158909	1.94	26.27	15491	12130	3361
达拉特旗	114580	1.96	26.01	11080	7278	3802
准格尔旗	115312	2.13	26.10	11557	5923	5634
鄂托克前旗	22618	2.46	33.58	2342	1409	933
鄂托克旗	44858	2.20	29.69	4298	3314	984
杭锦旗	41625	1.95	28.93	3949	2358	1591
乌审旗	38463	2.58	31.16	3910	2164	1746
伊金霍洛旗	68049	1.96	28.13	6520	4096	2424
呼伦贝尔市	**896713**	**1.75**	**21.82**	**80831**	**34022**	**46809**
海拉尔区	117313	1.85	23.63	10208	7630	2578
阿荣旗	90690	1.61	21.43	8185	2041	6144
莫力达瓦达斡尔族自治旗	89495	1.96	21.63	8297	2961	5336
鄂伦春自治旗	79828	1.74	20.68	7581	1572	6009
鄂温克族自治旗	49869	1.94	24.93	4681	3047	1634
陈巴尔虎旗	20375	2.19	25.11	2055	728	1327
新巴尔虎左旗	14501	1.77	21.71	1476	365	1111
新巴尔虎右旗	12638	1.71	23.50	1151	472	679
满洲里市	95277	1.78	24.17	8642	6779	1863
牙克石市	131194	1.58	17.97	10956	4176	6780
扎兰屯市	122175	1.77	21.73	10761	2477	8284
额尔古纳市	29536	1.63	24.02	2745	593	2152
根河市	43822	1.43	19.85	4093	1181	2912
巴彦淖尔市	**555161**	**2.26**	**27.54**	**54302**	**43295**	**11007**
临河区	181249	2.31	28.50	17829	13865	3964
五原县	87739	2.47	26.96	8836	6829	2007
磴口县	43355	2.31	28.55	4098	2680	1418
乌拉特前旗	100418	2.02	27.07	9817	8838	979
乌拉特中旗	41521	2.11	26.74	4024	2919	1105
乌拉特后旗	20580	2.06	27.70	1920	1489	431
杭锦后旗	80299	2.32	26.53	7778	6675	1103
乌兰察布市	**794267**	**1.96**	**18.81**	**76434**	**39482**	**36952**
集宁区	128436	1.81	21.89	12403	11035	1368
卓资县	50396	2.22	19.32	4838	2243	2595
化德县	49128	1.50	18.21	4894	3382	1512
商都县	90466	1.51	17.52	8765	3264	5501
兴和县	79802	2.45	19.03	7627	2929	4698
凉城县	61835	2.29	19.15	6064	3077	2987
察哈尔右翼前旗	64024	2.02	18.04	5865	2551	3314
察哈尔右翼中旗	55003	2.07	17.88	5364	2100	3264
察哈尔右翼后旗	56738	2.10	18.05	5719	2398	3321
四子王旗	67555	1.78	16.43	6566	3527	3039
丰镇市	90884	2.03	18.62	8329	2976	5353
兴安盟	**519990**	**1.86**	**24.07**	**44851**	**16588**	**28263**
乌兰浩特市	109988	1.90	25.34	9683	6732	2951
阿尔山市	20916	1.61	17.36	1396	369	1027
科尔沁右翼前旗	92893	2.08	24.13	8433	1320	7113
科尔沁右翼中旗	80723	1.78	24.60	7901	2386	5515
扎赉特旗	124967	1.73	22.97	10191	2570	7621
突泉县	90503	1.88	25.08	7247	3211	4036

长表数据									
住房内有无厨房		住房内有无厕所		住房内有无洗澡设施		住房来源			
有	无	有	无	有	无	租赁	自建	购买	其他
12220	894	7424	5690	1599	11515	498	10585	1968	63
8579	332	5040	3871	1024	7887	298	7361	1165	87
15585	595	13724	2456	1670	14510	780	13511	1762	127
15785	316	14039	2062	2243	13858	929	13237	1789	146
82306	**6443**	**43571**	**45178**	**19562**	**69187**	**4880**	**63532**	**19283**	**1054**
24020	679	17777	6922	9545	15154	1679	12163	10525	332
11260	1841	3664	9437	1380	11721	271	11438	1255	137
10378	879	5726	5531	1374	9883	381	9070	1702	104
10851	208	4758	6301	2283	8776	308	9544	1105	102
4773	267	2034	3006	562	4478	109	4186	665	80
10828	648	4307	7169	2192	9284	477	9769	1113	117
7158	1645	3193	5610	1124	7679	654	6809	1228	112
3038	276	2112	1202	1102	2212	1001	553	1690	70
41529	**17618**	**18406**	**40741**	**18755**	**40392**	**18162**	**23164**	**15815**	**2006**
10823	4668	8231	7260	7404	8087	6514	1656	6841	480
7743	3337	1847	9233	1983	9097	2826	6189	1846	219
6688	4869	3274	8283	3341	8216	3379	5073	2817	288
2138	204	311	2031	630	1712	356	1604	319	63
3352	946	1365	2933	1661	2637	1321	1576	1283	118
3306	643	883	3066	921	3028	605	2145	1033	166
3006	904	731	3179	931	2979	802	2287	743	78
4473	2047	1764	4756	1884	4636	2359	2634	933	594
76783	**4048**	**42468**	**38363**	**12463**	**68368**	**8754**	**30978**	**38077**	**3022**
9808	400	6387	3821	3123	7085	1573	1456	6835	344
7959	226	7308	877	853	7332	555	5679	1832	119
8093	204	7445	852	838	7459	663	6045	1375	214
7250	331	2903	4678	492	7089	673	2632	3932	344
4488	193	2379	2302	1329	3352	445	1110	2987	139
1916	139	507	1548	277	1778	154	967	897	37
1122	354	202	1274	96	1380	140	739	496	101
936	215	396	755	195	956	167	423	481	80
8234	408	5230	3412	2453	6189	2137	1423	4579	503
10308	648	4098	6858	1268	9688	788	2235	7448	485
10178	583	1976	8785	819	9942	1081	6289	3114	277
2577	168	2536	209	324	2421	161	999	1492	93
3914	179	1101	2992	396	3697	217	981	2609	286
47070	**7232**	**15931**	**38371**	**13599**	**40703**	**7405**	**30194**	**14987**	**1716**
16284	1545	8382	9447	6293	11536	3228	7680	6334	587
7781	1055	2094	6742	1587	7249	1265	5614	1762	195
3601	497	713	3385	895	3203	280	2261	1383	174
8173	1644	2062	7755	2011	7806	1263	5887	2329	338
3243	781	823	3201	835	3189	559	2357	941	167
1639	281	573	1347	462	1458	302	798	671	149
6349	1429	1284	6494	1516	6262	508	5597	1567	106
35475	**40959**	**12882**	**63552**	**8839**	**67595**	**7343**	**52347**	**15238**	**1506**
9139	3264	5777	6626	3738	8665	2732	3070	6251	350
1953	2885	631	4207	501	4337	277	3638	766	157
2177	2717	1070	3824	398	4496	407	3672	761	54
3029	5736	580	8185	495	8270	539	6883	1140	203
5043	2584	566	7061	476	7151	614	6103	820	90
3021	3043	1179	4885	611	5453	398	4905	677	84
3605	2260	310	5555	237	5628	215	4936	624	90
1098	4266	301	5063	258	5106	284	4387	661	32
2087	3632	431	5288	398	5321	454	4336	805	124
2473	4093	652	5914	542	6024	785	4752	864	165
1850	6479	1385	6944	1185	7144	638	5665	1869	157
42895	**1956**	**23530**	**21321**	**6498**	**38353**	**3795**	**28607**	**11449**	**1000**
9406	277	5231	4452	3098	6585	1680	2799	4933	271
1307	89	305	1091	122	1274	148	315	838	95
8071	362	3341	5092	555	7878	264	6931	1124	114
7214	687	3444	4457	822	7079	548	5766	1440	147
9780	411	5930	4261	1135	9056	641	7488	1818	244
7117	130	5279	1968	766	6481	514	5308	1296	129

表8 续表 7

地区	全部数据			长表数据		
	家庭户	平均每户住房间数（间/户）	人均住房建筑面积（平方米/人）	家庭户	住房内有无管道自来水	
					有	无
锡林郭勒盟	**355655**	**1.99**	**22.43**	**33758**	**18413**	**15345**
二连浩特市	25597	1.78	22.77	2560	1855	705
锡林浩特市	84718	1.95	25.07	7750	5231	2519
阿巴嘎旗	14194	2.03	22.70	1368	614	754
苏尼特左旗	11519	1.70	19.66	1060	368	692
苏尼特右旗	26103	1.76	20.57	2487	1607	880
东乌珠穆沁旗	29742	2.19	22.32	2846	1489	1357
西乌珠穆沁旗	26275	1.97	22.70	2460	938	1522
太仆寺旗	47547	2.56	21.98	4633	1936	2697
镶黄旗	9978	2.01	23.20	921	615	306
正镶白旗	19349	2.19	19.82	1809	900	909
正蓝旗	28038	1.91	21.61	2684	1198	1486
多伦县	32595	1.52	20.39	3180	1662	1518
阿拉善盟	**77909**	**2.43**	**33.77**	**7734**	**6469**	**1265**
阿拉善左旗	58577	2.38	33.50	5742	4818	924
阿拉善右旗	8882	2.63	35.39	887	668	219
额济纳旗	10450	2.52	33.99	1105	983	122
辽宁省	**14994046**	**2.27**	**25.89**	**1474065**	**1072066**	**401999**
沈阳市	**2839413**	**1.98**	**26.79**	**282680**	**251170**	**31510**
和平区	240469	1.76	23.80	22453	22105	348
沈河区	306306	1.83	25.63	29954	29676	278
大东区	292653	1.85	26.04	29458	29232	226
皇姑区	319816	1.86	24.80	32263	31962	301
铁西区	391412	1.87	26.48	38827	37427	1400
苏家屯区	172984	2.08	27.35	17304	17270	34
东陵区	132409	2.26	35.57	13587	12189	1398
沈北新区	119590	2.05	27.05	11968	11010	958
于洪区	243061	2.02	30.82	24884	23813	1071
辽中县	169534	1.96	27.77	16813	15334	1479
康平县	100192	2.28	24.47	10079	3109	6970
法库县	126791	2.23	25.31	12732	4027	8705
新民市	224196	2.41	27.47	22358	14016	8342
大连市	**2324622**	**2.47**	**27.50**	**231481**	**173043**	**58438**
中山区	124612	2.02	28.06	11922	11885	37
西岗区	115267	1.92	25.81	11249	11190	59
沙河口区	255883	2.01	28.92	25333	25159	174
甘井子区	449946	2.00	25.60	44709	42261	2448
旅顺口区	108004	2.45	26.04	10977	10556	421
金州区	372797	2.30	27.87	37376	33599	3777
长海县	28043	3.08	26.54	2837	1290	1547
瓦房店市	331327	2.91	29.89	32886	17356	15530
普兰店市	262184	3.30	28.27	26487	11189	15298
庄河市	276559	2.94	26.26	27705	8558	19147
鞍山市	**1232076**	**2.18**	**24.35**	**121977**	**111427**	**10550**
铁东区	186179	1.89	26.48	18688	18670	18
铁西区	112289	1.57	22.20	11074	11064	10
立山区	168373	1.67	22.33	16581	16258	323
千山区	98102	1.96	22.28	9558	8119	1439
台安县	109402	2.88	27.85	10640	10321	319
岫岩满族自治县	138954	2.66	24.44	14030	11819	2211
海城市	418777	2.38	24.14	41406	35176	6230
抚顺市	**789563**	**1.89**	**22.90**	**75631**	**66148**	**9483**
新抚区	94839	1.77	22.26	9068	8973	95
东洲区	130020	1.71	21.05	12553	12082	471
望花区	139133	1.72	21.94	13206	12626	580
顺城区	178916	1.88	24.88	17140	16151	989
抚顺县	56233	2.10	24.94	5596	2553	3043
新宾满族自治县	87880	2.24	24.00	8314	5526	2788
清原满族自治县	102542	2.10	21.42	9754	8237	1517
本溪市	**584175**	**1.96**	**21.20**	**55431**	**47214**	**8217**
平山区	127665	1.83	19.49	12706	12066	640
溪湖区	90022	1.66	19.41	7607	6497	1110
明山区	144598	1.90	22.99	13466	12756	710
南芬区	30234	2.00	20.34	2925	1936	989
本溪满族自治县	97161	2.54	23.10	9381	5872	3509
桓仁满族自治县	94495	1.92	20.54	9346	8087	1259

长表数据									
住房内有无厨房		住房内有无厕所		住房内有无洗澡设施		住房来源			
有	无	有	无	有	无	租赁	自建	购买	其他
21274	**12484**	**9775**	**23983**	**7080**	**26678**	**6766**	**14636**	**10817**	**1539**
1511	1049	1298	1262	994	1566	1422	172	826	140
5474	2276	4501	3249	3104	4646	2109	1261	3964	416
804	564	195	1173	168	1200	176	753	391	48
504	556	134	926	107	953	141	494	371	54
1585	902	603	1884	413	2074	460	879	952	196
1760	1086	508	2338	304	2542	660	1309	742	135
1485	975	677	1783	424	2036	322	1328	688	122
3545	1088	449	4184	369	4264	350	3270	873	140
545	376	215	706	188	733	151	453	259	58
646	1163	234	1575	190	1619	247	1054	448	60
1529	1155	422	2262	382	2302	369	1592	631	92
1886	1294	539	2641	437	2743	359	2071	672	78
6335	**1399**	**3365**	**4369**	**3177**	**4557**	**1485**	**2322**	**3429**	**498**
4551	1191	2278	3464	2281	3461	987	1794	2550	411
768	119	256	631	269	618	62	311	478	36
1016	89	831	274	627	478	436	217	401	51
1455303	**18762**	**1263469**	**210596**	**601768**	**872297**	**121814**	**629188**	**697988**	**25075**
280454	**2226**	**268796**	**13884**	**168254**	**114426**	**30093**	**69576**	**178078**	**4933**
22148	305	21304	1149	17384	5069	4437	389	17168	459
29728	226	28783	1171	24198	5756	4374	319	23950	1311
29206	252	27995	1463	21074	8384	3254	1078	24826	300
31947	316	31078	1185	24619	7644	4735	314	26619	595
38700	127	38338	489	29015	9812	4072	1441	32671	643
17278	26	16904	400	10038	7266	1160	5569	10403	172
13429	158	12170	1417	6184	7403	1874	5523	5827	363
11884	84	10653	1315	5308	6660	872	4293	6501	302
24724	160	23964	920	16182	8702	3794	3980	16940	170
16768	45	15941	872	4694	12119	545	11406	4701	161
9875	204	8640	1439	1125	8954	171	7956	1832	120
12549	183	11728	1004	1938	10794	250	10290	2035	157
22218	140	21298	1060	6495	15863	555	17018	4605	180
227486	**3995**	**189831**	**41650**	**118023**	**113458**	**37175**	**78130**	**110860**	**5316**
11850	72	11819	103	10383	1539	3637	10	7977	298
11167	82	11136	113	9273	1976	3888	9	7297	55
25164	169	25117	216	21735	3598	6458	13	18423	439
43936	773	40522	4187	33100	11609	10426	2953	30294	1036
10823	154	8602	2375	5705	5272	2381	3394	4503	699
36726	650	32012	5364	18558	18818	6904	10178	18747	1547
2818	19	2823	14	791	2046	507	1126	1107	97
32265	621	17521	15365	8483	24403	1184	20416	10941	345
25203	1284	14394	12093	5534	20953	957	18814	6294	422
27534	171	25885	1820	4461	23244	833	21217	5277	378
121283	**694**	**121977**		**54094**	**67883**	**11343**	**49617**	**58937**	**2080**
18676	12	18688		14416	4272	1313	62	17056	257
11074		11074		6535	4539	2292	14	8688	80
16566	15	16581		10083	6498	2498	571	13303	209
9495	63	9558		2660	6898	2135	4149	2707	567
10518	122	10640		2495	8145	139	8447	2027	27
13971	59	14030		2760	11270	448	10929	2540	113
40983	423	41406		15145	26261	2518	25445	12616	827
75281	**350**	**70414**	**5217**	**32629**	**43002**	**4514**	**20103**	**49340**	**1674**
9063	5	9062	6	6138	2930	888	233	7911	36
12539	14	12534	19	4598	7955	414	1094	10841	204
13187	19	12925	281	6780	6426	750	1107	10584	765
17058	82	17068	72	10433	6707	1797	1353	13464	526
5514	82	4628	968	533	5063	102	4959	492	43
8230	84	6846	1468	1842	6472	265	5414	2580	55
9690	64	7351	2403	2305	7449	298	5943	3468	45
54692	**739**	**46070**	**9361**	**18392**	**37039**	**3847**	**15943**	**33867**	**1774**
12615	91	11377	1329	4932	7774	951	953	10309	493
7396	211	5893	1714	1871	5736	794	1604	4982	227
13412	54	11711	1755	7122	6344	966	1400	10523	577
2873	52	1908	1017	229	2696	94	1055	1630	146
9290	91	6615	2766	2212	7169	654	4899	3643	185
9106	240	8566	780	2026	7320	388	6032	2780	146

表8 续表 8

地区	全部数据			长表数据		
	家庭户	平均每户住房间数（间/户）	人均住房建筑面积（平方米/人）	家庭户	住房内有无管道自来水	
					有	无
丹东市	**815728**	**2.05**	**23.56**	**80276**	**58551**	**21725**
元宝区	79202	1.93	23.73	7526	6830	696
振兴区	162462	2.01	24.23	15505	15174	331
振安区	65608	2.28	24.17	6519	4182	2337
宽甸满族自治县	123204	2.15	23.62	12453	7042	5411
东港市	205160	2.04	22.99	20203	15767	4436
凤城市	180092	1.99	23.34	18070	9556	8514
锦州市	**1038641**	**2.40**	**26.54**	**102747**	**60204**	**42543**
古塔区	103466	1.97	25.61	9818	9730	88
凌河区	149945	1.96	24.66	14677	14610	67
太和区	129177	2.51	28.43	12955	8232	4723
黑山县	202177	2.52	26.22	20303	12320	7983
义县	124019	2.58	26.27	12472	3218	9254
凌海市	169383	2.51	27.28	16717	6460	10257
北镇市	160474	2.58	27.02	15805	5634	10171
营口市	**822535**	**2.35**	**25.19**	**76397**	**54654**	**21743**
站前区	116818	1.85	24.29	10034	10025	9
西市区	64404	1.83	23.49	5795	5773	22
鲅鱼圈区	144205	2.40	26.04	13471	10025	3446
老边区	42572	2.50	24.37	3800	3771	29
盖州市	219568	3.01	25.53	21570	8507	13063
大石桥市	234968	2.06	25.28	21727	16553	5174
阜新市	**635206**	**2.66**	**26.47**	**62097**	**32193**	**29904**
海州区	107942	1.86	24.16	9714	9515	199
新邱区	33778	2.26	26.54	3180	2828	352
太平区	68366	1.93	23.06	6478	5992	486
清河门区	23772	2.31	25.88	2342	1682	660
细河区	71567	2.23	28.32	7016	6661	355
阜新蒙古族自治县	206904	3.51	28.20	21000	3365	17635
彰武县	122877	2.77	25.71	12367	2150	10217
辽阳市	**639500**	**2.03**	**25.62**	**62414**	**49893**	**12521**
白塔区	83790	2.02	26.49	8189	8144	45
文圣区	72578	2.02	25.23	6913	6850	63
宏伟区	53803	2.10	28.35	5405	5317	88
弓长岭区	35199	1.93	24.77	3311	2593	718
太子河区	46257	2.33	26.34	4511	4051	460
辽阳县	185791	1.96	24.72	18343	11822	6521
灯塔市	162082	2.01	25.64	15742	11116	4626
盘锦市	**479397**	**2.57**	**29.57**	**45237**	**44827**	**410**
双台子区	72655	2.33	27.28	7182	7152	30
兴隆台区	169941	2.40	32.01	16738	16643	95
大洼县	144857	2.55	27.42	12306	12173	133
盘山县	91944	3.08	30.66	9011	8859	152
铁岭市	**924161**	**2.26**	**24.78**	**91476**	**45325**	**46151**
银州区	132625	2.30	26.99	13263	12868	395
清河区	30578	1.84	24.80	3049	1828	1221
铁岭县	110021	2.57	26.02	10697	3990	6707
西丰县	94897	2.27	22.78	9343	3097	6246
昌图县	273610	2.54	24.13	27417	6704	20713
调兵山市	89293	2.22	25.71	8661	7578	1083
开原市	193137	1.72	24.25	19046	9260	9786
朝阳市	**1013043**	**2.55**	**26.98**	**101199**	**37744**	**63455**
双塔区	141510	2.30	27.88	13875	12667	1208
龙城区	66944	2.54	25.33	6416	2745	3671
朝阳县	151846	2.41	26.90	15237		15237
建平县	168424	3.10	30.10	16875	6162	10713
喀喇沁左翼蒙古族自治县	122826	2.46	26.65	12545	2891	9654
北票市	181997	2.23	27.60	18353	6243	12110
凌源市	179496	2.73	23.84	17898	7036	10862
葫芦岛市	**855986**	**2.67**	**26.77**	**85022**	**39673**	**45349**
连山区	220569	2.24	24.77	21897	14390	7507
龙港区	88538	2.27	32.67	8819	8041	778
南票区	43812	2.45	21.93	4003	1826	2177
绥中县	181687	3.26	29.50	18084	5337	12747
建昌县	151529	2.85	25.25	15183	2341	12842
兴城市	169851	2.72	26.19	17036	7738	9298

长表数据									
住房内有无厨房		住房内有无厕所		住房内有无洗澡设施		住房来源			
有	无	有	无	有	无	租赁	自建	购买	其他
79516	**760**	**70463**	**9813**	**27329**	**52947**	**7598**	**40419**	**31335**	**924**
7457	69	6934	592	4812	2714	1837	1093	4532	64
15410	95	15365	140	9922	5583	2028	2218	10970	289
6411	108	5641	878	1948	4571	696	3188	2531	104
12217	236	8274	4179	2083	10370	717	9116	2506	114
20121	82	19654	549	4720	15483	1406	13226	5412	159
17900	170	14595	3475	3844	14226	914	11578	5384	194
102718	**29**	**85859**	**16888**	**35909**	**66838**	**4125**	**56916**	**39584**	**2122**
9817	1	9508	310	7195	2623	782	158	8061	817
14671	6	14135	542	10318	4359	1227	727	11966	757
12948	7	10685	2270	4669	8286	892	6435	5405	223
20302	1	18027	2276	4124	16179	600	14903	4730	70
12464	8	2090	10382	1789	10683	151	10211	2024	86
16713	4	15827	890	3863	12854	255	12195	4159	108
15803	2	15587	218	3951	11854	218	12287	3239	61
75587	**810**	**65433**	**10964**	**27281**	**49116**	**4866**	**36545**	**32903**	**2083**
9990	44	9116	918	6697	3337	690	365	8805	174
5763	32	5449	346	3915	1880	426	175	4794	400
13306	165	12024	1447	6772	6699	1846	3366	7204	1055
3710	90	3166	634	1140	2660	444	2028	1295	33
21315	255	16631	4939	2908	18662	477	16932	3953	208
21503	224	19047	2680	5849	15878	983	13679	6852	213
61488	**609**	**56834**	**5263**	**16264**	**45833**	**2082**	**33674**	**25970**	**371**
9654	60	9074	640	5149	4565	452	788	8391	83
3085	95	2479	701	477	2703	120	939	2108	13
6371	107	5301	1177	2454	4024	281	994	5134	69
2313	29	1908	434	243	2099	96	1012	1218	16
6947	69	6049	967	4377	2639	522	1042	5401	51
20894	106	20847	153	2052	18948	376	18674	1893	57
12224	143	11176	1191	1512	10855	235	10225	1825	82
61500	**914**	**45976**	**16438**	**17674**	**44740**	**4191**	**29231**	**28336**	**656**
8145	44	7023	1166	4318	3871	823	474	6777	115
6862	51	6443	470	3103	3810	569	377	5801	166
5376	29	4845	560	2687	2718	638	1224	3486	57
3253	58	2476	835	740	2571	176	951	2144	40
4496	15	3930	581	1219	3292	521	2064	1861	65
18309	34	17610	733	3208	15135	801	13386	4090	66
15059	683	3649	12093	2399	13343	663	10755	4177	147
44388	**849**	**34374**	**10863**	**22593**	**22644**	**3054**	**18015**	**23554**	**614**
7128	54	6050	1132	4215	2967	832	772	5381	197
16621	117	15867	871	14206	2532	1630	813	14001	294
11754	552	3896	8410	2490	9816	456	8707	3065	78
8885	126	8561	450	1682	7329	136	7723	1107	45
90622	**854**	**75337**	**16139**	**22887**	**68589**	**2045**	**54971**	**33414**	**1046**
13153	110	11588	1675	8599	4664	736	1357	10854	316
2984	65	1400	1649	951	2098	123	1466	1428	32
10544	153	6929	3768	1212	9485	130	9199	1265	103
9222	121	5136	4207	1506	7837	109	6890	2199	145
27186	231	26835	582	1638	25779	493	23278	3511	135
8617	44	6207	2454	2609	6052	151	2325	5942	243
18916	130	17242	1804	6372	12674	303	10456	8215	72
97226	**3973**	**65059**	**36140**	**19003**	**82196**	**3510**	**71786**	**25063**	**840**
13803	72	13166	709	7239	6636	895	2607	10166	207
5990	426	3300	3116	956	5460	394	4470	1461	91
14361	876	8517	6720	747	14490	123	14795	240	79
16256	619	4827	12048	2448	14427	495	13621	2624	135
12030	515	10540	2005	1825	10720	677	9876	1884	108
17353	1000	7482	10871	2792	15561	383	13092	4746	132
17433	465	17227	671	2996	14902	543	13325	3942	88
83062	**1960**	**67046**	**17976**	**21436**	**63586**	**3371**	**54262**	**26747**	**642**
21391	506	16819	5078	7189	14708	885	9897	10882	233
8721	98	7868	951	5008	3811	1117	1103	6431	168
3921	82	2823	1180	448	3555	116	2396	1477	14
17284	800	10367	7717	3067	15017	426	15154	2437	67
14928	255	13005	2178	1990	13193	400	13089	1632	62
16817	219	16164	872	3734	13302	427	12623	3888	98

表8 续表 9

地 区	全部数据			长表数据		
	家庭户	平均每户住房间数（间/户）	人均住房建筑面积（平方米/人）	家庭户	住房内有无管道自来水	
					有	无
吉林省	**8998492**	**2.16**	**22.74**	**834642**	**518874**	**315768**
长春市	**2328933**	**2.35**	**24.33**	**228395**	**132895**	**95500**
南关区	267289	2.26	30.55	26006	23202	2804
宽城区	224297	2.28	24.15	21931	15769	6162
朝阳区	238269	2.26	28.69	22902	21161	1741
二道区	203569	2.05	24.54	19104	13924	5180
绿园区	282666	2.19	27.77	28369	24401	3968
双阳区	111380	2.49	22.94	11111	3671	7440
农安县	267134	2.76	21.25	26722	7955	18767
九台市	180638	2.43	21.97	18137	6930	11207
榆树市	338619	2.20	20.63	32609	8663	23946
德惠市	215072	2.76	23.06	21504	7219	14285
吉林市	**1478120**	**2.01**	**21.77**	**134719**	**90452**	**44267**
昌邑区	227588	1.99	24.66	22399	19496	2903
龙潭区	180359	1.76	20.57	15163	11637	3526
船营区	167964	1.76	21.40	14363	11446	2917
丰满区	96020	2.15	27.57	9301	6849	2452
永吉县	122105	2.18	20.71	11114	5736	5378
蛟河市	151642	2.30	21.83	14630	7861	6769
桦甸市	142272	2.08	21.02	12860	8112	4748
舒兰市	217125	2.21	20.84	21360	10644	10716
磐石市	173045	1.78	19.15	13529	8671	4858
四平市	**1036741**	**2.67**	**23.09**	**100330**	**42821**	**57509**
铁西区	95633	2.26	27.48	9158	7896	1262
铁东区	121718	2.13	22.22	12039	9494	2545
梨树县	224751	3.03	22.68	21754	6104	15650
伊通满族自治县	140673	2.55	22.17	13295	3566	9729
公主岭市	318194	2.90	23.09	31244	11228	20016
双辽市	135772	2.47	22.89	12840	4533	8307
辽源市	**398828**	**2.04**	**20.41**	**39340**	**19417**	**19923**
龙山区	104773	1.92	22.40	9824	7894	1930
西安区	69795	1.62	16.68	6027	5082	945
东丰县	111943	2.45	22.69	11697	3819	7878
东辽县	112317	2.01	18.28	11792	2622	9170
通化市	**771490**	**2.21**	**22.64**	**73932**	**53852**	**20080**
东昌区	124849	2.24	24.87	11932	11294	638
二道江区	55559	2.09	22.69	5382	4713	669
通化县	82062	2.35	24.01	7982	5482	2500
辉南县	118856	1.81	22.82	11409	7975	3434
柳河县	108415	2.61	21.43	10599	6593	4006
梅河口市	196869	2.22	20.74	18484	11547	6937
集安市	84880	2.13	24.54	8144	6248	1896
白山市	**513009**	**1.85**	**21.04**	**46386**	**38723**	**7663**
浑江区	140777	2.06	24.37	13782	12320	1462
江源区	106669	1.86	19.42	9313	7939	1374
抚松县	114722	1.75	19.51	11220	7700	3520
靖宇县	49102	1.83	21.83	4471	3986	485
长白朝鲜族自治县	30045	1.81	23.24	2525	2427	98
临江市	71694	1.56	17.62	5075	4351	724
松原市	**878395**	**2.14**	**20.85**	**74439**	**32237**	**42202**
宁江区	203250	2.12	23.10	18452	14298	4154
前郭尔罗斯蒙古族自治县	186223	2.04	20.74	15032	3978	11054
长岭县	182446	2.46	20.42	15921	3490	12431
乾安县	100849	2.08	20.32	7771	3021	4750
扶余县	205627	2.01	19.66	17263	7450	9813
白城市	**744888**	**1.76**	**23.42**	**62782**	**38394**	**24388**
洮北区	184616	1.77	25.23	16345	11420	4925
镇赉县	112904	1.84	21.63	8824	5969	2855
通榆县	126056	1.62	22.01	10357	8105	2252
洮南市	167110	1.81	28.02	16364	5975	10389
大安市	154202	1.75	19.10	10892	6925	3967
延边朝鲜族自治州	**848088**	**1.80**	**23.03**	**74319**	**70083**	**4236**
延吉市	208590	1.78	29.33	19881	19195	686
图们市	48839	1.79	20.66	3996	3942	54
敦化市	178329	1.98	21.66	15862	14525	1337

长表数据									
住房内有无厨房		住房内有无厕所		住房内有无洗澡设施		住房来源			
有	无	有	无	有	无	租赁	自建	购买	其他
807966	**26676**	**523815**	**310827**	**212912**	**621730**	**57941**	**410744**	**347542**	**18415**
223213	**5182**	**154096**	**74299**	**78138**	**150257**	**21342**	**104167**	**96702**	**6184**
25616	390	23289	2717	16328	9678	5585	2318	16864	1239
21446	485	16500	5431	9325	12606	3599	6545	11125	662
22687	215	20857	2045	15252	7650	2712	1694	17410	1086
18750	354	13099	6005	8460	10644	2583	5686	9702	1133
28162	207	27087	1282	19722	8647	3499	2928	20756	1186
10636	475	3275	7836	922	10189	446	8207	2337	121
25385	1337	9661	17061	2957	23765	297	22881	3486	58
17719	418	10259	7878	1761	16376	875	12191	4774	297
31949	660	22620	9989	1711	30898	707	25801	6021	80
20863	641	7449	14055	1700	19804	1039	15916	4227	322
132779	**1940**	**109456**	**25263**	**38090**	**96629**	**9918**	**59383**	**62734**	**2684**
22208	191	18865	3534	11299	11100	2359	3866	15848	326
14950	213	11453	3710	4957	10206	1628	4649	8561	325
14211	152	13340	1023	6067	8296	2660	2819	8300	584
9172	129	7329	1972	4832	4469	685	2550	5572	494
10905	209	9517	1597	1703	9411	511	7518	2962	123
14266	364	9782	4848	2372	12258	405	8435	5592	198
12684	176	9468	3392	1287	11573	576	7177	4764	343
21129	231	17662	3698	3634	17726	564	14337	6344	115
13254	275	12040	1489	1939	11590	530	8032	4791	176
92982	**7348**	**39337**	**60993**	**13423**	**86907**	**3317**	**64913**	**30575**	**1525**
8908	250	8404	754	3378	5780	578	1577	6878	125
11491	548	6997	5042	2163	9876	842	3678	6975	544
17389	4365	3642	18112	1437	20317	708	16912	3921	213
12789	506	7512	5783	1229	12066	266	10936	1976	117
30000	1244	6861	24383	2866	28378	651	22935	7279	379
12405	435	5921	6919	2350	10490	272	8875	3546	147
38011	**1329**	**20327**	**19013**	**4019**	**35321**	**1562**	**21771**	**15369**	**638**
9593	231	7115	2709	1703	8121	621	2257	6800	146
5676	351	3199	2828	292	5735	253	1397	4237	140
11315	382	2276	9421	1164	10533	416	8474	2535	272
11427	365	7737	4055	860	10932	272	9643	1797	80
72600	**1332**	**43130**	**30802**	**17531**	**56401**	**2729**	**36871**	**32877**	**1455**
11790	142	9338	2594	5597	6335	763	2109	8330	730
5248	134	3293	2089	858	4524	281	1299	3649	153
7920	62	6725	1257	1839	6143	321	4676	2930	55
11150	259	3918	7491	1783	9626	350	6734	4171	154
10312	287	2962	7637	1384	9215	303	7311	2857	128
18049	435	8849	9635	3894	14590	492	9733	8050	209
8131	13	8045	99	2176	5968	219	5009	2890	26
44941	**1445**	**27244**	**19142**	**8709**	**37677**	**4006**	**15328**	**25355**	**1697**
13534	248	10419	3363	3371	10411	2076	2662	8501	543
9005	308	4133	5180	1516	7797	550	2665	5610	488
10642	578	4484	6736	1634	9586	601	4935	5423	261
4370	101	3295	1176	636	3835	295	2196	1887	93
2424	101	1965	560	667	1858	142	1006	1299	78
4966	109	2948	2127	885	4190	342	1864	2635	234
72553	**1886**	**50366**	**24073**	**14147**	**60292**	**4580**	**49429**	**19398**	**1032**
17874	578	11541	6911	7600	10852	2568	5278	10106	500
14710	322	12994	2038	2472	12560	786	10761	3326	159
15578	343	10668	5253	1470	14451	477	13439	1895	110
7406	365	4597	3174	648	7123	376	5538	1662	195
16985	278	10566	6697	1957	15306	373	14413	2409	68
59494	**3288**	**22053**	**40729**	**10487**	**52295**	**3307**	**38141**	**19970**	**1364**
16049	296	12091	4254	4055	12290	1394	6335	8054	562
8571	253	2759	6065	1618	7206	332	5638	2674	180
9818	539	1956	8401	1084	9273	446	7884	1896	131
15043	1321	2730	13634	1904	14460	645	11366	4033	320
10013	879	2517	8375	1826	9066	490	6918	3313	171
71393	**2926**	**57806**	**16513**	**28368**	**45951**	**7180**	**20741**	**44562**	**1836**
19345	536	17005	2876	14004	5877	3751	1526	14351	253
3753	243	2416	1580	1538	2458	197	983	2738	78
15560	302	8618	7244	3383	12479	719	6429	8569	145

表8 续表 10

地区	全部数据			长表数据		
	家庭户	平均每户住房间数（间/户）	人均住房建筑面积（平方米/人）	家庭户	住房内有无管道自来水	
					有	无
珲春市	87209	1.77	22.60	7277	6616	661
龙井市	72196	1.39	19.13	5175	5000	175
和龙市	75197	1.74	19.60	6434	6031	403
汪清县	101677	1.67	21.82	9025	8379	646
安图县	76051	2.13	20.35	6669	6395	274
黑龙江省	**13000088**	**1.98**	**22.24**	**1177884**	**853088**	**324796**
哈尔滨市	**3408940**	**2.03**	**23.09**	**316313**	**243866**	**72447**
道里区	306429	2.01	25.27	30473	29826	647
南岗区	401519	2.04	27.04	37602	37380	222
道外区	325455	1.80	21.35	28536	27807	729
平房区	73198	1.67	23.96	6295	5649	646
松北区	65176	2.37	32.61	6435	5419	1016
香坊区	307058	1.92	25.04	30232	28638	1594
呼兰区	222304	2.34	24.37	21574	17094	4480
阿城区	198481	2.02	23.11	19129	15111	4018
依兰县	135480	2.01	22.71	13409	11090	2319
方正县	71161	2.17	22.24	5774	4315	1459
宾县	177495	1.72	18.60	14106	4864	9242
巴彦县	176668	1.83	19.29	15306	5490	9816
木兰县	88827	2.17	21.95	8492	6314	2178
通河县	72497	1.90	24.12	7144	5895	1249
延寿县	80077	1.73	19.50	6201	3850	2351
双城市	250077	2.19	23.97	24636	12701	11935
尚志市	191608	2.17	20.64	15940	11761	4179
五常市	265430	2.39	20.69	25029	10662	14367
齐齐哈尔市	**1810534**	**1.82**	**20.92**	**154030**	**95704**	**58326**
龙沙区	129875	1.71	21.99	11125	11039	86
建华区	97426	1.88	25.58	8601	8453	148
铁锋区	114738	1.96	21.33	10692	10082	610
昂昂溪区	30724	2.07	23.28	2735	2299	436
富拉尔基区	100583	1.78	22.58	8750	8422	328
碾子山区	31264	1.48	20.35	2626	1904	722
梅里斯达斡尔族区	58611	1.75	21.96	4758	1911	2847
龙江县	190378	2.13	25.14	19206	6678	12528
依安县	145655	2.14	20.97	14863	6576	8287
泰来县	99545	2.03	21.75	8693	4920	3773
甘南县	125526	2.31	24.09	10560	3648	6912
富裕县	97692	1.65	21.12	7777	4969	2808
克山县	131337	1.27	16.84	9750	8122	1628
克东县	89544	1.56	16.11	6291	5635	656
拜泉县	153712	2.13	17.79	12410	6692	5718
讷河市	213924	1.29	18.02	15193	4354	10839
鸡西市	**713808**	**1.85**	**21.00**	**58939**	**52071**	**6868**
鸡冠区	131669	1.90	23.25	11423	10825	598
恒山区	66377	1.59	15.43	4730	4091	639
滴道区	42354	1.56	16.96	3175	2774	401
梨树区	34234	1.69	17.98	2625	2258	367
城子河区	51664	1.82	17.71	4368	4082	286
麻山区	12167	1.45	17.44	846	710	136
鸡东县	99918	2.00	21.25	8123	4963	3160
虎林市	129037	1.93	22.99	11237	10700	537
密山市	146388	1.90	22.42	12412	11668	744
鹤岗市	**397954**	**1.93**	**22.84**	**37793**	**34355**	**3438**
向阳区	40422	2.00	23.42	3855	3790	65
工农区	56212	2.02	27.91	5472	5447	25
南山区	46841	1.81	21.73	4713	4525	188
兴安区	28912	1.93	20.04	2839	2653	186
东山区	60791	2.10	21.60	6020	5555	465
兴山区	18356	1.66	16.55	1553	1518	35
萝北县	85437	1.86	23.79	7739	5834	1905
绥滨县	60983	1.90	21.98	5602	5033	569
双鸭山市	**550098**	**1.73**	**21.69**	**46853**	**41001**	**5852**
尖山区	100574	1.74	23.94	8098	7619	479
岭东区	24263	1.65	17.46	1985	1555	430
四方台区	25990	1.54	19.14	2119	1965	154

长表数据									
住房内有无厨房		住房内有无厕所		住房内有无洗澡设施		住房来源			
有	无	有	无	有	无	租赁	自建	购买	其他
7103	174	6639	638	2221	5056	1181	1796	3997	303
4563	612	3240	1935	1832	3343	334	1513	2981	347
5870	564	5187	1247	1365	5069	218	2315	3501	400
8630	395	8557	468	2670	6355	368	3120	5369	168
6569	100	6144	525	1355	5314	412	3059	3056	142
1157742	**20142**	**785371**	**392513**	**270428**	**907456**	**86912**	**529988**	**537323**	**23661**
312740	**3573**	**238038**	**78275**	**108943**	**207370**	**28516**	**133914**	**146856**	**7027**
30184	289	26030	4443	17836	12637	5163	3776	18985	2549
37286	316	35263	2339	26541	11061	5845	1716	29174	867
28284	252	23278	5258	14759	13777	5668	3677	18497	694
6268	27	5901	394	3221	3074	756	612	4831	96
6345	90	2062	4373	1726	4709	680	3831	1830	94
29962	270	25565	4667	16366	13866	4622	2927	21826	857
21423	151	17932	3642	4678	16896	957	12332	7935	350
18924	205	12070	7059	3344	15785	1114	9151	8674	190
13068	341	3028	10381	1296	12113	840	7613	4552	404
5656	118	3066	2708	1536	4238	326	3314	2027	107
13943	163	12347	1759	2142	11964	352	10627	3006	121
15237	69	15012	294	2544	12762	332	12075	2826	73
8349	143	7583	909	1157	7335	231	6411	1773	77
7039	105	6691	453	1744	5400	277	3779	3042	46
6139	62	5306	895	984	5217	189	4419	1529	64
24074	562	4594	20042	2721	21915	332	18671	5485	148
15788	152	12811	3129	3239	12701	302	10690	4870	78
24771	258	19499	5530	3109	21920	530	18293	5994	212
150852	**3178**	**94897**	**59133**	**25515**	**128515**	**7380**	**85406**	**58543**	**2701**
11042	83	10025	1100	4838	6287	794	872	9137	322
8517	84	7317	1284	3961	4640	691	801	6677	432
10600	92	8050	2642	3568	7124	216	2042	8297	137
2689	46	1316	1419	252	2483	146	1267	1226	96
8633	117	6781	1969	2958	5792	207	1399	7055	89
2578	48	1208	1418	231	2395	115	956	1521	34
4680	78	3810	948	335	4423	141	3456	1099	62
18662	544	7489	11717	2567	16639	1025	14547	3401	233
14466	397	4297	10566	1002	13861	500	11619	2552	192
8493	200	5818	2875	1403	7290	272	6356	1970	95
10344	216	7328	3232	1120	9440	363	7253	2698	246
7636	141	4328	3449	605	7172	324	5132	2194	127
9618	132	6097	3653	684	9066	391	6138	3016	205
5802	489	1023	5268	500	5791	678	3624	1859	130
12201	209	8609	3801	862	11548	312	10122	1888	88
14891	302	11401	3792	629	14564	1205	9822	3953	213
57643	**1296**	**32727**	**26212**	**9170**	**49769**	**3777**	**21993**	**31569**	**1600**
11036	387	9245	2178	2636	8787	891	1628	8383	521
4538	192	1077	3653	159	4571	299	1919	2270	242
3090	85	438	2737	142	3033	137	1183	1721	134
2541	84	336	2289	81	2544	137	1061	1279	148
4333	35	3930	438	173	4195	347	1531	2424	66
830	16	402	444	26	820	41	430	353	22
7947	176	4426	3697	982	7141	550	4635	2848	90
11114	123	7605	3632	3206	8031	690	3253	7059	235
12214	198	5268	7144	1765	10647	685	6353	5232	142
36800	**993**	**23050**	**14743**	**8011**	**29782**	**2280**	**11630**	**23290**	**593**
3797	58	2841	1014	1309	2546	110	576	3106	63
5403	69	4461	1011	2536	2936	219	851	4281	121
4459	254	2534	2179	904	3809	311	1265	3075	62
2763	76	1227	1612	273	2566	141	632	2036	30
5851	169	5057	963	378	5642	266	3068	2615	71
1524	29	609	944	94	1459	116	477	925	35
7553	186	3414	4325	1563	6176	722	2127	4751	139
5450	152	2907	2695	954	4648	395	2634	2501	72
46168	**685**	**30327**	**16526**	**7327**	**39526**	**4666**	**15380**	**25963**	**844**
8037	61	6149	1949	783	7315	1079	1063	5801	155
1905	80	357	1628	5	1980	233	717	974	61
2090	29	668	1451	30	2089	350	676	1038	55

表8 续表 11

地区	全部数据			长表数据		
	家庭户	平均每户住房间数（间/户）	人均住房建筑面积（平方米/人）	家庭户	住房内有无管道自来水	
					有	无
宝山区	53463	1.68	18.80	4362	4103	259
集贤县	106205	1.56	22.35	9137	7774	1363
友谊县	44366	1.79	21.97	3775	3467	308
宝清县	140627	1.84	21.72	12155	9850	2305
饶河县	54610	1.87	21.49	5222	4668	554
大庆市	**967070**	**2.12**	**25.03**	**93187**	**70197**	**22990**
萨尔图区	108119	2.20	25.59	10469	9984	485
龙凤区	115923	2.13	28.07	11573	9764	1809
让胡路区	198752	2.25	28.38	19486	18772	714
红岗区	58439	2.10	22.71	5878	4890	988
大同区	74998	2.26	23.01	7097	5869	1228
肇州县	119562	2.45	23.46	11691	4754	6937
肇源县	124116	1.91	23.49	11524	5981	5543
林甸县	86349	1.74	22.89	7555	4759	2796
杜尔伯特蒙古族自治县	80812	1.78	23.57	7914	5424	2490
伊春市	**462944**	**1.72**	**20.19**	**40697**	**26582**	**14115**
伊春区	55720	1.71	23.63	4878	4361	517
南岔区	48315	1.91	19.19	4742	3078	1664
友好区	22180	1.59	19.86	2127	902	1225
西林区	21947	2.11	21.81	2098	1565	533
翠峦区	18041	1.42	16.68	1575	850	725
新青区	17406	1.77	19.18	1674	1161	513
美溪区	16482	1.81	22.14	1576	260	1316
金山屯区	15731	1.88	17.35	1447	901	546
五营区	15193	1.85	21.22	1536	900	636
乌马河区	13212	1.72	20.96	1213	737	476
汤旺河区	12840	1.81	20.41	1222	660	562
带岭区	14493	1.74	19.65	1386	1128	258
乌伊岭区	9176	1.64	19.72	849	520	329
红星区	11062	1.67	20.05	1016	641	375
上甘岭区	7440	1.50	17.33	738	313	425
嘉荫县	25792	1.72	22.32	2309	1836	473
铁力市	137914	1.62	19.27	10311	6769	3542
佳木斯市	**885958**	**2.05**	**23.69**	**86439**	**68363**	**18076**
向阳区	81895	2.00	25.45	7924	7731	193
前进区	61849	2.09	24.24	5752	5733	19
东风区	59349	2.10	21.46	5598	5137	461
郊区	110465	2.33	24.73	10488	8398	2090
桦南县	151072	2.25	21.13	14614	10111	4503
桦川县	64992	1.97	23.09	6282	5498	784
汤原县	97056	1.78	26.31	9551	7289	2262
抚远县	41022	1.94	22.52	4129	3075	1054
同江市	65003	2.00	23.43	6555	4842	1713
富锦市	153255	1.88	24.68	15546	10549	4997
七台河市	**342089**	**1.81**	**22.36**	**29346**	**28018**	**1328**
新兴区	88309	1.76	20.34	7998	7308	690
桃山区	85792	1.97	26.07	7589	7522	67
茄子河区	57665	1.82	20.36	4413	4008	405
勃利县	110323	1.71	22.20	9346	9180	166
牡丹江市	**955603**	**2.07**	**22.87**	**89061**	**73695**	**15366**
东安区	68771	2.09	24.81	6686	6642	44
阳明区	82298	2.16	22.73	7971	6139	1832
爱民区	88786	1.87	20.92	7733	7428	305
西安区	90274	2.14	25.92	8161	8087	74
东宁县	74143	1.92	26.39	7387	6600	787
林口县	121401	2.12	21.95	11504	8744	2760
绥芬河市	46119	1.92	22.59	4524	4321	203
海林市	143645	1.84	19.36	11794	6120	5674
宁安市	147112	2.26	24.50	14490	12079	2411
穆棱市	93054	2.33	21.91	8811	7535	1276
黑河市	**622642**	**1.60**	**19.74**	**48700**	**38203**	**10497**
爱辉区	76256	1.87	25.34	7170	6212	958
嫩江县	180142	1.69	20.40	14427	10798	3629
逊克县	37679	1.94	20.95	3180	2340	840
孙吴县	38893	1.61	18.80	3071	2061	1010

长表数据									
住房内有无厨房		住房内有无厕所		住房内有无洗澡设施		住房来源			
有	无	有	无	有	无	租赁	自建	购买	其他
4256	106	1883	2479	305	4057	328	1243	2683	108
9059	78	6008	3129	2066	7071	782	4276	3982	97
3702	73	1173	2602	730	3045	346	816	2539	74
11943	212	8895	3260	2220	9935	1049	4916	5946	244
5176	46	5194	28	1188	4034	499	1673	3000	50
91723	**1464**	**74550**	**18637**	**39175**	**54012**	**11464**	**34933**	**44868**	**1922**
10184	285	9754	715	6560	3909	2543	79	7589	258
11253	320	9598	1975	7848	3725	2207	923	8148	295
19303	183	17398	2088	13725	5761	2932	1003	15111	440
5771	107	5423	455	2841	3037	869	998	3911	100
7040	57	5301	1796	1554	5543	474	4103	2243	277
11508	183	9014	2677	1398	10293	874	8626	2044	147
11418	106	7896	3628	1821	9703	602	8540	2268	114
7426	129	4903	2652	1274	6281	354	5411	1679	111
7820	94	5263	2651	2154	5760	609	5250	1875	180
40055	**642**	**18873**	**21824**	**4929**	**35768**	**2381**	**10183**	**26918**	**1215**
4808	70	3899	979	1259	3619	446	323	4023	86
4672	70	1651	3091	348	4394	374	848	3495	25
2105	22	1267	860	291	1836	118	471	1491	47
2050	48	1040	1058	366	1732	60	406	1541	91
1515	60	204	1371	28	1547	282	407	861	25
1630	44	239	1435	113	1561	57	422	1163	32
1566	10	269	1307	258	1318		841	735	
1411	36	177	1270	169	1278	28	349	1044	26
1503	33	506	1030	169	1367	64	255	1097	120
1199	14	365	848	131	1082	87	340	728	58
1201	21	276	946	32	1190	89	218	672	243
1355	31	379	1007	119	1267	44	457	873	12
835	14	479	370	52	797	26	205	603	15
1015	1	1012	4	60	956	30	119	838	29
725	13	223	515	71	667	30	126	445	137
2280	29	1642	667	508	1801	214	1040	980	75
10185	126	5245	5066	955	9356	432	3356	6329	194
84470	**1969**	**51961**	**34478**	**14058**	**72381**	**5804**	**39018**	**39780**	**1837**
7878	46	6806	1118	1846	6078	763	518	6319	324
5721	31	5280	472	1589	4163	237	280	5172	63
5398	200	3081	2517	871	4727	394	1746	3213	245
10225	263	3500	6988	623	9865	451	6317	3347	373
13888	726	4083	10531	1068	13546	726	8837	4892	159
6191	91	4925	1357	1258	5024	412	3620	2157	93
9467	84	7719	1832	1077	8474	585	5243	3609	114
4093	36	4012	117	996	3133	340	1949	1808	32
6450	105	4517	2038	1752	4803	633	2600	3212	110
15159	387	8038	7508	2978	12568	1263	7908	6051	324
28835	**511**	**16789**	**12557**	**3983**	**25363**	**3831**	**10779**	**13999**	**737**
7821	177	2619	5379	385	7613	1174	2894	3664	266
7516	73	5975	1614	2524	5065	1079	763	5634	113
4269	144	1101	3312	254	4159	885	1963	1401	164
9229	117	7094	2252	820	8526	693	5159	3300	194
86956	**2105**	**51691**	**37370**	**18600**	**70461**	**7382**	**37239**	**42073**	**2367**
6670	16	5934	752	2460	4226	410	655	5253	368
7664	307	3830	4141	1567	6404	519	3366	3933	153
7538	195	5791	1942	1865	5868	984	915	5477	357
8112	49	6580	1581	3130	5031	656	1070	5700	735
7274	113	5629	1758	1543	5844	945	3068	3286	88
11141	363	6792	4712	1577	9927	417	7855	3138	94
4336	188	3424	1100	1423	3101	2173	379	1879	93
11457	337	3219	8575	1262	10532	623	5220	5821	130
14189	301	8093	6397	2837	11653	522	9563	4223	182
8575	236	2399	6412	936	7875	133	5148	3363	167
47736	**964**	**31290**	**17410**	**8095**	**40605**	**4128**	**17217**	**26308**	**1047**
7002	168	4989	2181	2488	4682	963	1575	4411	221
14252	175	14041	386	1557	12870	1304	5387	7451	285
3123	57	1921	1259	766	2414	241	1522	1349	68
3003	68	1204	1867	437	2634	267	1281	1480	43

表8 续表 12

地区	全部数据			长表数据		
	家庭户	平均每户住房间数（间/户）	人均住房建筑面积（平方米/人）	家庭户	住房内有无管道自来水	
					有	无
北安市	166418	1.33	16.77	11144	9696	1448
五大连池市	123254	1.55	19.17	9708	7096	2612
绥化市	**1688388**	**2.25**	**21.44**	**159268**	**71520**	**87748**
北林区	279567	2.44	23.29	27277	17162	10115
望奎县	135429	2.56	19.75	13509	2896	10613
兰西县	130461	1.50	17.67	10293	2846	7447
青冈县	144346	2.54	21.57	14006	5905	8101
庆安县	119842	2.29	21.42	11086	5114	5972
明水县	101506	2.36	22.34	10331	3160	7171
绥棱县	114771	2.04	19.34	9627	8820	807
安达市	164420	1.88	21.14	13203	7139	6064
肇东市	262712	2.27	22.91	26381	11152	15229
海伦市	235334	2.33	21.39	23555	7326	16229
大兴安岭地区	**194060**	**1.87**	**19.30**	**17258**	**9513**	**7745**
加格达奇	58420	1.82	20.56	5150	4047	1103
松岭区	10875	2.06	20.68	1025	188	837
新林区	20082	1.84	17.05	1762	604	1158
呼中区	18840	1.75	19.24	1606	651	955
呼玛县	20195	1.89	21.24	1764	744	1020
塔河县	34910	1.89	18.06	3100	1907	1193
漠河县	30738	1.93	18.14	2851	1372	1479
上海市	**8253257**	**2.04**	**27.25**	**810484**	**750406**	**60078**
市辖区	**7960089**	**1.98**	**26.44**	**781482**	**722516**	**58966**
黄浦区	155657	1.48	17.56	15286	15166	120
卢湾区	91078	1.67	21.76	8867	7942	925
徐汇区	383017	1.82	25.07	37529	35492	2037
长宁区	242972	1.84	26.54	23900	23500	400
静安区	91250	1.74	24.40	8933	8676	257
普陀区	463541	1.81	25.34	45805	43189	2616
闸北区	295819	1.76	23.07	29458	27905	1553
虹口区	325044	1.72	22.88	32078	30468	1610
杨浦区	457767	1.77	23.05	45727	44220	1507
闵行区	875243	1.92	26.37	85538	83044	2494
宝山区	673997	1.86	24.83	66861	58273	8588
嘉定区	542806	1.79	26.03	53319	42590	10729
浦东新区	1815251	2.10	27.97	177779	164089	13690
金山区	245017	3.33	39.37	24269	23519	750
松江区	503027	2.08	27.43	49156	45495	3661
青浦区	390639	2.00	25.78	36790	32265	4525
奉贤区	407964	2.40	30.58	40187	36683	3504
县	**293168**	**3.70**	**52.18**	**29002**	**27890**	**1112**
崇明县	293168	3.70	52.18	29002	27890	1112
江苏省	**24381782**	**3.02**	**38.68**	**2392512**	**2109055**	**283457**
南京市	**2369147**	**2.67**	**34.10**	**226519**	**216386**	**10133**
玄武区	170117	2.25	26.27	15710	15512	198
白下区	189311	2.09	26.04	16554	16128	426
秦淮区	123721	1.91	22.05	11945	11392	553
建邺区	138543	2.18	27.65	12900	11923	977
鼓楼区	223195	2.11	25.22	19770	19377	393
下关区	149836	1.84	21.23	13712	13537	175
浦口区	200623	3.35	39.85	20080	19712	368
栖霞区	172388	2.71	33.79	16771	16071	700
雨花台区	119848	2.29	29.59	11692	11556	136
江宁区	326927	2.99	42.48	32484	32127	357
六合区	280731	3.26	38.41	27540	21874	5666
溧水县	133974	3.75	50.34	13300	13257	43
高淳县	139933	3.27	44.90	14061	13920	141
无锡市	**2050680**	**2.42**	**39.86**	**204609**	**192450**	**12159**
崇安区	78954	2.11	29.22	7860	7760	100
南长区	133180	2.11	28.52	13268	13088	180
北塘区	117974	2.06	28.76	11766	11476	290
锡山区	211091	2.26	39.14	21224	18241	2983
惠山区	222999	2.34	39.81	21872	20207	1665
滨湖区	360807	2.36	35.55	35774	33706	2068
江阴市	495922	2.78	45.08	49919	46777	3142
宜兴市	429753	2.44	45.71	42926	41195	1731

长表数据									
住房内有无厨房		住房内有无厕所		住房内有无洗澡设施		住房来源			
有	无	有	无	有	无	租赁	自建	购买	其他
10867	277	3710	7434	1453	9691	735	3790	6453	166
9489	219	5425	4283	1394	8314	618	3662	5164	264
156748	**2520**	**110881**	**48387**	**20876**	**138392**	**4119**	**110255**	**43810**	**1084**
26927	350	15908	11369	5842	21435	598	16208	10303	168
13386	123	11852	1657	1248	12261	300	10718	2409	82
10198	95	9364	929	1297	8996	336	8045	1868	44
13882	124	12641	1365	2430	11576	320	11223	2399	64
10963	123	7420	3666	1539	9547	309	7761	2964	52
9852	479	1632	8699	1000	9331	231	7185	2829	86
9550	77	7534	2093	1906	7721	342	6087	3139	59
12572	631	4105	9098	952	12251	413	7635	4861	294
26187	194	22084	4297	2773	23608	553	18765	6965	98
23231	324	18341	5214	1889	21666	717	16628	6073	137
17016	**242**	**10297**	**6961**	**1746**	**15512**	**1184**	**2041**	**13346**	**687**
5076	74	3891	1259	556	4594	631	676	3752	91
1014	11	944	81	129	896	45	79	836	65
1703	59	1044	718	157	1605	60	48	1558	96
1602	4	1231	375	71	1535	16	45	1534	11
1718	46	515	1249	188	1576	144	701	855	64
3082	18	1262	1838	453	2647	100	203	2656	141
2821	30	1410	1441	192	2659	188	289	2155	219
688602	**121882**	**669065**	**141419**	**590155**	**220329**	**320934**	**98049**	**371284**	**20217**
661284	**120198**	**643640**	**137842**	**568920**	**212562**	**316644**	**78105**	**367157**	**19576**
9816	5470	7818	7468	7631	7655	10214	496	4468	108
7657	1210	7232	1635	6472	2395	4599	41	3973	254
34873	2656	34754	2775	33386	4143	11373	284	25218	654
23230	670	23205	695	22438	1462	6321	220	16536	823
7948	985	7553	1380	7217	1716	4418	47	4240	228
41966	3839	41422	4383	40127	5678	12692	774	31188	1151
27029	2429	25839	3619	24805	4653	9002	692	19233	531
28244	3834	26319	5759	25125	6953	12289	883	18270	636
42682	3045	39876	5851	39464	6263	12205	1903	30268	1351
70731	14807	67738	17800	59175	26363	39647	4656	39483	1752
55972	10889	53665	13196	50741	16120	25370	2997	36343	2151
35213	18106	32417	20902	29184	24135	29685	6354	15456	1824
150825	26954	151824	25955	129580	48199	70750	25803	78211	3015
22752	1517	22843	1426	20022	4247	6219	8676	8848	526
41335	7821	42335	6821	31851	17305	24616	6976	16097	1467
26511	10279	25217	11573	19052	17738	19723	8258	7794	1015
34500	5687	33583	6604	22650	17537	17521	9045	11531	2090
27318	**1684**	**25425**	**3577**	**21235**	**7767**	**4290**	**19944**	**4127**	**641**
27318	1684	25425	3577	21235	7767	4290	19944	4127	641
2171111	**221401**	**1907003**	**485509**	**1899530**	**492982**	**302138**	**1415665**	**625843**	**48866**
212862	**13657**	**203674**	**22845**	**203167**	**23352**	**37936**	**68961**	**111238**	**8384**
14988	722	15163	547	14417	1293	3291	287	10900	1232
15787	767	15554	1000	15355	1199	3549	274	11538	1193
10589	1356	9936	2009	9768	2177	3709	759	7120	357
11255	1645	11158	1742	10999	1901	3461	754	8269	416
18891	879	18904	866	18647	1123	3651	59	15195	865
12541	1171	11997	1715	11930	1782	3522	540	8715	935
19577	503	18077	2003	18300	1780	2958	8860	8017	245
15600	1171	14917	1854	14819	1952	3495	3807	8260	1209
10731	961	10605	1087	10097	1595	3136	1115	6617	824
31394	1090	30473	2011	30307	2177	3458	15233	13510	283
24908	2632	22792	4748	24007	3533	2521	16097	8554	368
13036	264	12365	935	12328	972	649	9885	2462	304
13565	496	11733	2328	12193	1868	536	11291	2081	153
186130	**18479**	**179811**	**24798**	**172353**	**32256**	**54352**	**66785**	**77389**	**6083**
7453	407	7014	846	6731	1129	2044	479	5272	65
12537	731	11571	1697	11067	2201	2642	1127	9172	327
10633	1133	9786	1980	9289	2477	3217	1404	6771	374
16987	4237	17072	4152	15642	5582	8273	7313	4796	842
17691	4181	16738	5134	16112	5760	7824	8150	4911	987
33052	2722	32633	3141	31255	4519	10649	6113	17960	1052
46972	2947	45689	4230	43612	6307	13100	21132	14546	1141
40805	2121	39308	3618	38645	4281	6603	21067	13961	1295

表8 续表 13

地　区	全部数据			长表数据		
	家庭户	平均每户住房间数(间/户)	人均住房建筑面积(平方米/人)	家庭户	住房内有无管道自来水	
					有	无
徐州市	**2610420**	**3.93**	**34.11**	**254854**	**148514**	**106340**
鼓楼区	157222	3.24	33.46	15718	14271	1447
云龙区	107582	2.76	32.81	10389	9332	1057
九里区	45005	4.48	41.56	3452	2493	959
贾汪区	133309	3.93	31.45	13465	7960	5505
泉山区	169346	2.66	29.47	16956	16560	396
丰县	310039	3.86	32.12	30037	18982	11055
沛县	334143	3.94	32.36	31652	15501	16151
铜山县	340329	4.02	40.50	33961	16458	17503
睢宁县	330971	5.35	41.10	32577	15769	16808
新沂市	275934	4.08	33.24	26612	16401	10211
邳州市	406540	3.66	29.77	40035	14787	25248
常州市	**1553508**	**2.49**	**39.58**	**153658**	**140188**	**13470**
天宁区	180089	2.11	29.47	17662	17024	638
钟楼区	165492	2.38	32.22	16154	15821	333
戚墅堰区	36586	2.14	32.63	3641	3639	2
新北区	184747	2.71	45.11	18055	16945	1110
武进区	517786	2.55	43.11	51693	43065	8628
溧阳市	258028	2.54	39.31	25781	24907	874
金坛市	210780	2.53	41.43	20672	18787	1885
苏州市	**2922797**	**2.69**	**39.61**	**290812**	**284700**	**6112**
沧浪区	135927	2.21	28.50	13295	13234	61
平江区	266360	2.15	27.81	26168	25930	238
金阊区	103054	1.96	24.93	10144	9945	199
虎丘区	150476	2.69	36.22	14775	14294	481
吴中区	292407	2.67	38.99	29072	27148	1924
相城区	200318	2.86	36.36	20439	19895	544
常熟市	438123	2.98	49.32	43728	42756	972
张家港市	342450	3.22	50.05	34616	33962	654
昆山市	430509	2.37	33.91	42430	41869	561
吴江市	352265	2.83	39.68	35362	35362	
太仓市	210908	2.89	45.23	20783	20305	478
南通市	**2588400**	**3.02**	**50.04**	**259051**	**248009**	**11042**
崇川区	276769	2.36	32.87	27471	26830	641
港闸区	80317	3.15	35.80	8045	7560	485
通州区	413644	3.35	58.58	41845	39594	2251
海安县	302839	3.60	51.12	30939	29894	1045
如东县	341107	2.97	51.69	33574	31363	2211
启东市	420406	2.48	49.96	41669	41009	660
如皋市	394838	3.81	53.77	39715	37057	2658
海门市	358480	2.47	49.61	35793	34702	1091
连云港市	**1286515**	**3.65**	**34.05**	**125867**	**84492**	**41375**
连云区	73320	3.29	38.17	7186	6597	589
新浦区	160503	3.00	34.70	15440	14042	1398
海州区	66463	3.23	34.87	6664	5556	1108
赣榆县	308240	3.76	36.53	29977	21136	8841
东海县	267850	3.69	30.43	26873	10152	16721
灌云县	227066	3.93	31.43	22312	11847	10465
灌南县	183073	3.95	36.99	17415	15162	2253
淮安市	**1390682**	**3.19**	**35.90**	**134936**	**109264**	**25672**
清河区	133855	2.96	32.96	12337	11746	591
楚州区	288633	2.93	33.25	27497	23301	4196
淮阴区	223378	3.52	41.25	21599	17975	3624
清浦区	96932	3.34	37.59	8874	8139	735
涟水县	245378	3.84	37.63	24386	16115	8271
洪泽县	105484	2.85	33.01	10702	9187	1515
盱眙县	182496	3.11	33.02	18424	12442	5982
金湖县	114526	2.42	37.25	11117	10359	758
盐城市	**2400777**	**2.82**	**34.02**	**227513**	**216436**	**11077**
亭湖区	277283	2.95	33.08	26669	25398	1271
盐都区	222716	2.82	34.57	21457	20995	462
响水县	145315	3.33	28.36	14278	12527	1751
滨海县	288953	2.63	26.06	25588	23908	1680
阜宁县	263494	3.23	31.71	25327	22581	2746

长表数据									
住房内有无厨房		住房内有无厕所		住房内有无洗澡设施		住房来源			
有	无	有	无	有	无	租赁	自建	购买	其他
197972	**56882**	**152715**	**102139**	**169646**	**85208**	**8301**	**193854**	**47524**	**5175**
14283	1435	12719	2999	13566	2152	1683	3430	9350	1255
9922	467	9009	1380	9471	918	878	2277	6089	1145
2916	536	2030	1422	2664	788	621	1644	1105	82
8904	4561	6756	6709	8163	5302	642	10689	2072	62
16472	484	15888	1068	15435	1521	1795	803	12813	1545
26626	3411	23878	6159	21106	8931	564	27120	2245	108
25368	6284	22389	9263	21886	9766	422	27647	3412	171
25676	8285	22546	11415	24163	9798	478	31007	2206	270
25995	6582	10997	21580	16275	16302	700	29251	2457	169
19564	7048	11874	14738	17069	9543	253	24023	2212	124
22246	17789	14629	25406	19848	20187	265	35963	3563	244
136937	**16721**	**132114**	**21544**	**123045**	**30613**	**38169**	**64222**	**46978**	**4289**
15620	2042	15158	2504	13789	3873	5212	1727	10358	365
14372	1782	13984	2170	13116	3038	4387	2159	9225	383
3161	480	2951	690	2764	877	1111	821	1606	103
16441	1614	16335	1720	14903	3152	4616	6701	6077	661
42821	8872	41384	10309	37294	14399	18814	23707	7488	1684
25217	564	24477	1304	23901	1880	2028	16881	6480	392
19305	1367	17825	2847	17278	3394	2001	12226	5744	701
270460	**20352**	**269196**	**21616**	**253031**	**37781**	**93501**	**93099**	**98326**	**5886**
12306	989	12119	1176	11699	1596	2891	477	9450	477
23475	2693	23923	2245	22161	4007	9037	864	15813	454
9000	1144	8428	1716	7646	2498	3832	857	5181	274
13580	1195	14127	648	13132	1643	4852	2294	7421	208
26559	2513	26877	2195	23943	5129	10116	11003	7618	335
18072	2367	17034	3405	16289	4150	9021	6888	4019	511
41100	2628	40977	2751	38974	4754	12286	21999	8172	1271
33685	931	32824	1792	32105	2511	5866	17104	10846	800
40351	2079	40767	1663	37956	4474	16765	7244	17793	628
32783	2579	32867	2495	30224	5138	11543	16292	6914	613
19549	1234	19253	1530	18902	1881	7292	8077	5099	315
248890	**10161**	**222118**	**36933**	**217497**	**41554**	**16847**	**192943**	**44584**	**4677**
25794	1677	25874	1597	24890	2581	5884	4599	15188	1800
7404	641	7227	818	6853	1192	2076	3397	2424	148
40832	1013	38732	3113	38732	3113	2328	34406	4628	483
30034	905	28224	2715	28755	2184	1057	25411	4260	211
32198	1376	27282	6292	27008	6566	1007	29893	2352	322
40745	924	34607	7062	29310	12359	2192	33429	5494	554
37780	1935	35450	4265	36581	3134	755	34049	4363	548
34103	1690	24722	11071	25368	10425	1548	27759	5875	611
104015	**21852**	**82637**	**43230**	**82920**	**42947**	**4551**	**98381**	**21416**	**1519**
6793	393	5740	1446	6065	1121	923	2438	3531	294
14058	1382	11781	3659	12712	2728	1789	4655	8539	457
5845	819	3330	3334	4650	2014	679	4239	1684	62
26407	3570	24569	5408	19543	10434	332	27455	1932	258
16519	10354	12447	14426	15367	11506	363	23810	2476	224
18794	3518	11776	10536	11930	10382	251	20023	1922	116
15599	1816	12994	4421	12653	4762	214	15761	1332	108
121294	**13642**	**88824**	**46112**	**102183**	**32753**	**6427**	**101044**	**25605**	**1860**
11798	539	10853	1484	11277	1060	1675	2982	7308	372
22735	4762	16121	11376	20642	6855	604	23632	2964	297
20359	1240	17201	4398	17822	3777	457	18298	2611	233
8242	632	6713	2161	7821	1053	596	4294	3840	144
21260	3126	11769	12617	16637	7749	537	21197	2465	187
10300	402	8211	2491	8806	1896	967	7425	2089	221
15795	2629	8441	9983	10480	7944	494	15899	1854	177
10805	312	9515	1602	8698	2419	1097	7317	2474	229
209922	**17591**	**173498**	**54015**	**160436**	**67077**	**9160**	**174517**	**40834**	**3002**
25070	1599	23433	3236	20841	5828	2474	13278	10330	587
20585	872	19090	2367	17849	3608	786	17030	3474	167
12078	2200	7432	6846	7837	6441	413	11593	2011	261
22101	3487	14613	10975	12077	13511	647	21558	3013	370
20451	4876	13047	12280	13874	11453	489	20813	3766	259

表8 续表 14

地区	全部数据			长表数据		
	家庭户	平均每户住房间数（间/户）	人均住房建筑面积（平方米/人）	家庭户	住房内有无管道自来水	
					有	无
射阳县	313489	2.52	30.53	28418	27979	439
建湖县	253133	2.34	30.19	23232	22773	459
东台市	368437	3.29	46.76	36499	35530	969
大丰市	267957	2.38	42.89	26045	24745	1300
扬州市	**1402301**	**3.01**	**41.88**	**140357**	**136739**	**3618**
广陵区	110157	2.75	30.78	10985	10714	271
邗江区	156785	3.36	45.98	15555	15167	388
维扬区	134166	2.83	38.42	13458	13175	283
宝应县	258012	2.90	42.57	25318	24424	894
仪征市	174342	3.16	43.19	17475	17444	31
高邮市	241113	2.81	42.50	24119	23650	469
江都市	327726	3.17	43.06	33447	32165	1282
镇江市	**974874**	**3.07**	**40.00**	**95145**	**90190**	**4955**
京口区	180496	2.61	33.29	17720	17369	351
润州区	98110	2.45	29.13	9342	9104	238
丹徒区	90067	3.37	39.11	8891	7618	1273
丹阳市	311798	3.09	42.92	31119	29329	1790
扬中市	100018	3.89	57.20	10033	9896	137
句容市	194385	3.20	37.59	18040	16874	1166
泰州市	**1527619**	**3.23**	**47.89**	**152664**	**147545**	**5119**
海陵区	179147	3.19	44.05	17883	17588	295
高港区	90613	3.61	62.44	8984	8596	388
兴化市	428790	2.80	33.78	42344	41061	1283
靖江市	209660	3.77	63.29	21383	21084	299
泰兴市	365218	3.37	54.98	36562	34540	2022
姜堰市	254191	3.21	44.73	25508	24676	832
宿迁市	**1304062**	**3.44**	**33.95**	**126527**	**94142**	**32385**
宿城区	228655	3.40	38.68	22168	17912	4256
宿豫区	172358	3.47	39.42	17265	12939	4326
沭阳县	416656	3.27	31.37	40836	29274	11562
泗阳县	225418	4.33	38.31	21319	17259	4060
泗洪县	260975	2.96	26.47	24939	16758	8181
浙江省	**18854021**	**2.80**	**40.13**	**1905809**	**1751762**	**154047**
杭州市	**2970849**	**2.79**	**41.53**	**304192**	**299343**	**4849**
上城区	132660	1.96	25.09	13379	13280	99
下城区	201735	1.88	24.01	20244	20244	
江干区	302743	1.71	20.69	28766	28766	
拱墅区	215345	1.70	21.72	23012	23012	
西湖区	251516	2.44	33.01	25021	24949	72
滨江区	105285	2.28	34.81	9781	9781	
萧山区	489436	3.39	50.75	51245	49685	1560
余杭区	391655	3.36	47.54	44134	44134	
桐庐县	147246	3.23	51.45	14705	14705	
淳安县	132152	3.67	54.94	13331	13331	
建德市	156151	3.63	54.46	15798	13767	2031
富阳市	239196	3.24	51.22	24046	22967	1079
临安市	205729	3.06	53.95	20730	20722	8
宁波市	**2855142**	**2.27**	**34.51**	**300384**	**286567**	**13817**
海曙区	137979	2.12	27.51	13336	13212	124
江东区	136373	2.19	29.28	14556	14035	521
江北区	131210	2.01	27.75	14393	13579	814
北仑区	222322	2.17	30.33	23407	22095	1312
镇海区	165724	1.87	24.67	16767	15640	1127
鄞州区	497417	1.90	29.98	57031	54588	2443
象山县	187639	2.77	39.79	18983	18251	732
宁海县	237555	2.49	35.34	23082	21525	1557
余姚市	358963	2.73	41.43	39445	38353	1092
慈溪市	589126	2.29	39.40	60320	56798	3522
奉化市	190834	2.35	37.50	19064	18491	573
温州市	**2910274**	**2.54**	**31.22**	**282574**	**261302**	**21272**
鹿城区	431361	1.86	24.56	41745	40538	1207
龙湾区	229198	2.09	24.35	21895	19679	2216
瓯海区	268250	1.99	22.77	25813	24311	1502
洞头县	34286	2.65	40.74	3343	2756	587
永嘉县	260528	2.69	32.01	25569	22868	2701

长表数据									
住房内有无厨房		住房内有无厕所		住房内有无洗澡设施		住房来源			
有	无	有	无	有	无	租赁	自建	购买	其他
27348	1070	24252	4166	19901	8517	954	22331	4886	247
22379	853	17448	5784	14978	8254	933	16875	5218	206
34742	1757	30830	5669	31456	5043	945	31169	3918	467
25168	877	23353	2692	21623	4422	1519	19870	4218	438
136483	**3874**	**122730**	**17627**	**125568**	**14789**	**9113**	**90527**	**38305**	**2412**
10118	867	9073	1912	9092	1893	2271	2581	5631	502
15146	409	14540	1015	14613	942	830	10610	3917	198
13090	368	12843	615	12628	830	1671	3736	7456	595
24782	536	19723	5595	20577	4741	1373	18354	5273	318
16999	476	16308	1167	15906	1569	744	11602	4890	239
23731	388	21001	3118	21665	2454	706	18916	4313	184
32617	830	29242	4205	31087	2360	1518	24728	6825	376
89336	**5809**	**82749**	**12396**	**82428**	**12717**	**11910**	**52681**	**28782**	**1772**
17052	668	16519	1201	15961	1759	2296	4218	10676	530
8692	650	8087	1255	7849	1493	1812	1946	5351	233
8543	348	7624	1267	8062	829	407	7358	1001	125
29097	2022	26966	4153	25854	5265	5284	18785	6452	598
9753	280	9243	790	9303	730	947	7016	1964	106
16199	1841	14310	3730	15399	2641	1164	13358	3338	180
143540	**9124**	**123687**	**28977**	**129176**	**23488**	**8591**	**115141**	**26169**	**2763**
17400	483	15884	1999	16297	1586	2166	7468	7651	598
8292	692	7735	1249	7829	1155	680	7105	1063	136
39408	2936	28320	14024	30767	11577	1601	35055	5240	448
20886	497	19905	1478	19825	1558	1864	14610	3862	1047
33175	3387	31073	5489	32038	4524	1340	30715	4312	195
24379	1129	20770	4738	22420	3088	940	20188	4041	339
113270	**13257**	**73250**	**53277**	**78080**	**48447**	**3280**	**103510**	**18693**	**1044**
20504	1664	15661	6507	16020	6148	763	15858	5430	117
15788	1477	12164	5101	9877	7388	154	15040	1990	81
37114	3722	26123	14713	25778	15058	1076	33492	5734	534
18757	2562	10241	11078	13253	8066	198	19032	2032	57
21107	3832	9061	15878	13152	11787	1089	20088	3507	255
1648232	**257577**	**1550081**	**355728**	**1292781**	**613028**	**542320**	**941562**	**349405**	**72522**
273842	**30350**	**282276**	**21916**	**234062**	**70130**	**107025**	**109794**	**80104**	**7269**
12465	914	12299	1080	11820	1559	3941	251	9082	105
19704	540	20244		16990	3254	7732	562	11950	
26295	2471	28766		21369	7397	17412	2375	7449	1530
21685	1327	22745	267	17686	5326	12610	1241	9161	
22209	2812	24049	972	21384	3637	9890	4007	10881	243
6539	3242	8318	1463	7093	2688	5363	1515	1973	930
44590	6655	43218	8027	39686	11559	16370	25292	7925	1658
40981	3153	44134		35176	8958	17421	18672	7064	977
13114	1591	12608	2097	10057	4648	2708	8801	2854	342
12672	659	9646	3685	8107	5224	1038	9884	2279	130
14262	1536	12590	3208	11187	4611	1663	10547	3241	347
21373	2673	22929	1117	18629	5417	5636	14196	3499	715
17953	2777	20730		14878	5852	5241	12451	2746	292
250931	**49453**	**226259**	**74125**	**182933**	**117451**	**106728**	**119250**	**65779**	**8627**
12432	904	12238	1098	11298	2038	3296	300	9239	501
12882	1674	12911	1645	12001	2555	4682	205	9278	391
11363	3030	9936	4457	8442	5951	6296	2545	4646	906
20248	3159	20333	3074	14691	8716	11197	6382	5147	681
13632	3135	10712	6055	8787	7980	8221	3263	4498	785
45309	11722	39156	17875	32163	24868	25256	17968	11441	2366
17034	1949	17006	1977	13460	5523	3956	11090	3474	463
19933	3149	17223	5859	13476	9606	6280	13647	2692	463
34161	5284	30858	8587	24441	15004	11159	20812	7017	457
46208	14112	42015	18305	31364	28956	23129	31687	4391	1113
17729	1335	13871	5193	12810	6254	3256	11351	3956	501
237807	**44767**	**230684**	**51890**	**197105**	**85469**	**91240**	**135601**	**41156**	**14577**
32641	9104	35770	5975	27893	13852	18894	4127	14993	3731
16095	5800	18104	3791	13473	8422	11354	6819	1443	2279
19192	6621	22336	3477	18530	7283	12576	8240	2308	2689
3074	269	2676	667	2394	949	534	2223	431	155
21329	4240	17485	8084	16399	9170	6781	14967	2259	1562

表8 续表 15

地区	全部数据			长表数据		
	家庭户	平均每户住房间数（间/户）	人均住房建筑面积（平方米/人）	家庭户	住房内有无管道自来水	
					有	无
平阳县	248763	3.14	38.70	24995	23560	1435
苍南县	362698	2.75	32.36	35187	33472	1715
文成县	81131	3.59	49.74	7625	6021	1604
泰顺县	83457	4.04	48.54	8464	7545	919
瑞安市	451243	2.49	31.51	44123	41491	2632
乐清市	459359	2.76	32.34	43815	39061	4754
嘉兴市	**1449492**	**2.98**	**48.03**	**145891**	**141173**	**4718**
南湖区	205253	2.52	36.59	20406	19345	1061
秀洲区	198641	2.37	37.13	19868	19220	648
嘉善县	206919	2.21	33.73	21392	21005	387
海盐县	132923	2.96	52.70	13241	12636	605
海宁市	245750	3.08	51.14	24227	23395	832
平湖市	207689	3.36	48.17	20963	20216	747
桐乡市	252317	4.08	68.46	25794	25356	438
湖州市	**903467**	**3.32**	**45.66**	**91288**	**84819**	**6469**
吴兴区	207496	3.18	38.78	21092	20613	479
南浔区	169491	3.43	44.97	17427	17011	416
德清县	160049	3.16	52.28	15834	15046	788
长兴县	207631	3.49	46.15	20865	19492	1373
安吉县	158800	3.34	48.52	16070	12657	3413
绍兴市	**1739568**	**2.90**	**44.90**	**173233**	**159569**	**13664**
越城区	300851	2.30	34.59	29903	28806	1097
绍兴县	365123	2.55	40.17	36716	33369	3347
新昌县	154734	3.03	45.93	15533	13599	1934
诸暨市	389539	3.17	51.53	38762	36397	2365
上虞市	274674	2.91	49.15	27334	25434	1900
嵊州市	254647	3.60	48.75	24985	21964	3021
金华市	**1942210**	**2.78**	**42.00**	**198308**	**175016**	**23292**
婺城区	287407	2.54	39.67	28365	27116	1249
金东区	120228	3.15	47.57	12077	11277	800
武义县	141852	3.20	42.94	14312	12583	1729
浦江县	145135	2.31	41.64	15293	13426	1867
磐安县	67117	2.27	50.50	6669	6356	313
兰溪市	201372	2.69	46.11	20233	15952	4281
义乌市	419193	2.09	29.29	43397	39308	4089
东阳市	288030	4.36	62.31	29527	24637	4890
永康市	271876	2.47	33.59	28435	24361	4074
衢州市	**767535**	**3.82**	**56.05**	**76313**	**47741**	**28572**
柯城区	163401	3.43	46.72	16239	12968	3271
衢江区	117467	4.20	57.23	11775	4710	7065
常山县	89635	4.04	63.35	8921	3268	5653
开化县	92742	3.56	60.93	9184	7612	1572
龙游县	128679	3.20	49.07	12738	6790	5948
江山市	175611	4.40	62.89	17456	12393	5063
舟山市	**430011**	**2.12**	**34.68**	**42190**	**38717**	**3473**
定海区	176513	2.12	34.34	17266	16160	1106
普陀区	145992	2.11	33.09	14268	12937	1331
岱山县	76031	2.15	37.02	7555	7043	512
嵊泗县	31475	2.08	38.57	3101	2577	524
台州市	**2115870**	**3.07**	**40.11**	**215629**	**189798**	**25831**
椒江区	220583	2.60	37.08	23017	22075	942
黄岩区	220973	3.29	41.92	23012	20942	2070
路桥区	200316	2.51	34.55	20081	18121	1960
玉环县	228771	2.34	28.75	23009	20130	2879
三门县	116535	3.33	46.06	11933	10833	1100
天台县	144586	3.40	47.33	14537	11493	3044
仙居县	123657	3.83	50.75	12445	9012	3433
温岭市	505042	2.79	36.62	52166	46335	5831
临海市	355407	3.93	47.13	35429	30857	4572
丽水市	**769603**	**3.15**	**38.28**	**75807**	**67717**	**8090**
莲都区	164241	2.39	30.17	15959	14338	1621
青田县	115546	3.11	39.84	11491	10306	1185
缙云县	144359	2.87	39.04	14231	12638	1593
遂昌县	70191	3.36	48.00	6915	6105	810
松阳县	71319	3.45	44.15	6928	6022	906

长表数据									
住房内有无厨房		住房内有无厕所		住房内有无洗澡设施		住房来源			
有	无	有	无	有	无	租赁	自建	购买	其他
23265	1730	22086	2909	20564	4431	3125	17811	3453	606
32497	2690	31335	3852	28641	6546	5042	22500	6822	823
7157	468	4874	2751	4878	2747	531	6404	460	230
8073	391	7407	1057	6116	2348	640	7083	477	264
39056	5067	38063	6060	31282	12841	15773	21316	6146	888
35428	8387	30548	13267	26935	16880	15990	24111	2364	1350
128293	**17598**	**134155**	**11736**	**105394**	**40497**	**46685**	**62403**	**33104**	**3699**
18615	1791	18936	1470	15844	4562	5787	4313	9704	602
15231	4637	16315	3553	10307	9561	8856	6994	3533	485
19695	1697	19930	1462	14879	6513	9887	7600	3578	327
12219	1022	12482	759	10733	2508	2554	7337	3027	323
22065	2162	22928	1299	19572	4655	6212	13210	4147	658
17981	2982	19237	1726	15316	5647	6219	9293	4597	854
22487	3307	24327	1467	18743	7051	7170	13656	4518	450
84389	**6899**	**80333**	**10955**	**70594**	**20694**	**15944**	**52029**	**20141**	**3174**
20286	806	20150	942	17651	3441	3529	8080	8559	924
15782	1645	15029	2398	12727	4700	3494	10316	2836	781
14342	1492	14491	1343	12179	3655	3480	8389	3276	689
19416	1449	17378	3487	16159	4706	2318	14520	3675	352
14563	1507	13285	2785	11878	4192	3123	10724	1795	428
153217	**20016**	**126936**	**46297**	**115091**	**58142**	**36748**	**98185**	**30185**	**8115**
26223	3680	24039	5864	21635	8268	8160	8376	9815	3552
28816	7900	23193	13523	21699	15017	13703	17435	3642	1936
14106	1427	9133	6400	7996	7537	2019	10488	2886	140
34745	4017	31119	7643	27250	11512	7714	24259	5352	1437
25491	1843	21435	5899	19352	7982	2873	18813	4977	671
23836	1149	18017	6968	17159	7826	2279	18814	3513	379
166559	**31749**	**160017**	**38291**	**119965**	**78343**	**52594**	**113487**	**22703**	**9524**
25626	2739	24938	3427	20041	8324	7475	11682	8132	1076
10829	1248	10259	1818	7706	4371	1406	9110	772	789
12063	2249	10811	3501	8723	5589	3756	8304	1605	647
12754	2539	12851	2442	8734	6559	3697	9899	1002	695
6129	540	4534	2135	2812	3857	560	5595	412	102
16970	3263	13956	6277	11744	8489	911	15153	3627	542
35118	8279	37401	5996	26749	16648	18343	18549	2873	3632
26381	3146	25210	4317	18801	10726	5470	21396	2011	650
20689	7746	20057	8378	14655	13780	10976	13799	2269	1391
68353	**7960**	**56977**	**19336**	**50724**	**25589**	**6669**	**53627**	**13983**	**2034**
15018	1221	14113	2126	12970	3269	2554	6819	6521	345
9678	2097	7594	4181	6834	4941	665	10397	339	374
8353	568	6849	2072	5978	2943	394	7030	1215	282
8728	456	7202	1982	5671	3513	559	7250	1217	158
10724	2014	8982	3756	8410	4328	963	9232	2075	468
15852	1604	12237	5219	10861	6595	1534	12899	2616	407
37078	**5112**	**34735**	**7455**	**29210**	**12980**	**9351**	**17733**	**13114**	**1992**
15099	2167	15232	2034	12409	4857	4327	6489	5572	878
12356	1912	11473	2795	9853	4415	3335	5363	4734	836
6861	694	5960	1595	5070	2485	1193	4157	2020	185
2762	339	2070	1031	1878	1223	496	1724	788	93
181141	**34488**	**165286**	**50343**	**141681**	**73948**	**55293**	**131028**	**19137**	**10171**
20156	2861	20695	2322	17325	5692	7112	10540	4198	1167
20156	2856	18946	4066	16469	6543	5593	14094	2258	1067
16109	3972	16921	3160	14565	5516	7775	10233	1136	937
16059	6950	16667	6342	13562	9447	10571	10063	1698	677
10690	1243	8427	3506	7719	4214	1249	9191	1018	475
13177	1360	7410	7127	6167	8370	1280	11622	1201	434
10796	1649	6084	6361	5005	7440	1427	9745	998	275
41438	10728	42537	9629	35454	16712	15066	29970	3111	4019
32560	2869	27599	7830	25415	10014	5220	25570	3519	1120
66622	**9185**	**52423**	**23384**	**46022**	**29785**	**14043**	**48425**	**9999**	**3340**
13488	2471	12904	3055	11525	4434	4984	6668	3477	830
10255	1236	8864	2627	8775	2716	2195	7240	1381	675
12133	2098	9091	5140	7016	7215	2283	10142	1119	687
6278	637	4136	2779	3903	3012	554	5326	875	160
6318	610	4897	2031	4015	2913	629	5467	454	378

表8 续表 16

地区	全部数据			长表数据		
	家庭户	平均每户住房间数（间/户）	人均住房建筑面积（平方米/人）	家庭户	住房内有无管道自来水	
					有	无
云和县	36405	3.29	37.17	3609	3405	204
庆元县	49777	4.64	41.36	4933	4613	320
景宁畲族自治县	38355	3.61	35.05	3910	3414	496
龙泉市	79410	3.60	37.09	7831	6876	955
安徽省	**18861956**	**3.18**	**32.76**	**1700012**	**765403**	**934609**
合肥市	**1832390**	**2.56**	**30.01**	**156178**	**100095**	**56083**
瑶海区	301023	2.11	27.45	25417	23217	2200
庐阳区	200926	2.11	26.19	16098	14470	1628
蜀山区	270755	2.34	31.78	23899	21987	1912
包河区	263526	2.24	28.76	22301	19586	2715
长丰县	232783	2.84	29.40	19307	5620	13687
肥东县	285800	3.21	31.84	25610	6626	18984
肥西县	277577	2.96	33.34	23546	8589	14957
芜湖市	**781367**	**2.34**	**33.20**	**66679**	**58953**	**7726**
镜湖区	195986	1.91	24.52	14470	14132	338
弋江区	92065	2.23	30.74	7527	7319	208
鸠江区	93775	2.44	31.99	8160	7884	276
三山区	51190	2.87	38.71	4598	4437	161
芜湖县	107970	2.29	35.21	9552	8724	828
繁昌县	93904	2.59	37.25	8461	7256	1205
南陵县	146477	2.64	40.78	13911	9201	4710
蚌埠市	**972791**	**3.23**	**30.83**	**88022**	**32485**	**55537**
龙子湖区	87584	2.37	28.70	7686	6274	1412
蚌山区	110307	2.45	32.75	9523	8234	1289
禹会区	85605	2.97	30.65	8180	6880	1300
淮上区	44813	3.33	40.41	4191	762	3429
怀远县	317872	3.43	30.28	27992	5491	22501
五河县	179562	3.82	32.81	16576	2390	14186
固镇县	147048	3.29	26.97	13874	2454	11420
淮南市	**760678**	**3.06**	**30.66**	**65724**	**33601**	**32123**
大通区	61690	3.41	31.98	4973	2236	2737
田家庵区	193722	2.72	31.13	16755	14345	2410
谢家集区	109338	2.39	22.76	8883	6675	2208
八公山区	63929	1.92	21.19	4830	4496	334
潘集区	122476	3.30	32.10	11136	903	10233
凤台县	209523	3.82	35.45	19147	4946	14201
马鞍山市	**452888**	**2.46**	**29.81**	**40122**	**38942**	**1180**
金家庄区	48853	2.24	25.29	3660	3508	152
花山区	113276	2.37	30.36	9684	9515	169
雨山区	93898	2.48	28.88	9067	8800	267
当涂县	196861	2.55	30.85	17711	17119	592
淮北市	**625431**	**3.54**	**30.49**	**55210**	**25561**	**29649**
杜集区	95421	3.00	22.46	7916	5237	2679
相山区	157407	2.44	27.38	12693	10239	2454
烈山区	97375	3.57	27.71	8379	5450	2929
濉溪县	275228	4.35	35.33	26222	4635	21587
铜陵市	**260252**	**2.59**	**31.58**	**23153**	**20658**	**2495**
铜官山区	104033	2.33	25.53	9218	9025	193
狮子山区	38927	2.30	28.72	3288	3100	188
郊区	25378	2.97	33.47	2355	2005	350
铜陵县	91914	2.91	39.19	8292	6528	1764
安庆市	**1593746**	**3.44**	**35.72**	**148023**	**84352**	**63671**
迎江区	88620	2.72	40.64	7905	7604	301
大观区	98922	2.44	31.62	8605	8289	316
宜秀区	82835	3.74	48.84	7358	5856	1502
怀宁县	163668	4.07	37.38	15008	7404	7604
枞阳县	235077	3.11	32.88	20728	12487	8241
潜山县	144742	3.21	33.62	14257	7918	6339
太湖县	143831	3.59	32.38	13911	4242	9669
宿松县	197913	3.23	40.02	17710	9490	8220
望江县	143119	3.32	33.80	14050	8189	5861
岳西县	106960	4.20	38.77	10344	4910	5434
桐城市	188059	3.94	33.70	18147	7963	10184

长表数据									
住房内有无厨房		住房内有无厕所		住房内有无洗澡设施		住房来源			
有	无	有	无	有	无	租赁	自建	购买	其他
3199	410	2403	1206	2094	1515	712	2251	570	76
4421	512	2721	2212	2138	2795	761	3411	588	173
3394	516	2333	1577	1930	1980	763	2608	445	94
7136	695	5074	2757	4626	3205	1162	5312	1090	267
1415241	**284771**	**1087994**	**612018**	**885299**	**814713**	**110190**	**1250613**	**300808**	**38401**
132022	**24156**	**117717**	**38461**	**99071**	**57107**	**29567**	**61289**	**56670**	**8652**
22705	2712	22675	2742	19455	5962	6696	2936	13948	1837
14581	1517	14662	1436	12748	3350	4040	1579	8982	1497
21930	1969	21781	2118	19894	4005	5888	1407	14828	1776
18805	3496	18518	3783	15658	6643	8022	3098	10128	1053
13570	5737	9792	9515	8198	11109	986	15470	2192	659
20548	5062	17455	8155	10944	14666	1768	20240	2760	842
19883	3663	12834	10712	12174	11372	2167	16559	3832	988
61788	**4891**	**52307**	**14372**	**52183**	**14496**	**7413**	**32870**	**23783**	**2613**
13566	904	12922	1548	12410	2060	2161	1894	9816	599
7147	380	6726	801	6792	735	1058	1840	4065	564
7598	562	6035	2125	6664	1496	1601	2703	3395	461
4302	296	2861	1737	3432	1166	193	3543	660	202
8795	757	7758	1794	7404	2148	773	6578	2041	160
7439	1022	5551	2910	5902	2559	799	5448	1945	269
12941	970	10454	3457	9579	4332	828	10864	1861	358
64560	**23462**	**49807**	**38215**	**50008**	**38014**	**4385**	**61903**	**19304**	**2430**
6192	1494	5564	2122	5944	1742	1026	2149	4009	502
8722	801	7689	1834	8071	1452	1183	1794	5803	743
6909	1271	5568	2612	6344	1836	757	2292	4641	490
2904	1287	1264	2927	2655	1536	81	3766	274	70
19092	8900	13788	14204	12867	15125	514	25141	2003	334
7896	8680	3489	13087	6716	9860	540	14703	1194	139
12845	1029	12445	1429	7411	6463	284	12058	1380	152
57360	**8364**	**49157**	**16567**	**41037**	**24687**	**4468**	**35488**	**23929**	**1839**
3537	1436	2182	2791	2848	2125	215	3164	1399	195
15143	1612	13879	2876	13245	3510	1481	3933	10741	600
7405	1478	4987	3896	4997	3886	732	3200	4625	326
4258	572	3177	1653	3239	1591	623	1331	2745	131
9422	1714	8274	2862	7104	4032	403	8614	1940	179
17595	1552	16658	2489	9604	9543	1014	15246	2479	408
37884	**2238**	**32808**	**7314**	**34880**	**5242**	**3814**	**17451**	**18094**	**763**
3430	230	3097	563	2890	770	755	607	2201	97
9451	233	9251	433	9104	580	1033	991	7503	157
8495	572	7715	1352	7812	1255	1275	1971	5596	225
16508	1203	12745	4966	15074	2637	751	13882	2794	284
45625	**9585**	**32868**	**22342**	**33897**	**21313**	**3186**	**36685**	**14228**	**1111**
6589	1327	5141	2775	5235	2681	1001	4398	2335	182
11612	1081	10611	2082	10293	2400	1365	2835	7978	515
6955	1424	3673	4706	4641	3738	393	5304	2529	153
20469	5753	13443	12779	13728	12494	427	24148	1386	261
21779	**1374**	**18906**	**4247**	**18673**	**4480**	**2600**	**8647**	**10693**	**1213**
8887	331	8502	716	8180	1038	1122	186	7194	716
3057	231	2681	607	2410	878	664	970	1527	127
2187	168	1716	639	1598	757	400	1173	650	132
7648	644	6007	2285	6485	1807	414	6318	1322	238
136530	**11493**	**101794**	**46229**	**96222**	**51801**	**7807**	**114260**	**22639**	**3317**
7612	293	7264	641	6680	1225	1192	1874	4480	359
8313	292	7404	1201	7235	1370	1103	2371	4535	596
7154	204	6299	1059	5978	1380	918	3284	2898	258
14222	786	11535	3473	10372	4636	566	12810	1400	232
19124	1604	13579	7149	12391	8337	522	18043	1739	424
13222	1035	9686	4571	8833	5424	734	12054	1182	287
12808	1103	7692	6219	7694	6217	605	11827	1276	203
15690	2020	11558	6152	9440	8270	566	15497	1405	242
12450	1600	7568	6482	9151	4899	415	12446	973	216
9845	499	5802	4542	6168	4176	403	9190	615	136
16090	2057	13407	4740	12280	5867	783	14864	2136	364

表8 续表 17

地区	全部数据			长表数据		
	家庭户	平均每户住房间数(间/户)	人均住房建筑面积(平方米/人)	家庭户	住房内有无管道自来水	
					有	无
黄山市	**454386**	**3.17**	**38.52**	**43350**	**32517**	**10833**
屯溪区	70005	2.92	41.86	6408	5672	736
黄山区	56175	2.61	37.67	5042	3707	1335
徽州区	30684	3.53	42.63	2964	2472	492
歙县	134338	3.47	37.09	13307	10958	2349
休宁县	75044	3.42	37.58	7185	4096	3089
黟县	32612	2.74	38.10	2860	2292	568
祁门县	55528	3.05	37.99	5584	3320	2264
滁州市	**1235697**	**2.91**	**29.39**	**112017**	**42833**	**69184**
琅琊区	108381	2.37	27.78	8869	7209	1660
南谯区	90916	3.21	32.41	7690	3449	4241
来安县	138180	2.91	30.75	12301	2975	9326
全椒县	128161	3.37	30.68	12477	6160	6317
定远县	228454	2.72	24.29	20457	6392	14065
凤阳县	187853	3.15	26.85	17003	3522	13481
天长市	180784	2.67	40.22	18023	8770	9253
明光市	172968	2.96	25.52	15197	4356	10841
阜阳市	**2507792**	**3.50**	**32.63**	**224765**	**50518**	**174247**
颍州区	231434	3.41	41.77	21051	8226	12825
颍东区	162323	3.71	34.62	14624	3776	10848
颍泉区	192340	3.72	37.34	18200	4857	13343
临泉县	485412	3.76	31.93	43242	8123	35119
太和县	446058	3.72	30.48	41723	8383	33340
阜南县	381599	2.93	29.71	32143	4709	27434
颍上县	408376	3.25	30.27	34685	6332	28353
界首市	200250	3.65	33.35	19097	6112	12985
宿州市	**1608582**	**4.08**	**34.01**	**153096**	**30575**	**122521**
埇桥区	514960	3.78	35.48	47687	14809	32878
砀山县	251487	4.02	32.00	24061	5247	18814
萧县	341072	4.68	33.84	33279	3732	29547
灵璧县	278428	3.39	32.83	26449	3344	23105
泗县	222635	4.76	34.71	21620	3443	18177
巢湖市	**1212100**	**2.87**	**32.45**	**105726**	**72573**	**33153**
居巢区	245876	2.94	34.98	22817	14730	8087
庐江县	309322	3.14	34.49	27444	12729	14715
无为县	357834	2.98	29.76	29827	27107	2720
含山县	123732	2.53	30.63	10164	6365	3799
和县	175336	2.29	32.61	15474	11642	3832
六安市	**1807765**	**2.96**	**32.10**	**157022**	**42802**	**114220**
金安区	225076	3.04	32.64	20729	7042	13687
裕安区	265424	3.11	36.79	23756	7256	16500
寿县	379721	2.37	27.93	27201	6117	21084
霍邱县	417578	2.93	27.52	36840	4682	32158
舒城县	254275	3.02	36.82	23315	9006	14309
金寨县	169540	3.47	35.82	15636	3459	12177
霍山县	96151	3.72	35.21	9545	5240	4305
亳州市	**1495949**	**3.56**	**33.73**	**138200**	**25064**	**113136**
谯城区	434587	3.34	33.62	39629	8141	31488
涡阳县	374500	3.81	36.45	35300	7686	27614
蒙城县	323877	3.73	35.81	30482	3641	26841
利辛县	362985	3.43	29.17	32789	5596	27193
池州市	**425181**	**3.58**	**40.61**	**41835**	**25208**	**16627**
贵池区	180176	3.50	41.87	17646	12316	5330
东至县	133741	3.84	37.34	13357	7450	5907
石台县	31330	3.32	37.38	3032	2407	625
青阳县	79934	3.45	45.15	7800	3035	4765
宣城市	**834961**	**2.92**	**35.76**	**80890**	**48666**	**32224**
宣州区	257410	2.75	34.47	24066	16627	7439
郎溪县	103700	2.79	31.73	9886	7434	2452
广德县	144384	3.18	36.55	14540	5791	8749
泾县	105608	2.67	33.45	10428	4561	5867
绩溪县	49910	3.40	38.76	5087	4726	361
旌德县	38892	3.31	38.46	3883	1990	1893
宁国市	135057	2.96	40.76	13000	7537	5463

长表数据									
住房内有无厨房		住房内有无厕所		住房内有无洗澡设施		住房来源			
有	无	有	无	有	无	租赁	自建	购买	其他
40406	**2944**	**26870**	**16480**	**26518**	**16832**	**3257**	**30897**	**7492**	**1704**
6004	404	5782	626	5225	1183	1038	1678	3378	314
4730	312	3738	1304	3304	1738	465	3407	890	280
2799	165	2103	861	2059	905	223	2219	451	71
12225	1082	6952	6355	7383	5924	575	11390	923	419
6668	517	3630	3555	3634	3551	369	5934	695	187
2697	163	1899	961	1844	1016	148	2146	327	239
5283	301	2766	2818	3069	2515	439	4123	828	194
83353	**28664**	**51257**	**60760**	**58112**	**53905**	**6422**	**84464**	**18359**	**2772**
7486	1383	6489	2380	6708	2161	1572	2564	4177	556
6287	1403	3371	4319	4396	3294	697	5252	1523	218
10610	1691	8132	4169	6745	5556	443	10222	1358	278
9285	3192	4521	7956	5091	7386	860	8756	2546	315
12076	8381	6247	14210	8116	12341	703	17168	2107	479
10029	6974	5643	11360	9257	7746	387	14898	1466	252
16960	1063	12964	5059	12084	5939	871	13532	3243	377
10620	4577	3890	11307	5715	9482	889	12072	1939	297
181645	**43120**	**159957**	**64808**	**62876**	**161889**	**8096**	**198024**	**16388**	**2257**
17128	3923	14496	6555	10626	10425	2172	13654	4873	352
12717	1907	11171	3453	4811	9813	512	12235	1495	382
14156	4044	13068	5132	6460	11740	773	15474	1725	228
36799	6443	31901	11341	9596	33646	1096	40370	1518	258
38013	3710	36310	5413	11341	30382	1013	38604	1962	144
23518	8625	19422	12721	6534	25609	885	29335	1550	373
23051	11634	19259	15426	7292	27393	880	31278	2137	390
16263	2834	14330	4767	6216	12881	765	17074	1128	130
114896	**38200**	**77006**	**76090**	**51285**	**101811**	**3926**	**136681**	**11289**	**1200**
36001	11686	23964	23723	20933	26754	2541	36749	7760	637
14525	9536	13151	10910	6286	17775	206	23048	718	89
28466	4813	27065	6214	10244	23035	403	31920	793	163
17452	8997	6746	19703	6883	19566	432	24825	1054	138
18452	3168	6080	15540	6939	14681	344	20139	964	173
90181	**15545**	**63258**	**42468**	**63592**	**42134**	**5301**	**82712**	**15200**	**2513**
18847	3970	11693	11124	13605	9212	1346	14933	5649	889
23085	4359	14694	12750	15586	11858	1719	21917	3154	654
27794	2033	26536	3291	21675	8152	1019	25031	3304	473
7727	2437	4051	6113	5226	4938	379	8055	1568	162
12728	2746	6284	9190	7500	7974	838	12776	1525	335
132933	**24089**	**87136**	**69886**	**82864**	**74158**	**6266**	**131799**	**16647**	**2310**
19059	1670	17230	3499	14345	6384	1571	14793	3870	495
20417	3339	12327	11429	15462	8294	962	18858	3571	365
22387	4814	14374	12827	11271	15930	504	23951	2509	237
27917	8923	15315	21525	13824	23016	548	34306	1619	367
19858	3457	12352	10963	13063	10252	1403	18737	2761	414
14083	1553	8971	6665	7860	7776	541	13784	1056	255
9212	333	6567	2978	7039	2506	737	7370	1261	177
103237	**34963**	**77720**	**60480**	**31574**	**106626**	**4009**	**127014**	**6450**	**727**
28411	11218	16807	22822	8984	30645	1748	35638	2050	193
31593	3707	26625	8675	9342	25958	741	32699	1680	180
20831	9651	17239	13243	7451	23031	786	28055	1455	186
22402	10387	17049	15740	5797	26992	734	30622	1265	168
39396	**2439**	**33341**	**8494**	**29003**	**12832**	**2599**	**31484**	**6814**	**938**
16895	751	15463	2183	12851	4795	1092	12058	4121	375
12345	1012	9576	3781	8842	4515	965	10783	1327	282
2846	186	2498	534	1925	1107	190	2336	425	81
7310	490	5804	1996	5385	2415	352	6307	941	200
71646	**9244**	**56085**	**24805**	**53504**	**27386**	**7074**	**58945**	**12829**	**2042**
21114	2952	16872	7194	16814	7252	2118	17232	4015	701
8147	1739	5604	4282	5813	4073	693	7329	1615	249
12777	1763	9013	5527	9557	4983	724	11978	1604	234
9457	971	7891	2537	7166	3262	998	7147	1889	394
4861	226	4148	939	3686	1401	340	4129	514	104
3519	364	2490	1393	2407	1476	276	3029	488	90
11771	1229	10067	2933	8061	4939	1925	8101	2704	270

表8 续表 18

地区	全部数据			长表数据		
	家庭户	平均每户住房间数（间/户）	人均住房建筑面积（平方米/人）	家庭户	住房内有无管道自来水	
					有	无
福建省	**11206317**	**3.37**	**36.95**	**1072498**	**859148**	**213350**
福州市	**2177300**	**3.26**	**36.02**	**202923**	**177537**	**25386**
鼓楼区	203722	2.35	29.07	17907	17546	361
台江区	149032	2.13	24.70	12338	12213	125
仓山区	208078	3.20	31.97	19809	19526	283
马尾区	69116	2.77	30.96	6511	6213	298
晋安区	277914	2.24	24.02	27550	26510	1040
闽侯县	173436	4.41	37.37	16785	15148	1637
连江县	177958	2.98	32.24	17103	16194	909
罗源县	70028	3.01	28.95	6613	6031	582
闽清县	79234	4.62	44.01	7263	4926	2337
永泰县	83601	4.10	32.45	7769	5984	1785
平潭县	108219	3.70	37.88	9712	7492	2220
福清市	354867	4.53	57.40	33513	21663	11850
长乐市	222095	2.70	31.63	20050	18091	1959
厦门市	**1239957**	**2.09**	**27.39**	**118439**	**112240**	**6199**
思明区	314704	2.01	26.99	30252	29239	1013
海沧区	108514	2.04	30.16	10305	10025	280
湖里区	374040	1.46	16.36	35235	33978	1257
集美区	202111	1.80	23.20	18767	18030	737
同安区	145311	3.23	37.09	14446	12524	1922
翔安区	95277	3.75	52.47	9434	8444	990
莆田市	**761131**	**4.48**	**47.92**	**74995**	**63532**	**11463**
城厢区	114533	4.26	49.52	10909	10075	834
涵江区	123270	4.14	43.89	11868	11164	704
荔城区	123729	4.92	51.79	12006	11493	513
秀屿区	153236	5.65	62.16	15819	11909	3910
仙游县	246363	3.80	37.27	24393	18891	5502
三明市	**778028**	**3.92**	**35.56**	**74577**	**60282**	**14295**
梅列区	61554	2.33	27.08	6035	5640	395
三元区	62411	2.68	25.13	5824	5333	491
明溪县	33850	4.10	38.75	3056	2659	397
清流县	37948	4.21	36.51	3613	3045	568
宁化县	81373	4.73	41.03	7566	5575	1991
大田县	92096	4.22	34.94	9123	6173	2950
尤溪县	108681	4.79	34.15	10385	6804	3581
沙县	74618	3.48	37.41	7077	6258	819
将乐县	44419	4.42	44.09	4307	4003	304
泰宁县	32637	4.68	38.84	3200	3007	193
建宁县	37573	4.04	41.99	3735	2649	1086
永安市	110868	3.49	33.48	10656	9136	1520
泉州市	**2267868**	**3.64**	**41.17**	**225037**	**147513**	**77524**
鲤城区	128876	2.34	30.88	12296	11295	1001
丰泽区	158089	2.40	32.41	16318	13720	2598
洛江区	54843	3.51	48.52	5460	2076	3384
泉港区	99118	4.41	56.07	9610	5424	4186
惠安县	270677	4.25	57.66	26990	12223	14767
安溪县	268543	4.29	31.17	25726	14810	10916
永春县	140047	4.28	42.78	13881	10138	3743
德化县	100721	3.14	29.28	9702	7162	2540
石狮市	175135	2.68	34.77	18630	15910	2720
晋江市	506391	3.16	38.56	50337	34128	16209
南安市	365428	4.52	46.13	36087	20627	15460
漳州市	**1338117**	**2.72**	**31.58**	**132112**	**101123**	**30989**
芗城区	164151	2.33	30.65	15961	13607	2354
龙文区	48293	2.91	40.89	4725	3709	1016
云霄县	111190	2.58	27.52	10995	9238	1757
漳浦县	217841	2.91	31.62	21713	11515	10198
诏安县	152329	1.84	20.26	15151	12892	2259
长泰县	56959	3.79	38.70	5616	4136	1480
东山县	56940	2.91	36.83	5574	4990	584
南靖县	94341	3.03	30.65	9367	7465	1902
平和县	141301	2.39	28.17	13788	10959	2829
华安县	47272	3.63	33.59	4643	2818	1825
龙海市	247500	2.98	39.79	24579	19794	4785

长表数据									
住房内有无厨房		住房内有无厕所		住房内有无洗澡设施		住房来源			
有	无	有	无	有	无	租赁	自建	购买	其他
965269	**107229**	**880594**	**191904**	**862993**	**209505**	**218469**	**624092**	**165508**	**64429**
190858	**12065**	**182706**	**20217**	**179457**	**23466**	**41186**	**100447**	**50584**	**10706**
17235	672	17446	461	17266	641	3746	345	12267	1549
12024	314	11853	485	11886	452	2817	767	6949	1805
19003	806	19183	626	18645	1164	5740	5003	7107	1959
5997	514	6185	326	5746	765	2151	3005	1101	254
26010	1540	26654	896	23635	3915	13676	3180	9675	1019
16094	691	14771	2014	15136	1649	1669	13543	1115	458
16533	570	15482	1621	15507	1596	1989	12574	2213	327
6312	301	5487	1126	5416	1197	672	4269	1330	342
6735	528	5620	1643	5974	1289	376	6146	496	245
6975	794	4606	3163	5262	2507	320	6813	516	120
8881	831	8099	1613	7907	1805	700	7083	1805	124
30516	2997	29010	4503	29171	4342	3884	25018	3571	1040
18543	1507	18310	1740	17906	2144	3446	12701	2439	1464
106743	**11696**	**113163**	**5276**	**98352**	**20087**	**66962**	**23105**	**24526**	**3846**
26542	3710	29201	1051	27186	3066	13653	1154	13699	1746
9605	700	10012	293	9564	741	6410	2065	1528	302
31891	3344	34306	929	24510	10725	27796	1260	5539	640
16662	2105	18102	665	15951	2816	13110	3340	1811	506
13167	1279	13175	1271	12804	1642	4721	7577	1816	332
8876	558	8367	1067	8337	1097	1272	7709	133	320
68919	**6076**	**61529**	**13466**	**59955**	**15040**	**8515**	**58404**	**5774**	**2302**
10116	793	9712	1197	9331	1578	2418	6396	1770	325
11053	815	10647	1221	10375	1493	2072	8231	1189	376
11422	584	10966	1040	10519	1487	1903	8448	1328	327
14697	1122	12642	3177	12118	3701	486	14683	179	471
21631	2762	17562	6831	17612	6781	1636	20646	1308	803
68844	**5733**	**56171**	**18406**	**55704**	**18873**	**11375**	**43968**	**15338**	**3896**
5293	742	5307	728	5287	748	1828	501	3329	377
5398	426	4653	1171	4983	841	1584	1264	2626	350
2861	195	2184	872	2406	650	433	1851	597	175
3267	346	2220	1393	2708	905	423	2579	435	176
7173	393	4870	2696	4588	2978	558	6324	567	117
8552	571	7218	1905	6393	2730	1089	6963	745	326
9801	584	8589	1796	7942	2443	778	7872	1219	516
6446	631	5066	2011	5054	2023	1240	4020	1268	549
4004	303	3088	1219	3085	1222	650	2952	492	213
2993	207	2421	779	2424	776	355	2228	516	101
3331	404	2269	1466	2356	1379	416	2848	349	122
9725	931	8286	2370	8478	2178	2021	4566	3195	874
190225	**34812**	**189614**	**35423**	**186199**	**38838**	**44906**	**132250**	**20367**	**27514**
9586	2710	11045	1251	10352	1944	5225	2702	2632	1737
12687	3631	15064	1254	13684	2634	7540	2517	4695	1566
4599	861	4764	696	4222	1238	1223	3352	323	562
8461	1149	7464	2146	7406	2204	531	8043	761	275
23792	3198	23110	3880	21943	5047	2123	21019	2359	1489
23226	2500	19744	5982	21306	4420	1930	21132	1941	723
13118	763	10682	3199	11257	2624	1049	11362	694	776
8597	1105	7128	2574	6046	3656	3028	5138	1259	277
14088	4542	16469	2161	15894	2736	5308	6481	1454	5387
38369	11968	42084	8253	41078	9259	13390	22356	1943	12648
33702	2385	32060	4027	33011	3076	3559	28148	2306	2074
113561	**18551**	**101368**	**30744**	**103530**	**28582**	**12197**	**100762**	**15250**	**3903**
13970	1991	14130	1831	13858	2103	3796	5078	6148	939
3838	887	4153	572	3888	837	1218	2735	480	292
9614	1381	7790	3205	8211	2784	372	9569	848	206
18327	3386	15061	6652	15643	6070	883	19199	1237	394
12543	2608	12006	3145	12434	2717	171	13997	828	155
5009	607	4537	1079	4708	908	482	4488	433	213
5245	329	4962	612	4663	911	280	4333	856	105
8094	1273	6694	2673	7281	2086	643	7384	978	362
11039	2749	8539	5249	9422	4366	511	12211	779	287
4250	393	3175	1468	3635	1008	190	3828	455	170
21632	2947	20321	4258	19787	4792	3651	17940	2208	780

表8 续表 19

地区	全部数据			长表数据		
	家庭户	平均每户住房间数(间/户)	人均住房建筑面积(平方米/人)	家庭户	住房内有无管道自来水	
					有	无
南平市	**893150**	**3.53**	**36.74**	**83258**	**67647**	**15611**
延平区	162763	3.12	33.22	15291	13798	1493
顺昌县	67480	3.40	40.19	6431	5939	492
浦城县	105571	3.96	37.05	9371	5441	3930
光泽县	44442	3.41	33.92	4237	3127	1110
松溪县	42800	4.56	39.50	3803	2952	851
政和县	55402	4.09	34.85	5089	4408	681
邵武市	100077	3.22	32.88	9578	8461	1117
武夷山市	69827	3.87	39.47	6365	5010	1355
建瓯市	149121	3.42	40.45	14016	11748	2268
建阳市	95667	3.38	36.81	9077	6763	2314
龙岩市	**845533**	**4.00**	**39.94**	**80762**	**60796**	**19966**
新罗区	216670	2.98	31.72	20903	19356	1547
长汀县	121498	4.27	38.12	11475	7563	3912
永定县	122199	4.08	36.45	11514	8358	3156
上杭县	122887	4.93	55.97	11842	9373	2469
武平县	90906	4.95	46.30	8756	5352	3404
连城县	86805	3.92	36.89	8182	6077	2105
漳平市	84568	3.80	39.85	8090	4717	3373
宁德市	**905233**	**3.58**	**36.45**	**80395**	**68478**	**11917**
蕉城区	134761	3.22	33.90	12023	10867	1156
霞浦县	147799	3.30	32.63	12527	10577	1950
古田县	110102	4.16	37.73	10248	8138	2110
屏南县	43388	4.18	38.42	3802	3333	469
寿宁县	55238	4.51	40.35	5425	4201	1224
周宁县	39758	4.32	45.85	3672	3332	340
柘荣县	27060	4.18	42.93	2300	2155	145
福安市	176919	3.49	32.30	15302	13083	2219
福鼎市	170208	3.11	40.67	15096	12792	2304
江西省	**11542527**	**3.75**	**33.10**	**1133859**	**543886**	**589973**
南昌市	**1299903**	**3.06**	**31.01**	**129263**	**85039**	**44224**
东湖区	172253	2.21	24.50	17216	16923	293
西湖区	154108	2.09	22.91	14938	14630	308
青云谱区	97479	2.09	23.58	9430	8949	481
湾里区	15542	3.43	37.80	1625	1179	446
青山湖区	204505	2.79	29.32	20497	18565	1932
南昌县	250564	4.01	36.97	25160	9005	16155
新建县	168816	3.52	30.07	17082	7728	9354
安义县	56499	3.34	38.97	5290	2373	2917
进贤县	180137	3.65	37.46	18025	5687	12338
景德镇市	**431567**	**3.41**	**34.80**	**42929**	**20929**	**22000**
昌江区	55039	3.28	37.19	5570	4125	1445
珠山区	94324	2.22	24.71	8995	8821	174
浮梁县	77175	3.29	27.42	7928	2127	5801
乐平市	205029	4.03	40.19	20436	5856	14580
萍乡市	**481518**	**3.87**	**35.77**	**46465**	**30824**	**15641**
安源区	143971	3.06	31.37	12976	11336	1640
湘东区	92808	3.88	31.67	9003	5463	3540
莲花县	60609	4.75	39.37	5877	3878	1999
上栗县	112870	4.38	37.48	11419	5621	5798
芦溪县	71260	3.95	43.88	7190	4526	2664
九江市	**1228705**	**3.55**	**32.82**	**122149**	**69469**	**52680**
庐山区	77034	3.68	38.09	7689	6631	1058
浔阳区	124063	2.29	27.62	11866	11581	285
九江县	83843	3.87	40.88	8343	4605	3738
武宁县	98787	3.23	31.29	10636	4023	6613
修水县	187024	3.99	27.34	17995	8297	9698
永修县	100599	3.18	28.62	10058	5134	4924
德安县	59225	3.14	33.15	6151	4119	2032
星子县	60085	3.88	34.29	6112	2856	3256
都昌县	166948	3.88	33.56	16637	5382	11255
湖口县	72731	3.46	37.99	6983	3785	3198
彭泽县	87773	3.66	33.92	8341	6147	2194
瑞昌市	110593	4.02	36.54	11338	6909	4429
新余市	**344441**	**2.71**	**34.80**	**33668**	**22483**	**11185**
渝水区	257409	2.66	35.68	25470	16399	9071
分宜县	87032	2.87	32.40	8198	6084	2114

长表数据									
住房内有无厨房		住房内有无厕所		住房内有无洗澡设施		住房来源			
有	无	有	无	有	无	租赁	自建	购买	其他
77480	**5778**	**55374**	**27884**	**57511**	**25747**	**12562**	**49548**	**17040**	**4108**
14252	1039	11813	3478	12373	2918	3033	6000	5294	964
6114	317	4244	2187	4861	1570	883	3701	1399	448
8569	802	5524	3847	5816	3555	783	7178	1158	252
3868	369	3054	1183	3023	1214	516	2624	818	279
3549	254	2360	1443	2205	1598	485	2927	283	108
4814	275	2889	2200	2792	2297	693	3827	375	194
8403	1175	7017	2561	7006	2572	1934	4326	2913	405
5933	432	4297	2068	4388	1977	1027	3773	1265	300
13433	583	8524	5492	9428	4588	1624	10075	1739	578
8545	532	5652	3425	5619	3458	1584	5117	1796	580
71770	**8992**	**58428**	**22334**	**59738**	**21024**	**11954**	**55219**	**8978**	**4611**
18302	2601	18027	2876	17774	3129	6873	7728	4706	1596
10541	934	7413	4062	7895	3580	1200	8791	1016	468
9518	1996	8079	3435	8086	3428	1062	8743	783	926
11086	756	8826	3016	8686	3156	776	10055	485	526
8072	684	5911	2845	6193	2563	545	7535	496	180
7091	1091	4945	3237	5379	2803	571	6817	455	339
7160	930	5227	2863	5725	2365	927	5550	1037	576
76869	**3526**	**62241**	**18154**	**62547**	**17848**	**8812**	**60389**	**7651**	**3543**
11561	462	10126	1897	10189	1834	1916	7514	2102	491
11989	538	9590	2937	10048	2479	1120	9573	1275	559
9850	398	6802	3446	7619	2629	858	8025	911	454
3685	117	2870	932	2636	1166	295	3216	138	153
5230	195	4463	962	3562	1863	526	4490	241	168
3609	63	3164	508	2580	1092	373	3025	137	137
2251	49	1888	412	1797	503	191	1919	122	68
14693	609	12547	2755	12570	2732	1731	11373	1424	774
14001	1095	10791	4305	11546	3550	1802	11254	1301	739
922199	**211660**	**677052**	**456807**	**633534**	**500325**	**75547**	**810825**	**217839**	**29648**
110881	**18382**	**92200**	**37063**	**90681**	**38582**	**15274**	**53471**	**54622**	**5896**
16828	388	16721	495	15850	1366	3227	635	11799	1555
14459	479	14132	806	13691	1247	2634	519	10815	970
9076	354	8845	585	8446	984	1949	662	6375	444
1437	188	1039	586	1001	624	110	1082	369	64
19584	913	18528	1969	17687	2810	4477	4307	10698	1015
20675	4485	14406	10754	15020	10140	810	17756	5960	634
12685	4397	8576	8506	8651	8431	1091	10982	4156	853
4094	1196	2712	2578	2769	2521	341	3566	1259	124
12043	5982	7241	10784	7566	10459	635	13962	3191	237
35563	**7366**	**24696**	**18233**	**21670**	**21259**	**4043**	**27111**	**10049**	**1726**
4994	576	4107	1463	3621	1949	881	2885	1489	315
8260	735	7061	1934	6894	2101	2030	962	5417	586
5969	1959	2799	5129	3386	4542	206	6428	764	530
16340	4096	10729	9707	7769	12667	926	16836	2379	295
42926	**3539**	**37858**	**8607**	**34232**	**12233**	**2771**	**34833**	**8303**	**558**
12621	355	11842	1134	11529	1447	1805	4392	6477	302
8706	297	8025	978	7228	1775	266	7876	814	47
4512	1365	2258	3619	2855	3022	256	5332	217	72
10621	798	10061	1358	7772	3647	266	10801	275	77
6466	724	5672	1518	4848	2342	178	6432	520	60
106025	**16124**	**87671**	**34478**	**79610**	**42539**	**7394**	**86968**	**24157**	**3630**
7427	262	6701	988	6615	1074	713	3645	2502	829
11603	263	11091	775	10941	925	2016	1015	7972	863
7505	838	5376	2967	5533	2810	227	7253	720	143
8230	2406	6384	4252	5870	4766	666	8137	1538	295
15081	2914	14195	3800	10259	7736	1281	14441	1942	331
8825	1233	7303	2755	7092	2966	383	7371	2049	255
5698	453	4187	1964	4265	1886	399	3393	2104	255
4999	1113	3693	2419	3998	2114	143	5314	632	23
12859	3778	9893	6744	7139	9498	330	15128	981	198
6281	702	5862	1121	4514	2469	604	5259	920	200
7561	780	5436	2905	5565	2776	222	6945	1011	163
9956	1382	7550	3788	7819	3519	410	9067	1786	75
28311	**5357**	**19833**	**13835**	**19889**	**13779**	**4752**	**17699**	**10604**	**613**
21889	3581	15785	9685	15623	9847	4053	11961	9041	415
6422	1776	4048	4150	4266	3932	699	5738	1563	198

表8 续表 20

地区	全部数据			长表数据		
	家庭户	平均每户住房间数（间/户）	人均住房建筑面积（平方米/人）	家庭户	住房内有无管道自来水	
					有	无
鹰潭市	**296472**	**3.88**	**39.78**	**28608**	**13153**	**15455**
月湖区	66525	2.97	34.89	6341	5197	1144
余江县	84726	4.48	41.77	8407	2548	5859
贵溪市	145221	3.95	40.35	13860	5408	8452
赣州市	**2079574**	**4.02**	**30.72**	**205013**	**88336**	**116677**
章贡区	169596	3.02	34.05	16453	13815	2638
赣县	135542	4.22	30.08	13315	4609	8706
信丰县	165673	4.22	31.21	16064	5888	10176
大余县	76781	3.84	35.75	7312	3697	3615
上犹县	69788	3.93	30.76	8432	3004	5428
崇义县	51584	3.89	30.51	5203	1245	3958
安远县	77769	4.06	25.69	7418	4097	3321
龙南县	78694	3.26	27.42	7673	5309	2364
定南县	47535	4.26	28.73	4805	2678	2127
全南县	47156	3.52	25.57	4728	3594	1134
宁都县	197232	3.30	28.19	19614	6661	12953
于都县	199972	4.98	33.31	19681	6811	12870
兴国县	170543	4.19	29.59	16927	5171	11756
会昌县	98115	4.44	25.85	9681	4147	5534
寻乌县	72203	4.90	24.74	6999	3493	3506
石城县	69875	4.41	31.97	6801	3427	3374
瑞金市	146212	4.09	29.10	13248	4832	8416
南康市	205304	3.97	38.38	20659	5858	14801
吉安市	**1257623**	**4.22**	**32.92**	**123989**	**45480**	**78509**
吉州区	97002	3.50	34.99	9337	6874	2463
青原区	49134	4.12	35.26	5047	1779	3268
吉安县	122028	4.43	32.26	12234	4907	7327
吉水县	141571	3.94	36.25	13249	3735	9514
峡江县	48954	2.99	30.84	4883	1758	3125
新干县	91889	3.93	40.81	9279	3065	6214
永丰县	104288	3.93	35.03	10437	3940	6497
泰和县	137910	4.16	32.55	13435	3751	9684
遂川县	132450	4.68	28.72	13252	4898	8354
万安县	72832	4.48	27.43	7051	2207	4844
安福县	102025	4.52	33.57	9910	3724	6186
永新县	116914	4.85	26.94	11722	3075	8647
井冈山市	40626	4.99	40.07	4153	1767	2386
宜春市	**1423419**	**3.68**	**33.25**	**138589**	**57406**	**81183**
袁州区	263838	3.64	34.36	25346	12705	12641
奉新县	85519	3.39	31.53	7890	2900	4990
万载县	128997	3.71	33.87	12617	5852	6765
上高县	95929	3.25	36.33	9628	5644	3984
宜丰县	81369	3.15	32.98	7789	4409	3380
靖安县	42211	3.40	33.67	3593	1575	2018
铜鼓县	37612	3.43	29.95	3533	2193	1340
丰城市	315961	4.00	30.22	32049	9720	22329
樟树市	151882	3.48	31.36	15171	5254	9917
高安市	220101	3.96	38.25	20973	7154	13819
抚州市	**1041056**	**3.80**	**31.53**	**101585**	**49360**	**52225**
临川区	294730	3.94	35.93	29034	12434	16600
南城县	81059	3.97	31.03	7619	4803	2816
黎川县	64636	3.84	27.20	6119	4335	1784
南丰县	79022	3.73	29.74	7886	5472	2414
崇仁县	82958	4.20	31.57	8338	4230	4108
乐安县	95813	3.53	27.26	9145	1774	7371
宜黄县	57963	3.54	28.22	5121	2995	2126
金溪县	77432	3.51	31.64	7666	2603	5063
资溪县	30780	3.19	28.14	2963	2508	455
东乡县	113952	3.82	33.86	11437	4296	7141
广昌县	62711	3.67	25.62	6257	3910	2347
上饶市	**1658249**	**4.03**	**36.06**	**161601**	**61407**	**100194**
信州区	114030	3.56	34.89	11057	7729	3328
上饶县	169513	4.32	33.66	16504	4427	12077
广丰县	178147	4.35	32.09	18167	6199	11968
玉山县	147148	4.47	42.22	14104	5684	8420

长表数据									
住房内有无厨房		住房内有无厕所		住房内有无洗澡设施		住房来源			
有	无	有	无	有	无	租赁	自建	购买	其他
24514	**4094**	**19083**	**9525**	**16422**	**12186**	**1962**	**19148**	**6529**	**969**
5966	375	5495	846	5237	1104	865	1679	3437	360
6567	1840	4736	3671	3965	4442	407	6923	851	226
11981	1879	8852	5008	7220	6640	690	10546	2241	383
175510	**29503**	**117215**	**87798**	**112671**	**92342**	**14268**	**161200**	**25498**	**4047**
15530	923	13812	2641	14168	2285	2961	5005	7992	495
11579	1736	6936	6379	6201	7114	637	11092	1418	168
14370	1694	10070	5994	9871	6193	906	13564	1284	310
6242	1070	4698	2614	4639	2673	500	5596	1054	162
7246	1186	3717	4715	4220	4212	394	6978	868	192
4558	645	2431	2772	2742	2461	456	3982	647	118
6731	687	4657	2761	4681	2737	261	6195	748	214
7198	475	5244	2429	5131	2542	742	6285	559	87
4503	302	3579	1226	3696	1109	641	3204	871	89
4476	252	2785	1943	3233	1495	392	3139	1099	98
14791	4823	8030	11584	6748	12866	993	16411	1571	639
16053	3628	10185	9496	9178	10503	920	16374	1978	409
13824	3103	8882	8045	7821	9106	698	15010	935	284
8418	1263	5368	4313	4744	4937	607	8363	592	119
6559	440	4292	2707	5039	1960	331	5911	588	169
5884	917	3747	3054	2873	3928	441	5581	612	167
10157	3091	6345	6903	5782	7466	491	11393	1236	128
17391	3268	12437	8222	11904	8755	1897	17117	1446	199
89747	**34242**	**53505**	**70484**	**56259**	**67730**	**6035**	**98447**	**16498**	**3009**
8061	1276	6778	2559	7117	2220	855	3241	4820	421
3781	1266	2469	2578	2828	2219	238	4018	700	91
9372	2862	5146	7088	5545	6689	347	9823	1866	198
9785	3464	4755	8494	4972	8277	942	10470	1351	486
3229	1654	1814	3069	2014	2869	335	3575	737	236
6866	2413	3853	5426	3814	5465	515	7578	996	190
8219	2218	4128	6309	4241	6196	390	8800	1070	177
10086	3349	7014	6421	7091	6344	573	11194	1397	271
10133	3119	5458	7794	5986	7266	366	12235	475	176
4803	2248	2907	4144	2610	4441	205	6159	530	157
7004	2906	3801	6109	4313	5597	388	7874	1449	199
5622	6100	3339	8383	3757	7965	369	10776	384	193
2786	1367	2043	2110	1971	2182	512	2704	723	214
102023	**36566**	**69323**	**69266**	**67351**	**71238**	**7171**	**103583**	**24329**	**3506**
18455	6891	15036	10310	12242	13104	2234	17389	5136	587
4790	3100	3105	4785	3365	4525	521	5354	1685	330
10692	1925	9668	2949	8126	4491	548	10313	1464	292
8037	1591	5334	4294	5480	4148	678	6551	2236	163
6847	942	3927	3862	4310	3479	421	5199	1882	287
2508	1085	1835	1758	1835	1758	269	2374	783	167
3263	270	3077	456	2350	1183	370	2187	815	161
26260	5789	12089	19960	13029	19020	515	26560	4396	578
8566	6605	6703	8468	7425	7746	652	11346	2745	428
12605	8368	8549	12424	9189	11784	963	16310	3187	513
75855	**25730**	**52260**	**49325**	**51311**	**50274**	**5342**	**74897**	**18236**	**3110**
20350	8684	14814	14220	14661	14373	1767	18984	7264	1019
6628	991	5108	2511	4915	2704	435	5801	1246	137
5401	718	3656	2463	3138	2981	354	4591	1032	142
7282	604	5798	2088	5669	2217	381	5751	1642	112
5775	2563	3439	4899	3349	4989	430	6616	1070	222
6336	2809	3090	6055	3478	5667	480	7591	690	384
4198	923	2523	2598	2555	2566	219	4082	663	157
5119	2547	3779	3887	3487	4179	261	6014	1110	281
2615	348	1566	1397	1483	1480	217	2001	630	115
6806	4631	5139	6298	5187	6250	334	9043	1759	301
5345	912	3348	2909	3389	2868	464	4423	1130	240
130844	**30757**	**103408**	**58193**	**83438**	**78163**	**6535**	**133468**	**19014**	**2584**
9835	1222	9153	1904	8298	2759	1189	4701	4787	380
13176	3328	10485	6019	7558	8946	550	14151	1655	148
14435	3732	12182	5985	9127	9040	549	16568	757	293
12053	2051	9457	4647	8048	6056	566	11992	1398	148

表8 续表 21

地 区	全部数据			长表数据		
	家庭户	平均每户住房间数（间/户）	人均住房建筑面积（平方米/人）	家庭户	住房内有无管道自来水	
					有	无
铅山县	109006	3.97	33.44	10637	4147	6490
横峰县	55298	4.03	40.20	5399	3070	2329
弋阳县	93475	3.75	39.67	9029	3304	5725
余干县	208358	3.73	33.00	20368	4679	15689
鄱阳县	314836	4.12	36.46	30196	10608	19588
万年县	91625	4.49	47.92	8725	3129	5596
婺源县	93152	3.74	33.31	9067	4264	4803
德兴市	83661	3.22	35.93	8348	4167	4181
山东省	**30105454**	**3.76**	**32.11**	**3001848**	**2173529**	**828319**
济南市	**2012581**	**3.59**	**35.05**	**200873**	**159861**	**41012**
历下区	196603	2.56	31.14	19406	18427	979
市中区	225709	2.86	34.95	22995	21482	1513
槐荫区	154002	2.58	31.85	14944	14185	759
天桥区	226889	2.88	32.10	22323	20592	1731
历城区	312945	4.47	41.80	31362	26211	5151
长清区	159300	3.41	35.88	16119	9184	6935
平阴县	110212	3.64	33.00	11273	7056	4217
济阳县	149671	3.36	33.45	14883	7992	6891
商河县	159230	3.12	32.43	16477	12142	4335
章丘市	318020	5.29	36.56	31091	22590	8501
青岛市	**2824283**	**3.36**	**27.89**	**280618**	**250175**	**30443**
市南区	181559	2.10	26.40	16517	15680	837
市北区	210951	2.04	25.37	20620	19411	1209
四方区	160630	1.99	21.73	16007	15226	781
黄岛区	153233	2.42	27.78	15599	12871	2728
崂山区	113878	2.63	38.19	12929	12091	838
李沧区	165070	2.13	25.77	15546	14941	605
城阳区	210870	2.82	29.80	21015	19618	1397
胶州市	266666	4.02	28.53	26662	22168	4494
即墨市	386372	3.91	28.84	38621	35889	2732
平度市	432728	4.61	28.12	43210	33143	10067
胶南市	294391	3.97	29.45	29318	27734	1584
莱西市	247935	4.08	25.54	24574	21403	3171
淄博市	**1524413**	**3.57**	**33.64**	**151050**	**127736**	**23314**
淄川区	247844	3.69	30.01	24089	19114	4975
张店区	310169	2.93	34.66	30749	28480	2269
博山区	170620	3.01	28.08	16426	13912	2514
临淄区	218946	3.85	34.64	21644	19474	2170
周村区	112320	3.92	34.91	11231	9740	1491
桓台县	156048	3.54	38.47	15803	15414	389
高青县	115857	4.64	37.25	11617	9293	2324
沂源县	192609	3.80	32.61	19491	12309	7182
枣庄市	**1099307**	**3.76**	**34.60**	**106421**	**68333**	**38088**
市中区	164923	3.57	32.57	16368	14429	1939
薛城区	140707	3.94	35.46	13695	9491	4204
峄城区	110782	3.59	30.39	10983	9111	1872
台儿庄区	86940	3.30	29.07	8626	5296	3330
山亭区	126220	3.96	31.09	12335	4342	7993
滕州市	469735	3.84	38.09	44414	25664	18750
东营市	**679068**	**3.33**	**32.97**	**68043**	**61896**	**6147**
东营区	257413	2.85	32.84	25486	23019	2467
河口区	90092	2.72	30.20	9035	8003	1032
垦利县	79285	2.92	33.83	7915	7611	304
利津县	87763	4.12	33.81	8936	7552	1384
广饶县	164515	4.19	33.65	16671	15711	960
烟台市	**2456755**	**3.46**	**28.19**	**246174**	**167389**	**78785**
芝罘区	287618	2.43	25.37	28201	26297	1904
福山区	184290	2.96	28.96	18598	15223	3375
牟平区	174971	3.76	29.43	17417	17138	279
莱山区	92293	3.40	31.11	9310	8348	962
长岛县	16501	2.99	28.25	1704	1295	409
龙口市	241513	3.32	29.70	24490	11388	13102
莱阳市	289560	4.06	29.76	29207	19962	9245
莱州市	315149	3.98	25.85	31617	26180	5437
蓬莱市	172442	3.61	27.50	17512	7461	10051
招远市	211921	3.40	31.39	21377	14232	7145

长表数据									
住房内有无厨房		住房内有无厕所		住房内有无洗澡设施		住房来源			
有	无	有	无	有	无	租赁	自建	购买	其他
8862	1775	7068	3569	5706	4931	422	8771	1082	362
4910	489	4368	1031	3060	2339	573	3913	826	87
7433	1596	5979	3050	3963	5066	434	7027	1406	162
15471	4897	12732	7636	9624	10744	427	18865	950	126
21584	8612	13564	16632	12892	17304	550	27523	1782	341
7439	1286	5781	2944	4604	4121	350	7410	811	154
8204	863	6421	2646	5388	3679	351	7351	1165	200
7442	906	6218	2130	5170	3178	574	5196	2395	183
2644120	**357728**	**2417585**	**584263**	**1822119**	**1179729**	**141042**	**2171628**	**629113**	**60065**
180866	**20007**	**174175**	**26698**	**147176**	**53697**	**17614**	**102758**	**70249**	**10252**
18084	1322	18295	1111	17773	1633	2941	660	13651	2154
21237	1758	21172	1823	19742	3253	3490	4047	13783	1675
14346	598	14056	888	13411	1533	2144	2559	8844	1397
20720	1603	19548	2775	19212	3111	4088	4239	12439	1557
28639	2723	27477	3885	23641	7721	2136	17394	9835	1997
14319	1800	14735	1384	9542	6577	695	12612	2010	802
9116	2157	8205	3068	7239	4034	577	8223	2260	213
13298	1585	12540	2343	6318	8565	290	13192	1345	56
13684	2793	11933	4544	9179	7298	385	14946	1001	145
27423	3668	26214	4877	21119	9972	868	24886	5081	256
263926	**16692**	**251012**	**29606**	**192958**	**87660**	**34127**	**144509**	**90375**	**11607**
15354	1163	15511	1006	14750	1767	3454	66	11343	1654
19111	1509	19162	1458	18211	2409	4201	37	14744	1638
14763	1244	14497	1510	13348	2659	3252	293	11166	1296
13371	2228	14585	1014	10441	5158	5410	3378	5504	1307
12040	889	12472	457	10434	2495	2403	5378	3998	1150
14673	873	14638	908	13161	2385	3479	1311	8921	1835
20141	874	20293	722	16364	4651	4169	9113	6672	1061
26134	528	24880	1782	16697	9965	1462	18588	6379	233
37612	1009	35508	3113	26670	11951	1950	29161	7220	290
39479	3731	30917	12293	22057	21153	878	37215	4733	384
28746	572	28404	914	16069	13249	2533	20465	5748	572
22502	2072	20145	4429	14756	9818	936	19504	3947	187
126499	**24551**	**120585**	**30465**	**96939**	**54111**	**8173**	**80050**	**55678**	**7149**
19198	4891	18076	6013	14170	9919	1410	13664	7557	1458
28838	1911	28328	2421	24903	5846	3716	5126	18758	3149
12916	3510	12567	3859	9645	6781	564	7446	7779	637
18978	2666	17396	4248	14414	7230	1105	11570	8395	574
9334	1897	8523	2708	8081	3150	567	5117	5131	416
14656	1147	14134	1669	11827	3976	164	11338	3636	665
9962	1655	9720	1897	6346	5271	245	9800	1478	94
12617	6874	11841	7650	7553	11938	402	15989	2944	156
83648	**22773**	**80167**	**26254**	**70296**	**36125**	**2287**	**82430**	**21141**	**563**
15414	954	14301	2067	12684	3684	771	7347	8009	241
10531	3164	9526	4169	9185	4510	298	9116	4184	97
7452	3531	6239	4744	6140	4843	82	10140	741	20
6626	2000	6189	2437	4413	4213	99	7537	959	31
7580	4755	7857	4478	3909	8426	51	12112	160	12
36045	8369	36055	8359	33965	10449	986	36178	7088	162
62970	**5073**	**58721**	**9322**	**41298**	**26745**	**6181**	**32418**	**27280**	**2164**
23089	2397	21807	3679	18663	6823	3794	5178	15783	731
8012	1023	6592	2443	6006	3029	1040	2294	5373	328
7586	329	7413	502	3896	4019	460	5000	2239	216
8377	559	6786	2150	2883	6053	222	7076	1498	140
15906	765	16123	548	9850	6821	665	12870	2387	749
236253	**9921**	**216017**	**30157**	**180504**	**65670**	**15297**	**160567**	**64874**	**5436**
26874	1327	26371	1830	23603	4598	5012	2259	19195	1735
17903	695	17135	1463	15234	3364	2577	8761	6720	540
17176	241	16499	918	14787	2630	739	11184	5029	465
8899	411	8992	318	8078	1232	1139	4373	3388	410
1671	33	1507	197	1278	426	144	831	670	59
23894	596	23821	669	19924	4566	1774	15856	6505	355
28669	538	26320	2887	20494	8713	843	23703	4373	288
31000	617	29891	1726	26110	5507	1202	25337	4615	463
14421	3091	9092	8420	11180	6332	525	13162	3501	324
20781	596	19368	2009	14085	7292	542	15896	4412	527

表8 续表 22

地区	全部数据 家庭户	全部数据 平均每户住房间数(间/户)	全部数据 人均住房建筑面积(平方米/人)	长表数据 家庭户	长表数据 住房内有无管道自来水 有	长表数据 住房内有无管道自来水 无
栖霞市	226416	3.48	27.00	22218	5550	16668
海阳市	244081	3.54	27.29	24523	14315	10208
潍坊市	**2693924**	**3.90**	**30.81**	**270195**	**229874**	**40321**
潍城区	125215	3.05	29.29	12479	10468	2011
寒亭区	134916	4.45	32.76	13630	12248	1382
坊子区	157449	4.14	31.27	15477	11418	4059
奎文区	200127	2.97	32.22	19822	17942	1880
临朐县	241449	4.42	33.89	24506	17247	7259
昌乐县	184240	3.72	29.99	18362	11555	6807
青州市	274644	4.26	33.73	27751	26149	1602
诸城市	316179	4.01	27.94	31562	26665	4897
寿光市	341539	3.71	32.35	34859	34741	118
安丘市	274405	3.27	28.12	27694	19266	8428
高密市	262670	4.17	30.23	25770	25347	423
昌邑市	181091	4.62	28.26	18283	16828	1455
济宁市	**2374970**	**3.59**	**32.42**	**234732**	**191357**	**43375**
市中区	187652	2.88	30.94	17658	15813	1845
任城区	190848	3.24	38.33	18715	16341	2374
微山县	184354	3.05	29.56	18377	13119	5258
鱼台县	113373	3.90	29.05	11503	8381	3122
金乡县	189650	4.03	32.39	18896	15960	2936
嘉祥县	233797	4.15	29.16	23399	19143	4256
汶上县	191712	4.55	34.67	18956	17686	1270
泗水县	173596	3.18	31.39	17290	11635	5655
梁山县	213043	3.96	30.53	20820	14637	6183
曲阜市	180279	3.73	37.91	18088	13791	4297
兖州市	189792	3.26	33.91	18922	17810	1112
邹城市	326874	3.24	31.73	32108	27041	5067
泰安市	**1700362**	**3.69**	**33.38**	**168856**	**117793**	**51063**
泰山区	222920	2.94	31.51	22022	19013	3009
岱岳区	289439	3.87	31.32	28881	13814	15067
宁阳县	229670	3.57	34.46	22658	17114	5544
东平县	210030	3.05	34.83	20758	15397	5361
新泰市	444715	4.11	34.15	44262	26330	17932
肥城市	303588	4.00	33.70	30275	26125	4150
威海市	**1021912**	**3.21**	**29.43**	**101780**	**94991**	**6789**
环翠区	268907	2.72	29.66	26774	25479	1295
文登市	251863	3.56	33.07	24696	22428	2268
荣成市	278609	3.29	27.91	28041	26233	1808
乳山市	222533	3.34	26.75	22269	20851	1418
日照市	**988566**	**3.88**	**32.20**	**99207**	**60343**	**38864**
东港区	303403	3.75	31.01	30480	25705	4775
岚山区	137485	4.64	37.16	13797	10865	2932
五莲县	177787	3.35	27.88	17885	9513	8372
莒县	369891	3.95	33.35	37045	14260	22785
莱芜市	**446455**	**3.75**	**36.26**	**44900**	**32320**	**12580**
莱城区	340090	3.71	36.75	34196	24592	9604
钢城区	106365	3.89	34.68	10704	7728	2976
临沂市	**3303932**	**3.77**	**32.16**	**331203**	**195994**	**135209**
兰山区	344847	3.47	37.50	34542	25802	8740
罗庄区	156335	2.95	37.79	15808	10834	4974
河东区	209023	3.97	38.30	21123	15648	5475
沂南县	306634	4.24	34.63	30624	12022	18602
郯城县	275814	3.69	31.49	27645	14716	12929
沂水县	367675	3.83	29.67	36802	15592	21210
苍山县	325487	3.45	27.50	32442	13143	19299
费县	296289	3.41	28.41	29932	15585	14347
平邑县	295345	3.84	29.52	29620	19404	10216
莒南县	340813	4.22	32.70	34182	24989	9193
蒙阴县	172692	4.45	32.45	17432	9425	8007
临沭县	212978	3.64	31.30	21051	18834	2217
德州市	**1623811**	**4.21**	**32.22**	**162739**	**99775**	**62964**
德城区	210534	3.14	32.19	20317	17423	2894
陵县	166978	4.54	34.64	16856	6148	10708
宁津县	124928	4.27	27.82	12449	6522	5927

长表数据									
住房内有无厨房		住房内有无厕所		住房内有无洗澡设施		住房来源			
有	无	有	无	有	无	租赁	自建	购买	其他
20754	1464	16779	5439	10965	11253	425	18558	3076	159
24211	312	20242	4281	14766	9757	375	20647	3390	111
250880	**19315**	**221038**	**49157**	**174240**	**95955**	**9609**	**202043**	**54571**	**3972**
12003	476	11261	1218	9016	3463	1414	4696	5956	413
12650	980	10447	3183	7225	6405	281	10165	3055	129
14296	1181	13125	2352	7445	8032	366	12997	1797	317
18858	964	17870	1952	16518	3304	1560	3806	13569	887
19251	5255	16972	7534	10281	14225	687	21400	2332	87
14023	4339	11813	6549	8628	9734	497	15014	2630	221
26947	804	26449	1302	23062	4689	409	22332	4600	410
30781	781	23497	8065	19733	11829	721	25430	5110	301
33143	1716	33203	1656	25078	9781	2529	26764	4822	744
26554	1140	25030	2664	13947	13747	540	22680	4277	197
25358	412	24260	1510	22207	3563	287	21592	3771	120
17016	1267	7111	11172	11100	7183	318	15167	2652	146
209091	**25641**	**197791**	**36941**	**152630**	**82102**	**7165**	**184718**	**39210**	**3639**
16852	806	16451	1207	14434	3224	1322	7095	8497	744
17449	1266	16872	1843	15115	3600	1716	10507	5686	806
16056	2321	14864	3513	11145	7232	277	16347	1504	249
11028	475	10914	589	7943	3560	129	10472	761	141
18109	787	17952	944	12687	6209	425	16928	1503	40
20773	2626	19089	4310	10569	12830	267	21426	1547	159
17639	1317	15163	3793	11473	7483	295	17092	1525	44
11341	5949	11481	5809	7067	10223	237	15776	1094	183
19191	1629	17097	3723	11285	9535	215	18630	1859	116
14837	3251	13534	4554	13055	5033	380	15490	2064	154
18113	809	17418	1504	15848	3074	872	12344	5224	482
27703	4405	26956	5152	22009	10099	1030	22611	7946	521
146687	**22169**	**142996**	**25860**	**108295**	**60561**	**5806**	**125329**	**35637**	**2084**
20274	1748	20159	1863	17699	4323	2843	6300	12166	713
22540	6341	22135	6746	14712	14169	647	25780	2093	361
19836	2822	19323	3335	13853	8805	448	18914	3058	238
19391	1367	18807	1951	11755	9003	432	18573	1663	90
36855	7407	37145	7117	26073	18189	925	35717	7216	404
27791	2484	25427	4848	24203	6072	511	20045	9441	278
98712	**3068**	**91787**	**9993**	**84433**	**17347**	**8396**	**57696**	**33669**	**2019**
25592	1182	25686	1088	22601	4173	5089	5768	14871	1046
23850	846	22058	2638	20766	3930	978	16922	6438	358
27199	842	24000	4041	23591	4450	1826	18596	7313	306
22071	198	20043	2226	17475	4794	503	16410	5047	309
92938	**6269**	**81400**	**17807**	**48725**	**50482**	**4784**	**79166**	**13299**	**1958**
29189	1291	28077	2403	19684	10796	2996	18767	7419	1298
13283	514	10672	3125	7371	6426	447	12425	757	168
16739	1146	12801	5084	6586	11299	555	14145	2956	229
33727	3318	29850	7195	15084	21961	786	33829	2167	263
38368	**6532**	**38202**	**6698**	**24121**	**20779**	**1663**	**31748**	**10895**	**594**
29726	4470	29464	4732	18179	16017	1104	25166	7456	470
8642	2062	8738	1966	5942	4762	559	6582	3439	124
267835	**63368**	**253162**	**78041**	**164022**	**167181**	**8591**	**283076**	**35543**	**3993**
31474	3068	31359	3183	26390	8152	3583	16837	13511	611
14681	1127	14664	1144	9746	6062	541	12603	2269	395
20156	967	19890	1233	16295	4828	411	19215	907	590
25187	5437	21946	8678	12412	18212	507	27666	2109	342
14527	13118	8583	19062	13830	13815	237	25810	1447	151
33641	3161	33371	3431	12521	24281	658	32733	3065	346
18586	13856	18894	13548	11029	21413	214	30349	1683	196
18301	11631	19176	10756	13765	16167	409	27326	1903	294
26559	3061	27327	2293	12470	17150	797	25965	2612	246
32320	1862	27462	6720	18452	15730	382	31094	2378	328
14015	3417	14019	3413	6853	10579	368	15324	1539	201
18388	2663	16471	4580	10259	10792	484	18154	2120	293
135600	**27139**	**104483**	**58256**	**80954**	**81785**	**2977**	**132872**	**25764**	**1126**
19323	994	14853	5464	15936	4381	817	7435	11741	324
11372	5484	7566	9290	5154	11702	240	15457	1090	69
10617	1832	9703	2746	5024	7425	115	11406	875	53

表8 续表 23

地区	全部数据			长表数据		
	家庭户	平均每户住房间数(间/户)	人均住房建筑面积(平方米/人)	家庭户	住房内有无管道自来水	
					有	无
庆云县	89004	3.39	32.23	8878	7475	1403
临邑县	153891	3.55	32.99	15488	10989	4499
齐河县	175019	5.17	35.01	17966	8347	9619
平原县	136636	4.35	34.09	13838	6599	7239
夏津县	147652	4.40	32.43	14943	11198	3745
武城县	107587	4.52	33.22	10854	5789	5065
乐陵市	167666	4.20	27.49	16592	8895	7697
禹城市	143916	4.82	32.61	14558	10390	4168
聊城市	**1753952**	**3.86**	**34.17**	**173471**	**103976**	**69495**
东昌府区	375474	3.93	36.75	35750	22137	13613
阳谷县	222452	4.11	31.13	22343	10908	11435
莘县	281763	3.52	33.99	28037	16925	11112
茌平县	167742	4.52	37.43	16947	9936	7011
东阿县	115092	4.27	35.70	11573	2922	8651
冠县	221725	4.58	32.69	22127	12078	10049
高唐县	150875	3.70	31.48	15069	11008	4061
临清市	218829	2.59	33.51	21625	18062	3563
滨州市	**1159148**	**4.17**	**36.99**	**116726**	**90943**	**25783**
滨城区	213593	3.78	42.65	21466	17616	3850
惠民县	172000	4.70	36.27	17170	7918	9252
阳信县	128165	4.15	37.05	13251	10700	2551
无棣县	148034	3.12	35.64	14817	14574	243
沾化县	120862	4.17	36.94	12251	11404	847
博兴县	150114	4.39	33.01	15042	12142	2900
邹平县	226380	4.67	35.99	22729	16589	6140
菏泽市	**2442015**	**4.50**	**31.83**	**244860**	**120773**	**124087**
牡丹区	377165	4.72	35.30	38161	17399	20762
曹县	381702	3.91	27.51	38237	20683	17554
单县	307865	4.59	30.45	30815	14627	16188
成武县	182580	4.70	32.38	18360	8954	9406
巨野县	267459	4.68	34.46	26503	6982	19521
郓城县	334689	4.80	35.98	33725	22324	11401
鄄城县	223945	4.28	30.20	21988	14071	7917
定陶县	175059	4.40	33.03	17688	5895	11793
东明县	191551	4.55	26.63	19383	9838	9545
河南省	**25928729**	**4.17**	**32.52**	**2590997**	**1043098**	**1547899**
郑州市	**2436665**	**3.76**	**36.23**	**243389**	**196090**	**47299**
中原区	275145	3.04	34.27	27017	25822	1195
二七区	209512	2.96	33.06	20660	19842	818
管城回族区	198660	3.41	33.79	19845	16699	3146
金水区	529454	2.27	29.81	51649	50066	1583
上街区	44227	2.88	37.65	4497	4423	74
惠济区	73950	4.55	46.56	7379	6796	583
中牟县	178841	6.80	46.95	18126	8996	9130
巩义市	209263	4.13	31.44	21022	16001	5021
荥阳市	170820	4.57	39.87	17276	15187	2089
新密市	209086	4.53	37.77	21801	13865	7936
新郑市	171626	4.77	40.40	17468	12288	5180
登封市	166081	4.43	37.50	16649	6105	10544
开封市	**1241002**	**5.05**	**28.93**	**123643**	**48219**	**75424**
龙亭区	36201	4.82	34.67	3482	2316	1166
顺河回族区	75091	3.22	25.68	7650	6591	1059
鼓楼区	48745	3.55	27.79	4761	4310	451
禹王台区	43808	3.64	25.62	4400	4058	342
金明区	63163	5.17	44.70	6219	4567	1652
杞县	254692	5.23	24.14	25224	4840	20384
通许县	147798	5.82	30.88	14643	5731	8912
尉氏县	210863	5.52	33.68	21481	6902	14579
开封县	174082	5.78	28.64	17352	3523	13829
兰考县	186559	4.44	24.12	18431	5381	13050
洛阳市	**1806277**	**3.95**	**33.99**	**182091**	**96341**	**85750**
老城区	51086	3.50	37.67	5014	4438	576
西工区	124356	2.54	29.96	11995	10804	1191
瀍河回族区	55916	2.55	30.64	5393	5249	144
涧西区	205892	2.61	31.43	20520	18626	1894

长表数据									
住房内有无厨房		住房内有无厕所		住房内有无洗澡设施		住房来源			
有	无	有	无	有	无	租赁	自建	购买	其他
6887	1991	5694	3184	2953	5925	188	7876	793	21
14082	1406	13254	2234	10551	4937	296	12675	2442	75
14008	3958	11455	6511	10464	7502	322	15487	1870	287
12606	1232	9426	4412	7034	6804	225	12177	1365	71
13841	1102	12599	2344	5812	9131	169	13538	1200	36
9434	1420	3277	7577	3953	6901	163	9760	870	61
11733	4859	8813	7779	5349	11243	135	14705	1729	23
11697	2861	7843	6715	8724	5834	307	12356	1789	106
133796	**39675**	**95711**	**77760**	**72633**	**100838**	**3688**	**148350**	**20367**	**1066**
26085	9665	15533	20217	18392	17358	1307	25639	8521	283
15325	7018	4609	17734	4188	18155	550	20163	1483	147
23800	4237	23624	4413	9695	18342	215	26510	1188	124
12814	4133	8049	8898	7423	9524	400	14563	1802	182
9575	1998	9509	2064	4795	6778	294	9428	1774	77
13194	8933	3095	19032	5791	16336	136	21166	751	74
12399	2670	11461	3608	9189	5880	378	12234	2393	64
20604	1021	19831	1794	13160	8465	408	18647	2455	115
97298	**19428**	**88089**	**28637**	**67271**	**49455**	**2399**	**92723**	**19837**	**1767**
18806	2660	17153	4313	12782	8684	732	12212	8220	302
12047	5123	9584	7586	7909	9261	242	15412	1432	84
8886	4365	6841	6410	5844	7407	104	12131	779	237
14126	691	13828	989	13750	1067	277	12820	1429	291
11649	602	10811	1440	3744	8507	212	10745	1034	260
13547	1495	12428	2614	7768	7274	328	12079	2400	235
18237	4492	17444	5285	15474	7255	504	17324	4543	358
218753	**26107**	**202249**	**42611**	**115624**	**129236**	**2285**	**231175**	**10724**	**676**
36158	2003	34763	3398	25232	12929	627	32476	4897	161
36435	1802	35724	2513	12671	25566	374	37124	663	76
26737	4078	25149	5666	13765	17050	175	29661	896	83
15210	3150	12416	5944	9286	9074	117	17793	435	15
24381	2122	23157	3346	12040	14463	177	25682	592	52
31986	1739	31129	2596	19833	13892	362	32175	1086	102
18419	3569	14460	7528	8456	13532	227	20946	739	76
16451	1237	15955	1733	10826	6862	73	17156	420	39
12976	6407	9496	9887	3515	15868	153	18162	996	72
2029388	**561609**	**1667146**	**923851**	**991502**	**1599495**	**108756**	**2080058**	**368817**	**33366**
225446	**17943**	**215093**	**28296**	**162786**	**80603**	**48316**	**108407**	**79416**	**7250**
25672	1345	25404	1613	21503	5514	7729	4367	13801	1120
19807	853	19298	1362	16935	3725	5170	2387	12013	1090
17284	2561	17036	2809	14264	5581	6975	3026	8783	1061
49619	2030	50024	1625	43016	8633	23079	2516	24041	2013
4416	81	4401	96	3930	567	502	1023	2870	102
6857	522	6437	942	5025	2354	2134	3460	1409	376
14763	3363	13136	4990	8721	9405	229	15752	2024	121
19035	1987	16661	4361	11451	9571	661	16341	3270	750
16685	591	15917	1359	11277	5999	435	13454	3286	101
20318	1483	18852	2949	11053	10748	563	17193	3912	133
16013	1455	14360	3108	10628	6840	481	14544	2218	225
14977	1672	13567	3082	4983	11666	358	14344	1789	158
92177	**31466**	**77267**	**46376**	**42751**	**80892**	**2523**	**103827**	**15748**	**1545**
3003	479	2141	1341	2303	1179	211	1937	1201	133
6905	745	5795	1855	5664	1986	537	2498	4352	263
4255	506	3259	1502	3080	1681	468	1400	2533	360
3771	629	2480	1920	2613	1787	369	2157	1619	255
5982	237	5628	591	4950	1269	410	2318	3194	297
19914	5310	18685	6539	5974	19250	72	24705	413	34
13265	1378	13046	1597	4231	10412	133	14112	360	38
12740	8741	6716	14765	7337	14144	88	20489	799	105
7603	9749	4966	12386	3254	14098	87	16652	593	20
14739	3692	14551	3880	3345	15086	148	17559	684	40
135006	**47085**	**108495**	**73596**	**71498**	**110593**	**10652**	**125365**	**41830**	**4244**
4663	351	4179	835	3439	1575	644	1659	2456	255
11485	510	11419	576	9134	2861	1913	1082	8694	306
5233	160	4868	525	4173	1220	350	1199	3496	348
18718	1802	18445	2075	15282	5238	3190	3006	13753	571

表8 续表 24

地区	全部数据			长表数据		
	家庭户	平均每户住房间数（间/户）	人均住房建筑面积（平方米/人）	家庭户	住房内有无管道自来水	
					有	无
吉利区	22495	3.67	41.30	2283	2105	178
洛龙区	128086	4.91	45.50	12786	7853	4933
孟津县	117010	4.00	37.09	11751	6376	5375
新安县	126185	3.77	33.03	12741	6311	6430
栾川县	94755	3.53	29.62	9926	5150	4776
嵩县	140686	4.16	30.33	14366	2735	11631
汝阳县	106635	4.05	30.11	10782	2536	8246
宜阳县	161239	4.25	31.54	16189	3700	12489
洛宁县	113064	3.62	27.37	12414	2149	10265
伊川县	180478	5.10	34.27	17990	3082	14908
偃师市	178394	5.26	41.66	17941	15227	2714
平顶山市	**1336013**	**3.75**	**28.84**	**133920**	**47676**	**86244**
新华区	105171	2.91	29.20	10404	8501	1903
卫东区	98009	2.72	28.28	9716	8448	1268
石龙区	12096	2.34	26.09	1212	811	401
湛河区	82749	3.01	28.42	7979	5783	2196
宝丰县	134196	4.28	28.91	13098	3159	9939
叶县	211326	3.73	32.65	21146	4023	17123
鲁山县	212963	3.25	23.26	22147	3661	18486
郏县	152856	4.06	24.69	15571	3901	11670
舞钢市	94266	3.74	32.00	9174	4412	4762
汝州市	232381	4.89	32.12	23473	4977	18496
安阳市	**1486536**	**4.74**	**36.87**	**147558**	**51193**	**96365**
文峰区	121130	3.92	38.92	12022	9024	2998
北关区	74565	3.24	31.41	7172	5845	1327
殷都区	77673	2.77	30.89	7496	5505	1991
龙安区	59642	4.43	34.43	5951	2569	3382
安阳县	246385	5.59	38.39	24738	6753	17985
汤阴县	117542	4.38	35.26	11699	4972	6727
滑县	348913	5.19	33.36	34585	7274	27311
内黄县	176350	5.59	29.58	17303	4077	13226
林州市	264336	4.36	51.25	26592	5174	21418
鹤壁市	**401216**	**4.42**	**32.39**	**40120**	**22515**	**17605**
鹤山区	36620	3.29	22.90	3675	1895	1780
山城区	64156	2.97	24.52	6361	4852	1509
淇滨区	72151	4.31	34.94	7210	4659	2551
浚县	161483	5.52	33.82	16206	7420	8786
淇县	66806	3.88	37.53	6668	3689	2979
新乡市	**1435177**	**4.53**	**34.01**	**143765**	**68606**	**75159**
红旗区	100756	3.63	41.79	9978	8050	1928
卫滨区	58807	3.70	33.94	6121	5364	757
凤泉区	34506	4.22	34.20	3460	2954	506
牧野区	87379	3.25	35.08	8525	7973	552
新乡县	75553	4.36	38.76	7732	6714	1018
获嘉县	98431	4.12	34.34	9867	6866	3001
原阳县	153294	5.30	36.17	15248	2949	12299
延津县	112847	4.53	33.18	11085	2633	8452
封丘县	183688	5.27	26.69	18222	2586	15636
长垣县	201140	5.34	27.04	20356	3743	16613
卫辉市	123462	4.47	35.75	12461	5135	7326
辉县市	205314	4.08	40.13	20710	13639	7071
焦作市	**873312**	**4.32**	**34.52**	**87366**	**51870**	**35496**
解放区	85673	2.91	32.25	8509	8007	502
中站区	29395	4.39	29.90	2928	2509	419
马村区	33514	3.82	30.90	3208	1807	1401
山阳区	82653	3.32	36.45	8276	6601	1675
修武县	70251	3.55	37.55	7064	5240	1824
博爱县	104346	4.91	28.21	10438	6363	4075
武陟县	159610	5.77	30.92	15944	4773	11171
温县	102810	4.86	35.84	10504	4276	6228
沁阳市	110845	3.59	39.01	11043	4365	6678
孟州市	94215	4.33	42.86	9452	7929	1523
濮阳市	**952240**	**4.15**	**27.27**	**95102**	**36485**	**58617**
华龙区	189020	3.21	30.01	18665	15043	3622
清丰县	168657	4.42	28.76	16936	4663	12273

长表数据									
住房内有无厨房		住房内有无厕所		住房内有无洗澡设施		住房来源			
有	无	有	无	有	无	租赁	自建	购买	其他
2090	193	2025	258	1728	555	304	933	1023	23
11031	1755	9246	3540	7212	5574	764	8503	1984	1535
6698	5053	3467	8284	3271	8480	416	10080	1162	93
9956	2785	6548	6193	2691	10050	507	10706	1358	170
6040	3886	4695	5231	2231	7695	831	7937	964	194
9046	5320	6509	7857	1586	12780	271	12894	1016	185
5755	5027	4162	6620	1503	9279	200	9975	548	59
8103	8086	4626	11563	2763	13426	159	14618	1272	140
5893	6521	5120	7294	1592	10822	299	11332	704	79
13664	4326	9471	8519	3871	14119	315	16301	1269	105
16631	1310	13715	4226	11022	6919	489	15140	2131	181
88724	**45196**	**75265**	**58655**	**43784**	**90136**	**4615**	**102761**	**23902**	**2642**
9216	1188	8931	1473	6656	3748	1029	2693	6216	466
8916	800	8758	958	7257	2459	719	1728	6686	583
801	411	594	618	194	1018	329	668	71	144
6623	1356	6276	1703	4889	3090	533	3046	4055	345
6690	6408	5826	7272	3288	9810	466	11429	1079	124
14434	6712	12469	8677	6568	14578	229	19957	823	137
11511	10636	8965	13182	3419	18728	338	20463	970	376
11003	4568	9559	6012	4409	11162	317	14244	855	155
7034	2140	5958	3216	3999	5175	288	6821	1905	160
12496	10977	7929	15544	3105	20368	367	21712	1242	152
106345	**41213**	**88806**	**58752**	**47820**	**99738**	**3573**	**122936**	**19006**	**2043**
10359	1663	7790	4232	7242	4780	893	5459	5175	495
6488	684	5907	1265	4972	2200	540	1970	4397	265
6710	786	6306	1190	5165	2331	725	2320	3957	494
4082	1869	2989	2962	2427	3524	236	4217	1403	95
16040	8698	12564	12174	5346	19392	395	23597	477	269
10115	1584	9070	2629	5990	5709	114	10956	574	55
17324	17261	13209	21376	4948	29637	183	33363	869	170
11325	5978	8139	9164	3183	14120	90	16910	225	78
23902	2690	22832	3760	8547	18045	397	24144	1929	122
30414	**9706**	**25976**	**14144**	**16164**	**23956**	**910**	**29514**	**8776**	**920**
2018	1657	1282	2393	1330	2345	184	2033	1334	124
4960	1401	4325	2036	3549	2812	271	2090	3477	523
5954	1256	4841	2369	4131	3079	209	3418	3354	229
11209	4997	9485	6721	3865	12341	90	15761	326	29
6273	395	6043	625	3289	3379	156	6212	285	15
111234	**32531**	**81100**	**62665**	**56265**	**87500**	**2670**	**119045**	**20058**	**1992**
9359	619	8011	1967	6953	3025	711	2980	5582	705
5764	357	4884	1237	4208	1913	431	1479	3906	305
3171	289	2453	1007	2213	1247	79	2542	746	93
8063	462	7196	1329	5807	2718	541	2877	4732	375
7164	568	6141	1591	4755	2977	114	7287	274	57
9144	723	6789	3078	4271	5596	129	8976	731	31
12404	2844	9398	5850	3355	11893	71	14878	277	22
5701	5384	2544	8541	1971	9114	41	10619	387	38
9640	8582	7255	10967	2983	15239	75	17780	342	25
15256	5100	14602	5754	4962	15394	133	19542	638	43
8452	4009	2576	9885	3267	9194	156	11331	846	128
17116	3594	9251	11459	11520	9190	189	18754	1597	170
77910	**9456**	**62715**	**24651**	**48209**	**39157**	**2229**	**66778**	**17110**	**1249**
8191	318	7602	907	5987	2522	623	1557	5894	435
2640	288	2147	781	1447	1481	150	1708	902	168
2786	422	1675	1533	1352	1856	201	1950	988	69
7852	424	6948	1328	5832	2444	572	2507	4951	246
6605	459	5149	1915	3628	3436	129	6374	467	94
8767	1671	6549	3889	3807	6631	163	9695	497	83
13534	2410	9460	6484	6411	9533	77	15201	605	61
8818	1686	7016	3488	5712	4792	59	9479	949	17
9881	1162	8421	2622	6586	4457	123	9986	879	55
8836	616	7748	1704	7447	2005	132	8321	978	21
74279	**20823**	**66565**	**28537**	**36321**	**58781**	**2359**	**77192**	**14854**	**697**
16476	2189	15213	3452	13043	5622	1471	6422	10521	251
13522	3414	10294	6642	5688	11248	231	15577	1069	59

表8 续表 25

地区	全部数据			长表数据		
	家庭户	平均每户住房间数(间/户)	人均住房建筑面积(平方米/人)	家庭户	住房内有无管道自来水	
					有	无
南乐县	117025	4.99	26.62	11599	4743	6856
范县	128171	3.93	27.06	12651	3438	9213
台前县	87190	4.08	29.23	8713	1896	6817
濮阳县	262177	4.39	24.44	26538	6702	19836
许昌市	**1156026**	**4.06**	**34.60**	**115247**	**38746**	**76501**
魏都区	130468	3.43	39.59	12492	11010	1482
许昌县	206259	4.43	39.14	20731	5056	15675
鄢陵县	143836	4.37	36.05	14342	4010	10332
襄城县	197761	3.63	32.75	19322	3063	16259
禹州市	299663	3.92	31.41	30293	5794	24499
长葛市	178039	4.55	32.37	18067	9813	8254
漯河市	**662051**	**3.80**	**33.40**	**65489**	**27427**	**38062**
源汇区	86536	3.75	38.80	8690	5660	3030
郾城区	124851	3.78	36.14	12614	5678	6936
召陵区	124304	3.95	36.14	12258	5611	6647
舞阳县	146113	3.99	28.63	14423	3494	10929
临颍县	180247	3.60	31.02	17504	6984	10520
三门峡市	**629601**	**3.53**	**29.27**	**61702**	**31320**	**30382**
湖滨区	105174	2.34	25.95	10180	7176	3004
渑池县	92965	4.30	31.29	9208	2748	6460
陕县	96596	3.44	29.43	9427	4257	5170
卢氏县	103953	3.47	26.91	10257	3509	6748
义马市	43518	3.59	28.01	3904	3064	840
灵宝市	187395	3.89	31.15	18726	10566	8160
南阳市	**2747972**	**4.31**	**31.82**	**275397**	**91890**	**183507**
宛城区	243365	4.33	34.80	24244	12845	11399
卧龙区	246304	4.24	34.08	24666	13595	11071
南召县	154116	3.42	20.47	15665	3666	11999
方城县	258477	4.71	32.91	25065	4909	20156
西峡县	123310	4.05	33.21	12649	3562	9087
镇平县	230732	4.73	34.03	23137	6272	16865
内乡县	161421	3.84	34.22	16497	4257	12240
淅川县	175665	4.05	26.08	17264	5088	12176
社旗县	160689	4.27	26.56	16473	3765	12708
唐河县	331373	4.69	32.77	33366	10432	22934
新野县	180935	4.35	34.39	18138	7530	10608
桐柏县	114417	3.95	30.49	11637	3311	8326
邓州市	367168	4.35	33.24	36596	12658	23938
商丘市	**2198804**	**4.51**	**31.55**	**218720**	**51330**	**167390**
梁园区	202356	4.88	31.23	19788	9292	10496
睢阳区	213987	4.35	35.43	21363	5989	15374
民权县	208487	4.23	24.38	20843	3522	17321
睢县	209412	4.70	27.11	20419	5123	15296
宁陵县	153492	5.06	31.35	15369	2997	12372
柘城县	245310	4.78	33.89	24244	5209	19035
虞城县	285503	4.55	29.08	28517	5954	22563
夏邑县	301523	3.79	34.37	30161	5257	24904
永城市	378734	4.62	34.44	38016	7987	30029
信阳市	**1825919**	**3.36**	**33.39**	**183891**	**48792**	**135099**
浉河区	181403	3.02	32.86	18413	9803	8610
平桥区	198222	2.79	32.93	19459	7038	12421
罗山县	157754	3.61	35.05	16255	4367	11888
光山县	171030	3.71	34.85	16512	3537	12975
新县	88835	2.78	35.72	8811	3892	4919
商城县	155274	4.38	40.85	15888	3192	12696
固始县	328592	3.28	35.98	32978	5566	27412
潢川县	185398	3.54	32.77	18347	5209	13138
淮滨县	152684	3.21	26.03	16127	2554	13573
息县	206727	3.26	29.08	21101	3634	17467
周口市	**2505505**	**4.62**	**30.18**	**251706**	**67009**	**184697**
川汇区	130444	4.40	38.50	13014	7376	5638
扶沟县	169346	3.97	31.36	16839	4281	12558
西华县	207536	3.86	26.11	20885	7748	13137
商水县	261378	5.45	35.51	25975	4045	21930
沈丘县	275005	4.19	28.53	27567	6222	21345

长表数据									
住房内有无厨房		住房内有无厕所		住房内有无洗澡设施		住房来源			
有	无	有	无	有	无	租赁	自建	购买	其他
10102	1497	9695	1904	7131	4468	88	11194	293	24
7393	5258	6920	5731	3104	9547	208	11326	952	165
5933	2780	4940	3773	1562	7151	115	8262	301	35
20853	5685	19503	7035	5793	20745	246	24411	1718	163
96375	**18872**	**90515**	**24732**	**48635**	**66612**	**2289**	**97515**	**14578**	**865**
11762	730	10938	1554	10180	2312	754	2859	8519	360
16054	4677	14606	6125	8519	12212	136	19640	895	60
13760	582	13444	898	7303	7039	67	13968	275	32
14552	4770	13855	5467	6146	13176	334	18332	557	99
23847	6446	21984	8309	5881	24412	799	27472	1827	195
16400	1667	15688	2379	10606	7461	199	15244	2505	119
50947	**14542**	**46335**	**19154**	**28110**	**37379**	**1094**	**53070**	**10539**	**786**
7264	1426	6668	2022	5273	3417	351	4849	3352	138
10270	2344	9526	3088	6713	5901	213	9129	3140	132
9655	2603	8133	4125	5885	6373	320	9835	1930	173
9043	5380	7737	6686	3846	10577	116	13471	756	80
14715	2789	14271	3233	6393	11111	94	15786	1361	263
44546	**17156**	**32618**	**29084**	**17136**	**44566**	**4290**	**43351**	**13092**	**969**
7808	2372	7050	3130	5787	4393	2051	2267	5513	349
5408	3800	3784	5424	1807	7401	359	7461	1167	221
5282	4145	2859	6568	2263	7164	327	7538	1453	109
7186	3071	3934	6323	1269	8988	334	9241	629	53
3472	432	2851	1053	1528	2376	369	1436	1981	118
15390	3336	12140	6586	4482	14244	850	15408	2349	119
213489	**61908**	**151035**	**124362**	**91607**	**183790**	**7194**	**240745**	**24890**	**2568**
19567	4677	14995	9249	12202	12042	1086	16740	5936	482
20462	4204	16205	8461	13129	11537	1280	16268	6679	439
9338	6327	7219	8446	2834	12831	832	13934	708	191
19120	5945	11364	13701	5070	19995	302	23773	802	188
9978	2671	4585	8064	3859	8790	367	11175	1052	55
20988	2149	17998	5139	9117	14020	605	21511	899	122
14495	2002	10136	6361	3743	12754	220	15547	637	93
12302	4962	6533	10731	3387	13877	444	15616	1077	127
10833	5640	6642	9831	3323	13150	105	15924	340	104
24774	8592	18687	14679	10191	23175	501	30157	2348	360
14042	4096	11445	6693	7613	10525	210	16529	1337	62
8286	3351	5145	6492	3627	8010	389	9749	1312	187
29304	7292	20081	16515	13512	23084	853	33822	1763	158
151037	**67683**	**122647**	**96073**	**56455**	**162265**	**2283**	**202611**	**12895**	**931**
13083	6705	10395	9393	7822	11966	515	14054	4766	453
18419	2944	16492	4871	7080	14283	257	18703	2328	75
9554	11289	6857	13986	2835	18008	71	20259	492	21
11612	8807	8455	11964	3712	16707	176	19750	435	58
7586	7783	5517	9852	2964	12405	85	15126	140	18
18066	6178	13559	10685	4995	19249	127	23727	372	18
12063	16454	6617	21900	5351	23166	120	27967	386	44
28233	1928	27846	2315	9237	20924	234	29034	855	38
32421	5595	26909	11107	12459	25557	698	33991	3121	206
149845	**34046**	**100444**	**83447**	**69433**	**114458**	**7613**	**152123**	**21767**	**2388**
16886	1527	12996	5417	10997	7416	1473	9684	6719	537
16099	3360	12091	7368	8105	11354	1262	13961	3798	438
13723	2532	9570	6685	6309	9946	431	14074	1518	232
14147	2365	7786	8726	6625	9887	512	14651	1178	171
7955	856	3859	4952	3224	5587	819	6760	1142	90
13391	2497	5537	10351	5991	9897	302	14725	724	137
27759	5219	23961	9017	12467	20511	1014	29667	2147	150
14205	4142	9691	8656	6768	11579	1194	14905	1955	293
10559	5568	6178	9949	3329	12798	234	14574	1215	104
15121	5980	8775	12326	5618	15483	372	19122	1371	236
212142	**39564**	**193851**	**57855**	**76236**	**175470**	**2101**	**236607**	**12181**	**817**
10967	2047	9839	3175	7653	5361	726	7672	4379	237
13788	3051	12751	4088	5038	11801	249	16018	481	91
15701	5184	13157	7728	5981	14904	198	19692	916	79
19976	5999	16412	9563	6712	19263	145	25313	437	80
24620	2947	23982	3585	6605	20962	127	26822	568	50

表8 续表 26

地区	全部数据			长表数据		
	家庭户	平均每户住房间数(间/户)	人均住房建筑面积(平方米/人)	家庭户	住房内有无管道自来水	
					有	无
郸城县	293894	4.50	31.45	29493	3965	25528
淮阳县	297172	4.68	25.34	30512	4125	26387
太康县	320656	5.00	26.97	32218	4055	28163
鹿邑县	276486	5.48	35.82	27879	5596	22283
项城市	273588	4.12	27.66	27324	19596	7728
驻马店市	**2056880**	**3.90**	**32.03**	**203797**	**52097**	**151700**
驿城区	192007	3.84	35.90	19222	9057	10165
西平县	203031	3.72	38.98	20205	7919	12286
上蔡县	304479	4.19	30.41	30153	6851	23302
平舆县	217875	3.67	29.34	21908	3648	18260
正阳县	188866	4.06	35.24	18600	3036	15564
确山县	131582	3.11	33.15	13199	2507	10692
泌阳县	226512	4.40	32.10	22506	4161	18345
汝南县	212598	4.12	29.07	19910	6440	13470
遂平县	133735	3.78	32.52	13472	3954	9518
新蔡县	246195	3.68	27.19	24622	4524	20098
省直辖县级行政区划	**177533**	**3.81**	**42.06**	**18094**	**15492**	**2602**
济源市	177533	3.81	42.06	18094	15492	2602
湖北省	**16695121**	**3.28**	**36.96**	**1611096**	**986576**	**624520**
武汉市	**2932764**	**2.57**	**33.74**	**282433**	**263030**	**19403**
江岸区	311234	2.21	30.57	29043	28465	578
江汉区	234724	1.79	23.04	22151	21457	694
硚口区	259574	1.77	21.47	23680	22934	746
汉阳区	191148	2.23	28.79	18249	18044	205
武昌区	387582	2.16	28.39	35683	34935	748
青山区	164112	2.09	24.74	15243	14937	306
洪山区	345453	2.63	37.92	35002	34266	736
东西湖区	142963	2.57	35.20	14281	13780	501
汉南区	36564	2.28	31.28	3385	3269	116
蔡甸区	178414	2.92	43.25	17203	16513	690
江夏区	184777	3.46	45.97	18693	16484	2209
黄陂区	259892	3.57	42.38	25710	22097	3613
新洲区	236327	3.81	42.64	24110	15849	8261
黄石市	**683236**	**3.45**	**36.66**	**65826**	**39617**	**26209**
黄石港区	67556	2.48	29.51	6625	6490	135
西塞山区	77040	2.67	30.81	7341	6896	445
下陆区	50614	2.73	34.67	4838	4706	132
铁山区	19627	2.33	27.72	1908	1820	88
阳新县	215230	4.12	37.42	21524	10260	11264
大冶市	253169	3.61	40.00	23590	9445	14145
十堰市	**980327**	**2.99**	**30.80**	**93628**	**54199**	**39429**
茅箭区	126112	2.60	30.40	11892	11068	824
张湾区	122360	2.15	25.71	11935	10319	1616
郧县	143833	3.25	27.75	13689	4303	9386
郧西县	124954	3.33	30.93	12639	5238	7401
竹山县	118996	2.98	32.34	11030	5240	5790
竹溪县	88217	3.14	33.98	8296	4443	3853
房县	114795	3.68	35.98	11117	4022	7095
丹江口市	141060	2.88	30.29	13030	9566	3464
宜昌市	**1294008**	**3.38**	**41.63**	**122416**	**78345**	**44071**
西陵区	162428	2.30	28.32	15470	15140	330
伍家岗区	74008	2.62	27.84	6583	6382	201
点军区	31860	5.49	56.82	3183	2120	1063
猇亭区	16447	3.48	45.44	1489	1242	247
夷陵区	166957	3.70	47.37	15903	8792	7111
远安县	60776	3.66	45.18	5780	3327	2453
兴山县	56208	2.87	41.35	5018	2092	2926
秭归县	118509	3.05	44.76	11205	6327	4878
长阳土家族自治县	119306	3.72	46.00	11796	4206	7590
五峰土家族自治县	61992	4.66	46.35	6051	2267	3784
宜都市	123488	3.33	47.72	11267	9379	1888
当阳市	148834	3.38	36.84	14419	7198	7221
枝江市	153195	3.66	41.39	14252	9873	4379
襄樊市	**1572191**	**3.36**	**35.75**	**153656**	**90988**	**62668**
襄城区	133977	3.58	39.69	13119	9308	3811
樊城区	264405	2.67	33.71	25525	23315	2210

长表数据									
住房内有无厨房		住房内有无厕所		住房内有无洗澡设施		住房来源			
有	无	有	无	有	无	租赁	自建	购买	其他
24795	4698	23440	6053	5235	24258	92	28701	645	55
26499	4013	24605	5907	13106	17406	196	29506	749	61
27677	4541	26049	6169	5483	26735	141	31175	828	74
24545	3334	21982	5897	8766	19113	27	27449	363	40
23574	3750	21634	5690	11657	15667	200	24259	2815	50
153149	**50648**	**112668**	**91129**	**65868**	**137929**	**3456**	**183977**	**15074**	**1290**
15671	3551	12987	6235	10846	8376	1365	10922	6550	385
16362	3843	14767	5438	8700	11505	245	18936	923	101
21275	8878	15154	14999	6971	23182	312	29033	676	132
14363	7545	8287	13621	5139	16769	94	20785	993	36
14935	3665	10314	8286	7514	11086	154	17439	916	91
9836	3363	7087	6112	4137	9062	265	11688	1102	144
17840	4666	12769	9737	5300	17206	446	20502	1427	131
13346	6564	9281	10629	6508	13402	215	18677	943	75
10193	3279	8462	5010	5506	7966	112	12611	667	82
19328	5294	13560	11062	5247	19375	248	23384	877	113
16323	**1771**	**15751**	**2343**	**12424**	**5670**	**589**	**14234**	**3101**	**170**
16323	1771	15751	2343	12424	5670	589	14234	3101	170
1397329	**213767**	**1121233**	**489863**	**965379**	**645717**	**130415**	**1047186**	**392691**	**40804**
264513	**17920**	**235755**	**46678**	**217600**	**64833**	**60230**	**85485**	**124500**	**12218**
27989	1054	27816	1227	25536	3507	8366	2841	16123	1713
20416	1735	20465	1686	17307	4844	9366	1306	10559	920
21449	2231	21443	2237	17219	6461	9983	2047	10522	1128
17816	433	17653	596	16570	1679	3363	2728	11059	1099
34174	1509	33866	1817	31424	4259	8091	2404	23639	1549
14732	511	14110	1133	13747	1496	2479	952	11199	613
33436	1566	32390	2612	28753	6249	11305	5809	15786	2102
13725	556	12439	1842	11442	2839	2646	3614	7568	453
3240	145	2727	658	2618	767	233	1467	1534	151
16374	829	13296	3907	12809	4394	1466	9298	5753	686
16251	2442	13287	5406	12240	6453	1836	11205	4690	962
23596	2114	13170	12540	14549	11161	753	20859	3406	692
21315	2795	13093	11017	13386	10724	343	20955	2662	150
55820	**10006**	**45308**	**20518**	**40147**	**25679**	**5637**	**38950**	**19414**	**1825**
6362	263	6213	412	5960	665	957	404	4916	348
6969	372	6309	1032	5952	1389	1324	1534	4225	258
4629	209	4187	651	4223	615	730	932	3087	89
1785	123	1593	315	1644	264	356	343	1098	111
18184	3340	14644	6880	10346	11178	450	18529	2210	335
17891	5699	12362	11228	12022	11568	1820	17208	3878	684
85104	**8524**	**58943**	**34685**	**43232**	**50396**	**8111**	**54405**	**29272**	**1840**
11267	625	10866	1026	9841	2051	2120	1324	8146	302
10878	1057	9571	2364	8396	3539	2640	1875	6988	432
11224	2465	4712	8977	3343	10346	350	10829	2372	138
11389	1250	4000	8639	3763	8876	483	10229	1790	137
10242	788	7571	3459	4347	6683	559	8289	1904	278
7487	809	5301	2995	2893	5403	397	6234	1503	162
10319	798	7823	3294	3452	7665	444	8881	1655	137
12298	732	9099	3931	7197	5833	1118	6744	4914	254
116147	**6269**	**102227**	**20189**	**78802**	**43614**	**8851**	**78660**	**31331**	**3574**
14737	733	14524	946	13731	1739	2558	709	11134	1069
6265	318	6236	347	5598	985	1359	744	4184	296
3119	64	2810	373	2381	802	65	2703	335	80
1439	50	1378	111	1302	187	112	899	437	41
14661	1242	10947	4956	10387	5516	917	11743	2786	457
5521	259	5118	662	2439	3341	219	4334	972	255
4811	207	4884	134	1957	3061	336	3735	818	129
10626	579	7539	3666	4852	6353	594	8988	1353	270
11013	783	8464	3332	5960	5836	574	9928	957	337
5854	197	5879	172	1937	4114	295	5145	527	84
11048	219	10726	541	9607	1660	887	8715	1539	126
13224	1195	11484	2935	8891	5528	577	10340	3245	257
13829	423	12238	2014	9760	4492	358	10677	3044	173
132307	**21349**	**108086**	**45570**	**90685**	**62971**	**10632**	**99924**	**39251**	**3849**
11886	1233	11119	2000	9511	3608	1325	5527	5692	575
23587	1938	21799	3726	19031	6494	4957	6520	13431	617

表8 续表 27

地　区	全部数据			长表数据		
	家庭户	平均每户住房间数（间/户）	人均住房建筑面积（平方米/人）	家庭户	住房内有无管道自来水	
					有	无
襄阳区	239431	3.69	34.59	23537	11252	12285
南漳县	149607	3.46	35.75	13939	5384	8555
谷城县	146051	3.57	42.65	14391	8124	6267
保康县	76451	4.01	39.55	7671	4474	3197
老河口市	128958	3.24	31.65	12751	8591	4160
枣阳市	290041	3.34	33.82	28568	14686	13882
宜城市	143270	3.33	36.90	14155	5854	8301
鄂州市	**294451**	**3.39**	**41.24**	**28355**	**25283**	**3072**
梁子湖区	37287	3.81	37.85	4057	2313	1744
华容区	64496	3.57	47.52	6438	5602	836
鄂城区	192668	3.25	39.82	17860	17368	492
荆门市	**818037**	**3.25**	**35.92**	**80088**	**44231**	**35857**
东宝区	117376	2.84	38.33	11247	7423	3824
掇刀区	84449	3.03	39.55	8356	6093	2263
京山县	189816	3.28	37.68	18491	10186	8305
沙洋县	165108	2.96	30.97	15934	6085	9849
钟祥市	261288	3.65	35.89	26060	14444	11616
孝感市	**1348768**	**3.10**	**33.93**	**119547**	**56876**	**62671**
孝南区	285284	2.83	37.56	23872	12011	11861
孝昌县	150000	3.38	32.26	13913	5125	8788
大悟县	162663	2.95	28.82	14620	6066	8554
云梦县	138717	3.17	35.20	13485	5689	7796
应城市	179556	2.92	31.80	14780	8876	5904
安陆市	163755	3.36	38.02	14895	5750	9145
汉川市	268793	3.27	33.26	23982	13359	10623
荆州市	**1618921**	**3.06**	**34.94**	**158279**	**99665**	**58614**
沙市区	198450	2.51	31.24	19401	17252	2149
荆州区	159170	3.36	40.24	15711	11842	3869
公安县	247197	3.21	33.52	24588	14860	9728
监利县	324131	3.08	36.26	29988	13548	16440
江陵县	93885	3.27	36.45	9552	5455	4097
石首市	163300	2.97	33.50	16628	11507	5121
洪湖市	218859	2.86	32.07	21279	14834	6445
松滋市	213929	3.33	37.72	21132	10367	10765
黄冈市	**1769281**	**4.04**	**42.34**	**173740**	**74582**	**99158**
黄州区	103324	2.99	43.04	10052	9217	835
团风县	99777	4.12	37.99	8707	4612	4095
红安县	174951	3.27	34.48	14505	5597	8908
罗田县	153807	4.66	42.41	13795	5123	8672
英山县	110795	4.34	43.29	10720	4317	6403
浠水县	254052	3.69	41.53	24840	7627	17213
蕲春县	218287	5.20	43.43	23808	10145	13663
黄梅县	217043	3.98	39.90	22872	12797	10075
麻城市	266641	4.25	51.19	27754	5942	21812
武穴市	170604	3.46	42.82	16687	9205	7482
咸宁市	**693808**	**3.92**	**37.53**	**66219**	**38741**	**27478**
咸安区	144437	3.68	38.75	14685	9697	4988
嘉鱼县	93375	3.14	32.54	8058	6220	1838
通城县	106427	4.93	47.56	10200	3138	7062
崇阳县	111035	4.70	41.23	11038	4072	6966
通山县	95806	4.27	34.14	9547	6432	3115
赤壁市	142728	3.08	30.89	12691	9182	3509
随州市	**622578**	**3.19**	**34.16**	**61305**	**25232**	**36073**
曾都区	184662	2.89	35.94	18491	10496	7995
随县	222920	3.42	34.19	22210	6675	15535
广水市	214996	3.21	32.69	20604	8061	12543
恩施土家族苗族自治州	**1044013**	**4.10**	**46.81**	**104885**	**32523**	**72362**
恩施市	229713	3.72	44.76	21303	8768	12535
利川市	204195	5.06	50.79	24447	6293	18154
建始县	130263	4.22	49.33	12937	3442	9495
巴东县	146342	4.13	48.33	14357	4522	9835
宣恩县	96388	3.28	43.54	8272	2096	6176
咸丰县	95639	3.65	42.34	9789	2859	6930
来凤县	76554	4.06	41.48	7163	2521	4642
鹤峰县	64919	3.99	51.08	6617	2022	4595

长表数据									
住房内有无厨房		住房内有无厕所		住房内有无洗澡设施		住房来源			
有	无	有	无	有	无	租赁	自建	购买	其他
17582	5955	14316	9221	13258	10279	625	19361	2959	592
12404	1535	9343	4596	6277	7662	357	11181	2047	354
13496	895	9622	4769	9362	5029	623	11075	2435	258
7113	558	3923	3748	3367	4304	465	6066	929	211
10796	1955	7973	4778	7399	5352	544	8826	2948	433
23412	5156	19352	9216	14313	14255	1201	21053	5791	523
12031	2124	10639	3516	8167	5988	535	10315	3019	286
24713	**3642**	**16511**	**11844**	**18029**	**10326**	**1251**	**18565**	**8151**	**388**
2798	1259	1682	2375	1752	2305	48	3705	269	35
5001	1437	2124	4314	2735	3703	71	5753	591	23
16914	946	12705	5155	13542	4318	1132	9107	7291	330
72012	**8076**	**63520**	**16568**	**46668**	**33420**	**4258**	**52851**	**20300**	**2679**
10360	887	9289	1958	7612	3635	1223	5089	4574	361
7688	668	7179	1177	6250	2106	787	2748	4437	384
16799	1692	13737	4754	10440	8051	618	12221	5072	580
14441	1493	13258	2676	8106	7828	775	11934	2630	595
22724	3336	20057	6003	14260	11800	855	20859	3587	759
91842	**27705**	**65642**	**53905**	**58497**	**61050**	**4519**	**90751**	**22078**	**2199**
18877	4995	15219	8653	14741	9131	1485	15079	6565	743
10043	3870	3734	10179	4826	9087	378	12534	852	149
11024	3596	4610	10010	4238	10382	939	11504	1872	305
11032	2453	9808	3677	7084	6401	226	10765	2417	77
11128	3652	8971	5809	7771	7009	623	10204	3539	414
13503	1392	11595	3300	7590	7305	375	11094	3277	149
16235	7747	11705	12277	12247	11735	493	19571	3556	362
126891	**31388**	**114671**	**43608**	**100937**	**57342**	**7316**	**115555**	**31677**	**3731**
17198	2203	16129	3272	15137	4264	3148	4945	10492	816
13483	2228	12663	3048	10997	4714	1110	9129	4868	604
22040	2548	19854	4734	16920	7668	773	19385	3972	458
17487	12501	14854	15134	13578	16410	510	25931	2853	694
7339	2213	6451	3101	5463	4089	213	8208	863	268
13604	3024	12406	4222	10739	5889	471	13210	2679	268
15315	5964	13064	8215	12792	8487	644	16822	3401	412
20425	707	19250	1882	15311	5821	447	17925	2549	211
148840	**24900**	**83578**	**90162**	**88119**	**85621**	**4636**	**149663**	**17562**	**1879**
9068	984	7566	2486	7570	2482	1023	5221	3515	293
7656	1051	3915	4792	4240	4467	243	7919	421	124
12702	1803	6224	8281	4961	9544	1006	11619	1621	259
12086	1709	6225	7570	6649	7146	438	11786	1404	167
9949	771	5580	5140	5375	5345	131	8862	1588	139
22428	2412	11227	13613	13209	11631	283	22158	2213	186
21692	2116	11800	12008	12988	10820	185	21913	1567	143
17274	5598	11607	11265	12710	10162	228	21078	1447	119
23560	4194	11362	16392	11468	16286	573	25616	1330	235
12425	4262	8072	8615	8949	7738	526	13491	2456	214
57207	**9012**	**52505**	**13714**	**42003**	**24216**	**3811**	**46096**	**14706**	**1606**
11770	2915	10226	4459	8526	6159	1288	8371	4469	557
6900	1158	6089	1969	5137	2921	357	5248	2226	227
9042	1158	8639	1561	6291	3909	437	8677	954	132
10712	326	10694	344	8876	2162	534	9293	1075	136
8104	1443	7081	2466	4577	4970	474	7403	1474	196
10679	2012	9776	2915	8596	4095	721	7104	4508	358
51462	**9843**	**30193**	**31112**	**29361**	**31944**	**2475**	**46878**	**11049**	**903**
16866	1625	12906	5585	11902	6589	1213	10607	6443	228
18024	4186	9772	12438	9700	12510	388	19598	1919	305
16572	4032	7515	13089	7759	12845	874	16673	2687	370
90208	**14677**	**79712**	**25173**	**52027**	**52858**	**6153**	**88272**	**8159**	**2301**
19402	1901	18970	2333	10205	11098	2012	15667	2965	659
18748	5699	13884	10563	6957	17490	766	22516	874	291
10996	1941	10610	2327	5763	7174	489	11371	914	163
12222	2135	8823	5534	5117	9240	965	11885	1092	415
7882	390	7897	375	7829	443	388	7077	616	191
9157	632	9086	703	8904	885	632	8267	702	188
6163	1000	5578	1585	3100	4063	412	6213	377	161
5638	979	4864	1753	4152	2465	489	5276	619	233

表8 续表 28

地区	全部数据			长表数据		
	家庭户	平均每户住房间数（间/户）	人均住房建筑面积（平方米/人）	家庭户	住房内有无管道自来水	
					有	无
省直辖县级行政区划	**1022738**	**3.22**	**37.16**	**100719**	**63264**	**37455**
仙桃市	352595	3.08	39.98	34706	27094	7612
潜江市	274692	3.17	33.40	26230	21283	4947
天门市	373331	3.40	37.35	37616	13837	23779
神农架林区	22120	3.16	37.35	2167	1050	1117
湖南省	**18625710**	**3.63**	**34.69**	**1815728**	**833886**	**981842**
长沙市	**2072002**	**3.58**	**42.47**	**208456**	**118655**	**89801**
芙蓉区	157645	2.38	31.15	15873	14841	1032
天心区	143462	2.45	31.12	14417	13873	544
岳麓区	204700	3.03	40.10	20529	15184	5345
开福区	180003	2.66	33.38	17436	15318	2118
雨花区	231114	2.45	31.58	23559	22515	1044
长沙县	263288	4.28	51.96	28438	9130	19308
望城县	149781	3.86	50.08	15007	5783	9224
宁乡县	375999	4.54	48.71	36820	10694	26126
浏阳市	366010	4.43	45.19	36377	11317	25060
株洲市	**1064120**	**4.61**	**44.71**	**107112**	**57041**	**50071**
荷塘区	93843	2.91	32.98	9849	8605	1244
芦淞区	78824	2.72	32.34	7740	7113	627
石峰区	90150	3.66	39.45	9025	8054	971
天元区	63167	4.02	48.54	6416	4880	1536
株洲县	111570	4.46	44.00	10840	3217	7623
攸县	183547	5.85	51.72	18004	6410	11594
茶陵县	147076	5.37	43.70	15221	5989	9232
炎陵县	50844	4.99	40.72	5239	1942	3297
醴陵市	245099	4.99	48.42	24778	10831	13947
湘潭市	**813460**	**3.68**	**41.53**	**78240**	**35756**	**42484**
雨湖区	140216	3.03	36.53	14052	12167	1885
岳塘区	132515	2.92	33.13	12454	10986	1468
湘潭县	272644	4.03	44.51	26340	4671	21669
湘乡市	241243	4.05	44.08	22770	6694	16076
韶山市	26842	4.10	50.58	2624	1238	1386
衡阳市	**1942855**	**3.51**	**33.83**	**186839**	**63345**	**123494**
珠晖区	96287	2.68	30.57	9209	7215	1994
雁峰区	64503	2.62	31.04	6370	5692	678
石鼓区	71776	2.45	31.28	6489	5523	966
蒸湘区	85158	2.99	37.73	8268	6714	1554
南岳区	16381	4.44	45.46	1534	958	576
衡阳县	291280	3.57	36.17	28367	4940	23427
衡南县	250456	3.41	29.91	23741	4001	19740
衡山县	101099	4.79	45.64	9816	2491	7325
衡东县	162052	5.49	44.81	15131	4472	10659
祁东县	278553	3.60	30.53	27214	8022	19192
耒阳市	324065	2.80	28.92	31890	8668	23222
常宁市	201245	3.57	32.31	18810	4649	14161
邵阳市	**1950605**	**3.35**	**29.56**	**191852**	**71515**	**120337**
双清区	92192	2.44	25.31	8856	7623	1233
大祥区	96045	2.60	27.53	9124	7258	1866
北塔区	29485	3.02	31.65	2847	1974	873
邵东县	264305	2.87	30.49	25874	9086	16788
新邵县	196864	3.27	28.92	19323	8062	11261
邵阳县	237993	3.36	26.10	23589	8010	15579
隆回县	313114	2.94	23.05	31371	6749	24622
洞口县	216122	4.09	41.74	21165	5141	16024
绥宁县	93227	3.96	29.37	9242	4615	4627
新宁县	149692	4.25	31.03	14302	3738	10564
城步苗族自治县	63979	3.57	26.00	6491	2214	4277
武冈市	197587	3.68	32.85	19668	7045	12623
岳阳市	**1504946**	**3.81**	**34.13**	**143583**	**71386**	**72197**
岳阳楼区	242345	3.25	35.01	23067	21244	1823
云溪区	51282	4.73	36.03	4712	3696	1016
君山区	73313	2.69	29.37	6064	3892	2172
岳阳县	179151	4.16	34.05	17239	7963	9276
华容县	190352	3.02	30.67	18170	8383	9787

长表数据									
住房内有无厨房		住房内有无厕所		住房内有无洗澡设施		住房来源			
有	无	有	无	有	无	租赁	自建	购买	其他
80263	**20456**	**64582**	**36137**	**59272**	**41447**	**2535**	**81131**	**15241**	**1812**
28513	6193	22189	12517	19986	14720	1083	28112	5021	490
21012	5218	18605	7625	17871	8359	785	17211	7596	638
28778	8838	22803	14813	20503	17113	510	34456	2115	535
1960	207	985	1182	912	1255	157	1352	509	149
1414350	**401378**	**1241419**	**574309**	**1104325**	**711403**	**109454**	**1351780**	**313379**	**41115**
198579	**9877**	**195589**	**12867**	**180262**	**28194**	**25120**	**115911**	**60144**	**7281**
15116	757	15205	668	14253	1620	4962	1495	8205	1211
13833	584	13582	835	13361	1056	2811	1425	9003	1178
19758	771	19639	890	18198	2331	3885	7327	8529	788
16678	758	16260	1176	15965	1471	3418	3324	9485	1209
22977	582	22979	580	22181	1378	5021	2273	14873	1392
27581	857	27611	827	25337	3101	2494	21735	3701	508
14482	525	14252	755	12973	2034	657	13285	847	218
35498	1322	34757	2063	29872	6948	920	33357	2206	337
32656	3721	31304	5073	28122	8255	952	31690	3295	440
98192	**8920**	**89805**	**17307**	**84791**	**22321**	**8204**	**73444**	**23933**	**1531**
9385	464	9421	428	8820	1029	2317	2236	5114	182
7529	211	7443	297	7217	523	1568	1258	4825	89
8665	360	8454	571	8113	912	1246	2576	4906	297
6208	208	6212	204	5796	620	797	1821	3688	110
10472	368	10194	646	8964	1876	250	9528	956	106
15303	2701	13027	4977	12616	5388	548	16329	946	181
12193	3028	8686	6535	9255	5966	447	13909	601	264
4401	838	2858	2381	2512	2727	264	4367	529	79
24036	742	23510	1268	21498	3280	767	21420	2368	223
73379	**4861**	**70379**	**7861**	**60970**	**17270**	**4898**	**52221**	**19825**	**1296**
13618	434	12977	1075	12832	1220	2157	4002	7479	414
12124	330	11884	570	11648	806	1232	2931	7898	393
24539	1801	23656	2684	19466	6874	670	23924	1474	272
20520	2250	19345	3425	15103	7667	736	19230	2621	183
2578	46	2517	107	1921	703	103	2134	353	34
117405	**69434**	**95026**	**91813**	**91950**	**94889**	**8848**	**140102**	**33814**	**4075**
8131	1078	7465	1744	7427	1782	1446	2503	4870	390
5989	381	5645	725	5566	804	959	1007	4059	345
6059	430	5630	859	5554	935	1006	1184	4055	244
7612	656	7167	1101	7176	1092	897	2069	4866	436
1417	117	1334	200	1186	348	236	902	376	20
16953	11414	13676	14691	12109	16258	546	25112	2326	383
10743	12998	6365	17376	7455	16286	521	21162	1638	420
8553	1263	7648	2168	6342	3474	238	8766	654	158
10967	4164	9748	5383	8474	6657	312	13196	1148	475
13281	13933	8756	18458	9003	18211	762	23903	2108	441
15547	16343	12888	19002	13155	18735	1395	24440	5482	573
12153	6657	8704	10106	8503	10307	530	15858	2232	190
112005	**79847**	**91027**	**100825**	**81681**	**110171**	**7703**	**162968**	**16455**	**4726**
7274	1582	6710	2146	6287	2569	1243	3479	3663	471
7114	2010	6497	2627	6487	2637	785	4144	3846	349
1973	874	1619	1228	1741	1106	330	1872	565	80
13998	11876	11815	14059	10262	15612	1543	21687	1809	835
10451	8872	7556	11767	7868	11455	271	17640	1131	281
7446	16143	4305	19284	5396	18193	892	21400	851	446
12158	19213	7600	23771	6705	24666	724	28786	790	1071
17471	3694	16104	5061	14298	6867	381	19693	781	310
7439	1803	6239	3003	5002	4240	381	7857	802	202
9495	4807	7695	6607	6797	7505	439	12802	736	325
4887	1604	3878	2613	2536	3955	157	5787	429	118
12299	7369	11009	8659	8302	11366	557	17821	1052	238
125672	**17911**	**119790**	**23793**	**104194**	**39389**	**6884**	**106932**	**27318**	**2449**
21763	1304	21456	1611	20101	2966	3449	7323	11716	579
4439	273	4241	471	4118	594	186	2398	2055	73
5362	702	5090	974	4398	1666	163	3973	1849	79
14298	2941	13541	3698	11152	6087	551	14373	1886	429
16776	1394	15695	2475	13170	5000	315	15619	1977	259

表8 续表 29

地 区	全部数据			长表数据		
	家庭户	平均每户住房间数（间/户）	人均住房建筑面积（平方米/人）	家庭户	住房内有无管道自来水	
					有	无
湘阴县	182136	3.93	36.77	17187	6603	10584
平江县	256991	4.02	30.99	25354	6145	19209
汨罗市	197796	4.06	37.74	18860	7102	11758
临湘市	131580	4.77	36.98	12930	6358	6572
常德市	**1702266**	**3.30**	**39.44**	**164042**	**87625**	**76417**
武陵区	185365	2.84	38.95	18267	16359	1908
鼎城区	238147	3.59	38.60	22734	10965	11769
安乡县	141793	3.05	32.41	13805	6734	7071
汉寿县	231992	3.44	37.57	21809	11698	10111
澧县	253749	3.17	39.36	24448	12265	12183
临澧县	120263	3.34	40.84	11774	6555	5219
桃源县	267277	3.34	43.14	25878	11318	14560
石门县	184846	3.66	45.45	18173	6899	11274
津市市	78834	2.84	33.06	7154	4832	2322
张家界市	**438780**	**4.05**	**40.03**	**42036**	**19108**	**22928**
永定区	132052	4.17	41.26	12367	6401	5966
武陵源区	14935	3.53	36.69	1473	1157	316
慈利县	181545	4.32	42.97	17326	7266	10060
桑植县	110248	3.52	34.19	10870	4284	6586
益阳市	**1254000**	**3.35**	**34.36**	**118447**	**44075**	**74372**
资阳区	121171	2.74	33.42	11063	3696	7367
赫山区	256319	3.29	41.10	24904	10737	14167
南县	203142	2.96	30.56	19166	10180	8986
桃江县	213565	4.31	40.22	19904	5006	14898
安化县	249745	3.64	27.43	24134	6634	17500
沅江市	210058	2.81	33.60	19276	7822	11454
郴州市	**1344046**	**3.33**	**28.03**	**133263**	**74127**	**59136**
北湖区	133321	2.88	30.45	13323	11898	1425
苏仙区	120798	3.00	30.02	12134	9126	3008
桂阳县	199308	3.24	24.83	19435	9178	10257
宜章县	153716	3.89	25.84	15142	7120	8022
永兴县	173359	3.37	27.07	17127	7035	10092
嘉禾县	97181	2.33	26.77	10377	4931	5446
临武县	97000	2.91	23.92	9320	5758	3562
汝城县	96028	3.08	23.87	9799	6666	3133
桂东县	56048	4.03	27.86	5448	1993	3455
安仁县	104322	5.06	40.16	10237	2288	7949
资兴市	112965	3.03	30.56	10921	8134	2787
永州市	**1428723**	**3.80**	**30.73**	**138936**	**49616**	**89320**
零陵区	143521	3.70	28.30	14454	5738	8716
冷水滩区	140576	3.20	29.97	13880	7786	6094
祁阳县	234600	3.88	36.61	22908	6252	16656
东安县	160813	3.77	30.67	14706	4798	9908
双牌县	46772	3.38	27.89	4799	1997	2802
道县	154261	4.09	25.16	14728	4386	10342
江永县	67687	3.12	27.13	6426	2070	4356
宁远县	184842	4.30	29.25	18575	4601	13974
蓝山县	86454	4.40	37.13	8259	4374	3885
新田县	91197	3.21	26.83	8806	3434	5372
江华瑶族自治县	118000	3.93	34.87	11395	4180	7215
怀化市	**1359814**	**3.41**	**30.81**	**133057**	**56686**	**76371**
鹤城区	162680	3.19	31.83	15216	13082	2134
中方县	67806	3.70	32.66	6878	2975	3903
沅陵县	160102	3.22	27.38	15664	5345	10319
辰溪县	133479	3.33	27.89	12338	4784	7554
溆浦县	216608	4.18	37.06	20345	4099	16246
会同县	92809	3.65	29.30	9276	2289	6987
麻阳苗族自治县	86067	3.62	29.39	9003	2814	6189
新晃侗族自治县	69183	3.44	30.21	9023	5257	3766
芷江侗族自治县	97841	3.15	32.75	9241	2779	6462
靖州苗族侗族自治县	65402	3.19	26.03	6387	2706	3681
通道侗族自治县	55333	3.29	30.03	5580	3383	2197
洪江市	152504	2.70	29.79	14106	7173	6933

长表数据									
住房内有无厨房		住房内有无厕所		住房内有无洗澡设施		住房来源			
有	无	有	无	有	无	租赁	自建	购买	其他
14831	2356	14161	3026	12830	4357	476	14915	1643	153
20324	5030	19128	6226	14524	10830	893	22111	1955	395
17553	1307	17029	1831	15392	3468	459	16269	1869	263
10326	2604	9449	3481	8509	4421	392	9951	2368	219
151797	**12245**	**141827**	**22215**	**124828**	**39214**	**6901**	**128622**	**26361**	**2158**
17513	754	17152	1115	16853	1414	2263	5640	10015	349
21427	1307	20333	2401	17268	5466	725	19838	1872	299
11465	2340	10222	3583	8961	4844	309	11900	1473	123
19704	2105	19115	2694	17036	4773	446	18597	2483	283
22611	1837	20688	3760	18163	6285	606	20480	3168	194
10945	829	10393	1381	9547	2227	252	10483	953	86
24635	1243	23371	2507	19102	6776	817	22495	2111	455
16592	1581	14300	3873	12096	6077	757	15066	2090	260
6905	249	6253	901	5802	1352	726	4123	2196	109
34523	**7513**	**31233**	**10803**	**26625**	**15411**	**2210**	**35559**	**3585**	**682**
9888	2479	9198	3169	7934	4433	1128	9353	1699	187
1252	221	1102	371	1036	437	174	1107	127	65
15409	1917	13926	3400	11562	5764	430	15673	978	245
7974	2896	7007	3863	6093	4777	478	9426	781	185
104936	**13511**	**101168**	**17279**	**83450**	**34997**	**5569**	**92306**	**18434**	**2138**
9242	1821	9091	1972	7788	3275	1075	8108	1587	293
23198	1706	22792	2112	20061	4843	1191	16802	6409	502
17536	1630	16049	3117	14257	4909	667	14303	3906	290
18265	1639	18178	1726	14455	5449	618	17807	1236	243
18732	5402	17850	6284	12114	12020	1126	20878	1721	409
17963	1313	17208	2068	14775	4501	892	14408	3575	401
92217	**41046**	**57957**	**75306**	**66250**	**67013**	**8821**	**96694**	**23968**	**3780**
11436	1887	10499	2824	10512	2811	2413	3919	6460	531
10196	1938	7361	4773	8029	4105	1498	6419	3649	568
9984	9451	6440	12995	7583	11852	1255	15164	2493	523
10672	4470	5874	9268	7210	7932	803	12031	1859	449
10745	6382	5488	11639	7161	9966	476	13500	2650	501
5207	5170	3474	6903	3831	6546	300	8799	997	281
6632	2688	3852	5468	5433	3887	370	7706	1050	194
8063	1736	3566	6233	3501	6298	221	8709	727	142
4343	1105	2224	3224	2702	2746	373	4546	488	41
5839	4398	3784	6453	3640	6597	191	9621	318	107
9100	1821	5395	5526	6648	4273	921	6280	3277	443
84038	**54898**	**60110**	**78826**	**56675**	**82261**	**5674**	**114322**	**15329**	**3611**
9434	5020	6819	7635	6514	7940	898	10429	2471	656
10140	3740	8354	5526	8185	5695	1170	7307	4860	543
15600	7308	13987	8921	8657	14251	516	19975	2012	405
7717	6989	4290	10416	5384	9322	410	12424	1465	407
2814	1985	2215	2584	2113	2686	377	3253	1065	104
6220	8508	3509	11219	3874	10854	339	13395	597	397
3461	2965	1764	4662	2090	4336	188	5499	488	251
10764	7811	8158	10417	6913	11662	598	16887	687	403
5890	2369	3332	4927	4413	3846	260	7402	493	104
4288	4518	3151	5655	2947	5859	684	7299	726	97
7710	3685	4531	6864	5585	5810	234	10452	465	244
102865	**30192**	**82836**	**50221**	**64933**	**68124**	**8625**	**99377**	**21530**	**3525**
13999	1217	13313	1903	13034	2182	2749	3400	8385	682
5985	893	4286	2592	3149	3729	235	6154	282	207
10121	5543	7387	8277	6377	9287	830	12687	1835	312
7962	4376	5231	7107	5056	7282	811	8729	2309	489
15935	4410	13884	6461	8030	12315	667	17893	1416	369
6719	2557	5668	3608	4109	5167	378	7835	756	307
5187	3816	3755	5248	2997	6006	313	7825	773	92
7794	1229	7129	1894	4071	4952	218	7879	776	150
7430	1811	6066	3175	3892	5349	394	7604	1157	86
4202	2185	2402	3985	2241	4146	383	4997	863	144
4613	967	2671	2909	2905	2675	251	4569	623	137
12918	1188	11044	3062	9072	5034	1396	9805	2355	550

表8 续表 30

地　区	全 部 数 据			长 表 数 据		
	家庭户	平均每户住房间数(间/户)	人均住房建筑面积(平方米/人)	家庭户	住房内有无管道自来水	
					有	无
娄底市	**1091845**	**4.25**	**33.41**	**106727**	**54269**	**52458**
娄星区	154935	3.32	36.89	15340	12487	2853
双峰县	233068	4.36	38.37	22996	7254	15742
新化县	308142	4.71	29.24	30066	12368	17698
冷水江市	104345	3.44	28.01	10351	8201	2150
涟源市	291355	4.47	34.01	27974	13959	14015
湘西土家族苗族自治州	**658248**	**3.61**	**28.14**	**63138**	**30682**	**32456**
吉首市	86317	3.20	32.03	8629	6641	1988
泸溪县	69073	3.25	22.30	6324	4299	2025
凤凰县	89360	3.60	27.85	8598	3716	4882
花垣县	67622	3.66	30.62	6693	2875	3818
保靖县	68023	3.31	23.63	6292	2708	3584
古丈县	31943	2.93	20.06	3189	835	2354
永顺县	113447	3.80	29.26	11314	5706	5608
龙山县	132463	4.19	31.54	12099	3902	8197
广东省	**28630609**	**2.77**	**26.23**	**2707419**	**2185469**	**521950**
广州市	**3785278**	**2.29**	**26.84**	**374615**	**366201**	**8414**
荔湾区	302233	1.83	20.93	28116	27750	366
越秀区	366853	1.92	20.75	32369	32050	319
海珠区	516621	1.92	23.18	55769	55464	305
天河区	445078	2.02	26.10	41461	41207	254
白云区	678481	2.20	27.22	73215	71269	1946
黄埔区	164617	1.79	22.24	16961	16844	117
番禺区	516082	2.47	32.65	51146	50274	872
花都区	210291	3.55	35.67	20523	19774	749
南沙区	78266	2.41	28.85	7535	7131	404
萝岗区	95830	2.74	32.35	9351	9105	246
增城市	253418	2.98	29.30	23885	22289	1596
从化市	157508	3.17	26.73	14284	13044	1240
韶关市	**883871**	**3.07**	**29.08**	**79284**	**51930**	**27354**
武江区	90844	2.63	28.81	8723	7758	965
浈江区	121762	2.19	24.76	9851	9275	576
曲江区	92189	2.83	27.07	8226	6078	2148
始兴县	63178	3.53	30.03	5890	2245	3645
仁化县	59804	3.59	32.86	5731	4018	1713
翁源县	103451	3.82	29.51	9033	4040	4993
乳源瑶族自治县	52371	3.03	28.05	4922	2564	2358
新丰县	61230	3.87	28.96	5231	2838	2393
乐昌市	130115	2.93	28.95	11603	6875	4728
南雄市	108927	3.06	33.40	10074	6239	3835
深圳市	**3587005**	**1.63**	**21.35**	**353355**	**348379**	**4976**
罗湖区	300373	1.91	23.96	30237	29848	389
福田区	390730	2.02	26.02	36450	36050	400
南山区	397574	1.91	27.31	40424	39600	824
宝安区	1664298	1.40	18.07	161742	159688	2054
龙岗区	780624	1.67	20.68	79345	78103	1242
盐田区	53406	1.84	19.63	5157	5090	67
珠海市	**476615**	**2.39**	**27.18**	**47618**	**46411**	**1207**
香洲区	281764	2.33	28.33	27128	26512	616
斗门区	124629	2.54	26.00	13288	12934	354
金湾区	70222	2.36	24.98	7202	6965	237
汕头市	**1169534**	**2.73**	**20.17**	**107437**	**102826**	**4611**
龙湖区	142872	2.85	27.84	13859	13779	80
金平区	241216	2.29	22.97	21223	21159	64
濠江区	57198	2.97	20.69	5050	4759	291
潮阳区	312880	2.53	15.88	27844	25370	2474
潮南区	210072	3.28	18.02	20000	18432	1568
澄海区	186814	2.90	23.53	17647	17547	100
南澳县	18482	2.33	25.69	1814	1780	34
佛山市	**1984934**	**2.43**	**32.19**	**194448**	**189856**	**4592**
禅城区	312075	2.24	30.67	30180	29965	215
南海区	660738	2.57	33.73	65632	64875	757
顺德区	712515	2.41	33.20	70242	68433	1809
三水区	173980	2.49	30.88	16383	15009	1374
高明区	125626	2.23	23.96	12011	11574	437

长表数据									
住房内有无厨房		住房内有无厕所		住房内有无洗澡设施		住房来源			
有	无	有	无	有	无	租赁	自建	购买	其他
70503	**36224**	**61209**	**45518**	**54282**	**52445**	**6542**	**83243**	**14646**	**2296**
13342	1998	12379	2961	11568	3772	2925	5969	5973	473
16857	6139	13881	9115	11115	11881	662	20766	1184	384
17467	12599	15855	14211	12125	17941	1012	26344	2125	585
7778	2573	8308	2043	7224	3127	951	5730	3450	220
15059	12915	10786	17188	12250	15724	992	24434	1914	634
48239	**14899**	**43463**	**19675**	**23434**	**39704**	**3455**	**50079**	**8037**	**1567**
7123	1506	6815	1814	5379	3250	898	4129	3328	274
6038	286	5011	1313	3529	2795	415	4961	791	157
6092	2506	5004	3594	2455	6143	504	7339	505	250
5595	1098	5352	1341	2086	4607	281	5976	332	104
4555	1737	4128	2164	1675	4617	252	5462	480	98
2152	1037	2410	779	974	2215	189	2477	372	151
8744	2570	7538	3776	3678	7636	528	9620	992	174
7940	4159	7205	4894	3658	8441	388	10115	1237	359
2432174	**275245**	**2363241**	**344178**	**2337788**	**369631**	**809822**	**1256720**	**539887**	**100990**
360781	**13834**	**362379**	**12236**	**358021**	**16594**	**146743**	**82225**	**130069**	**15578**
26925	1191	26703	1413	26721	1395	10086	3459	13361	1210
31550	819	31416	953	31374	995	9423	906	18115	3925
54431	1338	54826	943	54000	1769	21502	3368	29127	1772
40705	756	41222	239	40716	745	19138	2076	18335	1912
71461	1754	71806	1409	70225	2990	41143	12883	15874	3315
16734	227	16762	199	16261	700	10443	2245	3919	354
46954	4192	49609	1537	47972	3174	20407	16599	13368	772
20094	429	19624	899	19860	663	2494	10383	7166	480
6790	745	6957	578	6958	577	3341	3218	700	276
9097	254	9192	159	8929	422	4666	3220	1024	441
22366	1519	21571	2314	22207	1678	3335	14348	5436	766
13674	610	12691	1593	12798	1486	765	9520	3644	355
72921	**6363**	**61276**	**18008**	**62927**	**16357**	**8304**	**44683**	**23271**	**3026**
8434	289	7927	796	8006	717	1581	2177	4697	268
9507	344	9244	607	9474	377	1987	2009	4892	963
7658	568	6921	1305	6969	1257	1023	3670	3239	294
4916	974	3564	2326	3984	1906	361	4420	969	140
5429	302	4592	1139	4834	897	652	3897	742	440
8131	902	6975	2058	7297	1736	422	6674	1671	266
4259	663	3339	1583	3448	1474	410	3475	923	114
4791	440	4349	882	4042	1189	298	3618	1221	94
10373	1230	7625	3978	8146	3457	1018	7344	2934	307
9423	651	6740	3334	6727	3347	552	7399	1983	140
327896	**25459**	**348172**	**5183**	**325913**	**27442**	**259431**	**9875**	**65865**	**18184**
29384	853	29929	308	29594	643	17177	440	11156	1464
35322	1128	36052	398	35559	891	19128	329	15853	1140
37878	2546	39640	784	38465	1959	23689	622	13676	2437
146910	14832	159508	2234	141665	20077	137384	4055	12736	7567
73457	5888	77978	1367	75637	3708	58720	4276	11035	5314
4945	212	5065	92	4993	164	3333	153	1409	262
45044	**2574**	**45931**	**1687**	**44710**	**2908**	**19237**	**8047**	**17826**	**2508**
26116	1012	26599	529	26041	1087	11084	1552	13008	1484
12293	995	12575	713	12069	1219	4794	5280	2751	463
6635	567	6757	445	6600	602	3359	1215	2067	561
103204	**4233**	**104189**	**3248**	**104467**	**2970**	**7690**	**70865**	**25960**	**2922**
13500	359	13737	122	13634	225	3027	4629	6038	165
20886	337	21094	129	21027	196	2747	4229	12704	1543
4880	170	4860	190	4889	161	137	4106	683	124
26343	1501	26888	956	27103	741	329	24024	3136	355
18547	1453	18626	1374	18637	1363	325	19204	286	185
17352	295	17289	358	17442	205	999	13431	2727	490
1696	118	1695	119	1735	79	126	1242	386	60
178321	**16127**	**185141**	**9307**	**180016**	**14432**	**79438**	**59501**	**48919**	**6590**
28707	1473	29126	1054	28919	1261	13609	4476	11224	871
59712	5920	62628	3004	61359	4273	24370	22374	15724	3164
63670	6572	68146	2096	64278	5964	33556	22530	12614	1542
15059	1324	14772	1611	14590	1793	4469	6153	5025	736
11173	838	10469	1542	10870	1141	3434	3968	4332	277

表8 续表 31

地区	全部数据			长表数据		
	家庭户	平均每户住房间数（间/户）	人均住房建筑面积（平方米/人）	家庭户	住房内有无管道自来水	
					有	无
江门市	**1303988**	**2.77**	**29.07**	**123753**	**111294**	**12459**
蓬江区	210883	2.48	29.03	20496	20337	159
江海区	66454	2.58	27.73	6480	6370	110
新会区	264191	2.53	27.88	24367	23707	660
台山市	283789	2.78	28.50	26620	22381	4239
开平市	197399	3.00	27.40	19856	17687	2169
鹤山市	134148	2.74	26.75	13268	11681	1587
恩平市	147124	3.36	37.20	12666	9131	3535
湛江市	**1784361**	**3.67**	**26.05**	**159019**	**69327**	**89692**
赤坎区	86790	2.67	26.77	7995	7635	360
霞山区	149502	2.52	25.57	14263	13805	458
坡头区	86607	4.21	30.92	8144	3060	5084
麻章区	109277	3.72	22.17	9734	3901	5833
遂溪县	223083	3.76	25.11	20440	7132	13308
徐闻县	176399	3.04	19.97	16148	3240	12908
廉江市	380332	4.02	29.61	31548	10989	20559
雷州市	358633	3.41	20.51	31560	8209	23351
吴川市	213738	4.90	34.88	19187	11356	7831
茂名市	**1505873**	**5.00**	**37.29**	**139546**	**47667**	**91879**
茂南区	215309	3.97	34.41	18963	14792	4171
茂港区	91767	5.05	35.79	9369	2438	6931
电白县	299236	4.38	32.90	27445	6634	20811
高州市	353675	5.43	42.95	31958	9563	22395
化州市	299640	5.77	39.94	28269	8085	20184
信宜市	246246	5.05	35.28	23542	6155	17387
肇庆市	**1070659**	**3.17**	**26.16**	**99894**	**73844**	**26050**
端州区	141070	2.53	27.37	13436	13370	66
鼎湖区	43866	2.73	29.46	4143	3768	375
广宁县	126796	3.46	34.48	11960	10233	1727
怀集县	198119	4.21	26.22	18607	6619	11988
封开县	117189	4.22	27.80	10498	6847	3651
德庆县	92402	3.43	25.87	9027	4420	4607
高要市	192625	2.27	19.14	18103	17062	1041
四会市	158592	2.49	25.96	14120	11525	2595
惠州市	**1209491**	**2.67**	**25.11**	**109280**	**91148**	**18132**
惠城区	455817	2.27	23.78	40268	36219	4049
惠阳区	190948	2.77	26.70	18475	16427	2048
博罗县	267424	3.00	27.75	23765	18474	5291
惠东县	202907	2.97	23.14	19144	15164	3980
龙门县	92395	2.87	25.51	7628	4864	2764
梅州市	**1110636**	**4.35**	**27.38**	**99975**	**61059**	**38916**
梅江区	100269	3.24	30.93	8469	7765	704
梅县	159941	4.71	31.99	14039	7613	6426
大埔县	110381	3.96	27.59	9191	5637	3554
丰顺县	124374	3.33	22.50	11587	8097	3490
五华县	225844	5.35	25.43	21357	10927	10430
平远县	61926	4.99	32.20	5588	1863	3725
蕉岭县	62761	4.19	30.81	5263	3648	1615
兴宁市	265140	4.23	26.14	24481	15509	8972
汕尾市	**631063**	**2.72**	**18.18**	**50349**	**37031**	**13318**
城区	110403	2.34	18.60	8972	8227	745
海丰县	194306	2.58	19.48	14584	12056	2528
陆河县	61266	4.35	23.70	4828	4508	320
陆丰市	265088	2.59	16.18	21965	12240	9725
河源市	**711158**	**4.42**	**28.79**	**61073**	**31605**	**29468**
源城区	103662	3.70	30.81	9210	9073	137
紫金县	145677	4.79	28.80	11706	4396	7310
龙川县	167372	4.57	29.73	14672	6475	8197
连平县	84699	4.69	26.87	7738	3782	3956
和平县	102852	4.32	28.00	9400	2712	6688
东源县	106896	4.23	27.54	8347	5167	3180
阳江市	**695591**	**3.35**	**32.22**	**60272**	**31234**	**29038**
江城区	194065	3.29	33.80	16383	13423	2960
阳西县	118790	3.83	29.40	9388	3783	5605
阳东县	117231	3.07	29.41	10170	3985	6185
阳春市	265505	3.29	33.89	24331	10043	14288

长表数据									
住房内有无厨房		住房内有无厕所		住房内有无洗澡设施		住房来源			
有	无	有	无	有	无	租赁	自建	购买	其他
117275	**6478**	**98478**	**25275**	**113194**	**10559**	**15322**	**66530**	**39568**	**2333**
19462	1034	19960	536	19694	802	5484	4384	10100	528
6113	367	6310	170	6136	344	1681	2472	2153	174
22947	1420	20834	3533	22463	1904	2668	12449	8619	631
25228	1392	16310	10310	24210	2410	876	18936	6515	293
18934	922	14337	5519	17930	1926	1353	11423	6890	190
12555	713	12240	1028	12394	874	3045	6432	3423	368
12036	630	8487	4179	10367	2299	215	10434	1868	149
112272	**46747**	**90214**	**68805**	**90948**	**68071**	**8594**	**123135**	**22003**	**5287**
7634	361	7427	568	7566	429	1931	1512	4074	478
13434	829	13096	1167	13467	796	2824	2259	8566	614
6987	1157	5140	3004	5764	2380	259	6891	809	185
6074	3660	4606	5128	4766	4968	411	8438	516	369
14051	6389	10275	10165	11340	9100	674	17118	1973	675
12377	3771	10230	5918	8310	7838	656	13504	1501	487
18255	13293	15409	16139	15071	16477	685	28605	1609	649
19568	11992	12449	19111	12202	19358	769	27000	2251	1540
13892	5295	11582	7605	12462	6725	385	17808	704	290
107220	**32326**	**93865**	**45681**	**91351**	**48195**	**4434**	**118216**	**14129**	**2767**
16491	2472	15869	3094	16321	2642	2008	8867	7796	292
5515	3854	4810	4559	5100	4269	57	8994	183	135
17882	9563	16027	11418	15828	11617	504	24896	1467	578
26750	5208	24006	7952	23076	8882	781	28435	2056	686
20537	7732	18057	10212	16705	11564	507	26024	1041	697
20045	3497	15096	8446	14321	9221	577	21000	1586	379
89459	**10435**	**75224**	**24670**	**72935**	**26959**	**6075**	**73704**	**18228**	**1887**
13203	233	13050	386	13216	220	2157	2094	8837	348
3937	206	3496	647	3723	420	227	3409	428	79
11631	329	9650	2310	9689	2271	243	10660	964	93
15091	3516	11740	6867	8711	9896	207	17807	478	115
8661	1837	6600	3898	5920	4578	238	8944	1000	316
7343	1684	5824	3203	5346	3681	229	7608	1031	159
16237	1866	13431	4672	14349	3754	414	16082	1290	317
13356	764	11433	2687	11981	2139	2360	7100	4200	460
99495	**9785**	**97952**	**11328**	**99252**	**10028**	**34988**	**48121**	**19586**	**6585**
36600	3668	37977	2291	37419	2849	17440	8904	11505	2419
16979	1496	17584	891	17654	821	7800	6814	2289	1572
21423	2342	20780	2985	21167	2598	5298	14088	2869	1510
17547	1597	15977	3167	17182	1962	3827	12564	1924	829
6946	682	5634	1994	5830	1798	623	5751	999	255
95446	**4529**	**86272**	**13703**	**90930**	**9045**	**3653**	**79089**	**15115**	**2118**
8311	158	8280	189	8329	140	1077	3158	3917	317
13446	593	12501	1538	12911	1128	549	10917	2092	481
8673	518	6265	2926	7786	1405	482	6777	1610	322
11177	410	10055	1532	10752	835	344	10282	822	139
19879	1478	18619	2738	18832	2525	263	19731	1102	261
5245	343	4145	1443	4724	864	256	4555	649	128
5121	142	4686	577	4969	294	204	3861	1146	52
23594	887	21721	2760	22627	1854	478	19808	3777	418
46603	**3746**	**42647**	**7702**	**43948**	**6401**	**2814**	**40397**	**6202**	**936**
8654	318	8234	738	8438	534	807	5561	2371	233
13855	729	12039	2545	13266	1318	1537	10575	2273	199
4772	56	4698	130	4721	107	110	4392	248	78
19322	2643	17676	4289	17523	4442	360	19869	1310	426
57152	**3921**	**51331**	**9742**	**51071**	**10002**	**3124**	**49584**	**7262**	**1103**
8878	332	9044	166	9060	150	1410	4492	3030	278
11271	435	9529	2177	9726	1980	251	10587	670	198
13753	919	12588	2084	11918	2754	489	12301	1744	138
7017	721	5785	1953	5969	1769	147	6751	734	106
8681	719	7343	2057	7341	2059	411	7998	847	144
7552	795	7042	1305	7057	1290	416	7455	237	239
54459	**5813**	**41235**	**19037**	**45097**	**15175**	**1560**	**51896**	**5800**	**1016**
15741	642	13466	2917	14580	1803	532	12713	2927	211
8044	1344	5323	4065	5922	3466	112	8690	472	114
8857	1313	5384	4786	6931	3239	184	9433	412	141
21817	2514	17062	7269	17664	6667	732	21060	1989	550

表8 续表 32

地区	全部数据 家庭户	全部数据 平均每户住房间数(间/户)	全部数据 人均住房建筑面积(平方米/人)	长表数据 家庭户	住房内有无管道自来水 有	住房内有无管道自来水 无
清远市	**1032291**	**3.42**	**29.71**	**91582**	**56264**	**35318**
清城区	209044	3.42	33.23	20283	16129	4154
佛冈县	81484	3.16	24.57	7582	3468	4114
阳山县	107551	3.56	32.33	9570	6331	3239
连山壮族瑶族自治县	27173	3.67	30.68	2817	1096	1721
连南瑶族自治县	39311	3.50	32.55	3887	1890	1997
清新县	179530	3.52	28.36	14795	9399	5396
英德市	264529	3.32	25.74	21948	13465	8483
连州市	123669	3.44	35.37	10700	4486	6214
东莞市	**2311534**	**1.74**	**24.69**	**225098**	**220738**	**4360**
市辖区	2311534	1.74	24.69	225098	220738	4360
中山市	**915156**	**2.19**	**27.88**	**91424**	**88773**	**2651**
市辖区	915156	2.19	27.88	91424	88773	2651
潮州市	**621640**	**2.45**	**21.54**	**59401**	**51513**	**7888**
湘桥区	129015	2.36	27.06	11707	11438	269
潮安县	283996	2.77	20.73	27378	25513	1865
饶平县	208629	2.08	20.02	20316	14562	5754
揭阳市	**1178425**	**2.40**	**16.65**	**118238**	**71127**	**47111**
榕城区	159862	1.97	18.13	15825	15367	458
揭东县	259769	1.82	15.49	26110	18003	8107
揭西县	173672	2.85	19.14	17299	4357	12942
惠来县	206805	2.79	15.80	19405	8472	10933
普宁市	378317	2.57	16.26	39599	24928	14671
云浮市	**661506**	**4.03**	**30.03**	**61758**	**37242**	**24516**
云城区	84966	3.30	28.49	8307	6444	1863
新兴县	117078	2.94	25.61	11038	8857	2181
郁南县	121436	4.37	37.06	10875	7523	3352
云安县	69280	4.16	26.13	6513	5132	1381
罗定市	268746	4.56	30.68	25025	9286	15739
广西壮族自治区	**13151404**	**3.50**	**30.33**	**1317033**	**655204**	**661829**
南宁市	**2040955**	**3.32**	**33.76**	**201589**	**158505**	**43084**
兴宁区	115873	2.66	26.32	11767	10303	1464
青秀区	222971	2.88	35.55	21586	20816	770
江南区	177303	2.59	29.12	17622	16702	920
西乡塘区	353969	2.27	24.64	34086	32799	1287
良庆区	108506	2.67	29.76	10390	8107	2283
邕宁区	77865	3.41	28.88	7649	5429	2220
武鸣县	175328	4.24	42.09	17929	15508	2421
隆安县	92345	3.27	37.19	9484	6367	3117
马山县	116668	3.74	40.02	11311	4602	6709
上林县	105880	3.74	37.70	10633	4743	5890
宾阳县	232153	4.19	35.97	23340	18393	4947
横县	262094	4.43	38.70	25792	14736	11056
柳州市	**1116423**	**2.83**	**28.20**	**110507**	**71105**	**39402**
城中区	46102	2.69	32.90	4600	4282	318
鱼峰区	113723	2.29	25.75	11059	10706	353
柳南区	157080	2.32	24.68	15855	14561	1294
柳北区	139864	2.35	26.17	13980	12510	1470
柳江县	151892	2.79	26.53	14957	8126	6831
柳城县	103445	3.28	31.31	9940	4551	5389
鹿寨县	117272	3.32	33.27	11478	4906	6572
融安县	83825	2.97	27.64	8314	3002	5312
融水苗族自治县	116295	3.54	28.54	11781	6887	4894
三江侗族自治县	86925	3.15	29.94	8543	1574	6969
桂林市	**1448445**	**3.38**	**31.56**	**140735**	**65056**	**75679**
秀峰区	52288	2.21	22.36	5159	4807	352
叠彩区	58701	2.42	26.95	5672	5017	655
象山区	94355	2.33	25.85	9252	8598	654
七星区	89952	2.27	26.22	8963	6788	2175
雁山区	15154	4.21	36.29	1522	390	1132
阳朔县	80758	4.00	35.58	7928	2564	5364
临桂县	113339	3.42	28.60	11260	4464	6796
灵川县	106949	3.34	34.41	10749	6014	4735
全州县	213616	3.63	30.38	19375	4600	14775
兴安县	104392	3.72	34.89	9988	2907	7081

长表数据									
住房内有无厨房		住房内有无厕所		住房内有无洗澡设施		住房来源			
有	无	有	无	有	无	租赁	自建	购买	其他
80995	**10587**	**66842**	**24740**	**69386**	**22196**	**7783**	**64507**	**17410**	**1882**
19523	760	18317	1966	18412	1871	2754	10014	7138	377
6806	776	5861	1721	5497	2085	486	5474	1522	100
8844	726	7133	2437	7299	2271	498	7875	999	198
2475	342	1589	1228	1880	937	231	2080	387	119
3026	861	2242	1645	2841	1046	216	3247	318	106
13769	1026	10704	4091	11257	3538	1280	10364	2927	224
17742	4206	14826	7122	15030	6918	1595	16709	3098	546
8810	1890	6170	4530	7170	3530	723	8744	1021	212
187330	**37768**	**218570**	**6528**	**206886**	**18212**	**147195**	**35909**	**21561**	**20433**
187330	37768	218570	6528	206886	18212	147195	35909	21561	20433
83792	**7632**	**87936**	**3488**	**83280**	**8144**	**45992**	**27941**	**14575**	**2916**
83792	7632	87936	3488	83280	8144	45992	27941	14575	2916
53892	**5509**	**53063**	**6338**	**55011**	**4390**	**3444**	**46054**	**8990**	**913**
11184	523	11113	594	11331	376	1776	3439	6071	421
25268	2110	24832	2546	25968	1410	1388	24053	1643	294
17440	2876	17118	3198	17712	2604	280	18562	1276	198
106380	**11858**	**108357**	**9881**	**107097**	**11141**	**1870**	**102791**	**12559**	**1018**
14893	932	15602	223	15623	202	681	10920	4079	145
23498	2612	24852	1258	24973	1137	279	24596	998	237
16403	896	16246	1053	15827	1472	104	15889	1182	124
15749	3656	15581	3824	14659	4746	111	18198	906	190
35837	3762	36076	3523	36015	3584	695	33188	5394	322
52237	**9521**	**44167**	**17591**	**41348**	**20410**	**2131**	**53650**	**4989**	**988**
7897	410	7496	811	7156	1151	1028	4958	2181	140
10424	614	8242	2796	8508	2530	488	9099	1279	172
9182	1693	7560	3315	6869	4006	283	9880	572	140
5928	585	5099	1414	4497	2016	73	6282	53	105
18806	6219	15770	9255	14318	10707	259	23431	904	431
985727	**331306**	**788150**	**528883**	**766300**	**550733**	**104351**	**1019747**	**155916**	**37019**
180404	**21185**	**154677**	**46912**	**161207**	**40382**	**32510**	**123381**	**40082**	**5616**
10948	819	9727	2040	10081	1686	3605	3915	3645	602
20730	856	19188	2398	19642	1944	4649	4678	11415	844
16669	953	15342	2280	16021	1601	4263	6590	6102	667
32396	1690	31022	3064	31688	2398	13848	7343	11839	1056
8384	2006	7576	2814	7773	2617	3011	5815	1210	354
5997	1652	3694	3955	3997	3652	417	6314	774	144
15862	2067	12740	5189	13907	4022	486	15266	1709	468
7161	2323	5861	3623	5888	3596	236	8329	600	319
8682	2629	7308	4003	6296	5015	112	10942	130	127
8318	2315	6093	4540	6416	4217	237	9643	548	205
21328	2012	15801	7539	16576	6764	1023	20591	1273	453
23929	1863	20325	5467	22922	2870	623	23955	837	377
89321	**21186**	**80933**	**29574**	**77489**	**33018**	**17999**	**58311**	**30349**	**3848**
4325	275	4337	263	4320	280	1021	610	2720	249
10282	777	10400	659	10305	754	3733	1167	5711	448
14540	1315	14790	1065	14363	1492	4754	1641	8853	607
12527	1453	12329	1651	12309	1671	3856	1931	7741	452
9035	5922	7207	7750	7773	7184	1581	11247	1545	584
7761	2179	6837	3103	5944	3996	529	8359	681	371
8383	3095	6929	4549	5478	6000	1114	8488	1454	422
6530	1784	5234	3080	4786	3528	535	6800	710	269
9858	1923	7925	3856	8002	3779	620	10186	644	331
6080	2463	4945	3598	4209	4334	256	7882	290	115
103190	**37545**	**78756**	**61979**	**76516**	**64219**	**15097**	**97840**	**23201**	**4597**
4772	387	4823	336	4630	529	2237	626	2033	263
5353	319	5121	551	5161	511	1451	790	3055	376
8745	507	8674	578	8595	657	2481	789	5450	532
8222	741	8269	694	7924	1039	3424	1230	3794	515
1247	275	672	850	846	676	37	1377	50	58
5452	2476	4812	3116	3931	3997	390	7009	337	192
9159	2101	5462	5798	5571	5689	548	9021	1319	372
8799	1950	5282	5467	6277	4472	925	7403	2109	312
9105	10270	5437	13938	4873	14502	1349	16038	1367	621
6325	3663	4329	5659	4196	5792	467	8487	799	235

表8 续表 33

地区	全部数据			长表数据		
	家庭户	平均每户住房间数（间/户）	人均住房建筑面积（平方米/人）	家庭户	住房内有无管道自来水	
					有	无
永福县	67395	3.28	29.75	6628	3017	3611
灌阳县	75326	3.88	27.94	7272	3610	3662
龙胜各族自治县	45644	3.65	35.43	4570	1730	2840
资源县	45527	4.36	36.56	4440	1863	2577
平乐县	107912	3.76	37.32	10656	2815	7841
荔浦县	100357	3.75	35.50	9657	3354	6303
恭城瑶族自治县	76780	3.40	31.63	7644	2518	5126
梧州市	**790220**	**4.23**	**29.08**	**77725**	**30195**	**47530**
万秀区	42154	3.38	27.31	4121	3330	791
蝶山区	63476	2.83	25.41	6155	5204	951
长洲区	53851	3.69	35.22	5558	4374	1184
苍梧县	141795	4.91	28.11	14727	3765	10962
藤县	229215	4.53	30.41	22347	3690	18657
蒙山县	54192	3.91	33.12	4733	2518	2215
岑溪市	205537	4.27	27.13	20084	7314	12770
北海市	**407284**	**3.48**	**29.93**	**40994**	**21205**	**19789**
海城区	98058	3.24	38.35	9796	9047	749
银海区	45691	2.93	30.50	4482	2929	1553
铁山港区	38993	4.00	29.56	3916	1366	2550
合浦县	224542	3.61	26.73	22800	7863	14937
防城港市	**224742**	**3.24**	**27.34**	**21750**	**12595**	**9155**
港口区	39163	2.85	27.90	3703	3183	520
防城区	92818	3.32	25.56	8651	4514	4137
上思县	54359	3.10	25.07	5599	1820	3779
东兴市	38402	3.65	34.69	3797	3078	719
钦州市	**824829**	**3.66**	**24.21**	**83555**	**23923**	**59632**
钦南区	157381	3.54	29.02	16186	9016	7170
钦北区	148124	3.71	22.61	14969	4102	10867
灵山县	320251	3.73	23.41	32612	6447	26165
浦北县	199073	3.61	22.91	19788	4358	15430
贵港市	**1169045**	**4.18**	**32.64**	**116845**	**41547**	**75298**
港北区	153414	3.87	32.60	15289	7995	7294
港南区	149977	3.95	32.77	15253	5305	9948
覃塘区	123351	4.23	37.32	12124	8357	3767
平南县	321795	4.31	33.51	31939	8111	23828
桂平市	420508	4.27	30.69	42240	11779	30461
玉林市	**1505095**	**3.90**	**26.72**	**157557**	**51192**	**106365**
玉州区	254990	3.82	27.84	26165	16602	9563
容县	200864	3.65	29.08	23299	3809	19490
陆川县	222827	4.09	27.06	24008	5453	18555
博白县	346136	3.94	23.19	34721	6346	28375
兴业县	160442	3.75	27.17	17298	5341	11957
北流市	319836	4.02	28.18	32066	13641	18425
百色市	**963356**	**3.06**	**30.33**	**98121**	**47469**	**50652**
右江区	101992	3.08	30.85	10609	7226	3383
田阳县	91020	2.92	34.28	8853	4724	4129
田东县	105690	3.00	34.94	10488	5853	4635
平果县	123421	2.67	29.75	13371	6973	6398
德保县	84565	2.92	34.86	8410	4604	3806
靖西县	135001	2.85	30.90	13794	6398	7396
那坡县	47594	3.11	32.69	4775	1564	3211
凌云县	46449	3.47	27.39	4659	1681	2978
乐业县	39248	3.77	28.16	3887	1624	2263
田林县	62113	2.99	23.00	6487	4000	2487
西林县	37437	3.38	22.88	3797	1180	2617
隆林各族自治县	88826	3.60	26.85	8991	1642	7349
贺州市	**495468**	**4.12**	**30.68**	**49145**	**15141**	**34004**
八步区	154346	4.42	34.07	15053	4317	10736
平桂管理区	95018	4.16	29.89	9450	2190	7260
昭平县	91041	3.84	26.66	9002	3211	5791
钟山县	86854	4.27	30.36	8669	2876	5793
富川瑶族自治县	68209	3.59	29.77	6971	2547	4424
河池市	**988334**	**2.98**	**31.13**	**100353**	**43345**	**57008**
金城江区	102593	2.66	31.98	10515	7769	2746
南丹县	80329	3.01	27.04	8853	4504	4349
天峨县	40661	3.61	32.01	4368	1543	2825

长表数据									
住房内有无厨房		住房内有无厕所		住房内有无洗澡设施		住房来源			
有	无	有	无	有	无	租赁	自建	购买	其他
4745	1883	2681	3947	2978	3650	144	5826	453	205
5441	1831	2610	4662	2689	4583	288	6479	373	132
4158	412	3975	595	3180	1390	307	3791	297	175
3127	1313	2339	2101	2240	2200	241	3890	257	52
6319	4337	4447	6209	4198	6458	306	9609	518	223
6122	3535	5606	4051	5387	4270	352	8667	495	143
6099	1545	4217	3427	3840	3804	150	6808	495	191
59020	**18705**	**41520**	**36205**	**38625**	**39100**	**3505**	**63413**	**9504**	**1303**
3953	168	3237	884	3449	672	556	1756	1665	144
5870	285	5356	799	5427	728	993	1817	3172	173
5335	223	4844	714	5054	504	730	2713	2066	49
11382	3345	5573	9154	5165	9562	325	13802	417	183
14223	8124	7870	14477	6284	16063	366	21108	511	362
3570	1163	2965	1768	2623	2110	145	4310	194	84
14687	5397	11675	8409	10623	9461	390	17907	1479	308
31199	**9795**	**23721**	**17273**	**24949**	**16045**	**3930**	**30483**	**4727**	**1854**
8959	837	8483	1313	8912	884	2358	3822	3086	530
3660	822	2829	1653	2930	1552	685	2941	529	327
2929	987	1818	2098	1975	1941	51	3523	128	214
15651	7149	10591	12209	11132	11668	836	20197	984	783
15168	**6582**	**12077**	**9673**	**12040**	**9710**	**2254**	**15569**	**2657**	**1270**
3192	511	2963	740	2983	720	872	1627	922	282
5938	2713	4558	4093	4316	4335	575	6795	793	488
2892	2707	1707	3892	1824	3775	262	4510	453	374
3146	651	2849	948	2917	880	545	2637	489	126
49999	**33556**	**35261**	**48294**	**35232**	**48323**	**3351**	**72977**	**4394**	**2833**
12306	3880	9087	7099	9503	6683	2010	10694	2415	1067
8316	6653	4109	10860	4931	10038	349	13821	214	585
19385	13227	14437	18175	13737	18875	664	30088	1122	738
9992	9796	7628	12160	7061	12727	328	18374	643	443
81811	**35034**	**55677**	**61168**	**53578**	**63267**	**2858**	**107422**	**4533**	**2032**
9046	6243	7640	7649	7776	7513	1054	11044	2713	478
9230	6023	6992	8261	6174	9079	250	14287	352	364
9628	2496	7300	4824	7015	5109	181	11749	46	148
24915	7024	16455	15484	15838	16101	507	30517	524	391
28992	13248	17290	24950	16775	25465	866	39825	898	651
123308	**34249**	**102761**	**54796**	**92305**	**65252**	**4505**	**141899**	**8456**	**2697**
21798	4367	19625	6540	19046	7119	2100	19842	3507	716
22163	1136	21395	1904	20816	2483	582	21768	683	266
19615	4393	18246	5762	13937	10071	523	20843	2233	409
24619	10102	16260	18461	13405	21316	596	32278	1172	675
11921	5377	8891	8407	8195	9103	164	16670	148	316
23192	8874	18344	13722	16906	15160	540	30498	713	315
64429	**33692**	**50871**	**47250**	**44818**	**53303**	**4992**	**82829**	**7753**	**2547**
7805	2804	6891	3718	6989	3620	1302	6073	2779	455
5618	3235	4938	3915	4315	4538	508	7554	633	158
5848	4640	5149	5339	4982	5506	768	8625	846	249
10143	3228	9082	4289	8188	5183	534	11200	1265	372
5123	3287	4829	3581	3859	4551	389	7448	346	227
10587	3207	8752	5042	6811	6983	326	12961	312	195
3418	1357	2046	2729	1519	3256	186	4301	185	103
3352	1307	1894	2765	1647	3012	103	4340	154	62
2425	1462	1525	2362	1422	2465	174	3450	195	68
4504	1983	2752	3735	2597	3890	330	5454	402	301
1479	2318	1049	2748	910	2887	232	3169	217	179
4127	4864	1964	7027	1579	7412	140	8254	419	178
36208	**12937**	**25971**	**23174**	**27389**	**21756**	**1912**	**42273**	**3810**	**1150**
12093	2960	9053	6000	9015	6038	825	12494	1379	355
5925	3525	4530	4920	4938	4512	315	8341	608	186
5945	3057	3862	5140	3776	5226	334	8040	381	247
5805	2864	3129	5540	3722	4947	262	7288	885	234
6440	531	5397	1574	5938	1033	176	6110	557	128
62080	**38273**	**55025**	**45328**	**50475**	**49878**	**5291**	**84625**	**7428**	**3009**
7920	2595	7022	3493	7336	3179	1400	5837	2772	506
5123	3730	3777	5076	3909	4944	892	6691	739	531
2691	1677	2211	2157	1966	2402	281	3657	293	137

表8 续表 34

地区	全部数据 家庭户	全部数据 平均每户住房间数(间/户)	全部数据 人均住房建筑面积(平方米/人)	长表数据 家庭户	长表数据 住房内有无管道自来水 有	长表数据 住房内有无管道自来水 无
凤山县	46520	3.04	29.79	4678	2223	2455
东兰县	68434	2.97	34.43	6908	1502	5406
罗城仫佬族自治县	83935	3.43	28.18	8409	2742	5667
环江毛南族自治县	90512	3.07	33.46	9147	2863	6284
巴马瑶族自治县	60504	2.98	31.07	6023	2119	3904
都安瑶族自治县	152874	2.73	32.19	15258	6315	8943
大化瑶族自治县	102028	2.60	29.21	10085	4329	5756
宜州市	159944	3.18	32.26	16109	7436	8673
来宾市	**594341**	**3.59**	**32.14**	**58695**	**34828**	**23867**
兴宾区	232384	3.76	30.64	22978	13863	9115
忻城县	100060	2.85	32.21	9923	4971	4952
象州县	86882	3.87	37.69	8685	3655	5030
武宣县	100290	3.95	32.39	9820	7100	2720
金秀瑶族自治县	37853	3.73	34.52	3848	2672	1176
合山市	36872	2.70	26.61	3441	2567	874
崇左市	**582867**	**3.07**	**34.92**	**59462**	**39098**	**20364**
江州区	93294	3.15	35.24	9462	5732	3730
扶绥县	113351	3.03	34.95	11346	8772	2574
宁明县	96632	2.99	28.70	9714	4468	5246
龙州县	69197	2.55	31.76	7192	5142	2050
大新县	85589	3.55	44.40	9022	6182	2840
天等县	90150	3.22	35.32	9205	6728	2477
凭祥市	34654	2.64	32.55	3521	2074	1447
海南省	**2331149**	**2.36**	**22.86**	**215761**	**127954**	**87807**
海口市	**549454**	**2.25**	**24.26**	**52907**	**46314**	**6593**
秀英区	85573	2.18	21.31	8285	6600	1685
龙华区	171374	2.16	24.43	16536	15296	1240
琼山区	124464	2.23	24.24	12110	9702	2408
美兰区	168043	2.39	25.85	15976	14716	1260
三亚市	**152524**	**3.00**	**25.14**	**15294**	**9970**	**5324**
市辖区	152524	3.00	25.14	15294	9970	5324
省直辖县级行政区划	**1629171**	**2.34**	**22.20**	**147560**	**71670**	**75890**
五指山市	28475	2.39	20.25	2754	1780	974
琼海市	133942	2.55	27.41	12319	7805	4514
儋州市	243987	2.37	22.51	20466	10000	10466
文昌市	161537	2.60	23.30	14488	6337	8151
万宁市	155939	2.27	23.00	14265	6003	8262
东方市	105976	2.59	19.31	9338	5194	4144
定安县	85321	1.55	22.69	7476	4548	2928
屯昌县	72861	1.66	21.74	6326	3098	3228
澄迈县	138454	1.65	22.29	11802	5047	6755
临高县	110638	2.27	22.23	10015	5113	4902
白沙黎族自治县	49856	2.23	18.59	4492	2542	1950
昌江黎族自治县	60202	2.48	19.27	5697	4101	1596
乐东黎族自治县	114859	3.03	22.12	11292	3069	8223
陵水黎族自治县	74475	2.94	20.50	7547	1818	5729
保亭黎族苗族自治县	41937	2.41	19.59	4021	1831	2190
琼中黎族苗族自治县	50667	2.24	21.09	5252	3382	1870
西沙群岛	45	1.91	10.56	10	2	8
南沙群岛						
中沙群岛的岛礁及其海域						
重庆市	**10000965**	**2.96**	**36.99**	**902209**	**530447**	**371762**
市辖区	**5373542**	**2.70**	**34.36**	**492008**	**339444**	**152564**
万州区	529381	3.50	35.96	51289	31244	20045
涪陵区	334579	3.26	37.54	30209	17251	12958
渝中区	230896	1.69	23.00	19291	18750	541
大渡口区	109859	2.16	25.71	10265	9862	403
江北区	249323	2.13	27.95	21856	21377	479
沙坪坝区	301535	2.37	29.11	28520	26236	2284
九龙坡区	376535	2.14	28.56	39127	35521	3606
南岸区	258022	2.30	32.08	26040	24765	1275
北碚区	224094	2.73	31.34	20886	17066	3820
万盛区	83844	2.77	33.06	6929	5071	1858
双桥区	18476	2.45	30.88	1525	1240	285
渝北区	462638	2.52	36.37	41878	33335	8543

长表数据									
住房内有无厨房		住房内有无厕所		住房内有无洗澡设施		住房来源			
有	无	有	无	有	无	租赁	自建	购买	其他
2772	1906	2414	2264	1780	2898	137	4161	269	111
3877	3031	4001	2907	3031	3877	311	6175	303	119
4846	3563	3452	4957	3555	4854	223	7493	410	283
3535	5612	2667	6480	2803	6344	451	7833	495	368
3326	2697	3023	3000	2470	3553	241	5491	195	96
10371	4887	10245	5013	8868	6390	245	14548	251	214
6976	3109	6479	3606	5619	4466	184	9394	344	163
10643	5466	9734	6375	9138	6971	926	13345	1357	481
42007	**16688**	**32567**	**26128**	**33016**	**25679**	**2682**	**49475**	**4506**	**2032**
17899	5079	14386	8592	14515	8463	1117	18828	2192	841
5720	4203	5029	4894	4478	5445	224	9203	276	220
5631	3054	3708	4977	3824	4861	521	7607	341	216
7222	2598	5590	4230	5470	4350	382	8663	543	232
3151	697	1826	2022	2532	1316	173	3271	255	149
2384	1057	2028	1413	2197	1244	265	1903	899	374
47583	**11879**	**38333**	**21129**	**38661**	**20801**	**3465**	**49250**	**4516**	**2231**
6955	2507	5697	3765	6247	3215	661	7352	1021	428
9389	1957	7339	4007	8321	3025	632	9080	964	670
6866	2848	3870	5844	4158	5556	376	8473	567	298
4962	2230	3541	3651	3498	3694	379	5883	569	361
7452	1570	6381	2641	6334	2688	515	7764	590	153
8914	291	9015	190	7807	1398	203	8505	299	198
3045	476	2490	1031	2296	1225	699	2193	506	123
157988	**57773**	**123548**	**92213**	**122131**	**93630**	**26731**	**140756**	**37130**	**11144**
44604	**8303**	**43369**	**9538**	**42803**	**10104**	**13684**	**19046**	**17177**	**3000**
6627	1658	6053	2232	6420	1865	1594	4680	1544	467
14471	2065	14183	2353	14008	2528	5172	3835	6591	938
9293	2817	8992	3118	8764	3346	2713	5346	3473	578
14213	1763	14141	1835	13611	2365	4205	5185	5569	1017
10969	**4325**	**10756**	**4538**	**9539**	**5755**	**3714**	**7790**	**2680**	**1110**
10969	4325	10756	4538	9539	5755	3714	7790	2680	1110
102415	**45145**	**69423**	**78137**	**69789**	**77771**	**9333**	**113920**	**17273**	**7034**
1660	1094	1469	1285	1332	1422	519	1449	461	325
8955	3364	7179	5140	7534	4785	773	9666	1467	413
17253	3213	10392	10074	11231	9235	1213	15544	2632	1077
11060	3428	8322	6166	7489	6999	867	11914	1137	570
9706	4559	6869	7396	6758	7507	594	11441	1825	405
6115	3223	4084	5254	3848	5490	541	7200	1024	573
5184	2292	3387	4089	4053	3423	284	6013	862	317
5182	1144	3086	3240	2981	3345	465	4852	734	275
7926	3876	4687	7115	5098	6704	531	9672	960	639
7068	2947	3618	6397	4482	5533	238	9025	373	379
3382	1110	2710	1782	1942	2550	488	2663	1099	242
4412	1285	3290	2407	3271	2426	679	3354	1289	375
5615	5677	3650	7642	3688	7604	755	9011	950	576
3361	4186	2353	5194	2288	5259	161	6736	414	236
2203	1818	1666	2355	1387	2634	342	2441	911	327
3324	1928	2657	2595	2401	2851	879	2934	1135	304
9	1	4	6	6	4	4	5		1
818799	**83410**	**731789**	**170420**	**520346**	**381863**	**93301**	**539648**	**245471**	**23789**
461035	**30973**	**428705**	**63303**	**335194**	**156814**	**69976**	**221140**	**184976**	**15916**
47115	4174	39972	11317	31892	19397	3675	31144	15382	1088
28993	1216	27050	3159	17338	12871	1906	18991	8278	1034
18182	1109	18213	1078	17468	1823	8255	266	9942	828
9598	667	9411	854	8604	1661	2765	1596	5506	398
21273	583	20704	1152	20226	1630	4456	1764	14068	1568
27455	1065	26977	1543	25211	3309	6482	5128	15767	1143
36060	3067	36591	2536	33441	5686	11776	6076	19383	1892
24575	1465	23951	2089	22295	3745	5981	3017	16121	921
19799	1087	17797	3089	16217	4669	2745	9319	8129	693
6632	297	4802	2127	4653	2276	434	3654	2712	129
1384	141	1251	274	1145	380	200	508	764	53
39803	2075	37493	4385	32876	9002	5910	11764	23224	980

表8 续表 35

地区	全部数据			长表数据		
	家庭户	平均每户住房间数(间/户)	人均住房建筑面积(平方米/人)	家庭户	住房内有无管道自来水	
					有	无
巴南区	325113	2.83	33.65	27487	17934	9553
黔江区	151674	3.20	37.66	13894	6780	7114
长寿区	296601	2.69	35.02	26097	15011	11086
江津区	442040	2.57	38.15	38734	18169	20565
合川区	481648	2.68	36.51	38500	15839	22661
永川区	320055	2.84	37.33	32573	14799	17774
南川区	177229	3.86	49.08	16908	9194	7714
县	**4627423**	**3.27**	**39.95**	**410201**	**191003**	**219198**
綦江县	295848	3.17	35.23	24577	14005	10572
潼南县	234671	3.29	39.65	20388	10495	9893
铜梁县	227416	2.97	44.97	22821	9028	13793
大足县	224980	3.56	38.02	20466	7192	13274
荣昌县	251154	2.76	37.94	20789	7110	13679
璧山县	216168	2.64	40.74	18569	10986	7583
梁平县	247037	3.34	44.11	22193	9670	12523
城口县	60851	3.29	40.75	6584	3503	3081
丰都县	227564	2.74	37.91	18640	10573	8067
垫江县	228085	2.97	39.54	20499	13032	7467
武隆县	116978	3.32	42.47	10690	5894	4796
忠县	259533	3.08	41.13	23168	9970	13198
开县	420652	4.31	46.34	36354	21351	15003
云阳县	338885	3.62	37.64	29706	12612	17094
奉节县	297314	3.26	37.28	25177	8862	16315
巫山县	168380	2.97	36.57	16634	4724	11910
巫溪县	144066	3.74	44.77	12656	8066	4590
石柱土家族自治县	148110	2.99	45.42	12790	8898	3892
秀山土家族苗族自治县	148664	3.47	37.03	13755	4166	9589
酉阳土家族苗族自治县	195743	3.07	35.13	18174	4299	13875
彭水苗族土家族自治县	175324	3.10	37.34	15571	6567	9004
四川省	**25794161**	**3.25**	**35.12**	**2689049**	**1183513**	**1505536**
成都市	**4547109**	**2.95**	**36.58**	**452025**	**309042**	**142983**
锦江区	224578	2.09	26.36	20219	19816	403
青羊区	268822	2.13	28.85	24381	23697	684
金牛区	409518	2.07	25.04	40088	36586	3502
武侯区	460612	2.11	28.11	45548	41442	4106
成华区	322754	2.19	24.81	31284	29533	1751
龙泉驿区	222360	2.88	36.31	22302	18798	3504
青白江区	143539	3.01	38.30	14193	7580	6613
新都区	251237	3.94	39.52	25597	13602	11995
温江区	134259	3.04	42.21	13633	8166	5467
金堂县	257711	3.87	39.33	26290	8723	17567
双流县	410518	3.26	41.48	41381	28254	13127
郫县	225017	2.70	41.83	22089	12612	9477
大邑县	150735	3.37	46.80	16235	7405	8830
蒲江县	87059	4.54	58.57	9017	3898	5119
新津县	107492	3.06	47.46	10894	4126	6768
都江堰市	210521	3.36	40.11	21125	11984	9141
彭州市	250840	4.29	42.03	25451	12869	12582
邛崃市	203029	3.69	44.73	21010	8683	12327
崇州市	206508	3.28	43.12	21288	11268	10020
自贡市	**836231**	**3.05**	**32.78**	**89230**	**39104**	**50126**
自流井区	111218	2.62	31.02	11663	10042	1621
贡井区	79081	2.81	29.23	8784	4408	4376
大安区	132348	2.75	30.84	13493	7890	5603
沿滩区	87420	3.37	35.15	9297	3576	5721
荣县	187304	3.00	33.62	21178	6291	14887
富顺县	238860	3.41	34.16	24815	6897	17918
攀枝花市	**378764**	**2.70**	**28.31**	**38527**	**29221**	**9306**
东区	126168	2.10	25.47	12746	11773	973
西区	56615	2.07	23.28	5439	5079	360
仁和区	76962	3.00	29.21	7850	5131	2719
米易县	61614	3.52	35.52	6411	5575	836
盐边县	57405	3.36	28.11	6081	1663	4418
泸州市	**1268324**	**3.25**	**35.78**	**125851**	**46993**	**78858**
江阳区	180081	3.07	37.66	18280	10787	7493
纳溪区	138913	3.56	34.99	13259	5169	8090

长表数据									
住房内有无厨房		住房内有无厕所		住房内有无洗澡设施		住房来源			
有	无	有	无	有	无	租赁	自建	购买	其他
26449	1038	27019	468	17471	10016	3037	14678	8789	983
11883	2011	12110	1784	5693	8201	1774	10538	1238	344
25036	1061	24064	2033	18570	7527	1442	16760	7314	581
37137	1597	35653	3081	18214	20520	2947	25685	9164	938
34410	4090	28030	10470	16283	22217	3120	26337	7968	1075
29611	2962	26035	6538	18674	13899	2500	20317	8911	845
15640	1268	11582	5326	8923	7985	571	13598	2316	423
357764	**52437**	**303084**	**107117**	**185152**	**225049**	**23325**	**318508**	**60495**	**7873**
22455	2122	17882	6695	13006	11571	1830	16387	5879	481
19256	1132	18364	2024	13470	6918	1668	15130	3185	405
21491	1330	20270	2551	11101	11720	1266	17247	3795	513
16884	3582	13547	6919	9087	11379	1170	15850	3190	256
19750	1039	18989	1800	9984	10805	1314	14803	4243	429
17674	895	16372	2197	9810	8759	2217	11359	4503	490
20482	1711	17817	4376	11443	10750	1120	18111	2545	417
5142	1442	3500	3084	2394	4190	308	5511	651	114
16757	1883	14532	4108	7052	11588	707	13691	3760	482
19207	1292	17934	2565	10202	10297	1048	15782	3347	322
9314	1376	5912	4778	4788	5902	612	8525	1299	254
18249	4919	14240	8928	8405	14763	1080	18248	3256	584
33077	3277	28921	7433	21534	14820	1700	29220	4712	722
25715	3991	20126	9580	13304	16402	1241	23115	4942	408
20343	4834	14771	10406	8771	16406	1768	18862	4172	375
14301	2333	11909	4725	5712	10922	692	13595	2048	299
11826	830	10411	2245	6258	6398	710	10833	941	172
12221	569	12200	590	4953	7837	713	10026	1876	175
11361	2394	9621	4134	4559	9196	197	12691	660	207
8757	9417	5606	12568	3850	14324	831	16113	681	549
13502	2069	10160	5411	5469	10102	1133	13409	810	219
2467468	**221581**	**2337081**	**351968**	**1593810**	**1095239**	**206949**	**1901134**	**495802**	**85164**
423006	**29019**	**415550**	**36475**	**361405**	**90620**	**87949**	**190669**	**140394**	**33013**
19421	798	19454	765	19133	1086	5358	528	10771	3562
23275	1106	23549	832	22744	1637	6759	766	13662	3194
35625	4463	36326	3762	33611	6477	16205	1776	17459	4648
40685	4863	42050	3498	38063	7485	18645	1389	21673	3841
28829	2455	28792	2492	27677	3607	10193	1803	15365	3923
21439	863	21357	945	18038	4264	4235	8649	9105	313
13247	946	12160	2033	10026	4167	1407	8484	3866	436
23860	1737	22624	2973	21033	4564	3719	14668	5727	1483
13152	481	12800	833	11791	1842	1505	7224	4064	840
23011	3279	20391	5899	12161	14129	1050	21463	3099	678
39256	2125	38936	2445	33354	8027	9515	18503	11200	2163
20814	1275	20179	1910	17458	4631	4153	10414	5611	1911
15915	320	15678	557	11447	4788	720	12614	2280	621
8874	143	8622	395	6749	2268	154	7847	859	157
10411	483	9942	952	8041	2853	869	7325	2294	406
19467	1658	18838	2287	16624	4501	1580	12250	5026	2269
24502	949	23387	2064	20892	4559	706	20210	3420	1115
20551	459	20201	809	14871	6139	424	17450	2522	614
20672	616	20264	1024	17692	3596	752	17306	2391	839
84959	**4271**	**78913**	**10317**	**57180**	**32050**	**6024**	**62280**	**19021**	**1905**
11341	322	10330	1333	9969	1694	1491	2642	7087	443
8232	552	6805	1979	5510	3274	659	6178	1750	197
12876	617	10957	2536	9829	3664	651	9135	3413	294
8933	364	8363	934	5961	3336	495	8058	638	106
20101	1077	19883	1295	12264	8914	1498	16190	3064	426
23476	1339	22575	2240	13647	11168	1230	20077	3069	439
33943	**4584**	**33435**	**5092**	**29034**	**9493**	**6853**	**15088**	**14694**	**1892**
11326	1420	11562	1184	10821	1925	3436	413	8260	637
4839	600	4549	890	3917	1522	1261	831	2987	360
7040	810	7177	673	6109	1741	1207	3990	2246	407
6010	401	5798	613	4565	1846	619	4825	682	285
4728	1353	4349	1732	3622	2459	330	5029	519	203
118074	**7777**	**113022**	**12829**	**72331**	**53520**	**6977**	**93092**	**23462**	**2320**
17739	541	17112	1168	13334	4946	2080	9016	6606	578
12733	526	12372	887	7290	5969	892	9577	2483	307

表8 续表 36

地区	全部数据			长表数据		
	家庭户	平均每户住房间数(间/户)	人均住房建筑面积(平方米/人)	家庭户	住房内有无管道自来水	
					有	无
龙马潭区	120304	2.84	38.35	11877	8174	3703
泸县	256318	3.32	41.58	25136	5735	19401
合江县	230204	3.40	37.45	23413	7031	16382
叙永县	167500	3.15	32.52	16589	5414	11175
古蔺县	175004	3.27	27.97	17297	4683	12614
德阳市	**1296585**	**3.35**	**35.60**	**131931**	**56229**	**75702**
旌阳区	256764	2.82	35.36	25584	16258	9326
中江县	416152	3.65	37.34	44455	14050	30405
罗江县	78229	3.70	39.40	8034	2410	5624
广汉市	206247	3.56	34.54	20789	9747	11042
什邡市	147446	3.34	34.54	14982	7949	7033
绵竹市	191747	3.05	32.15	18087	5815	12272
绵阳市	**1672203**	**3.37**	**40.25**	**173625**	**79722**	**93903**
涪城区	301161	2.68	35.18	29327	24580	4747
游仙区	178901	3.73	45.93	18486	11078	7408
三台县	378146	3.79	41.37	42268	9139	33129
盐亭县	158687	3.13	37.95	15649	4699	10950
安县	143826	2.75	41.72	14941	5361	9580
梓潼县	108642	3.70	43.56	10946	3573	7373
北川羌族自治县	67514	2.86	36.38	6890	3270	3620
平武县	55148	2.92	37.26	6495	3529	2966
江油市	280178	3.84	41.29	28623	14493	14130
广元市	**831175**	**3.48**	**39.20**	**91308**	**39633**	**51675**
利州区	168056	3.07	35.41	16477	12942	3535
元坝区	54405	3.65	44.20	6202	1748	4454
朝天区	52704	3.50	34.51	6229	1241	4988
旺苍县	124314	3.74	36.15	13698	5589	8109
青川县	76047	3.55	36.50	8426	5514	2912
剑阁县	164872	3.12	43.68	18173	4120	14053
苍溪县	190777	3.91	42.17	22103	8479	13624
遂宁市	**1027409**	**3.09**	**34.64**	**110510**	**37147**	**73363**
船山区	208896	2.80	34.66	21186	12527	8659
安居区	186603	3.19	34.37	20669	3207	17462
蓬溪县	174460	2.94	31.24	19870	4918	14952
射洪县	307417	3.31	37.26	32416	12223	20193
大英县	150033	3.07	33.91	16369	4272	12097
内江市	**1203038**	**3.35**	**30.46**	**127919**	**41891**	**86028**
市中区	166228	2.82	28.76	16331	8743	7588
东兴区	237046	3.33	29.11	25152	7619	17533
威远县	204600	3.16	30.31	22815	8028	14787
资中县	370430	3.70	29.42	39386	9270	30116
隆昌县	224734	3.36	35.54	24235	8231	16004
乐山市	**1065594**	**3.25**	**38.66**	**113343**	**48447**	**64896**
市中区	210232	3.28	41.36	21442	13094	8348
沙湾区	57649	3.33	36.82	6387	3237	3150
五通桥区	106566	3.08	32.83	10337	5601	4736
金口河区	15400	3.39	31.54	1739	652	1087
犍为县	167063	3.31	43.61	17908	4976	12932
井研县	105816	3.42	41.01	12442	3206	9236
夹江县	110171	3.27	44.44	11501	3397	8104
沐川县	67230	3.29	33.04	7593	2699	4894
峨边彝族自治县	39067	3.30	27.25	4178	900	3278
马边彝族自治县	47353	2.86	24.76	5614	1793	3821
峨眉山市	139047	3.13	41.80	14202	8892	5310
南充市	**2046140**	**3.47**	**34.48**	**231066**	**81276**	**149790**
顺庆区	222144	2.69	30.41	22143	15781	6362
高坪区	166149	3.67	34.78	17483	7107	10376
嘉陵区	188810	3.39	31.31	22810	5711	17099
南部县	320854	3.37	38.89	37953	11335	26618
营山县	236951	3.76	35.92	28105	7446	20659
蓬安县	193050	3.68	35.43	22508	6879	15629
仪陇县	286139	4.74	34.23	31745	10578	21167
西充县	180955	2.48	30.54	22644	7038	15606
阆中市	251088	3.08	35.79	25675	9401	16274

长表数据									
住房内有无厨房		住房内有无厕所		住房内有无洗澡设施		住房来源			
有	无	有	无	有	无	租赁	自建	购买	其他
11532	345	11204	673	9480	2397	1302	5105	5232	238
24592	544	24134	1002	15458	9678	612	21425	2924	175
22100	1313	21123	2290	13401	10012	1310	18059	3596	448
14353	2236	13257	3332	5971	10618	547	13997	1663	382
15025	2272	13820	3477	7397	9900	234	15913	958	192
125501	**6430**	**122831**	**9100**	**93209**	**38722**	**8274**	**99018**	**20846**	**3793**
24358	1226	24268	1316	20160	5424	3737	11242	9555	1050
43101	1354	42035	2420	27317	17138	1088	40427	2534	406
7643	391	7548	486	5337	2697	245	6703	874	212
19755	1034	19055	1734	16224	4565	1531	14782	3766	710
14003	979	13513	1469	11391	3591	1080	10903	2134	865
16641	1446	16412	1675	12780	5307	593	14961	1983	550
164875	**8750**	**160174**	**13451**	**105361**	**68264**	**14964**	**125327**	**30050**	**3284**
28487	840	28437	890	23851	5476	7966	10207	10567	587
17922	564	17819	667	12495	5991	2044	11875	4294	273
39970	2298	39328	2940	19624	22644	998	36780	3952	538
14977	672	15142	507	8950	6699	378	13554	1450	267
13919	1022	13742	1199	8908	6033	1137	12745	654	405
10286	660	9887	1059	5449	5497	314	9520	962	150
6294	596	5260	1630	3866	3024	286	5291	1010	303
6222	273	4864	1631	3713	2782	172	5679	538	106
26798	1825	25695	2928	18505	10118	1669	19676	6623	655
84211	**7097**	**77293**	**14015**	**39999**	**51309**	**5091**	**72550**	**11287**	**2380**
14977	1500	14079	2398	10548	5929	2634	7495	5422	926
5767	435	5178	1024	1541	4661	181	5721	223	77
4976	1253	3857	2372	1272	4957	148	5798	197	86
12496	1202	10692	3006	5379	8319	779	10835	1893	191
7695	731	6377	2049	4738	3688	196	7428	305	497
17187	986	16834	1339	5661	12512	623	16078	1139	333
21113	990	20276	1827	10860	11243	530	19195	2108	270
101136	**9374**	**95701**	**14809**	**55546**	**54964**	**4277**	**84960**	**19264**	**2009**
20665	521	20390	796	15905	5281	1584	10378	8264	960
19178	1491	17728	2941	7717	12952	183	19440	928	118
17072	2798	15734	4136	7190	12680	804	16651	2077	338
29814	2602	28464	3952	17768	14648	891	24881	6189	455
14407	1962	13385	2984	6966	9403	815	13610	1806	138
115365	**12554**	**108061**	**19858**	**73117**	**54802**	**5556**	**97094**	**22610**	**2659**
15159	1172	14229	2102	12180	4151	1452	8693	5584	602
22872	2280	21214	3938	12708	12444	1001	19121	4339	691
20899	1916	19343	3472	13750	9065	1490	16535	4509	281
33412	5974	30919	8467	19504	19882	881	33975	3877	653
23023	1212	22356	1879	14975	9260	732	18770	4301	432
108318	**5025**	**105197**	**8146**	**76027**	**37316**	**6463**	**81765**	**22301**	**2814**
20984	458	20744	698	18283	3159	2369	11241	7138	694
6114	273	5889	498	4702	1685	226	4779	1225	157
9944	393	9378	959	7718	2619	464	6933	2629	311
1597	142	1563	176	1044	695	71	1232	401	35
17284	624	16957	951	9914	7994	681	14169	2733	325
11519	923	10704	1738	5372	7070	535	10059	1626	222
11228	273	11190	311	8844	2657	408	9557	1365	171
7252	341	6894	699	4561	3032	273	6466	784	70
3834	344	3754	424	1944	2234	214	3239	502	223
4661	953	4310	1304	1717	3897	126	4937	435	116
13901	301	13814	388	11928	2274	1096	9153	3463	490
214573	**16493**	**207668**	**23398**	**124748**	**106318**	**8131**	**182468**	**36215**	**4252**
20858	1285	20729	1414	16941	5202	2347	7645	10806	1345
16385	1098	15884	1599	9384	8099	809	13549	2891	234
21303	1507	20851	1959	16549	6261	1045	19618	1687	460
34208	3745	33148	4805	17871	20082	1220	32736	3466	531
26831	1274	25434	2671	13440	14665	289	23578	3792	446
21032	1476	20418	2090	11320	11188	423	18991	2746	348
30506	1239	29709	2036	14963	16782	795	27124	3397	429
19435	3209	18429	4215	9712	12932	555	18772	3107	210
24015	1660	23066	2609	14568	11107	648	20455	4323	249

表8 续表 37

地区	全部数据			长表数据		
	家庭户	平均每户住房间数(间/户)	人均住房建筑面积(平方米/人)	家庭户	住房内有无管道自来水	
					有	无
眉山市	**1010659**	**3.73**	**42.83**	**101227**	**31943**	**69284**
东坡区	271941	3.55	43.39	27022	10669	16353
仁寿县	441498	4.01	38.32	44142	11867	32275
彭山县	93131	3.13	45.66	9449	2681	6768
洪雅县	97937	3.62	51.40	9932	3291	6641
丹棱县	45516	4.07	50.08	4640	1782	2858
青神县	60636	3.31	47.20	6042	1653	4389
宜宾市	**1419153**	**3.32**	**35.84**	**149524**	**55256**	**94268**
翠屏区	273323	2.79	33.17	27738	17190	10548
宜宾县	265526	3.60	35.35	29168	6413	22755
南溪县	109279	3.15	35.39	11210	4635	6575
江安县	131405	3.79	37.73	13525	3621	9904
长宁县	117220	3.31	42.58	12290	3383	8907
高县	127723	3.26	36.41	13640	3899	9741
珙县	114379	3.32	37.31	12032	5267	6765
筠连县	94035	3.63	35.39	9903	4270	5633
兴文县	113720	3.34	32.93	11769	3561	8208
屏山县	72543	3.47	36.31	8249	3017	5232
广安市	**1128089**	**3.24**	**38.52**	**126253**	**39400**	**86853**
广安区	302772	3.38	39.56	34979	10657	24322
岳池县	272320	3.42	39.63	31221	7785	23436
武胜县	205758	3.33	38.26	23765	5821	17944
邻水县	253069	2.77	35.40	26906	10067	16839
华蓥市	94170	3.39	40.75	9382	5070	4312
达州市	**1674174**	**3.00**	**31.78**	**168589**	**84566**	**84023**
通川区	147318	2.52	30.33	13977	11362	2615
达县	332887	2.72	31.04	36132	24751	11381
宣汉县	294769	3.12	29.98	29126	13640	15486
开江县	141881	3.73	36.53	13649	4963	8686
大竹县	283101	2.96	34.93	28430	13641	14789
渠县	338056	2.98	29.69	32837	9986	22851
万源市	136162	3.36	34.00	14438	6223	8215
雅安市	**462031**	**3.57**	**36.10**	**47719**	**34784**	**12935**
雨城区	114943	3.23	39.46	11710	9774	1936
名山县	76266	3.67	40.98	7918	4232	3686
荥经县	46933	2.79	30.44	4843	3698	1145
汉源县	94098	4.54	34.18	9719	5325	4394
石棉县	39378	3.17	29.51	3806	3369	437
天全县	40023	3.37	35.31	4542	3845	697
芦山县	34878	3.54	36.76	3467	2900	567
宝兴县	15512	3.68	34.79	1714	1641	73
巴中市	**959993**	**3.82**	**31.71**	**98640**	**33368**	**65272**
巴州区	334439	4.09	31.58	34353	12958	21395
通江县	185191	3.36	29.99	19828	5912	13916
南江县	175037	4.07	33.11	17399	5816	11583
平昌县	265326	3.64	32.25	27060	8682	18378
资阳市	**1308624**	**3.41**	**36.87**	**139056**	**34755**	**104301**
雁江区	335033	3.33	36.82	32421	9582	22839
安岳县	374046	3.39	34.50	41589	7873	33716
乐至县	207799	2.92	36.44	24747	5606	19141
简阳市	391746	3.74	39.67	40299	11694	28605
阿坝藏族羌族自治州	**224083**	**4.28**	**34.77**	**23010**	**13028**	**9982**
汶川县	25595	4.28	37.97	2547	1894	653
理县	11905	4.65	41.91	1274	799	475
茂县	28517	4.62	43.42	2947	2137	810
松潘县	17415	3.31	32.30	1804	561	1243
九寨沟县	18021	3.13	32.51	1866	1299	567
金川县	17408	5.19	41.93	1923	1197	726
小金县	21423	5.70	36.81	2298	1558	740
黑水县	15566	4.20	43.36	1569	589	980
马尔康县	16505	4.13	48.74	1656	1132	524
壤塘县	8998	4.70	31.12	970	217	753
阿坝县	14582	3.74	18.57	1355	377	978
若尔盖县	15442	4.11	19.82	1531	751	780
红原县	12706	3.26	20.81	1270	517	753

长表数据									
住房内有无厨房		住房内有无厕所		住房内有无洗澡设施		住房来源			
有	无	有	无	有	无	租赁	自建	购买	其他
96555	**4672**	**94079**	**7148**	**71428**	**29799**	**3693**	**82062**	**14121**	**1351**
26239	783	26349	673	21148	5874	1516	19874	5207	425
40796	3346	38486	5656	27744	16398	1176	37396	5124	446
9334	115	9215	234	6837	2612	355	7306	1653	135
9712	220	9643	289	7868	2064	251	8536	963	182
4523	117	4486	154	3541	1099	108	4020	446	66
5951	91	5900	142	4290	1752	287	4930	728	97
141586	**7938**	**137821**	**11703**	**82075**	**67449**	**9875**	**114074**	**21773**	**3802**
25475	2263	25035	2703	18974	8764	4699	12018	9643	1378
27589	1579	26795	2373	14856	14312	1174	25231	2106	657
10639	571	10465	745	6577	4633	687	8380	1825	318
13078	447	12917	608	6878	6647	583	11206	1527	209
12009	281	11872	418	4047	8243	488	10494	1140	168
12867	773	12740	900	6051	7589	510	11572	1294	264
11432	600	10921	1111	6819	5213	788	8719	2363	162
9302	601	9140	763	5955	3948	394	8548	707	254
11449	320	11167	602	8053	3716	283	10477	781	228
7746	503	6769	1480	3865	4384	269	7429	387	164
122675	**3578**	**118881**	**7372**	**61566**	**64687**	**3376**	**101416**	**18822**	**2639**
34166	813	33320	1659	16414	18565	1460	26180	6293	1046
31221		31221		13796	17425	481	26394	3908	438
22151	1614	20510	3255	11059	12706	491	20145	2824	305
26820	86	26733	173	14414	12492	610	22028	3650	618
8317	1065	7097	2285	5883	3499	334	6669	2147	232
154711	**13878**	**140560**	**28029**	**100554**	**68035**	**6786**	**129865**	**27857**	**4081**
13069	908	12316	1661	11065	2912	1810	5062	6421	684
33939	2193	28884	7248	20904	15228	1543	27584	5903	1102
25264	3862	22480	6646	15876	13250	604	23984	4050	488
12674	975	11777	1872	8836	4813	270	11823	1311	245
26398	2032	24689	3741	19019	9411	1178	23067	3625	560
30864	1973	29426	3411	16281	16556	788	26810	4643	596
12503	1935	10988	3450	8573	5865	593	11535	1904	406
44089	**3630**	**41950**	**5769**	**30290**	**17429**	**1627**	**37145**	**6937**	**2010**
11338	372	11087	623	9336	2374	571	6982	3737	420
7669	249	7267	651	5286	2632	81	7247	477	113
4278	565	4379	464	2522	2321	291	3635	778	139
8050	1669	7423	2296	5284	4435	227	8276	160	1056
3426	380	3067	739	2347	1459	239	2634	803	130
4372	170	4162	380	2275	2267	98	3820	543	81
3293	174	3152	315	2123	1344	78	3108	234	47
1663	51	1413	301	1117	597	42	1443	205	24
89479	**9161**	**69721**	**28919**	**39821**	**58819**	**4228**	**78562**	**14426**	**1424**
32734	1619	28655	5698	17535	16818	1519	24949	7363	522
17735	2093	15502	4326	8014	11814	542	17106	1987	193
15995	1404	15211	2188	6275	11124	1089	14418	1621	271
23015	4045	10353	16707	7997	19063	1078	22089	3455	438
125015	**14041**	**116647**	**22409**	**63563**	**75493**	**6262**	**114236**	**16410**	**2148**
30284	2137	30334	2087	17098	15323	2287	24096	5340	698
36758	4831	31881	9708	18068	23521	1194	36501	3484	410
21904	2843	20928	3819	9681	15066	1043	20634	2607	463
36069	4230	33504	6795	18716	21583	1738	33005	4979	577
19216	**3794**	**15755**	**7255**	**11028**	**11982**	**1446**	**17823**	**2058**	**1683**
2376	171	2128	419	2038	509	72	1799	541	135
1153	121	1063	211	932	342	43	987	84	160
2553	394	2168	779	1716	1231	105	2537	204	101
1613	191	1486	318	593	1211	100	1530	70	104
1676	190	1326	540	894	972	265	1284	192	125
1796	127	1403	520	832	1091	70	1605	176	72
2181	117	1708	590	1332	966	68	1982	109	139
1045	524	751	818	533	1036	105	1317	66	81
1410	246	1349	307	860	796	246	817	409	184
707	263	549	421	182	788	51	760	60	99
893	462	647	708	323	1032	89	1129	53	84
1103	428	635	896	385	1146	87	1259	73	112
710	560	542	728	408	862	145	817	21	287

表8　续表 38

地　区	全部数据			长表数据		
	家庭户	平均每户住房间数（间/户）	人均住房建筑面积（平方米/人）	家庭户	住房内有无管道自来水	
					有	无
甘孜藏族自治州	**251861**	**3.19**	**26.45**	**25569**	**11239**	**14330**
康定县	30089	3.07	30.41	3005	2338	667
泸定县	24833	3.49	31.04	2426	2152	274
丹巴县	14847	4.48	36.90	1551	939	612
九龙县	16185	3.43	28.36	1606	1293	313
雅江县	10061	4.19	32.75	1114	627	487
道孚县	13405	2.73	29.56	1436	856	580
炉霍县	10006	3.07	25.11	1073	444	629
甘孜县	14464	3.08	21.85	1490	410	1080
新龙县	9140	4.51	23.37	919	161	758
德格县	20093	2.79	20.95	2034	215	1819
白玉县	10596	3.29	24.29	1096	209	887
石渠县	21824	2.39	21.65	1866	51	1815
色达县	13140	2.37	15.27	1331	60	1271
理塘县	15591	2.80	22.09	1637	151	1486
巴塘县	10929	3.26	25.30	1112	654	458
乡城县	5560	3.65	33.58	604	271	333
稻城县	6442	2.76	27.26	730	193	537
得荣县	4656	3.38	34.35	539	215	324
凉山彝族自治州	**1182922**	**2.85**	**27.09**	**124127**	**36469**	**87658**
西昌市	203918	2.89	28.47	20732	12402	8330
木里藏族自治县	29229	3.41	28.93	3202	508	2694
盐源县	85378	3.15	32.57	9341	2073	7268
德昌县	57443	3.13	38.84	6097	2401	3696
会理县	117342	3.60	34.70	12362	3000	9362
会东县	97243	3.67	33.02	10557	2662	7895
宁南县	45960	3.71	29.51	4625	1920	2705
普格县	39440	2.13	22.22	4009	844	3165
布拖县	39927	1.56	22.23	4466	814	3652
金阳县	37448	1.85	18.91	4119	479	3640
昭觉县	65123	1.69	19.85	6679	1413	5266
喜德县	43072	2.27	21.40	4460	847	3613
冕宁县	89744	3.18	24.28	9141	1311	7830
越西县	69549	2.57	22.62	7127	1919	5208
甘洛县	48124	2.81	21.53	5118	929	4189
美姑县	53981	1.70	20.05	5215	522	4693
雷波县	60001	2.88	23.71	6877	2425	4452
贵州省	**10558461**	**2.93**	**27.70**	**1005797**	**467162**	**538635**
贵阳市	**1370555**	**2.53**	**28.66**	**130118**	**104371**	**25747**
南明区	274154	2.19	23.15	26214	22095	4119
云岩区	317795	2.00	21.65	30640	27939	2701
花溪区	90490	3.19	34.29	8740	6668	2072
乌当区	112433	2.93	40.59	10754	9091	1663
白云区	79747	2.77	32.41	7968	6491	1477
小河区	83682	2.36	28.91	8105	6714	1391
开阳县	115509	3.15	33.93	10952	6062	4890
息烽县	74010	2.87	33.39	6779	5419	1360
修文县	80663	2.59	28.85	7111	4689	2422
清镇市	142072	2.87	30.07	12855	9203	3652
六盘水市	**889146**	**2.57**	**23.87**	**82441**	**33330**	**49111**
钟山区	187383	2.48	23.39	16791	11287	5504
六枝特区	152304	2.83	24.56	14416	5873	8543
水城县	202425	2.96	22.92	18082	1816	16266
盘县	347034	2.27	24.45	33152	14354	18798
遵义市	**1944757**	**3.09**	**31.68**	**180028**	**90863**	**89165**
红花岗区	223641	2.42	27.75	18925	16110	2815
汇川区	142614	2.77	32.55	12851	9612	3239
遵义县	297652	3.21	32.82	27370	12951	14419
桐梓县	163546	3.24	32.28	14911	5479	9432
绥阳县	119374	3.01	31.22	11188	6670	4518
正安县	126238	2.95	29.13	12311	4154	8157
道真仡佬族苗族自治县	80896	2.80	30.94	7762	2116	5646
务川仡佬族苗族自治县	99106	2.83	28.53	9838	3666	6172
凤冈县	100947	3.25	32.53	9644	3238	6406
湄潭县	120089	3.47	33.12	11266	6765	4501

长表数据									
住房内有无厨房		住房内有无厕所		住房内有无洗澡设施		住房来源			
有	无	有	无	有	无	租赁	自建	购买	其他
18537	**7032**	**12718**	**12851**	**4995**	**20574**	**2165**	**19358**	**2252**	**1794**
2545	460	1964	1041	1096	1909	601	1600	671	133
2198	228	2005	421	1029	1397	237	1764	300	125
1435	116	1136	415	435	1116	89	1258	165	39
1229	377	881	725	409	1197	114	1281	141	70
898	216	310	804	445	669	73	906	117	18
1163	273	876	560	101	1335	150	1021	63	202
885	188	755	318	102	971	114	878	46	35
1029	461	764	726	93	1397	179	1194	78	39
819	100	728	191	156	763	8	762	11	138
1523	511	761	1273	117	1917	82	1733	87	132
897	199	630	466	59	1037	58	873	28	137
377	1489	40	1826	14	1852	78	1480	36	272
304	1027	209	1122	25	1306	11	1096	27	197
1135	502	722	915	14	1623	174	1178	184	101
959	153	367	745	315	797	60	830	130	92
439	165	167	437	240	364	68	466	40	30
252	478	122	608	104	626	54	578	74	24
450	89	281	258	241	298	15	460	54	10
81644	**42483**	**71104**	**53023**	**40533**	**83594**	**6932**	**102282**	**11002**	**3911**
16988	3744	16275	4457	11885	8847	3153	11414	5207	958
2353	849	527	2675	343	2859	104	2788	199	111
5937	3404	4893	4448	1878	7463	410	8343	290	298
5753	344	5488	609	3871	2226	352	5056	569	120
11096	1266	10281	2081	6991	5371	729	10426	787	420
7934	2623	6624	3933	4966	5591	436	9312	462	347
4186	439	3838	787	2812	1813	160	4073	302	90
2634	1375	1389	2620	539	3470	148	3395	275	191
806	3660	420	4046	205	4261	115	4073	193	85
798	3321	455	3664	329	3790	81	3737	203	98
1782	4897	1261	5418	402	6277	120	6033	449	77
1928	2532	1671	2789	392	4068	90	3978	218	174
8132	1009	7544	1597	2639	6502	322	8098	527	194
2447	4680	3247	3880	812	6315	192	6339	410	186
2608	2510	2522	2596	770	4348	192	4361	376	189
1307	3908	783	4432	279	4936	113	4766	236	100
4955	1922	3886	2991	1420	5457	215	6090	299	273
585259	**420538**	**448691**	**557106**	**226986**	**778811**	**94968**	**760015**	**124195**	**26619**
97067	**33051**	**94441**	**35677**	**62386**	**67732**	**33326**	**47470**	**43050**	**6272**
20115	6099	20767	5447	16163	10051	9926	2309	11919	2060
23344	7296	25558	5082	18274	12366	12837	2423	13407	1973
6308	2432	5655	3085	3209	5531	1127	5366	1937	310
8351	2403	8357	2397	5281	5473	2009	5188	3103	454
6343	1625	6232	1736	4313	3655	1815	2468	3466	219
6403	1702	6679	1426	5407	2698	2491	993	4403	218
8601	2351	6133	4819	2746	8206	883	8594	1358	117
4908	1871	3754	3025	1839	4940	603	5173	739	264
4202	2909	4059	3052	1822	5289	575	5670	578	288
8492	4363	7247	5608	3332	9523	1060	9286	2140	369
40076	**42365**	**27728**	**54713**	**11343**	**71098**	**9301**	**60181**	**10187**	**2772**
10305	6486	9160	7631	5475	11316	5137	5050	5620	984
8923	5493	3758	10658	1491	12925	1098	10955	2022	341
10439	7643	8492	9590	823	17259	590	16865	293	334
10409	22743	6318	26834	3554	29598	2476	27311	2252	1113
128684	**51344**	**84239**	**95789**	**52813**	**127215**	**17549**	**132618**	**25762**	**4099**
15508	3417	14435	4490	11531	7394	5385	4926	7544	1070
10339	2512	9179	3672	7349	5502	2948	4968	4564	371
20082	7288	11270	16100	6550	20820	1832	22560	2481	497
10099	4812	6450	8461	4215	10696	657	12176	1774	304
8030	3158	5180	6008	2249	8939	422	9612	1007	147
6398	5913	3496	8815	1762	10549	574	10839	677	221
4314	3448	2112	5650	1138	6624	764	5964	859	175
4914	4924	2511	7327	1035	8803	663	8386	591	198
6101	3543	3467	6177	1389	8255	644	8231	649	120
9206	2060	6593	4673	3173	8093	733	8964	1298	271

表8 续表 39

地区	全部数据			长表数据		
	家庭户	平均每户住房间数(间/户)	人均住房建筑面积(平方米/人)	家庭户	住房内有无管道自来水	
					有	无
余庆县	75005	3.35	41.06	7289	4977	2312
习水县	159394	3.35	29.99	15402	5518	9884
赤水市	83285	2.74	35.68	7508	3436	4072
仁怀市	152970	3.81	31.95	13763	6171	7592
安顺市	**667159**	**2.68**	**26.04**	**63634**	**37577**	**26057**
西秀区	227975	2.53	26.45	21364	16560	4804
平坝县	93304	2.62	28.24	9083	6196	2887
普定县	105056	2.40	21.93	9978	5702	4276
镇宁布依族苗族自治县	85527	2.75	28.66	8148	4126	4022
关岭布依族苗族自治县	77535	3.26	25.23	7398	4012	3386
紫云苗族布依族自治县	77762	2.90	26.39	7663	981	6682
铜仁地区	**979494**	**3.09**	**31.85**	**93284**	**30390**	**62894**
铜仁市	118338	2.99	30.59	9954	5614	4340
江口县	55264	3.45	32.89	5249	2013	3236
玉屏侗族自治县	39396	3.82	39.02	3708	2072	1636
石阡县	96963	3.54	35.65	9583	3442	6141
思南县	153879	3.18	37.61	15244	4018	11226
印江土家族苗族自治县	98739	2.99	32.77	9589	3451	6138
德江县	119250	3.25	31.24	11036	3665	7371
沿河土家族自治县	135773	2.93	30.93	13400	2063	11337
松桃苗族自治县	144990	2.54	23.26	13921	3315	10606
万山特区	16902	3.13	31.49	1600	737	863
黔西南布依族苗族自治州	**802666**	**3.20**	**28.56**	**78315**	**26989**	**51326**
兴义市	217416	3.26	31.15	20993	8868	12125
兴仁县	121309	2.93	28.73	11999	5759	6240
普安县	74901	3.40	24.93	7198	1796	5402
晴隆县	70988	3.06	24.98	6830	1871	4959
贞丰县	85184	3.25	27.40	8686	3910	4776
望谟县	68376	3.03	24.30	6611	891	5720
册亨县	55843	3.06	26.65	5448	594	4854
安龙县	108649	3.44	32.99	10550	3300	7250
毕节地区	**1854772**	**2.84**	**21.44**	**181015**	**46447**	**134568**
毕节市	330388	2.80	21.62	32438	6533	25905
大方县	239103	2.96	20.98	22830	9052	13778
黔西县	212068	2.75	24.11	20186	9911	10275
金沙县	177798	3.42	27.55	15864	7642	8222
织金县	237279	2.94	23.04	24420	6344	18076
纳雍县	194352	2.95	20.02	19723	2542	17181
威宁彝族回族苗族自治县	297651	2.25	17.64	29163	1759	27404
赫章县	166133	3.01	20.58	16391	2664	13727
黔东南苗族侗族自治州	**1072872**	**3.21**	**28.97**	**102864**	**53898**	**48966**
凯里市	144686	2.61	24.45	13904	8988	4916
黄平县	84221	2.62	25.26	7713	2435	5278
施秉县	39148	3.56	29.08	3597	1170	2427
三穗县	53569	3.47	30.75	4974	2928	2046
镇远县	63721	3.33	34.04	5977	2984	2993
岑巩县	53730	3.32	32.39	5135	1822	3313
天柱县	91180	3.90	38.03	8445	4675	3770
锦屏县	51161	3.60	38.93	4891	3090	1801
剑河县	55617	3.35	30.51	5441	2202	3239
台江县	34766	2.96	24.41	3114	2470	644
黎平县	116686	3.42	27.72	11573	6318	5255
榕江县	79979	3.28	26.17	7758	4295	3463
从江县	79582	3.41	29.27	8126	2943	5183
雷山县	35481	2.89	19.99	3519	1816	1703
麻江县	51233	3.04	27.81	4959	3326	1633
丹寨县	38112	2.99	28.57	3738	2436	1302
黔南布依族苗族自治州	**977040**	**3.16**	**30.25**	**94098**	**43297**	**50801**
都匀市	141586	2.94	32.60	12884	8962	3922
福泉市	86815	3.50	27.77	8091	4897	3194
荔波县	44085	3.19	33.11	4390	1011	3379
贵定县	68303	2.81	28.06	6639	4358	2281
瓮安县	117893	3.43	31.44	11083	5929	5154
独山县	84187	3.01	31.25	8655	3983	4672
平塘县	71772	4.03	35.75	7318	2683	4635

长表数据									
住房内有无厨房		住房内有无厕所		住房内有无洗澡设施		住房来源			
有	无	有	无	有	无	租赁	自建	购买	其他
6469	820	3659	3630	2280	5009	542	6179	470	98
10400	5002	5439	9963	3433	11969	966	13146	1016	274
6504	1004	4099	3409	2951	4557	531	5074	1714	189
10320	3443	6349	7414	3758	10005	888	11593	1118	164
35244	**28390**	**25854**	**37780**	**10213**	**53421**	**4975**	**48985**	**7685**	**1989**
13635	7729	10878	10486	5500	15864	2670	13195	4726	773
5567	3516	3936	5147	1672	7411	802	6557	1336	388
5083	4895	3998	5980	867	9111	422	8795	527	234
4205	3943	2660	5488	1015	7133	475	6897	553	223
4534	2864	3209	4189	675	6723	355	6549	331	163
2220	5443	1173	6490	484	7179	251	6992	212	208
57097	**36187**	**37374**	**55910**	**17972**	**75312**	**5181**	**79149**	**6755**	**2199**
7418	2536	6354	3600	4460	5494	1574	5500	2580	300
2951	2298	2176	3073	1081	4168	258	4671	231	89
2987	721	2593	1115	1554	2154	324	2771	526	87
7493	2090	5527	4056	1446	8137	294	8713	404	172
8823	6421	4081	11163	2869	12375	686	13356	866	336
6487	3102	2662	6927	1674	7915	556	8347	451	235
5485	5551	2937	8099	1653	9383	497	9848	426	265
5417	7983	2244	11156	1359	12041	457	12215	547	181
8904	5017	8241	5680	1462	12459	425	12590	525	381
1132	468	559	1041	414	1186	110	1138	199	153
44236	**34079**	**34453**	**43862**	**13056**	**65259**	**4758**	**67262**	**4863**	**1432**
15752	5241	14903	6090	6129	14864	2300	15732	2555	406
8158	3841	6334	5665	1880	10119	653	10705	432	209
3595	3603	3418	3780	715	6483	358	6443	241	156
2721	4109	725	6105	403	6427	309	6094	259	168
5007	3679	3858	4828	1354	7332	365	7750	452	119
2044	4567	759	5852	552	6059	161	6178	214	58
1208	4240	685	4763	506	4942	220	4856	256	116
5751	4799	3771	6779	1517	9033	392	9504	454	200
56751	**124264**	**59644**	**121371**	**15627**	**165388**	**7709**	**162430**	**7318**	**3558**
6433	26005	10596	21842	3302	29136	1714	27209	2900	615
14250	8580	16817	6013	2723	20107	868	20985	569	408
9056	11130	7370	12816	2355	17831	1132	17555	961	538
8793	7071	8570	7294	2488	13376	1033	13614	668	549
9910	14510	9719	14701	2230	22190	911	22459	787	263
3244	16479	3916	15807	983	18740	821	18036	464	402
2710	26453	1492	27671	786	28377	612	27712	478	361
2355	14036	1164	15227	760	15631	618	14860	491	422
73910	**28954**	**50857**	**52007**	**23321**	**79543**	**6831**	**84849**	**8917**	**2267**
9948	3956	8631	5273	5228	8676	2880	6663	3953	408
4050	3663	2146	5567	953	6760	368	6688	448	209
3019	578	2836	761	720	2877	213	3067	275	42
4433	541	4005	969	1501	3473	234	4330	307	103
5008	969	4426	1551	1301	4676	359	5097	422	99
3971	1164	3342	1793	1280	3855	296	4387	345	107
6341	2104	3881	4564	2933	5512	260	7721	356	108
3905	986	2559	2332	1295	3596	211	4201	358	121
4451	990	3099	2342	865	4576	251	4645	385	160
2255	859	1561	1553	505	2609	152	2602	280	80
8321	3252	3602	7971	2249	9324	445	10434	494	200
4600	3158	2218	5540	1347	6411	307	7052	304	95
4804	3322	1895	6231	1638	6488	311	7381	273	161
2651	868	2198	1321	363	3156	193	2981	230	115
3645	1314	2720	2239	670	4289	219	4374	282	84
2508	1230	1738	2000	473	3265	132	3226	205	175
52194	**41904**	**34101**	**59997**	**20255**	**73843**	**5338**	**77071**	**9658**	**2031**
9821	3063	7974	4910	5555	7329	1159	7468	3937	320
5466	2625	3767	4324	2132	5959	764	6111	1043	173
1415	2975	960	3430	907	3483	165	3828	269	128
4281	2358	3560	3079	1393	5246	394	5263	805	177
7724	3359	3696	7387	2315	8768	942	8880	1066	195
5234	3421	2698	5957	1617	7038	351	7667	507	130
4290	3028	3080	4238	1372	5946	234	6731	256	97

表8 续表 40

地区	全部数据			长表数据		
	家庭户	平均每户住房间数（间/户）	人均住房建筑面积（平方米/人）	家庭户	住房内有无管道自来水	
					有	无
罗甸县	77193	3.20	32.89	7420	1694	5726
长顺县	57751	3.17	30.89	5438	1710	3728
龙里县	53721	2.76	27.73	5076	1733	3343
惠水县	95255	2.95	28.96	9286	3995	5291
三都水族自治县	78479	2.92	22.79	7818	2342	5476
云南省	**12339961**	**3.00**	**27.21**	**1240421**	**685009**	**555412**
昆明市	**2099403**	**2.76**	**31.74**	**207305**	**166808**	**40497**
五华区	282097	2.66	29.89	27347	25428	1919
盘龙区	289957	2.43	30.76	26897	23271	3626
官渡区	319979	2.57	31.61	32698	29654	3044
西山区	275782	2.67	30.84	27289	25561	1728
东川区	83337	2.80	23.48	8551	3228	5323
呈贡县	78197	4.23	45.04	7479	5543	1936
晋宁县	94838	2.61	46.94	9356	8044	1312
富民县	42056	3.52	27.31	4211	3711	500
宜良县	122661	3.21	33.12	12431	9392	3039
石林彝族自治县	72857	2.94	30.86	7242	5133	2109
嵩明县	76658	2.98	33.45	7694	5983	1711
禄劝彝族苗族自治县	116073	3.03	30.08	11780	4016	7764
寻甸回族彝族自治县	128059	2.61	27.85	13123	7913	5210
安宁市	116852	2.62	32.07	11207	9931	1276
曲靖市	**1618821**	**2.59**	**26.66**	**165135**	**72270**	**92865**
麒麟区	239782	2.99	36.86	25784	19669	6115
马龙县	52952	2.60	33.47	5448	2615	2833
陆良县	172510	2.46	26.05	17471	7645	9826
师宗县	96630	2.95	26.01	9928	1955	7973
罗平县	143597	3.28	28.52	14716	5059	9657
富源县	189662	2.28	22.17	19297	5674	13623
会泽县	237329	2.71	24.44	23832	14152	9680
沾益县	109008	2.66	27.45	10982	5756	5226
宣威市	377351	2.12	23.56	37677	9745	27932
玉溪市	**645607**	**3.68**	**35.70**	**66660**	**46533**	**20127**
红塔区	143306	4.19	49.35	14760	13261	1499
江川县	80748	4.09	36.90	8075	7191	884
澄江县	48780	3.48	36.58	4964	4538	426
通海县	85270	4.16	32.88	8598	7023	1575
华宁县	62827	3.11	32.96	6336	3811	2525
易门县	48558	2.90	29.13	5105	2316	2789
峨山彝族自治县	43265	3.67	31.98	4508	4120	388
新平彝族傣族自治县	76367	3.29	29.77	8467	2177	6290
元江哈尼族彝族傣族自治县	56486	3.10	25.83	5847	2096	3751
保山市	**616285**	**3.51**	**34.03**	**63368**	**42840**	**20528**
隆阳区	228949	3.20	27.74	23483	14638	8845
施甸县	79911	3.35	28.63	8025	6135	1890
腾冲县	151771	4.08	41.99	16014	13022	2992
龙陵县	68900	3.09	34.04	7201	6116	1085
昌宁县	86754	3.84	40.87	8645	2929	5716
昭通市	**1277565**	**2.68**	**20.47**	**129388**	**48446**	**80942**
昭阳区	217140	2.29	22.67	21165	10357	10808
鲁甸县	94380	2.26	17.96	9403	3554	5849
巧家县	134216	2.73	23.85	13444	4630	8814
盐津县	83540	2.63	20.49	8237	809	7428
大关县	61862	2.75	19.74	6112	1727	4385
永善县	105050	2.65	22.03	10657	6076	4581
绥江县	36875	3.38	29.87	3739	1411	2328
镇雄县	302287	2.82	16.39	31264	13858	17406
彝良县	124811	2.75	20.80	13812	3376	10436
威信县	88861	3.12	20.18	8735	1075	7660
水富县	28543	2.98	31.25	2820	1573	1247
丽江市	**312668**	**3.98**	**28.21**	**31983**	**9069**	**22914**
古城区	50832	4.73	39.47	5433	4087	1346
玉龙纳西族自治县	51970	4.61	17.45	5645	484	5161
永胜县	98252	4.06	31.02	9847	2036	7811
华坪县	45550	3.47	33.11	4548	1813	2735
宁蒗彝族自治县	66064	3.14	21.95	6510	649	5861

长表数据									
住房内有无厨房		住房内有无厕所		住房内有无洗澡设施		住房来源			
有	无	有	无	有	无	租赁	自建	购买	其他
2662	4758	1612	5808	1314	6106	167	6910	280	63
2148	3290	1073	4365	429	5009	155	4833	290	160
2177	2899	1574	3502	922	4154	448	4079	325	224
4516	4770	2872	6414	1550	7736	381	8102	609	194
2460	5358	1235	6583	749	7069	178	7199	271	170
849097	**391324**	**548617**	**691804**	**436040**	**804381**	**123806**	**924402**	**159258**	**32955**
165796	**41509**	**134311**	**72994**	**120950**	**86355**	**50517**	**85256**	**64365**	**7167**
22611	4736	22781	4566	21093	6254	8322	2275	15545	1205
21015	5882	21760	5137	19088	7809	9569	4062	12519	747
26222	6476	26818	5880	23616	9082	14467	5985	11118	1128
22557	4732	22246	5043	20197	7092	9039	3835	12948	1467
6053	2498	3224	5327	3607	4944	905	5931	1584	131
5900	1579	3339	4140	4259	3220	2244	3983	801	451
8710	646	2233	7123	4380	4976	777	7336	950	293
3679	532	2448	1763	2117	2094	221	3526	349	115
10975	1456	4316	8115	4393	8038	931	9648	1622	230
5923	1319	2794	4448	2031	5211	455	5930	722	135
6287	1407	2454	5240	2917	4777	298	6356	798	242
7173	4607	5024	6756	2381	9399	294	10621	659	206
9789	3334	8740	4383	3996	9127	409	11696	723	295
8902	2305	6134	5073	6875	4332	2586	4072	4027	522
82806	**82329**	**45600**	**119535**	**36940**	**128195**	**13618**	**131765**	**16445**	**3307**
17130	8654	14355	11429	12683	13101	6212	11564	7448	560
3693	1755	1051	4397	1134	4314	303	4523	482	140
11206	6265	2974	14497	4901	12570	644	15019	1570	238
4335	5593	2472	7456	1416	8512	564	8402	648	314
7275	7441	4140	10576	2259	12457	856	12939	602	319
4454	14843	2514	16783	2212	17085	1074	16737	951	535
17412	6420	11674	12158	4358	19474	898	21000	1432	502
7219	3763	2423	8559	2958	8024	673	9055	1045	209
10082	27595	3997	33680	5019	32658	2394	32526	2267	490
56157	**10503**	**25293**	**41367**	**33571**	**33089**	**6078**	**49520**	**8565**	**2497**
13149	1611	10310	4450	11410	3350	2515	8024	3704	517
7486	589	1350	6725	3183	4892	314	6980	551	230
4564	400	1706	3258	2362	2602	197	4335	367	65
7769	829	2499	6099	4017	4581	742	6603	901	352
5703	633	2768	3568	3111	3225	333	5211	650	142
4538	567	1519	3586	2300	2805	446	4003	526	130
4078	430	1542	2966	2488	2020	314	3414	617	163
5378	3089	2047	6420	2611	5856	795	6529	528	615
3492	2355	1552	4295	2089	3758	422	4421	721	283
55221	**8147**	**41661**	**21707**	**19260**	**44108**	**2233**	**57294**	**2776**	**1065**
17591	5892	9284	14199	7935	15548	862	20298	1905	418
7474	551	7159	866	2239	5786	213	7268	242	302
15503	511	14834	1180	4082	11932	553	15154	244	63
6684	517	5053	2148	2121	5080	364	6517	165	155
7969	676	5331	3314	2883	5762	241	8057	220	127
35849	**93539**	**29593**	**99795**	**15746**	**113642**	**5674**	**114501**	**6823**	**2390**
5754	15411	5069	16096	4164	17001	1334	16793	2589	449
2392	7011	2686	6717	977	8426	359	8492	397	155
9206	4238	8506	4938	2528	10916	430	12278	391	345
995	7242	953	7284	712	7525	294	7616	196	131
1501	4611	943	5169	703	5409	242	5416	308	146
4954	5703	2090	8567	1237	9420	641	9176	510	330
2734	1005	1050	2689	869	2870	364	3107	189	79
2287	28977	3082	28182	1039	30225	744	29523	615	382
2616	11196	2233	11579	1256	12556	433	12554	613	212
1039	7696	1220	7515	943	7792	403	7852	403	77
2371	449	1761	1059	1318	1502	430	1694	612	84
24676	**7307**	**19410**	**12573**	**9434**	**22549**	**2432**	**27018**	**2120**	**413**
4637	796	3955	1478	2921	2512	1431	2696	1224	82
4742	903	4942	703	923	4722	89	5375	157	24
8362	1485	5968	3879	2994	6853	209	9366	167	105
3967	581	3767	781	2152	2396	444	3647	335	122
2968	3542	778	5732	444	6066	259	5934	237	80

表8 续表 41

地区	全部数据			长表数据		
	家庭户	平均每户住房间数（间/户）	人均住房建筑面积（平方米/人）	家庭户	住房内有无管道自来水	
					有	无
普洱市	**689342**	**2.66**	**21.15**	**68438**	**19250**	**49188**
思茅区	87385	2.76	27.62	8707	4672	4035
宁洱哈尼族彝族自治县	51160	2.51	23.00	5125	1373	3752
墨江哈尼族自治县	88276	3.06	20.25	8840	1610	7230
景东彝族自治县	97878	2.99	25.82	9682	1351	8331
景谷傣族彝族自治县	82158	2.64	19.29	8267	2221	6046
镇沅彝族哈尼族拉祜族自治县	56161	2.58	22.44	5582	3751	1831
江城哈尼族彝族自治县	33163	2.48	17.38	3259	732	2527
孟连傣族拉祜族佤族自治县	37869	2.28	21.50	3833	966	2867
澜沧拉祜族自治县	130022	2.46	16.32	12649	2194	10455
西盟佤族自治县	25270	2.02	16.70	2494	380	2114
临沧市	**596484**	**2.98**	**22.05**	**58513**	**28055**	**30458**
临翔区	82213	3.12	23.64	7770	2694	5076
凤庆县	108034	3.33	28.01	10841	5402	5439
云县	110900	3.50	25.57	10963	7138	3825
永德县	87771	2.36	18.25	8463	4570	3893
镇康县	42391	2.99	17.26	4220	2652	1568
双江拉祜族佤族布朗族傣族自治县	44158	2.95	19.24	4205	1004	3201
耿马傣族佤族自治县	72973	2.85	17.51	7227	4069	3158
沧源佤族自治县	48044	2.07	17.86	4824	526	4298
楚雄彝族自治州	**721989**	**3.40**	**29.85**	**73282**	**45596**	**27686**
楚雄市	158982	3.17	33.94	16013	11965	4048
双柏县	43150	3.19	34.22	4214	3519	695
牟定县	54774	4.12	30.33	5631	4326	1305
南华县	60280	4.06	29.28	6379	2405	3974
姚安县	52002	3.61	27.98	5167	3341	1826
大姚县	75528	3.77	27.97	7546	3221	4325
永仁县	30641	3.47	37.38	3037	1138	1899
元谋县	55445	3.36	25.50	5553	2447	3106
武定县	69758	3.35	31.41	7073	5520	1553
禄丰县	121429	2.86	24.32	12669	7714	4955
红河哈尼族彝族自治州	**1168050**	**2.93**	**24.82**	**118482**	**57727**	**60755**
个旧市	137950	2.40	23.47	14087	10267	3820
开远市	93546	2.97	28.54	9653	7260	2393
蒙自县	109104	2.93	30.11	11373	7271	4102
屏边苗族自治县	39566	3.00	22.46	3767	434	3333
建水县	139463	3.43	30.63	13931	8906	5025
石屏县	80998	3.23	28.22	8261	3472	4789
弥勒县	144247	3.14	26.99	14641	7680	6961
泸西县	105148	2.84	27.22	10431	4339	6092
元阳县	89962	2.94	19.49	8997	1499	7498
红河县	66554	2.82	18.95	6814	800	6014
金平苗族瑶族傣族自治县	81579	2.91	17.86	8449	1093	7356
绿春县	49442	2.77	17.67	4927	2419	2508
河口瑶族自治县	30491	1.92	20.19	3151	2287	864
文山壮族苗族自治州	**815164**	**3.22**	**27.88**	**80122**	**42045**	**38077**
文山县	121382	3.15	29.99	11924	8090	3834
砚山县	108086	3.16	26.22	10887	4367	6520
西畴县	58833	3.36	26.92	5715	1853	3862
麻栗坡县	65612	3.65	30.99	6614	4940	1674
马关县	91018	3.30	37.58	8207	6877	1330
丘北县	105607	3.18	34.28	10443	3299	7144
广南县	169297	3.07	20.80	16793	7607	9186
富宁县	95329	3.26	23.42	9539	5012	4527
西双版纳傣族自治州	**314020**	**2.46**	**26.78**	**29577**	**21664**	**7913**
景洪市	151937	2.45	28.16	13641	11530	2111
勐海县	83750	2.50	26.57	8507	4900	3607
勐腊县	78333	2.44	24.60	7429	5234	2195
大理白族自治州	**918419**	**3.64**	**28.72**	**92113**	**55385**	**36728**
大理市	181715	3.47	33.17	17988	13622	4366
漾濞彝族自治县	29412	3.55	30.40	2996	1690	1306
祥云县	118703	3.22	30.09	11880	4965	6915
宾川县	87316	3.77	25.73	8846	4585	4261
弥渡县	83223	3.47	23.65	8218	4832	3386
南涧彝族自治县	56751	3.07	26.66	5636	2826	2810

长表数据									
住房内有无厨房		住房内有无厕所		住房内有无洗澡设施		住房来源			
有	无	有	无	有	无	租赁	自建	购买	其他
49054	**19384**	**26148**	**42290**	**24322**	**44116**	**5906**	**53007**	**7101**	**2424**
6741	1966	5319	3388	5514	3193	2014	3906	2391	396
4236	889	3623	1502	2718	2407	471	3795	687	172
5959	2881	1661	7179	2231	6609	424	7501	638	277
7845	1837	5301	4381	3160	6522	353	8685	418	226
6642	1625	3483	4784	3295	4972	687	6630	767	183
4887	695	3186	2396	2673	2909	344	4554	459	225
2264	995	774	2485	1023	2236	256	2445	324	234
2141	1692	938	2895	1243	2590	373	2930	354	176
7714	4935	1539	11110	2142	10507	878	10581	790	400
625	1869	324	2170	323	2171	106	1980	273	135
41438	**17075**	**24423**	**34090**	**13597**	**44916**	**2568**	**51022**	**3427**	**1496**
6148	1622	4746	3024	3011	4759	340	6313	956	161
9250	1591	6279	4562	2606	8235	316	10120	231	174
9110	1853	6500	4463	2440	8523	394	9922	397	250
6284	2179	2956	5507	1300	7163	352	7681	298	132
3049	1171	1133	3087	811	3409	250	3576	269	125
1860	2345	724	3481	887	3318	147	3743	248	67
4719	2508	1723	5504	2130	5097	465	5729	817	216
1018	3806	362	4462	412	4412	304	3938	211	371
58462	**14820**	**33095**	**40187**	**28997**	**44285**	**5715**	**57200**	**8538**	**1829**
13482	2531	9862	6151	8750	7263	2385	8841	4460	327
3749	465	1940	2274	1481	2733	209	3524	281	200
5038	593	4440	1191	2573	3058	244	4797	407	183
4589	1790	1278	5101	1493	4886	268	5718	313	80
3611	1556	867	4300	1462	3705	122	4735	226	84
5806	1740	2216	5330	2529	5017	466	6484	408	188
2701	336	1387	1650	1185	1852	190	2399	319	129
4865	688	3092	2461	2480	3073	246	4923	295	89
6056	1017	4302	2771	2152	4921	372	6035	442	224
8565	4104	3711	8958	4892	7777	1213	9744	1387	325
85506	**32976**	**47155**	**71327**	**48663**	**69819**	**10829**	**86746**	**17395**	**3512**
10920	3167	7935	6152	8871	5216	3288	4604	5412	783
8285	1368	6111	3542	6604	3049	1605	4332	3412	304
9258	2115	7622	3751	6401	4972	1708	7014	2277	374
1788	1979	777	2990	778	2989	119	3184	327	137
12797	1134	4622	9309	8131	5800	775	11589	1311	256
7161	1100	1503	6758	4074	4187	346	6985	705	225
11574	3067	8234	6407	6285	8356	952	12278	1113	298
6162	4269	5718	4713	2826	7605	639	8950	635	207
4634	4363	823	8174	754	8243	326	8022	343	306
4767	2047	675	6139	633	6181	109	6444	195	66
3642	4807	1057	7392	1016	7433	302	7435	453	259
2378	2549	898	4029	732	4195	162	4469	212	84
2140	1011	1180	1971	1558	1593	498	1440	1000	213
54018	**26104**	**39147**	**40975**	**19506**	**60616**	**4031**	**70494**	**4452**	**1145**
9428	2496	7892	4032	5064	6860	1394	8228	2108	194
7641	3246	6026	4861	2715	8172	687	9519	494	187
5161	554	4819	896	1416	4299	162	5381	119	53
5685	929	5008	1606	3195	3419	294	5948	290	82
7142	1065	5495	2712	1623	6584	290	7432	353	132
5997	4446	3036	7407	1287	9156	229	9716	341	157
7961	8832	4315	12478	2295	14498	450	15841	288	214
5003	4536	2556	6983	1911	7628	525	8429	459	126
21591	**7986**	**12693**	**16884**	**18685**	**10892**	**3362**	**18344**	**6230**	**1641**
10645	2996	6954	6687	9761	3880	1961	6824	3952	904
5601	2906	2721	5786	4540	3967	626	6705	829	347
5345	2084	3018	4411	4384	3045	775	4815	1449	390
78232	**13881**	**50265**	**41848**	**29608**	**62505**	**4901**	**77958**	**7199**	**2055**
15375	2613	10360	7628	9273	8715	2626	10375	4609	378
2529	467	1236	1760	975	2021	104	2610	141	141
10114	1766	5392	6488	2324	9556	494	10588	521	277
7559	1287	5448	3398	3461	5385	258	7832	571	185
6863	1355	2680	5538	1428	6790	265	7544	284	125
4477	1159	2923	2713	1206	4430	157	5165	153	161

表8 续表 42

地区	全部数据			长表数据		
	家庭户	平均每户住房间数(间/户)	人均住房建筑面积(平方米/人)	家庭户	住房内有无管道自来水	
					有	无
巍山彝族回族自治县	78884	3.71	28.28	7891	6451	1440
永平县	45619	3.64	37.18	4668	2691	1977
云龙县	58495	3.98	27.56	5921	3378	2543
洱源县	69318	3.59	20.41	7008	2446	4562
剑川县	41363	5.23	29.97	4195	2967	1228
鹤庆县	67620	4.14	30.43	6866	4932	1934
德宏傣族景颇族自治州	**315547**	**2.53**	**26.88**	**31995**	**23759**	**8236**
瑞丽市	54187	2.42	27.83	5615	3748	1867
潞西市	98550	2.50	27.49	10049	8140	1909
梁河县	40725	2.65	34.09	4123	3440	683
盈江县	75560	2.60	24.02	7663	5860	1803
陇川县	46525	2.50	23.32	4545	2571	1974
怒江傈僳族自治州	**139018**	**2.87**	**19.68**	**14331**	**2147**	**12184**
泸水县	45543	3.01	24.88	4621	965	3656
福贡县	26472	2.50	17.89	2686	198	2488
贡山独龙族怒族自治县	11152	2.49	17.35	1192	102	1090
兰坪白族普米族自治县	55851	3.00	16.77	5832	882	4950
迪庆藏族自治州	**91579**	**4.48**	**36.99**	**9729**	**3415**	**6314**
香格里拉县	38887	4.57	42.07	4240	2211	2029
德钦县	12950	5.67	40.60	1470	479	991
维西傈僳族自治县	39742	4.01	30.65	4019	725	3294
西藏自治区	**670838**	**3.86**	**28.64**	**67612**	**25619**	**41993**
拉萨市	**153632**	**3.38**	**29.00**	**15469**	**10189**	**5280**
城关区	91611	2.70	30.30	9081	6687	2394
林周县	10435	5.43	26.75	1029	355	674
当雄县	9312	2.73	18.27	999	46	953
尼木县	5478	3.97	24.08	575	360	215
曲水县	7434	4.51	32.59	746	382	364
堆龙德庆县	13635	4.69	37.28	1339	1048	291
达孜县	7131	4.12	33.05	737	567	170
墨竹工卡县	8596	4.67	25.47	963	744	219
昌都地区	**113833**	**3.69**	**27.36**	**11114**	**2811**	**8303**
昌都县	24470	3.81	28.92	2358	1093	1265
江达县	11883	3.77	21.75	1162	116	1046
贡觉县	6658	3.81	24.25	664	94	570
类乌齐县	8771	2.67	28.78	849	45	804
丁青县	10310	3.65	23.38	945	83	862
察雅县	9807	3.91	27.80	914	87	827
八宿县	6999	4.16	29.49	840	136	704
左贡县	7947	3.75	28.78	834	584	250
芒康县	12666	4.09	25.76	1138	448	690
洛隆县	8070	3.46	39.14	768	79	689
边坝县	6252	3.01	26.62	642	46	596
山南地区	**87998**	**5.07**	**31.32**	**8978**	**4203**	**4775**
乃东县	19748	4.59	32.96	1942	1392	550
扎朗县	8158	6.09	39.85	879	365	514
贡嘎县	10142	5.02	29.92	1007	550	457
桑日县	4397	5.38	22.64	420	148	272
琼结县	4570	4.22	18.51	452	52	400
曲松县	4185	4.93	32.12	440	227	213
措美县	3753	5.53	34.55	381	41	340
洛扎县	4696	6.79	39.14	521	3	518
加查县	5677	3.11	36.21	569	243	326
隆子县	9723	4.67	22.97	1119	659	460
错那县	4742	4.25	36.65	431	404	27
浪卡子县	8207	6.73	29.46	817	119	698
日喀则地区	**145401**	**4.69**	**31.04**	**14861**	**4471**	**10390**
日喀则市	30132	5.26	37.20	2999	2165	834
南木林县	13825	4.40	35.43	1381	396	985
江孜县	11987	5.82	43.42	1298	875	423
定日县	10685	4.82	27.38	1102	19	1083
萨迦县	9025	5.53	25.00	893	131	762
拉孜县	9523	4.36	19.32	976	14	962
昂仁县	11105	3.68	22.61	1143	14	1129
谢通门县	8350	3.31	18.46	857	196	661

长表数据									
住房内有无厨房		住房内有无厕所		住房内有无洗澡设施		住房来源			
有	无	有	无	有	无	租赁	自建	购买	其他
7291	600	6426	1465	4447	3444	245	7324	168	154
4218	450	3249	1419	1505	3163	165	4286	110	107
4795	1126	2824	3097	1385	4536	169	5460	154	138
5360	1648	2532	4476	907	6101	127	6564	149	168
3821	374	2763	1432	749	3446	96	3943	112	44
5830	1036	4432	2434	1948	4918	195	6267	227	177
26172	**5823**	**13539**	**18456**	**12236**	**19759**	**4148**	**24156**	**2505**	**1186**
4064	1551	3725	1890	3115	2500	1807	2901	662	245
8362	1687	4487	5562	3910	6139	1118	7419	1181	331
3684	439	1008	3115	1259	2864	180	3663	86	194
6172	1491	2624	5039	2216	5447	902	6262	193	306
3890	655	1695	2850	1736	2809	141	3911	383	110
7182	**7149**	**3217**	**11114**	**1876**	**12455**	**1012**	**11876**	**966**	**477**
2926	1695	1767	2854	976	3645	338	3608	520	155
860	1826	266	2420	196	2490	137	2363	104	82
842	350	139	1053	103	1089	95	973	53	71
2554	3278	1045	4787	601	5231	442	4932	289	169
6937	**2792**	**3067**	**6662**	**2649**	**7080**	**782**	**8245**	**351**	**351**
3381	859	1675	2565	1720	2520	521	3276	303	140
1123	347	244	1226	345	1125	89	1268	7	106
2433	1586	1148	2871	584	3435	172	3701	41	105
38292	**29320**	**33142**	**34470**	**5826**	**61786**	**13395**	**46748**	**3732**	**3737**
11876	**3593**	**11280**	**4189**	**3447**	**12022**	**5905**	**6223**	**2288**	**1053**
7098	1983	7050	2031	3204	5877	5471	1276	1645	689
929	100	757	272	13	1016	48	970	4	7
175	824	40	959	6	993	79	380	499	41
454	121	446	129	7	568	57	499	4	15
603	143	495	251	3	743	24	635	3	84
1209	130	1157	182	171	1168	153	1013	116	57
669	68	621	116	37	700	24	607	8	98
739	224	714	249	6	957	49	843	9	62
4951	**6163**	**4245**	**6869**	**456**	**10658**	**1328**	**8817**	**277**	**692**
1194	1164	985	1373	327	2031	694	1379	142	143
684	478	447	715	6	1156	17	1109	2	34
431	233	270	394	17	647	107	520	4	33
69	780	53	796	5	844	116	675	19	39
185	760	146	799	10	935	84	757	76	28
380	534	267	647	20	894	40	785	3	86
279	561	141	699	17	823	36	700	6	98
268	566	522	312	11	823	76	745	11	2
941	197	912	226	25	1113	48	1040	2	48
451	317	465	303	10	758	64	533	5	166
69	573	37	605	8	634	46	574	7	15
6769	**2209**	**5844**	**3134**	**574**	**8404**	**1227**	**7354**	**125**	**272**
1682	260	1552	390	478	1464	653	1062	104	123
605	274	305	574	11	868	75	781	3	20
875	132	686	321	28	979	61	927	4	15
94	326	82	338	2	418	8	376	1	35
425	27	406	46	3	449	72	380		
415	25	381	59	2	438	39	386	3	12
203	178	77	304	1	380	38	334		9
440	81	430	91	4	517	37	483	1	
395	174	329	240	10	559	60	498	7	4
1045	74	1052	67	27	1092	78	1032	1	8
164	267	115	316	2	429	66	364		1
426	391	429	388	6	811	40	731	1	45
6782	**8079**	**8684**	**6177**	**589**	**14272**	**1632**	**12350**	**280**	**599**
2061	938	2151	848	493	2506	933	1614	234	218
708	673	603	778	8	1373	10	1298	2	71
455	843	1191	107	12	1286	42	1213	20	23
271	831	584	518		1102	19	1005	2	76
428	465	469	424	13	880	51	820		22
123	853	551	425		976	54	903	6	13
655	488	627	516	9	1134	123	998	3	19
556	301	418	439	2	855	45	763	2	47

表8 续表 43

地 区	全部数据			长表数据		
	家庭户	平均每户住房间数（间/户）	人均住房建筑面积（平方米/人）	家庭户	住房内有无管道自来水	
					有	无
白朗县	7203	5.21	36.81	703	30	673
仁布县	4872	7.06	34.22	522	243	279
康马县	4430	5.03	39.27	490	128	362
定结县	3828	4.43	27.28	400	2	398
仲巴县	5163	2.66	19.01	500	5	495
亚东县	3213	3.94	47.11	316	119	197
吉隆县	3333	3.88	31.15	375	25	350
聂拉木县	3540	4.15	26.60	304	90	214
萨嘎县	2937	4.04	30.90	361	11	350
岗巴县	2250	2.31	21.81	241	8	233
那曲地区	**98035**	**2.93**	**25.09**	**9785**	**389**	**9396**
那曲县	27531	2.93	30.67	2689	213	2476
嘉黎县	6157	3.08	27.39	647	18	629
比如县	10426	3.87	27.41	1013	83	930
聂荣县	6877	1.98	17.35	745	5	740
安多县	8735	2.40	19.71	884	5	879
申扎县	4412	2.39	15.08	451	47	404
索县	8443	3.71	33.73	781	8	773
班戈县	8541	2.08	15.00	826	1	825
巴青县	8201	3.59	28.29	874	7	867
尼玛县	8712	2.74	17.00	875	2	873
阿里地区	**22962**	**2.67**	**18.65**	**2268**	**324**	**1944**
普兰县	2373	3.92	29.39	243	93	150
札达县	1698	3.65	24.10	152	9	143
噶尔县	4233	3.20	27.75	430	193	237
日土县	2357	3.03	19.58	233		233
革吉县	3611	1.84	12.70	356	26	330
改则县	5341	1.99	13.28	542	1	541
措勤县	3349	2.32	14.97	312	2	310
林芝地区	**48977**	**3.59**	**32.11**	**5137**	**3232**	**1905**
林芝县	15700	2.69	29.28	1624	1268	356
工布江达县	7213	3.39	40.13	726	326	400
米林县	5792	4.32	36.26	624	446	178
墨脱县	2317	3.51	15.89	268	36	232
波密县	7414	4.56	30.77	753	378	375
察隅县	5715	3.59	24.51	608	298	310
朗县	4826	4.48	46.25	534	480	54
陕西省	**10718563**	**3.15**	**30.20**	**1082809**	**620881**	**461928**
西安市	**2504155**	**2.83**	**32.23**	**248514**	**180660**	**67854**
新城区	196653	1.85	21.09	16797	15419	1378
碑林区	192247	2.29	28.03	18869	18093	776
莲湖区	256672	2.17	25.73	25694	23442	2252
灞桥区	184334	2.99	32.14	18566	17212	1354
未央区	238677	2.20	27.52	23935	15949	7986
雁塔区	393151	2.20	28.66	40609	28498	12111
阎良区	79279	3.76	37.38	7366	6613	753
临潼区	172270	3.60	34.70	16960	7231	9729
长安区	268168	3.45	36.48	27304	15760	11544
蓝田县	142793	3.78	35.25	14625	7849	6776
周至县	150871	3.77	37.90	15365	8556	6809
户县	149299	3.00	38.84	14533	9588	4945
高陵县	79741	4.74	47.95	7891	6450	1441
铜川市	**253315**	**2.77**	**26.21**	**23946**	**14775**	**9171**
王益区	66949	2.20	22.29	5528	4410	1118
印台区	67113	2.48	22.18	6440	3760	2680
耀州区	92983	3.28	31.52	9045	5802	3243
宜君县	26270	3.20	25.47	2933	803	2130
宝鸡市	**1028578**	**3.51**	**27.26**	**104378**	**69857**	**34521**
渭滨区	143405	2.78	30.28	14380	11777	2603
金台区	126599	2.65	26.90	12696	10835	1861
陈仓区	150228	3.85	26.45	15367	10381	4986
凤翔县	129853	3.93	26.74	13015	9139	3876
岐山县	127236	4.21	27.63	12817	9561	3256
扶风县	103307	3.85	31.94	10221	5047	5174
眉县	79499	4.13	32.85	7937	6249	1688

长表数据									
住房内有无厨房		住房内有无厕所		住房内有无洗澡设施		住房来源			
有	无	有	无	有	无	租赁	自建	购买	其他
367	336	525	178	2	701	46	653	2	2
444	78	458	64	12	510	10	474	1	37
52	438	422	68	5	485	69	419	2	
6	394	5	395		400	27	372	1	
15	485	13	487		500	11	473		16
104	212	211	105	15	301	41	244	5	26
216	159	124	251		375	40	332		3
121	183	85	219	11	293	41	248		15
174	187	110	251	2	359	33	322		6
26	215	137	104	5	236	37	199		5
3706	**6079**	**618**	**9167**	**103**	**9682**	**1322**	**7711**	**133**	**619**
765	1924	289	2400	67	2622	759	1659	106	165
441	206	84	563		647	74	565	3	5
239	774	68	945	17	996	46	837	10	120
366	379	1	744	1	744	49	590		106
289	595	9	875	1	883	93	773		18
316	135	50	401	1	450	63	378	2	8
316	465	44	737	7	774	59	689	6	27
8	818	6	820		826	33	697	3	93
742	132	49	825	7	867	105	766	3	
224	651	18	857	2	873	41	757		77
525	**1743**	**313**	**1955**	**58**	**2210**	**378**	**1121**	**444**	**325**
152	91	116	127	2	241	66	176		1
55	97	6	146		152	21	44	72	15
228	202	149	281	31	399	136	223	40	31
2	231		233		233	45	188		
34	322	32	324	22	334	30	40	126	160
32	510	4	538	1	541	47	204	203	88
22	290	6	306	2	310	33	246	3	30
3683	**1454**	**2158**	**2979**	**599**	**4538**	**1603**	**3172**	**185**	**177**
1185	439	988	636	377	1247	948	472	150	54
563	163	422	304	20	706	131	555	4	36
509	115	259	365	62	562	159	424	10	31
76	192	32	236	8	260	51	211	1	5
576	177	148	605	65	688	161	563	11	18
394	214	94	514	35	573	76	511	8	13
380	154	215	319	32	502	77	436	1	20
882614	**200195**	**894596**	**188213**	**390851**	**691958**	**125154**	**720682**	**211384**	**25589**
209092	**39422**	**196229**	**52285**	**138990**	**109524**	**50997**	**102067**	**84306**	**11144**
15295	1502	14820	1977	12691	4106	4282	775	10088	1652
17987	882	17940	929	15678	3191	4083	531	12136	2119
23034	2660	23115	2579	18675	7019	6489	1661	14514	3030
16759	1807	16556	2010	10995	7571	4641	7336	6341	248
18940	4995	19087	4848	15741	8194	7543	5129	10273	990
29513	11096	32954	7655	21487	19122	20099	3633	15546	1331
6795	571	5641	1725	4956	2410	456	4144	2679	87
12918	4042	8244	8716	6657	10303	509	13996	2112	343
21807	5497	17139	10165	12612	14692	1289	20416	4890	709
12703	1922	11356	3269	2124	12501	403	13354	746	122
13468	1897	12016	3349	4278	11087	338	14147	700	180
12577	1956	9857	4676	7673	6860	380	11776	2116	261
7296	595	7504	387	5423	2468	485	5169	2165	72
19598	**4348**	**19933**	**4013**	**6564**	**17382**	**2789**	**13534**	**6433**	**1190**
4362	1166	3691	1837	2001	3527	628	1531	2911	458
4970	1470	6029	411	1277	5163	1266	2999	1645	530
8334	711	7280	1765	3085	5960	690	6543	1663	149
1932	1001	2933		201	2732	205	2461	214	53
92539	**11839**	**88311**	**16067**	**41093**	**63285**	**7026**	**70792**	**24918**	**1642**
12589	1791	11815	2565	9899	4481	2215	3136	8768	261
11098	1598	9927	2769	8347	4349	1862	3070	7466	298
13521	1846	9597	5770	5778	9589	562	12560	2015	230
12850	165	12773	242	4488	8527	222	11346	1329	118
10984	1833	12662	155	4279	8538	607	10054	1913	243
9493	728	8766	1455	2686	7535	102	9283	723	113
7315	622	7937		2943	4994	216	6978	649	94

表8 续表 44

地区	全部数据			长表数据		
	家庭户	平均每户住房间数（间/户）	人均住房建筑面积（平方米/人）	家庭户	住房内有无管道自来水	
					有	无
陇县	62756	3.02	18.44	7019	1379	5640
千阳县	35123	3.72	22.59	3601	2674	927
麟游县	24693	3.23	20.57	2608	759	1849
凤县	32773	2.53	21.96	3243	1325	1918
太白县	13106	3.30	23.99	1474	731	743
咸阳市	**1353942**	**3.79**	**31.90**	**134524**	**79117**	**55407**
秦都区	147726	3.30	35.24	15029	12956	2073
杨陵区	42918	4.95	43.97	4344	3536	808
渭城区	124979	3.10	32.36	12133	9216	2917
三原县	115781	3.39	34.67	11812	7769	4043
泾阳县	122431	4.62	39.32	12073	4529	7544
乾县	133541	4.52	29.39	13225	3147	10078
礼泉县	122839	3.96	33.08	12297	4066	8231
永寿县	47766	4.19	24.36	4716	2533	2183
彬县	85191	3.20	24.74	8714	6479	2235
长武县	43666	5.12	27.16	4340	2143	2197
旬邑县	63696	4.70	22.64	6355	4123	2232
淳化县	55310	3.27	24.59	5020	4664	356
武功县	98638	4.11	30.44	9678	4567	5111
兴平市	149460	2.73	34.22	14788	9389	5399
渭南市	**1445151**	**3.64**	**33.38**	**141734**	**85207**	**56527**
临渭区	259353	3.53	34.43	25472	13604	11868
华县	92355	2.98	30.08	9223	4536	4687
潼关县	41336	3.23	27.52	4137	2519	1618
大荔县	173241	3.98	31.40	16990	11744	5246
合阳县	116770	4.75	33.01	11258	7108	4150
澄城县	112531	3.18	36.15	10851	7318	3533
蒲城县	188118	3.74	32.72	18726	15363	3363
白水县	76864	3.23	29.00	7783	4053	3730
富平县	193171	3.82	39.84	19060	9660	9400
韩城市	114475	3.53	32.49	11267	5430	5837
华阴市	76937	3.10	29.11	6967	3872	3095
延安市	**646054**	**2.34**	**21.80**	**67681**	**28370**	**39311**
宝塔区	148447	2.08	22.07	14657	7010	7647
延长县	42452	1.92	20.17	4671	846	3825
延川县	51200	1.85	15.80	5112	1052	4060
子长县	63659	1.94	17.35	6713	1924	4789
安塞县	48961	2.37	20.87	5087	2418	2669
志丹县	38718	2.16	18.73	4950	2183	2767
吴起县	39893	2.85	28.31	4496	2147	2349
甘泉县	23680	2.30	21.76	2498	1011	1487
富县	39941	3.51	22.08	3929	1795	2134
洛川县	57964	2.83	26.73	5790	3656	2134
宜川县	37280	2.45	20.53	3970	1069	2901
黄龙县	14990	2.89	23.86	1758	1257	501
黄陵县	38869	2.53	27.99	4050	2002	2048
汉中市	**1093481**	**3.01**	**32.78**	**111902**	**50983**	**60919**
汉台区	183324	2.60	33.24	17702	13355	4347
南郑县	156109	3.27	39.68	15479	6282	9197
城固县	145855	3.32	31.93	14915	7267	7648
洋县	120099	3.57	31.91	13009	3999	9010
西乡县	115013	2.65	33.37	11287	4381	6906
勉县	124923	2.69	32.58	13081	5102	7979
宁强县	93288	2.98	28.90	9855	2925	6930
略阳县	58205	2.78	26.90	6214	3402	2812
镇巴县	74025	3.22	30.94	7617	2403	5214
留坝县	13432	3.01	30.64	1631	992	639
佛坪县	9208	3.57	34.06	1112	875	237
榆林市	**988769**	**2.49**	**24.09**	**101726**	**50907**	**50819**
榆阳区	197095	2.15	23.93	20062	15365	4697
神木县	140179	2.21	26.46	14464	11306	3158
府谷县	74066	2.44	26.93	8237	5712	2525
横山县	75646	2.72	23.32	8255	2063	6192
靖边县	91260	3.01	23.96	9266	5709	3557
定边县	83067	3.67	21.63	8724	2817	5907

长表数据									
住房内有无厨房		住房内有无厕所		住房内有无洗澡设施		住房来源			
有	无	有	无	有	无	租赁	自建	购买	其他
6752	267	6639	380	730	6289	255	6144	585	35
3165	436	2541	1060	752	2849	175	2982	414	30
1749	859	946	1662	232	2376	320	1949	278	61
1972	1271	3234	9	703	2540	430	2096	607	110
1051	423	1474		256	1218	60	1194	171	49
117961	**16563**	**91817**	**42707**	**50164**	**84360**	**6711**	**100406**	**25129**	**2278**
13771	1258	12724	2305	10687	4342	1569	5046	8085	329
4131	213	3763	581	2454	1890	219	3006	1054	65
10202	1931	9064	3069	7729	4404	1549	4006	6247	331
10812	1000	8987	2825	5388	6424	369	9084	2258	101
10764	1309	4387	7686	4774	7299	282	10951	681	159
9860	3365	3727	9498	1958	11267	85	12409	639	92
9313	2984	4373	7924	2431	9866	414	10842	953	88
4634	82	4716		531	4185	207	4186	264	59
7799	915	8714		1856	6858	702	7190	489	333
3877	463	2522	1818	523	3817	107	3953	162	118
5781	574	6170	185	1094	5261	277	5756	260	62
4647	373	4741	279	1354	3666	196	4364	267	193
8484	1194	7053	2625	2612	7066	186	8479	851	162
13886	902	10876	3912	6773	8015	549	11134	2919	186
119114	**22620**	**141203**	**531**	**45521**	**96213**	**6445**	**112966**	**19562**	**2761**
21067	4405	25351	121	11080	14392	1321	17152	6322	677
7537	1686	9222	1	2958	6265	385	7084	1597	157
3188	949	4137		1077	3060	264	3216	550	107
15261	1729	16831	159	5339	11651	482	15646	754	108
9581	1677	11258		2410	8848	398	9775	957	128
9153	1698	10774	77	2467	8384	976	8055	1589	231
17442	1284	18723	3	6840	11886	639	16514	1374	199
5070	2713	7783		1285	6498	594	6258	779	152
17022	2038	19060		4639	14421	310	17508	1121	121
8255	3012	11097	170	4108	7159	891	7067	2792	517
5538	1429	6967		3318	3649	185	4691	1727	364
29396	**38285**	**55409**	**12272**	**12630**	**55051**	**14514**	**42473**	**10116**	**578**
7264	7393	14193	464	4923	9734	4076	6206	4375	
991	3680	3713	958	517	4154	769	3241	455	206
812	4300	3259	1853	602	4510	1519	2952	641	
1320	5393	6518	195	651	6062	1760	4351	602	
1902	3185	3120	1967	616	4471	1153	3241	518	175
1476	3474	2956	1994	821	4129	1147	3389	414	
3815	681	2879	1617	1167	3329	840	3086	570	
1428	1070	2387	111	494	2004	511	1650	337	
2280	1649	3420	509	390	3539	418	3066	382	63
3288	2502	4877	913	952	4838	623	4638	529	
1577	2393	3572	398	518	3452	618	2899	359	94
1306	452	1214	544	293	1465	122	1365	231	40
1937	2113	3301	749	686	3364	958	2389	703	
107336	**4566**	**111708**	**194**	**31978**	**79924**	**7389**	**86035**	**16536**	**1942**
15781	1921	17563	139	9174	8528	2641	8465	6234	362
15479		15479		4151	11328	569	13166	1451	293
14915		14915		4723	10192	803	11772	2203	137
10650	2359	13009		2625	10384	596	11371	921	121
11282	5	11287		3127	8160	851	9132	1153	151
13081		13081		3571	9510	352	10694	1831	204
9825	30	9825	30	1264	8591	568	8565	595	127
5963	251	6189	25	1596	4618	629	4048	1290	247
7617		7617		1155	6462	240	6683	486	208
1631		1631		356	1275	57	1258	243	73
1112		1112		236	876	83	881	129	19
60207	**41519**	**73389**	**28337**	**20854**	**80872**	**22186**	**67241**	**9976**	**2323**
15673	4389	18862	1200	6851	13211	6616	9861	3102	483
9332	5132	7415	7049	4195	10269	5380	6812	1838	434
5339	2898	5575	2662	2727	5510	2077	4873	1058	229
4778	3477	4801	3454	868	7387	1152	6772	276	55
7012	2254	7241	2025	1931	7335	1855	6576	608	227
7266	1458	7375	1349	1376	7348	1612	6326	669	117

表8 续表 45

地　区	全部数据			长表数据		
	家庭户	平均每户住房间数（间/户）	人均住房建筑面积（平方米/人）	家庭户	住房内有无管道自来水	
					有	无
绥德县	94378	2.07	22.73	8895	1746	7149
米脂县	46714	2.35	25.31	4768	1088	3680
佳县	62785	2.87	26.67	6435	2507	3928
吴堡县	24480	2.53	20.07	2493	464	2029
清涧县	44965	2.20	26.73	4619	1437	3182
子洲县	54134	2.16	19.32	5508	693	4815
安康市	**773547**	**3.18**	**31.54**	**82695**	**43806**	**38889**
汉滨区	240371	3.04	27.98	26368	14931	11437
汉阴县	76618	3.10	37.78	8343	5254	3089
石泉县	52785	3.00	31.33	5470	2678	2792
宁陕县	21305	3.28	30.15	2236	2199	37
紫阳县	84485	3.22	31.90	8807	3535	5272
岚皋县	48331	2.97	34.62	5418	2577	2841
平利县	58541	3.04	33.52	6068	3379	2689
镇坪县	16768	3.09	41.50	1768	1520	248
旬阳县	123866	3.54	30.79	12912	4568	8344
白河县	50477	3.54	34.69	5305	3165	2140
商洛市	**631571**	**3.50**	**29.55**	**65709**	**17199**	**48510**
商州区	145069	3.64	28.13	15163	5332	9831
洛南县	115112	4.23	32.07	13081	2471	10610
丹凤县	77837	3.48	29.54	7798	1529	6269
商南县	62657	3.21	31.87	6411	1324	5087
山阳县	109958	3.10	25.15	10940	1464	9476
镇安县	78204	3.11	30.43	7908	2428	5480
柞水县	42734	3.25	34.82	4408	2651	1757
甘肃省	**6900369**	**3.95**	**23.40**	**717605**	**404053**	**313552**
兰州市	**1112369**	**2.63**	**24.79**	**110285**	**84604**	**25681**
城关区	436644	2.02	25.01	42216	37984	4232
七里河区	172885	2.47	23.78	17012	13917	3095
西固区	125267	2.50	24.60	12484	11309	1175
安宁区	64879	2.26	30.51	6557	5781	776
红古区	43100	3.14	26.86	4167	3038	1129
永登县	123676	3.69	25.30	12606	6666	5940
皋兰县	40003	4.02	21.76	4062	1907	2155
榆中县	105915	3.88	22.57	11181	4002	7179
嘉峪关市	**80320**	**2.35**	**31.02**	**7936**	**7766**	**170**
市辖区	80320	2.35	31.02	7936	7766	170
金昌市	**158043**	**3.16**	**29.03**	**15479**	**12869**	**2610**
金川区	84836	2.28	27.61	7863	7201	662
永昌县	73207	4.19	30.40	7616	5668	1948
白银市	**447600**	**3.19**	**23.12**	**45327**	**22960**	**22367**
白银区	98692	2.44	26.25	9697	8642	1055
平川区	56535	3.20	23.35	5722	4312	1410
靖远县	108398	3.93	23.83	10824	5073	5751
会宁县	124313	2.97	20.17	13251	2232	11019
景泰县	59662	3.54	24.47	5833	2701	3132
天水市	**815229**	**4.42**	**20.29**	**84347**	**36617**	**47730**
秦州区	174306	3.88	21.77	17676	9584	8092
麦积区	144344	4.15	22.52	14521	9471	5050
清水县	69437	5.24	19.22	7359	3227	4132
秦安县	125226	5.33	20.14	13109	3638	9471
甘谷县	131984	4.75	20.35	13810	4412	9398
武山县	108756	3.13	18.11	11231	3973	7258
张家川回族自治县	61176	5.44	17.62	6641	2312	4329
武威市	**467040**	**5.88**	**25.93**	**49514**	**31351**	**18163**
凉州区	262124	6.36	28.82	26522	20305	6217
民勤县	68879	5.17	28.53	8165	5009	3156
古浪县	88651	5.73	19.26	9847	4166	5681
天祝藏族自治县	47386	4.59	20.69	4980	1871	3109
张掖市	**359228**	**4.23**	**29.48**	**36739**	**33004**	**3735**
甘州区	152169	4.28	29.98	15612	15090	522
肃南裕固族自治县	10474	3.77	33.70	1047	739	308
民乐县	59942	3.24	24.29	5394	5180	214
临泽县	40168	5.47	31.88	4211	3432	779
高台县	46255	4.70	30.78	5180	4258	922
山丹县	50220	3.92	31.02	5295	4305	990

长表数据									
住房内有无厨房		住房内有无厕所		住房内有无洗澡设施		住房来源			
有	无	有	无	有	无	租赁	自建	购买	其他
1411	7484	3117	5778	980	7915	1140	6505	1050	200
4509	259	4537	231	645	4123	631	3634	392	111
2820	3615	6210	225	350	6085	269	5752	210	204
600	1893	1125	1368	328	2165	375	1846	201	71
935	3684	2067	2552	250	4369	372	3928	252	67
532	4976	5064	444	353	5155	707	4356	320	125
77247	**5448**	**80945**	**1750**	**33575**	**49120**	**4147**	**67373**	**10004**	**1171**
25578	790	25992	376	10159	16209	1507	19662	4831	368
7947	396	8343		6803	1540	294	7196	747	106
5020	450	5470		2441	3029	435	4123	851	61
2229	7	2236		851	1385	129	1719	353	35
8178	629	8334	473	2584	6223	321	7699	556	231
5010	408	5267	151	1604	3814	309	4485	549	75
5466	602	6011	57	2322	3746	320	5150	535	63
1654	114	1768		874	894	38	1410	276	44
11179	1733	12386	526	3660	9252	628	11270	868	146
4986	319	5138	167	2277	3028	166	4659	438	42
50124	**15585**	**35652**	**30057**	**9482**	**56227**	**2950**	**57795**	**4404**	**560**
8681	6482	3639	11524	2269	12894	890	12518	1580	175
10508	2573	5785	7296	1152	11929	232	12225	513	111
5604	2194	3011	4787	982	6816	68	7525	167	38
5035	1376	2557	3854	1443	4968	415	5380	557	59
10286	654	10364	576	1547	9393	433	9910	530	67
6356	1552	7908		1458	6450	598	6578	666	66
3654	754	2388	2020	631	3777	314	3659	391	44
607038	**110567**	**461290**	**256315**	**156536**	**561069**	**47355**	**505717**	**149890**	**14643**
93375	**16910**	**84529**	**25756**	**46410**	**63875**	**20642**	**32623**	**52639**	**4381**
35029	7187	36931	5285	23933	18283	13027	2206	24434	2549
15459	1553	14636	2376	8275	8737	2498	3165	10642	707
11518	966	11220	1264	5894	6590	2211	2231	7706	336
5787	770	5648	909	3541	3016	1241	1143	3831	342
3717	450	3005	1162	1471	2696	503	1344	2200	120
10740	1866	7393	5213	1578	11028	685	9789	1935	197
3303	759	786	3276	473	3589	180	3184	655	43
7822	3359	4910	6271	1245	9936	297	9561	1236	87
7469	**467**	**7091**	**845**	**4853**	**3083**	**999**	**603**	**6173**	**161**
7469	467	7091	845	4853	3083	999	603	6173	161
13015	**2464**	**9257**	**6222**	**5828**	**9651**	**1598**	**6248**	**7386**	**247**
7026	837	6144	1719	4102	3761	933	1382	5420	128
5989	1627	3113	4503	1726	5890	665	4866	1966	119
38620	**6707**	**25867**	**19460**	**7970**	**37357**	**2434**	**30053**	**12213**	**627**
9191	506	8427	1270	3262	6435	741	1873	6919	164
5011	711	3287	2435	1779	3943	427	2588	2527	180
9086	1738	6970	3854	1021	9803	296	9674	728	126
11156	2095	5680	7571	966	12285	613	11789	780	69
4176	1657	1503	4330	942	4891	357	4129	1259	88
75669	**8678**	**66862**	**17485**	**15518**	**68829**	**2536**	**68518**	**12131**	**1162**
16082	1594	15241	2435	5296	12380	1501	10179	5534	462
13233	1288	11476	3045	3827	10694	472	10215	3412	422
6586	773	5126	2233	506	6853	71	6808	424	56
12652	457	12370	739	1099	12010	181	12177	669	82
12542	1268	11332	2478	2057	11753	151	12793	783	83
9259	1972	7218	4013	1236	9995	102	10165	919	45
5315	1326	4099	2542	1497	5144	58	6181	390	12
41797	**7717**	**21173**	**28341**	**8076**	**41438**	**1462**	**38512**	**9050**	**490**
24678	1844	15540	10982	5849	20673	927	18434	6888	273
6842	1323	1526	6639	930	7235	98	7192	817	58
7041	2806	2204	7643	702	9145	49	9281	494	23
3236	1744	1903	3077	595	4385	388	3605	851	136
33463	**3276**	**26172**	**10567**	**10571**	**26168**	**2138**	**26078**	**7974**	**549**
14928	684	13242	2370	5435	10177	1038	9823	4526	225
889	158	540	507	289	758	70	676	261	40
5269	125	5136	258	1245	4149	215	4569	587	23
3537	674	2097	2114	1136	3075	89	3456	631	35
4420	760	2279	2901	1412	3768	187	4059	888	46
4420	875	2878	2417	1054	4241	539	3495	1081	180

表8 续表 46

地区	全部数据 家庭户	全部数据 平均每户住房间数（间/户）	全部数据 人均住房建筑面积（平方米/人）	长表数据 家庭户	长表数据 住房内有无管道自来水 有	长表数据 住房内有无管道自来水 无
平凉市	**549633**	**4.01**	**24.18**	**58187**	**37594**	**20593**
崆峒区	133330	3.86	24.61	13572	9096	4476
泾川县	78627	5.02	36.16	8472	6083	2389
灵台县	56832	4.21	24.07	6176	3897	2279
崇信县	25072	4.05	23.64	2601	2013	588
华亭县	51451	4.38	24.09	5519	4543	976
庄浪县	93182	4.07	20.32	9847	7300	2547
静宁县	111139	3.15	19.65	12000	4662	7338
酒泉市	**342074**	**3.70**	**30.45**	**33484**	**31836**	**1648**
肃州区	141232	3.76	30.02	14221	13615	606
金塔县	44225	4.81	38.74	4467	4216	251
瓜州县	39773	3.27	25.78	3887	3603	284
肃北蒙古族自治县	4181	3.34	29.75	412	312	100
阿克塞哈萨克族自治县	2618	3.35	29.13	253	248	5
玉门市	48673	3.09	23.00	4203	4060	143
敦煌市	61372	3.55	34.62	6041	5782	259
庆阳市	**595445**	**4.12**	**23.46**	**61788**	**22442**	**39346**
西峰区	102754	4.64	29.86	10082	7885	2197
庆城县	66444	3.75	22.54	7295	1939	5356
环县	76889	2.83	15.24	8196	822	7374
华池县	31494	3.36	20.16	3547	675	2872
合水县	41336	3.68	20.80	4018	1293	2725
正宁县	52996	4.75	27.43	5368	2077	3291
宁县	112182	4.93	24.62	11617	5752	5865
镇原县	111350	4.03	23.60	11665	1999	9666
定西市	**702558**	**3.62**	**19.53**	**73080**	**20671**	**52409**
安定区	122481	2.84	24.49	13124	4359	8765
通渭县	91870	2.58	18.37	9501	1959	7542
陇西县	122784	2.97	20.67	12480	4534	7946
渭源县	82645	3.00	16.55	8686	2165	6521
临洮县	132184	4.85	19.39	14142	5349	8793
漳县	43728	4.44	18.35	4580	950	3630
岷县	106866	4.75	17.60	10567	1355	9212
陇南市	**660598**	**4.90**	**23.78**	**71842**	**21210**	**50632**
武都区	144237	4.72	25.00	15276	7636	7640
成县	67172	3.95	23.93	7470	1110	6360
文县	62352	3.89	26.18	6784	1480	5304
宕昌县	67673	5.18	24.89	7560	2670	4890
康县	50812	3.50	22.58	5840	1364	4476
西和县	87594	6.45	19.79	9196	2140	7056
礼县	111345	6.39	23.53	12235	2442	9793
徽县	56095	3.34	25.07	5886	1687	4199
两当县	13318	3.93	26.84	1595	681	914
临夏回族自治州	**446796**	**4.79**	**18.26**	**51878**	**35815**	**16063**
临夏市	73079	2.59	22.07	7460	6419	1041
临夏县	76403	3.51	17.63	8848	6509	2339
康乐县	54237	5.84	18.13	6584	4608	1976
永靖县	50193	5.00	25.33	5723	3033	2690
广河县	44640	5.96	13.83	4943	2574	2369
和政县	42604	5.87	18.58	5566	4340	1226
东乡族自治县	55597	6.27	14.73	7013	4367	2646
积石山保安族东乡族撒拉族自治县	50043	5.00	18.12	5741	3965	1776
甘南藏族自治州	**163436**	**2.97**	**23.74**	**17719**	**5314**	**12405**
合作市	20815	2.95	22.36	2212	1308	904
临潭县	33635	2.79	28.86	3608	1362	2246
卓尼县	25021	2.85	21.72	2770	739	2031
舟曲县	33343	3.23	27.73	3508	605	2903
迭部县	12147	2.75	17.81	1324	326	998
玛曲县	12415	2.19	10.51	1407	219	1188
碌曲县	8171	3.27	18.56	856	406	450
夏河县	17889	3.53	26.63	2034	349	1685

长表数据									
住房内有无厨房		住房内有无厕所		住房内有无洗澡设施		住房来源			
有	无	有	无	有	无	租赁	自建	购买	其他
51666	**6521**	**41810**	**16377**	**9506**	**48681**	**2091**	**46055**	**9084**	**957**
11238	2334	9329	4243	4234	9338	665	8036	4509	362
7922	550	6803	1669	713	7759	208	7474	752	38
5604	572	3802	2374	500	5676	220	5353	507	96
2309	292	2093	508	495	2106	110	2083	356	52
5029	490	4448	1071	1457	4062	556	3523	1391	49
9334	513	8918	929	998	8849	102	9088	615	42
10230	1770	6417	5583	1109	10891	230	10498	954	318
29958	**3526**	**20149**	**13335**	**15287**	**18197**	**3310**	**17399**	**10714**	**2061**
12747	1474	10471	3750	7613	6608	1855	6103	6084	179
4221	246	1513	2954	1467	3000	101	3391	957	18
3160	727	1394	2493	948	2939	313	2627	854	93
311	101	174	238	125	287	41	183	161	27
241	12	220	33	190	63	22	64	164	3
3654	549	2035	2168	1133	3070	522	2394	1195	92
5624	417	4342	1699	3811	2230	456	2637	1299	1649
50852	**10936**	**30423**	**31365**	**7671**	**54117**	**3318**	**51284**	**6136**	**1050**
9067	1015	8032	2050	3036	7046	1306	5843	2707	226
6216	1079	3611	3684	1463	5832	296	5761	1130	108
4796	3400	844	7352	434	7762	495	7035	412	254
2802	745	931	2616	446	3101	340	2836	320	51
3272	746	1742	2276	343	3675	168	3472	303	75
4523	845	2118	3250	472	4896	209	4700	347	112
10421	1196	7254	4363	874	10743	277	10745	481	114
9755	1910	5891	5774	603	11062	227	10892	436	110
56698	**16382**	**36705**	**36375**	**6739**	**66341**	**2238**	**64236**	**5976**	**630**
10910	2214	5897	7227	2427	10697	785	9898	2271	170
8953	548	8547	954	418	9083	175	8902	352	72
8094	4386	3824	8656	1464	11016	346	10506	1489	139
5070	3616	2250	6436	488	8198	111	8169	392	14
11474	2668	9689	4453	1220	12922	599	12400	1010	133
3646	934	1670	2910	221	4359	34	4362	161	23
8551	2016	4828	5739	501	10066	188	9999	301	79
54681	**17161**	**36083**	**35759**	**8421**	**63421**	**1940**	**64943**	**4089**	**870**
12776	2500	8718	6558	2597	12679	809	12773	1447	247
4247	3223	2383	5087	792	6678	369	6395	598	108
5240	1544	3264	3520	1179	5605	159	6180	356	89
5699	1861	3314	4246	661	6899	73	7201	247	39
3059	2781	1290	4550	425	5415	159	5301	298	82
8027	1169	6058	3138	812	8384	83	8813	220	80
10195	2040	7629	4606	708	11527	76	11796	286	77
4217	1669	2699	3187	961	4925	185	5126	472	103
1221	374	728	867	286	1309	27	1358	165	45
48049	**3829**	**46817**	**5061**	**8041**	**43837**	**1874**	**44984**	**4453**	**567**
6870	590	7022	438	2873	4587	1160	3652	2367	281
8499	349	8334	514	428	8420	69	8720	42	17
6154	430	5971	613	571	6013	99	6191	251	43
5225	498	5074	649	1254	4469	282	4187	1193	61
4395	548	4211	732	647	4296	92	4650	159	42
5195	371	4768	798	362	5204	73	5290	182	21
6669	344	6652	361	523	6490	32	6899	56	26
5042	699	4785	956	1383	4358	67	5395	203	76
11726	**5993**	**8352**	**9367**	**1645**	**16074**	**775**	**14181**	**1872**	**891**
1409	803	1412	800	593	1619	262	1083	742	125
2870	738	2224	1384	250	3358	61	3316	140	91
2231	539	1979	791	165	2605	64	2368	212	126
2518	990	809	2699	300	3208	67	3062	195	184
645	679	329	995	121	1203	43	1005	201	75
174	1233	85	1322	53	1354	134	966	140	167
432	424	280	576	32	824	51	643	101	61
1447	587	1234	800	131	1903	93	1738	141	62

表8 续表 47

地区	全部数据			长表数据		
	家庭户	平均每户住房间数（间/户）	人均住房建筑面积（平方米/人）	家庭户	住房内有无管道自来水	
					有	无
青海省	**1529039**	**3.04**	**21.33**	**145187**	**78517**	**66670**
西宁市	**646837**	**2.76**	**25.71**	**62124**	**42229**	**19895**
城东区	113526	2.70	27.80	10761	9549	1212
城中区	101681	2.66	30.16	9656	8415	1241
城西区	78129	2.48	31.88	7597	6887	710
城北区	97109	2.43	29.18	9558	7757	1801
大通回族土族自治县	109567	3.16	21.84	10726	3614	7112
湟中县	107987	3.05	20.57	10302	2626	7676
湟源县	38838	2.59	23.30	3524	3381	143
海东地区	**346533**	**4.36**	**20.93**	**34082**	**14375**	**19707**
平安县	31476	3.25	29.07	2976	2307	669
民和回族土族自治县	80683	5.10	18.02	8058	3817	4241
乐都县	71374	3.53	20.97	6923	1659	5264
互助土族自治县	89219	4.73	23.41	8862	3847	5015
化隆回族自治县	47719	3.51	17.58	4633	707	3926
循化撒拉族自治县	26062	6.02	21.03	2630	2038	592
海北藏族自治州	**74354**	**2.63**	**18.82**	**7037**	**6519**	**518**
门源回族自治县	37595	2.53	18.56	3386	3280	106
祁连县	13789	2.51	19.92	1376	974	402
海晏县	11497	3.00	21.59	1171	1163	8
刚察县	11473	2.72	16.00	1104	1102	2
黄南藏族自治州	**62950**	**3.04**	**15.28**	**6417**	**2061**	**4356**
同仁县	22488	3.02	21.03	2241	1367	874
尖扎县	12859	5.04	21.18	1259	552	707
泽库县	17092	1.75	4.53	1824	12	1812
河南蒙古族自治县	10511	2.74	13.79	1093	130	963
海南藏族自治州	**115358**	**2.87**	**19.03**	**11338**	**4807**	**6531**
共和县	33140	2.68	19.04	3286	1279	2007
同德县	15633	3.13	14.05	1577	336	1241
贵德县	27927	2.73	28.94	2803	2038	765
兴海县	18636	3.90	15.04	1873	453	1420
贵南县	20022	2.24	14.10	1799	701	1098
果洛藏族自治州	**51383**	**2.16**	**14.81**	**5189**	**405**	**4784**
玛沁县	15205	2.48	17.80	1426	282	1144
班玛县	7588	2.07	18.01	838	77	761
甘德县	9475	2.01	11.89	1010	2	1008
达日县	8665	1.80	12.29	875	14	861
久治县	6474	2.40	13.25	627	19	608
玛多县	3976	1.87	13.42	413	11	402
玉树藏族自治州	**92091**	**2.07**	**11.90**	**5998**	**179**	**5819**
玉树县	31111	0.19	1.06	168	19	149
杂多县	12098	2.69	15.40	1146	1	1145
称多县	15231	3.48	22.21	1546	24	1522
治多县	8486	2.39	16.90	805	1	804
囊谦县	16865	3.36	15.37	1620	132	1488
曲麻莱县	8300	2.63	14.67	713	2	711
海西蒙古族藏族自治州	**139533**	**2.37**	**19.56**	**13002**	**7942**	**5060**
格尔木市	65134	2.18	19.22	5856	3650	2206
德令哈市	24207	2.40	22.92	2262	1858	404
乌兰县	10790	2.29	19.82	1057	788	269
都兰县	20580	3.54	18.38	2017	698	1319
天峻县	8282	1.91	14.80	745	209	536
芒崖行委	5377	1.71	20.33	557	448	109
柴旦行委	4439	1.57	19.80	427	257	170
冷湖行委	724	1.45	22.51	81	34	47
宁夏回族自治区	**1882205**	**2.75**	**24.50**	**180667**	**114323**	**66344**
银川市	**640621**	**2.43**	**28.52**	**60122**	**49818**	**10304**
兴庆区	243931	2.23	29.03	23075	20714	2361
西夏区	93591	2.51	26.92	9046	7845	1201
金凤区	91336	2.47	33.22	8911	7911	1000
永宁县	65128	2.86	26.20	5874	3764	2110
贺兰县	73583	2.53	28.85	6542	4345	2197
灵武市	73052	2.46	25.49	6674	5239	1435
石嘴山市	**248285**	**2.55**	**28.78**	**23882**	**20522**	**3360**
大武口区	96916	2.58	28.35	9274	8389	885
惠农区	67088	2.26	27.30	6523	6358	165
平罗县	84281	2.77	30.33	8085	5775	2310

长表数据									
住房内有无厨房		住房内有无厕所		住房内有无洗澡设施		住房来源			
有	无	有	无	有	无	租赁	自建	购买	其他
105150	**40037**	**93082**	**52105**	**33178**	**112009**	**15932**	**83057**	**38592**	**7606**
54625	**7499**	**53729**	**8395**	**21990**	**40134**	**9364**	**24113**	**27113**	**1534**
9241	1520	9460	1301	4959	5802	2711	1170	6559	321
8413	1243	8585	1071	4795	4861	1972	1142	6221	321
6863	734	6822	775	4413	3184	1650	237	5458	252
8166	1392	8126	1432	3836	5722	2104	1660	5439	355
10100	626	9855	871	2163	8563	379	8128	2114	105
8857	1445	8619	1683	1222	9080	314	9225	654	109
2985	539	2262	1262	602	2922	234	2551	668	71
27569	**6513**	**22754**	**11328**	**5086**	**28996**	**1035**	**28549**	**3965**	**533**
2488	488	2169	807	741	2235	260	1795	860	61
7019	1039	5841	2217	1430	6628	218	6896	826	118
4326	2597	3067	3856	1014	5909	202	5600	1061	60
7417	1445	6299	2563	824	8038	119	7890	798	55
4030	603	3465	1168	425	4208	153	4165	206	109
2289	341	1913	717	652	1978	83	2203	214	130
3613	**3424**	**3734**	**3303**	**997**	**6040**	**457**	**4880**	**1453**	**247**
2165	1221	2615	771	394	2992	132	2776	430	48
419	957	318	1058	285	1091	85	876	367	48
712	459	583	588	252	919	150	500	454	67
317	787	218	886	66	1038	90	728	202	84
2424	**3993**	**1860**	**4557**	**659**	**5758**	**422**	**4726**	**769**	**500**
1536	705	1214	1027	369	1872	162	1503	448	128
678	581	533	726	277	982	83	976	161	39
14	1810	3	1821	4	1820	81	1409	87	247
196	897	110	983	9	1084	96	838	73	86
6663	**4675**	**4416**	**6922**	**1058**	**10280**	**925**	**8255**	**1579**	**579**
1974	1312	1217	2069	454	2832	363	2018	721	184
323	1254	153	1424	61	1516	164	1156	156	101
2478	325	2143	660	351	2452	157	2280	285	81
696	1177	413	1460	105	1768	141	1494	145	93
1192	607	490	1309	87	1712	100	1307	272	120
532	**4657**	**399**	**4790**	**175**	**5014**	**353**	**2872**	**402**	**1562**
292	1134	230	1196	146	1280	178	807	179	262
120	718	136	702	20	818	25	646	63	104
13	997	4	1006	1	1009	41	523	7	439
68	807	12	863	2	873	44	417	32	382
28	599	13	614	5	622	43	434	79	71
11	402	4	409	1	412	22	45	42	304
1488	**4510**	**322**	**5676**	**32**	**5966**	**166**	**4992**	**71**	**769**
21	147		168		168		133		35
554	592	120	1026	1	1145	65	1002	16	63
284	1262	69	1477	10	1536	24	1289	6	227
47	758	8	797	3	802	15	659	12	119
559	1061	121	1499	16	1604	29	1405	28	158
23	690	4	709	2	711	33	504	9	167
8236	**4766**	**5868**	**7134**	**3181**	**9821**	**3210**	**4670**	**3240**	**1882**
3974	1882	3089	2767	1851	4005	2184	1442	1852	378
1748	514	1251	1011	650	1612	370	887	754	251
765	292	531	526	124	933	148	560	162	187
1029	988	332	1685	191	1826	196	1341	234	246
149	596	78	667	46	699	105	383	142	115
291	266	376	181	213	344	103	40	20	394
242	185	178	249	79	348	94	16	76	241
38	43	33	48	27	54	10	1		70
158053	**22614**	**123071**	**57596**	**88305**	**92362**	**20944**	**93900**	**61420**	**4403**
53995	**6127**	**45151**	**14971**	**40668**	**19454**	**10770**	**15750**	**31309**	**2293**
20382	2693	18976	4099	17914	5161	5885	2080	14132	978
8269	777	7005	2041	6257	2789	1332	1706	5645	363
8210	701	7328	1583	6986	1925	1440	1422	5705	344
5367	507	3099	2775	2566	3308	327	3893	1568	86
5955	587	3667	2875	3273	3269	782	3345	2204	211
5812	862	5076	1598	3672	3002	1004	3304	2055	311
21870	**2012**	**12854**	**11028**	**12449**	**11433**	**2827**	**8060**	**12277**	**718**
8333	941	6529	2745	5424	3850	1426	1342	6089	417
6011	512	3736	2787	3331	3192	843	1653	3860	167
7526	559	2589	5496	3694	4391	558	5065	2328	134

表8 续表 48

地 区	全部数据			长表数据		
	家庭户	平均每户住房间数（间/户）	人均住房建筑面积（平方米/人）	家庭户	住房内有无管道自来水	
					有	无
吴忠市	**369058**	**2.85**	**23.55**	**35000**	**20617**	**14383**
利通区	110868	3.04	27.44	10905	8526	2379
红寺堡区	40362	2.60	17.48	3746	2680	1066
盐池县	51272	2.42	22.61	4596	2569	2027
同心县	80683	2.84	19.26	7736	1876	5860
青铜峡市	85873	3.01	27.60	8017	4966	3051
固原市	**322760**	**2.77**	**18.97**	**32966**	**11409**	**21557**
原州区	112117	3.04	21.92	11090	4736	6354
西吉县	87109	2.34	16.40	9507	1760	7747
隆德县	42467	2.83	16.78	4233	2401	1832
泾源县	27058	3.44	18.10	2663	1242	1421
彭阳县	54009	2.53	19.93	5473	1270	4203
中卫市	**301481**	**3.43**	**22.10**	**28697**	**11957**	**16740**
沙坡头区	119536	3.62	23.61	11036	6367	4669
中宁县	86287	3.44	25.87	8517	3784	4733
海原县	95658	3.17	17.63	9144	1806	7338
新疆维吾尔自治区	**6705607**	**2.77**	**24.39**	**618388**	**499735**	**118653**
乌鲁木齐市	**1133835**	**2.03**	**27.06**	**104532**	**97995**	**6537**
天山区	251396	1.98	26.49	22460	21699	761
沙依巴克区	238164	2.02	27.65	23263	22502	761
新市区	261185	2.08	28.56	25037	24228	809
水磨沟区	150947	1.85	24.55	14273	13955	318
头屯河区	66462	2.14	27.31	5943	5400	543
达坂城区	15092	1.94	21.55	1357	587	770
米东区	122567	2.14	27.46	10011	7776	2235
乌鲁木齐县	28022	2.40	27.02	2188	1848	340
克拉玛依市	**144730**	**2.30**	**28.95**	**14451**	**13731**	**720**
独山子区	25308	2.54	34.08	2524	2488	36
克拉玛依区	98064	2.26	28.52	9700	9265	435
白碱滩区	17984	2.18	25.01	1867	1819	48
乌尔禾区	3374	2.62	25.98	360	159	201
吐鲁番地区	**168699**	**2.86**	**26.59**	**15611**	**14307**	**1304**
吐鲁番市	70427	2.61	22.23	6715	6221	494
鄯善县	62483	3.52	26.68	5943	5266	677
托克逊县	35789	2.19	36.62	2953	2820	133
哈密地区	**196865**	**2.48**	**28.32**	**18395**	**15728**	**2667**
哈密市	161355	2.56	29.78	15526	14056	1470
巴里坤哈萨克自治县	26826	2.00	20.43	2208	1252	956
伊吾县	8684	2.33	24.46	661	420	241
昌吉回族自治州	**543860**	**2.16**	**28.13**	**45755**	**33348**	**12407**
昌吉市	157264	2.15	28.94	13870	10418	3452
阜康市	63047	2.13	29.31	5157	3641	1516
呼图壁县	84258	1.99	27.04	6593	6121	472
玛纳斯县	95603	2.10	28.52	8105	5281	2824
奇台县	79334	2.21	25.36	6450	3246	3204
吉木萨尔县	42922	2.45	30.44	3528	2790	738
木垒哈萨克自治县	21432	2.53	27.26	2052	1851	201
博尔塔拉蒙古自治州	**148886**	**2.65**	**26.30**	**13685**	**11435**	**2250**
博乐市	76137	2.88	26.99	7612	6968	644
精河县	47785	2.40	26.39	4045	3027	1018
温泉县	24964	2.43	23.68	2028	1440	588
巴音郭楞蒙古自治州	**420335**	**2.70**	**28.84**	**39167**	**31076**	**8091**
库尔勒市	185438	2.75	29.96	17914	16801	1113
轮台县	35686	3.17	26.33	3180	2040	1140
尉犁县	33234	2.69	27.78	3019	2701	318
若羌县	10494	2.54	32.72	1060	971	89
且末县	19216	2.39	28.13	1791	1368	423
焉耆回族自治县	40341	2.57	28.72	3339	1486	1853
和静县	51512	2.68	28.04	5117	2965	2152
和硕县	25992	2.24	26.11	2157	1901	256
博湖县	18422	2.77	29.82	1590	843	747
阿克苏地区	**666921**	**3.20**	**22.90**	**60763**	**46085**	**14678**
阿克苏市	162040	3.09	26.10	15261	13386	1875
温宿县	68194	3.12	22.99	6145	4517	1628
库车县	129804	3.21	22.29	11784	10364	1420

长表数据									
住房内有无厨房		住房内有无厕所		住房内有无洗澡设施		住房来源			
有	无	有	无	有	无	租赁	自建	购买	其他
30858	**4142**	**25776**	**9224**	**21653**	**13347**	**2733**	**22762**	**8881**	**624**
9424	1481	8101	2804	8626	2279	782	5467	4409	247
2913	833	1521	2225	1414	2332	292	3217	143	94
3765	831	1946	2650	1122	3474	697	2770	1076	53
7544	192	7630	106	6752	984	320	6906	461	49
7212	805	6578	1439	3739	4278	642	4402	2792	181
27407	**5559**	**23686**	**9280**	**6327**	**26639**	**2757**	**25762**	**4122**	**325**
9524	1566	9227	1863	2886	8204	1455	7157	2277	201
8822	685	8662	845	1601	7906	543	8338	589	37
3702	531	3224	1009	520	3713	218	3466	517	32
1866	797	1388	1275	827	1836	55	2368	217	23
3493	1980	1185	4288	493	4980	486	4433	522	32
23923	**4774**	**15604**	**13093**	**7208**	**21489**	**1857**	**21566**	**4831**	**443**
9762	1274	7559	3477	3331	7705	1012	6859	2961	204
6889	1628	2399	6118	2334	6183	381	6387	1575	174
7272	1872	5646	3498	1543	7601	464	8320	295	65
448893	**169495**	**398653**	**219735**	**269174**	**349214**	**73757**	**321874**	**205625**	**17132**
89929	**14603**	**86636**	**17896**	**70010**	**34522**	**30351**	**9641**	**59997**	**4543**
19529	2931	20029	2431	16666	5794	6872	860	13748	980
20842	2421	20475	2788	17407	5856	6363	1067	15165	668
21954	3083	21937	3100	18002	7035	6859	1032	15930	1216
11575	2698	12074	2199	8004	6269	6088	811	6630	744
4949	994	4088	1855	3593	2350	1496	965	3297	185
967	390	644	713	253	1104	455	490	331	81
8457	1554	6492	3519	5489	4522	1904	2715	4834	558
1656	532	897	1291	596	1592	314	1701	62	111
13482	**969**	**12194**	**2257**	**11856**	**2595**	**2552**	**758**	**10778**	**363**
2435	89	2377	147	2237	287	316	49	2109	50
8925	775	7951	1749	7772	1928	1886	549	7025	240
1801	66	1756	111	1711	156	305	44	1479	39
321	39	110	250	136	224	45	116	165	34
9005	**6606**	**11960**	**3651**	**5991**	**9620**	**1515**	**10644**	**2955**	**497**
3111	3604	4612	2103	2200	4515	594	4309	1636	176
3334	2609	4649	1294	2053	3890	746	4014	932	251
2560	393	2699	254	1738	1215	175	2321	387	70
14083	**4312**	**12084**	**6311**	**10198**	**8197**	**1899**	**6672**	**9056**	**768**
12830	2696	11139	4387	9626	5900	1783	4876	8184	683
889	1319	686	1522	346	1862	78	1522	548	60
364	297	259	402	226	435	38	274	324	25
40358	**5397**	**26509**	**19246**	**20987**	**24768**	**5135**	**19602**	**19587**	**1431**
12413	1457	11309	2561	9250	4620	2267	3284	7864	455
4707	450	3715	1442	2766	2391	603	1949	2431	174
5807	786	2693	3900	2669	3924	598	3313	2392	290
7153	952	3857	4248	3085	5020	654	3267	3976	208
5520	930	3440	3010	2022	4428	621	4195	1525	109
3042	486	1115	2413	908	2620	266	2228	908	126
1716	336	380	1672	287	1765	126	1366	491	69
10995	**2690**	**6782**	**6903**	**5497**	**8188**	**1281**	**6569**	**5463**	**372**
6282	1330	4869	2743	4031	3581	794	2771	3757	290
3341	704	1409	2636	1146	2899	419	2510	1088	28
1372	656	504	1524	320	1708	68	1288	618	54
32730	**6437**	**25648**	**13519**	**22552**	**16615**	**5376**	**15441**	**16632**	**1718**
16564	1350	14813	3101	13274	4640	3094	3040	10957	823
2492	688	2805	375	1035	2145	485	2182	443	70
2529	490	1336	1683	1623	1396	353	1495	1066	105
942	118	692	368	697	363	99	498	353	110
1160	631	978	813	508	1283	118	1198	402	73
2062	1277	1336	2003	1324	2015	374	2022	883	60
3819	1298	1693	3424	2206	2911	531	2839	1481	266
1923	234	1435	722	1130	1027	249	1110	629	169
1239	351	560	1030	755	835	73	1057	418	42
37325	**23438**	**41054**	**19709**	**20561**	**40202**	**6582**	**40198**	**12519**	**1464**
12150	3111	11137	4124	7878	7383	2987	5692	6168	414
3644	2501	2707	3438	1624	4521	496	4408	1110	131
7129	4655	9271	2513	3770	8014	1253	8662	1558	311

表8 续表49

地区	全部数据			长表数据		
	家庭户	平均每户住房间数（间/户）	人均住房建筑面积（平方米/人）	家庭户	住房内有无管道自来水	
					有	无
沙雅县	72006	2.80	21.75	5831	3393	2438
新和县	49628	2.91	22.72	4451	3357	1094
拜城县	59399	3.38	20.00	5492	3531	1961
乌什县	49685	3.35	17.80	4756	2410	2346
阿瓦提县	65934	3.72	25.09	5986	4110	1876
柯坪县	10231	4.37	23.92	1057	1017	40
克孜勒苏柯尔克孜自治州	**125540**	**4.01**	**22.45**	**12717**	**8462**	**4255**
阿图什市	54934	4.54	25.60	5573	4461	1112
阿克陶县	46861	3.82	19.53	4676	2769	1907
阿合奇县	10255	3.18	20.05	1092	685	407
乌恰县	13490	3.15	20.75	1376	547	829
喀什地区	**968587**	**3.81**	**22.18**	**96186**	**74988**	**21198**
喀什市	132085	4.15	28.75	13649	12917	732
疏附县	73301	3.76	21.88	7435	7183	252
疏勒县	74838	3.99	18.95	7802	5371	2431
英吉沙县	61374	3.91	20.28	6048	5655	393
泽普县	55408	3.29	20.26	5145	4521	624
莎车县	177495	3.93	23.43	17613	10345	7268
叶城县	103901	3.51	17.60	10389	7897	2492
麦盖提县	70027	3.04	19.98	6205	3186	3019
岳普湖县	37710	3.96	21.33	3771	3320	451
伽师县	91418	4.00	23.21	9031	8220	811
巴楚县	83219	3.96	22.65	8280	6131	2149
塔什库尔干塔吉克自治县	7811	3.69	23.82	818	242	576
和田地区	**540974**	**3.16**	**19.34**	**52286**	**41122**	**11164**
和田市	85364	2.51	20.17	8423	7793	630
和田县	64186	2.90	16.75	6468	4545	1923
墨玉县	133109	3.56	20.32	12177	8864	3313
皮山县	69708	2.59	15.98	6978	3925	3053
洛浦县	62852	4.03	21.87	6401	5812	589
策勒县	45055	3.89	23.68	4153	3514	639
于田县	69478	2.78	17.47	6584	5700	884
民丰县	11222	2.94	21.13	1102	969	133
伊犁哈萨克自治州	**746283**	**2.91**	**23.54**	**67996**	**51474**	**16522**
伊宁市	160651	2.89	25.05	15669	14320	1349
奎屯市	60443	2.46	29.02	5862	5755	107
伊宁县	98862	3.17	22.52	8437	5901	2536
察布查尔锡伯自治县	54647	3.18	24.61	4922	3869	1053
霍城县	106973	2.93	23.98	9552	5367	4185
巩留县	46457	2.88	21.56	4176	2807	1369
新源县	84255	2.86	23.22	7741	5996	1745
昭苏县	46714	2.72	19.25	4240	3377	863
特克斯县	39580	2.77	20.19	3473	2157	1316
尼勒克县	47701	3.08	23.21	3924	1925	1999
塔城地区	**455160**	**2.15**	**24.59**	**35485**	**27779**	**7706**
塔城市	62139	2.29	25.02	4504	3250	1254
乌苏市	106635	2.41	26.63	8840	7709	1131
额敏县	74402	1.81	20.17	5364	2874	2490
沙湾县	143477	2.11	26.95	11098	10650	448
托里县	29185	1.98	16.49	2364	1178	1186
裕民县	20249	1.69	22.89	1493	1062	431
和布克赛尔蒙古自治县	19073	2.57	27.76	1822	1056	766
阿勒泰地区	**197802**	**2.39**	**23.42**	**17406**	**9189**	**8217**
阿勒泰市	64022	2.45	24.88	5742	3751	1991
布尔津县	22466	2.27	23.65	1980	435	1545
富蕴县	25681	2.80	21.70	2394	1386	1008
福海县	28132	2.48	25.33	2463	1481	982
哈巴河县	25891	2.55	23.57	2176	1118	1058
青河县	17771	1.77	18.01	1472	308	1164
吉木乃县	13839	1.85	23.77	1179	710	469
自治区直辖县级行政区划	**247130**	**2.33**	**26.79**	**23953**	**23016**	**937**
石河子市	130726	2.16	28.05	12675	12422	253
阿拉尔市	47268	2.23	25.73	4916	4528	388
图木舒克市	32765	3.52	23.86	3449	3187	262
五家渠市	36371	2.02	27.82	2913	2879	34

长表数据									
住房内有无厨房		住房内有无厕所		住房内有无洗澡设施		住房来源			
有	无	有	无	有	无	租赁	自建	购买	其他
2818	3013	4065	1766	1311	4520	334	4892	545	60
1728	2723	2426	2025	932	3519	425	3328	547	151
2673	2819	3120	2372	1291	4201	518	4083	592	299
2127	2629	2742	2014	617	4139	155	3527	1042	32
4196	1790	4710	1276	2961	3025	374	4727	824	61
860	197	876	181	177	880	40	879	133	5
6017	**6700**	**6518**	**6199**	**3348**	**9369**	**717**	**9928**	**1878**	**194**
2636	2937	2828	2745	1858	3715	433	4010	1064	66
2055	2621	2793	1883	815	3861	121	4219	274	62
623	469	458	634	283	809	55	834	180	23
703	673	439	937	392	984	108	865	360	43
60429	**35757**	**70408**	**25778**	**29752**	**66434**	**4988**	**77940**	**11760**	**1498**
9513	4136	11227	2422	6390	7259	2133	6349	4833	334
6293	1142	7109	326	5533	1902	122	6958	302	53
5124	2678	6839	963	2026	5776	264	6810	638	90
3618	2430	4376	1672	900	5148	68	5656	289	35
3864	1281	4241	904	2382	2763	260	3856	956	73
8631	8982	9729	7884	2298	15315	678	15067	1476	392
4607	5782	5812	4577	1586	8803	452	9105	745	87
3510	2695	3492	2713	1793	4412	339	4684	1042	140
2409	1362	3421	350	992	2779	77	3262	413	19
5415	3616	6921	2110	2796	6235	141	8428	418	44
6919	1361	6862	1418	3008	5272	403	7163	592	122
526	292	379	439	48	770	51	602	56	109
19855	**32431**	**22570**	**29716**	**11429**	**40857**	**1328**	**47112**	**3218**	**628**
5586	2837	6196	2227	4238	4185	696	5733	1787	207
218	6250	203	6265	95	6373	1	6463	1	3
5202	6975	4277	7900	2687	9490	258	11378	303	238
3037	3941	2718	4260	892	6086	127	6394	378	79
2378	4023	3134	3267	2096	4305	40	6106	222	33
735	3418	604	3549	304	3849	71	3893	159	30
2230	4354	5153	1431	858	5726	88	6228	252	16
469	633	285	817	259	843	47	917	116	22
50033	**17963**	**41309**	**26687**	**23178**	**44818**	**5362**	**45360**	**16016**	**1258**
13625	2044	14056	1613	8528	7141	3003	5815	6471	380
5499	363	4709	1153	4574	1288	772	375	4552	163
6329	2108	6095	2342	1755	6682	141	7702	508	86
4156	766	3153	1769	1677	3245	181	4102	541	98
6400	3152	5873	3679	2723	6829	442	7353	1631	126
2251	1925	871	3305	678	3498	96	3759	269	52
5067	2674	2858	4883	1433	6308	366	6101	1050	224
2741	1499	1399	2841	788	3452	121	3706	381	32
1814	1659	1071	2402	571	2902	110	3042	287	34
2151	1773	1224	2700	451	3473	130	3405	326	63
29248	**6237**	**13815**	**21670**	**11968**	**23517**	**2281**	**18087**	**13923**	**1194**
3901	603	2178	2326	1815	2689	381	2108	1842	173
7905	935	3619	5221	2935	5905	535	4885	3159	261
3705	1659	2241	3123	1557	3807	321	3055	1813	175
9967	1131	3559	7539	4373	6725	615	4729	5352	402
1209	1155	870	1494	386	1978	168	1612	552	32
1223	270	801	692	446	1047	88	734	631	40
1338	484	547	1275	456	1366	173	964	574	111
14032	**3374**	**6494**	**10912**	**5626**	**11780**	**982**	**9651**	**6442**	**331**
4975	767	2907	2835	2722	3020	396	2359	2913	74
1485	495	1047	933	395	1585	66	1413	482	19
1898	496	676	1718	671	1723	195	1514	659	26
2160	303	686	1777	756	1707	141	1104	1073	145
1828	348	663	1513	550	1626	87	1546	516	27
868	604	257	1215	255	1217	58	996	409	9
818	361	258	921	277	902	39	719	390	31
21372	**2581**	**14672**	**9281**	**16221**	**7732**	**3408**	**4271**	**15401**	**873**
11499	1176	10310	2365	9862	2813	1982	1168	9359	166
4254	662	1653	3263	3197	1719	1014	513	3089	300
2913	536	970	2479	1174	2275	201	2119	902	227
2706	207	1739	1174	1988	925	211	471	2051	180